中国近代中小学教科书总目

王有朋 主编

ZHONGGUOJINDAI
ZHONGXIAOXUE
JIAOKESHUZONGMU

上海辞书出版社

上海市哲学社会科学规划课题
本书出版得到上海文化发展基金会图书出版专项基金资助

主编

王有朋

编委

（以姓氏笔画为序）

王立心　方莉萍　田　青　邢丽娟　刘庐松　江　路
寻　霖　李永翔　李红艳　李　丽　李　玲　李晓娟
肖　玲　邱五芳　宋　绮　张亚芳　张　岩　张培美
张期民　陈国清　陈　群　林雅萍　项伟群　姚梅华
　　袁嘉欣　高菊红　唐燕明　黄权才　黄秀文

主编助理

姚梅华　方莉萍　李永翔

总目录

序：需要的正是完整的记录 …………………… 1

前言 …………………………………………………… 5

凡例 …………………………………………………… 12

收藏馆及其简称 ……………………………………… 16

正文分类目录 ………………………………………… 17

正文 ………………………………………………… 1—917

书名笔画索引 ……………………………………… 919—1049

作者笔画索引 ……………………………………… 1050—1103

序

需要的正是完整的记录

书籍是社会发展和学术成就的记录,书籍出版的记录则是目录。目录的历史很长,从《别录》《七略》开始。学术研究者需要对过往有全面的了解,以求有一个继往开来的出发点,这就离不开目录。以往的学者必精通所谓目录之学,《四库全书总目提要》是学者必读之书。但目录的整理、记录极费周章,除提要之外,阅读又很枯燥。现代学者接触目录则有难处,原因在于学术发展的速度已使目录难以跟上,更在于出版费用的限制,目录出版很难,学术性目录的出版更是罕见。因而目录虽然重要,现在做学问几乎很少能从目录开始。初学者现在依靠专业史了解专业的发展趋势,虽不失为一种捷径,但很容易被他人牵着鼻子走,同时失掉一个从目录归纳本门学问的训练。正规做学问还得设法从目录开始,否则无法从学术历史的全貌了解自己从事的研究课题的意义和发展方向。准此,目录的基本要求是求全而完整。当然,完整只能是相对而言的。

联合目录则是很晚出现的一种目录,是图书馆的活动内容,为书籍资源能更普遍地被利用创造了条件。《中国近代中小学教科书总目》正是集两者的功能于一身的、目前极罕见的书目——兼有完整和联合目录两者的功能,正是我们所需要的。

20世纪60年代拟重印全部《申报》,当时文化部出版局陈原同志忽发奇想:将《申报》上的图书广告汇集起来,不就是1872年至1949年的图书出版全貌吗?这个想法当时就被版本图书馆吕朗同志否定了。否定的理由很简单:现在的缴呈本都收集不齐全,那时的广告又怎么能保证反映齐全！磋商多时，最后决定由北京图书馆（现中国国家图书馆，下同）、上海图书馆和重庆市图书馆（因为有抗战时期的缴呈本）将各自的藏书著录后分类，分册编辑成《民国时期总书目》，除去"文革"的时间，前后花了近二十年。《民国时期总书目》起初没有教科书分册，缺少的这个分册所反映的正是儿童成长最需要的基本书籍，也是出版活动的最基本部分。这时，版本图书馆的编制从隶属于出版局，改为北京图书馆的一个部门。主持其事的黄润华兄，也成为北图的专家。我和润华兄谈起《民国时期总书目》的这个缺陷，因为经费补贴的限制，建议和人民教育出版社商量。人民教育出版社同意了这个要求，亦可见大家关心目录。人教社编纂的《民国时期总书目·中小学教材》记录了四千六百多种教材，是前所没有过的教科书书目记录。

加一句，这个号称为"总"的书目，仅仅著录所谓平装书。民国时期，尤其是早期，书籍的基本印制形式仍然是线装，这就把大量的内容是西学而形式是线装的书籍排斥在外。上海图书馆编辑过两部丛书目录：《中国丛书综录》和《中国近代现代丛书目录》（未正式出版）。梁启超曾编辑过一部《西政丛书》，在上图的这两部丛书目录里正因为求"纯而又纯"都漏收，而且漏得都有道理：《中国丛书综录》说它是西政，不是传统国学，不收；《中国近代现代丛书目录》更是振振有词：它是线装，我只收录洋装书。两者都因没能兼收并蓄而留下了遗憾。书目，首要的是宽容，有"四部精神"，能兼收并蓄。"四部精神"者，只要四个盘子，什么都放得进。盘子多了边际就多，就要鉴别，反而难弄。

图书目录，不论中国的还是西方的，基本点是方便读者，收录图书要多，著录要详细，多多益善。而摆在我们面前的这部《中国近代中小学教科书总目》，收录教科书9 149种，比《民国时期总书目·中小学教材》多了将近一倍，书的篇幅达一千余页，在"全"字上着实做了大文章，必然极大地方便读者，这是应该记录在目录学史上的事。

《中国近代中小学教科书总目》前后历时六年，动用了17家图书馆的书目资料。资料掌握不能说少，但目录著录的基本原则是"见书"，而联合目录的最后汇总者不可能做到全部见书，这是事实的逻辑。于是,仅仅"订正"各馆的书目记录这件事就能把人吓怕。这部目录的成绩是很大的,主持其事先生的辛苦可以想象,其功不可没。

教科书出版是"全民"的事业,在苏区、解放区小学教学是很受关注的:从江西开始就有自己的教科书,晋察冀边区克服困难,石印、铅印、油印一起上,很令人感动。教科书的使用特点是,学期一过,就成秋扇,这些书当时留下的就很少,而《中国近代中小学教科书总目》对此有所著录,也是很重要的成果。

《中国近代中小学教科书总目》的出版,将给中小学教科书研究提供一项有力的帮助,从而受到学界的欢迎,愿在教科书史上有所反映。

汪家熔　于晴耕雨读轩

2009 年 9 月 18 日

前言

新中国成立60年来,近代教科书研究以书目形式体现的有《民国时期总书目·中小学教材》(书目文献出版社1995年出版)和《北京师范大学图书馆馆藏师范学校及中小学教科书书目:清末至1949年》(北京师范大学出版社2002年出版)。《民国时期总书目·中小学教材》收录了北京图书馆(今中国国家图书馆)、人民教育出版社图书馆和北京师范大学图书馆收藏的清末和民国时期的教科书,由人民教育出版社图书馆的张守智先生主持编成,为民国时期教科书研究提供了线索与便利。约从20世纪90年代开始,国内外学者对教科书资源的利用日渐频繁,研究涉及的范围越来越广,同时也发现《民国时期总书目·中小学教材》作为联合目录没有反映教科书的收藏馆,读者找书颇为不便,而且一些重要的教科书收藏馆的藏书信息没有得到充分的反映。如上海辞书出版社图书馆,其前身是中华书局图书馆,收藏有丰富的近代中小学教科书。这些教科书有的是原中华书局图书馆馆长舒新城先生和书局同仁收集的,有的是图书馆购买供中华书局的编辑编纂各科教科书时参考的,其中自然也包括了中华书局出版的本版样书。该馆的丰富收藏往往给来馆查阅的读者带来意外的惊喜。而从地域范围讲,上海是中国近代的出版中心,那一时期的教科书多由上海的出版机构出版,上海地区图书馆的收藏情况不可忽略。因此,重新编纂一本得到国内各主要教科书收藏馆参与、涉及范围更广的近代教科书书目似乎很有必要。2003年,我申报了上海市哲学社会科学规划课题。立项后,课题组向国内各省市公共图书馆、大专院校图书馆以及社会科学院图书馆发函调查,最后有17家图书馆函复藏有近代教科书,参加联合目录的编纂。在各馆的支持下,历经六载,《中国近代中小学教科书总目》始得告成。

《中国近代中小学教科书总目》收录的教科书起于19世纪90年代中期,止于1949年9月。中国近代从1840年算起至1949年,有着一百多年的历史,而本书仅收录中国近代后半段出版的教科书是出于以下的考虑。

应该说,中国近代教科书滥觞于西学在中国的传播。特别是在第二次鸦片战争后,西方列强获得了在中国办教会学校并受中国政府保护的特权,这使西方传教士纷纷在华创办教会学校并编印各科教科书,企图通过教育的途径来传教布道。1877年5月,在华传教士在上海召开了第一次基督教传教士大会,会上通过了成立学校教科书委员会(The School and Textbook Series Committee,中文名益智书会)的决定,计划为教会学校编写各科教科书。学校教科书委员会编印的教科书带来了西方教育的新理念,令人耳目一新,被不少学校采用,让国人见识了《三字经》《百家姓》《千字文》以外的新式启蒙课本。与此同时,洋务派创办的京师同文馆、江南制造局翻译馆、福建船政学堂等也开始编译以学习西文和西艺为目的的各种教材,其中尤以江南制造局翻译馆编译出版的图书传播广、影响大,为培养各科专业人才发挥了作用。但是这两类学校和机构编写的教材都不可能发展成为用于国民普通教育的基础教材。教会学校编的教材以传教为宗旨,学科又不成体系,想要撼动中国传统儒学文化的根基并取而代之是不可能的。洋务派想通过学习西艺来强国,而没能从革故鼎新创立国民教育体系的角度思考问题,故所编教材重在西方的工艺技术,很少涉及国民基础教育,自然也无法担当起近代教育革命的重任。而真正引起国人深思,想从改变国民基础教育着手,进行教育制度变革的尝试是在甲午战争以后。战争的惨败让国人看到了日本明治维新的成功,借鉴日本,从日本转译西学各书,进而自编教科书,创办新式学堂,以启迪民智,一时蔚成风气。具有标志性意义的是,清光绪二十二年(1896年)南洋公学创立,并于次年开始编印出版了《蒙学课本》二卷。《蒙学课本》虽然编得并不成熟,却是国人试图突破传统教育的藩篱,尝试编纂新式教科书的最先实践之一,它一出现便以不同于其他童蒙读物的优势,为社会所接受。从本书目可见此书在短短几年里就出版了分别由上海商务印书馆、华阳书局和香斋刘氏家塾印制的三个版本(初版日期及承印者不详),广为流传。光绪二十七年(1901年)又有更适合初学儿童学习的《(新订)蒙学课本》三编出版发行(商务印书馆编辑蒋维乔的回忆文章称此书1897年初版,为国人自编的第一种新式教科书,然所引第一课课文为《蒙学课本》二卷的内容。认定《蒙学课本》三编出版于1897年目前尚无实物佐证和论述严密的文献依据)。同期编纂的新式教科书还有光绪二十四年(1898年)上海三等学堂创办人钟天纬编撰的《字义教科书》和无锡三等公学堂编辑的《蒙学读本全书》。《字义教科书》又称《蒙养镜》,12册,是中国近代第一种用语体文编写的教科书。《蒙学读本全书》共七编,由俞复、丁宝书、吴稚晖等在授课的过程中边编写,边教学,边观察教学效果进行修改,累积而成后,于光绪二十八年(1902年)由文明书局印行出版。此书出自教学实际,由丁宝书绘图,杜嗣程缮写,世有书、画、文三绝之称,风靡各地,直至商务印书馆的《最新教科书》出版才逐渐被取代。从此以后,中国近代教科书随着近代历史的进程而逐渐完善。因此,从19世纪90年代中期起到1949年9月,是中国近代国民教育体系和近代教科书从无到有、从稚嫩到成熟的一个完整的历史过程,这一时间段出版的教科书是研究中国近代教育的基础。基于此,本书目对这一时期编撰出版,供普通教育阶段学校使用的教科书,根据各馆提供的书目数据予以详实反映。书目中包括中国共产党在第二次国内革命战争时期编印的课本及其在抗日根据地、解放区发行的教科书。这些教材传播了革命理念,反映了党对国民教育的初步探索,弥足珍贵。传统蒙学教材因仍为当时的一些塾师使用,故适当收录,以见沿革。有意思的是,随着时代的发展,这些蒙学读物在内容上有了与时俱进的变化。如《三字经注解备要》在"曰春夏,曰秋冬,此四时,运不穷"处加了地球围绕太阳运转的"四时运行图"。至于19世纪90年代以前早期教会学校和洋务学堂的教材,今后或可作为另一个专题书目加以研究。根据以上收录范围,本书目共著录了这半个多世纪中包括学生课本、教师教学参考用书、学生教学辅导用书在内的9 149种教材,并反映所有教材的收藏馆信息,便于读者查找。

近代教育是对旧教育的颠覆,编纂新式教科书事关科学救国、重铸国民精神的伟业,因而吸引了一大批学界精英,参与各学科教科书编写的多为一时之选,蔡元培、张元济、杜亚泉、丁福保、夏丏尊、任鸿隽、王云五、黎锦熙、胡适、赵元任、顾颉刚、叶圣陶、林语堂、丰子恺……可谓群贤毕至。他们不避浅显,用他们变革的理念和渊博的知识去实践教育救国的理想,以严谨的态度探索着中国教育的改革之路。如张元济在戊戌变法失败被革职后,先入南洋公学译书院主持教务,后应夏瑞芳之邀进商务印书馆,誓"以辅助教育为己任"(《张元济诗文》第240页,商务印书馆1986年出版),精心编撰新式教科书。商务印书馆编辑蒋维乔在回忆编写《最新国文教科书》的情况时说,当年参与编辑的张元济、高凤谦、蒋维乔、庄俞等围坐一桌,"由任何人提出一原则,共认有讨论价值者,彼此详悉辩论,恒有为一原则讨论至半日或终日方决定者","第一、二册几于每撰一课,皆讨论至无异议方定稿"(《中国出版史料:近代部分》第三卷第61～67页,湖北教育出版社2004年出版),其情其景令人感佩。又如由叶圣陶亲自编写、丰子恺配画的《开明国语课本》,图文俱佳,适合儿童心理和认知过程,文句读来明白晓畅,充满童趣,堪称经典。近代教科书凝聚了这一代肩负着社会责任的中国知识分子的睿智,他们在编撰过程中表现出来的那种一丝不苟的学术态度永远值得学习。同时,近代教科书名家编撰的特点,也为后人研究近代学者的教育思想、学术思想提供了新的途径和视点。

近代教科书在翻译介绍西方新学的过程中曾发挥了重要的作用,西方许多先进的科学思想和新兴学科都是通过教科书引入中国的。但这种简单的翻译、传播,久之也引起了国人的深刻反思。杜亚泉在《化学新教科书》(商务印书馆清光绪三十一年九月出版)的序言中说:"我国译化学书已有三四十年,然至今日,仍为世界之化学,而非我国之化学","今日学者欲将世界之学消化之而为我国之学,其责任有二:一曰输入,一曰精制。输入者,求新知识于他国,以为材料。精制者,取外国之新理新法而考订之,于是为教科以普及之于国民,又搜罗本国之材料以充实之,至于使斯学中有所新发明,以贡献于世界,而后斯学乃吾国之学。"这里杜亚泉指出了"教科(书)"在引进"新理新法"中的重要地位,同时更提出了应该建立中国自己的新科学体系的意见。尔后的发展也证实,近代中小学教科书在从引进西学到创立本国科学体系的过程中,在科学名词的翻译、确立、传播方面发挥了积极的作用,一些最新的学科理论也往往最早出现在中小学教科书中。如中科院院士、我国冰川地理研究的开创者施雅风先生在谈及地理教科书对他的影响时提到,张其昀编、竺可桢校订的高中《本国地理》最先提出了划分中国自然区域的方案(《施雅风口述自传》第25页,湖南教育出版社2009年出版)。因此,近代中小学教科书不但承担了引进西方科学的使命,而且在近代科学发展史上有着科学创新的意义,是我们今天研究中国近代学科发展史和学科术语变迁的重要资料。

当然,在历史的长河中也会不可避免地出现逆历史潮流而行,甚或出版社为谋利而粗制滥造、盗版抄袭的教材,但这毕竟不是近代教科书的主流,而且近代教科书本身也有着不断改进、提升、发展的过程。至于那些日伪教科书,或可作为国耻教材。日伪政权的地理教材遮遮掩掩,甚至无法说清我国的疆域四至,显露出这帮汉奸文人卖国求荣的丑恶嘴脸!

近代教科书经一代学人的努力,从无到有,逐渐定型成熟,今天我们重新审视,仍有众多可资借鉴的。总结近代教科书编纂的经验,对今天的教育和教育改革不无裨益,这是一份值得研究和继承的文化遗产。同时,近代教科书是那个时代教育的真实记录,特别是清末和民国初期,课程纲要与教材之间存在一定的距离,唯有教材才是真正付诸实施的教育,因此,研究这一时期的教育,不能忽视教科书研究这一基础。保存至今的教科书是反映那个时代教育状况、教育思想的凝固的化石,是教育史研究的第一手资料,后世研究者可以据以跨越时空,客观分析那个时代教育的得失臧否,因此,这是一份值得珍视的资料。

教科书是发行量最大的出版物,也是最不易保存的出版物,一些大量印行,甚至印至上千版的教科书,时隔几十年就难以寻觅了。清光绪三十年(1904年)出版的《最新国文教科书》曾"盛行十余年,行销至数百万册",时隔30年,蒋维乔在撰文回忆编写经过时,已发出"欲觅一全部而不可得矣"的感叹

(《出版周刊》第156号,商务印书馆1935年出版)。此书共10册,从本书目可见仅上海辞书出版社图书馆存有完帙,且已不见完整的初版。根据近代教科书的存世状况,不少品种均可归入善本保护之列。教科书难以流传,究其原因是对教科书的价值认识不足,用于普通教育的教科书往往随用随弃,藏书家和图书馆亦不屑收藏。然而,即便是低幼读物,经过历史的积淀也会给后人带来意想不到的作用。例如《史籀篇》、《兔园策府》、《初学记》等,当时也只是供学童使用的。五代后唐宰相冯道常用临事取给、用便检索的《兔园策府》而遭人讥诮,因为此书是"五代时行于民间村野以授学童"(《郡斋读书志》卷十四)的蒙学读本。时过境迁,当年的"兔园册"已成为重要的历史文献,被后人用于校勘古籍、辑录佚书遗文,清代乾嘉学派于此得益良多,这是当年编书者所始料未及的。同样,近代的"兔园册"因其丰富的社会文化内涵而逐渐成了那个风起云涌、沧桑巨变时代的见证,正日益受到当今学术界的重视。

海内外学者研究中国近代中小学教科书和利用中小学教科书研究中国近代思想史、文化史、社会史、出版史的,已不乏其人。我以为,近代教科书之所以受到重视,是因为一个国家的教育思想必然反映了一个国家在其特定社会历史阶段的主流意识,而教科书正是这种意识的物化体现,举凡中国近代发生的大事要事,无不在教科书中烙下时代的印痕。通过近代教科书去检讨中国近代的文化现象、社会意识,往往能给人一种更为客观、真实的认知和启迪,这种思考是超越了教育史研究范畴的、领域更为广泛的探索。从文史资源的角度看,近代中小学教科书更是学术研究中一片尚待开发的处女地。希望通过本书目的编纂出版,给读者在近代教科书的研究中考镜源流、辨章学术带来方便;为读者按图索骥找到所需要的教科书指点方向;对近代教科书的保护、整理、研究有所推动。

作为联合目录而冠以"总书目"之名,这是沿用了《民国时期总书目》的习称。正如吕叔湘先生在《民国时期总书目》的序中所言,《民国时期总书目》是"以三个大图书馆(注:指中国国家图书馆、上海图书馆、重庆市图书馆)的藏书为主,以少量其他图书馆藏书补充的目录",实际上是一种联合目录。他"希望在这个联合目录的基础上逐渐完备起来,成为一个真正的总书目",希望"全国的图书馆和藏书家在看到这个书目之后,都来拾遗补阙,共襄盛举"。本书目的编撰尽管有了更多图书馆的参与,数量也有了很大的增加,但仍如吕叔湘先生所言,从完整的角度来看,也只能是"总书目"完善过程中更接近目标的一个过程而已,本书的出版依然期待着更多的图书馆、更多的研究者来共襄盛举。

回首六年寒暑,几多辛苦。在此我得感谢参编馆的积极支持,感谢课题组同仁的通力合作、无私投入,是赖众人的努力才编就了这本《中国近代中小学教科书总目》。由于本书目是综合各馆书目数据编纂而成,囿于客观条件和编者的水平,在书目的甄别、合并、归类和著录等方面必然会存在不足及疏漏之处,殷切希望得到读者的指正。

王有朋

2009 年 11 月 23 日

凡例

一、本书目收录19世纪90年代中期至1949年9月间出版的中小学各科教学用书(含国外出版供中国学校使用的教科书,以及国内出版供马来西亚、新加坡华侨学校使用的教科书),包括学生课本、教师教学参考用书和学生教学辅导用书。中小学教育属于国民基础教育的范畴,为完整反映这一历史时期的教育情况,本书目也同时收录这一教育层次的师范教育、职业教育、函授教育、幼稚教育、民众教育和军事训练的教学用书。

二、本书目按教育程度和要求分九大类,包括:课程标准、教材书目,小学教材,中学教材,师范学校教材,职业学校教材,函授学校教材,幼稚教育教材,民众学校教材,军训(童子军)教材。各大类下一般按学科细分,各学科下再分课本、教学参考书和教学辅导书。

三、各类目中书目的排列以初版日期为序。初版日期不详的依据现存版本的时间排序。出版时间缺失的,参考图书内容酌定出版日期,加上问号和方括号,排于同一时期出版的图书后面。如:清光绪年间出版的标以[1908?](光绪三十四年);难以确定是光绪还是宣统年间出版的标以[1911?](宣统三年);民国期间出版的标以[1912-1949?]。为便于读者查检,个别丛书、系列书、套书会随其中最早出版的一种适当集中。

四、各学科类目下小的类别细分不再立目,用五个"*"符号分隔。如:小学语文中的"读音、识字"类下的读音与识字教材,中间以五个"*"符号分隔。

各类目下的同一类教科书,品种较多的按小学、初等小学、高等小学,中学、初级中学、高级中学的规律分段,并用三个"＊"符号分隔,各段中再按出版年月排列。

五、书目著录规则：

1. 题名项

清末民初正是传统出版向近代出版转变的时期,各书的封面题名、扉页题名、卷端题名、逐页题名、版权页题名往往很不一致。各参编馆所著录书目也往往因取舍标准不一而书名各异。为方便读者检索,本书目择要保留部分不同题名信息。

2. 责任者项

一般图书的著录规则为三位以上责任者仅保留第一位,并加"等"表示。考虑到近代教科书的编纂者多为各学科的著名学者,简单著录将丢失许多重要信息,为便于今人研究,对各馆所著录书目中有多个责任者的,尽量予以保留。如遇十位以上责任者的,则保留前三位,并加"等"表示。

3. 版本项

版本项著录出版地、出版者和出版日期。出版日期记录现存图书的最早出版日期。

(1) 单行本有多个不同版次则依次著录。如:清光绪34.6第2版,宣统1.2第5版,民国1.2第10版……

(2) 多卷书各分册的版次分别依次著录。如：

第1册:民国13.1初版,民国13.7第2版

第2册:民国13.2初版,民国15.5第35版

第3册:民国13.3初版,民国15.1第20版,民国15.5第30版

第4册:民国13.6初版,民国13.12第2版,民国17第30版

(3) 多卷书各分册版次相同的可集中著录。如:"第1-4册:民国2.8初版,民国3.6第10版",表

示此书存有民国二年八月初版第1-4册和民国三年六月第10版第1-4册。

(4) 清纪年后加方括号注明相应的公元年份。月份因无具体日期难以准确换算,故一概省略。民国纪年后加方括号注明相应的公元年月。

(5) 正中书局、商务印书馆、中华书局、世界书局、大东书局、开明书店、文通书局七家出版机构统筹印销国定本教科书,简称"国定中小学教科书七家联合供应处"。新亚书店、大中国图书局、广益书局、北新书局、中联印刷公司联合出版教科书,简称"五联社"。

4. 载体形态项

(1) 单行本著录该书的具体页数。页数不详的则用"1册"表示。

(2) 多卷书著录全套书的总册数。册数不详的则用空格表示,如:"   册"。多卷书的页数逐册反映,如:2册(30,35页)。若参编馆将多卷书各册页数作总括著录的,则累加反映,并加方括号表示,如:5册([180]页);如果是连续页码则不加方括号。多卷书为残册的,著录现存册的页数。如:某书全3册,现存第1册50页、第3册65页,表示为:3册(①50,③65页)。

(3) 本书目中装帧形式著录为线装的,页码的计算单位为"叶",每一叶含两面(页)。有些参编馆的线装书页码以"页"表示,其中含有两种情况:一是原书为卷筒页装,一叶含两面,著录时已折算成两页;二是原书为非卷筒页装的线装书,页码为一面一页计。为避免处理错误,本书目不强求统一,请读者注意辨别。

六、收藏馆以简称表示。收藏馆后括号中的数字表示该馆收藏不全,现存几册。如:国图(1,4-6),表示中国国家图书馆只藏有该多卷书的第1、4、5、6册。

七、出版于清末的教科书,民国时期再版时又经民国政府教育部审定作教科书用的,原书著录有"教育部审定"、"中华民国适用"等说明文字,均在附注项中反映。同一种书因课程标准的修订,各版次会有"新课程标准适用"、"修正课程标准适用"等不同的提示,除非有大的修订或页码相差较多,一般不另作一种处理,以上信息均在附注项中予以反映。

八、本书目附"书名笔画索引"、"作者笔画索引",以方便读者使用。"作者笔画索引"为本书目著录的中国著作者的人名索引,不包括集体作者和外国作者。

收藏馆及其简称

收藏馆	简称
中国国家图书馆	国图
北京师范大学图书馆	北师大
人民教育出版社图书馆	人教
上海图书馆	上海
华东师范大学图书馆	华师大
上海师范大学图书馆	上师大
上海辞书出版社图书馆	辞书
天津图书馆	天津
河南省图书馆	河南
西北师范大学图书馆	西北师大
辽宁省图书馆	辽宁
庐山图书馆	庐山
湖南省图书馆	湖南
云南社会科学院图书馆	云南社科
广西师范大学图书馆	广西师大
广东省立中山图书馆	广东中山
台湾"国立编译馆"教科书资料中心	编译馆

正文分类目录

1. 课程标准、教材书目

课程标准 2	中学 5	职校 7	教材书目 8
小学 3	师范 6	课程研究 7	

2. 小学教材

综合 12	课本 45	教学参考书 159	教学参考书 217
课本 12	教学参考书 52	**文法、说话** 160	**日语** 217
教学参考书 25	教学辅导书 57	课本 160	课本 217
教学辅导书 33	**修身** 58	教学参考书 163	**历史** 218
政治 36	课本 58	**阅读** 164	课本 218
课本 36	教学参考书 71	课本 164	教学参考书 233
教学参考书 40	教学辅导书 78	教学参考书 188	教学辅导书 238
法制 40	**社会** 78	**作文** 195	**地理** 239
课本 40	课本 78	课本 195	课本 239
三民主义 40	教学参考书 90	教学参考书 203	教学参考书 253
课本 40	教学辅导书 94	教学辅导书 204	教学辅导书 258
教学参考书 42	**语文** 95	**习字** 212	中国地图 259
教学辅导书 43	课本 95	课本 212	世界地图 260
党义 43	教学参考书 134	教学参考书 213	**乡土教育** 261
课本 43	教学辅导书 152	**外语** 213	课本 261
教学参考书 44	读音、识字 154	英语 213	教学参考书 264
公民 45	课本 154	课本 213	**数学** 265

算术	265	教学参考书	347	教学辅导书	382	课本	399
课本	265	教学辅导书	352	**卫生**	383	教学参考书	407
教学参考书	296	**理科**	353	课本	383	**美术**	410
教学辅导书	311	课本	353	教学参考书	391	课本	410
珠算	317	教学参考书	359	教学辅导书	393	教学参考书	419
课本	317	教学辅导书	363	**农业**	394	**劳作、家事**	422
教学参考书	322	**格致及其他**	363	课本	394	课本	422
教学辅导书	325	课本	363	教学参考书	395	教学参考书	430
几何	325	教学参考书	366	**商业**	397	**体育、游戏**	434
课本	325	**常识**	366	课本	397	课本	434
自然	325	课本	366	教学参考书	398	教学参考书	440
课本	325	教学参考书	377	**音乐**	399		

3. 中学教材

综合	446	**公民**	458	教学参考书	517	**法语、德语**	552
课本	446	课本	458	教学辅导书	517	课本	552
教学参考书	447	教学参考书	466	**文法、修辞**	518	**日语**	553
教学辅导书	448	教学辅导书	466	课本	518	课本	553
哲学、论理学（逻辑）	452	**伦理、修身**	467	**作文**	520	**历史**	553
课本	452	课本	467	课本	520	课本	553
心理学	454	**社会、法制**	470	教学参考书	521	教学参考书	555
课本	454	课本	470	教学辅导书	522	教学辅导书	555
政治	454	教学辅导书	472	**外语**	530	**中国史**	556
课本	454	**语文**	472	**英语**	530	课本	556
教学辅导书	456	课本	472	课本	530	教学参考书	570
三民主义	456	教学参考书	490	教学参考书	540	教学辅导书	571
课本	456	教学辅导书	492	教学辅导书	540	**外国史**	573
教学参考书	457	**文字、国音**	493	**会话**	546	课本	573
党义	457	课本	493	课本	546	教学参考书	582
课本	457	教学参考书	496	**文法**	547	教学辅导书	582
教学参考书	458	教学辅导书	496	课本	547	**地理**	584
教学辅导书	458	**阅读**	496	**作文**	551	课本	584
		课本	496	课本	551	教学参考书	586

教学辅导书	586	几何	650	物理实验	704	课本	744
人文地理	587	课本	650	课本	704	教学参考书	752
课本	587	教学参考书	657	**化学**	706	教学辅导书	752
自然地理	588	教学辅导书	657	课本	706	**生理卫生**	753
课本	588	**几何画**	659	教学参考书	718	课本	753
中国地理	589	课本	659	教学辅导书	719	教学辅导书	760
课本	589	教学辅导书	661	**化学实验**	721	**经济**	761
教学参考书	600	**平面几何**	661	课本	721	课本	761
教学辅导书	600	课本	661	教学参考书	725	**农业**	762
外国地理	602	**立体几何**	667	**天文学、地质学**	725	课本	762
课本	602	课本	667	课本	725	**商业**	763
教学参考书	609	教学辅导书	670	**博物**	726	课本	763
教学辅导书	610	**解析几何**	671	课本	726	**音乐**	764
中国地图	611	课本	671	教学辅导书	727	课本	764
世界地图	613	教学辅导书	674	**矿物**	727	**乐理**	766
数学	615	**三角**	675	课本	727	课本	766
课本	615	课本	675	**生物学**	730	**唱歌**	768
教学参考书	617	教学参考书	683	课本	730	课本	768
教学辅导书	618	教学辅导书	683	教学参考书	733	**乐器**	771
算术	619	**自然科学**	685	教学辅导书	734	课本	771
课本	619	课本	685	**生物学实验**	735	**美术**	771
教学参考书	628	教学参考书	687	课本	735	课本	771
教学辅导书	629	教学辅导书	687	**植物学**	736	**劳作、家事**	775
代数	632	**物理学**	688	课本	736	课本	775
课本	632	课本	688	教学参考书	743	**体育**	778
教学参考书	646	教学参考书	701	教学辅导书	744	课本	778
教学辅导书	646	教学辅导书	701	**动物学**	744	教学参考书	780

4. 师范学校教材

基础教材		教学辅导书	785	课本	786	教学辅导书	789
		哲学	785	**政治**	788	**伦理、修身**	789
综合	784	课本	785	公民	788	课本	789
课本	784	**论理学（逻辑）**	786	课本	788	**社会、法制**	790

课本	790	代数	801	课本	808	课本	824
语文	791	课本	801	经济	809	学校管理	825
课本	791	几何	801	课本	809	课本	825
历史	793	课本	801	农业	810	教育行政	827
课本	793	自然科学	802	课本	810	课本	827
中国史	794	课本	802	商业	811	健康教育	830
课本	794	教学参考书	802	课本	811	课本	830
外国史	795	物理学	802	音乐	811	教授法	830
课本	795	课本	802	课本	811	综合教授法	830
教学辅导书	796	化学	804	美术、工艺	812	课本	830
地理	796	课本	804	课本	812	分科教授法	837
课本	796	教学辅导书	805	劳作、家事	813	课本	837
教学参考书	797	博物	805	课本	813	教育实习	839
中国地理	797	课本	805	体育	814	课本	839
课本	797	矿物	805	课本	814	教育史	840
外国地理	798	课本	805	**专业教材**		课本	840
课本	798	生物学	806	教育概论	814	比较教育	842
教学辅导书	798	课本	806	课本	814	课本	842
数学	798	教学辅导书	806	心理学	819	幼稚教育	842
课本	798	植物学	806	课本	819	课本	842
教学辅导书	799	课本	806	教育心理学	821	民众教育	844
算术	800	动物学	807	课本	821	课本	844
课本	800	课本	807	教育测验与统计	824	农村教育	844
教学辅导书	800	生理卫生	808			课本	844

5. 职业学校教材

基础教材		**农业学校教材**		农业基础	851	植物保护	855
文科	848	农业概论	850	课本	851	课本	855
课本	848	课本	850	农业制造	852	农作物	856
理科	848	农业经济	850	课本	852	课本	856
课本	848	课本	850	农学（农艺学）	853	园艺	856
				课本	853	课本	856

林业	858	课本	861	铁路	865	商业地理	866
课本	858	铸造、金属加工	862	课本	865	课本	866
畜牧业	858	课本	862	**商业学校教材**		商业经济	867
课本	858	机械	863	商业通论	865	课本	867
兽医	859	课本	863	课本	865	经济管理	868
课本	859	化工	863	政策、法规	866	课本	868
蚕业、养蜂	859	课本	863	课本	866	财政、金融	871
课本	859	轻工业、手工业	864	商业史	866	课本	871
水产	861	课本	864	课本	866	**护理学校教材**	
课本	861	教学参考书	864			课本	872
工业技术学校教材							
综合	861						

6. 函授学校教材

综合	874	历史、地理	879	课本	879	课本	881
课本	874	课本	879	教学参考书	881	商业	881
语文	874	数学	879	物理、化学	881	课本	881
课本	874						

7. 幼稚教育教材

综合	884	课本	886	教学参考书	889	音乐、美术	890
课本	884	教学参考书	888	常识	889	课本	890
教学参考书	885	算术	888	课本	889	游戏	890
语文	886	课本	888	教学参考书	889	课本	890

8. 民众学校教材

综合	892	教学参考书	897	课本	897	语文	899
课本	892	政治	897	教学参考书	898	课本	899

读音、识字	899	教学参考书	905	**自然、常识**	908	课本	910
课本	899	**历史、地理**	905	课本	908	**农业**	910
教学参考书	903	课本	905	教学参考书	909	课本	910
文法、说话	904	教学参考书	906	**音乐、体育**	909	**商业**	910
课本	904	**数学**	906	课本	909	课本	910
作文	904	课本	906	教学参考书	909		
课本	904	教学参考书	908	**卫生**	910		

9. 军训（童子军）教材

    课本　　　　　912

    教学参考书　　917

1. 课程标准、教材书目

课程标准

1-0001

奏定学堂章程

(清)学部辑

①[武昌] 湖北学务处 清光绪 29.11[1903]刻本
5册 线装
国图 上海 辞书

②北京 北京官书局 清光绪 29[1903]
5册 线装
国图 辞书

③[天津] 北洋官报局 清光绪 29[1903]
5册 线装
国图

④上海 商务印书馆 清光绪 30[1904]
1册 线装
上海

⑤[出版者不详] 清光绪 30[1904]刻本
6册 线装
国图

⑥[南京] 江楚编译官书局 [1908?]
5册 线装
国图 上海

⑦[出版者不详] [1908?]刻本
9册 线装
国图

1-0002

钦定学堂章程

(清)学部辑
包括钦定大学堂章程、钦定高等学堂章程、钦定中学堂章程、钦定小学堂章程、钦定蒙学堂章程

①[上海] 昌言报馆 清光绪 31[1905]
2册 线装
上海

②上海 时中书局 清光绪 31[1905]
8册 线装
上海

③[出版者不详] 清光绪 33[1907]
6册 线装
上海

④[出版者不详] [1908?]石印本
6册 线装
国图

1-0003

学部修改各学堂考试章程

[出版者不详] [1908?]
8叶 16开 线装
辞书

1-0004

湖北提学使司详定改良私塾章程

(清)湖北提学使司编
[出版者不详] [1908?]
5叶 线装
辞书

1-0005

学部奏改订两等小学堂课程折

[出版者不详] [1911?]
5叶 16开 线装
辞书

1-0006

学部奏请变通中学堂课程分为文科实科折

[出版者不详] [1911?]
12叶 16开 线装
辞书

1-0007

学部改订中学堂文实两科课程

[出版者不详] [1911?]
10叶 16开 线装
辞书

1-0008

改良私塾指南

江苏巡按使公署[编]
上海 中华书局 [1912-1920?]
28页 图 大32开 线装
辞书

1-0009

新学制课程标准纲要

全国教育会联合会新学制课程标准起草委员会编辑
南京 [编者刊] 民国13.5[1924.5]第3版
[140]页 32开
教育部颁行
初版附注：民国12年6月初版
卷端题名：新学制各科课程纲要
辞书

1-0010

新学制课程标准纲要

全国教育会联合会新学制课程标准起草委员会编
上海 商务印书馆 民国14.6[1925.6]初版,民国14.10第2版
135页 32开
国图 人教 华师大 河南

1-0011

中小学课程暂行标准

教育部中小学课程标准起草委员会编订 教育部部长鉴定
5册(150,168,116,149,236页) 表 32开
教育部颁行
①上海 卿云图书公司 民国18.10[1929.10]-

第1册(幼稚园及小学之部):民国18.10初版,民国19.1第2版,民国19.4第3版

第2册(初级中学之部):民国18.10初版,民国19.4第2版

第3册(高级中学之部):民国19.1初版

辞书(1-3) 华师大(3) 人教(1,3) 辽宁(1) 国图(2-3) 河南(1-2)

②南京 教育部 民国18[1929]-

第3册(高级中学之部):民国18年版

国图(3) 人教(3)

③上海 商务印书馆 民国19.4[1930.4]-

第1册(幼稚园及小学之部):民国19.4第3版

第5册(高级中学师范科之部):民国20.8版

辞书(1) 庐山(5)

④上海 中华书局 民国19.9[1930.9]-

第4册(高级中学商科之部):民国19.9初版,民国20.9第2版

第5册(高级中学师范科之部):民国19.11初版,民国20.6版

国图(4-5) 北师大(5) 人教(5) 辞书(4-5)

1-0012

幼稚园小学课程暂行标准
教育部中小学课程标准起草委员会编
上海 商务印书馆 民国19.3[1930.3]
[176]页 表 32开
民国18年8月教育部颁行
人教

1-0013

幼稚园小学课程标准
教育部中小学课程标准编订委员会编订 教育部部长鉴定
134页 表 32开
教育部民国21年10月颁行
①[南京] 教育部 民国21.10[1932.10]
人教
②上海 京华印书馆 民国21.10[1932.10]
辞书
③上海 中华书局 民国22.2[1933.2]初版,民国22.5第2版,民国23.11第3版,民国24第4版,民国25.2第5版
北师大 人教 华师大 辞书 河南 西北师大
④上海 商务印书馆 民国22.3[1933.3]初版,民国22.5第2版,民国24.5第5版
人教 庐山

1-0014

幼稚园小学课程标准[修正本]
162页 表 32开
教育部修正颁行
①上海 长沙 商务印书馆 民国25.7[1936.7]初版,民国25.8第2版,民国26.3第8版,民国27长沙9版
人教 华师大 辞书 西北师大
②上海 中华书局 民国25.8[1936.8]初版,民国26.2第3版,民国26.6第6版,民国27.7第7版,民国27.7第8版

人教 辞书
③上海 中华书局 民国26.4[1937.4]初版,民国26第2版(小学教员检定丛刊)
辞书 西北师大

1-0015

课程标准
教育部颁行
南京 正中书局 民国26[1937]版
182页 32开
西北师大

＊ ＊ ＊ ＊ ＊

1-0016

中小学体育课程标准
教育部公布
上海 勤奋书局 民国22.1[1933.1]
36页 表 32开
国图 河南

小 学

1-0017

钦定蒙学堂章程
(清)学部辑
1册 线装
①[江阴] 南菁学堂 清光绪29[1903]刻本
上海
②[出版者不详] [1908?]石印本
国图

1-0018

奏定陆军小学堂章程
(清)学部辑
[出版者不详] 清光绪31[1905]
1册 线装
上海

1-0019

江苏暂定小学堂章程
(清)江苏学务处辑
[不详] 教育研究会 清光绪31[1905]
1册 线装
上海

1-0020

钦定小学堂章程
(清)学部辑
1册 线装
①[出版者不详] [1908?]刻本
上海
②[出版者不详] [1908?]石印本

国图

1-0021
初等小学堂章程
[出版者不详] [1908?]刻本
1册 线装
上海

1-0022
陆军部奏定改订陆军小学堂章程
[出版者不详] 清宣统2[1910]石印本
1册 线装
上海

1-0023
小学课程标准总纲
四川省政府教育厅[编]
四川 [编者刊] 民国31.11[1942.11]版
20页 表 大32开
教育部颁发
国图

1-0024
小学课程标准
教育部颁布
重庆 上海 北平 正中书局 民国32.8[1943.8]渝初版,
民国34.11沪1版,民国35.1平1版,民国35.6沪9版,民
国35.10沪14版
294页 表 32开
国图 北师大 人教 华师大 辞书 天津 西北师大

1-0025
小学课程标准
教育部颁布
83页 表 32开
教育部修正公布
①上海 商务印书馆 民国37.10[1948.10]
辞书
②上海 正中书局 民国37.10[1948.10]
辞书

* * * * *

1-0026
短期小学公民训练标准
国立编译馆编纂
上海 商务印书馆 民国24.10[1935.10]初版,民国24.11
第2版,民国24.11第5版,民国25.3第11版,民国25第
20版
32页 32开
北师大 辞书 西北师大

1-0027
小学国语常识科课程标准
教育部颁布
成都 四川省政府教育厅 民国30.12[1941.12]
70页 32开
国图 人教

1-0028
小学训育标准
教育部编
1册 32开
①广州 广东省教育厅 民国30[1941]版
40页
广东中山
②大埔 大埔县同仁区教育会 民国32[1943]版
20页
广东中山
③成都 教育部国民教育司 [1912-1949?]
68页
辞书

1-0029
小学算术科课程标准
教育部颁布
42页 32开
①成都 四川省政府教育厅 民国31.2[1942.2]版
(国民教育指导月刊小丛书 3)
人教
②成都 教育部国民教育司 民国31[1942]版
国图 人教 辞书

1-0030
小学音乐科课程标准 小学美术科课程标准 小学劳作科课程标准
[出版者不详] 民国31.6[1942.6]版
11页 32开
其他题名:小学美术科课程标准
其他题名:小学劳作科课程标准
人教

1-0031
教育部颁布小学社会科课程标准
教育部编著
四川 四川省政府教育厅 民国31.8[1942.8]
38页 表 32开
人教

1-0032
小学国语科课程标准
教育部颁布
成都 教育部国民教育司 民国35[1946]版
62页 32开
人教 辞书

1-0033
小学常识科课程标准
教育部颁布
成都 教育部国民教育司 [1912-1949?]
70页 32开
辞书

中 学

1-0034

奏定陆军中学堂章程
(清)学部辑
　　[出版者不详]　清光绪33[1907]
　　1册　线装
　　上海

1-0035

钦定中学堂章程
(清)学部辑
　　[出版者不详]　[1908?]
　　1册　线装
　　国图　上海

1-0036

中学校课程标准
教育部编
　　北京　教育部总务厅文书科　民国2[1913]版
　　4页　大32开　线装
　　教育部民国2年3月颁布
　　国图

1-0037

初高级中学课程标准
教育部中小学课程标准编订委员会编订
　　340页　32开
　　民国21年11月教育部颁行
　　其他题名：中学课程标准
　　①上海　商务印书馆　民国22.11[1933.11]
　　　人教
　　②上海　中华书局　民国22.11[1933.11]
　　　国图　人教　上海　华师大　辞书　广东中山

1-0038

初级中学高级中学普通科各科教学纲要
广东省第三次教育会议筹备委员会编
　　[广州]　[编者刊]　民国22[1933]版
　　346页　大32开
　　广东中山

1-0039

初高级中学课程标准[修正本]
教育部中小学课程标准编订委员会编订
　　340页　32开
　　民国25年6月教育部修正颁行
　　其他题名：中学课程标准
　　①上海　中华书局　民国25.10[1936.10]初版,民国26.2第2版,民国30.1第4版
　　　国图　辞书　广东中山
　　②上海　商务印书馆　民国25.10[1936.10]初版,民国26.3第2版

　　国图　人教　华师大　庐山
　　③南京　上海　正中书局　民国25.11[1936.11]第8版,民国26.1第18版
　　国图　人教　华师大　广东中山

1-0040

六年制中学课程标准草案
教育部编订
　　重庆　上海　正中书局　民国30.9[1941.9]渝初版,民国35.4沪1版
　　242页　表　32开
　　国图　人教　华师大　辞书　河南　广东中山

1-0041

(修正)初高级中学课程标准
教育部颁行
　　重庆　上海　正中书局　民国31.7[1942.7]初版,民国34.11沪1版,民国35.6沪7版,民国36.9沪8版
　　260页　表　32开
　　其他题名：初高级中学课程标准
　　国图　人教　辞书　广东中山

1-0042

(修订)中学课程标准
教育部公布
　　南京　上海　民生印书馆　民国37.12[1948.12]
　　230页　表　32开
　　民国37年12月教育部颁布
　　其他题名：中学课程标准
　　国图　人教　华师大　辞书

1-0043

初级中学课程标准
教育部[编]
　　广州　广东省教育厅　[1912-1949?]
　　1册　32开
　　广东中山

1-0044

高级中学课程标准
[教育部编]
　　广州　广东省教育厅　[1912-1949?]
　　1册　大32开
　　广东中山

*　　*　　*　　*　　*

1-0045

高级中学商科课程暂行标准
教育部高中商科课程标准起草委员会,国民政府行政院编
　　上海　中华书局　民国20.1[1931.1]
　　144页　32开
　　教育部颁行
　　国图　河南

1-0046

初高级中学公民课程标准

教育部颁行
　　[出版者不详]　民国 23.8[1934.8]
　　26 页　32 开
　　逐页题名：初级中学公民课程标准
　　逐页题名：高级中学公民课程标准
　　国图　人教　辞书

1-0047

高中物理学教学纲要
山东省人民政府教育厅编
　　山东　山东新华书店　民国 38[1949]
　　70 页　32 开
　　广东中山

师　范

1-0048

江苏师范学堂暂用章程
(清)江苏学务处编
　　[南京]　[编者刊]　清光绪 30[1904]
　　32 叶　线装
　　辞书

1-0049

师范学校课程标准
教育部[编]
　　[北京]　教育部总务厅文书科　民国 2[1913]版
　　折 6 面　大 32 开
　　北洋政府教育部颁行
　　国图

1-0050

新学制师范科课程标准纲要
全国教育会联合会编
　　南京　[编者刊]　民国 14.8[1925.8]
　　290 页　32 开
　　国图　人教

1-0051

师范学校课程标准
教育部师范课程标准编订委员会编　教育部鉴定
　　206 页　32 开
　　教育部颁行
　　①上海　商务印书馆　民国 23.9[1934.9]初版, 民国 25 第 2 版
　　河南
　　②上海　中华书局　民国 23.11[1934.11]初版, 民国 25.3 第 2 版
　　国图　北师大　人教　华师大　辞书

1-0052

乡村师范学校课程标准
教育部师范课程标准编订委员会编订　教育部鉴定
　　1 册　表　32 开
教育部颁行
　　①上海　中华书局　民国 24.3[1935.3]
　　北师大　人教　辞书
　　②上海　商务印书馆　民国 24.4[1935.4]
　　华师大　河南

1-0053

简易师范学校课程标准
教育部师范学校课程标准编订委员会编　教育部鉴定
　　216 页　表　32 开
民国 24 年 4 月教育部颁行
　　①上海　商务印书馆　民国 24.6[1935.6]
　　国图　人教　上海　庐山
　　②上海　中华书局　民国 24.6[1935.6]初版, 民国 24.9 第 2 版
　　国图　人教　华师大　辞书

1-0054

简易乡村师范学校课程标准
教育部师范课程标准编订委员会编订　教育部鉴定
　　210 页　图　32 开
教育部颁行
　　①上海　中华书局　民国 24.6[1935.6]初版, 民国 24.9 第 2 版
　　北师大　人教　华师大　辞书
　　②上海　商务印书馆　民国 24.7[1935.7]
　　北师大　人教　庐山

1-0055

三年制幼稚师范科课程标准
教育部师范课程标准编订委员会编订　教育部鉴定
　　1 册　表　32 开
教育部颁行
　　①上海　中华书局　民国 24.6[1935.6]
　　北师大　人教　华师大　辞书
　　②上海　商务印书馆　民国 24.7[1935.7]
　　河南　庐山

1-0056

师范学校各科教学纲要（广东全省第四次教育会议议决案）
　　上海　商务印书馆　民国 24.8[1935.8]
　　196 页　表　32 开
　　辞书　广东中山

1-0057

二年制幼稚师范科课程标准
教育部师范课程标准编订委员会编订　教育部鉴定
　　1 册　表　32 开
教育部颁行
　　①上海　中华书局　民国 24.11[1935.11]
　　北师大　辞书
　　②上海　商务印书馆　民国 25.1[1936.1]
　　北师大

1-0058

国民教育师资短期训练班课程纲要
教育部国民教育司编订

重庆　中华书局　民国33.4[1944.4]
66页　表　32开
教育部颁行
辞书

1-0059
简易师范学校课程标准[修正本]
教育部师范学校课程标准编订委员会编
　　重庆　上海　正中书局　民国33.12[1944.12]渝初版,民国35.4沪1版
　　158页　表　32开
　　民国32年6月教育部修正颁行
　　国图　人教　华师大　辞书

1-0060
师范学校课程标准
教育部颁行
　　重庆　上海　正中书局　民国34.1[1945.1]初版,民国35.6沪1版,民国36.12沪5版
　　221页　表　32开
　　教育部修正颁行
　　国图　人教　华师大　辞书

1-0061
师范讲习科课程教材纲要
江苏师范教材委员会编
　　[出版者不详]　[1912-1949?]
　　110页　23开
　　本书为江苏省各科教材大纲
　　国图　人教

职　校

1-0062
湖北提学使司酌定中等实业学堂章程
(清)湖北提学使司编
　　[湖北]　[编者刊]　[1911?]
　　1册　线装
　　辞书

1-0063
职业学校各科教材大纲课程表设备概要汇编
教育部编
　　南京　[编者刊]　民国23[1934]-
　　4册　大32开
　　第1-3册:民国23年版
　　国图(1-3)　华师大(1-2)　河南(3)

课程研究

1-0064
单级初等小学实行法
徐崿编　范源廉阅
　　上海　中华书局　民国3.3[1914.3]
　　36页　32开
　　封面题名:新制单级初等小学实行法
　　辞书

1-0065
新学制与普通教育
张鸿英编
　　上海　中华书局　民国12.6[1923.6]
　　67页　32开　线装
　　辞书

1-0066
公民学课程大纲
周之淦,杨中明,卢殿宜著
　　上海　商务印书馆　民国12.6[1923.6]初版,民国12.10第2版
　　168页　32开　(中华教育改进社丛书　第二种)
　　人教　辞书　湖南

1-0067
小学课程概论
程湘帆著
　　上海　商务印书馆　民国21[1932]国难后第1版
　　268页　32开　(中华教育改进社丛书　第一种)
　　初版附注:民国12年6月初版
　　辞书

1-0068
新学制中学的课程
廖世承等著
　　上海　商务印书馆　民国14[1925]
　　75页　50开　(教育丛著　2)
　　广东中山

1-0069
小学课程研究
朱智贤编纂　章沦清,沈百英校订
　　上海　商务印书馆　民国20.2[1931.2]
　　129页　32开
　　辞书

1-0070
新课程标准与新教学法
赵廷为编著
　　上海　开明书店　民国21.6[1932.6]
　　250页　32开
　　辞书

1-0071
小学课程沿革
盛朗西编
　　上海　中华书局　民国23.3[1934.3]
　　370页　表　32开　线装
　　辞书

1-0072
改造小学国语课程
李廉方著
　　开封　开封教育实验区出版部　民国23[1934]-
　　册(①172,②238,③310页)　像　大32开
　　第1册(一期方案):民国23初版
　　第2册(二期方案):民国24.2初版
　　第3册(三期方案上):民国24初版
　　辞书(2)　河南(1-3)　广东中山(3)

1-0073
幼稚园课程
徐枫吟编著　马客谈校阅
　　上海　大东书局　民国25.4[1936.4]
　　2册(232,204页)　图,乐谱　32开
　　上下册:民国25.4初版,民国36.6第2版
　　封面题名:生活单元幼稚园课程
　　华师大　辞书　编译馆(2)

1-0074
战时小学教育实施法
吴鼎著
　　重庆　中山文化教育馆　民国27.7[1938.7]渝版
　　73页　小32开　(抗战丛刊　41)
　　辞书

1-0075
中小学教科用书审读意见书
华北人民政府教育部教科书编审委员会草拟
　　[北平]　中国共产党中央宣传部　民国38.7[1949.7]
　　102页　32开
　　人教　辽宁

1-0076
新学制学校课程说明书
商务印书馆编辑
　　上海　[编者刊]　[1912-1949?]
　　1册　图(含彩图)　32开
　　附:用书样张
　　国图　辞书

1-0077
新学制实行法
黄允文著　范源廉,陆费逵阅
　　上海　中华书局　[1912-1949?]
　　[81]页　表　32开
　　辞书

壹　教材书目

1-0078
学部第一次审定初等小学暂用书目
(清)学部编译图书局编
　　[出版者不详]　[1906?]
　　12叶　16开　线装
　　根据清光绪32年4月学部定本刊行
　　辞书

1-0079
学部第一次审定高等小学暂用书目
(清)学部编译图书局编
　　江宁　江宁学务公所　清光绪33.3[1907]
　　13叶　16开　线装
　　据农工商部印刷科本重印
　　辞书

1-0080
中学教科书内容提要
世界书局编
　　上海　[编者刊]　民国18[1929]版
　　42页　32开
　　国图　人教

1-0081
各科教科书内容概说
　　上海　中华书局　民国23.5[1934.5]
　　33页　32开
　　中学用
　　其他题名:中学用各科教科书内容概说
　　人教

1-0082
新出当代国文(样本)
江苏省教育厅编著
　　上海　中学生书局　民国23[1934]版
　　30页　25开
　　初高中国文目录及选注样本
　　国图　人教

1-0083
国民政府成立以来审定及失效中小学师范职业各校教科图书一览
国立编译馆编
　　南京　[编者刊]　民国24.1[1935.1]
　　44页　表　16开
　　国图　人教　上海

1-0084
审定中小学及师范学校教科书一览:民国24年1-9月
国立编译馆编
　　南京　[编者刊]　民国24.10[1935.10]版
　　10页　表　16开
　　国图

1-0085
中等学校各科教学用书调查报告
汪祥庆编

北平　华北基督教教育协会　民国25[1936]版

128页　16开

附：英文

人教

1-0086

中学教科书及补充书参考书目录

商务印书馆编

上海　[编者刊]　民国25[1936]版

56页　32开

附：师范学校及职业学校教科书

人教

1-0087

中等学校国文选本书目提要

黎锦熙，王恩华编纂

北平　国立北平师范大学文学院　民国26.6[1937.6]

144页　32开

人教

1-0088

小学教科书

上海　商务印书馆　民国27.1[1938.1]版

23页　32开

附：补充书参考及幼稚教育用书

庐山

1-0089

中华书局图书馆基本教育图书教具展览目录

中华书局图书馆编

上海　中华书局　民国36[1947]

[354]页　表　32开　线装

中英两种文字

国图　辞书

1-0090

中学师范教科书内容提要

世界书局编

上海　[编者刊]　[1912-1949?]

[122]页　28开

人教

2. 小学教材

综 合

课 本

2-0001

蒙学课本二卷

南洋公学编

2册(51,26叶) 16开 线装

①上海 [编者刊] 清光绪25[1899]第2次排印(上海商务印书馆代印)

辞书

②上海 [编者刊] 清光绪27[1901]第3次排印(上海华阳书局代印)

辞书

③上海 [编者刊] 清光绪27[1901]香斋刘氏家塾印本

题:南洋公学堂撰,刘勋承、刘勋贻校

辞书

2-0002

绘图蒙学课本

王亨统编

上海 美华书馆 清光绪27[1901]-

5册(76,96,112,118,222叶) 图 16开 线装

第1册(一集):光绪27初版,光绪28第2版,光绪30年版,民国2.3第11版

第2册(二集):光绪28第2版,光绪33年版,宣统3第9版

第3册(三集):光绪32年版,宣统3第8版

第4册(四集):光绪29年版

第5册(五集):宣统2年版

国图(1-2) 上海(1-2) 辞书 广西师大(1-3,5)

2-0003

(新订)蒙学课本初编

南洋公学编

上海 [编者刊] 清光绪27[1901]版,光绪28第3次印(上海华阳印书局排印)

1册(13,19叶) 大32开 线装

卷端题名:蒙学课本初编

人教 上师大 辞书 云南社科 广西师大

2-0004

(新订)蒙学课本二编

南洋公学编

61叶 大32开 线装

卷端题名:蒙学课本二编

①上海 [编者刊] 清光绪27[1901]版,光绪28年版,光绪29第4次印(上海商务印书馆排印)

人教 上师大 辞书 云南社科 广西师大

②上海 [编者刊] [1911?](排印者不详)

封面题名:最新改良蒙学课本

辞书

2-0005

(新订)蒙学课本三编

南洋公学编

77叶 大32开 线装

卷端题名:蒙学课本三编

①上海 [编者刊] 清光绪27[1901]版,光绪28年版,光绪29第4次印(上海商务印书馆排印)

人教 上师大 辞书 广西师大

②上海 [编者刊] [1911?](排印者不详)

辞书

2-0006

教育新理问答

刘翰芬,黄英纂

上海 广智书局 清光绪27[1901]

2册(26,29叶) 图 32开 线装

第1-2册(上下编):光绪27初版

寻常小学校用

辞书 云南社科

2-0007

蒙学读本全书

俞复等[编写] 无锡三等公学堂编辑

上海 文明书局 清光绪28.3[1902]

7册(32,34,52,58,71,42,66叶) 图 大32开 线装

第1册(一编):光绪28.3初版,光绪32.2第16版,光绪32.7第19版,宣统1.1第25版

第2册(二编):光绪28.3初版,光绪32.2第16版,光绪32.7第19版,宣统1.1第25版

第3册(三编):光绪28.3初版,光绪32.2第16版,光绪32.7第19版,光绪34.7第23版,宣统1.1第25版

第4册(四编):光绪28.3初版,光绪32.2第16版,光绪32.7第19版,宣统1.1第25版

第5册(五编):光绪28.3初版,光绪32.2第16版,光绪32.7第19版,宣统1.1第25版

第6册(六编):光绪28.3初版,光绪32.2第16版,光绪32.7第19版,宣统1.1第25版

第7册(七编):光绪28.3初版,光绪32.2第16版,光绪32.7第19版,光绪33.2第21版,宣统1.1第25版

京师大学堂审定 京师大学堂管学大臣鉴定 寻常小学堂读书科生徒用教科书

人教 上海(3) 辞书 广西师大

2-0008

绘图儿童过渡

朱维梁编

上海 彪蒙书室 清光绪29.1[1903]

4册([188]叶) 图 32开 线装

第1-4册:光绪29.1初版,光绪31年版

人教 上师大 广西师大

2-0009

训蒙新读本初编

庄景仲编
  上海　新学会社　清光绪 30.4[1904]
  21 叶　32 开　线装
  人教　广西师大

2-0010

普通小学课本
丁戊康著
  上海　文明书局　清光绪 30.10[1904]-
  5 册(⑤54 叶)　图　大 32 开　线装
  第 5 册(四编)：光绪 30.10 初版
  辞书(5)

2-0011

蒙学新教育课本
陈大复编辑
  上海　新学会社　清光绪 30.12[1905]
  2 册(32,30 叶)　32 开　线装
  第 1-2 册(初、二编)：光绪 30.12 初版
  人教　广西师大

2-0012

普通女学课本
顾鸣岐编辑
  上海　文明书局　清光绪 32.5[1906]
  5 册(41,30,30,33,41 叶)　图　大 32 开　线装
  第 1-5 册(一至五编)：光绪 32.5 初版
  辞书

2-0013

节读分课经书
崔适编纂　杨天骥商订
  上海　乐群图书编译局　清光绪 33.1[1907]
  4 册(32,33,34,37 叶)　大 32 开　线装
  第 1-4 册(一至四编)：光绪 33.1 初版
  辞书　云南社科(1)

2-0014

蒙学课本
蒙学课本编译处编纂
  天津　北洋官报局　[1908?]
  8 册([312]页)　图　32 开　线装
  第 1-8 册：版次不详
  直隶学校司监定
  人教

2-0015

广东陆军小学堂课本
  [广州]　广东陆军小学堂　[1911?]
  2 册　32 开　线装
  第 1-2 册：版次不详
  广东中山

2-0016

蒙学丛书
吴县　吴县汪氏　[1911?]
  8 册(76,96,108,71,68,49,53,60 叶)　图　16 开　线装
  第 1-8 册：版次不详
  辞书

2-0017

普通问答教科书(四种)
  [出版者不详]　[1911?]
  4 册(②33,③29 叶)　图　大 32 开　线装
  第 2 册(卷二：物理问答)：版次不详
  第 3 册(卷三：地理问答)：版次不详
  辞书(2-3)

2-0018

绘图蒙学捷径
王亨统著
  上海　美华书馆　民国 1.9[1912.9]-
  4 册(80,94,82,94 叶)　大 32 开　线装
  第 1 册：民国 2.3 第 12 版
  第 2 册：民国 2.4 第 11 版
  第 3 册：版次不详
  第 4 册：民国 1.9 第 10 版
  其他题名：蒙学捷径
  广西师大

2-0019

修身游技唱歌联络教材
严树森,吕云彪,傅球,蒋千编纂　傅球,孙揆校订
  上海　商务印书馆　民国 10.6[1921.6]-
  2 册(55,62 页)　乐谱　32 开
  第 1 册：民国 10.10 第 7 版
  第 2 册：民国 10.6 第 6 版,民国 10.12 第 7 版,民国 11 第 8 版,民国 15 第 10 版
  教育部审定　小学适用
  初版附注：民国 6 年 3 月-7 年 8 月初版
  国图　北师大(2)　辞书　河南　广东中山　编译馆(2)

2-0020

新体幼学句解
文明书局编辑
  上海　[编者刊]　民国 8.9[1919.9]初版,民国 15.3 第 3 版
  [32]叶　图　大 32 开　线装
  人教　辞书

2-0021

龙文鞭影
(明)萧良有撰　(明)杨臣诤增订
  4 册(初集二卷,二集二卷)　线装
  其他题名：(绘图)龙文鞭影
  ①上海　锦章图书局　民国 8[1919]
  题：(清)李晖吉、(清)徐瓒续撰
  其他题名：校正龙文鞭影
  国图
  ②上海　昌文书局　民国 14[1925]
  国图
  ③上海　普新石印局　[1912-1949?]
  题：(明)来集之注

国图　广西师大
④上海　鸿文书局　[1912-1949?]
1册
上海

2-0022
幼学琼林
(明)程登吉(允升)著　(清)邹圣脉(梧冈)增补
①上海　鸿宝斋　民国8[1919]重刊
5册(11,10,15,14,14叶)　图　线装
题：谢梅林、邹可庭参订
封面题名：绘图增注幼学琼林
其他题名：新增绘图幼学故事琼林
辞书
②上海　广益书局　民国9[1920]
5册　图　线装
封面题名：初学实用幼学琼林
国图
③上海　中原书局　民国30[1941]
4册　线装
题：(明)程登吉撰,(清)高馨山注
封面题名：新增幼学琼林白话句解
国图
④成都　新亚书店　民国32[1943]
200页　线装
题：(明)程允升原本,(民国)谢梅林著作
国图
⑤上海　广益书局　民国34[1945]
2册(138,152页)　线装
第1-2册：民国34新1版
题：(清)邹圣脉增补,(民国)沈元起译白
封面题名：幼学琼林读本：言文对照
其他题名：幼学须知
河南
⑥上海　锦章图书局　[1912-1949?]
14叶　图　线装
附：简明尺牍考正字汇英字入门
逐页题名：新增绘图幼学故事琼林
人教　辞书
⑦上海　焕文书局　[1912-1949?]
18叶　图　线装
封面题名：(新增)图说改良幼学琼林
人教
⑧上海　启新书局　[1912-1949?]
5册　线装
上海
⑨上海　商务印书馆　[1912-1949?]
　册(③-④[80]页)　线装
第3-4册：版次不详
题：钱元龙校梓
封面题名：(重订)幼学须知句解
其他题名：幼学须知句解

人教(3-4)

2-0023
孝经：言文对照
张铁任语译
上海　昌文书局　[1912-1920?]
20页　大32开
政府颁行新课程适用
河南

2-0024
小学社会自然测验
江苏师范附小联合会编
上海　商务印书馆　民国12.12[1923.12]
2袋　16开　散页袋装
第1-2类：民国12.12初版
附：答案25份,标准纸2份
辞书

2-0025
小学教典课本
杨璇圃著
北平　清真书报社　民国20.10[1931.10]
50页　32开
辞书

2-0026
小学各科抗日教材
鄞县教育局编
浙江　[编者刊]　民国21.5[1932.5]版
74页　图　16开
国图

2-0027
好朋友
上海　南京书店　民国21.8[1932.8]
9页　图　32开（小学实验设计教材　第1单元）
辞书

2-0028
我们的学校
上海　南京书店　民国21.8[1932.8]
9页　图　32开（小学实验设计教材　第2单元）
辞书

2-0029
秋天到了
上海　南京书店　民国21.8[1932.8]
9页　图　32开（小学实验设计教材　第3单元）
辞书

2-0030
过中秋
上海　南京书店　民国21.8[1932.8]
11页　图　32开（小学实验设计教材　第4单元）
辞书

2-0031
豆家姊妹

上海　南京书店　民国21.8[1932.8]
9页　图　32开　(小学实验设计教材　第5单元)
辞书

2-0032

重阳节
上海　南京书店　民国21.10[1932.10]
15页　图　32开　(小学实验设计教材　第6单元)
辞书

2-0033

哈巴狗
上海　南京书店　民国21.11[1932.11]
13页　图　32开　(小学实验设计教材　第9单元)
辞书

2-0034

割稻子
上海　南京书店　民国21.11[1932.11]
15页　图　32开　(小学实验设计教材　第10单元)
辞书

2-0035

明月仙子
上海　南京书店　民国21.9[1932.9]
12页　图　32开　(小学实验设计教材　第51单元)
辞书

2-0036

吃月饼
上海　南京书店　民国21.9[1932.9]
11页　图　32开　(小学实验设计教材　第52单元)
辞书

2-0037

蝴蝶姑娘
上海　南京书店　民国21.9[1932.9]
11页　图　32开　(小学实验设计教材　第53单元)
辞书

2-0038

小宝宝的家庭
上海　南京书店　民国21.9[1932.9]
9页　图　32开(小学实验设计教材　第54单元)
辞书

2-0039

到山里去
上海　南京书店　民国21.9[1932.9]
9页　图　32开　(小学实验设计教材　第55单元)
辞书

2-0040

短期小学课本
教育部编
4册(70,70,74,84页)　乐谱　大32开
①上海　中华书局　民国21.9-10[1932.9-10]
第1册:民国21.9初版,民国22.4第5版,民国23.1第7版
第2册:民国21.9初版,民国22.2第3版,民国22.3第4版,民国22.4第5版,民国23.1第7版
第3册:民国21.10初版,民国22.2第2版,民国22.2第3版,民国22.4第4版
第4册:民国21.10初版,民国22.2第2版,民国22.2第3版,民国22.4第4版
辞书
②上海　世界书局　民国22.2-4[1933.2-4]
第1册:民国22.2初版
第2册:民国22.3初版
第3册:民国22.4初版
第4册:民国22.4初版
编译馆

2-0041

小学教义课本
杨少圃编辑　金德海,安静轩,马善亭参订
北平　清真书报社　民国22.5[1933.5]
2册(16,24页)　32开
上下册:民国22.5初版
辞书

2-0042

小学经文课本
赵振武著
北平　清真书报社　民国23.3[1934.3]
30页　32开
辞书

2-0043

混合课本
王倘,陈礼江,喻任声主编
上海　商务印书馆　民国24.8-25.6[1935.8-1936.6]
6册(120,114,120,123,121,130页)　图　32开
第1册:民国24.8初版,民国24.10第14版,民国25.12第26版
第2册:民国24.11初版,民国24.12第6版,民国25.2第10版
第3册:民国25.1初版,民国25.5第8版,民国25.6第14版
第4册:民国25.4初版,民国25.7第6版
第5册:民国25.5初版
第6册:民国25.6初版,民国26.7第11版
一年制短期小学适用
北师大　人教　华师大(3,6)　辞书(1)　编译馆(3-6)

2-0044

混合课本(无图本)
王倘,陈礼江,喻任声主编
上海　商务印书馆　民国24.8[1935.8]-
6册(42,43,48,52,48,48页)　32开
第1册:民国24.8初版,民国24.10第12版
第2册:民国25.4第22版
第3册:民国25.2初版,民国25.7第15版,民国27.5第44版
第4册:民国25.7第10版,民国26第38版

第5册：民国25.5初版，民国25.8第8版
第6册：民国26.6第30版
一年制短期小学适用
版权页题名：无图本混合课本
北师大(1-5) 华师大(3,5) 辞书(1) 广东中山(4) 编译馆(3,5-6)

2-0045

短期小学课本[订正版]
国立编译馆编纂
上海 商务印书馆 民国24.8[1935.8]-
4册(77,77,78,82页) 图，地图 32开
第1册：民国24.8初版，民国24.8第28版，民国24.8第34版，民国24.9第45版，民国25.2第204版，民国26.3第314版，民国26.6第319版
第2册：民国24.8初版，民国24.12第25版，民国24第32版，民国24.12第89版，民国24.12第117版，民国25.1第147版，民国25.1第148版，民国25.2第167版，民国25.3第175版，民国26.6第323版，民国26.8
第3册：民国25.1第25版，民国25.1第29版，民国25.1第34版，民国25.3第76版，民国25.5第117版，民国26.3第270版，民国26.6第294版
第4册：民国24.8初版，民国25.3第25版，民国25.3第30版，民国25.3第37版，民国25.3第102版，民国25.3第104版，民国26.6第293版
一年制短期小学国语教学用
国图(1) 北师大 人教 华师大 上师大(1-2) 辞书 编译馆(2)

2-0046

我们的劳作竞进会：我们的中心活动之一
儿童书局编辑部编
上海 儿童书局 民国25.4[1936.4]初版，民国28.9第3版
29页 图，表 32开
供小学中心活动设计教学及各科补充教材用
国图

2-0047

复兴小学教科书样本
上海 商务印书馆 民国25[1936]版
1册 32开
广东中山

2-0048

短期小学课本
国立编译馆编纂
4册(63,62,63,63页) 图 32开
①上海 中华书局 民国26.10[1937.10]-
第1册：民国26.10初版
辞书(1)
②上海 商务印书馆 民国27.9[1938.9]-
第2册：民国27.9改订1版，民国27.10改订27版
第3册：民国28.11初版
第4册：民国28.11第12版

人教(2-4)

2-0049

(修正)短期小学课本
(伪)教育部编审会著
北平 新民书局 民国27.5[1938.5]-
4册(77,76,94,83页) 图 32开
第1册：民国27.5初版
第2册：民国27.8初版
第3册：民国27.10第2版
第4册：民国27.10第2版
初版附注：民国27年5-8月初版
其他题名：短期小学课本
北师大

2-0050

战时小学各科补充教材
孔礼成,周汉编
杭州 浙江省教育厅师资进修通讯研究部 民国28.12[1939.12]
118页 32开
人教

2-0051

短期小学课本
上海市识字委员会编
上海 [编者刊] 民国37[1948]-
册(②60页) 32开
第2册：民国37年版
北师大(2)

2-0052

新时代教科书样本
王云五等编
上海 商务印书馆 [1912-1949?]
172页 32开
国图 人教

2-0053

新学制后期小学教科用书样本
王岫庐,顾颉刚等编
上海 商务印书馆 [1912-1949?]
48页 32开
国图 人教

2-0054

小学校各科教科书样本
中华书局编
上海 [编者刊] [1912-1949?]
[194]页 图,表 32开
新课程标准适用
辞书

2-0055

开明小学课本样本(国语 算术 常识)
上海 开明书店 [1912-1949?]
[34]页 图(含彩图) 32开

辞书

2-0056

活叶本小学新教材 第1号：欧洲大战
范祥善等编纂
上海 商务印书馆 [1912-1949?]
1套 图 大32开 活页
附：教授案1册,同样文30份
辞书

2-0057

活叶本小学新教材 第2号：巴黎议和
范祥善等编纂
上海 商务印书馆 [1912-1949?]
1套 图 大32开 活页
附：教授案1册,同样文30份
辞书

2-0058

活叶本小学新教材 第3号：欧洲新局势
范祥善等编纂
上海 商务印书馆 [1912-1949?]
1套 图 大32开 活页
附：教授案1册,同样文30份
辞书

2-0059

活叶本小学新教材 第4号：国际同盟
范祥善等编纂
上海 商务印书馆 [1912-1949?]
1套 图 大32开 活页
附：教授案1册,同样文30份
辞书

2-0060

活叶本小学新教材 第5号：提倡国货
范祥善等编纂
上海 商务印书馆 [1912-1949?]
1套 图 大32开 活页
附：教授案1册,同样文30份
辞书

2-0061

活叶本小学新教材 第6号：国耻纪念
范祥善等编纂
上海 商务印书馆 [1912-1949?]
1套 图 大32开 活页
附：教授案1册,同样文30份
辞书

2-0062

活叶本小学新教材 第7号：济顺高徐路约
范祥善等编纂
上海 商务印书馆 [1912-1949?]
1套 图 大32开 活页
附：教授案1册,同样文30份
辞书

2-0063

活叶本小学新教材 第8号：国音
范祥善等编纂
上海 商务印书馆 [1912-1949?]
1套 图 大32开 活页
附：教授案1册,同样文30份
辞书

2-0064

活叶本小学新教材 第9号：劳工神圣
范祥善等编纂
上海 商务印书馆 [1912-1949?]
1套 图 大32开 活页
附：教授案1册,同样文30份
辞书

2-0065

活叶本小学新教材 第10号：飞行机
范祥善等编纂
上海 商务印书馆 [1912-1949?]
1套 图 大32开 活页
附：教授案1册,同样文30份
辞书

2-0066

活叶本小学新教材 第11号：糖
范祥善等编纂
上海 商务印书馆 [1912-1949?]
1套 图 大32开 活页
附：教授案1册,同样文30份
辞书

2-0067

活叶本小学新教材 第12号：火柴
范祥善等编纂
上海 商务印书馆 [1912-1949?]
1套 图 大32开 活页
附：教授案1册,同样文30份
辞书

2-0068

活叶本小学新教材 第13号：除虫菊
范祥善等编纂
上海 商务印书馆 [1912-1949?]
1套 图 大32开 活页
附：教授案1册,同样文30份
辞书

2-0069

活叶本小学新教材 第14号：垞里高线铁路
范祥善等编纂
上海 商务印书馆 [1912-1949?]
1套 图 大32开 活页
附：教授案1册,同样文30份
辞书

2-0070
活叶本小学新教材 第15号：欧洲华工
范祥善等编纂
  上海 商务印书馆 [1912-1949?]
  1套 图 大32开 活页
  附：教授案1册,同样文30份
  辞书

2-0071
活叶本小学新教材 第16号：改良棉种
范祥善等编纂
  上海 商务印书馆 [1912-1949?]
  1套 图 大32开 活页
  附：教授案1册,同样文30份
  辞书

2-0072
活叶本小学新教材 第17号：疏浚运河
范祥善等编纂
  上海 商务印书馆 [1912-1949?]
  1套 图 大32开 活页
  附：教授案1册,同样文30份
  辞书

2-0073
活叶本小学新教材 第18号：战犬
范祥善等编纂
  上海 商务印书馆 [1912-1949?]
  1套 图 大32开 活页
  附：教授案1册,同样文30份
  辞书

2-0074
活叶本小学新教材 第19号：太平洋之中国邮船
范祥善等编纂
  上海 商务印书馆 [1912-1949?]
  1套 图 大32开 活页
  附：教授案1册,同样文30份
  辞书

2-0075
活叶本小学新教材 第20号：镭
范祥善等编纂
  上海 商务印书馆 [1912-1949?]
  1套 图 大32开 活页
  附：教授案1册,同样文30份
  辞书

* * *

2-0076
绘图文学初阶
杜亚泉编辑
  上海 商务印书馆 清光绪30.2[1904]-
  6册(31,39,34,33,48,53叶) 32开 线装
  第1册(卷一)：光绪31.4第8版
  第2册(卷二)：光绪31.4第8版
  第3册(卷三)：光绪31.2第7版
  第4册(卷四)：光绪31.4第7版
  第5册(卷五)：光绪30.2第3版
  第6册(卷六)：光绪31.2第6版
  初等小学堂用
  人教 广西师大

2-0077
蒙学五经教科书
  上海 越社 清光绪30.4[1904]
  64页 32开 线装
  初等小学堂学生用书
  人教

2-0078
最新绘图蒙学国民新读本
何琪编纂 寿辅清检校
  上海 会文学社 [1908?]
  2册(37,37叶) 图 大32开 线装
  第1-2册：改良2版
  初等小学堂学生用书
  逐页题名：最新蒙学国民新读本
  人教 辞书 广西师大

2-0079
蒙学读本
  [不详] 华兴出版社 [1912-1920?]
  8册([224]页) 图 32开
  第1-8册：版次不详
  初级适用
  人教

2-0080
新学制初级小学校教科书样本
商务印书馆编
  上海 [编者刊] 民国12.11[1923.11]-
  册(①80页) 32开
  第1册：民国12.11版
  其他题名：初级小学校教科书样本
  国图(1)

2-0081
圣经历史教科书
(挪威)唐务道编纂
  汉口 中华信义会书报部 民国12[1923]-
  册(②36,③36,④36页) 32开
  第2册：民国22第3版
  第3册：民国12第2版
  第4册：民国24第4版
  初级学校第三、四学年用
  国图(2-4)

2-0082
圣经故事教科书

(美)穆伟廉著　王元德译
　　上海　美华书馆　民国13[1924]版,民国25年版
　　41页　大32开　线装
　　国民学校四年级用
　　国图　广西师大

2-0083
佛学初小教科书
善因编
　　武昌　正信印务馆　民国13[1924]-
　　　册(②46,③48页)　32开
　　第2-3册:民国13初版
　　国图(2-3)　河南(2-3)

2-0084
初等佛学教科书
善因编著
　　上海　佛学书局　民国20[1931]-
　　　册(②80页)　图　32开
　　第2册:民国20年版
　　国图(2)

2-0085
特种教育儿童课本
江西省特种教育处研究部编　五省特种教育课本编纂委员会校
　　上海　中华书局　民国24.11-25.5[1935.11-1936.5]
　　4册(88,106,108,106页)　图　32开
　　第1册:民国24.11初版,民国24.11第2版,民国24.11第4版
　　第2册:民国25.1初版,民国25.1第2版,民国25.1第5版,民国25.1第6版
　　第3册:民国25.4初版,民国25.4第2版,民国25.4第3版,民国25.4第6版
　　第4册:民国25.5初版,民国25.5第2版,民国25.5第4版,民国25.5第6版
　　遵照赣、闽、皖、鄂、豫五省中山民众学校课程之规定而编辑
　　五省中山民众学校儿童初级班教科之用
　　人教　辞书

2-0086
中级时代儿童读本
王修和,陈陎云编纂
　　上海　中国图书服务社　民国27.8[1938.8]第2版
　　110页　32开
　　中年级适用
　　封面题名:时代儿童读本
　　逐页题名:儿童读本
　　辞书

2-0087
初小公教道理教科书
道理教科书编辑会编纂
　　兖州　保禄印务馆　民国30[1941]
　　8册([36],[52],[59],[74],[70],[72],[65],[84]页)　图　32开
　　第1-8册:民国30年版
　　国图

2-0088
幼童课本
钱长龄,张令涛合编绘
　　上海　国光书店　民国36[1947]版
　　40页　64开
　　低级适用
　　广东中山

2-0089
单级初等小学教科(授)书样本
中华书局编
　　上海　[编者刊]　[1912-1949?]
　　1册　图　大32开　线装
　　教育部审定　遵照新章编辑　修身、国文、算术凡三种
　　辞书

2-0090
新教育教科书样本
中华书局编
　　上海　[编者刊]　[1912-1949?]
　　[30]叶　图,表　大32开　线装
　　国民学校用　修身、国语、算术读本
　　人教　辞书

　　　　　　　＊　＊　＊

2-0091
澄迈县高等小学堂讲义
赵必振等撰
　　[出版者不详]　清光绪33[1907]
　　2册([86]页)　线装
　　上下册:光绪33年版
　　其他题名:高等小学堂讲义
　　上海

2-0092
经训教科书
黄展云,林万里,王永炘编纂
　　上海　商务印书馆　清光绪33-34[1907-1908]
　　4册(21,23,22,26叶)　大32开　线装
　　第1册:光绪33第2版,民国3年版
　　第2册:光绪33第2版,民国3年版
　　第3册:光绪34第2版,宣统1.4第3版,民国3年版
　　第4册:光绪34第2版,宣统2年版,民国3年版
　　高等小学用
　　版权页题名:高等小学经训教科书
　　国图　辞书(3)　广西师大

2-0093
中国文学史
葛遵礼著

上海　会文堂新记书局　民国10[1921]第3版,民国20第
31版
152页　大32开
高小及中学生适用
河南

2-0094

经训读本
广东省政府教育厅编辑
广州　商务印书馆　民国23.8[1934.8]-
册　32开
第5-6册：民国23.8版,民国24第7版
小学五年级～六年级用
华师大(5-6)　广东中山(5)

2-0095

高小公教道理教科书
道理教科书编辑会编纂
兖州　保禄印书馆　民国30[1941]
4册([44],[56],[54],[88]页)　图　32开
第1-4册：民国30年版
国图

2-0096

新教育教科书样本
中华书局编
上海　[编者刊]　[1912-1949?]
54页　图,地图　大32开
高等小学校用
人教　辞书

* * * * *

2-0097

国语常识会话：交通
陆衣言编辑　黎锦晖等校订
上海　中华书局　民国10.11[1921.11]初版,民国11.2第
2版
24页　图　32开
辞书

2-0098

低级夏令儿童读本（国语常识合订本）
王修和,吴力,陈际云编纂　邵鸣九校阅
上海　夏令儿童健康营,中华基督教育促进会,儿童周刊
社　民国27.6[1938.6]
48页　图　32开
低级适用
封面题名：夏令儿童读本
辞书

2-0099

国语常识混合编制抗建读本
吴子我等编著　顾树森校订
江西　正中书局　民国31.3[1942.3]-

8册(①48,③48,⑤48,⑦48,⑧48页)　图　44开
第1册：民国31.8第10版
第3册：民国31.12第2版
第5册：民国32.1第10版
第7册：民国31.3初版
第8册：民国31.3初版
保国民学校、乡(镇)中心学校适用
国图(7-8)　人教(1,3,5)

2-0100

文通初小常识国语教科书
魏志中编　顾树森校订
贵阳　文通书局　民国31.7[1942.7]-
8册(①50,②50页)　图　小32开
第1-2册：民国31.7初版
教育部初审核定本　遵照教育部公布小学常识国语课程标准
编辑　保国民学校、乡(镇)中心学校适用
辞书(1-2)

2-0101

初级小学国语常识课本
教育部教科用书编辑委员会编
重庆　国定中小学教科书七家联合供应处　民国31.9
[1942.9]
4册　32开
第1-4册：民国31.9版
国图

2-0102

初级小学国语常识课本[标准本]
国立编译馆主编　吴织云等编辑　丁晓先等校阅　孙书
民等缮写
重庆　上海　广州　衡阳　连城　国定中小学教科书七家联
合供应处　民国32.7[1943.7]
8册(56,54,52,56,78,86,81,85页)　图　32开
第1册：民国32.7重庆白报纸本1版,民国34.9上海白报纸
本1版,民国34连城1版,民国35.1粤白报纸本1版,民国
35.7粤白报纸本2版
第2册：民国32.7重庆白报纸本1版,民国34.9上海白报纸
本1版,民国35广州1版,民国35粤白报纸本1版
第3册：民国32.7重庆白报纸本1版,民国34.9上海白报纸
本1版,民国35.1上海白报纸本120版,民国35粤白报纸
本1版,民国37粤白报纸本3版
第4册：民国32.7重庆白报纸本1版,民国32.7衡阳浏阳纸
本1版,民国34.9上海白报纸本1版,民国35.1粤白报纸
本1版,民国35.2上海白报纸本140版,民国35广州1版,
民国35广州2版
第5册：民国32.7重庆白报纸本1版,民国34.9上海白报纸
本1版,民国35.7上海白报纸本版,民国35粤白报纸本
1版
第6册：民国32.7重庆白报纸本1版,民国32.7衡阳浏阳纸
本1版,民国32.11衡阳浏阳纸本版,民国34.9上海白报
纸本1版,民国35.7上海白报纸本版,民国35.12上海白

报纸本260版
第7册：民国32.7重庆白报纸本1版,民国34.9上海白报纸本1版,民国35广州2版,民国35粤白报纸本2版
第8册：民国32.7重庆白报纸本1版,民国34.9上海白报纸本1版,民国35.8上海白报纸本40版,民国35上海白报纸本61版,民国35上海白报纸本64版
教育部审定
北师大　上海(3-4)　上师大(4,7-8)　辞书　辽宁(2,6,8)　广东中山

2-0103

初等小学国语常识课本[标准本]
国立编译馆主编　吴织云等编辑
8册(③47,④56,⑤78,⑧85页)　图　32开
①重庆　上海　北平　国定中小学教科书七家联合供应处
民国32.11[1943.11]-
第3册：民国34.9沪初版
第4册：民国32.11第4版,民国35.1北平30版
第5册：民国34.9沪初版,民国35.1沪80版
第8册：民国34.1初版
人教(3-5,8)
②上海　商务印书馆　民国32[1943]-
第3册：民国32初版
第8册：民国35初版
人教(3,8)

2-0104

初级战时课本(国语常识合编)
晋冀鲁豫边区政府教育厅编审委员会编著
8册　32开
①晋城　鲁迅书店　民国33.1[1944.1]-
第6-7册：民国33.1初版
人教(6-7)
②左权　华北书店　民国33.1[1944.1]-
第1,3,5册：民国33.1初版
其他题名：初级战时新课本(国语常识合编)
人教(1,3,5)
③黎城　韬奋书店　民国34[1945]-
第2,4,6册：民国34年版
其他题名：战时新课本
其他题名：初级小学国语常识课本
国图(2,4,6)

2-0105

初级新课本(国语常识合编)
5册(46,46,46,52,54页)　32开
陕甘宁边区教育厅审定　初级小学适用
①[不详]　华北书店　民国33.2[1944.2]-
第1册：民国33.2初版
第2册：民国33.7版
第3册：民国34.3初版
人教(1-3)
②延安　新华书店　民国33.2[1944.2]-
第4册：民国33.2初版,民国34.7版

第5册：民国33.2初版,民国35.2版
人教(4-5)

2-0106

初小国语课本(国语常识合编)
[出版者不详]　民国33[1944]-
册(⑦64页)　图　32开
第7册：民国33年版
晋冀鲁豫边区政府教育厅审定
人教(7)

2-0107

战时新课本(国语常识合编)
8册　图　32开
①[不详]　边府印刷局　民国34.7[1945.7]-
第4,6,8册：民国34.7初版
人教(4,6,8)
②[不详]　韬奋书店　民国34.8[1945.8]-
第2册：民国34.8初版,民国34.10第2版
国图(2)　人教(2)

2-0108

初级小学国语常识课本
教育部编辑
宁都　兴业出版股份有限公司　民国34.8[1945.8]-
8册　32开
第4,8册：民国34.8土纸本版
有蒙汉对照
国图(4,8)

2-0109

初级新课本(国语常识合编)
曾俯,皇甫束玉编著　郝定绘图
8册(46,46,46,52,54,53,66,66页)　32开
晋冀鲁豫边区政府教育厅审定　晋冀鲁豫边区统一教材　初级小学适用　秋季始业
其他题名：战时新课本(国语常识合编)
①[不详]　聚兴长印刷所　民国34.12[1945.12]-
第2册：民国34.12版
人教(2)
②[邯郸]　裕民印刷厂　民国34.12[1945.12]-
第1-7册：民国34.12-35.5版
人教(1-3,5)　河南(2,4-7)
③[沁县]　太行新华日报　民国34.12[1945.12]-
第2,4册：民国34.12初版
国图(2)　人教(4)　河南(4)
④[山西]　[射阳]　[四明山]　韬奋书店　民国34.12[1945.12]-
第1册：民国34.12初版,民国35年版,民国36.3第5版
第2册：民国36.3第5版,民国36.9第6版
第3册：民国35年版
第4册：民国35.8第2版
第5册：版次不详
第6册：民国35.8第2版

第7册：民国36.9第6版
第8册：民国35.12第2版
国图(1-4,7)　人教　河南(2)
⑤[不详]　振华印刷厂　民国34[1945]-
第2册：民国34初版
第4册：民国34初版
第6册：民国34初版
河南(2,4,6)
⑥太岳　鲁迅书店　民国34[1945]-
第2册：版次不详
第7册：民国34年版
人教(7)　河南(2)
⑦[不详]　漳南印刷厂　民国34[1945]-
第4册：民国34初版
河南(4)
⑧太行　群众书店　民国35[1946]-
第3册：民国35初版
河南(3)
⑨[张家口]　晋冀鲁豫书店　民国35[1946]-
第1册：民国35年版
国图(1)
⑩晋城　光明书店　民国36.9[1947.9]-
第3册：民国36.9初版
人教(3)
⑪[邯郸]　华北新华书店　民国36.9[1947.9]-
第5-7册：民国36.9初版
国图(5-7)　人教(7)　河南(5)
⑫河北　冀南新华书店　民国37[1948]-
第6册：民国37年版
河南(6)
⑬林县　林县文化书店　[1912-1949?]
第4,6册：版次不详
河南(4,6)
⑭[不详]　振华石印局　[1912-1949?]
第1-6册：版次不详
河南(1-6)
⑮潞城　潞城文化印刷厂　[1912-1949?]
第2-4册：版次不详
河南(2-4)
⑯[不详]　光明印刷厂　[1912-1949?]
第4册：版次不详
河南(4)

2-0110

初级新课本（国语常识合编）
慕冰著
　　[不详]　文化书局　民国34[1945]-
　　　册(⑦92页)　32开
第7册：民国34年版
晋冀鲁豫边区政府教育厅审定　初级小学适用
人教(7)

2-0111

初级小学国语常识课本[修订标准本]
国立编译馆主编　吴织云等编辑
　　8册(56,54,52,56,78,86,81,85页)　图　32开
民国35年2月教育部审定
①上海　国定中小学教科书七家联合供应处　民国35.6
　　　[1946.6]-
第1册：民国35.6上海白报纸本1版,民国36.1上海白报纸本430版
第2册：民国35.7上海白报纸本1版,民国35.12上海白报纸本11版,民国35.12上海白报纸本340版,民国36.1上海白报纸本版
第3册：民国35.7上海白报纸本200版,民国36.1上海白报纸本380版
第4册：民国35.7上海白报纸本1版,民国35.12上海白报纸本3版
第5册：民国35.7上海白报纸本1版,民国36.1上海白报纸本310版
第6册：民国35.12上海白报纸本1版
第7册：民国36.1上海白报纸本270版
第8册：民国35.12上海白报纸本5版
北师大　上海(3-4)　上师大(4,7-8)　辞书　辽宁(2,6,8)　广东中山
②台湾　台湾省教育厅教科用书供应委员会　民国36.7
　　　[1947.7]-
第5册：民国36.7上海白报纸本版
编译馆(5)

2-0112

初等小学国语常识课本[修订标准本]
国立编译馆主编　吴织云等编辑
重庆　国定中小学教科书七家联合供应处　民国35.7
　　　[1946.7]-
8册(②46,③47,④56,⑤78,⑥64,⑦85页)　图　32开
第2册：民国35.7初版
第3册：民国35.7初版
第4册：民国35.12第300版
第5册：民国36.1沪310版
第6册：民国35.12沪260版
第7册：民国35.7初版,民国36.1沪270版
人教(2-7)　上师大(2-3)

2-0113

初级小学国语常识课本[第5次修订本]
国立编译馆主编　吴织云等编辑　丁晓先等校阅　孙书民等缮写
8册(46,46,47,49,60,64,72,79页)　图(含彩图)　32开
民国36年教育部审定
其他题名：国语常识课本
①上海　三民图书公司　民国36.5[1947.5]
第1册：民国36.5第1版
第2册：民国36.5第1版

第3册:民国36.5第1版
第4册:民国36.5第1版,民国37.1第2版
第5册:民国36.5第1版
第6册:民国36.5第1版,民国37.1第2版
第7册:民国36.5第1版
第8册:民国36.5第1版,民国37.1第2版
辞书
②上海 五联社 民国36.5[1947.5]-
第1册:民国36.5第35版,民国36.5第37版,民国37.8第341版
第2册:民国36.5第4版,民国36.5第6版,民国37.1第145版,民国37.1第148版,民国37.1第159版,民国37.8第224版
第3册:民国36.5第8版,民国36.5第24版,民国36.5第25版,民国37.8第314版
第4册:民国36.5第6版,民国37第136版,民国37.1第149版,民国37.8第194版
第5册:民国36.5第1版,民国36.5第20版,民国36.5第25版,民国37.8第294版
第6册:民国36.5第4版,民国37.1第123版,民国37.8第141版
第7册:民国36.5第1版,民国36.5第8版,民国36.5第13版,民国37.8第246版
第8册:民国36.5第5版,民国37.1第116版,民国37.8第124版
上师大(4) 辞书
③上海 中华书局 民国36.5[1947.5]-
第1册:民国37第76-85版
第6册:民国36.5第1版
第7册:民国36.5第1版,民国36.12第24-27版
第8册:民国37第24-33版
辞书(6-7) 广东中山(1,8)
④上海 商务印书馆 民国37.4[1948.4]-
第3册:民国37.5第94版
第5册:民国37.4第75版
第7册:民国37.4第50版
北师大(3,5,7)
⑤上海 正中书局 民国37[1948]-
第1,3,5-8册:民国37沪5版
国图(5) 广东中山(1,3,5-8)
⑥上海 世界书局 民国37[1948]-
第1册:民国37第55版
北师大(1)
⑦台湾 台湾省教育厅中小学教科用书供应委员会 民国38.1[1949.1]-
第8册:民国38.1版
编译馆(8)

2-0114
初等小学国语常识课本[第5次修订本]
国立编译馆主编 吴织云等编辑
8册(46,47,46,48,60,64,72,80页) 图 32开

根据修订小学课程标准编辑 民国36年5月修订
①上海 大东书局 民国36.5[1947.5]
第1-8册:民国36.5初版
人教
②上海 中国文化服务社 民国36.10[1947.10]-
第1-7册:民国36.10-37.8版
人教(1-7)
③南京 上海 北平 正中书局 民国36.11[1947.11]-
第1册:民国37.5平2版,民国37.11沪7版
第2册:民国36.12平初版,民国37.11沪7版
第3册:民国37.5平2版,民国37.11平7版
第4册:民国36.11第2版,民国37.12沪8版
第5册:民国37.8沪6版
第6册:民国36.11第2版,民国37.12沪9版
第7册:民国37.5平初版,民国37.6沪5版
第8册:民国36.12平1版,民国37.12沪6版
人教
④上海 世界书局 民国36.12[1947.12]-
第1-8册:民国36.12-37.1版
人教
⑤上海 中华书局 民国36[1947]-
第5册:民国37.6版
第6册:民国36年版
第7册:民国36年版
人教(5-7)
⑥上海 商务印书馆 民国37.5[1948.5]-
第1,3,5,7-8册:民国37.5初版
国图(5) 人教(1,3,5,7-8)
⑦上海 开明书店 民国37.5[1948.5]-
第1-3册:民国37.5初版
人教(1-3)
⑧北平 北平友文书局 民国37.7[1948.7]-
第3册:民国37.7第2版
国图(3) 人教(3)
⑨上海 大中国图书局 民国37.8[1948.8]-
第1-8册:民国37.8-38.1版
人教
⑩上海 永祥印书馆 民国37.9[1948.9]-
第1册:民国37.9初版,民国37.9第12版
第2册:民国37.9第12版
第3册:民国37.9初版,民国37.9第12版
第4册:民国37.9第12版
其他题名:彩色初级小学国语常识课本
人教(1-4) 辞书(1,3)
⑪上海 文通书局 民国38.3[1949.3]-
第8册:民国38.3第3版
人教(8)

2-0115
初级小学语文常识课本:汉蒙文对照
国立边疆文化教育馆编著
8册 32开

供蒙族初级小学四年级八学期语文常识科教学用
①南京　教育部　民国36.8[1947.8]-
第2,7-8册：民国36.8初版
国图(2)　人教(7-8)
②上海　正中书局　民国37.6[1948.6]-
第3册：民国37.6初版
国图(3)　人教(3)

2-0116

初级小学语文常识课本：汉藏文对照
国立边疆文化教育馆编著
　　南京　教育部　民国36[1947]-
　　8册(⑧194页)　32开
　　第8册：民国36年版
　　国图(8)　人教(8)

2-0117

初级临时课本(国语常识合编)
课本编辑委员会编
　　　册　32开　线装
　　晋冀鲁豫边区政府教育厅审定
①[涉县]　华北新华书店　民国37.3[1948.3]-
第1,3册：民国37.3土纸本初版
国图(1,3)　人教(1)
②[不详]　光明书店　[1912-1949?]
第3册：版次不详
河南(3)

2-0118

初小临时课本(国语常识合编)
边区政府教育厅编审
　　晋城　光明书店　民国37.3[1948.3]-
　　　册(①48页)　图　32开
　　第1册：民国37.3版
　　人教(1)

　　　　　　＊　＊　＊　＊　＊

2-0119

假期作业课本
胡叔异主编　王遵武等编校
　　上海　商务印书馆　民国22.7[1933.7]-
　　12册(⑤128,⑥131,⑦166,⑧204,⑨172,⑩166,⑪201,⑫187
　　　页)　32开
　　第5册(三年级上)：民国23.6第2版
　　第6册(三年级下)：民国23.6第2版
　　第7册(四年级上)：民国22.7初版
　　第8册(四年级下)：民国22.7初版,民国23.6第2版
　　第9册(五年级上)：民国22.7初版
　　第10册(五年级下)：民国22.7初版,民国23.6第2版
　　第11册(六年级上)：民国22.7初版
　　第12册(六年级下)：民国22.7初版
　　小学校一年级上学期～六年级下学期用

上海(6)　华师大(5-6,8-9,11)　辞书(5-12)

2-0120

假期作业课本
胡叔异主编　王遵武等编校
　　上海　商务印书馆　民国23.6[1934.6]-
　　12册(⑤117,⑦151,⑧192,⑨160,⑩154,⑪195,⑫182页)
　　　32开
　　第5册(三年级上)：民国23.6初版
　　第7册(四年级上)：民国23.7初版
　　第8册(四年级下)：民国23.7初版
　　第9册(五年级上)：民国23.7初版
　　第10册(五年级下)：民国23.7初版
　　第11册(六年级上)：民国27.6第6版
　　第12册(六年级下)：民国23.7第3版
　　小学校一年级上学期～六年级下学期用
人教(5,7-12)

2-0121

暑期课本：甲种(国语　社会　算术)
钱选青主编　曹文豹等编辑
　　上海　中华书局　民国25.3-7[1936.3-7]
　　6册(48,48,64,64,68,73页)　图　大32开
　　第1册：民国25.3初版,民国25.3第2版,民国25第5版
　　第2册：民国25.3初版,民国25.3第2版
　　第3册：民国25.3初版,民国25.3第2版,民国30.5第5版
　　第4册：民国25.3初版,民国25.3第2版
　　第5册：民国25.7初版
　　第6册：民国25.7初版
人教　华师大(5)　辞书　广东中山(1)

2-0122

暑期课本：乙种(卫生　自然　劳作　美术)
钱选青主编　曹文豹等编辑
　　上海　中华书局　民国25.3-7[1936.3-7]
　　6册(48,48,64,64,64,74页)　图　大32开
　　第1册：民国25.3初版
　　第2册：民国25.3初版
　　第3册：民国25.3初版
　　第4册：民国25.3初版,民国25.7第3版
　　第5册：民国25.7初版
　　第6册：民国25.7初版
人教　辞书

2-0123

国语算术常识暑期(合订本)
徐征吉编纂　吴研因校阅
　　上海　北新书局　民国27.7[1938.7]-
　　6册(48,57,60,51,60,65页)　图　32开
　　第1册(一年级)：民国28.6第3版
　　第2册(二年级)：民国28.6第3版
　　第3册(三年级)：民国28.6第3版
　　第4册(四年级)：民国27.7第2版
　　第5册(五年级)：民国27.7第2版

第6册(六年级):民国27.7第2版
暑期学校适用
辞书

2-0124
暑期课本
封光甲主编　王修和等编校
上海　文昌出版社　民国28.6[1939.6]
7册(70,70,74,74,64,66,75页)　32开
第1-7册(三至六年级):民国28.6初版
小学校三～六年级适用
辞书

2-0125
基本暑期课本
沈秉廉等主编　王志成等编辑
上海　基本书局　民国35.6[1946.6]-
5册(50,35,58,72,86页)　图　32开
第1册:民国37.6第5版
第2册:民国36.6第5版
第3册:民国35.6初版,民国37.6第5版
第4册:民国35.6初版,民国37.6第5版
第5册:民国35.6初版,民国37.6第5版
各册分别为升入二～六年级用
人教

2-0126
暑期国语常识课本[修订本]
徐子龄等编
上海　春秋社　民国36.6[1947.6]-
　册(⑤54页)　32开
第5册:民国36.6版
其他题名:国语常识课本
人教(5)

2-0127
新小学暑期课本
石英等编校
上海　商务印书馆　民国37.6[1948.6]-
12册(①25,②26,③36,④36,⑥49,⑧53,⑩74,⑫70页)
　　　图,表　32开
第1册:民国37.6初版
第2册:民国37.7第2版
第3册:民国37.6初版
第4册:民国37.6初版,民国37.7第2版
第6册:民国37.6初版,民国37.7第2版
第8册:民国37.6初版,民国37.7第2版
第10册:民国37.6初版,民国37.7第2版
第12册:民国37.6初版,民国37.7第2版
一年级下学期～六年级上学期用
逐页题名:暑期课本
国图(4,6,8,10,12)　人教(4,6,8,10,12)　辞书(1-4,6,8,10)

2-0128
小学暑期课本
朱翊新主编　魏冰心等编辑　张令涛等绘图
上海　大东书局　民国38.6[1949.6]
6册([436]页)　图　32开
第1-6册:民国38.6初版
自学、补习两用　升一～五年级下学期用　春季始业
人教

2-0129
小学暑期课本
朱翊新主编　魏冰心等编辑　张令涛等绘图
上海　大东书局　民国38.6[1949.6]
5册([285]页)　图　32开
第1-5册:民国38.6第2版
自学、补习两用　秋季始业
人教

2-0130
新儿童暑期语文常识
周轶群,徐子华,邵鹤鸣等编辑　周道悟,童敬棠缮绘
上海　新时代书局　民国38.7[1949.7]
6册(48,48,48,48,64,64页)　图　32开
第1-6册:民国38.7初版
作业与课本均适用　一～六年级用
辞书

2-0131
小学暑期课本
中国出版公司编辑部编
上海　中国出版公司　[1912-1949?]
5册(156,156,176,170,162页)　图,表　32开
第1-5册:版次不详
一～五年级用
辞书

教学参考书

2-0132
统合教授法
(日)樋口勘次郎著　董瑞椿译
上海　会文堂书局　清光绪27.11[1901]初版,光绪31.9第4
　　版,光绪34.7第5版
54叶　图　大32开　线装
清学部审定　南洋公学师范院译述本
封面题名:小学统合新教授法
逐页题名:统合新教授法
辞书

2-0133
小学各科教授法
(日)寺内颖,(日)儿崎为槌原著　白作霖译著
上海　文明书局　清光绪33.2[1907]

2册(68,86叶)　表　大32开　线装
上下册：光绪33.2第4版
初版附注：清光绪29年10月初版
辞书

2－0134
蒙师箴言
方浏生撰
　　上海　商务印书馆　清光绪30.10[1904]初版,光绪31.10第2版
　　39叶　大32开　线装
　　附录：私塾改良会章程
　　清学部审定　宣讲用书
　　人教　辞书

2－0135
节读分课经书教案
崔适编纂　杨天骥,金念祖商订
　　上海　乐群图书编译局　清光绪32[1906]-
　　4册(40,46,71,60叶)　大32开　线装
　　第1册(一编)：光绪32年版
　　第2册(二编)：光绪32年版
　　第3册(三编)：光绪32年版
　　第4册(四编)：光绪33.1初版
　　辞书　云南社科(1,3－4)

2－0136
最新教授法教科书
(日)大瀨甚太郎,(日)立柄教俊原著　于方译著
　　上海　文明书局　清光绪33.2[1907]初版,宣统2.6第3版
　　164页　表　大32开　精装
　　人教　辞书

2－0137
小学各科教授法
王用舟编辑
　　北京　京华印书局　清光绪34.11[1908]
　　132页　表　大32开
　　辞书

2－0138
单级教授法
杨保恒,周维城编译　沈恩孚校
　　上海　中国图书公司　清宣统1.7[1909]
　　118页　表　大32开
　　辞书　云南社科

2－0139
小学各科教授法
　　广东　广雅书局印刷处　清宣统2[1910]版
　　1册　大32开　线装
　　广东中山

2－0140
最新教学法原理
邢定云著
　　[辽东]　辽东编译社　民国1.8[1912.8]第4版

86页　32开
初版附注：民国元年初版
辽宁

2－0141
单级教授训练法
(日)黑田定治,(日)大元茂一郎著　彭清鹏译
　　吉林　吉林学务公所　民国1.11[1912.11]
　　144页　图,表,地图　大32开
　　逐页题名：单级教授及训练
　　辞书

2－0142
教授法讲义
蒋维乔编纂　庄俞校订
　　上海　商务印书馆　民国3.8[1914.8]第3版
　　161页　大32开
　　教育部审定
　　初版附注：民国2年2月初版
　　辞书

2－0143
小学各科教授法
顾倬编辑　沈恩孚校订
　　上海　中国图书公司　民国2.4[1913.4]改正5版
　　102页　大32开
　　辞书

2－0144
各科教授法
李春霖辑
　　[出版者不详]　民国2[1913]版
　　75页　16开
　　云南社科

2－0145
小学普通教授法
李春霖辑
　　[出版者不详]　民国2[1913]-
　　册(①109页)　16开　线装
　　第1册(上卷)：民国2年版
　　云南社科(1)

2－0146
实用主义小学教育法
杨保恒,黄炎培编译
　　上海　江苏省教育会教育研究部　民国3.3[1914.3]
　　104页　32开
　　附：黄炎培学校教育采用实用主义第二回商榷书
　　辞书

2－0147
最新式七个年单级教授法
侯鸿鉴编
　　上海　中华书局　民国3.8[1914.8]
　　194页　表　大32开
　　辞书　天津

2-0148
实用小学教员讲义
小学教员讲习社编辑
　　上海　中华书局　民国4.1[1915.1]-
　　6册(276,272,352,200,331,325页)　图,表　大32开
　　第1册(第1期):民国4.1初版
　　第2册(第2期):民国4.2初版
　　第3册(第3期):民国4.3初版
　　第4册(第4期):民国4初版
　　第5册(第5期):民国4.5初版
　　第6册(第6期):民国4.6初版
　　其他题名:实用各科教授法讲义
　　辞书(1-3,5-6)　广东中山(1-2,4-6)

2-0149
单级小学校教授法
邓庆澜讲述
　　上海　商务印书馆　民国8.10[1919.10]第8版
　　129页　表　大32开
　　教育部审定　单级教授讲义
　　初版附注:民国4年12月初版
　　卷端题名:单级小学校教授法讲义
　　辞书

2-0150
小学校职业科教授要目草案
各师范学校附属小学校联合会编
　　上海　中华职业教育社　民国7[1918]版
　　92页　大32开
　　广东中山

2-0151
小学革新教育法
芮佳瑞编辑
　　上海　有正书局　民国9.3[1920.3]
　　226页　32开
　　逐页题名:战后革新小学教育法
　　辞书

2-0152
北京高等师范学校附属小学校教授顺序[改订本]
北京高等师范附属小学校[编]
　　北京　[编者刊]　民国10.5[1921.5]版
　　78页　大32开
　　逐页题名:各科教授顺序
　　辞书　河南

2-0153
小学校教授缀法的新法
崔唐卿编著
　　北京　高等师范附属小学　民国11[1922]版
　　18页　32开
　　河南

2-0154
设计教学试验实况
沈百英编
　　上海　商务印书馆　民国11[1922]初版,民国12第2版
　　78页　图　32开
　　国图　河南

2-0155
新学制小学实施教学法
新学制实施讨论会编
　　上海　商务印书馆　民国12.7[1923.7]第2版
　　120页　大32开
　　华师大　辞书　辽宁

2-0156
新学制小学复式教学法
顾旭侯,武云如,朱慰元编辑　庄俞,周尚志校订
　　上海　商务印书馆　民国13.7[1924.7]第2版,民国22.2国难后1版
　　70页　32开
　　初版附注:民国13年6月初版
　　其他题名:小学复式教学法
　　华师大　辽宁　广东中山

2-0157
美术及音乐教学法:教育杂志16周年汇刊
雷家骏等编
　　上海　商务印书馆　民国14[1925]版
　　105页　64开　(教育丛著　56)
　　天津

2-0158
小学各科成绩考查法
唐湛声,薛溱舲编
　　上海　中华书局　民国24.5[1935.5]第8版,民国25.9第9版
　　226页　图,表　大32开　(初等教育丛书)
　　初版附注:民国15年4月初版
　　辞书　辽宁

2-0159
普通教学法
罗廷光编辑　胡叔异,沈百英校订
　　上海　商务印书馆　民国19.2[1930.2]初版,民国19.9第2版,民国21.11国难后1版
　　246页　图(含彩图),表　大32开
　　华师大　辞书

2-0160
小学普通教学法
谢恩皋编
　　上海　中华书局　民国19.8[1930.8]初版,民国20.4第2版,民国20.8第3版,民国21第6版,民国22.10第7版,民国25第8版
　　188页　大32开
　　华师大　辞书　西北师大　广东中山

2-0161

实用小学教学法
徐松石 编
　　上海　中华书局　民国 20.11[1931.11] 第 3 版,民国 21.10
　　第 4 版
　　348 页　大 32 开
　　初版附注:民国 19 年初版
　　其他题名:小学教学法
　　辽宁　广东中山

2-0162

短期小学课本教学法
教育部 编
　　上海　中华书局　民国 22.2[1933.2]-
　　4 册(①164 页)　32 开
　　第 1 册:民国 22.2 初版
　　北师大(1)　人教(1)　上海(1)　辞书(1)

2-0163

小学各科教学法
程宗颐 著
　　天津　百城书局　民国 22.8[1933.8]
　　382 页　表　大 32 开
　　国图

2-0164

新课程标准与新教材新教法
　　上海　商务印书馆　民国 22[1933]-
　　2 册　32 开
　　上册:版次不详
　　下册:民国 22 年版
　　教育部审定
　　其他题名:复兴教科书新课程标准与新教材新教法
　　国图(2)　上海(2)　广东中山(1)

2-0165

乡村小学教师须知
唐文粹 著
　　上海　儿童书局　民国 22[1933] 版
　　249 页　25 开　(晓庄丛书)
　　广东中山

2-0166

小学各科新教学之实际
刘百川等 编
　　上海　儿童书局　民国 22[1933] 初版,民国 23 第 3 版
　　319 页　32 开
　　国图　河南

2-0167

禹王台与繁塔:小学教学活动纲领及参考资料
开封教育实验区教材部 编
　　开封　[编者刊]　民国 23.7[1934.7]
　　190 页　图　32 开
　　其他题名:小学教学活动纲领及参考资料
　　华师大

2-0168

实际的小学各科教学法
徐阶平 编辑　刘百川 校订
　　上海　开华书局　民国 24.3[1935.3] 第 2 版
　　296 页　像　32 开　(实际的小学教育丛书)
　　初版附注:民国 23 年 7 月初版
　　辞书　西北师大

2-0169

小学各科教学法
王骏声 著
　　上海　世界书局　民国 23[1934] 版
　　165 页　32 开
　　西北师大

2-0170

课卷订正法
杨骏如 编
　　上海　黎明书局　民国 23[1934]
　　126 页　32 开　(黎明乡村小学丛书)
　　河南

2-0171

混合课本教学法
王倘,陈礼江,喻任声 主编　徐经纶,解炳如,叶岛等 助编
　　上海　商务印书馆　民国 24.8[1935.8]-
　　6 册(①321,②397,③519,⑤414 页)　32 开
　　第 1 册:民国 24.8 初版,民国 24.11 第 3 版
　　第 2 册:民国 25.1 初版
　　第 3 册:民国 25.4 初版
　　第 5 册:民国 25.8 初版
　　一年制短期小学适用
　　北师大(1-3,5)　人教(1-2)　华师大(1-3,5)　辞书(1)

2-0172

短期小学课本教学法
国立编译馆 编纂
　　上海　商务印书馆　民国 24.10[1935.10]-
　　4 册(146,229,246,315 页)　32 开
　　第 1 册:民国 24.10 第 2 版,民国 24.12 第 5 版,民国 25.9 第
　　　11 版
　　第 2 册:民国 25.1 第 2 版,民国 25.4 第 8 版
　　第 3 册:民国 25.4 第 2 版,民国 25.6 第 5 版,民国 25.10 版,
　　　民国 26.3 第 8 版
　　第 4 册:民国 24 初版,民国 25.6 第 2 版,民国 26.3 第 8 版
　　国图　人教(2,4)　华师大(1,4)　上海　辞书　西北师大
　　(2-4)

2-0173

小学学生出席与缺席问题
朱智贤 著
　　上海　商务印书馆　民国 24[1935] 版
　　139 页　32 开　(小学教育丛书)
　　西北师大

2-0174
小学各科成绩查法
沈雷渔编纂
　　上海　商务印书馆　民国25[1936]版
　　162页　32开　（小学教育丛书）
　　西北师大

2-0175
仪器标本模型目录
商务印书馆编辑
　　上海　[编者刊]　民国25[1936]版
　　32页　16开
　　小学校适用
　　广东中山

2-0176
小学教材与教学法表解
周闻风等编
　　上海　东方文学社　民国25[1936]版
　　136页　32开
　　广东中山

2-0177
小学教材及教学法（卫生 体育 劳作 美术 音乐）
吴研因,吴增芥编
　　上海　中华书局　民国26.4[1937.4]
　　126页　乐谱　32开　（小学教员检定丛刊）
　　国图　辞书　广东中山

2-0178
小学教材及教学法（国语 社会 自然 算术）
吴研因,吴增芥编
　　上海　中华书局　民国26.4[1937.4]
　　206页　表　32开　（小学教员检定丛刊）
　　国图　辞书

2-0179
小学各科教学法
沈雷渔,钱企湘编著
　　上海　商务印书馆　民国26.7[1937.7]
　　174页　32开　（乡村教育丛书）
　　辞书　西北师大　庐山　广东中山

2-0180
小学训导技术
姚虚谷编
　　[出版者不详]　民国26[1937]版
　　104页　表　大32开
　　辽宁

2-0181
国民基础学校各科教学法
广西省政府教育厅编审室编
　　[出版者不详]　民国26[1937]版
　　314页　小32开
　　西北师大

2-0182
小学教学技术
姚虚谷著
　　上海　中华书局　民国26[1937]版
　　344页　大32开
　　天津

2-0183
小学教科书评论
吴研因等著
　　南京　正中书局　民国26[1937]第2版
　　176页　大32开　（教与学月刊丛刊）
　　国图　西北师大

2-0184
短期小学各科教材及教法
沈文亮编
　　上海　广州　中华书局　民国28.1[1939.1]
　　106页　图,表,乐谱　32开　（义务教育丛书）
　　辞书　辽宁

2-0185
小学教育测验说明书
艾伟编
　　上海　中华书局　民国28.3[1939.3]
　　21页　表　大32开
　　辞书

2-0186
新学制各科教授法
阎心雨著
　　[长春]　益智书店　民国28.6[1939.6]
　　386页　32开
　　其他题名：各科教授法
　　辽宁

2-0187
合科实验的廉方教学法
李廉方著　开封杏花园实验小学实验　李鸿英,李一民,王琼贞等参订
　　昆明　中华书局　民国28.8[1939.8]
　　156页　图　32开
　　辞书

2-0188
中心学校国民学校各科教材及教学法
徐尤昭著　四川省国民教育委员会主编
　　四川　四川省政府教育厅　民国29[1940]
　　2册(256,186页)　32开
　　上下册：民国29年版
　　其他题名：各科教材及教学法
　　西北师大

2-0189
小学教育参考资料
梅县县政府教育科编

梅县　[编者刊]　民国30[1941]版
1册　32开
广东中山

2-0190
教材及教学法
朱焕阶编辑
　　沈阳　国华书店　民国35.9[1946.9]第4版
　　182页　32开
　　国民学校小学部
　　初版附注：民国30年初版
　　辽宁

2-0191
教材研究
河南　河南省干部训练团中心学校教师训练班　民国31[1942]版
1册　32开
其他题名：小学教材研究大纲
河南

2-0192
国民学校课卷订正法
王弘毅编著
　　上海　正中书局　民国36.10[1947.10]
　　72页　图,表　32开　（国民教育辅导丛书）
　　辞书　天津

2-0193
小学适用教学方法及其实例
水心编著
　　[南京]　正中书局　民国36.11[1947.11]
　　103页　表　32开　（国民教育辅导丛书）
　　辞书　广东中山

2-0194
小学教材及教学法通论
赵廷为编纂
　　上海　商务印书馆　民国37.2[1948.2]
　　188页　32开　（国民教育文库）
　　辞书　广东中山

2-0195
单级教学法概要
李伯棠编著
　　上海　正中书局　民国37.3[1948.3]
　　162页　32开　（国民教育辅导丛书）
　　辽宁

2-0196
小学各科教具自制法
王国元编纂
　　上海　商务印书馆　民国37.4[1948.4]第1版,民国37.8第3版
　　411页　32开　（国民教育文库）
　　华师大　辞书

2-0197
单级教学法
李晓农,李伯棠编纂　沈百英校订
　　上海　商务印书馆　民国37.4[1948.4]第1版,民国37.8第3版
　　160页　图　32开　（国民教育文库）
　　上海　辞书　庐山　广东中山

2-0198
小学各科成绩订正法
顾志贤编著
　　上海　商务印书馆　民国37.4[1948.4]初版,民国37.8第3版
　　114页　32开　（国民教育文库）
　　辞书　庐山

2-0199
教学演示实施法
沈世璟编著
　　上海　商务印书馆　民国37.4[1948.4]初版,民国37.8第3版
　　119页　32开　（国民教育文库）
　　辞书　西北师大　广东中山

2-0200
挂牌闪光教学实验手册
司琦编写
　　[出版者不详]　民国37.5[1948.5]油印本
　　11叶　32开
　　辞书

2-0201
小学各科教学之基础
（美）惠提著　彭宏议编译
　　上海　商务印书馆　民国37[1948]沪2版
　　364页　大32开
　　河南

2-0202
教育视导纲要
梁春芳著
　　上海　中华书局　民国38.2[1949.2]
　　324页　32开　（中华文库　小学教师用书第1集）
　　辞书　辽宁

2-0203
小学的教材与教法研究
黄祖英等著
　　香港　新民主出版社　民国38[1949]版
　　151页　大32开
　　广东中山

2-0204
小学各科教授法
山东　山东单级教员养成所　[1912-1949?]
40叶　大32开　线装

辞书

2-0205
小学新教材教授案
上海　商务印书馆　[1912-1949?]
20册([225]页)　图,表　32开　活页
第1-20册:版次不详
人教

＊　＊　＊

2-0206
初级小学单级教授法
李元蘅编
上海　中华书局　民国4[1915]
138页　大32开
河南

2-0207
观察课本
德尔蒙著述　豫章大学预科师范部编订
上海　广学书局　民国9[1920]
3册(44,82,160页)　32开
第1-3册:民国9初版
国民小学一年级～四年级用
辞书

2-0208
低学年设计教学法
王砥平编
上海　商务印书馆　民国12[1923]
73页　大32开
河南

2-0209
实验设计教材实施法
李清悚,章柳泉,史泽之等编辑　南京市立中区实验学校校订
南京　南京书店　民国21.8[1932.8]-
20册(①[70],②[68],⑪[69]页)　图,乐谱　32开
第1册:民国21.8初版
第2册:民国22.1初版
第11册:民国21.9初版
小学低年级用
逐册题名:小学实验教材实施法
辞书(1-2,11)　编译馆(1-2,11)

2-0210
低年级各科教学法
孙慕坚编　沈百英校
长沙　上海　商务印书馆　民国24.4[1935.4]初版,民国24沪2版,民国27第5版
154页　图　32开　(低年级教育丛书)
华师大　辞书　天津　广东中山

2-0211
小学低年级各科教学法之研究
张耿西编著　沈子善校订
南京　正中书局　民国24.6[1935.6]
114页　大32开
辞书

2-0212
各科教科书教学法样本
中华书局编
上海　[编者刊]　民国26.4[1937.4]
300页　图　32开
初级小学用　修正课程标准适用
国图　广东中山

2-0213
教学指引
教育部教科用书编辑委员会编
重庆　[编者刊]　民国31.9[1942.9]
4册　32开
第1-4:民国31.9版
其他题名:初级小学国语常识课本教学指引
国图

2-0214
文通初小常识国语教学法
李伯棠编
贵阳　文通书局　民国31[1942]-
册　32开
第1册:民国31年版
其他题名:初小常识国语教学法
国图(1)

2-0215
初小公教道理教学指导书
公教道理教科书编辑会编纂
兖州　保禄印书馆　民国31[1942]-
册(②184页)　图　32开
第2册:民国31年版
初级小学用
国图(2)

2-0216
初级小学国语常识教学指引
教育部教科用书编辑委员会编辑
重庆　上海　国定中小学教科书七家联合供应处　民国32.7[1943.7]
8册(104,106,120,138,54,55,80,84页)　图,表　32开
第1册:民国32.7重庆米色报纸本1版
第2册:民国32.7重庆米色报纸本1版,民国35.2沪1版
第3册:民国32.7重庆米色报纸本1版
第4册:民国32.7重庆米色报纸本1版,民国35.2沪1版
第5册:民国32.7重庆米色报纸本1版
第6册:民国32.7重庆米色报纸本1版,民国35.2沪1版
第7册:民国32.7重庆米色报纸本1版

第8册:民国32.7重庆米色报纸本1版,民国35.2沪1版

逐页题名:部编初级小学国语常识教学指引

人教(1,3-5,7) 辞书 广东中山(6)

2-0217

初级小学国语常识课本教学法[修订标准本]

国立编译馆编 李伯棠编辑

上海 国定中小学教科书七家联合供应处 民国36.1[1947.1]-

8册(①251,②290,③271,④282页) 图 32开

第1-4册:民国36.1上海白报纸本1版

逐页题名:部编初小国常教学法

书脊题名:初小国语常识教学法

其他题名:初小国常教学法

辞书(1-4)

2-0218

初级小学国语常识教学法[第5次修订本]

国立编译馆主编 潘仁,李伯棠编辑

8册 图 32开

教育部审定

其他题名:初级小学国语常识课本教学法

①上海 国定中小学教科书七家联合供应处 民国36.1[1947.1]-

第1册:民国37.8初版

第2册:民国36.1初版

第3册:民国37.8初版

第4册:民国36.1初版

第5册:民国38.1初版

华师大(1-5)

②上海 世界书局 民国37.8[1948.8]-

第1-4册:民国37.8第1版

辞书(1-4) 广西师大(1,3-4)

③上海 中华书局 民国37.8[1948.8]-

第1-4册:民国37.8第1版

人教(1-4)

④上海 正中书局 民国37.8[1948.8]-

第1-4册:民国37.8-9沪1版

国图(1-4) 人教(1-4)

2-0219

国民学校教材研究集:初小国语常识

台湾省教育会编

台北 东方出版社 民国36.10[1947.10]-

册(⑦148页) 32开

第7册:民国36.10第2版

其他题名:初小国语常识

国图(7) 人教(7)

2-0220

小学初级国语常识教学法

国立编译馆主编 潘仁,李伯棠编辑 唐冠芳绘图

上海 五联社 民国37.2[1948.2]-

册(①250,④282页) 32开

第1册:民国37.6第6版

第4册:民国37.2版

其他题名:国语常识教学法

庐山(1,4)

2-0221

低年级工作教学法

姚家栋编著

上海 商务印书馆 民国37.2[1948.2]初版,民国37.8第3版

113页 图 32开 (国民教育文库)

上海 辞书 庐山 广东中山

2-0222

小学中年级各科教学法

江景双编纂

上海 商务印书馆 民国37.2[1948.2]初版,民国37.8第3版

142页 32开 (国民教育文库)

辞书 庐山 广东中山

2-0223

小学低年级各科教学法

孙慕坚编纂 沈百英校订

上海 商务印书馆 民国37.4[1948.4]第1版,民国37.8第3版

170页 32开 (国民教育文库)

辞书 天津 广东中山

2-0224

单级教授法:单级教科书教授书样本

李元蘅著

上海 中华书局 [1912-1949?]

61叶 图,表 大32开 线装

初等小学校用

其他题名:单级教科书教授书样本

辞书

2-0225

初级新小学教科书编辑大意及样本

中华书局编

上海 [编者刊] [1912-1949?]

1册 图 大32开

新学制适用

辞书

2-0226

实验设计教材实施法:总说明

李清悚,章柳泉,史泽之等编辑 南京市立中区实验学校校订

南京 南京书店 [1912-1949?]

16页 32开

小学低年级用

逐页题名:小学低年级设计教材总说明

辞书 编译馆

* * *

2-0227
经训教科书教授法
黄展云,林万里,王永炘编纂
    上海　商务印书馆　清光绪 33.8[1907]-
    4 册(49,42,41,43 叶)　大 32 开　线装
    第 1 册:宣统 2.5 第 3 版,民国 3.4 第 4 版
    第 2 册:宣统 2.5 第 3 版,民国 3.2 第 4 版
    第 3 册:光绪 33.8 初版,民国 3.2 第 4 版
    第 4 册:宣统 2.9 第 3 版,民国 3.2 第 4 版
    高等小学堂用　教员用
    初版附注:清光绪 33 年 8 月初版
    封面题名:(订正)经训教科书教授书
    其他题名:高等小学经训教授法
    辞书

2-0228
高等小学教授细目
(清)学部编译图书局编纂
    北京　[编者刊]　清宣统 2.12[1911]
    2 册(52,47 叶)　表　16 开　线装
    第 1-2 册:宣统 2.12 初版
    第一学年前学期～第一学年后学期
    辞书

2-0229
各科教科书教学法样本
[中华书局编]
    上海　[编者刊]　民国 26.4[1937.4]
    500 页　32 开
    高级小学用　修正课程标准适用
    国图　人教　天津　广东中山

2-0230
小学高年级各科教学法
王轶三,阴景曙编纂
    上海　商务印书馆　民国 37.4[1948.4]初版,民国 37.8 第 3 版
    111 页　32 开　(国民教育文库)
    辞书　庐山　广东中山

2-0231
高等小学实用教科教授书样本
商务印书馆编
    上海　[编者刊]　[1912-1949?]
    114 叶　图　大 32 开　线装
    最新编辑　春季始业
    辞书

2-0232
新制中华高等小学教科教授书样本
中华书局编
    上海　[编者刊]　[1912-1949?]
    113 叶　图　大 32 开　线装
    教育部审定
    辞书

教学辅导书

2-0233
初级各科常识问答
张竹编
    上海　南华书局　民国 19[1930]
    2 册(292,363 页)　32 开
    上下册:民国 19 年版
    河南

2-0234
小学会考升学指导
胡叔异,赵侣青主编　周轶群,施家森,徐迥千等编辑　郑坦,冯顺伯,朱少瑜校阅
    南京　晨光图书社　民国 21.12[1932.12]-
    4 册(82,77,111,120 页)　32 开
    第 1 册(国语之部):民国 22.3 第 3 版
    第 2 册(算术之部):民国 22.3 第 3 版
    第 3 册(自然之部):民国 21.12 初版,民国 22.4 第 2 版,民国 22 第 4 版
    第 4 册(社会之部):民国 21.12 初版,民国 22.4 第 2 版,民国 22 第 4 版
    初版附注:民国 21 年 12 月初版
    辞书　天津(3-4)

2-0235
小学会考升学必备
小学教育研究社编
    上海　社会与教育社　民国 22.5[1933.5]
    314 页　表　32 开
    辞书

2-0236
高级小学寒假自习书
盛朗西主编　王子才等分撰
    上海　北新书局　民国 23.1[1934.1]
    104 页　32 开
    高级小学六年级用
    上海

2-0237
初级小学寒假自习书
王文化等编
    上海　北新书局　民国 23[1934]版
    99 页　32 开
    国图

2-0238
小学自修升学指南(本国历史 外国历史 本国地理 外国地理)

[不详] 仁记南华书店 民国24[1935]-
　　册(③[149]页) 32开
第3册:民国24年版
逐页题名:小学生自修升学指南
河南(3)

2-0239
小学各科习题详解
陈士杰编
　　上海 经纬书局 民国25.1[1936.1]第2版
　　225页 48开 (经纬百科丛书)
人教

2-0240
新编小朋友升学指导
顾锦藻编
　　上海 春江书局 民国25[1936]
　　1册 表 32开 (升学指导丛书)
上海

2-0241
小朋友升学指导
储祎等著
　　上海 北新书局 民国26[1937]版
　　259页 25开 (小朋友丛书 13)
广东中山

2-0242
小学生专册(公民训练 国语 社会 自然 算术 劳作 美术 体育游戏 音乐 战时常识)
徐应昶,赵景源编辑
　　长沙 商务印书馆 民国28.9[1939.9]
　　5册 32开
第1册:民国28.9初版,民国30.4第2版
第2册:民国28.9初版,民国30.4第2版
第3册:民国28.9初版,民国30.4第2版
第4册:民国28.9初版
第5册:民国28.9初版
国图(4-5) 上海(1-3) 华师大 西北师大(1)

2-0243
小朋友升学指导
储苏民,储后俊著
　　上海 文光书局 民国28[1939]第2版
　　1册 32开
广东中山

2-0244
小学生升学指导
范祥善主编 奚汝梅等编著
　　上海 合众书店 民国29.4[1940.4]第4版
　　1册 32开
逐页题名:升学指导
上海

2-0245
小学升学指导
俞凌编著 钱一鸣编
　　上海 激流书店 民国30.5[1941.5]第2版
　　257页 32开
辞书

2-0246
小学升学读本
顾锦藻主编
　　上海 春江书局 民国30.6[1941.6]第2版
　　1册 32开
逐页题名:升学指南
上海

2-0247
假期作业
朱翃新编辑
　　上海 大东书局 民国30.6[1941.6]-
　　8册 图,表 32开 精装
第2,6-8册:民国30.6初版
初级小学放假期间温习功课之用
其他题名:小学假期作业
编译馆(2,6-8)

2-0248
假期作业
朱翃新编辑
　　上海 大东书局 民国30.6[1941.6]
　　4册 图,表 32开 精装
第1-4册:民国30.6初版
高级小学放假期间温习功课之用
其他题名:小学假期作业
编译馆

2-0249
各科问题小学升学指导(算术 社会)
范郁文编 正文书店修订
　　北平 正文书店 民国31[1942]-
　　2册(②160页) 32开
第2册:民国31 第4版
河南(2)

2-0250
小学升学指导:升学必备各科问答
林俊千编
　　北平 兴业书局 民国32.5[1943.5]-
　　册 32开
第1册(一集:国语常识):民国32.5修订2版
封面题名:最新小学升学指导
辽宁(1)

2-0251
各科问题小学升学指导(算术 社会)
范忘吾编 兰村轩主修订
　　北平 京华书店 民国32[1943]-

2册(②159页) 32开
第2册:民国32第5版
河南(2)

2-0252

最新高小升学指导:升学必备
关润田编
  北平 老二酉堂书局 民国32[1943]
  179页 32开
  河南

2-0253

小朋友升学指导
储祎编
  桂林 永生出版社 民国32[1943]
  202页 32开
  河南

2-0254

高小入学捷径
范觉非主编
  北平 银丽书屋 民国33[1944]版
  [171]页 32开
  民国33年度实用升学指导
  河南

2-0255

新标准初中入学指导
周毓莘,承士林,潘仁等编校 小学教材研究社总编辑
  上海 永祥印书馆 民国34.5[1945.5]
  1册 大32开
  题解中心高级小学各科总复习
  辞书

2-0256

小学生复习升学指导:基本假期课本
王志成,沈秉廉,宋文藻等编校
  上海 基本书局 民国36.4[1947.4]修订2版,民国36.5增订3版,民国37.2增订4版
  181页 32开
  高级小学毕业生用
  初版附注:民国35年6月初版
  书脊题名:基本小学生复习升学指导
  上海 辞书

2-0257

最新小学升学指导
陆静山,诸祖荫等编
  重庆 沪光书局 民国35[1946]版
  317页 32开
  河南

2-0258

最新小学升学指导
陆静山主编
  广州 实学书局 民国36.1[1947.1]沪1版
  317页 表 32开 (少年丛书)
  上海

2-0259

小学各科常识问答:投考升学必备
胡济涛主编 孙克昌,陈驾凡校阅
  上海 春明书店 民国36.2[1947.2]
  151页 32开
  依据部颁布课程标准新编
  辞书 河南

2-0260

高小常识题解:献给投考初中者
胡济涛主编 陆建华编纂
  上海 春明书店 民国36.6[1947.6]
  171页 32开
  高小复习指导 考试升学必备
  辞书

2-0261

小学各科升学指导:题解中心高小毕业各科总复习
吴墨卿编
  上海 新生书局 民国36.6[1947.6]
  317页 表 32开
  封面题名:小学升学指导
  上海

2-0262

各科常识难题一千解:小学生升学投考必备
蒋冰洲主编
  上海 春明书店 民国36.9[1947.9]增订新版
  93页 32开
  辞书

2-0263

最新本小朋友升学指导
周忠治编
  广州 南光书店 民国36[1947]版
  1册 32开
  其他题名:小朋友升学指导
  广东中山

2-0264

新编小朋友升学指导[胜利版]
顾锦藻编
  上海 三民图书公司 民国36[1947]增订新6版
  [229]页 32开
  河南

2-0265

小学升学指导
葛斯永编纂 王友铭校
  上海 学生书局 民国36[1947]版
  [429]页 32开
  河南

2-0266

最新小学各科升学指导

蒋石洲主编
　　上海　百乐书屋　民国36[1947]版
　　[203]页　32开
　　河南

2-0267
小学标准升学复习指导
周阆风主编　顾群璞,王志成,马精武,周沐华,顾缉明,钱达三,顾志贤,陈永材编辑
　　上海　百新书店　民国37.1[1948.1]
　　357页　32开
　　献给投考初中者
　　辞书

2-0268
小朋友升学指南：献给小学升学者
化鹏主编　蒋冰洲,陶湄波,周开明,王长杰编纂
　　上海　春明书店　民国37.5[1948.5]第2版
　　209页　32开
　　依据部颁课程标准新编
　　初版附注：民国37年1月初版
　　辞书

2-0269
小学各科复习要览：献给投考初中者
艾重主编　应一凡校阅
　　上海　春明书店　民国37.5[1948.5]初版,民国38.2版
　　178页　图,地图　32开
　　依据最新课程标准编纂
　　版权页题名：新编小学各科复习要览
　　封面题名：小学各科升学复习要览
　　上海　辞书

2-0270
小学生升学指导
胡济涛主编
　　上海　春明书店　民国37.5[1948.5]
　　301页　32开
　　依据部颁课程标准新编
　　辞书　河南

2-0271
小朋友升学指导
　　[不详]　教育出版社　民国37[1948]版
　　1册　32开
　　广东中山

2-0272
小学升学指导全书
　　上海　春江书局　[1912-1949?]
　　册(⑤[29]页)　32开
　　第5册(公民、卫生之部)：版次不详
　　河南(5)

2-0273
各科常识问答
瀛祥阁主编

　　北京　万聚书局　[1912-1949?]
　　2册([363]页)　32开　(小学升学指导丛书)
　　上下册：版次不详
　　河南

2-0274
小学各科答问
毛起骏编
　　上海　中原书局　[1912-1949?]
　　108页　50开
　　国图

政　治

课　本

2-0275
中华共和国民读本
庄泽定,秦镐编辑
　　上海　中华书局　民国1.2[1912.2]
　　2册(30,30叶)　32开　线装
　　上册：民国1.2初版,民国1.7第5版,民国1.9订正7版,民国1.12改订8版,民国2.2改正11版
　　下册：民国1.2初版,民国1.4第4版,民国1.7第5版,民国1.9订正7版,民国1.12改订8版,民国2.2改正11版
　　教育部审定
　　人教　辞书

2-0276
政治常识
鄂豫皖区苏维埃政府文化委员会编
　　[不详]　国家出版科(翻印)　民国20.10[1931.10]版
　　21页　32开
　　小学教材
　　人教

2-0277
政治常识
　　[通山]　中共通山县委会秘书处(翻印)　民国20.12[1931.12]版
　　11页　32开
　　小学教材
　　人教

2-0278
我国革命史
马雪瑞编辑
　　上海　新中国书局　民国21.11[1932.11]
　　82页　32开
　　社会科补充读物　小学校用
　　华师大

2-0279

共产儿童读本
中央教育部编
　　[福建]　福建省苏劳动感化院　民国22.7[1933.7]
　　6册([205]页)　[32开]
　　第1-6册:民国22.7版
　　经苏维埃中央政府教育部长徐特立审查　各地列宁小学临时
　　　　教材　一般儿童初学适用
　　人教

2-0280

自编爱国教材
绍兴县教育局编
　　绍兴　[编者刊]　民国22.9[1933.9]版
　　60页　32开　(教育小丛刊)
　　上海

2-0281

苏维埃课本
红十一军政治部编
　　[不详]　[编者刊]　民国22.10[1933.10]-
　　册(①15页)　32开
　　第1册:民国22.10版
　　小学教材
　　人教(1)

2-0282

政治课本
中国工农红军第四方面军九师政治部编
　　[不详]　[编者刊]　民国22.11[1933.11]
　　7页　32开
　　小学教材
　　人教

2-0283

革命常识
　　莲花县　莲花县赤色工农联合会　[1927-1934?]
　　36页　32开
　　小学教材
　　人教

2-0284

国家浅说
孙寒冰编著
　　上海　商务印书馆　民国24[1935]版
　　71页　32开
　　小学生分年补充读物
　　人教　上海　辞书　河南

2-0285

抗战课本
韩一青编辑
　　西安　大东书局　民国28.8[1939.8]-
　　4册(26,26,26,26页)　图　(抗战小丛书)
　　第1册:民国29.4第2版
　　第2册:民国28.8初版

　　第3册:民国29.4第2版
　　第4册:民国29.9第2版
　　辞书

2-0286

补训国文课材：由发动革命至抗战胜利的重要文献
庞南洲选编
　　开封　[出版者不详]　民国34[1945]版
　　88页　32开
　　卷端题名:国文补训读本
　　河南

2-0287

防奸教材
胶东区行政公署编
　　山东　[编者刊]　[1937-1945?]
　　33页　32开
　　冬学政治课本
　　河南

2-0288

五一中心教材　五三中心教材
浙江省教育厅编
　　浙江　[编者刊]　[1912-1949?]
　　26页　图,表,乐谱　32开　(小学教育丛书·第二类　1)
　　封面题名:革命纪念日中心教材
　　其他题名:五三中心教材
　　国图　上海

2-0289

五四中心教材　五五中心教材
浙江省教育厅编
　　浙江　[编者刊]　[1912-1949?]
　　50页　图,表,乐谱　32开　(小学教育丛书·第二类　2)
　　封面题名:革命纪念日中心教材
　　其他题名:五五中心教材
　　国图　上海

2-0290

五一八中心教材
浙江省教育厅编
　　浙江　[编者刊]　[1912　1949?]
　　36页　图,表,乐谱　32开　(小学教育丛书·第二类　4)
　　封面题名:革命纪念日中心教材
　　国图　上海

2-0291

五卅中心教材
浙江省教育厅编
　　浙江　[编者刊]　[1912-1949?]
　　44页　图,表,乐谱　32开　(小学教育丛书·第二类　5)
　　封面题名:革命纪念日中心教材
　　国图　上海

2-0292

革命纪念日中心教材
浙江省教育厅编

浙江　[编者刊]　[1912-1949?]
56 页　图,表,乐谱　32 开　（小学教育丛书·第二类　6）
国图　上海

2-0293
六一六中心教材
浙江省教育厅编
浙江　[编者刊]　[1912-1949?]
60 页　图,表,乐谱　32 开　（小学教育丛书·第二类　7）
封面题名：革命纪念日中心教材
国图　上海

2-0294
国民革命军誓纪念中心教材
浙江省教育厅编
浙江　[编者刊]　[1912-1949?]
44 页　图,表,乐谱　32 开　（小学教育丛书·第二类　8）
封面题名：革命纪念日中心教材
国图　上海

2-0295
先烈廖仲恺先生殉国纪念中心教材
浙江省教育厅编
浙江　[编者刊]　[1912-1949?]
26 页　图,表,乐谱　32 开　（小学教育丛书·第二类　9）
封面题名：革命纪念日中心教材
国图　上海　广东中山

2-0296
九七中心教材
浙江省教育厅编
浙江　[编者刊]　[1912-1949?]
50 页　图,表,乐谱　32 开　（小学教育丛书·第二类　10）
封面题名：革命纪念日中心教材
国图　上海

2-0297
国庆纪念中心教材
浙江省教育厅编
浙江　[编者刊]　[1912-1949?]
134 页　图,表,乐谱　32 开　（小学教育丛书·第二类　12）
封面题名：革命纪念日中心教材
国图　上海

2-0298
总理诞辰纪念中心教材
浙江省教育厅编
浙江　[编者刊]　[1912-1949?]
76 页　图,表,乐谱　32 开　（小学教育丛书·第二类　13）
封面题名：革命纪念日中心教材
上海

2-0299
肇和兵舰举义纪念中心教材
浙江省教育厅编
浙江　[编者刊]　[1912-1949?]
76 页　图,表,乐谱　32 开　（小学教育丛书·第二类　14）

封面题名：革命纪念日中心教材
其他题名：云南起义纪念中心教材
上海

2-0300
中华民国成立纪念日中心教材
浙江省教育厅编
浙江　[编者刊]　[1912-1949?]
100 页　图,表,乐谱　32 开　（小学教育丛书·第二类　15）
封面题名：革命纪念日中心教材
国图　上海

2-0301
北平民众革命纪念日中心教材
浙江省教育厅编
浙江　[编者刊]　[1912-1949?]
78 页　图,表,乐谱　32 开　（小学教育丛书·第二类　17）
封面题名：革命纪念日中心教材
国图　上海　广东中山

2-0302
清党纪念中心教材
浙江省教育厅编
浙江　[编者刊]　[1912-1949?]
50 页　图,表,乐谱　32 开　（小学教育丛书·第二类　18）
封面题名：革命纪念日中心教材
上海

*　*　*

2-0303
十月十日
吴勉君编　刘开申绘
上海　中华书局　民国 25.6[1936.6]
18 页　彩图　32 开　（小学低年级各科副课本　45）
人教　辞书

2-0304
四大宗教
黄人济编
上海　中华书局　民国 25.10[1936.10]
40 页　图　32 开　（小学中年级各科副课本　42）
人教　辞书

2-0305
抗战读本
韩一青编辑
西安　大东书局　民国 29.5[1940.5]
30 页　图　32 开　（抗战小丛书）
训练民众短期小学、初级小学适用
辞书

*　*　*

2-0306
爱国教材
王岫庐,朱经农编辑　丁晓先,王钟麒,沈圻等撰述
　　上海　商务印书馆　民国14.8[1925.8]
　　4册(26,32,29,28页)　图　大32开
　　第1-4册:民国14.8初版
　　小学校补充读本　新学制小学第三学年～第六学年用
　　卷端题名:小学校补充读本爱国教材
　　辞书

2-0307
中山主义新国民读本
魏冰心编辑　王剑星校订
　　4册(45,41,48,48页)　照片　32开
　　国民政府教育行政委员会审定　后期小学用书
　　逐页题名:新国民读本
　　其他题名:后期小学中山主义新国民读本
　　①广州　共和书局　民国15.11-12[1926.11-12]
　　第1册:民国15.12初版,民国15.12第2版,民国16.2第13版,民国16.7第34版,民国16.7第39版
　　第2册:民国15.11初版,民国16.2第13版,民国16.7第29版,民国16.7第32版
　　第3册:民国15.11初版,民国16.1第9版,民国16.2第11版,民国16.7第26版
　　第4册:民国15.11初版,民国16.2第14版,民国16.5第20版,民国16.5第22版,民国16.7第26版
　　人教　辞书　河南(4)
　　②上海　世界书局　民国16.2[1927.2]-
　　第2册:民国16.2第18版,民国16.4第22版
　　第4册:民国16.5第20版
　　辞书(2,4)

2-0308
中山主义新国民读本
魏冰心编辑　王剑星校订
　　上海　世界书局　民国19.6[1930.6]-
　　4册(①45,③48页)　照片　32开
　　第1,3册:民国19.6第3版
　　民国17年6月大学院审定　后期小学用书
　　初版附注:民国17年6月初版
　　逐页题名:新国民读本
　　辞书(1,3)

2-0309
地方自治浅说
季禹九编
　　上海　中华书局　民国25.5[1936.5]
　　41页　图　32开　(小学高年级各科副课本　35)
　　人教　上海　辞书

2-0310
兴亚读本
(伪)教育总署编审会编
　　北平　新民印书馆　民国31.1[1942.1]-
　　册(①135页)　32开
　　第1册:民国31.1版
　　其他题名:高小政治教科书兴亚读本
　　国图(1)

2-0311
国防政治课本
胶东国防教材编辑委员会编
　　山东　东海印刷社　民国32.7[1943.7]-
　　册(③22,⑤14页)　32开
　　第3册:民国32.7版
　　第5册:民国33初版
　　小学校冬季高级用
　　河南(3,5)

2-0312
高小政治常识
东北行政委员会教育部编
　　[东北]　东北书店　民国37.5[1948.5]-
　　4册(42,36,41,40页)　图　32开
　　第1册:民国38.1初版
　　第2册:民国38.9第2版
　　第3册:民国37.5第2版
　　第4册:民国38.9第2版
　　辞书

2-0313
国民政治课本
张腾霄编　徐特立校阅
　　华北　新华书店　民国37.7[1948.7]-
　　册　32开
　　第1册:民国37.7初版,民国38.5第5版
　　高级小学适用
　　人教(1)　辞书(1)

2-0314
政治课本
　　延安　西北新华书店延安总分店　民国37[1948]-
　　册(①42页)　32开
　　第1册:民国37年版
　　陕甘宁边区教育厅审定　高级小学适用
　　国图(1)

2-0315
政治常识
山东省教育厅编审室编审
　　上海　联合出版社　民国38.8[1949.8]-
　　册(①38页)　32开
　　第1册:民国38.8初版
　　高级小学适用　临时课本
　　辞书(1)

2-0316
中山主义
国民军联军驻陕总司令部教育厅编审委员会编
　　[陕西]　[编者刊]　[1912-1949?]

26 页 像 大 32 开
其他题名:高级小学社会科学教本中山主义
上海

教学参考书

2-0317

小学训育实施法
钟自新编
广州 思学社 民国 21[1932]版
254 页 32 开
广东中山

2-0318

小学时事教学法
马精武编
上海 中华书局 民国 25.2[1936.2]
106 页 32 开
其他题名:时事教学法
辞书 广东中山

法 制

课 本

2-0319

法制大意
姚成瀚编纂
上海 商务印书馆 民国 3.5[1914.5]
2 册(12,12 叶) 32 开 线装
上册:民国 3.5 初版,民国 7.11 第 8 版
下册:民国 3.5 初版,民国 8.4 第 9 版
教育部审定 高等小学校第二～三学年学生用
其他题名:共和国教科书法制大意
北师大 辞书

三民主义

课 本

2-0320

三民主义读本
中华爱国编辑社编辑
[不详] [编者刊] 民国 15.10[1926.10]-
4 册(①32 叶) 图 大 32 开 线装
第 1 册:民国 15.10 第 7 版
小学校补充教本 初小三、四年用
初版附注:民国 14 年 11 月初版

辞书(1)

2-0321

前期小学三民主义教科书
戴季虞编辑 魏冰心,朱翊新校订
广州 共和书局 民国 16.1[1927.1]-
4 册(28,32,34,44 页) 图 大 32 开 线装
第 1 册:民国 16.1 第 5 版,民国 16.1 版
第 2 册:民国 16.1 第 5 版,民国 16.1 版
第 3 册:民国 16.1 第 4 版,民国 16.1 版
第 4 册:民国 16.1 第 5 版,民国 16.1 版
初版附注:民国 15 年 1 月初版
逐页题名:三民主义教科书
人教 辞书

2-0322

三民主义读本
朱翊新,吕云彪著 魏冰心,范祥善校订
广州 世界书局 民国 15.8[1926.8]-
4 册(32,34,30,32 页) 图 大 32 开 线装
第 1 册:民国 16.2 第 13 版
第 2 册:民国 15.8 第 5 版,民国 16.2 第 10 版
第 3 册:民国 15.8 第 4 版,民国 16.2 第 10 版
第 4 册:民国 15.8 第 4 版
小学校补充教本 初小三、四年～高小一、二年用
初版附注:民国 15 年 6 月初版
人教(1-3) 辞书

2-0323

新时代三民主义教科书
朱子辰编纂 王云五,朱经农校订
上海 商务印书馆 民国 16.2[1927.2]
8 册(20,20,20,20,20,24,20,22 页) 图(含彩图),像 32 开
第 1 册:民国 16.2 初版,民国 16.3 第 20 版,民国 16.9 第 90 版,民国 17.11 第 270 版,民国 18 第 430 版,民国 19.8 版,民国 19.10 第 860 版,民国 19.10 第 1020 版,民国 21.11 国难后 98 版,民国 30.1 国难后 765 版
第 2 册:民国 16.2 初版,民国 16.9 第 100 版,民国 18 第 380 版,民国 18.11 第 610 版,民国 19.4 第 775 版,民国 19.10 第 855 版,民国 19.10 第 860 版,民国 21.12 国难后 142 版,民国 30.1 国难后 690 版
第 3 册:民国 16.2 初版,民国 16.8 第 50 版,民国 17.11 第 210 版,民国 18.4 第 325 版,民国 18.6 第 370 版,民国 19.3 第 695 版,民国 19.8 第 795 版,民国 19.9 第 825 版,民国 21.12 国难后 96 版,民国 30.2 国难后 680 版
第 4 册:民国 16.2 初版,民国 16.5 第 40 版,民国 17.11 第 195 版,民国 18 第 330 版,民国 18.12 第 590 版,民国 19.9 第 725 版,民国 21.12 国难后 132 版,民国 30.3 国难后 620 版
第 5 册:民国 16.2 初版,民国 16.3 第 20 版,民国 18.1 第 170 版,民国 19.3 第 510 版,民国 19.4 第 570 版,民国 19.9 第 600 版,民国 19.10 第 625 版,民国 20.8 第 660 版,民国 29.10 国难后 395 版
第 6 册:民国 16.2 初版,民国 17.11 第 150 版,民国 18.7 第

340 版,民国 18.7 版,民国 19.5 第 450 版,民国 19.5 第 475 版,民国 21.12 国难后 96 版,民国 29.10 国难后 395 版

第 7 册:民国 16.2 初版,民国 16.9 第 25 版,民国 18.7 第 320 版,民国 18.7 第 330 版,民国 19.4 第 430 版,民国 19.4 第 435 版,民国 21.12 国难后 64 版,民国 29.10 国难后 365 版

第 8 册:民国 16.2 初版,民国 16.11 第 10 版,民国 18.6 第 260 版,民国 18.8 第 305 版,民国 19.9 第 395 版,民国 19.9 第 400 版,民国 21.12 国难后 74 版,民国 29.7 国难后 375 版

大学院审定　小学校初级用

逐页题名:三民主义教科书

国图　人教　辞书　广东中山(1-4)

2-0324

新中华三民主义课本

陆绍昌编辑　叶楚伧校阅

上海　新国民图书社　民国 18.1[1929.1]-

4 册(20,22,21,22 页)　像,地图　大 32 开

第 1 册:民国 21.1 第 45 版,民国 21.4 第 47 版,民国 21.10 第 49 版,民国 21.10 第 50 版

第 2 册:民国 18.10 第 34 版,民国 21.4 第 37 版,民国 21.10 第 39 版,民国 21.10 第 40 版

第 3 册:民国 18.12 第 35 版,民国 21.1 第 37 版,民国 21.1 第 38 版,民国 22.1 第 42 版

第 4 册:民国 18.1 第 11 版,民国 18.7 第 20 版,民国 21.4 第 32 版,民国 22.1 第 33 版

大学院审定　小学校初级用

初版附注:民国 16 年 6 月初版

其他题名:新中华教科书三民主义课本

人教　辞书　编译馆

2-0325

前期小学三民主义课本

魏冰心,朱翙新编辑　范祥善校订　于右任校阅

上海　世界书局　民国 18.7[1929.7]-

8 册(20,20,20,20,26,26,30,32 页)　图　32 开

第 1 册:民国 19.9 第 208 版,民国 20.3 第 211 版,民国 20.7 第 247 版

第 2 册:民国 19.8 第 158 版,民国 19.8 第 160 版,民国 20.7 第 215 版

第 3 册:民国 20.8 第 201 版,民国 21.10 第 288 版

第 4 册:民国 19.9 第 143 版,民国 20.9 第 176 版

第 5 册:民国 20.7 第 143 版,民国 21.8 第 177 版

第 6 册:民国 20.7 第 115 版,民国 21.8 第 147 版

第 7 册:民国 20.8 第 92 版,民国 20.8 第 93 版,民国 20.8 第 94 版,民国 21.8 第 118 版

第 8 册:民国 18.7 第 52 版,民国 19.4 第 66 版,民国 21.9 第 102 版

教育部审定本　大学院审定　小学初级学生用

初版附注:民国 17 年 7 月初版

其他题名:新主义教科书前期小学三民主义课本

其他题名:三民主义课本

人教　辞书　广西师大(5)

2-0326

民智初级三民主义教本

王嵩基,马彭年编辑　杨幼炯,张国人校订

上海　民智书局　民国 19.8[1930.8]-

8 册(41,41,41,41,41,41,41,41 页)　图(含彩图)　32 开

第 1 册:民国 19.8 初版,民国 21.8 第 2 版

第 2 册:民国 19.8 初版

第 3 册:民国 19.8 初版

第 4 册:民国 19.8 初版

第 5 册:民国 21.7 初版

第 6 册:民国 21.7 初版,民国 21.8 第 2 版

第 7 册:民国 21.8 第 2 版

第 8 册:民国 21.7 初版,民国 21.8 第 2 版

其他题名:新标准教科书民智初级三民主义教本

华师大　辞书

* * *

2-0327

新中华三民主义课本

陆绍昌编辑　叶楚伧校阅

上海　新国民图书社　民国 16.6-17.2[1927.6-1928.2]

4 册(17,15,17,31 页)　地图　大 32 开

第 1 册:民国 16.6 初版,民国 19.8 第 25 版,民国 20.6 第 29 版,民国 20.6 第 30 版,民国 20.6 第 31 版,民国 20.6 第 32 版,民国 20.11 第 33 版,民国 20.11 第 34 版,民国 21.1 第 35 版,民国 21.6 第 38 版,民国 21.10 第 42 版

第 2 册:民国 16.6 初版,民国 17.6 第 5 版,民国 19.8 第 19 版,民国 20.4 第 24 版,民国 20.6 第 25 版,民国 20.6 第 26 版,民国 20.11 第 27 版,民国 20.11 第 28 版,民国 21.1 第 29 版,民国 21.4 第 31 版,民国 21.6 第 32 版,民国 21.10 第 34 版

第 3 册:民国 16.8 初版,民国 18.11 第 16 版,民国 19.8 第 18 版,民国 20.6 第 21 版,民国 20.6 第 22 版,民国 20.6 第 23 版,民国 20 第 24 版,民国 20.11 第 25 版,民国 21.1 第 26 版,民国 21.6 第 28 版,民国 21.10 第 30 版

第 4 册:民国 17.2 初版,民国 18.11 第 14 版,民国 19.8 第 15 版,民国 20.6 第 18 版,民国 20.11 第 19 版,民国 20.11 第 20 版,民国 21.1 第 21 版,民国 21.4 第 23 版,民国 21.6 第 24 版,民国 21.10 第 25 版,民国 21.10 第 26 版

大学院审定　小学校高级用

其他题名:新中华教科书三民主义课本

北师大　人教　辞书　广东中山(4)　编译馆

2-0328

新时代三民主义教科书

李扬编辑　王云五校订

上海　商务印书馆　民国 16.7[1927.7]-

4 册(30,30,32,38 页)　像,图　32 开

第 1 册:民国 16.7 初版,民国 19.9 第 280 版,民国 21.6 国难后 30 版,民国 21 国难后 40 版

第 2 册:民国 18.3 第 110 版,民国 18.8 第 145 版,民国 18.12

第210版,民国18年版,民国19.2 第230版,民国21.6 国难后15版,民国21.12 国难后22版

第3册:民国18.8 第110版,民国18 第190版,民国19.9 第200版,民国19.9 第210版,民国21.3 国难后1版,民国21.9 国难后22版

第4册:民国17.11 第45版,民国17.11 第50版,民国18.8 第95版,民国18.8 第105版,民国18.8 第115版,民国21.7 国难后12版,民国21.12 国难后27版

大学院审定　小学校高级用

逐页题名:三民主义教科书

北师大　人教　华师大　辞书　天津(1)　河南(4)　广东中山(2)　编译馆(2-4)

2-0329

高级小学三民主义课本

魏冰心编辑　范祥善校订　于右任校阅

上海　世界书局　民国17.6[1928.6]-

4册(31,34,32,33页)　像,书影,图　32开

第1册:民国17.6初版,民国19.4 第27版,民国20.8 第46版,民国21.12 第80版,民国22.5 第82版

第2册:民国19.12 第33版,民国20.7 第39版,民国21.12 第66版,民国21.12 第68版

第3册:民国20.7 第33版,民国21.9 第50版,民国21.9 第51版

第4册:民国19.4 第20版,民国20.7 第28版,民国21.10 第44版

教育部审定　小学高级学生用

初版附注:民国17年6月初版

其他题名:后期小学三民主义课本

其他题名:新主义教科书三民主义课本

人教　华师大　辞书　河南　编译馆

2-0330

民智高级三民主义教本

张国人编辑　胡汉民,戴季陶,刘芦隐校订

上海　民智书局　民国19.8[1930.8]

4册(36,36,40,50页)　地图,像　32开

第1册:民国19.8初版,民国21.8 第3版

第2册:民国19.8初版,民国21.8 第3版

第3册:民国19.8初版,民国21.4 第2版

第4册:民国19.8初版,民国21 第2版

其他题名:新标准教科书民智高级三民主义教本

辞书　广东中山(3-4)

教学参考书

2-0331

前期小学三民主义课本教学法

王剑星,朱亮基编辑　魏冰心校订

上海　世界书局　民国19[1930]-

8册(68,88,78,78,76,86,80,110页)　大32开　线装

第1册:民国19 第5版,民国20 第8版,民国21.4 第13版,民国21.4 第16版

第2册:民国20 第11版,民国21.4 第14版,民国21.7 第17版

第3册:民国20 第11版,民国21.5 第15版,民国21.7 第16版

第4册:民国22.2 第15版

第5册:民国20 第10版,民国21 第13版,民国21.7 第16版,民国22.2 第18版

第6册:民国20 第9版,民国21 第12版,民国22.2 第15版

第7册:民国20 第8版,民国21.4 第14版,民国21.7 第16版

第8册:民国20 第11版,民国21 第12版,民国22.2 第18版

照教育部审定本编辑　新主义教科书教员用书

初版附注:民国16年6月初版

逐页题名:三民主义课本教学法

其他题名:新主义教科书三民主义课本教学法

华师大　云南社科(1-3,5-8)　编译馆

2-0332

新中华三民主义课本教授书

吴伯匡,徐迥千,杨千青编纂

上海　新国民图书社　民国16.8-17.2[1927.8-1928.2]

4册(46,41,44,45页)　图　大32开

第1册:民国16.8初版,民国18.7 第5版,民国21.7 第8版,民国21.10 第9版

第2册:民国16.10初版,民国18.7 第6版,民国20.12 第8版,民国21.5 第9版,民国21.10 第10版

第3册:民国16.12初版,民国20.12 第10版,民国21.10 第11版

第4册:民国17.2初版,民国20.12 第10版,民国21.10 第12版

小学校初级用

其他题名:新中华教科书三民主义课本教授书

北师大　人教　辞书　编译馆

2-0333

新时代三民主义教授书

计志中编纂

上海　商务印书馆　民国17.3[1928.3]-

8册(①70,②71,③68,④60,⑥71页)　32开

第1册:民国17.7 第10版

第2册:民国18.2初版,民国18.7 第35版

第3册:民国17.8 第10版,民国18.1版

第4册:民国18.7 第2版

第6册:民国17.3初版,民国18.7 第30版

小学校初级用

国图(2,4,6)　人教(2,4,6)　辞书(1,3)

2-0334

民智初级三民主义教钥

王嵩基,马彭年编辑　杨幼炯,张国人校订

上海　民智书局　民国19.8[1930.8]-

8册(①68,②66,③66,④66页)　32开

第1-4册:民国19.8初版

小学校初级用
辞书(1-4) 广东中山(4)

* * *

2-0335

新中华三民主义课本教授书
杨复耀等编 洪銎,张相,吕伯攸校
上海 新国民图书社 民国17.2-18.4[1928.2 1929.4]
4册(186,180,196,260页) 图 大32开
第1册:民国17.2初版,民国18.6第6版,民国21.1第9版,民国21.5第10版,民国21.10第11版
第2册:民国17.5初版,民国17年版,民国18.6第4版,民国21.5第9版,民国21.10第10版
第3册:民国17.9初版,民国20.6第6版,民国21.1第7版,民国21.10第8版
第4册:民国18.4初版,民国19.7第4版,民国20.6第6版,民国21.7第8版,民国21.10第9版
小学校高级用
其他题名:新中华教科书三民主义课本教授书
北师大(2) 人教(1,3-4) 辞书 编译馆

2-0336

新时代三民主义教授书
沈志坚编
上海 商务印书馆 民国17.9[1928.9]-
册(①93页) 32开
第1册:民国17.9初版,民国18.7第30版,民国18年版
高级小学用
国图(1) 人教(1) 河南(1) 广东中山(1)

2-0337

后期小学三民主义课本教学法
魏冰心辑 朱翊新,范祥善校订
上海 世界书局 民国18[1929]-
4册(72,98,98,90页) 32开 线装
第1册:民国19第3版,民国19第4版,民国20第7版,民国21.7第10版
第2册:民国18初版,民国22.2第8版
第3册:民国18初版,民国19第3版,民国21.7第6版
第4册:民国18初版,民国19第3版,民国21.8第7版
新主义教科书教员用书
版权页题名:高级小学三民主义课本教学法
其他题名:新主义教科书高级小学三民主义课本教学法
云南社科 编译馆

2-0338

民智高级三民主义教钥
陈同编辑
上海 民智书局 民国19.8[1930.8]
4册 32开
第1-4:民国19.8初版
小学校高级用

华师大 辞书(1) 广东中山(3)

教学辅导书

2-0339

新中华三民主义课本参考书
杨复耀,骆骏,宣景耀等编 洪銎,张相,吕伯攸校
上海 新国民图书社 民国17.3-18.6[1928.3-1929.6]
4册(111,101,113,151页) 大32开
第1册:民国17.3初版
第2册:民国17.7初版
第3册:民国17.10初版
第4册:民国18.6初版
小学校高级用
其他题名:新中华教科书三民主义课本参考书
北师大 辞书

党 义

课 本

2-0340

小学党化教材
新时代教育社编
上海 [编者刊] 民国16.8[1927.8]-
6册(36,32,40,40,44,40页) 图,乐谱 32开
第1册:民国16.8第5版
第2册:民国16.12第5版
第3册:民国16.8第10版
第4册:民国17.4第5版
第5册:民国16.10第10版
第6册:民国17.4第5版
秋冬、春夏季用
初版附注:民国16年7月-17年4月初版
辞书

2-0341

新中华党义课本
吕伯攸,郑昶编
上海 新国民图书社 民国17.1[1928.1]-
8册(18,18,18,18,18,19,20,20页) 图 大32开
第1册:民国17.1初版,民国19.4第11版,民国19.8第12版,民国19.10第13版,民国19.10第15版,民国19.10第16版,民国19.11第18版,民国20.2第21版,民国20.4第22版,民国20.4第26版,民国21.10第34版,民国21.10第37版
第2册:民国19.7第10版,民国19.8第14版,民国19.10第15版,民国20.2第19版,民国20.2第20版,民国20.4第23版,民国21.8第34版
第3册:民国18.1初版,民国19.7第11版,民国19.10第12

版,民国 19.10 第 13 版,民国 19.10 第 14 版,民国 20.2 第
16 版,民国 20.2 第 17 版,民国 20.4 第 18 版,民国 20.7 第
19 版,民国 21.6 第 23 版,民国 21.10 第 31 版

第 4 册:民国 19.7 第 10 版,民国 19.11 第 12 版,民国 19.12
第 13 版,民国 20.2 第 14 版,民国 20.2 第 15 版,民国 20.4
第 16 版,民国 21.7 第 25 版,民国 21.7 第 27 版,民国 21.10
第 29 版

第 5 册:民国 19.8 第 9 版,民国 19.9 第 10 版,民国 19.9 第
11 版,民国 19.12 第 14 版,民国 20.2 第 15 版,民国 21.6 第
22 版,民国 21.6 第 23 版,民国 21.10 第 29 版

第 6 册:民国 19.5 第 5 版,民国 19.7 第 8 版,民国 20.2 第 11
版,民国 20.2 第 12 版,民国 20.4 第 15 版,民国 20.7 第 16
版,民国 21.4 第 19 版,民国 21.7 第 23 版,民国 21.8 第 26 版

第 7 册:民国 19.8 第 5 版,民国 19.11 第 8 版,民国 20.2 第 9
版,民国 20.4 第 10 版,民国 21.7 第 16 版

第 8 册:民国 19.7 第 7 版,民国 19.10 第 8 版,民国 19.11 第
9 版,民国 20.4 第 11 版,民国 20.4 第 12 版,民国 20.4 第
13 版,民国 20.8 第 14 版,民国 21.4 第 15 版,民国 21.8 第
18 版,民国 21.8 第 19 版

小学校初级用

初版附注:民国 17 年 1 月 - 18 年 10 月初版

其他题名:新中华教科书党义课本

国图(3)　北师大(1,3,8)　人教　辞书　编译馆(1,4,6,8)

2－0342

新时代党义教科书
赵景源编辑　陈希豪校订

上海　商务印书馆　民国 18.8[1929.8]-

8 册(20,20,20,20,34,33,36,38 页)　图　32 开

第 1 册:民国 18.8 初版,民国 18.8 第 15 版

第 2 册:民国 18.8 第 20 版,民国 18.8 第 30 版

第 3 册:民国 18.8 第 15 版,民国 18.8 第 40 版

第 4 册:民国 18.8 第 15 版

第 5 册:民国 18.9 第 10 版

第 6 册:民国 18.9 第 15 版

第 7 册:民国 18.9 第 10 版,民国 18.11 第 55 版

第 8 册:民国 18.9 第 30 版

小学校初级用

北师大(2-3,7)　人教

2－0343

中山故事读本
钱选青编辑　魏冰心,范祥善校订

上海　世界书局　民国 18.9[1929.9]

4 册　图　32 开

第 1-4 册:民国 18.9 初版

其他题名:小学党义教材中山故事读本

编译馆

2－0344

孙中山先生革命史实
宗亮寰编

上海　商务印书馆　民国 19.1[1930.1]

2 册(52,45 页)　图　32 开

上册:民国 19.1 第 5 版,民国 19.1 第 10 版

下册:民国 19.1 第 5 版

小学校初级用

其他题名:党义教科书孙中山先生革命史实

北师大(1)　编译馆

2－0345

低级党义教材
上海中学实验小学编

上海　[编者刊]　[1912-1949?]

26 页　32 开　(新研究)

国图　上海

* * *

2－0346

民权初步演习
唐鸣时编纂

上海　商务印书馆　民国 19.7[1930.7]-

2 册(②28 页)　32 开

第 2 册:民国 19.7 初版

小学高级用

其他题名:党义教科书民权初步演习

编译馆(2)

2－0347

北新党义教本
陈醉云编辑

上海　北新书局　民国 21.6[1932.6]

4 册(59,59,55,54 页)　32 开

第 1 册:民国 21.6 初版,民国 21.8 第 2 版

第 2 册:民国 21.6 初版,民国 22.1 第 3 版

第 3 册:民国 21.6 初版,民国 21.8 第 2 版

第 4 册:民国 21.6 初版,民国 21.8 第 2 版

教育部审定　高级小学用

逐页题名:后期小学北新党义教本

辞书

教学参考书

2－0348

小学党化教材参考书
新时代教育社编

上海　[编者刊]　民国 16.12[1927.12]-

册(①95 页)　32 开

第 1 册(前册):民国 16.12 初版

各学级教师用书　秋冬季通用

辞书(1)

2－0349

新中华党义课本教授书
郑昶,吕伯攸编

上海　新国民图书社　民国18.3－19.5[1929.3－1930.5]

8册(49,54,65,73,83,86,68,93页)　图　大32开

第1册：民国18.3初版,民国19.11第4版,民国20.6第5版,民国21.5第6版,民国21.10第7版

第2册：民国18.5初版,民国19.11第3版,民国20.4第4版,民国21.6第5版,民国21.10第6版

第3册：民国18.3初版,民国19.11第4版,民国20.3第5版,民国21.5第6版,民国21.7第7版

第4册：民国18.4初版,民国19.11第4版,民国20.4第5版,民国21.5第6版,民国21.7第7版,民国21.10第8版

第5册：民国18.8初版,民国19.9第3版,民国19.11第4版,民国21.5第6版,民国21.10第7版

第6册：民国18.11初版,民国20.4第4版,民国21.5第6版,民国21.10第7版

第7册：民国19.5初版,民国19.9第2版,民国20.6第4版,民国21.5第5版

第8册：民国19.5初版,民国20.3第4版,民国21.5第5版,民国21.10第6版

小学校初级用

其他题名：新中华教科书党义课本教授书

北师大　人教　辞书　编译馆

2－0350

新时代党义教授书

赵景源编纂　庄适校订

上海　商务印书馆　民国19.5－20.7[1930.5－1931.7]

8册(83,84,88,94,109,124,152,138页)　32开

第1册：民国19.5初版

第2册：民国20.5初版

第3册：民国19.7初版

第4册：民国19.11初版

第5册：民国20.5初版

第6册：民国20.4初版

第7册：民国20.7初版

第8册：民国20.7初版

初级小学用

人教

2－0351

党义

郑昶编

上海　中华书局　民国26.4[1937.4]

156页　32开　(小学教员检定丛刊)

辞书

公 民

课 本

2－0352

白话体公民必读

许德邻著

上海　崇文书局　民国9.12[1920.12]

86页　32开

封面题名：公民必读

辞书

2－0353

公民课本

董文编　陆费逵,刘传厚,戴克敦等校

上海　中华书局　民国12.1－7[1923.1－7]

8册(24,24,24,24,21,22,22,21页)　图　大32开

第1册：民国12.1初版,民国12.2第5版,民国12.11第14版,民国12.12第17版,民国13.10第24版,民国14.1第27版,民国15.12第31版

第2册：民国12.2初版,民国12第3版,民国12.7第5版,民国13.1第12版,民国13.5第16版,民国13.12第20版,民国15.7第24版

第3册：民国12.2初版,民国13.3第17版,民国14.11第26版,民国15.11第30版,民国15.12第32版

第4册：民国12.2初版,民国12.7第5版,民国14.1第21版,民国14.11第24版,民国15.12第31版,民国21.7第32版

第5册：民国12.7初版,民国12.8第2版,民国12.10第8版,民国12.11第11版,民国14.11第27版,民国15.12第31版,民国21.7第36版

第6册：民国12.7初版,民国12.11第8版,民国13.3第12版,民国14.1第19版,民国15.1第23版,民国15.7第25版,民国15.12第27版

第7册：民国12.7初版,民国12.5第5版,民国12.10第6版,民国12.12第9版,民国13.7第16版,民国15.12第29版

第8册：民国12.7初版,民国13.5第13版,民国13.7第14版,民国14.1第16版,民国14.8第18版,民国15.1第19版,民国15.4第20版,民国15.11第22版

教育部审定　新学制适用

逐页题名：新小学公民课本

其他题名：新小学教科书公民课本

人教　辞书　编译馆

2－0354

自己管得很好

计志中编　糜文焕绘

上海　新中国书局　民国22[1933]版

15页　图　32开

河南

2－0355

公民教科书

光启社编

上海　土山湾印书馆　民国23.3[1934.3]-

8册　图　32开

第1册：民国23.3初版,民国31.6第2版

第2册：民国23.9初版,民国32.3第3版

第4册：民国31.6第3版

第5册：民国23.12初版,民国34.3第4版

第6册:民国24.6初版,民国31.3第2版
第7册:民国23.12初版,民国32.9第3版
第8册:民国31.12第2版
根据新课程标准编写
国图(1-2,4-8)　人教(1-2,4-8)

2-0356
公民训练
马客谈主编
　　上海　大东书局　民国23.8[1934.8]-
　　8册(⑥128,⑦118,⑧114页)　图　32开　精装
　　第6册:民国24.6第21版
　　第7册:民国24.6第21版
　　第8册:民国23.8第11版
　　新课程标准适用
　　初版附注:民国23年6-8月初版
　　封面题名:新生活公民训练教材
　　其他题名:新生活教科书公民训练
　　编译馆(6-8)

2-0357
公民读本
江苏省教育厅编辑
　　上海　北新书局　民国25.7[1936.7]-
　　　册(①28页)　图　32开
　　第1册:民国25.7初版
　　人教(1)

2-0358
公民
陆伯羽编辑　戴渭清校阅
　　[不详]　众兴出版社　民国37.10[1948.10]
　　8册(36,36,36,36,44,44,44,44页)　图(含彩图)　32开
　　第1-8册:民国37.10初版
　　修正课程标准适用
　　其他题名:战后新编南洋华侨小学教科书公民
　　辞书

* * *

2-0359
国民学校公民读本
方洢生编辑　王宠惠,陆费逵校阅
　　上海　中华书局　民国6.1[1917.1]
　　2册(15,22页)　大32开　线装
　　第1册:民国6.1初版,民国8.7第12版,民国11.9第15版,民国14.1第18版
　　第2册:民国6.1初版,民国6.7第6版
　　教育部审定　国民学校用
　　逐页题名:公民读本
　　人教(1)　辞书

2-0360
新法公民故事读本
沈圻编纂　庄俞校订
　　上海　商务印书馆　民国11.8[1922.8]
　　2册(54页)　图　32开
　　第1册:民国11.8初版,民国12.7第9版
　　第2册:民国11.8初版
　　国民学校用
　　人教　华师大(1)

2-0361
新法公民故事教本
沈圻编纂
　　上海　商务印书馆　民国12.2[1923.2]
　　2册(127页)　32开
　　第1-2册:民国12.2初版
　　国民学校用
　　人教

2-0362
新中华公民课本
陆绍昌,刘传厚编辑
　　上海　新国民图书社　民国17.7[1928.7]-
　　8册(18,24,24,24,22,24,20,27页)　图(含彩图)　大32开
　　第1册:民国18.2第7版,民国18.3第8版,民国20.6第19版,民国20第20版,民国20.9第21版,民国21.4第24版,民国21.10第25版
　　第2册:民国18.7第8版,民国18.12第9版,民国20.4第17版,民国20.4第18版,民国20.12第19版,民国21.4第22版,民国21.6第23版
　　第3册:民国18.6第7版,民国19.12第10版,民国20.6第16版,民国20.6第17版,民国20.12第18版,民国21.2第21版,民国21.4第22版,民国21.10第23版
　　第4册:民国17.7第2版,民国19第8版,民国19.11第12版,民国20.4第16版,民国20.4第17版,民国20.12第19版,民国21.2第20版,民国21.4第21版,民国21.8第23版
　　第5册:民国18.8第6版,民国19.12第8版,民国20.2第11版,民国20.4第14版,民国20.6第15版,民国21第19版,民国21.10第21版
　　第6册:民国18.8第5版,民国18.12第6版,民国19.10第10版,民国19.12第11版,民国20.4第12版,民国20.4第13版,民国20.11第15版,民国21.4第17版,民国21.10第19版
　　第7册:民国18.8第5版,民国18.12第6版,民国19.10版,民国20.6第12版,民国20.11第13版,民国21.2第15版,民国21.4第16版,民国21.10第19版
　　第8册:民国18.8第3版,民国18.12第4版,民国20.4第9版,民国20.6第10版,民国20.11第11版,民国21.4第13版,民国21.10第15版
　　小学校初级用
　　初版附注:民国17年5-8月初版
　　其他题名:新中华教科书公民课本
　　北师大(1-2)　人教　辞书　编译馆

2-0363

模范公民
　　陆伯羽编辑　　范祥善,董文校订
　　上海　世界书局　民国 22.7[1933.7]-
　　8 册(34,34,34,34,44,44,44,46 页)　图　64 开　(公民训练小册)
　　第 1 册：民国 22.7 初版,民国 22.7 第 2 版,民国 22.8 第 9 版,民国 23.3 第 47 版,民国 23.4 第 63 版
　　第 2 册：民国 22.7 第 2 版,民国 22.7 第 3 版,民国 23.3 第 49 版,民国 23.4 第 56 版
　　第 3 册：民国 22.7 第 8 版,民国 22.7 第 9 版,民国 23.4 第 43 版,民国 23.4 第 46 版,民国 29.9 新 26 版
　　第 4 册：民国 22.8 第 4 版,民国 22.8 第 10 版,民国 22.12 第 22 版,民国 22.12 第 24 版,民国 23.7 第 56 版,民国 29.5 新 24 版
　　第 5 册：民国 22.8 第 5 版,民国 23.3 第 32 版,民国 23.7 第 51 版,民国 24 年版
　　第 6 册：民国 22.8 第 5 版,民国 23.4 第 46 版,民国 23.4 第 48 版,民国 24 年版,民国 30.7 新 18 版
　　第 7 册：民国 22.9 第 8 版,民国 23.4 第 43 版,民国 23.4 第 49 版,民国 30.6 新 16 版
　　第 8 册：民国 22.12 第 17 版,民国 23.4 第 31 版,民国 24 年版,民国 29.11 新 11 版
　　新课程标准公民训练小册　初级小学学生用
　　国图　北师大　人教(1-2,4-8)　辞书　西北师大(5-6,8)　编译馆(3-4,6-8)

2-0364

小学公民训练片（低年级之部）
　　新亚书店编绘
　　上海　[编者刊]　民国 22.7[1933.7]
　　65 张　彩图　64 开
　　遵照教育部新颁标准编辑
　　辞书

2-0365

好公民
　　薛天汉主编　　闵东一,张冠丹,万九光等编
　　上海　世界书局　民国 22.8[1933.8]-
　　8 册(24,24,24,24,30,30,30,30 叶)　图　32 开　线装　(小学公民训练教材)
　　第 1 册(第 1 辑)：民国 22.8 第 2 版,民国 22.8 第 6 版,民国 22.8 第 7 版,民国 22.8 第 8 版,民国 23.10 第 17 版
　　第 2 册(第 2 辑)：民国 22.8 第 4 版,民国 22.8 第 8 版,民国 22.8 第 9 版,民国 24.1 第 18 版
　　第 3 册(第 3 辑)：民国 23.6 第 13 版,民国 24.1 第 21 版
　　第 4 册(第 4 辑)：民国 22.8 第 2 版,民国 22.8 第 6 版,民国 22.8 第 9 版,民国 24.1 第 19 版
　　第 5 册(第 5 辑)：民国 23.6 第 2 版,民国 23.8 第 16 版,民国 24.4 版
　　第 6 册(第 6 辑)：民国 22.8 第 6 版,民国 24.1 第 16 版
　　第 7 册(第 7 辑)：民国 22.8 第 3 版,民国 23.6 第 12 版
　　第 8 册(第 8 辑)：民国 22.9 第 4 版,民国 23.8 第 13 版
　　初小一年级上学期～四年级下学期用
　　初版附注：民国 22 年 7 月初版
　　北师大(5)　上海　辞书

2-0366

公民训练教材：体面有关
　　马客谈主编
　　上海　大东书局　民国 22.10[1933.10]
　　20 页　图　32 开　精装　(新生活教材　5)
　　新生活教科用书　公民训练用书　中年级用
　　编译馆

2-0367

公民训练教材：三个笑脸
　　马客谈主编
　　上海　大东书局　民国 22.10[1933.10]
　　16 页　彩图　32 开　精装　(新生活教材　7)
　　新生活教科用书　公民训练用书　初小低年级用
　　编译馆

2-0368

公民训练教材：小演说家
　　马客谈主编
　　上海　大东书局　民国 22.10[1933.10]
　　22 页　图　32 开　精装　(新生活教材　8)
　　新生活教科用书　公民训练用书　中年级用
　　编译馆

2-0369

公民训练教材：我记得了
　　马客谈主编
　　上海　大东书局　民国 22.11[1933.11]
　　24 页　图　32 开　精装　(新生活教材　10)
　　新生活教科用书　公民训练用书　中年级用
　　编译馆

2-0370

公民训练教材：万儿成功记
　　马客谈主编
　　上海　大东书局　民国 24.6[1935.6]
　　24 页　图　32 开　精装　(新生活教材　18)
　　新生活教科用书　公民训练用书　中年级用
　　编译馆

2-0371

中国公民
　　万九光,张耿西,束樵如编著　　王云五,沈子善校订
　　上海　商务印书馆　民国 23.1-6[1934.1-6]
　　8 册(20,20,20,20,32,32,32,32 页)　图,表　32 开
　　第 1 册：民国 23.1 初版,民国 23.7 第 46 版,民国 23.11 第 116 版,民国 30.3 第 413 版
　　第 2 册：民国 23.5 初版,民国 23.6 第 20 版,民国 24.6 第 150 版,民国 30.3 第 375 版
　　第 3 册：民国 23.4 初版,民国 23.6 第 20 版,民国 23.7 第 40 版,民国 24.5 第 140 版,民国 30.3 第 371 版
　　第 4 册：民国 23.4 初版,民国 23.10 第 90 版,民国 29.12 第 321 版

第5册：民国23.6初版,民国23.6第30版,民国23.8第50版,民国23.10第80版,民国30.3第312版

第6册：民国23.6初版,民国24.5第110版,民国30.3第278版

第7册：民国23.6初版,民国23.6第20版,民国23.11第80版,民国29.12第230版

第8册：民国23.6初版,民国23.6第20版,民国29.12第199版

新课程标准适用　遵照教育部正式颁布小学公民训练条目编辑　小学校初级用

其他题名：初小中国公民

北师大　人教　华师大(4,6-8)　辞书　编译馆

2－0372

新公民

钱选青,潘江编　舒新城,朱文叔校

上海　中华书局　民国23.8[1934.8]－

8册(18,18,24,24,32,32,32,32页)　图(含彩图)　32开

第1册：民国23.8初版,民国24.7第20版,民国24.8第26版

第2册：民国23.9初版,民国23.9第3版,民国24.7第18版,民国24.8第25版

第3册：民国23.9初版,民国23.9第2版,民国24.7第17版

第4册：民国23.12第2版,民国24.6第14版,民国24.7第16版,民国24.8第25版

第5册：民国23.10第6版,民国24.7第13版,民国24.8第22版

第6册：民国24.2第3版,民国24.8第8版

第7册：民国24.3初版,民国24.3第13版,民国24.4第15版

第8册：民国24.3初版,民国24.4第14版,民国24.4第16版,民国24.4第17版,民国28.8第32版

新课程标准适用　初级用

北师大(6)　人教　辞书　编译馆(8)

2－0373

华侨小学公民课本

钱选青,潘江编　舒新城,朱文叔,余寿浩校

新加坡　香港　中华书局　民国30.4[1941.4]－

8册(18,18,24,24,32,32,32,32页)　图(含彩图)　32开

第1册：民国37.10版

第2册：民国38.5版

第3册：民国37.9第5-9版

第4册：1950.3版

第5册：民国37.9第5-9版

第6册：1950.3版

第7册：民国37.5版

第8册：民国30.4初版

马来亚华侨小学课程标准适用　初级用

辞书

2－0374

初小模范公民

董文编辑

上海　世界书局　民国30.8[1941.8]

8册　图,表　32开　精装　(公民训练小册)

第1-8册：民国30.8初版

遵照修正课程标准编辑

其他题名：模范公民

编译馆

2－0375

胜利课本：低年级

徐晋,尹梅主编

上海　儿童书局　民国34.10[1945.10]第8版

32页　图　32开

小学低年级适用

初版附注：民国34年9月初版

辞书

2－0376

胜利课本：中年级

徐晋,尹梅主编

上海　儿童书局　民国34.10[1945.10]第8版

36页　图　32开

小学中年级适用

初版附注：民国34年9月初版

辞书

2－0377

南洋公民教科书

南洋书局编译所编校

新加坡　南洋书局股份有限公司　民国37.12[1948.12]－

8册(18,18,18,18,29,34,34,42页)　图(含彩图)　32开

第1册：1949.10第4版

第2册：1950.8第2版

第3册：1949.10第4版

第4册：1950.8第2版

第5册：1949.10第4版

第6册：1950.8第2版

第7册：民国37.12第3版

第8册：1950.8第2版

马来亚教育部审定　初级小学用

初版附注：民国37年6月新版

逐页题名：南洋初小公民

辞书

2－0378

公民训练课本

戴健标编

南京　内政研究日报社　[1912-1949?]

24页　32开

初级读物

国图

* * *

2－0379

共和国民新读本

48　中国近代中小学教科书总目　2.小学教材　政治

孟森,秦瑞玠编纂　商务印书馆编译所校订
上海　商务印书馆　民国1.4[1912.4]-
2册(50,39叶)　大32开　线装
第1册(上卷):版次不详
第2册(下卷):民国1.4初版,民国2.3第6版
教育部审定　高等小学校用
逐页题名:共和国民读本
辞书

2-0380

公民课本
朱文叔编　陆费逵,戴克敦,金兆梓校
上海　中华书局　民国12.2-7[1923.2-7]
4册(22,22,22,22页)　大32开
第1册:民国12.2初版,民国12.12第14版,民国14.1第23版,民国14.5第24版,民国15.10第30版,民国17.10版,民国20.2第36版,民国20.4第37版
第2册:民国12.2初版,民国12.8第6版,民国13.12第18版,民国14.11第22版,民国15.6第26版,民国20.2第33版,民国20.4第34版,民国21.7第38版
第3册:民国12.7初版,民国12.8第2版,民国13.3第9版,民国14.5第15版,民国14.8第17版,民国14.11第18版,民国15.1第19版,民国15.12第24版,民国17.10版,民国21.3第26版,民国21.6版
第4册:民国12.7初版,民国13.7第10版,民国14.1第12版,民国15.1第15版,民国15.6第18版,民国15.11第20版,民国17.10版,民国21.6第22版,民国21.7第23版
教育部审定　民国17年6月大学院审定　新学制高级小学适用
其他题名:新小学教科书公民课本
北师大　人教　华师大(2-3)　辞书　编译馆(2-4)

2-0381

新法公民教科书
杨贤江编纂　王岫庐,朱经农校订
上海　商务印书馆　民国12.3[1923.3]-
2册(43,38页)　32开
第1册:民国12.3初版,民国12第15版,民国12.6第20版,民国14.12第90版
第2册:民国12.8第20版,民国12.12第30版
教育部审定　新学制小学后期用
国图　人教　河南(2)

2-0382

新学制公民教科书
李泽彰编纂　王岫庐校订
上海　商务印书馆　民国13.1[1924.1]-
4册(34,35,40,37页)　大32开
第1册:民国13.1初版,民国14.11第60版,民国15.4第90版
第2册:民国15第85版,民国15.4第88版
第3册:民国15.2第55版
第4册:民国15.4第60版

教育部审定　小学校高级用书
初版附注:民国13年1-7月初版
封面题名:公民教科书
北师大(1)　人教(1)　华师大(4)　辞书　广西师大(2)

2-0383

新撰公民教科书
万良濬,魏屏三编纂　王岫庐,李泽彰校订
上海　商务印书馆　民国13.6-8[1924.6-8]
4册(26,28,32,32页)　大32开
第1册:民国13.6初版,民国15.1第35版
第2册:民国13.6初版,民国15.6第35版
第3册:民国13.7初版
第4册:民国13.8初版
教育部审定　新学制小学校高级用
北师大(3)　人教(1-2)　辞书

2-0384

新撰公民教科书
万良濬编纂
上海　商务印书馆　民国13.11-14.7[1924.11-1925.7]
4册(44,70,54,54页)　大32开
第1册:民国13.11初版,民国14.11第5版
第2册:民国14.3初版,民国15.2第5版
第3册:民国14.3初版
第4册:民国14.7初版,民国15.2第5版
教育部审定　新学制小学校高级用
国图(3)　人教

2-0385

高级公民课本
潘文安,戴渭清编辑　范祥善,吕云彪校订
上海　世界书局　民国14.4[1925.4]
4册(34,36,38,40页)　大32开
第1册:民国14.4初版,民国14第4版,民国14.6第5版,民国18.9第6版,民国20.8第27版,民国21.12第47版
第2册:民国14.4初版,民国14第4版,民国14.6第5版,民国18.9第6版,民国21.8第40版
第3册:民国14.4初版,民国21.8第30版
第4册:民国14.4初版,民国20.9第17版
教育部审定　大学院审定
其他题名:新学制小学教科书高级公民课本
北师大(1)　人教(1-2)　辞书　河南(3)　编译馆

2-0386

小学高级文体公民教科书
张鸿英编
上海　中华书局　民国14.7-8[1925.7-8]
4册(20,20,21,21页)　图32开
第1册:民国14.7初版,民国15.4第3版,民国15.12第5版
第2册:民国14.8初版,民国14.10第2版
第3册:民国14.8初版,民国14.10第2版,民国15.10第5版
第4册:民国14.8初版,民国15.6第4版

新学制适用
封面题名:文体公民教科书
逐页题名:新学制小学高级文体公民
人教　辞书　编译馆

2-0387

社会课本:公民编
宋子俊编辑　董文,范祥善校订
上海　世界书局　民国22.5-6[1933.5-6]
4册(30,36,39,41页)　图,照片　32开
第1册:民国22.5初版,民国22.6第4版,民国22.7第8版,民国22.8第12版,民国23.7修正28版
第2册:民国22.6初版,民国22.6第2版,民国22.11第26版,民国26.1第55版
第3册:民国22.6初版,民国22.6第3版,民国22.7第6版,民国22.8第8版
第4册:民国22.6初版,民国22.6第3版
教育部审定　高级小学学生用
逐页题名:高小公民
其他题名:新课程标准教科书社会课本
北师大　人教　辞书　编译馆(1,3)

2-0388

公民
胡钟瑞,赵敻编著　王云五,傅纬平校订
上海　商务印书馆　民国22.7[1933.7]-
4册(44,47,44,48页)　图　32开
第1册:民国22.7初版,民国22.8第20版,民国22.8第40版
第2册:民国22.7初版,民国22.8第20版
第3册:民国22.8第20版,民国22.8第30版
第4册:民国22.7初版,民国22.8第20版
新课程标准适用　小学校高级用
封面题名:复兴公民教科书
其他题名:复兴教科书公民
上海(4)　辞书　编译馆

2-0389

公民[订正本]
赵景源,魏志澄编著　王云五,傅纬平校订
上海　商务印书馆　民国23.1[1934.1]-
4册(39,37,39,38页)　32开
第1册:民国23.1订正75版,民国23订正105版,民国23.4订正115版,民国24.5订正195版
第2册:民国23.1订正65版,民国23.3订正85版,民国24.2订正145版,民国24.5订正170版
第3册:民国23.1订正65版,民国23.4订正95版
第4册:民国23.1订正初版,民国24.2订正117版
教育部审定　新课程标准适用　小学校高级用
初版附注:民国22年7月初版
封面题名:复兴公民教科书
其他题名:复兴教科书公民
国图(2)　北师大　人教　上海(1-3)　辞书　河南(2)　广西师大(1)

2-0390

小学公民课本
赵侣青,黄铁崖,徐迥千编　舒新城,朱文叔校
上海　中华书局　民国22.8-23.4[1933.8-1934.4]
4册(24,22,24,24页)　大32开
第1册:民国22.8初版,民国22.8第2版,民国22.8第16版,民国23.1第29版,民国23.1第34版,民国23.1第35版,民国23.1第36版,民国24.4第48版,民国24.4第50版,民国25.4第63版
第2册:民国22.8初版,民国22.8第6版,民国22.9第21版,民国23.1第23版,民国23.1第27版,民国23.1第32版,民国23.1第34版,民国23.10第44版,民国25.4第53版
第3册:民国22.9初版,民国22.9第12版,民国22.9第13版,民国22.9第14版,民国23.6第26版,民国24.9第38版,民国25.7第47版
第4册:民国23.4初版,民国23.4第6版,民国23.4第12版,民国23.4第17版,民国23.4第19版,民国24.4第32版,民国25.4第34版,民国25.4第35版
新课程标准适用　高级用
人教　上海　辞书　广西师大(3)　编译馆

2-0391

公民训练教材:有计画的做
上海　大东书局　民国22.11[1933.11]
30页　图　32开　精装　(新生活教材　9)
新生活教科用书　公民训练用书　高年级用
编译馆

2-0392

高小模范公民
陆伯羽编辑　范祥善,董文校订
上海　世界书局　民国23.7[1934.7]-
4册(72,68,70,72页)　图　64开　(公民训练小册)
第1册:民国23.12第6版
第2册:民国23.7初版,民国24.1第5版
第3册:民国23.8初版,民国23.11第3版,民国23.11第4版
第4册:民国23.11第2版,民国24.1第4版
新课程标准公民训练小册　高级小学学生用
初版附注:民国23年3-9月初版
其他题名:模范公民
上海(2-3,4)　华师大(3)　辞书

2-0393

新编高小公民课本
张匡编　朱文叔校
上海　中华书局　民国26.3[1937.3]
4册(20,24,23,24页)　表　32开
第1册:民国26.3初版,民国26.3第16版
第2册:民国26.3初版
第3册:民国26.3初版
第4册:民国26.3初版

修正课程标准适用
封面题名:高小公民课本
北师大　人教　辞书　西北师大

2-0394

公民
吕金录等编校
上海　商务印书馆　民国26.7[1937.7]
4册(36,31,32,32页)　图　32开
第1册:民国26.7初版,民国26.9第13版
第2册:民国26.7初版,民国26.9第10版,民国30.2审定55版
第3册:民国26.7初版,民国29.4审定42版
第4册:民国26.7初版,民国26.9第12版
教育部初审核定本　遵照修正课程标准编辑　小学高级用
其他题名:复兴教科书公民
北师大　西北师大(1-2)　编译馆

2-0395

最新南洋华侨高小公民课本
张匡编　朱文叔校
上海　中华书局　民国26.7[1937.7]
4册(23,24,23,23页)　32开
第1-4册:民国26.7初版
修正课程标准适用
封面题名:小学公民课本
辞书

2-0396

新编高小公民课本
张匡编　朱文叔校
上海　中华书局　民国26.7[1937.7]-
4册(15,24,23,23页)　表　32开
第1册:民国27第42版,民国29第79版,民国30.7第113版
第2册:民国26.7初版,民国28第66版
第3册:民国26.7初版,民国27第35版
第4册:民国26.7初版,民国28.1第33版,民国28第49版,民国28.12第50版,民国30第80版
教育部审定　修正课程标准适用
封面题名:高小公民课本
辞书　河南(4)　广东中山

2-0397

高小新公民
钱选青,赵侣青,徐迥千编著
上海　世界书局　民国26[1937]-
4册(21,24,34,34页)　32开
第1册:民国26新4版
第2册:民国26新4版,民国29.5新16版
第3册:民国26年版,民国27.10新12版
第4册:民国26第6版
遵照教育部25年颁布修正课程标准编辑
其他题名:新课程标准世界教科书社会课本高小新公民
西北师大　编译馆(2-3)

2-0398

高小公民
(伪)教育部编审委员会编纂
4册(34,24,32,38页)　32开
其他题名:国定教科书高小公民
①上海　华中印书局　民国29.1[1940.1]-
第1册:民国29.8初版,民国31.1第4版,民国31.7第5版,民国32.7第7版
第2册:民国31.1第4版,民国32.1第6版,民国32.7第7版
第3册:民国29.1第2版,民国31.7第5版
第4册:民国32.1第6版
人教　辞书　广西师大(3)
②南京　(伪)国民政府教育部　民国29.8[1940.8]-
4册(①21,③24页)　32开
第1册:民国29.8初版
第3册:民国29.8初版,民国30.9第2版,民国34.7版
人教(3)　辞书(1,3)
③南京　中国联合出版公司　民国32.12[1943.12]-
第2,4册:民国32.12第8版
人教(2,4)

2-0399

高级小学公民课本
教育部教科用书编辑委员会编辑
重庆　成都　国定中小学教科书七家联合供应处　民国32.11[1943.11]-
4册(①24,②27页)　32开
第1册:民国32.11重庆米色报纸本4版
第2册:民国32.11成都嘉乐纸本4版
初版附注:民国32年7-11月初版
封面题名:公民课本
辞书(1-2)

2-0400

胜利课本:高年级
徐晋,尹梅主编
上海　儿童书局　民国34.10[1945.10]第8版
44页　图　32开
小学高年级适用
初版附注:民国34年9月初版
辞书

2-0401

高级小学公民课本
教育部教科用书编辑委员会编　王鸿俊,俞焕斗,夏贯中等编辑　国立编译馆校订　王云五,朱家骅,吴大钧等参阅
4册([24],27,33,27页)　32开
教育部审定
初版附注:民国34年9月初版
封面题名:公民课本

①上海　国定中小学教科书七家联合供应处　民国34.9
[1945.9]-

第1册：民国34.9上海白报纸本初版

第2册：民国34.9上海白报纸本初版,民国35.1上海白报纸本第40版

第3册：民国35.1上海白报纸本第30版

第4册：民国34.9上海白报纸本初版,民国35.1上海白报纸本第30版

人教(1-2,4)　辞书(2-4)

②台北　东方出版社　民国35.8[1946.8]-

第3册：民国35.8版

编译馆(3)

2－0402

高级小学公民课本[修订本]

国立编译馆主编　俞焕斗,张超编辑　夏贯中,赵迺传修订

4册(24,27,32,22页)　32开

教育部审定

封面题名：公民

①重庆　上海　国定中小学教科书七家联合供应处　民国35.7[1946.7]-

第1册：民国35.7第1版,民国35.8第90版,民国36.1第104版,民国36.1第140版

第2册：民国35.7第1版,民国35.7第13版,民国35.12第120版

第3册：民国35.7第1版,民国35.8第60版,民国36.1第140版

第4册：民国35.7第1版,民国第5版

北师大　人教　辞书(1)

②南京　建国书店　民国35.7[1946.7]-

第1册：民国35.7版

第2册：民国36.8版

人教(1-2)

2－0403

公民课本

离石完全小学校编

[不详]　[编者刊]　民国35[1946]版

20页　32开　线装

1946年秋季高年级用

人教

2－0404

高级小学公民课本[第2次修订本]

国立编译馆主编　俞焕斗,张超编辑　夏贯中,赵迺传修订

4册(24,27,32,22页)　32开

教育部审定　民国36年5月修订

封面题名：公民

①上海　五联社　民国36.5[1947.5]-

第1册：民国36.5第6版,民国37.8第115版

第2册：民国36.5第1版,民国37.1第67版,民国37.1第815版

第3册：民国36.5第1版,民国37.8第915版

第4册：民国36.5第1版,民国37.1第60版,民国37.8第715版

人教　辞书

②上海　商务印书馆　民国37.1[1948.1]-

第2册：民国37.1第33版

广西师大(2)

③上海　开明书店　民国37[1948]-

第4册：民国37年版

国图(4)

④台北　台湾省教育厅中小学教科用书供应委员会　民国36.7[1947.7]-

第1册：民国36.7年版,民国37.8年版

第2册：民国37.6沪1版

第3册：民国37.6沪1版

编译馆(1-3)

2－0405

现代公民课本

上海　上海书局　民国37[1948]

4册([120]页)　图　32开　线装

第1-4册：民国37年版

华侨小学高年级适用

人教

2－0406

公民

上海县立第一小学编

上海　[编者刊]　[1912-1949?]

册(①58页)　32开

第1册(第1编上、下)：版次不详

后期小学用

人教(1)

教学参考书

2－0407

小学公民科教学法

唐湛声著

上海　中华书局　民国13.4[1924.4]初版,民国14第2版,民国18.3第3版

109页　64开　(教育小丛书)

辞书　天津　河南

2－0408

小学公民训育实施法

国立浙江大学编

杭州　[编者刊]　民国17[1928]

10册(58,92,96,116,92,116,94,92,90,70页)　图　32开　(国立浙江大学初等教育辅导丛书)

第1-10册：民国17年版
国图(1-2,4-5,7-8,10) 辞书

2-0409

小学公民训练实施方案
南京女子中学实验小学编订　沈子善校阅
上海　中华书局　民国22.8[1933.8]初版,民国22.8第2版
250页　大32开
新课程标准适用
北师大　辞书

2-0410

小学公民训练实施法
曹凤南编著
上海　大华书局　民国22.9[1933.9]
146页　32开
北师大　辞书

2-0411

公民训练法
刘百川编
上海　黎明书局　民国24.5[1935.5]
178页　32开　(黎明乡村小学丛书)
逐页题名:乡村小学公民训练法
国图　辞书

2-0412

小学公民训练的理论与实际
束樵如,张耿西,万九光编
上海　中华书局　民国25.3[1936.3]
236页　表　大32开
辞书

2-0413

怎样实施公民训练
陈厥明,唐问巢编
上海　黎明书局　民国25.6[1936.6]
220页　表　32开　(黎明乡村小学丛书)
辞书

2-0414

小学公民训练之理论与实际
沈子善编纂
上海　商务印书馆　民国25.11[1936.11]第2版
171页　图,表　32开　精装　(小学教育丛书)
编译馆

2-0415

公民
杜维涛,章柳泉编
上海　中华书局　民国26.4[1937.4]
280页　32开　(小学教员检定丛刊)
辞书

2-0416

小学公民训练法
王国元编著

上海　世界书局　民国27.12[1938.12]第2版
186页　图,表　32开　精装
修正课程标准
编译馆

＊＊＊

2-0417

国民学校公民读本教授书
方浏生编辑　沈颐校阅
上海　中华书局　民国6.8[1917.8]
2册(29,31页)　大32开　线装
第1-2册：民国6.8初版
逐页题名:公民读本教授书
人教　辞书

2-0418

公民课本教授书
董文,杨喆编　陆费逵,戴克敦,朱文叔等校
上海　中华书局　民国12.2-11[1923.2-11]
8册(36,42,35,32,42,41,49,46页)　大32开
第1册：民国12.2初版,民国13.5第6版,民国13.9第7版
第2册：民国12.4初版,民国12.11第4版
第3册：民国12.6初版,民国12.8第2版,民国12.11第3版,民国16.1第11版
第4册：民国12.6初版,民国14.7第10版
第5册：民国12.8初版,民国12.11第2版,民国16.1第10版
第6册：民国12.9初版,民国13.5第4版,民国15.9第8版
第7册：民国12.9初版,民国12.11第2版,民国14.7第8版
第8册：民国12.11初版,民国13.5第3版,民国14.7第7版
教育部审定　新学制适用　初级小学用
逐页题名:新小学初级公民课本教授书
其他题名:新小学教科书公民课本教授书
人教　辞书　编译馆

2-0419

新中华公民课本教授书
闻吉甫,王铁崖,吴伯匡等编
上海　新国民图书社　民国17.7-11[1928.7-11]
8册(44,48,49,56,50,52,50,59页)　大32开
第1册：民国17.7初版,民国19.11第5版,民国20.12第6版,民国21.5第7版
第2册：民国17.7初版,民国20.12第8版,民国21.7第9版
第3册：民国17.7初版,民国19.9第6版,民国20.12第8版,民国21.5第9版
第4册：民国17.8初版,民国20.6第7版,民国21.5第9版
第5册：民国17.8初版,民国19.9第5版,民国20.6第6版,民国21.5第8版
第6册：民国17.8初版,民国20.6第6版,民国20.12第7版,民国21.5第8版
第7册：民国17.10初版,民国18.6第2版,民国20.12第7版,民国21.5第8版

第8册:民国17.11初版,民国20.4第4版,民国20.12第5版,民国21.10第6版
小学校初级用
其他题名:新中华教科书公民课本教授书
人教　辞书　编译馆

2-0420
公民训练教本
盛子鹤,束樵如,陈湘衡等编著　王云五,沈子善校订
上海　商务印书馆　民国22.6[1933.6]-
8册(110,101,98,98,135,148,132,131页)　图,表　32开
第1册:民国22.6初版,民国22.7第30版
第2册:民国22.7第30版
第3册:民国22.7第30版
第4册:民国22.6初版
第5册:民国22.7第30版
第6册:民国22.7第30版
第7册:民国22.6初版,民国22.7第30版
第8册:民国22.6初版,民国22.7第30版
新课程标准适用　小学校初级用
封面题名:复兴公民训练教本
卷端题名:初级小学公民训练教本
其他题名:复兴教科书公民训练教本
国图(1,4,7)　北师大　人教(5-8)　华师大　辞书　编译馆(1,3,8)

2-0421
小学公民训练指导书
赵侣青,钱选青编　舒新城,朱文叔校
上海　中华书局　民国22.7-23.6[1933.7-1934.6]
8册(83,70,86,78,74,74,86,102页)　图　大32开
第1册:民国22.7初版,民国23.6第2版
第2册:民国22.8初版,民国23.6第2版
第3册:民国22.8初版,民国23.6第2版,民国24.2第3版
第4册:民国22.12初版,民国23.6第2版
第5册:民国23.1初版
第6册:民国23.6初版,民国23.6第2版
第7册:民国23.4初版,民国23.4第2版
第8册:民国23.6初版,民国23.6第2版
新课程标准适用　初级用
国图　北师大(1-2,4-8)　人教(1,3-5,7-8)　辞书

2-0422
好公民实施法
薛天汉,江效唐,闵东一编辑
上海　世界书局　民国22.8[1933.8]-
8册(87,90,66,70,116,113,112,128页)　32开
第1册:民国22.8初版
第2册:民国23.8第3版
第3册:民国22.8初版
第4册:民国22.10初版
第5册:民国22.8初版
第6册:民国23.4第2版
第7册:民国22.8初版
第8册:民国23.4第2版
新课程标准教科书教员用书　初级小学教员用
初版附注:民国22年8-10月初版
逐页题名:初级小学好公民实施法
辞书

2-0423
初级小学模范公民实施法
陆伯羽,杨彬如,钱耕莘等编辑
上海　世界书局　民国22.10[1933.10]-
8册(93,107,102,100,139,133,117,149页)　图,表　32开
第1册:民国23.11第6版,民国24.5第8版,民国28.5新1版
第2册:民国23.6第4版,民国25.6第10版,民国28.5新1版
第3册:民国23.12第5版,民国24年版,民国25.6第9版
第4册:民国22.11初版,民国23.4第3版,民国25.5第10版
第5册:民国25.1第9版,民国28.5新1版
第6册:民国24.8第8版
第7册:民国22.10初版,民国25.1第9版,民国28.5新1版
第8册:民国25.6第9版,民国28.5新1版
新课程标准教科书教员用书　初级小学教员用　初级小学学生用
初版附注:民国22年10月-? 初版
逐页题名:初小模范公民实施法
北师大(1-4)　华师大(4-5,7)　辞书　西北师大(1-5,8)　编译馆(1-2,7-8)

2-0424
新生活公民训练法
马客谈主编　王问奇等撰述
上海　大东书局　民国23.6[1934.6]-
8册(①62,②62,③82,⑤116,⑥110,⑦98,⑧96页)　图　32开
第1册:民国23.8初版
第2册:民国23.8初版
第3册:民国23.7初版
第5册:民国23.6初版
第6册:民国23.6初版
第7册:民国23.7初版
第8册:民国23.7初版
新课程标准适用　小学校初级教师用
初版附注:民国23年6-8月初版
北师大(1-3,5-8)

2-0425
初小公民训练指导书
赵侣青,钱选青,朱彦俯编　朱文叔,舒新城校
上海　中华书局　民国26.7-27.12[1937.7-1938.12]
8册(104,93,87,104,106,115,124,119页)　图,表　32开
第1册:民国26.7初版,民国26.7第3版,民国26.7第4版
第2册:民国26.7初版,民国26.7第2版
第3册:民国26.8初版,民国26.8第2版,民国26.8第4版

第4册:民国26.8初版,民国26.8第2版
第5册:民国26.12初版
第6册:民国27.10初版
第7册:民国26.12初版
第8册:民国27.12初版
修正课程标准适用
国图 上海 辞书

2-0426

南洋公民教学法
南洋编译所编校
上海 南洋书局 民国37.7-38.1[1948.7-1949.1]
8册(50,48,[85],[84],[91],[96],[102],[100]页) 图 32开
第1册:民国38.1第2版
第2册:民国37.7第2版
第3册:民国38.1第2版
第4册:民国37.7第2版
第5册:民国38.1第2版
第6册:民国37.7第2版
第7册:民国38.1第2版
第8册:民国37.7第2版
马来亚教育部审定 初级小学用
辞书

2-0427

现代公民教学法
宋云彬,孙起孟主编 方与严,朱智贤,季信等编辑 叶绍钧,吴研因,陈君葆等校阅
上海 上海书局 民国37.10-38.4[1948.10-1949.4]
8册(36,33,34,38,42,41,45,44页) 32开
第1册:民国37.10初版
第2册:民国38.4初版
第3册:民国37.10初版
第4册:民国38.4初版
第5册:民国37.10初版
第6册:民国38.4初版
第7册:民国37.10初版
第8册:民国38.4初版
华侨初级小学适用
辞书

* * *

2-0428

公民课本教授书
赵光荣,朱文叔,洪鋆编 戴克敦,张相校
上海 中华书局 民国12.5-13.2[1923.5-1924.2]
4册(70,64,66,68页) 大32开
第1册:民国12.5初版,民国14.7第6版
第2册:民国12.7初版,民国13.3第3版
第3册:民国12.8初版,民国13.9第4版,民国15.3第7版,民国16.1第8版
第4册:民国13.2初版,民国15.4第5版,民国16.1第6版
教育部审定 新学制适用
其他题名:新小学教科书公民课本教授书
人教 辞书 编译馆(2-4)

2-0429

新学制公民教授书
李泽彰编纂
上海 商务印书馆 民国13.8[1924.8]-
4册(54,74,83,73页) 32开
第1册:民国13.8初版,民国15.9第14版
第2册:民国15.10第14版
第3册:民国14.11第9版
第4册:民国14.11第9版
教育部审定 小学校高年级用
人教

2-0430

高级公民课本教学法
潘文安,罗宗善编辑 戴渭清,范祥善校订
上海 世界书局 民国14.4[1925.4]
4册(68,60,92,56页) 32开
第1册:民国14.4初版,民国20.4第4版
第2册:民国14.4初版,民国21.9第6版
第3册:民国14.4初版,民国21.7第5版
第4册:民国14.4初版,民国21.8修正4版
遵照大学院审定本编辑 新学制小学教员用书
其他题名:新学制高级公民课本教学法
其他题名:新学制公民课本教学法
国图 人教(2,4) 编译馆

2-0431

公民训练教本
盛子鹤,周鉴溪,束樵如等编著 王云五,沈子善校订
上海 商务印书馆 民国22.6-7[1933.6-7]
4册(138,149,121,145页) 32开
第1册:民国22.6初版,民国22.7第10版,民国22.12第13版
第2册:民国22.6初版,民国22.7第10版
第3册:民国22.7初版,民国22.7第10版
第4册:民国22.7初版,民国22.7第10版
新课程标准适用 小学校高级用
封面题名:复兴公民训练教本
其他题名:复兴教科书公民训练教本
北师大 人教(1-2,4) 华师大(3) 辞书 编译馆

2-0432

高小公民训练教本
胡赞平等编辑
上海 北新书局 民国22.7[1933.7]-
4册(135,156,126,140页) 32开
第1册:民国22.7初版
第2册:民国22.8第2版

第3册：民国22.8第2版
第4册：民国22.7初版
根据新课程标准编辑
初版附注：民国22年7月初版
北师大

2-0433

社会课本公民编教学法
宋子俊编辑

上海　世界书局　民国22.7[1933.7]-
4册(181,148,143,176页)　表　32开
第1册：民国22.7初版,民国22.11第3版
第2册：民国23.2第2版,民国24.2第4版
第3册：民国22.10第2版,民国23.4第3版
第4册：民国23.3第2版,民国23.12第4版
照教育部审定本编辑　高级小学教员用
初版附注：民国22年7月-23年1月初版
封面题名：公民编教学法
其他题名：新课程标准教科书教员用书公民编教学法
国图(4)　北师大　人教(1-3)　辞书

2-0434

公民教学法
赵夐,胡钟瑞编著　赵景源校订

上海　商务印书馆　民国22.9-23.2[1933.9-1934.2]
4册(198,217,223,235页)　32开
第1册：民国22.9初版,民国23.4第2版,民国24.5第15版
第2册：民国23.2初版,民国23.2第10版
第3册：民国23.2初版,民国23.4第6版
第4册：民国23.2初版,民国24.5第10版
小学校高级用
封面题名：复兴公民教学法
其他题名：复兴教科书公民教学法
国图(1)　北师大　人教　华师大(2-4)　辞书　河南(2)

2-0435

小学公民课本教学法
赵侣青,徐迥千,黄铁崖编　朱文叔,杨复耀校

上海　中华书局　民国22.11-23.8[1933.11-1934.8]
4册(94,88,101,90页)　大32开
第1册：民国22.11初版,民国22.11第2版,民国25.4第4版
第2册：民国23.8初版,民国25.4第4版
第3册：民国22.11初版,民国22.11第2版,民国25.4第3版
第4册：民国23.8初版,民国25.4第3版
新课程标准适用　小学高级用
国图　北师大　人教(2-4)　辞书

2-0436

公民训练法
马客谈主编　朱镜坚等撰述

上海　大东书局　民国23.6-8[1934.6-8]
4册([528]页)　图　32开　精装
第1册：民国23.6初版
第2册：民国23.6初版
第3册：民国23.8初版,民国24.7第16版
第4册：民国23.8初版
新课程标准适用　小学校高级教师用
其他题名：新生活教科书公民训练法
北师大　编译馆(1,3)

2-0437

高小社会课本公民编教学法
储祎编

上海　北新书局　民国23.8[1934.8]-
4册　表　32开
第1册(一编)：民国23.8初版
第4册(四编)：民国24.2初版
其他题名：公民编
国图(1,4)　北师大(1)　人教(1)

2-0438

小学公民训练指导书
钱选青,潘江编　朱文叔,舒新城校

上海　中华书局　民国23.8-24.3[1934.8-1935.3]
4册(76,78,85,89页)　图　大32开
第1册：民国23.8初版
第2册：民国23.9初版
第3册：民国24.1初版
第4册：民国24.3初版
新课程标准适用　高级用
国图(2)　北师大(1-3)　人教(1-3)　辞书

2-0439

高级小学模范公民实施法
陆伯羽编辑

上海　世界书局　民国24.8[1935.8]
3册(154,160,152页)　图,表　32开
第1-3册：民国24.8初版
新课程标准教科书教员用书　高级小学教员用
封面题名：高小模范公民实施法
辞书

2-0440

公民教学法
吕一舟编辑

上海　商务印书馆　民国26.7[1937.7]
4册(181,149,172,117页)　32开
第1册：民国26.7改编本1版,民国27年版
第2册：民国26.7改编本1版,民国27年版
第3册：民国26.7改编本1版,民国27年版
第4册：民国26.7改编本1版,民国27年版,民国27.2改编本4版
据民国26年初审核定本编辑　小学校高年级用
封面题名：复兴高小公民教学法
其他题名：复兴教科书公民教学法
人教　西北师大　编译馆(4)

2-0441

新编高小公民课本教学法
张匡编　朱文叔,杨复耀校
　　上海　中华书局　民国 26.9-27.10[1937.9-1938.10]
　　4 册(126,110,144,114 页)　图,表　32 开
　　第 1 册:民国 26.9 初版,民国 26 第 2 版
　　第 2 册:民国 26.11 初版
　　第 3 册:民国 27.10 初版,民国 30.3 第 7 版
　　第 4 册:民国 26.11 初版,民国 28.6 第 3 版,民国 28.12 第 5 版
　　修正课程标准适用
　　国图　人教(1,3-4)　辞书　西北师大(1,4)　辽宁(4)

2-0442

最新南洋华侨小学公民课本教学法
张匡编　朱文叔校
　　新加坡　中华书局　民国 27.12[1938.12]
　　4 册(126,110,144,114 页)　32 开
　　第 1-4 册:民国 27.12 初版
　　修正课程标准适用　高级用
　　封面题名:小学公民课本教学法
　　国图　人教　辞书

2-0443

高小新公民教学法
吴荫椿,徐迥千,赵英若,钱选青编辑
　　上海　世界书局　民国 27[1938]-
　　4 册(134,123,111,122 页)　图,表　32 开
　　第 1 册:民国 28.1 第 2 版
　　第 2 册:民国 27 年版
　　第 3 册:民国 27 年版
　　第 4 册:民国 27 年版
　　修正课程标准适用
　　其他题名:新公民教学法
　　西北师大(2-4)　编译馆(1)

2-0444

高级小学公民教学指引
教育部教科用书编辑委员会编辑
　　重庆　国定中小学教科书七家联合供应处　民国 32.7 [1943.7]-
　　4 册(①37 页)　32 开
　　第 1 册:民国 32.7 重庆米色报纸本 1 版
　　封面题名:公民教学指引
　　人教(1)　辞书(1)

2-0445

高级小学公民教学指引
苟正修编著
　　金华　正中书局　民国 32.8[1943.8]
　　4 册　32 开
　　第 1-4 册:民国 32.8 版
　　其他题名:公民教学指引
　　其他题名:新中国教科书高级小学公民教学指引

　　国图

2-0446

高级小学公民教学指引[第 2 次修订本]
国立编译馆主编　俞焕斗,夏贯中,陈家栋,王鸿俊编辑
　　4 册(38,84,52,39 页)　32 开
　　封面题名:公民教学指引
　　①上海　五联社　民国 37.2[1948.2]
　　第 1-4 册:民国 37.2 初版
　　国图(1,4)　辞书
　　②上海　中华书局　民国 37.5[1948.5]-
　　第 2 册:民国 37.5 沪 1 版,民国 37.6 第 1 版
　　第 3 册:民国 37.5 沪 1 版
　　国图(2-3)　人教(2)　辞书(2)

教学辅导书

2-0447

好公民
万竹小学公民训练研究委员会编
　　上海　开明印刷所　民国 23.2[1934.2]
　　[28]页　表　32 开
　　辞书

2-0448

公民:问答题
高丙升编
　　上海　商务印书馆　民国 25.1[1936.1]
　　2 册([136]页)　32 开　(小学复习丛书)
　　第 1-2 册:民国 25.1 版
　　人教

2-0449

公民
高丙升编
　　上海　商务印书馆　民国 25.1[1936.1]
　　68 页　32 开　(小学复习丛书)
　　国图　华师大

2-0450

高小公民复习
潘仁编著
　　上海　正中书局　民国 34.11[1945.11]渝初版,民国 35.9 沪 1 版,民国 36.6 沪 8 版
　　66 页　32 开　(高小各科复习丛书)
　　人教　辞书　辽宁

2-0451

小学公民标语图
　　上海　新亚书店　[1912-1949?]
　　60 张　彩色挂图　53×20 cm
　　辞书

2-0452

小学公民训练条目

上海　新亚书店　[1912-1949?]
3册([65],[49],[47]页)　彩色挂图　53×20 cm
第1册(低年级之部):版次不详
第2册(中年级上部):版次不详
第3册(中年级下部):版次不详
遵照教育部新颁标准编辑
辞书

修　身

课　本

2-0453
蒙学修身书
蒋黼编
　　[出版者不详]　清光绪28.1[1902]
　　1册　大32开　线装
　　辞书

2-0454
改良蒙学修身书
　　广州　时敏书局　清光绪28[1902]版
　　1册　32开　线装
　　其他题名:蒙学修身书
　　广东中山

2-0455
小学修身教科书
刘剑白编辑
　　上海　文明书局　清光绪29.10[1903]初版,光绪32.3第5版
　　38叶　32开　线装
　　上海　辞书

2-0456
最新蒙学伦理书
李郁编纂
　　上海　达文编译书社　清光绪30.10[1904]
　　52页　32开
　　人教

2-0457
小学修身唱歌书
田北湖编著
　　上海　文明书局　清光绪31.8[1905]
　　50页　大32开　线装
　　人教　辞书

2-0458
绘图蒙学修身实在易
陈善叙著
　　上海　彪蒙书室　清光绪31.10[1905]
　　4册(130页)　32开　线装（白话讲义蒙学丛书）
　　第1-4册(卷一至卷四):光绪31.10初版

其他题名:蒙学修身实在易
人教　广西师大(1-2)

2-0459
最新女子修身教科书
许家惺编辑
　　上海　群学社　清光绪32.2[1906]
　　4册(122叶)　图　大32开　线装
　　第1册:光绪32.2初版,光绪32.8第2版,宣统2.1第4版
　　第2册:光绪32.2初版,光绪32.8第2版,宣统2.1第4版
　　第3册:光绪32.2初版,光绪32.8第2版,宣统2.1第4版
　　第4册:光绪32.2初版,宣统2.1第4版
　　其他题名:女子修身教科书
　　人教　辞书(1-3)

2-0460
简易修身课本
杨天骥编辑
　　上海　商务印书馆　清光绪32.4[1906]初版,光绪32.4第2版
　　11叶　图　大32开　线装
　　人教　辞书　广西师大

2-0461
小学修身教科书
蒋智由著述
　　东京　同文印刷舍　清光绪32.5[1906]-
　　3册(56,82,77页)　大32开
　　第1册(卷一):宣统2.2第5版
　　第2册(卷二):光绪32.5初版,宣统2.2第5版,宣统3年版
　　第3册(卷三):光绪32.5初版,宣统1第4版,宣统2.2第5版
　　清学部审定
　　初版附注:清光绪32年5月初版
　　封面题名:小学修身书
　　国图(2)　北师大(2-3)　人教(2-3)　天津

2-0462
小学修身教科书[订正本]
蒋智由著述
　　东京　同文印刷舍　清宣统2.2[1910]
　　3册(48,71,66页)　大32开
　　第1-3册(卷一至卷三):宣统2.2订正5版
　　清学部审定用书
　　初版附注:清光绪32年5月初版
　　封面题名:蒋著修身书
　　辞书

2-0463
绘图女学修身教科书
　　[不详]　锟记书社　清光绪32.6[1906]
　　36页　图　32开　线装
　　人教

2-0464
蒙学礼经修身教科书

汪慎修删订
  上海　南洋官书局　清光绪 33.3[1907]
  82 页　图　32 开　线装
  封面题名:绘图礼记约编
  卷端题名:礼书编
  逐页题名:节本礼书初编附读小儿语
  人教

2-0465

古诗歌读本
黄节编纂
  上海　国粹丛编社　清宣统 1.8[1909]
  3 册(30,25,27 叶)　大 32 开　线装
  第 1-3 册:宣统 1.8 初版
  广东提学司指定　初等小学、高等小学、中学、初级师范修身
   科所用书
  广西师大

2-0466

简明修身教科书
陆费逵等编纂　高凤谦校订
  上海　商务印书馆　[1911?]
  8 册([304]页)　32 开　线装
  第 1-8 册:版次不详
  人教

2-0467

小学修身唱歌书
刘剑白著
  上海　文明书局　[1911?]
  49 页　大 32 开　线装
  其他题名:修身唱歌书
  广西师大

2-0468

弟子规教科书
  上海　昌文书局　[1911?]
  18 页　图　大 32 开　线装
  逐页题名:绘图弟子规
  上海　辞书

2-0469

半日学校修身教科书
秦同培编纂
  上海　商务印书馆　民国 3.5[1914.5]-
  6 册(30,24,30,30,26,26 页)　图　32 开　线装
  第 1 册:民国 3.5 初版
  第 2 册:民国 6.2 第 4 版
  第 3 册:民国 6.4 第 3 版
  第 4 册:民国 5.8 初版
  第 5 册:民国 6.1 第 2 版
  第 6 册:民国 5.9 初版
  教育部审定　半日制学校学生用
  人教

2-0470

修身临时样本
  [上海]　[中华书局]　[1912-1949?]
  8 册(24,24,24,24,22,16,20,22 页)　图　32 开
  第 1-8 册:版次不详
  逐页题名:新小学修身课本
  逐页题名:新小学公民课本
  其他题名:小学教科书修身临时样本
  辞书

2-0471

修身临时样本
  上海　中华书局　[1912-1949?]
  4 册(22,16,18,14 页)　32 开
  第 1-4 册:版次不详
  其他题名:小学教科书修身临时样本
  辞书

     * * *

2-0472

初级蒙学修身教科书
庄俞编撰
  上海　人演社　清光绪 29.9[1903]
  17 叶　32 开　线装
  辞书

2-0473

初级蒙学修身教科书
庄俞著
  上海　文明书局　清光绪 29.9[1903]初版,光绪 32 第 10 版,
   光绪 32.6 第 12 版
  30 叶　图　大 32 开　线装
  初等小学堂学生用书
  其他题名:蒙学修身教科书
  人教　上海　辞书

2-0474

初级蒙学修身教科书
丁福保著
  上海　文明书局　清光绪 31.5[1905]第 8 版
  21 叶　线装
  初等小学堂学生用书
  初版附注:清光绪 29 年 9 月初版
  辞书

2-0475

蒙学修身教科书
李嘉谷编著
  上海　文明书局　清光绪 31[1905]第 4 版,光绪 32.9 第 12
   版,光绪 34 第 16 版
  38 叶　32 开　线装
  初等小学堂学生用书
  初版附注:清光绪 29 年 9 月初版

北师大　上海　广西师大

2-0476

蒙学经训修身教科书
陆基编纂

　　上海　文明书局　清光绪32.5[1906]第5版
　　21叶　大32开　线装
　　初等小学堂学生用书
　　初版附注：清光绪29年10月初版
　　辞书

2-0477

(官话)最新女子修身教科书
谢允燮编辑　陈德芬校阅

　　上海　中国教育改良会　清光绪31.1[1905]-
　　2册(60,120页)　32开　线装
　　第1册：光绪31.1初版,光绪32.2第2版
　　第2册：光绪32.2第2版
　　初等女子学堂学生用书
　　其他题名：最新女子修身教科书
　　人教　广西师大

2-0478

最新修身教科书
商务印书馆编译所编纂　高凤谦,张元济校订

　　上海　商务印书馆　清光绪31.9[1905]-
　　10册(22,22,22,22,22,22,22,22,22,22叶)　图(含彩图)
　　　大32开　线装
　　第1册：光绪31.9初版,光绪32.4第13版,宣统1.10第25版
　　第2册：光绪33.8第14版
　　第3册：光绪32第3版,光绪32.3第6版,光绪33.11第12版
　　第4册：光绪32.3第5版,宣统2.1第16版
　　第5册：光绪32.3第4版,光绪33.2第7版
　　第6册：光绪32第2版,光绪32.3第5版,宣统2.5第18版
　　第7册：光绪31初版,光绪32.3第4版,宣统2.3第14版
　　第8册：光绪32.3第4版,宣统1.5第9版,宣统2.4第12版
　　第9册：光绪31.9初版,光绪32.3第3版,宣统2.4第10版
　　第10册：光绪31.9初版,宣统2.2第10版
　　清学部审定　初等小学堂用
　　版权页题名：初等小学最新修身教科书
　　其他题名：最新初等小学修身教科书
　　人教　辞书(8-9)　广西师大(3,6-7)

2-0479

最新修身教科书
商务印书馆编译所编纂　蔡元培等校订

　　上海　商务印书馆　清光绪32.4[1906]-
　　8册(①22,②22,④22,⑤22,⑥22,⑦22叶)　图　大32开
　　　线装
　　第1册：光绪33第19版
　　第2册：光绪34第19版
　　第4册：光绪33第9版
　　第5册：光绪33第7版

　　第6册：光绪32.4第4版,宣统2第18版
　　第7册：光绪32.4第4版
　　初等小学堂用
　　初版附注：清光绪31年10月初版
　　北师大(6-7)　广西师大(1-2,4-6)

2-0480

女子修身教科书
谢允燮编辑　陈德芬校阅

　　上海　中国教育改良会　清光绪32.2[1906]-
　　2册(②30叶)　图　大32开　线装
　　第2册：光绪32.2第2版
　　初等女学堂学生用书
　　初版附注：清光绪31年11月初版
　　版权页题名：初等小学女子修身教科书
　　辞书(2)

2-0481

最新女子初等小学修身教科书
何琪编辑

　　上海　会文学社　清光绪32.2[1906]-
　　4册(23,22,22,22叶)　图　32开　线装
　　第1册：光绪32.2初版,光绪33.6第5版
　　第2册：光绪33.6第5版
　　第3册：光绪33.6初版
　　第4册：光绪33.6初版
　　其他题名：女子初等小学修身教科书
　　其他题名：女子修身教科书
　　北师大(1)　人教(1)　辞书

2-0482

初等小学修身新教科书
方浏生编纂　杨天骥订正　樊光耀参校

　　上海　乐群图书编译局　清光绪32.5[1906]-
　　10册(①20,②20,④20,⑤20,⑥20,⑨20,⑩20叶)　图(含彩
　　　图)　大32开　线装
　　第1册：光绪32.5初版
　　第2册：光绪32.6初版
　　第4册：光绪32.5初版
　　第5册：光绪32.5初版
　　第6册：光绪33.2第2版
　　第9册：光绪33.2第2版
　　第10册：光绪33.2第2版
　　版权页题名：修身新教科书
　　其他题名：初级小学修身新教科书
　　人教(4-6,9-10)　辞书(1-2,4-6,9-10)

2-0483

寻常小学修身书
钟卓京编

　　上海　广智书局　清光绪32.10[1906]
　　29页　图　大32开
　　第二学年生徒用
　　人教　辞书

2-0484

最新初等小学修身教科书
会文学社编译所编辑　杜芝庭,蔡元培校阅
　　上海　会文学社　清光绪 32.12[1907]-
　　　册(③22叶)　图　大 32 开　线装
　　第 3 册:光绪 32.12 初版
　　初等小学堂课本
　　逐页题名:最新修身教科书
　　辞书(3)

2-0485

(官话)女子修身教科书
邵廉存编辑　许家惺校订
　　上海　群学社　清光绪 33.2[1907]
　　3 册([60]叶)　图　大 32 开　线装
　　第 1-3 册:光绪 33.2 初版,宣统 3.3 第 3 版
　　初等女学堂课本
　　其他题名:女子修身教科书
　　人教　辞书(2)

2-0486

初等小学修身书
陆费逵编纂
　　上海　文明书局　清光绪 33.6-34.2[1907-1908]
　　2 册(17,17 叶)　图(含彩图)　大 32 开　线装
　　第 1 册(卷一):光绪 33.6 初版
　　第 2 册(卷二):光绪 34.2 初版
　　封面题名:新编初等小学修身书
　　辞书

2-0487

初等修身教科书
(宋)朱熹著
　　上海　新学会社　清光绪 33[1907]
　　4 册(41,33,44,44 叶)　大 32 开　线装
　　第 1-4 册:光绪 33 年版
　　其他题名:小学集注
　　辞书

2-0488

简明修身教科书
戴克敦编纂　高凤谦校订
　　上海　商务印书馆　清光绪 34.2[1908]-
　　8 册(②19,③19 叶)　图(含彩图)　大 32 开　线装
　　第 2 册:光绪 34.2 第 2 版
　　第 3 册:光绪 34.9 初版
　　初等小学用
　　初版附注:清光绪 33 年-? 初版
　　其他题名:初等小学简明修身教科书
　　辞书(2-3)

2-0489

小学教科初等修身教科书
戴洪恒著　黄守孚校订
　　上海　集成图书公司　清宣统 3.1[1911]-
　　册(③20 叶)　图　大 32 开　线装
　　第 3 册:宣统 3.1 第 6 版
　　第二学年前期用
　　初版附注:清光绪 34 年 5 月初版
　　辞书(3)

2-0490

第一简明修身启蒙
汪子璇编辑　庄景仲校订
　　上海　新学会社　清宣统 1.2[1909]-
　　2 册(27,29 叶)　图　大 32 开　线装
　　第 1 册(一编):宣统 1.2 第 2 版
　　第 2 册(二编):宣统 2.10 第 4 版,民国 2.1 第 5 版,民国 2.10
　　　第 7 版
　　初等小学用
　　初版附注:清光绪 34 年 6-8 月初版
　　逐页题名:修身启蒙
　　人教(2)　辞书

2-0491

初等小学修身课本
张继良编辑　沈恩孚,华国铨校订
　　上海　中国图书公司　清光绪 34.8[1908]-
　　8 册(19,19,19,19,19,19,19,19 叶)　图　大 32 开　线装
　　第 1 册:民国 2.2 改正 9 版,民国 2.2 改正 10 版
　　第 2 册:宣统 1.2 第 4 版,民国 1.3 改正 7 版,民国 2.2 改正
　　　8 版
　　第 3 册:光绪 34.8 第 2 版,民国 2.2 改正 8 版
　　第 4 册:光绪 34.10 第 2 版,民国 2.2 改正 9 版
　　第 5 册:民国 1.3 改正 4 版,民国 2.2 改正 5 版
　　第 6 册:宣统 2.2 第 3 版,民国 2.2 改正 5 版
　　第 7 册:民国 1.3 改正 4 版
　　第 8 册:宣统 2.2 第 2 版,民国 1.3 改正 5 版,民国 2.2 改正
　　　6 版
　　江苏图书审查会采定　学生用书　春季始业
　　封面题名:中华民国初等小学修身课本[改正版]
　　人教(2-8)　辞书

2-0492

蒙学初级修身教科书
[出版者不详]　[1908?]
　　30 叶　图　大 32 开　线装
　　逐页题名:初级蒙学修身教科书
　　辞书

2-0493

学部第一次编纂初等小学修身教科书
(清)学部编译图书局编纂
　　6 册(22,22,20,20,14,17 叶)　图　大 32 开
　　封面题名:初等小学堂五年完全科修身教科书
　　逐页题名:初等小学修身教科书
　　①北京　[编者刊]　清宣统 1.6-12[1909-1910]
　　第 1 册:宣统 1.11 初版,宣统 2.4 重印
　　第 2 册:宣统 1.10 初版,宣统 1.11 重印,宣统 1.12 重印,宣

统 2.1 重印,宣统 2.4 重印,宣统 3.4 重印
第 3 册:宣统 1.6 初版,宣统 1.12 重印,宣统 2.11 重印,宣统 3.4 重印
第 4 册:宣统 1.6 初版,宣统 1.10 重印,宣统 2.4 重印,宣统 3.4 重印
第 5 册:宣统 1.12 初版,宣统 2.1 重印,宣统 3.7 重印
第 6 册:宣统 1.12 初版,宣统 2.1 重印
人教(2,5-6) 辞书(1-4) 广西师大(2,4)
②[武昌] 湖北学务公所 清宣统 1.6[1909]-
第 3-4 册:宣统 1.6 初版
人教(3-4)

2-0494

新体初等小学修身书
国民教育社编辑
上海 [编者刊] 清宣统 2.1[1910]
8 册(18,18,17,18,18,18,15,18 叶) 图 大 32 开 线装
第 1-8 册(卷一至卷八):宣统 2.1 初版
逐页题名:初等小学修身书
辞书

2-0495

初等小学修身课本
顾倬,顾祖玑编辑 沈恩孚,杨保恒校订
上海 中国图书公司 清宣统 2.1[1910]-
4 册([17],[17],[15],[15]叶) 图 32 开 线装
第 1 册(一编):民国 1 改正 3 版,民国 1 改正 4 版,民国 2.4 改正 11 版
第 2 册(二编):宣统 2.1 初版,民国 1 改正 4 版
第 3 册(三编):民国 1 改正 3 版,民国 2.3 改正 4 版
第 4 册(四编):民国 1 改正 3 版,民国 2.4 改正 9 版
江苏图书审查会采定 单级用 学生用书 春季始业
辞书

2-0496

女子初等小学修身教科书
(清)学部编译图书局编纂
北京 [编者刊] 清宣统 2.12[1911]
2 册(22,22 叶) 图 大 32 开 线装
第 1-2 册:宣统 2.12 初版,宣统 3.2 重印
版权页题名:初等女子修身教科书
国图(1) 人教 辞书

2-0497

女子修身教科书
谢允燮编辑 陈德芬增订及校正
上海 科学书局 清宣统 2[1910]
2 册(30,30 叶) 图 大 32 开 线装
第 1-2 册:宣统 2 初版
初等女子学堂课本
封面题名:(增订)改良初等小学女子官话修身教科书
其他题名:初等小学女子官话修身教科书
辞书

2-0498

女子修身教科书
沈颐,戴克敦编辑 高凤谦校订
上海 商务印书馆 清宣统 3.6[1911]-
册(⑤34,⑥36 页) 图 32 开 线装
第 5 册:版次不详
第 6 册:宣统 3.6 第 5 版
初等小学用
人教(5-6)

2-0499

(订正)最新修身教科书
商务印书馆编译所编纂 高凤谦,张元济校订
上海 商务印书馆 民国 1.1[1912.1]-
8 册(②44 页) 图 32 开 线装
第 2 册:民国 1.1 初版
小学校初级用
其他题名:最新修身教科书
人教(2)

2-0500

(订正)简明修身教科书
陆费逵,戴克敦编纂 沈颐,高凤谦校订
上海 商务印书馆 民国 1.1[1912.1]-
8 册(②19,④19,⑤17,⑥18,⑦17,⑧17 叶) 图(含彩图) 大 32 开 线装
第 2 册:民国 1.3 订正 3 版
第 4 册:民国 1.1 订正初版
第 5 册:民国 1.3 订正初版
第 6 册:民国 1.1 订正初版
第 7 册:民国 1.1 订正初版
第 8 册:民国 1.3 订正初版
中华民国初等小学用
其他题名:简明修身教科书
辞书(2,4-8)

2-0501

中华初等小学修身教科书
陈懋功,汪涛编辑 姚汉章,戴克敦,侯鸿鉴,陆费逵校订
上海 中华书局 民国 1.1[1912.1]-
8 册(12,12,13,12,12,12,11,12 叶) 图 大 32 开 线装
第 1 册:民国 1.1 初版,民国 1.7 第 15 版,民国 1.9 第 33 版,民国 2.6 第 47 版,民国 2 订正 50 版
第 2 册:民国 1.5 第 9 版,民国 1 第 18 版,民国 1.8 第 24 版
第 3 册:民国 1.5 第 11 版,民国 1.10 订正 21 版,民国 1 订正 26 版,民国 1.11 第 31 版,民国 2.3 第 44 版,民国 2.5 第 50 版
第 4 册:民国 1.8 第 16 版,民国 1.8 第 22 版,民国 1.11 订正 34 版,民国 2.2 订正 37 版,民国 2.3 订正 38 版
第 5 册:民国 1.4 第 9 版,民国 1.8 第 12 版,民国 1.11 第 26 版,民国 2.3 第 46 版,民国 3.12 第 47 版
第 6 册:民国 1.4 第 7 版,民国 1.4 第 8 版,民国 1.8 第 12 版,民国 1.10 第 18 版,民国 1.10 第 29 版,民国 2.5 第 39 版

第7册:民国1.3版,民国1.3第2版,民国1.4第4版,民国1.9第11版

第8册:民国1.5第3版,民国1.8第8版,民国1.8第9版,民国1.9第10版,民国1.10第15版,民国1.10订正23版,民国2.3订正30版

教育部审定　第一学年～第四学年用
初版附注:民国元年1-4月初版
逐页题名:初等小学修身教科书
人教　辞书　广西师大(6-8)

2-0502

新国民修身课本
中国图书公司编辑

上海　[编者刊]　民国1.2-6[1912.2-6]
6册(14,12,16,16,12,12叶)　图(含彩图)　大32开　线装
第1册:民国1.2初版
第2册:民国1.2初版
第3册:民国1.6初版
第4册:民国1.6初版
第5册:民国1.6初版
第6册:民国1.6初版
初等小学校用
人教(1)　辞书

2-0503

(订正)初等小学女子修身教科书
沈颐,戴克敦编纂　高凤谦校订

上海　商务印书馆　民国1.5[1912.5]-
8册([19],[19],[19],[19],[17],[18],[19],[18]叶)　图(含彩图)　大32开　线装
第1册:民国2.9订正9版,民国13.1订正39版
第2册:民国2.9订正9版,民国8.12订正25版
第3册:民国1.5订正初版,民国2订正10版,民国15.10订正50版
第4册:民国1.5订正初版,民国9订正28版
第5册:民国2.9订正9版,民国11.3订正33版
第6册:民国1.5订正初版,民国11.3订正33版
第7册:民国1.5订正初版,民国9.8订正28版
第8册:民国1.5订正初版,民国10.9订正26版
中华民国初等小学用　国民学校用
其他题名:初等小学女子修身教科书
其他题名:女子修身教科书
人教　辞书　云南社科(2-3)

2-0504

新修身:甲种
沈颐,戴克敦编纂　高凤谦校订

上海　商务印书馆　民国1.9[1912.9]-
8册(13,13,13,12,12,11,12,11叶)　图(含彩图)　32开　线装
第1册:民国1.9第8版,民国2.2第61版,民国2.2第77版,民国2.4第143版,民国11.8第684版,民国12.1第694版
第2册:民国2.6第178版,民国2.11第223版,民国11.8第636版
第3册:民国1.9第7版,民国2第49版,民国2.3第74版,民国2.10第213版,民国3.2第248版,民国11.11第927版,民国15.1第1052版
第4册:民国2.6第173版,民国3.3第234版,民国12.6第861版,民国15.8第971版
第5册:民国2.6第136版,民国2.9第141版,民国3.3第191版,民国11.8第826版,民国16.1第901版
第6册:民国2.11第142版,民国3,6第172版,民国12.6第676版,民国14.2第736版
第7册:民国2.9第103版,民国3.3第139版,民国3.12第168版,民国12.2第558版,民国14.12第633版
第8册:民国2.3第54版,民国3.7第138版,民国11.7第469版,民国15.8第544版
教育部审定　国民学校用　初等小学校用　春季始业
初版附注:民国元年6月初版
版权页题名:初等小学新修身
其他题名:共和国教科书新修身
国图　北师大(1,3,5,7)　人教　辞书　云南社科(3)　编译馆

2-0505

新制中华修身教科书
戴克敦,沈颐,陆费逵编　范源廉阅

上海　中华书局　民国1.11[1912.11]-
12册(11,9,9,9,9,9,8,8,8,10,8,8叶)　图　大32开　线装
第1册:民国1.11初版,民国1.12第2版,民国2.1第6版,民国2.4第20版,民国2.4第21版,民国2.5第25版,民国2.5第27版,民国5.12第35版,民国6.2第36版
第2册:民国1.12第4版,民国1.12第5版,民国2.1第6版,民国2.3第14版,民国2.10第28版,民国3.11第31版,民国9.4第42版,民国9.6第43版
第3册:民国2.2第4版,民国3.11第27版,民国6.1第37版,民国8.7第40版,民国8.9第41版
第4册:民国2.1初版,民国2.2第6版,民国2.5第17版,民国8.9第51版,民国9.4第53版
第5册:民国1.12第3版,民国2.1第6版,民国2.3第13版,民国2.6第17版,民国8.2第52版,民国9.4第59版
第6册:民国2.1初版,民国2.5第17版,民国4.3第31版,民国4.3第32版,民国6.8第46版,民国9.6第58版,民国9第73版
第7册:民国2.2初版,民国2.3第4版,民国6.8第39版,民国9.4第47版,民国9第62版
第8册:民国1.12初版,民国1.12第2版,民国2.3第10版,民国2.6第15版,民国2.7第17版,民国9.3第65版,民国9.3第67版,民国10.7版
第9册:民国2.2初版,民国2.3第4版,民国4.6第33版,民国9第41版,民国9.3第54版,民国9.3第57版,民国10.7版
第10册:民国2.1初版,民国2.2第5版,民国2.6第17版,民国4.7第23版,民国6.8第34版,民国9.4第39版,民国9第53版,民国10.7版

第11册：民国2.2第9版，民国2.6第18版，民国5.12第30版，民国9第37版，民国9.3第49版，民国9.3第50版

第12册：民国2.3初版，民国2.3第5版，民国4.9第17版，民国9.4第34版，民国10.7第36版，民国第42版

教育部审定　国民学校用　初等小学校用　秋季始业用　第一学年第一学期～第四学年第三学期

初版附注：民国元年11月-2年3月初版

版权页题名：新制国民学校修身教科书

北师大　人教(1-2,8-10,12)　华师大(1-2,7-10)　辞书　广西师大(5-6,8,12)　编译馆(1)

2-0506

新修身：乙种
沈颐，庄俞编纂　高凤谦校订

上海　商务印书馆　民国1.12[1912.12]

8册(13,14,13,13,12,11,12,13叶)　图(含彩图)　大32开　线装

第1册：民国1.12初版，民国2.4第34版，民国2.5第55版

第2册：民国1.12初版，民国2.6第54版，民国5.7第85版

第3册：民国1.12初版，民国2.5第25版，民国13.6第91版

第4册：民国1.12初版，民国2.5第24版，民国2.5第43版，民国13.6第80版

第5册：民国1.12初版，民国2.5第25版，民国2.5第39版

第6册：民国1.12初版，民国2.5第10版，民国2.6第39版

第7册：民国1.12初版，民国2.5第14版，民国2第19版，民国13.5第61版

第8册：民国1.12初版，民国2.3第5版

教育部审定　初等小学校用　秋季始业　第一学年第一学期～第四学年第三学期

版权页题名：初等小学新修身

其他题名：共和国教科书新修身

国图(1)　人教(1-7)　辞书

2-0507

中华民国修身教科书
新教育社编辑部编辑

上海　新教育社　民国1.12[1912.12]-

8册(①19,②19,③13,④9,⑦11叶)　图　大32开　线装

第1-4,7册：民国1.12初版，民国2.1第6版

初等小学校用

卷端题名：初等小学修身教科书

人教(1-4,7)　辞书(1-4,7)

2-0508

初等小学修身教科书
王式玉编纂　李步青，张继煦，万声扬校阅　冯兆南绘图

武昌　共和编译社　民国2.3[1913.3]-

2册(②36叶)　图　大32开　线装

第2册：民国2.3第2版

人教(2)　辞书(2)

2-0509

(订正)新制修身教科书
董文编

上海　中华书局　民国2.4[1913.4]-

册(⑤34,⑥36,⑦48,⑧40,⑨40页)　32开　线装

第5册：民国2.4初版，民国4.12第8版

第6册：民国5.7第8版

第7册：民国5.7第9版

第8册：民国6.8第9版

第9册：民国5.9第8版

教育部审定　国民学校用　秋季始业

其他题名：新制修身教科书

人教(5-9)

2-0510

初等小学新修身教科书
刘传厚，庄适编辑

上海　中国图书公司和记　民国2.5[1913.5]-

8册(10,12,10,11,10,12,10,13叶)　图　32开　线装

第1册：民国2.5初版，民国3.6第3版，民国12年版

第2册：民国2.5初版，民国3.7第4版

第3册：民国2.5初版，民国3.7第4版，民国12年版

第4册：民国2.5初版，民国3.7第4版

第5册：民国2.5初版，民国3.7第4版，民国12年版

第6册：民国2.5初版，民国3.7第4版

第7册：民国2.6第2版，民国3.7第4版

第8册：民国2.5初版，民国3.7第4版，民国12年版

教育部审定　学生用书　秋季始业

人教(1,3,5,8)　辞书

2-0511

初等小学修身教科书
沈化夔编辑

上海　新学会社　民国2.8[1913.8]

8册(13,12,12,12,12,12,12,12叶)　图(含彩图)　大32开　线装

第1-8册：民国2.8初版

初等小学校用

封面题名：新编修身教科书

辞书

2-0512

新编中华初等小学修身教科书
沈颐，范源廉，董文编

上海　中华书局　民国2.11[1913.11]-

8册(12,12,12,12,9,8,8,11叶)　图(含彩图)　大32开　线装

第1册：民国2.11初版，民国2.12第5版，民国4.8第18版，民国8.7第34版，民国9.1第36版，民国9.7第39版

第2册：民国2.11第2版，民国3第3版，民国3.3第4版，民国3.6第7版，民国8.3第27版，民国9.1第31版，民国9.5第32版

第3册：民国2.12第2版，民国3.1第3版，民国3.6第6版，民国4.3第12版，民国8.9第32版，民国9.1第34版，民国12.5第43版

第4册：民国2.12初版，民国3.5第3版，民国3.7第8版，民国9.1第31版，民国9.1第32版，民国9.2第33版

第5册:民国2.12初版,民国3第3版,民国3.3第5版,民国3.7第8版,民国3.7第9版,民国8.5第25版,民国9.8第32版,民国12.5第36版

第6册:民国2.11初版,民国3.3第4版,民国8.5第29版,民国9.7第34版,民国12.5第36版

第7册:民国3.1初版,民国3.7第5版,民国7.12第25版,民国9.1第28版

第8册:民国3.1初版,民国3.3第2版,民国3.7第8版,民国4.6第10版,民国8.5第24版,民国9.1第25版

教育部审定 初等小学校用 国民学校用 春季始业
初版附注:民国2年11月-3年1月初版
版权页题名:新编中华国民学校修身教科书
逐页题名:新编春季始业修身教科书
其他题名:新编中华修身教科书
北师大 人教(1-6,8) 华师大 辞书

2-0513
单级修身教科书：甲编
秦同培,王凤岐,费焯编纂 高凤谦,陈宝泉,庄俞,张元济校订
上海 商务印书馆 民国2.12[1913.12]-
9册(①16,④24,⑤16叶) 图 大32开 线装
第1册:民国2.12初版,民国3.4第20版
第4册:民国2初版,民国3.4第20版
第5册:民国2.12初版,民国3.3第10版
教育部审定 初等小学第一学年～第二学年用
版权页题名：初等小学单级修身教科书
人教(1,5) 辞书(1,4-5) 广东中山(4)

2-0514
单级修身教科书：乙编
秦同培,王凤岐,费焯编纂 高凤谦,陈宝泉,庄俞,张元济校订
上海 商务印书馆 民国2.12[1913.12]-
9册(①16,②16,③16,⑥16页) 图 大32开 线装
第1册:民国2.12初版,民国3.4第25版
第2册:民国3.3第15版
第3册:民国3.3第15版
第6册:民国2.12初版
教育部审定 初等小学第一学年～第二学年用
版权页题名：初等小学单级修身教科书
人教(1-3) 辞书(1,6) 广西师大(2)

2-0515
修身教科书
秦同培编纂
上海 商务印书馆 民国3.1[1914.1]初版,民国6.7第6版
14叶 大32开 线装
教育部审定 初等小学补习科学生用
人教 广西师大

2-0516
新修身
陆规良,张景良合编 俞复,蓝田玙校订

上海 文明书局 民国3.5[1914.5]-
12册(①16,②12,③14叶) 图 大32开 线装
第1册:民国3.5初版
第2册:民国3.7初版
第3册:民国3.10初版
第一学年第一学期～第四学年第三学期 秋季始业
封面题名:中华民国新修身
逐页题名:中华民国小学教科新修身
其他题名:初等小学校教科书新修身
辞书(1-3)

2-0517
新制单级修身教科书
沈颐,范源廉,方钧编
上海 中华书局 民国3.6-8[1914.6-8]
6册(20,23,23,20,22,20叶) 图 32开 线装
第1册(甲编):民国3.6初版,民国4.2第5版,民国8.8第18版,民国9.9第23版
第2册(甲编):民国3.6初版,民国4.6第4版,民国8.8第26版,民国9.3第40版
第3册(甲编):民国3.6初版,民国4.6第6版,民国8.8第24版,民国10.7第32版
第4册(乙编):民国3.8初版,民国3.12第3版,民国8.8第15版,民国9.9第18版
第5册(乙编):民国3.8初版,民国4.6第4版,民国8.8第22版,民国10.7第29版
第6册(乙编):民国3.8初版,民国4.6第4版,民国8.8第23版,民国9.3第37版
教育部审定 初等小学校 国民学校 第一学年～第四学年用
版权页题名:新制单级初等小学修身教科书
逐页题名:单级初等小学修身教科书
北师大 人教 辞书

2-0518
女子修身教科书
沈颐,董文编 范源廉阅
上海 中华书局 民国4.1-9[1915.1-9]
8册(9,9,9,9,11,11,11,11叶) 图(含彩图) 大32开 线装
第1册:民国4.1初版,民国5.3第2版,民国7.8第9版,民国9.1第10版,民国10.11第14版
第2册:民国4.2初版,民国5.8第4版,民国6.2第5版,民国9.1第11版,民国10.11第15版
第3册:民国4.3初版,民国5.8第4版,民国8.8第10版,民国9.1第11版
第4册:民国4.4初版,民国4.9版,民国5.9第4版,民国7.11第7版,民国10.8第14版
第5册:民国4.9初版,民国5.9第3版,民国8.8第8版,民国10.5第12版,民国11.9第15版
第6册:民国4.9初版,民国5.9第3版,民国8.8第8版,民国9.1第9版
第7册:民国4.9初版,民国5.9第3版,民国8.2第6版,民

国 10.1 第 11 版

第 8 册：民国 4.9 初版，民国 7.12 第 7 版，民国 8.2 第 8 版，民国 10.5 第 13 版

教育部审定　国民学校用　初等小学校用

版权页题名：女子初等小学修身教科书

其他题名：女子国民学校修身教科书

人教　辞书

2-0519

新式修身教科书

方钧编　刘宝慈，范源廉，沈颐，李步青阅订

上海　中华书局　民国 4.12[1915.12]-

8 册(8,9,9,9,9,9,9,9 叶)　图　32 开　线装

第 1 册：民国 4.12 第 2 版，民国 8.1 第 22 版，民国 8.3 第 28 版，民国 8.8 第 33 版，民国 8.12 第 38 版，民国 11.10 第 58 版，民国 12.5 第 80 版，民国 12.5 第 82 版

第 2 册：民国 4.12 初版，民国 8.1 第 25 版，民国 8.8 第 34 版，民国 8.8 第 35 版，民国 8.9 第 38 版，民国 10.1 第 47 版，民国 10.7 第 51 版，民国 11.11 第 62 版，民国 12.5 第 76 版，民国 12.5 第 84 版

第 3 册：民国 4.12 初版，民国 8.3 第 26 版，民国 8.8 第 33 版，民国 8.10 第 36 版，民国 11.6 第 61 版，民国 11.12 第 66 版，民国 12.5 第 82 版，民国 12.5 第 90 版

第 4 册：民国 4.12 第 2 版，民国 8.1 第 23 版，民国 8.7 第 27 版，民国 8.8 第 29 版，民国 8.8 第 30 版，民国 8.12 第 32 版，民国 9.7 第 42 版，民国 11.3 第 54 版，民国 11.10 第 59 版，民国 12.5 第 80 版

第 5 册：民国 4.12 第 2 版，民国 8.8 第 21 版，民国 8 第 28 版，民国 9.1 第 35 版，民国 10.7 第 46 版，民国 11.7 第 57 版，民国 12.5 第 70 版，民国 12.5 第 77 版

第 6 册：民国 4.12 初版，民国 6.8 第 12 版，民国 8.7 版 8.8 第 24 版，民国 8.8 第 28 版，民国 8.9 第 30 版，民国 10.12 第 39 版，民国 11.4 第 48 版，民国 12.5 第 69 版，民国 12.5 第 77 版

第 7 册：民国 4.12 第 2 版，民国 6.3 第 10 版，民国 8.8 第 24 版，民国 9.1 第 28 版，民国 9.1 第 30 版，民国 10.8 第 36 版，民国 11.5 第 45 版，民国 12.5 第 64 版，民国 12.5 第 72 版

第 8 册：民国 5.5 第 2 版，民国 8.5 第 21 版，民国 8.7 第 23 版，民国 8.8 第 24 版，民国 8.10 第 27 版，民国 10.7 第 37 版，民国 10.8 第 38 版，民国 11.7 第 44 版，民国 12.5 第 48 版，民国 12.5 第 58 版，民国 12.5 第 61 版

教育部审定　国民学校　春季始业用

初版附注：民国 4 年 12 月初版

版权页题名：新式国民学校修身教科书

北师大　人教　辞书　编译馆(1)

2-0520

(订正)新编修身教科书

沈颐，范源廉，董文编

上海　中华书局　民国 4.12[1915.12]-

8 册(①12,②12,③12,④12 叶)　图(含彩图)　大 32 开　线装

第 1-4 册：民国 4.12 订正初版

国民学校用　春季始业

版权页题名：订正新编国民学校修身教科书

其他题名：新编修身教科书

辞书(1-4)

2-0521

新法修身教科书

刘宪，费焯编纂　范祥善，庄俞，刘大绅校订

上海　商务印书馆　民国 9.1[1920.1]-

8 册(24,24,24,24,20,20,20,20 页)　图　大 32 开

第 1 册：民国 9.1 初版，民国 10.1 第 30 版，民国 10.2 第 40 版，民国 10.7 第 80 版

第 2 册：民国 9.1 初版，民国 9.7 第 10 版，民国 10.1 第 30 版，民国 10.7 第 70 版

第 3 册：民国 9.1 初版，民国 10.7 第 65 版，民国 11.11 第 110 版

第 4 册：民国 9.7 第 15 版，民国 10.3 第 50 版

第 5 册：民国 9.8 第 5 版，民国 10 第 8 版，民国 10.3 第 40 版，民国 11.6 第 80 版

第 6 册：民国 9.1 初版，民国 9.8 第 10 版，民国 10.3 第 30 版，民国 10.3 第 35 版

第 7 册：民国 9.7 初版，民国 9.8 第 5 版，民国 9.8 第 10 版，民国 10.3 第 35 版，民国 13.3 第 85 版

第 8 册：民国 10.3 第 25 版，民国 10.3 第 30 版

教育部审定　国民学校学生用　春秋季始业

国图(1-7)　北师大(1-3)　人教　辞书　广西师大(7)

2-0522

修身

杨敬勤，胡舜华，陆费逵，刘传厚，张相，戴克敦，董文编辑及校阅

上海　中华书局　民国 9.6-10.2[1920.6-1921.2]

8 册(9,9,8,8,8,8,9,9 叶)　图　大 32 开　线装

第 1 册：民国 9.6 初版，民国 10.1 第 6 版，民国 10.6 第 13 版，民国 11.10 第 22 版

第 2 册：民国 9.8 初版，民国 10.6 第 12 版，民国 11.10 第 21 版，民国 12.8 第 27 版

第 3 册：民国 9.8 初版，民国 11.10 第 20 版，民国 11.12 第 22 版

第 4 册：民国 9.8 初版，民国 10.8 第 8 版，民国 11.10 第 20 版，民国 13.7 第 29 版

第 5 册：民国 10.1 初版，民国 10.1 第 2 版，民国 10 第 8 版，民国 10.7 第 10 版，民国 11.10 第 15 版

第 6 册：民国 10.1 初版，民国 10.2 第 2 版，民国 10 第 6 版，民国 12.10 第 20 版

第 7 册：民国 10.2 初版，民国 10.8 第 6 版，民国 10 第 8 版，民国 12.12 第 19 版

第 8 册：民国 10.2 初版，民国 10.2 第 2 版，民国 10.8 第 4 版，民国 12.10 第 15 版

教育部审定　国民学校用　春秋季通用

逐页题名：新教育修身

其他题名：新教育教科书修身

国图(4-8)　人教　辞书　编译馆(1)

2-0523

初小修身教科书
初等教育研究会编纂
　　天津　华北书局　民国27.2[1938.2]-
　　8册　图　32开
　　第2,4,6,8册:民国27.2初版
　　北师大(2,4,6,8)　人教(2,4,6,8)

2-0524

初级小学修身教科书[暂时本]
(伪)维新政府教育部编纂
　　南京　[编者刊]　民国27.8[1938.8]-
　　8册　图　32开
　　第4-5,7-8册:民国27.8版
　　初级小学校用
　　人教(4-5,7-8)

2-0525

初小修身教科书
(伪)教育部编审会著
　　北平　新民印书馆　民国27[1937]-
　　8册(③-⑧[176]页)　32开
　　第3-8册:民国27年版
　　国图(3-8)

2-0526

初小修身教科书
(伪)教育总署编审会编纂
　　北平　[编者刊]　民国28.8[1939.8]-
　　8册(①18,③22,⑤30,⑦32页)　图,表　32开
　　第1,3,5,7册:民国28.8初版
　　辞书(1,3,5,7)

2-0527

国民学校修身教科书稿本
[出版者不详]　[1912-1949?]
　　4册(16,16,21,22叶)　图　大32开　线装
　　第1-4册:版本不详
　　逐页题名:国民学校修身教科书
　　人教(1,3-4)　辞书(2)　云南社科

2-0528

最新初等小学修身教科书
[1912-1949?]抄本
　　　册　32开　线装
　　第7册:版本不详
　　逐页题名:最新修身教科书
　　上海(7)

　　　　　＊　＊　＊

2-0529

高等学校修身教科书
教育改良会编
　　上海　商务印书馆　清光绪28.2[1902]
　　42页　32开　线装
　　高等小学用
　　人教

2-0530

高等修身教科书
[出版者不详]　清光绪30[1904]版
　　1册　32开
　　其他题名:修身教科书
　　上海

2-0531

高等女学课本
顾鸣岐编辑　司马海绘图
　　上海　文明书局　清光绪32.5[1906]
　　2册(33,45叶)　图　大32开　线装
　　第1-2册:光绪32.5初版
　　辞书

2-0532

蒙学修身教科书
庄俞编纂　乐群编译所校阅
　　上海　乐群图书局　清光绪32.9[1906]
　　2册([112]页)　32开　线装
　　第1-2册:光绪32.9初版
　　卷端题名:高等蒙学修身新教科书
　　逐页题名:高等蒙学修身教科书
　　人教

2-0533

高等小学修身课本
林万里,黄展云编　沈恩孚,刘永昌校订
　　上海　中国图书公司　清光绪33.6[1907]-
　　8册(12,11,11,13,13,12,13,14叶)　图　大32开　线装
　　第1册:光绪33.11初版
　　第2册:宣统1.4第3版
　　第3册:光绪33.6初版
　　第4册:光绪34.6初版
　　第5册:光绪34.10初版
　　第6册:光绪34.10初版
　　第7册:光绪34.10初版
　　第8册:光绪34.10初版
　　第一学年上学期～第四学年下学期用
　　人教(2-3)　辞书

2-0534

最新修身教科书
商务印书馆编译所编纂　高凤谦,庄俞校订
　　上海　商务印书馆　清光绪33.6[1907]-
　　4册(40,44,46,51叶)　图　大32开　线装
　　第1册:光绪33.6初版,宣统1.12第9版,宣统2.11第13版,宣统3.5第15版
　　第2册:宣统3.4第8版
　　第3册:宣统3.4第9版

第4册:宣统3.4第8版
清学部审定　高等小学用
版权页题名:高等小学最新修身教科书
人教(1)　辞书

2-0535

高等小学修身课本[改正本]
林万里,黄展云编辑　沈恩孚,张继良,刘永昌校订
上海　中国图书公司　民国1.3[1912.3]-
8册(12,11,11,13,13,12,13,14叶)　32开　线装
第1册:民国1.3改正9版,民国2.1改正版
第2册:民国2.1改正8版,民国2.2改正9版
第3册:民国2.1改正7版
第4册:民国1.7改正5版,民国1.11改正6版
第5册:民国1.7改正8版,民国2.2改正9版
第6册:民国1.10改正6版,民国2.2改正版
第7册:民国2.2改正5版
第8册:民国1.7改正5版
江苏图书审查会采定用书
初版附注:清光绪33年11月初版
封面题名:中华民国高等小学修身课本
辞书

2-0536

高等小学修身
达人书馆编
上海　[编者刊]　清光绪34.1-6[1908]
4册(23,22,22,23叶)　32开　线装
第1册:光绪34.1初版
第2册:光绪34.1初版
第3册:光绪34.1初版
第4册:光绪34.6初版
人教(1)　辞书

2-0537

古训修身教科书
汪涵编辑
上海　新学会社　清宣统1.1[1909]
41叶　大32开　线装
高等小学用
辞书

2-0538

高等小学修身教科书
刘宗彝编辑
上海　文明书局　清宣统1.7[1909]
3册([124]叶)　大32开　线装
第1-3册(卷一至卷六):宣统1.7初版
清学部审定
逐页题名:修身教科书
辞书

2-0539

新体高等小学修身书
国民教育社编辑
上海　昌化书局　清宣统2.2[1910]-
4册(19,22,27,29叶)　大32开　线装
第1册(卷一):宣统2.2第2版
第2册(卷二):宣统2.2初版
第3册(卷三):宣统2.3初版
第4册(卷四):宣统2.3初版
初版附注:清宣统2年2-3月初版
逐页题名:高等小学修身书
辞书

2-0540

学部第一次编纂高等小学修身教科书
(清)学部编译图书局编纂
[沈阳]　奉天图书发行所　清宣统2.12[1911]-
2册(②53叶)　大32开　线装
第2册:宣统2.12初版
初版附注:宣统2年12月初版
逐页题名:高等小学修身教科书
人教(2)　辞书(2)

2-0541

中华高等小学修身教科书
汪涛编辑
上海　中华书局　民国1.3[1912.3]-
4册(19,23,28,29叶)　32开　线装
第1册:民国1.7第10版,民国1.8第12版
第2册:民国1.3第4版,民国1.4第6版,民国1.11第12版
第3册:民国1.7第6版
第4册:民国1.5第4版,民国1.10第6版
第一学年第一学期～第四学年第三学期
初版附注:民国元年1-3月初版
逐页题名:高等小学修身教科书
人教(2-4)　辞书

2-0542

(订正)女子修身教科书
沈颐编纂　高凤谦校订
上海　商务印书馆　民国1.5[1912.5]
4册(20,22,24,28叶)　大32开　线装
第1册:民国1.5订正初版,民国2.5订正6版,民国7.6订正版,民国15.2订正17版
第2册:民国1.5订正初版,民国2.7订正7版,民国9.11订正15版,民国13.1订正17版
第3册:民国1.5订正初版,民国2.1订正4版,民国2.5订正5版,民国11.6订正12版
第4册:民国1.5订正初版,民国2.7订正5版,民国10.10订正14版
高等小学用
版权页题名:(订正)高等小学女子修身教科书
卷端题名:高等小学女子修身教科书
其他题名:女子修身教科书
北师大　人教　辞书

2-0543

新修身
包公毅,沈颐编纂　高凤谦校订
上海　商务印书馆　民国1.8[1912.8]-
6册(11,12,13,14,13,16叶)　大32开　线装
第1册：民国1.8初版,民国2.3第44版,民国2.3第58版,
　民国2.11第83版,民国2.11第88版,民国8第173版
第2册：民国2.3第47版,民国2.3第67版,民国2.6第76
　版,民国2.12第87版,民国9第165版
第3册：民国2.3第39版,民国2.3第41版,民国2.6第59
　版,民国3.6第79版
第4册：民国2.3第23版,民国2.3第25版,民国2.3第35
　版,民国2.6第59版,民国3.8第74版,民国5第82版
第5册：民国2.1第15版,民国2.6第34版,民国3.1第59
　版,民国4第74版
第6册：民国1.10第3版,民国2.4第23版,民国2.4第35
　版,民国2.10第54版,民国7第94版
教育部审定　高等小学校　春季始业用
版权页题名：高等小学新修身
其他题名：共和国教科书新修身
国图(1-2,4-6)　北师大(2)　人教　辞书

2-0544

新修身：乙种
包公毅,沈颐编纂　高凤谦,樊炳清校订
上海　商务印书馆　民国2.1[1913.1]-
6册(10,11,11,16,11,18叶)　图　32开　线装
第1册：民国2.1初版,民国2.3第9版,民国2.6第19版,民
　国2.6第29版,民国8第51版
第2册：民国2.1初版,民国2.3第5版,民国2第24版
第3册：民国2.1初版,民国2.6第14版,民国5.10第31版
第4册：民国2.1第2版,民国2.1第4版,民国2第9版,民
　国2.6第14版
第5册：民国2.1第2版
第6册：民国2.1第3版,民国2第19版,民国2.10第24版,
　民国6.6版
教育部审定　高等小学校　秋季始业　第一学年第一学期～
　第三学年第三学期
版权页题名：高等小学新修身
其他题名：共和国教科书新修身
国图　北师大(1,3,5-6)　人教(1,3-4,6)　辞书　云南社
　科(1-2)

2-0545

新制中华修身教科书
戴克敦,沈颐,陆费逵编
上海　中华书局　民国2.1-3[1913.1-3]
9册(9,8,9,10,9,9,12,8,10叶)　图　32开　线装
第1册：民国2.3初版,民国2.3第5版,民国2.3第7版,民
　国2.5第9版,民国2.5第10版,民国2.7第12版,民国
　2.10第13版,民国4.3第14版,民国5.11第17版,民国
　8.7第25版
第2册：民国2.1初版,民国2.1第2版,民国2.3第3版,民
　国2.3第7版,民国2.7第11版,民国8.7第23版
第3册：民国2.1初版,民国2.3第2版,民国2.3第7版,民
　国2.7第10版,民国2.6第11版
第4册：民国2.1初版,民国2.3第2版,民国2.3第7版,民
　国2.5第8版,民国2.5第9版,民国2.7第11版
第5册：民国2.1初版,民国2.3第3版,民国2.3第7版,民
　国2.5第8版,民国2.7第10版
第6册：民国2.1初版,民国2.3第2版,民国2.3第5版,民
　国2.3第7版,民国2.6第9版,民国2.10第10版,民国
　9.1第21版
第7册：民国2.1初版,民国2.5第4版,民国2.6第6版,民
　国2第7版
第8册：民国2.1初版,民国2.3第3版,民国2.5第4版,民
　国2.11第8版
第9册：民国2.1初版,民国2.3第2版,民国2.3第3版,民
　国2.10第5版,民国4.3第7版,民国6.2第10版
教育部审定　高等小学校用　秋季始业用
版权页题名：(订正)新制高等小学修身教科书
北师大　人教　辞书　广西师大(1)　编译馆(1)

2-0546

高等小学新修身教科书
臧励和,杨晟编纂　杨择,吕思勉校订
上海　中国图书公司和记　民国2.5[1913.5]-
9册(7,5,5,8,6,6,9,6,6叶)　32开　线装
第1册：民国2.5初版,民国3.6第4版
第2册：民国3.7第3版
第3册：民国3.7第3版
第4册：民国3.7第3版
第5册：民国3.7第3版
第6册：民国3.7第3版
第7册：民国3.7第3版
第8册：民国3.7第3版
第9册：民国3.7第3版
教育部审定　高等小学用　秋季始业
人教(1)　辞书

2-0547

中华民国新修身
朱树人编著　俞复校订
上海　文明书局　民国2.6[1913.6]
3册(29,29,38叶)　大32开　线装
第1-3册：民国2.6初版,民国3.1第2版
版权页题名：高等小学校新修身
其他题名：高等小学校教科书新修身
辞书

2-0548

新编中华修身教科书
沈颐,葛文珪编　范源廉阅
上海　中华书局　民国2.12[1913.12]-
6册(10,12,11,12,12,12叶)　大32开　线装
第1册：民国2.12初版,民国2.12第2版,民国4.6第6版,
　民国7.6第12版,民国8.12第18版

第2册：民国2.12初版,民国4.8第9版,民国8.12第20版

第3册：民国2.12初版,民国2.12第3版,民国4.1第5版,
　　民国8.9第18版,民国9.1第19版

第4册：民国2.12第4版,民国4.1第5版,民国4.4第7版,
　　民国8.9第18版

第5册：民国3.1初版,民国4.6第5版,民国8.7第12版

第6册：民国3.1初版,民国4.4第5版,民国8.7第14版,民
　　国9.1第15版

教育部审定　高等小学校用　春季始业

卷端题名：新编春季始业中华修身教科书

逐页题名：新编春季始业修身教科书

北师大　人教(1-2,4-6)　华师大　辞书

2-0549

中华民国新修身

赵森,张景良合编　俞复校订

上海　文明书局　民国3.5[1914.5]-

6册(①10,②14,④18,⑤15,⑥22叶)　大32开　线装

第1册：民国3.5初版

第2册：民国3.5初版

第4册：民国3.6初版

第5册：民国3.6初版

第6册：民国3.10初版

秋季始业　第一年第一学期～第三年第三学期

版权页题名：高等小学校新修身

其他题名：高等小学校教科书新修身

辞书(1-2,4-6)

2-0550

（订正）最新修身教科书

商务印书馆编译所编纂　高凤谦,蒋维乔校订

上海　商务印书馆　民国3.8[1914.8]-

4册(40,44,46,50叶)　图　大32开　线装

第1册：民国3.8第9版

第2册：民国3.8第8版

第3册：民国3.8第8版

第4册：民国3.8第8版

版权页题名：高等小学最新修身教科书

其他题名：最新修身教科书

编译馆

2-0551

中华女子修身教科书

李步青编　范源廉,沈颐阅

上海　中华书局　民国3.8-9[1914.8-9]

3册(18,18,21叶)　大32开　线装

第1册：民国3.8初版,民国4.4第2版,民国6.7第6版,民
　　国9.6第14版

第2册：民国3.8初版,民国4.4第2版,民国9.6第12版,民
　　国10.5第14版

第3册：民国3.9初版,民国4.4第2版,民国8.12第9版,民
　　国10.5第12版

教育部审定　高等小学校用

版权页题名：女子高等小学修身教科书

北师大　人教　辞书

2-0552

实用修身教科书

北京教育图书社编纂　邓庆澜等校订

上海　商务印书馆　民国4.11[1915.11]-

6册(18,18,14,16,16,16页)　图　32开　线装

第1册：民国4.11初版,民国13.5第27版

第2册：民国5.4第18版

第3册：民国4.12第9版

第4册：民国4.12第10版

第5册：民国4.12第9版

第6册：民国4.12第15版

教育部审定　国民学校小学校高年级用

人教

2-0553

新式修身教科书

方浏生,刘械编辑　范源廉,沈颐,张耀垣阅订

上海　中华书局　民国5.1[1916.1]

6册(10,10,11,10,11,12叶)　图　大32开　线装

第1册：民国5.1初版,民国6.8第7版,民国8.8第26版,民
　　国8.8第27版,民国9.1第34版,民国11.1第46版,民
　　国12.5第63版,民国13.5第64版

第2册：民国5.1初版,民国8.8第22版,民国8.8第24版,
　　民国9.1第28版,民国13.5第54版,民国13.5第56版

第3册：民国5.1初版,民国8.2第15版,民国8.8第23版,
　　民国9.1第29版,民国11.12第48版,民国13.5第58版

第4册：民国5.1初版,民国5.1第2版,民国8.8第20版,民
　　国8.8第22版,民国9.1第27版,民国13.5第48版,民国
　　13.5第49版

第5册：民国5.1初版,民国5.1第2版,民国8.8第19版,民
　　国8.8第20版,民国9.1第25版,民国9.3第28版,民国
　　13.5第45版,民国13.5第47版

第6册：民国5.1初版,民国8.8第21版,民国8.8第22版,
　　民国9.1第28版,民国9.7第29版,民国11.10第36版,
　　民国13.5第44版,民国13.5第46版

教育部审定　高等小学校用

版权页题名：新式高等小学修身教科书

北师大(1,4-6)　人教　华师大　辞书　编译馆(1)

2-0554

新法修身教科书

丁晓先,赵欲仁,吴研因,沈锡琛,陈浚介,江丽莹,顾容川,
庄俞编校

上海　商务印书馆　民国9.7[1920.7]-

6册(23,24,25,25,28,33页)　大32开

第1册：民国9.7初版,民国9.8第5版,民国10.3第25版

第2册：民国9.8第5版,民国10.3第25版

第3册：民国9.8第5版,民国10.2第20版

第4册：民国9.8第5版,民国10.3第20版

第5册：民国9.9第5版,民国9.9第10版

第6册：民国9.9第5版,民国9.9第10版

高等小学校用
初版附注：民国9年7-8月初版
国图　北师大(3)　人教　辞书

2-0555

修身
朱文叔,刘传厚,陆衣言,董文编辑　张相,陆费逵,戴克敦校阅
　　上海　中华书局　民国10.1-10[1921.1-10]
　　6册(19,21,16,16,15,15页)　大32开
　　第1册：民国10.1初版,民国11.2第8版,民国11.6第9版,民国12.5第12版
　　第2册：民国10.1初版,民国10第4版,民国11.6第9版,民国12.7第13版
　　第3册：民国10.7初版,民国10.10第3版,民国11.2第5版,民国11.6第6版
　　第4册：民国10.8初版,民国11.1第4版,民国11.2第5版,民国11.9第7版,民国11.11第8版,民国12.7第9版
　　第5册：民国10.8初版,民国11.8第2版,民国11.10版
　　第6册：民国10.10初版,民国13.12第7版
　　教育部审定　高等小学校用
　　逐页题名：新教育高等小学修身教科书
　　其他题名：新教育教科书修身
　　北师大(2)　人教(1-5)　辞书　编译馆(1)

2-0556

新法修身教科书
计志中编纂
　　上海　商务印书馆　民国11.6[1922.6]-
　　4册(①25页)　大32开
　　第1册：民国11.6初版
　　新学制小学后期用
　　辞书(1)

2-0557

高小修身教科书
中等教育研究会编纂
　　天津　华北书局　民国27.2[1938.2]-
　　4册　图　32开
　　第2,4册：民国27.2初版
　　北师大(2,4)

2-0558

高小修身教科书
(伪)教育部编审会著
　　北平　新民印书馆　民国27[1938]
　　4册(26,32,32,34页)　32开
　　第1-4册：民国27年版
　　国图

2-0559

高小修身教科书
(伪)教育总署编审会著
　　北平　[著者刊]　民国28.8-12[1939.8-12]
　　4册([124]页)　32开

第1册：民国28.8初版,民国28.12第3版
第2册：民国28.12初版
第3册：民国28.8初版
第4册：民国28.12初版
北师大　人教　辞书(1,3)

教学参考书

2-0560

最新修身教科书教授法
商务印书馆编译所编纂
　　上海　商务印书馆　清光绪31[1905]-
　　10册　大32开　线装
　　第1册：光绪31年版
　　第2册：光绪31初版,宣统2.8第12版
　　第3册：光绪31年版,宣统2.11第11版
　　第4册：光绪31年版
　　第5册：光绪32第2版,宣统2.11第9版
　　第6册：光绪31年版,宣统3.9第8版
　　第7册：光绪32年版
　　第8册：光绪32年版
　　第9册：光绪32年版
　　第10册：光绪32.6第5版
　　初版附注：清光绪31年初版
　　其他题名：修身教科书教授法
　　国图(6)　人教(1-5,7-10)　辞书(2-3,5-6,10)　广西师大(5)

2-0561

小学校训练法
缪文功编著
　　上海　文明书局　清光绪34.6[1908]
　　70页　大32开　精装
　　辞书

2-0562

小学校作法教授要项
贾丰臻编纂　朱元善校订
　　上海　商务印书馆　民国2.10[1913.10]初版,民国3第2版
　　30页　32开　精装
　　辞书　广东中山

2-0563

少仪教授书
(日)相岛三郎著　胡迈译
　　上海　商务印书馆　民国2[1913]版
　　318页　大32开
　　小学教育参考书
　　其他题名：小学作法教授
　　北师大

2-0564

修身作法教授书

贾丰臻编纂
  上海 商务印书馆 民国2[1913]版
  117页 小32开
  北师大

2-0565
小学修身作法要项
顾树森编 沈恩孚,沈颐阅
  上海 中华书局 民国4.8[1915.8]
  72页 长32开
  人教 辞书

2-0566
小学修身教授法
詹宪慈编
  东莞 师范传习所 [1912-1949?]
  1册 32开 线装
  广东中山

2-0567
修身问答
  上海 广益书局 [1912-1949?]
  72页 64开 (各科问答丛书)
  小学教员试验之备 中学师范学生参考书
  河南

      * * *

2-0568
最新女子初等小学修身教科书教授法
何琪编纂
  上海 会文学社 清光绪33.8[1907]-
  4册(20,20,23,23叶) 大32开 线装
  第1册:光绪33.8第2版
  第2册:光绪33.8第2版
  第3册:光绪33.8初版
  第4册:光绪33.8初版
  女子初等小学堂用
  初版附注:清光绪32年2月-33年8月初版
  版权页题名:女子修身教科书教授法
  辞书

2-0569
初等女子修身教科书教授法
何琪编辑 会文学社编译
  上海 会文学社 清光绪32.3[1906]-
  册(①20叶) 32开 线装
  上册:光绪32.3初版
  北师大(1)

2-0570
寻常小学修身书
钟卓京编纂
  上海 广智书局 清光绪32.10[1906]
  2册(58,57页) 大32开
  第1-2册:光绪32.10初版
  第一、二学年教师用
  辞书

2-0571
最新初等小学修身教科书教授法
会文学社编译所编辑 杜芝庭,蔡元培校阅
  上海 会文学社 清光绪32.12[1907]
  4册(23,25,24,24叶) 大32开 线装
  第1-4册:光绪32.12初版
  初等小学堂教员用书
  其他题名:最新修身教科书教授法
  辞书

2-0572
最新初等小学堂修身教科书教授法
商务印书馆编
  上海 [编者刊] 清光绪32[1906]
  1册 线装
  国图

2-0573
学部第一次编纂初等小学修身教授书
(清)学部编译图书局编纂
  8册 32开 线装
  封面题名:初等小学修身教授书
  ①北京 [编者刊] 清光绪33.3[1907]-
  第2册:光绪33.3初版
  辞书(2)
  ②南京 两江南洋官书局 清光绪33.3[1907]-
  第1册:光绪33.3重印
  人教(1) 辞书(1)
  ③湖南 湖南学务公所 清光绪34.1[1908]-
  第1册:光绪34.1初版
  版权页题名:修身教授
  辞书(1)
  ④湖北 湖北学务公所 湖北官印刷局 清宣统1.6
   [1909]-
  第1册:宣统1.11初版,宣统2.1重印
  第2册:宣统1.11初版,宣统2.4翻印
  第3册:宣统1.11初版,宣统3.5翻印
  第4册:宣统1.11初版,宣统3.4翻印
  第5册:宣统1.6初版,宣统2.2重印
  其他题名:初等小学堂五年完全科修身教授书
  人教(1,5) 辞书(1-4)

2-0574
初等小学修身教授书
陆费逵编纂
  上海 文明书局 清光绪33.3-34.3[1907-1908]
  2册(21,24叶) 32开 线装
  第1册(卷一):光绪33.3初版,光绪34.2第2版
  第2册(卷二):光绪34.3初版
  其他题名:新编初等小学修身教授书

2-0575

初等小学修身教授本
张继良编辑　沈恩孚,华国铨校订
　　上海　中国图书公司　清光绪33.10[1907]-
　　8册(48,50,58,58,60,60,58,58页)　大32开
　　第1册:光绪34.12修正2版
　　第2册:宣统1.4第2版
　　第3册:光绪33.10初版
　　第4册:光绪34.4初版
　　第5册:光绪34.9初版
　　第6册:宣统1.5初版
　　第7册:宣统1.7初版
　　第8册:宣统1.10初版,宣统1.11第2版
　　江苏图书审查会采定　第一学年～第四学年用　春季始业
　　人教(1-7)　辞书

2-0576

简明修身教科书教授法
戴克敦编纂　高凤谦校订
　　上海　商务印书馆　清光绪34.2[1908]-
　　8册　大32开　线装
　　第1册:光绪34.2第2版
　　第3册:光绪34年版
　　第4册:宣统3.2第3版
　　第8册:宣统1.5初版
　　初等小学堂教员用
　　初版附注:清光绪33年11月-宣统元年5月初版
　　其他题名:初等小学简明修身教科书教授法
　　人教(1,3-4,8)　辞书(1,3-4)

2-0577

小学教科初等修身教授案
黄守孚,戴洪恒著　夏日琦校阅
　　上海　集成图书公司　清光绪34.5-12[1908-1909]
　　8册([376]页)　32开　线装
　　第1-8册:光绪34.5-12初版
　　人教

2-0578

初等小学修身教授本
顾倬,顾祖玑编辑
　　上海　中国图书公司　清宣统2.4[1910]
　　4册(32,36,40,34页)　大32开
　　第1-4册(一至四编):宣统2.4初版
　　单级用
　　人教　辞书

2-0579

(订正)女子修身教科书教授法
沈颐,秦同培,戴克敦编纂　高凤谦校订
　　上海　商务印书馆　民国1.1[1912.1]-
　　8册(①24,②21,③20,④27,⑥28,⑧27叶)　大32开　线装
　　第1册:民国2.3第6版
　　第2册:民国2.3第6版
　　第3册:民国2.11第6版
　　第4册:民国1.1初版
　　第6册:民国2.6第2版
　　第8册:民国1.12初版
　　中华民国初等小学用
　　初版附注:清宣统3年10月-民国元年12月初版
　　版权页题名:(订正)初等小学女子修身教授法
　　其他题名:初等小学女子修身教授法
　　辞书(1-4,6,8)

2-0580

中华初等小学修身教授书[订正本]
陆有恒,屠元礼编　侯鸿鉴,陆费逵,戴克敦,姚汉章阅
　　上海　中华书局　民国1.2[1912.2]-
　　8册(32,27,21,27,25,30,27,28叶)　大32开　线装
　　第1册:民国1.2订正初版,民国1.8订正7版,民国2.2订正11版
　　第2册:民国1.8订正5版,民国2.2订正8版
　　第3册:民国1.7订正3版,民国1.11订正5版,民国2.2订正7版
　　第4册:民国1.9订正初版,民国2.2订正3版
　　第5册:民国2.2订正2版,民国2.2订正3版,民国2.6订正5版
　　第6册:民国1.10订正初版,民国2.2订正2版
　　第7册:民国2.2订正2版,民国2.5订正4版
　　第8册:民国2.2订正2版
　　教育部审定
　　初版附注:民国元年2-11月订正初版
　　逐页题名:初等小学修身教授书
　　人教　辞书

2-0581

新修身教授法
秦同培编纂　沈颐,许国英校订
　　上海　商务印书馆　民国1.4[1912.4]-
　　8册(24,21,21,20,23,24,27,28叶)　大32开　线装
　　第1册:民国1.4第2版,民国2.6第60版
　　第2册:民国1.4初版,民国2.6第35版
　　第3册:民国1.9第2版,民国2.6第47版
　　第4册:民国1.9第2版,民国2.6第27版
　　第5册:民国1.9初版,民国2.6第32版
　　第6册:民国1.9初版,民国2.6第32版
　　第7册:民国2.6第21版,民国2.10第41版
　　第8册:民国2.6第20版
　　教育部审定　初等小学校教员用　春季始业
　　初版附注:民国元年4-10月初版
　　版权页题名:初等小学新修身教授法
　　其他题名:共和国教科书新修身教授法
　　北师大(2,5-7)　辞书

2-0582

新国民修身教授本
中国图书公司编辑
　　上海　[编者刊]　民国1.4-11[1912.4-11]

5册(22,17,20,17,18叶)　大32开　线装
第1册：民国1.4初版
第2册：民国1.5初版
第3册：民国1.7初版
第4册：民国1.11初版
第5册：民国1.11初版
初等小学校用
辞书

2-0583
(订正)简明修身教科书教授法
沈颐,戴克敦编纂　高凤谦校订
上海　商务印书馆　民国1.6[1912.6]-
8册(①26,⑤24,⑧30叶)　大32开　线装
第1册：民国2.3订正7版
第5册：民国1.6订正2版
第8册：民国2.3订正3版
中华民国初等小学用
版权页题名：(订正)初等小学简明修身教授法
其他题名：简明修身教科书教授法
人教(5)　辞书(1,5,8)

2-0584
新修身教授法
秦同培编纂　庄俞校订
上海　商务印书馆　民国2.3[1913.3]-
8册(④23,⑧33叶)　大32开　线装
第4册：民国2.5第12版
第8册：民国2.3第15版
初等小学校教员用　春秋季始业
初版附注：民国元年12月初版
其他题名：共和国教科书新修身教授法
北师大(4,8)

2-0585
初等小学修身教授书
王式玉,金华祝编纂　李步青,张继煦,万声扬校阅
武昌　共和编译社　民国2.2[1913.2]
2册(31,45叶)　大32开　线装
第1册：民国2.2初版
第2册：民国2.2初版,民国2.3第2版
第一学期～第三学期用
人教　辞书

2-0586
新制中华初等小学修身教授书
董文编　戴克敦,沈颐,陆费逵阅
上海　中华书局　民国2.2-6[1913.2-6]
12册(26,17,20,23,17,18,24,20,20,24,19,12叶)　32开
　线装
第1册：民国2.2初版,民国2.5第3版,民国2.7第7版
第2册：民国2.2初版,民国2.2第2版,民国2.6第4版,民国2.9第8版
第3册：民国2.3初版,民国4.3第8版

第4册：民国2.4初版,民国2.6第2版,民国2.7第5版
第5册：民国2.4初版,民国2.6第3版,民国4.3第7版
第6册：民国2.4初版,民国2.6第3版,民国2.7第6版
第7册：民国2.4初版,民国2.6第3版,民国2.6第5版
第8册：民国2.4初版,民国2.6第3版,民国4.4第6版
第9册：民国2.6初版,民国2.7版,民国2.8第4版,民国4.3第5版,民国4.9第6版
第10册：民国2.6初版,民国2第3版,民国2.8第4版
第11册：民国2.4初版,民国2.6第3版,民国2.7第4版
第12册：民国2.5初版,民国2.6版
教育部审定　初等小学校用　第一学年第一学期～第四学年第三学期
卷端题名：新制初等小学修身教授书
其他题名：新制中华修身教授书
北师大　人教　辞书

2-0587
新编共和修身教授书
吕思勉编辑　杨兆麟校订
上海　民国南洋图书沪局　民国2.3[1913.3]-
12册(①40页)　32开　线装
第1册：民国2.3初版
遵照教育部新章　初等小学四年之用　秋季始业
人教(1)

2-0588
初等小学新修身教授书
刘传厚,庄适编辑
上海　中国图书公司和记　民国2.5[1913.5]-
8册(18,21,19,21,16,26,15,21叶)　大32开　线装
第1册：民国2.5初版,民国3.6第3版
第2册：民国3.6第2版
第3册：民国2.5初版,民国3.6第2版
第4册：民国3.6第2版
第5册：民国3.6第2版
第6册：民国3.6第2版
第7册：民国3.6第2版
第8册：民国2.5初版,民国3.6第2版
教育部审定　教师用书　秋季始业
封面题名：新修身教授书
人教(6)　辞书

2-0589
新编中华初等小学修身教授书
董文编　沈颐阅
上海　中华书局　民国2.12-3.2[1913.12-1914.2]
8册(30,28,26,27,29,30,30,31叶)　32开　线装
第1册：民国2.12初版,民国4.3第4版
第2册：民国3.1初版,民国4.6第5版
第3册：民国3.1初版,民国4.3第3版
第4册：民国3.1初版,民国3.8第3版
第5册：民国3.1初版,民国4.5第3版
第6册：民国3.1初版,民国3.8第2版
第7册：民国3.1初版,民国4.2第3版

第 8 册：民国 3.2 初版，民国 4.5 第 3 版
教育部审定　初等小学校用　春季始业
版权页题名：新编中华初等小学修身教授书
逐页题名：新编春季始业修身教授书
其他题名：新编中华修身教授书
北师大　人教　辞书

2-0590

单级修身教授书：甲编
秦同培，樊炳清，费焯编纂　王凤岐，庄俞校订
上海　商务印书馆　民国 3.1[1914.1]-
6 册(48,33,36,42,31,26 页)　32 开　精装
第 1 册(第一、四合册)：民国 3.2 第 15 版
第 2 册(第二、五合册)：民国 3.3 第 7 版
第 3 册(第三、六合册)：民国 3.1 初版
第 4 册(第七册)：民国 3.3 第 6 版
第 5 册(第八册)：民国 3.1 初版
第 6 册(第九册)：民国 3.3 第 6 版
教育部审定　初等小学教员用
版权页题名：初等小学单级修身教授书
人教(1)　辞书

2-0591

单级修身教授书：乙编
秦同培，樊炳清，费焯编纂　王凤岐，庄俞校订
上海　商务印书馆　民国 3.1[1914.1]-
6 册(47,32,36,45,33,31 页)　32 开　精装
第 1 册(第一、四合册)：民国 3.2 第 2 版
第 2 册(第二、五合册)：民国 3.1 初版
第 3 册(第三、六合册)：民国 3.3 第 7 版
第 4 册(第七册)：民国 3.5 第 6 版
第 5 册(第八册)：民国 3.2 初版
第 6 册(第九册)：民国 3.2 初版
教育部审定　初等小学教员用
版权页题名：初等小学单级修身教授书
辞书

2-0592

初等小学校新修身教授书
陆规良，张景良合编　俞复，蓝田玛校阅
上海　文明书局　民国 3.5[1914.5]-
12 册(①18,②12 叶)　图　大 32 开　线装
第 1-2 册：民国 3.5 初版
初等小学校用书　秋季始业　第一年第一学期～第二学期
封面题名：新修身教授书
人教(1-2)　辞书(1-2)

2-0593

新制单级修身教授书
方钧，丁锡华编　李步青阅
上海　中华书局　民国 3.7[1914.7]
2 册(64,78 叶)　大 32 开　线装
第 1-2 册(甲乙编)：民国 3.7 初版，民国 4.3 第 2 版
初等小学校四学年合用

版权页题名：新制单级初等小学修身教授书
北师大　人教　辞书

2-0594

女子修身教授书
董文，钱巩编　沈颐阅
上海　中华书局　民国 4.5[1915.5]-
8 册(26,23,26,25,30,29,31,32 叶)　大 32 开　线装
第 1 册：民国 4.5 初版，民国 5.9 第 2 版
第 2 册：民国 4.6 初版
第 3 册：民国 4.8 初版
第 4 册：民国 4.8 初版，民国 9.5 第 3 版
第 5 册：版次不详
第 6 册：民国 5.7 初版
第 7 册：民国 5.7 初版
第 8 册：民国 5.10 初版
初等小学校用　国民学校用
版权页题名：女子国民学校修身教授书
版权页题名：女子初等小学修身教授书
人教(1-4)　辞书

2-0595

实用修身教授书
北京教育图书社编纂　董瑞椿校订
上海　商务印书馆　民国 4.12[1915.12]-
8 册(52,48,54,60,72,70,75,68 页)　32 开　线装
第 1 册：民国 4.12 初版，民国 4.12 第 8 版
第 2 册：民国 5.4 第 10 版
第 3 册：民国 5.4 第 8 版
第 4 册：民国 5.4 第 8 版
第 5 册：民国 5.6 第 11 版
第 6 册：民国 4.12 第 5 版
第 7 册：民国 5.4 第 7 版
第 8 册：版次不详
教育部审定　国民学校教员用
人教

2-0596

新式修身教授书
方钧，钱巩，董文编辑　沈颐，李步青阅订
上海　中华书局　民国 4.12-5.8[1915.12-1916.8]
8 册(40,37,41,42,32,28,27,29 叶)　大 32 开　线装
第 1 册：民国 4.12 初版，民国 8.6 第 7 版，民国 12.5 第 21 版
第 2 册：民国 4.12 初版，民国 8.6 第 7 版，民国 12.5 第 20 版
第 3 册：民国 4.12 初版，民国 6.8 第 5 版，民国 8.5 第 8 版，民国 12.5 第 23 版
第 4 册：民国 4.12 初版，民国 8.6 第 9 版，民国 11.10 第 19 版，民国 12.5 第 24 版
第 5 册：民国 5.3 初版，民国 6.8 第 3 版，民国 8.5 第 7 版，民国 12.5 第 22 版
第 6 册：民国 5.5 初版，民国 6.8 第 5 版，民国 8.6 第 9 版，民国 12.5 第 24 版
第 7 册：民国 5.5 初版，民国 6.8 第 5 版，民国 8.6 第 6 版，民国 12.5 第 21 版

第8册:民国5.8初版,民国6.7第3版,民国7.4第4版,民国8.6第6版
教育部审定　国民学校用　春季始业
逐页题名:新式国民学校修身教授书
人教　辞书

2-0597

国民学校修身教授书稿本
[出版者不详]　民国6.11[1917.11]
4册(49,58,67,68叶)　大32开　线装
第1-4册:民国6.11版
其他题名:修身教授书稿本
辞书　云南社科(1)

2-0598

新法修身教授案
刘宪,费焯编纂　范祥善,庄俞,刘大绅校订
上海　商务印书馆　民国9.1[1920.1]-
8册(112,96,118,94,120,118,119,132页)　32开
第1册:民国9.1初版,民国10.3第11版,民国10.8第18版
第2册:民国10.2第7版,民国10.4第12版
第3册:民国10.4第12版,民国11.4第18版
第4册:民国10.4第12版
第5册:民国10.2第7版
第6册:民国10.2第6版,民国10.7第11版
第7册:民国10.2第6版,民国10.7第11版
第8册:民国10.3第7版,民国11.1第13版
教育部审定　国民学校教员用
初版附注:民国9年1-12月初版
逐页题名:国民学校新法修身教授案
人教　辞书

2-0599

修身教案
魏寿镛,江耀堂编辑
上海　中华书局　民国9.11-10.9[1920.11-1921.9]
8册(19,18,16,15,17,17,18,21叶)　大32开　线装
第1册:民国9.11初版
第2册:民国9.11初版,民国11.10第4版
第3册:民国9.11初版
第4册:民国9.11初版,民国11.10第6版
第5册:民国10.5初版,民国11.10第4版
第6册:民国10.7初版,民国12.10第5版
第7册:民国10.8初版
第8册:民国10.9初版
教育部审定　国民学校用
逐页题名:新教育修身教案
其他题名:新教育教科书修身教案
人教　辞书

2-0600

初小修身教学法
(伪)教育总署编审会著
北平　[著者刊]　民国27.8[1938.8]-
8册([597]页)　图,表　32开
第1-8册:民国27.8-29.6版
初级小学教员用
北师大　人教

＊　＊　＊

2-0601

最新修身教科书详解
庄俞,沈秉钧编纂
上海　商务印书馆　清宣统1.12[1910]-
4册(①31,②26,③33叶)　大32开　线装
第1册:宣统1.12第5版
第2册:宣统1.12第4版
第3册:宣统3.2第6版
清学部审定　高等小学教员用
初版附注:清光绪33年9月初版
辞书(1-3)

2-0602

高等小学修身教授本
林万里编辑
上海　中国图书公司　清光绪34.5[1908]-
8册(19,22,20,20,20,19,17,17叶)　大32开
第1册:宣统3.5第2版
第2册:光绪34.5初版
第3册:光绪34.5初版
第4册:宣统2.3初版
第5册:宣统2.3初版
第6册:宣统2.3初版
第7册:宣统2.3初版
第8册:宣统2.4初版
第一学年上学期~第四学年下学期用
初版附注:清光绪33年12月-宣统2年4月初版
人教　辞书

2-0603

中华高等小学修身教授书
夏景武,顾元杰编　戴克敦,沈颐,陆费逵阅
上海　中华书局　民国1.10[1912.10]-
4册(①38叶)　32开　线装
第1册:民国1.10初版,民国2.2第2版
逐页题名:高等小学修身教授书
人教(1)　辞书(1)

2-0604

新修身教授法
庄庆祥编纂　庄俞校订
上海　商务印书馆　民国1.12[1912.12]-
6册(26,30,29,27,24,30叶)　大32开　线装
第1册:民国1.12初版,民国2.6第2版,民国2.12第32版,
　　　民国11.9第40版
第2册:民国2.9第17版,民国2.11第22版,民国10.7第30版

第3册:民国2.6第12版
第4册:民国2.6第15版,民国2.12第20版,民国3.2第25版
第5册:民国2.8第10版,民国3.2第25版
第6册:民国2.3初版,民国2.8第10版,民国2.12第20版
教育部审定　高等小学校教员用　春季始业
版权页题名:高等小学新修身教授法
其他题名:共和国教科书新修身教授法
北师大(6)　人教　辞书

2-0605

新修身教授法
庄庆祥编纂　庄俞校订
上海　商务印书馆　民国2.4[1913.4]-
6册(24,35,28,34,22,34叶)　大32开　线装
第1册:民国2.4初版,民国2.9第15版
第2册:民国2.8第10版
第3册:民国2.4初版
第4册:民国2.4第5版,民国2.9第10版
第5册:民国2.9第10版
第6册:民国2.9第5版,民国2.9第10版
教育部审定　高等小学校教员用　秋季始业
其他题名:共和国教科书新修身教授法
北师大(1-4,6)　人教

2-0606

新制中华高等小学修身教授书
缪徵麟,吴廷璜编　戴克敦,沈颐,陆费逵阅
上海　中华书局　民国2.4-9[1913.4-9]
9册(24,17,18,23,18,16,32,23,25叶)　32开　线装
第1册:民国2.4初版,民国2.6第2版,民国2.9第4版
第2册:民国2.4初版,民国2.9第4版
第3册:民国2.5初版,民国2.8第2版
第4册:民国2.5初版,民国2.9第2版
第5册:民国2.5初版,民国2.2第2版,民国2.9第3版
第6册:民国2.5初版,民国2.6第2版
第7册:民国2.7初版,民国2.11第2版,民国4.4第3版
第8册:民国2.9初版,民国4.4第3版
第9册:民国2.9初版,民国2.12第2版,民国4.4第3版
高等小学校用　第一学年第一学期～第三学年第三学期
封面题名:新制中华修身教授书
逐页题名:新制高等小学修身教授书
北师大　人教　辞书

2-0607

新编中华高等小学修身教授书
方钧,缪徵麟编　沈颐阅
上海　中华书局　民国3.2-3[1914.2-3]
6册(29,29,34,30,38,39叶)　图　32开　线装
第1册:民国3.2初版,民国4.7第3版,民国5.3第4版
第2册:民国3.3初版,民国4.2第2版,民国4.6第3版
第3册:民国3.2初版,民国4.6第3版,民国6.7第6版
第4册:民国3.3初版,民国4.6第3版,民国6.7第6版
第5册:民国3.3初版,民国4.2第2版,民国4.7第3版
第6册:民国3.3初版,民国4.6第3版,民国5.3第4版
高等小学校用　春季始业
逐页题名:新编春季始业修身教授书
其他题名:新编中华修身教授书
北师大　人教　辞书

2-0608

高等小学校新修身教授书
赵森,张景良合编　俞复校阅
上海　文明书局　民国3.5[1914.5]-
6册(①15,②23叶)　大32开　线装
第1-2册:民国3.5初版
高等小学校用书　第一年第一学期～第三学期　秋季始业
其他题名:新修身教授书
辞书(1-2)

2-0609

高等小学新修身教授书
杨晟,吕思勉,臧励成编纂
上海　中国图书公司和记　民国3.6[1914.6]
9册(16,12,14,18,12,11,17,12,12叶)　32开　线装
第1-9册:民国3.6初版
秋季始业教师用书
辞书

2-0610

中华女子高等小学修身教授书
方钧编　沈颐,李步青阅
上海　中华书局　民国4.6-8[1915.6-8]
3册(62,63,78叶)　大32开　线装
第1册:民国4.6初版,民国7.1第2版
第2册:民国4.6初版,民国7.1第2版
第3册:民国4.8初版
教育部审定　高等小学校用
版权页题名:女子修身教授书
其他题名:中华女子修身教授书
北师大(1)　人教　辞书

2-0611

实用修身教科书
北京教育图书社编纂　郑朝熙等校订
上海　商务印书馆　民国4.12[1915.12]
6册([330]页)　32开　线装
第1-6册:民国4.12初版
高等小学校教员用　春季始业
人教

2-0612

新式高等小学修身教授书
方浏生编　李步青校阅
上海　中华书局　民国5.7-11[1916.7-11]
6册(33,31,35,36,30,36叶)　大32开　线装
第1册:民国5.7初版,民国10.8第9版
第2册:民国5.7初版,民国10.8第9版
第3册:民国5.7初版,民国8.11第5版,民国9.5第6版,民

国 10.8 第 9 版
第 4 册：民国 5.9 初版，民国 6.12 第 4 版，民国 8.11 第 6 版，民国 10.8 第 9 版
第 5 册：民国 5.10 初版，民国 10.8 第 8 版，民国 11.4 第 10 版
第 6 册：民国 5.11 初版，民国 6.12 第 6 版，民国 10.8 第 11 版，民国 10.11 第 12 版
教育部审定　高等小学校用
其他题名：新式修身教授书
北师大(4,6)　人教　辞书

2-0613
修身教案
朱文叔,戴克敦,陆费逵,张相,金墀,洪鋆,杨福曜编辑及校阅
上海　中华书局　民国 10.2-12.4[1921.2-1923.4]
6 册(84,86,88,76,64,66 页)　大 32 开
第 1 册：民国 10.2 初版
第 2 册：民国 10.12 初版，民国 11.7 第 2 版
第 3 册：民国 10.8 初版，民国 11.10 第 3 版
第 4 册：民国 11.2 初版
第 5 册：民国 11.9 初版
第 6 册：民国 12.4 初版
教育部审定　高等小学校用
逐页题名：新教育高等小学修身教案
其他题名：新教育教科书修身教案
北师大(4)　人教　辞书　河南

2-0614
新法修身教授书
沈雷渔,杨玉书,丁晓先,赵欲仁,陈俊介,江卓群,顾容川,金润青,李凤鸣编纂　吴研因校订
上海　商务印书馆　民国 10.8[1921.8]-
6 册(①44,②43,③43,④46 页)　大 32 开
第 1-4 册：民国 10.8 初版,民国 10.8 第 4 版
高等小学教员用
国图(2)　人教(1-4)　辞书(1-4)

2-0615
高小修身教学法
(伪)教育总署编审会著
北平　[著者刊]　民国 29.1[1940.1]-
4 册(43,55,52,70 页)　图　32 开
第 1 册：民国 29.1 版
第 2 册：民国 29.5 版
第 3 册：民国 29.1 版
第 4 册：民国 29.6 版
初版附注：民国 29 年 1-6 月初版
北师大　人教

教学辅导书

2-0616
(订正)女子修身教科书详解

刘宪编纂　沈颐校订
上海　商务印书馆　民国 1.1-3.8[1912.1-1914.8]
4 册(28,39,28,26 叶)　大 32 开　线装
第 1 册：民国 1.1 订正初版,民国 2.4 订正 2 版,民国 2.12 订正 3 版
第 2 册：民国 1.9 订正初版,民国 2.11 订正 3 版
第 3 册：民国 3.8 订正初版
第 4 册：民国 3.8 订正初版
中华民国高等小学用
版权页题名：(订正)高等小学女子修身教科书详解
其他题名：女子修身教科书详解
人教　辞书(1-2)

2-0617
小说修身：初编
孟江霖编
[镇原]　[编者刊]　民国 5.3[1916.3]
66 叶　大 32 开　线装
辞书

社　会

课　本

2-0618
新课程社会课本
顾诗灵,朱翊新编辑
上海　世界书局　民国 20.12[1931.12]-
8 册(30,30,30,30,30,35,42,47 页)　图,地图　32 开
第 1 册：民国 21.6 第 6 版
第 2 册：民国 21.11 第 13 版
第 3 册：民国 21.11 第 16 版
第 4 册：民国 21.11 第 16 版
第 5 册：民国 21.8 第 6 版
第 6 册：民国 21.11 第 13 版
第 7 册：民国 21.1 第 2 版
第 8 册：民国 20.12 第 8 版
根据教育部颁行的小学社会课程标准编辑
其他题名：新主义教科书新课程社会课本
编译馆

2-0619
世界的民族性
杜周编著　吕金录校订
上海　商务印书馆　民国 24.3[1935.3]版
34 页　32 开
小学生分年补充读本
庐山

2-0620
小学社会科学习图鉴：左编
春秋社编绘

上海　新亚书店　民国24.8[1935.8]
10页　彩图,表　16开
辞书

2-0621
小学社会科学习图鉴：右编
春秋社编绘
上海　新亚书店　民国24.8[1935.8]
10页　彩图,表　16开
辞书

2-0622
好孩子
王惠编　赵景深校
上海　商务印书馆　民国25[1936]第2版
40页　32开
河南

* * *

2-0623
新学制社会教科书
丁晓先编　朱经农,王岫庐校
上海　商务印书馆　民国12.2[1923.2]-
8册(39,39,39,43,52,48,48页)　图(含彩图)　大32开
第1册：民国12.2初版,民国12.7第47版,民国12.10第80版,民国12.12第85版,民国13.3第115版,民国13.4第141版,民国17.9第320版
第2册：民国12.7第10版,民国12.8第40版,民国12.9第50版,民国13.4第110版,民国15.9第185版,民国18.1第285版
第3册：民国12.7第10版,民国12.9第50版,民国12.10第60版,民国13.4第110版,民国17.7第260版
第4册：民国12.9初版,民国12.10第15版,民国12.12第40版,民国13.4第75版,民国15.4第141版
第5册：民国12.12第10版,民国13.3第40版,民国13.5第75版,民国17第165版,民国17.6第205版
第6册：民国13.4第60版,民国13.5第65版,民国15.9第130版
第7册：民国13.1初版,民国13.5第55版,民国13.5第60版,民国15第85版,民国16.1第115版
第8册：民国13.1初版,民国13.3第20版,民国13.3第30版,民国13.5第60版,民国15第100版,民国18第160版,民国18第165版,民国20.12第170版
小学校初级用
国图　北师大　人教　辞书　广东中山(6-8)

2-0624
社会课本
陆衣言,蒋镜芙编　陆费逵,戴克敦校
上海　中华书局　民国13.2[1924.2]-
8册(32,32,34,34,32,38,38,40页)　图　大32开
第1册：民国13.2初版,民国13.3第6版,民国13.6第7版,民国13.10第9版,民国13.11第11版,民国15.1第13版,民国15.12第16版
第2册：民国13.2初版,民国13.2第2版,民国13.6第3版,民国13.6第4版,民国14.7第6版,民国15.4第7版
第3册：民国13.11第6版,民国14.3第7版,民国14.7第8版,民国14.11第11版,民国15.4第13版,民国15.12第15版
第4册：民国14.1初版,民国14.2第3版,民国14.2第4版,民国15.4第9版,民国15.7第10版
第5册：民国14.2初版,民国14.2第2版,民国14.2第3版,民国14.7第4版,民国14.8第5版,民国14.11第6版,民国15.5第9版,民国15.12第10版
第6册：民国14.7初版,民国14.8第4版,民国14.11第5版,民国15.7第8版,民国15.7第9版
第7册：民国14.9初版,民国14.11第2版,民国14.11第3版,民国15.2第4版,民国15.10第7版
第8册：民国14.10初版,民国14.11第2版,民国15.4第5版,民国15.7第6版
教育部审定　新学制适用　小学校初级用
其他题名：新小学教科书社会课本
北师大(2-8)　人教　辞书　编译馆

2-0625
新时代社会教科书
丁晓先著　吴稚晖校阅
8册(40,40,40,40,32,32,38,38页)　图　32开
小学校初级用
初版附注：民国16年2月初版
逐页题名：社会教科书
其他题名：新时代初级小学社会教科书
①上海　商务印书馆　民国16.2[1927.2]-
第1册：民国16.2初版,民国18.4第103版,民国21.2国难后1-14版,民国21.11国难后34版
第2册：民国18.8第165版,民国21.7国难后20版,民国21.11国难后40版
第3册：民国18.6第115版,民国18.7第150版,民国21.2国难后1-14版,民国21.11国难后24版,民国21.11国难后49版
第4册：民国18.4第70版,民国18.7第125版,民国21.2国难后1版,民国21.7国难后24版,民国21.11国难后34版
第5册：民国18.5第95版,民国18.6第115版,民国21.4国难后第12版,民国21.11国难后第32版
第6册：民国17.8第40版,民国18.6第130版,民国21.11国难后24版,民国21.11国难后34版
第7册：民国18.6第90版,民国18.6第100版,民国21.4国难后10版
第8册：民国18.4第55版,民国18.6第80版,民国18.6第90版,民国18.7第125版,民国21.11国难后32版
北师大　人教　华师大　辞书(3-8)　广东中山(8)
②上海　新时代教育社　民国16.3[1927.3]-
第1册：民国16.3第20版
第2册：民国16.3第20版

第3册:民国16.9第5版
辞书(1-3)

2-0626

前期小学社会课本

朱翊新编辑　魏冰心,范祥善校订　于右任校阅

上海　世界书局　民国16.4[1927.4]-

8册(36,38,34,36,38,36,38,42页)　图　32开

第1册:民国16.4初版,民国19.3第22版,民国20.7第43版

第2册:民国16.4初版,民国19.2第24版,民国21.11第77版

第3册:民国19.5第26版,民国19.7第32版,民国21.11第74版

第4册:民国19.5第29版,民国19.5第30版,民国21.11第71版

第5册:民国19.3第24版,民国19.6第27版,民国21.7第58版

第6册:民国18.9第17版,民国21.12第57版

第7册:民国19.5第20版,民国19.5第22版,民国21.7第41版

第8册:民国18.4第10版,民国18.7第12版,民国21.12第38版

大学院审定

其他题名:新主义教科书前期小学社会课本

北师大(6,8)　人教(3-8)　辞书　编译馆

2-0627

新中华社会课本

蒋镜芙编辑　何鲁校阅

上海　新国民图书社　民国16.5[1927.5]-

8册(26,24,32,32,30,30,27,30页)　图(含彩图)　大32开

第1册:民国16.5第2版,民国16.5第3版,民国16.5第4版,民国18.5第7版,民国18.5第8版,民国18.5第9版,民国20.3第22版,民国20.12第24版,民国21.6第31版,民国21.7第33版

第2册:民国16.6初版,民国16.6第3版,民国18.9第4版,民国18.9第12版,民国18.9第13版,民国19.1第14版,民国19.9第17版,民国19.12第18版,民国20.3第19版,民国20.12第24版,民国21.4第27版,民国21.4第28版,民国21.6第32版,民国21.7第33版

第3册:民国16.8第2版,民国17.8第4版,民国18.6第8版,民国18.9第11版,民国19.2第12版,民国19.9第16版,民国20.3第18版,民国20.12第23版,民国21.5第28版

第4册:民国17.1初版,民国17.8第4版,民国18.3第8版,民国18.3第10版,民国18.9第12版,民国19.12第19版,民国20.3第21版,民国20.3第23版,民国20.12第24版,民国21.4第28版,民国21.6第32版

第5册:民国16.10初版,民国18.2第6版,民国18.9第10版,民国18.9第11版,民国19.6第15版,民国19.12第17版,民国20.11第21版,民国21.6第28版,民国21.6第29版

第6册:民国17.1初版,民国18.7第8版,民国18.9第10版,民国18.9第11版,民国19.7第14版,民国19.12第15版,民国21.4第22版,民国21.6第25版

第7册:民国17.8初版,民国18.9第7版,民国18.9第10版,民国19.4第9版,民国19.9第11版,民国20.3第13版,民国20.11第17版,民国21.4第20版,民国21.6第21版,民国21.6第24版

第8册:民国17.8初版,民国18.2第3版,民国18.6第4版,民国18.9第7版,民国19.12第10版,民国20.3第11版,民国20.6第13版,民国20.11第14版,民国20.11第15版,民国21.4第17版,民国21.7第21版

小学校初级用

其他题名:新中华教科书社会课本

北师大　人教　辞书

2-0628

前期小学社会课本

唐卢锋,戴渭清编

上海　世界书局　民国17.3[1928.3]-

8册　图　32开

第3-8册:民国17.3初版

其他题名:新主义教科书前期小学社会课本

人教(3-8)

2-0629

社会

计志中编辑　何炳松校订

上海　商务印书馆　民国20.4-7[1931.4-7]

8册(33,31,32,32,26,32,32,36页)　图(含彩图)　32开

第1册:民国20.4初版,民国21.5国难后10版,民国21.9国难后24版,民国22.5国难后64版

第2册:民国20.5初版,民国21.5国难后8版

第3册:民国20.7初版,民国21.9国难后28版,民国22.5国难后68版

第4册:民国20.7初版,民国21.5国难后9版,民国21.9国难后34版

第5册:民国20.7初版,民国21.4国难后7版,民国21.7国难后20版,民国21.12国难后36版

第6册:民国20.7初版,民国21.5国难后2版,民国21.5国难后6版,民国22.5国难后56版

第7册:民国20.7初版,民国21.7国难后20版,民国22.2国难后46版

第8册:民国20.7初版,民国22.5国难后54版

教育部审定　依照教育部最新颁布的课程标准编辑　小学校初级用

初版附注:民国21年4月国难后第1版

其他题名:基本教科书社会

其他题名:社会教科书

北师大　人教　辞书　编译馆(1,4-7)

2-0630

好学生

张咏春编　胡若佛绘

上海　新中国书局　民国21.1[1932.1]第2版

14 页　图　32 开　（小学校社会科补充读物）
辞书

2－0631
住在山洞里的人
沈旦文,王镇石编　　胡若佛绘
　　上海　新中国书局　民国 21.1[1932.1]第 2 版
　　14 页　图　32 开　（小学校社会科补充读物）
　　辞书

2－0632
住在树上的人
沈旦文,王镇石编　　胡若佛绘
　　上海　新中国书局　民国 21.1[1932.1]第 2 版
　　14 页　图　32 开　（小学校社会科补充读物）
　　辞书

2－0633
住在海滩的人
沈旦文,王镇石编　　胡若佛绘
　　上海　新中国书局　民国 21.1[1932.1]
　　14 页　图　32 开　（小学校社会科补充读物）
　　辞书

2－0634
住在热地方的人
沈旦文,王镇石编　　胡若佛绘
　　上海　新中国书局　民国 21.1[1932.1]
　　14 页　图　32 开　（小学校社会科补充读物）
　　辞书

2－0635
住在冷地方的人
沈旦文,王镇石编　　胡若佛绘
　　上海　新中国书局　民国 21.1[1932.1]
　　14 页　图　32 开　（小学校社会科补充读物）
　　辞书

2－0636
救火
张咏春编
　　上海　新中国书局　民国 21.1[1932.1]
　　14 页　图　32 开　（小学校社会科补充读物）
　　辞书

2－0637
现在的游牧人
顾缉明编
　　上海　新中国书局　民国 21.7[1932.7]
　　27 页　图　32 开　（小学校社会科补充读物）
　　辞书　河南

2－0638
人类的生活——衣
朱尧铭编辑
　　上海　新中国书局　民国 21.7[1932.7]
　　34 页　图　32 开　（小学校社会科补充读物）

河南

2－0639
人类的生活——食
朱尧铭编辑
　　上海　新中国书局　民国 21.7[1932.7]
　　31 页　图　32 开　（小学校社会科补充读物）
　　辞书　河南

2－0640
中国的交通
徐映川编辑
　　上海　新中国书局　民国 21.12[1932.12]
　　75 页　图　32 开　（小学校社会科补充读物）
　　封面题名：我国的交通
　　辞书

2－0641
世界的交通
徐映川编
　　上海　新中国书局　民国 21.12[1932.12]
　　80 页　32 开　（小学校社会科补充读物）
　　辞书　河南

2－0642
人类的生活——住
朱尧铭编辑
　　上海　新中国书局　民国 22.1[1933.1]
　　38 页　图　32 开　（小学校社会科补充读物）
　　辞书　河南

2－0643
世界大都市
马精武编
　　上海　新中国书局　民国 22.7[1933.7]
　　66 页　图　32 开　（小学校社会科补充读物）
　　辞书　河南

2－0644
社会
王味辛编辑　　沈麓元绘图
　　上海　大东书局　民国 21.7[1932.7]-
　　8 册(30,32,32,32,32,36,43,46 页)　图(含彩图)　32 开
　　第 1 册：民国 21.7 初版,民国 22.6 第 10 版,民国 22.6 第 80 版
　　第 2 册：民国 21.11 初版,民国 22.6 第 40 版,民国 22.8 第 80 版
　　第 3 册：民国 21.11 初版,民国 22.6 第 40 版,民国 22.8 第 60 版
　　第 4 册：民国 21.11 初版,民国 22.6 第 40 版,民国 22.6 第 45 版
　　第 5 册：民国 21.11 初版,民国 22.8 第 45 版,民国 23.1 第 61 版
　　第 6 册：民国 22.4 第 2 版,民国 22.5 第 10 版,民国 22.6 第 20 版
　　第 7 册：民国 21.11 初版,民国 22.6 第 45 版,民国 23.1 第

91版

第8册：民国22.4第2版,民国22.6第15版,民国23.1第96版

教育部审定　遵照教育部小学课程标准编辑　小学校初级用

其他题名：新生活教科书社会

北师大　人教　辞书　编译馆

2-0645

民智初级社会教本

张匡,季禹九,郭昌洛编辑

上海　民智书局　民国21.7[1932.7]

8册(24,24,24,22,22,28,32,34页)　图(含彩图)　32开

第1-8册：民国21.7初版

其他题名：新标准教科书民智初级社会教本

辞书

2-0646

社会课本

李清悚,史泽之,蒋恭晟,施肖丞主编　南京市立中区实验学校编

南京　南京书店　民国21.9-22.2[1932.9-1933.2]

4册(58,66,71,95页)　图,地图　32开

第1册：民国21.9初版

第2册：民国22.2初版

第3册：民国22.2初版

第4册：民国22.2初版

小学三~四年级第一~第二学期用

其他题名：实验教科书社会课本

编译馆

2-0647

小学社会课本

王志瑞,韦息予编　吕伯攸校

上海　中华书局　民国22.3-6[1933.3-6]

8册(33,32,32,32,32,32,32,32页)　图　大32开

第1册：民国22.3初版,民国22.3第2版,民国22.3第5版,民国22.3第6版,民国22.3第7版,民国22.8第15版,民国23.1第20版,民国23.1第21版,民国23.2第49版,民国23.6第63版,民国23.6第64版

第2册：民国22.3初版,民国22.6第9版,民国23.1第26版,民国23.3第50版,民国23.3第51版,民国23.5第54版,民国23.5第55版,民国23.5第56版,民国23.6第57版,民国23.6第63版,民国23.12第70版,民国24.12第81版

第3册：民国22.5初版,民国22.5第2版,民国23.1第25版,民国23.1第30版,民国23.1第40版,民国23.2第48版,民国23.3第54版,民国23.6第58版,民国23.6第59版,民国23第61版,民国23.6第62版,民国23.6第63版,民国23.6第64版,民国23.6第66版

第4册：民国22.6初版,民国22.6第12版,民国22.7第16版,民国23.1第31版,民国23.1第33版,民国23.1第40版,民国23.5第53版,民国23.5第54版,民国23.6第55版,民国23.6第56版,民国23.6第60版

第5册：民国22.6初版,民国22.7第12版,民国22.7第13版,民国22.7第14版,民国22.9第19版,民国23.2第43版,民国23.3第47版,民国23.6第54版,民国23.6第56版,民国23.10第67版,民国24.4第77版

第6册：民国22.6初版,民国22.6第9版,民国22.7第14版,民国23.1第27版,民国23.5第43版,民国23.5第44版,民国23.6第45版,民国23.6第47版,民国23.6第49版,民国23.6第54版,民国24.12第68版,民国24.12第69版

第7册：民国22.6初版,民国22.6第3版,民国22.7第9版,民国22.7第10版,民国22.9第15版,民国23.1第34版,民国23.3第38版,民国23.3第40版,民国23.6第48版,民国23.12第56版,民国24.4第64版,民国24.4第65版

第8册：民国22.6初版,民国22.6第6版,民国22.6第7版,民国23.1第20版,民国23.1第31版,民国23.5第36版,民国23.6第38版,民国23.6第40版,民国23.6第41版,民国23.6第42版,民国23.6第44版,民国23.12第49版,民国23.12第53版

教育部审定　新课程标准适用　初级小学用

国图　北师大　人教　上海　辞书　广东中山(3)

2-0648

社会

马精武,王志成编著　王云五,傅纬平校订

上海　商务印书馆　民国22.5[1933.5]-

8册(33,31,32,32,32,32,32,39页)　图　32开

第1册：民国22.5初版,民国22.6第20版,民国22.6第40版,民国22.8第60版,民国22.11第110版,民国22.11第120版

第2册：民国22.6第20版,民国22.6第30版,民国22.7第50版,民国22.11第110版,民国23.8第200版,民国23.10第220版

第3册：民国22.5第10版,民国22.6第40版,民国22.7第70版,民国22.7第80版,民国22.11第125版,民国26.12第235版

第4册：民国22.5初版,民国22.5第10版,民国22.7第40版,民国22.11第125版,民国22.11第145版

第5册：民国22.6初版,民国22.7第40版,民国22第50版,民国22.8第85版,民国22.11第155版

第6册：民国22.7初版,民国22.7第20版,民国22.11第150版

第7册：民国22.7初版,民国22.8第40版,民国22.11第130版

第8册：民国22.7初版,民国22.7第20版,民国22.11第100版,民国22.11第110版,民国22第130版

教育部审定　新课程标准适用　小学校初级用

其他题名：复兴社会教科书

其他题名：复兴教科书社会

北师大　人教　上海(1-4)　辞书　广东中山(5,8)　编译馆(3)

2-0649

小学社会课本(五彩本)

王志瑞,韦息予编　吕伯攸校
　　上海　中华书局　民国22.6[1933.6]-
　　8册(①33,②32,③32,④32页)　彩图　32开
　　第1册：民国22.6初版,民国22.6第2版
　　第2册：民国22.7初版
　　第3册：民国22.7初版
　　第4册：民国22.7初版
　　新课程标准适用　初级小学用
　　辞书(1　4)

2-0650

社会课本
董文编辑　范祥善校订
　　上海　世界书局　民国22.6[1933.6]-
　　8册(20,22,22,20,34,40,42,46页)　图　32开
　　第1册：民国22.6初版,民国22.7第4版,民国22.8第10版,民国23.4第43版
　　第2册：民国22.6第2版,民国22.6第3版,民国22.7第4版,民国22第14版,民国23.2第28版,民国23.2第38版
　　第3册：民国22.6初版,民国22.6第5版,民国22.8第9版,民国23.5第45版
　　第4册：民国22.6第4版,民国22.7第5版,民国22第19版,民国23.3第31版
　　第5册：民国22.6第6版,民国22.7第6版,民国22.8第9版,民国22第23版,民国23.5第41版
　　第6册：民国22.6第3版,民国22.6第4版,民国22.6第5版,民国22.9第16版
　　第7册：民国22.6第5版,民国22.8第9版,民国23.5第32版,民国23.5第37版
　　第8册：民国22.6第3版,民国22.6第5版,民国22.6第6版,民国22.11第20版,民国23.12第36版
　　教育部审定　新课程标准　初级小学学生用　小学一年级～四年级用
　　初版附注：民国22年6月初版
　　逐页题名：初小社会
　　其他题名：新课程标准教科书社会课本
　　北师大　人教　华师大　辞书　庐山(6)　广西师大(7-8)　广东中山(2,4-5)

2-0651

社会课本
王味辛主编　万九光,王一士,崔荟珠,赵淑华,刘秀贞助编
　　上海　世界书局　民国22.12[1933.12]-
　　8册(40,37,48,44,46,52,65,70页)　图　32开
　　第1册：民国22.12第2版
　　第2册：民国22.12第4版
　　第3册：民国22.12第4版
　　第4册：民国22.12第4版
　　第5册：民国23.6初版
　　第6册：民国23.6初版
　　第7册：民国23.6初版
　　第8册：民国23.6第2版
　　教育部审定　初小一年级上学期～四年级下学期用
　　初版附注：民国22年8月-23年6月初版
　　其他题名：新课程标准教科书社会课本
　　辞书

2-0652

小学社会课本
王志瑞,韦息予编　吕伯攸校
　　上海　中华书局　民国23.11-12[1934.11-12]
　　8册(31,32,32,32,32,32,32,32页)　图　大32开
　　第1册：民国23.11初版
　　第2册：民国23.11初版
　　第3册：民国23.11初版
　　第4册：民国23.11初版
　　第5册：民国23.11初版,民国23.11第2版
　　第6册：民国23.11初版
　　第7册：民国23.11初版,民国23.11第2版
　　第8册：民国23.12初版
　　新课程标准适用　春季始业　初级小学用
　　人教(2)　辞书　编译馆(7)

2-0653

复兴社会课本
王志成,沈百英编校
　　上海　商务印书馆　民国24.1-7[1935.1-7]
　　8册(21,24,24,32,28,32,32,36页)　图　32开
　　第1-8册：民国24.1-7初版
　　新课程标准　小学校初级用　春季始业
　　其他题名：社会课本
　　北师大　人教

2-0654

我们的国旗和党旗
朱文叔编　刘开申绘
　　上海　中华书局　民国24.10[1935.10]
　　18页　彩图　32开　(小学低年级各科副课本　23)
　　卷端题名：小学低年级社会副课本我们的国旗和党旗
　　上海　辞书

2-0655

破除迷信
吕伯攸编　陈江风绘
　　上海　中华书局　民国25.5[1936.5]
　　18页　彩图　32开　(小学低年级各科副课本　24)
　　卷端题名：小学低年级社会副课本破除迷信
　　上海　辞书

2-0656

不怕海盗
吕伯攸编　陈江风绘
　　上海　中华书局　民国24.7[1935.7]
　　18页　彩图　32开　(小学低年级各科副课本　25)
　　卷端题名：小学低年级社会副课本不怕海盗
　　上海　辞书　编译馆

2-0657
三弟兄的花园
吕伯攸编　陈江风绘
上海　中华书局　民国25.1[1936.1]
18页　彩图　32开　(小学低年级各科副课本　26)
卷端题名：小学低年级社会副课本三弟兄的花园
上海　辞书

2-0658
反对卖儿女
吕伯攸编　陈江风绘
上海　中华书局　民国25.1[1936.1]
18页　彩图　32开　(小学低年级各科副课本　27)
卷端题名：小学低年级社会副课本反对卖儿女
上海　辞书

2-0659
大家来开会
蒋镜芙编　刘开申绘
上海　中华书局　民国25.5[1936.5]
18页　彩图　32开　(小学低年级各科副课本　28)
卷端题名：小学低年级社会副课本大家来开会
上海　辞书

2-0660
三月十二日
朱畴编　蒋鸿绘
上海　中华书局　民国24.7[1935.7]
18页　彩图　32开　(小学低年级各科副课本　29)
卷端题名：小学低年级社会副课本三月十二日
上海　辞书

2-0661
我们的节日
吴克勤编　陈青如绘
上海　中华书局　民国24.7[1935.7]
18页　彩图　32开　(小学低年级各科副课本　30)
卷端题名：小学低年级社会副课本我们的节日
人教　上海　辞书

2-0662
忠心的哥哥
吴克勤编　曹白林绘
上海　中华书局　民国24.7[1935.7]
18页　彩图　32开　(小学低年级各科副课本　31)
卷端题名：小学低年级社会副课本忠心的哥哥
上海　辞书

2-0663
孝顺的表姐
胡天智编　何孝章绘
上海　中华书局　民国24.7[1935.7]
18页　彩图　32开　(小学低年级各科副课本　32)
卷端题名：小学低年级社会副课本孝顺的表姐
人教　辞书

2-0664
救了一只小狗
田宗佑编　陈江风绘
上海　中华书局　民国25.5[1936.5]
18页　彩图　32开　(小学低年级各科副课本　33)
卷端题名：小学低年级社会副课本救了一只小狗
人教　上海　辞书

2-0665
我不能失信
田宗佑编　陈江风绘
上海　中华书局　民国24.10[1935.10]
18页　彩图　32开　(小学低年级各科副课本　34)
卷端题名：小学低年级社会副课本我不能失信
上海　辞书

2-0666
老仆人的故事
田宗佑编　刘开申绘
上海　中华书局　民国25.6[1936.6]
18页　彩图　32开　(小学低年级各科副课本　35)
卷端题名：小学低年级社会副课本老仆人的故事
辞书

2-0667
算了罢
田宗佑编　刘开申绘
上海　中华书局　民国25.6[1936.6]
18页　彩图　32开　(小学低年级各科副课本　36)
卷端题名：小学低年级社会副课本算了罢
辞书

2-0668
白文的家庭
胡天智编　陈江风绘
上海　中华书局　民国24.7[1935.7]
18页　彩图　32开　(小学低年级各科副课本　37)
卷端题名：小学低年级社会副课本白文的家庭
上海　辞书

2-0669
白文的邻居
胡天智编　刘开申绘
上海　中华书局　民国25.1[1936.1]
18页　彩图　32开　(小学低年级各科副课本　38)
卷端题名：小学低年级社会副课本白文的邻居
上海　辞书

2-0670
家乡的情形
胡天智编　刘开申绘
上海　中华书局　民国25.5[1936.5]
18页　彩图　32开　(小学低年级各科副课本　39)
卷端题名：小学低年级社会副课本家乡的情形
人教　上海　辞书

2-0671
学校里的一天
吴勉君编　胡振祥绘
　　上海　中华书局　民国25.6[1936.6]
　　18页　彩图　32开　（小学低年级各科副课本　40）
　　卷端题名：小学低年级社会副课本学校里的一天
　　辞书

2-0672
大家的地方
吴勉君编　刘开申绘
　　上海　中华书局　民国25.6[1936.6]
　　18页　彩图　32开　（小学低年级各科副课本　41）
　　卷端题名：小学低年级社会副课本大家的地方
　　人教　辞书

2-0673
冷地的小朋友
鲍维湘编　刘开申绘
　　上海　中华书局　民国25.6[1936.6]
　　18页　彩图　32开　（小学低年级各科副课本　42）
　　卷端题名：小学低年级社会副课本冷地的小朋友
　　人教　辞书

2-0674
热地的小朋友
鲍维湘编　刘开申绘
　　上海　中华书局　民国25.5[1936.5]
　　18页　彩图　32开　（小学低年级各科副课本　43）
　　卷端题名：小学低年级社会副课本热地的小朋友
　　人教　上海　辞书

2-0675
一本电影
吴勉君编　刘开申绘
　　上海　中华书局　民国24.10[1935.10]
　　18页　彩图　32开　（小学低年级各科副课本　44）
　　卷端题名：小学低年级社会副课本一本电影
　　人教　上海　辞书

2-0676
过新年
吴勉君编　刘开申绘
　　上海　中华书局　民国25.5[1936.5]
　　18页　彩图　32开　（小学低年级各科副课本　46）
　　卷端题名：小学低年级社会副课本过新年
　　人教　上海　辞书

2-0677
冰雪世界
顾元培编
　　上海　中华书局　民国24.7[1935.7]
　　38页　图　32开　（小学中年级各科副课本　23）
　　卷端题名：小学中年级社会副课本冰雪世界
　　人教　上海　辞书

2-0678
沙漠旅行
茅秉心编
　　上海　中华书局　民国25.5[1936.5]
　　35页　图　32开　（小学中年级各科副课本　24）
　　卷端题名：小学中年级社会副课本沙漠旅行
　　人教　上海　辞书

2-0679
我们住的地球
黄人济编
　　上海　中华书局　民国24.7[1935.7]
　　35页　图　32开　（小学中年级各科副课本　25）
　　卷端题名：小学中年级社会副课本我们住的地球
　　人教　上海　辞书

2-0680
日本游
顾元培编
　　上海　中华书局　民国25.5[1936.5]
　　37页　图　32开　（小学中年级各科副课本　26）
　　卷端题名：小学中年级社会副课本日本游
　　人教　上海　辞书

2-0681
热地人生活
金润青编
　　上海　中华书局　民国25.1[1936.1]
　　33页　图　32开　（小学中年级各科副课本　27）
　　卷端题名：小学中年级社会副课本热地人生活
　　人教　上海　辞书

2-0682
到东北去
朱震西编
　　上海　中华书局　民国25.5[1936.5]
　　35页　图　32开　（小学中年级各科副课本　28）
　　卷端题名：小学中年级社会副课本到东北去
　　人教　上海　辞书

2-0683
到西北去
朱震西编
　　上海　中华书局　民国25.5[1936.5]
　　36页　图　32开　（小学中年级各科副课本　29）
　　卷端题名：小学中年级社会副课本到西北去
　　人教　上海　辞书

2-0684
长江旅行记
胡赞平编
　　上海　中华书局　民国25.6[1936.6]
　　40页　地图　32开　（小学中年级各科副课本　30）
　　卷端题名：小学中年级社会副课本长江旅行记
　　人教　上海　辞书

2-0685
黄河自述
汪咏沂编
上海 中华书局 民国25.6[1936.6]
40页 图 32开 （小学中年级各科副课本 31）
卷端题名：小学中年级社会副课本黄河自述
人教 辞书

2-0686
少年旅行队
汪咏沂编
上海 中华书局 民国25.6[1936.6]
40页 图 32开 （小学中年级各科副课本 32）
卷端题名：小学中年级社会副课本少年旅行队
人教 辞书

2-0687
我国四大商埠
胡赞平编
上海 中华书局 民国24.10[1935.10]
37页 图 32开 （小学中年级各科副课本 33）
卷端题名：小学中年级社会副课本我国四大商埠
人教 上海 辞书

2-0688
我国的首都
胡赞平编
上海 中华书局 民国25.5[1936.5]
40页 图 32开 （小学中年级各科副课本 34）
卷端题名：小学中年级社会副课本我国的首都
人教 上海 辞书

2-0689
我国的二大工程
茅秉心编
上海 中华书局 民国24.7[1935.7]
30页 图 32开 （小学中年级各科副课本 35）
卷端题名：小学中年级社会副课本我国的二大工程
人教 上海 辞书

2-0690
我国的特产
黄人济编
上海 中华书局 民国24.7[1935.7]
38页 图 32开 （小学中年级各科副课本 36）
卷端题名：小学中年级社会副课本我国的特产
人教 上海 辞书

2-0691
发明家故事
丁曾元编
上海 中华书局 民国24.7[1935.7]
40页 图 32开 （小学中年级各科副课本 37）
卷端题名：小学中年级社会副课本发明家故事
人教 上海 辞书 河南

2-0692
我们的老祖宗
金润青编
上海 中华书局 民国24.7[1935.7]
39页 图 32开 （小学中年级各科副课本 38）
卷端题名：小学中年级社会副课本我们的老祖宗
人教 上海 辞书

2-0693
西人东来
瞿芑丰编
上海 中华书局 民国25.6[1936.6]
42页 图 32开 （小学中年级各科副课本 39）
卷端题名：小学中年级社会副课本西人东来
人教 辞书

2-0694
农工商的演进
茅秉心编
上海 中华书局 民国25.5[1936.5]
40页 图 32开 （小学中年级各科副课本 40）
卷端题名：小学中年级社会副课本农工商的演进
人教 上海 辞书

2-0695
市民大会
储孝善编
上海 中华书局 民国25.5[1936.5]
40页 图 32开 （小学中年级各科副课本 41）
卷端题名：小学中年级社会副课本市民大会
人教 上海 辞书

2-0696
社会组织的演进
丁曾元编
上海 中华书局 民国25.5[1936.5]
30页 图 32开 （小学中年级各科副课本 43）
卷端题名：小学中年级社会副课本社会组织的演进
人教 上海 辞书

2-0697
中华民国：三年级社会科
卢冠六编著
上海 商务印书馆 民国25.5[1936.5]-
册（②53页） 32开
第2册：民国25.5第2版
小学生分年补充读本
河南(2)

2-0698
发明家小史
罗隐编
上海 商务印书馆 民国25[1936]第2版
52页 图 32开
小学生分年补充读本 三年级社会科
河南

* * *

2-0699

社会
韦息予编辑　杨铨,吴研因校订
上海　商务印书馆　民国20.8[1931.8]-
4册(83,89,95,99页)　图　32开
第1册:民国20.8初版,民国21.10国难后20版,民国22.4国难后45版
第2册:民国21.5国难后9版,民国21.10国难后20版,民国22.4国难后45版
第3册:民国20.8初版,民国21.5国难后6版,民国21.10国难后20版,民国21.12国难后30版
第4册:民国20.8初版,民国21.12国难后20版
小学校高级用
初版附注:民国21年4月国难后第1版
其他题名:基本教科书社会
北师大(1,3-4)　人教　辞书　编译馆

2-0700

民智高级社会教本
朱慕周,瞿芑丰,季禹九等编辑　王宠惠,刘芦隐校订
上海　民智书局　民国21.7[1932.7]
4册(64,70,74,82页)　图　32开
第1-4册:民国21.7初版
其他题名:新标准教科书民智高级社会教本
辞书

2-0701

社会课本
李清悚,史泽之,蒋恭晟,施肖丞主编　南京市立中区实验学校编
南京　南京书店　民国21.8-22.2[1932.8-1933.2]
4册(94,95,107,135页)　图,地图,像　32开
第1册:民国21.9初版
第2册:民国22.2初版
第3册:民国21.8初版
第4册:民国22.2初版
小学五～六年级第一～第二学期用
其他题名:实验教科书社会课本
编译馆

2-0702

小学社会课本
王志瑞,韦息予编　吕伯攸,葛绥成,张相校
上海　中华书局　民国22.6-8[1933.6-8]
4册(55,55,55,55页)　图,表　32开
第1册:民国22.6初版,民国22.6第2版,民国22.8第20版,民国22.9第21版,民国22.9第22版,民国22.9第23版,民国23.1第25版,民国23.1第26版,民国23.1第27版,民国23.1第29版,民国23.1第31版,民国23.1第34版,民国23.5第36版,民国23.9第40版,民国25.9第45版
第2册:民国22.7初版,民国22.7第2版,民国22.7第9版,民国22.7第10版,民国22.8第12版,民国22.8第14版,民国22.8第16版,民国22.8第18版,民国23.1第20版,民国23.1第21版,民国23.1第23版,民国23.1第24版,民国23.1第25版,民国23.9第33版,民国25.9第40版
第3册:民国22.8初版,民国22.8第2版,民国22.8第3版,民国22.8第4版,民国22.8第6版,民国22.8第7版,民国22.8第9版,民国22.8第12版,民国22.8第15版,民国23.1第17版,民国23.1第18版,民国23.1第20版,民国23.1第24版,民国25.4第33版
第4册:民国22.8初版,民国22.8第2版,民国22.8第4版,民国22.8第5版,民国22.8第7版,民国22.8第9版,民国22.8第12版,民国22.9第14版,民国23.1第17版,民国23.1第18版,民国23.1第19版,民国23.1第21版,民国23.1第22版,民国23.1第23版,民国25.4第30版,民国25.4第31版
教育部审定　新课程标准适用　小学校高级用
国图(1,3-4)　北师大　人教　上海　辞书　广东中山(1,3)　编译馆

2-0703

社会
李煜亭,周景濂编辑
上海　大东书局　民国22.7[1933.7]-
4册(①76,③86,④52页)　图,地图,像　32开
第1册:民国22.7初版
第3册:民国22.7初版,民国22.11第3版
第4册:民国22.11第2版
小学校高级用
其他题名:新生活教科书社会
人教(3)　辞书(1,3)　编译馆(4)

2-0704

社会
顾缉明,顾曾华编著　王云五,傅纬平校订
上海　商务印书馆　民国22.7[1933.7]
4册(85,92,98,92页)　图,地图　32开
第1册:民国22.7初版,民国22.8第20版,民国22.8第30版,民国22.9第55版,民国22.11第85版
第2册:民国22.7初版,民国22.8第20版,民国22.9第55版,民国22.12第85版
第3册:民国22.7初版,民国22.8第20版,民国22.8第40版,民国22.11第65版,民国22.12第100版
第4册:民国22.7初版,民国22.8第20版,民国22.8第30版,民国22.8第40版,民国22 第50版,民国22.9第56版
新课程标准适用　小学校高级用
封面题名:复兴社会教科书
其他题名:复兴教科书社会
国图(1,3)　北师大　人教　上海　辞书　广东中山(4)　编译馆

2-0705

社会课本
宋子俊编辑　董文校订
　　上海　世界书局　民国22.8[1933.8]-
　　4册(78,94,72,88页)　图　32开
　　第1册：民国22.8第3版,民国22.11第13版,民国22.11第15版,民国22.11第16版
　　第2册：民国22.8第3版,民国22.8第4版,民国22.9第6版,民国22.9第7版,民国22第8版
　　第3册：民国22.8第2版,民国22.8第3版,民国22第5版,民国22.11第11版,民国22.11第13版
　　第4册：民国22.9初版,民国22.9第5版,民国22第6版,民国22.11第11版
　　高级小学学生用
　　其他题名：新课程标准教科书社会课本
　　北师大　人教　辞书　广东中山　编译馆

2-0706

开明社会课本
傅彬然编纂　沈振黄绘画
　　上海　开明书店　民国23.7[1934.7]
　　4册(83,74,79,78页)　图、表　32开
　　第1-4册：民国23.7初版
　　新课程标准适用　小学高级学生用
　　北师大　人教　上海　辞书　西北师大

2-0707

衣的演进
姜龙章,沈雷渔编
　　上海　中华书局　民国24.7[1935.7]
　　44页　图　32开　(小学高年级各科副课本　19)
　　卷端题名：小学高年级社会副课本衣的演进
　　人教　上海　辞书

2-0708

食的演进
骆憬甫编
　　上海　中华书局　民国24.7[1935.7]
　　47页　图　32开　(小学高年级各科副课本　20)
　　卷端题名：小学高年级社会副课本食的演进
　　人教　上海　辞书

2-0709

住的演进
陈纪编
　　上海　中华书局　民国25.6[1936.6]
　　44页　图　32开　(小学高年级各科副课本　21)
　　卷端题名：小学高年级社会副课本住的演进
　　辞书

2-0710

行的演进
蔡德恭编
　　上海　中华书局　民国25.1[1936.1]
　　48页　图　32开　(小学高年级各科副课本　22)
　　卷端题名：小学高年级社会副课本行的演进
　　人教　上海　辞书

2-0711

世界弱小民族的独立运动
黄竞白编
　　上海　中华书局　民国25.6[1936.6]
　　41页　图　32开　(小学高年级各科副课本　23)
　　卷端题名：小学高年级社会副课本世界弱小民族的独立运动
　　人教　辞书

2-0712

我国的交通
季禹九编
　　上海　中华书局　民国24.7[1935.7]
　　48页　32开　(小学高年级各科副课本　24)
　　卷端题名：小学高年级社会副课本我国的交通
　　上海　辞书

2-0713

世界大都市
周彬编
　　上海　中华书局　民国25.10[1936.10]
　　52页　图　32开　(小学高年级各科副课本　25)
　　卷端题名：小学高年级社会副课本世界大都市
　　人教　辞书

2-0714

苏联的研究
张汉英编
　　上海　中华书局　民国25.6[1936.6]
　　45页　图　32开　(小学高年级各科副课本　26)
　　卷端题名：小学高年级社会副课本苏联的研究
　　人教　辞书

2-0715

英美的研究
季禹九编
　　上海　中华书局　民国24.10[1935.10]
　　47页　32开　(小学高年级各科副课本　27)
　　卷端题名：小学高年级社会副课本英美的研究
　　上海　辞书

2-0716

我国各地的风俗
徐德春编
　　上海　中华书局　民国24.10[1935.10]
　　46页　图　32开　(小学高年级各科副课本　28)
　　卷端题名：小学高年级社会副课本我国各地的风俗
　　人教　上海　辞书

2-0717

环游世界记
黄禹石编
　　上海　中华书局　民国25.5[1936.5]
　　46页　图　32开　(小学高年级各科副课本　29)
　　卷端题名：小学高年级社会副课本环游世界记

人教　上海　辞书

2-0718
户口调查与人事登记
黄竞白编
　　上海　中华书局　民国24.7[1935.7]
　　44页　图　32开　（小学高年级各科副课本　30）
　　卷端题名：小学高年级社会副课本户口调查与人事登记
　　人教　上海　辞书

2-0719
失业和贫乏
何品豪编
　　上海　中华书局　民国25.6[1936.6]
　　47页　图　32开　（小学高年级各科副课本　31）
　　卷端题名：小学高年级社会副课本失业和贫乏
　　人教　辞书

2-0720
生产消费分配
姚家栋，臧鸣九编
　　上海　中华书局　民国25.6[1936.6]
　　48页　图　32开　（小学高年级各科副课本　32）
　　卷端题名：小学高年级社会副课本生产消费分配
　　人教　辞书

2-0721
妇女问题和家庭问题
彭惠秀编
　　上海　中华书局　民国25.1[1936.1]
　　48页　图　32开　（小学高年级各科副课本　33）
　　卷端题名：小学高年级社会副课本妇女问题和家庭问题
　　人教　上海　辞书　编译馆

2-0722
实业计划大概
阮蔚之编
　　上海　中华书局　民国25.6[1936.6]
　　44页　图　32开　（小学高年级各科副课本　34）
　　卷端题名：小学高年级社会副课本实业计划大概
　　人教　辞书

2-0723
怎样选择职业
金学俨编
　　上海　中华书局　民国24.7[1935.7]
　　46页　图　32开　（小学高年级各科副课本　36）
　　卷端题名：小学高年级社会副课本怎样选择职业
　　人教　上海　辞书

2-0724
市政研究
季禹九编
　　上海　中华书局　民国24.7[1935.7]
　　48页　图　32开　（小学高年级各科副课本　37）
　　卷端题名：小学高年级社会副课本市政研究
　　人教　上海　辞书

2-0725
复兴社会教科书
吕金录，顾辑明编著
　　上海　商务印书馆　民国26.1[1937.1]
　　4册（[269]页）　32开
　　第1-4册：民国26.1初版
　　日鲜侨民学校高小适用
　　其他题名：社会教科书
　　人教

2-0726
社会课本
徐金涛编著　李楚材校订
　　上海　万叶书店　民国26.7[1937.7]-
　　4册(66,67,66,74页)　图　32开
　　第1册：民国37.8修正5版
　　第2册：民国35.1修正1版
　　第3册：民国26.7初版
　　第4册：民国26.7初版
　　小学校高年级用　社会课本补充教材
　　人教

2-0727
新编高小社会课本
马精武编　金兆梓校
　　上海　中华书局　民国26.7-10[1937.7-10]
　　4册(74,70,80,80页)　图，表　32开
　　第1册：民国26.8初版,民国26.8第11版,民国26.8第21版
　　第2册：民国26.7初版,民国26.7第23版,民国26.7第24版,民国26.7第30版
　　第3册：民国26.10初版,民国26.10第4版,民国26.10第10版
　　第4册：民国26.10初版,民国26.10第4版,民国26.10第5版,民国30.6第34版
　　修正课程标准适用
　　人教　辞书　西北师大

2-0728
复兴社会教科书
吕金录等编校
　　上海　商务印书馆　民国26.9[1937.9]-
　　4册(64,63,67,68页)　图　32开
　　第1册：民国26.9初版,民国29.6第82版
　　第2册：民国29.11第81版
　　第3册：民国30.2第79版
　　第4册：民国29.6第59版
　　教育部审定　遵照修正课程标准编辑　小学校高年级用
　　其他题名：社会教科书
　　人教

2-0729
高小新社会
董文编著

上海 世界书局 民国26[1937]-
4册(74,87,82,94页) 32开
第1册:民国26新3版
第2册:民国26第2版,民国29.5新4版
第3册:民国26第2版
第4册:民国26第2版,民国29.5新5版
遵照教育部民国25年颁布修正课程标准编辑
其他题名:新课程标准世界教科书高小新社会
西北师大 编译馆(2,4)

2-0730

复兴高小社会教科书
陈镐基等编
上海 商务印书馆 民国26[1937]-
册(④104页) 32开
第4册:民国26年版
其他题名:社会教科书
广东中山(4)

2-0731

社会副课本
徐金涛编
上海 少年书店 民国27.12[1938.12]
4册(66,67,66,70页) 图 32开
第1-4册:民国27.12初版
小学生高级第一学年上学期补充用
辞书

2-0732

新编高小社会课本
马精武编 金兆梓校
上海 中华书局 民国29.5[1940.5]-
4册(48,48,48,48页) 图,地图 32开
第1册:民国29.5第55版
第2册:民国29第37版
第3册:民国29.5第26版
第4册:民国29.9第33版,民国30.6第34版
教育部审定 初审核定本 修正课程标准适用
其他题名:高小社会课本
辞书(1,3-4) 广东中山(2) 编译馆(4)

2-0733

部编战时补充教材高级小学社会
教育部教科用书编辑委员会编
198页 32开
中心学校高小班适用
其他题名:高级小学社会
①[重庆] 正中书局 民国29.6[1940.6]
人教
②[福州] 福建省政府教育厅 民国30.6[1941.6]
人教

教学参考书

2-0734

新课程社会教学法
顾诗灵编辑 朱翊新校订
上海 世界书局 民国20.12[1931.12]-
8册(100,94,94,97,100,126,138,128页) 图,表 32开
第1册:民国20.12初版
第2册:民国21.1初版
第3册:民国21.1初版
第4册:民国21.1初版
第5册:民国21.12第2版
第6册:民国21.12第2版
第7册:民国21.7第2版
第8册:民国21.9第2版
照教育部审定本编辑 新课程教科书教员用
其他题名:社会教学法
其他题名:新课程教科书社会教学法
编译馆

2-0735

新年
开封教育实验区教材部编
开封 教育实验区出版部 民国23.12[1934.12]版
250页 32开
小学教学活动纲领及参考资料 供小学教师参考
国图

2-0736

实际的小学社会教学法
宋莭盒著 刘百川校订
上海 开华书局 民国24.4[1935.4]
178页 32开 (实际的小学教育丛书)
辞书

2-0737

小学社会科教材和教法
马静轩编著
长沙 商务印书馆 民国28.10[1939.10]
192页 图,表 32开 (小学教师丛书)
辞书

2-0738

部编战时补充教材教学指引:小学社会常识
教育部教科用书编辑委员会编
[重庆] 正中书局 民国30.4[1941.4]
28页 32开
小学教师用
人教

* * *

2-0739

新学制社会教授书
丁晓先编纂　朱经农,王岫庐校订
　　上海　商务印书馆　民国12.2[1923.2]-
　　8册(68,98,96,90,103,117,166,177页)　表　大32开
　　第1册：民国12.2初版,民国12.2第10版,民国12.7第15
　　　　　版,民国13.1第25版,民国14.12第30版
　　第2册：民国12.7第10版,民国13.2第20版
　　第3册：民国13.1初版,民国13.4第20版
　　第4册：民国13.6第10版,民国13.10版,民国15第27版
　　第5册：民国13.7初版
　　第6册：民国13.7第10版,民国16.7第23版
　　第7册：民国13.9初版,民国14.3第10版
　　第8册：民国13.12初版,民国15.11第23版
　　教育部审定　小学校初级用
　　北师大　人教(1-2)　辞书　广东中山(4,6)

2-0740

社会课本教授书
陆衣言,蒋镜芙编著　陆费逵,戴克敦校
　　上海　中华书局　民国13.1-16.2[1924.1-1927.2]
　　8册(111,111,120,111,160,172,204,194页)　表　大32开
　　第1册：民国13.1初版,民国13.9第3版,民国16.1第6版
　　第2册：民国13.2初版,民国14.8第3版,民国16.1第4版
　　第3册：民国14.8初版,民国16.1第3版
　　第4册：民国15.4初版
　　第5册：民国15.5初版
　　第6册：民国15.6初版
　　第7册：民国15.10初版
　　第8册：民国16.2初版
　　新学制适用　小学校初级用
　　其他题名：新小学教科书社会课本教授书
　　人教　辞书　编译馆

2-0741

新中华社会课本教授书
蒋镜芙,吴桂仙编校
　　上海　新国民图书社　民国16.5-18.11[1927.5-1929.11]
　　8册(58,68,72,72,79,100,109,126页)　大32开
　　第1册：民国16.5初版,民国18.3第2版,民国20.12第7
　　　　　版,民国21.3第8版,民国21.6版
　　第2册：民国18.11初版,民国20.4第2版,民国20.12第3
　　　　　版,民国21.3第4版
　　第3册：民国18.10初版,民国21.3第4版,民国20.12第
　　　　　10版
　　第4册：民国18.3初版,民国19.11第4版,民国21.3第7
　　　　　版,民国21.10第8版
　　第5册：民国18.6初版,民国19.10第4版
　　第6册：民国18.3初版,民国20.6第5版,民国21.3第7版
　　第7册：民国18.8初版,民国19.10第3版,民国21.1第5版
　　第8册：民国18.8初版,民国18.8第2版,民国21.3第5版
　　小学校初级用
　　其他题名：新中华教科书社会课本教授书

北师大　人教　辞书　编译馆(1-2)

2-0742

新时代社会教授书
王镇若编辑
　　上海　商务印书馆　民国16.10[1927.10]-
　　8册(94,90,79,77,80,78,89,108页)　32开
　　第1册：民国16.10初版,民国16.10第5版,民国18.3第18
　　　　　版,民国18.3第19版,民国22.2国难后4版
　　第2册：民国18.1第10版,民国18.8第20版,民国22.2国
　　　　　难后4版
　　第3册：民国18.3第20版,民国22.2国难后3版
　　第4册：民国18.2第13版,民国22.2国难后3版
　　第5册：民国17.7第5版,民国18.2第13版,民国18.7版
　　第6册：民国18.3第13版,民国21.9国难后2版
　　第7册：民国17.9第5版,民国18.2第13版,民国22.2国难
　　　　　后3版
　　第8册：民国18.3第13版,民国22.2国难后3版
　　小学校初级用
　　初版附注：民国16年10月-18年1月初版
　　北师大　人教　辞书

2-0743

前期小学社会课本教学法
唐卢锋,戴渭清编辑　朱翙新校订
　　上海　世界书局　民国17.3[1928.3]-
　　8册(128,130,120,129,132,141,156,160页)　图,表　32开
　　　　　线装
　　第1册：民国18.7第4版,民国21.7第9版
　　第2册：民国18.7第4版,民国21.7第9版
　　第3册：民国17.3初版,民国18.9第5版,民国20.8第7版
　　第4册：民国17初版,民国18.3第3版,民国22.1第9版
　　第5册：民国17初版,民国18.4第4版,民国20.3第7版
　　第6册：民国17初版,民国17.7第2版,民国18第6版,民国
　　　　　21.5第8版
　　第7册：民国17初版,民国18.5第3版,民国21.5第6版
　　第8册：民国17.10初版
　　遵照中华民国大学院审定本编辑　新主义教科书教员用书
　　其他题名：新主义教科书前期小学社会课本教学法
　　国图(3-8)　北师大(3,8)　人教(3-8)　华师大(1-2)　辞
　　书　河南(6)　编译馆

2-0744

初小社会教学法
王志成,马精武编辑
　　上海　商务印书馆　民国20.8[1931.8]-
　　8册(118,125,130,121,138,134,170,164页)　表　大32开
　　第1册：民国20.8初版,民国21.7国难后2版,民国21.11
　　　　　第10版
　　第2册：民国20.8初版,民国21.11第10版
　　第3册：民国20.8初版,民国21.11第10版
　　第4册：民国20.8初版,民国21.7国难后3版,民国21.11
　　　　　第11版
　　第5册：民国20.9初版,民国21.11第10版

第6册：民国20.9初版,民国21.1第10版

第7册：民国21.12国难后8版

第8册：民国20.11初版,民国21.7国难后2版,民国22.3国难后11版

其他题名：基本教科书初小社会教学法

北师大　人教　辞书(1-6,8)

2-0745

社会课本教学参考书

李清悚,史泽之,蒋恭晟,施肖丞主编　南京市立中区实验学校编

上海　南京书店　民国22.3[1933.3]-

4册　图,表　32开

第2,4册：民国22.3初版

小学校中年级用

其他题名：实验教科书社会课本教学参考书

编译馆(2,4)

2-0746

小学社会课本教学法

赵体真,马彭年编　韦息予,吕伯攸校

上海　中华书局　民国22.5-23.1[1933.5-1934.1]

8册(164,164,150,195,154,170,194,198页)　32开

第1册：民国22.5初版,民国22.6第2版,民国23.1第4版,民国23.1第5版

第2册：民国22.5初版,民国22.8第2版,民国23.1第3版,民国23.6第4版

第3册：民国22.6初版,民国23.1第3版

第4册：民国22.7初版,民国22.8第2版,民国23.1第3版,民国23.12第5版

第5册：民国22.8初版,民国22.9第2版,民国23.6第3版

第6册：民国22.10初版,民国23.6第3版

第7册：民国22.8初版,民国22.11版,民国23.1第2版,民国23.4第3版

第8册：民国23.1初版,民国23.1第3版

新课程标准适用　小学校初级用

国图　北师大　人教　辞书　广东中山(1-4)

2-0747

社会教学做法

袁昂等编辑　王味辛校阅

上海　大东书局　民国22.6[1933.6]-

8册(144,178,130,180,164,180,186,176页)　32开

第1册：民国22.6初版

第2册：民国22.8第3版

第3册：民国23.1第3版

第4册：民国22.6初版

第5册：民国22.6初版

第6册：民国22.7第2版

第7册：民国22.9第3版

第8册：民国22.6初版

小学校初级用

其他题名：新生活教科书社会教学做法

北师大　人教(1-3)

2-0748

复兴社会教学法

王志成,郁树敏,徐子龄编著　宗亮寰校订

上海　商务印书馆　民国22.6-8[1933.6-8]

8册(117,120,121,114,139,144,180,182页)　图　32开

第1册：民国22.6初版,民国23.6第19版

第2册：民国22.6初版

第3册：民国22.7初版,民国23第3版,民国23第17版,民国23.6第18版

第4册：民国22.7初版,民国22.12第16版,民国23.6版

第5册：民国22.7初版,民国23.4第16版

第6册：民国22.7初版,民国22.11第13版,民国23.3第14版

第7册：民国22.7初版,民国23.1第13版,民国23.4第16版

第8册：民国22.8初版,民国23.4第13版,民国23.7第14版,民国23.12第17版

小学校初级用

其他题名：复兴社会教学法

其他题名：复兴教科书社会教学法

国图　北师大(1,5-8)　人教　辞书　河南(1,3,5,7)　广东中山(1,3,8)

2-0749

初小社会教学法

王铭玉,张菖芬,顾曾华,顾汉樨等编辑　朱翊新,吴增芥校订

上海　世界书局　民国22.8[1933.8]-

8册(137,131,97,162,88,124,117,106页)　表　32开

第1册：民国22.8初版,民国22.10第2版,民国22第3版,民国23.4第4版

第2册：民国22.11初版,民国23.4第3版

第3册：民国22.8初版,民国23.4第4版

第4册：民国22.11初版,民国23.4第2版

第5册：民国23.4第3版,民国23.5第4版

第6册：民国22.11初版,民国23.7第3版

第7册：民国22.8初版,民国23.3第2版

第8册：民国23.1第2版,民国23.4第3版

照教育部审定本编辑　新课程标准教科书教员用书　初级小学教员用

其他题名：新课程标准教科书教员用书初小社会教学法

其他题名：社会课本教学法

北师大　人教(1-2,4-8)　辞书　广东中山(1)

2-0750

初小社会教学法

王味辛主编　秦逸农,黄应刚,陈瑾,茅秉新,徐云鹤编辑

上海　世界书局　民国22.8-23.5[1933.8-1934.5]

8册(95,109,103,138,104,146,151,163页)　地图,表　32开

第1册：民国22.8初版

第 2 册：民国 22.12 初版
第 3 册：民国 22.12 初版
第 4 册：民国 22.12 初版
第 5 册：民国 23.5 初版
第 6 册：民国 23.5 初版
第 7 册：民国 23.5 初版
第 8 册：民国 23.5 初版
按照教育部审定本编辑 初级小学教员用
其他题名：新课程标准教科书初小社会教学法
辞书

2-0751

小学社会课本教学法

赵体真,马彭年,高念修编 韦息予,吕伯攸校
  上海 中华书局 民国 24.1[1935.1]-
  8 册 32 开
  第 1 册：民国 24.1 初版
  第 2 册：民国 24.1 初版
  第 3 册：民国 24.1 初版
  第 5 册：民国 24.10 初版
  新课程标准适用 春季始业 小学校初级用
  国图(2) 人教(1,3,5) 辞书(1,3,5)

2-0752

复兴社会指导法

郁树敏等编著
  上海 商务印书馆 民国 24.2[1935.2]-
  8 册 图 32 开
  第 1 册：民国 24.2 初版
  第 2 册：民国 24.5 初版
  第 3 册：民国 24.4 初版
  第 4 册：民国 24.6 初版
  第 5 册：民国 24.6 初版
  第 6 册：民国 24.6 初版
  第 7 册：民国 24.6 初版
  小学初级用 春季始业
  其他题名：复兴社会指导书
  北师大(1-5,7) 人教(1-6)

* * *

2-0753

高小社会教学法

韦息予编辑
  上海 商务印书馆 民国 20.8[1931.8]-
  4 册(①276,②340,③407 页) 图,表 32 开
  第 1 册：民国 20.8 初版,民国 21.1 国难后 1 版,民国 22.2 国难后 3 版
  第 2 册：民国 20.12 初版
  第 3 册：民国 20.8 初版
  其他题名：基本教科书高小社会教学法
  人教(1-2) 辞书(1-3)

2-0754

社会课本教学参考书

李清悚,史泽之,蒋恭晟,施肖丞主编 南京市立中区实验学校编
  上海 南京书店 民国 22.3[1933.3]-
  4 册 图,表 32 开
  第 2,4 册：民国 22.3 初版
  小学校高级用
  其他题名：实验教科书社会课本教学参考书
  编译馆(2,4)

2-0755

社会教学法

顾缉明,顾曾华,赵承预,饶祝华编著 赵景源校订
  上海 商务印书馆 民国 22.7-8[1933.7-8]
  4 册(251,301,307,322 页) 表 32 开
  第 1 册：民国 22.7 初版,民国 23.2 第 10 版,民国 23.6 第 13 版
  第 2 册：民国 22.8 初版,民国 23.12 第 11 版
  第 3 册：民国 22.7 初版,民国 23.1 第 10 版,民国 23.12 第 12 版
  第 4 册：民国 22.7 初版,民国 23.4 第 10 版
  小学校高级用
  封面题名：复兴社会教学法
  其他题名：复兴教科书社会教学法
  国图(2-4) 北师大 人教 辞书 广东中山(1,3-4)

2-0756

小学社会课本教学法

王允文,娄三立编 韦息予,吕伯攸校
  上海 中华书局 民国 22.7-23.1[1933.7-1934.1]
  4 册(347,334,413,406 页) 表 大 32 开
  第 1 册：民国 22.7 初版
  第 2 册：民国 22.8 初版
  第 3 册：民国 22.9 初版
  第 4 册：民国 23.1 初版,民国 23.1 第 2 版
  新课程标准适用 小学校高级用
  国图 北师大 人教 辞书 广东中山(1)

2-0757

社会课本教学法

顾汉槎编辑 朱翊新校订
  上海 世界书局 民国 22.8-23.3[1933.8-1934.3]
  4 册(355,358,341,335 页) 图,表 32 开
  第 1 册：民国 22.8 初版,民国 22.10 第 2 版
  第 2 册：民国 23.1 初版,民国 23.8 第 2 版
  第 3 册：民国 22.10 初版
  第 4 册：民国 23.3 初版
  照教育部审定本编辑 教员用书
  逐页题名：高小社会教学法
  其他题名：新课程标准教科书社会课本教学法
  北师大 人教(1-3) 华师大(1) 辞书 广东中山(2)

2-0758
社会教学做法
何思翰等编著　李煜亭校阅
上海　大东书局　民国23.1-3[1934.1-3]
4册(342,324,350,338页)　图　32开
第1册：民国23.1初版
第2册：民国23.2初版
第3册：民国23.3初版
第4册：民国23.2初版
小学校高级教师用
逐页题名：新生活社会教学做法
其他题名：新生活教科书社会教学做法
北师大　人教(1-3)　编译馆(1-2)

2-0759
开明社会课本教学法
傅彬然编
上海　开明书店　民国23.8-24.1[1934.8-1935.1]
4册(228,230,226,214页)　表　32开
第1册：民国23.8初版
第2册：民国24.1初版
第3册：民国23.8初版
第4册：民国24.1初版
小学高级教师用
北师大　人教　辞书

2-0760
新编高小社会课本教学法
赵体真,顾绂明,俞嘉瑞编　马精武校
上海　昆明　中华书局　民国26.8-12[1937.8-12]
4册(376,330,464,442页)　图,表　32开
第1册：民国26.8初版,民国28.5昆明4版
第2册：民国26.9初版,民国28.6昆明4版
第3册：民国26.12初版,民国28.4昆明3版
第4册：民国26.12初版,民国28.1昆明初版,民国28.6昆明3版
修正课程标准适用
人教　辞书　西北师大(1,4)　广东中山　编译馆(1)

2-0761
复兴社会教学法
吕朋编辑
上海　长沙　商务印书馆　民国27.10[1938.10]-
4册(290,328,387,347页)　32开
第1册：民国27年版,民国28改编本7版
第2册：民国27年版
第3册：民国27.10改编本4版,民国29改编本6版
第4册：民国27年版,民国29改编本7版
根据民国26年审定本编辑　高级小学适用
其他题名：社会教学法
国图　西北师大　广东中山

2-0762
高小新社会教学法
朱翊新编辑
上海　世界书局　民国27[1938]-
册(①246,②264,③259页)　32开
第1册：民国27年版
第2册：民国29.9第2版
第3册：民国27年版
修正课程标准适用
西北师大(1,3)　编译馆(2)

教学辅导书

2-0763
暑假社会自习书
盛朗西主编　朱炜章,胡钟瑞,张咏春,钱达之,朱全福,高人瑞,赵性哲分撰
上海　北新书局　民国22.6[1933.6]
2册(32,32页)　表　32开　(假期自习书)
第1-2册：民国22.6初版
中年级用
卷端题名：中级暑假假期自习书
辞书

2-0764
双十节
王味辛主编
上海　大东书局　民国29.11[1940.11]第2版
16页　彩图　32开　精装　(儿童社会科学丛书)
小学低年生在家里或学校里阅读
编译馆

* * *

2-0765
暑假社会自习书
盛朗西主编　王子才,朱尧铭,朱炜章等分撰
上海　北新书局　民国22.6[1933.6]
47页　32开　(假期自习书)
高年级用
版权页题名：高级社会暑假自然书
卷端题名：高级暑假假期自习书
辞书

2-0766
择业指导
李清悚主编
上海　大东书局　民国22.11[1933.11]
50页　32开　精装　(社会科学丛书)
小学校学习阶段高年级用
编译馆

2-0767
社会总览

林之学编著
  上海　东方书店　民国 23.5[1934.5]第 8 版,民国 26.5 第 10 版
  212 页　32 开　(小学升学准备总览)
  上海　辞书　河南

2-0768
社会复习指导
钱洪翔,倪锡英编
  上海　现代教育研究社　民国 24.3[1935.3]
  90 页　32 开
  小学生升学必读
  上海

2-0769
社会指南
储祎,姚蕴,韦启予等编著
  上海　东方书店　民国 24.5[1935.5]第 3 版
  97 页　32 开
  小学升学指南
  初版附注：民国 24 年 4 月初版
  辞书

2-0770
社会复习书
胡逸尘编著
  上海　春秋书社　民国 34.12[1945.12]增订 6 版
  134 页　32 开
  升学准备
  初版附注：民国 25 年 12 月初版
  辞书

2-0771
社会复习书
吴挹澄编
  上海　春秋书社　民国 27.2[1938.2]第 2 版,民国 30.6 第 5 版
  134 页　32 开
  升学准备
  上海　辞书

2-0772
社会复习指导
  上海　春明书店　[1912-1949?]
  74 页　32 开
  高小学生投考、自修适用
  国图

贰 语　文

课　本

2-0773
国文教授进阶
王建善著
  上海　文明书局　清光绪 29.5[1903]
  120 叶　32 开　线装
  人教

2-0774
一法通三卷
吴獬编著
  清光绪 31.7[1905]稿本
  3 册(41,44,43 叶)　32 开
  辞书

2-0775
三班文课选篇
圣约翰书院选编
  上海　华美书局　清光绪 31[1905]版
  46 页　大 32 开
  第二学期课本
  卷端题名：三班选课
  辞书

2-0776
小学词料教科书
  广州　蒙学书局　清光绪 33[1907]-
  　册　线装
  第 1 册(卷上)：光绪 33 年版
  国图(1)

2-0777
(绘图)速通国文教科书
沈桑编辑　彪蒙编译所校阅
  上海　彪蒙书室　清光绪 34.6[1908]
  4 册(28,27,31,33 叶)　图　大 32 开　线装
  第 1-4 册：光绪 34.6 第 2 版
  其他题名：速通国文教科书
  辞书

2-0778
女子国语课本
林万里编辑　沈恩孚校订
  上海　中国图书公司　清光绪 34.10[1908]-
  4 册(①28,④28 叶)　大 32 开　线装
  第 1 册：光绪 34.10 初版
  第 4 册：宣统 1.1 初版
  辞书(1,4)

2-0779
国文教科书
庄庆祥编纂　蒋维乔校订
  上海　商务印书馆　民国 3.5[1914.5]-
  6 册(①30 叶)　图　大 32 开　线装
  第 1 册：民国 3.5 初版
  半日学校学生用
  其他题名：半日学校国文教科书
  辞书(1)

2-0780

活叶本东三省国语补充教材
范祥善,庄适编纂
  上海 商务印书馆 民国11.1[1922.1]
  2册(32,36页) 图 大32开
  第1-2册(一至二辑):民国11.1初版
  小学适用
  其他题名:东三省国语补充教材
  辞书

2-0781

统一国语教科书
陈文编辑
  上海 统一书局 民国11.1[1922.1]-
  13册 图 32开
  首册:民国11.1初版
  小学校学生用
  辞书(1)

2-0782

新国语课本
陆衣言等编
  上海 商务印书馆 民国20.2[1931.2]版,民国21.12国难后3版
  108页 表 32开
  庐山 广东中山 编译馆

2-0783

非常的国语
何公超编
  上海 童新书局 民国26.8[1937.8]-
  册(①116页) 32开
  上册:民国26.8初版
  非常时期适用
  国图(1) 人教(1)

2-0784

小学国语
教育部教科用书编辑委员会编
  重庆 正中书局 民国28.8-29.1[1939.8-1940.1]
  3册(50,95,108页) 32开
  第1册:民国28.8初版
  第2册:民国29.1初版
  第3册:民国29.1初版
  部编战时补充教材
  国图 人教 辞书(1-2)

2-0785

江西省小学战时国语教材
江西省政府教育厅编
  江西 [编者刊] 民国28[1939]-
  册(⑥74页) 32开
  第6册:民国28年版
  其他题名:小学战时国语教材
  广东中山(6)

2-0786

小学战时国语补充读本
教与学月刊社主编 教育部战区中小学教师第三服务团编辑组编辑 陆殿扬,自动生校订
  重庆 正中书局 民国29.8[1940.8]-
  册(③108页) 32开
  第3册:民国29.8初版
  国图(3) 人教(3)

2-0787

国防国语课本
国防教材编辑委员会编
  山东 胶东东海区教材印刷社 民国32.5[1943.5]-
  册(②18,⑤14,⑥26页) 32开
  第2,5-6册:民国32.5-33.5版
  河南(2,5-6)

2-0788

国语教材
朱翊新编著
  上海 土山湾印书馆 民国32.9-34.1[1943.9-1945.1]
  12册(46,43,43,43,50,56,62,70,81,96,116,13页) 32开
  第1册:民国32.9初版
  第2册:民国32.9初版
  第3册:民国32.9初版
  第4册:民国32.9初版
  第5册:民国32.9初版
  第6册:民国32.9初版
  第7册:民国32.9初版
  第8册:民国32.9初版
  第9册:民国33.7初版
  第10册:民国33.7初版
  第11册:民国33.11初版
  第12册:民国34.1初版
  国图 人教

2-0789

国语课本
[不详] 陕甘宁边区华北书店 民国33.2[1944.2]-
  册(①57,②86,③77页) 32开
  第1册:民国33.2初版
  第2册:民国33.2初版
  第3册:民国33.2初版,民国34年版
  陕甘宁边区教育厅审定 供边区小学临时使用
  人教(3) 辽宁(1-3)

2-0790

国语课本
台湾省行政长官公署教育处著
  台北 台湾书店 民国35.7[1946.7]
  2册([71]页) 24开
  第1-2册(甲乙编):民国35.7第2版
  甲编供小学一~三年级用,乙编供四~六年级用
  卷端题名:台湾省国民学校暂用国语课本

国图　人教

2－0791

国语课本
哈尔滨市教科书编纂委员会编
　　哈尔滨　松江省政府教育厅　民国35.8[1946.8]-
　　12册(⑦64,⑨74,⑪85页)　32开
　　第7,9册：民国35.8初版
　　第11册：民国35.9初版
　　辽宁(7,9,11)

2－0792

国文初步
吴拯寰编
　　上海　三民图书公司　民国35.8[1946.8]-
　　4册(①18,②18,④18页)　图　32开
　　第1-2,4册：民国35.8第4版
　　辞书(1-2,4)

2－0793

国语
合江省政府教育厅编审委员会编
　　合江　东北书店　民国35.9[1946.9]-
　　8册(⑧99页)　32开
　　第8册：民国35.9初版
　　辽宁(8)

2－0794

国语新课本
李文浩,王杏生著　教育部国语推行委员会编
　　上海　开明书店　民国36.7-37.7[1947.7-1948.7]
　　4册(43,47,47,59页)　图　32开
　　第1册(注音符号)：民国36.7初版,民国37第2版
　　第2册(声韵练习)：民国37.2初版
　　第3册(词语研究)：民国37.3初版,民国37.10第2版
　　第4册(国语浅说)：民国37.7初版
　　国图　人教　广东中山(1)

2－0795

国语
于人骥选编
　　上海　正中书局　民国37.7[1948.7]
　　5册([136]页)　32开
　　第1-5册：民国37.7版
　　国图

2－0796

小学课本国语
山东省政府教育厅编审
　　济南　华东新华书店　民国37.9[1948.9]-
　　12册(③32,④42,⑤53,⑨77,⑩66,⑪92,⑫78页)　图
　　32开
　　第3册(二年级上册)：民国38.2初版
　　第4册(二年级下册)：民国37.9初版
　　第5册(三年级上册)：民国38.3初版
　　第9册(五年级上册)：民国38.3初版

　　第10册(五年级下册)：民国37.9初版
　　第11册(六年级上册)：民国38.2初版
　　第12册(六年级下册)：民国37.9初版
　　逐页题名：小学国语
　　其他题名：国语
　　其他题名：小学三年级国语
　　人教(3-5,9-12)　辞书(5)

2－0797

现代国语课本
　　上海　上海书局　民国37[1948]
　　4册([314]页)　图　32开　线装
　　第1-4册：民国37年版
　　华侨小学适用
　　人教

2－0798

通俗国文教科书
教育部审定　国民学校用
逐页题名：通俗国文教科
卷端题名：国民学校通俗国文教科书
　　①上海　商务印书馆　[1912-1949?]
　　　册(①29,②37,③41叶)　图　大32开　线装
　　第1-3册：版次不详
　　春季始业用
　　辞书(1-3)
　　②[上海]　中华书局　[1912-1949?]
　　　册(①29,②38,③42,④55,⑤44叶)　图　32开　线装
　　第1-5册：版次不详
　　辞书(1-5)

2－0799

补习国语
吴拯寰编
　　上海　三民图书公司　[1912-1949?]
　　6册(10,10,10,11,19,20页)　图　32开
　　第1-6册：版次不详
　　假期课本
　　辞书

2－0800

国语临时样本
　　[上海]　[中华书局]　[1912-1949?]
　　8册(50,56,56,56,76,78,78,78页)　图　32开
　　第1-8册：版次不详
　　逐页题名：新学制国语教科书
　　其他题名：小学教科书国语临时样本
　　辞书

2－0801

国语课本
山东省胶东区行政公署教育处编
　　山东　胶东教育印刷社　[1912-1949?]
　　　册(②69页)　32开
　　第2册：版次不详

河南(2)

2-0802
国文初步
吴拯寰编

上海　春江书局　[1912-1949?]
4册(③18页)　图　32开
第3册:版次不详
辞书(3)

2-0803
开明活叶小学国语教材
开明书店编

上海　[编者刊]　[1912-1949?]
2册(210,208页)　图　大32开
第1-2册:版次不详
封面题名:开明活叶文选
其他题名:小学国语教材
辞书

2-0804
战时国文补充教材
鲁荡平编

[出版者不详]　[1912-1949?]
110页　32开
上海

2-0805
好儿童
卢冠六编

上海　三民图书公司　[1912-1949?]
4册(16,16,16,16页)　图　32开
第1-4册:版次不详
辞书

*　*　*

2-0806
最新国文教科书
蒋维乔,庄俞编纂　高凤谦,张元济校订

上海　商务印书馆　清光绪31.7[1905]-
10册(55,53,51,49,53,54,51,54,55,60叶)　图(含彩图)　大32开　线装
第1册:光绪31第8版,光绪32.2第17版,光绪32第18版,光绪32第26版,光绪33.5第36版,光绪34.1第42版
第2册:光绪31第7版,光绪32.1第13版,光绪32.3第16版,光绪32第19版,光绪33.5第28版,宣统2.2第51版
第3册:光绪31第3版,光绪31.9第7版,光绪32.3第12版,光绪33.12第19版,光绪33.4第21版,宣统1.1第32版,宣统1第40版,民国2.9第57版
第4册:光绪31第3版,光绪31.10第7版,光绪32.12第16版,光绪33.1第16版,光绪34.5第25版,宣统1.2第28版,宣统1.9第40版,民国2.9第43版
第5册:光绪31.7初版,光绪32.1第4版,光绪32.3第6版,光绪32.4第7版,光绪34.5第16版,光绪34.5第19版,宣统1.3第26版,宣统2.2第32版
第6册:光绪31.10第3版,光绪33.3第10版,光绪34.3第14版,光绪34第15版,光绪34.9第17版,宣统1.1第18版,宣统2.7第29版
第7册:光绪31.12第2版,光绪32.3第4版,光绪32.4第5版,光绪32第8版,光绪33第11版,光绪33.11第18版
第8册:光绪31.11初版,光绪32.2第2版,光绪32第7版,光绪33.11第10版,光绪34.5第11版,宣统1.10第17版
第9册:光绪32.2第2版,光绪32.3第3版,光绪33.9第8版,光绪34.5第11版
第10册:光绪31.10初版,光绪32.4第3版,光绪32.4第4版,光绪32第6版,光绪34.9第12版,宣统2.3第17版,宣统2.7第19版,民国3.7第23版
清学部审定　初等小学用
初版附注:清光绪30年12月-31年11月初版
版权页题名:国文教科书
版权页题名:初等小学最新国文教科书
封面题名:最新初等小学国文教科书
国图(1,3)　辞书　云南社科(1-4)　广西师大(2-7,9)　编译馆(10)

2-0807
初等小学国文教科书
上海春风馆编纂　汤寿潜鉴定

上海　南洋官书局　清光绪31.12[1906]-
10册　大32开　线装
第2-3,6-10册:光绪31.12初版
版权页题名:国文教科书
逐页题名:初等国文教科书
人教(2-3,6-10)　辞书(6-10)

2-0808
初等小学女子国文教科书
何琪编辑　会文学社编译

上海　会文学社　清光绪32.1[1906]-
8册(①30,②25,③30,④30,⑤35,⑥40,⑧37叶)　图(含彩图)　大32开　线装
第1册:光绪32.6第2版
第2册:光绪32.1初版,光绪32.6第2版
第3册:光绪32.1初版
第4册:光绪32.1初版,光绪32.6第2版
第5册:光绪32.6第2版
第6册:光绪32.4初版,光绪32.6第2版
第8册:光绪32.6第2版
初等女学堂用书
初版附注:清光绪32年1月-? 初版
封面题名:最新初等小学女子国文教科书
逐页题名:初等女子国文教科书
辞书(1-6,8)

2-0809
最新女子初等小学国文教科书
何琪编　李士贞校订

上海　会文学社　清光绪 32.4-34.9[1906-1908]
8 册([470]页)　图　32 开　线装
第 1-8 册：光绪 32.4-34.9 初版
人教

2-0810

国文新教科书
陆保璇,杨天骥订正
上海　乐群书局　清光绪 32.5[1906]-
10 册(①65,②69,③53,⑦46 叶)　图(含彩图)　大 32 开
　线装
第 1 册：光绪 32.5 初版,光绪 33.10 第 5 版
第 2 册：光绪 32.9 初版,光绪 33.8 第 5 版
第 3 册：光绪 32.11 初版
第 7 册：光绪 32.11 第 4 版
封面题名：初等小学国文新教科书
逐页题名：国文新教科书
人教(1-3)　辞书(1,3,7)

2-0811

最新初等小学国文教科书
戴克让编辑
上海　彪蒙书室　清光绪 32.7[1906]-
10 册(①49,②63,③63,④64,⑤60,⑥58,⑦51,⑧59 叶)　图
　(含彩图)　大 32 开　线装
第 1 册：光绪 32.7 初版
第 2 册：宣统 1.1 第 9 版
第 3 册：宣统 1.1 第 9 版
第 4 册：宣统 1.1 第 9 版
第 5 册：光绪 34.4 第 2 版
第 6 册：光绪 34.4 第 3 版
第 7 册：光绪 34.4 第 2 版
第 8 册：光绪 34.4 第 2 版
初等小学堂课本
版权页题名：初等小学国文教科书
辞书(1-4)　广西师大(5-8)

2-0812

初等小学国语教科书
黄展云,林万里,王永炘编纂
上海　商务印书馆　民国 3.8[1914.8]-
4 册(①31 叶)　大 32 开　线装
第 1 册：民国 3.8 第 9 版,民国 5.5 第 13 版,民国 8.3 第 17 版
初版附注：清光绪 32 年 8 月初版
其他题名：最新国语教科书
其他题名：(订正)最新国语教科书
人教(1)　辞书(1)

2-0813

学部第一次编纂初等小学国文教科书
(清)学部编译图书局编纂
南京　两江南洋官书局　清宣统 1.1[1909]-
8 册(②59,⑤50,⑥62,⑦54,⑧60 叶)　图(含彩图)　大 32
　开　线装
第 2 册：宣统 1.1 重印版
第 5 册：宣统 1.7 重印版
第 6 册：宣统 1.7 重印版
第 7 册：宣统 2.1 重印版
第 8 册：宣统 1.11 初版
初版附注：清光绪 32 年 11 月-宣统元年 11 月初版
版权页题名：国文教科书
逐页题名：初等小学国文教科书
辞书(2,5-8)

2-0814

初等小学国文教科书
(清)学部编译图书局编
上海　新学会社　清光绪 32.11-宣统 2.12[1906-1911]
5 册([488]页)　图　32 开　线装
第 1-5 册：光绪 32.11-宣统 2.12 初版
清学部统编教科书
人教

2-0815

初等小学国文教科书
陈子褒,陈子韶编辑
广州　蒙学书局　清光绪 32.12[1907]-
8 册(③59,④52,⑥47,⑦55,⑧58 叶)　图(含彩图)　大 32
　开　线装
第 3 册：光绪 32.12 初版,民国 1.8 第 2 版
第 4 册：光绪 32.12 初版,民国 1.7 第 2 版
第 6 册：民国 1.8 第 2 版
第 7 册：光绪 32.12 初版
第 8 册：光绪 32.12 初版
封面题名：蒙学书局最新初等小学国文教科书
人教(3-4,7-8)　辞书(3-4,6-8)

2-0816

小学教科初等国文教科书
黄守孚著　吴子城图画　夏日琦校阅
上海　集成图书公司　清宣统 1.2[1909]-
16 册(②28,⑤27,⑥27,⑦27,⑧27,⑨18,⑩18,⑪19,⑫20,⑬
　27,⑭28,⑮28,⑯33 叶)　图(含彩图)　大 32 开　线装
第 2 册：宣统 3.1 第 19 版
第 5 册：民国 1.6 第 19 版
第 6 册：宣统 3.1 第 18 版
第 7 册：民国 2.1 第 19 版
第 8 册：宣统 3.1 第 18 版
第 9 册：民国 1.10 第 16 版
第 10 册：宣统 3.1 第 17 版
第 11 册：民国 1.10 第 16 版
第 12 册：宣统 3.7 第 4 版
第 13 册：宣统 3.1 第 16 版
第 14 册：宣统 1.2 初版
第 15 册：宣统 3.1 第 15 版
第 16 册：民国 1.10 第 16 版
初版附注：清光绪 32 年 12 月-? 初版
人教(2,5,8-16)　辞书(2,5-16)

2-0817

初等小学国文课本
朱树人编辑　沈恩孚,夏日珖校订
上海　中国图书公司　清光绪 34.8[1908]-
8册(27,35,37,49,44,53,55,66叶)　图　大32开　线装
第1册: 光绪 34.8 第3版,民国 1.3 改正7版
第2册: 光绪 34.10 第3版,民国 1.3 改正7版
第3册: 光绪 34.8 第2版,民国 1.3 改正7版
第4册: 光绪 34.10 第2版,民国 1.3 改正8版,民国 1.12 改正9版
第5册: 民国 1.7 改正7版
第6册: 民国 2.2 改正6版
第7册: 民国 1.3 改正4版,民国 2.2 改正5版
第8册: 民国 1.3 改正7版
江苏图书审查会采定　学生用书　春季始业
初版附注: 清光绪 33 年 1 月- 34 年 4 月初版
其他题名: 中华民国初等小学国文课本
人教(4-5,7)　辞书

2-0818

简明国文教科书
戴克敦,庄俞,蒋维乔,沈颐编纂　高凤谦,张元济校订
上海　商务印书馆　清光绪 33.6[1907]-
8册(①41,②42,③38,④40,⑤49,⑦43,⑧41叶)　图(含彩图)　大32开　线装
第1册: 光绪 33.6 初版,民国 1 第 16 版
第2册: 光绪 33.10 初版
第3册: 光绪 34.5 初版,宣统 2.5 第7版
第4册: 宣统 2.2 第5版
第5册: 版次不详
第7册: 宣统 1.2 第2版
第8册: 光绪 34.9 初版
初等小学用
版权页题名: 初等小学简明国文教科书
人教(1-5,7-8)　辞书(1-3,8)　云南社科(1)　广西师大(3-4,7)

2-0819

(订正)女子国文教科书
戴克敦,蒋维乔,沈颐,庄俞编纂　高凤谦,张元济校订
上海　商务印书馆　民国 1.3[1912.3]-
8册(40,41,35,36,40,40,40,44叶)　图　大32开　线装
第1册: 民国 2.1 第 18 版,民国 16.6 第 133 版
第2册: 民国 2.1 第 16 版,民国 15.10 第 107 版
第3册: 民国 2.1 第 12 版,民国 2 第 14 版,民国 15.1 第 79 版
第4册: 民国 1.12 第 11 版,民国 13.7 第 65 版
第5册: 民国 1.3 初版,民国 2.5 第 14 版,民国 15.11 第 61 版
第6册: 民国 1 第 10 版,民国 2.5 第 12 版,民国 13.5 第 51 版
第7册: 民国 1.9 第 8 版,民国 2.5 第 10 版,民国 13.2 第 28 版
第8册: 民国 1.4 初版,民国 13.9 第 28 版
初等小学用
初版附注: 清光绪 33 年 6 月初版

初版附注: 民国元年 3-4 月订正初版
其他题名: 女子国文教科书
北师大　人教　上师大(6)　辞书(5,7)　云南社科(3)

2-0820

国语教科书
黄展云,林万里,王永炘编
上海　商务印书馆　清光绪 33.8[1907]
3册(31,35,34叶)　32开　线装
第1册: 光绪 33.8 初版,宣统 2.6 第7版
第2册: 光绪 33.8 初版
第3册: 光绪 33.8 初版
清学部审定　初等小学第三～四年级用
人教　辞书　广西师大(1)

2-0821

初等小学女子国文课本
许家惺编
上海　群学社　清光绪 33[1907]版
30页　[32开]　线装
其他题名: 女子国文课本
上海

2-0822

简易国文教科书
戴克敦,蒋维乔,庄俞,沈颐编纂　高凤谦,张元济校订
上海　商务印书馆　清宣统 1.7[1909]-
6册(②30,⑤29,⑥29叶)　图　大32开　线装
第2册: 宣统 1.7 初版
第5册: 宣统 2.6 第2版
第6册: 宣统 1.7 初版
清学部审定　初等小学三年级用
版权页题名: 初等小学简易国文教科书
辞书(2,5-6)

2-0823

学部第一次编纂初等小学国文教科书
(清)学部编译图书局编纂
湖北　湖北官刷印局　清宣统 2.4[1910]-
8册(②70,③60,⑤50,⑦54,⑧60叶)　图(含彩图)　大32开　线装
第2册: 宣统 2.11 翻印
第3册: 宣统 2.12 翻印
第5册: 宣统 2.11 翻印
第7册: 宣统 2.4 翻印
第8册: 宣统 2.4 翻印
初版附注: 清宣统元年 11 月初版
逐页题名: 初等小学国文教科书
封面题名: 初等小学堂五年完全科国文教科书
辞书(2-3,5,7-8)

2-0824

初等小学国文课本
陶守恒,孙锡皋,黄龙骧,章鸿遇,顾倬编辑　沈恩孚,杨保恒校订

上海　中国图书公司　清宣统2.1[1910]-

8册(24,26,27,29,22,30,25,31叶)　图　大32开　线装

第1册(一编上):民国1改正4版

第2册(一编下):宣统2.1初版,民国1改正5版

第3册(二编上):宣统2年版,民国1改正4版,民国2.3第4版

第4册(二编下):宣统2.1初版,民国2.3第4版

第5册(三编上):宣统2.1初版,宣统2.1第3版,民国1改正3版

第6册(三编下):宣统2.1初版,宣统2.1第3版,民国1改正3版

第7册(四编上):宣统2年版,民国1改正3版

第8册(四编下):民国1改正4版,民国1改正5版

改正单级用

初版附注:清宣统2年正月初版

人教(2-8)　辞书　云南社科(3,7)

2-0825

初等小学国文教科书

(清)学部编译图书局编纂

8册　图(含彩图)　大32开　线装

初版附注:清宣统2年12月初版

①北京　[编者刊]　清宣统2[1910]-

第7册:宣统2年版

第8册:宣统3年版

国图(7-8)

②南京　两江南洋官书局　清宣统3.2[1911]-

第1册:宣统3.2重印

第3册:宣统3.5重印

第4册:宣统3.5重印

第5册:宣统3.5重印

第6册:宣统3.8重印

上海(4)　辞书(1,3-6)

③湖北　湖北官刷印局　清宣统3.6[1911]-

第1,3册:宣统3.6翻印

封面题名:初等小学堂四年完全科国文教科书

人教(1,3)　辞书(1,3)

2-0826

女子初等小学国文教科书

(清)学部编译图书局编

北京　[编者刊]　清宣统2[1910]-

册　线装

第1册:宣统2年版

国图(1)

2-0827

(订正)最新国文教科书

蒋维乔,庄俞编纂　高凤谦,张元济校订

上海　商务印书馆　民国1.1[1912.1]-

10册(52,49,47,53,46,54,51,54,55,61叶)　图　大32开　精装

第1册:民国1.6第82版,民国14.5第94版

第2册:民国1.5第3版,民国1.8第69版,民国2第71版,民国11.4第78版

第3册:民国1.1初版,民国1.5版,民国2.9第57版,民国3.6第59版,民国6.1第60版

第4册:民国2.9第43版,民国2第49版,民国3.7第53版,民国10.7第53版

第5册:民国1.1初版,民国2.12第36版,民国10.7第46版

第6册:民国1初版,民国2.10第35版,民国10.8第37版

第7册:民国1.1初版,民国1.5第30版,民国2.1第31版,民国2.10版,民国3.7第33版,民国11.1第34版

第8册:民国1.1初版,民国2.9第27版,民国4.9第29版

第9册:民国1.3版,民国2.1第24版,民国3.7第27版,民国14.4第28版

第10册:民国1.1初版,民国2.7第22版,民国3.7第23版

初版附注:民国元年1-3月初版

逐页题名:初等小学国文教科书

其他题名:最新国文教科书

国图(2)　上师大(2-5,7)　辞书(1-4,6-10)　编译馆

2-0828

(订正)初等小学简明国文教科书

戴克敦,庄俞,蒋维乔,沈颐编纂　高凤谦,张元济校订

上海　商务印书馆　民国1.1[1912.1]-

8册(④39,⑤35,⑥42,⑦43,⑧40叶)　图　大32开　线装

第4册:民国1.1订正初版,民国2.1订正11版

第5册:民国1.1订正初版

第6册:民国1.1订正初版

第7册:民国1.1订正初版

第8册:民国1.1订正初版

中华民国初等小学用

逐页题名:简明国文教科书

其他题名:初等小学简明国文教科书

人教(4,6)　上师大(5)　辞书(4,7-8)

2-0829

中华初等小学国文教科书

华鸿年,何振武编　侯鸿鉴,陆费逵,戴克敦,姚汉章阅

上海　中华书局　民国1.1[1912.1]-

8册(27,27,30,33,27,30,33,37叶)　图(含彩图)　32开　线装

第1册:民国1.1初版,民国1.4第19版,民国1.8第45版,民国2.3第76版,民国2.6版

第2册:民国1.7第16版,民国1.10订正本51版,民国2.1第64版,民国2.4第73版,民国7.4第83版

第3册:民国1.4第17版,民国1.8第21版,民国1.9第42版,民国2.2第64版,民国3.12第83版

第4册:民国1.7第16版,民国1.8第20版,民国1.9第25版,民国2.1第57版,民国2.5第87版

第5册:民国1.4第7版,民国1.4第13版,民国1.8第18版,民国1.8第23版,民国2.4第58版,民国第60版,民国4.1第67版

第6册:民国1.8第9版,民国1.8第12版,民国2.1第42版,民国2.4第49版,民国4.1第55版

第7册:民国1.8第14版,民国1.9第15版,民国2.1第37

版,民国2.6第49版

第8册：民国1.1初版,民国1.8第6版,民国2.2第39版,民国2.5第40版

教育部审定

逐页题名：初等小学国文教科书

人教　辞书　编译馆

2-0830

新国民国文课本

刘传厚,庄适编辑

上海　中国图书公司　民国1.2[1912.2]-

4册(29,29,28,29叶)　图(含彩图)　大32开　线装

第1册：民国1.2初版,民国1.10第2版

第2册：民国1.6第2版

第3册：民国1.2初版

第4册：民国1.6初版

初等小学校用

人教　辞书

2-0831

初等小学民国新国文教科书

江乃民著

上海　新学会社　民国1.2[1912.2]-

8册(①40,②41,③40,④40,⑤40,⑥40,⑧40叶)　图　大32开　线装

第1册：民国1.2初版,民国2.3第7版

第2册：民国1.12初版,民国2.2第5版

第3册：民国1.2初版,民国2.3第5版

第4册：民国1.3初版,民国2.3第5版

第5册：民国1.6初版

第6册：民国1.7初版

第8册：民国1.9初版,民国2.3第4版

逐页题名：民国新国文教科书

人教(1-6,8)　辞书(1-6,8)

2-0832

新国文

庄俞,沈颐编纂　高凤谦,张元济校订

上海　商务印书馆　民国1.4[1912.4]-

8册(26,26,25,27,28,26,32,34叶)　图(含彩图)　32开　线装

第1册：民国1.4初版,民国1.4第2版,民国1.10第14版,民国2.4版,民国2.5第226版,民国5.7第641版,民国15第2546版

第2册：民国1.4初版,民国1.4第2版,民国1.9第10版,民国2.2第27版,民国2.4第177版,民国2.6第247版,民国3.2第412版,民国11第1898版

第3册：民国1.4初版,民国2.2第88版,民国2.6第211版,民国3.8第397版,民国15第2116版

第4册：民国1.10第10版,民国2.1第14版,民国2.2第59版,民国2.3第101版,民国2.3第131版,民国2.6第196版,民国3.8第346版,民国15第1897版

第5册：民国1.8初版,民国2.1第40版,民国2.4第131版,民国2.7第186版,民国3.6第271版

第6册：民国1.9第7版,民国2.3第61版,民国2.4第105版,民国3.8第255版

第7册：民国1.8初版,民国2.4第83版,民国2.6第116版,民国3.6第197版,民国9年版,民国15第1071版

第8册：民国1.9第4版,民国2.4第73版,民国2.7第122版,民国3.6第182版,民国15第906版,民国16第946版

教育部审定　初等小学校学生用　春季始业

初版附注：民国元年4月-？初版

其他题名：初等小学新国文

其他题名：共和国教科书新国文

国图　北师大(6)　人教　上海(7)　上师(1)　辞书　广东　中山(1-4,7-8)　编译馆(4-5)

2-0833

新制中华国文教科书

陆费逵,沈颐,戴克敦,华鸿年编　范源廉阅

上海　中华书局　民国1.10[1912.10]-

12册(24,21,21,23,21,20,23,20,20,24,20,24叶)　图(含彩图)　大32开　线装

第1册：民国1.10初版,民国1.12第3版,民国2.3第20版,民国2.5第33版,民国2.5第34版,民国9.3第106版,民国9.3第111版,民国9.6版

第2册：民国1.12初版,民国2.1第7版,民国2.4第21版,民国3.1第35版,民国8.8第91版,民国9 106版,民国9.3第132版

第3册：民国2.2第3版,民国2第6版,民国2.4第21版,民国4.4第38版,民国9第91版,民国9第94版,民国9.3第99版

第4册：民国2.2第3版,民国2.5第22版,民国4.8第41版,民国9第86版,民国9.3第94版,民国9.3第96版

第5册：民国1.12初版,民国2.1第7版,民国2.4第21版,民国4.3第46版,民国9第95版,民国9.3第100版,民国9.3第101版

第6册：民国2.2初版,民国2.6第12版,民国4.5第31版,民国9第70版,民国9.3第76版,民国9.3第95版

第7册：民国2.1初版,民国4.5第5版,民国9.7第63版,民国19.3第68版

第8册：民国1.12第5版,民国1.12第7版,民国2.3第16版,民国2.5第21版,民国2.6第26版,民国4.5第41版,民国8.3第64版,民国9.2第71版,民国9第84版

第9册：民国2.2第3版,民国2.4第3版,民国3.1第11版,民国4.3第19版,民国9第48版,民国9.3第59版,民国9.3第71版

第10册：民国2.1初版,民国2.5第3版,民国4.7第17版,民国9第41版,民国9.3第47版,民国9.3第61版

第11册：民国2.5第6版,民国2.5第7版,民国2第10版,民国2.5第16版,民国4.5第34版,民国4第42版,民国9.1第53版,民国9.3第74版

第12册：民国2.2初版,民国3第15版,民国4第18版,民国4.5第19版,民国9第36版,民国9.3第41版,民国9.3第52版

教育部审定　国民学校用　初等小学校用　秋季始业　第一

学年第一学期～第四学年第三学期
版权页题名：新制中华初等小学国文教科书
北师大　人教　上海(3,8)　辞书

2-0834

新制国文教科书
陆费逵等编
上海　中华书局　民国1.10[1912.10]-
12册　图　32开　线装
第6,8,11册：民国1.10初版
国民学校用　秋季始业
国图(6-8)　人教(6-8,11)

2-0835

初等小学国文教科书
张继煦，李步青编纂　万声扬，王式玉校阅　冯兆南绘图
武昌　共和编译社　民国1.11[1912.11]-
册(①30,②51叶)　图　大32开　线装
第1册：民国1.11初版
第2册：民国2.1初版
第一学年第一学期～第三学期用
人教(1-2)　辞书(1-2)

2-0836

南洋华侨国语教科书
陈抚辰编纂　金衡甫校正　张瑞安校正译法
上海　中华书局　民国1.12[1912.12]
2册(23,24叶)　32开　线装
上下册：民国1.12初版
初等预备班用书
人教　辞书

2-0837

中华民国国文教科书
新教育社编辑部编辑
上海　新教育社　民国1.12[1912.12]-
8册(①28,③27,④28,⑤26,⑥25,⑦30,⑧35叶)　图　大32开　线装
第1册：民国1.12第4版,民国1.12第6版
第3册：民国1.12第4版
第4册：民国2.1第2版,民国2.1第4版
第5册：民国1.12第4版,民国1.12第6版
第6册：民国2.1第5版
第7册：民国1.12第4版,民国1.12第6版
第8册：民国1.12第4版
教育部审定　初等小学校用
逐页题名：中华民国初等小学国文教科书
人教(1,3-8)　辞书(1,3-8)

2-0838

新国文：乙种
庄俞，沈颐编纂　高凤谦，张元济校订
上海　商务印书馆　民国1.12[1912.12]-
8册(21,29,21,32,24,30,27,39叶)　图　大32开　线装
第1册：民国1.12初版,民国2.4第29版,民国2.4第40版,民国2.4第69版
第2册：民国1.12初版,民国2.4第38版,民国2.4第62版,民国2.6第92版,民国15.9第193版
第3册：民国2.4第22版,民国2.4第24版,民国2.4第54版,民国11.3第149版
第4册：民国1.12初版,民国2.1第3版,民国2.6第82版,民国14.3第161版
第5册：民国1.12初版,民国2.1版,民国2.2第8版,民国2.4第24版,民国10.7第108版
第6册：民国1.12初版,民国2.5第38版,民国3.3第59版
第7册：民国1.12初版,民国2.4第19版,民国2.7第54版,民国5.5第64版,民国15.9第105版
第8册：民国1.12初版,民国2第2版,民国2.4第38版,民国10.9第73版
教育部审定　初等小学校、国民学校学生用　第一学年～第四学年用　秋季始业
其他题名：初等小学新国文(乙种)
其他题名：共和国教科书初等小学新国文
北师大　人教(1-2,4-8)　辞书

2-0839

中华大民国新国文教科书
彪蒙书室编
上海　[编者刊]　民国1[1912]-
8册(①14叶)　图(含彩图)　大32开　线装
第1册：民国1年版
初等小学学生用
逐页题名：大民国教科书新国文
其他题名：新国文
人教(1)　辞书(1)

2-0840

初等小学国语课本
陶守恒编
上海　中国图书公司　民国1[1912]-
8册　32开　线装
第3册(二编上卷)：民国1年版
第7-8册(四编上下卷)：民国1年版
改正单级用
人教(3,7-8)

2-0841

新编中华民国国文教科书
吕思勉编辑　杨兆麟校订
上海　民国南洋图书沪局　民国2.2[1913.2]
12册(24,19,27,27,20,27,35,22,34,34,23,32叶)　图　大32开　线装
第1-12册：民国2.2初版
新编共和初等小学校用　第一年第三学期～第四年第三学期
封面题名：中华民国国文教科书
逐页题名：新编初等小学国文教科书
其他题名：新编中华民国初等小学国文教科书
人教　辞书

2-0842

初等小学国语教科书
周肇华,李文渠编辑　柏海翔校阅
　　上海　[中华书局]　民国2.2[1913.2]
　　10册(25,28,27,27,30,30,30,30,30,30叶)　32开　线装
　　第1-10册:民国2.2初版
　　南洋华侨初等小学用
　　封面题名:民国华侨初等小学国语教科书
　　其他题名:民国华侨国语教科书
　　人教　辞书

2-0843

新制中华国文教科书
屠元礼编　沈颐等阅
　　上海　中华书局　民国2.5[1913.5]-
　　12册(①90,⑥88,⑫120叶)　图　32开　线装
　　第1册:民国2.5初版
　　第6册:民国2.8第2版
　　第12册:民国3.1第2版
　　初等小学第一学年～第四学年用
　　初版附注:民国2年2月-?初版
　　北师大(1,6,12)

2-0844

新教育秋期国文教科书
新教育社编辑部编辑
　　上海　新教育社　民国2.4-7[1913.4-7]
　　12册(24,19,18,24,18,18,24,18,18,23,19,23叶)　图　32开　线装
　　第1册:民国2.5初版
　　第2册:民国2.5初版
　　第3册:民国2.5初版
　　第4册:民国2.4初版
　　第5册:民国2.4初版
　　第6册:民国2.4初版
　　第7册:民国2.4初版
　　第8册:民国2.4初版
　　第9册:民国2.4初版
　　第10册:民国2.7初版
　　第11册:民国2.7初版
　　第12册:民国2.7初版
　　初等小学校第一学年第一学期～第四学年第三学期用
　　逐页题名:初等小学国文教科书
　　其他题名:新教育国文教科书
　　人教(7-12)　辞书

2-0845

初等小学新国文教科书
刘传厚,庄适编辑
　　上海　中国图书公司　民国2.5[1913.5]
　　8册(22,30,22,30,28,33,29,41叶)　图　32开　线装
　　第1-8册:民国2.5初版
　　学生用书　秋季始业
　　人教　辞书

2-0846

国民教育国文教科书
陆懋勋,金兆蕃编辑　国民教育编译局编辑部校订
　　上海　国民教育编译局　民国2.6[1913.6]-
　　12册(①40,②30,⑦41,⑨32,⑩42叶)　图(含彩图)　大32开　线装
　　第1-2,7,9-10册:民国2.6初版
　　初等小学校学生用　秋季始业　第一学年～第四学年用
　　版权页题名:国民初等小学国文教科书
　　人教(1-2,7,9-10)　辞书(1-2,7,9-10)

2-0847

中华民国新国文
张景良编纂
　　上海　文明书局　民国2.8[1913.8]-
　　12册(①25,②17,③20,④24,⑤18,⑥24,⑦33,⑧22,⑨26,⑩35叶)　图(含彩图)　大32开　线装
　　第1册:民国2.8初版,民国3.7第3版
　　第2册:民国2.8初版,民国3.7第2版
　　第3册:民国2.8初版,民国3.7第2版
　　第4册:民国2.8初版,民国3.7第2版
　　第5册:民国2.8初版,民国3.7第2版
　　第6册:民国2.8初版
　　第7册:民国2.8初版
　　第8册:民国2.8初版
　　第9册:民国2.8初版,民国4.1第2版
　　第10册:民国2.8初版
　　教育部审定　初等小学校教科书　秋季始业　第一年第一学期～第四年第三学期
　　逐页题名:初等小学校国文教科书
　　其他题名:新国文
　　人教(1-7)　辞书(1-10)

2-0848

中华民国新国文
俞复,丁宝书编著
　　上海　文明书局　民国2.8[1913.8]-
　　12册(①33,②23,③27,④26,⑤18,⑥18,⑦28叶)　图(含彩图)　大32开　线装
　　第1册:民国2.8初版,民国3.10第2版
　　第2册:民国2.8初版,民国3.10第2版
　　第3册:民国2.8初版
　　第4册:民国2.8初版,民国2.10版
　　第5册:民国2.8初版,民国3.10第2版
　　第6册:民国2.8初版,民国3.10第2版
　　第7册:民国4.1初版
　　教育部审定　初等小学用书　秋季始业　第一年第一学期～第三年第三学期
　　逐页题名:中华民国小学教科新国文
　　其他题名:新国文
　　其他题名:初等小学校新国文
　　辞书(1-7)

2-0849

(订正)新编国文教科书
戴克敦等编

上海　中华书局　民国 2.11[1913.11]

8册([229]叶)　图　32开　线装

第1-8册:民国2.11初版

国民学校用　春季始业

本书为《新编中华国文教科书》简编本

其他题名:新编国文教科书

人教

2-0850

新编中华国文教科书
戴克敦,范源廉,沈颐等编

上海　中华书局　民国2.11[1913.11]-

8册(25,24,22,26,26,29,30,38叶)　图(含彩图)　大32开　线装

第1册:民国2.11初版,民国2.12第3版,民国4.6第21版,民国9.2第50版,民国12.5第63版

第2册:民国2.11初版,民国3.7第9版,民国4.7第15版,民国9.1第45版,民国9.3第53版,民国11.3版

第3册:民国2.12初版,民国4.3第13版,民国9.1第14版,民国9.3第53版,民国10.9版

第4册:民国4.6第12版,民国4.7第13版,民国9.2第39版,民国12.3第46版,民国12.5第48版

第5册:民国4.2第10版,民国4.7第13版,民国9.3版,民国9.5第37版,民国11.3第42版,民国12.5第48版

第6册:民国4.6第8版,民国7.8第20版,民国7.11第23版,民国9.1第28版,民国9.3第34版

第7册:民国4.2第10版,民国4.3第11版,民国9.1第27版,民国12.5第31版,民国12.5第32版

第8册:民国3.2第2版,民国3.7第4版,民国3.8第7版,民国4.6第9版,民国7.8第19版

教育部审定　国民学校用　初等小学校用　春季始业

初版附注:民国2年11月-3年2月初版

版权页题名:新编中华国民学校国文教科书

人教(1-6)　华师大(4-8)　辞书

2-0851

初等小学单级国文教科书
庄适,郑朝熙编纂　高凤谦,陈宝泉,庄俞,张元济校订

上海　商务印书馆　民国2.11[1913.11]-

12册(24,36,36,46,34,34,42,34,38,34,38叶)　图(含彩图)　32开　线装

第1册(卷一上):民国2.11初版

第2册(卷一中):民国2.12第6版,民国3.6第9版

第3册(卷一下):民国2.12第6版,民国3.6第9版

第4册(卷二上):民国3.1初版,民国3.6第9版

第5册(卷二中):民国3.3第6版,民国3.6第9版

第6册(卷二下):民国3.2初版,民国3.6第9版

第7册(卷三甲编上):民国3.5第2版,民国3.6第9版

第8册(卷三甲编中):民国3.4初版,民国3.6第9版

第9册(卷三甲编下):民国3.4初版,民国3.6第9版

第10册(卷三乙编上):民国3.7第9版

第11册(卷三乙编中):民国3.4初版,民国3.6第9版

第12册(卷三乙编下):民国3.6第9版

初等小学第一学年～第四学年适用

封面题名:单级国文教科书

北师大(2-12)　人教(2-12)　辞书(1)　河南(5)

2-0852

新编国文教科书
新学会社编辑

上海　[编者刊]　民国2.12-3.1[1913.12-1914.1]

8册(25,25,25,26,28,27,27,29叶)　图(含彩图)　大32开　线装

第1册:民国2.12初版

第2册:民国2.12初版

第3册:民国2.12初版

第4册:民国2.12初版

第5册:民国3.1初版

第6册:民国3.1初版

第7册:民国3.1初版

第8册:民国3.1初版

初等小学校用

版权页题名:初等小学国文教科书

人教　辞书

2-0853

女子国文教科书
戴克敦等编纂

上海　商务印书馆　民国2[1913]-

8册　大32开

第1-2,5,7册:民国2年版

教育部审定　初等小学用

人教(1-2,5,7)

2-0854

新制单级国文教科书
刘传厚,范源廉,沈颐编

上海　中华书局　民国3.1-8[1914.1-8]

12册(24,18,18,20,17,22,20,20,23,21,21叶)　图　大32开

第1册:民国3.1初版,民国3.10第4版,民国4.3第8版,民国8.8第31版,民国10.3第41版

第2册:民国3.1初版,民国4.3第6版,民国8.8第31版,民国10.7第43版

第3册:民国3.1初版,民国4.7第7版,民国8.8第29版,民国10.8第39版

第4册:民国3.2初版,民国3.8第2版,民国4.6第7版,民国6.7第18版,民国8.8第32版,民国10.8第42版

第5册:民国3.3初版,民国3.10第3版,民国4.2第6版,民国8.8第30版,民国10.6第38版,民国9.3第56版

第6册:民国3.6初版,民国4.6第7版,民国5.8第18版,民国8.8第32版,民国10.3第40版

第7册(第7册甲编):民国3.8初版,民国4.6第5版,民国8.8第24版,民国10.7第33版

第8册(第7册乙编)：民国3.8初版,民国4.6第7版,民国5.12第11版,民国8.8第23版,民国10.8第29版

第9册(第8册甲编)：民国3.8初版,民国4.6第7版,民国8.8第25版,民国9.3第36版

第10册(第8册乙编)：民国3.8初版,民国4.3第5版,民国8.8第22版,民国10.7第28版

第11册(第9册甲编)：民国3.8初版,民国4.3第5版,民国5.12第11版,民国7.9第15版,民国8.8第22版,民国10.8第31版

第12册(第9册乙编)：民国3.8初版,民国4.6第6版,民国8.8第20版,民国9.3第26版

教育部审定　初等小学校、国民学校用　第一学年第一学期～第四学年第三学期

封面题名：单级中华国文教科书

版权页题名：新制单级国民学校国文教科书

逐页题名：单级国文教科书

北师大　人教(3,7)　辞书　广西师大(4,6,8)

2－0855

国民学校国文新课本

圣教杂志社编辑

上海　土山湾印书馆　民国7.5[1918.5]-

册(④101,⑤90,⑥117,⑦102页)　大32开　线装

第4册：民国20第7版

第5册：民国7.5第2版,民国31第9版

第6册：民国7.10第2版,民国29第8版

第7册：民国29第8版

初版附注：民国4年2月初版

其他题名：国文新课本

上师大(4-7)　广西师大(5-6)

2－0856

女子国文教科书

沈颐编　范源廉阅

上海　中华书局　民国4.10[1915.10]-

8册(23,27,26,31,30,32,35,40叶)　图　大32开　线装

第1册：民国4.10初版,民国4.12第3版,民国9.4第14版,民国10.8第18版,民国10.11第19版

第2册：民国4.12第2版,民国4第8版,民国12.4第19版

第3册：民国9第11版,民国9.5第12版,民国11.6第17版,民国12.4第19版

第4册：民国4.10初版,民国5.12第3版,民国8.3第7版

第5册：民国4.10初版,民国6.4第4版,民国6.8第5版,民国10.8第12版

第6册：民国4.10初版,民国8.5第7版,民国8.9第8版,民国10.8第12版

第7册：民国6.9第4版,民国8.5第5版,民国8.12第7版,民国9.5第8版,民国10.1第10版,民国10.12第14版

第8册：民国8.3第6版,民国9.1第8版,民国10.8第12版,民国10.11第13版,民国10.12第14版

教育部审定　国民学校用　女子初等小学校学生用

版权页题名：女子国民学校国文教科书

人教　辞书

2－0857

(订正)新编国文教科书

戴克敦,范源廉,沈颐,杨喆编

上海　中华书局　民国4.12[1915.12]

8册(25,30,22,26,26,29,30,38叶)　图(含彩图)　大32开　线装

第1册：民国4.12订正初版,民国订正3版

第2册：民国4.12订正初版

第3册：民国4.12订正初版,民国订正2版

第4册：民国4.12订正初版,民国订正2版

第5册：民国4.12订正初版

第6册：民国4.12订正初版

第7册：民国4.12订正初版

第8册：民国4.12订正初版

国民学校用　春季始业

其他题名：新编国文教科书

辞书

2－0858

(订正)新制国文教科书

陆费逵,沈颐,戴克敦,华鸿年编

上海　中华书局　民国4.12[1915.12]

12册(24,21,21,23,21,20,23,20,20,24,20,24叶)　图　大32开　线装

第1册：民国4.12订正初版

第2册：民国4.12订正初版,民国订正2版

第3册：民国4.12订正初版,民国订正2版,民国订正8版

第4册：民国4.12订正初版,民国订正2版,民国订正3版

第5册：民国4.12订正初版,民国订正3版

第6册：民国4.12订正初版,民国订正2版,民国订正3版

第7册：民国4.12订正初版

第8册：民国4.12订正初版,民国订正4版

第9册：民国4.12订正初版

第10册：民国4.12订正初版

第11册：民国4.12订正初版,民国订正2版

第12册：民国4.12订正初版

国民学校　秋季始业　第一学年第一学期～第四学年第三学期用

版权页题名：(订正)新制国民学校国文教科书

其他题名：新制国文教科书

辞书

2－0859

实用国文教科书

北京教育图书社编纂　郑朝熙等校订

上海　商务印书馆　民国4.12[1915.12]

8册([496]页)　图　32开　线装

第1-8册：民国4.12版

国民学校学生用

人教

2－0860

新式国文教科书

陆费逵,李步青,沈颐,戴克敦,姚铭恩编辑　沈恩孚,范源廉,刘宝慈阅订
上海　中华书局　民国4.12[1915.12]-
8册(24,26,24,24,24,26,29,31叶)　图(含彩图)　32开　线装
第1册:民国4.12初版,民国8.6第31版,民国8.8第34版,民国10.5第48版,民国11.6第62版,民国11.10第65版,民国12.5第104版
第2册:民国4.12第2版,民国8.6第29版,民国8.8第32版,民国10.11第50版,民国11.3第54版,民国11.6第57版,民国11.7第58版,民国12.5第96版
第3册:民国4.12初版,民国8.8第32版,民国8.9第34版,民国10.5第47版,民国11.2第57版,民国11.10第62版,民国12.5第98版,民国12.5第100版,民国12.5第104版
第4册:民国4.12初版,民国8.7第34版,民国8.8第35版,民国10.5第47版,民国11.3第55版,民国11.11第61版,民国12.5第89版,民国12.5第102版
第5册:民国4.12初版,民国8.6第27版,民国8.8第29版,民国9.1第35版,民国11.10第57版,民国12.5第91版
第6册:民国4.12初版,民国8.7第27版,民国8.8第32版,民国10.6第39版,民国12.5第80版,民国13.12版
第7册:民国4.12初版,民国5.3版,民国7.12第16版,民国8.8第25版,民国8.8第26版,民国12.5第75版,民国12.5第81版
第8册:民国5.5初版,民国8.8第23版,民国8.8第24版,民国10.6第33版,民国10.8第34版,民国12.5第64版,民国12.5第68版
教育部审定　国民学校用　春季始业
逐页题名:新式国民学校国文教科书
人教　辞书　广东中山(3)　编译馆(2)

2－0861

新国文

庄适,沈颐编纂　高凤谦,张元济校订
上海　商务印书馆　民国4[1915]-
8册(③21,④32,⑤24,⑥30,⑦27,⑧39叶)　图　32开　线装
第3册:民国4年版,民国12第159版
第4册:民国15第176版
第5册:民国13第128版
第6册:民国13第115版
第7册:民国13第101版
第8册:民国14第87版
教育部审定　国民学校用　秋季始业　第二学年第一学期～第四学年第三学期
其他题名:普通教科书新国文
北师大(3)　上师大(3-8)

2－0862

新式国文教科书

吴研薈,刘传厚编辑　沈颐,戴克敦校阅
上海　中华书局　民国6.7-7.11[1917.7-1918.11]
8册(23,26,23,23,25,26,31,31叶)　图　32开　线装
第1册:民国6.7初版,民国7.7第2版,民国8.10第9版,民国10.8第13版,民国11.7第15版,民国11.9第16版
第2册:民国6.7初版,民国7.11第4版,民国8.1第5版,民国8.12第10版
第3册:民国6.7初版,民国7.1第6版,民国10.8第13版,民国11.1第14版,民国11.5第15版
第4册:民国7.3初版,民国8.1第6版,民国10.6第12版,民国11.5第15版,民国12.5第23版
第5册:民国7.8初版,民国8.1第6版,民国9.2第10版,民国11.1第14版,民国11.9第17版,民国12.5第21版
第6册:民国7.9初版,民国7.10第2版,民国7.12第3版,民国8.1第5版,民国11.10第13版
第7册:民国7.8初版,民国7.8第2版,民国8.7第6版,民国10.8第11版,民国11.1第12版
第8册:民国7.11初版,民国8.2第3版,民国8.5第4版,民国10.8第10版,民国10.12第11版,民国12.5第17版
教育部审定　国民学校用　秋季始业用
逐页题名:新式国民学校国文教科书
人教　辞书

2－0863

初学共和国文入门

陆保璇著　汪瀚校订
上海　广益书局　民国6.9[1917.9]
4册(28,27,27,26叶)　大32开　线装
第1-4册:民国6.9初版
国民学校适用
版权页题名:新撰初学国文入门
辞书　广西师大(1-3)

2－0864

复式学级国文教科书

俞子夷等编纂　庄俞等校订
上海　商务印书馆　民国8.1[1919.1]-
12册　图　大32开　线装
第1册:民国8第4版
第2册:民国8第6版
第3册:民国8第4版
第4册:民国9年版
第5册:民国8.1初版,民国8第4版,民国9.3第9版
第6册:民国8.6第3版,民国8第4版
第7册:民国8.6第3版,民国9年版
第8册:民国8第4版,民国8.10第7版
教育部审定　国民学校学生用
国图(1-8)　人教(5-8)　上师大(4)

2－0865

新体国语教科书

庄适编纂　庄俞,范祥善,黎锦熙,陈宝泉,蒋维乔校订
上海　商务印书馆　民国8.8[1919.8]-
8册(①23,②23,③22,④26叶)　图　大32开　线装
第1册:民国8.8初版

第 2 册：民国 9.2 第 13 版
第 3 册：民国 9.2 第 8 版
第 4 册：民国 9.2 第 8 版
教育部审定　国民学校用
初版附注：民国 8 年 8 月初版
国图(3-4)　人教(1)　辞书(1-4)

2-0866
复式学级国文教科书：乙编
俞子夷等编纂　庄俞等校订
上海　商务印书馆　民国 8.11[1919.11]-
12 册(①50,②50,③50,④50)　图　大 32 开　线装
第 1 册：民国 8.11 初版,民国 9.6 第 5 版
第 2 册：民国 8.11 初版
第 3 册：民国 9.1 版
第 4 册：民国 9.1 版
国民学校学生用
国图(4)　人教(1-4)

2-0867
新法国文教科书
范祥善,庄适编纂　吴研因,蒋昂,庄俞,高凤谦校订
上海　商务印书馆　民国 9.1[1920.1]-
8 册(52,52,40,52,48,52,44,52 页)　图　大 32 开
第 1 册：民国 9.1 初版,民国 9.12 第 25 版,民国 10.12 第 75 版
第 2 册：民国 9.1 初版,民国 9 第 20 版,民国 10.3 第 40 版
第 3 册：民国 9.1 初版,民国 9 第 25 版,民国 10.3 第 40 版,民国 15.3 第 115 版
第 4 册：民国 9.1 初版,民国 9 第 10 版,民国 10.3 第 35 版,民国 10.4 第 45 版,民国 13 第 85 版
第 5 册：民国 10.2 第 15 版,民国 10.2 第 20 版
第 6 册：民国 10.3 第 25 版,民国 10.4 第 30 版,民国 12.1 第 60 版,民国 14.7 第 75 版
第 7 册：民国 10.3 第 25 版
第 8 册：民国 10.3 第 20 版,民国 10.5 第 35 版,民国 13.9 第 55 版
教育部审定　国民学校学生用　春季始业
初版附注：民国 9 年 1-11 月初版
人教　上师大(4,8)　辞书　河南(2,4)

2-0868
国民学校国文新课本
圣教杂志社编
上海　土山湾印书馆　民国 9.3[1920.3]-
8 册(233,259,265,293,299,319,289,299 页)　大 32 开
第 1 册：民国 9.11 第 4 版
第 2 册：民国 10.3 第 4 版,民国 14 第 5 版
第 3 册：民国 10.10 第 4 版
第 4 册：民国 9.3 第 3 版,民国 14 第 5 版,民国 20 第 7 版
第 5 册：民国 9.6 第 3 版
第 6 册：民国 9.10 第 3 版,民国 14 第 4 版,民国 15 第 5 版,民国 19 第 8 版
第 7 册：民国 10.1 第 3 版,民国 15 第 4 版,民国 19 第 8 版
第 8 册：民国 11.5 第 3 版
国图　上师大(4,6)

2-0869
通俗国文教科书
山西国民科审编委员会编辑
山西　晋新书社　民国 9.4[1920.4]-
册(⑥55,⑦46,⑧59 叶)　图　大 32 开　线装
第 6 册：民国 9.4 初版,民国 11.12 第 5 版
第 7 册：民国 9.6 初版,民国 12.3 第 6 版
第 8 册：民国 9.12 初版,民国 11.12 第 4 版
教育部审定　国民学校用　春季始业
人教(6-8)　辞书(6-8)

2-0870
新体国语教科书
庄适编纂　庄俞,范祥善,黎锦熙,陈宝泉,蒋维乔,王璞校订
上海　商务印书馆　民国 9.6[1920.6]-
8 册(①46,②46,③44,④52,⑤50,⑥52,⑦62 页)　图　大 32 开
第 1 册：民国 9.7 第 63 版
第 2 册：民国 9.6 初版,民国 9.7 第 53 版
第 3 册：民国 9.10 初版,民国 10.12 第 7 版,民国第 40 版
第 4 册：民国 9.7 第 50 版
第 5 册：民国 9.7 第 7 版,民国 9.7 第 27 版
第 6 册：民国 9.7 第 27 版
第 7 册：民国 9.7 初版,民国 9 第 5 版,民国 9.8 第 10 版,民国 9.10 第 15 版
教育部审定　国民学校用　春季始业
初版附注：民国 9 年 4 月-? 初版
逐页题名：国语教科书
国图(1-7)　北师大(1-7)　人教(2-7)　辞书(5)

2-0871
新法国语教科书
庄适编纂　范祥善,黎锦晖,王璞,庄俞校订
上海　商务印书馆　民国 9.7-10.5[1920.7-1921.5]
9 册(24,46,46,46,50,46,50,50,60 页)　图　大 32 开
首册：民国 9.7 初版,民国 9.10 第 10 版
第 1 册：民国 9.7 初版,民国第 35 版,民国 10 第 51 版,民国 10.5 第 90 版,民国 10.9 第 105 版,民国 11.10 第 135 版
第 2 册：民国 9.7 初版,民国 9.8 第 15 版,民国 10.2 第 56 版,民国 10.8 第 80 版,民国 11.11 第 116 版,民国 12.4 第 121 版
第 3 册：民国 9.7 初版,民国 10.8 第 80 版,民国 10.9 第 90 版,民国 11.9 第 100 版
第 4 册：民国 9.7 初版,民国 9.8 第 10 版,民国 10.4 第 55 版,民国 10.9 第 70 版,民国 12.5 第 95 版
第 5 册：民国 9.11 初版,民国 9.12 第 5 版,民国 10.1 第 15 版,民国 10.2 第 25 版,民国 10.3 第 35 版,民国 10.8 第 60 版,民国 11.10 第 75 版,民国 11.10 第 80 版
第 6 册：民国 9.11 初版,民国 10.2 第 20 版,民国 10.3 第 35

版,民国10.9第55版,民国11.6第60版,民国11第65版

第7册:民国9.12初版,民国10.3第25版,民国10.4第35版,民国11.5第45版,民国11第55版

第8册:民国10.5初版,民国10.5第5版,民国11.7第35版,民国13.3第45版

教育部审定　国民学校学生用　秋季始业

国图　人教　辞书

2-0872

实验国语教科书

北京高等师范学校附属小学校教科书编纂会编辑　北京高等师范学校暨附属小学校教科书审查会校订

北京　平民书局　民国9.12[1920.12]-

8册(①22,②25,③26,④25,⑤28叶)　图(含彩图)　大32开　线装

第1册:民国10.8第2版

第2册:民国9.12版

第3册:民国10.8第2版

第4册:民国9.12版

第5册:民国10.7版

国民学校用　秋季始业

辞书(1-5)

2-0873

新法国语教科书

庄适编纂　沈圻,刘儒,黎锦熙,范祥善,庄俞校订

上海　商务印书馆　民国10.4[1921.4]-

8册(46,46,46,50,46,50,50,60页)　图　大32开

第1册:民国10.4初版,民国11.1第40版,民国13.6第80版

第2册:民国10.8第15版,民国13.9第70版

第3册:民国10.5第5版,民国10.12第30版,民国11.6第45版

第4册:民国10.5初版,民国10.5第5版,民国13.9第50版

第5册:民国10.6初版,民国10.6第5版,民国13.9第50版

第6册:民国10.8初版,民国10.8第5版,民国13.9第50版

第7册:民国13.2第35版

第8册:民国10.12第5版,民国11.6第30版

教育部审定　国民学校学生用　春季始业

北师大(8)　人教(1-6,8)　辞书(3-6)　编译馆

2-0874

国语课本

胡舜华,戴克敦,杨敬勤等编辑及校阅

上海　中华书局　民国10.12-11.6[1921.12-1922.6]

8册(20,20,18,20,24,24,27,29叶)　图(含彩图)　大32开　线装

第1册:民国10.12初版,民国10.12第2版,民国11第8版

第2册:民国10.12初版,民国11.3第6版

第3册:民国11.1初版,民国11.1第5版,民国11第6版

第4册:民国11.1初版,民国11.2第3版,民国11第6版

第5册:民国11.2初版,民国11第2版,民国12.7第7版

第6册:民国11.5初版,民国12.8第8版

第7册:民国11.6初版,民国11第2版,民国11.10第4版,民国11.12第5版

第8册:民国11.6初版,民国12.7第5版

国民学校用　春季、秋季通用

逐页题名:新教育国语课本

其他题名:新教育教科书国语课本

国图　人教　辞书　编译馆(1)

2-0875

新学制国语教科书

庄适,吴研因,沈圻编纂　朱经农,高梦旦,王岫庐,唐钺校订

上海　商务印书馆　民国12.2[1923.2]-

8册(50,56,56,56,76,78,78,78页)　图(含彩图)　大32开

第1册:民国12.2初版,民国12.7第20版,民国12.12第150版,民国13.2第180版,民国13.2第195版,民国13第265版,民国14.2第345版,民国17.2订正710版,民国21.7国难后10版,民国21.11国难后30版

第2册:民国12.7第40版,民国12第70版,民国12.12第115版,民国13.2第135版,民国13.3第145版,民国13第175版,民国14.2第250版,民国15.7第425版,民国17.7第595版,民国21.11国难后21版,民国21.11国难后24版

第3册:民国12.6第30版,民国12.12第95版,民国12.12第100版,民国12.12第105版,民国13.4第175版,民国13.12第220版,民国14.2第235版,民国15.5第330版,民国15.12第425版,民国21.11国难后20版

第4册:民国12第20版,民国12第50版,民国12.12第85版,民国12.12第95版,民国12.12第100版,民国14.3第175版,民国17.2第430版,民国21.11国难后16版

第5册:民国12.7第17版,民国12.7第22版,民国12.11第62版,民国12第85版,民国12.12第92版,民国14.4第152版,民国14.4第157版,民国16.1第332版,民国21.11国难后16版

第6册:民国12.8初版,民国12第28版,民国12.10第40版,民国12.12第65版,民国13.10第115版,民国15.4第215版,民国16.4第270版,民国17第320版,民国21.11国难后14版

第7册:民国12.8第6版,民国12.9第11版,民国12第21版,民国12.12第46版,民国12.12第56版,民国13.3第61版,民国14年版,民国15.4第206版,民国21.11国难后14版

第8册:民国12.10第10版,民国12.12第30版,民国13第45版,民国13.2第50版,民国13.10第90版,民国13第105版,民国14.8第130版,民国16.4第215版,民国19.4第280版,民国21.11国难后12版

教育部审定　大学院审定　小学校初级用

初版附注:民国12年2-10月初版

其他题名:小学校初级用新学制国语教科书

国图　北师大　人教　华师大　辞书　辽宁(5)　广东中山(1-2,6-8)　编译馆(2-7)

2-0876

国语文
马国英编

上海　中华书局　民国12.5[1923.5]

29页　32开　（初级国语讲义）

其他题名：初级国语讲义国语文

上海　辞书

2-0877

实用国语文
黎锦晖编辑

上海　中华书局　民国12.7[1923.7]

42页　图,表　32开　（初级国语讲义）

国语专修学校审定

其他题名：初级国语讲义实用国语文

辞书

2-0878

实验国语教科书
北京师范大学附属小学校编辑　北京师范大学暨附属小学校教科书审查会校订

北京　平民书局　民国13.3[1924.3]-

9册　图　大32开　线装

第1册：民国13.3第11版

第2册：民国13.8第11版

第3册：民国13第11版,民国14.2第12版

第4册：民国13.3第11版

第5册：民国13.3第11版

第6册：民国13.10第11版,民国14第12版

第7册：民国13.8第11版

第8册：民国13第11版

第9册：民国13第11版

教育部审定　新学制初级小学　春秋季始业通用

国图(3,8-9)　北师大(6)　人教(1-7)　辞书(6-7)

2-0879

新撰国文教科书
胡怀琛,庄适编纂　朱经农,王岫庐校订

上海　商务印书馆　民国14.1[1925.1]-

8册(50,50,50,50,50,48,51,62页)　图　大32开

第1册：民国14.1第20版

第2册：民国14.1第15版

第3册：民国14.2第10版

第4册：民国14.2第10版

第5册：民国14.1初版

第6册：民国14.4初版

第7册：民国15.4第35版,民国15第45版

第8册：民国15.2第25版

新学制小学校初级用

初版附注：民国14年1-7月初版

版权页题名：新撰初级小学国文教科书

上师大(7)　辞书

2-0880

(订正)新撰国文教科书
胡怀琛,庄适编纂　朱经农,王岫庐校订

上海　商务印书馆　民国14.1[1925.1]-

8册(50,50,50,50,50,48,53,62页)　图　32开

第1册：民国14.1初版,民国16.2第105版

第2册：民国14.1第15版

第3册：民国14.1初版,民国16.6第100版

第4册：民国14.1初版,民国15.9第60版

第5册：民国14.1初版,民国16.2第100版

第6册：民国14.4初版,民国15.11第63版

第7册：民国14.7初版,民国16.4第75版

第8册：民国14.7初版,民国16.1第65版

新学制小学校初级用

本书为无条件改用语体文教学的地区编写

其他题名：新撰国文教科书

人教　广东中山(1)

2-0881

新国民国文教科书
蒋昂,严会著　胡朴安,宋介校订

上海　国民书局　民国14.2[1925.2]-

8册(50,49,48,53,50,62,52,58页)　图(含彩图)　大32开

第1册：民国14.2初版,民国14.2第10版,民国14.12第18版

第2册：民国14.2初版,民国14.3第12版

第3册：民国14.2初版

第4册：民国14.2初版

第5册：民国14.5初版

第6册：民国14.6第10版

第7册：民国14.8初版

第8册：民国14.12第7版

小学校初级用

其他题名：新国民教科书国文

人教(4,7-8)　上师大(1)　辞书(1-6)

2-0882

新国民国语教科书
张景文,刘藻著　熊长龄,顾杰校订

上海　国民书局　民国14.2[1925.2]-

8册(①48,②46,③46,④52,⑤60,⑥60,⑦60页)　图(含彩图)　大32开

第1册：民国14.2初版,民国14.3第3版,民国14.3第6版,民国14.12第9版

第2册：民国14.2初版,民国14.2第2版,民国14.3第6版

第3册：民国14.2初版,民国14.2第2版,民国14.3第3版,民国14.3第6版

第4册：民国14.2初版,民国14.2第2版,民国14.12第6版

第5册：民国14.7初版

第6册：民国14.7初版

第7册：民国14.7初版

教育部审定　小学校初级用

国图(1-4)　人教(1-7)　辞书(1-7)

2-0883

新撰国文教科书
胡怀琛,沈圻编纂　朱经农,王岫庐校订
上海　商务印书馆　民国15.1[1926.1]-
8册(56,56,56,50,40,48,51,61页)　图　32开
第1册:民国15.1初版,民国17.1第25版
第2册:民国15.4第25版
第3册:民国16.6第100版
第4册:民国16.1第50版
第5册:民国16.9第55版
第6册:民国15.9第25版,民国16.7第95版
第7册:民国15.2第10版,民国15.5第25版
第8册:民国15.7第20版,民国16第40版,民国16.1第65版
新学制小学初级用　春季始业
北师大(4-8)　人教　广东中山(8)

2-0884

新时代国语教科书
胡贞惠著　新时代教育社编　蔡元培校阅
上海　[编者刊]　民国16.2[1927.2]-
8册(50,50,50,50,53,58,64,69页)　图　32开
第1册:民国16.2初版,民国16.3第20版,民国16.8第55版,民国18.12第555版
第2册:民国16.3第20版,民国16.8第50版
第3册:民国16.2初版,民国16.3第20版,民国16.8第40版,民国18.7第355版
第4册:民国16.2初版,民国16.3第20版,民国16.7第25版,民国16.8第35版
第5册:民国16.8第30版
第6册:民国16.8初版
第7册:民国16.9第30版
第8册:民国16.8第25版
小学校初级用
国图　人教　辞书(1-4)

2-0885

新时代国语教科书
胡贞惠编纂　蔡元培,王云五校订
上海　商务印书馆　民国16.3[1927.3]-
8册(50,50,50,50,53,58,64,60页)　图　32开
第1册:民国16.3第20版,民国18第555版,民国19.4第720版,民国19第820版,民国21.3国难后版,民国21.4国难后40版
第2册:民国16.3第20版,民国19.3第560版,民国21.4国难后40版,民国21.11国难后180版
第3册:民国18.7第355版,民国19.5第555版,民国21.3国难后1版,民国21.4国难后44版,民国21.11国难后94版
第4册:民国17.11第165版,民国18.7第360版,民国18.9第410版,民国19.3第485版,民国21.7国难后60版,民国21国难后70版
第5册:民国18.7第275版,民国18.8第300版,民国19.3第410版,民国19.9第460版,民国19.10第465版,民国19.10第480版
第6册:民国18.6第235版,民国18.7第245版,民国19.9第430版,民国21.4国难后1版,民国21.5国难后40版,民国21.12国难后95版
第7册:民国18.4第175版,民国18.7第270版,民国18第340版,民国19.10第365版,民国19.10第465版,民国21.4国难后23版,民国21国难后48版,民国21.12国难后103版
第8册:民国18第180版,民国18.5第200版,民国18.5第215版,民国18.12第290版,民国19.8第315版,民国19.9第330版,民国21.7国难后30版
大学院审定　小学校初级用
初版附注:民国16年2-9月初版
国图(3,6)　北师大　人教　华师大　辞书　广东中山(1,7-8)　编译馆(7-8)

2-0886

国语
沈百英编辑　蔡元培,吴研因校订
上海　商务印书馆　民国20.5-7[1931.5-7]
8册(49,48,55,56,71,72,64,72页)　图(含彩图)　32开
第1册:民国20.7初版,民国20.8第35版,民国21.5国难后2版,民国22.2国难后160版
第2册:民国20.5初版,民国21.5国难后12版,民国21.11国难后112版,民国22.5国难后173版
第3册:民国20.5初版,民国21.5国难后13版,民国21.11国难后76版,民国22.5国难后127版
第4册:民国20.5初版,民国20.7第34版,民国21.5国难后21版
第5册:民国20.7初版,民国21.7国难后30版,民国21.8国难后40版,民国22.5国难后100版
第6册:民国20.7初版,民国21.11国难后76版,民国22.1国难后98版
第7册:民国20.7初版,民国21.10国难后62版,民国21.12第163版
第8册:民国20.7初版,民国21.9版,民国21.10国难后42版,民国21.11国难后62版,民国21.11国难后72版
根据教育部颁布新课程标准编纂　小学校初级用
其他题名:基本教科书国语
北师大　人教　华师大(1-5,7-8)　辞书　广东中山(1)　编译馆(8)

2-0887

儿童国语教科书
陈鹤琴,盛振声编
上海　儿童书局　民国20.9[1931.9]-
8册(①153,②164,③128页)　图　32开
第1册:民国20.9初版,民国21.3第3版
第2册:民国21.1初版,民国21.5第3版
第3册:民国21.8初版
小学校初级用
人教(1-3)　辞书(1-3)

2-0888

初级小学国语新课本
光启社编著
  上海 土山湾印书馆 民国 21.4[1932.4]
  5 册([252]页) 32 开
  第 1-5 册：民国 21.4 初版
  国图 人教

2-0889

开明国语课本
叶绍钧编纂 丰子恺书画
  上海 成都 开明书店 民国 21.6[1932.6]-
  8 册(52,52,52,69,98,106,102,114 页) 图(含彩图) 32 开
  第 1 册：民国 21.6 初版,民国 21.7 第 2 版,民国 22.6 第 11 版,民国 22.7 第 12 版,民国 22.7 第 13 版,民国 22.7 第 14 版,民国 31.7 国难后新 5 版
  第 2 册：民国 21.6 初版,民国 21.7 第 2 版,民国 21.8 第 3 版,民国 22.7 第 13 版,民国 31.1 国难后新 4 版
  第 3 册：民国 21.6 初版,民国 21.7 第 2 版,民国 21.8 第 3 版,民国 22.6 第 11 版,民国 22.7 第 12 版,民国 22.8 第 16 版,民国 31 国难后版
  第 4 册：民国 21.7 第 2 版,民国 21.8 第 3 版,民国 22.6 第 11 版,民国 22.7 第 12 版,民国 22.8 第 14 版,民国 31.7 国难后版
  第 5 册：民国 21.6 初版,民国 21.8 第 3 版,民国 22.6 第 11 版,民国 22.7 第 12 版,民国 22.8 第 14 版,民国 31.1 国难后 4 版
  第 6 册：民国 22.6 第 11 版,民国 22.8 第 14 版,民国 31 国难后版
  第 7 册：民国 22.6 第 11 版,民国 22.10 第 12 版,民国 22.8 第 14 版,民国 31.1 国难后 4 版
  第 8 册：民国 22.6 第 11 版,民国 22.8 第 14 版,民国 31.5 国难后 5 版
  教育部审定 新课程标准适用 小学初级学生用
  初版附注：民国 21 年 6 月初版
  国图(3,5) 北师大 人教 上海 辞书 广东中山(6-7)

2-0890

汉蒙合璧国语教科书
教育部编辑
  南京 [编者刊] 民国 21.10[1932.10]-
  8 册(①78 页) 32 开
  第 1 册：民国 21.10 第 8 版
  小学校初级用
  国图(1) 北师大(1) 人教(1)

2-0891

国语
蒋息岑,沈百英,施颂椒编辑 张令涛绘图
  上海 大东书局 民国 21.11[1932.11]-
  8 册(45,59,42,50,72,75,65,65 页) 图(含彩图) 32 开
  第 1 册：民国 22.4 第 2 版
  第 2 册：民国 22.4 第 2 版
  第 3 册：民国 21.11 初版
  第 4 册：民国 21.11 初版
  第 5 册：民国 21.11 初版
  第 6 册：民国 21.11 初版
  第 7 册：民国 21.11 初版
  第 8 册：民国 21.11 初版
  遵照教育部课程标准编辑 小学校初级用
  初版附注：民国 21 年 11 月初版
  其他题名：新生活教科书国语
  辞书 编译馆(2)

2-0892

复兴国语教科书
  上海 商务印书馆 民国 22.5[1933.5]
  8 册 图 32 开
  第 1-8 册：民国 22.5 初版,1949.10 第 2 版
  小学校初级用
  人教

2-0893

国语
蒋息岑,沈百英,施颂椒编辑 张令涛绘图
  上海 大东书局 民国 22.5[1933.5]-
  8 册(45,59,42,50,72,76,66,66 页) 图(含彩图) 32 开
  第 1 册：民国 22.6 第 50 版,民国 22.6 第 90 版,民国 22.6 第 125 版,民国 22.6 第 230 版
  第 2 册：民国 22.5 初版,民国 22.6 第 80 版
  第 3 册：民国 22.5 初版,民国 22.6 第 180 版
  第 4 册：民国 22.5 初版,民国 22.8 第 165 版
  第 5 册：民国 22.5 初版,民国 22.6 第 40 版,民国 22.6 第 125 版
  第 6 册：民国 22.5 初版,民国 22.6 第 25 版
  第 7 册：民国 22.5 初版,民国 22.6 第 20 版
  第 8 册：民国 22.5 初版,民国 22.6 第 25 版
  教育部审定 小学校初级用
  逐页题名：新生活国语教科书
  其他题名：新生活教科书国语
  北师大 辞书 广东中山(1) 编译馆

2-0894

国语
沈百英,沈秉廉编著 王云五,何炳松校订
  上海 商务印书馆 民国 22.6[1933.6]-
  8 册(52,48,55,63,75,66,70,76 页) 图(含彩图) 32 开
  第 1 册：民国 22.7 第 130 版,民国 22.9 第 185 版,民国 22.11 第 225 版,民国 22.11 第 295 版,民国 23.6 第 365 版,民国 23 第 455 版,民国 24.4 第 585 版
  第 2 册：民国 22 第 20 版,民国 22.6 第 30 版,民国 22.7 第 110 版,民国 22.7 第 130 版,民国 22.11 第 195 版,民国 23.9 第 380 版,民国 24.4 第 490 版,民国 24.4 第 493 版,民国 24.6 第 615 版
  第 3 册：民国 22.6 第 20 版,民国 22.11 第 215 版,民国 22.11 第 255 版,民国 22.11 第 265 版,民国 24.3 第 480 版,民国 27 审定 50 版

第4册:民国22.7第60版,民国22.9第155版,民国22.12第225版,民国22.12第235版,民国23.11第335版,民国23.11第355版,民国23.12第395版,民国24.4第425版

第5册:民国22.7第30版,民国23.2第235版,民国23.6第250版,民国23.12第335版,民国24.3第365版,民国24.6第390版

第6册:民国22.7第30版,民国22.8第80版,民国22.11第130版,民国23.11第250版,民国23.11第260版,民国24.5第335版

第7册:民国22.7第30版,民国23.5第195版,民国23.9第235版,民国24.2第300版,民国24.4第310版

第8册:民国22.7初版,民国22.8第40版,民国22.8第50版,民国22.8第80版,民国23.12第235版,民国24.3第260版,民国26.7审定50版

教育部审定　新课程标准适用　小学校初级用

初版附注:民国22年5-7月初版

封面题名:复兴国语教科书

其他题名:复兴教科书国语

国图　北师大(2,4-8)　人教　上海　华师大　辞书　广东　中山(1,3)　编译馆

2-0895

复兴国语课本
陈伯吹,沈秉廉,庄俞编校
上海　商务印书馆　民国23.1[1934.1]-
8册(56,49,49,48,70,67,84,86页)　图　32开
第1册:民国23.1第20版,民国23.12第50版
第2册:民国23.2初版,民国24.6第70版
第3册:民国23.2初版,民国24.4第65版,民国27.12第133版
第4册:民国23.7初版,民国23.11第40版,民国26.6第98版
第5册:民国24.4第60版,民国24.5第60版
第6册:民国23.9第20版,民国23.11第30版,民国26.7第70版
第7册:民国24.2第50版,民国29.12第82版
第8册:民国23.9第20版,民国27.12第66版
新课程标准适用　小学校初级用　春季始业
初版附注:民国23年1-9月初版
封面题名:春季始业复兴国语课本
卷端题名:国语课本
北师大(2-6)　辞书　编译馆(3-4,6-8)

2-0896

列宁小学国语教科书
教育人民委员部编审局编
[不详]　[编者刊]　民国23.6[1934.6]
4册([199]页)　[32开]
第1-4册:民国23.6初版
初级小学用
人教

2-0897

儿童中部国语
陈鹤琴编著　朱铭新绘图
上海　儿童书局　民国23.7[1934.7]
8册　图(含彩图)　32开
第1-8册:民国23.7第20版
教育部新课程标准适用　初级小学适用
初版附注:民国23年6月初版
其他题名:分部互用儿童教科书儿童中部国语
北师大(1,3-8)　辞书(1-5)

2-0898

儿童南部国语
陈鹤琴,梁士杰编著　徐晋助编
上海　儿童书局　民国23.7[1934.7]
8册(66,66,66,66,96,98,97,96页)　图(含彩图)　32开
第1-8册:民国23.7第20版
教育部新课程标准适用　初级小学适用
初版附注:民国23年6月初版
其他题名:分部互用儿童教科书儿童南部国语
国图(1)　北师大　辞书(1-7)

2-0899

儿童北部国语
陈鹤琴,陈剑恒编著　左绍儒,刘德瑞,李藻萍,周骍,徐晋助编
上海　儿童书局　民国23.7[1934.7]-
8册(①66,②66,③66,④66,⑤88,⑥92,⑦96页)　图(含彩图)　32开
第1-7册:民国23.7第20版
教育部新课程标准适用　初级小学适用
初版附注:民国23年6月初版
其他题名:分部互用儿童教科书儿童北部国语
国图(3-5)　北师大(1-2,5-6)　辞书(1-7)

2-0900

小学国语课本
朱文叔,吕伯攸编　孙世庆,鞠承颖,陆费逵,沈颐,张相,舒新志,金兆梓校
上海　中华书局　民国23.11[1934.11]
8册(50,50,58,58,72,72,72,72页)　图　32开
第1册:民国23.11第11版
第2册:民国23.11第6版
第3册:民国23.11第5版
第4册:民国23.11第3版
第5册:民国23.11第3版
第6册:民国24.4第3版
第7册:民国23.11初版
第8册:民国24.1初版
新课程标准适用　初级用　春季始业用
辞书

2-0901

开明国语课本

叶绍钧编纂　丰子恺绘画
　　上海　开明书店　民国24.1[1935.1]-
　　8册　图(含彩图)　32开
　　第1册：民国24.1第2版
　　第2册：民国24.1初版,民国25年版
　　第3册：民国24.1第2版,民国25年版
　　第4册：民国24.7第3版
　　第6册：民国24.1第29版,民国25.12第39版,民国25.12
　　　第40版
　　第8册：民国25年版,民国26.1第32版,民国36第74版
　　小学初级学生用　春季始业
　　人教(6)　辞书(1-4)　西北师大(2-3,8)　广东中山(8)

2-0902

儿童国语课本
陈鹤琴编著　朱铭新绘图
　　上海　儿童书局　民国25.3[1936.3]
　　8册(66,67,66,64,84,100,97,106页)　图　32开
　　第1-8册：民国25.3初版,民国25.7第2版
　　教育部审定　教育部新课程标准适用　初级小学适用
　　人教(7)　辞书

2-0903

怎样变成的
杨友吾编　胡振祥绘
　　上海　中华书局　民国25.5[1936.5]
　　18页　彩图　32开　(小学低年级各科副课本　20)
　　卷端题名：小学低年级国语副课本怎样变成的
　　上海　辞书

2-0904

小报馆
瞿芑丰编
　　上海　中华书局　民国25.5[1936.5]
　　40页　图　32开　(小学中年级各科副课本　22)
　　卷端题名：小学中年级国语副课本小报馆
　　人教　上海　辞书

2-0905

国语
沈百英编著
　　上海　商务印书馆　民国26.1[1937.1]
　　8册　图　32开
　　第1-8册：民国26.1版
　　日鲜侨民学校适用　小学校初级用
　　封面题名：复兴国语教科书
　　其他题名：复兴教科书国语
　　华师大

2-0906

复兴初小国语教科书
赵景源,沈百英,沈秉廉编校
　　长沙　上海　衡阳　重庆　商务印书馆　民国26.6
　　　[1937.6]-
　　8册(26,32,36,48,63,64,63,64页)　图　32开
　　第1册：民国26.6初版,民国30.7审定472版
　　第2册：民国29衡阳1版
　　第3册：民国30衡阳14版
　　第4册：民国29年版,民国29衡阳5版,民国29.11审定
　　　286版
　　第5册：民国29年版,民国29.2审定311版,民国30审定
　　　366版,民国30衡阳14版,民国31衡阳48版
　　第6册：民国29.11重庆17版,民国30.8审定293版
　　第7册：民国26.6初版,民国29.11重庆20版,民国30衡阳
　　　7版,民国30.12渝37版,民国30审定28版,民国30审定
　　　271版
　　第8册：民国26.6初版,民国29.11重庆14版,民国31.1第
　　　31版
　　教育部审定　遵照修正课程标准编辑　小学校初级用
　　初版附注：民国26年6月初版
　　初版附注：民国27年4月审定本初版
　　封面题名：复兴国语教科书
　　其他题名：国语教科书
　　其他题名：复兴教科书国语
　　国图(7-8)　人教(6-8)　华师大(1)　辞书(4-8)　广东中
　　　山(2-5,7)　编译馆(1,4-6)

2-0907

国语：首册
沈百英等编校
　　上海　商务印书馆　民国26.7[1937.7]第1版,民国26.7
　　　第80版
　　30页　图　32开
　　遵照修正课程标准编辑　小学校初级用
　　其他题名：复兴教科书国语
　　北师大　人教

2-0908

(修正)初小国语教科书
(伪)教育部编审会编
　　北平　[编者刊]　民国27.2[1938.2]-
　　8册(③55,④67,⑤73,⑥65,⑦79,⑧92页)　图　32开
　　第3册：民国27.7初版
　　第4册：民国27.12初版,民国27.12第2版
　　第5册：民国27.7初版
　　第6册：民国27.2第15版
　　第7册：民国27.7初版,民国27.12第2版
　　第8册：民国27.12第2版
　　其他题名：初小国语教科书
　　国图(5,7-8)　北师大(3-8)　人教(3-5,7-8)

2-0909

初级小学校国语教科书
(伪)维新政府教育部编纂
　　南京　[编者刊]　民国27.8[1938.8]-
　　8册　32开
　　第7-8册：民国27.8版
　　人教(7-8)

2-0910

国语

赵景源,沈百英,韦悫编校

　　香港　商务印书馆　民国27.11[1938.11]

　　8册(48,55,63,80,104,104,104,104页)　图　32开

　　第1-8册：民国27.11初版

　　遵照修正课程标准编辑　南洋华侨小学校初级用

　　封面题名：复兴国语教科书

　　其他题名：复兴教科书国语

　　辞书

2-0911

小学国语默读测验：低组第2类

艾伟主编　王全桂襄助编辑

　　上海　中华书局　民国28.2[1939.2]

　　6页　16开　袋装

　　附：测验卷30份

　　辞书

2-0912

小学国语默读测验：低组第3类

艾伟主编　王全桂襄助编辑

　　上海　中华书局　民国28.2[1939.2]

　　6页　16开　袋装

　　附：测验卷30份

　　辞书

2-0913

小学国语默读测验：中组第1类

艾伟主编　王全桂襄助编辑

　　上海　中华书局　民国28.2[1939.2]

　　6页　16开　袋装

　　附：测验卷30份

　　辞书

2-0914

小学国语默读测验：中组第2类

艾伟主编　王全桂襄助编辑

　　上海　中华书局　民国28.2[1939.2]

　　6页　16开　袋装

　　附：测验卷30份

　　辞书

2-0915

小学国语默读测验：中组第3类

艾伟主编　王全桂襄助编辑

　　上海　中华书局　民国28.2[1939.2]

　　6页　16开　袋装

　　附：测验卷30份

　　辞书

2-0916

国语教科书

常熟县小学教材编审委员会编

　　常熟　[编者刊]　民国28.2[1939.2]-

　　册(⑥14页)　32开

　　第6册：民国28.2初版

　　初级小学用

　　人教(6)

2-0917

初小国语教科书[修正本]

(伪)教育总署编审会著

　　北平　[著者刊]　民国29.6[1940.6]-

　　8册(①66,③72,⑤94,⑥120,⑧120页)　图(含彩图)　32开

　　第1册：民国29.6修正1版

　　第3册：民国29.6修正1版

　　第5册：民国29.6修正1版

　　第6册：民国32.10修正版

　　第8册：民国30.4修正1版

　　初版附注：民国28年8月初版

　　国图(1,5-6,8)　北师大(5,8)　辞书(1,3,5)

2-0918

初小国语教科书

(伪)教育部编审会著

　　北平　[著者刊]　民国28.11[1939.11]-

　　8册　图　32开

　　第1册：民国28 第3版

　　第2册：民国28.12初版

　　第3册：民国28.12初版,民国28.12第3版

　　第4册：民国28.12初版

　　第5册：民国28.11初版

　　第6册：民国28.12初版

　　第7册：民国29.8初版

　　第8册：民国28.12初版

　　国图(1,5,7-8)　北师大(2-7)　人教(2-6,8)

2-0919

国语补充读本

卢冠六,赵余勋编著

　　上海　春秋书社　民国29.1[1940.1]

　　4册(47,47,47,47页)　32开

　　第1-4册：民国29.1初版

　　学校中年级适用

　　辞书

2-0920

假期作业课本：国语

周近新等编著

　　上海　春秋书社　民国29.6[1940.6]-

　　6册(③91,④32页)　图　32开

　　第3册：民国29.6第2版

　　第4册：民国30.6第3版

　　初小用

　　人教(3-4)

2-0921

初小国语

(伪)教育部编审委员会编纂

　　8册(60,54,55,66,81,94,88,106页)　图　32开

其他题名：国定教科书初小国语
①南京　(伪)国民政府教育部　民国29.8[1940.8]
第1册：民国29.8初版
第2册：民国29.8初版
第3册：民国29.8初版,民国32.7第7版
第4册：民国29.8初版,民国31年4版
第5册：民国29.8初版,民国32年7版
第6册：民国29.8初版
第7册：民国29.8初版,民国31.7第5版
第8册：民国29.8初版,民国30.1第2版,民国32.1第6版
人教　上海　上师大(4-5,8)　辞书(3,7-8)
②上海　中国联合出版公司　民国32.12[1943.12]-
第4册：民国32.12第8版
第5册：民国33.1第9版
人教(4-5)

2-0922

国语课本：民族革命
山西省政府编辑
山西　[编者刊]　民国29[1940]-
8册(①46页)　32开
第1册：民国29年版
山西省初级小学国语科教学　秋季始业用
国图(1)　人教(1)

2-0923

初小国语教科书
(伪)教育总署编审会著
北平　[著者刊]　民国30.8[1941.8]-
8册(①66,②62页)　图　32开
第1册：民国30.8初版
第2册：民国31.10初版
国图(1)　北师大(1-2)

2-0924

普益国语课本
叶圣陶编纂　丰子恺绘图
四川　成都普益图书公司　民国31.10[1942.10]-
9册(②48,③48,⑤80页)　图　32开
第2册：民国31.10版
第3册：民国32.2版
第5册：民国32.3版
依据民国30年教育部颁布的小学国语课程标准编辑　小学
　　初级学生用
人教(2-3,5)

2-0925

国语副课本
王修和,钱君匋编著　葛鲤庭校订
上海　万叶书店　民国32.2[1943.2]-
8册(62,62,53,63,40,48,50,54页)　图　32开
第1册：版次不详
第2册：民国32.2初版,民国33.8第2版
第3册：民国32.3初版

第4册：民国33.10第2版
第5册：民国32.4初版
第6册：民国32.2初版,民国38.2第2版
第7册：民国32.4初版
第8册：民国32.2初版,民国38.1第20版
小学初级第一学年上学期～第四学年下学期补充用
人教(2-4,6,8)　辞书

2-0926

新国语：初级小学副课本
魏冰心等编辑　朱翙新修订　薛天汉,范祥善校阅
上海　世界书局　民国32.3[1943.3]-
8册　图　32开
第1-4册：民国32.3初版
其他题名：初级小学副课本新国语
人教(1-4)

2-0927

初小国语课本
藁无　藁无县政府　民国33.8[1944.8]-
　册(⑥31页)　32开
第6册：民国33.8版
晋察冀边区行政委员会教育处审定
国图(6)

2-0928

初级小学国语课本
[不详]　晋冀鲁豫边区政府印刷厂　民国33[1944]-
8册　32开
第7-8册：民国33-34年版
人教(7-8)

2-0929

国语课本
8册　图　32开
晋察冀边区行政委员会教育处审定　初级小学适用
①[不详]　新华书店晋察冀分店　民国34.12[1945.12]-
第2-4,6,8册：民国34.12初版
人教(4,6,8)　辽宁(2-4)
②[不详]　察哈尔省政府教育厅　民国35.5[1946.5]-
第1册：民国35.5初版
人教(1)
③冀中　平原书店　民国36.9[1947.9]-
第2册：民国36.9版
人教(2)
④[不详]　八分区博古书店　民国36[1947]-
第2,4,7册：民国36年版
人教(2,4,7)

2-0930

初级国语课本
[不详]　韬奋书店　民国34.12[1945.12]-
8册　32开
第1,3,5,7册：民国34.12初版,民国37.1版
晋察冀边区行政委员会教育处审定　春季始业

第1-4册系国语常识合编,第5-8册系国语常识分编
初版附注:民国34年12月初版
人教(1,3,5,7)

2-0931

初级国语课本
刘松涛,黄雁星,项若愚编辑　任惕绘图
冀中　晋察冀新华书店　民国34.12[1945.12]-
8册(53,54,54,67,71,80,98,82页)　图　32开
第1册:民国37.1修正2版
第2册:民国37.1修正2版
第3册:民国37.1重订版,民国37.1修正2版
第4册:民国37.5重订版
第5册:民国37.1重订版
第6册:民国37.1修正2版
第7册:民国37.1修正2版,民国37.1重订版
第8册:民国34.12初版,民国37.1重订版
晋察冀边区行政委员会教育处审定　初级小学用　春季始业
人教　辞书(3,6-7)　辽宁(8)

2-0932

初小国语
刘御编著
西安　西北新华书店　民国35.3[1946.3]-
8册　图　32开
第1册:民国35.3初版,民国38.3第4版,民国38.8第6版
第2册:民国38.7初版
第3册:民国37年版,民国38.3第4版,民国38.8版
第4册:民国36.3第2版,民国38.2版,民国38.6第6版
第5册:民国38.8版
第6册:民国37.6版,民国38.5版,民国38.8版
第7册:民国38.8第4版
第8册:民国38.5版
陕甘宁边区教育厅审定
国图(2,4)　人教　辞书(1,3,5-7)

2-0933

国语课本
东方明等编
晋绥　新华书店　民国35.6[1946.6]-
8册(①51,②50,③61,④70,⑥55,⑧60页)　32开
第1册:民国37.2第2版,民国37.6版
第2册:民国37.10版
第3册:民国35.6版,民国37.6版
第4册:民国35.6版
第6册:民国35.8版
第8册:民国35.6版
晋绥边区行政公署民教处审定　小学校初级用
北师大(1-3)　人教(1-4,6,8)

2-0934

国语
沈秉廉,宗亮寰,赵景源等编辑
上海　基本书局　民国35.7-36.1[1946.7-1947.1]

8册(36,36,36,36,54,54,70,68页)　图　32开
第1册:民国35.7初版,民国37.8第5版
第2册:民国36.1初版,民国38.2第4版
第3册:民国35.7初版,民国37.8第5版
第4册:民国36.1初版,民国38.2第5版
第5册:民国36.1初版,民国37.8第5版
第6册:民国36.1初版,民国37.7第5版
第7册:民国36.1初版,民国37.1第4版
第8册:民国36.1初版,民国38.2第5版
初小用　一年级上学期~四年级下学期用
其他题名:基本小学副课本国语
人教　辞书

2-0935

国语
台湾省行政长官公署教育处编著
台北　台湾书店　民国35.8[1946.8]-
8册(32,30,30,34,34,48,42,64页)　32开　精装
第1册:民国35.8初版
第2册:民国35.11初版
第3册:民国35.8初版
第4册:民国35.11初版
第5册:民国35.8初版
第6册:民国35.11初版
第7册:民国35.8初版
第8册:民国35.11版
初级小学适用
封面题名:初级小学国语
其他题名:初小国语
国图　人教　编译馆(6)

2-0936

国语课本
辽吉区行政公署教育处[编]
[辽吉]　[编者刊]　民国35.10[1946.10]
44页　32开
辽吉区行政公署教育处审定　初级小学四年级适用
辽宁

2-0937

国文课本
辽吉区行政公署教育处[编]
辽吉　[编者刊]　民国35[1946]版
48页　图　32开
辽吉区行政公署教育处审定　初级小学二年级适用
辽宁

2-0938

国语课本
太岳　太岳新华书店　民国35[1946]-
册(②52页)　32开
第2册:民国35年版
晋冀鲁豫边区教育厅审定　第一学年第二学期适用
人教(2)

2-0939

初小国语课本
　　册　32开
①[不详]　民生书店　民国35[1946]-
第6册：民国35年版
人教(6)
②[菏泽]　冀鲁豫书店　民国35[1946]-
第7-8册：民国35年版
国图(7-8)

2-0940

国语课本
[出版者不详]　民国35[1946]-
　　册(②44页)　32开
第2册：民国35年版
晋冀鲁豫边区教育厅审定　第一学年第二学期适用
人教(2)

2-0941

初小国语
东北政委会教育委员会编
[佳木斯] [哈尔滨]　东北书店　民国36.3[1947.3]-
8册(35,35,38,52,62,85,60,77页)　图　32开
第1册：民国36初版
第2册：民国37第2版
第3册：民国36.12初版,民国37.5第3版
第4册：民国36.7初版,民国37.5第2版
第5册：民国36.3初版,民国37.5第2版
第6册：民国37年版
第7册：民国36.12初版,民国38.1第3版
第8册：民国36年版,民国37.7版
国图(8)　北师大(2)　辞书(3,5,7-8)　辽宁

2-0942

初小课本词句浅释
教育阵地社编
[不详]　新华书店晋察冀分店　民国36.6[1947.6]
83页　32开
国图　人教

2-0943

国语
东北行政委员会教育部编
沈阳　东北新华书店　民国36.7[1947.7]-
8册　32开
第2,4,6,8册：民国36.7版
初级小学适用
人教(2,4,6,8)

2-0944

国语
许书绅,王遵武,施颂椒,黄子寿,杨思成,施家森编校　朱翙新修订
上海　大东书局　民国36.7[1947.7]-
8册(50,56,48,50,56,70,70,80页)　图　32开
第1册：民国37第4版,民国38.2第7版
第2册：民国36.7初版,民国36第4版,民国38.2第6版
第3册：民国36.7初版,民国37第4版,民国38.2第8版
第4册：民国36.7初版,民国37第4版,民国38.2第6版
第5册：民国36.7初版,民国37第6版,民国37.11第7版
第6册：民国36第4版,民国37.11第5版
第7册：民国36.7初版,民国37.11第7版
第8册：民国36.7初版,民国37.11第5版
一年级上学期～四年级下学期用
其他题名：国民学校副课本国语
人教　辞书　广东中山(1-7)

2-0945

初小国语课本
东北政委会编审委员会编
[大连]　光明书店　民国36.9[1947.9]-
　　册(⑦61页)　32开
第7册：民国36.9版
国图(7)

2-0946

国语课本
晋绥　新华书店　民国37.3[1948.3]-
8册(①51,②50,③61,⑤63,⑥70,⑦70页)　图　32开
第1册：民国37.6第2版,民国37.12版
第2册：民国37.10版,民国37.11版
第3册：民国37.3版,民国37.11版
第5册：民国37.11版
第6册：民国37.11版
第7册：民国37.11版
晋绥边区行政公署教育处审定　按春季始业编辑　初级小学用
人教(1-3,5-7)　辽宁(1-3,6)

2-0947

国语
东北行政委员会教育部编
哈尔滨　东北书店　民国37.6[1948.6]-
8册(②35,⑤62页)　32开
第2册：民国37.6版
第5册：民国38.4版
初级小学适用
人教(2,5)

2-0948

初小国语：补充教材
辛安亭编
延安 [平山]　新华书店　民国37.7[1948.7]
51页　32开
陕甘宁边区教育厅审定
国图　人教

2-0949

国语
关东公署教育厅编审

大连　大众书店　民国37.8[1948.8]-
　　册(②38页)　图　32开
第2册: 民国37.8版
初级小学用
人教(2)

2－0950
初小国语课本
德俯,刘松涛,黄雁星,项若愚编辑　秦征绘图
[邢台]　太行新华书店　民国37.10[1948.10]-
8册(54,54,54,61,85,94,104,113页)　图　32开
第1－8册: 民国37.10初版
华北人民政府教育部审定　初级小学适用
国图(1,3－7)　辞书　河南(5,7)

2－0951
国语课本
德俯等编　秦征绘图
8册([528]页)　图　32开
华北人民政府教育部审定　根据革命形势的发展及华北解放
　　区具体情况编写　初级小学适用　一般农村及中小城镇
　　适用
①邯郸　华北新华书店　民国37.10[1948.10]-
第1册: 民国37.10版
第2册: 民国37.10版
第3册: 民国37.10版
第4册: 民国37.10版
第5册: 民国37.10版
第6册: 民国37.10版
第7册: 民国38.1版
第8册: 民国37.10版
人教　河南(4－8)
②北平　新华书店　民国37[1948]-
第2－3,5册: 民国37－38年版
北师大(2－3,5)

2－0952
小学暑期课本国语
魏冰心编
上海　大东书局　民国37[1948]-
　　册(④57页)　32开
第4册: 民国37初版
小学暑期升五年级用
其他题名: 国语
广东中山(4)

2－0953
初级小学国语课本
济南　山东新华书店　民国37[1948]-
12册(⑥39,⑪28页)　32开
第6册: 民国37年版
第11册: 民国38年版
山东省政府教育厅审定
人教(6,11)

2－0954
初级小学国语课本
刘松涛等编
[不详]　华北联合出版社　民国37[1948]-
8册　32开
第1－8册: 民国37－38年版
华北人民政府教育部审定
国图

2－0955
国语
沈百英,赵景源编著　王承绪,吴志尧修正
新加坡　商务印书馆　民国38.5[1949.5]-
8册(⑦82,⑧90页)　图　32开
第7－8册: 民国38.5修正1版
马来亚联合邦、新加坡教育部审定　南洋华侨小学校初级用
封面题名: 复兴国语教科书
逐页题名: 南洋国语
其他题名: 复兴教科书国语
辞书(7－8)

2－0956
国语
上海联合出版社临时课本编辑委员会编辑
上海　上海联合出版社　民国38.8[1949.8]-
8册(40,40,46,48,48,65,64,81页)　图　32开
第1册: 民国38.8第2版
第2册: 民国38.8初版
第3册: 民国38.9第2版
第4册: 1950.2初版
第5册: 民国38.9第2版
第6册: 1950.2初版
第7册: 民国38.9第2版
第8册: 1950.2初版
初级小学适用临时课本
国图(1－3,5,7)　上师大(8)　辞书

2－0957
国语
河南省人民政府教育厅编辑室编
河南　河南新华书店　民国38.8[1949.8]-
8册　图　32开
第7－8册: 民国38.8版
中原临时人民政府教育部规定　初级小学适用
其他题名: 初级小学适用课本国语
人教(7－8)

2－0958
国语
临时课本编辑委员会编
南昌　新华书店　民国38.9[1949.9]-
　　册(③46页)　32开
第3册: 民国38.9版
初级小学适用　临时课本

庐山(3)

2-0959
国文教科书
湖南 湖南机器印刷局 [1912-1949?]
33叶 图 大32开 线装
明德学堂审定 初等小学适用
封面题名:最新初等小学国文教科书
辞书

2-0960
新国文
[不详] 聚文堂书局 [1912-1949?]
册 32开
第1册:版次不详
初等小学用
庐山(1)

2-0961
初级小学白话文
上海 广益书局 [1912-1949?]
册(②30页) 32开
第2册:版次不详
新学制适用
国图(2)

2-0962
白话体国文教科书
[出版者不详] [1912-1949?]
册(②38,④40,⑥43叶) 32开 线装
第2,4,6册:版次不详
国民学校用
辞书(2,4,6)

2-0963
低级五月教材
上海中学实验小学编
上海 [编者刊] [1912-1949?]
56页 32开 (新研究)
上海

2-0964
初小国语课本(暂用本)
中国人民解放军西南军区政治部编
重庆 [编者刊] [1912-1949?]
4册(50,50,68,80页) 64开
第1-4册:版次不详
国图

2-0965
国语课本
[龙腾] 龙腾县政府教育科(翻印) [1912-1949?]
53页 大32开
解放区出版物 初级小学适用
国图

2-0966
国防国语课本
国防教材编辑委员会编
山东 胶东东海区教材印刷社 [1912-1949?]
册 32开
第2册:版次不详
小学初级用
河南(2)

2-0967
国防国语课本
山东 东海印刷社 [1912-1949?]
册(①42页) 32开
第1册:版次不详
小学校春季中级用
河南(1)

2-0968
国语课本
文登 文生印刷社 [1912-1949?]
32页 32开
三年级春季中级用
河南

* * *

2-0969
国文教科书
邵伯棠编辑 务学社校阅
[上海] 支那务学社 清光绪31.11[1905]-
4册(①40叶) 大32开 线装
第1册:光绪31.11初版
第一年用
封面题名:高等小学国文教科书
辞书(1)

2-0970
高等小学国文课本
顾倬编
上海 文明书局 清光绪31[1905]版
49页 [32开] 线装
其他题名:国文课本
上海

2-0971
最新国文教科书
高凤谦,张元济,蒋维乔编纂
上海 商务印书馆 清光绪32.12[1907]-
8册(61,64,67,66,75,78,77,79叶) 图(含彩图),地图 大32开 线装
第1册:光绪32.12初版,光绪33.1第2版,宣统2.2第6版
第2册:光绪32.12初版,光绪33.1第2版,光绪34.7第4版
第3册:光绪33.5初版,宣统1.2第5版
第4册:光绪33.5初版,光绪33.5第2版,宣统1.2第4版,宣统3.5第9版
第5册:光绪33.8第2版,宣统1.1第5版

第6册：光绪33.6初版,光绪33.8第2版,宣统1.1第4版,宣统1第5版
第7册：宣统1.1第5版
第8册：光绪34.10第4版
清学部审定　高等小学堂用
初版附注：清光绪32年12月-33年6月初版
版权页题名：高等小学国文教科书
卷端题名：最新高等小学国文教科书
国图(2)　辞书　云南社科(6)　广西师大

2-0972

高等小学国文教科书
何琪,杜芝庭编辑
　　上海　会文学社　清光绪33.5-宣统2.7[1907-1910]
　　7册(33,42,33,43,42,59,69叶)　大32开　线装
第1册：光绪33.5初版
第2册：光绪33.5初版
第3册：光绪33.5初版
第4册：光绪33.5初版
第5册：宣统1.2初版
第6册：宣统1.2初版
第7册：宣统2.7初版
高等小学堂用
封面题名：最新高等小学国文教科书
逐页题名：最新国文教科书
人教(3-7)　辞书

2-0973

高等小学国文课本
华国铨编辑　沈恩孚,朱寿朋校订
　　上海　中国图书公司　清宣统3.2[1911]-
　　4册(24,32,54,64叶)　大32开　线装
第1册：宣统3.12第6版
第2册：版次不详
第3册：宣统3.2第3版
第4册：宣统3.2第2版
第一学年~第四学年用
初版附注：清光绪34年8-10月初版
人教　辞书(1,3-4)

2-0974

最新高等小学国文教科书
庄俞,沈秉钧编
　　上海　商务印书馆　清光绪34[1908]-
　　册　线装
第7册：光绪34第4版
其他题名：最新国文教科书
国图(7)

2-0975

高等小学女子国文课本
侯鸿鉴编著
　　无锡　竞志女学校　清宣统1.1[1909]-
　　8册(④11叶)　大32开　线装

第4册：宣统1.1初版
辞书(4)

2-0976

女子国文教科书
庄俞,沈颐,蒋维乔,戴克敦编纂　高凤谦,张元济校订
　　上海　商务印书馆　清宣统1.1[1909]-
　　4册(51,60,66,73叶)　图,地图　大32开　线装
第1册：宣统1.1初版
第2册：宣统1.11第2版
第3册：宣统2.2第2版
第4册：宣统1.7初版
高等小学堂用
卷端题名：高等小学女子国文教科书
辞书

2-0977

简明国文教科书
蒋维乔,庄俞,沈颐,戴克敦编纂　高凤谦,张元济校订
　　上海　商务印书馆　清宣统1.10[1909]-
　　8册(③45,⑦53,⑧56叶)　图,地图(含彩色地图),表　大32开　线装
第3册：宣统1.10初版
第7册：宣统2.5初版
第8册：宣统2.5初版
高等小学堂用
版权页题名：高等小学简明国文教科书
辞书(3,7-8)

2-0978

学部第一次编纂高等小学国文教科书
(清)学部编译图书局编纂
　　北京　[编者刊]　清宣统2.6[1910]-
　　8册(37,42,46,49,57,61,72,70页)　32开　线装
第1册：宣统2.6初版
第2册：宣统2.6初版,宣统3.4翻印
第3册：宣统3.1重印,宣统3.4翻印
第4册：宣统3.1重印,宣统3.5翻印
第5册：宣统3.1重印,宣统3.5翻印
第6册：宣统3.2重印,宣统3.6翻印
第7册：宣统3.2重印,宣统3.6翻印
第8册：宣统3.2重印,宣统3.6翻印
初版附注：清宣统2年6-12月初版
版权页题名：高等小学国文教科
封面题名：高等小学国文教科书
人教(2-8)　辞书

2-0979

(订正)简明国文教科书
蒋维乔等编纂　高凤谦,张元济校订
　　上海　商务印书馆　民国1.3[1912.3]-
　　8册([460]页)　图　32开　线装
第1-3,5-6册：民国1.3订正初版
高等小学用

初版附注：清宣统 2 年初版
其他题名：简明国文教科书
人教(1-3,5-6)

2-0980

(订正)最新国文教科书
高凤谦,张元济,蒋维乔编纂

上海　商务印书馆　民国 1.1[1912.1]
8 册(122,128,134,132,150,156,154,158 页)　大 32 开 线装
第 1 册：民国 1.1 初版,民国 1.5 初版
第 2 册：民国 1.1 初版,民国 1.5 初版
第 3 册：民国 1.1 初版,民国 1.5 初版,民国 3.10 第 10 版
第 4 册：民国 1.1 初版,民国 1.5 初版
第 5 册：民国 1.1 初版
第 6 册：民国 1.1 初版,民国 1.5 初版
第 7 册：民国 1.1 初版,民国 1.5 初版
第 8 册：民国 1.1 初版,民国 1.5 初版
中华民国高等小学堂用
其他题名：最新国文教科书
其他题名：高等小学最新国文教科书
人教　上师大(6-8)　辞书

2-0981

中华高等小学国文教科书
汪渤,何振武编辑

上海　中华书局　民国 1.3[1912.3]-
8 册(24,29,33,36,24,26,32,33 叶)　图　32 开　线装
第 1 册：民国 1.3 第 3 版,民国 1.5 第 9 版
第 2 册：民国 1.4 第 6 版,民国 1.10 第 11 版
第 3 册：民国 1.5 第 7 版,民国 1.10 第 8 版,民国 2.2 第 15 版
第 4 册：民国 1.4 第 4 版,民国 1.5 第 7 版,民国 1.10 第 9 版,民国 1.10 第 10 版
第 5 册：民国 1.5 第 5 版,民国 1.10 第 8 版,民国 1.10 第 9 版,民国 1.12 第 11 版
第 6 册：民国 1.7 第 3 版,民国 1.9 第 6 版,民国 1.12 第 7 版
第 7 册：民国 1.5 第 2 版,民国 1.7 第 3 版,民国 1.7 第 4 版
第 8 册：民国 1.9 第 3 版,民国 1.11 第 4 版,民国 1.11 第 11 版
教育部审定
初版附注：民国元年 1-7 月初版
逐页题名：高等小学国文教科书
北师大(2-8)　人教　辞书

2-0982

新国文
庄俞,沈颐编纂　高凤谦,张元济校订

上海　商务印书馆　民国 5.7[1916.7]-
8 册(26,26,25,27,28,26,37,34 叶)　图　大 32 开　线装
第 1 册：民国 11.3 第 1986 版,民国 13 年版,民国 16.1 第 2686 版
第 2 册：民国 11.5 第 1858 版
第 3 册：民国 5.7 第 551 版,民国 11.1 国难后 1556 版,民国 11 第 1626 版,民国 13 年版,民国 16.1 第 2206 版
第 4 册：民国 9 第 1127 版,民国 10 第 1252 版,民国 13 年版,民国 15.11 第 1897 版
第 5 册：民国 11 第 1266 版,民国 13 年版,民国 16.9 第 1641 版
第 6 册：民国 9 第 815 版,民国 12.4 第 1120 版,民国 13 年版,民国 15.8 第 1325 版,民国 15.11 第 1365 版
第 7 册：民国 11.10 第 886 版,民国 13 年版
第 8 册：民国 12.4 第 781 版,民国 13 年版,民国 16.1 第 946 版
教育部审定　国民学校用　春季始业
初版附注：民国元年 6 月初版
版权页题名：高等小学新国文
其他题名：共和国教科书新国文
国图　北师大(1,3-6,8)　上海(4,6)　上师大(1,3-6)　辞书(3)　编译馆(1-3,6-8)

2-0983

新国文：甲种
庄俞,沈颐编纂　高凤谦,张元济校订

上海　商务印书馆　民国 1.8[1912.8]-
6 册(28,30,30,31,31,33 叶)　图　大 32 开　线装
第 1 册：民国 1.9 第 4 版,民国 2.2 第 31 版,民国 2.3 第 42 版,民国 2.3 第 67 版,民国 2.12 第 106 版,民国 6.6 第 217 版,民国 11.3 第 257 版
第 2 册：民国 2.2 第 28 版,民国 2.3 第 44 版,民国 2.4 第 65 版,民国 2.4 第 69 版,民国 2.12 第 99 版,民国 9 年版
第 3 册：民国 2.2 第 25 版,民国 2.3 第 51 版,民国 2.4 第 55 版,民国 2.12 第 80 版,民国 5 第 95 版
第 4 册：民国 2.2 第 30 版,民国 2.3 第 43 版,民国 2.3 第 49 版,民国 2.3 第 53 版
第 5 册：民国 1.8 初版,民国 2.1 第 17 版,民国 2.3 第 27 版,民国 2.3 第 41 版,民国 6 第 101 版,民国 10 第 126 版,民国 10 第 136 版
第 6 册：民国 1.8 初版,民国 2.2 第 17 版,民国 2.2 第 29 版,民国 2.3 第 42 版,民国 4 第 79 版,民国 5 第 81 版
教育部审定　高等小学学生用　春季始业
初版附注：民国元年 6-8 月初版
封面题名：共和国教科书新国文
版权页题名：高等小学新国文
国图(2-3,5-6)　北师大　人教　上师大(5-6)　辞书

2-0984

高等小学国文课本[改正本]
华国铨编辑　沈恩孚,朱寿朋校订　吕思勉改正

上海　中国图书公司　民国 1.7[1912.7]-
4 册(①23,②33,③56 叶)　大 32 开　线装
第 1 册：民国 1.7 改正 1 版,民国 2.6 改正 14 版
第 2 册：民国 1.7 改正 1 版
第 3 册：民国 1.12 改正 1 版,民国 2.6 改正 10 版
版权页题名：(改正)高等小学国文课本
封面题名：中华民国高等小学国文课本
辞书(1-3)

2-0985

女子新国文
庄俞,沈颐,樊炳清编纂　高凤谦,张元济校订

上海　商务印书馆　民国1.11[1912.11]-

6册(27,28,30,29,28,31叶)　图　32开　线装

第1册:民国1.11初版,民国2.3第6版,民国3.6第8版,民国11第9版,民国11.6第11版

第2册:民国2.4第2版,民国2.4第6版,民国13第11版

第3册:民国1.11初版,民国2.4第2版,民国2.4第6版,民国11.5第12版

第4册:民国2.4第2版,民国2.4第6版

第5册:民国2.4第2版,民国2.4第6版,民国14.5第10版,民国14第12版

第6册:民国1.11初版,民国2.4第2版,民国2.4第6版

教育部审定　女子高等小学校用

其他题名:高等小学女子新国文

人教　上海(1-2,5)　辞书

2-0986

(订正)新制中华国文教科书
郭成爽,汪涛,何振武,缪徵麟编　戴克敦,沈颐,陆费逵阅

上海　中华书局　民国1.12[1912.12]-

9册(23,21,20,30,22,27,23,18,22叶)　图　大32开　线装

第1册:民国1.12初版,民国2.5第8版,民国2.7第12版,民国5.11第18版,民国8.7第26版

第2册:民国2.12第13版,民国9.1第23版,民国9.3第24版

第3册:民国2.3初版,民国2.4第8版,民国8.7第18版,民国8年版

第4册:民国2.7第7版,民国8.7第16版,民国8年版

第5册:民国2.3初版,民国2.4第5版,民国2.11第9版,民国8年版

第6册:民国2.4初版,民国4.3第8版

第7册:民国2.5第2版,民国9.6第17版

第8册:民国2.4第2版,民国8.2第17版

第9册:民国4.9第9版,民国6.2第12版

教育部审定　高等小学校用　秋季始业　第一学年第一学期～第四学年第三学期

版权页题名:(订正)新制高等小学国文教科书

封面题名:新制国文教科书

北师大　人教(1,3-5)　辞书

2-0987

高等小学新国文：乙种
樊炳清,庄俞,沈颐编纂　高凤谦,张元济校订

上海　商务印书馆　民国2.1[1913.1]-

6册(23,33,26,33,26,37叶)　图　大32开　线装

第1册:民国2.1初版,民国2.1第2版,民国3.7第40版,民国10.10第82版,民国15.9第90版

第2册:民国2.4第5版,民国2.6第20版,民国2.6第30版,民国9.8第64版,民国10年版,民国11.4第79版

第3册:民国2.1初版,民国2.6第25版,民国5.9第39版,民国8.8第50版,民国10.7第60版,民国11.4第65版

第4册:民国2.4第10版,民国2.6第25版,民国10.9第55版,民国11.7第60版

第5册:民国2.1初版,民国2.4第6版,民国2.4第15版,民国10.9第50版,民国13.12第51版

第6册:民国2.4第15版,民国2.4第20版,民国9.7第43版,民国11.3第48版

教育部审定　高等小学校学生用　秋季始业

版权页题名:新国文

其他题名:共和国教科书高等小学新国文

北师大　人教　上海(2)　辞书　编译馆

2-0988

中华高等小学国文教科书[改订本]
汪渤,何振武编

上海　中华书局　民国2.3[1913.3]-

6册(①24,②29,③33,⑤24叶)　图　32开　线装

第1册:民国2.4改订3版,民国2.5改订4版

第2册:民国2.3改订初版

第3册:民国2.3改订初版

第5册:民国2.5改订2版

逐页题名:高等小学国文教科书

人教(1-3,5)　辞书(1)

2-0989

高等小学新国文教科书
秦同培编辑　蒋维乔校订

上海　中国图书公司和记　民国3.6[1914.6]-

9册(19,16,18,24,20,22,24,18,20叶)　图　32开　线装

第1册:民国3.6第2版

第2册:民国3.6第2版

第3册:民国3.6第2版

第4册:民国3.6第2版

第5册:民国3.6第2版

第6册:民国3.7初版

第7册:民国3.7初版

第8册:民国3.7初版

第9册:民国3.10初版

学生用书　秋季始业

初版附注:民国2年5月-3年10月初版

封面题名:新国文教科书

辞书

2-0990

(订正)女子国文教科书
庄俞等编纂　高凤谦,张元济校订

上海　商务印书馆　民国2.7[1913.7]-

4册(51,60,61,73叶)　图　32开　线装

第1册:民国2.7第10版

第2册:民国3.4第10版

第3册:民国2.12第8版,民国5.11第10版

第4册:民国2.11第8版

高等小学用

其他题名:女子国文教科书

人教

2-0991

中华民国新国文

张景良编纂

上海 文明书局 民国2.8-3.6[1913.8-1914.6]

6册(17,28,29,32,28,32叶) 图 大32开 线装

第1册：民国2.8初版,民国3.10第3版

第2册：民国2.10初版,民国3.10第3版

第3册：民国3.2初版

第4册：民国3.6初版

第5册：民国3.6初版

第6册：民国3.6初版

教育部审定 高等小学校用 秋季始业 第一年第一学期～第三年第三学期

版权页题名：高等小学校新国文

其他题名：高等小学校教科书新国文

人教(1-4) 辞书

2-0992

高等小学校新体国文

朱树人编著 张景良校订

上海 文明书局 民国2.9[1913.9]-

6册(①26叶) 大32开 线装

第1册：民国2.9初版

高等小学校用书

封面题名：新体国文

其他题名：中华民国小学教科新体国文

辞书(1)

2-0993

新编中华国文教科书

沈颐,杨喆编 范源廉阅

上海 中华书局 民国2.12-3.2[1913.12-1914.2]

6册(22,29,28,31,30,38叶) 图 大32开 线装

第1册：民国2.12初版,民国3.2第3版,民国3.6第5版,民国4.2第6版,民国7.9第16版,民国8.12第20版,民国9.12第22版

第2册：民国3.1初版,民国4.6第5版,民国7.9第16版,民国8.7第18版,民国9.12第21版

第3册：民国3.2初版,民国4.2第3版,民国7.8第11版

第4册：民国3.2初版,民国4.6第5版,民国7.9第13版,民国8.7第15版

第5册：民国3.2初版,民国3.6第3版,民国4.2第4版,民国4.6第5版,民国5.1第6版,民国7.7第8版

第6册：民国3.2初版,民国3.6第2版,民国4.6第5版,民国7.9第11版

教育部审定 高等小学校用 春季始业

其他题名：中华国文教科书

北师大 人教 华师大 辞书

2-0994

国文教科书

许国英编纂 商务印书馆编译所校订

上海 商务印书馆 民国3.3[1914.3]

90页 32开 线装

高等小学补习科学生用

人教

2-0995

女子国文教科书

沈颐,范源廉,杨喆编

上海 中华书局 民国3.8[1914.8]

6册(27,31,33,31,30,36叶) 图 大32开 线装

第1册：民国3.8初版,民国5.3第3版,民国8.12第12版,民国11.8第15版

第2册：民国3.8初版,民国8.12第11版,民国9.6第12版

第3册：民国3.8初版,民国8.12第10版,民国11.8第13版

第4册：民国3.8初版,民国8.12第8版

第5册：民国3.8初版,民国9.1第7版

第6册：民国3.8初版,民国7.9第5版,民国8.12第6版

教育部审定 高等小学校用

版权页题名：高等小学女子国文教科书

封面题名：中华女子国文教科书

卷端题名：中华女子高等小学国文教科书

北师大 人教 辞书

2-0996

实用国文教科书

北京教育图书社编纂 邓庆澜等校订

上海 商务印书馆 民国4.12[1915.12]-

6册(23,28,28,33,29,30叶) 32开 线装

第1册：民国4.12第20版,民国11.9第32版

第2册：民国4.12初版,民国4.12第12版,民国4.12第13版

第3册：民国4.12第12版,民国4.12第17版,民国5.4第24版

第4册：民国4.12初版,民国4.12第8版,民国5.4第15版

第5册：民国4.12第9版,民国4.12第11版

第6册：民国4.12初版,民国4.12第8版

教育部审定 遵照部定新章编纂 高等小学校学生用

初版附注：民国4年12月初版

北师大(2-6) 人教 广西师大(1-4)

2-0997

新式国文教科书

吕思勉编辑 崔景元,刘械,范源廉,沈颐,吴景濂,鞠承颖阅订

上海 中华书局 民国5.1-4[1916.1-4]

6册(20,23,20,21,18,20叶) 图 32开

第1册：民国5.1初版,民国8.8第30版,民国8.8第31版,民国9.1第36版,民国10.2第41版,民国11.1版,民国11.4第52版,民国12.5第68版,民国12.5第70版

第2册：民国5.1初版,民国7.12第17版,民国8.6第24版,民国9.1第32版,民国9.1第33版,民国9.6第34版,民国10.6第40版,民国10.8第42版,民国13.5第62版

第3册：民国5.2初版,民国5.2第2版,民国8.6第21版,民国9.1第28版,民国9.1第29版,民国9.2版,民国

10.11 第 36 版,民国 11.2 第 39 版,民国 11.7 第 43 版,民国 12.5 第 57 版

第 4 册:民国 5.1 初版,民国 6.2 第 6 版,民国 7.11 第 13 版,民国 8.8 第 20 版,民国 8.8 第 23 版,民国 9.7 第 30 版,民国 11.1 第 38 版,民国 11.6 第 42 版,民国 12.5 第 54 版

第 5 册:民国 5.4 初版,民国 7.11 第 13 版,民国 8.1 第 15 版,民国 8.6 第 20 版,民国 8.9 第 24 版,民国 9.1 第 29 版,民国 10.6 第 34 版,民国 10.8 第 36 版,民国 11.10 第 44 版,民国 12.5 版,民国 13.5 第 49 版

第 6 册:民国 5.4 初版,民国 7.11 第 11 版,民国 8.1 第 12 版,民国 8.8 第 19 版,民国 10.3 第 28 版,民国 10.6 第 29 版,民国 12.5 第 49 版

教育部审定　高等小学校用　春秋季始业通用

版权页题名:新式高等小学国文教科书

其他题名:新式最新国文教科书

北师大　人教　华师大　辞书　广西师大(1-5)　广东中山(4)　编译馆(1)

2-0998

高等小学国文新课本

圣教杂志社编辑

上海　土山湾印馆　民国 7.8[1918.8]-

6 册(80,80,90,90,120,120 叶)　大 32 开　线装

第 1 册:民国 13 第 4 版,民国 24 第 5 版

第 2 册:民国 10.5 第 2 版,民国 27 第 5 版

第 3 册:民国 7.8 初版,民国 10.5 第 2 版,民国 16 第 3 版,民国 27 第 5 版

第 4 册:民国 8.2 初版,民国 第 2 版,民国 第 3 版,民国 17 年版,民国 20.7 第 4 版

第 5 册:民国 12.5 第 2 版,民国 21.1 第 4 版

第 6 册:民国 9.4 第 1 版,民国 13.1 第 2 版,民国 20.4 第 3 版

初版附注:民国 7 年 8 月-9 年 4 月初版

国图　上海(4)　上师大(3-6)　辞书(3-4,6)　广西师大

2-0999

新法国语教科书

刘大绅,戴杰,于人骥,王国元,吴俊升,范祥善,吕思勉,缪珩,田广生编纂　庄俞校订

上海　商务印书馆　民国 9.7[1920.7]-

6 册(55,57,56,68,68,61 页)　图　大 32 开

第 1 册:民国 9.7 初版,民国 9.7 第 5 版,民国 9.7 第 15 版,民国 11.4 第 50 版

第 2 册:民国 9.7 初版,民国 9.7 第 5 版,民国 9 第 10 版,民国 9.9 第 15 版,民国 9.10 第 25 版,民国 11.8 第 40 版

第 3 册:民国 9.8 初版,民国 9.9 第 5 版,民国 9.12 第 15 版,民国 11.4 第 35 版

第 4 册:民国 9.9 初版,民国 9.10 第 5 版,民国 9.12 第 10 版,民国 10.4 第 25 版

第 5 册:民国 10.2 第 5 版,民国 11.3 第 25 版

第 6 册:民国 10.4 第 5 版,民国 10.7 第 20 版

教育部审定　高等小学学生用　秋季始业

初版附注:民国 9 年 7 月-10 年 3 月初版

国图(1-4)　北师大　人教　辞书　广东中山(2)

2-1000

新法国文教科书

季锡组,唐湛声,魏寿镛等编纂　庄俞,高凤谦校订

上海　商务印书馆　民国 10.5-12[1921.5-12]

6 册(45,47,49,55,51,56 页)　图　大 32 开

第 1 册:民国 10.5 第 5 版,民国 11.3 第 20 版,民国 11.9 第 30 版,民国 12.3 第 35 版

第 2 册:民国 10.6 第 5 版,民国 11.7 第 10 版,民国 11.9 第 20 版

第 3 册:民国 10.7 第 5 版,民国 11.9 第 25 版

第 4 册:民国 10.7 第 5 版,民国 11.4 第 20 版,民国 11.10 第 25 版

第 5 册:民国 10.12 第 5 版,民国 11.9 第 15 版

第 6 册:民国 10.12 第 5 版,民国 11.5 第 20 版

教育部审定　高等小学校用

初版附注:民国 10 年 5-12 月初版

北师大　人教　辞书　河南(2)

2-1001

新法国语教科书

沈圻编纂　庄俞校订

上海　商务印书馆　民国 11.6[1922.6]-

4 册(58,64,62,64 页)　图　大 32 开

第 1 册:民国 11.6 初版,民国 11.11 第 6 版,民国 12.3 第 11 版,民国 12.9 第 36 版,民国 13.2 第 51 版

第 2 册:民国 12.3 第 16 版,民国 13.2 第 41 版,民国 13.5 第 46 版

第 3 册:民国 12.3 第 7 版,民国 13.2 第 32 版,民国 13.8 第 42 版

第 4 册:民国 12.3 第 7 版,民国 12.4 第 17 版,民国 13.3 第 32 版

新学制小学后期用

北师大(2-4)　人教　辞书

2-1002

新法国语文教科书

方宾观,庄适,顾颉刚,范祥善编纂　朱经农,唐钺,王岫庐校订

上海　商务印书馆　民国 12.2[1923.2]-

4 册(50,54,49,61 页)　图　大 32 开

第 1 册:民国 12.2 初版,民国 12.9 第 25 版,民国 13.6 第 60 版,民国 14.5 第 75 版

第 2 册:民国 12.4 第 5 版,民国 13.5 第 50 版,民国 14.5 第 60 版

第 3 册:民国 12.7 第 10 版,民国 13.2 第 35 版,民国 15.2 第 55 版

第 4 册:民国 12.7 第 10 版,民国 13.2 版,民国 13.2 第 30 版

新学制小学后期用

国图(4)　北师大(1-2)　人教(1-3)　辞书

2-1003

新学制国语教科书

庄适,吴研因,沈圻编纂　朱经农,高梦旦,王岫庐,唐钺

校订

上海 商务印书馆 民国13.1[1924.1]-

4册(78,78,78,78页) 图 大32开

第1册：民国13.1初版,民国13.4第30版,民国15.2第60版,民国19.3第160版,民国21.5国难后8版

第2册：民国13.1第10版,民国13.4第25版,民国13.4第30版,民国13.12第35版,民国15.3第55版,民国18.1第135版

第3册：民国13.2初版,民国13.3第15版,民国13.4第25版,民国17.7第105版,民国21.4国难后1版

第4册：民国13.5初版,民国13.6第10版,民国15.7第70版,民国21.5国难后1版

教育部审定 大学院审定 小学校高级用书

卷端题名：新学制高级小学国语教科书

北师大 人教 华师大 辞书 编译馆(1,3)

2-1004

新撰国文教科书

缪天绶编纂 朱经农校订

上海 商务印书馆 民国13.7[1924.7]-

4册(43,50,52,60页) 图 大32开

第1册：民国13.8第10版,民国14.3第15版,民国16第65版,民国16.5第80版

第2册：民国13.7第10版,民国14第25版,民国15第55版,民国16第65版

第3册：民国13.7初版,民国14.3第15版,民国15第55版,民国16第65版,民国16.6第70版

第4册：民国13.12第10版,民国15.6第35版,民国15.12第50版,民国16第65版

新学制小学校高级用

初版附注：民国13年6-8月初版

北师大 人教 上师大(2-3) 辞书 广东中山(2-3)

2-1005

新国民国语文教科书

周毓彬,洪昌保编辑 熊长龄,顾杰校对

上海 国民书局 民国14.7-8[1925.7-8]

4册(52,52,64,72页) 大32开

第1册：民国14.7初版,民国14.9第2版

第2册：民国14.7初版

第3册：民国14.7初版,民国15.3第3版

第4册：民国14.8初版

小学校高级用

其他题名：新国民教科书国语文

辞书

2-1006

新国民国文教科书

石东孙,郑文华编辑 熊长龄,顾杰校订

上海 国民书局 民国14.7[1925.7]-

4册(64,60,68,84页) 大32开

第1册：民国14.7初版

第2册：民国14.12第2版

第3册：民国14.8初版

第4册：民国14.9初版

小学校高级用

其他题名：新国民教科书国文

辞书

2-1007

新时代国语教科书

胡贞惠著 新时代教育社编

上海 [编者刊] 民国16.9[1927.9]-

4册 32开

第1册：民国16.9第5版

第2册：民国16.11第20版

第3册：民国16.12第5版

第4册：民国17第25版

小学校高级用

初版附注：民国16年8-11月初版

卷端题名：新时代高小国语教科书

逐页题名：国语教科书

辞书 河南(4)

2-1008

新时代国语教科书

胡贞惠编纂 王云五校订

上海 商务印书馆 民国16.10[1927.10]-

4册(64,78,80,90页) 32开

第1册：民国16.10初版,民国18.4第90版,民国18.6第115版,民国18.7第125版,民国19.2第155版,民国21.6国难后12版

第2册：民国17.10第50版,民国18.4第70版,民国18.12第135版,民国21.8国难后21版

第3册：民国16.11初版,民国17第40版,民国18第100版,民国18.12第145版,民国21.4国难后2版,民国21.4国难后3版,民国21.12国难后39版

第4册：民国18.4第75版,民国18.6第95版,民国18.6第105版,民国21.12国难后35版

大学院审定 小学校高级用

初版附注：民国16年10月-17年2月初版

卷端题名：新时代高小国语教科书

逐页题名：国语教科书

国图(3) 北师大 人教 辞书 辽宁(1) 广东中山(3) 编译馆

2-1009

高级小学国语教科书

薛天汉编 吴研因校订

上海 民智书局 民国20.7[1931.7]

4册(74,86,82,92页) 图 32开

第1-4册：民国20.7初版

逐页题名：民智新课程高级小学国语教科书

北师大(1,3-4) 人教(1,3-4) 华师大 辞书

2-1010

国语

戴洪恒编辑　吴稚晖,吴研因校订
上海　商务印书馆　民国20.8[1931.8]-
4册(75,73,59,75页)　图　32开
第1册：民国20.8初版,民国21.9国难后20版,民国21.12国难后30版
第2册：民国20.8初版,民国21.9国难后20版,民国21.12国难后30版,民国21.12国难后40版
第3册：民国21.4国难后14版,民国21.9国难后20版,民国21.12国难后30版
第4册：民国20.8初版,民国21.12国难后30版
小学校高级用
其他题名：基本教科书国语
北师大　华师大　辞书　广东中山(4)　编译馆

2-1011

北新国语教本
赵景深,李小峰,陈伯吹等编辑
上海　北新书局　民国21.6[1932.6]-
4册(①86页)　表　32开
第1册：民国21.6初版
高级小学用
逐页题名：后期小学北新国语教本
辞书(1)

2-1012

高级国语
徐晋,邱祖深,黄一德,曾泽编辑
上海　儿童书局　民国21.6[1932.6]-
4册(70,69,78,84页)　32开
第1册：民国21.6初版,民国21.6第2版
第2册：民国22.1第2版
第3册：民国21.8第2版
第4册：民国21.6初版
高级小学校用
其他题名：新儿童教科书高级国语
人教　辞书

2-1013

南洋国语教科书
庄适编纂
香港　商务印书馆　民国22.2[1933.2]-
4册(①50,②60,③60页)　图　32开
第1册：民国22.2初版
第2册：民国22.10第3版
第3册：民国22.2初版
高级小学用
人教(1-3)　辞书(1-3)

2-1014

国语
蒋息岑,朱菱阳,余之介编辑
上海　大东书局　民国22.6[1933.6]-
4册(76,76,102,112页)　32开
第1册：民国22.7第2版

第2册：民国22.8初版,民国23.1第3版
第3册：民国22.6初版,民国22.7第2版
第4册：民国22.6初版,民国22.11第2版
新课程标准适用　小学校高级用
初版附注：民国22年6-8月初版
其他题名：新生活教科书国语
华师大　辞书　广东中山(3)　编译馆(2-4)

2-1015

国语
丁毅音,赵欲仁编著　王云五,何炳松校订
上海　商务印书馆　民国22.7[1933.7]
4册(72,90,71,82页)　图　32开
第1册：民国22.7初版,民国22.8第40版,民国22.9第65版,民国22.12第75版,民国22.12第135版,民国23.4第160版
第2册：民国22.7初版,民国22.8第20版,民国22.10第40版,民国22.10第105版,民国22.11第75版,民国23.11第140版,民国24第160版
第3册：民国22.7初版,民国22.7第10版,民国22第20版,民国22.8第50版,民国22.11第65版,民国22.11第75版
第4册：民国22.7初版,民国22.7第20版,民国22.11第65版,民国22.12第85版,民国22.12第95版,民国23.11第115版,民国24.3第124版
国民政府教育部审定　新课程标准适用　小学校高级用
封面题名：复兴国语教科书
其他题名：复兴教科书国语
国图　北师大　人教　上海　华师大　上师大(2)　辞书　广东中山(3)　编译馆

2-1016

开明国语课本
叶绍钧编纂　丰子恺绘画
上海　成都　开明书店　民国23.6[1934.6]-
4册(89,88,100,108页)　图　32开
第1册：民国23.6初版,民国24第12版,民国24.9第13版,民国25.7第15版,民国25.8第22版,民国26.7第27版,民国31.1国难后新4版
第2册：民国23.6初版,民国24.1第8版,民国25.2第12版,民国31国难后版
第3册：民国23.6初版,民国24.9第12版,民国31.7国难后新5版
第4册：民国23.6初版,民国24.1第8版,民国24.1第9版,民国25.7第11版,民国28.10国难后新1版
教育部审定　新课程标准适用　小学高级学生用
其他题名：国语课本
北师大　人教　上海　辞书　西北师大(1-3)　广东中山(1-2,4)

2-1017

复兴国语课本
宗亮寰,沈百英,丁毅音编校
上海　商务印书馆　民国24.1[1935.1]-

4册(82,80,77,85页)　图　32开

第1册：民国24.1初版,民国24.2第20版,民国24.5第25版,民国27.4第40版

第2册：民国24.1初版,民国24.3第20版

第3册：民国24.1初版,民国24.2第20版

第4册：民国24.3第20版

新课程标准适用　小学校高级用　春季始业

逐页题名：国语课本

北师大　人教　辞书　编译馆(1-2,4)

2-1018

怎样使用标点符号
皇甫钧编

上海　中华书局　民国24.7[1935.7]

45页　图　32开　(小学高年级各科副课本　13)

卷端题名：小学高年级国语副课本怎样使用标点符号

人教　上海　辞书

2-1019

文字源流简说
皇甫钧编

上海　中华书局　民国25.4[1936.4]

38页　图　32开　(小学高年级各科副课本　17)

卷端题名：小学高年级国语副课本文字源流简说

人教　上海　辞书

2-1020

怎样检查字典和词典
谢广祥编

上海　中华书局　民国25.5[1936.5]

47页　图　32开　(小学高年级各科副课本　15)

卷端题名：小学高年级国语副课本怎样检查字典和词典

人教　上海　辞书

2-1021

实验国语教科书
国立编译馆编辑

上海　商务印书馆　民国25.8-11[1936.8-11]

4册(140,165,163,179页)　图　32开

第1册：民国25.8初版,民国25.10第9版,民国25.10第10版,民国25.10第11版,民国25.10第30版,民国26.2版

第2册：民国25.10初版,民国25.10第9版,民国25.11第10版,民国25.12版,民国26.2版

第3册：民国25.11初版,民国26.1第5版,民国26第9版,民国26.3版

第4册：民国25.11初版,民国26.1第4版,民国26.1第5版

小学校高级用

逐页题名：高小实验国语教科书

北师大(1,4)　人教　华师大(2-4)　上师大(2-3)　辞书　广东中山(3)　编译馆

2-1022

非常国语选
刘椿年编选　葛承训校订

上海　儿童书局　民国26.4[1937.4]

2册(155,192页)　大32开

第1-2册：民国26.4初版

版权页题名：小学高级国语特种教材非常国语选

辞书

2-1023

复兴国语教科书
张寄岫,赵欲仁编校

上海　商务印书馆　民国26.7[1937.7]

4册(100,112,125,132页)　图　32开

第1册：民国26.7初版,民国28.10第136版,民国30.3第205版,民国30.6第215版,民国30.9第219版

第2册：民国26.7初版,民国28.10第124版,民国29年版,民国30.2第172版

第3册：民国26.7初版,民国28.12第123版

第4册：民国26.7初版,民国28.10第108版,民国29.7第119版

教育部审定　遵照修正课程标准编辑　小学校高年级用

其他题名：国语

其他题名：复兴教科书国语

国图(1-2)　人教　上海(1)　华师大(2-3)　上师大(1,4)　广东中山(1-2)　编译馆(1-2,4)

2-1024

(修正)高小国语教科书
初等教育研究会编纂

天津　华北书局　民国27.2[1938.2]

145页　32开

其他题名：高小国语教科书

国图

2-1025

高级小学校国语教科书
(伪)维新政府教育部编纂

南京　[编者刊]　民国27.8[1938.8]

4册([435]页)　图　32开

第1-4册：民国27.8初版

人教

2-1026

战时儿童国语选
杨晋豪编

广州　战时儿童教育社　民国27[1938]

85页　32开　(战时儿童丛刊)

高级小学国语补充教材

国图

2-1027

小学国语默读测验：高组第1类
艾伟主编　王全桂襄助编辑

上海　中华书局　民国28.2[1939.2]

6页　16开　袋装

附：测验卷30份

辞书

2-1028

小学国语默读测验：高组第2类
艾伟主编　王全桂襄助编辑
　　上海　中华书局　民国28.2[1939.2]
　　6页　16开　袋装
　　附：测验卷30份
　　辞书

2-1029

小学国语默读测验：高组第3类
艾伟主编　王全桂襄助编辑
　　上海　中华书局　民国28.2[1939.2]
　　6页　16开　袋装
　　附：测验卷30份
　　辞书

2-1030

小学国语默读测验：高组第4类
艾伟主编　王仝桂襄助编辑
　　上海　中华书局　民国28.2[1939.2]
　　6页　16开　袋装
　　附：测验卷30份
　　辞书

2-1031

(修正)高小国语教科书
(伪)教育部编审会著
　　北平　新民印书馆　民国28.8[1939.8]-
　　4册(126,138,171,170页)　图　32开
　　第1册：民国28.8初版,民国28.12第3版
　　第2册：民国28.12第2版
　　第3册：民国28.12第3版,民国29.6版
　　第4册：民国28.12初版
　　其他题名：高小国语教科书
　　国图　北师大　人教(3)　辞书(1)

2-1032

高小国语
(伪)教育部编审委员会编纂
　　上海　华中印书局　民国29.8[1940.8]-
　　4册(117,126,144,156页)　图　32开
　　第1册：民国29.8初版,民国30.2第2版,民国32.7第7版
　　第2册：民国31.1第4版,民国31.12版,民国32.1第6版,民国32.7第7版
　　第3册：民国29.8初版,民国31.4版,民国32.7第7版
　　第4册：民国32.1第6版,民国32.12第8版
　　版权页题名：国定教科书高小国语
　　人教　上师大(1,3-4)　辞书

2-1033

高小国语教科书
(伪)教育总署编审会著
　　北平　新民印书馆　民国29.8-32.3[1940.8-1943.3]
　　4册(112,125,144,165页)　32开
　　第1册：民国29.8初版

　　第2册：民国30.3初版
　　第3册：民国31.7初版
　　第4册：民国32.3初版
　　国图(1,3-4)　北师大(1-2)

2-1034

国语副课本
徐子长编　葛鲤庭校订
　　上海　万叶书店　民国29.8[1940.8]-
　　4册(70,65,80,90页)　32开
　　第1册：民国29.8初版,民国30.11版,民国37.8第20版,民国37.10版
　　第2册：民国33.10第2版,民国38.2第20版
　　第3册：民国29.8初版,民国32.6第20版,民国37.10第21版
　　第4册：民国32.6初版
　　小学高级第一学年上学期～第二学年下学期补充用
　　人教　辞书

2-1035

国语作法
戴铭编
　　北平　中华图书文具社　民国29[1940]
　　52页　32开
　　小学高年级学生用
　　河南

2-1036

复兴高小国语教科书
张寄岫,赵欲仁编
　　衡阳　邵阳　商务印书馆　民国29[1940]-
　　册(②72,③82,④86页)　32开
　　第2册：民国29衡阳2版,民国32初审核定本湘20版
　　第3册：民国30初审核定本163版,民国31.7衡阳16版,民国31.7邵阳12版
　　第4册：民国30初审核定本湘14版
　　其他题名：高小国语教科书
　　广东中山(2-4)

2-1037

抗战国语选
韩一青编
　　西安　大东书局　民国30[1941]新2版
　　131页　[32开]
　　初中、高小适用
　　河南

2-1038

实验国语教科书
国立编译馆主编
　　[西安]　陕西省教育厅　民国31.7[1942.7]
　　4册(80,103,104,116页)　32开
　　第1-4册：民国31.7新版
　　小学校高级用
　　逐页题名：高小实验国语教科书

辞书

2-1039

高级小学国语
赵欲生等编著

[不详] 正中书局 民国32.6[1943.6]-
4册(①118,③114页) 64开
第1,3册：民国32.6初版
小学高年级用
其他题名：新中国教科书高级小学国语
国图(1,3)

2-1040

高级小学国语课本
教育部教科用书编辑委员会编辑

重庆 成都 国定中小学教科书七家联合供应处 民国32.7
[1943.7]-
4册(62,70,74,96页) 32开
第1册：民国32.7成都嘉乐纸本1版,民国32.11成都嘉乐纸本第7版
第2册：民国32.11成都嘉乐纸本1版
第3册：民国33.7成都嘉乐纸本4版
第4册：民国34.7成都嘉乐纸本1版
教育部审定
逐页题名：高小国语课本
人教 辞书(1-3)

2-1041

国语课本
魏东明编著

山西 华北书店 民国33.1[1944.1]-
册(③78页) 32开
第3册：民国33.1版
晋冀鲁豫边区教育厅审定 高级小学第二学年第一学期适用
人教(3)

2-1042

国语课本
晋察冀边区教育出版社编

[冀中] [编者刊] 民国33.2[1944.2]-
册(②28页) 32开
第2册：民国33.2版
高级小学适用
人教(2)

2-1043

国语课本
延安 新华书店 民国33.2-34.7[1944.2-1945.7]
4册(49,80,77,105页) 32开
第1册：民国34.3初版
第2册：民国34.7初版
第3册：民国33.2初版,民国34.3第2版
第4册：民国33.7初版
陕甘宁边区教育厅审定 高级小学适用
人教 辽宁(4)

2-1044

国语课本
[不详] 新华印刷所 民国33[1944]-
册(①60页) 32开
第1册：民国33年版
晋冀鲁豫边区教育厅审定 高级小学第一学年第一学期适用
人教(1)

2-1045

高级小学国语课本
吴鼎,俞焕斗,陈伯吹等编辑 国立编译馆校订 王云五,白动生,朱家骅等参阅

4册(62,70,74,96页) 32开
教育部审定
封面题名：国语课本
逐页题名：高小国语课本
①重庆 上海 广东 连城 国定中小学教科书七家联合供应处 民国34.9[1945.9]-
第1册：民国34.10上海白报纸本30版,民国35粤白报纸本1版
第2册：民国34.9上海白报纸本初版,民国35.1上海白报纸本45版,民国35.1上海白报纸本47版,民国35.2上海白报纸本60版
第3册：民国34.9上海白报纸本1版,民国35上海白报纸本30版,民国35粤白报纸本1版
第4册：民国34 连城1版,民国34 上海白报纸本20版,民国35.2上海白报纸本40版,民国35 上海白报纸本100版,民国35 上海白报纸本140版
人教(2-4) 上师大(2-4) 辞书 庐山(1) 广西师大(1) 广东中山(1,3-4)
②北平 教科用书编辑委员会 民国34.12[1945.12]-
第1册：民国35.1第1版
第2册：民国34.12第1版,民国35.7第13版
第3册：民国35.1第1版,民国35.7第12版
第4册：民国35.1第1版,民国35.4第8版
国图 人教

2-1046

国语课本
李光增等编

[张家口] 新华书店晋察冀分店 民国34.12-35.6
[1945.12-1946.6]
4册([183]页) 32开
第1-4册：民国34.12-35.6初版
晋察冀边区行政委员会教育处审定 高级小学适用
人教

2-1047

新国语：高级小学副课本
朱翊新编著

上海 世界书局 民国34[1945]
4册([453]页) 图 32开
第1-4册：民国34年版

逐页题名：高小国语
人教　上师大(1)　辞书(1)

2－1048

高级小学国语[修正本]
吴鼎编

北平　正中书局　民国35.1[1946.1]
4册([303]页)　32开
第1－4册：民国35.1北平初版
人教

2－1049

高小国语
曾俯编

晋冀鲁豫边区政府教育厅审定
①[不详]　华北新华书店　民国35.2[1946.2]-
　册(①48,②48页)　32开
第1－2册：民国35.2版,民国35.8版
国图(1)　人教(1－2)
②[邯郸]　裕民印刷厂　民国35.2[1946.2]-
　册(①39,②59页)　32开
第1册：民国35.2版,民国35.12版,民国36年版
第2册：民国36.6版
国图(1－2)　人教(1)　河南(1)
③[四明山]　韬奋书店　民国35.10[1946.10]-
　册(②55页)　32开
第2册：民国35.10版
国图(2)　人教(2)

2－1050

高小国语
肖云等编

延安　新华书店　民国35.3[1946.3]-
4册(①74,②93页)　32开
第1册：民国35.3初版,民国37.5版
第2册：民国35.12初版,民国37.2第3版
陕甘宁边区教育部审定
人教(1－2)

2－1051

国语课本
东方明等编

晋绥　新华书店　民国35.6[1946.6]
4册([289]页)　32开
第1－4册：民国35.6初版
晋绥边区行政公署民教处审定　小学校高年级用
国图(1)　人教

2－1052

国文课本
辽吉区行政公署教育处[编]

辽吉　[编者刊]　民国35.6[1946.6]版
62页　32开
辽吉区行政公署教育处审定　高级小学一年级用
北师大

2－1053

高级小学国语课本[修订本]
国立编译馆主编　吴鼎等编辑　金兆梓,陈子展,罗根泽等修订

4册(64,74,74,94页)　32开
教育部审定
封面题名：国语
逐页题名：高小国语课本
其他题名：国语课本
①重庆　上海　国定中小学教科书七家联合供应处　民国35.7[1946.7]-
第1册：民国35.7初版,民国35.8第90版,民国36.1第150版
第2册：民国35.12第2版,民国35.12第130版
第3册：民国35.7初版,民国35.7第7版,民国35.7第10版
第4册：民国35.12第4版,民国35.12第41版,民国35.12第140版
北师大　人教　上师大(2－3)　辞书(3)　辽宁　广东中山(1－2)
②南京　建国书店　民国36.8[1947.8]-
第1,3册：民国36.8版
人教(1,3)

2－1054

国语课本
教育部教科用书编辑委员会编辑

台北　东方出版社　民国35.8[1946.8]-
4册(③74页)　32开
第3册：民国35.8初版
其他题名：高级小学国语课本
编译馆(3)

2－1055

国语
台湾省行政长官公署教育处编辑

台北　台湾书店　民国35.8－11[1946.8－11]
4册(55,70,64,93页)　大32开　精装
第1册：民国35.8初版
第2册：民国35.11初版
第3册：民国35.8初版
第4册：民国35.11初版
高级小学二学年用
封面题名：高级小学国文
其他题名：高小国语
国图　编译馆(3－4)

2－1056

高小国语
萧云编

[涉县]　陕甘宁边区新华书店　民国37.5[1948.5]-
册(①75,②82页)　32开
第1册：民国37.5版
第2册：民国38.2第3版

陕甘宁边区教育厅审定
初版附注：民国35年初版
国图(1)　辞书(2)

2-1057

国语课本
冀中行署教育科重修
　　4册(①64,④72页)　32开
　　晋察冀边区行政委员会教育处审定　高级小学适用　春季始业
　　①[不详]　新华书店冀中支店　民国35[1946]-
　　第1册：民国35年版
　　人教(1)
　　②[涉县]　华北新华书店　民国35[1946]-
　　第4册：民国35年版
　　国图(4)

2-1058

高小国语课本
[出版者不详]　民国35[1946]-
　　册(②44页)　32开
　　第2册：民国35年版
　　晋冀鲁豫边区政府教育厅审定
　　人教(2)

2-1059

高级小学国语课本[第2次修订本]
国立编译馆主编　俞焕斗,陈伯吹,张超编辑　金兆梓,陈子展,罗根泽校阅
　　4册(62,70,74,96页)　32开
　　教育部审定　遵照教育部民国30年修正公布之小学国语课程标准编辑
　　其他题名：高级小学国语
　　①北平　友文印书局　民国36.5[1947.5]-
　　第1-4册：民国36.5第1版
　　国图
　　②上海　五联社　民国36.5[1947.5]-
　　第1册：民国36.5初版,民国37.8第140版
　　第2册：民国36.5初版,民国37.8第116版
　　第3册：民国36.5初版,民国36.5第2版,民国37.8第131版
　　第4册：民国36.5初版,民国37.1第84版,民国37.8第94版
　　国图(3)　人教　辞书
　　③上海　大东书局　民国36.5[1947.5]-
　　第1册：民国36.5初版,民国37第7-11版
　　第2册：民国36初版,民国37第7-11版
　　第3册：民国36初版,民国36第3版,民国37第7-11版
　　第4册：民国36.12初版,民国36.12第2版,民国37第7-11版
　　人教　广东中山
　　④上海　中联印刷公司　民国36.5[1947.5]-
　　第3册：民国36.5第2版
　　国图(3)

　　⑤上海　商务印书馆　民国36.5[1947.5]-
　　第1册：民国37.4第33版,民国37.10第90版
　　第2册：民国36.5初版,民国37.10第91版
　　第3册：民国37.4第29版,民国37.5第51版
　　第4册：民国36.5初版,民国37.10第68版
　　人教　上师大(2)
　　⑥南京　上海　正中书局　民国36.12[1947.12]-
　　第1册：民国37.5第1版,民国37.5第4版,民国37.7第6版
　　第2册：民国36.12第1版,民国37.12第7版
　　第3册：民国37.5第1版,民国37.5第4版
　　第4册：民国37.12第7版
　　人教　广东中山(1,3)
　　⑦上海　中华书局　民国37.5[1948.5]-
　　第1册：民国37.5第18版
　　第3册：民国37.5第10版
　　北师大(1,3)
　　⑧上海　世界书局　民国37.6[1948.6]-
　　第1册：民国37.12第20-24版
　　第2册：民国37.6第16-17版
　　第3册：民国37.6第6-10版
　　第4册：民国37.6第11-12版
　　编译馆
　　⑨台湾　台湾省政府教育厅　民国37.8[1948.8]-
　　第1册：民国37.8版
　　第3册：民国37.8版
　　第4册：1950.1版
　　编译馆(1,3-4)
　　⑩南京　建国书店　民国38.1[1949.1]-
　　第2册：民国38.1第2版
　　人教(2)

2-1060

高小国语
东北行政委员会教育部编
　　[哈尔滨]　东北书店　民国36.8-37.8[1947.8-1948.8]
　　4册(86,94,92,132页)　32开
　　第1册：民国36.12初版,民国37.5第2版,民国38.2版
　　第2册：民国36.8初版
　　第3册：民国36.12初版
　　第4册：民国37.8初版
　　北师大(1-3)　人教(1-3)　辞书　辽宁

2-1061

高小国语
东北政委会编审委员会编
　　东北　光明书局　民国36.9[1947.9]-
　　4册(③90,④132页)　32开
　　第3-4册：民国36.9版
　　北师大(3-4)　人教(3-4)

2-1062

高级国语课本[修正本]
刘松涛,黄雁星,项若愚等编辑

冀中　晋察冀新华书店　民国37.1[1948.1]
4册(55,65,72,76页)　32开
第1-4册：民国37.1修正2版
高级小学适用　春季始业
晋察冀边区行政委员会教育处审定
人教　辞书

2-1063

国语

关东公署教育厅编审

大连　大众书店　民国37.3[1948.3]-
4册(①78,③85,④81页)　32开
第1册：民国37.3版
第3册：民国38.2版
第4册：民国37.8版
高级小学用
人教(1,3-4)

2-1064

高小国语：补充教材

辛安亭编

延安　延安新华书店　民国37.7[1948.7]初版,民国38.2第3版
74页　32开
陕甘宁边区教育厅审定
其他题名：高小国语补充教材
人教

2-1065

国语课本

德俯,刘松涛,黄雁星编辑

邯郸　华北新华书店　民国38.1-1950.1[1949.1-1950.1]
4册(49,53,57,66页)　32开
第1册：1950.1初版
第2册：民国38.1初版
第3册：民国38.1初版
第4册：民国38.1初版
华北人民政府教育部审定　高等小学适用
版权页题名：高小国语课本
国图(2,4)　人教　辞书(1-3)

2-1066

高小国语

东北行政委员会教育部编

沈阳　东北新华书店　民国38.3[1949.3]-
4册(②82,④103页)　32开
第2册：民国38.3初版
第4册：民国38.7初版
人教(2,4)

2-1067

国语课本

苏北行政公署教育处编审

[苏北]　苏北新华书店　民国38.7[1949.7]
2册(62,68页)　32开

第1-2册(小学五、六年级)：民国38.7初版
人教

2-1068

高小国语课本

德俯编

北平　华北联合出版社　民国38.8[1949.8]
2册([120]页)　[32开]
第1-2册：民国38.8版
华北人民政府教育部审定
人教

2-1069

高级小学国语

上海联合出版社临时课本编辑委员会编

上海　联合出版社　民国38.8[1949.8]-
册(①52,③71,④83页)　32开
第1册：民国38.8初版
第3册：民国38.8初版,民国38.8第2版
第4册：1950年版
高级小学临时课本
国图(1,3)　人教(1,3)　上师大(4)

2-1070

新编高级小学国语课本

刘松涛等原编　华北人民政府教育部教科书编审委员会修订　彦涵绘图

北平　华北联合出版社　民国38.8[1949.8]
4册　图　32开
第1册：民国38.8初版,民国38.8第12版
第2册：民国38.8初版
第3册：民国38.8初版,民国38.8第6版,民国38第8版
第4册：民国38.8初版
国图　北师大(1,3)　人教(1,3)

2-1071

国语科

王允文等编

上海　商务印书馆　[1912-1949?]
1册　图　[32开]
小学生分年补充读本　五年级用
庐山

2-1072

高级小学国语课本

冀太行政联合办事处教育处编审

[不详]　[编者刊]　[1912-1949?]
册(①28页)　32开
第1册：版次不详
人教(1)

2-1073

高级国语课本

山东省胶东区行政公署教育处编

山东　胶东印刷社　[1912-1949?]
册(④96页)　32开

第 4 册：版次不详
六年级下学期用
其他题名：国语课本
河南(4)

2-1074
高级国语课本
杨敷施等编
镇海 镇海县动员委员会文教组 [1912-1949?]
76 页 32 开
镇海县乡土教材
国图 人教

2-1075
国语科作业概要
江苏省立上海中学实验小学编
上海 [编者刊] [1912-1949?]
36 页 32 开
小学五年级用 第一学月~第九学月用
辞书

2-1076
国语科作业概要
江苏省立上海中学实验小学编
上海 [编者刊] [1912-1949?]
37 页 32 开
小学六年级用 第一学月~第九学月用
国图 辞书

2-1077
国语课本
[不详] 东海永久印刷社 [1912-1949?]
册(③46 页) 32 开
第 3 册：版次不详
小学校高级用
河南(3)

2-1078
高小国语
晋冀鲁豫边区政府教育厅审定
[不详] 华北新华书店 [1912-1949?]
册(①48 页) 32 开
第 1 册：版次不详
上师大(1)

2-1079
国语临时样本
[上海] [中华书局] [1912-1949?]
4 册(78,78,76,74 页) 图 32 开
第 1-4 册：版次不详
卷端题名：新学制高级小学国语教科书
逐页题名：新学制国语教科书
其他题名：小学教科书国语临时样本
辞书

2-1080
执信学校小五国文讲义
崔芬撰
广州 执信学校 [1912-1949?]
1 册 大 32 开 线装
广东中山

教学参考书

2-1081
汉文教授法
戴克敦编
[不详] 劝学会社 清光绪 29.5[1903]初版,光绪 30 第 2 版
94 页 32 开 线装
人教 广西师大

2-1082
简明国文教科书教授法
戴克敦,蒋维乔,庄俞,沈颐辑撰
上海 商务印书馆 民国 1[1912]-
册(①72,③40 叶) 大 32 开 线装
第 1 册：版次不详
第 3 册：民国 1 第 4 版
辞书(1) 云南社科(3)

2-1083
小学校国文教授之研究：中华教育界社临时增刊
姚铭恩著
上海 中华书局 民国 4.8[1915.8]
104 页 图 32 开
辞书

2-1084
统一国语教授案
统一书局编辑处编辑
上海 统一书局 民国 11.2[1922.2]-
13 册(①54 页) 32 开
首册：民国 11.2 初版
小学校教员用
人教(1) 辞书(1)

2-1085
实验国语教授参考书
北京师范大学附属小学校教科书编纂会编
北京 平民书局 民国 13[1924]
8 册 线装
第 1-8 册：民国 13 年版
国图

2-1086
小学国语科教学法
沈荣龄编
上海 中华书局 民国 20.2[1931.2]初版,民国 22.3 第 2 版
180 页 大 32 开
北师大 华师大 辞书 西北师大 辽宁 广东中山 编译馆

2-1087
小学国语教学法
顾子言著
  上海　大华书局　民国22.6[1933.6]
  206页　图,表　大32开
  华师大　辞书　天津　西北师大

2-1088
国语教学做法
朱菱阳编辑　蒋息岑校阅
  上海　大东书局　民国23.1[1934.1]-
  4册(①392页)　图,表　32开　精装
  第1册:民国23.1初版
  封面题名:新生活国语教学做法
  其他题名:新生活教科书国语教学做法
  编译馆(1)

2-1089
小学国语科教学法
浙江省立杭州师范学校编
  杭州　[编者刊]　民国23.3[1934.3]
  130页　[24开]　(小学教育函授班讲义之一)
  供小学国语科教师参考
  国图

2-1090
儿童南部国语教学法
梁士杰著
  上海　儿童书局　民国23.7[1934.7]-
  册　32开
  第1册:民国23.7初版
  其他题名:分部互用儿童教科书儿童南部国语教学法
  北师大(1)

2-1091
儿童北部国语教学法
周刚甫编著
  上海　儿童书局　民国23.8[1934.8]-
  8册(①260,②246,③224,④277,⑤274,⑥292,⑦316页)
  32开
  第1册:民国23.8初版
  第2册:民国23.10初版
  第3册:民国23.8初版
  第4册:民国23.11初版
  第5册:民国23.10初版
  第6册:民国23.11初版
  第7册:民国23.12初版
  其他题名:分部互用儿童教科书儿童北部国语教学法
  北师大(1-7)　人教(1-7)

2-1092
实际的小学国语教学法
刘百川编著
  上海　开华书局　民国23.12[1934.12]
  202页　32开　(实际的小学教育丛书)
  辞书　西北师大

2-1093
小学主要科习题详解:国语之部
胡叔昇,赵侣青主编　周近新等编
  上海　晨光图书社　民国24[1935]版
  119页　32开
  河南

2-1094
国语教材及教法
徐阶平编
  上海　黎明书局　民国24[1935]
  250页　32开　(黎明乡村小学丛书)
  河南　西北师大　广东中山

2-1095
儿童国语课本教学法
马静轩编
  上海　儿童书局　民国25.8[1936.8]-
  册(①284,③253,⑤250,⑦276页)　32开
  第1,3,5,7册:民国25.8初版
  辞书(1,3,5,7)

2-1096
国语教学法
俞焕斗编辑
  长沙　商务印书馆　民国27[1938]-
  册(③347页)　32开
  第3册:民国27年版
  其他题名:复兴教科书国语教学法
  西北师大(3)

2-1097
国语教材
[出版者不详]　民国28[1939]版
  128页　32开
  江西义教师资训练教材
  广东中山

2-1098
小学国文科教授法
缪文功编纂
  上海　文明书局　民国34.5[1945.5]
  54页　大32开
  辞书

2-1099
国语教师准备书
南洋编译馆编辑
  新加坡　南洋书局　民国35.12-36.6[1946.12-1947.6]
  8册(32,40,40,42,42,43,45,45页)　32开
  第1册:民国35.12初版
  第2册:民国35.12初版
  第3册:民国36.3初版
  第4册:民国36.3初版
  第5册:民国36.6初版

第6册：民国36.6初版
第7册：民国36.6初版
第8册：民国36.6初版
南侨学校适用
辞书

2-1100
革新的小学国语科教材教法
赵欲仁编著

上海 商务印书馆 民国37.2[1948.2]初版,民国37.6第2版
188页 图,表 32开 （国民教育文库）
其他题名：小学国语科教材教法
国图 人教 辞书 天津 西北师大 辽宁 广东中山

* * *

2-1101
初等国文教授
王立才著

上海 开明书店 清光绪28.11[1902]
2册(30,43叶) 32开 线装
第1-2册(上下编)：光绪28.11初版
人教 广西师大

2-1102
最新初等国文教科书教授法
蒋维乔,庄俞编纂 高凤谦,张元济校订

上海 商务印书馆 清光绪30.8[1904]-
册 大32开 线装
第1册：光绪30.8初版,光绪31第4版,光绪31第5版,光绪32.2第7版
第2册：光绪30.8初版,光绪31第4版,光绪32.6第9版
第3册：光绪30.8初版,光绪31第4版,光绪32.7第7版
第4册：光绪31.2第3版
第5册：光绪30.6初版,光绪32.3第2版
第6册：光绪30.8初版,光绪32第2版
第7册：光绪30.8初版
第8册：光绪30.8初版
第9册：光绪30.8初版
初等小学堂教员用
初版附注：清光绪30年8月初版
版权页题名：国文教科书教授法
其他题名：最新国文教科书教授法
人教(1-3,5-9) 辞书(1-7) 云南社科(1-4) 广西师大(1-2,6)

2-1103
初等小学国文教科教授法
上海春风馆编纂

上海 南洋官书局 清光绪31.12[1906]-
册 32开 线装
第1-2册：光绪31.12初版

人教(1-2)

2-1104
初等小学国文教授书
（清）学部编译图书局编纂

北京 ［编者刊］ 清光绪32.11[1906]-
册(①194,⑤134页) 32开 线装
第1册：光绪32.11初版,光绪34.8第2版
第5册：宣统1.11版
人教(1,5)

2-1105
（订正）最新国文教科书教授法
蒋维乔等编

上海 商务印书馆 民国3.7[1914.7]-
册(⑨65叶) 大32开 线装
第9册：民国3.7第9版
初等小学用
初版附注：清光绪32年12月初版
卷端题名：最新初等小学国文教科书教授法
其他题名：最新国文教科书教授法
人教(9) 辞书(9)

2-1106
小学教科初等国文教授案
黄守孚著 夏清贻校阅

上海 集成图书公司 清光绪33.1[1907]-
16册 32开 线装
第1册：光绪33.1初版
第2册：宣统3.1第19版
第4册：光绪33.12初版
第5册：光绪34.1初版
第6册：宣统1.5第2版
第7册：宣统1.5第2版
第8册：宣统1.5第2版
第9册：宣统3.1第4版
第10册：宣统3.1第4版
第13册：宣统2.9初版
第14册：宣统2.9初版
第15册：宣统2.9初版
第16册：宣统2.9初版
辞书(1-2,4-10,13-16)

2-1107
初等小学国文教授本
朱树人编辑 沈恩孚,夏日戡校订

上海 中国图书公司 清光绪33.11[1907]-
8册(84,128,142,134,156,162,160,154页) 大32开
第1册：宣统1.2第3版
第2册：宣统2.3第2版
第3册：光绪33.11初版
第4册：宣统1.9初版
第5册：宣统2.4初版
第6册：宣统2.11初版

第7册:宣统3.1初版
第8册:宣统3.6初版
第一学年上学期~第四学年下学期用
初版附注:清光绪33年1月-宣统3年6月初版
人教　辞书　天津

2-1108

初等小学国文教授法
戴克让编
　　上海　彪蒙书室　清光绪33.2[1907]-
　　册(①154页)　大32开　线装
第1册:光绪33.2初版
人教(1)

2-1109

女子国文教科书教授法
蒋维乔等编
　　上海　商务印书馆　清光绪33[1907]-
　　册　线装
第1册:光绪33年版,宣统1第4版
第2册:光绪34第2版
初等小学堂教员用
国图(1-2)

2-1110

初等小学女子国文教授本
钱正居编辑　顾倬校订
　　上海　中国图书公司　清光绪34.10[1908]-
　　2册(①76页)　大32开
上册:光绪34.10初版
第三学年用
辞书(1)

2-1111

学部第一次编纂初等小学国文教授书
(清)学部编译图书局编纂
　　8册(⑤81,⑥87,⑦67,⑧74叶)　图　大32开　线装
版权页题名:国文教授书
封面题名:初等小学堂五年完全科国文教授书
其他题名:初等小学国文教授书
①[武昌]　湖北学务公所　清宣统1.3[1909]-
第5册:宣统1.3初版,宣统1.11翻印,宣统3.4翻印
第6册:宣统1.7初版
第7册:宣统2.4翻印
第8册:宣统2.4翻印
辞书(5-8)
②[武昌]　湖北官刷印局　清宣统2.11[1910]-
第5,8册:宣统2.11初版
人教(5,8)

2-1112

初等小学国文教授书
俞复,顾大奎编著
　　上海　文明书局　清宣统2.5[1910]-
　　册(①35叶)　大32开　线装

第1册(卷一):宣统2.5初版
封面题名:新编初等小学国文教授书
辞书(1)

2-1113

初等小学国文教授本:单级
陶守恒,孙锡皋,黄龙骧,章鸿遇,顾倬编辑　沈恩孚,杨保恒校订
　　上海　中国图书公司　清宣统2.7[1910]-
　　8册(54,62,72,78,86,112,78,116页)　大32开
第1册(一编上):宣统2.7初版
第2册(一编下):宣统2.7初版
第3册(二编上):宣统2.7初版
第4册(二编下):宣统2.7初版
第5册(三编上):宣统3.7第2版
第6册(三编下):宣统3.7第2版
第7册(四编上):宣统3.1初版,民国1.6改正2版
第8册(四编下):宣统3.3初版,民国1.7改正2版
人教　辞书

2-1114

中华国文教授书
何東鲤,吴廷璜,屠元礼等编辑
　　上海　中华书局　民国1.3[1912.3]-
　　8册(36,30,45,52,36,35,40,38叶)　大32开　线装
第1册:民国1.3初版,民国1.5第3版,民国1.7第4版
第2册:民国1.3初版,民国1.8第8版,民国2.2第11版
第3册:民国1.11订正6版,民国2.3第9版
第4册:民国2.2第6版,民国1.6第9版
第5册:民国2.5第6版
第6册:民国1.11第3版,民国2.2第4版
第7册:民国2.5第5版
第8册:民国1.8初版,民国2.2第3版
教育部审定
卷端题名:中华初等小学国文教授书
逐页题名:初等小学国文教授书
人教(1-7)　辞书

2-1115

新国民国文教授本
中国图书公司编辑
　　上海　[编者刊]　民国1.4-11[1912.4-11]
　　2册(42,38叶)　大32开　线装
第1册:民国1.4初版
第2册:民国1.11初版
初等小学校用
人教(1)　辞书

2-1116

新国文教授法
秦同培编纂　庄俞,樊炳清校订
　　上海　商务印书馆　民国1.6[1912.6]-
　　8册(41,42,43,54,57,57,62,62叶)　32开　线装
第1册:民国1.6初版,民国1第2版,民国2.3第25版,民国

2.5 第 35 版,民国 5.7 第 67 版

第 2 册:民国 1.6 初版,民国 1.10 第 4 版,民国 2.10 第 75 版,民国 10.8 第 88 版

第 3 册:民国 1.10 第 2 版,民国 2.2 第 20 版,民国 2.10 第 60 版,民国 15.12 第 97 版

第 4 册:民国 2.10 第 55 版,民国 2.11 第 65 版,民国 10.10 第 78 版,民国 14.2 第 93 版

第 5 册:民国 2.6 第 30 版,民国 2.11 第 50 版,民国 12.5 第 88 版

第 6 册:民国 1.6 初版,民国 2 年版,民国 2.5 第 20 版,民国 2.9 第 40 版,民国 2.11 第 50 版,民国 5.7 第 54 版,民国 11.3 第 84 版

第 7 册:民国 1.6 初版,民国 2.5 版,民国 2.7 第 25 版,民国 2.10 第 35 版,民国 3.2 第 45 版,民国 11.3 第 81 版

第 8 册:民国 1.6 初版,民国 15.2 第 84 版

教育部审定　国民学校教员用　初等小学校教员用　春季始业

初版附注:民国元年 6 月初版

其他题名:共和国教科书新国文教授法

北师大(4)　人教　辞书　云南社科(6)　广西师大(4-7)

2-1117

初等小学国文教授书
李步青,向大锦编纂　万声扬,张继煦,王式玉校阅

　　武昌　共和编译社　民国 1.12[1912.12]-

　　册(①82 叶)　大 32 开　线装

第 1 册:民国 1.12 初版,民国 2.1 第 2 版

第一学年第一学期用

人教(1)　辞书(1)

2-1118

新国文教授法:乙种
秦同培编纂　庄俞校订

　　上海　商务印书馆　民国 2.1[1913.1]-

　　8 册　大 32 开　线装

第 1 册:民国 2.1 初版

第 2 册:民国 2.1 初版

第 3 册:民国 2.1 初版,民国 2 第 2 版

第 4 册:民国 2.1 初版,民国 2 第 2 版

第 5 册:民国 2 年版,民国 2.5 第 5 版,民国 2.9 第 25 版

第 6 册:民国 2 年版,民国 2.8 第 15 版,民国 2.9 第 25 版

第 7 册:民国 2 年版,民国 2.4 第 5 版,民国 2.8 第 15 版

第 8 册:民国 2 年版,民国 2.8 第 15 版,民国 3.3 第 20 版

初等小学校教员用书　第一学年~第二学年　秋季始业

其他题名:共和国教科书新国文教授法

北师大(1-2)　人教(5-8)　辞书(1,3-4)　云南社科(3-8)

2-1119

新制中华国文教授书
屠元礼,戴克敦编　沈颐,陆费逵阅

　　上海　中华书局　民国 2.2[1913.2]-

　　12 册(45,38,38,51,42,44,63,51,57,75,62,70 叶)　大 32 开　线装

第 1 册:民国 2.2 初版,民国 2.5 第 4 版,民国 2.7 第 8 版,民国 2.8 第 10 版

第 2 册:民国 2.5 第 3 版,民国 2.9 第 9 版,民国 2.10 第 10 版

第 3 册:民国 2.3 初版,民国 2.10 第 5 版,民国 2.6 第 6 版,民国 2.10 第 7 版,民国 2.11 第 7 版

第 4 册:民国 2.7 第 2 版,民国 2.7 第 3 版,民国 2.8 第 5 版,民国 2.8 第 15 版

第 5 册:民国 2.5 初版,民国 2.7 第 3 版,民国 2.8 第 4 版

第 6 册:民国 2.5 初版,民国 2.8 第 2 版,民国 4.9 第 6 版

第 7 册:民国 2.8 第 2 版,民国 2.9 第 2 版,民国 2.12 第 3 版,民国 8.12 第 13 版

第 8 册:民国 2.8 初版,民国 2.9 第 2 版,民国 2.9 第 3 版,民国 2.9 第 4 版,民国 3.2 第 5 版,民国 7.2 第 7 版

第 9 册:民国 2.9 初版,民国 2.9 第 2 版,民国 2.9 第 3 版,民国 3.2 第 4 版,民国 4.4 第 5 版,民国 7.1 第 8 版

第 10 册:民国 2.9 初版,民国 3.2 第 6 版,民国 4.4 第 7 版

第 11 册:民国 2.9 初版,民国 3.1 第 4 版,民国 9.3 第 10 版

第 12 册:民国 2.11 初版,民国 3.3 第 4 版,民国 4.5 第 5 版,民国 6.4 第 8 版

教育部审定　初等小学校、国民学校用　秋季始业用

版权页题名:新制中华初等小学国文教授书

版权页题名:新制中华国民学校国文教授书

北师大　人教　辞书

2-1120

(订正)中华初等小学国文教授书
汪家栋等编

　　上海　中华书局　民国 2.3[1913.3]-

　　8 册(①58,⑧76 页)　32 开　线装

第 1 册:民国 2.3 初版

第 8 册:版次不详

其他题名:初等小学国文教授书

人教(1,8)

2-1121

初等小学新国文教授书
刘传厚,庄适编辑

　　上海　中国图书公司和记　民国 2.5[1913.5]-

　　8 册(36,33,34,42,43,58,44,61 叶)　32 开　线装

第 1 册:民国 2.5 初版,民国 3.6 第 3 版

第 2 册:民国 2.5 初版,民国 3.7 第 2 版

第 3 册:民国 3.7 第 2 版

第 4 册:民国 3.7 第 2 版

第 5 册:民国 3.7 第 2 版

第 6 册:民国 2.5 初版,民国 3.7 第 2 版

第 7 册:民国 3.8 初版

第 8 册:民国 3.10 初版

教育部审定　教师用书　秋季始业

北师大(1)　人教(1-2,6)　辞书

2-1122

新国文教授书
张景良著,吴廷璜编著

　　上海　文明书局　民国 2.8[1913.8]-

12册(①34,②25,③36,④44,⑤34,⑦52,⑧39叶) 大32开
　　线装
第1册：民国2.8初版
第2册：民国2.11初版
第3册：民国2.11初版
第4册：民国2.11初版
第5册：民国3.2初版
第7册：民国4.1初版
第8册：民国4.1初版
初等小学校用书　秋季始业　第一年第一学期～第三年第二学期用
其他题名：初等小学校新国文教授书
辞书(1-5,7-8)

2-1123

初等小学国文教授法
新学会社编辑
　　上海　[编者刊]　民国2.12[1913.12]-
　　8册(②35,③36,④41,⑤49,⑥49,⑦48叶) 大32开　线装
第2-7册：民国2.12初版
初等小学校用
封面题名：新编国文教授法
其他题名：国文教授法
人教(2-7)　辞书(2-7)

2-1124

新编中华国文教授书
刘传厚,杨喆编　沈颐阅
　　上海　中华书局　民国3.1-6[1914.1-6]
　　8册(80,71,81,79,90,90,108,124叶) 32开　线装
第1册：民国3.1初版,民国4.2第3版
第2册：民国3.4初版,民国3.7第3版,民国4.2版,民国4.8第6版
第3册：民国3.2初版,民国4.2第4版
第4册：民国3.4初版,民国3.10第2版,民国3.10第3版
第5册：民国3.2初版,民国4.3第3版
第6册：民国3.5初版,民国4.2第3版
第7册：民国3.3初版,民国3.10第3版,民国4.2第4版
第8册：民国3.6初版,民国4.7第5版
教育部审定　初等小学校用　春季始业
版权页题名：新编中华初等小学国文教授书
北师大　人教　辞书

2-1125

新制单级国文教授书
刘传厚,范源廉等编
　　上海　中华书局　民国8.8[1919.8]-
　　　册(⑤82页) 大32开
第5册：民国8.8第8版
教育部审定　初等小学校第二学年第二学期用
初版附注：民国3年3月初版
其他题名：单级国文教授书
广西师大(5)

2-1126

新制单级国文教授书
钱巩,董文编　沈颐,李步青阅
　　上海　中华书局　民国3.6-12[1914.6-12]
　　9册(89,74,76,79,61,65,82,66,73叶) 大32开　线装
第1册(一、四册合编)：民国3.6初版,民国4.6第4版
第2册(二、五册合编)：民国3.7初版,民国4.6第2版
第3册(三、六册合编)：民国3.8初版,民国4.6第2版,民国9.3第15版
第4册(甲编七册)：民国3.10初版,民国4.3第3版
第5册(甲编八册)：民国3.11初版,民国4.3第2版,民国8.7第10版
第6册(甲编九册)：民国3.12初版,民国4.7第3版,民国11.5第14版
第7册(乙编七册)：民国3.10初版,民国4.6第3版,民国5.11第6版,民国9.3第12版
第8册(乙编八册)：民国3.12初版,民国4.2第2版,民国8.3第8版
第9册(乙编九册)：民国3.12初版,民国4.6第2版,民国9.6第9版
初等小学校用　第一学年第一学期～第四学年第三学期用
此书前三册合教科书一、四两册为一编,合二、五两册为一编,合三、六两册为一编,作一、二年级教授用书；后六册分甲、乙两编,每编三册,作三、四年级教授用书
版权页题名：新制单级初等小学国文教授书
其他题名：单级国文教授书
北师大　人教　辞书　广西师大(2,9)

2-1127

单级国文教授书
谭廉,费焞编纂　郑朝熙,蒋维乔,庄俞校订
　　上海　商务印书馆　民国3.7[1914.7]-
　　12册　32开
第1册：民国3.7初版
第2册：民国3.7初版
第3册：民国3.7初版,民国3.12第5版
第4册：民国3.7初版,民国3.12第5版
第5册：民国3.7初版,民国3.12第5版
第6册：民国3.7初版,民国3.12第5版
第7册：民国3.7初版,民国3.10第5版
第8册：民国3.10初版,民国3.12第5版
第9册：民国3.10初版
第10册：民国3.9初版,民国3第5版
第11册：民国3第5版
第12册：民国3.10初版,民国3第5版
教育部审定　初等小学教员用
其他题名：初等小学单级国文教授书
国图(3-12)　北师大(3,6)　人教　辞书(1-10,12)

2-1128

女子国文教授书
钱巩编　沈颐阅
　　上海　中华书局　民国4.5-6.1[1915.5-1917.1]

8册(61,57,63,65,73,77,85,96叶)　大32开　线装
第1册：民国4.5初版,民国7.1第2版
第2册：民国4.10初版
第3册：民国5.3初版
第4册：民国5.3初版
第5册：民国5.7初版
第6册：民国5.7初版,民国7.1第2版
第7册：民国6.1初版
第8册：民国6.1初版
教育部审定　初等小学校、国民学校用
版权页题名：女子国民学校国文教授书
逐页题名：女子初等小学国文教授书
人教(1-6)　辞书

2-1129

实用国文教授书

北京教育图书社编纂　陈宝泉等校订
　上海　商务印书馆　民国4.12[1915.12]-
　8册(④56,⑤59叶)　32开　线装
　第4册：民国4.12第12版
　第5册：民国4.12第10版
国民学校教员用　春季始业
北师大(4-5)

2-1130

新式国文教授书

吴研蕢编校　张熙祚,孙荺清,金润清等同编　李步青,沈颐阅订
　上海　中华书局　民国4.12-5.7[1915.12-1916.7]
　8册(99,99,113,117,137,150,164,145叶)　图　大32开　线装
　第1册：民国4.12初版,民国5.11第3版,民国7.8第6版
　第2册：民国4.12初版,民国10.11第11版
　第3册：民国4.12初版,民国8.11第12版,民国10.7第16版
　第4册：民国4.12初版,民国5.12第2版,民国10.7第11版,民国10.11第12版
　第5册：民国5.3初版,民国5.11第2版,民国10.5第13版,民国11.2第16版
　第6册：民国5.6初版,民国5.12第2版,民国8.12第8版,民国10.5第11版
　第7册：民国5.7初版,民国5.11第2版,民国12.5第17版
　第8册：民国5.7初版,民国5.11第2版,民国12.5第16版,民国12.5第20版,民国12.5第22版
教育部审定　国民学校用　春季始业
版权页题名：新式国民学校国文教授书
人教　辞书

2-1131

(订正)新制国文教授书

屠元礼编　戴克敦,沈颐,陆费逵阅
　上海　中华书局　民国5.3[1916.3]-
　12册　大32开　线装

第4册：民国5.3第7版
第5册：民国5.3第20版
教育部审定　国民学校第二学年第一学期用　秋季始业
版权页题名：(订正)新制国民学校国文教授书
其他题名：新制国文教授书
人教(4)　辞书(4-5)

2-1132

(订正)新制国文教授书

钱巩,董文编
　上海　中华书局　民国5.3[1916.3]-
　册(③41页)　图　[32开]
　第3册：民国5.3第4版
其他题名：新制国文教授书
广西师大(3)

2-1133

新国文教案

范祥善,施毓麟,江枚等编纂　庄适,王言纶,刘宪等校订
　上海　商务印书馆　民国5.12[1916.12]-
　8册(81,94,113,106,103,109,122,122叶)　大32开　线装
　第1册：民国5.12初版
　第2册：民国5.12初版
　第3册：民国5.12初版
　第4册：民国5.12初版
　第5册：版次不详
　第6册：民国6.2第8版
　第7册：版次不详
　第8册：版次不详
教育部审定　国民学校教员用　春季始业
其他题名：共和国教科书新国文教案
辞书

2-1134

新国文教案

庄适,范祥善编纂　施毓麒等校订
　上海　商务印书馆　民国6.6[1917.6]-
　8册(⑦58叶)　32开　线装
　第7册：民国6.6初版
国民学校教员用　秋季始业　第四学年第一学期
其他题名：共和国教科书新国文教案
北师大(7)

2-1135

新制国文教案

周本培,刘传厚,江丽堃等编辑　沈颐,吴研蕢校阅
　上海　中华书局　民国6.8[1917.8]-
　12册(45,37,34,49,35,40,64,49,45,74,62,60页)　表　大32开　线装
　第1册：民国6.8初版
　第2册：民国7.1初版,民国8.11第4版
　第3册：民国7.1初版,民国8.11第4版
　第4册：民国6.9初版
　第5册：民国7.1初版,民国7.6第2版,民国9.6第4版

第6册:民国7.3初版,民国7.8第2版,民国8.11第11版
第7册:民国6.9初版
第8册:民国7.2初版
第9册:民国8.11第3版
第10册:民国6.9初版
第11册:民国7.2初版,民国8.2第3版,民国9.6第4版
第12册:民国7.4初版,民国8.11第3版,民国9.6第4版
教育部审定　国民学校用　秋季始业　第一学年第一学期~第四学年第三学期
人教(1-10,12)　辞书

2-1136

国民学校国文新课本说明书

圣教杂志社编辑

上海　土山湾印书馆　民国6.11[1917.11]-
4册(②250,③225,④154页)　32开
第2册:民国6.11初版
第3册:民国7.7初版,民国10.7第2版
第4册:民国7.4初版,民国10.7第2版
国图(2-4)　人教(2-4)

2-1137

新式国文教授书

江耀堂,杨宝森,江枚,施毓麒,金润清,张熙祚,季朝桢编辑　吴研蘅,沈颐阅订

上海　中华书局　民国7.9-9.2[1918.9-1920.2]
8册(103,68,78,94,88,94,109,107叶)　图　大32开
　　线装
第1册:民国7.9初版,民国8.9第2版
第2册:民国8.1初版
第3册:民国8.2初版
第4册:民国8.5初版
第5册:民国8.8初版
第6册:民国8.9初版,民国9.6第3版
第7册:民国8.9初版,民国8.11版
第8册:民国9.2初版
国民学校用　秋季始业用
版权页题名:新式国民学校国文教授书
北师大(2,4-7)　人教(1-7)　辞书

2-1138

新法国文教授案

范祥善,沈圻,费煒编纂　庄俞,蒋昂校订

上海　商务印书馆　民国9.2-11.7[1920.2-1922.7]
8册(162,154,143,163,210,249,224,240页)　大32开
第1册:民国9.2初版,民国10.1第5版,民国10.10第14版
第2册:民国9.2初版,民国10.1第5版,民国10.3第9版
第3册:民国9.5初版,民国10.2第7版,民国11.1第13版
第4册:民国9.5初版,民国10.2第7版,民国11.2第15版
第5册:民国10.4初版,民国10.4第5版
第6册:民国11.1初版,民国11.2第6版
第7册:民国11.5初版,民国11.5第6版
第8册:民国11.7初版,民国11.7第6版

国民学校教员用　春季始业
封面题名:国文教授案
逐页题名:国民学校新法国文教授案
人教　辞书

2-1139

新法国语教授案

樊平章,金声,吴明融编纂　沈圻,杨嘉椿,范祥善校订

上海　商务印书馆　民国9.9[1920.9]-
8册(83,98,151,153,132,122,136,165页)　大32开
第1册:民国9.9初版,民国9.9第5版,民国10.3第12版,民国11.1第18版,民国11.1第19版
第2册:民国9.11第5版,民国10.3第10版,民国10.8第15版
第3册:民国10.8第10版,民国11.6第16版
第4册:民国10.4第5版,民国11.1第9版,民国11.5第15版
第5册:民国10.6第5版,民国11.1第9版
第6册:民国10.7第5版,民国11.2第9版
第7册:民国10.7第5版,民国11.2第9版
第8册:民国10.9初版,民国10第5版,民国11.7第11版
教育部审定　国民学校教员用　秋季始业
封面题名:国语教授案
国图　辞书　河南(5,8)

2-1140

(订正)新编国文教授书

上海　中华书局　[1912-1920?]
8册(⑦108叶)　大32开　线装
第7册:版次不详
国民学校用　春季始业
其他题名:新编国文教授书
辞书(7)

2-1141

新法国语教授案

樊平章,沈圻,计志中等编纂　范祥善,庄适校订

上海　商务印书馆　民国10.6[1921.6]-
8册(85,100,140,144,132,131,135,166页)　大32开
第1册:民国10.6初版,民国10.6第5版,民国11.1第11版
第2册:民国10.9第5版,民国11.4第11版
第3册:民国10.10第4版,民国11.3第10版
第4册:民国11.1第6版
第5册:民国11.2第6版
第6册:民国11.2第6版
第7册:民国11.4第6版
第8册:民国11.6第6版
国民学校教员用　春季始业
人教　辞书　河南

2-1142

新体国语教授书

傅鸣先等编

　上海　商务印书馆　民国10[1921]-

8册(②106,④153,⑧184页)　32开

第2,4,8册：民国10年版

国民学校用　春季始业

河南(2,4,8)

2-1143

国语课本教案

杨剑秋,张相,蒋柳斋等编辑及校阅

上海　中华书局　民国11.1-12.1[1922.1-1923.1]

8册(41,38,40,46,56,58,66,66叶)　大32开　线装

第1册：民国11.1初版

第2册：民国11.2初版,民国11.8第2版

第3册：民国11.4初版

第4册：民国11.5初版

第5册：民国11.7初版

第6册：民国11.8初版

第7册：民国12.1初版

第8册：民国11.11初版

国民学校用　春季、秋季通用

逐页题名：新教育国语课本教案

其他题名：新教育教科书国语课本教案

人教(5-7)　辞书

2-1144

新学制国语教授书

沈圻,计志中编纂　朱经农,吴研因校订

上海　商务印书馆　民国12.3[1923.3]-

8册(98,153,138,155,155,155,160,152页)　大32开

第1册：民国12.3初版,民国12.7第20版,民国13.2第30版,民国15.2第50版,民国16.7第60版

第2册：民国12.7初版,民国13.2第22版,民国13.7第32版,民国16.1第42版

第3册：民国12.3初版,民国13.1第20版,民国16.8第48版

第4册：民国12.11初版,民国13.2第18版,民国14.2第26版,民国16.1第36版

第5册：民国13.1初版,民国13.6第20版,民国14.6第30版,民国15.11第40版

第6册：民国13.1初版,民国13.5第20版,民国14.8第30版,民国19第39版

第7册：民国13.4第15版,民国14.8第23版

第8册：民国13.4第15版,民国14.8第23版

教育部审定　小学校初级用

初版附注：民国12年3月-13年4月初版

封面题名：国语教授书

北师大　人教　辞书　广东中山(1,4,6)

2-1145

新国民国语教授书

张景文,刘藻著　熊长龄,顾杰校订

上海　国民书局　民国14.2[1925.2]-

8册(①107页)　大32开

第1册：民国14.2初版

小学校初级用

卷端题名：小学校初级新国民国语教授书

辞书(1)

2-1146

新撰国文教授书

沈圻,计志中编纂　王岫庐,朱经农校订

上海　商务印书馆　民国14.10[1925.10]-

8册(①122,②116,⑤136,⑥166,⑦169页)　32开

第1册：民国14.10第5版

第2册：民国14.10第5版,民国15第9版

第5册：民国15.1第5版

第6册：民国14.10第5版

第7册：民国14.10初版

新学制小学校初级用

初版附注：民国14年2-10月初版

北师大(1-2,5-7)　广东中山(2)

2-1147

新撰国文教授书

沈圻编纂　王岫庐,朱经农校订

上海　商务印书馆　民国15.2[1926.2]-

8册(151,150,151,170,163,180,163,200页)　32开

第1册：民国15.4初版,民国16.1第5版

第2册：民国15.8第5版

第3册：民国15.5第5版

第4册：民国15.8第5版,民国16.9第9版

第5册：民国15.7第5版,民国16.9第9版

第6册：民国15.8第5版

第7册：民国15.2第5版,民国15.12第5版

第8册：民国15.9第5版

新学制小学校初级用　春季始业

北师大(1-4,6-8)　人教　广东中山(1-7)

2-1148

新时代国语教授书

沈白华编辑　王云五校订

上海　商务印书馆　民国16.9[1927.9]-

8册(124,103,120,160,128,142,164,163页)　32开

第1册：民国16.9初版,民国16.12第10版,民国18.12第60版,民国21.7国难后3版

第2册：民国16.9第5版,民国18.12第50版,民国18.12第55版,民国21.7国难后3版,民国21.10国难后5版

第3册：民国18.10第55版,民国21.7国难后3版,民国21.10国难后5版

第4册：民国18.8第18版,民国19.1第50版,民国21.10国难后5版

第5册：民国18.8第35版,民国19.9第55版,民国21.12国难后8版

第6册：民国18.8第35版,民国20.6第40版,民国22.4国难后7版

第7册：民国18.7第40版,民国22.4国难后7版

第8册：民国18.10第35版,民国21.10国难后5版,民国22.4国难后7版

小学校初级用

初版附注：民国16年9月-17年11月初版
卷端题名：小学校初级用新时代国语教授书
人教　华师大(1-4,8)　辞书

2-1149

初小国语教学法
王鸿文,沈百英,王达三编辑
上海　商务印书馆　民国20.8[1931.8]-
8册(306,230,255,266,275,286,301,338页)　图　32开
第1册：民国20.8初版,民国21.7国难后3版,民国21.11国难后13版
第2册：民国20.8初版,民国21.7国难后3版,民国21.11国难后13版
第3册：民国20.8初版,民国21.11国难后13版
第4册：民国20.8初版,民国21.11国难后13版
第5册：民国20.8初版,民国21.11国难后13版
第6册：民国20.12初版
第7册：民国21.12国难后10版
第8册：民国22.6初版
小学校初级用
初版附注：民国21年6月国难后1版
其他题名：基本教科书初小国语教学法
北师大(1-5)　人教　辞书(1-6)

2-1150

新课程国语教学法
苏兆骧编辑　魏冰心,杜含章校订
上海　世界书局　民国20.12[1931.12]-
8册(210,192,225,239,208,195,213,224页)　图,表　32开
第1册：民国21.11第2版
第2册：民国21.1第2版
第3册：民国20.12初版
第4册：民国21.1第2版
第5册：民国21.9第34版
第6册：民国21.8第2版
第7册：民国21.9第2版
第8册：民国21.1第2版
教育部审定　初级小学教员用
其他题名：新主义教科书新课程国语教学法
编译馆

2-1151

开明国语课本教学法
韦息予编
上海　开明书店　民国21.8-22.8[1932.8-1933.8]
8册(193,257,245,291,286,341,384,429页)　图,乐谱　32开
第1册：民国21.8初版,民国22.8第2版
第2册：民国22.1初版,民国22.8第2版
第3册：民国21.10初版,民国22.8第2版
第4册：民国22.5初版,民国22.8第2版
第5册：民国22.8初版,民国23.5第2版
第6册：民国22.8初版,民国23.5第2版
第7册：民国22.8初版

第8册：民国22.8初版,民国23.5第2版
小学初级教师用
北师大　辞书　西北师大(4-5,7-8)　广东中山(6,8)

2-1152

初小国语教学法
上海　商务印书馆　民国21.9[1932.9]-
册(②269页)　图　32开
第2册：民国21.9初版
小学校初级用
人教(2)

2-1153

国语教学做法
孙慕坚,冯鼎芬,朱菱阳编辑　沈百英,蒋息岑校阅
上海　大东书局　民国21.12[1932.12]-
8册(①152,②140,③132,④128,⑤178,⑧192页)　图,表　32开
第1册：民国21.12初版,民国22.6第2版
第2册：民国22.6初版,民国22.8第3版
第3册：民国22.6初版
第4册：民国22.6初版,民国22.8第3版
第5册：民国22.6初版,民国22.7第2版,民国22.8第3版
第8册：民国22.6初版
小学校初级用
卷端题名：新生活国语教学做法
其他题名：新生活教科书国语教学做法
北师大(2,4-5,8)　辞书(1)　编译馆(1-5,8)

2-1154

初小国语教学法
顾群璞,金润青,陈邦彦,徐九皋,黄人济,蒋梅初,秦启文,瞿芭丰编辑　施仁夫,吴研因,金蕃校订
上海　世界书局　民国22.6[1933.6]-
8册(204,253,249,221,179,260,267,303页)　图　32开
第1册：民国22.6初版,民国23.6第4版
第2册：民国22.10第2版
第3册：民国23.1第3版,民国25.6第4版
第4册：民国22.10初版
第5册：民国22.8初版,民国23.12第4版,民国24.6第5版
第6册：民国22.11初版,民国25.6第3版
第7册：民国22.12第2版,民国23.8第4版
第8册：民国22.10初版,民国24.4第9版
照教育部审定本编辑　初级小学教员用
其他题名：国语新读本教学法
其他题名：新课程标准教科书教员用书初小国语教学法
北师大　辞书

2-1155

初小国语教学法
钱耕莘编辑　朱翊新校订
上海　世界书局　民国22.10[1933.10]-
8册(248,270,272,274,264,264,278,271页)　图　32开
第1册：民国22.12第3版,民国23第6版,民国24.1第7版

第2册:民国22第3版,民国23.4第4版,民国24.5第7版
第3册:民国23.5第5版,民国25.1第9版
第4册:民国23.4第2版,民国25.4第8版
第5册:民国23.5第4版,民国25.6第10版
第6册:民国22.10初版,民国24.5第6版
第7册:民国23.4第2版,民国25.6第9版
第8册:民国23.8第5版,民国25.6第10版
教育部审定　新课程标准　初级小学教员用
初版附注:民国22年6-10月初版
其他题名:国语读本教学法
其他题名:新课程标准教科书教员用书国语读本教学法
辞书　广东中山(1-2)

2-1156
初小国语教学法
魏冰心编辑
上海　世界书局　民国22.6[1933.6]-
8册(393,453,453,474,449,455,415,449页)　图　32开
第1册:民国22.6初版,民国22.8第2版
第2册:民国22.7初版,民国22.10第2版
第3册:民国22.10第2版
第4册:民国23.1初版,民国25.1第4版
第5册:民国22.11初版,民国25.5第3版
第6册:民国23.2初版,民国25.1第4版
第7册:民国23.1第2版,民国24.4第4版
第8册:民国23.3初版,民国24.4第4版
教育部审定　照教育部审定本编辑　初级小学教员用
其他题名:国语读本教学法
其他题名:新课程标准教科书教员用书初小国语教学法
北师大　辞书

2-1157
复兴国语教学法
顾志贤编著　沈百英校订
上海　商务印书馆　民国22.7[1933.7]-
8册(248,274,233,265,294,277,276,332页)　32开
第1册:民国22.7初版,民国23.5第22版,民国23.10第35版
第2册:民国22.7初版,民国23.2第22版,民国23.7第27版
第3册:民国22.7初版,民国23.5第24版,民国23.9第32版
第4册:民国23.4第23版,民国23.6第24版,民国24.3版
第5册:民国22.11第16版,民国23.3第17版,民国23第28版,民国24.2第34版
第6册:民国22.8初版,民国23.2第17版,民国23.5第21版
第7册:民国22.8初版,民国23.4第19版
第8册:民国22.8初版,民国22.11第16版,民国23第28版
小学校初级用
其他题名:国语教学法
其他题名:复兴教科书国语教学法
北师大　人教　辞书　广东中山(3-5,7)

2-1158
复兴国语指导法
蒋品珍等编著　沈秉廉等校订
上海　商务印书馆　民国23.2[1934.2]-
8册(200,191,187,190,251,262,224,228页)　32开
第1册:民国23.2初版,民国24.6第9版
第2册:民国23.8初版,民国24.5第8版
第3册:民国24.1初版
第4册:民国24.6第7版
第5册:民国24.6第7版
第6册:民国24.1初版,民国24.6第7版
第7册:民国24.1初版
第8册:民国24.3初版
小学校初级用　春季始业
封面题名:复兴初小国语指导法
北师大(1-3,5-8)　人教　华师大(5)　广东中山(1)　编译馆(1-5,7-8)

2-1159
初小国语教学法
唐卢锋编辑　朱翊新校订
上海　世界书局　民国23.10[1934.10]-
8册(①208,②243,③220,④251,⑤245,⑥256,⑦266页)　图　32开
第1册:民国24.3第2版
第2册:民国23.10初版
第3册:民国24.1初版
第4册:民国24.1初版
第5册:民国24.2初版
第6册:民国24.6初版
第7册:民国24.4初版
新课程标准教科书　初级小学教员用　春季始业用
初版附注:民国23年6月-?初版
版权页题名:春季初小国语教学法
辞书(1-7)

2-1160
低年级国语教学法
曹凤南编纂　沈百英校订
上海　商务印书馆　民国24.6[1935.6]初版,民国24.11第2版
159页　图　32开　(低年级教育丛书)
华师大　辞书　广东中山

2-1161
开明国语课本教学法
宗亮晨,沐绍良编
上海　开明书店　民国24.8[1935.8]-
8册(①184,②216,③212,⑥184页)　图　32开
第1册:民国24.8初版
第2册:民国24.11初版
第3册:民国24.8初版
第6册:民国24.8初版

小学初级教师用　春季始业
人教(6)　辞书(1-3)　西北师大(1)

2-1162

初小国文教案参考书
蔡维垣编辑

锦州　锦县三元堂书局　民国25.9[1936.9]-
册(④194页)　32开
第4册：民国25.9版
初级小学教员参考书
其他题名：国文教案参考书
辽宁(4)

2-1163

复兴国语教学法[改编本]
赵景源等编校

上海　长沙　商务印书馆　民国26.7[1937.7]-
8册(①145,②147,③167,④186,⑤238,⑥230,⑧267页)
32开
第1册：民国26.7初版,民国27长沙3版,民国27.1第8版,
民国28长沙14版
第2册：民国26.7初版,民国27长沙6版,民国29长沙15版
第3册：民国26.7初版,民国26.7第4版,民国27.6长沙6
版,民国27.6长沙11版
第4册：民国26.7初版,民国27.1第8版
第5册：民国26.7初版,民国28.7第12版
第6册：民国26.7初版
第8册：民国26.7初版,民国29长沙12版
初级小学适用
其他题名：复兴教科书国语教学法
其他题名：国语教学法
人教(1-6,8)　西北师大(1-5,8)　广东中山(1-3,6,8)
编译馆(1-6)

2-1164

复兴国语教学法
顾志贤,赵景源编校

香港　商务印书馆　民国27.7[1938.7]-
8册(160,163,183,202,254,253,262,283页)　图,表　32开
第1-8册：民国27.7初版
南洋华侨小学校初级用
版权页题名：国语教学法
逐页题名：初小国语教学法
其他题名：南洋初小复兴国语教学法
其他题名：复兴教科书国语教学法
辞书

2-1165

初小国语教学法
(伪)教育总署编审会著

8册(①262,②270,③212,④172,⑤175,⑥231,⑦203页)
图　32开
①北平　新民印书局　民国27.8[1938.8]-
第1册：民国27.8初版

第2册：民国27.12初版
第3册：民国29.9版
国图(2)　人教(1-3)
②北平　[著者刊]　民国27.12[1938.12]-
第2册：民国27.12初版,民国28.12版
第3册：民国29.9初版,民国29.9第5版
第4册：民国29.8初版
第5册：民国30.8初版
第6册：民国29.12初版,民国30.12版
第7册：民国30.7初版
北师大(2-7)　人教(2-7)　河南(6)

2-1166

小学初级国语科教材和教法
潘仁编著

长沙　商务印书馆　民国27[1938]版
298页　32开　(小学教师丛书)
广东中山

2-1167

初小国语教学法
朱翊新编辑

上海　世界书局　民国28.4[1939.4]-
8册(①220,③209,⑧158页)　32开　精装
第1册：民国29.5第4版
第3册：民国28.4第4版
第8册：民国28.4第3版
修正课程标准适用
其他题名：国语教学法
其他题名：新课程标准教科书初小国语教学法
编译馆(1,3,8)

2-1168

初小国语教学法
王益生编辑

上海　大东书局　民国29.7[1940.7]-
8册(③67,④54页)　32开　精装
第3册：民国29.7初版
第4册：民国29.8初版
新修正标准　初级教师用
其他题名：国语教学法
其他题名：国语读本教学法
编译馆(3-4)

2-1169

初小国语教学法
(伪)教育部编审委员会编纂

南京　(伪)教育部　民国32.10[1943.10]-
册(③66页)　32开
第3册：民国32.10初版
其他题名：国定教科书初小国语教学法
国图(3)　人教(3)

2-1170

初级儿童班说话作文写字教学实例

湘湖师范地方教育辅导室,湘湖师范国民教育实验学校编
[长沙] 湘湖师范地方教育辅导室 民国 33.1[1944.1]油印本
36 页 32 开 (国民教育小文库 第 17 种)
辞书

2-1171
小学初级国语科教材和教法
潘仁编著
上海 商务印书馆 民国 37.3[1948.3]第 1 版,民国 37.8 第 3 版
298 页 32 开 (国民教育文库)
国图 上海 辞书 庐山 广东中山

2-1172
国民学校国语教学法概要
陆步青,彭荣浍编著
上海 正中书局 民国 37[1948]
92 页 32 开 (国民教育辅导丛书)
国图

2-1173
新制国文教授书修正样张
上海 中华书局 [1912-1949?]
50 叶 32 开 线装
初等小学校用
辞书

2-1174
国民学校国文教授书(稿本)
[出版者不详] [1912-1949?]
8 册 表 大 32 开 线装
第 1,3-5,8 册:版次不详
其他题名:国文教授书稿本
云南社科(1,3-5,8)

2-1175
实验国语教授参考书
北京高等师范学校附属小学校编辑
[出版者不详] [1912-1949?]
册(①82,②96,③84,④103 叶) 大 32 开 线装
第 1-4 册:版次不详
国民学校用 秋季始业
辞书(1-4)

* * *

2-1176
最新国文教科书详解
杜芝庭编辑
上海 会文学社 清光绪 34.3[1908]
2 册([38],[27]叶) 大 32 开 线装
第 1-2 册:光绪 34.3 初版
高等小学堂教员用书
版权页题名:高等小学国文教科书详解

其他题名:国文教科书详解
辞书

2-1177
最新国文教科书详解
庄俞,沈秉钧编纂 高凤谦,蒋维乔校订
上海 商务印书馆 清宣统 1.12[1910]-
8 册(①30,③27,④27,⑥40,⑦35 叶) 大 32 开 线装
第 1 册:宣统 3.5 第 6 版
第 3 册:宣统 1.12 第 4 版,宣统 3 第 6 版
第 4 册:宣统 1 第 3 版,宣统 3.4 第 6 版
第 6 册:宣统 2 第 4 版
第 7 册:宣统 2.8 第 5 版,宣统 2 第 6 版
高等小学教员用
版权页题名:高等小学最新国文详解
辞书(1,3-4,7) 云南社科(3-4,6-7)

2-1178
简明国文教科书详解
庄适编纂 庄俞校订
上海 商务印书馆 清宣统 3.7[1911]
2 册(27,25 叶) 大 32 开 线装
第 1-2 册:宣统 3.7 初版
高等小学堂教员用
版权页题名:高等小学简明国文教科书详解
辞书

2-1179
女子国文教科书详解
胡君复编纂 蒋维乔校订
上海 商务印书馆 清宣统 3.7[1911]-
4 册(①35 叶) 大 32 开 线装
第 1 册:宣统 3.7 初版
高等小学堂教员用
版权页题名:高等小学女子国文教科书详解
逐页题名:国文教科书详解
辞书(1)

2-1180
(订正)最新国文教科书详解
庄俞,沈秉钧编纂 高凤谦,蒋维乔校订
上海 商务印书馆 民国 1.5[1912.5]-
8 册(⑤32,⑧38 叶) 大 32 开 线装
第 5 册:民国 1.5 第 7 版
第 8 册:民国 1.5 第 5 版
高等小学用
版权页题名:高等小学最新国文详解
其他题名:最新国文教科书详解
辞书(5,8)

2-1181
中华高等小学国文教授书
王鸿飞,许昭编辑
上海 中华书局 民国 1.8-12[1912.8-12]
8 册(23,21,26,24,26,22,29,25 叶) 大 32 开 线装

第1册:民国1.8初版,民国1.11第2版,民国2.3第4版
第2册:民国1.8初版,民国2.2改正3版
第3册:民国1.8初版,民国2.2第3版
第4册:民国1.8初版,民国1.11第2版,民国2.2改正3版
第5册:民国1.9初版,民国1.11第2版,民国2.2改正3版
第6册:民国1.9初版,民国1.10第2版,民国2.2改正3版
第7册:民国1.12初版
第8册:民国1.12初版
教育部审定
逐页题名:高等小学国文教授书
人教 辞书

2-1182
新国文教授法
谭廉编纂 高凤谦,庄俞校订
上海 商务印书馆 民国2.6[1913.6]-
6册(50,49,47,45,55,53叶) 图 大32开 线装
第1册:民国2.8第20版,民国3.9第32版,民国11.3第42版,民国14.3第43版
第2册:民国2.10第24版,民国3.9第32版,民国10.5版
第3册:民国2.12第27版
第4册:民国2第10版,民国2.9第22版,民国11.6第31版
第5册:民国2.6第10版,民国2.12第20版
第6册:民国2.11第20版,民国10.9第28版
教育部审定 高等小学校教员用 春季始业
初版附注:民国元年11月-2年3月初版
其他题名:共和国教科书新国文教授法
北师大(4) 人教 辞书 广西师大(1-2)

2-1183
新国文教授法
谭廉编纂 高凤谦,庄俞校订
上海 商务印书馆 民国2.9[1913.9]-
6册(41,57,41,50,43,57叶) 图 大32开 线装
第1册:民国3.3第20版
第2册:民国2.9第15版
第3册:民国2.11第20版
第4册:民国2.10第15版
第5册:民国2.9第15版
第6册:民国2年版
教育部审定 高等小学校教员用 秋季始业 第一学年第一学期~第三学年第三学期
初版附注:民国2年5月初版
版权页题名:高等小学新国文教授法
其他题名:共和国教科书新国文教授法
国图(6) 北师大(1-3,5-6) 辞书

2-1184
新制中华国文教授书
方钧,杨喆编 戴克敦,沈颐,陆费逵阅
上海 中华书局 民国2.6-9[1913.6-9]
9册(49,40,41,62,52,56,78,49,50叶) 大32开 线装
第1册:民国2.6初版,民国2.8第3版
第2册:民国2.8初版

第3册:民国2.7初版,民国4.5第3版
第4册:民国2.7初版
第5册:民国2.9初版,民国3.2第4版
第6册:民国2.9初版,民国2.12第2版
第7册:民国2.9初版,民国4.4第4版
第8册:民国2.9初版,民国2.12第2版
第9册:民国2.9初版,民国2.12第2版
高等小学校用
卷端题名:新制中华高等小学国文教授书
逐页题名:新制高等小学国文教授书
北师大 人教 辞书

2-1185
高等小学新国文教授法(小本)
谭廉编纂 高凤谦,庄俞校订
上海 商务印书馆 民国2.8[1913.8]-
6册(①110页) 小32开
第1册:民国2.8初版
高等小学校教员用书 春季始业
封面题名:新国文教授法
其他题名:共和国教科书高等小学新国文教授法
辞书(1)

2-1186
(订正)新制国文教授书
方钧,杨喆编 戴克敦,沈颐,陆费逵阅
上海 中华书局 民国5.3[1916.3]-
9册(⑥56叶) 大32开 线装
第6册:民国5.3第4版
教育部审定 秋季始业 高等小学校第二学年第三学期用
初版附注:民国2年9月初版
版权页题名:(订正)新制高等小学国文教授书
其他题名:新制国文教授书
辞书(6)

2-1187
新国文教授书
张景良编辑 丁宝书,蓝田玠校订
上海 文明书局 民国2.11[1913.11]-
6册(①33,②46,③36叶) 大32开 线装
第1册:民国2.11初版
第2册:民国2.11初版
第3册:民国3.2初版
高等小学校用书
其他题名:高等小学校新国文教授书
辞书(1-3)

2-1188
新制国文教授书
屠元礼等编
上海 中华书局 民国2[1913]-
 册 32开 线装
第1册:民国2年版
第2册:民国2年版

第 3 册：民国 2 年版
第 4 册：民国 5 年版
第 6 册：民国 5 年版
国民学校高小教员用　秋季始业
人教(4,6)　上海(1-3)

2-1189

(订正)女子国文教科书详解
胡君复编纂　蒋维乔校订
　　上海　商务印书馆　民国 3.1[1914.1]-
　　4 册(70,92,116,128 页)　32 开　线装
第 1 册：民国 3.1 第 3 版
第 2 册：民国 3.5 第 4 版
第 3 册：民国 3.2 第 3 版
第 4 册：民国 3.5 第 4 版
高等小学教员用
初版附注：民国 2 年订正初版
其他题名：女子国文教科书详解
人教

2-1190

新制国文教授书修正样张
　　上海　中华书局　[1913?]
　　61 叶　32 开　线装
高等小学校用
辞书

2-1191

新编中华国文教授书
杨喆编　徐㻞,沈颐阅
　　上海　中华书局　民国 3.2-5[1914.2-5]
　　6 册(58,64,74,75,86,86 叶)　大 32 开　线装
第 1 册：民国 3.2 初版,民国 4.2 第 3 版
第 2 册：民国 3.3 初版,民国 4.3 第 2 版
第 3 册：民国 3.4 初版,民国 4.3 第 2 版
第 4 册：民国 3.4 初版,民国 4.2 第 2 版
第 5 册：民国 3.3 初版,民国 4.2 第 2 版
第 6 册：民国 3.5 初版,民国 4.6 第 3 版
高等小学校用　春季始业
版权页题名：新编中华高等小学国文教授书
逐页题名：新编春季始业国文教授书
其他题名：中华国文教授书
北师大　人教　辞书

2-1192

高等小学新国文教授书
秦同培编纂　蒋维乔校订
　　上海　中国图书公司和记　民国 3.8[1914.8]-
　　9 册(①41,②32,③33,④45,⑤38,⑥42,⑦57 叶)　大 32 开
　　　线装
第 1-7 册：民国 3.8 初版
秋季始业教师用书
国图(1-7)　辞书(1-7)

2-1193

中华女子国文教授书
杨喆编　李步青,沈颐阅
　　上海　中华书局　民国 4.1-8[1915.1-8]
　　6 册(95,101,102,104,107,114 叶)　大 32 开　线装
第 1 册：民国 4.1 初版
第 2 册：民国 4.5 初版,民国 9.5 第 2 版
第 3 册：民国 4.4 初版
第 4 册：民国 4.7 初版
第 5 册：民国 4.8 初版
第 6 册：民国 4.7 初版
高等小学校用
版权页题名：女子高等小学国文教授书
卷端题名：中华女子高等小学国文教授书
人教　辞书

2-1194

实用国文教授书
北京教育图书社编纂　曹振勋等校订
　　上海　商务印书馆　民国 4.12[1915.12]-
　　6 册(74,82,88,98,98,100 页)　32 开　线装
第 1 册：民国 4.12 第 3 版
第 2 册：民国 4.12 第 3 版
第 3 册：民国 4.12 初版
第 4 册：民国 4.12 初版
第 5 册：民国 5.4 初版
第 6 册：民国 5.6 初版
高等小学校教员用
人教

2-1195

新式国文教授书
周世勋,陈健,郭衡编校　戴杰,程家麒,管省编
　　上海　中华书局　民国 5.8-6.1[1916.8-1917.1]
　　6 册(82,85,68,66,64,67 叶)　照片,图　大 32 开　线装
第 1 册：民国 5.8 初版,民国 6.7 第 4 版,民国 9.2 第 9 版,民
　　国 9.5 第 10 版
第 2 册：民国 5.8 初版,民国 9.5 第 9 版,民国 10.5 第 10 版,
　　民国 10.8 第 11 版
第 3 册：民国 5.8 初版,民国 6.1 第 2 版,民国 8.11 第 8 版,民
　　国 10.8 第 12 版
第 4 册：民国 5.9 初版,民国 8.5 第 6 版,民国 8.11 第 8 版
第 5 册：民国 5.9 初版,民国 8.11 第 8 版,民国 10.8 第 10 版,
　　民国 10.11 第 11 版,民国 11.4 第 13 版
第 6 册：民国 6.1 初版,民国 7.7 第 3 版,民国 9.2 第 7 版,民
　　国 9.5 第 8 版,民国 10.8 第 10 版
教育部审定　高等小学校用
逐页题名：新式高等小学国文教授书
北师大　人教　辞书

2-1196

新法国语教授书
戴杰,王国元,于人骙,田广生编纂

上海　商务印书馆　民国 9.12[1920.12]-
6 册(149,166,178,198,173,164 页)　表　大 32 开
第 1 册：民国 9.12 初版,民国 10.2 第 6 版
第 2 册：民国 10.1 第 3 版,民国 10.3 第 6 版
第 3 册：民国 10.8 第 3 版,民国 11.1 第 9 版
第 4 册：民国 10.10 第 4 版
第 5 册：民国 11.5 第 6 版
第 6 册：民国 11.10 初版
高等小学教员用
北师大　人教　辞书(1-4)　河南(4-5)

2-1197

国文教案

赵骧,陆费逵,刘传厚,戴克敦,易作霖,张相编辑及校阅
上海　中华书局　民国 10.2-11.11[1921.2-1922.11]
6 册(128,118,118,108,92,97 页)　大 32 开
第 1 册：民国 10.2 初版,民国 10.8 第 3 版,民国 11.10 第 4 版
第 2 册：民国 10.7 初版,民国 11.7 第 3 版
第 3 册：民国 10.9 初版,民国 11.2 第 2 版
第 4 册：民国 11.3 初版
第 5 册：民国 11.7 初版
第 6 册：民国 11.11 初版
高等小学校用
逐页题名：新教育高等小学国文教案
其他题名：新教育教科书国文教案
北师大　人教(1-2,4-6)　辞书

2-1198

新法国文教授书

魏寿镛,唐湛声,李康复等编纂　唐昌言,沈圻,范祥善校订
上海　商务印书馆　民国 10.11[1921.11]-
6 册(220,207,204,206,209,208 页)　大 32 开
第 1 册：民国 10.11 第 4 版,民国 12.2 第 7 版
第 2 册：民国 11.1 第 6 版
第 3 册：民国 11.1 第 6 版
第 4 册：民国 11.2 第 6 版
第 5 册：民国 11.4 第 6 版
第 6 册：民国 11.6 第 6 版
高等小学校教员用
初版附注：民国 10 年 11 月 - 11 年 6 月初版
北师大　人教(2-6)　辞书

2-1199

新法国语文教授书

计志中编纂　朱经农,周予同校订
上海　商务印书馆　民国 12.2[1923.2]-
4 册(92,99,96,102 页)　图　大 32 开
第 1 册：民国 12.2 初版,民国 12 第 6 版,民国 12.10 第 10 版
第 2 册：民国 12.3 第 3 版,民国 13.2 第 10 版
第 3 册：民国 12.7 初版,民国 13.6 第 10 版
第 4 册：民国 12.11 初版
新学制小学后期用

北师大(1)　人教　辞书

2-1200

新法国语文教授书

计志中编纂　朱经农,庄适校订
上海　商务印书馆　民国 12.7-13.1[1923.7-1924.1]
4 册(93,100,96,102 页)　图　大 32 开
第 1 册：民国 12.7 初版,民国 13.2 第 10 版
第 2 册：民国 12.9 初版,民国 13.9 第 10 版
第 3 册：民国 12.11 初版,民国 13.9 第 9 版
第 4 册：民国 13.1 初版
新学制小学后期用
人教　辞书

2-1201

新学制国语教授书

沈圻编纂　吴研因,朱经农校订
上海　商务印书馆　民国 13.5[1924.5]-
4 册(130,129,159,163 页)　大 32 开
第 1 册：民国 13.5 初版,民国 15.10 第 15 版
第 2 册：民国 13.7 第 10 版,民国 16.1 第 15 版
第 3 册：民国 13.8 初版,民国 16.4 第 14 版
第 4 册：民国 13.8 初版,民国 14.5 第 9 版
教育部审定　小学校高级用
封面题名：国语教授书
卷端题名：新学制高级小学国语教授书
北师大　人教　华师大(1)　辞书

2-1202

新撰国文教授书

缪天绶等编纂
上海　商务印书馆　民国 13.9-14.2[1924.9-1925.2]
4 册(182,125,123,194 页)　32 开
第 1 册：民国 14.1 初版,民国 15.1 第 5 版
第 2 册：民国 13.9 初版,民国 15.11 第 10 版
第 3 册：民国 14.2 初版,民国 15.1 第 5 版,民国 15.11 第 10 版
第 4 册：民国 14.1 初版,民国 15.1 第 5 版,民国 15.11 第 10 版
小学校高级用书
北师大(3-4)　人教　辞书

2-1203

新国民国文教授书

石东孙,郑文华编辑　熊长龄,顾杰校订
上海　国民书局　民国 14.10[1925.10]-
4 册(①121,②116,③121 页)　大 32 开
第 1 册：民国 14.10 初版
第 2 册：民国 15.3 初版
第 3 册：民国 15.3 初版
小学校高级用
其他题名：新国民教科书国文教授书
辞书(1-3)

2-1204
新国民国语文教授书
周毓彬,洪昌保编辑　熊长龄,顾杰校订
　　上海　国民书局　民国 14.10[1925.10]-
　　4 册(①130,②118,③126 页)　32 开
　　第 1 册:民国 14.10 初版
　　第 2 册:民国 15.1 初版
　　第 3 册:民国 15.3 初版
　　小学校高级用
　　其他题名:新国民教科书国语文教授书
　　辞书(1-3)

2-1205
新时代国语教授书
王志瑞编辑
　　上海　商务印书馆　民国 17.9[1928.9]-
　　4 册(151,148,126,128 页)　32 开
　　第 1 册:民国 17.9 初版,民国 18.8 第 20 版,民国 21.12 国难后 3 版
　　第 2 册:民国 17.12 第 8 版,民国 18.8 第 18 版,民国 21.12 国难后 3 版
　　第 3 册:民国 18.3 第 18 版
　　第 4 册:民国 17.11 第 8 版,民国 18.8 第 18 版
　　小学校高级用
　　初版附注:民国 17 年 9-12 月初版
　　北师大　人教　华师大(1-2,4)　辞书

2-1206
民智新课程高级小学国语教钥
薛天汉编辑
　　上海　民智书局　民国 20.7-21.7[1931.7-1932.7]
　　4 册(136,130,120,138 页)　32 开
　　第 1 册:民国 20.7 初版
　　第 2 册:民国 20.7 初版
　　第 3 册:民国 21.7 初版
　　第 4 册:民国 21.7 初版
　　其他题名:高级小学国语教钥
　　北师大(3)　人教(1-3)　华师大　辞书

2-1207
高小国语教学法
戴洪恒编辑
　　上海　商务印书馆　民国 20.8-11[1931.8-11]
　　4 册(150,160,174,174 页)　32 开
　　第 1 册:民国 20.8 初版
　　第 2 册:民国 20.8 初版,民国 22.2 国难后 3 版
　　第 3 册:民国 20.8 初版
　　第 4 册:民国 20.11 初版
　　小学校高级用
　　其他题名:基本教科书高小国语教学法
　　北师大　人教　辞书

2-1208
北新国语教本教授书
李少峰等编
　　上海　北新书局　民国 21.8-22.2[1932.8-1933.2]
　　4 册(186,218,208,200 页)　32 开
　　第 1 册:民国 21.8 初版
　　第 2 册:民国 22.2 初版
　　第 3 册:民国 22.2 初版
　　第 4 册:民国 22.1 初版
　　后期小学用
　　其他题名:后期小学北新国语教本教授书
　　北师大　人教

2-1209
高小国语教学法
曹风南编
　　上海　大华书局　民国 22.8[1933.8]
　　188 页　大 32 开
　　华师大　西北师大

2-1210
复兴国语教学法
俞焕斗编著　沈秉廉校订
　　上海　商务印书馆　民国 22.8-11[1933.8-11]
　　4 册(226,244,276,288 页)　图　32 开
　　第 1 册:民国 22.8 初版,民国 22 第 2 版,民国 23.12 第 18 版,民国 27 年版
　　第 2 册:民国 22.8 初版,民国 22 年版,民国 24.5 第 15 版,民国 27 年版
　　第 3 册:民国 22.8 初版,民国 23.8 第 10 版,民国 23 第 13 版,民国 27 年版
　　第 4 册:民国 22.11 初版,民国 23.5 第 2 版,民国 24.2 第 13 版,民国 27 年版
　　根据民国 26 年审定本编辑　小学校高级用
　　逐页题名:高小国语教学法
　　其他题名:国语教学法
　　其他题名:复兴教科书国语教学法
　　国图　北师大　人教(3-4)　辞书　西北师大　广东中山

2-1211
高小国语教学法
顾君璞,黄人济,王阎秾编辑　朱翊新校订
　　上海　世界书局　民国 22.10[1933.10]
　　4 册(371,342,312,377 页)　32 开
　　第 1 册:民国 22.10 初版,民国 23.4 第 2 版,民国 25.4 第 7 版
　　第 2 册:民国 22.10 初版,民国 22.12 版,民国 23.12 第 4 版
　　第 3 册:民国 22.10 初版,民国 23.2 第 2 版,民国 25.6 第 6 版
　　第 4 册:民国 22.10 初版,民国 23.2 版,民国 26.4 第 6 版
　　照教育部审定本编辑　新课程标准教科书　高级小学教员用
　　其他题名:国语读本教学法
　　北师大　华师大　辞书

2-1212
说话教学法
齐铁恨,关实之编著　沈百英校订
　　上海　商务印书馆　民国 23.2-6[1934.2-6]

4册(238,[330],240,300页) 图,表 32开
第1册:民国23.2初版
第2册:民国23.6初版
第3册:民国23.2初版
第4册:民国23.6初版
小学校高级用
封面题名:复兴说话教学法
其他题名:复兴教科书说话教学法
国图 北师大 人教 华师大(2) 辞书(1,3-4) 广东中山

2-1213

开明国语课本教学法
钱耕莘,卢芷芬编著
上海 开明书店 民国23.8-24.1[1934.8-1935.1]
4册(292,300,329,319页) 表,乐谱 32开
第1册:民国23.8初版,民国26.7第2版
第2册:民国24.1初版
第3册:民国23.8初版
第4册:民国24.1初版
小学高级教师用
国图(4) 北师大 人教 辞书 西北师大 广西师大(3)

2-1214

高级小学国语科教学法
俞焕斗编著
上海 世界书局 民国23.9[1934.9]
153页 大32开
其他题名:小学高年级国语科教学法
华师大 辞书 西北师大 编译馆

2-1215

复兴国语指导法
俞焕斗等编著
上海 商务印书馆 民国24.3[1935.3]-
册(④285页) 32开
第4册:民国24.3初版
小学高级用 春季始业
北师大(4) 人教(4)

2-1216

实验国语教授书
国立编译馆主编
上海 商务印书馆 民国26.2-3[1937.2-3]
4册(128,144,144,162页) 32开
第1册:民国26.2初版
第2册:民国26.2初版
第3册:民国26.3初版
第4册:民国26.3初版
小学校高级用
人教 华师大 辞书 广东中山(2-3) 编译馆(1-3)

2-1217

复兴国语教学法[改编本]
俞焕斗编
上海 长沙 商务印书馆 民国28[1939]-
4册(①326,③347,④320页) 32开
第1册:民国28改编本7版,民国29.6改编本11版
第3册:民国28改编本7版,民国29.6改编本10版
第4册:民国29.2改编本8版
高级小学适用
其他题名:复兴教科书国语教学法
其他题名:国语教学法
广东中山(1,3-4) 编译馆(1,3-4)

2-1218

高小国语教学法
(伪)教育总署编审会著
北平 新民印书馆 民国31.4[1942.4]-
册(①258页) 图 32开
第1册:民国31.4版
北师大(1) 河南(1)

2-1219

国民学校教材研究集:高小国语
台湾省教育会编
台北 东方出版社 民国36.10[1947.10]-
册 32开
第1,3册:民国36.10第2版
其他题名:高小国语
国图(1,3) 人教(1,3)

2-1220

高小国语科教材和教法
俞焕斗编著
上海 商务印书馆 民国37.2[1948.2]初版,民国37.8第3版
172页 32开 (国民教育文库)
其他题名:国语科教材和教法
国图 辞书 西北师大 广东中山

2-1221

高级小学国语教学法[第2次修订本]
国立编译馆主编 俞焕斗编辑
4册(366,368,335,312页) 表 32开
高小国语课本第二次修订本适用
逐页题名:高小国语教学法
其他题名:国语教学法
①上海 五联社 民国37.2[1948.2]-
第2册:民国37.2第1版,民国37第5版
第3册:民国37.2第1版
第4册:民国37年版
北师大(3) 辞书(2-3) 广西师大(3) 广东中山(2,4)
②上海 中华书局 民国37.6[1948.6]-
第1-3册:民国37.6第1版
人教(1-3) 辞书(1-3) 广东中山(1-3)
③上海 世界书局 民国37.7[1948.7]-
第1册:民国37.7第1版
辞书(1)

④上海　商务印书馆　民国37.7[1948.7]-
4册(366,419,355,392页)
第1册：民国37.7初版
第2册：民国37.7初版
第4册：民国38.1初版
国图(1,4)　人教(1-2,4)　庐山(1)　广西师大(1-2,4)
⑤上海　大东书局　民国37[1948]-
第1,3册：民国37年版
广东中山(1,3)

教学辅导书

2-1222
初学古文活套法：初编[修正本]
王家治，施崇恩著　彪蒙书局校阅
　　上海　彪蒙书局　民国7.8[1918.8]
　　2册(57叶)　大32开　线装
　　上下册：民国7.8修正版
　　初学适用
　　初版附注：民国4年4月初版
　　其他题名：古文活套法初编
　　辞书

2-1223
初学古文活套法：二编[修正本]
王家治，施崇恩著　彪蒙书局校阅
　　上海　彪蒙书局　民国7.8[1918.8]-
　　4册(75叶)　大32开　线装
　　第1-4册：民国7.8修正版
　　初学适用
　　初版附注：民国4年4月初版
　　其他题名：古文活套法续编
　　辞书

2-1224
国语精华
中华书局编辑
　　上海　[编者刊]　民国4.5[1915.5]-
　　2册(31,39叶)　大32开　线装
　　第1册(卷上)：民国4.5初版,民国22.2第5版
　　第2册(卷下)：民国22.2第5版
　　教科、自修适用
　　人教　辞书(1)

2-1225
小学国文成绩选粹：甲编
方浏生选订
　　上海　中华书局　民国4.7[1915.7]
　　4册(126,124,66,82页)　32开
　　第1-4册：民国4.7初版
　　辞书

2-1226
小学必读国文钥
钟懋宣著述
　　上海　会文堂书局　民国15.2[1926.2]-
　　4册(28,34,22,22叶)　大32开　线装
　　第1-2册(初集)：民国17版
　　第3-4册(二集)：民国15.2第8版
　　初版附注：民国6年3月初版
　　广西师大

2-1227
国语学习指导
卢冠六编
　　上海　三民图书公司　民国26.6[1937.6]第3版
　　204页　32开
　　国语科补充读物
　　初版附注：民国25年4月初版
　　辞书

2-1228
怎样塑造
叶元珪编　张辰伯校
　　上海　商务印书馆　民国25.11[1936.11]版
　　35页　大32开
　　小学生分年补充读本
　　庐山

2-1229
国语之都
王桂林等辑　上海光明书局编
　　[不详]　青年　民国26.2[1937.2]
　　109页　图　32开　精装　(小学复习丛书　2)
　　编译馆

2-1230
暑期自习书国语
尹诵吉编辑　周斐成校订　张秋泓绘图
　　上海　大川书店　民国27.6[1938.6]-
　　6册(26,50,60,58,55,63页)　图　32开
　　第1册：民国28.6初版
　　第2册：民国27.6第4版
　　第3册：民国28.6第4版
　　第4册：民国28.6第4版
　　第5册：民国28.6第6版
　　第6册：民国27.7第4版
　　小学一年级～六年级用
　　辞书

2-1231
由国语到国文：国文入门必读
谭正璧编
　　上海　中华书局　民国27.10[1938.10]
　　4册(126,156,124,138页)　32开
　　第1-4册：民国27.10初版
　　辞书　辽宁(1)

2-1232
抗战小学文友
韩一青编辑
  西安 大东书局 民国 30.4[1941.4]
  113 页 32 开
  小学校适用
  版权页题名：战时新编抗战小学文友
  逐页题名：抗战小学生文友
  辞书

2-1233
国语文法指导
顾锦藻 编
  上海 三民图书公司 民国 37.6[1948.6]
  128 页 32 开
  辞书

2-1234
小学暑期补习课本国语
于人骎编选 刘关申绘图
  [上海] 南京 正中书局 民国 37.7[1948.7]
  5 册(15,15,26,34,46 页) 图 32 开
  第 1-5 册：民国 37.7 初版
  人教 辞书

* * *

2-1235
暑假国语自习书
盛朗西主编 王文化,施直青,焦志威,杨秉范,卢祝平分撰
  上海 北新书局 民国 22.6[1933.6]
  2 册(23,31 页) 32 开 (假期自习书)
  第 1-2 册：民国 22.6 初版
  低年级用
  版权页题名：低年级假期自习书
  辞书

2-1236
暑假国语自习书
盛朗西主编 朱炜章,宋全福,胡钟瑞,高人瑞,张咏春,赵性哲,钱达之分撰
  上海 北新书局 民国 22.6[1933.6]
  2 册(69,80 页) 32 开 (假期自习书)
  第 1 册：民国 22.6 初版
  第 2 册：民国 22.6 初版,民国 22.7 第 2 版
  三年级~四年级用
  版权页题名：中级国语自习书
  卷端题名：中级暑假假期自习书
  上海(2) 辞书

2-1237
国语练习本
宗亮寰,赵白山,赵景源等编辑
  上海 基本书局 民国 36.8[1947.8]
  4 册(36,36,48,48 页) 图 32 开
  第 1-4 册：民国 36.8 初版
  一年级上学期~二年级下学期用
  版权页题名：基本国语练习本
  人教 辞书

* * *

2-1238
国语总览
储祎编著
  上海 东方书店 民国 29.3[1940.3]第 10 版
  95 页 32 开 (小学升学准备总览)
  初版附注：民国 22 年 2 月初版
  封面题名：国语测验作文总览
  辞书

2-1239
暑假国语自习书
盛朗西主编 王子才,朱尧铭,朱炜章,余长欣,胡钟瑞,赵夐,赵可师,潘子瑜分撰
  上海 北新书局 民国 22.6[1933.6]
  51 页 32 开 (假期自习书)
  高年级用
  版权页题名：高级国语自习书
  卷端题名：高级暑假假期自习书
  辞书

2-1240
国语升学指导：投考会考必备
卢冠六编
  上海 春江书局 民国 29.1[1940.1]第 13 版
  1 册 32 开 (升学指导丛书)
  初版附注：民国 24 年 3 月初版
  上海

2-1241
国语指南
储祎,姚蕴,韦启予等编著
  上海 东方书店 民国 24.5[1935.5]第 3 版
  95 页 32 开
  小学升学指南
  初版附注：民国 24 年 4 月初版
  辞书

2-1242
国语复习指导
钱洪翔,倪锡英主编 倪锡英编
  上海 现代教育研究社 民国 24[1935]版
  114 页 [40 开]
  小学生升学必读
  国图

2-1243

国语

乔宅安编著

上海　商务印书馆　民国25.5[1936.5]

153页　32开　(小学复习丛书)

高小语文复习参考书

国图

2-1244

国语复习书

祝仲芳,卢冠六合编

上海　春秋书社　民国29.4[1940.4]第4版,民国30.7第5版

146页　32开

其他题名:升学准备国语复习书

国图　辞书

2-1245

高小国语复习

俞焕斗编著

南京　正中书局　民国35.8[1946.8]初版,民国36.6沪8版

112页　32开　(高小各科复习丛书)

人教　辞书　广东中山

2-1246

国语升学指导

褚后俊编　钱元吉校阅

[上海]　同仁书屋　民国36.4[1947.4]

200页　表　32开

高小学生投考升学必读　高小学生国语科复习读本

辞书

2-1247

国语之钥

王修和著　钱君匋校

上海　万叶书店　民国36.4[1947.4]

196页　32开

初级中学暨小学高级复习用书

版权页题名:国语升学指导

辞书

2-1248

国语自习指导[修订本]

王鸿年主编　省立台北师范附属小学教材编辑委员会编著

台北　功学社　民国36.9[1947.9]第2版

70页　表　32开

教育部审定

其他题名:高小国语自习指导

编译馆

2-1249

少年国语用书

陆静山主编

上海　永丰书局　民国37.8[1948.8]

4册(72,68,82,88页)　32开

第1-4册:民国37.8初版

高小及初中一年级适用　少年自修补充用书

辞书

2-1250

国语升学指导[胜利版]

卢冠六编

上海　三民图书公司　民国37[1948]新2版

128页　32开

辞书

2-1251

国语复习指导

上海　春明书店　[1912-1949?]

64页　32开

高小学生投考、自修适合

国图

读音、识字

课　本

2-1252

千家诗音释

[不详]　文池堂(刻板)　清光绪30.4[1904]黄文正重刊本

[52]页　32开　线装

人教

2-1253

国语正音教科书

王亦鹤编辑

广州　蒙学书局　清光绪34.6[1908]-

册(①64叶)　大32开　线装

第1册(初编):光绪34.6初版

广西师大(1)

2-1254

新式国文生字国音表

中华书局编

上海　[编者刊]　民国4[1915]初版,民国11.3版

16叶　大32开　线装

附:国音字母发音法

卷端题名:新式国文教科书生字国音表

人教　辞书

2-1255

注音字母发音图说

王璞辑著

北京　注音字母书报社　民国8[1919]版

16叶　大32开　线装

云南社科

2-1256

国音教本

方宾观编纂

上海　商务印书馆　民国9.4[1920.4]

40页　图　64开

辞书

2-1257
国音读本
易作霖编辑
上海　中华书局　民国9.8[1920.8]初版,民国9.8 第2版,民国11.4 第5版,民国11.10 第6版
28叶　图　32开　线装
人教　辞书

2-1258
中华国音留声机片课本
董文,陆衣言,陆费逵编　王璞读音　黎锦熙审查
上海　中华书局　民国9.11[1920.11]初版,民国15.10第14版,民国15.10 第19版
72页　照片　32开
教育部审定
辞书　广东中山

2-1259
国音字母教案
刘儒编纂
上海　商务印书馆　民国10.6[1921.6]初版,民国11.11 第2版
234页　图　大32开
小学一年级～四年级学生学国音字母用
上海　辞书　河南　湖南

2-1260
国音教本
陆费逵编辑
上海　中华书局　民国10.7[1921.7]初版,民国10.10 第2版,民国17.9 第6版
36页　图　32开
上海　辞书

2-1261
国音课本
黎锦晖,陆衣言编辑
上海　中华书局　民国10.12[1921.12]初版,民国11.2 第2版
32页　图　32开
国民学校用
其他题名:新教育教科书国音课本
人教　辞书

2-1262
国语发音学纲要
后觉编辑　国语专修学校审定
上海　中华书局　民国12.5[1923.5]初版,民国19.4 第4版
33页　图　32开　(初级国语讲义)
上海

2-1263
国音辨似
符宗翰编著　吴庚鑫校阅
上海　中华书局　民国12.12[1923.12]

72页　大32开
教育部审定
辞书

2-1264
国音读本
黎锦晖编著　吴启瑞,王人路校阅
上海　中华书局　民国15.4[1926.4]初版,民国15.11 第2版
45页　图　大32开
封面题名:初级国音读本
其他题名:新小学教科书国音读本
人教　辞书

2-1265
新国音读本
陆衣言著
上海　商务印书馆　民国18.12[1929.12]第2版
33页　图　大32开　线装
大学院审定
初版附注:民国17年9月初版
辞书

2-1266
新国音课本
马国英编
上海　中华书局　民国18.7[1929.7]初版,民国20.8 第5版,民国21.5 第6版,民国25年版
30页　大32开　线装
教育部审定
版权页题名:新编国音课本
人教　上海　辞书　编译馆

2-1267
国语注音符号发音法
陆衣言编
上海　中华书局　民国29.6[1940.6]第12版
92页　表　32开　(标准国音丛书)
初版附注:民国19年7月初版
辞书

2-1268
国语注音符号新教本
蒋镜芙编
上海　中华书局　民国19.8[1930.8]初版,民国20.2 第2版,民国20.5 第3版,民国20.8 第4版,民国23.4版
64页　64开
教育部审定
辞书　湖南

2-1269
标准国音国语留声片课本
白涤洲发音　朱文叔,白涤洲,蒋镜芙编辑
上海　中华书局　民国22.12[1933.12]初版,民国23.9 第3版,民国25.3 第7版,民国25.8 第8版,民国28 第15版,民国37.5 第22版

[204]页　图　32开
附：小学国语读本选读
上海　辞书　广东中山

2-1270
注音符号教科书
陆衣言编著
上海　大华书局　民国23.1[1934.1]
60页　表　32开
辞书

2-1271
蒙学韵言
方燕年编
[出版者不详]　民国23[1934]版
1册　大32开
辞书

2-1272
四十种声音
蒋镜芙编　何孝章绘
上海　中华书局　民国24.7[1935.7]
18页　彩图　32开　(小学低年级各科副课本　21)
卷端题名：小学低年级国语副课本四十种声音
上海　辞书

2-1273
小学国语科注音符号课本
蒋镜芙编　黎锦熙校
上海　中华书局　民国25.8[1936.8]初版,民国25.8第4版,民国36.9第7版
71页　图　32开
其他题名：注音符号课本
人教　辞书　广东中山

2-1274
国语注音符号
蒋镜芙编
上海　中华书局　民国26.4[1937.4]
56页　图　32开　(小学教员检定丛刊)
辞书　广东中山

2-1275
注音符号读本
许书绅,王遵武,朱菱阳,黄子寿等编辑
31页　图,表　32开　精装
教育部核定
《小学国语》首册
①上海　大东书局　民国26.6[1937.6]版
　广东中山　编译馆
②上海　世界书局　民国26.12[1937.12]新5版
　编译馆

2-1276
国语注音符号
王鸿文主编　儿童编译所编辑
上海　儿童书局　民国36.1[1947.1]第95版

36页　图,表　32开
初版附注：民国35年4月初版
辞书

2-1277
基本国音读本
赵景源,宗亮寰,沈秉廉,金云峰,赵白山,李惠乔编辑
上海　基本书局　民国36.3[1947.3]
49页　图　32开
人教　辞书

2-1278
精校绘图释音百家姓
[进步书局编]
上海　[编者刊]　[1912-1949?]
6叶　图　大32开　线装
逐页题名：绘图注释百家姓
其他题名：百家姓
辞书

2-1279
绘图释音百家姓
[文华书局编]
上海　[编者刊]　[1912-1949?]
9叶　图　大32开　线装
其他题名：百家姓
辞书

*　*　*　*　*

2-1280
澄衷蒙学堂字课图说
刘树屏编
上海　锦章书局　清光绪30[1904]
8册(44,71,50,48,50,53,40,46叶)　图　大32开　线装
第1册：光绪30年版,光绪32.4版
第2册：光绪30年版,光绪32.4版,民国7年版
第3册：光绪30年版,光绪32.4版,民国7年版
第4册：光绪30年版,光绪32.4版,民国7年版
第5册：光绪30年版,光绪32.4版,民国7年版
第6册：光绪30年版,光绪32.4版
第7册：光绪30年版,光绪32.4版
第8册：光绪30年版,光绪32.4版
初版附注：清光绪27年10月初版
其他题名：澄衷学堂字课图说
辞书　云南社科(1-7)　广西师大(2-5)

2-1281
最新官话识字教科书
寿潜庐编辑　寿孝天参阅　会文学社编译
上海　会文堂书局　清光绪31.10[1905]-
8册(①30,②30,③30,④30叶)　图(含彩图)　大32开　线装
第1册：光绪32.2第2版

第2册:光绪31.10初版
第3册:光绪31.10初版
第4册:光绪32.2初版
初等小学堂用书
初版附注:清光绪31年10月-? 初版
逐页题名:最新识字教科书
辞书(1-4)

2-1282

私塾改良识字课本
施崇恩编辑　彪蒙编译所校阅
　　上海　彪蒙书室　光绪34.10[1908]
　　32册　图,表　大32开　线装
　　第1-32册:光绪34.10初版
　　辞书

2-1283

(新增)绘图四千字文
〔文盛书局编〕
　　〔上海〕　〔编者刊〕　[1908?]
　　28叶　图　16开　线装
　　卷端题名:绘图四千字文
　　辞书

2-1284

(新编)绘图五千字文
文盛堂编
　　〔上海〕　〔编者刊〕　[1908?]
　　34叶　图　16开　线装
　　卷端题名:绘图五千字文
　　辞书

2-1285

(新增)绘图六千字文
〔文盛书局编〕
　　〔上海〕　〔编者刊〕　[1908?]
　　32叶　图　16开　线装
　　卷端题名:绘图六千字文
　　辞书

2-1286

(新增)绘图七千字文
〔文盛书局编〕
　　〔上海〕　〔编者刊〕　[1908?]
　　36叶　图　16开　线装
　　卷端题名:绘图七千字文
　　辞书

2-1287

(新增)绘图一万字文
〔文盛书局编〕
　　〔上海〕　〔编者刊〕　[1908?]
　　2册(45叶)　图　16开　线装
　　第1-2册:版次不详
　　卷端题名:绘图一万字文
　　辞书

2-1288

简易识字课本:卷首
(清)学部编译图书局编纂
　　北京　〔编者刊〕　清宣统1.6[1909]
　　18叶　大32开　线装
　　人教　辞书

2-1289

第二种简易识字课本
(清)学部编译图书局编纂
　　2册(50,49叶)　图　大32开　线装
　　初版附注:清宣统元年6-11月初版
　　逐页题名:简易识字课本
①北京　〔编者刊〕　清宣统1.6-11[1909]
　　第1册:宣统1.11初版,宣统2.2第2版
　　第2册:宣统1.6初版,宣统1.7第2版
　　辞书
②南京　两江南洋官书局　清宣统2.1-7[1910]
　　第1册:宣统2.1重印
　　第2册:宣统2.7重印
　　辞书
③〔武昌〕　湖北学务公所(翻印)　清宣统2.3-12[1910-1911]
　　2册(14,21叶)
　　第1册:宣统2.3翻印
　　第2册:宣统2.12翻印
　　辞书
④上海　新学会社　清宣统2.9[1910]
　　第1-2册:宣统2.9第3版
　　人教

2-1290

第一种简易识字课本
(清)学部编译图书局编纂
　　北京　〔编者刊〕　清宣统1.11-2.1[1909-1910]
　　4册(78,80,87,110叶)　图　大32开　线装
　　第1册(一编上册):宣统1.11初版,宣统2.2版
　　第2册(一编下册):宣统1.11初版,宣统1.12第2版,宣统2.5版
　　第3册(二编上册):宣统2.1初版,宣统3.3翻印
　　第4册(二编下册):宣统2.1初版,宣统3.3翻印
　　逐页题名:简易识字课本
　　人教　辞书

2-1291

(新增)绘图必须杂字
　　上海　昌文书局　[1911?]
　　6叶　图　大32开　线装
　　逐页题名:绘图必须杂字
　　辞书

2-1292

最新绘图三言杂字
　　上海　昌文书局　[1911?]

12叶 图 大32开 线装
卷端题名:新编绘图大三言杂字
逐页题名:绘图三言杂字
辞书

2-1293

重校蒙学堂字课图说
[出版者不详] [1911?]
册(②50,④40叶) 16开 线装
第2,4册(卷二、卷四):版次不详
其他题名:蒙学堂字课图说
广西师大(2,4)

2-1294

改良绘图三字书
[陈荣衮编]
[出版者不详] [1911?]
15页 32开 线装
其他题名:三字书
广东中山

2-1295

改良绘图四字书
[陈荣衮编]
[出版者不详] [1911?]
16页 大32开 线装
其他题名:四字书
广东中山

2-1296

改良绘图五字书
[陈荣衮编]
[出版者不详] [1911?]
10页 大32开 线装
其他题名:妇孺五字书
广东中山

2-1297

改良绘图妇孺五字书五种
[出版者不详] [1911?]
14页 大32开 线装
逐页题名:女儿书
其他题名:妇孺五字书
广东中山

2-1298

绘图四言杂字
天宝书局编
上海 [编者刊] [1911?]
6叶 图 大32开 线装
卷端题名:最新绘图四言杂字
辞书

2-1299

绘图七言杂字
天宝书局编
上海 [编者刊] [1911?]

6叶 图 大32开 线装
卷端题名:最新改良绘图七言杂字
辞书

2-1300

绘图三千字文
补拙居士编辑 姜岳注释
[不详] 文元书局 [1911?]
24叶 图 16开 线装
其他题名:三千字文
辞书

2-1301

七级字课:第二种
陈子衮编
[出版者不详] [1911?]刻本
35页 大32开 线装
学生用书
封面题名:最新七级字课
广东中山

2-1302

绘图六言杂字
[上海] [出版者不详] [1911?]
6叶 图 大32开 线装
卷端题名:最新绘图六言杂字
辞书

2-1303

绘图增注千字文
上海 [出版者不详] [1911?]
11叶 图 大32开 线装
其他题名:千字文
辞书

2-1304

五族共和新百家姓
陆肇鼎编
上海 鸿才书庄 民国2.8[1913.8]
30页 图 32开 线装
其他题名:新百家姓
人教

2-1305

小学字课讲义
广仓学宭编辑
上海 [编者刊] 民国5.12[1916.12]-
册(①79叶) 大32开 线装
第1册:民国5.12版,民国8.12版
人教(1) 辞书(1)

2-1306

小学字课图释
广仓学宭编辑
上海 [编者刊] 民国5.12[1916.12]-
4册(70,70,70,70叶) 图 大32开 线装
第1册:民国5.12初版

第 2 册：民国 6.2 初版
第 3 册：民国 9.2 初版
第 4 册：民国 9 年版
人教　辞书

2-1307

最新绘图六言杂字
上海　炼石书局　民国 8.8[1919.8]
12 页　图　32 开　线装
其他题名：绘图六言杂字
人教

2-1308

益幼杂字
上海　刘德记书局　民国 13[1924]版
36 页　图　32 开　线装
初版附注：民国 13 年初版
卷端题名：绘图增补益幼杂字
人教

2-1309

绘图白话注解千字文
高馨山译注　刘铁冷校订
上海　中原书局　民国 16.1[1927.1]
42 页　图　32 开　线装
卷端题名：新式标点千字文白话注解
其他题名：白话注解千字文
人教

2-1310

革命三字经
川陕省委宣传部编
[不详]　[编者刊]　民国 23.6[1934.6]
10 页　32 开
小学教材
人教

2-1311

三字经注解备要
(宋)王应麟著　(民国)贺兴思注解
上海　[出版者不详]　民国 23[1934]
23 叶　图　大 32 开　线装
封面题名：三字经注解
其他题名：绘图三字经注解
人教　辞书

2-1312

怎样学简字
徐则敏编
上海　中华书局　民国 24.7[1935.7]
48 页　图　32 开　(小学高年级各科副课本　14)
卷端题名：小学高年级国语副课本怎样学简字
人教　上海　辞书

2-1313

字的游戏
吕伯攸编　刘开申绘

上海　中华书局　民国 24.10[1935.10]
18 页　彩图　32 开　(小学低年级各科副课本　19)
卷端题名：小学低年级国语副课本字的游戏
上海　辞书

2-1314

新文字课本
谢景永编
哈尔滨　光华书店　[1912-1949?]
3 册(①28,②28 页)　32 开
第 1 册(拼法)：版次不详
第 2 册(写法)：版次不详
广东中山(1-2)

2-1315

最新绘图共和幼学杂字
天宝书局精校
上海　天宝书局　[1912-1949?]
9 叶　图　大 32 开　线装
卷端题名：最新绘图幼学杂字
辞书

2-1316

精校绘图详注历史三字经
进步书局[编]
上海　[编者刊]　[1912-1949?]
12 叶　图　大 32 开　线装
卷端题名：绘图增注历史三字经
其他题名：绘图增注三字经
辞书

教学参考书

2-1317

第一种简易识字课本教授书
(清)学部编译图书局编
北京　[编者刊]　清宣统 1.11[1909]
166 页　32 开　线装
人教

2-1318

实用习字教授书
俞粲编纂
上海　商务印书馆　民国 4.12[1915.12]-
4 册　图　32 开　线装
第 1,3 册：民国 4.12 版
国民学校教员用
其他题名：习字教授书
人教(1,3)

2-1319

注音字母教授法
陆衣言编辑
上海　中华书局　民国 9.9[1920.9]初版,民国 10.9 第 4 版,

民国 11 第 5 版
130 页　32 开
教育部审定
国图　辞书　河南

2-1320

中华国音留声机片说明书
陆衣言编辑　黎锦熙审查
上海　中华书局　民国 10.10[1921.10]
1 册　表　大 32 开
教育部审定
辞书

2-1321

国音速成教科书教案
[出版者不详]　[1912-1949?]
18 页　图　32 开
辞书

文法、说话

课　本

2-1322

桐城吴氏文法教科书
吴闿生著
上海　文明书局　清光绪 30.6[1904]
2 册(58 页)　32 开
第 1 册(上编)：光绪 30.6 初版,光绪 33 年版
第 2 册(下编)：光绪 30.6 初版,光绪 31 第 2 版,宣统 1 第 3 版
国图　人教　上海(2)

2-1323

速通文法教科书
王绍翰编辑
上海　新学会社　清光绪 30.11[1904]
2 册(23,30 叶)　32 开　线装
第 1-2 册(上下卷)：光绪 30.11 初版
封面题名：寻常小学速通文法教科书
人教　广西师大

2-1324

蒙学文法教科书
朱树人著
上海　文明书局　清光绪 31.4[1905]-
3 册(①-②96 页)　32 开　线装
第 1-2 册(上中卷)：光绪 31.4 第 6 版
人教(1-2)

2-1325

绘图蒙学造句实在易
彪蒙编译所
上海　彪蒙书室　清光绪 31.5[1905]
4 册([66]叶)　32 开　线装　(白话讲义蒙学丛书)

第 1-4 册：光绪 31.5 初版
人教　辞书(1,3-4)　广西师大(1)

2-1326

蒙学求通虚字实在易
施崇恩编
上海　彪蒙书室　清光绪 31.5[1905]
9 册(372 页)　32 开　线装
第 1-9 册：光绪 31.5 初版
人教

2-1327

绘图速通虚字法
施崇恩编
上海　彪蒙书室　清光绪 31[1905]
5 册　图　32 开　线装
第 1-4 册(初编)：光绪 31 年版
第 5 册(续编)：光绪 31 年版
人教(1,5)　广西师大

2-1328

最新小学虚字教科书二卷
彪蒙书室编
[上海]　[编者刊]　清光绪 31[1905]
1 册　线装
国图

2-1329

蒙学文法新教科书
陈世型编辑
上海　乐群书局　清光绪 32[1906]-
2 册(②19 叶)　图　32 开
下册：光绪 32 初版
其他题名：文法新教科书
上师大(2)

2-1330

蒙学求通虚字实在易
施崇恩编
上海　彪蒙书室　清光绪 34.3[1908]
10 册(237 叶)　32 开　线装
第 1-10 册：光绪 34.3 初版
辞书

2-1331

国语文法图解
吴庚鑫编
上海　崇文书局　[1949?]
10 张　图　大 32 开
辞书

*　*　*

2-1332

初等文法教科书
侯鸿鉴著

上海　文明书局　清光绪 31.9[1905]第 2 版
46 页　32 开　线装
初版附注：清光绪 29 年 9 月初版
逐页题名：初等文法书
辞书

2-1333

蒙学文法教科书
文明书局编纂
上海　[编者刊]　清光绪 29[1903]-
3 册　32 开　线装
第 1 册(卷上)：版次不详
第 2 册(卷中)：光绪 29 年版
初等小学堂学生用书
国图(1-2)　人教(1)　辞书(1)

2-1334

造句启蒙
胡朝阳编辑　庄景仲校订
上海　新学会社　民国 1[1912]-
　册(下31叶)　大 32 开　线装
下册(下卷)：民国 1 第 5 版
国民初小适用
初版附注：清宣统元年初版
封面题名：第一简明造句启蒙
其他题名：民国初等小学教科书造句启蒙
人教(下)　辞书(下)

2-1335

小学文法初阶
王蕴编纂
上海　商务印书馆　民国 3.3[1914.3]-
2 册(29,23叶)　大 32 开　线装
第 1 册(上卷)：民国 3.3 初版,民国 3.5 第 2 版,民国 4.6 第 5 版
第 2 册(下卷)：民国 3.5 第 2 版,民国 5.5 第 7 版
教育部审定　初等小学学生用
人教　辞书

2-1336

国语法
后觉编辑
上海　中华书局　民国 12.7[1923.7]初版,民国 13.3 第 2 版
32 页　32 开　(初级国语讲义)
国语专修学校审定
上海　辞书

*　　*　　*

2-1337

国语组织法
蔡晓舟著
上海　泰东图书局　民国 9.5[1920.5]初版,民国 10.10 第 3 版

92 页　大 32 开
小学高年级用
卷端题名：国语的组织法
河南

2-1338

儿童新文法
唐文粹编
上海　儿童书局　民国 26[1937]第 6 版,民国 35.4 第 11 版
108 页　32 开
小学高年级及初中一年级学生用
初版附注：民国 23 年初版
河南　辽宁

2-1339

文法和修辞
皇甫钧编
上海　中华书局　民国 24.7[1935.7]
48 页　32 开　(小学高年级各科副课本　18)
卷端题名：小学高年级国语副课本文法和修辞
人教　上海　辞书

*　　*　　*　　*

2-1340

实用国语会话
王璞编纂　范祥善校订
上海　商务印书馆　民国 12.5[1923.5]第 6 版
58 页　大 32 开
初版附注：民国 9 年 12 月初版
辞书

2-1341

新法会话读本
范祥善编纂　黎锦熙,庄俞校订
上海　商务印书馆　民国 10.1[1921.1]-
4 册(12,17,14,19 页)　图　32 开
第 1 册：民国 10.1 初版,民国 10.2 第 15 版,民国 12.8 第 30 版,民国 20.8 第 68 版,民国 28 国难后 15 版
第 2 册：民国 12.8 第 25 版,民国 20.8 第 50 版,民国 21.12 国难后 5 版,民国 28 国难后 12 版
第 3 册：民国 10.1 初版,民国 10.2 第 15 版,民国 12.3 第 18 版,民国 20.8 第 44 版,民国 29 国难后 8 版
第 4 册：民国 10.1 初版,民国 10.2 第 15 版,民国 12.8 第 18 版,民国 20.8 第 38 版,民国 21.12 国难后 4 版
小学适用
初版附注：民国 10 年 1 月初版
人教(1,3-4)　华师大　辞书　广东中山

2-1342

国语会话
陆衣言编辑　黎锦晖,陆费逵,黎锦熙,江仁纶,严公上,戴克敦校订
上海　中华书局　民国 10.9[1921.9]-

6册　32开

第1册：民国10.9初版,民国11.2第2版,民国11.9第4版,民国16.1第12版,民国19.10第17版,民国22.12第21版

封面题名：新教育国语会话

其他题名：新教育教科书国语会话

辞书(1)　河南(1)

2-1343

注音国语学生会话

许德邻著

　　上海　崇文书局　民国13.7[1924.7]

　　2册(26,32叶)　大32开　线装

　　第1-2册(上下卷)：民国13.7第6版

辞书

2-1344

中葡学校教科书：谈话要语

刘雅觉著

　　澳门　[出版者不详]　民国13[1924]版

　　117页　32开

附：文规详解

国图

2-1345

学生国语话

陆仲贤编　陆衣言校

　　上海　大华书局　民国23.1[1934.1]

　　46页　32开

辞书

2-1346

国语说话课本

齐铁恨著

　　上海　世界书局　民国33[1944]版

　　51页　32开

国图　广东中山

＊　＊　＊

2-1347

初级国语会话教科书

戴标编著　秦凤翔校订

　　无锡　光华书局　民国15.1[1926.1]

　　8册(24,18,18,18,20,22,24,28页)　图　32开

　　第1-8册：民国15.1初版

卷端题名：初级小学国语会话教科书

人教(1-2,4-8)　辞书

2-1348

说话

蒋息岑主编　顾志贤选材

　　上海　大东书局　民国22.6[1933.6]

　　2册(20,20页)　32开

　　第1-2册：民国22.6版

小学低年生用

上海

2-1349

复兴说话教本

白涤洲,黎锦熙,何容,王向编著　何炳松校订

　　上海　商务印书馆　民国22.7[1933.7]

　　8册(139,97,99,102,107,102,123,129页)　32开

　　第1册：民国22.7初版

　　第2册：民国22.7初版

　　第3册：民国22.7初版

　　第4册：民国22.7初版

　　第5册：民国22.7初版,民国23.4第13版

　　第6册：民国22.7初版

　　第7册：民国22.7初版

　　第8册：民国22.7初版,民国23.4第13版

新课程标准适用　小学校初级用

其他题名：复兴教科书说话教本

国图(1,6-8)　北师大　人教　华师大　辞书　编译馆(6)

2-1350

小学国语说话课本

马国英编　陆衣言校

　　上海　大华书局　民国23.1[1934.1]

　　4册(30,30,32,32页)　图　32开

　　第1-4册：民国23.1初版

小学中年级用

逐页题名：初级小学说话课本

国图(1-3)　辞书　广东中山(1)

2-1351

复兴说话范本

王向编著　王云五校订

　　上海　商务印书馆　民国23.5-10[1934.5-10]

　　8册(24,32,38,44,52,58,58,65页)　图　32开

　　第1册：民国23.5初版,民国23.6第6版,民国23.6第10版,民国24.5第41版,民国28.12第63版,民国29.11第70版

　　第2册：民国23.5初版,民国23.8第10版,民国23.8第20版,民国23.9第30版,民国28.2第50版,民国28.12第55版,民国29.5第58版

　　第3册：民国23.6初版,民国23.6第6版,民国23.8第16版,民国23.9第26版,民国30.9第61版

　　第4册：民国23.6初版,民国23.6第6版,民国23.8第20版,民国28第44版,民国28.12第46版,民国30.9第55版

　　第5册：民国23.6初版,民国23.8第14版,民国28.12第44版,民国29第47版,民国30.9第53版

　　第6册：民国23.6初版,民国23.8第14版,民国23.8第16版,民国24.5第29版,民国28.12第42版

　　第7册：民国23.10初版,民国23.11第20版,民国28.12第40版,民国30.9第47版

　　第8册：民国23.10初版,民国23.11第2版,民国23.12第37版

新课程标准适用　小学校初级用
逐页题名：说话范本
其他题名：复兴教科书说话范本
国图　北师大　人教　华师大(1,3-6,8)　辞书(2-8)　广东中山(4-5)　编译馆(2,4-5,7-8)

2-1352

常说的话
吕伯攸编　沈影泉绘
上海　中华书局　民国25.6[1936.6]
18页　彩图　32开　(小学低年级各科副课本　22)
卷端题名：小学低年级国语副课本常说的话
辞书

2-1353

儿童会话：国语科
金去峰著
上海　商务印书馆　民国36.11[1947.11]版
41页　32开
小学四年级用
庐山

＊　＊　＊

2-1354

新法会话教科书
马昌期编纂　黎锦熙等校订
上海　商务印书馆　民国12.3[1923.3]-
4册(37,46,58,59页)　32开
第1册：民国12第17版
第2册：民国12.3初版,民国12.9第15版
第3册：民国12.9第15版
第4册：民国12.9第10版
新学制小学后期用
初版附注：民国12年3月初版
人教(2-4)　广东中山(1)

2-1355

复兴说话教科书
齐铁恨编著　何炳松校订
上海　商务印书馆　民国22.5[1933.5]-
4册(56,56,55,56页)　图　32开
第1册：民国22.5初版,民国22.6第8版,民国22.8第28版
第2册：民国22.6初版,民国22.6第18版,民国22.8第28版
第3册：民国22.5初版,民国22.6第8版,民国22 18版,民国22.8第28版
第4册：民国22.7第14版,民国22.8第24版
新课程标准适用　小学校高级用
初版附注：民国22年5-6月初版
其他题名：复兴教科书说话
其他题名：说话
国图(2-4)　北师大　人教　辞书　广东中山(2-4)　编译馆

2-1356

复兴说话范本
齐铁恨编著　何炳松校订
上海　商务印书馆　民国22.5[1933.5]-
4册(56,56,55,56页)　图　32开
第1册：民国23.4第58版,民国30.3第79版
第2册：民国22.5初版,民国22.11第33版,民国23.4第48版,民国29.7第59版
第3册：民国22.5初版,民国22.11第33版,民国23.4第48版,民国30.3第54版
第4册：民国22.6初版,民国22.11第29版,民国23.4第44版
新课程标准适用　小学校高级用
初版附注：民国22年5-6月初版
其他题名：复兴教科书说话范本
国图(2-4)　北师大(2-4)　辞书　编译馆(1-2,4)

2-1357

小演说家
刘百川编著
上海　商务印书馆　民国36.10[1947.10]
1册　32开
五年级　国语科
庐山

教学参考书

2-1358

文法总教授法
上海　国粹研究会　清光绪34[1908]版
52页　32开　线装
其他题名：初等小学中国文字教科书文法总教授法
人教

2-1359

国语文法概要
崔唐卿,杨育园编著
北京　北京师范大学附属小学　民国13[1924]
64页　32开
适于高小及初中讲授
河南

2-1360

小学国语文法教学法
阴景曙编著　王志瑞校订
上海　开明书局　民国23.10[1934.10]
98页　32开
辞书

2-1361

语体文法
李直编

上海　中华书局　民国 26.4[1937.4]
90 页　32 开　(小学教员检定丛刊)
辞书

* * * * *

2-1362
小学国语话教学法
张士一著
上海　中华书局　民国 11[1922]版,民国 12 第 3 版,民国 19 第 5 版,民国 21 第 6 版
81 页　23 开　(国语丛书)
国图

2-1363
小学说话教学法
阴景曙编　刘百川校
上海　大华书局　民国 23.5[1934.5]
99 页　32 开
国图　华师大

2-1364
小学说话科教材和教法
沈百英编纂
上海　商务印书馆　民国 37.4[1948.4]初版,民国 37.8 第 3 版
120 页　32 开　(国民教育文库)
国图　上海　辞书　庐山　广东中山

阅 读

课 本

2-1365
中外故事读本：少年国民必读蒙学第一奇书
张肇桐编辑
[不详]　海记书局　清光绪 32.1[1906]第 5 版
60 页　大 32 开
初版附注：清光绪 28 年 11 月初版
人教　辞书

2-1366
国民读本
朱树人著
上海　文明书局　清光绪 29.2[1903]
2 册([174]页)　32 开　线装
第 1-2 册：光绪 29.2 初版,宣统 1.3 第 15 版
人教

2-1367
军国民读本
林万里,黄展云编辑　顾倬,夏日珽校订
上海　中国图书公司　清光绪 34.2[1908]
3 册(33,31,25 叶)　大 32 开　线装
第 1-2 册(甲编)：光绪 34.2 初版
第 3 册(乙编)：光绪 34.2 初版
辞书

2-1368
最新妇女国文读本
黄展云,黄翼云,陈与新编纂
福州　教育普及社　清光绪 34.3[1908]
10 册(14,12,13,16,16,16,18,18,19,20 叶)　大 32 开　线装
第 1-10 册：光绪 34.3 初版
女学堂适用
逐页题名：妇女国文读本
人教　辞书

2-1369
小学古文读本
吴芝英选录注解
上海　文明书局　清光绪 34.3[1908]
2 册(74,41 叶)　大 32 开　线装
第 1-2 册(上下卷)：光绪 34.3 初版
教育部审定
封面题名：俗语注解小学古文读本
其他题名：新课程标准教科书小学古文读本
上师大(1)　辞书(2)

2-1370
注解千家诗
钟伯敬订补
[出版者不详]　[1911?]
册(①-②[124]页)　图　32 开　线装
第 1-2 册：版次不详
卷端题名：改良钟伯敬先生订补千家诗图注
人教(1-2)

2-1371
绘图千家诗
上海　文华书局　[1911?]
48 页　图　32 开　线装
人教

2-1372
增补重订千家诗注解
谢方得选
上海　校经山房　[1911?]
册(①-②[82]页)　图　32 开　线装
第 1-2 册：版次不详
其他题名：千家诗注解
人教(1-2)

2-1373
分级古文读本：甲编
吕珮芬编辑
上海　中华书局　民国 6.9[1917.9]初版,民国 8.3 第 3 版,民国 20.3 第 9 版,民国 23.4 第 11 版
31 叶　大 32 开　线装

人教　辞书

2-1374

分级古文读本：乙编
吕珮芬编辑
　　上海　中华书局　民国6.10[1917.10]
　　2册(37,39叶)　大32开　线装
　　第1-2册：民国6.10初版,民国7.7第2版,民国14.10第6版
　　人教　辞书

2-1375

分级古文读本：丙编
吕珮芬编辑
　　上海　中华书局　民国14.10[1925.10]
　　2册(36,43叶)　大32开　线装
　　第1-2册：民国14.10第6版,民国21.11第7版
　　初版附注：民国6年10月初版
　　人教　辞书

2　1376

分级古文读本：丁编
吕珮芬编辑
　　上海　中华书局　民国8.8[1919.8]
　　2册(65,67叶)　大32开　线装
　　第1-2册：民国8.8第3版,民国14.10第5版
　　初版附注：民国6年10月初版
　　人教　辞书

2-1377

儿童文学读本
江卓群,陈浚介,宗亮寰等编著　吴研因,丁晓先,庄俞等编校
　　上海　商务印书馆　民国9[1920]-
　　8册(54,66,64,66,94,94,90,103页)　图　32开
　　第1册：民国9第3版,民国12.8第10版,民国21.1国难后1版
　　第2册：民国12.8第10版,民国19.6第18版,民国22.1国难后1版
　　第3册：民国11.12初版,民国13.1第11版,民国19.8第17版,民国22.1国难后1版
　　第4册：民国12.12第9版,民国19.6第18版,民国22.1国难后1版
　　第5册：民国13.1第10版,民国19.1第12版,民国22.4国难后1版
　　第6册：民国13.3第9版,民国22.1国难后1版
　　第7册：民国14.6初版,民国22.4国难后1版
　　第8册：民国14.11初版,民国19.6第6版,民国22.4国难后1版
　　大学院审定
　　人教(3)　华师大(1,4-5,7-8)　辞书　河南(1,8)　编译馆

2-1378

国文读本
严玉成编辑　范烟桥,张漱石,严渭渔,秦巽吾校订
　　上海　世界书局　民国11.11[1922.11]
　　3册(32,36,43叶)　大32开　线装
　　第1-3册：民国11.11初版,民国12.8第6版
　　小学适用
　　其他题名：新学制教科书国文读本
　　人教　辞书

2-1379

新式国语文范本
曹芝清编辑　秦同培校订
　　上海　世界书局　民国12.9[1923.9]
　　2册(29,34叶)　大32开　线装
　　第1-2册：民国12.9初版
　　辞书

2-1380

国语留声片课本：乙种
赵元任编著
　　上海　商务印书馆　民国16[1927]第13版,民国19第33版,民国21.9国难后6版
　　21页　32开
　　教育部审定
　　附：留声机器使用法及国语留声片课本说明
　　初版附注：民国12年初版
　　上师大　天津　编译馆

2-1381

绘图儿童智识读本
陈和祥编辑
　　上海　世界书局　民国13.3[1924.3]
　　2册　图　大32开　线装
　　上下册：民国13.3第3版
　　其他题名：儿童智识读本
　　编译馆

2-1382

时令读本
朱翊新编辑　范祥善校订
　　上海　世界书局　民国15.3[1926.3]
　　4册(34,34,32,32页)　图　大32开　线装
　　第1-4册：民国15.3初版
　　小学校补充教材　初小二、四年··高小一、二年用
　　辞书

2-1383

国语模范读本：国语罗马字
黎锦熙编
　　上海　中华书局　民国17.2[1928.2]-
　　5册(①[88]页)　图　32开
　　首册：民国17.2初版
　　辞书(1)

2-1384

红孩儿读本
湘鄂赣边境工农兵暴动委员会编
　　[不详]　红孩儿编辑委员会　民国19.5[1930.5]-
　　册(①20页)　32开

第1册：民国19.5版
小学读本
国图(1)　人教(1)

2-1385

儿童活页文选
徐晋编辑
上海　儿童书局　民国20.8[1931.8]-
8册(①[166],②[178],③[168],④[181],⑤[167],⑦[130],
　⑧[189]页)　32开
第1册(第1辑)：民国20.8初版,民国26.5第25版
第2册(第2辑)：民国26.4第19版
第3册(第3辑)：民国24.9第12版
第4册(第4辑)：民国24.1第9版
第5册(第5辑)：民国22.4初版
第7册(第7辑)：民国25.5第3版
第8册(第8辑)：民国26.5第6版
辞书(1-5,7-8)

2-1386

国语读本
[不详]　中国共产青年团西河特别委员会　民国21.2
　[1932.2]
2册([45]页)　32开
第1-2册：民国21.2版
小学教材
人教

2-1387

新选国语读本
国立北平师范大学附属第二小学编
北平　[编者刊]　民国21.9[1932.9]-
3册(54,100,74页)　32开
第1册：民国21.9版
第2册：民国24.1版
第3册：民国21.9版
北师大

2-1388

国语读本
[不详]　抗战第七区第二高级劳动学校　民国21[1932]-
　册(③18页)　32开
第3册：民国21初版
小学教材
人教(3)

2-1389

少年模范文选
卢冠六编
上海　少年书局　民国22.1[1933.1]-
　册(①118页)　32开
第1册：民国22.1初版
辞书(1)

2-1390

香港汉文读本
香港教育司审定
香港　商务印书馆　民国22.2[1933.2]-
12册(48,50,40,48,48,48,48,50,45,52,66,71页)　图
　32开
第1册：民国23.1第7版,民国24年版
第2册：民国22.8第3版
第3册：民国23.1第5版
第4册：民国23.1第4版
第5册：民国23.1第5版
第6册：民国22.8第3版
第7册：民国22.8第4版
第8册：民国22.8第3版
第9册：民国22.2初版
第10册：民国22.2初版
第11册：民国22.2初版
第12册：民国22.2初版
初版附注：民国22年2月初版
华师大(3)　辞书　广东中山(1)

2-1391

模范故事读本
高若岩编注
上海　开华书局　民国22.4[1933.4]-
　册(③205页)　32开　精装
第3册：民国22.4初版
编译馆(3)

2-1392

国语读本
朱文叔编
上海　中华书局　民国24.7[1935.7]-
4册(48,48,48,48页)　图　大32开
第1册：民国24.7初版,民国24.12第8版,民国25.2第
　10版
第2册：民国24.10第2版,民国24.10第3版,民国24.10第
　10版,民国25.11第9版
第3册：民国24.12初版,民国24.12第4版,民国24.12第5
　版,民国24.12第6版
第4册：民国25.4初版,民国25.4第3版,民国25.4第4版,
　民国25.8第5版
一年短期小学用
人教　辞书

2-1393

春秋文选
赵余勋,卢冠六编著
上海　春秋书社　民国24.8[1935.8]-
4册(③81页)　32开
第3册：民国24.8初版,民国37.3第14版
人教(3)

2-1394

儿童模范文选
吴鼎编

上海　大华书局　民国24.11[1935.11]
165页　32开
辞书

2-1395

模范日记读本
瞿世镇编
上海　春江书局　民国25[1936]第5版
[248]页　32开　（春江实用文库）
秋季始业卷、春季始业卷
河南

2-1396

最新南洋华侨小学国语读本
朱文叔，吕伯攸编　孙世庆，鞠承颖，陆费逵，沈颐，张相，舒新城，金兆梓校
上海　中华书局　民国26.2-10[1937.2-10]
8册(50,50,58,58,72,72,72,72页)　图(含彩图)　32开
第1册：民国26.2初版
第2册：民国26.2初版
第3册：民国26.3初版
第4册：民国26.10初版
第5册：民国26.3初版
第6册：民国26.4初版
第7册：民国26.6初版
第8册：民国26.6初版
修正课程标准适用
辞书

2-1397

小学生诗选
四川省立教育图书馆主编　叶绍钧，田泽芝编著
成都　西南印书局　民国30.12[1941.12]
70页　32开　（中心学校国民学校补充读本　第一种）
人教

2-1398

抗建读本
白动生编
重庆　正中书局　民国31.3[1942.3]-
8册　32开
第7-8册：民国31.3初版
国图(7-8)

2-1399

小学日记读本[胜利版]
钱长龄编
上海　三民图书公司　民国35.6[1946.6]新1版
99页　32开
辞书

2-1400

开明新编国文读本：甲种
叶圣陶，周予同，郭绍虞，覃必陶编
上海　开明书店　民国35.8-36.7[1946.8-1947.7]
6册(68,83,98,83,120,122页)　32开
第1册：民国35.8初版,民国35.11第2版,民国36.1第3版,民国36.8第4版
第2册：民国35.9初版,民国35.12第2版
第3册：民国36.3初版,民国36.8第2版
第4册：民国36.2初版
第5册：民国36.7初版,民国36.8第2版
第6册：民国36.7初版
人教　上师大(1)　辞书　广东中山(1,6)　编译馆(1-3)

2-1401

开明新编国文读本(注释本)：甲种
叶圣陶,周予同,郭绍虞,覃必陶编
上海　开明书店　民国35.10-36.11[1946.10-1947.11]
6册(88,109,126,125,152,157页)　32开
第1册：民国35.10初版,民国36.7第3版,民国37.6第6版,民国38.2第8版,民国38第11版
第2册：民国35.11初版,民国35.12第2版,民国37.3第4版,民国37.10第5版
第3册：民国36.3初版,民国36.7第2版,民国37.6第3版,民国37.12第5版,民国38香港1版
第4册：民国36.4初版,民国36.11第2版,民国37.10第3版
第5册：民国36.9初版,民国36.11第2版,民国37.3第3版,民国37.6第4版,民国38第6版,民国38.8第7版
第6册：民国36.11初版,民国37.10第3版
北师大(1-3)　人教　华师大(4)　上师大　辞书　广东中山　编译馆(5-6)

2-1402

万叶国文选
朱炳煦编选　赵景深校订
上海　万叶书店　民国36.3[1947.3]-
4册　32开
第1-2,4册：民国36.3初版
人教(1-2,4)

2-1403

少年文范
吴仲实编
贵阳　文通书局　民国36.3[1947.3]
4册(132,124,140,122页)　32开
第1-4册(1-4辑)：民国36.3初版
其他题名：中小学选文教材
国图　辞书

2-1404

小学模范日记
沈毅令编
上海　大方书局　民国36.6[1947.6]第2版
65页　32开
国语补充读物
辽宁

2-1405

少年国语读本

叶圣陶撰
　　上海　北平　开明书店　民国36.7[1947.7]
　　4册(60,61,74,78页)　32开
　　第1册：民国36.7初版,民国36.8第2版,民国38.1第3版,
　　　民国38.2平1版,民国38.6第4版
　　第2册：民国36.7初版,民国37.1第3版,民国37.10第4
　　　版,民国38.2平1版
　　第3册：民国36.7初版,民国36.8第2版,民国37.8第6版,
　　　民国38.2平1版
　　第4册：民国36.7初版,民国36.8第2版,民国37.1第3版,
　　　民国38.2平1版
　　国图　北师大(3-4)　人教　辞书

2-1406
儿童国语读本
叶圣陶撰
　　上海　开明书店　民国37.8[1948.8]
　　4册(47,53,63,73页)　32开
　　第1-4册：民国37.8初版
　　北师大(4)　辞书

2-1407
新儿童阅读课本
葛鲤庭编辑
　　上海　宏文书局　民国38.8[1949.8]
　　12册(29,19,28,31,34,28,28,32,41,39,40,38页)　图
　　　32开
　　第1-12册：民国38.8初版
　　辞书

2-1408
国语读本
北京高师附设试验学校研究会编辑
　　北京　[出版者不详]　[1912-1949?]
　　册(③30叶)　图　大32开　线装
　　第3册：版次不详
　　辞书(3)

2-1409
北新活叶文选
北新书局选编
　　上海　[编者刊]　[1912-1949?]
　　册(②292,③292,⑤270,⑥266页)　图　32开
　　第2-3,5-6册：版次不详
　　书脊题名：北新小学活叶文选
　　人教(2-3,5-6)

2-1410
小学古文读本
　　[广州]　广州市拱日门东华　[1912-1949?]
　　1册　大32开　线装
　　广东中山

2-1411
新教育国语：单元教材
　　上海　中华书局　[1912-1949?]
　　8册(19,20,20,21,23,24,26,28叶)　图(含彩图)　32开
　　　线装
　　第1-8册：版次不详
　　逐页题名：新教育国语读本
　　辞书

2-1412
国语阅读教材
章柳泉,张达善主编　金皎鹤,乔乾等编
　　南京　南京市教育局　[1912-1949?]
　　　册(①60页)　32开
　　第1册：版次不详
　　小学教科用书
　　国图(1)　人教(1)

＊　＊　＊

2-1413
初等小学读本
陈懋治,杜嗣程编著
　　上海　文明书局　清光绪28.4[1902]-
　　3册(40,36,40叶)　图　大32开　线装
　　第1册(一编)：光绪31.10第6版,光绪32.1版,光绪33.6
　　　第7版
　　第2册(二编)：光绪31.10第6版,光绪33.6第7版
　　第3册(三编)：光绪28.4初版,光绪30第4版,光绪31.10
　　　第6版,光绪33.6第7版
　　初版附注：清光绪28年4月初版
　　辞书　云南社科(3)

2-1414
初等小学国文读本
庄景仲编
　　上海　新学会社　清光绪32.1[1906]-
　　4册(④34叶)　图　大32开　线装
　　第4册(卷四)：光绪32.1第2版
　　初版附注：清光绪31年11月初版
　　辞书(4)

2-1415
初等小学读本
丁福保著
　　上海　文明书局　清光绪32.1[1906]
　　4册(48,24,37,37叶)　图　大32开　线装
　　第1-4册(一至四编)：光绪32.1初版
　　人教　辞书　广西师大(3-4)

2-1416
初等小学国文读本
丁永铸编纂　丁福保校订　吴子成绘图　赵杏园执笔
　　上海　科学书局　清光绪32.1-11[1906]
　　5册(40,31,44,53,62叶)　图　大32开　线装
　　第1册(一编)：光绪32.1初版
　　第2册(二编)：光绪32.6初版

第 3 册(三编)：光绪 32.8 初版
第 4 册(四编)：光绪 32.11 初版
第 5 册(五编)：光绪 32.11 初版
辞书

2-1417

初等小学国文读本八卷
俞复,丁宝书,陆费逵编著
上海　文明书局　清光绪 33.6[1907]-
8 册(①38,②38,③37,④37 叶)　图(含彩图)　大 32 开　线装
第 1 册(卷一)：光绪 33.6 初版,光绪 34.8 修正 4 版
第 2 册(卷二)：光绪 33.6 初版,光绪 34.8 修正 4 版,光绪 34.9 第 2 版
第 3 册(卷三)：宣统 1.2 初版
第 4 册(卷四)：宣统 2.3 初版
封面题名：新编初等小学国文读本
人教(1-4)　辞书(1-4)

2-1418

初级古文选本
陆基编辑　沈恩孚校订
上海　中国图书公司　清光绪 34.7[1908]-
8 册(①17,②24,③33,⑥50,⑦35,⑧36 叶)　大 32 开　线装
第 1 册(一编上)：光绪 34.7 初版,宣统 1.8 第 4 版
第 2 册(一编下)：光绪 34.8 第 2 版,宣统 1.8 第 4 版
第 3 册(二编上)：版次不详
第 6 册(三编下)：民国 1.12 第 3 版
第 7 册(四编上)：民国 2.3 第 5 版
第 8 册(四编下)：民国 2.3 第 5 版
人教(1-2)　上师大(3)　辞书(1-3,6-8)

2-1419

国语读本
黎均荃,陆衣言编辑　黎锦熙,王璞,沈颐,张相,陆费逵,戴克敦,刘传厚阅订
上海　中华书局　民国 9.3[1920.3]-
8 册(23,25,25,25,28,33,35,35 叶)　图(含彩图)　大 32 开　线装
第 1 册：民国 9.3 初版,民国 9.6 第 5 版,民国 9.12 第 9 版
第 2 册：民国 9.4 第 3 版,民国 9.6 第 5 版,民国 10.1 第 13 版
第 3 册：民国 9.5 初版,民国 9.7 第 3 版,民国 9.12 第 8 版
第 4 册：民国 9.8 第 2 版,民国 9.12 第 5 版,民国 10.1 第 6 版
第 5 册：民国 9.12 初版,民国 9.12 第 3 版
第 6 册：民国 10.7 初版,民国 11.2 第 2 版
第 7 册：民国 11.2 初版
第 8 册：民国 11.2 初版
教育部审定　国民学校用
其他题名：新教材教科书国语读本
人教　辞书

2-1420

国语读本
杨达权,沈恩孚,张杏娟等编辑及校阅

上海　中华书局　民国 9.6-10.2[1920.6-1921.2]
8 册(19,20,20,21,23,27,26,28 叶)　图(含彩图)　大 32 开　线装
第 1 册：民国 9.6 初版,民国 9 第 16 版,民国 10.1 第 19 版,民国 12.7 第 31 版
第 2 册：民国 9.7 初版,民国 9.8 第 2 版,民国 10.1 第 12 版,民国 10.1 第 20 版
第 3 册：民国 10.1 初版,民国 10.1 第 3 版,民国 10.5 第 12 版,民国 10.6 第 17 版
第 4 册：民国 9.12 初版,民国 10.5 第 12 版,民国 12.3 第 14 版
第 5 册：民国 10.1 初版,民国 10.1 第 3 版,民国 10.2 第 4 版,民国 12.7 第 12 版
第 6 册：民国 10.1 初版,民国 10 第 3 版,民国 10.2 第 4 版,民国 10.2 第 5 版,民国 10.3 第 7 版
第 7 册：民国 10.2 初版,民国 10.2 第 3 版,民国 10.3 第 4 版,民国 10.5 第 7 版,民国 11.3 第 9 版
第 8 册：民国 10.2 初版,民国 10.2 第 2 版,民国 10.3 第 5 版
教育部审定　国民学校用　秋季始业用
其他题名：新教育教科书国语读本
国图(1,6-7)　人教　辞书

2-1421

国语读本
胡舜华,陆费逵,杨敬勤等编辑　黎锦熙,王璞,沈恩孚等校阅
上海　中华书局　民国 9.12[1920.12]-
8 册(19,20,20,21,23,24,26,28 叶)　图　大 32 开　线装
第 1 册：民国 9.12 初版,民国 9.12 第 4 版,民国 10.1 第 15 版,民国 10 第 21 版,民国 10.3 第 23 版,民国 12.3 第 41 版,民国 12.12 第 48 版
第 2 册：民国 9.12 第 3 版,民国 10 第 13 版,民国 10.8 第 17 版,民国 11.4 第 23 版,民国 12.5 第 31 版
第 3 册：民国 10.1 第 6 版,民国 10.1 第 7 版,民国 10.1 第 11 版,民国 10.8 第 21 版,民国 13.1 第 38 版
第 4 册：民国 10.2 第 7 版,民国 10 第 10 版,民国 10.6 第 14 版,民国 10.1 版,民国 11.10 第 21 版
第 5 册：民国 10.1 初版,民国 10 第 7 版,民国 10.3 第 8 版,民国 10.3 第 9 版,民国 11.1 第 12 版,民国 12 年版
第 6 册：民国 10.1 初版,民国 10.1 第 2 版,民国 10.5 第 9 版,民国 11.1 第 10 版,民国 12.5 第 17 版,民国 12.10 第 21 版
第 7 册：民国 10.2 初版,民国 10.2 第 5 版,民国 11.1 第 9 版,民国 12.8 第 18 版
第 8 册：民国 10.2 初版,民国 10.2 第 4 版,民国 10.12 第 4 版,民国 11.1 第 8 版
教育部审定　国民学校用　春季始业用
其他题名：新教育教科书国语读本
国图(1-6,8)　人教　华师大　辞书

2-1422

国民学校国文读本
[出版者不详]　[1912-1920?]
8 册(②27,④27,⑤19,⑦18,⑧18 叶)　图　大 32 开　线装

第 2,4-5,7-8 册：版次不详
其他题名：国文读本
云南社科(2,4-5,7-8)

2-1423

国语读本
[出版者不详] [1912-1920?]
　　册(①28叶)　图　大32开　线装
第 1 册：版次不详
国民学校用
辞书(1)

2-1424

国语读本：初级
黎锦晖,陆费逵编辑　黎锦熙计画　戴克敦,刘传厚,李廷翰,张相校阅
　　上海　中华书局　民国12.1[1923.1]-
　　8 册(48,48,50,56,62,78,78,78 页)　图(含彩图)　大32开
　　第 1 册：民国12.1初版,民国13.12 第38版,民国14.7 第39版,民国14.11 第45版,民国17.2 第59版,民国21.5 第64版
　　第 2 册：民国12.2初版,民国12.7 第8版,民国13.5 第19版,民国13.5 第20版,民国15.6 第37版,民国17.4 第45版,民国17.7 第49版
　　第 3 册：民国12.10 第11版,民国12.12 第18版,民国13.5 第24版,民国13.10 第27版,民国17.7 第50版
　　第 4 册：民国12.2初版,民国12.5 第6版,民国12.11 第13版,民国13.1 第15版,民国14.11 第32版,民国15.7 第34版,民国15.12 第37版,民国16.12 第38版
　　第 5 册：民国12.4初版,民国12.8 第4版,民国12.10 第5版,民国13.7 第19版,民国13.11 第24版,民国17.2 第43版
　　第 6 册：民国12.6初版,民国12.6 第2版,民国12.7 第5版,民国12.8 第6版,民国13.3 第15版,民国13.5 第16版,民国14.11 第24版
　　第 7 册：民国12.8初版,民国12.10 第7版,民国13.5 第18版,民国13 第19版,民国13.10 第21版,民国13.11 第23版,民国14.11 第28版
　　第 8 册：民国12.9初版,民国12.9 第3版,民国13.5 第13版,民国14.11 第22版,民国15.11 第27版,民国15.12 第28版
教育部审定　大学院审定　新学制适用
初版附注：民国12年1-9月初版
其他题名：新小学教科书国语读本
国图　北师大　人教　辞书　河南(5-6)　编译馆(2-8)

2-1425

初级国语读本
魏冰心,范祥善编辑　沈知芳,汪蓉第,秦同培等参订
　　上海　世界书局　民国13.7[1924.7]-
　　8 册(50,50,52,60,56,64,60,62 页)　图(含彩图)　大32开　线装
　　第 1 册：民国13.7 第2版,民国13.11 第5版,民国16.5 第62版
　　第 2 册：民国13.7 第2版,民国13.12 第12版,民国16.6 第57版
　　第 3 册：民国13.7 第2版,民国13.8 第5版,民国16.5 第44版
　　第 4 册：民国13.7 第2版,民国14.1 第15版,民国14.5 第24版
　　第 5 册：民国13.7 第2版,民国13.8 第5版,民国15.12 第44版
　　第 6 册：民国13.10 第2版,民国13.12 第12版,民国14.6 第26版
　　第 7 册：民国13.9 第2版,民国13.12 第7版,民国15.6 第34版
　　第 8 册：民国14.1 第14版
教育部审定
初版附注：民国13年6月初版
其他题名：新学制小学教科书初级国语读本
北师大　辞书

2-1426

初级国文读本
杨喆,范祥善编辑　秦同培,张肇熊,汪蓉第等参订
　　上海　世界书局　民国13.7[1924.7]-
　　8 册(50,50,50,50,50,56,56,58 叶)　图(含彩图)　大32开　线装
　　第 1 册：民国13.8 第4版,民国13.12 第9版
　　第 2 册：民国13.11 第9版,民国14.1 第15版
　　第 3 册：民国13.7 第2版,民国13.12 第8版
　　第 4 册：民国13.7 第 2 版,民国13.11 第 7 版,民国14 第43版
　　第 5 册：民国13.12 第9版,民国13年版,民国15 第49版
　　第 6 册：民国13 初版,民国13.10 第2版,民国14.1 第14版
　　第 7 册：民国13.11 第4版,民国14.1 第16版
　　第 8 册：民国13.12 第14版
依照新教育趋势编辑　春秋季始业通用
初版附注：民国13年6月初版
其他题名：新学制小学教科书初级国文读本
人教　上师大(4-5)　辞书　广东中山(6)

2-1427

国文读本
俞复,戴克敦编纂
　　上海　中华书局　民国14.5[1925.5]-
　　8 册(48,48,42,42,46,52,54,66 页)　图(含彩图)　大32开
　　第 1 册：民国14.5初版,民国14.6 第3版,民国14.6 第5版,民国14.7 第7版,民国14.11 第16版
　　第 2 册：民国14.6初版,民国14.6 第2版,民国15.11 第16版
　　第 3 册：民国14.7初版,民国14.7 第2版,民国14.11 第10版,民国15.10 第12版
　　第 4 册：民国14.7初版,民国14.8 第5版,民国14.8 第8版,民国15.7 第 14 版,民国15.11 第15版,民国16.3 第21版,民国17.7 第24版
　　第 5 册：民国14.7初版,民国14.11 第8版,民国15.11 第

12 版
第 6 册:民国 14.8 初版,民国 15.11 第 11 版,民国 16.6 第 14 版
第 7 册:民国 14.8 初版,民国 15.11 第 12 版
第 8 册:民国 15.2 第 3 版,民国 15.7 第 7 版,民国 17.6 第 12 版
新学制适用　春季秋季始业用　初级用
其他题名:新小学教科书国文读本
国图(1-2,4-7)　人教　辞书　编译馆(1-7)

2-1428

国语文学读本
李步青编　陆费逵,戴克敦校
上海　中华书局　民国 14.9-16.6[1925.9-1927.6]
8 册(30,33,49,51,57,64,77,88 页)　图(含彩图)　32 开
第 1 册:民国 14.9 初版,民国 15.1 第 2 版,民国 17.4 第 3 版,民国 17.4 第 6 版
第 2 册:民国 14.10 初版,民国 15.1 第 2 版,民国 17.2 第 3 版,民国 17.7 第 5 版
第 3 册:民国 15.2 初版,民国 15.3 第 2 版,民国 17.8 第 3 版,民国 17.9 第 4 版
第 4 册:民国 15.7 初版,民国 17.9 第 2 版
第 5 册:民国 15.7 初版,民国 17.9 第 2 版
第 6 册:民国 15.7 初版,民国 17.9 第 3 版
第 7 册:民国 16.3 初版,民国 17.2 第 2 版,民国 17.6 第 3 版
第 8 册:民国 16.6 初版
大学院审定　新学制适用　初级用
其他题名:新小学教科书国语文学读本
人教　辞书　河南(8)　编译馆

2-1429

国文新读本
王一鸣编辑
上海　大东书局　民国 14.12[1925.12]-
8 册(③40 叶)　图　32 开　精装
第 3 册:民国 14.12 初版
封面题名:初级国文新读本
其他题名:初级小学国文新读本
编译馆(3)

2-1430

初级国语读本:首册
姜长麟等编辑　范祥善等校订
上海　世界书局　民国 14[1925]版
32 页　32 开
其他题名:新学制小学教科书初级国语读本
北师大

2-1431

国文读本
金文光编
澄海　刘氏小学校学生贩卖部　民国 14[1925]-
　册　线装
第 1 册:民国 14 年版

初级小学用
广东中山(1)

2-1432

故事新读本
王一鸣编辑
上海　大东书局　民国 15.3[1926.3]
4 册　图　32 开　线装
第 1-4 册:民国 15.3 初版
其他题名:初级小学故事新读本
编译馆

2-1433

阿大寻快乐
宗亮寰编著
上海　商务印书馆　民国 22.4[1933.4]国难后 12 版
20 页　图　32 开　(图画故事)
小学校一、二年级补充读本
初版附注:民国 15 年 3 月初版
辞书

2-1434

寻仙人
宗亮寰编著
上海　商务印书馆　民国 22.4[1933.4]国难后 12 版
20 页　图　32 开　(图画故事)
小学校一、二年级补充读本
初版附注:民国 15 年 4 月初版
辞书

2-1435

牛和马
宗亮寰编著
上海　商务印书馆　民国 22.4[1933.4]国难后 12 版
20 页　图　32 开　(图画故事)
小学校一、二年级补充读本
初版附注:民国 15 年 7 月初版
辞书

2-1436

小燕子
宗亮寰编著
上海　商务印书馆　民国 22.4[1933.4]国难后 12 版
20 页　图　32 开　(图画故事)
小学校一、二年级补充读本
初版附注:民国 18 年 4 月初版
辞书

2-1437

兔儿革命
宗亮寰编著
上海　商务印书馆　民国 22.4[1933.4]国难后 12 版
20 页　图　32 开　(图画故事)
小学校一、二年级补充读本
初版附注:民国 18 年 4 月初版
辞书

2-1438
推雪人
宗亮寰编著
上海　商务印书馆　民国22.4[1933.4]国难后12版
20页　图　32开　（图画故事）
小学校一、二年级补充读本
初版附注：民国18年4月初版
辞书

2-1439
黄狗和金子
宗亮寰编著
上海　商务印书馆　民国22.4[1933.4]国难后12版
20页　图　32开　（图画故事）
小学校一、二年级补充读本
辞书

2-1440
兔哥猫弟
沈百英编著
上海　商务印书馆　民国22.4[1933.4]初版
20页　图　32开　（图画故事）
小学校一、二年级补充读本
辞书

2-1441
两乞丐
沈百英编著
上海　商务印书馆　民国22.4[1933.4]初版
20页　图　32开　（图画故事）
小学校一、二年级补充读本
辞书

2-1442
王元买东西
沈百英编著
上海　商务印书馆　民国22.4[1933.4]初版
20页　图　32开　（图画故事）
小学校一、二年级补充读本
辞书

2-1443
井里的妖怪
宗亮寰编著
上海　商务印书馆　民国24[1935]国难后4版
20页　图　32开　（图画故事）
小学校一、二年级补充读本
河南

2-1444
前期小学国语读本
魏冰心,吕伯攸,殷叔平,王剑星,朱亮基编辑　范祥善校订
上海　世界书局　民国16.4[1927.4]-
8册(50,52,54,56,58,64,68,74页)　图(含彩图)　大32开
第1册：民国16.4初版,民国19.4第156版,民国20.1第200版,民国21.6第362版,民国22.4第423版
第2册：民国16.4初版,民国18第26版,民国19.4第125版,民国20.6第222版,民国21.8第343版
第3册：民国16.7第15版,民国18.8第77版,民国19.5第128版,民国20.1第183版,民国21.6第362版,民国21.10第290版
第4册：民国18.8第55版,民国19.4第103版,民国20.6第165版,民国21.9第248版
第5册：民国18.8第48版,民国18.12第81版,民国22.11第255版
第6册：民国17.12第27版,民国18.8第47版,民国21.8第341版
第7册：民国18.4第38版,民国18.10第46版,民国19.11第74版,民国21.12第163版
第8册：民国16.8第2版,民国17.10第10版,民国17.10第14版,民国19.4第52版,民国20.4第72版,民国21.9第110版
教育部审定　大学院审定
其他题名：新主义教科书前期小学国语读本
北师大(1-4,7-8)　人教　华师大　上师大(2)　辞书

2-1445
前期小学国文读本
朱剑芒,陈霭麓编辑　魏冰心,范祥善校订
上海　世界书局　民国16.4[1927.4]-
8册　图　32开　线装
第1册：民国16.4初版
第2册：民国16.7初版
根据国民政府颁布小学规程编辑
其他题名：新主义教科书前期小学国文读本
人教(1-2)

2-1446
新中华国语读本
王祖廉,黎锦晖,黎明著　吴稚晖校阅
上海　新国民图书社　民国16.5[1927.5]-
8册(48,48,48,48,58,62,62,76页)　图　大32开
第1册：民国16.5初版,民国18.2第21版,民国18.10第41版,民国19.1第51版,民国19.9第79版,民国20.5第104版,民国20.5第105版,民国20.5第106版,民国20.10第111版,民国20.10第112版,民国20.10第114版,民国20.10第115版,民国20.10第116版,民国21.1第125版,民国21.1第130版,民国21.3第135版,民国21.4版,民国21.5第142版,民国21.5第143版,民国22.1第165版,民国22.1第166版,民国22.2第167版
第2册：民国16.6初版,民国16.6第3版,民国18.1第17版,民国18.11第43版,民国20.5第92版,民国20.5第95版,民国20.5第97版,民国20.10第100版,民国20.10第101版,民国20.10第103版,民国20.10第104版,民国20.11第109版,民国21.3第116版,民国21.3第117版,民国21.5第129版,民国21.5第134版,民国21.5第135版,民国21.5第136版,民国21.6第139版,民国21.6第142版,民国21.6第143版,民国21.7第150版

第3册:民国16.6第2版,民国18.4第23版,民国18.5第24版,民国18.12第39版,民国19.5第57版,民国20.5第77版,民国20.10第89版,民国20.10第92版,民国20.10第93版,民国20.10第94版,民国20.12第98版,民国21.3第106版,民国21.3第107版,民国21.3第109版,民国21.5第116版,民国21.5第117版,民国21.5第118版,民国21.5第120版,民国21.6第122版,民国21.6第123版,民国21.6第124版

第4册:民国16.9第2版,民国18第3版,民国18.4第20版,民国19.3第42版,民国20.5第76版,民国20.5第80版,民国20.5第81版,民国20.10第85版,民国20.10第86版,民国20.10第87版,民国21.2第91版,民国21.2第92版,民国21.3第93版,民国21.3第95版,民国21.3第96版,民国21.4第102版,民国21.5第110版,民国21.6第114版,民国21.8第123版

第5册:民国16.10初版,民国16.12第5版,民国17.6第7版,民国19.1第33版,民国20.6第64版,民国20.6第65版,民国20.6第66版,民国20.11第68版,民国20.11第69版,民国20.11第71版,民国20.12第77版,民国21.3第78版,民国21.3第80版,民国21.5第86版,民国21.5第88版,民国21.5第89版,民国21.6第91版,民国21.6第92版,民国21.6第94版,民国21.6第95版,民国21.7第97版,民国21.7第98版,民国21.7第99版

第6册:民国16.12第2版,民国17.6第5版,民国19.2第29版,民国19.2第30版,民国19.9第40版,民国19.12第43版,民国19.12第44版,民国20.2第46版,民国20.3第48版,民国20.3第49版,民国20.3第50版,民国20.3第51版,民国20.4第55版,民国21.2第63版,民国21.4第66版,民国21.4第68版,民国21.4第69版,民国21.4第70版,民国21.5第76版,民国21.5第77版,民国21.5第78版,民国21.5第79版,民国21.5第80版

第7册:民国17.1初版,民国17.6第4版,民国17.11第7版,民国19.1第24版,民国19.2第29版,民国19.3第30版,民国19.9第34版,民国19.9第36版,民国20.3第45版,民国20.6第48版,民国20.11第49版,民国20.11第50版,民国20.11第51版,民国20.12第56版,民国21.3第57版,民国21.3第58版,民国21.3第59版,民国21.3第60版,民国21.3第61版,民国21.4第63版,民国21.6第66版,民国21.6第68版,民国21.6第71版,民国21.6第73版

第8册:民国17.2初版,民国17.11第6版,民国17.12第7版,民国18.8第19版,民国19.6第26版,民国19.9第29版,民国19.10第30版,民国20.3第38版,民国20.5第42版,民国20.5第43版,民国21.2第45版,民国21.3第46版,民国21.3第48版,民国21.3第49版,民国21.4第52版,民国21.6第55版,民国21.6第57版,民国21.6第58版,民国21.6第59版,民国21.6第60版,民国21.6第61版

教育部审定　小学校初级用
其他题名:新中华教科书国语读本
北师大　人教　辞书　广东中山(2)　编译馆(3-8)

2-1447

国语文学读本

李步青编　陆费逵,戴克敦校
　　上海　中华书局　民国17.4[1928.4]
　　8册(30,33,49,51,57,64,77,86页)　图(含彩图)　大32开
第1-8册:民国17.4第2版
大学院审定　新学制适用　初级用
逐页题名:新小学国语文学读本
其他题名:新小学教科书国语文学读本
辞书

2-1448

初级国语读本

魏冰心,朱翊新,范祥善编辑　沈知方,印鸾章,胡仁源等参订
　　上海　世界书局　民国17.6[1928.6]-
　　8册(50,50,52,58,56,64,60,62页)　图(含彩图)　32开
第1册:民国18.5第9版
第2册:民国19.6第6版
第3册:民国17.6第6版
第4册:民国17.7第3版
第5册:民国17.6第4版
第6册:民国18.8第4版
第7册:民国18.8第5版
第8册:民国18.8第15版
民国17年6月大学院审定
其他题名:新学制小学教科书初级国语读本
辞书

2-1449

民智国语读本

任中敏编辑　胡汉民校订
　　上海　民智书局　民国17.8-9[1928.8-9]
　　8册(50,50,64,62,78,74,72,80页)　图(含彩图)　32开
第1册:民国17.8初版
第2册:民国17.9初版
第3册:民国17.8初版
第4册:民国17.9初版
第5册:民国17.8初版
第6册:民国17.9初版
第7册:民国17.8初版
第8册:民国17.9初版
小学初级用
辞书

2-1450

民智国语标准读本

吴研因编辑
　　上海　民智书局　民国20.7-21.7[1931.7-1932.7]
　　8册(46,50,52,62,64,80,102,134页)　图(含彩图)　32开
第1册:民国20.7初版
第2册:民国20.7初版
第3册:民国20.7初版

第 4 册：民国 20.7 初版
第 5 册：民国 21.7 初版
第 6 册：民国 21.7 初版
第 7 册：民国 21.7 初版
第 8 册：民国 21.7 初版
小学初级用
其他题名：新标准教科书民智国语标准读本
北师大(3-8)　辞书

2-1451

国文新读本

上海大东书局[编]
上海　[编者刊]　民国 21.4[1932.4]-
8册(①20,⑥40叶)　图　32开
第1,6册：民国 21.4 第 2 版
党化教育适用
封面题名：初级国文新读本
其他题名：初级小学国文新读本
编译馆(1,6)

2-1452

南洋华侨国语读本

王祖廉,黎锦晖,黎明著　张国基校阅
上海　中华书局　民国 21.5[1932.5]
8册(48,48,48,48,58,62,62,76页)　图(含彩图)　32开
第 1 册：民国 21.5 初版,民国 22.3 第 2 版,民国 23.3 第 4 版
第 2 册：民国 21.5 初版,民国 23.3 第 4 版,民国 24.8 第 7 版
第 3 册：民国 21.5 初版,民国 23.3 第 4 版
第 4 册：民国 21.5 初版,民国 23.3 第 3 版
第 5 册：民国 21.5 初版,民国 23.3 第 4 版
第 6 册：民国 21.5 初版,民国 23.3 第 3 版
第 7 册：民国 21.5 初版,民国 23.3 第 3 版
第 8 册：民国 21.5 初版,民国 22.3 第 2 版
依照南洋情况编辑　初级小学用
人教　辞书

2-1453

救国读本

周昌时,范芝生,张诚之,陈心一,徐子华,潘玉书编辑
[出版者不详]　民国 22.2[1933.2]
2册(35,38页)　图　32开
上下册：民国 22.2 第 2 版
小学中年级用
初版附注：民国 21 年 11 月初版
版权页题名：小学初级救国读本
辞书

2-1454

国语读本

小学教科书改进社编辑　魏冰心撰稿　陈履坦缮写　陈丹旭绘图　沈知方,范云六,徐蔚南,张云石校订
上海　世界书局　民国 22.3[1933.3]-
8册(58,60,60,62,68,74,80,90页)　图(含彩图)　32开
第 1 册：民国 22.3 初版,民国 22.3 第 15 版,民国 22.3 第 28 版,民国 22.9 第 31 版
第 2 册：民国 22.3 第 11 版,民国 22.4 第 43 版,民国 22.6 五彩本初版,民国 22.6 第 43 版,民国 22.10 第 43 版
第 3 册：民国 22 第 35 版,民国 22.3 第 37 版,民国 22.3 第 38 版,民国 22.3 第 44 版
第 4 册：民国 22.3 第 7 版,民国 22.3 第 16 版,民国 22.3 第 18 版,民国 22.7 第 30 版
第 5 册：民国 22.4 第 15 版,民国 22.4 第 18 版,民国 22.4 第 19 版,民国 22.4 第 34 版,民国 22.10 第 35 版
第 6 册：民国 22.4 第 3 版,民国 22.4 第 4 版,民国 22.4 第 5 版,民国 22.4 第 15 版,民国 22.4 第 19 版
第 7 册：民国 22.6 第 4 版,民国 22.6 第 7 版,民国 22.6 第 9 版,民国 22.9 第 21 版,民国 22.9 第 23 版
第 8 册：民国 22.6 初版,民国 22.6 第 2 版,民国 22.6 第 3 版,民国 22.8 第 18 版,民国 22.10 第 25 版
教育部审定　新课程标准　初级小学学生用
逐页题名：初小国语
其他题名：新课程标准教科书国语读本
北师大　上海　华师大　辞书　编译馆(2-8)

2-1455

小学国语读本

朱文叔编纂　尚仲衣等分撰　陆费逵等校阅
上海　中华书局　民国 22.3-6[1933.3-6]
8册(48,48,58,58,66,66,66,66页)　图(含彩图)　大32开
第 1 册：民国 22.3 初版,民国 22.3 第 2 版,民国 22.3 第 3 版,民国 22.3 第 4 版,民国 22.3 第 7 版,民国 22.3 第 14 版,民国 22.3 第 15 版,民国 22.3 第 16 版,民国 22.7 第 51 版,民国 23.1 第 76 版,民国 23.6 第 98 版,民国 23.6 第 100 版,民国 24.4 第 166 版,民国 24.4 第 207 版,民国 25.1 第 256 版,民国 25.4 第 278 版,民国 25.9 第 314 版,民国 26.3 第 342 版
第 2 册：民国 22.3 初版,民国 22.3 第 3 版,民国 22.3 第 4 版,民国 22.3 第 5 版,民国 22.3 第 6 版,民国 22.3 第 7 版,民国 22.3 第 11 版,民国 22.8 第 52 版,民国 23.1 第 93 版,民国 23.6 第 102 版,民国 23.6 第 120 版,民国 23.9 第 140 版,民国 24.4 第 181 版,民国 24.4 第 183 版,民国 25.3 第 230 版,民国 25.4 第 248 版,民国 25.9 第 252 版,民国 25.9 第 284 版
第 3 册：民国 22.4 初版,民国 22.4 第 3 版,民国 22.4 第 4 版,民国 22.4 第 10 版,民国 22.4 第 11 版,民国 22.4 第 14 版,民国 22.7 第 36 版,民国 22.7 第 39 版,民国 23.3 第 71 版,民国 23 第 85 版,民国 23.4 第 107 版,民国 23.4 第 108 版,民国 23.6 版,民国 23.9 版,民国 24.4 第 180 版,民国 24.4 第 181 版,民国 24.4 第 182 版,民国 24.4 第 183 版
第 4 册：民国 22.4 初版,民国 22.4 第 7 版,民国 22.4 第 8 版,民国 22.4 第 11 版,民国 22.4 第 16 版,民国 22.4 第 27 版,民国 22.8 第 44 版,民国 23.1 第 51 版,民国 23.3 第 89 版,民国 23.4 第 93 版,民国 23.6 第 103 版,民国 23.12 第 109 版,民国 24.4 第 150 版,民国 24.4 第 151 版,民国 24.4 第 152 版,民国 24.4 第 153 版,民国 25.1 第 188 版,民国 25.1 第 189 版,民国 25.9 第 235 版,民国 25.9 第 241 版

第5册：民国22.4初版,民国22第8版,民国22.4第26版,民国22.8第44版,民国23.1第66版,民国23.1第76版,民国23.1第81版,民国23.3第88版,民国23.3第89版,民国23.3第90版,民国23.3第93版,民国23.3第94版,民国23.3第95版,民国23.9第117版,民国23.10第130版,民国25.1第199版,民国25.5第208版,民国25.9第231版

第6册：民国22.6初版,民国22.6第10版,民国22.6第19版,民国22.6第23版,民国22.6第27版,民国22.6第39版,民国22.6第40版,民国22.6第41版,民国23.1第55版,民国23.1第83版,民国23.2第89版,民国23.5第96版,民国23.9第111版,民国24.4第134版,民国24.4第135版,民国24.4第136版,民国24.11第145版

第7册：民国22.6初版,民国22.6第8版,民国22.6第14版,民国22.6第19版,民国22.8第24版,民国22.8第28版,民国22.8第29版,民国22.8第31版,民国22.8第32版,民国23.1第35版,民国23.1第47版,民国23.1第58版,民国23.1第60版,民国23.1第68版,民国23.5第80版,民国24.4第119版,民国24.4第123版,民国25.1第142版,民国25.1第155版,民国25.9第171版

第8册：民国22.6初版,民国22.6第6版,民国22.6第15版,民国22.6第18版,民国22.6第20版,民国22.6第22版,民国22.6第24版,民国22.6第25版,民国22.8第27版,民国22.8第28版,民国22.8第32版,民国22.8第47版,民国23.1第54版,民国23.1第67版,民国23.5第75版,民国24.12版,民国25.9第148版

教育部审定　新课程标准适用　初级小学校用

其他题名：新课程标准适用小学国语读本

国图　北师大　人教　上海　辞书　庐山(8)　广东中山(4-5,8)　编译馆(3-4)

2-1456

国语读本

魏冰心,苏兆骧编辑　朱翊新改编　薛天汉,范祥善校订

上海　世界书局　民国22.4[1933.4]-

8册(54,54,52,58,60,70,78,76页)　图　32开

第1册：民国22.4第4版,民国22.5第23版,民国22.7第27版,民国23.4第91版,民国23.10第124版,民国24.8第152版

第2册：民国22.5第13版,民国22.5第15版,民国22.5第18版,民国22.6第22版,民国22第34版,民国23.3第69版,民国23.11第96版

第3册：民国22.4第3版,民国22.5第17版,民国23第49版,民国23.3第72版,民国23.3第74版,民国23.11第95版

第4册：民国22.4第8版,民国22.5第19版,民国22.8第21版,民国23.3第64版

第5册：民国22.5第4版,民国22.5第6版,民国22第8版,民国22.7第11版,民国22第19版,民国第41版,民国23.1第44版,民国23.3第55版,民国23第60版,民国26.6第151版

第6册：民国22.5第5版,民国22.5第6版,民国22.7第13版,民国22.7第19版,民国23.8第56版,民国24年版

第7册：民国22.6第3版,民国22.6第8版,民国22.6第10版,民国23.1第37版,民国23第55版,民国24.1第56版,民国24.6第68版

第8册：民国22.6第3版,民国22.6第5版,民国22第26版,民国22.10第28版,民国23.1第32版,民国23.1第33版

教育部审定　新课程标准　初小一年级上学期～初小四年级下学期用

其他题名：新课程标准教科书国语读本

北师大　人教(1-3,5-8)　上海　华师大(1)　上师大(5-7)　辞书　河南(8)　广东中山(2-3,5,7-8)　编译馆(2-7)

2-1457

国语新读本

吴研因编著　陈履坦缮写　陈丹旭,庞亦鹏绘图

上海　世界书局　民国22.4[1933.4]-

8册(68,68,70,68,86,110,96,112页)　图(含彩图)　32开

第1册：民国22.4第5版,民国22.8第29版,民国22.9第45版

第2册：民国22.5初版,民国22.9第23版,民国22.11第44版

第3册：民国22.4第28版,民国22.9第21版,民国22第38版

第4册：民国22.5初版,民国22.7第6版,民国22.11第44版

第5册：民国22.5第4版,民国22.5第6版,民国22.8第21版

第6册：民国22.6初版,民国22.8第19版,民国22.11第31版

第7册：民国22.6第7版,民国22.8第13版,民国22.9第29版

第8册：民国22.6第2版,民国22.8第7版,民国22.12第28版

教育部审定　初级小学学生用　初小一年级上学期～四年级下学期用

其他题名：新课程标准教科书国语新读本

北师大　人教(2)　辞书

2-1458

小学国语读本(五彩本)

朱文叔编纂　尚仲衣等分撰　陆费逵校阅

上海　中华书局　民国22.6[1933.6]-

8册(①48,②48,③58,④58页)　彩图　32开

第1册：民国22.6初版,民国22.6第3版

第2册：民国22.6初版,民国22.6第4版

第3册：民国22.7初版

第4册：民国22.7初版,民国22.7第2版

新课程标准适用　初级用

辞书(1-4)

2-1459

国语读本

[不详]　湘赣省苏维埃政府文化委员会　民国22.8[1933.8]

2册([80]页) [32开]
第1-2册:民国22.8版
列宁初级小学校适用
人教

2-1460

初级回文读本
常德回教教育辅助会编辑
  万县 伊斯兰师范学校 民国24.2[1935.2]
  8册(17,26,27,29,35,38,50,58叶) 大32开 线装
  第1-8册:民国24.2第7版
  回教学校适用
  初版附注:民国22年初版
  封面题名:回语读本
  其他题名:小学教科书初级回文读本
  辞书

2-1461

小学国语读本
朱文叔,吕伯攸编纂 尚仲衣等分撰 孙世庆,鞠承颖,陆费逵等校
  上海 中华书局 民国23.1[1934.1]-
  8册(48,48,56,56,72,72,72,72页) 图 32开
  第1册:民国23.1初版,民国23.1第3版,民国24.8第15版,民国24.8第16版,民国24.8第23版,民国26.4第28版
  第2册:民国23.1初版,民国23.1第2版,民国24.8第9版,民国24.8第12版,民国24.8第19版
  第3册:民国23.1第2版,民国23.11第6版,民国24.8第19版
  第4册:民国23.11初版,民国23.11第3版,民国24.4版,民国24.4第5版
  第5册:民国23.11初版,民国23.11第3版,民国24.8第10版
  第6册:民国23.11初版,民国23.11第2版,民国24.4第3版,民国24.4第4版
  第7册:民国23.11初版,民国23.11第3版,民国23.11第4版,民国24.8第5版,民国24.8第10版
  第8册:民国24.1初版,民国24.1第2版,民国24.4第4版,民国24.8第6版
  新课程标准适用 春季始业用 初级用
  国图(1,6,8) 北师大 人教 上海(1-2) 辞书 广东中山(1,4) 编译馆(1,3,5,7)

2-1462

世界初小国语读本
朱翊新,杨镇华编辑 范云六校订
  上海 世界书局 民国23.2[1934.2]-
  册(①52,②60页) 图 32开
  第1册:民国23.2初版
  第2册:民国23.10初版
  初小一、二年级用
  其他题名:新课程标准世界教科书世界初小国语读本

上海(1-2)

2-1463

新课程标准小学国语读本
罗良铸,朱文叔,吕伯攸编 陆费逵,沈颐,舒新城,张相,金兆梓校
  上海 中华书局 民国23.4-6[1934.4-6]
  8册(48,48,58,58,66,66,66,66页) 图(含彩图) 32开
  第1册:民国23.4初版,民国24.4第8版,民国24.8第9版
  第2册:民国23.4初版,民国24.4第7版,民国24.8第9版
  第3册:民国23.5初版,民国24.8第6版
  第4册:民国23.5初版,民国24.8第7版
  第5册:民国23.4第7版,民国24.8第9版
  第6册:民国23.4初版,民国24.8第5版,民国24.8第8版
  第7册:民国23.6初版,民国24.8第5版,民国24.8第7版
  第8册:民国23.6初版,民国23.6第3版,民国24.8第5版
  南洋华侨学校适用 初级用
  人教 上海(5-6) 辞书

2-1464

大众国语读本
中国教科书研究会编辑 廉行撰稿 戴渭清校订 倪城均缮写
  上海 大众书局 民国24.8[1935.8]-
  8册(①51,⑥89,⑧83页) 图(含彩图) 32开
  第1册:民国24.12第3版
  第6册:民国24.8第3版
  第8册:民国24.8第3版
  教育部审定 新课程标准 初级小学用
  初版附注:民国23年6月初版
  封面题名:国语
  其他题名:大众教科书国语读本
  北师大(6,8) 辞书(1)

2-1465

国语读本
朱翊新,杨镇华编辑
  上海 世界书局 民国24.1[1935.1]-
  8册(52,56,60,60,72,82,75,100页) 图 32开
  第1册:民国24.1初版,民国24.1第5版,民国24.6第12版,民国25.4第17版,民国30.3新6版
  第2册:民国24.1第5版,民国25.8第16版,民国29.11新6版
  第3册:民国24.1初版,民国24.1第4版,民国24.8第8版,民国24.8第9版,民国29.11新5版
  第4册:民国24.1第4版,民国25.8第3版,民国29.4新5版
  第5册:民国24.1第2版,民国24.6第7版,民国29.11[新]4版
  第6册:民国24.1第2版,民国24.2第3版,民国25.7第9版
  第7册:民国24.1第2版,民国24.1第3版,民国29.11新4版
  第8册:民国24.1第2版,民国24.3第4版,民国27.5新

2 版
新课程标准　初小一年级～四年级用
其他题名：春季初小国语读本
其他题名：新课程标准世界教科书国语读本
国图(1,3)　人教(1,3)　上海　辞书　编译馆

2-1466

国语读本
小学国语读本编修委员会编辑
太原　山西省政府　民国 24.9[1935.9]-
8 册(②44,④47 页)　图(含彩图)　大 32 开
第 2,4 册：民国 24.9 初版
小学校初级用　春季始业
人教(2,4)　辞书(2,4)

2-1467

国文读本
瑞成书局编辑部编
台中　瑞成书局　民国 25.4[1936.4]-
8 册(①48,③32,④32,⑦48 页)　图　32 开
第 1,3-4,7 册：民国 25.4 初版
其他题名：初等实用国文读本
编译馆(1,3-4,7)

2-1468

大众国语读本
中国教科书研究会编辑　廉行撰稿
上海　大众书局　民国 25.6[1936.6]-
8 册(②57,③58,④60,⑤81,⑥89,⑦81,⑧83 页)　图(含彩
　　图)　32 开
第 2-8 册：民国 25.6 初版
教育部审定　新课程标准　初级小学用
初版附注：民国 25 年 6 月初版
封面题名：大众教科书国语
其他题名：大众教科书国语读本
辞书(2-8)

2-1469

国语读本
国立编译馆编辑
上海　商务印书馆　民国 25.8[1936.8]-
3 册(64,65,60 页)　图(含彩图)　32 开
第 1 册：民国 25.8 初版,民国 25.8 第 33 版,民国 25.8 第
　　92 版
第 2 册：民国 25.8 初版,民国 26.4 第 7 版,民国 26.4 第 20 版
第 3 册：民国 26.11 第 7 版
小学初级用
封面题名：小学初级国语读本
北师大(1-2)　人教(1-2)　上海(3)　辞书　编译馆(1-2)

2-1470

初级小学默读练习本
陈伯吹,宗亮寰编校
上海　商务印书馆　民国 25.8[1936.8]-
8 册(①40,③40,⑤68 页)　图　32 开

第 1 册：民国 25.8 初版
第 3 册：民国 25.10 初版
第 5 册：民国 25.10 初版
其他题名：小学默读练习本
辞书(1,3,5)

2-1471

基本文范：文言对照
世光书局编译所编辑
上海　世光书局　民国 37.7[1948.7]-
4 册(41,41,41,41 页)　32 开
第 1 册：1951.7 第 2 版
第 2 册：民国 37 年第 2 版
第 3 册：民国 37.7 第 2 版
第 4 册：民国 37 年第 2 版
初小适用
初版附注：民国 25 年初版
辞书

2-1472

初小国语读本[修正本]
朱翊新,魏冰心,苏兆骧编辑　薛天汉,范祥善校订
上海　世界书局　民国 26.1[1937.1]-
8 册(②52,③51,④55,⑤57,⑥69,⑧73 页)　图　32 开
第 2 册：民国 26.1 修正初版
第 3 册：民国 26.1 修正初版
第 4 册：民国 26.1 修正初版
第 5 册：民国 26.1 修正初版,民国 26.6 修正 2 版
第 6 册：民国 26.1 修正初版
第 8 册：民国 26.1 修正初版
遵照教育部民国 25 年修正课程标准编辑　初级小学学生用
其他题名：新课程标准世界教科书初小国语读本
人教(5)　辞书(2-6,8)

2-1473

初级小学国语新读本[改编本]
吴研因编著
上海　世界书局　民国 26.6[1937.6]-
8 册(70,70,75,72,92,124,96,123 页)　图　32 开　精装
第 1 册：民国 28.5 第 15 版,民国 30.4 新 23 版,民国 30.6 新
　　25 版
第 2 册：民国 26.11 新版,民国 30.4 新 15 版
第 3 册：民国 26.7 第 3 版,民国 30.4 新 20 版
第 4 册：民国 26.6 第 2 版,民国 30.4 新 19 版
第 5 册：民国 26.6 第 2 版,民国 29 新 10 版,民国 30.4 新
　　12 版
第 6 册：民国 26.6 初版,民国 30.2 新 10 版
第 7 册：民国 26.6 初版,民国 26 第 14 版
第 8 册：民国 26.6 第 4 版,民国 30.2 新 7 版
教育部审定
原为《国语新课本》,遵照教育部民国 25 年 7 月正式颁布的修
　　正小学国语课程标准改编
封面题名：初小国语新读本
其他题名：国语新课本

人教　上师大(5,7)　编译馆(1-6,8)

2-1474

新编初小国语读本：首册
蒋镜芙,吕伯攸编　朱文叔校

上海　中华书局　民国 26.7[1937.7]初版,民国 26.7 第 33 版,民国 26.7 第 64 版

36 页　图　32 开

教育部审定　修正课程标准适用

辞书

2-1475

新编初小国语读本
蒋镜芙,吕伯攸编　朱文叔校

上海　中华书局　民国 26.7-8[1937.7-8]

8 册(54,56,72,72,104,104,112,111 页)　图　32 开

第 1 册：民国 26.7 初版,民国 26.7 版,民国 26.8 第 19 版,民国 26.8 第 50 版,民国 26.8 第 81 版

第 2 册：民国 26.8 初版,民国 26.8 第 9 版,民国 26 第 29 版,民国 26.8 第 33 版,民国 26 第 42 版,民国 26 第 103 版,民国 28.5 第 208 版,民国 29.4 第 306 版

第 3 册：民国 26.7 初版,民国 26.7 第 11 版,民国 26.7 第 66 版,民国 26.7 第 70 版,民国 26.8 第 72 版,民国 28.1 第 168 版,民国 29.4 第 252 版

第 4 册：民国 26.7 初版,民国 26.7 第 9 版,民国 26.7 第 24 版,民国 29.4 第 231 版

第 5 册：民国 26.7 初版,民国 26.7 第 33 版,民国 26.7 第 92 版,民国 26.7 第 94 版,民国 26.7 第 95 版,民国 28.8 第 163 版,民国 29.4 第 202 版

第 6 册：民国 26.7 初版,民国 26.7 第 18 版,民国 26.7 第 31 版,民国 28.5 第 131 版,民国 29.8 第 189 版

第 7 册：民国 26.7 初版,民国 26.7 第 36 版,民国 26.7 第 46 版,民国 28.3 第 99 版

第 8 册：民国 26.7 初版,民国 26.7 第 19 版,民国 26.7 第 25 版

教育部审定　修正课程标准适用

封面题名：初小国语读本

北师大　人教　上海(1-5)　辞书　西北师大(1-3)　广西师大(2)　编译馆(1-6)

2-1476

战时读本
张宗麟主编　洞若,白桃,孙铭勋编辑

上海　生活书店　民国 26.10[1937.10]-

4 册(32,32,32,32 页)　图　32 开

第 1 册：民国 26.10 初版,民国 28.9 第 9 版

第 2 册：民国 26.11 初版

第 3 册：民国 26.11 初版,民国 27.7 第 6 版

第 4 册：民国 27.9 第 7 版

民众训练及小学校初级用

上海　辞书　广东中山(3)

2-1477

初小国语新读本
大东书局编辑所编辑

上海　大东书局　民国 27.8[1938.8]-

8 册(③40,④40,⑤40,⑥40 叶)　图　32 开　精装

第 3 册：民国 28.7 第 4 版

第 4 册：民国 28.6 第 4 版

第 5 册：民国 28.1 第 3 版

第 6 册：民国 27.8 第 3 版

其他题名：国语新读本

其他题名：初级小学国语新读本

编译馆(3-6)

2-1478

(修正)短期国语读本
(伪)教育总署编审会著

北平　[著者刊]　民国 27[1938]-

6 册(①44,②46,③48,④48,⑤51 页)　图　32 开

第 1-5 册：民国 27 年版

初级小学用

其他题名：短期国语读本

北师大(1-5)

2-1479

抗战建国读本：特册
战时儿童保育会主编　孙铭勋,陆维特编著

上海　生活书店　民国 28.3[1939.3]初版,民国 29.8 第 3 版

44 页　图,地图,乐谱　32 开

教育部初审核定　初级小学校用

北师大　辞书

2-1480

抗战建国读本
战时儿童保育会主编　白桃,孙铭勋,陆维特编著

[上海]　生活书店　民国 28.9[1939.9]-

8 册(40,42,41,46,60,60,72,83 页)　图　32 开

第 1 册：民国 29.1 第 4 版

第 2 册：民国 28.9 第 2 版,民国 29.1 第 4 版

第 3 册：民国 29.5 第 3 版,民国 29 第 4 版

第 4 册：民国 28.10 第 2 版,民国 29.5 第 3 版,民国 29 第 4 版

第 5 册：民国 28.10 第 2 版,民国 29.5 第 3 版,民国 29 第 4 版

第 6 册：民国 28.10 第 2 版,民国 29.5 第 3 版,民国 29 第 4 版

第 7 册：民国 28.10 第 4 版,民国 29.5 第 3 版,民国 29 第 4 版

第 8 册：民国 28.9 第 3 版,民国 29.5 第 4 版

教育部初审核定　依教育部初审修正　初级小学适用

初版附注：民国 28 年 9 月初版

国图　北师大(2-8)　华师大(4)　辞书

2-1481

新编初小国语读本
吕伯攸编　朱文叔校

上海　中华书局　民国 29.5[1940.5]-

8 册(32,32,40,72,64,64,80,111 页)　图　32 开

第 1 册：民国 29 第 322 版,民国 30.6 第 456 版

第 2 册：民国 29 第 346 版,民国 30.5 第 403 版

第 3 册：民国 29 第 299 版,民国 30.9 第 394 版

第 4 册：民国 29.7 第 246 版,民国 29 第 273 版
第 5 册：民国 29 第 237 版,民国 29.12 第 255 版
第 6 册：民国 29 第 197 版,民国 30.5 第 251 版
第 7 册：民国 29 第 165 版,民国 30.9 第 228 版
第 8 册：民国 29.5 第 134 版,民国 29 第 148 版
教育部审定　遵照民国 25 年 7 月教育部修正颁行的小学课
　　程标准编辑　修正课程标准适用
封面题名：初小国语读本
辞书　广东中山

2-1482

初小国语读本
朱翙新,魏冰心,苏兆骧编辑　薛天汉,范祥善校订
上海　湖南　世界书局　民国 29.5[1940.5]-
8 册(28,28,30,30,36,38,40,40 页)　图　32 开
第 1 册：民国 30.6 新 78 版,民国 30.10 湘 48 版
第 2 册：民国 31.5 湘 53 版
第 3 册：民国 30.9 新 71 版,民国 30.9 湘 45 版
第 4 册：民国 30.5 新 58 版,民国 30.8 湘 32 版
第 5 册：民国 30.10 湘 36 版
第 6 册：民国 30.6 新 48 版,民国 30.9 湘 27 版
第 7 册：民国 30.8 湘 15 版,1950.6 新 46 版
第 8 册：民国 29.5 新 35 版,民国 30.9 湘 19 版
教育部核定　遵照修正课程标准编辑
其他题名：新课程标准世界教科书初小国语读本
辞书　编译馆(1,3-4,6-8)

2-1483

新修正标准国语读本
许书绅,施颂椒,杨思成,王遵武,黄子寿,施家森编校
上海　大东书局　民国 29.7[1940.7]-
8 册(50,56,48,50,56,70,70,80 页)　图　32 开
第 1 册：民国 30.8 第 73 版
第 2 册：民国 29.7 第 50 版
第 3 册：民国 29.8 第 60 版,民国 30.8 第 73 版
第 4 册：民国 29.7 第 50 版
第 5 册：民国 29.8 第 50 版
第 6 册：民国 29.7 第 32 版
第 7 册：民国 29.8 第 50 版
第 8 册：民国 29.7 第 32 版
教育部初审核定本　初级小学用
封面题名：初小国语读本
卷端题名：新修正标准国语
辞书(2-8)　编译馆(1,3)

2-1484

初级国文精读文选：言文对照　详细注释
卢冠六编　吴拯寰校
上海　三民图书公司　民国 29.9[1940.9]-
4 册(41,41,41,41 页)　图　32 开
第 1 册：民国 29.9 第 2 版
第 2 册：民国 30.1 第 3 版
第 3 册：民国 29.9 第 2 版
第 4 册：民国 30.1 第 3 版

辞书

2-1485

模范书信
钱一鸣著
上海　天下书店　民国 30[1941]版
70 页　32 开
小学国语初级补充读物
广东中山

2-1486

初小文范：文言语体对照
世界书局编译所编辑
上海　世界书局　民国 31.8[1942.8]-
4 册(44,44,44,44 页)　表　32 开
第 1 册：民国 31.8 第 2 版
第 2 册：民国 32.8 第 3 版
第 3 册：民国 31.8 第 2 版
第 4 册：民国 31.8 第 2 版
辞书

2-1487

初级小学国语读本
国立编译馆编辑
陕西　陕西省教育厅　民国 31.8[1942.8]-
8 册(③59,④62,⑤58,⑥64,⑦86,⑧92 页)　图　32 开
第 3-8 册：民国 31.8 新版
其他题名：初小国语读本
辞书(3-8)

2-1488

中级国语精读文选
吴拯寰主编
上海　三民图书公司　民国 35.7[1946.7]-
4 册(①24,③32,④32 页)　32 开
第 1 册：民国 35.7 新 1 版
第 3 册：民国 35.7 新 1 版
第 4 册：民国 36.2 新 1 版
辞书(1,3-4)

2-1489

低级国语精读文选
吴拯寰主编
上海　三民图书公司　民国 35.7-36.2[1946.7-1947.2]
4 册(20,20,20,22 页)　图　32 开
第 1 册：民国 35.7 新 1 版
第 2 册：民国 36.2 新 1 版
第 3 册：民国 35.7 新 1 版
第 4 册：民国 36.2 新 1 版
辞书

2-1490

卖火柴的女孩子
陆静山编著　舜田插画
上海　永年书局　民国 37.4[1948.4]沪 1 版
54 页　图　32 开　(小学各科教材丛书)

小学中年级补充教材
辽宁

2-1491
半年级读本
魏冰心编
上海　大东书局　民国38.1[1949.1]
40页　图(含彩图)　32开
春季入学准备进秋季一年级儿童用
辞书

2-1492
幼童国语读本
叶圣陶编著　丰子恺绘图
上海　开明书店　民国38.1[1949.1]
4册(52,52,52,68页)　图　32开
第1册: 民国38.1初版,民国38.2第2版
第2册: 民国38.1初版
第3册: 民国38.1初版,民国38.8修订平1版
第4册: 民国38.1初版
小学低年级适用
国图　人教　辞书

2-1493
儿童国语读本[修订本]
叶圣陶著
北平　开明书店　民国38.3[1949.3]-
4册(47,53,63,73页)　32开
第1册: 民国38.8北平修订1版
第2册: 民国38.3北平修订1版
第3册: 民国38.8北平修订1版
第4册: 民国38.3北平修订2版
小学中年级适用
国图　人教

2-1494
低级读文教材创作集
上海中学实验小学编
上海　[编者刊]　[1912-1949?]
2册(55,55页)　32开　(新研究)
第1-2册(一、二辑): 版次不详
辞书

2-1495
初级小学国语读本
国立编译馆编辑
陕西　陕西省教育厅　[1912-1949?]
2册(62,60页)　图　64开
第1-2册: 版次不详
辞书

2-1496
中级国语精读文选
吴拯寰主编
上海　春江书局　[1912-1949?]
4册(②24页)　32开

第2册: 版次不详
辞书(2)

＊　＊　＊

2-1497
高等小学读本
[出版者不详]　清光绪28.3[1902]
4册(29,35,32,39叶)　16开　线装
第1-4册(卷一至卷四): 光绪28.3初版
辞书

2-1498
改良小学新读本
梁文卿著
横滨　致生号　明治36[1903]第55版
45页　图　大32开
高等科用
其他题名: 小学新读本
上师大

2-1499
国文读本
城东女学社编辑
上海　[编者刊]　清光绪30.4[1904]
2册(19,12叶)　大32开　线装
第1-2册(上下编): 光绪30.4初版,宣统2.6年版
高等小学及中学初年用
逐页题名: 古文读本
人教　辞书

2-1500
高等小学国文读本
顾倬著
上海　文明书局　清光绪31.8[1905]-
4册(①29,②37,③49叶)　32开　线装
第1册(卷一): 宣统2.1第16版,民国2.2第18版,民国5年版
第2册(卷二): 光绪31.8第2版,民国2.2第18版,民国5年版
第3册(卷三): 光绪31.12初版
初版附注: 清光绪31年3-12月初版
北师大(1-2)　辞书(1-2)　广西师大(1-3)

2-1501
高等小学国文读本
顾倬编著　无锡三等学堂编
上海　文明书局　清光绪31.12[1906]
4册(43,44,38,58叶)　大32开　线装
第1册(卷一): 光绪31.12初版,光绪33.12第6版,光绪34.3第11版,宣统3.2第19版
第2册(卷二): 光绪31.12初版,光绪33.12第6版,宣统3.2第19版
第3册(卷三): 光绪31.12初版,光绪33.12第6版,光绪

34.3第11版,宣统3.2第19版,宣统3.3第21版

第4册(卷四):光绪31.12初版,光绪33.12第6版,光绪34.2第8版,光绪34.3第11版,宣统3.2第19版,宣统3.3第21版

清学部审定

逐页题名:国文读本

人教　上师大(4)　辞书　广西师大(4)

2-1502

高等小学国文新读本

朱树人著

上海　文明书局　清光绪32.8[1906]-

4册(39,42,45,44叶)　图,彩色地图　大32开　线装

第1册(卷一):光绪34.3第2版

第2册(卷二):光绪32.8初版,宣统1.9第2版

第3册(卷三):光绪32.8初版

第4册(卷四):光绪32.9初版

高等小学堂学生用书

初版附注:清光绪32年5-9月初版

逐页题名:国文新读本

人教　辞书

2-1503

高等小学读本

丁福保著

上海　文明书局　清光绪32.6[1906]

5册(70,67,92,83,51叶)　图　大32开　线装

第1-5册:光绪32.6初版

人教(2-3)　辞书

2-1504

高等小学国文读本

无锡三等公学堂编著

上海　文明书局　清光绪33.6[1907]-

2册([174]页)　大32开　线装

第1-2册:光绪33.6初版,宣统3.2第11版

清学部审定

人教

2-1505

新体高等小学国文读本

国民教育社编辑

上海　[编者刊]　清宣统2.2[1910]-

8册(28,31,36,40,38,41,51,56叶)　照片,图　大32开　线装

第1册(卷一):宣统2.2第2版

第2册(卷二):宣统2.2第2版

第3册(卷三):宣统2.2第2版

第4册(卷四):宣统2.2第2版

第5册(卷五):版次不详

第6册(卷六):版次不详

第7册(卷七):版次不详

第8册(卷八):版次不详

初版附注:清宣统2年2月初版

逐页题名:高等小学国文读本

人教(1-7)　辞书

2-1506

详注高等小学国文新读本

何荣桂编

上海　科学书局　清宣统2.6[1910]-

册(①44页)　32开　线装

第1册:宣统2.6初版

人教(1)

2-1507

新小学国语读本

黎锦晖,陆费逵,易作霖编　戴克敦,张相,金兆梓,朱文叔校

上海　中华书局　民国2.1[1913.1]

4册(63,67,68,70页)　大32开

第1-4册:民国2.1初版

新学制活用　高级用

其他题名:新小学教科书国语读本

人教　辞书

2-1508

高等小学国文选本

诸宗元评选

上海　商务印书馆　民国3.2[1914.2]

6册(54,63,71,75,87,84页)　32开

第1册:民国3.2初版,民国3.7第2版,民国6第5版

第2册:民国3.2初版,民国3.7第2版,民国6第5版

第3册:民国3.2初版,民国3.7第2版,民国6第5版

第4册:民国3.2初版,民国3.7第2版,民国6第4版

第5册:民国3.2初版,民国3.7第2版,民国8第4版

第6册:民国3.2初版,民国5第3版

逐页题名:国文选本

人教(1-5)　河南(1-3,5-6)　广东中山(1-4)

2-1509

高等小学国文读本

唐文治编

上海　南洋公学　民国3[1914]-

册　32开

第2-4册:民国3年版

其他题名:国文读本

上海(2-4)

2-1510

评注古文读本

林景亮著　沈颐校阅

上海　中华书局　民国4.10[1915.10]-

6册(31,38,40,44,45,45页)　大32开　线装

第1册:民国4.10初版,民国8.12第10版,民国13.11第22版,民国14.7第23版,民国22.3第32版

第2册:民国6.2第2版,民国8.12第8版,民国12.12第18版,民国13.11第20版,民国14.7第21版,民国20.3第31版,民国21.3第32版,民国22.6第33版

第 3 册：民国 5.7 初版,民国 6.2 第 2 版,民国 14.7 第 21 版,
　　　民国 16.1 第 24 版,民国 22.3 第 31 版
　　第 4 册：民国 5.11 初版,民国 14.7 第 22 版,民国 20.3 第 29
　　　版,民国 22.3 第 31 版
　　第 5 册：民国 5.8 初版,民国 14.7 第 23 版,民国 20.3 第 31
　　　版,民国 22.3 第 33 版,民国 26.2 第 37 版
　　第 6 册：民国 5.12 初版,民国 14.7 第 21 版,民国 22.6 年版,
　　　民国 25.4 第 35 版
　　高等小学校用
　　封面题名：古文读本
　　人教　辞书　广西师大(1-2)　编译馆(1-5)

2-1511
(修正)高等小学国文读本
顾倬编　戴克敦,沈颐,陆费逵,李玉彬,薛公侠,沈颖若阅
　　上海　文明书局　民国 5.1[1916.1]
　　3 册(41,53,76 叶)　大 32 开　线装
　　第 1 册：民国 5.1 初版,民国 9.9 第 3 版,民国 11.4 第 4 版
　　第 2 册：民国 5.1 初版,民国 11.6 第 4 版
　　第 3 册：民国 5.1 初版,民国 11.4 第 3 版
　　其他题名：高等小学国文读本
　　人教(1-2)　上海　辞书　编译馆(3)

2-1512
浅深递进国文读本
林纾编
　　上海　商务印书馆　民国 5.5[1916.5]
　　6 册(19,19,22,22,21,20 叶)　大 32 开　线装
　　第 1-6 册：民国 5.5 初版,民国 5.10 第 2 版
　　高等小学校用
　　人教　辞书

2-1513
国文读本
朱麟,潘文安,任镕等编辑及校阅
　　上海　中华书局　民国 10.1-11.5[1921.1-1922.5]
　　6 册(40,38,34,34,36,36 页)　大 32 开
　　第 1 册：民国 10.1 初版,民国 10.7 第 5 版,民国 11.1 第 7 版,
　　　民国 11.2 第 9 版,民国 11.6 第 10 版
　　第 2 册：民国 10.1 初版,民国 10.3 第 3 版,民国 10.7 第 5
　　　版,民国 11.1 第 8 版,民国 11.6 第 10 版,民国 11.11 第 12 版
　　第 3 册：民国 10.7 初版,民国 10.10 第 2 版,民国 11.1 第 4
　　　版,民国 11.6 第 6 版
　　第 4 册：民国 10.8 初版,民国 10.11 第 2 版,民国 11.1 第 3
　　　版,民国 11.2 第 5 版,民国 11.9 第 7 版,民国 11.11 第 8 版
　　第 5 册：民国 11.2 初版,民国 11.6 第 2 版,民国 11.7 第 3 版,
　　　民国 12.5 第 5 版
　　第 6 册：民国 11.5 初版,民国 11.7 第 2 版
　　教育部审定　高等小学校用　春秋季通用
　　其他题名：新教育教科书国文读本
　　国图　北师大　人教　辞书

2-1514
国文读本
秦同培编辑
　　上海　世界书局　民国 11.6[1922.6]-
　　4 册(43,40,49,39 叶)　大 32 开　线装
　　第 1 册(教科用)：民国 11.6 初版,民国 12.8 第 2 版
　　第 2 册(教科用)：民国 11.6 初版,民国 12.8 第 3 版
　　第 3 册(教科用)：民国 11.6 初版,民国 12.8 第 2 版
　　第 4 册(补习用)：民国 11.9 第 2 版,民国 12.8 第 2 版
　　高等小学校适用
　　其他题名：新时代教科书国文读本
　　人教(1-3)　辞书

2-1515
国语读本：高级
黎锦晖,陆费逵编　戴克敦,金兆梓,张相,朱文叔校
　　上海　中华书局　民国 12.2-11[1923.2-11]
　　4 册(63,67,68,70 页)　大 32 开
　　第 1 册：民国 12.2 初版,民国 12 第 7 版,民国 12 第 15 版,民
　　　国 15.6 第 25 版,民国 15.12 第 27 版,民国 17.4 第 29 版
　　第 2 册：民国 12.2 初版,民国 12.12 第 6 版,民国 13.5 第 14
　　　版,民国 13 第 15 版,民国 15.4 第 20 版,民国 15.10 第
　　　21 版
　　第 3 册：民国 12.7 初版,民国 12.8 第 4 版,民国 12.11 第 7
　　　版,民国 13 第 15 版,民国 16.1 第 23 版
　　第 4 册：民国 12.11 初版,民国 12.12 第 4 版,民国 15.3 第 14
　　　版,民国 15 第 15 版,民国 15.12 第 17 版
　　教育部审定　新学制适用　高级小学用
　　其他题名：新小学教科书国语读本
　　北师大　华师大　辞书　河南(1)　编译馆

2-1516
国文读本
褚东郊,郑昶,刘佩琥,朱文叔编　陆费逵,戴克敦,张相校
　　上海　中华书局　民国 13.1-3[1924.1-3]
　　4 册(54,54,54,62 页)　大 32 开
　　第 1 册：民国 13.1 初版,民国 13.7 第 4 版,民国 14.8 第 9 版,
　　　民国 14.10 第 10 版,民国 15.4 第 12 版,民国 15.11 第
　　　14 版
　　第 2 册：民国 13.1 初版,民国 13.7 第 4 版,民国 14.10 第 9
　　　版,民国 17.4 第 16 版
　　第 3 册：民国 13.2 初版,民国 13.7 第 4 版,民国 14.7 第 6 版,
　　　民国 14.10 第 8 版,民国 15.1 第 9 版,民国 15.12 第 14 版
　　第 4 册：民国 13.3 初版,民国 13.7 第 3 版,民国 14.7 第 5 版,
　　　民国 15.7 第 10 版
　　教育部审定　新学制适用　高级用
　　其他题名：新小学教科书国文读本
　　国图(2-3)　人教　辞书　编译馆

2-1517
高级国语文读本
魏冰心编辑　朱翊新,杨喆,董文,吕云彪,戴渭清,范祥善校订
　　上海　世界书局　民国 14.3-4[1925.3-4]
　　4 册(54,70,64,70 页)　大 32 开

第1册：民国14.3初版,民国14.5第4版,民国15.5第13版

第2册：民国14.4初版,民国14.6第4版

第3册：民国14.4初版

第4册：民国14.3初版

教育部审定

其他题名：新学制小学教科书高级国语文读本

北师大(1-2)　人教(1-2)　辞书

2-1518

高级国文读本

秦同培,陈和祥编辑　杨喆,张肇熊校订

上海　世界书局　民国14.4[1925.4]

4册(120,130,120,130页)　32开

第1册：民国14.4初版,民国14第5版,民国14.6第6版,民国15第18版,民国15.4第75版,民国16.4版

第2册：民国14.4初版,民国14.4第2版,民国14.7第7版,民国15.1第12版,民国15第18版,民国15.6第170版

第3册：民国14.4初版,民国14.7第9版,民国15第14版,民国15.12第17版,民国16第26版

第4册：民国14.4初版,民国14第4版,民国14.7第6版,民国15.4第10版,民国15第14版

教育部审定

其他题名：新学制小学教科书高级国文读本

国图(2)　北师大　人教　上师大　辞书　广西师大(3-4)　广东中山

2-1519

高级国语读本

魏冰心编辑　范祥善校订

上海　世界书局　民国17.6[1928.6]-

4册(74,88,80,100页)　32开

第1册：民国18.5第6版

第2册：民国17.6第2版

第3册：民国18.8第5版

第4册：民国18.5第6版

大学院审定

初版附注：民国14年4月初版

其他题名：新学制小学教科书高级国语读本

辞书

2-1520

国语文学读本

李步青编

上海　中华书局　民国16.7-17.4[1927.7-1928.4]

4册(70,66,70,87页)　32开

第1册：民国16.7初版,民国17.8第2版

第2册：民国16.11初版

第3册：民国17.4初版

第4册：民国17.4初版

新学制高年级用

其他题名：新小学教科书国语文学读本

人教　编译馆

2-1521

高级小学国语读本

魏冰心,吕伯攸编辑　范祥善校订

上海　世界书局　民国16.8[1927.8]

4册(74,87,65,84页)　32开

第1册：民国16.8初版,民国19.4第19版,民国19第26版

第2册：民国16.8初版,民国18.8第14版,民国19.3第30版

第3册：民国16.8初版,民国19.5第23版,民国19第36版

第4册：民国16.8初版,民国17.8版,民国19.2第16版,民国19.4第23版

大学院审定　小学校高级用

其他题名：新主义教科书高级小学国语读本

其他题名：新主义国语读本

北师大　人教(4)　辞书　河南(2)　编译馆

2-1522

新中华国语读本

朱文叔编　陈棠,张相校

上海　新国民图书社　民国16.9-17.2[1927.9-1928.2]

4册(64,66,72,72页)　大32开

第1册：民国16.9初版,民国16.9第3版,民国18.10第18版,民国20.4第27版,民国20.6第31版,民国20.11第32版,民国20.11第34版,民国20.11第35版,民国21.6第43版,民国21.6第45版,民国21.7第48版

第2册：民国16.10初版,民国18.10第17版,民国18.11第18版,民国20.11第28版,民国20.11第29版,民国21.2第31版,民国21.4第32版,民国21.4第34版,民国21.5第35版,民国21.6第37版,民国21.6第39版

第3册：民国16.10初版,民国17.10第7版,民国18.8第12版,民国18.10第13版,民国18.11第15版,民国20.6第22版,民国20.11第23版,民国20.11第24版,民国21.4第26版,民国21.4第28版,民国21.5第29版,民国21.7第32版,民国21第34版

第4册：民国17.2初版,民国18.10第9版,民国18.11第11版,民国19.10第14版,民国20.11第19版,民国20.12第20版,民国21.3第21版,民国21.3第22版,民国21.4第23版,民国21.5第24版,民国21.10第26版,民国21.10第27版,民国21.11版

教育部审定　大学院审定　小学校高级用

其他题名：新中华教科书国语读本

国图　北师大　人教　辞书　编译馆

2-1523

国难读本

唐雪蕉,陈浦瑛编　吕伯攸,杨复耀校

上海　民族教育社　民国21.1[1932.1]

2册(74,77页)　大32开

第1-2册：民国21.1初版

小学校高级用

上海(2)　辞书　编译馆

2-1524

风声
彭城编著
　　上海　新中国书局　民国21.5[1932.5]第2版
　　58页　图　32开
　　国语补充读物　小学校用
　　版权页题名：小学校国语补充读物风声
　　卷端题名：高年级国语补充读物风声
　　辞书

2-1525

南洋华侨国语读本
陆费逵,黎锦晖,易作霖编　张国基校阅
　　上海　中华书局　民国21.5[1932.5]
　　4册(66,70,73,76页)　32开
　　第1册：民国21.5初版,民国24.8第4版
　　第2册：民国21.5初版,民国23.3第3版
　　第3册：民国21.5初版,民国23.3第3版
　　第4册：民国21.5初版,民国22.10第2版
　　高级小学用
　　人教　辞书

2-1526

新课程国语读本
苏兆骧编辑　魏冰心,范祥善校订
　　上海　世界书局　民国21.8[1932.8]-
　　4册(76,90,78,96页)　图,像,地图　32开
　　第1册：民国21.12第9版
　　第2册：民国21.8第4版
　　第3册：民国21.12第6版
　　第4册：民国21.9第3版
　　小学高年级用
　　其他题名：新主义教科书新课程国语读本
　　编译馆

2-1527

救国读本
程旭清,潘子瑜,王渐仁编辑
　　[出版者不详]　民国22.2[1933.2]
　　2册(36,40页)　图　32开
　　上下册：民国22.2第2版
　　小学中高级用
　　初版附注：民国21年11月初版
　　逐页题名：小学高级救国读本
　　辞书

2-1528

小学国语读本
朱文叔,吕伯攸编纂　尚仲衣,赵欲仁,俞焕斗等分撰　陆费逵,沈颐,舒新城等校阅
　　上海　中华书局　民国22.3-6[1933.3-6]
　　4册(62,70,70,77页)　32开
　　第1册：民国22.3初版,民国22.3第6版,民国22.3第7版,民国22.6第13版,民国22.7第16版,民国22.9第21版,民国22.9第23版,民国23.1第38版,民国23.1第50版,民国23.3第51版,民国23.3第53版,民国23.9第58版,民国23.12版
　　第2册：民国22.5初版,民国22.5第2版,民国22.5第3版,民国22.5第8版,民国22.5第10版,民国22.7第16版,民国22.8第24版,民国22.8第27版,民国23.1第37版,民国23.1第40版,民国23.1第42版,民国23.1第48版,民国23.3第52版,民国23.3第55版,民国23.9第58版,民国23.12版,民国25.5第86版
　　第3册：民国22.5初版,民国22.5第8版,民国22.8第14版,民国22.8第16版,民国22.8第17版,民国22.9第23版,民国22.9第25版,民国23.1第27版,民国23.1第28版,民国23.1第30版,民国23.1第35版,民国23.1第37版,民国23.1第39版,民国23.6第44版,民国23.6第49版
　　第4册：民国22.6初版,民国22.6第7版,民国22.6第18版,民国22.8第22版,民国23.1第28版,民国23.1第32版,民国23.1第33版,民国23.1第36版,民国23.1第37版,民国23.10第46版
　　教育部审定　新课程标准适用　高级用
　　国图(3-4)　北师大　人教　上海(2-4)　辞书　广东中山(1-3)　编译馆

2-1529

高小国语读本
朱翊新编辑　范祥善校订
　　上海　世界书局　民国22.6[1933.6]-
　　4册(99,110,96,114页)　图　32开
　　第1册：民国22.6第6版,民国22.7第8版,民国22.8第9版,民国22.9第22版,民国22.11第25版,民国23.12第44版
　　第2册：民国22.6初版,民国22.6第3版,民国22.7第6版,民国22.8第9版,民国22.11第16版,民国23.7第35版,民国23第36版
　　第3册：民国22.8第5版,民国22第9版,民国22.9第13版,民国22.9第14版,民国22.11第16版,民国22.11第19版
　　第4册：民国22.7第3版,民国22.7第4版,民国22.9第10版,民国23第25版,民国23.7第28版
　　小学高级学生用
　　其他题名：新课程标准世界教科书国语读本
　　北师大　上海　华师大　辞书　广东中山(2-4)　编译馆(1-3)

2-1530

高小国语读本
赵景深,李小峰编辑　周作人,吴研因校阅
　　上海　青光书局　民国22.7[1933.7]-
　　4册(96,108,106,126页)　表　32开
　　第1册：民国22.9第15版,民国23.1第30版,民国24.1第35版
　　第2册：民国22.7第2版,民国22.9第15版,民国23.1第30版

第3册：民国22.7第2版,民国22.8第10版,民国25.1第90版

第4册：民国22.8第10版,民国22.9第15版

教育部审定 根据新课程标准编辑

初版附注：民国22年6月初版

国图(1-2) 北师大 华师大 辞书

2-1531

小学北新文选
林兰,陈伯吹编选

上海 北新书局 民国22.7[1933.7]-

8册 32开

第2-8册：民国22.7初版

小学高年级适用

北师大(2-3,6) 广西师大(2-8)

2-1532

高级回文读本
常德回教教育辅助会编辑

万县 伊斯兰师范学校 民国24.2[1935.2]

4册(82,70,68,73叶) 大32开 线装

第1-4册：民国24.2第7版

回教学校适用

初版附注：民国22年初版

封面题名：回语读本

其他题名：小学教科书回文读本

辞书

2-1533

新课程标准小学国语读本
罗良铸,朱文叔,吕伯攸编 陆费逵,沈颐,舒新城,张相,金兆梓校

上海 中华书局 民国23.10[1934.10]

4册(62,70,69,77页) 32开

第1册：民国23.10初版,民国24.8第3版,民国24.8第6版

第2册：民国23.10初版,民国23.10第2版,民国24.8第3版,民国24.8第4版

第3册：民国23.10初版,民国24.8第3版,民国24.8第4版,民国24.8第5版

第4册：民国23.10初版,民国23.10第2版,民国24.8第3版

南洋华侨学校高年级用

国图(4) 人教 上海 辞书

2-1534

小学国语读本
朱文叔,吕伯攸编纂 尚仲衣等分撰 孙世庆,鞠承颖,陆费逵等校

上海 中华书局 民国23.11[1934.11]-

4册(62,70,70,78页) 图 32开

第1册：民国23.11初版,民国23.11第4版,民国25.9第6版

第2册：民国23.11初版,民国23.11第2版,民国25.7第4版

第3册：民国23.11第2版,民国23.11第3版,民国25.7第4版

第4册：民国24.1初版,民国25.7第3版

教育部审定 新课程标准适用 高级用 春季始业用

逐页题名：新课程标准适用小学国语读本

北师大 上海 辞书

2-1535

儿童模范文选
文公直编

上海 华成书局 民国23[1934]-

册(④208页) 32开

第4册：民国23初版

小学高年级学生补充读本

河南(4)

2-1536

国语新读本
吴研因编著

上海 世界书局 民国24.5[1935.5]-

4册(121,164,156,204页) 图 32开

第1册：民国24第2版,民国25.5版,民国25.7修正2版,民国30.5修正新3版

第2册：民国24.9第3版,民国25.5版,民国30.2修正新3版

第3册：民国25.5初版,民国25.7第3版,民国30.5修正新3版

第4册：民国24.5初版,民国24.9第3版,民国27.5修正1版,民国30.2修正新2版,民国31.1修正新3版

教育部审定 遵照教育部颁布的小学国语课程标准编辑 小学高级学生用

逐页题名：高小新国语

其他题名：新课程标准教科书国语新读本

人教(4) 上师大(1-3) 辞书 编译馆(1-2,4)

2-1537

国语暑期读本
徐征吉辑 吴研因校

上海 北新书局 民国24.7[1935.7]

65页 32开

暑期学校六年级适用

国图 人教

2-1538

怎样读书
彭惠秀编

上海 中华书局 民国24.7[1935.7]

47页 图 32开 (小学高年级各科副课本 12)

卷端题名：小学高年级国语副课本怎样读书

人教 上海 辞书

2-1539

小学国语读本
魏冰心编

上海　世界书局　民国 24.7[1935.7]-

册(①③[100]页)　[32 开]

第 1,3 册:民国 24.7 初版

小学中高年级暑期读物

国图(1,3)　人教(1,3)

2-1540

高小国语读本

赵景深,李小峰编辑　周作人,吴研因校阅

上海　北新书局　民国 26.1[1937.1]-

4 册(②106 页)　图,表　32 开

第 2 册:民国 26.1 第 91 版

教育部审定　根据新课程标准编辑

其他题名:国语读本

编译馆(2)

2-1541

新编高小国语读本

吕伯攸,徐亚倩编　朱文叔校

上海　中华书局　民国 26.2-7[1937.2-7]

4 册(110,126,144,144 页)　图　32 开

第 1 册:民国 26.2 初版,民国 26.7 第 5 版,民国 26.8 第 30 版,民国 27 年版,民国 28 第 87 版,民国 29 第 106 版,民国 29.5 第 109 版,民国 29.5 第 111 版,民国 30.7 第 156 版,民国 30.7 第 177 版

第 2 册:民国 26.7 初版,民国 26.7 第 7 版,民国 28 第 87 版,民国 29.12 第 163 版

第 3 册:民国 26.7 初版,民国 26.7 第 4 版,民国 28.12 第 60 版,民国 29 第 71 版,民国 30.1 第 94 版

第 4 册:民国 26.7 初版,民国 26.7 第 6 版,民国 26.7 第 8 版,民国 28 第 54 版,民国 29 第 73 版,民国 29.9 第 116 版

教育部审定　初审核定本　修正课程标准适用

封面题名:高小国语读本

北师大(1-2,4)　人教　辞书　西北师大(1-2,4)　广东　中山

2-1542

高小国语读本[改编本]

朱翊新编辑　范祥善校订

上海　世界书局　民国 26.4[1937.4]

4 册　图,表　32 开

第 1 册:民国 26.4 初版,民国 30.1 第 23 版

第 2 册:民国 26.4 初版,民国 26.5 第 3 版,民国 29.5 第 18 版

第 3 册:民国 26.4 初版,民国 26.5 第 4 版

第 4 册:民国 26.4 初版,民国 26.5 第 2 版,民国 29.5 第 13 版

其他题名:新课程标准世界教科书高小国语读本

国图(2-4)　北师大　编译馆(1-2,4)

2-1543

新编高小国语读本

吕伯攸,朱文叔,徐亚倩编　陆费逵校

上海　中华书局　民国 26.10[1937.10]-

4 册(110,126,144,144 页)　图　32 开

第 1 册:民国 26.10 初版,民国 26.10 第 2 版,民国 29.11 第 127 版

第 2 册:民国 26.10 初版,民国 26.10 第 2 版,民国 29.3 第 98 版

第 3 册:民国 26.10 初版,民国 26.10 第 2 版,民国 29.3 第 73 版

第 4 册:民国 26.10 初版,民国 26.10 第 2 版,民国 29.3 第 72 版

教育部审定　修正课程标准适用

版权页题名:新编南洋华侨高小国语读本

封面题名:高小国语读本

辞书　编译馆

2-1544

小朋友的日记

上海　大东书局　民国 26.10[1937.10]版

1 册　32 开

高年级用

庐山

2-1545

战时读本

张宗麟主编　马昌实,季涛,陆维特编辑

上海　生活书店　民国 26.10[1937.10]-

4 册(32,32,36,44 页)　图,乐谱　32 开

第 1 册:民国 26.10 初版,民国 27.5 第 5 版,民国 28.9 第 6 版

第 2 册:民国 27.5 第 5 版,民国 28.9 第 6 版

第 3 册:民国 27.5 第 5 版,民国 28.9 版

第 4 册:版次不详

民众训练及小学校高级用

上海(1)　辞书　编译馆(1-3)

2-1546

战时国语读本

特种教育社编

上海　[编者刊]　民国 27.5[1938.5]第 3 版

76 页　图　32 开

初级中学及高级小学在抗战时期补充国语科用

其他题名:国语读本

人教

2-1547

战时文选

吴鼎编纂

汉口　华中图书公司　民国 27.5[1938.5]-

2 册(②64 页)　图　32 开

下册:民国 27.5 初版

高级小学国语教材

上师大(2)

2-1548

高级时代儿童读本

王修和,陈际云编纂

上海　中国图书服务社　民国 27.8[1938.8]第 2 版

104 页　32 开
高年级适用
封面题名：时代儿童读本
辞书

2-1549

实用文读本
盛幼宣，张书庭，尹诵吉编辑　周斐成校订
上海　大川书店　民国27.8[1938.8]-
4册(50,50,56,63页)　32开　精装
第1册：民国30.7第3版
第2册：民国28.8第2版
第3册：民国30.2第2版
第4册：民国27.8第2版,民国30.9第3版
小学中高年级学生适用
封面题名：小学实用文读本
人教(4)　编译馆

2-1550

音注详解国语精读文选
卢冠六编
上海　三民图书公司　民国27[1938]-
　册(③226,④224页)　32开　（初中高小国语科补充读物）
第3册：民国27第4版
第4册：民国28第5版
初中、小学国语科教学、自修适用
其他题名：国语精读文选
上师大(3-4)

2-1551

少年精读文选
季雪云，陈任荄编选　李材校订
上海　少年书店　民国33.4[1944.4]-
4册(23,26,32,32页)　32开
第1-4册：民国33.4第5版
初级中学、高级小学、补习学校语文科用补充读本
初版附注：民国29年5月初版
辞书

2-1552

高级国文精读文选：言文对照 详细注释
卢冠六编　吴拯寰校
上海 三民图书公司　民国31.5[1942.5]-
4册(41,45,43,51页)　图　32开
第1册：版次不详
第2册：民国31.5第3版
第3册：版次不详
第4册：版次不详
辞书

2-1553

国语精读文选
卢冠六编
上海　春江书局　民国33.10[1944.10]-
4册(60,53,65,74页)　32开

第1册：民国33.10修订版
第2册：民国37新3版
第3册：民国35.7新3版
第4册：民国33.10修订版,民国37新3版
小学高级适用
人教(1,4)　上师大(4)　辞书

2-1554

少年国语文选
陆静山，杨明志编著
重庆　文光书店　民国34.4[1945.4]
2册(115,109页)　32开
第1-2册：民国34.4初版
高级小学及初级中学适用
辞书

2-1555

国语读本
桓仁县小校暂用教科书编纂委员会编
桓仁　长兴德书局　民国34.9[1945.9]
17页　32开
小学校高级暂用
辽宁

2-1556

国语新选
余再新编选　陈伯吹校订
上海　儿童书局　民国34.9[1945.9]-
4册(46,54,71,82页)　32开
第1册：民国34.9初版,民国35.10第4版
第2册：民国34.9初版,民国35.10第4版
第3册：民国34.9初版
第4册：民国35.10第4版
初级中学、高级小学、补习学校国语科用补充读本
北师大　人教

2-1557

高小国语汇选
于卫廉，刘瑞斌等选辑　赵玉笙编订
北平　国立北平师范大学附属第一小学出版编委会　民国35.2[1946.2]-
4册(②82,④104页)　32开
第2,4册：民国35.2版
北师大(2,4)

2-1558

国文读本
辽宁行政公署教育处审定
辽宁　辽宁行政公署教育处　民国35.8[1946.8]版
76页　32开
高级小学二年级适用
北师大

2-1559

新编高小国语读本
吕伯攸，朱文叔，徐亚倩编　陆费逵校

上海　中华书局　民国36.4[1947.4]-
4册(114,126,140,150页)　图　32开
第1册:民国36.4第10版,1949.10第17-19版
第2册:民国36.4第7版,民国38.4第14-16版
第3册:民国36.5第8版,民国37.2第9版
第4册:民国36.5第7版,1949.10第12-13版
　　修正课程标准适用
版权页题名:新编南洋华侨高小国语读本
封面题名:高小国语读本
辞书

2-1560
短篇小说选
李克农编选
　　上海　商务印书馆　民国36[1947]版
　　59页　32开
　　六年级国语科用
　　广东中山

2-1561
高级小学国语读本
北平师范大学附属第二小学编
　　北平　[编者刊]　[1912-1949?]
　　　册(②102页)　32开
　　第2册:版次不详
　　北师大(2)　人教(2)

2-1562
高等小学国文读本
唐蔚芝编辑
　　[出版者不详]　[1912-1949?]
　　　册(①③-④[184]页)　32开　线装
　　第1,3-4册:版次不详
　　人教(1,3-4)

教学参考书

2-1563
儿童文学读本教学法
周尚志,王芝九等编纂　庄适等编订
　　上海　商务印书馆　民国11.9[1922.9]-
12册(①94,②92,③72页)　32开
　　第1册:民国11.9初版
　　第2册:民国12.6第3版
　　第3册:民国12.6第3版
　　北师大(1-3)

2-1564
国语文学读本说明书
李步青编
　　上海　中华书局　民国14.7[1925.7]
　　82页　大32开
逐页题名:新小学国语文学读本说明书

其他题名:新小学教科书国语文学读本说明书
国图　人教　辞书　河南

2-1565
国语文学读本教授书
李步青编　陆费逵,戴克敦校
　　上海　中华书局　民国14.9-17.2[1925.9-1928.2]
　　8册　图　大32开
　　第1册:民国14.9初版
　　第2册:民国15.1初版
　　第3册:民国15.6初版
　　第4册:民国15.10初版
　　第5册:民国15.10初版
　　第6册:民国16.9初版
　　第7册:民国16.11初版
　　第8册:民国17.2初版
大学院审定　新学制适用
其他题名:新小学教科书国语文学读本教授书
华师大　河南(1)　编译馆(1-2,4-8)

2-1566
阅读测验说明书
华超编著
　　上海　商务印书馆　民国14[1925]版
　　31页　表　32开
其他题名:新学制国语教科书阅读测验说明书
国图　人教

2-1567
国语读本教学法
杨复耀,高念修编　蒋镜芙,吕伯攸校
　　上海　中华书局　民国24.8-25.7[1935.8-1936.7]
　　4册(160,186,193,208页)　32开
　　第1册:民国24.8初版,民国25.4第2版,民国26.1第3版
　　第2册:民国25.2初版
　　第3册:民国25.4初版
　　第4册:民国25.7初版
一年短期小学用
国图　北师大(1-2)　辞书

2-1568
小学读书教材及教法
陈侠编著
　　上海　新亚书店　民国25.5[1936.5]
　　151页　表　32开　(小学教师进修丛书)
国图　辞书

2-1569
少年国语读本指导书
韦息予,徐逢伯编著
　　上海　开明书店　民国37.8-38.2[1948.8-1949.2]
　　4册(38,42,58,56页)　32开
　　第1册:民国37.8初版
　　第2册:民国38.2初版
　　第3册:民国37.8初版

第4册：民国38.2初版
国图　辞书

* * *

2-1570

国语读本说明书
　　黎均荃,陆衣言编辑　黎锦熙,王璞,沈颐,张相,陆费逵,
　　戴克敦,刘传厚阅订
　　上海　中华书局　民国9.4[1920.4]-
　　8册(①23,②20,③19叶)　大32开　线装
　　第1册：民国9.4初版
　　第2册：民国9.4初版
　　第3册：民国9.9初版
　　国民学校用　秋季始业用
　　封面题名：新教材国语读本说明书
　　其他题名：新教材教科书国语读本说明书
　　人教(1-3)　辞书(1-3)

2-1571

国语读本教案
　　顾公毅,丛圻,朱建恸等编辑及校阅
　　上海　中华书局　民国9.10-11.2[1920.10-1922.2]
　　8册(40,40,54,57,67,62,67,84)叶　图　32开　线装
　　第1册：民国9.10初版,民国10.5第3版
　　第2册：民国10.1初版
　　第3册：民国10.7初版
　　第4册：民国10.7初版
　　第5册：民国10.8初版,民国11.11第2版
　　第6册：民国10.12初版
　　第7册：民国11.1初版
　　第8册：民国11.2初版
　　国民学校用　秋季始业用
　　其他题名：新教育教科书国语读本教案
　　人教　辞书

2-1572

国语读本教案
　　顾公毅,丛圻,朱建恸等编辑及校阅
　　上海　中华书局　民国10.1-11.8[1921.1-1922.8]
　　8册(43,40,54,59,63,62,67,85叶)　图　32开　线装
　　第1册：民国10.2初版,民国12.5第5版
　　第2册：民国10.2初版,民国12.5第4版,民国12.9第5版
　　第3册：民国10.2初版,民国10.9版,民国12.5第4版,民
　　　国12.10第5版
　　第4册：民国10.8初版,民国11.12第3版,民国12.6第5版
　　第5册：民国10.8初版,民国11.11第2版
　　第6册：民国11.1初版,民国12第3版,民国12.7第5版
　　第7册：民国10.1初版,民国12.10第4版
　　第8册：民国11.8初版,民国12.7第4版
　　国民学校用　春季始业用
　　其他题名：新教育教科书国语读本教案

人教　辞书

2-1573

国语读本教授书
　　陈白,张德骥,黄铁崖等编　戴克敦,张相,刘传厚校
　　上海　中华书局　民国12.2-13.1[1923.2-1924.1]
　　8册(97,80,91,110,126,140,155,148页)　大32开
　　第1册：民国12.2初版,民国13.11第5版
　　第2册：民国12.3初版,民国13.11第8版
　　第3册：民国12.4初版,民国14.11第8版
　　第4册：民国12.6初版,民国16.3第11版
　　第5册：民国12.7初版,民国13.11第6版
　　第6册：民国12.7初版,民国14.7第7版
　　第7册：民国12.11初版,民国14.11第7版
　　第8册：民国13.1初版,民国14.11第6版
　　新学制适用　初级用
　　卷端题名：新小学国语读本教授书
　　其他题名：新小学教科书国语读本教授书
　　辞书　河南(5-6)　编译馆

2-1574

初级国文读本教学法
　　钱选青,戴渭清,王翼臣,黄健,陈友文,陆泰生编辑　范祥
　　善,董文,杨喆,朱鼎元校订
　　上海　世界书局　民国13.6[1924.6]-
　　8册(①218,②210,④206,⑤172,⑧212页)　图　大32开
　　　线装
　　第1册：民国13.8第3版,民国13.11第8版
　　第2册：民国13.6初版
　　第4册：民国13.6初版
　　第5册：民国13.6初版,民国13.10第2版
　　第8册：民国14.10版,民国14第10版
　　新学制小学教员用书
　　初版附注：民国13年6月初版
　　北师大(8)　人教(5,8)　辞书(1-2,4-5)　广西师大(1)

2-1575

初级国语读本教学法
　　魏冰心,朱鼎元编辑　范祥善,戴渭清校订
　　上海　世界书局　民国13.8[1924.8]-
　　8册(①208,②192,③196,④214页)　图　大32开　线装
　　第1册：民国13.8第3版
　　第2册：民国13第2版
　　第3册：民国13.10第2版
　　第4册：民国13.10第2版
　　新学制小学教员用书
　　初版附注：民国13年6月初版
　　辞书(1-4)

2-1576

国文读本教授书
　　陈白,顾楠,张德骥,黄铁崖编纂
　　上海　中华书局　民国14.7-15.9[1925.7-1926.9]
　　8册(98,107,128,138,146,152,170,212页)　大32开

第1册:民国14.7初版,民国14.8第2版
第2册:民国14.8初版
第3册:民国14.8初版,民国16.3第2版
第4册:民国14.11初版
第5册:民国15.2初版
第6册:民国15.2初版
第7册:民国15.3初版
第8册:民国15.9初版
新学制适用　初级用
其他题名:新小学教科书国文读本教授书
人教(5-6)　辞书　编译馆

2-1577
新中华国语读本教授书
吴伯匡,徐迥千,杨千青编辑
上海　新国民图书社　民国16.6-17.7[1927.6-1928.7]
8册([111],[122],[139],[152],[169],[191],[198],[215]页)　32开
第1册:民国16.6初版,民国19.11第10版,民国20.12第12版,民国21.3第13版
第2册:民国16.8初版,民国19.11第8版,民国20.12第10版,民国21.3第11版
第3册:民国16.9初版,民国19.11第10版,民国20.12第12版,民国21.3第13版
第4册:民国16.12初版,民国19.11第6版,民国20.4第7版,民国21.3第8版
第5册:民国17.1初版,民国19.11第9版,民国21.3第12版
第6册:民国17.3初版,民国20.4第8版,民国20.12第9版,民国21.3第10版
第7册:民国17.3初版,民国20.4第7版,民国20.12第8版,民国21.3第9版
第8册:民国17.7初版,民国19.11第5版,民国21.3第8版,民国21.10第9版
小学校初级用
其他题名:新中华教科书国语读本教授书
北师大(3)　人教　辞书　河南(1,8)　编译馆

2-1578
前期小学国语读本教学法
魏冰心,殷叔平编辑
上海　世界书局　民国16.8[1927.8]-
8册(①160,②230,③262,⑤153,⑥179,⑦167,⑧171页)　图　32开　线装
第1册:民国19.2第4版
第2册:民国16.8初版,民国18.11第4版,民国19.9第5版
第3册:民国16.8初版,民国18.11第4版,民国20.4第13版
第5册:民国18.7第2版
第6册:民国18.8第3版
第7册:民国18.7初版
第8册:民国18.8第2版
新主义教科书教员用书　前期小学用
初版附注:民国16年8月-18年7月初版

其他题名:新主义教科书前期小学国语读本教学法
国图(2)　人教(2-3)　辞书(1-3,5-8)　河南(3)　编译馆(2)

2-1579
前期小学国语读本教学法
魏冰心,殷叔平编辑
上海　世界书局　民国17.4[1928.4]-
8册(②228,③253,⑥194,⑦182,⑧186页)　图　32开
第2册:民国17.4初版,民国20.5第7版
第3册:民国17.4初版,民国20.5第14版
第6册:民国17.4初版
第7册:民国17.4初版,民国20.7第10版
第8册:民国17.4初版
根据教育部审定本编辑　新主义教科书教员用书
国图(3,6-8)　人教(2-3,6-8)

2-1580
前期小学国语读本教学法[订正本]
魏冰心,殷叔平编辑
上海　世界书局　民国20.6[1931.6]-
8册(190,228,253,235,190,200,191,205页)　图　32开
第1册:民国20.9第13版,民国21.4第14版
第2册:民国20第11版
第3册:民国22.2第19版
第4册:民国20.8第13版,民国22.1第17版
第5册:民国20.6初版,民国21.1第11版
第6册:民国20.6版,民国22.1第16版
第7册:民国22第6版,民国22.1第14版
第8册:民国20.8版
新主义教科书教员用书　前期小学用
初版附注:民国20年5月-?订正初版
逐页题名:新主义国语读本教学法
其他题名:国语读本教学法
国图(4-5)　北师大(2)　人教(4-6,8)　辞书(1)　编译馆(1,3-8)

2-1581
国语标准读本教钥
马静轩,张若南编辑　吴研因校订
上海　民智书局　民国20.12[1931.12]-
4册(①200,③160,④136页)　32开
第1,3-4册:民国20.12初版
小学校初级用
北师大(3-4)　华师大(1)　辞书(1)

2-1582
国语标准读本教钥
顾诗灵编辑　张国人校订
上海　民智书局　民国21.7[1932.7]-
8册(⑦146页)　32开
第7册:民国21.7初版
小学初级用
北师大(7)

2-1583

南洋华侨国语读本教授书
吴伯匡,徐迥千,杨干青,高念修编辑

    新加坡　中华书局　民国21.11[1932.11]-

    8册(①109,②119,③137,④150,⑤166,⑥189页)　32开

    第1-6册:民国21.11初版

    初级小学用

    国图(1-5)　人教(1-6)　辞书(1-6)

2-1584

小学国语读本教学法
吕伯攸,杨复耀编　朱文叔校

    上海　中华书局　民国22.4-23.1[1933.4-1934.1]

    8册(274,330,344,414,342,342,373,413页)　图,乐谱　大32开

    第1册:民国22.4初版,民国22.4第2版,民国22.4第4版,民国22.4第5版,民国22.4第6版,民国22.4第8版

    第2册:民国22.6初版,民国22.6第3版,民国22.6第4版,民国23.1第5版,民国23.1第8版,民国25.4第9版

    第3册:民国22.6初版,民国22.6第2版,民国23.1第4版,民国23.1第5版,民国23.1第6版

    第4册:民国22.8初版,民国23.1第5版,民国24.8第9版

    第5册:民国22.8初版,民国23.1第4版,民国23.11第7版,民国23.11第8版

    第6册:民国22.10初版,民国23.6第4版,民国23.12第5版,民国24.4第7版,民国24.8第8版

    第7册:民国22.8初版,民国22.8第2版,民国23.1第3版,民国23.12第6版,民国24.7第7版,民国24.8第8版

    第8册:民国23.1初版,民国23.1第2版,民国23.6第6版,民国24.4第10版,民国25.5第11版

    新课程标准适用　初级用

    国图(1,5-6,8)　北师大　人教　辞书　广东中山(2-3,6-7)　编译馆(1)

2-1585

小学国语读本教学法
吕伯攸,杨复耀编　朱文叔校

    上海　中华书局　民国23.3-25.8[1934.3-1936.8]

    8册(274,338,382,392,354,362,404,422页)　图,乐谱　大32开

    第1册:民国23.3初版,民国23.3第2版

    第2册:民国25.2初版

    第3册:民国24.2初版

    第4册:民国25.8初版

    第5册:民国24.4初版,民国24.8第2版

    第6册:民国24.5初版

    第7册:民国24.9初版

    第8册:民国25.7初版

    新课程标准适用　初级用　春季始业

    国图　辞书

2-1586

小学国语读本教学法
吕伯攸,罗良铸,杨复耀编　朱文叔,陆费逵校

    上海　中华书局　民国23.6-24.5[1934.6-1935.5]

    8册(274,330,344,414,342,341,374,413页)　图,乐谱　32开

    第1册:民国23.6初版

    第2册:民国23.6初版

    第3册:民国23.6初版

    第4册:民国23.7初版

    第5册:民国23.9初版

    第6册:民国23.10初版

    第7册:民国23.11初版

    第8册:民国24.5初版

    新课程标准　南洋华侨学校适用　初级用

    其他题名:新课程标准小学国语读本教学法

    辞书

2-1587

大众初级国语读本教学法
周阆风编辑

    上海　大众书局　民国23.8-25.8[1934.8-1936.8]

    8册(302,270,345,288,263,348,283,361页)　图　32开

    第1册:民国23.8初版

    第2册:民国25.1初版

    第3册:民国25.8初版

    第4册:民国25.1初版

    第5册:民国25.8初版

    第6册:民国25.1初版

    第7册:民国25.8初版

    第8册:民国25.1初版

    新课程标准适用　小学初级用

    封面题名:初级国语读本教学法

    逐页题名:大众国语读本教学法

    辞书

2-1588

国语读本教学法
小学国语读本编修委员会编辑

    太原　山西省政府　民国25.2[1936.2]-

    8册(①166,⑧362页)　图,表　大32开

    第1,8册:民国25.2初版

    小学校初级用　春季始业

    辞书(1,8)

2-1589

最新南洋华侨小学国语读本教学法
吕伯攸,杨复耀编　朱文叔校

    新加坡　中华书局　民国26.4-27.12[1937.4-1938.12]

    8册(290,336,380,392,350,354,400,419页)　图,乐谱　32开

    第1册:民国26.4初版

    第2册:民国26.5初版

    第3册:民国26.5初版

    第4册:民国26.8初版

第 5 册：民国 26.12 初版,1949.10 第 6 版
第 6 册：民国 27.12 初版,1949.10 第 6 版
第 7 册：民国 26.10 初版,1949.10 第 6 版
第 8 册：民国 27.12 初版,1949.10 第 5 版
修正课程标准适用　小学初级用
其他题名：小学国语读本教学法
国图　人教　辞书

2-1590

新编初小国语读本教学法
杨复耀,徐亚倩,高念修编　朱文叔,吕伯攸校
上海　中华书局　民国 26.7-27.12[1937.7-1938.12]
8 册(264,299,326,356,372,381,442,470 页)　图　32 开
第 1 册：民国 26.7 初版,民国 26.7 第 4 版,民国 26.7 第 10 版,民国 26.7 第 11 版
第 2 册：民国 26.7 初版,民国 26.7 第 2 版,民国 26.7 第 7 版,民国 26.7 第 8 版,民国 26.7 第 9 版
第 3 册：民国 26.7 初版,民国 26.7 第 3 版,民国 28.10 第 9 版
第 4 册：民国 26.11 初版,民国 26.11 第 2 版,民国 26.11 第 3 版,民国 26.7 第 11 版
第 5 册：民国 26.7 初版,民国 26.7 第 2 版,民国 26.7 第 3 版,民国 26.7 第 7 版,民国 26.7 第 8 版
第 6 册：民国 27.10 初版,民国 27.12 第 2 版,民国 27.12 第 3 版,民国 28.4 第 5 版,民国 28.11 第 7 版
第 7 册：民国 26.8 初版,民国 28.1 第 6 版,民国 28.4 第 7 版,民国 29.8 第 8 版
第 8 册：民国 27.12 初版,民国 28.6 第 4 版,民国 28.12 第 5 版
修正课程标准适用
逐页题名：初小国语读本教学法
国图　辞书　西北师大(2)　广东中山　编译馆(1-2,7)

2-1591

新编初小国语读本首册教学法
蒋镜芙,吕伯攸编　朱文叔校
上海　中华书局　民国 26.9[1937.9]初版,民国 26.9 第 4 版
106 页　图　32 开　精装
修正课程标准适用
逐页题名：初小国语读本首册教学法
国图　辞书　编译馆

2-1592

初小国语读本教学法
陈真编辑
上海　世界书局　民国 26[1937]-
　册(⑤41 页)　32 开
第 5 册：民国 26 年版
西北师大(5)

2-1593

初小国语读本教学法
朱翊新编辑
上海　世界书局　民国 26[1937]-
8 册(③209,⑦160,⑧159 页)　32 开
第 3 册：民国 27 年版

第 7 册：民国 26 年版
第 8 册：民国 26 年版
西北师大(3,7-8)

2-1594

初级小学国语新读本教学法
封光甲等编辑
上海　世界书局　民国 27.5[1938.5]-
8 册(①188,②230,③230,④184,⑤[162],⑦187,⑧[220]页)
　32 开
第 1 册：民国 27 初版,民国 29.1 第 3 版
第 2 册：民国 27 初版,民国 28.1 第 2 版
第 3 册：民国 27 初版,民国 29.1 第 3 版
第 4 册：民国 27 初版,民国 28.2 版
第 5 册：民国 29.1 第 3 版
第 7 册：民国 27.5 第 2 版
第 8 册：民国 28.1 第 2 版
修正课程标准适用
其他题名：国语新读本教学法
西北师大(1-4)　编译馆(1-5,7-8)

2-1595

抗建读本教学指导书
白动生,唐卢锋等编　陆殿扬校
[重庆]　正中书局　民国 30.10[1941.10]-
8 册(①268,②190,③228,④[302],⑤233,⑦316,⑧[302]页)
　32 开
第 1 册：民国 31 第 3 版
第 2 册：民国 30.10 初版
第 3 册：民国 30.11 初版
第 4 册：民国 31.7 初版,民国 31 第 26 版
第 5 册：民国 31.7 初版
第 7 册：民国 31.7 初版
第 8 册：民国 31.7 初版
依据抗建读本编辑　国语常识混合编制　国民学校及乡(镇)中心学校适用
国图(2-4,7-8)　人教(2-5,7-8)　广东中山(1,4)

2-1596

幼童国语读本指导书
韦息予编
上海　开明书店　民国 38.4[1949.4]
2 册　32 开
第 1-2 册：民国 38.4 初版
初级小学语文教学参考书
国图　人教

* * *

2-1597

国语读本教授书
吴启瑞,金鉴,朱麟等编校
上海　中华书局　民国 12.5-13.2[1923.5-1924.2]

4册(171,150,145,132页) 大32开

第1册:民国12.5初版,民国13.1第3版,民国14.7第4版,民国16.1第5版

第2册:民国12.7初版,民国12.11第2版,民国13.2第3版,民国16.1第7版

第3册:民国12.10初版,民国13.6第3版,民国14.7第5版,民国16.1第6版

第4册:民国13.2初版,民国13.6第2版,民国14.11第4版,民国15.4第5版,民国16.3第6版

新学制高年级用

其他题名:新小学教科书国语读本教授书

北师大 人教 辞书 编译馆

2-1598

国文读本教授书

洪鋆,褚东郊,朱文叔,郑昶编 陆费逵,戴克敦,张相校

上海 中华书局 民国13.3-8[1924.3-8]

4册(136,125,141,123页) 大32开

第1册:民国13.3初版,民国13.11第2版

第2册:民国13.6初版,民国13.11第2版,民国14.11第4版,民国16.1第6版,民国17第7版

第3册:民国13.6初版,民国14.11第3版

第4册:民国13.8初版,民国16.1第4版

新学制适用 高年级用

其他题名:新小学教科书国文读本教授书

其他题名:新学制国文读本教授书

人教 辞书 编译馆

2-1599

高级国语文读本教学法

魏冰心等编辑 范祥善校

上海 世界书局 民国14.6[1925.6]

4册([1104]页) 32开

第1册:民国14.6初版

第2册:民国14.6初版

第3册:民国14.6初版,民国14.10第2版

第4册:民国14.6初版

新学制小学教员用

国图 北师大 人教

2-1600

高级国文读本教学法

秦同培,陈和祥编著

上海 世界书局 民国14[1925]-

册(②156,③128页) 32开

第2册:民国14初版

第3册:民国15第4版

新学制小学教员用

初版附注:民国14年初版

其他题名:国文读本教学法

广东中山(2-3)

2-1601

新中华国语读本教授书

方钦照,朱文叔,喻守真编 陈棠,张相校

上海 新国民图书社 民国17.1-10[1928.1-10]

4册(218,211,220,223页) 大32开

第1册:民国17.1初版,民国18.12第6版,民国19.12第8版,民国20.6第9版,民国20.11第10版,民国21.3第11版

第2册:民国17.3初版,民国19.12第6版,民国20.6第7版,民国20.11第8版,民国21.3第9版

第3册:民国17.8初版,民国18.10第3版,民国19.9第4版,民国20.6第5版,民国20.11第6版,民国21.3第7版

第4册:民国17.10初版,民国18.3第2版,民国19.12第4版,民国20.6第5版,民国20.11第6版,民国21.3第7版

小学校高级用

其他题名:新中华教科书国语读本教授书

人教 辞书 河南(3-4) 编译馆

2-1602

国语文学读本教授书

李步青编

上海 中华书局 民国17.2-9[1928.2-9]

4册(36,38,34,34页) 大32开

第1册:民国17.2初版

第2册:民国17.2初版

第3册:民国17.9初版

第4册:民国17.9初版

新学制适用 高级小学用

其他题名:新小学教科书国语文学读本教授书

国图(1) 人教(1-2) 辞书 编译馆

2-1603

高级小学国语读本教学法

魏冰心编辑 范祥善校订

上海 世界书局 民国18.6-8[1929.6-8]

4册(165,146,130,134页) 图 32开

第1册:民国18.8初版,民国19.8第5版,民国21.12第11版

第2册:民国18.6初版,民国21.10第7版

第3册:民国18.6初版,民国20.2第4版,民国20.8第5版

第4册:民国18.6初版,民国20.2第3版,民国20.8第4版

新主义教科书教员用书 后期小学用

封面题名:国语读本教学法

逐页题名:新主义国语读本教学法

其他题名:后期小学国语读本教学法

国图 辞书 编译馆

2-1604

南洋华侨国语读本教授书

朱麟编

上海 中华书局 民国21.11[1932.11]

4册([522]页) 32开

第1-4册:民国21.11初版

高级小学用

国图 人教

2-1605

南洋华侨国语读本教授书
朱麟,韩棐编　陈醉云,黎锦晖校
　　新加坡　中华书局　民国21.12[1932.12]
　　4册(183,171,160,157页)　32开
　　第1-4册:民国21.12初版
　　高级小学用
　　辞书

2-1606

小学国语读本教学法
喻守真,韩非木,范作乘,高念修,楼云林编　朱文叔,张相,金兆梓校
　　上海　中华书局　民国22.7-23.1[1933.7-1934.1]
　　4册(304,306,316,321页)　32开
　　第1册:民国22.7初版,民国22.10第5版
　　第2册:民国22.7初版,民国22.9第2版
　　第3册:民国22.8初版,民国23.1第2版
　　第4册:民国23.1初版,民国23.1第2版,民国25第5版
　　新课程标准适用　高级用
　　北师大　辞书　广东中山(1)

2-1607

小学国语读本教学法
喻守真,韩非木,范作乘,高念修,楼云林编　朱文叔,张相,金兆梓校
　　上海　中华书局　民国24.1-3[1935.1-3]
　　4册(290,311,302,335页)　32开
　　第1册:民国24.1初版
　　第2册:民国24.3初版
　　第3册:民国24.2初版
　　第4册:民国24.3初版
　　新课程标准适用　春季始业用　高级用
　　国图　北师大　辞书　编译馆(2)

2-1608

小学国语读本教学法
喻守真,韩非木,范作乘,高念修,楼云林编　朱文叔,张相,金兆梓校
　　上海　中华书局　民国24.7[1935.7]
　　4册(303,305,314,320页)　32开
　　第1-4册:民国24.7初版
　　新课程标准　南洋华侨学校适用　高级用
　　其他题名:新课程标准小学国语读本教学法
　　辞书

2-1609

高级小学国语新读本教学法
魏冰心,朱翊新,董文,宋子俊编辑
　　上海　世界书局　民国24.10[1935.10]-
　　4册(336,388,406,474页)　32开
　　第1册:民国24.10初版,民国28.7新1版
　　第2册:民国24.12初版
　　第3册:民国25.4第2版,民国28.7新1版
　　第4册:民国24.12初版
　　新课程标准教科书教员用书
　　封面题名:国语新读本教学法
　　国图(1)　人教(1,3)　辞书

2-1610

新编高小国语读本教学法
马精武等编　吕伯攸,朱文叔,徐亚倩校
　　上海　中华书局　民国26.7-28.1[1937.7-1939.1]
　　4册(414,436,461,520页)　32开
　　第1册:民国26.7初版,民国28.11第7版,民国30.3第8版
　　第2册:民国28.1初版,民国28.11第5版,民国29第6版
　　第3册:民国26.10初版,民国28.6第4版,民国28.12第5版
　　第4册:民国28.1初版
　　修正课程标准适用
　　逐页题名:高小国语读本教学法
　　国图(3-4)　人教(1,3-4)　辞书　西北师大(1)　广东中山编译馆(1)

2-1611

新编南洋华侨高小国语读本教学法
马精武编　朱文叔,吕伯攸,徐亚倩校
　　新加坡　中华书局　民国26.11-28.5[1937.11-1939.5]
　　4册(414,436,461,520页)　32开
　　第1册:民国26.11初版
　　第2册:民国28.5初版
　　第3册:民国26.11初版
　　第4册:民国28.5初版
　　修正课程标准适用
　　逐页题名:高小国语读本教学法
　　其他题名:南洋华侨高小国语读本教学法
　　其他题名:修正新编南洋华侨高小国语读本教学法
　　国图　人教　辞书

2-1612

战时读本高级指导书
张宗麟主编　马昌实,陆维特编辑
　　上海　生活书店　民国27.5[1938.5]第2版
　　32页　图　32开
　　上海

2-1613

高小国语新读本教学法
周近新等编辑
　　上海　世界书局　民国27[1938]-
　　　册(①286,②253页)　32开
　　第1-2册:民国27年版
　　修正课程标准适用
　　其他题名:国语新读本教学法
　　其他题名:新课程标准教科书高小国语新读本教学法
　　西北师大(1-2)　编译馆(1)

作 文

课 本

2-1614

绘图蒙学论说实在易
程宗启编
  上海　彪蒙书室　清光绪 31.5[1905]
  4 册(142 页)　32 开　线装　(白话讲义蒙学丛书)
  第 1-4 册：光绪 31.5 初版
  人教　广西师大(2,4)

2-1615

论说入门初集
程宗启编
  上海　彪蒙书室　清光绪 31.5[1905]
  4 册([140]页)　32 开　线装
  第 1-4 册：光绪 31.5 初版,宣统 2.10 第 20 版,民国 2.2 第 2 版
  封面题名：彪蒙论说入门初集
  人教　辞书

2-1616

论说入门二集
彪蒙编译所编
  上海　彪蒙书室　清光绪 34.8[1908]
  4 册([228 页])　32 开　线装
  第 1-4 册：光绪 34.8 初版,民国 2.2 第 2 版
  人教

2-1617

论说入门三集
彪蒙编译所编
  上海　彪蒙书室　清宣统 1.2[1909]
  2 册(66,60 页)　32 开　线装
  第 1-2 册：宣统 1.2 第 2 版
  人教

2-1618

论说入门四至五集
程宗裕,钱宗翰编
  上海　彪蒙书室　清宣统 2.2[1910]
  4 册([194]页)　32 开　线装
  第 1-2 册(四集)：宣统 2.2 版,民国 2.2 第 2 版
  第 3-4 册(五集)：宣统 2.2 版
  人教　辞书(1-2)

2-1619

第一简明论说启蒙
胡朝阳编辑　庄景仲校订
  上海　新学会社　民国 1[1912]-
  2 册(②72 页)　32 开　线装
  第 2 册(下卷)：民国 1 订正 6 版
  民国两等小学教科书

  初版附注：清宣统 2 年初版
  人教(2)

2-1620

论说启悟集初编
程宗启编
  上海　彪蒙书室　清宣统 3.1-2[1911]
  2 册(25,18 叶)　32 开　线装
  上册：宣统 3.1 初版,民国 3.4 第 5 版
  下册：宣统 3.2 初版,民国 3.4 第 5 版
  封面题名：共和论说启悟初编
  人教　辞书

2-1621

论说启悟集二编
程宗启编
  上海　彪蒙书室　清宣统 3.2[1911]
  4 册([69]叶)　32 开　线装
  第 1-4 册：宣统 3.2 初版,宣统 3.6 第 3 版
  人教　辞书

2-1622

论说启悟集三编
程宗启编
  上海　彪蒙书室　清宣统 3.6[1911]
  4 册([74]叶)　32 开　线装
  第 1-4 册：宣统 3.6 初版,宣统 3.6 第 3 版
  人教　辞书

     *　　*　　*

2-1623

最新论说范本
  上海　会文学社　[1908?]
  册(①26 叶)　大 32 开　线装
  第 1 册：版次不详
  初等小学堂适用
  广西师大(1)

2-1624

初等小学论说模范初编十四卷
彪蒙编译所编辑及校阅
  上海　彪蒙书室　民国 1.8[1912.8]
  [66]叶　大 32 开　线装
  逐页题名：初等小学论说模范
  辞书

2-1625

论说新编初集
雷瑊著
  上海　扫叶山房　民国 4.8[1915.8]-
  4 册　32 开　线装
  第 1,3-4 册(卷一、三、四)：民国 4.8-6 年版
  初等小学校适用
  人教(1,3-4)

2-1626
论说新编二集
雷瑊著
上海 扫叶山房 民国4[1915]-
册(④82页) 32开 线装
第4册(卷四):民国4年版
初等小学校适用
人教(4)

2-1627
言文对照初小新文范
秦同培编辑
上海 世界书局 民国13.1[1924.1]
4册(16,17,19,20叶) 大32开 线装
第1-4册:民国13.1第5版
国民学校适用
封面题名:言文对照初等新文范
辞书

2-1628
言文对照新时代学生文范
黄克宗,张云石编辑
上海 世界书局 民国13.2[1924.2]
4册(27,30,34,35叶) 大32开 线装
第1册:民国13.2第9版
第2册:民国13.2第9版
第3册:民国13.2第9版,民国14.3第2版
第4册:民国13.2第9版,民国14.3第2版
国民学校用 初等小学校用
逐页题名:新时代学生文范
人教(3-4) 辞书

2-1629
小学实用文范
吕伯攸编 朱文叔校
上海 中华书局 民国25.8[1936.8]
3册(32,32,32页) 图,表 32开
第1-3册:民国25.8初版
新课程标准适用 第三学年第一学期~第四学年第一学期用
人教(2) 辞书 广东中山(2)

2-1630
初级模范作文
董坚志编著
上海 春明书店 民国35.5[1946.5]第2版
114页 32开
语文混合编制小学补充读物
其他题名:模范作文
人教 广东中山

2-1631
初级模范日记
董自强编著
上海 春明书店 民国35[1946]版
116页 32开

小学三、四年级补充读物
河南

＊　＊　＊

2-1632
高小论说文范
邵伯棠撰
上海 会文堂新记书局 民国18.5[1929.5]
4册(20,24,23,24叶) 大32开 线装
第1-4册:民国18.5第9版
初版附注:清宣统3年初版
广西师大

2-1633
新撰小学论说精华
上海 广益书局 [1911?]
3册([212]页) 32开 线装
第1-3册:版次不详
高等小学适用
人教

2-1634
中等新论说文范
蔡郎著 邵希雍评校
上海 会文堂 民国1.1[1912.1]-
4册(30,34,39,49叶) 32开 线装
第1册:民国1.1初版,民国1.8第2版,民国2.8第9版,民国3.9订正6版
第2册:民国1.8第2版,民国2.8第9版,民国3.9订正6版
第3册:民国1.8第2版,民国2.8第9版,民国3.9订正6版
第4册:民国1.8第2版,民国2.8第9版,民国3.9订正6版
适合高等小学和中学使用
人教 辞书

2-1635
高等小学论说文范
邵伯棠著述
上海 会文堂 民国1.2[1912.2]
4册(28,34,33,34叶) 大32开 线装
第1-4册:民国1.2第3版,民国2.2订正2版,民国2.4订正6版,民国2.5订正7版,民国4.3修正4版
人教 辞书 广西师大(2-4)

2-1636
高等小学论说模范
彪蒙编译所编辑及校阅
上海 彪蒙书室 民国1[1912]
2册(20,20叶) 32开 线装
上下册:民国1年版
人教 辞书

2-1637
最新论说范本
杜瀚生著

上海　会文堂梓记　民国3.6[1914.6]
4册(26,25,24,31叶)　32开　线装
第1-4册：民国3.6第20版
高等小学及中学一、二年级适用
封面题名：论说范本初集
辞书

2-1638

高等小学作文示范
嵇毅复,李味青编纂
　　上海　商务印书馆　民国3.7[1914.7]-
　　3册(66,66,96页)　32开
　　上册：民国3.7第2版,民国9第13版
　　中册：民国5.10第6版
　　下册：民国3.10初版,民国4.8第8版,民国10.12第14版
　　人教(2-3)　辞书(1)　广东中山(1)

2-1639

高等小学作文范本
林景亮编著　刘传厚评注
　　上海　中华书局　民国3.12-4.4[1914.12-1915.4]
　　3册(31,42,37叶)　大32开　线装
　　第1册：民国3.12初版,民国8.7第15版,民国10.12第19版,民国24.3第32版
　　第2册：民国3.12初版,民国9.6第15版
　　第3册：民国4.4初版,民国6.2第6版,民国9.6第15版
　　教育部审定
　　人教　上师大　辞书

2-1640

评注论说轨范
　　上海　商务印书馆　民国3[1914]-
　　5册(③68页)　32开　线装
　　第3册(二集上卷)：民国3年版
　　国民学校高年级小学生用
　　初集为二卷,二集为三卷
　　其他题名：论说轨范
　　人教(3)

2 1041

高等小学作文示范
嵇毅复,李味青编
　　上海　土山湾印书馆　民国11[1922]-
　　3册(①66,②66页)　图　大32开
　　上册：民国11第16版
　　中册：民国11第9版
　　初版附注：民国4年3月初版
　　其他题名：作文示范
　　上师大(1-2)

2-1642

言文对照高等作文新范
周祝封,张祖贤编辑　张云石,张廷华校订
　　上海　世界书局　民国9.12[1920.12]-

3册([276]页)　32开　线装
第1册：民国9.12版,民国21.8第3版
第2册：民国21.8第3版
第3册：民国14.9版,民国21.8第3版
教科、自修适用
其他题名：高等作文新范
人教　上师大(3)　广东中山(2)　编译馆

2-1643

言文对照高等新文范
张兆瑢编纂　陆保潗校阅
　　上海　广益书局　民国10.8[1921.8]
　　4册(18,18,18,21叶)　大32开　线装
　　第1-4册：民国10.8初版
　　其他题名：高等新文范
　　辞书

2-1644

言文对照新时代学生文范
黄克宗,张云石编辑
　　上海　世界书局　民国10.10[1921.10]
　　3册(31,33,37叶)　大32开　线装
　　第1册：民国10.10初版,民国13.1第9版,民国16年版,民国21.10第36版
　　第2册：民国10.10初版,民国13.1第9版,民国21.10第36版
　　第3册：民国10.10初版,民国13.1第9版,民国19.7第26版,民国21.10第36版
　　高等小学校用
　　卷端题名：言文对照新时代高等学生文范
　　其他题名：新时代学生文范
　　国图(1)　人教(1,3)　辞书　广西师大(3)　广东中山(1)　编译馆

2-1645

言文对照高等新法文范
凌善清编著　沈镕校阅
　　上海　大东书局　民国11.10[1922.10]
　　3册(33,41,50叶)　大32开　线装
　　第1-3册：民国11.10第2版
　　高等小学学生适用
　　初版附注：民国11年7月初版
　　其他题名：高等新法文范
　　辞书

2-1646

言文对照高小新文范
秦同培编辑
　　上海　世界书局　民国13.1[1924.1]
　　4册(24,24,27,27叶)　大32开　线装
　　第1-4册：民国13.1第4版
　　教科、自修适用
　　封面题名：言文对照高等新文范
　　辞书

2-1647

高级学生文范
陈和祥著
  上海　世界书局　民国18.9[1929.9]
  4册　表　32开
  第1-4册：民国18.9初版
  其他题名：三民主义高级学生文范
  编译馆

2-1648

小学作文模范读本
俞焕斗,黄铁崖,黄舍石编辑
  上海　出版合作社　民国24[1935]版
  62页　32开
  五年级春夏季用
  上师大

2-1649

小学作文模范读本
徐迪千等编　周斐成校订
  上海　大川书店　民国25.8[1936.8]
  76页　32开
  六年级秋冬季用
  人教

2-1650

文范
席涤尘编著
  上海　大众书局　民国27.5[1938.5]-
  册(④65页)　32开
  第4册：民国27.5第5版
  高年级小学用
  人教(4)

2-1651

小学作文模范读本
孙漱石等著　周斐成校订
  上海　大川书店　民国29.8[1940.8]第3版
  61页　32开
  五年级秋冬季用
  人教

2-1652

作文范本
世界书局编译所编辑
  上海　世界书局　民国31.12[1942.12]
  4册(55,55,57,61页)　表　32开
  第1-4册：民国31.12第2版
  逐册题名：高小文范
  其他题名：高小补充教材作文范本
  辞书

2-1653

高级小学白话评注三民主义文范
  上海　广益书局　[1912-1949?]
  2册(38,34页)　图　32开
  上下册：版次不详
  其他题名：白话评注三民主义文范
  其他题名：三民主义文范
  河南

    *　　*　　*　　*　　*

2-1654

蒙学尺牍教科书
彪蒙编译所编辑
  上海　彪蒙书室　清光绪32.2-民国3[1906-1914]
  2册(74,72页)　图　32开　线装
  上册：光绪32.2初版
  下册：民国3初版
  人教

2-1655

新教育尺牍教本
曹铨著
  上海　文明书局　清宣统2.1[1910]第3版,民国6.2订正5
  版,民国11.6第6版
  60叶　大32开　线装
  初版附注：清光绪32年8月初版
  辞书　编译馆

2-1656

最新实用女子尺牍教科书
杜芝庭著
  上海　会文社　清光绪33.4[1907]
  2册([166]页)　32开　线装
  第1-2册(上下编)：光绪33.4初版
  其他题名：实用女子尺牍教科书
  人教

2-1657

(订正)新撰学生尺牍
商务印书馆编译所编纂
  上海　商务印书馆　民国21.10[1932.10]
  2册(41,54叶)　大32开　线装
  上下册：民国21.10国难后3版
  初版附注：清光绪33年12月初版
  其他题名：新撰学生尺牍
  辞书

2-1658

最新简明尺牍教本
程荫亭辑　李寿彭缮校
  上海　月记书局　清宣统1[1909]
  39页　图　大32开　线装
  其他题名：简明尺牍教本
  云南社科

2-1659

新撰女学生尺牍
广益书局编辑部编辑

上海　广益书局　民国 2[1913]-
　　册(①54 页)　32 开　线装
上册:民国 2 年版
其他题名:女学生尺牍
人教(1)

2-1660

女子实用尺牍教本
严渭渔编著　范烟桥等校订
　　苏州　振新书社　民国 8.10[1919.10]-
　　3 册(③36 页)　32 开　线装
第 3 册(卷三):民国 8.10 版
其他题名:实用尺牍教本
人教(3)

2-1661

儿童实用书信
劳春华著
　　上海　儿童书局　民国 22.4[1933.4]第 7 版,民国 36.12 新
　　　11 版
　　150 页　32 开
教育部选定
初版附注:民国 19 年 11 月初版
辞书

2-1662

白话信范本
严渭渔编辑
　　上海　世界书局　民国 20.11[1931.11]第 13 版
　　29 页　表　大 32 开　线装
供小学校教授或自修之用
其他题名:初学白话信范本
其他题名:新白话信范本
编译馆

2-1663

新体女子白话尺牍
吴公雄编辑
　　上海　大东书局　民国 21.10[1932.10]
　　2 册　32 开
第 1-2 册:民国 21.10 第 32 版
小学用
其他题名:女子白话尺牍
编译馆

2-1664

写信课本
顾诚五编著　范祥善校
　　上海　世界书局　民国 22.3[1933.3]
　　4 册(39,40,40,40 页)　表　32 开
第 1-4 册:民国 22.3 初版
其他题名:小学补充教材写信课本
辞书

2-1665

万叶尺牍课本
王沂清,王修和编著　钱君匋,徐菊庵校订
　　上海　万叶书店　民国 33.8[1944.8]-
　　8 册(①36,②40,③45,④48,⑤52,⑥54,⑦34 页)　32 开
第 1 册:民国 33.8 初版
第 2 册:民国 33.8 初版
第 3 册:民国 33.8 初版
第 4 册:民国 33.8 初版
第 5 册:民国 33.8 初版
第 6 册:民国 33.8 初版
第 7 册:民国 34.3 第 2 版
辞书(1-7)

2-1666

最新南洋华侨尺牍课本
钱熊,吴一钧编
　　上海　中华书局　民国 35.12[1946.12]-
　　4 册(①30,②30 页)　32 开
第 1-2 册:民国 35.12 初版
封面题名:华侨尺牍课本
辞书(1-2)

2-1667

少年的书信
骆风和著
　　[出版者不详]　[1912-1949?]
　　112 页　32 开
小学校尺牍课本之用
河南

＊　＊　＊

2-1668

中华初等尺牍
章瑞兰编辑
　　上海　中华书局　民国 1.8[1912.8]第 2 版,民国 9.8 第 31
　　　版,民国 14.10 第 50 版,民国 20.11 第 62 版,民国 21.4 第
　　　63 版
　　26 叶　大 32 开　线装
初版附注:民国元年 8 月初版
卷端题名:初等尺牍
辞书　广西师大

2-1669

国民尺牍教本
范天英编
　　苏州　博文出版社　民国 7.10[1918.10]初版,民国 12.2 第
　　　6 版
　　24 叶　大 32 开　线装
国民学校适用
人教　广西师大

2-1670

绘图儿童尺牍启蒙
胡寄尘编辑

上海　广益书局　民国8.3[1919.3]第2版
40叶　图　大32开　线装
学校适用
初版附注：民国7年初版
版权页题名：儿童尺牍启蒙
封面题名：尺牍启蒙
辞书

2-1671
尺牍课本
周逸休，陆宝忠编著　刘大白鉴定
上海　大众书局　民国21.7[1932.7]-
8册(24,24,24,24,28,34,34,40页)　图　32开
第1册：民国21.7初版,民国23.5第8版
第2册：民国21.7初版,民国23.5第8版
第3册：民国21.7初版,民国22.3第9版
第4册：民国21.7初版,民国23.8第12版
第5册：民国21.8第3版,民国23.3第10版
第6册：民国21.7初版,民国23.3第7版
第7册：民国21.7初版,民国23.3第10版
第8册：民国21.7初版,民国24.10第12版
初级小学适用
辞书　广东中山(1,5-8)

2-1672
初等白话尺牍
沈维钧编辑
上海　世界书局　民国21.10[1932.10]
2册　表　32开
上下册：民国21.10版
小学校用
编译馆

2-1673
给小孩子的信
江寒鸥著
82页　32开
小学中年级适用
①上海　南星书店　民国22.4[1933.4]
辞书
②上海　大华书局　民国22.6[1933.6]
辞书

2-1674
书信作法课本
张匡编
上海　北新书局　民国25.7-12[1936.7-12]
6册(①63,②66,③71,④71,⑤-⑥[153]页)　32开
第1册：民国25.7初版
第2册：民国25.7初版
第3册：民国25.7初版
第4册：民国25.7初版
第5册：民国25.12初版
第6册：民国25.12初版

小学国语科补充课本　三年级上学期～四年级下学期用
人教　辞书(1-4)

2-1675
尺牍课本
刘大白著
上海　世界书局　民国27[1938]-
册(⑥32页)　32开
第6册：民国27第3版
初级小学用
广东中山(6)

2-1676
新民尺牍课本：言文对照
新民图书编著
上海　[编者刊]　民国28.10[1939.10]-
册(⑤33,⑦33页)　32开
第5册：民国28第3版
第7册：民国28.10第3版
初级小学适用
其他题名：言文对照新民尺牍课本
辞书(5,7)

2-1677
言文对照小学生新尺牍
王一鸣编著
上海　大东书局　民国30.9[1941.9]第50版,民国35.10第53版
[102]页　图,表　32开
小学三、四年级用
卷端题名：小学生新尺牍
人教　辞书　编译馆

2-1678
尺牍范本：语体文言对照
世界书局编译所编辑
上海　世界书局　民国31.12[1942.12]
4册(44,44,44,44页)　图　32开
第1-4册：民国31.12第2版
中年级补充用
辞书

2-1679
初级小学尺牍指南
陈步炜编辑
上海　世光书局　民国38.1-1951.7[1949.1-1951.7]
8册(24,24,24,24,31,35,31,38页)　32开
第1册：1951.7第2版
第2册：1951.7第2版
第3册：1951.7第2版
第4册：1951.7第2版
第5册：民国38.1第2版
第6册：1951.7第2版
第7册：民国38.1第2版
第8册：1951.7第2版

初级小学用
初版附注：民国37年1月初版
封面题名：尺牍指南
辞书

2-1680

小学尺牍课本：语体文言对照
朱鼎元著
　　上海　大东书局　民国37[1948]-
　　　册(①44,②43,③48页)　32开
　　第1-3册：民国37第15版
　　初小学生适用
　　其他题名：初级尺牍课本
　　广东中山(1-3)

2-1681

初小尺牍课本
　　上海　世界书局　[1912-1949?]
　　4册(24,24,24,24页)　图,表　64开
　　第1-4册：版次不详
　　辞书

＊　＊　＊

2-1682

新的男女学生尺牍
进化书局著
　　上海　[著者刊]　民国11.4[1922.4]第3版
　　138页　32开
　　高小、中学、师范适用
　　河南

2-1683

尺牍课本
段隽原编著　刘大白鉴定
　　上海　大众书局　民国21.7[1932.7]
　　4册(40,42,42,46页)　32开
　　第1-4册：民国21.7初版
　　高级小学用
　　逐页题名：高级尺牍课本
　　辞书　广东中山

2-1684

给小学生的信
高云池著
　　上海　南星书店　民国22.3[1933.3]
　　102页　32开
　　高年级小学适用
　　逐页题名：给小学生的信
　　辞书

2-1685

言文对照高级小学生尺牍
沈斐成编著
　　上海　大东书局　民国22.7[1933.7]
　　2册(60,40页)　表　32开
　　第1-2册：民国22.7第15版
　　华师大(2)　辞书

2-1686

高小学生尺牍
徐蘧轩编著
　　上海　大华书局　民国23.6[1934.6]第6版
　　251页　32开
　　初版附注：民国22年9月初版
　　辞书

2-1687

尺牍范本：语体文言对照
世界书局编译所编辑
　　上海　世界书局　民国31.12[1942.12]
　　4册(42,42,44,45页)　图　32开
　　第1-4册：民国31.12第2版
　　高年级补充用
　　辞书

2-1688

言文对照高小学生尺牍
沈斐成编
　　上海　大东书局　民国35.10[1946.10]第55版
　　99页　32开
　　封面题名：高级小学生尺牍
　　书脊题名：言文对照高小学生尺牍
　　辞书

＊　＊　＊　＊　＊

2-1689

儿童作文初步
秦同培编辑
　　上海　世界书局　民国20.10[1931.10]
　　2册　图　大32开　线装
　　第1-2册：民国20.10第8版
　　新时代教科适用
　　编译馆

2-1690

小学作文课本
唐文粹编著　方与严校订
　　上海　大华书局　民国24.7[1935.7]
　　129页　32开
　　逐页题名：学生作文法
　　辞书

2-1691

日记作法
王允文,曹懋唐,吴增芥等编辑
　　上海　商务印书馆　民国24.10[1935.10]-
　　2册(63,80页)　表　32开　(小学生作文指导丛书)
　　上册：民国24.12第2版

下册：民国 24.10 初版
辞书　庐山(1)

2-1692
小学实用文
复兴学社编校
上海　国民书局　民国 30.7[1941.7]-
4 册(①56,④76 页)　表　32 开
第 1 册：民国 37.7 第 2 版
第 4 册：民国 30.7 初版
其他题名：模范教科书小学实用文
辞书(1,4)

2-1693
儿童作文课本
陈鹤琴编
香港　儿童书局　1953.8
4 册(64,64,64,69 页)　图　32 开
第 1-4 册：1953.8 第 2 版
初版附注：民国 37 年 6 月新初版
辞书

* * *

2-1694
最新作文教科书
戴克敦编纂　高凤谦校订
上海　商务印书馆　清宣统 1.4[1909]-
5 册(①18,②18 叶)　图　大 32 开　线装
第 1 册(上下编)：宣统 1.4 第 2 版,民国 2.5 订正初版
第 2 册(上下编)：民国 2.5 订正初版,民国 5.5 第 5 版
初等小学用
初版附注：清光绪 34 年 7 月初版
版权页题名：初等小学最新作文教科书
人教(1-2)　上师大(1)　辞书(1-2)

2-1695
新学制作文教科书
计志中编纂　朱经农,王岫庐校订
上海　商务印书馆　民国 13.1[1924.1]-
8 册(40,40,40,40,44,46,50,50 页)　图　大 32 开
第 1 册：民国 13.1 初版,民国 13.5 第 15 版
第 2 册：民国 13.2 第 10 版
第 3 册：民国 13.5 第 10 版
第 4 册：民国 13.6 初版
第 5 册：民国 13.7 第 10 版
第 6 册：民国 13.8 初版
第 7 册：民国 14.4 第 8 版
第 8 册：民国 13.12 初版
小学校初级用
辞书

2-1696
作文新教本
王一鸣编辑
上海　大东书局　民国 13.12[1924.12]-
2 册(②50 页)　图　大 32 开　线装
第 2 册：民国 13.12 初版
其他题名：初级小学作文新教本
编译馆(2)

2-1697
初级应用文教本
王子玉编辑　陈佐墀校订
上海　世界书局　民国 21.9[1932.9]第 3 版
178 页　表　32 开
小学生适用
其他题名：普通应用文
编译馆

2-1698
小学应用文课本
魏冰心编辑
上海　世界书局　民国 23.8[1934.8]-
6 册(①36,②36 页)　图　32 开
第 1-2 册：民国 23.8 初版
小学国语科补充教材　小学一年级～二年级学生用
封面题名：应用文课本
其他题名：新课程标准世界教科书小学应用文课本
辞书(1-2)

2-1699
弟弟学作文
吕伯攸编　刘开申绘
上海　中华书局　民国 24.7[1935.7]
18 页　彩图　32 开　(小学低年级各科副课本　17)
卷端题名：小学低年级国语副课本弟弟学作文
上海　辞书

2-1700
日用文作法
胡赞平编
上海　中华书局　民国 24.7[1935.7]
40 页　32 开　(小学中年级各科副课本　19)
卷端题名：小学中年级国语副课本日用文作法
人教　上海　辞书

2-1701
一个小演说家
朱震西编
上海　中华书局　民国 24.7[1935.7]
40 页　图　32 开　(小学中年级各科副课本　20)
卷端题名：小学中年级国语副课本一个小演说家
人教　上海　辞书

2-1702
初级小学作文练习本
俞焕斗,沈百英编校
上海　商务印书馆　民国 25.8[1936.8]-
6 册　表　32 开

第1册：民国25.8初版
第2册：民国25.8初版
第5册：民国25.10初版
第6册：民国25.10初版
四年级上、下学期用
卷端题名：作文练习本
华师大(1-2,5)　辞书(5-6)

2-1703

初级小学实用文练习本
徐德春,闻人杰,张若英,斯紫辉,何遇隆,宗亮寰编校
　　上海　商务印书馆　民国26.1[1937.1]
　　4册(48,53,42,43页)　32开
　　第1-4册：民国26.1初版
　　三年级上学期～四年级下学期用
　　逐页题名：小学实用文练习本
　　华师大(1-2)　辞书

2-1704

作文练习书
徐迥千编著　白浪绘图
　　上海　春秋书社　民国30.8[1941.8]-
　　4册(42,44,44,44页)　图　32开
　　第1册：版次不详
　　第2册：版次不详
　　第3册：民国30.8第5版
　　第4册：民国30.8第5版
　　小学校低年级适用
　　辞书

2-1705

低级看图作文
黄一德编
　　上海　华光书局　民国36.9[1947.9]-
　　　册(①39页)　图　32开
　　第1册：民国36.9第2版
　　小学校低年级适用
　　人教(1)

2-1706

低年级作文练习书
朱翊新著
　　上海　广益书局　民国36.10[1947.10]-
　　　册(③40页)　图　32开
　　第3册：民国36.10版
　　小学第二学年上学期用
　　人教(3)

2-1707

初级作文之友
周闻风编辑
　　上海　百新书店　民国37.5[1948.5]
　　122页　32开
　　小学国语补充读物
　　辞书

* * *

2-1708

新学制作文教科书
计志中编纂　朱经农,王岫庐校订
　　上海　商务印书馆　民国14.1-15.1[1925.1-1926.1]
　　4册(45,44,49,51页)　表　大32开
　　第1册：民国14.1初版
　　第2册：民国14.6初版
　　第3册：民国14.9初版,民国15.2第10版
　　第4册：民国15.1初版
　　小学校高级用
　　人教(3)　辞书

2-1709

日记作法
卢冠六编
　　上海　春秋书社　民国24.7[1935.7]第2版
　　117页　32开
　　小学高年级国语科补充读物
　　辞书

2-1710

作文指导
陈际云编
　　上海　新中国书局　民国24[1935]-
　　　册(②108页)　32开
　　第2册：民国24初版
　　小学校高级国语科补充读物
　　河南(2)

2-1711

怎样作文
皇甫钧编
　　上海　中华书局　民国25.4[1936.4]
　　48页　图　32开　(小学高年级各科副课本　16)
　　卷端题名：小学高年级国语副课本怎样作文
　　人教　上海　辞书

2-1712

高级作文之友
周闻风编辑
　　上海　百新书店　[1912-1949?]
　　121页　32开
　　小学国语补充读物
　　辞书

教学参考书

2-1713

最新作文教科书教授法
余锡震,杜芝庭编纂

上海　会文学社　清光绪 32.7[1906]-
册(②49 叶)　大 32 开　线装
第 2 册:光绪 32.7 初版
初等小学堂教员用
封面题名:最新初等小学作文教科书教授法
辞书(2)

2-1714
最新作文教授法
戴克敦编纂　高凤谦校订
上海　商务印书馆　清宣统 2.7[1910]-
5 册(①11,②16 叶)　大 32 开　线装
第 1 册(上下编):宣统 2.7 第 4 版
第 2 册(上下编):民国 2.9 第 6 版
初等小学教员用
初版附注:清光绪 34 年 8 月初版
封面题名:最新作文教科书教授法
其他题名:初等小学最新作文教授法
辞书(1-2)

2-1715
小学作文教学法
徐子长编
上海　商务印书馆　民国 17[1928]初版,民国 22 国难后 1 版
161 页　大 32 开
天津　广东中山

2-1716
命题方法和文题介绍
李涵,何思翰编
上海　商务印书馆　民国 25.4[1936.4]
291 页　32 开
小学校作文科用
辞书　庐山

2-1717
小学作文教材及教法
李长河,刘大卫编
上海　新亚书店　民国 25[1936]
141 页　32 开　(小学教师进修丛书)
国图

2-1718
小学作文科教材和教法
张粒民编著　沈百英校订
长沙　商务印书馆　民国 27.4[1938.4]
181 页　表　32 开　(小学教师丛书)
辞书　广东中山

2-1719
国民学校应用文作法
茆玉麟编著
南京　正中书局　民国 36.11[1947.11]
50 页　32 开　(国民教育辅导丛书)
辞书

2-1720
怎样指导儿童写作
沐绍良著
上海　商务印书馆　民国 37.2[1948.2]初版,民国 37.6 第 2 版
121 页　32 开　(国民教育文库)
辞书　辽宁　庐山

2-1721
儿童日记指导法
潘仁著
上海　商务印书馆　民国 37.2[1948.2]初版,民国 37.6 第 2 版
99 页　32 开　(国民教育文库)
辞书　辽宁

2-1722
小学作文的命题
李涵,何思翰编纂
上海　商务印书馆　民国 37.2[1948.2]
291 页　32 开　(国民教育文库)
辞书　西北师大

2-1723
小学作文科教材和教法
张粒民编著
上海　商务印书馆　民国 37.4[1948.4]第 1 版,民国 37.8 第 3 版
181 页　表　32 开　(国民教育文库)
其他题名:作文科教材和教法
国图　上海　辞书　广东中山

教学辅导书

2-1724
初学论说文范
邵伯棠著
上海　会文堂粹记　民国 1.5[1912.5]
4 册(24,28,26,27 叶)　大 32 开　线装
第 1-4 册:民国 1.5 第 17 版,民国 3.8 第 10 版
人教　辞书　广西师大(1-3)

2-1725
初学论说必读
孔宪彭著　蔡郕评校
上海　会文堂粹记　民国 1.5[1912.5]-
册(①54 页)　32 开　线装
第 1 册:民国 1.5 初版
人教(1)

2-1726
共和论说进阶
费有容编　神州图书局编辑所校阅
4 册(21,21,22,21 叶)　32 开　线装
①上海　神州图书局　民国 1.9[1912.9]

第1-4册(卷一至卷四)：民国1.9初版,民国3.1第20版
人教(1-2,4)　辞书
②上海　民强书局　民国1.9[1912.9]-
第1-2,4册：民国1.9初版,民国8.3第22版
人教(1-2,4)

2-1727
共和论说升阶
费有容编辑　神州图书局编辑所校阅
上海　[神州图书局]　民国1.9[1912.9]-
2册(11,17叶)　32开　线装
上册：民国1.9初版,民国2.3第9版
下册：民国2.3第9版
人教　辞书

2-1728
女子论说文范
邵伯棠著
上海　会文堂粹记　民国2.10[1913.10]
4册([228]页)　32开　线装
第1-4册：民国2.10第10版
人教

2-1729
初学论说轨范
邹登泰撰述　邹登瀛评阅　李联圭校订
4册([208]页)　32开　线装
①上海　天一书局　民国3.2[1914.2]
第1-4册：民国3.2版
人教
②苏州　振新书社　民国3.2[1914.2]-
第3-4册：民国3.2版,民国4.2第3版
人教(3-4)

2-1730
论说范本二集
邵希雍著
上海　会文堂粹记　民国3.7[1914.7]
4册(24,33,32,31叶)　32开　线装
第1-4册：民国3.7第13版
卷端题名：最新论说范本二集
辞书

2-1731
小学论说精华
胡君复评选
上海　商务印书馆　民国5.6[1916.6]-
4册(102,104,106,102页)　大32开
第1册(一集)：民国8.5第9版,民国9.7第11版
第2册(二集)：民国8.5第9版,民国13.3第13版
第3册(三集)：民国5.6第5版,民国10.9第12版
第4册(四集)：民国7第8版,民国8.11第9版,民国16.5第15版
初版附注：民国3年10月初版
人教　上师大(2)　云南社科(2,4)

2-1732
新撰初学论说指南
上海　广益书局　民国4.10[1915.10]-
册(①32页)　图　32开　线装
第1册(卷一)：民国4.10订正版
其他题名：初学论说指南
人教(1)

2-1733
初学论说义法规范
陆保璇编辑　广益书局校阅
上海　广益书局　民国6.10[1917.10]-
4册(③22,④52页)　32开　线装
第3册(卷五至卷六)：民国8.10修订版
第4册(卷七至卷八)：民国6.10第5版
其他题名：论说文法规范
人教(3-4)

2-1734
初学论说入门二集
彪蒙书室编辑
上海　广益书局　民国7.7[1918.7]第15版
[49]页　32开　线装
其他题名：论说入门
人教

2-1735
初等白话文范
张云石编辑
上海　广文书局　民国10.1[1921.1]
3册(22,32,31叶)　大32开　线装
第1-3册：民国10.1初版
自修适用
辞书

2-1736
言文对照初学新文范
沈元起,蔡其清著
上海　广益书局　民国10.1[1921.1]
2册([70]页)　32开　线装
第1-2册(卷一至卷二)：民国10.1版
其他题名：初学新文范
人教

2-1737
言文对照初学论说文范
邵伯棠撰述　邵人模语译
上海　会文堂书局　民国13.6[1924.6]
4册(22,26,24,24叶)　大32开　线装
第1-4册：民国13.6第5版
自修适用
初版附注：民国12年8月初版
辞书

2-1738
言文对照初学论说精华

陆保璇著　王心湛修订
　　上海　广益书局　民国16[1927]-
　　4册([186]页)　32开　线装
　　第1册：民国26.7修正2版
　　第2册：民国26.7修正2版
　　第3册：民国16年版,民国26.7修正2版
　　第4册：民国16年版,民国26.7修正2版
　　其他题名：初学论说精华
　　国图(3-4)　人教

2-1739
小学论说文范
吴鼎编
　　上海　大华书局　民国24.11[1935.11]
　　36页　图,表　32开
　　卷端题名：论说文
　　辞书

2-1740
小学记叙文范
吴鼎编
　　上海　大华书局　民国24.11[1935.11]
　　77页　32开
　　逐页题名：记叙文
　　辞书

2-1741
小学实用文范
吴鼎编
　　上海　大华书局　民国24.11[1935.11]
　　50页　32开
　　卷端题名：实用文
　　辞书

2-1742
模范作文
黄晋父编
　　无锡　民生印书馆　民国25.10[1936.10]
　　150页　32开
　　卷端题名：(增订)模范作文
　　人教

2-1743
模范作文读本
瞿世镇编
　　上海　春江书局　民国25[1936]增订7版
　　[261]页　32开　(春江实用文库)
　　河南

2-1744
小学模范作文
吴继铨编　瞿世镇校
　　上海　三民图书公司　民国25[1936]
　　254页　32开
　　河南

2-1745
小学模范作文
颜心栽著
　　[长春]　[出版者不详]　民国32.12[1943.12]
　　75页　32开　(学生自修丛书)
　　辽宁

2-1746
小学作文读本[胜利版]
卢冠六编
　　上海　三民图书公司　民国35.6[1946.6]新1版
　　250页　32开
　　逐页题名：小学作文
　　辞书

2-1747
模范日记一百篇[胜利版]
卢冠六编
　　上海　三民图书公司　民国35.10[1946.10]新2版
　　105页　32开
　　逐页题名：模范日记百篇
　　其他题名：分类指导一百篇
　　辞书

2-1748
新编小朋友模范作文
陶友白,方雪园编著
　　上海　新陆书局　民国35.11[1946.11]
　　[141]页　32开
　　卷端题名：新标准小朋友模范作文
　　逐页题名：模范作文
　　辞书

2-1749
小学模范日记[增订胜利版]
卢冠六编　瞿世镇校
　　上海　三民图书公司　民国35.12[1946.12]新2版
　　158页　32开
　　逐页题名：新编小学模范日记
　　辞书

2-1750
小学模范作文[增订本]
吴继铨编　瞿世镇校
　　上海　三民图书公司　民国35.12[1946.12]新2版
　　201页　32开
　　辞书

2-1751
小学模范作文
周忠治编辑
　　广州　南光书店　民国38[1949]版
　　91页　32开
　　广东中山

2-1752

儿童作文选
张友编
　　[山西]　晋西北新华书店　民国38[1949]版
　　41页　32开
　　辽宁

2-1753

言文对照女子作文新范
　　上海　广文书局　[1912-1949?]
　　3册(①78页)　32开　线装
　　第1册：版次不详
　　自修适用
　　其他题名：女子作文新范
　　人教(1)

2-1754

新式论说文范本
　　上海　世界书局　[1912-1949?]
　　2册(①46页)　32开　线装
　　上册：版次不详
　　其他题名：论说文范本
　　人教(1)

＊　＊　＊

2-1755

言文对照初等作文新范
周祝封编辑　张云石,张廷华校订
　　上海　广文书局　民国9.12[1920.12]
　　4册([202]页)　32开　线装
　　第1-4册：民国9.12初版,民国21.10第50版
　　其他题名：初等作文新范
　　人教　编译馆

2-1756

初等作文新范：言文对照
周祝封编辑
　　上海　世界书局　民国13.8[1924.8]
　　4册(24,26,26,25叶)　大32开　线装
　　第1-4册：民国13.8第19版
　　教科、自修适用
　　初版附注：民国9年12月初版
　　上师大(2)　广西师大

2-1757

初等论说文范
文明书局编辑
　　上海　[编者刊]　民国16.5[1927.5]初版,民国20.12第2版
　　[56]叶　大32开　线装
　　其他题名：言文对照初等论说文范
　　辞书

2-1758

言文对照新式初等论说指南
陆保璇著
　　上海　广益书局　民国25.5[1936.5]
　　4册(17,19,22,24叶)　大32开　线装
　　第1-4册：民国25.5第77版
　　学生必读
　　其他题名：新式初等论说指南
　　广西师大

2-1759

新编初级模范作义
吴拯寰编
　　上海　三民图书公司　民国36.6[1947.6]新8版
　　120页　图　32开　(小学生实用文库)
　　封面题名：初级模范作文
　　辞书

＊　＊　＊

2-1760

言文对照高等新论说
朱贞白著　王行一评
　　上海　崇文书局　民国4.5[1915.5]-
　　2册(①134页)　32开　线装
　　上册：民国4.5版
　　其他题名：高等新论说
　　人教(1)

2-1761

新撰高等论说指南
沈慧编著　陆保璇校订
　　上海　广益书局　民国7.1[1918.1]
　　4册(26,22,23,23叶)　大32开　线装
　　第1-4册：民国7.1第11版
　　其他题名：高等小学论说指南
　　辞书

2-1762

言文对照高等论说新范
秦同培编辑
　　上海　世界书局　民国12.1[1923.1]
　　112页　32开　线装
　　教科、自修适用
　　其他题名：高等论说新范
　　人教

2-1763

言文对照高等作文新范
秦同培编辑
　　上海　世界书局　民国14[1925]-
　　4册(④54页)　32开　线装
　　第4册：民国14第5版
　　教科、自修适用
　　其他题名：高等作文新范
　　人教(4)

2-1764

国语测验作文总览
储祎编

上海　东方书店　民国24.4[1935.4]第6版
164页　32开　(小学升学准备总览)
初版附注：民国23年2月初版
辞书

2-1765

新编高级模范作文[胜利版]
瞿世镇主编

上海　三民图书公司　民国36[1947]新7版
[175]页　32开
封面题名：高级模范作文
辞书

* * * * *

2-1766

蒙学尺牍
上海广益书局编辑并校订

上海　[编者刊]　民国9.2[1920.2]
2册(44,43页)　大32开　线装
上下册：民国9.2新编初版
初学适用
封面题名：新式蒙学尺牍
辞书

2-1767

白话学生尺牍
凌善清编

上海　中华书局　民国9.7[1920.7]初版,民国17.12第17版,民国21.8第20版
28叶　大32开　线装
辞书

2-1768

白话书信范本
徐敬修编辑

上海　文明书局　民国20.12[1931.12]-
4册(44,28,34,36页)　图,表　32开
第1册：民国20.12第12版,民国25.5第14版
第2册：民国25.5第14版
第3册：民国25.5第14版
第4册：民国25.5第14版
学生适用
初版附注：民国12年3月初版
辞书　编译馆(1)

2-1769

言文对照女子新尺牍
广文书局编辑所编辑

上海　广文书局　民国12.12[1923.12]-
2册(②132页)　32开　线装

下册：民国12.12第8版
教科、自修适用
其他题名：女子新尺牍
人教(2)

2-1770

绘图儿童白话尺牍
广文书局编辑所编辑

上海　世界书局　民国14.11[1925.11]-
2册(②64页)　图　32开　线装
第2册：民国14.11订正10版
其他题名：儿童白话尺牍
人教(2)

2-1771

言文对照新式普通尺牍
世界书局编辑所[编]

上海　世界书局　民国15.8[1926.8]
2册(32,35叶)　大32开　线装
第1-2册：民国15.8第6版,民国20.9第14版
教科、自修适用
其他题名：新式普通尺牍
广西师大　编译馆

2-1772

言文对照女子新尺牍
世界书局编辑所[编]

上海　世界书局　民国15.11[1926.11]第25版
56叶　大32开　线装
教科、自修适用
其他题名：女子新尺牍
广西师大

2-1773

小学生的信
李白英著

上海　新中国书局　民国22.7[1933.7]第2版
152页　32开
初版附注：民国21年2月初版
辞书

2-1774

现代小学生尺牍
周有姜编著

上海　世界书局　民国21.8[1932.8]
2册(48,52页)　图　32开
第1-2册：民国21.8第2版
辞书

2-1775

新体儿童白话尺牍
潘文安编著

上海　大东书局　民国21.9[1932.9]
2册(62,58页)　图　32开
第1-2册：民国21.9第22版,民国22.7第26版
辞书　编译馆

2-1776
两个小朋友的信
李黎著
　　上海　新中国书局　民国22.4[1933.4]
　　50页　32开
　　小学校用
　　辞书　河南

2-1777
给小学生的信
高云池著
　　上海　大华书店　民国22.6[1933.6]
　　102页　32开
　　辞书

2-1778
儿童写信指导
陈和祥著
　　上海　大华书局　民国22.6[1933.6]
　　68页　表　32开
　　封面题名：新儿童写信指导
　　辞书

2-1779
学生写信指导
陈和祥著
　　上海　大华书局　民国22.6[1933.6]
　　112页　表　32开
　　辞书

2-1780
言文对照小学生新尺牍
王一鸣编著
　　上海　大东书局　民国22.9[1933.9]
　　2册(47,67页)　图,表　32开
　　第1-2册：民国22.9第31版
　　其他题名：小学生新尺牍
　　辞书

2-1781
书信作法
吴增芥,柳民元,王允义,曹懋唐,汪重光,陈履周编辑　殷佩斯校订
　　上海　商务印书馆　民国24.1[1935.1]-
　　3册(49,49,59页)　32开　（小学生作文指导丛书）
　　第1册：民国24.3第2版,民国24.5第4版
　　第2册：民国24.1初版,民国24.5第3版
　　第3册：民国24.3第2版
　　初版附注：民国24年1月初版
　　辞书　庐山(2-3)

2-1782
儿童书信范本
贺玉波著　冯铁生,陈伯吹校订
　　上海　儿童书局　民国35.2[1946.2]-
　　4册(65,65,65,65页)　表　32开

　　第1册：民国35.3第20版
　　第2册：民国35.3第20版,民国38.3第21版
　　第3册：民国35.2第16版,民国35.3第20版
　　第4册：民国35.2第16版,民国38.9香港23版
　　初版附注：民国24年4月初版
　　辞书

2-1783
学生新尺牍：言文对照 详细注解
储菊人编著
　　上海　博文书店　民国30.7[1941.7]
　　155页　32开
　　辞书

2-1784
写信初步
吴继铨主编
　　上海　三民图书公司　民国35.8[1946.8]
　　4册(18,18,18,18页)　图　32开
　　第1-4：民国35.8第4版
　　辞书

2-1785
新体儿童白话尺牍
潘文安编著
　　上海　大东书局　民国35.10[1946.10]第38版
　　[120]页　图　32开
　　辞书

2-1786
儿童活用新尺牍：图文对照
吴继铨著
　　上海　三民图书公司　民国35.10[1946.10]第4版
　　80页　图　32开
　　辞书

2-1787
儿童书信
汪绍陶编著　陈鹤琴校
　　上海　华华书店　民国36.9[1947.9]
　　62页　32开
　　小学国语科白修读物
　　辞书

2-1788
儿童新尺牍：言文对照 注释指导
吴继铨著
　　上海　三民图书公司　民国36[1947]新3版
　　4册(37,37,37,37页)　图　32开
　　第1-4册：民国36新3版
　　书脊题名：言文儿童新尺牍
　　辞书

2-1789
学生新尺牍：言文对照 注释指导
吴继铨著
　　上海　三民图书公司　民国37[1948]第2版

[160]页　32开
辞书

2-1790

儿童新尺牍
上海　广益书局　[1912-1949?]
109页　图　32开　线装
其他题名：新尺牍
人教

2-1791

言文对照学生新尺牍
上海　世界书局　[1912-1949?]
76页　32开
教科、自修适用
其他题名：学生新尺牍
人教

2-1792

新撰女子尺牍
上海　商务印书馆　[1912-1949?]
册(①86页)　32开　线装
第1册：版次不详
人教(1)

*　*　*

2-1793

初级小学尺牍新范本
王一鸣编辑
上海　大东书局　民国20.2[1931.2]
2册(81,81页)　图　大32开　线装
第1-2册：民国20.2第6版,民国22.10第8版
国图　人教　辞书　编译馆

2-1794

初级儿童白话信
汪漱碧著　沈健民校订
上海　中央书店　民国25.5[1936.5]第2版
202页　32开
版权页题名：新编初级儿童白话尺牍
其他题名：儿童白话信
人教

*　*　*

2-1795

现代高级学生尺牍
沈维钧编辑
上海　世界书局　民国21.10[1932.10]
2册　表　32开
第1-2册：民国21.10第9版
高级小学学生练习书信用
其他题名：高级学生尺牍

编译馆

2-1796

白话书信大全
严慎予,王平陵著
上海　新文化书社　民国23.3[1934.3]第18版
200页　32开
高等小学及中学校用
河南

2-1797

高级小学写信指导法
戴桢清编纂
上海　大达图书供应社　民国24.3[1935.3]
186页　32开
辞书

*　*　*　*　*

2-1798

小学作文入门初集
秦同培评选
上海　商务印书馆　民国3.2[1914.2]初版,民国4.6第7版,民国8.2第18版,民国16.3版,民国16.8第28版
168叶　大32开　线装
人教　辞书　庐山　广西师大

2-1799

小学作文入门二集
胡君复评选
上海　商务印书馆　民国3.12[1914.12]初版,民国8.2第8版,民国11第13版,民国16.7第16版,民国26年版
175叶　大32开　线装
人教　上师大　辞书　庐山

2-1800

小学作文入门三集
胡君复评选
上海　商务印书馆　民国4.1[1915.1]初版,民国6.1版,民国8.5第5版,民国13第11版,民国19.3第14版
174叶　大32开　线装
上师大　辞书　庐山

2-1801

最新小学作文捷径
施崇恩著
上海　新新书局　民国3.8[1914.8]-
2册(②124页)　32开　线装
下册：民国3.8初版
其他题名：小学作文捷径
人教(2)

2-1802

作文初步
江山渊编
上海　文明书局　民国4.12[1915.12]

4册(274页)　32开　线装
第1-4册(卷一至卷四)：民国4.12初版
人教

2-1803
初学对类引端
砚香书屋主人编
　　[不详]　第七甫五桂堂　民国4[1915]
　　49叶　32开　线装
　　封面题名：活版对类引端
　　辞书

2-1804
作文百法
许德邻著　卢寿筏校订
　　上海　崇文书局　民国10.10[1921.10]
　　3册([178]页)　32开　线装
　　第1-3册：民国10.10增订6版
　　人教

2-1805
语体作文材料
陈君馥编辑　陆保璇校阅
　　上海　广益书局　民国11.11[1922.11]
　　[128]页　32开　线装
　　初学应用
　　人教

2-1806
新主义作文法
陈越著
　　上海　大通书局　民国18.8[1929.8]
　　4册(54,62,66,64页)　照片　32开
　　第1-4册：民国18.8初版
　　封面题名：作文法
　　辞书

2-1807
作文百日通
杨叔明编辑
　　上海　大华书局　民国23.7[1934.7]
　　78页　32开
　　辞书

2-1808
公告作法
王允文,曹懋唐,吴增芥等编辑　殷佩斯校订
　　上海　商务印书馆　民国24.1[1935.1]-
　　2册(60,62页)　表　32开　(小学生作文指导丛书)
　　上册：民国24.1初版
　　下册：民国24.4第2版
　　辞书

2-1809
学生作文法
唐文粹编著
　　上海　大华书局　民国24.7[1935.7]

129页　32开
教科、自修两用
辞书

2-1810
单据作法
王允文,曹懋唐,吴增芥等编辑　殷佩斯校订
　　上海　商务印书馆　民国24.9[1935.9]
　　58页　表　32开　(小学生作文指导丛书)
　　辞书

2-1811
小说作法
王允文,曹懋唐,吴增芥等编辑　殷佩斯校订
　　上海　商务印书馆　民国24.9[1935.9]
　　2册(47,38页)　表　32开　(小学生作文指导丛书)
　　第1-2册：民国24.9初版,民国25第2版
　　辞书　河南　庐山

2-1812
作文与日记
陆剑华编
　　上海　大文书局　民国32[1943]修订4版
　　137页　32开
　　现代小学适用
　　河南

2-1813
小学应用文指导
顾锦藻编著
　　上海　三民图书公司　民国35.7[1946.7]新1版
　　128页　32开
　　辞书

2-1814
小学新日记指导[胜利版]
钱长龄编
　　上海　三民图书公司　民国35.12[1946.12]新2版
　　99页　32开
　　辞书

2-1815
小朋友作文讲话
宓崇晖编著　孙玉如校阅
　　上海　三民图书公司　民国36.1[1947.1]新2版
　　174页　32开
　　辞书

2-1816
小学新作文指导[胜利版]
卢冠六著　吴拯寰校
　　上海　三民图书公司　民国36.2[1947.2]新2版
　　123页　32开
　　辞书

2-1817
儿童作文

汪绍陶编著　陈鹤琴校
　　　上海　华华书店　民国36.6[1947.6]
　　　58页　图　32开
　　　小学国语科自修读物
　　　辞书

2-1818

我的国语习作
吴拯寰主编
　　　上海　三民图书公司　[1912-1949?]
　　　8册(21,21,21,21,37,37,37,36页)　图　32开　(新儿童之友)
　　　第1-8册：版次不详
　　　辞书

＊　＊　＊

2-1819

初级小学作文指导法
赵半部著
　　　200页　32开
　　　逐页题名：初级作文指导法
　　　①上海　广益书局　民国21[1932]第2版
　　　广东中山
　　　②上海　大达图书供应社　民国24.3[1935.3]
　　　辞书

2-1820

新儿童低级作文练习
胡取求编辑　张雅焕校阅
　　　上海　建成书社　民国38.8[1949.8]
　　　4册(39,39,39,39页)　图　[32开]
　　　第1-4册：民国38.8初版
　　　封面题名：低级作文练习
　　　辞书

＊　＊　＊

2-1821

作文秘诀
曹载春著
　　　上海　普文学会　民国10.5[1921.5]
　　　4册([177]页)　32开　线装
　　　第1-4册：民国10.5增订8版
　　　高等小学校用
　　　版权页题名：(增订)高等作文秘诀
　　　人教

2-1822

儿童文章作法
孙季叔编著
　　　上海　亚细亚书局　民国22[1933]版
　　　144页　32开

　　　高级小学适用
　　　河南

2-1823

小学作文资料
韦月侣编
　　　上海　教育书店　民国36.7[1947.7]
　　　186页　32开
　　　高小学生参考读物
　　　辞书

习　字

课　本

2-1824

绘图蒙学习字实在易
何明生编
　　　上海　彪蒙书室　清光绪31.5[1905]
　　　4册(104页)　32开　线装　(白话讲义蒙学丛书)
　　　第1-4册：光绪31.5初版
　　　人教　广西师大(3-4)

2-1825

小学校习字帖
唐驼书
　　　上海　商务印书馆　民国20.5[1931.5]-
　　　10册(④40叶)　大32开　线装
　　　第4册：民国20.5第31版
　　　初版附注：清光绪32年4月初版
　　　逐页题名：习字帖
　　　人教(4)　辞书(4)

2-1826

小学教科初等习字范本
周世恒著作兼缮楷　夏日琦校阅
　　　上海　集成图书公司　清光绪33.12[1908]-
　　　册(①20,②22,③23叶)　大32开　线装
　　　第1册：光绪33.12初版
　　　第2册：光绪34.1初版
　　　第3册：光绪34.6初版
　　　逐页题名：小学教科初等习字
　　　辞书(1-3)

2-1827

中华初等小学习字帖
何维朴编辑
　　　上海　中华书局　民国1.2[1912.2]-
　　　8册(27,19,19,19,18,18,18,18叶)　32开　线装
　　　第1册：民国1.2初版,民国1.4第3版,民国2.1第6版
　　　第2册：民国1.12第5版,民国2.4第6版
　　　第3册：民国1.4第2版
　　　第4册：民国1.3初版,民国1.4第2版

第5册：民国4.3初版
第6册：民国4.3初版
第7册：民国4.8初版
第8册：民国4.8初版
人教 辞书(1-6)

2-1828
新字帖
商务印书馆编
上海 [编者刊] 民国4.1[1915.1]-
8册(④66页) 32开
第4册：民国4.1初版,民国16.8第20版
小学校用
其他题名：共和国教科书新字帖
国图(4) 人教(4)

2-1829
国民学校习字帖
屠元礼编 高时丰书
上海 中华书局 民国5.3-6.9[1916.3-1917.9]
8册(30,30,30,30,20,20,20,20叶) 大32开 线装
第1册：民国5.3初版,民国12.5第26版
第2册：民国5.12初版,民国8.7第5版,民国12.5第19版
第3册：民国5.11初版,民国6.2第2版,民国12.5第17版
第4册：民国5.12初版,民国10.10第10版,民国12.5第16版
第5册：民国6.3初版
第6册：民国6.3初版,民国7.1第3版
第7册：民国6.9初版,民国8.4第3版,民国8.7第4版
第8册：民国6.9初版,民国8.7第3版,民国12.5第7版
教育部审定
人教 辞书(1-4,7-8)

2-1830
小学习字帖
屠元礼编 高时丰书
上海 中华书局 民国21.5[1932.5]-
8册(①30,②30,④30叶) 大32开 线装
第1册：民国22.3第39版
第2册：民国21.5第23版
第4册：民国23.4第24版
初版附注：民国5年11月初版
版权页题名：小学校习字帖
辞书(1-2,4)

2-1831
小书法家
瞿芑丰编
上海 中华书局 民国24.10[1935.10]
39页 图 32开 (小学中年级各科副课本 21)
卷端题名：小学中年级国语副课本小书法家
人教 上海 辞书

2-1832
妹妹学写字
杨友吾编 刘开申绘
上海 中华书局 民国25.5[1936.5]
18页 彩图 32开 (小学低年级各科副课本 18)
卷端题名：小学低年级国语副课本妹妹学写字
上海 辞书

2-1833
初级小学写字练习本
顾志贤,沈百英编校
上海 商务印书馆 民国25.8[1936.8]-
8册(②40页) 32开
第2册：民国25.8初版
一年级下学期用
卷端题名：写字练习本
辞书(2)

教学参考书

2-1834
习字教授法
屠元礼编辑 顾树森校阅
上海 中华书局 民国6.2[1917.2]
30叶 32开 线装
国民学校用
北师大

2-1835
范字教材教授书
费焞,蒋昂编纂 范祥善校订
上海 商务印书馆 民国6.11[1917.11]-
8册(①24,②44,④44,⑤52,⑥55,⑦44,⑧51叶) 32开 线装
第1册：民国6.12初版,民国7.11第3版
第2册：民国6.11初版,民国9.2第2版
第4册：民国11.8第2版
第5册：民国7.4初版
第6册：民国7.4初版
第7册：民国7.7第2版
第8册：民国7.7初版
国民学校教员用
北师大(2,4) 人教(1-2,5-8)

外 语

英 语

课 本

2-1836
英华初学

(美)施女师著　颜泳经译
　　上海　商务印书馆　清光绪24[1898]-
　　2册(64,64页)　16开　线装
　　第1册(一集):光绪24出版
　　第2册(二集):民国3第4版
　　人教(1)　广东中山(2)

2-1837
华英国学文摘
商务印书馆编译
　　上海　[编者刊]　清光绪25[1899]-
　　册(①92页)　图　32开
　　第1册:光绪25初版,光绪34第15版
　　人教(1)

2-1838
华英进阶
商务印书馆编译
　　上海　[编者刊]　清光绪26[1900]-
　　册　32开
　　第2册:光绪26年版
　　第4册:光绪26年版
　　第5册:光绪27年版
　　人教(2,4-5)

2-1839
英文启蒙读本
周越然编纂　邝富灼校订
　　上海　商务印书馆　民国3[1914]版
　　61页　32开
　　半夜学校及暑期补习学校用
　　北师大

2-1840
新式小学英文教科书
沈彬编辑
　　上海　中华书局　民国7.9[1918.9]-
　　3册(60,68,88页)　32开
　　第1册:民国14.7第27版
　　第2册:民国10.6第9版
　　第3册:民国7.9第2版
　　教育部审定
　　初版附注:民国6年5月初版
　　北师大

2-1841
英语读本
沈彬编
　　上海　中华书局　民国12.12[1923.12]-
　　4册(38,52,51,56页)　图　32开
　　第1册:民国16.8第24版,民国21.6第28版
　　第2册:民国14.10第10版,民国17.6第17版
　　第3册:民国12.12初版,民国14.10第6版,民国15.5第8
　　　版,民国16.10第12版
　　第4册:民国14.6第6版,民国16.1第11版

教育部审定　新学制适用
初版附注:民国12年1月-13年7月初版
其他题名:新小学教科书英语读本
人教　辞书

2-1842
英语作文要略
周越然编
　　上海　商务印书馆　民国15[1926]第13版,民国22国难后1
　　　版,民国23国难后2版,民国26国难后4版
　　[104]页　32开
　　广东中山

2-1843
最新英文读本
陈鹤琴编　朱铭新绘图
　　上海　中华书局　民国26.4[1937.4]-
　　4册(①66页)　图　32开
　　第1册:民国26.4第9版
　　人教(1)

2-1844
标准英语读本
李唯建编　舒新城,金兆梓校
　　上海　中华书局　民国26.8[1937.8]
　　4册([505]页)　32开
　　第1-4册:民国26.8初版
　　南洋华侨学校适用
　　人教

2-1845
最新英文读本:初集
李卓民编
　　上海　中华书局　民国26.8[1937.8]
　　32页　图　32开
　　南洋华侨学校适用
　　人教

2-1846
小学活用英语读本
詹文浒编著
　　上海　世界书局　民国30.4[1941.4]-
　　8册(①37,④37页)　32开　精装
　　第1册:民国30.4第6版
　　第4册:民国30.11第5版
　　广西师大(1)　编译馆(1,4)

2-1847
万叶英语课本
高心海,张训方编
　　上海　万叶书店　民国35.8[1946.8]-
　　4册(40,55,72,78页)　图　32开
　　第1册:民国38.3第5版
　　第2册:民国38.1第6版
　　第3册:民国35.8初版
　　第4册:民国38.2第2版

小学校用
人教

2-1848
活用英语
詹文浒著
上海　世界书局　[1912-1949?]
8册(②36,⑧50页)　大32开
第2,8册：版次不详
小学辅助教材
广西师大(2,8)

* * *

2-1849
简易初等英文法详解
商务印书馆编译所编纂
上海　商务印书馆　民国6.9[1917.9]
162页　32开
其他题名：初等英文法详解
人教

2-1850
初级英语读音教科书
周越然编纂
上海　商务印书馆　民国15[1926]第10版
38页　32开
广东中山

2-1851
初等进步英语读本
进步英文学社编辑所编著
上海　世界书局　民国30.8[1941.8]新5版
40页　图　32开　精装
小学用
编译馆

2-1852
初等英文法[修正增订本]
刘崇裘著　梅殿华编
[出版者不详]　[1912-1949?]
62页　32开
广东中山

* * *

2-1853
初级英语读本
商务印书馆编译所编纂
上海　长沙　商务印书馆　民国5.5[1916.5]-
4册(55,67,88,107页)　32开
第1册(一集)：民国5.5第12版,民国9第29版,民国27长沙国难后11版
第2册(二集)：民国18.7第24版,民国26.5国难后4版,民国27长沙国难后5版
第3册(三集)：民国21国难后1版
第4册(四集)：民国16第15版,民国20第16版
教育部审定　小学高级及中学校适用
初版附注：清宣统元年8月初版
北师大(1)　人教(1-2)　广东中山　编译馆

2-1854
初学英文规范
邝富灼,徐铣编纂
上海　商务印书馆　民国4.10[1915.10]订正14版,民国5.10订正16版
200页　32开
高等小学用
初版附注：清宣统元年10月初版
北师大

2-1855
新世纪英文读本
邝富灼,李广成编纂
上海　商务印书馆　清宣统2.4[1910]-
6册(①77,②86,③137,④166,⑥225页)　32开
第1册(卷首)：民国9.12第29版
第2册(卷一)：民国2第10版,民国4.12第15版,民国22国难后1版
第3册(卷二)：民国2第5版,民国2.11第6版,民国8.4第14版,民国9.6第16版,民国22国难后2版
第4册(卷三)：民国3.3第7版,民国9.12第15版
第6册(卷五)：宣统2.4初版
教育部审定　高等小学及中小学用
初版附注：清宣统2年3-4月初版
北师大(2-4,6)　人教(1-4)　上海(1)　广东中山(2-3)

2-1856
中华高等小学英文教科书
冯曦,吴元枚编辑
上海　中华书局　民国1.3[1912.3]-
4册(①56,②90,③80页)　图　32开
第1册：民国1.3初版,民国2.5第14版
第2册：民国2.1第6版
第3册：民国1.8第3版,民国1.12第4版
北师大(3)　人教(1-3)

2-1857
英文读本
邝富灼等参订
上海　商务印书馆　民国2.9[1913.9]初版,民国3.9订正4版,民国6第7版,民国6.12第8版,民国13第21版
128页　图　32开
教育部审定　高等小学校用
卷端题名：高等小学英文读本
其他题名：共和国教科书英文读本
北师大　人教　广东

2-1858

新制英文读本
李登辉,杨锦森编
　　上海　中华书局　民国3.1[1914.1]
　　2册(70,67页)　32开
　　上下册:民国3.1初版
　　高等小学、中学校、师范学校用
　　北师大(1)　庐山(2)

2-1859

英文第一新读本
吴继杲编纂　（美）哈·亨利校订
　　上海　商务印书馆　民国3.3[1914.3]初版,民国12订正18
　　　版,民国14.2订正19版
　　130页　图　32开
　　教育部审定　高等小学用
　　人教　广东中山

2-1860

英文第二新读本
吴继杲编纂　（美）哈·亨利校订
　　上海　商务印书馆　民国3.3[1914.3]初版,民国11第13
　　　版,民国13订正14版,民国14.5订正14版
　　148页　图　32开
　　教育部审定　高等小学用
　　人教　广东中山

2-1861

新制中华高等小学英文教科书［改订本］
李登辉,杨锦森编
　　上海　中华书局　民国8.1[1919.1]-
　　　册(②33页)　32开
　　第2册:民国8.1第19版
　　高等小学校用
　　初版附注:民国3年3月初版
　　其他题名:新制中华英文教科书
　　北师大(2)

2-1862

新编高等小学英文教科书
李登辉,杨锦森著
　　上海　中华书局　民国4.9[1915.9]版
　　92页　图　32开
　　其他题名:高等小学英文教科书
　　人教

2-1863

英华会话合璧
张士一编
　　上海　商务印书馆　民国5[1916]第7版,民国24国难后4版
　　168页　32开
　　高等小学校用
　　广东中山

2-1864

高等小学英文新读本
吴献书编纂　邝富灼校订
　　上海　商务印书馆　民国6.2[1917.2]-
　　　册(③102页)　32开
　　第3册:民国6.2版
　　人教(3)

2-1865

英语读本
沈彬编
　　上海　中华书局　民国10.5[1921.5]-
　　3册(①48,②54页)　32开
　　第1册:民国10.5第4版
　　第2册:民国10.6第4版
　　教育部审定　高等小学校用
　　初版附注:民国9年8月初版
　　其他题名:新教育教科书英语读本
　　北师大(1-2)

2-1866

新法英语教科书
周越然编纂
　　上海　商务印书馆　民国11.3[1922.3]-
　　　册(①78,②93,③137页)　图　32开
　　第1册:民国26国难后37版
　　第2册:民国11.3初版,民国14.12第21版
　　第3册:民国15.4第15版,民国21年版
　　教育部审定　高等小学用
　　人教(2-3)　广东中山(1,3)

2-1867

新学制高级小学英语教科书
周越然编纂
　　上海　商务印书馆　民国12.7[1923.7]
　　2册(69,84页)　图　32开
　　第1册:民国12.7初版,民国15第128版,民国18第208版,
　　　民国21.5国难后4版,民国21.10国难后16版,民国22.6
　　　国难后34版,民国24国难后38版
　　第2册:民国12.7初版,民国13第33版,民国14.5第43版,
　　　民国14.11第58版,民国16第88版,民国18.2第128版,
　　　民国21.10国难后10版,民国22第20版
　　小学高级用
　　其他题名:高级小学英语教科书
　　北师大　人教　华师大　上师大(2)　辽宁(2)　庐山(1)
　　广东中山

2-1868

高级英语读本
芮听雨等编辑　严独鹤,严畹滋校订
　　上海　世界书局　民国14.4[1925.4]-
　　2册(②130页)　图　32开
　　第2册:民国14.4初版,民国15.1第6版,民国15.6第7版,
　　　民国22.5第13版,民国29.1新3版
　　其他题名:新学制小学教科书高级英语读本
　　人教(2)　广西师大(2)　编译馆(2)

2-1869

新学制高级小学注音英语教科书
周越然编纂
　　上海　商务印书馆　民国14.10[1925.10]-
　　　册(①79,②91页)　图　32开
　　第1册：民国14.10初版,民国22.1国难后6版
　　第2册：民国16.4第8版
　　初版附注：民国14年10月初版
　　其他题名：高级小学注音英语教科书
　　人教(1-2)　广东中山(1)

2-1870

新中华英语课本
王祖廉,陆费执编
　　上海　新国民图书社　民国16.10[1927.10]-
　　　4册(49,47,58,57页)　图　32开
　　第1册：民国16.10初版,民国21第23版,民国23.4第29
　　　版,民国30.9第70版
　　第2册：民国16.11第2版,民国20.6第14版,民国21.10第
　　　17版,民国24.11第33版
　　第3册：民国20.2第10版,民国28.9第17版
　　第4册：民国36.4第13版
　　小学校高级用
　　其他题名：新中华教科书英语课本
　　人教　辞书(1-2)　广东中山(1)　编译馆(1,3)

2-1871

日用英语读本
格雷比尔(H. B. Graybill)编
　　上海　商务印书馆　民国21[1932]-
　　　2册(81,48页)　32开
　　第1册(前编)：民国27年版
　　第2册(后编)：民国21年版
　　高等小学及初级中学用
　　人教

2-1872

活用英文法
林汉达著
　　上海　世界书局　民国21[1932]-
　　　册(①152页)　32开
　　上册：民国21国难后5版
　　小学校高级用
　　广东中山(1)

2-1873

英语初阶
龚质彬编辑
　　上海　北新书局　民国22.8[1933.8]第2版
　　　67页　图　32开
　　高级小学用
　　人教

2-1874

英语基础读本

郑逸欣编
　　上海　北新书局　民国28.2[1939.2]第2版
　　　52页　图　32开
　　小学五年级～六年级适用
　　辞书

教学参考书

2-1875

新式小学英文教授书
沈彬编
　　上海　中华书局　民国9[1920]
　　　2册(86,85页)　大32开
　　第1-2册：民国9第3版
　　教育部审定
　　其他题名：小学英文教授书
　　河南

2-1876

英语读本教案
马润卿编著
　　上海　中华书局　民国10.4[1921.4]版
　　　101页　32开
　　高等小学校用
　　其他题名：新教育教科书英语读本教案
　　北师大

2-1877

高级英语读本教学法
芮听雨等编辑　严独鹤,严畹滋校订
　　上海　世界书局　民国15.4[1926.4]-
　　　2册(②273页)　32开
　　第2册：民国15.4初版
　　新学制小学教员用书
　　人教(2)　河南(2)

2-1878

初级英语读本教学法
蒋绵恩,盛谷人编辑　严独鹤,严畹滋校订
　　上海　世界书局　民国16[1927]-
　　　册(②65页)　32开
　　第2册：民国16初版
　　河南(2)

日　语

课　本

2-1879

中等小学和文学译
沈铨编
　　上海　六艺书局　清光绪28[1902]版

1册　大32开　线装
附：译诀、译文
广西师大

2-1880
和文读本入门
商务印书馆编译所编纂
上海　商务印书馆　民国9.6[1920.6]版
40叶　大32开　线装
初版附注：清光绪34年1月初版
辞书

2-1881
日本文法辑要
新中华学校编
上海　商务印书馆　民国14[1925]
27页　32开
其他题名：新中华教本日本文法辑要
河南

2-1882
小学日本语读本
(伪)教育总署编审会编
北平　新民印书馆　民国28.9[1939.9]
70页　表　32开
上海

2-1883
小学日语读本
(伪)教育总署编审会著
北平　[著者刊]　民国28.11[1939.11]-
4册(70,70,72,72页)　图　32开
第1册：民国30.6修正版
第2册：民国30.6修正版
第3册：民国28.11初版
第4册：民国29.12修正版
初版附注：民国28年9月-? 初版
北师大

2-1884
语文教程
[出版者不详]　[1912-1949?]
71叶　16开　线装
日语教材
云南社科

2-1885
文法大纲
[出版者不详]　[1912-1949?]
59叶　16开　线装
日语语法教材
云南社科

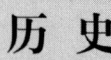

历 史

课 本

2-1886
支那史教科书
(日)富山房编辑　唐秋渠译
上海　东亚译书会　清光绪9.5[1883]
2册([152]页)　32开　线装
上下册：光绪9.5初版
人教

2-1887
普通新历史
普通学书室编
上海　商务印书馆　清光绪27[1901]
2册　32开
上下册：光绪27年版
上海

2-1888
小学历史读本
上海　华阳书局　清光绪27[1901]版
34页　16开　线装
人教

2-1889
西洋历史教科书
(英)默尔化原著　出洋学生编辑所校阅
上海　商务印书馆　清光绪28.6[1902]
2册(46,49叶)　16开　线装
第1-2册：光绪28.6初版,光绪31.7第4版,光绪32第
　　5版
附：中西名表
卷端题名：新编西洋历史教科书
国图　人教　上海　辞书

2-1890
普通历代史
世界公学辑译
[不详]　[编者刊]　清光绪28[1902]版
49叶　32开　线装
人教　云南社科

2-1891
普通新历史
周鹏编
上海　普通学书室　清光绪28[1902]版
63叶　32开　线装
小学教科用
上海　广西师大

2-1892
世界历史问答
(日)酒井勉著　商务印书馆译
　　上海　[译者刊]　清光绪29.5[1903]初版,光绪31.3 第2版
　　70页　32开　线装
　　人教　广西师大

2-1893
中国历史教科书
[商务印书馆编]
　　上海　[编者刊]　清光绪29.5[1903]-
　　册(①100叶)　16开　线装
　　第1册:光绪29.5初版
　　人教(1)　辞书(1)

2-1894
蒙学外国历史教科书
秦瑞玠著
　　上海　文明书局　清光绪29.8[1903]
　　2册([72]页)　32开　线装
　　第1-2册:光绪29.8初版,光绪31第8版
　　国图　人教

2-1895
蒙学西洋历史教科书
秦瑞玠著
　　上海　文明书局　清光绪29.8[1903]-
　　2册(②84页)　图　32开　线装
　　下册:光绪29.8初版,光绪31.1修正7版
　　人教(2)

2-1896
最新中国历史教科书
姚祖义编纂　夏曾佑,张元济参阅
　　上海　商务印书馆　清光绪33.1[1907]第11版
　　42叶　大32开　线装
　　初版附注:光绪30年11月初版
　　逐页题名:中国历史教科书
　　广西师大

2-1897
小学本国史教科书
澄衷学堂编辑
　　[上海]　[编者刊]　清光绪30[1904]
　　2册(60,71叶)　16开　线装
　　第1-2册(上下卷):光绪30年版
　　辞书(2)　广西师大

2-1898
中外神童史
　　上海　彪蒙书室　清光绪31.1[1905]
　　72页　图　32开　线装
　　人教　上师大

2-1899
中外豪杰史读本
　　上海　彪蒙书室　清光绪31.1[1905]
　　29叶　图　32开　线装
　　小学堂用
　　人教　广西师大

2-1900
绘图蒙学历史读本
　　[出版者不详]　清光绪31.4[1905]
　　1册　图　大32开　线装
　　辞书

2-1901
绘图外国白话史
钱宗翰,戴克让编
　　上海　彪蒙书室　清光绪31.5[1905]
　　4册　图,表　大32开　线装
　　第1-4册:光绪31.5初版
　　人教　辞书　广西师大

2-1902
普通新历史
　　上海　商务印书馆　清光绪32[1906]版
　　[142]页　32开　线装
　　人教

2-1903
绘图蒙学外国历史实在易
钱宗翰,戴克让合编
　　上海　彪蒙书室　清光绪32[1906]
　　4册(106叶)　图　32开　线装　(白话讲义蒙学丛书)
　　第1-4册:光绪32年版
　　人教　广西师大(2)

2-1904
绘图蒙学中国历史实在易
唐懋哉,戴克敦,和墨卿,钱宗翰编
　　上海　彪蒙书室　清光绪32[1906]
　　4册(81叶)　图　32开　线装　(白话讲义蒙学丛书)
　　第1-4册:光绪32初版
　　卷端题名:绘图中国白话史
　　人教　辞书(1,3-4)　广西师大(1,3-4)

2-1905
最新小学女子历史教科书
张倬云,李恢伯编纂
　　上海　乐群图书编译局　清光绪32[1906]
　　3册　大32开　线装
　　第1-3册(上中下编):光绪32年版
　　其他题名:女子历史教科书
　　其他题名:小学女子历史教科书
　　国图　广西师大(1-2)

2-1906
最新通州历史教科书
陈罗孙辑
　　[不详]　上洋书局　清光绪33[1907]版
　　1册　大32开　线装
　　其他题名:通州历史教科书

上海

2-1907
新体中国历史
西农氏编辑　张松坚参订
　　上海　均益图书公司　清光绪 34.3[1908]
　　35 叶　大 32 开　线装
　　辞书

2-1908
小学历史教科书
开智编译社编辑
　　上海　[编者刊]　民国 1.10[1912.10]
　　2 册(16,17 叶)　地图,表　32 开　线装
　　第 1-2 册：民国 1.10 初版,民国 8.9 第 10 版,民国 9.9 第 11 版
　　北师大　人教　辞书

2-1909
小学历史
李玉林编稿
　　[出版者不详]　民国 2.3[1913.3]
　　59 叶　表　16 开　线装
　　卷端题名：中华民国小学历史
　　辞书

2-1910
历史读本
李法章编著　秦同培参订
　　上海　世界书局　民国 11.10[1922.10]
　　3 册(18,23,27 叶)　图　大 32 开　线装
　　第 1-3 册：民国 11.10 初版
　　小学适用
　　其他题名：新学制教科书历史读本
　　辞书

2-1911
注释白话中国历史教科书
冰壶主人编述　琴石山人校正
　　上海　会文堂书局　民国 12.2[1923.2]
　　3 册([97]页)　32 开　线装
　　第 1-3 册：民国 12.2 初版,民国 12.7 第 4 版
　　小学适用
　　北师大　人教

2-1912
(订正)简明中国历史教科书
蒋维乔编　高凤谦,张元济校订
　　上海　商务印书馆　民国 16.4[1927.4]
　　2 册(20,26 叶)　图,表　大 32 开　线装
　　上下册：民国 16.4 订正 33 版
　　其他题名：简明中国历史教科书
　　人教　辞书(1)

2-1913
小学纪念日读本
朱剑芒编辑
　　上海　世界书局　民国 18.11[1929.11]
　　4 册　图　32 开
　　第 1-4 册：民国 18.11 初版
　　小学补充教材
　　其他题名：小学补充教材学历史读本
　　编译馆

2-1914
蒙古人的生活
徐德春编辑
　　上海　新中国书局　民国 22[1933]第 4 版
　　33 页　32 开
　　小学校用
　　河南

2-1915
世界史略
姜元琴编
　　上海　商务印书馆　民国 25[1936]
　　2 册(66,64)页　图　32 开
　　第 1-2 册：民国 25 第 2 版
　　小学生分年补充读本
　　河南

2-1916
言文对照中华历史快读
冯慕云编著　陈锡芳校订
　　香港　世界书局　民国 37.1[1948.1]-
　　4 册(31,38,36,28 页)　图,表　32 开
　　第 1 册：民国 38.7 第 2 版
　　第 2 册：民国 37.1 第 4 版
　　第 3 册：民国 38.7 第 2 版
　　第 4 册：1952.1 第 2 版
　　新课程标准小学适用
　　初版附注：民国 28 年 9 月初版
　　封面题名：中华历史快读
　　辞书

2-1917
低级日本研究教材
上海中学实验小学编
　　上海　[编者刊]　[1912-1949?]
　　34 页　32 开　(新研究)
　　上海

　　　　＊　　＊　　＊

2-1918
蒙学中国历史教科书
丁宝书编著
　　上海　文明书局　清光绪 30.9[1904]-
　　2 册([69]叶)　地图,图,像　大 32 开　线装
　　上册：光绪 30.9 修正 7 版,光绪 32 第 20 版,光绪 33.1 第 26 版,光绪 34.10 修正 40 版,民国 2.4 第 38 版

下册:光绪32.1第19版,光绪32第20版,光绪34.10修正40版,民国2.4第38版

清学部审定 初等小学堂学生用书

初版附注:清光绪29年8月初版

北师大 人教 辞书 广西师大(2)

2-1919

蒙学东洋历史教科书

秦瑞玠著

上海 义明书局 清光绪29.12[1904]初版,光绪30.5修正2版,光绪31.4修正6版,光绪32.5修正10版

47叶 图 32开 线装

初等小学堂学生用书

其他题名:东洋历史教科书

人教 辞书 广西师大

2-1920

最新初等小学中国历史教科书

姚祖义编辑 夏曾佑,张元济校订

上海 商务印书馆 清光绪30.12[1905]

2册(41,48叶) 图 大32开 线装

第1册:光绪30.12第6版,光绪32.3第7版,光绪32.4第8版,光绪32.11第10版,宣统2.10第20版

第2册:光绪30.12第6版,光绪32.3第7版,光绪32.4第8版,光绪32.11第10版,光绪34第15版

初等小学用

版权页题名:初等中国历史教科书

国图 人教 华师大 上师大(2) 辞书

2-1921

初等小学国史第一读本

苏民编辑

上海 开明书店 清光绪32.4[1906]第4版

17叶 大32开 线装

初版附注:清光绪30年12月初版

广西师大

2-1922

小学中国历史教科书

周世棠编辑 庄景仲校订

上海 新学会社 清光绪32.5[1906]

2册([89]叶) 地图,表 大32开 线装

第1-2册:光绪32.5初版,光绪32.5第2版

封面题名:初等小学简明历史教科书

人教 辞书

2-1923

最新初等小学中国历史教科书

会文学社编译所编纂 杜芝庭,蔡元培校阅

上海 会文学社 清光绪32.7[1906]

3册(18,22,21叶) 地图,图 大32开 线装

第1-3册(上中下编):光绪32.7初版

初等小学堂课本

其他题名:最新中国历史教科书

上海(1) 辞书

2-1924

初等小学中国历史教科书

李培锷辑

上海 乐群图书局 清光绪32[1906]

3册 32开 线装

第1-3册:光绪32年版

上海

2-1925

初等小学中国历史教科书

钱宗翰编辑

上海 彪蒙书室 清光绪33.1[1907]

3册(22,24,24叶) 32开 线装

第1-3册:光绪33.1初版

人教 广西师大

2-1926

初等小学中国历史教科书

王国贞辑

南京 南洋官书局 清光绪33[1907]

2册 [32开]

上下册:光绪33年版

卷端题名:中国历史教科书

上海

2-1927

初等小学简明中国历史教科书

蒋维乔编纂 高凤谦,张元济校订

上海 商务印书馆 清光绪34.10[1908]

2册(20,26叶) 图 大32开 线装

上下册:光绪34.10初版,宣统3.6第9版

逐页题名:简明中国历史教科书

人教 辞书(2)

2-1928

中国历史读本

吴曾祺编辑

上海 商务印书馆 清宣统3[1911]第2版,民国3.8订正版

145页 表 大32开

初等小学用

其他题名:初等小学中国历史读本

上师大 编译馆

2-1929

初等小学本国历史教科书

上海 会文学社 [1912-1949?]

3册 32开 线装

第1-2册:版次不详

初等小学堂用书

人教(1-2)

2-1930

新式初等历史读本

上海 世界书局 [1912-1949?]

册(①20叶) 大32开 线装

上册:版次不详

小学适用
其他题名：初等历史读本
广西师大(1)

* * *

2-1931

高等小学国史教科书
张肇桐编辑
  上海 文明书局 清光绪28.11[1902]初版,光绪29.5第2版,光绪30.10第4版
  148页 32开 线装
  人教 广西师大

2-1932

高等小学中国历史教科书
商务印书馆编纂
  上海 [编者刊] 清光绪29.7[1903]
  2册([189]叶) 16开 线装
  第1-2册：光绪29.7初版,宣统2.8第12版
  逐页题名：中国历史教科书
  上海 辞书

2-1933

高等小学西洋历史教科书
秦瑞玠编著
  上海 文明书局 清光绪31.7[1905]
  2册(44,50叶) 像,地图 32开 线装
  第1-2册(上下卷)：光绪31.7第5版,光绪32.3第7版
  初版附注：清光绪29年9月初版
  上海 辞书

2-1934

国史教科书
汪承镛编辑 廉泉删订 吴启孙校阅
  上海 文明书局 清光绪30.2[1904]
  2册(224,236页) 地图 大32开
  第1-2册：光绪30.2初版,光绪30.2第2版
  附：历代沿革地图
  卷端题名：高等小学国史教科书
  北师大(1) 人教 辞书

2-1935

高等小学中国历史教科书
陈茂治著
  上海 文明书局 清光绪34.8[1908]第18版
  180叶 32开 线装
  初版附注：清光绪30年10月初版
  北师大

2-1936

最新高等小学东洋历史教科书
商务印书馆编译所编纂
  上海 商务印书馆 清光绪30.12[1905]
  2册(35,42叶) 图 大32开
  第1-2册：光绪30.12初版,光绪32.5第2版
  人教 上师大(1) 广西师大

2-1937

最新高等小学中国历史教科书
姚祖义编纂 金为修订
  上海 商务印书馆 清光绪32.2[1906]
  4册(43,55,64,63叶) 32开 线装
  第1册：光绪32.2第8版,光绪34.4第14版,宣统1第19版,宣统2第22版
  第2册：光绪32.2第8版,光绪34.4第14版,宣统1第19版,宣统2第22版
  第3册：光绪32.2第8版,光绪34.4第14版,宣统1第19版,宣统1.9第20版,宣统2第22版
  第4册：光绪32.2第8版,光绪34.4第14版,宣统1第19版,宣统2第22版
  高等小学堂课本
  初版附注：清光绪30年12月初版
  版权页题名：高等小学中国历史教科书
  其他题名：最新中国历史教科书
  国图 北师大 人教 辞书

2-1938

中国史
Yao Tsu-I, M. A. 著
  上海 商务印书馆 清光绪30[1904]-
  册(①122叶) 32开 线装
  第1册(卷一)：光绪30年版
  高等小学堂课本
  其他题名：最新高等小学教科书中国史
  北师大(1)

2-1939

高等小学中国史教科书：上世史
时中书局编纂部编辑
  上海 时中书局 清光绪31.5[1905]
  2册([58]叶) 地图 大32开 线装
  第1-2册：光绪31.5初版
  附：中国历史图4幅
  版权页题名：上世史
  辞书

2-1940

最新高等小学西洋历史教科书
南洋官书局编译
  上海 [编者刊] 清光绪31.11[1905]
  45叶 大32开 线装
  两江学务处审定
  版权页题名：高等西洋历史教科书
  其他题名：高等小学西洋历史教科书
  辞书

2-1941

高等小学中国历史教科书
张家模编

上海　会文学社　清光绪 31[1905]版
29 页　32 开　线装
逐页题名：中国历史教科书
上海

2-1942

高等小学东洋历史教科书
商务印书馆编纂
　　上海　[编者刊]　清光绪 32.4-7[1906]
　　2 册(35,42 叶)　图　32 开　线装
　　第 1 册：光绪 32.4 初版
　　第 2 册：光绪 32.7 初版
　　封面题名：最新东洋历史教科书
　　辞书

2-1943

高等小学西洋历史教科书
黄朝鉴编　周文通校订
　　上海　振东学社　清光绪 32.5[1906]
　　2 册([86]页)　32 开　线装
　　第 1-2 册：光绪 32.5 初版
　　其他题名：西洋历史教科书
　　人教　广西师大

2-1944

高等小学历史课本
赵钲铎编辑　沈恩孚校订
　　上海　中国图书公司　清光绪 33.9[1907]-
　　8 册(17,17,28,39,30,45,46,47 叶)　地图　大 32 开　线装
　　第 1 册：光绪 33.9 初版,宣统 2.9 第 7 版,民国 1.2 第 8 版,民国 1.2 改正 8 版,民国 1.4 改正 9 版
　　第 2 册：宣统 1.1 第 3 版,民国 1.2 第 8 版
　　第 3 册：光绪 34.10 版,宣统 1.12 第 3 版,民国 1.2 第 7 版,民国 1.3 改正 7 版,民国 2.2 改正 9 版
　　第 4 册：宣统 1.4 初版,宣统 1.5 版,民国 1.2 改正 6 版,民国 2.4 改正 11 版
　　第 5 册：宣统 1.12 初版,宣统 2.1 版,宣统 3.4 第 4 版,民国 2.2 改正 8 版
　　第 6 册：宣统 2.7 初版,宣统 3.3 第 2 版,民国 2.2 改正 6 版
　　第 7 册：宣统 2.12 初版,宣统 3.2 第 2 版,民国 2.2 改正 6 版,民国 2.3 改正版
　　第 8 册：宣统 3.6 初版,民国 2.3 改正 5 版
　　第一学年上学期～第四学年下学期用
　　其他题名：中华民国高等小学历史课本
　　人教　上海(1-3,5-6)　辞书(1,3-8)　广西师大(3-5)

2-1945

高等小学中国历史教科书
张崇仁编
　　南京　南洋官书局　清光绪 33[1907]
　　2 册　32 开　线装
　　上下册：光绪 33 年版
　　逐页题名：中国历史教科书
　　上海

2-1946

高等小学中国历史教科书
陈懋治编辑
　　上海　[南洋公学]　清光绪 34.8[1908]
　　2 册([90]叶)　图　大 32 开　线装
　　第 1-2 册：光绪 34.8 初版
　　清学部审定　南洋公学附属小学课本
　　人教　辞书

2-1947

新体高等小学中国历史
国民教育社编辑
　　上海　[编者刊]　清宣统 2.1[1910]-
　　4 册(①21,②27 叶)　图　大 32 开　线装
　　第 1 册：宣统 2.1 初版,宣统 2.2 第 2 版
　　第 2 册：宣统 2.2 第 2 版
　　逐页题名：高等小学中国历史
　　辞书(1-2)

2-1948

中华高等小学历史教科书
汪楷,华绍昌编
　　上海　中华书局　民国 1.1[1912.1]-
　　4 册(22,28,24,31 页)　地图,表　32 开　线装
　　第 1 册：民国 1.1 初版,民国 1.4 第 7 版,民国 1.4 第 8 版,民国 1.12 改正 15 版
　　第 2 册：民国 1.4 第 5 版,民国 1.10 第 7 版,民国 1.12 第 12 版
　　第 3 册：民国 1.2 第 2 版,民国 1.4 第 3 版,民国 1.10 第 6 版
　　第 4 册：民国 1.4 初版,民国 1.5 第 2 版,民国 1.9 第 4 版,民国 1.10 第 5 版
　　第一学年至第四学年用
　　附：历代大事年表
　　逐页题名：高等小学历史教科书
　　人教　辞书　广西师大(1-2,4)

2-1949

新历史
傅运森编纂　高凤谦,张元济校订
　　上海　商务印书馆　民国 1.6[1912.6]-
　　6 册(13,12,13,14,14,16 叶)　地图,图　32 开　线装
　　第 1 册：民国 1.6 初版,民国 2.3 第 35 版,民国 2.3 第 45 版,民国 2.4 第 50 版,民国 2.5 第 64 版,民国 2.12 第 89 版,民国 5.5 第 134 版,民国 11.11 第 272 版
　　第 2 册：民国 2.2 第 26 版,民国 2.4 第 46 版,民国 2.4 第 50 版,民国 2.12 第 80 版,民国 3.3 第 95 版,民国 5.6 第 113 版,民国 9 第 199 版,民国 10.6 第 214 版
　　第 3 册：民国 1.8 第 2 版,民国 1.9 第 4 版,民国 2.3 第 36 版,民国 2.12 第 65 版,民国 3.9 第 90 版,民国 5.5 第 105 版,民国 11.4 第 199 版
　　第 4 册：民国 1.8 第 2 版,民国 2.3 第 29 版,民国 2.3 第 34 版,民国 2.5 第 44 版,民国 2 第 58 版,民国 2.12 第 68 版,民国 3.2 第 83 版,民国 10.6 第 165 版

第5册:民国1.8第21版,民国2.3第23版,民国2.5第35版,民国2.10第50版,民国3.2第60版,民国11.7第156版

第6册:民国2.1第3版,民国2.3第21版,民国2.5第34版,民国3.3第58版,民国3第68版,民国5.6第89版,民国10第142版,民国11.7第152版

教育部审定　高等小学校学生用　春季始业

版权页题名:高等小学新历史

其他题名:共和国教科书新历史

国图(2-4,6)　人教　辞书　广西师大　编译馆

2-1950

新历史:乙种

傅运森编纂　高凤谦,张元济校订

上海　商务印书馆　民国2.1[1913.1]-

6册(11,14,11,15,12,18叶)　地图,图　32开　线装

第1册:民国2.1初版,民国2.6第19版,民国3.7第39版,民国8.4第57版,民国9.7第72版

第2册:民国2.7第29版,民国8第54版,民国10.5第69版,民国11.3第79版

第3册:民国2.1初版,民国2.4第29版

第4册:民国2.1初版,民国2.3第6版,民国第30版,民国8.12第47版,民国10.7第55版

第5册:民国2.2第4版,民国2.3第6版,民国2.4第15版,民国2第25版,民国8.10第43版

第6册:民国2.3第6版,民国2.4第20版,民国2.7

教育部审定　高等小学校　秋季始业　第一学年～第三学年学生用

版权页题名:高等小学新历史

其他题名:共和国教科书新历史

国图(1-5)　北师大　人教　上海　辞书　广西师大(1)

2-1951

中华高等小学历史教科书[改订本]

汪楷,华绍昌编

上海　中华书局　民国2.4[1913.4]-

3册(①22,②28叶)　图　32开　线装

第1册:民国2.4第5版

第2册:民国2.4第3版

改订三年毕业

附:历代大事年表

初版附注:民国2年3月改订初版

辞书(1-2)

2-1952

新制中华历史教科书

汪楷,章嵚,华绍昌编　戴克敦,沈颐,陆费逵阅

上海　中华书局　民国2.3-5[1913.3-5]

9册(13,13,10,15,11,13,18,16,12叶)　图　32开　线装

第1册:民国2.3初版,民国2.4第4版,民国4.8第12版,民国9.12第30版

第2册:民国2.3初版,民国2.4第3版,民国2.11第7版

第3册:民国2.3初版,民国2.6第3版

第4册:民国2.4初版,民国2.5第2版

第5册:民国2.4初版,民国2.7第2版

第6册:民国2.4初版,民国2.8第3版

第7册:民国2.4初版,民国4.4第7版

第8册:民国2.5初版,民国2.10第4版,民国3.12第7版

第9册:民国2.5初版,民国3.1第4版,民国4.3第8版

教育部审定　高等小学校用　第一学年第一学期～第三学年第三学期用

卷端题名:新制中华高等小学历史教科书

逐页题名:新制高等小学历史教科书

人教　辞书

2-1953

新制中华历史教科书

章嵚,丁锡华编　戴克敦,沈颐,陆费逵阅

上海　中华书局　民国2.6[1913.6]-

9册(13,12,10,15,11,13,18,16,10叶)　图　32开　线装

第1册:民国2.6第4版,民国4.5第11版,民国9.1第22版

第2册:民国3.5第8版,民国9.6第24版

第3册:民国2.6第3版,民国7.7第15版

第4册:民国4.4第6版,民国9.6第18版

第5册:民国2.7第2版,民国2.8第5版

第6册:民国2.8第4版,民国9.6第18版

第7册:民国4.4第7版,民国9.6第18版

第8册:民国2.7第2版,民国9.6第23版

第9册:民国3.3第5版,民国订正初版

教育部审定　高等小学校用　秋季始业用

初版附注:民国2年3-5月初版

逐页题名:新制高等小学历史教科书

北师大　辞书　编译馆(1)

2-1954

高等小学新历史教科书

赵钲铎编辑

上海　中国图书公司和记　民国2.5[1913.5]-

6册(12,12,12,13,24,35叶)　地图,图　32开　线装

第1册:民国2.5初版,民国2.8第4版,民国3.6第5版,民国8.11第12版

第2册:民国3.7第4版,民国5.8第5版,民国9.1第10版

第3册:民国2.5初版,民国3.7第3版,民国10.9第12版

第4册:民国2.5初版,民国3.7第3版

第5册:民国3.7第3版,民国10.9第10版

第6册:民国3.7第3版,民国8.8第6版,民国11.2第9版

教育部审定　学生用书　秋季始业

其他题名:新历史教科书

人教　辞书

2-1955

新编中华历史教科书

潘武,章嵚编　范源廉,沈颐阅

上海　中华书局　民国2.11-3.3[1913.11-1914.3]

6册(16,16,18,19,23,22叶)　图　32开　线装

第1册:民国2.11初版,民国3.6第6版,民国4.2第8版,民国7.8第15版

第2册:民国2.12初版,民国3.6第4版,民国4.6第6版,民

国9.12第22版
第3册:民国2.11初版,民国3.6第5版,民国4.2第7版
第4册:民国2.12初版,民国3.6第3版,民国3.10第4版,民国4.6第6版
第5册:民国3.2初版,民国3.6第3版,民国3.11第4版,民国4.2第6版
第6册:民国3.3初版,民国3.6第2版,民国3.10第3版,民国4.6第6版
教育部审定　高等小学校用　春季始业
版权页题名:新编中华高等小学历史教科书
北师大　人教　辞书

2-1956

高等小学校新历史
丁宝书,张景良编
上海　文明书局　民国3.2[1914.2]-
6册(14,11,17,13,21,19叶)　地图,图　大32开　线装
(高等小学校教科书)
第1册:民国3.7第2版
第2册:民国3.7第2版
第3册:民国3.2初版
第4册:民国3.3初版
第5册:民国4.1初版
第6册:民国4.1初版
教育部审定　高等小学校用书
初版附注:民国2年11月-4年1月初版
封面题名:中华民国新历史
卷端题名:中华民国小学教科新历史
辞书

2-1957

实用历史教科书
北京教育图书社编纂　王凤岐等校订
上海　商务印书馆　民国4.12[1915.12]-
6册(15,18,19,18,20,18叶)　32开　线装
第1册:民国4.12初版,民国10.10第29版
第2册:民国11.5第24版
第3册:民国5.4第21版
第4册:民国4.12第4版,民国11.5第17版
第5册:民国4.12第12版,民国5.4第19版
第6册:民国5.4第8版,民国5.4第13版
教育部审定　高等小学学生用
北师大(4)　人教

2-1958

新式历史教科书
杨喆,庄启传编辑　沈颐,范源廉,沈恩孚,崔景元阅订
上海　中华书局　民国5.5[1916.5]-
6册(9,10,15,17,15,16叶)　图　32开　线装
第1册:民国7.12第13版,民国8.2第18版,民国8.8第22版,民国9.7第30版,民国11.12第49版,民国13.5第61版
第2册:民国5.5第2版,民国8.1第17版,民国8.6第23版,民国8.8第25版,民国11.2第43版
第3册:民国6.7第6版,民国8.1第16版,民国8.8第22版,民国8.8第23版,民国9.1第27版,民国12.5第56版
第4册:民国5.8第2版,民国8.6第20版,民国8.8第20版,民国13.5第48版
第5册:民国5.8第2版,民国8.8第19版,民国8.9第20版,民国9.6第26版,民国11.1第34版,民国12.12第42版
第6册:民国6年版,民国8.6第15版,民国8.8第17版,民国8.9第18版,民国11.1第31版,民国12.5第44版
教育部审定　高等小学校用
初版附注:民国5年2-7月初版
版权页题名:新式高等小学历史教科书
北师大　人教　上海(1)　辞书　广西师大(1-3,5-6)

2-1959

新法历史教科书
吴研因编纂　庄俞,吕思勉,范祥善,高凤谦校订
上海　商务印书馆　民国9.6[1920.6]-
6册(23,23,22,23,27,29页)　地图,图　大32开
第1册:民国9.6初版,民国10.4第27版,民国12.3第57版
第2册:民国9.8第7版,民国9.8第12版,民国10.5第27版,民国11.2第32版,民国11.10第47版
第3册:民国10.2第20版,民国10.4第25版,民国11.9第45版
第4册:民国9.9第5版,民国9.12第10版,民国9.12第15版
第5册:民国9.10第5版,民国9.12第10版,民国11.2第25版
第6册:民国9.10第5版,民国10.2第15版,民国10.3第20版,民国11.2第25版
教育部审定　高等小学学生用
初版附注:民国9年6-9月初版
北师大(2-6)　人教　辞书

2-1960

历史
洪銮,朱文叔编辑　李廷翰,陆费逵,张相,李直校阅
上海　中华书局　民国10.1-11.5[1921.1-1922.5]
6册(16,18,20,20,22,22页)　地图,图　大32开
第1册:民国10.1初版,民国10.2第2版,民国11第4版,民国11.7第6版,民国11.7第9版,民国12.12第13版
第2册:民国10.1初版,民国10.3第3版,民国10第4版,民国10.7第5版,民国11.6第8版,民国11.7第9版
第3册:民国10.7初版,民国11第4版,民国11.7第6版,民国12.5第8版,民国12第9版,民国12.12第10版
第4册:民国11.2初版,民国11.6第2版,民国11.11第4版,民国12.12第7版
第5册:民国11.3初版,民国11.10第4版,民国13.12第10版
第6册:民国11.5初版,民国11.5第4版,民国11.11版,民国13.12第8版
教育部审定　高等小学校用
逐页题名:新教育高等小学历史教科书

其他题名：新教育教科书历史
人教　辞书　河南

2-1961

新法历史教科书
傅运森编纂

上海　商务印书馆　民国11.6[1922.6]-
4册(24,23,25,26页)　地图　大32开
第1册：民国11.6初版,民国12.3第2版,民国12.3第21版
第2册：民国12.3第16版
第3册：民国11.6初版,民国13.4第41版
第4册：民国11.6初版,民国11.12第6版
教育部审定　新学制小学后期用
北师大　人教　辞书(3-4)

2-1962

新小学历史课本
金兆梓,洪鋆编　陆费逵,戴克敦,朱文叔,张相校

上海　中华书局　民国12.1-7[1923.1-7]
4册(34,30,33,38页)　地图,图　32开
第1册：民国12.1初版,民国12.10第9版,民国13.1第15版,民国14.5版,民国15第18版,民国15.4第26版
第2册：民国12.2初版,民国12.6第4版,民国13.3第14版,民国14.5版,民国15第18版
第3册：民国12.2初版,民国12.6第4版,民国12.7第7版,民国13.1第10版,民国13.7第14版,民国15第18版,民国16.3第25版,民国17.8版
第4册：民国12.7初版,民国13.1第7版,民国14.7第13版,民国15第18版,民国17.8第20版
教育部审定　大学院审定　新学制适用　高年级用
版权页题名：历史课本
其他题名：新小学教科书历史课本
北师大　人教　辞书　河南(2-4)

2-1963

实验历史教科书
卢秉征编辑　郑朝熙校订

北京　国立北京师范大学附属小学　民国12.8[1923.8]-
4册(24,30,28,38页)　图　大32开
第1册：民国12.8版
第2册：民国12.8版
第3册：民国12.8版
第4册：民国13.1
新学制高级小学第一学年～第二学年用
北师大

2-1964

新学制历史教科书
傅运森编纂　朱经农,王岫庐校订

上海　商务印书馆　民国13.1[1924.1]-
4册(36,40,40,44页)　图　大32开
第1册：民国13.1初版,民国19.10第150版,民国20.4第155版
第2册：民国13.1初版,民国13.3第15版,民国13第20版,民国15第65版,民国15.4第70版,民国15.7第90版,民国21.11国难后10版
第3册：民国13.5初版,民国16.1第80版,民国17.10第105版
第4册：民国15.4第55版,民国15第60版,民国15.7第65版,民国17.10第85版
教育部审定　大学院审定　小学校高级用
卷端题名：新学制高级小学历史教科书
北师大　人教　上海(1)　上师大(4)　辞书(1-2)　广东中山(2)

2-1965

新撰历史教科书
傅运森编纂

上海　商务印书馆　民国13.6[1924.6]-
4册(28,34,45,50页)　地图,图　大32开
第1册：民国13.6初版,民国15.2第35版,民国15第50版,民国16.2第65版
第2册：民国13.7第10版,民国14.5第20版,民国15第35版,民国15.6第40版
第3册：民国13.7初版,民国15.3第30版,民国15.4第45版
第4册：民国13.8初版,民国15.7第30版,民国16.5第50版
新学制小学校高级用
人教　上师大(1-2)　辞书

2-1966

小学高级文体历史教科书
张鸿英编

上海　中华书局　民国13.7-12[1924.7-12]
4册(34,31,33,38页)　地图,图　大32开
第1册：民国13.7初版,民国13.7第2版,民国15.4第7版
第2册：民国13.8初版,民国13.12第2版,民国14.10第4版
第3册：民国13.12初版,民国14.2第2版,民国15.4第7版
第4册：民国13.12初版,民国15第4版,民国15.4第5版,民国15.12第7版
新学制适用
逐页题名：新学制小学高级文体历史
人教　辞书　广东中山(4)

2-1967

高级历史课本
杨喆,朱翊新编辑　范祥善,董文校订

上海　世界书局　民国14.3-4[1925.3-4]
4册(40,54,54,54页)　图　大32开　线装
第1册：民国14.3初版,民国14.6第6版,民国17.4第7版
第2册：民国14.4初版,民国14.5第2版,民国14.6第4版,民国17.4第7版
第3册：民国14.3初版,民国14.5第2版,民国15.4第15版,民国17.4第7版
第4册：民国14.3初版,民国14.5第2版,民国17.4第7版
教育部审定

其他题名:新学制小学教科书高级历史课本
北师大　人教　辞书　广西师大(1-3)

2-1968

新时代历史教科书
傅林一著

上海　新时代教育社　民国16.7[1927.7]-
4册(30,35,33,45页)　地图,图,像　大32开
第1册:民国16.7初版,民国16.8第5版,民国17.11第65版,民国19.9第180版,民国21.9国难后2版,民国21国难后12版
第2册:民国16.8第10版,民国18.7第95版,民国18.12第145版,民国19.9第170版,民国21.12国难后29版
第3册:民国16.8第10版,民国18.6第65版,民国21.6国难后10版,民国21.7国难后14版
第4册:民国16.11第10版,民国17.6第30版,民国18.4第50版,民国21.12国难后29版
大学院审定　小学校高级用
初版附注:民国16年7-11月初版
卷端题名:新时代高小历史教科书
逐页题名:历史教科书
北师大　人教　上师大(3)　辞书

2-1969

新中华历史课本
李直编　陈棠,张相校

上海　新国民图书社　民国17.2[1928.2]-
4册(27,35,38,42页)　地图　大32开
第1册:民国20.4第26版,民国20.6第28版,民国20.6第29版,民国20.6第30版,民国20.11第31版,民国20.11第32版,民国20.11第33版,民国20.11第34版,民国21.4第36版,民国21.6第41版,民国21.6第42版,民国21.7第43版
第2册:民国19.12第19版,民国20.4第21版,民国20.6第24版,民国20.11第27版,民国21.1第28版,民国21.2第29版,民国21.4第30版,民国21.10第35版,民国21.10第36版
第3册:民国17.2初版,民国18第11版,民国18.11第13版,民国19.6第14版,民国19.12第17版,民国20.6第20版,民国20.6第22版,民国21.4第25版,民国21.4第26版,民国21.7第29版,民国21.10第30版
第4册:民国20.4第16版,民国20.6第17版,民国20.11第18版,民国20.11第19版,民国21.3第22版,民国21.3第23版,民国21.4第24版,民国21.5第26版
教育部审定　小学校高级用
初版附注:民国16年8月-17年3月初版
其他题名:新中华教科书历史课本
北师大　人教　上师大(3)　辞书　广西师大(2)

2-1970

高级小学历史课本
朱翊新编辑　魏冰心,范祥善校订

上海　世界书局　民国17.5[1928.5]-
4册(30,37,39,50页)　图　32开
第1册:民国17.5第3版,民国19.5第6版
第2册:民国18.8第12版,民国21.8第22版,民国21.11第46版
第3册:民国19.5第4版
第4册:民国18.7第10版,民国21.8第23版,民国21.11第46版
教育部审定　小学高级学生用
其他题名:新主义教科书高级小学历史课本
北师大(2,4)　人教(1-2,4)　辞书

2-1971

高级小学历史课本
徐家汇光启社编纂

上海　土山湾印书馆　民国20.11-24.12[1931.11-1935.12]
4册(71,102,66,103页)　地图　32开
第1册:民国20.11第2版
第2册:民国21.2第2版
第3册:民国23.2第2版
第4册:民国24.12第2版
封面题名:历史课本
辞书

2-1972

南洋华侨历史课本
金兆梓,洪鋆编　张国基校阅

上海　中华书局　民国21.5[1932.5]
4册(34,30,32,38页)　地图　32开
第1册:民国21.5初版,民国24.1第5版
第2册:民国21.5初版,民国23.3第3版,民国24.8第5版
第3册:民国21.5初版,民国24.3第3版,民国24.8第5版
第4册:民国21.5初版,民国22.10第2版,民国24.8第4版
高级小学用
人教　辞书

2-1973

高小社会课本历史编[修正本]
储褍编　杨人楩校

上海　青光书局　民国23.7[1934.7]-
4册(④68页)　图　32开
第4册:民国23.7修正版
根据新课程标准编辑
初版附注:民国21年8月初版
北师大(4)

2-1974

后期小学北新历史教本
储褍编辑

上海　北新书局　民国21.8-9[1932.8-9]
4册(48,46,51,70页)　地图,图　32开
第1册:民国21.8初版
第2册:民国21.8初版
第3册:民国21.8初版
第4册:民国21.9初版

高级小学用
封面题名：北新历史教本
北师大　辞书

2-1975

南洋历史教科书
陈捷编纂

上　香港　商务印书馆　民国22.2[1933.2]
4册(29,31,28,36页)　地图,图　32开
第1-4：民国22.2初版
高级小学用
辞书

2-1976

小学历史课本
姚绍华编　金兆梓校

上海　中华书局　民国22.5-8[1933.5-8]
4册(30,30,30,34页)　地图,图,表　32开
第1册：民国22.5初版,民国22.5第11版,民国22.5第12版,民国22.5第17版,民国22.8第25版,民国22.9第29版,民国23.1第47版,民国23.1第49版,民国23.12第62版,民国24.4第71版,民国25.5第89版,民国25.5第96版
第2册：民国22.5初版,民国22.5第6版,民国22.5第8版,民国22.7第15版,民国22.7第16版,民国22.7第19版,民国23.1第38版,民国23.1第41版,民国23.1第43版,民国23.1第44版,民国23.4第47版,民国23.9第53版,民国23.9第54版,民国25.9第83版
第3册：民国22.7初版,民国22.7第8版,民国22.7第13版,民国22.7第14版,民国22.8第19版,民国22.9第21版,民国23.1第22版,民国23.1第38版,民国23.6第39版,民国23.6第42版,民国24.4第52版,民国25.5第67版
第4册：民国22.8初版,民国22.8第4版,民国22.8第8版,民国22.8第13版,民国22.8第9版,民国22.8第18版,民国22.8第19版,民国23.1第23版,民国23.1第30版,民国23.6第32版,民国23.10第43版
教育部审定　新课程标准适用　小学高级用
北师大　人教　上海　辞书　河南(3)　广东中山(1-3)
编译馆(3)

2-1977

社会课本：历史编
朱翙新,宋子俊编辑　范祥善校订

上海　世界书局　民国22.6[1933.6]-
4册(32,41,50,54页)　地图,像,照片　32开
第1册：民国22.6初版,民国22.6第2版,民国22.7第9版,民国22.8第17版,民国25.5第63版
第2册：民国22.6第3版,民国22.10修正版,民国22.12第18版,民国24.1第39版
第3册：民国22.7第3版,民国22.9第16版,民国25.4第45版
第4册：民国22.8第7版,民国22.9第12版,民国23.12第30版

教育部审定　高级小学学生用
逐页题名：高小历史
其他题名：新课程标准世界教科书社会课本历史编
北师大　人教　辞书　广东中山(3)

2-1978

复兴历史教科书
徐映川编著　王云五,傅纬平校订

上海　商务印书馆　民国22.7[1933.7]-
4册(49,54,54,58页)　图　32开
第1册：民国22.8第20版,民国22.10第75版,民国23.5第107版,民国24.3第152版
第2册：民国22.7初版,民国22第10版,民国22.8第40版,民国23.11第132版,民国24.3第137版
第3册：民国22.7初版,民国22.8第20版,民国22第50版,民国22.10第65版
第4册：民国22.7初版,民国22第50版,民国23.5第82版,民国23.6第97版
教育部审定　新课程标准适用　小学校高级用
初版附注：民国22年7月初版
逐页题名：高小历史教科书
其他题名：复兴教科书历史教科书
北师大　人教　上海　上师大(2)　辞书　广东中山(3-4)

2-1979

新课程标准小学历史课本
罗良铸,姚绍华编　陆费逵,金兆梓校

上海　中华书局　民国24.5-7[1935.5-7]
4册(30,30,30,34页)　地图,图　32开
第1册：民国24.5初版
第2册：民国24.5初版
第3册：民国24.7初版
第4册：民国24.7初版
南洋华侨学校适用　高级用
上海　辞书

2-1980

开明历史课本
金井秋编纂

上海　开明书店　民国24.7[1935.7]-
4册(42,51,56,55页)　地图,图　32开
第1册：民国24.9第4版,民国30.5国难后新版
第2册：民国24.7第2版,民国30.8国难后新3版
第3册：民国24.7初版
第4册：民国25.1第2版
教育部审定　新课程标准适用　小学高级学生用
初版附注：民国24年7月初版
辞书

2-1981

高小历史课本
范作乘编　姚绍华校

上海　中华书局　民国26.2-4[1937.2-4]
4册(42,44,46,46页)　地图,像　32开

第1册：民国26.2初版,民国29第90版,民国29.5第95版,民国29.5第96版,民国30.2第155版,民国30.2第156版

第2册：民国26.3初版,民国29第78版,民国30第99版,民国30.2第106版,民国30.2第107版

第3册：民国26.4初版,民国27年版,民国28第65版,民国29.4第72版,民国30第90版,民国30.2第120版

第4册：民国26.3初版,民国28.10第64版,民国29.5第70版,民国30.7第98版,民国29.12第108版

教育部审定　初审核定本　修正课程标准适用

人教　辞书　西北师大　广东中山(1-3)　编译馆(1,3-4)

2-1982

复兴历史教科书

徐映川编著　王云五,傅纬平校订

上海　商务印书馆　民国26.7[1937.7]-

4册(44,48,47,48页)　图　32开

第1册：民国26.7初版,民国28.6改编本119版

第2册：民国27.10改编本84版,民国28.9改编本126版

第3册：民国26.7初版,民国27.10改编本85版,民国30.6改编本147版

第4册：民国26.7初版,民国27改编本76版,民国29.6改编本97版

遵照修正课程标准编辑　小学校高年级用

其他题名：复兴教科书历史

其他题名：历史教科书

人教　上师大(4)　西北师大(1,3-4)　编译馆(2-4)

2-1983

最新南洋华侨小学历史课本

姚绍华编　陆费逵,金兆梓校

[新加坡]　中华书局　民国26.10[1937.10]-

4册(30,32,34,36页)　图　32开

第1册：1949.10第18-20版

第2册：民国26.11初版,民国38.4第15-17版

第3册：民国26.10初版,1949.10第16-18版

第4册：民国26.10初版,1949.10第14-15版

修正课程标准适用　高级用

初版附注：民国26年10-11月初版

封面题名：小学历史课本

辞书

2-1984

社会课本：高小新历史

朱翊新编辑

上海　世界书局　民国26[1937]

4册(31,40,48,53页)　图　32开

第1册：民国26年版,民国30.1新19版

第2册：民国26年版,民国26第9版,民国29.5新18版

第3册：民国26年版,民国26第4版,民国29.5新14版

第4册：民国26年版,民国29.5新14版

遵照教育部民国25年颁布修正课程标准编辑

其他题名：新课程标准世界教科书社会课本高小新历史

人教　西北师大　编译馆(1-2,4)

2-1985

(修正)高小历史教科书

(伪)教育部编审会编著

北平　[编者刊]　民国27.1-28.12[1938.1-1939.12]

4册(49,48,52,48页)　地图,图　32开

第1册：民国28.8初版,民国28.12第3版

第2册：民国27.1初版

第3册：民国27.7初版,民国29.6版

第4册：民国28.12初版

封面题名：高小历史教科书

北师大　辞书(1,3-4)

2-1986

高等小学校历史教科书

(伪)维新政府教育部编纂

南京　[编者刊]　民国27.8[1938.8]-

册　图　32开

第1,3册：民国27.8版

人教(1,3)

2-1987

东亚史教科书

(伪)文教部编

[长春]　满洲图书株式会社　民国28[1939]版

58页　32开

高级小学用

辽宁

2-1988

高小历史

(伪)教育部编审委员会编纂

4册(44,46,47,44页)　图　32开

其他题名：国定教科书高小历史

①南京　(伪)国民政府教育部　民国29.8[1940.8]-

第1册：民国29.8初版,民国30.1第2版,民国32第7版

第2册：民国30第2版,民国32.1第6版,民国32.12第8版

第3册：民国29.8初版

第4册：民国30.1第2版,民国32.1第6版,民国32.12第8版

人教(1-2,4)　上师大(1,4)　辞书　广东中山(1-2)

②上海　华中印书局　民国29.8[1940.8]-

第1册：民国29.8初版,民国31.7第5版,民国32.7第7版

第2册：民国32.1第6版

第3册：民国31.7第5版

第4册：民国31.1第4版

人教

2-1989

高小历史教科书

(伪)教育总署编审会著

4册　图　32开

①北平　[著者刊]　民国29[1940]-

第1-4册：民国29-31年版

北师大

②北平　新民印书馆　民国30.6[1941.6]
第1-4册：民国30.6修正版
人教

2-1990
高级小学历史
陕西省教育厅编辑
西安　陕西省银行信托部　民国31.8[1942.8]
4册(48,50,50,53页)　地图,图　32开
第1-4册：民国31.8新版
辞书

2-1991
高级小学历史课本
教育部教科用书编辑委员会编辑
重庆　成都　国定中小学教科书七家联合供应处　民国32.7[1943.7]-
4册(①38,②44,③50页)　地图,图　32开
第1册：民国32.7第1版,民国32.11重庆米色报纸本3版
第2册：民国32.11重庆米色报纸本2版
第3册：民国33.17成都嘉乐纸1版
教育部审定
封面题名：历史课本
逐页题名：部编高小历史
人教(1)　辞书(1-3)

2-1992
历史课本
谢丰编著
4册(②43,④42页)　图　32开
晋冀鲁豫边区教育厅审定　高级小学适用
①左权　华北书店　民国33.8[1944.8]-
第2册：民国33.8初版
人教(2)
②太岳　新华书店　民国34.5[1945.5]-
第4册：民国34.5初版
人教(4)

2-1993
高级小学历史课本
宋延庠,孙懋禄,蒋子奇编辑　沈麓元,计维新,唐冠芳绘图　国立编译馆校订
重庆　北平　上海　广东　国定中小学教科书七家联合供应处　民国34.9[1945.9]-
4册(37,44,50,54页)　地图,图　32开
第1册：民国34.9初版,民国35.1北平2版,民国35粤1版
第2册：民国34.9初版,民国34.9上海1版,民国34北平1版,民国35粤1版
第3册：民国34.10第10版,民国35.1北平1版
第4册：民国34.10第10版,民国35.1上海30版,民国35.1北平6版,民国35.2第40版
教育部审定
封面题名：历史课本
逐页题名：部编高小历史

人教　上师大(4)　辞书

2-1994
历史课本
晋察冀边区行政委员会教育处编著
4册　图　32开
晋察冀边区行政委员会审定　高等小学适用
①[不详]　新察哈尔报社　民国34.12[1945.12]-
第1-3册：民国34.12初版
人教(1-3)
②[不详]　冀东印刷厂　民国35.6[1946.6]-
第4册：民国35.6初版
人教(4)
③张家口　新华书店晋察冀分店　民国35.6[1946.6]-
第4册：民国35.6初版
人教(4)
④[邢台]　冀中第九分区群众书店　民国35[1946]-
第2册：民国35年版
国图(2)
⑤博野　新文化书局　民国35[1946]-
第3册：民国35年版
国图(3)
⑥华北　新华书店　民国37.10[1948.10]-
第2册：民国37.10第2版
人教(2)

2-1995
历史课本
彭文编
4册(①40,③34,④60页)　图　32开
晋冀鲁豫边区政府教育厅编审委员会审定　高级小学适用
其他题名：高级历史课本
其他题名：高小历史课本
①[邯郸]　裕民印刷厂　民国35.5[1946.5]-
第1册：民国35.5版,民国36.8版
第3册：民国35.9版
国图(1)　人教(1,3)　河南(1,3)
②武安　[涉县]　华北新华书店　民国35.11[1946.11]-
第4册：民国35初版,民国35.11版
国图(4)　河南(4)

2-1996
历史课本
[不详]　晋绥新华书店　民国35.7[1946.7]
2册(104,93页)　图　32开
上下册：民国35.7初版
晋绥边区行政公署民教处审定　小学校高年级用
人教

2-1997
高级小学历史课本[修订本]
国立编译馆主编　宋延庠,蒋子奇,聂家裕编辑　沈麓元,计维新,唐冠芳绘图
重庆　上海　国定中小学教科书七家联合供应处　民国35.7

[1946.7]-
4册(38,43,46,54页) 地图,图 32开
第1册:民国35.7初版,民国35.7上海白报纸本第20版,民国35上海白报纸本第70版,民国36.1上海白报纸本第150版,民国36.1第4版
第2册:民国35.7初版,民国35.12第4版,民国35.12上海白报纸本第130版
第3册:民国35初版,民国35.8上海白报纸本第60版,民国36.1上海白报纸本第110版
第4册:民国35.12初版,民国35.12上海白报纸本第100版,民国35.12上海白报纸本第140版
教育部审定
封面题名:历史
逐页题名:部编高级小学历史
其他题名:高级小学历史
北师大 人教 上师大 辞书 广东中山

2-1998

高级小学历史
台湾省行政长官公署教育厅编辑
台北 台湾书店 民国35.8[1946.8]
36页 地图,图 大32开 精装
其他题名:历史
编译馆

2-1999

历史
合江省政府教育厅编审委员会编
[合江] 东北书店 民国35.9[1946.9]
65页 32开
合江省教育厅审定 高级小学校用
辽宁

2-2000

高小史地
肖云编
西安 新华书店 民国35[1946]-
4册(①100,②94页) 图 32开
第1册:民国35初版,民国38.8第4版
第2册:民国38.8第4版
陕甘宁边区教育厅审定
人教(1) 上师大(2)

2-2001

历史课本
教育部教科用书编辑委员会编辑
台湾 台湾省教育会 民国36.1[1947.1]-
4册(④54页) 图,表 32开
第4册:民国36.1初版
附:中外大事对照表
其他题名:高级小学历史课本
编译馆(4)

2-2002

高级小学历史课本[第2次修订本]

国立编译馆主编 蒋子奇,聂家裕编辑 金兆梓,邓广铭校阅 中国史地图表编纂社绘图
4册(40,43,50,52页) 图 32开
教育部审定
其他题名:高级小学历史
其他题名:历史
①上海 商务印书馆 民国36.5[1947.5]
第1册:民国36.5第1版,民国36第2版
第2册:民国36.5第1版
第3册:民国36.5第1版
第4册:民国36.5第1版
北师大 人教
②上海 春明书店 民国36.5[1947.5]
第1-4册:民国36.5第1版
人教
③上海 中华书局 民国36.5[1947.5]-
第1册:民国36.5第1版
第2册:民国36.11第5-14版
第3册:民国36.5第1版
第4册:民国36.11第5-11版
编译馆
④台湾 台湾省政府教育厅中小学教科用书供应委员会 民国36.7[1947.7]-
第1册:民国36.7版,民国38.8版
第2册:民国37.1版
编译馆(1-2)
⑤上海 胜利出版公司 民国36.10[1947.10]-
第4册:民国36.10修订1版
人教(4)
⑥上海 大东书局 民国36.12[1947.12]
第1-4册:民国36.12第1版
人教
⑦上海 五联社 民国37.1[1948.1]-
第1册:民国37.8第125版
第2册:民国37.1第66版
第3册:民国37.8第911版
第4册:民国37.1第54版
人教 辞书
⑧上海 交通书局 民国37.1[1948.1]
第1-4册:民国37.1第1版
人教
⑨上海 正中书局 民国37.5[1948.5]-
第1-4册:民国37.5-11版
人教 广东中山(4)
⑩上海 中国文化服务社 民国37.8[1948.8]-
第3-4册:民国37.8第2版
人教(3-4)
⑪上海 儿童书局 民国37[1948]-
第2册:民国37第2版
广东中山(2)

2-2003
高小历史
东北政委会编审委员会编
　　4册(①40,②49,③44页)　地图　32开
　　①[沈阳]　辽东分店　民国36.8[1947.8]-
　　第3册：民国36.8版
　　国图(3)
　　②[佳木斯]　东北书店　民国37.4[1948.4]-
　　第1册：民国37.4初版,民国37.5第3版
　　第2册：民国37.7初版
　　人教(1)　辞书(1)　辽宁(2)
　　③[哈尔滨]　东北书店　民国37.5[1948.5]-
　　第3册：民国37.5第2版
　　辞书(3)　辽宁(3)
　　④辽宁　辽南行政公署教育处　[1912-1949?]
　　第2册：版次不详
　　辞书(2)

2-2004
第二次世界大战史讲话
陆菲琼编著
　　上海　春明书店　民国36[1947]
　　126页　图　32开
　　中小学历史补充读本
　　河南

2-2005
历史
关东公署教育厅编审
　　大连　大众书店　民国37.3[1948.3]-
　　　册(①46,③50页)　32开
　　第1册：民国37.3版
　　第3册：民国38.2版
　　高级小学用
　　人教(1,3)

2-2006
高小史地
张思俊编
　　4册(100,94,77,116页)　图　32开
　　陕甘宁边区教育厅审定
　　①西安　西北新华书店　民国37.7[1948.7]-
　　第1册：民国37.7初版
　　第2册：民国38.4第10版
　　第3册：1949.10第4版
　　第4册：1949.10第4版
　　人教
　　②[平山]　新华书店　民国38.2[1949.2]-
　　第2-3册：民国38.2第3版
　　国图(2-3)

2-2007
历史
山东省教育厅编审室编审
　　[济南]　华东新华书店　民国37.9-38.2[1948.9-1949.2]
　　4册(20,24,34,35页)　32开
　　第1册(五年级上)：民国38.1初版
　　第2册(五年级下)：民国37.9初版
　　第3册(六年级上)：民国38.2初版
　　第4册(六年级下)：民国38.1初版
　　其他题名：小学课本历史
　　人教　辞书(1-2)

2-2008
高小历史
东北政委会教育部编
　　4册(40,35,44,53页)　地图　32开
　　①[长春]　东北书店　民国38.2[1949.2]-
　　第1,3册：民国38.2初版
　　人教(1,3)　辞书(3)　辽宁(3)
　　②[安东]　东北书店　民国38.2[1949.2]-
　　第1册：民国38.2第2版
　　辞书(1)
　　③[沈阳]　东北新华书店　民国38.7[1949.7]-
　　第2,4册：民国38.7初版
　　人教(2,4)　辞书(4)

2-2009
历史课本
山东省胶东区行政公署教育处编
　　山东　胶东教育印刷社　民国38.6[1949.6]-
　　　册(②38页)　32开
　　第2册：民国38.6版
　　高级小学用
　　河南(2)

2-2010
历史课本
山东省政府教育厅编审室编
　　[济南]　山东新华书店　民国38.6[1949.6]-
　　　册(下38页)　32开
　　下册：民国38.6版
　　小学六年级用
　　国图(下)

2-2011
历史
中原临时人民政府教育部规定
　　[不详]　华中新华书店　民国38.9[1949.9]
　　4册([219]页)　32开
　　第1-2册(五年级上下册)：民国38.9初版
　　第3-4册(六年级上下册)：民国38.9初版
　　高级小学适用课本
　　其他题名：高级小学适用课本历史
　　人教

2-2012
高小历史
[平山]　华北新华书店　民国38[1949]-

册(①40页)　32开
第1册:民国38年版
晋冀鲁豫边区政府教育厅编审委员会审定
国图(1)

2-2013
最新高等小学中国历史教科书
上海　会文学社　[1912-1949?]
4册(①46叶)　地图,图,表　大32开　线装
第1册:版次不详
高等小学堂用
其他题名:最新中国历史教科书
辞书(1)

2-2014
历史课本
[不详]　东海永久印刷社　[1912-1949?]
18页　32开
第3册:版次不详
小学校高级用
河南(3)

2-2015
历史临时样本
[上海]　[中华书局]　[1912-1949?]
4册(28,26,38,42页)　地图,图　32开
第1-4册:版次不详
小学高级用
其他题名:小学教科书历史临时样本
辞书

教学参考书

2-2016
国史小识教授法(第四种:后汉书)
陈子褒编著
香港　子褒学校　民国9[1920]版
102页　32开
版权页题名:后汉书小识教授法
国图　人教

2-2017
小学史地教学法
黄竞白等著
上海　商务印书馆　民国14[1925]
81页　64开　(教育丛著　53)
天津　广东中山

2-2018
课前研究指导案:历史科
张振中等著
北京　北师附小编辑部　民国14[1925]版
58页　32开　(北师附小丛书)
国图

2-2019
小学历史科教学法
朱智贤编
上海　商务印书馆　民国19[1930]
126页　32开
其他题名:历史科教学法
广东中山

2-2020
历史教学法
胡哲敷著
上海　中华书局　民国21[1932]
251页　25开　(教育丛书)
国图

2-2021
节日纪念日教学法
许育藩编纂
上海　商务印书馆　民国37.2[1948.2]初版,民国37.8第3版
115页　32开　(国民教育文库)
辞书　西北师大　广东中山

2-2022
小学历史教学法
张粒民编著
上海　商务印书馆　民国37.4[1948.4]初版,民国37.8第3版
222页　图　32开　(国民教育文库)
国图　上海　辞书　天津　广东中山

*　　*　　*

2-2023
初等小学中国历史新教科书教授法
李培锷等编纂
上海　乐群书局　清光绪32.10[1906]
3册([250]页)　32开　线装
第1-3册:光绪32.10第2版
人教

2-2024
小学教科初等历史教授案
严璆著
上海　集成图书公司　清光绪34.4[1908]-
册(④36页)　32开　线装
第4册:光绪34.4初版
人教(4)

*　　*　　*

2-2025
高等小学历史教授本
赵钲铎编辑　沈恩孚,华国铨,汤振常校订

上海　中国图书公司　清光绪 33.9-宣统 3.6[1907-1911]

8 册　32 开　精装

第 1 册：光绪 33.9 初版,宣统 3.5 第 2 版

第 2 册：光绪 34.6 初版

第 3 册：宣统 1.1 初版

第 4 册：宣统 1.8 初版

第 5 册：宣统 2.3 初版

第 6 册：宣统 2.12 初版

第 7 册：宣统 3.6 初版

第 8 册：宣统 3.6 初版

第一学年上学期～第三学年下学期用

人教(1-5,7-8)　辞书(1-6)

2-2026

中华高等小学历史教授书

汤存德编

上海　中华书局　民国 1.7[1912.7]-

4 册(56,65,60,58 叶)　32 开　线装

第 1 册：民国 1.7 初版,民国 1.9 第 2 版,民国 2.3 第 7 版

第 2 册：民国 2.2 第 3 版,民国 2.2 第 4 版

第 3 册：民国 1.8 初版,民国 2.2 第 2 版

第 4 册：民国 2.2 第 2 版

初版附注：民国元年 7-10 月初版

逐页题名：高等小学历史教授书

人教　辞书

2-2027

新历史教授法

赵玉森编纂　傅运森校订

上海　商务印书馆　民国 2.3[1913.3]-

6 册(43,49,55,57,58,62 叶)　地图,图　大 32 开　线装

第 1 册：民国 2.3 初版,民国 2.6 第 11 版,民国 2.12 第 26 版,民国 11.3 第 40 版,民国 14.2 第 43 版

第 2 册：民国 2.6 第 12 版,民国 11.4 第 38 版

第 3 册：民国 2.3 初版,民国 2.7 版,民国 2.9 第 20 版,民国 11.6 第 35 版

第 4 册：民国 2.4 初版,民国 5.7 第 22 版,民国 10.4 第 31 版,民国 14.2 第 34 版

第 5 册：民国 2.7 初版,民国 2 第 5 版,民国 3.2 第 20 版,民国 11.6 第 31 版

第 6 册：民国 2.8 第 5 版,民国 10.6 第 28 版

教育部审定　高等小学校教员用　春季始业

版权页题名：高等小学新历史教授法

其他题名：共和国教科书新历史教授法

人教　上海　辞书

2-2028

新制中华历史教授书

汤存德编　戴克敦,沈颐,陆费逵阅

上海　中华书局　民国 2.4-10[1913.4-10]

9 册(35,27,26,39,30,37,57,47,31 叶)　32 开　线装

第 1 册：民国 2.4 初版,民国 2.7 第 4 版,民国 2.11 版

第 2 册：民国 2.6 初版,民国 2.8 第 2 版,民国 2.10 第 3 版

第 3 册：民国 2.6 初版,民国 4.4 第 3 版

第 4 册：民国 2.9 初版,民国 4.6 第 3 版

第 5 册：民国 2.10 初版,民国 2.13 第 3 版

第 6 册：民国 2.8 初版,民国 2.11 第 2 版,民国 2.12 第 3 版

第 7 册：民国 2.9 初版,民国 2.12 第 3 版

第 8 册：民国 2.10 初版,民国 4.4 第 3 版

第 9 册：民国 2.9 初版

高等小学校用　第一学年～第三学年用

版权页题名：新制中华高等小学历史教授书

北师大　人教　辞书

2-2029

高等小学新历史教授书

赵钲铎编

上海　中国图书公司和记　民国 2.5[1913.5]-

6 册(37,38,38,43,47,45 叶)　表　大 32 开　线装

第 1 册：民国 3.7 第 2 版,民国 4.3 第 3 版

第 2 册：民国 2.5 初版,民国 3.7 第 2 版,民国 4.3 版

第 3 册：民国 2.5 初版,民国 3.7 第 2 版,民国 4.3 版

第 4 册：民国 3.8 初版,民国 5.8 第 5 版

第 5 册：民国 3.11 初版,民国 5.8 第 5 版

第 6 册：民国 4.4 初版

教育部审定　教师用书　秋季始业

初版附注：民国 2 年 5 月-4 年 4 月初版

封面题名：新历史教授书

辞书

2-2030

高等小学校新历史教授书

丁宝书,张景良著

上海　文明书局　民国 2.10[1913.10]-

6 册(①23,②17,③24,④17 页)　大 32 开　线装

第 1 册：民国 2.10 初版

第 2 册：民国 2.11 初版

第 3 册：民国 3.5 初版

第 4 册：民国 3.8 初版

高等小学校用书

封面题名：新历史教授书

卷端题名：中华民国小学教科新历史教授书

辞书(1-4)

2-2031

新编中华历史教授书

潘武,汤存德编　沈颐阅

上海　中华书局　民国 3.1-3[1914.1-3]

6 册(47,45,49,54,71,69 叶)　表　大 32 开　线装

第 1 册：民国 3.1 初版,民国 4.3 第 2 版

第 2 册：民国 3.2 初版,民国 4.4 第 2 版

第 3 册：民国 3.1 初版,民国 4.6 第 2 版

第 4 册：民国 3.3 初版

第 5 册：民国 3.2 初版,民国 4.3 第 2 版

第 6 册：民国 3.3 初版,民国 4.6 第 3 版

高等小学校用　春季始业

北师大　人教　辞书

2-2032
高等小学新历史参考书
赵钲铎著
上海 中国图书公司和记 民国4.6[1915.6]-
6册(⑤35,⑥50叶) 大32开 线装
第5-6册:民国4.6初版
教师用书 秋季始业
封面题名:新历史参考书
辞书(5-6)

2-2033
实用历史教授书
北京教育图书社编纂 王凤岐等校订
上海 商务印书馆 民国4.12-5.4[1915.12-1916.4]
6册([466]页) 32开 线装
第1-6册:民国4.12-5.4初版
高等小学校教员用 春季始业
北师大(2-3,5-6) 人教 广西师大(2)

2-2034
新式历史教授书
庄启传,吕思勉编辑 沈恩孚,沈颐阅
上海 中华书局 民国5.9[1916.9]-
6册(23,26,54,60,40,37叶) 图,表 32开 线装
第1册:民国5.9初版,民国10.1第9版,民国11.4第13版,民国12.5第18版
第2册:民国10.5第9版,民国11.4第12版
第3册:民国5.11初版,民国7.1第3版,民国10.8第10版,民国12.9第14版
第4册:民国6.1初版,民国9.5第6版,民国11.4第10版,民国13.6第12版
第5册:民国6.1初版,民国7.7第3版,民国10.8第11版,民国11.4第13版,民国12.9第14版
第6册:民国6.1初版,民国9.5第8版,民国10.5第9版,民国13.6第14版
教育部审定 高等小学校用
北师大 人教 辞书 广西师大(4)

2-2035
新法历史参考书
吕思勉等编辑 范祥善校订
上海 商务印书馆 民国9.7[1920.7]-
6册(42,66,65,68,92,200页) 32开
第1册:民国9.7初版,民国10.1第2版
第2册:民国11.3第4版
第3册:民国10.4第6版
第4册:民国11.1第9版
第5册:民国10.6第3版,民国11.1第9版
第6册:民国11.6第6版
高等小学用
国图(1) 人教 河南(5)

2-2036
新法历史教授书
吴研因,丁晓先,张熙祚等编纂
上海 商务印书馆 民国9.7[1920.7]-
6册(70,81,81,80,80,95页) 表 大32开
第1册:民国9.7初版,民国10.1第4版,民国10.4第7版
第2册:民国10.1初版,民国10.1第3版,民国11.3第6版,民国11.4第12版
第3册:民国10.2第3版,民国10.4第6版
第4册:民国10.5第3版,民国11.1第9版
第5册:民国10.5第3版,民国11.1第9版
第6册:民国10.10第4版
教育部审定 高等小学教员用
初版附注:民国9年7月-10年5月初版
国图(2) 北师大 人教 辞书(1-5)

2-2037
历史教案
洪鋆,朱文叔,张相编辑及校阅
上海 中华书局 民国10.2-11.12[1921.2-1922.12]
6册(52,64,68,66,70,71页) 地图 大32开
第1册:民国10.2初版,民国10.8第2版
第2册:民国10.7初版,民国11.3第3版
第3册:民国10.8初版,民国11.10第3版
第4册:民国11.5初版,民国12.5第2版
第5册:民国11.8初版
第6册:民国11.12初版
教育部审定 高等小学校用
其他题名:新教育教科书历史教案
人教 辞书

2-2038
新小学历史课本教授书
金兆梓,褚东郊,洪鋆,刘佩琥编 戴克敦,张相校
上海 中华书局 民国12.3[1923.3]-
4册(99,114,126,139页) 地图,表 大32开
第1册:民国12.3初版,民国13.1第4版,民国14.11第8版,民国16.3第10版
第2册:民国12.11第2版,民国13.1第3版,民国15.6第8版,民国16.3第10版,民国19.11第11版
第3册:民国12.2第2版,民国13.1第3版,民国14.11第7版,民国16.1第9版,民国16.3第10版
第4册:民国12.12初版,民国16.1第7版
教育部审定 新学制小学校高级用
版权页题名:历史课本教授书
其他题名:新小学教科书历史课本教授书
北师大(3) 人教 辞书

2-2039
新法历史教授书
戴洪恒编纂 傅运森校订
上海 商务印书馆 民国12.8[1923.8]-
4册(④52页) 图 32开
第4册:民国12.8初版
新学制小学后期用

人教(4)

2－2040

新学制历史教授书
陈捷编纂　傅运森校订

上海　商务印书馆　民国13.8[1924.8]-

4册(84,108,95,125页)　图　32开

第1册：民国19.4第18版

第2册：民国13.8初版,民国15.9第14版

第3册：民国13.8初版,民国14.5第9版,民国15.10第14版

第4册：民国15.3第9版

小学高级用

初版附注：民国13年8月初版

北师大(2-4)　人教　广东中山(2-4)

2－2041

新撰历史教授书
潘文安,潘鸣凤编纂　傅运森校订

上海　商务印书馆　民国13.9[1924.9]-

4册(94,80,99,113页)　图　32开

第1册：民国13.9初版,民国15第9版

第2册：民国16.1第5版

第3册：民国14.1初版

第4册：民国15.2第5版

新学制小学校高年级用

人教　广东中山(1)

2－2042

小学高级文体历史教授书
张鸿英编

上海　中华书局　民国13.9-14.4[1924.9-1925.4]

4册(106,116,127,141页)　地图　大32开

第1册：民国13.9初版

第2册：民国13.12初版

第3册：民国14.2初版

第4册：民国14.4初版

新学制适用

逐页题名：新学制小学高级文体历史教授书

人教　辞书

2－2043

新中华历史课本教授书
洪鋆,范作乘编　陈棠,张相校

上海　新国民图书社　民国17.1-18.1[1928.1-1929.1]

4册(142,160,193,230页)　地图,图,表　大32开

第1册：民国17.1初版,民国18.1第2版,民国20.4第6版,民国20.7第8版,民国21.3第9版

第2册：民国17.7初版,民国19.12第6版,民国20.7第7版,民国21.3第9版

第3册：民国18.1初版,民国18.6第2版,民国20.6第6版,民国20.9第7版,民国21.3第8版

第4册：民国18.1初版,民国18.6第2版,民国20.6第5版,民国20.9第6版,民国21.1第7版

小学校高级用

其他题名：新中华教科书历史课本教授书

人教　辞书　河南(1)

2－2044

高级小学历史课本教学法
朱翊新,陶秋英编辑　范祥善,魏冰心校订

上海　世界书局　民国17.5[1928.5]-

4册(84,88,74,82页)　32开

第1册：民国17.5初版,民国18.6第3版,民国20.6第6版

第2册：民国19.6第3版,民国20.9第5版

第3册：民国18.5第2版,民国21.5第7版

第4册：民国18.5第2版,民国21.6第7版

照教育部审订本编辑　新主义教科书教员用书

初版附注：民国17年5-7月初版

其他题名：新主义教科书高级小学历史课本教学法

北师大(1)　人教(1)　辞书　编译馆(2-4)

2－2045

新时代历史教授书
徐景新编辑

上海　商务印书馆　民国17.10[1928.10]-

4册(84,124,88,111页)　地图,图　32开

第1册：民国17.10初版,民国18.3第18版

第2册：民国17.12第8版,民国22.6国难后2版

第3册：民国17.11第8版,民国18.2第10版,民国18.3第18版

第4册：民国18.2第10版,民国18.12第20版,民国22.6国难后2版

小学校高级用

初版附注：民国17年10月-18年2月初版

北师大(2-4)　人教　辞书　广东中山(1,3-4)

2－2046

南洋华侨历史课本教授书
洪鋆,褚东郊,刘佩琥,范作乘编　戴克敦,张相校

[新加坡]　中华书局　民国21.11[1932.11]

4册(99,114,126,172页)　地图,表　32开

第1-4：民国21.11初版

高级小学用

北师大　人教　辞书

2－2047

后期小学北新历史教本教授书
储祎编辑

上海　北新书局　民国22.1[1933.1]-

4册(①206,③320页)　32开

第1册：民国22.1初版

第3册：民国22.7初版

其他题名：北新历史教本教授书

北师大(1,3)

2－2048

小学历史课本教学法
范作乘编　金兆梓校

上海　中华书局　民国22.7-12[1933.7-12]
4册(150,174,194,246页)　图,表　大32开
第1册:民国22.7初版,民国22.7第2版
第2册:民国22.8初版
第3册:民国22.8初版
第4册:民国22.12初版,民国22.12第2版
新课程标准适用　高级用
国图　辞书　广东中山

2-2049

高小社会科历史编教学法
宋子俊编辑
上海　世界书局　民国22.8[1933.8]-
4册(176,198,193,259页)　表　32开
第1册:民国22.8初版,民国22.10第2版,民国23第3版,
　　民国25.4第7版
第2册:民国23.2第2版,民国25.8第7版
第3册:民国22.9初版,民国25.4第4版
第4册:民国23.1初版
照教育部审定本编辑　高级小学教员用
北师大　人教(1-2)　华师大(1)　辞书　广东中山(1)

2-2050

历史教学法
郁树敏,饶祝华编著　殷佩斯校订
上海　商务印书馆　民国22.9-23.1[1933.9-1934.1]
4册(198,230,177,264页)　32开
第1册:民国22.9初版,民国23.12第14版
第2册:民国22.12初版,民国23.12第11版
第3册:民国22.11初版,民国23.12第11版
第4册:民国23.1初版
小学校高级用
封面题名:复兴历史教学法
其他题名:复兴教科书历史教学法
国图(1)　北师大　人教　辞书(1-3)　广东中山(2-4)

2-2051

高级小学南洋历史教学法
王志成编纂　沈百英校订
香港　商务印书馆　民国24.5[1935.5]-
4册(①193,②219页)　32开
第1-2册:民国24.5第2版
初版附注:民国23年5月初版
其他题名:南洋历史教学法
北师大(1-2)

2-2052

开明历史课本教学法
金井秋编
上海　开明书店　民国24.7-9[1935.7-9]
4册(131,180,132,168页)　32开
第1册:民国24.7初版
第2册:民国24.7初版
第3册:民国24.9初版

第4册:民国24.9初版
小学高级教师用
人教　辞书　西北师大

2-2053

小学历史课本教学法
范作乘编　金兆梓校
上海　中华书局　民国25.7-26.2[1936.7-1937.2]
4册(148,170,185,190页)　图,表　大32开
第1册:民国25.7初版
第2册:民国25.7初版
第3册:民国25.7初版
第4册:民国26.2初版
南洋华侨学校适用　高级用
版权页题名:新课程标准小学历史课本教学法
辞书

2-2054

高小历史课本教学法
范作乘,韩非木编　姚绍华校
上海　中华书局　民国26.7-12[1937.7-12]
4册(188,222,230,278页)　图　32开
第1册:民国26.7初版,民国28.4第4版,民国30.3第6版
第2册:民国26.10初版,民国26.11第2版,民国28.11第6
　　版,民国29.5第7版
第3册:民国26.8初版,民国26.8第2版,民国28.6第4版
第4册:民国26.12初版,民国28.6第3版
修正课程标准适用
附:大事年表
国图　人教　辞书　西北师大(1-3)　广东中山

2-2055

复兴历史教学法[改编本]
王志成,费燮威编辑
上海　商务印书馆　民国26.7[1937.7]-
4册(149,166,142,168页)　32开
第1册:民国26第2版,民国28.6第8版
第2册:民国27.1第3版,民国29第9版
第3册:民国26.7初版,民国27第6版,民国30第10版
第4册:民国27第6版,民国29.2第8版
初版附注:民国26年初版
其他题名:复兴教科书历史教学法
其他题名:复兴高小历史教学法
西北师大(2)　广东中山　编译馆

2-2056

(修正)最新南洋华侨小学历史课本教学法
范作乘编　金兆梓校
上海　中华书局　民国26.12-27.12[1937.12-1938.12]
4册(148,170,185,190页)　地图,图,表　32开
第1册:民国26.12初版
第2册:民国26.12初版
第3册:民国26.12初版
第4册:民国27.12初版

修正课程标准适用　高级用
封面题名：小学历史课本教学法
其他题名：最新南洋华侨小学历史课本教学法
人教　辞书

2-2057

高小新历史教学法
胡午峰等编辑

上海　世界书局　民国27[1938]
4册(169,184,177,248页)　32开
第1册：民国27初版
第2册：民国27初版,民国28.1第2版
第3册：民国27初版,民国28.1第2版
第4册：民国27初版,民国28.1第2版
修正课程标准适用
其他题名：新历史教学法
西北师大　编译馆(2-4)

2-2058

高级小学历史教学指引
教育部教科用书编辑委员会编辑

重庆　国定中小学教科书七家联合供应处　民国32.7
　[1943.7]-
4册(①47,②75页)　32开
第1册：民国32.7初版
第2册：民国32.11初版
教育部审定
封面题名：历史教学指引
人教(1-2)　辞书(1)

2-2059

高小历史参考书
马鸿德编辑

沈阳　中国文化服务社东北区社　民国36.2[1947.2]-
　册(②62页)　32开
第2册：民国36.2初版
教师教学　学生自习
辽宁(2)

2-2060

高级小学历史教学指引[第2次修订本]
国立编译馆主编　蒋子奇编辑

4册(47,74,78,66页)　32开
封面题名：历史教学指引
①上海　五联社　民国37.2[1948.2]
第1册：民国37.2初版,民国37.6第6版
第2册：民国37.2初版,民国37.6第6版
第3册：民国37.2初版
第4册：民国37.2初版
人教(3)　辞书　庐山(1-3)　广东中山(2)
②上海　商务印书馆　民国37.7-8[1948.7-8]
第1-4册：民国37.7-8版
人教　华师大(1-2,4)
③上海　中华书局　民国37[1948]-

第3册：民国37初版
华师大(3)　广东中山(3)

2-2061

高级小学历史教学指引[第1次修订本]
国立编译馆主编　蒋子奇编辑

上海　商务印书馆　民国37.6-8[1948.6-8]
4册([264]页)　图　32开
第1-4册：民国37.6-8初版
其他题名：小学历史教学指引
人教

2-2062

高小历史参考教材
王北辰著

长春　东北新华书店　民国38.8[1949.8]-
　册(①67页)　32开
第1册：民国38.8版
辽宁(1)

教学辅导书

2-2063

新法历史自习书
吴研因编纂　范祥善校订

上海　商务印书馆　民国9.7[1920.7]-
6册(108,139,128,126,167,256页)　图,表　32开
第1册：民国9.7初版,民国9.8第2版,民国12.6第11版
第2册：民国10.1第2版,民国11.9第8版
第3册：民国10.2初版,民国10.5第3版,民国10第4版,民
　国12第8版
第4册：民国10.5第3版,民国11.2版,民国11第6版,民国
　12.1第8版
第5册：民国10.6第3版,民国11.10第5版
第6册：民国12.6第5版
教育部审定　高等小学学生用
初版附注：民国9年7月-10年11月初版
国图　北师大(1-2,4-6)　人教　辞书　广东中山

2-2064

衣食住怎样来的
朱泽甫编辑

上海　世界书局　民国30[1941]新1版
26页　图　32开　(中国历史故事丛刊)
小学高年级及初中适用
河南

2-2065

史可法为国牺牲
陈鹤琴,陈选善主编　张匡编辑

上海　世界书局　民国30[1941]新1版
28页　地图,图　32开　精装　(中国历史故事丛刊)
高小、初中及民众学校适用

编译馆

2-2066
高小历史复习
秦湘荪著
  重庆 上海 正中书局 民国 34.11[1945.11]初版,民国 35.9 沪1版,民国 36.6 沪8版
  115 页 32 开 (高小各科复习丛书)
  国图

贰 地 理

课 本

2-2067
小学万国地理教科书
黄斌编辑
  上海 南洋公学 清光绪 28.2[1902]
  99 叶 图 32 开 线装
  辞书

2-2068
小学万国地理新编
陈乾生编辑
  上海 商务印书馆 清光绪 28[1902]第 2 版,光绪 31.10 第 6 版
  36 叶 32 开
  北师大 人教 辞书

2-2069
绘图蒙学中国地理实在易
  上海 彪蒙书室 清光绪 31.5[1905]
  4 册([260]页) 32 开 线装 (白话讲义蒙学丛书)
  第 1-4 册:光绪 31.5 初版
  其他题名:蒙学中国地理实在易
  人教 广西师大(2,4)

2-2070
绘图中国白话地理
  上海 彪蒙书室 清光绪 31.5[1905]
  4 册([260]页) 32 开 线装
  第 1-4 册:光绪 31.5 初版
  人教 广西师大(1,3)

2-2071
中国地理教科书
刘师培编著 国学保存会编辑
  上海 国学保存会 清光绪 31.12-32.12[1906-1907]
  2 册(86,80 叶) 表 大 32 开 线装 (国学教科书之一)
  第 1 册:光绪 31.12 初版
  第 2 册:光绪 32.12 初版
  国图(1) 北师大 上海 辞书(1)

2-2072
简易地理课本
童振藻编辑
  上海 商务印书馆 清光绪 32.4[1906]初版,光绪 32.6 第 3 版
  21 叶 地图,图(含彩图) 大 32 开 线装
  上海 辞书

2-2073
蒙学地理教科书
黄英编
  南京 南洋官书局 清光绪 32[1906]版
  55 页 32 开 线装
  其他题名:地理教科书
  上海

2-2074
六州地理教科书
曹典球编
  [不详] 衡州府中学堂 清光绪 32[1906]
  1 册 线装
  国图

2-2075
小学地理教科书
童世高编
  上海 昌明公司 清光绪 33.4[1907]
  48 页 彩色地图 大 32 开
  版权页题名:小学简要地理教科书
  人教 辞书

2-2076
中国地理教科书
王达辑撰
  [出版者不详] [1908?]
  4 册(38,42,43,37 叶) 16 开 线装
  第 1-4 册(卷一至卷四):版次不详
  云南社科

2-2077
小学地理教科书
开智编译社编辑
  上海 [编者刊] 民国 1.11[1912.11]
  2 册(16,17 叶) 图 32 开 线装
  第 1-2 册:民国 1.11 初版,民国 5.9 第 7 版,民国 8.8 第 8 版
  人教 辞书

2-2078
新编中华民国地理讲义
胡晋接著 洪囡阆校阅
  上海 亚东图书馆 民国 3.1[1914.1]
  386 页 26 幅 地图,表 大 32 开
  上海

2-2079
世界地理教科书

史礼绶编辑　陆费逵,姚汉章,戴克敦阅
　　上海　中华书局　民国 3.2[1914.2]初版,民国 3.4 第 2 版,民国 4.1 第 3 版,民国 11.3 第 10 版,民国 11.9 第 11 版
　　127 页　表　32 开
　　讲习适用
　　人教　辞书　河南

2-2080

白话中国地理
王传燮编
　　上海　文明书局　民国 15.9[1926.9]
　　2 册([204]页)　32 开
　　第 1-2 册：民国 15.9 第 2 版
　　初版附注：民国 11 年 5 月初版
　　国图

2-2081

地理读本
李法章编辑　秦同培校订
　　上海　世界书局　民国 11.11[1922.11]
　　3 册(17,24,25 叶)　地图,图　大 32 开　线装
　　第 1-3 册：民国 11.11 初版,民国 13.1 第 4 版
　　小学适用
　　其他题名：新学制教科书地理读本
　　北师大　人教　辞书

2-2082

最新白话中国地理教科书
冰壶主人编述　琴石山人校正
　　上海　会文堂书局　民国 12.2[1923.2]初版,民国 12.3 第 3 版
　　180 页　图　32 开
　　小学适用
　　版权页题名：最新语体中国地理教科书
　　北师大　人教

2-2083

本国地理测验(一、二类)
杨国荃著
　　上海　商务印书馆　民国 13.10[1924.10]
　　2 袋(12 页)　16 开
　　附：答案 25 份,标准纸 2 份,本国地理测验说明书
　　辞书

2-2084

现代中国地理课本
邓志清编辑　东方图书公司编译所校订
　　上海　东方图书公司　民国 20.1-21.5[1931.1-1932.5]
　　2 册(38,30 页)　地图　32 开
　　第 1 册：民国 20.1 初版
　　第 2 册：民国 21.5 初版
　　新学制小学用
　　辞书

2-2085

地理课本
[出版者不详]　民国 21.5[1932.5]-
　　册(②10 页)　32 开
　　第 2 册：民国 21.5 版
　　小学教材
　　人教(2)

2-2086

新课程标准小学地理课本
罗良铸,喻璞,韩枼编　陆费逵,葛绥成校
　　上海　新加坡　中华书局　民国 24.5-6[1935.5-6]
　　4 册(30,30,30,38 页)　地图,图　32 开
　　第 1 册：民国 24.5 初版
　　第 2 册：民国 24.6 初版,民国 24.8 第 2 版
　　第 3 册：民国 24.5 初版
　　第 4 册：民国 24.6 初版
　　南洋华侨学校适用
　　辞书

2-2087

钟山小学地理教本
王维屏,吴永成,汪德和编著　胡焕庸,张其昀校订
　　南京　钟山书局　民国 24.8[1935.8]-
　　4 册(①50 页)　图　32 开
　　第 1 册：民国 24.8 初版
　　适合课程标准
　　逐页题名：小学地理教本
　　北师大(1)　华师大(1)

2-2088

小学地理测验(一、二类)
艾伟主编　孙邦正襄助
　　上海　中华书局　民国 28.2[1939.2]
　　2 袋　表　大 16 开
　　附：标签、成绩记载表、标准答案各 1 份
　　辞书

2-2089

地理课本
[不详]　建国文化供应社　民国 35.7[1946.7]-
　　册(④48 页)　32 开
　　第 4 册：民国 35.7 初版
　　人教(4)

2-2090

地理
东北人民政府教育部编
　　沈阳　东北新华书店　民国 38[1949]-
　　4 册(②-④[155]页)　图　32 开
　　第 2-4 册：民国 38 年版
　　人教(2-4)

2-2091

外国地理
方新撰述
　　[广东]　广东陆军小学　[1912-1949?]
　　2 册　32 开　线装

第1-2册:版次不详
广东中山

* * *

2-2092
初等地理教科书三卷
张相文辑
　　1册(10,18,31叶)　图　大32开　线装
　　①上海　南洋公学　清光绪28.1[1902]初版,光绪28.10第2版,光绪32.5版
　　其他题名:初等小学地理教科书
　　人教　上师大　辞书　广西师大
　　②上海　文明书局　清宣统1.4[1909]第5版
　　初版附注:清光绪32年6月审定初版
　　辞书

2-2093
蒙学外国地理教科书
张相文著
　　上海　文明书局　清光绪29.6[1903]初版,光绪29.12修正2版,光绪30第4版,光绪31.2第6版,光绪31第16版,光绪32.6版
　　32叶　32开
　　初等小学堂学生用书
　　人教　上师大　广西师大

2-2094
蒙学地理教科书
钱承驹编著
　　上海　文明书局　清光绪29.8[1903]初版,光绪31.2第5版
　　22叶　大32开　线装
　　初等小学堂学生用
　　其他题名:地理教科书
　　上海　广西师大

2-2095
蒙学中国地理教科书
张相文著
　　上海　文明书局　清光绪29.8[1903]第18版,光绪32.12第23版,光绪34年版,宣统1.3第26版,民国2.5第29版
　　32叶　地图,图　32开　线装
　　清学部审定　初等小学堂学生用书
　　初版附注:清光绪29年8月初版
　　国图　人教　辞书　广西师大

2-2096
初等小学地理教科书
商务印书馆编译所编纂
　　上海　商务印书馆　清光绪31.6[1905]
　　4册(23,23,30,41叶)　地图,图　32开　线装
　　第1册:光绪31.6初版,光绪31第2版,光绪32第4版,光绪32.8第8版
　　第2册:光绪31.6初版,光绪32第4版,光绪32.8第8版
　　第3册:光绪31.6初版,光绪32第4版,光绪32.8第8版
　　第4册:光绪31.6初版,光绪32第4版,光绪32.8第8版
　　封面题名:最新初等小学地理教科书
　　逐页题名:最新地理教科书
　　国图　北师大　人教(1-3)　上海(1)　上师大(3)　辞书

2-2097
(订正)初等小学最新地理教科书
谢洪赉编纂　徐仁镜,张元济校订
　　上海　商务印书馆　清宣统3.1[1911]-
　　4册(20,20,26,37叶)　地图,图　大32开　线装
　　第1册:版次不详
　　第2册:民国1第18版
　　第3册:宣统3.1第16版,民国1第18版
　　第4册:民国1.7第18版
　　清学部审定　初等小学用
　　初版附注:清光绪31年6月初版
　　版权页题名:初等小学最新地理教科书
　　逐页题名:最新地理教科书
　　其他题名:初等小学最新地理教科书
　　上师大(2-3)　辞书

2-2098
初等小学中国地理教科书
曾世礼编
　　[不详]　涪州小学堂　清光绪31[1905]
　　1册　线装
　　其他题名:小学中国地理教科书
　　国图

2-2099
初等小学简明地理教科书
周世棠编辑　庄景仲校订
　　上海　新学会社　清光绪32.2[1906]
　　1册　大32开　线装
　　其他题名:简明地理教科书
　　广西师大

2-2100
初等中国地理教科书
王邦枢编辑　胡宗楙校阅
　　上海　南洋官书局　清光绪33[1907]
　　2册(19,30页)　地图,图　32开　线装
　　第1-2册:光绪33第2版,宣统1.1第3版
　　清学部审定　初等小学三年级~五年级用
　　初版附注:清光绪32年6月初版
　　人教(2)　上海　辞书

2-2101
初等小学地理教科书
白雅雨编译
　　上海　震东学社　清光绪32.9[1906]-
　　册(①41,②59,③60,⑤51,叶)　大32开　线装
　　第1-3,5册:光绪32.9版
　　其他题名:小学地理教科书

广西师大(1-3,5)

2-2102
初等小学中国地理新教科书
管圻编纂　杨天骥,陆保璇校订
上海　乐群书局　清光绪32.10[1906]
3册(32,25,28叶)　图　大32开　线装
第1-3册：光绪32.10版,光绪33.1版
其他题名：中国地理新教科书
人教　上海　辞书

2-2103
最新中国地理教科书
会文学社编译所编纂　杜芝庭,蔡元培校阅
上海　会文学社　清光绪32[1906]-
册(①16叶)　图　32开
第1册(上编)：光绪32初版
初等小学堂课本
其他题名：本国地理
上师大(1)

2-2104
地理学初步
[中国图书公司编]
[上海]　[编者刊]　清光绪33[1907]
36叶　图　大32开　线装
初等小学三年级用
辞书

2-2105
松江初等小学地理教科书
沈宗祉著　王毅存,陈庭兰重订
上海　时钟书局　清光绪34.1[1908]版
22页　彩图　[32开]　线装
松江府专用
人教

2-2106
初等小学中国地理教科书
何孟庐编辑
上海　彪蒙书室　清光绪34.2[1908]
3册(12,22,31叶)　彩图　32开　线装
第1-3册(一至三编)：光绪34.2第2版
封面题名：初等小学地理教科书
人教　广西师大(2-3)

2-2107
地理启蒙[订正本]
胡朝阳原著　江起鹏,周世棠订正
上海　新学会社　民国1[1912]
2册([62]页)　地图,图　32开　线装
第1-2册：民国1订正9版
初等小学教科书
初版附注：清光绪34年3月初版
卷端题名：第一简明地理启蒙
辞书

2-2108
简明小学地理教科书
谢观编纂
上海　商务印书馆　清光绪34.10[1908]
2册(21,22叶)　图　32开　线装
第1-2册：光绪34.10版,宣统3.1第6版
清学部审定　初级小学堂课本
其他题名：简明地理教科书
人教　广西师大

2-2109
初等小学简明中国地理教科书
谢观编纂　张元济,庄俞校订
上海　商务印书馆　清宣统1[1909]
2册(21,22叶)　地图,图,表　大32开　线装
上下册：宣统1第2版,宣统3.5第8版,民国9.5第28版
清学部审定　初等小学用
初版附注：清光绪34年10月初版
其他题名：简明中国地理教科书
上师大　辞书　广西师大

2-2110
新体小学地理教科书
张相文著
北京　中国地学会　民国2.2-3.4[1913.2-1914.4]
3册(32,31,39叶)　图　大32开
第1册：民国2.2初版
第2册：民国2.8初版
第3册：民国3.4初版
一至三年级用
逐页题名：新体地理教科书
辞书

2-2111
新式初等地理读本
沈维钧编辑　秦同培校订
上海　世界书局　民国12.1[1923.1]
2册(19,21叶)　图　32开　线装
上下册：民国12.1版
国民学校及新制小学适用
北师大　人教

2-2112
最新初等小学本国地理教科书
[会文编译社编]
[上海]　[编者刊]　[1912-1949?]
3册(②22叶)　图　大32开　线装
第2册(中编)：民国第10版
逐页题名：本国地理教科书
其他题名：初等小学本国地理教科书
辞书(2)

2-2113
国民学校新地理教科书
华英书局编

[成都]　[编者刊]　[1912-1949?]
1册　图　线装
国图

*　　*　　*

2-2114

高等小学地理教科书
张国维著
　　上海　文明书局　清光绪29.1[1903]初版,光绪29.12第5版
　　150页　16开　线装
　　人教

2-2115

最新地理教科书
谢洪赉编纂
　　上海　商务印书馆　清光绪31.1[1905]-
　　4册(31,31,35,40叶)　图　大32开　线装
　　第1册:光绪32年版,光绪34.4第13版,宣统第18版,宣统2.6第22版,宣统3.6第26版,民国1.12第28版
　　第2册:光绪32年版,光绪34.4第13版,宣统2.6第22版,宣统3.6第26版,民国1.5第27版
　　第3册:光绪32年版,宣统2.11第23版,宣统3.6第26版
　　第4册:光绪31.1初版,光绪32年版,光绪34第12版,宣统2.11第23版,宣统3.3第25版,宣统3.6第26版
　　清学部审定　高等小学用
　　初版附注:清光绪31年正月初版
　　其他题名:高等小学最新地理教科书
　　北师大　人教(1,4)　上师大(1)　辞书　云南社科(4)

2-2116

最新地理教科书
谢洪赉编辑
　　上海　商务印书馆　清光绪31.3[1905]
　　4册(35,38,43,47叶)　图　32开　线装
　　第1册:光绪31.3初版,光绪32.1第4版,光绪34.4第14版
　　第2册:光绪31.3初版,光绪32.1第4版,光绪34.4第14版
　　第3册:光绪31.3初版,光绪32.1第4版
　　第4册:光绪31.3初版,光绪32.1第4版
　　清学部审定　高等小学用
　　其他题名:高等小学地理教科书
　　人教　辞书(1-2)　广西师大

2-2117

高等小学地理教科书
经家龄著
　　上海　普及书局　清光绪32.12-33.1[1907]
　　2册(91,102叶)　地图,图　大32开
　　第1册:光绪32.12初版
　　第2册:光绪33.1初版
　　人教　辞书

2-2118

高等小学地理教科书
姚明辉编辑
　　上海　中国图书公司　清光绪33.6-宣统3.6[1907-1911]
　　8册([1388]页)　图　32开　线装
　　第1-8册:光绪33.6-宣统3.6初版
　　人教

2-2119

高等小学地理课本
姚明辉编辑　沈恩孚,夏日珽校订
　　上海　中国图书公司　清光绪34.3[1908]-
　　8册(②19,③27,⑤37,⑥65,⑦43叶)　地图,图　大32开　线装
　　第2册:光绪34.3初版,宣统2.7第3版,宣统3.1第5版
　　第3册:宣统1.2第2版
　　第5册:宣统1.9初版,宣统3.6第5版
　　第6册:宣统2.6初版
　　第7册:宣统3.2初版,宣统3.6第2版
　　人教(2-3,5-7)　上海(6)　辞书(2,5,7)

2-2120

高等小学地理教科书详解
谭廉编纂　沈颐校订
　　上海　商务印书馆　清宣统1[1909]-
　　4册　大32开　线装
　　第1册:宣统1初版
　　第2册:宣统1初版,宣统3.5第4版
　　第3册:宣统1初版,宣统3.8第4版
　　第4册:宣统2年版
　　高等小学校用
　　封面题名:最新地理教科书详解
　　上海　辞书(2-3)

2-2121

新体高等小学中外地理
国民教育社编辑
　　上海　[编者刊]　清宣统2.1-10[1910]
　　4册(27,34,48,37叶)　地图,图　大32开　线装
　　第1册(卷一):宣统2.1初版,宣统2.2第2版
　　第2册(卷二):宣统2.2初版
　　第3册(卷三):宣统2.10初版
　　第4册(卷四):宣统2.10初版
　　逐页题名:高等小学中外地理
　　人教(1)　辞书

2-2122

学部第一次编纂高等小学地理教科书
(清)学部编译图书局编纂
　　北京　[编者刊]　清宣统2.6[1910]-
　　4册(94,117,100,130叶)　地图,图,表　大32开　线装
　　第1册:宣统2.6初版
　　第2册:宣统2.11初版
　　第3册:宣统2.12版

第4册：宣统2.12版
封面题名：高等小学地理教科书
北师大　人教(1-2)　辞书(1-2)

2-2123

中华高等小学地理教科书
曹同文,吴竞编辑　陆费逵校订

上海　中华书局　民国1.3[1912.3]-
4册(26,31,31,25叶)　图　大32开　线装
第1册：民国1.9改订9版
第2册：民国1.3初版,民国1.4第4版,民国1.11改订10版,民国2.12改订12版
第3册：民国1.3第4版,民国1.5第6版
第4册：民国1.5第2版,民国1.7第3版,民国1第6版
教育部审定
初版附注：民国元年1-3月初版
逐页题名：高等小学地理教科书
北师大(2-4)　人教(2-4)　辞书

2-2124

高等小学地理课本[改正本]
姚明辉编辑(又题：太平洋人编辑)　沈恩孚,夏日珢校订

上海　中国图书公司　民国1.4[1912.4]-
8册(27,19,27,31,37,65,43,67叶)　地图,图　大32开　线装
第1册：民国1.4改正11版,民国2.2改正13版,民国2.5改正14版
第2册：民国1.5改正8版,民国2.1改正9版,民国2.2改正12版,民国2.5改正13版
第3册：民国1.5改正7版,民国2.2改正11版,民国2改正12版
第4册：民国1.7改正7版,民国2.2改正10版,民国3.5改正版
第5册：民国1.7改正6版,民国2.2改正7版,民国2.5改正10版
第6册：民国1.7改正7版,民国2.2改正8版
第7册：民国1.11改正1版,民国2.2改正6版,民国3.5改正版
第8册：民国1.10改正3版,民国2.5改正6版
江苏图书审查会采定用书　第一学年上学期～第二学年上学期用
封面题名：中华民国高等小学地理课本
人教　上师大(3)　辞书

2-2125

新地理
庄俞编纂

上海　商务印书馆　民国1.8[1912.8]-
6册(15,14,15,18,18,18叶)　地图,图,表　大32开　线装
第1册：民国1.9第3版,民国2.3第46版,民国2.3第51版
第2册：民国1.8第2版,民国2.3第47版,民国2.4第50版
第3册：民国2.2第6版,民国2.3第40版,民国2.3第46版
第4册：民国2.3第44版
第5册：民国2.3第31版

第6册：民国2.4第31版
教育部审定　高等小学校学生用　春季始业
初版附注：民国元年6月初版
其他题名：共和国教科书新地理
人教(1-3)　辞书　河南(1-3)

2-2126

新地理[订正本]
庄俞编纂　谭廉,许国英校订

上海　商务印书馆　民国2.7[1913.7]-
6册(14,13,15,15,19,18叶)　地图(含彩色地图),图,表　大32开　线装
第1册：民国2.7订正71版,民国3.6订正112版
第2册：民国3.3订正99版,民国11.2订正205版
第3册：民国3.5订正89版,民国11.3订正176版
第4册：民国3.3订正75版,民国11.3订正165版
第5册：民国3.4订正70版,民国11.2订正142版
第6册：民国3.5订正70版,民国11.3订正132版
教育部审定　高等小学校学生用　春季始业
初版附注：民国元年6月初版
其他题名：共和国教科书新地理
辞书　编译馆

2-2127

新地理
庄俞编纂　许国英校订

上海　商务印书馆　民国2.1[1913.1]-
6册(14,16,13,15,17,18叶)　地图,图,表　大32开　线装
第1册：民国2.1初版,民国2.6第14版,民国2.9第24版,民国3.7第34版,民国8.4第49版,民国8.10第65版,民国13.9第83版
第2册：民国2.1初版,民国2.7第19版,民国9.5第64版
第3册：民国2.1初版,民国2.10第24版,民国5.7第34版,民国8.9第51版,民国11.9第66版
第4册：民国2.1初版,民国2.6第14版,民国2.10第19版,民国5.6第33版,民国10.10第54版
第5册：民国2.1初版,民国2.6第14版,民国2.7第19版,民国11.6第49版
第6册：民国2.6第9版,民国2.6第14版,民国2.10第24版,民国8.10第37版,民国9.4第45版
教育部审定　高等小学校用　秋季始业　第一学年～第三学年学生用
其他题名：共和国教科书新地理
北师大　人教　辞书　广西师大(1-2,5)

2-2128

新制中华地理教科书
史礼绶编　戴克敦,沈颐,陆费逵阅

上海　中华书局　民国2.3-5[1913.3-5]
9册(15,12,13,17,16,15,19,16,15叶)　地图,图　大32开　线装
第1册：民国2.3初版,民国2.4第4版,民国5.4第13版,民国6.7第17版,民国8.8第24版,民国9.3第26版
第2册：民国2.3初版,民国2.4第4版,民国2.6版,民国

2.7版,民国8.7第18版,民国8.12第20版

第3册：民国2.3初版,民国3.2第4版,民国8.2第18版,民国8.8第20版

第4册：民国2.4初版,民国2.5第2版,民国3.1第5版,民国4.4第7版,民国9.3第20版,民国9.6版

第5册：民国2.4初版,民国2.7第2版,民国4.3第7版,民国7.8第15版,民国9.3第20版

第6册：民国2.4初版,民国2.8第3版,民国7.2第12版,民国9.1第17版

第7册：民国2.4初版,民国2.7第2版,民国4.5第4版

第8册：民国2.5初版,民国2.7第2版,民国2.9第3版,民国4.4第6版

第9册：民国2.5初版,民国2.9第3版,民国3.5第5版,民国11.7第14版

教育部审定　高等小学校用　秋季始业　第一学年～第三学年用

卷端题名：新制中华高等小学地理教科书

北师大　人教　华师大(1 6,8 9)　辞书　编译馆(1)

2-2129

高等小学新地理教科书

姚明辉编　沈恩孚,夏日琮原校订　小学地理教科研究会复校订

上海　中国图书公司　民国2.5[1913.5]-

6册(40,43,48,41,43,52叶)　地图,图,照片　32开

第1册：民国2.6第2版,民国3.7第3版

第2册：民国2.6第2版,民国3.7版,民国5.10订正6版,民国8.3订正11版,民国11.2版

第3册：民国2.6第2版,民国3.7第3版,民国4.2第4版

第4册：民国2.6第2版,民国3.7版,民国4.2第3版,民国5.10订正6版,民国6订正9版

第5册：民国2.5初版,民国3.7第2版,民国7第8版

第6册：民国2.5初版,民国3.7第2版

教育部审定　学生用书　秋季始业

初版附注：民国2年5月初版

人教　上师大(4-5)　辞书　广西师大(2,4)

2-2130

中华民国新地理

姚明辉编著　张景良,丁宝书校订

上海　文明书局　民国2.10[1913.10]-

6册(14,13,16,17,18,24叶)　地图,图(含彩图)　大32开　线装

第1册：民国2.10初版,民国3.8第2版,民国6.8第3版

第2册：民国2.10初版,民国6.8第3版

第3册：民国2.10初版,民国6.8第3版

第4册：民国3.3初版,民国6.8第3版

第5册：民国3.11第3版

第6册：民国3.11第3版

高等小学校用　第一年第一学期～第三年第一学期

版权页题名：高等小学校新地理

其他题名：高等小学校教科书新地理

人教(1-4)　上师大(4)　辞书　广西师大(2-3)

2-2131

新编中华地理教科书

史礼绶,徐增编　范源廉,沈颐阅

上海　中华书局　民国3.1-3[1914.1-3]

6册(17,18,16,21,20,23叶)　地图,图　大32开　线装

第1册：民国3.1初版,民国3.2第3版,民国4.1第4版,民国8.12第16版

第2册：民国3.2初版,民国3.8第2版,民国4.8第6版,民国5.11第9版

第3册：民国3.2初版,民国3.8第3版,民国4.1第4版,民国5.9第7版,民国9.1第18版

第4册：民国3.2初版,民国3.10第4版,民国4.1第5版,民国9.1第18版

第5册：民国3.3初版,民国3.8第3版,民国4.1第4版,民国4.2第5版,民国9.2第15版

第6册：民国3.3初版,民国3.8第3版,民国4.4第6版,民国4.6第7版,民国9.1第20版

教育部审定　高等小学校用　春季始业

北师大　人教　华师大　辞书

2-2132

实用地理教科书

北京教育图书社编纂　陈宝泉,谭廉校订

上海　商务印书馆　民国4.12[1915.12]-

6册(18,18,18,19,19,21页)　图　32开　线装

第1册：民国4年版

第2册：民国4年版,民国5第11版

第3册：民国4.12第4版,民国6第21版

第4册：民国4.12第12版,民国7年版

第5册：民国4.12初版

第6册：民国5.3初版

高等小学学生用

其他题名：高等小学实用地理教科书

北师大　上海(1-4)

2-2133

新地理

谭廉编纂

上海　商务印书馆　民国4.12[1915.12]-

6册(④28页)　32开　线装

第4册：民国4.12版

教育部审定　高等小学校第二学年学生用　秋季始业

其他题名：普通教科书新地理

人教(4)

2-2134

新式地理教科书

吕思勉编辑　张灏,范源廉,沈颐,陶履恭阅订

上海　中华书局　民国5.12[1916.12]-

6册(8,8,14,17,21,15叶)　地图,图　大32开　线装

第1册：民国6年版,民国7.8第13版,民国8.6第22版,民国9.1第27版,民国9.1第30版,民国11.5第46版,民国12.10第55版,民国12第62版,民国13.2第57版,民国

13.5 第 58 版

第 2 册：民国 6 年版,民国 7.8 第 13 版,民国 8.8 第 25 版,民国 9.7 第 30 版,民国 9 第 31 版,民国 12.8 第 53 版,民国 12.12 第 55 版,民国 13.5 第 59 版

第 3 册：民国 6 年版,民国 8.2 第 15 版,民国 8.8 第 21 版,民国 9.2 第 24 版,民国 9 第 26 版,民国 10.11 第 35 版,民国 11.12 版,民国 12.6 第 40 版

第 4 册：民国 6 年版,民国 7.8 第 10 版,民国 8.8 第 19 版,民国 8.8 第 20 版,民国 9.1 第 25 版,民国 10.3 第 29 版,民国 13.2 第 44 版,民国 13.5 第 47 版

第 5 册：民国 5.12 初版,民国 6 年版,民国 7.10 第 9 版,民国 7.12 第 10 版,民国 8.6 第 16 版,民国 9.1 第 24 版,民国 12.6 第 40 版,民国 13.5 第 45 版

第 6 册：民国 5.12 初版,民国 6.7 第 5 版,民国 7.8 第 9 版,民国 8.6 第 16 版,民国 9.1 第 24 版,民国 13.1 第 39 版,民国 13.1 第 44 版

教育部审定　高等小学校用

初版附注：民国 5 年 3－12 月初版

卷端题名：新式高等小学地理教科书

国图　北师大　人教　辞书　编译馆

2－2135

新式地理教科书
吕思勉编辑

上海　正中书局　民国 12.5[1923.5]-

6 册(⑤24,⑥15 叶)　大 32 开　线装

第 5－6 册：民国 12.5 第 46 版

教育部审定　高等小学校用

初版附注：民国 5 年 10 月初版

其他题名：地理教科书

广西师大(5－6)

2－2136

新法地理教科书
谭廉编纂　庄俞校订

上海　商务印书馆　民国 9.7[1920.7]-

6 册(19,20,28,31,30,31 页)　地图,图　大 32 开

第 1 册：民国 9.7 初版,民国 10.3 第 25 版,民国 10.4 第 30 版,民国 11 第 45 版,民国 11.6 第 50 版,民国 13.2 第 65 版

第 2 册：民国 9.9 第 13 版,民国 10.3 第 25 版,民国 11.7 第 40 版,民国 11 第 45 版,民国 12.9 第 55 版

第 3 册：民国 10.3 第 20 版,民国 10.4 第 25 版,民国 10.12 第 30 版,民国 11.9 第 45 版

第 4 册：民国 10.2 第 10 版,民国 10.3 第 15 版,民国 10.9 版,民国 11.11 第 25 版,民国 11 第 35 版,民国 11.9 第 40 版

第 5 册：民国 10.5 第 5 版,民国 10.5 第 10 版,民国 11.6 第 30 版,民国 11.9 第 35 版

第 6 册：民国 11.2 第 10 版,民国 11.6 第 25 版,民国 11.11 第 30 版

教育部审定　高等小学学生用

人教　辞书(1－5)　广东中山(4)　编译馆

2－2137

地理
汪宗敏,朱文叔,李廷翰,陆费逵,李直,张相编辑及校阅

上海　中华书局　民国 10.1[1921.1]-

6 册(18,20,22,22,28,22 页)　地图　32 开

第 1 册：民国 10.1 初版,民国 10.3 第 3 版,民国 10.7 第 5 版,民国 11.6 第 9 版,民国 11.9 第 10 版

第 2 册：民国 10.1 初版,民国 11.2 第 7 版,民国 11.6 第 8 版,民国 12.5 第 12 版,民国 12.12 第 14 版

第 3 册：民国 10.8 初版,民国 11.6 第 6 版,民国 12.12 第 11 版

第 4 册：民国 11.2 第 2 版,民国 11.6 第 3 版,民国 12.7 第 8 版

第 5 册：民国 11.8 初版,民国 11.9 第 2 版,民国 13.7 第 7 版

第 6 册：民国 11.10 初版,民国 12.7 第 3 版,民国 12.12 第 4 版,民国 14.7 第 7 版

教育部审定　高等小学校用　春秋季始业适用

其他题名：新教育教科书小学地理

人教　辞书

2－2138

新法地理教科书
傅运森编纂

上海　商务印书馆　民国 11.6－7[1922.6－7]

4 册　地图,图　大 32 开

第 1 册：民国 11.6 初版,民国 12.4 第 21 版,民国 13 第 81 版,民国 14.2 第 86 版

第 2 册：民国 11.7 初版,民国 12.9 第 26 版,民国 12.9 第 31 版,民国 13.5 第 56 版

第 3 册：民国 11.7 初版,民国 13.5 第 56 版,民国 15.2 第 66 版

第 4 册：民国 11.7 初版,民国 13.2 第 36 版

教育部审定　新学制小学后期用

国图(1)　人教　华师大(2－3)　辞书(1,3－4)

2－2139

地理课本
朱文叔,郑昶编　陆费逵,戴克敦,金兆梓,张相校

上海　中华书局　民国 12.1－6[1923.1－6]

4 册(26,29,38,38 页)　地图　大 32 开

第 1 册：民国 12.1 初版,民国 12.2 第 5 版,民国 12.10 第 9 版,民国 13.1 第 16 版,民国 13.3 第 17 版,民国 17.4 第 31 版

第 2 册：民国 12.2 初版,民国 12.3 初版,民国 13.1 第 11 版,民国 13.1 第 12 版,民国 13.7 第 15 版,民国 14.1 第 17 版,民国 16.3 第 25 版

第 3 册：民国 12.2 初版,民国 12.7 第 5 版,民国 12.11 第 9 版,民国 12 第 10 版,民国 13.1 第 10 版,民国 13.11 第 15 版,民国 14.7 第 18 版,民国 15.12 第 25 版,民国 16.1 第 26 版,民国 17.8 版,民国 17.8 第 28 版

第 4 册：民国 12.6 初版,民国 12.7 第 2 版,民国 12.10 第 3 版,民国 12.11 第 6 版,民国 14.5 第 12 版,民国 15.1 第 15 版,民国 15.4 第 16 版

教育部审定　新学制适用　高级用
其他题名：新小学教科书地理课本
北师大(1-3)　人教　华师大(2-3)　辞书　编译馆

2-2140

新学制地理教科书
陈铎编纂　王岫庐,朱经农校订
上海　商务印书馆　民国13.1[1924.1]-
4册(38,40,40,48页)　地图,图　大32开
第1册：民国13.1初版,民国13.2第15版,民国13.11第35版,民国15.7第100版,民国19.3第145版,民国19.3第150版,民国20.4第155版
第2册：民国13.1初版,民国13第20版,民国13.4第25版,民国19.6第120版,民国19.6第125版
第3册：民国13.3初版,民国16.3第75版,民国18.5第100版,民国19.6第110版,民国19.6第115版
第4册：民国14.1第20版,民国16.1第65版,民国18第90版,民国18.5第95版,民国19.3第100版
大学院审定　小学校高级用书
初版附注：民国13年1-8月初版
北师大　人教　华师大　辞书　广西师大(1)　广东中山(2,4)　编译馆

2-2141

新撰地理教科书
谭廉编纂
上海　商务印书馆　民国13.6[1924.6]-
4册(33,29,36,42页)　地图,图　32开
第1册：民国13.6初版,民国13.7第10版,民国15.2第35版
第2册：民国13.7第10版,民国14.7第20版,民国15第50版
第3册：民国13.7第10版,民国13.7第10版,民国15.4第35版
第4册：民国13.8初版,民国14.4第15版,民国15.6版
新学制小学校高级用
北师大(3)　人教　上师大(2)　辞书

2-2142

小学高级文体地理教科书
张鸿英编
上海　中华书局　民国13.7-12[1924.7-12]
4册(25,28,37,37页)　地图　大32开
第1册：民国13.7初版,民国13.12第3版,民国16.1第8版
第2册：民国13.8初版,民国13.12第2版
第3册：民国13.12初版,民国14.1第3版,民国14.10第4版
第4册：民国13.12初版,民国14.1第2版,民国15.1第4版
新学制适用
封面题名：文体地理教科书
逐页题名：新学制小学高级文体地理
人教　辞书　编译馆(1,3-4)

2-2143

高级地理课本
徐敬修,李乃培编辑　董文,范祥善校订
上海　世界书局　民国14.3-4[1925.3-4]
4册(44,48,46,62页)　地图,图　大32开　线装
第1册：民国14.3初版,民国14.4版
第2册：民国14.4初版,民国14.4第2版
第3册：民国14.4初版,民国14.5第4版
第4册：民国14.4初版,民国14.5第3版
教育部审定
其他题名：新学制小学教科书高级地理课本
人教　辞书

2-2144

新时代地理教科书
陈振著
上海　新时代教育社　民国16.8[1927.8]-
4册(39,38,43,45页)　地图,图　32开
第1册：民国16.8第5版
第2册：民国16.9第15版
第3册：民国16.9第5版
第4册：民国16.10第10版
小学校高级用
初版附注：民国16年7-10月初版
卷端题名：新时代高小地理教科书
辞书

2-2145

新中华地理课本
郑昶编　张相校
上海　新国民图书社　民国16.8[1927.8]-
4册(32,33,39,39页)　地图,图　大32开
第1册：民国16.8初版,民国18.10第17版,民国20.6第29版,民国20.6第30版,民国20.12第31版,民国21.4第38版,民国21.5第39版,民国21.5第40版,民国21.5第41版,民国21.6第42版
第2册：民国18.10第13版,民国19.11第18版,民国20.5第21版,民国20.5第22版,民国20.12第25版,民国21.5第31版,民国21.6第32版,民国21.10第34版
第3册：民国16.12初版,民国18.10第11版,民国18.11第13版,民国19.3第14版,民国20.3第17版,民国20.6第19版,民国20.12第21版,民国20.12第23版,民国21.4第25版,民国21.4第28版,民国21.7第30版
第4册：民国17.2初版,民国18.10第9版,民国20.3第14版,民国20.5第16版,民国20.12第19版,民国21.1第21版,民国21.3第22版,民国21.3第23版,民国21.5第24版,民国21第25版,民国21.6第27版
教育部审定　小学校高级用
其他题名：新中华教科书地理课本
北师大　人教　辞书　编译馆

2-2146

新时代地理教科书
陈振编纂　王云五校订
上海　商务印书馆　民国16.10[1927.10]-

4册(32,32,36,44页)　图　32开
第1册:民国16.10初版,民国18.6版,民国21.6国难后16版,民国21.12国难后31版,民国21.12国难后41版
第2册:民国21.6国难后16版,民国21.12国难后51版
第3册:民国17.7第40版,民国18.6版,民国21.6国难后14版,民国21.12国难后29版
第4册:民国18.5第65版,民国21.6国难后12版,民国21.12国难后27版,民国21国难后120版
大学院审定　小学校高级用
初版附注:民国16年9月-? 初版
卷端题名:新时代高小地理教科书
北师大　人教　华师大

2-2147
高级地理课本
董文编辑　魏冰心,范祥善校订
上海　世界书局　民国18.6[1929.6]-
4册(42,42,42,51页)　地图,图　32开
第1册:民国19.6第6版,民国19第7版,民国20.4第16版,民国21.12第61版,民国21.12第62版
第2册:民国19.6第5版,民国20.6第10版,民国21.12第45版
第3册:民国18第7版,民国18.6第9版,民国20.1版,民国21.8第25版,民国21.8第30版
第4册:民国18.7第14版,民国20.1版,民国21.7第21版,民国21.7第23版
教育部审定　小学高级学生用
其他题名:新主义教科书高级地理课本
北师大　华师大　辞书　广东中山(1,3)　编译馆

2-2148
南洋华侨地理课本
郑昶编　张国基校
上海　中华书局　民国21.5[1932.5]
4册(32,32,36,36页)　地图,图　32开
第1册:民国21.5初版,民国22.3第2版,民国24.8第6版
第2册:民国21.5初版,民国24.8第6版
第3册:民国21.5初版,民国22.10第3版,民国24.8第4版
第4册:民国21.5初版,民国22.10第2版,民国24.8第3版
高级小学用
人教　辞书

2-2149
社会课本:地理编
宋子俊编辑　董文,范祥善校订
上海　世界书局　民国22.6[1933.6]-
4册(38,42,40,40页)　地图,图　32开
第1册:民国22.6第4版,民国22.8第16版,民国23.7修正28版
第2册:民国22.6第5版,民国22.6第6版,民国22.11第23版
第3册:民国22.6第2版,民国22.12第23版,民国23修正34版
第4册:民国22.6初版,民国22.7第7版,民国22.10第16

版,民国23修正.24版
高级小学学生用
初版附注:民国22年4-6月初版
其他题名:新课程标准世界教科书社会课本
北师大　人教(1,4)　辞书　广东中山(3-4)

2-2150
小学地理课本
喻璞编　葛绥成校
上海　中华书局　民国22.5-8[1933.5-8]
4册(30,30,30,37页)　地图,图,表　大32开
第1册:民国22.5初版,民国22.5第13版,民国22.8第18版,民国22.8第21版,民国23.1第43版,民国23.1第46版,民国23.4第49版,民国23.4第54版,民国23.4第57版,民国23.10第63版,民国25.5第90版
第2册:民国22.6初版,民国22第9版,民国22.6第15版,民国22.8第17版,民国22.8第18版,民国23.1第27版,民国23.3第34版,民国23.5第44版,民国23.8第46版,民国23.12第50版,民国25.5第77版,民国25.9第79版
第3册:民国22.7初版,民国22.7第3版,民国22.8第10版,民国22.8第13版,民国22.8第19版,民国23.1第20版,民国23.1第23版,民国23.1第29版,民国23.4第35版,民国23.6第36版,民国23第43版,民国24.6第50版
第4册:民国22.8初版,民国22.8第2版,民国22.8第8版,民国22.8第13版,民国22.9第16版,民国23.1第25版,民国23.1第31版,民国23.5第33版,民国23.5第36版,民国23.5第37版,民国23.9第40版,民国25.5第55版
教育部审定　新课程标准适用　小学高级用
北师大　人教　上海　辞书　广东中山(2-3)　编译馆

2-2151
北新地理教本
邹懋编
上海　北新书局　民国22.7[1933.7]-
4册(46,48,54,82页)　地图,图　32开
第1册:民国22.8第2版,民国23.7第4版
第2册:民国22.7初版
第3册:民国22.7初版
第4册:民国22.8第2版,民国23.7第6版
高级小学用
初版附注:民国22年6月-? 初版
版权页题名:后期小学北新地理教本
北师大　辞书

2-2152
复兴地理教科书
冯达夫编著　王云五,傅纬平校订
上海　商务印书馆　民国22.7[1933.7]
4册(48,49,48,60页)　地图,图　32开
第1册:民国22.7初版,民国22第20版,民国22.10第75版,民国23.11第137版
第2册:民国22.7初版,民国22第20版,民国22.8第30版,民国24.4第132版
第3册:民国22.7初版,民国22第20版,民国22.10第65

版,民国 23.1 第 87 版

第 4 册:民国 22.7 初版,民国 22.8 第 20 版,民国 22.8 第 40 版

教育部审定　新课程标准适用　小学校高级用

版权页题名:地理

其他题名:复兴教科书地理

北师大　人教　上海　上师大(2-3)　辞书　编译馆

2-2153

开明地理课本

冯达夫编

上海　开明书店　民国 25.1[1936.1]

4 册(45,44,47,60 页)　地图,图　32 开

第 1 册:民国 25.1 初版,民国 25.7 第 2 版,民国 25.7 第 3 版

第 2 册:民国 25.1 初版,民国 25.7 第 3 版

第 3 册:民国 25.1 初版,民国 31.1 国难后新 4 版

第 4 册:民国 25.1 初版,民国 29.1 成都版

教育部审定　新课程标准适用　小学高级学生用

其他题名:开明地理教本

北师大(1-2)　辞书　西北师大

2-2154

高小地理课本

喻守真编　葛绥成校

上海　中华书局　民国 26.2-8[1937.2-8]

4 册(29,30,35,46 页)　地图　32 开

第 1 册:民国 26.2 初版,民国 29 第 86 版,民国 29.11 第 106 版,民国 30 第 115 版,民国 30.2 第 120 版

第 2 册:民国 26.3 初版,民国 26.3 第 5 版,民国 26.7 第 17 版,民国 29 第 78 版

第 3 册:民国 26.8 初版,民国 26.8 第 5 版,民国 26.8 第 7 版,民国 28 第 57 版,民国 29.11 第 85 版,民国 30.2 第 96 版

第 4 册:民国 26.8 初版,民国 26.8 第 2 版,民国 26.8 第 3 版,民国 27 第 34 版,民国 28.10 第 51 版

教育部审定　初审核定本　修正课程标准适用

北师大　人教　辞书　西北师大　广东中山　编译馆(1, 3-4)

2-2155

复兴地理教科书

冯达夫等编校

上海　商务印书馆　民国 26.5[1937.5]-

4 册(45,43,46,55 页)　图　32 开

第 1 册:民国 26.6 审定 34 版,民国 26.6 审定 40 版,民国 26.7 审定 72 版

第 2 册:民国 26.5 审定 1 版,民国 26.6 审定 26 版,民国 28 审定 151 版,民国 30.2 审定 186 版

第 3 册:民国 26.5 审定 1 版,民国 26.6 审定 19 版,民国 26.6 审定 26 版

第 4 册:民国 26.5 审定 1 版,民国 26.6 审定 14 版,民国 26.9 审定 41 版

教育部审定　遵照修正课程标准编辑　小学高级用

版权页题名:地理

其他题名:复兴教科书地理

北师大(1,3-4)　上师大(2)　西北师大(1)　编译馆

2-2156

高小新地理

朱翙新编　董文校订

上海　世界书局　民国 26.6[1937.6]-

4 册(39,47,54,53 页)　图　32 开

第 1 册:民国 26.6 初版,民国 26.6 第 2 版,民国 26 第 6 版,民国 29.5 新 21 版

第 2 册:民国 26.6 第 2 版,民国 29.6 新 18 版

第 3 册:民国 26.6 第 3 版,民国 29.6 新 18 版

第 4 册:民国 26.6 第 3 版

教育部审定　高级小学学生用

其他题名:新课程标准世界教科书高小新地理

北师大　人教　西北师大(1-3)　编译馆(1-3)

2-2157

最新南洋华侨小学地理课本

喻璞,韩棐编　陆费逵,葛绥成校

上海　中华书局　民国 26.10-12[1937.10-12]

4 册(30,30,32,41 页)　地图,图　32 开

第 1 册:民国 26.12 初版

第 2 册:民国 26.11 初版,民国 38.4 第 13-15 版

第 3 册:民国 26.10 初版,1949.10 第 15-17 版

第 4 册:民国 26.12 初版

修正课程标准适用　高级用

人教(1-2,4)　辞书

2-2158

高级小学校地理教科书

(伪)维新政府教育部编纂

南京　[编者刊]　民国 27.8[1938.8]

3 册([129]页)　图　32 开

第 1-3 册:民国 27.8 初版

人教

2-2159

(修正)高小地理教科书

(伪)教育部编审会编纂

北平　[编者刊]　民国 27.12[1938.12]-

4 册(①56,②48,③53 页)　地图,图　32 开

第 1 册:民国 28.8 版,民国 28.12 第 3 版

第 2 册:民国 27.12 版

第 3 册:民国 28.12 第 3 版,民国 29.6 版

初版附注:民国 27 年 8 月初版

封面题名:高小地理教科书

北师大(1-3)　辞书(1,3)

2-2160

高小地理

(伪)教育部编审委员会编纂

南京　(伪)国民政府教育部　民国 29.8[1940.8]-

4 册(50,48,47,64 页)　地图,图　32 开

第 1 册:民国 29.8 初版,民国 30.1 第 2 版,民国 32.7 第 7 版

第 2 册:民国 31.1 第 4 版,民国 32.1 第 6 版

第 3 册：民国 29.8 初版,民国 30 第 2 版,民国 31.7 第 5 版,民国 32.7 第 7 版
第 4 册：民国 32.1 第 6 版,民国 32.7 第 7 版
其他题名：国定教科书高小地理
人教　上师大(1-2,4)　辞书　广东中山(3)

2-2161

高小地理教科书
(伪)教育总署编审会著
　　北平　[著者刊]　民国 29.8[1940.8]-
　　4 册　图　32 开
　　第 1 册：民国 29.8 版
　　第 2 册：民国 30.1 版
　　第 3 册：民国 30 年版
　　第 4 册：民国 31.7 版
　　北师大

2-2162

高级小学地理
陕西省教育厅编辑
　　西安　陕西省银行信托部　民国 31.8[1942.8]-
　　4 册(48,44,50,68 页)　地图,图　32 开
　　第 1-4 册：民国 31.8 新版
　　逐页题名：高级小学地理课本
　　辞书

2-2163

高级小学地理课本
教育部教科用书编辑委员会编辑
　　重庆　国定中小学教科书七家联合供应处　民国 32.11[1943.11]-
　　4 册(①60,②56 页)　地图,图　32 开
　　第 1 册：民国 32.11 重庆米色报纸本 3 版
　　第 2 册：民国 32.11 重庆白报纸本初版
　　初版附注：民国 32 年 11 月初版
　　逐页题名：部编高小地理
　　辞书(1-2)

2-2164

地理课本
王毓梅,程金生,赵廷鉴编辑　沈麓元,计维新,唐冠芳绘图　国立编译馆校订　王云五,任美锷,朱家骅等参阅
　　重庆　成都　上海　北平　国定中小学教科书七家联合供应处　民国 33.7[1944.7]-
　　4 册(60,56,60,60 页)　地图,图　32 开
　　第 1 册：民国 34.9 沪初版,民国 35.1 第 40 版,民国 35.6 第 100 版,民国 35.8 第 130 版,民国 36.1 修正 170 版
　　第 2 册：民国 33.7 成都 1 版,民国 35.1 第 8 版,民国 35.1 第 40 版,民国 35 第 50 版,民国 35.12 修正 170 版
　　第 3 册：民国 33.7 成都 1 版,民国 35.1 北平 1 版,民国 35.6 第 50 版,民国 35.6 第 70 版,民国 35 第 110 版,民国 36.1 修正 130 版
　　第 4 册：民国 34 第 10 版,民国 35.1 第 30 版,民国 35.6 第 60 版,民国 35.12 修正 160 版

教育部审定
版权页题名：高级小学地理课本
逐页题名：部编高小地理
人教　上师大　辞书　广东中山

2-2165

地理课本
　　4 册(②57,③58,④62 页)　32 开
　　晋察冀边区行政委员会教育处审定　高等小学用
　　①[不详]　新华书店晋察冀分店　民国 34.12[1945.12]-
　　第 2 册：民国 37.10 第 2 版
　　第 3 册：民国 34.12 版
　　第 4 册：民国 35.6 版
　　国图(2)　人教(2-4)
　　②定南　新文化书店　民国 35[1946]-
　　第 4 册：民国 35 年版
　　国图(4)
　　③[任丘]　前线报社　民国 35[1946]-
　　第 3 册：民国 35 重修版
　　国图(3)

2-2166

地理课本
王同民编著
　　4 册　32 开
　　晋冀鲁豫边区政府教育厅审定
　　①[邯郸]　裕民印刷厂　民国 34[1945]-
　　第 1-2 册：民国 34-35 年版
　　第 4 册：民国 35 年版,民国 36.4 版
　　封面题名：高级地理课本
　　国图(1-2,4)　人教(4)
　　②涉县　华北新华书店　民国 35.10[1946.10]-
　　第 3 册：民国 35.10 版
　　国图(3)
　　③[不详]　韬奋书店　民国 35[1946]-
　　第 1-3 册：民国 35 年版
　　封面题名：高小地理
　　人教(1-3)

2-2167

高级小学临时地理课本
察哈尔省政府教育厅编
　　[不详]　[编者刊]　民国 35.2[1946.2]-
　　册(①40 页)　32 开
　　第 1 册：民国 35.2 版
　　人教(1)

2-2168

地理课本
教育部教科用书编辑委员会编辑
　　台湾　台湾省教育会　民国 35.8[1946.8]-
　　4 册(③60 页)　地图,图　32 开
　　第 3 册：民国 35.8 初版
　　逐页题名：高级小学部编高小地理

编译馆(3)

2-2169
地理课本
山东省胶东区行政公署教育处编
山东 胶东新华书店 民国35[1946]版
31页 图 32开
五年级下学期用
初版附注：民国35年初版
河南

2-2170
地理课本
[不详] 晋察冀边区教育出版社 民国35[1946]-
册(④56页) 图 32开
第4册：民国35版
晋察冀边区行政委员会教育处审定 高级小学适用
人教(4)

2-2171
地理课本
教科书编辑委员会编审
[不详] [编者刊] 民国36.2[1947.2]-
册(①17页) 32开
第1册：民国36.2版
小学高年级用
人教(1)

2-2172
高小地理
东北政委会教育部编
[不详] 东北书店 民国36.2-7[1947.2-7]
4册(36,47,50,52页) 地图 32开
第1册：民国36.2初版,民国38.1版
第2册：民国36.7初版
第3册：民国36.2初版,民国37.4第2版
第4册：民国36.7初版,民国37.8第2版
辞书(1,3-4) 辽宁

2-2173
高级小学地理课本[第1次修订本]
国立编译馆主编 王毓梅,陈大年,赵廷鉴编辑 任美锷,
 李旭旦,胡焕庸等校阅 中国史地图表编纂社绘图
4册(59,56,60,60页) 地图,图 大32开
教育部审定
封面题名：地理
其他题名：部编高小地理
①上海 中华书局 民国36.6[1947.6]-
第1册：民国36.6第1版,民国36年版,民国37.6第3-18版
第2册：民国36.6第1版,民国36.6第3版
第3册：民国36第8版,民国37.4第26版
第4册：民国36.6第1版,民国36.6第12版
北师大 辞书(1) 广东中山(1)
②上海 世界书局 民国36.12[1947.12]-

第2册：民国36.12第5-12版
上师大(2)
③上海 台湾 正中书局 民国36.12[1947.12]-
第1册：民国37.5沪4版,民国37.7沪6版,民国38.8台湾版
第2册：1950.1台湾版
第3册：民国36沪2版
第4册：民国36.12沪6-11版,民国37沪版
上师大(4) 广东中山(1,3-4) 编译馆(1-2)
④上海 大东书局 民国36[1947]-
第1册：民国36第3版
广东中山(1)
⑤上海 商务印书馆 民国37.6[1948.6]-
第2册：民国37.6第54版
广西师大(2)

2-2174
高级小学地理[第1次修订本]
王毓梅等编辑 国立编译馆校订
4册(59,56,60,60页) 32开
教育部审定
①上海 春明书店 民国36.6[1947.6]-
第1-4册：民国36.6初版
人教
②上海 世界书店 民国36.12[1947.12]-
第1-4册：民国36.12初版
人教
③上海 大东书局 民国36.12[1947.12]-
第1-4册：民国36.12初版,民国37第2版
人教 广东中山
④长沙 交通书店 民国37[1948]-
第1册：民国37初版
人教(1)
⑤上海 独立出版社 民国37[1948]-
第1册：民国37沪1版
广东中山(1)

2-2175
高等小学地理课本
王毓梅,程金生,赵廷鉴编辑 教育部征选
台湾 台湾省教育厅教科用书供应委员会 民国36.7
 [1947.7]-
4册(①60,③60页) 地图,图 32开
第1,3册：民国36.7版
教育部审定
逐页题名：部编高小地理
编译馆(1,3)

2-2176
高小地理
东北政委会编审委员会编
册 32开
①[沈阳] 辽东书店 民国36.8[1947.8]-
第1,3册：民国36.8版

国图(1,3)

②哈尔滨　东北书店　民国37.2[1948.2]-
第1册:民国37初版
第3册:民国37.2第2版
第4册:民国37.8第2版
国图(3-4)　辽宁(1)

2-2177

高级小学地理课本[第2次修订本]

国立编译馆主编　王毓梅,陈大年,赵廷鉴编辑　任美锷,
李旭旦,胡焕庸等校阅　中国史地图表编纂社绘图
　　上海　五联社　民国36[1947]-
　　4册(60,56,60,60页)　地图,图　32开
　　第1册:民国36第27版,民国37.8第111版
　　第2册:民国37.1第58版,民国37.1第68版,民国37.1第
　　　　81版
　　第3册:民国37.8第101版
　　第4册:民国37第54版,民国37.1第69版
　　教育部审定
　　人教(1-3)　上师大(3-4)　辞书　广东中山(1)

2-2178

模范地理附图

卢阿坤,卢炯昭,台湾教育研究会编制
　　台湾　范阳堂　民国37.2[1948.2]第3版
　　39页　地图,图　32开
　　初中、小学适用
　　编译馆

2-2179

高小地理

东北政务委员会教育部编
　　[不详]　东北书店　民国37.8[1948.8]-
　　4册(①36,③48,④52页)　图　32开
　　第1册:民国38.1初版
　　第3册:民国38.1初版
　　第4册:民国37.8第2版
　　人教(1,3-4)　天津(4)

2-2180

地理

山东省教育厅编审室编审
　　[不详]　华东新华书店　民国37.9[1948.9]-
　　4册　地图,表　32开
　　第1册(五年级上):民国37.9版
　　第2册(五年级下):民国37.9版
　　第3册(六年级上):民国38.3版
　　第4册(六年级下):民国38.3版
　　人教　辞书(3)

2-2181

现代地理课本

　　上海　上海书店　民国37[1948]
　　2册([66]页)　图　32开
　　第1-2册:民国37年版

　　华侨高小适用
　　人教

2-2182

高小地理课本

德俯,刘松涛,黄雁星,项若愚编辑　华北人民政府教育部
审定
　　[邯郸]　华北新华书店　民国38.1[1949.1]-
　　4册(①34,③48页)　地图,图　32开
　　第1册:民国38.1初版
　　第3册:民国38.1初版,民国38.4版
　　高级小学适用
　　版权页题名:高级地理课本
　　封面题名:地理课本
　　人教(3)　辞书(1,3)

2-2183

地理

关东公署教育厅编审
　　大连　大众书店　民国38.2[1949.2]-
　　　册　32开
　　第1,3册:民国38.2初版
　　高等小学用
　　人教(1,3)

2-2184

高小地理

东北政委会教育部编
　　沈阳　东北新华书店　民国38.7[1949.7]-
　　4册　32开
　　第2,4册:民国38.7初版
　　人教(2,4)

2-2185

地理

　　[中原]　新华书店　民国38.9[1949.9]-
　　4册(②58页)　32开
　　第2册(五年级下册):民国38.9版
　　中原临时政府教育部规定　高级小学适用课本
　　其他题名:高级小学适用课本地理
　　人教(2)

2-2186

新编高级小学地理课本

德俯等编　华北人民政府教育部教科书编审委员会修订
　　册(①37,②42,③42,④58页)　地图　32开
　　高级小学适用临时课本
　　①北平　华北联合出版社　民国38[1949]-
　　第1册:民国38第6版,民国38第12版
　　第2册:民国38第4版
　　第3册:民国38第7版
　　第4册:民国38第2版
　　国图(1-4)
　　②上海　上海联合出版社　民国38[1949]-
　　第1册:民国38第2版

第 2 册:民国 38 年版
第 3 册:民国 38 第 2 版
国图(1-3)

2-2187
最新高等小学地理教科书
蔡元培校订
[出版者不详] [1912-1949?]
2 册(24,32 叶) 地图,图 大 32 开 线装
第 1,2 册:版次不详
逐页题名:最新中国地理教科书
辞书

2-2188
地理临时样本
[上海] [中华书局] [1912-1949?]
4 册(28,29,30,42 页) 地图,图 32 开
第 1-4 册:版次不详
小学校高级用书
逐页题名:新撰地理教科书
其他题名:小学教科书地理临时样本
辞书

2-2189
地理课本
山东 东海永久印刷社 [1912-1949?]
册(①16,③15 页) 图 32 开
第 1,3 册:版次不详
小学校高年级用
河南(1,3)

教学参考书

2-2190
小学地理教授法
(日)富泽直礼著 张相文译述
上海 南洋公学 清光绪 28.10[1902]第 2 版,光绪 28 年版
40 页 32 开 线装
南洋公学师范院译述本
人教 云南社科

2-2191
小学地理教学法
薛钟泰著
上海 中华书局 民国 10.8[1921.8]初版,民国 12 第 4 版,民国 18.3 第 6 版
80 页 64 开 (教育小丛书)
辞书 天津 西北师大

2-2192
我们的首都教学大纲
李清悚,蒋恭晟编撰
上海 儿童书局 民国 21.7[1932.7]
155 页 32 开
国图

2-2193
地理教学法
葛绥成编
上海 中华书局 民国 21.12[1932.12]初版,民国 23.10 第 2 版
146 页 地图,图 32 开
国图 华师大 辞书 天津 编译馆

2-2194
小学地理课本教学法
韩非木编 葛绥成校
上海 中华书局 民国 25.7-26.3[1936.7-1937.3]
4 册(154,144,160,234 页) 地图,表 大 32 开
第 1 册:民国 25.10 初版
第 2 册:民国 25.7 初版,民国 25.10 版
第 3 册:民国 26.3 初版
第 4 册:民国 26.3 初版
新课程标准 南洋华侨学校适用
封面题名:新课程标准小学地理课本教学法
人教(3-4) 辞书

2-2195
小学世界地图册教学手册
张莘编
上海 地图出版社 [1912-1949?]
166 页 32 开
其他题名:世界地图册教学手册
广东中山

* * *

2-2196
中国地理新教科书教授法
管圻编纂 杨天骥,陆保璇校订
上海 乐群书局 清光绪 32.10[1906]-
3 册(②30,③41 叶) 大 32 开 线装
第 2-3 册:光绪 32.10 初版
封面题名:初等小学中国地理新教科书教授法
辞书(2-3)

2-2197
初级小学地理大纲
叶嘉荫编著
香港 东官学社出版部 民国 28[1939]版
48 页 32 开
广东中山

* * *

2-2198
高等小学地理教授用书
经家龄著

上海　普及书局　清光绪32.12-33.1[1907]
2册(67,72页)　大32开
第1册：光绪32.12初版
第2册：光绪33.1初版
附：教授用书正误表
人教　辞书

2-2199

高等小学地理教授本
姚明辉编辑　沈恩孚,夏日戕,华国铨校订
上海　中国图书公司　清光绪34.4[1908]-
8册(32叶,108,102,140,158页,130,94,218叶)　图,表
　　大32开　线装
第1册：宣统3.3第2版,民国2.4改正9版
第2册：光绪34.4初版,宣统3.5第2版
第3册：光绪34.5初版
第4册：宣统1.6初版
第5册：宣统2.2初版
第6册：宣统2.7初版
第7册：宣统2.12初版
第8册(上下)：宣统3.6初版
第一学年～第四学年下学年用
第1,6-8册为线装,第2-5册为平装
初版附注：清光绪33年6月-宣统3年6月初版
辞书

2-2200

中华高等小学地理教授书
徐增编　陆费逵,沈颐,戴克敦阅
上海　中华书局　民国1.8[1912.8]-
4册(83,88,110,68叶)　大32开　线装
第1册：民国1.8初版,民国2.2第3版
第2册：民国1.9初版,民国2.2第2版,民国3.2版
第3册：民国1.9初版,民国2.2第2版
第4册：民国2.2第2版
初版附注：民国元年8-10月初版
逐页题名：高等小学地理教授书
人教　辞书

2-2201

太平洋人高等小学新地理教授法
姚明辉著
上海　中国图书公司　民国2.5[1913.5]初版,民国3.7第
　　2版
520页　地图,表　大32开
教师用书　秋季始业
封面题名：太平洋人新地理教授法
北师大　人教　辞书

2-2202

新制中华地理教授书
徐增编　戴克敦,沈颐,陆费逵阅
上海　中华书局　民国2.5-10[1913.5-10]
9册(56,48,44,62,42,51,83,57,58叶)　图,表　大32开

线装
第1册：民国2.5初版,民国2.7第2版
第2册：民国2.6初版,民国2.7第2版,民国2.9第3版
第3册：民国2.6初版,民国4.4第3版
第4册：民国2.7初版,民国2.10第2版,民国4.4第3版
第5册：民国2.9初版,民国2.12第2版
第6册：民国2.9初版,民国2.12第3版
第7册：民国2.10初版,民国2.12第2版,民国4.4第3版
第8册：民国2.10初版,民国4.6第3版
第9册：民国2.10初版,民国2.12第2版
高等小学校用　第一学年第一学期～第三学年第三学期
卷端题名：新制中华高等小学地理教授书
北师大　人教　辞书　广西师大(1,4-5,7-8)

2-2203

高等小学新地理教授书
姚明辉编纂　王仁夔修校
上海　中国图书公司　民国2.5-3.12[1913.5-1914.12]
6册(43,58,54,63,66,88叶)　图　32开　线装
第1册：民国2.5初版,民国3.7第2版,民国5.9第3版
第2册：民国2.5初版,民国3.7第2版
第3册：民国2.5初版,民国3.7第2版,民国5.9第3版
第4册：民国2.5初版,民国3.7第2版
第5册：民国2.5初版,民国3.7第2版
第6册：民国3.12初版,民国5.9第2版
教师用书　秋季始业
人教　辞书

2-2204

高等小学新地理参考书
刘鲁璜编辑　杨匡制图
上海　中国图书公司和记　民国2.5[1913.5]-
6册(25,21,30,45,26,61叶)　图　32开　线装
第1册：民国2.5初版,民国3.7第2版
第2册：民国3.7第2版
第3册：民国3.6初版,民国4.3第2版,民国6年版
第4册：民国4.4初版
第5册：民国3.12初版,民国4.12第2版
第6册：民国4.2初版
教师用书　秋季始业
人教(1-3,5-6)　辞书　广西师大(3,5-6)

2-2205

高等小学新地理教授法
谭廉,许国英编纂　庄俞校订
上海　商务印书馆　民国2.6[1913.6]-
6册(28,34,23,28,56,46叶)　地图,图　大32开　线装
第1册：民国2.6初版,民国2.9第10版,民国8.11重订
　　19版
第2册：民国2.6初版,民国2.6第5版,民国8.11重订
　　19版
第3册：民国2年版,民国2.9第10版,民国11.8重订
　　18版
第4册：民国2.9第10版,民国8.1重订16版

第5册：民国2.10初版,民国3.2第10版
第6册：民国2.10第5版,民国3.2第10版
教育部审定　高等小学校用　第一学年第一学期～第三学年第三学期教员用　秋季始业
初版附注：民国2年6月-? 初版
封面题名：新地理教授法
其他题名：共和国教科书高等小学新地理教授法
人教　辞书　云南社科(3)

2-2206

高等小学新地理教授法（小本）
谭廉,许国英编纂　庄俞校订
上海　商务印书馆　民国2.7[1913.7]-
6册(52,50,52,51,108,74页)　地图,图　小32开
第1册：民国3.1第15版,民国11.3第32版
第2册：民国2.7初版,民国9.5第27版
第3册：民国2.12第15版,民国10.2第26版
第4册：民国2.12第15版,民国8.5第22版
第5册：民国2.12初版,民国3.3第15版,民国10.2重订23版
第6册：民国3.3第15版,民国12.8重订24版
高等小学校教员用书　春季始业
封面题名：新地理教授法
其他题名：共和国教科书高等小学新地理教授法
国图(5)　人教　辞书

2-2207

高等小学校新地理教授书
姚明辉编著　张景良,丁宝书校订
上海　文明书局　民国3.2[1914.2]-
6册(①15,②16,③24,⑤29叶)　大32开　线装
第1册：民国3.2初版
第2册：民国3.4初版
第3册：民国3.9初版
第5册：民国3年版
高等小学校用书　第一学年第一学期～第二学年第一学期
封面题名：新地理教授书
卷端题名：中华民国小学教科新地理教授书
人教(1-3,5)　辞书(1-3)

2-2208

新编中华地理教授书
徐增编　沈颐阅
上海　中华书局　民国3.2-4[1914.2-4]
6册(87,82,85,80,107,100叶)　图,表　大32开　线装
第1册：民国3.2初版,民国4.3第3版
第2册：民国3.3初版,民国4.6第3版
第3册：民国3.3初版,民国6.8第4版
第4册：民国3.3初版,民国4.3第2版
第5册：民国3.3初版,民国4.4第3版
第6册：民国3.4初版,民国5.4第4版
高等小学校用　春季始业
版权页题名：新编中华高等小学地理教授书
北师大(4-6)　人教(2-6)　辞书

2-2209

实用地理教授书
北京教育图书社编纂　陈宝泉,谭廉校订
上海　商务印书馆　民国4.12[1915.12]-
6册(31,30,34,34,58,59页)　图　32开　线装
第1册：民国4.12第4版
第2册：民国5.6初版,民国5.6第4版
第3册：民国5.8初版,民国5.8第4版
第4册：民国5.8初版
第5册：民国4.12初版,民国5.12版
第6册：民国5.12初版
高等小学校教员用
其他题名：高等小学实用地理教授书
北师大(2-6)　人教　上海(6)

2-2210

新式地理教授书
吕思勉编辑　沈颐阅
上海　中华书局　民国5.7-6.1[1916.7-1917.1]
6册(27,23,41,45,53,39叶)　图　大32开　线装
第1册：民国5.7初版,民国13.5第15版,民国13.5第16版,民国15.4版
第2册：民国5.8初版,民国11.4第13版,民国12.9第15版,民国13.5第16版
第3册：民国5.11初版,民国10.5第10版,民国13.5第16版
第4册：民国5.10初版,民国13.5第12版,民国13.5第13版
第5册：民国6.1初版,民国10.8第8版,民国11.4第10版,民国13.5第12版
第6册：民国6.1初版,民国7.1第3版,民国11.4第11版
教育部审定　高等小学校用
逐页题名：新式高等小学地理教授书
北师大　人教　辞书(1-3,5-6)

2-2211

新法地理参考书
谭廉编纂　庄俞校订
上海　商务印书馆　民国9.7[1920.7]-
6册　大32开
第1册：民国9.7初版,民国10.1第2版
第2册：民国10.1第2版
第4册：民国11.5第6版
第5册：民国11.5第6版
高等小学校用
国图(1-2)　北师大(4)　人教(1)　华师大(1,4-5)　辞书(1)　河南(2)

2-2212

地理教案
汪宗敏,李直,朱文叔,张相编辑及校阅
上海　中华书局　民国10.2-12.4[1921.2-1923.4]
6册(70,74,100,90,105,94页)　地图　大32开

第1册：民国10.2初版,民国11.10第3版
第2册：民国10.8初版
第3册：民国10.10初版,民国11.10第3版
第4册：民国11.4初版
第5册：民国11.10初版
第6册：民国12.4初版
教育部审定　高等小学校用
其他题名：新教育教科书地理教案
人教　辞书

2-2213

新法地理教授书
魏葆恒编纂　谭廉校订
上海　商务印书馆　民国10.7[1921.7]-
6册(56,54,122,139,105,101页)　图　大32开
第1册：民国10.7初版,民国10.7第4版
第2册：民国11.1第6版
第3册：民国11.4第6版
第4册：民国11.11第6版
第5册：民国12.1第4版
第6册：民国14.8第6版
高等小学教员用
北师大(2)　人教　辞书(1)

2-2214

新法地理教授书
陈铎编纂　谭廉校
上海　商务印书馆　民国12.2[1923.2]-
4册(80,60,65,92页)　32开
第1册：民国12.2初版,民国12.12第10版
第2册：民国13.2第10版
第3册：民国12.10初版
第4册：民国13.2初版
教育部审定　新学制小学后期用
人教　广东中山(4)

2-2215

地理课本教授书
郑昶,张国维,朱文叔编　戴克敦,张相校
上海　中华书局　民国12.4-11[1923.4-11]
4册(128,172,177,179页)　地图　32开
第1册：民国12.4初版,民国12.11第3版,民国13.2第4版
第2册：民国12.7初版,民国14.8第8版,民国16.1第10版
第3册：民国12.8初版,民国14.8第7版,民国15.4第8版,民国16.1第9版,民国16.3第10版
第4册：民国12.11初版,民国14.5第4版,民国15.4第6版,民国16.1第7版
教育部审定　新学制适用　高级用
其他题名：新小学教科书地理课本教授书
国图　人教　辞书　辽宁(3)　编译馆

2-2216

新学制地理教授书
陈铎编纂　傅运森校

上海　商务印书馆　民国13.5[1924.5]-
4册(138,138,132,188页)　32开
第1册：民国13.5初版,民国19.9第18版
第2册：民国15.12第14版
第3册：民国14.12第9版
第4册：民国15.12第13版
小学校高年级用
人教

2-2217

新撰地理教授书
谭廉,谭蕴华编纂　陈铎校订
上海　商务印书馆　民国14.2[1925.2]-
4册(143,122,158,194页)　32开
第1册：民国14.2初版,民国15.3第5版
第2册：民国16.1第5版
第3册：民国16.9第8版
第4册：民国15.9第7版
新学制小学高年级用
人教

2-2218

新中华地理课本教授书
郑昶,葛绥成,华士诚编　张相校
上海　新国民图书社　民国17.1[1928.1]-
4册(152,164,202,199页)　图,表　大32开
第1册：民国17.1初版,民国19.12第8版,民国20.6第9版,民国20.9第10版,民国21.4第11版
第2册：民国17.4初版,民国18.1第2版,民国20.6第5版,民国20.9第6版,民国21.3第7版
第3册：民国17.8初版,民国19.12第6版,民国20.9第8版,民国21.3第9版
第4册：民国19.9第3版,民国20.6第4版,民国20.9第5版,民国21.3第6版
小学校高级用
初版附注：民国17年1月-18年1月初版
其他题名：新中华教科书地理课本教授书
人教　辞书　河南　编译馆

2-2219

高级小学地理课本教学法
董文编辑　魏冰心,范祥善校订
上海　世界书局　民国17[1928]-
4册(151,128,180,184页)　32开
第1册：民国17第2版,民国18.7第3版,民国21.7修正5版,民国21.9修正6版
第2册：民国18.7第3版,民国21.7第5版,民国22.2第6版
第3册：民国18.4初版,民国21.11第6版
第4册：民国18.8第2版,民国21.7第4版,民国22.2第5版
遵照国民政府行政院教育部审定本编辑　新主义教科书教员用书
初版附注：民国17年7月-?初版

其他题名：新主义教科书高级小学地理课本教学法
国图　北师大(1)　华师大　辞书　广东中山(1)　编译馆

2-2220

新时代地理教授书
刘虎如编辑

上海　商务印书馆　民国17.9[1928.9]-
4册(116,118,134,156页)　地图,图　32开
第1册：民国17.9初版,民国18.2第13版,民国18.8第23版
第2册：民国18.7第15版
第3册：民国18.9第18版
第4册：民国18.2第10版,民国19.6第20版
小学校高级用
初版附注：民国17年9月-18年2月初版
卷端题名：新时代高小地理教授书
北师大　人教　辞书

2-2221

南洋华侨地理课本教授书
郑昶,葛绥成,华士诚,楼云林编　张相校

上海　中华书局　民国21.11[1932.11]
4册(150,146,200,197页)　地图,图　32开
第1-4册：民国21.11初版
高级小学用
北师大(1-3)　人教(1-3)　辞书

2-2222

高小社会课本地理编教学法
郑茂之编

上海　北新书局　民国22.1[1933.1]-
册(①205页)　32开
第1册：民国22.1初版
国图(1)　人教(1)

2-2223

小学地理课本教学法
喻璞,韩非木,楼云林编　葛绥成校

上海　中华书局　民国22.7[1933.7]-
4册(164,145,162,242页)　地图,表　32开
第1册：民国22.7初版,民国22.7第2版,民国22.10第3版
第2册：民国22.7初版,民国23.1第4版
第3册：民国22.8初版,民国22.8第2版
第4册：民国23.1第3版,民国25.5第4版
新课程标准适用　小学高级用
国图　北师大　人教　辞书　编译馆(1,4)

2-2224

高小社会科地理编教学法
宋子俊编辑

上海　世界书局　民国22.7[1933.7]-
4册(189,203,213,237页)　地图,图,表　32开
第1册：民国22.7初版,民国22.10第2版,民国24.1第5版
第2册：民国23.1初版,民国24.12第6版
第3册：民国23 第3版,民国23.7第4版,民国23.12第5版

第4册：民国23.2初版,民国24.3第4版
照教育部审定本编辑　高级小学教员用
版权页题名：地理编教学法
书脊题名：社会课本地理编教学法
其他题名：新课程标准教科书高小社会科地理编教学法
北师大　人教　辞书　广东中山(3)

2-2225

复兴地理教学法
朱希林,冯达夫,冯导夫,朱仕谷编著　殷佩斯校订

上海　商务印书馆　民国22.8[1933.8]-
4册(312,286,304,249页)　图,表　32开
第1册：民国22.8初版,民国23.5第12版,民国23.12第14版
第2册：民国22.9初版,民国23.6第11版
第3册：民国23.6第10版
第4册：民国23.1初版
小学校高级用
书脊题名：复兴高小地埋教学法
其他题名：地理教学法
其他题名：复兴教科书地理教学法
北师大　人教　辞书(1-3)　河南(2-3)

2-2226

南洋地理教学法
潘健编　沈百英校订

香港　商务印书馆　民国23.3-9[1934.3-9]
4册([830]页)　32开
第1册：民国23.3初版
第2册：民国23.5初版
第3册：民国23.8初版
第4册：民国23.9初版
高级小学适用
北师大　人教

2-2227

高级地理课本教学法
徐敬修编辑

上海　世界书局　民国25.6[1936.6]
4册([534]页)　[32开]
第1-4册：民国25.6版
新学制小学教员用
国图

2-2228

开明地理课本教学法
冯达夫编

上海　开明书店　民国25.7[1936.7]
4册(133,118,143,154页)　32开
第1-4册：民国25.7初版
小学高年级教师用
人教(1,3)　西北师大

2-2229

复兴地理教学法[改编本]

郁树敏编辑
　　上海　商务印书馆　民国26.7[1937.7]
　　4册(142,147,168,174页)　32开
　　第1册：民国26.7初版,民国27第6版,民国27.2第7版
　　第2册：民国26.7初版,民国26.9第3版,民国29第10版
　　第3册：民国26.7初版,民国27.1第3版
　　第4册：民国26.7初版,民国29第9版
　　据民国26年审定本编辑　高等小学适用
　　其他题名：复兴高小地理教学法
　　其他题名：复兴教科书地理教学法
　　人教　西北师大　广东中山(1-2,4)　编译馆

2-2230
高小地理课本教学法
喻守真,韩非木,楼云林编　葛绥成校
　　上海　中华书局　民国26.7-10[1937.7-10]
　　4册(178,168,184,274页)　地图,表　32开
　　第1册：民国26.7初版,民国26第2版,民国28.1第3版,民国28.12第6版
　　第2册：民国26.8初版,民国26.11第2版,民国28第3版
　　第3册：民国26.8初版,民国26.11第2版,民国26.11第3版
　　第4册：民国26.10初版,民国26.10第2版,民国26.12版,民国29.7第7版
　　修正课程标准适用
　　国图　人教　辞书　西北师大　广东中山　编译馆

2-2231
最新南洋华侨小学地理课本教学法
韩非木编　葛绥成校
　　新加坡　中华书局　民国27.10-12[1938.10-12]
　　4册(154,144,160,234页)　地图,图　32开
　　第1册：民国27.12初版
　　第2册：民国27.12初版
　　第3册：民国27.10初版
　　第4册：民国27.12初版
　　修正课程标准适用　高级用
　　人教　辞书

2-2232
高小新地理教学法
宋子俊等编辑
　　上海　世界书局　民国27[1938]-
　　　册(①183,②202,③214页)　32开
　　第1册：民国27初版,民国28.1第2版
　　第2册：民国27初版,民国28.1第2版
　　第3册：民国27初版
　　修正课程标准适用
　　西北师大(1-3)　编译馆(1-2)

2-2233
高级小学地理教学指引
教育部教科用书编辑委员会编辑
　　重庆　国定中小学教科书七家联合供应处　民国32.7[1943.7]-
　　4册(①90页)　图,表　32开
　　第1册：民国32.7重庆米色报纸本初版
　　封面题名：地理教学指引
　　人教(1)　辞书(1)

2-2234
高小地理参考书
王毓文编
　　沈阳　中国文化服务社东北区社　民国36.3[1947.3]-
　　　册(④53页)　32开
　　第4册：民国36.3第2版
　　教师教学　学生自习
　　辽宁(4)

2-2235
高级小学地理教学指引
国立编译馆主编　赵廷鉴编辑
　　其他题名：地理教学指引
　　①上海　五联社　民国37.2[1948.2]
　　4册(93,66,108,88页)　32开
　　第1-4册：民国37.2第2次修订1版,民国37第2次修订6版
　　辞书　广东中山
　　②上海　中华书局　民国37.6[1948.6]
　　4册([315]页)　32开
　　第1-4册：民国37.6第1次修订1版
　　人教　华师大　辞书(1)　广东中山(3)
　　③南京　正中书局　民国37.7[1948.7]-
　　4册(③-④[175]页)　[32开]
　　第3,4册：民国37.7第1次修订1版
　　人教(3-4)　广东中山(4)
　　④上海　大东书局　民国37[1948]-
　　4册(①80,③96,④79页)　32开
　　第1,3-4册：民国37年版
　　广东中山(1,3-4)

2-2236
地理教学参考书
毛守丰著　台湾省教育厅编审委员会主编
　　台北　台湾书店　民国37.4[1948.4]-
　　　册(②100页)　32开
　　第2册：民国37.4初版
　　高级小学用
　　国图(2)　人教(2)

教学辅导书

2-2237
最新地理问答简本
王亨统编辑
　　上海　美华书馆　民国4.8[1915.8]
　　234页　地图,图　大32开

辞书

2-2238
新法地理自习书
谭廉编纂
　　上海　商务印书馆　民国10.1[1921.1]-
　　6册(①96,②79页)　地图　大32开
　　第1册:民国10.1初版,民国10.2第3版,民国11.2第4版
　　第2册:民国13.3初版
　　高等小学校用
　　人教(1-2)　辞书(1)

2-2239
中国地理问答
瞿世镇编　吴拯寰校
　　上海　三民图书公司　民国18.9[1929.9]
　　62页　32开　(各科常识问答丛书)
　　国图

2-2240
中国地理问答：投考必备
洪懋熙编辑
　　上海　东方文学社　民国19.3[1930.3]第3版
　　84页　32开
　　国图

2-2241
中外地理摘要
朱起凤,钱兆隆编
　　[不详]　[编者刊]　民国22[1933]版
　　108页　32开
　　自修、复习、预备考试适用
　　国图

2-2242
中国与世界地理问答
文公直主编
　　上海　大中华书局　民国25.3[1936.3]
　　82页　32开
　　辞书

2-2243
高小地理复习
李伯棠编著
　　重庆　上海　正中书局　民国34.12[1945.12]渝初版,民国35.9沪1版
　　163页　32开　(高小各科复习丛书)
　　国图　辞书

中国地图

2-2244
新中华小学地图
丁詧盦编
　　上海　中华书局　民国18.3[1929.3]
　　56页　地图　32开
　　其他题名：小学地图
　　人教

2-2245
新中华小学本国地图
丁詧盦编著　葛绥成校订
　　上海　中华书局　民国18.3[1929.3]初版,民国22.1第3版
　　27幅　彩色地图　32开　精装
　　人教　辞书

2-2246
中华新教科地图
李长傅著　陈宏谋绘制
　　上海　东方舆地学社　民国22.5[1933.5]
　　28幅　彩色地图　32开　精装
　　小学适用
　　辞书

2-2247
中华新地图
陈子材编著　何祖泽校订
　　上海　新亚舆地学社　民国22.9[1933.9]初版,民国23.4版
　　27页　地图　32开
　　小学适用
　　人教

2-2248
本国新地图
王振编
　　上海　世界舆地学社　民国26.8[1937.8]增订版
　　54页　27幅　地图　32开　精装
　　小学适用
　　国图

2-2249
新制中国地图
葛绥成编制
　　上海　中华书局　民国28.3[1939.3]
　　52页　图(含彩图)　32开　精装
　　小学适用
　　国图　辞书

2-2250
小学标准地理教科图
陆殿扬主编　顾颉刚校订
　　上海　亚光舆地学社　民国36.3[1947.3]
　　[30]页　15幅　地图　32开
　　辞书

＊　＊　＊

2-2251
中国地图
商务印书馆编译所编辑
　　上海　商务印书馆　清光绪32[1906]版

30 幅　地图　大 32 开
高等小学堂用
北师大

2-2252
中华民国分省地图
丁詧盦编著
　　上海　中华书局　民国 15.6[1926.6]第 6 版
　　27 幅　彩色地图　32 开　精装
　　高等小学适用
　　初版附注：民国 10 年 9 月初版
　　辞书

2-2253
新制中华教科地图
苏甲荣著
　　上海　日新舆地社　民国 25.5[1936.5]增补 4 版
　　32 幅　彩色地图,表　16 开　精装
　　初级中学、高级小学学生通用
　　初版附注：民国 12 年 6 月初版
　　辞书

2-2254
最新本国地图
葛绥成编著
　　上海　中华书局　民国 19.4[1930.4]
　　[32]页　折地图,表　16 开　精装
　　初中、高小适用
　　国图　辞书

2-2255
小学本国地图
陈铎编纂　陈镐基校订
　　长沙　商务印书馆　民国 26.12[1937.12]初版,民国 27.5 版
　　105 页　地图,图(含彩图)　32 开　精装
　　高级小学社会科地理教学参考之用
　　国图　人教　辞书

2-2256
最近中华暗射地图说明书
中华书局编
　　上海　[编者刊]　[1912-1949?]
　　24 页　图　42 开
　　高小地理科教学用
　　国图

世界地图

2-2257
新中华小学世界地图
丁詧盦编著　葛绥成校订
　　上海　新国民图书社　民国 18.3[1929.3]
　　[50]页　彩色地图　32 开　精装
　　辞书

2-2258
世界新教科地图
李长傅编　张起文绘制
　　上海　东方舆地学社　民国 22.1[1933.1]
　　30 幅　彩色地图　32 开　线装
　　小学适用
　　辞书

2-2259
学生实习世界地理暗射图
中国史地图表编纂社编　金擎宇校订
　　上海　亚光舆地学社　民国 36.2[1947.2]
　　30 页　地图　32 开
　　辞书

2-2260
世界新地图
金擎宇,施冠卿,董石声编制　朱建霞撰说
　　上海　亚光舆地学社　民国 36.3[1947.3]
　　79 页　32 幅　地图　32 开
　　小学适用
　　辞书

* * *

2-2261
蒙学简明世界地图
　　上海　文明书局　[1911?]
　　6 幅　地图　32 开　精装
　　初等小学堂学生用
　　人教

* * *

2-2262
万国舆图
商务印书馆编译所编辑
　　上海　商务印书馆　清光绪 34.2[1908]第 8 版,宣统 1 第 10 版
　　7 幅　地图　大 32 开
　　清学部审定　高等小学堂用
　　初版附注：清光绪 31 年 2 月初版
　　北师大　人教

2-2263
外国地图
商务印书馆编译所编辑
　　上海　商务印书馆　清光绪 33.5[1907]
　　16 幅　地图　大 32 开
　　高等小学堂用
　　北师大

2-2264
最近世界地图

史礼绶编
上海　中华书局　民国 4.11[1915.11]
29 页　图　大 16 开
高等小学教科用
国图　辞书

2-2265
高等小学外国地图
商务印书馆编译所编
上海　商务印书馆　民国 6[1917]第 11 版
16 页　大 32 开　精装
其他题名：外国地图
广东中山

2-2266
世界分国新地图
丁詧盦编著　赵圭如绘图
上海　中华书局　民国 10.12[1921.12]
24 幅　地图　32 开　精装
高等小学校用
辞书

2-2267
简要世界地理图说
洪懋熙,王振编绘　屠思聪校阅
上海　世界舆地学社　民国 14.7[1925.7]版
28 幅　彩色地图　线装
高级小学校通用
辞书

乡土教育

课本

2-2268
江苏乡土历史教科书
刘师培编著
上海　国学保存会　清光绪 32.12[1907]-
册(①35 叶)　大 32 开　线装
第 1 册：光绪 32.12 初版
附：参考书目
人教(1)　广西师大(1)

2-2269
安徽乡土历史教科书
刘师培编著
上海　国学保存会　清光绪 32.12[1907]-
册(①46 页)　图　32 开　线装
第 1 册：光绪 32.12 初版
附：参考书目
人教(1)

2-2270
广东乡土历史教科书
黄佛颐编
广州　时中学校　清光绪 32[1906]刻本
2 册　32 开　线装
第 1-2 册：光绪 32 初版
广东中山

2-2271
安徽乡土地理教科书
刘师培编
上海　国学保存会　清光绪 32[1906]-
册(①12 页)　大 32 开　线装
第 1 册：光绪 32 年版
上海(1)

2-2272
江苏乡土地理教科书
刘师培编
上海　国学保存会　清光绪 32[1906]-
册　大 32 开　线装
第 1 册：光绪 32 年版
上海(1)

2-2273
江西乡土地理教科书
陈庆林著　国学保存会编辑
上海　[编者刊]　清光绪 33.3[1907]-
5 册(①22 页)　图　32 开　线装
第 1 册：光绪 33.3 初版
附：全省地图
人教(1)

2-2274
湖北乡土历史教科书
陈庆林编著
上海　国学保存会　清光绪 33.4[1907]-
册(①[50]页)　图　32 开　线装
第 1 册：光绪 33.4 初版
附：参考书目
人教(1)

2-2275
直隶乡土地理教科书
陈庆林著　国学保存会编辑
上海　[编者刊]　清光绪 33.5[1907]-
5 册(①22 页)　图　32 开　线装
第 1 册：光绪 33.5 初版
附：全省地图
国图(1)　人教(1)

2-2276
直隶乡土历史教科书
陈庆林编著
上海　国学保存会　清光绪 33.6[1907]-
册(①[40]页)　图　32 开　线装

第1册:光绪33.6初版
附:参考书目
人教(1)

2-2277
江西乡土历史教科书
陈庆林编著
　　上海　国学保存会　清光绪33.7[1907]-
　　册(②[44]页)　图　32开　线装
　　第2册:光绪33.7初版
　　附:参考书目
　　国图(2)　人教(2)

2-2278
广东乡土历史教科书
黄晦闻编
　　上海　国学保存会　清光绪33[1907]版
　　1册　32开　线装
　　广东中山

2-2279
湖北乡土地理教科书
陈庆林辑
　　上海　国学保存会　清光绪33[1907]-
　　册(①13页)　大32开　线装
　　第1册:光绪33年版
　　上海(1)

2-2280
东安乡土地理教科书
马钟琇纂修
　　天津　天津大公报馆　清光绪33[1907]
　　1册　线装
　　国图

2-2281
常昭乡土历史教科书
旧庐编辑
　　[不详]　城南商立学堂　清光绪34.10[1908]
　　1册　大32开
　　广西师大

2-2282
浙江乡土地理教科书
蔡和铿编
　　宁波　汲绠书局　清光绪34[1908]版
　　1册　大32开
　　上海　广西师大

2-2283
广东乡土地理教科书
黄晦闻编
　　上海　国学保存会　清光绪34[1908]版
　　1册　32开　线装
　　广东中山

2-2284
泰州乡土历史教科书
马锡纯编
　　[泰州]　泰州教育会劝学所　清光绪34[1908]版
　　1册　大32开　线装
　　上海

2-2285
扬州历史教科书
汤寅臣编
　　[出版者不详]　清光绪34[1908]
　　1册　线装
　　国图

2-2286
广州乡土格致教科书
林骏编辑　司徒枢校阅
　　广州　萃文书报会社　清宣统1.1[1909]-
　　2册(②34叶)　图　大32开　线装
　　下册:宣统1.1初版
　　初等小学堂学生用
　　北师大(2)

2-2287
潮州乡土地理教科书
翁辉东,黄人雄辑
　　海阳　剑光编书社　清宣统1[1909]版
　　1册　大32开　线装
　　上海

2-2288
广东乡土地理教科书
黄培垄等编
　　[不详]　粤东编译公司　清宣统1[1909]
　　2册　32开　线装
　　第1-2册:宣统1年版
　　广东中山

2-2289
广东乡土格致教科书
黄晦闻著
　　上海　国学保存会　清宣统1[1909]
　　2册　32开　线装
　　第1-2册:宣统1年版
　　广东中山

2-2290
湖南乡土地理参考书
章天佑辑
　　上海　群益图书社　清宣统2[1910]版
　　67页　32开　线装
　　上海

2-2291
湖南乡土地理教科书
辜天佑编

长沙　会通学社　清宣统2[1910]
　　1册　图
　　国图

2-2292
广东乡土地理教科书
蔡铸编
　　[不详]　粤东编译公司　清宣统2[1910]
　　2册　32开　线装
　　第1-2册：宣统2年版
　　广东中山

2-2293
江苏盐城县乡土教科书
吴宝生编纂
　　盐城　盐城县教育会　民国6[1917]版
　　26叶　大32开
　　上师大

2-2294
彭山县乡土志教科书
徐原烈纂修
　　[成都]　成都昌福公司　民国10[1921]
　　1册　图　线装
　　国图

2-2295
东三省辅助读本
李绍芳,徐正范,毕希珍,李献延,周懋中编校
　　上海　中华书局　民国11.4[1922.4]
　　21页　图　大32开　线装
　　国民学校用
　　辞书

2-2296
晋江乡土志
侯鸿鉴编
　　[不详]　奇树明新学校　民国11[1922]
　　15页　[32开]
　　小学乡土教材
　　国图

2-2297
广东乡土新历史教科书
　　广州　通亚书局　民国12[1923]版
　　1册　32开　线装
　　广东中山

2-2298
贵阳乡土地理讲义
文宗潞撰
　　贵阳　自治讲习所　民国19[1930]版
　　75页　32开　线装
　　上海

2-2299
绍兴县小学乡土教材
绍兴县教育局编
　　绍兴　[编者刊]　民国24[1935]-
　　册(①102页)　32开　(教育小丛刊)
　　第1册(一集)：民国24年版
　　广东中山(1)

2-2300
上海市乡土课本
徐迥千,钱选青,柴子飞,盛幼宣编著
　　上海　大川书店　民国25.8[1936.8]-
　　4册　地图,图　32开　精装
　　第1,3册：民国25.8初版
　　编译馆(1,3)

2-2301
天津市小学校乡土教材
王志廉编
　　天津　天津市立第九小学校出版部　民国25[1936]第2版
　　116页　照片,图,像　32开
　　天津

2-2302
社会科乡土教材
汕头市第四小学校编
　　汕头　[编者刊]　民国25[1936]版,民国35.12版
　　71页　图　32开
　　国图　人教

2-2303
大同县乡土教科书
大同县乡土教材编委会编著
　　大同　同和书局　民国25[1936]
　　26叶　32开
　　小学堂高级用
　　国图

2-2304
福建省中心国民学校乡土补充教材
张荫春等编　刘诚,高时良校订
　　福州　福建省政府教育厅　民国31.3[1942.3]-
　　4册　32开
　　第1-2册：民国31.3版
　　人教(1-2)

2-2305
福建省渔业和盐业
徐君梅,张源著
　　福州　福建省政府教育厅编辑委员会　民国32.11[1943.11]
　　21页　32开　(福建省地方教材)
　　中心学校小学部高年级适用
　　国图　人教

2-2306
广东省乡土教材
钟旭元,李次民合编
　　广州　正大印务局　民国35[1946]版
　　1册　32开
　　广东中山

2-2307
无锡乡土新课本
姚铭盘等编　施之勉,辛曾辉校订
　　[不详]　小学教材出版社　民国36.1[1947.1]
　　30页　图　32开
　　三年级下学期适用
　　人教

2-2308
泰县乡土教材
束荣松编辑　丁作彬,顾伯奋,程法校订
　　[出版者不详]　民国36.3[1947.3]
　　64页　像,地图,照片　32开
　　国图　辞书

2-2309
乡土教材
市小教职员联谊会编辑委员会编辑　卢冠六,葛鲤庭校订
　　上海　正言出版社　[1912-1949?]
　　4册(40,35,36,42页)　照片,地图,图　32开
　　第1-4册:版次不详
　　小学常识科补充读物　三年级上学期~四年级下学期适用
　　辞书

2-2310
乡土教材
市小教职员联谊会编辑委员会编辑　卢冠六,葛鲤庭校订
　　上海　正言出版社　[1912-1949?]
　　4册(36,40,33,33页)　照片,地图　32开
　　第1-4册:版次不详
　　小学常识科补充读物　五年级上学期~六年级下学期适用
　　辞书

2-2311
广宁县乡土地理教科书
　　[1912-1949?]抄本
　　23页　大32开　线装
　　上海

2-2312
蔚县乡土地理教科书
　　[不详]　万益石印书　[1912-1949?]第4版
　　35页　大32开　线装
　　上海

2-2313
最新潮州乡土地理教科书
郑毽亮编
　　[出版者不详]　[1912-1949?]
　　1册　图　线装
　　国图

2-2314
天津县地理教科书
集思堂居士纂修
　　天津　集思堂　[1912-1949?]
　　1册　线装
　　国图

2-2315
宣威州乡土志
缪果章纂修
　　[1912-1949?]抄本
　　1册　图　线装
　　包括宣威州乡土志地理教科书、宣威州乡土历史教科书、宣威州乡土格致教科书
　　其他题名:宣威州乡土志地理学教科书
　　国图

2-2316
冀县乡土志教科书
马维周辑
　　[1923-1949?]抄本
　　1册　线装
　　据民国12年冀县赞化石印局石印本抄
　　国图

教学参考书

2-2317
山东乡土教本参考书
房锡堉辑
　　济南　[出版者不详]　民国11[1922]版
　　36页　[32开]　线装
　　上海

2-2318
乡土教育纲要
蔡衡溪编
　　上海　大华书局　民国24.7[1935.7]
　　114页　32开
　　辞书

2-2319
乡土教材研究
王素意著
　　上海　商务印书馆　民国37.2[1948.2]版
　　184页　32开　(国民教育文库)
　　辞书　西北师大

2-2320
小学乡土教学
吴志尧著
　　上海　商务印书馆　民国37.4[1948.4]初版,民国37.8第3版
　　119页　32开　(国民教育文库)
　　辞书　广东中山

数学

算术

课 本

2-2321
笔算教科书
南洋公学师范院译述
　　上海　南洋公学　清光绪27.1[1901]
　　2册(74,96页)　32开　线装
　　上下册：光绪27.1初版,光绪29.12第2版
　　人教　上师大　辞书(2)　广西师大

2-2322
物算教科书
(日)文学社编纂所编　董瑞椿口译　朱念椿笔述
　　上海　南洋公学师范院　清光绪27.1[1901]
　　2册(36,47叶)　大32开　线装
　　上下册：光绪27.1初版,光绪29.11第2版
　　南洋公学师范院译述
　　人教　上师大(1)　辞书　广西师大

2-2323
笔算课本
王儒怀编
　　上海　吴云记书局　清光绪29.12[1904]
　　2册(92,168页)　32开　线装
　　第1-2册(一至二集)：光绪29.12初版
　　人教

2-2324
数学教科书
商务印书馆编译所编
　　上海　商务印书馆　清光绪30.8[1904]
　　2册([218]页)　32开　线装
　　第1-2册：光绪30.8初版,光绪31年版,光绪32.4第8版
　　其他题名：最新小学数学教科书
　　国图　人教　广西师大

2-2325
笔算教本
(日)泽田吾一原著　崔朝庆译订
　　上海　商务印书馆　清光绪32.4[1906]
　　2册([75],[51]叶)　图,表　大32开　线装
　　上下册：光绪32.4第3版,光绪32.11第4版
　　初版附注：清光绪30年秋月初版
　　辞书

2-2326
最新改良笔算数学
王瓒著
　　上海　支那新书局　清光绪30.11[1904]-
　　册(③41叶)　图,表　大32开　线装
　　第3册(丙卷)：光绪30.11初版
　　封面题名：最新笔算数学
　　辞书(3)

2-2327
笔算数学
(美)狄考文辑　邹立文述
　　上海　美华书馆　清光绪30[1904]
　　3册(92,122,123叶)　大32开　线装
　　上中下册：光绪30年版
　　人教　辞书　云南社科(3)　广西师大

2-2328
小学笔算新教科书
张景良著
　　上海　文明书局　清光绪34.7[1908]
　　5册(100,96,156,112,76页)　大32开
　　第1册：光绪34.7第12版,宣统3.8第23版,民国10.9第28版,民国11.6第29版,民国17第36版
　　第2册：光绪34.7第12版
　　第3册：光绪34.7第12版
　　第4册：光绪34.7第12版,民国6第26版
　　第5册：光绪34.7第12版
　　清学部审定
　　附：答案1册
　　初版附注：清光绪31年5月初版
　　逐页题名：笔算教科书
　　北师大　人教　上海　辞书　广西师大　广东中山(4)

2-2329
蒙学算学画
丁福保著
　　上海　文明书局　清光绪31.6[1905]初版,光绪31.11第2版
　　64页　图　32开　线装
　　人教　广西师大

2-2330
绘图算术游戏
傅翼编
　　上海　彪蒙书室　清光绪31[1905]
　　2册(30,35页)　32开　线装
　　第1-2册：光绪31年版,光绪32年版
　　人教　上师大

2-2331
绘图蒙学习算实在易
彪蒙主人编
　　上海　彪蒙书室　清光绪32.2[1906]
　　4册([120]页)　32开　线装　(白话讲义蒙学丛书)
　　第1-4册：光绪32.2初版
　　卷端题名：蒙学习算实在易
　　人教　广西师大(3-4)

2-2332

简易数学课本

寿孝天编辑

上海 商务印书馆 清光绪32.3[1906]

2册(40,44叶) 表 大32开 线装

第1-2册(上下编):光绪32.3第2版

人教 辞书 广西师大

2-2333

笔算数学题草图解

朱世增编辑

上海 南洋官书局 清光绪32.10[1906]

8册([411]页) 图 32开 线装

第1-8:光绪32.10初版,光绪33.11订正2版

人教

2-2334

新数学教科书

(日)长泽龟之助著 周达,包荣爵译

上海 东亚公司 清宣统1.2[1909]-

册(①298页) 大32开 精装

第1册(上卷):宣统1.2重印

初版附注:明治39年[1906]12月初版

辞书(1)

2-2335

小学笔算新教科书详草

张景良著 吴澧演草

上海 文明书局 清光绪33.11[1907]初版,宣统2.6第3版,民国11.4第9版,民国20.3第13版

88页 大32开 线装

逐页题名:笔算教科书

北师大 上海 辞书 编译馆

2-2336

小学笔算新教科书

张景良著

上海 文明书局 清光绪34.5[1908]-

5册(100,92,146,108,75页) 大32开 线装

第1册:民国18.7第37版,民国19.2第38版

第2册:民国18.7第37版,民国19.2第38版

第3册:民国18.7第37版,民国19.2第38版

第4册:民国18.7第37版,民国19.2第38版

第5册:光绪34.5初版,民国18.7第37版,民国19.2第38版

附:答案1册

初版附注:清光绪34年5月初版

逐页题名:笔算教科书

人教(4-5) 辞书

2-2337

华氏学算笔谈

华衡芳著

上海 商务印书馆 [1911?]

12册([188]页) 32开 线装

第1-12册(卷一至卷十二):版次不详

人教

2-2338

笔算教科书

彭兰琪辑

天津 天津北洋官报书局 [1911?]

2册 线装

第1-2册:版次不详

国图

2-2339

笔算数学全草详解

上海 彪蒙书室 [1911?]

9册(①-③150,④-⑥196,⑦-⑨164叶) 大32开 线装

第1-9册(上中下卷):版次不详

人教(7-8) 广西师大

2-2340

女子算术教科书

(日)小林盈,(日)稻垣作太郎著 黄邦柱译

上海 群益书社 民国2.11[1913.11]

3册(86,97,101页) 图 大32开

第1册(上卷):民国2.11初版,民国7.5第2版

第2册(中卷):民国2.11初版,民国9.8第2版

第3册(下卷):民国2.11初版

北师大 辞书 河南 编译馆

2-2341

算术教科书

寿孝天,骆师曾编纂

上海 商务印书馆 民国3.5[1914.5]-

6册(①37,③42,④32,⑤50,⑥28页) 32开 线装

第1册:民国3.5初版

第3册:民国6.5第2版

第4册:民国3.6初版

第5册:民国3.7初版

第6册:民国3.7初版

教育部审定 半日学校学生用

初版附注:民国3年5-7月初版

人教(1,3-6)

2-2342

实用算术教科书

王凤岐编

上海 商务印书馆 民国5[1916]

8册 32开 线装

第1-8册:民国5初版

国图

2-2343

普通笔算数学

北京 武学书局 民国7.10[1918.10]版

278页 32开

北师大

2-2344
算术
金师竹编辑
  上海　上海大东门育材中学校　民国12[1923]-
   册(①117页)　32开
  第1册:民国12年版
  辞书(1)

2-2345
社会化的算术教科书
俞子夷编纂
  上海　商务印书馆　民国13.7-14.10[1924.7-1925.10]
  8册(82,76,74,74,102,106,102,100页)　图　大32开
  第1册:民国13.7初版,民国16第3版
  第2册:民国13.7初版
  第3册:民国13.7初版,民国17第4版
  第4册:民国13.8初版
  第5册:民国13.8初版
  第6册:民国13.11初版
  第7册:民国14.10初版
  第8册:民国14.10初版
  新学制小学第三年上学期~第六年下学期用
  人教　上师大(1)　辞书　河南(3)

2-2346
小学算术应用题测验
俞子夷著
  上海　商务印书馆　民国23.6[1934.6]-
  4套(150,150,150,150页)　图、表　16开　散页袋装
  第1套(一类):民国24.5国难后2版
  第2套(二类):民国23.6国难后1版,民国29.2国难后3版
  第3套(三类):民国23.6国难后1版
  第4套(四类):民国23.6国难后1版
  附:说明书1册
  初版附注:民国15年1月初版
  辞书

2-2347
算术四则测验(第1类)
德尔满编
  上海　商务印书馆　民国17[1928]第5版
  96页　16开
  广东中山

2-2348
新课程算术课本
陈邦彦,徐九皋,秦启文,束云逵编辑　施仁夫等校订
  上海　世界书局　民国21.11[1932.11]-
  4册(107,112,139,138页)　图、表　32开
  第1册:民国21.11第6版
  第2册:民国21.11第6版
  第3册:民国21.11第4版
  第4册:民国21.11第4版
  其他题名:新主义教科书算术课本
  编译馆

2-2349
算术
吴家骥等编　戴渭清校订
  上海　大众书局　民国23.2[1934.2]-
  8册　32开
  第3-8册:民国23.2初版
  新课程标准适用
  其他题名:新课程标准大众教科书算术
  其他题名:大众教科书算术
  人教(3-8)

2-2350
算术课本
陶鸿翔,徐天游编　华襄治校
  上海　中华书局　民国24.7[1935.7]
  2册(32,32页)　图　32开
  第1册:民国24.7初版,民国24.10第18版,民国24.10第
   19版,民国25.7第39版,民国26.3第68版
  第2册:民国24.7初版,民国24.12第10版,民国24.12第
   11版,民国25.2第18版,民国25.2第19版
  一年短期小学用
  逐页题名:一年短期小学算术课本
  北师大　人教　辞书

2-2351
算术课本
宋文藻,沈百英编校
  上海　商务印书馆　民国25.1-3[1936.1-3]
  2册(71,76页)　32开
  上册:民国25.1初版,民国25.4第3版,民国26.4第38版
  下册:民国25.3初版,民国25.8版,民国26.5第25版
  一年制短期小学适用
  北师大　人教　华师大　编译馆

2-2352
(修正)短期算术课本
初等教育研究会编纂
  天津　华北书局　民国27[1938]
  4册(127,94,78,114页)　图　32开
  第1-4册:民国27年版
  北师大

2-2353
(新修正)小学副课本算术
  上海　大东书局　民国29[1941]
  8册(328页)　32开
  第1-8册:民国29年版
  其他题名:小学副课本算术
  人教

2-2354
国防算术课本
  [出版者不详]　[1938-1945?]
  册(②25页)　32开　线装

第2册：版次不详
其他题名：算术课本
河南(2)

2-2355
算术课本
冀中行署教育科重修
8册(①40,③41,⑥54页) 32开
①[不详] 边区财政处印刷局冀中分局 民国35[1946]-
第1册：民国35年版
人教(1)
②冀中 新华书店冀中支店 民国35[1946]-
第3册：民国35年版
人教(3)
③[冀中] 冀中第八专区博古书店 民国36.5[1947.5]-
第6册：民国36.5版
人教(6)

2-2356
小学暑期课本算术
李占仁编辑 茅文培校订
上海 大陆书局 民国37.6[1948.6]-
12册(⑨28页) 32开
第9册：民国37.6初版
小学生自习或小学暑期班作课本用
人教(9)

2-2357
小学暑期补习课本算术
俞子夷编著
上海 正中书局 民国37.7[1948.7]-
5册(22,30,45,41,39页) 图 32开
第1-5册：民国37.7初版
人教 辞书

2-2358
小学算术应用题测验(第1、2类：甲)
艾伟主编 范冰心襄助
上海 中华书局 民国38.7[1949.7]
4页 16开 散页袋装
附：标准答案1份
辞书

2-2359
笔算数学简本
[出版者不详] [1912-1949?]
册(下128-195叶) 大32开 线装
下册：版次不详
辞书(下)

2-2360
改良笔算速成法
王菊昆著
[出版者不详] [1912-1949?]
2册([128]页) 32开
上下册：版次不详

其他题名：第一次改良笔算速成法
人教 广西师大(1)

2-2361
最新注解笔算数学全草
郁赞廷著
上海 书业公司 [1912-1949?]
4册 32开 线装
第2-4册(卷二至卷四)：版次不详
人教(2-4)

2-2362
新制度量衡教材
浙江省教育厅编
浙江 [编者刊] [1912-1949?]
42页 表 32开 (小学教育丛书)
上海

* * *

2-2363
蒙学心算教科书
丁福保著
上海 文明书局 清光绪29.9[1903]第5版,光绪31.2第7版
19叶 大32开 线装
初等小学堂学生用书
人教 辞书 广西师大

2-2364
蒙学笔算教科书
丁福保著
上海 文明书局 清光绪30[1904]-
2册(①32叶) 32开 线装
第1册(卷上)：光绪30第3版,宣统1.2第17版
初等小学堂学生用书
初版附注：清光绪29年10月初版
北师大(1) 辞书(1)

2-2365
最新初等小学笔算教科书
徐蒿编纂 杜亚泉,张元济校订
上海 商务印书馆 清光绪30.9[1904]-
5册(40,40,55,67,71叶) 图,表 大32开 线装
第1册：光绪31.3第4版,光绪32.2第7版,光绪32.6第12版,宣统2.12第25版,民国1第27版
第2册：光绪31.4第3版,光绪31.7第4版,光绪31.10第5版,光绪32第8版,宣统2.12第22版
第3册：光绪30.9初版,光绪31.2第2版,光绪31.4第3版,光绪32.2第8版,光绪32.11第9版,宣统2.7第16版
第4册：光绪31.5第3版,光绪32.2第5版,光绪32.2第7版,光绪33.3第10版,宣统3.4第11版
第5册：光绪31.5第3版,光绪32.2第7版,光绪32.4第7版,光绪33.12第11版,宣统1.4第12版

清学部审定　初等小学用
初版附注：清光绪30年7月-31年3月初版
版权页题名：初等笔算教科书
其他题名：最新笔算教科书
国图(2,4)　人教　辞书　云南社科(1)

2-2366

初等算术教科书
丁福保著
　　上海　文明书局　清光绪32.2[1906]
　　2册(36,38叶)　32开　线装
　　上下册：光绪32.2初版,光绪32.10第2版
辞书

2-2367

最新初等小学笔算教科书
王艺编辑　彪蒙编译所校阅
　　上海　彪蒙书室　清光绪33.2[1907]
　　5册(54,39,47,53,52叶)　图　32开　线装
　　第1册：光绪33.2初版,光绪34.1第3版
　　第2册：光绪33.2初版
　　第3册：光绪33.2初版
　　第4册：光绪33.2初版
　　第5册：光绪33.2初版
卷端题名：初等小学笔算教科书
逐页题名：初等笔算教科书
人教(1-4)　上师大(4-5)　广西师大(1,3-5)

2-2368

初等小学算术课本
沈羽编辑　沈恩孚,石承宣校订
　　上海　中国图书公司　清光绪33.3[1907]-
　　8册(26,24,23,23,33,34,35,33叶)　图　大32开　线装
　　第1册：光绪33.3初版,宣统3.3第4版,民国2.2改正6版
　　第2册：宣统2.2第5版,民国2.2改正6版
　　第3册：民国2.2改正6版
　　第4册：宣统1.4第2版,民国2.2改正5版
　　第5册：宣统1.4第2版,民国2.2改正5版
　　第6册：宣统1.6初版,民国2.2改正5版
　　第7册：宣统3.6第3版,民国2.2改正4版
　　第8册：宣统2.3初版,民国2.2改正4版
学生用书　春季始业
封面题名：中华民国初等小学算术课本
人教(1-2,8)　辞书

2-2369

初等小学算术书
陆费逵编纂
　　上海　文明书局　清光绪34.5-宣统3.8[1908-1911]
　　4册(16,17,31,38叶)　图　大32开　线装
　　第1册：光绪34.5初版
　　第2册：光绪34.5初版
　　第3册：宣统2.5初版
　　第4册：宣统3.8初版

封面题名：新编初等小学算术书
辞书

2-2370

第一简明笔算启蒙
胡朝阳编辑　庄景仲校阅
　　上海　新学会社　清宣统1.3[1909]
　　2册(35,48叶)　图　大32开　线装
　　上下册：宣统1.3初版
初等小学用
逐页题名：笔算启蒙
辞书

2-2371

简明笔算教科书
寿孝天编纂
　　上海　商务印书馆　清宣统3.1[1911]
　　4册(100,100,100,100页)　图　大32开　线装
　　第1-4册：宣统3.1初版
初等小学用
版权页题名：初等小学简明笔算教科书
辞书

2-2372

中华初等小学算术教科书
顾树森编辑
　　上海　中华书局　民国1.3[1912.3]-
　　8册(31,31,31,20,31,36,31,34叶)　图　大32开　线装
　　第1册：民国1.3初版,民国1.3第2版,民国1.4第5版,民国1.7第8版,民国2.3第30版
　　第2册：民国1.4第4版,民国1.8第7版,民国2.1第12版,民国2.2第14版,民国2.2第15版
　　第3册：民国2.1第12版,民国2.2第17版,民国2.5第22版
　　第4册：民国1.4第2版,民国1.8第5版,民国2.1第10版
　　第5册：民国1.8第5版,民国2.1第9版,民国2.1第10版
　　第6册：民国1.7第3版,民国1.8第5版,民国1.11第8版,民国2.1第10版
　　第7册：民国1.5初版,民国1.8第3版,民国1.8第5版,民国2.3第15版
　　第8册：民国1.5初版,民国1.8第3版,民国1.9第4版,民国2.2第11版
教育部审定　初等小学校第一学年～第四学年用
其他题名：中华算术教科书
人教　辞书

2-2373

(订正)最新笔算教科书
徐㠙编纂　杜亚泉,张元济校订
　　上海　商务印书馆　民国1.4[1912.4]-
　　4册(④61叶)　大32开　线装
　　第4册：民国1.4第16版
中华民国初等小学用
其他题名：最新笔算教科书

辞书(4)

2-2374

新算术：笔算
寿孝天编纂　商务印书馆编译所校订

上海　商务印书馆　民国1.6[1912.6]-

8册(42,42,36,36,36,36,36,36页)　图,表　32开　线装

第1册：民国1.8第3版,民国2.3第50版,民国2.3第99版,民国15第466版

第2册：民国1.8第3版,民国2.3第75版,民国2.3第85版,民国15第452版

第3册：民国2.1第6版,民国2.3第49版,民国2.3第84版,民国15第431版

第4册：民国1.9第5版,民国2.3第56版,民国2.3第79版,民国14第396版

第5册：民国1.10第4版,民国1第12版,民国2.3第48版,民国6第238版,民国15第368版

第6册：民国1.10第4版,民国2.3第40版,民国2.5第62版

第7册：民国1.6初版,民国1.10第4版,民国2.3第43版,民国15第295版

第8册：民国1.8初版,民国1.10第4版,民国2第20版,民国2.2第28版,民国2.2第29版

教育部审定　初等小学校、国民学校用　春季始业

初版附注：民国元年6-8月初版

版权页题名：初等小学新算术

其他题名：共和国教科书新算术

国图(1-5,7)　人教　上海　上师大(5,7-8)　辞书

2-2375

新制中华算术教科书
顾树森编　戴克敦,沈颐,陆费逵阅

上海　中华书局　民国1.12[1912.12]-

12册(30,21,20,22,18,15,24,21,21,14,12,12叶)　图　大32开　线装

第1册：民国2第2版,民国2.3第7版,民国2.5第13版,民国2.5第15版,民国2.6第17版,民国4年版

第2册：民国1.12初版,民国2.3第6版,民国2.3第9版,民国2.6第13版,民国2.6第14版,民国2.8版,民国2.9版,民国3.1第18版,民国4.5第21版

第3册：民国2.2第3版,民国2.6第12版,民国2.6第13版,民国3.4第17版,民国3.6第18版,民国6.3第25版

第4册：民国2.1初版,民国2.3第7版,民国2.5版,民国2.6第10版,民国2.6第14版,民国2.7第16版

第5册：民国1.12初版,民国2.3第5版,民国2.6第10版,民国4.2第18版,民国4.3第19版,民国4.5第20版,民国6.3第26版

第6册：民国2.3第3版,民国2.6第8版,民国2.6第9版,民国2.6第10版,民国3.6第16版,民国5.9第23版,民国6.3第24版

第7册：民国2.2初版,民国2.3第5版,民国2.6第10版,民国2.6第11版,民国6.3第25版

第8册：民国1.12初版,民国2.3第4版,民国2.6第11版,民国4.5第20版,民国6.3第26版

第9册：民国2.2初版,民国2.3第5版,民国2.6第9版,民国6.3第22版

第10册：民国2.2初版,民国2.3第3版,民国2.3第5版,民国2.6第8版,民国4.3第15版,民国5.9第20版

第11册：民国2.1初版,民国2.3第4版,民国2.3第5版,民国2.3第7版,民国2.6第11版,民国4.5第18版,民国5.3第20版,民国6.3第23版

第12册：民国2.2初版,民国2.6第8版,民国4.3第16版,民国4.5第17版,民国6.3第22版

教育部审定　初等小学校用　国民学校　第一学年第一学期～第四学年第三学期用　秋季始业

初版附注：民国元年12月-2年2月初版

版权页题名：新制中华初等小学算术教科书

逐页题名：新制初等小学算术教科书

北师大　人教　华师大　辞书　广西师大(1-9,11)

2-2376

新算术：乙种
寿孝天编纂　商务印书馆编译所校订

上海　商务印书馆　民国2.1[1913.1]-

8册(34,50,30,42,32,40,30,42页)　图,表　大32开　线装

第1册：民国2.1初版,民国2.4第9版

第2册：民国2.4第9版,民国2.4第10版

第3册：民国2.1初版,民国2.4第9版

第4册：民国2.1初版,民国2.4第14版,民国2.6第24版

第5册：民国2.1初版,民国2.7第19版

第6册：民国2.1初版,民国2.4第6版

第7册：民国2.1初版,民国2.4第9版,民国2.7第24版

第8册：民国2.1初版

初等小学校　秋季始业　第一学年～第四学年学生用

版权页题名：初等小学新算术

其他题名：共和国教科书初等小学新算术

人教　辞书

2-2377

初等小学算术教科书
万声扬编纂　王式玉校阅

武昌　共和编译社　民国2.1[1913.1]-

册(①36叶)　图　大32开　线装

第1册：民国2.1初版,民国2.2第2版

第一学年第一学期用

封面题名：算术教科书

人教(1)　辞书(1)

2-2378

新制中华算术教科书
赵秉良编　戴克敦,沈颐,陆费逵阅

上海　中华书局　民国2.1[1913.1]-

9册(⑧21叶)　32开　线装

第8册：民国2.1初版

初等小学校用　第三学年第一学期

初版附注：民国2年1月初版

版权页题名：新制中华初等小学算术教科书

逐页题名：新制秋季始业算术教科书
辞书(8)

2-2379

初等小学新算术教科书
沈羽编辑

上海　中国图书公司和记　民国2.5[1913.5]-
8册(50,56,36,50,40,61,36,50叶)　图　大32开　线装
第1册：民国2.5初版,民国3.6第4版
第2册：民国2.5初版,民国3.7第4版
第3册：民国2.5初版,民国3.7第3版
第4册：民国2.5初版,民国3.7第2版
第5册：民国2.6第2版,民国3.7第2版
第6册：民国3.7第3版
第7册：民国2.6第2版,民国3.7第3版
第8册：民国2.5初版,民国3.7第2版
学生用书　秋季始业
人教(1-3,6)　辞书

2-2380

新编中华算术教科书
顾树森,沈熙编　范源廉,沈熙阅

上海　中华书局　民国2.11-3.1[1913.11-1914.1]
8册(26,26,25,23,26,26,21,22叶)　图　大32开　线装
第1册：民国2.11初版,民国2.12第3版,民国3.1第6版,民国3.7第9版,民国8.9第17版,民国8第22版
第2册：民国2.12初版,民国3.3第3版,民国8.9第17版,民国8第40版
第3册：民国2.12初版,民国4.7第11版,民国7.12第19版,民国8.7第20版,民国8.9第21版
第4册：民国2.12初版,民国8.7第4版,民国8.9第20版
第5册：民国2.12初版,民国4.7第10版,民国4.12第9版,民国8.9第18版
第6册：民国3.1初版,民国4.12第9版,民国8.9第21版
第7册：民国3.1初版,民国4.3第6版,民国4.7第10版,民国4.12第11版,民国8.9第19版
第8册：民国3.1初版,民国3.3第2版,民国3.5第3版,民国4.5第7版
教育部审定　国民学校用　初等小学校用　春季始业
版权页题名：新编中华初等小学算术教科书
其他题名：新编中华国民学校算术教科书
北师大　人教　上海　华师大(1-4,6-8)　辞书

2-2381

单级算术教科书
寿孝天,邓庆澜编纂　陈宝泉,杜亚泉校订

上海　商务印书馆　民国2.12[1913.12]-
12册(①30页)　图　32开　线装
第1册：民国2.12初版
初等小学用
人教(1)

2-2382

新制单级算术教科书
顾树森编

上海　中华书局　民国3.1[1914.1]-
12册(24,17,18,19,15,15,23,23,14,14,16,17叶)　图　32开　线装
第1册：民国3.1初版,民国4.1第3版,民国4.2第4版,民国8.8第13版,民国10.6第15版
第2册：民国3.1初版,民国4.6第5版,民国8.8第14版,民国9.3第19版,民国10.7第17版
第3册：民国3.1初版,民国4.6第5版,民国8.8第16版,民国9.3第20版
第4册：民国3.2初版,民国4.2第5版,民国8.8第17版,民国10.7第20版
第5册：民国3.2初版,民国4.6第5版,民国4.8第6版,民国8.8第17版,民国10.3第19版
第6册：民国3.2初版,民国4.3第4版,民国4.6第6版,民国8.8第16版,民国10.7第19版
第7册(甲第7册)：民国3.3初版,民国4.6第5版,民国8.8第16版,民国9.4第10版,民国10.7第20版
第8册(乙第7册)：民国4.7第6版,民国8.5第14版,民国8.8第15版,民国10.7第17版
第9册(甲编第8册)：民国3.3初版,民国3.10版,民国4.6第5版,民国6.4第9版,民国8.8第13版,民国10.7第15版
第10册(乙编第8册)：民国3.3初版,民国4.5第5版,民国4.7第6版,民国5.3第7版,民国8.1第13版,民国8.8第14版
第11册(甲编第9册)：民国3.3初版,民国4.7第6版,民国8.8第14版,民国10.6第16版,民国10.7第17版
第12册(乙编第9册)：民国3.3初版,民国4.4第5版,民国8.8第12版,民国10.7第14版,民国10.7第17版,民国10.11第15版
教育部审定　初等小学校、国民学校用　第一学年第一学期～第四学年第三学期用
初版附注：民国3年1-3月初版
版权页题名：新制单级国民学校算术教科书
其他题名：单级初等小学算术教科书
北师大　人教　上海(4-9)　华师大(2-3,6,8,10,12)　辞书　广西师大(3,6,8,10,12)

2-2383

(订正)新编算术教科书
顾树森,沈熙编　范源廉,沈颐阅

上海　中华书局　[1914?]
8册(①26,④23,⑧22叶)　图　32开　线装
第1册：民国订正2版
第4册：民国订正初版
第8册：民国订正初版
教育部审定　国民学校用　春季始业
版权页题名：(订正)新编国民学校算术教科书
其他题名：新编算术教科书
辞书(1,4,8)

2-2384

女子算术教科书
顾树森编　沈颐阅

上海　中华书局　民国4.1-9[1915.1-9]

8册(31,28,28,20,28,26,21,20叶)　图　大32开　线装

第1册：民国4.1初版,民国6.2第4版,民国8.12第8版,民国9.3第14版,民国10.8第12版

第2册：民国4.1初版,民国8.12第7版,民国10.5第10版

第3册：民国4.3初版,民国5.3第2版,民国5.9第3版,民国8.12第8版

第4册：民国4.3初版,民国5.10第3版,民国8.12第8版

第5册：民国4.4初版,民国5.10第3版,民国7.1第6版,民国9.1第7版

第6册：民国4.7初版,民国8.1第5版,民国10.8第8版

第7册：民国4.7初版,民国6.8第3版,民国9.1第6版,民国10.8第8版

第8册：民国4.9初版,民国8.5第5版

教育部审定　女子初等小学用　女子国民学校用

其他题名：女子初等小学算术教科书

其他题名：女子国民学校算术教科书

人教　华师大　辞书

2-2385

新式算术教科书
顾树森,沈熙编　沈颐,李步青阅

上海　中华书局　民国4.12[1915.12]-

8册(15,15,16,15,16,15,16,16叶)　图　32开　线装

第1册：民国4.12初版,民国8第21版,民国8.7第23版,民国9.2第35版,民国11第55版,民国11.10第58版,民国11.11第59版,民国12.5第73版

第2册：民国8.8第23版,民国8.8第24版,民国9.1第31版,民国10.7第41版,民国11.10第54版,民国11.11第55版,民国12.5第65版,民国12.5第76版

第3册：民国4.12第2版,民国8.8第24版,民国9.1第33版,民国10.3第38版,民国11.3第51版,民国11.12第59版,民国12第67版,民国12.5第80版

第4册：民国8.8第24版,民国8.8第25版,民国9.1第32版,民国11.7第53版,民国11.10第54版,民国12.5第84版

第5册：民国5.9第3版,民国8.7第18版,民国8.8第23版,民国9.1第19版,民国11.3第45版,民国11.4第46版,民国11.11第51版

第6册：民国4.12初版,民国7.12第13版,民国8.5第17版,民国8.8第21版,民国8.8第25版,民国11.3第40版,民国11第43版,民国11.7第46版

第7册：民国4.12初版,民国8.1第15版,民国8.7第18版,民国8.9第22版,民国8第25版,民国9.1第27版,民国10.8第36版,民国11.11第43版

第8册：民国4.12初版,民国8.7第18版,民国8.8第21版,民国8.9第22版,民国9.1第26版,民国10.8第34版

教育部审定　国民学校用

版权页题名：新式国民学校算术教科书

北师大(1-7)　人教　辞书　广西师大(2)　广东中山(3)

2-2386

新体算术教科书
俞子夷,江枚,李梁等编纂　俞子夷,屠颖校订

上海　商务印书馆　民国5.10[1916.10]-

4册(100,190,270,268页)　图　线装

第1册：民国5.10初版,民国6.5第4版

第2册：民国5.10初版,民国6.6第4版

第3册：民国6.7第4版

第4册：民国5.11初版,民国6.7第4版

教育部审定　国民学校学生用

卷端题名：国民学校新体算术教科书

人教　辞书

2-2387

新法算术教科书
寿孝天编纂　骆师曾校订

上海　商务印书馆　民国9.7[1920.7]-

8册(36,36,36,36,36,36,36,36页)　图,表　大32开

第1册：民国9.7第5版,民国9第15版,民国9.12第25版,民国12.7第125版,民国13.9第135版

第2册：民国9第10版,民国10.4第40版,民国13.9第115版

第3册：民国10.4第40版,民国10.7第55版,民国11.11第85版,民国12.6第95版,民国13.9第120版

第4册：民国10.4第40版,民国11.6第70版,民国13.7第100版

第5册：民国10.3第35版,民国13第90版,民国13.7第95版

第6册：民国10.3第25版,民国10.9第45版,民国11第65版,民国13.10第85版

第7册：民国10.3第30版,民国13.10第80版

第8册：民国9.10第5版,民国13.3第60版,民国13.10第65版

教育部审定　依教育部民国5年10月修正细则规定编辑

国民学校学生用　春秋季始业

初版附注：民国9年7-9月初版

国图(1-2)　北师大(1)　人教　上师大(6)　辞书　编译馆

2-2388

算术
钱梦渭,黄丹朦,华襄治编辑及校阅

上海　中华书局　民国9.7[1920.7]-

8册(15,16,17,18,17,16,18,17页)　图　大32开　线装

第1册：民国9.7初版,民国10.1第7版,民国10.5第9版,民国10.12第12版,民国11.7第13版

第2册：民国9.8初版,民国10.1第6版,民国10.12第11版,民国11.5第15版,民国11.7第17版,民国11.10第18版

第3册：民国9.8初版,民国10.12第10版,民国11.5第14版,民国11.7第15版

第4册：民国9.8初版,民国10.5第8版,民国10.12第10版,民国11.5第13版,民国11.10版

第 5 册：民国 10.1 初版,民国 10.12 第 8 版,民国 11.1 第 10 版,民国 11.10 第 12 版,民国 11.12 第 13 版

第 6 册：民国 10.2 第 4 版,民国 10.12 第 7 版,民国 11.7 第 11 版

第 7 册：民国 10.7 初版,民国 10.7 第 2 版,民国 10.12 第 5 版,民国 11.1 第 7 版,民国 11.1 第 8 版

第 8 册：民国 10.7 初版,民国 10.12 第 4 版,民国 11.5 第 8 版,民国 11.7 第 9 版

教育部审定　国民学校　春秋季通用

其他题名：新教育教科书算术

北师大(2)　人教　辞书

2-2389

新法算术教科书

骆师曾编纂

上海　商务印书馆　民国 9[1920]-

8 册(③36,④36,⑧22 页)　32 开

第 3 册：民国 9 第 10 版

第 4 册：民国 9 第 10 版

第 8 册：民国 9 第 5 版

国民学校学生用　春秋季始业

国图(3-4,8)

2-2390

算术课本

顾楠,朱开乾,赵凤,徐焕文,郑炳渭,唐宗福编　张鹏飞,俞宗振校

上海　中华书局　民国 12.1-5[1923.1-5]

8 册(40,40,40,40,40,40,40,40 页)　图,表　大 32 开

第 1 册：民国 12.1 初版,民国 13.1 第 20 版,民国 13.3 第 22 版,民国 13.11 第 26 版,民国 17.4 第 50 版,民国 21.3 第 52 版

第 2 册：民国 12.2 初版,民国 12.10 第 8 版,民国 12.10 第 9 版,民国 14.1 第 21 版,民国 15.7 第 31 版,民国 15.12 第 33 版

第 3 册：民国 12.3 初版,民国 12.10 第 9 版,民国 13.7 第 20 版,民国 15.10 第 37 版

第 4 册：民国 12.3 初版,民国 15.6 第 29 版,民国 15.7 第 31 版,民国 15.11 第 33 版,民国 15.12 第 36 版,民国 20.6 第 45 版

第 5 册：民国 12.3 初版,民国 14.7 第 27 版,民国 14.8 第 28 版,民国 14.11 第 30 版,民国 14.11 第 31 版

第 6 册：民国 12.4 初版,民国 14.1 第 19 版,民国 14.11 第 25 版,民国 15.12 第 32 版,民国 17.6 第 38 版

第 7 册：民国 12.4 初版,民国 12.7 第 3 版,民国 12.8 第 4 版,民国 14.7 第 20 版,民国 17.6 第 36 版

第 8 册：民国 12.5 初版,民国 12.11 第 17 版,民国 14.11 第 20 版,民国 15.7 第 25 版,民国 17.4 第 31 版,民国 17.6 第 32 版

教育部审定　新学制适用　小学校初级用

其他题名：新小学教科书算术课本

国图(1,5-6)　北师大　人教　华师大(1-2,4,6-8)　辞书　编译馆(1-2,4-5,7-8)

2-2391

新学制算术教科书

骆师曾编纂　王岫庐,段育华校订

上海　商务印书馆　民国 12.6[1923.6]-

8 册(36,36,36,36,40,40,40,40 页)　图,表　32 开

第 1 册：民国 12.6 初版,民国 12.12 第 70 版,民国 13.12 第 145 版,民国 16.1 第 340 版,民国 18.9 第 435 版,民国 20.12 第 480 版

第 2 册：民国 12.9 第 40 版,民国 13.1 第 55 版,民国 13.4 第 85 版,民国 19.9 第 175 版,民国 19 第 390 版,民国 20.1 第 410 版

第 3 册：民国 12.12 第 47 版,民国 13.3 第 67 版,民国 17.6 第 295 版,民国 19.12 第 392 版,民国 20 第 402 版

第 4 册：民国 12.11 第 35 版,民国 13.9 第 95 版,民国 17.6 第 322 版,民国 18.2 第 315 版,民国 18.9 第 325 版

第 5 册：民国 12.12 第 30 版,民国 13.10 第 80 版,民国 19.4 第 305 版,民国 20 订正 315 版,民国 20.4 第 320 版

第 6 册：民国 13.4 第 55 版,民国 14.9 第 95 版,民国 15 第 145 版,民国 19.4 第 270 版

第 7 册：民国 13.1 第 10 版,民国 14.4 第 70 版,民国 18.9 第 235 版

第 8 册：民国 13.2 第 10 版,民国 14.3 第 60 版,民国 16.7 第 160 版,民国 18.2 第 200 版

教育部审定　依新学制小学课程纲要编纂　小学校初级用

初版附注：民国 12 年 6 月-13 年 1 月初版

其他题名：订正新学制算术教科书

北师大　人教(1-2,4-8)　华师大　上师大(6)　辞书　辽宁(2)　广东中山(3,5)

2-2392

初级算术课本

戴渭清,谢季超,何恭甫,朱建侯,盛志良编辑　范祥善,秦同培,佘恒,张肇熊,马客谈参订

上海　世界书局　民国 13.8[1924.8]-

8 册(36,36,40,40,40,40,40,40 页)　图,表　大 32 开　线装

第 1 册：民国 13 第 2 版,民国 14.1 第 16 版

第 2 册：民国 13 第 2 版,民国 14.2 第 17 版,民国 14.6 第 33 版

第 3 册：民国 13 年版,民国 14.2 第 17 版,民国 14.5 第 30 版

第 4 册：民国 13.8 第 2 版,民国 13 第 5 版,民国 14.1 第 16 版,民国 14 第 26 版

第 5 册：民国 13.9 第 2 版,民国 14.1 第 16 版

第 6 册：民国 13 年版,民国 14.1 第 16 版

第 7 册：民国 13.10 第 2 版,民国 14.1 第 16 版

第 8 册：民国 13 年版,民国 14.1 第 16 版

教育部审定

初版附注：民国 13 年 6 月初版

其他题名：新学制小学教科书初级算术课本

北师大(4)　人教　上师大(4)　辞书

2-2393

新国民算术教科书
胡大中著　吴和士校订
上海　国民书局　民国14.3[1925.3]-
8册(36,36,36,36,40,40,40,40页)　图　大32开　线装
第1册：民国14.3初版
第2册：民国14.7第8版
第3册：民国14.7第6版
第4册：民国14.7初版
第5册：民国15.3第11版
第6册：民国14.8初版
第7册：民国15.4第6版
第8册：民国14.9初版
小学校初级用
上师大(6)　辞书

2-2394

新时代算术教科书
胡通明编纂　王云五校订
上海　商务印书馆　民国16.8[1927.8]-
8册(36,36,36,36,40,40,40,40页)　图　32开
第1册：民国16.8第35版,民国18.6第225版,民国18.6第240版,民国19.4第369版,民国19.4第390版,民国21.12国难后24版
第2册：民国16.8第30版,民国17.11第85版,民国18第115版,民国18.6第250版,民国19.4第320版,民国20.4第350版,民国21.4国难后1版
第3册：民国16.8第20版,民国18.8第195版,民国18.8第215版,民国19.5第310版,民国21.5国难后7版
第4册：民国16.8第5版,民国18.8第185版,民国19.2第270版,民国21.8国难后5版,民国28.9国难后38版
第5册：民国18.6第175版,民国19.4第240版,民国21.7国难后28版,民国21.11国难后48版
第6册：民国17.8第40版,民国17.11第45版,民国18.6第175版,民国18.6第180版,民国18.6第190版,民国21.9国难后38版,民国21.11国难后48版
第7册：民国18.7第140版,民国19.5第195版,民国19.5第200版
第8册：民国18.4第80版,民国18.6第105版,民国18.6第130版,民国18.7第160版
教育部审定　小学校初级用
初版附注：民国16年2月-17年3月初版
逐页题名：算术教科书
北师大　人教　华师大　辞书　广东中山(2)

2-2395

前期小学算术课本
戴渭清,赵宗预,谢季超,何恭甫,朱建侯,盛志良编辑　魏冰心,范祥善校订
上海　世界书局　民国16.4[1927.4]-
8册(36,36,40,40,40,40,38,38页)　图　32开　线装
第1册：民国16.4初版,民国16.4第6版,民国18.4第50版,民国20.10第66版,民国21.7第81版,民国21.11第114版
第2册：民国16.4初版,民国17.11第19版,民国21.7第90版,民国21.7第95版,民国21.11第123版
第3册：民国18.7第18版,民国19.4版,民国21.8第23版,民国21.8第125版,民国21.10第131版
第4册：民国18.7第3版,民国18第31版,民国18.9第50版,民国20.7第71版,民国21.7第102版,民国21.10第106版,民国21.10第132版
第5册：民国18.8第44版,民国19.4版,民国21.6第69版,民国21.8第76版,民国21.10第98版
第6册：民国18.4第31版,民国19.6版,民国21.7第60版,民国21.11第134版,民国21.11第137版
第7册：民国18.4第20版,民国19.5版,民国21.8第63版,民国21.8第64版,民国21.12第89版
第8册：民国18.4第3版,民国18.6第28版,民国18.6第29版,民国20.8第41版,民国21.7第55版,民国21.10第62版
教育部审定
初版附注：民国16年4-5月初版
其他题名：新主义教科书前期小学算术课本
北师大　人教(1,4,7-8)　华师大　辞书　广西师大(4)　编译馆

2-2396

新中华算术课本
顾楠,朱开乾,赵凤,郑炳渭,黄铁崖,张德骥编辑
上海　新国民图书社　民国16.6[1927.6]-
8册(48,48,48,48,56,56,56,56页)　图,表　32开
第1册：民国16.6初版,民国16第2版,民国16.12第5版,民国19.1第43版,民国19.3第45版,民国19.3第48版,民国19.12第75版,民国16.12第87版,民国16.12第89版,民国20.5版,民国20.12第94版,民国21.6第113版,民国21.6第115版
第2册：民国16.6初版,民国17.6第6版,民国18.5第16版,民国19.3第35版,民国19.7第46版,民国20.3第63版,民国21.6第105版,民国21.6第106版,民国21.6第107版,民国21.6第108版,民国21.7第114版,民国21.7第115版
第3册：民国16.8第2版,民国18.8第24版,民国19.3第41版,民国19.9第57版,民国20.12第81版,民国20.12第82版,民国20.12第85版,民国21.3第91版,民国21.6第111版,民国21.7第113版,民国21.7第114版
第4册：民国17.1初版,民国17.3第3版,民国18.9第25版,民国18.11第26版,民国20.3第58版,民国20.12第68版,民国20.12第79版,民国21.3第80版,民国21.4第86版,民国21.4第88版,民国21.5第92版,民国21.6第99版
第5册：民国16.10初版,民国17.3第3版,民国17.7第5版,民国18.1第11版,民国19.2第37版,民国19.11第46版,民国19.11第48版,民国19.11第49版,民国20.3第56版,民国20.5第59版,民国20.11第65版,民国21.5第

87版,民国21.6第91版,民国21.6第92版,民国21.7第94版

第6册:民国17.1初版,民国17.2第2版,民国18.9第23版,民国19.2第28版,民国19.6第33版,民国20.3第45版,民国21.1第55版,民国21.1第59版,民国21.6第77版,民国21.7第83版

第7册:民国17.3初版,民国17.3第2版,民国18.4第14版,民国18.12第20版,民国18.12第21版,民国19.5第28版,民国19.11第30版,民国20.5第40版,民国20.12第52版,民国21.3第57版,民国21.5第58版,民国21.6第63版

第8册:民国17.3初版,民国17.4第2版,民国18.4第10版,民国18.4第11版,民国18.4第12版,民国19.12第31版,民国20.3第34版,民国20.5第38版,民国21.3第47版,民国21.5第49版,民国21.7第59版

教育部审定 小学校初级用
卷端题名:新中华小学算术课本
其他题名:新中华教科书算术课本
北师大 人教 辞书 编译馆

2-2397

民智初级算术教本
曹漱逸,王文新编辑 王宠惠,胡汉民,刘芦隐校订

上海 民智书局 民国19.8-20.5[1930.8-1931.5]
8册(51,55,50,56,72,60,48,48,页) 图 32开
第1册:民国19.8初版
第2册:民国19.8初版
第3册:民国19.8初版
第4册:民国19.8初版
第5册:民国20.5初版
第6册:民国20.5初版
第7册:民国20.5初版
第8册:民国20.5初版
根据民国18年教育部暂行课程标准编辑
其他题名:新标准教科书民智初级算术教本
人教 华师大 辞书

2-2398

新课程算术课本
张匡编辑 龚昂云校订

上海 世界书局 民国20.4[1931.4]
8册(36,36,36,36,36,36,36,36页) 图,表 32开
第1册:民国20.4初版,民国21.12第26版
第2册:民国20.4初版,民国21.12第25版
第3册:民国20.4初版,民国21.6第9版
第4册:民国20.4初版,民国21.6第11版
第5册:民国20.4初版,民国21.7第12版
第6册:民国20.4初版,民国21.10第16版
第7册:民国20.4初版,民国21.9第12版
第8册:民国20.4初版,民国21.7第7版
初级小学四年用
逐页题名:初小算术课本
其他题名:新主义教科书初小算术课本

辞书 编译馆

2-2399

算术
骆师曾编辑 段育华,周颂久校订

上海 商务印书馆 民国20.5-7[1931.5-7]
8册(40,40,40,40,40,40,40,40页) 图 32开
第1册:民国20.5初版,民国20.8第25版,民国20.8第30版,民国21.4版,民国21.11国难后82版
第2册:民国20.5初版,民国21.5国难后4版,民国21.5国难后9版,民国21.12国难后72版
第3册:民国20.5初版,民国21.12国难后52版,民国21.12国难后62版
第4册:民国20.5初版,民国20.8第35版,民国21.5国难后6版,民国21.5国难后11版
第5册:民国20.5初版,民国21.4国难后1版,民国21.11国难后50版,民国22.1国难后60版
第6册:民国20.7初版,民国21.12国难后48版
第7册:民国20.7初版,民国21.9国难后28版,民国21.12国难后58版
第8册:民国20.7初版,民国21.7国难后14版,民国21.11第72版,民国21.12国难后56版

教育部审定 小学校初级用
其他题名:基本教科书算术
北师大 人教 华师大 上师大(2) 辞书 河南 编译馆

2-2400

开明算术课本
刘薰宇编纂 黄幼雄缮写 都冰如绘画

上海 开明书店 民国21.6-11[1932.6-11]
8册(22,22,42,42,42,42,46,46页) 图 32开
第1册:民国21.6初版,民国22.6第11版,民国22.7第12版,民国26修订版
第2册:民国21.6初版,民国22.7第12版,民国26修订版
第3册:民国21.6初版,民国21.7第2版,民国22.7第12版,民国22.8第14版,民国26修订版
第4册:民国21.6初版,民国22.6第11版,民国22.8第14版,民国26修订版,民国31.1国难后4版
第5册:民国21.6初版,民国22.6第11版,民国22.6第12版,民国22.8第14版,民国26修订版,民国31.1国难后新4版
第6册:民国21.11初版,民国22.6第11版,民国26修订版,民国30.8国难后新1版
第7册:民国21.11初版,民国22.6第11版,民国22.8第14版,民国26修订版,民国31.1国难后新4版
第8册:民国21.11初版,民国22.6第11版,民国22.7第12版,民国22.8第14版,民国23.7版,民国26修订版

教育部审定 新课程标准适用 修正课程标准适用 初级小学学生用
北师大 人教(4-8) 上海 华师大 辞书 西北师大

2-2401

算术
薛天汉,江效唐编辑

上海　大东书局　民国21.7[1932.7]-

8册(36,36,40,40,40,40,40,40页)　图(含彩图),表　32开

第1册:民国21.7初版,民国22.6第15版,民国22.6第55版

第2册:民国22.4第2版,民国22.6第15版,民国22.6第45版

第3册:民国21.11初版,民国22.6第50版,民国22.6第160版

第4册:民国22.6第20版,民国22.6第40版

第5册:民国21.11初版,民国22.6第55版,民国22.6第70版

第6册:民国22.4第2版,民国22.6第15版,民国22.6第50版

第7册:民国21.11初版,民国22.6第40版,民国22.6第45版

第8册:民国21.11初版,民国22.5第10版,民国22.6第50版

教育部审定　遵照教育部课程标准编辑　小学校初级用

封面题名:新生活算术教科书

其他题名:新生活教科书算术

北师大　华师大　辞书

2-2402

小学算术课本

张咏春,徐迥千,钱选青等编　雷琛,金兆梓,华襄治,张鹏飞校

上海　中华书局　民国22.3-8[1933.3-8]

8册(32,32,48,48,64,64,64,64页)　图(含彩图)　32开

第1册:民国22.3初版,民国22.3第12版,民国22.9第106版,民国22.9第110版,民国22.9第118版,民国24.4第160版,民国24.4第177版,民国25.1第196版

第2册:民国22.4初版,民国22.4第6版,民国22.9第107版,民国22.9第114版,民国22.9第124版,民国23.12第152版,民国24.4第219版,民国25.3第244版,民国28.3第297版

第3册:民国22.4初版,民国22.4第4版,民国22.4第5版,民国23.1第52版,民国23.1第86版,民国23.1第89版,民国23.1第95版,民国23.6版,民国24.6第172版,民国24.12第215版

第4册:民国22.4初版,民国22.4第2版,民国22.4第8版,民国22.4第27版,民国22.4第61版,民国23.1第78版,民国23.1第83版,民国24.12第210版,民国25.4第256版

第5册:民国22.4初版,民国22.4第5版,民国22.8第41版,民国23.1第69版,民国23.1第91版,民国23.1第100版,民国23.6第103版,民国24.12第199版,民国25.4第233版,民国28.5第280版

第6册:民国22.7初版,民国22.7第29版,民国23.1第51版,民国23.1第53版,民国23.1第67版,民国23.1第73版,民国24.12第172版,民国24.12第173版,民国28.3第243版

第7册:民国22.6初版,民国22.6第12版,民国22.6第16版,民国23.1第47版,民国23.1第64版,民国23.1第83版,民国23.6第102版,民国25.4第190版,民国25.4第191版,民国25.4第195版

第8册:民国22.8初版,民国22.8第3版,民国22.8第36版,民国23.1第41版,民国23.1第68版,民国23.9第92版,民国25.4第157版,民国25.4第159版

教育部审定　新课程标准适用　小学校初级用

北师大　人教　上海　辞书　编译馆(2-4,6)

2-2403

算术课本

张匡,骆师曾编辑　龚昂云校订

上海　世界书局　民国22.4[1933.4]-

8册(36,36,36,36,36,36,36,36页)　图　32开

第1册:民国22.4第4版,民国22.4第6版,民国22第25版,民国23.5第83版,民国24.11第124版

第2册:民国22.5第6版,民国22.5第9版,民国22.5第16版,民国23.12第88版

第3册:民国22.5初版,民国22.5第3版,民国23.5第73版,民国23第94版,民国24.7第110版

第4册:民国22.5第3版,民国22.5第7版,民国22第16版,民国23.5第63版,民国24.12第122版

第5册:民国22.5第4版,民国22.5第6版,民国23.5第58版,民国24.11第106版,民国25.12第136版,民国25.12第139版

第6册:民国22.5第3版,民国22.5第6版,民国22第8版,民国23.5第56版,民国24.12第95版

第7册:民国22.5第2版,民国22.8第3版,民国23.3版,民国24.8第83版

第8册:民国22.5第2版,民国22.5第9版,民国23.8第50版

教育部审定　初级小学学生用

逐页题名:初小算术

其他题名:新课程标准教科书算术课本

北师大(1-7)　人教(4-5)　上师大(6)　辞书　广东中山(1,3-4)　编译馆

2-2404

复兴算术教科书

许用宾,沈百英编著　王云五,段育华校订

上海　商务印书馆　民国22.5[1933.5]-

8册(40,40,40,40,40,40,48,48页)　图(含彩图)　32开

第1册:民国22.5初版,民国22.5第10版,民国23.7第250版,民国23第300版,民国24.5第340版

第2册:民国22.6第30版,民国22.7第60版,民国22.12第150版,民国23.4第200版,民国23.12第260版,民国24.4第295版

第3册:民国22.6第20版,民国22.7第70版,民国22.7第80版,民国22.11第205版,民国23.7第210版

第4册:民国22.6初版,民国22.7第40版,民国22.7第80版,民国22第145版,民国23.11第230版,民国24.2第290版

第5册:民国22.7第20版,民国22.8第30版,民国23.2第165版,民国23.3第175版,民国23.11第240版,民国

23.12 第 250 版

第 6 册：民国 22.7 初版,民国 22.7 第 20 版,民国 22.12 第 120 版,民国 23.9 第 195 版,民国 23.12 第 215 版

第 7 册：民国 22.7 第 20 版,民国 22.8 第 50 版,民国 22.11 第 120 版,民国 23.6 第 165 版,民国 23.11 第 185 版,民国 24.2 第 220 版

第 8 册：民国 22.7 初版,民国 22.8 第 40 版,民国 22.12 第 110 版,民国 23.4 第 140 版,民国 23.8 第 145 版,民国 24.6 第 200 版

新课程标准适用　小学校初级用

其他题名：算术

其他题名：复兴教科书算术

国图(1)　北师大　人教　上海　上师大(4)　辞书　西北师大(1)

2-2405

小学算术课本（五彩本）

张咏春,徐迥千,钱选青等编　雷琛,金兆梓,华襄治,张鹏飞校

上海　中华书局　民国 22.6[1933.6]-

8 册(①32,②32,③48,④48,⑥64,⑦64,⑧64 页)　彩图　32 开

第 1 册：民国 22.6 初版,民国 22.6 第 3 版

第 2 册：民国 22.6 初版

第 3 册：民国 22.7 初版,民国 22.7 第 3 版

第 4 册：民国 22.7 初版,民国 22.7 第 2 版

第 6 册：民国 23 第 103 版

第 7 册：民国 23 第 117 版

第 8 册：民国 22 第 15 版

依据教育部颁布的小学算术课程标准编辑　新课程标准适用　小学校初级用

初版附注：民国 22 年 6-7 月初版

卷端题名：小学初级算术课本

辞书(1-4)　广东中山(4,6-8)

2-2406

复兴算术课本

雷震清,沈百英编校

上海　商务印书馆　民国 23.1[1934.1]

8 册(40,40,48,52,56,64,72,64 页)　图,表　32 开

第 1 册：民国 23.1 初版

第 2 册：民国 23.6 初版

第 3 册：民国 23.1 初版,民国 24.1 第 40 版

第 4 册：民国 23.9 第 30 版

第 5 册：民国 23.9 第 30 版

第 6 册：民国 23.8 初版,民国 23.9 第 30 版

第 7 册：民国 23.8 初版

第 8 册：民国 23.10 第 30 版

新课程标准适用　小学校初级用　春季始业

华师大(1-3,6-7)　辞书

2-2407

小学算术课本

张咏春,程旭清,黄铁崖等编　雷琛,金兆梓,华襄治,张鹏飞校

上海　中华书局　民国 23.1[1934.1]-

8 册(32,32,48,48,64,64,64,64 页)　图(含彩图)　32 开

第 1 册：民国 23.1 初版

第 2 册：民国 23.1 初版

第 3 册：民国 23.1 初版

第 4 册：民国 23.1 初版,民国 24.8 第 8 版

第 5 册：民国 23.11 初版

第 6 册：民国 23.11 初版,民国 24.4 第 3 版

第 7 册：民国 23.11 初版

第 8 册：民国 23.12 第 2 版

新课程标准适用　小学校初级用　春季始业

卷端题名：小学初级算术课本

辞书

2-2408

算术课本：甲种

广西普及国民基础教育研究院编辑

广西　广西省政府教育厅　民国 24.1[1935.1]

2 册(97,96 页)　图,表　32 开

上下册：民国 24.1 初版

广西省政府教育厅审定　国民基础学校春季始业用

北师大　广东中山(1)

2-2409

算术课本：乙种

广西普及国民基础教育研究院编辑

广西　广西省政府教育厅　民国 24.1[1935.1]-

2 册(①97 页)　图,表　32 开

上册：民国 24.1 初版,民国 25.1 第 2 版

广西省政府教育厅审定　国民基础学校春季始业用

辞书(1)　广东中山(1)

2-2410

算术课本

广西普及国民基础教育研究院编辑

广西　广西省政府教育厅　民国 24.1-7[1935.1-7]

2 册(97,96 页)　图,表　32 开

上册：民国 24.1 初版,民国 25.1 第 2 版

下册：民国 24.7 初版

广西省政府教育厅审定　国民基础学校短期初级班用

人教　辞书(2)

2-2411

算术课本

张匡编辑　骆师曾校订

上海　世界书局　民国 24.8[1935.8]-

8 册(②30 页)　图　32 开

第 2 册：民国 24.8 第 5 版

初小一年级用

初版附注：民国 24 年 5 月初版

其他题名：新课程标准世界教科书算术课本

北师大(2)

2-2412

算术课本
广西普及国民基础教育研究院编辑

  广西　广西省政府教育厅　民国 24.7[1935.7]-

  4册(①64,②64,③64页)　图,表　32开

  第1册:民国24初版,民国25.1第2版

  第2册:民国24.7初版

  第3册:民国25.1初版

  广西省政府教育厅审定　国民基础学校前期初级班用　春季始业

  北师大(1-2)　辞书(1-3)　广东中山(1)

2-2413

认认比比
潘希骆编　刘开申绘

  上海　中华书局　民国25.5[1936.5]

  18页　彩图　32开　(小学低年级各科副课本　73)

  卷端题名:小学低年级算术副课本认认比比

  人教　上海　辞书

2-2414

钟的指针
杨友吾编　项文蕙绘

  上海　中华书局　民国24.7[1935.7]

  18页　彩图　32开　(小学低年级各科副课本　74)

  卷端题名:小学低年级算术副课本钟的指针

  人教　上海　辞书

2-2415

买东西去
杨友吾编　刘开申绘

  上海　中华书局　民国25.6[1936.6]

  18页　彩图　32开　(小学低年级各科副课本　75)

  卷端题名:小学低年级算术副课本买东西去

  人教　辞书

2-2416

多多少少
潘希骆编　蒋鸿绘

  上海　中华书局　民国25.5[1936.5]

  2册(18,18页)　彩图　32开　(小学低年级各科副课本　76-77)

  上下册:民国25.5初版

  卷端题名:小学低年级算术副课本多多少少

  人教　上海　辞书

2-2417

有趣的算法
潘希骆编　胡振祥绘

  上海　中华书局　民国25.5[1936.5]

  18页　彩图　32开　(小学低年级各科副课本　78)

  卷端题名:小学低年级算术副课本有趣的算法

  人教　上海　辞书

2-2418

两个小店员
金润青编

  上海　中华书局　民国24.7[1935.7]

  40页　图　32开　(小学中年级各科副课本　77)

  卷端题名:小学中年级算术副课本两个小店员

  上海　辞书

2-2419

一家小银行
储孝善编

  上海　中华书局　民国24.7[1935.7]

  40页　图　32开　(小学中年级各科副课本　78)

  卷端题名:小学中年级算术副课本一家小银行

  人教　上海　辞书

2-2420

一个小庶务
任云翔编

  上海　中华书局　民国25.5[1936.5]

  39页　图,表　32开　(小学中年级各科副课本　79)

  卷端题名:小学中年级算术副课本一个小庶务

  人教　上海　辞书

2-2421

算术的常识
汪咏沂编

  上海　中华书局　民国25.5[1936.5]

  40页　图　32开　(小学中年级各科副课本　80)

  卷端题名:小学中年级算术副课本算术的常识

  上海　辞书

2-2422

初级小学校算术教科书
(伪)文教部著

  [长春]　[出版者不详]　民国24.12[1935.12]-

  册(①72页)　图　32开

  第1册:民国24.12初版

  其他题名:算术教科书

  辽宁(1)

2-2423

初级小学算术练习本
钱企湘,沈百英编校

  上海　商务印书馆　民国25.8[1936.8]

  8册(36,40,[80],[80],[80],[80],[80],[80]页)　图　32开

  第1册:民国25.8初版

  第2册:民国25.8初版

  第3册:民国25.8初版

  第4册:民国25.8初版

  第5册:民国25.8初版,民国27.5第5版

  第6册:民国25.8初版

  第7册:民国25.8初版

  第8册:民国25.8初版

  一年级上学期～四年级下学期用

  逐页题名:算术练习本

  华师大(3-8)　辞书(1-7)　编译馆(5)

2-2424

算术课本
国立编译馆编辑

上海 商务印书馆 民国25.9-26.7[1936.9-1937.7]

2册(48,40页) 图(含彩图) 32开

第1册:民国25.9初版,民国25.11第14版,民国25.12第17版,民国25第50版

第2册:民国26.7初版,民国26.7第5版

小学初级用

封面题名:小学初级算术课本

北师大(1) 人教 辞书 编译馆

2-2425

初小新算术
赵侣青,骆师曾,钱选青编辑

上海 世界书局 民国26.3[1937.3]-

8册(36,36,36,36,36,36,36,36页) 图 32开

第1册:民国26.3初版,民国26.6第2版

第2册:民国26.3初版,民国26.6第8版,民国30.5新49版

第3册:民国26.3初版,民国26.6第7版,民国27年版,民国30.5新54版

第4册:民国26.3初版,民国26.6第9版,民国30.5新48版

第5册:民国26.6第8版,民国29.5新48版

第6册:民国26.6第2版

第7册:民国26.6第6版,民国27.4第17版,民国27年版,民国29.6新42版

第8册:民国26.3初版,民国29.6新36版

教育部审定 遵照教育部民国25年修正课程标准编辑 初级小学学生用

其他题名:新课程标准世界教科书初小新算术

北师大 辞书(1-4) 西北师大(1-3,7) 广西师大(7) 编译馆(2-5,7-8)

2-2426

复兴算术教科书
许用宾,沈百英编校

上海 商务印书馆 民国26.4[1937.4]-

8册(40,40,40,40,40,40,48,48页) 图(含彩图) 32开

第1册:民国26.4 审定初版,民国26.11 审定266版,民国30.11第550版

第2册:民国26.5 审定60版,民国26.6第120版,民国26长沙审定208版,民国26.11 审定246版,民国27年版

第3册:民国26.4 审定初版,民国26.11 审定248版

第4册:民国26.4 审定初版,民国26.11 审定227版,民国26长沙审定280版,民国29第460版

第5册:民国26.4 审定初版,民国26.7 审定126版,民国26.10第160版,民国28长沙审定372版

第6册:民国26.5 审定16版,民国26.9 审定28版,民国26 审定61版,民国26.10第138版

第7册:民国26.4 审定初版,民国26.5 审定66版,民国26.9第113版

第8册:民国26.5 审定16版,民国26.5 审定26版,民国26.10第116版

教育部审定 遵照修正课程标准编辑 小学校初级用

其他题名:算术

其他题名:复兴教科书算术

人教(1) 华师大 上师(4) 西北师大(2-8) 广东中山(1-2,4-6) 编译馆

2-2427

初小算术课本
张咏春,赵侣青,许观光等编 雷琛,金兆梓,华襄治,张鹏飞,陶鸿翔,徐天游校

上海 中华书局 民国26.7[1937.7]

8册(32,32,48,48,64,64,64,64页) 图 32开

第1册:民国26.7初版

第2册:民国26.7初版

第3册:民国26.7初版

第4册:民国26.7初版,民国26.7第2版

第5册:民国26.7初版

第6册:民国26.7初版

第7册:民国26.7初版

第8册:民国26.7初版

教育部审定 修正课程标准适用 春季始业用

封面题名:算术课本

人教 辞书

2-2428

新编初小算术课本
徐允昭,华轶欧,何寿斋,张若南,陈致中,陈邦贤编 华襄治,张鹏飞,陶鸿翔,徐天游校

上海 香港 赣州 桂林 中华书局 民国26.7[1937.7]-

8册(34,32,48,48,56,56,56,56页) 图(含彩图),表 32开

第1册:民国26.8初版,民国26.8第32版,民国29.4版,民国29第300版,民国30.3版,民国37.4第491-495版

第2册:民国26.8初版,民国26.8第44版,民国29香港301版,民国30.3第373版,民国30第462-464版,1950.5香港版

第3册:民国26.8初版,民国29.4第262版,民国30.3第391版,民国37.4第489-493版

第4册:民国26.7初版,民国26.7第23版,民国27年版,民国29香港215版,民国29.9第258版,民国30香港297版,民国30.3第324版,民国30第424版,民国38.4第427-429版

第5册:民国26.7初版,民国26.7第2版,民国28香港174版,民国29香港204版,1949.10第386-390版

第6册:民国26.7初版,民国26.7第7版,民国29香港181版,民国30.3第264版,民国30香港296版,民国30.1第372版,民国30.1第373版,民国32赣229版,民国38.4第380-383版

第7册:民国26.7初版,民国26.7第8版,民国29香港170版,民国30.3第249版,民国30.3版,民国30沪291版,1949.10第317-321版

第8册:民国26.7第5版,民国28.12第135版,民国29香港150版,民国30.3第215版,民国31桂初版,民国38.4第

278-280版
教育部审定　修正课程标准适用　春秋季通用
北师大(1-2,4-8)　人教　辞书　西北师大(1-4,7-8)
广东中山(1-2,4-8)　编译馆

2-2429

新编初小算术课本
薛天汉主编　江效唐,杨士楠助编
上海　中华书局　民国26.7-10[1937.7-10]
8册(40,40,48,48,56,56,64,64页)　图(含彩图)　32开
第1册:民国26.7初版
第2册:民国26.8初版
第3册:民国26.8初版,民国26.8第12版
第4册:民国26.10初版
第5册:民国26.7初版,民国26.7第8版
第6册:民国26.7初版,民国26.7第9版
第7册:民国26.7初版
第8册:民国26.7初版,民国26.7第3版,民国26.7第9版
教育部审定　初审核定本　修正课程标准适用　秋季始业用
人教(1,3,5-6,8)　辞书

2-2430

(修正)初小算术教科书
(伪)教育部编审会著
北平　[著者刊]　民国27.1[1938.1]-
8册(②32,③40,④48,⑤56,⑥64,⑦56,⑧64页)　图　32开
第2册:民国27.8初版
第3册:民国28.12第3版
第4册:民国27.1初版
第5册:民国27.6初版
第6册:民国27.12第2版
第7册:民国27.7初版
第8册:民国27.1初版
其他题名:初小算术教科书
北师大(2-8)

2-2431

初级小学校算术教科书
(伪)维新政府教育部编纂
南京　[编者刊]　民国27.8[1938.8]-
8册　32开
第3-4,8册:民国27.8初版
人教(3-4,8)

2-2432

小学算术测验
艾伟主编　郭祖超襄助
上海　中华书局　民国28.4[1939.4]
30份(每份1页)　16开　散页袋装
二年级上用
附:标签、成绩记载表、标准答案各1份
辞书

2-2433

小学算术测验
艾伟主编　郭祖超襄助
上海　中华书局　民国28.4[1939.4]
30份(每份2页)　16开　散页袋装
二年级下～三年级上用
附:标签、成绩记载表、标准答案各1份
辞书

2-2434

小学算术测验
艾伟主编　郭祖超襄助
上海　中华书局　民国28.4[1939.4]
30份(每份3页)　16开　散页袋装
三年级下～四年级用
附:标签、成绩记载表、标准答案各1份
辞书

2-2435

儿童平民初级算术
戴珍珠主编　吴安华译
河北　昌黎美会小学教员股　民国28.5[1939.5]-
4册(①40,②39页)　32开
第1册:民国28.5初版
第2册:民国28.10初版
北师大(1-2)

2-2436

初级小学算术教科书
倪仁毅编
无锡　协成印书局　民国28.8[1939.8]-
册(⑤48页)　32开
第5册:民国28.8初版
三年级学生用
人教(5)

2-2437

初小算术教科书
(伪)教育总署编审会著
北平　[著者刊]　民国28.8-12[1939.8-12]
8册(34,34,40,40,42,40,40,40页)　图(含彩图),表　32开
第1册:民国28.8初版
第2册:民国28.12初版
第3册:民国28.8初版,民国30.5修正版
第4册:民国28.12初版
第5册:民国28.8初版,民国30.5修正版
第6册:民国28.12初版
第7册:民国28.8初版,民国29.6修正版
第8册:民国28.12初版
北师大　辞书(1-3,5,7)

2-2438

(修正)初小算术教科书
(伪)广东治安维持会[编]
广州　[编者刊]　民国28[1939]
4册　32开
第1-4册:民国28年版

其他题名:初小算术教科书
广东中山

2-2439
初小算术
(伪)教育部编审委员会编纂
南京 (伪)国民政府教育部 民国29.8[1940.8]-
8册(34,36,40,48,56,64,56,64页) 图 32开
第1册:民国29.8初版,民国32第8版
第2册:民国31第4版,民国32.1第6版,民国32.12第8版
第3册:民国29.8初版,民国33.1第9版
第4册:民国32.1第6版,民国32.12第8版
第5册:民国29.8初版,民国30第2版,民国32.12第8版,
　　　民国33.1第9版
第6册:民国29.8初版,民国30.1第2版,民国31.1第4版,
　　　民国32.1第6版
第7册:民国29.8初版,民国31第4版
第8册:民国30.1第2版,民国32.1第5版
其他题名:国定教科书初小算术
人教(1-2,4-8)　上海(3-5)　上师大(1-2,5-6)　辞书

2-2440
初级小学算术课本
冀太行政联合办事处编辑委员会编辑
[不详] 冀太行政联合办事处交通总局 民国30.3
　　　[1941.3]-
6册 [32开]
第1-4册:民国30.3版
冀太行政联合办事处教育处审定
国图(1-4)

2-2441
新中国算术
俞子夷编著
上海 正中书局 民国34.9[1945.9]-
8册(①40,③40,⑤40,⑦40页) 图 32开
第1,3,5,7册:民国34.9沪复初版
初级小学第一学年上期~第四学年上期用
初版附注:民国30年6-10月初版
其他题名:新中国教科书算术
辞书(1,3,5,7)

2-2442
算术副课本
王修和,费新我,蔡琢成,钱君匋编著
上海 万叶书店 民国30.11[1941.11]-
12册(①44,②44,③44,④44,⑤60,⑥60,⑦60,⑧60页)
　　图,表 32开
第1册:民国30.11第2版,民国35.7第8版
第2册:民国32.10第7版,民国38.2第24版
第3册:民国30.11第2版,民国31.7第5版
第4册:民国32.10第7版,民国第8版
第5册:民国32.10第7版,民国16版
第6册:民国31.7第5版

第7册:民国32.10第7版
第8册:民国31.7第5版,民国37.12第20版
小学初级第一学年上学期~第四学年下学期适用
初版附注:民国30年7月初版
人教(1-5,7-8)　辞书(1-8)

2-2443
国防算术
俞子夷编著
[不详] 正中书局 民国30.12[1941.12]-
8册(③40,④40,⑤40,⑥40,⑦40,⑧41页) 36开
第3册:民国30.12第2版
第4册:民国34.10第51版
第5册:民国35.1第34版
第6册:民国35.1第36版
第7册:民国35.1第34版
第8册:民国33.8初版
教育部准予发行 国民学校、乡镇中心学校适用
其他题名:算术
人教(3-8)

2-2444
初小算术课本
陕西省教育厅编辑
陕西 [编者刊] 民国31.7[1942.7]
8册(32,30,44,42,48,48,46,48页) 图 32开
第1-8册:民国31.7新版
封面题名:初级小学算术课本
辞书

2-2445
交通初小算术教科书
薛元麒编著　顾树森校订
贵阳 交通书局 民国31.7[1942.7]-
8册(①36,②36页) 图 小32开
第1-2册:民国31.7初版
教育部初审核定本 遵照民国30年部颁小学算术课程标准
　编辑　春秋季通用
辞书(1-2)

2 2446
算术
李伯棠主编　钦帼贞编辑
上海 大东书局 民国31.12[1942.12]
8册([368]页) 32开
第1-8册:民国31.12版
初级小学适用临时课本
人教

2-2447
战时新课本算术
石韬编辑
[延安] 边区政府印刷局 民国33.1[1944.1]
2册 32开
第1-2册:民国33.1版

边区政府教育厅编审委员会审定　初级小学适用

国图

2-2448

万叶算术课本

朱启甲,王修和编著　李楚材校订

上海　万叶书店　民国33.7[1944.7]-

12册([792]页)　图,表　32开

第1册:民国33.7初版,民国34.3第2版

第2册:民国33.7初版,民国35.3第3版

第3册:民国33.7初版,民国35.7第8版

第4册:民国33.7初版,民国38.2第10版

第5册:民国33.7初版,民国35.3第3版

第6册:民国33.7初版,民国38.2第10版

第7册:民国33.7初版,民国37.8第8版

第8册:民国34.3第2版

第9册:民国33.7初版

第10册:民国33.7初版,民国35.7第8版

第11册:民国33.7初版

第12册:民国33.7初版

初级小学教科适用

人教(1-7,9-10,12)　辞书

2-2449

初级小学算术课本

国立编译馆校订　吴云鹏,莫明坤,薛天汉参阅　方洞,沈麓元,周其义绘图

8册(36,36,48,48,60,60,60,60页)　图,表　32开

教育部审定

初版附注:民国34年9-12月初版

封面题名:算术课本

逐页题名:初小算术

①重庆　上海　广东　香港　北平　国定中小学教科书七家联合供应处　民国34.12[1945.12]-

第1册:民国35.1北平7版,民国35.5上海白报纸本180版,民国35粤1版

第2册:民国35.1北平10版,民国35.1粤1版,民国35.1粤2版,民国35.2上海白报纸本120版,民国35.12北平57版,民国36.7香港白报纸本1-8版

第3册:民国35.1北平10版,民国35.5上海白报纸本260版,民国35白报纸本粤1版,民国35沪320版,民国35第350版

第4册:民国34.12上海白报纸本1版,民国35.1北平20版,民国35.5上海白报纸本180版,民国35.12北平39版,民国35.12上海380版,民国35.12上海460版,民国35粤1版,民国35粤2版,民国36粤3版

第5册:民国35.5上海白报纸本100版,民国35.5上海120版,民国35粤1版,民国36.1上海290版,民国36粤3版

第6册:民国34.12上海1版,民国35.5上海白报纸本100版,民国35.12北平48版,民国35沪280版,民国35粤1版,民国36.1沪版

第7册:民国34.12上海1版,民国35.5上海白报纸本80版,民国35.8北平36版,民国35粤1版

第8册:民国35.2上海白报纸本70版,民国35.12北平27版,民国35沪250版,民国35粤2版,民国36.7香港白报纸本1-4版

北师大(2,4-8)　人教(1-7)　上师大(3,5,8)　辞书　辽宁(6)　广东中山

②南京　建国书店　民国35.8[1946.8]-

第2册:民国35.8版

人教(2)

2-2450

初级小学算术课本

国民编译社编辑

上海　[编者刊]　民国34[1945]-

8册(②16,④20,⑥20页)　32开

第2册:民国35第12版

第4册:民国34第12版

第6册:民国35第13版

其他题名:算术课本

广东中山(2,4,6)

2-2451

初小算术课本

张逸园编著

8册　32开

晋冀鲁豫边区政府教育厅审定

①邢台　[四明山]　韬奋书店　民国35.8[1946.8]-

第3册:民国35.8初版

第4册:民国35.8版

国图(4)　人教(3)

②邯郸　裕民印刷厂　民国36.10[1947.10]-

第2册:民国36初版

第3册:民国36初版

第4册:民国36.10初版

第6册:民国36.10初版

国图(4,6)　人教(6)　河南(2-4)

③涉县　太行群众书店　民国36[1947]-

第4册:民国36第2版

河南(4)

④[威县]　冀南新华书店　民国37.3[1948.3]-

第5册:民国37.3第2版

国图(5)

2-2452

算术

台湾省教育会编辑

台北　东方出版社　民国35.10[1946.10]-

4册(③53页)　图,表　32开

第3册:民国35.10版

其他题名:初级小学算术

编译馆(3)

2-2453

算术课本

陕甘宁边区教育厅审定

西安 新华书店 民国36.3[1947.3]-
6册(①30页) 图 32开
第1册:民国36.3初版
初级小学通用
人教(1)

2-2454

临时初级算术课本
教科书编辑委员会编
大连 大连市政府教育局 民国36.3[1947.3]-
　册 图 32开
第1册:民国36.3初版
大连市政府教育局审定
初版附注:民国36年3月初版
其他题名:初级算术课本
人教(1)

2-2455

初小算术
哈尔滨市教科书编纂委员会编
[哈尔滨] 东北书店 民国36.4[1947.4]-
　册(①47页) 32开
第1册:民国36.4第2版
辽宁(1)

2-2456

初级小学算术课本[第2次修订本]
国立编译馆主编　薛天汉编辑　方洞等绘图
8册(36,36,48,48,60,60,60,60页) 图,表 32开
教育部审定 民国36年5月修订
逐页题名:初小算术
①上海 中华书局 民国36.5[1947.5]-
第1册:民国37第53-57版
第2册:民国36.5初版
第3册:民国36.5初版,民国37第40版
第4册:民国36.5初版
第6册:民国36.11第35-39版,民国37第20-31版
第7册:民国36.5初版
第8册:民国36.11第5-14版
人教(2-3,6-8) 广东中山(1,3-4,6)
②上海 三民图书公司 民国36.5[1947.5]-
第1册:民国36.5第1版
第2册:民国37.1第2版
第3册:民国36.5第1版
第4册:民国37.1第2版
第5册:民国36.5第1版
第6册:民国37.1初版,民国37.1第2版
第7册:民国36.5第1版
第8册:民国37.1第2版
人教(6) 辞书
③上海 春明书店 民国36.5[1947.5]-
第1-2册:民国36.5初版
人教(1-2)
④上海 商务印书馆 民国36.5[1947.5]-

第1册:民国37.5第89版
第2册:民国36.5第1版
第3册:民国37.5版
第5册:民国37.4第60版,民国37第104版
第6册:民国36.5第1版
第7册:民国37.5第57版
第8册:民国36.5第33版,民国37.10第102版
北师大(1-3,5-6,8) 人教(1-2,5-6) 广东中山(5) 编译馆(3,7-8)
⑤上海 五联社 民国36.5[1947.5]-
第1册:民国36.5第22版,民国37.8第151版
第2册:民国37.8第136版,民国37第153版
第3册:民国36.5第1版,民国36.5第5版,民国37.8第146版
第4册:民国37.1第125版,民国37.1第136版,民国38.1第150版
第5册:民国36.5第2版,民国36第20版,民国37.8第135版
第6册:民国37.8第110版,民国37第122版
第7册:民国36.5第1版,民国36.5第8版,民国36第11版,民国37.8第121版
第8册:民国36.5第5版,民国37.1版,民国37.8第101版
人教　辞书　广东中山(5,7)
⑥上海 世界书局 民国36.6[1947.6]-
第1册:民国36.12第25版
第2册:民国37.7第45版
第5册:民国36.6第15-24版
第6册:民国38第200版
人教(1-2,5) 上师大(5-6)
⑦上海 中国文化服务社 民国36.10[1947.10]-
第4册:民国37.1初版
第6册:民国36.10初版
第8册:民国37.1初版
人教(4,6,8)
⑧上海 南京 北平 正中书局 民国36.11[1947.11]-
第1册:民国37.5沪4版,民国37沪6版
第3册:民国37.5平1版,民国37沪5版
第4册:民国36.11第2版
第5册:民国37沪9版
第6册:民国36.11第2版,民国36沪3版
第7册:民国36.11第2版
第8册:民国36沪2版,民国37沪5版
人教(3-4,6-7) 广东中山(1,3,5-6,8)
⑨上海 开明书店 民国37.1[1948.1]-
第1,8册:民国37.1版
人教(1,8)
⑩台湾 台湾省政府教育厅 民国37.1[1948.1]-
第1册:民国38.8版
第2册:1950.1版
第4册:1950.1版
第7册:民国37.8版

第8册:民国37.1版
编译馆(1-2,4,7-8)
⑪上海 万叶书店 民国37.5[1948.5]-
第3,7册:民国37.5初版
人教(3,7)

2-2457
初小算术
东北政委会编审委员会编
[佳木斯] 东北书店 民国36.8[1947.8]-
8册(48,31,50,32,52,61,57,50页) 图,表 32开
第1册:民国37.5第3版
第2册:民国37.7版
第3册:民国37.5第2版
第4册:民国36.8初版
第5册:民国37.5第2版
第6册:民国37.8初版
第7册:民国38.2初版
第8册:民国37.7初版
国图(2) 辞书(1,3,5-8) 辽宁(3-4,6-8)

2-2458
算术
薛天汉,蒋息岑编辑 钦关淦,沈长庚修订
上海 大东书局 民国37.5[1948.5]-
8册(36,36,40,40,40,44,40,44页) 图,表 32开
第1册:民国37.5初版,民国37第2版
第2册:民国37.5初版,民国37第2版
第3册:民国37.5初版,民国37第2版
第4册:民国37.11第2版
第5册:民国37.5初版,民国37第2版
第6册:民国37.5初版,民国37第2版
第7册:民国37.5初版,民国37第2版
第8册:民国37.5初版
教育部审定 一年级上学期~四年级下学期用
其他题名:国民学校副课本算术
人教(1-7) 辞书 广东中山(1-6,8)

2-2459
算术课本[重订本]
晋察冀边区行政委员会教育处审定
[张家口] 晋察冀新华书店 民国37.6[1948.6]-
8册(④41,⑥54,⑧50页) 图,表 32开
第4,6,8册:民国37.6初版
初级小学适用
版权页题名:初小算术
卷端题名:初级小学算术课本
国图(4,6,8) 人教(4,6,8) 辞书(4,6,8)

2-2460
小学课本算术
山东省政府教育厅编审
山东 华东新华书店 民国37.9-38.2[1948.9-1949.2]
4册(40,35,41,34页) 图 32开

第1册(一年级上):民国37.9初版
第2册(一年级下):民国37.10初版
第3册(二年级上):民国38.2初版
第4册(二年级下):民国37.9初版
人教 河南(2)

2-2461
现代算术课本
宋云彬,孙起孟主编 方与严等编 叶绍钧等校阅
新加坡 上海书局 民国37.10[1948.10]
8册([376]页) 图(含彩图) 32开
第1-8册:民国37.10初版
华侨小学适用 小学校初级用
人教

2-2462
算术
新加坡世界书局编译所编辑 司徒赞,张国基,李春鸣校阅
新加坡 世界出版社 民国37.10[1948.10]
8册(40,40,42,42,60,60,60,60页) 图 32开
第1-8册:民国37.10初版
修正课程标准适用 小学校初级用
其他题名:战后新编南洋华侨小学教科书算术
辞书

2-2463
算术课本
[兴县] 晋绥新华书店 民国37.10[1948.10]-
8册 32开
第2册:民国37.10版
第3册:民国37.11初版
第4册:民国37.11初版
晋绥边区行政公署教育处审定 初级小学适用
国图(2) 人教(3-4)

2-2464
初小算术
东北人民政府行政委员会教育部编
[东北] 东北书店 民国38.1[1949.1]-
8册(①48,③50,⑤52,⑦57页) 32开
第1册:民国38.1第2版
第3册:民国38.1初版
第5册:民国38.1初版,民国38.4第3版
第7册:民国38.2初版
人教(1,3,5,7) 天津(1)

2-2465
初小算术
东北人民政府教育部编
沈阳 东北新华书店 民国38.1-7[1949.1-7]
8册([376]页) 32开
第1-8册:民国38.1-7初版
人教

2-2466
初小算术课本

德俯,刘松涛,黄雁星,项若愚编辑
　　北平　新华书店　民国38.2[1949.2]-
　　8册(③40,⑤40,⑥54,⑦52,⑧50页)　图,表　32开
　　第3册:民国38.4初版
　　第5册:民国38.2初版
　　第6册:民国38.4初版
　　第7册:民国38.4初版
　　第8册:民国38.4初版
　　华北人民政府教育部审定　初级小学适用
　　封面题名:算术课本
　　辞书(3,5-8)

2-2467

算术课本[修正本]
侨务委员会侨校教科书编辑委员会主编　张礼千编辑
沈厥成,周珏校阅
　　新加坡　商务印书馆　民国38.5[1949.5]
　　8册(39,40,50,50,60,60,68,70页)　图　32开
　　第1-8册:民国38.5初版
　　马来亚联合邦、新加坡教育部审定　南洋华侨小学适用　小学校初级用
　　版权页题:南洋华侨小学算术课本
　　辞书

2-2468

中华算术
徐允昭,华轶欧,何寿斋,张若南,陈致中,陈邦贤编　华汝成,雷君粹,张鹏飞校
　　上海　中华书局　民国38.8[1949.8]-
　　8册(①34,③48,⑤32,⑦32页)　图,表　32开
　　第1,3,5,7册:民国38.8初版
　　初小适用
　　辞书(1,3,5,7)

2-2469

万叶假期课本算术
　　上海　万叶书店　民国38[1949]-
　　册(④24页)　32开
　　第4册:民国38初版
　　小学三年级上学期用
　　人教(4)

＊　＊　＊

2-2470

算术教本:笔算
寿孝天编纂　杜亚泉校订　骆师曾参校
　　上海　商务印书馆　清光绪32.11[1906]-
　　4册(④90叶)　表　大32开　线装
　　第4册:光绪32.11初版
　　高等小学学生用
　　封面题名:高等小学算术教本
　　人教(4)　辞书(4)

2-2471

(订正)算术教本:笔算
寿孝天编纂　杜亚泉,骆师曾校订
　　上海　商务印书馆　民国2.4[1913.4]-
　　4册(②65,③69叶)　大32开　线装
　　第2册:民国2.9第3版,民国3.7第4版
　　第3册:民国2.4第2版
　　中华民国高等小学学生用
　　初版附注.清光绪32年11月初版
　　版权页题名:(订正)高等小学算术教本
　　其他题名:算术教本:笔算
　　人教(2)　辞书(2-3)

2-2472

最新高等小学笔算教科书
杜亚泉编纂
　　上海　商务印书馆　清光绪32[1906]-
　　4册(③57,④55叶)　大32开　线装
　　第3册(卷三):光绪32第3版
　　第4册(卷四):光绪32第4版
　　其他题名:高等小学笔算教科书
　　云南社科(3-4)

2-2473

高等小学算术教科书
陈文,何崇礼著
　　上海　科学会编译部　清光绪33.7[1907]-
　　4册(81,81,84,85页)　表　32开
　　第1册:光绪33.7初版,民国1.4第3版
　　第2册:光绪33.9初版,民国1.11第3版
　　第3册:民国1.9第2版
　　第4册:宣统1.10初版,民国2.3第2版
　　第一学年~第四学年用
　　北师大(3-4)　人教(3-4)　辞书

2-2474

数学拾级
刘光照译辑
　　上海　美华书馆　清光绪33[1907]
　　3册(82,133,172叶)　大32开　线装
　　第1-3册(上中下卷):光绪33年版
　　其他题名:最新高等小学教科书数学拾级
　　广西师大

2-2475

高等小学算术教科书
(清)学部编译图书局编纂
　　上海　文明书局　清宣统1[1909]-
　　册(②25叶)　大32开
　　第2册:宣统1年版
　　其他题名:算术教科书
　　上师大(2)

2-2476

高等小学算术教科书

吴廷璜编辑
上海　南洋公学附属高等小学校　清宣统2.1[1910]-
4册(138,125,136,47页)　图,表　大32开
第1册:宣统2.1初版,民国2改正3版,民国5改正6版,民国12.2改正10版,民国14.1改正12版,民国18.8改正18版
第2册:宣统2.1初版,民国1.1改正3版,民国8改正6版,民国11.9改正版,民国12.2改正10版,民国13.7改正11版,民国17.1改正15版
第3册:民国2改正4版,民国11.7改正9版,民国12改正10版,民国15.1改正11版,民国17.1改正15版
第4册:民国10.8改正8版,民国15.7改正13版
高等小学用
其他题名:吴编算术教科书
国图(4)　北师大(1-3)　人教　上师大　辞书　广西师大(2)

2-2477

高等小学算术课本
石承宣编辑　沈羽校订
上海　中国图书公司　清宣统2.8[1910]-
6册(75,75,75,75,75,78页)　图,表　大32开
第1册:民国1.6第2版
第2册:宣统2.8初版
第3册:宣统2.12初版,民国2.3第5版
第4册:民国1.3初版
第5册:民国1.3初版
第6册:民国1.11初版
江苏图书审查会采定用书　第一学年~第三学年用
版权页题名:算术课本
北师大(1-5)　人教(3-4,6)　辞书

2-2478

学部第一次编纂高等小学算术教科书
(清)学部编译图书局编纂
北京　[编者刊]　清宣统2.12[1911]-
8册(⑤26,⑥36,⑦44,⑧36叶)　表　32开　线装
第5-8册:宣统2.12初版
逐页题名:高等小学算术教科书
辞书(5-8)

2-2479

邮传部上海高等实业学堂附属高等小学堂算术教本
吴廷璜编
上海　文明书局　清宣统3[1911]-
6册　32开　线装
第2,4册:宣统3年版
人教(2,4)

2-2480

中华高等小学算术教科书
费筱藩,陈赞编辑
上海　中华书局　民国1.4[1912.4]-
4册(36,37,38,38叶)　表　32开　线装

第1册:民国1.4第2版,民国2.2第10版
第2册:民国1.7第3版,民国1.10版
第3册:民国1.10第3版,民国1.10第4版
第4册:民国1.7第2版,民国1.10版
教育部审定　第一学年~第四学年用
初版附注:民国元年2-5月初版
逐页题名:高等小学算术教科书
其他题名:中华算术教科书
辞书

2-2481

(订正)最新笔算教科书
王兆楠,杜亚泉编纂
上海　商务印书馆　民国1.4[1912.4]-
4册(110,128,114,116页)　32开　线装
第1册:民国1.5第14版
第2册:民国1.5第12版
第3册:民国1.5第12版
第4册:民国1.4第12版
小学校高年级用
其他题名:最新笔算教科书
人教

2-2482

新算术：笔算
骆师曾编纂　寿孝天校订
上海　商务印书馆　民国1.6[1912.6]-
6册(36,36,36,36,36,38页)　图,表　32开　线装
第1册:民国1.6初版,民国2.2第24版,民国2.2第37版,民国2.12第72版,民国8第119版,民国13.8第179版
第2册:民国2.1第4版,民国第20版,民国2.2第24版,民国2.4第36版,民国8第105版,民国12.3版,民国14.3第155版
第3册:民国2.1第16版,民国2.2第19版,民国2.4第40版,民国10.8版,民国15.7第79版,民国第94版
第4册:民国2.1第15版,民国2.4第35版,民国2.4第44版,民国5第71版,民国16.1第116版
第5册:民国2.2第16版,民国2.2第22版,民国2.4第27版,民国6第67版,民国12.3第99版
第6册:民国1.6初版,民国2.2第19版,民国5第65版,民国10.6版,民国12.4第96版
教育部审定　高等小学校用　春季始业
版权页题名:高等小学新算术
其他题名:共和国教科书新算术
国图(2)　人教　上海　上师大　辞书　广西师大(2-3,6)　编译馆

2-2483

高等小学最新算术教科书
张景良编辑
上海　中国图书公司　民国2.3[1913.3]-
3册(71,72,72页)　图,表　32开
第1-3册:民国2.3初版
秋季始业学生用书

其他题名：最新算术教科书
上海　辞书

2-2484

新制中华算术教科书
赵秉良编　戴克敦,沈颐,陆费逵阅
上海　中华书局　民国2.3[1913.3]
9册(16,12,12,16,12,12,16,12,14叶)　图,表　32开
第1册：民国2.3初版,民国2.3第3版,民国2.4第6版,民国4.4第13版,民国8.7第27版,民国10.11第30版
第2册：民国2.3初版,民国9.6第26版
第3册：民国2.3初版,民国2.5第5版,民国4.4第10版,民国5.8第14版,民国7.2第19版
第4册：民国2.3初版,民国2.9第4版,民国9.6第19版
第5册：民国2.3初版,民国2.5第5版,民国3.10第6版,民国7.2第13版,民国9.6第18版
第6册：民国2.3初版,民国3.3第5版,民国5.7第10版,民国8.2第17版,民国9.6第20版
第7册：民国2.3初版,民国4.9第9版,民国7.1第13版,民国7第14版,民国9.3第18版
第8册：民国2.3初版,民国2.7第2版,民国4.5第7版,民国9.6第17版
第9册：民国2.3初版,民国2.8第3版,民国4.5第9版,民国9.6第19版
教育部审定　高等小学校用　第一学年第一学期～第三学年第三学期　秋季始业
卷端题名：新制中华高等小学算术教科书
逐页题名：新制高等小学算术教科书
北师大　人教　辞书　河南(7-9)

2-2485

新算术：笔算
骆师曾编纂　寿孝天校订
上海　商务印书馆　民国2.4[1913.4]-
6册(30,42,30,42,30,44页)　图,表　32开　线装
第1册：民国2.4初版,民国2.4第25版,民国5.7第35版,民国10.6第67版,民国11.3第72版
第2册：民国2.4第5版,民国2第25版,民国7.11第40版,民国10.3第59版,民国10.9第66版
第3册：民国2.6第20版,民国2第25版,民国6.9第36版,民国9.3第52版,民国11.3第62版
第4册：民国2第25版,民国5.8第30版,民国10.3第45版
第5册：民国2.4初版,民国2.6第20版,民国5.8第30版
第6册：民国2.5第5版,民国2.6第20版,民国2.6第25版,民国11.3第44版
教育部审定　高等小学校用　秋季始业
版权页题名：高等小学新算术
其他题名：共和国教科书新算术
北师大　人教　上海　辞书(1-3,5-6)　云南社科(2-4,6)　广西师大(1-4,6)

2-2486

高等小学女子新算术教科书
曾公冶编辑

上海　中国图书公司　民国2.5[1913.5]
3册(104,100,94页)　表　32开　线装
第1-3册：民国2.5初版
逐页题名：女子新算术教科书
辞书

2-2487

高等小学新算术教科书
石承宣编辑
上海　中国图书公司和记　民国2.5[1913.5]-
9册(61,41,61,61,41,61,61,41,61页)　表　32开　线装
第1册：民国2.5初版,民国2.6第2版,民国3.6第3版
第2册：民国2.5初版,民国3.7第2版
第3册：民国2.5初版,民国3.7第2版
第4册：民国2.5初版,民国3.7第2版
第5册：民国3.7第2版
第6册：民国3.7第2版
第7册：民国3.7第2版
第8册：民国3.7第2版
第9册：民国3.7第3版
学生用书　秋季始业
其他题名：新算术教科书
人教(1-4)　辞书

2-2488

中华民国新算术
倪文奎编著　张景良校阅
上海　文明书局　民国2.10[1913.10]-
6册(①48,②72,③48,④72页)　图　32开
第1册：民国3.9第2版
第2册：民国2.10初版
第3册：民国2.10初版
第4册：民国2.10初版
教育部审定　秋季始业　第一年第一学期～第二年第三学期
版权页题名：高等小学校新算术
其他题名：高等小学校教科书新算术
辞书(1-4)

2-2489

新编中华算术教科书
顾树森编　范源廉,沈颐阅
上海　中华书局　民国2.11-3.2[1913.11-1914.2]
6册(43,42,42,43,47,41页)　表　大32开　线装
第1册：民国2.11初版,民国3.4第4版,民国4.6第8版,民国8.6第16版,民国8.12第17版
第2册：民国2.12初版,民国4.6第7版,民国8.7第18版,民国8.12第19版
第3册：民国2.12初版,民国3.5第3版,民国4.3第5版,民国8.12第15版
第4册：民国3.2初版,民国8.12第13版
第5册：民国3.2初版,民国4.6第6版,民国9.1第10版
第6册：民国3.2初版,民国4.6第5版,民国5.12第8版,民国8.1第9版
教育部审定　高等小学校用　春季始业

版权页题名：新编中华高等小学算术教科书
北师大　人教　上海　辞书

2-2490

女子算术教科书
顾树森编

上海　中华书局　民国 3.6-4.6[1914.6-1915.6]
3册(92,96,94页)　表　32开　线装
第1册：民国 3.6 初版
第2册：民国 3.10 初版
第3册：民国 4.6 初版
高等小学校用
封面题名：中华女子算术教科书
北师大　人教　辞书

2-2491

新式算术教科书
倪文奎编

上海　中华书局　民国 5.1-12[1916.1-12]
6册(28,30,32,31,36,32页)　表　32开
第1册：民国 5.12 初版,民国 6.7 第7版,民国 7.8 第13版,民国 8.8 第25版,民国 8.8 第27版,民国 9.1 第32版,民国 11.2 第45版,民国 12.5 第61版
第2册：民国 5.1 初版,民国 6.7 第7版,民国 7.8 第13版,民国 8.8 第25版,民国 8.8 第27版,民国 9.1 第32版,民国 11.2 第45版
第3册：民国 5.6 初版,民国 7.1 第7版,民国 8.6 第19版,民国 8.8 第20版,民国 9.1 第28版,民国 11.1 第39版,民国 11.4 第41版,民国 12.12 第50版
第4册：民国 5.6 初版,民国 8.8 第20版,民国 8.8 第21版,民国 8.8 第25版,民国 10.3 第30版
第5册：民国 5.10 初版,民国 8.6 版,民国 8.8 第16版,民国 8.9 第18版,民国 9.1 第23版,民国 11.1 第32版
第6册：民国 5.11 初版,民国 8.8 第20版,民国 8.8 第21版,民国 9.1 第26版,民国 12.8 第42版
教育部审定　高等小学校用
逐页题名：新式高等小学算术教科书
人教　华师大　辞书　广西师大(1,3)

2-2492

新法算术教科书：笔算
樊平章,郑炳渭,金声,周十义编纂　杨嘉椿,寿孝天校订

上海　商务印书馆　民国 9.8[1920.8]-
6册(82,84,80,77,82,67页)　图,表　大32开
第1册：民国 9.8 初版,民国 9 第10版,民国 10.3 第25版,民国 13.4 第60版
第2册：民国 9.12 第15版,民国 10.2 第20版,民国 10.2 第25版,民国 12.3 第45版
第3册：民国 10.1 第5版,民国 10.3 第15版,民国 10.10 第25版,民国 11.4 第30版
第4册：民国 10.1 第10版,民国 11.3 第25版,民国 11.8 第30版,民国 13.6 第35版
第5册：民国 10.2 第5版,民国 10.10 第20版,民国 11.8 第30版

第6册：民国 10 第5版,民国 10.3 第10版,民国 11.1 第15版,民国 11.8 第25版
教育部审定　高等小学学生用
卷端题名：高等小学新法算术笔算教科书
国图(5-6)　北师大(2-3)　人教　华师大(3)　辞书　广东中山(1)

2-2493

算术
钱梦渭,黄丹臒,华襄治,张鹏飞编辑及校阅

上海　中华书局　民国 10.1-7[1921.1-7]
6册(36,28,41,36,33,35页)　表　大32开
第1册：民国 10.1 初版,民国 11.11 第12版,民国 12.5 第13版
第2册：民国 10.1 初版,民国 11.10 第9版,民国 12.5 第11版
第3册：民国 10.2 初版,民国 10.7 第3版,民国 11.3 第6版,民国 11.10 第8版
第4册：民国 10.5 初版,民国 11.6 第5版,民国 11.7 第6版,民国 13.7 第11版
第5册：民国 10.7 初版,民国 11.1 第3版,民国 11.10 第6版,民国 14.7 第11版
第6册：民国 10.7 初版,民国 11.1 第3版,民国 11.10 第6版,民国 13.7 第8版,民国 15.1 第10版
教育部审定　高等小学校用
逐页题名：新教育高等小学算术教科书
其他题名：新教育教科书算术
北师大　人教　华师大　辞书　广西师大(5-6)

2-2494

新法笔算教科书
寿孝天编纂　骆师曾校订

上海　商务印书馆　民国 11.8[1922.8]-
4册(49,54,[49],[45]页)　32开
第1册：民国 11.8 初版,民国 12.4 第21版
第2册：民国 12.9 第31版,民国 13.2 第36版
第3册：民国 11.8 初版
第4册：民国 11.8 初版,民国 12 第20版
教育部审定　新学制小学后期用
人教　广东中山(4)

2-2495

算术课本
张鹏飞编　糜赞治校

上海　中华书局　民国 12.2-6[1923.2-6]
4册(60,50,54,46页)　图,表　大32开
第1册：民国 12.2 初版,民国 12.11 第12版,民国 13.11 第20版,民国 14.5 第31版,民国 15 第31版,民国 16.3 第33版
第2册：民国 12.3 初版,民国 12.11 第10版,民国 12.11 第11版,民国 13.5 第15版,民国 13.7 第16版,民国 13.11 第17版
第3册：民国 12.4 初版,民国 12.10 第4版,民国 12.10 第5版,民国 13.1 第9版,民国 13.11 第13版,民国 15.12 第24版

第4册:民国12.6初版,民国13.3第9版,民国13.11第11版,民国14.7第13版,民国15.1第15版,民国15.11第19版

教育部审定 新学制适用

逐页题名:新小学高级算术课本

其他题名:新小学教科书算术课本

人教 华师大(2-4) 辞书 广东中山(1) 编译馆

2-2496

(订正)新学制算术教科书

骆师曾编纂 段育华,王云五,陈文校订

上海 商务印书馆 民国13.1[1924.1]-

4册(66,66,66,66页) 图,表 32开

第1册:民国13.1初版,民国13.2第20版,民国18.7第165版,民国18.12第195版,民国21.11国难后11版,民国21国难后21版

第2册:民国13.7第25版,民国18.9第140版,民国18.7第145版,民国21.8国难后1版

第3册:民国15.1第40版,民国16.8第80版,民国18.7第120版,民国18.7第125版,民国21.12国难后10版

第4册:民国18.9第85版,民国19.5第120版,民国21.8国难后1版,民国23.5第120版

根据新学制小学课程纲要编纂 小学校高级用书

初版附注:民国13年1-2月初版

其他题名:新学制算术教科书

北师大 人教 华师大 辞书 广东中山(1)

2-2497

新撰算术教科书

骆师曾,胡达聪编纂 段育华,王岫庐,陈文校订

上海 商务印书馆 民国13.6-8[1924.6-8]

4册(66,66,66,66页) 图,表 32开

第1册:民国13.6初版,民国14第10版,民国14第25版,民国15.3第35版,民国15第40版

第2册:民国13.7初版,民国14第10版,民国16第65版

第3册:民国13.7初版,民国14第10版,民国15第25版

第4册:民国13.8初版,民国14第10版,民国16第57版

新学制小学校高级用

卷端题名:高级小学新撰算术教科书

北师大 人教 上师大 辞书 广东中山

2-2498

高级算术课本

杨逸群编辑 戴渭清,马客谈,佘恒校订

上海 世界书局 民国14.4[1925.4]

4册(82,74,78,94页) 图,表 32开

第1册:民国14.4初版,民国14.7第10版,民国17.6第24版

第2册:民国14.4初版,民国15.3第13版,民国15.5第15版

第3册:民国14.4初版,民国14.6第5版,民国14.7第9版,民国17第20版

第4册:民国14.4初版,民国14.7第7版,民国15.12第13版

教育部审定

其他题名:新学制小学教科书高级算术课本

国图(4) 北师大 人教 辞书 广东中山(3)

2-2499

小学高级文体算术教科书

雷珍编 张凤翔校

上海 中华书局 民国14.7[1925.7]

4册(60,49,54,45页) 图,表 大32开

第1册:民国14.7初版,民国17.6第7版

第2册:民国14.7初版,民国15.3第4版,民国17.6第7版

第3册:民国14.7初版,民国15.11第7版

第4册:民国14.7初版,民国15.1第2版

新学制适用

封面题名:文体算术教科书

逐页题名:新学制小学高级文体算术

人教 辞书 编译馆

2-2500

新中华算术课本

顾楠,朱开乾,赵凤,郑炳渭,黄铁崖,张德骠编辑

上海 新国民图书社 民国16.10[1927.10]-

4册(62,62,62,62页) 图,表 32开

第1册:民国16.10初版,民国18.4第13版,民国20.5第33版,民国20.6第38版,民国21.1第45版,民国21.4第46版,民国21.6第52版,民国21.10第60版

第2册:民国17.6第3版,民国18.7第9版,民国20.6第29版,民国20.11第33版,民国21.2第35版,民国21.11第45版

第3册:民国16.12初版,民国20.3第22版,民国20.6第26版,民国21.4第34版,民国21.4第35版

第4册:民国18.8第9版,民国19.9第14版,民国20.3第17版,民国20.6第19版,民国21.3第26版,民国21第28版,民国21.10第32版,民国21.11第33版

教育部审定 小学校高级用

初版附注:民国16年10月~17年1月初版

其他题名:新中华教科书算术课本

北师大 人教 上海(1) 辞书 辽宁(3) 广东中山(4) 编译馆

2-2501

高级小学算术课本

杨逸群,唐数躬编辑 戴渭清,马客谈,佘恒校订

上海 世界书局 民国17.7[1928.7]-

4册(82,74,78,94页) 图,表 32开

第1册:民国17.7第3版,民国18.5第11版,民国20.3第38版,民国21.11第84版,民国21.11第85版

第2册:民国18.2第9版,民国19.2第17版,民国19.4第20版,民国20.1版,民国21.7第57版,民国21.9第66版,民国22.1第69版

第3册:民国18.6第12版,民国19.6第19版,民国20.9第20版,民国21.7第41版,民国21.7第43版,民国21.8第46版,民国21.11第49版

第4册:民国18.6第11版,民国18.7版,民国21.1第27版,

民国21.9第37版,民国21.9第47版,民国21.11第48
版,民国21.11第49版
小学校高级用
封面题名:新主义算术课本
其他题名:新主义教科书高级小学算术课本
北师大　人教　华师大　辞书　编译馆

2-2502

新编算术教科书
刘曾佑编辑　侯叔达,张怀义校阅
上海　苏新书局　民国18.6[1929.6]
4册(62,66,62,78页)　图,表　32开
第1册:民国18.6初版,民国24.6第6版,民国26第7版,民国29.6第10版
第2册:民国18.6初版,民国23第5版,民国24.6第6版
第3册:民国18.6初版,民国21.10第4版,民国24.6第6版,民国30第11版
第4册:民国18.6初版,民国24.6第6版,民国29第10版
高级小学用
封面题名:刘编算术
人教　华师大(3)　上师大　辞书

2-2503

民智高级算术教本
苏顽夫,沈雷渔,施仁夫,何焕庭,陈慰萱编辑　王宠惠,胡汉民校订
上海　民智书局　民国20.4[1931.4]
4册(108,118,114,96页)　图,表　32开
第1-4册:民国20.4初版
高级小学用
封面题名:民智算术教本
其他题名:新标准教科书民智算术教本
人教　华师大　辞书

2-2504

算术
吴伯匡,顾楠,郑炳渭,黄壮涛,钱重六编辑　骆师曾校订
上海　商务印书馆　民国20.7-8[1931.7-8]
4册(78,78,78,78页)　图,表　32开
第1册:民国20.7初版,民国21.10国难后20版
第2册:民国20.8初版,民国21.5国难后9版,民国21.12国难后30版
第3册:民国20.7初版,民国21.5国难后5版,民国21.12国难后30版
第4册:民国20.8初版,民国21.12国难后30版
小学校高级用
卷端题名:算术教科书
其他题名:基本教科书算术
人教　华师大　辞书　编译馆

2-2505

小学算术课本
张咏春,赵侣青,许观光等编　雷琛,金兆梓,华襄治校
上海　中华书局　民国22.3-7[1933.3-7]
4册(74,70,70,70页)　图,表　32开
第1册:民国22.3初版,民国22.6第14版,民国23.1第37版,民国23.1第38版,民国23第39版,民国23.1第41版,民国23.1第47版,民国23.3第57版,民国23.3第62版,民国23.9第67版,民国24.8第119版
第2册:民国22.6初版,民国23.1第40版,民国23.1第45版,民国23.1第47版,民国23.1第52版,民国23.1第54版,民国23.3第55版,民国23.3第56版,民国23第62版,民国24.4第77版,民国24.8第107版
第3册:民国22.6初版,民国23.1第31版,民国23.1第36版,民国23.1第40版,民国23.1第42版,民国23.3第45版,民国23.3第49版,民国24.4第61版,民国24.8第89版
第4册:民国22.7初版,民国22.7第13版,民国23.1第32版,民国23.1第33版,民国23.1第40版,民国23.3第44版,民国23.3第45版,民国23.3第47版,民国23第52版,民国24.8第66版,民国24.8第75版
新课程标准适用
卷端题名:小学高级算术课本
北师大　人教　上海　辞书　广东中山(1-2,4)　编译馆

2-2506

算术课本
陈邦彦,徐九皋,秦启文,束云逵编辑　施仁夫,骆师曾,龚昂云校订
上海　世界书局　民国22.4[1933.4]-
4册(111,108,112,116页)　图,表　32开
第1册:民国22.4初版,民国22.8第9版,民国22.11第25版,民国24第45版,民国25.6第63版,民国25.6第64版
第2册:民国22.4初版,民国22.6第12版,民国22.11第16版,民国23.5第29版,民国24第45版
第3册:民国22.8第7版,民国22第22版,民国22.11第24版,民国23.5第36版,民国24.5版,民国25.6第45版
第4册:民国22.7第3版,民国22.9第8版,民国22第11版,民国25.2第35版,民国25.12第41版
教育部审定　高级小学学生用
其他题名:新课程标准世界教科书算术课本
北师大　人教　华师大(3-4)　上师大(2,4)　辞书　广东中山(3)　编译馆

2-2507

复兴算术教科书
顾楠,邹尚熊编著　王云五,段育华校订
上海　商务印书馆　民国22.7[1933.7]
4册(64,64,64,64页)　图　32开
第1册:民国22.7初版,民国22.8第40版,民国24.3第155版
第2册:民国22.7初版,民国22.8第60版,民国23第95版,民国24.4第130版,民国24.4第140版
第3册:民国22.7初版,民国22.7第20版,民国22.8第40版,民国23第95版,民国24.4第135版
第4册:民国22.7初版,民国22.7第20版,民国23第85版,民国23.10第95版,民国24.5第110版

教育部审定　新课程标准适用　小学校高级用
版权页题名：算术
其他题名：复兴教科书算术
国图(2-4)　北师大　人教　上海　辞书　编译馆

2-2508

高级算术
薛天汉,沈慰霞编辑

上海　大东书局　民国22.7[1933.7]-
4册(62,70,58,74页)　图,表　32开
第1册：民国22.7初版,民国22.7第2版,民国36.12第10版
第2册：民国22.8初版,民国35.11第15版
第3册：民国22.7第2版,民国36.6第16版
第4册：民国22.8初版,民国36.6第17版
新课程标准适用　小学校高级用
封面题名：新生活教科书算术
其他题名：新生活教科书高级算术
北师大　人教　辞书(1-2)

2-2509

开明算术课本
刘薰宇编纂

上海　开明书店　民国23.7[1934.7]
4册(68,78,77,78页)　图,表　32开
第1册：民国23.7初版,民国30.8国难后3版
第2册：民国23.7初版
第3册：民国23.7初版,民国31.1国难后4版
第4册：民国23.7初版
新课程标准　小学高级学生用
人教　上海　辞书

2-2510

高小算术课本
刘振汉,姜文渊编辑

上海　青光出版社　民国23.7[1934.7]-
4册(④81页)　36开
第4册：民国23.7初版
根据新课程标准编辑
国图(4)　人教(4)

2-2511

小学算术课本
张咏春,程旭清,黄铁崖等编　雷琛,金兆梓,华襄治,张鹏飞校

上海　中华书局　民国23.11[1934.11]-
4册(74,64,70,70页)　图,表　32开
第1册：民国23.11第2版
第2册：民国24.1初版
第3册：民国24.1初版
第4册：民国24.2初版
新课程标准适用　春季始业用　小学校高级用
其他题名：新课程标准适用小学算术课本
北师大　上海　辞书

2-2512

度量衡市制和公制的比较
孙一芬编

上海　中华书局　民国24.1[1935.1]
41页　表　32开　(小学高年级各科副课本　69)
卷端题名：小学高年级算术副课本度量衡市制和公制的比较
上海　辞书

2-2513

簿记简说
江景双编

上海　中华书局　民国24.10[1935.10]
40页　图,表　32开　(小学高年级各科副课本　70)
卷端题名：小学高年级算术副课本簿记简说
上海　辞书　编译馆

2-2514

统计图表制作法
周彬编

上海　中华书局　民国24.10[1935.10]
44页　图,表　32开　(小学高年级各科副课本　71)
卷端题名：小学高年级算术副课本统计图表制作法
人教　上海　辞书　编译馆

2-2515

合作商店的研究
彭惠秀编

上海　中华书局　民国25.5[1936.5]
48页　表　32开　(小学高年级各科副课本　72)
卷端题名：小学高年级算术副课本合作商店的研究
人教　上海　辞书

2-2516

物价涨落的调查和计算
余择生编

上海　中华书局　民国24.10[1935.10]
41页　32开　(小学高年级各科副课本　73)
卷端题名：小学高年级算术副课本物价涨落的调查和计算
人教　上海　辞书

2-2517

日常应用的计算方法
周彬编

上海　中华书局　民国25.1[1936.1]
48页　32开　(小学高年级各科副课本　74)
卷端题名：小学高年级算术副课本日常应用的计算方法
人教　上海　辞书　编译馆

2-2518

简便测量法
戴光荣编

上海　中华书局　民国25.1[1936.1]
48页　图　32开　(小学高年级各科副课本　75)
卷端题名：小学高年级算术副课本简便测量法
人教　上海　辞书

2-2519

小学算术课本
北平师范大学附属小学研究会编选　岳筠笙,张种园编
　　王祝辰校阅
　　北平　北平师范大学附属小学　民国 24.8[1935.8]-
　　　册(③99 页)　32 开
　　第 3 册:民国 24.8 第 6 版
　　新课程标准适用　小学校高级用
　　北师大(3)

2-2520

复兴算术课本
卢冠六,王渐仁,沈百英编校
　　上海　商务印书馆　民国 24.10[1935.10]-
　　4 册(100,100,92,100 页)　图,表　32 开
　　第 1-4 册:民国 24.10 初版
　　新课程标准适用　春季始业　小学校高级用
　　北师大(1,4)　人教　华师大(2-3)　辞书

2-2521

高小算术补充课本
朱炳熙编
　　上海　北新书局　民国 24[1935]-
　　　册(①119 页)　32 开
　　第 1 册:民国 24 初版
　　河南(1)

2-2522

复兴算术教科书
顾楠,胡达聪编校
　　上海　长沙　商务印书馆　民国 25.10[1936.10]-
　　4 册(48,40,44,44 页)　36 开
　　第 1 册:民国 26.7 审定 1 版,民国 30 长沙审定 32 版,民国
　　　36.7 第 263 版
　　第 2 册:民国 25.10 版,民国 30.3 长沙审定 195 版
　　第 3 册:民国 30 长沙审定 178 版,民国 36.7 第 235 版
　　第 4 册:民国 26 审定 36 版,民国 28 长沙审定 118 版,民国 35
　　　第 178 版,民国 35.10 第 181 版
　　教育部审定　遵照修正课程标准编辑　小学校高年级用
　　人教　上师大(3-4)　广东中山

2-2523

五年生的算术
束云逵编　赵景源校
　　上海　商务印书馆　民国 25[1936]-
　　　册(③67,④52,⑤76,⑥59 页)　图　32 开
　　第 3 册:版次不详
　　第 4 册:版次不详
　　第 5 册:版次不详
　　第 6 册:民国 25 第 2 版
　　小学生分年补充读本
　　河南(3-6)

2-2524

高小新算术
骆师曾编辑
　　上海　世界书局　民国 26.1[1937.1]-
　　4 册(110,106,116,127 页)　32 开
　　第 1 册:民国 26.1 初版
　　第 2 册:民国 26.1 初版,民国 27 年版
　　第 3 册:民国 26.5 第 3 版,民国 27.7 第 14 版
　　第 4 册:民国 26.1 初版,民国 27.7 第 11 版
　　遵照民国 25 年修正课程标准编辑
　　其他题名:新课程标准世界教科书高小新算术
　　国图(3-4)　北师大　西北师大

2-2525

算术教科书
国立编译馆主编
　　上海　商务印书馆　民国 26.1[1937.1]-
　　　册(①145 页)　图,表　32 开
　　第 1 册:民国 26.1 第 3 版,民国 26.1 第 5 版,民国 26.1 第 8
　　　版,民国 26.1 第 11 版
　　小学校高级用
　　封面题名:小学算术教科书
　　北师大(1)　华师大(1)　辞书(1)　编译馆(1)

2-2526

高级小学算术补习教本
高季可编著
　　南京　上海　正中书局　民国 26.1[1937.1]初版,民国 36.5
　　　沪 1 版
　　292 页　32 开
　　人教

2-2527

算术
顾楠,胡达聪编校
　　上海　商务印书馆　民国 26.4[1937.4]-
　　4 册(72,64,64,63 页)　32 开
　　第 1 册:民国 26.6 审定 1 版,民国 26.9 第 50 版
　　第 2 册:民国 26.7 审定 1 版,民国 26.9 第 37 版
　　第 3 册:民国 26.4 改编核定本,民国 26.6 审定 1 版
　　第 4 册:民国 26.7 审定 1 版,民国 27.1 第 54 版
　　教育部审定　遵照修正课程标准编辑　小学校高级用
　　其他题名:复兴教科书算术
　　北师大　华师大(3)　西北师大　编译馆

2-2528

新编高小算术课本
徐允昭,何寿斋,陈致中等编　华裹治,陶鸿翔等校
　　上海　香港　南洋　中华书局　民国 26.7[1937.7]-
　　4 册(64,64,64,64 页)　图,表　32 开
　　第 1 册:民国 26.7 初版,民国 26.7 第 3 版,民国 26.7 第 64
　　　版,民国 27 年版,民国 28.3 第 72 版,民国 29 香港 118 版,
　　　民国 30.1 第 210 版,民国 30.3 南洋 286 版,民国 30 香港
　　　287-290 版
　　第 2 册:民国 26.7 初版,民国 26.7 第 16 版,民国 27.7 第 53
　　　版,民国 29 香港 112 版,民国 29 香港 114 版,民国 30.1 第

218版,民国30 上海226-242版,民国30.3 南洋268-271版

第3册:民国26.7初版,民国26.7第16版,民国26.7第24版,民国29 香港93版,民国30.7第133版,民国30 上海205-210版,民国30.7 南洋237版

第4册:民国26.7初版,民国26.7第5版,民国29.1版,民国30.1第136-139版,民国30.3 南洋208-209版

教育部审定　初审核定本　修正课程标准适用　春秋季通用

北师大　人教　辞书　西北师大　广东中山(1-3)

2-2529

高小算术课本

张咏春,程旭清,黄铁崖等编　雷琛,华襄治,陶鸿翔等校

　　上海　中华书局　民国26.7[1937.7]

　　4册(70,64,72,70页)　图,表　32开

　　第1册:民国26.7初版

　　第2册:民国26.7初版

　　第3册:民国26.7初版

　　第4册:民国26.7初版,民国26.7第3版

修正课程标准适用　春季始业用

辞书

2-2530

新编高小算术课本

薛天汉主编　江效唐,顾问天,周鉴溪,杨士楠校

　　上海　中华书局　民国26.12[1937.12]

　　4册(64,64,78,72页)　图,表　32开

　　第1-4册:民国26.12初版

教育部审定　初审核定本　修正课程标准适用　秋季始业

其他题名:高小算术课本

人教　辞书

2-2531

高级小学校算术教科书

(伪)维新政府教育部编纂

　　南京　[编者刊]　民国27.8[1938.8]

　　3册([187]页)　[32开]

　　第1-3册:民国27.8版

人教

2-2532

(修正)高小算术教科书

(伪)教育总署编审会著

　　4册(64,64,64,70页)　图,表　32开

　　初版附注:民国27年8月-28年8月初版

其他题名:高小算术教科书

①北平　新民印书馆　民国27.8[1938.8]-

　　第1册:民国27.8初版,民国28.12第3版

　　第2册:民国27.12初版

　　第3册:民国28.12第3版

　　第4册:民国27.12初版

国图

②北平　[著者刊]　民国27.12[1938.12]-

　　第1册:民国28.12第3版

第2册:民国27.12初版

第3册:民国28.8初版,民国28.12第3版

第4册:民国27.12初版

北师大　辞书(3)

2-2533

小学算术测验

艾伟主编　郭祖超襄助

　　上海　中华书局　民国28.4[1939.4]

　　5页　16开　散页袋装

　　五~六年级用

附:标签、成绩记载表、标准答案各1份

辞书

2-2534

高小算术

(伪)教育部编审委员会编纂

　　4册(72,64,64,64页)　32开

其他题名:国定教科书高小算术

①南京　(伪)国民政府教育部　民国29.8[1940.8]-

　　第1册:民国32第6版

　　第2册:民国29.8初版

　　第3册:民国30.1第2版

　　第4册:民国29.8初版,民国30.1第2版

人教(3-4)　广东中山

②上海　华中印书局　民国29.8[1940.8]-

　　第1册:民国29.8初版,民国31.1第4版

　　第2册:民国32.1第6版

　　第3册:民国31第4版,民国31.7第5版

人教(1-3)　上师大(3)

③上海　中国联合出版公司　民国32.12[1943.12]-

　　第2册:民国32.12第8版

人教(2)

2-2535

高小算术教科书[修订本]

(伪)教育总署编审会著

　　北平　[著者刊]　民国30.1[1941.1]-

　　4册(92,93,99,127页)　图,表　32开

　　第1册:民国30.6版

　　第2册:民国30.1版

　　第3册:民国30.7版

　　第4册:民国31.8版

初版附注:民国29年8月初版

北师大

2-2536

算术副课本

王修和,朱汝薰,费新我,钱君匋编著　吴粹伦,葛鲤庭校订

　　上海　万叶书店　民国32.10[1943.10]-

　　12册(①60,②60,③60,④60页)　图,表　32开

　　第1-4册:民国32.10第7版

第一学年上学期~第二学年下学期　小学校高级用

初版附注：民国 30 年 7 月初版
辞书(1-4)

2-2537

高级小学算术
俞子夷编著

南京　上海　正中书局　民国 31.5[1942.5]-
4 册(40,35,41,45 页)　32 开
第 1 册：民国 31.5 初版,民国 34 年版,民国 35.2 第 80 版
第 2 册：民国 34.12 沪版,民国 35 年版
第 3 册：民国 35.1 沪版
第 4 册：民国 35 年版,民国 36.1 第 190 版
高级小学用
版权页题名：高小算术
其他题名：新中国教科书高级小学算术
北师大(2,4)　人教　广东中山

2-2538

算术
陕西教育厅编辑

西安　陕西省银行信托部　民国 31.7[1942.7]-
册(①54,②68,③56,④62 页)　图,表　32 开
第 1-4 册：民国 31.7 新版
小学校高级用
辞书(1-4)

2-2539

算术课本
陕甘宁边区教育厅审定

[不详]　新华书店　民国 33.7[1944.7]-
册(②61,④60 页)　32 开
第 2,4 册：民国 33.7 初版
高级小学适用
初版附注：民国 33 年 7 月初版
国图(2)　辽宁(2,4)

2-2540

高级小学算术课本
俞子夷,薛天汉,薛元龙编辑　教育部征选　唐冠芳绘图
莫明坤,蔡德注参阅　国立编译馆校订
4 册(77,68,64,62 页)　32 开
教育部审定
封面题名：算术课本
①重庆　上海　国定中小学教科书七家联合供应处　民国
　　35.7-36.2[1946.7-1947.2]-
第 1 册：民国 35.7 第 1 版,民国 35.7 上海白报纸本 1 版,民
　　国 35.8 第 90 版
第 2 册：民国 35.7 上海白报纸本 1 版,民国 35.12 第 90 版,
　　民国 35.12 第 120 版
第 3 册：民国 36.2 第 1 版,民国 36.2 上海白报纸本 1 版,民
　　国 37.6 第 4 版
第 4 册：民国 36.2 第 1 版,民国 36.2 上海白报纸本 1 版,民
　　国 37 第 6-13 版
人教　上师大(1)　辞书　辽宁(2-3)　广东中山(3-4)

②台湾　台湾省教育厅教科用书供应委员会　民国 36.7
　　[1947.7]-
第 1 册：民国 36.7 版
编译馆(1)

2-2541

高小算术
霍得元编

4 册(①70,③73 页)　32 开
陕甘宁边区教育厅审定
①西北　西北新华书店　民国 35.12[1946.12]-
第 1 册：民国 35.12 版
第 3 册：民国 38.8 版
人教(1,3)
②[张家口]　新华书店　民国 35[1946]-
第 1 册：民国 35 年版
国图(1)

2-2542

高级小学算术课本 [第 1 次修订本]
国立编译馆主编　薛元龙编　薛天汉校阅　唐冠芳绘图
4 册(77,68,64,62 页)　32 开
教育部审定
封面题名：高级小学算术
其他题名：算术课本
①上海　中华书局　民国 35.12[1946.12]-
第 1 册：民国 36.5 初版,民国 37.5 版
第 2 册：民国 35.12 沪版,民国 36.5 第 6 版,民国 36 第 7-
　　13 版
第 3 册：民国 36.2 沪 1 版,民国 37.5 第 30 版
第 4 册：民国 36.2 沪 1 版
北师大(1-3)　人教　辞书(1)　广东中山(1-2)
②上海　联合图书公司　民国 35[1946]-
第 1,3 册：民国 35 年版
广东中山(1,3)
③上海　五联社　民国 36.5[1947.5]-
第 1 册：民国 37.8 第 136 版
第 2 册：民国 37.1 第 59 版
第 3 册：民国 36.5 第 11 版,民国 37.8 第 116 版
第 4 册：民国 37.1 第 60 版
人教(3)　辞书　编译馆(1)
④上海　春明书店　民国 36.5[1947.5]-
第 2 册：民国 36.5 初版
人教(2)
⑤上海　大东书局　民国 36.5[1947.5]
第 1 册：民国 36.5 第 1 版,民国 36 第 2 版
第 2 册：民国 36.5 第 1 版
第 3 册：民国 36.5 第 1 版
第 4 册：民国 36.5 第 1 版
人教　广东中山(1,3)
⑥南京　建国书店　民国 36.8[1947.8]-
第 1,3 册：民国 36.8 初版
人教(1,3)

⑦上海　胜利出版社　民国36.10[1947.10]-
第2册：民国36.10初版
人教(2)
⑧上海　世界书局　民国36[1947]-
第1册：民国36版,民国37.6第2-18版,民国37.12第19-23版
第2册：民国37.12第16-25版
第3册：民国36初版,民国37.6第6-13版
第4册：民国36第3版,民国37.6第12-14版
上师大(1,3-4)　广东中山(1)　编译馆
⑨上海　开明书店　民国36[1947]-
第1册：民国36年版
广东中山(1)
⑩上海　商务印书馆　民国37.5[1948.5]-
第1册：民国37.8第69版
第2册：民国37.5第44版
第3册：民国37.6第50版
第4册：民国37.10第75版
人教
⑪台湾　台湾省政府教育厅　民国37.7[1948.7]-
第1册：民国38.8版
第2册：1950.1版
第3册：民国37.7版
第4册：民国38.8版
编译馆
⑫上海　正中书局　民国37[1948]-
第1册：民国37第6版
第3册：民国37第4版
广东中山(1,3)

2-2543
高级小学算术课本
国民编译社编辑
　　上海　[编者刊]　民国35[1946]-
　　册(②30页)　32开
第2册：民国35第13版
教育部最新颁布统一课程标准
其他题名：算术课本
广东中山(2)

2-2544
高级小学算术课本
　　[菏泽]　冀鲁豫书店　民国35[1946]-
　　册(④25叶)　32开
第4册：民国35年版
国图(4)

2-2545
高小算术
东北政委会编审委员会编
　　佳木斯　哈尔滨　东北书店　民国37.1[1948.1]-
　　4册(①65,③64,④47页)　图,表　32开
第1册：民国37.1初版,民国37.4第2版
第3册：民国37.1初版,民国37.6第2版

第4册：民国37.8初版
辞书(1,3-4)　辽宁(1,3-4)

2-2546
高小算术课本
晋察冀边区行政委员会教育处审定
　　[不详]　华北新华书店　民国37.8[1948.8]-
　　4册(②61,④65页)　图,表　32开
第2,4册：民国37.8第2版
高级小学适用
封面题名：算术课本
辞书(2,4)

2-2547
高小算术
东北行政委员会教育部编
　　长春　东北书店　民国38.1[1949.1]-
　　4册　32开
第1-3册：民国38.1初版
人教(1-3)

2-2548
算术课本
德俯,刘松涛,黄雁星,项若愚编辑
　　[北平]　华北新华书店　民国38.2[1949.2]-
　　4册(①66,②61,③68页)　图,表　32开
第1册：民国38.2初版
第2册：民国38.4初版
第3册：民国38.2初版
华北人民政府教育部审定　小学高年级用
其他题名：高小算术课本
人教(3)　辞书(1-3)

2-2549
现代算术课本
宋云彬,孙起孟主编
　　新加坡　上海书局　民国38[1949]
　　4册([270]页)　32开
第1-4册：民国38年版
华侨小学高年级用
人教

2-2550
高级小学算术课本
刘松涛编
　　华北　联合出版社　民国38[1949]-
　　册　32开
第3册：民国38第8版
华北人民政府教育部审定
人教(3)

2-2551
高级算术课本
晋冀鲁豫边区教育厅编
　　邯郸　裕民印刷厂　[1912-1949?]
　　册(①52页)　32开

第1册:版次不详
河南(1)

2-2552
算术
东北人民政府文化教育部编
[不详] 东北新华书店 [1912-1949?]
册(①60,③73页) 图,表 32开
第1,3册:版次不详
高级小学适用
卷端题名:高小算术
其他题名:高级小学适用算术
辞书(1,3)

2-2553
算术[改编本]
上海 中华书局 [1912-1949?]
4册([64],[68],[69],[62]页) 图,表 32开
第1-4册:版次不详
华侨适用高级小学课本
卷端题名:新编海外课本高小算术
辞书

2-2554
高小算术教科书
连县各小学校编刊课本委员会编
连县 [编者刊] [1912-1949?]
册(④46页) 32开
第4册:版次不详
小学校高级用
广东中山(4)

教学参考书

2-2555
心算课本
寿孝天编纂
上海 商务印书馆 民国5.10[1916.10]第5版
20叶 大32开 线装
教员用
初版附注:清宣统2年5月初版
辞书

2-2556
小学算术教学参考书
姚春煦编
[出版者不详] 民国12[1923]版
120页 大32开
广西师大

2-2557
小学算术教学法
俞子夷编译
上海 商务印书馆 民国15.8[1926.8]

106页 图 大32开
辞书

2-2558
新课程算术教学法
张匡编辑
上海 世界书局 民国21.1[1932.1]-
8册(101,92,88,83,166,162,141,151页) 图,表 32开
第1册:民国21.4第2版
第2册:民国21.1初版
第3册:民国21.2初版
第4册:民国21.9第2版
第5册:民国21.6初版
第6册:民国21.7初版
第7册:民国21.7初版
第8册:民国21.7初版
新课程教科书教员用
其他题名:新主义教科书新课程算术教学法
编译馆

2-2559
儿童算术练习测验片教学法
马静轩编
上海 儿童书局 民国21.10[1932.10]
92页 表 32开
华师大 辞书 广东中山

2-2560
小学算术教学法
张匡著
上海 国光印书局 民国22[1933]版
174页 表 大32开
西北师大

2-2561
算术课本教学法
陶鸿翔,徐天游编 华裹治,张鹏飞校
上海 中华书局 民国24.8-11[1935.8-11]
2册(80,80页) 图,表 32开
第1册:民国24.8初版,民国24.12第2版,民国26.7第6版
第2册:民国24.11初版
一年短期小学用
国图 北师大 人教 辞书

2-2562
短期小学算术教学法
国立编译馆编纂
上海 商务印书馆 民国24.10-25.1[1935.10-1936.1]
2册(253,334页) 图,表 32开
上册:民国24.10第2版,民国24.11第5版,民国24.12第6版,民国26.3第15版
下册:民国25.1初版,民国25.1第2版,民国25.5第5版,民国25.7第8版,民国26.3第12版
国图(2) 北师大 人教 辞书

2-2563
算术科教学研究
叶沤宝等著
  福州 福州第三小学 民国24[1935]版
  1册 16开
  广东中山

2-2564
算术课本指导法
沈亦文,宋文澡,沈百英编校
  上海 商务印书馆 民国26.2[1937.2]
  2册(275,250页) 32开
  上册:民国26.2初版
  下册:民国26.2初版,民国26.6第2版
  一年制短期小学适用
  北师大 人教 华师大

2-2565
国防算术教学指导书
俞子夷编著
  [不详] 正中书局 民国30.9[1941.9]-
  8册(②-⑦[800]页) 32开
  第2-7册:民国30.9-31.12初版
  保国民学校、乡镇中心学校教师适用
  人教(2-7)

2-2566
教算一得
俞子夷编著
  上海 正中书局 民国34.11[1945.11]沪1版
  161页 32开
  初版附注:民国33年初版
  辽宁

2-2567
小学算术科教学法
俞子夷著
  上海 商务印书馆 民国37.2[1948.2]
  165页 32开 (国民教育文库)
  辞书 天津 西北师大 广东中山

2-2568
儿童计算的困难和补救教学
盛振声编纂
  上海 商务印书馆 民国37.2[1948.2]初版,民国37.6第2版
  101页 表 32开 (国民教育文库)
  辞书 天津 西北师大 辽宁 广东中山

2-2569
小学算术心理及教学法
吴志尧编纂
  上海 商务印书馆 民国37.4[1948.4]初版,民国37.8第3版
  118页 32开 (国民教育文库)
  附:关于改进小学算术科课程标准的意见
  上海 辞书 天津 广东中山

2-2570
算术教学指引
顾萌千等编
  上海 大东书局 民国37[1948]-
  8册(①100,②78,③93,⑤88,⑥104,⑧90页) 32开
  第1-3,5-6,8册:民国37初版
  教师用
  其他题名:国民学校副课本算术教学指引
  广东中山(1-3,5-6,8)

     * * *

2-2571
心算教授书
(日)金泽长吉著 董瑞椿口述 朱念椿笔译
  上海 商务印书馆 清光绪26.10[1900]
  49叶 大32开 线装
  南洋公学师范院译术本 初等小学教授书之一
  北师大

2-2572
最新笔算教科书教授法
徐崞编纂 杜亚泉,张元济校订
  上海 商务印书馆 清光绪30.7[1904]-
  5册(43,43,66,68,68叶) 图 大32开 线装
  第1册:光绪30.7初版,光绪33.7第9版,宣统2.4第13版
  第2册:光绪30.7初版,宣统2.4第12版
  第3册:光绪30.8初版,光绪31第2版,光绪32.4第6版,宣统2.10第10版
  第4册:光绪31第3版,宣统2.10第11版
  第5册:光绪31.3初版,光绪32.4第6版,光绪32.4第7版,宣统2.4第9版
  清学部审定 初等小学教员用
  版权页题名:初等小学最新笔算教授法
  封面题名:最新初等小学笔算教科书教授法
  人教 辞书 云南社科(4) 广西师大(1,3-5)

2-2573
初等小学算术教授本
沈羽编辑 沈恩孚,石承宣校订
  上海 中国图书公司 清光绪33.3-宣统2.3[1907-1910]
  8册(94,98,102,98,130,144,124,132页) 表 大32开
  第1册:光绪33.3初版
  第2册:光绪33.6初版
  第3册:光绪33.11初版
  第4册:光绪34.5初版
  第5册:光绪34.12初版
  第6册:宣统1.6初版
  第7册:宣统1.11初版
  第8册:宣统2.3初版
  第一学年上学期～第四学年下学期用

北师大(1-4)　人教　辞书　天津(1,3-5)

2-2574

初等小学算术教授书
(清)学部编译图书局编纂
　　北京　[编者刊]　清光绪33.5[1907]-
　　8册(①232,②74页)　32开
　　第1册:光绪33.5初版
　　第2册:宣统2.12初版
　　附:教授细案册
　　人教(1-2)

2-2575

初等小学算术教授书
陆费逵编纂
　　上海　文明书局　清光绪34.5-宣统3.8[1908-1911]
　　4册(17,27,70,60叶)　表　大32开　线装
　　第1册:光绪34.5初版
　　第2册:宣统1.9初版
　　第3册:宣统2.5初版
　　第4册:宣统3.8初版
　　封面题名:新编初等小学算术教授书
　　辞书

2-2576

学部第一次编纂初等小学算术教授书
(清)学部编译图书局编
　　湖北　学务公所　清宣统1.11[1909]-
　　册(③[115],④[154],⑤[167],⑩64叶)　大32开　线装
　　第3册:宣统2.4版
　　第4册:宣统2.4版
　　第5册:宣统2.4版
　　第10册:宣统1.11初版
　　附:教授细案
　　封面题名:算术教授书
　　版权页题名:初等小学算术教授书
　　其他题名:初等小学堂五年完全科算术教授书
　　北师大(10)　人教(4)　辞书(3-5)

2-2577

单级用算术教授书
顾倬,王宗浩编辑
　　上海　中国图书公司　清宣统2.1[1910]
　　2册(90,90页)　表　大32开
　　上下册:宣统2.1初版
　　封面题名:单级用初等小学算术教授本
　　辞书

2-2578

初等小学算术教授书
(清)学部编译图书局编纂
　　广州　东关东雅石印局　清宣统2[1910]
　　3册　32开　线装
　　第1-3册:宣统2年版
　　附:教授细案

广东中山

2-2579

初等小学算学教授书
(清)学部编译图书局编纂
　　湖北　湖北官刷印局　清宣统3.6[1911]-
　　册(②40叶)　图　大32开　线装
　　第2册:宣统3.6版
　　附:教授细案
　　封面题名:算学教授书
　　辞书(2)

2-2580

新算术教授法:笔算
寿孝天编纂　商务印书馆编译所校订
　　上海　商务印书馆　民国1.5[1912.5]-
　　8册(44,45,46,42,36,36,36,36页)　图,表　大32开　线装
　　第1册:民国1.5初版,民国2第33版,民国2.6第43版
　　第2册:民国2第2版,民国2.6第38版,民国2第48版
　　第3册:民国1.6初版,民国2.6第38版,民国3第58版
　　第4册:民国1.6初版,民国1.10第2版,民国2第38版
　　第5册:民国1.8初版,民国2.6第25版,民国5第48版
　　第6册:民国1.6初版,民国2.2第11版,民国2.6第34版,民国4第45版
　　第7册:民国2.6第19版,民国2.8第34版,民国2第48版
　　第8册:民国2.6第19版,民国2.6第25版
　　教育部审定　初等小学校教员用　春季始业
　　版权页题名:初等小学新算术教授法
　　卷端题名:新算术教授法初等小学笔算
　　其他题名:共和国教科书新算术教授法
　　北师大(2,6-7)　人教(6,7)　华师大(2)　辞书　河南　云南社科(2)

2-2581

中华算术教授书
顾树森编
　　上海　中华书局　民国1.5[1912.5]-
　　8册(27,35,39,37,40,35,36,33叶)　表　大32开　线装
　　第1册:民国1.5初版,民国1.6第2版,民国2.3改正7版
　　第2册:民国1.6初版,民国1.8订正2版,民国1.8订正3版
　　第3册:民国1.5初版,民国1.8改正4版,民国1.12第5版
　　第4册:民国1.7初版,民国2.3改正5版
　　第5册:民国1.11第3版,民国2.5改正5版
　　第6册:民国1.11第3版,民国2.3改正5版
　　第7册:民国1.8初版
　　第8册:民国1.9初版
　　教育部审定
　　版权页题名:中华初等小学算术教授书
　　逐页题名:初等小学算术教授书
　　人教　辞书

2-2582

新算术教授法:笔算(乙种)

寿孝天编纂　商务印书馆编译所校订
上海　商务印书馆　民国2.1[1913.1]-
8册(36,52,36,46,30,41,31,44页)　表　大32开　线装
第1册：民国2.4第12版
第2册：民国2.1初版
第3册：民国2.4第12版
第4册：民国2.4第12版
第5册：民国2.1初版,民国2.4第12版,民国2.9第22版
第6册：民国2.1初版,民国2.9第22版
第7册：民国2.1初版,民国2.4第15版
第8册：民国2.4第15版
初等小学校教员用　秋季始业　第三学年第一学期～第四学年第一学期
初版附注：民国2年1月初版
版权页题名：初等小学新算术教授法
卷端题名：新算术教授法初等小学笔算
其他题名：共和国教科书新算术教授法
北师大(1,3,5)　人教　辞书(5-7)

2-2583

初等小学算术教授书
万声扬编纂　王式玉校阅　冯兆南绘图
武昌　共和编译社　民国2.3[1913.3]-
　册(①30叶)　大32开　线装
第1册：民国2.3第2版,民国2.3第3版
第一学年第一学期用
封面题名：算术教授书
人教(1)　辞书(1)

2-2584

新制中华算术教授书
顾树森编　戴克敦,沈颐,陆费逵阅
上海　中华书局　民国2.3-10[1913.3-10]
12册(25,20,16,27,22,18,30,23,18,17,14,11叶)　大32开　线装
第1册：民国2.3初版,民国2.6第2版,民国2.10第3版
第2册：民国2.3初版,民国2.6第2版,民国2.7第3版,民国2.10第4版
第3册：民国2.5初版,民国3.1第4版
第4册：民国2.6初版,民国3.12第5版
第5册：民国2.4初版,民国2.10第3版,民国4.5第6版
第6册：民国2.7初版,民国2.8第2版
第7册：民国2.8初版,民国3.1第3版
第8册：民国2.5初版,民国2.8第3版
第9册：民国2.9初版,民国3.10第4版
第10册：民国2.8初版,民国3.1第3版
第11册：民国2.5初版,民国3.1第3版
第12册：民国2.10初版,民国2.11第2版
初等小学校用　第一学年第一学期～第四学年第三学期
版权页题名：新制中华初等小学算术教授书
逐页题名：新制初等小学算术教授书
北师大　人教(2,9-11)　辞书

2-2585

初等小学新算术教授书
沈羽编辑
上海　中国图书公司和记　民国2.5[1913.5]-
8册(78,106,88,118,106,158,90,138页)　表　大32开　线装
第1册：民国2.5初版,民国3.6第3版,民国3.6第4版
第2册：民国2.5初版,民国3.7第3版
第3册：民国3.7第2版
第4册：民国3.7第4版
第5册：民国2.5初版,民国3.7第2版
第6册：民国2.5初版,民国3.7第2版
第7册：民国2.5初版,民国3.7第2版
第8册：民国2.5初版,民国3.7第2版
教师用书　秋季始业
封面题名：新算术教授书
人教　辞书

2-2586

新编算术教授法
新学会社编辑
上海　[编者刊]　民国2.11[1913.11]-
8册(①28,②24,③18,④18,⑤22,⑥14页)　大32开　线装
第1-6：民国2.11初版
初等小学校用
版权页题名：初等小学算术教授法
人教(1-6)　辞书(1-6)

2-2587

新编中华算术教授书
顾树森,沈熙编
上海　中华书局　民国2.11-3.2[1913.11-1914.2]
8册(29,31,38,34,35,27,20,20叶)　图　大32开　线装
第1册：民国2.11初版,民国4.7第4版
第2册：民国2.12初版
第3册：民国2.12初版,民国4.5第3版
第4册：民国3.1初版,民国4.6第3版
第5册：民国3.1初版
第6册：民国3.2初版
第7册：民国3.1初版
第8册：民国3.2初版
初等小学校用　春季始业
版权页题名：新编中华初等小学算术教授书
北师大　人教　辞书

2-2588

新制单级算术教授书
顾树森编
上海　中华书局　民国3.5[1914.5]
3册(160,120,120页)　表　大32开　线装
第1册(甲编)：民国3.5初版
第2册(乙编)：民国3.5初版,民国4.4版,民国9.3第8版
第3册(丙编)：民国3.5初版,民国9.3第8版

教育部审定　初等小学用　国民学校用　第一学年第一学期~第四学年第三学期用
版权页题名：新编单级初等小学算术教授书
其他题名：新制单级国民学校算术教授书
其他题名：新编单级算术教授书
人教　辞书　广西师大(2)

2-2589

女子算术教授书
沈熙编　顾树森阅
上海　中华书局　民国4.5-10[1915.5-10]
8册(130,119,119,97,105,107,81,74页)　大32开　线装
第1册：民国4.5初版
第2册：民国4.7初版
第3册：民国4.7初版
第4册：民国4.8初版
第5册：民国4.8初版
第6册：民国4.10初版
第7册：民国4.10初版
第8册：民国4.10初版
初等小学校用　国民学校用
版权页题名：女子初等小学算术教授书
人教　辞书

2-2590

新式算术教授书
沈熙编　顾树森阅
上海　中华书局　民国4.12-5.8[1915.12-1916.8]
8册(64,65,64,60,54,43,45,41叶)　图,表　大32开　线装
第1册：民国4.12初版,民国6.7第5版,民国7.1第6版,民国8.11第12版,民国10.7第16版
第2册：民国4.12初版,民国7.1第6版,民国8.7第9版
第3册：民国4.12初版,民国5.10第3版,民国8.8第8版
第4册：民国4.12初版,民国8.4第5版,民国8.7第7版,民国10.7第12版
第5册：民国5.4初版,民国8.7第8版,民国12.5第18版
第6册：民国5.5初版,民国8.7第7版
第7册：民国5.6初版,民国8.8第6版,民国10.1第10版
第8册：民国5.8初版,民国8.8第7版
教育部审定　国民学校用
版权页题名：新式国民学校算术教授书
北师大(1,4,7)　人教　辞书

2-2591

新体算术教授书
俞子夷,江枚,李梁等编纂　俞子夷,屠颖校订
上海　商务印书馆　民国5.11[1916.11]-
4册(①117,②157,③88页)　图　大32开　线装
第1册：民国5.11初版,民国6.5第4版
第2册：民国6.8第3版
第3册：民国6.5第4版
教育部审定　国民学校教员用
人教(1-3)　辞书(1-3)

2-2592

新算术教案
骆师曾编纂　寿孝天校订
上海　商务印书馆　民国6.2[1917.2]-
8册　32开　线装
第1-4册：民国6.2-7.5版
教育部审定　国民学校教员用　春季始业
其他题名：共和国教科书新算术教案
人教(1-4)

2-2593

新算术教案
骆师曾编
上海　商务印书馆　民国8[1919]-
　册　图　线装
第1册：民国9年版
第2册：民国9年版
第3册：民国8第2版
第4册：民国8年版
其他题名：共和国教科书新算术教案
国民学校秋季专用
国图(1-4)

2-2594

新法算术教授案：笔算
寿孝天编纂　骆师曾校订
上海　商务印书馆　民国9.7-11.2[1920.7-1922.2]
8册(108,118,136,115,108,94,72,82页)　图　大32开
第1册：民国9.7初版,民国9.8第5版,民国10.2第11版,民国10.7第16版
第2册：民国9.10初版,民国11.2第16版
第3册：民国9.12初版,民国10.5第10版
第4册：民国10.3初版,民国10.3第5版,民国12.1第16版
第5册：民国10.7初版,民国10.7第5版,民国11.2第11版
第6册：民国10.10初版,民国12.7第14版
第7册：民国10.12初版,民国11.3第10版,民国12.6第15版
第8册：民国11.2初版,民国11.3第6版,民国11.11第11版
教育部审定　国民学校教员用　春秋季始业
卷端题名：新法算术教授案国民学校笔算
国图　北师大(1-2,4-5,8)　华师大(7)　辞书　河南(3,5)

2-2595

算术教案
钱梦渭,黄丹臒,华襄治,张鹏飞编辑及校阅
上海　中华书局　民国9.11-10.8[1920.11-1921.8]
8册(58,63,72,65,54,48,46,45叶)　图,表　大32开　线装
第1册：民国9.11初版,民国11.4第5版
第2册：民国9.12初版,民国10.1第2版
第3册：民国9.12初版,民国10.7第2版
第4册：民国10.1初版,民国11.10第6版
第5册：民国10.3初版,民国12.5第6版

第6册：民国10.8初版
第7册：民国10.8初版
第8册：民国10.8初版
教育部审定　国民学校用
其他题名：新教育教科书算术教案
人教　辞书

2-2596

算术课本教授书

顾楠,朱开乾,赵凤,徐焕文,郑炳渭,唐宗福编　邓庆澜,张鹏飞,俞宗振校

上海　中华书局　民国12.2-8[1923.2-8]

8册(76,58,65,76,76,65,68,62页)　图,表　大32开

第1册：民国12.2初版,民国13.1第5版,民国16.1第12版

第2册：民国12.3初版,民国13.5第6版,民国17.3第14版

第3册：民国12.3初版,民国16.1第11版

第4册：民国12.5初版,民国15.6第12版,民国17.3第15版

第5册：民国12.5初版,民国14.7第9版,民国16.1第12版

第6册：民国12.6初版,民国16.1第13版,民国13.5第5版

第7册：民国12.7初版,民国16.1第13版,民国16.9第14版,民国17.4第15版

第8册：民国12.8初版,民国16.1第12版,民国17.4第14版

教育部审定　新学制适用　初级小学用

卷端题名：新小学算术课本教授书

其他题名：新小学教科书算术课本教授书

人教　辞书　编译馆

2-2597

新学制算术教授书

骆师曾编纂　沈百英校订

上海　商务印书馆　民国12.7-14.4[1923.7-1925.4]

8册(73,75,74,84,79,93,85,85页)　图,表　32开

第1册：民国12.7初版,民国12.7第10版,民国13.1第18版,民国13.5第25版,民国19.2第51版

第2册：民国12.12初版,民国13.3第18版,民国14.4第26版,民国17.7第41版

第3册：民国12.11初版,民国14.5第27版,民国17.7第42版

第4册：民国13.1初版,民国14.12第26版,民国16.5第36版

第5册：民国13.4初版,民国14.12第23版,民国19.2第37版

第6册：民国13.6初版,民国14.6第18版,民国17.11第31版,民国25第105版

第7册：民国14.3初版,民国14.3第10版,民国16.9第28版,民国26第165版

第8册：民国14.4初版,民国15.3第20版,民国16.9第25版

教育部审定　小学校初级用

北师大　人教　华师大(2,6-7)　辞书

2-2598

初级算术课本教学法

戴渭清,吕云彪编辑　范祥善,魏冰心校订

上海　世界书局　民国13.6[1924.6]-

8册(162,138,166,124,132,144,144,122页)　图,表　32开线装

第1册：民国13.6初版,民国13第2版,民国13.8第3版,民国13.12版

第2册：民国13.6初版,民国13.8第3版,民国14.1第6版

第3册：民国13.12第4版

第4册：民国13.12初版

第5册：民国13.12初版

第6册：民国13.12初版

第7册：民国13.12初版,民国14.4第2版

第8册：民国13.12第2版

教育部审定　新学制小学教员用书

国图(1-2)　北师大(1-2,7)　人教(1-2,7)　辞书

2-2599

新中华算术课本教授书

顾楠,朱开乾,赵凤,郑炳渭,黄铁崖,张德骃编辑

上海　新国民图书社　民国16.11-17.8[1927.11-1928.8]

8册(104,71,62,105,90,102,84,92页)　图,表　32开

第1册：民国16.11初版,民国17第2版,民国19.11第11版,民国20.6第12版,民国21.3第14版

第2册：民国17.3初版,民国19.11第10版,民国20.6第11版

第3册：民国17.4初版,民国19.9第9版,民国20.12第11版,民国21.3第12版

第4册：民国17.8初版,民国19.9第9版,民国21.3第12版

第5册：民国17.8初版,民国18.3第3版,民国19.12第8版,民国20.12第10版,民国21.3第11版

第6册：民国17.3初版,民国18.6第5版,民国21.3第12版,民国21.10第13版

第7册：民国17.8初版,民国19.11第7版,民国20.6第8版,民国24.8第13版

第8册：民国17.8初版,民国20.4第7版,民国20.12第8版,民国21.3第9版

小学校初级用

其他题名：新中华教科书算术课本教授书

国图(1,3,5-7)　人教　辞书　河南(2)　编译馆

2-2600

前期小学算术课本教学法

戴渭清,吕云彪,赵霭吴编辑　范祥善,魏冰心校订

上海　世界书局　民国17.4[1928.4]-

8册(162,138,166,124,128,146,143,122页)　图　大32开线装

第1册：民国18.7第6版,民国19.1审定初版,民国21.9第9版

第 2 册: 民国 18.7 第 6 版, 民国 19.7 审定 3 版, 民国 21.7 第 10 版

第 3 册: 民国 18.7 第 6 版, 民国 19.3 审定 2 版, 民国 20 年版, 民国 21.9 第 11 版

第 4 册: 民国 18.7 第 6 版, 民国 19.2 审定初版, 民国 21.10 第 11 版

第 5 册: 民国 17.7 第 3 版, 民国 18.5 第 5 版, 民国 19.5 审定初版, 民国 19.5 审定 2 版, 民国 21.7 修正 9 版, 民国 22.1 修正 10 版

第 6 册: 民国 17.4 初版, 民国 18.5 第 5 版, 民国 19.1 第 7 版, 民国 20.5 审定 4 版, 民国 22.1 修正 9 版

第 7 册: 民国 17.7 第 3 版, 民国 18.5 第 5 版, 民国 19.11 修正 3 版, 民国 19.12 修正版, 民国 22.2 修正 9 版

第 8 册: 民国 17.7 第 3 版, 民国 18.5 第 5 版, 民国 19.2 第 6 版, 民国 19.10 审定 2 版, 民国 22.2 修正 9 版

照教育部审定本编辑　新主义教科书教员用书
逐页题名: 新主义算术课本教学法
国图(5-8)　人教(5-8)　华师大　辞书　云南社科(1,3)　编译馆

2-2601

新时代算术教授书
方复旦编辑

上海　商务印书馆　民国 17.7[1928.7]-
8 册(84,76,78,76,86,86,86,86 页)　32 开

第 1 册: 民国 17.7 初版, 民国 18.3 第 21 版, 民国 18.7 第 36 版, 民国 21.9 国难后 3 版

第 2 册: 民国 18.7 第 15 版, 民国 19.2 第 30 版

第 3 册: 民国 18.3 第 20 版, 民国 18.7 第 35 版

第 4 册: 民国 18.8 第 25 版, 民国 21.9 国难后 3 版

第 5 册: 民国 19.5 初版

第 6 册: 民国 18.12 第 20 版, 民国 18.12 第 25 版, 民国 21.10 国难后 5 版

第 7 册: 民国 19.3 初版

第 8 册: 民国 18.12 第 5 版, 民国 18.12 第 10 版, 民国 21.10 国难后 5 版

小学校初级用　初等小学教员用
北师大　人教　华师大(1-2,8)　辞书(1-4,6,8)

2-2602

初小算术教学法
董涤尘, 束云逵, 徐子龄编辑　骆师曾校订

上海　商务印书馆　民国 20.8-12[1931.8-12]
8 册(126,124,165,160,175,166,164,170 页)　图　32 开

第 1 册: 民国 20.8 初版, 民国 21.7 国难后 3 版, 民国 21.11 国难后 13 版

第 2 册: 民国 20.8 初版, 民国 21.7 国难后 3 版, 民国 21.11 国难后 13 版

第 3 册: 民国 20.8 初版, 民国 21.7 国难后 3 版, 民国 21.11 国难后 13 版

第 4 册: 民国 20.8 初版, 民国 21.7 国难后 3 版

第 5 册: 民国 20.8 初版, 民国 21.12 国难后 12 版

第 6 册: 民国 20.9 初版, 民国 21.7 国难后 2 版, 民国 21.12 国难后 13 版

第 7 册: 民国 20.8 初版, 民国 21.7 国难后 2 版

第 8 册: 民国 20.12 初版

小学校初级用
其他题名: 基本教科书初小算术教学法
北师大　人教　辞书

2-2603

小学低年级算术科教学法
佟桂森著

北平　文化学社　民国 21.3[1932.3]
80 页　图　32 开
其他题名: 低年级算术科教学法
国图　人教　广东中山

2-2604

开明算术课本教学法
刘薰宇编

上海　开明书店　民国 21.8[1932.8]-
8 册(66,93,80,99,102,116,112,103 页)　32 开

第 1 册: 民国 21.8 初版
第 2 册: 民国 22.2 第 2 版
第 3 册: 民国 21.8 初版
第 4 册: 民国 22.4 初版
第 5 册: 民国 22.8 初版, 民国 23.8 第 2 版
第 6 册: 民国 22.8 初版
第 7 册: 民国 22.8 初版
第 8 册: 民国 22.8 初版

小学初级教师用
国图(2,4-5,7)　北师大　人教　华师大(4)　辞书　西北师大　广东中山(2,4)

2-2605

算术教学做法
江效唐编辑　薛天汉校阅

上海　大东书局　民国 21.12[1932.12]-
8 册(118,194,166,184,174,116,112,150 页)　图, 表　32 开

第 1 册: 民国 21.12 初版, 民国 22.7 第 4 版
第 2 册: 民国 22.8 第 3 版
第 3 册: 民国 22.8 初版
第 4 册: 民国 22.7 初版
第 5 册: 民国 22.7 初版
第 6 册: 民国 22.8 初版, 民国 22.11 第 3 版
第 7 册: 民国 22.8 初版
第 8 册: 民国 22.8 初版, 民国 22.9 第 2 版

小学校初级教师用　按新课程标准编辑
其他题名: 新生活教科书算术教学做法
北师大　人教(6,8)　辞书(1)　编译馆(6)

2-2606

小学算术课本教学法
张咏春, 徐迥千, 钱选青等编　雷琛, 金兆梓, 华襄治, 张鹏飞校

上海　中华书局　民国 22.5[1933.5]-

8册(130,130,109,118,166,171,191,162页) 图,表 大32开
第1册:民国22.5初版
第2册:民国22.6初版,民国23.1第5版
第3册:民国22.6初版,民国23.1第5版
第4册:民国22.8初版
第5册:民国22.8初版,民国23第3版,民国23.1第6版
第6册:民国22.11第3版,民国22.11第6版
第7册:民国22.8初版,民国22.8第5版,民国24.6第7版
第8册:民国22.11初版,民国22.11第3版,民国22.11第4版
新课程标准适用 小学校初级用
其他题名:小学初级算术课本教学法
华师大(6) 辞书 广东中山(5)

2-2607

低年级算术教学新法
葛承训编著
上海 儿童书局 民国22.6[1933.6]版
116页 图 32开
北师大

2-2608

初小算术教学法
张匡编辑 骆师曾校订
上海 世界书局 民国22.7[1933.7]-
8册(109,103,91,90,163,168,147,156页) 图,表 32开
第1册:民国23.1第5版,民国24.3第8版
第2册:民国23.4第5版,民国24.5第8版
第3册:民国23.4第6版,民国25.1第11版
第4册:民国23.4第6版,民国25.4第11版
第5册:民国23.4第5版,民国25.5第11版
第6册:民国23.4第3版,民国24.12第9版
第7册:民国22.7初版,民国25.5第12版
第8册:民国23.4第2版,民国24.11第9版
照教育部审定本编辑 初级小学教员用
初版附注:民国22年6-11月初版
其他题名:算术课本教学法
其他题名:新课程标准教科书教员用书初小算术教学法
国图(7) 北师大 辞书

2-2609

初小算术科教学进度表
江苏省教育厅编
[不详] [编者刊] 民国22.7[1933.7]
144页 表 27开
国图

2-2610

算术教学法
江景双等编著 沈百英校订
上海 商务印书馆 民国22.7-8[1933.7-8]
8册(143,159,182,196,259,314,361,288页) 图,表 32开
第1册:民国22.7初版,民国23.6第23版,民国24.4第30版,民国26改编8版
第2册:民国22.8初版,民国23.7第23版,民国23.12第25版
第3册:民国22.8初版,民国23第15版,民国23.12第24版
第4册:民国22.8初版,民国23第18版,民国24.1第25版,民国24.2第26版
第5册:民国22.8初版,民国23第20版,民国23.12第25版,民国24.12版
第6册:民国22.8初版,民国23第18版,民国24.6第26版
第7册:民国22.8初版,民国23第11版,民国23.4第16版,民国23.7第20版
第8册:民国22.8初版,民国23.6第17版,民国23.12第23版
小学校初级用
封面题名:复兴算术教学法
其他题名:复兴教科书算术教学法
国图 北师大 人教 华师大(1,3,5-6) 辞书 河南(7-8) 庐山(5) 广东中山(1,3-4,7)

2-2611

低年级算术教学法
克拉克等著 赵廷为译
上海 开明书店 民国22[1933]版
297页 32开
北师大

2-2612

心算教授书
教育人民委员会编
[出版者不详] 民国23.1[1934.1]-
册(①34页) [32开]
第1册:民国23.1版
初等教材教员用书
人教(1)

2-2613

低年级算术教学法
周法均编
上海 中华书局 民国23.3[1934.3]
166页 照片 大32开
天津 西北师大 辽宁

2-2614

小学算术课本教学法
张咏春,徐迥千,钱选青等编 雷琛,金兆梓,华襄治,张鹏飞校
上海 中华书局 民国23.3-24.5[1934.3-1935.5]
8册(130,130,109,118,166,171,191,162页) 图,表 32开
第1册:民国23.3初版
第2册:民国23.3初版
第3册:民国23.3初版
第4册:民国23.3初版
第5册:民国24.2初版
第6册:民国24.2初版

第 7 册：民国 24.3 初版
第 8 册：民国 24.5 初版,民国 24.5 第 2 版
新课程标准适用　春季始业　小学校初级用
国图　北师大(3,8)　人教(1,6-8)　辞书　河南(5-7)

2-2615

复兴算术指导法
徐子龄等编者　沈百英校订
　　上海　商务印书馆　民国 23.8-24.4[1934.8-1935.4]
　　8 册　32 开
　　第 1-8 册：民国 23.8-24.4 初版
　　小学校初级用
　　逐页题名：复兴初小算术指导法
　　北师大(1-3,7)　人教　华师大(1-3)　编译馆(2,5)

2-2616

初小算术教学法
张匡编辑　骆师曾校订
　　上海　世界书局　民国 24.2-11[1935.2-11]
　　8 册(121,107,126,130,183,192,150,141 页)　图,表　32 开
　　第 1 册：民国 24.2 初版
　　第 2 册：民国 24.3 初版
　　第 3 册：民国 24.3 初版
　　第 4 册：民国 24.4 初版
　　第 5 册：民国 24.8 初版
　　第 6 册：民国 24.9 初版
　　第 7 册：民国 24.9 初版
　　第 8 册：民国 24.11 初版
　　初级小学教员用　春季始业用
　　其他题名：新课程标准教科书初小算术教学法
　　北师大(5-6)　辞书

2-2617

低年级算术游戏
顾志贤,黄寰清编
　　上海　商务印书馆　民国 24.11[1935.11]初版,民国 25 第 2 版
　　98 页　图　32 开　(低年级教育丛书)
　　辞书　庐山　广东中山

2-2618

整数四则式题速算练习簿指导法
宋绍洵编
　　上海　商务印书馆　民国 26.1[1937.1]
　　135 页　32 开
　　初等小学用
　　人教　河南

2-2619

算术教学法[改编本]
江景双等编著
　　长沙　商务印书馆　民国 26.6[1937.6]-
　　8 册(114,122,135,143,179,183,237,185 页)　32 开
　　第 1 册：民国 26.6 初版,民国 26.6 改编本 8 版,民国 27 改编本 17 版

第 2 册：民国 26.6 初版,民国 27 改编本 18 版,民国 27 改编本 20 版
第 3 册：民国 26.6 初版,民国 26.6 改编本 8 版,民国 27 改编本 11 版,民国 30 改编本 21 版
第 4 册：民国 26.6 初版,民国 28 改编本 17 版
第 5 册：民国 26 年版,民国 27 改编本 15 版,民国 30 改编本 20 版
第 6 册：民国 26 年版,民国 28 改编本 18 版,民国 29 改编本 19 版
第 7 册：民国 26.6 改编本 7 版,民国 27 改编本 9 版
第 8 册：民国 26.6 初版,民国 27 改编本 17 版
初级小学适用
封面题名：复兴算术教学法
其他题名：复兴教科书算术教学法
人教(1-4,8)　华师大(2,4-7)　西北师大　广东中山(2-7)　编译馆(1,3,7)

2-2620

新编初小算术课本教学法
徐允昭,杨寿楠,华丽衡,陈邦贤,陈致中,何寿斋编　华襄治,陶鸿翔,张鹏飞,徐天游校
　　上海　香港　中华书局　民国 26.7-8[1937.7-8]
　　8 册(186,197,167,161,231,200,175,208 页)　图,表　32 开
　　第 1 册：民国 26.8 初版,民国 26.8 第 4 版,民国 26.8 第 6 版,民国 26.8 第 8 版,民国 30.4 第 13 版
　　第 2 册：民国 26.7 初版,民国 26.7 第 2 版,民国 26.7 第 3 版,民国 26.7 第 4 版,民国 26.7 第 6 版,民国 28.10 第 11 版
　　第 3 册：民国 26.7 初版,民国 26.7 第 3 版,民国 26.7 第 5 版,民国 26.8 第 8 版,民国 30.4 第 14 版
　　第 4 册：民国 26.7 初版,民国 26.7 第 5 版,民国 26.7 第 6 版,民国 30.4 第 14 版
　　第 5 册：民国 26.7 初版,民国 26.7 第 2 版,民国 26.7 第 3 版,民国 28 第 9 版,民国 30.5 香港初版
　　第 6 册：民国 26.7 初版,民国 26.7 第 5 版,民国 28 第 8 版,民国 30.5 香港初版
　　第 7 册：民国 26.7 初版,民国 30.5 香港初版
　　第 8 册：民国 26.7 初版,民国 26.7 第 2 版,民国 30.5 第 11 版
修正课程标准适用　春秋季通用
国图　北师大(1-2)　人教　华师大(6-7)　辞书　西北师大(5-8)　广东中山(1-6,8)　编译馆(2)

2-2621

初小新算术教学法
朱开谦等编
　　上海　世界书局　民国 27.1[1938.1]-
　　8 册　32 开
　　第 1 册：民国 28.6 第 4 版
　　第 2 册：民国 28.6 第 4 版
　　第 4 册：民国 27 年版
　　第 6 册：民国 27 年版
　　第 7 册：民国 27 年版,民国 28.6 第 4 版
　　第 8 册：民国 27.1 版,民国 27.9 第 3 版

修正课程标准适用
国图(8)　人教(8)　西北师大(4,6-8)　编译馆(1-2,7)

2-2622

算术教学法
许用宾,沈百英编校
香港　商务印书馆　民国27.7-28.1[1938.7-1939.1]
8册　图　32开
第1册:民国27.7初版
第2册:民国27.7初版
第3册:民国27.7初版
第4册:民国27.7初版
第5册:民国28.1初版
第6册:民国28.1初版
第7册:民国28.1初版
第8册:民国28.1初版
根据民国26年审定本编辑　小学校初级用　南洋华侨小学用
逐页题名:初小算术教学法
其他题名:复兴教科书算术教学法
人教　辞书(1)　西北师大(1)

2-2623

初小算术教学法
(伪)教育部编审会编
北平　[编者刊]　民国27.12[1938.12]-
8册　32开
第2,4,6-8:民国27.12-29.8版
初小教师用
国图(2)　人教(2,4,6-8)

2-2624

初小算术教学法
(伪)教育总署编审会著
北平　[著者刊]　民国27.12[1938.12]-
8册(②122,④118,⑥126,⑦142,⑧128页)　图　32开
第2册:民国27.12版
第4册:民国29.6版
第6册:民国29.7版
第7册:民国29.5版
第8册:民国29.8版
北师大(2,4,6-8)

2-2625

初小算术课本教学法
赵侣青,潘子瑜,顾荫千等编校
上海　中华书局　民国28.2-5[1939.2-5]
8册(130,136,109,122,170,174,194,170页)　图　32开
第1册:民国28.2初版
第2册:民国28.2初版
第3册:民国28.2初版
第4册:民国28.2初版
第5册:民国28.4初版
第6册:民国28.3初版
第7册:民国28.4初版
第8册:民国28.5初版
修正课程标准适用　春季始业
国图　人教　辞书

2-2626

小学初级算术科教材和教法
宋绍洵编　沈百英主编
上海　商务印书馆　民国28.6[1939.6]
134页　图,表　32开　(小学教师丛书)
辞书

2-2627

低年级算术游戏
沈瑞安编
上海　中华书局　民国28.6[1939.6]
42页　图,表　32开
人教　上海　辞书

2-2628

初小算术教学法
蒋息岑,应颂华编辑
上海　大东书局　民国29.7[1940.7]-
8册(①100,②78,③93,④102,⑤88,⑥104,⑧90页)　图,表　32开　精装
第1册:民国29.7初版
第2册:民国29.8初版
第3册:民国29.7初版
第4册:民国29.8初版
第5册:民国29.7初版
第6册:民国29.8初版
第8册:民国29.11初版
新修正标准　初级教师用
其他题名:算术教学法
其他题名:新修正标准算术教学法
编译馆(1-6,8)

2-2629

南洋华侨小学算术课本教学法
侨务委员会侨校教科书编辑委员会主编　沈厥成,周钰校阅
新加坡　商务印书馆　民国30.6[1941.6]
8册(70,71,74,74,83,85,88,88页)　图,表　32开
第1-8:民国30.6初版
遵照修正课程标准编辑　南洋华侨小学初级适用
逐页题名:南洋算术教学法
国图(3)　人教(3)　辞书

2-2630

初小算术教学法
(伪)教育总署编审会著
北平　新民印书馆　民国32.1[1943.1]-
8册(②-④⑧[354]页)　32开
第2-4,8:民国32.1版
其他题名:(修正本)初小算术教学法

人教(2-4)　河南(8)

2-2631

初级小学算术教学指引
教育部科技用书编辑委员会主编　吴云鹏,莫明坤编辑
　　重庆　上海　国定中小学教科书七家联合供应处　民国35.4
　　　[1946.4]-
　　8册(①68,②40页)　图　32开
　　第1-2册：民国35.4初版,民国35.4上海白报纸本1版
　　逐页题名：初小算术教学指引
　　人教(1-2)　辞书(1-2)

2-2632

初小算术教材教法
张逸园编著
　　8册(①70,②54页)　32开
　　晋冀鲁豫边区政府教育厅审定
　　①[不详]　华北新华书店　民国35.5[1946.5]-
　　第1册：民国35.5初版
　　第2册：民国35.6初版
　　人教(1-2)
　　②[邯郸]　裕民印刷厂　民国35.6[1946.6]-
　　第1册：民国35.6版
　　国图(1)

2-2633

初级小学算术教学指引[第2次修订本]
国立编译馆主编　沈麓元绘图
　　8册(92,54,218,220,304,272,140,293页)　图　32开
　　初小算术课本适用
　　逐页题名：初小算术教学指引
　　其他题名：算术教学指引
　　①上海　五联社　民国37.2[1948.2]
　　第1册：民国37.2初版
　　第2册：民国37.2初版
　　第3册：民国37.2初版
　　第4册：民国37.2初版
　　第5册：民国37.2初版
　　第6册：民国37.2初版
　　第7册：民国37.2初版
　　第8册：民国37.2初版,民国37第6版
　　国图(1)　人教(4,8)　辞书　广东中山(2-4,6-8)
　　②上海　中华书局　民国37.6-9[1948.6-9]
　　第1-8册：民国37.6-9初版
　　国图(3-6,8)　人教
　　③南京　上海　正中书局　民国37.7[1948.7]-
　　第1册：民国37.9沪1版
　　第3册：民国37.7初版,民国37.9沪1版
　　第4册：民国37.7初版,民国37.9沪1版
　　第5册：民国37.7初版,民国37.9沪1版
　　第6册：民国37.9沪1版
　　第8册：民国37.7初版,民国37.9沪1版
　　国图(1,5-6,8)　人教(1,3-6,8)　华师大(8)　庐山(8)
　　　广东中山(6)

　　④上海　大东书局　民国37[1948]-
　　第5册：民国37沪1版
　　广东中山(5)
　　⑤上海　商务印书馆　民国37[1948]-
　　第6册：民国37第1版
　　第8册：民国37第8版
　　华师大(8)　庐山(8)　广东中山(6)

2-2634

小学低年级随机教算法
赵廷为编译
　　上海　商务印书馆　民国37.4[1948.4]初版,民国37.6第2
　　　版,民国37.8第3版
　　161页　32开　(国民教育文库)
　　北师大　上海　辞书　广东中山

2-2635

现代算术教学法
宋云彬,孙起孟主编　方与严,曹伯韩,蒋仲仁等编　叶绍
钧,吴研因,陈群葆等校阅
　　新加坡　上海书局　民国37.10-38.4[1948.10-1949.4]
　　8册(45,36,67,68,77,73,70,71页)　图,表　32开
　　第1册：民国37.10初版
　　第2册：民国38.4初版
　　第3册：民国37.10初版
　　第4册：民国38.4初版
　　第5册：民国37.10初版
　　第6册：民国38.4初版
　　第7册：民国37.10初版
　　第8册：民国38.4初版
　　华侨小学适用　小学校初级用
　　人教(1,3,5)　辞书

* * *

2-2636

最新高等小学笔算教科书教授法
王兆楠,杜亚泉编纂
　　上海　商务印书馆　清光绪31.9[1905]-
　　册(①86,③96页)　32开　线装
　　第1册：光绪31.9初版,光绪32.2第2版
　　第3册：光绪32.4第3版
　　高等小学堂教员用
　　人教(1,3)

2-2637

高等小学算术教授法
何崇礼,陈文著
　　上海　科学会编译部　清光绪33.9[1907]-
　　4册(①81页)　大32开
　　第1册：光绪33.9初版
　　第一学年用
　　辞书(1)

2-2638

高等小学算术教授本
石承宣编辑　沈羽校订
　　上海　中国图书公司　清光绪 34.10 - 民国 1.4 [1908 - 1912.4]
　　5 册(90,95,96,105,111 页)　大 32 开
　　第 1 册:光绪 34.10 初版
　　第 2 册:宣统 2.10 初版
　　第 3 册:宣统 3.4 初版
　　第 4 册:民国 1.4 初版
　　第 5 册:民国 1.4 初版
　　第一学年上学期~第三学年下学期用
　　版权页题名:算术教授本
　　北师大(1-2,4-5)　人教　辞书(1-3)

2-2639

高等小学算术书
王家菼,骆师曾编译　寿孝天,赵秉良校订
　　上海　商务印书馆　清宣统 1.5[1909]
　　4 册(81,81,84,85 页)　大 32 开　精装
　　第 1-4 册:宣统 1.5 初版
　　教师用　高小学生适用
　　北师大　人教(1)　辞书(1)　天津

2-2640

中华高等小学算术教授书
赵秉良编译
　　上海　中华书局　民国 1.7[1912.7]-
　　3 册(①37 叶)　图　16 开　线装
　　第 1 册:民国 1.7 初版,民国 2.3 第 3 版
　　逐页题名:高等小学算术教授书
　　其他题名:中华算术教授书
　　人教(1)　辞书(1)

2-2641

高等小学新算术教授书
石承宣编辑
　　上海　中国图书公司和记　民国 2.5[1913.5]-
　　9 册(①116,②72,③114,④110 页)　32 开　线装
　　第 1-4 册:民国 2.5 初版,民国 3.7 第 2 版
　　教师用书　秋季始业
　　人教(1-4)　辞书(1-4)

2-2642

新制中华算术教授书
赵秉良编　戴克敦,沈颐,陆费逵阅
　　上海　中华书局　民国 2.5-8[1913.5-8]
　　9 册(33,24,25,33,25,25,33,25,27 叶)　大 32 开　线装
　　第 1 册:民国 2.5 初版,民国 2.11 第 2 版
　　第 2 册:民国 2.8 初版,民国 2.8 第 2 版,民国 2.9 第 3 版
　　第 3 册:民国 2.7 初版
　　第 4 册:民国 2.7 初版,民国 2.9 第 3 版
　　第 5 册:民国 2.7 初版,民国 2.9 第 3 版
　　第 6 册:民国 2.8 初版,民国 2.9 第 2 版
　　第 7 册:民国 2.7 初版,民国 2.12 第 2 版
　　第 8 册:民国 2.7 初版
　　第 9 册:民国 2.7 初版,民国 2.9 第 2 版
　　高等小学校用　第一学年第一学期~第四学年第三学期
　　版权页题名:新制中华高等小学算术教授书
　　逐页题名:新制高等小学算术教授书
　　北师大　人教　辞书　河南(1-6)

2-2643

新编中华算术教授书
顾树森编
　　上海　中华书局　民国 3.1-9[1914.1-9]
　　6 册(42,42,41,42,45,41 页)　表　大 32 开　线装
　　第 1 册:民国 3.1 初版,民国 4.3 第 2 版
　　第 2 册:民国 3.9 初版
　　第 3 册:民国 3.2 初版,民国 4.5 第 3 版
　　第 4 册:民国 3.3 初版,民国 4.6 第 3 版
　　第 5 册:民国 3.3 初版,民国 4.6 第 3 版
　　第 6 册:民国 3.9 初版,民国 4.6 第 3 版
　　教育部审定　高等小学校用　春季始业
　　版权页题名:新编中华高等小学算术教授书
　　其他题名:中华算术教授书
　　北师大　人教　辞书

2-2644

新式算术教授书
华襄治编辑
　　上海　中华书局　民国 5.7-6.2[1916.7-1917.2]
　　6 册(86,75,89,80,92,81 页)　表　大 32 开　线装
　　第 1 册:民国 5.7 初版,民国 9.2 第 11 版,民国 10 年版
　　第 2 册:民国 5.11 初版,民国 6.7 第 2 版,民国 10 年版
　　第 3 册:民国 6.1 初版,民国 10 年版,民国 11.2 第 13 版
　　第 4 册:民国 6.1 初版,民国 9.2 第 8 版,民国 10 年版,民国 13.5 第 20 版
　　第 5 册:民国 6.1 初版,民国 8.11 第 6 版,民国 10 年版
　　第 6 册:民国 6.2 初版,民国 10 年版,民国 12.9 第 15 版,民国 13.5 第 18 版
　　教育部审定　高等小学校用
　　版权页题名:新式高等小学算术教授书
　　人教　上海　辞书(3-6)

2-2645

新法算术教授书:笔算
樊平章,郑炳渭,金声,周十义编纂　杨嘉椿,寿孝天校订
　　上海　商务印书馆　民国 9.7[1920.7]-
　　6 册(62,65,59,52,44,33 页)　表　大 32 开
　　第 1 册:民国 9.7 初版,民国 9.8 第 2 版,民国 9.12 第 5 版,民国 10.5 第 9 版
　　第 2 册:民国 9.8 初版,民国 9.8 第 2 版,民国 9.12 第 4 版,民国 10.5 第 8 版,民国 13.8 第 9 版
　　第 3 册:民国 10.3 第 6 版,民国 10.5 第 8 版
　　第 4 册:民国 10.1 第 2 版,民国 10.1 第 3 版,民国 10.3 第 6 版,民国 11.6 第 12 版
　　第 5 册:民国 10.1 初版,民国 10.1 第 3 版,民国 10.3 第 6 版,

民国11.6第12版
第6册：民国10.2初版,民国10.2第3版,民国10.3第6版
教育部审定　高等小学教员用
卷端题名：新法算术教授书高等小学笔算
国图(1-2,4-6)　人教　辞书

2-2646
算术教案
钱梦渭,黄丹膑,华襄治,张鹏飞编辑及校阅
上海　中华书局　民国10.1-12[1921.1-12]
6册(78,74,96,75,76,49页)　图,表　大32开
第1册：民国10.1初版,民国11.7第3版
第2册：民国10.7初版,民国11.1第2版
第3册：民国10.8初版
第4册：民国10.10初版,民国11.10第3版
第5册：民国10.12初版,民国12.5第3版
第6册：民国10.12初版,民国11.10第2版
教育部审定　高等小学校用
其他题名：新教育教科书算术教案
北师大(3)　人教　辞书

2-2647
算术课本教授书
糜赞治编　华襄治,张鹏飞校
上海　中华书局　民国12.3-9[1923.3-9]
4册(125,84,93,75页)　图,表　32开
第1册：民国12.3初版,民国13.1第5版
第2册：民国12.4初版,民国16.1第12版
第3册：民国12.6初版,民国16.1第10版,民国17.9第11版
第4册：民国12.9初版,民国14.11第6版
新学制小学校高级用
其他题名：新小学教科书算术课本教授书
人教　辞书　编译馆

2-2648
新学制算术教授书
骆师曾编纂　段育华,陈文校订
上海　商务印书馆　民国13.8[1924.8]-
4册(①122,②122,④115页)　表　32开
第1册：民国13.8初版,民国13.8第8版,民国16.5第17版,民国18.9第24版
第2册：民国13.9初版,民国15.9第14版,民国18.10第22版
第4册：民国14.3初版,民国18.9第16版
小学校高级用
逐页题名：高级小学算术教授书
北师大(1)　人教(1-2,4)　辞书(1-2,4)　广西师大(1-2)

2-2649
新撰算术教授书
骆师曾,胡达聪编纂　段育华,陈文校订
上海　商务印书馆　民国13.10-14.5[1924.10-1925.5]
4册(122,122,122,115页)　图,表　32开

第1册：民国14.1初版
第2册：民国13.10初版
第3册：民国14.2初版
第4册：民国14.5初版
新学制小学校高级用
卷端题名：高级小学新撰算术教授书
辞书

2-2650
高级算术课本教学法
杨逸群编辑　戴渭清校订
上海　世界书局　民国14.4-6[1925.4-6]
4册　32开
第1册：民国14.6初版
第2册：民国14.6初版
第3册：民国14.6初版
第4册：民国14.4初版,民国15.2第2版
新学制小学教员用书
国图　辞书(1)　广东中山(1)

2-2651
小学高级文体算术教授书
雷珍编　张凤翔校
上海　中华书局　民国14.8-15.2[1925.8-1926.2]
4册(125,90,94,81)页　图,表　大32开
第1册：民国14.8初版,民国16.9第2版
第2册：民国14.9初版
第3册：民国15.2初版
第4册：民国15.2初版
新学制适用
封面题名：文体算术教授书
人教　辞书

2-2652
新中华算术课本教授书
顾楠,朱乾乾,赵凤,郑炳渭,黄铁崖,张德骏编辑
上海　新国民图书社　民国17.1-8[1928.1-8]
4册(72,112,107,103页)　图,表　32开
第1册：民国17.1初版,民国18.7第3版,民国20.6第8版,民国21.4第10版,民国24.8第11版
第2册：民国17.5初版,民国19.2第4版,民国20.6第7版,民国20.9第8版,民国21.3第9版,民国24.8第12版,民国24.8第13版
第3册：民国17.8初版,民国20.4第7版,民国20.6第8版,民国21.3第10版,民国24.8第12版
第4册：民国17.6初版,民国20.4第6版,民国20.6第7版,民国21.10第10版,民国24.4第12版
小学校高级用
其他题名：新中华教科书算术课本教授书
国图(4)　北师大(2)　人教　辞书　编译馆(1-3)

2-2653
高级小学算术课本教学法
杨逸群,唐数躬编辑　戴渭清,马客谈,佘恒校订

上海　世界书局　民国 18.2[1929.2]-

4 册(158,151,149,155 页)　图，表　32 开

第 1 册：民国 18.6 第 2 版，民国 19.5 第 3 版，民国 20.6 第 7 版，民国 21 第 9 版，民国 21.12 第 11 版

第 2 册：民国 18.6 第 2 版，民国 20.6 第 6 版，民国 22.1 第 11 版

第 3 册：民国 18.2 初版，民国 18.6 第 2 版，民国 20.5 第 5 版，民国 21.11 第 9 版

第 4 册：民国 18.5 初版，民国 18.8 第 2 版，民国 20.2 第 4 版，民国 22.1 第 9 版

新主义教科书教员用书　后期小学教员用书

卷端题名：新主义算术课本教学法

人教　辞书　编译馆

2-2654

民智高级算术教钥

施仁夫，苏顽夫，陈慰萱编辑

上海　民智书局　民国 20.4[1931.4]

4 册(140,140,146,90 页)　图，表　32 开

第 1-4 册：民国 20.4 初版

小学校高级用

人教　辞书

2-2655

高小算术教学法

钱企湘，王调之，胡钟瑞，束云逵编辑　骆师曾校订

上海　商务印书馆　民国 20.12[1931.12]-

4 册(214,217,200,190 页)　图，表　32 开

第 1 册：民国 20.12 初版

第 2 册：民国 20.12 初版，民国 22.2 第 2 版

第 3 册：民国 21.12 第 4 版

第 4 册：民国 22.1 第 4 版

其他题名：基本教科书高小算术教学法

人教　辞书(2)

2-2656

新课程算术教学法

陈邦彦，徐九皋，秦启文等编辑　施仁夫等校订

上海　世界书局　民国 21.9-22.2[1932.9-1933.2]

4 册(102,106,122,129 页)　表　32 开

第 1 册：民国 21.9 初版

第 2 册：民国 21.10 初版

第 3 册：民国 22.1 初版

第 4 册：民国 22.2 初版

高级小学教员用

其他题名：新主义教科书新课程算术教学法

编译馆

2-2657

小学算术课本教学法

张咏春，潘子瑜，黄铁崖等编　雷琛，金兆梓，华襄治，张鹏飞校

上海　中华书局　民国 22.6-10[1933.6-10]

4 册(165,183,220,181 页)　图，表　大 32 开

第 1 册：民国 22.6 初版，民国 22.6 第 2 版

第 2 册：民国 22.8 初版，民国 24.4 第 5 版

第 3 册：民国 22.8 初版，民国 24.7 第 5 版

第 4 册：民国 22.10 初版，民国 24.8 第 5 版

新课程标准适用　高级小学用

国图　北师大　人教(1)　辞书

2-2658

高小算术教学法

陈邦彦，徐九皋，秦启文，束云逵编辑　施仁夫，骆师曾，龚昂云校订

上海　世界书局　民国 22.8[1933.8]-

4 册(100,116,99,115 页)　表　32 开

第 1 册：民国 22.8 初版，民国 23.4 第 4 版，民国 25.4 第 9 版

第 2 册：民国 23.4 初版，民国 23.4 第 3 版，民国 25.6 第 8 版

第 3 册：民国 22.12 第 3 版，民国 24.4 第 5 版，民国 24.12 第 6 版

第 4 册：民国 22.11 第 2 版，民国 23.8 第 2 版，民国 24.12 第 6 版

照教育部审定本编辑　新课程标准教科书教员用书

版权页题名：新课程标准高小算术教学法

国图(1)　北师大　人教　辞书

2-2659

算术教学法

钱重六，顾楠，郑叔璜，吴家骧编著　赵景源校订

上海　商务印书馆　民国 22.8[1933.8]

4 册(258,340,337,309 页)　图，表　32 开

第 1 册：民国 22.8 初版，民国 23.4 第 2 版，民国 23.11 第 15 版

第 2 册：民国 22.8 初版，民国 23.8 第 12 版，民国 23.12 第 15 版

第 3 册：民国 22.8 初版，民国 23.11 第 14 版

第 4 册：民国 22.8 初版，民国 23.5 第 3 版，民国 23.11 第 13 版

小学校高级用

其他题名：复兴教科书算术教学法

北师大　人教　华师大(4)　辞书

2-2660

算术教学做法

何寿斋编著　薛天汉校阅

上海　大东书局　民国 23.4[1934.4]

4 册([902]页)　32 开

第 1-4 册：民国 23.4 初版

小学校高级教师用

其他题名：新生活教科书算术教学做法

北师大　编译馆(3)

2-2661

开明算术课本教学法

沐绍良，高丹三编

上海　开明书店　民国 23.10-24.1[1934.10-1935.1]

4 册(174,219,241,239 页)　图，表　32 开

第1册：民国23.10初版
第2册：民国24.1初版
第3册：民国23.11初版
第4册：民国23.11初版
小学高级教师用
国图(2,4)　北师大　人教　辞书　西北师大(1-2)

2-2662

小学算术课本教学法
张咏春,潘子瑜,黄铁崖等编　华裹治,雷琛,陶鸿翔等校
上海　中华书局　民国24.5-8[1935.5-8]
4册(172,175,219,181页)　图,表　大32开
第1册：民国24.6初版
第2册：民国24.8初版
第3册：民国24.5初版
第4册：民国24.6初版
新课程标准适用　高级小学用　春季始业
北师大　人教　辞书

2-2663

复兴算术指导法
卢冠六等编著
上海　商务印书馆　民国24.10[1935.10]-
4册(①-③[954]页)　32开
第1-3册：民国24.10初版
小学校高级用　春季始业
北师大(3)　人教(1-3)

2-2664

算术四则基本练习片答案
雷震清编
上海　中华书局　民国25.8[1936.8]
90页　32开
小学高级适用　教师用
附：说明书
辞书

2-2665

算术教学法[改编本]
茅文培等编辑
上海　商务印书馆　民国26.7[1937.7]
4册(293,296,280,248页)　32开
第1册：民国26.7初版,民国29第11版
第2册：民国26.7初版,民国27.1第5版,民国27.1第9版
第3册：民国26.7初版,民国29第11版
第4册：民国26.7初版,民国29第10版
根据民国26年审定本编辑　高级小学适用
封面题名：复兴高小算术教学法
其他题名：复兴算术教学法
其他题名：复兴教科书算术教学法
国图(1-2)　人教(1-2)　华师大(4)　西北师大(1-2,4)
　广东中山　编译馆(2-3)

2-2666

新编高小算术课本教学法
徐允昭,华轶欧,何寿斋等编　华裹治,张鹏飞等校
上海　中华书局　民国26.7-9[1937.7-9]
4册(160,178,277,325页)　图,表　32开
第1册：民国26.7初版,民国26.7第3版,民国26.11第4版,民国28第7版,民国30.1第13版
第2册：民国26.7初版,民国26.7第2版,民国29第8版,民国30.1第14版
第3册：民国26.8初版,民国26.8第2版,民国27.10第3版,民国30.4第13版
第4册：民国26.9初版,民国28.5第11版,民国29年版
修正课程标准适用　春秋季通用
国图(1,3-4)　人教　华师大(1,3-4)　辞书　西北师大
　广东中山　编译馆(4)

2-2667

高小新算术教学法
胡怀天等编辑
上海　中华书局　民国27[1938]-
4册(168,160,146,171页)　32开
第1册：民国29.9第3版
第2册：民国27年版,民国29.9第3版
第3册：民国27年版,民国29.9第3版
第4册：民国27年版
修正课程标准适用
西北师大(2-4)　广西师大(1)　编译馆(1-3)

2-2668

新编高小算术课本教学法
薛天汉,杨士楠,江效唐,顾问天,周鉴溪编
上海　中华书局　民国28.1-3[1939.1-3]
4册(164,194,268,278页)　图,表　32开
第1册：民国28.1初版
第2册：民国28.1初版
第3册：民国28.3初版
第4册：民国28.2初版
修正课程标准适用　秋季始业
国图　辞书

2-2669

高小算术课本教学法
陶鸿翔,朱彦俯,赵侣青,钱选青编　华汝成,沈克刚校
昆明　中华书局　民国28.6-9[1939.6-9]
4册(222,195,337,270页)　图,表　32开
第1册：民国28.6初版
第2册：民国28.6初版
第3册：民国28.6初版
第4册：民国28.9初版
修正课程标准适用　春季始业
国图　辞书

2-2670

高级小学算术教学指导书
俞子夷编著
[南京]　正中书局　民国31.8-11[1942.8-11]

4册([562]页)　32开
第1册:民国31.8初版
第2册:民国31.8初版
第3册:民国31.11初版
第4册:民国31.11初版
国图

2-2671
高级小学算术教学指引[第2次修订本]
国立编译馆主编　沈百英编辑　唐冠芳绘图
　　上海　五联社　民国37.6[1948.6]-
　　4册(①208页)　图,表　32开
　　第1册:民国37.6初版,民国37第6版
　　逐页题名:高小算术教学指引
　　辞书(1)　广东中山(1)

2-2672
高级小学算术教学指引
国立编译馆主编　沈百英编辑
　　4册(①156,②121页)　32开
　　其他题名:算术教学指引
　　其他题名:高级小学算术教学法
　　①上海　商务印书馆　民国37.8[1948.8]-
　　第1-2册:民国37.8初版
　　人教(1-2)
　　②上海　中华书局　民国37.9[1948.9]-
　　第1-2册:民国37.9初版
　　国图(1)　人教(1-2)
　　③上海　世界书局　民国37[1948]-
　　第2册:民国37沪1版
　　广东中山(2)

教学辅导书

2-2673
理论应用算术题解
陆兆麟译辑　曾墉校阅　郭维城裏校
　　浙江　浙江印刷公司　民国3.1[1914.1]-
　　2册(①214页)　大32开
　　第1册(上卷):民国3.1初版
　　辞书(1)

2-2674
算术:百分算及利息算
(日)林鹤一,(日)中村庆次郎著　郑心南译述
　　上海　商务印书馆　民国15.1[1926.1]初版,民国23国难后
　　　2版
　　110页　36开　(算学小丛书)
　　其他题名:百分算及利息算
　　人教　广东中山

2-2675
算术:整数之性质
(日)林鹤一,(日)加藤幸重郎原著　崔朝庆译述　陈文校订
　　上海　商务印书馆　民国15.9[1926.9]
　　72页　32开　(算学小丛书)
　　其他题名:整数之性质
　　人教　辞书

2-2676
算术:整数及小数
(日)林鹤一,(日)淡中济原著　黄元古译述　陈文校订
　　上海　商务印书馆　民国15.12[1926.12]
　　124页　32开　(算学小丛书)
　　其他题名:整数及小数
　　辞书

2-2677
算术分类习题
朱镜坚编
　　2册(82,108页)　图,表　32开
　　升学指导用
　　①南京　南京书店　民国21[1932]-
　　上册:民国22第3版
　　下册:民国21初版,民国35.8第5版
　　人教(2)　辞书
　　②上海　震旦书店　民国26[1937]-
　　上册:民国26年版
　　广东中山(1)

2-2678
算术指导
张六益编
　　上海　少年书局　民国22.5[1933.5]
　　186页　表　32开　(少年指导丛书)
　　辞书　广东中山

2-2679
算术解题法
徐谷生编
　　[不详]　艺文书社　民国29.7[1940.7]第6版
　　120页　图　32开
　　初版附注:民国23年12月初版
　　辞书

2-2680
算术
房兆驹编
　　上海　商务印书馆　民国25.3[1936.3]初版,民国26第5
　　　版,民国28第10版
　　223页　图,表　32开　(小学复习丛书)
　　国图　上师大　辞书　庐山　广东中山

2-2681
算术四则难题精解
徐谷生编演
　　[不详]　艺文书社　民国30.1[1941.1]第7版
　　110页　32开

初版附注：民国26年3月初版
辞书　广东中山

2-2682

算术
顾白民等编辑　周斐成校订
上海　大川书店　民国26.6[1937.6]-
12册(②20,③26,④30,⑤32,⑥32,⑦39,⑧39,⑨47,⑩47,⑪60页)　图　32开
第2册(一年级下)：民国28.6初版
第3册(二年级上)：民国28.6第3版
第4册(二年级下)：民国28.6第4版
第5册(三年级上)：民国26.6第2版
第6册(三年级下)：民国28.6第4版
第7册(四年级上)：民国28.6第5版
第8册(四年级下)：民国28.6第5版
第9册(五年级上)：民国28.6第3版
第10册(五年级下)：民国28.6第4版
第11册(六年级上)：民国28.6第4版
其他题名：暑假自习书算术
辞书(2-11)

2-2683

分数四则难题精解
徐谷生编演
[不详]　艺文书社　民国29.10[1940.10]版
136页　32开
初版附注：民国26年7月初版
辞书

2-2684

四则问题新解
黄性流编著
长沙　商务印书馆　民国27.7[1938.7]
116页　图　32开
附：答案
辞书　广东中山

2-2685

算术复习书习题解答
赵余勋编
上海　春秋社　民国29.10[1940.10]第2版
50页　32开
辞书

2-2686

算术之都
王桂林等辑　上海光明书局编
[不详]　青年　民国30.6[1941.6]第3版
172页　图　32开　精装　（小学复习丛书　3）
编译馆

2-2687

算术之钥习题详解
王修和,龚仲光著
上海　万叶书店　民国30[1941]版

87页　36开
辽宁

2-2688

算术演习指导
薛德炯编
上海　中国科学图书仪器公司　民国31.12[1942.12]
361页　表　32开
上海　辞书　辽宁

2-2689

算术指南
张健华编著
桂林　南光书店　民国32[1943]
158页　32开
广东中山

2-2690

新算术之友
关润田编
北平　老二酉堂书局　民国33[1944]版
1626页　32开
小学适用
河南

2-2691

算术补习书
卢冠六编
上海　三民图书公司　民国35.7[1946.7]
6册(15,15,16,16,16,15页)　图,表　32开
第1-6册：民国35.7新1版
辞书

2-2692

我的算术研究
赵余勋主编
上海　三民图书公司　民国36.8[1947.8]-
8册(40,40,40,40,42,42,60,59页)　图,表　32开　（新儿童之友）
第1册：版次不详
第2册：版次不详
第3册：民国36.8新3版
第4册：民国36.8新3版
第5册：民国36.8新4版
第6册：民国36.8新3版
第7册：民国36.8新3版
第8册：民国36.8新3版
辞书

2-2693

算术易习
王一飞编著
上海　商务印书馆　民国37.6[1948.6]
160页　表　32开
辞书

2-2694

小学算术复习指导
盛隆熙主编
上海 龙门联合书局 民国37.7[1948.7]
95页 大32开
国图

2-2695

小学算术练习
雷震清编
上海 中华书局 民国37.10[1948.10]
2册(178,167页) 表 32开
第1-2册：民国37.10初版
国图 辞书

2-2696

算术练习提要
陈众孚编
上海 大众书局 [1912-1949?]
183页 图 32开
小学适用
上师大

* * *

2-2697

算术练习用书
俞子夷主编 余择生等编辑
上海 大东书局 民国22.3[1933.3]-
12册(①47,②28,③34,④31,⑤31,⑥28,⑦55,⑧25,⑪24,⑫60页) 32开
第1册(加法)：民国22.3初版
第2册(加法)：民国25.2第5版
第3册(加法)：民国24.8第4版
第4册(减法)：民国25.9第4版
第5册(减法)：民国25.9第4版
第6册(加法)：民国22.10第2版
第7册(加法)：民国22.8初版
第8册(加法)：民国25.3初版
第11册(加减乘除)：民国24.8第3版
第12册(加减乘除)：民国24.8第3版
初等小学第二学年第一学月～第十二学月用
人教(1-8,11-12)

2-2698

算术练习用书
俞子夷主编 余择生等编辑
上海 大东书局 民国22.9[1933.9]-
12册(②26,③24,④24,⑤24,⑥24,⑦24,⑧24,⑨24,⑩24,⑪24页) 32开
第2册(加法)：民国24.10第3版
第3册(加法)：民国25.9第5版
第4册(减法)：民国22.9初版

第5册(乘法除法)：民国26.4第5版
第6册(加法乘法)：民国27.6第5版
第7册(乘法除法)：民国25.8第4版
第8册(除法)：民国25.5第4版
第9册(除法)：民国25.5第4版
第10册(乘法)：民国25.2第3版
第11册(除法)：民国25.5第3版
初级小学校第三学年用
人教(2-8,10-11) 编译馆(9)

2-2699

算术练习用书
俞子夷主编 余择生等编辑
上海 大东书局 民国22.9[1933.9]-
12册(①26,②24,③42,④36,⑤30,⑥30,⑧36,⑩30页) 32开
第1册(加法减法)：民国25.2第4版
第2册(乘法)：民国26.4第5版
第3册(乘法)：民国25.8第3版
第4册(除法)：民国22.9初版
第5册(除法)：民国25.8第3版
第6册(除法)：民国25.8第3版
第8册(乘法)：民国24.10第2版
第10册(除法)：民国24.10第2版
初级小学校第四学年用
人教(1-6,8,10)

2-2700

课外算术练习书
陈乔治,李占福,陆振声,陈槐庭编
上海 新华出版社 民国27.8-28.1[1938.8-1939.1]
8册(40,40,40,40,40,40,40,40页) 图,表 32开
第1册：民国27.8初版
第2册：民国28.1初版
第3册：民国27.8初版
第4册：民国28.1初版
第5册：民国27.8初版
第6册：民国28.1初版
第7册：民国27.8初版
第8册：民国28.1初版
遵照修正课程标准编辑 初级小学适用
辞书

2-2701

小学笔算练习
陆友白编辑
[不详] 众兴出版社 民国27.12[1938.12]
4册(60,60,60,60页) 表 32开
第1-4册：民国27.12初版
小学中级用
辞书

2-2702

小学算术练习本

顾荫千,谈盘新,杨秉范等编辑
  上海 大川书店 民国30.9[1941.9]-
  册(③60页) 图,表 32开 精装
  第3册(中年级):民国30.9第5版
  其他题名:算术练习本
  编译馆(3)

2-2703
基本算术练习本
 沈百英等编辑
  上海 基本书局 民国35.3[1946.3]-
  8册(37,37,49,49,60,60,72,72,72页) 图 32开
  第1册:民国35.7初版,民国36.8第3版,民国37.8第4版
  第2册:民国36.1第3版,民国37.8第6版
  第3册:民国35.7初版,民国38.2第5版
  第4册:民国35.3第2版,民国38.2第4版
  第5册:民国35.7初版,民国38.2第4版,民国38.2第5版
  第6册:民国36.1第3版,民国38.2第7版
  第7册:民国36.8第3版,民国37.8第4版
  第8册:民国36.1第3版,民国38.2第4版
  遵照修订课程标准编辑 初小用 小学一年级上学期～四年级下学期用
  人教 辞书

2-2704
小学算术练习册
 赵余勋编
  上海 三民图书公司 民国36.2[1947.2]-
  4册(36,36,36,40页) 表 32开
  第1册:民国36.2新3版
  第2册:民国36.2新2版
  第3册:民国36.2新3版
  第4册:民国36.2新3版
  小学低级用
  辞书

2-2705
小学算术练习册
 赵余勋编
  上海 三民图书公司 民国36.6[1947.6]-
  4册(48,48,56,56页) 表 32开
  第1册:民国36.9新3版
  第2册:民国36.6新2版
  第3册:民国36.9新3版
  第4册:民国36.9新3版
  小学中级用
  辞书

2-2706
最新小学算术练习书
 陈鹤琴等主编 庞任公等编辑
  上海 国民书局 民国37.8[1948.8]
  8册(36,36,48,48,60,60,60,60页) 图,表 32开
  第1-8册:民国37.8初版

  初级适用
  辞书

2-2707
大东算术练习书
 钦关淦,张汉义,钦帼贞编辑
  上海 大东书局 民国37.11[1948.11]
  8册(36,36,48,48,60,60,60,60页) 图,表 32开
  第1册:民国37.11初版,民国38.6修改版
  第2册:民国37.11初版
  第3册:民国37.11初版,民国38.6修改版
  第4册:民国37.11初版
  第5册:民国37.11初版,民国38.6修改版
  第6册:民国37.11初版
  第7册:民国37.11初版,民国38.6修改版
  第8册:民国37.11初版
  小学初级用
  人教(2,4,6,8) 辞书

2-2708
初小算术参考资料
 冀中教育社编
  保定 [编者刊] 民国38.8[1949.8]-
  册(⑧42页) 32开
  第8册:民国38.8版
  其他题名:初小算术
  北师大(8)

2-2709
算术练习书
 徐子龄,张绍纲,许观光,秦思伟编辑
  上海 春秋书社 [1912-1949?]
  4册(64,64,64,64页) 图,表 32开
  第1-4册:版次不详
  小学校低年级第一学年第一学期～第二学年第二学期适用
  辞书

    * * *

2-2710
新法算术自习书
 樊平章,郑炳渭,金声,周十义编纂 杨嘉椿,寿孝天校订
  上海 商务印书馆 民国9.8[1920.8]-
  6册(71,74,90,45,71,64页) 32开
  第1册:民国9.8初版,民国10.3第5版
  第2册:民国9.8第2版,民国10.4第5版
  第3册:民国10.4第4版
  第4册:民国10.1第2版,民国11.4第6版
  第5册:民国10.10第4版
  第6册:民国10.2第2版,民国10.12第4版
  教育部审定 高等小学学生用
  其他题名:高等小学新法算术笔算自习书
  人教 辞书(2)

2-2711

算术总览
韦启予编辑
  上海　东方书店　民国 23.10[1934.10]第 10 版
  160 页　表　32 开　(小学升学准备总览)
  初版附注：民国 22 年 5 月初版
  辞书　广东中山

2-2712

算术练习用书
俞子夷主编　余择生等编辑
  上海　大东书局　民国 23.9[1934.9]-
  12 册(②24,③24,④24,⑤24,⑨24,⑩24,⑪32,⑫26 页)
  32 开
  第 2 册(小数乘法)：民国 25.9 第 4 版
  第 3 册(小数乘法)：民国 25.9 第 4 版
  第 4 册(小数加法减法)：民国 23.9 第 2 版
  第 5 册(小数乘法)：民国 26.4 第 4 版
  第 9 册(分数加法)：民国 25.9 第 4 版
  第 10 册(分数减法)：民国 23.9 第 2 版
  第 11 册(分数乘法)：民国 24.10 第 3 版
  第 12 册(分数乘法除法)：民国 23.9 第 2 版
  小学校高年级第五学年用
  人教(2-5,9-12)

2-2713

算术练习用书
俞子夷主编　余择生等编辑
  上海　大东书局　民国 23.9[1934.9]-
  12 册(②24,③24,⑤24,⑧26,⑨24,⑪24,⑫24 页)　32 开
  第 2 册(分数乘法)：民国 25.9 第 4 版
  第 3 册(分数加法)：民国 26.3 第 4 版
  第 5 册(分数减法)：民国 26.4 第 3 版
  第 8 册(分数乘法)：民国 24.10 第 2 版
  第 9 册(分数除法)：民国 26.4 第 3 版
  第 11 册(分数除法)：民国 24.10 第 2 版
  第 12 册(分数四则)：民国 23.9 第 2 版
  小学校高年级第六学年用
  人教(2-3,5,8-9,11-12)

2-2714

算术练习簿[修订本]
卢冠六等编著
  上海　春秋书社　民国 23.10[1934.10]
  4 册([240]页)　32 开
  第 1-4 册：民国 23.10 初版
  小学高级用
  人教

2-2715

小学会考升学算术指导
石德濂编　庄诚校
  [不详]　小学算术研究社　民国 23.12[1934.12]
  85 页　表　32 开
  辞书

2-2716

算术复习指导
钱洪翔编
  上海　现代教育研究社　民国 24.3[1935.3]初版,民国 25.2
  第 4 版
  310 页　42 开
  小学升学必读
  人教

2-2717

算术指南
储祎,姚蕴,韦启予等编著
  上海　东方书店　民国 24.5[1935.5]第 3 版
  88 页　32 开
  小学升学指南
  初版附注：民国 24 年 4 月初版
  辞书

2-2718

算术暑期本
上海市第八区教育会主办吴淞暑期学校主编　季树谷,黄治成编
  上海　北新书局　民国 24.7[1935.7]-
  6 册(④30,⑤33,⑥39 页)　图,表　32 开
  第 4 册：民国 26.7 第 2 版
  第 5 册：民国 27.7 第 2 版
  第 6 册：民国 24.7 初版
  假期作业、暑期学校、家庭自修适用　小学四年级～六年级用
  辞书(4-6)

2-2719

算术复习书
赵余勋编
  上海　春秋书社　民国 26[1937]第 2 版,民国 30.5 第 6 版,
  民国 35.1 第 10 版
  170 页　表　32 开
  初版附注：民国 24 年 10 月初版
  其他题名：升学准备算术复习书
  上师人　辞书

2-2720

高小算术复习指导书
陶世洪编
  上海　新生书局　民国 25.2[1936.2]
  164 页　32 开
  国图

2-2721

算术四则基本练习片
雷震清编
  上海　中华书局　民国 25.8[1936.8]
  1 盒(90 张)　32 开　散页盒装
  小学高级适用　学生用
  逐页题名：算术四则基本练习

辞书

2-2722
新算术之友
赵余勋编著
　　上海　春江书局　民国25.9[1936.9]-
　　　册(③266页)　32开
　　第3册：民国25.9初版
　　小学六年级及初中适用
　　人教(3)

2-2723
算术
束文,马静轩编著
　　上海　儿童书局　民国26.6[1937.6]
　　133页　32开　(小学升学复习指导丛书)
　　国图

2-2724
国防算术
程宽沼著　赵欲仁校
　　上海　长沙　商务印书馆　民国26.10[1937.10]
　　2册(136,137页)　图,照片,表　32开
　　上下册：民国26.10初版,民国27长沙3版
　　高小、初中补习适用
　　人教　华师大　辞书　河南　广东中山

2-2725
课外算术练习书
陈乔治,李占福编
　　上海　新华出版社　民国27.8-28.1[1938.8-1939.1]
　　4册(40,40,40,40页)　表　32开
　　第1册：民国27.8初版
　　第2册：民国28.1初版
　　第3册：民国27.8初版
　　第4册：民国28.1初版
　　遵照修正课程标准编辑　高级小学适用
　　辞书

2-2726
最近中小学算术升学试题详解
赵余勋编
　　奉天　章福记书局　民国27.10[1938.10]
　　90页　32开
　　其他题名：中小学算术升学试题详解
　　辽宁

2-2727
高小算术补充题例解：升学必备
李梓材编选　曹嘉康,全乃一演算
　　北平　建业书局　民国29.10[1940.10]改订4版
　　114页　表　32开
　　附：民国29年度北平、天津、保定、滦县、通县初中新生入学算
　　　术试题解答
　　初版附注：民国27年12月初版
　　辞书

2-2728
算术之友[修订版]
黄炽甫编
　　上海　小学读物社　民国29[1940]
　　2册(135,139页)　32开
　　第1-2册：民国29年版
　　小学五、六年级适用
　　河南

2-2729
算术分类习题
朱镜坚编辑　马客谈校订
　　上海　大东书局　民国30.7[1941.7]第2版
　　108页　图,表　32开　精装
　　升学指导适用
　　编译馆

2-2730
算术难题解答
管泗孙编著
　　上海　春明书店　民国30[1941]第2版
　　274页　32开
　　高级小学适用
　　广东中山

2-2731
算术之钥
王修和著
　　上海　万叶书店　民国38.4[1949.4]第10版
　　180页　32开
　　初中、高小复习用书
　　初版附注：民国30年初版
　　辽宁

2-2732
现代小学升学指导：算术之部
林俊千,周铁群编
　　北平　兴业书局　民国32[1943]修订2版
　　1册　32开
　　升学必备各科问答
　　封面题名：最新小学升学指导
　　辽宁

2-2733
高小算术复习
潘仁主编　莫明坤编著
　　南京　正中书局　民国35.8[1946.8]初版,民国36.6第8版
　　143页　表　32开　(高小各科复习丛书)
　　国图　人教　辞书

2-2734
小学算术练习册
赵余勋编
　　上海　三民图书公司　民国35.9[1946.9]-
　　4册(64,64,64,64页)　表　32开
　　第1册：民国36.9新3版

第 2 册：民国 36.6 新 2 版
第 3 册：民国 35.9 新 1 版
第 4 册：民国 36.7 新 1 版
小学校高级用
辞书

2-2735

新编高小算术复习指导
钱洪翔编
  上海 现代教育研究社 民国 35[1946]初版，民国 36 新 2 版
  404 页 小 32 开
  其他题名：高小算术复习指导
  辽宁 广东中山

2-2736

算术升学指导
王修和编
  上海 万叶书店 民国 36.6[1947.6]
  [267]页 32 开
  小学高级复习用书
  辽宁

2-2737

新算术之友
赵余勋编著
  上海 三民图书公司 民国 36.9[1947.9]-
  4 册(90,119,108,106 页) 图,表 32 开
  第 1 册：民国 36.9 新 4 版
  第 2 册：民国 36.9 新 5 版
  第 3 册：民国 36.9 新 4 版
  第 4 册：民国 36.9 新 4 版
  小学四年级～小学升学适用
  辞书

2-2738

最新小学算术练习书
陈鹤琴等主编 庞任公等编辑
  上海 国民书局 民国 37.8[1948.8]
  4 册([60],[73],[66],[66]页) 图,表 32 开
  第 1-4 册：民国 37.8 初版
  小学高级适用
  辞书

2-2739

大东算术练习书
钦关淦,张汉义,钦帼贞编辑
  上海 大东书局 民国 37.11[1948.11]
  4 册(60,60,72,72 页) 图,表 32 开
  第 1-4 册：民国 37.11 初版
  高小一年级上学期～二年级下学期
  人教(1,3) 辞书

2-2740

暑假算术自习书
盛朗西主编 王子才,朱尧铭,朱炜章,余长欣,胡钟瑞,赵夔,赵可师,潘子瑜分撰
  上海 北新书局 [1912-1949?]
  2 册(72,85 页) 32 开 (假期自习书)
  上下册：版次不详
  版权页题名：高级小学暑假算术自习书
  卷端题名：高级暑假假期自习书算术
  辞书

2-2741

分类实用算术指导[修订胜利版]
赵余勋编
  上海 三民图书公司 [1912-1949?]
  99 页 32 开
  小学、初中适用
  河南

2-2742

算术练习书[修正重编]
周轶群,徐迥千,卢冠六,黄壮涛编辑
  上海 春秋书社 [1912-1949?]
  4 册(60,60,60,60 页) 表 32 开
  第 1-4 册：版次不详
  高级小学校用 小学校五年级上学期～六年级下学期适用
  其他题名：修正重编算术练习书
  辞书

2-2743

小学算术练习册
赵余勋编
  上海 春江书局 [1912-1949?]
  4 册 32 开
  第 1-2,4：版次不详
  小学高级适用
  人教(1-2,4)

珠 算

课 本

2-2744

普通珠算课本
诵芬主人编
  上海 商务印书馆 清光绪 28.1[1902]初版,光绪 30 年版
  27 叶 32 开 线装
  人教 广西师大

2-2745

最新珠算教科书
江南商业学堂辑
  [不详] [编者刊] 清光绪 31[1905]
  3 册([240]页) 32 开
  第 1-3 册：光绪 31 年版
  其他题名：珠算教科书
  上海

2-2746
最新全国小学归除珠算课本
诚文信书局辑
  安东　[编者刊]　清宣统1[1909]
  2册　32开　线装
  第1-2册：宣统1初版
  其他题名：最新简明珠算课本
  上海

2-2747
绘图珠算课本
王圭璋增图
  上海　天成书局　民国1.3[1912.3]
  40页　图　32开　线装
  人教

2-2748
最新精校图式珠算课本
王圭璋增图
  上海　[出版者不详]　民国1.3[1912.3]
  40页　图　32开　线装
  其他题名：精校图式珠算课本
  人教

2-2749
珠算入门
达文社编辑
  [不详]　[编者刊]　民国11.7[1922.7]第6版,民国17.5第14版,民国20.8第17版
  69叶　图　大32开　线装
  初版附注：民国7年7月初版
  人教　辞书

2-2750
新学制珠算教科书
骆师曾编纂　段育华校订
  上海　商务印书馆　民国15[1926]-
  4册(48,48,48,48页)　图　32开
  第1册：民国16.1第15版,民国18年版
  第2册：民国17.8第20版
  第3册：民国15初版,民国16.11第15版
  第4册：民国16.4第10版,民国17第15版
  小学校用书
  初版附注：民国14年6月-15年3月初版
  其他题名：新学制小学珠算教科书
  上师大(3)　辞书　广东中山

2-2751
珠算新书
程焕慈编著
  常熟　江苏虞社　民国17.2[1928.2]
  2册(78,97页)　图　大32开
  上下册：民国17.2初版
  辞书

2-2752
珠算入门
张廷华编辑
  上海　大东书局　民国18.6[1929.6]版
  130页　图　32开
  小学适用
  编译馆

2-2753
简明珠算课本
李式如编
  上海　昌明书局　民国21[1932]版,民国35.5版,民国38.2版
  38页　32开　线装
  中小学适用
  附：飞归
  其他题名：最新全国小学简明珠算课本
  人教　上海　广西师大

2-2754
珠算教本：图解说明
王晖编
  上海　大众书局　民国23[1934]版,民国23第4版,民国29第10版
  162页　图,表　32开
  辞书　广东中山

2-2755
珠算课本
高亦平编
  [出版者不详]　民国34.8[1945.8]
  57叶　32开
  晋冀鲁豫边区政府教育厅审定　高初级适用
  国图

2-2756
珠算教本
云非编
  69页　32开
  ①[邢台]　太行群众书店　民国36.8[1947.8]版
  国图
  ②[不详]　太行新华书店　民国37.11[1948.11]第2版
  人教

2-2757
最新全图小学简明珠算课本
  [出版者不详]　[1912-1949?]
  40页　图,表　大32开　线装
  逐页题名：最新图式小学简明算法
  辞书

2-2758
珠算练习课本
张绍纲,马振福编辑
  上海　春秋社　[1912-1949?]
  4册(32,32,32,32页)　图　32开

第1-4册：版次不详
辞书

2-2759
最新精校增图珠算课本
[不详] 天宝书局 [1912-1949?]
58页 图,表 大32开 线装
逐页题名：图式小学珠算课本
辞书

* * *

2-2760
蒙学珠算教科书
董瑞椿著
上海 文明书局 清光绪29.9[1903]第2版,光绪30.10第4版,光绪31.5第6版
54叶 图 大32开 线装
初等小学堂学生用书
初版附注：清光绪29年6月初版
人教 辞书

2-2761
最新初等小学珠算入门
杜烁孙编纂
上海 商务印书馆 清光绪31.8[1905]
2册(58,49叶) 32开 线装
上下册：光绪31.8初版,光绪32.3第2版,光绪32.4第3版
其他题名：初等小学珠算入门
人教 广西师大

2-2762
初等小学珠算入门
杜就田编纂
上海 商务印书馆 民国3.1[1914.1]
2册(49,58叶) 图,表 32开 线装
第1-2册(上下卷)：民国3.1第7版
初等小学用
初版附注：清光绪31年8月初版
卷端题名：最新初等小学珠算入门
其他题名：(订正)最新珠算入门
辞书

2-2763
初等小学珠算教科书
杜综大编纂 杜烁孙校订
上海 商务印书馆 清光绪32.2[1906]-
4册([386]页) 32开 线装
第1-4册：光绪32.2-33.2版,光绪33.7第3版
人教 广西师大

2-2764
新算术：珠算
寿孝天编纂 骆师曾校订
上海 商务印书馆 民国2.5[1913.5]

72页 图 大32开 线装
初等小学校用
版权页题名：初等小学新算术
其他题名：共和国教科书新算术
上海 辞书 云南社科

2-2765
中华初等珠算教科书
顾树森编
上海 中华书局 民国3.6[1914.6]初版,民国5.3第4版,民国7.1第7版,民国10.12第17版
29叶 图 大32开 线装
初等小学校第四学年用
北师大 人教 辞书

2-2766
初等小学单级算术教科书：珠算
寿孝天编纂
上海 商务印书馆 民国3.8-10[1914.8-10]
3册(32,24,24页) 图,表 大32开 线装
第1册：民国3.8初版,民国3第15版
第2册：民国3.9初版
第3册：民国3.10初版
初等小学第三~四学年第一学期~第三学期用
封面题名：单级算术教科书
其他题名：珠算
北师大(1) 辞书

2-2767
新式珠算教科书
沈熙编 华襄治阅
上海 中华书局 民国7.12[1918.12]
3册(10,9,9叶) 图 大32开 线装
第1册：民国7.12初版,民国7.12第2版,民国11.3第10版,民国12.5第20版,民国12.5第22版
第2册：民国7.12初版,民国7.12第2版,民国11.3第9版,民国11.7第10版,民国12.3第11版,民国12.5第16版
第3册：民国7.12初版,民国7.12第2版,民国10.6第8版,民国11.3第9版,民国12.5第16版
教育部审定 国民学校用
版权页题名：新式国民学校珠算教科书
人教 辞书 编译馆(2)

2-2768
新算术：珠算
寿孝天编纂
上海 商务印书馆 民国8[1919]-
2册(72,71页) 图 大32开 线装
第1册：民国8年版,民国13.8第26版
第2册：民国9年版,民国11.3第13版
教育部审定 国民学校适用
其他题名：珠算
其他题名：共和国教科书新算术
上海 庐山(2) 编译馆

2-2769

新中华珠算课本

雷琛编

上海 新国民图书社 民国18.8-19.3[1929.8-1930.3]

2册(62,64页) 图 大32开

第1册：民国18.8初版,民国19.7第2版,民国19.12第3版,民国20.9第5版,民国21.5第6版,民国21.10第7版

第2册：民国19.3初版,民国19.9第2版,民国20.6第3版,民国21.5第5版,民国21.10第6版

教育部审定 小学校初级用

北师大 人教 上海 辞书 广东中山(1) 编译馆

2-2770

新式珠算课本

世界书局编 孙志劲编辑

上海 世界书局 民国22.3[1933.3]

2册(14,25叶) 图 大32开 线装

第1-2册：民国22.3第13版

其他题名：新式初等珠算课本

编译馆

2-2771

复兴珠算课本

宋文藻,沈百英编校

上海 商务印书馆 民国23.4[1934.4]-

2册(56,63页) 图 32开

第1册：民国23.12第20版

第2册：民国23.4初版

新课程标准适用 小学校初级用 四年级上、下学期用 春季始业

初版附注：民国23年3-4月初版

封面题名：春季始业复兴珠算课本

辞书

2-2772

小学珠算课本

宋若愚编 张鹏飞校

上海 中华书局 民国23.11-24.1[1934.11-1935.1]

2册(56,56页) 图,表 32开

第1册：民国23.11初版,民国24.1版,民国26.5第9版,民国30.3第15版

第2册：民国24.1初版,民国24.8第3版,民国26.5第7版,民国26.6版

新课程标准适用 初级用

其他题名：小学初级珠算课本

人教 上海 辞书

2-2773

初级珠算课本

张匡编著

上海 大众书局 民国24.8[1935.8]-

2册(40,40页) 图 32开

第1册：民国25.7第3版

第2册：民国24.8初版

新课程标准 小学初级用

封面题名：珠算课本

其他题名：大众珠算课本

其他题名：大众教科书珠算

辞书

2-2774

万叶珠算课本

王修和著

上海 万叶书店 民国30.10[1941.10]-

2册(40,40页) 图 32开

第1册：版次不详

第2册：民国30.10第2版

小学初级第四学年适用

初版附注：民国30年7月初版

辞书

2-2775

初小珠算

东北政委会编审委员会编

佳木斯 东北书店 民国36.10[1947.10]

63页 图 32开

小学第三学年～第四学年用

其他题名：初小珠算课本

辞书 辽宁

2-2776

初级珠算教材

俞子夷编

金华 中华书局 民国36.11[1947.11]

60页 图 32开 （浙江国民教育实验区辅导丛刊）

辞书

2-2777

初级珠算教材

俞子夷编

上海 中华书局 民国38.9[1949.9]

63页 图 32开 （国民基础教育小丛书）

辞书

* * *

2-2778

最新珠算教科书

杜综大编纂 杜就田校订

上海 商务印书馆 清光绪33.2[1907]-

4册(54,50,37,52叶) 32开 线装

第1-2册(卷上甲乙)：民国2.4第5版

第3-4册(卷下甲乙)：光绪33.2第3版

高等小学用

初版附注：清光绪32年正月初版

版权页题名：高等小学珠算教科书

其他题名：珠算教科书

人教(1-2) 辞书

2-2779

(订正)普通珠算课本
蒋仲怀编纂
  上海 商务印书馆 民国1.6[1912.6]第16版,民国2.6第
  17版
  27叶 大32开 线装
  中华民国高等小学用
  初版附注:清光绪33年4月初版
  其他题名:普通珠算课本
  人教 辞书 广西师大

2-2780

高等小学算术教本:珠算部
寿孝天编纂 张廷华校订
  上海 商务印书馆 清光绪33.6[1907]-
  3册(51,56,59叶) 32开 线装
  第1册:光绪33.6初版,光绪34第2版
  第2册:光绪34第2版,宣统?年版
  第3册:光绪34第2版
  清学部审定
  其他题名:算术教本
  人教(1-2) 云南社科

2-2781

(订正)高等小学算术教本:珠算
寿孝天编纂 张廷华校订
  上海 商务印书馆 民国2.4[1913.4]-
  3册(51,56,59叶) 图,表 32开 线装
  第1册:民国2.9第7版
  第2册:民国2.4第5版,民国3.3第6版
  第3册:民国2.4第4版
  中华民国高等小学 学生用
  初版附注:清光绪33年6月初版
  封面题名:(订正)算术教本
  其他题名:高等小学算术教本:珠算
  辞书

2-2782

新算术:珠算
骆师曾编纂 寿孝天校订
  上海 商务印书馆 民国1.12-2.4[1912.12-1913.4]
  3册(72,72,72页) 图 32开 线装
  第1册:民国1.12初版,民国2.4版,民国8第12版,民国
    8.7第16版,民国10.11第31版
  第2册:民国2.2初版,民国3.6第2版,民国6.2第4版,民
    国9年版,民国16.1第29版
  第3册:民国2.4初版,民国2.5第5版,民国3.6第6版,民国
    8.7第14版,民国9.1第17版,民国14.12第25版
  教育部审定 高等小学校用
  版权页题名:高等小学新算术
  其他题名:共和国教科书新算术
  人教 上海(2) 上海大(1) 辞书 云南社科(1-2) 广西
  师大

2-2783

中华珠算教科书
徐增编
  上海 中华书局 民国3.8-11[1914.8-11]
  3册(85,107,86页) 图 大32开 线装
  第1册:民国3.8初版,民国第16版,民国10.8第19版,民
    国10.11第20版,民国10.12第21版
  第2册:民国3.10初版,民国9.6第12版,民国10.5第15
    版,民国10.8第16版,民国10.12第17版
  第3册:民国3.11初版,民国10.5第12版,民国10.8第13
    版,民国11.2第14版
  教育部审定 高等小学校第一学年~第三学年用
  版权页题名:中华高等小学珠算教科书
  逐页题名:高等小学珠算教科书
  人教 辞书

2-2784

新法算术教科书:珠算
徐增编纂 寿孝天,骆师曾校订
  上海 商务印书馆 民国11.4[1922.4]-
  6册(36,34,36,36,34,36页) 图 大32开
  第1册:民国11.4初版,民国11.4第3版,民国13.9第10版
  第2册:民国11.5第3版,民国13.10第8版
  第3册:民国11.7第3版,民国11.7第31版
  第4册:民国11.7初版,民国11.7第3版
  第5册:民国11.7第3版,民国11.7第3版
  第6册:民国11.7第3版,民国11.8第3版
  高等小学学生用
  卷端题名:高等小学新法算术珠算教科书
  人教 辞书

2-2785

珠算课本
徐增,柴辅文编 丁鹤,糜赞治校
  上海 中华书局 民国12.10-13.2[1923.10-1924.2]
  2册(72,72页) 表 大32开
  第1册:民国12.10初版,民国13.10第5版,民国13第6版,
    民国19.12第20版,民国21.9第26版,民国23.6第29
    版,民国24.8第33版,民国24.8第34版
  第2册:民国13.2初版,民国13.11第3版,民国19.9第13
    版,民国20.9第16版,民国21.10第18版,民国23.6第20
    版,民国24.8第23版,民国24.8第24版
  新学制适用 高级小学用
  逐页题名:新小学珠算课本
  其他题名:新小学教科书珠算课本
  国图 北师大 人教 辞书 编译馆

2-2786

新学制珠算课本教科书
骆师曾编纂 段育华校订
  上海 商务印书馆 民国14.8[1925.8]
  4册(48,48,48,48页) 32开
  第1册:民国14.8订正本,民国21.6国难后4版

第2册:民国14.8订正本,民国19.7第45版,民国21.6国
　　难后4版
第3册:民国14.8订正本,民国19.9第40版,民国21.6国
　　难后4版
第4册:民国14.8订正本,民国21.6国难后4版
依小学第三年~第六年的程度编纂
国图　广东中山(1)

2-2787

小学珠算课本
　徐天游编　陶鸿翔校
　　上海　中华书局　民国24.7-8[1935.7-8]
　　2册(56,56页)　图,表　32开
　　第1册:民国24.7初版,民国24.8第2版,民国26.7第4版
　　第2册:民国24.8初版,民国24.8第2版,民国24.8第5版
　　新课程标准适用　高级用
　　人教　上海　辞书

2-2788

高级珠算课本
　张匡编著
　　上海　大众书局　民国24.9[1935.9]-
　　4册(40,40,40,40页)　图　32开
　　第1册:民国25.7第3版
　　第2册:民国24.9第2版
　　第3册:民国24.9第2版
　　第4册:民国24.9第2版
　　新课程标准　小学高级用
　　初版附注:民国24年8月初版
　　封面题名:珠算课本
　　其他题名:大众教科书珠算
　　辞书

2-2789

复兴珠算课本
　宋文藻,沈百英编校
　　上海　商务印书馆　民国24.9[1935.9]
　　4册(62,58,58,63页)　图　32开
　　第1-4册:民国24.9初版
　　新课程标准适用　小学校高级用　春季始业
　　华师大(1)　辞书

2-2790

小学珠算课本
　徐天游编　陶鸿翔校
　　上海　中华书局　民国26.5-7[1937.5-7]
　　2册(56,56页)　图,表　32开
　　第1册:民国26.5初版,民国26.7第3版,民国30.3第12
　　　版,民国36.2第14版
　　第2册:民国26.7初版,民国26.7第2版,民国26.12第3
　　　版,民国36.2第8版
　　教育部审定　修正课程标准适用　高级用
　　封面题名:高小珠算课本
　　人教　上海　辞书

2-2791

万叶珠算课本
　王修和著
　　上海　万叶书店　民国30.7[1941.7]-
　　4册(40,40,40,46页)　图　32开
　　第1册:民国33.8第5版
　　第2册:民国30.10第2版
　　第3册:民国30.10第2版
　　第4册:民国30.7初版
　　小学高级第五学年~第六学年适用
　　初版附注:民国30年2-7月初版
　　辞书

2-2792

国民学校珠算课本
　小学辅教编刊社编辑
　　北平　建业书局　民国37.1-38.9[1948.1-1949.9]
　　6册([120]页)　32开
　　第1-6册:民国37.1-38.9初版
　　依照教育部颁行国民学校课程标准编辑　第四学年~第六学
　　　年用
　　人教

2-2793

高级珠算教材
　俞子夷编
　　上海　中华书局　民国38.9[1949.9]
　　4册(46,50,46,34页)　图　32开　(国民基础教育小丛书)
　　第1-4册:民国38.9初版
　　国图　辞书

2-2794

珠算
　宋文秉,宋文藻,沈百英编校
　　上海　商务印书馆　民国38.9[1949.9]
　　6册(79,70,77,77,77,76页)　图,表　32开
　　第1-6册:民国38.9初版
　　小学四~六年级上、下学期适用
　　北师大　人教　辞书　广东中山(1-4)

教学参考书

2-2795

简易识字学塾珠算课本
　寿孝天编
　　上海　商务印书馆　清宣统2[1910]初版,宣统3第2版
　　20叶　大32开　线装
　　教师用
　　其他题名:珠算课本
　　上海　广西师大

2-2796

新算术教授法:珠算

寿孝天辑撰　骆师曾校订
　　上海　商务印书馆　民国8[1919]-
　　　册(①74页)　大32开　线装
　　第1册：民国8第3版
　　其他题名：共和国教科书新算术教授法
　　云南社科(1)　广西师大(1)

2-2797

新学制珠算教授书
骆师曾编纂
　　上海　商务印书馆　民国15.6[1926.6]-
　　4册(①116,②114页)　图　32开
　　第1册：民国15.6第4版
　　第2册：民国16.1初版
　　小学校用书
　　初版附注：民国15年6月-? 初版
　　其他题名：珠算教授书
　　辞书(1-2)

2-2798

小学珠算教学法
张匡著
　　上海　商务印书馆　民国24[1935]版
　　136页　32开
　　西北师大　广东中山

2-2799

笔算珠算混合教学法
陈耿光编
　　上海　黎明书局　民国24[1935]版
　　96页　图　[32开]　(黎明乡村小学丛书)
　　天津　广东中山

2-2800

笔算珠算混合教学法
俞子夷著
　　上海　中华书局　民国26.2[1937.2]
　　72页　图　32开
　　辞书　广东中山　编译馆

2-2801

小学珠算科教材和教法
沈百英主编　宋文藻编纂
　　上海　商务印书馆　民国29.2[1940.2]初版,民国37年版
　　219页　表　32开　(小学教师丛书)
　　辞书　西北师大

2-2802

小学珠算科教材和教法
宋文藻编纂
　　上海　商务印书馆　民国37.2[1948.2]
　　219页　32开　(国民教育文库)
　　其他题名：珠算科教材和教法
　　北师大　上海　辞书　天津　广东中山

2-2803

最新珠算教科书教授法
　　上海　彪蒙书室　[1912-1949?]
　　　册(①30叶)　大32开　线装
　　第1册(卷上)：版次不详
　　其他题名：珠算教科书教授法
　　广西师大(1)

＊　＊　＊

2-2804

最新珠算教科书教授法
杜综大编纂　杜烁孙校订
　　上海　商务印书馆　清光绪31.11-32.4[1905-1906]
　　2册(176,150页)　32开　线装
　　第1册(上卷)：光绪31.11初版,光绪32.4第2版
　　第2册(下卷)：光绪32.4初版,光绪32.4第2版
　　初等小学堂教员用
　　卷端题名：最新初等小学珠算教科书教授法
　　人教　广西师大

2-2805

最新初等小学珠算入门
杜烁孙编纂
　　上海　商务印书馆　清光绪32[1906]第2版
　　49叶　32开　线装
　　初等小学堂教员用
　　北师大

2-2806

初等小学珠算教授本
俞述曾编辑　周藩,沈羽校订
　　上海　中国图书公司　清光绪34.2[1908]
　　74页　大32开
　　第四学年用
　　人教　辞书

2-2807

单级算术教授书：珠算
寿孝天,邓庆澜编纂　陈宝泉,杜亚泉校订
　　上海　商务印书馆　民国3.9[1914.9]-
　　3册(②52,③60页)　32开
　　第2册：民国3.9第2版
　　第3册：民国3.10初版
　　初等小学教员用
　　版权页题名：初等小学单级算术教授书
　　辞书(2-3)

2-2808

中华初等小学珠算教授书
徐增编
　　上海　中华书局　民国4.5[1915.5]初版,民国10.5第4版
　　21叶　大32开　线装
　　初等小学校第四学年用

封面题名：中华初等珠算教授书
其他题名：初等珠算教授书
人教　辞书

2-2809

新式珠算教授书
华襄治编
　　上海　中华书局　民国8.3[1919.3]-
　　3册(54,36,42页)　图　大32开　线装
　　第1册：民国9.6第2版,民国10.5第3版
　　第2册：民国8.3初版,民国9.6第2版
　　第3册：民国8.5初版,民国9.6第2版,民国10.5第3版
教育部审定　国民学校用
初版附注：民国8年3-5月初版
版权页题名：新式国民学校珠算教授书
人教(2-3)　辞书

2-2810

复兴珠算指导法
龚仲萼编著　沈百英,宋文藻校订
　　上海　商务印书馆　民国24.1[1935.1]-
　　2册　32开
　　第2册：民国24.1版
小学校初级用　初小四年级下学期用
其他题名：珠算指导法
华师大(2)

2-2811

小学珠算课本教学法
陶鸿翔,徐天游编　华襄治,张鹏飞校
　　上海　中华书局　民国24.8-9[1935.8-9]
　　2册(149,131页)　图　32开
　　第1册：民国24.8初版,民国25.8第2版
　　第2册：民国24.9初版,民国25.11第3版
新课程标准适用　初级用
国图(2)　人教　辞书　编译馆(2)

＊　＊　＊

2-2812

(订正)最新珠算教科书教授法
杜就田编纂
　　上海　商务印书馆　民国2.6[1913.6]
　　2册(88,75叶)　图　32开　线装
　　第1-2册(上下卷)：民国2.6第4版
中华民国高等小学用　高等小学堂教员用
初版附注：清光绪32年2月初版
版权页题名：(订正)高等小学珠算教科书教授法
其他题名：最新珠算教科书教授法
辞书

2-2813

高等小学珠算教授本
俞述曾编辑　周藩校订
　　上海　中国图书公司　清宣统1.2[1909]-
　　3册(①100页)　图　大32开
　　第1册：宣统1.2初版
第二学年用
辞书(1)

2-2814

新算术教授法：珠算
骆师曾编纂　寿孝天校订
　　上海　商务印书馆　民国1.12-2.4[1912.12-1913.4]
　　3册(72,72,72页)　32开　线装
　　第1册：民国1.12初版
　　第2册：民国1.12初版,民国3.3第2版
　　第3册：民国2.4初版,民国5.4第3版
教育部审定　高等小学校用
版权页题名：高等小学新算术教授法珠算
其他题名：共和国教科书新算术教授法
辞书　云南社科　广西师大(2-3)

2-2815

中华高等小学珠算教授书
徐增著　顾树森校阅
　　上海　中华书局　民国4.4-7[1915.4-7]
　　3册(84,83,85页)　图　16开　线装
　　第1册：民国4.4初版
　　第2册：民国4.4初版
　　第3册：民国4.7初版
高等小学校第一学年～第三学年教员用
封面题名：中华珠算教授书
逐页题名：高等小学珠算教授书
人教　辞书

2-2816

新法算术教授书：珠算
徐增编纂　寿孝天,骆师曾校订
　　上海　商务印书馆　民国11.4[1922.4]-
　　6册(33,32,34,28,30,31页)　大32开
　　第1册：民国11.4第6版
　　第2册：民国11.5第3版
　　第3册：民国11.6第3版
　　第4册：民国11.6第3版
　　第5册：民国11.6第3版
　　第6册：民国11.7第3版
高等小学教员用
初版附注：民国11年4-6月初版
卷端题名：新法算术教授书高等小学珠算
辞书

2-2817

珠算课本教授书
徐增,柴辅文编　丁鹤,糜赞治校
　　上海　中华书局　民国13.1-4[1924.1-4]
　　2册(109,127页)　表　大32开
　　第1册：民国13.1初版,民国15.3第4版,民国20.6第6版

第 2 册:民国 13.4 初版,民国 15.1 第 3 版,民国 20.6 第 5 版
教育部审定　新学制适用　小学校高级用
逐页题名:新小学珠算课本教授书
其他题名:新小学教科书珠算课本教授书
人教

2-2818

小学珠算课本教学法
徐天游编　华襄治,陶鸿翔校
　　上海　中华书局　民国 24.8-10[1935.8-10]
　　2 册(128,136 页)　图　32 开
　　第 1 册:民国 24.8 初版
　　第 2 册:民国 24.10 初版
　　新课程标准适用　高级用
　　国图　人教　辞书

2-2819

复兴珠算指导法
吴家骧,宋文秉编著
　　上海　商务印书馆　民国 25.3[1936.3]-
　　4 册　32 开
　　第 1-2,4 册:民国 25.3 版
　　小学校高级用　春季始业
　　其他题名:珠算指导法
　　华师大(1-2,4)　广西师大(1)

2-2820

复兴珠算指导书
马家骧,宋文秉编著
　　上海　商务印书馆　民国 25.8[1936.8]-
　　4 册(④140 页)　32 开
　　第 4 册:民国 25.8 初版
　　小学校高年级用　春季始业
　　人教(4)

2-2821

小学珠算课本教学法
徐天游,朱彦俯编　陶鸿翔校
　　昆明　中华书局　民国 28.8-10[1939.8-10]
　　2 册(146,155 页)　图　32 开
　　第 1 册:民国 28.8 初版
　　第 2 册:民国 28.10 初版
　　修正课程标准适用　高级用
　　国图　人教　辞书

教学辅导书

2-2822

珠算指南
谷怀编
　　上海　中华书局　民国 3.12[1914.12]
　　74 页　图　大 32 开

初学适用
辞书

2-2823

珠算练习簿
钱英编纂
　　上海　商务印书馆　民国 28.4[1939.4]版
　　74 页　图,表　32 开　精装
　　编译馆

几　何

课　本

2-2824

小学几何画教科书
张景良编著
　　上海　文明书局　清宣统 3[1911]第 4 版,民国 2.2 第 6 版
　　120 页　图　大 32 开
　　初版附注:清光绪 33 年 2 月初版
　　版权页题名:高等小学几何画教科书
　　逐页题名:几何画教科书
　　人教　辞书　广东中山

2-2825

高等小学几何学六编
(日)田口虎之助编　沈纮译
　　南京　江楚编译局　[1908?]
　　36 页　32 开　线装
　　上海

2-2826

几何画法
(日)印藤真楯,(日)冈村增太郎著
　　南京　江楚编译局　[1911?]
　　64 页　图　32 开　线装
　　封面题名:小学几何画法
　　人教

自　然

课　本

2-2827

动物学启蒙
　　上海　著易堂书局　清光绪 22[1896]
　　8 册([258]页)　图　32 开　线装
　　第 1-8 册(卷一至卷八):光绪 22 初版,光绪 24 年版
　　人教　云南社科

2-2828
普通动物学
王建善辑译
上海　育材书塾　清光绪 28.12[1903]
66 页　图　大 32 开
卷端题名：普通动物学教科书
辞书

2-2829
理科通证：动物篇
钟观光著
上海　新学会社　清宣统 1.5[1909]
558 页　图,表　大 32 开
辞书

2-2830
最经济的实验材料
吉厚符编著
上海　儿童书局　民国 22.6[1933.6]第 2 版
112 页　32 开
其他题名：小学自然科最经济的实验材料
辞书

2-2831
热带自然课本
张国基编
上海　中华书局　民国 23.3[1934.3]
4 册(34,42,38,42 页)　图(含彩图),照片　32 开
第 1-4 册：民国 23.3 初版
南洋华侨学校适用
国图　北师大(1)　辞书

2-2832
小学自然科学习图鉴
春秋社编绘
上海　新亚书店　民国 23.9[1934.9]第 6 版,民国 24.1 第 11 版
20 页　彩图　16 开
辞书　辽宁

2-2833
蚂蚁的一群
王志瑞,朱文叔,吴研因,吴翰云编著
上海　中华书局　民国 23.12[1934.12]
20 页　图　32 开　精装　(小学生丛书)
编译馆

2-2834
发明家的故事
金轮海编
上海　新中国书局　民国 24[1935]版
78 页　图　32 开
小学自然科读物
河南

2-2835
自然补充教材
徐允昭,黄坚白编
上海　中华书局　民国 26.4[1937.4]
168 页　图,表　32 开　(中华教育界丛刊)
辞书　编译馆

2-2836
自然科战时补充教材
宋建勤编著
长沙　商务印书馆　民国 27.1[1938.1]初版,民国 27.3 第 6 版
177 页　32 开
人教

2-2837
小学自然图片：动物辑
吕宪章编辑　沈士秋绘图
上海　新亚书店　民国 28.8[1939.8]第 2 版
15 张　64 开
按照新课程标准编辑
辽宁

2-2838
小学自然图片：植物辑
吕宪章编辑　沈士秋绘图
上海　新亚书店　民国 28.8[1939.8]第 2 版
16 张　64 开
按照新课程标准编辑
辽宁

2-2839
国防自然课本
胶东国防教材编辑委员会编
山东　东海印刷社　民国 32.7[1943.7]-
册(③25 页)　32 开
第 3 册：民国 32.7 版
小学校秋季用
河南(3)

2-2840
战时小学自然课本
山东省教育处审定
①[沂水]　大众日报社　民国 32[1943]-
册(①27,②23,④19 页)　32 开
第 1-2,4 册：民国 32 年版
国图(1-2,4)
②[莒南]　山东新华书店　民国 33.6[1944.6]-
册(③12,⑤48 页)　32 开
第 3 册：民国 33 年版
第 5 册：民国 33.6 版
国图(3,5)

2-2841
自然课本
晋冀鲁豫边区政府教育厅编审委员会审定
邯郸　裕民印刷厂　民国 36.6[1947.6]-
3 册　32 开

第1-3册:民国36.6-12版
国图

* * *

2-2842

蒙学动物教科书
华循编著
  上海 文明书局 清光绪30.9[1904]初版,光绪31.3第3版,光绪31.5版,光绪34第8版,宣统1.2第9版
  84页 图,表 大32开 线装
  初等小学堂学生用书
  北师大 人教 上海 辞书 广西师大

2-2843

蒙学植物教科书
华循著
  上海 文明书局 清光绪31.12[1906]初版,光绪第4版,宣统1.2第11版
  35叶 图 大32开 线装
  初等小学堂学生用书
  人教 上海 辞书 广西师大

2-2844

观察课本:自然研究
德尔蒙著述 豫章大学预科师范部编订
  上海 广学书局 民国10[1921]
  2册(72,42页) 32开
  第1-2册:民国10年版
  国民小学第一、二年级用
  国图

2-2845

新法自然研究
瞿志远,张熙祁,潘蛰虹编纂 丁晓先,凌昌焕,范祥善校订
  上海 商务印书馆 民国12.2[1923.2]-
  6册(40,40,103,124,162,224页) 图 32开
  第1册:民国12第10版,民国12.3第12版
  第2册:民国12第10版,民国12.6第20版,民国12.12第25版
  第3册:民国12.3第7版,民国12第10版,民国12.12第22版
  第4册:民国12.3第5版,民国12.6第10版,民国13.7第25版
  第5册:民国12.2初版,民国12第10版
  第6册:民国12.4第5版,民国12第10版
  小学校初级用
  初版附注:民国12年1-4月初版
  北师大 华师大(4-5) 辞书 广东中山(5)

2-2846

新学制自然教科书[订正本]
凌昌焕编纂 杜亚泉,王岫庐校订
  上海 商务印书馆 民国12.7[1923.7]-
  8册(37,37,37,37,44,49,52,51页) 图 32开
  第1册:民国12.7初版,民国12.8第20版,民国12.9第30版,民国13第75版,民国13.5第90版,民国13.5第95版,民国17.11版,民国20.7第295版
  第2册:民国12.8第15版,民国12.10第40版,民国13第55版,民国13.5第90版,民国21.12国难后12版
  第3册:民国12.8第15版,民国12.10第35版,民国12.10第40版,民国13第50版,民国13第85版,民国13.5第90版,民国17.11第230版
  第4册:民国12.10第30版,民国13第35版,民国13.5第65版,民国16.8第185版,民国19.9第240版
  第5册:民国13.1第15版,民国13.1第20版,民国13第35版,民国13.5第65版,民国13第100版,民国21.12国难后12版
  第6册:民国13.6第55版,民国19.2第80版,民国21.10国难后10版
  第7册:民国13.1初版,民国13.1第10版,民国13.6第55版,民国19.3第170版
  第8册:民国13.1初版,民国13.1第10版,民国13.3第20版,民国15第95版,民国15.9第105版
  小学校初级用
  国图(1-5,8) 北师大(1-3,5-8) 人教 上师大(6) 辞书

2-2847

自然课本
陆衣言,蒋镜芙编 陆费逵,戴克敦校
  上海 中华书局 民国12.12[1923.12]-
  8册(24,30,31,30,30,30,28,28页) 图(含彩图) 大32开
  第1册:民国12.12初版,民国13.1第2版,民国13.1第5版,民国13.8第7版
  第2册:民国13.3初版,民国13.10第6版,民国14.3第8版,民国15.4第11版
  第3册:民国13.8第2版,民国13.8第3版,民国14.11第11版,民国14第31版
  第4册:民国14.2初版,民国14.2第3版,民国14.7第4版,民国14.11第6版
  第5册:民国14.2初版,民国14.2第3版,民国14.7第4版,民国16.4第13版
  第6册:民国14.6初版,民国14.8第2版,民国14.11第6版
  第7册:民国14.8初版,民国15.7第6版
  第8册:民国14.9初版,民国14.9第2版,民国15.12第6版
  教育部审定 新学制适用 小学校初级用
  逐页题名:新小学自然课本
  其他题名:新小学教科书自然课本
  人教 华师大 辞书 编译馆

2-2848

新时代自然教科书
凌昌焕编纂 何炳松,王云五,杜亚泉校订
  上海 商务印书馆 民国16.2[1927.2]-
  8册(41,41,41,41,50,55,57,65页) 图(含彩图) 32开

第1册：民国16.2初版,民国16.2第20版
第2册：民国16.2第20版,民国21.11第32版
第3册：民国16.2第20版,民国21.6第10版
第4册：民国16.2第20版,民国16.2第60版
第5册：民国16.2第20版,民国21.6版
第6册：民国16.2第5版,民国16.2第30版,民国21.11第22版
第7册：民国16.2第30版,民国16.2第40版
第8册：民国16.2第5版,民国16.2第15版
小学校初级用
逐页题名：自然教科书
其他题名：新时代初级小学自然教科书
人教　华师大(1-6)　辞书

2-2849

新时代自然教科书
郑同礼著　新时代教育社编

上海　[编者刊]　民国16.7[1927.7]-
8册(①36页)　图　32开
第1册：民国16.7第25版
小学校初级用
初版附注：民国16年2月初版
逐页题名：自然教科书
辞书(1)

2-2850

前期小学自然课本
董文,王剑星编辑　魏冰心,范祥善校订　于右任校阅

上海　世界书局　民国16.4[1927.4]-
8册(32,34,32,32,32,32,32,36页)　图　32开
第1册：民国16.4初版,民国19第38版,民国21.7第73版,民国21.11第75版
第2册：民国16.4初版,民国19.8第36版,民国21.8第71版
第3册：民国16.7第11版,民国20.7第52版,民国21.9第70版,民国21.11第76版
第4册：民国16.7第6版,民国19.8第31版,民国21.11第68版,民国21.11第69版
第5册：民国16.8第4版,民国20.7第47版,民国21.8第60版,民国21.8第61版
第6册：民国18.12第6版,民国18第13版,民国20.7第40版,民国21.8第49版,民国21.11第58版,民国21.11第59版
第7册：民国17.6第8版,民国18.7第23版,民国20.8第36版,民国20第45版,民国21.8第51版,民国21.12第55版
第8册：民国16第4版,民国16.12第6版,民国20.8第32版,民国21.12第45版,民国21.12第46版
教育部审定　小学初级学生用
版权页题名：新主义自然课本
其他题名：新主义教科书前期小学自然课本
北师大(5-8)　华师大　上师大(1)　辞书　广东中山(6,8)　编译馆

2-2851

新中华自然课本
杨卿鸿,糜赞治编辑

上海　新国民图书社　民国16.6[1927.6]-
8册(24,30,30,30,28,28,26,26页)　图　大32开
第1册：民国16.7初版,民国19.4第15版,民国19.9第20版,民国19.12第21版,民国19.12第26版,民国20.4第27版,民国21.2第31版,民国21.10第40版
第2册：民国16.6第2版,民国19.10第17版,民国19.12第20版,民国20.12第27版,民国21.2第30版,民国21.6第36版,民国21.7第38版,民国21.12版
第3册：民国16.10第2版,民国19.9第18版,民国19.10版,民国20.2第21版,民国20.12第25版,民国21.7第34版,民国21.7第35版,民国21.10第38版
第4册：民国16.10初版,民国20.3第22版,民国20.12版,民国21.4第24版,民国21.4第29版,民国21.6第33版,民国21.7第36版
第5册：民国16.10初版,民国19.9第17版,民国20.12第26版,民国21.2第27版,民国21.4第29版,民国21.6第33版,民国22.3第36版
第6册：民国17.4第6版,民国19.12第16版,民国20.3第20版,民国21.5第27版,民国21.5第28版,民国21.6第29版,民国21.6第30版
第7册：民国17.7第2版,民国19.5第11版,民国19.12第14版,民国19.12第15版,民国21.4第24版,民国21.7第27版,民国21.10第29版
第8册：民国17.7第2版,民国19.12第12版,民国20.2第14版,民国20.6第16版,民国20.12第18版,民国21.6第22版,民国21第23版
教育部审定　小学校初级用
初版附注：民国16年6月-17年7月初版
其他题名：新中华教科书自然课本
北师大　人教　辞书　广东中山(1,4,6,8)　编译馆

2-2852

新课程自然课本
王剑星,董文编辑　范祥善校订

上海　世界书局　民国20.2[1931.2]-
8册(20,20,20,22,24,24,24,26页)　图　32开
第1册：民国20.2初版,民国21第18版,民国21.11第19版
第2册：民国20.2初版,民国21.12第7版,民国21.12第8版
第3册：民国20.2初版,民国21.6第12版,民国21.8第14版
第4册：民国20.2初版,民国20.12第3版,民国21.8第14版
第5册：民国20.2初版,民国21.6第7版,民国21.11第13版
第6册：民国20.2初版,民国20.3第3版,民国21.8第10版
第7册：民国20.2初版,民国21.6第7版,民国21.12第8版
第8册：民国21第8版,民国21.11第13版
初级小学学生用

逐页题名:初小自然课本
华师大　辞书　编译馆

2-2853

自然教科书

贾祖璋,许心芸,杜辉孙,孙伯才编辑　杜亚泉,凌昌焕校订

上海　商务印书馆　民国20.6[1931.6]-

8册　图　32开

第1册:民国20.6初版,民国21.7国难后20版

第2册:民国20.6初版,民国21.7国难后20版

第3册:民国20.6初版,民国21.7国难后20版

第4册:民国20.7初版,民国21.7国难后20版

第5册:民国20.8初版,民国21.7国难后20版

第6册:民国20.8初版,民国21.7国难后20版

第7册:民国20.8初版,民国21.7国难后20版

第8册:民国21.7国难后20版

小学校初级用

版权页题名:自然

其他题名:基本教科书自然

辞书(1-7)　编译馆

2-2854

自然

胡颜立,张若南,陆长康,陈致中编辑

上海　大东书局　民国21.7[1932.7]-

8册(40,50,43,41,50,60,66,74页)　图(含彩图)　32开

第1册:民国21.7初版,民国22.6第30版,民国22.6第40版

第2册:民国21.11初版,民国22.8第30版,民国22.8第35版

第3册:民国21.11初版,民国22.6第2版,民国22.6第25版

第4册:民国21.11初版,民国22.6第20版,民国22.8第65版

第5册:民国21.11初版,民国22第2版,民国22.5第10版

第6册:民国22.4第2版,民国22.6第5版,民国22.8第45版

第7册:民国21.11初版,民国22.8第25版,民国23.1第71版

第8册:民国21.11初版,民国22.4第2版,民国22.5版,民国22.6版,民国22第30版

教育部审定　遵照教育部课程标准编辑　小学校初级用

封面题名:新生活自然教科书

其他题名:新生活教科书自然

北师大　上师大(8)　辞书　编译馆

2-2855

小学自然课本

韦息予,孙伯才编　糜赞治,杨卿鸿校

上海　中华书局　民国22.3[1933.3]-

8册(33,32,32,32,32,32,32页)　图(含彩图)　大32开

第1册:民国22.3初版,民国22.3第7版,民国23.1第26版,民国23.1第28版,民国23.1第50版,民国23.3第60版

第2册:民国22.3初版,民国23.1第30版,民国23.1第35版,民国23.1第42版,民国23.6第65版

第3册:民国22.4第4版,民国22.9第9版,民国22.9第21版,民国23.2第51版,民国第56版,民国23第85版,民国23.10第92版

第4册:民国22.4第4版,民国22.4第12版,民国23.1第26版,民国23.1第28版,民国23.1第32版,民国23.3第49版,民国23.6第52版

第5册:民国22.4初版,民国22.4第3版,民国22.7第13版,民国22.9第19版,民国23.1第25版,民国23第49版,民国23.6第66版

第6册:民国22.5初版,民国22.5第6版,民国23.1第26版,民国23.6第49版,民国23.6第55版,民国24.7第75版

第7册:民国22.6初版,民国22.6第2版,民国22.7第8版,民国23.1第19版,民国23.1第20版,民国23第30版,民国23.1第36版,民国23.6第45版

第8册:民国22.7初版,民国22.7第4版,民国23.1第23版,民国23.1第33版,民国23.6第45版

教育部审定　新课程标准适用　初级小学用

北师大　人教　上海　辞书　广东中山(3,5,7)　编译馆(3-4)

2-2856

自然

宗亮寰,周建人,沈百英编著　王云五,黄绍绪校订

上海　商务印书馆　民国22.5[1933.5]-

8册(40,40,40,40,41,41,41,41页)　图　32开

第1册:民国22.5初版,民国22.5第10版,民国22.7第20版,民国22.8第40版,民国23第120版,民国23.4第170版,民国24.6第280版,民国33.9版

第2册:民国22.5第10版,民国22.9第90版,民国23.5版,民国24.1第240版

第3册:民国22.5初版,民国22.6第10版,民国22.8第40版,民国22.9第90版,民国22.11第140版,民国24.9第263版

第4册:民国22.5初版,民国22.7第20版,民国22.7第30版,民国22.9第90版,民国23.12第200版,民国24.4第225版,民国24.6第230版

第5册:民国22.5初版,民国22.6第10版,民国22.10第80版,民国22.11第110版,民国22.12第140版,民国24.5第225版,民国24.9第252版

第6册:民国22.5初版,民国22.6第10版,民国22.7第30版,民国23.9第155版,民国23.9第165版,民国24.6第195版,民国24.10第200版

第7册:民国22.6第10版,民国22.7第30版,民国22.8第70版,民国22.11第120版,民国24.9第207版,民国29.10第212版

第8册:民国22.6第10版,民国22.7第30版,民国22.8第60版,民国22第100版,民国22.11第165版,民国24.9第

185版
教育部审定　新课程标准适用　小学校初级用
封面题名：复兴自然教科书
其他题名：复兴教科书自然
国图(7-8)　北师大　人教　上海　华师大　上师大(4)
辞书　广东中山(1,5-6)　编译馆(1-3,5-8)

2-2857
自然课本
董文编辑　范祥善校订
上海　世界书局　民国22.6[1933.6]-
8册(20,22,22,22,36,38,38,42页)　图,表　32开
第1册：民国22.6初版,民国22.8第14版,民国23.3第41版
第2册：民国22.8第15版,民国22.12第31版
第3册：民国22.6第4版,民国22.7第13版,民国23.5第45版,民国23第54版
第4册：民国22.6第4版,民国22.6第9版,民国22.12第26版
第5册：民国22第2版,民国22.6第4版,民国22.8第11版,民国23.5第39版
第6册：民国22.6第4版,民国22.6第5版,民国23.2第33版
第7册：民国22.6第3版,民国22第7版,民国22.8第12版,民国23.5第34版
第8册：民国22.6第4版,民国22.8第9版,民国22.12第18版
教育部审定　新课程标准　初级小学一年级上学期～四年级下学期用
初版附注：民国22年6月初版
其他题名：新课程标准世界教科书自然课本
北师大　华师大　辞书　广东中山(3,5,7)

2-2858
民智初级自然教本
刘乐渔编辑　曹潄逸校订
上海　民智书局　民国22.6[1933.6]-
8册(①28,②30,③34,④38页)　图(含彩图)　32开
第1-4册：民国22.6初版
其他题名：新标准教科书民智初级自然教本
辞书(1-4)

2-2859
小学自然课本
韦息予,孙伯才编　糜赞治,杨卿鸿校
上海　中华书局　民国22.6[1933.6]-
8册(①33,②32,③32,④32页)　彩图　大32开
第1册：民国22.6初版,民国22.6第3版
第2册：民国22.6初版,民国22.6第2版
第3册：民国22.7初版
第4册：民国22.7初版
新课程标准适用　初级用
辞书(1-4)

2-2860
小学自然课本
韦息予,孙伯才,陈致中编　糜赞治,华汝成校
上海　中华书局　民国23.11-24.1[1934.11-1935.1]
8册(33,32,32,32,32,32,32,32页)　图　大32开
第1册：民国23.11初版,民国23.11第2版
第2册：民国23.11初版,民国23.11第2版
第3册：民国23.11初版,民国23.11第2版,民国23.11第3版
第4册：民国23.11初版,民国23.11第2版
第5册：民国23.11初版,民国23.11第2版
第6册：民国23.11初版,民国23.11第3版
第7册：民国23.11初版,民国23.11第2版,民国23.11第3版
第8册：民国24.1初版,民国24.2第2版
新课程标准适用　初级小学春季始业用
北师大　人教　上海　辞书

2-2861
复兴自然课本
刘佩忠,宗亮寰编校
上海　商务印书馆　民国24.1[1935.1]
8册(43,43,43,43,43,45,43,45页)　图　32开
第1册：民国24.1初版,民国24.2第30版
第2册：民国24.1初版,民国24.6第20版
第3册：民国24.1初版
第4册：民国24.1初版
第5册：民国24.1初版,民国24.2第30版
第6册：民国24.1初版,民国24.7第20版
第7册：民国24.1初版
第8册：民国24.1初版,民国24.7第20版
新课程标准　小学初级用　春季始业
封面题名：复兴初小自然课本
北师大　人教　上师大(8)　编译馆(1-2,4-8)

2-2862
春来了
吕伯攸编　刘开申绘
上海　中华书局　民国24.7[1935.7]
18页　彩图　32开　(小学低年级各科副课本　47)
卷端题名：小学低年级自然副课本春来了
人教　上海　辞书

2-2863
热呀夏天
吕伯攸编　刘开申绘
上海　中华书局　民国24.10[1935.10]
18页　彩图　32开　(小学低年级各科副课本　48)
卷端题名：小学低年级自然副课本热呀夏天
人教　上海　辞书

2-2864
秋天有些什么
吕伯攸编　刘开申绘

上海　中华书局　民国25.6[1936.6]
18页　彩图　32开　（小学低年级各科副课本　49)
卷端题名：小学低年级自然副课本秋天有些什么
人教　辞书

2-2865
怎样过冬
吕伯攸编　刘开申绘
上海　中华书局　民国25.6[1936.6]
18页　彩图　32开　（小学低年级各科副课本　50)
卷端题名：小学低年级自然副课本怎样过冬
人教　辞书

2-2866
天天要记载
高念修编　刘开申绘
上海　中华书局　民国24.7[1935.7]
18页　彩图　32开　（小学低年级各科副课本　51)
卷端题名：小学低年级自然副课本天天要记载
人教　上海　辞书

2-2867
两种恶魔
胡天智编　刘开申绘
上海　中华书局　民国24.7[1935.7]
18页　彩图　32开　（小学低年级各科副课本　52)
卷端题名：小学低年级自然副课本两种恶魔
人教　上海　辞书

2-2868
水变戏法
陈寿朋编　陈江风绘
上海　中华书局　民国24.7[1935.7]
18页　彩图　32开　（小学低年级各科副课本　53)
卷端题名：小学低年级自然副课本水变戏法
人教　上海　辞书

2-2869
风先生
蒋镜芙编　沈影泉绘
上海　中华书局　民国24.10[1935.10]
18页　彩图　32开　（小学低年级各科副课本　54)
卷端题名：小学低年级自然副课本风先生
人教　上海　辞书

2-2870
姨父种的东西
陈寿朋编　胡振祥绘
上海　中华书局　民国25.6[1936.6]
18页　彩图　32开　（小学低年级各科副课本　55)
卷端题名：小学低年级自然副课本姨父种的东西
人教　辞书

2-2871
也是好朋友
吕伯攸编　沈影泉绘
上海　中华书局　民国25.1[1936.1]
18页　彩图　32开　（小学低年级各科副课本　56)
卷端题名：小学低年级自然副课本也是好朋友
人教　上海　辞书

2-2872
水里的动物
许达年编　刘开申绘
上海　中华书局　民国25.5[1936.5]
18页　彩图　32开　（小学低年级各科副课本　57)
卷端题名：小学低年级自然副课本水里的动物
人教　上海　辞书

2-2873
水里的植物
许达年编　刘开申绘
上海　中华书局　民国24.10[1935.10]
18页　彩图　32开　（小学低年级各科副课本　58)
卷端题名：小学低年级自然副课本水里的植物
人教　上海　辞书

2-2874
妈妈的绸衣
陆雅娥编　沈影泉绘
上海　中华书局　民国25.1[1936.1]
18页　彩图　32开　（小学低年级各科副课本　59)
卷端题名：小学低年级自然副课本妈妈的绸衣
人教　上海　辞书

2-2875
一匹布
陆雅娥编　沈影泉绘
上海　中华书局　民国25.1[1936.1]
18页　彩图　32开　（小学低年级各科副课本　60)
卷端题名：小学低年级自然副课本一匹布
人教　上海　辞书

2-2876
凉爽的麻布
胡天智编　刘开申绘
上海　中华书局　民国25.6[1936.6]
18页　彩图　32开　（小学低年级各科副课本　61)
卷端题名：小学低年级自然副课本凉爽的麻布
人教　辞书

2-2877
谢谢小绵羊
吴桂仙编　沈影泉绘
上海　中华书局　民国25.6[1936.6]
18页　彩图　32开　（小学低年级各科副课本　62)
卷端题名：小学低年级自然副课本谢谢小绵羊
人教　辞书

2-2878
新书包
吴克勤编　刘开申绘
上海　中华书局　民国24.7[1935.7]
18页　彩图　32开　（小学低年级各科副课本　63)

卷端题名：小学低年级自然副课本新书包
上海　辞书

2-2879
用甚么造房子
陈一鸣编　沈影泉绘
上海　中华书局　民国25.5[1936.5]
18页　彩图　32开　（小学低年级各科副课本　64）
卷端题名：小学低年级自然副课本用甚么造房子
人教　上海　辞书

2-2880
燃料的谈话
陈寿朋编　刘开申绘
上海　中华书局　民国25.5[1936.5]
18页　彩图　32开　（小学低年级各科副课本　65）
卷端题名：小学低年级自然副课本燃料的谈话
人教　上海　辞书　河南

2-2881
火和灯
陈寿朋编　刘开申绘
上海　中华书局　民国24.7[1935.7]
18页　彩图　32开　（小学低年级各科副课本　66）
卷端题名：小学低年级自然副课本火和灯
人教　上海　辞书　河南

2-2882
作工的助手
杨友吾编　刘开申绘
上海　中华书局　民国24.7[1935.7]
18页　彩图　32开　（小学低年级各科副课本　67）
卷端题名：小学低年级自然副课本作工的助手
人教　上海　辞书

2-2883
叔叔的新屋子
吴克勤编　糜文焕绘
上海　中华书局　民国24.7[1935.7]
18页　彩图　32开　（小学低年级各科副课本　68）
卷端题名：小学低年级自然副课本叔叔的新屋子
人教　上海　辞书

2-2884
路工王三的话
吕祝三编　刘开申绘
上海　中华书局　民国25.6[1936.6]
18页　彩图　32开　（小学低年级各科副课本　69）
卷端题名：小学低年级自然副课本路工王三的话
人教　辞书

2-2885
怎样走水路
吕祝三编　胡振祥绘
上海　中华书局　民国25.6[1936.6]
18页　彩图　32开　（小学低年级各科副课本　70）
卷端题名：小学低年级自然副课本怎样走水路
人教　辞书

2-2886
怎样走陆路
吕祝三编　胡振祥绘
上海　中华书局　民国25.6[1936.6]
18页　彩图　32开　（小学低年级各科副课本　71）
卷端题名：小学低年级自然副课本怎样走陆路
人教　辞书

2-2887
书案上的伴侣
吕祝三编　蒋鸿绘
上海　中华书局　民国25.6[1936.6]
18页　彩图　32开　（小学低年级各科副课本　72）
卷端题名：小学低年级自然副课本书案上的伴侣
人教　辞书

2-2888
合群的昆虫
储孝善编
上海　中华书局　民国24.7[1935.7]
38页　图　32开　（小学中年级各科副课本　44）
卷端题名：小学中年级自然副课本合群的昆虫
人教　上海　辞书

2-2889
有益农家的动物
顾元培编
上海　中华书局　民国24.7[1935.7]
40页　图　32开　（小学中年级各科副课本　45）
卷端题名：小学中年级自然副课本有益农家的动物
人教　上海　辞书

2-2890
捉鱼去
吴仲康编
上海　中华书局　民国24.7[1935.7]
40页　图　32开　（小学中年级各科副课本　46）
卷端题名：小学中年级自然副课本捉鱼去
人教　上海　辞书

2-2891
蚕的一生
储孝善编
上海　中华书局　民国25.1[1936.1]
39页　图　32开　（小学中年级各科副课本　47）
卷端题名：小学中年级自然副课本蚕的一生
人教　上海　辞书

2-2892
麦的一生
吴仲康编
上海　中华书局　民国24.7[1935.7]
40页　图　32开　（小学中年级各科副课本　48）
卷端题名：小学中年级自然副课本麦的一生
人教　上海　辞书

2-2893
稻的一生
蒋卓慕编
　　上海　中华书局　民国24.10[1935.10]
　　40页　图　32开　(小学中年级各科副课本　49)
　　卷端题名：小学中年级自然副课本稻的一生
　　人教　上海　辞书

2-2894
麻的一生
顾元培编
　　上海　中华书局　民国25.5[1936.5]
　　38页　图　32开　(小学中年级各科副课本　50)
　　卷端题名：小学中年级自然副课本麻的一生
　　人教　上海　辞书

2-2895
草棉的一生
瞿芭丰编
　　上海　中华书局　民国25.1[1936.1]
　　40页　图　32开　(小学中年级各科副课本　51)
　　卷端题名：小学中年级自然副课本草棉的一生
　　上海　辞书

2-2896
大豆的一生
顾君璞编
　　上海　中华书局　民国25.5[1936.5]
　　40页　图　32开　(小学中年级各科副课本　52)
　　卷端题名：小学中年级自然副课本大豆的一生
　　上海　辞书

2-2897
油的由来
任云翔编
　　上海　中华书局　民国25.6[1936.6]
　　38页　图　32开　(小学中年级各科副课本　53)
　　卷端题名：小学中年级自然副课本油的由来
　　辞书

2-2898
盐的由来
蒋卓慕编
　　上海　中华书局　民国25.6[1936.6]
　　38页　图　32开　(小学中年级各科副课本　54)
　　卷端题名：小学中年级自然副课本盐的由来
　　辞书

2-2899
糖的由来
蒋卓慕编
　　上海　中华书局　民国24.10[1935.10]
　　38页　图　32开　(小学中年级各科副课本　55)
　　卷端题名：小学中年级自然副课本糖的由来
　　上海　辞书

2-2900
常吃的蔬菜
黄人济编
　　上海　中华书局　民国25.5[1936.5]
　　40页　图　32开　(小学中年级各科副课本　56)
　　卷端题名：小学中年级自然副课本常吃的蔬菜
　　上海　辞书

2-2901
千变万化的水
顾元培编
　　上海　中华书局　民国24.7[1935.7]
　　40页　图　32开　(小学中年级各科副课本　57)
　　卷端题名：小学中年级自然副课本千变万化的水
　　上海　辞书

2-2902
万能的电
吴仲康编
　　上海　中华书局　民国24.7[1935.7]
　　38页　图　32开　(小学中年级各科副课本　58)
　　卷端题名：小学中年级自然副课本万能的电
　　上海　辞书

2-2903
四季的自然界
茅秉心编
　　上海　中华书局　民国24.7[1935.7]
　　37页　图　32开　(小学中年级各科副课本　59)
　　卷端题名：小学中年级自然副课本四季的自然界
　　上海　辞书

2-2904
昼夜和四季
茅秉心编
　　上海　中华书局　民国25.5[1936.5]
　　34页　图　32开　(小学中年级各科副课本　60)
　　卷端题名：小学中年级自然副课本昼夜和四季
　　上海　辞书

2-2905
伟大的蒸汽机
胡赞平编
　　上海　中华书局　民国24.7[1935.7]
　　40页　图　32开　(小学中年级各科副课本　61)
　　卷端题名：小学中年级自然副课本伟大的蒸汽机
　　上海　辞书　河南

2-2906
玻璃世界
蒋卓慕编
　　上海　中华书局　民国24.7[1935.7]
　　38页　图　32开　(小学中年级各科副课本　62)
　　卷端题名：小学中年级自然副课本玻璃世界
　　上海　辞书

2-2907

煤铁谈话

顾君璞编

上海　中华书局　民国 25.1[1936.1]

40 页　图　32 开　（小学中年级各科副课本　63）

卷端题名：小学中年级自然副课本煤铁谈话

上海　辞书

2-2908

牛和皮革

储孝善编

上海　中华书局　民国 25.1[1936.1]

39 页　图　32 开　（小学中年级各科副课本　64）

卷端题名：小学中年级自然副课本牛和皮革

上海　辞书

2-2909

羊和呢绒

丁曾元编

上海　中华书局　民国 25.5[1936.5]

34 页　图　32 开　（小学中年级各科副课本　65）

卷端题名：小学中年级自然副课本羊和呢绒

上海　辞书

2-2910

凶猛的野兽

梅龔儒编

上海　中华书局　民国 25.6[1936.6]

38 页　图　32 开　（小学中年级各科副课本　66）

卷端题名：小学中年级自然副课本凶猛的野兽

辞书

2-2911

坚固的岩石

吴仲康编

上海　中华书局　民国 25.6[1936.6]

40 页　图　32 开　（小学中年级各科副课本　67）

卷端题名：小学中年级自然副课本坚固的岩石

辞书

2-2912

勇敢的消防队

顾元培编

上海　中华书局　民国 25.6[1936.6]

36 页　图　32 开　（小学中年级各科副课本　68）

卷端题名：小学中年级自然副课本勇敢的消防队

辞书

2-2913

科学游戏

蒋卓慕编

上海　中华书局　民国 25.1[1936.1]

36 页　图　32 开　（小学中年级各科副课本　69）

卷端题名：小学中年级自然副课本科学游戏

上海　辞书

2-2914

烟酒茶

朱震西编

上海　中华书局　民国 25.5[1936.5]

40 页　图　32 开　（小学中年级各科副课本　70）

卷端题名：小学中年级自然副课本烟酒茶

上海　辞书

2-2915

几种有毒的动物

吴仲康编

上海　中华书局　民国 25.1[1936.1]

39 页　图　32 开　（小学中年级各科副课本　71）

卷端题名：小学中年级自然副课本几种有毒的动物

上海　辞书

2-2916

几种有毒的植物

胡赞平编

上海　中华书局　民国 25.5[1936.5]

40 页　图　32 开　（小学中年级各科副课本　72）

卷端题名：小学中年级自然副课本几种有毒的植物

上海　辞书

2-2917

四时鲜果

吴仲康编

上海　中华书局　民国 24.10[1935.10]

37 页　图　32 开　（小学中年级各科副课本　73）

卷端题名：小学中年级自然副课本四时鲜果

上海　辞书

2-2918

气候和农作物

翁理之编

上海　中华书局　民国 25.1[1936.1]

40 页　图　32 开　（小学中年级各科副课本　74）

卷端题名：小学中年级自然副课本气候和农作物

上海　辞书

2-2919

漂洗和染色

顾元培编

上海　中华书局　民国 25.6[1936.6]

40 页　图　32 开　（小学中年级各科副课本　75）

卷端题名：小学中年级自然副课本漂洗和染色

辞书

2-2920

炉灶风箱和各种燃料

梅龔儒编

上海　中华书局　民国 25.6[1936.6]

38 页　图　32 开　（小学中年级各科副课本　76）

卷端题名：小学中年级自然副课本炉灶风箱和各种燃料

辞书

2-2921

木材

赵复编著　徐应昶主编

上海　商务印书馆　民国25.3[1936.3]

65页　图(含彩图)　32开

小学生分年补充读物　四年级自然科

国图　人教

2-2922

自然教科书

王逸凡编　袁承斌校

北平　传信书局　民国34.7[1945.7]-

册(①14页)　32开

第1册：民国34.7初版

新课程标准　初级小学校用

国图(1)

2-2923

自然常识

东北人民政府文化教育部编

沈阳　东北新华书店　[1912-1949?]

4册(115页)　图　32开

第1-4册：版次不详

初级小学适用

人教

＊　＊　＊

2-2924

新学制自然科教科书

凌昌焕编纂　王岫庐,杜亚泉校订

上海　商务印书馆　民国13.1[1924.1]-

4册(53,54,60,64页)　图　大32开

第1册：民国13.1初版,民国13.12第35版,民国15.4第80版,民国18.12订正175版,民国18.12订正185版,民国18.12订正190版

第2册：民国13.1初版,民国13.7第25版,民国13.11第35版,民国18.12订正165版,民国19.8订正180版

第3册：民国13.7第10版,民国15.2第60版,民国16.5第75版,民国16第85版,民国18.12订正135版,民国19.9订正145版

第4册：民国13.8第15版,民国14.1第20版,民国14.11第35版,民国18.9第90版,民国19.9订正125版

小学校高级用书

初版附注：民国13年1-8月初版

北师大　华师大　辞书

2-2925

新撰自然科教科书

杜亚泉编纂

上海　商务印书馆　民国13.6[1924.6]-

4册(32,37,36,40页)　图　大32开

第1册：民国13.6初版,民国13.11第10版,民国15.3第30版,民国15.3版

第2册：民国13.7第10版,民国15.5版,民国15.6第35版,民国15第45版

第3册：民国13.8初版

第4册：民国13.8初版,民国14.3第10版,民国15.3第25版

教育部审定　小学校高级用

卷端题名：新撰自然科学教科书

北师大　人教　华师大(4)　辞书

2-2926

高级自然课本

姜文洪,范广涛编辑　魏冰心,范祥善校订

上海　世界书局　民国14.4[1925.4]

4册(48,38,48,44页)　图,表　大32开　线装

第1册：民国14.4初版,民国17第19版

第2册：民国14.4初版

第3册：民国14.4初版

第4册：民国14.4初版

教育部审定　新学制小学用

其他题名：新学制小学教科书高级自然课本

人教(1)　辞书　广东中山(1)

2-2927

新中华自然课本

杨卿鸿编　糜赞治校

上海　新国民图书社　民国16.12[1927.12]-

4册(27,27,27,30页)　图　32开

第1册：民国16.12初版,民国19.7第21版,民国19.10第22版,民国19.10第23版,民国20.6第28版,民国20.11第33版,民国21.4第37版,民国21.6第41版

第2册：民国19.7第16版,民国20.4第21版,民国20.11第28版,民国21.2第31版,民国21.6第37版,民国21.11第39版

第3册：民国18.8第4版,民国19.4第10版,民国19.12第16版,民国20.11第23版,民国21.2第26版,民国21.6第29版

第4册：民国19.6第10版,民国20.4第14版,民国20.6第16版,民国20.11第18版,民国21.6第26版,民国21.10第29版

教育部审定　小学校高级用

初版附注：民国16年12月-18年2月初版

其他题名：新中华教科书自然课本

北师大　人教　辞书　编译馆

2-2928

高级小学自然课本

姜文洪,江效唐,范广涛编辑　魏冰心,范祥善校订

上海　世界书局　民国17.7[1928.7]-

4册(52,52,52,50页)　图,表　32开

第1册：民国18.8初版,民国18.9第19版,民国21.8第58版,民国21.12第81版,民国22.5第85版

第2册：民国18.7第13版,民国19.1第17版,民国21.6第46版,民国21.9第60版,民国21.12第69版

第 3 册:民国 18.7 第 10 版,民国 20.2 第 31 版,民国 21.8 第 45 版,民国 21.8 第 47 版,民国 21.12 第 60 版

第 4 册:民国 17.7 第 6 版,民国 21.6 第 37 版,民国 21.12 第 45 版

教育部审定　小学校高级用

其他题名:后期小学自然课本

其他题名:新主义教科书高级小学自然课本

国图(2,4)　北师大　人教　华师大　辞书　编译馆

2-2929

新时代自然教科书

杜若城编纂　王云五,凌昌焕校订

上海　商务印书馆　民国 18.12[1929.12]-

4 册(55,52,60,56 页)　图　32 开

第 1 册:民国 19.2 初版,民国 19.2 第 5 版,民国 19 第 15 版,民国 19.6 第 20 版,民国 19.6 第 35 版,民国 21.12 国难后 39 版

第 2 册:民国 18.12 第 5 版,民国 18 第 20 版,民国 19.6 第 25 版,民国 19.6 第 35 版,民国 20.1 国难后 55 版

第 3 册:民国 19.2 第 5 版,民国 19.2 第 15 版,民国 19 第 20 版,民国 19.6 第 50 版

第 4 册:民国 19.2 第 10 版,民国 19.6 第 35 版

小学校高级用

初版附注:民国 18 年 12 月-19 年 2 月初版

卷端题名:新时代高小自然教科书

国图　北师大　人教　华师大(1-2)　辞书

2-2930

高小自然课本

赵庸耕编　薛德焴校

上海　青光书局　民国 21.8[1932.8]

4 册　图　32 开

第 1-4 册:民国 21.8 初版,民国 23.7 修正 1 版

根据新课程标准编辑

国图(1,3)　北师大　人教

2-2931

北新自然教本

陆仁寿编辑

上海　北新书局　民国 21.8[1932.8]

4 册(56,48,61,54 页)　图,表　32 开

第 1 册:民国 21.8 初版,民国 22.8 第 2 版

第 2 册:民国 21.8 初版

第 3 册:民国 21.8 初版,民国 22.8 第 2 版

第 4 册:民国 21.8 初版

高级小学用

逐页题名:后期小学北新自然教本

国图　北师大　辞书

2-2932

小学自然课本

韦息予,孙伯才编　糜赞治,杨卿鸿校

上海　中华书局　民国 22.3-8[1933.3-8]

4 册(55,55,55,55 页)　图　32 开

第 1 册:民国 22.3 初版,民国 22.3 第 5 版,民国 22.3 第 7 版,民国 22.6 版,民国 23.1 第 26 版,民国 23.1 第 46 版,民国 23.3 第 54 版,民国 24.7 第 70 版

第 2 册:民国 22.3 初版,民国 22.3 第 4 版,民国 22.3 第 5 版,民国 23.1 第 23 版,民国 23.1 第 33 版,民国 23.9 第 47 版,民国 24.6 第 56 版,民国 24.7 第 59 版

第 3 册:民国 22.6 初版,民国 22.6 第 3 版,民国 22.7 第 7 版,民国 23.1 第 21 版,民国 23.1 第 27 版,民国 23.1 第 35 版,民国 23.3 第 43 版,民国 24.7 第 57 版

第 4 册:民国 22.8 初版,民国 22.8 第 10 版,民国 22.9 第 16 版,民国 23.1 第 21 版,民国 23.1 第 25 版,民国 23.3 第 37 版,民国 23.10 第 43 版,民国 25.4 第 62 版

教育部审定　新课程标准适用　小学高年级用

国图(3-4)　北师大　人教　上海　辞书　编译馆

2-2933

自然

宗亮寰,周建人,沈百英编著　王云五,黄绍绪校订

上海　商务印书馆　民国 22.5[1933.5]

4 册(40,40,40,40 页)　图　32 开

第 1 册:民国 22.5 初版,民国 22.6 第 10 版,民国 22.8 第 50 版,民国 22.12 第 105 版,民国 22.12 第 145 版,民国 23.11 第 190 版,民国 24.5 第 200 版

第 2 册:民国 22.5 初版,民国 22.7 第 20 版,民国 22.7 第 30 版,民国 22.12 第 80 版,民国 23.5 第 120 版,民国 23.6 第 130 版,民国 23.11 第 155 版

第 3 册:民国 22.5 初版,民国 22.7 第 20 版,民国 22.8 第 50 版,民国 22.12 第 75 版,民国 22.12 第 85 版,民国 24 第 150 版,民国 24.5 第 152 版

第 4 册:民国 22.5 初版,民国 22.6 第 10 版,民国 22.8 第 40 版,民国 22.8 第 50 版,民国 22.12 第 75 版,民国 22.12 第 85 版,民国 28.5 第 104 版

教育部审定　新课程标准适用　小学校高级用

封面题名:复兴自然教科书

其他题名:复兴教科书自然

国图(2)　北师大　人教　上海　华师大　上师大(3)　辞书　广东中山(2-4)　编译馆

2-2934

民智高级自然教本

瞿芭丰,吴仲康编辑

上海　民智书局　民国 22.7[1933.7]

4 册(56,62,62,66 页)　图,表　32 开

第 1-4 册:民国 22.7 初版

其他题名:新标准教科书民智高级自然教本

辞书

2-2935

高级自然

徐允昭,沈望之,张葳华编辑

上海　大东书局　民国 22.7[1933.7]-

4 册(108,126,128,116 页)　图,表　32 开

第 1 册:民国 22.7 初版,民国 22.8 第 2 版,民国 22.11 第 3 版

第 2 册:民国 22.10 初版,民国 22.11 第 2 版,民国 23.1 第

3版
第3册:民国22.7初版,民国22.11第2版
第4册:民国22.11第2版
新课程标准适用　小学校高级用
其他题名:新生活教科书高级自然
北师大　辞书　编译馆

2-2936

自然课本
王剑星编辑　龚昂云校订
　　上海　世界书局　民国22.8[1933.8]-
　　4册(62,66,68,70页)　图　32开
　　第1册:民国22.8初版,民国22.10第12版
　　第2册:民国22.8第4版,民国22.8第6版
　　第3册:民国22.8第5版,民国22.9第7版
　　第4册:民国22.8第3版,民国22.9第8版
　　小学高级学生用
　　其他题名:新课程标准世界教科书自然课本
　　北师大　辞书　西北师大　广东中山(1-3)

2-2937

开明自然课本
顾均正,贾祖璋编纂　沈振黄绘画
　　上海　开明书店　民国23.7[1934.7]
　　4册(80,80,80,80页)　图,表　32开
　　第1册:民国23.7初版,民国25.8第11版
　　第2册:民国23.7初版,民国26.1第7版
　　第3册:民国23.7初版
　　第4册:民国23.7初版,民国28.8国难后2版
　　新课程标准适用　小学高级学生用
　　上海　辞书　西北师大(1-2)　广东中山(2)

2-2938

复兴自然课本
周建人,周昌寿编校
　　上海　商务印书馆　民国24.1[1935.1]
　　4册(41,41,41,41页)　图　32开
　　第1册:民国24.1初版,民国24.1第20版,民国24.2第30版
　　第2册:民国24.1初版,民国24.1第20版
　　第3册:民国24.1初版,民国24.4第30版,民国24.5第31版
　　第4册:民国24.1初版,民国24.1第20版
　　新课程标准适用　小学校高级用　春季始业用
　　封面题名:春季始业复兴自然课本
　　其他题名:复兴高小自然课本
　　国图(3-4)　北师大　人教　辞书　编译馆(1-3)

2-2939

小学自然课本
韦息予,孙伯才编　糜赞治,陶鸿翔,华裏治,华汝成校
　　上海　中华书局　民国24.1-2[1935.1-2]
　　4册(55,55,55,55页)　图　大32开
　　第1册:民国24.2初版,民国24.2第2版

第2册:民国24.2初版,民国24.2第2版,民国24.8第3版
第3册:民国24.2初版,民国24.2第2版,民国24.8第3版
第4册:民国24.1初版,民国24.1第2版,民国24.8第3版,民国24.8第4版
新课程标准适用　小学校高级用　春季始业用
北师大　人教　上海(1-3)　辞书

2-2940

照相机
方川禾编
　　上海　中华书局　民国24.7[1935.7]
　　48页　图　32开　(小学高年级各科副课本　38)
　　卷端题名:小学高年级自然副课本照相机
　　人教　辞书

2-2941

留声机
方川禾编
　　上海　中华书局　民国24.7[1935.7]
　　40页　图　32开　(小学高年级各科副课本　39)
　　卷端题名:小学高年级自然副课本留声机
　　人教　上海　辞书

2-2942

电影
王仰千编
　　上海　中华书局　民国25.1[1936.1]
　　48页　图　32开　(小学高年级各科副课本　40)
　　卷端题名:小学高年级自然副课本电影
　　人教　上海　辞书

2-2943

火车
郑季桐编
　　上海　中华书局　民国25.10[1936.10]
　　43页　图　32开　(小学高年级各科副课本　41)
　　卷端题名:小学高年级自然副课本火车
　　辞书

2-2944

汽车
郑季桐编
　　上海　中华书局　民国25.6[1936.6]
　　50页　图　32开　(小学高年级各科副课本　42)
　　卷端题名:小学高年级自然副课本汽车
　　辞书

2-2945

时钟
施平宰编
　　上海　中华书局　民国25.4[1936.4]
　　48页　图　32开　(小学高年级各科副课本　43)
　　卷端题名:小学高年级自然副课本时钟
　　人教　上海　辞书

2-2946

飞机

蒋仁培编
　　上海　中华书局　民国25.1[1936.1]
　　48页　图　32开　(小学高年级各科副课本　44)
　　卷端题名:小学高年级自然副课本飞机
　　人教　上海　辞书

2-2947
电灯
莫如孝编
　　上海　中华书局　民国25.1[1936.1]
　　46页　图　32开　(小学高年级各科副课本　45)
　　卷端题名:小学高年级自然副课本电灯
　　辞书

2-2948
电报电话无线电
张昌业编
　　上海　中华书局　民国25.4[1936.4]
　　47页　图　32开　(小学高年级各科副课本　46)
　　卷端题名:小学高年级自然副课本电报电话无线电
　　上海　辞书

2-2949
各种军器
王汤诰编
　　上海　中华书局　民国25.1[1936.1]
　　48页　图　32开　(小学高年级各科副课本　47)
　　卷端题名:小学高年级自然副课本各种军器
　　上海　辞书

2-2950
星球的研究
祝志学,王汤诰编
　　上海　中华书局　民国25.4[1936.4]
　　48页　图　32开　(小学高年级各科副课本　48)
　　卷端题名:小学高年级自然副课本星球的研究
　　辞书

2-2951
声光热的研究
朱建屏编
　　上海　中华书局　民国25.6[1936.6]
　　48页　图　32开　(小学高年级各科副课本　49)
　　卷端题名:小学高年级自然副课本声光热的研究
　　辞书

2-2952
山岳河流与湖泊
邵子敬编
　　上海　中华书局　民国25.6[1936.6]
　　48页　图　32开　(小学高年级各科副课本　50)
　　卷端题名:小学高年级自然副课本山岳河流与湖泊
　　辞书

2-2953
印刷术的研究
祝志学编
　　上海　中华书局　民国25.6[1936.6]
　　52页　图　32开　(小学高年级各科副课本　51)
　　卷端题名:小学高年级自然副课本印刷术的研究
　　人教　辞书　编译馆

2-2954
各种烹调料的研究
张昌权编
　　上海　中华书局　民国25.6[1936.6]
　　48页　图　32开　(小学高年级各科副课本　52)
　　卷端题名:小学高年级自然副课本各种烹调料的研究
　　辞书

2-2955
纸的研究
蒋仁培编
　　上海　中华书局　民国25.1[1936.1]
　　46页　图　32开　(小学高年级各科副课本　53)
　　卷端题名:小学高年级自然副课本纸的研究
　　上海　辞书

2-2956
火柴的研究
彭惠秀编
　　上海　中华书局　民国25.6[1936.6]
　　44页　图　32开　(小学高年级各科副课本　54)
　　卷端题名:小学高年级自然副课本火柴的研究
　　辞书

2-2957
地震海啸火山爆发的研究
徐福津编
　　上海　中华书局　民国25.1[1936.1]
　　47页　图　32开　(小学高年级各科副课本　55)
　　卷端题名:小学高年级自然副课本地震海啸火山爆发的研究
　　上海　辞书

2-2958
几种建筑原料的研究
骆憬甫编
　　上海　中华书局　民国25.6[1936.6]
　　44页　图　32开　(小学高年级各科副课本　56)
　　卷端题名:小学高年级自然副课本几种建筑原料的研究
　　辞书

2-2959
桥梁的研究
祝志学编
　　上海　中华书局　民国25.1[1936.1]
　　48页　图　32开　(小学高年级各科副课本　57)
　　卷端题名:小学高年级自然副课本桥梁的研究
　　上海　辞书

2-2960
生物和优生进化的研究
祝志学编
　　上海　中华书局　民国24.7[1935.7]

48页　图　32开　(小学高年级各科副课本　58)
卷端题名：小学高年级自然副课本生物和优生进化的研究
人教　上海　辞书

2-2961
海底世界
张其禄编
上海　中华书局　民国24.7[1935.7]
42页　图　32开　(小学高年级各科副课本　59)
卷端题名：小学高年级自然副课本海底世界
上海　辞书

2-2962
标本的采集和制作
闻人杰编
上海　中华书局　民国24.7[1935.7]
48页　图　32开　(小学高年级各科副课本　60)
卷端题名：小学高年级自然副课本标本的采集和制作
辞书

2-2963
风力水力的利用
彭惠秀编
上海　中华书局　民国24.7[1935.7]
47页　图　32开　(小学高年级各科副课本　61)
卷端题名：小学高年级自然副课本风力水力的利用
上海　辞书

2-2964
怎样测量气象
戴光荣编
上海　中华书局　民国25.5[1936.5]
46页　图　32开　(小学高年级各科副课本　62)
卷端题名：小学高年级自然副课本怎样测量气象
上海　辞书　编译馆

2-2965
化学博士
徐福津编
上海　中华书局　民国25.1[1936.1]
48页　图　32开　(小学高年级各科副课本　63)
卷端题名：小学高年级自然副课本化学博士
上海　辞书　河南

2-2966
空气
周彬编
上海　中华书局　民国25.6[1936.6]
46页　图　32开　(小学高年级各科副课本　64)
卷端题名：小学高年级自然副课本空气
辞书　编译馆

2-2967
梅雨雷雨和飓风
莫如孝编
上海　中华书局　民国25.1[1936.1]
39页　图　32开　(小学高年级各科副课本　65)
卷端题名：小学高年级自然副课本梅雨雷雨和飓风
上海　辞书

2-2968
几种基础器械
方川禾编
上海　中华书局　民国25.6[1936.6]
48页　图　32开　(小学高年级各科副课本　66)
卷端题名：小学高年级自然副课本几种基础器械
辞书

2-2969
人造丝和人造革
王汤诰编
上海　中华书局　民国25.6[1936.6]
45页　图　32开　(小学高年级各科副课本　67)
卷端题名：小学高年级自然副课本人造丝和人造革
辞书

2-2970
森林
彭惠秀编
上海　中华书局　民国25.1[1936.1]
45页　图　32开　(小学高年级各科副课本　68)
卷端题名：小学高年级自然副课本森林
人教　上海　辞书　编译馆

2-2971
留声机
徐应昶编著
上海　商务印书馆　民国25.3[1936.3]
30页　图　32开
小学生分年补充读物　五年级自然科
上海

2-2972
生物和优生进化
胡祖荫编
上海　商务印书馆　民国25[1936]第2版
61页　图　32开
小学生分年补充读物　五年级自然科
河南

2-2973
自然教科书
国立编译馆主编
上海　商务印书馆　民国26.3[1937.3]-
册(①73,②68页)　图　32开
第1册：民国26.3第4版,民国26.3第5版
第2册：民国26.7初版,民国26.11第2版
小学校高级用
卷端题名：小学高级自然教科书
北师大(1)　人教(1)　华师大(1-2)　辞书(1-2)　编译馆(2)

2-2974
高小自然课本

韦息予,孙伯才,徐天游,糜赞治编　华汝成,华襄治校
　　上海　中华书局　民国 26.7[1937.7]
　　4 册(55,55,63,63 页)　图　32 开
　　第 1 册:民国 26.7 初版,民国 28 第 79 版,民国 29 第 87 版,民国 30.8 第 139 版,民国 35.12 第 174-179 版
　　第 2 册:民国 26.7 初版,民国 27 第 37 版,民国 29 第 84 版,民国 29.11 第 105 版,民国 30.5 第 120 版,民国 35.2 第 148-159 版
　　第 3 册:民国 26.7 初版,民国 26.7 第 2 版,民国 27.10 第 38 版,民国 29.4 第 70 版,民国 29.5 第 72 版,民国 30.8 第 104 版,民国 35.2 第 133-136 版
　　第 4 册:民国 26.7 初版,民国 27.10 第 34 版,民国 29.5 第 62 版,民国 29 第 63 版,民国 29.11 第 75 版,民国 35.2 第 114-121 版
　　教育部审定　初审核定本　修正课程标准适用　秋季始业用
　　人教　辞书　西北师大(4)　广东中山　编译馆(2-4)

2-2975

复兴自然教科书
周建人,周颂久编校
　　上海　商务印书馆　民国 26.7[1937.7]-
　　4 册(40,40,40,40 页)　图　32 开
　　第 1 册:民国 26.7 初版,民国 27.10 第 92 版
　　第 2 册:民国 26 初版,民国 26.12 第 46 版
　　第 3 册:民国 26.7 初版,民国 26.12 第 26 版
　　第 4 册:民国 26.7 初版,民国 26.12 第 37 版,民国 27 年版,民国 29.1 第 121 版
　　教育部审定　遵照修正课程标准编辑　小学高级用
　　其他题名:复兴教科书自然
　　其他题名:自然:高级
　　北师大(1,3-4)　人教　上师大(1-3)　西北师大　广东中山(1-2)　编译馆

2-2976

高小自然课本
韦息予,孙伯才,徐天游,糜赞治编　华汝成,华襄治校
　　上海　中华书局　民国 26.8-11[1937.8-11]
　　4 册(55,55,63,63 页)　图　32 开
　　第 1 册:民国 26.8 初版,民国 27 年版,民国 30.7 第 29 版
　　第 2 册:民国 26.10 初版,民国 30.7 第 22 版
　　第 3 册:民国 26.10 初版,民国 27 年版,民国 28.10 第 16 版
　　第 4 册:民国 26.11 初版,民国 29.11 第 12 版,民国 30.9 第 15 版,民国 38.2 第 23 版
　　教育部审定　初审核定本　修正课程标准适用　春季始业用
　　人教(1-2.4)　辞书　西北师大(1,3)　编译馆(3)

2-2977

高级小学校自然教科书
(伪)维新政府教育部编纂
　　南京　[编者刊]　民国 27.8[1938.8]-
　　4 册　图　32 开
　　第 1-3 册:民国 27.8 版
　　人教(1-3)

2-2978

(修正)高小自然教科书
(伪)教育部编审会编
　　北平　新民印书馆　民国 27[1938]-
　　4 册(55,55,55,55 页)　图　32 开
　　第 1 册:民国 27 年版
　　第 2 册:民国 27 年版
　　第 3 册:民国 28.12 第 3 版
　　第 4 册:民国 28.12 版
　　其他题名:高小自然教科书
　　北师大

2-2979

空气的压力
瞿志远编辑
　　上海　民众书店　民国 28.2[1939.2]初版,民国 36.11 新 5 版
　　19 页　图　32 开　(自然教材　1)
　　小学高年级及初中适用
　　人教　辞书

2-2980

火怎样会烧起来
瞿志远编辑
　　上海　民众书店　民国 28.9[1939.9]初版,民国 29 新 2 版,民国 36.11 新 5 版
　　14 页　图　32 开　(自然教材　2)
　　小学高年级及初中适用
　　人教　辞书　河南

2-2981

为什么要呼吸
瞿志远编辑
　　上海　民众书店　民国 28.9[1939.9]初版,民国 29 新 2 版,民国 36.11 新 5 版
　　15 页　图　32 开　(自然教材　3)
　　小学高年级及初中适用
　　人教　辞书

2-2982

我们的呼吸器官
陈品琼编辑
　　上海　民众书店　民国 28.9[1939.9]
　　27 页　图　32 开　(自然教材　4)
　　小学高年级及初中适用
　　辞书

2-2983

日常用的水
瞿志远编辑
　　上海　民众书店　民国 27.10[1938.10]初版,民国 36.11 新 5 版
　　24 页　图　32 开　(自然教材　5)
　　小学高年级及初中适用
　　人教　辞书

2-2984
天气的变化
瞿志远编辑
上海 民众书店 民国 27.11[1938.11]初版,民国 36.11 新5 版
25 页 图 32 开 （自然教材 6）
小学高年级及初中适用
人教 上海 辞书

2-2985
植物和泥土
瞿志远编辑
上海 民众书店 民国 28.9[1939.9]初版,民国 29 新 1 版
20 页 图 32 开 （自然教材 7）
小学高年级及初中适用
辞书 河南

2-2986
食物的来源
瞿志远编辑
上海 民众书店 民国 28.5[1939.5]初版,民国 29 新 2 版
21 页 图 32 开 （自然教材 8）
小学高年级及初中适用
辞书 河南

2-2987
食物的营养
瞿志远编辑
上海 民众书店 民国 28.2[1939.2]初版,民国 30 新 2 版
21 页 图 32 开 （自然教材 9）
小学高年级及初中适用
辞书 河南

2-2988
调味品
祝苏如编辑
上海 民众书店 民国 28.9[1939.9]初版,民国 30 新 2 版,民国 36.11 版
24 页 图 32 开 （自然教材 10）
小学高年级及初中适用
人教 辞书

2-2989
我们的消化器官
陈品琼编辑
上海 民众书店 民国 28.9[1939.9]
28 页 图 32 开 （自然教材 11）
小学高年级及初中适用
辞书

2-2990
光的研究
陈品琼编辑
上海 民众书店 民国 27.10[1938.10]
22 页 图 32 开 （自然教材 12）
小学高年级及初中适用
辞书

2-2991
怎样学照相
陈品琼编辑
上海 民众书店 民国 27.11[1938.11]
22 页 图 32 开 （自然教材 13）
小学高年级及初中适用
辞书

2-2992
我们的眼睛
陈品琼编辑
上海 民众书店 民国 28.2[1939.2]
24 页 图 32 开 （自然教材 14）
小学高年级及初中适用
辞书

2-2993
热的研究
陈品琼编辑
上海 民众书店 民国 28.9[1939.9]
20 页 图 32 开 （自然教材 15）
小学高年级及初中适用
辞书 河南

2-2994
我们的衣服
陈品琼编辑
上海 民众书店 民国 28.7[1939.7]初版,民国 29 新 2 版
27 页 图 32 开 （自然教材 16）
小学高年级及初中适用
辞书 河南

2-2995
我们的房屋
祝苏如编辑
上海 民众书店 民国 28.7[1939.7]
32 页 图 32 开 （自然教材 17）
小学高年级及初中适用
辞书

2-2996
机械之母
祝苏如编辑
上海 民众书店 民国 27.10[1938.10]初版,民国 29 新 2 版
35 页 图 32 开 （自然教材 18）
小学高年级及初中适用
辞书 河南

2-2997
太阳和星球
祝苏如编辑
上海 民众书店 民国 28.9[1939.9]初版,民国 32 新 3 版,民国 36.11 新 5 版
26 页 图 32 开 （自然教材 19）
小学高年级及初中适用

人教　辞书

2-2998
我们的地球
祝荪如编辑
　　上海　民众书店　民国28.9[1939.9]初版,民国36.11新3版
　　28页　图　32开　(自然教材　20)
　　小学高年级及初中适用
　　人教　辞书

2-2999
日蚀月蚀潮汐
祝荪如编辑
　　上海　民众书店　民国28.10[1939.10]
　　26页　图　32开　(自然教材　21)
　　小学高年级及初中适用
　　辞书

2-3000
奇怪的磁石
祝荪如编辑
　　上海　民众书店　民国27.10[1938.10]初版,民国36.11新4版
　　21页　图　32开　(自然教材　24)
　　小学高年级及初中适用
　　人教　上海　辞书

2-3001
伟大的电
周沫华编辑
　　上海　民众书店　民国28.9[1939.9]初版,民国36.11新4版,民国36.11新5版
　　20页　图　32开　(自然教材　25)
　　小学高年级及初中适用
　　人教　上海　辞书

2-3002
电话
程文彬编辑
　　上海　民众书店　民国28.9[1939.9]
　　29页　图　32开　(自然教材　31)
　　小学高年级及初中适用
　　辞书

2-3003
筑路造桥
程文彬编辑
　　上海　民众书店　民国27.11[1938.11]
　　32页　图　32开　(自然教材　33)
　　小学高年级及初中适用
　　辞书

2-3004
轮船和潜艇
王化民编辑
　　上海　民众书店　民国28.11[1939.11]初版,民国30新2版
　　22页　图　32开　(自然教材　35)
　　小学高年级及初中适用
　　辞书　河南

2-3005
飞机
王化民编辑
　　上海　民众书店　民国28.2[1939.2]初版,民国30.1新1版,民国31.2赣1版
　　19页　图　32开　(自然教材　37)
　　小学高年级及初中适用
　　国图　辞书

2-3006
普通的疾病
祝荪如编辑
　　上海　民众书店　民国28.10[1939.10]初版,民国29新1版,民国36.11新5版
　　34页　图　32开　(自然教材　38)
　　小学高年级及初中适用
　　人教　辞书　河南

2-3007
怎样预防传染病
程文彬编辑
　　上海　民众书店　民国27.11[1938.11]初版,民国36.11新4版
　　24页　图　32开　(自然教材　43)
　　小学高年级及初中适用
　　人教　辞书

2-3008
我们的身体
王化民编辑
　　上海　民众书店　民国28.12[1939.12]初版,民国29新2版,民国36.11新5版
　　24页　图　32开　(小学自然故事　22)
　　小学高年级及初中适用
　　人教　辞书　河南

2-3009
常见的鸟兽
周沫华编辑
　　上海　民众书店　民国28.10[1939.10]初版,民国36.11新5版
　　26页　图　32开　(小学自然故事　23)
　　小学高年级及初中适用
　　人教　辞书

2-3010
电铃和电报
祝荪如编辑
　　上海　民众书店　民国28.11[1939.11]初版,民国30新2版,民国36.11新3版
　　30页　图　32开　(小学自然故事　26)
　　小学高年级及初中适用

人教　辞书　河南

2-3011
电光和电热
周沫华编辑
　　上海　民众书店　民国28.11[1939.11]初版,民国30新2版,民国36.11新5版
　　25页　图　32开　(小学自然故事　27)
　　小学高年级及初中适用
　　人教　辞书　河南

2-3012
声音和乐器
程文彬编辑
　　上海　民众书店　民国28.11[1939.11]
　　39页　图　32开　(小学自然故事　28)
　　小学高年级及初中适用
　　辞书

2-3013
我们的耳朵
祝苏如编辑
　　上海　民众书店　民国28.10[1939.10]初版,民国29新1版
　　23页　图　32开　(小学自然故事　29)
　　小学高年级及初中适用
　　辞书　河南

2-3014
造纸和印刷
祝苏如编辑
　　上海　民众书店　民国28.11[1939.11]初版,民国30.11新2版,民国36.11新5版
　　39页　图　32开　(小学自然故事　30)
　　小学高年级及初中适用
　　人教　上海　辞书

2-3015
无线电
祝苏如编辑
　　上海　民众书店　民国28.12[1939.12]
　　34页　图　32开　(小学自然故事　32)
　　小学高年级及初中适用
　　辞书

2-3016
火车和汽车
王化民编辑
　　上海　民众书店　民国28.12[1939.12]初版,民国36.11新5版
　　27页　图　32开　(小学自然故事　34)
　　小学高年级及初中适用
　　人教　辞书

2-3017
常备的药品
王化民编辑
　　上海　民众书店　民国29.1[1940.1]初版,民国30新1版,民国36.11新5版
　　23页　图　32开　(小学自然故事　39)
　　小学高年级及初中适用
　　人教　辞书　河南

2-3018
生物的进化
王化民编辑
　　上海　民众书店　民国29.1[1940.1]初版,民国29新2版,民国36.11新5版
　　19页　图　32开　(小学自然故事　40)
　　小学高年级及初中适用
　　北师大　人教　辞书　河南

2-3019
小学高级自然测验
艾伟主编　秦湘荪襄助
　　上海　中华书局　民国28.2[1939.2]
　　3袋(183,183,183页)　表　16开　袋装
　　第1-3袋(一至三类):民国28.2初版
　　辞书

2-3020
自然课本
王剑星编辑　龚昂云校订
　　上海　世界书局　民国28.11[1939.11]-
　　4册(34,43,43,39页)　图,表　32开
　　第1册:民国28.11第19版
　　第2册:民国29.6新19版
　　第3册:民国29.7新16版,民国35.11新版
　　第4册:民国29.7新15版
　　教育部审定　小学高级学生用
　　其他题名:新课程标准世界教科书自然课本
　　北师大(3)　辞书　编译馆

2-3021
自然副课本
顾均正编著
　　上海　万叶书店　民国28.12[1939.12]
　　4册(59,60,57,60页)　图　32开
　　第1册:民国28.12初版,民国37.8第5版
　　第2册:民国28.12初版,民国34.12第3版
　　第3册:民国28.12初版,民国34.12第3版
　　第4册:民国28.12初版,民国34.12第3版
　　小学高级第一学年上学期～第二学年下学期补充用
　　人教　辞书　辽宁

2-3022
高小自然教科书
(伪)教育总署编审会编
　　北平　新民印书馆　民国29.7-31.7[1940.7-1942.7]
　　4册(50,54,58,54页)　图　32开
　　第1册:民国29.7初版,民国30.6修正版
　　第2册:民国30.1初版
　　第3册:民国30.7初版

第 4 册：民国 31.7 初版
国图　北师大　人教

2-3023
高小自然
（伪）教育部编审委员会编纂
4 册(70,72,74,77 页)　图　32 开
其他题名：国定教科书高小自然
①南京　（伪）国民政府教育部　民国 29.8[1940.8]-
第 1 册：民国 29.8 初版,民国 30.1 第 2 版,民国 32.7 第 7 版
第 2 册：民国 32.1 第 6 版
第 3 册：民国 29.8 初版,民国 30 第 4 版,民国 32.1 版
第 4 册：民国 29.8 初版,民国 31.1 第 4 版,民国 31 第 5 版
人教　上师大(1,3-4)　辞书　广东中山(1)
②上海　中国联合出版公司　民国 33.1[1944.1]-
第 1 册：民国 33.1 第 9 版
第 2 册：版次不详
人教(1-2)

2-3024
高小自然课本
韦息予等编　华汝成,华襄治校
上海　北平　中华书局　民国 29.9[1940.9]-
4 册(32,32,40,40 页)　图　32 开
第 1 册：民国 29.9 平 2 版
第 2 册：民国 30.8 第 126 版
第 3 册：民国 35.2 第 127-130 版
第 4 册：民国 35.2 第 104-107 版
修正课程标准适用　春秋季始业用
北师大

2-3025
复兴自然教科书
周建人,周颂久编校
上海　商务印书馆　民国 29.12[1940.12]-
4 册(24,24,24,26 页)　图　32 开
第 1 册：民国 29.12 审定 1 版,民国 36.7 审定 288 版
第 2 册：民国 35.10 审定 235 版
第 3 册：民国 35.4 审定 214 版,民国 35.6 审定 215 版
第 4 册：民国 29 审定 1 版,民国 35.10 审定 196 版
教育部审定　遵照修正课程标准编辑　小学校高年级用
其他题名：复兴教科书自然
人教　上师大(1)　广东中山(4)

2-3026
高级国防自然课本
国防教材编辑委员会编
山东　胶东海区教材印刷社　民国 32.5[1943.5]-
册(②13 页)　32 开
第 2 册：民国 32.5 版
五年级夏季用
河南(2)

2-3027
高级小学自然
吴大钧,叶溯中主编　张达善等编订
重庆　北平　正中书局　民国 32.8[1943.8]-
4 册(50,48,46,49 页)　32 开
第 1 册：民国 32.8 渝初版,民国 35 平 1 版,民国 36.4 第 250 版,民国 36.5 第 270 版
第 2 册：民国 35 平 1 版,民国 36.1 第 260 版
第 3 册：民国 35 平 1 版,民国 36.5 第 190 版
第 4 册：民国 32 年版,民国 35 平 1 版,民国 35 沪 80 版,民国 35.3 第 110 版
教育部审定　遵照民国 31 年课程标准编著
初版附注：民国 32 年 8 月初版
其他题名：新中国教科书高级小学自然
国图(4)　北师大　人教　上师大(2)　广东中山(2)

2-3028
高级小学自然课本
徐允昭等编辑
上海　大东书局　民国 35.3[1946.3]-
4 册(②④[221]页)　图　32 开
第 2,4 册：民国 35.3 第 6 版
新修正课程标准适用
人教(2,4)

2-3029
自然课本
[不详]　新华书店晋察冀分店　民国 35.5[1946.5]-
4 册([181]页)　32 开
第 1-4 册：民国 35.5-7 年版
晋察冀边区行政委员会教育处审定　高级小学适用
人教

2-3030
自然课本
山东省胶东区行政公署教育处编
山东　胶东新华店　民国 35.6[1946.6]
53 页　32 开
六年级下学期用
河南

2-3031
高级小学自然课本
胡颜立,徐允昭,魏冰心编辑　国立编译馆校订　方洞,沈麓元,唐冠芳绘图　白国栋等参阅　教育部征选
上海　国定中小学教科书七家联合供应处　民国 35.6[1946.6]-
4 册(66,65,72,78 页)　图　32 开
第 1 册：民国 35.6 上海白报本 30 版,民国 35.6 白报纸本 60 版,民国 36 白报纸本 100 版,民国 36 沪 2 版,民国 37 沪 6 版,民国 37.6 第 11-13 版
第 2 册：民国 35.6 上海白报纸本 1 版,民国 35.8 白报纸本 90 版,民国 35.12 白报纸本 120 版,民国 37 沪版,民国 37.12 第 18-27 版
第 3 册：民国 35.7 上海白报纸本 1 版,民国 35.8 白报纸本 60 版,民国 35.10 白报纸本 70 版,民国 37 沪 4 版,民国 37.6

第6-11版
第4册：民国35.7 上海白报纸本1版,民国35.12 白报纸本60版,民国35 白报纸本80版,民国37.6 第11-14版
教育部审定
逐页题名：部编高小自然
人教　上师大　辞书　辽宁(1)　广东中山(1-2,4)　编译馆

2-3032
高小自然
徐允昭等编辑
　　上海　大东书局　民国35.12[1946.12]-
　　4册(98,116,126,106页)　图　32开
　　第1册：民国36.6 第8版
　　第2册：民国35.12 初版,民国36.6 第8版
　　第3册：民国36.6 第8版
　　第4册：民国35.12 初版,民国36.6 第8版
　　初版附注：民国35年12月初版
　　其他题名：新生活教科书高小自然
　　人教

2-3033
高小自然课本
彭庆昭编著
　　[四明山]　韬奋书店　民国35[1946]
　　4册([165]页)　32开
　　第1-4册：民国35年版
　　晋冀鲁豫边区政府教育厅审定
　　其他题名：高级自然课本
　　国图(1-2,4)　人教　河南(4)

2-3034
高级小学自然课本
国民编译社编辑
　　上海　[编者刊]　民国35[1946]-
　　　册(④50页)　32开
　　第4册：民国35 第14版
　　广东中山(4)

2-3035
高级小学自然课本[第1次修订本]
国立编译馆主编　胡颜立,徐允昭编辑　白国栋,陈邦贤,郭继熙等校阅　陈江风绘图
　　4册(63,65,72,78页)　图　32开
　　教育部审定
　　逐页题名：部编高小自然
　　①上海　儿童书局　民国36.5[1947.5]-
　　第2册：民国36年版
　　第4册：民国36.5 第1版
　　上师大(2)　广东中山(4)
　　②上海　春明书店　民国36.5[1947.5]
　　第1-4册：民国36.5 第1版
　　人教
　　③上海　大东书局　民国36.5[1947.5]

第1册：民国36.5 第1版
第2册：民国36.5 第1版
第3册：民国36.5 第1版,民国36 第3版
第4册：民国36.5 第1版
人教　广东中山(3)
④台湾　台湾省政府教育厅　民国36.5[1947.5]-
第1册：民国36.5 版
编译馆(1)
⑤上海　世界书局　民国36.12[1947.12]
第1-4册：民国36.12 第1版
人教　广东中山(1,4)
⑥上海　中华书局　民国36[1947]-
第1册：民国37 第21版
第4册：民国36 第10版
广东中山(1,4)
⑦上海　五联社　民国36[1947]-
第1册：民国36 第2版,民国36 第6版,民国37.8 第90版
第2册：民国37.1 第67版,民国38.1 第185版
第3册：民国37.8 第811版
第4册：民国37.1 第57版,民国38.1 第615版
人教　上师大(4)　辞书　广东中山(1)
⑧上海　中国文化服务社　民国37.1[1948.1]-
第1册：民国37.8 第2版
第2册：民国37.1 初版
第4册：民国37.1 初版
人教(1-2,4)

2-3036
高小自然常识
东北政委会编审委员会编
　　佳木斯　东北书店　民国36.11[1947.11]-
　　　册　图　32开
　　第1册：民国37.3 版
　　第3册：民国37.3 版
　　第4册：民国36.11 初版
　　国图(1,3)　辽宁(4)

2-3037
自然
关东公署教育厅编审
　　大连　大众书店　民国37.3[1948.3]-
　　　册(②35,③38页)　图　32开
　　第2-3册：民国37.3-8版
　　高级小学用
　　人教(2-3)

2-3038
高小自然
东北行政委员会教育部编
　　4册　图　32开
　　①长春　东北书店　民国37.8[1948.8]-
　　第2-4册：民国37.8 初版
　　人教(2-4)
　　②[哈尔滨]　东北书店　民国38.3[1949.3]-

第1-2册：民国38.3初版
人教(2)　辞书(1)　辽宁(1)

2-3039
高小自然课本
德俯,刘松涛,黄雁星,项若愚编辑
　　邯郸　华北新华书店　民国38.1[1949.1]-
　　　册(①33,③45页)　图　32开
　　第1册：民国38.1初版
　　第3册：民国38.1初版,民国38.8版
　　华北人民政府审定　高级小学适用
　　封面题名：自然课本
　　人教(1,3)　辞书(1,3)

2-3040
高小自然
田雨编
　　[平山]　新华书店　民国38.2[1949.2]
　　76页　32开
　　陕甘宁边区教育厅审定
　　国图

2-3041
小学课本自然
山东省政府教育厅编审
　　济南　华东新华书店　民国38.3-6[1949.3-6]
　　2册(46,42页)　图　32开
　　上册：民国38.3初版
　　下册：民国38.6初版
　　小学五年级用
　　版权页题名：小学课本五年级自然
　　逐页题名：小学自然
　　人教　辞书(1)

2-3042
少年自然用书
陆静山主编　胡颜立著　吴研因校阅
　　上海　永年书局　民国38.5[1949.5]
　　2册([119]页)　图　32开
　　第1-2册：民国38.5初版
　　高小第一学年上、下学期副课本适用
　　国图　人教

2-3043
自然
　　[淮阴]　华中新华书店　民国38.7[1949.7]
　　53页　32开
　　中原临时人民政府教育部规定　高级小学适用课本　五年级用
　　国图

2-3044
自然课本
彭庆昭,德俯编著
　　北平　华北联合出版社　民国38.8[1949.8]-
　　4册　32开

　　第1册：民国38.8初版,民国38第9版
　　第2册：民国38.8初版
　　第3册：民国38第7版
　　第4册：民国38.8初版,民国38.8第2版
　　华北人民政府教育部审定　高级小学适用
　　国图　人教(1-2,4)

2-3045
高级小学自然
华北人民政府教育部教科书编审委员会修订
　　[北平]　华北联合出版社　民国38[1949]-
　　册　32开
　　第1,3册：民国38第2版
　　高级小学适用　临时课本
　　国图(1,3)

2-3046
自然
东北人民政府文化教育部编
　　东北　新华书店　[1912-1949?]
　　册(①64,③73页)　图　32开
　　第1,3册：版次不详
　　高级小学适用
　　辞书(1,3)

2-3047
现代自然课本
　　上海　上海书局　[1912-1949?]
　　4册([174]页)　32开
　　第1-4册：版次不详
　　华侨小学高年级用
　　人教

2-3048
小学高级自然活叶教材
[上海市市立万竹小学校编]
　　上海　[编者刊]　[1912-1949?]
　　1册　图　32开
　　新课程标准适用
　　辞书

2-3049
高级国防自然课本
胶东国防教材编辑委员会编
　　山东　[编者刊]　[1912-1949?]
　　册(⑤16页)　32开
　　第5册：版次不详
　　小学六年级伏季用
　　其他题名：国防自然课本
　　河南(5)

2-3050
高小自然课本
　　[不详]　太行群众书店　[1912-1949?]
　　36页　图　32开　线装
　　晋冀鲁豫边区政府教育厅审定

河南

2-3051
自然课本
  山东 东海永久印刷社 [1912-1949?]
    册(①16,③20页) 32开
  第1,3册：版次不详
  小学高年级用
  河南(1,3)

教学参考书

2-3052
新法自然研究法
  瞿志远,张熙礽,潘蛰虹编纂 丁晓先,凌昌焕,范祥善校订
  上海 商务印书馆 民国12.1-4[1923.1-4]
  6册(124,126,94,96,86,127页) 图,表 大32开
  第1册：民国12.1初版,民国12.5第8版
  第2册：民国12.1初版,民国12.3第3版,民国12.7第7版
  第3册：民国12.1初版,民国12.9第5版
  第4册：民国12.3初版
  第5册：民国12.2初版,民国12.8第5版
  第6册：民国12.4初版,民国12.4第3版
  初级小学用 高级小学用
  北师大(1-2) 人教 辞书

2-3053
小学自然科教学法
  张裔云等编
  上海 商务印书馆 民国14.12[1925.12]
  90页 64开 (教育丛著 54)
  国图 天津 广东中山

2-3054
小学教材博物编
  (日)棚桥原太郎著 杜子彬译述
  上海 商务印书馆 民国14[1925]
  2册(253,211页) 人 32开
  上下册：民国14第5版
  自然科教学参考书
  河南

2-3055
博物学教授指南
  (日)山内繁雄,(日)野原茂六著 严保诚等译
  上海 商务印书馆 民国14[1925]第3版
  121页 图 大32开
  自然科教学参考书
  河南

2-3056
校外观察教材集览
  蔡松筠编
  上海 商务印书馆 民国14[1925]版
  141页 24开
  自然科教学参考书
  广东中山

2-3057
昆虫学研究法
  王历农编 费谷祥校
  上海 商务印书馆 民国16[1927]
  129页 人 32开
  自然科教学参考书
  河南

2-3058
小学自然科教学法
  杜亚泉编纂
  上海 商务印书馆 民国20[1931]版,民国22国难后1版
  196页 32开
  国图 河南 西北师大 广东中山

2-3059
小学自然教学法
  祝荪如著
  上海 大华书局 民国23.9[1934.9]
  216页 图 大32开
  华师大 辞书

2-3060
开明自然课本教学法
  贾祖璋等编
  上海 开明书店 民国23.9-24.7[1934.9-1935.7]
  4册(264,242,230,274页) 32开
  第1册：民国23.9初版
  第2册：民国24.1初版
  第3册：民国24.7初版
  第4册：民国24.7初版
  小学校教师用
  国图(2) 北师大 人教 西北师大(3)

2-3061
自然研究教学法
  霍席卿编 章之汶校
  上海 黎明书局 民国23.10[1934.10]初版,民国25.8第2版
  218页 图,照片 32开 (黎明乡村小学丛书)
  逐页题名：乡村小学自然研究教学法
  辞书 天津

2-3062
小学自然科教学法
  浙江省立杭州师范学校编辑
  杭州 [编者刊] 民国23[1934]版
  64页 [32开] (小学教育函授班讲义一)
  国图 人教

2-3063
鸟类标本剥制法

（日）小野田伊久马著
上海　商务印书馆　民国26.3[1937.3]版
46页　32开
自然科教学参考书
庐山

2-3064
小学自然教材与教法
杨寅初编
上海　新亚书图社　民国26[1937]版
204页　32开　（小学教师进修丛书）
天津

2-3065
小学自然科教材和教法
沈百英主编　胡颜立，徐允昭编著
上海　商务印书馆　民国28.6[1939.6]
200页　32开　（小学教师丛书）
辞书

2-3066
小学动物教材概要
胡步蟾编著
长沙　商务印书馆　民国29.6[1940.6]
435页　图，表　32开
自然科教学参考书
上海　辞书

2-3067
小学自然科教材及教法
杨寅初编
上海　新亚书店　民国31[1942]版
330页　32开
广东中山

2-3068
自然教学指引
徐允昭主编
上海　商务印书馆　民国37.2[1948.2]版
1册　32开
庐山

2-3069
革新的自然教学法
许育藩编著
上海　商务印书馆　民国37.4[1948.4]初版，民国37.8第3版
109页　32开　（国民教育文库）
上海　辞书　广东中山

2-3070
自然科学参考书
韩轶南编
河北　冀南新华书店　民国37[1948]版
74页　32开
小学教员用
其他题名：小学教员自然科学参考书

河南

＊　＊　＊

2-3071
新学制自然科教授书
凌昌焕编纂
上海　商务印书馆　民国12.8-14.8[1923.8-1925.8]
8册(67,77,80,105,96,104,112,106页)　图　32开
第1册：民国12.8初版，民国12.12第10版，民国13.3第20版
第2册：民国13.1初版，民国13.3第16版
第3册：民国13.2初版，民国13.5第16版
第4册：民国14.2初版，民国14.4第10版
第5册：民国13.9初版，民国14.2第10版，民国15.1第18版
第6册：民国14.6初版，民国15第20版
第7册：民国14.7初版
第8册：民国14.8初版，民国15.10第18版
小学校初级用
封面题名：自然科教授书
国图(3)　北师大　人教　华师大(5,8)　辞书

2-3072
自然课本教授书
陆衣言，蒋镜芙编　陆费逵，戴克敦校
上海　中华书局　民国13.1-16.3[1924.1-1927.3]
8册(73,92,94,90,121,108,125,116页)　图　大32开
第1册：民国13.1初版，民国13.11第3版
第2册：民国13.2初版
第3册：民国14.6初版，民国16.1第4版
第4册：民国14.7初版，民国16.1第3版
第5册：民国15.2初版，民国16.1第2版
第6册：民国15.3初版
第7册：民国15.11初版，民国17.9第2版
第8册：民国16.3初版
新学制适用　小学校初级用
其他题名：新小学教科书自然课本教授书
人教(2)　辞书　编译馆

2-3073
前期小学自然课本教学法
许观光编辑　顾品月校订
上海　世界书局　民国17.10[1928.10]-
8册([132],[121],[119],[140],[110],[124],[136],[144]页)　图　32开
第1册：民国17.10第2版，民国21.5第8版
第2册：民国18.7第4版，民国21.11修正9版
第3册：民国18.1第3版，民国21.7第9版
第4册：民国18.5第3版，民国20.1修正初版
第5册：民国18.7第4版，民国20.1修正8版
第6册：民国17.10初版，民国20.6第5版
第7册：民国18.3第3版，民国21.5第8版

第8册:民国18.6第2版,民国22.1修正6版

教育部审定本编辑　新主义教科书教员用书　前期小学用

初版附注:民国16年7月-17年10月初版

封面题名:自然课本教学法

其他题名:新主义教科书前期小学自然课本教学法

国图　辞书　编译馆

2-3074

新中华自然课本教授书

杨卿鸿,糜赞治,华襄治编校

上海　新国民图书社　民国17.1-9[1928.1-9]

8册(97,101,101,99,107,114,121,126页)　图　大32开

第1册:民国17.1初版,民国21.1第10版,民国21.3第11版

第2册:民国17.1初版,民国20.12第10版

第3册:民国17.4初版,民国18.8第4版,民国19.11第7版

第4册:民国17.5初版,民国19.11第7版,民国21.3第9版

第5册:民国17.4初版,民国19.11第6版,民国21.3第9版

第6册:民国17.7初版,民国20.6第6版,民国20.12第7版

第7册:民国17.9初版,民国19.11第5版,民国21.3第8版

第8册:民国17.8初版,民国19.11第5版,民国20第6版,民国21.10第9版

小学校初级用

其他题名:新中华教科书自然课本教授书

国图　北师大　辞书　广东中山(8)　编译馆

2-3075

新时代自然教授书

凌昌焕,林仁之编辑

上海　商务印书馆　民国21.7[1932.7]-

8册　图　32开

第1-2册:民国21.7国难后2版

小学校初级用

初版附注:民国20年11月初版

其他题名:自然教授书

华师大(1-2)　广东中山(2)

2-3076

新课程自然教学法

王剑星编辑　董文校订

上海　世界书局　民国21.4[1932.4]-

8册(80,80,94,80,73,76,91,114页)　图,表　32开

第1册:民国21.4第2版

第2册:民国21.10第2版

第3册:民国21.4第2版

第4册:民国21.10第2版

第5册:民国21.6初版

第6册:民国21.10第2版

第7册:民国22.1第2版

第8册:民国22.1第2版

初级小学教员用

其他题名:自然教学法

国图(1)　编译馆

2-3077

自然教学做法

张若南,张葳华,陈致中,何寿斋,陆长康编辑　胡颜立校阅

上海　大东书局　民国21.12[1932.12]-

8册(134,162,170,182,204,196,186,198页)　图　32开

第1册:民国21.12初版,民国22.7第3版,民国22.8第4版

第2册:民国22.8初版,民国23.6第3版

第3册:民国22.6初版,民国22.8第3版

第4册:民国22.8第3版

第5册:民国22.6初版,民国22.7第2版

第6册:民国22.8第3版,民国23.1第4版

第7册:民国22.6初版,民国23.1第3版

第8册:民国23.1第3版

小学校初级用

其他题名:新生活教科书自然教学做法

北师大(1-3,5-8)　辞书

2-3078

小学自然课本教学法

娄三立,赵体用编　韦息予,糜赞治校

上海　中华书局　民国22.4-10[1933.4-10]

8册(140,142,126,154,210,162,250,249页)　图,表　大32开

第1册:民国22.4初版,民国23.1第2版

第2册:民国22.4初版,民国23.6第4版

第3册:民国22.5初版,民国22.9第3版,民国23.4第4版

第4册:民国22.6初版,民国22.8第2版,民国23.1第3版

第5册:民国22.7初版,民国22.8第3版,民国23.1第3版

第6册:民国22.8初版,民国23.1第2版,民国23.6第3版

第7册:民国22.8初版,民国23.1第2版,民国23.4第3版

第8册:民国22.10初版,民国23.6第3版

新课程标准适用　小学校初级用

国图　北师大　人教　辞书　广东中山(1,3,5,7-8)　编译馆(1-2)

2-3079

复兴自然教学法

凌昌焕,孙慕坚,祝荪如编著　宗亮寰,沈百英校订

上海　商务印书馆　民国22.7[1933.7]

8册(167,177,178,184,175,197,215,237页)　图,表　32开

第1册:民国22.7初版,民国22.11第14版,民国23.4第19版

第2册:民国22.7初版,民国22.11第14版,民国23.3第15版,民国23.9第20版

第3册:民国22.7初版,民国23.4第17版,民国23.7第18版

第4册:民国22.7初版,民国23.2第3版,民国23.7第16版

第5册:民国22.7初版,民国23.2第11版,民国23.3第15版,民国23.3第18版,民国23.9第19版

第6册:民国22.7初版,民国23.3第2版,民国23.3第11版,民国23.12第21版

第7册:民国22.7初版,民国23.3第2版,民国23.4第15版,民国23.12第20版

第8册:民国22.7初版,民国23.3第2版,民国23.8第17版

小学校初级用

版权页题名:自然教学法

其他题名:复兴教科书自然教学法

国图　北师大　人教　华师大　辞书　河南(7)　广东中山(1,3-8)　编译馆(3)

2-3080
初小自然教学法
王化民,朱振先,朱家栋,张钦兰,赵体真,顾辑明编辑　杜就田,吴增芥校订

上海　世界书局　民国22.10[1933.10]-

8册(159,187,152,176,117,122,131,150页)　图,表　32开

第1册:民国23.5第4版

第2册:民国23.4第3版,民国23.5第4版

第3册:民国23.5第4版,民国24.1第6版

第4册:民国22.10初版,民国23.7第3版

第5册:民国23.4第3版,民国24.3第6版

第6册:民国23.4第2版

第7册:民国23.4第3版,民国24.5第6版

第8册:民国23.4第2版,民国23.10第4版

教育部审定　照教育部审定本编辑　新课程标准教科书　初级小学教员用

初版附注:民国22年7月-？初版

逐页题名:自然课本教学法

其他题名:新课程标准教科书教员用书初小自然教学法

北师大　辞书　广东中山(2,4)

2-3081
小学自然课本教学法
娄三立,赵体用编　韦息予,糜赞治,华裹治,华汝成,陶鸿翔校

上海　中华书局　民国24.1-25.3[1935.1-1936.3]

8册(132,148,140,139,172,172,212,207页)　表　大32开

第1册:民国24.1初版

第2册:民国24.3初版

第3册:民国24.3初版

第4册:民国24.3初版

第5册:民国24.12初版

第6册:民国24.11初版

第7册:民国25.3初版

第8册:民国24.12初版

新课程标准适用　春季始业用　小学校初级用

国图　北师大(2-5)　辞书

2-3082
复兴自然指导法
姜有方等编著

上海　商务印书馆　民国24.3-5[1935.3-5]

8册(143,148,98,110,125,144,125,156页)　图　32开

第1册:民国24.3初版

第2册:民国24.3初版

第3册:民国24.3初版

第4册:民国24.5初版

第5册:民国24.5初版

第6册:民国24.5初版

第7册:民国24.5初版

第8册:民国24.5初版

初级小学用　春季始业

北师大　人教

＊　＊　＊

2-3083
新学制自然科教授书
凌昌焕编纂

上海　商务印书馆　民国13.9[1924.9]-

4册(143,144,154,160页)　图　32开

第1册:民国13.9初版,民国19.4第22版

第2册:民国14年版,民国16.9第13版

第3册:民国17.2第14版

第4册:民国15.9第11版

小学校高级用书

初版附注:民国13年9月-14年7月初版

封面题名:自然科教授书

北师大(2)　人教　辞书

2-3084
新撰自然科教授书
许心芸编纂　杜亚泉校订

上海　商务印书馆　民国13.10[1924.10]-

4册(145,147,154,170页)　图　大32开

第1册:民国13.10初版,民国17.7第8版

第2册:民国16.7第9版

第3册:民国16.8第9版

第4册:民国14.8版,民国15.3第5版

新学制小学校高级用

其他题名:自然科教授书

人教　华师大(4)

2-3085
高级自然课本教学法
姜文洪,范广涛编辑　朱翊新,范祥善校订

上海　世界书局　民国14.4-6[1925.4-6]

4册(104,90,114,100页)　图　32开

第1册:民国14.6初版,民国14.7第2版

第2册:民国14.4初版,民国14.8第2版

第3册:民国14.6初版

第4册:民国14.6初版,民国14.11第2版

新学制小学教员用书

国图(1)　人教(1-2,4)　辞书

2-3086
新中华自然课本教授书

杨卿鸿,糜赞治,华襄治编校
上海　新国民图书社　民国17.4-18.9[1928.4-1929.9]
4册(146,159,161,168页)　图　大32开
第1册：民国17.4初版,民国18.12第5版,民国20.4第7版,民国20.11第8版,民国21.3第9版
第2册：民国18.1初版,民国20.11第7版,民国21.3第8版,民国21.10第9版
第3册：民国18.7初版,民国20.6第6版,民国21.3第7版
第4册：民国18.9初版,民国21.3第6版,民国21.3第7版,民国21.10第8版
小学校高级用
其他题名：新中华教科书自然课本教授书
国图　北师大　辞书　编译馆

2-3087

高级小学自然课本教学法
王剑星编辑　范祥善,魏冰心校订
上海　世界书局　民国18.2[1929.2]-
4册(118,118,114,116页)　图　大32开　线装
第1册：民国18.2初版,民国19.6修正第2版,民国20.5第4版,民国21.8第8版
第2册：民国18.2初版,民国19.6修正初版,民国20.12第5版
第3册：民国18.2初版,民国18.10第2版,民国19.8第3版
第4册：民国19.12第2版,民国19.6修正初版,民国21.7第6版
照教育部审定本编辑　后期小学用　新主义教科书教员用书
封面题名：自然课本教学法
逐页题名：新主义自然课本教学法
人教　辞书　云南社科　编译馆

2-3088

小学自然课本教学法
孙伯才编　韦息予,糜赞治校
上海　中华书局　民国22.6-12[1933.6-12]
4册(292,278,290,306页)　图,表　大32开
第1册：民国22.6初版,民国22第3版,民国23.1第5版
第2册：民国22.8初版
第3册：民国22.8初版,民国23.1第3版
第4册：民国22.12初版,民国22.12第2版
新课程标准适用　小学校高级用
国图　北师大　辞书　广东中山(1-3)

2-3089

复兴自然教学法
徐允昭,黄坚白编著　周建人校订
上海　商务印书馆　民国22.7-8[1933.7-8]
4册(147,153,167,184页)　图,表　32开
第1册：民国22.7初版,民国23.4第14版
第2册：民国22.7初版,民国23第5版,民国23.2第9版
第3册：民国22.7初版,民国23.4第13版
第4册：民国22.8初版,民国23第9版,民国24.1第15版
小学校高级用

版权页题名：自然教学法
其他题名：复兴教科书自然教学法
国图　北师大　人教　辞书　庐山(4)　广西师大(1,4)　广东中山(4)

2-3090

南洋自然教学法
陈问樵编
香港　商务印书馆　民国22.8[1933.8]-
4册　图　32开
第1册：民国22.8初版
第2册：民国22.11初版
第3册：民国23年版
第4册：民国23.9初版
小学校高级用
北师大

2-3091

高小自然教学法
董文,王剑星,龚昂云编辑
上海　世界书局　民国22.12[1933.12]-
4册(208,211,199,221页)　图,表　32开
第1册：民国23.3第3版,民国23.6第4版,民国29.9新2版
第2册：民国22.12初版,民国24.5第5版,民国29.10新2版
第3册：民国23.4第3版,民国23.12第4版,民国29.9新2版
第4册：民国23.2初版
新课程标准教科书　高级小学教员用
初版附注：民国22年10月-23年2月初版
其他题名：新课程标准高小自然教学法
北师大　辞书　西北师大(2-4)　广东中山(1)　编译馆(1-3)

2-3092

自然教学做法
徐允昭,张箴华编著　胡颜立校阅
上海　大东书局　民国23.2[1934.2]
4册(218,220,216,184页)　32开
第1-4册：民国23.2初版
小学校高级教师用
封面题名：新生活自然教学做法
其他题名：新生活教科书自然教学做法
北师大　人教　辞书(1,3)　编译馆(3-4)

2-3093

高小自然课本教学法
赵庸耕编
上海　北新书局　民国23.8[1934.8]-
册(①156页)　表　32开
第1册：民国23.8初版
国图(1)　人教(1)

2-3094

复兴自然指导法
黄坚白等编著
上海　商务印书馆　民国24.1[1935.1]

4 册(137,148,157,159 页) 32 开

第 1-4 册：民国 24.1 初版

小学校高级用　春季始业

北师大　人教

2-3095

小学自然课本教学法

韦息予,孙伯才编　糜赞治,华襄治,陶鸿翔,华汝成校

上海　中华书局　民国 24.5-25.2[1935.5-1936.2]

4 册(263,260,277,296 页)　图,表　大 32 开

第 1 册：民国 24.5 初版

第 2 册：民国 24.7 初版

第 3 册：民国 24.10 初版

第 4 册：民国 25.2 初版

新课程标准适用　春季始业用　小学校高级用

北师大(1-3)　人教　辞书

2-3096

复兴自然教学法[改编本]

祝荪如,孙慕坚编辑

上海　商务印书馆　民国 26.7[1937.7]-

4 册(98,112,105,134 页) 32 开

第 1 册：民国 26.7 第 1 版

第 2 册：民国 29.6 第 12 版

第 3 册：民国 26.7 第 1 版

第 4 册：民国 29.2 第 8 版

高级小学适用

其他题名：自然教学法

人教

2-3097

高小自然课本教学法

徐天游,糜赞治,孙伯才编　华汝成,华襄治,陶鸿翔校

昆明　中华书局　民国 27.10-12[1938.10-12]

4 册(362,310,350,356 页)　图 32 开

第 1 册：民国 27.10 初版,民国 28.6 第 5 版,民国 28.6 第 6 版,民国 28.12 第 7 版,民国 30.1 第 8 版

第 2 册：民国 27.10 初版,民国 28.5 第 4 版,民国 29.6 第 7 版

第 3 册：民国 27.10 初版,民国 28.6 第 5 版,民国 28.6 第 5 版,民国 28.11 第 11 版

第 4 册：民国 27.12 初版,民国 28 第 3 版,民国 30.1 第 6 版

修正课程标准适用　秋季始业用

国图　人教　辞书　西北师大(3)　广东中山　编译馆(1,4)

2-3098

高小自然课本教学法

华汝成,韦息予,孙伯才编　陶鸿翔,朱彦俯校

广州　中华书局　民国 27.12-28.4[1938.12-1939.4]

4 册(354,315,342,360 页)　图 32 开

第 1 册：民国 28.1 初版

第 2 册：民国 27.12 初版

第 3 册：民国 28.3 初版

第 4 册：民国 28.4 初版

修正课程标准适用　春季始业用

国图　辞书

2-3099

高级小学自然教学指引

张达善,李扶弱,金皎鹤,周瑛编著

上海　正中书局　民国 35.8[1946.8]沪修正初版

177 页　表　32 开

遵照民国 31 年课程标准编著

初版附注：民国 32 年 8 月渝初版

逐页题名：新中国高小自然教学指引

其他题名：新中国教科书高级小学自然教学指引

辞书

2-3100

高小自然科教授草案

广州市立小学校教学研究委员会编

广州　[编者刊]　民国 34[1945]-

册(③133 页)　大 32 开

第 3 册：民国 34 年版

其他题名：自然科教授草案

广东中山(3)

2-3101

高级小学自然教学指引

国立编译馆主编　胡颜立,徐允昭编辑　唐冠芳绘图

4 册　图,表　32 开

其他题名：高小自然教学指引

①上海　五联社　民国 37.2[1948.2]-

第 1-2,4 册：民国 37.2 第 2 次修订 1 版

辞书(1-2,4)　广东中山(1-2)

②上海　中华书局　民国 37.6-8[1948.6-8]

第 1-4 册：民国 37.6-8 初版

人教(1-3)　广东中山(4)

③上海　正中书局　民国 37.6[1948.6]-

第 1 册：民国 37.6 版

国图(1)

④上海　商务印书馆　民国 37.7[1948.7]-

第 1 册：民国 37.7 版

第 4 册：民国 37.8 第 1 版

广西师大(1)　编译馆(4)

⑤上海　世界书局　民国 37.7[1948.7]-

第 2 册：民国 37 第 1 次修订版

第 3 册：民国 37.7 第 1 次修订 1 版

辞书(3)　广东中山(2)

⑥上海　大东书局　民国 37[1948]-

第 3 册：民国 37 第 1 次修订 1 版

广东中山(3)

教学辅导书

2-3102

暑假自然自习书

盛朗西主编　朱炜章,朱全福,胡钟瑞,高人瑞,张咏春,赵性哲,钱达之分撰
　　上海　北新书局　民国22.6[1933.6]
　　33页　32开　(假期自习书)
　　中年级用
　　版权页题名:中级自然暑期自然书
　　辞书

2-3103
自然学常识问答：考试秘诀
钱舜鹤著
　　上海　新民书社　民国24.4[1935.4]第9版
　　98页　64开　(各科常识问答丛书)
　　考试要览
　　上海

2-3104
自然
黄建业编
　　上海　商务印书馆　民国25[1936]版
　　182页　32开　(小学复习丛书)
　　国图

＊　＊　＊

2-3105
自然问答：投考初中一年级
徐雨昌编辑　王定诚,赵蕴之校订
　　上海　比德小学校　民国21.6[1932.6]
　　62页　32开
　　人教

2-3106
自然总览
杜自研编
　　上海　东方书店　民国23.6[1934.6]第3版
　　187页　32开　(小学升学准备总览)
　　初版附注:民国23年5月初版
　　辞书

2-3107
自然指南
储祎,姚蕴,韦启予等编著
　　上海　东方书店　民国24.5[1935.5]第3版
　　104页　32开
　　小学升学指南
　　初版附注:民国24年4月初版
　　辞书

2-3108
自然总览：高级自然总复习[增订本]
杜自研编著
　　上海　东方书店　民国29.5[1940.5]新版
　　174页　32开　(小学升学准备总览)
　　辞书

2-3109
自然复习书
茅文培,郁树敏编著
　　上海　春秋书社　民国30.6[1941.6]第5版
　　147页　32开
　　升学准备
　　其他题名:升学准备自然复习书
　　辞书

2-3110
高小自然复习
潘仁主编　丁治修编著
　　上海　正中书局　民国35.9[1946.9]沪1版,民国36.6第8版
　　108页　表　32开　(高小各科复习丛书)
　　初版附注:民国34年11月初版
　　国图　人教　辞书

2-3111
高小自然课：补充解释
成汗三撰　冀中教育社编
　　保定　新华书店保定总分店　民国38.8[1949.8]-
　　册　32开
　　第1,3册:民国38.8初版
　　国图(1,3)　辽宁(1,3)

2-3112
自然科作业概要
江苏省立上海中学实验小学[编]
　　[上海]　[编者刊]　[1912-1949?]
　　82页　32开
　　小学五年级用　第一学月～第九学月用
　　辞书

2-3113
自然科作业概要
江苏省立上海中学实验小学[编]
　　[上海]　[编者刊]　[1912-1949?]
　　71页　32开
　　小学六年级用　第一学月～第九学月用
　　辞书

理 科

课 本

2-3114
中国理科教科书
无锡三等学堂编译
　　上海　文明书局　清光绪28.11[1902]
　　22叶　图　大32开　线装
　　封面题名:中国小学理科教科书

人教　辞书　广西师大

2-3115
蒙学理科教科书
无锡三等公学堂编译
　　上海　文明书局　清光绪31.2[1905]-
　　　册(①[47]叶)　图　大32开　线装
　　第1册(上编二卷)：光绪31.2第3版
　　初版附注：清光绪28年12月初版
　　辞书(1)

2-3116
物理引蒙
上海中西书院撰
　　上海　美华书馆　清光绪28[1902]
　　2册(86,100页)　图　32开　线装　(小学教科新书　第一种)
　　第1-2册：光绪28年版,光绪32年版
　　封面题名：绘图物理引蒙
　　辞书

2-3117
理化博物教科书
新学会社编辑
　　宁波　[编者刊]　清光绪29.7[1903]
　　254页　图　大32开
　　小学校用
　　北师大

2-3118
简明物理教科书
陈滋编辑
　　上海　新学会社　清光绪30.10[1904]
　　2册(26,[30]叶)　图　大32开　线装
　　上下册：光绪30.10初版,光绪31.11第2版
　　封面题名：寻常小学简明物理教科书
　　卷端题名：(增订)小学简明物理教科书
　　其他题名：小学简明物理教科书
　　人教　辞书　广西师大(2)

2-3119
蒙学理科教科书
无锡三等公学堂编译
　　上海　文明书局　清光绪31.6[1905]
　　4册(264页)　图　大32开　线装
　　第1-4册(卷一至卷四)：光绪31.6初版,光绪31.11第2版
　　人教　广西师大

2-3120
蒙学化学教科书
顾澄编辑　杨振校阅
　　上海　科学书局　清光绪32.10[1906]第2版
　　36叶　图　大32开　线装
　　初版附注：清光绪32年4月初版
　　辞书

2-3121
小学理科读本
张修爵著
　　上海　普及书局　清光绪33.1[1907]
　　2册(50,60页)　图　大32开
　　第1-2册：光绪33.1初版
　　卷端题名：理科读本
　　辞书

2-3122
理科大要
(清)天津学务公所图书课编辑
　　天津　[编者刊]　清光绪33.5[1907]
　　172页　图　32开
　　人教

2-3123
简易理化课本
吴传绂编辑　沈恩孚,华国铨校订
　　上海　中国图书公司　清光绪33.7[1907]
　　64页　图　32开　精装
　　人教

2-3124
小学理科新书
王季点译
　　[出版者不详]　[1908?]
　　44页　[32开]　线装
　　卷端题名：理科新书
　　上海

2-3125
最新蒙学理科读本
　　上海　科学书局　[1911?]
　　39页　图　大32开
　　人教　辞书

2-3126
畏式经济仪器使用法第一种：电力组
汪畏之计划兼编辑
　　上海　中华书局　民国25.5[1936.5]
　　32页　图　32开
　　中小学校适用
　　辞书

*　*　*

2-3127
最新初等小学物理教科书
王菽编辑
　　上海　会文学社　清光绪32.2[1906]
　　40叶　图　大32开　线装
　　版权页题名：初等物理教科书
　　卷端题名：初等小学物理教科书
　　其他题名：小学物理教科书
　　辞书

2-3128

蒙学化学教科书
赵印著
  上海 文明书局 清光绪32.5[1906]
  19叶 图 大32开 线装
  初等小学堂学生用书
  人教 广西师大

2-3129

小学教科初等理科教科书
钱江著作 夏清贻校订 李文蔚图画
  上海 集成图书公司 清光绪33.1[1907]
  9叶 图 大32开 线装
  逐页题名:小学教科初等理科
  其他题名:初等理科教科书
  辞书

2-3130

实验物理学教科书
(日)根岸福弥,(日)津久井德次郎著 华文祺译
  上海 文明书局 清光绪33.10[1907]
  108页 图 大32开 精装
  版权页题名:初等实验物理学教科书
  上海 辞书

2-3131

初等小学理科书
华申祺编辑
  上海 文明书局 清光绪34.2[1908]-
  2册(7,9,10,15叶) 图 32开 线装
  上册(卷一至卷二):光绪34.2初版,宣统1.4第2版
  下册(卷三至卷四):宣统1.4第2版
  辞书

2-3132

新编初等重学
朱文熊译
  上海 科学会编译部 清宣统3.1[1911]
  273页 图 大32开
  附:中日英术语表
  辞书

      * * *

2-3133

高等小学理科教科书
王季烈原译 董瑞椿重编译补
  上海 文明书局 清光绪29.12[1904]
  4册(46,50,76,72页) 图(含彩图) 大32开
  第1册(卷一):光绪29.12初版,民国1.4第11版
  第2册(卷二):光绪29.12初版,光绪34.2第5版,宣统1.5第7版,宣统2.3第8版
  第3册(卷三):光绪29.12初版,光绪34.11第6版,宣统1年版,宣统2.2第10版
  第4册(卷四):光绪29.12初版,宣统1.1第6版,宣统2.3第8版
  高等小学堂学生用书
  北师大(2-4) 辞书 天津

2-3134

高等小学理科教科书
(日)棚桥源太郎著 王季烈译编
  上海 文明书局 清光绪30.1[1904]
  4册(21,27,34,39叶·) 图(含彩图) 32开 线装
  第1册:光绪30.1初版,光绪33.2第2版,宣统1.1第6版
  第2册:光绪30.1初版,光绪33.2第2版,宣统1.11第7版
  第3册:光绪30.1初版,光绪33.2第2版,宣统2.1第8版
  第4册:光绪30.1初版,光绪33.2第2版,光绪34第6版,宣统2.1第8版
  清学部审定
  卷端题名:小学理科教科书
  人教 辞书 广东中山(4)

2-3135

最新高等小学理科教科书
谢洪赉编辑 杜亚泉,张元济校订
  上海 商务印书馆 清光绪30.12[1905]-
  4册(40,45,49,54叶) 图 大32开 线装
  第1册:光绪30.12初版,光绪第3版,光绪32.8第8版,光绪33.9第9版,宣统2.3第16版,宣统2第19版,宣统3.2第20版,宣统3.4第21版
  第2册:光绪第3版,光绪32.8第8版,光绪32.9第9版,宣统2.8第18版,宣统2第19版,宣统3.2第20版
  第3册:光绪32.1第3版,光绪32.3第5版,光绪32.8第8版,宣统2第19版
  第4册:光绪32.1第3版,光绪32.3第5版,光绪32.8第8版,宣统2第19版,宣统3.4第21版
  高等小学用
  版权页题名:高等小学最新理科教科书
  其他题名:最新理科教科书
  国图(2-3) 北师大 人教 辞书 广西师大(1-2)

2-3136

最新化学教科书
彭延烘编译
  [上海] 古今图书局 清光绪32.10[1906]
  65页 图,表 32开
  高等小学适用
  卷端题名:最新高等小学化学教科书
  辞书

2-3137

中华高等小学理科教科书
曹同文等编辑
  上海 中华书局 民国1.1[1912.1]-
  4册(①23叶) 图 32开 线装
  第1册:民国1.1初版,民国1.5第5版
  教育部审定

其他题名：高等小学理科教科书
人教(1)

2-3138
新理科：甲种
杜亚泉,杜就田,樊炳清编纂

上海 商务印书馆 民国1.6[1912.6]-
6册(16,16,16,15,17,20叶) 图 大32开 线装
第1册：民国1.9第4版,民国2.1第25版,民国2.3第46版,民国2.5第50版,民国10.5第69版,民国13.4第194版
第2册：民国1.7初版,民国2.1第22版,民国2.1第25版,民国2.3第41版,民国14.2第176版
第3册：民国1.9第2版,民国2.3第30版,民国2.4第40版,民国9第123版,民国10.7第139版,民国14.2第153版
第4册：民国2.3第34版,民国2.3第35版,民国2.3第40版,民国9.12版,民国11.2第126版
第5册：民国2.2第15版,民国2.2第17版,民国2.2第27版,民国2第32版,民国4第68版,民国11.4第118版
第6册：民国1.6第3版,民国2.2第13版,民国2.2第17版,民国2.2第21版,民国11.3第112版

教育部审定 高等小学校学生用 春季始业
初版附注：民国元年6-9月初版
版权页题名：高等小学新理科
其他题名：共和国教科书新理科
国图(3,5) 北师大(1-3,5-6) 人教 辞书 广西师大(1-5)

2-3139
中华高等小学理科教科书[改正本]
彭世芳,顾树森编 戴克敦,沈颐,陆费逵阅

上海 中华书局 民国2.2[1913.2]-
4册(②31,③38叶) 图 大32开 线装
第2册：民国2.2改正6版
第3册：民国2.3改正2版
教育部审定
初版附注：民国元年9月改正初版
逐页题名：高等小学理科教科书
其他题名：中华理科教科书
人教(2-3) 辞书(2-3)

2-3140
新制中华理科教科书
顾树森编 戴克敦,沈颐,陆费逵阅

上海 中华书局 民国2.1[1913.1]-
9册(11,8,10,14,9,10,18,12,15叶) 图 大32开 线装
第1册：民国2.3第3版,民国2.6第4版,民国2.8第8版,民国6.7第18版,民国7.7第20版,民国8.7第20版,民国9.6第26版
第2册：民国2.1初版,民国2.3第3版,民国2.9第7版,民国7.7第14版,民国9.1第25版
第3册：民国2.1初版,民国2.12第5版,民国4.4第11版,民国6.7第16版,民国7.2第18版,民国8.7第21版,民国9.1第22版
第4册：民国2.3第4版,民国2.6第5版,民国7.7第16版,民国9.6第20版
第5册：民国2.3第4版,民国7.7第17版,民国9.1第20版,民国9.6第21版
第6册：民国2.3第4版,民国2.6第5版,民国2.8第6版,民国7.7第16版,民国8.2第17版
第7册：民国2.1初版,民国2.5第2版,民国2.6第4版,民国7.7第14版,民国7.7第15版,民国9.6第17版
第8册：民国2.1初版,民国2.3第3版,民国7.7第15版,民国9.6第19版
第9册：民国2.1初版,民国2.6第3版,民国4.4第7版,民国4.10第9版,民国7.7第14版,民国9.6第18版

教育部审定 高等小学校用 秋季始业 第一学年第一学期～第三学年第三学期
初版附注：民国2年1月-? 初版
版权页题名：新制中华高等小学理科教科书
北师大 人教 华师大 辞书

2-3141
中华高等小学理科教科书[改订本]
彭世芳,顾树森编

上海 中华书局 民国2.3[1913.3]-
3册(①28,②31叶) 图 大32开 线装
第1册：民国2.4改订2版,民国2.8改订18版
第2册：民国2.3改订初版
教育部审定 第一学年用
初版附注：民国2年3月改订初版
逐页题名：高等小学理科教科书
其他题名：中华理科教科书
人教(1) 辞书(1-2)

2-3142
高等小学新理科教科书
吴家煦,吴传绂编辑 王朝阳校订

上海 中国图书公司和记 民国2.5[1913.5]
9册(12,11,12,16,11,11,20,12,16叶) 图 32开 线装
第1册：民国2.5初版,民国3.6第3版,民国3.6第5版
第2册：民国2.5初版,民国2.6第2版,民国3.7第3版
第3册：民国2.5初版,民国2.6第2版,民国4.3第4版
第4册：民国2.5初版,民国2.6第2版,民国3.7版
第5册：民国2.5初版,民国3.7第3版
第6册：民国2.5初版,民国3.7第2版
第7册：民国2.5初版,民国3.7第2版
第8册：民国2.5初版,民国2.6第2版,民国3.7版
第9册：民国2.5初版,民国3.7第2版
教育部审定 学生用书 秋季始业
其他题名：新理科教科书
人教 辞书

2-3143
新理科
杜亚泉,凌昌焕,杜就田编纂

上海 商务印书馆 民国2.5[1913.5]-
6册(15,22,12,19,11,24叶) 图 大32开 线装
第1册：民国2.5初版,民国2第5版,民国2.8第10版,民国10.4第72版,民国11.3第83版
第2册：民国2.5第5版,民国3.6第25版,民国10.7第69版,

民国 11.3 第 74 版,民国 11.9 第 79 版

第 3 册:民国 2.6 第 5 版,民国 9.3 第 54 版,民国 10.10 第 57 版,民国 11.6 第 67 版

第 4 册:民国 2.9 初版,民国 3.1 第 10 版,民国 3.1 第 15 版,民国 11.4 第 58 版,民国 15.11 第 59 版

第 5 册:民国 2.10 第 5 版,民国 5.8 第 28 版,民国 8.1 第 33 版,民国 10.3 第 46 版,民国 11.7 第 56 版

第 6 册:民国 2.12 初版,民国 11.3 第 49 版,民国 11.3 第 69 版

教育部审定　高等小学校学生用　秋季始业

版权页题名:高等小学新理科

其他题名:共和国教科书新理科

北师大　人教　上师大　辞书　编译馆

2-3144

中华民国新理科

钱承驹著　张景良校订

上海　文明书局　民国 2.6[1913.6]-

6 册(①11,②20,③13,④20,⑤14 叶)　图　大 32 开　线装

第 1 册:民国 2.6 初版,民国 2.6 第 2 版

第 2 册:民国 2.10 初版

第 3 册:民国 3.5 初版

第 4 册:民国 3.10 初版

第 5 册:民国 4.6 初版

教育部审定　秋季始业　第一学年第一学期~第三学年第一学期

封面题名:新理科

其他题名:高等小学校教科书新理科

北师大(1)　辞书(1-5)

2-3145

中华民国新理科

蓝田玙编著　张景良校订

上海　文明书局　民国 2.8-10[1913.8-10]

6 册(12,20,14,23,16,29 叶)　图(含彩图)　大 32 开　线装

第 1 册:民国 2.8 初版

第 2 册:民国 2.8 初版

第 3 册:民国 2.8 初版

第 4 册:民国 2.8 初版

第 5 册:民国 2.8 初版

第 6 册:民国 2.10 初版

教育部审定　秋季始业

版权页题名:高等小学校新理科

其他题名:高等小学校教科书新理科

辞书

2-3146

新编中华理科教科书

顾树森,丁锡华编　范源廉,沈颐阅

上海　中华书局　民国 2.11[1913.11]-

6 册(16,16,17,15,17,17 叶)　图　大 32 开　线装

第 1 册:民国 2.11 第 3 版,民国 3.2 版,民国 4.2 第 8 版,民国 8.1 第 15 版,民国 8.7 第 16 版,民国 8.9 第 17 版,民国 8.12 第 18 版,民国 9.1 第 19 版

第 2 册:民国 2.11 初版,民国 3.2 版,民国 4.2 第 6 版,民国 4.6 第 7 版,民国 5.4 第 9 版,民国 8.12 第 18 版,民国 9.1 第 19 版

第 3 册:民国 3.2 初版,民国 4.1 第 3 版,民国 8.12 第 11 版,民国 9.1 第 16 版

第 4 册:民国 3.1 初版,民国 3.2 版,民国 4.3 第 5 版,民国 5.4 第 8 版,民国 8.7 第 14 版,民国 9.1 第 15 版

第 5 册:民国 2.11 初版,民国 3.2 版,民国 3.8 第 4 版,民国 4.2 第 6 版,民国 7.6 第 10 版,民国 8.7 第 13 版

第 6 册:民国 2.12 初版,民国 3.2 版,民国 4.1 第 5 版,民国 4.7 第 6 版,民国 8.7 第 11 版,民国 9.1 第 12 版

教育部审定　高等小学校用　春季始业

初版附注:民国 2 年 11 月-3 年 2 月初版

版权页题名:新编中华高等小学理科教科书

北师大　人教　华师大(2-6)　辞书

2-3147

实用理科教科书

北京教育图书社编纂　陈宝泉,杜亚泉,凌昌焕校订

上海　商务印书馆　民国 4.12[1915.12]-

6 册(18,18,20,19,21,18 叶)　图　大 32 开　线装

第 1 册:民国 4.12 第 12 版,民国 5.4 第 20 版,民国 11.7 第 24 版

第 2 册:民国 4.12 第 11 版,民国 10.3 第 17 版,民国 10.10 第 21 版

第 3 册:民国 4.12 第 8 版,民国 4.12 第 14 版,民国 11.8 第 18 版

第 4 册:民国 4.12 第 8 版,民国 10.10 第 17 版

第 5 册:民国 4.12 第 9 版,民国 5.6 第 19 版

第 6 册:民国 4.12 初版,民国 4.12 第 8 版

教育部审定　高等小学校学生用　春季始业

初版附注:民国 4 年 12 月初版

北师大　上师大(2)　辞书

2-3148

新式理科教科书

蓝田玙编辑　吴家煦阅订

上海　中华书局　民国 5.1-11[1916.1-11]

6 册(12,13,14,13,16,16 叶)　图　大 32 开　线装

第 1 册:民国 5.1 初版,民国 8.6 第 19 版,民国 8.8 第 21 版,民国 9.1 第 27 版,民国 10.6 第 33 版,民国 12.3 第 46 版,民国 21.8 第 47 版

第 2 册:民国 5.1 初版,民国 8.6 第 19 版,民国 8.8 第 21 版,民国 9.1 第 26 版,民国 10.7 第 32 版,民国 11.1 第 36 版,民国 11.3 第 37 版

第 3 册:民国 5.4 初版,民国 8.6 第 18 版,民国 8.8 第 20 版,民国 9.1 第 27 版,民国 11.6 版,民国 12.6 第 30 版

第 4 册:民国 5.7 初版,民国 5.11 第 2 版,民国 8.6 第 15 版,民国 8.8 第 17 版,民国 9.1 第 21 版,民国 10.6 第 25 版,民国 11.6 第 32 版,民国 11.9 第 33 版

第 5 册:民国 5.9 初版,民国 8.8 第 16 版,民国 8.8 第 18 版,民国 9.1 第 23 版,民国 13.5 第 41 版

第 6 册:民国 5.11 初版,民国 8.8 第 18 版,民国 9.6 第 24 版,民国 12.10 第 35 版

教育部审定　高等小学校用　春季始业

版权页题名:新式高等小学理科教科书

北师大　人教　辞书

2-3149

新式理科教科书
吴家煦编著

上海　中华书局　民国 6.5-7.3[1917.5-1918.3]

6册(13,16,16,17,18,17叶)　图　大32开

第1册：民国6.8初版,民国8.6第8版,民国8.9第9版,民国11.1第19版,民国11.5第20版,民国12.8第24版

第2册：民国6.5初版,民国8.6第8版,民国8.9第9版,民国11.1第18版,民国11.5第19版,民国11.10第21版,民国12.8第24版

第3册：民国7.3初版,民国7.12第4版,民国8.9第9版,民国11.3第17版,民国11.5第18版,民国12.8第22版

第4册：民国7.3初版,民国7.12第4版,民国8.9第8版,民国11.1第16版,民国11.3第17版,民国11.10第19版,民国12.8第22版

第5册：民国7.3初版,民国8.2第6版,民国8.6第7版,民国8.9第8版,民国11.5第17版,民国12.8第20版

第6册：民国7.3初版,民国7.9第4版,民国8.9第9版,民国10.4第13版,民国13.5第19版

教育部审定　高等小学校用　秋季始业

版权页题名：新式高等小学理科教科书

北师大　人教　辞书　编译馆(1)

2-3150

新法理科教科书
凌昌焕编纂　杜亚泉,吴家煦校订

上海　商务印书馆　民国9.7[1920.7]-

6册(26,36,22,40,24,36页)　图　大32开

第1册：民国9.7初版,民国10.2第20版,民国11.5第35版,民国11.6第40版

第2册：民国9第5版,民国9.8第10版,民国10.5第25版,民国11.6第35版,民国11.9第40版

第3册：民国10.1第5版,民国11.2第25版,民国11.6第30版

第4册：民国10.1第5版,民国10.3第15版,民国11.4第25版

第5册：民国10.1第5版,民国10.2第10版,民国11.8第25版

第6册：民国10.2第5版,民国10.11第15版,民国11.9第20版

教育部审定　高等小学校用　秋季始业

初版附注：民国9年7月-10年2月初版

国图(1-3)　人教　辞书

2-3151

新法理科教科书
凌昌焕编纂　杜亚泉,吴家煦校订

上海　商务印书馆　民国10.1[1921.1]-

6册(30,32,31,32,32,29页)　图　大32开

第1册：民国10.1第10版,民国10.3第15版,民国11.10第25版

第2册：民国10.3第15版,民国12.3第25版

第3册：民国10.3第15版,民国10.11第20版

第4册：民国10.3第15版

第5册：民国10.11第20版

第6册：民国10.2第10版,民国10.11第20版

教育部审定　高等小学校用　春季始业

初版附注：民国10年1-2月初版

人教　辞书　编译馆

2-3152

理科
吴传绂,黄以增,陆叔千,华襄治,张鹏飞编辑及校阅

上海　中华书局　民国10.1-12[1921.1-12]

6册(20,20,18,22,24,26页)　图　大32开

第1册：民国10.1初版,民国10.3第3版,民国11.1第7版,民国11.2第8版,民国11.10第10版

第2册：民国10.1初版,民国11.7第8版

第3册：民国10.4初版,民国11.1第4版,民国11.10第7版

第4册：民国10.7初版,民国10.8第2版,民国11.7第5版,民国12.7第7版

第5册：民国10.12初版,民国11.6第3版,民国12.7第5版

第6册：民国10.12初版,民国11.6第3版,民国12.3第4版

高等小学校用　春季始业

逐页题名：新教育高等小学理科教科书

其他题名：新教育教科书理科

人教　华师大　辞书　编译馆(1)

2-3153

理科
吴传绂,黄以增,陆叔千,华襄治,张鹏飞,俞宗振编辑及校阅

上海　中华书局　民国10.7-11.1[1921.7-1922.1]

6册(24,20,20,20,24,24页)　图　大32开

第1册：民国10.7初版,民国10.8第2版,民国11.11第6版,民国11.8第4版

第2册：民国10.7初版,民国10第2版,民国11.3第3版

第3册：民国10.7初版,民国10.8第2版,民国12.7第6版

第4册：民国10.7初版,民国10.8第2版,民国12.3第5版

第5册：民国10.12初版,民国11.3第2版,民国11.9第4版,民国13.12第7版

第6册：民国11.1初版,民国11.6第2版,民国15.1第8版

教育部审定　高等小学校用　秋季始业

逐页题名：新教育高等小学理科教科书

其他题名：新教育教科书理科

北师大(2)　人教　华师大　辞书　编译馆(1)

2-3154

新法理科教科书
凌昌焕,杜亚泉编纂

上海　商务印书馆　民国11.9[1922.9]-

4册(42,54,46,48页)　图　大32开

第1册：民国11.9初版,民国12.3第21版,民国13.8第66版

第2册：民国11.12初版

第3册：民国12.2第10版,民国12第20版

第4册：民国12.2第10版,民国13.8第40版,民国14.4第45版

新学制小学后期用

国图(1) 北师大 人教 辞书(1-2) 广东中山(3)

2-3155

理科课本

钟衡臧,蒋镜芙,陆仲贤编 戴克敦,陆费逵校

上海 中华书局 民国12.2-4[1923.2-4]

4册(38,34,38,38页) 图 大32开

第1册:民国12.2初版,民国12.7第6版,民国12.8第7版,民国12.11第11版,民国13.3第15版,民国14.5第20版,民国15.12第26版

第2册:民国12.3初版,民国12.3第2版,民国12.10第7版,民国13.1第11版,民国15.4第22版,民国15.7第24版,民国15.11第25版

第3册:民国12.4初版,民国12.6第2版,民国12.7第3版,民国12.10第5版,民国12.11第6版,民国12.12第7版,民国13.11第13版,民国15.1第17版

第4册:民国12.4初版,民国12.6第2版,民国12.7第3版,民国13.1第7版,民国15.4第15版,民国15.7第16版

教育部审定 新学制适用 小学校高级用

逐页题名:新小学高级理科课本

其他题名:新小学教科书理科课本

北师大(2-4) 人教 华师大 辞书 河南 编译馆

2-3156

小学高级文体理科教科书

张鸿英编

上海 中华书局 民国13.7[1924.7]-

4册(37,32,33,33页) 图 大32开

第1册:民国13.7初版,民国13.12第3版,民国15.4第6版,民国16.2第9版

第2册:民国13.8初版,民国13.12第2版,民国15.1第4版

第3册:民国13.2第2版,民国14第3版,民国14.4第4版,民国15.4第7版

第4册:民国13.12初版,民国14.1第2版,民国14.8第4版

新学制适用

版权页题名:新小学高级文体理科教科书

封面题名:文体理科教科书

逐页题名:新学制小学高级文体理科

人教 辞书 编译馆

2-3157

有趣的理化问题

周建人编译

上海 商务印书馆 民国36.11[1947.11]版

1册 大32开

六年级自然科

庐山

2-3158

高等小学物理教科书

东亚善邻学馆[编]

[出版者不详] [1912-1949?]

1册 大32开 线装

其他题名:物理教科书

广西师大

教学参考书

2-3159

简易理化教授参考书

吴传绂编辑 沈恩孚,华国铨校订

上海 中国图书公司 清光绪33.6[1907]

50页 大32开 精装

辞书

2-3160

小学理科教材:理化编

(日)棚桥原太郎,(日)安东寿郎,(日)岩本浩编纂 孔庆莱译述

上海 商务印书馆 民国3.8[1914.8]

2册([226],[137]页) 图 大32开

上下册:民国3.8第2版,民国3第3版

小学教员参考书

初版附注:清宣统2年11月初版

辞书 河南 广东中山

2-3161

理科教授指南

商务印书馆编译所编

上海 商务印书馆 清宣统2[1910]初版,民国2.9第2版

117页 大32开

天津 庐山

2-3162

理科教科书:理化篇

卢寿籛编 陆费逵,姚汉章,戴克敦阅

上海 中华书局 民国2.12[1913.12]初版,民国4.5第4版,民国8.2第10版,民国9.1第11版,民国9第12版,民国10.4第13版,民国11.4第16版,民国20.8第26版

244页 图,表 32开

讲习适用

北师大 人教 辞书 河南

2-3163

小学校理科设备

顾树森著

上海 中华书局 民国4.1[1915.1]

50页 表 32开

封面题名:小学理科设备

人教 辞书

2-3164

理化器械目录

实学通艺馆编

上海 [编者刊] 民国22[1933]版

96页 32开

小学校、中学校、师范学校用

国图

2-3165
理化器械标本模型说明书
胡庭梅,凌昌焕等编
上海　中华书局　民国23.7[1934.7]
145页　18开
小学自然、卫生两科新课程标准适用
国图

* * *

2-3166
小学教科初等理科教授案
钱江著　夏清贻校阅
上海　集成图书公司　清光绪33.1[1907]
18叶　大32开　线装
第一学年前期用
辞书

2-3167
小学教科初等理科教授案
钱仁著　黄守恒校订
上海　集成图书公司　清光绪34.1[1908]
册(③17叶)　32开　线装
第3册：光绪34.1版
第二学年前期用
人教(3)

* * *

2-3168
新理科书[订正本]
(日)滨幸次郎,(日)稻叶彦六著　由宗龙,刘昌明译
东京　东京云南留学生监督处　清光绪31.11[1905]
4册(111,127,128,134页)　大32开
第1册(卷一)：光绪31.11订正3版,光绪32.6订正5版,光绪34.5订正9版
第2册(卷二)：光绪31.11订正3版,光绪32.6订正5版
第3册(卷三)：光绪31.11订正3版,光绪32.6订正5版
第4册(卷四)：光绪31.11订正3版,光绪32.6订正5版
清学部审定　各省小学校教科用　教员用　高等第一年～第四年用
初版附注：清光绪31年9月初版
人教　辞书　广西师大(1)

2-3169
高等小学理科教授法
董瑞椿著
上海　文明书局　清光绪31.9-32.4[1905-1906]
4册(72,100,114,136页)　图　大32开
第1册(卷一)：光绪31.9初版,宣统3.2第5版
第2册(卷二)：光绪32.2初版,宣统1.2第3版,宣统3.2第5版
第3册(卷三)：光绪32.3初版,宣统2.8第4版,宣统3.2第5版
第4册(卷四)：光绪32.4初版,宣统1.7第4版,宣统2.8版
教员用书
逐页题名：高等小学理科教科书教授法
北师大　辞书

2-3170
最新高等小学理科教科书教授法
谢洪赉编纂
上海　商务印书馆　清光绪32.12[1907]-
4册(100,99,117,116叶)　大32开　线装
第1册：光绪32.12初版,光绪33.4第2版,宣统3.8第4版
第2册：光绪34.1第2版,宣统2.5第3版
第3册：宣统2.7第5版,宣统3.8第7版
第4册：宣统2.11第5版
高等小学教员用
初版附注：清光绪32年12月-33年7月初版
版权页题名：高等小学最新理科教授法
其他题名：最新理科教科书教授法
人教(1-3)　辞书

2-3171
新理科教授法
杜亚泉,杜就田编纂
上海　商务印书馆　民国1.7[1912.7]-
6册(24,27,29,32,30,32叶)　图,表　大32开　线装
第1册：民国1.7初版,民国2.4第12版,民国2.7第17版,民国2.12第27版
第2册：民国1.7初版,民国2.4第11版,民国2.7第16版,民国2.12第26版
第3册：民国1.10第2版,民国2.4第11版,民国2.7第16版,民国3.7第31版
第4册：民国1.10第2版,民国2.7第11版,民国2.10第21版,民国4.6第27版
第5册：民国2.5第10版,民国2.10第20版,民国3.1第25版
第6册：民国2.1第3版,民国2.5第10版,民国2.10第20版
高等小学校教员用　春季始业
初版附注：民国元年7-8月初版
版权页题名：高等小学新理科教授法
其他题名：共和国教科书新理科教授法
北师大(1-4)　人教　辞书

2-3172
中华高等小学理科教授书
彭世芳,顾树森编
上海　中华书局　民国1.12[1912.12]-
4册(①94,②93叶)　32开　线装
第1册：民国1.12改订5版
第2册：民国1.12初版
教育部审定

逐页题名:高等小学理科教授书
其他题名:中华理科教授书
人教(2) 辞书(1-2)

2-3173

新制中华理科教授书

顾树森编 戴克敦,沈颐,陆费逵阅

上海 中华书局 民国2.4-10[1913.4-10]
9册(37,26,33,42,31,30,41,32,37页) 图 大32开 线装

第1册:民国2.4初版
第2册:民国2.4初版,民国2.7第2版
第3册:民国2.5初版,民国4.4第3版
第4册:民国2.7初版
第5册:民国2.7初版
第6册:民国2.7初版
第7册:民国2.6初版
第8册:民国2.8初版
第9册:民国2.10初版
高等小学校用
逐页题名:新制高等小学理科教授书
北师大 人教 辞书

2-3174

高等小学新理科教授书

吴家煦,吴传绂编辑 王朝阳校订

上海 中国图书公司和记 民国2.5[1913.5]-
9册(27,21,26,30,19,19,35,24,24叶) 图,表 32开
线装

第1册:民国2.5初版,民国2.7第4版,民国3.6第5版
第2册:民国3.7第3版
第3册:民国3.7第2版
第4册:民国2.5初版,民国3.7第3版
第5册:民国2.5初版,民国3.7第2版
第6册:民国2.5初版,民国3.7第2版
第7册:民国2.5初版,民国3.7第2版
第8册:民国2.5初版,民国3.7第2版
第9册:民国2.5初版,民国3.7第2版
教育部审定 教师用书 秋季始业
封面题名:新理科教授书
人教(1-4,6-7,9) 辞书

2-3175

新理科教授书

钱承驹著

上海 文明书局 民国2.6[1913.6]-
6册(①33,②56,③38,④57,⑤41叶) 大32开 线装

第1册:民国2.6初版,民国2.8第2版
第2册:民国2.10初版
第3册:民国3.5初版
第4册:民国3.10初版
第5册:民国4.6初版
教育部审定 高等小学校用书 秋季始业 第一学年第一学期~第三学年第一学期
版权页题名:高等小学校新理科教授书

北师大(1) 辞书(1-5)

2-3176

新理科教授法

杜亚泉,凌昌焕,杜就田编纂

上海 商务印书馆 民国2.8[1913.8]-
6册(29,50,28,47,28,59叶) 图 大32开 线装

第1册:版次不详
第2册:民国2.9第10版
第3册:民国2.8第5版
第4册:民国2.10初版
第5册:民国3.2第10版,民国11.9第11版
第6册:民国3.1初版,民国12.7第11版
教育部审定 高等小学校教员用 秋季始业
其他题名:共和国教科书新理科教授法
国图(4) 人教(2-6) 辞书

2-3177

高等小学校新理科教授书

蓝田玙编著 张景良校订

上海 文明书局 民国3.2[1914.2]-
6册(⑤34叶) 图 大32开 线装

第5册:民国3.2初版
高等小学校用书 秋季始业 第三学年第一学期
封面题名:新理科教授书
卷端题名:中华民国小学教科
人教(5) 辞书(5)

2-3178

新编中华理科教授书

顾树森,丁锡华编

上海 中华书局 民国3.2-3[1914.2-3]
6册(67,64,80,63,62,69叶) 大32开 线装

第1册:民国3.2初版,民国3.5第2版,民国4.1第3版,民国5.6第4版
第2册:民国3.3初版,民国4.4第3版
第3册:民国3.2初版,民国4.1第3版,民国4.10第10版
第4册:民国3.3初版,民国4.10第3版
第5册:民国3.2初版,民国4.1第2版,民国4.10第3版
第6册:民国3.3初版,民国4.6第3版,民国5.6第4版
教育部审定 高等小学校用 春季始业
版权页题名:新编中华高等小学理科教授书
北师大 辞书

2-3179

实用理科教授书

北京教育图书社编纂 陈宝泉,杜亚泉,凌昌焕校订

上海 商务印书馆 民国4.12[1915.12]-
6册(41,35,44,44,53,44叶) 图 大32开 线装

第1册:民国4.12第2版,民国4.12第3版
第2册:民国4.12第2版,民国5.4第3版,民国5.6第5版
第3册:民国4.12初版,民国5.6第5版
第4册:民国4.12初版,民国4.12第3版
第5册:民国4.12初版

第6册:民国4.12初版
教育部审定　高等小学校教员用　春季始业
初版附注:民国4年12月初版
人教　辞书

2-3180

新式理科教授书
吴家煦编辑
上海　中华书局　民国5.7-6.4[1916.7-1917.4]
6册(35,38,40,41,48,50叶)　图,表　大32开　线装
第1册:民国5.7初版,民国9.6第9版,民国13.5第15版
第2册:民国5.8初版,民国10.8第10版,民国12.9第13版
第3册:民国6.1初版,民国10.8第8版,民国10.11第9版,民国11.4第10版
第4册:民国6.2初版,民国10.11第10版,民国13.5第13版
第5册:民国6.3初版,民国10.8第9版
第6册:民国6.4初版,民国10.5第7版
教育部审定　高等小学校用　春季始业
版权页题名:新式高等小学理科教授书
人教　辞书

2-3181

新式理科教授书
吴家煦,吴家杰编辑
上海　中华书局　民国7.3-8.5[1918.3-1919.5]
6册(46,52,43,40,59,42叶)　图,表　大32开　线装
第1册:民国7.3初版,民国8.11第2版,民国10.11第5版
第2册:民国7.12初版,民国10.5第3版,民国10.11第4版
第3册:民国7.12初版,民国8.11第2版,民国10.5第3版,民国10.5第4版
第4册:民国8.1初版,民国8.11第2版,民国9.6第3版
第5册:民国8.2初版,民国8.11第2版,民国11.4第4版
第6册:民国8.5初版,民国10.5第3版,民国11.4第4版
教育部审定　高等小学校用　秋季始业
版权页题名:新式高等小学理科教授书
北师大　人教　辞书

2-3182

新法理科教授书
吴家煦,凌昌焕编纂
上海　商务印书馆　民国10.7[1921.7]-
6册(②206,③157,④220页)　32开
第2册:民国10.8第4版
第3册:民国10.7第4版
第4册:民国11.2第6版
高等小学校教员用书
初版附注:民国9年7月初版
北师大(2-4)　河南(4)

2-3183

新法理科教授书
凌昌焕编纂
上海　商务印书馆　民国9.9-12.6[1920.9-1923.6]
6册(138,206,157,218,132,162页)　32开
第1册:民国9.9初版,民国9.9第2版
第2册:民国10.7初版,民国10.8第4版,民国11.6第10版
第3册:民国10.7初版,民国10.7第4版,民国11.7第10版
第4册:民国10.2初版,民国11.2第6版
第5册:民国11.8初版,民国11.8第6版
第6册:民国12.6初版,民国12.6第6版
高等小学教员用　秋季始业
国图　人教

2-3184

理科教案
吴传绂,黄以增,陆叔千,华襄治,张鹏飞编辑及校阅
上海　中华书局　民国10.2-11.2[1921.2-1922.2]
6册(70,74,74,90,100,102页)　图,表　大32开
第1册:民国10.2初版,民国10.8第2版
第2册:民国10.4初版
第3册:民国10.6初版
第4册:民国10.8初版
第5册:民国11.2初版
第6册:民国11.2初版
高等小学校用　春季始业
逐页题名:新教育高等小学理科教案
其他题名:新教育教科书理科教案
人教　辞书　河南(1,3)

2-3185

理科教案
吴传绂,黄以增,陆叔千,华襄治,张鹏飞编辑及校阅
上海　中华书局　民国10.7-11.4[1921.7-1922.4]
6册(78,76,78,78,100,104页)　图,表　大32开
第1册:民国10.7初版
第2册:民国10.7初版,民国12.5第2版
第3册:民国10.8初版
第4册:民国10.9初版
第5册:民国11.2初版
第6册:民国11.4初版
高等小学校用　秋季始业
逐页题名:新教育高等小学理科教案
其他题名:新教育教科书理科教案
北师大(2)　人教　辞书

2-3186

新法理科教授书
凌昌焕编纂
上海　商务印书馆　民国10.9[1921.9]-
6册(190,205,178,191,165,148页)　图,表　大32开
第1册:民国10.9第5版
第2册:民国10.9第5版
第3册:民国11.2第6版
第4册:民国11.3第6版
第5册:民国11.8第6版
第6册:民国12.5初版
高等小学教员用　春季始业

初版附注:民国10年8月-12年5月初版
辞书

2-3187

新法理科教授书
凌昌焕编纂
  上海　商务印书馆　民国12.3[1923.3]-
  4册(189,240,161,202页)　图,表　大32开
  第1册:民国12.3初版,民国12.12第10版
  第2册:民国12.7第6版,民国13.3第10版
  第3册:民国13.3初版,民国13.9第8版
  第4册:民国14.2第8版
  新学制小学后期用
  国图(1)　北师大　人教　辞书

2-3188

理科课本教授书
钟衡臧,赵光荣编　戴克敦,张相校
  上海　中华书局　民国12.7- 13.1[1923.7-1924.1]
  4册(139,136,153,152页)　图,表　大32开
  第1册:民国12.7初版,民国12.11第2版,民国14.11第6版,民国16.1第7版
  第2册:民国12.8初版,民国14.11第6版,民国16.1第7版
  第3册:民国12.9初版,民国13.7第3版,民国14.7第5版
  第4册:民国13.1初版,民国16.1第7版
  新学制适用
  其他题名:新小学教科书理科课本教授书
  北师大(2-3)　人教　辞书　河南(1-2)　编译馆

教学辅导书

2-3189

新式高等小学理科笔记册
吴家煦,吴家杰编
  上海　中华书局　民国7.10[1918.10]
  6册(15,17,17,17,19,21叶)　图　大32开　线装
  第1册:民国7.10初版,民国8.8第2版,民国9.6第3版
  第2册:民国7.10初版,民国8.8第2版,民国9.6第3版
  第3册:民国7.10初版,民国9.6第3版,民国10.2第4版
  第4册:民国7.10初版,民国9.6第3版,民国10.2第4版
  第5册:民国7.10初版,民国8.8第2版,民国9.6第3版,民国10.2第4版
  第6册:民国7.10初版,民国9.6第3版,民国10.2第4版
  教育部审定　高等小学校　春季始业
  版权页题名:新式理科笔记
  人教　华师大　辞书

2-3190

新法理科自习书
凌昌焕编纂
  上海　商务印书馆　民国9.8[1920.8]-
  6册(60,98,60,94,75,97页)　图,表　大32开
  第1册:民国9.8第2版,民国11.2第5版
  第2册:民国11.3第4版
  第3册:民国11.3第4版
  第4册:民国11.2版,民国12.1第4版
  第5册:民国11.8第2版
  第6册:民国12.6第2版
  高等小学学生用　秋季始业
  初版附注:民国9年8月-12年6月初版
  国图(2,5)　北师大　辞书　广西师大(4)

2-3191

新法理科自习书
凌昌焕编纂
  上海　商务印书馆　民国10.8-12.6[1921.8-1923.6]
  6册(83,82,82,80,90,81页)　图,表　大32开
  第1册:民国10.9第2版
  第2册:民国10.8第2版
  第3册:民国11.1第2版
  第4册:民国11.2第2版
  第5册:民国11.8第2版
  第6册:民国12.6第2版
  高等小学学生用　春季始业
  初版附注:民国10年8月-12年6月初版
  辞书

2-3192

理化题解
李凡编
  [不详]　艺文书社　民国30.2[1941.2]
  248页　32开
  辞书

格致及其他

课　本

2-3193

新撰博物教科书
(日)堀正太郎,(日)藤田经信合编　华文祺译
  上海　文明书局　清光绪27.11[1901]
  [120]页　32开　线装
  人教

2-3194

普通新智识读本
文明书局编
  上海　[编者刊]　清光绪28.12[1903]
  2册　图　32开　线装
  上下册(卷一至卷二):光绪28.12初版,光绪31第4版
  人教(1)　上海

2-3195

普通博物问答

商务印书馆译辑
　　上海　[编者刊]　清光绪29.5[1903]第2版
　　144页　32开　线装
　　人教

2-3196
博物学教科书
　　宁波　文明学社　清光绪29.7[1903]
　　33页　图　16开　线装
　　人教

2-3197
格致教科书
　　王化成编译　商务印书馆校阅
　　上海　商务印书馆　清光绪29.8[1903]
　　194页　图　大32开　线装
　　国图　北师大

2-3198
初等博物教科书
　　侯鸿鉴译著
　　上海　文明书局　清光绪29.10[1903]
　　59页　图　16开　线装
　　国图　人教　上海

2-3199
蒙学地质教科书
　　钱承驹撰
　　上海　文明书局　清光绪29[1903]
　　1册　线装
　　国图

2-3200
澄衷学堂格致读本
　　澄衷学堂译编
　　[上海]　[编者刊]　清光绪30.10[1904]-
　　　册(①42叶)　图　大32开　线装
　　第1册(上卷):光绪30.10初版
　　辞书(1)

2-3201
绘图蒙学格致实在易
　　上海　彪蒙书室　清光绪31.5[1905]
　　30叶　32开　线装　(白话讲义蒙学丛书)
　　逐页题名:蒙学格致实在易
　　人教　广西师大

2-3202
简易格致课本
　　杜亚泉编纂
　　上海　商务印书馆　清光绪32.4[1906]初版,光绪32.4第2版,光绪32.4第3版
　　29叶　图　大32开　线装
　　版权页题名:格致课本
　　人教　辞书　广西师大

2-3203
理科教科书:博物篇
　　卢寿笺编　陆费逵,姚汉章,戴克敦阅
　　上海　中华书局　民国2.12[1913.12]初版,民国3.4第2版,民国9.2第15版,民国9.7第16版,民国9.10第17版,民国10第19版,民国11年版,民国18.3第35版,民国20.8第38版
　　230页　图,表　32开
　　讲习适用
　　国图　北师大　人教　辞书　河南

＊　　＊　　＊

2-3204
蒙学格致教科书
　　钱承驹著
　　上海　文明书局　清光绪29.12[1904]初版,光绪30.10第4版,光绪31.5第6版,光绪32.12第14版,宣统1.2改订18版
　　35叶　图,表　32开　线装
　　初等小学堂学生用书
　　卷端题名:(改订)蒙学格致教科书
　　国图　北师大　人教　上海　辞书

2-3205
初等小学博物教科书
　　侯鸿鉴译述　王季烈改订
　　上海　文明书局　清宣统1.4[1909]改订10版
　　31叶　图　大32开　线装
　　清学部审定
　　初版附注:清光绪30年10月初版
　　其他题名:博物教科书
　　辞书

2-3206
初等小学堂格致教科书
　　高步瀛,陈宝泉编　回振德,徐毓曾绘图
　　天津　宫北东华石印局　清光绪31.11[1905]-
　　　册(①39叶)　图　32开　线装
　　第1册(一编):光绪31.11初版
　　直隶学务处鉴定　初等小学堂学生用
　　北师大(1)　人教(1)

2-3207
初等小学格致教科书
　　储星远编
　　上海　震东学社　清光绪32.5[1906]-
　　　册(①60,②60,③60,④60,⑤60叶)　大32开　线装
　　第1-5册:清光绪32.5版
　　广西师大(1-5)

2-3208
最新初等小学格致教科书
　　杜亚泉编纂

上海　商务印书馆　清光绪 32.10[1906]-
3 册(20,20,43 叶)　图　大 32 开　线装
第 1 册:光绪 32.10 初版,光绪 33.4 第 3 版,光绪 34.3 第 6 版,民国 1.5 第 20 版,民国 13.2 第 29 版
第 2 册:光绪 33.12 第 6 版,宣统 1.2 第 12 版,民国 13.8 第 26 版
第 3 册:光绪 34.6 初版,宣统 3.5 第 2 版,宣统 3 第 8 版,民国 3.8 第 10 版
清学部审定　初等小学第三年用
版权页题名:(订正)初等小学最新格致教科书
其他题名:最新格致教科书
人教　辞书(1,3)　编译馆

2-3209
初等小学格致教科书
王艺编辑　钟宪模鉴定
上海　会文学社　清光绪 32.11[1906]第 2 版
25 叶　图　大 32 开　线装
初版附注:清光绪 32 年 11 月初版
辞书

2-3210
初等小学格致教科书
王艺编　丁谦校
上海　科学编译书局　清光绪 33.1[1907]
22 叶　图　大 32 开　线装
封面题名:初等小学格致教科书
其他题名:最新初等小学格致教科书
辞书

2-3211
初等小学格致课本
商务印书馆编译所编纂
上海　商务印书馆　清宣统 3.4[1911]-
2 册(②22 叶)　图　大 32 开　线装
第 2 册:宣统 3.4 第 4 版,民国 9.6 第 13 版
初等小学用
初版附注:清光绪 33 年 3 月初版
封面题名:格致课本
辞书(2)

2-3212
第一简明博物启蒙[订正本]
陈滋编辑　庄景仲校订
上海　新学会社　民国 20.10[1931.10]
2 册([132]页)　图　32 开　线装
第 1 册(初编):民国 20.10 第 4 版
第 2 册(二编):民国 20.10 第 4 版
其他题名:民国初等小学教科书第一简明博物启蒙
人教

＊　＊　＊

2-3213
格致课本
商务印书馆编译所编纂
上海　商务印书馆　清光绪 33.3[1907]
2 册(38,40 页)　彩图　32 开　线装
第 1-2 册:光绪 33.3 初版,光绪 33.6 第 2 版
供小学四～五年级学生用
人教

2-3214
高等小学格致课本
吴传绂,吴家煦编辑　沈恩孚,华国铨校订
上海　中国图书公司　宣统 3.1[1911]-
4 册(29,38,41,48 叶)　图　大 32 开　线装
第 1 册:民国 1.4 改正版,民国 1.4 改正 6 版,民国 2.2 改正 7 版
第 2 册:民国 1.4 改正版,民国 2.2 改正 6 版
第 3 册:宣统 3.1 第 2 版,民国 2.2 改正 5 版
第 4 册:宣统 3.6 第 4 版,民国 2.2 改正 3 版
初版附注:清光绪 34 年 9 月-宣统元年 6 月初版
封面题名:中华民国高等小学格致课本
人教(1-2,4)　辞书

2-3215
学部第一次编纂高等小学格致教科书
(清)学部编译图书局编纂
南京　两江南洋官书局　清宣统 2.6-12[1910-1911]
4 册(50,53,51,55 叶)　图　32 开　线装
第 1 册:宣统 2.6 初版
第 2 册:宣统 2.9 初版
第 3 册:宣统 2.12 初版
第 4 册:宣统 2.12 初版
逐页题名:高等小学格致教科书
辞书

2-3216
高等小学格致科笔记
(清)学部编译图书局编纂
北京　[编者刊]　清宣统 2.6-12[1910-1911]
2 册(28,29 叶)　图　32 开　线装
第 1 册:宣统 2.6 初版
第 2 册:宣统 2.12 初版
辞书

2-3217
高等小学博物教科书
文明书局辑译
上海　[编者刊]　[1911?]
1 册　图　32 开　线装
云南社科

教学参考书

2-3218

小学理科教材：博物编
（日）棚桥源太郎,（日）佐藤礼介编纂　杜子彬译述　严保诚校订
　　上海　商务印书馆　清光绪 33.8-10[1907]
　　2 册([235],[205]页)　大 32 开
　　上册：光绪 33.8 初版,民国 3.8 第 3 版
　　下册：光绪 33.10 初版,光绪 34.3 第 2 版,民国 3.8 第 4 版
　　小学教员参考书
　　北师大　人教(2)　上海　辞书

2-3219

高等小学格致教授本
吴传绂,吴家煦编辑　沈恩孚,华国铨校订
　　上海　中国图书公司　清光绪 33.9-宣统 2.3[1907-1910]
　　4 册(134,144,126,152 页)　图　大 32 开
　　第 1 册：光绪 33.9 初版
　　第 2 册：光绪 34.10 初版
　　第 3 册：宣统 1.9 初版
　　第 4 册：宣统 2.3 初版
　　人教　辞书

2-3220

格致地理实物教授
（英）墨区原著　徐善祥,吴继杲编译
　　上海　商务印书馆　民国 1.4[1912.4]
　　2 册(82,80 页)　图　大 32 开
　　第 1-2 册：民国 1.4 初版
　　高等小学校用
　　卷端题名：格致地理实物教授法
　　人教　辞书

贰 常　识

课　本

2-3221

现代香港常识课本
邓志清编辑　东方图书公司编译所校订
　　香港　东方图书公司　民国 20.12[1931.12]-
　　8 册(①32,②32,③28,④28,⑤28,⑥28 页)　图　32 开
　　第 1-6 册：民国 20.12 初版
　　新学制小学用
　　辞书(1-6)

2-3222

小学常识课本（五彩本）
蒋镜芙,吴桂仙编　张相校
　　上海　中华书局　民国 22.6[1933.6]-
　　8 册(①43,②50,③58,④58 页)　彩图　32 开
　　第 1 册：民国 22.6 初版
　　第 2 册：民国 22.6 初版,民国 22.6 第 4 版
　　第 3 册：民国 22.7 初版,民国 22.7 第 2 版
　　第 4 册：民国 22.7 第 2 版
　　新课程标准适用
　　辞书(1-4)

2-3223

不容易
（美）爱马塞儿著　沈百英译述
　　上海　商务印书馆　民国 24[1935]国难后 2 版
　　50 页　图　32 开
　　常识补充教材
　　河南

2-3224

两只熊
（美）爱马塞儿著　沈百英译述
　　上海　商务印书馆　民国 24[1935]国难后 2 版
　　50 页　图　32 开
　　常识补充教材
　　河南

2-3225

新修正小学副课本
　　上海　大东书局　民国 24[1935]
　　4 册([191]页)　图　32 开
　　第 1-4 册：民国 24 年版
　　其他题名：小学副课本
　　人教

2-3226

小学常识测验
艾伟主编　朱亚南襄助
　　上海　中华书局　民国 28.2[1939.2]
　　3 袋(30,30,30 份)　16 开
　　第 1-3 袋(一至三类)：民国 28.2 初版
　　附：标签、成绩记载表、标准答案各 1 份
　　辞书

2-3227

最新南洋小学常识课本
蒋镜芙,吕伯攸,徐亚倩,杨复耀编　金兆梓,朱文叔校
　　上海　中华书局　民国 28.2[1939.2]
　　8 册(48,48,48,48,64,64,76,76 页)　图　32 开
　　第 1-8 册：民国 28.2 初版
　　修正课程标准适用
　　辞书

2-3228

常识暑期课本
王化民,顾缉明编
　　上海　北新书局　民国 28.7[1939.7]-

6册(④24,⑤30,⑥32页)　图　32开
第4-6册:民国28.7初版
辞书(4-6)

2-3229

战时小学常识课本
大众日报社编
[沂水]　[编者刊]　民国31.8[1942.8]-
　册(①43叶)　32开
第1册:民国31.8版
山东省教育处审定
国图(1)

2-3230

常识课本
哈尔滨市教科书编辑委员会编
哈尔滨　松江省政府教育厅　民国35.8[1946.8]-
　册　图　32开
第1,3,5册:民国35.8初版
辽宁(1,3,5)

2-3231

小学暑期补习课本常识
徐佩业,葛承训,马精武编选　刘开申绘图
上海　正中书局　民国37.7[1948.7]
5册(24,24,24,37,46页)　图　32开
第1-5册:民国37.7初版
人教　辞书

2-3232

常识:小学补充课本
朱启甲编著
上海　万叶书店　民国37.7[1948.7]-
8册(①36,⑤61,⑥66,⑦78,⑧72页)　图　32开
第1册:民国37.7初版,民国38.1第12版
第5册:民国37.9第8版
第6册:民国38.2第16版
第7册:民国37.9第8版
第8册:民国38.1第12版
依照国定本编辑
人教(1,5-8)

2-3233

现代常识课本
宋云彬,孙起孟主编　方与严等编　叶绍钧等校阅
新加坡　上海书局　民国37.10[1948.10]
8册([296]页)　图(含彩图)　32开
第1-8册:民国37.10初版
依据小学课程标准并参照南洋侨胞儿童生活情况编辑　华侨
　小学适用
人教

2-3234

常识课本
辽东　东北新华书店　民国38.9[1949.9]
75页　32开

文化乙班临时教材
国图　人教

2-3235

假期课本补习常识
卢冠六编
上海　三民图书公司　[1912-1949?]
6册(16,16,12,12,17,18页)　图　32开
第1-6册:版次不详
辞书

2-3236

小学常识测验
陈鹤琴编
上海　商务印书馆　[1912-1949?]
2袋(12页)　16开
附:答案24份、标准纸2份及测验成绩表
辞书

2-3237

四季的物候
董纯才编　周建人校
上海　商务印书馆　[1912-1949?]
52页　图　32开
小学生分年补充读本
河南

* * *

2-3238

常识课本
吕伯攸,马国英,陈醉云等编校
上海　中华书局　民国12.6[1923.6]-
8册(34,42,40,48,44,54,56,56页)　图(含彩图)　大32开
第1册:民国12.6初版,民国12.7第5版,民国14.1第20
　版,民国14.11第25版,民国15.4第28版,民国17.7第
　39版
第2册:民国12.8初版,民国12.11第5版,民国17.7第30
　版,民国17.7第31版,民国14.11第99版
第3册:民国12.8初版,民国13.8第13版,民国13.8第14
　版,民国14.10第20版,民国16.3第33版,民国17.6第37
　版,民国20.1第39版
第4册:民国12.11初版,民国15.6第20版,民国16.6第26
　版,民国16第27版,民国17.7第32版
第5册:民国13.1初版,民国13.2第2版,民国13.8第9版,
　民国14.3第13版,民国14.7第15版,民国16.12第29
　版,民国17.7第31版
第6册:民国13.2初版,民国13第3版,民国14.5第11版,
　民国15.6第20版,民国15.7第21版,民国15.12第23
　版,民国15.12第24版
第7册:民国13.7第2版,民国14第9版,民国14.5第11
　版,民国16.12第24版,民国17.7第26版
第8册:民国13.8第2版,民国14第8版,民国14.11第16

版,民国 17.7 第 25 版
新学制适用　小学校初级用
其他题名:新小学教科书常识课本
国图(6-8)　人教　辞书　河南(1)　编译馆

2-3239
新学制常识教科书
范祥善编纂　任鸿隽,王岫庐校订
上海　商务印书馆　民国 12.7-13.1[1923.7-1924.1]
8 册(50,50,54,52,62,61,62,64 页)　图　32 开
第 1 册:民国 12.7 初版,民国 12.7 第 10 版,民国 13.2 第 70 版,民国 14.3 第 170 版,民国 17.11 第 490 版,民国 19.2 第 525 版,民国 21.6 国难后 1 版
第 2 册:民国 12.8 初版,民国 12.12 第 45 版,民国 13.3 第 50 版,民国 14.3 第 145 版,民国 14.5 第 155 版,民国 17.6 第 410 版,民国 21.11 国难后 16 版
第 3 册:民国 12.9 初版,民国 12.9 第 16 版,民国 12 第 46 版,民国 14.2 第 121 版,民国 14.3 第 131 版,民国 14.4 第 164 版,民国 17.7 第 411 版,民国 21.11 国难后 7 版,民国 21.11 国难后 12 版
第 4 册:民国 12.10 初版,民国 12.12 第 20 版,民国 13.2 第 40 版,民国 13.3 第 45 版,民国 14.5 第 105 版,民国 16.1 第 290 版,民国 21.11 国难后 6 版,民国 21.11 国难后 12 版
第 5 册:民国 13.1 初版,民国 13.1 第 10 版,民国 13.3 第 25 版,民国 13.3 第 35 版,民国 14 第 90 版,民国 14.2 第 95 版,民国 15.2 第 135 版,民国 18.3 第 350 版,民国 19.6 第 365 版
第 6 册:民国 13.1 初版,民国 13.3 第 25 版,民国 13.12 第 75 版,民国 15.7 第 185 版,民国 16 第 200 版,民国 19.6 第 300 版,民国 21.12 国难后 12 版
第 7 册:民国 13.1 初版,民国 13.1 第 10 版,民国 13.2 第 25 版,民国 13.3 第 35 版,民国 14.3 第 75 版,民国 15.10 第 165 版,民国 16.1 第 185 版,民国 18.5 第 255 版,民国 18.5 第 260 版,民国 18.5 第 265 版,民国 22.2 国难后 13 版
第 8 册:民国 13.1 初版,民国 13.1 第 10 版,民国 13.3 第 25 版,民国 13.9 第 60 版,民国 18.5 第 230 版,民国 21.12 国难后 12 版
大学院审定　小学校初级用
国图　北师大　人教　华师大　上师大(6)　辞书

2-3240
初级常识课本
董文编辑　秦同培,范祥善,张肇熊参订
上海　世界书局　民国 13.6[1924.6]-
8 册(46,46,48,48,52,54,58,64 页)　图(含彩图)　大 32 开　线装
第 1 册:民国 13.6 第 2 版,民国 13.11 第 3 版
第 2 册:民国 13 第 2 版,民国 14.1 第 10 版
第 3 册:民国 13.7 第 2 版,民国 13.11 第 3 版
第 4 册:民国 13.6 版,民国 13.7 第 4 版,民国 14.1 第 10 版
第 5 册:民国 13.10 第 2 版,民国 14.1 第 10 版
第 6 册:民国 13.10 第 2 版,民国 14.1 第 10 版,民国 14.12 第 14 版

第 7 册:民国 13 年版,民国 14.1 第 10 版
第 8 册:民国 13 年版,民国 14.1 第 10 版
教育部审定
初版附注:民国 13 年 6 月初版
其他题名:新学制小学教科书初级常识课本
北师大(4)　人教(4,6)　辞书

2-3241
新国民常识教科书
林科棠著　吴和士校订
上海　国民书局　民国 14.2[1925.2]-
8 册　图　大 32 开　线装
第 1 册:民国 14.2 初版
第 2 册:民国 14.2 初版
第 8 册:民国 14.11 初版
小学校初级用
人教(1-2,8)　辞书(1-2)

2-3242
(订正)新撰常识教科书
计志中编纂　朱经农,王岫庐校订
上海　商务印书馆　民国 15.6[1926.6]-
8 册(42,42,42,42,50,52,52,56 页)　图　32 开
第 1 册:民国 15.6 初版,民国 16.12 第 90 版
第 2 册:民国 16.12 第 80 版
第 3 册:民国 17.3 第 80 版
第 4 册:民国 15 第 30 版,民国 16.7 第 60 版
第 5 册:民国 17.2 第 75 版
第 6 册:民国 15 第 10 版,民国 16.7 第 50 版
第 7 册:民国 16.1 第 40 版
第 8 册:民国 15.12 第 30 版
新学制初级小学校用
其他题名:新撰常识教科书
人教　广东中山(4,6)

2-3243
新时代常识教科书
王强编纂　杨杏佛,王云五校订
上海　商务印书馆　民国 16.3[1927.3]-
8 册(40,40,40,40,40,40,40,48 页)　图　32 开
第 1 册:民国 16.3 第 20 版,民国 16.8 第 35 版,民国 19.1 第 485 版,民国 21.3 国难后 14 版,民国 21.7 国难后 50 版
第 2 册:民国 16.3 第 20 版,民国 16.8 第 35 版,民国 19.5 第 450 版,民国 21.4 国难后 4 版,民国 21.7 国难后 50 版
第 3 册:民国 16.3 第 20 版,民国 16.8 第 45 版,民国 18.7 第 250 版,民国 18.12 第 320 版,民国 21.4 国难后 30 版
第 4 册:民国 16.3 第 20 版,民国 18.7 第 265 版,民国 21.4 国难后 40 版,民国 21.11 国难后 80 版
第 5 册:民国 16.3 第 20 版,民国 16.6 第 25 版,民国 18.8 第 180 版,民国 19.5 第 375 版,民国 21.11 国难后 78 版
第 6 册:民国 16.3 第 20 版,民国 18.8 第 180 版,民国 21.4 国难后 34 版,民国 21.11 国难后 54 版
第 7 册:民国 18.8 第 190 版,民国 21.4 国难后 34 版
第 8 册:民国 18.8 第 185 版,民国 19.7 第 250 版,民国 19.10

第 290 版
教育部审定　小学校初级用
初版附注：民国 16 年 2 月-17 年 3 月初版
逐页题名：常识教科书
国图(1)　北师大　人教(1-6)　华师大(1-6,8)　辞书

2-3244

常识科补充课本
刘铭等编

广西　[出版者不详]　民国 16[1927]-
　册　图　[32 开]
第 3 册：民国 16 年版
苍梧县局各初级小学用
广东中山(3)

2-3245

新中华常识课本
蒋镜芙,吴桂仙编校

上海　新国民图书社　民国 17.1[1928.1]-
8 册(42,40,44,44,44,50,48,56 页)　图　大 32 开
第 1 册：民国 17.1 初版,民国 17.1 第 2 版,民国 19.1 第 34 版,民国 20.3 第 71 版,民国 20.10 第 77 版,民国 21.6 第 101 版,民国 21.6 第 102 版,民国 21.7 第 106 版,民国 21.7 第 107 版

第 2 册：民国 17.1 第 2 版,民国 17.1 版,民国 18.4 第 15 版,民国 19.6 第 37 版,民国 20.5 第 72 版,民国 21.5 第 94 版,民国 21.5 第 98 版,民国 21.11 第 106 版

第 3 册：民国 17.1 初版,民国 19.1 第 31 版,民国 21.1 第 77 版,民国 21.1 第 83 版,民国 21.3 第 85 版,民国 21.3 第 86 版,民国 21.6 第 88 版,民国 21.7 第 95 版

第 4 册：民国 17.1 初版,民国 18.10 第 26 版,民国 20.5 第 60 版,民国 20.12 第 64 版,民国 21.4 第 78 版,民国 21.5 第 82 版,民国 21.6 第 86 版,民国 21.7 第 89 版

第 5 册：民国 18.9 第 17 版,民国 18.9 第 19 版,民国 21.1 第 62 版,民国 21.1 第 69 版,民国 21.5 第 72 版,民国 21.7 第 73 版,民国 21.12 版

第 6 册：民国 17.5 初版,民国 18.1 第 7 版,民国 19.11 第 33 版,民国 20.3 第 39 版,民国 20.3 第 40 版,民国 20.7 第 45 版,民国 21.6 第 62 版,民国 21.6 版

第 7 册：民国 18.12 第 18 版,民国 19.9 第 27 版,民国 19.11 第 33 版,民国 20.11 第 38 版,民国 20.11 第 39 版,民国 20.11 第 41 版,民国 20.11 第 42 版

第 8 册：民国 17.9 初版,民国 18.6 第 5 版,民国 18 第 6 版,民国 18.10 第 9 版,民国 19.2 第 18 版,民国 20.3 第 28 版,民国 20.7 第 31 版,民国 21.3 第 36 版,民国 21.3 第 37 版,民国 21.4 第 39 版

小学校初级用
其他题名：新中华教科书常识课本
国图(1)　北师大　人教　辞书　编译馆

2-3246

前期小学常识课本
董文,朱翊新编辑　魏冰心,范祥善校订

上海　世界书局　民国 18.7[1929.7]-
8 册(40,40,40,40,54,54,58,64 页)　图　32 开
第 1 册：民国 18.7 审定初版,民国 19.5 第 52 版,民国 20.4 第 78 版,民国 21.10 第 168 版,民国 21.10 第 193 版

第 2 册：民国 18.10 第 85 版,民国 20.6 第 89 版,民国 21.8 第 187 版,民国 21.8 第 188 版

第 3 册：民国 19.5 第 40 版,民国 20.2 第 81 版,民国 21.10 第 182 版,民国 22.5 第 194 版

第 4 册：民国 19.5 第 28 版,民国 20.5 第 61 版,民国 21.9 第 131 版,民国 21.9 第 136 版

第 5 册：民国 18 年版,民国 19.5 第 22 版,民国 20.3 第 51 版,民国 21.8 第 125 版,民国 22.2 第 134 版

第 6 册：民国 19.5 第 18 版,民国 19.10 第 25 版,民国 21.8 第 93 版,民国 21.8 第 100 版

第 7 册：民国 18.12 第 4 版,民国 19 第 28 版,民国 21.6 第 67 版,民国 21.6 第 68 版,民国 21.9 第 79 版

第 8 册：民国 19.1 第 5 版,民国 21.6 第 56 版,民国 21.9 第 64 版

教育部审定　小学校初级学生用
其他题名：新主义教科书前期小学常识课本
国图(5)　北师大(1-5)　人教(1-7)　华师大　辞书　广东中山(7)　编译馆

2-3247

(暂用)常识课本
[出版者不详]　民国 19.10[1930.10]-
　册(⑤16 页)　[32 开]
第 5 册：民国 19.10 版
苏区出版物　初等小学教材
其他题名：常识课本
人教(5)

2-3248

常识教科书
计志中编辑　何炳松校订

上海　商务印书馆　民国 20.5-7[1931.5-7]
8 册(55,55,56,56,52,56,72,70 页)　图(含彩图)　32 开
第 1 册：民国 20.5 初版,民国 20.8 第 25 版,民国 21.4 国难后 1 版,民国 21.11 国难后 64 版,民国 21.12 国难后 94 版

第 2 册：民国 20.5 初版,民国 21.1 国难后 62 版,民国 21.11 国难后 72 版,民国 22.1 国难后 92 版

第 3 册：民国 20.5 初版,民国 21.11 国难后 72 版,民国 21.11 国难后 82 版,民国 22.5 国难后 112 版

第 4 册：民国 20.5 初版,民国 21.11 国难后 68 版,民国 21.11 国难后 78 版,民国 22.5 国难后 108 版

第 5 册：民国 20.7 初版,民国 20.11 版,民国 21.4 国难后 2 版,民国 21 国难后 30 版,民国 21.11 国难后 90 版

第 6 册：民国 20.7 初版,民国 21.11 国难后 58 版,民国 21 国难后 68 版,民国 21.11 国难后 78 版

第 7 册：民国 20.7 初版,民国 21.7 国难后 22 版,民国 21 国难后 52 版,民国 21.11 国难后 62 版

第 8 册：民国 20.7 初版,民国 21.11 国难后 66 版,民国 21.12 国难后 72 版,民国 22.5 第 86 版

教育部审定　小学校初级用

版权页题名:常识
其他题名:基本教科书常识教科书
人教 华师大 辞书 编译馆

2-3249

南洋华侨常识课本
蒋镜芙,吴桂仙编 张国基校阅
上海 中华书局 民国21.5[1932.5]
8册(42,40,44,44,44,50,48,56页) 图(含彩图) 32开
第1册:民国21.5初版,民国24.3第5版,民国24.8第7版
第2册:民国21.5初版,民国23.3第4版,民国24.6第5版,民国24.8第6版
第3册:民国21.5初版,民国23.3第4版,民国24.8第6版,民国24.8第7版
第4册:民国21.5初版,民国22.3第2版,民国24.6第5版,民国24.8第6版
第5册:民国21.5初版,民国22.10第3版,民国23.3第4版,民国24.8第5版
第6册:民国21.5初版,民国23.3第3版,民国24.8第4版
第7册:民国21.5初版,民国23.3第3版,民国24.8第4版
第8册:民国21.5初版,民国23.3第3版,民国24.8第4版
初级小学用
人教 辞书

2-3250

南洋常识教科书
赵景源编辑 张国基,黄素封校订
香港 商务印书馆 民国21.5[1932.5]-
8册(①48,②48,③48,④48页) 图(含彩图) 32开
第1册:民国21.5国难后初版,民国24.10国难后22版
第2册:民国24.10国难后17版
第3册:民国24.5国难后15版
第4册:民国24.5国难后15版
新课程标准 初级小学校用
其他题名:常识教科书
人教(1-4)

2-3251

开明常识课本
傅彬然编 叶绍钧缮写 都冰如绘画
上海 开明书店 民国21.6[1932.6]-
8册(40,42,42,42,42,58,50,52页) 图(含彩图) 32开
第1册:民国21.6初版,民国22.7第12版,民国22.8第13版,民国22.8第14版
第2册:民国21.6初版,民国21.7第2版,民国22.8第13版,民国22.8第14版
第3册:民国21.6初版,民国22.6第11版,民国22.8第13版,民国25.7第74版
第4册:民国21.6初版,民国22.6第11版,民国25.12第31版
第5册:民国21.7第2版,民国22.6第11版,民国22.8第14版
第6册:民国22.6第11版,民国22.8第13版,民国22.8第14版

第7册:民国22.6第11版,民国22.8第14版,民国23.8第31版
第8册:民国22.7第11版,民国22.8第13版,民国22.8第14版
教育部审定 新课程标准适用 小学初级学生用
北师大 人教 上海 辞书 广东中山(4)

2-3252

科学常识
工农红军学校编写
[不详] [编者刊] 民国21.9[1932.9]
14页 32开
小学初等教材
人教

2-3253

常识课本
王剑星编辑 董文,范祥善校订 金少梅,汪静轩绘图
上海 世界书局 民国22.5[1933.5]-
8册(44,46,46,48,76,86,86,92页) 图(含彩图) 32开
第1册:民国22.5第7版,民国22.6版,民国22.7第18版,民国23.5第99版,民国23.7第108版
第2册:民国22.5第8版,民国22.5第15版,民国22.11第40版,民国23.3第82版
第3册:民国22.5第3版,民国23.3第62版,民国23.4第71版
第4册:民国22.5第5版,民国22.5第7版,民国22.5第19版,民国23.3第58版,民国23.5第72版
第5册:民国22.6第3版,民国22.8第10版,民国22.12第36版,民国23.7第69版,民国23.12版
第6册:民国22.6第8版,民国22.6第10版,民国22.12第27版,民国23.1第35版,民国25年版
第7册:民国22.6初版,民国22.8第14版,民国23.5第47版,民国23.5第50版
第8册:民国22.6第4版,民国22.6第6版,民国22.12第27版,民国23.5第43版,民国23.11第52版
教育部审定 初级小学学生用 一年级上学期~四年级下学期用
其他题名:新课程标准世界教科书常识课本
北师大 人教 辞书 西北师大(6) 湖南(1) 编译馆

2-3254

复兴常识教科书
徐映川,徐应昶编著 王云五,庄俞校订
上海 商务印书馆 民国22.5[1933.5]-
8册(50,48,47,48,56,55,64,64页) 图(含彩图) 32开
第1册:民国22.5初版,民国22.7第90版,民国22.12第265版,民国24.2第420版
第2册:民国22.7第90版,民国22.10第195版,民国22.12第235版,民国23.11第325版
第3册:民国22.6第10版,民国22.7第90版,民国23.5第255版
第4册:民国22.7第80版,民国22.8第110版,民国22.10第135版,民国22.10第145版

第 5 册：民国 22.7 初版,民国 22.8 第 4 版,民国 22 第 20 版,民国 24.4 第 305 版

第 6 册：民国 22.7 第 20 版,民国 22.8 第 30 版,民国 22.11 第 100 版,民国 22.11 第 140 版,民国 22.11 第 150 版

第 7 册：民国 22.7 初版,民国 22.7 第 30 版,民国 22.8 第 50 版,民国 22.11 第 160 版

第 8 册：民国 22.7 初版,民国 22.7 第 20 版,民国 22.9 第 80 版,民国 23.11 第 165 版

教育部审定　新课程标准适用　小学校初级用

版权页题名：常识

其他题名：复兴教科书常识

国图(2-6,8)　北师大　人教　华师大(1,4,6-7)　辞书

2-3255

小学常识课本

蒋镜芙,吴桂仙编　孙世庆,白涤洲,张相校

上海　中华书局　民国 22.7[1933.7]-

8 册(50,50,58,58,66,66,66,66 页)　图(含彩图)　32 开

第 1 册：民国 22.7 初版,民国 23.1 第 81 版,民国 23.3 第 85 版,民国 23.3 第 87 版,民国 23.4 第 92 版,民国 23.6 第 99 版,民国 23.6 第 102 版,民国 23.6 第 105 版,民国 23.6 第 106 版,民国 24.4 第 154 版,民国 25.9 第 242 版

第 2 册：民国 23.3 第 73 版,民国 23.3 第 75 版,民国 23.3 第 78 版,民国 23.4 第 83 版,民国 23.4 第 84 版,民国 23.4 第 85 版,民国 23.6 第 90 版,民国 25.1 第 159 版,民国 25.1 第 161 版,民国 25.1 第 162 版

第 3 册：民国 22.7 初版,民国 23.1 第 56 版,民国 23.6 第 65 版,民国 23.6 第 68 版,民国 23.6 第 72 版,民国 23 第 75 版,民国 23 第 78 版,民国 23.6 第 91 版,民国 23.6 第 95 版,民国 24.4 第 140 版,民国 26.5 第 227 版

第 4 册：民国 22.7 初版,民国 22.7 第 2 版,民国 22.7 第 5 版,民国 23.2 第 61 版,民国 23.3 第 62 版,民国 23.3 第 67 版,民国 23.3 第 69 版,民国 23.4 第 75 版,民国 23.4 第 76 版,民国 23.6 第 87 版,民国 24.7 第 114 版,民国 26.5 第 190 版,民国 26.5 第 193 版

第 5 册：民国 22.7 第 2 版,民国 22.7 第 12 版,民国 22.7 第 14 版,民国 22.7 第 17 版,民国 23.1 第 41 版,民国 23.1 第 51 版,民国 23.3 第 55 版,民国 23.3 第 66 版,民国 23.6 第 70 版,民国 25.1 第 128 版,民国 25.3 第 148 版

第 6 册：民国 22.7 初版,民国 22.7 第 4 版,民国 22.7 第 9 版,民国 22.7 第 14 版,民国 22.7 第 19 版,民国 22.8 第 26 版,民国 22.9 第 30 版,民国 23.1 第 49 版,民国 25.1 第 107 版

第 7 册：民国 22.7 初版,民国 22.7 第 8 版,民国 22.7 第 14 版,民国 23.1 第 41 版,民国 23.3 第 45 版,民国 23.3 第 49 版,民国 23.6 第 55 版,民国 23.6 第 59 版,民国 24.4 第 88 版

第 8 册：民国 22.7 初版,民国 22.7 第 3 版,民国 22.7 第 4 版,民国 22.7 第 7 版,民国 22.7 第 8 版,民国 22.7 第 9 版,民国 22.7 第 12 版,民国 23.1 第 31 版,民国 23.5 第 47 版,民国 23.6 第 54 版,民国 24.4 第 68 版,民国 25.9 第 102 版

教育部审定　新课程标准适用　小学校初级用

国图　北师大　人教(1,7)　辞书　编译馆(1,3-5,8)

2-3256

常识课本

[不详]　湘赣省苏教育部　民国 22.8[1933.8]-

册(④40 页)　32 开

第 4 册：民国 22.8 版

列宁初级小学校适用

人教(4)

2-3257

常识

朱菱阳,黄刚编辑　蒋息岑,陆并谦校阅

上海　大东书局　民国 22.8[1933.8]-

8 册(40,56,56,56,58,70,74,78 页)　图　32 开

第 1 册：民国 22.8 第 2 版,民国 23.7 第 6 版

第 2 册：民国 22.8 第 2 版,民国 23.1 第 26 版

第 3 册：民国 22.8 第 2 版

第 4 册：民国 22.8 第 2 版

第 5 册：民国 23.3 第 2 版

第 6 册：民国 23.3 第 2 版

第 7 册：民国 24.6 第 9 版

第 8 册：民国 23.3 第 2 版

教育部审定　新课程标准　小学校初级用

其他题名：新生活教科书常识

北师大(5-8)　人教(1-2,5-8)　辞书(1-4)

2-3258

复兴常识课本

孙慕坚,马精武,沈百英编校

上海　商务印书馆　民国 23.1[1934.1]-

8 册(46,50,50,49,65,65,67,65 页)　图(含彩图)　32 开

第 1 册：民国 23.1 初版,民国 24.3 第 70 版

第 2 册：民国 23.1 初版,民国 24.3 第 55 版,民国 27.8 第 119 版

第 3 册：民国 23.11 第 50 版,民国 24.1 版

第 4 册：民国 23.3 第 30 版,民国 24.7 第 50 版,民国 27.8 第 99 版

第 5 册：民国 24.2 第 50 版,民国 29.12 第 92 版

第 6 册：民国 23.6 第 20 版,民国 24.2 第 45 版,民国 27.12 第 78 版

第 7 册：民国 23.2 初版,民国 24.2 第 50 版

第 8 册：民国 23.5 初版,民国 23.6 第 20 版,民国 24.5 第 45 版

新课程标准适用　小学校初级春季用

封面题名：初小复兴常识课本

北师大(3,5-8)　人教(2-8)　上海(2)　华师大(1-2)　辞书　编译馆(1-2,4-8)

2-3259

小学常识课本

蒋镜芙,吴桂仙编　孙世庆,白涤洲,张相,鞠承颖校

上海　中华书局　民国 23.1[1934.1]-

8 册(48,48,56,56,64,64,64,64 页)　图　32 开

第 1 册：民国 23.1 初版,民国 23.1 第 3 版,民国 23.11 第 11

版,民国 26.4 第 28 版

第 2 册:民国 23.11 初版,民国 23.11 第 2 版,民国 23.11 第 3 版,民国 23.11 第 4 版

第 3 册:民国 23.11 初版,民国 23.11 第 4 版,民国 23.11 第 5 版,民国 26.4 第 20 版

第 4 册:民国 23.11 初版,民国 24.8 第 10 版

第 5 册:民国 23.11 初版,民国 23.11 第 3 版,民国 23.11 第 5 版,民国 26.4 第 13 版

第 6 册:民国 23.11 初版,民国 23.11 第 2 版,民国 28.4 第 10 版

第 7 册:民国 23.11 初版,民国 23.11 第 2 版,民国 23.11 第 9 版

第 8 册:民国 24.1 第 2 版

教育部审定　新课程标准适用　春季始业用　小学校初级用

国图　北师大　人教(2-8)　上海　辞书　编译馆(1,3,5-7)

2-3260

常识课本

董文,王剑星编辑　范云六校订

上海　世界书局　民国 23.3[1934.3]-

8 册(50,56,54,56,82,92,80,94 页)　图　32 开

第 1 册:民国 23.3 第 2 版,民国 25.12 版

第 2 册:民国 24.6 第 9 版,民国 29.12 新 4 版

第 3 册:民国 24.3 第 7 版

第 4 册:民国 25.6 第 9 版,民国 29.9 新 4 版

第 5 册:民国 24.6 第 5 版

第 6 册:民国 25.8 第 9 版,民国 29.4 新 2 版

第 7 册:民国 24.6 第 5 版,民国 26.2 第 10 版

第 8 册:民国 24.7 第 2 版,民国 25.6 第 5 版

初小一年级~四年级用　春季用

初版附注:民国 23 年 2 月-24 年 2 月初版

版权页题名:世界初小常识课本

其他题名:新课程标准世界教科书常识课本

北师大(1,6-7)　辞书　编译馆(2,4-8)

2-3261

新课程标准小学常识课本

蒋镜芙,罗良铸,吴桂仙编　陆费逵校

上海　新加坡　中华书局　民国 23.4[1934.4]-

8 册(50,50,58,58,66,66,66,66 页)　图(含彩图)　大 32 开

第 1 册:民国 23.4 初版,民国 24.8 第 9 版,民国 24.8 第 15 版

第 2 册:民国 23.4 初版,民国 24.8 第 8 版,民国 24.8 第 11 版,民国 24.8 第 14 版

第 3 册:民国 23.4 初版,民国 24.8 第 7 版,民国 24.8 第 11 版,民国 24.8 第 12 版

第 4 册:民国 23.4 初版,民国 24.8 第 6 版,民国 24.8 第 11 版,民国 24.8 第 12 版

第 5 册:民国 23.6 初版,民国 24.8 第 6 版,民国 24.8 第 10 版,民国 24.8 第 12 版

第 6 册:民国 23.6 初版,民国 24.4 第 4 版,民国 24.8 第 6 版,民国 24.8 第 8 版,民国 24.8 第 10 版

第 7 册:民国 23.6 第 2 版,民国 24.4 第 4 版,民国 24.8 第 5 版,民国 24.8 第 9 版

第 8 册:民国 23.6 初版,民国 24.8 第 5 版,民国 24.8 第 8 版,民国 24.8 第 9 版

南洋华侨学校适用　初级用

其他题名:小学常识课本

北师大(8)　人教　上海(2-8)　辞书

2-3262

常识副课本

朱启甲,王修和编著　费新我绘图

上海　万叶书店　民国 24.1[1935.1]

8 册(36,36,36,36,48,54,57,54 页)　图　32 开

第 1 册:民国 24.1 初版

第 2 册:民国 24.1 初版

第 3 册:民国 24.1 初版

第 4 册:民国 24.1 初版,民国 38.2 第 12 版

第 5 册:民国 24.1 初版

第 6 册:民国 24.1 初版

第 7 册:民国 24.1 初版

第 8 册:民国 24.1 初版

小学初级第一学年上学期~第四学年下学期补充用

人教(1-4,6,8)　辞书

2-3263

开明常识课本

傅彬然编　丰子恺绘画

上海　开明书店　民国 24.1[1935.1]-

8 册(①40 页)　图(含彩图)　32 开

第 1 册:民国 24.1 初版,民国 24.1 第 2 版

小学初级学生用　春季始业

国图(1)　人教(1)　辞书(1)

2-3264

儿童常识课本

俞子夷编辑　陆天,陈江风绘图

上海　儿童书局　民国 25.7[1936.7]-

8 册(①40 页)　图　32 开

第 1 册:民国 25.7 初版

初级小学适用

辞书(1)

2-3265

常识课本

广州市立第 95 小学校编

广州　[编者刊]　民国 25.11[1936.11]-

8 册(③38,④34,⑥40 页)　图　32 开

第 3 册:民国 25.11 版

第 4 册:民国 26.1 版

第 6 册:民国 26.3 版

实验四年制完全小学第二~三学年用

北师大(3-4,6)　人教(3-4,6)

2-3266

复兴常识教科书

徐应昶,宗亮寰编著

上海　商务印书馆　民国26.1[1937.1]
8册([432]页)　图　32开
第1-8册：民国26.1版
日鲜侨民学校适用　初级小学校用
版权页题名：常识
其他题名：复兴教科书常识
人教　华师大

2-3267

初小新常识
董文编辑
上海　世界书局　民国26.3[1937.3]-
8册(40,42,56,52,62,77,84,88页)　图　32开
第1册：民国26.3初版
第2册：民国26.3初版,民国27第45版
第3册：民国26.3初版
第4册：民国26.3初版
第5册：民国26.3第4版,民国27.5第31版
第6册：民国27年版
第7册：民国27年版
第8册：民国27年版
遵照教育部民国25年修正课程标准编辑　新课程标准　初级小学校学生用
其他题名：新课程标准世界教科书初小新常识
人教(5)　上师大　辞书(1-4)　西北师大(2)

2-3268

复兴常识教科书
宗亮寰等编校
上海　商务印书馆　民国26.3-7[1937.3-7]
8册(47,47,47,48,61,71,61,63页)　图　32开
第1册：民国26.7初版,民国28.6第503版,民国30.6第722版
第2册：民国26.5初版,民国27年版,民国29.11第618版
第3册：民国26.5初版,民国27年版
第4册：民国26.7初版
第5册：民国26.3初版,民国30.6第577版
第6册：民国26.5初版,民国28第345版,民国29.6第398版
第7册：民国26.7初版
第8册：民国26.5初版,民国26第79版,民国27第142版,民国28.6第243版
教育部审定　遵照修正课程标准编辑　初级小学校用
版权页题名：常识
其他题名：复兴教科书常识
北师大　人教　上师大(5-6,8)　西北师大(1-3,5-6)　广东中山(8)　编译馆(1-2,5-6)

2-3269

新编初小常识课本
徐亚倩,蒋镜芙,吕伯攸,杨复耀编　金兆梓,朱文叔校
上海　中华书局　民国26.7[1937.7]
8册(48,48,48,48,64,64,68,79页)　图(含彩图)　32开
第1册：民国26.7初版,民国26.8版,民国26.8第6版,民国26.8第18版,民国第86版,民国29.4第270版,民国29.4第308版,民国30.6第499版
第2册：民国26.7初版,民国26.8版,民国26.8第6版,民国26.8第18版,民国28.12第227版,民国29.4第270版,民国29第277版,民国29.4第470版
第3册：民国26.7初版,民国26.7第13版,民国26.7第22版,民国28.8第194版,民国29.4第244版,民国30第370版,民国30.6第397版
第4册：民国26.7初版,民国26.11第11版,民国26第22版,民国28.8版,民国29第208版,民国29.8第221版,民国29.11版,民国30第320版
第5册：民国26.7初版,民国26.7第11版,民国28第162版,民国29第174版,民国29.4第180版,民国29.4第187版,民国30.1第322版
第6册：民国26.7初版,民国28.10版,民国29.5第158版,民国29.8第179版,民国29第200版,民国29.8第286版
第7册：民国26.7初版,民国26.7版,民国29.2第133版,民国29.4第149版,民国29第174版,民国30第200版,民国30.6第260版
第8册：民国26.7初版,民国27.5版,民国28.10第109版,民国28第110版,民国30.9第502版
教育部审定　修正课程标准适用
其他题名：初小常识课本
北师大(1-5)　人教　辞书　西北师大(2-3,5-8)　广东中山(2-8)　编译馆(1-7)

2-3270

复兴初小常识教科书[审定本]
吕金录,宗亮寰,徐映川,韦悫编校
上海　长沙　商务印书馆　民国26[1937]-
8册　图　32开
第1册：民国30第772版
第3册：民国27第320版
第4册：民国28第443版,民国29长沙版
第5册：民国29第605版,民国29长沙版
第6册：民国26第28版,民国29长沙版
第7册：民国27第170版,民国29长沙版
第8册：民国29长沙版,民国30第359版
国民政府教育部审定　小学校初级用
初版附注：民国26年7月审定第1版
其他题名：复兴教科书常识
辞书(4-8)　广东中山(1,3-8)

2-3271

小学常识课本
王志瑞,刘百川,邱冶新编辑
上海　开华书局　民国26.7[1937.7]-
8册(③44页)　图,表　32开　精装
第3册：民国26.7第32版
修正课程标准适用　小学校初级用
编译馆(3)

2-3272

（修正）初小常识教科书
初等教育研究会编
  天津　华北书局　民国27.2[1938.2]-
  8册　32开
  第2,4,6,8册：民国27.2版
  其他题名：初小常识教科书
  北师大(2,4,6,8)

2-3273

（修正）初小常识教科书
（伪）教育部编审会编
  北平　新民印书馆　民国27.6[1938.6]-
  8册　图（含彩图）　36开
  第3,5,7册：民国27.6版
  其他题名：初小常识教科书
  国图(5,7)　北师大(3,7)　人教(5,7)

2-3274

初级小学校常识教科书
（伪）维新政府教育部编纂
  南京　[编者刊]　民国27.8[1938.8]-
  8册　图　32开
  第2-4,6-8册：民国27.8版
  人教(2-4,6-8)

2-3275

复兴常识教科书
宗亮寰,沈百英,吕金录,韦悫编校
  香港　商务印书馆　民国27.11[1938.11]
  8册(47,47,43,46,63,66,60,62页)　图（含彩图）　32开
  第1册：民国27.11初版,民国36.5第19版
  第2册：民国27.11初版,民国36.5第17版
  第3册：民国27.11初版,民国36.5第17版
  第4册：民国27.11初版,民国30.6第15版
  第5册：民国27.11初版,民国35.11第14版
  第6册：民国27.11初版,民国30.6第10版
  第7册：民国27.11初版,民国29.10第10版
  第8册：民国27.11初版,民国30.4第10版
  遵照修正课程标准编辑　按照教育部审定复兴初小常识教科书改编　南洋华侨小学校初级用
  版权页题名：常识
  其他题名：复兴教科书常识
  人教　辞书

2-3276

战时常识
赵景源,徐应昶编
  [长沙]　商务印书馆　民国27[1938]第10版
  30页　32开
  小学补充教材　中年级用
  广东中山

2-3277

常识教科书
  常熟　常熟县小学教材编审委员会　民国28.2[1939.2]
  18页　32开
  常熟县初级小学三～四年级适用
  人教

2-3278

最新南洋华侨小学常识课本
蒋镜芙,吕伯攸,徐亚倩,杨复耀编　金兆梓,朱文叔校
  新加坡　中华书局　民国28.2-5[1939.2-5]
  8册(48,48,48,48,64,64,76,76页)　图　32开
  第1册：民国28.2初版
  第2册：民国28.3初版
  第3册：民国28.4初版
  第4册：民国28.5初版
  第5册：民国28.4初版
  第6册：民国28.5初版
  第7册：民国28.5初版
  第8册：民国28.5初版
  修正课程标准适用　小学校初级用
  封面题名：小学常识课本
  人教　辞书

2-3279

初小常识教科书
（伪）教育总署编审会著
  北平　[著者刊]　民国28.8[1939.8]-
  8册(34,38,36,33,48,55,57,63页)　图　32开
  第1册：民国28.8初版,民国29.6修正版
  第2册：民国28.12初版
  第3册：民国29.6修正版
  第4册：民国28.12初版
  第5册：民国29.6修正版
  第6册：民国29.12修正版,民国32.3修正版
  第7册：民国28.12第3版,民国29.6修正版,民国30修正版
  第8册：民国28.12初版
  初版附注：民国29年6月修正初版
  国图(2,8)　北师大　人教　辞书(1,3,5,7)　天津(7)

2-3280

初小常识
（伪）教育部编审委员会编纂
  8册(34,36,50,46,37,40,50,53页)　图　32开
  其他题名：国定教科书初小常识
  其他题名：常识
  ①南京　（伪）国民政府教育部　民国29.8[1940.8]
  第1册：民国29.8初版
  第2册：民国29.8初版
  第3册：民国29.8初版
  第4册：民国29.8初版
  第5册：民国29.8初版,民国33.1第9版
  第6册：民国29.8初版,民国33初版
  第7册：民国29.8初版
  第8册：民国29.8初版,民国33初版

人教(5-6,8)　辞书
②上海　华中印书局　民国29.8[1940.8]-
第1册:民国32.7版
第2册:民国32.7版
第3册:民国32.7版
第4册:民国31第4版,民国32.1第6版,民国32.7版
第5册:民国32.7第7版
第6册:民国30.1第2版,民国32.7版
第7册:民国29.8初版,民国31.7第5版,民国32.7版
第8册:民国31第4版,民国32第5版,民国32.7版
人教(4-7)　上海　上师大(4,6-8)　广东中山(5,8)

2-3281

初小新常识
董文编辑
上海　湖南　世界书局　民国30.5[1941.5]-
8册(30,20,26,26,34,45,51,55页)　图　32开
第1册:民国30.10湘47版
第2册:民国30.5新77版
第3册:民国30.5新75版
第4册:民国30.5新68版,民国30.10湘49版
第5册:民国31.3湘34版
第6册:民国30.8湘21版
第7册:民国31.3湘30版
第8册:民国30.5新43版
遵照修正课程标准编辑
其他题名:新课程标准世界教科书初小新常识
辞书(1,4-7)　编译馆(2-4,8)

2-3282

常识教科书
许汉宾,王淡明编辑
上海　大东书局　民国30.8[1941.8]-
8册(③51,⑤46页)　图　32开　精装
第3册:民国30.8第65版
第5册:民国30.8第52版
教育部初审核定本　小学校初级用
其他题名:常识
编译馆(3,5)

2-3283

常识课本
国立编译馆编辑
陕西　陕西省教育厅　民国30[1941]-
4册(40,40,44,44页)　图　32开
第1册:民国30第3版,民国31.8版
第2册:民国31.8版
第3册:民国31.7版
第4册:民国31.7版
封面题名:初级小学常识课本
上师大(1)　辞书

2-3284

开明常识课本
傅彬然编　都冰如绘
成都　开明书店　民国31.1[1942.1]-
8册(46,42,42,42,42,58,50,52页)　图　32开
第1-8册:民国31.1国难后4版
教育部审定　新课程标准适用　小学初级学生用
上海　辞书　广东中山(4)

2-3285

复兴初小常识教科书
吕金录著
长沙　桂林　商务印书馆　民国31.3[1942.3]-
册(③26,⑤26页)　32开
第3册:民国32湘55版
第5册:民国31.3桂1-8版,民国31.10湘50版
其他题名:复兴教科书常识教科书
其他题名:初小常识教科书
广东中山(3,5)

2-3286

初级小学常识课本
冀太行政联合办事处编辑委员会编辑
[不详]　新记印刷厂　民国32[1943]-
册(④34页)　64开
第4册:民国32第2版
晋冀鲁豫边区政府教育厅审定
国图(4)

2-3287

常识课本
张腾霄,高珍编
[不详]　新华书店晋察冀分店　民国35.5[1946.5]
4册([238]页)　32开
第1-4册:民国35.5版
晋察冀边区行政委员会教育处审定　初级小学校用
人教

2-3288

常识
沈秉廉,宗亮寰,沈百英,金云峰,赵景源,赵白山,李惠乔,姜元琴编辑
上海　基本书局　民国35.7[1946.7]
8册(50,48,52,54,72,72,78,84页)　图　32开
第1册:民国35.7初版,民国35.8第6版,民国38.2版
第2册:民国36.1初版,民国38.2第4版
第3册:民国36.8第4版,民国38.2第5版
第4册:民国36.8第4版,民国38.2第5版
第5册:民国36.8第4版,民国38.8版
第6册:民国36.8第4版,民国37.2第5版
第7册:民国36.8第4版,民国37.8第5版
第8册:民国36.8第4版
初小用　小学一年级上学期~四年级下学期用
其他题名:基本小学副课本常识
人教　辞书

2-3289

常识课本

教科书编辑委员会编

　　大连　大连市政府教育局　民国35.9[1946.9]-
　　　册(②14,④39页)　32开
　　第2册：民国35.9初版
　　第4册：民国35.12初版
　　大连市政府教育局审定　初级小学适用
　　其他题名：临时教科书常识课本
　　人教(2,4)

2-3290

常识

许汉宾,王淡明编辑　董文修订

　　上海　大东书店　民国36[1947]-
　　8册(①42,②50,③51,⑤46,⑥57,⑦64页)　图　小32开
　　第1册：民国37.11第7版
　　第2册：民国36第4版,民国37.11第5版
　　第3册：民国37.11第6版,民国37.11第7版
　　第5册：民国37.11第7版,民国38香港1版
　　第6册：民国37.11第5版
　　第7册：民国36第4版,民国37.11第6版
　　小学一年级上学期～四年级下学期用
　　其他题名：国民学校副课本常识
　　辞书(1-3,5-7)　广东中山(1-3,5,7)

2-3291

初小常识

东北政委会编审委员会编

　　沈阳　东北书店　民国37.2[1948.2]-
　　4册(48,65,53,76页)　图,地图　32开
　　第1册：民国37.5第2版
　　第2册：民国37.2初版
　　第3册：民国37.2初版,民国37.4第2版,民国37.5版
　　第4册：民国37.8初版
　　小学三年级～四年级适用
　　初版附注：民国37年2-8月初版
　　人教(2-4)　辞书(1,3-4)　辽宁(1-3)

2-3292

小学课本常识

山东省教育厅编审室编审

　　山东　华东新华书店　民国37.2[1948.2]-
　　8册(①34,②26,③34,⑤42,⑥31,⑦56,⑧44页)　图,地图　32开
　　第1册(一年级上)：民国37.9初版
　　第2册(一年级下)：民国37.9初版
　　第3册(二年级上)：民国37.3初版
　　第5册(三年级上)：民国37.2初版
　　第6册(三年级下)：民国37.9初版,民国38.5第2版
　　第7册(四年级上)：民国37.2初版,民国38.5第2版
　　第8册(四年级下)：民国37.2初版,民国38.5第2版
　　人教(1-2,6-8)　辞书(3,5)

2-3293

常识

关东公署教育厅编审

　　大连　大众书店　民国37.3[1948.3]-
　　册(⑤39页)　32开
　　第5册：民国37.3初版
　　初级小学校用
　　人教(5)

2-3294

常识课本

[不详]　华北新华书店　民国37.7[1948.7]
　　4册([161]页)　32开
　　第1-4册：民国37.7修正2版
　　晋察冀边区行政委员会教育处审定　初级小学校用
　　人教

2-3295

复兴常识教科书

　　上海　商务印书馆　民国38.2[1949.2]
　　8册([255]页)　图　32开
　　第1-8册：民国38.2第2版
　　初级小学校用
　　其他题名：常识教科书
　　人教

2-3296

初小常识

刘御编著

　　西安　西北新华书店　民国38.3[1949.3]-
　　4册(①33,③40页)　32开
　　第1册：民国38.3初版
　　第3册：民国38.6初版
　　人教(1,3)

2-3297

复兴常识教科书

宗亮寰,吕金录,沈百英编著　王承绪,吴志尧修正

　　香港　商务印书馆　民国38.5[1949.5]
　　8册(34,38,37,38,43,44,51,48页)　彩图　32开
　　第1-8册：民国38.5修正1版
　　马来亚联合邦、新加坡教育部审定　南洋华侨小学校初级用
　　其他题名：复兴教科书常识
　　辞书

2-3298

常识

[出版者不详]　民国38.8[1949.8]-
　　册　32开
　　第1-4,8册：民国38.8初版
　　中原临时人民政府教育部规定　初级小学适用课本
　　人教(1-4,8)

2-3299

常识

山东省教育厅编审室编　临时课本编审委员会改编

上海　联合出版社　民国 38.8[1949.8]-
8册(30,26,30,33,41,47,47,51 页)　32 开
第 1 册: 民国 38.8 第 2 版
第 2 册: 1950.2 初版
第 3 册: 民国 38.8 第 2 版
第 4 册: 1950.2 初版
第 5 册: 民国 38.8 第 2 版
第 6 册: 1950.2 初版
第 7 册: 民国 38 年版
第 8 册: 1950.2 初版
初级小学适用　临时课本
其他题名: 初级小学常识
国图(1,3,5,7)　辞书

2-3300
初小常识
西安　新华书店　民国 38.9[1949.9]
2册([88]页)　32 开
第 1-2 册: 民国 38.9 版
陕甘宁边区教育厅审定
人教

2-3301
常识教材
陈选善,沈有乾主编　祝苏如,瞿志远,卢冠六,马精武编
葛承训,杨志先校订
上海　春秋书社　[1912-1949?]
4册(65,76,120,131 页)　图　32 开
第 1-4 册: 版次不详
小学校中年级用
辞书

＊　＊　＊

2-3302
战时常识
吕金录,谭勤余编
长沙　商务印书馆　民国 27[1938]第 11 版,民国 28 第 19 版
43 页　32 开
小学补充教材　高年级用
广东中山

教学参考书

2-3303
小学常识课本教学法
梅羹儒,顾君璞,吴桂仙等编　施仁夫,蒋镜芙,张相校
上海　中华书局　民国 23.3[1934.3]-
8册(①220,③250,⑤273,⑦306 页)　32 开
第 1 册: 民国 23.3 初版,民国 23.3 第 2 版
第 3 册: 民国 24.4 初版

第 5 册: 民国 24.5 初版
第 7 册: 民国 24.8 初版,民国 24.8 第 2 版
新课程标准适用　春季始业用
国图(1,3,7)　人教(1,3,5,7)　辞书(1,3,5,7)

2-3304
常识教学指引
许汉宾,戴渭清编
上海　大东书局　民国 36[1947]-
8册(①80,③81,④80,⑥80,⑧80 页)　32 开
第 1 册: 民国 36 第 3 版
第 3 册: 民国 36 第 3 版
第 4 册: 民国 36 第 2 版
第 6 册: 民国 36 初版,民国 36 第 3 版
第 8 册: 民国 36 第 3 版
教师用
其他题名: 国民学校副课本常识教学指引
广东中山(1,3-4,6,8)

2-3305
革新的常识教学法
杨志先编纂
上海　商务印书馆　民国 37.2[1948.2]初版,民国 37.8 第 3 版
114 页　表　32 开　(国民教育文库)
上海　辞书　西北师大　广东中山

2-3306
常识教学实际问题
俞子夷编
上海　北新书局　民国 37.9[1948.9]
32 页　32 开　(浙江国民教育实验区辅导丛刊)
辞书

2-3307
常识教材
杭县教育局编
杭县　[编者刊]　[1912-1949?]
3册(222,302,286 页)　32 开
第 1-3 册: 版次不详
逐页题名: 常识
逐页题名: 乙种常识教材
辞书

＊　＊　＊

2-3308
新撰常识教授书
计志中编纂　朱经农校订
上海　商务印书馆　民国 5.1[1916.1]-
8册(99,99,111,112,98,111,130,127 页)　32 开
第 1 册: 民国 5.1 初版,民国 16.1 第 8 版
第 2 册: 民国 16.7 第 8 版
第 3 册: 民国 15.5 第 5 版

第4册：民国15.6第5版
第5册：民国15.6第5版
第6册：民国16.1第5版
第7册：民国15.9第5版
第8册：民国16.1第5版
新学制初级小学校用
人教

2-3309
常识课本教授书
吕伯攸,后觉,马国英等编校
上海　中华书局　民国12.7[1923.7]-
8册(172,174,167,183,177,233,227,222页)　表　大32开
第1册：民国12.7初版,民国12.11第3版,民国14.7第8版
第2册：民国12.8初版,民国13.3第3版
第3册：民国16.1第11版
第4册：民国13.5第3版
第5册：民国16.3第10版
第6册：民国13.3初版,民国16.3第11版
第7册：民国13.7初版,民国17.4第9版
第8册：民国13.11初版,民国17.2第7版
教育部审定　新学制适用　小学校初级用
初版附注：民国12年7月-13年11月初版
其他题名：新小学教科书常识课本教授书
其他题名：新学制常识课本教授书
国图(6-8)　人教(1-2,6)　辞书(1-2,6-8)　编译馆

2-3310
新学制常识教授书
范祥善,计志中编纂
上海　商务印书馆　民国12.8[1923.8]-
8册(121,119,132,98,122,125,152,137页)　大32开
第1册：民国12.8初版,民国12.9第10版,民国13.3第20版,民国14.4第30版
第2册：民国13.1初版,民国13.4第18版,民国15.9第36版,民国17.2第41版
第3册：民国12.12初版,民国13.4第18版,民国15.7第36版
第4册：民国13.1初版,民国13.2第16版,民国15.7第34版,民国19.3第37版
第5册：民国13.5初版,民国14.11第23版,民国19.7第37版
第6册：民国14.5第18版,民国15.7第28版
第7册：民国13.12第11版,民国20.4第30版
第8册：民国14.3第13版,民国15.2第23版
教育部审定　小学校初级用
初版附注：民国12年8月-13年9月初版
北师大　人教　辞书　广东中山(7)

2-3311
初级常识课本教学法
李乃培,董文,陆泰生编辑　范祥善,魏冰心校订
上海　世界书局　民国13.6[1924.6]-
8册(140,138,130,168,112,116,158,198页)　图　大32开

线装
第1册：民国13.6初版,民国13.7第2版,民国13.12第4版
第2册：民国13.6初版,民国13.8第2版,民国13.11第3版
第3册：民国13.6初版,民国13.10第2版,民国13年版
第4册：民国13.12第2版
第5册：民国13.12第2版
第6册：民国13.12第4版
第7册：民国13年版
第8册：民国13年版
教育部审定　新学制小学教员用书
人教(1-3)　辞书

2-3312
新时代常识教授书
方新编辑
上海　商务印书馆　民国16.11[1927.11]-
8册(99,102,91,81,88,96,117,118页)　32开
第1册：民国16.11初版,民国16.12第5版,民国19.2第55版
第2册：民国19.2第55版
第3册：民国19.2第45版
第4册：民国17.9第10版,民国18.7第35版
第5册：民国17.6初版,民国18.2第20版,民国18.8第35版
第6册：民国19.4第33版
第7册：民国18.10第33版
第8册：民国18.10第31版
小学校初级用
初版附注：民国16年11月-18年3月初版
北师大(4,8)　人教(1,4-5,8)　华师大(8)　辞书

2-3313
前期小学常识课本教学法
董文编
上海　世界书局　民国17.2[1928.2]-
8册(207,210,202,214,182,228,260,266页)　图　32开
第1册：民国17.2初版,民国17.6第2版
第2册：民国17.2初版
第3册：民国17.8第2版
第4册：民国17.10初版
第5册：民国17.12第2版
第6册：民国17.11初版
第7册：民国17.8初版,民国20年版
第8册：民国18.1初版
教师用书
其他题名：新主义教科书前期小学常识课本教学法
国图

2-3314
新中华常识课本教授书
蒋镜芙,吴桂仙编校
上海　新国民图书社　民国17.7-18.7[1928.7-1929.7]
8册(148,145,138,156,148,187,194,220页)　大32开
第1册：民国17.7初版,民国18.7第4版,民国19.11第7

版,民国 20.12 第 8 版,民国 21.3 第 9 版

第 2 册:民国 18.1 初版,民国 18.7 第 3 版,民国 20.12 第 8 版,民国 21.3 第 9 版

第 3 册:民国 18.6 初版,民国 20.6 第 5 版,民国 20.12 第 6 版,民国 21.3 第 7 版

第 4 册:民国 18.1 初版,民国 20.6 第 7 版,民国 21.3 第 9 版

第 5 册:民国 18.2 初版,民国 18.10 第 3 版,民国 18.10 第 4 版,民国 20.6 第 7 版,民国 20.12 第 8 版,民国 21.3 第 9 版

第 6 册:民国 18.1 初版,民国 19.1 第 4 版,民国 19.5 第 5 版,民国 20.6 第 6 版,民国 21.3 第 8 版

第 7 册:民国 18.7 初版,民国 20.12 第 5 版,民国 21.3 第 6 版

第 8 册:民国 18.2 初版,民国 20.12 第 7 版,民国 21.3 第 8 版

小学校初级用

其他题名:新中华教科书常识课本教授书

国图　北师大　辞书　河南(2,4)　编译馆

2-3315

前期小学常识课本教学法[修正本]

董文编辑　魏冰心校订

上海　世界书局　民国 18.12[1929.12]-

8 册(207,210,202,214,182,228,260,266 页)　图　32 开

第 1 册:民国 19.4 修正 3 版,民国 21.7 修正 9 版

第 2 册:民国 18.12 审定初版,民国 21.7 修正 8 版

第 3 册:民国 19.4 修正 3 版,民国 21.6 修正 10 版

第 4 册:民国 19.4 修正 3 版,民国 22.1 修正 12 版

第 5 册:民国 19.4 修正 3 版,民国 21.8 修正 12 版

第 6 册:民国 19.2 修正 2 版,民国 21.7 修正 8 版

第 7 册:民国 19.4 修正 3 版,民国 22.11 修正 10 版

第 8 册:民国 19.4 修正初版,民国 21.7 修正 9 版

照教育部审定本编辑　教员用书

初版附注:民国 18 年 6 月初版

其他题名:新主义教科书前期小学常识课本教学法

辞书　编译馆

2-3316

初小常识教学法

赵景源,卫楚材,俞喜瑞,顾缉明,顾曾华编辑

上海　商务印书馆　民国 20.8-10[1931.8-10]

8 册(325,321,336,337,310,306,366,352 页)　32 开

第 1 册:民国 20.8 初版,民国 21.11 国难后 13 版

第 2 册:民国 20.8 初版,民国 21.11 国难后 13 版

第 3 册:民国 20.8 初版,民国 21.11 国难后 13 版

第 4 册:民国 20.8 初版,民国 21.11 国难后 13 版

第 5 册:民国 20.8 初版,民国 21.11 国难后 13 版

第 6 册:民国 20.8 初版,民国 21.11 国难后 12 版,民国 21.11 国难后 13 版

第 7 册:民国 20.8 初版,民国 21.11 国难后 12 版,民国 21.11 国难后 13 版

第 8 册:民国 20.10 初版,民国 21.11 国难后 12 版,民国 21.11 国难后 13 版

其他题名:基本教科书初小常识教学法

国图(3-6,8)　人教　辞书

2-3317

新课程常识教学法

顾诗灵,王剑星,徐学文编辑　范祥善等校订

上海　世界书局　民国 21.6[1932.6]-

8 册(129,122,133,138,130,142,152,152 页)　图,表　32 开

第 1 册:民国 21.8 第 2 版

第 2 册:民国 21.8 第 2 版

第 3 册:民国 21.8 第 2 版

第 4 册:民国 21.8 第 2 版

第 5 册:民国 21.6 初版

第 6 册:民国 21.7 初版

第 7 册:民国 21.7 初版

第 8 册:民国 21.7 初版

新课程教科书　初级小学教员用书

其他题名:新主义教科书新课程常识教学法

编译馆

2-3318

开明常识课本教学法

傅彬然,贾祖璋,赵静编

上海　开明书店　民国 21.8[1932.8]-

8 册(92,140,161,173,165,274,274,307 页)　32 开

第 1 册:民国 21.8 初版,民国 22.8 第 2 版

第 2 册:民国 22.2 初版,民国 22.8 第 2 版,民国 23.6 第 3 版

第 3 册:民国 21.10 初版,民国 22.8 第 2 版

第 4 册:民国 22.3 初版,民国 22.8 第 2 版,民国 23.6 第 3 版

第 5 册:民国 23.6 第 2 版

第 6 册:民国 22.7 初版

第 7 册:民国 22.8 初版,民国 23.6 第 2 版

第 8 册:民国 22.8 初版

小学初级教师用

国图　北师大(1-4)　人教(1-4,6-8)　辞书　西北师大(1-5,7-8)　广东中山(4)

2-3319

南洋华侨常识课本教授书

蒋镜芙,吴桂仙编校

新加坡　中华书局　民国 21.11[1932.11]-

8 册(①148,②145,③138,④154,⑤148 页)　32 开

第 1-5 册:民国 21.11 初版

初级小学用

国图(1-5)　人教(1-5)　辞书(1-5)

2-3320

初小常识教学法

王剑星,商致中编辑　范祥善校订

上海　世界书局　民国 22.12[1933.12]-

8 册(168,178,182,182,218,310,296,372 页)　图　32 开

第 1 册:民国 23.4 第 4 版,民国 23.6 第 5 版,民国 24.3 第 6 版,民国 25.6 第 8 版

第 2 册:民国 23.1 第 3 版,民国 25.4 第 7 版

第 3 册:民国 22.12 第 4 版,民国 24.11 第 8 版,民国 25.5 第 9 版

第4册：民国23.5第5版,民国24.9第9版

第5册：民国23.4第4版,民国25.5第12版,民国25.8第13版

第6册：民国23.1版,民国23.8第4版,民国25.6第11版

第7册：民国23.4第2版,民国24.4第6版,民国24.11第8版

第8册：民国23.1版,民国23.7第3版,民国25.5第10版

照教育部审定本编辑　初级小学教员用

初版附注：民国22年6月初版

其他题名：常识课本教学法

其他题名：初级小学常识教学法

其他题名：新课程标准教科书初小常识教学法

国图(1,8)　北师大　人教　华师大(6,8)　辞书

2-3321

小学常识课本教学法

吴桂仙,曾寿康,蒋鉴秋,翁理之,黄人济,顾元培,梅羹儒,蒋卓慕,顾君璞编　施仁夫,蒋镜芙,张相校

上海　中华书局　民国22.6-12[1933.6-12]

8册(248,194,226,213,225,229,257,293页)　32开

第1册：民国22.6初版,民国22.6第3版,民国22.6第4版,民国22.6第5版

第2册：民国22.8初版,民国23.1第5版,民国23.1第6版

第3册：民国22.8初版,民国23.1第4版,民国23.1第5版,民国25.4第6版

第4册：民国22.8初版,民国23.1第3版,民国23.1第4版,民国23.1第5版

第5册：民国22.8初版,民国23.1第3版,民国23.1第4版,民国25.4第6版

第6册：民国22.11初版,民国22.11第2版,民国25.4第5版

第7册：民国22.8初版,民国23.1第2版,民国25.4第5版

第8册：民国22.12初版,民国22.12第2版,民国22.12第3版,民国23.12第4版

新课程标准适用　初级小学校用

国图　北师大　人教　辞书　广东中山(2,5-8)

2-3322

复兴常识教学法

徐映川,潘志澄,赵矞,魏志澄编著　赵景源校订

上海　商务印书馆　民国22.7-8[1933.7-8]

8册(198,203,259,245,219,268,270,321页)　32开

第1册：民国22.7初版,民国23.3第23版,民国23.6第24版

第2册：民国22.7初版,民国22.7版,民国23.6第23版,民国23.7版,民国24.2第27版

第3册：民国22.7初版,民国23.3第3版,民国23.7第15版,民国23.7第22版,民国24.2第27版

第4册：民国22.7初版,民国23.3第20版,民国23.8版

第5册：民国22.7初版,民国23.3第18版,民国23.6第22版,民国24.3第27版

第6册：民国22.8初版,民国23第17版,民国23.6第18版,民国24.1第23版,民国24.5第25版

第7册：民国22.7初版,民国23.3第17版,民国23.7第18版

第8册：民国22.8初版,民国23.3第15版,民国23.7第16版,民国23.8第18版,民国24.5第22版

小学校初级用

版权页题名：常识教学法

其他题名：复兴教科书常识教学法

国图　北师大　人教　华师大(2,5)　辞书　广东中山(1,3-6,8)

2-3323

复兴常识指导法

苏颀夫等编著　沈百英校订

上海　商务印书馆　民国23.2-8[1934.2-8]

8册(163,163,160,162,192,196,212,221页)　图　32开

第1册：民国23.2初版,民国24.2第7版

第2册：民国23.5初版

第3册：民国23.5初版

第4册：民国23.5初版,民国24.5第7版

第5册：民国23.5初版,民国24.2第7版

第6册：民国23.8初版,民国24.5第6版

第7册：民国23.8初版,民国24.3第6版

第8册：民国23.8初版

初级小学校用

北师大(1-7)　人教　广东中山(1,7)　编译馆(6,8)

2-3324

初级小学南洋常识教学法

沈厥成,赵慎一编纂　沈百英,赵景源校订

香港　商务印书馆　民国23.3[1934.3]-

8册(②223,③206,④208,⑤246,⑥276,⑦293,⑧303页)　32开

第2册：民国24.4第2版

第3册：民国24.4第2版

第4册：民国24.4第2版

第5册：民国23.7初版

第6册：民国23.4初版

第7册：民国23.7初版

第8册：民国23.3初版

初版附注：民国23年3-7月初版

北师大(2-8)

2-3325

初小常识教学法

宋子俊编辑

上海　世界书局　民国23.6[1934.6]-

8册(252,235,255,264,313,334,366,386页)　图　32开

第1册：民国23.6初版,民国24.2第2版

第2册：民国23.9初版

第3册：民国24.3第2版

第4册：民国24.1初版

第5册：民国24.3初版,民国24.6第2版

第6册：民国24.7初版

第7册：民国24.5初版

第8册：民国 24.10 初版
　　新课程标准教科书　　初级小学教员用　　春季始业用
　　版权页题名：春季始业初小常识教学法
　　卷端题名：初小春季常识教学法
　　北师大(1,5-6)　人教(1,5-6,8)　辞书(1-7)

2-3326
小学常识课本教学法
吴桂仙，罗良铸，翁理之等编　施仁夫，蒋镜芙，陆费逵校
　　上海　中华书局　民国 23.7-24.12[1934.7-1935.12]
　　8 册(244,194,226,217,224,217,258,293 页)　32 开
　　第1册：民国 23.7 初版
　　第2册：民国 23.7 初版
　　第3册：民国 23.10 初版
　　第4册：民国 23.10 初版
　　第5册：民国 23.12 初版
　　第6册：民国 24.8 初版
　　第7册：民国 24.7 初版
　　第8册：民国 24.12 初版
　　新课程标准　　南洋华侨学校适用　　初级用
　　国图　北师大(1-2,5-7)　人教　辞书

2-3327
常识教学做法
余之介编著
　　上海　大东书局　民国 23[1934]-
　　8 册　32 开
　　第2册：民国 24.7 第2版
　　第4册：民国 23 初版
　　教育部审定　小学校初级教师用
　　其他题名：新生活教科书常识教学做法
　　河南(4)　编译馆(2)

2-3328
开明常识课本教学法
赵静编
　　上海　开明书店　民国 24.8[1935.8]-
　　8 册(①136 页)　32 开
　　第1册：民国 24.8 初版
　　小学初级教师用　春季始业
　　辞书(1)

2-3329
低年级常识教学法
阴景曙编著　宗亮寰校订
　　上海　商务印书馆　民国 25.11[1936.11]
　　99 页　32 开　(低年级教育丛书)
　　辞书　庐山　广东中山

2-3330
小学常识课本教学法
梅羹儒等编　施仁夫等校
　　上海　中华书局　民国 25[1936]-
　　　册(③196 页)　大 32 开
　　第3册：民国 25 第6版

　　新课程标准适用　　小学校初级用
　　河南(3)

2-3331
复兴常识教学法[改编本]
潘志澄等编校
　　上海　商务印书馆　民国 26.6[1937.6]-
　　8 册(127,128,109,130,148,162,160,174 页)　32 开
　　第1册：民国 26.6 第12版
　　第2册：民国 26.6 第2版,民国 26.6 第6版
　　第3册：民国 26.6 初版,民国 27.1 第12版
　　第4册：民国 26.6 初版,民国 26.6 第12版,民国 27 第14版,民国 29 第19版
　　第5册：民国 26.6 第9版
　　第6册：民国 26.7 第7版
　　第7册：民国 29.4 第18版
　　第8册：民国 27 年版,民国 29 第17版
　　据民国 26 年审定本编辑　小学校初级用
　　初版附注：民国 26 年 6 月改编本初版
　　版权页题名：常识教学法
　　其他题名：复兴教科书常识教学法
　　北师大(1)　人教(2-4,6)　西北师大(8)　广东中山(4,8)　编译馆(2-5,7)

2-3332
新编初小常识课本教学法
顾君璞编　施仁夫,蒋镜芙校
　　上海　中华书局　民国 26.7-27.10[1937.7-1938.10]
　　8 册(184,166,172,199,248,262,343,322 页)　图　32 开
　　第1册：民国 26.7 初版,民国 26.7 第2版,民国 26 第7版,民国 26.7 第10版,民国 26.7 第11版,民国 28.8 第12版
　　第2册：民国 26.7 初版,民国 26 第2版,民国 26.7 第4版,民国 26.7 第5版,民国 26.7 第8版,民国 26.7 第9版
　　第3册：民国 26.7 初版,民国 26.7 第5版,民国 26.7 第6版,民国 26.7 第8版,民国 29.8 第9版
　　第4册：民国 26.10 初版,民国 26.10 第5版,民国 26.10 第6版,民国 29.8 第7版
　　第5册：民国 26.7 初版,民国 26.7 第4版,民国 26.7 第7版,民国 26.7 第8版
　　第6册：民国 26.12 初版,民国 26.12 第2版,民国 28.12 第4版
　　第7册：民国 26.8 初版,民国 26 第3版,民国 28.4 第6版,民国 28.4 第10版
　　第8册：民国 27.10 初版,民国 28.1 第3版,民国 28.4 第4版,民国 28.11 第5版
　　修正课程标准适用
　　逐页题名：初小常识课本教学法
　　国图　北师大(1-2)　辞书　西北师大(1-5,7)　广东中山　编译馆(1,3,7)

2-3333
复兴常识教学法
朱慕周,宗亮寰编校
　　香港　商务印书馆　民国 27.7[1938.7]

8册(113,110,112,115,137,180,154,193页)　32开
南洋华侨小学校初级用
第1-8册：民国27.7初版
版权页题名：常识教学法
逐页题名：南洋常识教学法
其他题名：复兴教科书常识教学法
人教　辞书

2-3334
初小常识教学法
(伪)教育总署编审会著
　　北平　[著者刊]　民国27.12[1938.12]-
　　8册(②127,③160,④108,⑤126,⑥178,⑦164,⑧152页)
　　　　图　32开
　　第2册：民国27.12初版
　　第3册：民国29.1初版
　　第4册：民国29.6初版
　　第5册：民国29.1初版
　　第6册：民国29.10初版
　　第7册：民国30.4初版
　　第8册：民国30.10初版
　　北师大(2-8)　人教(2-8)

2-3335
初小新常识教学法
董文编辑
　　上海　世界书局　民国27[1938]-
　　8册　32开
　　第1册：民国27年版,民国29.1第5版
　　第2册：民国27年版
　　第5册：民国29.1第5版
　　第7册：民国29.5第5版
　　第8册：民国27年版
　　修正课程标准适用　小学校初级用
　　其他题名：新常识教学法
　　西北师大(1-2,8)　编译馆(1,5,7)

2-3336
最新南洋华侨小学常识课本教学法
顾君璞编　施仁夫,蒋镜芙校
　　上海　中华书局　民国28.3[1939.3]
　　8册(180,164,186,183,244,268,324,354页)　图　32开
　　第1-8册：民国28.3初版
　　修正课程标准适用　初级小学校用
　　国图　人教　辞书

2-3337
初小常识教学法
戴渭清编辑
　　上海　大东书局　民国29.7[1940.7]-
　　8册(⑤82页)　表　32开　精装
　　第5册：民国29.7初版
　　新修正标准　初级教师用
　　其他题名：常识教学法

编译馆(5)

＊　＊　＊

2-3338
战时常识参考书
王养吾编
　　长沙　商务印书馆　民国27.5[1938.5]
　　320页　32开
　　高年级教员用
　　国图　湖南

教学辅导书

2-3339
常识问答
邓士萍,谷雁来主编　梁乃钊编辑
　　上海　儿童书局　民国26.5[1937.5]
　　49页　大32开　(武岭丛书之一)
　　辞书

2-3340
暑期自习书常识
尹诵吉,吴挹澄,李锡麟,钱达之,施家森,邵伯勋,魏之纯,严启衡,曹子水编著　周斐成校订
　　上海　大川书店　民国27.6[1938.6]-
　　6册(26,34,51,56,53,51页)　图　32开
　　第1册：民国28.6初版
　　第2册：民国27.7第4版
　　第3册：民国28.6第6版
　　第4册：民国28.6第5版
　　第5册：民国27.7第5版
　　第6册：民国27.6第3版
　　小学一年级～六年级用
　　辞书

2-3341
我的常识参考
卢冠六主编
　　上海　三民图书公司　民国36.8[1947.8]-
　　8册(20,18,21,21,31,31,39,36页)　图　32开　(新儿童之友)
　　第1册：民国37新3版
　　第2册：民国36.8新2版
　　第3册：版次不详
　　第4册：版次不详
　　第5册：版次不详
　　第6册：民国37年版
　　第7册：版次不详
　　第8册：版次不详
　　辞书

贰 卫生

课本

2-3342
绘图蒙学卫生实在易
许家惺编
　　上海　彪蒙书室　清光绪 31.5[1905]
　　74页　图　32开　线装　（白话讲义蒙学丛书）
　　人教　上师大　广西师大

2-3343
生理卫生教科书
徐念兹,陈超立撰
　　上海　乐群图书局　清光绪 33[1907]版
　　27叶　大32开　线装
　　云南社科

2-3344
生理卫生教科书
（日）吴修三原著
　　[保定]　河北译书社　清光绪 33[1907]
　　126页　图　大32开
　　国图

2-3345
卫生小学课本
周梦贤译
　　上海　华美书局　清宣统 3.12[1912]版
　　167页　图　32开　精装
　　人教　辞书

2-3346
儿童与食物
李兰编
　　上海　新中国书局　民国 21[1932]
　　68页　32开
　　小学补充用书
　　河南

2-3347
卫生课本
徐允昭,李清悚,华轶欧,陈致中,赵堂构,李洁忱,华汝成编　华文祺,华襄治,糜赞治,杨卿鸿校
　　上海　中华书局　民国 23.1[1934.1]-
　　4册(33,33,33,33页)　图　32开
　　第1册:民国23.1第35版
　　第2册:民国23.10第53版
　　第3册:民国24.6第55版
　　第4册:民国24.6第44版
　　教育部审定
　　初版附注:民国22年4-7月初版
　　辞书

＊　＊　＊

2-3348
蒙学生理教科书
丁福保编译
　　上海　文明书局　清光绪 29.8[1903]初版,光绪 31.2 第6版,光绪 31.5 第8版,光绪 32.1 第10版
　　20叶　图　大32开　线装
　　初等小学堂学生用书
　　人教　辞书

2-3349
蒙学卫生教科书
丁福保著
　　上海　文明书局　清光绪 29.9[1903]初版,光绪 31.5 第8版,光绪 32.6 第11版,宣统 1.7 第13版,宣统 3.2 第15版
　　18叶　32开　线装
　　初等小学堂学生用书
　　北师大　人教　辞书　广西师大

2-3350
生理卫生教科书
王蒇编辑
　　上海　会文学社　清光绪 32.1[1906]
　　38叶　图　大32开　线装
　　初等小学堂第一年用
　　版权页题名:初等小学生理卫生教科书
　　封面题名:最新生理卫生教科书
　　其他题名:新编生理卫生教科书
　　辞书

2-3351
生理卫生教科书
王季烈编著
　　上海　文明书局　清光绪 33.9[1907]版
　　11页　图　32开　线装
　　清学部审定　初等小学堂学生用书
　　初版附注:清光绪 32年3月初版
　　版权页题名:初等小学生理卫生教科书
　　辞书

2-3352
最新初等生理卫生教科书
（日）矢岛喜源次原著　华文祺译补
　　上海　文明书局　清光绪 34.3[1908]
　　63页　图（含彩图）　大32开
　　国图　人教　上海　辞书

2-3353
健康课本
李清悚,张达善主编　南京市立中区实验学校编　徐苏恩,张崇德,郎荣山校订
　　南京　南京书店　民国 21.11[1932.11]-

册(①20,③20,⑤38,⑥38 页)　图(含彩图)　32 开
第 1,3,5-6 册:民国 21.11 初版
一年级上学期~三年级下学期用
其他题名:实验教科书健康课本
辞书(1,3,5-6)

2-3354

新课程健康课本
董文编辑
上海　世界书局　民国 22.2[1933.2]-
8 册(18,18,20,20,20,22,20,21 页)　图　32 开
第 1 册:民国 22.2 第 2 版
第 2 册:民国 22.2 第 2 版
第 3 册:民国 22.2 第 2 版
第 4 册:民国 22.2 第 3 版
第 5 册:民国 22.2 第 2 版
第 6 册:民国 22.2 第 3 版
第 7 册:民国 22.2 第 2 版
第 8 册:民国 22.2 第 2 版
供初级小学四年用
其他题名:新主义教科书新课程健康课本
编译馆

2-3355

复兴卫生教本
费赞九,陈湘衡,俞嘉瑞,张若南,顾品月,宗亮寰编著　胡颜立校订
上海　商务印书馆　民国 22.5[1933.5]-
8 册(100,95,93,103,120,101,110,118 页)　图　32 开
第 1 册:民国 22.7 第 20 版
第 2 册:民国 22.6 初版,民国 22.6 第 10 版,民国 22.6 第 15 版
第 3 册:民国 22.6 初版,民国 22.6 第 10 版,民国 23.4 第 18 版
第 4 册:民国 22.5 初版,民国 22.6 第 10 版
第 5 册:民国 22.5 初版,民国 22.8 第 15 版
第 6 册:民国 22.6 初版,民国 22.6 第 10 版,民国 22.8 第 15 版
第 7 册:民国 22.5 初版,民国 22.12 第 12 版
第 8 册:民国 22.5 初版,民国 22.12 第 12 版
新课程标准适用　小学校初级用
版权页题名:卫生教本
其他题名:复兴教科书卫生教本
国图(8)　北师大　人教　华师大(1-4)　辞书(4)　广东中山(2,5-6)　编译馆(8)

2-3356

小学卫生课本
华轶欧,李清悚,徐允昭,陈致中,赵堂构,李洁忱,华汝成编　华文祺,华裏治,糜赞治,杨卿鸿校
上海　中华书局　民国 22.5-7[1933.5-7]
8 册(28,28,28,28,31,31,31,31 页)　图(含彩图)　32 开
第 1 册:民国 22.5 初版,民国 22.7 第 6 版,民国 22.5 第 13 版,民国 22 第 14 版,民国 23.1 第 35 版,民国 23 第 68 版,民国 23.4 第 74 版,民国 23.4 第 75 版
第 2 册:民国 22.5 初版,民国 22.7 第 6 版,民国 23.1 第 35 版,民国 23.1 第 36 版,民国 23.1 第 42 版,民国 23.6 第 58 版,民国 23.6 第 60 版,民国 23 第 63 版,民国 23.6 第 80 版,民国 23.10 第 100 版
第 3 册:民国 22.5 初版,民国 22.5 第 5 版,民国 22.5 第 6 版,民国 22.5 第 7 版,民国 23.1 第 35 版,民国 23 第 57 版,民国 23.4 第 62 版,民国 23.6 第 67 版,民国 24.7 第 106 版,民国 24.9 第 113 版
第 4 册:民国 22.5 初版,民国 22.5 第 6 版,民国 22.5 第 13 版,民国 23.1 第 40 版,民国 23.1 第 45 版,民国 23.3 第 49 版,民国 23.6 第 70 版,民国 23.6 第 75 版,民国 24.9 第 105 版
第 5 册:民国 22.7 初版,民国 22.7 第 6 版,民国 23.1 第 23 版,民国 23.1 第 35 版,民国 23.4 第 49 版,民国 23.4 第 50 版,民国 23.4 第 51 版,民国 23.6 第 52 版,民国 23.6 第 54 版,民国 23 第 63 版,民国 23.6 第 71 版,民国 23 第 86 版
第 6 册:民国 22.7 初版,民国 23.1 第 33 版,民国 23.4 第 43 版,民国 23.6 第 45 版,民国 23.6 第 48 版,民国 23.6 第 49 版,民国 23.6 第 54 版,民国 23.6 第 61 版,民国 24.6 第 84 版
第 7 册:民国 22.6 初版,民国 22.6 第 6 版,民国 23.1 第 28 版,民国 23.1 第 34 版,民国 23.4 第 39 版,民国 23.4 第 42 版,民国 23.6 第 50 版,民国 23.6 第 51 版,民国 23.10 第 63 版,民国 24.7 第 81 版
第 8 册:民国 22.5 初版,民国 22.7 第 4 版,民国 22.7 第 6 版,民国 22.7 第 7 版,民国 23.1 第 19 版,民国 23.1 第 24 版,民国 23.6 第 42 版,民国 23.6 第 43 版,民国 23.6 第 46 版,民国 23.6 第 52 版,民国 23.6 第 53 版,民国 24.9 第 72 版
教育部审定　新课程标准适用　初级用
北师大　人教　上海　辞书　广东中山(1,5)　编译馆(8)

2-3357

卫生课本
董文编辑　范祥善校订
上海　世界书局　民国 22.6[1933.6]-
8 册(18,18,22,22,29,30,32,34 页)　图　32 开
第 1 册:民国 22.6 第 5 版,民国 22.7 第 7 版,民国 23.5 第 48 版,民国 23.6 第 56 版
第 2 册:民国 22.7 第 4 版,民国 22.7 第 6 版,民国 23.3 第 41 版,民国 23.12 第 63 版
第 3 册:民国 22.7 第 5 版,民国 22.7 第 9 版,民国 22.11 第 27 版,民国 23.6 第 48 版
第 4 册:民国 22.6 第 3 版,民国 22.7 第 4 版,民国 22.9 第 18 版,民国 22.11 第 30 版,民国 23 第 39 版,民国 23.12 第 55 版
第 5 册:民国 22.6 第 6 版,民国 22.8 第 11 版,民国 23.6 第 40 版,民国 23.6 第 41 版
第 6 册:民国 22.6 初版,民国 22.6 第 4 版,民国 23.12 第 45 版,民国 24.9 第 59 版

第 7 册：民国 22.6 第 5 版,民国 22.8 第 9 版,民国 23 第 32 版,民国 23.6 第 39 版,民国 23.7 第 43 版,民国 23 第 45 版

第 8 册：民国 22.7 第 5 版,民国 22.8 第 7 版,民国 23 第 27 版,民国 23.6 第 33 版,民国 23.12 第 44 版

教育部审定　初级小学学生用　一年级上学期～四年级下学期用

初版附注：民国 22 年 6 月初版

其他题名：新课程标准教科书卫生课本

人教　上海　华师大　上师大(4,7-8)　辞书　广东中山(4,7)

2-3358

小学卫生课本

华轶欧,李清悚,徐允昭,陈致中,赵堂构,李洁忱,华汝成编　华文祺,华襄治,糜赞治,杨卿鸿校

上海　中华书局　民国 22.6[1933.6]-

8 册(①28,②28,③28,④28 页)　彩图　32 开

第 1 册：民国 22.6 初版,民国 22.6 第 3 版

第 2 册：民国 22.7 初版

第 3 册：民国 22.7 初版

第 4 册：民国 22.7 初版

新课程标准适用　小学校初级用

辞书(1-4)

2-3359

复兴卫生教科书

沈百英编著　王云五校订

上海　商务印书馆　民国 23.5[1934.5]-

8 册(20,20,20,20,20,20,24,31 页)　图　32 开

第 1 册：民国 23 第 8 版,民国 23.5 第 36 版,民国 23.7 第 56 版,民国 23.12 第 96 版

第 2 册：民国 23.7 第 20 版,民国 23 第 60 版,民国 23.10 第 70 版,民国 24.1 第 90 版

第 3 册：民国 23.6 初版,民国 23.7 第 20 版,民国 23.8 第 50 版

第 4 册：民国 23.7 初版,民国 23.7 第 20 版,民国 23 第 50 版,民国 23.9 第 60 版,民国 26.1 第 110 版

第 5 册：民国 23.8 初版,民国 23.8 第 30 版,民国 25.8 第 103 版,民国 26 第 109 版

第 6 册：民国 23.8 初版,民国 23 第 50 版,民国 23.10 第 60 版

第 7 册：民国 23.8 初版,民国 23.10 第 60 版,民国 24.4 第 80 版,民国 24 第 95 版

第 8 册：民国 23.8 初版,民国 23.8 第 20 版,民国 23.10 第 50 版,民国 26.11 第 88 版

新课程标准适用　小学校初级用

初版附注：民国 23 年 1-8 月初版

其他题名：复兴教科书卫生

国图(1,4-7)　北师大　人教　上海　广东中山(2-5)　编译馆(2,4-5,8)

2-3360

小学卫生课本

华轶欧,李清悚,徐允昭,陈致中,赵堂构,李洁忱,华汝成编　华文祺,华襄治,糜赞治校

上海　中华书局　民国 23.11[1934.11]-

8 册(28,28,28,28,31,31,31,31 页)　图(含彩图)　32 开

第 1 册：民国 23.11 初版

第 2 册：民国 23.11 第 2 版,民国 24.4 第 3 版

第 3 册：民国 23.11 初版,民国 23.11 第 2 版

第 4 册：民国 23.11 初版,民国 24.4 第 3 版

第 5 册：民国 23.11 初版,民国 23.11 第 3 版

第 6 册：民国 23.11 初版,民国 23.11 第 2 版,民国 25.1 第 3 版

第 7 册：民国 23.11 初版,民国 23.11 第 3 版

第 8 册：民国 23.11 第 2 版,民国 23.12 第 2 版

新课程标准适用　初级用　春季始业

人教(1-4,6-7)　上海　辞书

2-3361

复兴卫生课本

宗亮寰,周建人编校

上海　商务印书馆　民国 24.1[1935.1]-

8 册(20,20,20,20,20,23,28,28 页)　图　32 开

第 1 册：民国 24.1 初版,民国 24.2 第 30 版

第 2 册：民国 24.1 初版,民国 24.5 第 20 版

第 3 册：民国 24.1 初版

第 4 册：民国 24.1 初版,民国 24.6 第 20 版

第 5 册：民国 24.1 初版,民国 24.2 第 30 版

第 6 册：民国 24.1 初版

第 7 册：民国 24.1 初版,民国 24.5 第 20 版

第 8 册：民国 24.7 第 20 版

新课程标准适用　小学初级用　春季始业

北师大　华师大　编译馆(1-2,4-5,7-8)

2-3362

从睡觉到起来

高念修编　糜文焕绘

上海　中华书局　民国 24.7[1935.7]

18 页　彩图　32 开　(小学低年级各科副课本　1)

卷端题名：小学低年级卫生副课本从睡觉到起来

上海　辞书

2-3363

吃甚么好

高念修编　刘开申绘

上海　中华书局　民国 24.7[1935.7]

18 页　彩图　32 开　(小学低年级各科副课本　2)

卷端题名：小学低年级卫生副课本吃甚么好

上海　辞书

2-3364

一天的好习惯

夏守敬编　沈影泉绘

上海　中华书局　民国 25.1[1936.1]

18 页　彩图　32 开　(小学低年级各科副课本　3)

卷端题名：小学低年级卫生副课本一天的好习惯

上海　辞书　河南

2-3365
好好保护他们
夏守敬编　沈影泉绘
上海　中华书局　民国 24.10[1935.10]
18 页　彩图　32 开　（小学低年级各科副课本　4）
卷端题名：小学低年级卫生副课本好好保护他们
上海　辞书

2-3366
更强健了
蔡世昌编　沈影泉绘
上海　中华书局　民国 25.6[1936.6]
18 页　彩图　32 开　（小学低年级各科副课本　5）
卷端题名：小学低年级卫生副课本更强健了
辞书

2-3367
日光和空气
吕伯攸编　沈影泉绘
上海　中华书局　民国 25.6[1936.6]
18 页　彩图　32 开　（小学低年级各科副课本　6）
卷端题名：小学低年级卫生副课本日光和空气
辞书

2-3368
小心走路
蔡世昌编　沈影泉绘
上海　中华书局　民国 25.1[1936.1]
18 页　彩图　32 开　（小学低年级各科副课本　7）
卷端题名：小学低年级卫生副课本小心走路
上海　辞书

2-3369
跌了一跤
蔡世昌编　刘开申绘
上海　中华书局　民国 25.6[1936.6]
18 页　彩图　32 开　（小学低年级各科副课本　8）
卷端题名：小学低年级卫生副课本跌了一跤
辞书

2-3370
清洁的衣服
陈寿朋编　刘开申绘
上海　中华书局　民国 24.7[1935.7]
18 页　彩图　32 开　（小学低年级各科副课本　9）
卷端题名：小学低年级卫生副课本清洁的衣服
上海　辞书

2-3371
避开些
吴桂仙编　刘开申绘
上海　中华书局　民国 25.6[1936.6]
18 页　彩图　32 开　（小学低年级各科副课本　10）
卷端题名：小学低年级卫生副课本避开些
辞书

2-3372
嘴和手
陈一鸣编　胡振祥绘
上海　中华书局　民国 25.5[1936.5]
18 页　彩图　32 开　（小学低年级各科副课本　11）
卷端题名：小学低年级卫生副课本嘴和手
上海　辞书

2-3373
不要惹人讨厌
吕伯攸编　刘开申绘
上海　中华书局　民国 25.6[1936.6]
18 页　彩图　32 开　（小学低年级各科副课本　12）
卷端题名：小学低年级卫生副课本不要惹人讨厌
辞书

2-3374
种痘和防疫
夏守敬编　刘开申绘
上海　中华书局　民国 25.6[1936.6]
18 页　彩图　32 开　（小学低年级各科副课本　13）
卷端题名：小学低年级卫生副课本种痘和防疫
辞书

2-3375
奇妙的风箱
顾君璞编
上海　中华书局　民国 24.7[1935.7]
39 页　图　32 开　（小学中年级各科副课本　1）
卷端题名：小学中年级卫生副课本奇妙的风箱
人教　上海　辞书

2-3376
怪磨
顾君璞编
上海　中华书局　民国 24.10[1935.10]
37 页　图　32 开　（小学中年级各科副课本　2）
卷端题名：小学中年级卫生副课本怪磨
人教　上海　辞书

2-3377
我们的骨骼
蒋卓慕编
上海　中华书局　民国 25.5[1936.5]
36 页　图　32 开　（小学中年级各科副课本　3）
卷端题名：小学中年级卫生副课本我们的骨骼
人教　上海　辞书

2-3378
皮肤的疾病
吴仲康编
上海　中华书局　民国 24.7[1935.7]
40 页　图　32 开　（小学中年级各科副课本　4）
卷端题名：小学中年级卫生副课本皮肤的疾病
人教　上海　辞书

2-3379
一个麻面小孩
黄人济编
  上海　中华书局　民国24.7[1935.7]
  40页　图　32开　(小学中年级各科副课本　5)
  卷端题名：小学中年级卫生副课本一个麻面小孩
  人教　上海　辞书

2-3380
看不见的猛虎
黄人济编
  上海　中华书局　民国25.1[1936.1]
  40页　图　32开　(小学中年级各科副课本　6)
  卷端题名：小学中年级卫生副课本看不见的猛虎
  人教　上海　辞书

2-3381
运动和休息
顾君璞编
  上海　中华书局　民国24.7[1935.7]
  39页　图　32开　(小学中年级各科副课本　7)
  卷端题名：小学中年级卫生副课本运动和休息
  人教　上海　辞书

2-3382
我的卫生习惯
顾君璞编
  上海　中华书局　民国24.7[1935.7]
  40页　图　32开　(小学中年级各科副课本　8)
  卷端题名：小学中年级卫生副课本我的卫生习惯
  人教　上海　辞书

2-3383
可恶的蚊蝇
胡赞平编
  上海　中华书局　民国25.5[1936.5]
  40页　图　32开　(小学中年级各科副课本　9)
  卷端题名：小学中年级卫生副课本可恶的蚊蝇
  人教　上海　辞书

2-3384
细菌和寄生虫
蒋卓慕编
  上海　中华书局　民国25.5[1936.5]
  35页　图　32开　(小学中年级各科副课本　10)
  卷端题名：小学中年级卫生副课本细菌和寄生虫
  人教　上海　辞书

2-3385
健儿的食品
任云翔编
  上海　中华书局　民国25.5[1936.5]
  32页　图　32开　(小学中年级各科副课本　11)
  卷端题名：小学中年级卫生副课本健儿的食品
  人教　上海　辞书

2-3386
眼耳鼻
金润青编
  上海　中华书局　民国25.5[1936.5]
  39页　图　32开　(小学中年级各科副课本　12)
  卷端题名：小学中年级卫生副课本眼耳鼻
  人教　上海　辞书

2-3387
健而美
顾元培编
  上海　中华书局　民国25.5[1936.6]
  35页　图　32开　(小学中年级各科副课本　13)
  卷端题名：小学中年级卫生副课本健而美
  人教　上海　辞书

2-3388
人体的修理厂
茅秉心编
  上海　中华书局　民国24.7[1935.7]
  32页　图　32开　(小学中年级各科副课本　14)
  卷端题名：小学中年级卫生副课本人体的修理厂
  人教　上海　辞书

2-3389
小卫生局
刘君寿编
  上海　中华书局　民国25.1[1936.1]
  36页　图　32开　(小学中年级各科副课本　15)
  卷端题名：小学中年级卫生副课本小卫生局
  人教　上海　辞书

     * * *

2-3390
高等小学卫生教科书
(美)项尔构原著　章乃炜译述
  上海　文明书局　清光绪29.1[1903]初版,光绪31.4第4版
  114页　32开　线装
  人教　广西师大

2-3391
高等小学生理卫生教科书
(日)齐田功太郎原著　丁福保译述
  上海　文明书局　清光绪30.3[1904]初版,光绪31.2第2版,光绪32.2第4版
  128页　32开　线装
  国图　人教　广西师大

2-3392
高等小学卫生教科书
胡宣明,杭海编辑
  上海　商务印书馆　民国10.6[1921.6]-
  2册(33,37页)　图　大32开
  第1册：民国11.11第4版

第 2 册：民国 10.6 第 3 版
初版附注：民国 9 年 11-12 月初版
北师大　辞书

2-3393

新法卫生教科书

程瀚章编纂　顾寿白，王岫庐校订

上海　商务印书馆　民国 12.7[1923.7]

2 册(45,40 页)　图　32 开

第 1 册：民国 12.7 初版,民国 12.9 第 14 版

第 2 册：民国 12.7 初版,民国 13 第 35 版

新学制小学后期用

北师大　人教(1)　河南(2)

2-3394

中国卫生实用教科书

(英)爱博敦著

上海　伊文思图书公司　民国 12[1923]

163 页　图　32 开

新学制高级小学第三年级、初级中学第一年级适用

河南

2-3395

新学制卫生教科书

程瀚章编纂　王云五,顾寿白校订

上海　商务印书馆　民国 13.1[1924.1]-

4 册(40,44,46,44 页)　图　32 开

第 1 册：民国 13.1 初版,民国 13.2 第 15 版,民国 15.2 第 70 版,民国 16.1 第 110 版,民国 18.5 第 145 版,民国 21.5 国难后 5 版,民国 21.10 国难后 20 版,民国 21 国难后 91 版,民国 29.10 第 225 版

第 2 册：民国 13.1 初版,民国 13.1 第 10 版,民国 13.3 第 20 版,民国 15.4 第 65 版,民国 17.6 第 110 版,民国 18.9 第 135 版,民国 21.5 国难后 8 版,民国 21.11 国难后 20 版

第 3 册：民国 13.1 初版,民国 13.3 第 20 版,民国 15.3 第 40 版,民国 16 第 75 版,民国 18.1 第 105 版,民国 21.5 国难后 2 版,民国 21.5 国难后 3 版

第 4 册：民国 13.6 第 10 版,民国 15.1 第 40 版,民国 15.4 第 45 版,民国 18.9 第 95 版,民国 20.4 第 135 版,民国 21.5 国难后 8 版,民国 21.5 国难后 9 版

教育部审定　大学院审定　小学校高年级用

卷端题名：新学制高级小学卫生教科书

北师大　人教　华师大　辞书　广东中山(3)

2-3396

卫生课本

糜赞治编

上海　新国民图书社　民国 15.6[1926.6]-

4 册　图　32 开

第 1 册：民国 15.6 第 12 版

第 2 册：民国 15.12 第 13 版

第 3 册：民国 15.6 第 6 版

第 4 册：民国 21.6 第 24 版

教育部审定　新学制适用　小学校高级用

初版附注：民国 13 年 2 月初版
其他题名：新小学教科书卫生课本
华师大

2-3397

卫生课本

赵光荣编

上海　中华书局　民国 13.2-15.11[1924.2-1926.11]

4 册(32,32,32,34 页)　图　大 32 开

第 1 册：民国 13.2 初版,民国 14.5 第 7 版,民国 14.8 第 8 版,民国 14.12 第 9 版

第 2 册：民国 14.2 初版,民国 14.5 第 3 版,民国 14.7 第 4 版,民国 14.8 第 5 版

第 3 册：民国 15.2 初版,民国 15.4 第 3 版,民国 15.12 第 7 版,民国 17.7 第 10 版

第 4 册：民国 15.11 初版,民国 16.3 第 3 版,民国 19.8 第 7 版

新学制适用　小学校高级用

其他题名：新小学教科书卫生课本

人教　辞书　编译馆

2-3398

高级卫生课本

江效唐,朱翊新编辑　魏冰心,范祥善校订

上海　世界书局　民国 14.3-4[1925.3-4]

4 册(32,30,34,34 页)　图　大 32 开

第 1 册：民国 14.3 初版

第 2 册：民国 14.4 初版

第 3 册：民国 14.4 初版

第 4 册：民国 14.4 初版

其他题名：新学制小学教科书高级卫生课本

辞书

2-3399

新中华卫生课本

糜赞治编

上海　新国民图书社　民国 17.3-18.6[1928.3-1929.6]

4 册(26,28,30,26 页)　图　32 开

第 1 册：民国 17.3 初版,民国 18.6 第 6 版,民国 20.4 第 20 版,民国 20.11 第 26 版,民国 21.1 版,民国 21.4 第 31 版,民国 21.5 第 32 版,民国 21.10 第 36 版,民国 21.10 第 37 版

第 2 册：民国 17.7 初版,民国 20.4 第 18 版,民国 20.11 第 19 版,民国 21.1 第 25 版,民国 21.4 第 26 版,民国 21.4 第 27 版,民国 21.10 第 31 版,民国 21.10 第 32 版

第 3 册：民国 17.8 初版,民国 19.7 第 11 版,民国 20.4 第 15 版,民国 20.11 第 19 版,民国 21.1 第 22 版,民国 21.4 第 24 版,民国 21.10 第 28 版

第 4 册：民国 18.6 初版,民国 19.10 第 10 版,民国 20.11 第 16 版,民国 21.2 第 19 版,民国 21.4 第 21 版,民国 21.6 第 23 版,民国 21.6 第 24 版,民国 21.10 第 25 版

小学校高级用

其他题名：新中华教科书卫生课本

北师大(3)　人教　辞书　编译馆

2-3400

高级小学卫生课本
江效唐,朱翊新编辑　魏冰心,范祥善校订
上海　世界书局　民国17.5[1928.5]-
4册(32,30,34,34页)　图　32开
第1册:民国17.5第3版,民国19.4第16版,民国21.12第42版
第2册:民国18.8第8版,民国20.2第29版,民国21.10第55版
第3册:民国19.4第24版,民国20.1版,民国21.8第42版
第4册:民国18.7第13版,民国20.2第23版,民国21.8第35版
小学校高级用
其他题名:新主义教科书高级小学卫生课本
北师大(2-4)　人教(1)　辞书　编译馆

2-3401

卫生
程瀚章编纂
上海　商务印书馆　民国21.12[1932.12]
4册([201]页)　图　32开
第1-4册:民国21.12初版
高等小学用
其他题名:基本教科书卫生
人教

2-3402

小学卫生课本
华轶欧,李清悚,徐允昭,陈致中,赵堂构,李洁忱,华汝成编　华文祺,华襄治,糜赞治,杨卿鸿校
上海　中华书局　民国22.4-7[1933.4-7]
4册(33,33,33,33页)　图(含彩图)　32开
第1册:民国22.4初版,民国22.4第4版,民国22.7第16版,民国22.8第23版,民国23.1第35版,民国23.1第40版,民国23.1第41版,民国23.1第44版,民国23.1第47版,民国23.1第49版,民国23第50版,民国24.7第80版
第2册:民国22.4初版,民国22.4第2版,民国22.7第15版,民国22.7第16版,民国23.1第30版,民国23.1第38版,民国23.1第39版,民国23.1第40版,民国23第47版,民国23.10第57版,民国24.7第63版,民国24.11第75版
第3册:民国22.6初版,民国22.8第16版,民国22.8第17版,民国23.1第23版,民国23.1第24版,民国23.1第25版,民国23.1第29版,民国23.1第33版,民国23.3第40版,民国23.9第46版,民国23.10第50版,民国23.10第53版
第4册:民国22.7初版,民国22.7第3版,民国22.7第9版,民国22.7第13版,民国22.7第16版,民国23.1第21版,民国23.1第24版,民国23.1第30版,民国24.6第45版,民国24.6第46版,民国24.7第48版
教育部审定　新课程标准适用　高级小学适用
北师大　人教　上海　辞书　广东中山(1-2,4)　编译馆

2-3403

复兴卫生教科书
程瀚章编　王云五校订
上海　商务印书馆　民国22.5[1933.5]
4册(50,48,47,55页)　图　32开
第1册:民国22.5初版,民国22.6第10版,民国22第40版,民国22.8第50版,民国22.12第90版,民国22.12第100版,民国24.3第185版,民国26.1第250版,民国37.5版
第2册:民国22.5初版,民国22.6第10版,民国22.12第80版,民国23.12第160版,民国24.5第170版,民国26.1第207版
第3册:民国22.5初版,民国22.8第30版,民国22.12第80版,民国24.3第145版,民国24.6第150版
第4册:民国22.5初版,民国22.6第10版,民国22.8第50版,民国22.12第70版,民国23.10第110版,民国23第120版
教育部审定　新课程标准适用　小学校高级用
版权页题名:卫生
其他题名:复兴教科书卫生
国图(2)　北师大　人教　上海　华师大　上师大(2-4)　辞书　广东中山(1)　编译馆

2-3404

民智高级卫生教本
顾诗灵编辑　张国仁校订
上海　民智书局　民国22.6[1933.6]
4册(28,28,28,30页)　图　32开
第1-4册:民国22.6初版
其他题名:新标准教科书民智高级卫生教本
华师大　辞书

2-3405

卫生课本
杨彬如编辑　董文校订
上海　世界书局　民国22.7[1933.7]-
4册(47,41,47,50页)　图　32开
第1册:民国22.7初版,民国22.7第4版,民国22.7第6版,民国22.11第19版,民国23.2第25版,民国23.7第32版,民国24.6第43版
第2册:民国22.7初版,民国22.8第4版,民国22第6版,民国22.12第15版,民国22.12第17版,民国23.4版
第3册:民国22.8第4版,民国22.8第11版,民国22.9版,民国22.12第17版,民国23.5第23版,民国23第25版
第4册:民国22.8第2版,民国22.8第4版,民国22第9版,民国22.12第12版
小学高级学生用
其他题名:新课程标准世界教科书卫生课本
北师大　人教　上海　华师大　辞书　西北师大(1,3-4)　广东中山(2-4)

2-3406

高级卫生
马客谈,丁叔明编辑

上海　大东书局　民国22.8[1933.8]-
4册(52,54,54,60页)　图　32开
第1册：民国22.8初版,民国24.6第11版
第2册：民国22.8初版,民国24.6第6版
第3册：民国24.6第6版
第4册：民国23.8第3版
教育部审定　新课程标准适用　小学校高级用
其他题名：新生活教科书高级卫生
辞书　编译馆(1,4)

2-3407
神经器官研究
章荣编
上海　中华书局　民国24.7[1935.7]
41页　图　32开　(小学高年级各科副课本　1)
卷端题名：小学高年级卫生副课本神经器官研究
人教　上海　辞书

2-3408
循环器官研究
余择生编
上海　中华书局　民国24.7[1935.7]
45页　图　32开　(小学高年级各科副课本　2)
卷端题名：小学高年级卫生副课本循环器官研究
人教　上海　辞书

2-3409
排泄器官研究
江景双编
上海　中华书局　民国24.7[1935.7]
44页　图　32开　(小学高年级各科副课本　3)
卷端题名：小学高年级卫生副课本排泄器官研究
人教　上海　辞书

2-3410
从婴孩到成人
彭惠秀编
上海　中华书局　民国24.7[1935.7]
48页　图　32开　(小学高年级各科副课本　4)
卷端题名：小学高年级卫生副课本从婴孩到成人
人教　上海　辞书

2-3411
几种传染病和预防法
吴彬若,李文魁编
上海　中华书局　民国24.10[1935.10]
48页　图　32开　(小学高年级各科副课本　5)
卷端题名：小学高年级卫生副课本几种传染病和预防法
人教　上海　辞书

2-3412
公共卫生事业
彭惠秀编
上海　中华书局　民国25.1[1936.1]
48页　图　32开　(小学高年级各科副课本　6)
卷端题名：小学高年级卫生副课本公共卫生事业
人教　上海　辞书

2-3413
急救要则
彭惠秀编
上海　中华书局　民国24.10[1935.10]
48页　图　32开　(小学高年级各科副课本　7)
卷端题名：小学高年级卫生副课本急救要则
人教　上海　辞书

2-3414
小医生
王念洙编
上海　中华书局　民国25.5[1936.5]
40页　图　32开　(小学高年级各科副课本　8)
卷端题名：小学高年级卫生副课本小医生
人教　上海　辞书

2-3415
(新订)小学卫生教科书
(伪)冀东防共自治政府教科书编纂委员会编
[不详]　(伪)冀东防共自治政府教育厅　民国26.2[1937.2]-
　册(④55页)　图　32开
第4册：民国26.2初版
小学校高级用
其他题名：小学卫生教科书
国图(4)　人教(4)

2-3416
卫生课本
辛安亭编
山西　华北书店　民国31.8[1942.8]
2册(30,29页)　图　32开
第1-2册：民国31.8初版,民国32.8第2版
陕甘宁边区教育厅审定　高级小学适用
国图(2)　人教

2-3417
卫生课本
[兴县]　晋绥新华书店　民国35[1946]
2册([77]页)　32开
上下册：民国35年版
晋绥边区行政公署教育处审定　高级小学用
国图(1)　人教

2-3418
生理卫生
[不详]　东北新华书店　民国35[1946]
2册([94]页)　32开
上下册：民国35年版
高级小学用
人教

2-3419
高等小学卫生教科书
中国卫生学会编辑
[出版者不详]　[1912-1949?]

册(①33,②37页)　图　32开
第1-2册:版次不详
人教(2)　上师大(1)

教学参考书

2-3420

生理卫生挂图说明书
许心芸编
　　上海　商务印书馆　民国19.10[1930.10]初版,民国22.1国
　　　难后1版
　　70页　图　32开
　　小学校用
　　国图　人教

2-3421

实际的小学卫生教学法
徐阶平著
　　上海　开华书局　民国24.7[1935.7]
　　170页　表　32开　(实际的小学教育丛书)
　　辞书　西北师大

2-3422

小学卫生教材及教法
宋葧盦编著
　　上海　新亚书店　民国25.5[1936.5]
　　173页　表　32开　(小学教师进修丛书)
　　辞书　天津　河南

* * *

2-3423

小学卫生课本教学法
徐允昭,李清悚,华轶欧,陈致中,赵堂构,李洁忱,华汝成
　　编　华文祺,华襄治,糜赞治,杨卿鸿校
　　上海　中华书局　民国22.4-10[1933.4-10]
　　8册(140,130,116,105,114,106,116,130页)　图　32开
　　第1册:民国22.4初版,民国22.4第2版,民国22.4第3
　　　版,民国23.1第6版
　　第2册:民国22.5初版,民国22第2版,民国23.1第3版
　　第3册:民国22.6初版,民国22.7第2版,民国22.9第3
　　　版,民国23.1第4版
　　第4册:民国22.6初版,民国23.1第3版,民国23.1第4版
　　第5册:民国22.8初版,民国23.1第3版,民国23.1第4版
　　第6册:民国22.10初版,民国22.10第2版,民国23.4第
　　　3版
　　第7册:民国22.8初版,民国23.1第2版,民国23.1第3
　　　版,民国23.12第5版
　　第8册:民国22.10初版,民国23.10第4版
　　新课程标准适用　初等小学适用
　　国图　人教　辞书　广东中山　编译馆(1)

2-3424

初小卫生教学法
王志瑞,孙慕坚,张希佑,杨彬如,赵体用编辑　董文,吴增
　　芥校订
　　上海　世界书局　民国22.8[1933.8]-
　　8册(90,80,79,135,71,84,104,89页)　图,表　32开
　　第1册:民国22.8初版
　　第2册:民国22.12第2版,民国23.3第3版
　　第3册:民国22.10第2版
　　第4册:民国22.10第2版
　　第5册:民国22.12第2版
　　第6册:民国23.3第2版
　　第7册:民国23.2第2版
　　第8册:民国23.4第2版
　　照教育部审定本编辑　初级小学教员用
　　初版附注:民国22年8-11月初版
　　其他题名:新课程标准教科书初小卫生教学法
　　其他题名:卫生课本教学法
　　北师大　辞书　广东中山(1,3)

2-3425

小学卫生课本教学法
华轶欧,李清悚,徐允昭,陈致中,张呈祥,赵堂构,李洁忱,
　　华汝成编　华文祺,华襄治,糜赞治,陶鸿翔校
　　上海　中华书局　民国24.1-4[1935.1-4]
　　8册(140,119,124,105,114,106,116,130页)　图　32开
　　第1册:民国24.1初版
　　第2册:民国24.2初版
　　第3册:民国24.2初版
　　第4册:民国24.3初版
　　第5册:民国24.3初版
　　第6册:民国24.2初版
　　第7册:民国24.2初版
　　第8册:民国24.4初版
　　新课程标准适用　初等小学适用　春季始业用
　　北师大　人教　辞书

2-3426

复兴卫生指导法
许观光,王鸿文等编著
　　上海　商务印书馆　民国24.3-7[1935.3-7]
　　8册(120,131,125,126,132,137,122,123页)　图　32开
　　第1册:民国24.5初版
　　第2册:民国24.5初版
　　第3册:民国24.3初版
　　第4册:民国24.5初版
　　第5册:民国24.5初版
　　第6册:民国24.5初版
　　第7册:民国24.7初版
　　第8册:民国24.7初版
　　小学校用　春季始业
　　封面题名:初小卫生指导法

北师大　人教　华师大

* * *

2-3427

新法卫生教授书
程瀚章编纂　王岫庐,顾寿白校订

上海　商务印书馆　民国12.9[1923.9]-

2册(①164页)　图,表　大32开

第1册:民国12.9初版

新学制小学后期用

人教(1)　辞书(1)

2-3428

新学制卫生教授书
程瀚章编纂　顾寿白校订

上海　商务印书馆　民国13.2[1924.2]-

4册(132,108,131,132页)　图,表　32开

第1册:民国13.2初版,民国13.5第10版,民国18.11第18版

第2册:民国13.4初版,民国18.9第16版

第3册:民国13.6初版,民国14.12第9版,民国16.9第14版

第4册:民国15.3第9版,民国16.9第14版

教育部审定　小学校高级用

初版附注:民国13年2-8月初版

卷端题名:新学制高级小学卫生教授书

北师大　人教　华师大(1)　辞书

2-3429

卫生课本教授书
赵光荣编　陆费逵,戴克敦校

上海　中华书局　民国14.3[1925.3]-

4册(①108,②122页)　图　大32开

第1册:民国14.3初版,民国15.4第2版

第2册:民国15.3初版

新学制适用　小学校高级用

卷端题名:新小学教科书卫生课本教授书

其他题名:新学制卫生课本教授书

人教(1-2)　辞书(1-2)　编译馆(1-2)

2-3430

高级卫生课本教学法
江效唐编辑　戴渭清,朱翊新,范祥善校订

上海　世界书局　民国14.7[1925.7]-

4册(76,60,67,76页)　图　32开

第1册:民国14.7初版,民国14.7第2版,民国18.7第4版,民国21.12第8版

第2册:民国14.8第2版,民国18.7第4版,民国21.6第8版,民国22.1第9版

第3册:民国14.10第2版,民国19.2第6版,民国20.8第8版

第4册:民国14.7初版,民国18.9第5版

新学制小学教员用书

附:测验教材

初版附注:民国14年7月初版

其他题名:高级小学卫生课本教学法

国图(1)　人教(1)　辞书　编译馆(2-3)

2-3431

新中华卫生课本教授书
杨卿鸿,糜赞治编

上海　新国民图书社　民国18.5-9[1929.5-9]

4册(142,154,146,147页)　图　32开

第1册:民国18.5初版,民国20.6第5版,民国20.11第6版,民国21.3第7版

第2册:民国18.6初版,民国19.12第3版,民国20.11第5版,民国21.3第6版

第3册:民国18.7初版,民国20.11第5版,民国21.3第6版

第4册:民国18.9初版,民国19.5第2版,民国19.12第3版,民国20.11第5版,民国21.3第6版,民国21.10第7版

小学校高级用

其他题名:新中华教科书卫生课本教授书

北师大　人教　辞书　编译馆

2-3432

复兴卫生教学法
程瀚章,庄畏仲编著　殷佩斯校订

上海　商务印书馆　民国22.7[1933.7]

4册(174,166,184,208页)　图　32开

第1册:民国22.7初版,民国22.12第11版,民国23.4第14版

第2册:民国22.7初版,民国22.12第2版,民国22.12第11版,民国23.12第17版

第3册:民国22.7初版,民国22.12第11版

第4册:民国22.7初版,民国23.4第13版

小学校高级用

版权页题名:卫生教学法

其他题名:复兴教科书卫生教学法

北师大　人教　辞书　广东中山(1,4)

2-3433

小学卫生课本教学法
华轶欧,李清悚,徐允昭,陈致中,赵堂构,李洁忱,华汝成编　华文祺,华襄治,糜赞治,杨卿鸿校

上海　中华书局　民国22.7-11[1933.7-11]

4册(190,213,179,226页)　图,表　32开

第1册:民国22.7初版,民国22.7第2版

第2册:民国22.8初版,民国23.1第2版

第3册:民国22.8初版,民国23.1第2版

第4册:民国22.11初版

新课程标准适用　高级小学适用

国图　北师大　人教　辞书　广东中山(1-3)

2-3434

高小卫生教学法

杨彬如编辑
上海　世界书局　民国22.8-23.1[1933.8-1934.1]
4册(124,131,123,145页)　图　32开
第1册:民国22.10第2版,民国23第3版,民国23.9第4版
第2册:民国22.10第2版,民国24.2第4版
第3册:民国22.8第2版,民国24.1第5版
第4册:民国23.1第2版,民国23.12第4版
新课程标准教科书　高级小学教员用书
其他题名:新课程标准教科书教员用书高小卫生教学法
北师大　辞书　西北师大(1)　广东中山(1)

2-3435
卫生教学做法
朱镜坚,朱建侯编辑　马客谈校阅
上海　大东书局　民国23.8-9[1934.8-9]
4册(92,92,92,86页)　32开
第1册:民国23.8初版
第2册:民国23.8初版
第3册:民国23.9初版
第4册:民国23.9初版
小学高级教师用
其他题名:新生活教科书卫生教学做法
北师大　编译馆(2-3)

教学辅导书

2-3436
新法卫生故事读本
马客谈,张九如编纂　伍崇宜,计志中校订
上海　商务印书馆　民国12.3[1923.3]-
6册(31,31,30,31,32,33页)　32开
第1册:民国12.5第2版,民国12.8第4版,民国13.6第5版
第2册:民国12.3初版,民国12.5第2版,民国12.8第4版
第3册:民国12.4初版,民国12.8第2版,民国12.8第4版
第4册:民国12.4初版,民国12.8第2版
第5册:民国12.4初版,民国12.8第2版
第6册:民国12.6初版,民国12.8第2版
小学校用
初版附注:民国12年3-6月初版
人教　辞书

2-3437
儿童与疾病
李兰编
上海　新中国书局　民国21[1932]
51页　32开
小学校健康读物
河南

2-3438
卫生
黄建一编

上海　商务印书馆　民国25.1[1936.1]版
87页　32开　(小学复习丛书)
庐山

2-3439
少女个人卫生法
程瀚章编
上海　商务印书馆　民国25[1936]第2版
69页　图　32开
小学生分年补充读本
河南

＊　＊　＊

2-3440
一个晚上
张遇渭编　沈元绘
上海　新中国书局　民国21.1[1932.1]第2版
14页　图　32开
低年级健康读物
辞书

2-3441
一个早上
张咏春编　沈元绘
上海　新中国书局　民国21.1[1932.1]第2版
14页　图　32开
低年级健康读物
辞书

2-3442
天天这样做
周性初编　糜文焕画
上海　新中国书局　民国21.1[1932.1]第2版
14页　图　32开
低年级健康读物
辞书

2-3443
饮的卫生
朱少恒编著
上海　商务印书馆　民国36.10[1947.10]版
1册　图　32开
四年级用
庐山

＊　＊　＊

2-3444
病的预防和治法
庄畏仲,程念勉编
上海　新中国书局　民国21[1932]第3版
67页　32开　(高年级健康丛书)
小学参考用书

河南

2-3445
伤病急救法
庄畏仲编　程念劬校
　　上海　新中国书局　民国21[1932]第2版
　　55页　32开　（高年级健康丛书）
　　小学参考用书
　　初版附注：民国21年初版
　　河南

贰 农业

课本

2-3446
疆园课蒙草三篇
童淙编
　　[不详]　同文社　清光绪31.2[1905]
　　60页　32开　线装
　　人教

2-3447
小学农业教科书
（日）佐佐木佑太郎撰　（日）桥木海关译
　　[出版者不详]　[1908?]
　　4册　32开　线装　（农学丛书　第五集）
　　第1-4册（卷一至卷四）：版次不详
　　国图(4)　上海

2-3448
乡村小学治虫参考教材
王历农编
　　杭州　浙江省立植物病虫害防治所　民国21.1[1932.1]
　　56页　图　16开　（浙江省立植物病虫害防治所丛刊）
　　上海　天津

＊　＊　＊

2-3449
农话
陈启谦著
　　上海　商务印书馆　清光绪33[1907]第7版,民国4.10订正15版
　　46页　32开
　　高等小学用
　　初版附注：清光绪29年6月初版
　　人教　河南

2-3450
高等小学最新农业教科书

陈耀西编纂　严保诚,杜亚泉校订
　　上海　商务印书馆　清光绪34[1908]-
　　4册(30,34,37,42叶)　图　32开　线装
　　第1册：宣统1第2版,宣统2第3版
　　第2册：光绪34初版,宣统2第3版
　　第3册：宣统1.2初版
　　第4册：宣统1.2初版,宣统3.5第3版
　　封面题名：（订正）农业教科书
　　卷端题名：农业教科书
　　其他题名：最新农业教科书
　　上师大　辞书

2-3451
新农业
樊炳清编纂
　　上海　商务印书馆　民国2.3[1913.3]
　　4册(15,22,17,25叶)　图　大32开　线装
　　第1册：民国2.3初版,民国3.6第4版
　　第2册：民国2.3初版,民国4.5第4版
　　第3册：民国2.3初版,民国3.3第2版
　　第4册：民国2.3初版,民国2.3第2版,民国3.3第2版
　　高等小学校　秋季始业　第二学年第一学期～第三学年第三学期用
　　版权页题名：高等小学新农业
　　其他题名：共和国教科书新农业
　　人教　辞书

2-3452
新制中华农业教科书
沈慰宸,丁锡华编　戴克敦,范源廉,沈颐,陆费逵阅
　　上海　中华书局　民国2.7-10[1913.7-10]
　　6册(21,16,18,30,22,22叶)　图　大32开　线装
　　第1册：民国2.7初版,民国7.7第13版,民国7.8第14版,民国9.3第17版
　　第2册：民国2.7初版,民国7.7第15版,民国8.12第16版
　　第3册：民国2.7初版,民国7.7第12版,民国9.6第14版
　　第4册：民国2.8初版,民国2.11第2版,民国7.7第9版
　　第5册：民国2.10初版,民国4.3第5版,民国4.5第6版,民国7.8第11版
　　第6册：民国2.10初版,民国3.5第3版,民国4.5第4版,民国6.7第6版
　　教育部审定　高等小学用　秋季始业　第一学年第一学期～第三学年第三学期
　　初版附注：民国2年7-10月初版
　　卷端题名：新制中华高等小学农业教科书
　　人教　辞书

2-3453
中华民国新农业
孔庆莱编著　蓝田玙校订
　　上海　文明书局　民国3.7[1914.7]-
　　4册(①14,②24页)　图　大32开　线装
　　第1册：民国3.7第2版

第 2 册：民国 4.1 初版

教育部审定　秋季始业　第二年第一学期～第二学期

初版附注：民国 3 年 5 月-？初版

版权页题名：高等小学校新农业

其他题名：高等小学校教科书新农业

辞书(1-2)

2-3454

新式农业教科书

丁锡华编辑　吴家煕校阅

上海　中华书局　民国 5.7-6.8[1916.7-1917.8]

4 册(24,28,31,32 叶)　图　大 32 开

第 1 册：民国 5.7 初版,民国 8.6 第 10 版,民国 8.8 第 12 版,民国 10.12 第 25 版,民国 12.12 第 30 版,民国 13.5 第 31 版

第 2 册：民国 5.11 初版,民国 8.6 第 10 版,民国 8.8 第 12 版,民国 9.1 第 16 版,民国 9.6 版,民国 11.5 第 25 版,民国 13.5 第 31 版

第 3 册：民国 6.1 初版,民国 8.6 第 8 版,民国 8.8 第 10 版,民国 9.1 第 15 版,民国 11.3 第 21 版,民国 11.5 第 22 版,民国 13.5 第 28 版

第 4 册：民国 6.8 初版,民国 8 第 8 版,民国 9 第 11 版,民国 9.1 第 16 版,民国 9.7 第 17 版,民国 11.5 第 22 版,民国 13.5 第 26 版

教育部审定　高等小学校用

版权页题名：新式高等小学农业教科书

人教　华师大　辞书　编译馆(1)

2-3455

新式农业教科书

丁锡华编辑　吴家煕校阅

上海　中华书局　民国 6.8-8.1[1917.8-1919.1]

4 册([390]页)　图　大 32 开

第 1-4：民国 6.8-8.1 初版

高等小学用

人教

2-3456

新法农业教科书

刘大坤著　吴研因校订

上海　商务印书馆　民国 11[1922]-

册(④59 页)　大 32 开

第 4 册：民国 11 第 4 版

高等小学学生用

其他题名：农业教科书

广东中山(4)

2-3457

新学制农业教科书

万国鼎编纂

上海　商务印书馆　民国 13.1-14.6[1924.1-1925.6]

4 册(55,53,50,47 页)　图　大 32 开

第 1 册：民国 13.1 初版,民国 13.5 第 15 版,民国 15.3 第 30 版,民国 17.7 第 40 版,民国 18.11 第 55 版,民国 21.5 国难后 3 版,民国 21.8 国难后 8 版

第 2 册：民国 13.3 初版,民国 13.12 第 15 版,民国 14.9 第 20 版,民国 15.8 第 30 版,民国 17.9 第 35 版,民国 18.5 第 40 版,民国 19.3 第 50 版

第 3 册：民国 13.8 初版,民国 14 第 15 版,民国 17.8 第 30 版,民国 18.5 第 35 版,民国 19.3 版

第 4 册：民国 14.6 初版,民国 15.2 第 15 版,民国 17.9 第 25 版,民国 18.9 第 30 版,民国 19.10 第 40 版

教育部审定　大学院审定　小学校高级用书

卷端题名：新学制高级小学农业教科书

国图　人教　华师大　辞书　广东中山(3-4)　编译馆

2-3458

农业课本

储劲,顾复,鲍映奎编　杨卿鸿校

上海　中华书局　民国 14.5-15.1[1925.5-1926.1]

4 册(43,56,43,50 页)　图,表　大 32 开

第 1 册：民国 14.5 初版,民国 14.8 第 2 版,民国 15.4 第 5 版,民国 15.7 第 7 版,民国 17.3 第 9 版

第 2 册：民国 14.6 初版,民国 14.8 第 2 版,民国 15.4 第 5 版,民国 15.6 第 6 版,民国 19.8 第 10 版

第 3 册：民国 14.9 初版,民国 14.10 第 2 版,民国 15.4 第 4 版,民国 15.7 第 6 版

第 4 册：民国 15.1 初版,民国 16.2 第 4 版,民国 17.7 第 5 版

大学院审定　新学制适用　小学校高级用

其他题名：新小学教科书农业课本

人教　华师大　辞书　编译馆

2-3459

新中华农业课本

杨卿鸿编

上海　新国民图书社　民国 19.3-6[1930.3-6]

4 册(21,27,27,28 页)　图　大 32 开

第 1 册：民国 19.3 初版,民国 19.8 第 2 版,民国 20.9 第 5 版,民国 21.5 第 7 版,民国 21 第 8 版,民国 22.1 第 9 版

第 2 册：民国 19.3 初版,民国 20.3 第 4 版,民国 20.11 第 5 版,民国 21.6 第 7 版,民国 21.10 第 8 版

第 3 册：民国 19.6 初版,民国 19.8 第 2 版,民国 20.9 第 4 版,民国 21.5 第 6 版,民国 21.10 第 7 版

第 4 册：民国 19.6 初版,民国 20.9 第 4 版,民国 21.3 第 5 版,民国 21.5 第 6 版,民国 21.10 第 7 版

小学校高级用

其他题名：新中华教科书农业课本

国图(1-2)　人教　辞书　广东中山(1)　编译馆

教学参考书

2-3460

新制中华农业教授书

丁锡华编

上海　中华书局　民国 3.1[1914.1]-

6 册(①100 页)　图　大 32 开　线装

第1册：民国3.1初版
高等小学校用　第二学年第一学期
版权页题名：新制中华高等小学农业教授书
人教(1)　辞书(1)

2-3461

高等小学校新农业教授书
孔庆莱编著　蓝田玙校订
上海　文明书局　民国3.10[1914.10]-
4册(①35,②52叶)　表　大32开　线装
第1-2册：民国3.10初版
高等小学校用书　秋季始业　第二年第一学期～第二学期
封面题名：新农业教授书
卷端题名：中华民国小学教科新农业教授书
辞书(1-2)

2-3462

新农业教授法
刘大绅著
上海　商务印书馆　民国4[1915]-
册(①[76]页)　图　32开　线装
第1册：民国4初版
高等小学校秋季始业　第二学年第一学期教员用
其他题名：共和国教科书新农业教授法
河南(1)

2-3463

新式农业教授书
丁锡华编辑　吴家杰校阅
上海　中华书局　民国10.11[1921.11]-
4册(46,48,51,50叶)　图　大32开　线装
第1册：民国11.4第8版
第2册：民国10.11第6版
第3册：民国11.4第6版
第4册：民国11.4第5版
高等小学校用
初版附注：民国6年10月-8年1月初版
版权页题名：新式高等小学农业教授书
辞书

2-3464

农业科教授法
孙钺编译　江起鲲校阅
上海　新学会社　民国7.1[1918.1]
184页　32开
高等小学用
版权页题名：高等小学农业科教授法
人教

2-3465

新学制农业教授书
万国鼎编纂
上海　商务印书馆　民国13.6-14.8[1924.6-1925.8]
4册(220,216,209,218页)　图,表　32开
第1册：民国13.6初版

第2册：民国14.8初版
第3册：民国13.12初版
第4册：民国14.5初版
小学校高级用书
人教　辞书

2-3466

实用农业教授书
郭仁风著　邵德馨译
上海　伊文思图书有限公司　民国14.8[1925.8]
186页　图　32开
新学制初级中学及高级小学适用
国图　上海

2-3467

农业课本教授书
储劲,顾复,鲍映奎编　杨卿鸿校
上海　中华书局　民国14.8-15.3[1925.8-1926.3]
4册(132,158,146,152页)　图,表　大32开
第1册：民国14.8初版
第2册：民国14.9初版
第3册：民国14.12初版
第4册：民国15.3初版
新学制适用　小学校高级用
其他题名：新小学教科书农业课本教授书
人教(4)　辞书　编译馆

2-3468

新中华农业课本教授书
杨卿鸿编
上海　新国民图书社　民国19.3-12[1930.3-12]
4册(140,164,141,156页)　图,表　大32开
第1册：民国19.3初版,民国21.10第2版
第2册：民国19.10初版,民国21.10第2版
第3册：民国19.7初版
第4册：民国19.12初版
小学校高级用
其他题名：新中华教科书农业课本教授书
北师大　辞书　编译馆

2-3469

小学农事指导法
王琳编著
上海　世界书局　民国28.10[1939.10]
97页　32开
其他题名：农事指导法
辽宁

2-3470

农业常识
温济泽编
[不详]　新华书店　民国35.5[1946.5]
126页　32开
陕甘宁边区高小教员参考用书
人教

商 业

课 本

2-3471

普通商业教科问答
公之鲁著
　　上海　文明书局　清光绪31.4[1905]
　　134页　32开　精装
　　人教

2-3472

简明商业教科书
无锡译书公会编辑
　　上海　科学书局　清光绪32.12[1907]
　　54页　32开
　　辞书

* * *

2-3473

高等小学商业教科书
（日）天城安政撰　杨鸿达译
　　[不详]　南洋官书局　清光绪33[1907]第2版
　　1册　32开
　　其他题名：商业教科书
　　上海

2-3474

最新商业教科书
陆费逵编纂
　　上海　商务印书馆　清光绪34.10[1908]-
　　4册　图　大32开　线装
　　第1册：光绪34.10初版
　　第2册：宣统2.5第4版
　　第3册：宣统2.5第3版
　　高等小学用
　　逐页题名：高等小学商业教科书
　　人教(1)　辞书(1)　广西师大(2-3)

2-3475

新制中华高等小学商业教科书
欧阳瀚存编　戴克敦,沈颐,陆费逵阅
　　上海　中华书局　民国2.5[1913.5]-
　　6册(28,20,20,28,23,19叶)　图　大32开　线装
　　第1册：民国2.6第3版,民国4.5第7版,民国5.4第8版,民国6.1第9版,民国6.8第10版
　　第2册：民国2.5初版,民国2.9第2版,民国4.5第5版,民国7.3第8版
　　第3册：民国2.9初版,民国2.11第2版,民国3.12第5版,民国4.5第6版,民国4.10第7版,民国7.1第9版
　　第4册：民国2.11初版,民国3.1第2版,民国3.5第3版,民国4.5第5版,民国7.2第8版
　　第5册：民国3.4初版,民国3.12第2版,民国4.5第3版,民国4.10第4版
　　第6册：民国4.4初版,民国4.10第2版,民国5.11第4版
　　教育部审定　高等小学校用　第二学年第一学期～第三学年第三学期
　　封面题名：新制中华商业教科书
　　人教　华师大　辞书

2-3476

新商业
樊炳清编纂
　　上海　商务印书馆　民国2.5[1913.5]-
　　4册(21,24,20,27叶)　图　大32开　线装
　　第1册：民国2.5第5版,民国10.5第13版,民国13.12第32版
　　第2册：民国2.6初版,民国10.2第14版
　　第3册：民国3.1初版,民国10.5第13版
　　第4册：民国3.6初版
　　教育部审定　高等小学校学生用　秋季始业　第二学年～第三学年
　　版权页题名：高等小学新商业
　　其他题名：共和国教科书新商业
　　人教(1-2)　辞书　广西师大(1,3)

2-3477

新式商业教科书
盛在珣编辑　严智崇阅订
　　上海　中华书局　民国5.4[1916.4]-
　　4册(20,20,22,22叶)　图,表　大32开　线装
　　第1册：民国8.6第10版,民国9.1第18版,民国12.6第30版,民国12第39版
　　第2册：民国5.4初版,民国8.6第11版,民国9.1第19版,民国11.12第27版,民国13.5第35版
　　第3册：民国8.1第7版,民国8.8第11版,民国9.1第16版,民国13.5第29版
　　第4册：民国8.6第9版,民国8.8第11版,民国11.5第21版,民国13.5第24版
　　教育部审定　高等小学校用
　　初版附注：民国5年4-9月初版
　　版权页题名：新式高等小学商业教科书
　　人教　华师大　辞书

2-3478

新法商业教科书
刘大绅编纂　李伯嘉校订
　　上海　商务印书馆　民国10.11[1921.11]-
　　4册(①30,②32,③40页)　图,表　32开
　　第1册：民国10.11初版,民国12.10订正10版
　　第2册：民国13.9订正7版
　　第3册：民国11.6订正3版,民国13.9订正5版
　　高等小学用

人教(1-3) 广西师大(3)

2-3479
新学制商业教科书
李泽彰,魏屏三编纂　王岫庐校订

上海　商务印书馆　民国13.10[1924.10]-
4册(32,35,32,36页)　图　大32开
第1册:民国18.9第54版,民国21.6国难后3版
第2册:民国13.10初版,民国13.12第10版,民国15.9第30版,民国21.6国难后3版,民国21.11国难后8版
第3册:民国16.9第30版,民国21.11国难后6版
第4册:民国18.4第28版,民国21.11国难后5版
教育部审定　小学校高级用
初版附注:民国13年1月-14年1月初版
封面题名:(订正)新学制商业教科书
卷端题名:新学制高级小学商业教科书
人教(2)　华师大　辞书　编译馆

2-3480
新中华商业课本
高伯时编　李廷翰,张相校

上海　新国民图书社　民国17.3-18.10[1928.3-1929.10]
4册(32,29,32,36页)　表　大32开
第1册:民国17.3初版,民国18.2第2版,民国20.6第8版,民国20.11第9版,民国21.5第10版,民国21.10第11版
第2册:民国18.8初版,民国19.8第5版,民国19.12第6版,民国20.11第8版,民国21.5第9版,民国21.10第10版
第3册:民国18.8初版,民国19.7第4版,民国20.6第7版,民国20.11第8版,民国21.5第9版
第4册:民国18.10初版,民国19.1第2版,民国19.8第4版,民国19.10第5版,民国20.7第6版,民国20.11第7版,民国21.5第8版
小学校高级用
其他题名:新中华教科书商业课本
北师大(4)　人教　辞书　编译馆

2-3481
新课程商业课本
高伯时编辑

上海　世界书局　民国20.8[1931.8]-
4册(28,32,38,44页)　图,表　32开
第1册:民国21.1第2版,民国21.6第3版,民国21.8第4版
第2册:民国20.8初版,民国21.8第4版,民国21.11第5版
第3册:民国20.8初版,民国21.6第3版
第4册:民国20.8初版,民国21.11第5版
高级小学学生用
卷端题名:新课程小学商业课本
华师大　辞书　编译馆

教学参考书

2-3482
新商业教授法
刘大绅编纂　蒋维乔校订

上海　商务印书馆　民国4.5[1915.5]-
4册(①46叶)　表　大32开　线装
第1册:民国4.5初版
高等小学校教员用　秋季始业　第二学年第一学期
版权页题名:高等小学新商业教授法
其他题名:共和国教科书新商业教授法
辞书(1)

2-3483
新式商业教授书
盛在珣编辑

上海　中华书局　民国5.11-6.4[1916.11-1917.4]
4册(37,35,52,42叶)　图,表　大32开　线装
第1册:民国5.11初版,民国10.5第3版
第2册:民国5.11初版,民国10.5第2版
第3册:民国6.1初版,民国10.11第2版
第4册:民国6.4初版,民国10.5第3版
教育部审定　高等小学校用
版权页题名:新式高等小学商业教授书
人教　辞书

2-3484
新学制商业教授书
魏屏三编纂

上海　商务印书馆　民国14.5[1925.5]-
4册(63,71,71,66页)　表　大32开
第1册:民国15.7第9版
第2册:民国14.5初版
第3册:民国15.7第8版
第4册:民国15.7第8版
小学校高级用书
初版附注:民国14年3-9月初版
卷端题名:新学制高级小学商业教授书
辞书

2-3485
新中华商业课本教授书
高伯时编　朱文叔校

上海　新国民图书社　民国18.11-19.8[1929.11-1930.8]
4册(135,158,176,197页)　表　32开
第1册:民国18.11初版
第2册:民国19.3初版,民国21.10第3版
第3册:民国19.7初版,民国21.5第2版
第4册:民国19.8初版,民国21.6第2版
小学校高级用
其他题名:新中华教科书商业课本教授书
辞书　编译馆

音乐

课 本

2-3486
学生歌
达文社编辑
　　上海　[编者刊]　清光绪 30.4[1904]初版,光绪 32.2 第 3 版
　　36 页　32 开
　　其他题名：教育必用学生歌
　　人教　上海　上师大

2-3487
小学新唱歌
孙振麒编辑　庄景仲校补
　　上海　新学会社　清光绪 30.6[1904]初版,光绪 31.1 增订 2 版
　　[78]页　32 开　线装
　　人教　广西师大

2-3488
绘图唱歌教科书
宋琪辑
　　[上海]　鸿文书局　清光绪 32[1906]
　　2 册([85]页)　32 开
　　上下册：光绪 32 年版
　　其他题名：唱歌教科书
　　上海

2-3489
小学唱歌教科书
陈俊,吴廷爵,沈祖崃,朱作榮译著　商务印书馆校订
　　上海　商务印书馆　清光绪 33.1[1907]
　　2 册(64,85 页)　乐谱　16 开
　　第 1 册(初集)：光绪 33.1 初版,光绪 33.2 第 3 版
　　第 2 册(二集)：光绪 33.1 初版
　　人教　上海　辞书

2-3490
小学唱歌教科书三集
叶中冷著　蒋维乔校订
　　上海　商务印书馆　清光绪 33.1[1907]
　　80 页　32 开
　　附：简谱略释、风琴十二调黑白用键一览表、手风琴谱
　　人教

2-3491
(订正)小学唱歌
华振编纂　蒋维乔校订
　　上海　商务印书馆　民国 13.5[1924.5]-
　　3 册(64,78,60 页)　乐谱　32 开
　　第 1 册(初集)：民国 13.5 第 21 版
　　第 2 册(二集)：民国 13.11 第 14 版
　　第 3 册(三集)：版次不详
　　初版附注：清光绪 33 年 9 月-34 年 9 月初版
　　封面题名：小学唱歌
　　辞书

2-3492
新撰唱歌集
胡君复编纂　蒋维乔校订
　　上海　商务印书馆　清宣统 1.3[1909]-
　　3 册(50,30,88 页)　乐谱　32 开
　　第 1 册(一集)：民国 11.7 第 9 版,民国 13.3 版
　　第 2 册(二集)：民国 9.1 第 9 版,民国 11.7 版
　　第 3 册(三集)：宣统 1.3 初版,民国 11.7 第 10 版
　　小学校、师范学校、中学校教科用书
　　封面题名：唱歌集
　　国图(2)　北师大　人教　上海(2)　辞书(3)　天津(3)

2-3493
学校唱歌集
沈心工著
　　上海　文明书局　民国 1.10[1912.10]
　　6 集(33,35,35,35,47,53 页)　照片,图,乐谱　32 开
　　第 1 册(初集)：民国 1.10 初版
　　第 2 册(二集)：民国 1.10 初版
　　第 3 册(三集)：民国 1.10 初版,民国 4.4 第 3 版
　　第 4 册(四集)：民国 1.10 初版
　　第 5 册(五集)：民国 1.10 初版
　　第 6 册(六集)：民国 1.10 初版,民国 11.11 第 5 版
　　教育部审定
　　封面题名：重编学校唱歌集
　　人教(3,6)　辞书

2-3494
中华唱歌集
王德昌,毛广勇,赵骧编　李廷翰阅
　　上海　中华书局　民国 1.11[1912.11]-
　　册(③20 页)　乐谱　大 32 开
　　第 3 册：民国 1.11 初版,民国 2.7 第 2 版
　　人教(3)　辞书(3)

2-3495
民国唱歌集
沈庆鸿编纂　胡君复校订
　　上海　商务印书馆　民国 2.12[1913.12]-
　　4 册(72,62,62,61 页)　图,乐谱　32 开
　　第 1 册(初编)：民国 12.7 第 6 版
　　第 2 册(二编)：民国 2.12 第 2 版
　　第 3 册(三编)：民国 3.5 第 4 版
　　第 4 册(四编)：民国 3.5 第 4 版
　　小学校、中学校、师范学校适用
　　初版附注：民国 2 年 1-2 月初版
　　辞书

2-3496
小学唱歌教材集

[出版者不详] 民国2[1913]版
55叶 16开 线装
其他题名：唱歌教材集
云南社科

2-3497
小学校音乐集
钱君匋，陈啸空著
上海 开明书店 民国21.10[1932.10]第4版
83页 16开
初版附注：民国16年6月初版
北师大

2-3498
小学生的甜歌：甜歌77首
沈秉廉作
上海 商务印书馆 民国16.7[1927.7]版
1册 乐谱 32开
庐山

2-3499
歌表演
潘伯英编辑
上海 商务印书馆 民国17.6[1928.6]初版,民国18.3第3版
97页 乐谱 32开
小学唱歌教材
国图 上海 河南

2-3500
表情歌舞
张英谷著
上海 新民图书馆兄弟公司 民国17.8[1928.8]第4版
108页 照片,乐谱 32开
小学教材
国图 上海

2-3501
小学生的甜歌44曲
沈秉廉作
上海 儿童书局 民国21.9[1932.9]第7版
82页 乐谱 32开
教育部选定
初版附注：民国20年3月初版
辞书

2-3502
学校新唱歌集
董弗危编著
上海 世界书局 民国20.10[1931.10]第16版
47页 64开
小学、师范以及家庭等均适用
其他题名：学校唱歌大全
编译馆

2-3503
小歌曲

潘伯英编纂 沈秉廉校订
上海 商务印书馆 民国22.3[1933.3]
26页 乐谱 32开
辞书

2-3504
学生歌集
刘良模编辑
上海 中华基督教青年会全国协会校会组 民国23.6[1934.6]初版,民国23.9第3版,民国24.1第4版
67页 乐谱 32开
上海

2-3505
故事歌曲：小学公民训练
胡敬熙编
上海 大公书店 民国23.9[1934.9]
87页 乐谱 32开
其他题名：小学公民训练故事歌曲
辞书

2-3506
小学歌曲集
蔡志徵著
奉天 玉兴印书馆 民国24.11[1935.11]
32页 16开
辽宁

2-3507
小音乐队
费锡胤编
上海 商务印书馆 民国25.5[1936.5]第2版
18页 32开
小学生分年补充读本
庐山

2-3508
现代学校唱歌集：中国歌曲集简谱
沈一仁编
上海 教育出版社 民国25.6[1936.6]
146页 曲谱 25开
中小学校音乐课教材适用
人教 上海

2-3509
中国小学音乐教本伴奏谱
柯政和编
北平 中国教育音乐促进会 民国25.8[1936.8]
63页 曲谱 16开
北师大

2-3510
小学音乐教材
[不详] [省桃女中] 民国25[1936]版
59页 32开
广东中山

2-3511
抗战吼声
刘德润编辑
　　[不详]　英华书店　民国27.11[1938.11]
　　80页　乐谱　32开
　　战时中小学音乐教材
　　上海

2-3512
战时小学音乐教材
梅耐寒编
　　长沙　商务印书馆　民国28[1939]
　　3册(16,19,20页)　32开
　　第1-3册:民国28年版
　　国图

2-3513
小学音乐课本[正谱版]
陈恭则,陈宗秀选编　丰子恺,钱君匋校订
　　上海　万叶书店　民国29[1940]-
　　12册　32开
　　第1-11册:民国29-30年版
　　依照部颁课程标准编辑
　　北师大(1-11)

2-3514
小学音乐教本
波烟作曲
　　上海　美乐图书出版公司　民国36.5[1947.5]初版,民国
　　　38.3第2版
　　64页　32开
　　人教

2-3515
小学音乐教材
音乐教育协进会编　钱仁康编辑
　　上海　音乐教育协进会　民国36.8[1947.8]-
　　10册(①32,③32,⑤32,⑦32,⑨32页)　乐谱　32开
　　第1,3,5,7,9册:民国36.8初版
　　北师大(5,7,9)　辞书(1,3,5,7,9)　广东中山(1,3,5,7,9)

2-3516
小学音乐教本
汪家骅编著
　　南京　正中书局　民国36.12[1947.12]-
　　6册(①76,②96,③76,④82,⑤85页)　乐谱　32开
　　第1册:民国36.12初版
　　第2册:民国37.3初版
　　第3册:民国37.6初版
　　第4册:民国37.6初版
　　第5册:民国37.8初版
　　遵照部颁小学课程标准编著
　　国图(1-5)　人教(1)　辞书(1,3-5)　天津(1-4)

2-3517
小学音乐手册
小学音乐教育研究会编
　　大连　民众书店　民国37.10[1948.10]
　　46页　32开
　　国图

2-3518
易声歌集
吴涵真编选　吴惟馨校
　　上海　时代出版社　民国38.1[1949.1]
　　47页　乐谱　32开
　　中小学用
　　上海

2-3519
小学生唱歌集
哈尔滨市人民政府教育局编
　　哈尔滨　[编者刊]　民国38.3[1949.3]
　　4册([178]页)　32开
　　第1-4册:民国38.3初版
　　小学唱歌教学用书
　　国图

2-3520
小学歌选
真光编
　　香港　西南图书印刷公司　民国38[1949]版
　　37页　32开
　　广东中山

2-3521
福建省非常时期小学音乐补充教材
福建省政府教育厅编
　　福建　[编者刊]　[1912-1949?]
　　44页　16开
　　其他题名:非常时期小学音乐补充教材
　　其他题名:小学音乐补充教材
　　广东中山

　　　　　＊　＊　＊

2-3522
学部选录初等小学乐歌
(清)学部编译图书局编纂
　　上海　南京　两江南洋官书局　清宣统2.12[1911]-
　　4册(①24叶)　乐谱　16开　线装
　　第1册:宣统2.12初版
　　封面题名:初等小学乐歌
　　辞书(1)

2-3523
新唱歌
胡君复编纂　庄俞校订
　　上海　商务印书馆　民国3.5[1914.5]
　　4册(30,32,30,31页)　乐谱　32开
　　第1册(初集):民国3.5初版,民国11.11版,民国13.7第

10版

第2册(二集)：民国3.5初版,民国11.11版,民国12.7第8版

第3册(三集)：民国3.5初版,民国11.11版

第4册(四集)：民国3.5初版,民国11.11版

教育部审定　国民学校用

其他题名：共和国教科书新唱歌

人教　辞书

2-3524

新法国语唱歌集

王崇杞编纂　庄俞校订

上海　商务印书馆　民国10.3[1921.3]

4册(60,64,66,66页)　乐谱　32开

第1-4册：民国10.3第2版

国民学校用

初版附注：民国9年9月-10年1月初版

封面题名：国语唱歌集

人教　辞书

2-3525

幼稚园小学校音乐集

曹徐瑾葆,俞子夷,华瞿静贞编辑　徐亦蓁,江珊英,顾西林,郑舜华,朱韵秋,陈郐磐试验兼校订　吴研因,江景双等作词

上海　商务印书馆　民国13.1[1924.1]

3册(50,53,55页)　乐谱　大16开

第1-3册(卷一至卷三)：民国13.1初版

辞书

2-3526

新学制音乐教科书

傅彦长,何明斋编纂　王岫庐,吴研因校订

上海　商务印书馆　民国13.1-14.6[1924.1-1925.6]

8册(18,18,16,16,20,20,20,22页)　乐谱,照片　32开

第1册：民国13.1初版,民国13.2第7版,民国16.5第22版

第2册：民国13初版,民国13.5第10版,民国15.8第15版

第3册：民国13初版,民国13.6第10版,民国15.8第15版

第4册：民国13.9初版,民国15.8第15版

第5册：民国14.6初版,民国15.8第10版

第6册：民国14.6初版,民国15.8第10版

第7册：民国14.6初版,民国15.8第10版

第8册：民国14.6初版,民国15.8第10版

小学校初级用

封面题名：音乐教科书

国图　北师大(2,4,8)　人教　华师大(1-2,5-8)　辞书

2-3527

表情唱歌

嵇宇经编纂　计志中校订

上海　商务印书馆　民国15[1926]版,民国24国难后2版

90页　32开

初级小学用

北师大　广东中山

2-3528

新中华音乐课本

朱稣典编辑　姜丹书校阅

上海　新国民图书社　民国16.6-18.4[1927.6-1929.4]

8册(22,22,24,24,24,24,28,28页)　图,乐谱　32开

第1册：民国16.6初版,民国17.4第2版,民国21.8第4版

第2册：民国16.8初版

第3册：民国17.1初版,民国18.7第2版,民国21.8第4版

第4册：民国17.6初版,民国18.7第2版,民国21.8第3版

第5册：民国17.8初版,民国21.1第4版,民国21.8第5版

第6册：民国17.8初版,民国19.1第2版,民国21.8第4版

第7册：民国18.4初版,民国19.7第3版,民国20.3第4版

第8册：民国18.4初版,民国19.1第2版,民国20.6第3版,民国20.12第4版,民国21.8第5版

小学校初级用

其他题名：新中华教科书音乐课本

北师大　人教　辞书　编译馆

2-3529

初级音乐课本

索树白编著　于右任校阅

上海　世界书局　民国17.2[1928.2]

8册(20,20,20,20,29,24,25,21页)　乐谱　32开

第1册：民国17.2初版,民国19.3第3版

第2册：民国17.2初版

第3册：民国17.2初版

第4册：民国17.2初版

第5册：民国17.2初版

第6册：民国17.2初版

第7册：民国17.2初版

第8册：民国17.2初版

其他题名：新主义教科书初级音乐课本

辞书　编译馆(1)

2-3530

新时代音乐教科书

何孝元著　新时代教育社编

上海　[编者刊]　民国17.4[1928.4]-

8册(20,20,20,20,20,20,20,20页)　图,乐谱　32开

第1册：民国17.4初版,民国17.4第5版,民国21.7国难后1版,民国21.8国难后2版

第2册：民国17.4第10版,民国21.8国难后2版

第3册：民国17.4第10版,民国21.8国难后2版

第4册：民国17.6第5版

第5册：民国17.6第5版

第6册：民国17.6第5版

第7册：民国17.6第5版

第8册：民国17.6第5版

小学校初级用

初版附注：民国17年4月初版

其他题名：新时代初级小学音乐教科书

北师大(1)　人教　辞书

2-3531
民智初级音乐
陈邦彦,许观光,朱震西编辑
　　上海　民智书局　民国19.8[1930.8]
　　8册(18,18,18,21,22,22,21,23页)　乐谱,照片　32开
　　第1册：民国19.8初版
　　第2册：民国19.8初版
　　第3册：民国19.8初版,民国21.8第2版
　　第4册：民国19.8初版
　　第5册：民国19.8初版
　　第6册：民国19.8初版,民国21.8第2版
　　第7册：民国19.8初版
　　第8册：民国19.8初版
　　教育部审定
　　其他题名：新标准教科书民智初级音乐
　　辞书

2-3532
音乐
何明斋,沈秉廉编辑
　　上海　商务印书馆　民国20.5[1931.5]
　　4册(16,16,16,16页)　乐谱　32开
　　第1册：民国20.5初版,民国21.11国难后6版
　　第2册：民国20.5初版,民国20.8第7版,民国21.11国难后6版
　　第3册：民国20.5初版,民国21.11国难后8版
　　第4册：民国20.5初版,民国21.11国难后1版,民国21.11国难后8版
　　教育部审定　小学校初级三、四年用
　　其他题名：基本教科书音乐
　　人教　辞书　编译馆

2-3533
儿童音乐教科书
沈秉廉编辑
　　上海　儿童书局　民国21.12[1932.12]
　　8册(18,18,18,18,18,18,18,18页)　乐谱,图　32开
　　第1-8册：民国21.12初版
　　初级小学用
　　北师大(2-3,5)　辞书　广东中山(2)

2-3534
小学音乐课本
朱鲩典,潘淡明编
　　上海　中华书局　民国22.4[1933.4]
　　4册(16,16,16,16页)　乐谱,图　32开
　　第1册：民国22.4初版,民国22.7第4版,民国22.7第5版,民国22.7第6版
　　第2册：民国22.4初版,民国22.4第2版,民国22.4第3版,民国22.7第4版,民国22.7第5版
　　第3册：民国22.4初版,民国22.7第4版,民国22.7第5版
　　第4册：民国22.4初版,民国22.7第4版,民国22.7第5版
　　新课程标准适用　初级用　第三学年～第四学年用

　　北师大　人教　上海　辞书　编译馆

2-3535
儿童唱歌集
中央教育部编
　　[福建]　福建省苏劳动感化院　民国22.5[1933.5]版
　　30页　32开
　　初级小学教材
　　人教

2-3536
小学音乐课本
朱鲩典,潘淡明编　舒新城校
　　上海　中华书局　民国22.6-7[1933.6-7]
　　4册(16,16,16,16页)　乐谱,彩图　32开
　　第1册：民国22.6初版
　　第2册：民国22.7初版
　　第3册：民国22.7初版
　　第4册：民国22.7初版
　　新课程标准适用　初级用　第三学年～第四学年用
　　辞书

2-3537
小学音乐教材
小学具体课程编订委员会编订
　　北平　社会局　民国22.10[1933.10]版
　　30页　16开
　　第三学年用
　　北师大

2-3538
大众音乐课本
黎锦晖编著
　　上海　大众书局　民国22.11-23.1[1933.11-1934.1]
　　8册(16,16,19,17,18,20,24,24页)　乐谱　32开
　　第1册：民国22.11初版
　　第2册：民国22.11初版
　　第3册：民国22.11初版
　　第4册：民国22.11初版
　　第5册：民国23.1初版
　　第6册：民国23.1初版
　　第7册：民国23.1初版
　　第8册：民国23.1初版
　　小学初级用
　　其他题名：小学初级大众音乐课本
　　北师大　辞书

2-3539
复兴音乐教科书
沈秉廉编著　王云五校订
　　上海　商务印书馆　民国23.6-7[1934.6-7]
　　4册(24,24,24,24页)　乐谱,图　32开
　　第1册：民国23.6初版,民国23.12第15版
　　第2册：民国23.6初版,民国23.8第10版
　　第3册：民国23.6初版,民国23.9第10版

第4册：民国23.7初版,民国23.9第10版
新课程标准适用　初小三年级上学期～四年级下学期用
版权页题名：音乐
其他题名：复兴教科书音乐
北师大　上海　华师大　辞书

2-3540

小学音乐教材：歌曲集
江定仙编著
[西安]　陕西省教育厅编辑室　民国24.1[1935.1]
74页　乐谱　16开
供小学一、二年级用
国图　上海

2-3541

复兴音乐教本
王石珍编著
上海　商务印书馆　民国24.3[1935.3]
4册(107,129,137,141页)　乐谱,图　32开
第1-4册：民国24.3初版
新课程标准适用　初小一、二年用
版权页题名：音乐
逐页题名：复兴初小音乐教本
国图(1,3)　北师大　人教　辞书

2-3542

小学音乐教材初集：中年级之部
教育部编
32页　乐谱　16开
①上海　商务印书馆　民国24.6[1935.6]初版,民国24.9第3版,民国25第4版,民国26.2第7版,民国26.2第9版
人教　上海　广东中山
②上海　中华书局　民国24.8[1935.8]初版,民国24.9第3版,民国26.3第13版
北师大　辞书　河南

2-3543

小音乐室
潘淡明编　陈江凤绘
上海　中华书局　民国24.7[1935.7]
18页　彩图　32开　(小学低年级各科副课本　98)
卷端题名：小学低年级音乐副课本小音乐室
上海　辞书

2-3544

对唱歌曲
居同先编　刘开申绘
上海　中华书局　民国25.6[1936.6]
18页　彩图　32开　(小学低年级各科副课本　99)
卷端题名：小学低年级音乐副课本对唱歌曲
辞书

2-3545

听像甚么声音
罗因编　刘开申绘
上海　中华书局　民国25.1[1936.1]
18页　彩图　32开　(小学低年级各科副课本　100)
卷端题名：小学低年级音乐副课本听像甚么声音
上海　辞书

2-3546

音乐家故事
朱震西编
上海　中华书局　民国24.7[1935.7]
40页　图　32开　(小学中年级各科副课本　98)
卷端题名：小学中年级音乐副课本音乐家故事
人教　上海　辞书

2-3547

小音乐会
朱震西编
上海　中华书局　民国24.7[1935.7]
40页　图　32开　(小学中年级各科副课本　99)
卷端题名：小学中年级音乐副课本小音乐会
人教　上海　辞书

2-3548

儿歌
刘君寿编
上海　中华书局　民国25.6[1936.6]
40页　图　32开　(小学中年级各科副课本　100)
卷端题名：小学中年级音乐副课本儿歌
人教　辞书

2-3549

初小模范唱游教科书
柯政和编
4册(①30,②29,④29页)　曲谱,图　32开
①北平　中国教育音乐促进会　民国24.7[1935.7]-
第1册：民国24.7初版,民国25.8改订2版
第2册：民国26.1初版
第4册：民国26.1初版
国图(1)　人教(1)　辞书(2,4)
②北平　新民音乐书局　民国32.1[1943.1]-
第2册：民国32.1版
人教(2)

2-3550

初小模范音乐教科书
柯政和编
北平　中华乐社　民国24.7[1935.7]-
8册(29,29,29,29,29,29,29,29页)　图　32开
第1册：民国24.7初版
第2册：民国26.1初版
第3册：民国24.7初版
第4册：民国24初版,民国26.1版
第5册：民国24.7初版
第6册：民国24.7初版
第7册：民国24.7初版
第8册：民国24初版
北师大(1-4,7-8)　辞书(1-5,7)　庐山(3)　广东中山(1,

4-8)

2-3551

小学音乐教材初集：低年级之部
教育部编
  27 页 乐谱 16 开
  ①上海 商务印书馆 民国 24.8[1935.8]初版,民国 26 第 4 版,民国 26.2 第 5 版,民国 26.3 第 6 版
  人教 上海 广东中山
  ②上海 中华书局 民国 24.8[1935.8]初版,民国 24.9 第 2 版,民国 26.6 第 9 版
  北师大 辞书

2-3552

初小模范音乐教科书：伴奏谱
柯政和编
  北平 中华乐社 民国 24.12[1935.12]-
  4 册(②31,③45,④61 页) 乐谱 16 开 精装
  第 2 册：民国 24.12 初版
  第 3 册：民国 24.12 初版
  第 4 册：民国 24.12 初版
  封面题名：模范音乐教科书：伴奏谱
  其他题名：音乐教科书：伴奏谱
  北师大(3) 辞书(2-4) 广东中山(2-3)

2-3553

小学音乐教材
陈运仁,长林椒惠编
  福建 四维出版社 民国 33.3[1944.3]
  89 页 32 开
  低年级用
  国图

2-3554

儿童新歌
钱君匋编著
  上海 万叶书店 民国 36.2[1947.2]
  12 册([192]页) 大 32 开
  第 1-12 册：民国 36.2 初版
  初级二年级小学生歌唱教材
  国图

2-3555

初级音乐教材
小学教材研究会编
  上海 春明书店 民国 36.9[1937.9]
  48 页 大 32 开
  湖南

2-3556

初级小学音乐课本
北平市教育局教材教法研究会主编 赵梅伯等校阅
  北平 正中书局 民国 37.8[1948.8]-
  8 册 32 开
  第 1,3,5,7 册：民国 37.8 初版
  北师大(1,3,5,7)

* * *

2-3557

新唱歌
胡君复编纂 庄俞校订
  上海 商务印书馆 民国 11[1922]-
  3 册(②37 页) 图 16 开
  第 2 册(二集)：民国 11 第 6 版
  教育部审定 高等小学校用
  初版附注：民国 3 年 2 月初版
  其他题名：共和国教科书新唱歌
  北师大(2) 人教(2)

2-3558

高等小学新体唱歌集
俞粱编著
  [上海] [商务印书馆] 民国 3.6-13.1[1914.6-1924.1]
  3 册(43,37,49 页) 乐谱 32 开
  第 1-3 册：民国 3.6-13.1 初版
  人教 辞书

2-3559

新学制音乐教科书
何明斋编纂 朱经农,王岫庐校订
  上海 商务印书馆 民国 14.8[1925.8]-
  4 册(31,35,31,31 页) 曲谱 32 开
  第 1 册：民国 14.8 初版,民国 15.10 第 10 版
  第 2 册：民国 14.8 初版,民国 15.10 第 10 版
  第 3 册：民国 15.10 第 10 版
  第 4 册：民国 16.1 初版
  小学校高级用书
  封面题名：音乐教科书
  逐页题名：新学制高级小学音乐教科书
  北师大 辞书

2-3560

新中华音乐课本
朱稣典编
  上海 新国民图书社 民国 19.7-21.3[1930.7-1932.3]
  4 册(30,30,32,32 页) 乐谱 32 开
  第 1 册：民国 19.7 初版,民国 19.12 第 2 版,民国 21.5 第 5 版,民国 21.8 第 6 版
  第 2 册：民国 19.7 初版,民国 21.5 第 3 版,民国 21.10 第 4 版
  第 3 册：民国 20.3 初版,民国 20.12 第 2 版,民国 21.8 第 4 版
  第 4 册：民国 21.3 初版,民国 21.8 第 2 版
  小学校高级用
  其他题名：新中华教科书音乐课本
  北师大 人教 辞书 编译馆

2-3561

民智高级音乐
陈邦彦,许观光,朱震西编辑
  上海 民智书局 民国 19.8[1930.8]

4册(19,24,26,25页)　乐谱,照片　32开
第1册：民国19.8初版
第2册：民国19.8初版,民国21.8第2版
第3册：民国19.8初版
第4册：民国19.8初版
教育部审定
其他题名：新标准教科书民智高级音乐
辞书

2-3562
音乐
何明斋,沈秉廉编辑　萧友梅校订
　　上海　商务印书馆　民国20.8[1931.8]
　　4册(32,32,32,32页)　乐谱　32开
　　第1-4册：民国20.8初版
　　小学校高级用
　　其他题名：基本教科书音乐
　　辞书　编译馆

2-3563
北新音乐教本
邱望湘,沈秉廉编
　　上海　北新书局　民国21.4[1932.4]
　　4册(23,23,23,23页)　曲谱,图　大32开
　　第1册：民国21.4初版,民国21.8第2版
　　第2册：民国21.4初版,民国21.8第2版,民国22.9第3版
　　第3册：民国21.4初版,民国21.8第2版
　　第4册：民国21.4初版,民国21.8第2版
　　其他题名：高级小学北新音乐教本
　　华师大(1-2)　辞书

2-3564
儿童音乐教科书
沈秉廉编辑
　　上海　儿童书局　民国21.12[1932.12]
　　4册(18,18,18,18页)　乐谱,图　32开
　　第1-4册：民国21.12初版
　　高级小学用
　　北师大　辞书

2-3565
复兴音乐教科书
沈秉廉编著　李拔可,王云五校订
　　上海　商务印书馆　民国22.6[1933.6]
　　4册(24,24,24,24页)　乐谱,图　32开
　　第1册：民国22.6初版,民国22.7第6版,民国22.10第12版,民国23.2第17版
　　第2册：民国22.6初版,民国22.10第11版,民国23.2第17版,民国23.5第20版
　　第3册：民国22.6初版,民国22.10第10版,民国23.2第14版
　　第4册：民国22.6初版,民国22.10第10版
　　教育部审定　新课程标准适用　小学校高级用
　　其他题名：复兴教科书音乐

北师大　上海　辞书　编译馆

2-3566
大众音乐课本
黎锦晖编著
　　上海　大众书局　民国23.1[1934.1]
　　4册(31,33,29,28页)　乐谱　32开
　　第1-4册：民国23.1初版
　　小学高级用
　　其他题名：高级小学大众音乐课本
　　北师大　辞书

2-3567
小学唱歌教材
邱望湘编
　　上海　开明书店　民国23.3[1934.3]
　　4册([86]页)　32开
　　第1-4册：民国23.3初版
　　小学高年级用
　　北师大

2-3568
小学音乐课本
朱稣典,潘淡明编　舒新城校
　　上海　中华书局　民国23.10-24.5[1934.10-1935.5]
　　4册(32,32,32,32页)　乐谱　32开
　　第1册：民国23.10初版,民国24.8第2版,民国25.12第4版
　　第2册：民国23.10初版,民国24.8第2版,民国25.12第4版
　　第3册：民国24.5初版,民国24第2版,民国24.8第3版,民国25.12第5版
　　第4册：民国24.5初版,民国24.8第3版
　　教育部审定　新课程标准适用　高级用
　　北师大(2)　人教　上海　辞书

2-3569
怎样认识乐谱
沈鲤登编
　　上海　中华书局　民国24.7[1935.7]
　　46页　图　32开　(小学高年级各科副课本　98)
　　卷端题名：小学高年级音乐副课本怎样认识乐谱
　　人教　上海　辞书

2-3570
中外各种普通乐器
庞静涵编
　　上海　中华书局　民国24.10[1935.10]
　　48页　图　32开　(小学高年级各科副课本　99)
　　卷端题名：小学高年级音乐副课本中外各种普通乐器
　　人教　上海　辞书　编译馆

2-3571
中外名曲的鉴赏
庞静涵编
　　上海　中华书局　民国25.5[1936.5]

45页　图　32开　(小学高年级各科副课本　100)
卷端题名：小学高年级音乐副课本中外名曲的鉴赏
人教　上海　辞书

2-3572
高小模范音乐教科书
柯政和编

4册(29,29,29,29页)　图　32开
①北平　中华乐社　民国24.7-26.1[1935.7-1937.1]
第1册：民国24.7初版
第2册：民国24.7初版
第3册：民国24.7初版
第4册：民国26.1初版
国图(1)　北师大(1-3)　人教(1,4)　辞书　庐山　广东中山
②北平　新民音乐书局　民国30.1[1941.1]-
第2册：民国30.1版
教育部指定小学音乐教科书
人教(2)

2-3573
小学音乐教材初集：高年级之部
教育部编

35页　乐谱　16开
①上海　商务印书馆　民国24.8[1935.8]初版,民国24.9第2版,民国24.9第3版,民国25第4版,民国26.2第7版,民国26.3第10版,民国26.3第11版
人教　上海　广东中山
②上海　中华书局　民国24.8[1935.8]初版,民国25.8第5版,民国26.3第11版
北师大　辞书

2-3574
高小模范音乐教科书：伴奏谱
柯政和编

北平　中华乐社　民国24.12[1935.12]
2册(55,67页)　乐谱　16开　精装
第1册：民国24.12初版
第2册：民国24.12初版,民国30年版
封面题名：模范音乐教科书：伴奏谱
国图(2)　辞书　广东中山(1)

2-3575
高级音乐教材
黎锦晖,张簧合编

上海　大众书局　民国25[1936]版
1册　32开
小学应用
广东中山

2-3576
音乐
台湾省教育会编辑

台北　东方出版社　民国36.9[1947.9]第2版
40页　64开

小学校高级用
其他题名：高级小学音乐
编译馆

2-3577
高级小学音乐课本
北平市教育局教材教法研究会编著　赵梅伯等校阅

北平　正中书局　民国37.8[1948.8]-
4册　32开
第1,3册：民国37.8初版
国图(3)　北师大(1,3)

2-3578
小学音乐教材
王问奇等编

[不详]　中华儿童教育社　民国37[1948]-
册(③32页)　32开
第3册(三集)：民国37初版
中高级适用
广东中山(3)

教学参考书

2-3579
小学唱歌教授法
(日)石原重雄原著　沈心工译辑

上海　文明书局　清光绪32.4[1906]第2版
76页　大32开　精装
初版附注：清光绪31年6月初版
辞书　云南社科

2-3580
五线谱
茧生编

上海　世界书局　民国19.11[1930.11]第5版
68页　乐谱,图　大16开
男女学校教科、教授适用
广东中山　编译馆

2-3581
小学音乐教学法
缪天瑞,金世惠编

上海　三民图书公司　民国22[1933]
129页　32开
国图

2-3582
小学音乐实施指导及应用歌曲
何明斋编

上海　商务印书馆　民国24.6[1935.6]
[131]页　乐谱,图　32开
辞书

2-3583
小学音乐教材及教法

庞仁编
    上海　新亚书店　民国 25.5[1936.5]
    111 页　乐谱,图,表　32 开　(小学教师进修丛书)
    国图　辞书　天津

2-3584

小学音乐科教材和教法
费锡胤编
    长沙　商务印书馆　民国 28.6[1939.6]
    183 页　乐谱　32 开　(小学教师丛书)
    小学教师及师范三年级生参考用
    辞书

2-3585

小学音乐教材及教学法
缪天瑞著
    上海　万叶书店　民国 36.6[1947.6]初版,民国 37 第 3 版,民国 38 第 4 版
    113 页　乐谱,图　32 开
    国图　辽宁

2-3586

小学音乐科教材和教法
费锡胤编纂
    上海　商务印书馆　民国 37.4[1948.4]第 1 版,民国 37.8 第 3 版
    183 页　乐谱　32 开　(国民教育文库)
    其他题名:音乐科教材和教法
    国图　上海　辞书　天津　庐山　广东中山

* * *

2-3587

新学制音乐教授书
何明斋编纂
    上海　商务印书馆　民国 15.8-9[1926.8-9]
    4 册([145],[72],[128],[137]页)　乐谱,图　大 32 开
    第 1 册:民国 15.8 第 5 版
    第 2 册:民国 15.8 第 5 版
    第 3 册:民国 15.8 第 5 版
    第 4 册:民国 15.9 第 5 版
    小学校初级用　小学校初级第一学期~第八学期用
    初版附注:民国 15 年 8-9 月初版
    卷端题名:新学制初小音乐教授书
    北师大(1,3-4)　辞书

2-3588

新中华音乐课本教授书
朱稣典编　姜丹书校
    上海　新国民图书社　民国 16.10-19.3[1927.10-1930.3]
    8 册(98,94,104,90,108,128,131,138 页)　乐谱　大 32 开
    第 1 册:民国 16.12 初版
    第 2 册:民国 16.10 初版,民国 18.6 第 2 版
    第 3 册:民国 17.5 初版,民国 21.5 第 3 版
    第 4 册:民国 18.6 初版,民国 21.5 第 2 版
    第 5 册:民国 18.8 初版
    第 6 册:民国 18.12 初版
    第 7 册:民国 19.3 初版
    第 8 册:民国 19.3 初版
    小学校初级用
    其他题名:新中华教科书音乐课本教授书
    北师大　人教　辞书　编译馆

2-3589

民智初级音乐教钥
陈邦彦,许观光,朱震西编辑
    上海　民智书局　民国 19.8[1930.8]-
    8 册(①89,②82,③74,④84 页)　乐谱　32 开
    第 1-4 册:民国 19.8 初版
    小学校初级用
    辞书(1-4)

2-3590

初小音乐教学法
何明斋等编
    上海　商务印书馆　民国 20.11[1931.11]-
    8 册　32 开
    第 1-4 册:民国 20.11 初版
    初版附注:民国 20 年 11 月-22 年 8 月初版
    其他题名:基本教科书初小音乐教学法
    人教(1-4)

2-3591

小学音乐指导书
方钦照,朱稣典,潘淡明编　舒新城校
    上海　中华书局　民国 22.7-8[1933.7-8]
    2 册(158,159 页)　乐谱,图　大 32 开
    上册:民国 22.7 初版
    下册:民国 22.8 初版
    新课程标准适用　初级用
    国图　北师大　人教　辞书

2-3592

小学音乐课本教学法
潘淡明,朱稣典,方钦照编　舒新城校
    上海　中华书局　民国 22.7-12[1933.7-12]
    4 册(106,102,120,102 页)　乐谱,图　32 开
    第 1 册:民国 22.7 初版
    第 2 册:民国 22.8 初版
    第 3 册:民国 22.12 初版
    第 4 册:民国 22.12 初版
    新课程标准适用　初小第三学年~第四学年用
    北师大　人教　辞书　广东中山(2)

2-3593

初级音乐课本教学法
黎锦晖编
    上海　大众书局　民国 23.5[1934.5]
    8 册([320]页)　32 开

第1-8册:民国23.5版
国图　人教

2-3594

初小音乐教本
胡敬熙,王渐仁,潘玉书编著
　　上海　世界书局　民国23.5-24.2[1934.5-1935.2]
　　4册(191,169,140,158页)　乐谱,图　32开
　　第1册:民国23.5初版
　　第2册:民国23.9初版
　　第3册:民国23.12初版
　　第4册:民国24.2初版
　　初级小学教员用
　　其他题名:新课程标准初小音乐教本
　　其他题名:新课程标准世界小学教本初小音乐教本
　　国图(1-2)　辞书

2-3595

复兴音乐教学法
费锡胤编著
　　上海　商务印书馆　民国24.6[1935.6]
　　4册([627]页)　32开
　　第1-4册:民国24.6初版
　　小学校初级用　初小三年级上学期～四年级上学期用
　　其他题名:复兴教科书音乐教学法
　　其他题名:音乐教学法
　　国图(2)　人教　华师大(1-3)

2-3596

小学低年级唱游教学法
江芷千编著
　　上海　商务印书馆　民国37.4[1948.4]初版,民国37.8第3版
　　154页　乐谱,表　32开　(国民教育文库)
　　上海　辞书　天津　庐山

＊　　＊　　＊

2-3597

音乐教授书
何明斋编纂　朱经农,王岫庐校订
　　上海　商务印书馆　民国15.10[1926.10]-
　　2册(111,110页)　乐谱　大32开
　　第1册:民国15.10第5版
　　第2册:民国16.9初版
　　小学校高级用
　　初版附注:民国15年10月-16年9月初版
　　版权页题名:新学制音乐教授书
　　卷端题名:新学制高小音乐教授书
　　上海　辞书

2-3598

新中华音乐课教授书
朱稣典编
　　上海　新国民图书社　民国16.10[1927.10]-
　　册(①-③[296]页)　32开
　　第1-3册:民国16.10初版
　　小学高年级用
　　初版附注:民国16年10月-17年5月初版
　　人教(1-3)

2-3599

民智高级音乐教钥
陈邦彦,许观光,朱震西编辑
　　上海　民智书局　民国19.8[1930.8]
　　4册(67,66,74,74页)　乐谱　32开
　　第1-4册:民国19.8初版
　　小学校高级用
　　辞书

2-3600

新中华音乐课本教授书
朱稣典,方钦照编
　　上海　新国民图书社　民国20.1-21.3[1931.1-1932.3]
　　4册(150,152,157,167页)　乐谱　大32开
　　第1册:民国20.1初版
　　第2册:民国20.4初版
　　第3册:民国21.3初版
　　第4册:民国21.3初版
　　小学校高级用
　　其他题名:新中华教科书音乐课本教授书
　　北师大　上海　辞书　编译馆

2-3601

复兴音乐教学法
费锡胤编著　沈秉廉校订
　　上海　商务印书馆　民国23.6[1934.6]
　　4册(155,119,118,111页)　曲谱　32开
　　第1-4册:民国23.6初版
　　小学校高级用
　　其他题名:复兴教科书音乐教学法
　　国图(2)　北师大　人教　华师大　辞书

2-3602

小学音乐课本教学法
朱稣典,潘淡明编　舒新城校
　　上海　中华书局　民国24.8-27.10[1935.8-1938.10]
　　4册(140,146,142,136页)　乐谱,图　32开
　　第1册:民国24.8初版
　　第2册:民国26.7初版
　　第3册:民国26.7初版
　　第4册:民国27.10初版
　　新课程标准适用　高级用
　　国图　人教　辞书

美术

课本

2-3603
绘图蒙学习画实在易
施崇恩编
　　上海　彪蒙书室　清光绪31.5[1905]
　　2册　32开　线装　（白话讲义蒙学丛书）
　　上下册：光绪31.5初版
　　蒙学铅笔习画帖歌及要诀
　　其他题名：蒙学习画实在易
　　人教　上师大(1)　广西师大

2-3604
小学分类简单画
丁宝书著
　　上海　文明书局　清光绪31.11[1905]
　　86页　32开
　　北师大

2-3605
图画讲义
布青阳辑
　　[出版者不详]　民国2[1913]版
　　42叶　图　16开　线装
　　云南社科

2-3606
新著小学工艺设计教材
周逸休编纂
　　上海　商务印书馆　民国14[1925]版
　　116页　32开
　　中等学校用
　　河南

2-3607
蜡笔画范本
吕化松，叶在宜编纂
　　上海　商务印书馆　民国17.8[1928.8]
　　6册　彩图　64开
　　第1-6册：民国17.8第3版
　　编译馆

2-3608
学生画宝
朱凤竹编绘
　　上海　形象艺术社　民国19.5[1930.5]
　　4册(34,34,34,34页)　图　64开
　　第1-4册：民国19.5初版
　　初中以下学校适用
　　辞书

2-3609
美术
宗亮寰编辑　何炳松校订
　　上海　商务印书馆　民国20.8[1931.8]
　　8册(24,24,24,24,24,24,24,24页)　图(含彩图)　32开
　　第1-8册：民国20.8初版
　　其他题名：基本教科书美术
　　辞书　编译馆

2-3610
新式画范本
王念航绘画　陈华编订
　　上海　新亚书店　民国21.6[1932.6]
　　4册(15,16,15,16页)　图　64开
　　第1-4册：民国21.6第10版
　　小学适用
　　辞书

2-3611
图画范本
沈士秋编绘　张眉孙校阅
　　上海　新亚书店　民国21.8[1932.8]
　　6册(24,24,24,24,24,24页)　图　32开
　　第1-6册：民国21.8第4版
　　初级小学适用　高级小学适用
　　辞书

2-3612
蜡笔画
蔡忱毅编绘　沈士秋校订
　　上海　新亚书店　民国22.10[1933.10]
　　4册(12,12,13,13页)　彩图　64开
　　第1-4册：民国22.10第8版
　　美术教材　小学适用
　　初版附注：民国22年1月初版
　　封面题名：小学生蜡笔画
　　辞书

2-3613
铅笔画教本
汪岳云编绘
　　上海　亚细亚书局　民国22.2[1933.2]
　　6册([96]页)　32开
　　第1-6册：民国22.2初版
　　小学适用
　　北师大

2-3614
墨影画
张慧雄编辑　沈士秋校订
　　上海　新亚书店　民国22.3[1933.3]
　　4册(14,16,16,16页)　彩图　32开
　　第1-4册：民国22.3初版
　　美术教材　小学适用　完全小学适用
　　辞书

2-3615

黑影画
程引文绘稿
　　上海　美术学社　民国23.3[1934.3]
　　4册([64]页)　图　32开
　　第1-4册：民国23.3初版
　　小学美术教材适用
　　北师大

2-3616

学生蜡笔画
朱凤竹编绘
　　上海　形象艺术社　民国23.4[1934.4]
　　4册(10,10,10,10页)　彩图　64开
　　第1-4册：民国23.4第2版
　　小学用书
　　辞书

2-3617

剪贴与图案
蔡忱毅编辑　沈士秋校订
　　上海　新亚书店　民国23.9[1934.9]
　　4册(16,16,16,16页)　彩图　32开
　　第1-4册：民国23.9初版
　　小学适用
　　辞书

2-3618

涂色轮廓画
蔡忱毅编绘　沈士秋校订
　　上海　新亚书店　民国23.9[1934.9]
　　4册(16,16,16,16页)　图　32开　活页
　　第1-4册：民国23.9初版
　　小学适用
　　辞书

2-3619

小学生钢笔画
蔡忱毅编绘　沈士秋校订
　　上海　新亚书店　民国23.10[1934.10]-
　　　册(①12,④12页)　图　小32开
　　第1,4册：民国23.10初版
　　小学适用
　　辞书(1,4)

2-3620

儿童图案剪贴集
周吉士编著
　　上海　形象艺术社　民国23.12[1934.12]
　　4册(23,24,24,23页)　彩图　32开
　　第1-4册：民国23.12初版
　　小学用书
　　辞书

2-3621

小学铅笔画
朱凤竹编绘
　　上海　形象艺术社　民国24.5[1935.5]-
　　　册(①10,②10页)　图　64开
　　第1册(初集)：民国24.5初版
　　第2册(二集)：民国25.1第2版
　　辞书(1-2)

2-3622

儿童的画理
潘雪鸿,张翼飞著
　　上海　商务印书馆　民国24.12[1935.12]版
　　62页　图　32开
　　小学生分年补充读本
　　庐山

2-3623

小学生铅笔画
蔡忱毅编绘　沈士秋校订
　　上海　新亚书店　民国25.1[1936.1]
　　4册(16,16,16,16页)　图　32开
　　第1-4册：民国25.1第8版
　　小学适用
　　辞书

2-3624

五彩剪贴画
　　上海　形象艺术社　民国25.1[1936.1]
　　2册(23,22页)　彩图　32开
　　上下册：民国25.1第4版
　　小学用书
　　辞书

2-3625

美丽的画宝
沈士秋编绘　张眉孙校阅
　　上海　新亚书店　民国25.2[1936.2]
　　4册(34,33,33,33页)　图　64开
　　第1-4册：民国25.2第50版
　　初中以下学校适用
　　辞书

2-3626

学生铅笔画
蔡忱毅编绘　沈士秋校订
　　上海　新亚书店　民国25.2[1936.2]
　　4册(21,23,13,13页)　图　64开
　　第1-4册：民国25.2第10版
　　小学适用
　　辞书

2-3627

新美术画帖
朱凤竹编绘
　　上海　形象艺术社　民国25.2[1936.2]-
　　　册(④25页)　图　64开
　　第4册：民国25.2第6版

小学用书
辞书(4)

2-3628
小学生水彩画
沈士秋编绘　张眉孙校阅
　　上海　新亚书店　民国25.4[1936.4]
　　4册(11,11,11,11页)　彩图　64开
　　第1-4册：民国25.4第10版
　　小学适用
　　辞书

2-3629
剪形
杨鸿仪编
　　上海　形象艺术社　民国25.6[1936.6]
　　2册(32,32页)　图　32开
　　上下册：民国25.6初版
　　小学用书
　　辞书

2-3630
我的水彩画
朱凤竹编绘
　　上海　形象艺术社　民国25.6[1936.6]-
　　　册(②10,③10,④10页)　彩图　64开
　　第2-4册：民国25.6初版
　　小学用书
　　辞书(2-4)

2-3631
学生毛笔画
朱凤竹编绘
　　上海　形象艺术社　民国25.9[1936.9]-
　　4册(10,10,10,10页)　图　64开
　　第1-3册：版次不详
　　第4册：民国25.9第2版
　　辞书

2-3632
学生水彩画
朱凤竹编
　　上海　形象艺术社　民国25.11[1936.11]
　　4册(11,10,10,10页)　彩图　64开
　　第1-4册：民国25.11第10版
　　辞书

2-3633
小学剪贴画
徐进编绘
　　上海　徐进画室　民国26.6[1937.6]
　　2册(15,15页)　图　32开
　　第1-2册：民国26.6第4版
　　小学适用
　　辞书

2-3634
抗战图画手册
郑川谷著
　　汉口　上海杂志公司　民国27.3[1938.3]第2版
　　68页　图　32开
　　学校图画教材　抗战宣传参考　民众兵器常识
　　上海

2-3635
小学铅笔画
徐进编绘
　　上海　徐进画室　民国28.1[1939.1]
　　4册(10,10,10,10页)　图　64开
　　第1-4册：民国28.1第5版
　　辞书

2-3636
最新图画练习本
综合出版社编绘
　　上海　[编者刊]　民国28.1[1939.1]
　　4册([60],[68],[72],[72]页)　图(含彩图)　32开
　　第1-4册：民国28.1初版
　　封面题名：最新小学图画练习本
　　辞书

2-3637
小学水彩画
徐进编绘
　　上海　徐进画室　民国28.1[1939.1]-
　　4册(②10,③10,④10页)　彩图　64开
　　第2册：版次不详
　　第3册：版次不详
　　第4册：民国28.1第7版
　　辞书(2-4)

2-3638
学生铅笔画
朱凤竹编
　　上海　形象艺术社　民国30[1941]-
　　4册　彩图　64开
　　第2-4册：民国30初版
　　小学用书
　　上海(2-4)

2-3639
图画范本
都冰如编绘
　　上海　大中国图书局　民国35.10[1946.10]
　　2册(50,50页)　彩图　64开
　　上下册：民国35.10初版
　　小学适用
　　辞书

2-3640
儿童画教材
邹稚编绘

[涉县] 华北新华书店 民国35.10[1946.10]
22页 32开
国图

2-3641
美术工艺混合课本
虞哲光编绘
上海 世界书局 民国37.9[1948.9]
4册(22,22,22,22页) 图 32开
第1-4册：民国37.9第2版
小学适用
人教 辞书 编译馆

2-3642
平涂水彩画：剪贴范本
鲍叔良编著
上海 形象艺术社 [1912-1949?]
4册(10,10,10,10页) 彩图 32开
第1-4册：版次不详
小学用书
辞书

2-3643
学生钢笔画
上海 形象艺术社 [1912-1949?]
4册(①10,②10,③10页) 图 64开
第1-3册：版次不详
供中小学校实习用
辞书(1-3)

2-3644
毛笔写实图案
张亦庵编
上海 商务印书馆 [1912-1949?]
册(①40,②40,③40页) 32开
第1-3册：版次不详
新学制小学形象艺术科参考书
河南(1-3)

2-3645
小学图画练习册
李公仪绘
香港 海洋书屋 [1912-1949?]
4册 大32开
第1-4册：版次不详
广东中山

2-3646
儿童的美术史：东洋之部
史岩编
上海 商务印书馆 [1912-1949?]
2册(①51页) 图 32开
第1册：版次不详
小学生分年补充读本
国图(1)

2-3647
儿童画本
陈之佛绘编
上海 儿童书局 [1912-1949?]
12册(16,16,16,16,16,16,16,16.16,16,16,16页) 彩图 32开
第1-12册：版次不详
辞书

* * *

2-3648
蒙学铅笔习画帖
丁宝书编辑 （日）广田藤治绘画
上海 文明书局 清宣统1.6[1909]
4册(15,15,15,15页) 图 16开
第1-4册：宣统1.6年版
清学部审定 初等小学堂学生用
初版附注：清光绪30年9月初版
版权页题名：蒙学铅笔新习画帖
辞书

2-3649
(订正)初等小学习画帖学生用
金石绘画
上海 商务印书馆 民国2.5[1913.5]
8册(10,10,10,10,10,10,10,10页) 图 16开
第1-8册：民国2.5订正9版
教育部审定
初版附注：清光绪31年正月初版
封面题名：初等小学习画帖学生用
辞书

2-3650
毛笔习画范本
商务印书馆编译所编辑
上海 商务印书馆 民国2.4[1913.4]-
8册(10,10,10,10,10,10,10,10页) 图 16开
第1册：民国2.4第3版
第2册：民国3.3第5版
第3册：民国3.3第5版
第4册：民国3.3第5版
第5册：民国3.3第5版
第6册：民国3.3第5版
第7册：民国3.3第5版
第8册：民国3.3第5版
初等小学校学生用
初版附注：清光绪32年11月初版
版权页题名：初等小学毛笔习画范本
辞书

2-3651
初等小学图画范本

张在恭编辑及图画
  上海　中国图书公司　清光绪 33.9[1907]
  10 册　图　16 开
  第 1-10 册：光绪 33.9 版
  上海

2-3652
铅笔习画帖
商务印书馆编译所编辑
  上海　商务印书馆　清宣统 3.6[1911]
  4 册(20,20,20,20 页)　图　16 开
  第 1-4 册(一至四编)：宣统 3.6 第 3 版
  初等小学堂用
  初版附注：清光绪 34 年 11 月初版
  其他题名：初等小学铅笔习画帖
  辞书

2-3653
初等小学图画教科书
(清)学部编译图书局编纂
  南京　两江南洋官书局　清宣统 3.1[1911]-
  册(①40,②40,③40 页)　图　16 开　线装
  第 1-3 册：宣统 3.1 重印
  初版附注：清宣统 2 年 12 月初版
  辞书(1-3)

2-3654
初等小学毛笔习画帖
中华书局编辑
  上海　[编者刊]　民国 1.3[1912.3]
  8 册(9,9,9,9,9,9,9,9 页)　图　大 32 开
  第 1 册：民国 1.3 初版
  第 2 册：民国 1.3 初版,民国 1.11 第 2 版
  第 3 册：民国 1.3 初版
  第 4 册：民国 1.3 初版
  第 5 册：民国 1.3 初版
  第 6 册：民国 1.3 初版
  第 7 册：民国 1.3 初版
  第 8 册：民国 1.3 初版
  封面题名：中华初等小学习画帖
  人教　辞书

2-3655
新图画：铅笔画帖
李维纯,余翰绘画
  上海　商务印书馆　民国 2[1913]-
  8 册(10,10,10,10,10,10,10,10 页)　图　大 32 开
  第 1 册：民国 13.2 第 9 版
  第 2 册：民国 14.1 第 10 版
  第 3 册：民国 13.11 第 10 版
  第 4 册：民国 3 第 7 版,民国 13.11 第 10 版
  第 5 册：民国 13.9 第 9 版
  第 6 册：民国 13.9 第 9 版
  第 7 册：民国 2 第 3 版,民国 3 第 7 版,民国 13.9 第 9 版
  第 8 册：民国 13.9 第 9 版
  教育部审定　国民学校学生用
  初版附注：民国元年 6 月初版
  其他题名：共和国教科书新图画
  北师大(7)　辞书　河南(1-2,4,7)

2-3656
新图画：毛笔画帖
汪洛年绘画
  上海　商务印书馆　民国 3.1[1914.1]
  8 册(10,10,10,10,10,10,10,10 页)　图　大 32 开
  第 1-8 册：民国 3.1 第 7 版
  教育部审定　初等小学用
  初版附注：民国元年 6 月初版
  版权页题名：初等小学新图画
  其他题名：共和国教科书新图画
  辞书　河南(2-5)

2-3657
新制中华初等小学毛笔习画帖
余翰绘　戴克敦,沈颐,范源廉,陆费逵阅
  上海　中华书局　民国 2.7[1913.7]
  3 册(20,20,40 页)　图　大 32 开
  第 1 册：民国 2.7 初版
  第 2 册：民国 2.7 初版,民国 4.1 第 3 版
  第 3 册：民国 2.7 初版,民国 4.1 第 3 版
  初等小学第二年级~第四年级学生用
  其他题名：新制中华毛笔习画帖
  人教　辞书

2-3658
新制中华初等小学铅笔习画帖
余翰,金晨绘　陆费逵,范源廉,沈颐,戴克敦阅
  上海　中华书局　民国 2.8[1913.8]
  3 册(22,21,42 页)　图　大 32 开
  第 1-3 册：民国 2.8 初版
  初等小学校第二学年~第四学年男女生共用
  其他题名：新制中华铅笔习画帖
  人教(1-2)　辞书

2-3659
新编中华初等小学毛笔习画帖
中华书局编辑所编辑
  上海　中华书局　民国 3.8[1914.8]-
  6 册(①10,②10,④10 页)　图　大 32 开
  第 1 册：民国 3.8 初版
  第 2 册：民国 4.4 第 2 版
  第 4 册：民国 4.4 第 2 版
  初等小学校用
  其他题名：新编中华毛笔习画帖
  辞书(1-2,4)

2-3660
新式习画帖
张在恭编绘

上海　中华书局　民国6.3[1917.3]
6册([7],10,10,10,20,[18]页)　图　16开
第1-6册:民国6.3初版
国民学校用
辞书

2-3661

新体图画教科书
王雅南编纂
上海　商务印书馆　民国7.8[1918.8]-
3册([32],[25],[19]页)　图　16开
第1册:民国7.8初版,民国11.5第2版,民国11.7版
第2册:民国7.8初版,民国11.7第2版
第3册:民国11.7第2版
教育部审定　国民学校用　秋季始业
封面题名:国民学校新体图画教科书
辞书　河南(1-2)

2-3662

新编图画课本
须戒己,熊矗高,陆衣言,顾励安编纂
上海　商务印书馆　民国9.12[1920.12]-
8册(15,13,15,12,15,12,26,23页)　图(含彩图)　16开
第1册:民国13.4第2版
第2册:民国13.4第2版
第3册:民国13.5第2版
第4册:民国13.5第2版
第5册:民国13.5第2版
第6册:民国9.12初版,民国13.5第2版
第7册:民国9.12初版
第8册:民国9.12初版
教育部审定　国民学校用
初版附注:民国8年2月-9年12月初版
辞书　河南(6-7)

2-3663

新学制形象艺术教科书
宗亮寰编纂　王岫庐,吴研因校订
上海　商务印书馆　民国13.1[1924.1]-
8册(24,24,24,24,24,24,24页)　图(含彩图)　32开
第1册:民国13.1初版,民国15.6第22版
第2册:民国13.1初版,民国13.2第7版
第3册:民国13.8第10版
第4册:民国13.5初版,民国15.9第30版
第5册:民国13.8第10版,民国15.10第25版
第6册:民国13.8第10版,民国15.10第25版
第7册:民国13.8第10版
第8册:民国13.10第10版,民国15.8第15版
小学校初级用
初版附注:民国13年1-5月初版
辞书　广东中山(5)　编译馆(1,4-6,8)

2-3664

初级图画课本
何元编
上海　中华书局　民国13.12[1924.12]-
4册(②32,③32页)　图　32开
第2册:民国13.12初版
第3册:民国14.10初版
人教(2-3)

2-3665

新中华形象艺术课本
姜丹书,朱稣典编辑
上海　新国民图书社　民国16.6-19.6[1927.6-1930.6]
8册(20,20,20,20,20,20,20,20页)　图(含彩图)　32开
第1册:民国16.6初版,民国18.6第2版
第2册:民国17.2初版,民国20.6第3版,民国21.5第4版
第3册:民国17.2初版,民国20.6第3版,民国21.7第4版
第4册:民国17.2初版,民国18.6第2版
第5册:民国19.6初版
第6册:民国19.6初版
第7册:民国19.6初版
第8册:民国19.6初版
小学校初级用
其他题名:新中华教科书形象艺术课本
人教　辞书　编译馆

2-3666

初级小学图画教本
葛成宏绘图
上海　中央书店　民国18.12[1929.12]-
8册(36,36,36,36,36,36,36,36页)　图　32开
第1册:民国19.6第2版
第2册:民国19.6第2版
第3册:民国19.6第2版
第4册:民国19.6第2版
第5册:民国18.12初版
第6册:民国18.12初版
第7册:民国18.12初版
第8册:民国18.12初版
初级小学校用
初版附注:民国18年12月初版
封面题名:图画教本
辞书

2-3667

初级小学图画教本
葛成宏绘图
上海　共和书局　民国20.6[1931.6]-
12册(①36,②36,③36,④36,⑤36,⑥36,⑦36,⑧36页)　图　32开
第1册:民国21.9第3版
第2册:民国21.9第3版
第3册:民国21.9第3版
第4册:民国20.6第2版
第5册:民国22.2第3版

第6册：民国22.2第3版
　　第7册：民国22.2第3版
　　第8册：民国22.2第3版
　　小学校用
　　封面题名：图画教本
　　其他题名：新小学图画教本
　　编译馆(1-8)

2-3668
美术
　　叶元珪编　张辰伯,凌善清校订
　　上海　大东书局　民国21.9[1932.9]
　　8册(24,24,24,24,24,24,24,24页)　图(含彩图)　32开
　　第1册：民国21.9初版,民国22.7第2版
　　第2册：民国21.9初版
　　第3册：民国21.9初版
　　第4册：民国21.9初版
　　第5册：民国21.9初版
　　第6册：民国21.9初版
　　第7册：民国21.9初版
　　第8册：民国21.9初版,民国22.7第2版
　　小学校初级用
　　封面题名：新生活美术教科书
　　其他题名：新生活教科书美术
　　辞书　湖南(1)　编译馆

2-3669
活页习画帖
　　张慧雄编绘　沈士秋校订
　　上海　新亚书店　民国22.1[1933.1]
　　4册(32,32,32,32页)　图　32开　活页
　　第1-4册：民国22.1初版
　　初级小学适用
　　辞书

2-3670
小学美术课本
　　朱稣典,潘淡明编　姜丹书校
　　上海　中华书局　民国22.7[1933.7]
　　8册(20,20,20,20,20,20,20,20页)　图(含彩图)　32开
　　第1册：民国22.7初版,民国22.7第4版
　　第2册：民国22.7初版
　　第3册：民国22.7初版
　　第4册：民国22.7初版,民国22.7第4版
　　第5册：民国22.7初版,民国22.7第3版
　　第6册：民国22.7初版,民国22.7第3版
　　第7册：民国22.7初版,民国22.7第3版
　　第8册：民国22.7初版,民国22.7第2版,民国22.7第3版
　　新课程标准适用
　　卷端题名：小学初级美术课本
　　辞书

2-3671
复兴美术教本
　　胡葆良编著　赵欲仁,宗亮寰校订
　　上海　商务印书馆　民国23.8-26.2[1934.8-1937.2]
　　8册　图　32开
　　第1-8册：民国23.8-26.2初版
　　新课程标准适用　小学校初级用
　　书脊题名：复兴初小美术教本
　　北师大　人教　华师大(5,8)　辞书(1-2)

2-3672
怎样画
　　朱稣典编　沈子丞绘
　　上海　中华书局　民国24.7[1935.7]
　　18页　彩图　32开　(小学低年级各科副课本　94)
　　卷端题名：小学低年级美术副课本怎样画
　　上海　辞书

2-3673
剪了再贴
　　沈子丞编绘
　　上海　中华书局　民国25.1[1936.1]
　　18页　彩图　32开　(小学低年级各科副课本　95)
　　卷端题名：小学低年级美术副课本剪了再贴
　　上海　辞书　河南

2-3674
图画日记
　　朱西一编　刘开申绘
　　上海　中华书局　民国25.6[1936.6]
　　18页　彩图　32开　(小学低年级各科副课本　96)
　　卷端题名：小学低年级美术副课本图画日记
　　辞书

2-3675
画出来
　　罗因编　沈子丞绘
　　上海　中华书局　民国25.6[1936.6]
　　18页　彩图　32开　(小学低年级各科副课本　97)
　　卷端题名：小学低年级美术副课本画出来
　　辞书

2-3676
名画家故事
　　翁理之编
　　上海　中华书局　民国25.1[1936.1]
　　36页　图　32开　(小学中年级各科副课本　94)
　　卷端题名：小学中年级美术副课本名画家故事
　　人教　上海　辞书

2-3677
美儿学画
　　翁理之编
　　上海　中华书局　民国24.7[1935.7]
　　37页　图　32开　(小学中年级各科副课本　95)
　　卷端题名：小学中年级美术副课本美儿学画
　　人教　上海　辞书

2-3678

调色法
翁理之编
上海 中华书局 民国25.6[1936.6]
37页 图 32开 (小学中年级各科副课本 96)
卷端题名:小学中年级美术副课本调色法
人教 辞书

2-3679

装饰美
曾寿康编
上海 中华书局 民国25.6[1936.6]
40页 图 32开 (小学中年级各科副课本 97)
卷端题名:小学中年级美术副课本装饰美
人教 辞书

2-3680

儿童画册
郑川谷著作 陈抱一,丰子恺校订
上海 艺术书店 民国25.2-8[1936.2-8]
2册(32,32页) 图(含彩图) 32开 精装
第1册:民国25.2初版
第2册:民国25.8初版
幼稚园及小学校低年级适用
辞书

2-3681

小学低年级蜡笔涂色轮廓画
蔡忱毅编绘 沈士秋校订
上海 新亚书店 民国25.5[1936.5]
2册(16,16页) 图 32开
第1-2册:民国25.5初版
辞书

2-3682

小学中年级蜡笔画范本
上海 新亚书店 民国25.5[1936.5]
4册([16],[16],[16],[16]页) 图(含彩图) 16开
第1-4册:民国25.5初版
辞书

2-3683

小学低年级蜡笔画范本
上海 新亚书店 民国25.7[1936.7]
4册(12,12,13,13页) 彩图 64开
第1-4册:民国25.7第2版
辞书

2-3684

黎明幼稚园低级小学画集
罗绳武编辑 钟敬之绘画
上海 黎明书局 民国26.1-2[1937.1-2]
10册(20,20,20,20,20,20,20,20,20,20页) 图(含彩图)
  大32开
第1册(第一年二月份):民国26.2初版
第2册(第一年三月份):民国26.2初版
第3册(第一年八至九月份):民国26.1初版
第4册(第一年十月份):民国26.1初版
第5册(第一年十一月份):民国26.1初版
第6册(第二年二月份):民国26.2初版
第7册(第二年三月份):民国26.2初版
第8册(第二年八至九月份):民国26.1初版
第9册(第二年十月份):民国26.1初版
第10册(第二年十一月份):民国26.1初版
辞书

2-3685

蜡笔画练习簿
秦思伟编绘
上海 春秋书社 民国29.8[1940.8]
4册(20,20,20,20页) 图 小32开
第1-4册:民国29.8第5版
小学校低年级适用
辞书

* * *

2-3686

高等毛笔习画帖
丁宝书编辑
上海 文明书局 清光绪34.5[1908]-
3册(③28页) 图 16开
第3册(三编):光绪34.5第2版
初版附注:清光绪32年3月初版
辞书(3)

2-3687

高等小学图画教科书
(清)学部编译图书局编纂
南京 两江南洋官书局 清宣统3.5[1911]
4册(20,20,20,20页) 图(含彩图) 16开
第1-4册:宣统3.5重印
清学部第一次编纂
初版附注:清宣统元年5月初版
辞书

2-3688

新制中华高等小学毛笔习画帖
蒋维瀚绘
上海 中华书局 民国2.4[1913.4]-
3册(20,20,20页) 图 大32开
第1册:民国2.4初版,民国2.9第2版
第2册:民国2.9初版
第3册:版次不详
高等小学第一学年~第三学年用
逐页题名:新制中华高等小学习画帖
其他题名:新制中华毛笔习画帖
人教 辞书

2-3689
高等小学校毛笔新画帖
丁宝书编著　张景良校订
　　上海　文明书局　民国3.5[1914.5]-
　　6册(①16,③16,④24,⑤16,⑥24页)　图　大32开
　　第1,3-6册:民国3.5第2版
　　教育部审定　高等小学校用书　秋季始业　第一年第一学
　　　期～第三年第三学期用
　　初版附注:民国2年10月初版
　　封面题名:中华民国毛笔新画帖
　　辞书(1,3-6)

2-3690
新图画:毛笔画帖
汪洛年绘画　王家燧校订
　　上海　商务印书馆　民国3.9[1914.9]-
　　6册(②10,③10,④10,⑤10,⑥10页)　图(含彩图)　大
　　　32开
　　第2册:民国3.9第4版
　　第3册:民国5.8第6版
　　第4册:民国3.9第4版
　　第5册:民国5.8第6版
　　第6册:民国5.8第6版
　　教育部审定　高等小学用
　　版权页题名:高等小学新图画
　　其他题名:共和国教科书新图画
　　辞书(2-6)

2-3691
高等小学毛笔习画帖
(日)尾竹竹坡,徐永清著
　　上海　商务印书馆　民国3[1914]-
　　　册(①10,②10,③10,⑥10页)　图　32开
　　第1-3,6册(一至三编、六编):民国3第12版
　　教育部审定　学生用
　　河南(1-3,6)

2-3692
新图案
王家明编纂
　　上海　商务印书馆　民国7.7[1918.7]-
　　6册(10,10,10,10,10,10页)　图(含彩图)　大32开
　　第1册:民国9.5第2版
　　第2册:民国7.7初版
　　第3册:民国7.7初版
　　第4册:民国9.5第2版
　　第5册:民国9.11第2版
　　第6册:民国7.7初版
　　高等小学校用
　　初版附注:民国7年4-7月初版
　　辞书

2-3693
新学制形象艺术教科书
宗亮寰编纂　王岫庐,何明斋校订
　　上海　商务印书馆　民国14.9[1925.9]
　　4册(20,20,20,20页)　图(含彩图)　32开
　　第1册:民国14.9初版,民国16.1第15版
　　第2册:民国14.9初版
　　第3册:民国14.9初版
　　第4册:民国14.9初版
　　小学校高级用
　　人教　辞书

2-3694
图画教本
葛成宏绘图
　　上海　中央书店　民国18.12[1929.12]
　　4册(36,36,36,36页)　图　32开
　　第1-4册:民国18.12初版
　　高级小学校用
　　版权页题名:高级小学图画教本
　　辞书　编译馆

2-3695
新派画范本
蔡忱毅绘画　陈华编订
　　上海　新亚书店　民国21.11[1932.11]
　　2册(20,21页)　图　32开
　　第1-2册:民国21.11第15版
　　高级小学适用
　　初版附注:民国18年12月初版
　　辞书

2-3696
新时代图画范本
谢曼绘图　陈华编订
　　上海　新亚书店　民国19.7[1930.7]
　　2册(52,52页)　图　32开
　　第1-2册:民国19.7初版
　　中小学适用
　　辞书

2-3697
活页图画范本
沈士秋编绘
　　上海　新亚书店　民国21.10[1932.10]
　　2册(30,30页)　图　16开　活页
　　上下册:民国21.10第4版
　　高级小学适用
　　封面题名:活页习画帖
　　辞书

2-3698
小学美术课本
朱稣典,潘淡明编　姜丹书校
　　上海　中华书局　民国22.4[1933.4]
　　4册(20,20,20,20页)　图(含彩图)　32开
　　第1册:民国22.4初版

第2册：民国22.4初版
第3册：民国22.4初版,民国23.1第4版
第4册：民国22.4初版,民国23.1第4版
新课程标准适用
卷端题名：小学高级美术课本
上海　辞书

2-3699

美术教材
叶元珪编　张辰伯,凌善清校订
　　上海　大东书局　民国22.8[1933.8]
　　4册(24,24,24,24页)　图(含彩图)　32开
　　第1-4册：民国22.8初版
　　小学校高级用
　　其他题名：新生活教科书美术教材
　　辞书

2-3700

复兴美术教科书
吴中望编绘　吴梦非,宗亮寰校订
　　上海　商务印书馆　民国23.10[1934.10]
　　4册(30,30,30,30页)　图(含彩图)　32开
　　第1-4册：民国23.10初版
　　新课程标准适用　小学校高级用
　　版权页题名：美术
　　其他题名：复兴教科书美术
　　北师大　人教　辞书

2-3701

应用图案讲话
王晓梅编
　　上海　中华书局　民国24.7[1935.7]
　　43页　图　32开　(小学高年级各科副课本　94)
　　卷端题名：小学高年级美术副课本应用图案讲话
　　人教　辞书　编译馆

2-3702

宣传画与广告画
孙一芬编
　　上海　中华书局　民国25.1[1936.1]
　　44页　图　32开　(小学高年级各科副课本　95)
　　卷端题名：小学高年级美术副课本宣传画与广告画
　　人教　辞书

2-3703

有趣味的图画
王晓梅编
　　上海　中华书局　民国24.10[1935.10]
　　42页　图　32开　(小学高年级各科副课本　96)
　　卷端题名：小学高年级美术副课本有趣味的图画
　　人教　上海　辞书

2-3704

画理浅说
管支南编
　　上海　中华书局　民国25.1[1936.1]
　　48页　图　32开　(小学高年级各科副课本　97)
　　卷端题名：小学高年级美术副课本画理浅说
　　人教　辞书

2-3705

小学高年级蜡笔画范本
　　上海　新亚书店　民国25.7[1936.7]
　　4册([16],[16],[16],[16]页)　图(含彩图)　32开
　　第1-4册：民国25.7初版
　　辞书

2-3706

彩色铅笔画
蔡忱毅编绘　沈士秋校订
　　上海　新亚书店　民国25.9[1936.9]
　　4册(12,12,12,12页)　彩图　32开
　　第1-4册：民国25.9第11版
　　中小衔接教材　中小学适用
　　辞书

2-3707

美术科百问
王一夫编
　　上海　中华书局　民国29.1[1940.1]
　　88页　图　32开
　　小学高年级用
　　辞书

2-3708

高级学生图画课本
张荻寒编绘
　　上海　春明书店　民国35[1946]版
　　1册　64开
　　广东中山

2-3709

综合美术教材
费新我等编绘
　　上海　万叶书店　民国36[1947]
　　1册　32开
　　小学中高年级用
　　其他题名：美术教材
　　广东中山

教学参考书

2-3710

新著小学美术教学法
冯皓,冯干,冯彦编辑　张益之,吴研因校订
　　上海　商务印书馆　民国12.10[1923.10]初版,民国13.10
　　第2版
　　126页　图　32开
　　华师大　辞书

2-3711
儿童画本教授指要
陈之佛著
　　上海　儿童书局　民国20.10[1931.10]初版,民国21第2版
　　92页　图　32开
　　北师大　辞书　广东中山

2-3712
小学教师应用美术
俞寄凡编著
　　上海　世界书局　民国22.6[1933.6]初版,民国22.6第2版,民国23.8版,民国23.10第3版
　　303页　图,表　大32开
　　其他题名：高中师范教本小学教师应用美术
　　国图　北师大　人教　上海　华师大　辞书　河南

2-3713
实际的小学美术教学法
刘祉延编著
　　上海　开华书局　民国24.3[1935.3]
　　146页　图,表　32开　（实际的小学教育丛书　8）
　　版权页题名：实际的小学美术教育法
　　辞书　河南

2-3714
小学形象艺术科教学法
宗亮寰著
　　上海　商务印书馆　民国24[1935]国难后2版
　　176页　32开
　　广东中山

2-3715
小学美术教材及教法
王士林编
　　上海　新亚书店　民国25.5[1936.5]
　　148页　图,表　32开　（小学教师进修丛书）
　　国图　辞书　天津

2-3716
小学美术科教材和教法
温肇桐编著
　　长沙　商务印书馆　民国28.10[1939.10]
　　179页　图,表　32开　（小学教师丛书）
　　华师大　辞书

2-3717
小学美术教员手册
丘高明编
　　广州　天文印务局　民国36[1947]版
　　75页　32开
　　广东中山

2-3718
小学写字教学法
朱智贤编著
　　上海　商务印书馆　民国37.2[1948.2]第1版,民国37.8第3版
　　111页　图,表　32开　（国民教育文库）
　　国图　辞书　广东中山

2-3719
小学美术科教材和教法
温肇桐编纂
　　上海　商务印书馆　民国37.2[1948.2]第1版,民国37.8第3版
　　174页　图,表　32开　（国民教育文库）
　　其他题名：美术科教材和教法
　　国图　辞书　天津　广东中山

　　　　　＊　　＊　　＊

2-3720
初等小学习画帖
金石绘画
　　上海　商务印书馆　民国1.5[1912.5]订正8版
　　24页　图　16开
　　教育部审定　教员用
　　初版附注：清光绪31年正月初版
　　辞书

2-3721
毛笔习画范本
商务印书馆编译所绘画
　　上海　商务印书馆　民国2.6[1913.6]第4版
　　24页　图　16开
　　初等小学校教员用
　　初版附注：清光绪32年11月初版
　　辞书

2-3722
新图画：毛笔画帖
汪洛年绘画
　　上海　商务印书馆　民国12.8[1923.8]第10版
　　20页　图　16开
　　教育部审定　国民学校用　毛笔画教员用
　　初版附注：民国元年6月初版
　　其他题名：共和国教科书新图画
　　辞书

2-3723
新制中华毛笔习画帖
余翰绘　戴克敦,沈颐,范源廉,陆费逵阅
　　上海　中华书局　民国2.7[1913.7]初版,民国3.6第2版
　　20页　图　16开
　　初等小学校教员用　国民学校教员用
　　辞书

2-3724
新体图画教授书
王雅南编纂
　　上海　商务印书馆　民国7.8[1918.8]-

4册(①48,②42,③44页)　图(含彩图)　16开
第1册:民国7.8初版
第2册:民国12.3第2版
第3册:版次不详
教育部审定　国民学校用　秋季始业
国图(1-2)　辞书(1-3)　河南(1)

2-3725

新编图画教案
熊蕃高编纂
　　上海　商务印书馆　民国8.1[1919.1]-
8册(37,34,33,31,33,55,60,51页)　图　16开
第1册:民国8.1初版
第2册:民国8.1初版
第3册:民国8.1初版,民国12.5第2版
第4册:民国8.1初版,民国12.5第2版
第5册:民国9.9初版
第6册:民国9.9初版
第7册:民国10初版,民国12.12第2版
第8册:民国12.12第2版
国民学校教员用
初版附注:民国8年1月-10年2月初版
辞书　河南(1-6,8)

2-3726

新学制形象艺术教授书
宗亮寰编纂
　　上海　商务印书馆　民国13.3[1924.3]-
8册(①73,②74,③60,④67页)　表　大32开
第1册:民国13.3初版
第2册:民国13.8初版
第3册:民国13.9初版
第4册:民国14.1初版
小学校初级用
辞书(1-4)

2-3727

新中华形象艺术课本教授书
姜丹书,朱稣典编辑
　　上海　新国民图社　民国16.8-20.8[1927.8-1931.8]
8册(60,72,64,65,68,71,75,74页)　图　32开
第1册:民国16.8初版,民国19.3第2版
第2册:民国17.2初版,民国19.8第3版
第3册:民国17初版,民国18.6第2版,民国19.8第3版
第4册:民国17.2初版,民国18.6第2版,民国19.8第3版
第5册:民国18.11初版
第6册:民国20.2初版
第7册:民国20.8初版
第8册:民国20.7初版
小学校初级用
其他题名:新中华教科书形象艺术课本教授书
人教(1-5)　辞书　编译馆

2-3728

小学美术课本教学法
朱稣典,潘淡明编　姜丹书校
　　上海　中华书局　民国22.8-23.7[1933.8-1934.7]
8册(76,80,76,76,78,78,79,77页)　图,表　32开
第1册:民国22.8初版
第2册:民国22.8初版
第3册:民国22.10初版
第4册:民国22.11初版
第5册:民国23.2初版
第6册:民国23.3初版
第7册:民国23.6初版
第8册:民国23.7初版
新课程标准适用　小学校初级用
国图　人教　辞书　广西师大(2)

2-3729

美术教学做法
吴仁杰编辑　蒋息岑校阅
　　上海　大东书局　民国23.6[1934.6]-
8册(①60,②66,⑧56页)　32开
第1册:民国23初版
第2册:民国23初版
第8册:民国23.6初版
小学初级教师用
其他题名:新生活教科书美术教学做法
北师大(8)　广东中山(1-2)

＊　＊　＊

2-3730

新学制形象艺术教授书
宗亮寰编纂
　　上海　商务印书馆　民国14.8[1925.8]-
4册(①66,②69页)　表　32开
第1册:民国14.8初版,民国18第4版
第2册:民国15.1初版,民国18.1版,民国18第4版
小学校高级用
北师大(1-2)　人教(1-2)　辞书(1)　广东中山(1-2)

2-3731

小学美术课本教学法
朱稣典,潘淡明编　姜丹书校
　　上海　中华书局　民国22.5-6[1933.5-6]
4册(106,96,96,104页)　图,表　32开
第1册:民国22.5初版
第2册:民国22.5初版
第3册:民国22.6初版
第4册:民国22.6初版
新课程标准适用　小学校高级用
北师大(2-4)　辞书　广东中山(1-2)

2-3732
复兴美术教学法
吴中望编著　吴梦非校订
上海　商务印书馆　民国25.8[1936.8]-
4册(①142页)　图　32开
第1册：民国25.8初版
小学校高级用
北师大(1)　人教(1)　华师大(1)

贰　劳作、家事

课本

2-3733
家政教科书
朱彭龄编辑　庄景仲校订
上海　新学会社　民国2.5[1913.5]第5版
76页　表　大32开
初版附注：清光绪33年5月初版
封面题名：女子家政教科书
辞书

2-3734
通俗实用家计簿记教科书
寿孝天编纂　杜亚泉校订
上海　商务印书馆　民国2.8[1913.8]第9版,民国5第13版
[95]页　表　大32开
初版附注：清光绪34年12月初版
逐页题名：家计簿记教科书
北师大　辞书

2-3735
新编小学手工范本
赵传璧编纂　葛祖兰,曹慕管,张立明校
上海　澄衷中学校　民国4.9[1915.9]
2册(29,28叶)　图　16开
上下册：民国4.9初版
辞书

2-3736
（订正）小学手工范本
赵传璧编纂
[出版者不详]　民国4[1915]版
110页　图　64开
其他题名：小学手工范本
河南

2-3737
最新手工教科书
胡玹著

湖南　益阳图书馆　民国5.5[1916.5]-
2册　图　32开
第2册(下卷)：民国5.5版
其他题名：手工教科书
湖南(2)

2-3738
手工教材
李渻文,萧连黼编纂　孙揆校订
上海　商务印书馆　民国12.12[1923.12]
2册(133,136页)　图　32开
第1册(上卷)：民国12.12第5版
第2册(下卷)：民国12.12第5版,民国16第7版
教育部审定　小学适用
初版附注：民国6年8月初版
国图(1)　人教(1)　辞书　河南

2-3739
手工教材玩具制作法
郭义泉编纂
上海　中华书局　民国9.8[1920.8]初版,民国10.4第2版,民国16第5版,民国18第6版,民国20.5第8版,民国21.6第9版,民国22第10版,民国25.3第11版
134页　图　32开
逐页题名：玩具制作法
国图　辞书　天津　河南　辽宁　编译馆

2-3740
工艺新教材
须戒己编　何元校订
上海　商务印书馆　民国17.4[1928.4]
29页　图　32开
人教

2-3741
手工新教材
汪畏之编　姜丹书增订
上海　中华书局　民国18.4[1929.4]初版,民国20.5第5版,民国21.9第7版,民国21.10第8版
80页　图　32开
国图　北师大　辞书　辽宁　湖南　编译馆

2-3742
剪贴教材
徐庆平编辑
上海　世界书局　民国21.12[1932.12]
6册　彩图　64开
第1-6册：民国21.12第2版
小学美术科用
编译馆

2-3743
剪贴活用教材
李善静编绘
上海　大东书局　民国22.5[1933.5]-
4册　彩图　64开

第1-2册: 民国22.5初版
遵照教育部新颁之小学劳作课程标准编辑　小学新生活劳作教科用书
编译馆(1-2)

2-3744
儿童工艺四十种
陆衣言著
　　上海　中华书局　民国22.10[1933.10]版
　　109页　图　32开
　　小学工艺科适用
　　国图

2-3745
剪贴手工教材
丁谦编辑　沈士秋校订
　　上海　新亚书店　民国22[1933]
　　6册(20,20,20,20,20,20页)　彩图　32开
　　第1-6册: 民国22年版,民国25.4第10版
　　小学适用
　　其他题名: 剪贴手工教本
　　北师大　辞书

2-3746
废物利用工艺新教材
顾赓甫编
　　上海　中华书局　民国24.9[1935.9]
　　112页　图　大32开
　　国图　辞书　河南　湖南

2-3747
剪贴工艺教材
杨鸿仪编
　　上海　形象艺术社　民国25.7[1936.7]
　　2册(74,76页)　图　32开
　　上下册: 民国25.7第3版
　　小学适用
　　北师大　辞书

2-3748
剪纸手工教材
蔡忱毅编绘　沈士秋校订
　　上海　新亚书店　民国25.9[1936.9]
　　2册(16,16页)　彩图　32开
　　上下册: 民国25.9初版
　　小学适用
　　封面题名: 剪纸手工范本
　　辞书

2-3749
折纸教本
田云青编绘　沈士秋校订
　　上海　新亚书店　民国25.9[1936.9]
　　4册(12,12,12,12页)　图(含彩图)　32开
　　第1-4册: 民国25.9第2版
　　封面题名: 劳作科折纸教本
　　辞书

2-3750
国防训练小学工艺教材
许剑盦,姚家栋编
　　上海　中华书局　民国25.12[1936.12]
　　78页　图　大32开
　　国图　人教　上海　辞书

2-3751
乡村实用工艺教材
孙澄清编
　　上海　黎明书局　民国25[1936]第2版
　　124页　32开　(黎明乡村小学丛书)
　　天津

2-3752
彩色剪贴教材
　　上海　形象艺术社　[1936?]
　　3册(19,19,19页)　彩图　32开
　　第1-3册: 版次不详
　　辞书

2-3753
活叶工艺新教材
朱允松,潘公望主编
　　上海　商务印书馆　民国26.1[1937.1]-
　　册(①100,②100,③100页)　图(含彩图)　16开　活页
　　第1集: 民国26.1初版
　　第2集: 民国29.2初版
　　第3集: 民国29.2初版
　　中小学适用
　　国图(2-3)　辞书(1-3)　湖南(1)

2-3754
新形火柴剪贴: 剪贴刺绣两用本
杨鸿仪编绘
　　上海　形象艺术社　民国26.2[1937.2]
　　2册(38,38页)　图　32开
　　上下册: 民国26.2初版
　　据教育部新颁小学课程标准劳作科编辑
　　辞书

2-3755
松球果工艺
陆崧安编
　　上海　昆明　中华书局　民国29.3[1940.3]
　　89页　图　32开
　　乡村小学劳作教材
　　上海　辞书　辽宁

2-3756
最新劳作活用教材
廖根培编著
　　广州　华美图书公司　民国36[1947]版
　　114页　图　32开
　　广东中山

2-3757
小学工艺新教材
叶元珪著　吕承灏图
　　上海　万叶书店　民国37.9[1948.9]
　　60页　图　32开
　　封面题名：废物利用小学工艺新教材
　　华师大　辞书　辽宁

* * *

2-3758
女子家政教科书
周铭训编辑　庄景仲订正
　　上海　新学会社　民国2.3[1913.3]第9版
　　34叶　大32开　线装
　　民国初等小学用
　　初版附注：清光绪32年3月初版
　　辞书

2-3759
新制中华初等小学手工教科书
董玙,黄兆麟编　顾树森校订　陆费逵,沈颐,范源廉,戴克敦阅
　　上海　中华书局　民国2.8[1913.8]
　　4册(40,40,34,45页)　图(含彩图)　32开
　　第1-4册：民国2.8初版
　　秋季始业
　　封面题名：新制中华手工教科书
　　其他题名：初等小学校新制中华手工教科书
　　辞书

2-3760
初等小学校新手工
华襄治编纂　张景良校阅
　　上海　文明书局　民国2.10[1913.10]
　　4册(50,48,48,46页)　图(含彩图)　32开
　　第1-4册：民国2.10初版
　　初等小学校用书　秋季始业　第一学年～第四学年用
　　封面题名：中华民国新手工
　　卷端题名：中华民国小学教科新手工
　　辞书

2-3761
中华初等小学缝纫教科书
汪杰梁编　顾树森阅
　　上海　中华书局　民国3.1[1914.1]
　　2册(19,28页)　图　16开
　　第1-2册：民国3.1初版
　　第三学年～第四学年用
　　封面题名：中华缝纫教科书
　　辞书

2-3762
新手工
赵传璧编纂　秦同培校订
　　上海　商务印书馆　民国5.7[1916.7]-
　　4册(26,22,28,26页)　图(含彩图)　32开　线装
　　第1册：民国5.7第2版
　　第2册：民国5.7第2版
　　第3册：民国6.7第4版
　　第4册：民国6.1第4版
　　国民学校学生用
　　初版附注：民国3年3月初版
　　其他题名：共和国教科书新手工
　　辞书

2-3763
新缝纫
沈维桢编纂　蒋维乔,庄俞校订
　　上海　商务印书馆　民国3.4-5[1914.4-5]
　　2册(20,33页)　图　线装
　　第1册：民国3.5初版,民国5.5第2版
　　第2册：民国3.4初版,民国5.5第2版
　　教育部审定　国民学校用　初等小学校用　第三学年～第四学年用
　　其他题名：共和国教科书新缝纫
　　人教　辞书　编译馆

2-3764
手工平面物标本
赵传璧著
　　上海　商务印书馆　民国4.5[1915.5]
　　31页　彩图　16开
　　教育部审定　初等小学用
　　版权页题名：初等小学手工平面物标本
　　辞书

2-3765
手工图画联络教材
孙捷编辑
　　上海　商务印书馆　民国10.4[1921.4]第5版,民国15第9版,民国19第10版
　　126页　32开
　　教育部审定　初级小学校用
　　人教　河南　广东中山

2-3766
新学制工用艺术教科书
熊翥高,王欣渠编纂　王岫庐,吴研因校订
　　上海　商务印书馆　民国13.1-10[1924.1-10]
　　8册(35,36,38,38,50,52,48,54页)　图(含彩图)　大32开
　　第1册：民国13.1初版,民国13.2第7版,民国13.5第12版,民国15.8第30版,民国19.2版
　　第2册：民国13.1初版,民国13.2第10版,民国13.6版,民国14.9第14版,民国15.5第19版
　　第3册：民国13.5初版,民国13.5第10版,民国15.6第20版,民国15.8第25版
　　第4册：民国13.5初版,民国13.5第10版,民国15.6第20

版,民国15.8第25版

第5册:民国13.8初版,民国13.8第10版,民国15.6第15版,民国15.6第20版

第6册:民国13.8初版,民国15.5第14版

第7册:民国13.8初版,民国14.9第9版,民国15.5第15版

第8册:民国13.10初版,民国13第9版,民国15.5第15版,民国15.6第20版

小学校初级用

北师大(1,6-7)　人教　辞书　编译馆(1-4,6,8)

2-3767

新中华工用艺术课本

朱稣典,姜丹书,王隐秋编辑

上海　新国民图书社　民国16.5-18.5[1927.5-1929.5]

8册(20,20,32,32,32,32,32,32页)　图(含彩图)　大32开

第1册:民国16.5初版,民国16.5第2版,民国第4版,民国21.10第7版

第2册:民国16.6初版,民国17.6第3版,民国19.8第5版,民国21.6第6版,民国21.10第7版

第3册:民国16.9初版,民国17.6第2版,民国19.1第5版,民国19.3第6版,民国21.10第8版

第4册:民国17.1初版,民国19.1第4版,民国19.8第5版,民国21.10第8版

第5册:民国17.3初版,民国19.7第6版,民国21.6第9版,民国21.10第10版

第6册:民国17.4初版,民国19.8第4版,民国20.12第5版,民国21.10第7版

第7册:民国18.4初版,民国19.8第3版,民国20.12第4版,民国21.6第5版,民国21.10第6版

第8册:民国18.5初版,民国20.4第3版,民国21.10第4版

小学校初级用

其他题名:新中华教科书工用艺术课本

北师大　人教　辞书　编译馆

2-3768

新时代工用艺术教科书

宗亮寰编辑

上海　商务印书馆　民国17.6[1928.6]

8册(80,30,30,30,30,30,30,31页)　图(含彩图)　32开

第1-8册:民国17.6初版

小学校初级用

北师大　人教　华师大(6)　辞书　编译馆(1)

2-3769

劳动课本

永定县文化委员会编辑

永定　[编者刊]　民国19.3[1930.3]

2册([28]页)　32开

第1-2册:民国19.3版

初等教材

人教

2-3770

儿童活叶手工教材

陈鹤琴编

上海　儿童书局　民国20.1[1931.1]

4套(12,12,12,12页)　图　大32开　活页

第1-4套:民国20.1初版

幼稚园及小学低部用

辞书

2-3771

基本初小劳作教本

宗亮寰,倪祝华编辑　熊羲高校订

上海　商务印书馆　民国20.8[1931.8]-

8册(①159,②170,③136,⑤163页)　图　32开

第1册:民国20.8初版,民国21.6第2版,民国21.11国难后1版,民国21.12国难后4版

第2册:民国20.8初版,民国21.6第2版,民国21.11国难后1版,民国21.12国难后4版

第3册:民国20.10初版,民国21.1版

第5册:民国21.1初版

逐页题名:劳作教本

其他题名:基本教科书基本初小劳作教本

人教(1-2)　辞书(1-3)　编译馆(1-3,5)

2-3772

复兴劳作教本

宗亮寰编著

上海　商务印书馆　民国22.6-23.3[1933.6-1934.3]

8册(159,170,136,170,163,193,203,258页)　图,表　32开

第1册:民国22.6初版,民国23.5第13版

第2册:民国22.6初版,民国22.8第9版

第3册:民国22.6初版

第4册:民国22.6初版

第5册:民国22.6初版,民国22.8第9版

第6册:民国22.6初版

第7册:民国22.7初版

第8册:民国23.3初版

新课程标准适用　小学校初级用

版权页题名:劳作教本

其他题名:复兴教科书劳作教本

国图(3-5)　北师大　人教　辞书　河南

2-3773

劳作课本

杨彬如编辑

上海　世界书局　民国23.1[1934.1]-

4册(①44,②44,③44页)　图　32开

第1册:民国24.5第5版

第2册:民国23.1初版

第3册:民国24.1第3版

初级小学学生用

初版附注:民国23年1月初版

其他题名:新课程标准世界教科书劳作课本

北师大(1-3)

2-3774
我们的教室
朱稣典编　胡振祥绘
上海　中华书局　民国25.5[1936.5]
18页　彩图　32开　（小学低年级各科副课本　79）
卷端题名：小学低年级劳作副课本我们的教室
人教　上海　辞书

2-3775
在家里做的事
朱稣典编　刘开申绘
上海　中华书局　民国25.1[1936.1]
18页　彩图　32开　（小学低年级各科副课本　80）
卷端题名：小学低年级劳作副课本在家里做的事
人教　上海　辞书

2-3776
校园里
潘淡明编　陈江风绘
上海　中华书局　民国25.5[1936.5]初版,民国29年版
18页　彩图　32开　（小学低年级各科副课本　81）
卷端题名：小学低年级劳作副课本校园里
人教　上海　辞书

2-3777
到农家去
潘淡明编　沈影泉绘
上海　中华书局　民国25.5[1936.5]
18页　彩图　32开　（小学低年级各科副课本　82）
卷端题名：小学低年级劳作副课本到农家去
上海　辞书

2-3778
我们养的鸡鸭
朱西一编　曹白林绘
上海　中华书局　民国25.1[1936.1]
18页　彩图　32开　（小学低年级各科副课本　83）
卷端题名：小学低年级劳作副课本我们养的鸡鸭
上海　辞书

2-3779
小工场
朱西一编　陈江风绘
上海　中华书局　民国24.7[1935.7]
18页　彩图　32开　（小学低年级各科副课本　84）
卷端题名：小学低年级劳作副课本小工场
上海　辞书

2-3780
国货市场
朱西一编　陈江风绘
上海　中华书局　民国25.1[1936.1]
18页　彩图　32开　（小学低年级各科副课本　85）
卷端题名：小学低年级劳作副课本国货市场
人教　上海　辞书

2-3781
玩具小工厂
潘淡明编　潘希骆绘
上海　中华书局　民国24.10-25.1[1935.10-1936.1]
2册(18,18页)　彩图　32开　（小学低年级各科副课本　86-87）
上册：民国24.10初版
下册：民国25.1初版
卷端题名：小学低年级劳作副课本玩具小工厂
辞书

2-3782
做做试试
朱稣典编　刘开申绘
上海　中华书局　民国25.1[1936.1]
18页　彩图　32开　（小学低年级各科副课本　88）
卷端题名：小学低年级劳作副课本做做试试
上海　辞书

2-3783
火柴盒和线轴
朱稣典编　刘开申绘
上海　中华书局　民国24.7[1935.7]
18页　彩图　32开　（小学低年级各科副课本　89）
卷端题名：小学低年级劳作副课本火柴盒和线轴
人教　上海　辞书

2-3784
小娃娃的家
潘淡明编　胡振祥绘
上海　中华书局　民国25.5[1936.5]
18页　彩图　32开　（小学低年级各科副课本　90）
卷端题名：小学低年级劳作副课本小娃娃的家
上海　辞书

2-3785
纸动物园
朱西一编　胡振祥绘
上海　中华书局　民国25.5[1936.5]
18页　彩图　32开　（小学低年级各科副课本　91）
卷端题名：小学低年级劳作副课本纸动物园
上海　辞书

2-3786
三角形的变化
朱西一编　胡振祥绘
上海　中华书局　民国25.5[1936.5]
18页　彩图　32开　（小学低年级各科副课本　92）
卷端题名：小学低年级劳作副课本三角形的变化
上海　辞书

2-3787
拼拼凑凑
朱西一编　胡振祥绘
上海　中华书局　民国25.5[1936.5]
18页　彩图　32开　（小学低年级各科副课本　93）

卷端题名：小学低年级劳作副课本拼拼凑凑
上海　辞书

2-3788
小厨房
顾元培编
　　上海　中华书局　民国24.10[1935.10]
　　40页　图　32开　（小学中年级各科副课本　81）
　　卷端题名：小学中年级劳作副课本小厨房
　　人教　上海　辞书

2-3789
小园丁
汪人济编
　　上海　中华书局　民国25.1[1936.1]
　　40页　图　32开　（小学中年级各科副课本　82）
　　卷端题名：小学中年级劳作副课本小园丁
　　人教　上海　辞书

2-3790
小饲养家
顾元培编
　　上海　中华书局　民国24.10[1935.10]
　　37页　图　32开　（小学中年级各科副课本　83）
　　卷端题名：小学中年级劳作副课本小饲养家
　　人教　上海　辞书

2-3791
小木匠
梅羹儒编
　　上海　中华书局　民国25.5[1936.5]
　　38页　图　32开　（小学中年级各科副课本　84）
　　卷端题名：小学中年级劳作副课本小木匠
　　人教　上海　辞书

2-3792
小竹匠
翁理之编
　　上海　中华书局　民国25.6[1936.6]
　　39页　图　32开　（小学中年级各科副课本　85）
　　卷端题名：小学中年级劳作副课本小竹匠
　　人教　辞书

2-3793
我们的衣服
丁曾元编
　　上海　中华书局　民国24.7[1935.7]
　　40页　图　32开　（小学中年级各科副课本　86）
　　卷端题名：小学中年级劳作副课本我们的衣服
　　人教　上海　辞书

2-3794
美儿的住宅
梅羹儒编
　　上海　中华书局　民国25.5[1936.5]
　　40页　图　32开　（小学中年级各科副课本　87）
　　卷端题名：小学中年级劳作副课本美儿的住宅

　　人教　上海　辞书

2-3795
几种有趣的玩具
翁理之编
　　上海　中华书局　民国24.7[1935.7]
　　39页　图　32开　（小学中年级各科副课本　88）
　　卷端题名：小学中年级劳作副课本几种有趣的玩具
　　人教　上海　辞书

2-3796
大扫除
丁曾元编
　　上海　中华书局　民国25.5[1936.5]
　　33页　图　32开　（小学中年级各科副课本　89）
　　卷端题名：小学中年级劳作副课本大扫除
　　人教　上海　辞书

2-3797
家庭工艺
曾寿康编
　　上海　中华书局　民国25.5[1936.5]
　　40页　图　32开　（小学中年级各科副课本　90）
　　卷端题名：小学中年级劳作副课本家庭工艺
　　人教　上海　辞书

2-3798
废物利用
曾寿康编
　　上海　中华书局　民国25.5[1936.5]
　　38页　图　32开　（小学中年级各科副课本　91）
　　卷端题名：小学中年级劳作副课本废物利用
　　人教　辞书　河南

2-3799
磨豆腐
顾君璞编
　　上海　中华书局　民国25.6[1936.6]
　　40页　图　32开　（小学中年级各科副课本　92）
　　卷端题名：小学中年级劳作副课本磨豆腐
　　人教　辞书

2-3800
农具
吴仲康编
　　上海　中华书局　民国25.6[1936.6]
　　40页　图　32开　（小学中年级各科副课本　93）
　　卷端题名：小学中年级劳作副课本农具
　　人教　辞书

2-3801
小学劳作教本
仇何清编著
　　南京　正中书局　民国36.10[1947.10]-
　　6册(①-②⑥[174]页)　图　32开
　　第1册：民国36.10初版
　　第2册：民国36.10初版

第 6 册：民国 37.1 初版
遵照部颁小学课程标准编著　第一学年用
人教(1-2,6)　辞书(1)

2-3802
小学低年级工艺
哈尔滨人民政府教育局编
哈尔滨　[编者刊]　民国 38.8[1949.8]
24 页　图　25 开
国图　人教

＊　＊　＊

2-3803
家事课本
黄端履编辑　沈恩孚,顾倬校订
上海　中国图书公司　民国 1.10[1912.10]第 6 版,民国 2.4 改正 11 版,民国 4 第 12 版
28 叶　大 32 开　线装
女子高等小学用
初版附注：清光绪 33 年 5 月初版
北师大　辞书　广西师大

2-3804
小学手工教科书：高等之部
商务印书馆编译所编纂
上海　商务印书馆　民国 2[1913]第 6 版
215 页　图　32 开
初版附注：清宣统元年 9 月初版
北师大

2-3805
新手工
赵传璧编纂　葛锡祺校订
上海　商务印书馆　民国 3.4[1914.4]-
3 册　图(含彩图)　32 开　线装
第 1 册：民国 3.4 初版
第 3 册：民国 3 年版
高等小学校学生用
其他题名：共和国教科书新手工
国图(3)　辞书(1)

2-3806
中华女子家事教科书
顾树森编　沈颐阅
上海　中华书局　民国 3.8-9[1914.8-9]
2 册(21,25 叶)　图,表　32 开　线装
第 1 册：民国 3.8 初版,民国 4.4 第 2 版,民国 7.7 第 8 版,民国 9.3 版,民国 9.6 第 13 版,民国 9.12 第 14 版,民国 10.5 第 15 版
第 2 册：民国 3.9 初版,民国 7.9 第 8 版,民国 8.12 第 11 版,民国 10.5 第 13 版
教育部审定　高等小学校用
版权页题名：高等小学女子家事教科书
卷端题名：中华女子高等小学家事教科书
逐页题名：女子高等小学家事教科书
人教　辞书

2-3807
新手工[订正本]
赵传璧编纂　葛锡祺校订
上海　商务印书馆　民国 4.3[1915.3]-
3 册(26,28,24 页)　图(含彩图)　32 开　线装
第 1 册：民国 11.2 订正 7 版
第 2 册：民国 10.6 订正 5 版
第 3 册：民国 4.3 订正 2 版
高等小学校学生用
其他题名：共和国教科书新手工
辞书

2-3808
新缝纫
汪家麟编纂　蒋维乔校订
上海　商务印书馆　民国 9.6[1920.6]-
3 册(52,74,84 页)　图　线装
第 1 册：民国 12.12 第 4 版
第 2 册：民国 12.11 第 4 版
第 3 册：民国 9.6 第 3 版
教育部审定　高等小学校用
初版附注：民国 4 年 8 月初版
其他题名：共和国教科书新缝纫
辞书

2-3809
新式高等小学手工教科书
黄兆麟,董珺编辑　顾树森,沈同一校阅
上海　中华书局　民国 5.8[1916.8]
3 册(54,42,38 页)　图　32 开
第 1 册：民国 5.8 初版
第 2 册：民国 5.8 初版
第 3 册：民国 5.8 初版,民国 8.9 第 3 版
高等小学校用
封面题名：新式中华手工教科书
人教　辞书

2-3810
简明园艺学
丁锡华编　钟衡臧,俞宗振校
上海　中华书局　民国 11.12[1922.12]初版,民国 18.4 第 10 版
59 页　图　大 32 开
中小学校适用
北师大　辞书　河南　编译馆

2-3811
新学制工用艺术教科书
熊耆高,王欣渠编纂　何明斋,王岫庐校订
上海　商务印书馆　民国 14.5-9[1925.5-9]
4 册(73,73,74,65 页)　图　大 32 开

第 1 册：民国 14.5 初版,民国 14.11 初版,民国 15.9 第 15 版

第 2 册：民国 14.7 初版,民国 15.9 第 15 版,民国 15.10 版

第 3 册：民国 14.8 初版,民国 15.3 第 10 版,民国 16.8 第 15 版

第 4 册：民国 14.9 初版,民国 15.3 第 10 版,民国 18.11 第 13 版

小学校高级用

人教　辞书　天津(3)

2-3812

新中华园艺课本
怀桂琛,陆费执编校

上海　新国民图书社　民国 16.10-18.5[1927.10-1929.5]

4 册(26,29,26,27 页)　图　32 开

第 1 册：民国 16.10 初版,民国 17.12 第 5 版,民国 19.8 第 10 版,民国 20.11 第 14 版,民国 21.6 第 16 版

第 2 册：民国 17.7 初版,民国 18.3 第 3 版,民国 19 第 6 版,民国 19.10 第 8 版,民国 20.4 第 9 版,民国 21.5 第 12 版

第 3 册：民国 17.11 初版,民国 18.3 第 2 版,民国 18.10 第 4 版,民国 19.10 第 7 版,民国 20.6 第 9 版,民国 20.11 第 10 版,民国 21.5 第 11 版

第 4 册：民国 18.5 初版,民国 18.7 第 2 版,民国 18.10 第 3 版,民国 19.10 第 6 版,民国 20.4 第 7 版

小学校高级用

其他题名：新中华教科书园艺课本

国图　人教　上海　辞书　广东中山(1-2)　编译馆

2-3813

新中华工作课本
姜丹书,朱稣典,王隐秋编辑

上海　北平　新国民图书社　民国 19.9-21.8[1930.9-1932.8]

4 册(28,32,32,32 页)　图　大 32 开

第 1 册：民国 19.9 初版

第 2 册：民国 20.3 初版,民国 21.10 第 2 版

第 3 册：民国 21.3 初版

第 4 册：民国 21.8 初版

小学校高级用

国图　北师大　辞书　广东中山(2)　编译馆

2-3814

复兴劳作教本
熊翥高编著　王云五校订

上海　商务印书馆　民国 22.6-23.8[1933.6-1934.8]

4 册(228,247,238,285 页)　图,表　32 开

第 1 册：民国 22.6 初版

第 2 册：民国 23.2 初版

第 3 册：民国 22.12 初版

第 4 册：民国 23.8 初版

新课程标准适用　小学校高级用

其他题名：劳作教本

其他题名：复兴教科书劳作教本

国图　北师大　人教　辞书　河南(1-3)

2-3815

小农人
唐问巢,吴文鸣编

上海　中华书局　民国 24.7[1935.7]

48 页　图　32 开　(小学高年级各科副课本　76)

卷端题名：小学高年级劳作副课本小农人

人教　上海　辞书

2-3816

小缝工
李浩,沈雷渔编

上海　中华书局　民国 24.7[1935.7]

45 页　图　32 开　(小学高年级各科副课本　77)

卷端题名：小学高年级劳作副课本小缝工

人教　上海　辞书

2-3817

我国主要饮食品概况
金学俨编

上海　中华书局　民国 24.7[1935.7]

48 页　图　32 开　(小学高年级各科副课本　78)

卷端题名：小学高年级劳作副课本我国主要饮食品概况

人教　辞书

2-3818

陶瓷器工业概况
骆憬甫编

上海　中华书局　民国 25.1[1936.1]

48 页　图　32 开　(小学高年级各科副课本　79)

卷端题名：小学高年级劳作副课本陶瓷器工业概况

人教　辞书

2-3819

重要衣服工业概况
吕佩华编

上海　中华书局　民国 25.1[1936.1]

42 页　图　32 开　(小学高年级各科副课本　80)

卷端题名：小学高年级劳作副课本重要衣服工业概况

人教　辞书

2-3820

胶质工业概况
朱仕谷编

上海　中华书局　民国 25.6[1936.6]

46 页　图　32 开　(小学高年级各科副课本　81)

卷端题名：小学高年级劳作副课本胶质工业概况

人教　辞书

2-3821

居室工业概况
骆憬甫编

上海　中华书局　民国 25.6[1936.6]

42 页　图　32 开　(小学高年级各科副课本　82)

卷端题名：小学高年级劳作副课本居室工业概况

人教　辞书

2-3822
金工和金工业
程宽沼编
上海　中华书局　民国24.7[1935.7]
47页　图　32开　（小学高年级各科副课本　83）
卷端题名：小学高年级劳作副课本金工和金工业
人教　辞书

2-3823
畜养新法的研究
吴起能,沈雷渔编
上海　中华书局　民国24.7[1935.7]
47页　图　32开　（小学高年级各科副课本　84）
卷端题名：小学高年级劳作副课本畜养新法的研究
人教　辞书

2-3824
家具的研究
徐季刚编
上海　中华书局　民国25.1[1936.1]
44页　图　32开　（小学高年级各科副课本　85）
卷端题名：小学高年级劳作副课本家具的研究
人教　辞书　河南　编译馆

2-3825
经济的工作方法的研究
彭惠秀编
上海　中华书局　民国25.1[1936.1]
48页　图　32开　（小学高年级各科副课本　86）
卷端题名：小学高年级劳作副课本经济的工作方法的研究
人教　辞书

2-3826
几种学用品制作法
沈鲤登,许剑盦编
上海　中华书局　民国24.7[1935.7]
47页　图,表　32开　（小学高年级各科副课本　87）
卷端题名：小学高年级劳作副课本几种学用品制作法
人教　辞书

2-3827
各种日用品制作法
於子明,陈觉民编
上海　中华书局　民国25.1[1936.1]
48页　图,表　32开　（小学高年级各科副课本　88）
卷端题名：小学高年级劳作副课本各种日用品制作法
人教　辞书　编译馆

2-3828
无线电收音机制作法
江景双编
上海　中华书局　民国25.1[1936.1]
48页　图　32开　（小学高年级各科副课本　89）
卷端题名：小学高年级劳作副课本无线电收音机制作法
人教　辞书　编译馆

2-3829
油漆法
陆崧安编
上海　中华书局　民国25.5[1936.5]
44页　图,表　32开　（小学高年级各科副课本　90）
卷端题名：小学高年级劳作副课本油漆法
人教　辞书

2-3830
庭园的布置
孙一芬编
上海　中华书局　民国25.5[1936.5]
41页　图　32开　（小学高年级各科副课本　91）
卷端题名：小学高年级劳作副课本庭园的布置
人教　辞书

2-3831
工具的使用和保管
吴文鸣,许剑盦编
上海　中华书局　民国25.6[1936.6]
41页　图　32开　（小学高年级各科副课本　92）
卷端题名：小学高年级劳作副课本工具的使用和保管
人教　辞书

2-3832
近代的农场
朱国雄编
上海　中华书局　民国25.1[1936.1]
47页　图　32开　（小学高年级各科副课本　93）
卷端题名：小学高年级劳作副课本近代的农场
人教　辞书

2-3833
高级儿童劳作
周吕才编
重庆　万育书局　[1912-1949?]
92页　32开
其他题名：儿童劳作
湖南

教学参考书

2-3834
手工教科书
（日）原六四郎著　唐人杰,冯国鑫译
上海　时中书局　清光绪32.8[1906]版
134页　图　大32开
小学校教师用
北师大　人教

2-3835
实用手工参考书
熊燾高编纂
上海　商务印书馆　民国10.12[1921.12]-

4册(108,125,155,118页)　图　大32开
第1册：民国10.12第4版
第2册：民国11.12第5版
第3册：民国11.8第4版
第4册：民国11.3第3版
教育部审定
初版附注：民国5年9月-7年12月初版
辞书

2-3836
实用主义手工新教材
赵传璧编
　　上海　商务印书馆　民国6.5[1917.5]
　　54页　32开　(教育丛书　第3集)
　　小学教师用书
　　国图

2-3837
工艺科教学法
熊燾高，王欣渠著
　　上海　商务印书馆　民国14.12[1925.12]
　　77页　图　50开
　　国图

2-3838
小学劳作教学法
吴守谦，吴文鸣合编
　　[出版者不详]　民国23.1[1934.1]
　　268页　图　大32开
　　小学教育函授班讲义之一
　　辞书

2-3839
小学劳作科教学法
杨彬如编辑　何明斋校订
　　上海　世界书局　民国24.1[1935.1]
　　152页　图　32开
　　小学教师及师范学生用
　　国图　北师大　华师大

2-3840
小学劳作教学法及教材
吴守谦，吴文鸣编
　　上海　中华书局　民国24.12[1935.12]
　　258页　图　大32开
　　辞书　天津　西北师大　庐山

2-3841
劳作教学实例
杨骏如编　刘百川校
　　上海　黎明书局　民国26.2[1937.2]第2版
　　228页　图　32开　(黎明乡村小学丛书)
　　辞书

2-3842
小学劳作科教材和教法
袁壁编著
　　上海　长沙　商务印书馆　民国28.6[1939.6]
　　252页　表　32开　(小学教师丛书)
　　辞书　广东中山

2-3843
小学劳作教材及其制作法
颜漱石编著　沈百英主编
　　上海　商务印书馆　民国28.10[1939.10]
　　116页　图，表　32开　(小学教师丛书)
　　辞书

2-3844
革新的劳作教学法
陆嵩安编纂
　　上海　商务印书馆　民国37.4[1948.4]初版，民国37.6第2版，民国37.8第3版
　　134页　图，表　32开　(国民教育文库)
　　上海　辞书　湖南　广东中山

2-3845
小学劳作教师手册
余礼海编
　　上海　中华书局　民国38.2[1949.2]
　　93页　图　32开　(中华文库　小学教师用书第1集)
　　辞书　辽宁　广东中山

＊　＊　＊

2-3846
学部第一次编纂初等小学手工教授书
(清)学部编译图书局编纂
　　北京　[编者刊]　清光绪33.7[1907]-
　　4册(①37,②35,④35叶)　大32开　线装
　　第1册：光绪33.7版
　　第2册：光绪33.11版
　　第4册：光绪34.4版
　　其他题名：初等小学手工教授书
　　广西师大(1-2,4)

2-3847
初等小学手工教授本
徐傅霖编辑　沈恩孚，夏日珢校订
　　上海　中国图书公司　清光绪33.10[1907]-
　　4册(16,36,42,22页)　图(含彩图)，表　大32开
　　第1册：宣统1.10第2版
　　第2册：光绪33.10初版，宣统1.11第2版
　　第3册：宣统1.7初版，宣统2.4第2版
　　第4册：宣统2.3初版
　　第一学年～第四学年用
　　初版附注：清光绪33年10月-宣统2年3月初版
　　人教(2-4)　辞书　天津(2-3)

2-3848
小学手工教科书：初等小学之部
商务印书馆编译所编纂

上海　商务印书馆　清光绪34.5[1908]初版,光绪34.9第2版,光绪35第3版,民国1.10第8版,民国3.2第11版
150页　图(含彩图)　大32开
教育部审定　小学堂教师用
其他题名:初等小学手工教科书
人教　辞书　天津

2-3849
小学教科初等手工教范
黄守恒著
上海　集成图书公司　清光绪34[1908]-
册(②30页)　大32开
第2册:光绪34年版
其他题名:初等手工教范
广西师大(2)

2-3850
新制中华手工教授书
黄兆麟,董玙编　戴克敦,范源廉,沈颐,陆费逵阅
上海　中华书局　民国2.8[1913.8]初版,民国3年版,民国5.8第5版
[41]叶　图(含彩图)　大32开　线装
初等小学校用　国民学校用
卷端题名:新制初等小学手工教授书
逐页题名:初等小学手工教授书
人教　辞书

2-3851
新手工教授法
赵传璧编纂　曹慕管,葛锡祺校订
上海　商务印书馆　民国5.6[1916.6]-
4册(37,29,38,40页)　图(含彩图)　32开
第1册:民国5.6第3版
第2册:民国5.6第3版
第3册:民国8.3第4版
第4册:民国8.6第4版
教育部审定　国民学校教员用
初版附注:民国3年3月初版
其他题名:共和国教科书新手工教授法
辞书

2-3852
新学制工用艺术教授书
熊翥高编纂　吴研因校订
上海　商务印书馆　民国13.4-14.10[1924.4-1925.10]
4册(65,58,76,73页)　图　32开
第1册:民国13.4初版,民国15.1第8版
第2册:民国13.12初版,民国13.12第3版,民国15.9第11版
第3册:民国14.5初版
第4册:民国14.10初版,民国15.6第7版
小学校初级用
人教　辞书

2-3853
新中华工用艺术课本教授书
朱稣典,姜丹书,王隐秋编辑
上海　新国民图书社　民国16.8-18.4[1927.8-1929.4]
8册(66,62,54,60,54,55,60,62页)　图,表　大32开
第1册:民国16.8初版,民国20.12第4版
第2册:民国16.9初版,民国19.7第3版,民国21.10第4版
第3册:民国16.10初版,民国20.12第4版
第4册:民国16.11初版,民国20.12第4版
第5册:民国17.6初版,民国20.3第3版
第6册:民国17.10初版,民国21.10第3版
第7册:民国17.12初版,民国19.8第2版
第8册:民国18.4初版,民国19.11第2版
小学校初级用
其他题名:新中华教科书工用艺术课本教授书
人教(2,4-6)　辞书　编译馆

2-3854
新时代工用艺术教授书
宗亮寰,宗振寰编辑
上海　商务印书馆　民国19.3-9[1930.3-9]
8册([679]页)　32开
第1-8册:民国19.3-9初版
小学校初级用
北师大　人教

2-3855
初小劳作教本
倪祝华编著
上海　世界书局　民国22.7[1933.7]-
8册(132,156,138,120,118,127,128,120页)　图,表　32开
第1册:民国22.7初版
第2册:民国22.11初版
第3册:民国23.1初版
第4册:民国23.3初版
第5册:民国23.7初版
第6册:民国23.8初版
第7册:民国23.8初版
第8册:民国23.11第2版
初级小学教员用
初版附注:民国22年7月-23年8月初版
封面题名:劳作教本
其他题名:新课程标准世界小学教本初小劳作教本
国图　北师大(1,3-4)　辞书

2-3856
小学劳作指导书
尹柏丞,袁永生,周鼎夏,郑汝霖编　姜丹书,朱稣典校
上海　中华书局　民国23.7[1934.7]-
8册(①138,②162,③188,④178,⑤152,⑥144页)　图,表　大32开
第1册:民国23.7初版
第2册:民国23.7初版
第3册:民国24.9初版
第4册:民国25.1初版

第 5 册：民国 25.12 初版
第 6 册：民国 26.1 初版
新课程标准适用　小学校初级用
国图(1-6)　北师大(1-2)　辞书(1-6)

2-3857

(修正)初小劳作要目
(伪)广东治安维持会编纂
广州　[编者刊]　民国 28[1939]-
　册　32 开
第 1 册：民国 28 年版
其他题名：初小劳作要目
广东中山(1)

* * *

2-3858

小学手工教科书：高等小学之部
商务印书馆编译所编纂
上海　商务印书馆　清光绪 34.9[1908]初版,民国 1.10 第
　5 版
[199]页　32 开
小学教师用书
其他题名：高等小学手工教科书
人教　辞书

2-3859

学部第一次编纂高等小学手工教授书
(清)学部编译图书局编译
北京　[编者刊]　清宣统 1.2[1909]-
4 册(17,20,49,46 叶)　图　大 32 开　线装
第 1 册：宣统 1.2 初版
第 2 册：宣统 1 年版,宣统 3.1 版
第 3 册：宣统 3.5 版,宣统 3 第 2 版
第 4 册：宣统 3.5 版
初版附注：清宣统元年 2 月-2 年 12 月初版
封面题名：高等小学手工教授书
国图(2)　人教　辞书　广西师大(1,3)

2-3860

新手工教授法
赵传壁编纂　曹慕管,葛锡祺校订
上海　商务印书馆　民国 10.6[1921.6]-
3 册(46,48,50 页)　图　32 开
第 1 册：民国 11.7 第 5 版
第 2 册：民国 12.9 第 5 版
第 3 册：民国 10.6 第 3 版
教育部审定　高等小学校教员用
初版附注：民国 3 年 4 月初版
版权页题名：高等小学新手工教授法
其他题名：共和国教科书新手工教授法
辞书

2-3861

新学制工用艺术教授书
熊燾高编纂　王岫庐,何元校订
上海　商务印书馆　民国 15.3[1926.3]-
4 册(①82,②74 页)　图,表　大 32 开
第 1 册：民国 15.3 初版,民国 15.3 第 4 版
第 2 册：民国 15.4 初版,民国 15.4 第 5 版
小学校高级用书
人教(1　2)　辞书(1-2)　广西师大(2)

2-3862

新中华园艺课本教授书
杨卿鸿,怀桂琛编
上海　新国民图书社　民国 18.1-10[1929.1-10]
4 册(163,173,170,161 页)　图,表　大 32 开
第 1 册：民国 18.1 初版,民国 20.1 第 2 版,民国 21.5 第 3 版
第 2 册：民国 18.1 初版,民国 21.5 第 4 版
第 3 册：民国 18.3 初版
第 4 册：民国 18.10 初版,民国 20.3 第 2 版,民国 21.5 第 3 版
小学校高级用
其他题名：新中华教科书园艺课本教授书
人教　辞书　编译馆

2-3863

新中华工作课本教授书
王隐秋,姜丹书,潘澹明编　朱鲦典校
上海　新国民图书社　民国 20.8[1931.8]-
4 册(①92 页)　大 32 开
第 1 册：民国 20.8 初版
小学校高级用
辞书(1)　编译馆(1)

2-3864

高小劳作教本
倪祝华编著
上海　世界书局　民国 23.10-24.5[1934.10-1935.5]
4 册(133,124,122,120 页)　图,表　32 开
第 1 册：民国 23.10 初版
第 2 册：民国 23.11 初版
第 3 册：民国 24.2 初版
第 4 册：民国 24.5 初版
高级小学教员用
封面题名：劳作教本
其他题名：新课程标准高小劳作教本
其他题名：新课程标准世界小学教本高小劳作教本
北师大(3-4)　辞书

2-3865

(修正)高小劳作教授要览
(伪)广东治安维持会编
[广东]　[编者刊]　民国 28[1939]
2 册　[32 开]
上下册：民国 28 修正版
第一～第二学年女子用

其他题名：高小劳作教授要览
广东中山

体育、游戏

课 本

2-3866
幼学操身
(英)庆丕,翟汝舟编著
上海　广学会　清光绪29[1903]
29叶　图　大32开　线装
辞书

2-3867
绘图蒙学体操实在易
嵩炅著
上海　彪蒙书室　清光绪31[1905]
38叶　图　大32开　线装　(白话讲义蒙学丛书)
卷端题名：蒙学体操实在易
人教　辞书

2-3868
两等小学体操教科书
张水声编辑
上海　会文学社　清光绪32.4[1906]
43叶　图　大32开　线装
初高等小学堂用书
封面题名：最新两等小学体操教科书
辞书

2-3869
表情体操教科书
徐昭曾,孙揆编纂　杨墨林校阅
上海　科学书局　清光绪33.5[1907]版
192页　大32开
其他题名：唱歌游戏
北师大

2-3870
幼学体操法
图书课编纂
保定　学务排印局　[1911?]
2册([48]页)　图　32开　线装
第1-2册(卷一至卷二)：版次不详
直隶提学司鉴定　蒙学课本
人教

2-3871
课外简易体操
(日)可儿德原著　中华书局编译所译述
上海　中华书局　民国1.9[1912.9]
24页　图　32开
辞书

2-3872
体操教材
赵光绍编纂
上海　商务印书馆　民国10[1921]初版,民国16第9版
111页　图　32开
河南

2-3873
优美体操
袁莹编纂
上海　商务印书馆　民国15[1926]
107页　图　32开
新学制小学适用教本
河南

2-3874
体操教材：续编
赵光绍编纂
上海　商务印书馆　民国19.7[1930.7]
77页　图　32开
小学适用
北师大

2-3875
小学早操教材
虞继遂编
鄞县　鄞县教育部　民国20.12[1931.12]
18页　32开　(鄞县教育小丛书)
国图

2-3876
小学姿势训练
项翔高编著
上海　勤奋书局　民国22.9[1933.9]
60页　32开　(体育丛书)
新课程标准小学体育教本　各级适用
国图　上海　华师大

2-3877
小学技巧运动
邹吟庐编著
上海　勤奋书局　民国22.10[1933.10]
33页　图　32开　(体育丛书)
新课程标准小学体育教本　各级适用
国图　华师大

2-3878
小学远足登山
阮蔚村编著
上海　勤奋书局　民国22.10[1933.10]
32页　32开　(体育丛书)
新课程标准小学体育教本　各级适用
国图　华师大

2-3879

准备操

邵汝干编著

上海　勤奋书局　民国 22.10[1933.10]

48 页　32 开　（体育丛书）

新课程标准小学体育教本　各级适用

封面题名：小学准备操

国图　华师大

2-3880

土风舞

杜宇飞编著

上海　勤奋书局　民国 22.10[1933.10]

2 册　32 开　（体育丛书）

第 1-2 册：民国 22.10 版

新课程标准小学体育教本　各级适用

华师大

2-3881

听琴动作

胡敬熙编著

上海　勤奋书局　民国 22.10[1933.10]

61 页　32 开　（体育丛书）

新课程标准小学体育教本　低年级适用

上海　华师大

2-3882

模仿运动

邵汝干编著

上海　勤奋书局　民国 22.10[1933.10]

66 页　32 开　（体育丛书）

新课程标准小学体育教本　中低年级适用

国图　华师大　河南

2-3883

晨操新教材

徐一新编

上海　儿童书局　民国 22.11[1933.11]

121 页　照片　32 开

小学及中学用

人教

2-3884

不用器械的小学体育新教材

张能潜编

上海　儿童书局　民国 23.2[1934.2]初版, 民国 23.10 第 2 版

106 页　图　32 开

新课程标准　小学体育教本　各年级适用

国图　河南

2-3885

短期小学课间操教材

国立编译馆编纂

上海　商务印书馆　民国 24.9[1935.9]第 2 版, 民国 25.9 第 16 版

24 页　图　32 开

国图　辞书　广东中山

2-3886

分级体育活动教材

凌陈英梅著

[不详]　中华基督教女青年会全国协会　民国 32[1943]版

359 页　大 32 开

小学、初中适用

西北师大

2-3887

小学徒手操

吴澄, 王子鹤著

①重庆　教育部国民体育委员会　民国 34.11[1945.11]

115 页　图　32 开

人教

②[上海]　正中书局　民国 37.8[1948.8]

110 页　图　32 开

其他题名：中小学体育教材小学徒手操

人教　辞书

2-3888

小学韵律活动补充教材

彭泽芬编著

上海　正中书局　民国 37.7[1948.7]

40 页　32 开

其他题名：中小学体育教材小学韵律活动补充教材

国图　人教　辞书

2-3889

小学垫上运动与叠罗汉

周鹤鸣编著　吴澄校订

[上海]　正中书局　民国 37.8[1948.7]

86 页　图　32 开

其他题名：中小学体育教材小学垫上运动与叠罗汉

人教　辞书

2-3890

短兵术

温敬铭编著　张之江校订

上海　南京　正中书局　民国 37.8[1948.8]

71 页　图　32 开

其他题名：中小学体育教材短兵术

人教　辞书

2-3891

垒球

宋君复编著

上海　正中书局　民国 37.8[1948.8]

84 页　图, 表　32 开

其他题名：中小学体育教材垒球

辞书

2-3892

小学韵律活动

教育部国民体育委员会主编　高梓校订

南京　正中书局　民国 38.3[1949.3]
180 页　32 开
人教

2-3893

最新体操教科书
陆杶译
　　上海　共和书社　[1912-1949?]
　　[41]页　图　32 开
　　辞书

* * *

2-3894

蒙学体操教科书
(日)玄坪井道,(日)田中盛业著　丁锦译著
　　上海　文明书局　清光绪 29.9[1903]初版,光绪 30.1 第 2 版,光绪 32.3 第 9 版
　　37 叶　图　大 32 开　线装
　　初等小学堂学生用书
　　北师大　人教　辞书

2-3895

新撰初等小学体操教科书
(日)川濑元九郎,(日)手岛仪太郎原著　蔡云编译
　　上海　文明书局　清光绪 32.9[1906]
　　110 页　图　大 32 开
　　辞书

2-3896

初等小学体操教科书
(日)川濑元九郎,(日)手岛仪太郎著　黄元吉译
　　上海　商务印书馆　清光绪 33.8[1907]初版,民国 2 第 6 版
　　134 页　图　16 开
　　人教　天津　广东中山

2-3897

复兴体育教本
束云逵,蔡雁宾编著　沈百英校订
　　上海　商务印书馆　民国 22.5-7[1933.5-7]
　　4 册(184,191,246,229 页)　图,表,乐谱　32 开
　　第 1 册:民国 22.5 初版
　　第 2 册:民国 22.6 初版,民国 22 第 9 版
　　第 3 册:民国 22.7 初版,民国 22.8 第 8 版
　　第 4 册:民国 22.7 初版
　　新课程标准适用　小学校初级用
　　版权页题名:体育教本
　　其他题名:复兴教科书体育教本
　　国图(1-2,4)　北师大　人教　辞书　广东中山(1-2)

2-3898

参观运动会
潘淡明编　陈江风绘
　　上海　中华书局　民国 24.7[1935.7]
　　18 页　彩图　32 开　(小学低年级各科副课本　16)
　　卷端题名:小学低年级体育副课本参观运动会
　　上海　辞书

2-3899

小运动会
梅羹儒编
　　上海　中华书局　民国 24.7[1935.7]
　　40 页　图　32 开　(小学中年级各科副课本　16)
　　卷端题名:小学中年级体育副课本小运动会
　　辞书

2-3900

我们的运动器具
梅羹儒编
　　上海　中华书局　民国 25.6[1936.6]
　　40 页　图　32 开　(小学中年级各科副课本　18)
　　卷端题名:小学中年级体育副课本我们的运动器具
　　人教　辞书

2-3901

小学体育教本
沈寿金编著
　　上海　正中书局　民国 36.10[1947.10]-
　　6 册(①62,②70,③51 页)　32 开
　　第 1 册:民国 36.10 初版
　　第 2 册:民国 36.10 初版
　　第 3 册:民国 37.8 初版
　　遵照部颁小学课程标准编著　第一学年～第三学年用
　　人教(1-3)　上海(2-3)

2-3902

初等小学体操教科书
　　上海　新民书局　[1912-1949?]
　　24 叶　大 32 开　线装
　　广西师大

2-3903

瑞典初等小学体操教科书
钱葆珍译
　　[1912-1949?]抄本
　　61 页　32 开
　　其他题名:初等小学体操教科书
　　上海

* * *

2-3904

小学校体操法
(日)川濑元九郎,(日)手岛仪太郎编著　李春酰补译
　　上海　昌明公司　清光绪 32.9[1906]订正 2 版
　　186 页　图　大 32 开
　　清学部审定　寻常高等小学用书
　　初版附注:清光绪 32 年 7 月初版
　　北师大

2-3905

新撰高等小学体操教科书
(日)川濑元九郎,(日)手岛仪太郎原著　蔡云编译
　　上海　文明书局　清光绪32[1906]版,光绪34.10版
　　123页　大32开
　　北师大

2-3906

复兴体育教本
蔡雁宾,束云逵编著　沈百英校订
　　上海　商务印书馆　民国22.6-7[1933.6-7]
　　2册(258,284页)　图,表　32开
　　第1册:民国22.6初版,民国22.8第10版
　　第2册:民国22.7初版
　　新课程标准适用　小学校高级用
　　版权页题名:体育教本
　　其他题名:复兴教科书体育教本
　　国图　北师大　人教　辞书

2-3907

小学排球
阮蔚村编著　秦醒世校阅
　　上海　勤奋书局　民国22.10[1933.10]
　　52页　图　32开　(体育丛书)
　　新课程标准小学体育教本　高年级适用
　　国图　人教　华师大

2-3908

小足球
陈奎生编著
　　上海　勤奋书局　民国22.10[1933.10]
　　33页　图　32开　(体育丛书)
　　新课程标准小学体育教本　高中年级适用
　　国图　人教　上海　华师大

2-3909

小学游泳
阮蔚村编著　俞斌祺校阅
　　上海　勤奋书局　民国22.10[1933.10]
　　33页　图　32开　(体育丛书)
　　新课程标准小学体育教本　高年级适用
　　国图　人教　华师大

2-3910

小学篮球
阮蔚村编著　陆礼华校阅
　　上海　勤奋书局　民国22.10[1933.10]
　　64页　图　32开　(体育丛书)
　　新课程标准小学体育教本　高中年级适用
　　国图　人教　华师大

2-3911

小学田径运动
阮蔚村著　孙和宾校
　　上海　勤奋书局　民国22.10[1933.10]
　　39页　32开　(体育丛书)
　　新课程标准小学体育教本　高中年级适用
　　国图　华师大

2-3912

小学器械运动
陈奎生编著
　　上海　勤奋书局　民国22.10[1933.10]
　　34页　32开　(体育丛书)
　　新课程标准小学体育教本　高年级适用
　　华师大

2-3913

小学歌舞
杜宇飞,郁兹地合编
　　上海　勤奋书局　民国23.4[1934.4]
　　2册　32开　(体育丛书)
　　第1-2册:民国23.4版
　　新课程标准小学体育教本　高中年级适用
　　华师大

2-3914

球类运动概说
骆骥才编
　　上海　中华书局　民国24.7[1935.7]
　　47页　图　32开　(小学高年级各科副课本　9)
　　卷端题名:小学高年级体育副课本球类运动概说
　　人教　辞书

2-3915

田径运动概说
陈鸿仪编
　　上海　中华书局　民国24.10[1935.10]
　　42页　图　32开　(小学高年级各科副课本　10)
　　卷端题名:小学高年级体育副课本田径运动概说
　　人教　辞书

2-3916

高小滑翔补充教材
余祥麟,白启荣编著
　　重庆　正中书局　民国33[1944]版
　　95页　图　32开
　　国图　人教

*　　*　　*　　*　　*

2-3917

小学游技
谭竞公编
　　上海　商务印书馆　民国5[1916]第2版,民国17第6版
　　109页　图　32开
　　河南

2-3918

行进游技法
王应钧编纂
　　上海　商务印书馆　民国6.1[1917.1]初版,民国13.1第

　　　　6 版
　　　115 页　　32 开
　　　国图　华师大

2-3919
设计的儿童游戏
杨彬如编
　　上海　商务印书馆　民国 11[1922]初版,民国 16 第 6 版
　　84 页　图　大 32 开
　　小学适用
　　河南

2-3920
走步体操游戏三段教材
王怀琪编纂
　　上海　中华书局　民国 12.12[1923.12]初版,民国 13.4 第
　　　2 版
　　1085 页　图,表,像　32 开　精装
　　逐页题名：三段教材
　　辞书

2-3921
走步体操游戏三段教材：补编
王怀琪编纂
　　上海　中华书局　民国 14.12[1925.12]
　　564 页　图,像　32 开　精装
　　逐页题名：三段教材补编
　　辞书

2-3922
游戏新教材
陈志超,高元浚编　姜丹书校
　　上海　中华书局　民国 15.9[1926.9]初版,民国 16 第 2 版,
　　　民国 17.10 第 4 版,民国 20.5 第 7 版,民国 20.11 第 8 版
　　80 页　图　32 开
　　辞书　天津　河南　湖南

2-3923
不用器具的游戏教材
杨彬如编
　　上海　商务印书馆　民国 15[1926]初版,民国 17 第 2 版
　　79 页　图　[32 开]
　　河南

2-3924
学校舞蹈教材
高少是编译
　　上海　昆明　中华书局　民国 20[1931]初版,民国 22.2 版,
　　　民国 23 沪 3 版,民国 24.8 第 4 版,民国 29.4 第 5 版
　　131 页　图　大 32 开
　　小学体育科适用
　　国图　上海　辞书　河南　西北师大　湖南　广东中山

2-3925
儿童活动
[上海市市立万竹小学编]
　　上海　[编者刊]　民国 22.1[1933.1]
　　99 页　照片,图　32 开
　　逐页题名：万竹小学儿童活动
　　辞书

2-3926
体育游戏教材
王庚编著
　　上海　中华书局　民国 22.2[1933.2]初版,民国 22 第 2 版,
　　　民国 24 第 4 版,民国 25.3 第 5 版,民国 29 第 6 版,民国
　　　32.2 第 7 版,1949.10 第 8 版
　　125 页　图,表　大 32 开
　　中小学适用
　　国图　人教　华师大　辞书　天津　广东中山

2-3927
儿童游戏和运动法
蔡雁宾编
　　上海　新中国书局　民国 22.5[1933.5]
　　72 页　图　32 开
　　小学校用
　　河南

2-3928
儿童游戏
[出版者不详]　民国 22.10[1933.10]
　　[16]页　图　[32 开]
　　小学教材
　　人教

2-3929
竞技游戏
王庚编著
　　上海　勤奋书局　民国 22.10[1933.10]
　　78 页　32 开　（体育丛书）
　　新课程标准小学体育教本　各级适用
　　华师大

2-3930
乡土游戏
王庚编著
　　上海　勤奋书局　民国 22.10[1933.10]
　　60 页　图　32 开　（体育丛书）
　　新课程标准小学体育教本　各级适用
　　华师大

2-3931
乡土游戏
天津市东区小学教学研究会编
　　天津　[编者刊]　民国 22[1933]版
　　100 页　32 开
　　天津

2-3932
小小游艺会
沈耀棍编
　　上海　广益书局　民国 22[1933]
　　176 页　图　32 开　（儿童艺术丛书）

小学生游艺教材
河南

2-3933
少队游戏
　　中央总队部总训练部编　中央教育人民委员部审定
　　　　[南京]　少队中央总队部　民国23.4[1934.4]
　　　　[26]页　图　[32开]
　　　　小学教材
　　　　人教

2-3934
体育教材：唱歌游戏
　　蔡雁宾编辑
　　　　上海　大东书局　民国23.8[1934.8]
　　　　73页　32开
　　　　新课程标准适用　小学校初高级用
　　　　其他题名：新生活教科书体育教材
　　　　华师大

2-3935
国防训练的小学游戏教材
　　姚家栋编
　　　　长沙　商务印书馆　民国27[1938]版,民国28第6版
　　　　131页　图　32开
　　　　初版附注：民国25年初版
　　　　其他题名：小学游戏教材
　　　　湖南　广东中山

2-3936
游戏教材
　　张铁珊编
　　　　河北　潞河乡村服务部　民国27.6[1938.6]
　　　　34页　32开
　　　　北师大

2-3937
小学生唱游集
　　　　[四明山]　韬奋书店　民国34.1[1945.1]
　　　　36页　32开
　　　　国图

2-3938
游戏拾零
　　苏中军区直属政治部编
　　　　[江苏]　[编者刊]　民国34.11[1945.11]
　　　　14页　32开　(文教手册之四)
　　　　国图

2-3939
最新实验小学游戏教材
　　(美)米瑟尼原著　王毅诚译　袁敦礼,董守义,高梓校阅
　　　　上海　世界书局　民国37.3[1948.3]
　　　　149页　图　32开
　　　　其他题名：实验小学游戏教材
　　　　辞书　广东中山

2-3940
唱游
　　教育部国民体育委员会主编　陈韵兰编著　高梓校订
　　　　上海　正中书局　民国37.8[1948.8]
　　　　52页　32开
　　　　其他题名：中小学体育教材唱游
　　　　辞书

2-3941
小学游戏
　　冯公智编著　吴邦伟校订
　　　　[上海]　正中书局　民国37.8[1948.8]
　　　　129页　32开
　　　　其他题名：中小学体育教材小学游戏
　　　　人教　辞书

2-3942
表演教材
　　黄一德编著
　　　　上海　大可书店　民国37.9[1948.9]
　　　　92页　图　32开
　　　　小学适用
　　　　封面题名：小学表演材料表演教材
　　　　上海　辞书

2-3943
实用户外游戏教材
　　吴耀麟编
　　　　上海　商务印书馆　民国38.4[1949.4]
　　　　139页　32开
　　　　其他题名：户外游戏教材
　　　　辞书　河南

*　　*　　*

2-3944
唱歌游戏
　　潘伯英,胡敬熙编著
　　　　上海　勤奋书局　民国22.10[1933.10]
　　　　2册(74,99页)　32开　(体育丛书)
　　　　第1-2册：民国22.10版
　　　　新课程标准小学体育教本　低年级适用
　　　　华师大

2-3945
摹仿游戏
　　王庚编著
　　　　上海　勤奋书局　民国22.10[1933.10]
　　　　21页　32开　(体育丛书)
　　　　新课程标准小学体育教本　低年级适用
　　　　华师大

2-3946
故事游戏
　　项翔高编著

上海　勤奋书局　民国 22.10[1933.10]
64 页　32 开　(体育丛书)
新课程标准小学体育教本　低年级适用
华师大

2-3947
追逃游戏
王庚编著
　　上海　勤奋书局　民国 22.10[1933.10]
　　42 页　32 开　(体育丛书)
　　新课程标准小学体育教本　中低年级适用
　　上海

2-3948
模拟游戏
王庚编著
　　上海　勤奋书局　民国 22.10[1933.10]
　　14 页　32 开　(体育丛书)
　　新课程标准小学体育教本　中年级适用
　　华师大　河南

2-3949
竞争游戏
王庚编著
　　上海　勤奋书局　民国 22.10[1933.10]
　　55 页　32 开　(体育丛书)
　　新课程标准小学体育教本　中高年级适用
　　华师大

2-3950
中国游戏
梅羹儒编
　　上海　中华书局　民国 24.7[1935.7]
　　40 页　图　32 开　(小学中年级各科副课本　17)
　　卷端题名：小学中年级体育副课本中国游戏
　　人教　辞书

2-3951
大家来游戏
高少是编　刘开申绘
　　上海　中华书局　民国 25.1[1936.1]
　　18 页　彩图　32 开　(小学低年级各科副课本　14)
　　卷端题名：小学低年级体育副课本大家来游戏
　　上海　辞书

2-3952
谁学得像
高少是编　刘开申绘
　　上海　中华书局　民国 25.6[1936.5]
　　18 页　彩图　32 开　(小学低年级各科副课本　15)
　　卷端题名：小学低年级体育副课本谁学得像
　　辞书

2-3953
唱游教材
顾绶卿编
　　上海　晨光书局　民国 37.5[1948.5]沪 3 版

140 页　乐谱,图　32 开
小学、幼稚园适用
初版附注：民国 36 年 1 月沪初版
国图　辞书

＊　＊　＊

2-3954
高等小学游戏法教科书
(日)山本武著　丁锦译述
　　上海　文明书局　清光绪 29.11[1903]初版,光绪 30 第 2 版,
　　　光绪 31.4 第 3 版
　　86 页　图　32 开　线装
　　人教　上师大　云南社科　广西师大

教学参考书

2-3955
课堂运动法
徐筑岩译补
　　上海　文明书局　清光绪 33.5[1907]
　　88 页　图　64 开
　　辞书

2-3956
初高等小学新体操参考书
徐傅霖编辑
　　上海　中国图书公司　民国 2.5[1913.5]
　　162 页　图　大 32 开
　　教师用书　秋季始业
　　辞书

2-3957
体操教授细目
赵光绍编
　　上海　商务印书馆　民国 7[1918]-
　　3 册(224,323,216 页)　32 开
　　第 1 册(甲编)：民国 7 第 2 版
　　第 2 册(乙编)：民国 7 第 2 版
　　第 3 册(丙编)：民国 7 初版
　　河南

2-3958
小学体育教学法
王小峰著
　　上海　商务印书馆　民国 14[1925]
　　70 页　64 开
　　广东中山

2-3959
体操教本
杨彬如编著
　　上海　世界书局　民国 21.7[1932.7]版

49页 图 32开
小学和初级中学体育教师参考之用
其他题名：三民主义体操教本
编译馆

2-3960
儿童设计仿效体操
蔡雁宾编
上海 新中国书局 民国22.5[1933.5]
59页 图 大32开
小学适用
河南

2-3961
体育教材
杭州市政府教育科编
杭州 [编者刊] 民国22.6[1933.6]
100页 32开 （杭州市初等教育辅导丛刊）
国图

2-3962
小学体育教学法
屠镇川编著
上海 世界书局 民国22.6[1933.6]
197页 图 大32开 （世界新教育丛书）
辞书 西北师大 辽宁

2-3963
舞蹈新教本
蒋佩英,陈慕兰著
上海 勤奋书局 民国22[1933]
113页 图 32开 （体育丛书）
中小学教师及体育学校适用
上海 天津

2-3964
小学体育实施法
郑法编
上海 商务印书馆 民国24.9[1935.9]
236页 图,表 32开
辞书

2-3965
小学体育教材及教法
杨彬如编
上海 世界书局 民国24[1935]
128页 图 32开 （小学教师进修丛书）
河南

2-3966
小学体育教授细目
教育部编
上海 勤奋书局 民国25.3[1936.3]
4册(38,147,112,109页) 图,表,乐谱 32开
第1册：民国25.3初版,民国26.4版
第2册：民国25.3初版,民国26.4版
第3册：民国25.3初版,民国25.3版,民国26.4版

第4册：民国25.3初版,民国26.4版
人教(1-3) 华师大(4) 辞书 广东中山(1-3)

2-3967
小学体育教材及教法
杨彬如编
上海 新亚书店 民国25.5[1936.5]
128页 图,表 32开 （小学教师进修丛书）
辞书

2-3968
小学体育科教材和教法
束云逵编
上海 商务印书馆 民国29.3[1940.3]
210页 图,表 32开 （小学教师丛书）
辞书

2-3969
体育教学法及图解
周学旦编著
福州 教育图书出版社 民国35[1946]
182页 图 32开
河南

2-3970
小学体育科教材和教法
束云逵编纂
上海 商务印书馆 民国37.4[1948.4]第1版,民国37.6第2版,民国37.8第3版
205页 图,表 32开 （国民教育文库）
其他题名：体育科教材和教法
上海 辞书 庐山 广东中山

2-3971
小学竞技运动教材与教法
教育部国民体育委员会主编 王复旦编著 冯公智校订
南京 正中书局 民国37.8[1948.8]
58页 32开
人教

2-3972
小学体育教材教法
邓法鲁编著 马客谈校阅
上海 世界书局 民国37.9[1948.9]
229页 32开
辞书 西北师大

2-3973
小学体育教材教法
邓法鲁著
[不详] 新夏图书公司 民国37[1948]
2册(143,301页) 32开
上下册：民国37年版
西北师大

2-3974
小学团体操教材及教学法

俞海林编著
上海 中国儿童图书出版公司 民国38[1949]
56页 32开
广东中山

2-3975
教育体操法提要
李春酘辑
[出版者不详] [1912-1949?]
68叶 16开 线装
近世小学体育课教材
云南社科

* * *

2-3976
初等小学体操教授书
(清)学部编译图书局编纂
北京 [编者刊] 清光绪33.6[1907]-
册(①118,③78页) 图 大32开 线装
第1册：光绪33.6初版
第3册：宣统1.5初版
人教(1,3)

2-3977
小学体操范本
徐傅霖编辑 沈恩孚,华国铨校订
上海 中国图书公司 清光绪33.7[1907]
2册(134,162页) 图,表 大32开 精装
第1-2册(上下编)：光绪33.7初版
初等小学校教授参考用
辞书

2-3978
中华初等小学体操教授书
徐傅霖编辑
上海 中华书局 民国1.10[1912.10]
158页 图,表 32开
其他题名：小学体操游戏教授书
辞书

2-3979
初等小学新体操教授书
徐傅霖编辑
上海 中国图书公司 民国2.5[1913.5]
134页 图 大32开
教师用书 秋季始业
辞书

2-3980
新制中华体操教授书
徐傅霖编 戴克敦,沈颐,陆费逵阅
上海 中华书局 民国2.7[1913.7]初版,民国8.11第10版,民国9.3第11版
70叶 图,表 32开 线装

教育部审定 初级小学校用 国民学校用
版权页题名：新制中华初等小学体操教授书
其他题名：新制中华国民学校体操教授书
人教 辞书

2-3981
新体操
徐傅霖编纂
上海 商务印书馆 民国10[1921]第10版
466页 图 小32开
教育部审定 国民学校教员用
其他题名：共和国教科书新体操
河南

2-3982
初级体育教练法
钱江春,戴昌凤译
上海 中华书局 民国12.11[1923.11]初版,民国14.12第4版,民国20.8第11版
122页 图 32开
其他题名：最新体育教练法
辞书

2-3983
初小体育教本
张天百编辑
上海 世界书局 民国22[1933]-
8册 图 32开
第1-8册：民国22-23年版
初级小学教员用
其他题名：新课程标准世界小学教本初小体育教本
国图(1,3-8) 北师大(1-4,8)

2-3984
幼学体操法
[出版者不详] [1912-1949?]
1册 大32开 线装
广西师大

2-3985
女子小学体操范本
中国图书公司编辑
上海 [编者刊] [1912-1949?]
2册(166,196页) 图 大32开
第1-2册(上下编)：版次不详
初等小学教授用 参考用
辞书

* * *

2-3986
女子小学体操范本
徐傅霖编辑
上海 中国图书公司 清光绪34[1908]-
2册(①166页) 大32开

第 1 册(上编)：光绪 34 年版
高等小学教授用
北师大(1)

2-3987
中华高等小学体操教授书
徐傅霖编　戴克敦,沈颐,陆费逵阅
上海　中华书局　民国 2.4[1913.4]初版,民国 4 第 2 版
166 页　图,表　32 开　精装
其他题名：高等小学体操游戏教授书
北师大　人教　辞书　河南

2-3988
新体操
徐傅霖编纂
上海　商务印书馆　民国 2.5[1913.5]

656 页　图　64 开
高等小学教员用
其他题名：共和国教科书新体操
国图　人教　辞书

*　*　*　*　*

2-3989
唱游教材及教学法
邓铸成编
上海　晨光书局　民国 36.11[1947.11]初版,民国 37 第 2 版,民国 37.9 第 3 版
185 页　图,曲谱　32 开
辞书　天津

3. 中学教材

综合

课 本

3-0001
国学讲义
江起鹏编辑
上海 新学会社 清光绪31.3[1905]-
2册(①104页) 32开 (奉化龙津学堂讲义丛录 一)
第1册(上、中合编):光绪31.3初版,光绪32第2版
其他题名:中学教科书国学讲义
人教(1) 上师大(1)

3-0002
经学教科书
刘师培编著 邓实参校
上海 国学保存会 清光绪31.9-32.12[1905-1907]
2册(36,59叶) 大32开 线装 (国学教科书之一)
第1册:光绪31.9初版
第2册:光绪32.12初版
国图 人教(1) 上海 上师大(1) 辞书(2)

3-0003
初等普通经学读本
上海 彪蒙书室 清光绪31[1905]版
26叶 大32开 线装
其他题名:初等普通经学教科书
广西师大

3-0004
国粹教科书
廉泉编辑 廉泉校印
上海 文明书局 清光绪32.5[1906]
2册(370,466页) 大32开
第1-2册(前、后编):光绪32.5初版
人教 辞书 河南

3-0005
中国文学教科书
刘师培编辑
上海 国学保存会 清光绪32.5[1906]-
10册(①121叶) 32开 线装 (国学教科书之一)
第1册:光绪32.5初版
上海(1) 辞书(1)

3-0006
中学讲义录
中学讲义录部编辑
上海 普及书店 清光绪32[1906]
10册 图 32开
第1-10册:光绪32年版
国图

3-0007
中国文学史
王梦曾编纂 蒋维乔校订
上海 商务印书馆 民国3.8[1914.8]初版,民国3.12第2版,民国5.10第3版,民国8第11版,民国12第17版,民国13.8第18版,民国14第19版,民国15.8第20版,民国17.10第21版
97页 大32开
教育部审定 中学校用
其他题名:共和国教科书中国文学史
国图 华师大 辞书 编译馆

3-0008
中学文学常识测验:第1类
廖世承编
上海 商务印书馆 民国7.9[1918.9]第2版,民国24.8版
4页 16开
初高中适用
国图

3-0009
国学必读
钱基博编
上海 中华书局 民国13.4[1924.4]
2册(350,472页) 大32开
上册:民国13.4初版,民国13.12第3版,民国15.5第4版,民国17.10第5版,民国21.6第6版
下册:民国13.4初版,民国13.7第2版,民国13.12第3版,民国17.10第5版,民国21.6第6版
高级中学用
其他题名:新中学教科书国学必读
国图 北师大 人教 辞书 河南 广西师大 编译馆

3-0010
社会科学概论
郭任远编
上海 商务印书馆 民国17.7[1928.7]初版,民国19.2第3版,民国21.6国难后1版,民国22.2国难后2版
297页 大32开
其他题名:新学制高级中学教科书社会科学概论
国图 北师大 人教 上海 华师大 广西师大 编译馆

3-0011
中国文学史纲
欧阳溥存编纂
上海 商务印书馆 民国20.12[1931.12]第2版
236页 32开
中等以上学校用
初版附注:民国19年8月初版
华师大

3-0012
中等佛学教科书
善因编
上海 佛学书局 民国20[1931]-

2册(②80页)　[32开]
下册(二编)：民国20年版
国图(2)

3-0013

新编高中中国文学史
王颂三著　霍衣仙编
　　200页　大32开
　　其他题名：高中中国文学史
　　①广州　义光印务馆　民国25[1936]版
　　广东中山
　　②上海　商务印书馆　民国25[1936]版
　　广东中山

3-0014

中国文学常识
薛建吾著
　　上海　大华书局　民国26.3[1937.3]
　　241页　32开
　　高中教学用书
　　上海

3-0015

初级中学公教道理教科书
(德)Johann Ev. Pichler著　顾若愚译
　　兖州　保禄印书馆　民国28[1939]-
　　3册([313]页)　32开
　　第1-3册(一至三编)：民国28-30年版
　　国图

3-0016

国学常识
谭正璧编著
　　上海　大东书局　民国36.2[1947.2]
　　204页　32开
　　中学教学用
　　其他题名：中学国文乙编：国学常识
　　华师大　河南

教学参考书

3-0017

中国文学史参考书
王梦曾编纂　蒋维乔,许国英校订
　　上海　商务印书馆　民国3.11[1914.11]初版,民国5.10第3版
　　197页　大32开
　　教育部审定　中学校教员用
　　华师大　辞书　河南　广西师大

3-0018

新著各科教学法
赵宗预编纂
　　上海　商务印书馆　民国12.2[1923.2]

152页　图,表　32开
中等学校用
国图　辞书

3-0019

新著分团教学法
赵宗预编
　　上海　商务印书馆　民国12[1923]初版,民国13第3版
　　92页　32开
　　中等学校用
　　河南

3-0020

青年训练教范
许崇灏编译
　　上海　民智书局　民国18[1929]-
　　2册　64开
　　第2册(下卷)：民国18年版
　　中学校用
　　其他题名：中学校用青年训练教范
　　天津(2)

3-0021

复式教学法
姚虚谷编
　　上海　商务印书馆　民国22.3[1933.3]初版,民国23.5第2版,民国24第3版
　　191页　32开　(乡村教育丛书)
　　庐山　广东中山

3-0022

中学普通教学法
张怀编
　　北平　立达书局　民国22[1933]
　　178页　大32开
　　国图

3-0023

二部教学法
姚虚谷编纂
　　上海　商务印书馆　民国23[1934]初版,民国24第2版
　　186页　32开　(乡村教育丛书)
　　天津　西北师大

3-0024

中学教学法原理
胡毅著
　　上海　商务印书馆　民国24[1935]
　　207页　大32开
　　河南

3-0025

中学各科教学法
钟鲁斋编著
　　长沙　商务印书馆　民国27.7[1938.7]
　　535页　大32开
　　辞书

3-0026

中学普通教学法

龚启昌著

重庆　商务印书馆　民国35[1946]沪初版

364页　大32开

封面题名：实用中学教学法

国图　河南

3-0027

课外活动指导

李仲耕著

上海　商务印书馆　民国37.2[1948.2]初版,民国37.8第3版

174页　32开　（国民教育文库）

辞书　西北师大

＊　＊　＊

3-0028

实用主义国民学校训练概要

盛兆熊,李邦和编

上海　商务印书馆　民国6.3[1917.3]

116页　大32开

其他题名：国民学校训练概要

广西师大

3-0029

复兴初级中学教科书样本

商务印书馆编

上海　[编者刊]　民国22[1933]版

[140]页　32开

教育部审定　新课程标准

国图　人教　上海

3-0030

初级中学教科书样本[修正本]

商务印书馆编

上海　[编者刊]　民国22[1933]版

1册　32开

其他题名：修正初级中学教科书样本

广东中山

＊　＊　＊

3-0031

普通教育测验

德尔满著

上海　商务印书馆　民国14.4[1925.4]

1袋　图,表　16开

高级中学类

附：答案15份,标准纸1份,校对表及报告表

其他题名：学校自用普通教育测验

辞书

教学辅导书

3-0032

各科常识问答

湖南五育励进会编

长沙　南华书社　民国16[1927]

2册([704]页)　图　32开

上下册：民国16第3版

河南

3-0033

各科问题详解：考试秘本

倪国经编著

上海　中原书局　民国17[1928]-

册(①134,④144,⑤204页)　64开

第1册(中外历史问题详解)：版次不详

第4册(化学问题、矿物学问题详解)：版次不详

第5册(生物学问题详解)：民国17第2版

河南(1,4-5)

3-0034

各科题解

朱翊新等编著

上海　世界书局　民国18.8[1929.8]

4册(314,285,342,392页)　32开　（学生考试准备丛书）

第1-4册(甲至丁集)：民国18.8初版

辞书

3-0035

考试必备百科常识问答

唐守常,谢韦丰,王纯甫等编辑

上海　东方文学社　民国18.10[1929.10]

3册(591,412,258页)　表,地图　32开

第1册(国学、自然科之部)：民国18.10初版

第2册(中外史地之部)：民国18.10初版

第3册(数学之部)：民国18.10初版,民国20.4第6版

人教(3)　辞书

3-0036

新编各科常识问答：甲集

爱知社编辑部编辑

上海　新声书局　民国19.5[1930.5]

2册(361,482页)

第1-2册：民国19.5初版

辞书　河南

3-0037

新编各科常识问答：乙集

爱知社编辑部编辑

上海　新声书局　民国19.9[1930.9]

2册(352,446页)

第1-2册：民国19.9初版

辞书

3-0038
投考必携各科常识答问
王传中等编
　　武昌　文化书局　民国19[1930]-
　　　册(下[475]页)　32开
　　下册：民国19初版
　　中等学校考试用书
　　河南(下)

3-0039
各科常识问答第一集
湖南五育励进会编辑
　　上海　华南书局　民国20.1[1931.1]
　　2册(319,552页)　地图
　　上下册：民国20.1第10版
　　辞书

3-0040
中学投考指南
张谷岑编
　　南京　共和书局　民国20.4[1931.4]订正2版,民国21.5版
　　1册　图　16开
　　辞书　河南

3-0041
各科考试问题详解(甲：党义部)
周郁年主编
　　上海　新民书局　民国21.5[1932.5]
　　1册(104,34,40,24,8,14,14,12页)　32开
　　考试顾问
　　辞书

3-0042
各科考试问题详解(乙：社会科学部)
周郁年主编
　　上海　新民书局　民国21.5[1932.5]
　　1册(82,38,44,62,34,70页)　图,表　32开
　　考试顾问
　　辞书

3-0043
各科考试问题详解(丙：史地部；丁：自然科学部)
周郁年主编
　　上海　新民书局　民国21.5[1932.5]
　　1册(42,22,34,34,18,20,10,24,14,18页)　32开
　　考试顾问
　　辞书

3-0044
各科考试问题详解(戊：文理部；己：英算部)
周郁年主编
　　上海　新民书局　民国21.5[1932.5]
　　1册(18,20,14,74,52,48,58,43页)　32开
　　考试顾问

辞书

3-0045
世界文学史纲
李菊休编　赵景深校
　　上海　亚细亚书局　民国21[1932]版
　　428页　32开
　　学校参考用书　中等学校适用
　　初版附注：民国21年初版
　　河南

3-0046
各科题解[订正本]
　　上海　世界书局　民国22.5[1933.5]
　　4册([1481]页)　32开　(中学生会考准备丛书)
　　第1-4册(甲至丁集)：民国22.5第3版
　　人教

3-0047
全国各省市中学试题汇解
沈仲龙编
　　[出版者不详]　民国22[1933]版
　　1册(377,55,70,46,88,76,62,57页)　大32开
　　投考高初中适用
　　逐页题名：中等学校试题汇解
　　辞书

3-0048
全国中学会考试题汇编(附详解)
于小石编　刘云山,沈明达,向宾诹,薛德燨,袁家骅,吴沧,吴新谋校正
　　上海　实学研究社　民国23[1934]第2版,民国24.2增订5版
　　487页　16开
　　自修参考必备之书
　　辞书　天津

3-0049
中学会考入学试题总辑
于澄编
　　上海　实学研究社　民国23[1934]版
　　1000页　16开
　　天津

3-0050
各种表解丛书：考试必备
周斌等编
　　上海　东方文学社　民国23[1934]-
　　4册(①-③[843]页)　表,地图　32开
　　第1册(化学、物理、英文、数学之部)：民国23年版,民国25.5第2版
　　第2册(国学、植物、动物、卫生之部)：民国23年版,民国25.5第2版
　　第3册(公民、中外地理之部)：民国23年版,民国25.5第2版
　　国图(1-3)

3-0051

各科投考指南[增订本]
于澄编
　　上海　实学研究社　民国24[1935]第7版
　　600页　32开
　　天津

3-0052

现代百科文选：现代学术论著思想文化精粹
王子坚编
　　上海　经纬书局　民国24[1935]-
　　4册　32开
　　第1,4册：民国24年版
　　适合中等学校用
　　河南(1,4)

3-0053

1941升学指导
莺鸣编纂
　　上海　中美日报社　大华新闻社　民国30.5[1941.5]
　　148页　大32开　(中美日报社、大华新闻社联合丛书)
　　辞书

3-0054

新编中学升学指导：各科试题汇编[胜利版]
卢冠六主编
　　上海　三民图书公司　民国35.6[1946.6]新3版
　　[310]页　32开
　　河南

3-0055

中学各科常识问答
胡济涛主编　陈驾凡校阅
　　上海　春明书店　民国36.4[1947.4]
　　165页　大32开
　　依据部颁课程标准新编
　　辞书

3-0056

中学升学指导
王原培编
　　广州　南光书店　民国36[1947]版
　　408页　32开
　　广东中山

3-0057

新编中学生升学指南
胡济涛,蒋冰洲主编　胡子固,周佩苇,陈琪,应英,陶湄波,胡台山编　刁政本,高之秋校对
　　上海　春明书店　民国36[1947]初版,民国37.7版
　　415页　地图　32开
　　依据部颁课程标准新编
　　封面题名：中学生升学指南
　　书脊题名：最新编纂中学生升学指南
　　辞书　河南

3-0058

中学毕业试验准备用书
　　上海　大东书局　[1912-1949?]
　　册　64开
　　第2册：版次不详
　　上海(2)

3-0059

学习应试指导
陶百川主编
　　上海　晨报出版部　[1912-1949?]
　　56页　32开　(中学会考指导丛书　1)
　　上师大

＊　＊　＊

3-0060

团体智力测验：量表乙(第一类)
廖世承[著]
　　上海　商务印书馆　民国24.3[1935.3]国难后2版
　　12页　图,表　16开
　　中学初二～初三用
　　测验卷25份,答案标准1份
　　初版附注：民国12年5月初版
　　初版附注：民国22年11月国难后第1版
　　辞书

3-0061

初中投考指南[增编本]
沈仲龙编辑　戴万生校正
　　南京　[编者刊]　民国25[1936]
　　235页　表　长32开
　　初版附注：民国22年初版
　　初版附注：民国25年增编初版
　　辞书

3-0062

全国初中入学试题精解(民国廿三年至廿四年)
钱江翔主编　周迎潮,沈明达,林兰等编校
　　上海　现代教育研究社　民国24.6[1935.6]第3版,民国36.2新2版
　　646页　大32开
　　辞书　辽宁

3-0063

国学试题总解
储祎,姚蕴编著
　　上海　东方书店　民国25.1[1936.1]
　　[192]页　32开　(初中会考升学准备丛书)
　　封面题名：综合国学试题总解
　　辞书

3-0064

全国初中会考试题总览(民国廿五年增订本)
钱洪翔主编　储祎,陈彦舜,倪锡英等编校

上海　现代教育研究社　民国 25.3[1936.3]增订 4 版
733 页　大 32 开
辞书

3-0065

全国初中会考题解总集
毕云辉主编　汪启章,马宗瑜,薛建新等编解
上海　东方书店　民国 25.3[1936.3]
2 册(687,702 页)　大 32 开
第 1-2 册：民国 25.3 初版
封面题名：系统编制全国初中会考题解总集
辞书

3-0066

各科常识大全
文光编译社编著
上海　文光书局　民国 30[1941]版
[331]页　32 开
初中升学考试必备
河南

3-0067

初中各科必要习题
徐谷生编
[不详]　艺文书社　民国 34.1[1945.1]
183 页　32 开
初中适用
辞书

3-0068

新标准高中入学指导[增订本]
顾琨,蒋世刚,浦漪人,承士林,吴沧主编　江苏省立无锡师范学校,上海南洋模范中小学校,中小学教材研究社编辑
457 页　大 32 开
问题精解　初级中学各科总复习
初版附注：民国 35 年 6 月初版
逐页题名：高中入学指导
①上海　新中国出版社　民国 36.7[1947.7]第 5 版
辞书
②上海　新中国联合出版社　民国 38[1949]第 8 版
广东中山

3-0069

初中各科复习指导：投考升学必备
胡济涛主编　陈驾凡校阅
上海　春明书店　民国 36.2[1947.2]
185 页　32 开
依据部颁中学课程标准新编
辞书

3-0070

全国高中入学试题精解
钱洪翔主编
上海　现代教育研究社　民国 36.5[1947.5]新版
428 页　大 32 开

卷端题名：最近年度高中入学试题精解
辞书

3-0071

初中会考升学指导
于澄主编　吴增芥,刘云山,沈明达,张文贵校订
上海　新生书局　民国 36[1947]版
503 页　32 开
全国省市会考题解的总汇
初版附注：民国 36 年战后新编初版
辞书

3-0072

高中入学指南：献给投考高中者
伯玮主编　王开明,陶湄波,蒋冰洲,吴克刚编　应一凡校阅
上海　春明书店　民国 37.6[1948.6]
371 页　地图　32 开
辞书

3-0073

初中各科复习升学指导
陶世洪主编
上海　新生书局　[1912-1949?]
[674]页　图　大 32 开
河南

3-0074

全国初中会考试题总览(民国廿二年至廿四年)
钱洪翔主编
上海　现代教育研究社　[1912-1949?]
[386]页　大 32 开
附：师范科会考试题精解
河南

*　　*　　*

3-0075

投考常识提要[改正本]
沈仲龙编辑　丁晋蕃,秦濛生,丁雨霖等校正
南京　[编者刊]　民国 22[1933]改正版
402 页　图,表　长 32 开
投考初高中及大学适用
辞书

3-0076

全国大学入学试题精解
钱洪翔主编　周迎潮,沈明达,林兰等编校
上海　现代教育研究社　民国 24.7[1935.7]
682 页　大 32 开
封面题名：最新本全国大学入学试题精解
辞书

3-0077

全国高中会考试题总览
钱洪翔主编　沈振家,陈彦舜,蔡振襄等编校

上海　现代教育研究社　民国 25.2[1936.2]增订 3 版

1047 页　大 32 开

辞书

3-0078

全国高中会考题解总集

毕云辉主编　汪启章,马宗瑜,薛建新等编解

上海　东方书店　民国 25.3[1936.3]

2 册(780,775 页)　大 32 开

第 1-2 册:民国 25.3 初版

封面题名:系统编制全国高中会考题解总集

辞书

3-0079

最近全国大学考选要览

殖文编译社编

南京　天一书局　民国 25.4[1936.4]

1 册　32 开

辞书

3-0080

29 年度全国大学入学试题精解

德通出版社编

上海　[编者刊]　民国 29.12[1940.12]

284 页　大 32 开

辞书

3-0081

全国国民高等学校入学试题详解:优级学生升学必备

新生编

[长春]　启智书店　民国 30.9[1941.9]第 2 版

201 页　大 32 开

辽宁

3-0082

高中升学试题总览

范觉非主编

北平　银丽书屋　民国 33[1944]版

139 页　32 开

河南

3-0083

新标准大学入学高中会考指导

浦漪人,吴沧主编　大中学升学会考指导社编辑　赵型,俞养和,施懿德等编校

上海　新中国出版社　民国 36.5[1947.5]

556 页　地图　大 32 开

遵照部颁高中课程标准　各大学入学试题各科问题精解

辞书

3-0084

高中会考升学指导

于澄主编　沈明达,张文贵,刘云山,吴沧,吴增芥,吴墨卿编

上海　新生书局　民国 36[1947]增订新 1 版

399 页　16 开

全国各省市会考题解的总汇　献给高中毕业总考及投考大学者

辞书

3-0085

大学入学指南:献给高中升学者

伯玮主编

上海　春明书店　民国 37.3[1948.3]

606 页　地图　32 开

辞书

3-0086

新标准大学入学指导

浦漪人,吴沧主编　大中学升学会考指导社编辑　赵型,俞养德,徐宗骏等编校

上海　新中国联合出版社　民国 37.5[1948.5]第 2 版

607 页　地图　大 32 开

遵照部颁高中课程标准　各大学入学试题各科问题精解

辞书

3-0087

全国大学入学试题精解(36 年度最新版)

钱洪翔主编　陈贯吾,沈明达,陆萼庭等编校

上海　现代教育研究社　民国 37.6[1948.6]新 1 版,民国 37.6 新 2 版

448 页　大 32 开

封面题名:36 年度全国大学入学试题精解

辞书

叁　哲学、论理学(逻辑)

课本

3-0088

人生哲学

舒新城编　陆费逵校

上海　中华书局　民国 13.9[1924.9]初版,民国 13 第 2 版,民国 14.3 第 3 版,民国 15.5 第 7 版,民国 16 改订 10 版,民国 17.10 改订 12 版,民国 20.7 改订 15 版,民国 20.12 改订 16 版

429 页　大 32 开

高级中学用

封面题名:新中学人生哲学

其他题名:新中学教科书人生哲学

国图　北师大　人教　华师大　上师大　辞书　河南　庐山　广西师大　编译馆

3-0089

人生哲学

冯友兰著

上海　商务印书馆　民国 15.9[1926.9]初版,民国 16 第 2

版,民国17第3版,民国21.10国难后1版,民国21.10国难后3版,民国22.6国难后4版

341页　32开

其他题名：新学制高级中学教科书人生哲学

北师大　华师大　上师大　辞书　河南　辽宁　广西师大　编译馆

*　*　*　*　*

3－0090

论理学纲要

[出版者不详]　清光绪28[1902]-

　　册(②29叶)　16开　线装

第2册(卷二)：光绪28年版

云南社科(2)

3－0091

论理学教科书

(日)高岛平三郎讲述　(日)金太仁作翻译　宏文学院编辑

东京　东亚公司　清光绪33.7[1907]版

91页　图　大32开

北师大

3－0092

论理学

韩述组编辑

上海　文明书局　清光绪34.8[1908]

254页　图　大32开

北师大

3－0093

论理学通义

林可培编辑

上海　中国图书公司　清宣统1.3[1909]

266页　大32开

中学及师范用书

河南

3－0094

论理学纲要

侯鸿鉴编辑

上海　中华书局　民国1.11[1912.11]

29叶　大32开　线装

辞书

3－0095

论理学教科书

魏先朴编辑　杨昌济改正

上海　中华书局　民国3.5[1914.5]

210页　32开

北师大　人教　辞书

3－0096

论理学

王振瑄编辑

上海　商务印书馆　民国14.8[1925.8]初版,民国15第3版,民国18第11版,民国19.8第16版,民国21.10国难后5版,民国22.5国难后6版,民国29国难后9版

108页　32开

其他题名：新学制高级中学教科书论理学

国图　北师大　人教　上海　上师大　辞书　河南

3－0097

论理学概论

吴俊升编

上海　中华书局　民国15.4[1926.4]初版,民国15.8第2版,民国17第4版,民国20.7第7版,民国20.9第8版,民国21.6第9版,民国21.10第10版,民国22第11版,民国23.8第12版

316页　大32开

教育部审定　高级中学用

封面题名：新中学论理学概论

其他题名：新中学教科书论理学概论

国图　北师大　上海　华师大　辞书　天津　河南　辽宁　编译馆

3－0098

论理学

张廷健编

上海　商务印书馆　民国17.8[1928.8]初版,民国18.8第2版

235页　32开

其他题名：新学制高级中学参考书论理学

人教　辞书　河南

3－0099

论理学

冯友兰编辑

上海　商务印书馆　民国21.6[1932.6]国难后2版

108页　图,表　32开

其他题名：新学制高级中学教科书论理学

编译馆

3－0100

论理学大纲

康叔仁著

北平　文化学社　民国21.11[1932.11]

124页　图　大32开

高中及师范用

北师大　上海　河南

3－0101

新建设时代中等教育实用论理学

伊荣绪著

北平　建设图书馆　民国22.7[1933.7]

296页　图　32开

其他题名：中等教育实用论理学

北师大

3－0102

论理学

吴士栋编著
上海 商务印书馆 民国23.2[1934.2]初版,民国23.4第2版,民国23.6第3版,民国23.8第4版,民国23.12第7版,民国30.5第12版
146页 32开
高级中学用
其他题名：复兴教科书论理学
其他题名：复兴高级中学教科书论理学
北师大 人教 上海 华师大 辞书 河南

3-0103
高中论理学
张希之编著
北平 文化学社 民国24.7[1935.7]
240页 图 大32开
其他题名：新标准高中教本高中论理学
其他题名：高中新标准论理学
北师大 广西师大

3-0104
新编高中论理学
朱章宝编
上海 中华书局 民国28.5[1939.5]初版,民国35.8第5版
191页 大32开
修正课程标准适用
人教 辞书

心理学

课　本

3-0105
心理学教科书
（日）大瀬甚太郎,（日）立柄教俊撰　张云阁译
[不详] 直隶学务处排印局 清光绪29[1903]
2册 线装
国图

3-0106
心理学
陆志韦编辑
上海 商务印书馆 民国14.3[1925.3]初版,民国18.11第4版,民国21.5国难后1版,民国21.10国难后3版
258页 32开
其他题名：新学制高级中学教科书心理学
国图 北师大 人教 华师大 上师大 辞书 河南 广西师大 编译馆

3-0107
行为主义心理学讲义
郭任远编

上海 商务印书馆 民国17.10[1928.10]初版,民国18第2版,民国22.11国难后1版
176页 图 大32开
其他题名：高级中学教科书行为主义心理学讲义
北师大 华师大 河南

3-0108
教育心理学
傅绍曾著
通县 时中学社 民国23.6[1934.6]
134页 图 32开
中等学校用
北师大

政治

课　本

3-0109
政治学教科书
杨廷栋著
上海 作新社 清光绪28.12[1903]
48页 大32开
国图 北师大

3-0110
政治学
杨廷栋编辑
上海 中国图书公司 清光绪34.8[1908]
96页 大32开
中学及师范用
其他题名：法制理材教科书政治学
北师大 上海

3-0111
民主建设讲话
孙蔚民,郑炜编
[淮阴] 华中新华书店 民国35.2[1946.2]
166页 32开
苏皖边区政府审定　青年读物及中学教本
国图

3-0112
中国革命问题
东北政委会编审委员会编
[大连] 光明书店 民国36.11[1947.11]
86页 32开
中学临时课本
国图

3-0113
社会科学概论

吴黎平,杨松编
[合肥] 皖北新华书店 民国38.7[1949.7]
200页 32开
皖北行政公署教育处规定高中二年级政治课参考书、初中二年级政治课参考书
国图

3-0114
世界现状
王城著
[不详] 新华书店 民国38.9[1949.9]
107页 32开
中等学校政治课适用
人教

3-0115
中国革命读本
王惠德,于光远著
[沈阳] 东北新华书店 民国38.9[1949.9]-
2册(①141页) 32开
上册:民国38.9初版
中等学校政治课适用
辽宁(1)

3-0116
中国之命运教本
蒋介石原著 卢冠六编选
上海 三民图书公司 [1912-1949?]
53页 36开
中学公民科适用
国图 人教

＊ ＊ ＊

3-0117
新中华建国方略
郑昶编 林振镛阅
上海 新国民图书社 民国19.6[1930.6]
2册(44,63页) 大32开
第1册:民国19.6初版,民国20.1第2版,民国20.6第3版,民国21.10第4版
第2册:民国19.6初版,民国19.9第2版,民国20.6第4版
初级中学用
其他题名:新中华教科书建国方略
人教 华师大(2) 辞书 编译馆

3-0118
社会发展简史
解放社编
哈尔滨 东北书店 民国38.2[1949.2]
86页 32开
东北行政委员会教育部规定初中二年级政治课参考书
国图

3-0119
论青年的修养
洛甫著
哈尔滨 东北书店 民国38.2[1949.2]
24页 32开
初中三年政治课参考书
辞书 辽宁

3-0120
青年修养
程今吾编著
初级中学政治课本
①[不详] 华东新华书店 民国38.4[1949.4]初版,民国38.4第2版
97页 32开
辞书 华师大
②[不详] 中原新华书店 民国38.5[1949.5]
59页 32开
河南

＊ ＊ ＊

3-0121
政治概论
张慰慈编辑
上海 商务印书馆 民国13.2[1924.2]初版,民国13.7第2版,民国15.2第3版,民国15.10第4版,民国19订正10版,民国21.8国难后2版,民国21.11国难后订正5版,民国23国难后订正版
240页 图 32开
书脊题名:新学制高中政治概论
其他题名:新学制高级中学教科书政治概论
国图 北师大 人教 上海 华师大 上师大 辞书 天津 河南 广西师大 编译馆

3-0122
政治经济学
(苏)列翁节夫著
沈阳 东北书店 民国38.3[1949.3]第3版
328页 32开
高中一年级用 政治课参考书
辽宁

3-0123
政治经济学
薛暮桥著
①沈阳 东北书店 民国38.3[1949.3]
116页 32开
高中一年暂用课本 专科学校适用
辽宁
②上海 新华书店 民国38.7[1949.7]
159页 32开
高级中学第一年级上学期用

辽宁
③[合肥] 皖北新华书店 民国38.7[1949.7]
91页 32开
皖北人民行政公署教育处审定
国图

3-0124

社会发展简史
解放社编
[北平] 新华书店 民国38.7[1949.7]
113页 32开
高中政治课本
国图

3-0125

调查研究
于光远著
[上海] 华东新华书店 民国38.8[1949.8]
86页 32开
高级中学适用 中等学校政治课教材
人教

3-0126

中国革命读本
王惠德,于光远著
上海 华东新华书店 民国38.8[1949.8]-
2册(①141页) 32开
上册:民国38.8初版,民国38第2版
高级中学适用 临时政治课本
初版附注:民国38年8月-1950年8月初版
其他题名:临时政治课本中国革命读本
人教(1) 广东中山(1)

教学辅导书

3-0127

政治学问答：投考必备
文公直主编
上海 大中华书局 民国25[1936]
177页 32开
河南

三民主义

课 本

3-0128

新时代三民主义教科书
新时代教育社编
上海 商务印书馆 民国16.9-17.1[1927.9-1928.1]
3册(91,91,84页) 32开
第1册:民国16.9第5版,民国18.7第85版
第2册:民国17.1第5版,民国18.2第40版
第3册:民国17.1第5版,民国17.5第15版,民国18.2第40版
初级中学用
初版附注:民国16年9月-17年1月初版
逐页题名:三民主义教科书
北师大(1,3) 辞书 广西师大(3) 广东中山(1-2) 编译馆

3-0129

新时代综合编制三民主义教本
邹卓立著 王云五校订
大学院审定 初级中学用
逐页题名:综合编制三民主义教本
①上海 新时代教育社 民国16.12[1927.12]-
3册(67,73,76页) 32开
上册:民国16.12第5版,民国19.9第15版
中册:民国16.12第5版,民国18.6第60版
下册:民国16.12初版,民国16.12第5版,民国18.10第75版
人教(3) 辞书
②上海 商务印书馆 民国16.12[1927.12]-
3册(67,75,77页) 32开
上册:民国18.6第75版,民国21.7国难后18版,民国21年版
中册:民国16.12初版,民国18.6第60版,民国21.1第130版,民国21.5国难后10版
下册:民国21.7国难后10版
其他题名:新时代三民主义教本
北师大 华师大(1-2) 天津(2) 广西师大(2-3) 编译馆

3-0130

新中华三民主义教科书
郑昶编 陈立夫阅
上海 新国民图书社 民国17.8[1928.8]-
6册(①48页) 大32开
第1册:民国17.8初版,民国19.7第7版
初级中学用
其他题名:新中华教科书三民主义
人教(1) 辞书(1)

3-0131

新中华三民主义教科书
郑昶编 陈立夫阅
上海 新国民图书社 民国18.1[1929.1]-
4册(48,46,48,38页) 大32开
第1册:民国20.1第8版,民国20.6第9版,民国20.6第10版,民国21.10第12版
第2册:民国18.1初版,民国19.4第5版,民国20.1第6版,民国20.6第7版,民国21.10第10版
第3册:民国18.5初版,民国19第2版,民国20.1第3版,民国20.6第4版,民国20.6第5版,民国21.10第6版

第4册:民国19.4第2版,民国20.3第4版,民国20.6第5版,民国21.7第6版,民国21.10第7版
初级中学用
初版附注:民国18年1-9月初版
封面题名:新中华三民主义(语体)
逐页题名:新中华初中教科书三民主义
国图(2)　北师大(3-4)　人教(2)　辞书　编译馆

3-0132

三民主义的科学观
有零著记
北平　北平书局　民国21.5[1932.5]版
180页　大32开
其他题名:高中党义教本三民主义的科学观
北师大

教学参考书

3-0133

三民主义教学的方法
[浙江大学编]
杭州　[编者刊]　民国18[1929]
　册　32开　(浙江大学初等教育辅导丛书)
第1-9册:民国18年版
国图(2-9)　辞书(1-3)

党 义

课 本

3-0134

初中党义
魏冰心,徐映川编著　朱翊新,董文校订
上海　世界书局　民国18.6[1929.6]-
6册(69,67,63,62,74,72页)　照片,折表　大32开
第1册:民国18.6初版,民国18第3版,民国18.10第4版,民国19.2第6版,民国21.4修正2版
第2册:民国18.9第3版,民国19.2版,民国19.4第6版,民国20.12版,民国21.8修正5版,民国21.8修正6版
第3册:民国18.11第3版,民国19.4第4版,民国19.4第5版,民国19.10第7版,民国21.7修正4版
第4册:民国18.8初版,民国18.12第2版,民国19.2第3版,民国22.2修正3版
第5册:民国18.8初版,民国19.7第5版,民国21.8修正9版,民国21.9修正版
第6册:民国18.9初版,民国21.5修正2版,民国22.2修正3版
初级中学学生用
其他题名:新主义教科书初中党义
北师大　上海(4)　华师大(1-5)　辞书　广西师大(1-3)　广东中山(1)　编译馆

3-0135

党义
陶百川编著　蔡元培校订
上海　大东书局　民国19.6[1930.6]-
6册(60,66,74,78,82,86页)　照片　大32开
第1册:民国19.6初版,民国22.1第16版,民国22.9第17版
第2册:民国19.6初版,民国20.1第2版,民国22.1第9版,民国22.11第13版
第3册:民国19.6初版,民国21.9第9版
第4册:民国20.1第2版,民国22.7第7版,民国23.2第13版
第5册:民国19.9初版,民国20.5第4版,民国21.9第9版,民国22.8第11版
第6册:民国20.1初版,民国21.2第3版,民国24.2第11版
教育部审定　初级中学学生用
其他题名:初级中学教本党义
国图(6)　北师大(2,5)　人教(6)　华师大　辞书(1-2,4-5)　编译馆

＊　＊　＊

3-0136

高中党义
郭伯棠,魏冰心编著　范祥善校订
上海　世界书局　民国19[1930]-
3册(167,179,227页)　照片,书影　大32开
第1册:民国19第4版,民国21.7订正8版,民国21.9订正9版
第2册:民国20.9第4版,民国20.12订正5版,民国21.6订正6版,民国21.9订正7版
第3册:民国20.1第3版,民国20.12订正4版,民国21.5订正5版,民国21.8订正6版
教育部审定　高级中学学生用
初版附注:民国18年10月-19年8月初版
其他题名:新主义教科书高中党义
北师大　华师大(2-3)　辞书　河南　广西师大(1)　编译馆

3-0137

高中党义
陶百川编著　蔡元培校订
上海　大东书局　民国21.7[1932.7]-
3册(②198页)　表　大32开
第2册:民国21.7第2版
封面题名:高中党义教本
其他题名:党义
其他题名:高级中学教本党义
编译馆(2)

教学参考书

3-0138
初中党义指导书
魏冰心编辑
上海 世界书局 民国19.5[1930.5]-
6册(①129,②138,③126页) 图 大32开
第1册:民国19.5初版
第2册:民国19.5初版
第3册:民国20.4初版
初级中学教员及学生用
北师大(3) 人教(2-3) 编译馆(1-3)

3-0139
党义教授准备书
徐竹虚编著
上海 大东书局 民国21.3[1932.3]-
6册(②178,③132,④164,⑤158,⑥190页) 大32开
第2册:民国22.3初版
第3册:民国22.3初版
第4册:民国22.6初版
第5册:民国21.3初版
第6册:民国22.3初版
初级中学教员用
国图(2-6) 人教(2-6) 上海(2-6) 编译馆(2)

教学辅导书

3-0140
党义
洛三著
上海 神州国光社 民国20.10[1931.10]
88页 32开
初中受验及参考之部
辞书

* * *

3-0141
党义
洛三著
上海 神州国光社 民国20.10[1931.10]
89页 32开
高中受验及参考之部
辞书

3-0142
高中党义辑要
陈先舟编
天津 新民学会营业部 民国24.5[1935.5]

127页 照片 32开
辞书

公 民

课 本

3-0143
公民常识
刘恩荣编辑
天津 南开学校 民国12.3[1923.3]
120页 32开
中等学校用
北师大 人教

3-0144
新著公民须知:道德篇
顾树森,潘文安编纂
上海 商务印书馆 民国12.3[1923.3]初版,民国13.11第4版,民国14.10第6版
62页 32开
中等学校用
国图 北师大 人教

3-0145
公民课本:半文言文
徐宗泽著
上海 圣教杂志社 民国16.2[1927.2]-
2册(240,236页) 32开
第1册:民国16.2初版,民国25.1第3版
第2册:民国24.7第2版
国图 人教

3-0146
公民
寿勉成编著
上海 正中书局 民国25.6[1936.6]-
册(②195页) 32开
第2册:民国25.6版
其他题名:建国教科书公民
庐山(2)

3-0147
抗战三年中等学校补充教材二:公民科
福建省政府教育厅编
福建 [编者刊] 民国29.11[1940.11]
185页 32开
国图 人教

* * *

3-0148
公民须知

刘大绅编辑　陈承泽校订
上海　商务印书馆　民国6.1[1917.1]
19叶　大32开　线装
国民学校修身科学生用
其他题名：共和国教科书公民须知
辞书

3-0149
公民教科书
周鲠生编纂
上海　商务印书馆　民国12.4[1923.4]-
3册(①100,②102页)　32开
第1册(上卷)：民国12.4初版,民国12.6第2版,民国12.10第4版,民国13第7版,民国14.5第9版,民国15第130版
第2册(中卷)：民国12.7初版,民国14第5版,民国15.7第74版
教育部审定　初级中学用
书脊题名：新学制初中公民教科书
其他题名：新学制公民学教科书
北师大(1-2)　人教(1-2)　辞书(1-2)　河南(1-2)　广东中山(1-2)　编译馆(1-2)

3-0150
初级公民课本
舒新城编　陆费逵校
上海　中华书局　民国12.8-13.1[1923.8-1924.1]
3册(70,72,81页)　大32开
第1册：民国12.8初版,民国12第2版,民国13.7第5版,民国13.12第6版,民国14.11第9版,民国16.12第13版,民国19第20版,民国19.11第21版,民国21.1第23版,民国21.4第24版,民国22.3第27版,民国22.9第29版
第2册：民国12.8初版,民国13.3第3版,民国14.5第5版,民国14.11第6版,民国15.5第8版,民国21.5第18版,民国21.5第19版,民国22.3第20版,民国22.6第21版
第3册：民国13.1初版,民国13.7第2版,民国14.3第3版,民国15第7版,民国18.6第11版,民国20.3第15版,民国21.6第16版,民国22.2第17版,民国22.3第18版,民国23.9第21版
初级中学用
封面题名：新中学公民课本
书脊题名：新中学初级公民课本
其他题名：新中学教科书初级公民课本
国图(2-3)　北师大　人教　辞书　河南　广西师大(1-2)　广东中山(1-2)　编译馆

3-0151
新学制公民学
童斐编
常州　新群书社　民国12.12[1923.12]-
册(①84页)　32开
第1册：民国12.12初版
初级中学用

其他题名：公民学
国图(1)　人教(1)　上海(1)

3-0152
初中公民学教本
王仲和,金崇如,冯顺伯编著
南京　江苏省立第一中学校　民国13.9[1924.9]
3册(92,162,156页)　大32开　(中华教育改进社丛书)
第1册：民国13.9初版,民国15.6第4版
第2册：民国13.9初版,民国15.6第3版
第3册：民国13.9初版,民国15.6第3版
北师大　人教　上海　辞书(2-3)

3-0153
公民
高阳,陶汇曾,刘秉麟编辑　王岫庐校订
上海　商务印书馆　民国14.1[1925.1]-
3册(160,178,129页)　图,表　32开
第1册(道德)：民国17.7第40版,民国18.7第53版,民国19.1第68版
第2册(法制)：民国14.1初版,民国15.3第14版,民国15.9第24版,民国23.8订正14版
第3册(经济)：民国15.6第20版
初版附注：民国14年1月初版
其他题名：新撰初级中学教科书公民
国图(2-3)　北师大　人教　上海(2)　广西师大(1)　编译馆

3-0154
公民
陶汇曾,陈霆锐,李泽彰编
上海　商务印书馆　民国14.6[1925.6]-
3册(101,153,99页)　32开
第1册(道德)：民国14.10初版
第2册(法制)：民国21.10国难后8版
第3册(经济)：民国14.6初版,民国16.8第20版,民国19.9第40版
初版附注：民国14年6-10月初版
其他题名：现代初中教科书公民
北师大(1)　人教(1,3)　河南(1)　编译馆(2 3)

3-0155
公民
孙伯睿编著
上海　商务印书馆　民国22.8[1933.8]-
3册(96,90,92页)　32开
第1册(道德)：民国22.11第70版,民国23.6第92版,民国24.2第125版
第2册(政法)：民国22.10第40版,民国23.6第57版,民国23.6第67版,民国24.2第71版
第3册(经济)：民国22.8第10版,民国22.10第35版,民国23.6第45版
新课程标准适用　初级中学用
初版附注：民国22年7月初版

逐页题名：初中公民
其他题名：复兴教科书公民
国图(1-2)　北师大　上海　华师大　辞书　广西师大(1)
编译馆

3-0156

公民
陶百川主编　王新命等编辑
上海　大东书局　民国 22.7-23.7[1933.7-1934.7]
6 册　32 开
第 1 册：民国 22.7 初版,民国 22.12 第 3 版
第 2 册：民国 23.1 初版
第 3 册：民国 23.6 初版
第 4 册：民国 23.7 初版
第 5 册：民国 23.7 初版,民国 24.8 第 2 版
第 6 册：民国 23.7 初版
新课程标准适用
其他题名：新生活初中教科书公民
北师大　人教(1,3-6)

3-0157

徐氏初中公民
徐逸樵编著
上海　世界书局　民国 22.7-23.8[1933.7-1934.8]
3 册(116,119,128 页)　大 32 开
第 1 册：民国 22.7 初版,民国 22.9 第 5 版,民国 22.12 第 7 版,民国 23.6 第 8 版,民国 23.8 第 9 版,民国 24.5 第 12 版,民国 24.9 第 16 版
第 2 册：民国 23.2 初版,民国 23.7 第 4 版,民国 23.8 第 5 版,民国 23.12 第 6 版,民国 25.6 第 9 版
第 3 册：民国 23.8 初版,民国 23.8 第 2 版,民国 24.1 第 3 版
新课程标准　初级中学学生用
封面题名：初中公民
其他题名：新课程标准世界中学教本徐氏初中公民
国图(2)　北师大　人教　上海　华师大(1-2)　辞书　广西师大(3)　编译馆

3-0158

最新修订初中公民学教本
王仲和,金崇如,冯顺伯编著
上海　公民学社　民国 23.7[1934.7]-
3 册(128,150,116 页)　大 32 开
第 1 册：民国 23.7 修订 3 版
第 2 册：民国 23.7 修订初版
第 3 册：民国 23.7 修订初版
初版附注：民国 22 年 8 月初版
逐页题名：初中公民学教本
辞书

3-0159

公民
叶楚伧主编　刘悉规等编　汪懋祖,寿勉成校
南京　正中书局　民国 23.1-24.1[1934.1-1935.1]
4 册(110,110,104,98 页)　32 开
第 1 册：民国 23.7 初版
第 2 册：民国 23.1 初版
第 3 册：民国 23.7 初版,民国 23.8 第 3 版
第 4 册：民国 24.1 初版
新课程标准适用
其他题名：初级中学教科书公民
国图　人教

3-0160

公民
王肇兴编著
北平　文化学社　民国 23.7[1934.7]版
74 页　32 开
新标准适用
其他题名：文化初中教本公民
北师大

3-0161

复兴公民课本
孙伯騫等著　韦悫校订
上海　商务印书馆　民国 23.8[1934.8]
5 册(95,106,69,87,105 页)　32 开
第 1 册：民国 23.8 初版
第 2 册：民国 23.8 初版,民国 23.12 第 15 版
第 3 册：民国 23.8 初版
第 4 册：民国 23.8 初版,民国 23.12 第 11 版
第 5 册：民国 23.8 初版,民国 23.12 第 11 版
按照新课程标准编辑　初级中学用
逐页题名：初中公民
其他题名：复兴初级中学公民课本
北师大(1-2,4-5)　人教

3-0162

公民
应观编
上海　开明书店　民国 24.1-9[1935.1-9]
2 册(118,65 页)　图　32 开
第 1 册：民国 24.1 初版,民国 24.7 第 2 版
第 2 册：民国 24.9 初版
教育部审定
其他题名：新标准初中教本公民
辞书

3-0163

初中公民
杜维涛,章柳泉编　陈立夫校阅
上海　中华书局　民国 24.2-5[1935.2-5]
3 册(114,119,88 页)　大 32 开
第 1 册：民国 24.2 初版,民国 24.2 第 3 版
第 2 册：民国 24.4 初版
第 3 册：民国 24.5 初版,民国 24.6 第 7 版
新课程标准适用
逐页题名：新课程标准适用初中公民
辞书

3-0164

王氏初中公民
王璧如编著　徐逸樵校订
　　上海　世界书局　民国24.4[1935.4]-
　　3册(97,86,104页)　32开
　　第1册:民国24.4初版,民国24.8第3版
　　第2册:民国24.6第2版
　　第3册:民国24.4初版,民国24.6第2版,民国24.6第3版
　　初级中学学生用
　　初版附注:民国24年4月初版
　　封面题名:初中公民
　　其他题名:新课程标准世界中学教本王氏初中公民
　　人教(1)　上海　华师大(1)　辞书　编译馆(3)

3-0165

复兴公民课本
孙伯謇编著
　　上海　商务印书馆　民国24.5[1935.5]-
　　5册(74,66,69,66,105页)　32开　精装
　　第1册:民国24.5订正31版
　　第2册:民国24.5订正21版
　　第3册:民国24.5初版,民国24.7订正19版
　　第4册:民国24.5订正4版,民国24.5订正14版
　　第5册:民国24.5初版
　　新课程标准适用　初级中学用　第一学年第一学期～第二学年第二学期用
　　封面题名:复兴初中公民课本
　　逐页题名:初中公民
　　上海　编译馆(1,3-4)

3-0166

初中公民
叶楚伧,陈立夫主编　刘悉规等编著　汪懋祖校订
　　南京　正中书局　民国24.5[1935.5]
　　5册(91,90,87,92,100页)　32开
　　第1册(公民生活与公民道德):民国24.5初版,民国24.8第58版,民国24.8第78版,民国25.7第92版
　　第2册(公民与政治生活):民国24.5初版
　　第3册(地方自治):民国24.5初版,民国24.8第39版
　　第4册(法律大意):民国24.5初版
　　第5册(公民与经济生活):民国24.5初版,民国24.8第3版,民国24.8第26版,民国25.7第38版
　　教育部审定
　　封面题名:公民
　　其他题名:初级中学公民
　　国图(1-2)　北师大　人教(1-4)　上海(1-2)　华师大(5)
　　辞书　广西师大(3-5)

3-0167

公民
高振清,郭伯棠编辑
　　上海　中学生书局　民国24.7[1935.7]-
　　5册(139,141,145,132,179页)　32开
　　第1册:民国24.7第2版
　　第2册:民国24.11初版
　　第3册:民国24.8初版
　　第4册:民国25.1初版
　　第5册:民国24.8初版
　　遵照教育部新课程标准
　　初版附注:民国24年6月-25年1月初版
　　版权页题名:初中公民
　　其他题名:初中标准教本公民
　　辞书　河南(3)

3-0168

新标准初中公民
曹刍,樊兆庚,李百仞编著
　　上海　大华书局　民国24.8-25.4[1935.8-1936.4]
　　5册(129,116,120,96,128页)　大32开
　　第1册(公民生活与公民道德):民国24.8初版
　　第2册(公民与政治生活):民国24.12初版
　　第3册(地方自治):民国24.8初版
　　第4册(法律大意):民国24.12初版
　　第5册(公民与经济生活):民国25.4初版
　　遵照教育部颁布新课程标准编辑　初级中学学生用
　　辞书

3-0169

公民教本
李之鸥,周涂编著　韦悫校订
　　上海　商务印书馆　民国24.10[1935.10]
　　5册　32开
　　第1-5册:民国24.10初版
　　新课程标准适用
　　其他题名:复兴初级中学教科书公民教本
　　北师大

3-0170

初中公民课本
陈炎佳等编
　　广州　美华书店　民国24[1935]-
　　册(②134页)　[32开]
　　第2册:民国24年版
　　初级中学用
　　广东中山(2)

3-0171

初中公民
卢达编　金兆梓校
　　上海　中华书局　民国25.7[1936.7]-
　　3册(①58,②66页)　大32开
　　第1册:民国25.7初版,民国25.7第3版,民国25.7第7版,民国25.7第8版
　　第2册:民国25.7初版,民国25.7第3版,民国25.7第6版
　　新课程标准适用　修正课程标准适用
　　人教(1-2)　辞书(1-2)

3-0172

新编初中公民
高振清编辑

上海 中学生书局 民国25.8[1936.8]-
3册(①121页) 32开
第1册:民国25.8第2版
遵照教育部修正课程标准
初版附注:民国25年7月初版
逐页题名:初中公民
辞书(1)

3-0173

公民
李之鸥,周淦编著 韦悫校订

上海 商务印书馆 民国25.7-8[1936.7-8]
3册(103,101,105页) 32开
第1册:民国25.7初版,民国25.8第29版,民国29.5第126版,民国29.5第128版
第2册:民国25.8初版,民国26年版
第3册:民国25.8初版,民国28.11改编42版,民国29年版
依照教育部修正课程标准编辑 初级中学用
其他题名:复兴教科书初中公民
其他题名:复兴初级中学教科书公民
国图 人教 上师大(1-2) 辞书 广西师大(1) 编译馆(1,3)

3-0174

初中新公民
董文编著

上海 世界书局 民国25.7-10[1936.7-10]
3册(76,82,80页) 大32开
第1册:民国25.7初版,民国25.8第2版,民国27.4新5版,民国29.11新11版
第2册:民国25.8初版,民国27.11新6版
第3册:民国25.10初版,民国27.5新4版
教育部审定 遵照教育部民国25年修正课程标准编辑 初级中学学生用
逐页题名:初中公民
其他题名:新课程标准世界中学教本初中新公民
人教(1-2) 辞书 编译馆(1,3)

3-0175

建国初中公民
叶楚伧,陈立夫主编 叶溯中,朱元懋,汪懋祖编著 周佛海校订

南京 正中书局 民国25.7-27.8[1936.7-1938.8]
3册(138,150,126页) 彩图 32开
第1册:民国25.7初版,民国25.9第45版,民国28.8第207版
第2册:民国25.7初版,民国26第95版
第3册:民国27.8初版
教育部审定 遵照修正课程标准编著
封面题名:初级中学公民

其他题名:初中公民
其他题名:建国教科书初级中学公民
国图(2-3) 人教 上海(3) 华师大(1-2) 辞书(1-2) 河南

3-0176

初中公民
陶百川主编 陶广川编辑 吴开先校订

上海 大东书局 民国25.8[1936.8]-
6册 32开
第1册:民国25.8初版,民国29.7第16版
第2册:民国26.1初版,民国29.7第11版
第3册:民国25.8初版
第4册:民国26.2初版
第5册:版次不详
第6册:版次不详
新修正标准
其他题名:新修正标准初中公民
北师大 人教(1-4)

3-0177

新编初中公民
潘子端,卢达编 金兆梓校

上海 中华书局 民国26.2-28.3[1937.2-1939.3]
3册(96,84,76页) 32开
第1册:民国26.2初版,民国26.2第8版,民国26.8第8版,民国30.8第52版
第2册:民国28.3初版,民国28.4第2版,民国28.8第7版,民国30.4第24版,民国30.8第25版,民国30.8第27版
第3册:民国26.3初版,民国26.8第6版,民国26.8第8版,民国30.2第18版,民国30.2第22版,民国30.8第26版
教育部审定 初审核定本 修正课程标准适用
封面题名:初中公民
国图(2-3) 北师大(1,3) 人教 辞书 编译馆(3)

3-0178

公民
周淦,万良炯编著 韦悫校订

上海 长沙 商务印书馆 民国26.6[1937.6]-
册(②138页) 32开 精装
第2册:民国26.6版,民国29第68版
教育部初审核定本
其他题名:复兴教科书公民
其他题名:复兴初级中学教科书公民
国图(2) 编译馆(2)

3-0179

初中公民
中等教育研究会编纂

天津 华北书局 民国27.3[1938.3]-
5册(④69页) 32开
第4册(法律大意):民国27.3初版
国图(4) 人教(4) 上海(4)

3-0180

初中公民讲义
章湘伯等编
　　金华　国民出版社　民国31.1[1942.1]-
　　3册(①72页)　32开
　　第1册：民国31.1初版
　　国图(1)

3-0181

初中公民
(伪)教育部编审委员会编纂
　　上海　华中印书局　民国32.1[1943.1]
　　3册(100,133,132页)　32开
　　第1-3册：民国32.1第4版
　　其他题名：国定教科书初中公民
　　国图(2)　上海(1)　上师大(3)　辞书

3-0182

公民
陈果夫主编
　　重庆　正中书局　民国32.1[1943.1]-
　　册(①112,②120,③134页)　32开
　　第1册：民国32.1初版
　　第2册：民国32.7初版
　　第3册：民国32.10初版
　　初级中学教材
　　其他题名：新中国教科书公民
　　国图(1-3)

3-0183

初级中学公民
教育部教科用书编辑委员会编　王鸿俊等编　国立编译馆校订
　　重庆　成都　上海　国定中小学教科书七家联合供应处　民国32.11[1943.11]-
　　3册(136,116,127页)　32开
　　第1册：民国32.11重庆米色报纸本8版,民国33.7成都嘉乐纸本13版,民国34.10沪1版,民国35第2版,民国35.7第5版,民国35白报纸本40版
　　第2册：民国32.11重庆米色报纸本初版,民国33.7成都嘉乐纸本5版,民国35.1上海白报纸本35版,民国35.1沪35版,民国35.7第5版
　　第3册：民国33.7成都嘉乐纸本4版,民国35.1沪25版,民国35.7第4版,民国35第6版,民国35白报纸本22版
　　教育部审定
　　初版附注：民国32年7-11月渝初版
　　初版附注：民国34年10月沪初版
　　其他题名：部编初中公民
　　国图　北师大　人教　上师大(1,3)　辞书　天津　河南(1)　庐山(3)　广西师大(2)　编译馆(1)

3-0184

初级中学公民
叶楚伧,陈立夫主编
　　南京　上海　正中书局　民国34.10[1945.10]-
　　3册(92,104,117页)　大32开
　　第1册：民国34.10初版
　　第2册：民国35.8上海白报纸本修订70版
　　第3册：民国35.7初版
　　教育部核定
　　广西师大(1,3)　编译馆(2)

3-0185

初级中学公民[修正本]
国立编译馆主编　夏贯中编　李宜琛校订
　　重庆　上海　国定中小学教科书七家联合供应处　民国35.7[1946.7]-
　　3册(123,104,117页)　32开
　　第1册：民国35.7沪初版,民国35.9沪125版,民国35.12沪165版
　　第2册：民国35.7沪初版,民国35沪30版,民国35.8沪50版,民国35沪130版
　　第3册：民国35.8沪55版,民国35.12沪95版
　　教育部审定
　　国图(1)　人教　上海(1)　上师大(2)　河南

3-0186

台湾省公民训练课本
台湾省公民训练委员会编辑
　　台湾　[编者刊]　民国35.10[1946.10]版
　　181页　32开　精装
　　初级中学用
　　编译馆

3-0187

初级中学公民[第2次修订本]
国立编译馆主编　夏贯中编　李宜琛等校订
　　3册(123,104,119页)　32开
　　教育部审定
　　①上海　中华书局　民国36.4[1947.4]
　　第1册：民国36.4上海白报纸本1版,民国37.5第13版
　　第2册：民国36.4上海白报纸本1版,民国37.5第10版
　　第3册：民国36.4上海白报纸本1版,民国37.5第5-6版
　　上海　辞书
　　②上海　世界书局　民国37.3[1948.3]
　　第1-3册：民国37.3修订初版
　　北师大
　　③上海　五联社　民国37.3[1948.3]-
　　第1册：民国37.6第2版,民国38.1第20版
　　第2册：民国37.6第2版
　　第3册：民国37.3第1版
　　国图(2)　人教
　　④上海　商务印书馆　民国37[1948]-
　　第3册：民国37第31版
　　上师大(3)

3-0188

公民[修正本]

李之鷗,周溎,万良炯编著　卢绍稷校订
上海　商务印书馆　民国37.8[1948.8]
3册(88,97,86页)　32开
第1-3册:民国37.8修正1版
初级中学适用
国图　人教　辞书

* * *

3-0189

徐氏高中公民
徐逸樵编著
上海　世界书局　民国22.8-23.12[1933.8-1934.12]
3册(273,215,220页)　大32开
第1册:民国22.8初版,民国22.12第4版,民国22.12第5版,民国23.9第8版,民国23.12第9版,民国23.12第10版
第2册:民国23.2初版,民国23.4第2版,民国23.12第5版,民国24.9第7版
第3册:民国23.12初版,民国24.1第2版,民国24.5第3版,民国25.9第6版
高级中学学生用
其他题名:世界中学教本徐氏高中公民
国图(3)　北师大　人教　上海　华师大(1)　辞书　河南(1,3)　广西师大(1)　编译馆

3-0190

复兴高级中学公民课本
李震东等编
上海　商务印书馆　民国23.2[1934.2]-
4册　32开
第1,3-4册:民国23.2-25.9初版
依照教育部修正课程标准编
其他题名:高级中学公民课本
其他题名:公民课本
人教(1,3-4)

3-0191

公民
李震东,张云伏,胡泽等编著
上海　商务印书馆　民国23.8[1934.8]-
6册(145,142,190,222,124,128页)　表　32开
第1册:民国23.9第11版,民国23.11第14版,民国24.6订正21版
第2册:民国23.8第7版,民国23.12第8版,民国24.1第11版,民国24.5订正13版
第3册:民国23.8初版,民国23.9第5版,民国23.12第8版
第4册:民国23.8初版,民国24.2第8版
第5册:民国23.8第4版,民国23.8第5版,民国23.12第8版
第6册:民国23.8初版,民国23.8第5版,民国24.1第7版
高级中学用

初版附注:民国23年8月初版
卷端题名:高中教科书公民
其他题名:复兴教科书公民
其他题名:复兴高级中学教科书公民
国图(2)　北师大(1-4,6)　人教(1-4,6)　上海　华师大(1)　辞书　庐山

3-0192

高中公民
王肇兴编著
北平　文化学社　民国23[1934]-
6册　大32开
第1-6册:民国23-24年版
新课程标准适用
其他题名:文化高中教本公民
北师大

3-0193

公民
赵质宸编著　胡石青等校阅
开封　新时代印刷局　民国24.1[1935.1]-
册(②268页)　32开
第2册:民国24.1初版
遵照教育部颁课程标准编制　高级中学及高级师范教科用书
其他题名:高级中学教科书公民
北师大(2)

3-0194

高中公民
杜维涛,章柳泉编　陈立夫校阅
上海　中华书局　民国24.4-8[1935.4-8]
3册(166,150,184页)　大32开
第1册:民国24.4初版,民国24.8第3版,民国24.4第5版
第2册:民国24.7初版,民国24.8第2版,民国24.8第3版
第3册:民国24.8初版,民国24.9第2版
新课程标准适用
北师大(3)　人教　辞书　河南(1)

3-0195

新标准高中公民
徐逸樵编著
上海　世界书局　民国24.5-10[1935.5-10]
3册(246,201,248页)　大32开
第1册:民国24.5初版
第2册:民国24.10初版
第3册:民国24.10初版
新课程标准世界中学教本　高级中学学生用
其他题名:新课程标准世界中学教本新标准高中公民
国图(2)　上海(1)　辞书

3-0196

高中公民
叶楚伧,陈立夫主编
南京　正中书局　民国24.5[1935.5]-

6册　32开
第1册(社会问题)：民国24.5初版,民国24.8第15版,民国24.8第25版
第2册(政治概要)：民国24.5初版,民国25.1第26版
第3册(经济概要)：民国24.5初版
第4册(经济概要)：民国24.11初版,民国25.7第15版
第5册(法律大意)：民国24.5初版
教育部审定　新课程标准　高级中学适用
国图(3,5)　北师大(1-5)　人教(1)　辞书(1-5)

3-0197

高中公民课本
陈炎佳等编
广州　美华书店　民国24[1935]-
册(①170页)　[32开]
第1册：民国24年版
广东中山(1)

3-0198

高中公民：政治概要
周增霖编著
上海　幼稚师范学校丛书社　民国25.2[1936.2]
212页　大32开
新课程标准适用
上海

3-0199

建国高中公民
叶楚伧,陈立夫主编
南京　正中书局　民国25.7[1936.7]-
4册(200,195,161,100页)　32开
第1册(社会问题、政治概要)：民国25.7初版,民国25.9第20版,民国36.5平1版,民国36.11沪144版
第2册(经济概要)：民国25.8初版,民国25.11第29版,民国35.11沪94版,民国36.10平45版
第3册(法律大意)：民国25.7初版,民国25.9第5版,民国27.2第5版,民国35.9沪3版,民国37.5平1版
第4册(伦理大意)：民国25.12第10版,民国34.12沪7版,民国35.2沪版,民国36.4沪52版,民国36.10平62版
教育部审定　遵照修正课程标准编著
初版附注：民国25年7-8月初版
其他题名：建国教科书高中公民
国图(2-4)　北师大　人教　上海(3)　辞书　河南(2)　庐山(2-3)　广西师大(2,4)

3-0200

高中公民
钱谷孙,周闻琛,江海驷编
上海　中华书局　民国25.7[1936.7]-
4册(①100,②110,③158页)　大32开
第1册(社会问题、政治概要)：民国25.8初版
第2册(经济概要)：民国25.7初版,民国25.7第2版
第3册(法律大意)：民国25.9初版

修正课程标准适用
北师大(1-2)　人教(1-3)　上海(3)　华师大(3)　辞书(1-3)　广西师大(2)

3-0201

公民课本
吴泽霖,韦悫,吴叔和等编著
上海　商务印书馆　民国25.8-10[1936.8-10]
4册(122,180,141,143页)　32开
第1册：民国25.8初版,民国26.6审定1版,民国37.5审定57版
第2册：民国25.10初版
第3册：民国25.9初版
第4册：民国25.8初版
教育部审定　依照教育部修正课程标准编辑　高级中学用
版权页题名：复兴公民课本
书脊题名：复兴高级中学公民课本
国图(1)　北师大(4)　人教(1)　辞书　西北师大(4)　广西师大(1)

3-0202

高中新公民
李汶,徐逸樵编著
上海　世界书局　民国25.10-26.6[1936.10-1937.6]
3册(154,152,110页)　32开
第1册：民国25.10初版,民国27.10新4版,民国35.7新9版
第2册：民国26.6初版,民国30.3新5版,民国35.7新6版
第3册：民国26.4初版,民国27.10新3版,民国35.7新6版
遵照教育部民国25年修正课程标准编辑　高级中学学生用
其他题名：新课程标准世界中学教本高中新公民
国图　人教　辞书(1)　编译馆(2-3)

3-0203

高中公民教本
陈淞南编
广州　岭南书社　民国25[1936]版
124页　32开
其他题名：公民教本
广东中山

3-0204

高中公民：社会问题　政治概要
杨东莼,熊得三著
上海　北新书局　民国26.5[1937.5]
144页　25开
其他题名：社会问题　政治概要
国图　人教

3-0205

新编高中公民
周闻琛编
上海　中华书局　民国26.8[1937.8]-
4册(②112页)　表　大32开
第2册：民国26.8初版

修正课程标准适用
人教(2)　辞书(2)

3－0206

高中公民：法律大意
杨东莼，宁柏清编

上海　北新书局　民国 27.8[1938.8]
2 册([139]页)　大 32 开
第 1－2 册：民国 27.8 版
最新修正课程标准适用
国图　人教

3－0207

高级中学公民
教育部教科用书编辑委员会编著

[不详]　正中书局　民国 29.2[1940.2]第 9 版
273 页　32 开
部编战时补充教材
初版附注：民国 28 年 10 月初版
封面题名：公民
逐页题名：部编战时补充教材高中公民
书脊题名：高中公民
辞书

3－0208

高中公民
杨东莼，宁柏清编

上海　北新书局　民国 35.11[1946.11]－
5 册　大 32 开
第 3 册(法律大意上)：民国 35.11 新 1 版
第 4 册(法律大意下)：民国 35.11 新 1 版
第 5 册(伦理学大意)：民国 35.11 新 1 版
辞书(3－5)

教学参考书

3－0209

公民教员准备书
蒋建白编著

上海　商务印书馆　民国 24.5[1935.5]
3 册　32 开
第 1－3 册：民国 24.5 初版
其他题名：复兴初级中学教科书公民教员准备书
国图(1－2)　北师大　人教(1－2)　上海(1－2)

3－0210

建国初中公民教学参考书
朱元懋编著

上海　正中书局　民国 26.3[1937.3]
375 页　折表　32 开
遵照修正课程标准编著
其他题名：初中公民教学参考书
其他题名：建国教科书初中公民教学参考书

国图　人教　辞书

3－0211

公民训练实施法
裴养泉编

四川　四川省政府　民国 29.6[1940.6]版
62 页　32 开　(国民教育辅导丛刊)
国图

3－0212

公民科教材及其教学法
袁公为著

重庆　上海　商务印书馆　民国 32.12[1943.12]重庆初版，
民国 35.8 上海初版
276 页　32 开
版权页题名：中等学校公民科教材及其教学法
国图　辞书

3－0213

国定本初级中学公民辅导书
陆殿扬主编　夏贯中编辑

上海　大中国图书局　民国 35.7－36.2[1946.7－1947.2]
2 册(270,243 页)　32 开
第 1 册：民国 35.7 沪白报纸本 1 版
第 2 册：民国 36.2 沪白报纸本 1 版
其他题名：国定本初中公民辅导书
国图(1)　人教(1)　辞书

教学辅导书

3－0214

初中公民辑要
陈先舟编辑

天津　新民学会营业部　民国 24.5[1935.5]
124 页　32 开
辞书

3－0215

公民问答
汤梦吾编

上海　浦东星报社　民国 25.2[1936.2]初版,民国第 2 版
190 页　32 开
初级中学复习书
国图　人教　上海　河南

3－0216

初中公民复习指导书
于澄编

上海　新生书局　民国 25.2[1936.2]
1 册(49,90 页)　32 开　(初中复习指导丛书)
升学必读
逐页题名：公民党义试题及详解
辞书

3-0217
公民试题总解
毕云辉,汪启章编著
　　上海　东方书店　民国25.2[1936.2]
　　257页　32开　(初中会考升学准备丛书)
　　封面题名:综合公民试题总解
　　辞书

3-0218
初中公民复习指导:升学考试必读
沈振家编
　　上海　现代教育研究社　民国25.3[1936.3]
　　108页　40开
　　国图

3-0219
公民
徐金涛编
　　上海　光明书局　民国25.3[1936.3]
　　84页　32开　(题解中心初中复习丛书　1)
　　辞书

3-0220
初中公民表解
徐谷生编
　　[不详]　艺文书社　民国34[1945]
　　192页　表　32开
　　辞书

3-0221
投考大学全书:公民之部
沈乃昌,王冥鸿编
　　上海　师友出版公司　民国36.7[1947.7]
　　120页　32开
　　辞书

伦理、修身

课　本

3-0222
中等教育伦理学:前后编
(日)元良勇次郎著　麦鼎华译
　　上海　广智书局　清光绪29.3[1903]第2版
　　[125]页　大32开
　　初版附注:清光绪28年8月初版
　　辞书

3-0223
中等伦理教科书
俞安凤辑
　　[出版者不详]　清光绪28[1902]版
　　26页　32开
　　其他题名:伦理教科书

3-0224
中等教育伦理学:前后编
(日)元良勇次郎著　麦鼎华译
　　上海　广智书局　清光绪32.3[1906]第5版,光绪33.9第7版,光绪33.11第8版,民国2第20版
　　[125]页　大32开
　　初版附注:清光绪29年5月初版
　　北师大　辞书　云南社科(后编)

3-0225
伦理教科范本
(日)秋山四郎原著　董瑞椿译著
　　上海　文明书局　清光绪29.9[1903]初版,光绪30.9第2版,光绪31.2第3版
　　30叶　32开
　　人教　上海　上师大　广西师大

3-0226
中等教育伦理学:前后编
(日)元良勇次郎著　麦鼎华译
　　上海　广智书局　清光绪30.4[1904]第3版
　　1册(44,24叶)　16开　线装
　　辞书

3-0227
伦理教科书
刘师培编著　邓实参校
　　上海　国学保存会　清光绪31.10-32.12[1905-1907]
　　2册(44,54叶)　大32开　(国学教科书之一)
　　第1册:光绪31.10初版,光绪32.5第2版
　　第2册:光绪32.12初版
　　北师大　上海(2)　辞书

3-0228
初等伦理教科书
吴尚述著
　　上海　文明书局　清光绪31.11[1905]
　　36页　32开
　　人教

3-0229
中等伦理学
姚永朴编辑　廉泉校阅
　　上海　文明书局　清光绪32.4[1906]
　　2册(262,250页)　大32开
　　第1-2册:光绪32.4初版
　　北师大　辞书

3-0230
伦理学教科书
(日)服部宇之吉著　商务印书馆编译所译述
　　上海　商务印书馆　清光绪34.6[1908]初版,宣统3.1第4版,民国2.3第7版,民国2.8版,民国3年版
　　85页　大32开　精装
　　教育部审定　中学校用书

北师大　上海　天津　编译馆

3-0231

伦理学大要
周日济,潘武编　陆费逵,姚汉章,戴克敦阅
　　上海　中华书局　民国2.12[1913.12]初版,民国3.9第3版,民国4.7第4版,民国7.1第7版,民国12.7第10版,民国13.4第11版
　　55页　32开
　　讲习适用
　　北师大　上海　辞书

* * * * *

3-0232

修身科讲义
龙志泽著
　　[不详]　时敏书局　清光绪28.3[1902]
　　32叶　表　16开　线装
　　卷端题名:时敏学堂修身科讲义
　　人教　辞书

3-0233

中等修身教科书
杨志洵著
　　上海　文明书局　清光绪32.4[1906]
　　52叶　32开　线装
　　北师大

3-0234

中学修身教科书
蒋智由著述
　　东京　同文印刷舍　清光绪32.5[1906]-
　　4册(①56,②82,③77页)　大32开　线装
　　第1册(卷一):光绪32.5初版,光绪33.4订正2版
　　第2册(卷二):光绪32.5初版,光绪33.4订正2版
　　第3册(卷三):光绪33.5初版
　　人教(1-3)　辞书(2-3)　天津(2)

3-0235

修身教科书
商务印书馆编译所编纂　蔡振编辑
　　上海　商务印书馆　清光绪33.12[1908]-
　　5册(69,65,63,60,57页)　大32开　精装
　　第1册:光绪34.2第2版,宣统2.2第4版,宣统3.6第7版
　　第2册:光绪33.12初版,宣统1.11第3版,宣统3第5版
　　第3册:光绪34.4第2版
　　第4册:光绪34.5初版,宣统2.8第3版,宣统2.9第4版
　　第5册:光绪34.3初版,宣统2.1第2版,宣统2.8第3版
　　清学部审定　中学堂用
　　初版附注:清光绪33年12月-? 初版
　　版权页题名:中学修身教科书
　　北师大(1-2,4-5)　人教　华师大　上师大　辞书

3-0236

改良增辑中等修身教科书
刘宗周著　傅超,傅彩辑　朱记荣校订
　　上海　校经山房　[1908?]
　　册(②44页)　32开　线装
　　第2册:版次不详
　　人教(2)

3-0237

新国民修身教科书
中国图书公司编
　　上海　[编者刊]　清宣统3.4[1911]-
　　5册([188]页)　32开　线装
　　第1-5册:宣统3.4-11版
　　其他题名:修身教科书
　　人教

3-0238

新编名媛教科书
(清)北洋官报局撰
　　[天津]　[著者刊]　[1911?]
　　1册　线装
　　国图

3-0239

(订正)中学修身教科书
蔡振编
　　上海　商务印书馆　民国1.5[1912.5]第9版
　　117页　大32开
　　其他题名:中学修身教科书
　　上海

3-0240

(订正)中学修身教科书(上下编)
蔡元培编
　　上海　商务印书馆　民国1[1912]订正9版,民国2.5订正10版
　　[145]页　32开　精装
　　初版附注:民国元年5月初版
　　其他题名:中学修身教科书
　　北师大　辞书　辽宁

3-0241

中华中学修身教科书
缪文功编　戴克敦,姚汉章,陆费逵阅
　　上海　中华书局　民国1.6-8[1912.6-8]
　　4册(54,66,49,46页)　32开　精装
　　第1册:民国1.6初版,民国1.10第2版,民国2.3第4版,民国2.7第5版,民国4.1第9版,民国7.9第21版,民国10第31版,民国11.12第34版
　　第2册:民国1.7初版,民国1.10第2版,民国2.3第4版,民国4.9第7版
　　第3册:民国1.7初版,民国2.3第4版,民国8第15版
　　第4册:民国1.8初版,民国1.10第2版,民国2.3第4版,民国3.7版,民国5第7版

逐页题名：中学修身教科书
北师大　人教　辞书　河南

3-0242

(订正)中学修身教科书
蔡元培编
　　上海　商务印书馆　民国3.11[1914.11]第7版,民国4第8版,民国11第17版
　　117页　32开　精装
　　初版附注：民国元年初版
　　其他题名：中学修身教科书
　　上师大　天津　辽宁

3-0243

修身要义
樊炳清编纂　张元济,高凤谦,庄俞校订
　　上海　商务印书馆　民国2.7-12[1913.7-12]
　　2册(84,88页)　大32开
　　第1册(上卷)：民国2.7初版,民国2.9第2版,民国3.6第4版,民国5.4第7版,民国5第12版,民国9.6第23版,民国14.7第25版
　　第2册(下卷)：民国2.12初版,民国5.8第3版,民国8.6第7版,民国10.2第11版,民国11.3订正12版,民国12.7订正27版,民国14.7第25版
　　教育部审定　中学校用
　　卷端题名：中学校教科书修身要义
　　其他题名：共和国教科书修身要义
　　北师大(1)　人教　上海　辞书　河南　编译馆(1)

3-0244

修身教科书
周日济编辑　潘武参订　戴克敦,姚汉章,陆费逵阅
　　上海　中华书局　民国2.10[1913.10]初版,民国4.10第7版,民国7.8第11版,民国9.2第13版,民国12第18版,民国13.12第23版
　　98页　32开
　　讲习适用
　　北师大　人教　上海　辞书

3-0245

新制修身教本
李步青,谢蒙等编　范源廉,姚汉章阅
　　上海　中华书局　民国3.5-6[1914.5-6]
　　4册(46,42,38,54页)　大32开
　　第1册：民国3.5初版,民国4.4第2版,民国5.12第4版,民国8.6第13版,民国9.1第16版,民国9第17版,民国11.2第22版
　　第2册：民国3.6初版,民国7.2第4版,民国7.3第6版,民国8.1第9版,民国9第10版,民国10.1第14版
　　第3册：民国3.6初版,民国6.2第3版,民国7.1第4版,民国9.1第10版,民国10.4第12版
　　第4册：民国3.6初版,民国5.8第2版,民国9.1第9版
　　教育部审定　中学校适用
　　北师大　人教　辞书　河南

3-0246

新制修身教本
李步青,谢蒙编　范源廉,姚汉章阅
　　上海　中华书局　民国3.8[1914.8]
　　4册(46,42,38,54页)　大32开
　　第1-4册：民国3.8初版
　　辞书

3-0247

中学修身教科书
徐炯撰
　　华阳　[著者刊]　民国5[1916]版
　　1册　大32开　线装
　　国图　北师大

3-0248

新制中学修身教科书
戴克敦,沈颐编
　　上海　中华书局　民国6.3[1917.3]-
　　12册(⑪16,⑫216页)　图　32开　线装
　　第11册：民国6.3第32版,民国10.7第40版
　　第12册：民国9.1第33版
　　教育部审定　国民学校用　秋季始业
　　其他题名：中学修身教科书
　　人教(11-12)

3-0249

修身(教授稿本)
　　[出版者不详]　[1938-1940?]
　　4册(56,37,44,44页)　32开
　　第1-4册：版次不详
　　(伪)国民政府教育部编审委员会审查暂准为临时补充教本
　　辞书

3-0250

中学修身教科书
缪文功著
　　上海　文明书局　民国33.11[1944.11]第2版
　　78页　大32开　精装
　　初版附注：民国32年5月初版
　　辞书

3-0251

修养国文
赵宗预著
　　上海　世界书局　民国35.2[1946.2]-
　　2册(86,104页)　32开
　　第1册：民国35.2第2版
　　第2册：民国36.8初版
　　辞书

*　　*　　*

3-0252

修身教科书

(伪)文教部编著
　　奉天　[编者刊]　民国 23[1934]
　　3 册(95,124,134 页)　大 32 开　精装
　　上中下册：民国 23 初版
　　初级中学校用
　　版权页题名：初级中学修身教科书
　　辞书

3-0253
初中修身
(伪)教育部编审会著
　　北平　[著者刊]　民国 27[1938]-
　　3 册　图　32 开
　　第 1-3 册：民国 27-28 年版
　　北师大

3-0254
初中修身
(伪)教育总署编审会著
　　北平　[著者刊]　民国 28.8[1939.8]-
　　3 册(117,108,118 页)　图　32 开
　　第 1 册：民国 30.6 修正版
　　第 2 册：民国 28.8 初版
　　第 3 册：民国 28.8 初版
　　初版附注：民国 28 年 8 月初版
　　北师大　辞书(2)

3-0255
初中女子修身
(伪)教育总署编审会著
　　北平　[著者刊]　民国 29.8[1940.8]-
　　3 册(197,158,174 页)　图　32 开
　　第 1 册：民国 29.8 版
　　第 2 册：民国 30 初版
　　第 3 册：民国 30.8 版
　　北师大

　　　　　　　＊　＊　＊

3-0256
高中修身
(伪)教育部编审会著
　　北平　[著者刊]　民国 27.11[1938.11]-
　　3 册([692]页)　32 开
　　第 1 册：民国 28.8 版
　　第 2 册：民国 27 年版
　　第 3 册：民国 27.11 版
　　北师大

3-0257
高中修身
(伪)教育总署编审会编纂
　　北平　[编者刊]　民国 28.8[1939.8]-
　　3 册(①220,③235 页)　32 开　精装

　　第 1,3 册：民国 28.8 初版
　　北师大(1,3)　辞书(1,3)

3-0258
高中女子修身
(伪)教育总署编审会著
　　北平　[著者刊]　民国 29[1940]-
　　3 册(174,172,170 页)　32 开
　　第 1 册：民国 29 年版
　　第 2 册：民国 30.6 版
　　第 3 册：民国 30.7 版
　　北师大

3-0259
最新高等中学修身实践学教科书
俞鸿顺辑
　　[出版者不详]　[1912-1949?]
　　76 页　32 开
　　其他题名：高等中学修身实践学教科书
　　其他题名：修身实践学教科书
　　上海

社会、法制

课　本

3-0260
社会问题
陶孟和编辑
　　上海　商务印书馆　民国 13.10[1924.10]版,民国 15 第 3 版,民国 16.1 第 4 版,民国 17 第 5 版,民国 19.1 第 6 版,民国 21.9 国难后 2 版
　　191 页　32 开
　　教育部审定
　　卷端题名：新学制高中教科书社会问题
　　其他题名：新学制高级中学教科书社会问题
　　国图　北师大　人教　华师大　辞书　河南　广西师大　编译馆

3-0261
社会学概论
(美)Emory S. Bogardus 著　瞿世英译
　　上海　商务印书馆　民国 14.1[1925.1]初版,民国 18.3 第 5 版,民国 19.8 第 10 版,民国 21.6 国难后 1 版,民国 21.10 国难后 3 版
　　175 页　32 开
　　卷端题名：新学制高中教科书社会学概论
　　书脊题名：新学制高中社会学概论
　　其他题名：新学制高级中学教科书社会学概论
　　国图　北师大　上海　辞书　广西师大　编译馆

3-0262
社会学及社会问题

卜愈之编著　吴泽霖校订
　　上海　世界书局　民国20.12[1931.12]初版,民国22.4版
　　241页　大32开
　　其他题名：高中师范教本社会学及社会问题
　　北师大　上海　辞书　河南

3－0263
社会学及社会问题
毛起骏编
　　上海　民智书局　民国22.2[1933.2]
　　250页　[32开]
　　高中及师范科教本
　　上海

3－0264
民众组织篇：中等学校特种教材
赵冕编　武葆村编著
　　[重庆]　正中书局　民国29.7[1940.7]
　　187页　32开
　　遵照部颁特种教育纲要编著　中等学校适用
　　上海

3－0265
欧洲风云
高时良编著
　　永安　福建省政府教育厅编辑委员会　民国30[1941]-
　　3册(①186,②81页)　大32开
　　上册：民国30年版
　　中册：民国31初版
　　中等学校补充教材
　　国图(1)　河南(2)

3－0266
社会教育入门
马宗荣,蓝淑华著
　　贵阳　交通书局　民国31.6[1942.6]
　　52页　大32开
　　中等学校及短期训练班适用
　　华师大

3－0267
非洲风云
高时良编著
　　永安　福建省政府教育厅编辑委员会　民国32[1943]版
　　38页　大32开
　　中等学校补充教材
　　国图　河南

3－0268
社会学大纲
海斯著
　　[出版者不详]　[1912－1949?]
　　190页　32开
　　高级中学及师范学校用
　　华师大　河南

　　　　　＊　　＊　　＊　　＊　　＊

3－0269
中等法律学教科书
(日)伊谷龟太郎原著　廉隅编著
　　上海　文明书局　清光绪30.6[1904]
　　138页　大32开　精装
　　版权页题名：法律学教科书
　　辞书

3－0270
法律学
杨廷栋编辑
　　上海　中国图书公司　清光绪30[1904]
　　128页　大32开
　　中学及师范用
　　河南

3－0271
桐城吴氏法律学教科书
吴闿生编著
　　北京　华北书局　清光绪31.8[1905]
　　188页　32开　线装
　　国图　人教

3－0272
法制教科书
(日)下冈忠治讲述　(日)金太仁作翻译　宏文学院编辑
　　东京　东亚公司　清光绪33.7[1907]
　　118页　大32开
　　北师大

3－0273
中华中学法制教科书
庄泽定编　戴克敦,姚汉章,陆费逵阅
　　上海　中华书局　民国1.2[1912.2]初版,民国5.9第4版
　　113页　32开
　　逐页题名：中学法制教科书
　　北师大　上海　辞书

3－0274
中华中学法制教科书
庄泽定编
　　上海　中华书局　民国2.1[1913.1]初版,民国2.6第2版,
　　民国5.11第5版
　　203页　32开
　　其他题名：中学法制教科书
　　国图　人教　河南

3－0275
法制大要
陈承泽编纂　王倬校订
　　上海　商务印书馆　民国2.6[1913.6]初版,民国3.1第2版
　　82页　大32开
　　中学校用

其他题名：共和国教科书法制大要
北师大　辞书

3-0276
法制概要
陶保霖编纂
　　上海　商务印书馆　民国3.6[1914.6]初版,民国4第4版,
　　民国9.3第20版,民国9第21版,民国11第24版,民国12
　　第25版,民国13.3第27版,民国14.7第29版,民国14订
　　正29版,民国15.3订正34版
　　80页　大32开
　　教育部审定　中学校及师范学校用
　　其他题名：共和国教科书法制概要
　　国图　北师大　人教　天津　河南　广西师大

3-0277
新制法制教本
张家声,潘鸿勋著　董康校阅
　　上海　中华书局　民国4.12[1915.12]
　　100页　大32开
　　中学校、师范学校适用
　　北师大　辞书

3-0278
新著公民须知：法制篇
顾树森,潘文安编纂
　　上海　商务印书馆　民国12.3[1923.3]初版,民国15.1第
　　6版
　　118页　32开
　　中等学校用
　　国图　北师大　人教

3-0279
法制
潘楚基,张国千编著
　　上海　黎明书局　民国20.6[1931.6]初版,民国21.9第2版
　　320页　32开
　　国图　河南

教学辅导书

3-0280
中国社会史教程
邓初民著
　　桂林　文化供应社　民国31[1942]
　　292页　大32开
　　初高中学生参考用书
　　河南

叁　语　文

课　本

3-0281
汉文典
（日）猎狩幸之助著　王克昌译
　　杭州　东文学社　清光绪28.8[1902]
　　112页　32开
　　教科适用
　　人教

3-0282
南洋公学课文录选
张美翊选编
　　上海　南洋公学　清光绪30.2[1904]-
　　4册(①92,②90页)　图　[32开]
　　第1-2册：光绪30.2初版
　　卷端题名：国文汇选
　　人教(1-2)

3-0283
中学国文教科书
蔡玮编
　　[出版者不详]　清光绪32[1906]
　　108页　大32开
　　国图

3-0284
澡德学堂中学国文课本：初编
马仿周评
　　北京　茹薏书室　清光绪33.3[1907]
　　2册(94,102页)　32开　线装
　　上下册：光绪33.3初版
　　逐页题名：澡德学堂论说课艺
　　人教

3-0285
中学国文教科书
吴增祺评选
　　上海　商务印书馆　清光绪34.9-宣统3.8[1908-1911]
　　5册([660]页)　大32开
　　第1-5册(一至五集)：光绪34.9-宣统3.8初版
　　北师大(2)　人教　广西师大(5)

3-0286
广州府中学堂国文课本
广州市中学堂编
　　广州　[编者刊]　[1908?]
　　104页　32开
　　上海

3-0287

中等国文典
章士钊编纂
上海　商务印书馆　清宣统1[1909]初版,民国11第10版,
民国14第12版
302页　32开　精装
清学部审定　中学堂、师范学堂用
北师大　华师大　辞书　天津

3-0288

国文教科文典
汤振常编辑　沈恩孚校订
上海　中国图书公司　清宣统2.3[1910]
246页　32开
人教

3-0289

清文栋：精选中学国文课本
胡嘉铨原辑
上海　时中书局　民国1.2[1912.2]
4册　大32开　线装
第1-4册：民国1.2第2版
封面题名：精选中学国文课本清文栋
逐页题名：国朝文栋
辞书

3-0290

中华中学国文教科书
刘法曾,姚汉章评辑
上海　中华书局　民国1.8-2.2[1912.8-1913.2]
4册(214,210,224,239页)　32开　精装
第1册：民国1.8初版,民国1.9版,民国2.3第3版,民国
4.5第6版
第2册：民国2.2初版,民国2.5第2版,民国4第3版
第3册：民国1.11初版,民国2.3第3版
第4册：民国1.12初版,民国2.7第3版,民国5第4版
逐页题名：中学国文教科书
国图　北师大　人教　辞书　河南　辽宁(4)　广东中山(1)

3-0291

(重订)中学国文教科书
吴增祺评选　许国英重订
上海　商务印书馆　民国2.3[1913.3]-
4册(249,260,259,245页)　大32开　精装
第1册：民国2.3第8版,民国2.10第9版,民国6.8第11
版,民国13.1第12版
第2册：民国2.3第8版,民国3.2第10版,民国8.11版
第3册：民国2.3第8版,民国3.2第10版,民国6.1版
第4册：民国3.2第10版,民国5.12版
本书初版共5册,民国初年重订时因中学学制变动改为4册
其他题名：中学国文教科书
北师大　人教　华师大　辞书　河南　广西师大(1-3)　广东中山(3)　编译馆

3-0292

中学新国文
陆基编辑　赵钲铎校订
上海　中国图书公司　民国2.8[1913.8]
4册(64,78,72,60页)　大32开
第1-4册：民国2.8初版
人教(1-2)　辞书

3-0293

国文教科书
潘武评辑　戴克敦,姚汉章,陆费逵阅
上海　中华书局　民国2.11[1913.11]
2册(166,179页)　32开
第1册(前编)：民国2.11初版,民国3.4第2版,民国3第3
版,民国9.7第15版,民国13.7第25版,民国13.12第26
版,民国20.1第31版
第2册(后编)：民国2.11初版,民国3第3版,民国7.1第8
版,民国8.9第9版,民国10.5第11版,民国13.2第15版
讲习适用
北师大　人教　华师大　辞书　河南　广西师大(2)

3-0294

南洋公学新国文
唐文治鉴定
苏州　振新书社　民国3.7[1914.7]
4册(49,44,45,[67]叶)　像,照片　大32开　线装
第1-4册(卷一至卷四)：民国3.7初版
人教(4)　辞书

3-0295

新制国文教本
谢蒙[无量]编　范源廉,姚汉章阅
上海　中华书局　民国3.8[1914.8]
4册(148,112,125,154页)　大32开
第1册：民国3.8初版,民国4.1第2版,民国7.2第5版,民
国9第11版,民国12.6第22版
第2册：民国3.8初版,民国7.1第4版,民国7.2第5版,民
国10第12版,民国11.11第14版
第3册：民国3.8初版,民国7.1第4版,民国8.12第9版
第4册：民国3.8初版,民国7.1第3版,民国9.6第8版
教育部审定　中学校适用
北师大　人教　华师大　辞书　河南

3-0296

中学国文教材
江苏省立上海中学校编
上海　[编者刊]　民国4.5[1915.5]
22页　32开　(江苏省立上海中学校教学研究丛刊)
国图

3-0297

新制国文教本评注
谢无量著　朱宝瑜评注
上海　中华书局　民国4.5[1915.5]-
4册(266,200,248,342页)　大32开

第1册：民国4.5初版,民国6.1第2版,民国13.6第20版
第2册：民国4.12初版,民国7.2第3版,民国13.1第15版,
　　　民国13.6第16版
第3册：民国6.1初版
第4册：民国13.1第4版,民国13.6第5版
中学校适用
人教　华师大(2,4)

3-0298
简易国文讲义
苦海余生编辑　易实甫等讲述
　　上海　中华编译社　民国8.4[1919.4]-
　　12册(②104页)　32开
　　第2册(二期)：民国8.4重订
　　其他题名：国文讲义
　　人教(2)

3-0299
国语概论
乐嗣炳编辑　国语专修学校审定
　　上海　中华书局　民国12.4[1923.4]
　　30页　大32开　(国语讲义　第1种)
　　中等学校适用
　　辞书

3-0300
国语文
马国英编辑　国语专修学校审定
　　上海　中华书局　民国11.7[1922.7]初版,民国17第8版,
　　民国23.4第10版
　　54页　大32开　(国语讲义　第7种)
　　中等学校适用
　　辞书　河南　广东中山

3-0301
语言学大意
乐嗣炳编辑　国语专修学校审定
　　上海　中华书局　民国12.6[1923.6]初版,民国12第2版
　　45页　图,表　大32开　(国语讲义　第9种)
　　中等学校适用
　　辞书　天津

3-0302
国语旗语
乐嗣炳著　国语专修学校审定
　　上海　中华书局　民国11.8[1922.8]初版,民国17.8第4版
　　44页　图,表　大32开　(国语讲义　第12种)
　　中等学校适用
　　辞书　河南

3-0303
新著国语文学史
凌独见编纂
　　上海　商务印书馆　民国12[1923]第2版
　　359页　32开
　　中等学校用

初版附注：民国12年2月初版
北师大

3-0304
中学国文课本菁华
邹弢编著
　　上海　土山湾印书馆　民国14[1925]-
　　4册(①208,②261,③298页)　32开
　　第1册：民国24第3版
　　第2册：民国14年版
　　第3册：民国16第2版
　　其他题名：国文课本菁华
　　国图(1)　人教(1)　上海(1)　广西师大(2-3)

3-0305
张氏文通
张振镛著
　　上海　世界书局　民国16[1927]
　　2册([223]页)　32开
　　上下册：民国16年版
　　中等学校适用
　　河南

3-0306
新国语概论
马国英著
　　上海　东方编译社　民国17.6[1928.6]版
　　25页　32开
　　其他题名：国语模范学校教本新国语概论
　　上海

3-0307
现代中学文学的国语文教材
萧苇编
　　上海　新学会社　民国18.7[1929.7]-
　　4册(②302,③333,④248页)　大32开
　　第2-4册(二至四集)：民国18.7初版
　　封面题名：文学的国语文教材
　　上海(2)　辞书(2-4)

3-0308
国文教本
北平汇文学校编
　　北平　汇文合作社　民国20.9[1931.9]-
　　册(①162页)　16开
　　第1册：民国20.9初版
　　国图(1)

3-0309
国文
柳诒徵,王焕镳选
　　南京　钟山书局　民国21[1932]-
　　册(①186,②228页)　大32开
　　第1册：民国21初版
　　第2册：民国22初版
　　广东中山(1-2)

3-0310
中学国语补充教材
李慎言编辑
　　北平　和济印书局　民国23[1934]版
　　128页　32开
　　教授、自修适用
　　国图　北师大

3-0311
国语补充教材
宋匡我编辑
　　北平　大学出版社　民国25.8[1936.8]-
　　　册(①178页)　32开
　　第1册：民国25.8版
　　国图(1)

3-0312
国文科战时补充教材
王宾编
　　长沙　商务印书馆　民国27.7[1938.7]
　　2册(172,229页)　32开
　　上下册：民国27.7初版,民国28第4版,民国28.6第5版
　　中学适用
　　华师大　湖南　广西师大　广东中山

3-0313
战时国文教材
秦柳方编　俞庆棠,陈礼江校订
　　汉口　新知书店　民国27.8[1938.8]
　　2册(195,201页)　32开
　　上下册：民国27.8版
　　中学生用
　　上海(1)　广东中山(2)

3-0314
模范国文
陆高谊主编　朱公振编著
　　上海　世界书局　民国28.2[1939.2]第2版
　　340页　表　32开
　　中学活用课本
　　逐页题名：国文
　　辞书

3-0315
基本国文
陆高谊主编　朱公振编著
　　上海　世界书局　民国28.2[1939.2]
　　359页　表　32开
　　中学活用课本
　　辞书

3-0316
基本国语
陆高谊主编　朱公振编著
　　上海　世界书局　民国29.3[1940.3]
　　227页　图,表　32开　精装

　　中学活用课本
　　封面题名：中学基本国语
　　编译馆

3-0317
国文（教授稿本）
　　[出版者不详]　[1938-1940?]
　　　册(①141,③193,⑤239,⑦214页)　32开
　　第1,3,5,7册：版次不详
　　(伪)国民政府教育部编审委员会审查暂准为临时补允教本
　　辞书(1,3,5,7)

3-0318
中等学校国文补充教材选辑
方维藩编
　　湖南　中山文化书局　民国30[1941]-
　　　册(①188页)　32开
　　第1册(一辑)：民国30年版
　　其他题名：国文补充教材选辑
　　广东中山(1)

3-0319
国文必读
谭正璧编
　　上海　世界书局　民国33.11[1944.11]
　　6册([651]页)　32开
　　第1册(国文入门)：民国33.11初版
　　第2册(国文阶梯)：民国33.11初版
　　第3册(国文进修)：民国33.11初版
　　第4册(国文文法)：民国33.11初版
　　第5册(国文修辞)：民国33.11初版
　　第6册(国文作法)：民国33.11初版
　　其他题名：(语文会通)国文必读
　　人教　广东中山(1)

3-0320
中等国文
陕甘宁边区教育厅编
　　6册　32开
　　①[莒南]　山东新华书店　民国34[1945]-
　　第1册：民国34年版
　　国图(1)
　　②张家口　新华书店晋察冀分店　民国35.5[1946.5]-
　　第1-2册：民国35.5版
　　国图(2)　人教(1-2)
　　③延安　新华书店　民国35[1946]-
　　第1册：民国35年版
　　国图(1)
　　④邯郸　华北新华书店　民国37.3[1948.3]-
　　第3册：民国37.3第3版
　　人教(3)

3-0321
行索中学校五年一贯制国文教科书
邬斡于编

新化　行索中学　民国35.1[1946.1]-
　　册(①154页)　32开
第1册:民国35.1版
湖南(1)

3-0322
国语课本
台湾省行政长官公署教育处编著
　　台北　台湾书店　民国35.6[1946.6]第2版
　　54页　32开
　　中等学校暂用
　　国图　人教

3-0323
国文
徐君梅编
　　福建　福建省政府教育厅编辑委员会　民国35[1946]
　　60页　大32开
　　中等学校补充教材
　　广东中山

3-0324
国文教本
广州培正中学国文科编
　　广州　培正中学　民国36[1947]版
　　163页　32开
　　广东中山

3-0325
中等国文
王食三,韩书田,李光增,于共三,池鉴编
　　6册(①182,②223,③216,④239页)　32开
　　①邯郸　华北新华书店　民国37.3[1948.3]-
　　第1册:民国37.3第2版
　　第2册:民国37.3第2版
　　第3册:民国37.3初版
　　第4册:民国38初版
　　华北人民政府教育部审定
　　国图(1-3)　河南(3-4)
　　②[平山]　石家庄　华北新华书店　民国37.9[1948.9]-
　　第1册:民国37.9第3版
　　第2册:民国32年版
　　晋察冀边区行政委员会教育处审定
　　国图(1-2)
　　③天津　新华书店　民国38.3[1949.3]-
　　第1-4册:民国38.3初版,民国38.3第3版
　　华北人民政府教育部审定　供三年制中等学校之用
　　国图(4)　人教(1-4)　辞书(1-3)　广东中山(3)

3-0326
速成国语教本
李瘦芝编
　　广州　中国语言研究社　民国38[1949]版
　　48页　32开
　　广东中山

3-0327
广州培正中学国文讲义
广州培正中学编
　　广州　[编者刊]　[1912-1949?]
　　2册　32开
　　第1-2册:版次不详
　　其他题名:国文讲义
　　广东中山

3-0328
兴宁县立一中国文讲义
兴宁县立一中编
　　[兴宁]　[编者刊]　[1912-1949?]
　　127页　大32开
　　广东中山

3-0329
江南各学校新国文
[出版者不详]　[1912-1949?]
　　8册(②27,③27,④26,⑤26,⑥27,⑦21,⑧27叶)　大32开
　　线装
　　第2-8册(卷二至卷八):版次不详
　　广西师大(2-8)

3-0330
国文
番禺　番禺中学校　[1912-1949?]
　　1册　大32开　线装
　　广东中山

3-0331
精选国文教科书
廉建中编
　　上海　启明书店　[1912-1949?]
　　92页　16开
　　国图　人教

3-0332
国文教科书
[出版者不详]　[1912-1949?]
　　3册(①152,②162页)　16开
　　上中册:版次不详
　　其他题名:陆军预备学校国民教科书国文
　　广东中山(1-2)

＊　＊　＊

3-0333
国语教科书:初级
吴研因,范祥善,周予同编　胡适校订　朱经农,王岫庐校
　　上海　商务印书馆　民国12.2[1923.2]-
　　6册(124,143,152,172,175,326页)　32开
　　第1册:民国12.2初版,民国12.4第2版,民国12第3版,民国18第132版,民国19.6第172版,民国21.6国难后5版,民国21.11国难后14版

第2册:民国12.4第2版,民国19.6第112版,民国21.6国难后4版,民国21.10国难后11版

第3册:民国13.8第3版,民国18.3第65版,民国21.6国难后3版

第4册:民国21.6国难后3版,民国21.10国难后9版

第5册:民国21.6国难后2版

第6册:民国21.6国难后7版

大学院审定　初级中学用

封面题名:新学制国语教科书

其他题名:新学制初级中学教科书国语

北师大　华师大(1-4)　辞书(1-2)　河南(1)　广东中山(1)　编译馆(1-5)

3－0334
新学制国语教科书

顾颉刚,范祥善,叶圣陶编辑　胡适,王岫庐,朱经农校订

上海　商务印书馆　民国12.2-13.2[1923.2-1924.2]

6册(124,143,152,172,193,330页)　大32开

第1册:民国12.2初版,民国13.8第6版,民国14.7第7版,民国17.7第27版

第2册:民国12.6初版,民国13.1第2版,民国13.4第3版,民国13.4第4版,民国15.5第67版

第3册:民国12.7初版,民国13.8第3版,民国14.4第4版,民国19.3第90版

第4册:民国12.7初版,民国13.1第2版,民国14.1第3版

第5册:民国12.8初版,民国12.10第2版,民国13.12第3版,民国15.3第32版

第6册:民国13.2初版,民国13.4第2版,民国15.3第25版,民国16.4第35版

大学院审定　初级中学用

封面题名:国语教科书

其他题名:初级中学教科书国语

国图(1,4-6)　北师大　人教　上海(2,6)　华师大(2-4)　辞书(2-6)　河南(2-5)　庐山(6)　广西师大(3,5-6)　广东中山(2,5)

3－0335
国文

庄适编辑　朱经农,任鸿隽,王岫庐校订

上海　商务印书馆　民国13.1-12[1924.1-12]

6册(66,82,83,111,106,145页)　32开

第1册:民国13.1初版,民国13.7第2版,民国第4版,民国16.10版,民国17.7第80版,民国21.12国难后2版,民国21.12国难后5版

第2册:民国13.2初版,民国15.5第35版,民国16.4第45版,民国21.4国难后1版,民国21.12国难后5版

第3册:民国13.3初版,民国15.1第20版,民国15.5第30版,民国16.7第40版,民国27国难后7版

第4册:民国13.6初版,民国13.12第2版,民国17第30版,民国21.4国难后1版,民国21.12国难后5版

第5册:民国13.8初版,民国13.12第2版,民国17.8第22版,民国21.12国难后5版

第6册:民国13.12初版,民国14年版,民国15.6第17版,民国21.4国难后1版,民国21国难后5版

其他题名:现代初中教科书国文

国图(1-5)　北师大　人教　华师大　上师大　辞书　河南(4)　辽宁(1,6)　庐山(1,3)　广西师大(6)　广东中山(2-6)

3－0336
新时代国语教科书

陈彬和,汤彬华著　蔡元培校订

上海　新时代教育社　民国16.12[1927.12]-

6册(135,175,128,132,146,152页)　32开

第1册:民国16.12第5版,民国18.3第25版

第2册:民国17.2第5版,民国18.3第15版,民国18.8第30版,民国21.10国难后7版

第3册:民国18.4第10版,民国18.7第25版,民国21.10国难后7版

第4册:民国18.4第10版

第5册:民国18.6初版

第6册:民国18.7第15版

初级中学用

初版附注:民国16年12月-18年7月初版

卷端题名:新时代初中国语教科书

逐页题名:国语教科书

北师大　华师大　上师大(3)　辞书

3－0337
新中华国语与国文教科书

朱文叔编　陈棠校

上海　新国民图书社　民国17.8-18.9[1928.8-1929.9]

6册(166,190,212,256,280,312页)　大32开

第1册:民国17.8初版,民国19.5第6版,民国20.6第9版,民国21.3第11版,民国21.8第14版,民国22.11第15版

第2册:民国18.1初版,民国18.4第2版,民国20第6版,民国20.12第8版,民国21.5第9版,民国21.6第10版,民国21.8第11版,民国21.10第12版

第3册:民国18.4初版,民国19.12第4版,民国20.6第6版,民国21.4第8版,民国21.6第9版

第4册:民国18.7初版,民国19.9第4版,民国20.12第6版,民国20.11第9版,民国21.10版

第5册:民国18.9初版,民国19.7第2版,民国19.12第3版,民国20.3第4版,民国21.6第8版

第6册:民国18.9初版,民国19.12第3版,民国20.6第4版,民国21.6第6版,民国22.11第8版

初级中学用

封面题名:新中华国语与国文

逐页题名:新中华初中教科书国语与国文

书脊题名:初中国语与国文

其他题名:新中华教科书国语与国文

国图(3)　北师大　人教　华师大(2-3,5)　上师大(2-6)　辞书　河南(1-2,5-6)　辽宁(1,5)　广西师大(2,4,6)　广东中山(2,5-6)　编译馆

3-0338

初中国文
朱剑芒编辑　魏冰心校订

上海　世界书局　民国 18.6[1929.6]-

6 册(159,172,178,201,218,235 页)　大 32 开

第 1 册：民国 18.6 初版,民国 19.4 订正 6 版,民国 21.6 订正 13 版

第 2 册：民国 18.6 初版,民国 18.8 第 2 版,民国 19 订正 3 版,民国 19.4 订正 4 版,民国 19.6 订正 5 版,民国 21.11 订正 10 版

第 3 册：民国 18.8 第 2 版,民国 18.11 订正 3 版,民国 21.6 订正 8 版,民国 21.10 订正 9 版

第 4 册：民国 18.6 初版,民国 18.9 订正 2 版,民国 19 订正 3 版,民国 19.4 订正 4 版,民国 21.6 订正 7 版

第 5 册：民国 18 初版,民国 18.11 订正 2 版,民国 19.10 版,民国 21.9 订正 7 版

第 6 册：民国 18.8 初版,民国 18.11 订正 3 版,民国 19.4 版,民国 21.4 订正 4 版,民国 21.7 订正 5 版

初级中学学生用　遵照教育部审批修正

其他题名：初级中学教科书初中国文

北师大　人教　华师大(6)　上师大(2,5-6)　辞书　河南(1-5)　辽宁(4)　广西师大(2,5)　广东中山(4,5)

3-0339

南开中学初三国文教本
南开中学编

天津　[编者刊]　民国 19[1930]

2 册(232,286 页)　大 32 开

上册：民国 19 初版,民国 24 修订版

下册：民国 19 初版,民国 24.9 修订版

初版附注：民国 19 年春初版

初版附注：民国 24 年秋修订初版

北师大　人教

3-0340

国文
张弓编著　蔡元培,江恒源校订

上海　大东书局　民国 19.6[1930.6]-

6 册(164,150,192,178,222,248 页)　大 32 开

第 1 册：民国 19.6 初版,民国 20.9 第 6 版,民国 22.5 第 11 版

第 2 册：民国 19.6 初版,民国 20.1 第 2 版,民国 20.8 第 3 版,民国 22.1 第 5 版,民国 22.3 第 6 版

第 3 册：民国 20.5 第 2 版,民国 21.6 第 3 版,民国 22.5 第 5 版

第 4 册：民国 20.1 初版,民国 22.1 第 4 版

第 5 册：民国 20.1 初版,民国 21.7 第 2 版,民国 22.5 第 4 版

第 6 册：民国 20.1 初版,民国 22.2 第 2 版

教育部审定　初级中学学生用

书脊题名：初中国文教本

其他题名：初级中学教本国文

国图　北师大　人教　上师大(5)　辞书　辽宁(2)

3-0341

初中混合国语
赵景深编辑

上海　青光书局　民国 21.8[1932.8]-

6 册(200,232,222,239,181,234 页)　32 开

第 1 册：民国 21.8 第 10 版,民国 21.8 第 12 版

第 2 册：民国 23.1 第 10 版,民国 35.7 第 11 版

第 3 册：民国 23.6 第 4 版,民国 25.2 第 6 版

第 4 册：民国 23.6 第 4 版

第 5 册：民国 23.6 第 4 版,民国 23.8 第 5 版

第 6 册：民国 23.6 第 4 版,民国 23.8 第 5 版

教育部审定　依照新课程标准编辑

初版附注：民国 19 年 9 月初版

国图(5-6)　北师大　人教(2-3,5-6)　华师大(1)　广东中山(5)

3-0342

初级中学混合国语教科书
赵景深编辑

上海　北新书局　民国 20.1[1931.1]-

6 册(178,232,272,372,379,424 页)　32 开

第 1 册：民国 20.1 第 2 版,民国 20.7 第 3 版,民国 21.3 第 6 版

第 2 册：民国 20.2 初版,民国 20.7 第 2 版,民国 22.1 第 6 版

第 3 册：民国 20.7 初版,民国 22.7 第 5 版

第 4 册：民国 21.6 第 2 版,民国 33.1 第 3 版

第 5 册：民国 21.5 初版,民国 21.6 第 2 版,民国 21.8 第 5 版

第 6 册：民国 21.5 初版,民国 22.1 第 3 版

初版附注：民国 19 年 9 月-21 年 5 月初版

其他题名：北新混合国语

其他题名：初级中学北新混合国语

北师大　人教(5)　华师大(3)　上师大(3)　辞书　辽宁(1-3)　广西师大(1-5)

3-0343

国语
庄适编

上海　商务印书馆　民国 19.10[1930.10]-

6 册(131,200,132,142,116,172 页)　32 开

第 1 册：民国 19.10 初版,民国 21.5 国难后 2 版

第 2 册：民国 19.10 初版,民国 21.5 国难后 2 版

第 3 册：民国 21.5 国难后 3 版

第 4 册：民国 19.10 初版,民国 21.4 国难后 1 版

第 5 册：民国 21.4 国难后 1 版,民国 21.12 国难后 5 版

第 6 册：民国 19.10 初版,民国 21.4 国难后 1 版

其他题名：现代初中教科书国语

人教　庐山(4)　广东中山(1-2)　编译馆

3-0344

初中国文
江苏省立中学国文学科会议联合会主编　王侃如,徐伯和,金书樵,周树滋,苏林一编注　江苏省立中学国文学科会议联合会校订

南京　南京书店　民国 20.1 - 21.4[1931.1 - 1932.4]
6 册(218,246,276,278,298,390 页)　32 开
第 1 册：民国 20.8 初版,民国 21.9 第 2 版
第 2 册：民国 20.10 初版
第 3 册：民国 20.10 初版
第 4 册：民国 20.10 初版
第 5 册：民国 20.1 初版
第 6 册：民国 21.4 初版
逐页题名：初中国文教科书
其他题名：新学制初中国文
其他题名：新学制中学国文教科书初中国文
北师大　辞书　编译馆

3-0345

国文
傅东华,陈望道合编
　　上海　商务印书馆　民国 20.12 - 22.2[1931.12 - 1933.2]
　　6 册　32 开
　　第 1 册：民国 20.12 初版,民国 22.2 国难后 5 版,民国 22.2
　　　　　　国难后 51 版
　　第 2 册：民国 21.11 初版
　　第 3 册：民国 21.12 初版
　　第 4 册：民国 22.2 初版
　　第 5 册：民国 22.2 初版
　　第 6 册：民国 22.2 初版
　　初级中学用
　　逐页题名：初中国文教科书
　　其他题名：基本教科书国文
　　人教　华师大　辞书(1-3)　庐山(1)

3-0346

南开中学初一国文教本
南开中学编
　　天津　[编者刊]　民国 20[1931]-
　　2 册(①180 页)　大 32 开
　　上册：民国 20 年版,民国 24 年版
　　北师大(1)　天津(1)

3-0347

国文教科书：初级
孙俍工编
　　上海　神州国光社　民国 21.3 - 6[1932.3 - 6]
　　6 册(446,496,404,461,380,330 页)　大 32 开
　　第 1 册：民国 21.3 初版
　　第 2 册：民国 21.6 初版
　　第 3 册：民国 21.3 初版
　　第 4 册：民国 21.6 初版
　　第 5 册：民国 21.5 初版
　　第 6 册：民国 21.6 初版
　　初级中学用
　　逐页题名：初级中学国文教科书
　　北师大　华师大(5-6)　辞书　广西师大(3)

3-0348

初中国文
石泉编著
　　北平　文化学社　民国 21.12[1932.12]-
　　6 册(140,166,200,198,242,294 页)　大 32 开
　　第 1 册：民国 22.2 第 2 版
　　第 2 册：民国 22.4 第 2 版
　　第 3 册：民国 21.12 初版
　　第 4 册：民国 22.11 初版
　　第 5 册：民国 22.7 初版
　　第 6 册：民国 23.2 初版
　　初版附注：民国 21 年 6 月-23 年 2 月初版
　　其他题名：初中师范教科书初中国文
　　北师大

3-0349

初中国文
陈椿年编　陈彬和校
　　上海　新亚书店　民国 21.8[1932.8]-
　　6 册(①154,②177,③198 页)　大 32 开
　　第 1 册：民国 21.8 初版
　　第 2 册：民国 21.9 初版
　　第 3 册：民国 22.8 初版
　　新课程标准
　　其他题名：新亚教本初中国文
　　北师大(1-3)　人教(1-3)　辞书(1-3)

3-0350

国文教本
周颐甫编　蔡元培校
　　上海　商务印书馆　民国 21.10[1932.10]
　　6 册　32 开
　　第 1-6 册：民国 21.10 初版
　　初级中学用
　　其他题名：基本教科书国文教本
　　北师大(1-4,6)　华师大(1-3)　河南(1,5-6)

3-0351

南开中学初二国文教本
南开中学编
　　天津　[编者刊]　民国 21[1932]-
　　2 册(174,168 页)　大 32 开
　　上册：民国 24 年版
　　下册：民国 21 年版
　　北师大(1)　天津(2)

3-0352

初级中学国语教科书
戴叔清编
　　上海　文艺书局　民国 22.1[1933.1]
　　6 册(318,324,336,352,342,362 页)　32 开
　　第 1 册：民国 22.1 初版,民国 22.2 第 2 版
　　第 2 册：民国 22.1 初版
　　第 3 册：民国 22.1 初版

第4册：民国22.1初版
第5册：民国22.1初版
第6册：民国22.1初版
依照教育部颁行22年度国文课程新标准编辑
国图(1-5)　北师大(1-5)　辞书　编译馆(1,4)

3-0353

国文

傅东华编著

上海　商务印书馆　民国22.5[1933.5]-
6册(211,242,250,245,316,267页)　32开
第1册：民国22.5初版,民国22.9第30版,民国22第50版,民国23.2第60版,民国24第102版,民国27.10第186版,民国27第193版,民国29.5第212版,民国30第237版
第2册：民国22.7初版,民国22.8第15版,民国22.10第35版,民国23.6第55版,民国25第84版,民国25第86版,民国26.11第106版,民国27.5第115版,民国27.10第129版,民国27.10第133版,民国30第159版
第3册：民国22.7初版,民国22.12第30版,民国23第35版,民国24第50版,民国26.6第79版,民国27.5第91版,民国27.9第99版
第4册：民国22.9初版,民国24.6第35版,民国25年版,民国27.2第68版,民国30第95版
第5册：民国23.4初版,民国23第10版,民国23.9第12版,民国24第23版,民国24.7第28版,民国25第36版,民国25.7第40版,民国29第67版
第6册：民国24.4第19版,民国25.1第30版,民国25.1第31版,民国25.4第32版,民国26第41版,民国27.2第43版,民国27第44版,民国28第56版
教育部审定　新课程标准适用
卷端题名：初级中学教科书国文
其他题名：复兴初级中学教科书国文
其他题名：复兴教科书国文
国图(1-2)　人教　北师大(1-5)　上师大　辞书　广东中山　编译馆(2-3,5)

3-0354

朱氏初中国文

朱剑芒编辑　陈霭麓,韩慰农注释

上海　世界书局　民国22.7-23.4[1933.7-1934.4]
6册(192,219,315,403,488,542页)　大32开
第1册：民国22.7初版,民国22.8第2版,民国22.9第4版,民国23.8第6版
第2册：民国22.8初版,民国22.12第2版,民国23.1第3版,民国23.8第4版
第3册：民国22.11初版,民国23.4第2版,民国23.7第3版,民国23.8第4版,民国23.12版,民国25.6版
第4册：民国22.12初版,民国23.2第2版,民国23.3第3版,民国23.8第5版,民国25年版
第5册：民国23.2初版,民国23.7第2版,民国25.6第6版
第6册：民国23.4初版,民国23.8第2版
教育部审定　初级中学学生用
逐页题名：初中国文
其他题名：新课程标准世界中学教本朱氏初中国文
北师大　人教　上海(1-4)　华师大(2-3,5)　辞书　广西师大(6)　广东中山(1-5)　编译馆

3-0355

初级中学国文：甲编

叶楚伧主编　刘奇等选注

重庆　正中书局　民国22.8[1933.8]
6册([1190]页)　32开
第1-6册：民国22.8版
教育部审定
其他题名：新中国教科书初级中学国文
国图

3-0356

初中国文教科书

马厚文编著　柳亚子,吕思勉校

上海　光华书局　民国22.8[1933.8]-
6册(①251,③329页)　32开
第1,3册：民国22.8版
北师大(1,3)

3-0357

当代国文

施蛰存,盛朗西,朱雯,沈联璧注释　江苏省教育厅原选　柳亚子,相菊潭,金宗华校订

上海　中学生书局　民国23.1[1934.1]-
6册(255,347,339,218,248,273页)　大32开
第1册：民国23.1初版,民国23.8第4版,民国23.9第5版
第2册：民国23.1初版,民国23.2第4版
第3册：民国23.8第3版,民国23.9第4版
第4册：民国23.2第2版,民国23.2第4版
第5册：民国23.8第3版
第6册：民国23.1初版,民国23.2第2版,民国23.2第3版,民国23.2第4版
遵照教育部新课程标准　初级中学适用
封面题名：初中当代国文
国图(2)　北师大　人教　上海(6)　上师大(3,6)　辞书

3-0358

国文

周祜,黄骏如编辑

上海　大东书局　民国23.1[1934.1]-
6册(①206,②253,③198,④264,⑤276页)　大32开
第1册：民国24.2第3版,民国24第4版
第2册：民国23.1初版
第3册：民国23.6初版
第4册：民国23.9初版,民国24.2第2版
第5册：民国24.1初版,民国24第2版
新课程标准适用　初级中学校用　第一学年第一学期～第三学年第二学期用
其他题名：新生活教科书国文
人教(4)　辞书(1-5)　广东中山(1-2,4-5)

3-0359

国文

叶楚伧主编　汪懋祖编校　孟宪承校订　汪定奕选注

南京　正中书局　民国23.7[1934.7]-

6册(133,182,188,174,182,183页)　32开

第1册：民国23年版,民国26.9第6版

第2册：民国26.11第3版

第3册：民国23.7版,民国26.5第56版

第4册：民国25.11第42版

第5册：民国23年版,民国26.7第47版

第6册：民国24.5改版,民国26.12第38版

教育部审定　新课程标准适用

初版附注：民国23年1月-24年5月初版

其他题名：初级中学教科书国文

国图(3-4)　北师大　人教　华师大(3)　广西师大(5)

3-0360

国文

众教学会编辑

北平　崇慈女子中学校　民国23.2[1934.2]-

册　32开

第2,4册：民国23.2版

新课程标准适用

其他题名：初级中学教科书国文

北师大(2,4)

3-0361

初级中学国文教科书

孙怒潮编

上海　中华书局　民国23.7[1934.7]

6册(134,144,160,194,204,198页)　大32开

第1册：民国23.7初版,民国24.8第5版

第2册：民国23.7初版,民国23.7第2版

第3册：民国23.7初版,民国23第2版,民国24.8第5版,民国24.8第6版

第4册：民国23.7初版,民国23.7第2版

第5册：民国23.7初版,民国23.7第2版,民国24.8第4版

第6册：民国23.7初版,民国23.7第2版

教育部审定　新课程标准适用

封面题名：国文教科书

国图　北师大　人教　上海　华师大(5)　辞书　广东中山(2-4,6)

3-0362

初中国文[修正本]

江苏省教育厅修订中学国文科教学进度表委员会编订

向绍轩,李达九,洪北平,徐声越,张煦侯,吴得一释注

上海　中学生书局　民国23.8[1934.8]-

6册(124,155,135,155,157,140页)　表　大32开

第1册：民国23.8修订初版,民国24.8修正版,民国26.7第18版

第2册：民国25.1修订版

第3册：民国24.8修正版

第4册：民国25.1修订版

第5册：民国24.8修正版

第6册：民国25.1修订版

遵照教育部新课程标准

其他题名：中学标准教本初中国文

人教(1,3-6)　上师大(4)　辞书

3-0363

初中标准国文

江苏省教育厅修订中学国文科教学进度表委员会编订

王德林等释注

上海　中学生书局　民国23.8-24.1[1934.8-1935.1]

6册　32开

第1-6册：民国23.8-24.1初版

北师大　人教　上海(1)　广西师大(5)

3-0364

初级中学校国文教科书

(伪)文教部著

[长春]　[著者刊]　民国23.9[1934.9]-

册(③82,⑥124页)　32开

第3,6册：民国23.9初版

版权页题名：初级中学国文教科书

辽宁(3,6)

3-0365

初中国文教科书

颜友松编辑

上海　大华书局　民国23[1934]-

6册(①-④[912]页)　32开

第1册：民国23第2版

第2册：民国24初版

第3册：民国24初版

第4册：民国24.6初版

遵照国民政府教育部颁布新课程标准、广东省教育厅颁布教学进度大纲编定

北师大(2-4)　广东中山(1)

3-0366

国文

叶楚伧主编　汪懋祖复选及编校　孟先承校订　注定奕,张圣瑜,沈荣龄等选注

南京　正中书局　民国24.4[1935.4]

6册(133,166,188,174,182,182页)　32开

第1册：民国24.4初版,民国24.8第33版

第2册：民国24.4初版,民国25第49版

第3册：民国24.4初版,民国24.8第22版

第4册：民国24.4初版,民国25.8第22版,民国28第50版

第5册：民国24.4初版,民国25第32版,民国27.2第42版

第6册：民国24.4初版,民国27.12第34版

教育部审定　遵照教育部初级中学国文标准编辑

其他题名：初中国文

北师大　华师大(3,6)　上师大　辞书　广西师大(3,5)　广东中山(2,4)

3-0367

国文百八课
夏丏尊,叶绍钧编

上海　开明书店　民国24.6[1935.6]-
6册(①205,②229,③222,④218页)　32开
第1册:民国24.6初版,民国24.7第2版,民国25第4版,民国29.6第7版
第2册:民国24.9初版,民国29.6新2版
第3册:民国25.8初版,民国29.6第3版
第4册:民国27.9初版,民国29.1第2版
初中国文科教学、自修用
封面题名:初中国文百八课
华师大(3-4)　辞书(1-4)　广西师大(1)　广东中山(1-2)　编译馆(1-4)

3-0368

浙江省立杭州初级中学国文教本
浙江省立杭州初级中学国语教学研究会编

[出版者不详]　民国24.8[1935.8]-
册(④208页)　16开
第4册:民国24.8版
其他题名:初级中学国文教本
广西师大(4)

3-0369

当代国文[修正版]
施蛰存,盛朗西,朱雯,沈联璧注释　柳亚子,相菊潭,金宗华校订

上海　中学生书局　民国25.6[1936.6]
6册(295,363,343,342,278,299页)　大32开
第1-6册:民国25.6版
教育部审定　初级中学适用
封面题名:初中当代国文
辞书

3-0370

初中国文教本
陈介白编

北平　贝满女子中学校　民国26.8[1937.8]
3册([648]页)　大32开
第1-3册:民国26.8第2版
初版附注:民国25年8月初版
北师大　人教

3-0371

初中新国文
朱剑芒编辑

上海　世界书局　民国25.12[1936.12]-
6册(135,160,192,204,231,244页)　32开
第1册:民国25.12初版,民国26.6第3版
第2册:民国26.1初版,民国26.5第2版,民国28.5新6版
第3册:民国26.6第2版,民国27.12新5版,民国30.8新9版
第4册:民国26.4初版,民国28.1新4版,民国29.11新7版
第5册:民国26.6第2版,民国27.12新3版
第6册:民国26.5初版,民国27.12新3版
遵照教育部民国25年修正课程标准编辑　初级中学学生用
其他题名:新课程标准世界中学教本初中新国文
国图(1-5)　北师大(1-4,6)　人教　辞书　广西师大(2)　广东中山(1-3,6)　编译馆(3-4)

3-0372

新编初中国文
宋文翰编　朱文叔校

上海　中华书局　民国26.3-8[1937.3-8]
6册(244,268,274,294,314,358页)　大32开
第1册:民国26.8初版,民国第11版,民国26第16版,民国29第36版,民国30.1第61版,民国30.1第63版,民国30.3第65版,民国30.3第66版,民国30第67版,民国30.3第68版
第2册:民国26.7初版,民国26.7第8版,民国27.10第21版,民国29第35版,民国30.3第49版,民国30第66版
第3册:民国26.3初版,民国27.1第14版,民国30.3第40版,民国30.8第49版,民国30第50版,民国30第55版,民国30第67版
第4册:民国26.3初版,民国26.3第3版,民国26.7第18版,民国30.1第47版
第5册:民国26.8初版,民国26.8第4版,民国26.8第6版,民国29.4第19版,民国30.3第24版,民国30第36版
第6册:民国26.7初版,民国29第16版,民国30.3第22版,民国30第31版
教育部审定　初审核定本　修正课程标准适用
封面题名:初中国文
国图(1)　北师大(1-5)　人教　上海(1)　上师大(1-3,5-6)　辞书　西北师大(3)　广西师大(2-4)　广东中山(1-3)　编译馆(1-3,5)

3-0373

蒋氏初中新国文
蒋伯潜编辑

上海　世界书局　民国26.4-28.1[1937.4-1939.1]
6册(203,245,296,239,303,371页)　32开　活页精装
第1册:民国26.4初版,民国27.10新4版
第2册:民国26.7初版,民国27.10新4版,民国30.6新7版
第3册:民国27.4初版,民国30.5第4版
第4册:民国27.7初版
第5册:民国27.10初版,民国29.11第3版
第6册:民国28.1初版,民国29.11第3版
遵照教育部民国25年修正课程标准编辑　初级中学学生用
其他题名:初中新国文
其他题名:新课程标准世界中学教本蒋氏初中新国文
国图(1-2,6)　人教(1-2,6)　辞书　广东中山(3)　编译馆(2-3,5-6)

3-0374

初中国文教本
夏丏尊,叶绍钧编

上海　开明书店　民国26.6[1937.6]-

6册(①143,②151,③170,④190页)　32开
第1册：民国26.6初版,民国27.8第2版,民国29.3第3版
第2册：民国26.6初版,民国29第2版
第3册：民国29.6初版
第4册：民国29.9初版
教育部核定　遵照民国25年6月教育部修正课程标准编辑
人教(1-2)　辞书(1-2)　广东中山(1-2)　编译馆(1-4)

3-0375

初中国文
中等教育研究会编纂
　　天津　华北书局　民国27.1[1938.1]-
　　6册(②248,⑥351页)　32开
　　第2,6册：民国27.1版
　　北师大(2,6)

3-0376

战时初中国文
汪馥泉编
　　广州　救亡出版部　民国27.2[1938.2]
　　191页　32开
　　其他题名：初中国文
　　人教

3-0377

国文
傅东华编辑
　　上海　商务印书馆　民国27.7[1938.7]-
　　6册(①137页)　32开
　　第1册：民国27.7初版,民国28.6第7版
　　依照教育部修正课程标准编辑
　　封面题名：初级中学国文
　　逐页题名：国文教科书
　　其他题名：更新初级中学教科书国文
　　辞书(1)　编译馆(1)

3-0378

初中国文
徐书海编　徐谷生校阅
　　[不详]　艺文书社　民国27[1938]-
　　6册(①140,②114,③106,④98,⑤210页)　32开
　　第1册：民国31年第11版
　　第2册：民国27年第3版
　　第3册：民国35.2第5版
　　第4册：民国35年第9版
　　第5册：民国30.3第2版
　　修正课程标准　初级中学学生用
　　初版附注：民国27年初版
　　辞书(1-5)

3-0379

初中国文
(伪)教育总署编审会[编著]
　　北平　[编者刊]　民国28.8-12[1939.8-12]
　　6册([1374]页)　32开　精装

第1册：民国28.8初版,民国30修正版
第2册：民国28.12初版,民国30修正版
第3册：民国28.8初版,民国30修正版
第4册：民国28.12初版,民国30修正版
第5册：民国28.8初版,民国30修正版
第6册：民国28.12初版,民国30修正版
初版附注：民国30年7-8月修正出版
国图　北师大　人教　辞书(1,3-6)　河南

3-0380

活页初中国文讲义
国民出版社,浙江省战时教育文化事业委员会编注
　　金华　国民出版社　民国29.1[1940.1]
　　6册([946]页)　32开
　　第1-6册：民国29.1版
　　遵照部颁课程标准编选
　　国图

3-0381

初中国文
(伪)教育部编审委员会编纂
　　6册(210,227,233,222,240,248页)　32开
　　逐页题名：国文
　　其他题名：国定教科书初中国文
　　①上海　华中印书局　民国29.8[1940.8]-
　　第1册：民国29.8初版,民国32.7第5版
　　第2册：民国30.2初版,民国32.1第4版,民国32.7第5版
　　第3册：民国30.2初版,民国32.7第5版
　　第4册：民国30.2初版,民国32.1第4版
　　第5册：民国32.1第4版,民国32.12第6版
　　第6册：民国31.1第2版,民国32.1第4版
　　人教　上海(1)　辞书　广西师大(4-5)
　　②上海　中国联合出版公司　民国30.2[1941.2]-
　　第1册：民国33.1第7版
　　第4册：民国33.1第7版
　　第5册：民国33.1第7版
　　第6册：民国30.2初版,民国31.1第2版,民国33.1第7版
　　国图(6)　人教(1,4-6)
　　③上海　新亚印书馆　民国31.1[1942.1]-
　　第1-2册：民国31.1第2版
　　人教(1-2)

3-0382

最新初中国文
叶苍岑编著
　　桂林　文化供应社　民国30.1[1941.1]-
　　6册(①211页)　32开
　　第1册：民国30.1初版
　　遵照民国29年教育部新颁修正初级中学国文课程标准编辑
　　其他题名：初中国文
　　国图(1)　人教(1)

3-0383

初中国文讲义

王季思等编辑
  南平 金华 国民出版社 民国30.12[1941.12]-
   册(①160,②180,③161,④172,⑤174页) 32开
  第1册:民国32.8第5版
  第2册:民国30.12第4版
  第3册:民国30.12第4版
  第4册:民国30.12第4版
  第5册:民国31.1第5版
  遵照部颁修正课程标准编辑
  国图(1) 上海(1-5)

3-0384

初级中学国文:甲编
教育部教科书编辑委员会编辑 方阜云等编辑 国立编译馆校订
  重庆 成都 上海 广东 国定中小学教科书七家联合供应处 民国32.11[1943.11]-
   6册(100,106,110,118,124,110页) 32开
  第1册:民国32.11重庆米色报纸本4版,民国32.11重庆米色报纸本6版,民国33.7重庆米色报纸本8版,民国33.7渝版,民国34.10重庆1版,民国35.1沪白报纸本40版,民国35.7沪白报纸本90版,民国35.7重庆90版,民国35.7粤白报纸本1版,民国35.8粤白报纸本2版,民国35.9沪白报纸本155版,民国35重庆125版
  第2册:民国32.11重庆米色报纸本初版,民国33.7渝版,民国33.10重庆米色报纸本5版,民国34.10重庆1版,民国35.7粤白报纸本1版,民国35沪60版,民国35.12沪白报纸本200版
  第3册:民国33.1重庆正中白报纸本初版,民国33.10渝嘉乐纸本10版,民国34.7渝1版,民国34.10沪白报纸本初版,民国35.7粤白报纸本1版,民国35.7重庆63版,民国35.9重庆65版
  第4册:民国32.11渝嘉乐纸本初版,民国33.10重庆米色报纸本2版,民国35.1重庆20版,民国35.8粤白报纸本2版,民国35.9沪白报纸本73版,民国35.12沪1版,民国35沪45版,民国35.12沪白报纸本153版
  第5册:民国33.7渝嘉乐纸本3版,民国35.2重庆1版,民国35.7重庆40版,民国35.8粤白报纸本2版,民国36.1沪白报纸本105版
  第6册:民国33.10渝嘉乐纸本8版,民国35.2重庆1版,民国35.3重庆20版,民国35.7粤白报纸本110版,民国35沪50版,民国35.12沪110版,民国35.12沪白报纸本110版,民国36.1沪白报纸本140版
  教育部审定
  国图 北师大(1-4,6) 人教 辞书 广东中山

3-0385

初中国语
胶东中学教材编委会编
  [不详] [编者刊] 民国35.2[1946.2]-
   册(③225页) 32开
  第3册:民国35.2版
  胶东区行政公署教育处审定

人教(3)

3-0386

初级中学国文:甲编[修订本]
教育部教科用书编辑委员会编 方阜云等编辑 国立编译馆校订
  上海 国定中小学教科书七家联合供应处 民国35.12[1946.12]-
   6册(②94,④111,⑥118页) 32开
  第2册:民国36.6版
  第4册:民国35.12上海第1版
  第6册:民国35.12上海第1版
  教育部审定
  人教(2,4,6)

3-0387

初级中学国文:甲编[修订本]
国立编译馆主编 徐世璜,桑继芬编辑 金兆梓,陈子展,庐前等校订
  上海 国定中小学教科书七家联合供应处 民国36.1[1947.1]-
   6册(102,97,111,122,126,116页) 32开
  第1册:民国36.1初版,民国36年版
  第2册:民国36.1初版,民国36年版
  第3册:民国36.1初版,民国36年版
  第4册:民国36.1初版,民国36.5第4版,民国36年版
  第5册:民国36.1初版,民国36年版
  第6册:民国36年版
  教育部审定
  国图(1) 北师大(4) 人教(1-5) 上师大(3,5) 辞书(5) 广东中山

3-0388

初级中学国文:甲编[第2次修订本]
国立编译馆主编 徐世璜,桑继芬编辑 金兆梓,陈子展,庐前等校订
  6册(95,94,110,119,125,113页) 32开
  教育部审定 民国36年4月修订 供初级中学用
  其他题名:部编初中国文
  ①上海 中华书局 民国36.4[1947.4]-
  第1册:民国37.7第8版,民国37第50版
  第2册:民国36.4第1版,民国36.4第2版,民国36.4第3版,民国36.4第5版,民国37第6-8版,民国37.11第10-11版,民国37.12第18版
  第3册:民国37第7版,民国37第8版
  第4册:民国37.1第1-3版
  第5册:民国37.5第9版
  第6册:民国37.1第1版,民国37第6版
  国图(1,4,6) 北师大(2-3) 人教(1-2,4-6) 上师大(1,4) 辞书(2,6) 广东中山(1-4,6)
  ②上海 开明书店 民国37.1[1948.1]-
  第4册:民国37.1第4版
  编译馆(4)

③上海　五联社　民国37.3[1948.3]
　6册(99,92,111,116,124,120页)
　第1-6册:民国37.3第1版
　书脊题名:国定本初中国文
　辞书
④上海　商务印书馆　民国37.4[1948.4]-
　第1册:民国37第36版,民国37.4第40版
　第2册:民国37.4第43版
　第3册:民国37.4第28版
　第4册:民国37.4第27版
　第5册:民国37第4版,民国37.4第16版,民国37.5第20版
　人教(1-5)　广东中山(1,5)
⑤南京　正中书局　民国37.6[1948.6]-
　第1-6册:民国37.6-12版
　人教
⑥上海　独立出版社　民国37.7[1948.7]-
　第6册:民国37.7初版
　人教(6)

3-0389
国文
[不详]　教育局　民国37.3[1948.3]-
　册(②68,③60页)　32开
　第2-3册:民国37.3第8版
　中学二、三年级用
　其他题名:中学临时教材国文
　辽宁(2-3)

3-0390
国文[修订本]
傅东华编著
　上海　商务印书馆　民国37.6[1948.6]-
　6册　32开
　第3-5册:民国37.6初版
　初级中学适用
　人教(3-5)

3-0391
国文
东北行政委员会教育部编
　6册(①93,③160,④156,⑤136,⑥137页)　32开
　其他题名:初中临时教材国文
①长春　东北书店　民国38.4[1949.4]-
　第1册:民国38.4初版,民国38.5第2版
　第3册:民国38.4初版,民国38.5第2版,民国38.5第3版
　第4册:民国38.7第2版
　第5册:民国38.5初版
　人教(1,3-5)　辽宁(1,5)
②[沈阳]　东北新华书店　民国38.5[1949.5]-
　第4册:民国38.7第2版
　第5册:民国38.5第2版
　第6册:民国38.7第2版
　国图(4)　辞书(6)　辽宁(4-6)

3-0392
初中国文
王食三,李光增等编
　6册　32开
①北平　新华书店　民国38.4[1949.4]-
　第1册:民国38.8第2版,1950第3版
　第2册:民国38.8第2版,1950第3版
　第3册:民国38.8第2版,1950第3版
　第4册:民国38.4初版,民国38.8第2版
　第5册:民国38.9初版,1950第3版
　国图(1-5)　人教(2-5)
②西安　西北新华书店　民国38.7[1949.7]-
　第1册:民国38.7初版
　第4册:1950年版
　第6册:1950年版
　上师大(4,6)　辞书(1)

3-0393
国语
河南省人民政府教育厅编辑室编
　[郑州]　华中新华书店　民国38.8[1949.8]-
　6册　32开
　第1-5册:民国38.8版
　遵照中原临时人民政府教育部规定编辑　初级中学适用课本
　人教(1-5)

3-0394
初中国文
上海联合出版社临时课本编辑委员会[编]
　上海　联合出版社　民国38.8-1950.3[1949.8-1950.3]
　6册(104,208,127,235,152,213页)　32开
　第1册:民国38.8初版,民国38.8第2版
　第2册:1950.2初版
　第3册:民国38.8初版,民国38.9第2版
　第4册:1950.2初版
　第5册:民国38.8初版,民国38.9第2版
　第6册:1950.3初版
　初级中学适用　临时课本
　国图(1,3,5)　人教(1,3,5)　华师大(1,3,5)　上师大(1,3)
　辞书

3-0395
前进初中国文
　上海　大东书局　民国38[1949]
　6册([759]页)　32开
　第1-6册:民国38年版
　其他题名:初中国文
　人教

3-0396
国文讲义
兆麟中学编
　[不详]　[编者刊]　民国38[1949]-
　册(①49,②43页)　32开

第 1-2 册：民国 38 年版
初中一～三年级用
辽宁(1-2)

3－0397

初中国文

晋察冀边区第七中学编

[出版者不详] [1912-1949?]

册(①39 页) 32 开

第 1 册：版次不详

北师大(1)

　　　　　＊　＊　＊

3－0398

高中国文

朱剑芒编著　徐蔚南校订

上海　世界书局　民国 18.12[1929.12]

6 册(171,201,309,234,199,357 页)　大 32 开

第 1-2 册(上下编)：民国 18.12 初版,民国 19.3 第 2 版,民国 19.6 第 3 版,民国 19.7 第 4 版,民国 19 第 5 版

第 3-4 册(上下编)：民国 18.12 初版,民国 19.6 第 2 版,民国 19.7 第 3 版

第 5-6 册(上下编)：民国 18.12 初版,民国 19.7 第 2 版

其他题名：高级中学教科书高中国文

北师大　华师大(3,6)　辞书　辽宁(2)　庐山(1)　广西师大(4-6)　广东中山(1-2,6)　编译馆

3－0399

天津南开学校高二国文教本

南开中学编

天津　[编者刊]　民国 18[1929]-

册(①266 页)　大 32 开

上册：民国 18 年版

北师大(1)

3－0400

高中国文

朱剑芒编著　徐蔚南校订

上海　世界书局　民国 19.7[1930.7]

6 册([1437]页)　32 开

第 1-2 册(卷一)：民国 19.7 初版,民国 19 第 2 版

第 3-4 册(卷二)：民国 19.7 初版

第 5-6 册(卷三)：民国 19.7 初版,民国 19 第 2 版

国图(2,6)　人教　上师大(4)　河南

3－0401

新中华国文

沈颐编　喻璞,韩槼,方钦照,范作乘,华士诚注

上海　新国民图书社　民国 19.7-20.12[1930.7-1931.12]

3 册(242,258,278 页)　大 32 开

第 1 册：民国 19.7 初版,民国 21.5 第 5 版,民国 22.12 第 6 版

第 2 册：民国 20.1 初版,民国 21.6 第 4 版,民国 21.10 第 5 版,民国 23.6 第 6 版

第 3 册：民国 20.12 初版,民国 21.7 第 2 版,民国 21.10 第 3 版

根据教育部新颁暂行课程标准编辑　高中学生精读用

书脊题名：新中华高中国文

其他题名：新中华教科书国文

北师大　人教　华师大(1)　辞书　河南(3)　编译馆

3－0402

高中国文教科书

江苏省立中等学校国文学科会议联合会主编

南京　南京书店　民国 20.9[1931.9]-

6 册([231],[260],[331],[258],[333],[329]页)　大 32 开

第 1 册：民国 20.9 初版

第 2 册：民国 23.1 初版

第 3 册：民国 21.9 初版,民国 23.8 第 2 版

第 4 册：民国 22.2 初版

第 5 册：民国 22.9 第 2 版

第 6 册：民国 22.2 初版

封面题名：高中国文

其他题名：新学制中学国文教科书高中国文

北师大　辞书　编译馆(1-4,6)

3－0403

国文

傅东华,陈望道编辑

上海　商务印书馆　民国 20.12-22.2[1931.12-1933.2]

6 册(270,233,267,309,319,339 页)　32 开

第 1 册：民国 20.12 初版

第 2 册：民国 21.11 初版

第 3 册：民国 21.12 初版

第 4 册：民国 22.2 初版

第 5 册：民国 22.2 初版

第 6 册：民国 22.2 初版

高级中学用

其他题名：基本教科书国文

北师大

3－0404

美术文

王玉章编

上海　商务印书馆　民国 20[1931]

193 页　32 开

高级中学国文科用书

华师大　河南　编译馆

3－0405

国文教科书：高级

孙俍工编

上海　神州国光社　民国 21.3-7[1932.3-7]

6 册(232,374,396,307,195,106 页)　大 32 开

第 1 册：民国 21.3 初版,民国 21.9 第 2 版

第 2 册：民国 21.6 初版

第 3 册：民国 21.3 初版

第 4 册：民国 21.6 初版

第5册：民国21.5初版
第6册：民国21.7初版
高级中学用
逐页题名：高级中学国文教科书
国图(1-2)　北师大　辞书

3-0406

高中国文
罗根泽,高远公编著
北平　文化学社　民国21.7[1932.7]
6册([1402]页)　大32开
第1-6册：民国21.7-22.12版
本书专备高级中学及后期师范国文教学或自修之用
其他题名：高中师范教科书高中国文
北师大

3-0407

高中国文注释
杜天縻,韩楚原,沈伯经编著
上海　世界书局　民国22.9[1933.9]第2版
397页　大32开
高级中学学生用
初版附注：民国22年8月初版
其他题名：世界中学教本高中国文注释
北师大　辞书

3-0408

杜韩两氏高中国文
杜天縻,韩楚原编辑
上海　世界书局　民国22.9[1933.9]-
6册(367,212,331,191,383,614页)　大32开
第1册：民国22.9第2版,民国25.4第6版
第2册：民国22.9初版,民国23.1第2版,民国25.6第5版
第3册：民国22.9初版,民国23年版,民国24.9第5版
第4册：民国22.11初版,民国23.8第2版,民国25第4版,民国27年版
第5册：民国22.12初版,民国24.1第3版
第6册：民国23.1初版,民国24.1第3版
高级中学学生用
初版附注：民国22年8月-23年1月初版
其他题名：世界中学教本高中国文
北师大　华师大(2)　辞书　天津(4)　西北师大(3-4)　广东中山(2)

3-0409

当代国文
薛无竞,沈联璧,朱雯,施蛰存等注释　柳亚子,相菊潭,金宗华校订　江苏省教育厅原选
上海　中学生书局　民国23.1-8[1934.1-8]
6册(214,204,341,167,229,251页)　大32开
第1册：民国23.6初版,民国23.8第2版,民国23第3版
第2册：民国23.1初版,民国23.2第2版,民国23.2第3版
第3册：民国23.8初版,民国23第2版
第4册：民国23.1初版,民国23.2第2版,民国23.8第3

版,民国25.1第4版
第5册：民国23.8初版
第6册：民国23.1初版,民国23.2第2版,民国24.2第3版
遵照教育部新课程标准　高级中学适用
版权页题名：高中当代国文
北师大　人教　上海(3-4,6)　上师大(1)　辞书　广西师大(1-3,6)　广东中山(2-6)

3-0410

高中标准国文
江苏省教育厅修订中学国文科教学进度表委员会编订
王德林,向绍轩,李达九,徐声越释注
上海　中学生书局　民国23.8-24.1[1934.8-1935.1]
6册　大32开
第1册：民国23.8初版
第2册：民国24.1初版
第3册：民国23.8初版
第4册：民国24.1初版
第5册：民国23.8初版
第6册：民国24.1初版
依据江苏省教育厅民国23年度修订中学国文教学进度表编辑
北师大　人教(1-5)　编译馆(3)

3-0411

国文
傅东华编著
上海　商务印书馆　民国23.8-25.9[1934.8-1936.9]
6册(283,251,202,246,374,381页)　32开
第1册：民国23.8初版,民国23.9第6版,民国24.2第7版,民国30.6第34版,民国35.11第60版,民国37.5第86版
第2册：民国24.3初版,民国24.3第3版,民国24.5版,民国35第36版,民国35.12第46版,民国36第54版
第3册：民国24.5初版,民国35第33版,民国35第43版,民国36.1第49版,民国36第50版
第4册：民国24.5初版,民国35.12第39版,民国36.12第45版
第5册：民国25.8初版,民国25.9版,民国27.9第11版,民国35.4第25版,民国35第27版,民国36.1第39版
第6册：民国25.9初版,民国28.1第10版,民国35.9第25版,民国35.12第34版,民国36第37版
遵照教育部颁行高级中学国文课程标准编辑
逐页题名：高中国文教科书
其他题名：复兴高级中学教科书国文
其他题名：复兴教科书国文
国图　北师大(1-2,4-5)　人教　华师大(3)　辞书(1-3,5-6)　河南(1-3,5)　广西师大(1-2,4-6)　广东中山(2-6)　编译馆(1,6)

3-0412

高中语文
于赓虞,张长弓编撰
开封　河南商务印刷厂　民国23[1934]版

290 页 32 开

河南

3-0413

天津南开学校高一国文教本

南开中学编

  天津 [编者刊] 民国23[1934]-

  册(①340 页) 大32 开

  上册:民国23年版

  北师大(1)

3-0414

国文课本

何炳松,孙俍工编著

  上海 商务印书馆 民国24.4-6[1935.4-6]

  6册(137,124,129,136,177,176页) 32 开

  第1册:民国24.4初版

  第2册:民国24.5初版

  第3册:民国24.6初版

  第4册:民国24.6初版

  第5册:民国24.6初版

  第6册:民国24.6初版

  高级中学用

  版权页题名:复兴国文课本

  卷端题名:高级中学国文课本

  国图(1,4) 北师大 辞书 庐山(2-3)

3-0415

高中国文

叶楚伧主编 汪懋祖,叶溯中校订

  南京 成都 上海 北平 正中书局 民国24.5-35.2
[1935.5-1946.2]

  6册(224,249,250,207,220,248页) 表 32 开

  第1册:民国24.9初版,民国24渝1版,民国24第5版,民国
34.2沪1版,民国34.4渝13版,民国34.10沪版,民国
37.6第12版,民国38.1第13版

  第2册:民国24.10初版,民国25.5第16版,民国25.11第
19版,民国35.2沪1版,民国35.11平1版,民国35.11沪
69版,民国37沪版

  第3册:民国24.8初版,民国24.8第3版,民国27.2第24
版,民国34.12沪2版,民国35.2京1版,民国35.7平1
版,民国35.11沪49版,民国36.4第79版,民国37.6版

  第4册:民国24.10初版,民国25.11第19版,民国34.9沪1
版,民国35.4京1版,民国35.11平1版,民国35.11沪53
版,民国36.9第88版

  第5册:民国24.5初版,民国27.2第11版,民国28.7第25
版,民国34.12沪4版,民国35.7平1版,民国35.11沪34
版,民国36第54版

  第6册:民国35.2初版,民国沪1版,民国35.11平1版,民
国35.11沪34版

  遵照教育部课程标准编辑 新课程标准适用 高级中学用

  封面题名:高级中学国文

  其他题名:国文

  国图 北师大 华师大(1-3,5) 人教 辞书(1-5) 辽宁

  广西师大(1-4,6) 广东中山

3-0416

实验高中国文

沈维钧,诸祖耿,戴增元编辑

  上海 大华书局 民国24.6[1935.6]-

  6册(①207 页) 大32 开

  第1册:民国24.6 初版

  新课程标准适用

  北师大(1) 人教(1) 辞书(1)

3-0417

高中混合国文

赵景深编

  上海 北新书局 民国24.8[1935.8]-

  6册(①168,②162,③173页) 大32 开

  第1册:民国24.8 初版

  第2册:民国25.1 初版,民国25.8第2版

  第3册:民国25.8第2版

  遵照教育部课程标准编辑

  国图(2) 北师大(1-3) 人教(1-3) 辞书(1-3)

3-0418

国文教科书

(伪)满洲帝国教育会编

  长春 [编者刊] 民国25.3[1936.3]-

  2 册 28 开

  下册:民国25.3 初版

  高级中学校、师范学校用

  国图(2) 人教(2)

3-0419

高中国文教本

陈介白编

  北平 贝满女子中学校 民国26.8[1937.8]

  3册(218,200,214 页) 大32 开

  第1-3册:民国26.8第2版

  初版附注:民国25年8月初版

  北师大

3-0420

新编高中国文

宋文翰,张文治编

  上海 中华书局 民国26.2-8[1937.2-8]

  6册(218,276,286,300,288,466 页) 大32 开

  第1册:民国26.2初版,民国28第11版,民国34.12第15版,
民国35.6第16版,民国35.8第19版,民国36.4第21版

  第2册:民国26.2初版,民国26.8第2版,民国27.11第5
版,民国28第6版,民国30.3第11版,民国35第13版,民
国35.8第15版,民国36.11第18版

  第3册:民国26.8初版,民国28.4第6版,民国34.11第11
版,民国36.5第16版

  第4册:民国26.7初版,民国28.5第5版,民国28.11第6
版,民国29.11第9版,民国35.8第10版,民国36.2第
11版

第5册:民国26.8初版,民国26第2版,民国28.4第5版,民国34.12第9版,民国35第10版,民国36.3第12版,民国36.5第13版

第6册:民国26.8初版,民国26第3版,民国26第4版,民国28.10第7版,民国35.8第10版,民国36.2第11版,民国37.8第13版

教育部审定　初审核定本　修正课程标准适用

国图(1-4,6)　北师大(1-4,6)　人教　上师大(1-5)　辞书　天津(2)　河南(3-4)　辽宁(1,3,6)　庐山　广西师大(2,5)　广东中山(1-2,4-5)　编译馆(2-6)

3-0421

蒋氏高中新国文
蒋伯潜编辑

上海　赣州　世界书局　民国26.4-28.7[1937.4-1939.7]

6册(335,310,337,383,540,423页)　32开

第1册:民国26.4初版,民国27.8新2版,民国28.4新3版,民国29.11第4版,民国29.11新4版,民国34新5版,民国35第6版,民国36.6第11版

第2册:民国26.4初版,民国26.6第2版,民国26.12新1版,民国29.11新3版,民国35第4版,民国36.1第6版,民国37.8第7版

第3册:民国27.4初版,民国27.8第2版,民国29.5第3版,民国36.5第9版,民国36.11第10版

第4册:民国27.12初版,民国29.5第2版,民国31赣1版,民国36.2第6版

第5册:民国28.4初版,民国36.5第7版

第6册:民国28.7初版,民国29.9第2版,民国36.2第6版

遵照教育部修正课程标准编辑　高级中学学生用

逐页题名:高中新国文

其他题名:新课程标准世界中学教本蒋氏高中新国文

国图　北师大(1-2)　人教　华师大(1-3)　上师大(1,3)　辞书　河南(1,3)　广西师大(1-2,4)　广东中山(1-2,4)　编译馆(1-4,6)

3-0422

高中国文[修正本]
江苏省教育厅修订中学国文科教学进度表委员会编注
洪北平,向绍轩,李达九等释注

上海　中学生书局　民国26.7[1937.7]-
册(①98页)　大32开　精装

第1册:民国26.7初版

遵照教育部修正课程标准编辑

其他题名:中学标准教本高中国文

上师大(1)　编译馆(1)

3-0423

高中国文
中等教育研究会编纂

天津　华北书局　民国27.3[1938.3]-
6册　32开

第4,6册:民国27.3版

北师大(4,6)

3-0424

高中国文
(伪)教育总署编审会[编选]

北平　[编者刊]　民国27.8-12[1938.8-12]
6册　32开　精装

第1册:民国27.8初版,民国28.8订正初版,民国30.5修正版

第2册:民国27.12初版,民国28.12订正初版

第3册:民国27.8初版,民国28.8订正初版

第4册:民国27.12初版,民国28.12订正初版

第5册:民国27.8初版,民国28.8订正初版

第6册:民国27.12初版,民国28.12订正初版

国图　人教　辞书(3-4,6)　广西师大(2-4)

3-0425

高级中学国文科战时补充教材
汪馥泉编辑

长沙　商务印书馆　民国28.5[1939.5]-
册　32开

第1册:民国28第2版

第2册:民国28.5初版

第3册:民国28.5初版

国图(2-3)　人教(2-3)　广东中山(1)

3-0426

高中国文
教育部教科用书编辑委员会编

重庆　正中书局　民国29.7[1940.7]
187页　32开　(部编战时补充教材)

封面题名:国文

辞书

3-0427

高中国文
周静,王朴编著

6册(174,196,313,278,258,261页)　32开

高级中学适用　高中师范、大学预科兼用

①北平　新华书店　民国38.3[1949.3]-

第1册:民国38.3初版,民国38.7版,民国38.8第2版

第2册:民国38.8初版,民国38.8第2版

第3册:民国38.8初版

第4册:民国38.8初版

第5册:1949.10初版

第6册:1950.2版

人教(1-5)　上师大(4,6)　辞书(1)　广东中山(1)

②广州　新华书店　民国38.8[1949.8]-

第4册:民国38.8初版

人教(4)

③[郑州]　新华书店　民国38.8[1949.8]

第1-6册:民国38.8初版

人教

3-0428

国文

东北人民政府教育部编
  沈阳 哈尔滨 长春 东北书店 民国38.5[1949.5]-
  6册(①144,②144,③167,⑤175页) 32开
  第1册：民国38.5初版,民国38.5沈阳初版
  第2册：1950.4第2版
  第3册：民国38.5初版,民国38.6哈尔滨初版
  第5册：民国38.8第2版,民国38.5长春初版,民国38.5沈阳初版
  东北行政委员会教育部规定 高级中学、专科学校适用
  其他题名：高中临时教材国文
  国图(3) 人教(1,3,5) 辞书(1-3,5) 辽宁(1,5)

3－0429

高中国文
华北人民政府教育部教科书编辑委员会编
  [不详] 华北联合出版社 民国38.8[1949.8]-
   册(①148页) 32开
  第1册：民国38.8初版,民国38第2版
  其他题名：临时课本高中国文
  人教(1)

3－0430

国语
万曼等编
  [不详] 华中新华书店 民国38.8[1949.8]-
  6册([1315]页) 32开
  第1-6册：民国38.8-9版
  遵照中原临时人民政府教育部规定编辑 高级中学适用
  人教

3－0431

高中国文
上海联合出版社临时课本编辑委员会编辑
  上海 上海联合出版社 民国38.9[1949.9]-
   册 32开
  第3册：民国38.9第2版
  高级中学适用 临时课本
  国图(3) 华师大(3)

3－0432

高中国文
周静,张山,王朴编
  上海 上海联合出版社 民国38[1949]-
   册 32开
  高级中学适用 临时课本
  华师大

教学参考书

3－0433

新著国语教学法
黎锦熙编
  上海 商务印书馆 民国13[1924]版,民国19.12订正3版,

  民国22国难后1版
  266页 图,表 32开
  中等学校用
  初版附注：民国13年7月初版
  国图 华师大 广东中山 编译馆

3－0434

中学国文述教
张震南等编
  上海 商务印书馆 民国14[1925]版
  162页 32开
  天津 河南

3－0435

国语教学法讲义
刘儒编
  上海 商务印书馆 民国15[1926]第3版
  124页 32开
  国图 广东中山

3－0436

中学国语教学法
周铭三,冯顺伯编
  上海 商务印书馆 民国15[1926]版
  246页 32开 (中华国语学会国语丛书)
  国图 天津

3－0437

中学国文各学程教学研究
阮真著
  上海 民智书局 民国19[1930]版
  210页 大32开
  广西师大 广东中山

3－0438

普通中学国文教学法
丁麓孙著
  [不详] [著者刊] 民国23.12[1934.12]
  79页 32开
  国图

3－0439

中学国文教学法
阮真编著
  南京 正中书局 民国25.12[1936.12]初版,民国36沪1版
  186页 32开 (时代教育丛书)
  国图 北师大 辞书 河南 广东中山

3－0440

中学国文教师手册
张文治编
  昆明 中华书局 民国29[1940]版
  1册 32开 精装
  广东中山

3－0441

中学国文教学法

蒋伯潜著
　　昆明　中华书局　民国30[1941]
　　188页　大32开
　　国图

3-0442
国文教学
叶圣陶,朱自清著
　　上海　开明书店　民国34.4[1945.4]初版,民国36.2第3版,民国37.11第4版
　　214页　32开
　　人教　辽宁

3-0443
国语教学指引
王益生著
　　上海　大东书局　民国36[1947]-
　　8册(①55,②60,④54,⑤66,⑧72页)　32开
　　第1册:民国36第3版
　　第2册:民国36第2版
　　第4册:民国36初版
　　第5册:民国36第3版
　　第8册:民国36第2版
　　初版附注:民国36年初版
　　其他题名:国民学校副课本国语教学指引
　　广东中山(1-2,4-5,8)

3-0444
国语教授法
　　[出版者不详]　[1912-1949?]
　　1册　16开　线装
　　云南社科

* * *

3-0445
初中国文指导书
朱剑芒,陈蔼麓编辑　范祥善校订
　　上海　世界书局　民国20.4[1931.4]-
　　6册(①153,②159,③146页)　32开
　　第1册:民国20.4初版
　　第2册:民国21.5初版
　　第3册:民国21.8初版
　　初级中学教师及学生用
　　北师大(1-3)　广西师大(1)　编译馆(1-3)

3-0446
初中国文实验教学法
权柏华编
　　上海　中华书局　民国21.9[1932.9]初版,民国23第2版
　　78页　大32开
　　辞书　天津　广东中山

3-0447
初中国文科教学进度表
江苏省教育厅编
　　镇江　[编者刊]　民国22.7[1933.7]
　　111页　表　25开
　　国图

3-0448
实验初中国文指导书
沈荣龄,张圣瑜,汪定奕,诸祖耿,周侯于,刘壬林编选　汪懋祖,胡焕庸,吴元涤,沈润洲,张绳祖,戴增元,沈维钧,金立初审校
　　上海　大华书局　民国23.3-24.1[1934.3-1935.1]
　　6册(111,81,108,137,86,117页)　大32开
　　第1册:民国23.3初版
　　第2册:民国23.9初版
　　第3册:民国23.6初版
　　第4册:民国24.1初版
　　第5册:民国24.1初版
　　第6册:民国24.1初版
　　新课程标准适用
　　国图(4)　华师大(1)　辞书　广东中山(2)

3-0449
初中新国文指导书
朱剑芒编著
　　上海　世界书局　民国26.5[1937.5]-
　　6册(①140,②147页)　32开
　　第1册:民国26.5初版
　　第2册:民国26.6初版
　　遵照教育部民国25年颁布修正课程标准编辑
　　其他题名:新课程标准世界中学教本初中新国文指导书
　　北师大(1-2)

3-0450
初级中学国文教授大纲
孙俍工编
　　[出版者不详]　[1912-1949?]
　　356页　大32开
　　广西师大

* * *

3-0451
分周教学方法纲要
江恒源编
　　上海　商务印书馆　民国17.6[1928.6]-
　　4册　图,表　32开
　　第1-2册:民国17.6初版
　　其他题名:高级中学国文读本分周教学方法纲要
　　国图(1-2)　华师大(1-2)　河南(1-2)　广东中山(2)　编译馆(1-2)

3-0452
高中国文科教学进度表
江苏省教育厅编

镇江　[编者刊]　民国 22.7[1933.7]
111 页　表　24 开
其他题名：国文科教学进度表
国图

教学辅导书

3-0453

国文自修书辑要
沈恩孚编
上海　中华书局　民国 5.7[1916.7]初版,民国 21.12 第 5 版
[244]页　表　大 32 开　精装
辞书

3-0454

国语指南
顾子静编辑
上海　广文书局　民国 9.12[1920.12]
[192]页　图　大 32 开
辞书

3-0455

国文测验举例
周廷珍,欧济甫编　刘传厚,褚东郊校
上海　中华书局　民国 11.9[1922.9]初版,民国 12.12 第 2 版,民国 22.2 第 3 版
124 页　32 开
最新式教学适用
华师大　辞书　天津　河南　辽宁　广东中山

3-0456

现代小说研究
李菊休编著
上海　亚细亚书局　民国 20[1931]
160 页　图　32 开
中等学校及师范适用
河南

3-0457

国语一月通
魏冰心编辑
上海　世界书局　民国 30.4[1941.4]版
176 页　32 开
初版附注：民国 24 年 3 月初版
辞书

3-0458

国文考试指导
储祎编著
上海　东方书店　民国 26.4[1937.4]第 3 版
[114]页　32 开　(考试指导丛书)
中学升学会考及普通考试适用
初版附注：民国 25 年 2 月初版
辞书

3-0459

国文自习书
蒋志贤,文慕超编辑
上海　春秋书社　民国 26.6[1937.6]-
4 册(52,52,54,65 页)　32 开
第 1 册：民国 26.6 初版,民国 30.1 第 4 版
第 2 册：民国 30.1 第 4 版
第 3 册：民国 29.8 第 3 版
第 4 册：民国 28.10 初版
人教(1)　辞书

3-0460

高级国语之友
艾健乔编著　陈驾凡校阅
上海　春明书店　民国 36.5[1947.5]
184 页　32 开
学生投考、自修适用
辞书

3-0461

国文教范
[中华书局编]
[上海]　[编者刊]　[1912-1949?]
28 叶　16 开　线装
辞书

* * *

3-0462

初中会考升学指导：国文常识问答
施肖丞等编
上海　南京书店　民国 22[1933]版
112 页　32 开
河南

3-0463

初中国文复习指导：升学考试必读
倪锡英主编
上海　成都　现代教育研究所　民国 24.11[1935.11]版,民国 31 蓉版,民国 37.7 第 5 版
195 页　32 开
根据修正国定本编辑
国图　人教　辞书　河南

3-0464

初中国文复习指导书
陶友白编
上海　新生书局　民国 25.2[1936.2]
[139]页　32 开
逐页题名：国文试题及详解
辞书

3-0465

国文
谭正璧编辑

上海　光明书局　民国25.3[1936.3]
152页　32开　(题解中心初中复习丛书　2)
辞书

3-0466
国文
朱梦祁编
　　上海　世界书局　民国27.9[1938.9]初版,民国30第3版
　　113页　32开　(初中自修指导丛书)
　　补习、复习及考试升学用
　　版权页题名：初中国文自修指导
　　国图　辞书　广东中山

3-0467
国定本初级中学国文辅导书
陆殿扬主编　桑继芬,徐世璜编辑
　　上海　大中国图书局　民国35.7[1946.7]-
　　6册(①189,②192页)　32开
　　第1册：民国35.7沪白报纸本1版
　　第2册：民国36.2沪白报纸本1版
　　逐页题名：初中国文辅导书
　　国图(1)　人教(1-2)　辞书(1-2)　广东中山(1)

3-0468
国文复习
吴先文编著
　　上海　正中书局　民国37.8[1948.8]
　　148页　表　32开　(初中各科复习丛书)
　　逐页题名：初中国文复习
　　国图　辞书

* * *

3-0469
高中国文辑要
刘佩韦,刘景侨,翟锡光,缪芸萃,张捷三,吴鹤艇,陈健行编辑
　　天津　新民学会　民国24.5[1935.5]
　　2册(150,172页)　表　32开
　　第1-2册：民国24.5初版
　　辞书

3-0470
高中国文复习指导：升学考试必读
赵景深,谭正璧编
　　上海　现代教育研究社　民国30.2[1941.2]第2版,民国36.3新2版
　　166页　32开
　　人教　辽宁

3-0471
高中国文
吴庆鹏编
　　贵阳　交通书局　民国31.4[1942.4]
　　180页　32开　(中学复习受验丛书)
　　辞书

文字、国音

课本

3-0472
篆学教科书
董金南编辑　会文学社编译
　　上海　会文书局　清光绪32.1[1906]
　　66页　32开　线装
　　人教

3-0473
文字源流
张之纯,庄庆祥编纂　蒋维乔校订
　　上海　商务印书馆　民国2[1913]版,民国8.10第17版,民国9第18版,民国12第22版,民国15.1第25版,民国16.5第26版
　　60页　32开
　　中学校用
　　其他题名：共和国教科书文字源流
　　国图　北师大　河南　广西师大　编译馆

3-0474
新著中国文字学大纲
何仲英编
　　上海　商务印书馆　民国15.2[1926.2]第6版
　　104页　32开
　　教育部审定　中等学校用
　　初版附注：民国11年2月初版
　　北师大

3-0475
中国文字学概要
贺凯著
　　北平　文化学社　民国21.3[1932.3]第2版
　　132页　大32开
　　高中文科及师范用课本
　　北师大

3-0476
中国文字学新编
谭正璧编
　　上海　北新书局　民国25.8[1936.8]
　　209页　图　32开
　　辞书　河南

* * * * *

3-0477
模范语
王璞辑　陈恩荣校阅

北京　注音字母书报社　民国9.5[1920.5]
3册(22,26,40叶)　大32开　线装
第1-3册：民国9.5第4版
附：教授法
初版附注：民国5年1月初版
辞书

3-0478
国音学讲义
易作霖编纂
　　上海　商务印书馆　民国10.3[1921.3]第3版
　　106页　图,表　大32开
　　初版附注：民国9年6月初版
　　辞书

3-0479
万国语音学大意
沈彬编辑　黎锦晖,陆衣言校阅
　　上海　中华书局　民国10.11[1921.11]初版,民国11.4第52版
　　52页　图　32开
　　中等学校适用
　　其他题名：新教育教科书万国语音学大意
　　国图　人教　辞书　广西师大

3-0480
国语发音学大意
陆衣言编辑
　　上海　中华书局　民国10.11[1921.11]
　　68页　图,表　大32开
　　中等学校适用
　　其他题名：新教育教科书国语发音学大意
　　辞书　河南

3-0481
国音
蒋镜芙编辑　国语专修学校审定
　　上海　中华书局　民国11.7[1922.7]初版,民国19.3第12版
　　43页　图,表　大32开　（国语讲义　第2种）
　　中等学校适用
　　辞书　天津　河南

3-0482
国语交际会话
马国英编辑　国语专修学校审定
　　上海　中华书局　民国11.7[1922.7]初版,民国19.12第26版,民国20.8第28版,民国21.3第29版,民国21.6第30版
　　33页　大32开
　　中等学校适用
　　辞书　河南

3-0483
国语发音学
后觉编辑　国语专修学校审定
　　上海　中华书局　民国11.7[1922.7]初版,民国22.1第10版
　　74页　图,表　大32开　（国语讲义　第3种）
　　中等学校适用
　　辞书　天津　河南

3-0484
新著国语发音学
汪怡编
　　上海　商务印书馆　民国11.7[1922.7]初版,民国25第2版
　　325页　大32开
　　中等学校适用
　　河南

3-0485
注音字母讲义
范祥善编纂　杜含章校订
　　上海　商务印书馆　民国12.11[1923.11]第4版
　　77页　大32开
　　初版附注：民国11年7月初版
　　辞书

3-0486
国音新教本
方宾观,章寿栋编纂　刘儒校订
　　上海　商务印书馆　民国12.2[1923.2]初版,民国13.3第3版,民国19第11版,民国23.11国难后2版
　　65页　图　64开
　　北师大　上海　辞书　河南

3-0487
国语普通会话
马国英编辑
　　上海　中华书局　民国12.3[1923.3]初版,民国13.6第5版,民国13.11第7版,民国20.6第23版,民国21.5第24版,民国24第27版,民国30.9第39版
　　34页　大32开
　　中等学校适用
　　辞书　广东中山

3-0488
应用国语会话
黎锦晖编辑　国语专修学校审定
　　上海　中华书局　民国12.7[1923.7]初版,民国23.5第16版
　　26页　32开　（初级国语讲义）
　　封面题名：应用的国语会话
　　辞书

3-0489
国音讲义
乐嗣炳编辑
　　上海　中华书局　民国12.12[1923.12]
　　96页　图,乐谱　32开
　　逐页题名：国音
　　上海　辞书

3-0490
国语辨音
乐嗣炳编
  上海　中华书局　民国15.6[1926.6]初版,民国17第2版
  46页　表　大32开　（国语讲义　第4种）
  中等学校适用
  辞书　天津

3-0491
声韵沿革大纲
乐嗣炳编
  上海　中华书局　民国15.6[1926.6]初版,民国16第2版
  34页　表　大32开　（国语讲义　第5种）
  中等学校适用
  辞书　天津　河南

3-0492
国语话
乐嗣炳编
  上海　中华书局　民国15.6[1926.6]
  40页　大32开　（国语讲义　第6种）
  中等学校适用
  辞书

3-0493
注音符号课本
陆问梅编
  上海　世界书局　民国15[1926]版,民国20.7第4版,民国20第6版,民国25年版,民国37.9第11版,民国37.12第12版
  78页　32开　（国语注音符号丛书）
  河南　广东中山

3-0494
修改标准国音讲习课本
齐铁恨编　蒋镜芙阅
  上海　中华书局　民国18.9[1929.9]第3版,民国20.9第4版,民国24.9第5版,民国26.4第6版,民国29.6第8版
  94页　32开
  教育部审定
  逐页题名：国音讲习课本
  书脊题名：修改国音讲习课本
  人教　上海　辞书　广东中山

3-0495
国语会话
马国英编
  上海　世界书局　民国19.10[1930.10]第2版,民国24第9版,民国30第12版
  82页　32开　（国语注音符号丛书）
  中等学校国语教学用书
  河南

3-0496
国语注音符号讲义
马国英编　方毅,齐勋校订
  上海　商务印书馆　民国20.2[1931.2]初版,民国29.6国难后2版
  52页　图　32开
  上海

3-0497
国语会话
陆衣言编
  上海　世界书局　民国20.9[1931.9]
  2册(66,68页)　大32开
  第1-2册：民国20.9版
  中学生用
  华师大　辞书

3-0498
注音符号
马国英编辑
  上海　大上海书店　民国22.2[1933.2]第2版
  36页　32开　（标准国语留声机片丛书）
  教育部审定
  初版附注：民国21年8月初版
  辞书

3-0499
国语罗马字拼音法普通教本
郭遵贤编纂
  上海　商务印书馆　民国23.11[1934.11]初版,民国24第2版
  27页　32开
  辞书　河南　广东中山

3-0500
新国语留声片课本：甲种
赵元任编著
  上海　商务印书馆　民国24.2[1935.2]初版,民国24第3版,民国28订正12版,民国30订正14版
  75页　大32开
  附：中国国民党党歌歌谱
  辞书　广东中山

3-0501
新国语留声片课本：乙种
赵元任编著
  上海　商务印书馆　民国24.2[1935.2]初版,民国24第3版,民国24订正5版
  72页　大32开
  国语罗马字本
  河南　广东中山

3-0502
国语罗马字讲义：注音符号第二式
张德良编
  上海　中华书局　民国26[1937]版
  26页　32开　（国语讲义　第2种）
  广东中山

3-0503

国语会话

马国英编

上海　世界书局　民国28[1939]初版,民国28新5版

82页　36开　(国语注音符号丛书)

中等学校国语教学用书

河南

教学参考书

3-0504

文字源流参考书

张之纯编纂

上海　商务印书馆　民国3.11[1914.11]第2版,民国5第4版

97页　大32开

中学校教员用

华师大　河南　广西师大

3-0505

国音新教本教授书

章寿栋编辑　方毅,刘儒,方宾观校订

上海　商务印书馆　民国14.12[1925.12]第2版,民国20订正3版

144页　图　64开

初版附注：民国13年1月初版

辞书　广东中山

教学辅导书

3-0506

新著中国文字学大纲参考书

何仲英编

上海　商务印书馆　民国24.2[1935.2]国难后1版

168页　表　32开

中等学校用

初版附注：民国11年4月初版

辞书

3-0507

国音练习读本

马国英编著

上海　中华书局　民国12.12[1923.12]

47页　32开

辞书

3-0508

注音字母无师自通

黎锦熙,白涤洲编辑

北平　中华平民教育促进会总会　民国18.4[1929.4]

43页　表　16开

辞书

3-0509

注音符号传习小册

教育部编审处编辑

上海　中华书局　民国19.8[1930.8]初版,民国25.2第14版

72页　图　小32开

辞书

3-0510

注音符号问答

张漱六编

上海　世界书局　民国20.7[1931.7]第4版

76页　32开　(国语注音符号丛书)

广东中山

3-0511

国语注音符号拼音法

杨春芳编

上海　儿童书局　民国25.5[1936.5]

115页　表　32开

教科、自修两用

辞书

3-0512

基本国语注音符号

宗亮寰,赵白山,赵景源,沈秉廉,李惠乔编辑

上海　基本书局　民国36.8[1947.8]

36页　图,表　32开

教学、自习适用

辞书

3-0513

国语注音符号

蒋镜芙编

上海　中华书局　民国36[1947]版

56页　32开　(中华文库　初中第1集)

辞书　广东中山

3-0514

标准国语应用会话

蒋镜芙编

上海　中华书局　民国36[1947]版

76页　32开　(中华文库　初中第1集)

广东中山

阅　读

课　本

3-0515

中等国文读本

上海育材学堂编译　陈东极,许朝贵编辑

上海　育材学堂编译所　清光绪29.1[1903]初版,光绪30第

2版

[46]叶　大32开　线装

版权页题名:国文读本

人教　辞书　广西师大

3－0516

中学文粹
许贵,苏民编辑

上海　文明书局　清光绪30.12[1905]－

5册(82,82,88,144,168页)　32开　线装

第1册(初编):光绪32.5第2版

第2册(二编):光绪31.5初版,光绪32.5第2版

第3册(三编):光绪31.5第2版

第4册(四编上):光绪30.12初版,光绪32.5第2版

第5册(四编下):光绪32.5第2版,宣统1.4第2版

人教　广西师大

3－0517

祖国文范
奋翮生编辑

上海　中新书局　清光绪32.1[1906]

68页　大32开

中学校用

辞书

3－0518

国文读本粹化新编：初编　叙述类
王纳善编

上海　上海群学会　清光绪32.2[1906]

23叶　大32开　线装

其他题名:粹化新编

人教　辞书

3－0519

国文新选读本
吴蔚若编选

上海　时中书局　清光绪32.9[1906]－

2册(①59叶)　大32开　线装

第1册(上卷):光绪32.9初版

清学部审定

人教(1)　辞书(1)

3－0520

简明中学国文读本
嵇长康编辑

无锡　译书公会　清光绪32.10[1906]

2册(112,143页)　32开

第1－2册(上下编):光绪32.10初版

辞书

3－0521

(订正)中学国文读本
林纾评选

上海　商务印书馆　清宣统1.9[1909]－

10册(39,48,51,36,40,44,44,51,38,42叶)　大32开　线装

第1册:宣统1.10第4版,民国1.9第8版

第2册:宣统1.10第4版,宣统2.6第5版

第3册:宣统1.10第2版,宣统2.6第3版,宣统3.1第4版

第4册:宣统1.10第2版,宣统2.6第3版,宣统3.8第5版

第5册:宣统1.10初版,宣统2.6第3版,宣统3.8第5版

第6册:宣统1.9初版,宣统2第2版

第7册:宣统1.9初版,宣统3.1第3版

第8册:宣统2.1初版,宣统3.8第4版

第9册:宣统2.11初版

第10册:宣统2.1初版,宣统3.8第2版

初版附注:清光绪34年4月初版

其他题名:中学国文读本

人教(2-10)　辞书(1,3-5,7-8,10)　云南社科(6)　广西师大

3－0522

(重订)中学国文读本
林纾评选　许国英重订

上海　商务印书馆　民国2.3[1913.3]－

8册(54,51,37,40,44,44,51,43叶)　大32开　线装

第1册:民国4.11订正11版

第2册:民国2.3订正9版,民国3.3订正10版

第3册:民国2.4订正6版,民国4.1订正8版

第4册:民国2.3订正6版,民国4.5订正7版

第5册:民国2.3订正6版,民国4.11订正9版

第6册:民国2.3订正5版

第7册:民国2.3订正5版,民国3.5订正7版

第8册:民国2.4订正5版,民国4.11订正8版

初版附注:清光绪34年6月-宣统2年2月初版

其他题名:中学国文读本

北师大　人教　辞书(2-8)

3－0523

溥通国文读本六卷
澄衷学堂编辑

上海　[编者刊]　[1911?]

150页　32开　线装

人教

3－0524

国文读本
许国英,张元济编纂　蒋维乔,高凤谦校订

上海　商务印书馆　民国2.8[1913.8]

4册(70,79,92,102页)　大32开

第1册:民国2.8初版,民国3.7第4版,民国5.10第7版,民国8第13版,民国9.11第14版,民国11.9第16版,民国15.3第18版

第2册:民国2.8初版,民国2.12第3版,民国3.7第4版,民国5第6版,民国8第9版,民国11.9第12版,民国12.4第13版

第3册:民国2.8初版,民国2.10第2版,民国3.7第4版,民国5第5版,民国8.11第8版,民国10.11第10版,民国11.10第11版,民国17.5第14版

第4册:民国2.8初版,民国2.10第2版,民国3.12第3版,民国5第4版,民国11.3第8版,民国13.1第9版

教育部审定　中学校用
逐页题名:中学校教科书国文读本
其他题名:共和国教科书国文读本
国图(2-4)　北师大　人教　上海(2-4)　华师大(1,3)　辞书　河南　辽宁(1,3-4)　广西师大(2-3)　广东中山(2,4)　编译馆

3-0525
国文读本评注
许国英评注　蒋维乔校订
上海　商务印书馆　民国3.2[1914.2]-
4册(124,147,188,220页)　大32开
第1册:民国3.2初版,民国4.2第3版,民国8.10第29版,民国11.3第34版,民国13.4第37版,民国18.5第41版,民国24国难后3版
第2册:民国5.4第5版,民国8.8第21版,民国9第23版,民国10第24版,民国10第25版,民国13.4第27版,民国16.6第31版
第3册:民国9.2第17版,民国9.9第18版,民国10.9第20版,民国13.1第22版,民国16.1第25版
第4册:民国8第13版,民国10.3第15版,民国10.9第16版,民国13.11第19版,民国15.3第22版,民国16.3第24版
教育部审定　中学校用
初版附注:民国3年2-11月初版
逐页题名:中学校教科书国文读本评注
其他题名:共和国教科书国文读本评注
国图(2-4)　北师大　人教　华师大(1-3)　辞书　河南　广西师大　广东中山　编译馆(2-4)

3-0526
国文读本
刘宗向编辑　黎锦熙,刘翰良参订
长沙　宏文图书社　民国3.4[1914.4]
4册([490]页)　大32开
第1-4册:民国3.4初版
中等学校用
其他题名:中等学校国文读本
北师大　人教　上海

3-0527
常识文范
梁启超著
上海　中华书局　民国5.11[1916.11]
4册(108,118,114,114页)　大32开　线装
第1-4册(卷一至卷四):民国5.11初版,民国17第9版,民国18.11第10版,民国20.5第11版,民国21.9第12版
人教　辞书　河南

3-0528
古今小品精华
中华书局编辑　中华书局校阅
上海　[编者刊]　民国7[1918]
2册(57,56叶)　大32开　线装

第1-2册:民国7年版,民国25.3第9版
教科、自修适用
初版附注:民国5年12月初版
国图　辞书

3-0529
国文读本评话
许国英辑注
上海　商务印书馆　民国6[1917]第10版
1册　[32开]
教育部审定之中学教科书
国图

3-0530
中学国文读本
上海工业专门学校编辑
长沙　湘鄂印刷公司　民国8.5[1919.5]-
4册(①272页)　20开　线装
第1册:民国8.5版
其他题名:国文读本
人教(1)

3-0531
中学国文读本
上海工业专门学校辑
上海　[编者刊]　民国8[1919]
10册([765]页)　32开
第1-10册:民国8年版
其他题名:国文读本
上海

3-0532
白话文范
洪北平,何仲英编纂
上海　商务印书馆　民国9.5[1920.5]-
4册(114,135,129,143页)　大32开
第1册:民国9.5初版,民国9.7第2版,民国9.9第3版,民国9.11第4版,民国10.4第6版,民国10第7版,民国11.9第8版,民国15第11版,民国19.6第12版
第2册:民国9.8初版,民国9.10第2版,民国10.3第4版,民国11.12第6版,民国16.1第9版
第3册:民国9.9初版,民国9.10第2版,民国10.12第4版,民国15第6版,民国19.8版
第4册:民国9.10第2版,民国10.7第3版,民国16第4版
中等学校用
国图　北师大　人教　上海　辞书　河南　庐山(3-4)　广西师大(1,3)　编译馆(1-3)

3-0533
历代白话文范
江荫香编辑　陆翔校订
上海　广文书局　民国9.12[1920.12]
2册([224],[258]页)　大32开
上册(卷一至卷二):民国9.12初版,民国11第2版
下册(卷三至卷四):民国9.12初版,民国11第2版

中学校用
封面题名：评点历代白话文范
卷端题名：评选历代白话文范
人教　辞书　河南

3-0534
白话文范本
达文社编
上海　中华书局　民国20.3[1931.3]第12版,民国23.5第14版
37叶　大32开　线装
初版附注：民国10年9月初版
逐页题名：评注白话文范本
辞书

3-0535
中学国语文读本
秦同培选辑
上海　世界书局　民国12.7[1923.7]
4册([623]页)　32开
第1-4册：民国12.7初版,民国12.12第2版
教科、自修适用
北师大　河南　广西师大(2)　广东中山(2)

3-0536
言文对照中学新文范
秦同培编辑
上海　世界书局　民国12.8[1923.8]
2册(43,35叶)　大32开　线装
第1-2册：民国12.8第4版
教科、自修用
版权页题名：中学新文范
辞书

3-0537
读文法
唐文治评选　邹登泰评注
上海　天一书局　民国13.5[1924.5]
2册([88]页)　25开
上下册：民国13.5初版
教科适用
人教

3-0538
新编国文读本
雷瑨编　雷瑊注释
上海　扫叶山房　民国13[1924]
6册([548]页)　32开　线装
第1-6册：民国13年版
其他题名：国文读本
其他题名：新选详注国文读本
人教　上海

3-0539
拊掌录
(美)华盛顿·欧文著　林纾,魏易译　严既澄校注

上海　商务印书馆　民国14[1925]国难后1版
77页　图　32开
新学制中学国语文科补充读本
初版附注：民国14年初版
河南

3-0540
近世文选
沈镕选
上海　大东书局　民国15[1926]
4册(144,132,130,164页)　32开　线装
第1册(一集)：民国15第4版,民国22.3第8版
第2册(二集)：民国15第4版,民国22.3第8版
第3册(三集)：民国15第4版,民国22.3第8版
第4册(四集)：民国15第4版,民国22.3第7版
辞书　河南

3-0541
女学生模范日记
凤玉贞著　赵锦华校阅
上海　国光书店　民国17.11[1928.11]
138页　32开
学生补充读物
人教

3-0542
国文选本
唐富言编注
广州　知用中学校　民国18.7[1929.7]
[182]页　28开　(知用夏期学校丛书)
国图　人教　广东中山

3-0543
中学生文学读本
洪超编　柳亚子校
上海　中学生书局　民国20.5[1931.5]-
6册([364],[330],334,[328],[342],336页)　大32开
第1册(散文集)：民国20.5初版,民国22.10第3版
第2册(应用文集)：民国20.5初版,民国22.1第3版
第3册(小品文集)：民国21.9第2版
第4册(创作小说集)：民国22.4第2版
第5册(翻译小说集)：民国21.9初版
第6册(诗歌、戏曲集)：民国21.9初版
辞书　广西师大(1)　广东中山(2)

3-0544
小说甲选
陈思编
上海　上海听涛社　民国20.8[1931.8]-
册(①532页)　32开　(中学文学读本　3)
上册：民国20.8初版
辽宁(1)

3-0545
国语文选
沈镕纂集

上海　大东书局　民国20.8-21.10[1931.8-1932.10]
6册(244,140,180,146,140,148页)　32开
第1册(一集):民国20.8第7版
第2册(二集):民国20.8第7版
第3册(三集):民国21.10第7版
第4册(四集):民国21.10第7版
第5册(五集):民国21.10第7版
第6册(六集):民国21.10第7版
辞书　广东中山(3)

3-0546

开明活叶文选注释
张同光,宋云彬注释
上海　开明书店　民国20.8-23.9[1931.8-1934.9]
10册(281,279,282,282,283,282,274,281,280,276页)
　　32开
第1册:民国20.8初版
第2册:民国20.10初版
第3册:民国21.9初版
第4册:民国22.3初版
第5册:民国22.3初版
第6册:民国22.7初版
第7册:民国22.8初版
第8册:民国22.11初版
第9册:民国22.11初版
第10册:民国23.9初版
教师讲解及学生自修用
其他题名:活叶文选注释
辞书

3-0547

天方夜谈
奚若译述
上海　商务印书馆　民国20[1931]第6版,民国22国难后
　　2版
293页　32开
新学制中学国语文科补充读本
广东中山

3-0548

开明活叶文选
开明书店编
上海　[编者刊]　民国20[1931]
13册　32开
第1-13册(第1-373期):民国20年版
学生自修及教师教授用
其他题名:开明文选
辞书

3-0549

模范语体文评选
李君实编
上海　南强书局　民国21.6[1932.6]-
　册(①192页)　照片　32开

第1册:民国21.6版
辞书(1)

3-0550

国文自修读本:第一编
顾文晃编辑　朱春,丁传商校订
上海　新教育出版社　民国21.9[1932.9]
2册(85,83页)　32开
第1-2册:民国21.9初版
辞书

3-0551

国文研究读本:第一辑
史本直选辑　朱宇苍校
南京　大众书局　民国22.6[1933.6]
4册(1150页)　表　32开
第1-4册(一至四集):民国22.6初版
中学适用
北师大　辞书(2-4)

3-0552

中学国文特种读本
孙俍工编
上海　国立编译馆　民国22.9[1933.9]
2册(212,220页)　大32开
第1-2册:民国22.9初版,民国28第2版
北师大　辞书　湖南　广东中山

3-0553

言文对照广注论语读本
国学编辑社语释　杜天縻修订
上海　世界书局　民国22[1933]
2册　32开
第1-2册:民国22第10版
其他题名:广注论语读本
华师大

3-0554

言文对照广注孟子读本
国学编辑社语释　杜天縻修订
上海　世界书局　民国22[1933]第10版
1册　32开
其他题名:广注孟子读本
华师大

3-0555

文章模范
汪静之,符竹因编
上海　神州国光社　民国22[1933]-
2册(②175页)　32开
下册:民国22初版
中学校教科适用
广东中山(2)

3-0556

小品文选
陶秋英编

上海　北新书局　民国 25.11[1936.11]
2 册　(234,174 页)　32 开
上下册：民国 25.11 第 2 版
中学国语补充读本
初版附注：民国 23 年 1 月初版
华师大

3-0557
国文研究读本：第二辑
史本直选辑　李英侯校
上海　大众书局　民国 23.2[1934.2]版
210 页　32 开
中学适用
北师大

3-0558
国文读本
志成中学国文学科编辑委员会编
北平　新亚印书局　民国 23.2[1934.2]-
6 册　32 开
第 2 册：民国 23.2 第 2 版
第 3 册：民国 23.9 版
第 4 册：民国 24.2 版
第 5 册：民国 23.9 版
国图(2-5)　人教(2-5)

3-0559
现代书信选
胡云翼编
上海　北新书局　民国 23.4-6[1934.4-6]
2 册(166,159 页)　32 开
上册：民国 23.4 初版
下册：民国 23.6 初版
中学国语补充读本
华师大

3-0560
语体文选评注
陈炳耀评注
[哈尔滨]　哈尔滨第十七小学校　民国 23.7[1934.7]
2 册　32 开
第 1-2 册：民国 23.7 第 2 版,民国 23.11 第 3 版
辽宁

3-0561
笔记选
姜亮夫编
上海　北新书局　民国 23.8[1934.8]
226 页　32 开
中学国语补充读本
华师大

3-0562
现代日记选
赵景深编
上海　北新书局　民国 23[1934]版

216 页　32 开
中学国语补充读本
华师大

3-0563
词选
胡云翼编注
上海　北新书局　民国 23[1934]
235 页　32 开
中学国语补充读本
河南

3-0564
现代小说选
胡云翼编
上海　北新书局　民国 23[1934]-
2 册(②283 页)　32 开
下册：民国 23 初版
中学国语补充读本
河南(2)

3-0565
新生活文选
胡怀琛编辑
上海　大华书局　民国 24.4[1935.4]
3 册(83,65,75 页)　大 32 开
第 1-3：民国 24.4 初版
教科、自修两用
国图　辞书

3-0566
模范文选：古文选读
钱基博选注
上海　商务印书馆　民国 24[1935]
2 册([294]页)　32 开
第 1-2 册(上下卷)：民国 24 初版,民国 27 第 3 版
中学适用
广东中山

3-0567
标准文选
吴拯寰编　瞿世镇校阅
上海　三民图书公司　民国 25.1[1936.1]-
2 册([562]页)　32 开
第 1 册：民国 25.1 版
第 2 册：民国 25.6 版
依照教育部中学国文科新课程标准编辑　各级中学校国文科
　教学或补充读物用
人教

3-0568
中学国文读本
李鹤著
[长春]　辽东编译社　民国 25.8[1936.8]
190 页　32 开
辽宁

3-0569

广学读本
谢颂羔编
上海　广学会　民国25.9[1936.9]-
册(⑥87页)　32开
第6册：民国25.9版
国图(6)

3-0570

先秦寓言选
蔡南桥选注
上海　商务印书馆　民国26.2[1937.2]初版,民国36.2第4版
95页　32开　(中学国文补充读本第一集)
华师大　辞书　河南

3-0571

女子国文读本
徐蘧轩编辑
上海　大华书局　民国26.3[1937.3]-
3册　32开
第1-2册：民国26.3初版
国图(1-2)　人教(1-2)

3-0572

节本徐霞客游记
刘虎如选注
上海　商务印书馆　民国26.5[1937.5]
2册(172页)　32开　(中学国文补充读本第一集)
第1-2册：民国26.5初版
逐页题名：徐霞客游记
华师大　辞书　庐山

3-0573

中国国民革命史略
张梓生原著
上海　商务印书馆　民国26.5[1937.5]初版,民国26.11版
90页　32开　(中学国文补充读本第一集)
华师大　辞书

3-0574

中山先生传记
蔡南桥选辑
上海　商务印书馆　民国26.5[1937.5]
56页　32开　(中学国文补充读本第一集)
华师大　辞书

3-0575

中山先生遗教
张和重选辑
上海　商务印书馆　民国26.5[1937.5]
138页　32开　(中学国文补充读本第一集)
华师大　辞书

3-0576

元明散曲选
卢冀野选注
上海　商务印书馆　民国26.5[1937.5]
2册(132页)　32开　(中学国文补充读本第一集)
上册：民国26.5初版,民国36.2第3版,民国29长沙国难后3版
下册：民国26.5初版,民国36.2第3版,民国29长沙国难后2版
华师大　辞书　庐山　广东中山

3-0577

楚辞选读
沈德鸿选注
上海　商务印书馆　民国26.5[1937.5]
98页　32开　(中学国文补充读本第一集)
华师大　辞书　庐山

3-0578

节本明儒学案
缪天绶选注
上海　商务印书馆　民国26.5[1937.5]
3册(300页)　32开　(中学国文补充读本第一集)
第1-3册：民国26.5初版
华师大　辞书　庐山

3-0579

节本庄子
沈德鸿选注
上海　商务印书馆　民国26.5[1937.5]
180页　32开　(中学国文补充读本第一集)
华师大　辞书　河南

3-0580

左国选读
张寄岫选辑
上海　商务印书馆　民国26.5[1937.5]
3册(282页)　32开　(中学国文补充读本第一集)
第1-3册：民国26.5初版
其他题名：中学国文补充读本左国选读
辞书　辽宁　庐山

3-0581

古诗源选读
傅东华选注
上海　商务印书馆　民国26.5[1937.5]
2册(211页)　32开　(中学国文补充读本第一集)
第1-2册：民国26.5初版
逐页题名：古诗源
华师大　辞书　庐山(2)

3-0582

中国国民党史略
华林一原著
上海　商务印书馆　民国26.5[1937.5]
89页　32开　(中学国文补充读本第一集)
辞书

3-0583

晚明小品文选
朱剑心选注
　　上海　商务印书馆　民国26.5[1937.5]
　　4册(378页)　32开　(中学国文补充读本第一集)
　　第1-4册：民国26.5初版，民国36.2第3版
　　逐页题名：晚明小品选注
　　华师大　辞书　庐山　广西师大

3-0584

诗经选读
缪天绶选注
　　上海　商务印书馆　民国26.5[1937.5]
　　113页　32开　(中学国文补充读本第一集)
　　华师大　辞书

3-0585

明杂剧选
卢冀野选注
　　上海　商务印书馆　民国26.5[1937.5]
　　78页　32开　(中学国文补充读本第一集)
　　辞书

3-0586

侠隐记正编
(法)大仲马著　伍光建译　沈德鸿注
　　上海　商务印书馆　民国26.5[1937.5]
　　4册(562页)　32开　(中学国文补充读本第一集)
　　第1-4册：民国26.5初版
　　逐页题名：侠隐记
　　华师大　辞书　庐山

3-0587

节本韩非子
唐敬杲选注
　　上海　商务印书馆　民国26.5[1937.5]初版，民国29第2版
　　135页　32开　(中学国文补充读本第一集)
　　华师大　辞书　河南

3-0588

节本论语
陈幼璞选注
　　上海　商务印书馆　民国26.5[1937.5]
　　2册(202页)　32开　(中学国文补充读本第一集)
　　第1-2册：民国26.5初版，民国29.1第2版
　　华师大　辞书　庐山(1)

3-0589

节本荀子
叶绍钧选注
　　上海　商务印书馆　民国26.5[1937.5]
　　2册(182页)　32开　(中学国文补充读本第一集)
　　第1-2册：民国26.5初版
　　华师大　辞书　河南(1)　庐山

3-0590

语体诗歌选
张越瑞选辑
　　上海　商务印书馆　民国26.5[1937.5]
　　117页　32开　(中学国文补充读本第一集)
　　华师大　辞书　庐山

3-0591

语体游记选
张越瑞选辑
　　上海　商务印书馆　民国26.5[1937.5]
　　112页　32开　(中学国文补充读本第一集)
　　华师大　辞书　庐山

3-0592

宋诗选
陈幼璞选注
　　上海　商务印书馆　民国26.5[1937.5]
　　3册(227页)　32开　(中学国文补充读本第一集)
　　第1-3册：民国26.5初版，民国36.2第2版
　　华师大　辞书　庐山(1-2)

3-0593

曾国藩家书选
(清)曾国藩著　龙沐勋等选注
　　上海　商务印书馆　民国26.5[1937.5]初版，民国36.2第3版
　　101页　32开　(中学国文补充读本第一集)
　　华师大　辞书　河南

3-0594

唐五代宋词选
龙沐勋选注
　　上海　商务印书馆　民国26.5[1937.5]
　　2册(195页)　32开　(中学国文补充读本第一集)
　　上下册：民国26.5初版，民国29.1第2版
　　华师大　辞书　庐山(1)

3-0595

创作独幕剧选
张越瑞选辑
　　上海　商务印书馆　民国26.5[1937.5]
　　148页　32开　(中学国文补充读本第一集)
　　华师大　辞书　庐山

3-0596

翻译独幕剧选
张越瑞选辑
　　上海　商务印书馆　民国26.5[1937.5]
　　154页　32开　(中学国文补充读本第一集)
　　华师大　辞书　庐山

3-0597

翻译短篇小说选
张越瑞选辑
　　上海　商务印书馆　民国26.5[1937.5]

142 页　32 开　（中学国文补充读本第一集）
华师大　辞书

3-0598
创作短篇小说选
张越瑞选辑
上海　商务印书馆　民国 26.5[1937.5]
133 页　32 开　（中学国文补充读本第一集）
辞书

3-0599
节本世说新语
崔朝庆选注
上海　商务印书馆　民国 26.7[1937.7]初版，民国 36.2 第 2 版
208 页　32 开　（中学国文补充读本第一集）
华师大　辞书

3-0600
节本宋元学案
缪天绶选注
上海　商务印书馆　民国 26.7[1937.7]
4 册(469 页)　32 开　（中学国文补充读本第一集）
第 1-4 册：民国 26.7 初版
华师大　辞书　广西师大

3-0601
节本水浒传
张越瑞节选
上海　商务印书馆　民国 26.11[1937.11]
2 册(246 页)　32 开　（中学国文补充读本第一集）
第 1-2 册：民国 26.11 初版
华师大　辞书

3-0602
近人自传选
张越瑞选辑
上海　商务印书馆　民国 26.11[1937.11]
136 页　32 开　（中学国文补充读本第一集）
华师大　辞书

3-0603
唐诗选
吴遁生选注
上海　商务印书馆　民国 26.11[1937.11]
3 册(232 页)　32 开　（中学国文补充读本第一集）
第 1-3 册：民国 26.11 初版，民国 36.3 第 2 版
华师大　辞书　编译馆(1-2)

3-0604
清诗选
吴遁生选注
上海　商务印书馆　民国 26.11[1937.11]
3 册(264 页)　32 开　（中学国文补充读本第一集）
第 1-3 册：民国 26.11 初版
华师大　辞书

3-0605
节本孟子
缪天绶选注
上海　商务印书馆　民国 26.11[1937.11]
124 页　32 开　（中学国文补充读本第一集）
华师大　辞书

3-0606
节本墨子
唐敬杲选注
上海　商务印书馆　民国 26.11[1937.11]
2 册(187 页)　32 开　（中学国文补充读本第一集）
第 1-2 册：民国 26.11 初版
华师大　辞书

3-0607
唐宋传奇选
卢冀野选注
长沙　商务印书馆　民国 26.11[1937.11]初版，民国 36.4 第 3 版
153 页　32 开　（中学国文补充读本第一集）
华师大　辞书　河南

3-0608
弹词选
赵景深选注
上海　商务印书馆　民国 26.11[1937.11]初版，民国 36.5 第 3 版
150 页　32 开　（中学国文补充读本第一集）
华师大　辞书

3-0609
古今名人书牍选
龙沐勋选注
上海　商务印书馆　民国 26.11[1937.11]
2 册(155 页)　32 开　（中学国文补充读本第一集）
上下册：民国 26.11 初版
华师大　辞书

3-0610
古今名人书牍选
郑纪选注
[不详]　商务印书馆　民国 36.4[1947.4]第 3 版
155 页　32 开　（中学国文补充读本第一集）
初版附注：民国 26 年 11 月初版
华师大

3-0611
近人传记文选
张越瑞选辑
上海　商务印书馆　民国 27.2[1938.2]
125 页　32 开　（中学国文补充读本第一集）
辞书

3-0612
古史家传记文选

吕思勉选注
  上海　商务印书馆　民国27.4[1938.4]
  3册(282页)　32开　(中学国文补充读本第一集)
  第1-3册：民国27.4初版
  辞书

3－0613
节本盐铁论
唐庆增选注
  上海　商务印书馆　民国27.5[1938.5]
  139页　32开　(中学国文补充读本第一集)
  华师大　辞书

3－0614
现代名人演讲集
张越瑞选辑
  上海　商务印书馆　民国27.5[1938.5]
  128页　32开　(中学国文补充读本第一集)
  华师大　辞书

3－0615
古今名人日记选
汪馥泉选注
  上海　商务印书馆　民国27.5[1938.5]
  218页　32开　(中学国文补充读本第一集)
  华师大　辞书

3－0616
古今名人游记选
杨荫深,黄逸之选注
  上海　商务印书馆　民国27.6[1938.6]
  101页　32开　(中学国文补充读本第一集)
  辞书　河南

3－0617
民歌选
胡怀琛,杨荫深选注
  长沙　商务印书馆　民国27.7[1938.7]
  75页　32开　(中学国文补充读本第一集)
  华师大　辞书

3－0618
中国短篇故事选
殷佩斯选注
  长沙　商务印书馆　民国27.7[1938.7]
  203页　32开　(中学国文补充读本第一集)
  辞书

3－0619
党国先进言论集
郑兀选注
  上海　商务印书馆　民国27.7[1938.7]
  217页　32开　(中学国文补充读本第一集)
  辞书

3－0620
古今名人笔记选
陈幼璞选注
  上海　商务印书馆　民国27.7[1938.7]初版,民国36.4第3版
  152页　32开　(中学国文补充读本第一集)
  华师大

3－0621
古文家传记文选
杨荫深选注
  上海　商务印书馆　民国27.7[1938.7]
  110页　32开　(中学国文补充读本第一集)
  华师大　辞书

3－0622
中学国文选本
无锡县立中学编
  无锡　协成印书局　民国28.2[1939.2]-
  6册(②66,③48,④52页)　32开
  第2册：民国28.2初版
  第3册：民国28.2初版
  第4册：民国28.2初版
  人教(2-4)

3－0623
现代活叶文选：抗战建国编
胡春冰主编　汪巩,张文通,曾洁孺,蔡语村,黎觉奔注解
  香港　大公书局　民国29.3[1940.3]
  2册(326,306页)　32开
  上下册：民国29.3版
  中学适用国文补充读本
  其他题名：抗战建国编
  辞书

3－0624
中学国文补修读本
谭正璧编
  上海　商务印书馆　民国29.9-10[1940.9-10]
  4册(72,68,50,52页)　32开
  第1册：民国29.9初版
  第2册：民国29.9初版
  第3册：民国29.9初版
  第4册：民国29.10初版
  辞书

3－0625
实用国语读本
李瘦芝编
  澳门　光明书局　民国29[1940]第2版,民国36年版
  [135]页　32开
  现代文读本
  广东中山

3－0626
中级国文选
凯丰,徐特立等编
  [濮县]　冀鲁豫书店　民国32.9[1943.9]-

册(①136 页) 32 开
第 1 册:民国 32.9 版
书前有毛泽东所写序言
国图(1)

3-0627
中级国文选
新华书店编
扉页上有毛泽东所写序言
①[辽县] 华北新华书店 民国 32[1943]-
册(①158 页) 32 开
第 1 册:民国 32 年版
国图(1)
②[莒南] 山东新华书店 民国 33.4[1944.4]-
册(①138 叶) 32 开
第 1 册:民国 33.4 版
国图(1)
③[威县] 冀南书店 民国 34[1945]-
册 32 开
第 1-2 册:民国 34 年版
国图(1-2)

3-0628
中级国文选
范文澜等编著
[黎城] 华北新华书店 民国 34.8[1945.8]-
4 册 32 开
第 1 册:民国 34 年版
第 2 册:民国 34 年版
第 3 册:民国 34.8 版
第 4 册:民国 34.8 版,民国 34.11 版
扉页上有毛泽东所写序言
国图

3-0629
中学活页国文选
[东北] 东北书店 民国 35.4[1946.4]-
册(③96 页) 32 开
第 3 册:民国 35.4 初版
辽宁(3)

3-0630
国语模范读本[胜利版]
卢冠六,吴拯寰编
上海 三民图书公司 民国 35.6[1946.6]新 1 版
185 页 32 开
逐页题名:模范读本
辞书

3-0631
国语文选
嫩江省教育厅编
[嫩江] [编者刊] 民国 35[1946]版
53 页 32 开
中学适用

辽宁

3-0632
开明新编国文读本:乙种
叶圣陶,郭绍虞,徐调孚等编
上海 开明书店 民国 37.5[1948.5]-
3 册(45,59,67 页) 32 开
第 1 册:民国 37.6 第 3 版
第 2 册:民国 37.5 初版
第 3 册:民国 37.8 初版
初版附注:民国 36 年 8 月-37 年 8 月初版
辞书 广东中山(1)

3-0633
中学精读文选
周盈编
广州 南光书店 民国 36[1947]版
117 页 32 开
广东中山

3-0634
开明文言读本
朱自清,吕叔湘,叶圣陶合编
上海 开明书店 民国 37.8[1948.8]-
6 册(①142,②122,③142 页) 32 开
第 1 册:民国 37.8 初版,民国 37 第 3 版
第 2 册:民国 37.9 初版,民国 37.11 第 2 版,民国 38.3 平 1 版
第 3 册:民国 38.6 初版
上师大(1-3) 辞书(1-3) 广东中山(1-2)

3-0635
国语文选
于敏,于贡三,李光家,马启明,王食三编
[不详] 华东新华书店 民国 37.9-11[1948.9-11]-
4 册(122,192,172,158 页) 32 开
第 1 册:民国 37.9 初版,民国 37.11 第 2 版,民国 38.1 第 3 版
第 2 册:民国 37.11 初版,民国 38.1 第 2 版
第 3 册:民国 37.11 初版,民国 38.1 第 2 版
第 4 册:民国 37.11 初版,民国 38.1 第 2 版
山东省政府教育厅审定 中学课本及青年自学读物
人教 辞书 辽宁(1)

3-0636
中学国文选
关东公署教育厅编
大连 大众书店 民国 37.10[1948.10]-
3 册(78,84,88 页) 32 开
第 1 册:民国 37.10 初版
第 2 册:民国 37.10 初版
第 3 册:民国 37.11 版
中学课本及青年自修用
人教(1,3) 辽宁(2-3)

3-0637
中等活页文选:第 2 辑(甲、乙、丙类)
郭绳武编

[延安] 陕甘宁边区新华书店　民国38.2[1949.2]
3册([238]页)　32开
第1-3册:民国38.2版
其他题名:活页文选
人教

3-0638

明代民族文选
上海　世界书局　[1912-1949?]
27页　32开
其他题名:中学各科补充教材明代民族文选
华师大

3-0639

续侠隐记
(法)大仲马著　伍光建译,沈雁冰校注
上海　商务印书馆　[1912-1949?]
2册(①420页)　32开　(新学制中学国语文科补充读本)
第1册:版次不详
河南(1)

3-0640

国策编年读本
李联圭评注
上海　苏新书社　[1912-1949?]
册(①60,③64页)　图　32开　线装
第1,3册(卷一、卷三):版次不详
卷端题名:评注国策编年读本
人教(1,3)

3-0641

国语精选
卢冠六编
[出版者不详]　[1912-1949?]
册(③224页)　32开
第3册:版次不详
人教(3)

3-0642

国文故事读本:言文对照
吴继铨编译
上海　三民图书公司　[1912-1949?]
96页　32开
广东中山

3-0643

模范日记读本[修订版]
瞿世镇编
北京　老二酉堂书局　[1912-1949?]
[124]页　32开
秋季始业卷、春季始业卷
河南

3-0644

古今名人诗文选
李锦云编
西安　天织书店　[1912-1949?]

80页　32开　精装
学生国文补充教材
河南

3-0645

现代青年杰作文库
陆陡编
上海　经纬书局　[1912-1949?]
953页　32开
中学校教科之用
河南

* * *

3-0646

初级中学国语文读本
孙俍工,仲九编辑
上海　民智书局　民国11.8[1922.8]-
6册(293,346,324,390,202,172页)　16开
第1册:民国11.8初版,民国13.1第3版,民国15.2第4版,民国15.9第5版
第2册:民国12.1初版,民国15.9第4版
第3册:民国14.8第2版,民国15.10第3版
第4册:民国15.8第2版
第5册:民国15.12第2版
第6册:民国12.3初版
国图(1,4)　北师大　人教　上海(1,4)　上师大(1,5)　辞书　广西师大(3-4,6)

3-0647

初级古文读本
沈星一编　沈颐,黎锦熙,金兆梓校
上海　中华书局　民国12.1-13.5[1923.1-1924.5]
3册(114,134,174页)　大32开
第1册(卷一):民国12.1初版,民国13.3第6版,民国13.7第7版,民国13.8第8版,民国14.5第10版,民国15第13版,民国15.5第14版,民国17.7第17版,民国21.4第25版,民国21.5第26版
第2册(卷二):民国12.8初版,民国12.8第2版,民国12.11第3版,民国13.8第5版,民国13.12第6版,民国14第7版,民国18.8第15版,民国21.6第20版
第3册(卷三):民国13.5初版,民国13.7第2版,民国13.8第3版,民国14.7第6版,民国20.11第18版,民国21.6第19版,民国21.10第20版,民国23.10第22版
教育部审定　初级中学用
封面题名:新中学古文读本
其他题名:新中学教科书初级古文读本
国图(1)　北师大　人教　上海　华师大(1,3)　辞书　河南(1,3)　广西师大(1-2)　广东中山(2-3)　编译馆

3-0648

言文对照国文读本
秦同培编辑

上海　世界书局　民国 22.5[1933.5]
3 册([114]页)　图　32 开　线装
第 1-3 册：民国 22.5 第 13 版
初级中学用
初版附注：民国 12 年初版
北师大　广西师大

3-0649

初级国语读本
沈星一编　黎锦熙,沈颐校
上海　中华书局　民国 13.8-14.8[1924.8-1925.8]
3 册(220,282,305 页)　大 32 开
第 1 册(卷一)：民国 13.8 初版,民国 14.7 第 3 版,民国 16.6 第 7 版,民国 17.7 第 9 版,民国 18.7 第 11 版,民国 20.7 第 14 版,民国 21.5 第 16 版
第 2 册(卷二)：民国 14.3 初版,民国 15.5 第 5 版,民国 17.7 第 7 版,民国 18.7 第 9 版,民国 20.7 第 11 版,民国 21.6 第 13 版,民国 21.6 第 20 版
第 3 册(卷三)：民国 14.8 初版,民国 15.6 第 3 版,民国 18.7 第 9 版,民国 19.7 第 10 版,民国 20.11 第 11 版,民国 21.6 第 12 版,民国 21.10 第 13 版
教育部审定
封面题名：新中学国语读本
书脊题名：新中学初级国语读本
其他题名：新中学教科书初级国语读本
国图(1)　北师大　人教　上海(1-2)　华师大　辞书　河南(1)　广西师大(3)　编译馆

3-0650

初中模范文读本
张振镛,枕蓉编
上海　世界书局　民国 14.5[1925.5]
62 页　32 开
新学制适用
其他题名：模范文读本
人教

3-0651

初中国文选读
北京孔德学校编
北京　[编者刊]　民国 15[1926]
10 册([103],[50],[71],[152],[58],[60],[98],[119],[111],[91]叶)　大 32 开　线装
第 1-10 册：民国 15 年版
北师大(9)　辞书

3-0652

初中女子模范文读本
张振镛,印鸾章编辑
上海　世界书局　民国 16[1927]版
123 页　32 开
新学制中等学校适用
其他题名：女子模范文读本
上师大

3-0653

初级中学北新文选
姜亮夫,赵景深选注
上海　北新书局　民国 20.7[1931.7]-
6 册(203,230,270,364,398,370 页)　大 32 开
第 1 册：民国 20.7 第 3 版
第 2 册：民国 22.7 第 3 版
第 3 册：民国 21.9 第 2 版,民国 22.7 第 3 版,民国 23.7 第 4 版
第 4 册：民国 21.9 第 2 版,民国 22.7 第 3 版
第 5 册：民国 21.9 第 2 版,民国 22.7 第 3 版,民国 23.7 第 4 版
第 6 册：民国 22.7 第 3 版,民国 23.7 第 4 版
初版附注：民国 20 年 1 月初版
逐页题名：北新活叶本文选
北师大　辞书(3-6)　广西师大(3-5)

3-0654

初中国文读本
北京师范大学附属中学选订
北平　文化学社　民国 20.1[1931.1]-
6 册(③170,④140,⑤104 页)　32 开
第 3 册：民国 21.6 版
第 4 册：民国 20.1 版
第 5 册：民国 20.7 版
初级中学一～三年级用
北师大(3-5)

3-0655

世界初中活叶文选：写景诗
刘大白主编　朱剑芒,陈霭丽编辑
上海　世界书局　民国 20.7[1931.7]
2 册(46,42 页)　大 32 开
第 1 册：民国 20.7 初版,民国 21.4 第 2 版,民国 22.3 版
第 2 册：民国 20.7 初版,民国 22.3 版
初级中学教本
封面题名：世界活叶文选
上海　辞书　广西师大(1)

3-0656

世界初中活叶文选：摹状文
刘大白主编　朱剑芒,陈霭丽编辑
上海　世界书局　民国 20.7[1931.7]
6 册(270 页)　大 32 开
第 1 册：民国 20.7 初版,民国 21.4 第 3 版,民国 22.3 版
第 2 册：民国 20.7 初版,民国 21.4 第 3 版
第 3 册：民国 20.7 初版,民国 21.4 第 3 版
第 4 册：民国 20.7 初版
第 5 册：民国 20.7 初版
第 6 册：民国 20.7 初版
初级中学教本
封面题名：世界活叶文选
上海　辞书　广西师大(1)

3-0657

创造国文读本
徐蔚南编辑
　　上海　世界书局　民国21.4-22.7[1932.4-1933.7]
　　6册(119,128,145,143,154,217页)　图　大32开
　　第1册:民国21.4初版,民国21.8第2版,民国22.2第3版
　　第2册:民国21.7初版,民国22.1第2版
　　第3册:民国21.9初版,民国22.4第2版
　　第4册:民国22.2初版,民国22第2版
　　第5册:民国22.5初版,民国22.9第2版
　　第6册:民国22.7初版,民国23.1第2版
　　初级中学学生用
　　北师大　华师大(3-4)　辞书　广东中山(3,5-6)　编译馆

3-0658

世界初中活叶文选：记叙文
刘大白主编　朱剑芒,陈霭丽编辑
　　上海　世界书局　民国21.5[1932.5]
　　16册(706页)　大32开
　　第1-16册:民国21.5初版,民国22.3版
　　初级中学教本
　　封面题名:世界活叶文选
　　上海　辞书(2-5,7-9,13-16)

3-0659

世界初中活叶文选：叙事诗
刘大白主编　朱剑芒,陈霭丽编辑
　　上海　世界书局　民国21.6[1932.6]
　　4册(107页)　大32开
　　第1-4册:民国21.6初版,民国22.3版
　　初级中学教本
　　封面题名:世界活叶文选
　　人教　上海　辞书　广西师大

3-0660

国文读本
[北平文化学社编]
　　北平　[编者刊]　民国21.6[1932.6]
　　4册　大32开
　　第1 4册:民国21.6初版
　　封面题名:初中一年级国文读本
　　国图　北师大　辞书(1-3)

3-0661

国文读本
[北平文化学社编]
　　北平　[编者刊]　民国21.6[1932.6]
　　5册　大32开
　　第1-5册:民国21.6初版
　　封面题名:初中二年级国文读本
　　国图　北师大　辞书(1-4)

3-0662

国文读本
[北平文化学社编]
　　北平　[编者刊]　民国21.6[1932.6]
　　6册　大32开
　　第1-6册:民国21.6初版
　　封面题名:初中三年级国文读本
　　国图　北师大　辞书(1-4)

3-0663

开明国文读本
王伯祥编
　　上海　开明书店　民国21.7 22.4[1932.7 1933.4]
　　6册(153,162,205,236,147,171页)　32开
　　第1册:民国21.7初版,民国21.11第2版
　　第2册:民国21.8初版,民国22.8第2版
　　第3册:民国21.8初版,民国22.1第2版
　　第4册:民国21.11初版,民国22.8第2版
　　第5册:民国22.4初版,民国22第2版
　　第6册:民国22.4初版
　　初级中学学生用
　　国图　北师大　华师大(4)　上师大(5)　辞书　广东中山
　　　(4,6)

3-0664

世界初中活叶文选：抒情诗
刘大白主编　朱剑芒,陈霭丽编辑
　　上海　世界书局　民国21.8[1932.8]
　　4册(138页)　图,表　大32开
　　第1-4册:民国21.8版,民国22.3版
　　初级中学教本
　　封面题名:世界活叶文选
　　上海　广西师大(1)

3-0665

世界初中活叶文选：发抒文
刘大白主编　朱剑芒,陈霭丽编辑
　　上海　世界书局　民国21.8[1932.8]
　　3册(114页)　图,表　大32开
　　第1-3册:民国21.8初版
　　初级中学教本
　　封面题名:世界活叶文选
　　上海

3-0666

初级中学国文读本
张鸿来,卢怀琦选注
　　北平　北平师大附中国文丛刊社　民国21.8[1932.8]-
　　6册(172,116,240,180,286,240页)　32开
　　第1册:民国21.8初版,民国23.8第2版
　　第2册:民国24.1第2版
　　第3册:民国23.8第2版
　　第4册:民国24.1第2版
　　第5册:民国23.8第2版
　　第6册:民国25.1第2版
　　北师大

3-0667

世界初中活叶文选：论难文
刘大白主编　朱剑芒,陈霭丽编辑
　　上海　世界书局　民国21.10[1932.10]
　　6册(218页)　图,表　大32开
　　第1-6册:民国21.10版,民国22.3版
　　初级中学教本
　　封面题名:世界活叶文选
　　上海　广西师大(1)

3-0668

世界初中活叶文选：说解文
刘大白主编　朱剑芒,陈霭丽编辑
　　上海　世界书局　民国21.10[1932.10]
　　9册(406页)　图,表　大32开
　　第1-9册:民国21.10版,民国22.3版
　　初级中学教本
　　封面题名:世界活叶文选
　　上海　广西师大(1)

3-0669

初级中学文选
周乐山编
　　上海　广益书局　民国22.2[1933.2]
　　6册([1588]页)　32开
　　第1-6册:民国22.2初版
　　国图　广西师大

3-0670

初中国文读本
朱文叔编　舒新城,陆费逵校
　　上海　中华书局　民国22.7-23.8[1933.7-1934.8]
　　6册(112,132,142,152,168,172页)　大32开
　　第1册:民国22.7初版,民国22.7第2版,民国22.7第3版,
　　　民国22.7第4版,民国22.7第5版,民国23.6第7版,民
　　　国23.6第12版,民国23.6第13版,民国23第14版,民国
　　　25.5第20版,民国25.6第23版,民国28.4第27版
　　第2册:民国22.12初版,民国22.12第2版,民国22.12第5
　　　版,民国23.6第6版,民国23.6第7版,民国23.9第11
　　　版,民国25.4第17版,民国25.4第18版
　　第3册:民国23.5初版,民国23第2版,民国24.12第9版,
　　　民国25.1第11版,民国25.4第13版,民国25.5第15版
　　第4册:民国23.7初版,民国23.7第2版,民国23.7第4版,
　　　民国23.9第5版,民国23.9第7版,民国25.4第9版
　　第5册:民国23.8初版,民国23.8第3版,民国23.8第4版,
　　　民国23.8第5版,民国25.4第8版
　　第6册:民国23.8初版,民国23.8第2版,民国23.8第3版,
　　　民国23.8第4版,民国23.10第5版,民国25.4第6版
　　教育部审定　新课程标准适用
　　国图　北师大　人教　上海　华师大(1,3-6)　辞书　河南
　　　庐山(6)　广东中山(1-3,5-6)　编译馆(1-2)

3-0671

初中国文选本

罗根泽,高远公编著　黎锦熙校订
　　北平　立达书局　民国22.8[1933.8]
　　6册(186,201,206,202,196,199页)　32开
　　第1-6册:民国22.8初版
　　遵照民国21年10月部颁初中国文课程标准编成
　　北师大　人教

3-0672

北新文选新编
李小峰,赵景深,程鼎兴,杨晋雄选注
　　上海　北新书局　民国22.8[1933.8]-
　　6册(②226,③222,④340,⑤228,⑥220页)　大32开
　　第2册:民国22.8初版
　　第3册:民国22.8初版
　　第4册:民国22.8初版
　　第5册:民国23.6初版
　　第6册:民国23.6初版
　　初中适用
　　辞书(2-6)

3-0673

初中国文选本注解
崔新民等编
　　北平　立达书局　民国22.8[1933.8]-
　　　册(①74页)　32开
　　第1册:民国22.8初版
　　北师大(1)

3-0674

实验初中国文读本
沈荣龄,汪定奕,周侯于,张圣瑜,诸祖耿,刘壬林编选　汪
　　懋祖,吴元涤,张绳祖,沈维钧,胡焕庸,沈润洲,戴增元,
　　金立初审校
　　上海　大华书局　民国23.3-24.1[1934.3-1935.1]
　　6册(175,163,184,216,213,156页)　大32开
　　第1册:民国23.3初版
　　第2册:民国23.5初版
　　第3册:民国23.6初版
　　第4册:民国23.9初版
　　第5册:民国24.1初版
　　第6册:民国24.1初版
　　新课程标准
　　逐页题名:实验初中国文
　　其他题名:新课程标准实验初中国文读本
　　北师大　华师大(1)　辞书　广东中山(4,6)

3-0675

初级中学国文科略读读本
孙怒潮编
　　上海　中华书局　民国23[1934]-
　　2册(②178页)　16开
　　下册:民国23初版
　　新课程标准适用
　　其他题名:国文科略读读本

上师大(2)

3-0676

国文略读
颜友松著

上海　大华书局　民国23[1934]-

册(①292页)　32开　(初中国文教科书)

第1册：民国23第2版

广东中山(1)

3-0677

初中精读国文范程
潘尊行编著

上海　商务印书馆　民国24.4[1935.4]版

413页　32开

庐山

3-0678

标准国文选[改版本]
马厚文编　柳亚子,吕思勉校

上海　大光书局　民国24.8[1935.8]

3册(232,309,437页)　32开

第1-3册(卷一至卷三)：民国24.8改版

卷端题名：初中国文教科书标准国文选

国图　北师大　辞书

3-0679

初中国文读本[增注本]
朱文叔,宋文翰编　张文治,喻守真,张慎伯注　舒新城,
　　陆费逵校

上海　中华书局　民国24.8-25.12[1935.8-1936.12]

6册(278,304,288,306,322,340页)　表　大32开

第1册：民国24.8初版

第2册：民国24.11初版,民国28.2第6版

第3册：民国25.2初版,民国25.4第2版

第4册：民国25.2初版

第5册：民国25.10初版

第6册：民国25.12初版

新课程标准适用

北师大(1-4)　人教(2-3,5)　辞书

3-0680

抒情文选
胡云翼编

上海　中华书局　民国26.11[1937.11]

2册(88,84页)　32开

第1-2册：民国26.11初版

其他题名：初中国文分类选读抒情文选

辞书　辽宁

3-0681

抒事文选
胡云翼编

上海　中华书局　民国26.11[1937.11]

2册(110,108页)　32开

上下册：民国26.11初版

其他题名：初中国文分类选读抒事文选

辞书

3-0682

故事诗选
胡云翼编

上海　中华书局　民国26.11[1937.11]

2册(116,116页)　32开

上下册：民国26.11初版

其他题名：初中国文分类选读故事诗选

辞书

3-0683

论说文选
胡云翼编

上海　中华书局　民国26.11[1937.11]

2册(94,98页)　32开

第1-2册：民国26.11初版

其他题名：初中国文分类选读论说文选

辞书　辽宁

3-0684

评注古文读本
林景亮评注

上海　中华书局　民国26.12[1937.12]

3册(94,116,124页)　32开

第1-3册：民国26.12初版,民国28.8第2版

中学生课外阅读

人教(1-2)　辞书　辽宁

3-0685

叙述文范：国文入门必读
谭正璧编

上海　中华书局　民国27.10[1938.10]初版,民国30.10第
　　23版

234页　32开

初中及同等程度学生研习国文之用

其他题名：国文入门必读叙述文范

人教　辞书

3-0686

中学国文读本
瞿世镇,卢冠六合编

6册(117,116,108,129,118,170页)　表　32开

依部颁初中国文科课程标准编辑

①上海　春江书局　民国30.8[1941.8]-

第1册：民国32.5第3版

第3册：民国33.1第2版

第5册：民国30.8初版,民国32.1第2版

第6册：民国35.2第4版

人教(1,3,5-6)　上海(5)

②上海　三民图书公司　民国32.1[1943.1]-

第1册：民国36.9新3版,民国37年版

第2册：民国36.2新1版,民国37新6版

第3册：民国32.1第2版,民国35.8第4版,民国36.8新

5 版
第 4 册：民国 37 年版
第 5 册：民国 35.5 新 1 版,民国 36.8 第 5 版
第 6 册：民国 36.2 新 1 版,民国 37 年版
初中国文教学及自修用
卷端题名：注释指导中学国文读本
国图(3,5)　人教(3,5)　上海(3)　辞书

3-0687

建国文选：初中国文
庞南洲选注
　　开封　建国出版社　民国 35.2[1946.2]-
　　6 册(100,100,118,[110],112,108 页)　32 开
　　第 1 册：民国 35.2 初版,民国 36 第 4 版
　　第 2 册：民国 35.2 初版
　　第 3 册：民国 35.2 初版,民国 35.8 版,民国 36.2 版
　　第 4 册：民国 35.2 初版,民国 35.2 版,民国 36.2 版
　　第 5 册：民国 35.2 初版
　　第 6 册：民国 35.2 初版
　　河南

3-0688

初中国文选
徐孟依,李庚编
　　[淮阴]　华中新华书店　民国 35.2[1946.2]-
　　　册(①92 页)　32 开
　　第 1 册：民国 35.2 版
　　苏皖边区政府审定
　　国图(1)

3-0689

初中精读文选
叶苍岑,操震球,宋云彬,傅彬然编辑　叶圣陶校订
　　桂林　香港　文化供应社　民国 35.7[1946.7]-
　　6 册(160,187,158,201,179,207 页)　32 开
　　第 1 册：民国 36.5 桂林 4 版,民国 36.5 香港 2 版,民国 36.7
　　　第 2 版
　　第 2 册：民国 35.7 版,民国 36.1 香港初版
　　第 3 册：民国 36.7 第 2 版,民国 36.11 第 3 版
　　第 4 册：民国 35.10 桂林 2 版,民国 36.1 香港初版,民国 36.7
　　　第 2 版
　　第 5 册：民国 36.7 第 2 版
　　第 6 册：民国 36.5 香港 2 版,民国 37.1 第 3 版
　　辞书　广西师大(1-4)　广东中山(1)

3-0690

初中文选
合江省政府教育厅编审委员会编
　　　册(①30,②30 页)　32 开
　　①合江　[编者刊]　民国 35.9[1946.9]-
　　第 1 册(第一辑)：民国 35.9 版
　　辽宁(1)
　　②[佳木斯]　东北书店　民国 35.9[1946.9]-
　　第 2 册(第二辑)：民国 35.9 版

国图(2)

3-0691

初中国文选读
朱廷圭等编
　　上海　土山湾印书馆　民国 35.9[1946.9]-
　　6 册　32 开
　　第 1-2,4-6 册：民国 35.9-36.1 版
　　其他题名：国文选读
　　国图(2,4,5-6)　人教(1-2,4,6)

3-0692

中华文选
宋文翰编
　　上海　中华书局　民国 36.6-8[1947.6-8]
　　6 册(192,214,218,266,268,324 页)　32 开
　　第 1 册：民国 36.6 初版,民国 36.11 第 3 版,民国 37.4 第 6
　　　版,民国 37.8 第 10 版
　　第 2 册：民国 36.6 初版,民国 36.11 第 3 版,民国 37.4 第 7
　　　版,民国 37.4 第 8 版,民国 37.10 第 9-12 版
　　第 3 册：民国 36.6 初版,民国 36.11 第 3 版,民国 37.2 第 4
　　　版,民国 37.2 第 5 版,民国 37.8 第 7 版
　　第 4 册：民国 36.6 初版,民国 36.11 第 3 版,民国 36 第 4 版,
　　　民国 36.11 第 5 版,民国 37.4 第 6 版
　　第 5 册：民国 36.8 初版,民国 36.11 第 2 版,民国 36.11 第 3
　　　版,民国 37.2 第 5 版
　　第 6 册：民国 36.8 初版,民国 37 第 4 版,民国 37.8 第 5 版,民
　　　国 37.8 第 6 版
　　初中适用　古今文选读本
　　附：题解
　　人教　辞书　河南　广东中山　编译馆

3-0693

国文精选
汪懋祖原复选　汪定奕等原选注　张裕光重选注
　　南京　正中书局　民国 37.1[1948.1]-
　　6 册(111,136,145,148,158,159 页)　32 开
　　第 1 册：民国 37.1 初版,民国 37.8 第 4 版
　　第 2 册：民国 37.10 第 3 版
　　第 3 册：民国 37.8 第 3 版
　　第 4 册：民国 37.4 第 2 版,民国 37.10 第 4 版
　　第 5 册：民国 37.4 第 2 版
　　第 6 册：民国 37.10 第 3 版
　　参照教育部初级中学国文标准编辑　供自修者应用　亦可作
　　　为初级中学国文课程辅助读物
　　其他题名：初中适用国文精选
　　人教　广西师大(4)

3-0694

初中国文：丙编
朱翊新,黄宇陶,徐蔚南,谭正璧编注
　　上海　大东书局　民国 37.9[1948.9]-
　　3 册(102,106,112 页)　32 开
　　第 1-3 册：民国 37.9 初版

初中国文科补充读物
辞书

3-0695
新编初中精读文选：语法篇
王任叔等著　叶圣陶校订
　　上海　文化供应社　民国38.7[1949.7]
　　117页　32开
　　其他题名：初中精读文选
　　人教

3-0696
国语活页文选
李光家编选
　　济南　新华书店山东总分店　民国38.7[1949.7]
　　2册([300]页)　32开
　　第1-2册：民国38.7版
　　初中三年级用
　　人教

3-0697
新编初中精读文选：语体文
王任叔等著　叶圣陶校订
　　上海　文化供应社　民国38.7-8[1949.7-8]
　　6册([709]页)　32开
　　第1-6册：民国38.7-8初版
　　其他题名：初中精读文选
　　人教　辽宁

3-0698
初中活页文选
韩启晨编
　　西安　西北新华书店　民国38.8[1949.8]-
　　　册(③89页)　32开
　　第3册：民国38.8版
　　三年级一学期用
　　人教(3)

3-0699
新编初中精读文选：实用文章
王任叔等编　叶圣陶校订
　　上海　文化供应社　民国38.9[1949.9]
　　66页　32开
　　其他题名：初中精读文选
　　人教

3-0700
国语文选
李光家等编
　　北平　新华书店　民国38.9[1949.9]
　　4册([648]页)　32开
　　第1-4册：民国38.9版
　　初级中学适用
　　人教

3-0701
国文读本

上海青年会高级中学编
　　上海　[编者刊]　[1912-1949?]
　　3册　大32开
　　第1-3册：版次不详
　　初级中学适用
　　上海　上师大(1,3)

3-0702
国文读本：东吴中学国文课本
私立东吴大学附属中学选定
　　[上海]　[编者刊]　[1912-1949?]
　　2册(②126页)　32开
　　下册：版次不详
　　初级第二学年用
　　上师大(2)

3-0703
国文读本
国立北京师范大学附属中学校选辑
　　[出版者不详]　[1912-1949?]
　　　册(①84,②142,③152页)　大32开
　　第1-3册：版次不详
　　初级中学一年级～三年级用
　　辞书(1-3)

3-0704
初中国文读本
刘万章辑
　　广州　红棉社　[1912-1949?]
　　　册(②181页)　32开
　　第2册：版次不详
　　广东中山(2)

3-0705
开明活叶文选：乙种
开明书店编译所编
　　上海　开明书店　[1912-1949?]
　　10册　大32开
　　第7,10册：版次不详
　　初中二、三年级适用
　　河南(7,10)

3-0706
初级古文读本
张廷华选辑　沈镕注释
　　上海　大东书局　[1912-1949?]
　　　册(①72页)　32开
　　上册：版次不详
　　其他题名：古文读本
　　上师大(1)

＊　＊　＊

3-0707
高等国文读本

潘博编辑
  上海　广智书局　清光绪 32.3[1906]-
  5册([683]页)　32开
  第1册：光绪 32.3 初版
  第2册：光绪 32.3 初版
  第3册：光绪 34.9 第2版
  第4册：光绪 32.3 初版
  第5册：光绪 32.3 初版
  人教　辞书(1-2)　庐山(2)　广西师大(5)

3-0708
高等国文读本
唐文治编纂
  上海　文明书局　清宣统 1.1-5[1909]
  4册([500]页)　32开　线装
  第1-4册：宣统 1.1-5 初版
  其他题名：高等学堂国文讲义
  人教

3-0709
高等国文读本
唐文治编纂　李联圭校勘
  上海　文明书局　清宣统 1.4[1909]-
  8册(47,62,50,62,28,32,57,67叶)　32开　线装
  第1册(卷一)：版次不详
  第2册(卷二)：宣统 1.4 第2版
  第3册(卷三)：版次不详
  第4册(卷四)：宣统 3.2 第2版
  第5册(卷五)：版次不详
  第6册(卷六)：版次不详
  第7册(卷七)：版次不详
  第8册(卷八)：民国 3.8 第2版
  初版附注：清宣统元年 1 月-2 年 11 月初版
  其他题名：高等学堂国文讲义
  辞书

3-0710
古白话文选
吴遁生,郑次川编辑　王岫庐,朱经农校订
  上海　商务印书馆　民国 13.3[1924.3]
  2册([467]页)　32开
  第1-2册：民国 13.3 初版,民国 15.3 第3版,民国 16 第4版
  其他题名：新学制高级中学国语读本古白话文选
  北师大　人教　上师大　辞书　河南　广西师大　广东中山

3-0711
近人白话文选
吴遁生,郑次川编辑　王岫庐,朱经农校订
  上海　商务印书馆　民国 13.4[1924.4]
  2册([341]页)　32开
  上下册：民国 13.4 初版,民国 13.8 第2版,民国 15.1 第4版,民国 15 第5版,民国 21.9 国难后2版
  其他题名：新学制高级中学国语读本近人白话文选
  北师大(1)　人教　上师大　辞书　河南　辽宁(1)　广西师大　编译馆

3-0712
高级古文读本
穆济波编　戴克敦,张相校
  上海　中华书局　民国 14.3-15.2[1925.3-1926.2]
  3册(226,208,162页)　折表　大32开
  第1册(卷一)：民国 14.3 初版,民国 14.9 第4版,民国 14.12 第5版,民国 16.10 第8版,民国 17 第10版,民国 18.12 第13版,民国 21.6 第17版,民国 24.6 第21版
  第2册(卷二)：民国 14.8 初版,民国 15.5 第3版,民国 16.1 第4版,民国 17 第6版,民国 19.4 第8版,民国 20 第9版,民国 20.11 第10版,民国 23.11 第13版
  第3册(卷三)：民国 15.2 初版,民国 15 第2版,民国 16.1 第3版,民国 16 第4版,民国 20.4 第7版,民国 21.8 第9版,民国 21 第11版
  大学院审定　高级中学用　高级中学公共必修国文科教学用
  封面题名：新中学古文读本
  其他题名：新中学教科书高级古文读本
  国图(1,3)　北师大　人教　上海　华师大(2)　上师大(1,3)　辞书　河南　广西师大(1-2)　广东中山(2-3)　编译馆

3-0713
评注高级中学国文读本
秦同培编
  上海　世界书局　民国 14.4[1925.4]版
  61页　大32开
  其他题名：高级中学国文读本
  广西师大

3-0714
高级国语读本
穆济波编　戴克敦,张相阅
  上海　中华书局　民国 14.9[1925.9]-
  3册(①218页)　大32开
  第1册：民国 14.9 初版,民国 15 第3版,民国 16.10 第5版
  新学制高级中学公共必修或选修科国文教学用
  其他题名：新中学教科书高级国语读本
  国图(1)　人教(1)　辞书(1)

3-0715
词选
胡适选注
  上海　商务印书馆　民国 16.7[1927.7]初版,民国 17 第2版,民国 19.2 第3版,民国 36 年版
  452页　32开
  新学制高级中学国语科用
  北师大　天津　河南　广西师大　编译馆

3-0716
国文读本
江恒源编辑
  上海　商务印书馆　民国 17.5[1928.5]-
  4册(①[687]页)　32开

第1册(上下卷)：民国17.5初版,民国17.9第2版,民国19.8第7版,民国21.7国难后2版
教育部审定
其他题名：新学制高级中学教科书国文读本
北师大(1)　人教(1)　华师大(1)　上师大(1)　河南(1)　辽宁(1下)　湖南(1)　广西师大(1)　广东中山(1)　编译馆(1)

3-0717

北新活叶本文选
北新书局编
上海　[编者刊]　民国19[1930]
2册　大32开　活页
第1-2册(第1-201期)：民国19年版
高级中学用
辞书

3-0718

散文甲选：中学文学读本
曹聚仁编
上海　群众图书公司　民国20.1[1931.1]
536页　大32开
高级中学国语文教学用
逐页题名：中学文学读本
辞书

3-0719

高级中学北新文选
姜亮夫选注
上海　北新书局　民国20.7[1931.7]-
6册([220],[259],[304],[339],[289],[354]页)　大32开
第1册：民国20.7第2版,民国21第3版
第2册：民国20.7第2版,民国21第3版,民国23.7第4版
第3册：民国20.7第2版,民国21第3版
第4册：民国21第3版
第5册：民国20.7第2版,民国21第3版
第6册：民国20.7第2版,民国21.9第3版
初版附注：民国20年1月初版
封面题名：北新文选
逐页题名：北新活叶本文选
北师大　辞书　广西师大(2,6)

3-0720

国文读本
北平文化学社编
北平　[编者刊]　[1932?]
5册　32开
第1-5册：版次不详
高中一年级用
国图　北师大

3-0721

国文读本
北平文化学社编
北平　[编者刊]　民国21.6[1932.6]-
4册　大32开
第1册：民国21.6版
第2册：版次不详
第3册：版次不详
第4册：版次不详
高中二年级用
封面题名：高中二年级国文读本
国图　北师大　辞书(1)

3-0722

国文读本
北平文化学社编
北平　[编者刊]　[1932?]
4册　32开
第1-4册：版次不详
高中三年级用
国图　北师大

3-0723

民族文选
江苏省立镇江中学国文学科编辑
上海　民智书局　民国22.2[1933.2]
180页　32开
高级中学用书
北师大　辞书

3-0724

高中国文选本
罗根泽,高远公编　黎锦熙校订
北平　立达书局　民国22.8[1933.8]-
6册　32开
第1-3册：民国22.8初版
遵照民国21年10月部颁初中国文课程标准编成　高中及同等学校国文教科、教学用
国图(3)　北师大(1-3)

3-0725

国文读本
志成中学国文学科编辑委员会编
北平　震东印书馆　民国22.9[1933.9]-
6册　32开
第2-6册：民国22.9-24.9版
高级中学用
北师大(2-5)　人教(2,4-6)

3-0726

高中国文选
姜亮夫编
上海　北新书局　民国23.2[1934.2]-
6册(①186,②176,③270,④306页)　大32开
第1册：民国23.2初版
第2册：民国23.3初版
第3册：民国23.5初版
第4册：民国23.9初版
北师大(1-3)　人教(1-4)　辞书(1-4)　广西师大(3-4)

3-0727

高中国文读本
刘劲秋,朱文叔编　张文治注
　　上海　中华书局　民国23.5[1934.5]-
　　3册(①320页)　32开
　　第1册：民国23.5初版,民国23.7第2版,民国23第3版,民国24.7第7版
　　新课程标准适用
　　国图(1)　北师大(1)　人教(1)　上海(1)　辞书(1)　湖南(1)　广东中山(1)

3-0728

国文读本
河北省省立北平高级中学编
　　北平　[编者刊]　民国23.8[1934.8]-
　　册(④490,⑤630,⑥752页)　大32开
　　第4册(二册下)：民国23.8初版
　　第5册(三册上)：民国23.8初版
　　第6册(三册下)：民国23.8初版
　　新课程标准　河北省省立北平高级中学学生用
　　北师大(4-6)

3-0729

高中国文补充读本
郑业建编纂　孙俍工校订
　　上海　商务印书馆　民国24.6[1935.6]
　　132页　32开
　　北师大　庐山

3-0730

高中国文读本
刘博扬编
　　北平　癸酉编译会　民国24.8[1935.8]-
　　6册(①374,②208页)　25开
　　第1册：民国24.8初版
　　第2册：民国25.3初版
　　新课程标准适用
　　国图(1-2)　人教(1-2)

3-0731

唐宋词选：高中国文名著选读
胡云翼编
　　上海　中华书局　民国29.6[1940.6]
　　168页　32开
　　其他题名：高中国文名著选读唐宋词选
　　辞书

3-0732

高级国语读本
蒋克秋编
　　新加坡　中华国语学校　民国29.12[1940.12]-
　　册(①37页)　照片　16开
　　第1册(卷一)：民国29.12版
　　辞书(1)

3-0733

高中进修国文选
宋云彬,钱闻,曹朴编
　　昆明　进修出版教育社　民国34.11[1945.11]-
　　6册(①151页)　32开
　　第1册：民国34.11第2版
　　初版附注：民国34年9月初版
　　辞书(1)　广西师大(1)　广东中山(1)

3-0734

高中文选
合江省政府教育厅编审委员会编审
　　合江　东北书店　民国35.10[1946.10]
　　2册([96]页)　32开
　　第1-2册(第一、二辑)：民国35.10初版
　　合江省政府教育厅审定
　　国图(2)　北师大　人教　辽宁

3-0735

高中国文精读本
张文治编
　　上海　中华书局　民国37.6[1948.6]-
　　6册(①196,②246页)　32开
　　第1册：民国37.6初版
　　第2册：民国37.11初版
　　辞书(1-2)

3-0736

开明新编高级国文读本
朱自清,吕叔湘,叶圣陶编
　　上海　开明书店　民国37.8[1948.8]-
　　6册(①245,②245页)　32开
　　第1册：民国37.8初版,民国37.11第3版
　　第2册：民国38.8初版
　　书脊题名：高级国文读本
　　北师大(1-2)　人教(1-2)　上师大(1)　辞书(1-2)　辽宁(1)　湖南(1)　广西师大(1)　广东中山(1)

3-0737

高级国文选：白话对照
秦同培编
　　上海　世界书局　民国37[1948]-
　　册(②116页)　图　32开
　　第2册：民国37第4版
　　补习自修适用
　　其他题名：高级国文读本
　　上师大(2)

3-0738

国文活页文选
李光家编
　　济南　新华书店山东总分店　民国38.7[1949.7]
　　6册([1147]页)　32开
　　第1-6册：民国38.7初版
　　高中一年级～三年级用

人教

3-0739

高中活页文选
韩启晨编
　　西安　西北新华书店　民国38.8[1949.8]-
　　　册(②83,③94页)　32开
　　第2-3册(二至三辑):民国38.8版
　　二年级第一学期～三年级第一学期用
　　人教(2-3)　　辞书(2-3)

3-0740

高中模范文讲义
梁启超等著
　　[出版者不详]　[1912-1949?]手写影印本
　　1册　16开
　　上海

3-0741

评注国文读本
　　上海　世界书局　[1912-1949?]
　　　册(①52,②48叶)　大32开　线装
　　第1-2册:版次不详
　　高级中学适用
　　广西师大(1-2)

3-0742

国文读本:东吴中学国文课本
私立东吴大学附属中学选定
　　[不详]　[编者刊]　[1912-1949?]
　　2册(②176页)　25开
　　下册:版次不详
　　高中第一学年用
　　人教(2)

3-0743

国文读本:高级
　　上海　上海青年会高级中学　[1912-1949?]
　　　册　25开
　　第2-3册:版次不详
　　高级中学适用
　　人教(2-3)

教学参考书

3-0744

读书指导
李伯嘉编辑
　　上海　商务印书馆　民国25.11[1936.11]-
　　　册　32开
　　第2册:民国25.11初版
　　华师大(2)

3-0745

精读指导举隅

叶绍钧,朱自清著
　　上海　商务印书馆　民国36.2[1947.2]
　　179页　32开　(国文教学丛刊)
　　辞书

教学辅导书

3-0746

白话文范参考书
洪北平编纂
　　上海　商务印书馆　民国9.5[1920.5]-
　　4册(76,103,70,81页)
　　第1册:民国9.5初版,民国9.9第3版,民国10.1第4版,民国10.4第5版
　　第2册:民国9.8初版,民国9.9第2版,民国10.1第3版,民国10.4第4版
　　第3册:民国9.12第2版,民国10.4第3版
　　第4册:民国9.12初版,民国10.2第2版,民国10.4第3版
　　中等学校用
　　国图　上海(1-2)　辞书(1,4)　广东中山(2,4)　编译馆

3-0747

开明国文读本参考书
王伯祥编
　　上海　开明书店　民国21.9[1932.9]-
　　6册(①316,②354,③433页)　大32开　精装
　　第1册:民国21.9初版
　　第2册:民国22.3初版
　　第3册:民国22.9初版
　　初级中学用
　　国图(1-3)　人教(1-3)　华师大(1)　辞书(1-2)　广西师大(2-3)

3-0748

初中国文读本参考书
张文治,喻守真,张慎伯编　朱文叔校
　　上海　中华书局　民国22.9-26.1[1933.9-1937.1]
　　6册(330,330,326,316,322,336页)　大32开
　　第1册:民国22.9初版,民国23.10第2版,民国25.5第3版
　　第2册:民国23.7初版,民国23.10第2版,民国25.5第3版
　　第3册:民国24.4初版,民国25.5第2版
　　第4册:民国24.11初版,民国25.5第2版
　　第5册:民国25.9初版,民国25.9第2版
　　第6册:民国26.1初版,民国26.1第2版
　　新课程标准适用
　　国图　北师大　人教　辞书　广东中山(3-4)

文法、修辞

课 本

3-0749
中学文法教科书
龙志泽编辑
　　上海　广智书局　清光绪32.2[1906]
　　2册(91,80叶)　16开　线装
　　第1-2册：光绪32.2第2版
　　初版附注：光绪31年8月初版
　　逐页题名：文字发凡
　　国图　辞书

3-0750
中等教育国文法
钟卓京编辑
　　上海　广智书局　清光绪33.2[1907]
　　178页　大32开
　　辞书

3-0751
最新文法教科书
伍达编纂　杨振校阅
　　上海　科学书局　清光绪33.5[1907]
　　93页　32开
　　辞书

3-0752
文法会通：甲编
刘金第编辑
　　上海　中国图书公司　清宣统1.3[1909]
　　1册(38,28,48,48,68页)　大32开　精装
　　中学及师范国文参考书
　　辞书

3-0753
国文法教科书
傅君剑编纂
　　长沙　广益学校　民国2.10[1913.10]订正2版
　　65叶　大32开　线装
　　初版附注：民国2年3月初版
　　版权页题名：订正国文法教科书
　　辞书

3-0754
文法要略
庄庆祥编纂　蒋维乔校订
　　上海　商务印书馆　民国4.2-5.8[1915.2-1916.8]
　　2册(134,148页)　大32开
　　第1册(上编)：民国4.2初版,民国4.9第2版,民国7第6版,民国8第8版,民国10第10版,民国10第11版,民国11.11第12版,民国13.9第13版,民国16.8第15版
　　第2册(下编)：民国5.8初版,民国5第2版,民国8.8第6版,民国9第7版,民国10.11第9版,民国16.8第12版
　　教育部审定　中学校用
　　其他题名：共和国教科书文法要略
　　国图　北师大　华师大　辞书　河南　辽宁(2)　编译馆

3-0755
中华中学文法要略：文典编
吴明浩编辑　戴克敦,项毓恩校订
　　上海　中华书局　民国6.1[1917.1]初版,民国6.9第2版,民国10.4第8版
　　116页　32开
　　卷端题名：中华文法要略
　　逐页题名：文法要略
　　辞书　广西师大

3-0756
白话文文法纲要
陈浚介编纂　吴研因校订
　　上海　商务印书馆　民国9.9[1920.9]初版,民国9.11第2版,民国10.2第3版,民国10.5第4版,民国12第5版
　　73页　表　32开
　　中等学校用
　　辞书　河南

3-0757
中国语法讲义
孙俍工编
　　上海　亚东图书馆　民国10.5[1921.5]初版,民国11第3版,民国13.2第4版,民国17.5第6版,民国18.10第7版
　　168页　32开
　　中学校及师范学校适用
　　北师大　华师大　辞书　河南　编译馆

3-0758
实用国语文法
王应伟编纂
　　上海　商务印书馆　民国10.8[1921.8]
　　2册([194],202页)　大32开
　　上册：民国10.8初版,民国11.12第4版
　　下册：民国10.8初版,民国11.12第2版
　　教育部审定
　　辞书　广东中山

3-0759
国语文法
黎明编辑　国语专修学校审定
　　上海　中华书局　民国11.7[1922.7]初版,民国20.8第18版,民国21.9第19版,民国25.5第22版
　　33页　大32开　(国语讲义　第8种)
　　中等学校适用
　　辞书

3-0760
国文法之研究
金兆梓编辑
　　上海　中华书局　民国11.11[1922.11]初版,民国12.11第

3版
140页 图,表 大32开
中等学校适用
华师大 辞书

3-0761
国语文法
黎锦熙编纂
上海 商务印书馆 民国13.7[1924.7]第2版,民国14第3版,民国21.6国难后2版,民国22.8国难后订正3版,民国23国难后订正4版,民国24.7国难后订正5版,民国36.4国难后订正12版
[492]页 32开
教育部审定 中等学校用
附:新著国语文法索引
初版附注:民国13年2月初版
初版附注:民国21年5月国难后第1版
卷端题名:新著国语文法
其他题名:订正新著国语文法
北师大 华师大 辞书 河南 编译馆

3-0762
国语文法四讲
易作霖编辑
上海 中华书局 民国21.9[1932.9]第2版
224页 32开
初版附注:民国13年4月初版
辞书

3-0763
国语文法讲义
邹炽昌编辑 方毅校订
上海 商务印书馆 民国14.3[1925.3]
194页 图 大32开
编译馆

3-0764
"笑"之图解(附修辞法)
黎锦熙编
北京 文化学社 民国15.10[1926.10]
17页 图 16开 (国语义法例题详解之一)
辞书

3-0765
中等国文法——中等国文典之改造
汪震著
北平 文化学社 民国20.9[1931.9]第3版
148页 32开
中等学校用
初版附注:民国17年9月初版
北师大

3-0766
语法与国音
汪震,王述达著
天津 百城书局 民国21.8[1932.8]初版,民国22第2版

90页 表 32开
初中、师范适用
北师大 辞书

3-0767
当代文法
朱雯编著
上海 中学生书局 民国23[1934]版
187页 大32开
中等学校适用教本
版权页题名:中学当代文法
河南

3-0768
简明国语文法
杨德恩编著
上海 正中书局 民国36.9[1947.9]沪1版
109页 32开
初版附注:民国25年7月初版
辞书

3-0769
国语文法与国文文法:国文入门必读
谭正璧编
广州 中华书局 民国27.10[1938.10]初版,民国30.6第2版
172页 32开
辞书

3-0770
国语文法
谭正璧编著
上海 世界书局 民国30.12[1941.12]
86页 32开 (国文研究丛刊)
中学适用
辞书

3-0771
文法大要
谭正璧编著
上海 大东书局 民国36.2[1947.2]
172页 图 32开
其他题名:中学国文乙编:文法大要
辞书

3-0772
国文法程(十二程)
傅东华编著
上海 龙门联合书局 民国37.8[1948.8]-
12册 32开
第1册:民国37.8初版
第2册:民国38.1初版
中学用书
华师大(1) 辞书(1-2)

* * * * *

3-0773

中华中学文法要略：修辞编
王梦曾编辑　刘法曾校订　戴克敦,姚汉章,陆费逵阅
　　上海　中华书局　民国 2.11[1913.11]初版,民国 8.1 第
　　11 版
　　147 页　32 开
　　卷端题名：中华文法要略
　　逐页题名：文法要略
　　辞书

3-0774

修辞学讲义
董鲁安著
　　北京　文化学社　民国 15.3[1926.3]-
　　册(①176 页)　32 开
　　第 1 册(上卷)：民国 15.3 版
　　高级中学、旧制中学、师范学校选科之用
　　北师大(1)

3-0775

修辞学
王易著
　　上海　商务印书馆　民国 15.6[1926.6]初版,民国 16 第 2
　　版,民国 18.5 第 3 版,民国 19.1 第 4 版,民国 21 国难后
　　1 版
　　92 页　大 32 开
　　封面题名：新学制高级中学参考书修辞学
　　北师大　华师大　天津　河南　庐山　广西师大

3-0776

修辞学
董鲁安著
　　北平　文化学社　民国 18[1929]第 3 版,民国 20.10 第 4 版
　　338 页　32 开
　　高级中学、旧制中学、师范学校选科国文之用
　　北师大　河南

作 文

课 本

3-0777

商务尺牍教科书
周天鹏著
　　①绍兴　奎照楼书坊　清光绪 33.3[1907]
　　2 册([162]页)　32 开　线装
　　第 1-2 册(卷一至卷二)：光绪 33.3 第 3 版
　　卷端题名：中国最新仕商尺牍教科书
　　其他题名：最新商务尺牍教科书：正集
　　人教
　　②上海　广益书室　民国 2[1913]第 3 版
　　45 叶　32 开　线装

　　其他题名：最新商务尺牍教科书
　　广西师大
　　③上海　会文学社　民国 2[1913]第 2 版
　　36 叶　图　32 开　线装
　　题：周天鹏著,王中地发起
　　其他题名：改良最新商务尺牍教科书
　　其他题名：最新商务尺牍教科书：正集
　　编译馆

3-0778

改良最新商务尺牍教科书
周嗫著
　　绍兴　聚奎堂　清光绪 33.5[1907]-
　　册(下 58 页)　32 开　线装
　　下册(下卷)：光绪 33.5 初版
　　其他题名：最新商务尺牍教科书
　　其他题名：商务尺牍教科书
　　人教(下)

3-0779

中等女子尺牍教本
顾鸣盛著
　　上海　文明书局　清光绪 33.5[1907]
　　76 页　32 开　线装
　　人教

3-0780

最新商务尺牍教科书：正集
[商务印书馆编]
　　上海　[编者刊]　民国 2[1913]第 3 版
　　53 叶　32 开　精装
　　其他题名：商务尺牍教科书
　　编译馆

3-0781

高级尺牍课本：言文对照
朱鼎元编
　　上海　大东书局　民国 37[1948]-
　　册(①42,②45,③45 页)　32 开
　　第 1-3 册：民国 37 第 8 版
　　广东中山(1-3)

3-0782

改良最新商务简易尺牍教科书
[出版者不详]　[1912-1949?]
　　册(②52 页)　32 开　线装
　　第 2 册：版次不详
　　人教(2)

＊　　＊　　＊　　＊　　＊

3-0783

中等作文教科书
俞固礼编著
　　上海　文明书局　清光绪 34.7[1908]第 2 版

160 页　大 32 开　精装
初版附注：清光绪 32 年 2 月初版
辞书　广东中山

3-0784
戏剧作法讲义
孙俍工著
　　上海　亚东图书馆　民国 14.3[1925.3]版
　　178 页　32 开
　　中学及师范学校适用
　　北师大

3-0785
作文研究
胡怀琛编著
　　上海　商务印书馆　民国 14[1925]初版,民国 22.1 版
　　107 页　32 开
　　中等学校国文科
　　河南　庐山

3-0786
初级中学应用文
张鸿来编著
　　北平　文化学社　民国 21.11[1932.11]第 7 版
　　1 册　32 开
　　初版附注：民国 15 年 8 月初版
　　北师大

3-0787
最新应用文
胡怀琛编著
　　上海　世界书局　民国 21.10[1932.10]
　　288 页　32 开
　　高中、大学适用
　　北师大　编译馆

3-0788
新著文章作法
胡云翼,谢秋萍编著
　　上海　亚细亚书局　民国 21[1932]版
　　250 页　32 开
　　中等学校适用
　　河南

3-0789
抒情文作法
胡怀琛著
　　上海　大华书局　民国 22.6[1933.6]
　　92 页　32 开　（作文丛书）
　　初高中教本或教学参考用
　　版权页题名：抒情文作法范例
　　辞书　河南

3-0790
作文概论
胡怀琛编著
　　上海　大华书局　民国 22.6[1933.6]

122 页　32 开　（作文丛书）
初级中学教本及高级中学参考
辞书　河南　广东中山

3-0791
应用文教本
林轶西编辑
　　上海　汉文正楷印书局　民国 22[1933]第 2 版
　　183 页　32 开
　　中等学校适用
　　初版附注：民国 22 年 7 月初版
　　北师大　河南

3-0792
说明文作法范例
胡怀琛著
　　上海　大华书局　民国 22.9[1933.9]
　　104 页　32 开　（作文丛书）
　　初高级中学作课本或参考用
　　辞书

3-0793
初中应用文教本
胡怀琛编著
　　上海　大华书局　民国 23.7[1934.7]初版,民国 23.12 第 2 版
　　99 页　大 32 开
　　新课程标准　初级中学或简易师范、初级职业学校等作教本用
　　北师大　上海　辞书

3-0794
新体编制初级应用文
洪为法编著
　　上海　正中书局　民国 25.9[1936.9]初版,民国 32.8 第 14 版,民国 36.7 沪 1 版
　　218 页　32 开
　　逐页题名：初级应用文
　　人教　辞书

教学参考书

3-0795
作文题目五千个：言文对照
吕云彪,杨文菀编
　　上海　广益书局　民国 13[1924]第 3 版
　　300 页　32 开
　　中小学教师参考用
　　河南

3-0796
初中记事文教学本
张九如编纂　蒋维乔,庄适校订
　　上海　商务印书馆　民国 16.3[1927.3]初版,民国 18.9 第 3

版,民国 20 第 4 版,民国 21.8 国难后 1 版
255 页　32 开
北师大　辽宁　庐山　广东中山　编译馆

3-0797
初中写景文教学本
张九如编
　　上海　商务印书馆　民国 17[1928]初版,民国 18 第 2 版,民国 21 国难后 1 版
　　179 页　32 开
　　天津　湖南　广东中山

3-0798
中学作文教学研究
阮真著
　　上海　民智书局　民国 18.11[1929.11]
　　268 页　大 32 开　(国立中山大学教育学研究所丛书)
　　广东中山

3-0799
抒情文作法
胡怀琛编著
　　上海　世界书局　民国 22[1933]第 2 版
　　190 页　32 开
　　大学或高中教学参考用
　　河南

3-0800
言文对照作文题目五千个
吕云彪,杨文菀撰辑
　　上海　大达图书供应社　民国 24.7[1935.7]
　　174 页　32 开
　　逐页题名:作文题目五千个
　　逐页题名:作文教授法
　　辞书

3-0801
新文章作法
顾正风编著
　　上海　世界书局　民国 25[1936]第 3 版
　　351 页　32 开
　　初高中教学用
　　河南

3-0802
写话教学法
平生著
　　1 册　32 开
　　①[山东]　山东新华书店　民国 36.7[1947.7]
　　68 页
　　国图　辽宁
　　②[菏泽]　冀鲁豫书店　民国 36.10[1947.10]
　　62 页
　　国图
　　③[宝丰]　中原新华书店　民国 38.2[1949.2]
　　45 页

国图

教学辅导书

3-0803
中学国文示范
缪文功,蔡国璜编
　　上海　中国图书公司　清宣统 1.2[1909]
　　82 页　32 开
　　人教

3-0804
书契范本
周穀瑞编
　　上海　著易堂　[1911?]
　　2 册(②44 页)　32 开　线装
　　第 2 册(卷下):版次不详
　　人教(2)

3-0805
中学论说模范
彪蒙编译所编辑
　　上海　彪蒙书室　民国 1.8[1912.8]
　　2 册(57 叶)　32 开　线装
　　第 1-2 册:民国 1.8 版
　　辞书

3-0806
论说新编三集
雷瑊著
　　上海　扫叶山房　民国 4[1915]-
　　4 册(①90 页)　32 开　线装
　　第 1 册(卷一):民国 4 年版
　　中学校适用
　　人教(1)

3-0807
评注论说轨范
林任编纂
　　上海　商务印书馆　民国 28.5[1939.5]第 8 版
　　[143]页　32 开
　　初版附注:民国 6 年初版
　　辽宁

3-0808
评注中学论说新范
秦同培编
　　上海　世界书局　民国 12.7[1923.7]
　　2 册(38,34 叶)　大 32 开　线装
　　第 1-2 册:民国 12.7 第 4 版
　　教科、自修适用
　　其他题名:中学论说新范
　　广西师大

3-0809
国文评选
王灵皋评选
  上海 亚东图书馆 民国21.1[1932.1]-
  3册(340,342,352页) 大32开
  第1册(一集):民国24.7第2版
  第2册(二集):民国21.1初版
  第3册(三集):民国21.1初版
  初版附注:民国21年1月初版
  辞书 广东中山

3-0810
记事文范:国文入门必读
谭正璧编
  上海 重庆 中华书局 民国30.4[1941.4]第2版,民国
  32.11渝初版
  228页 32开
  初版附注:民国27年10月初版
  其他题名:国文入门必读记事文范
  辞书

3-0811
新编应用文范
卢冠六编 瞿世镇校
  上海 春江书局 民国31.5[1942.5]初版,民国35.1第2版
  132页 折表 32开
  教科参考适用
  辞书

3-0812
非常时期中学模范作文
宋唯心编著
  桂林 天下书店 民国31[1942]版
  110页 32开
  其他题名:中学模范作文
  广东中山

3-0813
论说文范
谭正璧编
  成都 中华书局 民国32.9[1943.9]蓉重排初版
  224页 32开
  其他题名:国文入门必读论说文范
  辞书

3-0814
最新中学模范作文
陈淑雨编
  桂林 南光书店 民国33[1944]版
  242页 32开
  其他题名:中学模范作文
  广东中山

3-0815
中学模范作文
朱平君编
  上海 国光书店 民国35.10[1946.10]第2版
  165页 32开
  国语补充读物
  其他题名:模范作文
  人教

3-0816
新编中学生模范作文
陶友白,方雪园编著
  上海 新陆书局 民国35.11[1946.11]
  143页 32开
  逐页题名:模范作文
  辞书

3-0817
中学模范作文[胜利版]
吴拯寰编 瞿世镇校
  上海 三民书局公司 民国35.12[1946.12]新3版
  [268]页 32开
  逐页题名:中学作文模范读本
  辞书

3-0818
中学投考作文:国文国语试题文范
瞿世镇编
  上海 三民书局公司 民国36.4[1947.4]新1版
  88页 32开
  逐页题名:国文国语文范
  其他题名:国文国语试题文范
  辞书

3-0819
中学模范作文
周忠治编
  广州 南光书店 民国36.6[1947.6]
  91页 32开
  广东中山

3-0820
初级论说精华:言文对照 详细注释
余致力著
  上海 进修书店 民国36.9[1947.9]
  106页 32开
  学生补充读物
  辽宁

3-0821
言文对照作文新范
刘铁冷著 许德邻译
  上海 崇新书局 [1912-1949?]
  2册(①100页) 32开 线装
  上册:版次不详
  其他题名:作文新范
  人教(1)

3-0822
中学生模范日记

储苏民编
　　上海　文光书局　[1912-1949?]
　　158页　32开
　　河南

3-0823
中学模范作文
吴拯寰编
　　上海　春江书局　[1912-1949?]
　　1册　32开
　　辽宁

3-0824
论说文范
许汝棠著
　　天津　益智书店　[1912-1949?]
　　册(①36页)　32开
　　第1册：版次不详
　　辽宁(1)

*　　*　　*

3-0825
全国现代初中作文精华
马崇淦主编　吴宝经助编　邰爽秋等评阅
　　上海　勤奋书局　民国25.9[1936.9]
　　4册([1235]页)　32开
　　第1-4册：民国25.9初版,民国28.2第2版
　　人教

3-0826
写景文选
胡云翼编
　　上海　中华书局　民国26.11[1937.11]
　　2册(98,94页)　32开
　　第1-2册：民国26.11初版
　　其他题名：初中国文分类选读写景文选
　　辞书

3-0827
论说文范：国文入门必读
谭正璧编
　　上海　广州　昆明　中华书局　民国27.10[1938.10]广州初
　　　版,民国30.2上海2版,民国30.6昆明2版
　　236页　32开
　　初中及青年自修用
　　其他题名：国文入门必读论说文范
　　辞书　辽宁

3-0828
全国现代初中作文
马崇淦编
　　上海　勤奋书局　民国28.2[1939.2]-
　　册(①282页)　大32开
　　第1册：民国28.2增订版

广西师大(1)

3-0829
初中模范日记[胜利版]
瞿世镇主编
　　上海　三民图书公司　民国35.6[1946.6]新1版,民国36.4
　　　新3版
　　122页　32开
　　人教　辞书

3-0830
全国初中作文精华
马崇淦主编
　　上海　勤奋书局　民国37.3[1948.3]-
　　3册　大32开
　　第2-3册：民国37.3版
　　战后新编
　　其他题名：初中作文精华
　　广西师大(2-3)

3-0831
初中模范作文[增订胜利版]
瞿世镇主编
　　上海　三民图书公司　民国37[1948]新7版
　　155页　32开
　　逐页题名：新编初中模范作文
　　辞书

3-0832
初中模范作文
秦粹英编辑
　　上海　三民图书公司　[1912-1949?]
　　册(④233页)　32开
　　第4册：版次不详
　　广东中山(4)

*　　*　　*

3-0833
高中模范作文：投考会考必备[胜利版]
吴拯寰编
　　上海　三民图书公司　民国36.5[1947.5]新1版
　　154页　32开
　　辞书

*　　*　　*　　*　　*

3-0834
江苏各校国文成绩精华
邹登泰评选　毕公天校订
　　苏州　振新书社　民国4.3[1915.3]
　　6册([316]页)　32开　线装
　　第1-6册：民国4.3初版,民国4.12第3版
　　人教

3-0835

湖北省学校国文成绩
进步书局[编]
　　上海　[编者刊]　民国4.7[1915.7]-
　　2册(②84页)　32开　线装
　　第2册:民国4.7初版
　　逐页题名:学校国文成绩
　　人教(2)

3-0836

江苏省学校国文成绩
进步书局[编]
　　上海　[编者刊]　民国4.7[1915.7]
　　6册(35,43,41,41,43,46叶)　大32开　线装
　　第1册:民国4.7初版,民国19.4第9版
　　第2册:民国4.7初版,民国19.4第9版
　　第3册:民国4.7初版,民国19.4第9版
　　第4册:民国4.7初版,民国19.4第9版
　　第5册:民国4.7初版,民国19.4第9版
　　第6册:民国4.7初版,民国6.8第3版,民国19.4第9版
　　逐页题名:学校国文成绩
　　人教(6)　辞书　广西师大

3-0837

福建省学校国文成绩
进步书局[编]
　　上海　[编者刊]　民国10.3[1921.3]第6版
　　41叶　大32开　线装
　　初版附注:民国4年7月初版
　　逐页题名:学校国文成绩
　　辞书

3-0838

广东省学校国文成绩
进步书局[编]
　　上海　[编者刊]　民国11.3[1922.3]
　　4册(50,46,48,42叶)　大32开　线装
　　第1-4册:民国11.3第7版,民国15.7第9版
　　初版附注:民国4年7月初版
　　逐页题名:学校国文成绩
　　辞书　广西师大

3-0839

湖南省学校国文成绩
进步书局[编]
　　上海　[编者刊]　民国7.1[1918.1]
　　2册(43,42叶)　大32开　线装
　　第1-2册:民国7.1第3版,民国11.5第7版
　　初版附注:民国4年9月初版
　　逐页题名:学校国文成绩
　　辞书　广西师大

3-0840

直隶省学校国文成绩
进步书局[编]
　　上海　[编者刊]　民国11.3[1922.3]第7版
　　21叶　大32开　线装
　　初版附注:民国4年9月初版
　　逐页题名:学校国文成绩
　　辞书

3-0841

江西省学校国文成绩
进步书局[编]
　　上海　[编者刊]　民国11.3[1922.3]第7版
　　53叶　大32开　线装
　　初版附注:民国4年9月初版
　　逐页题名:学校国文成绩
　　辞书

3-0842

安徽省学校国文成绩
进步书局[编]
　　上海　[编者刊]　民国11.5[1922.5]第7版
　　37叶　大32开　线装
　　初版附注:民国4年9月初版
　　逐页题名:学校国文成绩
　　辞书

3-0843

奉天省学校国文成绩
进步书局[编]
　　上海　[编者刊]　民国11.5[1922.5]
　　6册(44,49,44,44,40,42叶)　大32开　线装
　　第1-6册:民国11.5第6版
　　初版附注:民国4年9月初版
　　逐页题名:学校国文成绩
　　辞书

3-0844

江苏各校国文成绩精华
邹登泰评选　徐宝球校阅
　　苏州　振新书社　民国9.3[1920.3]
　　6册(25,29,24,24,25,31叶)　大32开　线装
　　第1-6册:民国9.3第2版,民国11.8第5版
　　初版附注:民国5年9月初版
　　广西师大

3-0845

江苏各校国文成绩精华:三集
邹登泰评选　邹登瀛校阅
　　苏州　振新书社　民国8.11[1919.11]
　　6册(27,27,24,24,27,30叶)　大32开　线装
　　第1-6卷:民国8.11第2版
　　初版附注:民国7年7月初版
　　辞书　云南社科(2,4)

3-0846

全国学校国文成绩大观:上编
毕公天选辑　章太炎鉴定　上海国学书局编辑部校订
　　上海　国学书局　民国10.1[1921.1]

8册 32开 线装
第1-8册：民国10.1初版,民国11.8第6版
人教

3-0847
全国学校国文成绩大观：中编
毕公天选辑 章太炎鉴定 上海国学书局编辑部校订
上海 国学书局 民国11.1[1922.1]-
12册 32开 线装
第2-12册：民国11.1版
广西师大(2-12)

3-0848
全国学校国文成绩大观：下编
毕公天选辑 章太炎鉴定 上海国学书局编辑部校订
上海 国学书局 民国12.5[1923.5]
册 32开 线装
第1-5册：民国12.5初版,民国14.9第5版
人教(1-5)

3-0849
浙江省学校国文成绩
进步书局[编]
上海 [编者刊] 民国10.3[1921.3]
2册(42,42叶) 大32开 线装
第1-2册：民国10.3第6版,民国11.3第7版
逐页题名：学校国文成绩
辞书 广西师大

3-0850
全国学生国文成绩
王敬成编
上海 学海书局 民国10[1921]-
2册(①234页) 32开
第1册(上卷)：民国10年版
人教(1)

3-0851
中学国文成绩精华
张廷华评选
上海 大东书局 民国11.8[1922.8]-
4册(108,106,106,90页) 32开
第1册：版次不详
第2册：版次不详
第3册：版次不详
第4册：民国11.8初版,民国13.2第3版
人教(4) 辞书(1-3)

3-0852
全国学校文府
邹登泰评选
苏州 振新书社 民国12[1923]-
8册 32开 线装
第1-4册：民国12年版
人教(1-4)

3-0853
全国中学国文成绩学生新文库：乙编
上海 世界书局 民国12[1923]-
册(①68,②100,④58页) 32开 线装
第1册(卷一至卷二)：民国12年版
第2册(卷三至卷四)：民国12年版
第4册(卷九至卷十三)：民国12年版
人教(1-2,4)

3-0854
全国学校成绩新时代国文大观
上海 世界书局 [1912-1949?]
2册(②198页) 32开 线装
第2册(乙编)：版次不详
人教(2)

3-0855
全国学校国文成绩文库：甲编
卢寿籛选辑
上海 中原书局 [1912-1949?]
40页 32开 线装
存卷十二至卷十五
人教

3-0856
全国学校国文成绩新文库：乙编初集
蔡元培鉴定
上海 上海中央编译局 [1912-1949?]
[172]页 32开
存卷四至卷十
人教

* * * * *

3-0857
注释中华普通学生尺牍
中华书局编
上海 [编者刊] 民国8.12[1919.12]
2册(65,59叶) 32开 线装
上下册：民国8.12初版,民国30.1第35版
辞书

3-0858
言文对照新学生尺牍
曹绣君编著
上海 文明书局 民国25.5[1936.5]
2册(82,90页) 32开
第1-2册：民国25.5第11版
初版附注：民国15年11月初版
逐页题名：新学生尺牍
辞书

3-0859
言文对照新式商业尺牍
世界书局编辑所编辑

上海　世界书局　民国19.10[1930.10]
2册　大32开　线装
第1-2册：民国19.10第8版
教科、自修适用
其他题名：商业尺牍范本
编译馆

3-0860

言文对照商业新尺牍
世界书局编辑所编辑
　　上海　世界书局　民国21.9[1932.9]
　　2册　32开
　　第1-2册：民国21.9第42版
　　教科、自修适用
　　其他题名：商业新尺牍
　　编译馆

3-0861

言文对照女子新尺牍
世界书局编辑所编辑
　　上海　世界书局　民国21.10[1932.10]
　　2册　32开
　　第1-2册：民国21.10第39版
　　教科、自修适用
　　其他题名：女子新尺牍
　　编译馆

3-0862

言文对照学生新尺牍
世界书局编辑所编辑
　　上海　世界书局　民国22.2[1933.2]
　　2册　32开
　　第1-2册：民国22.2初版
　　教科、自修适用
　　其他题名：学生新尺牍
　　编译馆

3-0863

现代学生尺牍
陶圣闲编著
　　上海　大华书局　民国23.3[1934.3]
　　309页　32开
　　封面题名：学生尺牍
　　辞书

3-0864

注释中华普通学生尺牍
中华书局辑注
　　上海　[编者刊]　民国29.12[1940.12]
　　98页　32开
　　辞书

3-0865

新体女子白话尺牍
　　上海　广文书局　[1912-1949?]
　　2册(①68页)　32开　线装

第1册：版次不详
自修适用
其他题名：女子白话尺牍
人教(1)

* * *

3-0866

初等新尺牍
黄克宗编辑
　　上海　世界书局　民国21.9[1932.9]
　　2册　32开
　　上下册：民国21.9初版
　　其他题名：言文对照初等新尺牍
　　编译馆

3-0867

现代初级学生尺牍
吴雪琅编辑
　　上海　世界书局　民国21.10[1932.10]
　　2册(62,66页)　32开
　　上下册：民国21.10第10版,民国22.3第11版
　　辞书　编译馆

3-0868

注释学生尺牍
喻守真编
　　上海　中华书局　民国36.12[1947.12]
　　143页　32开　(中华文库　初中第1集)
　　辞书

* * *

3-0869

详注中华高等学生尺牍
中华书局编
　　上海　[编者刊]　民国15.3[1926.3]
　　2册(69,57叶)　大32开　线装
　　第1-2册：民国15.3第29版,民国20.7第37版
　　初版附注：民国3年8月初版
　　其他题名：中华高等学生尺牍
　　辞书　广西师大(1)　广东中山(1)

3-0870

详注中华高等学生尺牍
中华书局辑注
　　上海　[编者刊]　民国29.11[1940.11]初版,民国30.5第
　　　2版
　　144页　32开
　　辞书

3-0871

中华高等学生尺牍
中华书局编

上海　[编者刊]　[1912-1949?]
2册(76,69叶)　大32开　线装
第1-2册：版次不详
辞书

＊　＊　＊　＊　＊

3-0872
国文作法
高语罕著
　　上海　亚东图书馆　民国14.2[1925.2]第5版
　　452页　32开
　　初版附注：民国11年8月初版
　　辞书

3-0873
书翰文作法
沈镕编纂
　　上海　大东书局　民国12.5[1923.5]第2版
　　178页　32开
　　学生自修用书
　　初版附注：民国11年初版
　　辽宁

3-0874
应用文
张须编纂　庄适校订
　　上海　商务印书馆　民国16.3[1927.3]初版，民国19第7版，民国21.8国难后3版，民国22.4国难后5版，民国24.3国难后版
　　377页　32开
　　中等学校适用
　　国图　北师大　辞书　河南　广西师大　编译馆

3-0875
记叙文作法
张廷华编纂
　　上海　大东书局　民国17.3[1928.3]第5版
　　74页　32开
　　学生自修用书
　　华师大

3-0876
记叙文作法向导
徐国桢编著　朱剑芒校阅
　　上海　世界书局　民国18.9[1929.9]初版，民国22.4第3版
　　132页　32开
　　华师大

3-0877
作文评价
周学章编
　　北平　师范大学研究院　民国21[1932]版
　　142页　24开
　　师范大学研究院教育科学门专刊
　　人教

3-0878
记叙文作法
胡怀琛著
　　上海　大华书局　民国22.6[1933.6]
　　76页　32开　（作文丛书）
　　初高中程度作文参考用
　　版权页题名：记叙文作法范例
　　辞书

3-0879
学生作文指导
宫廷璋著
　　上海　商务印书馆　民国25.3[1936.3]
　　55页　32开
　　辞书　庐山

3-0880
写作的故事
顾凤城编著
　　上海　正中书局　民国36.11[1947.11]沪1版
　　278页　图,表　32开
　　初版附注：民国26年3月初版
　　辞书

3-0881
中学生作文正误
陈适著
　　上海　万叶书店　民国27.8[1938.8]
　　203页　32开
　　辞书

3-0882
学生作文指导
俞焕斗编
　　上海　中华书局　民国27.10[1938.10]
　　110页　32开
　　附：标点符号用法
　　辞书　辽宁

3-0883
中学应用文指导
吕舜祥编
　　上海　三民图书公司　民国30.1[1941.1]第3版
　　[392]页　表　32开
　　辞书

3-0884
文章体裁
谭正璧编著
　　上海　世界书局　民国30.12[1941.12]
　　65页　32开　（国文研究丛刊）
　　中学适用
　　辞书

3-0885

文章法则
谭正璧编著
上海 世界书局 民国30.12[1941.12]初版,民国37.5 第3版
108页 32开 (国文研究丛刊)
中学适用
辞书 广西师大

3-0886

文句构造及修饰
朱翊新编著
上海 日新出版社 民国35.9[1946.9]
81页 32开 (作文基础丛刊)
辞书

3-0887

体裁与风格
蒋伯潜,蒋祖怡编著
上海 世界书局 民国35.11[1946.11]
2册(219,221页) 32开 (国文自学辅导丛书)
上下册:民国35.11 第2版
辞书

3-0888

文章体例
谭正璧编著
上海 大东书局 民国35.11[1946.11]
176页 32开
其他题名:中学国文乙编:文章体例
辞书

3-0889

中学作文
韩一青编著
开封 大中国书局 民国36.1[1947.1]版
180页 32开
卷端题名:新编中学作文
辞书

3-0890

新作文指导
瞿世镇著 朱经农校
上海 三民图书公司 民国36.2[1947.2]新1版
387页 32开
中学校用
辞书

3-0891

作文描写精华
王原培编
广州 南光书店 民国36[1947]第15版
110页 32开
国语科补充读本
广东中山

3-0892

写作基础读本
沐绍良著
上海 新纪元出版社 民国37.4[1948.4]
134页 32开
辞书

3-0893

文言白话新法作文捷诀
上海 世界书局 [1912-1949?]
册(①26叶) 大32开 线装
上册:版次不详
教科、自修适用
其他题名:新法作文捷诀
广西师大(1)

3-0894

文言白话新法作文指南
上海 世界书局 [1912-1949?]
册(①24页) 大32开
上册:版次不详
教科、自修适用
其他题名:新法作文指南
广西师大(1)

* * *

3-0895

文法与作文
黄洁如著
上海 开明书店 民国20[1931]第3版,民国23.9第10版,
民国36.3 第20版
218页 32开
初级中学学生用
初版附注:民国19年8月初版
华师大 辞书 河南

3-0896

文章作法讲话
谷凤田编著 天卧生校正
[上海] 开明出版部 民国20.4[1931.4]
90页 32开 (北平霺策社丛书)
初级中学学生用
辞书

3-0897

初中应用文
薛建吾编
上海 天马书店 民国22.11[1933.11]
694页 大32开
辞书

3-0898

文章法则
宋文翰编

上海　中华书局　民国37.8[1948.8]
208页　32开
初中适用
辞书

3-0899
新编初中精读文选：文章作法篇
王任叔等著　叶圣陶校订
　　上海　文化供应社　民国38.8[1949.8]
　　74页　32开
　　其他题名：初中精读文选
　　人教

3-0900
作文文法指导合编
俞焕斗编
　　[上海]　商务印书馆　[1912-1949?]
　　262页　32开
　　初中及高小学生自修用
　　华师大

外　语

英　语

课　本

3-0901
华英亚洲课本
　　上海　商务印书馆　清光绪26[1900]
　　4册([96]页)　32开
　　第1-4册：光绪26初版
　　北师大　人教(2)

3-0902
汉译英文教科全书
文明书局翻译
　　上海　[译者刊]　清光绪30.8[1904]-
　　2册(89,145页)　32开
　　第1册：光绪32.3第2版
　　第2册：光绪30.8初版
　　北师大

3-0903
中学英文典教科书
何崇礼编辑
　　上海　科学会编译部　清宣统1[1909]第2版
　　263页　32开
　　初版附注：清光绪33年2月初版
　　北师大

3-0904
帝国英文读本
伍光建编辑
　　上海　商务印书馆　清光绪33[1907]
　　4册([1086]页)　32开
　　第1-4册：光绪33年版,宣统3第15版
　　清学部审定
　　人教　河南(1)

3-0905
中等英文典
(日)神田乃武原著　商务印书馆编译所译述
　　上海　商务印书馆　民国8.8[1919.8]订正10版
　　139页　32开
　　教育部审定　中学校用
　　初版附注：清光绪34年4月初版
　　版权页题名：订正中等英文典
　　人教

3-0906
新体英语教科书
蔡博敏编纂　商务印书馆编译所校订
　　上海　商务印书馆　清光绪34.5[1908]初版,民国9第10版
　　120页　大32开
　　北师大　广东中山

3-0907
英文益智读本
(美)祁天锡编纂　邝富灼校订
　　上海　商务印书馆　清宣统1.2[1909]
　　141页　32开
　　北师大

3-0908
英文新读本
(美)罗伊斯·安迪生(Roys Anderson)编纂　邝富灼校订
　　上海　商务印书馆　民国1.10[1912.10]-
　　6册(①135,②167页)　32开
　　第1册：民国1.10第10版
　　第2册：民国3.5第9版
　　中学校用
　　初版附注：清宣统元年6月初版
　　北师大(1-2)

3-0909
初学英文轨范
邝富灼,徐铣编纂
　　上海　商务印书馆　民国6[1917]第17版,民国21.9国难后1版,民国23国难后3版,民国24.7国难后4版,民国26国难后7版,民国30.9国难后订正12
　　214页　32开
　　初版附注：清宣统元年7月初版
　　人教　广东中山

3-0910

中学英文教科书
　　王蕴章编译　　徐善祥校订
　　　　上海　商务印书馆　清宣统2.7[1910]
　　　　184页　　32开
　　　　北师大

3-0911

英文格致读本
　　(美)吉·吉斯特(N. Gist Gee)原著　　邝富灼校订
　　　　上海　商务印书馆　清宣统3.3[1911]-
　　　　5册(②192页)　　32开　精装
　　　　第2册(卷二):宣统3.3初版,民国7.2第5版
　　　　教育部审定
　　　　人教(2)

3-0912

中华中学英文教科书
　　李登辉,杨锦森编辑
　　　　上海　中华书局　民国1.10[1912.10]-
　　　　4册(173,163,200,298页)　　32开　精装
　　　　第1册:民国1.10初版,民国2.4第3版,民国9.7版
　　　　第2册:民国4.6第8版
　　　　第3册:民国2.5第2版
　　　　第4册:民国2.4初版,民国4.6第4版
　　　　教育部审定
　　　　北师大(1,4)　人教

3-0913

共和国民英文读本
　　苏本铫编纂　　邝富灼校订
　　　　上海　商务印书馆　民国2.2[1913.2]-
　　　　6册　　32开
　　　　第1册:民国2.2初版,民国13.4第21版
　　　　第2册:民国13第12版,民国18年版
　　　　第3册:民国3.12初版,民国4.12第2版,民国15第10版
　　　　第4册:民国3.12初版,民国5.10第3版
　　　　第5册:民国5.12第3版,民国17第4版
　　　　教育部审定　中学校及师范学校用
　　　　初版附注:民国2年2月初版
　　　　北师大(1,4-5)　人教(3)　广东中山(2-5)

3-0914

英语学初桄
　　David Gibbs原著　　商务印书馆编译参订
　　　　上海　[编者刊]　民国2.11[1913.11]第2版
　　　　128页　　大32开
　　　　中学校用
　　　　初版附注:民国2年7月初版
　　　　华师大

3-0915

新制英文读本
　　李登辉,杨锦森编
　　　　上海　中华书局　民国3.3[1914.3]-
　　　　4册(①152,②185页)　　图　　32开
　　　　第1册:民国3.3初版,民国12.3第21版
　　　　第2册:民国4.10第3版
　　　　教育部审定
　　　　人教(1-2)

3-0916

实习英语教科书
　　(美)盖葆耐著　　吴继杲注释
　　　　上海　商务印书馆　民国4.2[1915.2]-
　　　　5册(①上105,①下154,②234页)　图　32开
　　　　第1册上(语言练习上):民国4.2初版,民国4.5第6版,民国6.6第8版,民国9.2第16版,民国12年版,民国14.2第23版
　　　　第1册下(语言练习下):民国6.3初版,民国6.7第2版,民国8.10第8版,民国13第13版,民国16第14版
　　　　第2册(英文程式):民国5.10初版,民国8.3第5版,民国9.5第7版,民国12.10第11版,民国15第12版
　　　　教育部审定　中学校用
　　　　国图(2)　北师大(1-2)　人教(2)　广东中山(1)

3-0917

英文文学读本
　　王宠惠著
　　　　上海　中华书局　民国4.4[1915.4]-
　　　　4册(①133页)　　32开
　　　　第1册:民国4.4初版,民国11.7第3版
　　　　教育部审定
　　　　人教(1)

3-0918

新式中学英文读本
　　马润卿等编辑　　徐志诚阅
　　　　上海　中华书局　民国9.7[1920.7]-
　　　　4册(121,132,181,242页)　　32开
　　　　第1册:民国9.7第6版
　　　　第2册:民国10.1第5版
　　　　第3册:民国10.1第2版
　　　　第4册:民国10.4初版
　　　　教育部审定　中学校及师范学校用
　　　　初版附注:民国6年4月-10年4月初版
　　　　北师大

3-0919

实习英语教科书:会话法规
　　(美)盖奇编纂
　　　　上海　商务印书馆　民国6.7[1917.7]第2版,民国13第13版,民国16第14版,民国22国难后1版
　　　　154页　　图　　32开
　　　　本书原名:实习英语教科书:语言练习下册
　　　　国图　人教　广东中山

3-0920

英文新课本
　　吴献书编

上海　商务印书馆　民国6[1917]初版,民国11第4版,民国12第5版
102页　32开
广东中山

3-0921

简易英语读本
商务印书馆编译所编纂
　　上海　商务印书馆　民国7[1918]-
　　册(①164,②170,③160,④179,⑤186页)　图　32开
　　第1册：民国7第2版
　　第2册：民国7第2版
　　第3册：民国7初版
　　第4册：民国8第2版
　　第5册：民国7初版
中学校用
河南(1-3,5)　广东中山(3-5)

3-0922

柯提拿英语教科书
美国函授学校(American School of Correspondence)编
　　上海　中华书局　民国8.7[1919.7]初版,民国11.9第2版
　　201页　32开　精装
人教

3-0923

中学实用英语读本
吴献书编纂
　　上海　商务印书馆　民国8[1919]-
　　册(③201,④217页)　32开
　　第3册：民国11第4版,民国13第5版
　　第4册：民国8年版,民国13第3版
北师大(4)　广东中山(3-4)

3-0924

英文新课本
吴献书编
　　上海　商务印书馆　民国9[1920]第4版,民国10第5版,民国11第6版
　　84页　32开
广东中山

3-0925

英语读本
中华书局西文编辑部编辑
　　上海　中华书局　民国10.2[1921.2]-
　　4册(①150页)　图　32开
　　第1册：民国10.2初版,民国11.1第4版
其他题名：新教育教科书英语读本
人教(1)

3-0926

混合英语
沈彬,马润卿编辑　(美)怀特赛德(J. Whiteside)校阅
　　上海　中华书局　民国14.4[1925.4]-
　　6册(119,158,148,165,180,193页)　32开
　　第1册：民国14.4初版,民国20第12版,民国24.2第17版,民国28.2第19版
　　第2册：民国19.5第9版,民国20.10第12版,民国28.9第14版
　　第3册：民国19.7第7版,民国21.9第10版,民国24.2第12版,民国30.3第14版
　　第4册：民国19.7第5版,民国21.5第8版
　　第5册：民国17.8第3版,民国21.8第8版
　　第6册：民国19.7第4版,民国21.9第6版
新学制适用
逐页题名：新中学混合英语
其他题名：新中学教科书混合英语
北师大(1)　人教　上海　编译馆(2-3)

3-0927

开明英文讲义
林语堂,林幽合编
　　上海　开明书店　民国30.6[1941.6]-
　　册(②320页)　32开　(开明中学讲义)
　　第2册：民国30.6第5版,民国37.10第9版
初版附注：民国24年3月初版
其他题名：英文讲义
华师大(2)　编译馆(2)

＊　　＊　　＊

3-0928

中学英文读本
甘永龙,邝富灼等参订
　　上海　商务印书馆　民国2.2-3.10[1913.2-1914.10]
　　4册(185,242,293,307页)　32开
　　第1册：民国2.2初版,民国7.9第8版,民国10.8第24版
　　第2册：民国2.10初版,民国3.3第2版,民国8.4第15版,民国9.2第17版,民国15第23版
　　第3册：民国3.2初版,民国10第14版,民国12第16版,民国14第17版,民国17第18版
　　第4册：民国3.10初版,民国6第4版
第一学年～第四学年用
其他题名：共和国教科书中学英文读本
北师大　人教(1-3)　广东中山(2-4)

3-0929

初级英文教科书
李登辉著
　　上海　中华书局　民国4.6[1915.6]-
　　2册(②102页)　图,照片　32开
　　第2册：民国4.6初版
初级中学用
人教(2)

3-0930

新中学英语读本

沈彬,马润卿编辑
　　上海　中华书局　民国11.10[1922.10]-
　　3册(①187页)　32开
　　第1册:民国11.10初版,民国21.11第15版
　　初级中学用
　　人教(1)

3-0931

新学制初级中学英文读本文法合编
胡宪生,哈格罗夫(H. L. Hargrove)编纂
　　上海　商务印书馆　民国12.2[1923.2]-
　　3册(176,154,379页)　32开
　　第1册:民国12.2初版,民国14.2订正7版,民国18.3订正
　　　　142版,民国22.1国难后32版,民国22国难后42版
　　第2册:民国15.6订正57版,民国22国难后25版,民国
　　　　37.8订正64版
　　第3册:民国22国难后15版,民国22.5国难后18版
　　其他题名:初级中学英文读本文法合编
　　人教(1-2)　河南(3)　广西师大(1)　广东中山

3-0932

初级英语读本
沈彬,马润卿编辑
　　上海　中华书局　民国12.4[1923.4]-
　　3册(②190,③186页)　32开
　　第2册:民国12.4版
　　第3册:民国15.7版
　　其他题名:新中学教科书初级英语读本
　　人教(2-3)

3-0933

新学制英文读本文法合编
胡宪生编纂　邝富灼,王岫庐校订
　　上海　商务印书馆　民国12.8[1923.8]-
　　4册(②230页)　32开
　　第2册:民国12.8初版
　　初级中学用
　　北师大(2)

3-0934

现代初中英语教科书
周越然编纂　邝富灼校
　　上海　商务印书馆　民国12.9[1923.9]-
　　3册(104,153,211页)　32开　(现代教科书丛书)
　　第1册:民国12.9初版,民国13.12第3版,民国15.2第32
　　　　版,民国21国难后5版
　　第2册:民国13.2版,民国14.12第19版,民国15第29版
　　第3册:民国15.7第20版,民国21国难后5版
　　北师大(2-3)　人教(1-2)　华师大(1)　广东中山

3-0935

新学制初级中学注音英文读本文法合编
胡宪生,哈格罗夫(H. L. Hargrove)编纂
　　上海　商务印书馆　民国15.11[1926.11]-
　　3册(②237,③379页)　32开

　　第2册:民国18第16版
　　第3册:民国15.11初版,民国21.12国难后1版,民国22.1
　　　　国难后5版
　　其他题名:初级中学注音英文读本文法合编
　　北师大(2)　人教(3)

3-0936

现代初中注音英语教科书
周越然编纂
　　上海　商务印书馆　民国15[1926]-
　　3册(115,161,219页)　32开
　　第1册:民国18第15版
　　第2册:民国19第11版
　　第3册:民国15第5版
　　广东中山

3-0937

开明英文读本[修正本]
林语堂编著　丰子恺绘图
　　上海　开明书店　民国22.8[1933.8]第15版
　　176页　32开
　　教育部审定　初级中学学生用
　　初版附注:民国17年8月初版
　　华师大

3-0938

新中华英语混合读本
沈彬编辑
　　上海　新国民图书社　民国18.10[1929.10]-
　　6册(92,123,133,162,188,197页)　32开
　　第1册:民国18.10初版,民国20.7第2版,民国20.9第3
　　　　版,民国24.8第8版
　　第2册:民国18.10初版,民国24.4第11版
　　第3册:民国22.12第6版,民国24.2第7版
　　第4册:民国19.9初版,民国24.4第7版
　　第5册:民国19.9初版,民国21.6第3版,民国24.4第4版
　　第6册:民国21.9初版,民国24.4第2版
　　初级中学用
　　其他题名:新中华教科书英语混合读本
　　人教　华师大(6)　编译馆(5-6)

3-0939

英语标准读本
林汉达编著　庞亦鹏绘图
　　上海　世界书局　民国19.1[1930.1]-
　　3册(①157,②190页)　彩图　32开
　　第1册:民国19.1初版,民国20订正3版
　　第2册:民国20.7订正2版
　　教育部审定
　　其他题名:标准英语读本
　　人教(1-2)　广东中山(1)

3-0940

初中实验英文文法读本
吴献书编辑　怀特赛德(Joseph Whiteside)校订

上海　世界书局　民国19.2[1930.2]-
3册(③225页)　32开
第3册：民国19.2初版,民国19.6订正2版
其他题名：初级中学教科书初中实验英文文法读本
人教(3)

3-0941

英语模范读本
周越然编纂

上海　商务印书馆　民国19.4[1930.4]-
3册(198,285,251页)　32开
第1册：民国21.8国难后25版
第2册：民国19.4第18版
第3册：民国21.6国难后5版
教育部审定　初级中学用
初版附注：民国19年3月初版
北师大　河南(1-2)

3-0942

新国民实用英语
周庭桢编著　林语堂校订

上海　开明书店　民国20.7[1931.7]-
册(①141页)　32开　精装
第1册：民国20.7订正2版
国民政府教育部审定　初中学生课外补充读物
其他题名：实用英语
编译馆(1)

3-0943

初中国民英语读本
陆步青编著

上海　世界书局　民国21.1[1932.1]-
6册(①-②[291],③-④[318],⑤-⑥[256]页)　32开　精装
第1-2册(卷一)：民国21.7初版,民国30.2新6版
第3-4册(卷二)：民国21.1初版,民国28.6新3版,民国29.5新4版
第5-6册(卷三)：民国22年版,民国29.10新3版
初级中学学生用
其他题名：国民英语读本
其他题名：初级中学教科书初中国民英语读本
国图(2-4)　北师大(3)　人教(1-2)　编译馆

3-0944

初中英文读本
沈彬编著　蒋梦麟,徐志摩校订

上海　大东书局　民国21.7[1932.7]-
6册(⑥176页)　大32开
第6册：民国21.7初版
其他题名：初级中学教本英文读本
北师大(6)

3-0945

进步英语读本
进步英文学社编译所编著

上海　[编者刊]　民国21.8[1932.8]-

3册(①164页)　彩图　32开
第1册：民国21.8第6版
教育部审定　初级中学学生用
人教(1)

3-0946

初中英语读本
李唯建编　金兆梓,舒新城校阅

上海　中华书局　民国22.5[1933.5]-
6册(160,116,127,133,139,159页)　32开
第1册：民国22.5初版,民国23.6第3版,民国24.4第6版,民国24第8版,民国24.8第9版
第2册：民国22.12第2版,民国23.8第5版,民国24.8第8版,民国25第10版,民国26第36版,民国27第51版
第3册：民国23.8初版,民国23.9第3版,民国24.5第5版
第4册：民国23.9初版,民国23.9第2版,民国23.9第3版,民国25第6版
第5册：民国23.10初版,民国23.10第2版,民国24第3版
第6册：民国23.11初版,民国23第2版
新课程标准适用
北师大(1,3-4,6)　人教　上海　天津(4-6)　河南(2,6)　辽宁(6)　广东中山

3-0947

综合英语课本
王云五,李泽珍编著

上海　长沙　商务印书馆　民国22.7-23.7[1933.7-1934.7]
6册(81,111,101,145,159,175页)　32开
第1册：民国22.7初版,民国24.4第70版,民国24.6第82版,民国34.10修订87版,民国35.7修订129版,民国35修订197版
第2册：民国22初版,民国24.4第52版,民国24.5第53版,民国27.6修订初版,民国27修订3版,民国35.7修订85版,民国36.12修订143版
第3册：民国22.12初版,民国24第23版,民国24.5第30版,民国24.6第32版,民国27.4第56版,民国27第59版,民国35.5修订67版,民国35.6修订73版,民国36.5修订118版
第4册：民国23.1初版,民国23.2第15版,民国24.3第23版,民国25第36版,民国27修订初版,民国30修订版,民国35.11修订60版
第5册：民国23.6初版,民国24.4第16版,民国27第34版,民国35.11修订54版
第6册：民国23.7初版,民国27第24版,民国34.8修订10版,民国34.12修订12版,民国35.11修订43版
教育部审定　按照新课程标准编辑　初级中学用
国图(3,5)　北师大(2-4,6)　人教　上海(5)　华师大(1-4)　天津(2,4-6)　河南(1-2)　广东中山(2-6)

3-0948

英文津梁读本
鲁聊,何铭三编纂

上海　元新书局　民国22.8[1933.8]

2册 32开

第1—2册：民国22.8初版

按照新课程标准编辑　初级中学用

北师大

3-0949

基本英语课本

钱歌川,张梦麟合编

上海　中华书局　民国22.9[1933.9]-

3册(①62,③120页)　大32开

第1册：民国22.12第4版,民国24.4第6版,民国28.5第9版

第3册：民国22.9初版

初版附注：民国22年8-9月初版

其他题名：英语课本

人教(3)　华师大(1)　广西师大(1)

3-0950

英语

张士一编著

上海　大东书局　民国22.11[1933.11]-

6册(①174,②185页)　32开　精装

第1册：民国22.11初版

第2册：民国25.1初版

新课程标准适用

封面题名：新生活初中英语

其他题名：新生活初中教科书英语

编译馆(1-2)

3-0951

初中世界英语读本

黄梁就明著

上海　世界书局　民国22[1933]-

　册(①206页)　32开

第1册：民国22第5版,民国25第10版

其他题名：初级中学教科书初中世界英语读本

广东中山(1)

3-0952

新标准初中英语读本

刘贞甫编辑

北平　文化学社　民国22[1933]-

　册(①200页)　32开

第1册：民国22年版

北师大(1)

3-0953

英语

戚叔含,赵廷为编著

上海　开明书店　民国23[1934]-

　册(①124,②160,③183页)　32开

第1册：民国23年版

第2册：民国24年版

第3册：民国24年版

其他题名：新标准初中教本英语

北师大(3)　广东中山(1-3)

3-0954

初级中学英语

陆殿扬编著

南京　上海　重庆　北平　正中书局　民国24.8[1935.8]-

6册(174,208,164,182,151,163页)　32开

第1册：民国24.8初版,民国30第248版,民国34.4第418版,民国34.10沪10版,民国35.12沪139版,民国36沪199版,民国37.6沪12版

第2册：民国25.8渝初版,民国34沪40版,民国36.5平2版,民国38.1沪9版

第3册：民国35沪36版,民国37.6沪12版

第4册：民国35.12沪91版,民国38.1沪8版

第5册：民国26.6初版,民国34沪18版,民国36.4第78版,民国36.11平11版,民国37.4沪8版

第6册：民国28第14版,民国33渝改正初版,民国34沪1版,民国35.6沪40版,民国38.1沪7版

教育部审定

国图　人教　天津(2,6)　河南(6)　辽宁(1,4,6)　广东中山(1,3-5)

3-0955

活用英语

詹文浒编著

上海　世界书局　民国25.7[1936.7]-

6册(102,102,108,114,147,156页)　32开

第1册：民国29.5新14版,民国36新15版,民国37.8新16版,民国37.10新18版

第2册：民国30.1新13版,民国30.8新版,民国38.2新14版

第3册：民国25.7修正版,民国28.3新7版,民国30.1新11版,民国38.3新15版

第4册：民国26新2版,民国新7版,民国30.2新9版,民国38.2新10版

第5册：民国26.3第3版,民国新第7版,民国30.6新9版,民国37.8新版

第6册：民国27新4版,民国35.9新5版,民国36新7版,民国37.8新9版,民国38.3新10版

教育部审定　初级中学教本

封面题名：初中活用英语读本

其他题名：新课程标准世界中学教本活用英语

北师大(3,5)　人教　华师大(1-3)　广西师大(3-6)　广东中山(1-2,4,6)　编译馆(1-5)

3-0956

英语标准读本

林汉达编著　庞亦鹏绘图

上海　世界书局　民国25.7[1936.7]-

3册　图　32开

第1册：民国25.7修正17版

第2册：民国25.7修正10版,民国25修正11版

教育部审定　初级中学学生用

其他题名：新课程标准世界中学教本英语标准读本

其他题名:初中新英语
北师大(1-2)　广东中山(2)

3-0957

进步英语读本
楼光来编著
上海　世界书局　民国25[1936]-
册　32开
第1册:民国25订正13版
新课程标准世界中学读本　初级中学用
北师大(1)

3-0958

英语标准读本
林汉达编著　庞亦鹏绘图
上海　世界书局　民国29.11[1940.11]-
册(①143,③167页)　表　大32开
第1册:民国29.11重排新4版,民国37新7版,民国38.3新8版
第3册:民国29.11重排新3版,民国37新5版,民国38.3新6版
教育部审定　根据修正课程标准新编
初版附注:民国26年1月改编新1版
其他题名:初中新英语
其他题名:新课程标准世界中学教本初中新英语
人教(1)　华师大(3)　广西师大(1)　广东中山(1,3)　编译馆(1,3)

3-0959

初中英语读本
李唯建,张慎伯编　金兆梓,舒新城校
上海　中华书局　民国26.7[1937.7]
6册(150,105,106,133,110,137页)　图　32开
第1册:民国26.7初版,民国26第4版,民国30.2第35版,民国36第53版
第2册:民国26.7初版,民国26第5版,民国29.10第23版,民国35.11第39版,民国36第41版
第3册:民国26.7初版,民国26第9版,民国36第36版,民国37.4第37版
第4册:民国26.7初版,民国28.6第9版,民国28第11版,民国29.10第16版,民国35第30版
第5册:民国26.7初版,民国26第2版,民国29.2第12版,民国34.11第20版
第6册:民国26.7初版,民国28.10第9版,民国30第16版,民国30.2第17版,民国34.11版,民国36第27版
修正课程标准适用
国图(3,6)　人教　上海(1-5)　辽宁(5-6)　广西师大(3-4)　广东中山　编译馆(1-3,5-6)

3-0960

开明第一英文读本
林语堂著
上海　香港　开明书店　民国26.7[1937.7]修正初版,民国26修正2版,民国26.10修正35版,民国26.10修正36版,民国30.9修正版,民国35修正版,民国37.11修正45版,民国38修正港1版
154页　32开
教育部审定　修正课程标准适用　初级中学学生用
人教　华师大　辽宁　广东中山

3-0961

开明第二英文读本
林语堂著
上海　香港　开明书店　民国30.8[1941.8]修正8版,民国35修正15版,民国36修正23版,民国36.10修正25版,民国37.4修正27版,民国37.10修正30版,民国37.11修正31版,民国38.7修正港1版
174页　32开
教育部审定　修正课程标准适用　初级中学学生用
初版附注:民国26年7月修正初版
北师大　人教　华师大　河南　辽宁　编译馆

3-0962

开明第三英文读本
林语堂编著
上海　开明书店　民国30.8[1941.8]修正12版,民国30.8修正8版,民国35修正14版,民国36.9修订19版,民国36修正21版,民国37.10修正24版
187页　32开
教育部审定　修正课程标准适用　初级中学学生用
初版附注:民国26年7月修正初版
北师大　人教　华师大　辽宁　编译馆

3-0963

初级中学英语
薛俊才著
[南京]　正中书局　民国26[1937]-
册(②182,④178页)　32开
第2册:民国26第36版,民国27第51版
第4册:民国27第10版
广西师大(2)　广东中山(2,4)

3-0964

初中英语
(伪)教育部编审会著
北平　[著者刊]　民国27.8[1938.8]-
册(②141页)　32开
第2册:民国27.8初版
人教(2)

3-0965

初中英文
(伪)教育总署编审会著
北平　[著者刊]　民国27.8[1938.8]-
册(②176页)　32开
第2册:民国27.8版
北师大(2)

3-0966

初中英语

(伪)教育总署编审会著
　　北平　[著者刊]　民国28.8[1939.8]-
　　3册(②136页)　彩图　32开　精装
　　第2册：民国28.8初版
　　人教(2)

3-0967

初中英语

(伪)教育部编审委员会编纂
　　上海　华中印书馆　民国30.2[1941.2]-
　　　册(①202,②213,③206页)　图　32开
　　第1册：民国30.2初版,民国31.1第2版
　　第2册：民国32.1第4版
　　第3册：民国32.1第4版,民国32.7第5版
　　其他题名：国定教科书初中英语
　　人教(1-3)　广西师大(2)

3-0968

初中英语教本

王国华编著　丰子恺绘图
　　上海　开明书店　民国36.9[1947.9]-
　　　册　图　32开
　　第1册：民国36.9第5版,民国37第7版
　　第2册：民国37第6版
　　第3册：民国36第2版
　　初版附注：民国30年2月初版
　　北师大(3)　广西师大(1)　广东中山(1-2)

3-0969

初中英语[修正版]

(伪)教育总署编审会著
　　北平　[著者刊]　民国30.7[1941.7]-
　　3册(95,136,144页)　图　32开
　　第1-3册：民国30.7版
　　北师大

3-0970

活用英语

詹文浒著
　　上海　世界书局　民国32.6[1943.6]-
　　　册　大32开
　　第2册：版次不详
　　第4册：民国32.6版
　　第5册：民国32.12第2版
　　第8册：版次不详
　　初中辅助教材
　　广西师大(2,4-5,8)

3-0971

初中英语

陆殿扬编著
　　上海　正中书局　民国34[1945]-
　　6册(153,182,137,151,125,126页)　32开
　　第1册：民国34第34版,民国35第74版
　　第2册：民国34年版

　　第3册：民国35第56版,民国35.12第96版
　　第4册：民国36第111版
　　第5册：民国36.4第78版,民国36.5第88版
　　第6册：民国34年版,民国36.10第90版
　　华师大(6)　广东中山　编译馆(3)

3-0972

标准英语

林汉达编著
　　上海　世界书局　民国35.3[1946.3]-
　　3册　32开
　　第1册：民国35新6版
　　第2册：民国35.3新3版
　　第3册：民国35新6版,民国35.8新7版
　　初中适用
　　北师大(1,3)　人教(1-2)　编译馆(3)

3-0973

初中国民英语读本

陆步青编著
　　上海　世界书局　民国36.6[1947.6]-
　　6册(71,118,132,153,146,157页)　大32开
　　第1册：民国36.6第3版,民国37.9修订6版
　　第2册：民国36.12第3版
　　第3册：民国36.7初版,民国36.7修订2版,民国37.7修订
　　　3版
　　第4册：民国37.1修订初版
　　第5册：民国37.5修订初版
　　第6册：民国37.7修订初版
　　教育部审定　初级中学学生用
　　其他题名：国民英语读本
　　其他题名：初级中学教科书国民英语读本
　　北师大(1,3-4)　人教　编译馆(3-4)

3-0974

新标准英语读本

詹文浒编著
　　上海　新华出版公司　民国36.7[1947.7]-
　　6册(①68页)　32开
　　第1册：民国36.7初版
　　教育部核定　初级中学用
　　国图(1)　人教(1)

3-0975

初中英语读本

张友松编
　　上海　北新书局　民国36.8[1947.8]-
　　6册(101,135,103,104,119,113页)　32开
　　第1册：民国36新初版,民国37.7新2版
　　第2册：民国36.10新初版
　　第3册：民国36.8新3版
　　第4册：民国38.3新2版
　　第5册：民国37.7新2版
　　第6册：民国36.8新初版

教育部审定　按照修正课程标准新编　按照新课程标准编辑
北师大(1,3)　人教(1-2,4-6)　华师大(4)　广东中山(2,5)

3-0976

启明英语读本
汪宏声编著
上海　启明书局　民国37.6[1948.6]
4册([210]页)　图　32开
第1-4册:民国37.6第2版
初级中学适用
初版附注:民国37年1月初版
人教　华师大(1,3-4)

＊　＊　＊

3-0977

高级英文范
(美)蒙哥马利(R. P. Montgomery)编纂
上海　商务印书馆　民国2.7[1913.7]初版,民国10.12第10版
172页　32开
教育部审定　中学校及师范学校用
人教　广东中山

3-0978

英文成语教本
蔡博敏编纂　杨联芳注释　甘永龙校订
上海　商务印书馆　民国6[1917]版
213页　32开
北师大

3-0979

高级英语读本
朱友渔编辑　沈彬校阅
上海　中华书局　民国12.7[1923.7]初版,民国13第3版,民国13.12第4版,民国14.8第5版
231页　32开
高级中学校用
其他题名:新中学教科书高级英语读本
人教　华师大　广东中山

3-0980

新学制高级中学英文读本
胡宪生编
上海　商务印书馆　民国19[1930]-
册(①364页)　32开
第1册:民国19第4版,民国22年版
其他题名:高级中学英文读本
人教(1)　广东中山(1)

3-0981

新中华高中英语
李儒勉编
上海　新国民图书社　民国21.7[1932.7]-
册(①213页)　32开
第1册:民国21.7版
高级中学用
北师大(1)

3-0982

模范高级英文选
沈彬等编纂　蒋梦麟校订
上海　大东书局　民国21.9[1932.9]-
3册(②238,③210页)　32开　精装
第2册:民国21.9初版,民国36.2第2版
第3册:民国21.10初版,民国36.7第3版
其他题名:高级中学教本模范高级英文选
人教(2-3)　华师大(2-3)

3-0983

世界高中英文选
黄梁就明著
上海　世界书局　民国22.1[1933.1]-
3册(②245页)　32开　精装
第2册:民国22.1初版
其他题名:高级中学教科书世界高中英文选
编译馆(2)

3-0984

高中英语读本
林汉达编著
上海　世界书局　民国22.4[1933.4]-
3册(②222,③271页)　32开
第2册:民国22.4第2版
第3册:民国23.10第3版
教育部审定　高级中学学生用
其他题名:新课程标准世界中学教本高中英语读本
北师大(2-3)

3-0985

高中英语读本
李儒勉编著
上海　中华书局　民国22.9[1933.9]-
3册(224,249,247页)　32开
第1册:民国22.9初版,民国24.12第6版,民国25.1第7版,民国29.5第16版
第2册:民国23第2版,民国25.1第5版,民国25.6第6版,民国29.2第13版,民国29.7第14版
第3册:民国22.10初版,民国25.1第4版,民国25.6第5版,民国26.7第8版,民国30.8第12版
教育部审定　新课程标准适用
北师大　人教　广东中山　编译馆(1)

3-0986

高中英语读本[修正本]
林汉达编著
上海　世界书局　民国24.4[1935.4]-
3册(213,222,271页)　32开
第1册:民国24.4第1版,民国36.5第20版,民国37.7第

23版,民国38.1第25版

第2册:民国26.7新12版,民国30.8新版,民国38.2新16版

第3册:民国30.1新5版,民国38.3新14版,民国38新25版

其他题名:新课程标准世界中学教本高中英语读本

北师大(1)　人教　广东中山(1,3)　编译馆(2-3)

3-0987

高中综合英文课本

王学文,王学理编著

上海　商务印书馆　民国24.8[1935.8]-

3册(287,276,284页)　32开

第1册:民国24.8初版,民国24.9第3版,民国26年版,民国26.6审定1版,民国35.9第33版,民国35审定35版

第2册:民国24.8初版,民国25.11订正4版,民国27审定5版,民国28长沙审定10版,民国32第6版,民国35.5第21版,民国35重庆审定5版,民国35.10审定19版,民国35.10审定26版

第3册:民国24.9版,民国27长沙审定4版,民国35.1审定14版,民国35.7第18版,民国35.10审定19版

教育部审定

其他题名:综合英文课本

北师大(1-2)　人教　华师大　辽宁(2-3)　湖南(3)　广东中山

3-0988

高中近代英文选

孟子厚选注

上海　开明书店　民国26.5[1937.5]初版,民国35.10第10版

237页　32开

依照高级中学现行英语课程标准编辑

其他题名:近代英文选

北师大　人教　华师大

3-0989

高中活用英语读本

詹文浒,邵鸿焘编著

上海　世界书局　民国26.7[1937.7]-

3册(252,308,254页)　32开

第1册:民国26.7初版,民国29.11新2版,民国35.10新5版,民国37.9新9版

第2册:民国29.6新1版,民国35新3版,民国36.4新5版,民国37.3新6版

第3册:民国29.6新1版,民国35.3新3版,民国38.4新7版

其他题名:新课程标准世界中学教本高中活用英语读本

北师大　人教　广东中山(2)　编译馆

3-0990

高中英文[修正本]

(伪)教育总署编审会著

北平　[著者刊]　民国29[1940]

3册(166,180,208页)　32开

第1-3册:民国29修正版,民国30.7修正版

初版附注:民国27年8月初版

北师大

3-0991

高中英语

(伪)教育总署编审会编

北平　[编者刊]　民国27.8-28.10[1938.8-1939.10]

3册(166,179,209页)　彩图　32开　精装

第1册:民国27.8初版

第2册:民国28.10初版

第3册:民国28.10初版

国图　人教

3-0992

高中英语读本

李儒勉编著

上海　中华书局　民国28.4[1939.4]-

6册(125,134,137,135,134,147页)　32开

第1册:民国36.4第8版,民国36.4第13版,民国37第14版

第2册:民国28.4初版,民国35.9第8版

第3册:民国28初版,民国35.4第8版

第4册:民国28初版,民国30.2第4版,民国35.8第6版

第5册:民国28.8初版,民国30.2第4版,民国35第7版,民国36.4第9版

第6册:民国36.4第9版,民国36.10第10版

教育部审定　修正课程标准适用

北师大(2-4)　人教(2-5)　华师大(5)　广东中山(1,4-6)　编译馆(2,5)

3-0993

高中英语

林天兰编著

重庆　北平　上海　南京　正中书局　民国33.8[1944.8]-

6册(138,144,143,142,155,144页)　32开

第1册:民国33.8初版,民国35平1版,民国35.8沪31版,民国36沪76版,民国37.4沪修正9版

第2册:民国33.10初版,民国34.11沪1版,民国34沪12版,民国35.11沪40版

第3册:民国33.11初版,民国34沪11版,民国34沪18版,民国35.8平1版,民国36.10沪55版

第4册:民国34.12初版,民国34沪1版,民国35.1沪33版,民国36.4沪43版

第5册:民国34沪1版,民国35平1版,民国36.4沪33版

第6册:民国34.7初版,民国34沪1版,民国35平1版,民国35.9沪10版,民国36.10沪32版

教育部审定　遵照民国30年修正课程标准编著

其他题名:高级中学英语

其他题名:新中国教科书高级中学英语

国图(1-4,6)　北师大(1,3,5-6)　人教(4-6)　辽宁(1-4,6)　广西师大(1)　广东中山(1-3)

3-0994
现代英语
柳无忌,张镜潭,李田意编
  重庆　上海　开明书店　民国34.2[1945.2]-
  6册(96,111,131,128,133,148页)　32开
  第1册：民国34.2渝初版,民国35.10沪2版,民国36.9第5版,民国37.11第9版
  第2册：民国37.3沪5版,民国37.3第5版,民国37.10第6版
  第3册：民国36.3第4版,民国37.6沪4版,民国37.10第5版
  第4册：民国35.11沪3版,民国36.11第4版,民国37.10第5版
  第5册：民国35.4初版,民国35.11沪2版,民国36.8第3版,民国37.11第7版
  第6册：民国35.4初版,民国35.10第2版,民国37.10第5版
  高级中学用
  北师大(1-5)　人教　上海(2)　华师大(5-6)　广东中山(5)

教学参考书

3-0995
新学制英文读本文法合编
(美)哈亨利著
  上海　商务印书馆　民国14[1925]-
  册(③72页)　32开
  第3册(教授法)：民国14初版
  其他题名：英文读本文法合编
  广东中山(3)

3-0996
直接法英语副读本教授法
帕尔默(H. E. Palmer)编
  上海　中华书局　民国22[1933]版
  90页　32开
  北师大

3-0997
中学英文法教授法
E. M. William 著
  上海　商务印书馆　民国24[1935]版
  180页　32开
  广东中山

3-0998
初中活用英语读本指导书
詹文浒,邵鸿翯编著
  上海　世界书局　民国26.4[1937.4]-
  4册　32开
  第2,4册：民国26.4初版

  教育部审定　初级中学教员用
  北师大(2,4)

教学辅导书

3-0999
近世英文选
(英)查普曼(T. W. Chapman)编辑　(英)梅德赫斯特(C. S. Medhurat)校订
  上海　中华书局　民国3.9[1914.9]初版,民国18.4第16版
  292页　32开　精装
  人教

3-1000
中华英文新读本
张莘农编
  上海　中华书局　民国5[1916]-
  册(②149,③137页)　图　大32开　精装
  第2-3册：民国5初版
  河南(2-3)

3-1001
戏剧式中学英文读本
钱兆和编辑　沈彬校阅
  上海　中华书局　民国17.2[1928.2]-
  3册(158,276,364页)　32开
  第1册：民国20.3第2版
  第2册：民国17.2版
  第3册：民国18.12版
  初版附注：民国6年3月初版
  北师大(1)　人教(2-3)

3-1002
英语捷径
商务印书馆编译所编纂
  上海　商务印书馆　民国6[1917]-
  2册([148]页)　32开
  上册(前编)：民国6年版,民国29.4国难后8版
  下册(后编)：民国29.4国难后6版
  华师大

3-1003
英语模范读本
周越然编辑　邝富灼校订
  上海　商务印书馆　民国7.11[1918.11]-
  4册(199,288,276,188页)　32开
  第1册：民国7.11初版,民国10第9版,民国12.1修订14版,民国13.1修订17版,民国15修订22版,民国18.2修订25版
  第2册：民国12.4第9版,民国13.1修订11版,民国14.6修订13版,民国14修订14版,民国16修订16版,民国19.4修订18版,民国24国难后7版
  第3册：民国12.5第7版,民国12.8修订8版,民国21国难

后5版,民国24国难后版,民国27国难后版

第4册:民国10.9第2版,民国13.7修订4版,民国18.2修订25版

其他题名:(修订)英语模范读本

北师大(1-3) 人教 华师大(1,4) 广东中山(1-3)

3-1004
英文会通
林天兰编纂
    上海 商务印书馆 民国13.5[1924.5]初版,民国22.1国难后1版
    278页 32开
    人教

3-1005
评注全国学生英文成绩大观:乙级(中学之部)
严畹滋,谢福生,严独鹤编辑
    上海 世界书局 民国14.1[1925.1]初版,民国25.4第2版
    177页 图 32开 精装
    华师大

3-1006
英文基础读本
谭安丽编纂
    上海 商务印书馆 民国15.7[1926.7]-
    册(④190页) 图 32开
    第4册(古代神话):民国15.7初版,民国17.5第2版
    人教(4)

3-1007
英语活用读本
福西特(Lawrence Faucett)编纂
    上海 商务印书馆 民国17.4[1928.4]-
    册(①202,④171页) 32开
    第1册:民国21国难后1版
    第4册:民国17.4初版,民国21.12国难后1版
    人教(4) 广东中山(1)

3-1008
中学英文选
赵乐溪,戴良甫等编纂
    北平 文化学社 民国21.9[1932.9]第5版
    246页 32开
    初版附注:民国17年8月初版
    北师大

3-1009
文化英文读本
李登辉编纂
    上海 商务印书馆 民国18.3[1929.3]-
    4册(①163,②217,③300页) 图 32开
    第1册:民国18.3初版,民国21.4国难后1版,民国22.5国难后15版,民国24改订版
    第2册:民国23.10国难后10版,民国26.8版,民国37改订版
    第3册:民国28.9国难后改订17版

北师大(1-2) 人教(1-3) 广西师大(2)

3-1010
直接法英语读本
(加)文幼章(J. G. Endicott)编著
    上海 中华书局 民国21.8[1932.8]-
    册(①164页) 图 32开
    第1册:民国21.8初版,民国24.8第7版,民国29.11第18版
    教育部审定
    人教(1)

3-1011
综合法英语读本
戴骅文编著
    北平 文化学社 民国21.9[1932.9]-
    册(①100页) 32开
    第1册:民国21.9初版
    北师大(1)

3-1012
近代中学英文选
钱秉良编辑
    上海 世界书局 民国22.1[1933.1]版
    283页 32开
    北师大

3-1013
直接法英语副读本
帕尔默(H. E. Palmer)编
    上海 中华书局 民国22.5[1933.5]-
    11册 32开
    第1-7,9,11册:民国22.5-23.2版
    北师大(1-7,9,11)

3-1014
英文考试指南
周郁年,马素泉编
    上海 大达图书供应社 民国24.5[1935.5]
    73页 32开
    逐页题名:各科考试问题详解
    辞书

3-1015
循序英文读本
邝富灼编著
    上海 商务印书馆 民国24.9[1935.9]-
    册(③133页) 图 32开
    第3册:民国24.9初版,民国29.1第16版
    人教(3)

3-1016
发树
(英)Morgan, Mary De 原著
    昆明 中华书局 民国24.10[1935.10]
    47页 图 32开
    其他题名:韦氏英文辅助读本发树

编译馆

3-1017

最新英语读本
陈鹤琴编
上海 中华书局 民国25.2[1936.2]-
册(①66,②73页) 32开
第1-2册：民国25.2版
北师大(1-2)

3-1018

英语读音指南[增订本]
谢盛德编 林天兰,倪耿光校
上海 商务印书馆 民国37.8[1948.8]第9版
74页 32开
初版附注：民国25年4月初版
华师大

3-1019

直接法英语读本[改订本]
(加)文幼章(J. G. Endicott)编著
上海 中华书局 民国26.7[1937.7]-
6册 图 32开
第1册：民国26.7初版
第2册：民国26.7初版
第3册：民国26.7初版,民国30.3第15版
人教(1-3) 编译馆(3)

3-1020

直接法英语补充读本
(加)文幼章·詹姆斯(J. G. Endicott),(加)文幼章·玛丽(Mary Austin Endicott)编
上海 中华书局 民国26[1937]-
5册(①76页) 32开
第1册：民国26年版
人教(1)

3-1021

韦氏英文读本
韦斯特(Michael West)编
上海 中华书局 民国28.1[1939.1]-
册 图 32开
第4-7册：民国28.1-4版
人教(4-7)

3-1022

韦氏英文读本练习书
韦斯特(Michael West)原编 张梦麟改订
昆明 中华书局 民国28.10[1939.10]-
册(⑤64页) 32开
第5册：民国28.10初版
人教(5)

3-1023

短篇英语背诵文选[改订本]
张云谷,姚志英编注
上海 建国书局 民国29[1940]-

3册 32开
第1册：民国36年版
第2册：民国36年版
第3册：民国29初版,民国35第8版,民国36年版
人教(3) 华师大

3-1024

分级英语故事读本
桂裕编
上海 竞文书局 民国34.9[1945.9]-
册 32开
第2册：民国34.9第4版
第3册：民国36.12第2版
初版附注：民国32年1月初版
华师大(2-3)

3-1025

最新中学精读英文选
杨承芳选注
桂林 环珠书屋 民国32.4[1943.4]
289页 32开
辞书

3-1026

英文选集
朱复选辑
上海 龙门出版公司 民国33.7[1944.7]-
册 32开
第1册：民国33.7第4版
华师大(1)

3-1027

简易英语剧本集
陆殿扬编
上海 开明书店 民国36.3[1947.3]第3版
66页 32开 (简易英语丛书)
初版附注：民国34年6月初版
华师大

3-1028

简易英语书信集
陆殿扬编
上海 开明书店 民国38.2[1949.2]第4版
66页 32开 (简易英语丛书)
初版附注：民国34年12月初版
华师大

3-1029

现代英语读本
Eugene Tseu著
上海 [Kwang Yih Book Company] 民国35[1946]-
1册 图 32开
华师大

3-1030

实用英语读本
D. Y. Loh编

上海　中国图书有限公司　[1912-1949?]
　　册(①173页)　图　32开
　　第1册:版次不详
　　人教(1)

＊　＊　＊

3-1031

汉释初级实用英文选
平海澜编纂　邝富灼校订
　　上海　商务印书馆　民国13.5[1924.5]初版,民国16.8第3版,民国22.9国难后1版,民国27.6国难后4版
　　105页　32开
　　其他题名:初级实用英文选
　　人教

3-1032

演进式初级英文读本
钱兆和,吴德彰编　沈彬校
　　上海　中华书局　民国16.6[1927.6]版
　　198页　32开
　　北师大

3-1033

初中直接法英语教科书
张士一编
　　上海　商务印书馆　民国19.5[1930.5]-
　　册(①38页)　32开
　　第1册(耳口练习):民国19.5版
　　其他题名:直接法英语教科书
　　人教(1)　广东中山(1)

3-1034

初级基本英语读本
钱歌川,张梦麟合编　詹姆斯(R. D. Jameson)校阅
　　上海　中华书局　民国23.2[1934.2]-
　　4册(①140页)　32开
　　第1册:民国23.2初版
　　其他题名:基本英语读本
　　人教(1)

3-1035

国民英语读本
陆步青编著
　　上海　世界出版合作社　民国23.2[1934.2]-
　　3册(③261页)　图　32开
　　第3册:民国23.2初版,民国23.12第3版
　　初级中学学生用
　　人教(3)

3-1036

初中英文辑要
妥子权,杨敬一,张虹君,刘和民,宁绍宸编辑
　　天津　新民学会　民国24.5[1935.5]
　　90页　32开

辞书

3-1037

初中英文复习指导书
于澄编
　　上海　新生书局　民国25.1[1936.1]
　　[149]页　图　32开
　　逐页题名:英文试题及详解
　　辞书

3-1038

英文
成静成,庄右铭,宋旭晨合编
　　上海　光明书局　民国25.4[1936.4]
　　103页　32开　(题解中心初中复习丛书　3)
　　辞书　编译馆

3-1039

初级英语模范作文读本
S. T. Chiu, S. P. Chyn著
　　上海　民国29.4[1940.4]第4版
　　1册　32开
　　初版附注:民国25年9月初版
　　华师大

3-1040

初中英文复习指导
丁光宇编
　　上海　现代教育研究社　民国26.2[1937.2]第2版,民国26.5第3版
　　248页　32开
　　升学考试必读
　　河南

3-1041

初级英文选读
桂绍盱编
　　上海　中华书局　民国26.4[1937.4]初版,民国28.8第2版
　　82页　32开　(英文学生丛书)
　　人教

3-1042

英文
钱颂平编
　　上海　世界书局　民国27.9[1938.9]
　　137页　32开　(初中自修指导丛书)
　　补习、复习及考试升学用
　　逐页题名:初中英文自修指导
　　辞书

3-1043

初中英语
盛谷人,姚之玺,厉志云,张云谷编辑
　　上海　中学生书局　民国29.5[1940.5]-
　　册(⑤176页)　32开　精装
　　第5册:民国29.5第2版
　　编译馆(5)

3-1044

初中英文选
葛传规,桂绍盱编
  上海 竞文书局 民国37.1[1948.1]-
   册 32开
  第1册:民国37.7第7版
  第2册:民国37.1第5版
  初版附注:民国32年6月初版
  华师大(1-2)

3-1045

大东初中英语读本
沈彬编著 蒋梦麟校订
  上海 大东书局 民国36.5[1947.5]-
  6册(77,109,117,143,158,176页) 32开
  第1册:民国36.5第7版,民国37.11第14版
  第2册:民国36.5第7版,民国37.11第9版
  第3册:民国36.12第6版
  第4册:民国37.11第5版
  第5册:民国36.12第4版
  第6册:民国36.12第3版
  其他题名:初中英语读本
  人教

3-1046

英语读音一助
谢大任编著
  上海 中华书局 民国36.12[1947.12]
  166页 32开 (中华文库 初中第1集)
  华师大 辞书

3-1047

英语学习法
钱歌川,张梦麟编
  上海 中华书局 民国36.12[1947.12]
  147页 32开 (中华文库 初中第1集)
  华师大 辞书

3-1048

中级英文读本
胡毅编选
  上海 商务印书馆 民国36.12[1947.12]-
  3册(①223,②362页) 32开
  第1册:民国36.12初版,民国38.1第3版
  第2册:民国37.8初版
  人教(1-2)

3-1049

初中英文复习指导
丁光宇编
  上海 现代教育研究社 民国37.4[1948.4]第2版
  248页 32开
  辽宁

3-1050

初级英语模范读本
瞿世镇,秦思沛合编
  上海 三民图书公司 民国37[1948]新8版
  1册 32开
  广东中山

3-1051

初级英文背诵文选
何一介著
  上海 启明书局 民国37[1948]第2版
  73页 32开
  广东中山

3-1052

中级英文补充读本
胡毅,黄巨兴编纂
  上海 商务印书馆 民国38.1[1949.1]-
   册 32开
  第1册:民国38.1版
  华师大(1)

     * * *

3-1053

高中英文选
[沈问梅编]
  [出版者不详] 民国18[1929]-
  1册 32开
  华师大

3-1054

高中英文选
苏州中学教员英文研究会编纂 沈彬等校订
  上海 昆明 中华书局 民国19.5[1930.5]-
  3册(294,334,348页) 大32开
  第1册:民国19.5初版,民国21.8第12版,民国29.7第35版,民国34修订41版,民国35修订45版,民国35修订46版,民国36.10修订47版
  第2册:民国20.7第4版,民国20.8第5版,民国24.11修订18版,民国34.11修订版,民国36.4修订37版
  第3册:民国20.7第3-4版,民国29修订版,民国34修订29版,民国36.4修订35版
  北师大 人教 华师大(2-3) 河南 辽宁(2-3) 编译馆(1)

3-1055

标准高级英文选
李儒勉选辑
  上海 商务印书馆 民国20.4[1931.4]-
   册 32开
  第1册:民国20.4初版,民国20.4第6版,民国21.9国难后1版,民国24.4国难后5版,1950.8第27版
  第2册:民国26.1国难后6版,民国38.4第22版
  第3册:民国37.8第19版
  初版附注:民国20年4月-22年1月初版

人教(1-2)　华师大(1-3)

3-1056

新中华高中英语读本
李儒勉编
　　上海　新国民图书社　民国21.7[1932.7]-
　　3册(①213页)　32开
　　第1册：民国21.7初版
　　其他题名：高中英语读本
　　人教(1)

3-1057

高中英文选
初大告等编辑
　　北平　立达书局　民国22.2[1933.2]-
　　　册(①236页)　32开　精装
　　第1册：民国22.2初版
　　人教(1)

3-1058

高中英文萃选
石民选注
　　上海　北新书局　民国22.8[1933.8]-
　　3册(234,316,340页)　32开
　　第1册：民国22年版,民国35.9新版,民国37.4第2版
　　第2册：民国22年版,民国32.6版,民国37.4第2版
　　第3册：民国22.8版,民国35.9新版
　　国图(2)　北师大　人教　华师大(1)

3-1059

高级中学英文选
力谢盐等编
　　北平　师大附中英文丛刊社　民国22.8-23.2[1933.8-
　　　1934.2]
　　3册(250,285,306页)　32开　精装
　　第1册：民国22.8初版,民国23.9第2版
　　第2册：民国23.2初版
　　第3册：民国23.2初版,民国25.8版
　　北师大　人教(1,3)

3-1060

高中英文辑要
孙东宣,刘韵陶,张虹君,宁绍宸,杨敬一,妥子权,刘和民
　　编辑
　　天津　新民学会　民国24.5[1935.5]
　　228页　32开
　　辞书

3-1061

高级学生作文成绩
桂绍盱编
　　上海　中华书局　民国26.10[1937.10]
　　99页　32开　(英文学生丛书)
　　华师大

3-1062

现代英文选注
葛传椝编
　　上海　竞文书局　民国28.6[1939.6]-
　　　册　32开
　　第1册：民国28.6初版,民国35.9第4版
　　第2册：民国35.9第4版
　　高中及大学适用
　　人教(1)　华师大(2)

3-1063

高中英文名人文选
S. C. Richard 著
　　上海　三民图书公司　民国28[1939]
　　455页　32开
　　附：英文注释
　　广东中山

3-1064

新法高中英语读本
(加)文幼章(J. G. Endicott)编
　　昆明　中华书局　民国29.12[1940.12]-
　　3册(①150页)　32开
　　第1册：民国29.12初版
　　其他题名：高中英语读本
　　人教(1)　华师大(1)　编译馆(1)

3-1065

高中英语复习指导
黄永绪编
　　成都　现代教育研究社　民国32.1[1943.1]
　　148页　[24开]　(高中复习指导丛书)
　　升学会考必备
　　国图

3-1066

高级英语模范作文读本
瞿世镇,秦思沛合编
　　上海　三民图书公司　民国35[1946]第7版
　　219页　32开
　　其他题名：英语模范作文读本
　　广东中山

3-1067

高中英文选
葛传椝,桂绍盱编
　　上海　竞文书局　民国36.9[1947.9]-
　　　册(①-②[184]页)　32开
　　第1册：民国36.9初版,民国37.8第2版,民国38.3第3版
　　第2册：民国37.10第2版
　　初版附注：民国36年9月初版
　　华师大(1-2)　广东中山(1)

3-1068

高中英语读本
缪廷辅编著

上海　龙门联合书局　民国 38.4[1949.4]-
　　册(①③[157]页)　32 开
第 1,3 册：民国 38.4 版
人教(1,3)　华师大(1)

会　话

课　本

3-1069

英语会话教科书
邝富灼编纂
　　上海　商务印书馆　民国 1.10[1912.10]第 7 版,民国 2 第 8
　　　版,民国 12 订正 17 版,民国 20 第 20 版
　　148 页　32 开
　　初版附注：清光绪 34 年 9 月初版
　　初版附注：清宣统 2 年 9 月订正初版
　　其他题名：订正英语会话教科书
　　北师大　人教　广东中山

3-1070

中华英文会话教科书
辜景华编　李登辉,杨锦森校订
　　上海　中华书局　民国 3.3[1914.3]-
　　4 册(62,61,68,96 页)　32 开
　　第 1 册：民国 3.3 初版
　　第 2 册：民国 21.5 第 21 版
　　第 3 册：民国 3.11 初版
　　第 4 册：民国 4.5 初版
　　其他题名：英文会话教科书
　　人教

3-1071

日用英语会话教本
布赖恩(J. I. Bryan)编纂
　　上海　商务印书馆　民国 6.9[1917.9]初版,民国 38.3 订正
　　　30 版
　　96 页　32 开
　　人教

3-1072

高级英语会话教科书
沈竹贤编
　　上海　商务印书馆　民国 6[1917]-
　　2 册(122,121 页)　32 开
　　第 1 册：民国 6 第 4 版
　　第 2 册：民国 6 第 2 版
　　教育部审定　中学及师范学校用
　　河南

3-1073

中等英语会话
周越然编纂
　　上海　商务印书馆　民国 8.8[1919.8]-
　　册(①45,②56,③58,④68 页)　32 开
　　第 1 册：民国 23.8 国难后 3 版
　　第 2 册：民国 27 国难后 5 版,民国 30.3 国难后 10 版
　　第 3 册：民国 8.8 初版,民国 9 第 2 版,民国 22 国难后 1 版
　　第 4 册：民国 22.5 国难后 1 版
　　中学校及师范学校用　第一学年～第四学年用
　　初版附注：民国 8 年 8 月初版
　　北师大(1)　河南(3)　广东中山(1-3)　编译馆(2,4)

3-1074

中学英语会话读本
布赖恩(J. I. Bryan)编纂
　　上海　商务印书馆　民国 15.10[1926.10]-
　　3 册(69,65,91 页)　32 开
　　第 1 册：民国 15.10 初版,民国 24 国难后 4 版,民国 27.10 国
　　　难后 8 版
　　第 2 册：民国 15.10 初版,民国 30.3 国难后 10 版
　　第 3 册：民国 23 国难后 2 版,民国 30.3 国难后 6 版
　　其他题名：中等英语会话读本
　　其他题名：英语会话读本
　　人教(1)　辽宁　广东中山

3-1075

英语会话范本
王步贤编
　　上海　商务印书馆　民国 19[1930]第 5 版,民国 22 国难后 1
　　　版,民国 24 年版
　　161 页　32 开
　　华师大　广东中山

3-1076

现代英文会话
J. L. Howe 著
　　上海　世界书局　民国 24.3[1935.3]-
　　2 册　32 开
　　上册：民国 24.3 版
　　下册：民国 36.10 第 2 版
　　国图(2)　华师大(1)

3-1077

学生英语会话课本
哈金斯(M. I. Huggins)编
　　上海　中华书局　民国 28.5[1939.5]-
　　4 册(②62 页)　32 开
　　第 2 册：民国 28.5 初版,民国 30.1 第 2 版
　　人教(2)

3-1078

日常英语阅读及会话
李儒勉编著
　　上海　中华书局　民国 36.2[1947.2]
　　2 册(48,44 页)　32 开
　　第 1 册：民国 36.2 初版,民国 37.4 第 2 版
　　第 2 册：民国 36.2 初版

人教

文 法

课 本

3-1079

最近英文法教科书
(日)齐藤秀三郎著　藐姑射山人编译
　　浙江　赤诚学社　清光绪33.4[1907]版
　　195页　32开
　　中学及师范学校用
　　北师大

3-1080

纳氏第二英文法讲义
(英)纳斯菲尔德著　赵灼译述
　　上海　群益书社　清光绪33.8[1907]初版,光绪34.9订正3版
　　173页　表　32开　精装
　　人教

3-1081

增广英文法教科书
(美)基特里奇,(美)阿诺德原著　徐铣译订　王蕴章,甘永龙校勘
　　上海　商务印书馆　民国9[1920]第13版,民国9.9第14版,民国10第17版,民国11.4第18版,民国22.3国难后1版,民国29国难后版
　　425页　32开
　　教育部审定　中学及师范学校用
　　附：华文释义
　　初版附注：清宣统元年12月初版
　　北师大　人教　河南　广东中山

3-1082

简要英文法教科书
(美)纽瑟姆(Newsom)原著　奚若,王蕴章校订
　　上海　商务印书馆　清宣统2[1910]版,民国3.9第7版,民国9第13版,民国14第21版,民国16.8第22版,民国18.8第23版,民国21.12国难后2版,民国24国难后4版,民国26国难后6版
　　130页　32开
　　教育部审定
　　附：国文释义(小字本)
　　初版附注：清宣统2年2月初版
　　北师大　人教　河南　广东中山

3-1083

英文云谓字规范
陈登澥编纂
　　上海　商务印书馆　民国3.2[1914.2]第3版
　　158页　32开

中学校及师范学校用
初版附注：民国元年1月初版
北师大

3-1084

纳氏第一英文法讲义[改订本]
(英)纳斯菲尔德(Nesfield)著　赵灼译述
　　上海　群益书社　民国1.8[1912.8]第4版
　　96页　32开　精装
　　人教

3-1085

纳氏第三英文法讲义[订正本]
(英)纳斯菲尔德(Nesfield)著　赵灼译述
　　上海　群益书社　民国1.9[1912.9]
　　2册([765]页)　32开　精装
　　第1-2册(上下卷)：民国1.9第3版
　　人教

3-1086

中学英文法
邝富灼编纂
　　上海　商务印书馆　民国2.6[1913.6]-
　　4册(45,54,120,174页)　32开
　　第1册：民国2.6初版,民国8.10第20版,民国12第26版,民国14.9第28版
　　第2册：民国14第24版,民国18第26版
　　第3册：民国11.4第18版,民国13年版,民国15.12第22版
　　第4册：民国8第11版,民国10第13版,民国11第14版,民国14.1第16版,民国17第18版
　　教育部审定
　　其他题名：共和国教科书中学英文法
　　北师大(1,3)　人教(1,3-4)　广东中山

3-1087

英文法阶梯
邝富灼编著
　　上海　商务印书馆　民国2.6[1913.6]-
　　4册(②54页)　32开
　　第2册：民国2.6初版,民国21.11国难后1版,民国27.9国难后7版,民国30.2国难后12版
　　中学适用
　　其他题名：共和国教科书英文法阶梯
　　人教(2)　华师大(2)

3-1088

初级英文法教科书
周越然参订　徐铣校勘
　　上海　商务印书馆　民国8.12[1919.12]第2版,民国17第7版,民国18第8版
　　125页　32开
　　中学校及师范学校用
　　初版附注：民国2年11月初版
　　北师大　广东中山

3-1089

新制英文法
杨锦森编
　　上海　中华书局　民国3.4[1914.4]-
　　　册(②129页)　32开
　　第2册：民国3.4初版,民国7.2第5版
　　教育部审定
　　人教(2)

3-1090

中华中学英文法初步
沈步洲编
　　上海　中华书局　民国3.10[1914.10]
　　70页　32开
　　北师大

3-1091

中等英文法
刘崇袲著　（英）梅殿华校阅
　　上海　中华书局　民国11.12[1922.12]第17版,民国36.9
　　　第51版
　　103页　32开
　　初版附注：民国4年5月初版
　　北师大　人教

3-1092

初级英文法英作文合编
吴献书编纂　邝富灼校订
　　上海　商务印书馆　民国4.11[1915.11]初版,民国6.2第2
　　　版,民国15第7版
　　117页　32开
　　人教　广东中山

3-1093

纳氏第四英文法讲义
（英）纳斯菲尔德(Nesfield)著　陈文祥译述
　　上海　群益书社　民国5.3[1916.3]-
　　4册(①322页)　32开　精装
　　第1册(上卷)：民国5.3初版
　　人教(1)

3-1094

英文造句教科书：英汉对照
张秀源编纂
　　上海　商务印书馆　民国6.2[1917.2]初版,民国15第14
　　　版,民国17第15版,民国19第17版,民国21国难后1版,
　　　民国22国难后3版,民国24.3国难后5版
　　62页　32开
　　附：答案
　　人教　天津　广东中山

3-1095

新体英文法教科书
商务印书馆编译所编纂
　　上海　商务印书馆　民国7.4[1918.4]
　　2册(176,221页)　32开

　　上下册：民国7.4初版,民国14.11第4版,民国12第5版
　　中学校用
　　北师大(1)　人教　河南　广东中山

3-1096

实用英文法教科书
赵本善编纂　邝富灼校订
　　上海　商务印书馆　民国7.9[1918.9]初版,民国10.11第5
　　　版,民国17.11第12版,民国19第13版
　　194页　32开
　　北师大　广东中山

3-1097

实用英文修辞学
陆殿扬编著
　　上海　国民文化出版社　民国37.3[1948.3]第15版
　　58页　32开
　　初版附注：民国9年12月初版
　　华师大

3-1098

英文法
戴克谐编　沈彬,马润卿校阅
　　上海　中华书局　民国10.2[1921.2]-
　　4册(②164页)　32开
　　第2册：民国10.2初版,民国11.7第2版
　　其他题名：新教育教科书英文法
　　人教(2)

3-1099

汉英文法翻译合解教科书
张鹏云编
　　上海　新中国印书馆　民国12[1923]版
　　315页　32开
　　河南

3-1100

英文句语分析与图解
李振南编纂　勃里特校订
　　上海　商务印书馆　民国14.2[1925.2]第3版
　　47页　32开
　　华师大

3-1101

实用中学英文法
万君和编
　　上海　中华书局　民国15.7[1926.7]版
　　156页　32开
　　北师大

3-1102

英文法结晶
朱树蒸编著
　　上海　新中国出版社　民国35.9[1946.9]第7版
　　232页　32开
　　初版附注：民国17年9月初版
　　华师大

3-1103

英文文法 ABC
林汉达编著
    上海　世界书局　民国 19.1[1930.1]-
    2 册(178,208 页)　32 开　(活用英文 ABC 丛书)
    上册:民国 19.1 初版,民国 25.3 第 16 版,民国 38.2 新 28 版
    下册:民国 33.11 新 10 版,民国 38.2 新 19 版
    初版附注:民国 19 年 1 月初版
    人教

3-1104

开明英文文法
林语堂著
    上海　桂林　开明书店　民国 19.8[1930.8]-
    2 册([477]页)　32 开
    上册:民国 19.8 初版,民国 30 桂普及本 1 版
    下册:民国 22.2 版,民国 24.10 版,民国 30 桂普及本 1 版
    附:主题与名词索引
    其他题名:英文文法
    人教　华师大(2)　广东中山

3-1105

镇海学校英文文法讲义
卢家炳编著
    广州　启明印务公司　民国 20.2[1931.2]版
    101 页　32 开
    广东中山

3-1106

中学英文法教科书
威廉斯(E. M. Williams)编纂
    上海　商务印书馆　民国 24.6[1935.6]初版,民国 24.9 第 3 版,民国 36.3 第 13 版
    343 页　32 开
    人教　湖南　广东中山

3-1107

实用中学英语语法
钱秉良编著　葛传椝校阅
    上海　竞文书局　民国 37.2[1948.2]第 10 版
    181 页　32 开
    初版附注:民国 28 年 8 月初版
    华师大

3-1108

英文文法大全
喻勋尧编著　郑觉民校订
    [不详]　中西文化印书馆　民国 32.9[1943.9]
    400 页　32 开
    中学适用　汉文详注
    华师大

3-1109

中学现代英文法
缪廷辅编辑
    上海　广协书局　民国 36.3[1947.3]第 3 版
    148 页　32 开
    初版附注:民国 35 年 7 月初版
    华师大

3-1110

基本英文法
陈竹君编著
    上海　商务印书馆　民国 35.10[1946.10]初版,民国 36.10 第 3 版
    217 页　32 开
    人教

3-1111

开明新编中等英文法
吕叔湘著
    上海　开明书店　民国 36.9-10[1947.9-10]
    2 册(144,294 页)　32 开
    上册:民国 36.9 初版,民国 37.12 第 3 版
    下册:民国 36.10 初版
    其他题名:新编中等英文法
    人教　华师大(1)

* * *

3-1112

中学英文法
周由廑编译
    上海　商务印书馆　民国 10[1921]-
    册(②69 页)　32 开
    第 2 册:民国 10 第 4 版
    第二学年用
    封面题名:汉译中学英文法
    广东中山(2)

3-1113

初级英文法
王宠惠著
    上海　中华书局　民国 14[1925]-
    2 册(79,92 页)　32 开
    第 1 册:民国 14 第 10 版,民国 21 第 24 版,民国 22.12 第 27 版
    第 2 册:民国 21.11 第 17 版,民国 23.9 第 19 版
    初级中学用
    初版附注:民国 12 年 2-5 月初版
    其他题名:新中学教科书初级英文法
    北师大　人教　华师大(2)　河南(1)　广东中山(1)

3-1114

新制初中英文法教科书
邵松如,戴骅文编纂　沈步洲订正
    北京　文化学社　民国 16[1927]版,民国 22.3 第 16 版
    216 页　32 开
    教育部审定
    初版附注:民国 13 年 7 月初版

其他题名：初中英文法教科书
北师大

3-1115
现代初中英文法教科书
　　林礼青编纂
　　　　上海　商务印书馆　民国13[1924]-
　　　　2册(①184页)　32开
　　　　第1册：民国13第2版
　　　　其他题名：初中英文法教科书
　　　　广东中山(1)

3-1116
新学制初中英文法教科书
　　胡宪生编纂
　　　　上海　商务印书馆　民国15.2[1926.2]初版,民国17.3第6
　　　　版,民国18第8版
　　　　246页　32开
　　　　其他题名：初中英文法教科书
　　　　人教　广东中山

3-1117
现代初中英文法教科书
　　林天兰编纂
　　　　上海　商务印书馆　民国15.4[1926.4]-
　　　　2册(②194页)　32开
　　　　第2册：民国15.4初版,民国15.5第5版
　　　　其他题名：初中英文法教科书
　　　　人教(2)　广东中山(2)

3-1118
初级中学北新英文法
　　石民编
　　　　上海　北新书局　民国21.8[1932.8]初版,民国23.5第5版
　　　　182页　32开
　　　　其他题名：北新英文法
　　　　北师大　河南

3-1119
初中英文法
　　章长卿编著
　　　　上海　大东书局　民国22.7[1933.7]
　　　　314页　大32开
　　　　初级中学学生用
　　　　北师大

3-1120
初中简易英文法
　　刘维向编纂
　　　　上海　商务印书馆　民国24.5[1935.5]版
　　　　126页　32开
　　　　其他题名：简易英文法
　　　　人教

3-1121
新编初中英文法教科书
　　爱德华(M. C. Edward)著
　　　　上海　商务印书馆　民国28[1939]-
　　　　册(①72页)　32开
　　　　第1册：民国28年版
　　　　其他题名：初中英文法教科书
　　　　人教(1)

3-1122
初中英文法
　　邵松如,戴骅文编著　吴文仲修正
　　　　北平　文化学社　民国37.9[1948.9]第34版
　　　　237页　32开
　　　　教育部审定
　　　　其他题名：初中英语文法
　　　　北师大　人教

＊　＊　＊

3-1123
新中华高等英文法
　　沈步洲编辑　王祖廉修订
　　　　上海　新国民图书社　民国17.8[1928.8]初版,民国18.9第
　　　　2版,民国21.6第4版
　　　　164页　32开　精装
　　　　高级中学用
　　　　其他题名：新中华教科书高等英文法
　　　　国图　人教

3-1124
实验高级英文法
　　邓达澄编纂
　　　　上海　重庆　商务印书馆　民国22.9[1933.9]初版,民国
　　　　36.12渝20版,民国37.8第73版
　　　　312页　32开
　　　　人教　华师大

3-1125
高中英文法
　　(伪)教育部编审委员会编著
　　　　北平　[编者刊]　民国27.8[1938.8]
　　　　302页　32开　精装
　　　　人教

3-1126
汉译开明英文文法
　　林语堂著　张沛霖译
　　　　上海　开明书店　民国29.10[1940.10]初版,民国35第8
　　　　版,民国38.2第14版
　　　　448页　32开
　　　　高级中学教科适用
　　　　其他题名：开明英文文法
　　　　人教　河南

3-1127
高中英语语法实习教本
　　谢大任,陈志云编著

上海　文怡书局　民国36.9[1947.9]第7版
399页　大32开
华师大

3-1128
简明高级英文法
闻天声编著
上海　世界书局　民国36.9[1947.9]第4版
150页　32开
其他题名：高级英文法
人教

3-1129
高级英语法
缪廷辅编
上海　龙门联合书局　民国38.3[1949.3]第3版
273页　32开
附：练习
人教

3-1130
高中实用英文法与成语
麦秩勤编
[出版者不详]　[1912-1949?]
446页　32开
广东中山

作　文

课　本

3-1131
英作文教科书
汪廷襄译辑　薛宜瑞校阅
汉口　昌明公司　清光绪33.5[1907]版
77页　32开
北师大

3-1132
英文作文教科书：第一编
邝富灼编纂
上海　商务印书馆　民国1[1912]版
82页　32开
其他题名：英语作文教科书第一编
北师大

3-1133
英文尺牍教科书
张士一编纂　邝富灼校订
上海　商务印书馆　民国3.1[1914.1]初版,民国11.10第13版,民国22.1国难后4版
143页　32开
中学及师范学校用
北师大　广东中山　编译馆

3-1134
英文造句法
周越然编纂　邝富灼校订
上海　商务印书馆　民国10.10[1921.10]第11版
94页　32开
中学校用
初版附注：民国3年10月初版
北师大

3-1135
新撰英文作文教科书
赵灼编
上海　群益书社　民国5[1916]-
3册(122,165,174页)　32开
第1-3册：民国5-6年版
其他题名：英文作文教科书
国图

3-1136
英文作文法
谢颂羔编辑
上海　中华书局　民国14.3[1925.3]初版,民国18.9第3版
386页　32开　精装
其他题名：新中学教科书英文作文法
人教

3-1137
实用英语作文法
戴骅文编纂
北平　文化学社　民国19.9[1930.9]第2版
88页　32开
初版附注：民国16年9月初版
北师大

3-1138
英语作文教科书
邝富灼著
上海　商务印书馆　民国20[1931]-
2册(181,195页)　32开　精装
第1册：民国20第18版,民国22.1国难后1版
第2册：民国22.1国难后1版
湖南　广东中山(1)　编译馆(1)

3-1139
中学实用英语作文
Flecher,W.J.B.编纂
上海　商务印书馆　民国22.9[1933.9]国难后1版
48页　32开　精装
编译馆

3-1140
简易英语论说集
陆殿扬编
上海　开明书店　民国37.3[1948.3]第3版
79页　32开　（简易英语丛书）

初版附注：民国34年9月初版
华师大

3-1141
英语作文范本
姚慕谭编纂
上海　商务印书馆　民国37.5[1948.5]第4版
251页　32开
初版附注：民国35年1月初版
华师大

* * *

3-1142
初级英语作文：直观法
周越然编
上海　商务印书馆　民国22[1933]国难后2版
77页　32开
广东中山

3-1143
英语作文入门
陆贞明著
上海　中华书局　民国36[1947]版
95页　32开　（中华文库　初中第1集）
辞书　广东中山

3-1144
初级英文模范作文
林荫编译　沈昌校阅
上海　春明书店　[1912-1949?]
71页　32开
英汉对照　课程适用
华师大

3-1145
初级英语作文教科书
何鼎新编译
上海　广智书局　[1912-1949?]
89页　32开
北师大

* * *

3-1146
高级英文模范作文
林荫编译　汪成德校阅
上海　春明书店　民国35.11[1946.11]第2版
86页　32开
英汉对照　课程适用
华师大

法语、德语

课　本

3-1147
法文初范
［张一风编］
上海　土山湾印书馆　民国5[1916]第5版,民国13第7版
308页　32开　精装
人教

3-1148
德文进阶：初级
邵骥译著
上海　中华图书馆　民国6.2[1917.2]版
210页　32开　精装
人教

3-1149
华法中学读本
商务印书馆编译所编译
上海　商务印书馆　民国9[1920]第9版
189页　32开
河南

3-1150
法语读本
（法）迪朗（A. Durand）编
上海　[出版者不详]　民国14[1925]-
6册　图　32开
第2,5册：民国14年版
第一学年用
人教(5)　华师大(2)

3-1151
中学法文文法
凌望超编译
上海　商务印书馆　民国21[1932]国难后1版
315页　32开
广东中山

3-1152
中学法文文范
Zi-Ka-Wei 编辑
上海　土山湾印书馆　民国26[1937]修正2版
348页　32开　精装
人教

3-1153
法语读本
北平　圣母会总会　民国26[1937]-
2册(138,209页)　图　32开　精装　（圣母会丛书）
第1册：民国26年版
第2册：民国27年版
人教

日语

课 本

3-1154

正则东语教科书
常惺编
　　武昌　新学会　清光绪31.3[1905]-
　　册(①90页)　大32开　线装
　　第1册(一编)：光绪31.3初版
　　辞书(1)

3-1155

东文法程
商务印书馆编译所编辑
　　上海　商务印书馆　清光绪31[1905]
　　122页　大32开
　　中学堂教科书
　　国图

3-1156

中学日本文法教科书
(日)和田万吉原著　华文祺校
　　上海　文明书局　清光绪34[1908]
　　1册　25开
　　国图

3-1157

现代日语
蒋君辉著
　　上海　中国科学公司　民国19.9[1930.9]-
　　2册([195]页)　大32开
　　第1册(上卷)：民国19.9第2版,民国20.9第5版,民国24.5第22版
　　第2册(下卷)：民国26.5第7版
　　教育部审定　大学、中学适用
　　初版附注：民国19年2月-20年3月初版
　　上海(1)　华师大

3-1158

(修正)增补东文新教程
沈觐鼎著
　　上海　[著者刊]　民国22.12[1933.12]第2版
　　142页　大32开
　　日语教科用书
　　其他题名：增补东文新教程
　　上海

3-1159

初中日语
(伪)教育部编审委员会编纂
　　6册([625]页)　图　32开
　　其他题名：国定教科书初中日语

①上海　华中印书局　民国29.8[1940.8]-
　　第1册：民国31.1第2版
　　第2册：民国29.8初版,民国32.7第4版
　　第4册：民国32.7第5版
　　第5册：民国31.1第2版,民国31.10第3版
　　第6册：民国31年版
　　人教(2,4-5)　上师大(1-2,4-6)　广西师大(1,5-6)
②南京　(伪)国民政府教育部　民国30.2[1941.2]
　　第1册：民国30.2版
　　第2册：民国30.2版
　　第3册：民国30.2版
　　第4册：民国30.2版,民国33第7版
　　第5册：民国30.2版,民国31第3版
　　第6册：民国30.2版
　　人教　广东中山(4-5)

3-1160

阶梯中等日本语读本
(伪)北京特别市教育局日语研究会著
　　北平　[著者刊]　民国29.10[1940.10]-
　　册(①85页)　32开
　　第1册(上卷)：民国29.10初版,民国30.8第25版
　　(伪)教育总署直辖编审会审定
　　初版附注：民国29年10月初版
　　其他题名：中等日本语读本
　　北师大(1)　人教(1)

3-1161

基本日语读本
张骏岳著
　　上海　三通书局　民国29[1940]版
　　195页　32开
　　日语专修学校、日语补习学校作教本或自修用
　　河南

历 史

课 本

3-1162

中华中学历史教科书
潘武编　戴克敦,姚汉章,陆费逵阅
　　上海　中华书局　民国1.9[1912.9]-
　　4册(175,272,145,211页)　图　32开
　　第1册(本国之部)：民国1.9初版,民国2.1第2版,民国2.8第5版,民国3.2第7版,民国8.1第20版,民国8.6第21版
　　第2册(本国之部)：民国2.1第2版,民国2.5第3版,民国2.7第4版,民国8.1第16版,民国8.9第18版,民国9.2第19版
　　第3册(东亚之部)：民国2.10初版,民国8.6第21版,民国

8.9第14版

第4册(西洋之部):民国1.11初版,民国3.2第4版,民国4第9版,民国8.9第16版,民国9.6第17版

教育部审定

逐页题名:中学历史教科书

北师大　人教　上海(1-2)　辞书

3-1163

汇学课本通史辑览
(意)翟彬甫著　李问渔重译

上海　土山湾慈母堂　民国18.2[1929.2]第4版

357页　折图　32开　精装

人教

3-1164

初中历史
沈味之,朱翊新,朱公振编著　董文,魏冰心校订

上海　世界书局　民国18.6-19.1[1929.6-1930.1]

6册(98,107,86,101,99,108页)　地图,照片,图　大32开

第1册:民国18.6初版,民国18.8第2版,民国18.10第3版

第2册:民国18.6初版,民国18.8第2版

第3册:民国18.6初版,民国18.11订正2版

第4册:民国18.6初版

第5册:民国19.1初版,民国19.2订正2版

第6册:民国19.1初版,民国19.2订正2版

初级中学学生用

其他题名:新主义教科书

北师大　人教　华师大(3-6)　辞书　广东中山(1)

3-1165

初中史讲义
奉天省立第二初级中学编

沈阳　奉天省立第二初级中学校友会　民国23[1934]-

册(①130,②122页)　地图,图　32开

第1册:民国23初版

第2册:版次不详

辽宁(1-2)

3-1166

初级中学历史
教育部教科用书编辑委员会编　宋延庠等编辑　国立编译馆校订　计维新,章高炜绘图

上海　济南　国定中小学教科书七家联合供应处　民国34[1945]-

6册(①120,②106,③102,④120,⑤127页)　图　32开

第1册:民国34白报纸本1版

第2册:民国35.7白报纸本65版,民国36济南1版

第3册:民国35.7白报纸本65版

第4册:民国35.7白报纸本65版

第5册:民国35白报纸本1版

教育部审定

人教(2)　上师大(1-5)　河南(2)

3-1167

初中历史课本
叶蝶生编

大连　大众书店　民国35.11[1946.11]第2版

142页　32开

国图

3-1168

历史
东北政委会编

[东北]　东北书店　民国35[1946]版

161页　32开

解放区中等学校历史教科书

国图　人教

3-1169

初级中学历史[第2次修订本]
国立编译馆主编　聂家裕编辑　金兆梓,郑鹤声,黎东方等校阅　计维新,章高炜绘图

6册(117,100,94,119,121,137页)　图　32开

教育部审定

①上海　国定中小学教科书七家联合供应处　民国36.12[1947.12]-

第1册:民国36.12版

第2册:民国37.1第6版

上海(1-2)

②南京　北平　上海　正中书局　民国36.12[1947.12]-

第1册:民国37.5平1版,民国37.5沪3版,民国38.8新6版

第2册:民国36.12平1版,民国37.5沪3版

第3册:民国37.5平1版,民国37沪4版,民国38.8新6版

第4册:民国37.12沪2版

第5册:民国37.1沪1版,民国37.5平1版,民国38.8新14版

第6册:民国36.12平1版,民国37.12沪2版

人教　广东中山(2)　编译馆(1,3,5)

③上海　中华书局　民国37.1[1948.1]-

第1册:民国37第10-12版

第2册:民国37.1第6版

第3册:民国37第5-6版,民国37.5第9版

第4册:民国37.1第5版

第6册:民国37.1第3版

人教(3)　辞书(4,6)　广东中山(1,3)　编译馆(2)

④上海　商务印书馆　民国37.4-6[1948.4-6]

第1册:民国37.4初版,民国37第34版,民国37.7第47版

第2册:民国37.4初版,民国37第37版

第3册:民国37.4初版,民国37第24版

第4册:民国37.4初版

第5册:民国37.6初版

第6册:民国37.6初版

人教　上师大(1-2,4)　广西师大(1)　广东中山(1-3)

⑤上海　五联社　民国37.3[1948.3]-

第1册:民国37年版

第2册:民国38第20版

第5册：民国37.3初版
上师大(1-2)　辞书(5)
⑥上海　世界书局　民国37[1948]-
第5册：民国37年版
广东中山(5)
⑦广州　开明书店　民国37[1948]-
第2册：民国37年初版,民国37第2版
广东中山(2)

3-1170
历史
哈尔滨市教育局编
　　哈尔滨　东北书店　民国37.9[1948.9]-
　　2册(42,28页)　32开
　　第1-2册：民国37.9-11版
　　中学一年级～三年级用
　　其他题名：初中临时教材历史
　　人教

3-1171
历史
叶蠖生著
　　沈阳　东北书店　民国38.3[1949.3]
　　173页　32开
　　东北政委会教育部规定初中一年暂用课本
　　附：世界大事年表、中国王朝兴亡表
　　人教　辽宁

教学参考书

3-1172
初中历史指导书
蔡其清,朱翊新编辑
　　上海　世界书局　民国19.4[1930.4]-
　　　册(①110页)　32开
　　第1册：民国19.4版
　　初级中学教员及学生用
　　北师大(1)

3-1173
初中历史科教学进度表
江苏省教育厅编辑
　　[江苏]　[编者刊]　民国22.7[1933.7]
　　108页　表　25开
　　国图　人教

3-1174
中学历史教学法
郑鹤声编著
　　南京　正中书局　民国25.12[1936.12]
　　121页　32开　(时代教育丛书)
　　国图　辞书　天津

教学辅导书

3-1175
中外历史年表
史学研究社编
　　上海　文明书局　民国3.10[1914.10]
　　268页　[28开]
　　国图

3-1176
历史地理考试指南
周郁年,李友梅编著
　　上海　大达图书供应社　民国24.5[1935.5]
　　[142]页　32开
　　逐页题名：各科考试问题详解
　　辞书

3-1177
初中历史辑要
刘佩韦,张荷舫,刘审言编辑
　　天津　新民学会　民国24.5[1935.5]
　　134页　表　32开
　　辞书

3-1178
中外历史试题总解
范焕基,马宗瑜编著
　　上海　东方书店　民国25.1[1936.1]
　　[230]页　32开　(初中会考升学准备丛书)
　　封面题名：综合中外历史试题总解
　　辞书

3-1179
中外历史
吴墨卿,顾序东编辑
　　上海　光明书局　民国25.3[1936.3]
　　104页　32开　(题解中心初中复习丛书　10)
　　辞书

3-1180
历史　地理
陆并谦编
　　上海　世界书局　民国27.7[1938.7]初版,民国28.7第2
　　版,民国30.12第4版
　　102页　32开　(初中自修指导丛书)
　　补习、复习及考试升学用
　　版权页题名：初中历史地理自修指导
　　逐页题名：初中史地自修指导
　　人教　辞书　编译馆

3-1181
初中史地题解
黄德桢编著
　　上海　春明书店　民国36.9[1947.9]
　　140页　32开　(中学生复习丛书)

辞书

3-1182
中外史地复习指南
李仁编著　应一凡校阅
　　上海　春明书店　民国37.1[1948.1]
　　154页　地图,图,表　32开　(中学生复习丛书)
　　初中学生适用
　　辞书

中国史

课　本

3-1183
支那四千年开化史
支那少年编译
　　上海　支那翻译会社　清光绪32.5[1906]第4版
　　140页　表　大32开
　　中学历史教科书
　　初版附注:清光绪29年正月初版
　　辞书　河南

3-1184
国史初级教科书
商务印书馆编辑
　　上海　[编者刊]　清光绪29.2[1903]
　　[68]叶　大32开　线装
　　国图　人教　辞书　广西师大

3-1185
中国历史教科书
商务印书馆编校
　　上海　[编者刊]　清光绪29.7[1903]
　　2册(188页)　大32开　线装
　　上册:光绪29.7版,光绪32.2订正6版
　　下册:光绪29.7版
　　人教　上海　云南社科(1)

3-1186
皇朝掌故读本
窦士镛著
　　上海　文明书局　清光绪29.8[1903]
　　2册([184]页)　32开　线装
　　第1-2册(卷一至卷二):光绪29.8初版,光绪31.4第3版
　　人教　广西师大

3-1187
中国历史教科书
陈庆年编
　　武昌　[出版者不详]　清光绪29[1903]
　　6册　32开
　　第1-6册:光绪29年版
　　上海

3-1188
中国历史
夏曾佑编辑　商务印书馆校阅
　　上海　商务印书馆　清光绪30.9[1904]-
　　4册(320,232,197,198页)　图,表　大32开
　　第1册:光绪30.9初版,光绪31.2第2版,光绪31.9第3版,光绪31.12第4版,光绪32第6版,光绪33第8版,宣统2.8第9版,民国3.2第10版
　　第2册:光绪31.5第2版,光绪31.12第3版,光绪32第5版,光绪32.8第6版,民国3.8第10版
　　第3册:光绪32.4初版,光绪33.4第2版,光绪33.6第3版,光绪34.7第4版,宣统1.2第5版,民国3.8第10版
　　第4册:光绪32.4初版
　　卷端题名:中国历史教科书
　　其他题名:最新中学教科书中国历史
　　国图　北师大(1-3)　人教　上海(1-3)　华师大(1-3)　辞书(1-3)　天津(1-3)　河南(1)　广西师大(1-3)　广东中山

3-1189
中国历史课本
常堉璋,刘乃晟编著
　　北京　华新书局　清光绪33[1907]版,光绪34.5第4版
　　100叶　图　大32开　线装
　　北洋大臣袁鉴定
　　初版附注:清光绪30年12月初版
　　北师大

3-1190
精图中等本国历史教科书
延通人辑
　　[出版者不详]　清光绪30[1904]-
　　册(①39叶)　16开　线装
　　第1册:光绪30年版
　　其他题名:中等本国历史教科书
　　云南社科(1)

3-1191
中学本国史教科书
夏清贻编著
　　上海　开明书店　清光绪32[1906]订正2版
　　236页　大32开
　　初版附注:清光绪31年6月初版
　　其他题名:本国史教科书
　　北师大

3-1192
中国历史教科书
刘师培编著
　　上海　国学保存会　清光绪31.11-32.8[1905-1906]
　　2册(78,118叶)　表　大32开　(国学教科书之一)
　　第1册:光绪31.11初版
　　第2册:光绪32.8初版
　　人教　上海　辞书　广东中山(1)

3-1193

中国史讲义
汪嵚编纂

上海　普益书局　清光绪 31.12[1906]-
6 册(①86 页)　图,表　大 32 开
第 1 册(一编):光绪 31.12 初版
教科适用
辞书(1)

3-1194

简易历史课本
富光年编辑

上海　商务印书馆　清光绪 32.4[1906]第 2 版,光绪 32.4 第 3 版
21 叶　图　大 32 开　线装
初版附注:清光绪 32 年 3 月初版
北师大　上海　辞书　广西师大

3-1195

最新中等中国历史教科书
祝震辑

南京　南洋官书局　清光绪 32[1906]-
　册　32 开
第 2-6 册:光绪 32 年版
上海(2-6)

3-1196

新体中国史
吕瑞廷,赵澄璧编纂

上海　商务印书馆　清宣统 1[1909]版,宣统 1 第 8 版,宣统 2 第 11 版,宣统 3 第 12 版,宣统 3.6 第 13 版
[382]页　大 32 开　精装
初版附注:清光绪 33 年 3 月初版
其他题名:中学堂教科书新体中国史
北师大

3-1197

新体中国历史[订正本]
吕瑞廷,赵澄璧编纂　赵玉森重订

上海　商务印书馆　民国 1.6[1912.6]第 14 版,民国 1.9 第 15 版,民国 2.1 第 16 版,民国 2.5 第 17 版,民国 4.5 第 19 版,民国 4.12 第 20 版,民国 8.10 第 25 版,民国 10.7 第 27 版,民国 15.1 第 29 版
[386]页　表　大 32 开　精装
初版附注:清光绪 33 年 3 月初版
版权页题名:订正中学新体中国历史
其他题名:中学教科书新体中国历史
国图　北师大　人教　上海　华师大　辞书　河南　广西师大

3-1198

新体中国历史
吕瑞廷,赵澄璧编

上海　商务印书馆　清光绪 34[1908]
2 册(53,72 页)　大 32 开　精装
第 1-2 册:光绪 34 第 3 版
初版附注:清光绪 33 年初版
其他题名:中学堂教科书新体中国历史
广西师大

3-1199

中学中国历史教科书
章嵚编著

上海　文明书局　清光绪 34.6[1908]-
3 册(105,229,221 页)　大 32 开
上册:宣统 1.1 第 2 版,宣统 3.6 第 3 版
中册:光绪 34.6 初版,宣统 1.1 第 2 版
下册:光绪 34.12 初版,宣统 1.10 第 2 版
初版附注:清光绪 34 年 6-12 月初版
北师大　人教　上师大(1-2)　辞书　广东中山(2)

3-1200

中学中国历史教科书[修订本]
章嵚编著修订

上海　文明书局　民国 1.10[1912.10]-
3 册([537]页)　表　大 32 开
上册:民国 2.4 修订版
中册:民国 2.4 修订版
下册:民国 1.10 修订 2 版,民国 2.4 修订版
初版附注:清光绪 34 年 6-12 月初版
其他题名:中学中华历史教科书
北师大(2-3)　人教　辞书

3-1201

本朝史
沈恩膏编辑　朱寿朋校订

上海　中国图书公司　清光绪 34.9[1908]
98 页　大 32 开
中学及师范用
卷端题名:历史教科本朝史
其他题名:历史教科书本朝史
北师大　辞书

3-1202

中国历史
赣州中学堂编

[出版者不详]　[1908?]
2 册(54 页)　[32 开]　线装　(赣州中学堂史学讲义)
第 1-2 册:版次不详
上海

3-1203

中学中国历史读本
吴曾祺编　赵玉森重订

上海　商务印书馆　清宣统 1.2[1909]
2 册(80,80 叶)　大 32 开　精装
第 1 册:宣统 1.2 初版,宣统 3.6 第 2 版,民国 1.10 第 3 版,民国 2.5 第 4 版,民国 4 第 5 版
第 2 册:宣统 1.2 初版,民国 1.10 第 3 版,民国 2.5 第 4 版,民国 4 第 5 版

中学校用
其他题名：中国历史读本
北师大　人教(2)　上海　上师大(2)　天津　广西师大

3-1204

中国历史教科书：历代史
陈庆年编纂

上海　商务印书馆　清宣统1.3[1909]初版，宣统1.9第2版，宣统2.3第3版，宣统3.1第5版，宣统3.2第6版，民国1第7版
1册(46,43,47,38,36,31页)　大32开　精装
清学部审定　中学堂、师范学堂用
版权页题名：中学中国历史教科书
国图　北师大　辞书　广东中山

3-1205

中国历史教科书：本朝史
汪荣宝编纂　张元济校订

上海　商务印书馆　清宣统1.6[1909]初版，宣统2第2版，宣统2.6第3版，宣统3.1第4版
1册(102,107,162页)　大32开　精装
清学部审定　中学堂、师范学堂用
版权页题名：中学中国历史教科书
国图　北师大　人教　上海　辞书　广西师大

3-1206

简明新国史教本
许志毅编辑

上海　邮传部高等实业学堂　清宣统1.7[1909]
323页　大32开
中学适用
北师大

3-1207

中国历史课本第三编：近古史
北京　华新书局　[1911?]
2册(103页)　[32开]　线装
第1-2册：版次不详
上海

3-1208

中国历史教科书[增订本]
陈庆年编辑　赵玉森增订

上海　商务印书馆　民国1.3[1912.3]-
2册(47,92页)　32开
第1册：民国1.3初版，民国2.4第9版，民国2第10版，民国10.10第15版
第2册：民国2.4第9版，民国2第10版，民国10.10第15版，民国10第16版
教育部审定
其他题名：(增订)中国历史教科书
北师大　人教　广东中山

3-1209

中国历史
(日)东新译社编纂　翼天氏译

东京　[编者刊]　民国1.3[1912.3]-
册(①127页)　像，图　大32开
上册：民国1.3初版
卷端题名：普通学教科书中国历史
辞书(1)

3-1210

清史
华鹏飞编

上海　中华书局　民国1.12[1912.12]
276页　32开　精装
其他题名：中学校师范学校教科书清史
辞书

3-1211

中国历史教科书
叶惟善编辑　沈彭年，沈恩膏修订　许国英修改

上海　中国图书公司　民国2.3[1913.3]改正5版
174页　表　大32开　精装
中学及师范用
辞书

3-1212

本国史
赵玉森编纂　傅运森校订

上海　商务印书馆　民国2.7-9[1913.7-9]
2册(142,129页)　地图，图(含彩图)　大32开
第1册(卷上)：民国2.7初版，民国2.11第2版，民国4.2第6版，民国5.7第9版，民国5第12版，民国7.11第29版，民国8.9第35版，民国10.7第39版，民国10.12第40版，民国14.1第43版，民国16.1第45版
第2册(卷下)：民国2.9初版，民国5第7版，民国8.8第18版，民国8.11第19版，民国10.6第22版，民国13.11第25版
教育部审定　中学校用
其他题名：共和国教科书本国史
北师大　人教　上海　华师大　辞书　广西师大　广东中山　编译馆(1)

3-1213

本国之部
赵懿年编纂

上海　科学会编译部　民国2.8[1913.8]
1册　大32开
其他题名：中等历史教科书本国之部
辞书

3-1214

历史教科书
潘武编辑　刘法曾参订　戴克敦,姚汉章,陆费逵阅

上海　中华书局　民国2.10[1913.10]初版，民国3.4第2版，民国9.1第18版，民国10.1第20版，民国10.7第22版
206页　32开
讲习适用

北师大　人教　上海　辞书

3-1215

南洋中学第一年级本国历史讲义
南洋中学编

上海　[编者刊]　民国3[1914]油印本
81页　线装
上海

3-1216

新制本国史教本
钟毓龙编　姚汉章,谢无量阅

上海　中华书局　民国3.8-12[1914.8-12]
3册(174,128,162页)　地图,表　大32开
第1册:民国3.8初版,民国4.3第2版,民国6.9第5版,民国8.10第13版,民国9.6第16版,民国10.1第17版,民国12.6第28版
第2册:民国3.10初版,民国4.5第2版,民国6.9第4版,民国7.2第5版,民国9.1第11版,民国9.6第12版,民国12.12第20版
第3册:民国3.12初版,民国8.7第7版,民国8.11第8版,民国9.8第10版,民国13.12第20版
教育部审定　中学校适用
北师大　人教　上海(1-2)　辞书

3-1217

新式国史课本
汤济沧编著

上海　中华书局　民国9.9[1920.9]
2册([236]页)　大32开
第1-2册:民国9.9初版
中学校、师范学校用
北师大(2)　人教(1)　辞书

3-1218

新式国史课本
汤济沧编著

上海　寻源学塾　民国10.8[1921.8]-
2册(②67页)　大32开
第2册(下编):民国10.8初版
中学校、师范学校用
上海(2)

3-1219

新著本国史
赵玉森编纂　李石岑,陈铎校订

上海　商务印书馆　民国11.5[1922.5]
2册(177,254页)　地图,图(含彩图)　32开
上册:民国11.5初版,民国12.2第3版,民国14.10第4版,民国19第6版,民国21国难后1版
下册:民国11.5初版,民国11.10第2版,民国13.4第3版,民国14第4版,民国19第6版,民国21.11国难后1版
教育部审定　大学院审定　中等学校用
北师大　人教　华师大(2)　上师大　辞书　广东中山

3-1220

本国史测验:第一类
徐则陵编

上海　商务印书馆　民国12.12[1923.12]
1袋(25份)　16开
附:答案25份,标准纸1份
辞书

3-1221

新著中国近百年史
李泰棻编纂

上海　商务印书馆　民国13.5[1924.5]
3册(214,174,170页)　表　32开　精装
第1-3册:民国13.5初版
中等学校用
人教(3)　华师大　上师大(3)　广西师大(1,3)

3-1222

评注国史读本
李岳瑞编　印水心增修　金式陶等参订

上海　世界书局　民国15.1[1926.1]
12册([1950]页)　32开
第1册(唐虞、三代、秦汉史):民国15.1初版,民国15.9第2版
第2册(东汉、三国、两晋史):民国15.1初版,民国15.9第2版
第3册(南北朝):民国15.1初版,民国15.9第2版
第4册(唐史上):民国15.1初版,民国15.9第2版
第5册(唐史下):民国15.1初版,民国15.9第2版
第6册(宋史上):民国15.1初版,民国15.9第2版
第7册(宋史下):民国15.1初版,民国15.9第2版
第8册(元史、明史上):民国15.1初版,民国15.9第2版
第9册(明史下):民国15.1初版,民国15.9第2版
第10册(清史上):民国15.1初版,民国15.9第2版
第11册(清史下):民国15.1初版,民国15.9第2版
第12册(民国史):民国15.1初版,民国15.9第2版
新学制中等学校适用
人教　上海　华师大　天津　河南(1-7)　广西师大(2-7,9-11)

3-1223

评注近代史读本
印水心编　杨燧城等参订

上海　世界书局　民国15.10[1926.10]-
3册(194,228,262页)　大32开
上册:民国15年版
中册:民国15年版
下册:民国15.10初版
新学制中学校适用
北师大　河南(1)

3-1224

本国史
周景濂著

长沙　商务印书馆　民国 16.1[1927.1]-
2 册([351]页)　50 开　(中学各科要览)
第 1-2 册:民国 16.1 第 26 版,民国 26.6 版,民国 29.5 第
　　5 版
国图　人教　上海　辽宁

3-1225

本国史
缪凤林编著
　　南京　钟山书局　民国 21.8[1932.8]-
　　3 册(①194 页)　表　大 32 开
　　上册:民国 21.8 初版,民国 21.10 第 2 版
　　辞书(1)

3-1226

开明中国历史讲义
王钟麟,宋云彬编
　　上海　开明书店　民国 23.11[1934.11]-
　　2 册([474]页)　32 开　(开明中学讲义)
　　上册:民国 29.7 第 4 版
　　下册:民国 23.11 初版,民国 26.3 第 2 版
　　北师大(2)　上海

3-1227

本国史纲
朱翊新编著　陆高谊主编
　　上海　世界书局　民国 28.7[1939.7]第 2 版,民国 29 第 3 版
　　340 页　32 开
　　中学活用课本　供补习、职业、短期等中学用
　　国图　北师大　人教

3-1228

本国史(教授稿本)
　　[出版者不详]　[1938-1940?]
　　2 册(96,69 页)　32 开
　　上下册:版次不详
　　(伪)国民政府教育部编审委员会审查暂准为临时补充教本
　　辞书

3-1229

新本国史
福建省政府教育厅编辑委员会主编　张熙编著
　　福州　[编者刊]　民国 32.1[1943.1]
　　120 页　32 开
　　中等学校补充教材
　　人教

3-1230

中国历史课本
东北书店编
　　[沈阳]　[编者刊]　民国 35.11[1946.11]第 2 版
　　36 页　32 开
　　辽宁

3-1231

中国近代史
晋察冀边区行政委员会教育处编审
　　西安　西北印刷局　民国 36.1[1947.1]-
　　2 册(①113 页)　32 开
　　上册:民国 36.1 初版
　　中等学校临时课本
　　其他题名:中等学校临时课本中国近代史
　　人教(1)

3-1232

中国历史读本
叶蠖生编著
　　中学适用
　　①上海　海天出版社　民国 37.7[1948.7]初版,民国 38.2 版
　　182 页　图　32 开
　　附:世界大事年表和中国王朝兴亡表
　　国图　北师大　人教　天津　辽宁
　　②[不详]　华中新华书店　民国 38.2[1949.2]
　　131 页　32 开
　　上海　天津　辽宁

3-1233

二千年间
蒲韧著　华北人民政府教育部选定
　　邯郸　华北新华书店　民国 38[1949]版
　　164 页　32 开
　　河南

3-1234

本国史讲义
中华邮工函授学校编
　　[不详]　[编者刊]　[1912-1949?]
　　10 册　32 开
　　第 1-8 册:版次不详
　　人教(1-8)

＊　　＊　　＊

3-1235

初级本国历史
金兆梓编　戴克敦,张相校
　　上海　中华书局　民国 12.1-8[1923.1-8]
　　2 册(124,122 页)　地图(含彩色地图)　大 32 开
　　上册:民国 12.1 初版,民国 12 第 6 版,民国 13.5 第 8 版,民国 14.8 第 14 版,民国 14.9 第 15 版,民国 14.12 第 16 版,民国 15.4 第 17 版,民国 15.6 第 18 版,民国 19.2 第 20 版,民国 19.4 第 31 版,民国 20.7 第 34 版,民国 20.11 第 35 版,民国 21.5 第 36 版,民国 21.6 第 37 版,民国 21.11 第 38 版
　　下册:民国 12.8 初版,民国 12.11 第 3 版,民国 13.7 第 4 版,民国 13.12 第 5 版,民国 14.4 第 6 版,民国 14.8 第 7 版,民国 15.4 第 10 版,民国 19.11 第 22 版,民国 20.6 第 25 版,民国 21.11 第 26 版
　　教育部审定　大学院审定　初级中学用
　　封面题名:新中学本国历史

其他题名：新中学教科书初级本国历史
国图　北师大　人教　上海　华师大(2)　辞书　河南(1)
广西师大(1)　广东中山(1)

3-1236

本国史
顾颉刚，王钟麒编辑　　胡适校订
上海　商务印书馆　民国12.9-13.6[1923.9-1924.6]
3册(196,116,159页)　彩色地图　32开
第1册：民国12.9初版,民国13.5第3版,民国14.10第4版,民国15.7第45版,民国16.9第55版
第2册：民国13.2初版,民国13.6第2版,民国15.1第25版
第3册：民国13.6初版,民国14.5第2版,民国15.5第24版
逐页题名：现代教科书初中本国史
其他题名：现代初中教科书本国史
北师大　人教　上海　上师大(1)　辞书　广西师大(1-2)
广东中山(1)

3-1237

最新体裁本国史
陆光宇编辑
北京　北京师大附属中学　民国12.11[1923.11]
144页　图,表　32开
初级中学教本　中小学生自修用
北师大

3-1238

本国史
陆光宇编辑
上海　商务印书馆　民国14.1[1925.1]初版,民国16.5第38版,民国17.2第48版,民国21.12国难后16版
216页　图　32开
大学院审定
其他题名：新撰初级中学教科书本国史
北师大　人教　上海　华师大　广东中山

3-1239

（订正)简明中国历史教科书
谢观编纂
上海　商务印书馆　民国16.4[1927.4]
2册　图,像　大32开　线装
第1-2册：民国16.4第33版
初级中学用
其他题名：简明中国历史教科书
编译馆

3-1240

新时代本国史
王钟麟著　　胡适校订
上海　商务印书馆　民国16.9[1927.9]-
2册(145,149页)　32开
上册：民国16.9第5版,民国17第15版
下册：民国17.7初版
初级中学用
初版附注：民国16年9月-17年7月初版

卷端题名：新时代初中本国史
辞书　广东中山(1)

3-1241

新中华本国史
金兆梓编　　郑昶,张相校
上海　新国民图书社　民国17.10-18.5[1928.10-1929.5]
2册(130,158页)　地图(含彩色地图)　大32开
第1册：民国17.10初版,民国18.4第3版,民国20.6第8版,民国21.6第12版,民国21.10第13版
第2册：民国18.5初版,民国19.3第3版,民国19.5第4版,民国19.7第5版,民国21.4第10版,民国21.5第11版,民国21.10第12版,民国23.12第13版
初级中学用
逐页题名：新中华初中教科书本国史
其他题名：新中华教科书本国史
北师大　人教　上海(1)　华师大(2)　辞书　辽宁　广西师大(2)　广东中山(2)　编译馆

3-1242

新时代本国历史教本
王钟麟编　　吴敬恒校
上海　商务印书馆　民国18.6[1929.6]
2册(140,142页)　32开
第1册：民国18.6初版,民国19.12第80版,民国21.6国难后10版,民国21.10国难后25版
第2册：民国18.6初版,民国20.8第50版,民国21.5国难后1版,民国21.6国难后7版
教育部审定　初级中学用
卷端题名：初级中学新时代本国历史教本
逐页题名：初中本国史
北师大　人教　华师大　河南　广西师大　广东中山

3-1243

初中本国史
黄人济,朱翊新,陆并谦编著　　范祥善校订
上海　世界书局　民国19.1-2[1930.1-2]
4册(101,94,114,98页)　地图,图,像　大32开
第1册：民国19.1初版,民国19.1第2版,民国19.4第5版,民国19.7订正初版,民国21.8订正4版,民国21.9订正7版
第2册：民国19.1初版,民国19.2第2版,民国19.4第3版,民国19.8订正初版,民国21.6订正3版,民国22.5订正5版
第3册：民国19.2初版,民国19.8订正初版,民国21.7订正3版,民国22.5订正5版
第4册：民国19.2初版,民国19.4第3版,民国19.8订正初版,民国19.12订正2版,民国20.4订正3版
教育部审定　初级中学学生用
其他题名：初级中学教科书初中本国史
北师大　人教　上海(4)　华师大(1,3-4)　辞书　广东中山(1,3-4)

3-1244

本国历史

梁园东编著　江恒源,苏甲荣校订
　　上海　大东书局　民国19.6-20.1[1930.6-1931.1]
　　4册(170,114,116,120页)　折图　大32开
　　第1册:民国19.6初版,民国19.9第2版,民国23年版
　　第2册:民国19.7初版,民国19.8第2版,民国21.6版,民国22.1第5版,民国23年版
　　第3册:民国20.1初版,民国21.6版,民国21.7第3版,民国23年版
　　第4册:民国20.1初版,民国21.6版,民国23年版
　　教育部审定　初级中学学生用
　　封面题名:初中本国历史教本
　　其他题名:初级中学教本本国历史
　　国图　北师大　人教　华师大(2-3)　辞书

3-1245

新中华语体本国史
郑昶编　金兆梓校
　　上海　新国民图书社　民国19.7-20.1[1930.7-1931.1]
　　2册(140,114页)　地图　大32开
　　上册:民国19.7初版,民国19.9第2版,民国19.12第3版,民国20.6第4版,民国25.6第8版
　　下册:民国20.1初版,民国20.6第2版,民国21.1第4版,民国21.6第6版,民国21.7第7版,民国21.11第8版,民国23.8第11版
　　教育部审定　初级中学用
　　其他题名:新中华本国史
　　北师大　人教　华师大(2)　辞书　编译馆(2)

3-1246

初中本国史
杨人楩编
　　上海　北新书局　民国19.12[1930.12]
　　2册(237,217页)　地图,图　32开
　　上册:民国19.12初版,民国21.7第6版
　　下册:民国19.12初版,民国22.7第5版
　　教育部审定
　　版权页题名:初级中学北新本国史
　　华师大　辞书

3-1247

开明本国史教本
周予同著
　　上海　立达学园　民国20.1[1931.1]-
　　2册(162,174页)　图　32开
　　上册:民国20.1初版,民国20第2版,民国21.8第5版,民国23.8第7版
　　下册:民国21.3第3版,民国23.8第4版
　　教育部审定　初级中学学生用
　　初版附注:民国20年1-12月初版
　　逐页题名:本国史教本
　　北师大　人教　华师大(1)　辞书　河南(1)　广东中山(1)

3-1248

中国史

孟世杰编辑　王桐龄校订
　　天津　百城书局　民国20.6-10[1931.6-10]
　　2册(232,216页)　地图,表　大32开
　　上册:民国20.6初版
　　下册:民国20.10初版
　　逐页题名:初级中学中国史
　　其他题名:初级中学校教本中国史
　　北师大　辞书(2)

3-1249

本国史
李云坡编
　　北平　文化学社　民国20.9[1931.9]
　　2册　地图　大32开
　　上册:民国20.9第2版,民国21.6第3版
　　下册:民国20.9第2版
　　版权页题名:初级中学本国史
　　卷端题名:初级师范本国史
　　其他题名:中等学校教科书本国史
　　北师大　辞书

3-1250

本国史
孟世杰编辑
　　天津　百城书局　民国21.5[1932.5]-
　　2册(①92页)　地图,表　大32开
　　上册:民国21.5初版
　　初中、师范、职业适用
　　逐页题名:初中师范职业本国史
　　辞书(1)

3-1251

初中本国史
何祖泽编
　　上海　新亚书店　民国21.8-9[1932.8-9]
　　2册(216,205页)　32开
　　第1册:民国21.8初版
　　第2册:民国21.9初版
　　其他题名:新亚教本初中本国史
　　北师大　人教

3-1252

新中华语体本国史详解
姚绍华编
　　上海　新国民图书社　民国21.12[1932.12]
　　2册(190,190页)　地图,表　大32开
　　上下册:民国21.12初版
　　初级中学用
　　国图　人教　辞书　编译馆

3-1253

初中本国史
赵钲铎编　张国仁校订
　　上海　民智书局　民国21[1932]-
　　册(③124页)　32开

第3册：民国21年版
初级中学适用
北师大(3)

3-1254

本国史
傅纬平编著
上海 长沙 商务印书馆 民国22.5-9[1933.5-9]
4册(144,182,137,148页) 地图,图 32开
第1册：民国22.5初版,民国22.8第15版,民国23第75版,民国23.12第87版,民国24第92版,民国24.6第97版,民国26第64版,民国27.6审定初版,民国27.9审定2版,民国30长沙审定55版
第2册：民国22.5初版,民国22.7第10版,民国22.8第15版,民国22.10第40版,民国23.12第64版,民国26改编初版
第3册：民国22.9初版,民国23.5第30版,民国23.12第35版,民国24第36版,民国24.6第42版,民国26.7改编初版
第4册：民国22.9初版,民国22.11第20版,民国24.3第29版
教育部审定 按照新课程标准编辑 新课程标准适用
其他题名：复兴教科书本国史
其他题名：复兴初级中学教科书本国史
北师大 人教 上海 华师大(2,4) 上师大 辞书 广东中山

3-1255

朱氏初中本国史
朱翊新编著 陆光宇校订
上海 世界书局 民国22.7-9[1933.7-9]
4册(89,91,102,100页) 地图,图 大32开
第1册：民国22.7初版,民国22.8第2版,民国22第3版,民国23.1第4版,民国23第6版,民国28新4版,民国29.11新5版
第2册：民国22.7初版,民国22第2版,民国23.1第3版,民国23.8第4版,民国25第7版,民国28新3版,民国29.11新5版
第3册：民国22.8初版,民国22.9第2版,民国25.4第7版,民国25第9版,民国29.11新4版
第4册：民国22.9初版,民国23.2第2版,民国23.8第3版,民国25第5版,民国29.11新4版
教育部审定 新课程标准 初级中学学生用
附：大事年表
其他题名：新课程标准世界中学教本朱氏初中本国史
其他题名：初中本国史
北师大 人教 上海 华师大(3-4) 上师大(1) 辞书 广东中山 编译馆

3-1256

初中本国史
姚绍华编 金兆梓校
上海 中华书局 民国22.7-23.8[1933.7-1934.8]
4册(86,112,100,122页) 地图,折表 大32开
第1册：民国22.7初版,民国23.6第10版,民国23.6第12版,民国23第15版,民国23.6第16版,民国24.4第29版,民国25.5第46版,民国25.6第49版,民国29第82版,民国30.8第130版
第2册：民国22.12初版,民国22第3版,民国23.3第10版,民国23.9第12版,民国23.9第13版,民国24第27版,民国25.4第36版,民国25.4第37版,民国第38版,民国第39版,民国25.9第40版,民国25第49版,民国28.8第51版
第3册：民国23.5初版,民国23.6第3版,民国24.4第13版,民国24.4第20版,民国24.4第21版,民国25.4第28版,民国25.5第30版,民国26第39版,民国30第86版
第4册：民国23.8初版,民国24.9第9版,民国25.4第20版,民国26第21版,民国26.4第29版
教育部审定 新课程标准适用
北师大 人教 上海 辞书 河南(2) 广西师大(2-3) 广东中山(1-3) 编译馆(1-2,4)

3-1257

谢氏初中本国史
谢兴尧编著 朱翊新校订
上海 世界书局 民国22.9-24.3[1933.9-1935.3]
4册(129,131,128,68页) 地图,图 大32开
第1册：民国22.9初版
第2册：民国23.4初版,民国23.7第2版
第3册：民国23.8初版
第4册：民国24.3初版,民国24.6第2版
初级中学学生用
附：大事年表
其他题名：初中本国史
其他题名：新课程标准世界中学教本谢氏初中本国史
北师大(1) 上海 辞书 编译馆(1-3)

3-1258

本国史
周予同著
上海 开明书店 民国23.1[1934.1]-
4册(①128,②131,③130页) 地图,图,表 32开
第1册：民国23.1初版,民国24第3版,民国25.7第5版
第2册：民国23.9初版,民国24.2第2版,民国25第4版
第3册：民国24.6初版,民国24.8第2版
其他题名：新标准初中教本本国史
北师大(1-3) 辞书(1-3) 河南(1) 广东中山(2-3)

3-1259

初中本国史
杨人楩编
上海 北新书局 民国23.7[1934.7]
4册([552]页) 图 32开
第1册：民国23.7初版,民国25第4版
第2册：民国23.7初版
第3册：民国23.7初版
第4册：民国23.7初版
教育部审定 依照新课程标准编辑

北师大(1-2)　人教　广东中山(1,3)

3-1260

本国史
梁园东编著　江恒源校订
上海　大东书局　民国23.8[1934.8]
4册([370]页)　图　32开
第1-4册：民国23.8初版
新课程标准适用　初级中学用
其他题名：新生活教科书本国史
人教(2-4)　广东中山(1,3-4)

3-1261

初中本国史纲要
高庆赐编著
北平　文心书业社　民国23.9[1934.9]
346页　表　32开
教育部新标准
辞书

3-1262

本国史[修正本]
周予同编著
上海　台湾　开明书店　民国23[1934]-
4册(120,127,126,122页)　地图,图,表　32开
第1册：民国23第2版,民国27年版,民国29.12第5版,民国35.7台初版,民国36年版
第2册：民国36.1台2版
第3册：民国36.1台2版
第4册：民国28.6第2版,民国36年版
初版附注：民国23年9月初版
版权页题名：初中本国史教本
其他题名：修正标准初中教本本国史
华师大(3-4)　辞书(2-4)　广东中山(1)　编译馆

3-1263

本国史
吕思勉编辑
上海　中学生书局　民国24.8[1935.8]-
4册(144,167,148,127页)　地图,图　32开
第1册：民国24.8第2版
第2册：民国24.11初版
第3册：民国24.8初版
第4册：民国24.11初版
遵照教育部新课程标准
初版附注：民国24年6-11月初版
版权页题名：初中本国史
其他题名：初中标准教本本国史
北师大(1)　辞书

3-1264

建国初级中学本国史
应功九编著
南京　正中书局　民国24.11-25.12[1935.11-1936.12]
4册(162,172,158,181页)　图　32开
第1册：民国25.12初版,民国26.5第22版,民国28第47版
第2册：民国24.11初版,民国27.2第27版
第3册：民国25.7初版
第4册：民国25.7初版,民国25第4版
教育部审定　新课程标准适用
其他题名：建国教科书初级中学本国史
国图(1)　北师大　人教　上师大(1-2,4)

3-1265

本国史
吕思勉编著
上海　中学生书局　民国24[1935]-
4册(143,160,94,126页)　[32开]
第1册：民国24年版
第2册：民国24年版
第3册：民国24年版
第4册：民国26第11版
教育部审定　修正课程标准适用
其他题名：初中教本本国史
人教　上师大　广西师大(3)

3-1266

初中本国史
李清悚,蒋恭晟编
上海　大东书局　民国26.2[1937.2]-
6册(③130,④128页)　32开
第3册：民国26.2初版
第4册：民国26.3初版
新修正标准
北师大(3-4)　人教(3-4)

3-1267

初中本国历史
姚绍华编　金兆梓校
上海　香港　中华书局　民国26.2-8[1937.2-8]
4册(86,112,100,136页)　地图,折表　大32开
第1册：民国26.2初版,民国26.2第9版,民国26.2第15版,民国26.7第35版,民国29第78版,民国29.2香港79版,民国29.4第84版,民国29.4香港90版,民国30第115版,民国30.3第117版,民国30.8第126版
第2册：民国26.2初版,民国26.2第2版,民国26香港26版,民国26.7第29版,民国28.9第49版,民国28第51版,民国29第68版,民国30.2第81版,民国30.8香港89版,民国30.9香港93版
第3册：民国26.2初版,民国26.8第9版,民国28第31版,民国29香港45版,民国30.1香港61版,民国30.3第62版,民国30.3香港65版,民国30.3香港68版,民国30.8第71版,民国30.8第86版
第4册：民国26.8初版,民国26第12版,民国27第19版,民国30.3第49版,民国30.8第55版,民国30香港49版
修正课程标准适用
北师大(1-3)　上海(1)　上师大　辞书　广西师大(4)　广东中山　编译馆(1)

3-1268

初中新本国史
蔡丐因编

上海　赣州　世界书局　民国 26.6[1937.6]-
4 册(204,222,269,269 页)　图　32 开
第1册：民国 26.6 初版,民国 29.6 新 9 版,民国 31.3 赣 4 版
第2册：民国 27.6 重排,民国 29.2 第 4 版,民国 30.2 第 6 版
第3册：民国 28.1 重排,民国 29.4 第 4 版,民国 29.6 第 5 版,民国 29.12 第 6 版,民国 30.2 赣 1 版,民国 30.9 第 7 版
第4册：民国 28.2 重排,民国 29.6 第 4 版,民国 30.2 版,民国 31.3 赣 2 版
修正课程标准适用
其他题名：新课程标准世界中学教本初中新本国史
北师大(1)　人教　编译馆

3-1269

本国史
吕思勉编

上海　长沙　商务印书馆　民国 26.7[1937.7]-
4 册(①94,②99,④67 页)　图　32 开
第1册：民国 26.7 初版
第2册：民国 27 长沙审定 2 版
第4册：民国 26.7 初版,民国 26.8 第 11 版
教育部审定　依照修正课程标准编辑
其他题名：更新初级中学教科书本国史
人教(4)　上海(1)　华师大(1)　广东中山(1-2)　编译馆(4)

3-1270

初中本国历史
中等教育研究会编纂

天津　华北书局　民国 27[1938]
2 册　图　32 开
第1-2册：民国 27 年版
北师大

3-1271

初中本国史
(伪)教育总署编审会著

北平　[著者刊]　民国 28.8-12[1939.8-12]
4 册(98,126,110,104 页)　地图,折表　32 开　精装
第1册：民国 28.8 初版
第2册：民国 28.12 初版,民国 30.8 修正初版
第3册：民国 28.8 初版
第4册：民国 28.12 初版,民国 29.12 修正初版
北师大　人教　上师大(1)　辞书

3-1272

初中本国史
彭勋阁编　萧和玉,徐谷生校订

[江西]　艺文书社　民国 31[1942]-
4 册(②94,③104,④104 页)　32 开
第2册：民国 31 第 2 版
第3册：民国 35 第 9 版
第4册：民国 33.7 第 4 版
修正课程标准　初级中学学生用
初版附注：民国 30 年初版
辞书(2-4)

3-1273

初中本国史
(伪)教育部编审委员会编纂

上海　华中印书局　民国 32.1[1943.1]-
4 册(106,126,97,98 页)　地图,图　32 开
第1册：民国 32.7 第 5 版
第2册：民国 32.1 第 4 版,民国 32.7 第 5 版,民国 32 第 6 版
第3册：民国 32.1 第 4 版,民国 32.7 第 5 版
第4册：民国 32.1 第 4 版,民国 32.7 第 5 版
卷端题名：国定教科书初中本国史
人教　上海(2-4)　上师大　辞书

3-1274

初级中学历史
教育部教科用书编辑委员会编　宋延庠等编辑　计维新,章高炜绘图　国立编译馆校订

重庆　成都　上海　广东　国定中小学教科书七家联合供应处　民国 32.7[1943.7]-
5 册(124,100,95,120,127 页)　地图,表　32 开
第1册：民国 32.7 重庆 1 版,民国 32.7 重庆 6 版,民国 32.11 重庆米色纸本 6 版,民国 33.7 成都嘉乐纸本 11 版,民国 34.10 上海 15 版,民国 34.11 第 15 版,民国 35.1 沪 40 版,民国 35 粤 2 版,民国 35.7 第 90 版,民国 35.8 上海 160 版,民国 36.1 上海 210 版
第2册：民国 32.11 成都 1 版,民国 33.7 成都嘉乐纸本 4 版,民国 33.7 成都嘉乐纸本 6 版,民国 34.11 第 10 版,民国 35.1 第 35 版,民国 35.8 沪 75 版,民国 35.12 第 205 版,民国 35.12 沪 205 版,民国 35 粤 2 版
第3册：民国 33.7 成都嘉乐纸本 4 版,民国 33.7 成都 5 版,民国 35.1 第 30 版,民国 35.7 上海 65 版,民国 35 粤 2 版,民国 36.1 沪版
第4册：民国 35.7 上海 1 版,民国 35 沪 40 版,民国 35.12 第 120 版
第5册：民国 35.9 第 45 版,民国 36 上海 75 版,民国 35 粤 1 版
教育部审定
其他题名：历史
逐页题名：部编初中本国历史
人教　上海(1)　辞书(1-3,5)　河南(1)　辽宁　广东中山

3-1275

初级中学历史[修订本]
国立编译馆主编　聂家裕编辑　金兆梓等校订　计维新,章高炜绘图

上海　国定中小学教科书七家联合供应处　民国 34.10[1945.10]-
6 册(115,99,92,120,127,137 页)　32 开

第1册：民国36.7第1版
　　第2册：民国35.4第1版,民国35第205版
　　第3册：民国36.1第1版
　　第4册：民国35.1上海1版,民国36.4第160版
　　第5册：民国34.10上海1版,民国36.1上海75版
　　第6册：民国36.1第1版
　　教育部审定
　　逐页题名：部编初中本国历史
　　北师大(1,3,5)　人教　上师大(6)　河南(3)　辽宁(1)　广东中山

3-1276
初级中学历史
教育部教科书编辑委员会编　国立编译馆校订
　　上海　国定中小学教科书七家联合供应处　民国35.2[1946.2]-
　　6册(①120,②100,④120页)　图　32开
　　第1册：民国35.2第1版
　　第2册：民国35.12第9版
　　第4册：民国35.12第2版
　　教育部审定
　　北师大(1-2,4)

3-1277
中国近代史讲话
韩启农著
　　[沁源]　太岳新华书店　民国36.1[1947.1]
　　72页　32开
　　中级补充教材
　　国图

3-1278
本国史
周予同著
　　上海　开明书店　民国36.7[1947.7]-
　　4册(①120,②127,④122页)　地图,图,表　32开
　　第1册：民国36.9第2版,民国36.11第3版
　　第2册：民国36.7初版
　　第4册：民国37.3第2版
　　初中教本
　　初版附注：民国36年7-12月初版
　　华师大(1-2)　辞书(1-2,4)

3-1279
中华本国历史
姚绍华编
　　上海　中华书局　民国36.8-10[1947.8-10]
　　4册(86,112,100,106页)　地图,图,表　32开
　　第1册：民国36.8初版,民国37.1第2-3版,民国37.5第4版,民国37第5版,民国37.8第7版
　　第2册：民国36.8初版,民国36.11版,民国37.8第6-9版
　　第3册：民国36.8初版,民国37.2第2版,民国37.7第4版
　　第4册：民国36.10初版,民国37.5第5版,民国37.8第6版,民国38.3第7版
　　初中适用
　　逐页题名：本国历史
　　北师大　人教　辞书　广东中山

3-1280
本国史[修正本]
傅纬平编著
　　上海　商务印书馆　民国36.12[1947.12]
　　4册([492]页)　图　32开
　　第1册：民国36.12修正版,民国37修正8版
　　第2册：民国36.12修正版
　　第3册：民国36.12修正版
　　第4册：民国36.12修正版
　　初级中学适用
　　人教　广东中山(1,3)

3-1281
中国历史课本
叶蠖生编
　　初级中学第一学年暂用课本
　　①[华北]　新华书店　民国38.1[1949.1]初版,民国38.3校正2版
　　184页　32开
　　国图　人教　辞书
　　②苏南　新华书店　民国38.6[1949.6]
　　140页　32开
　　辞书
　　③上海　新华书店　民国38.8[1949.8]
　　196页　32开
　　华师大
　　④[不详]　中原新华书店　民国38[1949]
　　182页　32开
　　广东中山

3-1282
中国近代史
华北大学历史研究室编
　　北平　新华书店　民国38.3[1949.3]-
　　2册(①112页)　32开
　　第1册(上编：鸦片战争至五四运动)：民国38.3初版,民国38.8版
　　初级中学第二年级上学期暂用课本
　　人教(1)　华师大(1)

3-1283
中国文化史略
陈竺同著
　　上海　文光书店　民国38.4[1949.4]第2版
　　154页　32开　(基本知识丛书之二)
　　中等学校教科及自修适用
　　华师大

3-1284
中国现代史
黄祖英,沈长洪,陈怀白编

[不详] 新华书店 民国38.7[1949.7]
119页 32开
中原临时人民政府教育部规定初级中学适用课本
国图

3-1285
中国历史课本[修订本]
叶蠖生著
北平 新华书店 民国38.8[1949.8]第2版
165页 32开
初级中学第一学年暂用课本
人教

3-1286
初级中学中国近代史课本[修订本]
华北大学历史研究室编 华北人民政府教育部教科书编
审委员会修订
北平 新华书店 民国38.9[1949.9]-
2册(①111页) 32开
上册:民国38.9第3版
其他题名:中国近代史课本
国图(1) 人教(1)

* * *

3-1287
本国史
吕思勉编辑
上海 商务印书馆 民国13.2[1924.2]初版,民国13.7第2
版,民国16.1第4版,民国18.9第13版,民国21.5国难后
1版,民国21.6国难后5版,民国21.11国难后11版,民国
22.6国难后13版
313页 地图,表 32开
大学院审定
卷端题名:新学制高中教科书本国史
其他题名:新学制高级中学教科书本国史
北师大 人教 上海 华师大 上师大 辞书

3-1288
中国近世史
陈其可编辑
苏州 小说林书社 民国18.9[1929.9]-
3册(①200,③240页) 图,表 32开
第1册:民国18.9初版
第3册:民国19.1初版
其他题名:高级中学教科书中国近代史
国图(1,3) 人教(3) 广西师大(1,3)

3-1289
高中本国史
陆东平,朱翊新编
上海 世界书局 民国18.11-12[1929.11-12]
2册(230,232页) 大32开
第1册:民国18.11初版,民国20.1第3版,民国20.11第
4版
第2册:民国18.12初版,民国19.4第2版,民国20.9第3版
高级中学学生用
其他题名:新主义教科书高中本国史
北师大 人教 华师大 上师大(2)

3-1290
本国史
吕克由编辑
上海 民智书局 民国20.1[1931.1]
2册(158,160页) 32开
第1-2:民国20.1初版
高级中学用
辞书 广东中山(1)

3-1291
中国近百年史纲要
高博彦编
北平 文化学社 民国20.3[1931.3]-
2册(322,408页) 32开
上册:民国20.3第5版
下册:民国21.8第4版
高级中学用
北师大

3-1292
中国近百年史
邢鹏举编辑
上海 世界书局 民国20.7[1931.7]-
4册(①277,②276页) 32开
第1册:民国20.7初版,民国21.8第3版
第2册:民国22.11初版
其他题名:高级中学教本中国近百年史
北师大(1-2) 人教(1-2) 广西师大(1-2)

3-1293
中国近百年史
孟世杰编 王桐龄校订
天津 百城书局 民国20.7[1931.7]-
2册(142,300页) 32开
第1册:民国20.7初版
第2册:民国21.9第4版
高级中学一年级用
北师大

3-1294
新中华本国史
金兆梓编
上海 新国民图书社 民国21.3-22.8[1932.3-1933.8]
3册(234,132,242页) 地图,图(含彩图) 大32开
第1册(上编):民国21.3初版,民国21.8第2版,民国21.9
第3版,民国21.10第4版
第2册(下编上):民国22.2初版,民国22.10第3版,民国
23.8第4版
第3册(下编下):民国22.8初版,民国23.8第2版

高级中学用
书脊题名：新中华高中本国史
北师大　人教(1,3)　华师大　上师大　辞书

3-1295
高中本国史
钟月秋 编
　　长沙　湘芬书局　民国21.8[1932.8]版
　　498页　大32开
　　北师大

3-1296
本国现代史
梁园东 编著　朱翊新 校阅
　　上海　世界书局　民国21.8[1932.8]
　　2册(353,382页)　大32开
　　上下册：民国21.8初版,民国22.2第2版
　　其他题名：高级中学教本本国现代史
　　北师大　人教　华师大(2)　河南　广西师大(2)

3-1297
余氏高中本国史
余逊 编
　　上海　世界书局　民国22.3[1933.3]-
　　2册(269,316页)　大32开
　　上册：民国22.3第2版,民国22修正3版
　　下册：民国22.7初版
　　高级中学学生用
　　初版附注：民国21年10月-22年7月初版
　　其他题名：高中本国史
　　北师大　河南(2)　辽宁(2)　广东中山(1)

3-1298
本国文化史
顾康伯 编著　孟寿椿 校阅
　　上海　大东书局　民国22.4[1933.4]
　　284页　32开
　　高级中学学生用
　　北师大　天津

3-1299
新建设时代高中中国近百年史
吴贯因 著
　　北平　建设图书馆　民国22.7[1933.7]
　　336页　32开
　　其他题名：高中中国近百年史
　　北师大

3-1300
陈氏高中本国史
陈登原 编著
　　上海　世界书局　民国22.7-12[1933.7-12]
　　2册(354,338页)　地图,图　大32开
　　上册：民国22.7初版,民国22.9第3版,民国23.11第5版
　　下册：民国22.12初版,民国23.1第2版,民国23.7第3版,
　　　　民国23.10第4版,民国24.1第5版

高级中学学生用
其他题名：高中本国史
其他题名：世界中学教本陈氏高中本国史
北师大　人教　华师大　辞书　广西师大　广东中山

3-1301
高级中学本国史
郑师许 著
　　民国22[1933]稿本
　　5册　32开　线装
　　其他题名：本国史
　　广东中山

3-1302
高中中国史
白进彩 编
　　北平　文化学社　民国23.1[1934.1]-
　　2册(246,394页)　32开
　　上册：民国23.9第2版
　　下册：民国23.1初版
　　新课程标准高中文化教本
　　初版附注：民国23年1月初版
　　北师大

3-1303
本国史
吕思勉 编著
　　上海　长沙　商务印书馆　民国23.2-8[1934.2-8]
　　2册(302,258页)　32开
　　上册：民国23.2初版,民国23.9第8版,民国23.10第10
　　　　版,民国24.5第16版,民国24.5第18版,民国30第52
　　　　版,民国35.5第69版,民国35第69版,民国36.1第90版,
　　　　民国37.5修正110版,民国37.8修正112版
　　下册：民国23.8初版,民国23.9第4版,民国23.9第5版,
　　　　民国24.5第9版,民国24.5第11版,民国28长沙27版,
　　　　民国29长沙33版,民国35.2第44版,民国35.9第69版,民国
　　　　35.12第72版,民国37.10修正82版
　　教育部审定　高级中学用
　　其他题名：复兴教科书本国史
　　其他题名：复兴高级中学教科书本国史
　　北师大　人教　上海　华师大　上师大　辞书　天津(2)
　　河南(1)　辽宁　广西师大(1)　广东中山　编译馆

3-1304
新标准高级中学本国史
孟世杰 编著　王峰山 校订
　　北平　文化学社　民国23.7[1934.7]
　　2册(452,616页)　32开
　　上下册：民国23.7初版,民国26.1版
　　据教育部高级中学本国史课程标准编纂
　　北师大　天津

3-1305
余氏高中本国史
余逊 编著

上海　世界书局　民国 23.7 - 12[1934.7 - 12]
2册(273,302页)　地图　大32开
上册:民国 23.7 初版,民国 23.9 第 2 版,民国 24.1 第 3 版,民国 24.7 第 4 版,民国 24.8 第 5 版,民国 25.9 第 9 版,民国 27.4 新 2 版,民国 30 新版,民国 30.12 新 8 版,民国 35.7 新 9 版,民国 35 新 10 版,民国 36.8 新 12 版
下册:民国 23.12 初版,民国 24.8 第 3 版,民国 25.9 第 5 版,民国 27 新 2 版,民国 30.2 新 6 版,民国 35.7 新 7 版,民国 35 新 8 版,民国 36.3 新 9 版
教育部审定　修正课程标准适用　高级中学学生用
其他题名:高中本国史
其他题名:新课程标准世界中学教本余氏高中本国史
北师大　人教　上师大　辞书　广西师大　广东中山　编译馆

3-1306

高中本国史
罗元鲲编著

上海　开明书店　民国 23.8 - 24.2[1934.8 - 1935.2]
3册(268,243,240页)　地图　大32开
第1册:民国 23.8 初版,民国 24.1 第 2 版,民国 24.9 第 4 版,民国 25.12 第 8 版,民国 29.12 第 12 版,民国 36.11 版,民国 37.5 第 20 版,民国 37.10 第 21 版
第2册:民国 24.2 初版,民国 34.11 第 9 版,民国 35.5 第 10 版,民国 36.9 第 13 版,民国 37.10 第 15 版
第3册:民国 24.2 初版,民国 24.7 第 2 版,民国 25.12 第 5 版,民国 35.5 第 10 版,民国 35.11 沪修正初版,民国 36.6 沪修正 2 版,民国 37.5 沪修正 3 版
新课程标准适用　高级中学学生用
北师大　人教　华师大(1)　辞书　天津　辽宁　广西师大(1-2)　广东中山(1)　编译馆

3-1307

高中本国史
白进彩编

北平　文化学社　民国 24.4 - 5[1935.4 - 5]
2册(426,372页)　32开
上册:民国 24.4 第 3 版
下册:民国 24.5 第 3 版
新标准适用
北师大

3-1308

高中本国史
金兆梓编

上海　中华书局　民国 24.8 - 25.9[1935.8 - 1936.9]
3册(208,222,328页)　地图,图　大32开
上册:民国 24.8 初版,民国 24.9 第 2 版,民国 24.9 第 3 版,民国 24 第 4 版
中册:民国 25.2 初版,民国 25.2 第 3 版
下册:民国 25.9 初版,民国 25 第 2 版,民国 25 第 3 版
上册、中册题新课程标准适用,下册题修正课程标准适用
北师大　辞书　广东中山(1,3)

3-1309

高级中学本国史
罗香林编著

南京　上海　北平　正中书局　民国 24.8 - 26.10[1935.8 - 1937.10]
3册(385,380,308页)　图,表　32开
上册:民国 24.8 初版,民国 35.6 沪 16 版,民国 35.11 沪 45 版,民国 36.4 沪 60 版,民国 36.9 沪 63 版,民国 38.8 新 10 版
中册:民国 24.12 初版,民国 35.11 沪 48 版,民国 36.4 沪 58 版
下册:民国 26.10 初版,民国 34.12 沪 1 版,民国 35.11 沪 28 版,民国 36.4 沪 38 版,民国 36.10 平 40 版,民国 38.8 新 9 版
遵照部颁课程标准　新课程标准适用
北师大　人教　河南(1)　辽宁(3)　广西师大　广东中山　编译馆

3-1310

高中本国史
杨东莼编著

上海　北新书局　民国 24[1935]-
3册(①540,②602页)　大32开
上册:民国 24 年版
中册:民国 25.4 初版
北师大(1)　辽宁(2)　广西师大(2)

3-1311

新编高中本国史
金兆梓编

上海　中华书局　民国 26.7[1937.7]-
3册(226,222,328页)　地图,表　32开
上册:民国 28 初版,民国 28 第 10 版,民国 29.4 第 15 版,民国 30 年版,民国 34.12 第 25 版,民国 35.6 第 28 版,民国 36.4 版,民国 36.4 第 31 版,民国 36 第 34 - 35 版,民国 37.7 第 36 版,民国 37.8 第 38 - 39 版
中册:民国 26.7 第 9 版,民国 28 第 15 版,民国 29.4 版,民国 35.6 第 26 版,民国 35.10 第 28 版,民国 36.4 第 29 版,民国 37.8 第 33 - 34 版
下册:民国 26.7 第 4 版,民国 28.3 第 9 版,民国 28 第 11 版,民国 30.1 第 24 版,民国 36.4 第 25 版,民国 36.12 第 26 版,民国 37.4 第 27 版
教育部审定　修正课程标准适用
北师大　人教　华师大　上师大　辞书(1-2)　河南(2)　庐山(2)　广西师大　广东中山(1)　编译馆(1)

3-1312

高中本国史
中等教育研究会编纂

天津　华北书局　民国 27.3[1938.3]
2册([555]页)　图　32开
上下册:民国 27.3 初版
北师大

3-1313

高中本国史
(伪)教育总署编审会著
    北平　[著者刊]　民国27.12-28.12[1938.12-1939.12]
    2册(388,444页)　地图　32开　精装
    上册：民国28.12初版
    下册：民国27.12初版
    北师大　辞书　河南(2)

3-1314

高中新本国史
孙正容,王芸庄编著
    上海　世界书局　民国30.3[1941.3]-
    3册(268,311,390页)　图,表　32开　精装
    上册：民国36.2第6版
    中册：民国30.3初版,民国35.6第3版,民国36.2版
    下册：民国30.8第2版
    遵照教育部修正课程标准编辑
    初版附注：民国30年3-8月初版
    其他题名：新课程标准世界中学教本高中新本国史
    北师大(1-2)　人教(1-2)　编译馆(2-3)

3-1315

新编高中本国史
金兆梓编
    [重庆]　中华书局　民国32.2[1943.2]-
    3册(284,218,330页)　地图,表　32开
    上册：民国32.4渝初版
    中册：民国32.2渝初版
    下册：民国32.3渝版
    教育部审定　修正课程标准适用
    辞书

3-1316

高中本国史
杨东莼著
    上海　北新书局　民国35.5-9[1946.5-9]
    3册(333,359,278页)　表　大32开
    上册：民国35.5新版
    中册：民国35.6新版
    下册：民国35.9新版
    北师大　人教　辞书　广东中山

3-1317

开明新编高级本国史
杨东莼编
    上海　开明书店　民国36.2[1947.2]
    2册(300,202页)　表　32开
    上册：民国36.2初版,民国36.11第4版,民国37.6第5版
    下册：民国36.2初版,民国36.5第2版,民国36.11第3版
    人教　辞书　广西师大(2)　广东中山

3-1318

简明中国通史
吕振羽著
    北平　新华书店　民国38.4[1949.4]-
    2册(②583页)　32开
    下册：民国38.4校正2版
    高级中学第一学年暂用课本
    人教(2)　上师大(2)

3-1319

中国近代史
华岗编著
    北平　新华书店　民国38.4[1949.4]-
    2册(①269页)　32开
    上册：民国38.4初版
    高中第二学年上学期暂用课本
    人教(1)　华师大(1)

教学参考书

3-1320

本国历史参考书
赵玉森编纂　蒋维乔校
    上海　商务印书馆　民国4.6-5.6[1915.6-1916.6]
    4册(①-②558,③-④393页)　32开
    第1-2册(上卷)：民国4.6初版,民国10.5第5版,民国11.7第6版
    第3-4册(下卷)：民国5.6初版,民国9.1第3版,民国13.2第5版
    教育部审定　中学校教员用
    书脊题名：中学本国史参考书
    其他题名：本国史参考书
    国图　北师大　人教　河南(1)　广西师大(2,4)

3-1321

简明中国历史教授书
赵玉森编纂
    上海　商务印书馆　民国4[1915]
    2册　32开　线装
    上下册：民国4年版
    北师大

        *   *   *

3-1322

初中本国史指导书
朱翊新编辑　范祥善校订
    上海　世界书局　民国10.1[1921.1]-
    4册([840]页)　32开
    第1册：民国19.6版
    第2册：民国10.1版
    第3册：民国19.10版
    第4册：民国10.2版
    初级中学教员及学生用

国图　北师大(2-4)　人教

3-1323
朱氏初中本国史指导书
朱翊新编著
　　上海　世界书局　民国23.12-24.3[1934.12-1935.3]
　　2册(376,567页)　表　大32开
　　上册：民国23.12初版
　　下册：民国24.3初版
　　照教育部审定本编辑
　　封面题名：初中本国史指导书
　　其他题名：新课程标准世界中学教本朱氏初中本国史指导书
　　国图　北师大(2)　人教　辞书

3-1324
本国史教员准备书
周景濂编
　　上海　商务印书馆　民国24.5[1935.5]
　　2册([535]页)　32开
　　上下册：民国24.5初版
　　其他题名：复兴初级中学教科书本国史教员准备书
　　国图(1)　人教

* * *

3-1325
(增订)中国近世史：清初至民国最近
陆光宇著
　　北平　文化学社　民国22.8[1933.8]第7版
　　218页　大32开
　　教授、自修适用
　　初版附注：民国15年8月初版
　　封面题名：最新高级中国近世史
　　其他题名：中国近世史
　　华师大

教学辅导书

3-1326
国史读本
李岳瑞著
　　上海　广智书局　清光绪34.3-宣统1.8[1908-1909]
　　9册(148,136,132,134,136,136,134,152,130页)　大32开
　　第1册(卷一)：光绪34.3初版
　　第2册(卷二)：光绪34.4初版
　　第3册(卷三)：光绪34.4初版
　　第4册(卷四)：光绪34.4初版
　　第5册(卷五)：光绪34.6初版
　　第6册(卷六)：光绪34.8初版
　　第7册(卷七)：光绪34.10初版
　　第8册(卷八)：宣统1.5初版
　　第9册(卷九)：宣统1.8初版
　　辞书

3-1327
国史概论
会文堂编
　　上海　[编者刊]　民国3.7[1914.7]-
　　6册(①48,②29,③38叶)　大32开　线装
　　第1-3册(卷一、卷二上、卷二下)：民国3.7初版
　　考试必读
　　辞书(1-3)

3-1328
中等本国历史参考书
钟毓龙著　张相校阅
　　上海　中华书局　民国4.4-11[1915.4-11]
　　3册(274,226,246页)　表　大32开
　　第1册(卷上)：民国4.4初版,民国7.8第2版,民国9.6第3版,民国13.12第7版
　　第2册(卷中)：民国4.5初版,民国6.8第2版,民国7第3版,民国9.6第4版
　　第3册(卷下)：民国4.11初版,民国9.6第3版
　　封面题名：新制本国历史参考书
　　逐页题名：中等中国历史参考书
　　北师大　人教(1-2)　辞书　河南(1)　广西师大(2)　广东　中山

3-1329
白话本国史
吕思勉著
　　上海　商务印书馆　民国9.12[1920.12]-
　　4册(199,226,290,286页)　32开
　　第1册：民国9.12初版,民国15第4版,民国24国难后1版
　　第2册：民国15第4版,民国24国难后1版
　　第3册：民国15第4版,民国24国难后1版
　　第4册：民国15第4版,民国24国难后1版
　　自修适用
　　人教　华师大(1)　河南

3-1330
本国史测验答案
　　上海　商务印书馆　民国12.12[1923.12]
　　25页　16开
　　辞书

3-1331
中国近代史问答
丁留余编著
　　上海　大东书局　民国19.9[1930.9]
　　138页　64开　(考试必携百科常识问答丛书)
　　华师大

3-1332
本朝史参考书
[沈恩膏编辑]
　　[上海]　[中国图书公司]　[1912-1949?]

255 页　大 32 开
中学及师范用
其他题名：历史教科书本朝史参考书
辞书

＊　＊　＊

3-1333
初级本国历史参考书
金兆梓编　李直校
上海　中华书局　民国 15.4[1926.4]-
2 册(①328 页)　大 32 开
上册：民国 15.4 初版,民国 16.9 第 2 版,民国 21.7 第 6 版
初级中学用
封面题名：新中学本国历史参考书
其他题名：新中学教科书初级本国历史参考书
国图(1)　北师大(1)　人教(1)　辞书(1)　辽宁(1)　广西师大(1)

3-1334
本国历史参考书
王伯祥编纂
上海　商务印书馆　民国 16.1[1927.1]-
6 册(①281,②287 页)　大 32 开
第 1 册：民国 16.1 初版
第 2 册：民国 16.3 版
其他题名：现代初中教科书本国历史参考书
国图(1-2)　北师大(1-2)　人教(1-2)

3-1335
初中本国史参考书
范作乘编　姚绍华校
上海　中华书局　民国 23.6-25.7[1934.6-1936.7]
4 册(162,160,164,174 页)　表　大 32 开
第 1 册：民国 23.6 初版,民国 23.10 第 2 版,民国 25.5 第 4 版,民国 25.5 第 5 版
第 2 册：民国 23.8 初版,民国 23.10 第 3 版,民国 25.5 第 4 版
第 3 册：民国 24.3 初版,民国 25.5 第 2 版
第 4 册：民国 25.7 初版
新课程标准适用
国图(2-4)　北师大(1-3)　人教　辞书

3-1336
初中本国史复习指导书
于澄编
上海　新生书局　民国 25.3[1936.3]
[123]页　32 开　(初中复习指导丛书)
升学必读
逐页题名：本国历史试题及详解
辞书

3-1337
初中本国史复习指导
胡嘉主编

上海　现代教育研究社　民国 25[1936]第 2 版
168 页　32 开
河南

3-1338
初中本国历史参考书
范作乘编　姚绍华校
上海　中华书局　民国 28.9-11[1939.9-11]
4 册(170,178,172,206 页)　表　32 开
第 1 册：民国 28.9 初版
第 2 册：民国 28.9 初版
第 3 册：民国 28.10 初版,民国 30.2 第 2 版
第 4 册：民国 28.11 初版,民国 30.2 第 2 版
修正课程标准适用
辞书　编译馆(3-4)

3-1339
初中本国史
陈旭麓编　姚薇元校
贵阳　文通书局　民国 31.4[1942.4]
168 页　图,表　32 开　(中学复习受验丛书)
辞书

3-1340
国定本初级中学历史辅导书
陆殿扬主编　聂家裕编辑
上海　大中国图书局　民国 35.7[1946.7]-
4 册(①196,②172 页)　表　32 开
第 1 册：民国 35.7 沪白报纸本 1 版
第 2 册：民国 36.2 沪白报纸本 1 版
封面题名：历史辅导书
逐页题名：初中历史辅导书
国图(1)　人教(1)　辞书(1-2)

＊　＊　＊

3-1341
本国史会考答题
薛无竞编
上海　南京书店　民国 22.8[1933.8]
110 页　表　32 开　(中学生升学准备丛书)
逐页题名：部颁高中本国史课程标准会考答题
辞书

3-1342
本国史
吕思勉编
上海　商务印书馆　民国 24.5[1935.5]初版,民国 24.7 第 3 版,民国 26.4 改订 5 版
188 页　图,表　32 开　(高中复习丛书)
人教　上师大　河南

3-1343
高中本国史辑要
李徽五,张荷舫,陈冠一编辑

[天津] 新民学会 民国24.5[1935.5]
158页 32开
辞书

3-1344
高中本国史复习指导
胡嘉编
上海 现代教育研究社 民国26[1937]第2版,民国35新版
287页 大32开 (高中复习指导丛书)
其他题名:本国史复习指导
河南 广东中山

外国史

课 本

3-1345
万国历史
作新社著
上海 [著者刊] 清光绪28.6[1902]初版,光绪29.5第5版
233页 彩图 16开
人教

3-1346
万国史纲
(日)元良勇次郎,(日)家永丰吉著 邵希雍译
上海 商务印书馆 清光绪30[1904]第2版,光绪32第4版
258页 图 大32开
初版附注:清光绪29年6月初版
其他题名:中学堂教科书万国史纲
国图 北师大 天津

3-1347
中等西洋史教科书
(日)小川银次郎编 沙曾诒译
上海 文明书局 清光绪30.5[1904]
2册(35,45叶) 图 大32开 线装
第1-2册:光绪30.5初版
卷端题名:中等西洋史
人教 辞书

3-1348
中等东洋史
(日)桑原骘藏原著 周同愈译著
上海 文明书局 清光绪30.9[1904]初版,光绪32.1第2版
123页 表 大32开
封面题名:中等东洋史教科书
人教 上海 辞书 广西师大

3-1349
东西洋历史教科书
吴葆诚编译
284页 照片 大32开 精装
学务大臣鉴定

①上海 文明书局 清光绪31.1[1905]初版,光绪32.9第2版
北师大 人教 辞书
②上海 科学书局 清光绪32.9[1906]第2版
河南

3-1350
西洋历史
商务印书馆编译所编辑
上海 商务印书馆 清光绪31.7[1905]
2册(440页) 像,图 大32开
上册:光绪31.7初版,光绪32年版
下册:光绪31.7初版,光绪32年版,光绪32.7第4版
附:列国帝王世系图、中西合璧表
版权页题名:西洋历史教科书
其他题名:最新中学教科书西洋历史
北师大 人教 上海 辞书(2) 天津 广西师大

3-1351
最新中等美国历史教科书
南洋官书局译订
上海 [译者刊] 清光绪31.9[1905]
26叶 大32开 线装
学务大臣审定
版权页题名:中等美国历史教科书
人教 辞书

3-1352
最新中等法国历史教科书
南洋官书局译订
上海 [译者刊] 清光绪31.10[1905]
20叶 大32开 线装
两江学务处审定
版权页题名:中等法国历史教科书
人教 辞书

3-1353
最新中等英国历史教科书
南洋官书局译订
上海 [译者刊] 清光绪31.10[1905]
18叶 大32开 线装
两江学务处审定
人教 辞书

3-1354
最新中等西洋历史教科书
祝震编纂 胡宗楙校阅
上海 南洋官书局 清光绪32.4[1906]
4册([768]页) 32开 线装
第1-4册:光绪32.4初版
人教 云南社科(2-3)

3-1355
中学西洋史教科书
(日)小川银次郎编 沙曾诒译
上海 文明书局 清光绪32[1906]第2版

83 页　大 32 开
北师大

3-1356
普通西洋历史教科书
秦瑞玠译编
上海　文明书局　清光绪 33.11[1907]
144 页　大 32 开　精装
逐页题名：西洋历史教科书
北师大　人教　辞书

3-1357
西洋历史
涂澍霖编纂
江西　抚州府印书局　清光绪 33[1907]
2 册(228 页)　像,图　大 32 开　线装
第 1-2 册：光绪 33 初版
逐页题名：西洋历史教科书
人教

3-1358
中学西洋历史教科书
(日)坪井九马三著　吴渊明,仲遥译述
上海　广智书局　清光绪 34.9[1908]
261 页　图　大 32 开　精装
北师大　天津

3-1359
西洋历史教科书
傅岳棻编纂　庄俞校订
上海　商务印书馆　清宣统 1.3[1909]初版,宣统 3.1 第 3 版,民国 1.12 第 5 版,民国 2.5 第 7 版
[183]页　图,表　大 32 开　精装
清学部审定　中学堂用
版权页题名：中学西洋历史教科书
北师大　人教　上海　辞书　天津

3-1360
东洋史要
(日)桑原骘藏著　金为译述
上海　商务印书馆　清宣统 1[1909]第 4 版,民国 2.4 第 6 版
417 页　图　大 32 开
初版附注：清宣统元年 4 月初版
其他题名：(重订)考订东洋史要
其他题名：中学堂教科书东洋史要
国图　北师大　天津　广西师大

3-1361
中等历史教科书东西洋之部
赵懿年编辑
上海　科学会编译部　清宣统 1.9[1909]初版,民国 2.4 第 3 版
147 页　大 32 开
北师大　人教　辞书

3-1362
西洋历史教科书
(日)本多浅治郎著　兴文社译
上海　群益书社　民国 1.10[1912.10]第 2 版
419 页　大 32 开
中学、师范学校高等教科用
国图　北师大　编译馆

3-1363
世界读本
孙毓修编纂
上海　商务印书馆　民国 2.4[1913.4]
3 册([210]页)　32 开　线装
第 1-3 册：民国 2.4 订正初版,民国 3.5 订正 4 版
其他题名：订正世界读本
人教

3-1364
西洋史
傅运森编纂
上海　商务印书馆　民国 2.7-11[1913.7-11]
2 册(60,136 页)　彩色地图,图,像　大 32 开　软布面装
第 1 册(上卷)：民国 2.7 初版,民国 2.10 第 2 版,民国 8 第 14 版,民国 9.5 第 15 版,民国 9 第 16 版,民国 11.5 第 19 版,民国 12.6 第 20 版,民国 15.5 第 22 版
第 2 册(下卷)：民国 2.11 初版,民国第 4 版,民国 8 第 12 版,民国 9.8 第 14 版,民国 10 第 16 版,民国 11.4 第 17 版,民国 12.7 第 18 版,民国 13.11 第 19 版
教育部审定　中学校用
其他题名：共和国教科书西洋史
国图　北师大　人教　华师大　辞书　天津(2)　河南　编译馆

3-1365
东亚各国史
傅运森编纂
上海　商务印书馆　民国 2.8[1913.8]初版,民国 5.5 第 5 版,民国 5.8 第 6 版,民国 7 第 11 版,民国 8 第 13 版,民国 13.5 第 19 版,民国 16.1 第 20 版
70 页　彩色地图,图,像　大 32 开
教育部审定　中学校适用
卷端题名：中学校教科书东亚各国史
其他题名：共和国教科书东亚各国史
国图　北师大　人教　辞书　河南　编译馆

3-1366
(增订)普通新历史
普通学书室编纂　周鹏校　赵玉森增订
上海　商务印书馆　民国 2.11[1913.11]初版,民国 4.7 第 2 版
138 页　32 开
据日本中学学科教授法研究会所著东洋历史蓝本编写
其他题名：普通新历史
北师大　广东中山

3-1367
新制西洋史教本

张相编　姚汉章阅
　　上海　中华书局　民国3.8-9[1914.8-9]
　　2册(50,78页)　地图,图,表　大32开
　　上册：民国3.8初版,民国5.8第3版,民国7.8第9版,民国
　　　　10.1第15版,民国11.2第18版,民国13.6第24版,民国
　　　　13.12增订25版
　　下册：民国3.9初版,民国8.9第11版,民国9.6第13版,民
　　　　国10.7第17版,民国13.2第21版,民国15.1增订25版
　　教育部审定　中学校适用
　　附：中西译名对照表
　　北师大　人教　辞书　河南

3-1368
新制东亚史教本
李秉钧编　范源廉,姚汉章阅
　　上海　中华书局　民国3.11[1914.11]初版,民国4第2版,
　　　　民国7.5第5版,民国8.1第6版,民国12第11版
　　118页　地图,表　大32开
　　教育部审定　中学校适用
　　封面题名：新制东亚各国史教本
　　北师大　人教　辞书　天津

3-1369
世界历史课本
盛恺,胡诚临著
　　上海　徐汇公学　民国3[1914]-
　　5册(354,398,764,268,370页)　地图,图　大32开　精装
　　第1册：民国3年版
　　第2册：民国5年版
　　第3册：民国7年版
　　第4册：民国5年版
　　第5册：民国4年版
　　人教(2,4-5)　上师大　辞书

3-1370
新著世界史
李泰棻编纂
　　上海　商务印书馆　民国11.5[1922.5]初版,民国21.6国难
　　　　后2版
　　273页　图(含彩图)　32开
　　北师大　编译馆

3-1371
新著东洋史
王桐龄编纂
　　上海　商务印书馆　民国11.6[1922.6]
　　2册(227,343页)　图,表　32开
　　上册：民国11.6初版,民国12.7第2版,民国13.12第3版,
　　　　民国18.4第4版
　　下册：民国11.6初版,民国13.3第2版,民国13.12第3版,
　　　　民国16.1第4版,民国18.4第5版
　　中等学校用
　　北师大　人教　上海　辞书　天津　广西师大(2)　编译
　　馆(2)

3-1372
新著西洋近百年史
李泰棻编译　谢观校订
　　上海　商务印书馆　民国13.1[1924.1]
　　2册(294,244页)　图　32开
　　第1-2册(上下卷)：民国13.1第3版,民国15第5版,民国
　　　　21.6国难后1版
　　中等学校用
　　初版附注：民国11年10月初版
　　北师大　华师大　上师大　庐山　编译馆

3-1373
西史纲要[增订本]
张仲和著　曹蕴溪校阅
　　北平　文化学社　民国21.1[1932.1]-
　　　册(①140页)　图　大32开
　　第1册(卷上)：民国21.1增订3版
　　初版附注：民国13年7月初版
　　北师大(1)

3-1374
世界史
陈其可,朱翊新编辑
　　上海　世界书局　民国19.6[1930.6]初版,民国19.8第2
　　　　版,民国20.5第3版
　　256页　地图,图,像　大32开
　　中学、师范适用
　　北师大　辞书　广西师大　编译馆

3-1375
世界史
中等教育研究会编
　　天津　华北书局　民国27.3[1938.3]
　　261页　图　32开　精装
　　中学校用
　　附：世界大事年表
　　人教

3-1376
近代世界革命史话
陈光祖编
　　大连　大众书店　民国35.10[1946.10]第2版
　　101页　32开
　　青年读物及中学教本
　　辽宁

3-1377
中世世界史
(苏)柯斯铭斯基编　王易今译
　　上海　开明书店　民国36.1[1947.1]
　　390页　32开
　　苏联中学教科书
　　上海

3-1378
世界史话

沈长洪编
  1册　图　32开
中学课本及青年自学读物
①[不详]　华东新华书店　民国37.9[1948.9]初版,民国
  37.11第2版
  山东省政府教育厅审定
  华师大　辞书
②[淮阴]　华中新华书店　民国38.3[1949.3]
  国图
③[合肥]　皖北新华书店　民国38.7[1949.7]
  皖北行政公署教育处审定
  国图　人教

* * *

3-1379
新学制历史教科书
傅运森编　王岫庐,朱经农校
  上海　商务印书馆　民国12.2-7[1923.2-7]
  2册(145,144页)　图,像　32开
  上册:民国12.2初版,民国12.2第2版,民国12.5第3版,
    民国12.9第4版,民国13.4第6版,民国13.4第7版,民
    国15.8第90版,民国18.6第102版
  下册:民国12.7初版,民国12.12第2版,民国13.4第3版,
    民国14.5第4版,民国15.6第55版
  教育部审定　初级中学用
  卷端题名:初级中学历史教科书
  书脊题名:新学制初中历史教科书
  北师大　人教　辞书　广西师大(1)

3-1380
世界史
傅运森编辑　朱经农,王岫庐校订
  上海　商务印书馆　民国12.7-14.2[1923.7-1925.2]
  2册(71,112页)　地图,图　32开
  上册:民国12.7初版,民国12.8第2版,民国16.8第30版,
    民国18.8第32版,民国21.5国难后3版
  下册:民国14.2初版,民国14.10第3版,民国18.7第7版,
    民国21.4国难后1版,民国21.5国难后2版
  初级中学用
  附:大事年表
  逐页题名:现代教科书初级中学世界史
  其他题名:现代初中教科书世界史
  其他题名:现代教科书世界史
  北师大　人教　华师大　辞书　河南(1)　编译馆

3-1381
历史
傅运森,朱经农编纂　胡适,王云五校订
  上海　商务印书馆　民国15.6[1926.6]-
  2册(145,144页)　32开
  上册:民国21.6国难后1版

下册:民国15.6第55版,民国21.10国难后3版
初版附注:民国12年10月初版
其他题名:新学制初级中学教科书历史
北师大　华师大(1)　编译馆

3-1382
初级世界史
金兆梓编　戴克敦,张相校
  上海　中华书局　民国13.8[1924.8]初版,民国13第2版,
    民国14.7第4版,民国17.5第11版,民国19.4第17版,
    民国19.10第19版,民国20.7第20版,民国20.12第21
    版,民国21.6第22版,民国21.11第23版
  125页　地图(含彩色地图),表　大32开
  初级中学用
  封面题名:新中学世界史
  书脊题名:新中学初级世界史
  其他题名:新中学教科书初级世界史
  国图　北师大　人教　华师大　辞书　河南　编译馆

3-1383
世界史
周傅儒编辑　何炳松,王岫庐,朱经农校订
  上海　商务印书馆　民国14.2[1925.2]-
  2册(144,157页)　地图,图　32开
  上册:民国14.2初版,民国16.7第16版,民国18.5第18
    版,民国21.5国难后1版,民国21.6国难后3版
  下册:民国15第9版,民国16.7第14版,民国18.9第19版,
    民国19.5第24版,民国21.11国难后6版
  附:大事年表
  初版附注:民国14年2-6月初版
  其他题名:新撰初级中学教科书世界史
  国图　北师大　人教　华师大(2)　辞书　天津(1)　河南
  编译馆

3-1384
新时代世界史教科书
王恩爵著　何炳松校订
  上海　新时代教育社　民国16.9-17.3[1927.9-1928.3]
  2册(131,137页)　地图(含彩色地图),图　32开
  上册:民国16.9初版,民国16第5版,民国17.8第10版,民
    国18.7第20版,民国21.6国难后3版
  下册:民国17.3初版,民国17第5版,民国17第10版,民国
    18.9第20版,民国21.6国难后1版,民国21国难后7版
  初级中学用
  书脊题名:新时代初中世界史教科书
  北师大　人教　华师大　辞书　河南　广西师大　广东中山
  编译馆

3-1385
新中华外国史
金兆梓编　张相校
  上海　新国民图书社　民国19.1[1930.1]初版,民国20.6第
    2版,民国20.8第3版,民国21.5第6版,民国21.10第7
    版,民国22第9版,民国24.6第11版

186页 地图(含彩色地图) 大32开
初级中学用
封面题名:外国史
其他题名:新中华教科书外国史
北师大 人教 辞书 广东中山 编译馆

3-1386

初中外国史
朱翊新,黄人济,陆并谦编著 范祥善校订
上海 世界书局 民国19.2-5[1930.2-5]
2册(102,120页) 图 32开
上册:民国19.2初版,民国21.8订正6版,民国22.5订正8版
下册:民国19.5初版,民国21.7订正4版
教育部审定 初级中学学生用
北师大 华师大(1) 人教 编译馆

3-1387

新中华语体外国史教科书
郑昶编 张相,金兆梓校
上海 新国民图书社 民国19.7[1930.7]初版,民国19.9第2版,民国21.1第4版,民国21.6第5版,民国21.6第6版,民国22.11第7版
128页 地图(含彩色地图) 大32开
教育部审定 初级中学用
封面题名:新中华外国史
北师大 人教 辞书 编译馆

3-1388

开明世界史教本
刘叔琴,陈登元编著
上海 立达学园出版部 民国20.7[1931.7]初版,民国21.4第2版,民国21.10第3版
213页 地图,图 [32开]
初级中学学生用
附:中国与世界
逐页题名:世界史教本
北师大 人教 华师大 辞书

3-1389

北新外国史
杨人楩编
上海 北新书局 民国21.7[1932.7]初版,民国22.1第2版,民国22.8第3版
346页 地图(含彩色地图),图 32开
依照教育部颁初级中学历史课程暂行标准编写
其他题名:初级中学北新外国史
北师大 人教 华师大 上师大 辞书

3-1390

外国史
梁园东编著 江恒源校订
上海 大东书局 民国21.7-22.2[1932.7-1933.2]
2册(188,130页) 图 32开
第1册:民国21.7初版,民国22.5第2版

第2册:民国22.2初版,民国22.2第2版
初级中学学生用
封面题名:初中外国史教本
其他题名:初级中学教本外国史
北师大 华师大(2) 编译馆(1)

3-1391

新建设时代初中世界史教本
周传儒著 白眉初校阅
北平 建设图书馆 民国21.9-22.3[1932.9-1933.3]
2册(120,146页) 图 32开
上册:民国21.9初版,民国22.7第2版
下册:民国22.3初版,民国22.6第4版
初级中学、师范适用
其他题名:初中世界史教本
北师大 人教

3-1392

外国史
何炳松编著
上海 商务印书馆 民国22.5[1933.5]
2册(190,183页) 图 32开
上册:民国22.5初版,民国22.7第20版,民国22.10第30版,民国23.5第45版
下册:民国22.5初版,民国22.7第10版,民国22.7第20版,民国23第40版,民国24.4第41版
教育部审定 依照修正课程标准编辑 新课程标准适用
附:英汉对照表
其他题名:复兴初级中学教科书外国史
北师大 华师大(2) 天津 河南 庐山(1) 广西师大(1) 广东中山 编译馆

3-1393

李氏初中外国史
李季谷编著
上海 世界书局 民国22.9-23.3[1933.9-1934.3]
2册(134,212页) 地图,图,表 大32开
上册:民国22.9初版,民国23.7第2版,民国25.9第4版,民国27.4新1版
下册:民国23.3初版,民国23.8第2版,民国24.2第3版
教育部审定 初级中学学生用
其他题名:新课程标准世界中学教本李氏初中外国史
北师大 人教 上海 华师大 上师大(2) 辞书 广东中山 编译馆(1)

3-1394

朱氏初中外国史
朱翊新编著
上海 世界书局 民国23.3-8[1934.3-8]
2册(95,126页) 图 32开
上册:民国23.3初版,民国23.4第2版,民国23.12第4版
下册:民国23.8初版
初级中学学生用
附:外国史大事年表

封面题名：初中外国史
其他题名：新课程标准世界中学教本朱氏初中外国史
其他题名：新课程标准世界中学教本初中外国史
北师大(2) 人教(1) 上海 华师大(1) 辞书 编译馆

3-1395

初中外国史
郑昶编 张相校

上海 中华书局 民国23.3-11[1934.3-11]
2册(106,122页) 地图,图 大32开
第1册：民国23.3初版,民国23.3第2版,民国23.3第3版,
  民国23.3第4版,民国23.3第6版,民国23.3第7版,民国24.6第11版,民国25.4第16版,民国25.4第17版,民国26.4第19版
第2册：民国23.11初版,民国23.11第3版,民国24第5版,
  民国24第8版,民国24.4第9版,民国25.4第11版,民国26.4第19版
教育部审定 新课程标准适用
附：中西译名对照表
北师大 人教 上海 华师大(1) 上师大(1) 辞书 河南(12) 广东中山 编译馆

3-1396

初中外国史
杨人楩编辑

上海 青光书局 民国23.6[1934.6]
2册 图 32开
上册：民国23.6第4版,民国25第7版
下册：民国23.6第4版,民国24年版,民国25第7版
依照新课程标准编辑
初版附注：民国23年5月改版
北师大 上海(1) 广东中山

3-1397

世界史
殷祖英著

北平 文化学社 民国23.8[1934.8]
2册([192]页) 图 32开
第1-2册：民国23.8初版
新标准适用
封面题名：初中世界史教本
其他题名：初级中学教本世界史
北师大

3-1398

外国史
何铭三编著 杜毅伯校正

上海 元新书局 民国24.3[1935.3]
2册(100,150页) 图 大32开
第1-2册：民国24.3初版
初级中学适用
其他题名：新标准初中教本外国史
辞书

3-1399

外国史
高振清编辑

上海 中学生书局 民国24.6-11[1935.6-11]
2册(147,189页) 地图,图 32开
上册：民国24.6初版
下册：民国24.11初版,民国26.7版
遵照教育部新课程标准 据江苏省教育厅初中历史科教学进度表编定
版权页题名：初中外国史
其他题名：初中标准教本外国史
北师大(1) 人教 辞书

3-1400

初中外国史
陈祖源编著

南京 上海 赣州 正中书局 民国24.8[1935.8]-
2册(182,167页) 图 32开
上册：民国24初版,民国24.8第2版,民国27.8第6版,民国32.4赣7版
下册：民国24.12初版,民国28.11沪9版,民国32.6赣4版
新课程标准适用
封面题名：初级中学外国史
北师大 人教 辞书 广东中山(1)

3-1401

西洋史教科书
(伪)文教部著

长春 [著者刊] 民国24[1935]
118页 图(含彩图) 大32开
初级中学校用
其他题名：初级中学校西洋史教科书
辞书

3-1402

初中外国历史
卢文迪编 金兆梓校

上海 中华书局 民国26.3[1937.3]
2册(108,126页) 地图,图(含彩图),折表 大32开
第1册：民国26.3初版,民国26.8第11版,民国26第18版,民国29第32版,民国30.3第43版,民国30第47版,民国35.6第51版,民国35.6第54版,民国36.2第55版
第2册：民国26.3初版,民国26第3版,民国28.6第17版,民国29.1版,民国29.9第35版,民国29第38版
教育部审定 修正课程标准适用
附：中西译名对照表
北师大 人教 上海 上师大(2) 辞书 天津(1) 河南 广西师大(1) 广东中山 编译馆(1)

3-1403

初中新外国史
赵心人编著

上海 世界书局 民国26.6[1937.6]
2册(204,199页) 图 32开

上册：民国26.6初版,民国29.5第4版,民国29.11新5版
下册：民国26.6初版,民国29.5第5版,民国30.4新6版
遵照教育部民国25年颁布修正课程标准编辑　初级中学学生用
其他题名：新课程标准世界中学教本初中新外国史
北师大　人教　上师大　广西师大　编译馆

3-1404

初中外国历史教本
傅彬然编著

上海　开明书店　民国26.6[1937.6]-
2册(142,115页)　图　32开
上册：民国26.6初版,民国29.7第6版,民国34第7版,民国36.3第12版
下册：民国34.11第6版,民国35.3第7版,民国35.10第10版
教育部审定　修正课程标准适用
北师大(1)　人教　河南(1)　辽宁　编译馆(1)

3-1405

外国史
何炳松编著

上海　商务印书馆　民国26.7[1937.7]-
2册(375页)　图　32开
上册：民国26.7审定1版,民国26审定17版,民国29.6审定50版,民国35.6审定71版,民国35.6审定97版,民国36.5审定106版
下册：民国26审定版,民国35.5审定54版,民国35.12审定70版
教育部审定　依照修正课程标准编辑
其他题名：复兴教科书外国史
其他题名：复兴初级中学教科书外国史
人教　华师大(1)　上师大　庐山　广东中山　编译馆(1)

3-1406

外国史
高振清编著

上海　中学生书局　民国26[1937]
2册(151,184页)　大32开
上册：民国26年版
下册：民国26年版,民国27第4版
修正课程标准适用
书脊题名：初中外国史
其他题名：初中教本外国史
上师大(2)　广西师大

3-1407

初中外国史
中等教育研究会编纂

天津　华北书局　民国27.3[1938.3]-
册(②118页)　图　32开
第2册：民国27.3初版
版权页题名：初中外国历史
人教(2)

3-1408

建国初中外国史
鄢远猷编著

上海　北平　正中书局　民国28.1-12[1939.1-12]
2册(108,108页)　图　32开
上册：民国28.1初版,民国34.10沪1版,民国34沪8版,民国35第10版,民国35.12沪40版
下册：民国28.12初版,民国34.10沪1版,民国35.10平2版,民国35.12沪60版,民国36第70版
教育部审定
附：中西名词对照表
封面题名：外国史
其他题名：建国教科书外国史
人教　上师大　辞书(1)　天津(1)　河南(1)

3-1409

初中外国史
(伪)教育总署编审会著

北平　[著者刊]　民国28.8[1939.8]
2册(118,136页)　图　32开
第1-2册：民国28.8初版,民国30.8修正1版
新标准适用
北师大　人教　河南

3-1410

初中外国史
彭勋阁编　徐谷生校订

南昌　艺文书社　民国30.8[1941.8]-
2册(104,148页)　32开
上册：民国30.8初版
下册：民国34第3版
修正课程标准　初级中学学生用
辞书

3-1411

初中外国史
(伪)教育部编审委员会编纂

上海　中国联合出版公司　民国31.12-32.1[1942.12-1943.1]
2册(119,147页)　地图,图　32开
上册：民国31.12初版,民国32.1第4版,民国32.7第5版
下册：民国32.1初版,民国32.1第4版,民国32.7第5版,民国32.12第6版
附：中西名词对照表
其他题名：国定教科书初中外国史
人教　上海(2)　上师大　辞书　广西师大(2)

3-1412

初中外国史科讲义

广州　[出版者不详]　民国31[1942]版
1册　大32开
其他题名：外国史科讲义
广东中山

3-1413

中华外国历史
卢文迪编

上海　中华书局　民国36.6-9[1947.6-9]

2册(108,164页)　地图,图,折表　32开

第1册:民国36.6初版,民国36.11第4版

第2册:民国36.9初版,民国36.11第4版,民国37.3第6版

初中适用

逐页题名:外国历史

人教　辞书　广西师大

3-1414

外国史[增订本]
何炳松编著　黄维荣修订

上海　商务印书馆　民国36.7[1947.7]-

2册(180,212页)　图　32开

上册:民国37.5第9版

下册:民国36.7第1版

初级中学适用

人教(2)　上海(1)　上师大(2)

3-1415

历史:外国历史[第2次修订本]
国立编译馆主编　聂家裕编辑

上海　大东书局　民国37.11[1948.11]-

　册(⑥137页)　地图,图　32开

第6册:民国37.11第3版

教育部审定

其他题名:初级中学历史

编译馆(6)

3-1416

外国历史
沈长洪编著

上海　新华书店　民国38.2[1949.2]第2版,民国38.9版

152页　图　32开

初级中学适用　临时课本

其他题名:临时课本外国历史

人教　华师大

* * *

3-1417

西洋史
陈衡哲著

上海　商务印书馆　民国13.1-15.2[1924.1-1926.2]

2册(252,326页)　地图(含彩色地图),图　32开

上册:民国13.1初版,民国13.7第2版,民国15.6第4版,民国15.11第5版,民国17.11第6版,民国18.11第7版,民国20.7第11版,民国21.6国难后1版,民国21.10国难后8版

下册:民国15.2初版,民国15.6第2版,民国16.3第3版,民国18.5第4版,民国21.6国难后2版,民国21.10国难后6版

其他题名:新学制高级中学教科书西洋史

国图　北师大　人教　华师大　辞书　天津　河南　广西师大　编译馆

3-1418

外国史
何炳松编

上海　商务印书馆　民国18.6[1929.6]-

2册(①286页)　32开

上册:民国18.6初版,民国19.9第2版,民国21国难后7版

其他题名:新时代高中教科书外国史

北师大(1)　河南(1)　编译馆(1)

3-1419

现代世界史
刘炳荣编

长沙　[编者刊]　民国19.12[1930.12]-

2册(①312页)　大32开

第1册(上卷):民国19.12初版

高中教本

北师大(1)

3-1420

高中外国史
李季谷编著　朱翊新校阅

上海　世界书局　民国20.10-11[1931.10-11]

2册(206,276页)　地图,图(含彩图),像　大32开

上册:民国20.10初版,民国21.8第2版,民国21.9第3版,民国22.4第4版,民国25.3第6版

下册:民国20.11初版,民国21.9第3版,民国22.4第4版

教育部审定　高级中学学生用

其他题名:李氏高中外国史

其他题名:高级中学教科书高中外国史

北师大　人教　华师大　辞书　河南(1)　辽宁(1)　广西师大　广东中山　编译馆

3-1421

高中外国史
杨人楩著

上海　北新书局　民国20.10-23.6[1931.10-1934.6]

2册(400,569页)　图(含彩图)　大32开

第1册(上卷):民国20.10初版,民国22.9第2版,民国35.9新1版

第2册(下卷):民国23.6初版,民国35.9新1版

卷端题名:高级中学大学预科外国史

北师大　人教　华师大(1)　辞书　天津　河南　广西师大　广东中山　编译馆(1)

3-1422

世界近百年史
许毅编辑

天津　百城书局　民国21.8-22.2[1932.8-1933.2]

2册(204,302页)　32开

第1册：民国21.8初版
第2册：民国22.2初版
高中及后期师范用
北师大

3-1423

外国史
何炳松编

上海　商务印书馆　民国22.8[1933.8]-
2册(②418页)　图　32开
下册：民国22.8初版
其他题名：高级中学教科书外国史
辞书(2)

3-1424

高中外国史
黄现璠编　陆泳沂等校订

北平　立达书局　民国22.8[1933.8]-
2册(①246页)　图　大32开
上册：民国22.8初版
高级中学学生用
北师大(1)

3-1425

西洋近百年史
丁云孙著

上海　商务印书馆　民国22.10[1933.10]初版,民国23.11
第2版
177页　32开
高中适用
北师大　人教　华师大　河南　庐山　广西师大

3-1426

外国史
何炳松编著

上海　商务印书馆　民国23.8[1934.8]-
2册(468,418页)　图　32开
上册：民国23.8初版,民国23.9第3版,民国23.12第4版,民国24.5第7版,民国24.7第8版,民国35.1第29版,民国35.5第34版,民国35.5第43版,民国36.6第53版
下册：民国23第3版,民国24.4第5版,民国24.5第7版,民国35.9第36版,民国35.12第43版,民国37.1增订43版,民国37.10增订44版
教育部审定　依照修正课程标准编辑　高级中学用
初版附注：民国23年8月初版
其他题名：复兴教科书外国史
其他题名：复兴高级中学教科书外国史
北师大　人教　华师大　上师大　辞书　天津　广西师大(1)　广东中山

3-1427

高中外国史
金兆梓编

上海　赣州　中华书局　民国23.11-24.12[1934.11-
1935.12]
3册(269,282,269)　地图,图　大32开
上册：民国23.11初版,民国24.8第4版
中册：民国24.8初版,民国24.8第2版,民国32.8赣初版
下册：民国24.12初版,民国37.8第18版
新课程标准适用
国图　北师大　辞书　广东中山(1-2)

3-1428

高中外国史
蒋伯熙著

北平　立达书局　民国24.9[1935.9]
262页　图　32开
北师大

3-1429

高中外国史
耿淡如,王宗武编著

上海　南京　赣州　正中书局　民国25.1-11[1936.1-11]
3册(202,190,207页)　图　32开
上册：民国25.1初版,民国25.8第5版,民国26.9第6版,民国32赣8版,民国34.12沪1版,民国34沪8版,民国35沪19版,民国35.7第22版,民国35.11沪45版,民国36.4沪60版,民国37修正9版
中册：民国25.8初版,民国34.12沪1版,民国34沪6版,民国36.4沪56版
下册：民国25.11初版,民国33.1第4版,民国34.12沪4版,民国35.11沪19版,民国36.4沪39版,民国37.4修正沪8版
遵照部颁课程标准编辑　新课程标准适用
附：英汉名词对照表
其他题名：高级中学外国史
其他题名：建国高级中学外国史
国图(1)　北师大(1)　人教　上海(1-2)　华师大(3)　上师大　天津(1)　河南(1)　广西师大　广东中山(1-2)

3-1430

高中新外国史
孙逸姝编

上海　世界书局　民国26.6-28.12[1937.6-1939.12]
3册(109,166,209页)　图,像　32开
上册：民国26.6初版,民国28.4新3版,民国30.9新5版,民国37.9第12版
中册：民国28.8初版,民国35年版,民国36.2第5版
下册：民国28.12初版,民国35年版
遵照修正课程标准编辑
其他题名：新课程标准世界中学教本高中新外国史
北师大(1)　人教　编译馆(1,3)

3-1431

新编高中外国史
金兆梓编

上海　重庆　中华书局　民国26.7[1937.7]-
3册(278,298,296页)　图,折表　大32开

上册:民国 28.10 第 8 版,民国 29.4 第 10 版,民国 30.7 第 15 版,民国 31.7 渝初版,民国 34.12 版,民国 36.4 第 19 版,民国 37 第 21 版

中册:民国 29.4 第 10 版,民国 30.4 第 11 版,民国 32.5 渝初版,民国 35.5 第 16 版,民国 35.10 第 18 版,民国 36.4 第 20 版,民国 36.10 第 21 版

下册:民国 26.7 第 3 版,民国 29.3 第 8 版,民国 29.4 第 9 版,民国 34.12 第 12 版,民国 35.5 第 13 版,民国第 16 版,民国 37.5 第 17 版,民国 37.8 第 18 版

教育部审定 修正课程标准适用

其他题名:高中外国史

国图(3) 北师大 人教 辞书 辽宁 广西师大 广东中山 编译馆

3-1432

高中外国史
中等教育研究会编纂

天津 华北书局 民国 27.3[1938.3]-

册(①206 页) 图 32 开

上册:民国 27.3 初版

人教(1)

3-1433

高中外国史
(伪)教育部编审会著

北平 新民印书馆 民国 27.12[1938.12]-

2 册(②338 页) 图 32 开

下册:民国 27.12 初版

人教(2)

3-1434

高中外国史
(伪)教育总署编审会著

北平 [著者刊] 民国 28.12[1939.12]

2 册(265,338 页) 图 32 开

上下册:民国 28.12 初版,1950.12 修正初版

北师大 人教 河南(2)

3-1435

新编钟山外国史
蒋恭晟编著

南京 钟山书局 民国 30.6[1941.6]-

2 册(①206 页) 32 开

上册:民国 30.6 初版

高级中学适用

其他题名:钟山外国史

国图(1)

3-1436

高中近世史
[出版者不详] [1912-1949?]油印本

81 页 [32 开] 线装

上海

教学参考书

3-1437

东亚各国史参考书
傅运森,丁桂英编

上海 商务印书馆 民国 7.10[1918.10]初版,民国 8.6 第 2 版,民国第 5 版,民国 8.7 第 13 版

255 页 32 开

教育部审定 中学校教员用

国图 人教 华师大 编译馆

3-1438

西洋史参考书
丁英桂编 傅运森校订

上海 商务印书馆 民国 9.9[1920.9]

2 册([420]页) 大 32 开

第 1-2 册:民国 9.9 初版,民国 11 第 2 版

中学校教员用

国图 河南 广东中山(1)

3-1439

初中外国史指导书
朱翊新编

上海 世界书局 民国 20.3-6[1931.3-6]

2 册(200,243 页) 图,表 32 开

上册:民国 20.3 初版

下册:民国 20.6 初版

初级中学教员及学生用

国图 人教 华师大 河南(2) 广西师大(2) 广东中山(1) 编译馆

3-1440

外国史教员准备书
朱鸿禧编著

上海 商务印书馆 民国 25.2[1936.2]

394 页 32 开

其他题名:复兴初级中学教科书外国史教员准备书

国图 人教 广东中山

教学辅导书

3-1441

世界史表解
曹剑光编著

上海 南华书局 民国 23.3[1934.3]第 3 版

386 页 32 开

中学补充读物

河南

3-1442

世界历史问答
车曾训编

上海　东方文学社　民国23[1934]第13版
124页　32开
初高两级中学课外参考
河南

3-1443
西洋文化史大纲
顾康伯编
上海　中华书局　民国25.1[1936.1]
414页　32开
中学、师范必修、选修及参考之用
河南

3-1444
外国史纲要
徐瑞祥,陈锡祺编
[不详]　[编者刊]　民国26.5[1937.5]
196页　25开
国图　人教

3-1445
外国史
李长傅编
长沙　商务印书馆　民国28.1[1939.1]
126页　36开　(中学各科纲要丛书)
考试复习用书
人教

* * *

3-1446
外国史[改订本]
郑震编著
长沙　商务印书馆　民国24.5[1935.5]初版,民国26.4第4版,民国28.4第7版
120页　32开（初中复习丛书）
国图　人教　辞书　庐山

3-1447
初中外国史参考书
姚绍华,卢文迪编　金兆梓校
上海　中华书局　民国24.12-25.4[1935.12-1936.4]
2册(152,130页)　图，表　大32开
第1册:民国24.12初版,民国25.6第2版
第2册:民国25.4初版,民国25.7第2版
新课程标准适用
其他题名:初中外国历史参考书
国图　人教　辞书

3-1448
初中外国史复习指导书
陶友白编
上海　新生书局　民国25.2[1936.2]
[97]页　32开（初中复习指导丛书）
升学必读

附:各省市初中会考试题及详解
逐题题名:外国历史试题及详解
国图　人教　辞书

3-1449
初中外国史参考书
姚绍华,卢文迪编　金兆梓校
昆明　中华书局　民国29.6[1940.6]-
2册(①184页)　32开
第1册:民国29.6初版,民国30.3第2版
修正课程标准适用
其他题名:修正初中外国史参考书
国图(1)　人教(1)　辞书(1)　广东中山(1)

3-1450
外国历史表解
李尚春编著
上海　中华书局　民国30.1[1941.1]-
2册(76,97页)　图　32开　（初中学生文库）
第1册:民国30.1第5版
第2册:民国30.6第6版
封面题名:初中外国历史表解
编译馆

3-1451
初中外国史复习指导
胡嘉编
成都　现代教育研究社　民国30.12[1941.12]第2版
141页　50开
国图　人教　河南

3-1452
初中外国史表解
朱翊新编著
上海　世界书局　民国32.12[1943.12]
161页　32开
附:测验举例
国图

* * *

3-1453
高中外国史复习指导
胡嘉编
成都　上海　现代教育研究社　民国12[1923]版,民国31.7版,民国36.4版
246页　大32开（高中复习指导丛书）
升学会考必备
国图　河南　广西师大

3-1454
高中外国史辑要
阎焕文编辑
[天津]　新民学会　民国24.5[1935.5]
102页　32开

　　　　辞书

3-1455
外国史
朱鸿禧编著
　　上海　商务印书馆　民国24.6[1935.6]第2版,民国24.6改
　　　　订初版,民国24改订3版,民国26改订版
　　235页　32开　(高中复习丛书)
　　国图　上师大　辞书　河南

叁 地 理

课 本

3-1456
普通地理读本
夏清贻编
　　[不详]　王氏育材学堂编译所　清光绪27[1901]版
　　68页　16开
　　人教

3-1457
京师译学馆舆地学讲义
韩朴存编辑
　　北京　京师学务处官书局　清光绪31[1905]版
　　204页　16开　线装
　　逐页题名：舆地学讲义
　　人教　上海

3-1458
简易地理教本
沈祖绵编辑　夏日戋校订
　　上海　中国图书公司　清光绪33.3[1907]初版,光绪34.12
　　　　第2版
　　74页　表　大32开　精装
　　国图　人教　辞书

3-1459
中等地理教科书
侯鸿鉴辑
　　上海　文明书局　[1907?]
　　1册　大32开　线装
　　上海

3-1460
中学地理教科书［订正本］
周惟寅编辑
　　北京　新华书社　民国2.7[1913.7]-
　　4册(①112,②130,③178页)　表　16开
　　第1册：民国2.7订正2版
　　第2册：民国2.10订正2版
　　第3册：民国3.2订正2版

　　教育部审定
　　初版附注：清光绪34年6月初版
　　北师大(1-2)　人教(1-3)　上海(1-2)　辞书(1-2)

3-1461
地理学讲义
　　[出版者不详]　[1908?]
　　1册　线装
　　五城中学堂课本
　　国图

3-1462
明德学堂地理课程
周震鳞辑
　　[出版者不详]　[1911?]
　　39页　[32开]　线装
　　上海

3-1463
中华中学地理教科书
李廷翰编　戴克敦,姚汉章,陆费逵阅
　　上海　中华书局　民国1.7-3.4[1912.7-1914.4]
　　4册(191,170,248,176页)　地图,图,表　32开
　　第1册：民国1.7初版,民国1.10第2版,民国2.12第7版,
　　　　民国4.1第10版,民国7.2第19版,民国8.8第23版,民
　　　　国10.1第25版
　　第2册：民国1.10初版,民国3.9第5版,民国7.8第14版,
　　　　民国8.7第16版,民国8.9第17版,民国9.7第18版
　　第3册：民国2.3初版,民国7.8第17版,民国8.7第20版,
　　　　民国9.7第22版,民国9.7第33版
　　第4册：民国3.4初版,民国7.8第12版,民国8.1第13版,
　　　　民国8.7第15版,民国9.7第16版,民国10.4第17版
　　教育部审定
　　逐页题名：中学地理教科书
　　北师大　人教　辞书　河南

3-1464
中学地理教科书
张国维编著　张景良校订
　　上海　文明书局　民国3.11[1914.11]-
　　4册(①[124]页)　图　大32开
　　第1册：民国3.11初版
　　人教(1)　辞书(1)

3-1465
新制地理概论教本
杨文洵编辑
　　上海　中华书局　民国6.7[1917.7]初版,民国10.4第6版
　　100页　地图,图,表　大32开
　　教育部审定　中学校适用
　　北师大　人教　辞书　河南

3-1466
中外地理大纲
蒋君章编著
　　杭州　浙江省图书馆售书处　民国24.9[1935.9]

2册(132,136页) 地图,图,表 大32开
上下册:民国24.9第3版
辞书

* * *

3-1467

新学制地理教科书
王钟麒编辑 王岫庐,朱经农校订 竺可桢重订
上海 商务印书馆 民国12.2[1923.2]-
2册(141,232页) 地图,图 32开
上册:民国12.2初版,民国12.9第4版,民国12.12第5版,
民国13.4第6版,民国13.4第7版,民国15.6第92版,民
国21.6国难后订正3版
下册:民国12.12第2版,民国13.4第3版,民国13.12第7
版,民国15.5第55版,民国21.6国难后订正2版
初级中学用
初版附注:民国12年2-7月初版
封面题名:地理教科书
卷端题名:初级中学教科书地理
逐页题名:初级中学地理教科书
北师大 人教 上海 华师大 上师大(1) 辞书 广西师
　　大 编译馆

3-1468

初中地理
杜凤编著 魏冰心,董文,朱翊新校订
上海 世界书局 民国18.11[1929.11]-
6册(95,139,103,128,130,154页) 地图,图,表 大32开
第1册:民国18.11第3版,民国19.6订正4版
第2册:民国18.11初版,民国19.4第2版,民国19.12第
　　3版
第3册:民国19.1初版,民国19.3第2版
第4册:民国20.7第2版
第5册:民国20.5初版,民国20.9第2版
第6册:民国20.9第2版
初级中学学生用
其他题名:初级中学教科书初中地理
北师大 华师大(1) 辞书(1-3) 河南(2) 编译馆

3-1469

地理常识
中央教育人民委员部编
[不详] [编者刊] 民国21.11[1932.11]
15页 32开
苏区中等学校教材
人教

3-1470

初中地理教科书
张其昀编
南京 钟山书局 民国22.8[1933.8]-
3册(①186页) 地图,图 大32开
上册(人生地理大意):民国22.8第2版
初级中学一年级用
卷端题名:钟山读本初中程度地理教科书
逐页题名:地理教科书
辞书(1)

3-1471

初中地理教科书
张其昀编
南京 钟山书局 民国25.8[1936.8]
2册(100,192页) 32开
第1-2:民国25.8初版
北师大

3-1472

初中地理
(伪)教育部编审会编
北平 [编者刊] 民国27.8[1938.8]-
4册(①93,③95页) 图 32开
第1,3册:民国27.8版
北师大(1,3)

3-1473

初中地理
(伪)教育总署编审会著
北平 [著者刊] 民国28.8[1939.8]-
3册(209,194,296页) 地图,图 32开
上册:民国29.6修正版
中册:民国29.7修正版
下册:民国28.8初版
北师大 人教 辞书

3-1474

初级中学地理[第2次修订本]
国立编译馆主编 任美锷编辑 李旭旦等校阅
北平 正中书局 民国36.10[1947.10]-
6册(②④⑥[301]页) 图 32开
第2,4,6册:民国36.10平初版
教育部审定
人教(2,4,6)

3-1475

地理:初中
教育局编
[出版者不详] 民国37.3[1948.3]第8版
61页 地图 32开
其他题名:中学临时教材地理
辽宁

3-1476

地理
哈尔滨市教育局地理教育研究小组编
哈尔滨 东北书店 民国37.11[1948.11]-
册(①76页) 图 32开
第1册:民国37.11第2版
其他题名:初中临时教材地理

人教(1)　辽宁(1)

3-1477
地理
张思俊编　吕鼎锡作图
　　[不详]　陕甘宁晋绥边区教育厅　民国38.3[1949.3]
　　2册([323]页)　图　32开
　　第1-2册：民国38.3版
　　陕甘宁晋绥边区教育厅审定
　　其他题名：初级中学教科书地理
　　人教

＊　＊　＊

3-1478
地理学通论
傅角今编
　　上海　商务印书馆　民国23.3[1934.3]初版,民国23.8第2版
　　360页　图,表　32开
　　高中适用
　　北师大　人教　上海　辞书　广西师大

3-1479
地理[修正本]
王成组编著
　　上海　商务印书馆　民国25.8[1936.8]-
　　3册(201,126,160页)　图　32开
　　上册：民国28.9修正15版
　　中册：民国25.8修正1版,民国38.2修正83版
　　下册：民国26.8修正1版,1950.6修正84版
　　依照教育部修正课程标准编辑　高级中学用
　　初版附注：民国23年8月初版
　　其他题名：复兴高级中学教科书地理
　　北师大　华师大(2-3)

3-1480
高中地理
(伪)教育部编审会著
　　北平　[著者刊]　民国27.8[1938.8]-
　　　册(①308页)　图　32开
　　上册：民国27.8版
　　河南(1)

3-1481
高中地理
(伪)教育部编审会著
　　北平　新民印书馆　民国28.11[1939.11]-
　　4册(439,484,338,279页)　地图(含彩色地图),图　32开
　　第1册：民国28.11初版,民国29.7修正版
　　第2册：民国28.11初版,民国30.1修正版
　　第3册：民国28.12初版
　　第4册：民国29.8修正版
　　北师大　辞书(1-3)

教学参考书

3-1482
高中地理科教学进度表
江苏省教育厅编订
　　江苏　[编者刊]　民国22.7[1933.7]
　　108页　表　32开
　　国图　人教

教学辅导书

3-1483
中外地理要题解答
路明书店史地编辑部编
　　重庆　上海　路明书店　民国34.8[1945.8]初版,民国35.9重庆第2版,民国35.12沪初版
　　140页　32开
　　应考大学留学及高初等考试准备用书
　　辞书

3-1484
中外地理问题详解
萧延丙编著　谢国度,文士元,李兰生校订
　　上海　世界书局　民国36.11[1947.11]新1版
　　143页　32开
　　中等学校适用
　　附：湖南初高中历届会考及国立各大学入学地理试题、地理灯谜
　　辞书

3-1485
投考大学全书：地理之部
陈铎民编
　　上海　师友出版公司　民国37.5[1948.5]第2版
　　111页　32开
　　辞书

3-1486
新编中外地理题解
陶元林编
　　上海　正气书局　民国37[1948]版
　　[103]页　32开　(中学复习指导丛书)
　　其他题名：中外地理题解
　　广东中山

3-1487
地理之部
姜文宝编
　　上海　晨报出版部　[1912-1949?]
　　154页　32开　(中学会考指导丛书　5)
　　上师大

3-1488

中外地理纲要
周源生编
[出版者不详] [1912-1949?]
65页 32开
中学生复习参考用书
国图

* * *

3-1489

初中地理辑要
徐楚波,李徽五,刘桐华编辑
[天津] 新民学会 民国24.5[1935.5]
1册 32开
辞书

3-1490

中外地理试题总解
邹茂之,陈光伯著
上海 东方书店 民国25.1[1936.1]
[232]页 表 32开 (初中会考升学准备丛书)
封面题名:综合中外地理试题总解
辞书

3-1491

中外地理
张远斋,顾序东编辑
上海 光明书局 民国25.3[1936.3]
[177]页 32开 (题解中心初中复习丛书 9)
辞书

* * *

3-1492

高中地理辑要
刘桐华,杜棣之,桑朝阳,徐楚波编辑
[天津] 新民学会 民国24.5[1935.5]
1册 表 32开
辞书

人文地理

课 本

3-1493

人文地理
傅运森编纂 蒋维乔校订
上海 商务印书馆 民国3.5[1914.5]初版,民国3.8第2版,民国8.5第5版,民国8.9第6版,民国10第8版,民国14.1第11版
66页 地图,图 大32开
中学校用
逐页题名:中学校教科书人文地理
其他题名:共和国教科书人文地理
国图 北师大 人教 辞书 河南 编译馆

3-1494

新著人文地理学
王华隆编纂
上海 商务印书馆 民国14.8[1925.8]初版,民国18.5第4版
206页 表 32开
中等学校用
北师大 华师大 辞书 编译馆

3-1495

商业地理
武堉干编著
上海 中华书局 民国22.4[1933.4]
404页 地图,图,表 大32开
华师大 编译馆

* * *

3-1496

新学制人生地理教科书
张其昀编辑 竺可桢,朱经农校订
上海 商务印书馆 民国14.1[1925.1]-
3册(306,309,430页) 地图(含彩色地图),表 32开
上册:民国14.1初版,民国15第10版,民国16.10第12版,民国21.6国难后2版,民国21.11国难后4版
中册:民国14.9初版,民国15第10版,民国21.6国难后2版,民国21.12国难后4版
下册:民国15.11第5版,民国15第10版,民国21.5国难后1版
初级中学用
封面题名:人生地理教科书
卷端题名:初级中学教科书人生地理
逐页题名:初中教科书人生地理
国图 北师大 上海(1) 华师大 辞书 天津(1-2) 广东中山(2-3) 编译馆

3-1497

福建地理
林观得编
福州 建国出版社 民国30[1941]
76页 32开
初中乡土教材
国图

* * *

3-1498

人文地理

王益厓编著
>上海　大东书局　民国22.9[1933.9]
>400页　图　大32开
>高级中学学生用
>北师大

自然地理
课本

3-1499
自然地理
傅运森编纂　蒋维乔校订
>上海　商务印书馆　民国3.5[1914.5]初版,民国3.8第2版,民国9.5第10版,民国12.5版,民国13.9版,民国15.10第15版
>77页　图,表　大32开
>教育部审定　中学校用
>逐页题名:中学校教科书自然地理
>其他题名:共和国教科书自然地理
>国图　北师大　人教　辞书　河南　编译馆

3-1500
自然地理学原理
G.C.Fry(G.C.富莱)著　王钧衡译
>北平　著者书店　民国21.8[1932.8]
>206页　图(含彩图),表　32开
>其他题名:高中教科书自然地理学原理
>北师大　辞书　河南

3-1501
新中华自然地理
杨文洵编
>上海　新国民图书社　民国21.9[1932.9]
>226页　地图,图,表　大32开
>高级中学用
>北师大　人教　华师大　辞书　编译馆

3-1502
新标准高中自然地理学
王金绂著
>北平　立达书局　民国23.1[1934.1]
>170页　图　大32开
>版权页题名:高中自然地理学
>国图　北师大　人教

3-1503
地学概论
鲁立刚编　竺可桢,王谟,白眉初,吴晦华,沈望三校阅
>长沙　六合公司　民国23.7[1934.7]第2版
>200页　照片,图,表　大32开
>高级中学用
>华师大　辞书

3-1504
自然地理
王谟编著
>上海　长沙　商务印书馆　民国24.5[1935.5]初版,民国27.6长沙2版,民国27审定3版
>319页　图,表　[32开]
>教育部审定　高级中学用
>其他题名:复兴高级中学教科书自然地理
>国图　北师大　人教　华师大　辞书　天津　广东中山

3-1505
高中自然地理
丁绍桓编
>上海　香港　中华书局　民国24.8[1935.8]初版,民国24.8第2版,民国26香港2版
>162页　图,表　大32开
>新课程标准适用
>国图　北师大　人教　华师大　辞书　广东中山

3-1506
高中自然地理
王益厓编著
>南京　北平　正中书局　民国24.12[1935.12]初版,民国25第3版
>1册(230,13页)　图,表　32开
>新课程标准适用
>封面题名:自然地理
>逐页题名:高级中学自然地理
>国图　北师大　人教　辞书　广东中山

3-1507
高级中学自然地理
王益厓编著
>上海　北平　正中书局　民国26.3[1937.3]第11版,民国34.12沪4版,民国35.8平1版,民国35.11第20版,民国36.7第23版
>244页　地图,图,表　32开
>教育部审定　依据民国25年4月教育部颁布修正高级中学地理课程标准编著
>初版附注:民国24年12月初版
>逐页题名:建国高中自然地理
>其他题名:建国教科书高级中学自然地理
>人教　辞书　广西师大

3-1508
程氏高中自然地理
程伯群编著
>上海　世界书局　民国25.1[1936.1]
>157页　图,表　大32开
>高级中学学生用
>其他题名:新课程标准世界中学教本程氏高中自然地理
>国图　人教　辞书

3-1509
高中自然地理

万方祥编
　　北平　北方学社　民国25.8[1936.8]
　　176页　图　32开
　　新课程标准适用
　　北师大

3-1510

自然地理
沈思玙编著
　　南京　钟山书局　民国25[1936]版
　　250页　图　32开
　　其他题名：高级中学教科书自然地理
　　国图　人教

3-1511

高中自然地理
丁绍桓编
　　上海　中华书局　民国26.7[1937.7]初版,民国28.5第4版,民国36.5第9版
　　174页　图,表　大32开
　　教育部审定　修正课程标准适用
　　人教　华师大　辞书　广西师大

中国地理

课 本

3-1512

中等本国地理教科书
张相文著
　　上海　兰陵社　清光绪31.9[1905]-
　　4册(①27,③27,④20叶)　图,表　大32开　线装
　　第1,3-4册：光绪31.9第5版
　　初版附注：清光绪27年4月初版
　　辞书(1,3-4)

3-1513

(订正增补)中国地理教科书
王达编述
　　其他题名：中国地理教科书
　　4册(39,58,57,52叶)　大32开　线装
　　①[不详]　群治书社　清光绪32.9[1906]第3次印行(订正3版再版)
　　初版附注：清光绪27年冬月初版
　　辞书
　　②[出版者不详]　清光绪32[1906]第3次印行(订正3版)
　　辞书

3-1514

增订本国中等地理教科书
张相文著
　　上海　南洋公学　清光绪28.3-5[1902]
　　3册(32,32,43叶)　图　32开　线装

　　第1-3册(上中下卷)：光绪28.3-5初版
　　北师大(1)　人教(2)　云南社科　广西师大

3-1515

中国地理教科书
王达编述
　　[长沙]　崇实书局　清宣统1.1[1909]
　　4册(46,59,60,52叶)　16开　线装
　　第1-4册(卷一至卷四)：宣统1.1订正4版
　　初版附注：清光绪28年初版
　　辞书

3-1516

中国地理教科书
马晋羲编
　　[不详]　翰墨林编译书局　清光绪30[1904]
　　2册　线装
　　第1-2册：光绪30年版
　　国图

3-1517

中国地理教科书
屠寄编纂　庄俞校订　赵玉森重订
　　上海　商务印书馆　清光绪31.3[1905]初版,光绪32第2版,宣统3第11版,民国2.11第13版
　　1册(84,82,236页)　图,表　大32开　精装
　　中学堂、师范学堂用
　　版权页题名：(重订)中学中国地理教科书
　　书脊题名：中学中国地理教科书
　　国图　北师大　辞书　广东中山

3-1518

中国地理学讲义
汪嵚编纂
　　南昌　普益书局　清光绪31.4[1905]-
　　3册(①127页)　大32开
　　第1册(上编)：光绪31.4版
　　教科适用
　　辞书(1)

3-1519

中国地理学教科书
屠寄著
　　上海　商务印书馆　清光绪31.8[1905]初版,光绪32.4第2版,光绪32.10第3版,光绪33第4版,宣统1.2第7版
　　216页　图,表　大32开　精装
　　中学堂用
　　国图　人教　上海　辞书　河南　云南社科　广西师大　广东中山

3-1520

本国地理教科书
陆费逵编辑
　　上海　昌明　清光绪32.8[1906]-
　　册(①118页)　地图　大32开
　　上册：光绪32.8初版

封面题名：本国地理
人教(1)　辞书(1)

3-1521

中国地舆志略
(法)夏之时著　孙文桢译
上海　土山湾印书馆　清光绪32[1906]
1册　图　大32开
徐汇课本
北师大　人教

3-1522

新体中国地理
藏励和编纂　谢观校订　赵玉森重订
上海　商务印书馆　清宣统1[1909]第4版,宣统1.11第5版,宣统2第7版,宣统3.4第8版,民国1第10版,民国2.1第11版,民国2.12第14版
[293]页　图,表　大32开　精装
中学校用
初版附注：清光绪34年正月初版
版权页题名：(订正)中学新体中国地理
其他题名：中学堂教科书新体中国地理
北师大　人教　上海　辞书　天津　河南　广西师大

3-1523

中学中国地理教科书
贺尹东编纂
北京　求实中学堂　清宣统1.7[1909]
2册(86,96叶)　大32开　线装
上下册：宣统1.7版
其他题名：中国地理教科书
国图(1)　北师大(2)　广西师大

3-1524

中国地理讲义
庄俞编纂　谭廉校订
上海　商务印书馆　民国5.6[1916.6]重订4版,民国9.6重订8版
177页　图,表　大32开
初版附注：民国2年4月初版
北师大　编译馆

3-1525

中学新地理：本国之部
姚明辉,张国维编纂　中学地理教科研究会修校
上海　中国图书公司和记　民国3.10[1914.10]-
4册(86,96,136,152页)　大32开
第1册：民国3.10第2版
第2册：民国9.6第4版
第3册：民国9.10第3版
第4册：民国4.4初版
初版附注：民国2年5月-4年4月初版
北师大(2-4)　人教(1)　辞书(1,3)

3-1526

本国地理
谢观编辑　庄俞校订
上海　商务印书馆　民国2.7-12[1913.7-12]
2册(144,178页)　地图(含彩色地图),图　32开
上册(上卷)：民国2.7初版,民国3.7第4版,民国4.9第7版,民国9.7第29版,民国11.3第33版,民国12.10第34版,民国14.2第35版
下册(下卷)：民国2.12初版,民国10.7第21版,民国13.5第24版,民国16.1第25版
教育部审定　中学校用
其他题名：共和国教科书本国地理
北师大　人教(1)　华师大　辞书　河南(2)　广西师大(1)　编译馆(1)

3-1527

中国地理教科书
史礼绶编辑　戴克敦,姚汉章,陆费逵阅
上海　中华书局　民国2.12[1913.12]初版,民国3.4第2版,民国3.9第3版,民国8.8第15版,民国10.1第18版
189页　表　32开
讲习适用
北师大　人教　辞书

3-1528

新制本国地理教本
李廷翰编　姚汉章阅
上海　中华书局　民国3.8-4.5[1914.8-1915.5]
3册(88,82,82页)　地图,表　大32开
上册：民国3.8初版,民国4.2第2版,民国8.9第12版,民国12.6第26版
中册：民国4.1初版,民国4.10第2版,民国8.7第12版,民国10.7第18版,民国11.7第21版,民国11.9第22版,民国11.11第23版
下册：民国4.5初版,民国6.4第4版,民国11.7第18版,民国12.6第21版,民国13.3第23版
教育部审定　中学校适用
北师大　人教　辞书　广东中山(1)

3-1529

新制中国地理
张培民著　赵守联校阅
太原　晋新书社　民国12.8[1923.8]
194页　图　32开
北师大

3-1530

南开中学东北地理教本
傅恩岭编
天津　南开中学　民国20.9[1931.9]
2册(328,268页)　大32开
第1-2册：民国20.9初版
北师大

3-1531

本国地理教科书
邹翰芳编

上海　神州国光社　民国21.5[1932.5]初版,民国21.8第
　　2版
266页　地图,图,表　32开
中学校用
上海　辞书

3-1532

中国游记选
孙季叔编注
　　上海　中国文化服务社　民国25.5[1936.5]版
　　560页　32开
　　中学地理科补充读物
　　初版附注：民国25年初版
　　河南

3-1533

本国地理（教授稿本）
　　[出版者不详]　[1938-1940?]
　　2册(141,146页)　32开
　　上下册：版次不详
　　(伪)国民政府教育部编审委员会审查暂准为临时补充教本
　　辞书

3-1534

本国地理
傅祖德编
　　[不详]　台湾省训练团　民国35[1946]版
　　74页　32开　（训练教材）
　　人教

3-1535

中国地理
王振尧,李景濂编纂
　　直隶　学务处排印局　[1912-1949?]
　　2册　32开　线装
　　上下卷：版次不详
　　北师大

＊　＊　＊

3-1536

（订正）简明中国地理教科书
谢观编纂　张元济,庄俞校订
　　上海　商务印书馆　民国10[1921]-
　　2册(22,22页)　地图,图　大32开　线装
　　上册：民国10订正31版,民国14.2订正33版
　　下册：民国10订正30版,民国14.2订正33版
　　初级中学用
　　其他题名：简明中国地理教科书
　　上师大　编译馆

3-1537

初级本国地理
丁詧盦编　陆费逵,沈颐,李廷翰校
　　上海　中华书局　民国12.1-8[1923.1-8]-

2册(145,105页)　地图(含彩色地图),图,表　大32开
上册：民国12.1初版,民国13.12订正10版,民国14.9订正
　　14版,民国16.3订正20版,民国18.7第26版,民国19.3
　　第30版,民国20.7第32版,民国21.5第34版,民国21.8
　　第35版,民国21.11第36版
下册：民国12.8初版,民国13.7第4版,民国13.12第5版,
　　民国18.3第17版,民国18.7第18版,民国19.2订正20
　　版,民国19.3第21版,民国20.7第23版,民国20.9第24
　　版,民国21.5第26版,民国22.11第27版
教育部审定　初级中学用
封面题名：新中学本国地理
其他题名：新中学教科书初级本国地理
人教　华师大(1)　辞书　辽宁　广西师大　编译馆

3-1538

新中华初级本国地理
丁詧盦,李廷翰编　沈颐,陆费逵,谢彬校
　　上海　新国民图书社　民国21.5[1932.5]-
　　2册(144,103页)　地图(含彩色地图),图,表　大32开
　　上册：民国21.11第36版
　　下册：民国21.5第26版
　　初级中学用
　　初版附注：民国12年1-8月初版
　　其他题名：新中华教科书初级本国地理
　　辞书

3-1539

本国地理
王钟麒编辑　王岫庐,朱经农校订
　　上海　商务印书馆　民国12.7-13.9[1923.7-1924.9]
　　2册(217,248页)　地图,图　32开
　　上册：民国12.7初版,民国12.9第3版,民国13.8第5版,
　　　民国14.9第6版,民国15.2第40版,民国21.6国难后3版
　　下册：民国13.9初版,民国14.7第2版,民国15.2第24版,
　　　民国21国难后5版,民国21.10国难后6版
　　逐页题名：现代教科书初中本国地理
　　其他题名：现代初中教科书本国地理
　　北师大　人教　华师大(1)　上师大　辞书　广东中山　编
　　　译馆

3-1540

本国地理
缪育南编辑
　　上海　商务印书馆　民国14.1[1925.1]-
　　2册(126,136页)　图　32开
　　上册(上卷)：民国14.1初版,民国14.3第2版,民国16.7第
　　　28版,民国21.6国难后3版,民国21.6国难后9版
　　下册(下卷)：民国14.1初版,民国15.6第17版,民国18.5
　　　第36版,民国21.6国难后2版
　　其他题名：新撰初级中学教科书本国地理
　　北师大　人教　华师大(1)　天津(2)　编译馆

3-1541

初中本国地理

段耀林,闫敦一编辑
　　上海　青光书局　民国14.1[1925.1]-
　　4册(①107页)　图　32开
　　第1册：民国14.1版
　　依照课程标准编辑
　　北师大(1)

3-1542

本国地理
王郁文,谢丕阁编辑　李桂楼等校订
　　天津　直隶书局　民国15.7[1926.7]第2版
　　134页
　　初中适用
　　初版附注：民国14年7月初版
　　北师大

3-1543

中国地理
杨蕙田编辑　张星亚等校阅
　　北京　海王商店　民国14.8[1925.8]
　　170页　图　大32开
　　其他题名：初级中学教科书中国地理
　　北师大

3-1544

本国地理
程国璋编辑
　　北平　文化学社　民国19.5-20.7[1930.5-1931.7]
　　2册(146,142页)　地图(含彩色地图),图　大32开
　　第1册(上卷)：民国19.5第4版,民国20.1第5版,民国22.8第8版
　　第2册(下卷)：民国20.7第4版,民国21.9第6版
　　初版附注：民国15年9月初版
　　版权页题名：初中本国地理
　　其他题名：初中师范适用教科书本国地理
　　北师大　辞书　河南

3-1545

写真中国地理
白眉初编辑　王桐龄,刘玉峰,王模,李嘉齐校阅　张馨桂绘图
　　北京　中央地学社　民国16.7[1927.7]
　　184页　地图　大32开
　　最新教本　初中、初师适用
　　逐页题名：写真中国地理教本
　　其他题名：最新教本写真中国地理
　　北师大　辞书

3-1546

新时代本国地理教科书
刘虎如著　新时代教育社编　竺可桢校订
　　上海　[编者刊]　民国16.9[1927.9]-
　　2册(177,200页)　地图,图,表　32开
　　上册：民国16.9初版,民国16.9第5版
　　下册：民国17.7第5版,民国19年版
　　初级中学用
　　逐页题名：新时代初中本国地理
　　人教(2)　辞书　广西师大(1)

3-1547

新时代本国地理教科书
刘虎如编辑　王云五,竺可桢校订
　　上海　商务印书馆　民国18.8[1929.8]-
　　2册(177,201页)　图　32开
　　上册：民国19.3第70版,民国19.8第95版,民国21.6国难后7版,民国21.8国难后15版
　　下册：民国18.8第35版,民国21.6国难后6版
　　大学院审定　初级中学用
　　初版附注：民国16年12月初版
　　北师大　华师大(1)　广西师大(1)　编译馆

3-1548

新中华本国地理
钟毓龙编　李直,葛绥成校
　　上海　新国民图书社　民国17.11-18.8[1928.11-1929.8]
　　2册(134,184页)　地图,图　大32开
　　第1册：民国17.11初版,民国19.5第5版,民国19.12第6版,民国21.4第9版,民国21.6第10版,民国22.11第11版
　　第2册：民国18.8初版,民国19.3第3版,民国20.9第7版,民国20.12第8版,民国21.6第10版,民国21.7第11版,民国22.8第12版
　　初级中学用
　　其他题名：新中华教科书本国地理
　　北师大　人教　辞书　编译馆

3-1549

初中本国地理
董文,张国维编著　范祥善,魏冰心校订
　　上海　世界书局　民国19.1-7[1930.1-7]
　　4册(183,175,184,213页)　地图,图,表　大32开
　　第1册：民国19.1初版,民国19.1第2版,民国21.5订正7版
　　第2册：民国19.1初版,民国19.2第2版,民国20.3订正4版,民国21.8订正6版
　　第3册：民国19.2初版,民国19.5第3版,民国20.2订正4版,民国21.7订正5版
　　第4册：民国19.7初版,民国20.5订正3版,民国22.2订正4版,民国22.5订正第5版
　　教育部审定　初级中学学生用
　　其他题名：初级中学教科书初中本国地理
　　北师大(1,3)　人教　华师大(3-4)　上师大(1,3)　辞书　河南　广东中山(3-4)　编译馆

3-1550

新中华本国地理教科书：语体
葛绥成,喻璞编　杨文洵校
　　上海　新国民图书社　民国19.7-20.1[1930.7-1931.1]
　　2册(136,146页)　地图(含彩色地图)　大32开

上册:民国19.7初版,民国19.9第2版,民国20.7第4版,
民国20.12第6版,民国21.4第7版,民国21.6第8版,民
国21.6第9版,民国23.9第12版,民国24.8第13版,民
国24第14版
下册:民国20.1初版,民国20.10第2版,民国21.1第3版,
民国21.4第4版,民国21.6第5版,民国22.3第6版,民
国22.12第9版,民国23.8第10版,民国23.9第11版
教育部审定　初级中学用
书脊题名:新中华初中语体本国地理
北师大　人教　华师大(2)　上师大(1)　辞书　广西师大
广东中山(2)　编译馆

3-1551

本国地理
刘君穆编辑　胡汉民,王宠惠,刘芦隐校订
上海　民智书局　民国19.8[1930.8]
2册(102,188页)　地图,图　32开
上下册:民国19.8初版
初级中学适用
辞书　广东中山(2)

3-1552

本国地理
柳肇嘉编著　江恒源,熊浚校订
上海　大东书局　民国19.8[1930.8]-
4册(①160页)　地图,图,表　大32开
第1册:民国19.8初版
初级中学学生用
封面题名:初中本国地理教本
其他题名:初级中学教本本国地理
辞书(1)

3-1553

新中华分省本国地理
钟毓龙编　杨文洵,李直,葛绥成校
上海　中华书局　民国20.7[1931.7]
2册(148,198页)　地图,图　大32开
第1册:民国20.7初版,民国21.5第2版,民国21.10第3版
第2册:民国20.7初版,民国21.6第2版,民国21.10第3
版,民国23.2第4版
初级中学用
逐页题名:新中华初中教科书分省本国地理
书脊题名:新中华初中分省本国地理
北师大　人教　华师大(2)　辞书　编译馆

3-1554

新建设时代初中中国地理教本
白眉初著
北平　建设图书馆　民国20.7[1931.7]-
2册　地图,图　大32开
上册:民国20.7初版,民国22.9第6版
下册:民国22年版,民国23.9第7版
初级中学、师范适用教本
其他题名:初中中国地理教本

北师大　人教　辞书(1)

3-1555

本国地理
苏甲荣编著　孟寿椿校订
上海　大东书局　民国20.8[1931.8]-
4册(①114,②124,③192页)　地图,照片,表　大32开
第1册:民国20.8初版,民国21.7第3版,民国21.9第4版
第2册:民国21.7第2版,民国21.9第3版,民国22.2第
4版
第3册:民国21.9初版,民国22.2第2版,民国22.8第3版
初级中学学生用
封面题名:初中本国地理教本
其他题名:初级中学教本本国地理
北师大(1-3)　辞书(1-3)　编译馆(1-3)

3-1556

中国地理
贾逸君编
天津　百城书局　民国21.5[1932.5]-
册(①120页)　图,表　32开
第1册(上卷):民国21.5初版
初中、师范适用教本
卷端题名:初中师范教本中国地理
辞书(1)

3-1557

初级中学北新本国地理
周容编
上海　北新书局　民国22.8[1933.8]-
2册(252,228页)　地图,图　32开
上册:民国22.8第3版
下册:民国23.7初版
初版附注:民国21年12月-23年7月初版
版权页题名:北新本国地理
北师大　辞书(1)　广西师大(1)

3-1558

新中华语体本国地理详解
葛绥成,喻璞编
上海　新国民图书社　民国22.2[1933.2]
2册(210,208页)　表　大32开
上下册:民国22.2初版
初级中学用
逐页题名:初中用新中华本国地理详解
书脊题名:新中华初中本国地理详解
国图　人教　上海　辞书　编译馆

3-1559

本国地理
傅角今编著　傅纬平校订
上海　长沙　赣州　商务印书馆　民国22.7-11[1933.7-
11]
4册(135,115,96,98页)　地图(含彩色地图),图　32开
第1册:民国22.7初版,民国22.8第20版,民国23.4第

65版,民国23.6第75版,民国24.1第82版,民国24.4第87版,民国26.11第129版,民国27.10长沙125版,民国27.138版,民国27.8长沙143版,民国30.8第203版

第2册:民国22.7初版,民国22.12第30版,民国23第32版,民国23.11第57版,民国24.3第64版,民国24.3第65版,民国31.5赣11版

第3册:民国22.9初版,民国22.11第20版,民国23.4第25版,民国24第37版,民国24.5第41版,民国24.5第42版,民国24第47版,民国27.5第83版,民国27长沙87版

第4册:民国22.11初版,民国22.12第15版,民国23第22版,民国24.5第32版,民国26.11第59版,民国27长沙67版,民国28第79版,民国30.2第92版

教育部审定 按照新课程标准编辑 新课程标准适用 初级中学用

其他题名:复兴初级中学教科书本国地理

其他题名:复兴教科书本国地理

北师大 人教 上海 华师大(3-4) 上师大 辞书 广西师大(1-2) 广东中山 编译馆

3-1560

初中本国地理
葛绥成编 金兆梓校

上海 香港 中华书局 民国22.7-23.6[1933.7-1934.6]
4册(90,104,114,120页) 地图(含彩色地图),图 大32开

第1册:民国22.7初版,民国23.3第9版,民国23.10第23版,民国23.10第26版,民国24.4第33版,民国25.4第46版,民国25.4第47版,民国25.7第62版,民国25第65版,民国29香港86版,民国30.3第118版

第2册:民国22.12初版,民国22.12第5版,民国23.6第12版,民国23.9第15版,民国23.10第23版,民国25.4第41版,民国25.4第42版,民国25.7第44版,民国25.9第50版,民国26.4第53版,民国29.10第75版

第3册:民国23.5初版,民国23.6第5版,民国23.6第8版,民国23.10第11版,民国24第22版,民国24.8第23版,民国25.1第26版,民国25.4第30版,民国25.4第31版,民国25.5第33版,民国25.7第38版,民国26.4第43版,民国30.3第79版

第4册:民国23.6初版,民国23.6第2版,民国23.6第3版,民国23第6版,民国23.9第9版,民国23.9第12版,民国24第17版,民国24.11第18版,民国24第20版,民国25.4第23版,民国25.9第31版,民国25.9第34版,民国29.10第47版

教育部审定 初审核定本 新课程标准适用

国图 北师大 人教 上海 华师大 上师大(2-4) 辞书 广东中山(4) 编译馆

3-1561

新建设时代初中中国地理教本
白眉初著

北平 建设图书馆 民国22.8[1933.8]第5版
250页 地图,图 32开

其他题名:初中中国地理教本

北师大 辞书

3-1562

初中本国地理教科书
王钧衡编著

北平 立达书局 民国22.8-23.2[1933.8-1934.2]
2册(137,98页) 图 大32开

第1册:民国22.8初版

第2册:民国23.2初版

新课程标准适用

国图 北师大 人教

3-1563

谭氏初中本国地理
谭廉逊编订 董文校订

上海 世界书局 民国22.9[1933.9]-
4册(97,133,153,158页) 图,地图 大32开

第1册:民国22.9第3-4版,民国28.6新4版

第2册:民国22.9初版,民国22.12第2版,民国23.4第3版,民国23.8第4版,民国29.1新4版

第3册:民国22.11初版,民国23.2第2版,民国23.7第3版,民国29.5新4版

第4册:民国23.4初版,民国23.8第2版,民国29.1新3版

教育部审定 初级中学学生用

初版附注:民国22年8月-23年4月初版

其他题名:新课程标准世界中学教本谭氏初中本国地理

北师大 人教(2) 上海(1-2) 辞书 广西师大(3) 编译馆

3-1564

本国地理
李长傅编辑

上海 大东书局 民国23.7[1934.7]-
4册(170,180,172,146页) 图 32开

第1册:民国23.7初版

第2册:民国23.7初版

第3册:民国23.7初版

第4册:民国24.2第2版

新课程标准适用

其他题名:新生活初中教科书本国地理

北师大 人教(1) 编译馆(2)

3-1565

初中本国地理
叶楚伧主编 王益厓,周立三编著 汪懋祖校阅

南京 正中书局 民国23.7-24.1[1934.7-1935.1]
4册(142,156,150,170页) 地图,图,表 32开

第1册:民国23.7初版,民国23.12第3版

第2册:民国23.7初版,民国23.12第3版

第3册:民国24.1初版

第4册:民国24.1初版

新课程标准适用

其他题名:初级中学教科书本国地理

北师大(1-2,4) 辞书

3-1566

本国地理
王勤堉编著
上海　开明书店　民国23.7[1934.7]-
4册(①106,②177页)　地图,图　32开
第1册：民国23.8初版,民国23.9第2版,民国24.7第3版
第2册：民国24.7初版
其他题名：新标准初中教本本国地理
北师大(1)　人教(1)　辞书(1-2)　广东中山(1-2)

3-1567

初级中学本国地理
正中书局编审处编著
南京　赣州　正中书局　民国24.2[1935.2]-
4册(144,156,150,170页)　图　32开
第1册：民国24.2初版,民国32.4赣12版
第2册：民国32.11赣10版
第3册：民国35.1赣14版
第4册：民国34.12赣11版
教育部审定
人教

3-1568

初中本国地理
王益厓,周立三编著
南京　上海　正中书局　民国24.6[1935.6]-
4册(143,155,149,170页)　地图,图,表　32开
第1册：民国24.8第12版,民国25.9第40版,民国27.2第50版,民国28第68版,民国30.9版
第2册：民国24.6初版,民国25.1第21版,民国25.12版,民国27.2第31版,民国30.1第96版
第3册：民国24.6初版,民国24.8第13版,民国25.7第19版,民国26.5第29版,民国27第34版,民国28.7第52版
第4册：民国24.6初版,民国25.12第24版,民国27.1第31版,民国28.9第42版
教育部审定
封面题名：初级中学本国地理
北师大(1-3)　人教　上海(4)　华师大　上师大(1-3)　辞书　河南(4)　广西师大

3-1569

初中本国地理
陆仁寿编辑
上海　中学生书局　民国24.6[1935.6]-
4册(177,151,160,162页)　地图,图　32开
第1册：民国24.6初版
第2册：民国25.1初版
第3册：民国24.8第2版
第4册：民国25.1初版
遵照教育部课程标准　细目依据江苏教育厅初中地理教学进度表编定
封面题名：初中标准教本本国地理
辞书　编译馆(3)

3-1570

谌氏初中本国地理
谌亚达编著　董文校订
上海　世界书局　民国24.7[1935.7]-
4册(105,102,132,104页)　地图,图　大32开
第1册：民国24.9第2版
第2册：民国24.7初版,民国24.9第2版
第3册：民国24.7初版,民国24.9第3版
第4册：民国24.7初版,民国24.9第2版
初级中学学生用
其他题名：新课程标准世界中学教本谌氏初中本国地理
北师大　辞书　编译馆(3)

3-1571

初中本国地理教科书[增订本]
王钧衡,万方祥编
北平　北方学社　民国25.8[1936.8]
2册(166,131页)　图　大32开
上下册：民国25.8增订3版
新课程标准适用
北师大

3-1572

初中本国地理
葛绥成编　金兆梓校
上海　香港　中华书局　民国26.2-3[1937.2-3]
4册(84,100,94,106页)　地图(含彩色地图),图　大32开
第1册：民国26.2初版,民国26.2第14版,民国26.7第33版,民国29.2香港75版,民国29.4香港87版,民国30.8香港131版,民国30.9第122版,民国30.9香港124版,民国30.9香港125版,民国30香港137版
第2册：民国26.2初版,民国26.8第6版,民国26第11版,民国26香港15版,民国28.9第51版,民国29香港55版,民国30.8香港101版
第3册：民国26.3初版,民国26.3第2版,民国26.3第3版,民国26.3第28版,民国29香港56版,民国29.2版,民国30.2第76版,民国30.3香港75版,民国30.8香港81版,民国30.8香港82版,民国30香港84版
第4册：民国26.3初版,民国26.3第2版,民国26.3第4版,民国26.7第15版,民国26.7香港19版,民国29.2第36版,民国29.8第42版,民国29.8第45版,民国30香港59版
教育部审定　初审核定本　修正课程标准适用
北师大　人教　上海(1-3)　辞书　广东中山

3-1573

初中新本国地理
俞易晋编著
上海　世界书局　民国26.4[1937.4]-
4册　图　32开
第1册：民国26.4初版,民国26.6第2版,民国30.9新13版
第2册：民国26.5初版,民国26.7第2版,民国29第8版
第3册：民国26.6初版,民国30.7新8版

第4册：民国30.7新7版
遵照教育部修正课程标准编辑　初级中学学生用
其他题名：新课程标准世界中学教本初中新本国地理
北师大(1-3)　人教(1-3)　华师大(1-2)　上师大(2)　编译馆(1,3-4)

3-1574

初中本国地理教本
傅彬然编

上海　开明书店　民国26.5[1937.5]-
4册(87,75,73,75页)　图　32开
第1册：民国26.6第2版
第2册：民国26.6第2版
第3册：民国26.5初版
第4册：民国26.6初版
教育部审定　修正课程标准适用
人教

3-1575

本国地理
王成组著

上海　长沙　商务印书馆　民国26[1937]-
4册(①117,④114页)　图,表　32开　精装
第1册：民国26年版,民国28.4第24版
第4册：民国27审定14版
封面题名：初级中学本国地理
其他题名：更新初级中学教科书本国地理
上师大(1)　广东中山(4)　编译馆(1)

3-1576

战时初中本国地理
谢国度编著　缪育南等校订

蓝田　启明书店　民国27.1[1938.1]-
2册(②173页)　图　32开
下册：民国27.1初版,民国32.9第4版
修正课程标准适用
人教(2)

3-1577

初中本国地理
陈学英编　徐谷立校订

[不详]　艺文书社　民国31[1942]-
4册(78,80,96,104页)　表　32开
第1册：民国34年第13版
第2册：民国34年第12版
第3册：民国第14版
第4册：民国31年第4版
修正课程标准　初级中学学生用
初版附注：民国27年1月初版
卷端题名：初中地理
辞书

3-1578

初中本国地理
中等教育研究会编纂

天津　华北书局　民国27.3[1938.3]-
4册(②109,④103页)　图　32开
第2,4册：民国27.3版
北师大(2,4)

3-1579

初中本国地理
教育部教科用书编辑委员会编

重庆　正中书局　民国29.1[1940.1]
182页　32开
部编战时补充教材
封面题名：初级中学本国地理
其他题名：部编战时补充教材初中本国地理
人教　辞书

3-1580

初中地理讲义
赵镜元编

金华　国民出版社　民国31.1[1942.1]-
册(①104页)　32开
第1册：民国31.1初版
人教(1)

3-1581

初级中学本国地理
周立三编著

重庆　正中书局　民国31.11[1942.11]-
4册(③124,④111页)　图　32开
第3册：民国31.11初版
第4册：民国31.12初版
教育部审定
其他题名：建国教科书初级中学本国地理
人教(3-4)

3-1582

初中本国地理
(伪)教育部编审委员会编纂

上海　华中印书局　民国32.1[1943.1]
4册(166,157,114,106页)　地图,图　32开
第1册：民国32.1第4版,民国32.7第5版
第2册：民国32.1第4版
第3册：民国32.1第4版,民国32.7第5版,民国32.12第6版
第4册：民国32.1第4版,民国32.12第6版
其他题名：国定教科书初中本国地理
人教　上海(1,3)　华师大(2)　上师大　辞书

3-1583

初级中学地理
教育部教科用书编辑委员会主编　任美锷,沈汝生,夏开儒,张德熙编辑　沈麓元,计维新,唐冠芳,章高炜绘图
国立编译馆校订　王云五,朱家骅,吴大钧等参阅

重庆　成都　上海　广东　国定中小学教科书七家联合供应处　民国32.7[1943.7]-
6册(94,108,100,99,85,112页)　地图,图　32开

第1册:民国32.7重庆米色报纸本初版,民国33.10重庆米色报纸本10版,民国34.10上海白报纸本1版,民国34.11上海白报纸本15版,民国35.1上海白报纸本40版,民国35上海白报纸本100版,民国35.8第11版,民国35粤2版,民国37.8第125版,民国37.9第155版

第2册:民国33.10成都嘉乐纸本10版,民国35.1上海白报纸本35版,民国35.2北平1版,民国35.3上海白报纸本38版,民国35.8粤2版,民国35.8台湾白报纸本1版,民国35.12第205版,民国35.12上海白报纸本255版,民国36.5第255版

第3册:民国33.10成都嘉乐纸本5版,民国35.1第30版,民国35.8第95版,民国35.8粤2版,民国36.1上海白报纸本155版

第4册:民国34.5成都1版,民国35.7第40版,民国35.7粤1版,民国35.9第65版,民国35.10上海白报纸本20版,民国35.12第135版,民国35.12上海白报纸本145版,民国35上海白报纸本155版

第5册:民国35.7上海白报纸本1版,民国36上海白报纸本75版

第6册:民国35.7上海白报纸本1版,民国35.9第30版,民国35.10上海第20版,民国35.12上海白报纸本120版,民国35.12第90版

教育部审定
逐页题名:部编初中本国地理
北师大(1-4,6)　人教　上海(2)　上师大(1-2,6)　辞书　河南(2)　广西师大(4,6)　广东中山　编译馆(1-2,4)

3-1584

初中本国地理
(伪)教育部编审委员会编
　　南京　(伪)教育部　民国32.12[1943.12]-
　　4册(③114,④106页)　32开
　　第3,4册:民国32.12第6版
　　其他题名:国定教科书初中本国地理
　　人教(3-4)

3-1585

开明新编初级本国地理
田世英编著
　　上海　香港　开明书店　民国36.8-37.1[1947.8-1948.1]
　　5册(68,72,86,79,102页)　地图,图　32开
　　第1册:民国36.8初版,民国37.6第3版,民国37第4版,1949.10第12版
　　第2册:民国36.8初版,民国36.12第2版,民国37.11第5版,民国38香港1版
　　第3册:民国36.9初版,民国36.12第2版,民国37.6第3版
　　第4册:民国37.1初版,民国37.11第5版
　　第5册:民国36.11初版,民国37.2第2版,民国37.6第3版,民国37.11第4版,民国38.8第5版
　　国图(4-5)　北师大　人教　华师大　上师大(1,5)　辞书　广东中山

3-1586

中华本国地理
葛绥成编
　　上海　中华书局　民国36.10-11[1947.10-11]
　　4册(84,98,104,100页)　图,表　32开
　　第1册:民国36.10初版,民国37.8第8版
　　第2册:民国36.11初版,民国37.10第6-9版
　　第3册:民国36.10初版,民国37.2第2版,民国37.5第3版,民国37.8第5版
　　第4册:民国36.10初版
　　初中适用
　　人教　华师大(2-3)　辞书

3-1587

初级中学地理[第1次修订本]
国立编译馆主编　任美锷编辑　沈麓元等绘图　李旭旦等校阅
　　6册(62,94,89,95,82,112页)　地图,图　32开
　　教育部审定
　　封面题名:地理
　　逐页题名:部编初中地理
　　其他题名:部编初中本国地理
　　①上海　商务印书馆　民国36.12[1947.12]-
　　第1册:民国37第35版,民国37.6第49版
　　第2册:民国37.4第28版
　　第3册:民国37.5第26版,民国37.6第33版
　　第4册:民国37.4第27版
　　第5册:民国36.12初版,民国37.6第19版
　　第6册:民国37.5第17版
　　人教　广东中山(1,6)　编译馆(2)
　　②南京　上海　北平　正中书局　民国36.12[1947.12]-
　　第1册:民国36.12第2版,民国37第6版,民国37.5平1版,民国37.5沪5版
　　第2册:民国37.5平1版,民国37.6沪2版
　　第3册:民国36.12第2版,民国37.3沪4版,民国37.5平1版,民国37.6沪6版
　　第4册:民国37.1沪1版
　　第5册:民国37.3沪2版,民国37.5平1版,民国37.6沪3版
　　第6册:民国37.4沪1版
　　人教　上海(1)　上师大(1)　广东中山(2-5)
　　③上海　中华书局　民国36.12[1947.12]-
　　第1册:民国37第21版
　　第2册:民国37.1初版,民国37.12第12版
　　第3册:民国36.12第4版,民国37第6-8版
　　第4册:民国37初版,民国37.12第10-11版
　　第5册:民国37第5版
　　第6册:民国37初版
　　人教(2,4)　上海(2-6)　辞书(3)　广东中山(1,3-6)
　　④上海　世界书局　民国36.12[1947.12]-
　　第2册:民国36.12第1版
　　第3册:民国37第3版

第4册：民国36.12第1版
广东中山(3)　编译馆(2,4)
⑤上海　大东书局　民国36[1947]-
第3,5册：民国36第1版
广东中山(3,5)
⑥上海　五联社　民国37.3[1948.3]-
第1册：民国37.3初版,民国37第6版
第2册：民国37.7第2版,民国37第3版,民国37第28版
第3册：民国37.3初版,民国37.7第2版,民国37第33版
第4册：民国37.3初版
华师大(1-4)　上师大(2-3)　辞书(1,3-4)

3-1588

本国地理[修正本]
王成组编
上海　商务印书馆　民国37.6[1948.6]-
4册(115,126,127,134页)　图　32开
第1册：民国37.6修正初版,民国37.8修正7版,民国37.12修正版
第2册：民国38.1修正12版
第3册：民国37.6修正初版
第4册：民国37.10修正9版
初级中学适用
人教　广东中山(1)

3-1589

初中本国地理纲要
黄国璋等编著
北平　国立北平师范大学地理系　民国37.8[1948.8]
146页　32开
北师大　辽宁

3-1590

新编中国地理
李松声,金希三等编
[宝丰]　中原新华书店　民国38.3[1949.3]
93页　32开
初级中学用
国图

3-1591

地理
田世英编
[东北]　东北新华书店　民国38.5[1949.5]-
册(①154页)　地图　32开
上册：民国38.5初版,民国38.9第3版
东北行政委员会教育部规定
其他题名：初中临时教材地理
辞书(1)

* * *

3-1592

本国地理
张其昀编　竺可桢校
上海　商务印书馆　民国15.8-17.7[1926.8-1928.7]
2册(268,490页)　地图,图(含彩图),表　32开
上册：民国15.8初版,民国17.7第9版,民国19.7第14版,民国20.1第24版,民国21.12国难后10版,民国24.4国难后11版
下册：民国17.7初版,民国19.7第10版,民国21.6国难后3版,民国21.12国难后7版,民国23国难后8版,民国24.6国难后9版
教育部审定
其他题名：新学制高级中学教科书本国地理
国图　北师大　人教　上海(1)　华师大　辞书　天津(1)　河南　广西师大(2)　编译馆(2)

3-1593

新中华本国地理
葛绥成编　杨文洵校
上海　新国民图书社　民国20.9[1931.9]初版,民国21.6第2版,民国21.8第3版,民国21.9第4版,民国21.10第5版,民国23第8版
280页　地图(含彩色地图),图,表　大32开
教育部审定　高级中学用
北师大　人教　华师大　辞书　广西师大　编译馆

3-1594

新建设时代高级本国地理
白眉初著
北平　建设图书馆　民国21.3[1932.3]
346页　大32开
其他题名：高级本国地理
北师大　上海

3-1595

本国地理
张其昀,任美锷编著
南京　钟山书局　民国21.8[1932.8]-
3册(194,222,182页)　地图　大32开
上册：民国21.8初版,民国21.9第2版,民国22第3版,民国22.9第4版,民国23第5版,民国23.9第7版,民国23.12第8版,民国24.9第9版
中册：民国23.1初版,民国23.2第2版,民国23.3第3版,民国23.10版,民国24.1第5版,民国24.8第6版,民国25.8版,民国26年版,民国26.8版
下册：民国23.9第2版,民国23.10第3版,民国24.8第4版,民国24.9第5版,民国25第9版
教育部审定　高级中学适用
附：中等本国地图集
卷端题名：钟山读本高中程度本国地理
国图(3)　北师大　人教　上海　华师大　辞书　广西师大　广东中山

3-1596

高中本国地理
谌亚达编著

上海　世界书局　民国 21.9[1932.9]初版,民国 22.3 第 2
版,民国 23.9 第 4 版
1 册　地图,图,表　大 32 开
高级中学学生用
其他题名：高级中学教科书高中本国地理
北师大　华师大　辞书　广东中山　编译馆

3-1597

本国地理
王成组编著

上海　商务印书馆　民国 23.8-24.5[1934.8-1935.5]
2 册(236,226 页)　图,表　32 开
上册：民国 23.8 初版,民国 24 第 7 版
下册：民国 24.5 初版
高级中学用
逐页题名：本国地理
其他题名：复兴高级中学教科书本国地理
其他题名：复兴教科书本国地理
上海　辞书　广东中山(1)

3-1598

高中本国地理
葛绥成编

上海　中华书局　民国 23.8-25.7[1934.8-1936.7]
3 册(268,280,280 页)　地图,图,表　32 开
上册：民国 23.8 初版,民国 24.4 第 4 版,民国 24.8 第 8 版
中册：民国 24.7 初版,民国 24.7 第 2 版,民国 24.8 第 3 版
下册：民国 25.7 初版,民国 25.7 第 2 版
新课程标准适用
北师大　人教　辞书

3-1599

王氏高中本国地理
王益崖编著

上海　世界书局　民国 23.11[1934.11]初版,民国 24.8 第 3
版,民国 24.8 第 4 版,民国 24 第 5 版,民国 25.9 第 8 版
426 页　地图,图,表　大 32 开
教育部审定　高级中学学生用
逐页题名：高中本国地理
其他题名：新课程标准世界中学教本王氏高中本国地理
北师大　人教　上海　华师大　辞书　河南

3-1600

新建设时代高级本国地理教本[订正版]
白眉初编

成都　北平　建设图书馆　民国 23[1934]第 4 版,民国 25.9
第 5 版
296 页　地图,图　大 32 开
高中适用
其他题名：高级本国地理教本
北师大　辞书

3-1601

战后新编高中本国地理：华中华南分论
徐俊鸣编

广州　进化书局　民国 25.2[1936.2]
2 册([92]页)　32 开
第 1-2 册：民国 25.2 版
人教

3-1602

高中本国地理
葛绥成编

上海　香港　中华书局　民国 25.7-26.1[1936.7-1937.1]
3 册(250,280,230 页)　地图(含彩色地图),图,表　大 32 开
上册：民国 25.7 初版,民国 26.7 第 5 版,民国 29.4 第 17 版,
民国 29 香港 18 版,民国 30.4 第 19 版
中册：民国 26.1 初版,民国 26.6 第 3 版,民国 26.6 第 4 版,
民国 29.4 第 10 版,民国 29 香港 10 版,民国 29 香港 18 版
下册：民国 25.9 初版,民国 26.7 第 3 版,民国 28.8 第 9 版,
民国 29.4 第 12 版,民国 30 香港 13 版
修正课程标准适用
其他题名：新编高中本国地理
辞书　广东中山

3-1603

本国地理[改编本]
王成组编著

上海　商务印书馆　民国 25.8[1936.8]-
3 册(186,114,145 页)　图,地图,表　32 开
上册：民国 35 改编本 52 版,民国 36.9 改编本 77 版,民国
36.12 改编本 89 版,民国 37.7 改编本 99 版,民国 38.2 改
编本 112 版,民国 38 改编本 120 版
中册：民国 25.8 改编本 1 版,民国 27.2 改编本 4 版,民国
27.5 改编本 6 版,民国 35.9 改编本 44 版,民国 35 改编本
45 版,民国 35.12 改编本 60 版,民国 36.12 改编本 71 版,
民国 37.10 改编本 81 版
下册：民国 25.8 改编本 1 版,民国 25.12 改编本 2 版,民国
30.7 改编本 25 版,民国 35.9 改编本 41 版,民国 35 改编本
42 版,民国 36.8 改编本 58 版,民国 36.12 改编本 64 版,民国
37.7 改编本 71 版,民国 37.10 改编本 76 版,民国 38 改
编本 80 版
依照教育部修正课程标准编辑　高级中学用
其他题名：复兴教科书本国地理
其他题名：复兴高级中学教科书本国地理
国图　北师大　人教　华师大　辞书　庐山(2)　广西师
大(2)　广东中山　编译馆(3)

3-1604

高中新本国地理
孙省三编著

上海　世界书局　民国 26.5[1937.5]-
3 册(①233 页)　地图,图,表　32 开
第 1 册：民国 26.5 初版,民国 28.1 新 3 版
其他题名：新课程标准世界中学教本高中新本国地理
北师大(1)　人教(1)　编译馆(1)

3-1605

本国地理

张其昀编著
  重庆　钟山书店　民国28.2[1939.2]-
  3册　32开
  下册：民国28.2初版
  教育部审定　高级中学适用
  封面题名：钟山本国地理
  华师大(3)

3-1606

新编高中本国地理[修订版]
葛绥成编
  上海　中华书局　民国30.7[1941.7]-
  3册(250,258,230页)　地图(含彩色地图),图,表　大32开
  上册：民国35第28版,民国36.6第30版,民国37第31-32版,民国37.4第33-34版
  中册：民国30.7第15版,民国36.1第19版,民国36.1第20版,民国37.3第21-23版,民国37.5第24版,民国37第25-26版
  下册：民国35.12第19版,民国36.8第21版,民国37.9第22版
  教育部审定　修正课程标准适用
  人教　华师大　辞书　河南(2-3)　广西师大(2)　广东中山(1-2)　编译馆

3-1607

战时高中本国地理
谢国度编著
  上海　启明书店　民国31.9[1942.9]-
  3册(177,265,182页)　32开
  第1册：民国31.9初版
  第2册：民国33.2第2版
  第3册：民国33.3第3版
  国图　人教

3-1608

本国地理大纲
吴永成编著
  重庆　路明书店　民国36.4[1947.4]第3版
  136页　32开
  初版附注：民国33年8月初版
  卷端题名：路明高中本国地理大纲
  辞书

3-1609

高级中学本国地理
邓启东编著
  南京　上海　正中书局　民国36.7[1947.7]
  3册(178,246,213页)　图　32开
  上册：民国36.7初版,民国36.7第6版,民国36.11第35版,民国37.3沪4版
  中册：民国36.7初版,民国36第21版,民国37.3沪4版,民国37.3沪5版,民国37.10沪6版
  下册：民国36.7初版,民国36.10第20版,民国37.3沪5版
  遵照民国30年修正课程标准编著
  其他题名：新中国教科书高级中学本国地理
  国图　北师大(2-3)　人教　华师大(1-2)　广西师大(3)　广东中山(2-3)

教学参考书

3-1610

本国地理参考书
谭廉编纂
  上海　商务印书馆　民国8.9[1919.9]-
  2册(154,216页)　大32开
  第1册(上卷)：民国10.6第3版,民国11.9第4版,民国13.11第5版
  第2册(下卷)：民国8.9第2版,民国13.9第5版
  教育部审定　中学校教员用
  初版附注：民国6年9月初版
  北师大　上师大(1)　编译馆

3-1611

初中本国地理指导书
马精武编辑
  上海　世界书局　民国20.7[1931.7]-
  4册(①250页)　图,表　大32开
  第1册：民国20.7初版
  初级中学教员及学生用
  其他题名：本国地理指导书
  编译馆(1)

3-1612

本国地理教员准备书
邓时逢,王谟编著
  上海　商务印书馆　民国24.5[1935.5]
  2册([441]页)　32开
  上册：民国24.5初版,民国27.5第3版
  下册：民国24.5初版
  其他题名：复兴初级中学教科书本国地理教员准备书
  国图　人教　编译馆(1)

教学辅导书

3-1613

中国地理
沈仲龙编
  南京　[编者刊]　民国25.5[1936.5]
  112页　32开
  初高中会考及投考用
  辞书

3-1614

本国地理
曹玉麟编

上海　商务印书馆　民国26.6[1937.6]
2册(159,165页)　地图,图,表　50开　(中学各科要览)
上下册：民国26.6初版,民国29.8第4版
遵照教育部颁布高初中地理课程标准编辑
其他题名：本国地理要览
国图　人教　上海　编译馆

3-1615

本国地理纲要
俞易晋编著
[上海]　世界书局　民国35.8[1946.8]初版,民国35.12第2版,民国36.10第3版,民国37.9第4版
150页　图,表　32开
书脊题名：新编本国地理纲要
人教　辞书

3-1616

本国地理
周宋康编
长沙　商务印书馆　[1912-1949?]
105页　[32开]　(中学各科纲要丛书)
国图

* * *

3-1617

初级本国地理参考书
丁詧盒编著　谢彬校阅
上海　中华书局　民国13.5-15.1[1924.5-1926.1]
2册(203,212页)　图,表　大32开
上册：民国13.5初版,民国15.1第3版,民国15第4版,民国18.10第5版,民国18.11第6版
下册：民国15.1初版,民国15第2版,民国18第3版,民国18.11第4版
教育部审定　初级中学用
封面题名：新中学本国地理参考书
其他题名：新中学教科书初级本国地理参考书
国图　北师大　人教　上海　华师大(1)　辞书　天津　广东中山(2)　编译馆

3-1618

本国地理参考书
刘虎如编辑
上海　商务印书馆　民国16.1[1927.1]-
4册(①228,②273页)　32开
第1-2册(上册一、二)：民国16.1初版
其他题名：现代初中教科书本国地理参考书
国图(1)　北师大(1-2)

3-1619

初中本国地理参考书
韩非木编　葛绥成校
上海　中华书局　民国23.5-25.8[1934.5-1936.8]
4册(122,110,154,152页)　表　大32开

第1册：民国23.5初版,民国25.5第4版,民国25.5第5版
第2册：民国23.7初版,民国23.7第2版,民国23.10第3版,民国25.5第4版
第3册：民国24.9初版,民国25.5第2版
第4册：民国25.8初版,民国25.8第2版
新课程标准适用
国图　北师大(1-2)　人教　华师大(1-2)　辞书

3-1620

本国地理
曹玉麟编
长沙　商务印书馆　民国24.6[1935.6]第2版,民国26沪5版,民国27沪9版,民国27.7改订9版
256页　28开　(初中复习丛书)
人教　广西师大　广东中山

3-1621

初中本国地理复习指导书
于澄编
上海　新生书局　民国25.2[1936.2]
[107]页　32开　(初中复习指导丛书)
升学必读
逐页题名：本国地理试题及详解
辞书

3-1622

初中本国地理参考书
韩非木编　葛绥成校
上海　中华书局　民国28.7-10[1939.7-10]
4册(138,130,154,156页)　表　大32开
第1册：民国28.7初版,民国30第2版
第2册：民国28.9初版,民国30.1第2版
第3册：民国28.9初版
第4册：民国28.10初版
修正课程标准适用
人教　辞书　广东中山(1)　编译馆(2)

3-1623

初中本国地理复习指导
汤肇封编
成都　现代教育研究社　民国31.1[1942.1]
90页　32开
升学考试必备
河南

3-1624

初中本国地理提要
陆人骥编
上海　中国科学图书仪器公司　民国34[1945]初版,民国35第3版,民国36.2第4版
84页　32开
人教　广东中山

3-1625

国定本初级中学地理辅导书
陆殿扬主编

上海 大中国图书局 民国35.7[1946.7]-
6册(①226,②226页) 32开
第1册:民国35.7沪白报纸本1版
第2册:民国36.2沪白报纸本1版
逐页题名:初级中学地理辅导书
书脊题名:国定本初中地理辅导书
人教(1-2) 上师大(1-2) 辞书(1-2)

* * *

3-1626
本国地理
何祖泽编著
  上海 商务印书馆 民国24.5[1935.5]初版,民国24.6第2
  版,民国26.4第6版,民国26.6第7版
  185页 32开 (高中复习丛书)
  华师大 河南 辽宁 庐山

3-1627
高中本国地理复习指导
汤肇封编
  上海 现代教育研究社 民国36.5[1947.5]初版,民国36.3
  新2版
  227页 大32开 (高中复习指导丛书)
  广西师大 河南

外国地理

课 本

3-1628
外国地理问答
卢籍刚编译
  上海 广智书局 清光绪28.3[1902]初版,光绪29.3第2版
  82页 32开 线装
  人教

3-1629
世界地理
作新社编著
  上海 [编者刊] 清光绪31.2[1905]第9版
  312页 图 大32开
  初版附注:清光绪28年6月初版
  北师大

3-1630
中学万国地志
(日)矢津永昌撰 出洋学生编辑所编
  上海 商务印书馆 清光绪28[1902]刻本
  73页 [32开] 线装
  上海

3-1631
瀛寰全志
谢洪赉编辑 杨瑜统,商务印书馆编译所校勘 商务印书
馆阅订
  上海 商务印书馆 清光绪29.10[1903]初版,光绪30.5第2
  版,光绪30.10第3版,光绪31第4版,光绪31第5版,光
  绪32第6版,光绪32第7版,光绪32第8版,光绪33.10
  第9版,民国13.7重订版
  [566]页 图 16开 精装
  清总理学务大臣审定
  书脊题名:最新中学教科书舆地
  其他题名:最新中学教科书瀛寰全志
  国图 北师大 人教 上海 华师大 辞书 天津 河南
  广西师大

3-1632
中等亚洲地理教科书
丁冕英编译
  南京 南洋官书局 清光绪31.9[1905]
  140页 大32开
  附:中西地名索引
  人教 辞书

3-1633
最新中等欧洲地理教科书
(英)祁尔原著 陆守经编译
  上海 南洋官书局 清光绪31.11[1905]
  60页 32开 线装
  两江学务处审定
  卷端题名:中学欧洲地理教科书
  人教

3-1634
新编外国地理
澄衷学堂译编
  上海 [编者刊] 清光绪31[1905]
  4册(54,55,70,54页) 32开 线装
  第1册(亚细亚洲):光绪31第2版
  第2册(亚细亚洲、大洋洲):光绪31第2版
  第3册(欧罗巴洲):光绪31第2版
  第4册(亚美利加洲、亚非和加洲):光绪31第2版
  封面题名:外国地理教科书
  其他题名:中学教科书新编外国地理
  广西师大

3-1635
世界地理教科书:第一编
广智书局编纂
  上海 [编者刊] 清光绪32.1[1906]
  110页 图 大32开 精装
  中学用
  其他题名:中学用世界地理教科书
  北师大

3-1636

地理学参考
江楚编译局编
    金陵　江楚编译官书局　清光绪32[1906]版
    49叶　16开　线装
    辞书

3-1637

最近统合外国地理
（日）山上万次郎著　谷钟秀译编
    [河北]　译书社　清光绪33.2[1907]
    1册　地图,图,表　大32开
    中学校应用教科
    辞书

3-1638

最新外国地理
贺尹东编纂
    [不详]　益森印刷公司　民国2.6[1913.6]
    236页　16开
    中学教科用
    北师大　辞书

3-1639

中学新地理：世界之部
姚明辉,张国维编纂　中学地理教科研究会修校
    上海　中国图书公司　民国3.5[1914.5]-
    4册　表　大32开
    第1册：民国3.5初版,民国3.8第2版,民国4年版
    第2册：民国3.6初版
    第3册：民国4年版
    第4册：民国4年版
    北师大(1,3-4)　人教(1-2)　辞书(1-2)

3-1640

外国地理
谢观编纂　傅运森,蒋维乔,谭廉校订
    上海　商务印书馆　民国3.9[1914.9]
    2册(155,129页)　地图,图,表　大32开
    上册(卷上)：民国3.9初版,民国3.10第2版,民国8.4第14
        版,民国8.12第16版,民国9重订18版,民国10.9重订20
        版,民国13.8第23版,民国14.8重订24版
    下册(卷下)：民国3.9初版,民国3.10第2版,民国8.3第11
        版,民国9重订13版,民国10.5重订14版,民国13.8重订
        18版
    教育部审定　中学校适用
    逐页题名：中学校教科书外国地理
    其他题名：共和国教科书外国地理
    北师大　人教　辞书　河南　广西师大(1)　编译馆

3-1641

新制外国地理教本
杨文洵编　姚汉章阅
    上海　中华书局　民国3.11-4.3[1914.11-1915.3]
    3册(82,80,82页)　地图　大32开
    上册：民国3.11初版,民国4.10第2版
    中册：民国3.12初版,民国4.10第2版,民国11.12增订
        16版
    下册：民国4.3初版
    教育部审定　中学校适用
    北师大　辞书

3-1642

新制外国地理教本[增订版]
杨文洵编　丁警盦,谢彬增订
    上海　中华书局　民国10.1[1921.1]-
    3册([274]页)　图　32开
    上册：民国10.7第14版,民国13.12第25版
    中册：民国10.1第11版,民国12.3第17版
    下册：民国23.6第19版
    教育部审定　中学校适用
    初版附注：民国4年11月初版
    北师大　人教(1-2)

3-1643

最新外国地理
谷钟秀编
    上海　泰东图书局　民国6.2[1917.2]
    316页　图　大32开
    教育部审定　中学校用
    北师大　人教

3-1644

南开中学外国地理教本
郑资约选
    天津　南开中学　民国17[1928]版
    334页　大32开
    北师大

3-1645

新中华语体外国地理教科书
朱文叔编　杨文洵校
    上海　新国民图书社　民国19.7[1930.7]初版,民国19.10第
        2版,民国20.12第3版,民国21.4第4版,民国21.6第5
        版,民国21.10第7版,民国22第9版,民国23.12第10版
    164页　地图(含彩色地图),表　大32开
    教育部审定
    附：主要参考书目
    封面题名：新中华外国地理(语体)
    北师大　人教　辞书　编译馆

3-1646

世界游记选
孙季叔编
    上海　中国文化服务社　民国25.3[1936.3]第4版
    402页　大32开
    中学地理科补充教本
    广西师大

3-1647

世界地理

陈光祖,蔡迪编著
　　[不详]　华东新华书店　民国38.4[1949.4]版
　　138页　图　32开
　　山东省政府教育厅审定　中学暂用课本及青年自学读物
　　河南

3-1648

外国地理
韦息予编
　　[不详]　东北新华书店　民国38.8[1949.8]
　　142页　地图　32开
　　东北行政委员会教育部规定
　　其他题名:中学临时教材外国地理
　　辞书

3-1649

新世界地理
卢村禾,陈尔寿编著　芮乔松校订
　　上海　新中国联合出版社　民国38.9-1950.2[1949.9-1950.2]
　　2册　图　32开
　　上册:民国38.9初版
　　下册:1950.2初版
　　人教

＊　＊　＊

3-1650

初级世界地理
丁訾盦编　谢彬,陆费逵校
　　上海　中华书局　民国13.8[1924.8]初版,民国13.12第2版,民国14.7第4版,民国15.4第8版,民国16.3第10版,民国17.6第11版,民国18.7第14版,民国19第16版,民国19.10第18版,民国20.7第19版,民国20.9第20版,民国21.1第21版,民国21.5第23版,民国21.11第24版,民国22第25版,民国22.11第26版
　　220页　地图(含彩色地图),图　大32开
　　教育部审定　初级中学用
　　封面题名:新中学世界地理
　　其他题名:新中学教科书初级世界地理
　　北师大　人教　华师大　辞书　河南　广东中山　编译馆

3-1651

外国地理
王郁文编辑　张景韩校订
　　天津　直隶书局　民国13[1924]版
　　176页　图　大32开
　　初中适用
　　北师大

3-1652

世界地理
王钟麒编辑　朱经农校订
　　上海　商务印书馆　民国14.2-9[1925.2-9]
　　2册(178,176页)　地图,图　32开
　　上册:民国14.2初版,民国21.6国难后3版,民国21.11国难后8版
　　下册:民国14.9初版,民国17第12版,民国19.9第25版,民国21.11国难后6版,民国29.10国难后17版
　　卷端题名:现代教科书初中世界地理
　　其他题名:现代初中教科书世界地理
　　北师大　华师大(1)　辞书　河南　广东中山(2)　编译馆(2)

3-1653

外国地理
谭廉,陈铎编辑
　　上海　商务印书馆　民国14.7-10[1925.7-10]
　　2册(166,126页)　彩色折页地图,图　32开
　　上册:民国14.7初版,民国14.11第9版,民国15.4第19版,民国18.8第29版,民国20.3第39版,民国21.5国难后1版,民国21.6国难后2版
　　下册:民国14.10初版,民国15.4第15版,民国19.4第23版,民国21.6国难后2版
　　附:英华地名对照表
　　逐页题名:新撰初中教科书外国地理
　　其他题名:新撰初级中学教科书外国地理
　　北师大　人教　华师大　辞书　河南　广西师大(2)　编译馆

3-1654

世界地理
吕士熊编　何炳松,杨秀峰校
　　北京　文化学社　民国15.3[1926.3]
　　292页　图　32开
　　初级中学用
　　其他题名:中学教科书世界地理
　　北师大

3-1655

新中华外国地理教科书
杨文洵,葛绥成编
　　上海　新国民图书社　民国19.1[1930.1]初版,民国19.10第2版,民国20.6第3版,民国20.9第4版,民国21.7第7版,民国23第12版,民国23.12第13版
　　229页　地图(含彩色地图)　大32开
　　初级中学用
　　封面题名:外国地理
　　书脊题名:新中华初中外国地理
　　其他题名:新中华初中教科书外国地理
　　北师大　人教　辞书　广西师大　编译馆

3-1656

初中外国地理
董文,高松岑编著　范祥善,魏冰心校订
　　上海　世界书局　民国19.8-9[1930.8-9]
　　2册(200,187页)　图　大32开
　　上册:民国19.8初版,民国19.9第2版,民国21.4订正4

版,民国 21.7 订正版
下册:民国 19.9 初版,民国 22.5 订正 4 版,民国 24.4 第 5 版
教育部审定　初级中学学生用
其他题名:初级中学教科书初中外国地理
北师大　人教　华师大　广西师大(2)　广东中山

3-1657

新建设时代初中世界地理教本
苏从武著　白眉初校阅
　　北平　建设图书馆　民国 20.7[1931.7]-
　　2 册(182,262 页)　地图,照片　大 32 开
　　第 1 册:民国 20.7 初版,民国 21.3 第 2 版
　　第 2 册:民国 22.7 第 2 版
　　初级中学、师范适用
　　其他题名:初中世界地理教本
　　北师大　辞书

3-1658

初中外国地理教本
金守诚编著　李长傅校订
　　上海　大东书局　民国 21.7-22.9[1932.7-1933.9]
　　2 册(176,284 页)　图　[32 开]
　　上册:民国 21.7 初版,民国 22.5 第 2 版
　　下册:民国 22.9 初版
　　北师大　广东中山(1)　编译馆(1)

3-1659

开明外国地理教本
盛叙功编
　　上海　开明书店　民国 21.8[1932.8]初版,民国 22.3 第 2 版
　　252 页　地图,图　32 开　精装
　　初级中学学生用
　　逐页题名:外国地理教本
　　北师大　上海　辞书

3-1660

最新初中外国地理教科书
王谟著
　　北平　立达书局　民国 21.8-22.1[1932.8-1933.1]
　　2 册　图　大 32 开
　　第 1 册(上卷):民国 21.8 初版
　　第 2 册(下卷):民国 22.1 初版
　　北师大

3-1661

初中外国地理[改订版]
陆光宇编
　　上海　北新书局　民国 21.10[1932.10]-
　　2 册　32 开
　　上册:民国 21.10 初版,民国 22.9 版
　　下册:民国 22.9 版
　　依照新课程标准编辑
　　北师大　上海

3-1662

北新外国地理
陆光宇编
　　上海　北新书局　民国 22.7[1933.7]第 2 版
　　406 页　图,表　32 开
　　初版附注:民国 21 年 10 月初版
　　卷端题名:初级中学外国地理
　　北师大　华师大　辞书

3-1663

外国地理
佘俊生编著　苏继顗校订
　　上海　商务印书馆　民国 22.7[1933.7]
　　2 册(325 页)　地图,图,表　32 开
　　上册:民国 22.7 初版,民国 22.8 第 15 版,民国 22.10 第 30 版,民国 23 第 35 版,民国 24 第 36 版,民国 24.2 第 38 版,民国 26 审定初版,民国 27.10 审定 15 版,民国 30.5 审定 40 版
　　下册:民国 22.7 初版,民国 24.6 第 33 版,民国 26.8 审定初版,民国 28.1 审定 24 版,民国 29 审定 34 版,民国 35.5 审定 44 版
　　教育部审定　按照新课程标准编辑　按照修正课程标准编辑　初级中学用
　　附:汉英名词对照表
　　卷端题名:初级中学教科书外国地理
　　其他题名:复兴初级中学教科书外国地理
　　其他题名:复兴教科书外国地理
　　国图　北师大　人教　华师大　辞书　天津(1)　广西师大　广东中山　编译馆

3-1664

世界地理教本
苏俊夫编著　李履冰等校阅
　　武昌　亚新地学社　民国 23.2[1934.2]
　　158 页　32 开
　　遵照教育部最近颁行初级中学地理课程标准编辑　初中第三学年用
　　北师大

3-1665

初中外国地理
葛绥成编　张相校
　　上海　中华书局　民国 23.2-5[1934.2-5]
　　2 册(142,128 页)　地图,表　大 32 开
　　第 1 册:民国 23.2 初版,民国 23.6 第 7 版,民国 24.4 第 11 版,民国 24.9 第 14 版,民国 25.1 第 22 版,民国 25.4 第 23 版,民国 25.4 第 24 版,民国 25.4 第 26 版,民国 26.4 版
　　第 2 册:民国 23.5 初版,民国 23 第 2 版,民国 23.6 第 4 版,民国 23.10 第 7 版,民国 24.4 第 10 版,民国 25.1 第 16 版,民国 25.4 第 17 版
　　教育部审定　新课程标准适用
　　北师大　人教　上海　辞书　广东中山(2)　编译馆(1)

3-1666

谭氏初中外国地理
谭廉逊编著　董文校订

上海 世界书局 民国23.8-12[1934.8-12]
2册(130,148页) 地图,图,表 大32开
上册:民国23.8初版
下册:民国23.12初版
初级中学学生用
封面题名:初中外国地理
其他题名:新课程标准世界中学教本谭氏初中外国地理
北师大 辞书

3-1667

王氏初中世界地理
王谟编著
上海 世界书局 民国23.9-10[1934.9-10]
2册(351页) 图 大32开
上册:民国23.9初版
下册:民国23.10初版
初级中学学生用
其他题名:新课程标准世界中学教本王氏初中世界地理
北师大 上海

3-1668

初中外国地理
王益厓编
上海 新亚书店 民国23.9-24.9[1934.9-1935.9]
2册(188,182页) 图 32开
上册:民国23.9初版
下册:民国24.9初版
附:笔画索引及译名对照表
其他题名:新亚教本初中外国地理
人教

3-1669

外国地理
陈希东编著
上海 大东书局 民国23[1934]-
2册(①184页) 图 32开
上册:民国23年版
新课程标准适用
其他题名:新生活初中教科书外国地理
北师大(1)

3-1670

初中外国地理
叶许生编辑 姚明辉校订
上海 中学生局 民国24.6-11[1935.6-11]
2册(182,150页) 地图,图 32开
上册:民国24.6初版
下册:民国24.11初版
遵照教育部课程标准 依据江苏教育厅进度表编辑
其他题名:初中标准教本外国地理
辞书

3-1671

初中外国地理
葛绥成,丁绍桓编 张相校

上海 香港 中华书局 民国26.8[1937.8]
2册(136,104页) 地图,表 大32开
第1册:民国26.8初版,民国29香港32版,民国30香港41版,民国30香港42版,民国30.4第50版,民国35.7第64版
第2册:民国26.8初版,民国26第8版,民国26第13版,民国29.2第25版,民国29.2第26版,民国29.8第27版,民国30.1第33版,民国30香港36版,民国30香港37版,民国35.6第51版,民国35.6第52版
修正课程标准适用
人教 华师大 上海(1) 辞书 庐山(1) 广东中山 编译馆

3-1672

初中外国地理
中等教育研究会编纂
天津 华北书局 民国27.3[1938.3]-
册(②152页) 图 32开
第2册:民国27.3初版
北师大(2) 人教(2)

3-1673

初中外国地理
(伪)教育部编审委员会编纂
2册(128,107页) 地图,图 32开
附:中西译名对照表
其他题名:国定教科书初中外国地理
①北平 [编者刊] 民国27[1938]
上下册:民国27年版,民国32.1第4版,民国32.7版
北师大 人教 上海(2) 华师大(2) 辞书
②南京 (伪)教育部 民国33.1[1944.1]-
上册:民国33.1第7版
人教(1)

3-1674

初中外国地理教本
李长傅编
上海 开明书店 民国28.8[1939.8]
2册(130,119页) 地图,图 32开
上册:民国28.8初版,民国36.4第6版,民国37.9第9版
下册:民国28.8初版,民国35.12第5版,民国36.4第6版
教育部审定 修正课程标准适用
人教 辞书

3-1675

初中新外国地理
谢珩之编著
上海 赣州 世界书局 民国29.8[1940.8]-
册(①332页) 地图,图,表 32开 精装
上册:民国29.8初版,民国31.4赣修正1版
修正课程标准适用
辞书(1) 编译馆(1)

3-1676

外国地理

黄国璋,邓启东编
　　上海　商务印书馆　民国29.12[1940.12]
　　2册(522页)　图　32开
　　第1-2册:民国29.12审定1版
　　教育部审定　依照修正课程标准编辑
　　附:西文索引、四角号码索引
　　其他题名:更新初级中学教科书外国地理
　　人教

3-1677

建国初中外国地理
胡焕庸编著
　　上海　北平　正中书局　民国34.12[1945.12]-
　　2册(132,118页)　地图,图,表　32开
　　上册:民国34.12沪8版,民国35沪20版,民国36.6沪70
　　　　版,民国37.8平8版,民国37平11版
　　下册:民国34年版,民国35.12沪75版,民国35平2版
　　遵照部颁课程标准编著
　　初版附注:民国31年3-4月初版
　　封面题名:外国地理
　　其他题名:初级中学外国地理
　　其他题名:建国教科书外国地理
　　国图　人教　华师大(1)　辞书(1)　河南(1)　广东中山(2)

3-1678

外国地理纲要
刘鸿咏编辑
　　长沙　中南印书馆　民国32.1[1943.1]
　　248页　像　32开
　　中等学校适用
　　华师大

3-1679

外国地理
余俊生编著　苏继庼校
　　上海　商务印书馆　民国36.7[1947.7]
　　2册(183,298页)　图　32开
　　上册:民国36.7初版,民国37.5第17版,民国37第19版
　　下册:民国36.7初版,民国37.5第17版
　　初级中学适用
　　北师大(1)　人教　华师大(1)　广东中山(1)

3-1680

中华外国地理
葛绥成,丁绍桓编
　　上海　中华书局　民国36.9-10[1947.9-10]
　　2册(141,106页)　地图,照片　32开
　　第1册:民国36.9初版,民国36.9第2版,民国37.6第6版,
　　　　民国37.6第7版,民国38.3第9版
　　第2册:民国36.10初版,民国37.3第5版,民国37.8第6
　　　　版,民国37.8第7版,民国37.8第9版
　　初中适用
　　北师大(1)　人教　华师大(1)　辞书　广东中山(2)

3-1681

开明新编初级外国地理
韦息予编
　　上海　北平　开明书店　民国36.12[1947.12]初版,民国37
　　　　第2版,民国37.6第3版,民国37.9第4版,民国38.8平1
　　　　版,民国38.9平2版
　　141页　图　32开
　　附:中西译名对照表
　　其他题名:新编初级外国地理
　　北师大　人教　华师大　辞书

3-1682

初中外国地理纲要
黄国璋等编著
　　北平　国立北平师范大学地理系　民国37.8[1948.8]
　　86页　32开
　　北师大

3-1683

世界地理:乙种
教育研究室地理组著
　　119页　图　32开
　　其他题名:中级世界地理
　　①北平　新华书店　民国38.1[1949.1]
　　人教
　　②西安　西北新华书店　民国38.7[1949.7]
　　辞书　河南

　　　　　　　　　＊　＊　＊

3-1684

世界地志
傅角今编纂
　　上海　商务印书馆　民国20.9[1931.9]初版,民国22国难后
　　　　2版,民国24国难后4版
　　235页　地图,表　32开
　　高中适用
　　北师大　辞书　天津　河南

3-1685

高中世界地理
孙嘉会著　白眉初校对
　　北平　建设图书馆　民国20[1931]-
　　2册(218,191页)　地图,照片　大32开
　　上册:民国21.3第3版
　　下册:民国20年版
　　高级中学、师范适用教本
　　封面题名:世界地理
　　北师大(1)　辞书(2)

3-1686

新中华外国地理
郑昶编
　　上海　新国民图书社　民国21.8[1932.8]初版,民国21.9第

2 版,民国 22.6 第 4 版,民国 22.12 第 7 版,民国 23 第 9 版,
民国 24.3 第 11 版
256 页　地图(含彩色地图),表　大 32 开
高级中学用
附:参考书目摘要
书脊题名:新中华高中外国地理
北师大　人教　辞书　编译馆

3-1687
世界地理
韩道之著
　　北平　立达书局　民国 21.8[1932.8]
　　334 页　图　32 开
　　高中适用
　　北师大

3-1688
高中世界地理
王谟编著
　　上海　世界书局　民国 21.11[1932.11]初版,民国 21 第 2
　　版,民国 22.4 第 3 版,民国 25.6 第 5 版
　　1 册(117,126,73,49,132 页)　地图,图,表　大 32 开
　　高级中学学生用
　　北师大　人教　华师大　辞书　广西师大　广东中山　编
　　译馆

3-1689
高中世界地理教本
王钟麟编辑
　　上海　大东书局　民国 22.3[1933.3]
　　2 册　图　大 32 开
　　上下册:民国 22.3 初版
　　其他题名:高级中学教本高中世界地理教本
　　北师大　编译馆

3-1690
外国地理
张其昀,李海晨,胡焕庸编
　　南京　钟山书局　民国 22.7[1933.7]-
　　3 册(154,154,140 页)　图　大 32 开
　　上册:民国 22.7 初版
　　中册:民国 24.8 第 3 版
　　下册:民国 25.2 第 3 版
　　卷端题名:钟山读本高中程度外国地理
　　北师大　辞书

3-1691
高级中学外国地理
孙嘉会编著　徐用仪校阅
　　北平　戊辰学社　民国 23.7[1934.7]
　　388 页　图　大 32 开
　　北师大

3-1692
世界地理
韩镜明编著　苗迪青,郑资约校阅

　　北平　华北科学社　民国 23.8[1934.8]-
　　3 册(①238 页)　大 32 开
　　上册:民国 23.8 初版
　　高中适用教本
　　北师大(1)　人教(1)

3-1693
世界地理
王益厓编著
　　上海　大东书局　民国 23.9[1934.9]-
　　册(①564 页)　图　32 开
　　上册:民国 23.9 第 2 版
　　高级中学学生用
　　北师大(1)

3-1694
高中外国地理
盛叙功编
　　上海　中华书局　民国 23.9-24.12[1934.9-1935.12]
　　2 册(298,240 页)　地图　大 32 开
　　第 1 册:民国 23.9 初版,民国 24.4 第 5 版,民国 24.8 第 8 版
　　第 2 册:民国 24.12 初版,民国 24.12 第 2 版,民国 24.12 第
　　4 版
　　新课程标准适用
　　北师大　辞书

3-1695
新高中外国地理
沈仲龙编辑　胡焕庸,王益厓校订
　　上海　[编者刊]　民国 24.3[1935.3]版
　　108 页　32 开
　　北师大

3-1696
高中外国地理
王益厓编著
　　南京　上海　北平　正中书局　民国 24.9-25.12[1935.9-
　　1936.12]
　　2 册(287,287 页)　地图,照片　32 开
　　第 1 册:民国 24.9 初版,民国 27.2 第 13 版,民国 34 沪 1 版,
　　民国 35.8 第 2 版,民国 36.4 第 36 版,民国 36.11 第 41 版,
　　民国 37 年版
　　第 2 册:民国 25.12 初版,民国 28.1 第 2 版,民国 34 沪 1 版,
　　民国 34.12 沪 6 版,民国 35.9 平 1 版,民国 36.4 第 36 版,
　　民国 37.10 版,民国 37 年版
　　新课程标准适用　遵照部颁课程标准编辑
　　封面题名:外国地理
　　其他题名:高级中学外国地理
　　北师大(1)　华师大　人教　辞书　天津　广西师大(1)　广
　　东中山

3-1697
外国地理
苏继庼编著
　　上海　重庆　商务印书馆　民国 24.10-25.8[1935.10-

1936.8]
2册(279,239页) 地图,图 32开
上册:民国24.10初版,民国24.12第3版,民国30.4第21版,民国35.4第31版,民国36.12修正52版,民国37.7修正57版,民国37.12修正63版
下册:民国25.8初版,民国25.10第3版,民国32.1渝第5版,民国35.1第20版,民国35.7第25版,民国36.1第39版,民国38.1修正44版,1949.12修正48版
依照教育部修正课程标准编辑 高级中学用
卷端题名:高级中学教科书外国地理
逐页题名:高中外国地理
书脊题名:复兴高级中学教科书外国地理
其他题名:复兴教科书外国地理
北师大 人教 华师大 辞书(1) 河南 广西师大(2)

3-1698

外国地理
胡焕庸,张其昀编著
南京 钟山书局 民国25.8[1936.8]
2册(174,173页) 图 32开
第1-2册:民国25.8版
高级中学适用
附:地名索引
人教

3-1699

新标准高中外国地理
王钧衡等著
北平 北洋图书社 民国25[1936]
3册 32开
第1-3册:民国25年版
北师大

3-1700

高中新外国地理
蒋君章编著
上海 世界书局 民国26.5[1937.5]-
2册(205,222页) 图 32开
上册:民国26.5初版,民国27.5新2版,民国29.11新4版,民国35.9第6版,民国36.6新9版,民国38.1修正1版
下册:民国29.1第2版,民国35.7第3版,民国35.12第4版
修正课程标准适用
其他题名:新课程标准世界中学教本高中新外国地理
北师大 人教 广西师大(1) 广东中山(1) 编译馆

3-1701

高中外国地理
丁绍桓,盛叙功编
上海 中华书局 民国26.7-27.10[1937.7-1938.10]
2册(292,258页) 图 大32开
第1册:民国26.7初版,民国29.11第10版,民国30.8第12版
第2册:民国27.10初版,民国27.12第8版
修正课程标准适用
其他题名:修正高中外国地理

北师大 辞书 编译馆

3-1702

高中外国地理[修订本]
盛叙功编
上海 中华书局 民国26[1937]-
2册(332,280页) 地图,图 32开
上册:民国26第7版,民国30第12版,民国35.10第17版,民国35第20版,民国37.8第21版,民国37.8第22版
下册:民国27第3版,民国34第13版,民国35第18版,民国37.8第20版
修正课程标准适用
附:中西译名对照表
人教 华师大(1) 辞书 河南(1) 广东中山

3-1703

新编高中外国地理
丁绍桓,盛叙功编
上海 中华书局 民国32.9[1943.9]-
2册 图 32开
第2册:民国32.9初版
修正课程标准适用
其他题名:高中外国地理
其他题名:修正高中外国地理
华师大(2)

3-1704

外国地理讲义
林玉福编
[不详] 工商学院附属中学校 [1912-1949?]
160页 32开
其他题名:高三外国地理讲义
华师大

教学参考书

3-1705

世界地理教科参考书
广智书局编辑部编述
上海 广智书局 清光绪31.11[1905]-
册(①230页) 图 大32开 精装
第1册(一编):光绪31.11初版
其他题名:中学用世界地理教科参考书
北师大(1) 天津(1) 河南(1)

3-1706

初中外国地理指导书
董文编辑
上海 世界书局 民国21.7[1932.7]-
2册(①462页) 大32开
第1册:民国21.7初版,民国21.7第4版
遵照教育部审定本编辑 初级中学教员及学生用
国图(1) 人教(1) 华师大(1) 编译馆(1)

3-1707
外国地理教员准备书
曹玉麟著
　　上海　商务印书馆　民国 25[1936]
　　355 页　32 开
　　其他题名：复兴初级中学教科书外国地理教员准备书
　　国图　广东中山

3-1708
初中外国地理参考书
韩非木编　葛绥成校
　　上海　中华书局　民国 29.5-8[1940.5-8]
　　2 册(198,134 页)　32 开
　　第 1 册：民国 29.5 初版
　　第 2 册：民国 29.8 初版,民国 30.3 第 2 版
　　修正课程标准适用　供教师讲课及自学之用
　　国图　辞书　广东中山

教学辅导书

3-1709
世界地理表解
吴伯曾编
　　1 册　表　36 开
　　师生必备
　　附：地理学参考
　　①上海　九洲书局　民国 25[1936]第 2 版
　　133 页
　　国图　人教
　　②上海　学生书局　民国 35.10[1946.10]
　　141 页
　　国图　人教

3-1710
外国地理问答
世界史地研究社编
　　上海　新生书局　民国 26[1937]版
　　130 页　图　32 开　(会考复习丛书)
　　高初中及师范适用
　　初版附注：民国 26 年初版
　　河南

3-1711
外国地理
张资平编
　　上海　商务印书馆　民国 27.1[1938.1]初版,民国 28.5 第 3 版
　　131 页　图　32 开　(中学各科纲要丛书)
　　人教

3-1712
外国地理
陈豪编纂
　　上海　商务印书馆　民国 27.4[1938.4]第 2 版
　　186 页　图,表　10 cm　(中学各科要览)
　　修正课程标准
　　编译馆

3-1713
外国地理纲要
李明沂编著
　　上海　世界书局　民国 38.4[1949.4]
　　164 页　地图　32 开
　　书脊题名：新编外国地理纲要
　　人教　辞书

　　　　　　　＊　　＊　　＊

3-1714
新中华语体外国地理详解
刘虎如编
　　上海　新国民图书社　民国 22.5[1933.5]
　　174 页　表　大 32 开
　　初级中学用
　　北师大　人教　辞书

3-1715
外国地理[改订本]
郑震编
　　上海　商务印书馆　民国 24.5[1935.5]
　　165 页　32 开　(初中复习丛书)
　　国图　庐山

3-1716
初中外国地理复习指导书：升学必读
陶友白编著
　　上海　新生书局　民国 25.2[1936.2]
　　92 页　32 开
　　辞书

3-1717
初中外国地理参考书
韩非木编　葛绥成校
　　上海　中华书局　民国 25.7[1936.7]-
　　　册(①170 页)　大 32 开
　　第 1 册：民国 25.7 初版
　　新课程标准适用
　　辞书(1)

3-1718
初中外国地理复习指导
汤肇封著
　　上海　现代教育研究社　民国 29[1940]第 5 版
　　70 页　32 开
　　中学生升学必读
　　其他题名：外国地理复习指导
　　广东中山

* * *

3-1719

外国地理
曹玉麟编
  上海 重庆 商务印书馆 民国24.5[1935.5]第2版,民国24.6第2版,民国24.9改订4版,民国31.6渝改订1版
  252页 32开 （高中复习丛书）
  国图 河南

3-1720

高中外国地理复习指导
胡嘉编
  上海 现代教育研究社 民国36.4[1947.4]新1版,民国36.5新2版
  162页 大32开
  广东中山

中国地图

3-1721

中国形势一览图
童世亨著
  中学教科用
  其他题名：中国形势一览图附说
  ①东京 方英舍 民国1.7[1912.7]修正4版
  [50]页 25幅 彩色地图,表 16开
  初版附注：清光绪34年3月初版
  辞书
  ②上海 商务印书馆 民国8.1[1919.1]增修14版
  49页 26幅 彩色地图,表 16开 精装
  初版附注：清光绪34年初版
  辞书

3-1722

中国近世舆地图说二十三卷
罗汝楠编纂 方新校绘
  广州 广东教忠学堂 清宣统1[1909]
  8册 16开
  广东教忠学堂舆地学教材
  国图

3-1723

本国新地理图说
谢观编纂
  上海 商务印书馆 民国8.2[1919.2]
  1册 彩色地图 16开 精装
  《本国地理教科书》参考地图
  中学校、师范学校用
  国图

3-1724

最新中华民国分省地图
丁訾盫编著 陆费逵,戴克敦阅
  上海 中华书局 民国11.3[1922.3]第3版,民国15.4第5版
  28幅 彩色地图,表 16开 精装
  中等教育适用
  初版附注：民国10年3月初版
  辞书

3-1725

中华新形势一览图（表解说明）
屠思聪著
  上海 世界舆地学社 民国12.7[1923.7]增修3版
  28幅 彩色地图,表 16开 精装
  中等教育适用
  初版附注：民国11年4月初版
  辞书

3-1726

实用中华新地图
高元宰编著 刘鲁璜,顾敦福,王芝九校订 地理教学研究会复校
  江苏 江苏省立第一师范学校 民国11.8[1922.8]
  31页 彩色地图 大32开 线装
  新学制高级小学及初级中学适用
  辞书

3-1727

中华新地理图说
谭廉编
  上海 商务印书馆 民国12[1923]版
  49页 16开 精装
  初中教育适用
  其他题名：新地理图说
  广东中山

3-1728

京兆直鲁豫晋省区图
苏甲荣著
  北京 北京大学新体中华地图发行处 民国13.8[1924.8]
  1幅 地图 2开
  初中、高小讲授适用
  国图

3-1729

最新中华形势一览图（新式表解说明）
洪懋熙编
  上海 东方舆地学社 民国17.7[1928.7]增订7版,民国18.1增订8版,民国19.9新订正版
  32幅 彩色地图,表 16开 精装
  中等教授适用
  辞书

3-1730

中华最新形势图（表解说明）
屠思聪著

上海　世界舆地学社　民国18.10[1929.10]订正版,民国21.9增订版,民国24.8出版

32幅　彩色地图,表　16开　精装

教育部审定　中等学校适用

辞书　河南

3-1731

新中华中等本国地图

丁訾盦编著　葛绥成重订

上海　新国民书社　民国19.4[1930.4]

30幅　地图　16开　精装

辞书

3-1732

最新中华形势一览图（表解说明）

洪懋熙编

上海　东方舆地学社　民国20.3[1931.3]新订正版,民国21.9增订版,民国22.7增订版,民国22.9新改订版

32幅　彩色地图,表　16开　精装

教育部审定　中等学校适用

辞书

3-1733

中华民国建设全图（表解说明）

白眉初著

北平　建设图书馆　民国20.8[1931.8]增订本

32幅　地图,表　16开　精装

中学适用

辞书

3-1734

中国模范地图（表解说明）

陈铎著

上海　上海舆地学社　民国22.7[1933.7]

40幅　彩色地图,表　大32开　精装

中等学校适用

其他题名：表解说明中国模范地图

北师大　辞书

3-1735

最新中华分省图（表解说明）

李长傅,洪懋熙著

上海　东方舆地学社　民国22.8[1933.8]

28幅　彩色地图,表　16开　精装

初级中学适用

辞书

3-1736

中国形势一览图[修订版]

童世亨著　陈镐基校订

上海　商务印书馆　民国22.12[1933.12]国难后1版,民国23.7国难后2版

67页　26幅　彩色地图,折表　16开　精装

中学教科适用

其他题名：中国形势一览图附说

辞书

3-1737

中学本国地理教科图

谭廉编

上海　中华舆地学社　民国27[1938]订正3版,民国30.4增订7版

[87]页　地图　大32开　精装

初版附注：民国25年8月初版

辞书　广东中山

3-1738

初中本国地理教科图

谭廉编

上海　中华舆地学社　民国25[1936]版

36页　彩图　大32开　精装

其他题名：本国地理教科图

广东中山

3-1739

现代本国地图

屠思聪,王振编

上海　世界舆地学社　民国26.1[1937.1]初版,民国27年版,民国28.3版

[143]页　44幅　地图　16开　活页

中等学校适用

国图　广东中山

3-1740

新中国地图[改订本]

陈铎校订　葛烺编制

上海　上海舆地学社　民国28.7[1939.7]第2版

[119]页　地图　16开　精装

中等学校适用

辞书

3-1741

实用中华新地图

葛绥成,楼云林编制

上海　中华书局　民国29.8[1940.8]

74页　地图　16开　精装

辞书

3-1742

新中国分省图

王成组,卢村禾编

上海　新中国出版社　民国35.9[1946.9]

68页　40幅　地图　16开

国图

3-1743

中国地理教科图[增订本]

中国史地图表编纂社编纂　黄镜湖,黄镜澄,陆光鉴等绘制

上海　亚光舆地学社　民国35.12[1946.12]增订初版,民国35.12增订2版,民国36.2增订3版,民国36增订4版

[124]页　地图　16开　精装

中学适用

国图　辞书　广东中山

3-1744
新编中国地理教科图
陈铎主编　时仲华编著
　　上海　上海舆地学社　民国 36.7[1947.7]
　　[94]页　地图　16 开　精装
　　中学适用
　　封面题名：中国地理教科图
　　辞书

3-1745
新民中国地图
徐退之编
　　上海　新民地学社　民国 36[1947]版
　　68 页　39 幅　地图　16 开
　　中学适用
　　广东中山

3-1746
本国地理教科图
崔可石,黄寄萍,金竹安编绘　周其义修订
　　[南京]　正中书局　民国 37.6[1948.6]
　　[35]页　地图　32 开
　　初级中学适用
　　逐页题名：初中本国地理教科图
　　人教　辞书　广东中山

3-1747
新制中国地图
陈铎编
　　[出版者不详]　[1912-1949?]
　　156 页　39 幅　地图　32 开
　　中等学校适用
　　国图

世界地图

3-1748
五洲列国图
邹代钧编　舆地学会编译
　　武昌　舆地学会　清光绪 29[1903]版,光绪 34.4 第 5 版
　　1 册　彩色地图　29×42 cm　精装
　　清京师大学堂审定教科本　清学部审定　中学课本
　　国图　河南

3-1749
西洋历史地图
(日)小川银次郎著　张元济校订
　　上海　商务印书馆　清光绪 30.12[1905]
　　21 幅　彩图　大 32 开　精装
　　其他题名：最新中学教科书西洋历史地图
　　北师大　人教　天津

3-1750
最新东洋史要地图
商务印书馆编纂
　　上海　[编者刊]　清光绪 32.4[1906]
　　22 幅　地图　大 32 开
　　逐页题名：东洋史要地图
　　其他题名：最新中学教科书东洋史要地图
　　北师大　上海

3-1751
世界改造分国地图
丁詧盦编著　洪梓绘制
　　上海　中华书局　民国 9.3[1920.3]初版,民国 10.11 订正 3 版,民国 13 订正 4 版
　　32 幅　照片,地图　16 开　精装
　　世界改造分国图志附册　中等教育适用
　　北师大　辞书　河南

3-1752
世界改造分国图志
丁詧盦编著
　　上海　中华书局　民国 9.12[1920.12]第 2 版,民国 10.11 第 3 版
　　124 页　图,表　大 32 开
　　附：世界改造分国地图、英华华英地名检查表
　　初版附注：民国 9 年 3 月初版
　　封面题名：分国图志
　　辞书

3-1753
英华华英地名检查表
中华书局编辑
　　上海　[编者刊]　民国 13.7[1924.7]第 4 版
　　[99]页　32 开
　　教育部审定　世界改造分国图志附册
　　初版附注：民国 9 年 5 月初版
　　封面题名：地名检查表
　　辞书

3-1754
实用世界新地图
陈镐基编纂
　　上海　商务印书馆　民国 11.4[1922.4]
　　24 页　36 幅　彩色地图　16 开　精装
　　附：华英、英华地名检查表
　　中等教育适用
　　辞书

3-1755
世界新形势一览图(表解说明)
屠思聪著
　　上海　世界舆地学社　民国 15.4[1926.4]增修 5 版
　　32 幅　彩色地图,表　16 开　精装
　　中等学校适用
　　初版附注：民国 13 年 3 月初版

辞书

3-1756
新中华中等世界地图
丁詧盦编著　葛绥成重订

上海　新国民图书社　民国 19.7[1930.7]

[55]页　图　16 开　精装

封面题名：中等世界地图

辞书

3-1757
最新世界形势一览图（表解说明）
洪懋熙著

上海　东方舆地学社　民国 19.10[1930.10]订正 4 版,民国 20.2 增订版,民国 21.9 增订版,民国 22.3 增订版,民国 22.7 增订版,民国 25.9 增订版,民国 25.9 重制版

32 幅　彩色地图,表　16 开　精装

教育部审定　中等学校适用

华师大　辞书　广东中山

3-1758
世界最新形势图（表解说明）
屠思聪著

上海　世界舆地学社　民国 21.9[1932.9]

28 幅　彩色地图　16 开　精装

中等学校适用

辞书

3-1759
最新世界各国图
洪懋熙,李长傅著

上海　东方舆地学社　民国 22.8[1933.8]

23 幅　彩色地图,图,表　16 开　精装

初级中学适用

辞书

3-1760
世界形势一览图
童世亨,陈镐基著

上海　商务印书馆　民国 23.3[1934.3]国难后 1 版,民国 23 国难后 2 版

25 幅　彩色地图　16 开　精装

中学教科适用　民国 22 年修订

北师大　辞书

3-1761
世界建设新图
白眉初著

北平　建设图书馆　民国 24.1[1935.1]

[90]页　34 幅　彩色地图　16 开　精装

中等学校适用

版权页题名：最新世界建设新图

辞书

3-1762
最新世界地图集
谭廉编纂

上海　商务印书馆　民国 24.5[1935.5]版

275 页　图　16 开

中学教科适用

庐山

3-1763
中学外国地理教科图
谭廉编纂

上海　中华舆地学社　民国 27.2[1938.2]初版,民国 29.2 第 3 版,民国 30.2 第 5 版

[97]页　地图　大 32 开　精装

辞书

3-1764
世界新地图[改订本]
时仲华编制

上海　振亚舆地社　民国 35.8[1946.8]

[80]页　地图　32 开

初版附注：民国 35 年 8 月改订初版

辞书

3-1765
复兴世界地图
邵越崇编著

上海　复兴舆地学社　民国 35[1946]版

72 页　10 cm

中等学校适用

北师大

3-1766
世界地理教科图
金擎宇编　中国史地图表编纂社编

上海　亚光舆地学社　民国 36.2[1947.2]

[140]页　地图　16 开

中学适用

华师大　辞书　河南　庐山

3-1767
新世界地图集
邱祖谋,卢村禾编纂

上海　新中国出版社　民国 36.3[1947.3]

[169]页　地图　16 开　精装

中等学校教科适用

辞书

3-1768
新编世界地理教科图
陈铎,葛娘编　上海舆地学社编纂

上海　上海舆地学社　民国 36.7[1947.7]

[103]页　地图　16 开　精装

中学适用

华师大　辞书

3-1769
外国地理教科图
崔可石,黄寄萍,金竹安编绘　周其义修订

南京　正中书局　民国 37.6[1948.6]

44页 彩色地图 32开
初级中学适用
卷端题名：初中外国地理教科图
人教 辞书 广东中山

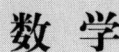

数 学

课 本

3-1770
数学教科书
叶懋宣编
上海 通社久记 清光绪30.4-31.8[1904-1905]
2册(109,103叶) 图,表 大32开 线装
上册(上卷)：光绪30.4初版,光绪31.3第2版,光绪32.4第3版
下册(下卷)：光绪31.8初版,光绪31.1第2版
北师大 人教 上海 上师大 辞书 云南社科(2)

3-1771
中学数学教科书
秦沅著
上海 开明书店 清光绪30.6[1904]-
2册(163,129页) 32开
第1册(上卷)：光绪30.6版
第2册(下卷)：光绪30.12版
北师大

3-1772
数学教科书
商务印书馆编
上海 [编者刊] 清光绪30.9[1904]
2册 图 32开 线装
上下册：光绪30.9初版
北师大

3-1773
新式数学教科书[订正本]
程荫南译编
汉口 上海 昌明公司 清光绪32.7[1906]订正3版,民国3.9订正版,民国3订正7版
351页 32开 精装
中学程度适用书
初版附注：清光绪31年5月初版
国图 北师大 人教 辞书

3-1774
数学新编
徐家璋编著 张瑞基等参阅
东京 清国留学生会馆 清光绪32.12[1907]第2版
276页 图 大32开

初版附注：清光绪32年3月初版
其他题名：中学教科书数学新编
北师大

3-1775
最新实业数学教科书
一芥生编译
上海 东新译社 清光绪32[1906]-
2册(②132页) 图 32开 精装
第2册(下卷). 光绪32初版
河南(2)

3-1776
中学数学教科书
曾钧编著
上海 文明书局 清光绪33.12[1908]
124页 图,表 大32开
北师大 辞书

3-1777
中学数学教科书
沈王钰编纂 寿孝天,赵秉良校订
上海 商务印书馆 民国1[1912]
2册(174,150页) 32开
第1册(上卷)：民国1第5版,民国2.4第8版,民国10.5第13版
第2册(下卷)：民国1第5版,民国2.4第8版,民国4第11版,民国10.5第13版
初版附注：清光绪34年9月初版
北师大 河南(2) 编译馆

3-1778
云南省会中学堂数学讲义
贾儒珍撰 齐世铭,张官云校
[昆明] 云南官报局 [1909-1911?]
册(①35叶) 16开 线装
第1册(上卷)：版次不详
其他题名：数学讲义
云南社科(1)

3-1779
中学混合数学测验
汪桂荣,廖世承编
上海 商务印书馆 民国14.8[1925.8]
2套 16开
第1-2类：民国14.8初版
附：测验卷各25份,标准纸各1份
辞书

3-1780
开明算学教本(内容样本)
刘薰宇等编
上海 开明书店 民国20[1931]版
68页 32开
人教

3-1781

应用数学
姚幼蕃编著　陆高谊主编
　　上海　世界书局　民国27.9[1938.9]
　　2册(191,435页)　图,表　32开
　　上下册：民国27.9初版
　　中学活用课本　补习学校、职业学校、短期中学适用
　　辞书

3-1782

基本数学
骆师曾编著　陆高谊主编
　　上海　世界书局　民国27.11[1938.11]
　　345页　图,表　32开
　　中学活用课本　补习学校、职业学校、短期中学适用
　　辞书

3-1783

应用数学
姚幼蕃编著　陆高谊主编
　　上海　世界书局　民国28.3[1939.3]-
　　2册(209,270页)　图　32开
　　上册：民国28.3初版,民国33.11第4版,民国37.5第5版
　　下册：民国28.4第2版,民国37.5第5版
　　中学活用课本
　　附：习题答数
　　人教　广西师大(1)

3-1784

基本数学
骆师曾编著　陆高谊主编
　　上海　世界书局　民国29.9[1940.9]初版,民国29.10第2版,民国33.3第3版,民国34第4版
　　345页　图　32开
　　中学活用课本
　　附：中英名词对照表
　　人教　上师大

3-1785

数学样本
中华书局[编]
　　上海　[编者刊]　[1912-1949?]
　　[51]页　大32开
　　其他题名：新中学教科书数学样本
　　辞书

3-1786

数学教科书
　　[出版者不详]　[1912-1949?]
　　2册　16开　线装
　　第1-2册(上下卷)：版次不详
　　云南社科

3-1787

算学讲义
　　[出版者不详]　[1912-1949?]
　　139叶　16开　线装
　　云南社科

＊　＊　＊

3-1788

初级混合数学[修订本]
程廷熙,傅种孙编　张鹏飞,华襄治校
　　上海　中华书局　民国12.3-14.8[1923.3-1925.8]
　　6册(156,167,172,171,181,176页)　图,表　大32开
　　第1册：民国12.3初版,民国12.4第2版,民国12.6第3版,民国12.9第4版,民国12.11第5版,民国14.7修订7版,民国19.7修订11版,民国20.7修订12版,民国20.9修订13版
　　第2册：民国12.9初版,民国13.3第3版,民国13.8第4版,民国19.3修订10版,民国21.3修订11版
　　第3册：民国13.2初版,民国13.7第2版,民国15.5第6版
　　第4册：民国13.7初版,民国13.12第2版,民国15.5第5版
　　第5册：民国14.2初版,民国14.7第2版,民国15.4第5版,民国15.5第6版
　　第6册：民国14.8初版,民国14.12第2版,民国22.2修订3版
　　教育部审定
　　封面题名：新中学混合数学
　　逐页题名：新中学初级混合数学
　　其他题名：新中学教科书初级混合数学
　　国图(1-3)　辞书　北师大　人教　华师大　上海(1-2)　河南　编译馆(2-6)

3-1789

新学制混合算学教科书
段育华编纂　胡明复校阅
　　上海　商务印书馆　民国12.3[1923.3]-
　　6册(206,204,206,203,204,204页)　图　32开
　　第1册：民国12.3初版,民国12.6第2版,民国13.4第5版,民国14第7版,民国17第106版,民国19.7第126版,民国21.6国难后2版,民国21.6国难后3版,民国21.11国难后7版
　　第2册：民国12.7初版,民国13第2版,民国13.4第3版,民国15第54版,民国15第69版,民国18.7第79版,民国21.11国难后6版
　　第3册：民国13.7初版,民国13.8第2版,民国15.10第52版,民国19.10第62版,民国21.6国难后2版
　　第4册：民国14.2初版,民国14.5第2版,民国15第25版,民国15.9第35版,民国19.9第45版,民国21.6国难后2版
　　第5册：民国14.9初版,民国16第25版,民国19.9第32版,民国21.11国难后5版
　　第6册：民国15.3第5版,民国15第15版,民国16.6第25版,民国21.6国难后2版,民国21.11国难后5版
　　初级中学用
　　版权页题名：初级中学混合算学教科书

国图(3)　北师大　人教　华师大(1,3-6)　上师大(4)　辞书　天津(1)　河南(2-4,6)　辽宁(2)　广西师大(4)　广东中山　编译馆(3)

3-1790

初级混合法算学
张鹏飞编　华裹治校

上海　中华书局　民国12.8-15.3[1923.8-1926.3]

6册(108,91,110,108,123,96页)　图,表　大32开

第1册：民国12.8初版,民国13.3第3版,民国14.7第4版,民国15.5第6版

第2册：民国13.1初版,民国13.3第2版,民国13.12第3版,民国14.4第4版,民国15.12第5版

第3册：民国13.7初版,民国13.12第2版,民国15.12第6版

第4册：民国14.1初版,民国14.4第2版

第5册：民国14.8初版,民国15.6第4版,民国15.7第5版

第6册：民国15.3初版,民国15.7第2版

教育部审定

逐页题名：新中学初级混合法算学

其他题名：新中学教科书初级混合法算学

国图(6)　北师大　人教　华师大(1-2,5-6)　辞书　河南(1-4,6)　广东中山(2)　编译馆(1-2,4-6)

3-1791

新编初等数学教科书
顾裕魁编

上海　商务印书馆　民国12[1923]第8版

104页　图,表　32开

中学校及师范学校用

其他题名：初等数学教科书

广东中山　编译馆

3-1792

混合算学
陈岳生等编

上海　商务印书馆　民国16[1927]版

276页　32开

其他题名：新学制初中教科书混合算学

广东中山

3-1793

新中华算学
张鹏飞编　华裹治校

上海　新国民图书社　民国17.6-18.4[1928.6-1929.4]

6册(88,88,85,108,114,138页)　图,表　大32开

第1册：民国17.6初版,民国18.7第2版

第2册：民国17.6初版,民国18.1版,民国18.7版

第3册：民国18.1初版

第4册：民国18.4初版,民国19.2第2版

第5册：民国18.4初版,民国19.3第2版

第6册：民国18.4初版,民国19.1第2版

初级中学用

逐页题名：新中华初级中学算学教科书

其他题名：新中华教科书算学

国图(1-5)　人教　华师大(1,5)　辞书　编译馆

3-1794

初中算学：算术　代数
薛德炯编　陈建功校

上海　新亚书店　民国22.1[1933.1]-

4册(①1-152,②153-297页)　图,表　32开

第1-2册：民国22.1初版

其他题名：新亚教本初中算学

北师大(1-2)　华师大(1-2)　辞书(1-2)

3-1795

算学补充讲义
苏武龄编

[广州]　中山大学附属中学　[1912-1949?]

1册　大32开

附：初等算学纲要算学略史

广东中山

＊　＊　＊

3-1796

布利氏新式算学教科书
(美)布利氏著　徐甘棠等译　寿孝天校订

上海　商务印书馆　民国9.6[1920.6]-

4册(362,346,382,319页)　图,像,表　大32开　精装

第1册(一编)：民国9.6第2版,民国10.9第5版,民国12第8版,民国12.10第9版,民国22.7国难后1版,民国24.1国难后2版

第2册(二编)：民国11.5初版,民国14.9第6版,民国22.2国难后1版,民国24.1国难后2版

第3册(三编)：民国13.8初版,民国22.4国难后1版,民国24.1国难后2版

第4册(四编)：民国23.2版

教育部审定　高级中学用

附：对数表、乘幂及方根表、中西文名词索引

初版附注：民国9年2月-? 初版

国图　北师大　华师大　辞书(1-3)　天津(1)　广西师大(1-2)　广东中山(1-2,4)　编译馆(2-3)

教学参考书

3-1797

中学数学教学法
刘开达编纂

上海　商务印书馆　民国38.1[1949.1]

312页　图　32开

国图　辞书　辽宁

＊　＊　＊

3-1798

混合算学教员准备书
余介石,胡术五,陈岳生编　段育华校
　　上海　商务印书馆　民国15.5[1926.5]-
　　6册(①196,②276,③257页)　图　32开
　　　第1册:民国15.5初版
　　　第2册:民国16.9初版
　　　第3册:民国17.10初版
　　逐页题名:初中混合算学教员准备书
　　其他题名:新学制初中教科书混合算学教员准备书
　　华师大(3)　辞书(1,3)　河南(1-2)　广东中山(3)　编译
　　　馆(1-3)

* * *

3-1799

高中算学科教学进度表
江苏省教育厅编
　　江苏　[编者刊]　民国22.7[1933.7]
　　90页　表　25开
　　国图　人教

教学辅导书

3-1800

新体数学讲义
庄俞编辑
　　上海　商务印书馆　民国6.6[1917.6]-
　　3册(①152,②80页)　图　32开
　　　上册(上卷算术):民国6.6初版
　　　中册(中卷代数):民国6.8初版
　　人教(1-2)　上海(1)

3-1801

初级混合法算学习题答案
张鹏飞编　华裏治校
　　上海　中华书局　民国15.3[1926.3]-
　　6册(①56页)　图,表　大32开
　　　第1册:民国15.3初版
　　逐页题名:混合法算学第一册习题答案
　　其他题名:新中学教科书初级混合法算学习题答案
　　人教(1)　辞书(1)　编译馆(1)

3-1802

数学公式
王永炅,胡树楷编
　　上海　中华书局　民国18.4[1929.4]
　　328页　图,表　32开
　　辞书

3-1803

算学之部
程仰垓编著
　　上海　晨报出版部　民国22.2[1933.2]-
　　册(①76页)　32开　(中学会考指导丛书　9)
　　　上册:民国22.2初版
　　人教(1)

3-1804

中学数学指导
俞平湖编
　　上海　三民图书公司　民国22[1933]增订3版
　　[196]页　32开
　　人教

3-1805

四位算学用表
余介石编
　　上海　中华书局　民国23.4[1934.4]
　　42页　表　大32开
　　附:初等算学基本公式及法则
　　辞书

3-1806

五位算学用表
余介石编
　　上海　中华书局　民国23.8[1934.8]初版,民国25.12第5
　　　版,民国26.4版
　　122页　表　大32开
　　附:中等算学基本公式
　　人教　辞书

3-1807

数学问题指导详解
赵余勋编著
　　上海　春江书局　民国31.6[1942.6]-
　　3册(122,122,[167]页)　图　32开
　　　上册:民国31.6新2版
　　　中册:民国32.10新3版
　　　下册:民国32.10新3版
　　初中毕业、高中入学适用
　　封面题名:数学指导问题详解
　　辞书

3-1808

怎样解题
(美)George Polya原著　周佐严译
　　上海　中华书局　民国37.5[1948.5]
　　204页　32开
　　辞书

3-1809

数学例解
　　上海　广益书局　[1912-1949?]
　　88页　64开
　　中学、师范学生参考书
　　河南

＊　＊　＊

3-1810

新学制初中混合算学教科书习题答案
余介石,胡术五编纂　段育华校订
　　上海　商务印书馆　民国14.2[1925.2]-
　　6册(①33,②47,③26页)　大32开
　　第1册:民国14.2初版,民国18.6第4版
　　第2册:民国16.10第3版
　　第3册:民国16.6第2版
　　卷端题名:新学制混合算学教科书
　　逐页题名:初级中学算学教科书练习题答案
　　人教(1)　辞书(1)　编译馆(1-3)

3-1811

初中数学辑要
骆公权,宋慕韩,王若敏编辑
　　天津　新民学会　民国24.5[1935.5]
　　116页　图,表　32开
　　辞书

3-1812

算学
陈岳生编
　　上海　商务印书馆　民国24.5[1935.5]
　　2册(350页)　32开　(初中复习丛书)
　　上册:民国24.5初版,民国24.6第2版,民国24.7改订3
　　　　版,民国27改订7版
　　下册:民国24.5初版,民国24.6第2版,民国24.7改订3版
　　人教　华师大(1)　辽宁(2)　庐山(2)　广东中山

3-1813

初中数学复习指导书
陶世洪编
　　上海　新生书局　民国25.2[1936.2]初版,民国37.10第
　　　2版
　　1册(112,97页)　32开　(初中复习指导丛书)
　　升学必读
　　附:各省市初中毕业会考数学试题及详解
　　逐页题名:数学试题及详解
　　人教　辞书　辽宁

3-1814

算学
王德勋编辑
　　上海　光明书局　民国25.4[1936.4]
　　321页　图　32开　(题解中心初中复习丛书　4)
　　国图　辞书

3-1815

算术代数
郭祖鑫编
　　上海　世界书局　民国27.9[1938.9]初版,民国30.12第
　　　4版

　　161页　32开　(初中自修指导丛书)
　　补习、复习及考试升学用
　　版权页题名:初中算术代数自修指导
　　辞书　广西师大

3-1816

初中数学题解(最新编著)
洪涛编著　陈建源校阅
　　上海　春明书店　民国36.9[1947.9]
　　247页　图,表　32开　(中学生复习丛书)
　　辞书

3-1817

数学复习
范际平编著
　　南京　正中书局　民国37.8[1948.8]
　　285页　图　32开　(初中各科复习丛书)
　　人教

＊　＊　＊

3-1818

高中数学辑要:三角 立体几何
关景唐编
　　天津　新民学会　民国24.5[1935.5]
　　78页　图,表　32开
　　辞书

3-1819

高中数学辑要:高等代数 解析几何
关景唐,常蔚生合编
　　天津　新民学会　民国24.5[1935.5]
　　104页　图,表　32开
　　辞书

3-1820

高中复习数学
黄泰编著
　　上海　正中书局　民国28.4[1939.4]
　　433页　图　32开
　　辞书

算　术

课　本

3-1821

算术教科书
(日)藤泽原著　(日)西师意汉译
　　太原　山西大学译书院　清光绪30.9[1904]
　　2册(352,328页)　32开　精装
　　第1-2册:光绪30.9初版
　　人教

3-1822

新译算术教科书
赵缭,余焕东辑译
  湖南 湖南编译社 清光绪 32.11[1906]
  2 册([354]页) 图 32 开
  第 1-2 册：光绪 32.11 改正 2 版
  中学适用
  初版附注：清光绪 31 年 5 月初版
  北师大

3-1823

中等算术教科书[订正本]
陈榥著
  上海 教科书编辑社 清光绪 32.6[1906]
  2 册(183,199 页) 表 32 开 精装
  上册(上卷)：光绪 32.6 订正 5 版,光绪 33.5 订正 7 版
  下册(下卷)：光绪 32.6 订正 5 版,光绪 32 订正 6 版,光绪 33.5 订正 7 版
  初版附注：清光绪 31 年 10 月初版
  北师大 上海 辞书 河南 广西师大 广东中山(2)

3-1824

算术教科书
陈文编辑
  上海 科学会编译部 清光绪 31.11[1905]初版,光绪 32.4 第 2 版,宣统 1 第 8 版,宣统 2.4 第 13 版,民国 1.9 第 17 版,民国 2.1 第 18 版,民国 10 第 30 版,民国 15.10 第 32 版
  386 页 图,表 32 开 精装
  中学适用
  北师大 人教 上海 辞书 天津 河南 广西师大 编译馆

3-1825

最新算术教科书
(日)东野十治郎著 (日)西师意译
  东京 三省堂书局 清光绪 32.9[1906]版
  254 页 大 32 开 精装
  北师大

3-1826

高等珠算教科书
文明书局编辑
  上海 [编者刊] 清光绪 32.10[1906]-
  册 图 32 开
  第 1-3 册(一至三编)：光绪 32.10 初版
  北师大(2-3) 辞书(1)

3-1827

新式中等算术教科书
(日)三轮桓一郎著 谌兴凡译 黄小帆校对
  上海 文盛编译书局 清光绪 33.6[1907]
  2 册(508 页) 图,表 大 32 开
  第 1-2 册：光绪 33.6 初版
  辞书

3-1828

中学算术教科书
徐光连编 黄元吉,寿孝天校订
  上海 商务印书馆 清光绪 33.7[1907]
  300 页 图 大 32 开
  中学堂及师范学堂之教科书程度适用
  北师大

3-1829

中学算术教科书
曾钧编著
  上海 文明书局 清光绪 33.11[1907]
  124 页 图,表 大 32 开 精装
  辞书

3-1830

中等算术教科书
(日)田中矢德编 崔朝庆译
  上海 文明书局 清光绪 34.2[1908]
  2 册([266],[236]页) 图,表 大 32 开
  上下册：光绪 34.2 初版
  北师大 辞书

3-1831

算术之部
(日)桦正董原著 赵缭,易应昆同译
  上海 群益书社 清光绪 34.4[1908]
  2 册(176,117 页) 图 32 开 精装
  上下册(上下卷)：光绪 34.4 第 2 版
  其他题名：算术新教科书
  其他题名：中学校数学教科书算术之部
  北师大 辞书 河南

3-1832

算术新教科书
陆费逵编纂
  上海 文明书局 清光绪 34.4[1908]
  2 册(200,104 页) 图 32 开 精装
  第 1-2 册：光绪 34.4 初版,光绪 34.11 第 2 版
  中学校及师范学校用书
  人教 辞书

3-1833

算术教科书[订正本]
(日)桦正董著 周京翻译
  上海 科学编辑书局 清光绪 34.5[1908]版
  263 页 图 大 32 开
  其他题名：(订正)算术教科书
  北师大 河南

3-1834

女子算术教科书
(日)小林盈,(日)稻垣作太郎著 昭桃三译
  上海 广智书局 清光绪 34.7[1908]
  238 页 32 开 精装
  师范及中学用

北师大　辞书　天津　广东中山

3-1835

算术新教科书
万声扬编
　　汉口　凸版印刷公司　清光绪34.9[1908]
　　385页　图,表　32开　精装
　　中学适用
　　辞书

3-1836

算术
胡嘉诏,廖国仁合编
　　日本　清国留学生会馆　清宣统1.4[1909]-
　　册(①429页)　32开　精装
　　上册(上卷):宣统1.4初版
　　辞书(1)

3-1837

算术
曾钧著
　　上海　中国图书公司　清宣统1.10[1909]
　　206页　大32开
　　算学教科书
　　国图　广东中山

3-1838

中学算术新教科书
(日)藤泽利喜太郎著　赵秉良译述
　　上海　商务印书馆　清宣统3.5[1911]
　　2册(248,230页)　32开　精装
　　第1-2册:宣统3.5初版,民国4第9版
　　清学部审定
　　国图　北师大　人教　辞书　广西师大

3-1839

普通教育算术教科书[改正本]
张修爵编撰
　　上海　普及书局　民国2.3[1913.3]第5版
　　250页　图,表　大32开
　　版权页题名:算术教科书
　　辞书

3-1840

中华中学算术教科书
赵秉良编　陆费逵,姚汉章,戴克敦阅
　　上海　中华书局　民国2.8-10[1913.8-10]
　　2册(168,156页)　图,表　32开
　　上册:民国2.8初版,民国5.4第5版,民国5第6版
　　下册:民国2.10初版,民国4.5第5版,民国5第6版,民国6.4第7版
　　北师大　人教　辞书　河南

3-1841

算术
寿孝天编纂　骆师曾校订
　　上海　商务印书馆　民国2.9[1913.9]初版,民国9第27版,

民国10第29版,民国12.6第31版,民国15.10第32版,民国17.9第33版
191页　图,表　大32开
教育部审定　中学校用
逐页题名:中学校教科书算术
其他题名:共和国教科书算术
国图　北师大　人教　上师大　辞书　天津　河南　辽宁
编译馆

3-1842

算术
徐善祥,秦汾合编
　　上海　商务印书馆　民国2.10[1913.10]
　　2册(194,187页)　图　32开　精装
　　上册(上编):民国2.10初版,民国5第6版,民国7.1第10版,民国14.2第20版,民国16.5第21版,民国21.5国难后2版,民国21.5国难后3版
　　下册(下编):民国2.10初版,民国7.1第10版,民国14.2第20版,民国16第21版,民国21.5国难后2版,民国21.5国难后3版,民国21.5国难后5版
　　教育部审定　中学校、师范学校用
　　其他题名:民国新教科书算术
　　北师大(1)　人教　华师大　天津　广西师大(2)　广东中山
　　编译馆(1)

3-1843

中等算术教科书
黄际遇编纂
　　上海　商务印书馆　民国14.1[1925.1]第9版
　　274页　图　32开
　　教育部审定
　　初版附注:民国4年2月初版
　　北师大

3-1844

新制算术教本
王永炅,胡树楷编　陈榥,王祖训校阅
　　上海　中华书局　民国5.8-6.1[1916.8-1917.1]
　　2册(156,164页)　图,表　32开
　　上册:民国5.8初版,民国10.1第14版,民国10第16版,民国12.6第24版
　　下册:民国6.1初版,民国10.1第11版,民国10.7第13版,民国11第14版,民国11.2第15版
　　教育部审定　中学校、师范学校适用
　　北师大　辞书　河南

3-1845

实用主义中学新算术
陈文著
　　上海　科学会编辑部　民国6[1917]第3版,民国9.9第8版,民国13.7第13版,民国15.11第14版
　　314页　表　32开　精装
　　附:答案1册
　　初版附注:民国5年11月初版

逐页题名:中学新算术

北师大　辞书　河南　编译馆

3-1846

算术

严济慈编

上海　商务印书馆　民国20[1931]第2版

262页　32开

国图

3-1847

算术

刘靖宇编

[沁源]　华北新华书店　民国31.5[1942.5]

2册　32开

中学、师范适用

国图

3-1848

算术

史佐民,魏群编

2册(183,154页)　图,表　32开

中学、师范适用

①冀中　邯郸　华北新华书店　民国37.9[1948.9]-

上册:民国37.9初版

晋察冀边区行政委员会审定

辞书(1)

②天津　天津新华书店　民国37.9[1948.9]-

下册:民国37.9初版,民国38.4第3版

华北人民政府教育部审定

辞书(2)　辽宁(2)

3-1849

陈文中学算术详草

[不详]　均益公司　[1912-1949?]

143叶　32开　线装

中学适用

辞书

* * *

3-1850

算术

吴在渊,胡敦复编　华襄治,张鹏飞校

上海　中华书局　民国11.6[1922.6]版,民国12第5版,民国12.12第8版,民国13.4第9版,民国13.12第11版,民国14.3第12版,民国15.5第20版,民国16.3第25版,民国17第30版,民国18第35版,民国18第37版,民国20.12第44版,民国21.4第45版,民国21.6第47版

282页　图,表　大32开　精装

教育部审定　初级中学用

版权页题名:新中学算术

其他题名:新中学教科书算术

北师大　人教　上师大　辞书　河南　广西师大　广东中山　编译馆

3-1851

算术

严济慈编辑　段育华校订

上海　商务印书馆　民国13.7[1924.7]第5版,民国14第7版,民国15第80版,民国17.9第125版,民国18第190版,民国21.4国难后20版,民国21国难后30版,民国21.11国难后60版

100页　图,表　32开

教育部审定

初版附注:民国12年8月初版

其他题名:现代初中教科书算术

北师大　华师大　辞书　河南　广东中山　编译馆

3-1852

算术

严济慈编　段育华校

上海　商务印书馆　民国24.9[1935.9]-

2册(162,141页)　32开

上册:民国24.10国难后81版,民国26.6国难后91版

下册:民国24.9国难后80版,民国25.8国难后81版

按新课程标准修订

初版附注:民国12年8月初版

其他题名:现代初中教科书算术

国图　北师大　人教　华师大　河南

3-1853

中等算术

王德涵著　靳钟麟校订

北京　四存学校　民国14.6[1925.6]

306页　图　大32开

初级中学课本及参考适用

北师大

3-1854

新中华初级中学算术教本

张鹏飞编　华襄治校

上海　新国民图书社　民国17.11[1928.11]初版,民国18.6第2版

150页　图,表　大32开

初级中学用

逐页题名:新中华初级中学算术教本

其他题名:新中华教科书算术教本

国图　北师大　人教　辞书　广西师大　编译馆

3-1855

开明算术教本

周为群,刘薰宇,章克标,仲光然编著

上海　开明书店　民国18.7[1929.7]-

2册(1-158,159-353页)　32开

上册:民国18.7初版,民国19第5版,民国19.12第6版,民国20.4第7版,民国21.8第9版,民国22.4第11版,民国23修正12版,民国23.7修正13版,民国23.9修正14版

下册：民国18.9第2版，民国20第7版，民国22.2第10版，
民国22.8第11版，民国23.7修正12版
教育部审定　新课程标准适用　修正课程标准适用　初级中
学学生用
初版附注：民国18年7月初版
其他题名：算术
北师大　人教(1)　华师大　上师大　辞书　辽宁　广东
中山

3-1856

初中算术
薛溱舲,龚昂云,杨哲明编著　金通尹,薛光锜校订
上海　世界书局　民国19.1[1930.1]
2册(326页)　图,表　32开
上册：民国19.1初版,民国20.11订正7版,民国21.8订正8
版,民国22.1订正9版
下册：民国19.1初版,民国19.12第6版,民国20.11订正2
版,民国21.9订正8版,民国22.5订正9版
教育部审定　初级中学学生用
其他题名：初级中学教科书初中算术
北师大　人教　华师大(1)　辞书　河南　编译馆

3-1857

算术书
卫淑祎著
北平　华圣公会书室　民国19.6[1930.6]
167叶　32开　线装
初级中学一年级学生用
北师大

3-1858

算术
张轶庸编著　范凤源,熊浚校订
上海　大东书局　民国19.8-20.1[1930.8-1931.1]
2册(188,138页)　图,表　大32开
上册：民国19.8初版,民国20.8第5版,民国21.7第6版,
民国22.8第7版
下册：民国20.1初版,民国22.2第5版,民国22.3第6版
教育部审定　初级中学学生用
封面题名：初中算术教本
其他题名：初级中学教本算术
北师大　人教(1)　华师大　辞书　编译馆

3-1859

新中华语体算术
张鹏飞编　华襄治校
上海　新国民图书社　民国19.8-20.1[1930.8-1931.1]
2册(222,178页)　图,表　大32开
上册：民国19.8初版,民国21.10第2版
下册：民国20.1初版,民国20.2第2版
初级中学用
封面题名：新中华算术(语体)
书脊题名：新中华初中语体算术
北师大　人教　华师大　辞书　编译馆

3-1860

算术
童清高编
上海　商务印书馆　民国19[1930]版
246页　32开
其他题名：新标准初中教科书算术
河南

3-1861

算术
中等算学研究会编辑
南京　南京书店　民国20.4[1931.4]-
2册(427页)　表　32开
第1册：民国21.8第2版,民国22第3版
第2册：民国20.4初版,民国21.8第2版,民国22第3版
其他题名：新学制初中算学教科书
河南　编译馆(2)

3-1862

初级中学北新算术
甘源渰,余介石编　段调元校
上海　北新书局　民国20.8-12[1931.8-12]
2册(375页)　图,表　32开
上册：民国20.8初版,民国21.6第2版,民国21.8第3版,
民国27第13版
下册：民国20.12初版,民国21.8第2版,民国23第4版
封面题名：北新算术
逐页题名：北新初中算学
北师大　人教　辞书　广东中山

3-1863

初中新算术
薛元龙编辑
上海　民智书局　民国21.1[1932.1]
2册(234,148页)　图,表　32开
上下册：民国21.1初版
逐页题名：民智初级中学新算术
华师大　辞书

3-1864

初级中学算术
刘秉哲编辑
北平　著者书店　民国21.7[1932.7]
299页　图,表　32开
北师大　辞书

3-1865

算术
吴在渊编
上海　中国科学图书仪器公司　民国21.8[1932.8]初版,民
国23.1第3版
312页　图,表　32开
其他题名：中国初中教科书算术
人教　辞书　编译馆

3-1866

分科教授新中华算术

陆子芬,孙振宪,石濂水编　余介石校

上海　新国民图书社　民国21.8[1932.8]

319页　图,表　大32开

初级中学用

封面题名:新中华算术

逐页题名:初中算术教科书

人教　辞书　编译馆

3-1867

新算术

王鹤清著

北平　文化学社　民国21.9[1932.9]

238页　图　大32开

初中、师范适用教本

封面题名:初中师范适用教本初中新算术

北师大　河南

3-1868

初中算术教科书

王鹤清等编　傅种孙校订

北平　师大附中算学丛刊社　民国22.4[1933.4]

2册(166,150页)　32开

上册(上卷):民国22.4初版,民国22.6第3版

下册(下卷):民国22.4初版,民国23.12第2版

教育部审定本

附:简易代数

国图　北师大　人教

3-1869

算术

骆师曾编著　段育华校订

上海　重庆　长沙　商务印书馆　民国22.5[1933.5]

2册(119,225页)　图,表　32开

第1册:民国22.5初版,民国22.6第15版,民国22.7第25版,民国22.9第35版,民国22.10第60版,民国23.4第90版,民国23.5第100版

第2册:民国22.5初版,民国22.6第15版,民国22.7第25版,民国22.8第30版,民国22.9第35版,民国22第65版,民国23第80版

教育部审定　按照新课程标准编辑　初级中学用

其他题名:复兴初级中学教科书算术

北师大　人教　华师大　上师大　辞书　河南(2)　编译馆

3-1870

初中算术

陆子芬,孙振宪,石濂水编　余介石校

上海　香港　中华书局　民国22.6[1933.6]

2册(154,146页)　图,表　大32开

上册:民国22.6初版,民国22.6第2版,民国22.6第4版,民国22.6第6版,民国23.6第7版,民国23.6第9版,民国25.5第24版,民国25.5第26版,民国26第33版,民国30香港79版

下册:民国22.6初版,民国22.6第2版,民国22.6第5版,民国23.6第7版,民国23.6第8版,民国23.9第13版,民国25.5第16版,民国26.9香港33版,民国26.10香港37版,民国30香港61版

教育部审定　新课程标准适用

其他题名:新课程标准适用初中算术

北师大　人教　上海　辞书　河南　广东中山　编译馆

3-1871

王氏初中算术

王刚森编著

上海　世界书局　民国22.6[1933.6]-

2册(169,200页)　图,表　32开

上册:民国22.6初版,民国22.8第2版,民国23.7第4版,民国25.6版,民国30.9新5版

下册:民国23.1审定2版,民国30.5新4版

教育部审定　初级中学学生用

逐页题名:初中算术

其他题名:新课程标准世界中学教本王氏初中算术

北师大　人教　华师大(1)　辞书　编译馆　广东中山(1)

3-1872

分类初中算术

郁祖同编辑　李敬斋校订

常州　常州中学　民国22.7[1933.7]

312页　图,表　32开

人教

3-1873

骆氏初中算术

骆师曾编著

上海　世界书局　民国22.7-23[1933.7-1934]

2册(147,193页)　图,表　32开

上册:民国22.7初版,民国22.8第2版,民国22第3版,民国23.4第4版,民国23第5版,民国29.2新4版

下册:民国23初版,民国23.4第3版,民国25.1第6版,民国29.12新5版

教育部审定　初级中学学生用

逐页题名:初中算术

其他题名:新课程标准世界中学教本骆氏初中算术

北师大　人教　上海　华师大(1)　上师大　辞书　河南　广西师大(2)　编译馆

3-1874

陈氏标准算术

陈文著

上海　科学会编译部　民国22.8-11[1933.8-11]

4册(330页)　图,表　32开

第1册:民国22.8初版

第2册:民国22.9初版

第3册:民国22.10初版

第4册:民国22.11初版

分科并教制的初中算学

辞书

3-1875

算术
薛元鹤,戴味青编辑
上海　大东书局　民国22[1933]
2册(230,194页)　大32开
上册:民国22初版,民国24.12版
下册:民国22初版,民国22.11版,民国24.6第3版
教育部审定　新课程标准适用　初级中学校用
其他题名:新生活教科书算术
华师大(2)　辽宁　广东中山

3-1876

初中算术课本
魏怀谦编
北平　信记文化社　民国23.11[1934.11]第2版
270页　图　32开
依据民国22年教育部颁行新课程标准编制
初版附注:民国23年7月初版
北师大

3-1877

实验初中算术
张幼虹编
上海　建国书局　民国30[1941]-
2册(182,149页)　图,表　32开
上册:民国30增订5版,民国30第7版,民国33.8改订10版,民国35.8改订11版
下册:民国30第8版,民国37.1改订12版
修正新课程标准适用
初版附注:民国23年8月初版
逐页题名:初中算术
人教　上师大　辞书(1)　广东中山(1)

3-1878

初中算术
余介石,甘源淹编
上海　青光书局　民国23[1934]第3版
182页　图,表　32开
其他题名:算术
上师大

3-1879

算术
孙宗堃,胡尔康编辑
上海　中学生书局　民国24.1[1935.1]-
2册(213,212页)　图,表　32开
上册:民国24.1初版,民国24.8第2版,民国25.8第12版,民国26.7第16版
下册:民国25.1第5版
逐页题名:初中算术
其他题名:初中标准算学算术
人教(1)　辞书　广西师大(1)

3-1880

初中算术
汪桂荣,余信符编著　任诚校阅
南京　上海　正中书局　民国24.7-12[1935.7-12]
2册(338页)　图,表　32开
上册:民国24.7初版,民国25.7第8版,民国25.8第18版,民国25.10第28版
下册:民国24.12初版,民国25.7第8版,民国25.10第26版,民国26第31版
教育部审定　新课程标准适用
封面题名:初级中学算术
北师大　上海(1)　上师大　辞书　河南(2)　广西师大(2)　广东中山(1)

3-1881

新标准初中算术
杨尔宗编　赵进义校
北平　新亚印书局　民国24.8[1935.8]-
册(①150页)　图　32开
上册:民国24.8初版
北师大(1)

3-1882

初中算术测验
陈岳生编译
上海　商务印书馆　民国25.2[1936.2]初版,民国25第2版
100页　图,表　16开　活页袋装
辞书　广东中山

3-1883

算术教科书
(伪)满洲帝国教育会编著
[长春]　[编者刊]　民国25.3[1936.3]
235页　图　大32开
(伪)文教部审定
版权页题名:初级中学校算术教科书
辞书

3-1884

算术
徐谷生编著
[不详]　艺文书社　民国26.3[1937.3]-
2册(144,128页)　图,表　32开
上册:民国26.3第21版
下册:民国26.3第15版
教育部审定　修正课程标准初级中学学生用
书脊题名:修正课程标准算术
辞书

3-1885

初中新算术
蔡泽安编著　骆师曾校订
上海　世界书局　民国26.6[1937.6]
2册(203,180页)　32开
第1册:民国26.6初版,民国35.5第14版,民国37.7修正2版,民国38.2修正5版
第2册:民国26.6初版,民国38.2修正2版

教育部审定　遵照民国25年教育部新课程标准编辑　修正
课程标准适用　初级中学学生用
北师大　人教

3-1886

初中算术
张伯丞编
北平　北京燕北理科教育研究社　民国26.7[1937.7]
1册　图　32开
新课程标准适用
北师大

3-1887

算术
骆师曾编著　段育华校订
上海　长沙　重庆　连城　商务印书馆　民国26[1937]-
2册(104,193页)　32开
上册：民国26年版,民国27长沙30版,民国27.10长沙45
版,民国31.1第16版,民国35重庆138版,民国36.4第
241版
下册：民国30长沙120版,民国31.7第17版,民国34连城1
版,民国34.10第121版,民国35重庆151版,民国36第
190版,民国36.10第229版
教育部初审核定本
初版附注：民国26年7月初审核定本1版
其他题名：复兴初级中学教科书算术
人教　广东中山　庐山(1)

3-1888

初中新算术
蔡泽安编著
上海　世界书局　民国27.5[1938.5]-
2册(②135页)　大32开
第2册：民国27.5新4版,民国28新7版
初级中学学生用
其他题名：新课程标准世界中学教本初中新算术
广西师大(2)　广东中山(2)

3-1889

开明算术教本
周为群,刘薰宇,章克标,仲光然编著
上海　桂林　开明书店　民国27.5[1938.5]-
2册(149,192页)　32开
上册：民国27.5第2版,民国35.11第9版
下册：民国29桂1版,民国35.11第8版,民国36.2第10版,
民国36.10第11版
教育部审定　修正课程标准适用　初级中学学生用
其他题名：算术
国图　人教　华师大(1)　辽宁　广东中山

3-1890

建国初中算术
余信符,汪桂荣编著　任诚校订
南京　上海　正中书局　民国27.7[1938.7]
2册(343页)　32开
上册：民国27.7初版,民国27南京8版,民国28.4第28版,
民国35审定100版,民国36审定165版
下册：民国27.7初版,民国28.4第28版,民国32.11版
遵照部颁课程标准编著
封面题名：算术
其他题名：建国教科书算术
人教　华师大　广东中山(1)

3-1891

初中算术
(伪)教育部编审会著
北平　[著者刊]　民国27.8[1938.8]
2册(112,110页)　图　32开
第1-2册：民国27.8版
北师大

3-1892

初中算术
(伪)教育总署编审会著
北平　新民印书馆　民国27.8[1938.8]
2册(112,111页)　图,表　32开
上下册：民国27.8版
上海

3-1893

初中算术
毛季敏,顾序东编
上海　大时代书局　民国27[1938]-
册(②197页)　32开
下册：民国27第2版
教育部审定
附：简易代数
其他题名：算术
上师大(2)

3-1894

初中算术
张幼虹编辑　桂叔超校订
上海　建国书局　民国28.1[1939.1]第2版,民国29.1第3
版,民国29.9第4版
334页　32开
遵照部颁新课程标准编辑
初版附注：民国27年初版
人教　上师大　广西师大

3-1895

新编初中算术
魏怀谦编　陶鸿翔校
广州　中华书局　民国28.2[1939.2]
268页　图,表　大32开
修正课程标准适用
辞书

3-1896

初中算术教本
刘薰宇,孙瀚,张志渊合编

上海 开明书店 民国28.7[1939.7]
2册(179,160页) 图,表 32开
上册:民国28.7初版,民国36.3第7版,民国36第9版,民国37.4第10版,民国37.5第11版,民国38.8第16版
下册:民国28.7初版,民国35.12第6版,民国37.10第9版
教育部核定 修正课程标准适用
北师大 人教(1) 辞书 辽宁 广东中山

3-1897

初中算术[修正本]
(伪)教育总署编审会著
北平 [著者刊] 民国29.6[1940.6]版
222页 图,表 32开
初版附注:民国28年8月初版
国图 北师大 辞书

3-1898

初中算术
(伪)教育部编审委员会编纂
2册(165,160页) 图,表 32开
初版附注:民国29年8月-30年2月初版
其他题名:国定教科书初中算术
①上海 新亚印书馆 民国31.1[1942.1]-
上册:民国31.1第2版
下册:民国32.1第5版
人教
②上海 中国联合出版社 民国32.1[1943.1]-
上册:民国32.7第5版,民国33第7版
下册:民国32.1第4版,民国32第6版
上师大 辞书

3-1899

新编初中算术
魏怀谦编 陶鸿翔校
昆明 上海 中华书局 民国30.4[1941.4]
2册(142,126页) 图,表 大32开
上册:民国30.4初版,民国30第6版,民国30.8第16版,民国30第17版,民国35.8第8版,民国36.4第25版,民国37.8第29版
下册:民国30.4初版,民国35第18版,民国35.8第26版,民国36.11第21版,民国36第22版,民国37.8第24版,民国37.8第25版
修正课程标准适用
北师大 人教 辞书 广东中山

3-1900

初中算术
陈文编辑
上海 中国科学图书仪器公司 民国30.6[1941.6]-
2册(185,234页) 图,表 32开
上册:民国32.8第2版,民国35.6版
下册:民国30.6初版
教育部审定
华师大(1) 上海(1) 辞书

3-1901

初中算术
陆子芬,孙振宪编 余介石校
重庆 上海 中华书局 民国33.3-6[1944.3-6]
2册(154,140页) 图,表 32开
上册:民国33.3渝初版,民国35.1沪初版,民国36沪6版,民国36第7版,民国37.8第13版,民国37第14版
下册:民国33.6渝初版,民国35.1沪初版,民国35.8第2版,民国36.2第4版,民国36沪6版
教育部审定 审订核定本 最新课程标准适用
北师大 人教 辞书 河南(1) 广东中山

3-1902

初级中学算术
汪桂荣,余信符编著
重庆 上海 正中书局 民国33.8[1944.8]
2册(146,180页) 图,表 32开
上册:民国33.8初版,民国34.10沪复1版,民国37.4沪11版,民国38.1沪14版,民国35第165版
下册:民国33.8初版,民国34.10沪复1版,民国35第109版,民国38.1沪10版
遵照民国30年修正课程标准编著 第一学年第一学期～第二学期用
逐页题名:新中国初中算术
其他题名:新中国教科书初级中学算术
国图(1) 人教 上师大 辞书 辽宁(1)

3-1903

开明新编初中算术教本
夏承法,叶至善编著
上海 开明书店 民国35.8-12[1946.8-12]
2册(176,137页) 图,表 32开
上册:民国35.8初版,民国36.7第3版,民国37.4第4版,1949.10第9版
下册:民国35.12初版,民国36.9第2版,民国37.10第4版
教育部审定 新课程标准适用 最新课程标准适用
附:中西名词对照表
逐页题名:初中算术教本
北师大 人教 华师大(1) 辞书 辽宁(2) 广东中山(2)

3-1904

新修正标准初中算术
薛元鹤,戴味青编著
上海 大东书局 民国35[1946]-
2册(230,136页) 32开
上册:民国35初版,民国36.1第12版
下册:民国35.12第10版
人教

3-1905

初中算术
甘源淹,余介石编 段调元校
上海 北新书局 民国35[1946]-
2册(①188页) 表 32开

上册：民国35年版
教育部审定 根据修正课程标准新编
辞书(1)

3-1906

初中算术
[出版者不详] 民国36.7[1947.7]
2册(172,152页) 表 32开
第1-2册：民国36.7初版
其他题名：中学临时教材初中算术
辽宁

3-1907

算术[修订本]
余介石重编 朱公谨校订
上海 商务印书馆 民国37.7[1948.7]
2册(296页) 32开
上下册：民国37.7修订1版
依照教育部修正课程标准编辑
其他题名：复兴初级中学教科书算术
人教 广东中山

3-1908

初级中学算术
国立编译馆主编 蔡德注编辑 黄守中校阅
2册(209页) 图,表 32开
①上海 商务印书馆 民国37.8[1948.8]
上下册：民国37.8初版
人教
②南京 正中书局 民国37.8[1948.8]
上下册：民国37.8沪初版
人教
③上海 世界书局 民国37.9[1948.9]
上下册：民国37.9初版
人教

3-1909

初中算术
中等数学研究会主编 余介石等编 何鲁校订
上海 中国科学图书仪器公司 民国37.9-38.2[1948.9-1949.2]
2册(118,230页) 图,表 32开
上册：民国37.9初版
下册：民国38.2初版
其他题名：中国科学教科书初中算术
北师大 人教 上海

3-1910

易进初中算术
郁祖同编辑
上海 易进出版社 民国37[1948]
2册(252页) 图,表 32开
上下册：民国37年版
其他题名：初中算术
人教

3-1911

算术
丁江,颜泗南,徐宣,朱德让编著
东北行政委员会教育部规定
其他题名：初中临时教材算术
其他题名：实用算术
①[东北] 东北书店 民国38.5[1949.5]
181页 图 32开
辞书 辽宁
②上海 华东新华书店 民国38.8[1949.8]第2版
202页 32开
人教 上海

教学参考书

3-1912

算术条目教授法
(日)藤泽利喜太郎著 赵秉良译述
上海 南洋官书局 清光绪34.1[1908]
212页 32开 线装
人教

* * *

3-1913

初中算术指导书
王为俊编辑 王刚森校订
上海 世界书局 民国20.10-21.5[1931.10-1932.5]
2册(178,252页) 图,表 大32开
上册：民国20.10初版
下册：民国21.5初版
初级中学教员及学生用
华师大(2) 辞书 河南 编译馆

3-1914

算术教员准备书
陈岳生编
上海 商务印书馆 民国23.3[1934.3]初版,民国23.9第3版,民国24.4第5版,民国29.3第7版
259页 [32开]
附：测验题,补充题
其他题名：复兴初级中学教科书算术教员准备书
国图 人教

3-1915

王氏初中算术指导书
王为恒编 王刚森校
上海 世界书局 民国23.6[1934.6]
98页 表 32开
附：习题解答
其他题名：初中算术指导书

国图　辞书

3-1916
骆氏初中算术指导书
骆师曾编著
　　上海　世界书局　民国23.9-24.1[1934.9-1935.1]
　　2册(114,158页)　图,表　32开
　　上册：民国23.9初版
　　下册：民国24.1初版
　　按照教育部审定本编辑
　　其他题名：新课程标准世界中学教本骆氏初中算术指导书
　　国图　辞书

3-1917
算术
朱凤豪,余元希编著
　　上海　商务印书馆　民国38.1[1949.1]-
　　2册(①148页)　32开
　　上册：民国38.1初版
　　其他题名：复兴初中教学辅导书算术
　　人教(1)

教学辅导书

3-1918
义乌陈氏中等算术问题解
张毅著
　　上海　群益书社　清宣统2[1910]
　　2册(210,242页)　32开　精装
　　上下册：宣统2订正7版
　　卷端题名：陈榥氏算术教科书问题正解
　　逐页题名：算术教科书问题正解
　　河南

3-1919
中等算术难问一千题详解
杨衍著　丁福保校阅
　　上海　科学书局　民国1[1912]-
　　　册(⑤398页)　图,表　32开　线装
　　第5册：民国1年版
　　人教(5)

3-1920
算术之部问题详解
李光斑演草
　　上海　群益书社　民国3[1914]初版,民国12.6第2版
　　234页　32开　精装
　　其他题名：中学校数学教科书算术之部问题详解
　　河南　编译馆

3-1921
算术问题详解
崔朝庆编　寿孝天,刘远尘校订
　　上海　商务印书馆　民国8.9[1919.9]初版,民国9.9第2版,民国11第4版,民国20第8版,民国22.6国难后1版
　　420页　32开
　　其他题名：民国新教科书算术问题详解
　　人教　上师大　广西师大　广东中山

3-1922
投考中等学校算题标准附解法
徐宗恺,徐宗士编辑　吴和士校阅
　　上海　中华书局　民国13.12[1924.12]
　　72页　32开
　　辞书

3-1923
算术问题解法指导
匡文涛编
　　上海　中华书局　民国14.2[1925.2]初版,民国第9版,民国24.4第13版
　　172页　表　32开
　　升学预备
　　人教　辞书

3-1924
暗射中学算术题解
刘远尘著
　　上海　商务印书馆　民国20[1931]-
　　　册　小32开
　　上册：民国20第7版
　　广东中山(1)

3-1925
算术习题答案
徐善祥,秦汾编纂
　　上海　商务印书馆　民国21.5[1932.5]国难后1版
　　50页　32开
　　其他题名：民国新教科书算术习题答案
　　编译馆

3-1926
珠算捷诀
王守存编辑
　　上海　世界书局　民国21.6[1932.6]版
　　110页　图　大32开　线装
　　教科自修
　　编译馆

3-1927
算术问题解法指导
刘开达编著　庄子信,余介石,韩宝鉴校阅
　　上海　南京书店　民国22.9[1933.9]-
　　2册(266,548页)　图　32开　(中学各科复习指导丛书)
　　上册：民国22年版
　　下册：民国22.9初版
　　华师大(1)　辞书(2)

3-1928
最新实用算术八百题解
仇毅编辑

上海　晓星书店　民国23.5[1934.5]订正4版
252页　32开　精装
辞书

3-1929
最新算术四百难题详解
仇毅编辑
上海　晓星书店　民国23.9[1934.9]
214页　32开　精装
辞书

3-1930
算术复习课本
王在德,王绍颜[编校]
北平　华北科学社　民国24.8[1935.8]
84页　32开
国图　天津

3-1931
中学算术题解
李牖民著　曹达中编纂
武昌　湖北省立武昌初级中学校　民国24[1935]版
41页　32开
广东中山

3-1932
算术问题解法举隅[改正本]
成伴儒著
上海　中华书局　民国25.8[1936.8]第2版
100页　图,表　大32开　精装
逐页题名：算术解法举隅
辞书

3-1933
算术解题方法篇
丁景堪著
广州　天成印务局　民国25[1936]订正2版
100页　32开
广东中山

3-1934
算术表解
陈朔南编著
山东　南华书店　民国26.1[1937.1]
217页　表　64开　(各科表解丛书之五)
辞书

3-1935
算术基本问题详解
(日)松冈文太郎原著　楼谔民编译
长沙　商务印书馆　民国27.2[1938.2]
2册(513页)　图,表　32开
上册：民国27.2第2版
下册：民国27.2第2版,1950第5版
初版附注：民国26年5月初版
上师大(1)　辞书

3-1936
算术
骆师曾,匡文涛编
上海　商务印书馆　民国26[1937]初版,民国35.8第9版,民国35第12版
128页　10 cm　(中学各科要览)
辽宁　广东中山

3-1937
按题详解普通算术参考书
金国录编
哈尔滨　大东书局　民国28.10[1939.10]第2版
402页　32开
初版附注：民国26年初版
辽宁

3-1938
战时算术指南
黄炽甫编著
万县　一星书店　民国28[1939]
66页　32开
广东中山

3-1939
算术解答
马志潭编
奉天　胡魁章书局　民国28[1939]-
　册(①78页)　32开
第1册(上卷)：民国28年版,民国29.1第3版
教师教学参考、学生自习对照适用
初版附注：民国28年初版
辽宁(1)

3-1940
算术难题五百解
管泗孙编著　陈冠英校阅
上海　春明书店　民国30[1941]第2版
274页　32开
广东中山

3-1941
算术两用全书
刘树人著
奉天　新民书店　民国32.6[1943.6]-
　册(下92页)　图,表　32开
下册：民国32.6初版
国民优级学校用　满语算术书解答
辽宁(下)

3-1942
算术一千题详解：升学投考必备
俞树德编著
上海　光明书局　民国37.1[1948.1]
298页　图　32开
中学自修适用
辞书

* * *

3-1943

算术教科书习题详解
张鹏飞,范作乘,华襄治编纂及校阅
  上海　中华书局　民国11.9[1922.9]初版,民国13.12第3
   版,民国17第8版,民国19.11第12版,民国20.7第13
   版,民国20.12第14版,民国21.7第15版
  181页　大32开　精装
  初级中学用
  逐页题名:新中学算术教科书习题详解
  其他题名:新中学教科书算术习题详解
  人教　辞书　河南

3-1944

算术新编
甘源淹编辑　严子嘉,顾汉澄校订
  上海　中华书局　民国15.2[1926.2]-
  2册(①136页)　图,表　大32开
  上册:民国15.2初版
  初中教本　自修参考适用
  人教(1)　辞书(1)

3-1945

算术习题解答
余介石,陈伯琴编　董涤尘校
  上海　商务印书馆　民国15.10[1926.10]初版,民国15第4版,
   民国19第7版,民国22.2国难后2版,民国22国难后3版
  241页　图,表　32开
  其他题名:现代初中教科书算术习题解答
  人教　上师大　辞书　广东中山　编译馆

3-1946

新编初中算术习题解答
张鹏飞编
  上海　中华书局　民国23.8[1934.8]
  2册(107页)　32开
  上下册:民国23.8初版
  修正课程标准适用
  人教

3-1947

初中算术习题解答
黄国维,束世杰编　余介石,胡溪荪校
  上海　中华书局　民国23.8-9[1934.8-9]
  2册(53,50页)　图　32开
  上册:民国23.8初版,民国24.8第2版
  下册:民国23.9初版,民国24.11第2版
  新课程标准适用
  人教　辞书　广东中山(2)

3-1948

初中算术复习指导
钱洪翔编
  上海　现代教育研究社　民国24.3[1935.3]第2版
  415页　42开
  国图

3-1949

初中算术练习用书
鲁淑音,李定文编
  南京　中等算术研究会　民国24.8-25.2[1935.8-1936.2]
  2册([230],[220]页)　16开
  上册:民国24.8初版
  下册:民国25.2初版
  其他题名:算术练习用书
  人教

3-1950

算术习题解答
余介石,陈伯琴原编　陈岳生改编
  上海　商务印书馆　民国24[1935]订正初版,民国25.12国
   难后4版
  258页　32开
  其他题名:现代初中教科书算术习题解答
  国图　人教

3-1951

算术
骆师曾编
  上海　世界书局　民国26.6[1937.6]第2版
  75页　32开
  初中补习考试适用
  人教

3-1952

新编初中算术习题解答
张鹏飞编　陶履福校
  昆明　中华书局　民国28.11-12[1939.11-12]
  2册(128,110页)　图,表　32开
  上册:民国28.12初版
  下册:民国28.11初版
  修正课程标准适用
  辞书

3-1953

算术问题解法研究
高季可编
  上海　中华书局　民国30.1[1941.1]第5版
  360页　图,表　32开　精装　(初中学生文库)
  编译馆

3-1954

算术
许蒳舫编著　秦沅校订
  昆明　中华书局　民国30.1[1941.1]
  282页　图,表　32开
  初中数学补习用书
  其他题名:初中数学补习用书算术
  国图　辞书

3－1955

初级中学算术习题答案
　　南京　正中书局　民国35[1946]
　　39页　32开
　　其他题名：新中国教科书初级中学算术习题答案
　　人教

3－1956

初中算术指南
　　杨锐编著
　　上海　春明书店　民国36.5[1947.5]初版,民国36.10 第2版
　　138页　36开　(中学生复习丛书)
　　其他题名：最新编著初中算术指南
　　人教

3－1957

初中算术表解
　　陈朔南编著　王士南校阅
　　上海　春明书店　民国36.10[1947.10]
　　217页　表　64开　(中学生复习丛书)
　　卷端题名：算术表解
　　国图　辞书

3－1958

算术
　　许莼舫编著　秦沅校订
　　上海　中华书局　民国36.12[1947.12]初版,民国38.4 第2版
　　282页　图,表　32开　(中华文库　初中第1集)
　　其他题名：数学补习用书：算术
　　辞书　辽宁

3－1959

算术难题详解
　　俞梓园编
　　上海　平津书店　民国37.4[1948.4]
　　247页　图,表　32开
　　初中升学复习必备
　　辞书　辽宁

3－1960

算术习题详解
　　陈元亨著　王震保校
　　上海　九州书局　[1912-1949?]
　　2册(192,153页)　32开
　　上下册：版次不详
　　广东中山

代　数

课　本

3－1961

译学馆初等代数学讲义
　　丁福保撰
　　上海　科学书局　清光绪30.5[1904]初版,光绪31.5 版
　　34叶　16开　线装
　　北师大　上海

3－1962

最新代数学教科书
　　中东书社编译部编辑
　　武昌　[编者刊]　清光绪30.7[1904]初版,光绪33.3 第3版
　　319页　大32开　精装
　　清学部审定　中学程度用书
　　逐页题名：代数学教科书
　　国图　北师大　辞书

3－1963

代数学
　　(美)William J. Milne 著　谢洪赉原译
　　上海　商务印书馆　清光绪30.12[1905]
　　2册(352,424页)　大32开　精装
　　上册：光绪30.12 初版,光绪31.10 第3版,光绪34.5 第7版
　　下册：光绪30.12 初版,光绪31.10 第3版,光绪32年版,光绪34.5 第7版
　　版权页题名：最新中学代数学
　　其他题名：最新中学教科书代数学
　　国图(2)　北师大　华师大　人教　辞书　天津　河南(1)

3－1964

代数学教科书[改订本]
　　(日)桦正董著　陈尔锡等译述
　　东京　清国留学生会馆　清光绪31.4[1905]-
　　2册(①180页)　32开
　　上册(上卷)：光绪31.4 改订版
　　北师大(1)

3－1965

初等代数学讲义
　　丁福保著
　　上海　文明书局　清光绪31.5[1905]
　　1册(136,58页)　大32开
　　学务大臣鉴定
　　北师大　辞书

3－1966

最新中学代数学教科书
　　(日)桦正董原著　周藩编辑　丁福保,唐宝镐校阅
　　上海　科学书局　清光绪33.4[1907]第3版,民国2.2 第7版
　　355页　大32开　精装
　　初版附注：清光绪31年5月初版
　　版权页题名：代数学教科书
　　书脊题名：周藩译代数学教科书
　　北师大　辞书

3－1967

初等代数学[订正本]

(英)Charles Smith[查尔斯·史密斯]原著　陈榥译
　　日本　教科书译辑社　清光绪32.9[1906]订正3版,光绪
　　　　34.3订正5版
　　462页　32开　精装
　　初版附注:清光绪31年6月初版
　　北师大　辞书

3-1968
初等代数教科书
(日)长泽龟之助著　(日)松坪叔子译述
　　长沙　湖南作民译社　清光绪32.1[1906]版
　　156页　32开
　　北师大

3-1969
代数学教科书
(日)长泽龟之助著　言涣彰编译
　　上海　群益书社　清光绪32.2[1906]初版,宣统1第2版
　　321页　32开
　　中学适用
　　国图　北师大　人教

3-1970
(改订)查理斯密小代数学
(英)查理·斯密(C.Smith)原著　陈文译述
　　上海　科学会编译部　清光绪33[1907]第6版,民国21.8国
　　　　难后2版
　　600页　32开　精装
　　初版附注:清光绪32年3月初版
　　其他题名:查理斯密小代数学
　　国图　辞书

3-1971
新代数学
周道章编译
　　上海　普及书局　清光绪32.4[1906]
　　2册　32开
　　第1-2册:光绪32.4初版
　　清学部审定　中学校用
　　北师大

3-1972
查理斯密小代数学
陈文编注
　　上海　科学会编译部　清光绪32.7[1906]初版,民国24国难
　　　　后7版
　　600页　32开　精装
　　封面题名:查理斯密小代数学教科书
　　人教　广东中山

3-1973
代数学讲义
(日)奥平浪太郎原著　施普译
　　东京　同文印刷舍　清光绪32.7[1906]
　　271页　大32开
　　人教　辞书

3-1974
最新代数教科书
(日)泽田吾一著　张务本,赵宪曾合译
　　河北　译书社　清光绪32.10[1906]
　　2册(191,182页)　32开
　　上下册(上下卷):光绪32.10初版
　　卷端题名:代数学教科书
　　北师大　辞书(2)

3-1975
中学代数学教科书
商务印书馆编译所编辑
　　上海　商务印书馆　清光绪32.10[1906]
　　2册(218,150页)　大32开
　　第1-2册:光绪32.10初版
　　北师大　天津

3-1976
普通教育代数教科书
顾澄著　周道章校阅
　　上海　科学书局　清光绪32.12[1907]版
　　326页　大32开
　　京师大学堂译学馆算学教习用
　　北师大

3-1977
初等代数学
(日)田中矢德著　崔朝庆辑译
　　上海　商务印书馆　清光绪33.4[1907]初版,光绪33.10第2
　　　　版,民国3.4第4版
　　303页　图　大32开　精装
　　封面题名:初等代数学教科书
　　卷端题名:代数学
　　人教　天津　编译馆

3-1978
代数学教科书
(日)立花赖重讲述　宏文学院编辑　(日)金太仁作译
　　东京　东亚公司　清光绪33.7[1907]
　　143页　大32开
　　北师大

3-1979
代数学教科书
(日)西师意译述
　　上海　山西大学堂译书院　清光绪33[1907]
　　2册　32开
　　上下册:光绪33年版
　　国图

3-1980
中学校数学教科书代数之部
(日)桦正董原著　赵缭,易应昆译
　　上海　群益书社　清光绪34.1[1908]
　　2册　图,表　32开　精装
　　第1-2册:光绪34.1初版,光绪34.8第3版,民国11年版

其他题名：代数学新教科书
北师大　辞书　河南

3-1981

查理斯密初等代数学
(英)查理斯密原著　王家菼译述　寿孝天校订
　　　上海　商务印书馆　民国8.9[1919.9]第12版,民国8第18版
　　　395页　32开
　　　教育部审定
　　　初版附注：清光绪34年9月初版
　　　北师大

3-1982

普通教育代数学教科书
陈福咸编译　胡虞宾校勘
　　　上海　普及书局　清光绪34.10[1908]
　　　304页　大32开
　　　中学程度用
　　　北师大

3-1983

小代数学
蒯寿枢编　王家菼,吴瑞缨校订
　　　上海　商务印书馆　清光绪34[1908]第2版,民国2.4第7版,民国6订正11版,民国14订正14版
　　　228页　32开　精装
　　　初版附注：清光绪34年12月初版
　　　其他题名：中学堂教科书小代数学
　　　其他题名：中学教科书小代数学
　　　北师大　上师大　天津

3-1984

代数学新教科书
王家菼编纂　寿孝天校订
　　　上海　商务印书馆　清宣统1.3[1909]
　　　2册(234,201页)　32开
　　　第1册：宣统1.3初版
　　　第2册：宣统1.3初版,宣统3.1第2版
　　　国图　北师大

3-1985

盖氏对数表(附用法)
(德)盖氏(F.G. Gauss)著　(日)宫本藤吉原译　杜亚泉,寿孝天重译
　　　上海　商务印书馆　清宣统1.4[1909]初版,民国6.4第11版,民国13.7版,民国19.3第26版,民国24.3版
　　　100页　表　大32开
　　　教育部审定
　　　人教　庐山

3-1986

中学代数学教科书
陈元鼎编辑　黄元吉校
　　　上海　商务印书馆　清宣统1[1909]-
　　　2册(215,148页)　32开　精装
　　　第1册(上卷)：宣统1年版,民国2.4第7版,民国2第8版,民国4.5第10版,民国9第15版
　　　第2册(下卷)：民国2.4第7版,民国6.2第10版,民国11第16版
　　　教育部审定
　　　初版附注：清宣统元年4月初版
　　　北师大　庐山(1)　广西师大　广东中山

3-1987

新撰代数学教科书
溥时饶编纂
　　　[出版者不详]　清宣统1.8[1909]-
　　　册(①146页)　32开
　　　上册：宣统1.8初版
　　　中学校、师范学校及同程度用
　　　北师大(1)

3-1988

普通教育代数教科书
顾澄编纂　寿孝天,骆师曾校订
　　　上海　商务印书馆　民国2.11[1913.11]第3版
　　　408页　图　32开
　　　初版附注：民国元年5月初版
　　　北师大

3-1989

中华中学代数教科书
赵秉良编　戴克敦,姚汉章,陆费逵阅
　　　上海　中华书局　民国2.1-9[1913.1-9]
　　　2册(94,107页)　32开
　　　上册：民国2.1初版,民国2.10第3版,民国4.10第4版
　　　下册：民国2.9初版,民国5第3版
　　　封面题名：中学代数教科书
　　　人教　辞书　河南

3-1990

代数学教科书
孙祝耆编纂
　　　上海　中华书局　民国2.5[1913.5]初版,民国3.8第2版,民国10.10第9版
　　　440页　32开
　　　中学校、师范学校适用
　　　卷端题名：师范学校中学校代数学教科书
　　　北师大　辞书

3-1991

中学代数学教科书
张景良编
　　　上海　中国图书公司　民国2.5[1913.5]
　　　2册(204,194页)　大32开
　　　第1-2册：民国2.5初版
　　　北师大　人教

3-1992

代数学
骆师曾编纂　寿孝天校订

上海　商务印书馆　民国2.9-11[1913.9-11]

2册(136,138页)　大32开

第1册(上卷)：民国2.9初版,民国5.4第7版,民国13.5第27版,民国14第28版,民国17.9第30版

第2册(下卷)：民国2.11初版,民国4.9第5版,民国12.1第16版,民国17第30版,民国20.9版

教育部审定　中学校用

逐页题名：共和国教科书中学代数学

其他题名：中学校教科书代数学

北师大　人教　辞书　河南　广东中山　编译馆

3-1993

女子代数教科书

(日)小林盈,(日)稻垣作太郎著　黄邦柱译

上海　群益社　民国3.1[1914.1]

65页　大32开

北师大　河南

3-1994

代数学

秦沅,秦汾编

上海　商务印书馆　民国3.10[1914.10]初版,民国5.5第3版,民国9.12第14版,民国10第16版,民国13.12第19版,民国16.2第21版,民国18.8第24版,民国18.12第27版,民国21.10国难后8版,民国23.8国难后10版

[295]页　大32开　精装

教育部审定　中学校、师范学校用

附：中西名词索引

其他题名：民国新教科书代数学

北师大　人教　华师大　辞书　河南　广西师大　广东中山

3-1995

新制代数学教本

王永炅,胡树楷编　陈榥,王祖训校阅

上海　中华书局　民国5.7-6.1[1916.7-1917.1]

2册(228,193页)　32开

上册：民国5.7初版,民国6.1第2版,民国8.1第6版,民国8第7版,民国9.2第9版,民国9.7第10版,民国10.1第11版,民国11.7第14版

下册：民国6.1初版,民国7.1第2版,民国7.8第3版,民国8.2第5版,民国8第6版,民国9.2第7版,民国10.10第9版

教育部审定　中学校、师范学校适用

附：中西译名对照表

封面题名：代数学教本

北师大　人教　辞书　河南

3-1996

普通代数学

(英)戈弗雷,(英)西登斯原著　(英)沃勒编译

上海　商务印书馆　民国6[1917]-

2册(239,262页)　图　大32开

第1册(上卷)：民国6初版,民国9年版

第2册(下卷)：民国9年版,民国11年版

北师大　广东中山(1)

3-1997

代数学教科书

陈文著

上海　科学会编译部　民国8.8[1919.8]第2版,民国10.12第4版

333页　图,表　32开　精装

中学校用

逐页题名：实用主义代数学教科书

北师大　辞书　编译馆

3-1998

何鲁陶三氏代数学

唐梗献,贺延年译述　寿孝天,刘远尘校订

上海　商务印书馆　民国9.1[1920.1]-

2册(371,304页)　大32开

上册：民国9.1初版,民国14.2第6版,民国15.8第7版,民国22.3国难后1版

下册：民国22.3国难后1版

封面题名：汉译何鲁陶三氏代数学

人教　辞书(1)　广西师大(1)

3-1999

近世初等代数学

吴在渊编著　胡敦复,胡明复校订

上海　商务印书馆　民国12[1923]第2版

754页　图　32开　精装　(大同学院丛书之一)

初版附注：民国11年9月初版

其他题名：初等代数学

北师大

3-2000

代数学

马文元著　秦汾校订

北平　益彰学社　民国17.8[1928.8]初版,民国21.4第3版

392页　图　32开

其他题名：新中学教科书代数学

北师大　人教

3-2001

代数学

马文元著　秦汾,吴宝谦校订

北平　戊辰学会　民国21.4[1932.4]第3版,民国24第6版

312页　图　32开

初版附注：民国17年8月初版

其他题名：新中学教科书代数学

国图　北师大

3-2002

代数初步

童介鸥编辑

上海　南洋模范中小学　民国18[1929]版

132页　图,表　32开

附：代数应用名词中西对照

上师大

3-2003
韩氏对数表
段育华编辑
上海 商务印书馆 民国20.5[1931.5]
21页 表 大32开
编译馆

3-2004
算术代数学(教授稿本)
[出版者不详] [1938-1940?]
2册(73,74页) 图 32开
第1-2册:版次不详
(伪)国民政府教育部编审委员会审查暂准为临时补充教本
辞书

3-2005
易进代数
郁祖同编辑
上海 华丰印刷铸字所 民国33.6[1944.6]-
2册(202,260页) 32开
第1-2册:民国33.6-35.6版
人教

3-2006
初等代数教科书[增订本]
王季梅编纂 李传书校订
上海 新中国联合出版社 民国37.8[1948.8]
2册(169,200页) 32开
上下册:民国37.8增订新1版
人教 辞书

3-2007
中学代数学讲义
[出版者不详] [1912-1949?]
1册 [32开] 线装
存第七至十章
上海

* * *

3-2008
代数学
秦汾编 张鹏飞参订 华襄治校
上海 中华书局 民国12.1[1923.1]初版,民国12.5第3版,民国12.12第4版,民国13.7第6版,民国13.12第7版,民国14.5第9版,民国14.9第11版,民国15.5第14版,民国18.5第21版,民国19.7第25版,民国20.6第27版,民国20.9第28版,民国21.3第30版,民国21.5第31版,民国22.9第33版
151页 图,表 大32开 精装
教育部审定 初级中学用
封面题名:代数
其他题名:新中学教科书代数学
北师大 人教 上海 华师大 辞书 广西师大 广东中山 编译馆

3-2009
代数学
吴在渊编辑 胡敦复,胡明复校订
上海 商务印书馆 民国12.7-13.1[1923.7-1924.1]
2册(211,202页) 图,表 32开
上册:民国12.7初版,民国12.8第2版,民国12.11第4版,民国13第5版,民国17.7第66版,民国18.3第81版,民国21.4国难后1版,民国21.5国难后5版,民国21.6国难后10版,民国21.11国难后28版,民国24.7国难后订正50版
下册:民国13.1初版,民国13.6第2版,民国17.1第37版,民国17第47版,民国21.3国难后1版,民国22.5国难后28版,民国24.7国难后订正39版
其他题名:现代初中教科书代数学
国图 北师大 人教 华师大 上师大 辞书 河南(1) 庐山(1) 广西师大(1) 广东中山 编译馆

3-2010
初学代数学
华桂馨原编 胡敦复辑订 吴在渊,胡明复校阅
上海 商务印书馆 民国13.1[1924.1]初版,民国18第8版,民国21.5国难后3版,民国21国难后5版
335页 大32开 精装
初级中学适用
河南 庐山 广西师大 广东中山

3-2011
新编初中代数
赵型,刘曾佑编著 张怀义等校阅
上海 南洋模范中学 民国16.5-28.5[1927.5-1939.5]
2册(226,229页) 32开
上册:民国16.5初版,民国29.6第2版,1950第7版
下册:民国28.5初版,民国35第5版,民国38.2第7版
封面题名:新编初中代数学
人教 上海(1) 上师大

3-2012
新中华代数教本
张鹏飞编 华襄治校
上海 新国民图书社 民国18.4[1929.4]
2册(118,78页) 表 大32开
上册:民国18.4初版,民国21.7第3版,民国21.8第4版
下册:民国18.4初版,民国21.7第3版
初级中学用
其他题名:新中华教科书代数教本
国图 北师大 人教 华师大(1) 辞书 辽宁(2) 编译馆(2)

3-2013
代数
周为群,刘薰宇,章克标,仲光然编著
上海 开明书店 民国18.7[1929.7]
2册(377页) 表 32开

上册:民国 18.7 初版,民国 19.8 第 3 版,民国 21.4 第 7 版,民国 21.5 第 8 版,民国 22.6 第 11 版,民国 23.7 修订 14 版

下册:民国 18.7 初版,民国 19.8 第 3 版,民国 20.7 第 5 版,民国 22.6 第 8 版,民国 23.8 修订 11 版,民国 25 修正 15 版

教育部审定　初级中学学生用

其他题名:开明算学教本代数

北师大　人教　华师大　辞书　天津(2)　广西师大　广东中山(2)

3-2014

开明代数教本

刘薰宇编

上海　香港　开明书店　民国 34.11[1945.11]-

2 册(202,221 页)　32 开

上册:民国 37.5 修订 13 版,民国 38 修正港 1 版

下册:民国 34.11 第 7 版,民国 37.10 第 12 版

教育部审定　初级中学用

附:译名对照表

初版附注:民国 18 年 7 月初版

人教　广东中山

3-2015

代数因子分解教科书

顾澄编

北平　京师译学馆　民国 18.11[1929.11]

84 页　大 32 开

初级中学适用

北师大

3-2016

初中代数

薛溱龄编辑　龚昂云,金通尹,杨哲明校订

上海　世界书局　民国 19.4[1930.4]-

2 册(244,271 页)　表　32 开

上册:民国 21.6 订正 7 版,民国 21.8 订正 8 版

下册:民国 19.4 初版,民国 19.5 第 2 版,民国 20.10 订正 4 版,民国 21.12 修正 6 版

教育部审定　初级中学学生用

初版附注:民国 19 年 1-4 月初版

其他题名:初级中学教科书初中代数

北师大　上师大　辞书　河南　编译馆

3-2017

世界初中代数学

励乃骥,徐骥,应怀新编辑　王鎏,吴菊辰校订

上海　世界书局　民国 20.4[1931.4]

2 册　32 开

第 1 册:民国 20.4 初版,民国 20.7 第 2 版,民国 21.8 订正 3 版

第 2 册:民国 20.4 初版,民国 20.7 第 2 版

教育部审定　初级中学学生用

国图(1)　北师大　人教(1)　广东中山(1)　编译馆

3-2018

初等代数学

马纯德著

北平　文化学社　民国 20.10[1931.10]初版,民国 22.8 第 3 版

292 页　表　大 32 开　精装

其他题名:初级中学教科书初等代数学

北师大　人教　辞书

3-2019

初中代数教本

张鸿溟编著　丁绪贤,范凤源校订

上海　大东书局　民国 21.3[1932.3]

2 册(188,150 页)　32 开

上册:民国 21.4 第 3 版,民国 22.5 版

下册:民国 21.3 第 2 版,民国 22.5 版

初级中学学生用

北师大　编译馆

3-2020

初中代数

徐谷生编著

南昌　艺文书社　民国 21.6[1932.6]

2 册(398 页)　图,表　32 开　(艺文丛刊)

第 1-2 册:民国 21.6 版

广西师大

3-2021

北新代数

余介石,胡术五,陆子芬编

上海　北新书局　民国 21.7-22.1[1932.7-1933.1]

2 册(210,216 页)　图　32 开

上册:民国 21.7 初版,民国 21.9 第 2 版

下册:民国 22.1 初版

版权页题名:初级中学北新代数

北师大　华师大　辞书(1)　广西师大(1)

3-2022

初等代数教科书

王季梅编　李传书校订

上海　南洋中学　民国 21.8-22.2[1932.8-1933.2]

2 册(172,250 页)　32 开

上册:民国 21.8 初版

下册:民国 22.2 初版,民国 27.8 增订 7 版

人教

3-2023

代数

中等算学研究会编辑

上海　南京书店　民国 21.9[1932.9]-

2 册([473]页)　表　32 开

第 1 册:民国 21.9 第 2 版

第 2 册:民国 21.10 初版

书脊题名:初中算学教科书代数

其他题名:新学制初中算学教科书代数

编译馆

3-2024

代数学

吴在渊编
  上海　中国科学图书仪器公司　民国 21.9 - 22.2 [1932.9 - 1933.2]
  2 册 (263,195 页)　32 开
  上册：民国 21.9 初版,民国 23.1 第 2 版,民国 23.8 第 3 版,民国 36.5 第 11 版,民国 36.5 第 12 版
  下册：民国 22.2 初版,民国 23.3 第 2 版,民国 23 第 3 版,民国 36.5 第 11 版,民国 36.8 第 12 版
  教育部审定
  其他题名：中国初中教科书代数学
  国图(2)　北师大　人教　上师大　辞书　广西师大　广东中山(1)　编译馆

3 - 2025
舒尔慈初等代数学
  (美) 舒尔慈 (A. Schultze) 等著　孙天民,鞠霖三译
  北平　百城书局　民国 22.1 [1933.1]
  311 页　32 开
  北师大

3 - 2026
初中代数学教科书
  程廷熙编译
  北平　师大附中算学丛刻社　民国 22.6 - 23.1 [1933.6 - 1934.1]
  2 册 (152,193 页)　表　32 开
  第 1 册 (上卷)：民国 22.6 初版,民国 23.8 第 2 版
  第 2 册 (下卷)：民国 23.1 初版,民国 23.12 第 2 版,民国 24.1 版
  遵照教育部颁行初中算学课程标准编辑
  国图　北师大　人教　上海　华师大　辞书

3 - 2027
初中代数
  薛天游编著　王刚森,骆师曾校订
  上海　世界书局　民国 22.7 - 9 [1933.7 - 9]
  2 册 (212,136 页)　32 开
  上册：民国 22.7 初版,民国 22.8 第 2 版,民国 22.12 第 4 版,民国 24.8 第 6 版,民国 29 新 7 版
  下册：民国 22.9 初版,民国 23.1 第 2 版,民国 23.4 第 3 版,民国 26 第 10 版
  教育部审定　初级中学学生用
  书脊题名：薛氏初中代数
  其他题名：新课程标准世界中学教本初中代数
  北师大　人教　上海　上师大　辞书　广西师大(1)　广东中山

3 - 2028
代数
  虞明礼编著　段育华校订
  上海　长沙　赣州　商务印书馆　民国 22.7 - 10 [1933.7 - 10]
  2 册 (1 - 263,265 - 390 页)　32 开
  上册：民国 22.7 初版,民国 22.11 第 35 版,民国 23 第 45 版,民国 26.7 审定 1 版,民国 26.7 审定 14 版,民国 26.7 审定 24 版,民国 27 长沙审定 45 版,民国 28.4 第 72 版,民国 29 审定 38 版,民国 29.5 第 90 版,民国 33 赣 44 版,民国 36.4 第 187 版
  下册：民国 22.10 初版,民国 23 第 20 版,民国 23.11 第 29 版,民国 26.7 审定 5 版,民国 28 长沙审定 55 版,民国 29.5 第 64 版,民国 34.10 第 91 版,民国 36 审定 155 版,民国 36.4 第 156 版,民国 36.10 第 177 版
  教育部审定　按新课程标准编辑　初级中学用
  卷端题名：复兴初级中学教科书代数
  其他题名：复兴教科书代数
  国图　北师大　人教　华师大　上师大　辞书　天津　河南(1)　辽宁　广西师大　广东中山　编译馆

3 - 2029
陈薛两氏初中代数
  薛溎舲编著　陈建功增订
  上海　世界书局　民国 22.9 - 11 [1933.9 - 11]
  2 册 (205,206 页)　图,表　32 开
  上册：民国 22.9 初版,民国 23.4 第 2 版
  下册：民国 22.11 初版,民国 25 第 8 版
  教育部审定　初级中学学生用
  其他题名：新课程标准世界中学教本陈薛两氏初中代数
  北师大　人教　上海　华师大(1)　上师大(2)　辞书　广东中山(2)　编译馆

3 - 2030
初中代数
  余介石,胡术五,何商友编　周家树,张鸿基校
  上海　中华书局　民国 22.10 - 23.3 [1933.10 - 1934.3]
  2 册 (172,153 页)　大 32 开
  上册：民国 22.10 初版,民国 23.1 第 2 版,民国 23.1 第 3 版,民国 23.6 第 4 版,民国 23.8 第 5 版,民国 25.5 第 14 版,民国 25 第 16 版
  下册：民国 23.3 初版,民国 23.3 第 2 版,民国 23.3 第 3 版,民国 23.3 第 4 版,民国 23.9 第 6 版,民国 23.9 第 7 版,民国 24.9 第 9 版,民国 25.5 第 11 版,民国 30 第 17 版
  教育部审定　新课程标准适用
  北师大　人教　上海(1 - 2)　华师大　辞书　广西师大(1)　广东中山

3 - 2031
初中代数
  余介石,罗运炬,张通谟编　段调元校订
  上海　北新书局　民国 23.1 [1934.1] -
  2 册 (190,188 页)　32 开
  上册：民国 23.1 第 3 版
  下册：民国 23.4 初版,民国 23 第 2 版
  教育部审定　依照新课程标准编辑
  北师大　华师大(1)　广西师大(2)　广东中山(2)

3 - 2032
霍奈二氏初中代数学
  张瑾编译　魏怀谦,李耀春校阅

北平　信记文化社　民国23.4[1934.4]-
册(下202页)　32开
下册：民国23.4初版
北师大(下)

3-2033
初中代数学
王绍颜编辑　赵进义校阅
北平　文化学社　民国23.12[1934.12]
240页　大32开
其他题名：新标准文化初中教科书初中代数学
北师大

3-2034
初中代数
余介石等编
上海　青光书局　民国23[1934]-
2册(190,188页)　32开
上册：民国23第4版
下册：民国23第2版
广东中山

3-2035
代数
薛元鹤编
上海　大东书局　民国23[1934]-
2册(268,188页)　大32开
上册：民国24第3版
下册：民国23初版
初级中学校用
其他题名：新生活初中教科书代数
广东中山

3-2036
新标准初中代数学
藏家祐,陈近礼著
北平　科学社　民国24.1[1935.1]
330页　32开
其他题名：初中代数学
人教

3-2037
初中代数
桂叔超,金品编辑
[不详]　光华附中社　民国24.1[1935.1]
268页　表　大32开
按照部颁新课程标准编辑
华师大

3-2038
初等代数教科书
卢兴阶编
北平　信记文化社　民国24.1[1935.1]-
册(下226页)　32开
下册：民国24.1初版
按部颁新标准规定名词编辑

北师大(下)

3-2039
代数
孙宗塈,胡尔康编辑　沈涤生校订
上海　中学生书局　民国24.1[1935.1]-
2册(269,278页)　图,表　32开
上册：民国24.8第2版,民国29.1第12版,民国30.1第13版
下册：民国24.1初版
修正课程标准适用
书脊题名：初中标准算学代数
其他题名：初中标准算学教本代数
华师大　辞书　编译馆

3-2040
初中代数学
黄泰,戴维清编著　任诚校订
南京　上海　赣州　正中书局　民国24.7-12[1935.7-12]
2册(218,183页)　32开
上册：民国24.7初版,民国24.9第2版,民国25.10第21版,民国25.10第25版,民国27第31版,民国28.6第70版,民国33.5赣23版
下册：民国24.12初版,民国25.10第21版,民国27年版,民国28年版,民国34.11赣21版
教育部审定
版权页题名：初中代数
封面题名：代数学
北师大　人教　上师大　辞书　广西师大　广东中山(2)　编译馆(2)

3-2041
汉译温德华氏初等代数学
(美)温特沃思著　田镜波译述　苏盛甫校阅
北平　华北科学社　民国25.8[1936.8]
344页　32开
其他题名：温德华氏初等代数学
北师大

3-2042
汉译温德华氏初等代数学
(美)温特渥斯(G.A.Wentworth)著　李树菜译
北平　文化学社　民国25[1936]初版,民国37.8第3版
340页　32开
其他题名：温德华氏初等代数学
人教

3-2043
汉译温德华氏初等代数学
(美)温特渥斯(G.A.Wentworth)著　杨凤荪等译　高佩玉校
北平　北平科学社　民国25[1936]初版,民国36.4第5版
380页　32开
附：答案
其他题名：温德华氏初等代数学

人教

3-2044

代数教科书

(伪)满洲帝国教育会著

　　[长春]　[出版者不详]　民国25[1936]

　　282页　图　[32开]

　　(伪)文教部审定

　　版权页题名：初级中学校代数教科书

　　逐页题名：代数学

　　辞书

3-2045

初中新代数

蔡研深编著

　　上海　世界书局　民国26.6[1937.6]

　　2册(178,180页)　32开

　　第1册：民国26.6初版,民国27新2版,民国29.1新9版,民国36.10修正初版,民国36修正12版

　　第2册：民国26.6初版,民国27新3版,民国29新6版,民国35新8版,民国36.3修正版,民国37.7修正2版

　　教育部审定　修正课程标准适用　初级中学学生用

　　其他题名：新课程标准世界中学教本初中新代数

　　北师大　人教　上师大　河南(2)　广西师大(1)　广东中山

3-2046

初中代数

徐谷生编著

　　江西　艺文书社　民国26.6[1937.6]-

　　2册(150,146页)　图,表　32开

　　上册：民国26.6第21版

　　下册：民国26.6第14版

　　教育部审定　修正课程标准初级中学学生用

　　辞书　庐山

3-2047

新编初中代数

高季可编　张鹏飞,任诚,徐天游校

　　上海　香港　中华书局　民国26.7[1937.7]

　　4册(131,98,129,99页)　图　大32开

　　第1册：民国26.7初版,民国26.7第3版,民国26.7第5版,民国26.7第8版,民国26.7第11版,民国28.10第18版,民国29.2第24版,民国35.8第49版,民国38.7第56版

　　第2册：民国26.7初版,民国26.7第7版,民国28.12第12版,民国34.12第38版,民国35.8第41版,民国35.8第42版,1952.3第53版

　　第3册：民国26.7初版,民国26第2版,民国26.7第4版,民国28.10第10版,民国29.2第14版,民国35.2第29版,民国35第30版,民国36.3第37版,民国36第38版,民国36.8第40版

　　第4册：民国26.7初版,民国28.10第9版,民国28.12第12版,民国30香港18版,民国34.12第24版,民国35.8第27版,民国36.2第29版,民国36.4第33版

　　教育部审定　修正课程标准适用

封面题名：初中代数

北师大　人教　上海(1-2)　华师大(1,4)　上师大　辞书　河南(3)　辽宁　广西师大(3)　广东中山

3-2048

初等代数学

南秉阳编著　吴振绪,许绶荣校订

　　北平　华北科学社　民国32.6[1943.6]第2版

　　304页　表　32开

　　初版附注：民国26年7月初版

　　其他题名：新标准初中教科书初等代数学

　　北师大

3-2049

初中代数学[增订本]

马文元编　秦汾,吴宝谦校订

　　北平　戊辰学会　民国26[1937]版

　　272页　32开

　　其他题名：新中学教科书初中代数学

　　北师大

3-2050

初中代数教本

杨晓初,杨晓轩编

　　上海　开明书店　民国28.8[1939.8]

　　2册(186,184页)　32开

　　上册：民国28.8初版,民国36.3第6版,民国36.8第7版,民国37.5第9版

　　下册：民国28.8初版,民国35.3第3版,民国35.11第4版,民国36.3第6版,民国37.6第7版

　　教育部审定　修正课程标准适用

　　附：中西名词对照表

　　北师大　人教　辞书　辽宁　广西师大(2)　编译馆(2)

3-2051

初中代数[修正本]

(伪)教育总署编审会著

　　北平　[著者刊]　民国29.6[1940.6]修正版,民国31修正版

　　424页　32开　精装

　　初版附注：民国28年8月初版

　　逐页题名：代数

　　北师大　辞书

3-2052

初中代数

(伪)教育部编审委员会编纂

　　2册(197,193页)　32开

　　其他题名：国定教科书初中代数

　　①南京　(伪)国民政府教育部　民国30.2[1941.2]

　　上下册：民国30.2初版,民国32.12第6版

　　国图　人教　上海(2)

　　②上海　华中印书局　民国30.2[1941.2]-

　　上册：民国32第4版,民国32.7第5版

　　下册：民国30.2初版,民国31.1第2版,民国32.12第6版

　　上师大　辞书

③上海　中国联合出版公司　民国32.12[1943.12]-
下册:民国32.12第6版
人教(2)

3-2053

初中代数
胡术五,李修睦编　余介石校
[重庆]　中华书局　民国33.3[1944.3]-
2册(144,136页)　32开
上册:民国33.3第2版
下册:民国33.8初版,民国34.6第2版
最新课程标准适用
初版附注:民国32年12月-33年8月初版
辞书

3-2054

初级中学代数学
黄泰,戴维清编著　黄守中,蔡德注校阅
南京　上海　成都　正中书局　民国33.8[1944.8]-
2册(173,172页)　32开
上册:民国33.8初版,民国34.10沪复1版,民国34.12沪26版,民国35.5沪30版,民国36审定140版
下册:民国33.9渝初版,民国35第46版,民国38.1沪版
教育部审定　按照民国30年修正课程标准编著
逐页题名:新中国初中代数学
其他题名:新中国教科书初级中学代数学
国图　人教　上师大　辞书(1)　天津　广东中山(1)

3-2055

初级中学代数学
黄泰,戴维清编著
重庆　正中书局　民国33[1944]-
4册(91,80,87,88页)　32开
第1册:民国33年版
第2册:民国33第12版
第3册:民国33年版
第4册:民国33年版
遵照民国30年修正课程标准编著　第二学年第一学期～第三学年第二学期用
国图

3-2056

代数学
沈方涵,张惠洪编著　黄锡祺,杨锦堂校订
上海　上海书店　民国35.6[1946.6]-
2册(①202页)　32开
上册:民国35.6第6版
其他题名:修正标准初中教本代数学
人教(1)

3-2057

开明新编初中代数教本
叶至善编著
上海　开明书店　民国35.8-12[1946.8-12]
2册(148,168页)　图,表　32开

上册:民国35.8初版,民国35.12第2版,民国36.4第3版,民国37.5第4版
下册:民国35.12初版,民国36.10第2版
教育部核定　最新课程标准适用
封面题名:初中代数教本
北师大　人教　辞书　广东中山(2)

3-2058

新初等代数学
马纯德编著
北平　文化学社　民国35.11[1946.11]-
2册(129,120页)　32开
上册:民国36.1第5版
下册:民国35.11第2版
初版附注:民国35年10月初版
其他题名:新标准初中教本新初等代数学
人教

3-2059

初等代数
胡术五,李修睦编　余介石校
上海　香港　中华书局　民国35.11[1946.11]
2册(148,140页)　32开
上册:民国35.11初版,民国36.6第2版,民国36香港3版,民国36.11版,民国37.4第5版
下册:民国35.11初版,民国36.11第3版,民国36.11版,民国37.8第5版
人教　辞书　广东中山(1)

3-2060

新修正标准初中代数
薛元鹤编辑　黄福熙校订
上海　大东书局　民国36.1[1947.1]-
2册(267,188页)　32开
上册:民国37.6第10版
下册:民国36.1第6版,民国36.6第8版
初版附注:民国35年初版
人教　上师大(1)

3-2061

初中代数
罗运矩,张通谟,余介石编　段调元校
上海　北新书局　民国36.6-10[1947.6-10]
2册(190,187页)　图,表　32开
上册:民国36.6初版
下册:民国36.10初版
教育部审定　修正课程标准适用
人教　辞书(1)

3-2062

晋察冀边区联合中学初等代数学讲义
联中教导处数理教学小组编
[不详]　[编者刊]　民国36[1947]油印本
1册　32开
北师大

3-2063

代数[修订本]
国立编译馆主编　叶佩华编辑　黄守中,蔡德注校阅　沈麓元绘图
　　上海　五联社　民国37.3-6[1948.3-6]
　　2册(144,130页)　32开
　　上册：民国37.3初版
　　下册：民国37.6初版
　　教育部审定
　　逐页题名：初级中学代数学
　　书脊题名：国定本初中代数
　　辞书

3-2064

易进初中代数
郁祖同编辑
　　上海　易进出版社　民国37.6[1948.6]-
　　2册(190,234页)　32开
　　上册：民国37.6审定1版,民国37.9第2版
　　下册：民国37年版
　　教育部审定
　　其他题名：初中代数
　　人教　广西师大(1)

3-2065

代数
虞明礼原编　荣方舟改编　钱宝琛校订　倪若水协校
　　上海　商务印书馆　民国37.7[1948.7]
　　2册([314]页)　32开
　　上下册：民国37.7修订1版
　　其他题名：复兴初级中学教科书代数
　　国图(1)　北师大　人教　广西师大(2)　广东中山

3-2066

初级中学代数
国立编译馆主编　叶佩华编辑　黄守中,蔡德注校阅
　　2册(144,136页)　32开
　　教育部审定
　　①上海　中华书局　民国37.7[1948.7]
　　上下册：民国37.7初版
　　人教
　　②南京　正中书局　民国37.7-8[1948.7-8]
　　上册：民国37.7沪1版
　　下册：民国37.8沪1版
　　人教
　　③上海　世界书局　民国37.8[1948.8]
　　上下册：民国37.8版
　　人教

3-2067

初中代数
马文元编著　秦汾校订
　　北平　文化学社　民国37.8[1948.8]
　　250页　32开
　　人教

3-2068

代数学
　　哈尔滨　东北书店　民国37.8[1948.8]-
　　　册(①172页)　32开
　　上册：民国37.8初版
　　其他题名：初中临时教材代数学
　　辽宁(1)

3-2069

代数
杨晓初,杨明轩编著
　　2册(172,183页)　图,表　32开
　　东北行政委员会教育部规定
　　附：对数表
　　逐页题名：代数学
　　书脊题名：初中临时教材代数
　　其他题名：初中暂用课本代数
　　①[哈尔滨]　东北书店　民国38.3[1949.3]
　　上下册：民国38.3初版
　　辞书
　　②山东　新华书店　民国38.9[1949.9]
　　上下册：民国38.9版
　　人教

＊　＊　＊

3-2070

汉译温德华士代数学
(美)温特沃思著　屠坤华译述
　　上海　商务印书馆　清宣统2.11[1910]初版,民国第7版,民国10.5第13版,民国14.9第18版,民国15.9第19版,民国20.1第33版,民国21.7国难后1版,民国21.10国难后15版,民国23.6国难后18版,民国24.5国难后22版,民国35.5版
　　461页　32开
　　逐页题名：温德华士代数学
　　其他题名：汉译温氏高中代数学
　　国图　北师大　人教　上海　华师大　辽宁　庐山　广西师大　广东中山　编译馆

3-2071

汉译何鲁陶三氏高中代数学
(美)Hawkes,(美)Luby,(美)Touton著　贺延年译述　寿孝天,刘远尘校订
　　上海　商务印书馆　民国15.1[1926.1]-
　　2册　大32开
　　上册：民国22.3国难后1版
　　下册：民国15.1第6版,民国22.3国难后1版
　　初版附注：民国9年1月初版
　　北师大(2)　华师大(2)　编译馆

3-2072

代数学
何鲁编辑

上海 商务印书馆 民国12.8[1923.8]初版,民国13.2第2版,民国16.8第4版

208页 32开

其他题名:新学制高中教科书代数学

北师大 人教 华师大 辞书 河南 广东中山 编译馆

3-2073

高级代数学
张鹏飞编 华襄治校

上海 中华书局 民国16.6[1927.6]初版,民国18.1第3版,民国20.7第4版,民国20.9第5版

163页 大32开 精装

其他题名:新中学教科书高级代数学

国图 人教 辞书 编译馆

3-2074

高中代数学
傅溥编著

上海 世界书局 民国20.10[1931.10]初版,民国21.9第3版,民国22.3第4版

350页 表 大32开

高级中学学生用

其他题名:高级中学教科书高中代数学

国图 北师大 人教 辞书 广东中山 编译馆

3-2075

新中华代数学
余介石编

上海 新国民图书社 民国21.8[1932.8]初版,民国22.1第2版

382页 表 大32开

高级中学用

附:索引

逐页题名:新中华高中代数学

北师大 人教 辞书 编译馆

3-2076

汉译霍克士高中代数学
(美)霍克士(Herbert E. Hawkes)原著 陆子芬,刘古杰译

上海 南京书店 民国23.8[1934.8]第2版

267页 图,表 大32开

汉译高中算学课本

初版附注:民国22年7月初版

辞书

3-2077

薛氏高中代数学
薛天游编著 王刚森,杨哲明校订

上海 世界书局 民国22.9[1933.9]初版,民国23.1第2版,民国24.9第4版

407页 图,表 大32开

高级中学学生用

其他题名:世界中学教本高中代数学

国图 北师大 人教 辞书

3-2078

傅氏高中代数学
傅溥编著

上海 世界书局 民国22.10[1933.10]初版,民国23.7第2版

567页 表 大32开

高级中学学生用

其他题名:世界中学教本傅氏高中代数学

北师大 辞书 广西师大 广东中山

3-2079

高中代数学
陈建功,毛路真编

上海 开明书店 民国22.11[1933.11]初版,民国23.6第2版

350页 图,表 32开

教育部审定 新课程标准适用 高级中学学生用

国图 北师大 辞书 天津

3-2080

高中代数学:甲组
陈建功,毛路真编

北平 开明书店 民国28[1939]版,民国36第8版,民国37.6第9版,1951.2第14版

434页 图,表 32开

修正课程标准适用 高级中学甲组用

附:中西名词对照表

初版附注:民国22年11月初版

国图 人教 辞书 河南 广西师大 广东中山

3-2081

高中代数学
余介石编

上海 中华书局 民国23.1[1934.1]初版,民国23.10第3版,民国25.7第6版,民国28.6第7版

466页 图,表 大32开

教育部审定 新课程标准适用

附:索引

国图 北师大 人教 辞书 广西师大

3-2082

汉译郝克氏高级代数学
(美)郝克氏(H. E. Hawkes)著 高佩玉译

北平 北平科学社 民国23.6[1934.6]初版,民国24.12第2版

326页 32开

其他题名:郝克氏高级代数学

人教

3-2083

汉译范氏大代数学
(美)范因(H. B. Fine)著 高佩玉等译

北平 北平科学社 民国23.8[1934.8]初版,民国25.6第6

版,民国29第12版,民国37.8新1版
635页 大32开
教育部审定 高级中学用
国图 北师大 人教

3-2084
代数学:甲组
虞明礼原编 荣方舟改编
上海 重庆 长沙 赣州 商务印书馆 民国23.8-24.2
[1934.8-1935.2]
2册(316,190页) 32开
上册:民国23.8初版,民国25重庆初版,民国25.5第2次订正11版,民国25第2次订正12版,民国30长沙第2次订正33版,民国35.6第2次订正38版,民国35.9第2次订正53版
下册:民国24.2初版,民国25.5第2次订正8版,民国25第2次订正10版,民国25.12第2次订正11版,民国27长沙第2次订正17版,民国31.12赣4版,民国35.1第2次订正31版,民国35.2第2次订正35版,民国35.9第2次订正40版,民国35第2次订正44版,民国36.1第2次订正50版,民国38第2次订正59版
依照教育部修正课程标准编辑 高级中学用
附:英汉名词索引
其他题名:复兴高级中学教科书代数学
其他题名:复兴教科书代数学
国图 北师大(2) 人教 辞书(2) 天津(2) 河南(2) 辽宁 广东中山 编译馆(2)

3-2085
代数学
虞明礼编著
上海 商务印书馆 民国23.8[1934.8]-
3册(169,192,110页) 32开
上册:民国23.8初版,民国24第8版
中册:民国24.7第5版
下册:民国24.7第5版
高级中学用
初版附注:民国23年8月-24年2月初版
其他题名:复兴高级中学教科书代数学
其他题名:复兴教科书代数学
国图 北师大 辞书

3-2086
节译范氏高中代数学
马文元编译
北平 戊辰学社编辑部 民国24.4[1935.4]
348页 32开
北师大

3-2087
汉译郝克氏高等代数学
(美)郝克氏(H. E. Hawkes)著 李士奇译
北平 北平科学社 民国24.5[1935.5]初版,民国26.1第2版

221页 32开
其他题名:郝克氏高等代数学
人教

3-2088
代数学:乙组
荣方舟编著
上海 长沙 商务印书馆 民国25.8[1936.8]
2册(346页) 32开
上册:民国25.8初版,民国26.10第9版,民国30长沙25版,民国35.1第30版,民国35.10第37版,民国36.5第40版
下册:民国25.8初版,民国25第3版,民国35.6第25版,民国35.10第30版,民国37.7第34版
依照教育部修正课程标准编辑 高级中学用
附:英汉名词对照表
卷端题名:高级中学教科书代数学
其他题名:复兴高级中学教科书代数学
其他题名:复兴教科书代数学
人教 辞书 辽宁 广西师大(1) 广东中山

3-2089
高级中学代数学:乙组
尹国均编著
南京 上海 正中书局 民国25.8[1936.8]
255页 32开
新课程标准适用
附:四位对数表、乘方与方根表、复利终价表、复利现价表、年金终价表、年金现价表、三角函数表及中西索引
版权页题名:建国高中代数学
封面题名:代数学
其他题名:建国教科书代数学
国图 人教 辞书

3-2090
高中乙组代数学
陈荩民,王疏九编
上海 中华书局 民国25.10-26.2[1936.10-1937.2]
2册(168,119页) 图,表 大32开
上册:民国25.10初版,民国26.7第4版,民国26.7第5版,民国35.6第10版,民国36.4第13版
下册:民国26.2初版,民国34.12第11版,民国36.4第13版,1955.4新4版
修正课程标准适用
附:中西名词对照表
其他题名:新编高中乙组代数学
北师大 人教 辞书 天津 辽宁(2) 广东中山(1)

3-2091
代数学:甲组
尹国均编著
南京 上海 正中书局 民国25.11[1936.11]
384页 32开
新课程标准适用

附:常用对数表,乘方、方根、倒数表
逐页题名:建国高中代数学(甲组)
其他题名:建国教科书代数学
人教　辞书

3-2092

高中新代数:乙组
裘友石编著

上海　世界书局　民国26.2[1937.2]初版,民国27.5第2版,民国35.12第7版,民国36.12版

315页　32开

遵照教育部修正课程标准编辑　高级中学学生乙组用

附:中英文对照表

其他题名:新课程标准世界中学教本高中新代数

国图　北师大　人教　广西师大

3-2093

高中甲组代数学
余介石编

上海　中华书局　民国26.2[1937.2]

4册(1-142,143-298,299-400,401-507页)　图,表　大32开

第1册:民国26.2初版,民国26第2版,民国29第4版,民国36.3第11版

第2册:民国26.2初版,民国28.7第5版,民国35.8第11版,民国36.3第12版

第3册:民国26.2初版,民国26第2版,民国36.3第12版

第4册:民国26.2初版,民国26第2版,民国28.7第5版,民国29版

修正课程标准适用

附:中西名词对照表

国图(2,4)　北师大　人教　辞书　天津　庐山(1)　广东中山(1,4)　编译馆(2)

3-2094

高中代数
(伪)教育总署编审会著

北平　[著者刊]　民国28.12[1939.12]

521页　32开　精装

北师大　人教　辞书

3-2095

范氏大代数
(美)范因(H.B.Fine)著　骆师曾,吴维一译　庄礼深校订

上海　世界书局　民国29.7[1940.7]第3版,民国37.12新22版,民国38.3新23版

635页　32开

其他题名:高中教本范氏大代数

人教

3-2096

高中代数学:甲组
李仲珩,孙振宪编著

上海　北平　正中书局　民国30.12[1941.12]沪1版,民国35.8平1版,民国35.11第25版

418页　图　32开

遵照民国30年修正课程标准编著

附:中西文名词索引

封面题名:代数学

逐页题名:新中国高中代数学(甲)

其他题名:新中国教科书高中代数学

国图　人教　华师大　辞书

3-2097

高级中学代数学:甲组
尹国均编著

西安　陕西省银行信托部　民国32[1943]版

550页　32开

教育部核定　甲组用

附:常用对数表,乘方、方根、倒数表

版权页题名:建国教科书高中代数学

封面题名:代数学

其他题名:建国教科书代数学

河南

3-2098

高中代数学:乙组
李仲珩,孙振宪编著

重庆　上海　正中书局　民国34.11[1945.11]-

2册(220,204页)　图　32开

第1册:民国34.11沪1版,民国34.12沪5版,民国35.8沪15版,民国35.11沪25版

第2册:民国35.6沪10版,民国35.8沪版,民国36.4沪30版

遵照民国30年修正课程标准编著　第二学年第一学期~第二学期用

附:中英文名词对照表

初版附注:民国34年3月初版

封面题名:代数学

逐页题名:新中国高中代数学(乙)

其他题名:新中国教科书高中代数学

国图　人教　辞书　天津(1)　辽宁　广东中山(1)

3-2099

霍氏高级代数
(美)郝克氏(H.E.Hawkes)著　顾均正译

上海　开明书店　民国36.11[1947.11]

298页　32开

附:中英名词对照索引

人教

3-2100

代数学
虞明礼编著　荣方舟改

哈尔滨　东北新华书店　民国38.7[1949.7]-

2册(①316页)　32开

上册:民国38.7初版

东北行政委员会教育部规定　专科学校适用

其他题名:高中临时教材代数学

辞书(1)

3-2101

高中代数
裘友石编著

　　济南　山东新华书店　民国38.8[1949.8]
　　337页　32开
　　附：术语中英文对照表
　　国图　辽宁

3-2102

汉译郝克氏大代数学
高佩玉编辑

　　北京　京津印书局　[1912-1949?]
　　251页　16开
　　其他题名：高等代数学
　　北师大

教学参考书

3-2103

代数学实习指导
薛德炯编译

　　上海　新亚书店　民国23.2-6[1934.2-6]
　　2册(624页)　32开
　　第1-2册：民国23.2-6初版
　　人教

3-2104

代数测验教员准备书
陈岳生编

　　上海　商务印书馆　民国25.11[1936.11]
　　256页　32开
　　庐山

* * *

3-2105

陈薛两氏初中代数指导书
龚昂云,汪盛世编辑

　　上海　世界书局　民国23.9-24.1[1934.9-1935.1]
　　2册(210,177页)　32开
　　上册：民国23.9初版
　　下册：民国24.1初版
　　照教育部审定本编辑
　　其他题名：新课程标准世界中学教本陈薛两氏初中代数学指导书
　　辞书　广东中山(1)

3-2106

代数
陈岳生编著

　　上海　商务印书馆　民国37.9[1948.9]
　　2册(224页)　32开
　　第1-2册：民国37.9版
　　其他题名：复兴初中教学辅导书代数
　　人教

教学辅导书

3-2107

突氏大代数例题详解
(英)突兑翰多尔著　王宗浩译

　　上海　科学书局　清光绪33.4[1907]
　　4册([187]页)　32开　线装
　　第1-4册：光绪33.4初版
　　版权页题名：突氏大代数学详解
　　人教

3-2108

普通代数学讲义
冯祖荀,虞和钦编著

　　上海　文明书局　清宣统3.5[1911]第2版
　　602页　大32开　精装
　　中学参考用书
　　初版附注：清宣统元年4月初版
　　书脊题名：中学参考普通代数学讲义
　　辞书

3-2109

图解代数
朱文鑫著述

　　[不详]　南洋路矿学校　民国4.9[1915.9]
　　65页　照片,表　大32开　精装
　　中等数学参考书
　　人教　辞书

3-2110

查理斯密小代数学解式
(英)C.Smith[查理·斯密]原著　曾彦译

　　上海　科学会编译部　民国19.4[1930.4]第19版,民国22.3国难后2版
　　363页　32开　精装
　　初版附注：民国5年9月初版
　　逐页题名：小代数学解式
　　辞书　编译馆

3-2111

新制代数教本答数
王永炅,胡树楷编　陈榥,王祖训校阅

　　上海　中华书局　民国5.10-6.1[1916.10-1917.1]
　　2册(44,36页)　32开
　　上册(上卷)：民国5.10初版
　　下册(下卷)：民国6.1初版,民国8.7第2版
　　中学校、师范学校适用
　　辞书

3-2112

代数学问题详解

叶振铎编纂　骆师曾,刘远尘校订

上海　商务印书馆　民国6.8[1917.8]初版,民国9.4第5
版,民国16.1第11版,民国19.4第13版

310页　32开　精装

中学校、师范学校适用

其他题名：民国新教科书代数学问题详解

人教　上师大　辞书　广西师大

3-2113

暗射代数学题解

骆师曾编纂

上海　商务印书馆　民国7.5-10[1918.5-10]

2册(162,156页)　图　64开

上册：民国7.5初版,民国17.12第7版

下册：民国7.10初版,民国19.11第8版

自修用

辞书　编译馆

3-2114

代数学习题答案

秦沅,秦汾编

上海　商务印书馆　民国10[1921]第5版,民国21.5国难后
1版

52页　32开

卷端题名：民国新教科书代数学订正问题答案

其他题名：民国新教科书代数学习题答案

河南　广东中山　编译馆

3-2115

代数学问题解法指导

匡文涛编

上海　中华书局　民国14.2[1925.2]初版,民国20.5第9
版,民国21.7第10版

193页　32开

升学预备

人教　辞书　编译馆

3-2116

代数难题详解

施纪杰著

上海　文明书局　民国15.1[1926.1]

232页　大32开

辞书

3-2117

代数学要览

匡文涛著

上海　商务印书馆　民国20[1931]-

2册(①128页)　48开

上册：民国20第12版

受验准备用书

广东中山(1)

3-2118

最新代数学

仇毅编纂

上海　晓星书店　民国22.4[1933.4]初版,民国26沪订正2版

238页　表　32开

书脊题名：自修参考最新代数学

辞书　广东中山

3-2119

代数测验

D. E. Smith, W. D. Reeve, E. L. Morss著　徐守桢译

上海　商务印书馆　民国24.2[1935.2]

226页　图,表　16开　活页装

辞书　辽宁

3-2120

初等代数应用题解法

徐谷生编

南昌　艺文书社　民国30[1941]第9版

120页　32开

初版附注：民国25年初版

辞书

3-2121

代数学

桂叔超,金品编

上海　商务印书馆　民国26.6[1937.6]-

2册(120,120页)　64开

上册：1952.7第18版

下册：民国26.6初版,1952.7第18版

其他题名：理科要览代数学

其他题名：代数学要览

辞书　广东中山(2)

3-2122

代数

仲光然编

上海　长沙　商务印书馆　民国27.1[1938.1]初版,民国
29.8第5版

154页　32开　(中学各科纲要丛书)

国图　上师大　辽宁　广东中山

3-2123

最新代数难题集解

钱洪翔编

上海　北新书局　民国27[1938]初版,民国36年版

470页　大32开

其他题名：代数难题集解

广东中山

3-2124

汉译范氏大代数题解

李友梅译述

长沙　湘芬书局　民国31.6[1942.6]第3版

438页　32开

初版附注：民国29年10月初版

华师大

3-2125

代数学演习指导

薛德炯编译

上海 新亚书店 民国29.12[1940.12]版,民国37.9第3版

624页 32开

逐页题名:自修应考准备读物代数学

辞书 辽宁 广东中山

3-2126

初等代数复习讲义

朱凤豪,余源庆编著

上海 龙门联合书局 民国30.11[1941.11]初版,民国38.2第4版

236页 32开 (中学丛书)

人教

3-2127

中学代数菁华

骆师曾编著

上海 世界书局 民国30[1941]初版,民国35.9第2版

160页 32开

自修、补习、考试、升学适用

人教 辽宁

3-2128

代数指导

赵余勋编

上海 三民图书公司 民国35.9[1946.9]新1版

213页 32开

中学适用

辞书

3-2129

初等代数因子分解法

徐谷生编

南昌 艺文书社 民国35[1946]第5版

54页 32开

辞书

3-2130

从算术到代数

张元鼎著

上海 文通书局 民国37.11[1948.11]

136页 图,表 32开 (文通青年丛书)

辞书

3-2131

代数难问四百题解

萧永盛编

上海 群益书社 民国37[1948]版

261页 32开

辽宁

3-2132

袖珍代数学参考书

骆师曾编译

上海 世界书局 民国38.1[1949.1]-

2册(②610页) 64开

下册:民国38.1新9版

补习、复习及应试准备用

其他题名:代数学参考书

辽宁(2)

3-2133

新译范氏大代数学

(美)范因(H.B.Fine)著 方嘉林译 洪朗汉校订

上海 求益社 民国38.9[1949.9]

632页 32开 (中学数理丛书)

其他题名:范氏大代数学

人教

3-2134

代数难题详解

杨家景编

上海 大方书局 [1912-1949?]

90页 64开

初高中学生必备

辽宁

* * *

3-2135

代数习题详解

张鹏飞编纂 华襄治校阅

上海 中华书局 民国12.3[1923.3]初版,民国12.5第2版,民国19.11第10版,民国20.7第11版,民国21.7第13版,民国22.9第14版

213页 图,表 大32开 精装

初级中学用

封面题名:新中学代数习题详解

其他题名:新中学教科书代数习题详解

人教 辞书 河南

3-2136

代数学习题解答

余介石,陈伯琴编辑

上海 商务印书馆 民国17.6[1928.6]-

2册(164,232页) 图,表 32开

上册:民国17.6第3版,民国22.4国难后1版

下册:民国22.5国难后1版

初版附注:民国15年2月初版

逐页题名:现代初中代数习题解答

其他题名:现代初中教科书代数学习题解答

辞书 广东中山 编译馆

3-2137

初中代数教本习题解答

范凤源答

上海 大东书局 民国22.5[1933.5]-

册　32开
上册：民国22.5版
华师大(1)

3-2138

初中代数习题解答
汪梦九编　胡漠荪,余介石校
上海　中华书局　民国23.12-24.2[1934.12-1935.2]
2册(61,103页)　图　32开
上册：民国23.12初版
下册：民国24.2初版
新课程标准适用
人教　辞书

3-2139

初中代数复习指导
钱洪翔编
上海　现代教育研究社　民国25.1[1936.1]初版,民国31.1第2版
258页　32开
国图

3-2140

初中代数详解
赵乐天著
奉天　振兴排印局　民国27.10[1938.10]-
3册(②182页)　32开
中册：民国27.10初版
辽宁(2)

3-2141

代数习题详解
王任斌编
[不详]　稽山中学出版部　民国28.8[1939.8]-
2册(①229页)　图　32开
上册：民国28.8初版
版权页题名：复兴初中代数习题详解
辞书(1)

3-2142

新编初中代数习题解答
张鹏飞编　陶履福,朱彦俯校
上海　中华书局　民国28.11-29.3[1939.11-1940.3]
4册(206,198,278,210页)　图　32开
第1册：民国28.11初版
第2册：民国28.12初版
第3册：民国29.1初版
第4册：民国29.3初版
修正课程标准适用
封面题名：初中代数习题解答
人教　辞书　广西师大(1-2,4)

3-2143

初中代数测验
陈岳生编
上海　商务印书馆　民国29.1[1940.1]

230页　图,表　32开　散页袋装　(理科教育研究会测验丛书)
辞书

3-2144

代数
许莼舫编著　秦沅校订
昆明　中华书局　民国30.1[1941.1]
353页　表　32开
初中数学补习用书
辞书　广西师大

3-2145

初中代数
刘质赅,卢梦生编
贵阳　文通书局　民国31.7[1942.7]
312页　32开　(中学复习受验丛书)
逐页题名：初中代数学
国图　辞书

3-2146

初中代数复习指导
钱洪翔编
桂林　北新书局　民国32.3[1943.3]
258页　36开
国图

3-2147

代数
骆师曾编辑
上海　世界书局　民国36.3[1947.3]初版,民国36.5第2版
106页　32开
初中补习考试适用
人教

3-2148

初中代数学表解
何维华编著　陈驾凡校阅
上海　春明书店　民国36.10[1947.10]
296页　64开　(中学生复习丛书)
国图　辞书

3-2149

代数难题详解
俞树德编
北平　北京书店　民国37.7[1948.7]
221页　图　32开
初中升学复习必备
辞书　天津

3-2150

初中代数学提要
刘遂生编
上海　中华书局　民国37.12[1948.12]
148页　32开
国图　辞书

* * *

3-2151
代数方程式
金品，桂叔超编
上海　商务印书馆　民国24.4[1935.4]初版,民国32.6改订1版
159页　36开　（高中复习丛书）
人教

3-2152
高中代数学习题解答
范际平,张伯康编　胡渶苏,余介石校
上海　中华书局　民国24.8[1935.8]初版,民国26.4第2版
164页　图　大32开
新课程标准适用
辞书　广西师大

3-2153
汉译温氏高中代数学题解
吴秉之编演　茅瑞赓校对
北平　中原书店　民国25.1[1936.1]
2册(501,522页)　32开
上下册：民国25.1第3版
封面题名：温氏高中代数学题解
辞书

3-2154
高等代数考试指导
施惠同编著
上海　东方书店　民国26[1937]第3版
198页　32开　（考试指导丛书）
中学升学会考及普通考试适用
广东中山

3-2155
高中大代数复习指导
崔鑫编著
上海　现代教育研究社　民国26[1937]初版,民国28第2版,民国36.3新2版,民国37新6版
110页　大32开　（高中复习指导丛书）
升学会考必备
初版附注：民国30年新初版
国图　人教　辽宁　广东中山

3-2156
代数
范际平编著　余介石校
成都　建国书局　民国32.3[1943.3]初版,民国33.3第3版
438页　32开　（中等算学研究会丛书）
大学先修班及高中学生适用
人教

3-2157
代数学
金品,桂叔超编
成都　上海　商务印书馆　民国32[1943]改订蓉1版,民国34改订版
159页　图,表　32开　（高中复习丛书）
人教　广东中山

3-2158
高等代数精解
崔东伯编著
上海　春明书店　民国38.2[1949.2]
140页　32开　（高中数学复习全书）
国图

3-2159
高中代数习题
东北人民政府教育部编译
[不详]　东北人民出版社　[1912-1949?]
171页　32开
其他题名：代数习题
广东中山

几何

课本

3-2160
（重译）足本几何教科书
（日）林鹤一著　彭清鹏译补
上海　普及书局　清光绪32.4[1906]订正2版,民国2.3改正5版
1册(175,30页)　图　大32开
初版附注：清光绪32年2月初版
卷端题名：新撰几何教科书
北师大　辞书

3-2161
几何学教科书
（英）威廉氏原著　（日）奥平浪太郎,（日）大肋瑛之助译补　黄际遇再译
东京　富山旁书局　清光绪32.10[1906]初版,光绪32第2版
315页　图　32开
北师大

3-2162
几何学讲义第一编：直线
经亨颐编译
上海　新学社　清光绪33.5[1907]
224页　图　大32开
北师大　辞书

3-2163
新译中等几何教科书
太谷求是书室编

上海　[编者刊]　清光绪 33.8[1907]

400 页　图　大 32 开

北师大

3-2164

实用几何学初步

(法)破鲁信耳氏原著　(日)本森外三郎原译　华凤章译述

上海　商务印书馆　民国 1[1912]第 2 版,民国 2.5 第 4 版,民国 3.3 第 5 版

93 页　图　32 开

中学堂及师范学堂用

初版附注:清光绪 34 年初版

北师大　人教　编译馆

3-2165

几何学教科书

(日)生驹万治讲述　(日)金太仁作译

东京　东亚公司　清宣统 1.2[1909]第 3 版

153 页　图　大 32 开

北师大

3-2166

中学几何学初步教科书

(日)长泽龟之助著　萧屏译　寿孝天,骆师曾校订

上海　商务印书馆　民国 1.12[1912.12]初版,民国 3.3 第 2 版

134 页　图　32 开

北师大　河南　编译馆

3-2167

新辑几何

(英)率德辅(E. W. Sawdan)著

上海　华美书局　民国 1[1912]-

册(①138 页)　图　大 32 开

上册:民国 1 年版

北师大(1)

3-2168

中等教育几何学教科书

何崇礼编

上海　科学会编译部　民国 2[1913]版

280 页　32 开

其他题名:几何学教科书

国图　河南

3-2169

女子几何教科书

(日)小林盈,(日)稻垣作太郎著　王应伟译

上海　群益书社　民国 3.1[1914.1]初版,民国 20.3 第 15 版

85 页　图　大 32 开

北师大　河南　编译馆

3-2170

几何学

秦沅,秦汾编

上海　商务印书馆　民国 3.7[1914.7]初版,民国 5.5 第 3 版,民国 6 第 7 版,民国 9 第 12 版,民国 10 第 14 版,民国 13 第 17 版,民国 16.1 第 21 版,民国 18.8 第 23 版,民国 21.6 国难后 2 版,民国 22.1 版

316 页　图　大 32 开　精装

教育部审定　中学校、师范学校用

附:中西文名词对照表

卷端题名:中学新教科书几何学

其他题名:民国新教科书几何学

北师大　人教　辞书　天津　河南　庐山　广西师大　广东中山　编译馆

3-2171

新编初等几何学教科书

张廷华编纂　寿孝天校订

上海　商务印书馆　民国 5[1916]第 7 版,民国 14.12 第 11 版

69 页　图　大 32 开

中学校及师范学校用

其他题名:初等几何学教科书

河南　编译馆

3-2172

实用主义几何学教科书:平面　立体

陈文著

上海　科学会编译部　民国 6.2[1917.2]

1 册(242,103 页)　图　大 32 开　精装

中学校用

北师大　辞书　广东中山

3-2173

最新几何学教本

黄鹤如编

上海　商务印书馆　民国 9.2[1920.2]

36 页　大 32 开

教育部审定　中学校适用　师范学校、实业学校适用

版权页题名:中学适用几何学教本

人教　辞书

3-2174

实验几何学

马文元编

北平　戊辰学社　民国 24[1935]版

45 页　32 开

初版附注:民国 20 年 8 月初版

其他题名:新中学教科书实验几何学

国图

3-2175

简明几何学

余介石,何商友,钱介夫编　中等算学研究会编辑部校订

南京　中等算学研究会　民国 21.5[1932.5]第 3 版

156 页　图　32 开

辞书

3-2176

近世几何

约翰逊(R. A. Johnson)著　邱丕荣译
　　上海　商务印书馆　民国26.2[1937.2]
　　400页　图　32开　精装
　　附：索引、参考书目
　　人教

　　　　　　　＊　＊　＊

3-2177
实用主义中学新几何
陈文著
　　上海　科学会编译部　民国12.3[1923.3]
　　345页　图　32开
　　初级中学第一学年～第三学年用
　　北师大　河南　编译馆

3-2178
几何学
胡敦复,吴在渊编　张鹏飞,华襄治参订
　　上海　中华书局　民国12.7[1923.7]初版,民国12.12第2版,民国13.7第3版,民国18.7第11版,民国21.1第14版,民国21.5第15版,民国21.10第16版
　　181页　图　大32开　精装
　　教育部审定　初级中学用
　　封面题名：新中学几何学
　　其他题名：新中学教科书几何学
　　国图　北师大　人教　上海　辞书　河南　广西师大　编译馆

3-2179
初级几何学
吴在渊编辑　胡敦复,胡明复校订
　　上海　中华书局　民国12.8[1923.8]初版,民国13.12第2版,民国14.9第5版,民国15.5第9版,民国18.1第18版,民国19.8第23版,民国20.7第24版,民国20.9第25版,民国21.3第26版,民国21.5第27版,民国21.11第28版,民国24.6第33版
　　195页　图　大32开
　　教育部审定　初级中学用
　　封面题名：新中学初级几何学
　　其他题名：新中学教科书初级几何学
　　国图　北师大　人教　上海　辞书　河南　广西师大　编译馆

3-2180
几何
周宣德编辑　段育华校订
　　上海　商务印书馆　民国13.9-14.2[1924.9-1925.2]
　　2册(124,143页)　图　32开
　　上册：民国13.9初版,民国15.3第16版,民国16.7第34版,民国17.6第44版,民国18第54版,民国19.1第84版,民国20.11第124版,民国21.6国难后10版,民国21国难后15版,民国24国难后24版

　　下册：民国14.2初版,民国14第2版,民国15.3第16版,民国16第21版,民国17第29版,民国18第44版,民国19.9第69版,民国20.11第89版,民国21.5国难后1版,民国21.10国难后15版,民国22.4国难后25版
　　教育部审定
　　其他题名：现代初中教科书几何
　　北师大　人教　上师大　辞书　河南　广东中山　编译馆(2)

3-2181
开明几何教本
章克标编著
　　上海　重庆　开明书店　民国16.7[1927.7]-
　　册(①189页)　图　32开
　　上册：民国16.7初版,民国27.5修正1版
　　教育部审定　修正课程标准　初级中学用
　　其他题名：几何教本
　　国图(1)　人教(1)　上海(1)

3-2182
几何
周为群,刘薰宇,章克标,仲光然编著
　　上海　开明书店　民国19.2[1930.2]-
　　2册(320页)　图　32开
　　上册：民国19.7第2版,民国19.7第3版,民国20.7第5版,民国21第6版,民国22第9版,民国23.7第11版,民国24.1第12版
　　下册：民国19.2初版,民国21第6版,民国22.6第8版,民国23.7第9版,民国24.1第10版
　　教育部审定　新课程标准适用　初级中学学生用
　　初版附注：民国18年7月-19年2月初版
　　其他题名：开明算学教本几何
　　北师大　人教　上海　辞书　广西师大　广东中山

3-2183
新中华几何学教本
张鹏飞编　华襄治校
　　上海　新国民图书社　民国19.5-6[1930.5-6]
　　2册(166,146页)　图　大32开
　　上册：民国19.5初版,民国20.12第2版,民国21.8第3版
　　下册：民国19.6初版,民国21.10第2版
　　初级中学用
　　其他题名：新中华教科书几何教本
　　国图　人教　辞书　编译馆(1)

3-2184
初中几何
沈志坚,倪道鸿编　杨哲明,龚昂云校订
　　上海　世界书局　民国19.7[1930.7]初版,民国19第2版,民国20订正5版,民国21.12修正9版,民国23.7修正11版
　　315页　图　32开
　　初级中学学生用
　　其他题名：初级中学教科书初中几何

北师大　人教　上师大　天津　河南　广东中山　编译馆

3-2185

初中几何
余介石,胡术五编辑　段调元校
　　上海　青光书局　民国21.8[1932.8]-
　　2册(165,162页)　图　32开
　　上册:民国21.8初版
　　下册:民国24第2版
　　教育部审定　依照新课程标准编辑
　　北师大(1)　华师大(1)　广东中山

3-2186

几何
中等算学研究会编辑
　　上海　南京书店　民国21.9[1932.9]-
　　2册(①317页)　表　32开
　　第1册:民国21.9第2版
　　书脊题名:初中算学教科书几何
　　其他题名:新学制初中算学教科书几何
　　编译馆(1)

3-2187

几何学
薛德炯编　陈建功校
　　上海　新亚书店　民国22.5-12[1933.5-12]
　　2册(364页)　32开
　　上册:民国22.5初版
　　下册:民国22.12初版
　　其他题名:新亚教本几何学
　　其他题名:初中几何学
　　北师大　人教　辞书

3-2188

几何
余介石,徐子豪编著　段育华校订
　　上海　重庆　赣县　商务印书馆　民国22.7[1933.7]
　　2册(234页)　图,表　32开
　　上册:民国22.7初版,民国22.8第15版,民国22.10第35版,民国23.4第40版,民国24.5第44版,民国24.6第52版,民国35审定126版,民国35重庆167版,民国35.11第194版,民国36审定196版
　　下册:民国22.7初版,民国22.8第15版,民国22第20版,民国23.3第32版,民国24.5第36版,民国27第74版,民国31赣县10版,民国32赣县24版,民国35.11第139版,民国36审定195版
　　教育部审定　按照新课程标准编辑　初级中学用
　　逐页题名:几何学
　　其他题名:复兴初级中学教科书几何
　　其他题名:复兴教科书几何
　　国图　北师大　人教　上海　华师大(2)　上师大　辞书　河南(1)　庐山　广东中山　编译馆

3-2189

几何学
吴在渊编
　　上海　中国科学图书仪器公司　民国22.8[1933.8]-
　　3册(1-160,161-351,352-547页)　图　32开
　　上册:民国22.8初版,民国23第2版,民国30.6版,民国36.5第11版
　　中册:民国23.1初版,民国30.6版,民国36第11版
　　下册:民国32.7第5版,民国36.12第11版
　　教育部审定
　　版权页题名:初中几何学
　　其他题名:中国初中教科书几何学
　　上海　上师大(1)　辞书

3-2190

黄氏初中几何
黄泰编著　王刚森,骆师曾校订
　　上海　世界书局　民国22.8-9[1933.8-9]
　　2册(121,156页)　图,表　32开
　　上册:民国22.8初版,民国22.12第2版,民国23.2版,民国24第5版,民国24第7版
　　下册:民国22.9初版,民国22第2版,民国27.12新3版,民国28.7新4版
　　附:数值三角
　　初级中学学生用
　　其他题名:新课程标准世界中学教本黄氏初中几何
　　北师大　人教　上海　上师大(1)　辞书　广东中山(1)　编译馆

3-2191

何氏初中几何
何时慧编著　骆师曾校订
　　上海　世界书局　民国22.11-23.2[1933.11-1934.2]
　　2册(213,194页)　图,表　32开
　　上册:民国22.11初版,民国23.2第2版,民国23.8第3版
　　下册:民国23.2初版
　　初级中学学生用
　　附:数值三角
　　其他题名:新课程标准世界中学教本何氏初中几何
　　北师大　上海(1)　华师大　上师大　辞书

3-2192

初中几何
余介石,徐子豪,胡术五编　周家树,张鸿基校
　　上海　香港　中华书局　民国23.7[1934.7]
　　2册(168,181页)　大32开
　　上册:民国23.7初版,民国23.7第2版,民国24.8第5版,民国25.5第10版,民国25第11版,民国26.5第20版,民国26第23版,民国28.2第24版,民国29香港36版,民国30香港47版,民国37.8第57版
　　下册:民国23.7初版,民国23.7第2版,民国24.8第4版,民国25.5第7版,民国26.5第11版,民国28.2第17版,民国29.1香港20版,民国29.2香港43版,民国36第38版,民国36.10第42版
　　教育部审定　新课程标准适用

北师大　人教　上海　上师大(1)　辞书　庐山　广东中山

3-2193

几何

　　孙宗堃,胡尔康编辑　沈涤生校订

　　　　上海　中学生书局　民国24.1[1935.1]

　　　　2册(208,208页)　图　32开

　　　　上册：民国24.1初版

　　　　下册：民国24.1初版,民国26第7版

　　　　书脊题名：初中标准算学几何

　　　　其他题名：初中标准算学教本几何

　　　　上师大(2)　辞书

3-2194

初中实验几何学

　　汪桂荣编著　任诚校订

　　　　南京　正中书局　民国24.7[1935.7]初版,民国31.9第4版

　　　　130页　图　32开

　　　　教育部审定　新课程标准适用

　　　　卷端题名：实验几何学

　　　　其他题名：初级中学实验几何学

　　　　北师大　人教　辞书

3-2195

初中几何学

　　万颐祥编著　任诚校订

　　　　南京　正中书局　民国24.7-12[1935.7-12]

　　　　2册(149,155页)　32开

　　　　上册：民国24.7初版,民国25.10第16版

　　　　下册：民国24.12初版,民国25.8第6版

　　　　教育部审定　新课程标准适用

　　　　封面题名：几何学

　　　　其他题名：初级中学几何学

　　　　人教　上师大(1)　辞书　广西师大(1)　广东中山

3-2196

几何

　　薛元鹤,黄应韶合编

　　　　上海　大东书局　民国24-25[1935-1936]

　　　　2册(194,300页)　大32开

　　　　上册：民国24初版

　　　　下册：民国25初版

　　　　新课程标准适用

　　　　附：数值三角

　　　　其他题名：新生活初中教科书几何

　　　　广东中山

3-2197

初级中学校几何教科书

　　(伪)满洲帝国教育会著

　　　　[长春]　[出版者不详]　民国25.3[1936.3]

　　　　175页　图　大32开

　　　　(伪)文教部审定

　　　　逐页题名：初中几何教科书

　　　　辞书

3-2198

初中几何教科书

　　韩清波编辑　傅种孙校订

　　　　北平　师大附中算学丛刻社　民国26.4[1937.4]

　　　　2册(189,183页)　图　32开

　　　　第1-2册：民国26.4初版

　　　　北师大

3-2199

建国初中几何学

　　薛德炯编著

　　　　南京　正中书局　民国26.5[1937.5]

　　　　2册(174,155页)　图　32开

　　　　上册：民国26.5初版,民国27.7版,民国27第10版

　　　　下册：民国26.5初版,民国27第10版

　　　　封面题名：几何学

　　　　其他题名：初级中学几何学

　　　　其他题名：建国教科书几何学

　　　　国图　人教(1)　上师大　辞书　广东中山

3-2200

新编初中几何

　　陈修仁编　朱彦俯,陶鸿翔校

　　　　上海　中华书局　民国28.5-7[1939.5-7]

　　　　4册(113,116,145,69页)　图　32开

　　　　第1册：民国28.5初版,民国35.8版,民国36.2第19版

　　　　第2册：民国28.6初版,民国35.8第17版,民国36.3第 20版

　　　　第3册：民国28.7初版,民国29.4第4版,民国35.6第11 版,民国36.4第15版

　　　　第4册：民国28.7初版,民国35.8第12版,民国36.3第13 版,民国36.10第15版

　　　　教育部审定　修正课程标准适用

　　　　附：中西文名词对照表

　　　　封面题名：初中几何

　　　　北师大　人教　华师大(3)　辞书　广东中山(4)

3-2201

初中新几何

　　俞鹏,石超编著　骆师曾校订

　　　　上海　世界书局　民国29.4[1940.4]-

　　　　2册(219,197页)　图　32开

　　　　上册：民国29.4新6版,民国36.11新13版

　　　　下册：民国35.11新9版,民国36.7新10版

　　　　教育部审定　修正课程标准适用

　　　　初版附注：民国28年8月修正初版

　　　　人教　上师大(2)　编译馆(1)

3-2202

初中几何

　　(伪)教育总署编审会编著

　　　　北平　[编者刊]　民国28.12[1939.12]

　　　　2册(209,212页)　图　32开

　　　　上下册：民国28.12初版

版权页题名：初中几何学
北师大　辞书

3-2203

初中几何教本
骆师曾编
　　上海　成都　开明书店　民国30.8[1941.8]-
　　2册(233,240页)　图　32开
　　上册：民国36.2第5版,民国36.11第6版
　　下册：民国30.8第2版,民国36.10第6版,民国37.10第7版
　　教育部审定　修正课程标准适用
　　附：中英译名对照表
　　初版附注：民国28年12月初版
　　北师大　人教　上师大(2)　广东中山　编译馆(1)

3-2204

初中几何
(伪)教育部编审委员会编纂
　　4册(132,118,153,69页)　图　32开
　　第二学年第一学期～第三学年第二学期用
　　附：中西名词对照表
　　其他题名：国定教科书初中几何
　　①南京　(伪)国民政府教育部　民国29.8-30.2[1940.8-1941.2]
　　第1册：民国30.2初版
　　第2册：民国30.2初版
　　第3册：民国30.2初版,民国32.1第4版
　　第4册：民国29.8初版,民国31.1第2版,民国33.1第7版
　　国图(1)　人教(1,4)　上海　上师大　辞书
　　②上海　新亚印书馆　民国29.8[1940.8]-
　　第2册：民国29.8初版,民国32.1第5版
　　人教(2)
　　③上海　华中印书局　民国30.2[1941.2]-
　　第2册：民国32年版
　　第3册：民国32.1第4版
　　第4册：民国30.2初版,民国31.1第2版
　　人教(2-4)

3-2205

初中几何
李绪文,徐子豪编
　　重庆　中华书局　民国33.4-11[1944.4-11]
　　2册(165,138页)　图,表　32开
　　上册：民国33.4初版
　　下册：民国33.11初版
　　最新课程标准适用
　　辞书

3-2206

初中几何学
汪桂荣,万颐祥,余传绶编著
　　重庆　上海　北平　正中书局　民国34.10[1945.10]
　　2册(196,216页)　32开
　　上册：民国34.10沪1版,民国34第26版,民国35沪86版,民国36.4沪126版,民国37.5平1版
　　下册：民国34.10沪1版,民国34.12沪30版,民国35沪59版,民国35.12沪94版,民国36.11沪124版
　　教育部审定　遵照民国30年修正课程标准编著　第二学年～第三学年用
　　初版附注：民国33年9-10月初版
　　封面题名：几何学
　　逐页题名：新中国初中几何学
　　其他题名：新中国教科书初中几何学
　　国图　北师大(1)　上海　上师大(2)　辞书　天津(1)　广东中山(2)

3-2207

新修正标准初中几何
薛元鹤,黄应韶编著　黄福熙校订
　　上海　大东书局　民国34[1945]-
　　2册(194,300页)　图　32开
　　上册：民国34初版,民国36.6第6版
　　下册：民国35.12第4版
　　初版附注：民国34年初版
　　人教

3-2208

初中几何
胡术五,余介石编　段调元校
　　上海　北新书局　民国35[1946]-
　　2册(188,174页)　图　32开
　　上册：民国35年版,民国36.6版
　　下册：民国36.6版
　　教育部审定　根据修正课程标准新编
　　附：名词索引
　　人教　辞书(1)

3-2209

几何学
吴在渊编
　　上海　中国科学图书仪器公司　民国36[1947]
　　2册(283,261页)　图　32开
　　第1册：民国36年版,民国36.5第11版
　　第2册：民国36年版,民国36.12第11版
　　教育部审定
　　其他题名：中国初中教科书几何学
　　北师大　人教　广东中山

3-2210

几何[最新修订本]
国立编译馆主编　蔡德注编辑　黄守中校阅　计维新绘图
　　上海　五联社　民国37.6-9[1948.6-9]
　　2册(145,179页)　图　32开
　　上册：民国37.6初版
　　下册：民国37.9初版
　　教育部审定

版权页题名：初级中学几何

人教　辞书(1)

3-2211

几何

余介石编　黄缘芳改编　汤彦颐校订　余元庆协校

上海　商务印书馆　民国37.7[1948.7]

2册([349]页)　图　32开

第1-2册：民国37.7修订1版

依照教育部修正课程标准编辑

其他题名：复兴初级中学教科书几何

人教　庐山　广东中山(2)

3-2212

初级中学实验几何

国立编译馆主编　蔡德注编辑　余介石等校阅　计维新，
唐冠芳绘图

167页　图　32开

教育部审定

其他题名：实验几何

①上海　大中国图书局　民国37.7[1948.7]

人教

②上海　正中书局　民国37.7[1948.7]沪1版

人教

③上海　大东书局　民国37[1948]版

人教

3-2213

几何学

哈尔滨　东北书店　民国37.9[1948.9]-

　册(①234页)　32开

第1册：民国37.9版

初中临时教材

国图(1)

3-2214

初级中学几何

国立编译馆主编　蔡德注著

上海　世界书局　民国37[1948]-

　册(①149页)　32开

上册：民国37年版

广东中山(1)

3-2215

几何

骆师曾编著

[长春]　东北书店　民国38.4[1949.4]

2册(224,157页)　图　32开

上下册：民国38.4初版

东北行政委员会教育部规定

附：中英名词对照表

其他题名：初中临时教材几何

人教　辞书

3-2216

初中新几何

叶述武,李铭燊编　李国威制图

广州　荣兴书局　民国38.7[1949.7]

2册(426页)　图　32开

第1-2册：民国38.7版

其他题名：新几何

人教　广东中山(1)

*　　*　　*

3-2217

汉译温德华士几何学

(美)温德华士著　张彝译述

上海　商务印书馆　民国1.4[1912.4]初版,民国4.5第6
版,民国7第10版,民国10.9第16版,民国13.6第20版,
民国15第21版,民国15.10第22版,民国17.11第26版,
民国20.2第39版,民国21.7国难后7版,民国21.10国难
后19版,民国23.1国难后23版,民国23.11国难后29版,
民国24.2国难后30版,民国24国难后32版,民国26.8国
难后41版,民国27国难后42版

466页　图　32开　精装

逐页题名：温德华士几何学

其他题名：汉译温氏高中几何学

北师大　人教　上海　华师大　上师大　河南　庐山　广西
师大　广东中山　编译馆

3-2218

高级几何学

胡敦复,吴在渊编　胡明复校

上海　中华书局　民国14.5[1925.5]初版,民国14.7第2
版,民国16第6版,民国17.9第8版,民国18.7第10版,
民国20.7第12版,民国21.1第14版,民国21.6第15版,
民国21.7第16版,民国21.10第17版,民国22.10第20
版,民国23.6第21版,民国24第25版

411页　图　大32开　精装

教育部审定　高级中学用

封面题名：新中学几何学

其他题名：新中学教科书高级几何学

国图　北师大　人教　上师大　辞书　庐山　广西师大　编
译馆

3-2219

几何学

胡术五等编著

上海　商务印书馆　民国23.7[1934.7]初版,民国24增订11
版,民国27增订19版,民国36.12增订49版

296页　图　32开

附：英文原名索引

其他题名：复兴教科书几何学

其他题名：复兴高级中学教科书几何学

国图　北师大　人教　上海　上师大　天津　河南

3-2220

几何学

余介石,张通谟编著
　　上海　商务印书馆　民国23.7[1934.7]初版,民国23 第3
　　　版,民国23.9第4版
　　259页　图　32开
　　高级中学用
　　其他题名：复兴高级中学教科书几何学
　　其他题名：复兴教科书几何学
　　北师大　人教　上海　辞书　广东中山

3-2221

高中几何学教科书
吴在渊编　胡敦复校
　　上海　中华书局　民国23.8-10[1934.8-10]
　　2册(330,197页)　图　大32开
　　上册：民国23.8初版,民国23.10第2版,民国24.8第4版,
　　　民国24.9第5版,民国24第6版
　　下册：民国23.10初版,民国24.9第2版,民国24第3版
　　教育部审定　新课程标准适用
　　封面题名：几何学教科书
　　其他题名：高级中学几何学教科书
　　国图(1)　人教　上海(1)　辞书

3-2222

高中几何学
陈建功,郦福绵编
　　上海　湖南　开明书店　民国24.1[1935.1]初版,民国24.9
　　　第3版,民国25.1第4版,民国26.11第6版,民国29.9第
　　　9版,民国32湘1版
　　432页　图　大32开
　　教育部审定　新课程标准适用　高级中学学生用
　　国图　北师大　上师大　人教　辞书　广西师大　广东中山

3-2223

高中几何学：甲组
陈建功,郦福绵编著
　　上海　湖南　开明书店　民国36.3[1947.3]第12版,民国36.9
　　　第13版,民国36 第14版,民国38.2第17版
　　432页　图　32开
　　修正课程标准适用　高级中学甲组用
　　附：几何学名词中西文对照表
　　初版附注：民国24年1月初版
　　北师大　人教　辽宁　广东中山

3-2224

几何学教科书
吴在渊编　胡敦复校
　　上海　中华书局　民国26.4[1937.4]-
　　2册(②214页)　图　大32开
　　下册：民国26.4初版
　　教育部审定　新课程标准适用
　　附：中西名词对照表
　　封面题名：高中几何学教科书
　　其他题名：高级中学几何学教科书
　　编译馆(2)

教学参考书

3-2225

标准几何学教科书(教授资料)
(日)关口雷三述
　　东京　株式会社中等教科书出版协会　大正15.10[1926]
　　133页　32开
　　女学校用
　　其他题名：几何学教科书
　　华师大

3-2226

复兴初级中学几何教员准备书
余介石等编著
　　上海　商务印书馆　民国23.5[1934.5]初版,民国23.9第3
　　　版,民国24.8版
　　241页　图　32开
　　其他题名：复兴初级中学教科书几何教员准备书
　　北师大　人教　辽宁

教学辅导书

3-2227

几何学问题详解
崔朝庆编纂　寿孝天校订
　　上海　商务印书馆　民国7.9[1918.9]初版,民国10第5版,
　　　民国12第7版,民国18.1第10版,民国19.7第11版,民
　　　国21.6国难后1版
　　273页　大32开　精装
　　中学校、师范学校用
　　其他题名：民国新教科书几何学问题详解
　　国图　河南　广西师大　广东中山　编译馆

3-2228

几何学定理分类表
张鹏飞编　李续祖校
　　上海　中华书局　民国8.9[1919.9]
　　70页　表　64开
　　教育部审定　中等学校新参考书
　　辞书

3-2229

折纸几何学
(印度)鲁生达(T. Sundara Row)原著　陈岳生译　段育华校
　　上海　商务印书馆　民国20.8[1931.8]初版,民国22国难后
　　　1版
　　138页　图　32开
　　中学补充用书
　　辞书　广东中山

3-2230

几何分类习题

黄阶平编
  上海　南京书店　民国 22[1933]
  90 页　32 开　（中学生升学准备丛书）
  逐页题名：平面几何升学指导
  河南

3-2231
近代几何学
王邦珍编
  上海　商务印书馆　民国 23.11[1934.11]
  168 页　32 开　精装　（学艺丛书　22）
  华师大　广东中山

3-2232
几何圆锥曲线论
徐韫知译述
  上海　商务印书馆　民国 26.3[1937.3]版
  288 页　32 开　（算学小丛书）
  庐山

3-2233
几何学
桂叔超，金品编
  上海　商务印书馆　1952.8
  2 册(120,122 页)　图　64 开　（中学各科要览）
  上下册：1952.8 第 15 版
  初版附注：民国 26 年 6 月初版
  书脊题名：中学理科要览几何学
  辞书　广东中山(1)

3-2234
几何学演习指导
薛德炯编译
  上海　新亚书店　民国 34.10[1945.10]第 6 版，民国 38.6 版
  241 页　图　32 开
  辞书　广西师大

3-2235
几何难题分类解义
高季可编
  上海　中华书局　民国 34.10[1945.10]初版，民国 37 第 3 版
  430 页　图　32 开
  辞书　广东中山

3-2236
几何表解
骆承绪编著
  上海　东方文学社　民国 36.4[1947.4]
  42 页　图，表　32 开
  师生必备
  版权页题名：考试必备几何表解
  其他题名：师生必备几何表解
  人教

    ＊　＊　＊

3-2237
几何学习题详解
张鹏飞编　华襄治校
  上海　中华书局　民国 15.12[1926.12]初版，民国 18.10 版，
  民国 19.11 第 4 版，民国 21.10 第 6 版
  308 页　图　大 32 开　精装
  初级中学用
  封面题名：新中学几何学习题详解
  其他题名：新中学教科书几何学习题详解
  国图　人教　辞书　河南　广西师大　编译馆

3-2238
几何习题详解
陈元亨编著
  上海　东方文学社　民国 22[1933]
  203 页　图　32 开
  其他题名：现代初中教科书几何习题详解
  上海　河南

3-2239
初中几何习题解答
胡濬荪，陈伯琴　余介石校
  上海　中华书局　民国 24.10[1935.10]
  2 册(81,80 页)　图　32 开
  上下册：民国 24.10 初版
  新课程标准适用
  辞书

3-2240
初中几何复习指导
钱洪翔编
  上海　现代教育研究社　民国 25[1936]版
  333 页　32 开
  其他题名：几何复习指导
  河南

3-2241
几何三角
沈鸣编
  上海　世界书局　民国 27.9[1938.9]
  138 页　32 开　（初中自修指导丛书）
  补习、复习及考试升学用
  版权页题名：初中几何三角自修指导
  上师大　辞书

3-2242
初中几何三角测验
陈岳生编著
  上海　商务印书馆　民国 28.8[1939.8]
  250 页　图，表　32 开　散页袋装　（理科教育研究会测验丛书）
  辞书

3-2243
几何
许莼舫编著　秦沅校订
  昆明　中华书局　民国 30.1[1941.1]

344页　32开
初中数学补习用书
上海　辞书

3-2244

几何
陈伯琴等编
　　成都　兼声编译出版社　民国32.6[1943.6]版
　　188页　32开　（初中复习丛书）
　　国图

3-2245

初中几何复习指导
钱洪翔编
　　桂林　北新书局　民国32.6[1943.6]
　　334页　大32开
　　国图

3-2246

几何
骆师曾编辑
　　上海　世界书局　民国36.6[1947.6]第2版
　　126页　图　32开
　　初中补习考试适用
　　人教　广东中山

3-2247

初级几何学问题解法
高楷解证
　　华阳　华阳县立中学校　[1912-1949?]第2版
　　268页　图　大32开
　　逐页题名：几何学问题详解
　　书脊题名：初级几何学问题详解
　　辞书

*　　*　　*

3-2248

几何学
荣方舟编著
　　上海　长沙　成都　商务印书馆　民国24.5[1935.5]初版，
　　　民国24第2版，民国24.9改订3版，民国27长沙改订9
　　　版，民国32蓉改订1版
　　182页　图　32开　（高中复习丛书）
　　人教　华师大　上师大　河南　广东中山

3-2249

高中几何测验
程纶，陈岳生编
　　上海　商务印书馆　民国27.7[1938.7]
　　222页　图,表　32开　散页袋装　（理科教育研究会测验丛书）
　　辞书

3-2250

几何问题详解
赵余勋著
　　上海　三民图书公司　民国35.7[1946.7]初版,民国36.2第
　　　2版
　　207页　图　32开
　　高中、大学投考及会考必备
　　人教　辞书

几何画

课　本

3-2251

简明几何画法教科书
（英）白起德辑　傅兰雅口译　徐建寅笔述
　　[出版者不详]　清光绪31.12[1906]
　　136页　图　32开　线装
　　封面题名：简明几何学教科书
　　人教　广西师大

3-2252

中学用器画教科书
孙钺编辑　杜亚泉校订
　　上海　商务印书馆　清光绪32.4[1906]-
　　2册(120,86页)　图　大32开
　　上册（几何画法）：光绪32.4初版,光绪33第4版,宣统1第2版
　　下册（投影画法）：光绪33第4版,宣统1第2版
　　封面题名：用器画
　　其他题名：最新中学教科书用器画
　　人教(1)　上师大　辞书　河南(1)

3-2253

中学用器画教科书：平面几何画、投影画
孙钺编纂　杜亚泉校订
　　上海　商务印书馆　清宣统1[1909]第2版,民国1第12版,
　　　民国3.7第15版,民国5第16版,民国11.12第22版,民
　　　国13.1第23版
　　1册(92,58页)　图　大32开
　　初版附注：清光绪32年4月初版
　　封面题名：用器画
　　书脊题名：最新中学教科书平面几何画、投影画
　　其他题名：最新中学教科书用器画
　　国图　北师大　华师大　辞书　天津　广东中山

3-2254

最新用器画教科书
郭德裕编辑
　　上海　启智学社　清光绪33.5[1907]
　　106页　图　大32开
　　版权页题名：用器画教科书
　　逐页题名：中等教育用器画教科书
　　人教　辞书

3-2255

用器画法教科书

张鸣,赵振懦编译
上海　昌明公司　清光绪33.6[1907]
52页　图　大32开　精装
卷端题名:几何画教科书
辞书

3-2256
用器画教本
(日)白滨徵原著　吴应机译绘
北京　旅京江苏学堂　清光绪34.2[1908]
43页　图　32开
北师大

3-2257
中学用器画教科书:透视画
孙钺编纂　寿孝天校订
上海　商务印书馆　民国1[1912]版,民国2.4版,民国3.6
第7版
75页　图　大32开
初版附注:清光绪34年7月初版
封面题名:用器画
书脊题名:最新中学教科书透视画
其他题名:最新中学教科书用器画
北师大　辞书　湖南

3-2258
新式中学用器画
(日)竹下富次郎原著　阎永辉编译　阎永仁等校阅
北京　[编者刊]　清光绪34.11[1908]
1册(58,48,27页)　图　大32开
北师大

3-2259
几何画教科书
(英)葛尔编
上海　文明书局　清宣统2[1910]-
　册　32开
第1册(上卷):宣统2年版
中学应用
国图(1)

3-2260
用器画解说
黄元吉编纂　寿孝天,骆师曾校订
上海　商务印书馆　民国2.10[1913.10]初版,民国9.5第5
　　版,民国21.9国难后1版
137页　图　大32开
中学校用
其他题名:共和国教科书用器画解说
国图　华师大　辞书　庐山　编译馆

3-2261
新制用器画
王雅南编辑　沈步洲校订
上海　中华书局　民国3.8[1914.8]初版,民国5.5第3版,
　　民国8.1版,民国9.2第5版,民国10第7版,民国17.10

第10版
65页　图　16开
中学校、师范学校适用
其他题名:用器画
北师大　人教　辞书　河南

3-2262
几何图学教科书:射影之部
谭柄锷编辑
长沙　启明印刷局　民国4.12[1915.12]
146页　图　大32开
辞书

3-2263
几何画
王雅南编辑　夏廷栋参校
北京　北京印书局　民国6.5[1917.5]
115页　图　大32开　(新图画)
中学、师范适用
北师大

3-2264
机械图画法
庄启编
上海　商务印书馆　民国9[1920]第2版,民国14第5版
34页　大32开
教育部审定
河南

3-2265
投影画
钱运生著
上海　平民书局　民国10[1921]版
24叶　图　大32开　线装
北师大

3-2266
投影几何学
Milen, W. P.著　郑善潮译
上海　商务印书馆　民国14.1[1925.1]
128页　图,表　大32开
附:索引
编译馆

3-2267
用器画
何明斋编纂
上海　商务印书馆　民国20.4[1931.4]初版,民国21.5国难
　　后1版,民国21.11国难后4版
73页　图(含彩图)　32开
其他题名:现代初中教科书用器画
国图　北师大　人教　上海　天津　编译馆

3-2268
中学用器画图式
黄元吉编　寿孝天,骆师曾校
上海　商务印书馆　民国20[1931]版,民国22.3国难后1版

40 页　图　32 开
大学院审定
其他题名：共和国教科书中学用器画图式
北师大　庐山　编译馆

3-2269
几何画
冯骈编纂
　　上海　商务印书馆　民国 22.1[1933.1]国难后 1 版
　　28 页　图　32 开
　　其他题名：应用用器画教科书几何画
　　编译馆

3-2270
机械图
冯骈编纂
　　上海　商务印书馆　民国 22.2[1933.2]国难后 1 版
　　47 页　图　32 开
　　高级中学学习阶段
　　其他题名：应用用器画教科书机械图
　　编译馆

3-2271
用器画：平面之部
文法初编辑　陆利夫校订
　　北平　华北科学社　民国 23.9[1934.9]
　　80 页　图　大 32 开
　　中学、师范适用教本
　　北师大

教学辅导书

3-2272
几何作图题解法
佩忒森(Petersen)原著　熊先珪译述　徐谷生校订
　　[不详]　艺文书社　民国 21[1932]第 2 版
　　174 页　32 开
　　辞书

平面几何

课　本

3-2273
最新平面几何学教科书
黄傅纶等编
　　上海　昌明公司　清光绪 30.10-31.9[1904-1905]
　　2 册　图　32 开
　　第 1 册：光绪 30.10 初版,光绪 32 第 3 版
　　第 2 册：光绪 31.9 初版,光绪 32 第 3 版
　　中等教育程度教材

国图　北师大

3-2274
平面几何学教科书
(日)菊池大麓著　湘南编译社员编译
　　东京　清国留学生学馆　清光绪 31.7[1905]
　　169 页　图　32 开
　　辞书

3-2275
几何学：平面部
谢洪赉编译　周承恩校勘
　　上海　商务印书馆　清光绪 32.1[1906]初版,光绪 32.6 第 2
　　版,光绪 34.9 第 4 版,宣统 2.3 第 6 版
　　1 册(96,78,22,44,66,50 页)　图　大 32 开　精装
　　清学部审定
　　版权页题名：平面几何学
　　其他题名：最新中学教科书几何学
　　国图　上海　辞书　天津　广西师大　广东中山

3-2276
平面几何学教科书
算学研究会编纂
　　汉口　昌明公司　清光绪 32.4[1906]
　　232 页　图　32 开
　　中等学校用
　　北师大

3-2277
平面几何教科书
(日)高桥丰夫著　B. H. 生翻译
　　上海　昌明公司　清光绪 32.5[1906]
　　114 页　图　大 32 开
　　中学校及师范学校用
　　卷端题名：平面几何学教科书
　　辞书

3-2278
新几何学教科书：平面
(日)长泽龟之助著　周达译
　　上海　东亚公司　清光绪 32.5[1906]
　　167 页　图　大 32 开
　　中学校及师范学校教科之用
　　北师大　人教

3-2279
中等教育几何学教科书：平面几何
何崇礼编
　　上海　科学会编译部　清光绪 32.6[1906]初版,宣统 2.6 第 7
　　版,宣统 3.8 版,民国 2.5 第 10 版,民国 3.3 第 11 版,民国
　　6.12 第 13 版
　　280 页　图　大 32 开　精装
　　版权页题名：平面几何
　　逐卷题名：几何学教科书
　　书脊题名：中等教育几何学教科书平面之部
　　辞书　北师大　人教　上海　广西师大

3-2280

平面几何讲义录
(日)东京数学院编纂　叶树宣,叶茂宣编译
　　上海　群学社　清光绪32.9[1906]-
　　　册(①224页)　图　32开
　　第1册(一编):光绪32.9版
　　中学校及师范学校教科用
　　北师大(1)

3-2281

平面几何教科书
梁楚珩编纂　商务印书馆编译所校订
　　上海　商务印书馆　清宣统2[1910]第2版,民国3第3版
　　206页　图　大32开
　　中学校及师范学校教科之用
　　初版附注:清光绪32年9月初版
　　北师大　天津

3-2282

新几何学教科书:平面
(日)长泽龟之助编纂　曾杰译述
　　湖南　广雅新译社　清光绪33.2[1907]
　　188页　图,折表　32开　精装
　　中学校、师范学校用
　　卷端题名:平面几何学
　　北师大　辞书

3-2283

普通教育几何教科书:平面之部
(日)阪井英一著　顾澄编译　吴起潜等校订
　　上海　普及书局　清光绪33.4[1907]
　　1册(206,51页)　图　32开
　　其他题名:几何教科书平面之部
　　国图　北师大

3-2284

平面
(日)桦正董著　曾钧译
　　上海　中国图书公司　清光绪33.4[1907]
　　197页　图　大32开
　　其他题名:新译几何学教科书平面
　　北师大　天津

3-2285

平面几何学讲义
(日)东京数学院编纂　谷钟琦译述
　　上海　群益书社　清宣统1.8[1909]
　　3册(435页)　图　32开　精装
　　第1-3册:宣统1.8第2版
　　中学校应用教科书
　　初版附注:清光绪33年4月初版
　　其他题名:中学校应用教科书平面几何学讲义
　　北师大

3-2286

几何之部:平面
(日)菊池大麓著　仇毅译
　　上海　群益社　清宣统2.4[1910]订正3版
　　253页　图　32开　精装
　　初版附注:清光绪34年正月初版
　　逐页题名:平面几何学
　　其他题名:中学校数学教科书几何之部
　　北师大　辞书

3-2287

几何学教科书:平面
(日)三轮桓一郎著　叶茂宣,叶树宣译
　　上海　新学会社　清宣统2[1910]订正2版
　　1册　图　32开
　　初版附注:清光绪34年4月初版
　　北师大

3-2288

平面几何学新教科书
(日)菊池大麓原著　黄元吉译述　寿孝天校订
　　上海　商务印书馆　清光绪34[1908]第2版,宣统1第3版,民国1.10第9版,民国2第11版,民国5.12第14版
　　256页　图,表　大32开
　　教育部审定
　　初版附注:清光绪34年初版
　　其他题名:中学平面几何学新教科书
　　国图　北师大　天津　河南　编译馆

3-2289

几何图学教科书:平面之部
何炳麟编辑
　　长沙　湖南集成书社　民国2.8[1913.8]第2版
　　86页　图　大32开
　　初版附注:清宣统2年7月初版
　　北师大

3-2290

温特渥斯平面几何学
[温特渥斯著]　马君武译
　　上海　科学会编译部　清宣统2[1910]版
　　314页　图　32开　精装
　　北师大

3-2291

新撰几何学教科书:平面之部
(日)林鹤一编纂　邬肇元译补
　　东京　清国留学生会馆　[1911?]
　　202页　图　大32开　精装
　　中学校数学科用
　　逐页题名:平面几何学
　　辞书

3-2292

中等教育几何学教科书:平面之部
(日)上野清著　仇毅译述　熊煦阳,杨宝泰校对
　　上海　群益书社　民国1.8[1912.8]第4版
　　208页　图　32开　精装

北师大

3-2293

平面几何
黄元吉编纂　寿孝天校订

　　上海　商务印书馆　民国2.10[1913.10]初版,民国5.6第3版,民国5.11第8版,民国8.8第13版,民国10.10第17版,民国12.9第19版,民国13.12第20版

　　176页　图　大32开

　　教育部审定　中学校用

　　其他题名:共和国教科书平面几何

　　国图　北师大　人教　华师大　辞书　天津　河南　广东中山　编译馆

3-2294

新式几何学教科书:平面部
(日)菊池大麓原著　吴奎璧,言微辑译

　　吉林　吉东印刷社　民国3.9[1914.9]

　　260页　图　大32开

　　北师大

3-2295

新制平面几何学教本
王永炅,胡树楷编辑　陈榥,王祖训校阅

　　上海　中华书局　民国6.7[1917.7]初版,民国7.8第4版,民国10.1第8版,民国13.6第12版

　　1册(166,44页)　图　32开

　　教育部审定　中学校、师范学校适用

　　北师大　人教　辞书　河南

3-2296

近世平面几何学
郭凤藻,武崇经编译　寿孝天校订

　　上海　商务印书馆　民国8.9[1919.9]第2版

　　178页　图　大32开

　　教育部审定

　　北师大　编译馆

3-2297

平面解析几何学
郑太朴编辑

　　上海　商务印书馆　民国18.9[1929.9]

　　154页　图　32开

　　编译馆

3-2298

平面几何
劳启祥编

　　长沙　私立雅礼中学校　民国21.8[1932.8]第3版

　　256页　图,表　大32开

　　教育部审定　学生用

　　初版附注:民国19年6月初版

　　人教　辞书　编译馆

3-2299

平面几何学
马文元编　秦汾订

　　北平　戊辰学会编辑部　民国22.9[1933.9]第2版

　　292页　图　32开

　　初版附注:民国20年8月初版

　　其他题名:新中学教科书平面几何学

　　北师大

3-2300

三S平面几何学
仲光然,严幼芝,徐任吾译

　　上海　新国民图书社　民国21.9[1932.9]初版,民国22.2第4版,民国22第6版,民国23.6第9版,民国23.9第10版,民国24.8第18版,民国26.4第24版,民国36.4第53版,民国36.12第54版,民国37.4第55版,民国37第57版,民国37.8第58版,1950.9第61版

　　388页　图　32开

　　中等学校用

　　附:中西文名词对照表

　　国图　北师大　人教　上师大　辞书　天津　广西师大　编译馆

3-2301

平面几何学:直线圆形
林鹤一等著

　　上海　商务印书馆　民国22.4[1933.4]版

　　1册　32开

　　庐山

3-2302

汉译三S平面几何学
南秉阳,韩镜湖译述　陈作东,李泽圃校订

　　北平　华北科学社　民国24.1[1935.1]

　　318页　图　大32开

　　中等学校适用教本

　　北师大

3-2303

汉译温斯二氏平面几何学
万允元等译

　　北平　北平科学社　民国24.1[1935.1]

　　274页　图　32开

　　逐页题名:平面几何学

　　北师大　辞书

3-2304

三S平面几何学
薛德炯,吴载耀,薛鸿达译

　　上海　开明书店　民国26.6[1937.6]初版,民国36.8第11版,民国36.12第12版,民国37.6第13版,民国38.9第20版

　　318页　图　32开

　　中等学校教科适用

　　华师大　人教　辞书　广西师大

3-2305

汉译S.S.S.平面几何学
(美)舒尔茨(Schultze)等著　陈岳生等译　陈荩民校

上海　中外图书公司　民国 27.9[1938.9]
338 页　图　32 开
附：中西文名词对照表
其他题名：S.S.S. 平面几何学
国图　人教

3-2306

三 S 平面几何学

（美）舒尔茨（Schultze）等著　骆承绪译　骆师曾校订
上海　世界书局　民国 33.3[1944.3]新 5 版,民国 35.12 新
　　12 版,民国 37.10 第 16 版
318 页　图　32 开
附：英汉名词对照表
封面题名：S.S.S. 平面几何学
国图　北师大　人教

3-2307

新三 S 平面几何学

（美）Schultze,（美）Sevenoak,（美）Stone 原著　余源庆,刘
　　遂生译
上海　中华书局　民国 33.3[1944.3]版,民国 36.4 第 5 版,
　　民国 37.10 第 7-9 版
388 页　图　32 开
北师大　人教　上师大　辞书

3-2308

S.S.S. 新平面几何学

（美）Schultze 等著　严幼芝等译
上海　龙门出版公司　民国 33.8[1944.8]
408 页　图　32 开
附：中西名词对照表
版权页题名：三 S 新平面几何学
人教　辞书

3-2309

三 S 新平面几何学

（美）舒尔茨（Schultze）等原著　骆师曾译
上海　世界书局　民国 34.8[1945.8]初版,民国 36.6 第 5
　　版,民国 37.10 版
391 页　图　32 开
附：英汉名词对照表
封面题名：S.S.S. 新平面几何学
其他题名：新平面几何学
人教　辞书

3-2310

三 S 平面几何学

（美）Schultze,（美）Sevenoak,（美）Schuyler 原著　钱介夫,
　　李修睦译　周家树,段调元校订
上海　大东书局　民国 35.8[1946.8]第 5 版
406 页　图　32 开
逐页题名：汉译司塞司三氏三 S 平面几何学
辞书

3-2311

新高级平面几何学

华祈文编著
上海　上海科学社　民国 35.9[1946.9]初版,民国 35 第 2 版
184 页　大 32 开　（新科学丛书）
其他题名：高级平面几何学
上师大　广西师大

3-2312

新译三 S 平面几何学

马君常译　张锡纶等校阅
上海　东方书店　民国 36.7[1947.7]初版,民国 36.11 第
　　2 版
399 页　图　32 开
附：名词索引
其他题名：三 S 平面几何学
人教

3-2313

三 S 平面几何学

（美）舒尔茨（Schultze）等著　黄锡祺等译
上海　上海书局　民国 36.8[1947.8]第 8 版
376 页　图　36 开
其他题名：中学教本三 S 平面几何学
国图　人教

3-2314

S.S.S. 重编平面几何学

（美）舒尔茨（Schultze）等著　薛德炯,薛鸿陆译
上海　中国科学图书仪器公司　民国 36.8[1947.8]
396 页　图　32 开
附：笔画及英汉索引
其他题名：重编平面几何学
人教

3-2315

新三 S 平面几何学

（美）舒尔茨（Schultze）等著　许彦生译
上海　开明书店　民国 37.3[1948.3]初版,民国 37.11 第
　　4 版
345 页　图　32 开
附：中西文名词对照表
其他题名：三 S 平面几何学
人教

3-2316

新三 S 平面几何学

（美）舒尔茨（Schultze）等著　周文译述
上海　上海科学社　民国 37.5[1948.5]第 6 版
349 页　图　32 开
附：中西文名词对照表
其他题名：三 S 平面几何学
人教

3-2317

汉译三 S 平面几何学

高佩玉,王乔南,卢子权,王佑民,苏其昌译
北平　北平科学社　民国 37.9[1948.9]新 1 版

313页　图　32开
教育部审定
逐页题名:平面几何学
其他题名:中学教本汉译三S平面几何学
辞书

3-2318
新高级平面几何学
华祗文编著
　　上海　新科学书店　民国38.8[1949.8]第3版
　　157页　图　32开
　　其他题名:高级平面几何学
　　人教

3-2319
改编三S平面几何学
赵型编译
　　上海　新中国联合出版社　民国38.8[1949.8]
　　276页　图　32开
　　人教

3-2320
汉译三S平面几何学
(美)舒尔茨(Schultze)等著　马纯德译述　程廷熙校阅
　　北平　文化学社　[1912-1949?]
　　313页　图　32开
　　人教

* * *

3-2321
平面几何教本
曹绍模编
　　上海　民智书局　民国20.9[1931.9]
　　242页　图　32开
　　初级中学适用
　　辞书

3-2322
平面几何学:汉译三S本
肖奉宗等编译
　　北平　宣明社　民国24.6[1935.6]-
　　　册(①152页)　图　大32开
　　上册:民国24.6初版
　　初中适用
　　其他题名:汉译三S平面几何学
　　北师大(1)

3-2323
三S平面几何学
(美)Schultze等原著　骆承绪译
　　上海　广文社　民国28[1939]第2版
　　318页　32开
　　初级中学适用教本
　　其他题名:平面几何学

广东中山

3-2324
平面几何学
山东省人民政府教育厅编
　　济南　新华书店山东总分店　民国38.9[1949.9]
　　245页　图　32开
　　山东省人民政府教育厅审定
　　其他题名:初级中学暂用课本平面几何学
　　人教

* * *

3-2325
高中平面几何学
傅溥编著
　　上海　世界书局　民国21.8[1932.8]初版,民国21.9第2版
　　292页　图　大32开
　　其他题名:高级中学教科书高中平面几何学
　　华师大　广东中山　编译馆

3-2326
汉译司塞司三氏高中平面几何学
(美)Schultze,(美)Sevenoak,(美)Schuyler原著　钱介夫,
李修睦译　余介石主译　周家树,段调元校订
　　上海　南京书店　民国22.2[1933.2]
　　406页　图　大32开
　　辞书　编译馆

3-2327
高中平面几何教科书
傅种孙著
　　北平　师大附中算学丛刻社　民国22.8[1933.8]初版,民国23第2版,民国24第3版,民国37.8第4版
　　314页　图　32开　精装
　　附:英汉名词引得
　　国图　北师大　人教　华师大　辞书

3-2328
汉译舒塞司平面几何学
高佩玉等译
　　北平　北平科学社　民国24.1[1935.1]第4版,民国25.7第6版
　　313页　图　大32开　精装
　　教育部审定
　　初版附注:民国22年8月初版
　　逐页题名:平面几何学
　　书脊题名:舒塞司平面几何学
　　北师大　辞书

3-2329
傅氏高中平面几何学
傅溥编著
　　上海　世界书局　民国23.7[1934.7]初版,民国25.8第3版
　　267页　图,表　大32开

高级中学学生用
逐页题名：高中平面几何学
其他题名：世界中学教本傅氏高中平面几何学
国图　北师大　上师大　辞书　广西师大

3-2330

高中平面几何
王绍颜主编　阎静山等编辑
　　北平　文化学社　民国24.8[1935.8]
　　158页　图　32开
　　新课程标准适用
　　其他题名：文化高中教科书高中平面几何
　　北师大

3-2331

平面几何学
谢宠泽编
　　天津　百城书局　民国24.8[1935.8]
　　246页　图　32开
　　新标准高级中学教本
　　北师大

3-2332

高中平面几何学
郑文华编
　　北平　正大学社　民国24.9[1935.9]版
　　300页　图　32开
　　新课程标准适用
　　国图　北师大　人教

3-2333

平面几何学
胡敦复, 荣方舟编著
　　上海　重庆　长沙　商务印书馆　民国25.7[1936.7]初版,
　　民国25.7第4版,民国27.4第13版,民国28第20版,民国35重庆44版,民国35第61版,民国35.12第77版,民国36.12第93版,民国37.12第109版
　　371页　图　32开
　　依照教育部修正课程标准编辑　高级中学用
　　附：英汉名词对照表
　　其他题名：复兴高级中学教科书平面几何学
　　国图　北师大　人教　上海　华师大　上师大　天津　辽宁　广西师大　广东中山

3-2334

建国高中平面几何学
居秉瑶编著
　　南京　上海　正中书局　民国25.8[1936.8]初版,民国26.7第2版,民国34.11沪1版,民国34沪8版
　　280页　图　32开
　　教育部审定　新课程标准适用
　　附：中英文名词索引
　　封面题名：平面几何学
　　其他题名：建国教科书平面几何学
　　国图　北师大　人教　华师大　辞书　天津　广西师大　广东中山

3-2335

高中新平面几何
裘友石编著
　　上海　世界书局　民国26.1[1937.1]初版,民国36.9修正版,民国37.9新13版,1949.10新15版
　　198页　图　大32开
　　遵照教育部民国25年修正课程标准编辑　高级中学学生用
　　附：术语中英对照表
　　其他题名：新课程标准世界中学教本高中新平面几何
　　国图　北师大　人教　上师大

3-2336

新编高中平面几何学
余介石编
　　上海　中华书局　民国26.2[1937.2]
　　2册(136,120页)　图　大32开
　　上册：民国26.2初版,民国36.3第15版
　　下册：民国26.2初版,民国28第7版,民国30第11版,民国35.8第14版,民国36.10第15版
　　教育部审定　初审核定本　修正课程标准适用
　　附：中西文名词对照表
　　封面题名：高中平面几何学
　　北师大　人教　华师大　上师大　辞书　广东中山

3-2337

高中平面几何学
吴在渊, 张鹏飞编
　　上海　中华书局　民国26.8[1937.8]
　　2册(228,234页)　图　大32开
　　上册：民国26.8初版,民国30.2第7版,民国35.11第9版
　　下册：民国26.8初版,民国35.8第9版
　　教育部审定　修正课程标准适用
　　附：中西文名词对照表
　　人教　辞书　天津

3-2338

高中平面几何
(伪)教育部编审会著
　　北平　[著者刊]　民国26[1937]版
　　290页　图　32开
　　北师大

3-2339

高中平面几何
(伪)教育总署编审会著
　　北平　[著者刊]　民国28.12[1939.12]
　　302页　图　32开
　　逐页题名：平面几何
　　辞书　天津

3-2340

高中平面几何学
金品编著
　　上海　建国出版社　民国30.5[1941.5]初版,民国36.1改订

7版,民国37.9改订10版
209页 图 32开
国图 人教

3-2341

汉译舒塞司三氏平面几何学
(美)舒尔茨(A. Schultze)等著 吴静山译
上海 新亚书店 民国31[1942]版
318页 32开
其他题名:舒塞司三氏平面几何学
广东中山

3-2342

高中平面几何
汪桂荣编
南京 钟山书局 民国31[1942]-
2册(②206页) 32开
下册:民国31第4版
教育部审定 遵照修正课程标准编辑
封面题名:钟山平面几何
其他题名:高中解析几何学
上师大(2)

3-2343

新编高中平面几何学
余介石编
重庆 中华书局 民国33.5[1944.5]
2册(138,128页) 图 大32开
上下册:民国33.5初版
修正课程标准适用
封面题名:高中平面几何学
辞书

3-2344

高级中学平面解析几何学
余介石编著 何鲁校订
重庆 上海 正中书局 民国33.8-10[1944.8-10]
2册(127,164页) 32开
第1册:民国33.8初版,民国34沪1版,民国34.12沪4版,民国37.3沪7版
第2册:民国33.10初版,民国34.12沪1版,民国34沪5版,民国35.11沪审定17版,民国36.4沪审定22版
遵照民国30年修正课程标准编著 第三学年第一学期~第二学期用
附:表及中西文索引
封面题名:平面解析几何学
逐页题名:新中国高中平面解析几何学
其他题名:新中国教科书高级中学平面解析几何学
国图 人教 上师大 辞书 天津

3-2345

高级中学平面几何学
居秉瑶编著
南京 上海 重庆 北平 正中书局 民国35.4[1946.4]渝初版,民国36第61版,民国36.10平65版,民国37.3沪7版
276页 图 32开
教育部审定 遵照民国30年修正课程标准编辑
附:中西文名词索引
其他题名:新中国教科书高级中学平面几何学
国图 北师大 人教 上师大 广东中山

3-2346

平面几何学
胡敦复,荣方舟编著
[长春] 东北书店 民国38.4[1949.4]
321页 图 32开
东北行政委员会教育部规定 专科学校适用
其他题名:高中临时教材平面几何学
人教 辞书

立体几何

课 本

3-2347

几何学:立体部
谢洪赉编辑 周承恩校订
上海 商务印书馆 清光绪32.1[1906]初版,光绪32第2版,民国2.5第4版
171页 图 大32开 精装
版权页题名:立体几何学
其他题名:最新中学教科书几何学
国图 北师大 上海 天津 广西师大 广东中山

3-2348

立体
(日)桦正董著 曾钧译
上海 中国图书公司 清光绪33.5[1907]
95页 图 32开 精装
其他题名:新译几何学教科书立体
北师大 天津

3-2349

立体几何学讲义
(日)奥平浪太郎著 吴灼昭译
上海 广智书局 清光绪33.6[1907]
264页 图 32开
北师大

3-2350

新几何学教科书:立体
(日)长泽龟之助著 张其祥译
东京 东亚公司 清宣统1.7[1909]第3版
79页 图 大32开
初版附注:清光绪33年8月初版
北师大

3-2351

几何之部：立体
（日）菊池大麓著　仇毅译
上海　群益书社　清宣统2.4[1910]订正3版,民国4第2版
94页　图　32开　精装
初版附注：清光绪34年正月初版
版权页题名：几何学小教科书立体
逐页题名：立体几何学
其他题名：中学校数学教科书几何之部
辞书　河南

3-2352

立体几何学新教科书
（日）菊池大麓著　胡豫译　黄元吉校订
上海　商务印书馆　清光绪34.5[1908]初版,民国3第9版
98页　图　大32开
版权页题名：中学立体几何学新教科书
国图　北师大

3-2353

普通教育立体几何教科书
（日）林鹤一著　彭清鹏译　张修爵校
上海　普及书局　清光绪34[1908]
1册(78,34页)　图　32开
卷端题名：新撰几何学教科书
逐页题名：立体几何学
河南

3-2354

中等教育几何学教科书：立体之部
（日）上野清原著　仇毅译述　仇庄校订
上海　群益书社　清宣统1.4[1909]
84页　图　32开　精装
其他题名：中等教育几何学教科书立体之部
北师大　人教　编译馆

3-2355

温特渥斯立体几何学解法
（美）温特渥斯(G. A. Wentworth)著　魏镜译
上海　科学会编译部　民国1.6[1912.6]初版,民国3.1第3版,民国22.2国难后1版,民国24.6国难后4版
203页　图　32开
北师大　人教　编译馆

3-2356

温特渥斯立体几何学
[（美）温特渥斯(G. A. Wentworth)著]　马君武译
上海　科学会编译部　民国1.8[1912.8]第2版
278页　图　32开　精装
北师大

3-2357

几何学讲义：立体部
（日）上野清原著　张廷华译述　骆师曾等校订
上海　商务印书馆　民国5.12[1916.12]第3版,民国12.9第4版
170页　图　大32开
初版附注：民国2年9月初版
北师大　华师大

3-2358

中等教育几何学教科书：立体之部
何崇礼编
上海　科学会编译部　民国3.1[1914.1]第5版,民国6.3第7版,民国6第8版
95页　图　大32开　精装
逐页题名：几何学教科书
北师大　辞书

3-2359

新式几何学教科书：立体部
（日）菊池大麓原著　吴奎璧,言微辑译
吉林　吉林印刷社　民国3.11[1914.11]
97页　图　大32开
北师大

3-2360

立体几何
黄元吉编纂　寿孝天校订
上海　商务印书馆　民国4.12[1915.12]初版,民国4年版,民国5第4版,民国9第10版,民国10.10第12版,民国14.11第14版
65页　图　大32开
教育部审定　中学校用
其他题名：共和国教科书立体几何
北师大　辞书　河南　广东中山　编译馆

3-2361

新制立体几何学教本
王永炅,胡树楷编　陈榥,王祖训校阅
上海　中华书局　民国6.4[1917.4]初版,民国7.9第3版,民国9.7第6版
100页　图　32开
教育部审定　中学校、师范学校适用
北师大　人教　辞书

3-2362

立体几何学
（美）舒塞斯原著　李耀春译述
北平　文化学社　民国24.2[1935.2]第3版
160页　图　32开
初版附注：民国21年5月初版
国图　北师大

3-2363

立体几何学
高佩玉等译
北平　北平科学社　民国22.8[1933.8]初版,民国24.10第5版
160页　图　大32开
版权页题名：汉译舒塞司立体几何学
其他题名：舒塞司立体几何学
北师大　人教　辞书

3-2364

三S立体几何学

薛德炯,吴载耀,薛鸿达译

　　上海　开明书店　民国29[1940]版,民国35.7版,民国35.12
　　第4版,民国38.9第6版,1949.10第7版
　　478页　图　32开
　　中等学校教科适用
　　初版附注：民国22年11月初版
　　北师大　人教　辞书

3-2365

三S立体几何学

仲光然,严幼芝,徐任吾译

　　上海　新国民图书社　民国23.4[1934.4]初版,民国24.10
　　第6版,民国26第9版,民国30第18版,民国36.4第25
　　版,民国37第26版
　　191页　图　大32开
　　中等学校用
　　附：中西名词对照表
　　北师大　人教　华师大　上师大　辞书　广东中山

3-2366

汉译三S立体几何学

南秉阳,张庆玺译述　陈作东,李泽圉校订　苏盛甫校阅

　　北平　华北科学社　民国24.2[1935.2]
　　170页　图　大32开
　　北师大

3-2367

汉译温斯二氏立体几何学

(美)Wentworth,(美)Smith 著　王周卿,高焕文译

　　北平　北平科学社　民国29.1[1940.1]
　　175页　32开
　　其他题名：温斯二氏立体几何学
　　人教

3-2368

三S立体几何学

(美)Schultze,(美)Sevenoak,(美)Schuyler 原著　徐曼英
译述

　　成都　兼声编译社　民国32.1[1943.1]
　　160页　图　大32开
　　北师大

3-2369

汉译三S立体几何学

高佩玉译

　　北平　北平科学社　民国35.3[1946.3]-
　　册(下159页)　32开
　　下册：民国35.3第9版
　　其他题名：三S立体几何学
　　人教(下)

3-2370

立体几何学

(美)舒塞斯(Schultze)等著　李熙如译述

　　北平　文化学社　民国36.2[1947.2]第5版
　　160页　32开
　　版权页题名：汉译三S立体几何学
　　其他题名：三S立体几何学
　　人教

＊　＊　＊

3-2371

实用主义中学新几何：立体

陈文著

　　上海　科学会编译部　民国12[1923]-
　　册(④103页)　大32开
　　第4册：民国12初版
　　高级中学用
　　其他题名：中学新几何
　　河南(4)

3-2372

高中立体几何学

傅溥编著

　　上海　世界书局　民国22.2[1933.2]初版,民国22.5第2版
　　147页　图　32开
　　高级中学学生用
　　其他题名：高级中学教科书高中立体几何学
　　国图　北师大　编译馆

3-2373

高中立体几何学教科书

韩清波等编译　傅种孙校订

　　北平　师大附中算丛刻社　民国22.5[1933.5]初版,民国
　　23第2版,民国25.5审定1版
　　240页　图　32开
　　教育部审定
　　附：汉英名词对照表
　　国图　北师大　人教

3-2374

汉译舒塞司三氏高中立体几何学

(美)舒尔茨(Schultze)等著　余介石主译　徐子豪,徐梦
云译

　　上海　南京书店　民国23.2[1934.2]
　　160页　图　32开
　　其他题名：舒塞司三氏高中立体几何学
　　其他题名：司塞司三氏高中立体几何学
　　国图　北师大　人教

3-2375

傅氏高中立体几何学

傅溥编著

　　上海　世界书局　民国23.7[1934.7]
　　[90]页　图　大32开
　　高级中学学生用
　　其他题名：高级中学教科书高中立体几何学

其他题名：世界中学教本高中立体几何学
国图　辞书

3-2376
高中立体几何教科书
韩清波等编译　傅种孙校订
　　北平　师大附中算学丛刻社　民国25.5[1936.5]
　　212页　图　32开
　　教育部审定
　　北师大

3-2377
立体几何学
胡敦复,荣方舟编著
　　上海　长沙　商务印书馆　民国25.7[1936.7]初版,民国25.7第2版,民国25.8第3版,民国27第13版,民国29长沙16版,民国30长沙20版,民国36第31版,民国36.3第38版
　　144页　图　32开
　　依照教育部修正课程标准编辑　高级中学用
　　附：英汉名词对照表
　　其他题名：复兴高级中学教科书立体几何学
　　其他题名：复兴教科书立体几何学
　　国图　北师大　人教　上师大　辞书　天津　广东中山

3-2378
高中立体几何学
吴在渊,陶鸿翔编
　　上海　中华书局　民国26.3[1937.3]初版,民国30.6第7版,民国35.7第8版,民国38年版
　　144页　图　32开
　　教育部审定　修正课程标准适用
　　附：中西文名词对照表
　　北师大　人教　天津

3-2379
新编高中立体几何学
余介石编
　　上海　中华书局　民国27.12[1938.12]初版,民国34年版,民国35.11第7版,民国36.4第9版
　　182页　图　大32开
　　教育部审定　修正课程标准适用
　　附：英文原名索引
　　封面题名：高中立体几何学
　　人教　辞书

3-2380
立体几何学
（美）A. Schultze,（美）F. L. Sevenoak,（美）E. Schuyler著
骆承绪译　骆师曾校订
　　上海　广文社　民国28.7[1939.7]初版,民国29.1第3版
　　164页　图　32开
　　初高中学适用教本
　　版权页题名：三S立体几何学
　　封面题名：S.S.S.立体几何学

其他题名：最新高中教本立体几何学
国图　人教　辞书

3-2381
立体几何
(伪)教育部编审会编著
　　北平　[编者刊]　民国28.12[1939.12]
　　168页　图　32开
　　版权页题名：高中立体几何
　　北师大　辞书

3-2382
高级中学立体几何学
马遵廷编著　薛德炯校订
　　上海　北平　正中书局　民国32.4[1943.4]初版,民国35.11沪23版,民国35平1版
　　176页　32开
　　第二学年甲组用
　　其他题名：新中国教科书高级中学立体几何学
　　国图　人教

3-2383
高级中学立体解析几何学
余介石编著　何鲁校订
　　重庆　上海　正中书局　民国32.9[1943.9]初版,民国34沪1版,民国34沪4版,民国35.11沪审定15版,民国36.4沪审定20版
　　168页　图　32开
　　教育部审定　遵照民国30年修正课程标准编著　第三学年甲组用
　　附：中英文索引
　　逐页题名：新中国高中立体解析几何学
　　其他题名：新中国教科书高级中学立体解析几何学
　　国图　人教　上师大　辞书　天津

3-2384
立体几何学
胡敦复,荣方舟编著
　　[长春]　东北书店　民国38.5[1949.5]
　　127页　图　32开
　　东北行政委员会教育部规定　专科学校适用
　　其他题名：高中临时教材立体几何学
　　人教　辞书

教学辅导书

3-2385
几何学难题详解：立体部
（日）三木清二原著　高慎儒译述　骆师曾校订
　　上海　商务印书馆　民国1.6[1912.6]第4版
　　159页　图　大32开　精装
　　版权页题名：中学几何学难题详解立体部
　　卷端题名：立体部几何学难题详解

辞书

3-2386

立体几何学问题解法指导
匡文涛编
  上海 中华书局 民国24.10[1935.10]第6版
  104页 图 32开
  升学预览
  初版附注：民国15年7月初版
  遂页题名：几何学问题解法指导
  辞书

3-2387

高中立体几何学习题证解
安符祥编演 田镜波校阅
  北平 华北科学社 民国24.2[1935.2]初版,民国29.6第4版
  136页 32开 (高中复习丛书)
  版权页题名：三S(舒塞斯)立体几何学习题详解
  其他题名：立体几何学习题证解
  其他题名：立体几何学习题详解
  人教

3-2388

三S立体几何学习题详解
潘子和著
  上海 科学书局 民国25.9[1936.9]第2版
  134页 32开
  其他题名：立体几何学习题详解
  人教

3-2389

立体几何
陈岳生编
  上海 长沙 商务印书馆 民国29.9[1940.9]
  51页 图 32开 (中学各科纲要丛书)
  人教 辞书

解析几何

课本

3-2390

解析几何学
(日)长泽龟之助讲述 彭靓圭笔译
  北京 北京琉璃厂 清光绪34.9-宣统2.2[1908-1910]
  2册(333,423页) 图,表 大32开
  第1册：光绪34.9初版
  第2册：宣统2.2初版
  附：勘误表、公式表
  其他题名：高等数学解析几何学
  编译馆

3-2391

汉译斯密司盖尔解析几何学
(美)斯密司,(美)盖尔著 佟韶华译述 孙国封校订
  北平 华北科学社 民国30.10[1941.10]第2版
  500页 图 32开
  初版附注：民国20年7月初版
  北师大

3-2392

解析几何学
刘薰宇编
  上海 开明书店 民国22.5[1933.5]
  354页 图 32开
  北师大 广东中山

3-2393

汉译斯盖尼新解析几何学
王俊奎,丁梦松译 高佩玉等校
  北平 北平科学社 民国22.8[1933.8]初版,民国26.7第5版
  323页 图 32开 精装
  其他题名：斯盖尼新解析几何学
  人教

3-2394

解析几何学讲义
(日)宫本藤吉著 匡文涛编译 寿孝天校
  上海 商务印书馆 民国22[1933]国难后1版
  340页 24开 精装
  广东中山

3-2395

斯盖尼三氏新解析几何学
(美)史密斯(P.F.Smith),(美)盖尔(Arthur Gale),(美)尼利(John H. Neelley)著 程凯丞译述
  上海 商务印书馆 民国23.11[1934.11]
  426页 图 32开
  人教

3-2396

汉译斯盖倪三氏新解析几何
(美)斯密司(P.F.Smith)等撰 董永清译
  上海 新亚书店 民国23[1934]版
  317页 大32开
  其他题名：斯盖倪三氏新解析几何
  辽宁

3-2397

汉译斯盖尼三氏新解析几何学[修订本]
(美)Smith,(美)Gale,(美)Neelley原著 江泽,黄彭年译述
  北平 华北科学社 民国25.7[1936.7]第2版
  372页 图 32开 精装
  初版附注：民国24年8月初版
  其他题名：斯盖尼三氏新解析几何学
  北师大

3-2398

解析几何

(伪)教育部编审会编著

    北平　[编者刊]　民国28.8[1939.8]

    205页　图　32开　精装

    辞书

3-2399

开明新编高级解析几何学

刘薰宇编著

    上海　开明书店　民国37.5[1948.5]初版,民国37.9第2版

    290页　图　32开

    其他题名:新编解析几何学

    其他题名:新编高级解析几何学

    人教　辞书　广西师大　广东中山

3-2400

汉译斯盖二氏解析几何学

(美)斯米司,(美)盖尔原著　黄松尧等译

    北平　北平科学社　民国37.8[1948.8]第12版

    421页　图　32开

    版权页题名:汉译斯米司盖尔解析几何学

    其他题名:斯盖二氏解析几何学

    人教

3-2401

斯盖尼三氏新解析几何学

(美)史密斯(P. F. Smith),(美)盖尔(Arthur Gale),(美)尼利(John H. Neelley)著　丘调梅译　马地泰校订

    上海　世界书局　民国37.9[1948.9]新13版

    326页　图,表　32开

    附:索引

    人教

3-2402

汉译斯盖二氏解析几何学

(美)[斯密司]P. F. Smith,(美)[盖尔]Arthur Gale 著　吴菊辰译述

    上海　新亚书店　民国37.10[1948.10]第8版

    441页　32开　精装

    其他题名:斯盖二氏解析几何学

    辽宁

    ＊　＊　＊

3-2403

解析几何学

佘恒编　雷琛校

    上海　中华书局　民国14.4[1925.4]初版,民国14.7第2版,民国15.1第3版,民国18.10第6版,民国19.11第7版,民国20.7第8版,民国20.12第9版,民国21.10第10版

    136页　图　32开　精装

    高级中学用

    附:新度量衡简明表

    书脊题名:新中学解析几何学

    其他题名:新中学教科书解析几何学

    人教　上海　辞书　河南　广西师大　编译馆

3-2404

大学预科高级中学解析几何

张敬熙编著　张少涵校阅

    北平　文化学社　民国17.1[1928.1]初版,民国19.9第2版

    202页　图　大32开　精装

    卷端题名:大学预科及高级中学教科书解析几何学

    书脊题名:高级中学解析几何

    北师大　辞书　编译馆

3-2405

解析几何学

段子燮编

    上海　商务印书馆　民国17.6[1928.6]初版,民国18.10第2版,民国21.10国难后3版,民国22国难后5版

    148页　图　32开

    逐页题名:新学制高中教科书解析几何学

    其他题名:新学制高级中学教科书解析几何学

    北师大　人教　华师大　辞书　河南　广东中山　编译馆

3-2406

解析几何学:乙组

段子燮编

    上海　商务印书馆　民国25[1936]改编本

    193页　图　32开

    依照教育部修正课程标准编辑　乙组用

    附:四角号码、英汉名词索引

    初版附注:民国17年初版

    其他题名:高级中学教科书解析几何学

    人教　上师大　天津

3-2407

解析几何学

黄泰编　段调元,余介石校

    上海　新国民图书社　民国21.8[1932.8]初版,民国21.9第2版

    227页　图　大32开

    高级中学用

    书脊题名:高中解析几何学

    北师大　人教　华师大　辞书　河南　编译馆

3-2408

汉译摄温斯三氏高中解析几何学

(美)Siceloff,(美)Wentworth,(美)Smith 原著　余介石主译

    上海　南京书店　民国21.10[1932.10]

    200页　图,表　大32开

    北师大　辞书　编译馆

3-2409

高中解析几何学

傅溥编著

    上海　世界书局　民国21.10[1932.10]

    187页　大32开

附：中英学语对照表、人名中译对照表
其他题名：高级中学教科书解析几何学
河南　广西师大　编译馆

3-2410
高中解析几何教科书
黄恭宪,郎好常编译　傅种孙,程廷熙参校
　　北平　师大附中算学丛刻社　民国22.8[1933.8]
　　290页　图　32开
　　国图　华师大　辞书　河南

3-2411
高中解析几何学
黄泰编　徐子豪修订　段子燮校阅
　　上海　中华书局　民国23.4[1934.4]初版,民国23.10第2版,民国24.8第4版,民国24.12第6版,民国29.4第10版,民国35.8第13版,民国36.4第14版
　　196页　图　大32开
　　教育部审定　新课程标准适用
　　附：中西文名词对照表
　　国图　北师大　人教　华师大　上师大　辞书　天津　河南　辽宁　广东中山　编译馆

3-2412
解析几何学
徐任吾,仲子明编著
　　上海　重庆　商务印书馆　民国23.9[1934.9]初版,民国23第5版,民国24.7第8版,民国24.11审定1版,民国26.9订正10版,民国28审定2版,民国29.2第18版,民国35.1审定27版,民国35.4审定29版,民国35.6审定31版,民国35审定42版,民国36审定版
　　204页　图　32开
　　教育部审定　高级中学用
　　附：中西文名词对照表
　　版权页题名：复兴教科书解析几何
　　其他题名：复兴高级中学教科书解析几何
　　国图　北师大　人教　上海　华师大　上师大　辞书　天津　庐山　广西师大　广东中山

3-2413
傅氏高中解析几何学
傅溥编著
　　上海　世界书局　民国23.9[1934.9]初版,民国23.12第2版
　　175页　图　大32开
　　高级中学学生用
　　附：中英学语对照表
　　封面题名：高中解析几何学
　　其他题名：世界中学教本傅氏高中解析几何学
　　人教　上师大　辞书

3-2414
高中解析几何教科书
黄恭宪,郎好常编译　傅种孙,程廷熙,闵嗣鹤校订
　　北平　师大附中算学丛刻社　民国25.8[1936.8]-

2册(281,174页)　图　32开
第1册(上卷)：民国25.8初版,民国26年版
第2册(下卷)：民国26.1版
教育部审定
北师大　辞书(1)　广西师大(2)

3-2415
建国高中平面解析几何学
余介石编著　何鲁校订
　　南京　上海　正中书局　民国25.9[1936.9]初版,民国25.11第5版,民国26.7沪10版,民国27.2第10版
　　310页　32开
　　新课程标准适用
　　附：表及中西文索引
　　封面题名：平面解析几何学
　　其他题名：建国教科书平面解析几何学
　　国图　人教　辞书　广西师大

3-2416
解析几何学：甲组
陈怀书编纂
　　上海　商务印书馆　民国25.12-27.7[1936.12-1938.7]
　　2册(347,200页)　图　32开
　　上册：民国27.7初版,民国28第2版,民国28.5第3版,民国29.6第5版,民国36.5第9版
　　下册：民国25.12初版,民国27.6第5版
　　依照教育部修正课程标准编辑
　　附：英汉名词对照表
　　其他题名：高级中学教科书解析几何学
　　人教　华师大(1)　天津

3-2417
解析几何学教科书
陈守绂编著　程廷熙校订
　　北平　师大附中算学丛刻社　民国26.7[1937.7]版
　　136页　图　32开
　　高中、师范通用
　　北师大　人教

3-2418
高中新解析几何：乙组
许渭泉编著　骆师曾校订
　　上海　世界书局　民国29[1940]初版,民国29.11第2版,民国35第3版,民国36.5第4版
　　166页　大32开
　　遵照教育部修正课程标准编辑　高级中学学生用
　　附：中英名词对照表
　　其他题名：新课程标准世界中学教本高中新解析几何
　　人教　华师大　上师大

3-2419
高中解析几何学
李蕃编
　　上海　开明书店　民国30.7[1941.7]初版,民国37.6第2版,民国37.9第3版

276页　图　32开
修正课程标准适用　高级中学学生用
附：中英名词对照表及索引
国图　北师大　人教　上师大　辞书

3-2420

施盖倪解析几何学
(美)Smith,(美)Gale,(美)Neelley原著　缪玉源译
成都　上海　北新书局　民国31.1[1942.1]
2册([528]页)　图　32开
上下册：民国31.1初版,民国36.5沪新2版
高中适用
北师大(2)　人教

3-2421

高中解析几何学
余文琴编
重庆　商务印书馆　民国31[1942]版
204页　32开
国图

3-2422

汉译Smith-Gale二氏解析几何学
(美)斯米思(Smith),(美)盖尔(Gale)原著　黄松尧,赵国昌译
北平　北平科学社　民国37.9[1948.9]新1版
421页　图　32开
教育部审定
版权页题名：汉译斯米思盖尔解析几何学
其他题名：Smith-Gale二氏解析几何学
其他题名：高中教本汉译Smith-Gale二氏解析几何学
人教

3-2423

解析几何学
徐任吾,仲子明编著
长春　东北书店　民国38.5[1949.5]
158页　32开
东北行政委员会教育部规定　专科学校适用
其他题名：高中临时教材解析几何学
人教　辽宁

教学辅导书

3-2424

查理斯密解析几何学教科书例题详解
仇毅著述
上海　群益书社　清宣统3[1911]第2版
223页　32开
其他题名：解析几何学教科书例题详解
河南

3-2425

解析几何学
董涤尘编著
上海　商务印书馆　民国24.5[1935.5]初版,民国24.6第2版,民国26改订6版
136页　图　32开　(高中复习丛书)
人教　上师大

3-2426

高中解析几何学习题详解
丘侃编　徐子豪校
上海　中华书局　民国24.12[1935.12]
463页　图　大32开
新课程标准适用
封面题名：解析几何学
逐页题名：新标准高中解析几何学习题详解
上师大　辞书　广西师大

3-2427

解析几何考试指导
蒋文华编著
上海　东方书店　民国26.4[1937.4]第3版
163页　图　32开　(考试指导丛书)
综合编中学升学会考及普通考试适用
初版附注：民国25年2月初版
辞书

3-2428

高中解析几何测验
阎振玉编
上海　商务印书馆　民国28.9[1939.9]
202页　图,表　32开　散页袋装　(理科教育研究会测验丛书)
辞书

3-2429

高中解析几何习题详解
幺其璋,幺其琮编
北平　盛兰学社　民国31-32[1942-1943]
2册(100,110页)　32开
第1册(上卷)：民国31初版
第2册(下卷)：民国32初版
其他题名：解析几何习题详解
河南

3-2430

高中解析几何复习指导
廖木禾编
成都　复兴书局　民国32.8[1943.8]
91页　25开　(复兴高中复习丛书)
国图

3-2431

解析几何问题详解
赵余勋编著
上海　三民图书公司　民国36.2[1947.2]新2版
188页　图　32开
高中、大学投考及会考必备

辞书

3-2432
高中解析几何学
余文琴编
上海 商务印书馆 民国37.7[1948.7]
204页 图 32开
复习用
辞书

三　角

课　本

3-2433
中等教育克依其氏最新平三角法教科书
(日)上野清编纂
上海 科学书局 清光绪22.11[1896]
165页 图 大32开
北师大

3-2434
平面三角教科书
陈世雄,王永炅译
东京 闽学会 清光绪31.9[1905]
1册(118,34页) 图 32开 精装
国图 人教

3-2435
平三角法教科书
算学研究会编纂
上海 昌明公司 清宣统1.10[1909]第3版
130页 图 32开
初版附注:清光绪32年7月初版
北师大

3-2436
普通教育平面三角教科书
(日)长泽龟之助著 张修爵译
上海 普及书局 民国4.9[1915.9]第6版
110页 图 32开
初版附注:清光绪32年9月初版
北师大

3-2437
初等三角教科书
(日)上野清著 蕉绿译
上海 科学仪器馆 清光绪32[1906]
85页 图,表 32开
国图

3-2438
三角术
(美)费烈伯,(美)史德朗原著 谢洪赉编译 周承恩校订
上海 商务印书馆 清光绪33.6[1907]初版,宣统2第5版

1册(172,16,162页) 图 大32开 精装
附:对数表
其他题名:最新中学教科书三角术
国图 北师大 天津 广西师大

3-2439
平面三角法教科书
(日)桦正董著 仇毅译
上海 群益书社 清光绪33.8[1907]
102页 图 32开
中学适用
北师大

3-2440
三角术
(日)长泽龟之助著 张修爵译
上海 普及书局 清光绪33[1907]第2版
1册 图 大32开 精装
其他题名:普通中学教科书三角术
北师大

3-2441
初等平面三角法
(日)奥平浪太郎译述 周藩汉译
上海 文明书局 清光绪33[1907]
2册(88叶) 图 大32开 线装
第1-2册:光绪33初版
辞书

3-2442
中等教育平面三角法教科书
(日)远藤又藏编纂 言涣彡,言涣彰合译
上海 商务印书馆 民国2.5[1913.5]第2版
136页 图 32开
初版附注:清光绪33年初版
北师大

3-2443
中等教育平面三角法教科书
孙贸瞻编辑
上海 新学会社 清光绪34.7[1908]
123页 图 32开 精装
北师大

3-2444
平面三角法
(英)翰卜林斯密士(J. Hamblin-Smith)著 李国钦,邓彬译
上海 群益书社 清光绪34.11[1908]
207页 表 32开 精装
北师大 编译馆

3-2445
新撰平面三角法教科书
(英)John Gasey著 顾澄编译
上海 商务印书馆 清光绪34.12[1909]初版,宣统1.7第3版,民国2第6版
163页 图 大32开

中学堂及师范学堂用
北师大　天津　广西师大

3-2446

新编初等三角法教科书
（日）饭岛正之助原著　周藩译述　寿孝天校订
上海　商务印书馆　清光绪34.12[1909]初版,民国2第4版,民国3.2第5版
70页　图　大32开
中学堂及师范学堂用
北师大　辞书　编译馆

3-2447

平面三角法新教科书
（日）菊池大麓,（日）泽田吾一编纂　王永炅译述　黄元吉校订
上海　商务印书馆　清宣统1.3[1909]初版,民国2第4版,民国2.6第5版,民国5.11第6版
170页　图　32开
教育部审定　中学适用
版权页题名：中学平面三角法新教科书
北师大　天津　河南　编译馆

3-2448

中等平三角教科书
（英）突罕德原著　崔朝庆编辑　赵秉良,寿孝天校订
上海　商务印书馆　清宣统1.8[1909]初版,宣统3第2版,民国2第3版
188页　图　32开　精装
北师大　天津　广东中山

3-2449

球面三角法新教科书
沈秉焯编纂　寿孝天,骆师曾校订
上海　商务印书馆　清宣统3.1[1911]初版,民国2.4第2版
84页　图　大32开
北师大　人教

3-2450

普通平面三角法[订正本]
张树栻编纂
太原　晋新书社　民国9.9[1920.9]第2版
114页　图　32开
民国9年6月教育部审定　中学教科用书
初版附注：清宣统3年9月初版
北师大

3-2451

平面三角
（美）温德华士（Wentworth）原著　沈昭武译
上海　文明书局　民国1.9[1912.9]
196页　图　32开
北师大

3-2452

中等平三角新教科书
（英）托德罕惑（Todhunter）著　马君武编辑　郁耀卿校订
上海　商务印书馆　民国2.8[1913.8]
240页　图　32开
北师大　河南

3-2453

三角学
秦汾编纂
上海　商务印书馆　民国2.12[1913.12]初版,民国10.5第4版,民国10.12第5版,民国16第9版,民国21.6国难后1版,民国21.10国难后2版
196页　图　32开　精装
教育部审定　中学校、师范学校用
附：中西文名词索引
其他题名：民国新教科书三角学
北师大　人教　华师大　上师大　辞书　河南　广西师大　广东中山　编译馆

3-2454

平三角大要
黄元吉编纂　寿孝天,骆师曾校订
上海　商务印书馆　民国2.12[1913.12]初版,民国7第10版,民国9第14版,民国10第16版,民国12.7第18版,民国14.1第19版,民国15.10第20版,民国20.10版
71页　图,表　大32开
教育部审定　中学校用
逐页题名：中学校教科书平三角大要
其他题名：共和国教科书平三角大要
国图　北师大　人教　辞书　河南　编译馆

3-2455

新三角法教科书
（日）长泽龟之助著　包荣爵译
上海　东亚公司　民国3.2[1914.2]
153页　图　大32开
中学校、师范学校用
北师大

3-2456

中学平面三角法教科书
（日）远藤又藏著　葛祖兰译　张景良,蓝田玠校订
上海　文明书局　民国3.5[1914.5]
200页　图,表　32开
逐页题名：平面三角法教科书
北师大　辞书

3-2457

平面三角法
孙祝耆著
上海　文明书局　民国3[1914]
122页　图　[32开]
中学及师范用
河南

3-2458

三角法
（美）W. A. Granville 著　Liu Gwang Djao 译

山东 山东基督教共合大学出版社 民国3[1914]版
273页 图 大32开
其他题名：最新中等教科书三角法
北师大

3-2459

中等教科平面三角法
陈文编
上海 科学会编译部 民国5.6[1916.6]第13版,民国9.10
第19版
135页 图,表 32开 精装
中学教科用书
版权页题名：平面三角法
北师大 辞书 广西师大

3-2460

三角之部
（日）远藤又藏著 黄邦柱,王应伟译
上海 群益书社 民国5.10[1916.10]第2版
[179]页 图,表 32开 精装
其他题名：平面三角法教科书
编译馆

3-2461

新编平面三角法
佘恒编辑
上海 中华书局 民国5.11[1916.11]
154页 图 32开
中学校、师范学校用
封面题名：平面三角法
书脊题名：中学校师范学校平面三角法
其他题名：中学校平面三角法
人教 辞书 河南

3-2462

平面三角法教科书
王世楷编辑
北京 共和印刷局 民国6.10[1917.10]
121页 图 大32开
中学校、师范学校适用
北师大

3-2463

新制平面三角法教本
王永炅,胡树楷编辑 陈槐,王祖训校阅
上海 中华书局 民国7.4[1918.4]初版,民国8.7第4版,
民国14.10第12版
[192]页 图,表 32开
教育部审定 中学校、师范学校适用
封面题名：平面三角法教本
逐页题名：新制三角法教本
北师大 辞书

3-2464

平面三角法讲义
匡文涛编著 寿孝天校订

上海 商务印书馆 民国10.12[1921.12]第2版
526页 图 大32开 精装
初版附注：民国8年1月初版
北师大

3-2465

实用主义平面三角法
陈文著
上海 科学会编译部 民国8.12[1919.12]第3版
77页 图,表 32开
中学校用
北师大 编译馆

3-2466

汉译赫奈氏平面三角法
马文元编译 秦汾校订
北平 戊辰学会编辑部 民国21.2[1932.2]
300页 图 32开
中等学校用
北师大

3-2467

平面三角学
（美）G. Wentworth,（美）E. Smith原著 高佩玉,王俊奎译述
北平 文化学社 民国21.9[1932.9]第2版
319页 图 大32开
附：对数表
北师大

3-2468

汉译葛蓝威尔平面三角法教科书
（美）葛蓝威尔著 王国香译述 冯祖荀校订
北平 戊辰学社 民国22.1[1933.1]
191页 图 大32开
中学校、师范学校用
附：表
国图 北师大

3-2469

汉译葛氏平面三角法
高佩玉等译
北平 北平科学社 民国22.6[1933.6]初版,民国24.9第4版,民国37.7第11版
221页 图 32开
教育部审定
人教

3-2470

汉译葛氏平面三角学
（美）格兰维尔(W. A. Granville)原著 褚保熙译述
北平 文化学社 民国22.12[1933.12]初版,民国26.5第4版
233页 图 大32开
附：四位对数表及译名对照表
北师大 人教

3-2471

球面三角学
常福元编辑
  北平 文化学社 民国23.12[1934.12]
  158页 图 大32开 精装
  北师大

3-2472

汉译葛氏平面三角学
(美)W. A. Granville原著 王绍颜译述 赵进义校订
  北平 华北科学社 民国24.8[1935.8]版
  240页 图 大32开
  中学校适用教本
  附：对数表
  北师大

3-2473

汉译温斯二氏平面三角学
封嘉义译
  北平 北平科学社 民国25.11[1936.11]版
  1册 图 大32开
  北师大

3-2474

数值三角
余介石等著 段调元校阅
  上海 北新书局 民国26.11[1937.11]第5版
  131页 32开
  修正课程标准适用
  人教

3-2475

汉译葛氏平面三角学
(美)格兰维尔(W. A. Granville)原著 程汉卿译
  上海 科学书局 民国28.7[1939.7]
  231页 大32开
  中学适用教本
  附：表及索引
  其他题名：葛氏平面三角学
  广西师大

3-2476

新三角学讲义
朱凤豪著
  上海 龙门出版公司 民国29.3[1940.3]初版,民国35.8第6版,民国36.2版
  332页 图 32开 (中学丛书)
  人教 华师大 辞书

3-2477

三角
范际平编著 余介石校订
  南京 中等算学研究会 民国33.3[1944.3]
  136页 32开 (中等算学研究会研究丛书)
  华师大

3-2478

葛斯密平面三角学
(美)格兰维尔(W. A. Granville)原著 (美)史密斯(P. F. Smith),(美)米凯什(J. S. Mikesh)修订 余立藩译述
  上海 中华书局 民国35.12[1946.12]第4版
  318页 图,表 大32开
  北师大 人教

3-2479

葛氏重编平面三角学
(美)格兰维尔(W. A. Granville)原著 (美)史密斯(P. F. Smith),(美)米凯什(J. S. Mikesh)重编 周文德编译
  上海 中国科学图书仪器公司 民国36.9[1947.9]初版,民国37.7第2版
  337页 图 32开
  人教

3-2480

三角学
朱凤豪等编著
  上海 龙门联合书局 民国38.8[1949.8]
  200页 图 32开
  人教

3-2481

平面三角法讲义
(日)奥平浪太郎著 周藩译
  上海 文明书局 [1912-1949?]
  2册(112,108页) 32开 线装
  上下册：版次不详
  北师大

* * *

3-2482

平面三角法
胡仁源编 张鹏飞校
  上海 中华书局 民国12.3[1923.3]初版,民国12.5第3版,民国13.5第7版,民国13.7第8版,民国14.8第11版,民国15.8第17版,民国17第19版,民国19.4第25版,民国20.6第29版,民国20.12第30版,民国21.3第31版,民国21.5第32版,民国21.5第33版,民国21.11第34版,民国22.6第35版,民国23.6第38版,民国25.2第45版
  74页 图,表 大32开 精装
  教育部审定 初级中学用
  附：三角反函数
  封面题名：新中学平面三角法
  书脊题名：新中学平面三角法教科书
  其他题名：新中学教科书平面三角法
  国图 北师大 人教 华师大 上师大 辞书 河南 广西师大 编译馆

3-2483

三角术
刘正经编辑　姜立夫校订
　　上海　商务印书馆　民国12.8[1923.8]初版,民国12.9第2
　　版,民国15.7第19版,民国16第24版,民国18.1第29
　　版,民国18.9第39版,民国19.10第54版,民国21.4国难
　　后1版,民国21.5国难后8版,民国21国难后23版,民国
　　24.7国难后订正27版,民国25.6国难后订正31版
　　106页　图,表　32开
　　其他题名:现代初中教科书三角术
　　北师大　人教　上师大　辞书　河南　广西师大　广东中山
　　编译馆

3-2484

三角
周为群,刘薰宇,章克标,仲光然编著
　　上海　开明书店　民国18.7[1929.7]初版,民国22.1第6
　　版,民国22.6第7版
　　166页　图　32开
　　教育部审定　初级中学学生用
　　其他题名:开明算学教本三角
　　北师大　人教　华师大　辞书

3-2485

初中三角
胡雪松,龚昂云编辑　廖伟藩,金通尹校订
　　上海　世界书局　民国19.7[1930.7]初版,民国19第2版,
　　民国19.12第3版,民国20.11订正5版,民国24.3第8版
　　203页　图　32开
　　教育部审定　初级中学学生用
　　其他题名:初级中学教科书初中三角
　　北师大　人教　河南　广东中山　编译馆

3-2486

平面三角法
薛邦迈编著　薛邦达,吴学兰校订
　　上海　大东书局　民国20[1931]初版,民国21.2第2版
　　156页　图,表　大32开
　　封面题名:初中平面三角法教本
　　其他题名:初级中学教本平面三角法
　　北师大　广西师大　编译馆

3-2487

三角
中等算学研究会编
　　南京　南京书店　民国22.2[1933.2]
　　193页　图,表　32开
　　书脊题名:初中算学教科书三角
　　其他题名:新学制初中算学教科书三角
　　河南　编译馆

3-2488

三角教本
薛元龙,蒋息岑编辑　韦伯禾校订
　　上海　民智书局　民国22.6[1933.6]
　　132页　32开
　　初级中学适用
　　逐页题名:初中三角教本
　　华师大

3-2489

三角
周元培,周元谷编著　段育华校订
　　上海　商务印书馆　民国22.7[1933.7]初版,民国24.6第33
　　版,民国25第43版,民国26第57版,民国27第78版,民国
　　29.2第87版,民国35.1第112版,民国36.11第148
　　版,民国37.7第160版,民国37审定143版
　　110页　图,表　32开
　　教育部审定　按照新课程标准编辑　初级中学用
　　逐页题名:初级中学教科书三角
　　其他题名:复兴初级中学教科书三角
　　其他题名:复兴教科书三角
　　国图　北师大　人教　华师大　上师大　辞书　天津　广西
　　师大　广东中山　编译馆

3-2490

数值三角
孙宗堃,胡尔康编辑
　　上海　中学生书局　民国24.1[1935.1]初版,民国24.8第2
　　版,民国25.1第5版
　　108页　图,表　32开
　　其他题名:初中标准算学数值三角
　　其他题名:初中标准算学教本数值三角
　　人教　辞书

3-2491

三角初步
徐谷生编著
　　南昌　艺文社　民国35.2[1946.2]第10版
　　54页　图,表　32开
　　初级中学学生用
　　初版附注:民国24年3月初版
　　辞书

3-2492

初中数值三角法
汪桂荣编著　任诚校订
　　南京　上海　正中书局　民国24.8[1935.8]初版,民国24.9
　　第2版,民国25.8第12版,民国37.3沪1版
　　75页　图,表　32开
　　教育部审定　新课程标准适用
　　逐页题名:数值三角法
　　国图　北师大　人教　辞书　广东中山

3-2493

初中三角
徐谷生编
　　南昌　艺文社　民国24.8[1935.8]初版,民国26.3第3版
　　73页　32开
　　人教

3-2494

初中三角

张鹏飞编　华襄治校

上海　中华书局　民国25.7[1936.7]初版,民国28年版

75页　图,表　32开

新课程标准适用

北师大　辞书

3-2495

初级中学数值三角法

汪桂荣编著　任诚校订

南京　正中书局　民国26.7[1937.7]初版,民国27.11第3版

75页　32开

教育部审定

其他题名:建国教科书初级中学数值三角法

人教

3-2496

初中三角法

张鹏飞编　华襄治校

上海　中华书局　民国26.8[1937.8]初版,民国26第5版,民国30第18版,民国36.4第26版,民国38年版

80页　图,表　32开

教育部审定　修正课程标准适用

北师大　上海　上师大　辞书　广东中山

3-2497

数值三角法

陈怀书,黄锡祺编

上海　商务印书馆　民国28[1939]第7版

116页　32开

依照教育部修正课程标准编辑

其他题名:更新初级中学教科书数值三角法

上师大

3-2498

易进三角

郁祖同编辑

上海　易进出版社　民国35.10[1946.10]初版,民国38.1第2版

126页　32开

初级中学适用

人教　上海

3-2499

初中三角学

王海云编著　陈鹿苹,徐国英,汤执盘,彭顺臣,周雁峰,谢文光校订

长沙　世界书局　民国37.6[1948.6]

77页　图,表　32开

遵照部颁修正课程标准编著

辞书

3-2500

三角

周元瑞,周元谷编著

[不详]　东北书店　民国38.5[1949.5]

89页　图,表　32开

东北行政委员会教育部规定

其他题名:初中临时教材三角

辞书

* * *

3-2501

汉译温德华士三角法

(美)温德华士(Wentworth)著　顾裕魁译述　寿孝天,骆师曾校订

上海　商务印书馆　清宣统3.11[1911]初版,民国3第3版,民国9.12第8版,民国18第16版,民国20.5第18版,民国21.6国难后1版,民国21.10国难后9版,民国24.2国难后17版

1册(238,46页)　32开　精装

教育部审定

附:答案

逐页题名:温德华士三角法

其他题名:汉译温氏高中三角法

北师大　人教　华师大　河南　庐山　广西师大　广东中山　编译馆

3-2502

三角术

赵修乾编辑

上海　商务印书馆　民国13.1[1924.1]初版,民国13.1第2版,民国18.3第4版,民国18.12第5版,民国21国难后2版,民国21.10国难后6版,民国22.6国难后8版

227页　图　32开

逐页题名:新学制高中教科书三角术

其他题名:新学制高级中学教科书三角术

国图　北师大　人教　华师大　上师大　辞书　河南　广东中山

3-2503

高中三角法

傅溥编著

上海　世界书局　民国21.8[1932.8]

220页　图　32开

遵照教育部颁高中暂行课程标准编辑　高级中学学生用

国图　北师大　编译馆

3-2504

新三角法

波郤特,剖洛脱著　薛仲华译

上海　世界书局　民国22.2[1933.2]

370页　图,表　32开

高级中学用

附:试验习题、杂题

其他题名:波郤特氏新三角法

北师大　编译馆

3-2505

汉译葛氏平面三角学
高佩玉等译
  北平 北平科学社 民国23.1[1934.1]第2版
  192页 图 大32开
  高中程度适用
  初版附注：民国22年6月初版
  北师大

3-2506

高中平面三角法教科书
韩桂丛，李耀春，王乔南编译 傅种孙，程廷熙参校
  北平 师大附中算学丛刻社 民国22.8[1933.8]
  282页 图，表 32开
  附：汉英名词对照表、四位对数表
  国图 北师大 人教 华师大 辞书 天津

3-2507

平面三角学
汪桂荣编
  上海 民智书局 民国22[1933]
  270页 图 32开
  高级中学用
  河南

3-2508

汉译格氏高中平面三角学
(英)W. A. Granville原著 庄子信，李修睦合译 周家树，
  段调元校订
  南京 南京书店 民国23.2[1934.2]初版，民国23.8第2版
  256页 图 大32开
  北师大 广西师大

3-2509

三角学
李蕃编著 段子燮校订
  上海 商务印书馆 民国23.3[1934.3]初版，民国23第3
   版，民国23.8第4版，民国23第5版，民国24第10版，民
   国25订正14版
  147页 表 32开
  高级中学用
  其他题名：复兴高级中学教科书三角学
  其他题名：复兴教科书三角学
  国图 北师大 人教 上师大 辞书 天津 广东中山

3-2510

高中三角学
余介石编
  上海 中华书局 民国23.8[1934.8]初版，民国24.8第3
   版，民国24.12第5版，民国27.7第9版，民国29第17版，
   民国30.3第19版，民国35第22版，民国36.4第24版
  148页 图，表 大32开
  教育部审定 新课程标准适用
  国图 北师大 人教 华师大 上师大 辞书 天津 编
   译馆

3-2511

傅氏高中三角法
傅溥编著
  上海 世界书局 民国23.9[1934.9]
  221页 图，表 大32开
  高级中学学生用
  其他题名：世界中学教本傅氏高中三角法
  辞书 河南

3-2512

高中平面三角法
李菱镜等编
  北平 中华印书局 民国23[1934]版
  209页 图 32开
  新课程标准
  国图 人教

3-2513

汉译葛氏平面三角学
(美)W. A. Granville原著 王绍颜译述 韩大中校对
  北平 华北科学社 民国36.6[1947.6]第4版
  1册 图 32开
  教育部审定 高级中学适用教本
  附：对数表
  初版附注：民国24年8月初版
  北师大

3-2514

高中三角法教科书
王邦珍编
  上海 昆明 中华书局 民国24.9[1935.9]初版，民国26.2
   第8版
  244页 图，表 大32开
  新课程标准适用
  封面题名：三角法教科书
  辞书

3-2515

建国高中平面三角学
余介石编著 何鲁校
  上海 正中书局 民国25.7[1936.7]初版，民国25第5版，
   民国25第8版，民国26.5第20版，民国28.3第24版，民
   国33.9第99版，民国34沪1版
  188页 图，表 32开
  教育部审定 新课程标准适用
  附：中西文名词对照索引
  封面题名：高级中学三角学
  其他题名：建国教科书高级中学三角学
  国图 人教 华师大 上师大 辞书 天津 广西师大

3-2516

高中新三角
裘友石编著
  上海 世界书局 民国25.11[1936.11]初版，民国35.12第7
   版，民国36第9版，民国38.9新10版

1册(148,27,73页) 图,表 大32开
遵照教育部民国25年修正课程标准编辑 高级中学学生用
逐页题名:高中新三角法
其他题名:新课程标准世界中学教本高中新三角
国图 北师大 人教 辞书

3-2517

三角学
李蕃编著 段子燮校订
  上海 商务印书馆 民国25.12[1936.12]审定1版,民国27审定10版,民国29审定22版,民国35.9审定55版,民国35.12审定64版,民国36审定65版,民国36审定72版,民国37审定90版
  170页 32开
  教育部审定
  其他题名:复兴教科书三角学
  其他题名:复兴高级中学教科书三角学
  国图 北师大 人教 辽宁 广东中山

3-2518

高中三角学纲要
苏盛甫编著
  上海 中国编译社 民国26.5[1937.5]
  148页 32开
  北师大 天津

3-2519

三角术
赵修乾编
  上海 商务印书馆 民国26.6[1937.6]审定1版
  201页 32开
  教育部审定 依照修正课程标准编辑
  其他题名:高级中学教科书三角术
  人教

3-2520

傅氏高中三角法
傅溥编著 骆师曾校订
  上海 世界书局 民国26.6[1937.6]
  153页 图 32开
  教育部审定 遵照教育部民国25年颁布修正课程标准编辑 高级中学学生用
  北师大

3-2521

高级中学三角法教科书
王邦珍编
  上海 中华书局 民国26[1937]沪5版,民国28.11第7版
  236页 32开
  新课程标准适用
  国图 人教 广东中山

3-2522

平面三角学
(美)W. A. Granville等原著 邱调梅译 曹敬康校订
  上海 广文社 民国28.7[1939.7]初版,民国37.9新16版
  239页 图 大32开
  附:表及索引
  版权页题名:葛氏平面三角学
  其他题名:高中教本平面三角学
  人教 辞书

3-2523

高中三角
(伪)教育总署编审会著
  北平 [著者刊] 民国30.7[1941.7]第2版
  156页 图 32开
  初版附注:民国28年8月初版
  国图 北师大 上师大 天津

3-2524

汉译霍尔乃特高中三角学
霍尔,乃特原著 李友梅译述 陈鹿苹等校订
  长沙 湘芬书局 民国32.7[1943.7]第9版
  324页 32开
  其他题名:高中三角学
  华师大

3-2525

高级中学三角学
余介石编著 何鲁校订
  重庆 北平 上海 南京 正中书局 民国33[1944]版,民国35.6渝初版,民国35.11沪35版,民国36沪45版,民国36.5平2版,民国36.9沪65版,民国37第9版
  258页 图 32开
  教育部审定 按民国30年修正课程标准编著
  附:中西文名词对照表
  其他题名:新中国教科书高级中学三角学
  国图 北师大 人教 上师大

3-2526

最新实用三角学
钱克仁编著
  上海 开明书店 民国35.7[1946.7]初版,民国36.12第2版,民国38第4版
  200页 图,表 32开
  高级中学教科适用
  附:三角学中西文名词对照表
  国图 北师大 人教 辞书

3-2527

三角学
赵型编辑
  上海 中国科学图书仪器公司 民国35.9[1946.9]初版,民国38.9第5版
  279页 图 32开
  附:高中三角用表
  国图 北师大 人教

3-2528

高中新三角学
姚晶编辑

上海　新农企业　民国36.9[1947.9]初版,民国37.9第2版
296页　32开
人教　广西师大

3-2529
增编葛兰氏高中平三角术
陈湛銮编译
广州　清华印书馆　民国36[1947]版
158页　大32开
附：对数表
其他题名：葛兰氏高中平三角术
国图　广东中山

3-2530
罗氏平面三角法
(美)D. A. Rothrock原著　刘遂生,严春山编译
上海　中华书局　民国38.3[1949.3]
168页　图　32开
高级中学一年级用
北师大　辞书

3-2531
三角学
钱克仁编著
[不详]　东北书店　民国38.5[1949.5]
195页　图,表　32开
东北行政委员会教育部规定　专科学校适用
其他题名：高中临时教材三角学
辞书

教学参考书

3-2532
初中三角指导书
王刚森编辑
上海　世界书局　民国20.12[1931.12]
277页　图,表　32开
初级中学教员及学生用
逐页题名：初中三角术指导书
华师大　辞书　河南　编译馆

3-2533
三角教员准备书
陈岳生编著
上海　商务印书馆　民国24.4[1935.4]第2版
142页　图　32开
初级中学用
其他题名：复兴初级中学教科书三角教员准备书
北师大　人教

教学辅导书

3-2534
平面三角法设题详解
黄离著
上海　科学会编辑部　民国2[1913]第3版
182页　32开
北师大

3-2535
三角学问题详解
崔朝庆编纂　寿孝天校订
上海　商务印书馆　民国8.1[1919.1]初版,民国9第2版,
民国20.3第5版,民国21.1版,民国22.1国难后1版
282页　图　32开　精装
中学校、师范学校用
其他题名：民国新教科书三角学问题详解
人教　辞书　河南　广西师大　广东中山　编译馆

3-2536
平三角大要问题详解
叶振铎编　骆师曾校订
上海　商务印书馆　民国10[1921]第5版,民国15.11第8版
76页　图　大32开
其他题名：共和国教科书平三角大要问题详解
河南　编译馆

3-2537
平面三角法问题解法指导
匡文涛编
上海　中华书局　民国25.5[1936.5]第11版
84页　图　32开
升学预备
初版附注：民国14年9月初版
书脊题名：升学预备平面三角法问题解法指导
辞书

3-2538
三角学习题答案
秦汾编纂
上海　商务印书馆　民国22.5[1933.5]国难后1版
26页　表　32开
其他题名：民国新教科书三角学习题答案
编译馆

3-2539
葛氏平面三角法题解
吴秉之编演　茅瑞赓校
北平　中原书局　民国22[1933]第10版
373页　图　32开
北师大

3-2540
最新平面三角六百题解

仇毅编

　　上海　晓星书店　民国23.12[1934.12]第2版

　　348页　图　32开

　　初版附注：民国23年2月初版

　　版权页题名：最新三角六百题解

　　封面题名：三角六百题解

　　辞书

3-2541

三角题解
徐谷生编

　　泰和　艺文书社　民国24[1935]第8版

　　116页　32开

　　华师大

3-2542

三角分类习题
钱介夫编辑

　　上海　大东书局　民国30.7[1941.7]

　　126页　图　32开

　　高初中学生升学指导与自修之用

　　其他题名：平三角分类习题

　　编译馆

3-2543

二B平面三角学
鲍尔(G. N. Bauer)，布鲁克(W. E. Brooke)著　王允中译

　　上海　开明书店　民国30.12[1941.12]初版，民国37.8第6版，民国38.9第10版

　　227页　图，表　32开　（数理化学习参考丛书）

　　中等学校教科适用

　　人教　辞书　广西师大

3-2544

中学平面三角法菁华
骆师曾编著

　　上海　世界书局　民国32.5[1943.5]

　　100页　图，表　32开

　　自修、补习、考试、升学适用

　　人教

3-2545

新三角学讲义精解
朱凤豪编著

　　上海　龙门联合书局　民国37.8[1948.8]初版，民国38.1第2版

　　290页　32开　（中学丛书）

　　辞书　辽宁

*　　*　　*

3-2546

平面三角法习题详解
张鹏飞，胡仁源，华裹治编校

　　上海　中华书局　民国12.6[1923.6]初版，民国19.11第6版，民国20.7第7版，民国20.12第8版，民国21.8第9版

　　83页　图，表　大32开　精装

　　初级中学用

　　封面题名：新中学平面三角法习题详解

　　其他题名：新中学教科书平面三角法习题详解

　　人教　华师大　辞书

3-2547

三角术习题解答
余介石，胡术五编辑　段育华，董涤尘校订

　　上海　商务印书馆　民国19.1[1930.1]初版，民国21.5国难后1版，民国21国难后2版，民国27.3国难后3版

　　113页　32开

　　其他题名：现代初中教科书三角术习题解答

　　国图　人教　河南

3-2548

初中三角法习题解答
张鹏飞编　朱彦俯校

　　昆明　中华书局　民国28.9[1939.9]

　　76页　图　32开

　　修正课程标准适用

　　辞书

3-2549

三角
骆师曾编

　　上海　世界书局　民国33.11[1944.11]初版，民国36.5第2版

　　56页　32开

　　初中补习考试适用

　　人教

*　　*　　*

3-2550

汉译温氏高中三角法题解
(美)温德华士著　吴秉之编译

　　北平　中原书店　民国23.5[1934.5]

　　1册(345,76页)　图，表　32开

　　自修适用

　　附：对数表

　　封面题名：汉译温氏高中三角法习题详解

　　辞书

3-2551

三角术
周元谷编

　　上海　商务印书馆　民国24.4[1935.4]初版，民国24.7改订3版，民国26.4改订5版，民国26改订6版

　　93页　图　32开　（高中复习丛书）

　　人教　华师大　上师大

3-2552

高中三角学习题解答

范际平,李修睦编　胡蒨荪,余介石校
　　上海　中华书局　民国24.9[1935.9]
　　74页　图　大32开
　　新课程标准适用
　　辞书

3-2553

高中三角测验
陈岳生编
　　上海　商务印书馆　民国28.4[1939.4]
　　168页　图　32开　散页袋装　（理科教育研究会测验丛书）
　　辞书

3-2554

高中三角复习指导
钱洪翔编
　　上海　现代教育研究社　民国28[1939]第3版,民国32.4版,民国37年版
　　102页　大32开　（高中复习指导丛书）
　　其他题名：三角复习指导
　　国图　广东中山

3-2555

高级中学三角学习题解答
余子飏编著　余介石校订
　　南京　正中书局　民国36.6[1947.6]
　　61页　32开
　　其他题名：新中国教科书高级中学三角学习题解答
　　人教

3-2556

高中三角复习指导
莫绍揆著
　　南京　复习指导丛书社　民国36[1947]增订3版
　　116页　32开
　　其他题名：三角复习指导
　　广东中山

3-2557

高中三角复习指导[增订本]
黄锡训编著
　　广州　荣兴书局　民国37[1948]版
　　72页　32开
　　广东中山

叁　自然科学

课本

3-2558

理化教科书

（日）和田猪三郎著　虞辉祖翻译　钟观光校阅
　　上海　上海科学仪器馆　清光绪28.10[1902]初版,光绪29.10第2版,光绪32订正33版
　　69页　图　大32开　（科学馆丛书）
　　卷端题名：中学校初年级理化教科书
　　国图　北师大　人教　上海　辞书　天津

3-2559

理化示教
杜亚泉编译
　　上海　商务印书馆　清光绪32.9[1906]版,民国12.6第19版
　　37叶　图　大32开　线装
　　教育部审定
　　初版附注：清光绪32年5月改正初版
　　辞书　编译馆

3-2560

最新理化示教
（日）菊池熊太郎著　王季烈译
　　上海　文明书局　清宣统1.2[1909]
　　2册(62叶)　图　大32开　线装
　　第1-2册：宣统1.2第2版,宣统2.9第3版,民国2.2第4版
　　清学部审定
　　初版附注：清光绪33年正月初版
　　逐页题名：理化示教
　　辞书

3-2561

初等理化教科书
（英）贵勾利(R. A. Gregory),（英）西门司(A. T. Simmons)著　刘光照译
　　上海　华美书局　清宣统2[1910]
　　2册(348,250页)　图　大32开　精装
　　第1-2册：宣统2年版
　　北师大　辞书

3-2562

新学制自然科学教科书
杜亚泉编辑
　　上海　商务印书馆　民国12.3-15.8[1923.3-1926.8]
　　4册(158,228,270,319页)　图(含彩图)　32开
　　第1册：民国12.3初版,民国12.6第2版,民国13.3第4版,民国13.11第5版,民国18.8第95版,民国21.5国难后1版,民国21.6国难后3版,民国21.11国难后6版
　　第2册：民国13.2初版,民国13.4第2版,民国13.11第3版,民国13.11第11版,民国15.6第45版,民国19.1第53版,民国21.11国难后3版
　　第3册：民国14.5初版,民国14.5第2版,民国18.9第25版,民国21.11国难后2版
　　第4册：民国15.8初版,民国15.8第10版
　　教育部审定　初级中学用
　　版权页题名：初级中学自然科学教科书

卷端题名:初级中学教科书自然科学
书脊题名:新学制初中自然科学教科书
其他题名:新学制初级中学教科书自然科学
国图(1-2) 北师大 人教 华师大 辞书 庐山 广西师大(2-3) 编译馆

3-2563

初级混合理科
钟衡臧编 金兆梓,张相,华襄治校
上海 中华书局 民国12.8-14.2[1923.8-1925.2]
6册(82,71,99,95,84,92页) 图 大32开
第1册:民国12.8初版,民国13.7第3版,民国13.12第4版,民国18.6第12版,民国19.7第13版,民国21.6第15版
第2册:民国13.1初版,民国13.12第3版,民国14.9第5版,民国14第6版,民国18.6第9版,民国20.7第11版,民国21.7第12版
第3册:民国13.4初版,民国13.12第2版,民国14.3第3版,民国14.9第4版,民国15.5第6版,民国20.7第9版
第4册:民国13.7初版,民国13.12第2版,民国14.12第4版,民国21.10第10版
第5册:民国14.1初版,民国14.2第2版,民国14.9第3版,民国18.6第6版
第6册:民国14.2初版,民国14.9第3版,民国15.5第5版
教育部审定 初级中学用
封面题名:新中学初级混合理科
卷端题名:新中学教科书初级混合理科
北师大 人教 上海(5) 华师大(3,6) 辞书 河南 广东 中山(2-4) 编译馆

3-2564

初级中学理化教科书
阎玉振编纂
北京 求知学社 民国13.6[1924.6]-
2册(①204页) 图,表 32开
第1册:民国13.6初版
逐页题名:理化教科书
北师大(1) 人教(1) 辞书(1)

3-2565

实用自然科学教科书
郑贞文,周昌寿,高铦编辑
上海 商务印书馆 民国13.7[1924.7]-
4册(209,254,230,211页) 图(含彩图) 32开
第1册:民国13.12第2版,民国18.8第33版,民国21.6国难后3版
第2册:民国13.7初版,民国14.3第2版,民国15.5第20版,民国21.10国难后1版,民国21.11国难后3版
第3册:民国13.8初版,民国14.6第2版,民国15.5第12版,民国21.11国难后2版
第4册:民国13.10初版,民国15.3第8版,民国15.4第13版,民国21.11国难后2版
初级中学用
附:英汉译名名词对照表及索引

初版附注:民国13年6-10月初版
版权页题名:新学制实用自然科学教科书
逐页题名:初级中学教科书实用自然科学
国图(1-2) 人教 华师大(1) 辞书 编译馆

3-2566

初中混合理化教科书
徐镜江编辑 方叔密,王鹤清校订
北京 文化学社 民国14.2[1925.2]-
2册(174,142页) 图 32开
上册:民国14.2初版,民国15第2版,民国20.9第5版
下册:民国19.9第4版
封面题名:初级中学混合理化教科书
卷端题名:新制初中混合理化教科书
逐页题名:混合理化教科书
其他题名:订正初中混合理化教科书
国图 北师大 人教 辞书 河南(2)

3-2567

科学方法
汪奠基著
上海 商务印书馆 民国16.12[1927.12]初版,民国17.9第2版,民国18第4版,民国21.9国难后1版
208页 32开
其他题名:新学制高级中学教科书科学方法
国图 北师大 人教 上海 河南 辽宁 广西师大 广东 中山 编译馆

3-2568

初中自然科学
郭任远编著
上海 世界书局 民国18.6[1929.6]-
7册(146,103,186,105,145,157,113页) 图(含彩图) 大32开
第1册(生理之部):民国18.6初版,民国18.12订正3版,民国19.4订正4版
第2册(生理之部):民国18.8初版,民国19.4订正3版
第3册(动物之部):民国19.4订正2版
第4册(植物之部):民国19.4订正2版
第5册(物理学之部):民国19.8初版,民国19.11第2版
第6册(化学之部):民国20.5初版,民国21.8第2版
第7册(天文地质之部):民国20.8初版,民国21.8第3版
初级中学学生用
其他题名:新主义教科书初中自然科学
国图(1,5-6) 北师大 人教(1,5-6) 辞书(1-4) 河南(2-6) 编译馆

3-2569

初中自然科学教本
夏佩白,徐养正编著 颜任光,范凤源校订
上海 大东书局 民国19.6[1930.6]-
6册(118,112,112,110,142,122页) 图(含彩图),表 大32开
第1册:民国19初版,民国20.6第4版,民国20.8第5版

第 2 册:民国 19.6 初版,民国 20.1 第 2 版,民国 21.4 第 3 版
第 3 册:民国 19.9 初版,民国 20.1 第 2 版,民国 20.6 第 3 版
第 4 册:民国 19.9 初版,民国 20.1 第 2 版
第 5 册:民国 20.9 第 3 版
第 6 册:民国 20.6 第 2 版,民国 20 第 3 版
初级中学学生用
版权页题名:自然科学
其他题名:初级中学教本自然科学
国图　北师大　人教　华师大(2)　辞书　编译馆

3-2570

新中华语体自然科学
华文祺,华汝成编　华襄治,糜赞治校
上海　新国民图书社　民国 19.8-20.8[1930.8-1931.8]
3 册(180,168,332 页)　图　大 32 开
第 1 册:民国 19.8 初版,民国 20.6 第 2 版,民国 20.9 第 3 版,
民国 21.6 第 4 版,民国 21.7 第 5 版
第 2 册:民国 20.2 初版,民国 21.6 第 2 版,民国 21.8 第 3 版
第 3 册:民国 20.8 初版,民国 21.6 第 2 版
初级中学用
封面题名:新中华自然科学(语体)
书脊题名:新中华初中语体自然科学
北师大　人教　华师大(1)　辞书　广西师大(3)　编译馆

3-2571

普通科学
沈青来编辑
苏州　小说林书社　民国 20.1[1931.1]-
　册(下 158 页)　图　32 开
下册:民国 20.1 初版
卷端题名:近世普通科学
其他题名:新标准初中教科书普通科学
人教(下)

3-2572

日用科学教科书
王素意编
上海　商务印书馆　民国 20.11[1931.11]初版,民国 21 国难后 1 版
161 页　图　32 开
中学适用
国图　人教　编译馆

3-2573

初中混合自然科
陈杰夫著　中华教育文化基金董事会编译委员会编辑
上海　商务印书馆　民国 22.4[1933.4]初版,民国 27.10 第 8 版
416 页　图,照片,表　32 开
国图　人教　华师大　辞书

3-2574

混合编制初中理化
严济慈编著
上海　中国文化服务社　民国 37[1948]-
　册(①102 页)　图,表　32 开
其他题名:最新初级中学教科书混合编制初中理化
国图(1)

教学参考书

3-2575

自然科学及其教授法
C.S.Chow 著　周昌寿编译
上海　商务印书馆　民国 14.7[1925.7]初版,民国 20 第 2 版
328 页　大 32 开　精装
国图　人教　辞书　庐山

教学辅导书

3-2576

理化常识
中央教育人民委员部编审局编
[不详]　[编者刊]　民国 22.11[1933.11]
[20]页　32 开
中等教材
人教

3-2577

自然科学考试指南
周郁年,王鼎如编著
上海　大达图书供应社　民国 24.5[1935.5]
1 册(18,20,10,24,14,18 页)　32 开
逐页题名:各科考试问题详解
辞书

3-2578

物理　化学
周绍文编
上海　世界书局　民国 27.7[1938.7]初版,民国 29.6 第 3 版,民国 29.11 第 4 版
136 页　32 开　(初中自修指导丛书)
补习、复习及考试升学用
版权页题名:初中物理化学自修指导
逐页题名:初中理化自修指导
国图　辞书

3-2579

初中理化
杨明洁,浦同烈著
贵阳　文通书局　民国 31.6[1942.6]
1 册(69,77 页)　图　32 开　(中学复习受验丛书)
国图　辞书

3-2580

初中理化题解
杨彦编著　陈驾凡校阅

上海　春明书店　民国36.6[1947.6]
122页　32开　(中学生复习丛书)
其他题名：最新编著初中理化题解
辞书

3-2581
实用理化常识
王洪年编著
[不详]　华东新华书店　民国37.10[1948.10]
198页　图　32开
山东省政府教育厅审定　中学课本及青年自学读物
逐页题名：理化常识
辞书

3-2582
全部中等理化试题详解
施惠同著
上海　东方书店　[1912-1949?]
234页　32开
其他题名：中等理化试题详解
广东中山

物理学

课　本

3-2583
物理学
(日)饭盛挺造编纂　(日)藤田丰八译　王季烈重译
上海　上海书局　清光绪26[1900]-
册(①90页)　图　32开　线装
第1册(上编)：清光绪26年版
人教(1)　云南社科(1)

3-2584
中学物理教科书
(日)水岛久太郎著　陈榥译补
[日本]　教科书译辑社　清光绪28.7[1902]
181页　图　大32开
卷端题名：中等物理教科书
其他题名：物理教科书
国图　上海　辞书

3-2585
普通应用物理教科书[订正本]
陈文哲编辑
东京　同文印刷舍　清光绪32[1906]版,光绪32第4版,光绪33.3第5版,光绪34.6第6版,光绪34.6第8版
342页　图,像,表　大32开
教育部审定　普通中学程度用
附：华日英物理学术语对照表

初版附注：清光绪30年正月初版
版权页题名：物理教科书
国图　北师大　人教　华师大　辞书　广东中山

3-2586
物理学
(美)何德赉(Hoadlog)著　谢洪赉原译　商务印书馆校阅
上海　商务印书馆　清光绪30.3[1904]初版,光绪30.11第2版,光绪32.4第3版,民国2.10第7版
470页　图,表　大32开　精装
版权页题名：中学物理学
其他题名：最新中学教科书物理学
国图　北师大　人教　辞书　天津　河南　广东中山

3-2587
物理教科书力学
伍光建编辑
上海　商务印书馆　清光绪31[1905]第2版,光绪32第3版
182页　图　大32开
初版附注：清光绪30年9月初版
其他题名：力学
其他题名：最新中学教科书力学
北师大　河南

3-2588
物理教科书热学
伍光建编辑
上海　商务印书馆　清光绪30[1904]初版,光绪32第3版
128页　图　大32开
其他题名：热学
其他题名：最新中学教科书热学
北师大　上海　上师大

3-2589
物理学
(日)饭盛挺造编纂　(日)藤田丰八译　王季烈重译
上海　江南群学社刊　清光绪30[1904]
4册(68,64,80,43页)　图　32开　线装
第1-4册：光绪30初版
人教　上师大(1)　广西师大

3-2590
中学物理学教科书
伍光建编辑
上海　商务印书馆　清光绪30[1904]-
2册([1304]页)　图　大32开　精装
上册：
卷一、二(力学上、下)：光绪31第2版,光绪32第3版
卷三(水学)：光绪32.1初版
卷四(气学)：光绪32第2版
卷八(磁学)：版次不详
卷六(热学)：光绪30初版
卷五(声学)：光绪32.3初版
下册：
卷七(光学)：光绪34年版

卷十(动电学)：光绪32初版
卷九(静电学)：光绪31年版
汇编《最新中学教科书》物理学课本合订印行，各卷次序依原书排列
其他题名：中学物理教科书
其他题名：物理学教科书
其他题名：最新中学教科书中学物理
北师大　辞书　广东中山

3-2591

物理教科书静电学
伍光建编辑
　　上海　商务印书馆　清光绪31.7[1905]
　　164页　图　大32开
　　其他题名：静电学
　　其他题名：最新中学教科书静电学
　　国图　北师大

3-2592

初等物理学教科书
高慎儒编译　杜就田校阅
　　上海　商务印书馆　清光绪32.8[1906]第4版
　　40叶　图　大32开　线装
　　初版附注：清光绪31年8月初版
　　上师大　辞书

3-2593

物理教科书声学
伍光建编辑
　　上海　商务印书馆　清光绪32.3[1906]
　　118页　图　大32开
　　其他题名：声学
　　其他题名：最新中学教科书声学
　　北师大　上海　上师大　河南

3-2594

最新物理学教科书
陈应泰等编辑
　　湖北　教育研究社　清光绪32.4[1906]订正2版
　　377页　图　大32开
　　上海

3-2595

问答体物理学初等教科书
陈文编辑
　　上海　科学会编译部　清光绪32.4[1906]
　　122页　图　32开　精装
　　北师大　天津

3-2596

普通教育物理学教科书
(日)滨幸次郎,(日)河野龄藏著　张修爵译述
　　上海　普及书局　清光绪33.2[1907]订正2版
　　92页　图　大32开
　　初版附注：清光绪32年5月初版
　　北师大

3-2597

物理教科书气学
伍光建编辑
　　上海　商务印书馆　清光绪32.6[1906]第2版
　　84页　图　大32开
　　其他题名：气学
　　其他题名：最新中学教科书气学
　　北师大

3-2598

最近初等理化教科书
易镇资编译
　　东京　同文印刷舍　清光绪32.6[1906]
　　172页　图　大32开
　　辞书

3-2599

新撰物理学
丛琯珠编译　曲单新,丛琦珠校阅
　　山东　留学生监督处　清光绪32.6[1906]
　　236页　图　大32开
　　北师大

3-2600

近世物理学教科书：九卷
(日)中村清二原著　(清)学部编译图书局译
　　上海　[译者刊]　清光绪32.11[1906]
　　2册([169]叶)　图　16开　线装
　　第1-2册：光绪32.11初版,光绪33.7第2版
　　国图　上海　辞书　广西师大

3-2601

物理教科书水学
伍光建编辑
　　上海　商务印书馆　清光绪32[1906]第2版
　　86页　图　大32开
　　其他题名：水学
　　其他题名：最新中学教科书水学
　　北师大　河南

3-2602

物理教科书动电学
伍光建编辑
　　上海　商务印书馆　清光绪32[1906]
　　266页　图　大32开
　　其他题名：动电学
　　其他题名：最新中学教科书动电学
　　国图　北师大　上师大

3-2603

新式物理学
[出版者不详]　清光绪32[1906]版
　　463页　32开
　　中等教科
　　广东中山

3-2604

最新物理学教科书
(日)本多光太郎著　译书公会译辑
　　上海　科学书局　清光绪 33.1[1907]
　　179 页　图　大 32 开
　　北师大

3-2605

物理学新教科书
(日)中村清二原著　杜亚泉编译
　　上海　商务印书馆　民国 1.5[1912.5]第 4 版,民国 2.9 第 6 版
　　287 页　图　大 32 开　精装
　　初版附注:清光绪 33 年 5 月初版
　　北师大　广西师大

3-2606

中等教育新式物理学
陈文编辑
　　上海　科学会编译部　民国 2.5[1913.5]第 9 版,民国 8.12 第 12 版
　　463 页　图(含彩图)　32 开　精装
　　初版附注:清光绪 33 年 5 月初版
　　国图　北师大　人教　河南

3-2607

物理学课本
(日)后藤牧太著
　　日本　东京东亚公司　清光绪 33.6[1907]
　　215 页　图　大 32 开
　　中学堂及师范学堂用
　　北师大

3-2608

普通教育物理学新教科书
(日)田丸卓郎著　谭其茳译　舒祖勋,萧师召校
　　日本　东京中国留学生会馆　清光绪 33.6[1907]初版,宣统 1.7 订正 2 版
　　279 页　图　大 32 开　精装
　　辞书

3-2609

普通物理学教科书
钱承驹辑译
　　上海　文明书局　清光绪 33.8[1907]初版,民国 2.10 第 2 版
　　118 页　图　大 32 开　精装
　　教育部审定　中华民国适用
　　逐页题名:物理学教科书
　　辞书

3-2610

中学物理学教科书
(日)田丸卓郎著　吴廷槐,华鸿译
　　上海　文明书局　清光绪 33.9[1907]
　　274 页　图　大 32 开　精装
　　北师大　辞书

3-2611

实验理论物理学讲义
陈学郢编纂
　　上海　商务印书馆　清光绪 33.12[1908]-
　　3 册(366,367,235 页)　图　大 32 开　精装
　　第 1 册(卷一):光绪 33.12 初版,宣统 2.1 第 2 版,宣统 2.9 第 3 版,民国 2.2 第 5 版,民国 3.3 第 6 版,民国 8 年版,民国 22 国难后 1 版
　　第 2 册(卷二):民国 9 第 7 版,民国 15 第 11 版,民国 22 国难后 1 版
　　第 3 册(卷三):宣统 2 第 2 版,民国 13 第 11 版,民国 22 国难后 1 版
　　版权页题名:理论实验物理学讲义
　　上海(1)　辞书(1)　天津　河南(1)　辽宁(1-2)　广东　中山

3-2612

物理教科书
伍光建编译
　　上海　商务印书馆　清光绪 33[1907]
　　2 册　32 开
　　第 1-2 册:光绪 33 第 2 版
　　国图

3-2613

(汉译)最新物理学教科书
(日)酒井佐保著
　　东京　合资会社富山房　明治 40[1907]
　　1 册　32 开
　　其他题名:最新物理学教科书
　　国图

3-2614

物理教科书光学
伍光建编辑
　　上海　商务印书馆　清光绪 34.8[1908]
　　195 页　图　大 32 开
　　其他题名:光学
　　其他题名:最新中学教科书光学
　　北师大

3-2615

物理教科书磁学
伍光建编辑
　　上海　商务印书馆　[1908?]
　　82 页　图　大 32 开
　　其他题名:磁学
　　其他题名:最新中学教科书磁学
　　上师大

3-2616

新式物理学教科书
(日)本多光太郎,(日)田中三四郎合著　王季点译述　陈学郢校订
　　上海　商务印书馆　清宣统 3.5[1911]第 2 版,民国 4.2 第 8

版,民国6第10版,民国10.12第12版
251页 图(含彩图) 大32开
教育部审定
初版附注:清宣统2年3月初版
北师大 辞书 编译馆

3-2617

新撰物理学教科书
(日)本多光太郎,(日)田中三四郎著 丛珺珠译
上海 群益书社 清宣统3.2[1911]
236页 图 大32开 精装
版权页题名:新撰物理教科书
辞书 编译馆

3-2618

中学物理学教科书
余岩编著 倪文奎校订
上海 文明书局 民国1.10[1912.10]
332页 图 大32开 精装
北师大 辞书

3-2619

汉译密尔根盖尔物理学
屠坤华编译 徐善祥,杜就田校订
上海 商务印书馆 民国10.4[1921.4]第7版
436页 图 32开 精装
初版附注:民国2年2月初版
北师大

3-2620

物理学
王兼善编纂
上海 商务印书馆 民国2.5[1913.5]初版,民国4第4版,民国8.11第14版,民国12.10改订20版,民国13第21版,民国14改订22版,民国16第23版,民国18.6第25版,民国21.6国难后1版,民国21.6国难后3版
412页 图 32开
中学校、师范学校用
附:中西名词索引
卷端题名:中学新教科书物理学
其他题名:民国新教科书物理学
国图 北师大 人教 上海 上师大 辞书 河南 天津 广东中山 编译馆

3-2621

物理学
王季烈编纂
上海 商务印书馆 民国2.9[1913.9]初版,民国3.7第3版,民国5.11第8版,民国8第15版,民国9.12第18版,民国10第19版,民国11.10改订21版,民国13.7改订22版
198页 图 大32开
教育部审定 中学校用
其他题名:共和国教科书物理学
北师大 华师大 辞书 河南 编译馆

3-2622

物理教科书
(日)中村清二著 蔡钟瀛译
上海 群益书社 民国3.2[1914.2]
287页 图 32开 精装
其他题名:近世物理学教科书物理
上海 华师大 广西师大

3-2623

中华中学物理学教科书
黄际遇编 陈纯,沈煦校订
上海 中华书局 民国3.3[1914.3]初版,民国4.7第2版,民国6.2第5版,民国8.1第7版
220页 图 32开 精装
逐页题名:中学物理学教科书
北师大 人教 辞书 辽宁

3-2624

新制物理学教本
吴传绂编辑 吴家煦,顾树森,吴家杰校阅
上海 中华书局 民国6.2[1917.2]初版,民国7第4版,民国9.2第7版,民国9.7第8版,民国9.11第9版,民国10.1第10版,民国10.7第11版,民国13.6第15版
168页 图 大32开
教育部审定 中学校、师范学校适用
附:中西文名词对照表
北师大 人教 辞书 河南 编译馆

3-2625

女子物理教科书
(日)滨幸次郎,(日)河野龄藏著 黄邦柱译
上海 群益书社 民国6[1917]
124页 图 大32开
河南

3-2626

物理学
陈榥编
上海 商务印书馆 民国7.6[1918.6]初版,民国7.12第2版
291页 图 大32开 精装
其他题名:实用教科书物理学
北师大 人教

3-2627

实用物理学教科书
张文熙,邱玉麒编
南昌 铭记印刷所 民国8.8[1919.8]
2册([253]页) 32开 精装
第1-2册:民国8.8初版
北师大

3-2628

初等实用物理学教科书
贾丰臻,贾观仁编译
上海 商务印书馆 民国12.3[1923.3]初版,民国13.7第

2 版
100 页 图 32 开
其他题名：初等实用物理教科书
北师大 河南 编译馆

3-2629
密尔根盖尔实用物理学
（美）密尔根(Robert Andrews Millikan)，（美）盖尔(Henry Gordow Gale)原著 周昌寿，高铭译
上海 商务印书馆 民国13.2[1924.2]初版，民国22.7国难后7版
529 页 图 大32开
逐页题名：实用物理学
北师大 上海

3-2630
物理学精义
（日）田丸卓郎原著 周昌寿译述
上海 商务印书馆 民国18.12[1929.12]初版，民国21.12国难后2版
901 页 图 大32开 精装
其他题名：中等教育物理学讲义
辞书 河南 庐山 广东中山

3-2631
理论物理学初步
查泽原著 潘祖武译
上海 商务印书馆 民国20.10[1931.10]
168 页 图 32开
编译馆

3-2632
物理学纲要
（美）密尔根(Millikan)，（美）盖尔(Gale)，（美）培尔(Pyle)著 陈天池等译
北平 科学社 民国22.9[1933.9]初版，民国25.9第2版
500 页 图 大32开 精装
附：汉英名词对照索引及单位名称对照表
版权页题名：汉译密盖培物理学纲要
其他题名：密盖培物理学纲要
人教 辞书

3-2633
勃拉克台维斯最新实用物理学
（美）布莱克(N. H. Black)，（美）戴维斯(Davis)著 陈宝珊译
苏州 文怡书局 民国22[1933]-
册(①333页) 图(含彩图) 32开 精装
上册：民国22年版
其他题名：最新实用物理学
人教(1)

3-2634
新实用物理学
（美）布莱克(Black)，（美）戴维斯(Davis)原著 薄善保等翻译 张贻惠，刘拓校订
北平 师大附中理科丛刊社 民国24.1[1935.1]
724 页 图 大32开 精装
国图 北师大

3-2635
实用力学
王济仁编
上海 中华书局 民国24.3[1935.3]
138 页 图 大32开 （算学丛书）
辞书

3-2636
简明力学
姚幼蕃编著
上海 世界书局 民国27.12[1938.12]初版，民国31.12第2版
206 页 图，表 32开
中学活用课本
补习学校、职业学校、短期中学适用
人教 辞书

3-2637
简明热光声学
姚幼蕃编著
上海 世界书局 民国28.12[1939.12]初版，民国37.4第3版
169 页 32开
中学活用课本
附：各大学试题和答数
国图

3-2638
勃拉克台维斯最新实用物理学[修订本]
（美）勃拉克(Black)，（美）台维斯(Davis)著 陈宝珊译
苏州 文怡书局 民国35.1[1946.1]
555 页 图 32开 精装
高级中学适用教本
逐页题名：最新实用物理学
辞书

3-2639
初级物理学纲要
杨士文编著
上海 世界书局 民国36.2[1947.2]
91 页 32开
中学活用课本
人教

3-2640
物理学讲义
伍作楷辑
[出版者不详] [1912-1949?]
72 叶 16开 线装
云南社科

* * *

3-2641
物理学
周昌寿编辑

上海 赣州 商务印书馆 民国12.7[1923.7]初版,民国12.11第4版,民国14.11第47版,民国18.11第117版,民国20.8第147版,民国21.6国难后1版,民国21.7国难后15版,民国21.10国难后40版

241页 图 32开

附:英汉名词对照表及索引

其他题名:现代初中教科书物理学

北师大 人教 华师大 辞书 河南 广西师大 广东中山 编译馆

3-2642
物理学
钟衡臧编 华襄治校

上海 中华书局 民国14.3[1925.3]初版,民国14.8第3版,民国14.8第4版,民国17第12版,民国17.10第13版,民国19第17版,民国20.2第18版,民国20.7第19版,民国20.12第20版,民国21.5第21版,民国21.9第22版,民国21第32版

110页 图(含彩图) 大32开 精装

教育部审定 初级中学用

封面题名:新中学物理学

书脊题名:新中学物理学教科书

其他题名:新中学教科书物理学

北师大 人教 辞书 河南 广西师大 编译馆

3-2643
物理学
周昌寿编辑

上海 商务印书馆 民国15.8[1926.8]初版,民国18.4第28版,民国21.7国难后10版,民国21.10国难后25版

190页 图 32开

附:问题答数、英汉译名对照表及索引

逐页题名:新撰初中教科书物理学

其他题名:新撰初级中学教科书物理学

北师大 人教 华师大 辞书 河南 辽宁 庐山 广东中山 编译馆

3-2644
实用物理学
陆静孙编

上海 民智书局 民国19.9[1930.9]

264页 图 32开

初级中学适用

逐页题名:初中实用物理学教本

华师大 辞书

3-2645
初中物理学
龚昂云编著 金通尹校订

上海 世界书局 民国19.9[1930.9]初版,民国19.9第2版,民国21.9订正8版

206页 图 32开

教育部审定 初级中学学生用

其他题名:初级中学教科书初中物理学

北师大 辞书 河南 编译馆

3-2646
初中物理
王鹤清著

北平 文化学社 民国20.1[1931.1]

2册(148,75页) 图,表 32开

第1-2册:民国20.1初版,民国24.11第6版

其他题名:新标准文化初中教本初中物理

人教

3-2647
初中物理学
王鹤清著

北平 文化学社 民国20.9[1931.9]第2版,民国21.8第3版

214页 照片,图 大32开

初版附注:民国20年1月初版

卷端题名:初中物理学教科书

北师大 辞书 编译馆

3-2648
开明物理学教本
戴运轨编著

上海 开明书店 民国21.1[1932.1]初版,民国21第4版,民国23.1第6版

225页 图 32开

初级中学学生用

逐页题名:物理学教本

国图 北师大 上海 华师大 辞书 广东中山

3-2649
开明物理学教本
戴运轨编著

上海 开明书店 民国21.1[1932.1]

2册(112,118页) 图 32开

第1册:民国21.1初版,民国21.8第2版

第2册:民国21.1初版

初级中学学生用

北师大 人教(1)

3-2650
物理学
周昌寿著

上海 开明书店 民国22.2[1933.2]

2册(127,106页) 图 32开

第1-2册:民国22.2初版,民国22.8第2版,民国23.8第4版,民国24.1第6版

教育部审定

逐页题名：新标准初中物理学教本
其他题名：新标准初中教本物理学
国图　北师大　人教　上海　辞书

3-2651

物理学[修正本]
周昌寿著
　　上海　开明书店　民国27[1938]
　　2册(125,101页)　图,表　32开
　　上册：民国27修正初版,民国30.5修正3版
　　下册：民国27修正初版,民国29.9修正2版
　　教育部核定
　　附：英汉名词对照表
　　初版附注：民国22年2月初版
　　其他题名：修正标准初中教本物理学
　　人教　广东中山

3-2652

物理学
周颂久编著
　　上海　商务印书馆　民国22.7[1933.7]
　　2册(211页)　图　32开
　　上册：民国22.7初版,民国22.8第10版,民国22.8第15版,民国22.10第40版,民国26第89版
　　下册：民国22.7初版,民国22.8第15版,民国22.8第20版,民国23.5第40版,民国26第69版
　　按照新课程标准编辑　初级中学用
　　卷端题名：初级中学教科书物理学
　　其他题名：复兴教科书物理学
　　其他题名：复兴初级中学教科书物理学
　　北师大　人教　上海　华师大　辞书　天津　河南(1)　广西师大(1)　广东中山　编译馆

3-2653

初中物理
阎玉振编著
　　北平　立达书局　民国22.8[1933.8]
　　198页　图　32开
　　其他题名：新标准教材初中物理
　　北师大

3-2654

朱氏初中物理学
朱昊飞编著
　　上海　世界书局　民国22.8[1933.8]初版,民国22第2版,民国22.9第3版
　　266页　图　32开
　　初级中学学生用
　　逐页题名：初中物理学
　　其他题名：新课程标准世界中学教本朱氏初中物理学
　　北师大　上海　辞书　广东中山　编译馆

3-2655

初中物理学
胡愻风编　胡刚复校
　　上海　北新书局　民国22.8-23.2[1933.8-1934.2]
　　2册(330页)　图　32开
　　上册：民国22.8初版
　　下册：民国23.2初版
　　依照新课程标准编辑
　　逐页题名：初中物理
　　北师大　人教　华师大(2)　辞书(2)　广东中山(1)

3-2656

物理
周毓莘编
　　上海　大东书局　民国22.9[1933.9]初版,民国24.2第4版,民国35.1第12版
　　152页　图(含彩图)　大32开
　　教育部审定　新课程标准适用
　　其他题名：新生活初中教科书物理
　　北师大　人教　辞书　天津

3-2657

物理学
方嗣楥编
　　北平　理科丛刊社　民国22[1933]初版,民国23.7第2版,民国26.6第4版
　　219页　图　32开
　　教育部审定
　　其他题名：初级中学物理学
　　其他题名：新标准初级中学物理学
　　北师大　辞书

3-2658

初中物理
张开圻,包墨青原编　华裹治,华汝成校
　　上海　中华书局　民国23.3-6[1934.3-6]
　　2册(156,109页)　图(含彩图),照片　大32开
　　上册：民国23.3初版,民国23.3第2版,民国23.3第3版,民国24.7第8版,民国24.8第11版,民国25.5第13版,民国25.5第14版
　　下册：民国23.6初版,民国23.7第2版,民国23.7第4版,民国23.10第7版,民国24.8第8版,民国25.5第10版
　　教育部审定　新课程标准适用
　　附：中西名词对照表
　　国图　北师大　人教　上海　华师大　辞书　河南(1)　广东中山(1)

3-2659

最新物理学
吴镜兆编　黄冀校
　　广州　中华科学教育改进社　民国23.8-24.2[1934.8-1935.2]
　　2册(143,109页)　图(含彩图)　32开
　　上册：民国23.8初版,民国24.8第3版
　　下册：民国24.2初版,民国24.8第2版
　　其他题名：初中教本最新物理学
　　人教　辞书

3-2660

初中物理学
龚昂云编纂　杨哲明校订
上海　世界书局　民国23.12[1934.12]-
2册　图　32开
上册：民国23年版
下册：民国23.12版
其他题名：新课程标准世界中学教本初中物理学
国图(1)　上海(2)

3-2661

初中物理学
陈杰夫编著
上海　南京　赣州　正中书局　民国24.4-11[1935.4-11]
2册(161,278页)　图　32开
上册：民国24.4初版,民国24.8第10版,民国26.5第5版,
　　　民国27第53版,民国33.5赣20版
下册：民国24.11初版,民国25第23版,民国26第24版,民
　　　国28.6第50版,民国34.11赣25版
教育部审定　新课程标准适用
附：中西名词对照表
封面题名：物理学
其他题名：初级中学物理学
北师大　人教　上海(1)　辞书　广西师大　广东中山

3-2662

初中物理学
沈星五编著
北平　文化学社　民国24.6[1935.6]
2册(370页)　图　大32开
第1-2册：民国24.6初版
其他题名：新标准文化初中教本新标准初中物理学
北师大

3-2663

物理学
张资平编辑
上海　中学生书局　民国24.8-11[1935.8-11]
2册(163,146页)　图　32开
上册：民国24.8初版
下册：民国24.11初版
遵照教育部新课程标准编辑
逐页题名：初中物理学
其他题名：初中标准教本物理学
辞书

3-2664

开明物理学教本[改订本]
戴运轨编著
上海　开明书店　民国24[1935]
2册(112,118页)　图、表　32开
第1册：民国24初版,民国25第15版,民国26.7第17版
第2册：民国24年版,民国25第12版
附：中英名词对照表及索引

初级中学学生用
人教　广东中山

3-2665

物理学
高行健编
南京　中山书局　民国25.7[1936.7]
146页　[24开]
初级中学适用
国图

3-2666

物理学
杨孝述,胡悫风,胡刚复编辑
上海　中国科学图书仪器公司　民国26.1[1937.1]-
2册(165,144页)　图　32开
上册：民国26.1修订版,民国31.9第7版,民国36第11版
下册：民国26.1修订4版,民国30.6第7版,民国36第12版
教育部审定
附：中西名词对照索引
其他题名：中国初中教科书物理学
人教(2)　华师大(1)　辞书　广东中山

3-2667

初中新物理
何守愚,陈公衡编著
上海　世界书局　民国26.7[1937.7]-
2册(123,111页)　图　32开
上册：民国26.7初版,民国29.11新7版,民国30.8新8版
下册：民国29.2版
遵照教育部民国25年颁布修正课程标准编辑
其他题名：新课程标准世界中学教本初中新物理
人教(1)　广西师大(2)

3-2668

初中物理
张开圻,包墨青原编　陶鸿翔改编　金兆梓校
上海　中华书局　民国26.8[1937.8]
2册(133,122页)　图,表,照片　大32开
上册：民国26.8初版,民国26.8第3版,民国28.12第25
　　　版,民国29.2第29版,民国30第44版,民国32.12版,民
　　　国35.11第57版
下册：民国26.8初版,民国26第7版,民国28第19版,民国
　　　30第33版,民国35.7第46版,民国35.10版,民国36第
　　　50版
教育部审定　修正课程标准适用
附：中西名词对照表
人教　华师大(1)　上海　辞书　庐山(1)　辽宁(2)　天津
(2)　广西师大(2)　广东中山

3-2669

开明物理学教本[修正本]
戴运轨编著
上海　开明书店　民国27.5[1938.5]
2册(112,118页)　图　32开

第1册：民国27.5初版,民国29.5第5版,民国35.4第8版,民国36.2第10版,民国37.4第12版
第2册：民国27.5初版,民国34.11第7版,民国35.12第10版,民国37.10第13版,民国37.11第14版
修正课程标准适用　初级中学学生用
附：中英名词对照表及索引
人教　上海(1)　华师大　广西师大(1)　广东中山

3-2670

物理学[审订本]
周颂久编著
上海　商务印书馆　民国27.8[1938.8]-
2册(87,90页)　图　32开
上册：民国27.8审订1版,民国35.9审订93版,民国36.4审订96版
下册：民国28审订16版,民国35.4审订81版,民国35.9审订93版
教育部审定　依照1936年4月教育部颁行修正课程标准编辑　初级中学用
附：西文及四角号码索引
其他题名：复兴初级中学教科书物理学
北师大　人教　辽宁　广东中山(2)

3-2671

初中物理
(伪)教育部编审会编著
北平　[编者刊]　民国27.12-28.12[1938.12-1939.12]
2册(138,126页)　照片,图　32开　精装
上册：民国27.12初版,民国28年版
下册：民国28.12初版
北师大(1)　辞书　天津(1)

3-2672

初中物理
李超编著　徐谷生校订
[不详]　艺文书社　民国29.9[1940.9]-
2册(156,146页)　图,表　32开
上册：民国30.1第3版
下册：民国29.9初版
修正课程标准　初级中学学生用
初版附注：民国28年2月-29年9月初版
辞书

3-2673

初中物理
(伪)教育总署编审会著
北平　[著者刊]　民国28.12[1939.12]
2册　图　32开
第1-2册：民国28.12初版
北师大　河南(1)

3-2674

初级中学物理学
陈杰夫编著
重庆　正中书局　民国29.8[1940.8]-
册(①133页)　32开
上册：民国29.8初版,民国31.2第41版
附：中西文名词对照索引
其他题名：建国教科书初级中学物理学
人教(1)

3-2675

初中物理
(伪)教育部编审委员会编
2册(162,183页)　32开
其他题名：国定教科书初中物理
①广州　新亚印书局　民国29.8[1940.8]-
第1-2册：民国29.8-32.1版
人教
②上海　华中印书局　民国30.2[1941.2]-
上册：民国30.2初版,民国32.1第4版,民国32.7第5版
下册：民国30.2初版,民国31.7第3版,民国32.1第4版
国图　人教　上海(1)　辞书　广西师大(2)

3-2676

初中新物理学
宋承均,周文,徐子威著　裘维裕,赵富鑫校阅
上海　上海科学社　民国30.8[1941.8]
310页　大32开　精装
最新修正课程标准适用
广西师大

3-2677

标准初中物理学
赵东樵,黄培新编著
长沙　琴庄仪器图书馆　民国31.8[1942.8]初版,民国38.1新9版,民国38.2增订11版
180页　图,表　32开
教育部审定　最新课程标准适用
国图　人教

3-2678

初级中学物理学
常伯华编著
重庆　上海　北平　正中书局　民国33.9-10[1944.9-10]
2册(114,121页)　图　32开
上册：民国33.9初版,民国34.10沪复1版,民国34沪18版,民国35沪37版,民国37.4沪版,民国37.5平1版,民国37.10沪版
下册：民国33.10初版,民国35.12沪68版,民国36.11沪145版,民国36.11平1版,民国37.10沪版
教育部审定　遵照民国30年修正课程标准编著　第三学年第一学期用
附：中西文名词索引
封面题名：物理学
逐页题名：新中国初中物理学
其他题名：新中国教科书初级中学物理学
国图　人教　上海(2)　辞书　河南(1)　辽宁(2)　广西师大(1)

3-2679

新修正标准初中物理
甘景镐,林琼平编著　黄福煦校订
　　上海　大东书局　民国35.12[1946.12]
　　2册(94,94页)　图　32开
　　上册:民国35.12初版
　　下册:民国35.12初版,民国36.6第5版
　　人教

3-2680

初中新物理学
何守愚,陈公衡编著
　　上海　世界书局　民国36.3[1947.3]-
　　2册(134,126页)　图　32开
　　上册:民国36.7第12版,民国37.7修正初版,民国38.9修
　　　正3版
　　下册:民国36.3第6版,民国36.12修正初版,民国37.7修
　　　正2版,民国38修正4版
　　修正课程标准适用
　　附:中英名词对照表
　　北师大　人教　辞书　广东中山

3-2681

初中物理
张开圻,包墨青原编　李绪文,陶鸿翔改编　华襄治,华汝
成校
　　上海　中华书局　民国36.12-37.7[1947.12-1948.7]
　　2册(125,120页)　图　32开
　　上册:民国36.12初版,民国37.4第3版,民国37.4第4版,
　　　民国37.9第5版
　　下册:民国37.7初版
　　教育部审定　最新课程标准适用
　　附:中西名词对照表
　　国图(1)　北师大　人教　辞书(1)

3-2682

初中物理学
胡悫风编　胡刚复校
　　上海　北新书局　民国36[1947]
　　2册(168,189页)　图　32开
　　上册:民国36初版,民国37.1第2版,民国37第4版
　　下册:民国36初版,民国37.1第2版
　　教育部审定　根据修正课程标准新编
　　逐页题名:初中物理
　　北师大　人教　辞书(1)　广东中山

3-2683

物理[修订本]
谭勤余重编　周昌寿校订
　　上海　商务印书馆　民国37.7[1948.7]
　　2册([181]页)　图　32开
　　上下册:民国37.7修订1版
　　依照教育部民国30年修正课程标准编辑
　　附:西文及四角号码索引

　　其他题名:复兴初级中学教科书物理
　　人教　上师大　广东中山(1)

3-2684

初中新物理学[修订本]
上海科学社主编　徐子威等编著
　　上海　上海科学社　民国37.9[1948.9]
　　2册(148,160页)　32开
　　上册:民国37.9初版,民国38.1第2版
　　下册:民国37.9初版
　　教育部审定　最新修正课程标准适用
　　人教

3-2685

初中物理学
杨孝述等编辑
　　上海　中国科学图书仪器公司　民国37.9-38.3[1948.9-
　　　1949.3]
　　2册(144,128页)　图　32开
　　上册:民国37.9初版,民国37.10第2版
　　下册:民国38.3初版
　　附:中英名词对照索引
　　其他题名:中国科学教科书初中物理学
　　北师大　人教　上海　辽宁

3-2686

物理学
　　沈阳　东北书店　民国37[1948]-
　　册(①110页)　32开
　　上册:民国37初版
　　其他题名:初中临时教材物理学
　　辽宁(1)

3-2687

初中物理学
[华北人民政府教育部编]
　　[不详]　华北新华书店　民国38.3[1949.3]
　　180页　32开
　　华北人民政府教育部审定
　　附:译名对照表
　　人教　辽宁

3-2688

物理
戴运轨著
　　哈尔滨　东北新华书店　民国38.5[1949.5]
　　2册(110,111页)　图　32开
　　上册:民国38.5初版,民国38.8第4版
　　下册:民国38.5初版,民国38.8第2版
　　东北行政委员会教育部规定
　　其他题名:初中临时教材物理
　　逐页题名:物理学
　　辞书　辽宁

3-2689

标准初中物理学[增订本]

黄培心编
    长沙　学余编印社　民国38.8[1949.8]新1版,1949.10新
        7版
    194页　图,表　32开
    最新课程标准适用
    人教

＊　＊　＊

3-2690
物理学
周昌寿编
    上海　商务印书馆　民国19.8-20.5[1930.8-1931.5]
    2册(620页)　图　32开
    上册:民国19.8初版,民国21.4国难后1版,民国21.5国难
        后2版,民国21.10国难后5版
    下册:民国20.5初版,民国21.5国难后2版
    附:汉英名词索引
    其他题名:新时代高中教科书物理学
    北师大　人教　华师大(1)　辞书　辽宁(2)　编译馆

3-2691
初级物理实习讲义
丁燮林著　中华教育文化基金会科学教育委员会编辑
    上海　商务印书馆　民国19.10[1930.10]初版,民国21.11
        国难后1版,民国22国难后2版,民国38.9第7版
    246页　图　大32开
    高级中学适用
    北师大　华师大　上海　辽宁　广东中山　编译馆

3-2692
高中物理学
傅溥编著
    上海　世界书局　民国20.7[1931.7]初版,民国21.5第4
        版,民国22.2第6版
    423页　图　大32开
    高级中学学生用
    其他题名:高级中学教科书高中物理学
    国图　辞书　广西师大　编译馆

3-2693
高中物理学
卢熙仲等编
    广州　[编者刊]　民国20.9[1931.9]
    284页　图　大32开
    北师大

3-2694
普通物理学
夏佩白著
    上海　大东书局　民国20[1931]初版,民国20第2版,民国
        22第4版
    678页　图　大32开　精装
    高级中学学生用

    国图　北师大　河南　广东中山

3-2695
高中物理学
倪尚达编著　叶少农,王佐清助编
    南京　重庆　钟山书局　民国22.7[1933.7]-
    2册　图　大32开
    上册:民国22.7初版
    下册:民国22年版,民国28重庆2版
    封面题名:钟山物理学
    其他题名:钟山高中物理学
    北师大　辞书(1)　广东中山(2)

3-2696
高中物理学
仲光然编
    上海　中华书局　民国23.6[1934.6]
    2册(242,286页)　图(含彩图)　大32开
    上册:民国23.6初版,民国24.8第4版
    下册:民国23.6初版,民国23.10第2版,民国24.8第3版,
        民国24.8第4版
    新课标准适用
    附:中西文名词对照表
    国图　北师大　人教　上海　辞书

3-2697
物理学
周昌寿编著
    上海　赣州　商务印书馆　民国23.7[1934.7]-
    2册(533页)　图　32开
    上册:民国23.9第3版,民国24.5订正12版,民国33赣审
        定14版,民国35.1审定31版,民国35.9审定48版,民国
        36.1审定55版,民国37.5审定64版
    下册:民国23.7初版,民国23.9第4版,民国24订正2版,
        民国24.5订正9版,民国27审定5版,民国27审定8版,
        民国35.5审定34版,民国35.12审定46版,民国37.10审
        定49版
    教育部审定　高级中学用　依照教育部修正课程标准编辑
    附:英文及四角号码索引
    初版附注:民国23年7月初版
    初版附注:民国26年6月审定本初版
    卷端题名:复兴高中教科书物理学
    其他题名:复兴高级中学教科书物理学
    其他题名:复兴教科书物理学
    国图　北师大　人教　上海　华师大　辞书　河南(1)　辽
        宁　广东中山

3-2698
高中物理
沈星五编著
    北平　文化学社　民国23.8[1934.8]
    2册(554页)　图　32开
    第1册:民国23.8版
    第2册:民国23.8版,民国29.1版

新课程标准适用
其他题名：文化高中教科书高中物理
北师大　人教　广东中山

上册：民国25.11初版
下册：民国26.6版
高级中学用
北师大(1)　上海

3-2699

傅氏高中物理学
傅溥编著

上海　世界书局　民国24.1[1935.1]初版,民国24.3第2
版,民国38.2第7版
431页　32开
附：人名中译对照表及中英学语对照表
其他题名：高中物理学
其他题名：世界中学教本傅氏高中物理学
人教　河南

3-2704

建国高中物理学
张开圻编著　戴运轨校订

[南京]　正中书局　民国26.4[1937.4]-
2册(660页)　图　32开
上册：民国26.4版
下册：民国33第55版
遵照修正课程标准编著
封面题名：物理学
其他题名：高中物理学
其他题名：建国教科书物理学
华师大(1)　辞书　河南(2)

3-2700

最新实用物理学
(美)勃莱克,(美)戴维斯著　陈岳生译　杜其垚校对

上海　商务印书馆　民国24.8[1935.8]
2册(386,370页)　图(含彩图)　32开
第1册：民国24.8初版,民国25.9第3版,民国27.2第4版,
　　　民国28年版
第2册：民国24.8初版,民国25.9第3版,民国27.2第4版
高级中学适用教本
附：英汉索引
北师大　人教　上海　广西师大(2)　广东中山(2)

3-2705

高中物理
(伪)教育总署编审会著

北平　[著者刊]　民国28.9[1939.9]初版,民国29.8修正
版,民国30修正版
561页　像,图　32开　精装
附：汉英名词对照表
北师大　人教　辞书

3-2701

高中标准物理学
李直钧编译

北平　直钧科学实验社　民国25.10[1936.10]-
册(①238页)　图　大32开
上册(力学)：民国25.10版
其他题名：力学
北师大(1)

3-2706

高级中学物理学教本
陈德云编　吕勋等校订

北平　大华印书局　民国28[1939]-
2册　图　32开
上册：民国36.7第3版
下册：民国28年版
国图(2)　北师大(1)　人教(1)

3-2702

高中物理学
仲光然编

上海　中华书局　民国25.10-11[1936.10-11]
2册(254,288页)　图　大32开
上册：民国25.10初版,民国28.12第8版,民国36.4第
13版
下册：民国25.11初版,民国26第4版,民国29.1第6
版,民国35.7第9版,民国35.10第10版,民国36.4
第12版
教育部审定　修正课程标准适用
附：中西文名词对照表
国图　人教　辞书　广西师大(2)　广东中山(2)

3-2707

高中新物理学
寿望斗编著

上海　世界书局　民国29.1[1940.1]-
2册(260,250页)　图　32开
上册：民国29.1初版,民国34第3版,民国35.8第4版,民
国36第5版,民国37.12第7版
下册：民国34.12第3版,民国36第4版,民国36.6第5版,
民国38.3第6版
遵照教育部颁布修正课程标准编辑　高级中学学生用
附：英汉名词对照表
其他题名：新课程标准世界中学教本高中新物理学
国图(1)　北师大(2)　人教　河南　辽宁　广西师大(2)
广东中山　编译馆(1)

3-2703

汉译达夫物理学
达夫(Duf)原著　佟韶华编译

北平　戊辰社　民国25.11[1936.11]-
2册(356,350页)　图　大32开　精装

3-2708

最新高中物理学
方克诚编著　罗肇涛等校订

安化　湖南南轩图书馆　民国30.6[1941.6]-

2册　大32开
上册：民国31第3版
下册：民国30.6第2版
遵照部颁课程标准编辑
初版附注：民国29年12月初版
其他题名：高中物理学
华师大(2)　河南(1)

3-2709
基本实用物理学[最新修订本]
(美)勃拉克(Black),(美)台维斯(Davis)原著　周文译述
上海科学社主编
上海　[编者刊]　民国30.8[1941.8]-
2册(1-245,246-486页)　图　表　32开
上册：民国30.8第2版,民国36.8新6版
下册：民国36.1新5版
高级中学、职业学校、师范学校适用教本
附：习题解答
书脊题名：勃台基本实用物理学
人教　上海　辞书　广东中山(1)

3-2710
大时代高中物理
李绪文,王定百编著　李晓舫,王子香校订
[不详]　兼声编译社　民国31.8-32.1[1942.8-1943.1]
2册([673]页)　图　32开
上册：民国31.8初版
下册：民国32.1初版
最新修正课程标准适用
封面题名：物理
逐页题名：高中物理
其他题名：大时代高级中学教科书高中物理
辞书

3-2711
高级中学物理学
张开圻编著　戴运轨校订
重庆　上海　北平　正中书局　民国34.5[1945.5]-
2册(277,322页)　图　32开
上册：民国34.10沪1版,民国35.5平1版,民国35.8平2版,民国35.8沪24版,民国36.1修正沪1版,民国37.3沪版,民国37.10沪版
下册：民国34.5重庆初版,民国34沪6版,民国35.6沪15版,民国35.8沪24版,民国35.11平2版,民国36.1修正沪1版,民国36.4修正33版,民国36沪68版,民国38.1沪版
教育部审定　遵照教育部民国30年修正课程标准编辑
附：中西名词对照表
封面题名：物理学
逐页题名：新中国高中物理学
其他题名：新中国教科书高级中学物理学
国图　北师大　人教　上海　华师大(2)　辞书　天津　河南(1)　辽宁　广西师大　广东中山

3-2712
高中物理学
严济慈编著
上海　中国科学图书仪器公司　民国37.7-12[1948.7-12]
2册(614页)　图　32开
上册：民国37.7初版,民国37.7第2版,民国37.9版,1949.12第4版
下册：民国37.12初版,1949.12第3版
书脊题名：中国科学高中物理学
其他题名：中国科学教科书高中物理学
国图　人教　华师大(1)　辞书　广东中山(2)

3-2713
基本实用物理学
(美)布莱克(N.H.Black),(美)戴维斯(Davis)著　陈岳生译
上海　北平　开明书店　民国37.9-38.6[1948.9-1949.6]
2册(282,329页)　图,表　32开
上册：民国37.9初版,民国38.3第2版,民国38.8平1版
下册：民国38.6初版
高级中学适用
附：中西文名词索引
人教

3-2714
物理学
六一部队编委会译
长春　东北书店　民国38.6-8[1949.6-8]
2册(266,250页)　图,表　32开
上册：民国38.6初版
下册：民国38.8初版
东北行政委员会教育部规定　专科学校适用
其他题名：高中临时教材物理学
人教　辽宁

3-2715
标准高中物理学
黄培心编
长沙　学余编印社　民国38.8-1949.10[1949.8-10]
2册(277,315页)　图,表　32开
第1-2册：民国38.8-1949.10新1版
最新课程标准适用
版权页题名：增订标准高中物理学
人教

3-2716
新标准高中物理
张静峰编著　沈星五校编
上海　北洋图书社　[1912-1949?]
2册(①284页)　图　大32开
上册：版次不详
辞书(1)

教学参考书

3-2717
初中物理学指导书
谢一挥,龚昂云编辑
　　上海　世界书局　民国21.6[1932.6]
　　459页　图,表　大32开
　　教育部审定　初级中学教员及学生用
　　其他题名:物理学指导书
　　编译馆

3-2718
物理学教员准备书
陈岳生编著
　　上海　长沙　商务印书馆　民国24.10[1935.10]初版,民国27.5第3版
　　289页　图,表　32开
　　版权页题名:复兴教科书物理学教员准备书
　　其他题名:复兴初级中学教科书物理学教员准备书
　　人教　辽宁　广东中山

3-2719
物理
张劲候编著
　　上海　商务印书馆　民国38.1[1949.1]
　　163页　图,表　32开
　　其他题名:复兴初中教学辅导书物理
　　国图　人教

＊　＊　＊

3-2720
高中物理科教学进度表
江苏省教育厅编
　　[江苏]　[编者刊]　民国22.7[1933.7]
　　36页　表　25开
　　国图　人教

3-2721
高中基本物理指导
陈勖贤编
　　[出版者不详]　[1912-1949?]
　　1册　32开
　　广东中山

教学辅导书

3-2722
普通物理学讲义
虞和钦,余岩编著　倪文奎校订
　　上海　文明书局　清宣统2.8[1910]
　　2册([872]页)　图　大32开　精装
　　第1-2册:宣统2.8初版
　　中学参考用书
　　书脊题名:中学参考普通物理学讲义
　　辞书

3-2723
物理学问题精解
王枚生编译
　　上海　商务印书馆　民国14.8[1925.8]初版,民国16.1第2版,民国17第3版,民国24国难后5版
　　456页　图　32开　精装
　　中学适用
　　人教　辞书　河南

3-2724
密尔根盖尔培尔物理纲要问题解答
朱醒民,冯济如编演
　　北平　北平科学社　民国23[1934]版
　　262页　图　32开
　　封面题名:密盖培物理纲要问题解答
　　逐页题名:物理纲要问题解答
　　辞书

3-2725
勃拉克台维斯最新实用物理学题解
周绍文编著
　　上海　乐群科学研究所　民国24.1[1935.1]
　　2册(271,168页)　图　32开
　　第1-2册:民国24.1版
　　其他题名:最新实用物理学题解
　　辞书

3-2726
物理学
张开圻编
　　上海　商务印书馆　民国26.3[1937.3]-
　　　册(①99页)　50开　(中学各科要览)
　　上册:民国26.3版
　　国图(1)　人教(1)

3-2727
女中物理学表解
桂林女中编
　　[桂林]　[编者刊]　民国26.12[1937.12]版
　　36页　32开
　　桂林女中理化复习教材
　　国图

3-2728
物理
陈朔南编
　　长沙　商务印书馆　民国30.3[1941.3]
　　150页　32开　(中学各科纲要丛书)
　　国图

3-2729
理化问题详解：物理之部
重庆理化研究会编
　　重庆　[编者刊]　民国30[1941]版
　　167页　图　32开
　　广东中山

3-2730
勃台实用物理学题解
周颐年编演
　　上海　世界书局　民国32.8[1943.8]新2版
　　312页　图,表　32开
　　人教

3-2731
物理学问题通解
缪超群编译
　　上海　新亚书店　民国35.10[1946.10]第3版
　　379页　图　32开
　　辞书

3-2732
勃拉克台维斯新实用物理学习题详解
郑毓荪编著
　　天津　理科丛刊社　民国35[1946]第2版
　　241页　图　32开
　　人教

3-2733
投考大学全书：物理之部
徐兆华编著
　　上海　师友出版公司　民国36.7[1947.7]第2版
　　210页　图,表　32开
　　辞书

3-2734
物理珍话
钱耕莘著
　　上海　文光书店　民国37.1[1948.1]初版,民国38.4第2版
　　127页　32开　(基本知识丛书之三)
　　中等学校教科及自修适用
　　辞书　辽宁

3-2735
物理学精华
陈振华编
　　上海　中华书局　民国37.6[1948.6]初版,1949.10第2版
　　210页　图,表　32开
　　人教　辞书

3-2736
物理学要览
桑安柱编著
　　上海　商务印书馆　民国37.7[1948.7]
　　299页　表　32开
　　广东中山

3-2737
汉译达夫物理题解
高佩玉编演
　　北平　北平科学社　民国37.12[1948.12]新1版
　　216页　图　32开
　　逐页题名：汉译达夫物理解答
　　书脊题名：达夫物理题解
　　人教　辞书

＊　＊　＊

3-2738
物理学纲要
吴镜兆编
　　广州　中华科学教育改进社　民国24.8[1935.8]第2版
　　97页　图,表　32开
　　初中补习
　　初版附注：民国23年7月初版
　　辞书

3-2739
初中物理参考书
张开圻,郁树锟编
　　上海　中华书局　民国24.3[1935.3]-
　　2册(①132页)　27开
　　上册：民国24.3初版,民国24.8第2版
　　新课程标准适用
　　人教(1)

3-2740
物理学
陈岳生编著
　　上海　商务印书馆　民国24.5[1935.5]初版,民国24改订5版,民国25改订6版,民国27.4改订9版
　　151页　图　32开　(初中复习丛书)
　　人教　天津　辽宁　广东中山

3-2741
初中物理学辑要
常蔚生,王少农编
　　天津　新民学会　民国24.5[1935.5]
　　67页　图　32开
　　辞书

3-2742
物理试题总解
施惠同,陈建勋编著
　　上海　东方书店　民国25.2[1936.2]
　　[212]页　图　32开　(初中会考升学准备丛书)
　　封面题名：综合物理试题总解
　　辞书

3-2743
初中物理复习指导书
陶世洪编

上海　新生书局　民国 25.2[1936.2]

83 页　32 开　（初中复习指导丛书）

升学必读

逐页题名：物理试题及详解

辞书　河南

3-2744

物理学

王善彰,王德勋,张静能,鲍志新编

上海　光明书局　民国 25.4[1936.4]初版,民国 30.1 第 9 版,民国 30.4 第 10 版

212 页　32 开　（题解中心初中复习丛书　8）

辞书　广东中山

3-2745

初中物理复习指导：中学生升学考试必读

丁光宇编

上海　现代教育研究社　民国 26[1937]版

193 页　42 开

国图　辽宁

3-2746

初中物理测验

陈岳生编

上海　商务印书馆　民国 27.7[1938.7]

203 页　图,表　32 开　散页袋装　（理科教育研究会测验丛书）

辞书

3-2747

初中物理参考书

徐天游编　陶鸿翔校

上海　中华书局　民国 28.12-29.1[1939.12-1940.1]

2 册(158,121 页)　图　32 开

上册：民国 28.12 初版

下册：民国 29.1 初版

修正课程标准适用

人教　辞书

3-2748

初中物理复习指导

丁光宇编

桂林　北新书局　民国 32[1943]版

193 页　42 开

中学生升学考试必读

国图

3-2749

物理难题详解

陈朔南编

上海　平津书店　民国 37.5[1948.5]初版,民国 38 第 2 版

146 页　图　32 开

初中升学复习必备

辞书

3-2750

初中物理学提要

刘遂生编

上海　中华书局　民国 37.12[1948.12]

86 页　图　32 开

国图　辞书

*　*　*

3-2751

物理问题详解

王承基编

南京　上海　南京书店　民国 21.10[1932.10]

194 页　图　32 开　（中学生升学准备丛书）

高中投考大学之用

辞书

3-2752

物理学

胡悫凤编

上海　商务印书馆　民国 24.5[1935.5]初版,民国 25 改订 6 版,民国 26.6 改订 8 版,民国 29.12 改订 15 版

184 页　图　32 开　（高中复习丛书）

人教　华师大　辽宁　庐山　广东中山

3-2753

高中物理辑要

艾秀峰编

天津　新民学会　民国 24.5[1935.5]

128 页　图　32 开

卷端题名：高中物理学辑要

辞书

3-2754

汉译斯梯渥氏高等物理学习题详解

齐振寰编演

北平　北平科社　民国 26.3[1937.3]

252 页　图　32 开

封面题名：斯梯渥氏高等物理学详解

逐页题名：物理习题详解

辞书

3-2755

物理问题详解

王承基编

上海　震旦书店　民国 26.5[1937.5]第 4 版

193 页　图　32 开　（中学各科复习指导丛书）

编译馆

3-2756

高中物理测验

陈岳生编

上海　商务印书馆　民国 27.7[1938.7]

224 页　图,表　32 开　散页袋装　（理科教育研究会测验丛书）

辞书

3-2757

高中物理复习指导
丁光宇编
　　成都　现代教育研究社　民国37.3[1948.3]新3版
　　154页　32开　（高中复习指导丛书）
　　初版附注：民国30年初版
　　国图　辽宁

3-2758

高中物理复习指导
陈朔南编
　　上海　春明书店　民国38[1949]版
　　192页　32开　（高中各科复习丛书）
　　国图

3-2759

高中物理问题复习
王遵守编纂
　　[出版者不详]　[1912-1949?]
　　124页　24开
　　国图

物理实验

课 本

3-2760

普通教育实验理化教科书
（日）池田菊苗著　王本祥译述
　　上海　理科丛书社　清光绪32.9[1906]
　　158页　图　32开
　　逐页题名：实验理化教科书
　　北师大　人教　辞书

3-2761

密尔根盖尔物理学实验教程
（美）密尔根,（美）盖尔原著　徐善祥编译
　　上海　商务印书馆　民国2.8[1913.8]初版,民国9.5第3版,民国15.1第8版,民国19.11第10版,民国22.1国难后1版,民国22.7国难后2版
　　132页　图　32开
　　北师大　人教　辞书　编译馆

3-2762

物理实验
胡悫风编
　　上海　北新书局　民国22.9[1933.9]
　　163页　图　32开
　　依据新课程标准编辑
　　北师大

3-2763

物理实验
（美）密尔根（R. A. Millikan）著　王维廉,袁雪心译
　　上海　中华书局　民国25[1936]版
　　187页　图　大32开
　　辽宁

3-2764

勃台物理实验
蒋宪淞编
　　上海　世界书局　民国32.1[1943.1]新1版,民国35.2第2版,民国36.6第3版
　　160页　图　32开
　　人教

* * *

3-2765

初级中学物理学学生实验教程
（日）高田德佐著　郑贞文译
　　上海　商务印书馆　民国17.5[1928.5]初版,民国19.6第2版,民国22.3国难后1版,民国22.11国难后2版,民国24年版
　　104页　图　32开
　　逐页题名：物理学学生实验教程
　　国图　人教　辞书　河南　辽宁　编译馆

3-2766

物理学学生实验教程
朱建霞编
　　上海　中华书局　民国24.10[1935.10]
　　102页　图　32开
　　遵照教育部颁行初级中学设备标准编辑
　　卷端题名：初级中学设备标准物理学学生实验教程
　　书脊题名：初级中学物理学学生实验教程
　　上海　辞书　广西师大　广东中山

3-2767

初中物理实验教程
高季可,居小石编
　　上海　中华书局　民国25.12[1936.12]第5版,民国28.2版
　　40页　图　大32开
　　修正课程标准适用
　　人教　辞书　辽宁　编译馆

3-2768

物理学实验
陈岳生编著
　　上海　商务印书馆　民国26.3[1937.3]初版,民国26.10审定1版,民国27审定7版,民国28.5审定9版
　　63页　图　32开
　　教育部审定
　　其他题名：复兴初级中学教科书物理学实验
　　北师大　人教　上海　天津　广东中山

3-2769

初级中学物理学实验教程
张镐编著

南京　正中书局　民国26.6[1937.6]
174页　图,表　24开
新课程标准适用　遵照民国23年4月部颁中学物理学设备
　　标准编辑
其他题名:建国教科书初级中学物理学实验教程
国图　人教

3-2770
初级中学物理实验
丁燮林,王书庄著
　　上海　开明书店　民国36.7[1947.7]初版,民国37.7第2版
　　42页　图　16开
　　逐页题名:初中物理实验
　　人教　辞书

* * *

3-2771
最新高中物理实验
耿克仁等编著
　　北平　华北科学社　民国19[1930]版
　　160页　图　32开
　　北师大

3-2772
高级中学物理实验
方嗣楔编
　　北平　大附中理科丛刊社　民国21.8[1932.8]
　　302页　图　大32开　精装
　　北师大

3-2773
高级中学物理学实验教程
段仁德编　桂质廷,魏学仁校
　　上海　华东基督教教育会　民国21.12[1932.12]第3版
　　155页　图,表　[32开]
　　教育部审定　高级中学用
　　封面题名:物理学实验教程
　　上海

3-2774
高级中学物理学实验教程
戴运轨编著
　　南京　钟山书局　民国22.8[1933.8]
　　196页　图　大32开
　　国图　北师大　上海　辞书　河南

3-2775
物理实验
吴祖龙,李韵菡编　汤彦颐校
　　上海　黎明书局　民国22[1933]
　　242页　图　32开
　　高级适用
　　河南

3-2776
物理实验法
夏佩白著
　　镇江　扬州　梅枝书局　民国23.6[1934.6]
　　178页　图　32开
　　卷端题名:高级中学物理实验法
　　其他题名:高级中学教本物理实验法
　　北师大　辞书

3-2777
高中物理学实验
包墨青编著
　　上海　世界书局　民国23.11[1934.11]初版,民国25第3版
　　106页　图,表　16开　活页装
　　高级中学学生用
　　版权页题名:包氏高中物理学实验
　　其他题名:新课程标准世界中学教本高中物理学实验
　　国图　辞书　河南

3-2778
初级物理实验
蔡亦平编著
　　北平　燕北理科教育研究社　民国24.8[1935.8]版
　　83页　图,表　32开
　　高中适用
　　北师大

3-2779
高级中学物理实验
丁燮林,王书庄著
　　上海　国立中央研究院物理研究所仪器工场　民国24.8
　　　[1935.8]
　　206页　图　大32开
　　附:英汉及汉英名词对照表
　　国图　北师大　人教

3-2780
物理学实验
周昌寿,文元模编著
　　上海　商务印书馆　民国24.9[1935.9]初版,民国29.10第
　　　11版,民国35.9第15版,民国37.8第17版
　　198页　图,表　16开　活页装
　　高级中学用
　　其他题名:复兴高级中学教科书物理学实验
　　其他题名:复兴教科书物理学实验
　　国图　人教　上海　辞书　辽宁

3-2781
理化普及仪器实验法第二组:光学
汪畏之计划兼编辑
　　上海　中华书局　民国25.6[1936.6]
　　90页　图　16开
　　学校、家庭适用
　　辞书

3-2782

理化普及仪器实验法第三组：电磁学
汪畏之计划兼编辑
　　上海　中华书局　民国25.10[1936.10]
　　135页　图　16开
　　学校、家庭适用
　　辞书

3-2783

标准高中物理实验[修订本]
方嗣椶编
　　北平　师大附中理科丛刊社　民国25[1936]第2版
　　227页　大32开
　　北师大

3-2784

(重订)高中物理实验
耿克仁等编著
　　北平　华北科学社　民国29.10[1940.10]初版,民国32.6重订2版
　　216页　图　32开
　　版权页题名：增订高中物理实验
　　其他题名：高中物理实验
　　人教

3-2785

高级中学物理实验
丁燮林,王书庄著
　　上海　开明书店　民国34.2[1945.2]初版,民国36.9第4版
　　206页　图　32开
　　附：英汉及汉英名词对照表
　　北师大　人教　辞书

3-2786

高中物理实验
[北平私立笃志女子中学编]
　　北平　[编者刊]　民国37.9[1948.9]第2版
　　60页　16开
　　国图　人教

化　学

课　本

3-2787

化学
中西译社编译　谢洪赉订定　商务印书馆编译所校阅
　　上海　商务印书馆　清光绪32.3[1906]第6版,光绪32第7版
　　[296]页　图,表　大32开　精装
　　总理学务大臣审定
　　初版附注：清光绪29年9月初版
　　其他题名：最新中学教科书化学
　　北师大　辞书　天津

3-2788

中等最新化学教科书
(日)吉田彦六郎著　何燏时译
　　东京　教科书译辑社　清光绪32.3[1906]第4版,光绪33.4第6版
　　322页　图　大32开
　　附：陈石麟先生化学原质名目异同表
　　初版附注：清光绪30年5月初版
　　北师大　广西师大

3-2789

普通教育化学教科书
(日)龟高德平原著　杨国璋编译
　　北京　鳌受书局　民国3.8[1914.8]订正2版
　　112页　图　大32开
　　初版附注：清光绪30年5月初版
　　北师大

3-2790

最近普通化学教科书[订正本]
(日)龟高德平著　长沙三益社编译
　　长沙　[编者刊]　清光绪32.4[1906]第3版,光绪32第4版
　　246页　图　大32开
　　初版附注：清光绪30年8月初版
　　北师大　河南

3-2791

中等化学教科书
王荣树编译
　　湖北　译书官局　清光绪31.8[1905]
　　321页　图　大32开
　　北师大

3-2792

化学新教科书
杜亚泉译订　杜就田参订
　　上海　商务印书馆　清光绪31.9[1905]初版,光绪第4版,光绪32.11第5版,光绪33.4第6版
　　208页　图,表　大32开　精装
　　版权页题名：中学化学新教科书
　　北师大　人教　上海　辞书

3-2793

中等教育化学矿物教科书
(日)滨幸次郎,(日)河野龄藏著　唐士杰译述
　　上海　普及书局　清光绪31[1905]版
　　98页　图　大32开
　　北师大

3-2794

中等化学教科书
(日)吉水曽贞编著　傅寿康校阅
　　上海　中国公学　清光绪31[1905]

2 册(238,242 页)　图　大 32 开
第 1－2 册(上下卷)：光绪 31 年版,光绪 33.3 版
北师大

3－2795

初等化学教科书
张景良编著
　　上海　文明书局　清光绪 32.5[1906]初版,光绪 34.10 第 2 版
　　86 页　图,表　大 32 开　精装
　　辞书

3－2796

中学化学教科书
(日)龟高德平著　虞和钦译
　　上海　文明书局　清光绪 32.8[1906]初版,光绪 34 第 2 版,宣统 1.2 第 3 版,宣统 3 第 4 版,宣统 3 第 5 版,宣统 3.3 第 6 版,民国 2.2 第 8 版
　　219 页　图　大 32 开　精装
　　清学部审定
　　国图　北师大　人教　上海　辽宁

3－2797

最新化学教科书
(日)大幸勇吉著　王季烈译
　　上海　文明书局　清光绪 32[1906]
　　3 册(94,90,136 页)　图　大 32 开
　　第 1－3 册：光绪 32 初版
　　国图　北师大

3－2798

无机化学
任允编纂　林先民,金保康校
　　东京　清国留学生会馆　清光绪 33.3[1907]订正 2 版
　　486 页　图,表　大 32 开
　　卷端题名：中等无机化学新教科书
　　上海

3－2799

化学教科书
(日)和田猪三郎讲述　(日)金太仁作等翻译
　　东京　东亚公司　清光绪 33.7[1907]
　　160 页　图　大 32 开
　　北师大

3－2800

最新初等化学矿物教科书
(日)滨幸次郎,(日)河野龄藏著　华文祺译
　　上海　文明书局　清光绪 33.11[1907]
　　98 页　图　大 32 开
　　北师大　辞书

3－2801

近世化学教科书
(日)池田菊苗原著　虞和寅译编
　　上海　科学仪器馆　清光绪 33.11[1907]
　　238 页　图,表　大 32 开　精装

中学校化学科用
人教　辞书

3－2802

中等化学
(日)杉谷佐五郎编　薛凤昌著译
　　上海　宏文馆　清光绪 34.1[1908]
　　230 页　图　大 32 开
　　人教　辞书

3－2803

新体普通化学教科书
(日)龟高德平原著　华申祺,华文祺译补
　　上海　文明书局　清光绪 34.2[1908]
　　127 页　图,表　大 32 开
　　北师大　上海　辞书

3－2804

中学新撰化学教科书
(日)吉田彦六郎著　钟衡臧编译　孙仲清校勘
　　上海　商务印书馆　清光绪 34.2[1908]初版,民国 2.6 第 4 版
　　276 页　图,表　大 32 开
　　其他题名：新撰化学教科书
　　北师大　上海　辞书　天津　编译馆

3－2805

最新化学教科书
(日)龟高德平原著　陈家灿译述
　　上海　群益书社　清宣统 1.8[1909]第 2 版
　　208 页　图　大 32 开　精装
　　初版附注：清光绪 34 年 6 月初版
　　北师大　编译馆

3－2806

中学近世化学教科书
(日)大幸勇吉原著　王季烈译述
　　上海　商务印书馆　清光绪 34[1908]改订初版,宣统 1 改订 2 版,民国 1.5 改订 5 版,民国 2.3 改订 7 版
　　163 页　图,像,表　大 32 开
　　封面题名：改订近世化学教科书
　　北师大　人教　辞书　天津

3－2807

近世化学教科书
(日)大幸勇吉原著　尤金镛译述
　　南通　翰墨林书局　清宣统 3.2[1911]
　　236 页　图,表　大 32 开
　　卷端题名：(新订)近世化学教科书
　　辞书

3－2808

化学
吴传绂编辑
　　上海　中国图书公司　清宣统 3.2[1911]
　　196 页　图　大 32 开
　　中学及师范用

其他题名：理化教科书化学
北师大

3-2809
中等化学教科书
（美）伦孙氏原著　马君武译
　　上海　科学会编译部　清宣统3.3[1911]
　　271页　32开
　　北师大

3-2810
化学教科书
福建陆军小学堂编
　　福建　[编者刊]　[1911?]
　　30叶　32开　线装
　　北师大

3-2811
化学教科书
文明书局编辑部编著
　　上海　文明书局　民国1.7[1912.7]
　　224页　图,表　大32开
　　教育部审定　中学适用
　　北师大　人教　辞书

3-2812
定性分析化学
（日）山田董原著　谢祐生译述
　　上海　群益书社　民国1.10[1912.10]第2版
　　262页　图,表　大32开
　　编译馆

3-2813
化学
王兼善编纂
　　上海　商务印书馆　民国2.3[1913.3]初版,民国8.6增订14版,民国10增订18版,民国11.9增订20版,民国12.6增订21版,民国12.12增订22版,民国13.11增订23版,民国15.11增订25版,民国19.5增订30版,民国21.6国难后2版
　　465页　图　32开　精装
　　教育部审定　中学校、师范学校用
　　附：中西文名词索引
　　其他题名：民国新教科书化学
　　国图　北师大　人教　华师大　上海　辞书　天津　河南　辽宁　广西师大　广东中山　编译馆

3-2814
汉译麦费孙军迭生化学
许传音编译　王兼善,陈学郢校订
　　上海　商务印书馆　民国2.4[1913.4]第2版,民国11.6重订版
　　392页　32开　精装
　　附：中西文名词索引
　　人教　上海

3-2815
化学
王季烈编纂　郑贞文改订
　　上海　商务印书馆　民国2.9[1913.9]初版,民国5.7第6版,民国8第15版,民国9.8第18版,民国9.12第19版,民国10.2第20版,民国11.3第21版,民国11.12第22版,民国14第23版
　　196页　图　大32开
　　教育部审定　中学校用
　　逐页题名：中学校教科书化学
　　其他题名：共和国教科书化学
　　国图　北师大　人教　华师大　辞书　河南　编译馆

3-2816
中华中学化学教科书
钟衡臧编　沈熙参订　陆费逵,姚汉章,戴克敦阅
　　上海　中华书局　民国3.6[1914.6]初版,民国4.5第2版,民国4.10第3版,民国5第4版,民国6.2第5版,民国9.2第9版
　　168页　图,表　32开　精装
　　逐页题名：中学化学教科书
　　北师大　人教　辞书

3-2817
女子化学教科书
（日）滨幸次郎,（日）河野龄藏著　陈文祥译
　　上海　群益书社　民国3[1914]版
　　88页　图　大32开
　　河南

3-2818
新制化学教本
虞铭新,华襄治编辑　吴家煦校阅
　　上海　中华书局　民国6.5[1917.5]初版,民国7.8第4版,民国8.7第6版,民国9第7版,民国10.7第8版,民国12.6第9版
　　274页　图,表　大32开
　　教育部审定　中学校、师范学校适用
　　附：中西文名词对照表
　　北师大　人教　辞书　河南

3-2819
中等化学教科书
朱景梁编
　　上海　中华书局　民国9.9[1920.9]初版,民国10第2版
　　198页　图,表　大32开
　　教育部审定
　　国图　北师大　人教　辞书

3-2820
有机化学
杜亚泉,郑贞文编纂
　　上海　商务印书馆　民国11.5[1922.5]版,民国13年版,民国22.9国难后1版
　　103页　图　大32开
　　附：名词笔画索引
　　其他题名：中等学校教科书有机化学

国图　北师大　人教　河南　广西师大

3-2821

化学
阎玉振编纂
　　北京　求知学社　民国12.8[1923.8]
　　320页　32开　精装
　　其他题名：中学校教科书化学
　　北师大

3-2822

无机化学
沈溯明编著
　　北京　和记印字馆　民国12.8[1923.8]
　　198页　图　大32开
　　中等学校用
　　北师大

3-2823

化学
杜就田编纂
　　上海　商务印书馆　民国13[1924]初版,民国15.3第2版
　　200页　图,表　大32开
　　其他题名：实用教科书化学
　　河南　编译馆

3-2824

实用有机化学教科书
马君武编
　　上海　商务印书馆　民国14.3[1925.3]第5版
　　405页　图　大32开　精装
　　中学适用
　　附：有机化学德华名词对列表
　　辞书　编译馆

3-2825

化学概论
（美）麦费孙（McPherson）,（美）罕迭生（Henderson）著　傅式说,胡荣铨译　郑贞文,郑尊法校
　　上海　商务印书馆　民国15.1[1926.1]初版,民国16.5第2版,民国18.11第5版,民国19.11第9版,民国21.12国难后订正6版
　　635页　图,表　大32开　精装
　　附：汉英名词对照索引
　　北师大　人教　上海　华师大

3-2826

近世无机化学
郑尊法,胡荣铨编纂　郑贞文校订
　　上海　商务印书馆　民国22.2[1933.2]国难后1版
　　543页　图　32开
　　初版附注：民国15年9月初版
　　北师大

3-2827

教案式定性分析化学教科书
周毓莘著

　　上海　商务印书馆　民国16[1927]初版,民国20.10第2版
　　151页　图　大32开
　　其他题名：定性分析化学教科书
　　国图　河南　编译馆

3-2828

勃赖克柯能博士实用化学
余兰园编译
　　[沈阳]　[东北大学]　民国20.8[1931.8]版
　　44页　图　32开
　　最新中学教本
　　北师大

3-2829

最新实用化学
（美）勃赖克（Black）,（美）康能（Conant）原著　余兰园编译
　　北平　[编者刊]　民国24.6[1935.6]第5版
　　422页　图　大32开　精装
　　中学校适用
　　初版附注：民国20年8月初版
　　北师大

3-2830

实用化学
（美）勃拉克（Black）,（美）康乃德（Conant）原著　吴静山译
　　上海　世界书局　民国23.3[1934.3]版
　　606页　图　大32开　精装
　　中学适用
　　北师大

3-2831

化学常识
徐特立编
　　[出版者不详]　民国23.6[1934.6]
　　33页　32开
　　苏区中等教材
　　人教

3-2832

化学基础
（日）永海佐一郎著　郭辉南译　王若瑶校订
　　上海　商务印书馆　民国24.7[1935.7]版
　　240页　32开
　　上海

3-2833

最新实用化学
（美）布莱克（N. H. Black）,（美）科南特（J. B. Conant）著　徐作和,钟良芳译述
　　上海　沪江化学社　民国25.8[1936.8]-
　　2册(②405页)　图(含彩图)　32开
　　下册：民国25.8初版
　　人教(2)

3-2834

现代实用化学
陆高谊主编　龚昂云编著

上海　世界书局　民国28.1[1939.1]初版,民国30.8第2版,民国33.5第3版
334页　图,表　32开
中学活用课本
附：中英名词对照表
人教　上海　辞书

3-2835
化学纲要
陆高谊主编　汪向荣编著
上海　世界书局　民国28.5[1939.5]初版,民国36.5第2版
174页　图,表　32开
中学活用课本
附：原子量表、参考书目
人教　辞书　辽宁　广西师大

3-2836
最新实用化学
(美)N. H. Black,(美)J. B. Conant 原著　薛德炯,薛鸿达译
上海　中国科学图书仪器公司　民国35.9[1946.9]-
2册(817页)　图　32开
上册(上编)：民国35.9初版,民国36.4增订版,民国37.10增订3版
下册(下编)：民国36.4第2版
附：英汉名词索引和笔画索引
北师大　人教　辞书

3-2837
实用化学
王洪年编著
山东　新华书店　民国38.2[1949.2]
186页　图　32开
山东省政府教育厅审定　中学暂用课本及青年自学读物
辞书

* * *

3-2838
化学
郑贞文编纂
上海　商务印书馆　民国12.7[1923.7]初版,民国13.11第5版,民国14第6版,民国14第40版,民国16第65版,民国17第75版,民国20.5国难后1版,民国21.6国难后15版,民国21.10国难后40版
214页　图　32开
教育部审定
附：英汉译名对照表
其他题名：现代初中教科书化学
北师大　人教　华师大　上师大　辞书　河南　广西师大　编译馆

3-2839
初等实用化学教科书
贾丰臻,贾观仁编译
上海　商务印书馆　民国13.3[1924.3]初版,民国14.8第2版
107页　图　32开
国图　北师大　人教　河南　辽宁

3-2840
化学
钟衡臧编　华襄治校
上海　中华书局　民国14.8[1925.8]第2版,民国14.9第3版,民国17.2第10版,民国20.7第15版,民国21.1第16版,民国21.5第17版,民国21.11第18版
123页　图(含彩图)　大32开
初级中学用
初版附注：民国14年8月初版
封面题名：新中学化学
逐页题名：新中学化学教科书
其他题名：新中学教科书化学
北师大　人教　上海　辞书　编译馆

3-2841
化学
郑贞文,郑尊法编辑
上海　商务印书馆　民国14.9[1925.9]初版,民国17.10第27版,民国19.9第67版,民国21.7国难后12版
200页　图　32开
附：万国原子量表、英汉译名对照表
逐页题名：新撰初中教科书化学
其他题名：新撰初级中学教科书化学
北师大　人教　华师大　辞书　编译馆

3-2842
化学精义
(日)高田德佐著　张资模译　郑贞文,郑尊法校订
上海　商务印书馆　民国22[1933]国难后2版
726页　图　大32开　精装
初级中学、高级中学初年级学生用
初版附注：民国16年10月初版
北师大

3-2843
初中化学教科书
王鹤清著
北平　文化学社　民国19.5[1930.5]版
216页　图　32开　精装
北师大

3-2844
新标准初中化学教科书
王鹤清著
北平　文化学社　民国19.5[1930.5]初版,民国20第2版,民国21.8第3版,民国22.6第4版,民国22.9第5版,民国23.8第6版
198页　图　大32开
书脊题名：初中化学

其他题名:化学教科书
其他题名:初级中学化学教科书
国图 北师大 人教 广东中山 编译馆

3-2845
化学
刘孟真编
    北平 著者书店 民国21.8[1932.8]第3版
    216页 图 32开
    初版附注:民国19年5月初版
    版权页题名:初中教科书化学
    北师大 辞书

3-2846
初中化学
钱梦渭编著 龚昂云校订
    上海 世界书局 民国19.8[1930.8]初版,民国19.12第3版,民国20.12修正2版,民国22.2修正8版
    127页 图,表 32开
    教育部审定 初级中学学生用
    附:万国原子量表
    其他题名:初级中学教科书初中化学
    北师大 人教 辞书 河南 编译馆

3-2847
初中化学纲要
陈步青编著
    北平 华北科学社 民国20.1[1931.1]初版,民国30年版
    98页 32开
    初中学生辅助教本
    其他题名:化学纲要
    国图 北师大

3-2848
实用化学
包墨青编
    上海 民智书局 民国20.5[1931.5]
    218页 图,表 32开
    初级中学适用
    逐页题名:初中实用化学教本
    华师大 辞书

3-2849
初中化学教本
周毓莘编著
    上海 大东书局 民国20.8[1931.8]初版,民国21.7第4版,民国22.2第6版,民国25.1第13版
    145页 图(含彩图),表 大32开
    教育部审定 新课程标准适用 初级中学学生用
    版权页题名:化学
    其他题名:初级中学教本化学
    其他题名:新生活初中教科书化学
    北师大 上海 上师大 辞书 编译馆

3-2850
初级中学北新化学
吕冕南编
    上海 北新书局 民国22.9[1933.9]第4版
    212页 图 32开
    教育部审定
    初版附注:民国20年8月初版
    封面题名:北新化学
    华师大

3-2851
化学
高同恩,薄善保编 刘拓校订
    北平 天津 百城书局 民国22.9[1933.9]第2版
    148页 图 32开
    初版附注:民国21年8月初版
    其他题名:新标准初中教本化学
    北师大 天津

3-2852
初中化学
吕冕南,王义铨编
    上海 北新书局 民国22.4[1933.4]初版,民国23.7修正版,民国25修正4版
    238页 图 32开
    根据修正课程标准编辑
    北师大 人教 辞书 广东中山

3-2853
朱氏初中化学
朱昊飞编著
    上海 世界书局 民国22.7[1933.7]初版,民国22.12第5版,民国23.9修订版,民国25新6版,民国27.6新版
    310页 图 32开
    初级中学学生用
    其他题名:初中化学
    其他题名:新课程标准世界中学教本初中化学
    北师大 人教 上海 华师大 辞书 广东中山

3-2854
初中化学教科书
曹元宇编
    南京 上海 钟山书局 民国22.7[1933.7]
    170页 图 大32开
    辞书

3-2855
化学
韦镜权,柳大纲编著
    上海 重庆 商务印书馆 民国22.7-11[1933.7-11]
    2册(342页) 图 32开
    上册:民国22.7初版,民国22.11第25版,民国22.12第35版,民国23.4第40版,民国23重庆40版,民国23.6第45版,民国24.5第59版,民国26.11第99版,民国29.5第142版,民国29重庆152版,民国35.7第184版,民国35.7第193版,民国35重庆审定195版,民国36.4第210版,民国36.5第235版

下册：民国 22.11 初版，民国 22.12 第 20 版，民国 22 第 35 版，民国 23.4 版，民国 24.5 第 41 版，民国 29 第 104 版，民国 29 重庆 107 版，民国 34 重庆 116 版，民国 35 重庆 141 版，民国 35.11 第 154 版，民国 36.4 第 166 版，民国第 235 版

教育部审定　按照新课程标准编辑　初级中学用

卷端题名：初级中学教科书化学

其他题名：复兴初级中学教科书化学

其他题名：复兴教科书化学

国图　北师大　人教　华师大　上海　辞书　天津　河南　辽宁　广东中山　编译馆

3-2856

化学

程祥荣著

　　上海　开明书店　民国 22[1933]版，民国 24.1 第 6 版

　　200 页　图　32 开

　　其他题名：新标准初中教本化学

　　北师大　人教　上海　辞书

3-2857

初中化学

蒋拱辰编　华裹治，华汝成校

　　上海　中华书局　民国 23.2-4[1934.2-4]

　　2 册(112,126 页)　图(含彩图)，表　大 32 开

　　上册：民国 23.2 初版，民国 23.3 第 2 版，民国 23 第 3 版，民国 23.6 第 4 版，民国 23.6 第 5 版，民国 23.10 第 7 版，民国 24.8 第 10 版，民国 25.5 第 13 版

　　下册：民国 23.4 初版，民国 23.6 第 2 版，民国 23.6 第 3 版，民国 23.10 第 5 版，民国 24 第 6 版，民国 25.5 第 9 版

　　新课程标准适用

　　附：中西文名词对照表

　　北师大　人教　上海　华师大(1)　辞书　河南(2)　广东中山(1)

3-2858

钱氏初中化学

钱梦渭编著　陈之霖校订

　　上海　世界书局　民国 23.4[1934.4]

　　2 册(158,127 页)　图　32 开

　　上册：民国 23.4 初版，民国 23.8 第 2 版

　　下册：民国 23.4 初版，民国 24.2 第 3 版

　　初级中学学生用

　　逐页题名：初中化学

　　其他题名：新课程标准世界中学教本钱氏初中化学

　　北师大　上海　华师大　辞书　编译馆

3-2859

初中化学教本

赵廷炳编

　　上海　开明书店　民国 23.8[1934.8]

　　2 册(118,124 页)　图，照片，表　32 开

　　上册：民国 23.8 初版，民国 24.2 第 4 版，民国 24.8 第 6 版

　　下册：民国 23.8 初版，民国 24.2 第 3 版，民国 24.8 第 4 版

教育部审定　新课程标准适用

北师大　上海　华师大　辞书

3-2860

初中化学教本[修正本]

赵廷炳编

　　上海　开明书店　民国 29.7[1940.7]-

　　2 册(128,137 页)　图，表　32 开

　　上册：民国 34.11 第 7 版，民国 36.1 第 10 版，民国 36.9 第 13 版

　　下册：民国 29.7 第 4 版，民国 37.1 第 10 版，民国 37.6 第 11 版

　　教育部审定　修正课程标准适用

　　附：参考书目及译名对照表

　　初版附注：民国 23 年 8 月初版

　　人教　上海(2)　辽宁(1)

3-2861

化学

张资平编辑

　　上海　中学生书局　民国 24.6-11[1935.6-11]

　　2 册(156,138 页)　图，表　32 开

　　上册：民国 24.6 初版

　　下册：民国 24.11 初版

　　依照教育部课程标准　依据江苏教育厅进度表

　　书脊题名：初中化学

　　其他题名：初中标准教本化学

　　辞书　国图(1)

3-2862

初中化学

王义珏编著

　　南京　上海　重庆　赣州　正中书局　民国 24.8[1935.8]-

　　2 册(128,261 页)　图，表　32 开

　　上册：民国 24.8 第 7 版，民国 25.8 第 17 版，民国 25 第 27 版，民国 26.7 第 42 版，民国 28.7 第 54 版，民国 31.8 渝 189 版，民国 33.12 赣 22 版，民国 31 第 113 版

　　下册：民国 24.11 初版，民国 25.12 第 25 版，民国 28.7 第 54 版，民国 31 第 128 版，民国 31.6 渝 113 版，民国 34.10 赣 35 版

　　教育部审定　新课程标准适用

　　附：主要元素的原子量、中西名词对照表

　　初版附注：民国 24 年 8-11 月初版

　　封面题名：初级中学化学

　　其他题名：建国教科书初级中学化学

　　人教　上海　华师大(1)　辞书　河南(2)　广西师大　广东中山

3-2863

初中化学

沈星五编著

　　北平　文化学社　民国 24[1935]-

　　2 册(322 页)　图　32 开

　　第 1-2 册：民国 24-25 年版

其他题名：新标准文化初中教本初中化学
北师大

3-2864

新标准初中化学
阎玉振著

北平　师大附中理科丛刊社　民国26[1937]第2版

230页　图　32开

初版附注：民国25年初版

北师大

3-2865

化学
孙豫寿编辑

上海　中国科学图书仪器公司　民国32.2[1943.2]-

2册(458页)　图,照片　32开

上册：民国34.9第4版,民国35第11版,民国36.8第12版,
民国37.9第13版

下册：民国32.2第2版,民国35第10版,民国37.9第13版,
民国38.2第15版

教育部审定

附：中英译名对照表

初版附注：民国26年5月初版

其他题名：中国初中教科书化学

北师大(1)　人教　上海(2)　辞书　广西师大　广东中山

3-2866

新编初中化学
华襄治编　华汝成,陶鸿翔校

上海　香港　中华书局　民国26.8[1937.8]-

2册(113,98页)　图,表　大32开

上册：民国26.8初版,民国30香港32版,民国35.6第40版,民国37.4第48-51版,民国37.8第52版

下册：民国28.6第10版,民国28.12第12版,民国30香港31版,民国30香港33版,民国36.4第41版,民国36.10第42-45版,民国37.8第48版

教育部审定　修正课程标准适用

附：中西文名词对照表、万国原子量表

国图(2)　北师大　人教　辞书　天津(2)　辽宁(1)　广东中山

3-2867

初中化学
(伪)教育总署编审会著

北平　[著者刊]　民国26[1937]-

2册(144,143页)　图　32开

上册：民国26年版

下册：民国27.12版

北师大

3-2868

开明化学新教本
沈鼎三编

上海　开明书店　民国28.8[1939.8]-

2册(139,149页)　图,表　32开

上册：民国28.8初版,民国36.4第5版,民国36.11第6版,民国38.8版

下册：民国28.8初版,民国35.12第3版,民国37.9第6版

修正课程标准适用　初级中学学生用

附：万国原子量表、译名对照表

北师大　人教　辞书　辽宁(1)　广东中山(2)

3-2869

初中化学
(伪)教育总署编审会著

北平　[著者刊]　民国28.12[1939.12]

2册(144,142页)　图,表　32开　精装

上下册：民国28.12初版

辞书

3-2870

初中化学
钟焕邦编　徐谷生校订

江西　艺文书社　民国28[1939]-

2册(130,96页)　图,表　32开

上册：民国28第6版

下册：民国34.8第3版

修正课程标准

逐页题名：化学

辞书

3-2871

初中化学
(伪)教育部编审委员会编纂

其他题名：国定教科书初中化学

①上海　广州　新亚印书馆　民国29.8[1940.8]-

2册(②122页)　32开

下册：民国29.8初版,民国32.1第5版,民国33广州版

人教(2)　广东中山(2)

②上海　华中印书局　民国31.1[1942.1]-

2册(127,133页)　图,表　32开

上册：民国32.7第5版

下册：民国31.1第2版,民国31.7第3版

人教　上海(2)　辞书　广东中山(2)

③[上海]　中国联合出版公司　民国32.12[1943.12]

2册(132,138页)　32开

上下册：民国32.12初版

人教

3-2872

初级中学化学
李嘉谟,李邵谟编著

重庆　南京　上海　北平　正中书局　民国32.8-9
[1943.8-9]

2册(92,88页)　图,表　32开

上册：民国32.8初版,民国34.11沪1版,民国35.8平2版,
民国35沪41版,民国36审定111版,民国37.4沪版,民国37.10沪版

下册：民国32.9初版,民国34.11沪1版,民国35.5平1版,

民国36.11沪171版,民国37.10沪版
教育部审定　遵照民国30年修正课程标准编著　第二学年第一、二学期用
附：中英名词索引
逐页题名：新中国初中化学
其他题名：新中国教科书初级中学化学
国图　北师大　人教　上海　辞书　天津(2)　河南(1)　辽宁　广西师大　广东中山(1)　编译馆(2)

3-2873
初中化学
包墨青,于占之编
重庆　中华书局　民国33.12[1944.12]-
2册(109,86页)　图,表　32开
上册：民国34.6第3版
下册：民国33.12初版
最新课程标准适用
初版附注：民国33年4月初版
辞书

3-2874
初中新化学
周文,宋承均,徐子威编著　上海科学社主编
上海　新科学书店　民国34.10[1945.10]-
2册(228页)　图,表　32开
上册：民国38.1修订2版
下册：民国34.10第3版,民国37.9修订初版
教育部审定　初审修订本　最新修正课程标准适用
附：中西名词索引
人教　上海　辞书　辽宁

3-2875
最新初中化学
金立藩,江慧贞编著
苏州　文怡书局　民国35.7[1946.7]-
2册(①176页)　图,表　32开
上册：民国35.7初版
修正课程标准适用
上师大(1)　辞书(1)

3-2876
新修正标准初中化学
甘景镐,倪松茂编著　黄福煦校订
上海　大东书局　民国35.8[1946.8]-
2册(126,137页)　表　32开
上册：民国35初版,民国35.8第4版,民国36.6第6版
下册：民国35.12第4版,民国36.6第5版
附：万国原子量表
人教

3-2877
初中新化学
闵世型编
上海　世界书局　民国35[1946]-
2册(116,104页)　32开
上册：民国35第6版,民国36第9版,民国37.6修正初版,民国37.12修正2版
下册：民国35第4版,民国36.8第7版,民国37.1修正初版,民国37.6修正2版
教育部审定　修正课程标准适用
附：中西文名词对照表
北师大(2)　人教　上师大(2)　河南(1)　广东中山

3-2878
初中化学
周毓莘编著
上海　大东书局　民国36.7[1947.7]第13版,民国36.12第19版
154页　图(含彩图)　32开
教育部核定本
附：万国原子量表
人教

3-2879
初级中学化学
国立编译馆主编　程守泽编辑　张江澍,戴安邦校阅　唐冠芳绘图
2册(117,104页)　图,表　32开
教育部审定　遵照民国30年教育部公布修订初中化学课程标准编辑
①上海　中华书局　民国36.7[1947.7]
上下册：民国36.7初版
人教
②上海　商务印书馆　民国37.8[1948.8]
上下册：民国37.8第1版
人教
③南京　正中书局　民国37.8-9[1948.8-9]
上下册：民国37.8-9沪1版
人教

3-2880
初中化学
王鹤清编著
北平　文化学社　民国36.8[1947.8]
2册(116,220页)　图　32开
第1-2册：民国36.8修正11版
版权页题名：新标准文化初中教本初中化学
北师大　人教

3-2881
初中化学[最新修订本]
国立编译馆主编　程守泽编辑
上海　五联社　民国37.6[1948.6]-
2册(112,103页)　图,表　32开
上册：民国37.6版
下册：民国37.6第1版,民国37.7版
教育部审定
封面题名：初级中学化学
书脊题名：国定本初中化学

人教 辞书(2)

3-2882

化学[修订本]
舒重则重编 沈昭文校订 徐子威协校
　　上海 商务印书馆 民国37.7[1948.7]
　　2册(206页) 图,表 32开
　　上册:民国37.7修订1版,1950修订29版
　　下册:民国37.7修订1版,民国38修订6版,民国38修订
　　　　20版
　　依照教育部修正课程标准编辑
　　封面题名:复兴初级中学教科书化学
　　卷端题名:初中化学
　　其他题名:复兴教科书化学
　　北师大 人教 上海 上师大 辞书 广西师大(1) 广东
　　　　中山

3-2883

初级中学化学
程守泽著
　　上海 世界书局 民国37[1948]-
　　册(①117页) 32开
　　上册:民国37初版
　　广东中山(1)

3-2884

(增订)标准初中化学
赵东樵,黄培心编著 郭德垂等校订
　　长沙 琴庄仪器图书馆 民国38.1[1949.1]第13版,民国
　　　　38.1第14版
　　166页 图,表 32开
　　教育部第二次审定 最新课程标准适用
　　人教

3-2885

标准初中化学[增订本]
黄培心编
　　长沙 学余编印社 民国38.8[1949.8]新1版,1949.10新
　　　　9版
　　161页 图,表 32开
　　最新课程标准适用
　　版权页题名:增订标准初中化学
　　国图 人教

3-2886

初中化学
孙豫寿编
　　上海 中国科学图书仪器公司 民国38.8[1949.8]-
　　2册(①100页) 图 32开
　　上册:民国38.8初版
　　其他题名:中国科学教科书初中化学
　　人教(1)

3-2887

初级中学实用化学课本
　　北平 新华书店 民国38[1949]版
　　185页 图,表 32开
　　其他题名:实用化学课本
　　辽宁

3-2888

初中化学
朱昊飞著
　　浙江 浙江大学农化研究室 [1912-1949?]
　　221页 32开
　　广东中山

3-2889

初中化学纲要
陈有良编
　　广州 华美图书公司 [1912-1949?]
　　1册 大32开
　　中学补充教材
　　广东中山

* * *

3-2890

高级中学化学教科书
阎玉振,王鹤清编辑
　　北平 文化学社 民国20.11[1931.11]第4版,民国21.10
　　　　第5版,民国23增订6版
　　558页 图 大32开 精装
　　初版附注:民国15年9月初版
　　其他题名:化学教科书
　　国图 北师大 辞书 河南 广东中山 编译馆

3-2891

大学预科及高级中学化学教科书
阎玉振,王鹤清编著
　　北京 文化学社 民国15[1926]版
　　528页 图 大32开 精装
　　河南

3-2892

化学
郑贞文编
　　上海 商务印书馆 民国18.9[1929.9]初版,民国19第3
　　　　版,民国21.5国难后1版,民国21.6国难后2版
　　490页 图,表 32开
　　附:原子量表、索引及译名对照表
　　逐页题名:新时代高中教科书化学
　　其他题名:新时代高级中学教科书化学
　　国图 北师大 人教 华师大 上师大 辞书 编译馆

3-2893

高中化学
吴冶民编著
　　上海 世界书局 民国20.8[1931.8]初版,民国20.10第2
　　　　版,民国21第3版
　　545页 图,折表 大32开

高级中学学生用
其他题名：高级中学教科书高中化学
国图　北师大　人教　上师大　辞书　河南　编译馆

3-2894
新中华化学
黄德溥编

上海　新国民图书社　民国21.8[1932.8]
2册(230,250页)　图，表　大32开
上册：民国21.8初版，民国22.1第2版，民国22.8第3版
下册：民国21.8初版
高级中学用
其他题名：化学
北师大　人教(1)　华师大　辞书　河南　编译馆

3-2895
朱吴两氏高中化学
吴冶民原著　朱昊飞增订

上海　世界书局　民国22.9[1933.9]初版，民国23.9第5版，民国24年版，民国27.9新4版，民国28.6新5版
426页　图　大32开
高级中学学生用
其他题名：世界中学教本朱吴两氏高中化学
其他题名：世界中学教本高中化学
国图　北师大　人教　上海　华师大　上师大　广西师　编译馆

3-2896
高中化学
阎玉振，王鹤清编著

北平　文化社　民国22.12[1933.12]-
3册(596页)　图，表　32开
第1册：民国23.9第2版
第2册：民国22.12初版，民国23.9第2版
第3册：民国23.4初版，民国23.9第2版
其他题名：新标准教材高中化学
其他题名：标准教材高中化学
北师大　人教　天津(2)

3-2897
今日的化学
(美)马克裴松(W. McPherson)等著　杨春洲译

上海　重庆　商务印书馆　民国22[1933]-
2册(396,368页)　32开
上册：民国22初版，民国34渝1版
下册：民国33渝1版
高中适用
国图　广东中山(1)

3-2898
实用化学
王鹤清著　刘拓校订

北平　师大附中理科丛刊社　民国22[1933]-
2册(198,319页)　图　大32开
第1册：民国22年版，民国24年版，民国25年版

第2册：民国23年版，民国25年版，民国26年版
封面题名：新标准高级中学实用化学
书脊题名：高中实用化学
其他题名：新标准高中实用化学
国图(1)　北师大　辞书(2)　河南

3-2899
化学
郑贞文编著

上海　长沙　赣州　商务印书馆　民国23.8-10[1934.8-10]
2册(516页)　图　32开
上册：民国23.8初版，民国23第6版，民国24.5订正8版，民国27.2订正17版，民国30长沙订正35版，民国33赣8版，民国35.6订正44版，民国36.5订正46版，民国36.9第57版，民国36订正66版，民国37.5订正67版
下册：民国23.10初版，民国24.5订正10版，民国27.2订正16版，民国29订正24版，民国31赣1版，民国35.9订正39版，民国36.1订正46版
教育部审定　高级中学用
附：英汉索引
卷端题名：复兴高中教科书化学
其他题名：复兴高级中学教科书化学
其他题名：复兴教科书化学
国图(2)　北师大　人教　上海　华师大　上师大　辞书　天津　辽宁　广东中山

3-2900
高中化学
黄德溥编

上海　中华书局　民国23.10-24.4[1934.10-1935.4]
2册(217,215页)　图，表　大32开
上册：民国23.10初版，民国24.8第3版，民国24.8第5版，民国34.12第8版，民国35.7第9版，民国36.4第11版
下册：民国24.4初版，民国24第3版，民国35.7第7版，民国35.8第8版，民国36.4第10版
新课程标准适用
附：万国原子量表、盐及盐基的溶解度表
国图　北师大　人教　上海　辞书　广东中山(2)

3-2901
实用化学
(美)Black,(美)Conant原著　孙豫寿译

上海　商务印书馆　民国23.11[1934.11]初版，民国24第3版
548页　图　32开
高级中学适用教本
北师大　辞书　河南　庐山

3-2902
勃康实用化学
(美)布莱克(N. H. Black),(美)科南特(J. B. Conant)著　蒋揖冰译

上海　世界书局　民国 23[1934]初版,民国 34.12 新 6 版,民国 35.7 新 8 版,民国 36.6 新 11 版

637 页　图,表　32 开

附：参考书目及中英名词对照索引

其他题名：高中教本勃康实用化学

人教

3-2903

高中化学

沈星五编著

北平　文化学社　民国 24[1935]

2 册　图　32 开

第 1-2 册：民国 24 年版

新课程标准适用

初版附注：民国 24 年 1-4 月初版

其他题名：文化高中教科书高中化学

北师大

3-2904

高中化学算术

于一峰编著

北平　燕北理科教育研究社　民国 24.5[1935.5]

198 页　32 开

高中化学补充用书

国图　北师大

3-2905

建国高中化学

黄素封编著　薛德炯校订

南京　重庆　上海　北平　正中书局　民国 26.7 - 28.12[1937.7 - 1939.12]

2 册(685 页)　图,表　32 开

上册：民国 26.7 初版,民国 32.5 渝 47 版,民国 34.10 沪复 1 版,民国 35 平 2 版,民国 35 沪 14 版,民国 35 第 26 版,民国 36.9 沪 64 版,民国 37 平版

下册：民国 28.12 初版,民国 29.1 渝初版,民国 34.10 沪复 1 版,民国 34 沪 10 版,民国 35 平 2 版,民国 36.9 沪 52 版,民国 36.9 平 57 版

遵照修正课程标准编著

附：笔画索引

封面题名：高级中学化学

其他题名：高中化学

其他题名：建国教科书高级中学化学

国图　北师大(2)　上师大　人教　辞书　天津　河南　辽宁　广西师大

3-2906

化学

王箴编

上海　商务印书馆　民国 27.7[1938.7]

2 册(581 页)　图,照片,表　32 开

上册：民国 27.7 初版,民国 27.10 第 2 版,民国 29.8 审定 1 版,民国 35 审定 9 版,民国 35.4 第 12 版,民国 36.12 第 24 版,民国 37.5 第 26 版,民国 37.8 第 27 版,民国 38.2 第 28 版

下册：民国 27.7 初版,民国 29.8 审定 1 版,民国 30 审定 6 版,民国 35.4 第 12 版,民国 36.12 审定版,民国 38 第 25 版,1950 修订 25 版

教育部审定　依照教育部修正课程标准编辑

附：笔画索引及译名对照表、万国原子量表

卷端题名：高级中学教科书化学

其他题名：更新高级中学教科书化学

国图　北师大　人教　上师大　辞书　天津(1)　辽宁　广东中山

3-2907

最新实用化学

(美)Black,(美)Conant 原著　顾均正译

上海　开明书店　民国 27.9[1938.9]-

2 册(592 页)　图(含彩图),像,表　32 开

上册：民国 28.5 第 3 版

下册：民国 27.9 初版,民国 28.5 第 2 版

高级中学教科适用

辞书(2)　广西师大

3-2908

高中化学

周虞廷编

北平　[编者刊]　民国 27[1938]

2 册　32 开

上下册：民国 27 年版

国图

3-2909

高中化学

(伪)教育部编审会著

北平　[著者刊]　民国 28.8[1939.8]版

580 页　图　32 开

北师大

3-2910

高中化学

(伪)教育总署编审会编著

北平　新民印书馆　民国 28.8[1939.8]

595 页　图,表　32 开　精装

国图　人教

3-2911

高中新化学

魏福嘉编著

上海　世界书局　民国 28[1939]-

2 册(170,174 页)　图,表　32 开

上册：民国 31.4 版,民国 35 年版,民国 36.9 第 7 版,民国 38.9 第 8 版

下册：民国 28 初版,民国 36.6 第 5 版,民国 37.10 第 6 版

遵照教育部颁布修正课程标准编辑　高级中学学生用

附：万国原子量表

其他题名：新课程标准世界中学教本高中新化学

国图　人教　华师大　上师大(2)　辞书

3-2912

朱吴两氏高中化学[修正本]
朱昊飞,吴冶民编著　龚昂云修改
　　上海　世界书局　民国31.7[1942.7]第2版,民国31第5
　　版,民国35.10第11版,民国37.10第16版,民国38.4第
　　17版
　　406页　32开
　　遵照教育部修正课程标准编辑
　　附：中英文索引
　　初版附注：民国29年1月修正初版
　　逐页题名：高中化学
　　人教　华师大　上师大　辽宁　广西师大

3-2913

大时代高中化学
于占之编著　王玭,薛愚校订
　　[成都]　兼声编译社　民国31.8-32.1[1942.8-1943.1]
　　2册(187,264页)　图,表　32开
　　上册：民国31.8初版
　　下册：民国32.1初版
　　最新修正课程标准适用
　　封面题名：大时代高级中学教科书化学
　　逐页题名：高中化学
　　华师大　辞书

3-2914

最新实用化学
(美)布莱克(N. H. Black),(美)科南特(J. B. Conant)著
龚昂云译
　　上海　世界书局　民国32.12[1943.12]
　　2册(436页)　照片　32开
　　上册：民国32.12初版,民国36.2版
　　下册：民国32.12初版,民国37.9版
　　高级中学适用
　　附：英汉名词索引
　　人教　广西师大

3-2915

高中化学
张江树,章涛编著
　　重庆　上海　正中书局　民国33.2[1944.2]-
　　2册(198,252页)　图,表　32开
　　上册：民国33.2渝初版,民国36.2沪1版,民国37.3沪2版
　　下册：民国36.2沪1版,民国37.10沪2版
　　遵照民国30年修正课程标准编著　高中第二学年用
　　封面题名：新中国教科书高级中学化学
　　逐页题名：新中国高中化学
　　国图　人教　辞书　辽宁

3-2916

新订实用化学
(美)布莱克(N. H. Black),(美)科南特(J. B. Conant)著
孙豫寿译
　　上海　商务印书馆　民国35.5[1946.5]初版,民国37.8第

3版
666页　图(含彩图)　32开
高级中学适用教本
附：重要元素表和中外度量衡换算表
国图　人教　上师大　辞书

3-2917

最新实用生活化学
(美)布莱克(N. H. Black),(美)科南特(J. B. Conant)著
周文译述　上海科学社主编
　　上海　[编者刊]　民国35.9[1946.9]-
　　2册(300,284页)　图(含彩图)　32开
　　上册：民国35.9第3版,民国36.9新6版
　　下册：民国37.2新6版
　　高级中学、职业学校、师范学校适用
　　附：习题解答
　　人教

3-2918

最新实用化学[改订本]
(美)布莱克(N. B. Black),(美)科南特(J. B. Conant)著
顾均正译
　　上海　香港　开明书店　民国36.9-37.3[1947.9-1948.3]
　　2册(232,629页)　图,表　32开
　　上册：民国36.9初版,民国36.12第2版,民国38.9第7版
　　下册：民国37.3初版,民国37.5第2版,1949.12港3版
　　高级中学教科适用
　　附：进修参考书目和中英名词索引
　　人教　辞书

3-2919

化学
顾均正译
　　[长春]　[哈尔滨]　东北书店　民国38.4[1949.4]-
　　2册(①274页)　图,表　32开
　　上册：民国38.4初版,民国38.8第2版
　　东北行政委员会教育部规定　专科学校适用
　　其他题名：高中临时教材化学
　　辞书(1)

3-2920

高中化学
山东省立第六联合中学编印
　　山东　[编者刊]　[1912-1949?]油印本
　　1册　[32开]
　　国图

教学参考书

3-2921

化学教员准备书
韦镜权编著
　　上海　商务印书馆　民国24.6[1935.6]初版,民国24.9第

2版
224页 32开
其他题名：复兴教科书化学教员准备书
国图

3-2922
最新中学化学教学法
顾文卿著
上海 商务印书馆 民国26.3[1937.3]
112页 32开
附：英文主要参考书目
国图 人教 庐山 广东中山

* * *

3-2923
初中化学科教学进度表
江苏省教育厅编
江苏 [编者刊] 民国22.7[1933.7]
36页 25开
国图

3-2924
初中化学物理辅导书
沈景伓,江泽黔编 钦关淦校订
上海 大东书局 民国36.6[1947.6]
90页 图 32开
新修正标准 教师用
辞书

* * *

3-2925
高中化学科教学进度表
江苏省教育厅编
江苏 [编者刊] 民国22.7[1933.7]
73页 表 25开
国图 人教

教学辅导书

3-2926
化学
张桐瑞著
上海 科学书局 清光绪33.4[1907]
50页 32开
辞书

3-2927
化学
(日)加纳清三,(日)小林盈一原著 杨祥麟,吕义铭编译
上海 宏文馆 清光绪33.10[1907]

2册(192,196)页 图 64开 （参考丛书）
第1-2册：光绪33.10版
辞书

3-2928
中等化学问题精解
虞卢,金宏编
上海 商务印书馆 民国26.7[1937.7]第7版
191页 32开 精装
初版附注：民国17年初版
辽宁

3-2929
化学表解
郭本澜编 郑尊法校订
上海 商务印书馆 民国19.1[1930.1]初版,民国22.4国难后1版,民国23.12国难后4版
147页 表 32开
附：化学方程式之记忆法、化学问题
人教

3-2930
自学辅导化学实验法
蔡松筠编
上海 昆明 中华书局 民国19.8[1930.8]初版,民国19.8第2版,民国25.12第5版,民国26.12版,民国29.4第6版
168页 图,表 大32开
上海

3-2931
普通化学问题详解
叶少农编
上海 南京书店 民国21[1932]
219页 32开 （中学生升学准备丛书）
河南

3-2932
化学计算问题与化学方程式
许雪樵编
上海 中华书局 民国25.2[1936.2]
2册(190,190页) 表 32开
第1-2册：民国25.2版
初版附注：民国24年9月初版
辞书

3-2933
中等化学问题详解
郭振乾,吴蘡梅编著 谭勤余校订
上海 开明书店 民国25.2[1936.2]
232页 32开 精装
辞书

3-2934
学生化学笔记
舒重则编
上海 商务印书馆 民国25.10[1936.10]

261页　32开
附：复习题及答案一百余则
国图

3-2935
化学
谭勤余编著
　　长沙　商务印书馆　民国29.12[1940.12]
　　155页　32开　(中学各科纲要丛书)
　　国图

3-2936
化学计算与化学方程式
王葭舲,吴沧编
　　上海　新中国出版社　民国35.9[1946.9]初版,民国36.9第2版
　　117页　表　32开
　　人教

3-2937
最新化学难题集解
钱洪翔编
　　上海　北新书局　民国36.4[1947.4]新1版
　　179页　25开
　　辽宁

3-2938
最新化学要解
孙锡洪,袁淑惠编著
　　上海　开明书店　民国37.4[1948.4]
　　110页　图,表　32开
　　人教　辽宁

3-2939
勃康实用化学题解
(美)布莱克(N. H. Black),科南特(J. B. Conant)著　蒋伯苍译　龚昂云校订
　　上海　世界书局　民国38.5[1949.5]新8版
　　308页　32开
　　人教

＊　＊　＊

3-2940
初中化学指导书
钱梦渭编著
　　上海　世界书局　民国22.2[1933.2]
　　334页　图,表　大32开
　　初级中学教师、学生用
　　国图　辞书　编译馆

3-2941
化学提要：初中学生会考升学津梁[增修本]
孙星垣编
　　济南　齐鲁大学印刷事务所　民国22[1933]第3版
　　62页　32开

河南

3-2942
初中化学辑要
艾秀峰,赵果权编辑
　　天津　新民学会　民国24.5[1935.5]
　　72页　表　32开
　　辞书

3-2943
化学
周宗镐,胡宗风编
　　上海　商务印书馆　民国24.5[1935.5]初版,民国24第2版,民国24.8改订3版,民国25改订5版
　　103页　表　32开　(初中复习丛书)
　　人教　辽宁　广东中山

3-2944
初中化学参考书
蒋拱辰编　华襄治校
　　上海　中华书局　民国25.1[1936.1]-
　　2册(①121页)　图,表　大32开
　　上册：民国25.1初版
　　新课程标准适用
　　逐页题名：化学参考书
　　北师大(1)　辞书(1)

3-2945
化学试题总解
施惠同,吴崇理编著
　　上海　东方书店　民国25.2[1936.2]
　　[243]页　表　32开　(初中会考升学准备丛书)
　　封面题名：综合化学试题总解
　　辞书

3-2946
初中化学复习指导书
陶世洪编
　　上海　新生书局　民国25.3[1936.3]
　　[96]页　表　32开
　　逐页题名：化学试题及详解
　　辞书　河南

3-2947
化学
张静能编
　　上海　光明书局　民国25.4[1936.4]
　　148页　表　32开　(题解中心初中复习丛书　7)
　　辞书　广东中山

3-2948
初中化学测验
阎振玉编
　　上海　商务印书馆　民国27.7[1938.7]
　　110页　32开　袋装　(理科教育研究会测验丛书)
　　辞书

3-2949
初中化学复习指导
钱洪翔编
    成都　上海　现代教育研究社　民国31.2[1942.2]初版,国38.4第2版,民国37.7沪3版
    90页　32开
    升学考试必读
    国图　人教　辞书　辽宁

3-2950
化学难题详解
陈塑南编
    上海　平津书店　民国37.7[1948.7]初版,民国38第2版
    140页　32开
    初中升学复习必备
    辞书　天津

3-2951
化学复习
刘遂生编著　吴瑞年校订
    上海　南京　正中书局　民国37.8[1948.8]
    95页　表　32开　(初中各科复习丛书)
    逐页题名:初中化学复习
    人教　辞书

3-2952
初中化学提要
刘遂生编
    上海　中华书局　民国37.12[1948.12]
    92页　表　32开
    国图　辞书　辽宁

* * *

3-2953
化学
何孝宜著
    上海　神州国光社　民国21[1932]
    100页　32开
    高中受验及参考之部
    广东中山

3-2954
高中化学辑要
卓星槎,魏泽生,赵果权编辑
    天津　新民学会　民国24.5[1935.5]
    [132]页　图,表　32开
    辞书

3-2955
化学
曹简禹编
    上海　重庆　商务印书馆　民国24[1935]改订5版,民国32渝2版
    216页　图,表　32开　(高中复习丛书)
    人教　辽宁　广东中山

3-2956
高中化学测验
王蔚华编　曹惠群,陈岳生校
    上海　商务印书馆　民国27.1[1938.1]
    280页　图,表　32开　袋装　(理科教育研究会测验丛书)
    辞书

3-2957
高中化学复习指导
钱洪翔编
    上海　现代教育研究社　民国30[1941]初版,民国30.10第2版,民国36年版,民国37.3新3版
    133页　图,表　大32开　(高中复习指导丛书)
    升学会考必备
    人教　河南　辽宁　广东中山

3-2958
高中化学
张瑞钰编
    贵阳　交通书局　民国31.7[1942.7]
    258页　36开　(中学复习实验丛书)
    国图　人教

3-2959
高中化学复习进修书
张汝训编
    上海　中国科学图书仪器公司　民国38.9[1949.9]第2版
    388页　32开
    其他题名:化学复习进修书
    国图　广东中山

3-2960
高中化学复习指南
楼纪鸿编著
    上海　春明书店　民国38[1949]版
    132页　32开　(高中各科复习丛书)
    国图

化学实验

课　本

3-2961
普通实验化学
经亨颐编辑
    东京　清国留学生会馆　清光绪30.8[1904]
    122页　图,表　大32开
    中学校用
    辞书

3-2962
最新实验化学教科书
(日)高松丰吉原著　张修爵,彭树滋编译

338页 图,表 32开 精装
中学及师范学校兼用
初版附注:清光绪31年5月初版
其他题名:实验化学教科书
①[南京] 启新书局 清光绪32[1906]第3版
天津
②上海 挹记图书馆 清宣统3.6[1911]订正8版
北师大 辞书 河南
③上海 普及书局 民国3.7[1914.7]新1版
辞书

3-2963
化学讲义实验书
(日)龟高德平著 虞铭新译
上海 普及书局 清光绪32.5[1906]第2版,宣统1.12订正3版
222页 图 大32开
中学及师范学校用
初版附注:清光绪32年2月初版
北师大 人教

3-2964
初等实验化学教科书
(日)饭冈桂太郎著 华申祺译补
上海 文明书局 清光绪33.12[1908]
88页 图 大32开
人教 上海 辞书

3-2965
实验化学教科书
杜就田编辑 杜亚泉校订
上海 商务印书馆 清光绪34.5[1908]
97页 图 大32开
北师大 天津

3-2966
最新实验化学
(美)马福生,(美)韩德生原著 史青译
上海 科学会编译部 清宣统1.11[1909]
94页 图 大32开
辞书

3-2967
实验化学教科书
(日)龟高德平著 黄邦柱译
上海 群益书社 民国2.10[1913.10]版
178页 图 16开
卷端题名:普通教育化学讲义实验书
上海

3-2968
新撰实验定性分析化学
顾树森编译 孔庆莱校订
上海 商务印书馆 民国10.6[1921.6]
205页 大32开
其他题名:实验定性分析化学

编译馆

3-2969
实验无机化学
恂立译述 孙豫寿校订
上海 商务印书馆 民国21.12[1932.12]国难后1版
259页 图,表 32开
编译馆

3-2970
日用化学实验教程
布朗里(Brownlee),佛勒(Fuller),韩考克(Hancock),惠兹特(Whitsit)著
上海 商务印书馆 民国22.4[1933.4]
261页 图,表 32开 精装
编译馆

3-2971
汉译勃拉克柯能实用化学实验
(美)Black,(美)Conant 著 袁永清译
北平 北平科学社 民国23.8[1934.8]初版,民国25.7第2版
188页 图 32开
其他题名:汉译勃康二氏实用化学实验
北师大 人教

3-2972
实用化学实验教程
(美)勃拉克著 吴静山,钱继述译
上海 世界书局 民国24.1[1935.1]
267页 图,表 大32开 精装
辞书

3-2973
勃康化学实验
蒋揖冰编
上海 世界书局 民国35.4[1946.4]新3版,民国35.12新4版,民国36.6新5版
134页 图 32开
中学适用
人教

＊ ＊ ＊

3-2974
初级中学化学学生实验教程
(日)高田德佐著 郑贞文译
上海 商务印书馆 民国18[1929]版,民国22国难后1版,民国23国难后3版,民国24国难后版
130页 32开
人教 天津 庐山

3-2975
化学实验
谭勤余编著
上海 商务印书馆 民国25.7[1936.7]初版,民国25.11订

正4版,民国37.6审定6版
61页 图 32开 活页
初级中学用
其他题名:复兴初级中学教科书化学实验
其他题名:复兴教科书化学实验
国图 北师大 人教 上海 辞书

3-2976
初中化学实验教程
居小石,高季可编
上海 中华书局 民国26.12[1937.12]初版,民国29.3第2版
63页 图,表 大32开
修正课程标准适用
人教 辞书

3-2977
初中化学实验
赵廷炳编
上海 开明书店 民国27.7[1938.7]初版,民国28.4第2版,民国38第4版
77页 32开 活页
修正课程标准适用
附:化学译名对照表
人教 广东中山

3-2978
初级中学化学实验教程
李嘉谟,李邵谟编著
重庆 上海 正中书局 民国34.9[1945.9]初版,民国35.3沪1版,民国36.5沪12版,民国37.6沪版
53页 图,表 32开
教育部审定 遵照民国30年修正课程标准编著 初中第二学年用
其他题名:新中国教科书初级中学化学实验教程
国图 人教

3-2979
初中化学实验
金立藩编著
苏州 文怡书局 民国36.8[1947.8]
1册 32开
其他题名:化学实验
国图

3-2980
育发初中化学示教实验
濮齐奋著 育发化学实验室主编
上海 育发化学公司 民国37.3[1948.3]
62页 28开 (育发中学化学实验丛书)
其他题名:初中化学示教实验
国图

3-2981
初级中学化学实验教程[最新修订本]
国立编译馆主编 程守泽编辑 张江澍,戴安邦校阅 唐冠芳绘图
32页 32开
教育部审定
书脊题名:国定本初中化学实验教程
①上海 五联社 民国37.6[1948.6]
辞书
②上海 正中书局 民国37.7[1948.7]沪1版
人教
③上海 胜利出版公司 民国37.8[1948.8]沪1版
人教

3-2982
初中化学实验法
王洪年等编著
山东 新华书店 民国38.9[1949.9]
85页 32开
山东省人民政府教育厅审定
人教

* * *

3-2983
高中化学实验
周志瑞编著
[不详] 新智科学社 民国3[1914]版
158页 24开
国图 人教

3-2984
化学实验
赵廷炳著
北京 北京大学出版部 民国13.7[1924.7]
299页 图 大32开
大学预科及高级中学用书
上海 河南

3-2985
高级中学化学实验
王鹤清著
北平 北平师大附中 民国14.9[1925.9]初版,民国19.6修订2版,民国20.6修订3版,民国20.9修订4版,民国21.3修订5版,民国22.5修订6版,民国23.6修订7版,民国25修订8版
162页 图,表 大32开
高级中学适用
卷端题名:高中化学实验
国图 北师大 人教 辞书 天津 广西师大 广东中山

3-2986
化学实验
赵廷炳著
上海 商务印书馆 民国19.2[1930.2]初版,民国20第2版,民国21.9国难后1版
333页 图 大32开

其他题名：高级中学教科书化学实验
国图　北师大　上海　辞书　广东中山　编译馆

3-2987

化学实验
赵廷炳编著
　　上海　商务印书馆　民国19.2[1930.2]初版,民国26.5增订7版,民国27国难后增订8版,民国30国难后增订13版
　　333页　图,表　32开
　　教育部审定
　　其他题名：复兴高级中学教科书化学实验
　　国图　人教　天津　广东中山

3-2988

化学实验教程
徐善祥编译
　　上海　商务印书馆　民国22.1[1933.1]国难后1版
　　90页　图,表　32开
　　教育部初审核定　高级中学用
　　编译馆

3-2989

朱氏高中化学实验
朱昊飞编著
　　上海　世界书局　民国22.10[1933.10]初版,民国26.1第6版
　　289页　16开
　　其他题名：高中化学实验
　　其他题名：新课程标准世界中学教本朱氏高中化学实验
　　国图　人教

3-2990

化学实验
陈同素编　朱昊飞校
　　上海　黎明书局　民国23.7[1934.7]
　　235页　图　32开
　　高级中学用书
　　上海

3-2991

化学实验教程
郑贞文,黄开绳编
　　上海　商务印书馆　民国23.8[1934.8]初版,民国24.4第2版,民国27.10第6版
　　104页　图　32开
　　教育部初审核定本　高级中学用
　　逐页题名：高级中学化学实验教程
　　其他题名：复兴高级中学教科书化学实验教程
　　其他题名：复兴教科书化学实验教程
　　北师大　人教　上海　华师大　辞书

3-2992

化学实验[订正本]
王义玞,陈永丰,金仲眉,蒋芹编著
　　上海　商务印书馆　民国23.9[1934.9]订正初版,民国24订正4版,民国37.10订正32版
　　167页　图,表　16开　活页
　　教育部审定　高级中学用
　　卷端题名：高级中学教科书化学实验
　　其他题名：复兴高级中学教科书化学实验
　　其他题名：复兴教科书化学实验
　　北师大　人教　上海　辞书

3-2993

高中化学实验
阎玉振编
　　北平　华盛书局　民国24.1[1935.1]
　　182页　图　大32开　活页
　　其他题名：新标准教材高中化学实验
　　国图　北师大

3-2994

新标准高中化学实验
王毓琦,孙震涛合编　刘拓校订
　　北平　理科丛刊社　民国24.5[1935.5]
　　258页　图,表　大32开　活页
　　国图　北师大　辞书

3-2995

高中化学实验
于一峰编
　　北平　燕北理科教育研究社　民国26.3[1937.3]版
　　184页　图　16开　活页
　　教育部审定
　　国图　北师大

3-2996

最新高中化学实验
金立藩编著
　　苏州　文怡书局　民国28.2[1939.2]
　　[264]页　图,表　16开　活页
　　辞书

3-2997

育发高中化学示教实验
濮齐奋著
　　上海　育发化学公司　民国37.3[1948.3]
　　108页　28开　（育发中学化学实验丛书）
　　其他题名：高中化学示教实验
　　国图

3-2998

高级中学化学实验教程
戴安邦编辑
　　[成都]　四川省政府教育厅　[1912-1949?]
　　161页　32开　（教育丛刊）
　　其他题名：化学实验教程
　　国图

教学参考书

3-2999

中学化学设备标准
中华民国教育部中小学课程及设备编订委员会编
  上海　中华书局　民国23.4[1934.4]初版,民国28第2版
  40页　25开
  教育部颁行
  天津　辽宁　广东中山

3-3000

中等学校化学实验设备
王毓琦编
  北平　理科丛刊社　民国23.8[1934.8]
  45页　表　大32开
  辞书

3-3001

化学实验指导书
王义珏等编著
  上海　商务印书馆　民国24.6[1935.6]初版,民国24.9第2版
  105页　图,表　32开
  附：万国原子量表
  其他题名：复兴高级中学教科书化学实验指导书
  人教　河南

天文学、地质学

课　本

3-3002

天文学
王华隆著
  上海　商务印书馆　民国15.8[1926.8]
  93页　照片,图,表　32开
  其他题名：新学制高级中学教科书天文学
  人教　辞书　河南

3-3003

天文学
顾元编　竺可桢校
  上海　商务印书馆　民国19.3[1930.3]初版,民国23.2版
  274页　照片,图,表　32开
  逐页题名：高中天文学
  其他题名：新时代高中教科书天文学
  国图　北师大　人教　辞书　广西师大　编译馆

＊　＊　＊　＊　＊

3-3004

地质学简易教科书
（日）横山又次郎著　虞和钦,虞和寅译述
  上海　广智书局　清光绪28.3[1902]
  29叶　图　大32开　线装　（科学馆丛书）
  北师大　人教　辞书　广西师大

3-3005

中学地文教科书
（日）神谷市郎著　汪郁年译补
  东京　教科书译辑社　清光绪29[1903]初版,光绪32.4第2版
  1册(44,121页)　图　大32开
  北师大　天津

3-3006

中等地文学教科书
（日）佐藤传藏,（日）横山又次郎合著　沈仪熔译编
  湖北　湖北教育部　清光绪30.9[1904]
  311页　图　大32开
  北师大　天津

3-3007

地质学
（美）赖康忒原著　包光镰,张逢辰译述
  上海　商务印书馆　清光绪31.8[1905]初版,光绪32第2版,光绪32.10第3版,宣统1第4版,民国2.5第7版,民国4.3版
  471页　图　大32开　精装
  天津
  其他题名：最新中学教科书地质学
  国图　北师大　人教　天津　河南　庐山　广西师大

3-3008

中等地文学教科书
沈仪熔译编　邱岩校阅
  东京　清国留学生会馆　清光绪31.10[1905]第2版
  149页　图,地图　大32开
  上海

3-3009

最新地质学教科书
张相文译著
  上海　文明书局　清光绪32.1[1906]-
  4册(④53叶)　图　大32开　线装
  第4册(卷四)：光绪32.1初版
  人教(4)　辞书(4)

3-3010

最近中学地理教科书地文之部
（日）山上万次郎著　陈树藩译编
  上海　中国留学生会馆　清光绪32.5[1906]
  213页　图　大32开
  其他题名：地文之部
  北师大

3-3011

地文学
（美）忻孟原著　王建极，奚若译述
　　上海　商务印书馆　清光绪33.1[1907]初版，光绪33.4第2版，民国6.3第8版，民国9第9版，民国18.2第12版
　　282页　彩图　16开　精装
　　其他题名：最新中学教科书地文学
　　国图　北师大　人教　华师大　天津　河南　编译馆

3-3012

地文学
张相文著
　　北京　中国地学会　清光绪34[1908]初版，民国2.8修正3版
　　210页　图　32开
　　教育部审定　中学堂、师范学堂用
　　北师大　人教

3-3013

普通教育地文学教科书
曾彦编著
　　上海　科学会编译部　清宣统2.1[1910]第2版
　　201页　图　32开　精装
　　其他题名：地文学教科书
　　国图　人教

3-3014

地质学
俞物恒编辑
　　上海　商务印书馆　民国17.7[1928.7]初版，民国18.5第2版，民国21.10国难后1版，民国21.11国难后2版，民国21.11国难后12版
　　224页　图　32开
　　其他题名：新学制高级中学教科书地质学
　　国图　北师大　人教　上海　华师大　河南　广西师大　编译馆

3-3015

地质学
梁修仁编
　　天津　百城书局　民国21.3[1932.3]
　　290页　图　大32开
　　高级中学适用教本
　　国图　北师大　天津　河南　编译馆

叁　博　物

课　本

3-3016

博物学教科书
虞和寅编辑
　　上海　理科书社　清光绪33.8[1907]订正3版
　　303页　图（含彩图）　大32开　精装
　　中学校博物学科用
　　初版附注：清光绪28年5月初版
　　北师大　人教　辞书

3-3017

博物学教科书
（日）饭冢启著　益智学社译
　　上海　[译者刊]　清光绪28[1902]版
　　49页　图　16开　线装
　　中等学校用
　　北师大　上海

3-3018

中等博物教科书
谢骏德编纂　胡宗楙校阅
　　上海　南洋官书局　清光绪32.5[1906]
　　72页　图　大32开
　　辞书

3-3019

博物学大意
杜就田编纂
　　上海　商务印书馆　清宣统3.2[1911]版，民国12.7订正21版
　　45叶　图　大32开　线装
　　清学部审定
　　初版附注：清光绪32年5月初版
　　版权页题名：师范学堂中学堂博物学大意
　　辞书　编译馆

3-3020

博物示教
杜就田编译
　　上海　商务印书馆　民国10.2[1921.2]第11版，民国11.10第13版
　　49叶　图　32开　线装
　　初版附注：清光绪32年12月初版
　　人教　编译馆

3-3021

新编博物学教科书
作新社编译
　　上海　[编者刊]　清光绪32[1906]版
　　102页　图　大32开
　　北师大

3-3022

普通博物学教科书
华文祺编辑
　　上海　文明书局　清光绪33.9[1907]
　　114页　图　大32开　精装
　　辞书　天津　河南

3-3023
最新博物示教
（日）山崎忠兴原著　钱承驹辑译
　　上海　文明书局　民国1.10[1912.10]第3版
　　156页　图　大32开　精装
　　教育部审定
　　初版附注：清宣统元年2月初版
　　辞书

3-3024
博物学实验教程
怀桂琛编纂
　　上海　商务印书馆　民国9.8[1920.8]
　　188页　图　32开
　　辞书　编译馆

3-3025
开明新编初中博物教本
贾祖璋编
　　上海　开明书店　民国24.7-34.12[1935.7-1945.12]
　　3册(158,180,[122]页)　图,表　32开
　　第1册：民国24.7初版
　　第2册：民国34.12初版
　　第3册：民国34.12初版,民国36.5第3版
　　教育部审定　最新课程标准适用
　　附：术语汇录,植物、动物、岩石矿物分类简表
　　人教　广东中山(3)

3-3026
初中博物纲要
贾祖璋编
　　上海　开明书店　民国36.3[1947.3]初版,民国37.5第2版
　　166页　图,表　32开
　　附：初级中学博物课程标准
　　人教　辞书

3-3027
博物
周太玄,邓仲眉编著　罗宗洛校订
　　上海　商务印书馆　民国37.7[1948.7]
　　3册([457]页)　图　32开
　　第1-3册(植物、动物、地质矿物)：民国37.7版
　　依照教育部修正课程标准编辑
　　其他题名：复兴初级中学教科书博物
　　国图(3)　北师大(1)　人教　广西师大(1)

教学辅导书

3-3028
博物读本
[出版者不详]　[1911?]
　　册(①25叶)　表　大32开　线装
　　上册(上编)：版次不详

辞书(1)

3-3029
博物学纲要：植物、动物、卫生
吴瑞庭编
　　上海　中华科学教育改进社　民国24.6[1935.6]第2版
　　133页　表　32开
　　初中补习
　　初版附注：民国23年7月初版
　　辞书

3-3030
博物复习
黄似馨编著
　　南京　正中书局　民国37.8[1948.8]
　　220页　表　32开　(初中各科复习丛书)
　　逐页题名：初中博物复习
　　人教　辞书

叁 矿物

课本

3-3031
新式矿物学
（日）胁水铁五郎著　钟观诰译
　　上海　启文译社　清光绪29.3[1903]第3版
　　139页　图,表　16开
　　人教

3-3032
矿质教科书
商务印书馆编辑
　　上海　[编者刊]　清光绪29.5[1903]
　　39叶　图　32开　线装
　　北师大　广西师大

3-3033
矿物学教科书
商务印书馆编辑　杨瑜统校订
　　上海　[编者刊]　清光绪29.5[1903]
　　76页　图　32开　线装
　　卷端题名：矿物学
　　人教　云南社科

3-3034
普通矿物学
亚泉学馆编
　　上海　普通学书室　清光绪29.5[1903]-
　　册(①86页)　图　32开　线装
　　第1册：光绪29.5初版
　　人教(1)

3-3035

矿物教科书
（日）神保小虎原著　（日）西师意译述　许家惺校
　　上海　山西大学译书院　清光绪31.7[1905]
　　80页　图　大32开
　　中学校用
　　北师大

3-3036

最新实用矿物教科书
詹鸿章编述
　　上海　时中书局　清光绪31.9[1905]
　　177页　图　大32开
　　中学校用
　　国图　北师大

3-3037

普通教育矿物界教科书
陈文哲编述
　　东京　同文印刷舍　清光绪32.5[1906]初版,光绪32.8版,光绪35.3订正3版
　　258页　图(含彩图),表　大32开
　　北师大　人教　上海　辞书

3-3038

矿物学
杜亚泉编辑
　　上海　商务印书馆　清光绪32.6[1906]初版,宣统2第7版,民国1.10版
　　206页　图　大32开
　　清学部审定
　　其他题名：最新中学教科书矿物学
　　国图　北师大　人教　上海　河南　庐山

3-3039

矿物界教科书
（日）胁水铁五郎著　邓毓怡译
　　石家庄　河北译书社　清光绪33.3[1907]
　　88页　图　大32开
　　中学程度用
　　北师大

3-3040

矿物学
陈用光编
　　上海　科学会编译部　清宣统3.7[1911]第3版,民国3第5版
　　124页　图,表　大32开
　　初版附注：清光绪33年6月初版
　　其他题名：中等博物教科书矿物学
　　北师大　人教　辞书　河南

3-3041

中学矿物教科书
（日）石川成章著　董瑞椿译
　　上海　文明书局　清光绪33.8[1907]初版,民国1.7第2版
　　92页　图　大32开
　　教育部审定
　　北师大　人教　辞书

3-3042

初等矿物界教科书
（日）横山又次郎原著　杜亚泉,杜就田译订
　　上海　商务印书馆　清光绪33.9[1907]初版,民国3.6第3版,民国5第4版
　　66页　图(含彩图)　精装
　　其他题名：中学初等矿物界教科书
　　辞书　广东中山　编译馆

3-3043

中学新撰矿物学教科书
杜就田编纂　杜亚泉校订
　　上海　商务印书馆　清宣统2[1910]第2版,民国1.12第5版,民国2.9第6版,民国5第9版,民国8.5第10版
　　117页　图　大32开
　　中学校用
　　初版附注：清光绪34年初版
　　封面题名：新撰矿物学教科书
　　北师大　人教　辞书　天津　编译馆

3-3044

矿物学简易教科书
（日）横山又次郎撰　范延荣译
　　[不详]　直隶学务处　[1908?]
　　2册　线装
　　第1-2册：版次不详
　　国图

3-3045

中学新式矿物学
钟观诰编纂　杜亚泉校订
　　上海　商务印书馆　民国1[1912]第5版,民国2.3第6版,民国3.5第7版
　　74页　图,表　32开
　　初版附注：清宣统元年4月初版
　　封面题名：新式矿物学
　　北师大　辞书　河南　编译馆

3-3046

中学矿物界教科书
王季点编纂　陈学郢校订　杜就田补订
　　上海　商务印书馆　清宣统2.3[1910]初版,民国1.10第2版,民国3.3第4版,民国8.11第13版,民国11.2第15版,民国11第16版
　　93页　图　大32开
　　教育部审定
　　北师大　辞书　河南　广东中山　编译馆

3-3047

矿物学
徐善祥编纂
　　上海　商务印书馆　民国2.11[1913.11]初版,民国3.7第2

版,民国 5.4 第 4 版,民国 10 第 5 版,民国 12.11 第 7 版
260 页　图,表　32 开　精装
教育部审定　中学校、师范学校用
其他题名:民国新教科书矿物学
北师大　人教　辞书　河南　编译馆

3-3048
矿物学
杜亚泉编纂　徐善祥校订
　　上海　商务印书馆　民国 3.1[1914.1]初版,民国 5 年版,民
　　国 8 第 15 版,民国 8.10 第 16 版,民国 10.5 第 18 版,民国
　　10.12 第 19 版,民国 13.2 第 20 版,民国 14 第 21 版
135 页　图,表　大 32 开
教育部审定　中学校用
逐页题名:中学校教科书矿物学
其他题名:共和国教科书矿物学
国图　北师大　人教　辞书　天津　河南　编译馆

3-3049
新制矿物学教本
叶与仁编辑　吴家煦阅订
　　上海　中华书局　民国 6.5[1917.5]初版,民国 9.7 第 8 版,
　　民国 10.1 第 9 版,民国 10 第 10 版,民国 11.7 第 11 版,民
　　国 12.6 第 13 版
112 页　图,表　大 32 开
教育部审定　中学校、师范学校适用
北师大　人教　辞书　河南

3-3050
矿物学
吴冰心编著
　　上海　商务印书馆　民国 8.2[1919.2]初版,民国 13 增订 3
　　版,民国 13.3 增订 6 版
207 页　图,表　大 32 开　精装
中学校用
其他题名:实用教科书矿物学
北师大　辞书　广西师大

3-3051
矿物学
王霖之著
　　北平　北京书局　民国 19.5[1930.5]
242 页　图　32 开
中学适用
附:岩石学、地质学
北师大

3-3052
中学矿物学
张宗望编著
　　上海　世界书局　民国 21.2[1932.2]初版,民国 21.8 第 3 版
203 页　图,表　32 开
北师大　辞书　河南　编译馆

3-3053
矿物学
杜若城编著
　　上海　大东书局　民国 22.2[1933.2]初版,民国 22.2 第 2 版
184 页　图　32 开
中等学校用
北师大　编译馆

3-3054
矿物教材
袁修德编著
　　上海　新亚书局　民国 23.4[1934.4]
342 页　图,表　大 32 开
上海

＊　＊　＊

3-3055
新中学矿物学
宋崇义编　钟衡臧,糜赞治参订
　　上海　中华书局　民国 12.6[1923.6]初版,民国 13.3 第 4
　　版,民国 14 第 9 版,民国 15.5 第 14 版,民国 15 第 15 版,民
　　国 18.12 第 23 版,民国 20.3 第 26 版,民国 20.7 第 27 版,
　　民国 20.9 第 28 版,民国 20.12 第 29 版,民国 21.3 第 30
　　版,民国 21.11 第 32 版,民国 22 第 34 版
119 页　图(含彩图)　大 32 开　精装
初级中学用
版权页题名:矿物学
逐页题名:新中学矿物学教科书
其他题名:新中学教科书矿物学
北师大　人教　辞书　河南　广西师大　编译馆

3-3056
矿物学
杜若城编辑　翁文灏,任鸿隽校订
　　上海　商务印书馆　民国 12.7[1923.7]初版,民国 12.9 第 3
　　版,民国 13.4 第 4 版,民国 18 第 40 版
112 页　图　32 开
其他题名:现代初中教科书矿物学
北师大　人教　辞书　河南

3-3057
矿物学
杜若城编辑
　　上海　商务印书馆　民国 15.3[1926.3]初版,民国 15.3 第 5
　　版,民国 19 第 23 版,民国 21 国难后 4 版,民国 21.10 国难
　　后 10 版
174 页　图(含彩图),表　32 开
其他题名:新撰初级中学教科书矿物学
北师大　人教　辞书　天津　河南　编译馆

3-3058
初级中学矿物学
黄人济著　翁文灏,章鸿钊校订
　　北平　文化学社　民国 21.6[1932.6]第 3 版
118 页　图　32 开

初版附注:民国16年8月初版
北师大　辞书　河南

3-3059
矿物学
朱隆勋编
　　北平　师大附中理科丛刊社　民国20[1931]版
　　1册　大32开
　　其他题名:新学制初级中学教科书矿物学
　　国图

3-3060
初中矿物学
(伪)教育部编审会著
　　北平　[著者刊]　民国28.12[1939.12]
　　131页　图　32开
　　北师大　人教　天津

3-3061
初级中学地质矿物学
张镐编著
　　上海　正中书局　民国35.5[1946.5]沪15版
　　84页　图　32开
　　遵照民国30年修正课程标准编著
　　其他题名:新中国教科书初级中学地质矿物学
　　人教

3-3062
初级中学地质：矿物
国立编译馆主编　许德佑,朱夏编　李四光,黄汲清校阅
　　134页　32开
　　教育部审定
　　①上海　中华书局　民国37.3[1948.3]
　　人教
　　②上海　正中书局　民国37.7[1948.7]沪1版
　　国图　人教

3-3063
初级中学地质：矿物[第2次修订本]
国立编译馆主编　许德佑,朱夏编　李四光,黄汲清校阅
　　上海　大中国图书局　民国37.8[1948.8]
　　123页　32开
　　教育部审定
　　人教

　　　　　　＊　　＊　　＊

3-3064
地质矿物学
张资平编
　　上海　商务印书馆　民国14.12[1925.12]第2版,民国17第
　　　　3版,民国21.9国难后2版
　　403页　图　大32开　精装
　　初版附注:民国13年8月初版
　　其他题名:新学制高级中学教科书地质矿物学

北师大　上海　天津　河南　广西师大　编译馆

3-3065
岩石学
杜若城编辑　杜亚泉校订
　　上海　商务印书馆　民国20.1[1931.1]
　　207页　图　32开
　　其他题名:新时代高中教科书岩石学
　　北师大　人教　辞书　广西师大　编译馆

3-3066
矿物学
李约编辑
　　天津　百城书局　民国20.11[1931.11]-
　　2册(①90页)　图　大32开
　　上册:民国20.11初版
　　高级中学适用教本
　　北师大(1)

3-3067
高级中学矿物学
朱夏编著
　　上海　正中书局　民国35[1946]第8版,民国37.3沪7版
　　148页　32开
　　其他题名:新中国教科书高级中学矿物学
　　广东中山　编译馆

3-3068
矿物学
朱夏编著
　　长春　东北书店　民国38.5[1949.5]
　　129页　图,表　32开
　　东北行政委员会教育部规定　专科学校适用
　　其他题名:高中临时教材矿物学
　　人教

叁 生物学

课本

3-3069
动植物生理学教科书
廖世襄译述　商务印书馆校阅
　　上海　商务印书馆　清光绪29.8[1903]第2版,光绪32.3第
　　　　4版,光绪32.3第6版
　　84页　图　大32开
　　(清)总理学务大臣审定
　　初版附注:清光绪28年10月初版
　　卷端题名:生理学教科书
　　国图　辞书　编译馆

3-3070
生物常识
沈泽民编
　　[不详]　苏维埃大学　民国23.4[1934.4]
　　[20]页　32开
　　中等教材
　　人教

3-3071
动植物学纲要
陆新球编著　刘咸校阅
　　上海　中国科学图书仪器公司　民国27.12[1938.12]初版,
　　民国36.8第3版
　　92页　表　32开
　　中等学校适用
　　人教

3-3072
生物学
郑勉著
　　上海　正中书局　民国34.1[1945.1]版
　　133页　32开
　　其他题名:新中国教科书生物学
　　庐山

* * *

3-3073
初级生物学
陆费执,张念特编　胡先骕校
　　上海　中华书局　民国14.9[1925.9]初版,民国17第6版,
　　民国18.9第9版,民国20.7第11版,民国20.9第12版,
　　民国21.4第13版,民国21.6第14版
　　110页　图,表　大32开
　　逐页题名:新中学初级生物学
　　其他题名:新中学教科书初级生物学
　　北师大　人教　上海　辞书　河南　广东中山　编译馆

3-3074
初级中学校生物教科书
(伪)文教部著
　　[长春]　[著者刊]　民国23.9[1934.9]
　　186页　图(含彩图),地图　大32开　精装
　　版权页题名:初级中学生物教科书
　　逐页题名:初中生物
　　辞书

* * *

3-3075
公民生物学
王守成编辑
　　上海　商务印书馆　民国13.8-14.6[1924.8-1925.6]

　　2册(302,220页)　图,像,表　32开
　　第1册(卷上):民国13.8初版,民国15.10第3版,民国
　　17.11第6版,民国19第14版,民国21.9国难后6版,民
　　国22国难后7版,民国国难后13版
　　第2册(卷下):民国14.6初版,民国15.10第2版,民国
　　19.10第8版,民国21.6国难后1版,民国22国难后7版
　　大学院审定
　　书脊题名:新学制高中公民生物学
　　其他题名:新学制高级中学教科书公民生物学
　　国图(1)　北师大　人教　华师大　上师大　辞书　天津
　　河南　广西师大(1)　广东中山(1)

3-3076
高级生物学
陆费执,郦福畴编
　　上海　中华书局　民国15.5[1926.5]初版,民国17第4版
　　[249]页　图,表　大32开
　　逐页题名:新中学高级生物学教科书
　　其他题名:新中学教科书高级生物学
　　北师大　辞书　河南　广东中山

3-3077
高中生物学选
李唐宪选辑
　　安阳　[河南省立第二高中]　民国21.4[1932.4]-
　　册(②135页)　图　大32开　线装　(河南省立第二高中
　　丛书)
　　第2册(卷下):民国21.4初版
　　北师大(2)

3-3078
新中华生物学
陈兼善编
　　上海　新国民图书社　民国21.7[1932.7]初版,民国21.10
　　第2版,民国21.10第3版,民国22.8第5版,民国22.12
　　第6版
　　363页　图,表　大32开
　　高级中学用
　　逐页题名:新中华高中生物学
　　国图　北师大　华师大　上师大　辞书　河南　广西师大
　　广东中山　编译馆

3-3079
最新高中生物学
曹非编　曾锡勋,黄建动参订
　　长沙　六合公司　民国22.8[1933.8]改订2版
　　236页　图　32开
　　初版附注:民国21年8月初版
　　北师大

3-3080
生物学
吴元涤编
　　上海　世界书局　民国21.9[1932.9]初版,民国22.8第3
　　版,民国23.8第6版,民国23.9第7版,民国24.1第9版

358 页　图　大 32 开
高中及专科学校用
北师大　上海　华师大　上师大　河南　广西师大　编译馆

3-3081
生物学
王树鼎编著
　　天津　百城书局　民国 21[1932]版
　　296 页　图　32 开　精装
　　高级中学及后期师范教本
　　北师大

3-3082
最新生物学
吴瑞庭编　费鸿年校阅
　　广州　上海　中华科学教育改进社　民国 22.8[1933.8]初版,民国 23.7 第 3 版,民国 24.7 第 5 版,民国 25.7 第 7 版
　　321 页　图,表　32 开　精装
　　教育部审定　教育部新标准
　　其他题名:高中教本最新生物学
　　北师大　人教　华师大　辞书　广西师大

3-3083
生物学
陈桢编著
　　上海　重庆　商务印书馆　民国 22.11[1933.11]初版,民国 23.10 第 6 版,民国 23 第 10 版,民国 27 第 43 版,民国 33.11 渝 24 版,民国 34 年版,民国 35.1 第 77 版,民国 35.6 第 86 版,民国 35.12 第 120 版,民国 36.12 第 136 版,民国 38.5 第 158 版
　　429 页　图,像,表　32 开
　　教育部审定　高级中学用
　　附:生物学发达史一览表、中西名词对照表
　　其他题名:复兴教科书生物学
　　其他题名:复兴高级中学教科书生物学
　　国图　北师大　人教　上海　华师大　上师大　辞书　河南

3-3084
高中生物学
陈兼善编
　　上海　中华书局　民国 23.6[1934.6]初版,民国 23 第 2 版
　　346 页　图,表　大 32 开
　　新课程标准适用
　　国图　北师大　上海　上师大　辞书　广东中山

3-3085
高中生物学
郑勉编著　薛德焴校订
　　南京　正中书局　民国 24.7[1935.7]
　　2 册(171,129 页)　图,像　32 开
　　上下册:民国 24.7 初版
　　新课程标准适用
　　附:中西文索引
　　封面题名:生物学
　　其他题名:高级中学生物学

人教　辞书(1)

3-3086
现代生物学
朱庭茂编
　　南京　兼声编译出版合作社　民国 24.8[1935.8]
　　410 页　图(含彩图)　32 开
　　教育部新标准
　　附:译名对照表
　　其他题名:高中教本现代生物学
　　人教

3-3087
吴氏高中生物学
吴元涤编著
　　上海　世界书局　民国 24.9[1935.9]初版,民国 24.10 第 2 版,民国 25 第 4 版,民国 25 第 5 版,民国 27.5 增订新 1 版,民国 30.8 增订新 6 版,民国 32 增订新 9 版,民国 37 增订新 18 版,民国 38.1 增订新 19 版
　　259 页　图,像,表　大 32 开
　　依照教育部颁布修正课程标准新编　高级中学学生用
　　附:中西名词索引
　　逐页题名:高中生物学
　　其他题名:世界中学教本吴氏高中生物学
　　北师大　人教　上海　上师大　辞书　广西师大　河南

3-3088
高中新生物学
赵楷,楼培启编著
　　上海　世界书局　民国 26.4[1937.4]
　　2 册(160,152 页)　图,表　32 开
　　上册:民国 26.4 初版,民国 26.7 第 2 版,民国 35 第 7 版
　　下册:民国 26.4 初版,民国 35 第 7 版,民国 36.2 第 8 版
　　遵照教育部民国 25 年颁布修正课程标准编辑　高级中学学生用
　　附:中英及英汉对照表
　　其他题名:新课程标准世界中学教本高中新生物学
　　国图(1)　北师大　人教　广东中山(1)

3-3089
高中生物学
郑勉编著　薛德焴校订
　　南京　正中书局　民国 26.5[1937.5]-
　　2 册(337 页)　32 开
　　上册:民国 26.5 版
　　下册:民国 28.1 第 7 版
　　新课程标准适用
　　初版附注:民国 26 年 5 月初版
　　其他题名:建国教科书高中生物学
　　华师大

3-3090
高中生物学
陈兼善,华汝成编
　　上海　中华书局　民国 26.7[1937.7]

2册(158,178页) 图,表 大32开

上册:民国26.7初版,民国26.8第3版,民国26第6版,民国28.1版,民国30.3第11版,民国36.4第17版

下册:民国26.7初版,民国26.7第2版,民国30.10第10版,民国35.5第11版,民国36.10第16版

教育部审定 修正课程标准适用

附:中西名词对照表

国图 北师大 人教 上海 辞书 天津 广西师大(2)

3-3091

高中生物学测验
张和岑,王志清编

上海 商务印书馆 民国28.5[1939.5]

238页 图,表 32开 袋装 （理科教育研究会测验丛书）

辞书

3-3092

高中生物学
(伪)教育总署编审会著

北平 [著者刊] 民国28.8[1939.8]初版,民国29.8修正1版,民国30.6修正2版

371页 图 32开

北师大 人教

3-3093

高中新生物学
赵楷,楼培启编著

上海 世界书局 民国28[1939]-

2册(167,134页) 图 32开

上册:民国35新6版

下册:民国28新4版,民国35新6版

其他题名:新课程标准世界中学教本高中新生物学

河南 广东中山(2)

3-3094

高级中学生物学
郑勉编著

重庆 上海 南京 北平 正中书局 民国33.9-34.6[1944.9-1945.6]

2册(123,159页) 图 32开

上册:民国33.9初版,民国34.12版,民国35第8版,民国35沪10版,民国36.5沪62版,民国37.3沪版,民国37.5平版

下册:民国34.6初版,民国34.12版,民国35第8版,民国35第37版,民国36.4沪36版,民国36.9沪64版,民国36.10平68版

教育部审定 遵照民国30年修正课程标准编著 第一学年第一学期~第二学期用

附:中西名词索引

其他题名:新中国教科书高级中学生物学

国图 北师大 人教 华师大 辞书 天津(2) 河南 广东中山

3-3095

高中生物学
朱庭茂编

上海 龙门联合书局 民国34[1945]第3版,民国35.10第4版,民国36.8第5版,民国37.8第6版

253页 图(含彩图),像,表 32开

新课程标准适用

卷端题名:高中教本现代生物学

其他题名:高中教本生物学

国图 人教 上海 辞书 广东中山

3-3096

高中生物学
周晦庵著

上海 北新书局 民国36.9[1947.9]

413页 图 32开

人教

3-3097

开明新编高级生物学
贾祖璋编

上海 开明书店 民国37.1[1948.1]初版,民国38.9第9版

268页 32开

附:西文名词索引

人教 广东中山

3-3098

高中生物学纲要
贾祖璋著

上海 开明书店 民国37[1948]

185页 32开

其他题名:生物学纲要

国图 广东中山

3-3099

标准课程高中简全生物学
陈士彻编著

上海 土山湾印书馆 [1912-1949?]

127页 图 32开

其他题名:高中简全生物学

上师大

3-3100

高中生物学讲义
顾翰芳纂集

[出版者不详] [1912-1949?]

168页 图 16开

新课程标准适用

逐页题名:生物学讲义

上海

教学参考书

3-3101

中等学校生物学教学法
杨寅初编著 薛德焴校订

南京 上海 正中书局 民国26.6[1937.6]初版,民国36.7

沪1版
317页 图,表 大32开
辞书 广东中山

3-3102
中等学校生物学教法与教材
四川省立教育科学馆主编 禹海涵编著 周太玄校订
重庆 上海 商务印书馆 民国35.8[1946.8]重庆初版,民国36.6上海初版
218页 图,表 32开
逐页题名:生物学教法与教材
人教 辞书 河南

* * *

3-3103
高中生物学科教学进度表
江苏省教育厅编
江苏 [编者刊] 民国22.7[1933.7]
72页 表 25开
国图 人教

3-3104
高中生物学实习指导
黑延昌编
天津 知识书局 民国38[1949]版
72页 大32开
其他题名:生物学实习指导
广东中山

教学辅导书

3-3105
生物学提要
朱庭茂编
南京 南京书店 民国22.8[1933.8]
34页 32开 (中学生升学准备丛书)
天津

3-3106
生物学问题详解
顾钟骅编著
南京 上海 正中书局 民国25.5[1936.5]初版,民国36.6沪1版
95页 表 32开
人教

3-3107
生物学补习
弘达中学编
北平 聚魁堂装订讲义书局 民国25[1936]版
[208]页 32开
国图

3-3108
生物学提要
朱庭茂编著
上海 震旦书店 民国26.5[1937.5]
33页 32开 精装
编译馆

3-3109
投考大学全书:生物之部
吴克刚编辑
84页 32开
其他题名:生物之部
①丽水 青年读书生活社 民国31.3[1942.3]
上海
②上海 师友出版公司 民国36.7[1947.7]
辞书

3-3110
生物学难题详解
张履慰编纂
上海 大方书局 [1949?]
249页 64开
初高中学生必备
卷端题名:生物学详解
逐页题名:生物学要览
河南

* * *

3-3111
动植物试题总解
谢汝聪编著
上海 东方书店 民国25.1[1936.1]
[170]页 32开 (初中会考升学准备丛书)
初版附注:民国24年1月初版
封面题名:综合动植物试题总解
辞书

3-3112
初中生物学辑要
步毓森编辑
天津 新民学会 民国24.5[1935.5]
112页 表 32开
辞书

3-3113
初中生物复习指导书
陶世洪编
上海 新生书局 民国25.2[1936.2]
[191]页 图,表 32开
逐页题名:生物
逐页题名:生物试题及详解
辞书 河南

* * *

3-3114

生物学
刘宝善编
上海 商务印书馆 民国24.5[1935.5]初版,民国24.6第2版,民国24.10改订4版
246页 图,表 32开 （高中复习丛书）
人教 华师大 上师大

3-3115

高中生物辑要
步毓森,阎笏珊编辑
天津 新民学会 民国24.5[1935.5]
156页 图 32开
辞书

3-3116

高中生物学提要
张国璘编
北平 师大附中理科丛刊社 民国24.7[1935.7]
134页 25开
国图

3-3117

高中生物学复习指导
王志清编
上海 现代教育研究社 民国25[1936]版
142页 大32开
国图 天津 河南

3-3118

高中生物学的要题与复习
龚礼贤编
上海 中华书局 民国28.7[1939.7]
128页 表 32开
辞书

3-3119

高中生物
顾文藻著
贵阳 交通书局 民国31.6[1942.6]
152页 图 32开 （中学复习受验丛书）
逐页题名：生物
辞书 广东中山

3-3120

高中生物复习指南
吴克刚编
上海 春明书店 民国37.5[1948.5]
132页 36开 （高中升学复习丛书）
人教 庐山

生物学实验

课 本

3-3121

生物学实验
吴瑞庭编
广州 中华科学教育改进社 民国20.10[1931.10]
158页 图 32开
高中用
北师大

3-3122

高中生物学实验教程
程克让编著
南京 钟山书局 民国22.6[1933.6]
207页 图,表 16开
人教

3-3123

生物学实验法
龚礼贤,陈震飞编
上海 商务印书馆 民国23.8[1934.8]初版,民国24.10第2版
141页 图 32开
附：译名对照表
其他题名：高级中学教科书生物学实验法
北师大 人教 广西师大

3-3124

生物学实验
江栋成编著
上海 商务印书馆 民国23.10[1934.10]初版,民国24.2第2版
266页 图,表 32开 线装
高级中学用
其他题名：复兴高级中学教科书生物学实验
北师大 华师大 上海 辞书 天津

3-3125

高级中学生物学实验教本
李象元,杨国华合编
上海 仁安书局 民国23[1934]版
91页 32开
其他题名：生物学实验教本
广东中山

3-3126

高中生物学实验教程
张家俊编
上海 新亚书店 民国24[1935]
126页 图 32开
国图 人教 天津 河南

3-3127

普通生物学实验指导
顾昌栋编
    北平　[编者刊]　民国25.8[1936.8]
    153页　图　32开
    按照教育部新颁标准编辑　高级中学用
    北师大

3-3128

最新高中生物学实验
程克让编著
    苏州　文怡书局　民国27.6[1938.6]
    244页　图、表　16开　精装
    国图　辞书

3-3129

高中生物学实验指导
王儒林编
    上海　中华书局　民国29.3[1940.3]
    258页　图、表　32开
    修正课程标准适用
    人教　辞书

3-3130

高级中学生物学实验教程
禹海涵编著　周太玄校阅
    上海　商务印书馆　民国36.7[1947.7]
    74页　表　32开　（四川省立教育科学馆丛书）
    高级中学用
    逐页题名：生物学实验教程
    国图　辞书

3-3131

最新生物学实验
    [出版者不详]　[1912-1949?]
    137页　图　32开
    其他题名：新标准高中教本最新生物学实验
    辞书

植物学

课　本

3-3132

初等植物学教科书
(日)齐田功太郎,(日)染谷德五郎撰　文明书局译
    上海　[译者刊]　清光绪28[1902]
    1册　图　线装
    国图

3-3133

植物学
亚泉学馆编译
    上海　商务印书馆　清光绪29.6[1903]初版,光绪31.11第2版,光绪32第3版
    164页　图　大32开
    其他题名：最新中学教科书植物学
    北师大　人教　天津

3-3134

新撰植物学教科书
(日)三好学著　杜亚泉译述　陈学郢校订
    上海　商务印书馆　清光绪29.6[1903]初版,宣统2第10版,民国1.11第15版,民国4第19版,民国10.10第28版
    200页　图　大32开
    版权页题名：中学新撰植物学教科书
    北师大　人教　辞书　天津　编译馆

3-3135

新编植物学教科书
(日)五岛著　作新社译
    上海　[译者刊]　清光绪29[1903]版
    70页　图　大32开
    河南

3-3136

植物学教科书
(日)大渡忠太郎著　(日)西师意译
    山西　山西大学译学院　清光绪31[1905]初版,光绪33第2版
    160页　图　大32开
    国图

3-3137

普通教育植物学教科书
彭树滋编撰　张修爵校
    上海　普及书局　清光绪32.5[1906]初版,宣统1第5版
    148页　图　大32开
    中学程度适用
    北师大　人教　辞书

3-3138

中学植物学新教科书
王明怀原译　严保诚改订
    上海　商务印书馆　民国2.4[1913.4]第4版,民国3.5第5版
    137页　图　大32开
    教育部审定
    初版附注：清光绪32年8月初版
    封面题名：中学植物新教科书
    河南　编译馆

3-3139

最新植物学教科书
(日)藤井健次郎著　王季烈译
    上海　文明书局　清宣统1.8[1909]第2版,宣统2.3第4版
    134页　图(含彩图)　大32开
    清学部审定
    初版附注：清光绪32年11月初版
    逐页题名：植物学教科书

北师大　辞书

3-3140

最新植物学教科书

(日)大久保三郎,(日)齐田功太郎,(日)染谷德五郎合著　王葆真译

　　东京　启文书局　清光绪33.2[1907]

　　157页　图(含彩图),表　大32开　精装

　　清学部审定　中学及师范用

　　北师大　辞书

3-3141

中学植物学

(日)松村任三,(日)齐田功太郎原著　杜亚泉,杜就田译订　寿芝荪翻译

　　上海　商务印书馆　清光绪33.3[1907]初版,光绪33.10第2版,光绪34第3版,民国1.8第6版,民国3第9版,民国12.10第12版

　　140页　图　大32开

　　卷端题名:中学植物学教科书

　　国图　北师大　辞书　天津　河南　庐山　编译馆

3-3142

普通植物学教科书

钱承驹辑译

　　上海　文明书局　清光绪33.3[1907]初版,民国2.11第3版

　　136页　图(含彩图),表　大32开

　　教育部审定

　　逐页题名:植物学教科书

　　北师大　人教　辞书

3-3143

新撰植物学教科书

(日)三好学著　杜亚泉编译

　　上海　商务印书馆　清宣统2.6[1910]版,民国2.4第16版

　　200页　图,表　32开

　　初版附注:清光绪33年3月初版

　　版权页题名:中学新撰植物学教科书

　　国图　辞书　河南

3-3144

中学植物学教科书

(日)藤井健次郎著　华文祺译

　　上海　文明书局　清光绪33.9[1907]初版,民国1.2第3版,民国2.4第4版

　　134页　图(含彩图)　大32开　精装

　　版权页题名:中学植物教科书

　　北师大　人教　辞书　广西师大

3-3145

最新初等植物教科书

(日)矢岛喜源次著　华文祺译补

　　上海　文明书局　清光绪33.11[1907]

　　62页　图,表　大32开

　　北师大　上海　辞书

3-3146

植物学

叶基桢著

　　北京　译学馆　清光绪33.12[1908]版

　　1册　图　大32开

　　国图

3-3147

植物教科书

吴家煦编辑

　　上海　中国图书公司　清光绪34.10[1908]

　　128页　图(含彩图),表　大32开

　　辞书

3-3148

植物学[订正本]

李天佐编辑

　　上海　科学会编译部　清宣统3.1[1911]订正3版,民国1.7订正4版

　　402页　图　大32开

　　附:常见主要的显花植物门类

　　初版附注:清光绪34年12月初版

　　其他题名:中等博物教科书植物学

　　北师大　人教　辞书　河南

3-3149

植物学教科书

(日)松村任三撰　刘大猷译

　　[不详]　江南总农会　[1908?]

　　1册　图　线装　(农学丛书　第六集)

　　国图

3-3150

普通教育植物学教科书

曾彦编

　　上海　科学会编译部　清宣统2.1[1910]版,民国4.1订正4版

　　96页　图,表　大32开

　　北师大　辞书

3-3151

实验植物学教科书

(日)三好学原著　杜亚泉译述　陈学郢校订

　　上海　商务印书馆　清宣统3.2[1911]初版,民国2.3第2版

　　128页　图　大32开

　　北师大　辞书　天津　编译馆

3-3152

新编植物学讲义

孙熙编辑

　　[不详]　陪京印书馆　清宣统3.8[1911]

　　[259]页　图,表　大32开

　　中学适用

　　辞书

3-3153

植物学教科书

(清)学部图书局编
[出版者不详] [1911?]
138 页 图 大 32 开
文科中学及初级师范用
辞书

3-3154
植物教科书
(日)松村任三,(日)齐田功太郎撰
天津 北洋官报局 [1911?]
2 册 图 线装
第 1-2 册:版次不详
国图

3-3155
新编植物学教科书[订正本]
杜就田,孙佐编译 杜亚泉校订
上海 商务印书馆 民国 2[1913]订正 2 版,民国 2.7 订正 3 版
111 页 图,表 大 32 开
教育部审定
附:植物自然分类检查表
辞书 河南 编译馆

3-3156
中华中学植物教科书
彭世芳编 戴克敦,姚汉章,陆费逵阅
上海 中华书局 民国 2.9[1913.9]初版,民国 3.9 第 3 版,民国 4.6 第 4 版,民国 7 第 13 版,民国 8.1 第 15 版,民国 8.7 第 16 版,民国 9.2 第 17 版,民国 10.1 第 18 版,民国 10.9 第 20 版
227 页 图 32 开
卷端题名:中华中学植物学教科书
逐页题名:中学植物学教科书
北师大 人教 辞书 河南

3-3157
植物学
杜亚泉编纂 王兼善,杜就田校订
上海 商务印书馆 民国 2.10[1913.10]初版,民国 8 增订 22 版,民国 8 增订 23 版,民国 9.9 增订 25 版,民国 10.3 增订 26 版,民国 10.8 增订 27 版,民国 11.8 增订 28 版
231 页 图,表 大 32 开
教育部审定 中学校用
其他题名:共和国教科书植物学
国图 北师大 人教 华师大 辞书 天津 河南 广西师大 编译馆

3-3158
植物学
王兼善编
上海 商务印书馆 民国 2.11[1913.11]初版,民国 3.7 第 2 版,民国 10.4 第 7 版,民国 15 第 10 版,民国 22.4 国难后 1 版
339 页 图 32 开 精装

中学校、师范学校用
附:中西名词索引
卷端题名:中学新教科书植物学
其他题名:民国新教科书植物学
北师大 人教 华师大 辞书 河南 编译馆

3-3159
植物学
(美)甘惠德编纂 杜亚泉校订
上海 商务印书馆 民国 4.3[1915.3]
222 页 图,表 大 32 开 精装
卷端题名:最新中学教科书植物学
其他题名:(增订)最新中学教科书植物学
北师大 辞书

3-3160
新制植物学教本
吴家煦,彭世芳编辑
上海 中华书局 民国 5.7[1916.7]初版,民国 8 第 11 版,民国 9.2 第 12 版,民国 10.4 第 14 版,民国 10.7 第 16 版
170 页 图 大 32 开
教育部审定 中学校、师范学校适用
附:中西名词对照表
北师大 人教 辞书 河南

3-3161
三好学植物学讲义
黄以仁编译 凌昌焕校订
上海 商务印书馆 民国 7.1[1918.1]-
3 册 图 大 32 开
第 1 册(卷上):民国 7.1 初版,民国 14.11 第 4 版
第 2 册(卷中):民国 9.8 初版
逐页题名:植物学讲义
北师大(1-2) 辞书(1)

3-3162
实用主义植物学教科书
(德)司瑞尔著 马君武编译
上海 商务印书馆 民国 7.11[1918.11]
421 页 图 大 32 开 精装
中等程度适用
北师大

3-3163
植物学
彭世芳编辑 龚礼贤,杜就田校订
上海 商务印书馆 民国 12.5[1923.5]初版,民国 13.9 第 2 版,民国 17.6 第 4 版
129 页 图(含彩图) 大 32 开
中学校用
其他题名:实用教科书植物学
北师大 辞书 河南 编译馆

3-3164
自然分类普通植物检索表
彭世芳著

上海　中华书局　民国 18.9[1929.9]
133 页　大 32 开
辞书

*　*　*

3-3165

新中学植物学
宋崇义编　钟衡臧,俞宗振参订　王烈阅
　　上海　中华书局　民国 12.2[1923.2]初版,民国 12 第 3 版,
　　　民国 12.11 第 4 版,民国 13.12 第 8 版,民国 14.3 第 9 版,
　　　民国 15 第 14 版,民国 16.3 第 16 版,民国 17 第 18 版,民国
　　　20.6 第 32 版,民国 20.11 第 33 版,民国 21.4 第 34 版,民国
　　　21.6 第 36 版,民国 22 第 37 版,民国 22.11 第 38 版
114 页　图(含彩图)　大 32 开　精装
大学院审定　初级中学用
版权页题名：植物学
其他题名：新中学教科书植物学
国图　北师大　人教　辞书　河南　庐山　广西师大　广东
　中山　编译馆

3-3166

植物学
凌昌焕编纂　胡先骕校订
　　上海　商务印书馆　民国 12.7[1923.7]初版,民国 12 第 3
　　　版,民国 12 第 5 版,民国 15.4 第 57 版,民国 18.7 第 94 版,
　　　民国 19.2 第 117 版,民国 20.11 第 152 版
118 页　图(含彩图)　32 开
教育部审定　大学院审定
其他题名：现代初中教科书植物学
国图　人教　辞书　广东中山　编译馆

3-3167

植物学
凌昌焕编纂　胡先骕校订
　　上海　商务印书馆　民国 12.8[1923.8]初版,民国 13.9 第 6
　　　版,民国 14 第 42 版
114 页　图(含彩图)　32 开
教育部审定　大学院审定　新学制初级中学用书
其他题名：现代初中教科书植物学
国图　北师大　辞书　河南

3-3168

初级中学植物学
李约编
修正课程标准
书脊题名：初中植物学
　①北京　文化学社　民国 13.6[1924.6]初版,民国 19.11 第 7
　　　版,民国 26 年版
　　125 页　图　32 开
　　北师大　人教　辞书
　②北京　求知社　民国 13.7[1924.7]
　　132 页　图　32 开

辞书

3-3169

植物学
杜就田编辑
　　上海　商务印书馆　民国 15.7[1926.7]初版,民国 15.9 第 10
　　　版,民国 16 第 20 版,民国 19.3 第 76 版,民国 20 第 85 版,
　　　民国 21.6 国难后 1 版,民国 21.7 国难后 12 版,民国 29.10
　　　国难后 27 版
142 页　图　32 开
大学院审定
其他题名：新撰初级中学教科书植物学
北师大　人教　华师大　辞书　天津　广西师大　广东中山
　编译馆

3-3170

实验植物学
曹之彦编辑　刘治廷校阅
　　北京　中华印刷局　民国 16.3[1927.3]
86 页　图　32 开
教育部审定
其他题名：新撰初中或师范学校教科书实验植物学
北师大　人教

3-3171

初中植物学
徐克敏编辑　龚昂云校订
　　上海　世界书局　民国 19.8[1930.8]初版,民国 20.8 订正 4
　　　版,民国 20.10 订正版,民国 21.8 订正 3 版,民国 22.5 订正
　　　5 版
124 页　图　32 开
教育部审定　初级中学学生用
其他题名：初级中学教科书初中植物学
北师大　人教　华师大　辞书　河南　广西师大　编译馆

3-3172

开明植物学教本
王蕴如编　周建人校
　　上海　开明书店　民国 20.7[1931.7]初版,民国 21.7 订正 3
　　　版,民国 22.1 订正 4 版
169 页　图　32 开
初级中学学生用
国图　北师大　人教

3-3173

初级中学植物学
张国璘编
　　天津　百城书局　民国 20.8[1931.8]
248 页　图　32 开
北师大

3-3174

初级中学北新植物学
吴子修,王志清编
　　上海　北新书局　民国 21.4[1932.4]初版,民国 23.5 第 5 版
201 页　图,表　32 开

逐页题名：初中植物学
北师大　辞书

3-3175
植物学
凌昌焕编著
上海　大东书局　民国21.9[1932.9]初版，民国22.2第2版
184页　图，表　大32开
初级中学学生用
封面题名：初中植物学教本
其他题名：初级中学教本植物学
北师大　辞书　编译馆

3-3176
植物学
童致梭编著　胡先骕校订
上海　商务印书馆　民国22.7[1933.7]
2册(130,124页)　图(含彩图)　32开
上册：民国22.7初版，民国22第20版，民国23.11第60版，民国23.5第85版，民国24.4第95版
下册：民国22.7初版，民国22.8第20版，民国23第50版，民国23.11第60版，民国24.1第65版，民国25第110版
教育部审定　按照新课程标准编辑　初级中学用
卷端题名：初级中学教科书植物学
其他题名：复兴初级中学教科书植物学
其他题名：复兴教科书植物学
国图　北师大　人教　华师大(1)　辞书　河南　广西师　编译馆

3-3177
新标准初级中学植物学
张国璘编
北平　师大附中理科丛刊社　民国22.7[1933.7]
120页　图　32开
北师大

3-3178
徐氏初中植物学
徐克敏编著　胡哲齐校订
上海　世界书局　民国22.8[1933.8]第2版，民国23.8第7版
169页　图　32开
初级中学学生用
其他题名：新课程标准世界中学教本徐氏初中植物学
北师大　华师大

3-3179
植物
韦琼莹编辑　李顺卿校订
上海　大东书局　民国22.8[1933.8]
146页　图　32开
新课程标准适用　初级中学用
其他题名：新生活初中教科书植物
北师大　庐山

3-3180
初中植物
华汝成编　华文祺校
上海　中华书局　民国22.8-12[1933.8-12]
2册(96,134页)　图(含彩图)　大32开
上册：民国22.8初版，民国22.10第5版，民国23.4第6版，民国23.4第7版，民国23.6第8版，民国24.12第21版，民国25.5第27版，民国25.5第29版，民国25.7第34版
下册：民国22.12初版，民国22.12第5版，民国23.3第6版，民国23.9第10版，民国25.5第20版，民国25.5第21版，民国25.5第22版，民国25.9第23版
教育部审定　新课程标准适用
附：中西名词对照表
北师大　人教　华师大(1)　上海　辞书　河南(1)　广东中山(1)　编译馆

3-3181
新编初中植物学
黎国昌编
广州　天香书屋　民国22[1933]-
2册　大32开
第1册：民国22年版
第2册：民国23年版
其他题名：初中植物学
广东中山

3-3182
马氏初中植物学
马光斗，徐琨，华汝成编著　龚昂云校订
上海　世界书局　民国23.3[1934.3]
2册(236页)　图，表　32开
上册：民国23.3初版，民国23.7第2版，民国23.8第3版
下册：民国23.3初版，民国24.12第2版
初级中学学生用
逐页题名：初中植物学
其他题名：新课程标准世界中学教本马氏初中植物学
北师大　上海　华师大　辞书　编译馆

3-3183
新标准初中植物学
张国璘编著　胡先骕，李顺卿校订
天津　百城书局　民国23.5[1934.5]第6版
208页　图　32开
北师大　华师大　庐山

3-3184
徐杜两氏初中植物学[修正本]
徐克敏，杜就田编著　胡哲齐，龚昂云校订
上海　世界书局　民国23.8[1934.8]初版，民国25.5第4版
175页　图　32开
教育部审定
其他题名：新课程标准世界中学教本徐杜两氏初中植物学
人教

3-3185
最新植物学
谢循贯编

广州　中华科学教育改进社　民国23.8[1934.8]-
2册(111,122页)　图,表　32开
上册:民国23.8初版,民国24.8第2版
下册:民国24.8第2版
依照教育部新标准编辑
其他题名:初中教本最新植物学
北师大(1)　辞书

3-3186
植物学
周建人,王继光著
　　上海　开明书店　民国24.2[1935.2]
　　2册(116,136页)　图,照片　32开
　　上下册:民国24.2第2版
　　初版附注:民国23年8-10月初版
　　其他题名:新标准初中教本植物学
　　辞书

3-3187
初中植物学
吴子修,王志清,周玉田合编
　　上海　北新书局　民国23.8-11[1934.8-11]
　　2册(205,184页)　图　32开
　　上册:民国23.8初版,民国24.2第2版,民国24.7版
　　下册:民国23.11初版,民国28年版,民国36.2修正2版
　　教育部审定　依照新课程标准编辑　修正课程标准适用
　　人教　上海　辞书(1)　广东中山

3-3188
初中实用植物学
曹非编　张珽校订　陈烈光等参订
　　长沙　分丰馆　民国23.8[1934.8]-
　　2册(346页)　图　32开
　　第1-2册:民国23.8-37.1版
　　人教

3-3189
初中植物学
王守成,方锡琛编著
　　南京　正中书局　民国24.6-7[1935.6-7]
　　2册(133,185页)　图,表　32开
　　上册:民国24.6初版,民国24.8第16版,民国24.8第21版,民国24.11第19版,民国25第46版,民国27.2第56版
　　下册:民国24.7初版
　　教育部审定
　　封面题名:初级中学植物学
　　人教(1)　辞书　广西师大　广东中山(1)

3-3190
植物学
张家骏编辑　吴元涤校订
　　上海　中学生书局　民国24.8[1935.8]-
　　2册(157,151页)　图(含彩图),表　32开
　　上册:民国24.8第2版

下册:民国24.11初版
遵照教育部课程标准　依据江苏教育厅进度表
初版附注:民国24年6-11月初版
书脊题名:初中植物
其他题名:初中标准教本植物学
辞书

3-3191
植物
黄以增编
　　上海　大东书局　民国24.8[1935.8]第3版
　　140页　图　大32开
　　新课程标准适用
　　其他题名:新生活初中教科书植物
　　北师大

3-3192
初级中学植物学
黄长才编著
　　上海　新亚书店　民国25.2[1936.2]-
　　2册(159,155页)　图　32开
　　第1-2册:民国25.2-5版
　　新课程标准适用
　　附:中西名词对照索引
　　人教

3-3193
初中植物
华汝成编　糜赞治校
　　上海　中华书局　民国26.2[1937.2]
　　2册(146,130页)　图(含彩图),表　大32开
　　上册:民国26.2初版,民国26.7第15版,民国27.1第26版,民国28第35版
　　下册:民国26.2初版,民国26.7第6版,民国26.7第24版,民国29.1第36版
　　修正课程标准适用
　　附:中西名词对照表
　　人教　上海　辞书　天津

3-3194
初中新植物学
李泳章编著
　　上海　世界书局　民国26.5-6[1937.5-6]
　　2册(128,134页)　图　32开
　　第1册:民国26.5初版
　　第2册:民国26.6初版
　　遵照教育部民国25年颁布修正课程标准编辑
　　其他题名:新课程标准世界中学教本初中新植物学
　　北师大　人教

3-3195
初中植物学教本
贾祖璋著
　　上海　重庆　开明书店　民国26.6[1937.6]
　　2册(126,117页)　图　32开

上册:民国 26.6 初版,民国 26 第 3 版,民国 33 渝 20 版,民国
34.3 渝 24 版,民国 35.4 第 11 版,民国 36.8 第 16 版
下册:民国 26.6 初版,民国 26 第 2 版,民国 26.11 第 3 版,民
国 34.1 渝 17 版,民国 35.3 第 11 版,民国 36 年版,民国
37.5 第 18 版
教育部审定　修正课程标准适用
北师大　人教　广东中山

3-3196

植物学[改编本]
童致棱原编　周建人改编　胡先骕校订
上海　商务印书馆　民国 26.7[1937.7]
2 册(100,109 页)　图　32 开
上册:民国 26.7 改编 1 版,民国 27 改编 15 版,民国 27 改编
32 版
下册:民国 26.7 改编 1 版,民国 29 改编 77 版
按照教育部修正课程标准编辑
附:四角号码索引和汉英名词对照表
其他题名:复兴教科书植物学
其他题名:复兴初级中学教科书植物学
人教　天津(2)　河南(1)

3-3197

初中动植物学测验
张和岑,王志清编
上海　商务印书馆　民国 28.5[1939.5]
281 页　图,表　32 开　袋装　(理科教育研究会测验丛书)
辞书

3-3198

植物学
王善彰编著　樊备三校订
上海　上海书店　民国 28.8-10[1939.8-10]
2 册(128,186 页)　图,表　32 开
第 1 册:民国 28.8 初版
第 2 册:民国 28.10 初版,民国 28.12 版
其他题名:修正标准初中教本植物学
人教　广西师大(2)

3-3199

初中植物
(伪)教育部编审委员会编纂
2 册(106,127 页)　图　32 开
附:中西名词对照表
初版附注:民国 30 年 2 月初版
其他题名:国定教科书初中植物
①南京　(伪)国民政府教育部　民国 30.2[1941.2]-
上册:民国 32.7 第 5 版
下册:民国 30.2 初版,民国 31.1 第 2 版,民国 32.7 第 5 版,
民国 33 第 7 版
人教　广东中山(2)
②上海　华中印书局　民国 31.1[1942.1]-
上册:民国 32.1 第 4 版
下册:民国 31.1 第 2 版,民国 32.1 第 4 版

上海(2)　辞书

3-3200

初中植物学
(伪)教育总署编审会著
北平　[著者刊]　民国 30.10[1941.10]
1 册　图　32 开
北师大

3-3201

初中植物学
华汝成编著　糜赞治校
上海　中华书局　民国 30[1941]-
2 册(162,138 页)　图　32 开
上册:民国 35.8 第 94 版,民国 36.4 第 97 版,民国 36 第 100
版,民国 37 第 112 版
下册:民国 30 第 56 版,民国 34 第 69 版,民国 36 第 81 版,民
国 36.10 第 84 版
教育部审定　初审核定本　修正课程标准适用
附:中西名词对照表
国图(1)　北师大(1)　人教　上海(1)　河南　广东中山

3-3202

初级中学植物学
张珽编著
上海　南京　北平　正中书局　民国 34[1945]-
2 册(123,92 页)　图　32 开
上册:民国 34 沪 1 版,民国 35 沪 10 版,民国 35.8 宁 130 版,
民国 36 沪审定 146 版,民国 36.5 沪审定 166 版,民国 37.5
平 1 版
下册:民国 34 沪 40 版,民国 35.4 宁 99 版,民国 35.12 沪审
定 84 版,民国 36 沪审定版,民国 36.10 平 1 版
教育部审定　遵照民国 30 年修正课程标准编著
附:中西名词对照表
初版附注:民国 32 年 5-7 月渝初版
其他题名:新中国教科书初级中学植物学
人教　天津　广东中山(1)　北师大(2)

3-3203

新编初中植物学
(伪)教育总署编审会著
北平　[著者刊]　民国 33[1944]版
150 页　图　大 32 开
北师大

3-3204

初级中学植物学
张珽编著
上海　赣州　正中书局　民国 34.11[1945.11]
2 册(111,131 页)　32 开
上册:民国 34.11 赣版,沪版版次不详
下册:民国 34.11 赣版
遵照民国 25 年部颁修正初中课程标准编著
附:中西名词对照表
其他题名:建国教科书初级中学植物学

人教　广西师大(1)

3-3205

初中植物学
李凡编

　　[不详]　艺文书社　民国34[1945]初版
　　64页　大32开
　　修正课程标准　初级中学学生用
　　辞书

3　3206

新修正标准初中植物
朱浩然编著　龚启昌校订

　　上海　大东书局　民国35.7[1946.7]-
　　2册(147,148页)　图,表　32开
　　上册:民国35.7第3版,民国35.12第4版
　　下册:民国35.12第4版
　　附:中英文名词对照表
　　人教

3-3207

初级中学植物
国立编译馆主编　单人骅编辑　王家楫,罗宗洛校阅　唐冠芳绘图

　　2册(154,167页)　图　32开
　　教育部审定
　　附:初中植物名词对照表
　　①上海　中华书局　民国36.8[1947.8]
　　上下册:民国36.8沪新1版
　　人教
　　②上海　五联社　民国37.5[1948.5]-
　　上册:民国37.5第1版
　　最新修订本
　　辞书(1)
　　③上海　正中书局　民国37.7[1948.7]
　　上下册:民国37.7沪1版
　　人教
　　④上海　世界书局　民国37.8[1948.8]
　　上下册:民国37.8第1版
　　人教

3-3208

初中新植物学
李泳章编著

　　上海　世界书局　民国36.11[1947.11]-
　　2册(122,137页)　图,表　32开
　　上册:民国37.5修正版
　　下册:民国36.11新17版,民国37.5修正版
　　修正课程标准适用
　　附:中西名词对照表
　　人教

3-3209

植物
贾祖璋编著

　　[不详]　东北书店　民国38.3[1949.3]
　　2册(118,103页)　图　32开
　　上册:民国38.3初版
　　下册:民国38.3初版,民国38.8第2版
　　东北行政委员会教育部规定
　　其他题名:初中临时教材植物
　　辞书

3-3210

初中新植物学
袁善征,顾家灏编著　上海生物学会主编

　　上海　上海科学会　民国38.8[1949.8]
　　2册(156页)　图,表　[32开]
　　第1-2册:民国38.8版
　　其他题名:博物教本初中新植物学
　　人教　辞书

3-3211

高中植物学
河南省立第二高中编

　　[安阳]　[编者刊]　[1912-1949?]
　　54叶　图　大32开　线装　(河南省立第二高中丛书)
　　北师大

教学参考书

3-3212

初中植物学指导书
黎德甫编著

　　上海　世界书局　民国21.5[1932.5]
　　277页　图,表　大32开
　　初级中学教员及学生用
　　人教　天津　辞书　河南　编译馆

3-3213

初中植物科教学进度表
江苏省教育厅编

　　江苏　[编者刊]　民国22.7[1933.7]
　　36页　表　25开
　　国图　人教

3-3214

植物学教员准备书
袁善微著

　　上海　长沙　商务印书馆　民国24.10[1935.10]
　　2册(106,150页)　32开
　　上册:民国24.10初版
　　下册:民国24.10初版,民国25.1第2版,民国27.5长沙3版
　　其他题名:复兴教科书植物学教员准备书
　　其他题名:复兴初级中学教科书植物学教员准备书
　　国图　人教　上海(2)　广西师大(2)

教学辅导书

3-3215

植物问答：考试必备
刘庆著
　　上海　东方文学社　民国21.7[1932.7]
　　56页　32开
　　庐山

3-3216

植物学
马光斗编
　　上海　长沙　商务印书馆　民国26.6[1937.6]初版,民国
　　29.6长沙6版
　　127页　图,表　32开　（中学各科要览）
　　国图

3-3217

植物
褚乙然编
　　长沙　商务印书馆　民国27.11[1938.11]
　　126页　32开　（中学各科纲要丛书）
　　国图

* * *

3-3218

植物学
胡哲齐编
　　上海　长沙　商务印书馆　民国24.4[1935.4]初版,民国
　　27.4长沙6版
　　96页　32开　（初中复习丛书）
　　国图　庐山

3-3219

初中植物参考书
华汝成编　糜赞治校
　　上海　中华书局　民国24.11[1935.11]-
　　2册（①222页）图,表　32开
　　上册：民国24.11初版
　　新课程标准适用
　　北师大(1)　辞书(1)

3-3220

植物学
王善彰编
　　上海　光明书局　民国25.4[1936.4]
　　137页　表　32开　（初中复习丛书）
　　广西师大

3-3221

初中植物参考书
华汝成编　糜赞治校
　　上海　中华书局　民国26.4[1937.4]-
　　2册（①222页）图　32开
　　上册：民国26.4初版
　　新课程标准适用
　　人教(1)

3-3222

初中植物学参考书
糜赞治编　华汝成校
　　上海　中华书局　民国28.11[1939.11]-
　　2册（①338页）图　32开
　　上册：民国28.11初版,民国30.1第2版
　　修正课程标准适用
　　人教(1)　辞书(1)　广东中山(1)

3-3223

初中植物复习指导
周岑鹿编
　　上海　桂林　现代教育研究社　民国33.1[1944.1]桂版,民
　　国35.9新1版,民国36新2版
　　120页　图　32开
　　国图　河南

动物学

课　本

3-3224

新编动物学
作新社[编]
　　上海　[编者刊]　清光绪31.5[1905]第2版
　　182页　图　大32开
　　初版附注：清光绪29年3月初版
　　其他题名：中学教科书新编动物学
　　北师大　辞书　河南

3-3225

最新动物学教科书
（日）大森千藏著　戴麒译
　　北京　文明书局　清光绪30.2[1904]初版,光绪32年版
　　154页　图　大32开
　　北师大　天津　河南

3-3226

动物教科书
屈德泽编
　　湖北　湖北官书局　清光绪30.3[1904]
　　238页　大32开
　　其他题名：动物学教科书
　　北师大　广东中山

3-3227

动物学
（美）白纳原著　黄英译述　奚若校订
　　上海　商务印书馆　清光绪31.9[1905]初版,光绪33第4

版,宣统2.7第8版,宣统3.1第9版,民国1第11版
170页 图,表 大32开 精装
清学部审定
逐页题名:动物学教科书
其他题名:最新中学教科书动物学
国图 北师大 人教 辞书 天津

3-3228
动物学教科书
(日)丘浅治郎原著 (日)西师意译述 山西大学堂译书
　　院编辑 许家惺校润
　　上海 [编者刊] 清光绪31.11[1905]
　　122页 图 大32开
　　辞书

3-3229
中学动物学教科书
(日)岩川友太郎,(日)小幡勇治,(日)安东伊三次郎原著
　　钱承驹译编
　　上海 文明书局 清光绪31[1905]版,光绪33.12版
　　180页 图 大32开 精装
　　北师大 天津

3-3230
普通教育动物学教科书
(日)岩川友太郎等著 张修爵,王官寿辑译
　　上海 普及书局 清光绪32.4[1906]初版,宣统1.3第5版
　　188页 图 大32开
　　北师大 人教 天津 河南

3-3231
中学博物教科书动物学
秦嗣宗编辑
　　上海 科学会编译部 清光绪32.5[1906]
　　190页 彩图 16开 精装
　　人教

3-3232
动物学教科书
(日)安东伊三次郎讲述 (日)金太仁作翻译 宏文学院
　　编辑
　　东京 东亚公司 清光绪33.7[1907]
　　146页 图,照片 大32开
　　卷端题名:动物学
　　北师大 辞书

3-3233
动物教科书
(日)糟谷美一,(日)孙国光泽著
　　上海 文明书局 清光绪33.9[1907]
　　82页 图 16开 精装
　　人教

3-3234
动物学教科书
(日)箕作佳吉著 虞和寅译

　　上海 理科书社 清光绪33.10[1907]
　　1册(101,76,14页) 图(含彩图) 大32开
　　中学校博物科用 普通教育新世纪教科书
　　版权页题名:动物教科书
　　国图 辞书

3-3235
最新初等动物教科书
(日)矢岛喜源次著 华文祺译补
　　上海 文明书局 清光绪33.12[1908]
　　80页 图,表 大32开
　　北师大 上海 辞书

3-3236
新撰动物学教科书
(日)五岛清太郎著 凌昌焕,许家庆编译 杜亚泉,杜就
　　田校订
　　上海 商务印书馆 清光绪34.2[1908]初版,宣统2.3第4
　　　版,民国5.5第9版,民国7第11版,民国10.9第14版
　　149页 图,地图 大32开
　　教育部审定
　　其他题名:中学新撰动物学教科书
　　国图 北师大 辞书 广西师大 编译馆

3-3237
动物学
秦嗣宗编
　　上海 科学会编译部 清光绪34.5[1908]初版,民国1第
　　　3版
　　190页 图 大32开
　　其他题名:中等博物学教科书动物学
　　北师大 河南 辽宁

3-3238
中学动物学教科书
杜就田,孙佐编译 杜亚泉校订
　　上海 商务印书馆 民国3.11[1914.11]第8版,民国9改订
　　　14版,民国10.4改订15版,民国11.11改订17版
　　182页 图,像,表 32开
　　教育部审定
　　初版附注:清光绪34年7月初版
　　其他题名:(改订)中学动物学教科书
　　国图 北师大 人教 辞书 辽宁 编译馆

3-3239
动物学新教科书
(日)箕作佳吉原著 王季烈译订 杜就田参订
　　上海 商务印书馆 清宣统1.3[1909]第2版,民国8第10
　　　版,民国10.3第11版
　　222页 图 大32开
　　初版附注:清光绪34年8月初版
　　北师大 辞书 河南 编译馆

3-3240
博物学动物篇
(清)前编书局编译

北京 (清)学部编译图书局 清光绪 34.10[1908]
190 页 图 大 32 开
中学堂用
北师大

3-3241

动物学教科书
(日)饭岛魁编 王国维译
[不详] 江南总农会 [1908?]
2 册 图 线装 (农学丛书 第七集)
第 1-2 册:版次不详
其他题名:中等教育动物学教科书
其他题名:动物学
国图

3-3242

中学动物学教科书[修正本]
(日)岩川友太郎,(日)小幡勇治,(日)安东伊三次郎原著
钱承驹译编
上海 文明书局 民国 3.2[1914.2]第 4 版
188 页 图(含彩图) 大 32 开 精装
教育部审定
初版附注:清宣统元年 2 月初版
国图 人教 辞书

3-3243

动物学教科书
(日)丘浅治郎原著 (日)西师意译述
上海 广学会 清宣统 3[1911]重印
122 页 图 16 开
附:动物实验法、动物名词表
国图

3-3244

中华中学动物学教科书
华文祺编 戴克敦,姚汉章,陆费逵阅
上海 中华书局 民国 2.3[1913.3]初版,民国 2.11 第 2 版,
民国 3.9 第 3 版,民国 4 第 6 版,民国 8.4 第 14 版,民国 8.8
第 15 版,民国 9.2 第 16 版,民国 10 第 19 版,民国 10.9 第
20 版
184 页 图 32 开
逐页题名:中学动物学教科书
北师大 人教 辞书 河南 辽宁

3-3245

最新动物学教科书
(日)丘浅次郎著 唐英译
上海 科学会编译部 民国 3.4[1914.4]
126 页 图 大 32 开 精装
北师大 人教 河南

3-3246

动物学
丁文江编
上海 商务印书馆 民国 3.5[1914.5]初版,民国 5.4 第 3
版,民国 6.7 第 5 版,民国 8.11 第 7 版,民国 11.5 第 10 版,

民国 19.8 第 13 版
344 页 图 32 开 精装
教育部审定 中学校、师范学校用
附:中西名词索引
卷端题名:中学新教科书动物学
其他题名:民国新教科书动物学
国图 北师大 人教 华师大 辞书 天津 河南 辽宁
广西师大

3-3247

普通教育动物学教科书
曾彦编
上海 科学会编译部 民国 3[1914]第 3 版
149 页 图 大 32 开
其他题名:动物学教科书
河南

3-3248

动物学
徐善祥,杜亚泉,杜就田编纂
上海 商务印书馆 民国 4.4[1915.4]初版,民国 4 第 2 版,
民国 8 第 10 版,民国 8.10 第 11 版,民国 9 第 12 版,民国
10.6 第 13 版,民国 10.10 第 14 版
240 页 图,表 大 32 开
教育部审定 中学校用
逐页题名:中学校教科书动物学
其他题名:普通教科书动物学
其他题名:共和国教科书动物学
北师大 人教 辞书 天津 河南 广西师大

3-3249

新制动物学教本
吴家煦,吴德亮编辑
上海 中华书局 民国 6.1[1917.1]初版,民国 9.7 第 11 版,
民国 10.1 第 13 版,民国 10.7 第 15 版,民国 10 第 16 版,民
国 11.10 第 20 版,民国 14.7 第 27 版
[178]页 图 大 32 开
教育部审定 中学校、师范学校适用
附:中西名词对照表
国图 北师大 人教 辞书 河南

3-3250

实用主义动物学教科书
马君武著
上海 商务印书馆 民国 7.2[1918.2]初版,民国 10 第 2 版,
民国 12.12 第 3 版
463 页 图(含彩图) 大 32 开 精装
中学校用
逐页题名:动物学教科书
北师大 辞书 河南

3-3251

动物学
天津南开中学编
天津 [编者刊] 民国 13.4[1924.4]-

2册(②58叶)　16开　精装
第2册(下卷):民国13.4版
北师大(2)

3-3252

实验动物学
嵇联晋编辑　薛德焴校阅
　　上海　北新书局　民国19.12[1930.12]初版,民国20.8第2版
　　188页　图　大32开
　　辞书　广西师大

3-3253

动物学(教授稿本)
[出版者不详]　[1938-1940?]
　　册(①81页)　32开
　　上册:版次不详
　　(伪)国民政府教育部编审委员会审查暂准为临时补充教本
　　辞书(1)

3-3254

中学动物学教科书
[出版者不详]　[1912-1949?]
　　67叶　16开　线装
　　其他题名:动物学教科书
　　云南社科

3-3255

动物学教本
[出版者不详]　[1912-1949?]
　　册(①206页)　32开
　　上册:版次不详
　　广东中山(1)

＊　＊　＊

3-3256

新中学动物学
宋崇义编　钟衡臧,俞宗振参订　陆费执阅
　　上海　中华书局　民国12.2[1923.2]初版,民国12第2版,民国13.7第7版,民国13.12第8版,民国18.5第23版,民国19.11第28版,民国20.2第29版,民国20.6第30版,民国20.9第31版,民国20.12第32版,民国21.5第34版,民国22.11第39版
　　128页　图(含彩图),折表　大32开　精装
　　初级中学用
　　版权页题名:动物学
　　逐页题名:新中学动物学教科书
　　其他题名:新中学教科书动物学
　　北师大　人教　辞书　河南　辽宁　广西师大　编译馆

3-3257

动物学
杜就田编辑　秉志校订
　　上海　商务印书馆　民国12.8[1923.8]初版,民国12.12第4版,民国16.8第55版,民国18第70版,民国19.2第90版,民国20第105版,民国21.10国难后26版
　　106页　图(含彩图),表　32开
　　大学院审定
　　其他题名:现代初中教科书动物学
　　国图　北师大　人教　辞书　河南　广西师大　广东中山　编译馆

3-3258

初级中学动物学
李约编
　　北京　文化学社　民国13.8[1924.8]初版,民国20.5第6版
　　162页　图,表　32开
　　书脊题名:初中动物学
　　北师大　辞书

3-3259

动物学
陈兼善编辑
　　上海　商务印书馆　民国14.10[1925.10]初版,民国16.1第17版,民国18.12第42版,民国21.10国难后25版
　　168页　图(含彩图)　32开
　　其他题名:新撰初级中学教科书动物学
　　国图　北师大　辞书　天津　河南　广西师大　编译馆

3-3260

初中动物学
王采南,龚昂云编辑　江问渔校订
　　上海　世界书局　民国19.7[1930.7]初版,民国19.8第2版,民国19第3版,民国21.10订正5版,民国22.5订正6版
　　148页　图,表　32开
　　教育部审定　初级中学学生用
　　附:动物分类表
　　其他题名:初级中学教科书初中动物学
　　北师大　人教　辞书　河南　广西师大　编译馆

3-3261

初级中学动物学
萧述宗编辑
　　天津　百城书局　民国20.8[1931.8]
　　132页　图　32开
　　北师大

3-3262

最新动物学
费鸿年编
　　广州　中华科学教育改进社　民国23.7[1934.7]-
　　2册(248页)　图,表　32开
　　第1册(上卷):民国23.7第4版,民国24.8第6版
　　第2册(下卷):民国24.8第6版
　　教育部新标准
　　初版附注:民国21年8月初版
　　其他题名:初中教本最新动物学
　　辞书

3-3263

初中动物学教本

王志清编著　吴子修校订

上海　大东书局　民国22.2[1933.2]初版,民国22.9第2版,民国22.12修正3版

174页　图　大32开

其他题名:初级中学教本动物学

北师大　辽宁　广东中山　编译馆

3-3264

初级中学北新动物学

嵇联晋编辑

上海　北新书局　民国22.2[1933.2]

375页　图　32开

北师大　河南

3-3265

动物学

周建人编著　秉志校订

上海　商务印书馆　民国22.7[1933.7]

2册(184页)　图,表　32开

上册:民国22.7初版,民国22.8第25版,民国22.9第30版,民国23第51版,民国23第62版,民国23.5第67版,民国23.6第77版

下册:民国22.7初版,民国22.8第20版,民国22.10第30版,民国22.12第40版,民国23第50版,民国24.1第65版

按照新课程标准编辑　初级中学用

附:汉英名词对照表

卷端题名:初级中学教科书动物学

其他题名:复兴教科书动物学

其他题名:复兴初级中学教科书动物学

国图(1)　北师大　人教　上海　华师大(2)　辞书　河南(1)　广东中山　编译馆

3-3266

新建设时代初中动物学

梁修仁著

北平　建设图书馆　民国22.7[1933.7]

178页　图,折表　32开

其他题名:初中动物学

北师大　辞书

3-3267

初中动物学

缪端生,于景让合编　薛德熀校阅

上海　新亚书店　民国22.8[1933.8]

164页　图(含彩图),像　32开

其他题名:新亚教本初中动物学

北师大　辞书

3-3268

徐氏初中动物学

徐琨,马光斗,华汝成编著　龚昂云校订

上海　世界书局　民国22.12[1933.12]

2册(337页)　图,表　32开

上册:民国22.12第3版,民国23.1第6版,民国25.6第10版

下册:民国22.12第3版,民国23.1修正1版,民国23.8第4版,民国25.1第7版,民国25.6第9版,民国27.5重排版,民国28.5新2版

教育部审定　初级中学学生用

初版附注:民国22年8月初版

初版附注:民国23年1月修正

逐页题名:初中动物学

其他题名:新课程标准世界中学教本徐氏初中动物学

国图(2)　北师大　人教　上海　辞书　编译馆

3-3269

初中实用动物学

步毓森著

[出版者不详]　民国23.1[1934.1]版

1册　图　大32开

初版附注:民国22年8月初版

其他题名:实用动物学

上海

3-3270

动物学

张孟闻,秉志编辑

上海　中国科学图书仪器公司　民国22.8[1933.8]-

2册(308页)　图　32开

上册:民国22.8初版,民国32.9第2版,民国35.1第4版,民国37.9第5版

下册:民国32.9第2版,民国35.1第4版,民国37.9第5版

其他题名:中国初中教科书动物学

人教　上海　华师大(1)　上师大　辞书　广西师大(1)　广东中山(2)

3-3271

初中动物

陈纶编　华文祺校

上海　中华书局　民国22.8-23.1[1933.8-1934.1]

2册(133,147页)　图(含彩图),表　大32开

上册:民国22.8初版,民国22.10第4版,民国23.9第10版,民国24.4第15版,民国24第20版,民国25.5第24版,民国25.5第26版,民国25.6第28版,民国25.6第29版,民国25.6第30版

下册:民国23.1初版,民国23.2第3版,民国23.2第5版,民国24.1第10版,民国25.5第20版,民国25.5第21版,民国25.5第22版,民国25.9第23版

教育部审定　新课程标准适用

附:中西名词对照表

北师大　人教　上海　辞书　河南(1)　广西师大　广东中山　编译馆

3-3272

王氏初中动物学

王采南编著　胡哲齐校订

上海　世界书局　民国22.11[1933.11]初版,民国23第2版,民国23.4第3版,民国23.9第4版
172页　图　32开
初级中学学生用
其他题名:新课程标准世界中学教本王氏初中动物学
北师大　上海　上师大　广东中山

3-3273
初中动物学[新编]
黎国昌编著
广州　天香书屋　民国22[1933]
156页　大32开
其他题名:新编初中动物学
广东中山

3-3274
动物学
周建人著　杜亚泉校
上海　开明书店　民国23.6[1934.6]
2册(114,119页)　图,照片　32开
上下册:民国23.6初版
其他题名:新标准初中教本动物学
北师大　辞书

3-3275
新编初中动物学
黎国昌编著　陶履通校订
广州　天香书屋　民国23.7[1934.7]第3版
206页　图　大32开
其他题名:初中动物学
广东中山

3-3276
初中动物学
嵇联晋编
上海　北新书局　民国23.7-9[1934.7-9]
2册(197,196页)　图　32开
上册:民国23.7初版,民国24第2版,民国24.8第3版,民国28.1修订版
下册:民国23.9初版,民国23.12第2版,民国24.8第3版
教育部审定　依照新课程标准编辑　修正课程标准适用
北师大　人教　辞书(1)　河南(2)　广西师大　广东中山

3-3277
新标准初中动物学
萧述宗编
天津　百城书局　民国23.8[1934.8]-
2册(100,112页)　图　32开
上册:民国23.8第4版
下册:民国24.1初版
北师大

3-3278
初中动物学
薛德焴编著

南京　正中书局　民国24.6-11[1935.6-11]
2册(116,244页)　图,表　32开
上册:民国24.6初版,民国24.8第15版,民国25.7第26版
下册:民国24.11初版,民国25.12第42版
教育部审定　新课程标准适用
附:中西文学名参考表
封面题名:初级中学动物学
北师大(1)　人教　辞书

3-3279
新标准初中动物学
荆桂森编
北平　师大附中理科丛刊社　民国24.7[1935.7]
206页　图　32开
辞书

3-3280
动物
黄松林著
上海　大东书局　民国24.8[1935.8]第3版
186页　32开
初级中学校用
其他题名:新生活教科书动物
广东中山

3-3281
动物学
张家骏编辑　吴元涤校订
上海　中学生书局　民国24.11[1935.11]-
2册(122,156页)　图,表　32开
上册:版次不详
下册:民国24.11版
遵照教育部课程标准　依据江苏教育厅进度表
书脊题名:初中动物学
其他题名:初中标准教本动物学
辞书

3-3282
初中实用动物学
曹非编　何定杰校订　陈烈光等参订
长沙　分丰馆　民国25.8[1936.8]
2册([273]页)　图　32开
第1-2册:民国25.8版,民国37.1第14版
人教

3-3283
初中动物学教本
贾祖璋编
上海　重庆　开明书店　民国26[1937]-
2册(130,142页)　图　32开
上册:民国26第3版,民国30.1第10版,民国33.12第21版
下册:民国33.10第17版
教育部审定　修正课程标准适用
初版附注:民国25年9月初版
辞书　广东中山(1)　编译馆(1)

3-3284

初中动物学教本
贾祖璋编
  上海　北平　香港　开明书店　民国30.2[1941.2]-
  2册(114,126页)　图　32开
  上册：民国35.7第15版,民国35.9第16版,民国36第21版,民国37第19版,民国37.4第22版,民国37.5第23版,民国38.8平1版
  下册：民国30.2第9版,民国34.11第10版,民国35.7第12版,民国35第13版,民国35.11第14版,民国36第16版,民国37.4第17版,民国37第19版,1950香港1版
  教育部审定　修正课程标准适用
  附：中西名词对照表
  初版附注：民国25年9月初版
  北师大　人教　上师大　河南　广西师大(2)　广东中山

3-3285

初中动物学
陈纶,华汝成编　朱彦俯校
  上海　中华书局　民国26.2[1937.2]
  2册(142,162页)　图　32开
  上册：民国26.2初版,民国26.2第4版,民国26.2第6版,民国26.8第13版,民国34.6版,民国36.5第93版,民国36.10第96-98版,民国37第101-106版,民国37.5第107版,民国37.8第109版
  下册：民国26.2初版,民国26.2第2版,民国26.2第6版,民国28.3第23版,民国28.11第28版,民国29.1第34版,民国34.6版,民国36.2第73版,民国36第81-83版
  教育部初审核定本　修正课程标准适用
  北师大　人教　上海　华师大　辞书　河南(1)　庐山　广东中山

3-3286

动物学
周建人编著
  上海　长沙　商务印书馆　民国26.7[1937.7]
  2册(118,231页)　图　32开
  上册：民国26.7初版,民国28.6改编48版,民国35.6改编141版,民国35.11改编180版,民国36.4改编182版
  下册：民国26.7初版,民国27改编15版,民国28.6改编37版,民国35改编110版,民国35.9改编138版,民国35.11改编139版,民国36.4改编153版
  教育部审定　依照教育部修正课程标准编辑　初级中学用
  附：四角号码索引、初中动物学西文索引
  其他题名：复兴初级中学教科书动物学
  北师大　人教　华师大　天津(2)　河南(2)　辽宁

3-3287

初中新动物学
赵楷,楼培启编著
  上海　世界书局　民国27.7-28.5[1938.7-1939.5]
  2册(136,113页)　图　32开
  上册：民国27.7初版,民国28.7第4版,民国36第12版,民国36.7第13版,民国37.7修正2版
  下册：民国28.5初版,民国36.7第9版
  初级中学学生用　修正课程标准适用
  附：中西、西中学名参考表
  北师大(1)　人教　华师大

3-3288

初中动物学
(伪)教育部编审会著
  北平　[著者刊]　民国27.12[1938.12]-
  2册(100,93页)　图　32开
  上册：民国28.8版
  下册：民国27.12版
  北师大　人教

3-3289

初中动物学
薛德焴编著
  上海　赣州　正中书局　民国28.8[1939.8]-
  2册(278页)　图　32开
  上册：民国28.8第2版,民国28第17版,民国34.10赣35版
  下册：民国28.11第6版,民国28.11第7版,民国28第17版,民国32.4赣12版
  教育部审定　修正课程标准适用
  附：中西文学名及分类名参考书
  其他题名：初级中学动物学
  其他题名：建国教科书初中动物学
  人教　华师大

3-3290

动物学
王善彰编著
  上海　上海书店　民国29.7[1940.7]-
  册(①172页)　大32开
  上册：民国29.7第2版,民国36第7版
  其他题名：修正标准初中教本动物学
  上师大(1)　广西师大(1)

3-3291

初中动物
(伪)教育部编审委员会编纂
  2册(110,123页)　图　32开
  ①广州　新亚印书馆　民国29.8[1940.8]
  上册：民国29.8初版
  下册：民国29.8初版,民国32.1第5版
  其他题名：国定教科书初中动物
  人教
  ②南京　(伪)国民政府教育部　民国30.2[1941.2]
  上册：民国30.2初版,民国31.7第3版
  下册：民国30.2初版,民国31.1第2版
  人教　广东中山(2)
  ③上海　华中印书局　民国31.7[1942.7]-
  下册：民国31.7第3版
  辞书(2)

3-3292
初中动物学
　　(伪)教育总署编审会著
　　　　北平　[著者刊]　民国30.1[1941.1]版
　　　　205页　图　32开
　　　　北师大

3-3293
初中动物学
　　黎国昌著
　　　　广州　天香书屋　民国30[1941]版
　　　　120页　大32开
　　　　广东中山

3-3294
初级中学动物学
　　薛德焴编著
　　　　重庆　上海　北平　正中书局　民国32.8-9[1943.8-9]
　　　　2册(150,80页)　图,表　32开
　　　　上册：民国32.8初版,民国34.12沪1版,民国35沪审定20版,民国35.12沪审定90版,民国36沪审定160版,民国37.4沪10版,民国37.5平1版
　　　　下册：民国32.9初版,民国35.5平1版,民国35.12沪审定104版,民国36.10沪审定154版,民国36.11沪审定版
　　　　教育部审定　遵照民国30年修正课程标准编著　第一学年用
　　　　附：中西名词对照表
　　　　逐页题名：新中国初中动物学
　　　　其他题名：新中国教科书初级中学动物学
　　　　国图　北师大(2)　人教　上海(1)　辞书　辽宁　河南(1)　广东中山(1)

3-3295
新编初中动物学
　　(伪)教育总署编审会著
　　　　北平　[著者刊]　民国33.10[1944.10]
　　　　154页　大32开
　　　　北师大　天津

3-3296
新修正标准初中动物
　　黄松林编著
　　　　上海　大东书局　民国35.12[1946.12]-
　　　　2册(①85页)　图　32开
　　　　上册：民国35.12初版
　　　　人教(1)

3-3297
初中动物学
　　李凡编
　　　　南昌　艺文书社　民国35[1946]
　　　　108页　图　32开
　　　　修正课程标准　初级中学学生用
　　　　辞书

3-3298
初级中学动物
　　国立编译馆主编　倪达书编辑　沈麓元,唐冠芳绘图　王家楫校阅
　　　　2册(192页)　图　32开
　　　　教育部审定
　　　　附：中西名词对照表
　　　　其他题名：动物
　　　①上海　中华书局　民国36.9[1947.9]
　　　　上下册：民国36.9沪1版
　　　　人教
　　　②上海　五联社　民国37.7[1948.7]
　　　　上下册：民国37.7第1版
　　　　人教
　　　③上海　正中书局　民国37.8[1948.8]
　　　　上下册：民国37.8沪1版
　　　　人教
　　　④上海　商务印书馆　民国37.8[1948.8]
　　　　上下册：民国37.8版
　　　　人教
　　　⑤上海　世界书局　民国37.9[1948.9]
　　　　上下册：民国37.9初版
　　　　广东中山　编译馆

3-3299
初中动物学
　　陈纶,华汝成编　朱彦俯校
　　　　上海　正中书局　民国36.10[1947.10]-
　　　　2册(142,162页)　图　32开
　　　　上册：民国37.4第106版
　　　　下册：民国36.10第80版
　　　　教育部初审核定本　修正课程标准适用
　　　　北师大　上海(2)

3-3300
动物
　　贾祖璋编著
　　　　[长春]　[沈阳]　东北书店　民国38.3-5[1949.3-5]
　　　　2册(121,115页)　图　32开
　　　　上册：民国38.3初版
　　　　下册：民国38.5初版
　　　　东北行政委员会教育部规定
　　　　其他题名：初中临时教材动物
　　　　辞书　辽宁

3-3301
初中新动物学
　　上海生物学会主编　袁善征,顾家灏编著
　　　　上海　上海科学社　民国38.8[1949.8]
　　　　2册(172页)　图,表　32开
　　　　第1-2册：民国38.8版
　　　　附：动物实验观察的方法
　　　　其他题名：博物教本初中新动物学

人教　辞书

教学参考书

3-3302
动物标本制作新法
杜其垚编纂
　　上海　商务印书馆　民国22.6[1933.6]国难后1版
　　203页　图　大32开
　　初版附注：民国15年7月初版
　　其他题名：自然科教学参考书动物标本制作新法
　　辞书

3-3303
采集动物标本须知
陈劳薪编译
　　上海　商务印书馆　民国20.9[1931.9]
　　126页　大32开
　　其他题名：自然科教学参考书采集动物标本须知
　　辞书

3-3304
初中动物学指导书
王采南编辑
　　上海　世界书局　民国20.10[1931.10]
　　328页　图,表　大32开
　　初级中学教员及学生用
　　辞书　河南　编译馆

3-3305
动物学教员准备书
袁善征编
　　上海　商务印书馆　民国24.5[1935.5]
　　2册(294页)　32开
　　上下册：民国24.5初版
　　其他题名：复兴初级中学教科书动物学教员准备书
　　国图　人教　上海

3-3306
动物表解
蒋蓉生编纂　王友铭校阅
　　[出版者不详]　民国35.12[1946.12]
　　70页　表　32开
　　师生必备
　　人教

教学辅导书

3-3307
动物学
赵级晋编著
　　上海　商务印书馆　民国24.5[1935.5]初版,民国24.7改订3版,民国24.12改订5版,民国27.4改订7版
　　169页　表　32开　（初中复习丛书）
　　人教　华师大　辽宁

3-3308
初中动物参考书
华汝成编　糜赞治校
　　上海　中华书局　民国24.7[1935.7]-
　　2册(①273页)　图,表　大32开
　　上册：民国24.7初版,民国24.8第2版
　　新课程标准适用
　　国图(1)　北师大(1)　人教(1)　辞书(1)

3-3309
动物学
王善彰编
　　上海　光明书局　民国25.3[1936.3]
　　[179]页　表　32开　（题解中心初中复习丛书　6）
　　附：生理卫生学
　　辞书

3-3310
动物学
周建人,刘纪编
　　上海　商务印书馆　民国26[1937]版
　　129页　32开　（中学各科要览）
　　辽宁

3-3311
动物植物
沈啸秋编
　　上海　世界书局　民国27.7[1938.7]初版,民国28.7第2版,民国30.4第3版
　　[141]页　32开　（初中自修指导丛书）
　　补习、复习及考试升学用
　　版权页题名：初中动物植物自修指导
　　国图　辞书

3-3312
动物
尤其伟编
　　长沙　商务印书馆　民国27.11[1938.11]
　　166页　32开　（中学各科纲要丛书）
　　人教

3-3313
初中动物学参考书
糜赞治编　华汝成校
　　上海　昆明　中华书局　民国28.12-29.2[1939.12-1940.2]
　　2册(396,222页)　图,表　32开
　　上册：民国28.12初版
　　下册：民国29.2初版,民国30.1第2版
　　修正课程标准适用
　　国图　人教　上海　辞书　广东中山

3-3314

初中动物复习指导
周岑鹿编
    上海　现代教育研究社　民国30[1941]第5版,民国35.9新1版
    183页　32开
    国图　河南

生理卫生

课 本

3-3315

中学生理教科书
(美)斯起尔著　何燏时译补
    东京　教科书译辑社　清光绪28.8[1902]初版,宣统1.2第4版
    235页　图　大32开
    北师大　人教　辞书　天津

3-3316

生理学问答
商务印书馆编译所编辑
    上海　商务印书馆　清光绪29.4[1903]
    112页　大32开
    卷端题名：新编生理学问答
    人教

3-3317

生理学
谢洪赉原译　商务印书馆校阅
    上海　商务印书馆　清光绪30.7[1904]初版,光绪31.2第2版,光绪31第3版,光绪32.4第6版,光绪33第8版
    270页　图(含彩图)　大32开　精装
    附：中西文名目录
    其他题名：最新中学教科书生理学
    北师大　人教　辞书　天津　广西师大

3-3318

新编生理学教科书
作新社著
    上海　[著者刊]　清光绪32.8[1906]
    120页　图　大32开
    其他题名：生理学教科书
    辞书　河南

3-3319

中学生理卫生教科书
(日)吴秀三原著　华申祺,华文祺译著
    上海　文明书局　清光绪32.8[1906]初版,宣统1第2版,宣统2.3第3版,宣统3.5第5版,民国1.2第7版,民国1.6第10版
    126页　图(含彩图)　大32开　精装
    教育部审定　中华民国适用
    国图　北师大　人教　辞书

3-3320

新编中学生理学教科书
(日)坪井次郎著　(日)井上善次郎阅　沈玉桢翻译
    东京　清国留学生会馆　清光绪32.11[1906]
    163页　图　大32开
    其他题名：中学生理学教科书
    国图　北师大

3-3321

中学生理学教科书
(日)坪井次郎著　杜亚泉,杜就田译
    上海　商务印书馆　民国2.5[1913.5]第10版,民国12.5第18版
    121页　图　大32开
    初版附注：清光绪33年5月初版
    北师大　人教　华师大

3-3322

生理卫生新教科书[修订本]
(日)三岛渔良原著　孙佐编译　杜亚泉,杜就田校订
    上海　商务印书馆　民国9.11[1920.11]修订19版,民国12.8修订22版
    135页　图(含彩图)　32开
    教育部审定　中学校及师范学校教科用书
    初版附注：清光绪33年6月初版
    其他题名：中学生理卫生新教科书
    北师大　编译馆

3-3323

生理及卫生教科书
(日)三宅秀讲述　宏文学院编辑　(日)金太仁作翻译
    东京　东亚公司　清光绪33.7[1907]
    96页　大32开
    卷端题名：生理及卫生
    北师大　辞书

3 3324

生理卫生学
陈用光编
    上海　科学会编译部　清宣统3.7[1911]第3版,民国2年版
    188页　图　大32开
    初版附注：清光绪33年12月初版
    版权页题名：生理卫生学
    其他题名：中等博物教科书生理卫生学
    北师大　辞书　云南社科

3-3325

新编生理学教科书
天津学务公所图书课编辑
    天津　[编者刊]　清光绪33[1907]
    184页　图　大32开

国图

3-3326

中等教育生理学
吴球籁编辑　庄景仲校阅
　　上海　新学会社　清光绪34.3[1908]
　　172页　大32开
　　其他题名：生理学
　　其他题名：新世纪教科书中等教育生理学
　　广西师大　广东中山

3-3327

普通生理卫生教科书
（日）斋田功太郎著　丁福保译编
　　上海　文明书局　清宣统1.4[1909]
　　100页　图,表　大32开　精装
　　逐页题名：生理卫生教科书
　　辞书

3-3328

普通教育生理卫生学
曾彦编
　　上海　科学会编译部　清宣统3.4[1911]第2版
　　124页　图,表　大32开
　　初版附注：清宣统2年正月初版
　　辞书

3-3329

生理卫生学
（美）吕特奇·约翰著　罗庆堂译述
　　上海　科学会编译部　民国2.2[1913.2]版
　　264页　图　大32开
　　北师大

3-3330

中华中学生理教科书
华文祺编　戴克敦,姚汉章,陆费逵阅
　　上海　中华书局　民国2.3[1913.3]初版,民国4.9第4版,
　　　　民国5第6版,民国8.8第14版,民国9.2第16版,民国
　　　　10.9第18版
　　121页　图　32开
　　教育部审定
　　附：实验19节
　　逐页题名：中学生理教科书
　　北师大　人教　辞书　河南

3-3331

生理及卫生学
王兼善编
　　上海　商务印书馆　民国5[1916]版,民国10第9版,民国
　　　　11.1第10版,民国16.1第13版
　　284页　图,表　32开　精装
　　教育部审定　中学校、师范学校用
　　初版附注：民国3年6月初版
　　其他题名：民国新教科书生理及卫生学
　　北师大　辞书　河南　编译馆

3-3332

生理学
杜亚泉,凌昌焕编纂
　　上海　商务印书馆　民国3.8[1914.8]初版,民国5.7第3
　　　　版,民国8第9版,民国12.1第15版,民国14第16版
　　192页　图　大32开
　　教育部审定　中学校用
　　逐页题名：中学校教科书生理学
　　其他题名：共和国教科书生理学
　　国图　北师大　辞书　天津　河南　编译馆

3-3333

女子生理教科书
（日）滨幸次郎,（日）河野龄藏著　陈敬译
　　上海　群益书社　民国3[1914]
　　58页　图　大32开
　　河南

3-3334

生理卫生学
吴冰心编纂　凌昌焕校订
　　上海　商务印书馆　民国4.12[1915.12]初版,民国7第2
　　　　版,民国15.10第10版
　　164页　图,表　大32开
　　教育部审定　中学校用
　　其他题名：实用教科书生理卫生学
　　北师大　辞书　编译馆

3-3335

新制生理学教本
顾树森编辑　吴家煦校阅
　　上海　中华书局　民国6.1[1917.1]初版,民国9.11第11
　　　　版,民国10.5第13版
　　122页　图　大32开
　　教育部审定　中学校、师范学校适用
　　附：中西名词对照表
　　北师大　人教　辞书

3-3336

生理卫生学
宋崇义编　钟衡臧,糜赞治参订　谢恩增阅
　　上海　中华书局　民国12.2[1923.2]初版,民国12.10第5
　　　　版,民国13.7第8版,民国14.11第15版,民国15第16
　　　　版,民国17第23版,民国18.2第33版,民国18.2第35
　　　　版,民国19年版,民国37第114版
　　114页　图(含彩图)　大32开
　　其他题名：新中学教科书生理卫生学
　　国图　北师大　人教　上海　辞书　河南　编译馆

3-3337

新著公民须知：卫生篇
顾树森,潘文安编
　　上海　商务印书馆　民国12.3[1923.3]
　　98页　32开
　　其他题名：卫生篇

国图　人教

3-3338

北新生理卫生
薛德焜编
　　上海　北新书局　民国22.8[1933.8]第4版,民国23.6第
　　　5版
　　233页　图　大32开
　　初版附注：民国22年2月初版
　　北师大　辞书

3-3339

生理卫生教材[增订本]
嵇联晋等编　薛德焜增订
　　上海　新亚书店　民国23.6[1934.6]
　　362页　图　32开
　　国图　人教　上海

3-3340

卫生学
程瀚章编辑
　　上海　大东书局　民国24.8[1935.8]第6版,民国24第7版
　　196页　图(含彩图)　大32开
　　中等学校用
　　北师大　辞书

3-3341

生理卫生教科书
(伪)满洲帝国教育会编著
　　[长春]　[编者刊]　民国25.3[1936.3]
　　115页　图(含彩图)　大32开
　　(伪)文教部审定
　　其他题名：中等学校生理卫生教科书
　　辞书

3-3342

丁译生理卫生教科书
(日)高桥吉本,(日)山内繁雄原著　丁福保译述
　　上海　医学书局　民国29.6[1940.6]第3版
　　118页　图　大32开　精装
　　版权页题名：生理卫生教科书
　　辞书

3-3343

生理卫生学(教授稿本)
[出版者不详]　[1938-1940?]
　　2册(①80页)　32开
　　上册：版次不详
　　(伪)国民政府教育部编审委员会审查暂准为临时补充
　　　教本
　　辞书(1)

3-3344

实用生理卫生
林英,文彬如编著
　　济南　新华书店　民国37.2[1948.2]第2版,民国37.8版
　　186页　图　32开

山东省政府教育厅审定　中学课本及青年自学读物
上海　辽宁

3-3345

(订正)香港卫生教科书
[香港]　香港教育司　[1912-1949?]
　　94叶　大32开　线装
　　香港教育司审定
　　其他题名：香港卫生教科书
　　辞书

＊＊＊

3-3346

生理卫生学
顾寿白编纂
　　上海　商务印书馆　民国12.7[1923.7]初版,民国12第3
　　　版,民国13.4第5版,民国18.7第128版,民国19第153
　　　版,民国21.10国难后40版,民国22.5国难后50版
　　188页　图(含彩图)　32开
　　其他题名：现代初中教科书生理卫生学
　　国图　北师大　人教　上海　辞书　河南　编译馆

3-3347

生理卫生学
顾寿白编辑
　　上海　商务印书馆　民国15.9[1926.9]初版,民国20.1第73
　　　版,民国20.10第88版,民国21.6国难后10版,民国21.6
　　　国难后15版
　　212页　图(含彩图)　32开
　　大学院审定
　　逐页题名：新撰初中教科书生理卫生学
　　其他题名：新撰初级中学教科书生理卫生学
　　北师大　人教　华师大　辞书　广西师大　编译馆

3-3348

新中学生理卫生学
张起焕编　陈映璜校
　　上海　中华书局　民国15.12[1926.12]初版,民国18第9
　　　版,民国19.10第12版,民国20.9第14版,民国21.5第15
　　　版,民国21.9第16版
　　125页　图(含彩图)　大32开
　　版权页题名：初级生理卫生学
　　逐页题名：新中学初级生理卫生学教科书
　　其他题名：新中学教科书初级生理卫生学
　　北师大　人教　上海　辞书　编译馆

3-3349

初中实用生理卫生学
曹非编辑　陈烈光等参订
　　长沙　分丰馆　民国17.8[1928.8]
　　2册(204页)　图　32开
　　第1-2册：民国17.8版,民国37.1第17版
　　人教

3-3350

新中华语体生理卫生教科书
糜赞治编　华文祺校

上海　新国民图书社　民国19.7[1930.7]初版，民国20.9第4版，民国20.12第5版，民国21.3第6版，民国21.6第8版

126页　图(含彩图),表　大32开

教育部审定　初级中学用

封面题名：新中华生理卫生(语体)

国图　北师大　人教　辞书　编译馆

3-3351

初中生理卫生学
庄畏仲,龚昂云编著　薛德焴校订

上海　世界书局　民国19.7[1930.7]初版，民国19.11第3版，民国20.9第6版，民国20.12订正初版，民国22.2订正4版，民国24.2版

226页　图(含彩图)　32开

教育部审定　初级中学学生用

其他题名：初级中学教科书初中生理卫生学

北师大　人教　辞书　河南　庐山　广西师大　编译馆

3-3352

生理卫生学
李约著

北平　文化社　民国19.9[1930.9]第4版，民国21.8第5版

114页　图　32开

初中、师范适用

其他题名：初级中学生理卫生学

北师大　华师大　辞书　河南

3-3353

生理卫生学
张国璘编辑

北平　师大附中理科丛刊社　民国21.7[1932.7]

112页　图　32开

其他题名：初级中学教科书生理卫生学

北师大

3-3354

开明生理卫生学教本
顾寿白编

上海　开明书店　民国21.8[1932.8]初版，民国22.6第3版

223页　图(含彩图),表　32开

初级中学学生用

逐页题名：生理卫生学教本

北师大　辞书　河南

3-3355

初中生理卫生
薛德焴编辑

上海　新亚书店　民国21.8[1932.8]

119页　图　大32开

附：人体解剖图

其他题名：新亚教本初中生理卫生

北师大　辞书

3-3356

生理卫生学
魏春芝编　经利彬校

北平　著者书店　民国21.8[1932.8]

124页　图(含彩图),表　32开

其他题名：初中教科书生理卫生学

国图　北师大　辞书

3-3357

人体生理卫生学
朱庭茂编

上海　南京书店　民国21.9[1932.9]

138页　图,表　32开

其他题名：初中实验教科书人体生理卫生学

编译馆

3-3358

初中卫生教本
程瀚章编著

上海　大东书局　民国22.2[1933.2]初版，民国22.9第3版

196页　图　32开

初级中学学生用

其他题名：卫生

其他题名：初级中学教本卫生

北师大　编译馆

3-3359

洪氏初中生理卫生学
洪式闾编著

上海　世界书局　民国22.9[1933.9]第4版，民国23.1版，民国24.2第6版

145页　图　32开

初版附注：民国22年5月初版

逐页题名：初中生理卫生学

其他题名：世界中学教本洪氏初中生理卫生学

北师大　上海　辞书

3-3360

卫生学
程瀚章编著

上海　商务印书馆　民国22.5-6[1933.5-6]

3册(181,134,148页)　图(含彩图)　32开

第1册：民国22.6初版，民国22.8第15版，民国22.8第30版，民国22.9第35版，民国23.4第75版，民国23.6第80版，民国24第98版

第2册：民国22.6初版，民国22.8第10版，民国22.8第14版，民国22.8第20版，民国22.10第30版，民国23.4第45版，民国23第50版

第3册：民国22.5初版，民国22.8第3版，民国22.8第12版，民国22.9第17版，民国23.2第32版，民国23第37版

依照教育部民国21年颁布初级中学卫生课程标准编辑　初级中学用

其他题名：复兴教科书卫生学
其他题名：复兴初级中学教科书卫生学
国图　北师大　人教　上海　华师大(3)　辞书　河南(2)
　　广西师大(1)　编译馆

3-3361
新标准初级中学卫生学
张国璘编
北平　师大附中理科丛刊社　民国22.7[1933.7]
90页　图　32开
第一学年用
北师大

3-3362
龚氏初中卫生
龚昂云编著　洪式闾校订
上海　世界书局　民国22.7-11[1933.7-11]
3册(176,140,142页)　图　32开
第1册：民国22.7初版，民国22.9第4版，民国23.12第8版
第2册：民国22.9初版，民国23.1第2版，民国23.7第3版
第3册：民国22.11初版，民国23.7第3版
初级中学学生用
其他题名：新课程标准世界中学教本龚氏初中卫生
北师大　上海(3)　华师大　辞书　河南　广西师大(2)　编译馆

3-3363
初中卫生
郑勉，顾钟骅，华阜熙编　华汝成校
上海　中华书局　民国22.8-23.5[1933.8-1934.5]
3册(91,90,98页)　图(含彩图)　大32开
第1册：民国22.8初版，民国22.8第2版，民国22.10第4版，民国23.6第5版，民国23.6第6版，民国24.8第21版，民国24.12版
第2册：民国23.2初版，民国23.2第3版，民国23.2第4版，民国23.2第5版，民国23.3第6版，民国23.3第7版
第3册：民国23.5初版，民国24.8第8版
新课程标准适用
附：中西文名词对照表
北师大　人教　上海　辞书　河南(1-2)　广西师大(1)　编译馆(1-2)

3-3364
初中卫生学
刘怀鬵编辑　周宗琦校
上海　北新书局　民国22.8-23.7[1933.8-1934.7]
3册(156,149,128页)　图(含彩图)　32开
第1册：民国22.8初版，民国24.8第3版
第2册：民国23.5初版
第3册：民国23.7初版
教育部审定　依照新课程标准编辑
北师大　人教　辞书

3-3365
初中卫生

薛德煴编辑
上海　新亚书店　民国22.8[1933.8]-
3册(①131,②136页)　图　大32开
第1册：民国22.8初版，民国23.8第2版
第2册：民国25.8第3版
教育部审定
其他题名：新亚教本初中卫生
人教(1-2)　辞书(1)

3-3366
新标准初中卫生学
朱隆勋编著
北平　文化学社　民国23.7[1934.7]-
2册(158,94页)　图　32开
第1册：民国23.9第2版
第2册：民国23.7初版
新课程标准
初版附注：民国22年9月-23年7月初版
逐页题名：初中卫生学
其他题名：文化初中教科书新标准初中卫生学
北师大

3-3367
初级中学生理卫生学
朱隆勋，张起焕编
北平　文化学社　民国22.10[1933.10]第6版
120页　图　32开
北师大

3-3368
新标准初级中学卫生学
朱隆勋编
北平　师大附中理科丛刊社　民国23.8[1934.8]
111页　图　32开
第二学年用
逐页题名：初中新标准卫生学
辞书

3-3369
最新生理卫生
张重行编
上海　中华科学教育改进社　民国24.8[1935.8]-
3册(①116,②107页)　图,表　32开
第1册：民国24.8第2版
第2册：民国24.8初版
教育部新标准
初版附注：民国23年8月-? 初版
其他题名：初中教本最新生理卫生
辞书(1-2)

3-3370
初中卫生学
黎国昌著
广州　天香书屋　民国23[1934]版
216页　[32开]

其他题名：新编初中卫生学
广东中山

3-3371

初中卫生
陈雨苍编著　薛德焴校订

上海　南京　正中书局　民国24.7-12[1935.7-12]
3册(169,170,178页)　图　32开
第1册：民国24.7初版
第2册：民国24.12初版
第3册：民国24.12初版
新课程标准适用
附：中西文名词索引
封面题名：初级中学卫生
国图　上师大(2)　辞书

3-3372

初中卫生学
黎国昌著

广州　天香书屋　民国24[1935]-
　册　32开
第1册：民国24年版
广东中山(1)

3-3373

初中生理卫生
黎国昌著

广州　天香书屋　民国24[1935]-
　册(下108页)　大32开
下册：民国24年版,民国26年版
广东中山(下)

3-3374

生理卫生学
程瀚章编著

上海　商务印书馆　民国25.6[1936.6]初版,民国25.9第28版,民国32.12版
156页　图(含彩图)　32开
依照教育部修正课程标准编辑　初级中学用
其他题名：复兴教科书生理卫生学
其他题名：复兴初级中学教科书生理卫生学
人教　上海　辞书　天津　广西师

3-3375

新标准初级中学生理卫生学
张国璘编

北平　师大附中理科丛刊社　民国25.8[1936.8]版
180页　图　32开
北师大

3-3376

初级中学生理卫生学
陈雨苍编著　薛德焴校订

南京　赣州　正中书局　民国25.8[1936.8]初版,民国26.5第78版,民国28.4第105版,民国34.11赣33版
169页　图　32开

教育部审定
其他题名：生理卫生学
其他题名：建国初中生理卫生学
其他题名：建国教科书初级中学生理卫生学
人教　上师大　辞书　编译馆

3-3377

新编初中生理卫生
华汝成编　糜赞治校

上海　中华书局　民国25.8-12[1936.8-12]
2册(94,126页)　图　32开
上册：民国25.8初版,民国25.8第2版,民国25.9第4版,民国26.7第14版,民国26.7第18版,民国29.5第50版,民国30.2第63版,民国35第76版,民国36第81版,民国36.10第82版,民国37.4第84-87版
下册：民国25.12初版,民国25.12第2版,民国25.12第3版,民国26.7第5版,民国26.7第9版,民国29.2第29版,民国35第52版,民国36.4第54版,民国37.8第58-60版
教育部审定　修正课程标准适用
其他题名：初中生理卫生
国图　北师大　人教　上师大　上海　辞书　河南　广西师大(2)

3-3378

初中新生理卫生
袁舜达编著

上海　世界书局　民国25.9[1936.9]-
2册(110,105页)　图(含彩图)　32开
上册：民国25.9初版,民国26.2第3版,民国37修订初版
下册：民国25.12第2版,民国29.7新9版,民国36年版,民国37修订初版
教育部审定　遵照教育部民国25年修正课程标准编辑　初级中学学生用
其他题名：新课程标准世界中学教本初中新生理卫生
国图　北师大　人教　上海(2)　上师大　辞书

3-3379

生理卫生学
程瀚章编著

上海　重庆　商务印书馆　民国26[1937]审定20版,民国26.7审定45版,民国32.1渝152版,民国37.5审定322版,民国37.10审定339版
112页　图　32开
教育部审定　初级中学用
初版附注：民国26年5月审定本1版
卷端题名：复兴初级中学教科书生理卫生学
其他题名：复兴教科书生理卫生学
国图　北师大　人教　上海　辞书

3-3380

初中生理卫生学教本
黄素封著　牛惠生校订

上海　开明书店　民国26.6[1937.6]初版,民国34第8版,民国36.2第13版,民国37年版

169页　图　32开
教育部审定　修正课程标准适用
北师大　人教　上师大

3-3381

初中生理卫生学
牟鸿彝编
上海　北新书局　民国26.8[1937.8]-
2册([65],82页)　图　32开
上册：民国26.8版,民国37.1版
下册：民国35.11新2版,民国37.1版
教育部审定　根据修正课程标准新编
人教　辞书(2)　广西师大(1)

3-3382

初中生理卫生
(伪)教育部编审会著
北平　[著者刊]　民国27.8[1938.8]版
126页　图　32开
北师大

3-3383

初中生理卫生[修正本]
(伪)教育总署编审会著
北平　[著者刊]　民国29.6[1940.6]修正版
132页　图　32开　精装
初版附注：民国28年8月初版
北师大　辞书

3-3384

初中生理卫生
(伪)教育部编审委员会编纂
上海　华中印书局　民国29[1940]版,民国32.7第5版
84页　图　32开
版权页题名：生理卫生
其他题名：国定教科书生理卫生
人教　上师大　辞书

3-3385

生理卫生
赖斗岩,王有琪编纂
上海　商务印书馆　民国35.11[1946.11]
2册(121,204页)　图　32开
上册：民国35.11第7版,民国37.5第23版
下册：民国35.11第7版
附：英汉名词索引及四角号码索引
初版附注：民国30年3月初版
其他题名：更新初级中学教科书生理卫生
北师大　人教

3-3386

初级中学生理卫生学
陈雨苍编著
重庆　南京　上海　北平　正中书局　民国33[1944]版,民国34.12沪1版,民国36.5平2版,民国36.4沪审定154版,民国36第218版,民国37.4沪8版

233页　图　32开
教育部审定　遵照民国30年颁布之修正初级课程标准编辑
供初中二、三学年用
初版附注：民国33年6月渝初版
其他题名：新中国教科书初级中学生理卫生学
其他题名：初中生理卫生
国图　北师大　人教　上师大

3-3387

初级中学生理卫生学
陈雨苍编著
重庆　正中书局　民国33[1944]-
册(①129,③108页)　32开
第1册：民国33年版
第3册：民国33第2版
遵照民国30年修正课程标准编著
其他题名：新中国教科书初级中学生理卫生学
国图(1,3)

3-3388

新编初中生理卫生
(伪)教育总署编审会著
北平　[著者刊]　民国34.2[1945.2]版
98页　图　大32开
北师大　天津

3-3389

新修正标准初中生理卫生
陈邦贤等编著
上海　大东书局　民国35.7-36.12[1946.7-1947.12]
2册(115,90页)　32开
上册：民国35.7第6版,民国37.11第11版
下册：民国36.12第6版
教育部核定本
人教

3-3390

生理卫生
陈雨人编著
沈阳　东北新华书店　民国37.8[1948.8]第2版
202页　图,表　32开
东北行政委员会教育部规定
其他题名：初中临时教材生理卫生
辽宁

3-3391

生理卫生
[哈尔滨]　东北书店　民国37.10[1948.10]
186页　图　32开
初中临时教材
附：中西文名词对照表
国图　人教

3-3392

生理卫生
林英,文彬如编

[不详]　新华书店　民国38.4[1949.4]
229页　图　32开
初级中学及师范适用
国图　人教

3-3393

生理卫生
陈雨苍编著　周建人改订
[长春]　东北新华书店　民国38.8[1949.8]第2版
203页　图　32开
东北行政委员会教育部规定
其他题名：初中临时教材生理卫生
辞书

3-3394

初级中学生理卫生课本
林英，文彬如编辑
上海　新华书店　民国38.8[1949.8]第2版
185页　图　32开
北师大

3-3395

初中生理卫生学
薛德煴编著
上海　中国科学图书仪器公司　民国38.8[1949.8]
94页　图　36开
其他题名：中国科学教科书初中生理卫生学
国图　人教　广西师大

* * *

3-3396

医学常识
洪式闾，鲍鉴清编辑
上海　商务印书馆　民国13.6[1924.6]初版，民国15.1第3版，民国21.8国难后1版，民国21.9国难后2版
255页　图　32开
其他题名：新学制高级中学教科书医学常识
国图　人教　上海　上师大

3-3397

卫生学
程瀚章编辑
上海　商务印书馆　民国23.2[1934.2]初版，民国23第3版，民国23.8第7版，民国23.9第8版，民国24.5第16版，民国24.8第18版
127页　图，表　32开
教育部审定　高级中学用
其他题名：复兴教科书卫生学
其他题名：复兴高级中学教科书卫生学
北师大　人教　上海　华师大　辞书　河南

3-3398

最新卫生学
张重行编著
上海　中华科学教育改进社　民国23.8[1934.8]初版，民国24.7版
140页　图　32开
教育部审定　教育部新标准
其他题名：高中教本最新卫生学
上师大　辞书　河南

3-3399

高中卫生
陈雨苍编
南京　上海　正中书局　民国24.12[1935.12]
165页　图　32开
新课程标准适用
附：中西文名词对照表
卷端题名：高中卫生学
国图　人教　上海

3-3400

高中以上学校女生救护训练教本
[冯霁等编]
[出版者不详]　[1912-1949?]
1册　大32开
其他题名：女生救护训练教本
广东中山

教学辅导书

3-3401

初中卫生参考书
江栋成，徐志敏编　华汝成校
上海　中华书局　民国25.2-3[1936.2-3]
3册(274,257,216页)　图　32开
第1册：民国25.2初版
第2册：民国25.2初版
第3册：民国25.3初版
新课程标准适用
国图　北师大(1-2)　人教　辞书

3-3402

卫生学
毛震伟编
上海　商务印书馆　民国25.9[1936.9]
174页　表　32开　（初中复习丛书）
辞书

3-3403

初中公民生理卫生自修指导
蒋纪周编
上海　世界书局　民国27.7[1938.7]
[116]页　32开　（初中自修指导丛书）
补习、复习及考试升学用
逐页题名：初中公民自修指导
辞书

3-3404
生理卫生常识
徐志明编
　　上海　中华书局　民国37.1[1948.1]
　　164页　表　32开　（中华文库　初中第1集）
　　上海　辞书

叁 经 济

课 本

3-3405
经济教科书
（日）和田垣谦三著
　　上海　广智书局　清光绪28.11[1902]
　　80页　32开　线装　（教育丛书）
　　国图　人教　上海

3-3406
普通经济学教科书
王宰善著
　　[上海]　教科书译辑社　清光绪29.1[1903]
　　130页　表　大32开
　　卷端题名：经济教科书
　　逐页题名：经济学教科书
　　辞书

3-3407
最新中学教科书计学
（美）罗林氏著　奚若译述　徐仁镜，杨庆骥校订
　　上海　商务印书馆　清光绪32.1[1906]初版，光绪33.3第2版
　　218页　图，表　32开　精装
　　人教　广西师大

3-3408
经济学教科书释义
均益图书公司辑
　　上海　[编者刊]　清光绪33[1907]版
　　1册　[32开]
　　上海

3-3409
经济教科书
（日）添田寿一撰　（日）桥本海关译
　　金陵　江楚编译官书局　[1908?]
　　1册　线装
　　国图

3-3410
中华中学经济教科书
（日）津村秀松著　欧阳溥存编译　姚汉章校订
　　上海　中华书局　民国1.10[1912.10]初版，民国2.6第2版，民国第5版，民国9.3第9版
　　120页　32开　精装
　　逐页题名：中学经济教科书
　　北师大　人教　辞书　河南

3-3411
经济大要
贺绍章编纂
　　上海　商务印书馆　民国2.8[1913.8]初版，民国5第6版，民国8第15版，民国9年版，民国13.3第22版
　　67页　大32开
　　教育部审定　中学校用
　　其他题名：共和国教科书经济大要
　　国图　北师大　人教　上海　辞书　天津　河南

3-3412
经济概要
胡祖同编纂
　　上海　商务印书馆　民国3.10[1914.10]初版，民国5.10第3版，民国10第9版，民国14.10第13版，民国17.3第15版，民国17.12第16版
　　162页　图　大32开
　　教育部审定　中学校及师范学校用
　　北师大　人教　华师大　河南　广西师大　编译馆

3-3413
经济学大意
欧阳溥存编　何炳松，徐兆荪改订
　　上海　中华书局　民国14.7[1925.7]初版，民国17.8第7版，民国18.7第9版，民国18第11版
　　110页　大32开
　　其他题名：新中学教科书经济学大意
　　北师大　人教　上海　辞书　天津　编译馆

＊　＊　＊

3-3414
经济学
刘秉麟编
　　上海　商务印书馆　民国17.11[1928.11]初版，民国21.6国难后2版，民国21.11国难后5版
　　385页　32开
　　其他题名：新学制高级中学教科书经济学
　　国图　人教　河南　广西师大　编译馆

3-3415
新中华经济概论
李权时编
　　上海　新国民图书社　民国20.8[1931.8]初版，民国21.7第2版
　　190页　大32开
　　高级中学商科用
　　其他题名：新中华教科书经济概论
　　上师大　辞书　河南　编译馆

3-3416

经济学
蒯世勋编著
　　上海　世界书局　民国21.5[1932.5]第2版
　　181页　表　大32开
　　其他题名：高级中学商科教本经济学
　　编译馆

3-3417

经济概论
朱通九编著
　　上海　世界书局　民国22.7[1933.7]
　　292页　图,表　大32开
　　其他题名：高级中学商科教本经济概论
　　上海

3-3418

经济学概论
唐庆增编著
　　上海　世界书局　民国22.9[1933.9]
　　344页　大32开
　　其他题名：高级中学商科教本经济学概论
　　广西师大

3-3419

经济学
李权时著
　　上海　黎明书局　民国23[1934]第4版
　　227页　32开
　　高中用书
　　河南

叁 农 业

课 本

3-3420

农业常识
徐特立编
　　[出版者不详]　民国23.6[1934.6]
　　2册(56页)　32开
　　苏区中等教材
　　上下册：民国23.6版
　　人教

3-3421

中等学校农业教科书
(伪)满洲帝国教育会著
　　[长春]　[著者刊]　民国25.3[1936.3]
　　269页　表　大32开
　　(伪)文教部审定

辞书

* * *

3-3422

农业
褚乙然编著
　　上海　长沙　商务印书馆　民国23.9[1934.9]-
　　6册(96,96,96,110,161,131页)　图　32开
　　第1册：民国23.9第3版,民国23第4版,民国24第10版,
　　　民国27长沙35版,民国35.8第58版
　　第2册：民国23.11初版,民国24.5第9版,民国35.8第35
　　　版,民国35沪42版,民国36沪版,民国36.12第50版
　　第3册：民国23.11初版,民国24.5第7版,民国26沪19版,
　　　民国33长沙44版,民国35.8第35版
　　第4册：民国24.2初版,民国24.5第6版,民国35沪31版,
　　　民国36.12第36版
　　第5册：民国24.6初版,民国25.1第8版,民国35第26版,
　　　民国36.12第29版
　　第6册：民国24.6初版,民国24.12第5版,民国25.1第7
　　　版,民国36.12第26版
　　新课程标准适用　初级中学用
　　初版附注：民国23年8月-24年6月初版
　　逐页题名：初级中学教科书农业
　　其他题名：复兴教科书农业
　　国图　北师大　人教　辞书　天津(1-3,5-6)　广西师大
　　(5)　广东中山

3-3423

初中农业
杨国藩编著
　　上海　大华书局　民国24.4-12[1935.4-12]
　　2册(196,209页)　图,表　大32开
　　上册：民国24.4初版,民国24.12第2版
　　下册：民国24.12初版,民国25.5第2版
　　遵照教育部颁新课程标准编辑
　　封面题名：初中劳作教本农业
　　逐页题名：农业概论
　　国图　人教(2)　华师大　辞书

3-3424

新编初中劳作：农艺畜养
陆费执,刘崇佑编
　　上海　中华书局　民国26.8[1937.8]初版,民国28.5第3版
　　282页　图,表　大32开
　　修正课程标准适用　第三学年农艺畜养组用
　　北师大　人教　辞书

* * *

3-3425

肥料学讲义

(日)吉村清尚著　刘友惠译　夏诒彬校订
　　上海　商务印书馆　民国19.12[1930.12]
　　505页　表　32开
　　高中农科参考书
　　上海　河南

商业

课本

3-3426
商业教本
(英)辟脱门著　曹云祥,蔡后镛译
　　上海　广智书局　清光绪32.2[1906]版
　　141页　16开
　　上海

3-3427
中国商业史
陈家锟编辑　夏日戋校订
　　上海　中国图书公司　清光绪34.10[1908]
　　131页　表　大32开
　　中等教科用
　　辞书　河南

3-3428
新制商业教本
曾牖编　姚汉章阅
　　上海　中华书局　民国3.5[1914.5]
　　2册(142,138页)　表　大32开
　　第1册(卷上):民国3.5初版,民国4.10第2版
　　第2册(卷下):民国3.5初版,民国8.8第4版
　　中学校适用　师范学校适用
　　人教　辞书

3-3429
新制簿记教本
秦开编辑　盛在珣校阅
　　上海　中华书局　民国6.4[1917.4]初版,民国14.7第18版
　　126页　图,表　大32开
　　教育部审定　中学校、师范学校适用
　　辞书

3-3430
簿记
刘大绅编纂
　　上海　商务印书馆　民国11.3[1922.3]第14版
　　99页　大32开
　　教育部审定　中学校用
　　初版附注:民国6年5月初版
　　其他题名:共和国教科书簿记

　　广西师大

3-3431
商业实用珠算全书
张廷华编著
　　上海　大东书局　民国15.2[1926.2]
　　2册　图　32开
　　第1-2册:民国15.2初版
　　编译馆

3-3432
商业常识
王雨生编著
　　上海　大东书局　民国20.9[1931.9]第4版,民国24.7第8版
　　146页　大32开
　　中等学校用
　　河南　广西师大

＊　＊　＊

3-3433
新中华商业簿记
秦开原编　高伯时修改　王祖廉校订
　　上海　新国民图书社　民国18.9[1929.9]初版,民国19.8第2版,民国20.7第4版,民国20.12第5版,民国22.3第7版,民国22.11第8版,民国23.12第11版
　　134页　表　大32开
　　初中程度学校用
　　其他题名:新中华教科书商业簿记
　　人教　上海　辞书　编译馆

3-3434
新中华商业概论
高伯时编　戴蔼庐,周宪文校订
　　上海　新国民图书社　民国21.4[1932.4]初版,民国21.8第2版
　　146页　大32开
　　初中程度学校用
　　其他题名:新中华教科书商业概论
　　人教　辞书　编译馆

3-3435
新中华商业学概论
高伯时编
　　上海　中华书局　民国21.4[1932.4]
　　146页　32开
　　初中程度学校用
　　其他题名:商业学概论
　　辞书

3-3436
新中华商业实践
高伯时编　周宪文校
　　上海　新国民图书社　民国21.8[1932.8]

236页　图,表　大32开
初中程度学校用
其他题名：新中华教科书商业实践
辞书　编译馆

* * *

3-3437
中国商业史
陈灿编著
　　上海　商务印书馆　民国15.10[1926.10]第2版,民国22.2
　　　国难后1版,民国27.10版
　　187页　图,表　大32开
　　其他题名：高级学校教科书中国商业史
　　其他题名：新学制高级学校教科书中国商业史
　　上海　编译馆

3-3438
高级商业簿记教科书
潘序伦编著
　　上海　商务印书馆　民国21.11[1932.11]
　　2册　图,表　大32开
　　上下册：民国21.11国难后2版
　　编译馆

3-3439
新式商业算术
吴宗焘著
　　上海　商务印书馆　民国23.8[1934.8]
　　2册(218,180页)　表　32开
　　上下册：民国23.8初版,民国24.2订正2版
　　高中适用
　　逐页题名：商业算术
　　人教　辞书　河南　广西师大(2)

3-3440
成本会计教科书：潘译成本会计节本
潘序伦编纂
　　上海　商务印书馆　民国23.8[1934.8]初版,民国29.7第
　　　9版
　　294页　表　大32开　(立信会计丛书)
　　高级中学及职业学校适用
　　上海

3-3441
统计学
金国宝编
　　上海　商务印书馆　民国24.5[1935.5]
　　200页　表　32开
　　高中适用
　　附：英华对照统计名词、统计符号及计算应用表
　　人教

3-3442
银行会计教科书

顾准著
　　上海　商务印书馆　民国24[1935]
　　280页　大32开
　　高级中学及职业学校适用
　　河南

3-3443
审计学
顾询,唐文瑞编著
　　重庆　立信会计图书用品社　民国30.7[1941.7]
　　257页　表　大32开
　　高级中学及职业学校适用
　　其他题名：立信会计教科书审计学
　　上海

3-3444
会计学
钱素君,夏治浚编著
　　[上海]　立信会计图书用品社　民国30.9[1941.9]
　　313页　表　32开
　　高级中学及职业学校适用
　　其他题名：立信会计教科书会计学
　　上海

3-3445
银行会计
陈福安著
　　上海　立信会计图书用品社　民国30[1941]版,民国37修订
　　　4版
　　299页　32开
　　高级中学及职业学校适用
　　其他题名：立信会计教科书银行会计
　　国图

3-3446
政府会计
张惠生,王成杰编著
　　重庆　立信会计图书用品社　民国35[1946]第5版
　　310页　图　32开
　　高级中学及职业学校适用
　　其他题名：立信会计教科书政府会计
　　河南

叁　音　乐

课　本

3-3447
最新中等音乐教科书
张秀山编　王立敬校对
　　北京　琉璃厂宣元阁　民国2.11[1913.11]版

122页 大32开
北师大

3-3448

乐歌基本练习
索树白编纂
上海 商务印书馆 民国7.1[1918.1]初版,民国9第5版,民国10.1第6版,民国13.8第8版
50页 曲谱 16开
教育部审定 中学校、师范学校用
国图 人教 辞书 河南 编译馆

3-3449

中等学校乐理唱歌合编
周玲荪编辑
上海 商务印书馆 民国22.5[1933.5]
2册([222]页) 乐谱,照片 16开
第1册:民国22.5初版,民国24第5版,民国29.2第8版
第2册:民国22.5初版,民国22.9第2版,民国29.2第8版
初中第一～第三学年用
封面题名:乐理唱歌合编
华师大 辞书 广东中山

3-3450

综合音乐教科书
陈厚庵创编
成都 [编者刊] 民国23[1934]
105页 16开
中级学校适用
国图

3-3451

中学音乐教材:初集
教育部编
108页 乐谱,表 16开
①上海 中华书局 民国25.3[1936.3]初版,民国25.9第6版,民国25.10第11版,民国25第12版,民国26第14版,民国26.2第15版
国图 辞书 湖南 广东中山
②南京 正中书局 民国25.11[1936.11]
国图 庐山

3-3452

中国中学音乐教本
柯政和编
北平 中国教育音乐促进会 民国25.8[1936.8]
2册([87]页) [32开]
上下册:民国25.8初版
国图

3-3453

战时中学音乐教材
梅耐寒编
长沙 商务印书馆 民国28[1939]
3册(14,15,18页) 乐谱 16开
第1册:民国28初版,民国29.5第4版

第2册:民国28初版,民国29.5第4版
第3册:民国28初版
国图 上海(2) 湖南(1-2)

3-3454

中学音乐教材:增订实验乐理唱歌欣赏合编
音乐教育协进会编辑
上海 [编者刊] 民国35.8-36.1[1946.8-1947.1]
3册(67,71,75页) 乐谱 16开
上册:民国35.8初版,民国36.1第4版,民国37.8第8版,民国37.12第9版
中册:民国36.1初版,民国36.9第3版,民国37.12第5版
下册:民国36.1初版,民国36.8第2版
其他题名:(增订实验)中学音乐教材
国图 北师大 人教(1-2) 华师大(3) 辞书 河南(1) 广西师大(1,3)

3-3455

音乐课本:乐理唱歌欣赏合编
音乐教学研究会编
[不详] [编者刊] 民国36.12[1947.12]油印本
28页 乐谱 16开
上海

3-3456

中学音乐教材
蔡曲旦编
广州 南光书店 民国36[1947]版
114页 32开
广东中山

3-3457

中学音乐教材
现实音乐出版社[编]
广州 [编者刊] 民国36[1947]-
册 32开
第1册:民国36年版
广东中山(1)

3-3458

中等音乐教材
陈曼鹤,陆费执编校
上海 音乐风社 民国37.2[1948.2]
85页 乐谱 32开
上海

3-3459

中学音乐教材
冯质文著
海南岛 琼崖图书印刷公司 民国37.7[1948.7]
64页 32开
广东中山

3-3460

音乐教本:高级部
楼其三编辑
义乌 义乌乡廿三里乡爱溪代用中心国民学校 民国37.11

[1948.11]油印本
48页　乐谱　32开
上海

* * *

3-3461
初级中学音乐教科书
刘质平编辑
上海　泰东图书局　民国13.2[1924.2]
6册　乐谱　32开
第1-6册(一至六集)：民国13.2初版
初级中学用
封面题名：音乐教科书
华师大　辞书(1-2)

3-3462
音乐
黄自,张玉珍,应尚能,韦瀚章编著
上海　商务印书馆　民国22.9-24.10[1933.9-1935.10]
6册(105,107,73,77,70,75页)　乐谱,像,图　16开
第1册：民国22.9初版,民国23.12第9版,民国24第11版
第2册：民国24.6初版,民国24.9第6版,民国24第7版,民国28.4第9版,民国30第11版
第3册：民国23.1初版,民国24.5第6版
第4册：民国24.9初版,民国24.10第3版
第5册：民国23.4初版,民国24.5第4版
第6册：民国24.10初版
按照新课程标准编辑　初级中学用
其他题名：复兴初级中学教科书音乐
其他题名：复兴教科书音乐
上海　华师大(1-4,6)　辞书　广西师大(5)　广东中山

3-3463
开明音乐教程
刘质平编
上海　开明书店　民国23.11-24.10[1934.11-1935.10]
2册(218,172页)　曲谱,照片　32开
第1册：民国23.11初版
第2册：民国24.10初版
初级中学适用　简易师范适用
北师大　辞书　天津

3-3464
初中音乐
吴梦非编
南京　正中书局　民国24.7-12[1935.7-12]
4册(84,71,82,87页)　曲谱　16开
第1册：民国24.8初版,民国24.8第2版,民国25.9第15版
第2册：民国24.7初版
第3册：民国24.9初版,民国25.7第3版,民国25.11第10版
第4册：民国24.12初版,民国26.7第9版

教育部审定　新课程标准适用
封面题名：音乐
其他题名：初级中学音乐
国图　人教(1,3-4)　上海　辞书

3-3465
初中音乐教本
秦之均编
[不详]　ABC音乐社　民国24.8[1935.8]
25页　16开
其他题名：新课程标准初中音乐教本
华师大

3-3466
音乐常识
徐小涛编　朱稣典校
上海　中华书局　民国28.9[1939.9]初版,民国35.11第3版
90页　曲谱,图　32开
修正课程标准适用
逐页题名：初中音乐常识
人教　辞书

* * *

3-3467
音乐的常识
丰子恺著
上海　亚东图书馆　民国14[1925]
376页　32开
高级中学适用教材
国图

乐 理

课 本

3-3468
乐典教科书
(日)铃木米次郎原著　曾志译
上海　广智书局　清光绪30.7[1904]
91页　大32开　精装
师范学堂及中学堂适用
国图　北师大

3-3469
乐典教科书
黄子绳等著
湖北　湖北学务处　清光绪31[1905]
79页　图,表　大32开
国图

3-3470
初等乐典教科书

倪觉民著
上海　科学书局　清光绪32.10[1906]
93页　大32开
师范学校及中学校用
北师大

3-3471
中学乐典教科书
（日）田村虎藏原著　徐傅霖,孙埮编译
上海　商务印书馆　清宣统2[1910]第3版,民国2.4第7版,民国8.6第17版,民国9第20版,民国11.6第21版,民国13.7版,民国22.4国难后1版
107页　大32开
教育部审定　师范学校及中学校用
初版附注：清光绪33年2月初版
国图　北师大　人教　天津　河南　湖南　广西师大　编译馆

3-3472
乐理概论
沈彭年编辑
上海　中国图书公司　清光绪34[1908]版
132页　大32开
中学及师范用
其他题名：音乐教科书乐理概论
北师大

3-3473
中等音乐理论教科书：第一集
刘质平编
上海　泰东图书局　民国15.9[1926.9]
33页　乐谱　32开
国图　上海

3-3474
新中华中等乐理课本
索树白编　金咨甫,姜丹书,朱稣典校
上海　新国民图书社　民国17.3[1928.3]初版,民国18.3第4版,民国20.12第6版,民国22.2第8版,民国22第9版,民国23.1第10版
103页　曲谱　16开
教育部审定
其他题名：新中华教科书中等乐理课本
北师大　上海　辞书　编译馆

3-3475
中学乐理教科书
仲子通编　钱君匋校订
上海　音乐研究会　民国19.6[1930.6]初版,民国25第8版
59页　图　32开
国图　北师大

3-3476
乐理教科书
李包忱编
北平　中华乐社　民国23.9[1934.9]-
册(①80页)　图　32开
第1册：民国23.9第4版
初版附注：民国21年7月初版
北师大(1)

3-3477
乐理
宋寿昌,糜鹿萍编著
上海　上海音乐教育研究社　民国23.8[1934.8]-
册(①80页)　大32开
第1册(乐谱与旋律)：民国23.8初版,民国31增订5版
新课程标准适用
其他题名：乐谱与旋律
上师大(1)　广西师大(1)

＊　＊　＊

3-3478
新学制乐理教科书
萧友梅编辑
上海　商务印书馆　民国13.3-14.9[1924.3-1925.9]
6册(53,47,48,42,40,54页)　乐谱　32开
第1册：民国13.3初版,民国13.6第2版,民国15.8第17版,民国21.10国难后6版
第2册：民国13.12初版,民国15.3第10版,民国22.1国难后3版
第3册：民国13.12初版,民国22.1国难后3版
第4册：民国14.1初版,民国22.1国难后2版
第5册：民国14.9初版,民国25.12第9版
第6册：民国14.9初版
教育部审定　初级中学用
封面题名：乐理教科书
卷端题名：初级中学教科书乐理
国图　北师大　人教　华师大(4)　辞书　湖南　广东中山(4,6)

3-3479
标准乐理教科书
柯政和,初大告编
北平　中华乐社　民国21.5[1932.5]-
3册(①105页)　图,乐谱　大32开
第1册：民国21.5初版
初级中学及师范学校用
国图(1)　人教(1)　辞书(1)

3-3480
初中乐理
吴伯超编
上海　北新书局　民国22.1[1933.1]初版,民国22.3第2版,民国24第3版
198页　32开
教育部审定　依照新课程标准编辑
其他题名：初级中学北新乐理

国图　北师大　华师大　天津　广东中山

3-3481

初中模范乐理教科书
柯政和编
　　北平　中华乐社　民国22.12[1933.12]-
　　　册(①139页)　图　32开
　　第1册：民国22.12初版
　　根据民国21年教育部公布初级中学音乐课程标准编辑
　　国图(1)　人教(1)

3-3482

初中音乐：乐理课本
朱稣典等编
　　上海　中华书局　民国23.5-24.6[1934.5-1935.6]
　　3册(104,98,127页)　乐谱,图　大32开
　　第1册(读谱法)：民国23.5初版,民国24.7第3版,民国24.8第5版
　　第2册(音乐常识)：民国23.9初版,民国29.2第5版
　　第3册(和声学初步)：民国24.6初版,民国28.6第4版
　　教育部审定　新课程标准适用
　　北师大(1)　人教(1-2)　上海(1-2)　辞书

3-3483

开明音乐教本：乐理编
丰子恺,裘梦痕编
　　上海　开明书店　民国24.7[1935.7]初版,民国24.9第2版
　　186页　乐谱,图　32开
　　初级中学学生用
　　其他题名：开明音乐教本
　　国图　上海　辞书　天津　广西师大

3-3484

和声学初步
邱望湘编　朱稣典校
　　上海　中华书局　民国28.9[1939.9]初版,民国35.11第3版
　　102页　曲谱,图　32开
　　修正课程标准适用
　　逐页题名：初中音乐和声学初步
　　人教　辞书

3-3485

读谱法
朱稣典编　徐小涛校
　　上海　中华书局　民国28.9[1939.9]初版,民国37.5第6版
　　104页　曲谱　32开
　　教育部审定　修正课程标准适用
　　逐页题名：初中音乐读谱法
　　国图　人教　辞书

*　　*　　*

3-3486

普通乐学
萧友梅著
　　上海　商务印书馆　民国22.9[1933.9]国难后1版
　　189页　大32开　精装
　　高级中学适用
　　初版附注：民国17年5月初版
　　华师大

唱　歌
课　本

3-3487

今乐初集：歌曲集
易韦斋作词　萧友梅作曲
　　上海　商务印书馆　民国11.10[1922.10]初版,民国12.11第2版
　　49页　8开
　　中等以上学校适用
　　国图　人教　上海　河南

3-3488

中外学校唱歌集
(美)安德生编
　　上海　商务印书馆　民国12.8[1923.8]
　　83页　大32开　精装
　　中等以上学校用书
　　河南

3-3489

新歌初集
易韦斋作词　萧友梅作曲
　　上海　商务印书馆　民国12[1923]
　　56页　32 cm
　　中学及中学以上学校适用
　　河南

3-3490

中等学校唱歌集
周玲荪编辑
　　上海　商务印书馆　民国13[1924]-
　　册(①54,②[57]页)　36 cm
　　第1册(一编)：民国13年版
　　第2册(二编)：民国15年版
　　北师大(1)　广东中山(2)

3-3491

中等学校唱歌
裘梦痕编
　　上海　大江书铺　民国21.7[1932.7]第3版
　　62页　乐谱　16开
　　中等学校教科适用
　　初版附注：民国17年9月初版
　　辞书

3-3492

中学新歌曲
吴梦非编　朱稣典校
　　上海　中华书局　民国19.6[1930.6]初版,民国23.10 第2版
　　46页　乐谱,表　16开
　　辞书

3-3493

名歌汇选
王森然编著
　　北平　文化学社　民国20.6[1931.6]
　　31页　乐谱　16开
　　中等学校适用
　　北师大　辞书

3-3494

采莲曲集
傅抱石,徐谷生编
　　南昌　艺文社　民国21.2[1932.2]
　　68页　16开　（艺文丛刊）
　　中学教科用
　　国图

3-3495

中学歌曲集
李惠年,林培志编
　　北平　中华乐社　民国21.9[1932.9]
　　35页　乐谱　16开
　　教科适用
　　国图　北师大　辞书

3-3496

中学唱歌教本
仲子通编
　　上海　音乐研究会　民国21[1932]版
　　39页　16开
　　国图

3-3497

标准歌曲集
马振麟编辑
　　上海　新亚书店　民国22.8[1933.8]
　　60页　乐谱　16开
　　中小学教科用
　　辞书

3-3498

北新歌曲
钱君匋编
　　上海　北新书局　民国22.8[1933.8]
　　62页　乐谱　16开
　　中等以上学校教科适用
　　北师大　辞书

3-3499

万叶歌曲集
钱君匋编
　　上海　万叶书店　民国32.2[1943.2]
　　3册(32,32,32页)　乐谱　32开
　　第1册：民国32.2初版,民国37.9 第5版
　　第2册：民国32.2初版,民国33.10 第2版,民国37.9 第5版
　　第3册：民国32.2初版,民国33.10 第2版,民国37.9 第5版
　　中学校音乐科适用
　　人教　辞书(2-3)

3-3500

中学唱歌集
　　上海　上海音乐公司　[1912-1949?]
　　34页　32开
　　人教

3-3501

可爱的阳光
王寿庭编
　　开封　河南省立开封女子中学校　[1912-1949?]
　　12页　16开
　　河南省立女子中学校音乐教材
　　河南

＊　＊　＊

3-3502

唱歌教本
刘质平,沈秉廉编辑
　　上海　泰东图书局　民国12.9[1923.9]-
　　册(①[16]页)　乐谱,曲谱　32开
　　第1册：民国12.9版
　　初级中学第一学年上学期用
　　版权页题名：初级中学唱歌教本
　　辞书(1)

3-3503

唱歌教科书
萧友梅,易韦斋编
　　上海　商务印书馆　民国13.5[1924.5]-
　　6册(①28,②29,③33页)　乐谱　38×26 cm
　　第1册：民国13.5初版
　　第2册：民国13.10初版,民国21.5国难后1版
　　第3册：民国14.4初版
　　初级中学用
　　版权页题名：新学制唱歌教科书
　　人教(1-3)　辞书(1-3)

3-3504

中学新歌
沈秉廉编
　　上海　商务印书馆　民国17.7[1928.7]
　　35页　乐谱　16开
　　初级中学以上学校教学音乐用
　　其他题名：三民主义教育中学新歌

国图　人教　辞书　庐山

3-3505
初中唱歌教本
吴梦非编

　　杭州　白阳乐社　民国21.6[1932.6]-
　　　册(①53页)　16开
　　第1册:民国21.6初版
　　国图(1)

3-3506
初中唱歌教本
吴梦非编

　　上海　开明书店　民国21.8[1932.8]-
　　3册(①53,②38页)　曲谱　16开
　　上册:民国21.8初版,民国23.9第2版
　　中册:民国24.8初版
　　新课程标准适用
　　上海(1)　辞书(1-2)

3-3507
初中模范唱歌教科书
柯政和编

　　3册　曲谱　大32开　精装
　　①北平　中华乐社　民国22.8[1933.8]-
　　第1-3册:民国22.8初版
　　北师大(1-2)　辞书　庐山(2)
　　②北平　新民音乐书局　民国23[1934]-
　　第1册:民国23第3版
　　第2册:民国27年版
　　第3册:民国27年版
　　国图

3-3508
初中音乐:唱歌
朱稣典编

　　上海　中华书局　民国23.11[1934.11]-
　　3册(①62页)　图　16开
　　第1册:民国23.11初版
　　国图(1)

3-3509
初中音乐:唱歌
邱望湘,朱稣典,吕伯攸,徐小涛编

　　上海　中华书局　民国23.11[1934.11]-
　　6册(①62页)　曲谱,图,照片　16开
　　第1册:民国23.11初版
　　新课程标准适用　第一学年用
　　封面题名:初中音乐唱歌
　　北师大(1)　上海(1)　辞书(1)

3-3510
唱歌
钱君匋,邱望湘编著

　　上海　开明书店　民国24.7[1935.7]
　　3册(48,46,46页)　曲谱　16开

　　第1册:民国24.7初版,民国24.9第2版
　　第2册:民国24.7初版
　　第3册:民国24.7初版
　　其他题名:新标准初中教本唱歌
　　辞书

3-3511
开明音乐教本:唱歌编
丰子恺,裘梦痕编

　　上海　开明书店　民国24.7[1935.7]-
　　6册　乐谱　16开
　　第1册:民国24.7初版
　　第2册:民国24.7初版
　　第3册:民国25.3初版
　　第4册:民国25年版
　　初级中学学生用
　　其他题名:开明音乐教本
　　国图(1,3)　上海(1-4)　辞书(1-2)

3-3512
开明唱歌教材
刘质平,潘伯英,徐希一编

　　上海　开明书店　民国24.9[1935.9]
　　4册(32,30,27,26页)　乐谱　16开
　　第1-4册:民国24.9初版
　　初级中学、简易师范适用
　　国图　辞书

3-3513
伴奏谱
柯政和编

　　北平　中华乐社　民国24[1935]-
　　册(①120页)　16开
　　第1册:民国24年版
　　其他题名:初中模范唱歌教科书伴奏谱
　　北师大(1)

3-3514
实用初中唱歌教科书
柯政和编

　　[不详]　中国教育音乐促进会　民国25[1936]-
　　册(⑤51页)
　　第5册:民国25年版
　　女生用
　　国图(5)

3-3515
初中音乐:唱歌
朱稣典,吕伯攸,邱望湘,徐小涛编

　　上海　中华书局　民国26.7-8[1937.7-8]-
　　3册(60,63,56页)　图,曲谱　16开
　　第1册:民国26.8初版,民国37.8第5版
　　第2册:民国26.7初版,民国37.8第4版
　　第3册:民国26.7初版,民国37.8第4版
　　修正课程标准适用　第一学年~第三学年用

封面题名：初中音乐唱歌
上海　辞书

* * *

3-3516

新时代高中唱歌集
周玲荪编辑
　　上海　商务印书馆　民国22.3[1933.3]
　　78页　大16开
　　北师大　编译馆

3-3517

高中模范唱歌教科书
柯政和编
　　北平　中华乐社　民国22.8[1933.8]
　　3册(60,60,60页)　曲谱　大32开　精装
　　第1册：民国22.8初版
　　第2册：民国22.8初版
　　第3册：民国22.8初版,民国27第5版
　　国图　北师大(3)　辞书　广东中山(2)

乐　器

课　本

3-3518

风琴教科书
索树白编纂
　　上海　商务印书馆　民国8.1[1919.1]初版,民国12.1第4
　　版,民国13第5版,民国19年版,民国24国难后3版
　　83页　32开
　　遵照教育部令中学校、师范学校音乐科课程乐器练习编定
　　国图　北师大　人教　湖南　广东中山

3-3519

风琴教科书
萧友梅编
　　上海　商务印书馆　民国13.3[1924.3]初版,民国15.12第3
　　版,民国21.5国难后1版
　　58页　乐谱　36×26 cm
　　初级中学用
　　版权页题名：新学制风琴教科书
　　国图　北师大　人教　辞书

3-3520

钢琴教科书
萧友梅编
　　上海　商务印书馆　民国15.7[1926.7]
　　104页　乐谱　38×26 cm
　　初级中学用
　　版权页题名：新学制钢琴教科书

辞书　湖南

3-3521

钢琴教本
周玲荪,黄铸新编辑
　　上海　世界书局　民国15.8[1926.8]初版,民国36.8版
　　124页　16开
　　人教　上海　编译馆

3-3522

新中华风琴课本
朱稣典,徐小涛编
　　上海　中华书局　民国19.9[1930.9]初版,民国21.8第2版
　　96页　曲谱　16开
　　中等学校用
　　国图　北师大　人教　上海　辞书　湖南

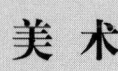

美　术

课　本

3-3523

中学铅笔习画帖
商务印书馆编译所辑
　　上海　商务印书馆　清光绪32.4[1906]-
　　6册(10,10,10,10,10,10页)　图　32开
　　第1册(一编)：民国2.9第12版
　　第2册(二编)：光绪32.4第2版,宣统2第8版,民国2.9第
　　12版
　　第3册(三编)：民国2.9第12版
　　第4册(四编)：民国2.9第12版
　　第5册(五编)：民国2.9第12版
　　第6册(六编)：民国2.9第12版
　　清学部审定
　　初版附注：清光绪32年正月初版
　　北师大(2)　人教　辞书(2)

3-3524

黑板图画教科书
商务印书馆编译所辑
　　上海　商务印书馆　清光绪33.9[1907]初版,民国3.4版,民
　　国13.4第8版
　　151页　图　大32开
　　中学堂用　师范学堂用
　　国图　北师大　天津　湖南　编译馆

3-3525

铅笔画范本
(日)村井熊之辅绘画
　　上海　商务印书馆　清光绪33.10[1907]-
　　册(①11,④11,⑦11,⑨11页)　32开

第1,4,7,9册(一、四、七、九编)：光绪33.10初版
中学堂及师范学堂用
河南(1,4,7,9)

3-3526
水彩画范本
商务印书馆编译所编辑
上海　商务印书馆　民国2[1913]-
10册(⑨10,⑩10页)　16开
第9-10册(九至十编)：民国2第7版
中学校及师范学校用
北师大(9-10)

3-3527
图案
王雅南编辑　夏廷栋参校
北京　[编者刊]　民国7.3[1918.3]
64页　图(含彩图)　大32开
中学适用
其他题名：新图画教科书图案
北师大

3-3528
图案
王雅南编辑　夏廷栋参校
北京　京师第一监狱　民国7.3[1918.3]-
　册(③80页)　彩图　32开
第3册(三编)：民国7.3版
中学、师范适用
其他题名：新图画教科书图案
国图(3)

3-3529
新体彩色写生记忆画解说
谢公展编纂
上海　商务印书馆　民国7.6[1918.6]-
2册(62,64页)　大32开
第1册：民国7.6初版,民国8.5第3版,民国9.1第4版,民国11.9第6版,民国16.6第8版
第2册：民国12.4第6版
教育部审定　中学校、师范学校适用
逐页题名：彩色写生记忆画解说
国图　辞书　广西师大(1)

3-3530
新著图画研究
须戒己,熊矗高编纂
上海　商务印书馆　民国13.3[1924.3]
5册(46,40,40,35,40页)　图(含彩图)　16开
第1册：民国13.3初版,民国17.11第3版
第2册：民国13.3初版,民国14.3第2版
第3册：民国13.3初版,民国17.11第3版
第4册：民国13.3初版,民国17.11第3版
第5册：民国13.3初版,民国17.11第3版
中等学校、师范学校用

国图　辞书　编译馆

3-3531
新著图画研究法
须戒己,熊矗高编纂
上海　商务印书馆　民国13.3[1924.3]
55页　32开
中等学校用
北师大

3-3532
钢笔画临本
赵半部绘图
上海　大陆图书公司　民国13[1924]版
20幅　16开
中等学校学生用
北师大

3-3533
新体写生水彩画
须戒己编辑
上海　商务印书馆　民国16.1[1927.1]第5版
83页　图(含彩图)　大32开
中学校及师范学校皆适用
其他题名：写生水彩画
编译馆

3-3534
新体油画解说
卡利安原著　潘履洁译述
上海　商务印书馆　民国18.5[1929.5]第5版
97页　大32开
中学校及师范学校皆适用
其他题名：油画解说
编译馆

3-3535
水彩画临本
钱病鹤编著　但杜宇绘
上海　大东书局　民国19.3[1930.3]-
4册(22,20,25,18页)　图(含彩图)　32开
第1册(一编)：民国19.3第11版
第2册(二编)：民国19.12第12版
第3册(三编)：民国20.7第9版
第4册(四编)：民国19.4第8版
编译馆

3-3536
钢笔画临本
凌善清编　朱凤竹绘图
上海　大东书局　民国19.6[1930.6]
4册　图　32开
第1-4册：民国19.6第5版
编译馆

3-3537
水彩画

王济远编　吕凤子,江小鹣,凌善清校订
　　上海　大东书局　民国19.6[1930.6]
　　4册(16,16,16,16页)　图(含彩图)　16开
　　第1册:民国19.6初版,民国20.1第4版
　　第2册:民国19.6初版,民国19第3版,民国20.1第4版
　　第3册:民国19.6初版,民国20.1第4版
　　第4册:民国19.6初版,民国19第2版,民国20.1第4版
　　其他题名:中等学校教本水彩画
　　人教　辞书　广东中山　编译馆

3-3538
水彩画教本
凌树人绘图　张世奇撰说　丁悚校阅
　　上海　中华教育馆　民国19.8[1930.8]
　　4册(33,24,23,21页)　彩图　16开
　　第1-4册(一至四编):民国19.8初版
　　中等学校适用
　　辞书

3-3539
中学水彩画
陆尔强编绘　汪亚尘,张聿光校订
　　上海　世界书局　民国20.10-12[1931.10-12]
　　4册(12,12,12,12页)　图(含彩图)　16开
　　第1册:民国20.10第3版,民国21.8第4版
　　第2册:民国20.10第3版,民国24.1第4版
　　第3册:民国20.12第3版
　　第4册:民国20.12第3版,民国21.3版
　　华师大(1-2)　辞书　编译馆

3-3540
中学铅笔画
徐则安编绘　金少梅校订
　　上海　世界书局　民国21.1[1932.1]
　　3册([28],[28],[28]页)　图　16开
　　第1-3册:民国21.1第2版,民国22.1第3版
　　北师大(2)　辞书　编译馆

3-3541
水彩画教本
蔡忱毅绘图　沈士秋撰说　徐悲鸿校阅
　　上海　新亚书店　民国22.10[1933.10]
　　4册([29],[24],[24],[24]页)　图(含彩图)　16开
　　第1-4册:民国22.10修订10版
　　中等学校适用
　　初版附注:民国21年1月初版
　　辞书

3-3542
铅笔画临本
徐维邦作　王一夫编
　　上海　大东书局　民国21.3[1932.3]-
　　3册(25,24,24页)　图,像　32开
　　第1册:民国22.5第10版
　　第2册:民国21.10第9版

　　第3册:民国21.3第8版
　　编译馆

3-3543
油画教本
王济远,汪亚尘编绘　张辰伯,凌善清校订
　　上海　大东书局　民国21.7[1932.7]
　　3册　彩图　32开
　　第1-3册:民国21.7初版
　　中等学校适用
　　编译馆

3-3544
现代图案画
沈士秋绘图　张眉孙校阅
　　上海　新亚书店　民国22.3[1933.3]
　　2册(22,23页)　图(含彩图)　16开
　　上下册:民国22.3第2版
　　中等学校适用
　　辞书

3-3545
投影画教科书
钱昭孟著
　　北平　立达书局　民国22.4[1933.4]版
　　51页　图　16开
　　中学校用
　　北师大

3-3546
钢笔画教本
张慧雄编绘　沈士秋校阅
　　上海　新亚书店　民国22.4[1933.4]
　　4册([20],[20],[20],[20]页)　图　16开
　　第1-4册:民国22.4初版
　　中等学校适用
　　北师大　辞书

3-3547
铅笔风景画
朱凤竹绘
　　上海　形象艺术山版社　民国22.9[1933.9]第2版
　　1册　图　16开
　　中学用书
　　北师大

3-3548
开明图画讲义
丰子恺编
　　上海　开明书店　民国23.11[1934.11]初版,民国38.1第6版
　　213页　图　32开　(开明中学讲义)
　　北师大　上海　华师大

3-3549
中学图案活叶教材
陈之佛编

上海　天马书店　民国 24.1[1935.1]

4 册(34,32,28,27 页)　图　32 开　活页

第 1-4 册: 民国 24.1 初版,民国 24.4 第 2 版

其他题名: 中学活叶图案教材

辞书

3-3550

图案构成法

朱龢典,潘淡明编

上海　中华书局　民国 24.5[1935.5]初版,民国 25.3 第 2 版,民国 27.10 第 3 版

205 页　图　32 开

中等学校教科适用

国图

3-3551

立体投影画法

朱銛,徐刚编

上海　开明书店　民国 24[1935]

124 页　图　32 开

中等学校教科适用

河南

3-3552

铅笔画教本

蔡忱毅编绘　沈士秋校阅

上海　新亚书店　民国 25.3[1936.3]

4 册([20],[20],[20],[20]页)　图　16 开

第 1-4 册: 民国 25.3 第 11 版

中等学校适用

辞书

3-3553

剪贴美术

薛珍编

上海　商务印书馆　民国 25.9[1936.9]

2 册(280 页)　图　32 开

第 1-2 册: 民国 25.9 初版

师范生及中学生练习剪贴美术用

国图

3-3554

图案教材

方炳潮著

上海　上海美术专科学校　民国 25[1936]

74 页　图　16 开

中等学校适用

国图

3-3555

中国画册

翁之琴著

上海　万叶书店　民国 36.5[1947.5]第 3 版

22 页　图　28 开

其他题名: 现代学校美术教本中国画册

人教

* * *

3-3556

水彩画

杨长济编

上海　商务印书馆　民国 13.2[1924.2]初版,民国 18.4 第 2 版,民国 22.4 国难后 4 版

83 页　彩图　32 开

大学院审定

其他题名: 现代初中教科书水彩画

国图　北师大　编译馆

3-3557

新学制图画教科书

刘海粟编辑

上海　商务印书馆　民国 13.7[1924.7]-

6 册(①56,②40,③51,④61 页)　图(含彩图)　16 开

第 1 册: 民国 13.7 初版

第 2 册: 民国 14.5 初版

第 3 册: 民国 15.9 初版

第 4 册: 民国 19.12 初版

初级中学用

逐页题名: 新学制初级中学图画教科书

辞书(1-4)　湖南(1-4)

3-3558

初级图画课本

何元编　刘海粟校

上海　中华书局　民国 13.12-15.9[1924.12-1926.9]

4 册(33,32,32,33 页)　图　16 开

第 1 册: 民国 13.12 初版,民国 14.12 第 2 版,民国 18.9 第 4 版,民国 21.5 第 5 版

第 2 册: 民国 13.12 初版,民国 14.12 第 2 版,民国 21.5 第 4 版

第 3 册: 民国 14.10 初版,民国 16.12 第 2 版,民国 21.5 第 3 版

第 4 册: 民国 15.9 初版,民国 21.5 第 2 版

大学院审定　初级中学用

其他题名: 新中学教科书初级图画课本

国图　北师大　人教　上海　辞书　编译馆

3-3559

中学机械画

杨哲明编著

上海　世界书局　民国 20.8[1931.8]

195 页　图　大 32 开

初级中学学生用

北师大　人教　辞书　河南　编译馆

3-3560

初中北新图画

倪贻德编

上海　北新书局　民国 21.6[1932.6]-

3册(132,107,100页)　图　32开
第1册：民国21.6第2版
第2册：民国21.6初版
第3册：民国22.8第2版
国图(2)　北师大　人教

3-3561
亚细亚图画教本
沈子丞编绘
　　上海　亚细亚书局　民国21.7[1932.7]
　　6册(①23,②22,③22页)　图(含彩图)　24开
　　第1-3册：民国21.7初版
　　初中用书
　　北师大(1-3)　辞书(1-3)

3-3562
复兴初中图画教科书
王济远编著
　　上海　商务印书馆　民国22.7-23.4[1933.7-1934.4]
　　6册(50,46,38,40,40,31页)　图(含彩图)　16开
　　第1册：民国22.7初版,民国22.11第10版
　　第2册：民国22.7初版
　　第3册：民国22.9初版
　　第4册：民国22.9初版
　　第5册：民国23.3初版
　　第6册：民国23.4初版
　　按照新课程标准编辑　初级中学参考用图画
　　其他题名：复兴教科书初中图画
　　国图(1,3)　北师大　上师大(2)　辞书　广西师大(2)

3-3563
初中铅笔画
倪贻德编
　　上海　北新书局　民国24.8[1935.8]
　　78页　图　大32开
　　上海

＊　＊　＊

3-3564
水彩风景画
周玲荪编绘
　　上海　商务印书馆　民国13.4[1924.4]版
　　30页　图　16开
　　其他题名：新学制高级中学教科书水彩风景画
　　北师大

3-3565
高中美术教本
倪贻德编
　　上海　北新书局　民国23.7[1934.7]
　　192页　图　大32开
　　国图　北师大　人教

3-3566
图画
王济远编绘
　　上海　商务印书馆　民国23.10[1934.10]-
　　3册(①50页)　图(含彩图)　16开
　　第1册：民国23.10初版
　　高级中学用
　　其他题名：复兴高级中学教科书图画
　　辞书(1)

劳作、家事

课　本

3-3567
新制家事教本
顾树森编　范源廉,姚汉章阅
　　上海　中华书局　民国3.8-5.4[1914.8-1916.4]
　　2册(80,96页)　表　大32开
　　上册：民国3.8初版,民国3.8版,民国8.1第5版,民国8.12
　　第8版,民国10第10版
　　下册：民国5.4初版,民国6.2第2版,民国8.1第4版,民国
　　10.1第7版,民国10.7第8版
　　教育部审定　中学校、师范学校适用
　　国图　北师大　人教　辞书　河南

3-3568
缝纫教科书
汪农麟编纂
　　上海　商务印书馆　民国3[1914]初版,民国12.12第5版,
　　民国16第6版
　　186页　图　大32开
　　教育部审定　女子中学校、女子师范学校用
　　河南　编译馆

3-3569
家事教科书
王程之,张世㚞编纂　蒋维乔校订
　　上海　商务印书馆　民国4.1[1915.1]初版,民国14第10
　　版,民国22国难后1版,民国24.5国难后3版,民国28国
　　难后4版
　　91页　表　大32开
　　女子中学校及师范学校用
　　国图　北师大　辞书　广东中山　编译馆

3-3570
园艺教科书
刘大绅编纂　赵钲铎,蒋维乔校订
　　上海　商务印书馆　民国4.2[1915.2]初版,民国4.8第2
　　版,民国9第5版,民国13.7第7版

149页 图,表 大32开
教育部审定 女子中学校、师范学校用
上海 辞书 天津 编译馆

3-3571
手工
孙捷编纂 蒋维乔校订
上海 商务印书馆 民国4.12[1915.12]
4册 图 大32开
第1册:民国4.12初版,民国8第5版,民国10.11第6版
第2册:民国4.12初版,民国14.12第3版
第3册:民国4.12初版
第4册:民国4.12初版
中学校用
其他题名:实用教科书手工
北师大 广东中山(1) 编译馆(1-2)

3-3572
实用手工参考书
熊燾高编纂
上海 商务印书馆 民国6.9[1917.9]-
3册(108,125,155页) 图 32开 精装
第1册:民国13.1第5版
第2册:民国6.9初版
第3册:民国6.12初版
中学校用
北师大

3-3573
女子刺绣教科书
张华瑊,李许频韵编
上海 商务印书馆 民国12.7[1923.7]版,民国15.2第5版,民国20第6版
102页 图 32开
女子中学校及师范学校用
人教 天津 湖南 广东中山 编译馆

3-3574
最新中学实用木工教科书
冯思菀编纂
上海 商务印书馆 民国14.10[1925.10]
98页 图 16开
其他题名:中学实用木工教科书
北师大 广东中山

3-3575
中等造花课本
阮达人编著 姜丹书,朱稣典校阅
上海 中华书局 民国17.3[1928.3]初版,民国22.3第4版
1册(64,34页) 图 大32开
上海 辞书 河南 编译馆

3-3576
缝纫教本
仇良辅著
上海 世界书局 民国19.4[1930.4]

2册 图,表 32开
上下册:民国19.4第2版
其他题名:简明缝纫教本
编译馆

3-3577
纸绳编篮法
何明斋编
上海 商务印书馆 民国25.9[1936.9]
2册(138页) 照片,图 32开 (中学劳作丛书)
上下册:民国25.9版
国图 人教

3-3578
纸绳编篮法
何明斋编 袁秉斋校
长沙 商务印书馆 民国27[1938]版
50页 32开 (中学劳作丛书)
天津

* * *

3-3579
手工教本:第一集
何明斋编辑 俞寄凡,姜丹书校订
上海 泰东书局 民国12.9[1923.9]
51页 图 32开
初中和师范讲习科用
版权页题名:初中手工教本
其他题名:初级中学手工教本
辞书 河南

3-3580
新学制手工教科书
何明斋编辑 王岫庐校订
上海 商务印书馆 民国14.2[1925.2]-
6册(①75,②69,③98,④84,⑤117页) 图 32开
第1册:民国14.2初版,民国14.12第6版,民国19第9版
第2册:民国14.2初版,民国14.12第6版,民国20.7第7版,民国22国难后2版
第3册:民国14.10初版,民国21.11国难后1版,民国22.2国难后2版
第4册:民国15.5第4版,民国22.2国难后1版
第5册:民国17.12初版,民国22.2国难后10版
初级中学用
逐页题名:初级中学手工教科书
书脊题名:新学制初中手工教科书
国图(3) 北师大(1-5) 人教(1-5) 辞书(1-5) 河南(1) 辽宁(2) 广东中山(1-3) 编译馆(1-2,4-5)

3-3581
家事
陈意编著
上海 商务印书馆 民国22.7[1933.7]

3册(110,104,118页) 图 32开
第1册：民国22.7初版,民国22.10第22版,民国23.4第27版
第2册：民国22.7初版,民国22.9第2版,民国23.4第3版
第3册：民国22.7初版,民国22.9第2版,民国22.12第16版
教育部审定 新课程标准适用 初级中学用
其他题名：复兴教科书家事
其他题名：复兴初级中学教科书家事
北师大 人教 华师大 辞书 庐山(2) 广西师大(1-2)

3-3582

初中劳作工艺篇：土工
徐小涛编 朱稣典,姜丹书校
上海 中华书局 民国22.8[1933.8]初版,民国22.10第2版
86页 图 大32开
新课程标准适用
国图 上海 辞书

3-3583

初中劳作工艺篇：藤竹工
王隐秋编 姜丹书,朱稣典校
上海 中华书局 民国22.8[1933.8]初版,民国22.9第2版
100页 图 大32开
新课程标准适用
国图 北师大 上海 华师大 辞书 天津

3-3584

初中劳作工艺篇：木工
朱稣典编 姜丹书校
上海 中华书局 民国22.12-23.11[1933.12-1934.11]
2册(140,122页) 图,表 大32开
上册：民国22.12初版,民国22.12第2版,民国23.6第3版
下册：民国23.11初版,民国23.11第2版
新课程标准适用
北师大 上海 辞书

3-3585

工艺
何明斋,余彤甫编著
上海 商务印书馆 民国23.3[1934.3]-
6册(140,89,78,72,117,110页) 图 32开
第1册：民国23.3初版,民国23.6第2版,民国23.9第4版
第2册：民国23.9第2版,民国23.12第4版
第3册：民国23.8初版,民国23.9第3版
第4册：民国23.8初版,民国23.9第3版
第5册：民国23.9初版,民国23.11第2版
第6册：民国23.11初版
新课程标准适用 初级中学用
其他题名：复兴教科书工艺
其他题名：复兴初级中学教科书工艺
国图 北师大 上师大(1) 辞书 辽宁(4) 天津(6)

3-3586

初中劳作工艺篇：金工
姜丹书,王隐秋编 朱稣典校
上海 中华书局 民国23.10-24.7[1934.10-1935.7]
2册(106,124页) 图 大32开
上册：民国23.10初版
下册：民国24.7初版,民国24第2版
新课程标准适用
北师大 上海(1) 辞书 广东中山

3-3587

新编初中劳作：木工
朱稣典编
上海 中华书局 民国23.11[1934.11]初版,民国26.7第2版,民国29.3第3版
160页 图 32开
教育部审定 修正课程标准适用 第一学年用
逐页题名：初中劳作木工
其他题名：劳作木工
国图 北师大 辞书 广东中山

3-3588

初中劳作：家事
何明斋编 舒新城校
上海 中华书局 民国23.11-24.12[1934.11-1935.12]
3册(142,138,150页) 图 大32开
第1册：民国23.11初版,民国23.11第2版,民国26.4第3版
第2册：民国24.3初版,民国24.3第2版
第3册：民国24.12初版,民国29.2第4版
新课程标准适用 第一学年~第三学年用
国图 北师大(1-2) 人教 上海(1) 辞书 广西师大 广东中山(2)

3-3589

木工工作法
朱允松,赵立民编著
上海 大东书局 民国24.2[1935.2]
130页 图 32开
初级中学校用
其他题名：生活劳作教本木工工作法
上海

3-3590

家事
黄季马编著
上海 教育编译馆 民国24.9[1935.9]第2版
268页 32开
新课程中学及女子师范教科书
华师大

3-3591

新编初中劳作：金工
姜丹书,王隐秋编 朱稣典校
上海 中华书局 民国26.7[1937.7]初版,民国29.3第3版

136页　图　大32开
教育部审定　初审核定本　修正课程标准适用　第二学年用
逐页题名：初中劳作金工
其他题名：劳作金工
北师大　人教　辞书

3-3592
新编初中劳作：金木工
朱稣典编　姜丹书校
上海　中华书局　民国26.7[1937.7]初版,民国26.7第2版,民国29.3第3版
176页　图,表　大32开
教育部审定　初审核定本　修正课程标准适用　第三学年金木工组用
逐页题名：初中劳作金木工
其他题名：劳作金木工
北师大　人教　辞书

3-3593
初中劳作：家事
何明斋编　舒新城校
上海　中华书局　民国26.7-8[1937.7-8]
3册(144,164,138页)　图,表　大32开
第1册：民国26.8初版,民国28.6第5版
第2册：民国26.7初版,民国28.6第4版,民国29.2第6版,民国36.12第7版
第3册：民国26.7初版,民国29.2第4版,民国37.9第4版
教育部审定　修正课程标准适用　女生第一学年～第三学年用
人教　上海(2-3)　辞书

3-3594
新编初中劳作：土工
徐小涛编　朱稣典校
上海　中华书局　民国28.3[1939.3]初版,民国29.2第2版
88页　图　大32开
教育部审定　初审核定本　修正课程标准适用　第三学年土工组用
逐页题名：初中劳作土工
其他题名：劳作土工
人教　辞书　广东中山

3-3595
新编初中劳作：竹工
朱稣典编　姜丹书校
上海　中华书局　民国28.10[1939.10]初版,民国30.6第3版
84页　图　大32开
教育部审定　初审核定本　修正课程标准适用　第三学年竹工组用
逐页题名：初中劳作竹工
其他题名：劳作竹工
国图　北师大　人教　辞书

3-3596
初级中学劳作：木工篇
孙一青,赵擎环编著
重庆　南京　上海　正中书局　民国33.12[1944.12]初版,民国34.12沪8版,民国35.6沪16版
108页　图　32开
遵照民国30年修正课程标准编著　第一学年用
书脊题名：新中国初中劳作
其他题名：新中国教科书初级中学劳作木工篇
国图　北师大　人教　辞书

3-3597
初级中学劳作：农业篇
冒兴汉编著
重庆　上海　正中书局　民国34.8[1945.8]初版,民国36.10沪34版
177页　32开
其他题名：新中国教科书初级中学劳作农业篇
国图　人教

3-3598
初级中学劳作：土木篇
魏同仁编著
重庆　上海　正中书局　民国34.10[1945.10]初版,民国35.6沪1版
141页　图　32开
遵照民国30年修正课程标准编著
其他题名：新中国教科书初级中学劳作土木篇
人教

3-3599
初级中学劳作：藤竹工
魏同仁编著
南京　正中书局　民国35.8[1946.8]
100页　图　36开
遵照民国30年修正课程标准编著
其他题名：新中国教科书初级中学劳作藤竹工
国图　人教

叁　体育

课本

3-3600
国民体育学
(日)西川政宪著　杨寿桐译
上海　文明书局　清光绪28.10[1902]
86页　大32开
人教

3-3601
普通体操学教科书
王肇铉译

上海　文明书局　清光绪30[1904]第2版
63叶　图　大32开　线装
辞书

3-3602
瑞典式体操教科书
范迪吉译　李思慎,黄朝鉴参阅
上海　时中书局　清光绪32.8[1906]
236页　图　大32开　精装
人教　辞书

3-3603
体操教科书
(英)冈白斯德,(英)克埃著　刘光照译述　沈步洲,(英)惠恩普审订
英国　麦美伦图书公司　民国2.8[1913.8]
104页　图,照片　大32开　精装
辞书

3　3604
中学兵式体操教科书
黄元吉编译
上海　商务印书馆　民国3.4[1914.4]
142页　大32开
其他题名:兵式体操教科书
湖南　广东中山

3-3605
普通体操
徐傅霖编纂
上海　商务印书馆　民国3.8[1914.8]第2版
439页　图　64开
中学校用
其他题名:共和国教科书普通体操
国图　人教　辞书　天津　河南

3-3606
新制体操教本
徐傅霖编辑
上海　中华书局　民国6.4[1917.4]初版,民国8.2第2版,
　民国9.9第3版
220页　图　32开
教育部审定　中学校适用
国图　人教　上海　辞书　河南

3-3607
走步体操游戏三段教材:正编
王怀琪著
上海　中国健学社　民国17.1[1928.1]第3版
1册　图　32开　精装
初版附注:民国12年12月初版
华师大

3-3608
中小学体育教材
(美)麦克乐,沈重威合著
上海　商务印书馆　民国16.5[1927.5]初版,民国17.4版,

民国21.12国难后1版,民国24.1国难后2版
528页　图,表　32开
其他题名:新学制体育教材
华师大　河南　辽宁　庐山　广西师大　编译馆

3-3609
率角法
金子铮编译　中央国术馆编
上海　大东书局　民国21.9[1932.9]
116页　图,像　32开
教育部审定
编译馆

3-3610
体育游戏教材
王庚编著
上海　中华书局　民国22.2[1933.2]初版,民国22第2版,
　民国24第4版,民国25.3第5版,民国29第6版,民国
　32.2第7版,1949.10第8版
125页　图,表　大32开
中小学适用
国图　人教　华师大　辞书　天津　广东中山

3-3611
短兵术
温敬铭编著　张之江校订
上海　南京　正中书局　民国37.8[1948.8]
71页　图　32开
其他题名:中小学体育教材短兵术
人教　辞书

3-3612
垒球
宋君复编著
上海　正中书局　民国37.8[1948.8]
84页　图,表　32开
其他题名:中小学体育教材垒球
辞书

3-3613
兵式教练
中国图书公司编辑
上海　[编者刊]　[1912-1949?]
34页　大32开
中学及师范用
其他题名:体操教科书兵式教练
北师大

* * *

3-3614
初中柔软体操教材
吴圣明编　王怀琪校
上海　中国健学社　民国16[1927]版
144页　图　32开　(中国健学社丛书)

华师大　天津

3-3615

复兴初级中学体育教本
王复旦编著
　　上海　商务印书馆　民国23.9－24.10[1934.9－1935.10]
　　3册(178,194,178页)　图,表　32开
　　第1册:民国23.9初版,民国36.6第6版
　　第2册:民国24.5初版
　　第3册:民国24.10初版,民国36.6第2版
　　按照新课程标准编辑　初级中学用
　　版权页题名:复兴体育教本
　　逐页题名:初中体育教本
　　书脊题名:复兴初中体育教本
　　北师大　人教　辞书

3-3616

初中器械运动
周鹤鸣编著　吴澄校订
　　上海　正中书局　民国38.2[1949.2]
　　146页　图　32开
　　其他题名:中小学体育教材初中器械运动
　　人教　上海　辞书

＊　＊　＊

3-3617

复兴高级中学体育教本
王毅诚编著
　　上海　商务印书馆　民国23.8－24.5[1934.8－1935.5]
　　3册(165,124,103页)　图,表　32开
　　第1册:民国23.8初版
　　第2册:民国24.1初版
　　第3册:民国24.5初版
　　依照教育部颁布高中体育教程标准　高级中学用
　　版权页题名:复兴体育教本
　　其他题名:体育教本
　　国图　北师大　人教　辞书　辽宁(1,3)　广东中山(1-2)

教学参考书

3-3618

新体体操讲义
孙揆编纂
　　上海　商务印书馆　民国7.3[1918.3]
　　144页　32开
　　教育部审定　师范及国民学校教授用
　　北师大　广东中山　编译馆

3-3619

体操教授新论
王秋如编
　　上海　商务印书馆　民国12.5[1923.5]第2版
　　82页　32开
　　初版附注:民国11年8月初版
　　华师大

3-3620

体育教学法
孙和宾编辑　董守义等校阅
　　上海　东亚体育专科学校　民国21.9[1932.9]
　　144页　像　32开
　　华师大

3-3621

新体育教学法
方万邦著
　　上海　商务印书馆　民国22.7[1933.7]版
　　354页　32开
　　庐山

3-3622

体育教材
何能夏编
　　福州　福建改进出版社　民国32[1943]版
　　110页　32开　(省立沙师辅导丛书　5)
　　广东中山

3-3623

球类运动教材
吴文忠编著
　　上海　商务印书馆　民国35.12[1946.12]
　　215页　图　32开
　　辞书

3-3624

体育哲管理
庞醒跃编
　　上海　上海东亚体育专门学校　[1912－1949?]
　　178页　大32开
　　华师大

＊　＊　＊

3-3625

初中男生体育教授细目
教育部编
　　3册(144,146,156页)　图　32开
　　①上海　勤奋书局　民国23.8－24.9[1934.8－1935.9]
　　第1册:民国24.9初版
　　第2册:民国23.8初版
　　第3册:民国23.8初版
　　国图　人教(3)　华师大(3)　辞书　河南(2)
　　②上海　商务印书馆　民国25.2[1936.2]
　　第1-3册:民国25.2初版
　　国图　人教　广东中山(1)

3-3626

初中女生体育教授细目
教育部编
  上海 商务印书馆 民国25.2[1936.2]
  3册 图 32开
  第1-3册:民国25.2初版
  第一学年用
  国图 人教(1-2) 北师大(1) 上师大(1) 广东中山
  (1-2)

    * * *

3-3627

高中男生体育教授细目
教育部编
  上海 商务印书馆 民国15.2[1926.2]
  6册([667]页) 图 32开
  第1-6册:民国15.2初版
  第一学年下学期用
  附:标准考试项目表
  国图 人教(2-6) 河南 广东中山

4. 师范学校教材

基础教材

综 合

课 本

4-0001
师范讲义
湖北教育部编辑
　　汉口　昌明公司　清光绪32.4[1906]
　　4册　图　大32开
　　第1-4册：光绪32.4第3版
　　初版附注：清光绪27年6月初版
　　北师大

4-0002
速成师范讲义丛录
颜可铸,朱杞,龙纪官编辑
　　上海　广智书局　清光绪28.10[1902]
　　2册(348页)　表　大32开
　　第1-2册：光绪28.10初版
　　辞书

4-0003
师范讲义
湖北游学日本师范生编辑
　　湖北　[编者刊]　清光绪29.2[1903]
　　4册([271],[296],[185],[184]页)　图,表　大32开
　　第1册：光绪29.2初版,光绪29第2版
　　第2册：光绪29.2初版,光绪29第2版
　　第3册：光绪29.2初版,光绪29第2版
　　第4册：光绪29.2初版
　　人教　辞书　天津

4-0004
速成师范讲义丛录
颜可铸编辑
　　上海　商务印书馆　清光绪31.9[1905]
　　2册(156,140页)　表　大32开
　　上下册：光绪31.9版
　　上海

4-0005
速成师范讲义丛录
颜可铸等编辑
　　上海　商务印书馆　清光绪33.9[1907]
　　139页　图,表　大32开
　　总理学务大臣审定
　　人教　天津

4-0006
师范讲义
师范讲习社编辑
　　上海　商务印书馆　清宣统2.5[1910]-
　　12册　图,表　大32开　精装　(师范讲习社师范讲义)
　　第1册(一期)：宣统2.5初版
　　第2册(二期)：宣统2.6初版
　　第3册(三期)：宣统2.7初版
　　第4册(四期)：宣统2.8初版
　　第9册(九期)：宣统3.1初版
　　上师大(1)　辞书(1-4,9)

4-0007
中国文学史
张之纯编纂　蒋维乔校订
　　上海　商务印书馆　民国4.12[1915.12]
　　2册(108,122页)　大32开
　　第1册：民国4.12初版,民国11第4版,民国13.12第6版,民国15.12第7版
　　第2册：民国4.12初版,民国12.7第4版
　　其他题名：师范学校新教科书中国文学史
　　国图　北师大　华师大　编译馆

4-0008
新体师范讲义
庄俞编辑
　　上海　商务印书馆　民国6[1917]-
　　12册　图　32开
　　第1-4,7-10,12册：民国6年版
　　北师大(1-4,7-10,12)

4-0009
新本经学讲义
江瑔编
　　上海　商务印书馆　民国7[1918]
　　66页　32开
　　师范学校用
　　河南

4-0010
美学纲要
（日）黑田鹏信著　俞寄凡译
　　上海　商务印书馆　民国11.6[1922.6]初版,民国12.9第2版
　　82页　大32开
　　师范学校用
　　辞书　庐山　编译馆

4-0011
训练法
范寿康编纂
　　上海　商务印书馆　民国14[1925]版
　　67页　32开　(师范小丛书)
　　西北师大

4-0012
中国学术思想史

孙其敏编著
  上海　世界书局　民国21.5[1932.5]
  262页　32开
  其他题名：高中师范教本中国学术思想史
  北师大　华师大

4－0013

新中华图书管理学
杜定友编
  上海　新国民图书社　民国21.8[1932.8]初版,民国21.9第2版
  290页　图　大32开
  高级中学师范科用
  附：图书管理学附录
  其他题名：图书管理学
  上师大　辞书　河南

4－0014

国学概论
王敏时编著
  上海　新亚书店　民国22.5－9[1933.5－9]
  2册(152,193页)　32开
  第1册：民国22.5初版
  第2册：民国22.9初版
  高中师范科适用
  北师大

4－0015

儿童文学
钱耕莘编著
  上海　世界书局　民国23[1934]
  121页　32开
  师范学校教材
  国图

4－0016

师范学校教本及参考书样本
黎明书局编
  上海　[编者刊]　民国25[1936]版
  1册　32开
  广东中山

教学辅导书

4－0017

国学试题总解
姚蕴,储祎著
  上海　东方书店　民国25.1[1936.1]
  [192]页　32开　(师范会考准备丛书)
  封面题名：综合国学试题总解
  辞书

4－0018

教育试题总解
张士行,郑君美,梁文柏编著
  上海　东方书店　民国25.2[1936.2]
  251页　32开　(师范会考准备丛书)
  封面题名：综合教育试题总解
  辞书

4－0019

全国师范会考题解总集：系统编制
毕云辉主编　汪启章,马宗瑜,薛建新等编解
  上海　东方书店　民国25.3[1936.3]
  2册(766,822页)　大32开
  上下册：民国25.3初版
  辞书

肆　哲　学

课　本

4－0020

新制哲学大要
谢蒙编　范源廉,姚汉章阅
  上海　中华书局　民国3.5[1914.5]初版,民国4.10第2版,民国7.3第3版,民国7第4版
  50页　大32开
  师范学校适用
  北师大　华师大　辞书　河南

4－0021

新制哲学大要参考书
谢蒙编　范源廉,姚汉章阅
  上海　中华书局　民国3.5[1914.5]
  136页　大32开
  辞书

4－0022

师范新哲学
夏锡祺编辑　蒋维乔,胡君复校订
  上海　中国图书公司和记　民国3.6[1914.6]
  62页　32开
  北师大

4－0023

哲学发凡[订正本]
侯书勋编纂　蒋维乔,胡君复校订
  上海　商务印书馆　民国3.9[1914.9]订正2版,民国10.12订正3版
  56页　32开
  其他题名：师范学校新教科书哲学发凡
  北师大　编译馆

4－0024

哲学纲要

黄忏华编纂
　　上海　商务印书馆　民国11[1922]初版,民国14第3版,民国18第5版
　　79页　大32开
　　师范学校用
　　北师大　河南

4-0025

现代哲学概观
黄忏华编
　　上海　商务印书馆　民国12.11[1923.11]
　　84页　大32开
　　师范学校用
　　北师大　河南

4-0026

西洋哲学史
黄忏华编述
　　上海　商务印书馆　民国12[1923]
　　287页　大32开
　　师范学校教学用书
　　北师大　河南

4-0027

简易哲学纲要
蔡元培编
　　上海　商务印书馆　民国13.8[1924.8]初版,民国13.3订正版
　　142页　32开
　　其他题名:现代师范教科书简易哲学纲要
　　北师大　华师大　河南　编译馆

4-0028

哲学概论
刘以钟著
　　上海　商务印书馆　民国16[1927]第6版
　　122页　大32开
　　师范学校用
　　河南

4-0029

人生哲学
谢扶雅编著
　　上海　世界书局　民国20.8[1931.8]初版,民国20.12第2版,民国22第4版
　　190页　图,表　大32开
　　其他题名:高中师范教本人生哲学
　　北师大　辞书　天津　编译馆

肆 论理学（逻辑）

课　本

4-0030

论理学讲义
(日)服部宇之吉著
　　东京　富山房　清光绪31.12[1906]第2版
　　63叶　图　大32开　线装
　　师范学校用
　　初版附注:清光绪30年8月初版
　　北师大

4-0031

论理学
商务印书馆编译所编纂　杨天骥校订
　　上海　商务印书馆　清光绪32.3[1906]
　　27叶　图　大32开　线装
　　其他题名:初级师范学校教科书论理学
　　北师大　云南社科

4-0032

论理学
(日)高岛平三郎讲述　江苏师范生编辑
　　江苏　宁属学务处　清光绪32.4[1906]
　　107页　图　大32开
　　江苏师范讲义
　　北师大

4-0033

最新论理学教科书
(日)服部宇之吉著　唐演译著
　　上海　文明书局　清光绪34.5[1908]
　　146页　图　大32开　精装
　　北师大　辞书

4-0034

名学浅说
(英)耶方斯著　严复译
　　上海　商务印书馆　民国12.11[1923.11]第12版
　　162页　大32开
　　教育部审定　师范学堂、中学堂用
　　初版附注:清宣统元年2月初版
　　辞书

4-0035

中等教育名学(论理学)教科书
陈文著
　　上海　科学会编译部　清宣统3.4[1911]
　　308页　图　32开
　　中等师范及高等学生教科书

北师大

4-0036

论理学讲义

（日）十时弥原著　蒋维乔述

上海　商务印书馆　民国 4.3[1915.3]第 4 版,民国 13.1 第 7 版

152 页　大 32 开　精装　（师范讲习社师范讲义）

初版附注：民国元年 3 月初版

北师大　上海　辞书

4-0037

中华师范论理学教科书

（日）大濑甚太郎,（日）立柄教俊合著　顾公毅编译　陆费逵,姚汉章,戴克敦阅

上海　中华书局　民国 2.6[1913.6]第 2 版,民国 4.4 第 4 版,民国 5.9 第 6 版

90 页　图,表　32 开　精装

师范学校教科书及参考用书

初版附注：民国元年 11 月初版

封面题名：中华论理学教科书

逐页题名：论理学教科书

北师大　人教　辞书　河南

4-0038

论理学教科书

姚建猷著

长沙　湖南教育署印刷处　民国 2.4[1913.4]

96 页　22 开　线装

人教

4-0039

论理学

张毓骢编纂　杨保恒,蒋维乔校订

上海　商务印书馆　民国 3.11[1914.11]初版,民国 10 第 11 版,民国 12.8 第 13 版,民国 16.2 第 16 版,民国 18.1 第 18 版

118 页　大 32 开

教育部审定

其他题名：师范学校新教科书论理学

北师大　华师大　辞书　河南　编译馆

4-0040

论理学要领

樊炳清著

上海　商务印书馆　民国 4.1[1915.1]第 5 版

103 页　大 32 开

师范学校用

北师大　上海　河南

4-0041

论理学纲要

（日）十时弥撰　田吴照译

上海　商务印书馆　民国 4[1915]版

1 册　线装

师范学校教科书

国图

4-0042

新制论理学

姚建猷编辑　杨文洵校阅

上海　中华书局　民国 5.10[1916.10]初版,民国 11.3 第 8 版,民国 11.9 第 9 版

82 页　图　大 32 开

教育部审定　师范学校适用

封面题名：论理学

北师大　人教　辞书　河南

4-0043

新体论理学讲义

张子和编纂　郭秉文,范祥善校订

116 页　图　32 开

教育部审定　师范讲习科用

其他题名：论理学讲义

①上海　中华书局　民国 5[1916]初版,民国 8 第 3 版

河南

②上海　商务印书馆　民国 7[1918]版,民国 12.7 第 4 版

北师大　编译馆

4-0044

新体论理学讲义

庄俞编辑

上海　商务印书馆　民国 6.5[1917.5]

116 页　32 开

人教

4-0045

论理学

王炽昌编　洪鋆,朱文叔校

上海　中华书局　民国 13.6[1924.6]初版,民国 13.8 第 2 版,民国 13.12 第 3 版,民国 14.9 第 5 版,民国 15 第 8 版,民国 19.7 第 15 版,民国 19.11 第 16 版,民国 20.3 第 17 版,民国 20.9 第 19 版,民国 21.1 第 20 版,民国 21.3 第 21 版,民国 21.6 第 22 版,民国 21.11 第 23 版,民国 23.6 第 26 版

107 页　图　大 32 开

教育部审定　新学制师范学校及高中师范科之用

封面题名：新师范论理学

逐页题名：新师范教科书论理学

北师大　人教　华师大　辞书　编译馆

4-0046

论理学纲要

（日）高山林次郎原著　李信臣译述

师范学校用

①上海　商务印书馆　民国 14.5[1925.5]初版,民国 14.12 第 2 版

165 页　大 32 开

其他题名：师范学校教本论理学纲要

华师大　上海　河南

②北京　求知学社　民国 14[1925]版

118页　图　大32开
北师大

4-0047
论理学教科书
卢广熔编校
　　北京　求知学社　民国14.6[1925.6]
　　118页　图　大32开
　　教育部审定　师范学校适用
　　北师大　人教

4-0048
高中师范论理学
朱兆萃编著
　　上海　世界书局　民国19.8[1930.8]初版,民国20.5第3
　　　版,民国20.10订正版
　　235页　大32开
　　高中师范学生用
　　逐页题名：论理学
　　北师大　人教　上海　华师大　辞书　河南　编译馆

4-0049
论理学
范寿康著
　　上海　开明书店　民国20.8[1931.8]初版,民国21.1第2版
　　212页　图,折表　32开
　　教育部审定　依照教育部颁布高级中学师范科暂行课程标准
　　　编辑
　　其他题名：开明师范教本论理学
　　北师大　人教　上海　辞书　河南

4-0050
论理学概论
宋子俊编著
　　上海　大华书局　民国22.6[1933.6]初版,民国22.9第
　　　2版
　　176页　大32开
　　辞书　河南

4-0051
新中华论理学
吴俊升编
　　上海　新国民图书社　民国23.5[1934.5]
　　170页　图　大32开
　　师范学校用
　　其他题名：新中华教科书论理学
　　北师大　辞书

4-0052
论理学
林仲达编
　　上海　中华书局　民国25.3[1936.3]初版,民国25.3第2
　　　版,民国36.5第12版
　　154页　图　32开
　　新课程标准师范、乡村师范学校适用
　　北师大　人教

4-0053
师范乡村师范论理学
沈有乾编著
　　南京　北平　上海　正中书局　民国26.2[1937.2]版,民国
　　　27.2第5版,民国35.3沪1版
　　160页　32开
　　教育部审定　新课程标准适用　师范学校及乡村师范学校用
　　初版附注：民国25年8月初版
　　其他题名：论理学
　　华师大

4-0054
论理学
(伪)教育总署编审会著
　　北平　新民印书馆　民国27.8[1938.8]版
　　186页　图,表　32开
　　师范学校用
　　北师大

4-0055
论理学[审定本]
陈高佣编
　　上海　商务印书馆　民国27.11[1938.11]审定1版
　　134页　32开
　　教育部审定　遵照教育部颁行师范学校课程标准编纂
　　其他题名：师范学校教科书论理学
　　人教

肆　政治

公民

课本

4-0056
公民
应成一,冯静远,朱通九等编
　　上海　商务印书馆　民国24.5[1935.5]-
　　4册(①135,③155,④136页)　32开
　　第1,3-4册：民国24.5初版
　　逐页题名：师范公民教科书
　　其他题名：师范学校教科书公民
　　辞书(1,3-4)

4-0057
公民
朱元懋编著　叶楚伧,陈立夫校订
　　南京　上海　正中书局　民国24.5[1935.5]-
　　8册　32开
　　第1册：民国24.5初版,民国35.8沪版

第 2 册：民国 35.8 沪版
第 4 册：民国 25.7 初版,民国 35.8 沪 16 版
遵照部颁课程标准编著 简易师范学校及简易乡村师范学校适用
国图(4) 人教(1-2,4) 辞书(1)

4-0058
河南省乡村师资训练所公民讲义
河南省政府编
河南 [编者刊] 民国 24[1935]版
116 页 32 开
卷端题名：乡村师资训练所公民教本
其他题名：乡村师资训练所公民讲义
河南

4-0059
简师乡师幼师公民
叶楚伧,陈立夫主编
上海 正中书局 民国 35.4[1946.4]-
4 册(153,114,142,186 页) 32 开
第 1 册：民国 35.7 沪 18 版,民国 37.6 沪版
第 2 册：民国 35.4 沪 1 版
第 3 册：民国 35.4 沪 1 版
第 4 册：民国 35.4 沪 1 版
教育部审定
初版附注：民国 25 年 8 月京初版
封面题名：师范乡村师范幼稚师范公民
上海(1) 辞书 河南(1)

教学辅导书

4-0060
公民试题总解
汪启章,毕云辉编著
上海 东方书店 民国 25.2[1936.2]
257 页 32 开 （师范会考准备丛书）
封面题名：综合公民试题总解
辞书

伦理、修身

课　本

4-0061
伦理学
（日）法贵庆次郎著 胡庸诰等译编 湖北师范生编
武昌 湖北学务处 清光绪 31.2[1905]
164 页 图 大 32 开 （师范教科丛编 第 3 种）
附：教科书编纂法、课外余谈
人教 辞书

4-0062
伦理学大意讲义
陆费逵述
上海 商务印书馆 民国 2.6[1913.6]版,民国 3.5 第 2 版,民国 5 第 5 版,民国 8.10 第 7 版,民国 9 第 8 版
56 页 大 32 开 精装 （师范讲习社师范讲义）
教育部审定
初版附注：清光绪 34 年 2 月初版
北师大 上海 上师大 辞书

4-0063
伦理学原理
蔡元培著
上海 商务印书馆 民国 4.2[1915.2]第 4 版,民国 13 第 7 版
218 页 大 32 开 精装
初版附注：清宣统元年 9 月初版
北师大 辞书

4-0064
实用修身伦理学讲义
李步青,周日济,潘武著
上海 中华书局 民国 4.12[1915.12]初版,民国 5 第 2 版,民国 8.3 第 4 版,民国 9 第 6 版,民国 12.12 第 13 版,民国 13.8 第 15 版,民国 20.9 版
40 页 大 32 开
师范讲习所用
北师大 人教 上海 辞书 河南

4-0065
实验主义伦理学
（美）杜威著 周谷城译
上海 商务印书馆 民国 12.6[1923.6]初版,民国 15.11 第 3 版
136 页 大 32 开
师范学校用
北师大 上师大 辞书 庐山

4-0066
伦理学
孙贵定编纂
上海 商务印书馆 民国 12.7[1923.7]初版,民国 15.9 第 5 版,民国 21.10 国难后 4 版
63 页 32 开
教育部审定
其他题名：现代师范教科书伦理学
国图 北师大 华师大 辞书 河南 编译馆

4-0067
伦理学
谢扶雅编著
上海 世界书局 民国 21.5[1932.5]初版,民国 21.9 第 2 版,民国 22.3 第 3 版
161 页 大 32 开
附：参考书目

版权页题名：高中师范科教本伦理学
北师大　华师大　上海　辞书　河南　编译馆

* * * * *

4-0068

修身学
孙清如译补

　　东京　东京并木活版所　清光绪34.3[1908]
　　217页　大32开　（女子师范讲义　第1编）
　　北师大

4-0069

修身讲义
陆费逵述

　　上海　商务印书馆　清宣统2.2[1910]
　　66页　大32开　精装　（师范讲习社师范讲义）
　　北师大　辞书

4-0070

师范修身教科讲义
赵辑撰

　　[出版者不详]　清宣统2[1910]版
　　1册　16开　线装
　　云南社科

4-0071

修身教科书
王仁夔编辑　杨保恒，张公屿修校

　　上海　中国图书公司　民国2.5[1913.5]
　　2册(76,68页)　大32开
　　第1-2册：民国2.5初版
　　教育部审定　师范讲习科用
　　其他题名：师范修身教科书
　　北师大　人教　辞书　河南

4-0072

师范中学修身礼仪法书
杨保恒编辑　张公屿校订

　　上海　中国图书公司　民国2.10[1913.10]初版,民国8.7第5版
　　44页　大32开
　　教育部审定
　　师范学校、中学校男学生适用
　　北师大　人教

4-0073

新制修身教本
李步青编　范源廉,姚汉章阅

　　上海　中华书局　民国3.12[1914.12]-
　　4册(①50,②42,③42页)　大32开
　　第1册(卷首)：民国3.12初版,民国5.9第2版,民国8.8第6版
　　第2册(卷一)：民国3.12初版,民国8.12第8版
　　第3册(卷二)：民国3.12初版,民国11.1第7版

教育部审定　遵照部定师范学校课程标准编辑　师范学校适用
版权页题名：师范新制修身教本
北师大(1-2)　人教(1-3)　辞书(1-3)

4-0074

修身讲义
林纾编纂

　　上海　商务印书馆　民国5.3[1916.3]
　　2册(43,45页)　32开　线装
　　第1-2册(上下卷)：民国5.3初版
　　师范学校、中学校适用
　　北师大

4-0075

新体修身讲义
贾丰臻编纂　黄炎培,庄俞校订

　　上海　商务印书馆　民国7.3[1918.3]初版,民国9第3版,民国12.7第6版
　　16页　32开
　　教育部审定　师范讲习科用
　　北师大　河南　编译馆

社会、法制

课　本

4-0076

新中华社会学及社会问题
吴泽霖编

　　上海　新国民图书社　民国21.6[1932.6]初版,民国21.9第2版
　　276页　大32开
　　高级中学师范科用
　　其他题名：新中华教科书社会学及社会问题
　　北师大　华师大　上师大　辞书　广西师大　编译馆

* * * * *

4-0077

法制经济学
湖北师范生编辑

　　武昌　湖北学务处　清光绪31.2[1905]版
　　224页　大32开　（师范教科丛编　第7种）
　　附：参观笔记
　　北师大

4-0078

地方自治
国立编译馆主编　王鸿俊编

　　重庆　上海　国定中小学教科书七家联合供应处　民国33.7[1944.7]初版,民国34.10沪1版,民国35.8沪25版

204 页　32 开
教育部审定　师范学校、高级中学用
国图　人教　河南

语　文

课　本

4－0079
中国文典
商务印书馆编译所编纂
　　上海　商务印书馆　清光绪 32.9[1906]初版，民国 3.6 第 3 版
　　48 叶　大 32 开　线装
　　其他题名：师范学校教科书中国文典
　　北师大　辞书

4－0080
京师优级师范国文讲义
陈曾则编纂　商务印书馆编译所校订
　　上海　商务印书馆　清宣统 3.1[1911]初版，民国 2.7 第 3 版，民国 5.10 第 5 版
　　102 页　大 32 开
　　北师大　人教　华师大

4－0081
国文学讲义
何楚编
　　广州　两广速成师范馆　[1911?]
　　1 册　大 32 开　线装
　　广东中山

4－0082
两广师范学堂国文课本
　　广州　[两广师范学堂]　[1911?]
　　1 册　大 32 开　线装
　　广东中山

4－0083
国文典
戴克敦编纂
　　上海　商务印书馆　民国 1.12[1912.12]初版，民国 3.8 第 3 版，民国 8 第 9 版
　　205 页　大 32 开　(师范讲习社师范讲义)
　　教育部审定
　　其他题名：国文典讲义
　　北师大　上海　辞书

4－0084
注音字母国语讲义
王璞著　陈恩荣校阅
　　北平　注音字母报社　民国 7.6[1918.6]第 4 版

26 叶　32 开　线装
师范用
初版附注：民国 5 年 3 月初版
北师大

4－0085
新体国文典讲义
俞明谦编纂　陈宝泉，庄俞校订
　　上海　商务印书馆　民国 7.3[1918.3]初版，民国 8.10 第 2 版，民国 15.12 第 5 版
　　218 页　32 开
　　教育部审定　师范学校用
　　北师大　人教　上海　编译馆

4－0086
国语学讲义
黎锦熙编
　　上海　商务印书馆　民国 9.5[1920.5]第 4 版，民国 10.4 第 7 版
　　1 册(45,54 页)　大 32 开
　　教育部审定　师范讲习所用
　　初版附注：民国 8 年 5 月初版
　　华师大　辞书

4－0087
国语发音学概论
朱蕴忱编辑
　　福建　实进社　民国 11.6[1922.6]
　　91 页　图　32 开
　　师范、中学适用
　　北师大

4－0088
中等简易作文法
胡怀琛著
　　上海　崇文书局　民国 11[1922]版
　　98 页　32 开
　　师范学校教授讲义
　　河南

4－0089
国文
钱基博编　顾倬校
　　上海　中华书局　民国 13.8－14.3[1924.8－1925.3]
　　2 册(101,122 页)　大 32 开
　　上册(上卷)：民国 13.8 初版，民国 16.1 第 6 版，民国 18 第 8 版，民国 19.4 第 9 版，民国 21.8 第 10 版
　　下册(下卷)：民国 14.3 初版，民国 18 第 8 版，民国 21.8 第 10 版
　　教育部审定　依照江苏三年师范讲习学程起草委员会所定国文教学纲要编辑　新师范讲习科用书
　　逐页题名：新师范讲习科用书国文
　　北师大　人教　辞书　编译馆

4－0090
国音沿革

方毅著
上海 商务印书馆 民国13.9[1924.9]
66页 32开 (上海国语师范学校讲义 1)
华师大

4-0091

国文讲义
彭子逊辑
[昆明] [云南省立第一师范学校] 民国15[1926]版
1册 图 16开 线装
《国文讲义》、《几何画》合订本
云南社科

4-0092

国文参考书
张振镛编
上海 中华书局 民国16.11[1927.11]
128页 大32开
新师范讲习科用书
逐页题名：新师范讲习科国文参考书
国图 北师大 人教 辞书 天津

4-0093

修辞学
薛祥绥编著 陆翔校订
上海 世界书局 民国20.5[1931.5]初版,民国20.5第2版,民国20.5第3版,民国20.8版,民国21.5订正3版
243页 32开
中学师范学生用
其他题名：中学师范教本修辞学
北师大 上海 天津 广西师大 编译馆

4-0094

国音学
丛介生编著
上海 世界书局 民国22.7[1933.7]
125页 图,表 大32开
根据部颁高中师范课程标准编著
其他题名：高中师范教本国音学
北师大 辞书

4-0095

国语与国文
杜天縻编著
上海 大华书局 民国22.9-11[1933.9-11]
2册(268,346页) 图,表 大32开
第1册：民国22.9初版,民国23第2版
第2册：民国22.11初版,民国23第2版
师范学校、师范科、乡村师范、简易师范用
国图 北师大 辞书 河南(2) 广东中山

4-0096

国文
何炳松,孙俍工编
上海 商务印书馆 民国24.1[1935.1]
6册(203,209,183,171,148,187页) 表 32开 (师范学校教科书 甲种)
第1册：民国24.1初版,民国24.3第2版,民国35.12第11版
第2册：民国24.1初版,民国35.12第10版
第3册：民国24.1初版,民国28初审核定本6版,民国36.9第9版
第4册：民国24.1初版,民国30初审核定本3版,民国35.12第8版,民国37.5第9版
第5册：民国24.1初版,民国24.3第2版,民国37.7第8版
第6册：民国24.1初版,民国24.3第2版,民国30初审核定本4版
附：各册文体分配表及各册文法作法教学分配表
北师大 人教 辞书 辽宁(4) 广东中山(2-4,6)

4-0097

国文读本
宋文翰编
上海 中华书局 民国24.8-26.1[1935.8-1937.1]
5册(286,276,300,334,322页) 大32开
第1册：民国24.8初版,民国24.8第2版,民国30.3第9版,民国36.5第12版
第2册：民国25.2初版,民国25.6版,民国28.4第6版,民国35.12第10版
第3册：民国25.7初版,民国36.5第10版
第4册：民国25.10初版,民国25.10第2版,民国35.8第6版
第5册：民国26.1初版,民国30.3第6版,民国36.5第9版
新课程标准师范、乡村师范学校适用
北师大(1-2) 人教 辞书 广东中山(2) 编译馆(5)

4-0098

国文
叶楚伧主编 汪懋祖,叶溯中校阅
南京 上海 正中书局 民国24.11[1935.11]-
7册(200,229,256,311,316,349,318页) 32开
第1册：民国24.11初版,民国27.2第5版,民国35.10沪27版
第2册：民国25.3初版,民国28.7第31版,民国35.10沪22版,民国37.10版
第3册：民国24初版,民国35.8沪1版,民国37.6版
第4册：民国25.8沪1版,民国26年版,民国27.2第10版,民国35.10第16版
第5册：民国25第6版,民国27.2版,民国36.5第21版
第6册：民国26.3初版,民国28.11第11版,民国35.10第13版
第7册：民国28.3初版,民国35.12沪修正1版
教育部审定 遵照部颁课程标准编辑 简易师范学校及简易乡村师范学校适用
逐页题名：简师简乡师国文
国图(6) 北师大(1-5) 人教 华师大(2-4) 辞书 辽宁(1-3,7) 广东中山(3-5)

4-0099

河南省乡村师资训练所应用文讲义
河南省政府编

河南　[编者刊]　民国24[1935]版
244页　32开
卷端题名:乡村师资训练所应用文教本
其他题名:乡村师资训练所应用文讲义
河南

4-0100
小学教师应用文
朱浩文编著
南京　正中书局　民国25.1[1936.1]
258页　折图,表　32开　(师范丛书)
辞书　西北师大

4-0101
师范应用文
谭正璧编
上海　中华书局　民国28.10[1939.10]初版,民国30.4第2版,民国36.9第5版
378页　32开
华师大　辞书

4-0102
国文
[昆明]　[云南省立第一师范学校]　[1912-1949?]
1册　16开　线装
云南社科

4-0103
国语发音学讲义
云南省立第一师范学校辑
[昆明]　[编者刊]　[1912-1949?]
1册　16开　线装
云南社科

4-0104
薛纂国文教本
薛凤昌辑
江苏　第三师范学校　[1912-1949?]油印本
9册　32开
第1-9册:版次不详
其他题名:国文教本
上海

历 史

课 本

4-0105
历史
江苏师范生编
江苏　宁属学务处　清光绪32.4[1906]
196页　大32开　(江苏师范讲义　第6编)

北师大　人教

4-0106
历史
赵玉森编纂　蒋维乔校订
上海　商务印书馆　民国3.7-4.1[1914.7-1915.1]
4册(95,117,150,149页)　地图(含彩色地图),像,图　大32开
第1册:民国3.7初版,民国9第7版,民国9.11第8版,民国10.9第9版
第2册:民国3.8初版,民国8.6第6版,民国10.6第8版,民国11第9版
第3册:民国3.11初版,民国9.2第3版,民国10.6第4版,民国11.3第5版
第4册:民国4.1初版,民国4.4第2版,民国7.2第3版,民国10.8第7版
教育部审定　本科用
其他题名:师范学校新教科书历史
北师大　人教　华师大(2)　辞书　河南　辽宁(1-3)　广东中山(1-2)　编译馆(3-4)

4-0107
历史
吴绳海编著
南京　北平　上海　正中书局　民国24.5[1935.5]-
4册(242,280,250,222页)　地图,图,表　32开
第1册:民国24.5初版,民国36.11沪29版
第2册:民国24.11初版
第3册:民国25.11第9版,民国35.3第21版
第4册:民国25.8初版,民国35.10第16版
教育部审定　遵照部颁课程标准编著　简易师范学校及简易乡村师范学校适用
逐页题名:简师简乡师历史
北师大　人教　辞书(1)　辽宁(3-4)

4-0108
历史
吴绳海编著
南京　正中书局　民国24.8[1935.8]-
3册(242,280,250页)　地图,图　32开
第1册:民国24.9初版,民国25.7第7版
第2册:民国24.8初版,民国25.8第7版
第3册:民国25.7第4版
教育部审定　遵照部颁课程标准编著　简易师范学校及简易乡村师范学校适用
初版附注:民国24年8-12月初版
书脊题名:简师简乡师历史
辞书　辽宁(1-2)

4-0109
历史
卢文迪,丁绍桓编
上海　中华书局　民国25.5-9[1936.5-9]
3册(316,92,52页)　地图,像,表　大32开

第1册(本国史)：民国25.9初版，民国30.3第9版，民国30.9第12版

第2册(外国史大纲)：民国25.5初版，民国30.1第11版，民国35.7第9版

第3册(史料之收集及编纂法)：民国25.5初版，民国29.1第4版

教育部审定　新课程标准师范、乡村师范学校适用

北师大(1-2)　人教(2)　辞书

4-0110

历史

卢文迪，姚绍华，范作乘编

上海　中华书局　民国25.9-26.3[1936.9-1937.3]

4册(126,128,110,98页)　地图，图，像　大32开

第1册(本国史上)：民国25.9初版，民国30.3第11版，民国36.4第13版

第2册(本国史下)：民国25.10初版，民国28.7第5版，民国30.3第8版

第3册(外国史上)：民国26.3初版，民国26.6第3版

第4册(外国史下)：民国26.3初版

教育部审定　新课程标准简易师范、简易乡村师范学校适用

人教(1-3)　辞书

4-0111

历史

卢文迪，姚绍华，范作乘编

上海　中华书局　民国30.4[1941.4]-

4册(①128,③184,④172页)　地图，图，像　32开

第1册(本国史上)：民国36第12版

第3册(外国史)：民国30.4初版

第4册(中外名人轶事等)：民国30.5初版，民国35.12第3版

新课程标准简易师范、简易乡村师范学校适用

人教(4)　辞书(3-4)　广东中山(1)　编译馆(3)

4-0112

历史

卢文迪，丁绍桓，范作乘编

上海　中华书局　民国30.5[1941.5]-

3册(①296,③220页)　32开

第1册(本国史)：民国35.9第11版

第3册(中外名人传记及轶事)：民国30.5初版，民国35.12第4版

教育部审定　新课程标准师范、乡村师范学校适用

人教(1,3)　辞书(3)　编译馆(1)

4-0113

历史

陈训慈，沈嵩华编著

南京　上海　重庆　正中书局　民国35.4[1946.4]-

2册(415,336页)　地图，图　32开

上册：民国35.4沪1版，民国35沪14版，民国36.5第27版，民国37年版

下册：民国35.10沪3版，民国36沪19版

遵照部颁课程标准编著　师范、乡村师范、幼稚师范用

初版附注：民国31年3月-32年8月初版

逐页题名：师范乡师幼师历史

人教(2)　辞书(1)　辽宁　广东中山

中国史

课　本

4-0114

中国历史讲义

徐念慈著述　丁祖荫，曾朴审订

上海　宏文馆　清光绪34.2[1908]

314页　图，表　大32开

版权页题名：中国历史

辞书

4-0115

中国历史讲义

沈颐编纂

上海　商务印书馆　民国2.6[1913.6]

302页　大32开　(师范讲习社师范讲义)

北师大　辞书

4-0116

新制本国史教本

钟毓龙编　姚汉章，张相阆

上海　中华书局　民国4.1-6.8[1915.1-1917.8]

3册(124,98,106页)　地图，表　大32开

上册：民国4.1初版，民国8.9第7版，民国10第10版

中册：民国6.8初版，民国7.8第2版，民国10.7第5版

下册：民国6.8初版，民国7.8第2版，民国8.11第4版

教育部审定　师范学校适用

书脊题名：新制师范本国史教本

国图　北师大　辞书　河南(1-2)

4-0117

实用历史讲义

潘武著

上海　中华书局　民国4.12[1915.12]初版，民国10.3第7版，民国10第8版

174页　地图　大32开

师范讲习所用

北师大　人教　辞书

4-0118

新体本国历史讲义

柴恩重，于日敏编纂　邓庆澜，谭廉校订

上海　商务印书馆　民国7.3[1918.3]

103页　32开

师范学校用

人教

4-0119

新式国史课本

汤济沧编著
  上海　国光书局　民国9[1920]-
  2册　大32开
  下册：民国9年版
  中等师范学校用
  广西师大(2)

4-0120
本国现代史
直隶第一女子师范学校编
  [出版者不详]　民国13[1924]版
  97页　[32开]　线装
  上海

4-0121
中国史
孟世杰编辑　王桐龄校订
  天津　百城书局　民国21.8[1932.8]-
  2册(174,172页)　地图,表　大32开
  上册：民国21.8第4版,民国22.5第5版
  下册：民国22.8第5版
  初版附注：民国20年6月初版
  其他题名：初中师范教本中国史
  北师大　辞书(1)

4-0122
简师本国历史
(伪)教育部编审会著
  北平　[著者刊]　民国28.8[1939.8]-
  2册(157,130页)　图　32开
  第1册：民国28.8版
  第2册：民国28.12版
  北师大

4-0123
中国历史教科书
  上海　商务印书馆　[1912-1949?]
  2册(106叶)　大32开　线装
  第1-2册：版次不详
  广西师大

外国史

课　本

4-0124
龙门师范学校西洋史讲义
夏清贻著
  上海　开明书店　清光绪32.5[1906]
  36页　大32开　线装
  人教

4-0125
东西洋史讲义

傅运森述
  上海　商务印书馆　民国2[1913]第2版,民国3.11第3版,
   民国11.12第5版
  145页　大32开　(师范讲习社师范讲义)
  初版附注：民国元年12月初版
  北师大　辞书　编译馆

4-0126
世界史
殷祖英著
  北平　文化学社　民国21.7[1932.7]第5版
  184页　图　大32开
  初中师范适用教本
  初版附注：民国16年2月初版
  北师大

4-0127
世界近世史
李温民编著
  北平　文化学社　民国21.8[1932.8]
  390页　图　大32开
  其他题名：高中师范教本世界近世史
  北师大　人教

4-0128
外国史
梁园东编
  上海　商务印书馆　民国24.10[1935.10]
  103页　32开
  根据民国23年9月教育部颁行师范学校课程标准编辑
  其他题名：师范学校教科书外国史
  人教

4-0129
简师外国历史
(伪)教育总署编审会著
  北平　[著者刊]　民国28.9[1939.9]-
  2册　图　32开
  第1册：民国28.9版
  第2册：民国28.12版
  北师大

4-0130
中学师范世界史[修正版]
(伪)教育总署编审会著
  北平　[著者刊]　民国28.12[1939.12]
  262页　地图,图　32开
  逐页题名：世界史
  北师大　辞书

4-0131
外国史纲
何升汉编
  湖南　省立第七师范学校　民国36[1947]-
   册(①183页)　大32开
  上册：民国36年版

广东中山(1)

教学辅导书

4-0132
中外历史试题总解
马宗瑜,范焕基编著
  上海 东方书店 民国25.1[1936.1]
  [230]页 表 32开 (师范会考准备丛书)
  封面题名:综合中外历史试题总解
  辞书

肆 地 理

课 本

4-0133
两广速成师范地理学讲义
张相文讲述
  广州 两广学务处 清光绪31.1[1905]
  96页 32开 线装
  人教

4-0134
地理
(日)牧口常三郎讲授 江苏师范生编辑
  江苏 宁属学务处 清光绪32.6[1906]
  36页 图,表 大32开 (江苏师范讲义 第7编)
  人教

4-0135
地理
谢观,谭廉等编纂 蒋维乔校订
  上海 商务印书馆 民国3.8-10.5[1914.8-1921.5]
  4册(132,124,106,94页) 地图(含彩色地图),图,表 大32开
  第1册:民国3.8初版,民国7.12第5版,民国10.3第8版,民国10.10第9版
  第2册:民国4.6初版,民国8.12第4版,民国11.6第6版,民国11.10版
  第3册:民国4.3初版,民国11.2第2版,民国11.10第3版
  第4册:民国10.5初版,民国10.11第2版,民国12.7第3版
  教育部审定
  其他题名:师范学校新教科书地理
  北师大 人教 华师大(1,3) 辞书(1-2,4) 编译馆

4-0136
实用地理讲义
徐增编著
  上海 中华书局 民国4.12[1915.12]初版,民国5.4第2版,民国7第3版,民国11.8增订12版,民国12.12增订15版,民国13.4增订16版
  198页 表 大32开
  师范讲习所用
  封面题名:地理讲义
  北师大 人教 辞书

4-0137
地理
张印堂,刘汉编纂
  上海 商务印书馆 民国24.5[1935.5]-
  2册(①262页) 32开
  上册:民国24.5初版,民国28.3第2版
  附:中英名词对照表
  其他题名:师范学校教科书地理
  人教(1)

4-0138
地理
葛绥成编
  上海 中华书局 民国24.8-25.9[1935.8-1936.9]
  2册(278,234页) 地图,图 32开
  上册:民国24.8初版,民国24.8第2版,民国29.5第13版,民国30.4第14版,民国36.5第17版,民国37.6第18版
  下册:民国25.9初版,民国28.8第6版,民国30.4第8版,民国36.5第11版,民国38.3第13版
  新课程标准师范、乡村师范学校适用
  北师大(1) 人教 辞书

4-0139
地理
葛绥成编
  上海 昆明 中华书局 民国25.5-9[1936.5-9]
  4册(110,150,130,134页) 地图,图,表 32开
  第1册(本国地理上):民国25.5初版,民国25.7第3版,民国28.7第7版,民国37.6第15版
  第2册(本国地理下):民国25.7初版,民国26.1第2版,民国28.9第6版,民国30.2第9版,民国37.4第12版
  第3册(外国地理上):民国25.7初版,民国30.2第10版,民国36.8第12版
  第4册(外国地理下):民国25.9初版,民国25.9第2版,民国28.7第4版,民国36.11第9版
  教育部审定 新课程标准简易师范、简易乡村师范学校适用
  北师大(3-4) 人教 辞书 河南(2) 编译馆(2,4)

4-0140
简师地理
(伪)教育部编审会著
  北平 [著者刊] 民国28.9[1939.9]
  2册(282,286页) 图 32开
  第1-2册:民国28.9版
  北师大 人教

4－0141

师范乡师地理
(伪)教育总署编审会著
　　北平　[著者刊]　民国28.12[1939.12]-
　　3册(312,320,358页)　图　32开
　　第1册:民国29.12修正版
　　第2册:民国29.12修正版
　　第3册:民国28.12初版
　　北师大

4－0142

地理
(伪)教育总署编审会著
　　北平　新民印书馆　民国28.12[1939.12]-
　　4册(632,320,386,290页)　32开
　　第1册:民国28.12初版,民国29.12修正版
　　第2册:民国29.12修正版
　　第3册:民国28.12初版
　　第4册:民国28.12初版
　　师范、乡村师范用
　　人教

4－0143

地理学讲义
黄辉编辑
　　江西　抚州初级师范学堂　[1912－1949?]
　　4册([452]页)　图　32开　精装
　　第1册(一编):版次不详
　　第2册(二编):版次不详
　　第3册(三编上):版次不详
　　第4册(三编下):版次不详
　　人教

教学参考书

4－0144

地理教授之概要
陈廷梅述
　　[广东]　东莞师范传习所　清光绪32[1906]版
　　1册　大32开　线装
　　广东中山

中国地理

课　本

4－0145

中国地理
徐念慈,谭廉校订
　　上海　商务印书馆　清光绪32.3[1906]初版,民国5.12订正

2版
　　32叶　32开　线装
　　其他题名:师范学校教科书中国地理
　　国图　北师大　上海

4－0146

两江优级师范学堂选科地理讲义
姚明辉著
　　上海　中国图书公司　清宣统1.7[1909]-
　　册(①82,②232页)　表　人32开
　　第1册:宣统1.7初版
　　第2册:宣统2.7初版
　　其他题名:师范学堂选科地理讲义
　　上海(1)　辞书(1-2)

4－0147

师范新地理
姚明辉编制　刘鲁璜,柳肇嘉,赵宪辑纂　张国维校订
　　上海　中国图书公司　民国2.5[1913.5]-
　　8册(①80,②120,③118,④160,⑤-⑥174页)　地图,图　大32开
　　第1册:民国2.5初版
　　第2册:民国2.5初版,民国6.3第2版
　　第3册:民国3.8第2版
　　第4册:民国6.3第2版
　　第5册:民国4.12初版
　　第6册:民国4.12初版
　　北师大(3-6)　人教(2-6)　辞书(1)

4－0148

新体本国地理讲义
庞文源编纂　齐国梁,谭廉校订
　　上海　商务印书馆　民国7.3[1918.3]初版,民国8第2版,
　　民国12.8第8版,民国15.12第10版
　　112页　32开
　　教育部审定　师范学校用
　　北师大　人教　河南　编译馆

4－0149

大中华江苏省地理志
林传甲撰
　　上海　商务印书馆　民国7[1918]
　　1册　[32开]
　　师范、中学甲种实业教科书
　　国图

4－0150

大中华安徽地理志
林传甲著
　　[合肥]　安徽教育厅　民国8[1919]
　　322页　32开
　　师范、中学教科书
　　国图

4－0151

师范乡村师范本国地理

中等教育研究会编纂
　　天津　华北书局　民国27[1938]-
　　册(下244页)　图　32开
　　下册：民国27年版
　　北师大(下)

4-0152
中国地理讲义
庄俞述
　　上海　商务印书馆　[1912-1949?]
　　176页　大32开　(师范讲习社师范讲义)
　　上海

4-0153
中国地理讲义
师范讲习社编辑
　　上海　商务印书馆　[1912-1949?]
　　206页　大32开　(师范讲习社师范讲义)
　　辞书

外国地理

课　本

4-0154
外国地理
(日)川上喜一讲述　孙清如编译
　　东京　东京并木活版所　清光绪34.3[1908]
　　196页　图　大32开　(女子师范讲义　第9编)
　　北师大

4-0155
普通教育新地理：外国之部
杨文洵编述　胡鹿阁校对
　　上海　会文学社　清光绪34.4[1908]
　　344页　图　大32开
　　初级师范、陆军中学、普通学校教科用
　　其他题名：外国之部
　　北师大

4-0156
外国地理讲义
孙毓修,朱元善述
　　上海　商务印书馆　民国5.6[1916.6]第5版
　　132页　大32开　精装　(师范讲习社师范讲义)
　　教育部审定
　　初版附注：民国元年12月初版
　　北师大　辞书

4-0157
世界地理
殷祖英著
　　北平　文化学社　民国17.9[1928.9]-
　　2册(182,108页)　地图,图,表　大32开

上册：民国17.9第4版,民国18.10第5版,民国21第7版
下册：民国19第3版,民国20.4第4版,民国20.8第5版
初中师范适用教本
初版附注：民国4年9月初版
封面题名：初中师范适用教本世界地理
北师大　辞书　天津

4-0158
新体外国地理讲义
夏廷璋编纂　谭廉,庄俞校订
　　上海　商务印书馆　民国7.3[1918.3]
　　142页　25开
　　师范学校用
　　人教

教学辅导书

4-0159
中外地理试题总解
陈光伯,邹茂之著
　　上海　东方书店　民国25.1[1936.1]
　　[232]页　表　32开　(师范会考准备丛书)
　　封面题名：综合中外地理试题总解
　　辞书

肆　数　学

课　本

4-0160
中等师范算学教科书新编
陈福民编辑
　　杭州　浙江武备学堂　清光绪31.11[1905]-
　　2册(①236页)　大32开　线装
　　第1册(上卷)：光绪31.11初版
　　人教(1)

4-0161
龙门师范学校算学讲义
夏日璈著
　　上海　开明书店　清光绪32.1[1906]-
　　3册(②164,③96页)　32开　线装
　　第2-3册：光绪32.1初版,光绪32.4第2版
　　人教(2-3)

4-0162
数学讲义
寿孝天,赵秉良编

上海　商务印书馆　民国 10.11[1921.11]第 6 版
212 页　32 开　(师范讲习社师范讲义)
初版附注：民国 2 年 6 月初版
北师大

4-0163
新体数学讲义
俞子夷,师范讲习社编纂　刘大绅校订
　　上海　商务印书馆　民国 10.11[1921.11]第 5 版,民国 15.6
　　　第 7 版
　　66 页　表　大 32 开
　　教育部审定　师范讲习科用
　　初版附注：民国 7 年 3 月初版
　　辞书　编译馆

4-0164
算学
任诚编著
　　南京　正中书局　民国 24.8[1935.8]-
　　6 册(①156 页)　表　32 开
　　第 1 册：民国 24.8 初版
　　遵照部颁课程标准编著
　　封面题名：简易师范学校及简易乡村师范学校算学
　　其他题名：简师简乡师算学
　　辞书(1)

4-0165
算学
任诚编著
　　南京　上海　正中书局　民国 24.12 - 26.4 [1935.12 -
　　　1937.4]
　　6 册(153,228,267,245,256,156 页)　32 开
　　第 1 册：民国 24.12 初版,民国 35.10 沪 27 版
　　第 2 册：民国 24.12 初版,民国 35.8 沪 1 版,民国 35.10 沪
　　　23 版
　　第 3 册：民国 25.5 初版,民国 35.10 沪 21 版
　　第 4 册：民国 25.10 初版,民国 35.10 沪 16 版
　　第 5 册：民国 26.4 初版,民国 35.8 沪 1 版,民国 35.10 沪
　　　17 版
　　第 6 册：民国 26.4 初版,民国 35.8 沪 1 版,民国 35.10 沪
　　　13 版
　　教育部审定　简易师范学校及简易乡村师范学校用
　　人教　辽宁(2,5-6)

4-0166
算学实际问题之解法
陆子芬编
　　上海　中华书局　民国 25.11[1936.11]初版,民国 26 第 2
　　　版,民国 26.4 第 3 版,民国 35.8 第 9 版
　　118 页　图,表　大 32 开　(算学　5)
　　新课程标准师范、乡村师范适用
　　封面题名：算学
　　逐页题名：新课程标准师范算学实际问题之解法
　　人教　辞书　天津

4-0167
师范算学
祝楣编著
　　南京　正中书局　民国 28.4[1939.4]
　　3 册(180,196,149 页)　表　32 开
　　第 1-3 册：民国 28.4 版
　　新课程标准适用
　　封面题名：师范学校算学
　　辞书

4-0168
算学
陈荩民,赵廷为等编
　　上海　重庆　商务印书馆　民国 29.1[1940.1]-
　　5 册([977]页)　32 开
　　第 1 册(基本运算之练习)：民国 29.1 初版,民国 35.9 第
　　　3 版
　　第 2 册(代数及简单数性之讨论)：民国 35.11 第 3 版
　　第 3 册(几何及三角)：民国 35.11 第 3 版
　　第 4 册(实用问题解法)：民国 35.11 第 3 版
　　第 5 册(小学教学之研究)：民国 35.11 第 3 版
　　其他题名：简易师范学校教科书算学
　　北师大　人教　辽宁(1-2,5)

4-0169
算学
陈伯琴,胡思齐编　余介石校
　　成都　四川政府教育厅　民国 29.10[1940.10]
　　144 页　32 开
　　其他题名：国民师范训练教本算学
　　国图

4-0170
数学
胡国钰编
　　[不详]　国立西北师范学校附设中心国民学校教员函授学校
　　　民国 35.1[1946.1]-
　　　册(①110 页)　32 开
　　第 1 册(代数之部)：民国 35.1 版
　　国图(1)

教学辅导书

4-0171
算学试题总解
施惠同编著
　　上海　东方书店　民国 25.2[1936.2]
　　[217]页　图　32 开　(师范会考准备丛书)
　　封面题名：综合初等代数平面几何三角试题总解
　　辞书

算 术

课 本

4-0172
近世算术
徐念慈编纂　骆师曾,赵秉良校订
　　上海　商务印书馆　清光绪 32.6[1906]初版,民国 6 订正 3 版
　　240 页　图,表　大 32 开
　　初级师范学校及中学校用
　　北师大　华师大　辞书　天津

4-0173
最新算术教科书
石承宣编辑　沈羽校订
　　上海　中国图书公司　清光绪 33.12[1908]
　　192 页　32 开
　　初级师范及中学适用
　　北师大

4-0174
算术教科书
顾树森编　陆费逵,姚汉章,戴克敦阅
　　上海　中华书局　民国 3.3[1914.3]初版,民国 6.3 第 10 版,民国 9.7 第 19 版,民国 9.11 第 20 版,民国 10.11 第 21 版,民国 11 第 23 版,民国 20.8 第 47 版
　　[225]页　图,表　32 开
　　教育部审定　讲习适用
　　北师大　人教　华师大　辞书　河南

4-0175
实用算术讲义
顾树森著
　　上海　中华书局　民国 4.12[1915.12]初版,民国 8.3 第 4 版,民国 8 第 5 版
　　174 页　表　大 32 开
　　师范讲习所用
　　辞书　河南

4-0176
算术
陈怀书编　任诚,许崇德校
　　上海　中华书局　民国 14.10[1925.10]初版,民国 19.12 第 10 版,民国 20.7 第 11 版,民国 20.9 第 12 版,民国 21 第 13 版,民国 21.8 第 14 版,民国 23.9 第 15 版
　　284 页　图,表　大 32 开
　　封面题名:新师范算术
　　其他题名:新师范教科书算术
　　北师大　人教　上海　华师大　辞书　河南　编译馆

4-0177
初中师范算术
高佩玉编　陈汉坤订正
　　北平　文化学社　民国 22.4[1933.4]
　　274 页　图　大 32 开
　　北师大　上海　河南

4-0178
算术
余介石,梅慕埙编
　　上海　商务印书馆　民国 24.10[1935.10]-
　　册(①226 页)　32 开
　　第 1 册(几何及三角):民国 24.10 初版,民国 24.10 第 3 版
　　遵照教育部颁布师范科课程标准编制　师范学校第一学年第一学期用
　　其他题名:师范学校教科书算术
　　北师大(1)　人教(1)

4-0179
算术教材:珠算之部
张云枢,傅超凡编　涂冈,胡贵明校
　　南昌　江西省政府教育厅　民国 28[1939]版
　　212 页　图,表　32 开
　　江西义教师资训练教材
　　国图　广东中山

4-0180
算术
吴沧编著
　　上海　永祥印书馆　民国 35.5[1946.5]
　　152 页　表　32 开
　　高中师范、简易师范、乡村师范适用
　　辞书

教学辅导书

4-0181
新制算术教本答数
王永炅,胡树楷编　陈枧,王祖训校阅
　　上海　中华书局　民国 5.10[1916.10]-
　　2 册(21,20 页)　32 开
　　第 1 册(上卷):民国 5.10 初版,民国 11.11 第 7 版
　　第 2 册(下卷):民国 9.3 第 3 版,民国 11.12 第 7 版
　　师范学校、中学校适用
　　辞书

4-0182
算术问题答案
陈怀书编　任诚,许崇德校
　　上海　中华书局　民国 15.1[1926.1]初版,民国 19.7 第 2 版,民国 21.7 第 3 版
　　53 页　大 32 开
　　封面题名:新师范算术问题答案
　　其他题名:新师范教科书算术问题答案
　　国图　人教　辞书　天津　广东中山　编译馆

4-0183

基本运算之练习

陆子芬,谭秉乾编

上海　中华书局　民国 24.11[1935.11]初版,民国 24 第 2 版,民国 25.7 第 4 版,民国 26.1 第 5 版,民国 36.4 第 15 版

184 页　表　大 32 开　(算学　4)

新课程标准师范、乡村师范适用

封面题名:算学

人教　上海　辞书　天津

4-0184

基本运算之练习

魏元雄编辑　程廷熙校订

北平　算学丛刻社　民国 25.8[1936.8]

160 页　图,表　32 开

卷端题名:师范学校基本运算之练习

辞书

代　数

课　本

4-0185

新编初等代数学教科书

顾裕魁编纂　王家菼校订

上海　商务印书馆　清宣统 1[1909]第 3 版,民国 1.5 第 5 版,民国 17.6 第 22 版

138 页　表　大 32 开

师范、中学堂用

初版附注:清光绪 34 年初版

北师大　天津　编译馆

4-0186

代数学

广州　两广师范学堂　[1911?]

　册　大 32 开　线装

第 1 册:版次不详

广东中山(1)

4-0187

代数及简单数性之研究

陈荩民编

上海　中华书局　民国 25.7-8[1936.7-8]

2 册(264,192 页)　图,表　大 32 开　(算学　2)

上册:民国 25.7 初版,民国 26.5 第 2 版,民国 35.12 第 10 版

下册:民国 25.8 初版,民国 35.9 第 7 版,民国 36.5 第 8 版

新课程标准师范、乡村师范学校适用

人教　辞书　广西师大(2)

4-0188

代数及简单数性之讨论

张鹏飞编

上海　中华书局　民国 26.5[1937.5]初版,民国 28.7 第 4 版

316 页　图,表　大 32 开　(算学　2)

新课程标准简易师范学校适用

人教　辞书

几　何

课　本

4-0189

平面几何学

林锡璜编纂

广州　两广初级师范简易科馆　[1911?]

1 册　大 32 开　线装

两广初级师范学堂简易科馆讲义

广东中山

4-0190

几何画讲义

吴钢讲述

广州　两广初级师范简易科馆　[1911?]

1 册　大 32 开　线装

广东中山

4-0191

几何学

广州　两广初级师范简易科馆　[1911?]

1 册　32 开　线装

广东中山

4-0192

几何画

冯洸辑

[昆明]　[云南省立第一师范学校]　民国 15[1926]版

1 册　图　16 开　线装

《几何画》、《国文讲义》合订本

云南社科

4-0193

解析几何

朱言钧编

上海　商务印书馆　民国 24.9[1935.9]初版,民国 24.10 第 3 版,民国 30.4 第 9 版

145 页　图　32 开

其他题名:师范学校教科书解析几何

人教　辞书　广东中山

4-0194

几何及三角

余介石,梅慕埧编纂

上海　商务印书馆　民国 24.10[1935.10]

226 页　图,表　32 开

其他题名:师范学校教科书几何及三角

辞书

4-0195

解析几何学
雷琛编

上海　中华书局　民国25.7[1936.7]初版,民国26.4第2版,民国36.5第8版
232页　图　大32开　（算学　3）
新课程标准师范、乡村师范学校适用
人教　华师大　辞书　天津

4-0196

几何及三角
余光烺,叶兰馨,吴咏怀,张济华,潘廷洸编

上海　中华书局　民国25.8[1936.8]初版,民国26.1第2版,民国36.4第13版
374页　图　大32开　（算学　1）
新课程标准师范、乡村师范学校适用
人教　辞书

4-0197

几何及三角
张静峰编辑　程廷熙,闵嗣鹤校订

北平　师大附中算学丛刊社　民国26.4[1937.4]
308页　图　32开
师范学校用
北师大

4-0198

几何及三角
张鹏飞编

上海　中华书局　民国26.5[1937.5]初版,民国35.8第6版
227页　图　大32开　（算学　3）
新课程标准简易师范学校适用
人教　辞书

自然科学

课　本

4-0199

公民必读理科纲要
钱承驹编辑

上海　文明书局　清光绪34.12[1909]-
9册(54,62,38,50,44,34,30,44,48页)　图(含彩图)　大32开
第1册(植物学纲要)：宣统3.7第2版
第2册(动物学纲要)：民国2.2第2版
第3册(生理卫生学纲要)：民国2.2第2版
第4册(矿物学纲要)：光绪34.12初版
第5册(地文学纲要)：光绪34.12初版
第6册(地质学纲要)：光绪34.12初版
第7册(天文学纲要)：光绪34.12初版
第8册(化学纲要)：光绪34.12初版
第9册(物理学纲要)：宣统3.7第2版
教育部审定　师范讲习科用
初版附注：清光绪34年12月初版
人教(2,4)　辞书

4-0200

理化学初步讲义
钟观光,陈学郢述

上海　商务印书馆　民国6.5[1917.5]第6版
150页　大32开　精装　(师范讲习社师范讲义)
初版附注：清宣统3年12月初版
北师大　辞书

4-0201

实用理科讲义
吴家煦著

上海　中华书局　民国4.12[1915.12]
2册(230,137页)　图,表　大32开
第1册(上卷：博物编)：民国4.12初版,民国11第9版,民国11.12第11版
第2册(下卷：理化编)：民国4.12初版,民国11第9版,民国11.12第11版
师范讲习所用
人教　辞书　广东中山(2)

教学参考书

4-0202

理化学教授指南
孙佐,严保诚编译

上海　商务印书馆　清光绪34.9[1908]初版,民国14第5版
153页　图　大32开
自然科教学参考书　师范学堂用
北师大　人教　河南　广东中山

物理学

课　本

4-0203

物理学
湖北师范生编辑

武昌　湖北学务处　清光绪31.2[1905]
155页　大32开　（师范教科丛编　第9种）
师范学校及中学校教科之用
北师大　人教

4-0204

物理

江苏师范生编

江苏 宁属学务处 清光绪32.4[1906]-

2册 图 大32开 (江苏师范讲义 第8编)

第1册(上卷):光绪32.4初版

北师大(1) 人教(1)

4-0205

物理学

严保诚编辑 杜就田校阅

上海 商务印书馆 清光绪32.12[1907]

54叶 图 大32开 线装

其他题名:初级师范学校教科书物理学

北师大 辞书

4-0206

物理学讲义

广州 两广初级师范简易科馆 [1911?]

1册 大32开 线装

广东中山

4-0207

物理学讲义录

广州 两广初级师范简易科馆 [1911?]

1册 大32开 线装

广东中山

4-0208

物理学讲义

陈学郢,严保诚述

上海 商务印书馆 民国1.12[1912.12]初版,民国6.11第4版

155页 大32开 精装 (师范讲习社师范讲义)

北师大 上海 辞书 编译馆

4-0209

新体物理学讲义

林元乔编纂 凌昌焕校订

上海 商务印书馆 民国7.3[1918.3]初版,民国15.7第6版

163页 图 32开

教育部审定 师范讲习科用

北师大 河南 广东中山 编译馆

4-0210

物理学

常伯华编著

南京 上海 正中书局 民国24.9-11[1935.9-11]

2册(286页) 图 32开

上册:民国24.9初版,民国25第5版,民国35.10沪17版

下册:民国24.11初版,民国35.8沪1版,民国35.10沪17版

教育部审定 遵照部颁课程标准编著 简易师范学校及简易乡村师范学校用

逐页题名:简师简乡师物理学

人教 辞书 辽宁(2) 广东中山(1)

4-0211

物理学

张开圻编著 戴运轨校订

重庆 上海 正中书局 民国25.8[1936.8]-

2册(343页) 图 32开

上册:民国25.8初版,民国31.11渝24版,民国35.4沪1版,民国35.7沪8版,民国35.11沪11版

下册:民国35.4沪1版,民国35.10沪3版,民国35.10沪12版

教育部审定

版权页题名:师范乡师物理学

逐页题名:师范物理学

国图 人教 辞书 辽宁

4-0212

物理

朱福炘编

上海 中华书局 民国25.10-26.8[1936.10-1937.8]

2册(224,318页) 图 大32开

上册:民国25.10初版,民国35.12第10版,民国36.5第11版

下册:民国26.8初版,民国35.12第9版,民国36.10第10版

新课程标准师范适用

附:中西名词对照表

人教 辞书

4-0213

物理

郁树锟编 徐天游校

上海 中华书局 民国25.12-28.10[1936.12-1939.10]

2册(182,130页) 图,表 大32开

上册:民国25.12初版,民国26.4第2版,民国26.4第3版,民国36.4第11版

下册:民国28.10初版,民国35.12第4版

新课程标准简易师范适用

附:中西文名词对照表

人教 上海(1) 华师大(1) 辞书

4-0214

物理学

沈有葵,周毓莘编

上海 商务印书馆 民国28.1[1939.1]

2册(441页) 32开

上册:民国28.1初版,民国28.5第2版

下册:民国28.1初版,民国28.5第2版,民国35.11第6版

其他题名:师范学校教科书物理学

人教 辽宁(2)

4-0215

物理学

徐仁铣,张有清编

上海 商务印书馆 民国29.2[1940.2]-

2册(154,161页) 32开
上册:民国35.10第3版
下册:民国29.2初版,民国35.10第3版
附:中英名词对照索引
其他题名:简易师范学校教科书物理学
人教(2) 辽宁

4-0216
物理学讲义
朱宗吕辑
[浙江] 浙江两级师范学堂 [1912-1949?]油印本
147页 大32开 线装
上海

肆 化 学

课 本

4-0217
化学矿物编
(日)樱井寅之助著 杨国璋译编
北京 壆受书社 民国1.9[1912.9]订正2版
196页 大32开
女子师范、中学校适用
初版附注:清光绪30年12月初版
其他题名:理科教科书化学矿物编
北师大

4-0218
实验化学教科书
(日)大幸勇吉著 虞辉祖,虞翼祖译述
上海 上海科学仪器馆 清光绪31.8[1905]第2版
70页 图,表 大32开 (科学馆丛书)
辞书

4-0219
化学
四川师范生编
四川 四川教育会 清光绪32.2[1906]
332页 图 大32开 (四川师范讲义 第15编)
北师大 人教

4-0220
化学
江苏师范生编
江苏 宁属学务处 清光绪32.4[1906]
183页 图,表 大32开 (江苏师范讲义 第10编)
北师大 人教 辞书

4-0221
普通化学教科书
钱承驹编辑

上海 文明书局 清光绪33.7[1907]
114页 图,表 大32开 精装
教育部审定
逐页题名:化学教科书
辞书

4-0222
化学
严保诚编辑
上海 商务印书馆 清宣统3.9[1911]第6版
52叶 图 32开 线装
初版附注:清光绪33年8月初版
其他题名:初级师范学校教科书化学
北师大

4-0223
化学教科书
(日)吉田彦六郎著 何时译
广州 两广初级师范简易科馆 [1911?]
1册 大32开 线装
广东中山

4-0224
化学讲义
(日)藤乡秀树讲述
广州 两广速成师范馆 [1911?]
1册 大32开 线装
广东中山

4-0225
化学讲义
胡君复编述
惠州 初级师范简易科馆 [1911?]
1册 大32开 线装
广东中山

4-0226
化学讲义
钟观光述
上海 商务印书馆 民国1.12[1912.12]初版,民国5.6第4版
189页 图 大32开 精装 (师范讲习社师范讲义)
北师大 上海 辞书 编译馆

4-0227
新体化学讲义
吴则范编纂
上海 商务印书馆 民国7.3[1918.3]初版,民国10.11第3版
180页 图 32开
师范讲习社用
北师大 编译馆

4-0228
化学
高同恩,薄善保编 刘拓校订
北平 百城书局 民国21.8[1932.8]
148页 图,表 32开

版权页题名:初中师范化学
其他题名:初中师范教本化学
辞书

4-0229
化学
阎玉振编
天津 百城书局 民国21.8[1932.8]
232页 图,表 32开
初中师范适用
版权页题名:初中师范化学
其他题名:初中师范教本化学
北师大 人教 辞书

4-0230
简师简乡师化学
常伯华编著
南京 上海 正中书局 民国24.9-12[1935.9-12]
2册(261页) 图,表 32开
上册:民国24.9初版,民国35.10沪22版,民国37.9第3版
下册:民国24.12初版,民国35沪22版,民国35.10沪25版
教育部审定 遵照部颁课程标准编著 简易师范学校及简易乡村师范学校用
封面题名:简易师范学校及简易乡村师范学校化学
国图 北师大 人教 辞书 辽宁(1)

4-0231
化学
华襄治,蒋伯阳编 陶鸿翔,华汝成校
上海 中华书局 民国26.3-4[1937.3-4]
2册(124,143页) 图,表 大32开
上册:民国26.3初版,民国26.3第2版,民国35.6第5版,民国36.4第8版
下册:民国26.4初版,民国30.3第4版,民国36.5第7版
新课程标准简易师范学校适用
封面题名:新课程标准简易师范学校适用化学
人教 华师大(1) 辞书

4-0232
化学
储润科编
上海 中华书局 民国26.6-8[1937.6-8]
2册(153,176页) 图,表 32开
上册:民国26.6初版,民国30.3第6版,民国36.4第9版
下册:民国26.8初版,民国35.9第6版,民国35.12第8版,民国36.5第9版
新课程标准师范、乡村师范学校适用
北师大 人教 辞书 辽宁(2)

教学辅导书

4-0233
化学试题总解

吴崇理,施惠同编著
上海 东方书店 民国25.2[1936.2]
[243]页 图,表 32开 (师范会考准备丛书)
封面题名:综合化学试题总解
辞书

肆 博 物

课 本

4-0234
博物学
惠州 初级师范简易科馆 [1911?]
1册 大32开 线装
广东中山

4-0235
博物学初步讲义
杜亚泉,杜就田编纂
上海 商务印书馆 民国6.5[1917.5]第5版,民国12.5第9版
181页 32开 (师范讲习社师范讲义)
初版附注:民国元年12月初版
北师大 辞书 编译馆

4-0236
新体博物讲义
李约编纂 陈纶,凌昌焕校订
上海 商务印书馆 民国7.3[1918.3]版,民国10第4版,民国11.5第6版
192页 图 32开
教育部审定 师范讲习科适用
北师大 人教 河南

肆 矿 物

课 本

4-0237
矿物学
(日)严田敏雄讲义 余肇升等编
武昌 湖北学务处 清光绪31[1905]版
113页 图 大32开 (师范教科丛编 第11种)
北师大

4-0238
矿物学

江苏师范生编辑
　　江苏　宁属学务处　清光绪32.4[1906]版
　　96页　图　大32开　(江苏师范讲义　第14编)
　　北师大　人教

4-0239
矿物学讲义
杜亚泉述
　　上海　商务印书馆　民国1.12[1912.12]初版,民国5.6第3版,民国11.3第5版
　　92页　图　大32开　(师范讲习社师范讲义)
　　北师大　人教　上海　辞书　编译馆

生物学

课　本

4-0240
新中华生物学
费鸿年编
　　上海　新国民图书社　民国21.8[1932.8]初版,民国21.10第2版
　　329页　图　大32开
　　高级中学师范科用
　　逐页题名:新中华高师生物学
　　北师大　人教　辞书　编译馆

4-0241
教育生物学
潘锡九编著
　　上海　世界书局　民国23.1[1934.1]初版,民国23.11第2版
　　224页　图　32开
　　其他题名:师范学校教本教育生物学
　　北师大　人教　华师大　河南　广东中山

4-0242
师范生物学
吴瑞庭编　陈兼善校
　　广州　中华科学教育改进社　民国24.8[1935.8]
　　349页　图　32开
　　教育部新标准　高级师范、乡村师范用
　　其他题名:高中师范教本新标准师范生物学
　　国图　辞书

4-0243
生物学
周建人编
　　上海　商务印书馆　民国24.8-10[1935.8-10]
　　2册(216,183页)　图　32开
　　上册:民国24.8初版,民国24.10第3版,民国25.12第4版
　　下册:民国24.10初版
　　其他题名:师范学校教科书生物学
　　国图　北师大　上海(1)　辞书　河南

4-0244
师范学校及乡村师范学校生物学
胡步蟾著　薛德焴校订
　　南京　上海　正中书局　民国24.12[1935.12]初版,民国25第5版,民国35沪14版,民国36.5沪29版
　　345页　图　32开
　　教育部审定　新课程标准适用　师范学校及乡村师范学校用
　　附:实验要目和中西名词对照表
　　北师大　人教　广东中山

4-0245
生物学
薛德焴编
　　上海　中华书局　民国25.9[1936.9]初版,民国26年版
　　247页　图　大32开
　　新课程标准师范、乡村师范学校适用
　　上师大　辞书

教学辅导书

4-0246
生物学试题总解
薛建新,谢汝聪编著
　　上海　东方书店　民国25.1[1936.1]
　　[196]页　图,表　32开　(师范会考准备丛书)
　　封面题名:综合生物学试题总解
　　辞书

植物学

课　本

4-0247
植物学
湖北师范生编辑
　　武昌　湖北学务处　清光绪31.2[1905]
　　159页　图　大32开　(师范教科丛编　第13种)
　　北师大　人教

4-0248
植物
江苏师范生编辑
　　江苏　宁属学务处　清光绪32.4[1906]
　　114页　图　大32开　(江苏师范讲义　第13编)
　　北师大　人教

4-0249
女子理科教科植物篇

(日)滨幸次郎,(日)河野龄藏著　姚昶绪,杨传福译补
　　上海　时中书局　清光绪32.12[1907]
　　68页　图　大32开
　　女子师范学校适用
　　北师大

4－0250
植物学讲义
　　广州　两广初级师范简易科馆　[1911?]
　　1册　大32开　线装
　　广东中山

4－0251
植物学讲义
严保诚,孔庆莱述
　　上海　商务印书馆　民国1.12[1912.12]初版,民国11.11第6版
　　106页　图　大32开　(师范讲习社师范讲义)
　　北师大　辞书　编译馆

4－0252
植物学
朱隆勋,张起焕编辑
　　北平　文化学社　民国20.11[1931.11]第2版,民国21.9第3版
　　152页　图,表　32开
　　初版附注：民国19年12月初版
　　版权页题名：新制初中师范植物学
　　其他题名：初中师范教科书植物学
　　北师大　辞书　河南

4－0253
初中师范植物学
张国璘编
　　天津　百城书局　民国21.9[1932.9]第4版
　　232页　图　32开
　　初版附注：民国20年8月初版
　　卷端题名：初中植物学
　　版权页题名：植物学
　　辞书

4－0254
初中师范新标准植物学
李约编
　　北平　文化学社　民国22.9[1933.9]
　　138页　图　32开
　　其他题名：新标准初中植物学
　　北师大

4－0255
简师简乡师植物学
童致棱,罗士苇编著　罗宗洛校阅
　　南京　上海　正中书局　民国24.9[1935.9]-
　　2册(194,344页)　图,照片　32开
　　上册：民国24.9初版,民国26第20版,民国37.6沪4版
　　下册：民国35.8沪1版

教育部审定　遵照部颁课程标准编著　简易师范学校及简易乡村师范学校用
　　附：中西名词对照表
　　封面题名：简易师范学校及简易乡村师范学校植物学
　　其他题名：植物学
　　人教　辞书(1)　河南(1)

4－0256
植物学
周建人编
　　上海　商务印书馆　民国24.10-36.5[1935.10-1947.5]
　　2册(88,89页)　图　32开
　　上册：民国24.10初版,民国28.1审定3版,民国29审定4版,民国38.2第8版
　　下册：民国36.5初版,民国38.2第5版
　　其他题名：简易师范学校教科书植物学
　　北师大(1)　人教　华师大(1)　辞书(1)　河南(1)　广东中山(1)

4－0257
植物学
华汝成编　朱彦俯校
　　上海　中华书局　民国28.7-10[1939.7-10]
　　2册(148,152页)　图　32开
　　上册：民国28.7初版,民国36.4第9版
　　下册：民国28.10初版,民国30.3第3版
　　新课程标准简易师范适用
　　附：中西文名词对照表
　　人教　辞书

动物学

课本

4－0258
动物学
湖北师范生编辑
　　武昌　湖北学务处　清光绪31.2[1905]
　　158页　图　大32开　(师范教科丛编　第12种)
　　北师大　人教

4－0259
动物学
(日)高桥章臣讲授　江苏师范生编辑
　　江苏　宁属学务处　清光绪32[1906]版
　　118页　图　大32开　(江苏师范讲义)
　　北师大　人教

4－0260
动物学
四川师范生编
　　四川　四川教育会　清光绪32[1906]版
　　169页　图　32开　(四川师范讲义)

卷端题名：博物学讲义动物界
人教

4-0261
动物学讲义
杜亚泉,杜就田述
上海　商务印书馆　民国11.12[1922.12]第5版
106页　图,表　大32开　(师范讲习社师范讲义)
上海　人教　辞书　编译馆

4-0262
初中师范动物学
朱隆勋,张起焕合编
北平　文化学社　民国20.2[1931.2]初版,民国20.8第3版
[260]页　图(含彩图),表　32开
封面题名：初中师范教科书动物学
卷端题名：新制初中师范动物学
北师大　辞书

4-0263
动物学
萧述宗编
天津　百城书局　民国21.8[1932.8]第2版,民国21.9第3版
136页　图,表　32开
初版附注：民国20年8月初版
版权页题名：初中师范动物学
其他题名：初中师范教本动物学
北师大　辞书

4-0264
初中师范新标准动物学
李约编
北平　文化学社　民国22.10[1933.10]初版,民国23.9第2版
218页　图　32开
逐页题名：新标准初级中学动物学
其他题名：新标准初中动物学
北师大　上海

4-0265
简师简乡师动物学
缪端生编著　薛德焴校阅
南京　正中书局　民国24.7-11[1935.7-11]
2册([401]页)　图,表　32开
上册：民国24.7初版,民国24.8第2版,民国24.9第3版
下册：民国24.11初版,民国28.7第14版
遵照部颁课程标准编著
封面题名：简易师范学校及简易乡村师范学校动物学
北师大　华师大(2)　辞书

4-0266
动物学
薛德焴编著
南京　上海　正中书局　民国24.8[1935.8]
2册(198,199页)　32开

上册：民国24.8沪1版,民国35.10沪21版,民国37.6沪版
下册：民国24.8沪1版,民国35.10第19版
教育部审定　简易师范、乡村师范学校适用
附：中西文名词对照表
人教　辽宁(1)

4-0267
动物
陈纶,华汝成编　华文祺校
上海　中华书局　民国25.4-11[1936.4-11]
2册(132,184页)　图,表　32开
上册：民国25.4初版,民国28.5第4版
下册：民国25.11初版,民国28.5版
教育部审定　初审核定本　新课程标准简易师范学校适用
附：中西文名词对照表
人教　华师大(1)　辞书

4-0268
动物学
陈纶,华汝成编　华文祺校
上海　中华书局　民国29[1940]
2册(134,182页)　图,表　32开
上下册：民国29第7版,民国30.3第8版
教育部审定　初审核定本　新课程标准简易师范学校适用
附：中西文名词对照表
辞书　广东中山(2)

肆　生理卫生

课　本

4-0269
生理学
湖北师范生编辑
武昌　湖北学务处　清光绪31.3[1905]
201页　图　大32开　(师范教科丛编　第10种)
北师大

4-0270
生理学
江苏师范生编辑
江苏　宁属学务处　清光绪32.4[1906]
94页　图　大32开　(江苏师范讲义　第11编)
北师大　人教　上海

4-0271
生理学
四川师范生编
四川　四川教育会　清光绪32[1906]版
169页　图　大32开　(四川师范讲义　第10编)
其他题名：四川师范讲义生理学

北师大　人教

4-0272

生理卫生学
（日）山内雄繁，（日）高桥本吉原著　朱士杰译述　孙佐校订
　　上海　商务印书馆　民国5.5[1916.5]第10版
　　26叶　图　大32开　线装
　　初版附注：清光绪34年7月初版
　　逐页题名：生理卫生教科书
　　其他题名：师范学校教科书生理卫生学
　　辞书

4-0273

生理学讲义
严保诚述
　　上海　商务印书馆　民国6.6[1917.6]
　　104页　图,表　大32开　（师范讲习社师范讲义）
　　上海　辞书

4-0274

人体生理卫生学提要
薛德焴　武昌高等师范学校理科丛书编辑部编辑
　　上海　商务印书馆　民国13[1924]第3版
　　[354]页　16开
　　国图

4-0275

生理卫生学
朱隆勋,张起焕合编
　　北平　文化学社　民国21.4[1932.4]版
　　120页　图(含彩图)　32开
　　初版附注：民国20年3月初版
　　版权页题名：新制初中师范生理卫生学
　　其他题名：初中师范教科书生理卫生学
　　辞书

4-0276

生理卫生
成士杰编辑
　　天津　百城书局　民国21.8[1932.8]
　　156页　图　32开
　　其他题名：初中师范教本生理卫生
　　北师大　辞书

4-0277

卫生
赖斗岩,苏德隆编纂
　　上海　商务印书馆　民国24.10[1935.10]
　　246页　图,表　32开
　　其他题名：师范学校教科书卫生
　　北师大　人教　上海　辞书

4-0278

卫生
陈雨苍编著　薛德焴校订
　　南京　上海　正中书局　民国25.8[1936.8]-
　　4册(①-③[428]页)　图,表　32开

第1册：民国25初版,民国37.11沪3版
第2册：民国25.10初版,民国37.5沪1版,民国37.11沪3版
第3册：民国25.8初版,民国35.9沪1版,民国37.11沪3版
遵照部颁课程标准编著　简易师范及乡村师范学校适用
国图(1-3)　人教(1-3)

4-0279

卫生
陈志潜,华汝成编
　　上海　中华书局　民国25.11[1936.11]初版,民国26.2第3版,民国28第4版,民国30.3第9版,民国35.12第11版
　　260页　图,表　大32开
　　新课程标准师范、乡村师范学校适用
　　国图　人教　辞书

4-0280

生理及卫生
赖斗岩,王有琪编　马汝梅校订
　　上海　商务印书馆　民国37.9[1948.9]
　　3册([287]页)　32开
　　第1-3册：民国37.9版
　　依教育部民国32年6月修正颁行的简易师范学校课程标准编辑
　　附：中西文名词对照表
　　其他题名：简易师范教科书生理及卫生
　　人教

肆　经　济

课　本

4-0281

农业经济及合作
王世颖,冯静远编
　　上海　黎明书局　民国23.10[1934.10]
　　336页　大32开
　　其他题名：黎明师范教本农业经济及合作
　　河南　广西师大

4-0282

农村经济及合作
朱若溪编
　　上海　中华书局　民国24.8[1935.8]初版,民国24.8第2版,民国24.8第5版,民国35第16版
　　166页　大32开
　　新课程标准乡村师范、简易乡村师范学校适用
　　辞书　河南

4-0283

农村经济及合作

郑林庄编
  上海　商务印书馆　民国24.10[1935.10]初版,民国35.11
    第10版
  118页　32开
  卷端题名:乡村师范教科书农村经济及合作
  其他题名:乡村师范学校教科书农村经济及合作
  国图　北师大　人教　辞书

4-0284
乡村师范学校农村经济与合作
寿勉成,李士豪编
  南京　上海　正中书局　民国25.8[1936.8]初版,民国37.5
    沪5版
  125页　32开
  教育部审定
  人教

农　业

课　本

4-0285
农业
刘大坤编　赵钲铎校
  上海　商务印书馆　民国9.12[1920.12]-
  2册(156,123页)　32开
  第1册(上卷):民国9.12第8版,民国20.9第14版
  第2册(下卷):民国15.10第10版
  初版附注:民国3年10月初版
  其他题名:师范学校新教科书农业
  北师大　编译馆

4-0286
新体农业讲义
唐昌治编纂
  上海　商务印书馆　民国14.12[1925.12]第7版
  111页　图　大32开
  教育部审定　师范讲习科用
  编译馆

4-0287
农业概要
顾复编　陆费执校
  上海　中华书局　民国15.11-18.7[1926.11-1929.7]
  6册(92,110,103,92,89,133页)　图　大32开
  第1册:民国15.11初版,民国17第2版,民国18第5版,民国19.12第7版,民国20第8版,民国20.9第10版,民国21.3第12版,民国21.5第13版,民国21.11第14版,民国23.10第18版,民国24.8第20版
  第2册:民国16.6初版,民国17第2版,民国19第4版,民国19.12第5版,民国20.12第7版,民国21.4第8版,民国21.8第9版,民国21.11第10版,民国23.10第14版,民国24.6第16版,民国24.8第17版
  第3册:民国18.1初版,民国19.12第3版,民国20第4版,民国20.11第5版,民国21.9第7版,民国23第10版,民国23.10第11版,民国24.8第13版
  第4册:民国18.4初版,民国20.11第4版,民国21.7第5版,民国23.9第8版,民国24.8第10版,民国24.8第11版
  第5册:民国18.6初版,民国21.1第3版,民国21.7第4版,民国22.9第5版,民国23.6第6版,民国24.8第8版
  第6册:民国18.7初版,民国20.11第2版,民国21.7第3版,民国23.10第5版
  封面题名:新师范农业概要
  其他题名:新师范教科书农业概要
  北师大　人教　上海　上师大(3)　辞书　天津　河南(1-2)　编译馆

4-0288
农业及实习
唐志才,储劲合编
  上海　黎明书局　民国24.9[1935.9]-
  4册(②372,④236页)　图,表　32开
  第2册:民国24初版,民国26.5第2版
  第4册:民国24.9初版
  其他题名:黎明师范教本农业及实习
  上海(2)　河南(2)　广西师大(4)

4-0289
农业及实习
刘崇佑,汤锡祥,陆费执,顾华孙,孙宗复编
  上海　中华书局　民国24.9-25.7[1935.9-1936.7]
  3册(216,206,96页)　图,表　大32开
  第1册:民国24.9初版
  第2册:民国25.7初版
  第3册:民国25.7初版
  新课程标准乡村师范学校适用
  辞书　广西师大(1-2)

4-0290
水利概要
王尹曾编著
  南京　正中书局　民国25.8[1936.8]
  98页　图　32开
  简易乡村师范学校教科书
  河南

4-0291
农业及实习
陆费执,刘崇佑编
  上海　香港　中华书局　民国25.10[1936.10]-
  4册(①170,②188,③96页)　图,表　32开
  第1册:民国25.10初版,民国29香港7版,民国30.3第9版
  第2册:民国26.5初版,民国26.10第2版,民国30.3第8

版,民国36第11版
第3册:民国35第8版
新课程标准简易乡村师范适用
人教(1-2)　上海(2)　上师大(2)　辞书(1-2)　河南(1,3)
广东中山(1)

4-0292
水利概要
宋希庠,李师直编
　　上海　中华书局　民国25.12[1936.12]
　　200页　图,表　大32开
　　新课程标准乡村师范适用
　　辞书

商　业

课　本

4-0293
新制商品学教本
曾牖编　姚汉章阅
　　上海　中华书局　民国3.6[1914.6]
　　130页　表　大32开
　　师范学校适用
　　上海　辞书

4-0294
商业
刘大绅编纂　蒋维乔校订
　　上海　商务印书馆　民国4.4-5.7[1915.4-1916.7]
　　3册(106,106,136页)　图,表　大32开
　　第1册(卷上):民国4.4初版
　　第2册(卷中):民国4.6初版
　　第3册(卷下):民国5.7初版
　　教育部审定　依据教育部公布之师范教育令及师范学校规程
　　　编纂而成
　　其他题名:师范学校新教科书商业
　　辞书(2)　编译馆

4-0295
簿记
叶春墀编纂　刘大绅校订
　　上海　商务印书馆　民国9.5[1920.5]第5版
　　77页　32开
　　教育部审定
　　初版附注:民国5年4月初版
　　其他题名:师范学校新教科书簿记
　　北师大　河南

音　乐

课　本

4-0296
乐典
徐宝仁编纂　胡君匋校订
　　上海　商务印书馆　民国4.1[1915.1]初版,民国5第5版,
　　　民国9第9版,民国12.8第13版,民国20.7第17版
　　89页　32开
　　教育部审定
　　其他题名:师范学校新教科书乐典
　　国图　北师大　人教

4-0297
唱歌教本
刘质平,沈秉廉编辑
　　上海　泰东图书局　民国12.9[1923.9]-
　　　册(①[18]页)　乐谱　32开
　　第1册(一集):民国12.9版
　　师范讲习科第一学年上学期用
　　版权页题名:师范讲习科唱歌教本
　　辞书(1)

4-0298
唱歌教本
刘质平,张冥飞编辑
　　上海　泰东图书局　民国12.9[1923.9]-
　　　册(①8页)　曲谱　32开
　　第1册:民国12.9版
　　高级中学师范科第一学年上学期用
　　版权页题名:高级中学师范科唱歌教本
　　辞书(1)

4-0299
弹琴教本
刘质平编辑
　　上海　泰东图书局　民国12.9[1923.9]-
　　　册(①6,②16页)　乐谱　16开
　　第1册(一集):民国12.9初版
　　第2册(二集):民国13.1初版
　　师范讲习用
　　其他题名:师范讲习科弹琴教本
　　上海(1-2)

4-0300
音阶组成图解
李荣寿编
　　上海　商务印书馆　民国13.4[1924.4]版
　　35页　图　16开　(山东省立第四师范学校丛书)
　　音乐教学用

北师大

4-0301

新中华小学教师应用音乐
朱稣典编

上海　新国民图书社　民国21.8[1932.8]初版,民国27.12第5版,民国38.5第7版

284页　乐谱,图,表　大32开

高级中学师范科用

北师大　人教　上海　华师大　辞书　西北师大　编译馆

4-0302

乡村师范标准唱歌教科书
柯政和编

北平　中华乐社　民国23.5[1934.5]

3册(60,60,60页)　乐谱　大32开

第1-3册:民国23.5初版

其他题名:标准唱歌教科书

国图　北师大　辞书

4-0303

师范标准唱歌教科书
柯政和编

北平　中华乐社　民国23.8[1934.8]

3册(60,60,60页)　乐谱　大32开

第1-3册:民国23.8初版

其他题名:唱歌教科书

国图　北师大　辞书

4-0304

音乐
吴梦非编

南京　正中书局　民国25[1936]

4册([537]页)　图　16开

第1-4册:民国25年版

遵照部颁课程标准编著　简易师范学校及简易乡村师范学校教科书

国图

4-0305

音乐教材
蒋鼎巍编

成都　四川省政府教育厅　民国29.10[1940.10]

78页　16开　(国民教育辅导丛刊)

国民教育师资训练班用

国图

4-0306

音乐概论
朱稣典编

昆明　上海　中华书局　民国30.1[1941.1]初版,民国37.8第5版

152页　照片,乐谱,表　32开

新课程标准师范学校、乡村师范适用

附:音乐名词对照表

逐页题名:师范音乐概论

人教　辞书

肆

美术、工艺

课本

4-0307

手工
桂绍烈编纂　蒋维乔校订

上海　商务印书馆　民国4.2[1915.2]-

4册(48,48,51,54页)　图　大32开

第1册:民国4.10第2版

第2册:民国4.2初版

第3册:民国4.4初版

第4册:民国4.7初版

其他题名:师范学校新教科书手工

辞书

4-0308

美术史
姜丹书编纂

上海　商务印书馆　民国6.9[1917.9]初版,民国11.4第5版

84页　图　32开

其他题名:师范学校新教科书美术史

北师大　华师大

4-0309

艺术学纲要
(日)黑田鹏信著　俞寄凡译

上海　商务印书馆　民国11.6[1922.6]初版,民国12.5第2版,民国20.5第3版

122页　大32开

师范学校用

北师大　辞书　编译馆

4-0310

新中华小学教师应用工艺
姜丹书编

上海　新国民图书社　民国21.8[1932.8]初版,民国22.9第3版,民国28第4版

236页　图　大32开

高级中学师范科用

其他题名:新中华教科书小学教师应用工艺

国图　北师大　华师大　辞书　河南　广东中山　编译馆

4-0311

小学教师应用工艺
何明斋,俞子龄编著

上海　世界书局　民国23.4[1934.4]

340页　图　大32开

其他题名:师范学校教本小学教师应用工艺

北师大　华师大　上海　辞书　广东中山

4-0312

中学师范应用美术
朱琼颐等编辑　韩秋圃等校订
　　北平　北师特科美术研究组　民国24.6[1935.6]
　　280页　图　32开
　　北师大

4-0313

美术
汪亚尘编
　　上海　商务印书馆　民国24.10[1935.10]
　　2册(50,50页)　图(含彩图)　16开
　　上下册：民国24.10初版
　　其他题名：师范学校教科书美术
　　国图　辞书

4-0314

工艺
辛曾辉编
　　上海　黎明书局　民国24.12[1935.12]
　　323页　图,表　32开
　　其他题名：黎明师范教本工艺
　　华师大　辞书　河南

4-0315

师范美术
王济远编
　　昆明　中华书局　民国29.3[1940.3]-
　　2册(①67页)　图(含彩图)　16开
　　上册：民国29.3初版
　　新课程标准适用　师范学校第一学年～第二学年用
　　人教(1)　辞书(1)

劳作、家事

课 本

4-0316

改良家事教科书
(日)后闲野菊,(日)佐方镇子著　张相文,韩澄翻译
　　上海　文明书局　清光绪30.5-32.10[1904-1906]
　　2册(107,82页)　大32开
　　上册(卷上)：光绪30.5初版,光绪32.10第3版
　　下册(卷下)：光绪32.10初版
　　女子师范学校适用
　　北师大　人教

4-0317

新编家事教科书
丛珺珠编译　邱天柱等校阅
　　上海　群益书社　清光绪32.11[1906]初版,宣统3.4第2版
　　156页　表　大32开
　　女子师范通用
　　北师大　辞书　编译馆

4-0318

劳作家事
陈意编
　　上海　商务印书馆　民国22.7[1933.7]
　　3册(411页)　32开
　　第1-3册：民国22.7版,民国26.6版
　　遵照教育部颁布之师范学校劳作科中家事课程标准编辑
　　其他题名：家事
　　其他题名：师范学校教科书劳作
　　人教　编译馆

4-0319

简易师范学校及简易乡村师范学校家事
吴琬编著
　　南京　正中书局　民国24.9[1935.9]初版,民国25.8第5版
　　202页　25开
　　遵照部颁课程标准编著
　　人教　河南

4-0320

家事
何静安编
　　上海　商务印书馆　民国26.11[1937.11]初版,民国36.12第5版
　　175页　32开
　　遵照教育部最新颁布简易师范课程标准劳作内的家事部分编辑
　　其他题名：简易师范学校教科书家事
　　北师大　人教

4-0321

劳作农业
童润之,刘同圻编
　　上海　长沙　商务印书馆　民国27.7[1938.7]-
　　5册(①274,④191页)　32开
　　第1册：民国27.7初版,民国28.5第2版
　　第4册：民国30长沙3版
　　附：参考书目和中西文名称对照表
　　其他题名：师范学校教科书劳作
　　人教(1)　广东中山(4)

4-0322

劳作工艺
朱稣典,潘淡明,姜丹书编
　　上海　中华书局　民国28.6[1939.6]-
　　5册(①134,③138,⑤92页)　图　大32开
　　第1册：民国29.1初版,民国30第2版,民国36.10第4版
　　第3册：民国29.2初版,民国30.1第2版,民国36.10第4版
　　第5册：民国28.6初版,民国30.3第2版,民国36.10第3版
　　新课程标准师范学校适用

国图(1)　北师大(1,3,5)　人教(3,5)　辞书(1,3,5)

4－0323
劳作工艺
何明斋编
　　上海　商务印书馆　民国29.7[1940.7]-
　　　册(①194页)　图　大32开
　　第1册：民国29.7初版,民国35.11第2版
　　师范学校教科书
　　国图(1)

肆　体　育

课　本

4－0324
音乐体操
江苏师范生编辑
　　江苏　宁属学务处　清光绪32.4[1906]
　　221页　图　大32开　(江苏师范讲义　第16编)
　　北师大　人教

4－0325
体操
徐傅霖编纂　赵钲铎校订
　　上海　商务印书馆　民国3.7[1914.7]
　　81页　图　小32开
　　预科用
　　其他题名：师范学校新教科书体操
　　北师大　人教

4－0326
体操
徐傅霖编纂
　　上海　商务印书馆　民国3.8[1914.8]
　　459页　38开
　　其他题名：师范学校新教科书体操
　　人教

4－0327
实用体操讲义
徐傅霖著
　　上海　中华书局　民国4.12[1915.12]初版,民国5.4第2版,民国7第3版
　　244页　图,表　大32开
　　师范讲习所用
　　辞书　河南

4－0328
体育
方万邦编纂
　　上海　商务印书馆　民国24.10[1935.10]-
　　　3册(①352页)　图　32开
　　上册：民国24.10初版
　　其他题名：师范学校教科书体育
　　北师大(1)　人教(1)　上师大(1)　辞书(1)　广东中山(1)

4－0329
体育
方万邦编
　　上海　长沙　商务印书馆　民国29.3[1940.3]-
　　　4册(244,197,205,136页)　32开
　　第1册：民国29初版
　　第2册：民国29.3长沙初版,民国37.8第4版,民国38.2长沙3版
　　第3册：民国29初版
　　第4册：民国29初版
　　简师一、二年级教学用　初中及小学体育教师参考用
　　其他题名：简易师范学校教科书体育
　　人教(1-2)　广西师大(2)　广东中山

4－0330
小学体育
高梓编著
　　重庆　上海　正中书局　民国32.12[1943.12]初版,民国35.1沪1版,民国37.6第3版
　　140页　图,表　32开　(师范丛书)
　　辞书　天津　辽宁　庐山

4－0331
体操讲义
徐傅霖述
　　上海　商务印书馆　[1912-1949?]
　　280页　图　大32开　精装　(师范讲习社师范讲义)
　　上海　辞书　编译馆

4－0332
教育的团体游戏法
黄家瑞编　储丙鹌校订
　　南京　体育丛书编辑社　[1912-1949?]
　　[100]页　图　32开　(体育丛书　5)
　　师范学校用
　　辞书

专业教材

肆　教育概论

课　本

4－0333
教育学原理

季新益著
　　东京　教科书辑译社　清光绪29.3[1903]
　　82页　大32开　(教育志丛)
　　师范学校用
　　北师大

4-0334
教育学教科书
(日)小泉又一著　周焕文等译
　　北京　华新书局　清光绪30.4[1904]
　　146页　大32开
　　师范学校适用
　　北师大　天津

4-0335
教育学讲义
(日)波多野贞之助讲述
　　北京　直隶学务处　清光绪30[1904]
　　[106]页　大32开
　　直隶速成师范讲义
　　河南

4-0336
新编教育学教科书
(日)大濑甚太郎著　刘本枢译述
　　上海　[著者刊]　清光绪31.1[1905]
　　142页　大32开
　　师范学校教育科及中小学校教员讲习之用
　　北师大

4-0337
教育学教科书
(日)小泉又一著　田吴照译编
　　[出版者不详]　清光绪31.5[1905]
　　32叶　16开　线装
　　师范简易科适用
　　北师大

4-0338
教育学
蒋维乔校订　商务印书馆编译所编纂
　　上海　商务印书馆　清光绪32.3[1906]第3版,民国3年版
　　32叶　大32开　线装
　　其他题名：初级师范学校教科书教育学
　　国图　辞书

4-0339
最新教育学教科书
缪文功著
　　上海　文明书局　清光绪32.4[1906]初版,光绪32.4第2版
　　58页　大32开　精装
　　师范学堂学生用
　　北师大　上海　辞书

4-0340
女子师范教育学
(日)长谷川乙彦著　覃寿恭译编

湖北　[编者刊]　清光绪32.9[1906]
　　128页　图　大32开
　　附：幼稚园手技图
　　北师大

4-0341
教育学教科书
季新益著
　　上海　广智书局　清光绪33.3[1907]
　　190页　图,表　大32开
　　上海

4-0342
教育学
(奥)林笃奈尔原著　(日)汤原元一译补　陈清震重译
　　北京　京师私立第一中等商业学堂　清光绪33.5[1907]
　　116页　大32开
　　北师大

4-0343
教育学教科书
(日)波多野贞之助讲述　(日)金太仁作译　宏文学院编辑
　　东京　东亚公司　清光绪33.7[1907]
　　150页　大32开
　　北师大

4-0344
简明实用教育学
吴馨编辑　沈恩孚,顾倬校订
　　上海　中国图书公司　清宣统3.6[1911]第2版
　　94页　大32开　精装
　　初版附注：清光绪33年10月初版
　　辞书

4-0345
教育学
(日)宫田修讲述　林步荀,孙清如编辑
　　东京　东京并木活版所　清光绪34.3[1908]
　　104页　图　大32开　(女子师范讲义　第2编)
　　辞书

4-0346
教育学
秦毓钧编辑　沈恩孚校订
　　上海　中国图书公司　清光绪34.4[1908]
　　128页　大32开　精装
　　师范用
　　北师大　辞书　天津

4-0347
教育学教科书
(日)牧濑五一郎撰　王国维译
　　[上海]　教育世界社　[1908?]
　　1册　线装　(教育丛书三集二十七种)
　　国图

4-0348

女子教育学教科书
（日）桢山荣次著　许家惺补辑
　　上海　群学社　清宣统1.3[1909]第3版
　　96页　大32开
　　华师大

4-0349

新教育学
（日）吉田熊次原著　蒋维乔编译
　　上海　商务印书馆　民国2[1913]第5版,民国7.8第7版
　　[239]页　大32开　精装
　　师范学校、中学校用
　　初版附注：清宣统元年4月初版
　　北师大　华师大　河南　广东中山

4-0350

教育学讲义
蒋维乔编纂
　　上海　商务印书馆　民国1.12[1912.12]初版,民国2.10第2版,民国3第3版,民国6第7版
　　116页　大32开　（师范讲习社师范讲义）
　　北师大　辞书　河南

4-0351

中华中学教育学教科书
宋嘉钊译　陆费逵,姚汉章,戴克敦阅
　　上海　中华书局　民国2.10[1913.10]初版,民国4第2版
　　182页　32开
　　逐页题名：中华教育学教科书
　　国图　北师大　辞书　河南

4-0352

实用教育学教科书
周维城,林壬编译
　　北京　北京女子师范学校　民国2.12[1913.12]
　　144页　大32开
　　师范学校本科或讲习科适用
　　北师大　上海

4-0353

教育学
　　[昆明]　[出版者不详]　民国2[1913]版
　　119页　16开　线装
　　云南社科

4-0354

教育学教科书
（日）小山左文二著　宋嘉钊,张沂编译　陆费逵,姚汉章,戴克敦阅
　　上海　中华书局　民国3.2[1914.2]初版,民国8.7第12版,民国10第15版,民国13.4第19版
　　223页　表　32开
　　讲习适用
　　北师大　辞书　河南

4-0355

新制教育学
刘以钟编　范源廉,姚汉章阅
　　上海　中华书局　民国3.5[1914.5]初版,民国4第2版,民国7.1第5版,民国10.7第14版
　　114页　大32开
　　教育部审定　师范学校适用
　　北师大　辞书　河南

4-0356

实际教育学
（日）泽柳政太郎著　彭清鹏译
　　吉林　吉林教育杂志社　民国3.7[1914.7]
　　176页　大32开
　　辞书

4-0357

教育学
张毓骢编纂　杨保恒,蒋维乔校订
　　上海　商务印书馆　民国3.8[1914.8]初版,民国5.5第3版,民国5第4版,民国8第7版,民国10.5第10版,民国10第11版,民国11第12版,民国12第13版
　　80页　大32开
　　教育部审定　本科用
　　其他题名：师范学校新教科书教育学
　　国图　北师大　上海　华师大　辞书　天津　河南　广东中山

4-0358

教育学
（日）小泉又一原著　顾倬译著
　　上海　文明书局　民国3.12[1914.12]
　　153页　大32开
　　师范学校适用
　　北师大　辞书

4-0359

实用教育学讲义
周维城,林壬著
　　上海　中华书局　民国8.3[1919.3]第4版,民国8第5版,民国8.9第7版,民国10.1第10版,民国10第11版
　　92页　大32开
　　师范讲习所用
　　初版附注：民国4年12月初版
　　北师大　辞书　河南

4-0360

新体教育学讲义
韩定生编纂　陈宝泉,王言纶校订
　　上海　商务印书馆　民国8.9[1919.9]第3版,民国10第5版,民国11第6版,民国12第7版
　　80页　大32开
　　教育部审定　师范讲习科用
　　初版附注：民国7年3月初版
　　北师大　华师大　河南　广东中山

4-0361

教育学
王炽昌,刘伯明,郑宗海,朱文叔编校
　　上海　中华书局　民国10.7[1921.7]初版,民国10.7第2
　　　版,民国10.11第7版,民国13.7第10版,民国14.7第12
　　　版,民国14第13版,民国15第15版,民国18第25版,民
　　　国19.3第26版
　　118页　大32开
　　教育部审定
　　封面题名:新师范教科书教育学
　　辞书　河南　广东中山

4-0362

教育学
王炽昌编　郑宗海,刘伯明,朱文叔校
　　上海　中华书局　民国12.9[1923.9]第9版,民国20.4第28版,
　　　民国20.9第30版,民国21.1第31版,民国21.3第32版,民
　　　国22.3第34版,民国22.11第35版,民国23.8第37版
　　124页　图　大32开
　　附:中西人名对照表
　　教育部审定
　　初版附注:民国11年4月初版
　　封面题名:新师范教育学
　　其他题名:新师范教科书教育学
　　北师大　华师大　辞书　编译馆

4-0363

新著教育学
杨嘉椿编纂
　　上海　商务印书馆　民国11[1922]
　　56页　32开
　　中等学校用
　　河南

4-0364

现代教育思潮
(日)大濑甚太郎著　郑次川,林科棠译
　　上海　商务印书馆　民国12.6[1923.6]初版,民国24.4国难
　　　后2版,民国26国难后3版
　　109页　大32开
　　师范学校用
　　国图　上海　庐山　广东中山

4-0365

教育学原理
孙贵定编纂
　　上海　商务印书馆　民国12.9[1923.9]初版,民国13第2
　　　版,民国14.2第3版,民国15.9第4版,民国21.6国难后4
　　　版,民国21国难后5版
　　138页　32开
　　其他题名:现代师范教科书教育学原理
　　北师大　华师大　辞书　编译馆

4-0366

教育入门
沈子善,周之淦,卢殿宜编　汪懋祖,朱君毅校
　　上海　中华书局　民国15.7[1926.7]初版,民国16第3版,
　　　民国19第8版,民国21.5第12版,民国22第13版
　　148页　图,表　大32开
　　师范学校、高级中学适用
　　其他题名:新师范教科书教育入门
　　北师大　上海　华师大　辞书　河南　编译馆

4-0367

现代教育方法
舒新城著
　　上海　商务印书馆　民国19[1930]版
　　474页　32开　(师范丛书)
　　庐山

＊　＊　＊　＊　＊

4-0368

挽近教育学说概论
王骏声编纂
　　上海　商务印书馆　民国13.10[1924.10]第2版
　　124页　大32开
　　师范学校用
　　初版附注:民国12年11月初版
　　辞书

4-0369

教育概论
范寿康著
　　上海　开明书店　民国20.9[1931.9]初版,民国21.6第2
　　　版,民国21第3版,民国23.8第4版
　　260页　32开
　　教育部审定
　　封面题名:开明师范学校教本教育概论
　　其他题名:开明师范教本教育概论
　　北师大　上海　辞书　天津　河南

4-0370

新中华教育概论
庄泽宣编著
　　上海　新国民图书社　民国21.1[1932.1]初版,民国21.8第
　　　2版,民国21.10第3版,民国22第4版,民国24.6第8版
　　328页　表　大32开
　　高级中学师范科用
　　卷端题名:师范学校用教育概论
　　书脊题名:新中华高中师范教育概论
　　北师大　上师大　辞书　河南　广东中山　编译馆

4-0371

教育通论
邓胥功编著
　　上海　世界书局　民国21.5[1932.5]初版,民国21第2版,
　　　民国22.3第3版
　　293页　图,表　大32开　(世界新教育丛书)

高中师范教本
北师大　上海　辞书　天津　广东中山　编译馆

4-0372

教育概论
孟宪承编

上海　重庆　商务印书馆　民国22.9[1933.9]初版,民国23第2版,民国24第4版,民国24第9版,民国25.6第11版,民国25第13版,民国28第21版,民国30.3第22版,民国30.7第23版,民国34.9渝1版,民国36.7第25版,民国36第29版

178页　图,表　32开　(师范学校教科书　甲种)

教育部审定

国图　北师大　上海　华师大　辞书　河南　广东中山

4-0373

教育概论
罗廷光编著

上海　世界书局　民国22.9[1933.9]初版,民国23.9第3版

370页　图,表　大32开　(世界新教育丛书)

高中师范教本

北师大　辞书

4-0374

教育概论
(美)桑代克,(美)盖慈著　陈衡玉译述　鲁继曾,蒋息岑校阅

上海　大东书局　民国22.9[1933.9]

442页　32开

高级中学师范科用

北师大　天津　河南

4-0375

教育概论
胡忠智编著

北平　文化学社　民国23.5[1934.5]版

458页　图　大32开

新标准师范学校教材

北师大

4-0376

简易师范学校及简易乡村师范学校教育概论
张楷编著　郑宗海校订

南京　正中书局　民国24.5[1935.5]初版,民国27.9第9版

186页　图,表　32开

遵照部颁课程标准编著

其他题名:简师简乡师教育概论

华师大　辞书　河南

4-0377

师范学校及乡村师范学校教育概论
吴俊升,王西微编著

南京　上海　正中书局　民国24.7[1935.7]初版,民国25.7第8版,民国28.2第21版,民国28.2第26版,民国35.8沪1版,民国35.10沪50版

357页　图,表　32开

教育部审定　新课程标准适用

初版附注:民国24年7月南京初版

版权页题名:师范乡师教育概论

逐页题名:教育概论

书脊题名:师范乡村师范教育概论

其他题名:师范学校教育概论

上海　华师大　辞书　河南

4-0378

教育概论
倪文宙,陈子明编

上海　中华书局　民国24.8[1935.8]初版,民国24.8第2版,民国24.8第3版,民国24.8第4版,民国24.8第5版,民国25.7第6版

340页　图,表　32开

新课程标准师范、乡村师范学校适用

北师大　华师大　辞书

4-0379

教育概论
赵廷为著

上海　大华书局　民国24.8[1935.8]初版,民国25.4第2版

200页　大32开

遵照教育部颁布课程标准编辑　简易师范、乡村师范适用

北师大　华师大　辞书

4-0380

河南省乡村师资训练所教育通论讲义
河南省政府编

[郑州]　[编者刊]　民国24[1935]版

298页　32开

师范学校及乡村师范学校教材

卷端题名:教育通论

河南

4-0381

教育概论
黄明宗编

上海　黎明书局　民国25.9[1936.9]

256页　图,表　32开

版权页题名:简师简乡师教育概论

其他题名:简易师范简易乡师教本教育概论

上海　华师大　辞书

4-0382

教育概论
浦漪人编

上海　黎明书局　民国25.12[1936.12]初版,民国26.7改订版

357页　32开

逐页题名:师范学校教育概论

其他题名:黎明师范教本教育概论

北师大　上海　广东中山

4-0383

教育概论

倪文宙,陈子明编
　　上海　中华书局　民国26.4[1937.4]
　　2册(180,152页)　图,表　大32开
　　上册:民国26.4初版,民国29第3版
　　下册:民国26.4初版,民国26.7第2版,民国29第6版
　　教育部审定　新课程标准师范、乡村师范学校适用
　　辞书　广东中山

4-0384

教育概论
罗廷光编著
　　南京　重庆　上海　正中书局　民国27.11[1938.11]初版,
　　　民国31第15版,民国35.10沪55版
　　200页　32开
　　遵照部颁课程标准编著　简易师范学校及简易乡村师范学校
　　　适用
　　版权页题名:建国简师简乡师教育概论
　　其他题名:简易师范学校及简易乡村师范教育概论
　　其他题名:建国教科书教育概论
　　北师大　华师大　天津　河南

4-0385

教育概论
(伪)教育部编审会著
　　北平　[著者刊]　民国27[1938]版
　　220页　图　32开
　　北师大

4-0386

教育概论
张宗麟编著
　　上海　商务印书馆　民国28.5[1939.5]初版,民国29第2版
　　166页　图　32开
　　教育部初审核定本
　　其他题名:幼稚师范学校教科书教育概论
　　国图　华师大　广东中山

4-0387

教育概论
倪文宙,陈子明编
　　上海　中华书局　民国28.5[1939.5]
　　234页　图,表　32开
　　新课程标准简易师范、简易乡村师范学校适用
　　华师大　辞书

4-0388

初等教育概论
吴研因,吴增芥编
　　上海　中华书局　民国30.5[1941.5]第3版
　　172页　32开　精装　(中华百科丛书)
　　师范学校用
　　编译馆

4-0389

国民教育通论
杨汝熊著
　　南京　正中书局　民国32[1943]版
　　253页　32开　(师范丛书)
　　西北师大

4-0390

教育通论
徐德春编
　　上海　中华书局　民国37.4[1948.4]
　　254页　32开
　　师范学校及简易师范学校用
　　辞书　河南

4-0391

教育通论
孟宪承,陈学恂编纂
　　上海　商务印书馆　民国37.8[1948.8]
　　244页　32开
　　其他题名:师范教科书教育通论
　　华师大　辞书

肆 心理学

课　本

4-0392

心理学
(日)大久保介寿著　郭肇明等译编　湖北师范生编辑
　　武昌　湖北学务处　清光绪31.1[1905]版
　　142页　图　大32开　(师范教科丛编　第2种)
　　北师大　人教　华师大

4-0393

心理学讲义
(日)服部宇之吉撰
　　东京　东亚公司　清光绪32.4[1906]第2版
　　239页　大32开　精装
　　初版附注:清光绪31年10月初版
　　北师大

4-0394

心理学
商务印书馆编译所编译　蒋维乔校订
　　上海　商务印书馆　清光绪32.4[1906]初版,光绪33.3第
　　　2版
　　80页　图　32开　精装
　　其他题名:初级师范学校教科书心理学
　　人教　上海　上师大

4-0395

心理
(日)高岛平三郎讲授　江苏师范生编辑
　　江苏　宁属学务处　清光绪32.4[1906]

226页 图 大32开 (江苏师范讲义 第4编)
附:伦理
北师大 人教

4－0396

最新心理学教科书
龚诚编著
上海 文明书局 清光绪32.10[1906]
66页 大32开 精装
师范学堂学生用书
北师大 人教 辞书

4－0397

心理学概论
(丹麦)海甫定原著 (英)龙特氏原译 蒋维乔编纂
上海 商务印书馆 清光绪33.6[1907]
2册(484页) 大32开 精装
第1－2册:光绪33.6初版,民国3.5第5版
师范学堂用
北师大 人教 辞书

4－0398

心理学
杨保恒编辑 沈恩孚,顾倬校订
上海 中国图书公司 清光绪33.8[1907]初版,民国3.10第8版
120页 图 大32开
师范用
北师大 辞书

4－0399

幼稚园保育法儿童心理学
张景良编辑
上海 中国图书公司 清宣统1.3[1909]
88页 图 32开
人教

4－0400

(改订)心理学教科书
(日)大瀬甚太郎,(日)立柄教俊著 顾公毅译述
南通 翰墨林书局 清宣统3.5[1911]
138页 大32开
其他题名:心理学教科书
辞书

4－0401

两广师范学堂心理学讲义
广州 [两广师范学堂] [1911?]
1册 大32开 线装
两广师范学堂讲义
其他题名:心理学讲义
广东中山

4－0402

心理学
谢慎修撰
上海 商务印书馆 [1911?]
1册 线装
初级师范学校教科书
国图

4－0403

中华师范心理学教科书
彭世芳,戴克敦编 姚汉章,陆费逵阅
上海 中华书局 民国1.11[1912.11]初版,民国2.3第2版,民国7第7版
154页 32开 精装
师范学校教科用书
封面题名:中华心理学教科书
逐页题名:心理学教科书
北师大 辞书 河南

4－0404

心理学讲义
(日)长尾槇太郎述
上海 商务印书馆 民国1.12[1912.12]初版,民国2.10第2版,民国3.5第3版
140页 图 大32开 精装 (师范讲习社师范讲义)
教育部审定
北师大 上海 辞书

4－0405

心理学要领
樊炳清编纂
上海 商务印书馆 民国4.1[1915.1]初版,民国12.12第7版
128页 图 大32开
教育部审定 师范学校用
北师大 河南

4－0406

心理学
张毓聪,沈澄清编纂 杨保恒,蒋维乔校订
上海 商务印书馆 民国8[1919]第6版,民国10第10版,民国11.8第11版,民国15.7第15版
113页 大32开
教育部审定
初版附注:民国4年8月初版
其他题名:师范学校新教科书心理学
北师大 华师大 河南 编译馆

4－0407

实用儿童心理学讲义
朱光,杨保恒著
上海 中华书局 民国4.12[1915.12]初版,民国8.5第7版,民国9.9第12版,民国10第14版,民国10.11第15版,民国11.10第18版,民国21.9第32版
78页 大32开
师范讲习所用
华师大 辞书 河南

4－0408

新制心理学

顾公毅著
　　上海　中华书局　民国 8.2[1919.2]第 7 版,民国 10.7 第 11 版,民国 11 第 12 版,民国 13.6 第 14 版
　　100 页　大 32 开
　　教育部审定　师范学校适用
　　初版附注：民国 4 年 12 月初版
　　北师大　辞书　河南

4－0409
新体心理学讲义
杨嘉椿编纂　贾丰臻,范祥善校订
　　上海　商务印书馆　民国 9.6[1920.6]第 4 版,民国 10.10 第 5 版,民国 12.5 第 7 版
　　56 页　大 32 开
　　教育部审定　师范讲习科用
　　初版附注：民国 7 年 3 月初版
　　北师大　上海　华师大　河南　编译馆

4－0410
儿童心理学纲要
艾华著
　　上海　商务印书馆　民国 12.1[1923.1]初版,民国 12.9 第 3 版,民国 21 国难后 1 版,民国 22.3 国难后 2 版
　　94 页　图　大 32 开
　　师范学校用
　　北师大　华师大　河南　编译馆

4－0411
心理学
杜定友,王引民编　朱文叔校
　　上海　中华书局　民国 13.8[1924.8]初版,民国 14.9 第 3 版,民国 17.6 第 8 版,民国 18 第 12 版,民国 18.11 第 13 版,民国 19.7 第 15 版,民国 22.3 第 23 版,民国 24.8 第 28 版
　　134 页　大 32 开
　　教育部审定　新学制师范学校、高级中学师范用
　　封面题名：新师范心理学
　　逐页题名：新师范教科书心理学
　　国图　北师大　人教　辞书　河南　编译馆

4－0412
心理学
胡国钰编
　　天津　百城书局　民国 20.8[1931.8]第 2 版
　　200 页　图　32 开
　　高中师范适用教本
　　初版附注：民国 19 年 8 月初版
　　北师大

4－0413
儿童心理学
余文伟著
　　上海　大华书局　民国 22.7[1933.7]初版,民国 23.6 第 3 版,民国 23.11 第 4 版
　　114 页　大 32 开

简易师范学校、乡村师范学校、县立师范学校、师范讲习所适用
　　华师大　河南　西北师大

4－0414
高中师范心理学
汪震著
　　北平　文化学社　民国 22.12[1933.12]
　　224 页　图　大 32 开
　　其他题名：心理学
　　北师大　华师大　上师大　天津

4－0415
儿童心理之研究
陈鹤琴著
　　上海　商务印书馆　民国 22[1933]
　　2 册(339,418 页)　大 32 开　(师范丛书)
　　上下册：民国 22 年版
　　西北师大

4－0416
儿童心理发展之例案研究
伏尔法著　王文新译
　　南京　正中书局　民国 32[1943]版
　　28 页　32 开　(师范丛书)
　　西北师大

4－0417
心理学讲义
抚州师范教员讲述
　　抚州　[出版者不详]　[1912－1949?]
　　162 页　图　32 开　线装
　　卷端题名：心理学
　　人教

教育心理学

课　本

4－0418
教育心理学
(日)高岛平三郎原著　田吴照译述　商务印书馆编译所校阅
　　上海　商务印书馆　清光绪 31.9[1905]第 3 版
　　[41]叶　图　16 开　线装
　　总理学务大臣审定
　　初版附注：清光绪 29 年 9 月初版
　　其他题名：师范学校教科书教育心理学
　　北师大　辞书

4－0419
实地教育心理学讲义

尤惜阴著　庄景仲校阅
　　上海　新学会社　清光绪32.10[1906]
　　70页　图　大32开
　　北师大　上海

4-0420

教育心理学讲义
　　广州　两广初级师范简易科馆　[1911?]
　　1册　大32开　线装
　　广东中山

4-0421

教育心理学纲要
舒新城编
　　上海　商务印书馆　民国11.6[1922.6]初版,民国13.3第4
　　版,民国17.9第7版,民国18.8第8版,民国19第9版,民
　　国22国难后1版,民国24国难后3版
　　122页　大32开
　　师范学校用
　　北师大　华师大　辞书　河南　广东中山

4-0422

教育心理学
吴致觉著
　　上海　商务印书馆　民国12.8[1923.8]初版,民国13第3
　　版,民国16第6版,民国18.8第8版,民国21国难后2版,
　　民国21.10国难后3版
　　79页　32开
　　初版附注：民国21年5月国难后第1版
　　其他题名：现代师范教科书教育心理学
　　国图　北师大　上海　华师大　辞书　河南　广东中山　编
　　译馆

4-0423

教育上兴味与努力
（美）杜威著　张裕卿,杨伟文译　郑宗海校订
　　上海　商务印书馆　民国20.3[1931.3]第2版
　　48页　32开
　　师范学校用
　　初版附注：民国12年10月初版
　　上海　辞书

4-0424

小学各科心理学
里德(Reed)著　水康民译
　　上海　商务印书馆　民国20.7[1931.7]初版,民国22国难后
　　1版
　　254页　图,表　大32开　（师范丛书）
　　辞书　庐山

4-0425

教育心理学
艾伟编
　　上海　长沙　商务印书馆　民国24.5[1935.5]-
　　2册(300,272页)　图,表　32开
　　第1册：民国24.5第8版
　　第2册：民国26.2初版,民国27.5第2版
　　初版附注：民国22年1月-26年2月初版
　　其他题名：师范学校教科书教育心理学
　　华师大　上师大(1)　辞书

4-0426

教育心理学
赵廷为编著
　　上海　开明书店　民国22.8[1933.8]初版,民国25.9第5版
　　229页　图　32开
　　其他题名：开明师范学校教本教育心理学
　　北师大　上海　上师大

4-0427

教育心理学
陈礼江编纂
　　上海　商务印书馆　民国23.6[1934.6]初版,民国23.9第2
　　版,民国24.3第4版
　　542页　图,表　32开　（师范学校教科书　甲种）
　　北师大　上海　华师大　辞书　河南　庐山　广东中山

4-0428

教育心理学[增订本]
邱鹤编
　　杭州　浙江省立杭州师范学校　民国23.6[1934.6]
　　178页　表　大32开　（小学教育函授班讲义　一）
　　上海

4-0429

教育心理学纲要
赵道一编
　　上海　大华书局　民国23.7[1934.7]
　　135页　图　大32开
　　供简易师范学校、乡村师范学校、县立师范学校及师范讲习
　　　所用
　　华师大

4-0430

教育心理
沈有乾编著
　　南京　正中书局　民国24.5[1935.5]初版,民国26第20版
　　291页　图　32开
　　教育部审定　师范学校适用
　　北师大　上师大　广东中山

4-0431

简易师范学校及简易乡村师范学校教育心理
王书林编著
　　南京　正中书局　民国24.7[1935.7]
　　130页　图,表　32开
　　遵照部颁课程标准编著
　　其他题名：简师简乡师教育心理
　　辞书

4-0432

教育心理学
郭一岑,吴绍熙编

上海　中华书局　民国 24.8[1935.8]初版,民国 24.8 第 2 版
294 页　图,表　大 32 开
新课程标准师范、乡村师范学校适用
北师大　华师大　辞书

4-0433

教育心理学
潘菽,吴绍熙 编
上海　北新书局　民国 24.9[1935.9]
292 页　图　大 32 开
高中师范科适用
北师大

4-0434

教育心理学
郭一岑,吴绍熙 编
上海　香港　中华书局　民国 26.4[1937.4]
2 册(164,136 页)　图,表　大 32 开
第 1 册:民国 26.4 初版,民国 26.5 第 2 版,民国 29 香港 8 版,民国 36.5 第 15 版
第 2 册:民国 26.4 初版,民国 26.5 第 2 版,民国 30 香港 7 版
教育部审定　新课程标准师范、乡村师范学校适用
华师大　辞书　河南(1)　广东中山

4-0435

教育心理学[审定本]
艾伟 编
上海　商务印书馆　民国 35.7[1946.7]-
2 册(298,272 页)　图,表　32 开
第 1 册:民国 35.7 第 6 版,民国 35.12 第 7 版,民国 36 第 8 版
第 2 册:民国 35.7 第 7 版,民国 35.12 第 8 版,民国 36.7 第 9 版
初版附注:民国 26 年 11 月审定本初版
其他题名:师范学校教科书教育心理学
北师大　华师大(2)　辞书(2)　河南　广东中山

4-0436

教育心理
陈选善 编纂
上海　商务印书馆　民国 27.7[1938.7]初版,民国 28.1 第 3 版,民国 28 第 4 版,民国 29.5 第 5 版,民国 35.10 第 6 版,民国 37.5 第 10 版
321 页　图,表　32 开
其他题名:简易师范学校教科书教育心理
北师大　华师大　上师大　辞书

4-0437

师范学校及乡村师范学校教育心理实验
杨衔锡 编著　沈有乾 校订
上海　正中书局　民国 28.7[1939.7]初版,民国 35.3 沪 1 版,民国 35 沪 7 版
105 页　图,表　32 开
新课程标准适用　遵照部颁课程标准编著
版权页题名:师范乡师教育心理实验
逐页题名:教育心理实验

北师大　辞书

4-0438

教育心理学
(伪)教育总署编审会 著
北平　[著者刊]　民国 28.8[1939.8]版
257 页　图　32 开
师范学校适用
北师大

4-0439

教育心理
王书林 编著
南京　正中书局　民国 34.11[1945.11]-
2 册(②135 页)　图　32 开
下册:民国 34.11 初版
遵照部颁新课程标准编著　简易师范学校及简易乡村师范学校适用
北师大(2)

4-0440

教育心理
王凤喈,廖人祥 编著
上海　正中书局　民国 35.10[1946.10]沪 5 版,民国 35.10 沪 55 版
304 页　图,表　32 开
遵照民国 33 年修正课程标准编著
初版附注:民国 35 年 8 月沪初版
封面题名:新中国教科书师范学校教育心理
逐页题名:新中国师范教育心理
其他题名:新中国师范学校教科书教育心理
国图　北师大　华师大　辞书　河南

4-0441

师范学校教育心理学
张仲友 编
上海　育英出版社　民国 36.7[1947.7]
214 页　图,表　32 开　(上海市私立育英中学丛书)
逐页题名:教育心理学
辞书

4 0442

小学各科心理学
Freeman 原著　陈鹤琴,陈尧昶 译述
上海　商务印书馆　民国 37.2[1948.2]第 1 版,民国 37.8 第 3 版
161 页　32 开　(国民教育文库)
辞书

4-0443

师范教育心理[最新修订本]
国立编译馆 主编　高觉敷 编辑　潘菽 校阅　唐冠芳 绘图
2 册(186,173 页)　图,表　32 开
教育部审定　师范学校适用
版权页题名:师范学校教育心理
书脊题名:国定本师范教育心理

其他题名：教育心理
①上海　五联社　民国37.5[1948.5]
上下册：民国37.5初版
上师大(1)　辞书
②南京　正中书局　民国37.7[1948.7]-
下册：民国37.7沪1版
北师大(2)

4－0444

教育心理学讲义
　　惠州　惠州初级师范简易科馆　[1912－1949?]
　　1册　大32开　线装
　　广东中山

肆　教育测验与统计

课　本

4－0445

教育测验纲要
华超编纂
　　上海　商务印书馆　民国14.1[1925.1]初版,民国14.1第3版,民国17.9版
　　130页　表　32开
　　教育部审定
　　其他题名：现代师范教科书教育测验纲要
　　北师大　华师大　辞书　天津　河南　广东中山　编译馆

4－0446

测验概要
廖世承,陈鹤琴编纂
　　上海　商务印书馆　民国14.12[1925.12]
　　348页　图　大32开　(师范丛书)
　　北师大　庐山

4－0447

新中华教育测验与统计
廖世承编
　　上海　新国民图书社　民国21.8[1932.8]初版,民国22第2版,民国23第3版,民国29.7第6版
　　234页　图,表　大32开
　　高级中学师范科用
　　其他题名：新中华教科书教育测验与统计
　　北师大　华师大　辞书　河南　编译馆

4－0448

教育测验与统计
潘之赓编著
　　上海　世界书局　民国21.9[1932.9]初版,民国21.11第2版,民国22第3版,民国23.10修正2版
　　218页　图,表　大32开　(世界新教育丛书)

高中师范教本
初版附注：民国23年4月修正1版
北师大　华师大　辞书　天津　编译馆

4－0449

教育测验与统计
朱君毅编
　　上海　长沙　商务印书馆　民国22.9[1933.9]初版,民国25第6版,民国26.4第8版,民国27.3第9版,民国28第10版,民国36.8第13版
　　261页　图,表　32开
　　教育部审定
　　其他题名：师范学校教科书教育测验与统计
　　北师大　上海　华师大　上师大　辞书　天津　庐山　广西师大　广东中山

4－0450

教育测验与统计
杜元载编著
　　北平　文化学社　民国22.12[1933.12]
　　163页　大32开
　　华师大

4－0451

教育测验
汤鸿焘著
　　上海　大华书局　民国22[1933]初版,民国23第3版
　　176页　大32开
　　简易师范学校、乡村师范学校、县立师范学校及师范讲习科用
　　华师大　河南

4－0452

教育测验及统计
常彦春编　王征葵校订
　　太原　[编者刊]　民国23[1934]版
　　236页　图　大32开
　　师范学校用书
　　北师大

4－0453

教育测验与统计
王书林编著
　　南京　上海　正中书局　民国24.7[1935.7]初版,民国24.7京初版,民国25.6第6版,民国26第9版,民国35.7沪11版
　　314页　图,表　32开
　　新课程标准适用　遵照部颁课程标准编著
　　版权页题名：师范、乡村师范教育测验与统计
　　封面题名：师范学校教育测验与统计
　　北师大　华师大　辞书　天津　河南

4－0454

教育测验与统计
朱君毅编
　　上海　长沙　商务印书馆　民国24.9[1935.9]初版,民国24第2版,民国25第6版,民国36审定10版

183 页　图,表　32 开
其他题名：简易师范学校教科书教育测验与统计
北师大　辞书　河南　广东中山

4-0455

教育测验及统计
浦漪人,黄明宗合编
上海　黎明书局　民国 24.11[1935.11]初版,民国 25.9 第 2 版,民国 26.1 版
254 页　图,表　32 开
附：外国人名中西对照表
其他题名：黎明师范教本教育测验及统计
北师大　上海　华师大　辞书　天津　河南

4-0456

简易师范学校及简易乡村师范学校教育测验与统计
高君珊编著
上海　正中书局　民国 35[1946]沪 55 版
190 页　图　32 开
教育部审定
初版附注：民国 25 年 7 月南京初版
北师大

4-0457

简师简乡师教育测验及统计
魏志澄,潘揖山编
上海　黎明书局　民国 25.9[1936.9]第 2 版,民国 26.1 版,民国 26.7 版
209 页　表　32 开
封面题名：教育测验及统计
逐页题名：简师教育测验及统计
其他题名：简易师范简乡师教本教育测验及统计
上海　广东中山

4-0458

新教育测验与统计
陈选善,梁士杰编辑
上海　儿童书局　民国 26.3[1937.3]初版,民国 36 重订 10 版
342 页　图　大 32 开　（师范新刊本）
师范学校教本
北师大　华师大

4-0459

测验及统计
杨思明编著　廖世承校订
上海　商务印书馆　民国 37.8[1948.8]初版,民国 38.2 第 2 版
284 页　图,表　32 开
其他题名：师范教科书测验及统计
华师大　辞书　广东中山

4-0460

语数形测验：第一、二类
艾伟指导　张德琇编造　艾伟修订
上海　中国教育心理研究所　民国 38.7[1949.7]

12 页　图,表　16 开
辞书

肆 学校管理

课 本

4-0461

学校管理法问答
邵义编辑
上海　商务印书馆　清光绪 30.10[1904]第 2 版
102 页　32 开　线装
人教

4-0462

学校管理法
（日）大久保介寿著　湖北师范生编辑
武昌　湖北学务处　清光绪 31.2[1905]版
226 页　图　大 32 开　（师范教科丛编　第 5 种）
北师大

4-0463

单级小学教授管理法
季新益译辑
上海　文明书局　清光绪 34.6[1908]第 5 版,宣统 2.5 版
112 页　大 32 开
清学部审定
初版附注：清光绪 31 年 8 月初版
辞书

4-0464

实验小学管理术
（日）山高几之丞著
上海　广智书局　清光绪 31.10[1905]
93 页　大 32 开
辞书

4-0465

最新管理法教科书
缪文功著
上海　文明书局　清光绪 32.3[1906]初版,光绪 32.9 第 2 版
146 页　图,表　大 32 开
师范学堂学生用书
人教　辞书

4-0466

管理法
（日）小山左文二著　江苏师范生编
江苏　宁属学务处　清光绪 32.4[1906]
78 页　图　大 32 开　（江苏师范讲义　第 2 编）
北师大　人教

4-0467
学校管理法
(日)河野仙吉著　孙清如编辑
上海　东京并木活版所　清光绪34.3[1908]版,宣统1年版
163页　图　大32开（女子师范讲义　第6编）
北师大

4-0468
学校管理法要义
谢冰,易克臬译述
上海　商务印书馆　民国6.2[1917.2]第5版
188页　大32开
师范学校用
初版附注：清宣统2年3月初版
华师大

4-0469
学校管理法
金承望编纂　杨保恒,蒋维乔校订
上海　商务印书馆　民国3.7[1914.7]初版,民国5第3版
95页　表　大32开
其他题名：师范学校新教科书学校管理法
国图　北师大　上海　辞书

4-0470
新制学校管理法
周维城,林壬著　李步青校补
上海　中华书局　民国4.4[1915.4]初版,民国10第10版,民国11.3第12版
96页　图　大32开
教育部审定　师范学校适用
北师大　辞书

4-0471
实用单级管理法讲义
林景贤著
上海　中华书局　民国4.12[1915.12]初版,民国8.3第5版,民国10第10版
60页　图,表　大32开
师范讲习所用
辞书　河南

4-0472
实用管理法讲义
周维城,林壬著
上海　中华书局　民国4.12[1915.12]初版,民国10.7第11版,民国15.1第18版
82页　大32开
师范讲习所用
辞书　河南

4-0473
新体管理法讲义
杨嘉椿编纂
上海　商务印书馆　民国10[1921]第5版
57页　大32开
教育部审定　师范讲习科用
河南

4-0474
葛雷学校之组织
江苏省立第一师范学校编
上海　商务印书馆　民国14[1925]第3版
67页　图　大32开
师范学校用
初版附注：民国12年6月初版
北师大

4-0475
学校管理法
范寿康编纂
上海　商务印书馆　民国12.7[1923.7]初版,民国12.10第3版,民国17.6增订8版,民国19增订13版,民国21.10国难后3版
95页　表　32开
教育部审定
其他题名：现代师范教科书学校管理法
国图　北师大　华师大　辞书　河南　编译馆

4-0476
学校庶务之研究
蒋世刚编
上海　商务印书馆　民国17.2[1928.2]第2版
160页　大32开
师范学校用
初版附注：民国13年3月初版
华师大

4-0477
教室管理
温仲良,陈时文编著
广州　[编者刊]　民国20.1[1931.1]第2版
178页　图　大32开
师范学校教科适用
北师大

4-0478
应用簿籍表册
李楚材编
上海　黎明书局　民国24.4[1935.4]初版,民国25.8第2版
116页　32开（黎明乡村小学丛书）
华师大

4-0479
小学教具制作法
应怀训,孙一芬编著
南京　上海　正中书局　民国25[1936]初版,民国31年版,民国36沪1版
236页　32开（师范丛书）
西北师大　广东中山

4-0480
新小学布置法

陆静山等著
上海　儿童书局　民国25[1936]版
158页　32开　(师范新刊本)
西北师大

4-0481
活的学校
晋用著
南京　正中书局　民国26[1937]版
114页　32开　(师范丛书)
西北师大

4-0482
学校管理法问答
东华译社辑
[出版者不详]　[1912-1949?]
76叶　32开　线装
云南社科

4-0483
检定指南　奏定检定小学教员章程　质疑答问　毕业试验问题
[上海]　[商务印书馆]　[1912-1949?]
1册　图,表　大32开　精装　(师范讲习社师范讲义)
辞书

4-0484
管理法讲义
陆费逵述
[上海]　[商务印书馆]　[1912-1949?]
202页　图,表　大32开　精装　(师范讲习社师范讲义)
辞书

肆 教育行政

课　本

4-0485
小学行政及组织
芮佳瑞编纂　马宗瀛,雷家骏校订
上海　商务印书馆　民国13.3[1924.3]初版,民国13.11第3版,民国14.12第4版,民国17.8第6版,民国18.8第8版,民国21.12国难后5版,民国23.12国难后7版
141页　图,表　32开
教育部审定
初版附注：民国21年5月国难后1版
其他题名：现代师范教科书小学行政及组织
北师大　华师大　辞书　西北师大　编译馆

4-0486
小学组织及行政
饶上达编　朱文叔校

上海　中华书局　民国14.5[1925.5]初版,民国14.10第3版,民国18.7第11版,民国19.12第13版,民国20.7第14版,民国20.9第15版,民国21.3第16版,民国21.5第17版,民国23年版
218页　图,表　大32开
教育部审定
逐页题名：新师范小学组织及行政
其他题名：新师范教科书小学组织及行政
北师大　华师大　辞书　西北师大　编译馆

4-0487
小学组织法
沈雷渔编纂
上海　商务印书馆　民国15.3[1926.3]初版,民国22.5国难后1版
214页　大32开　(师范丛书)
华师大　庐山

4-0488
教育行政
张季信编著　邰爽秋,舒新城校订
南京　南京教育合作社　民国17.8[1928.8]
254页　图,表　大32开
逐页题名：教育行政学
辞书

4-0489
教育行政概要
周调阳编著
[出版者不详]　民国18.3[1929.3]
210页　图,表　大32开
辞书

4-0490
学校卫生行政
程瀚章编
上海　商务印书馆　民国23.1[1934.1]国难后1版,民国23.9国难后2版
195页　图,表　32开　(师范学校教科书　乙种)
初版附注：民国19年12月初版
北师大　上海　河南

4-0491
新中华小学行政
俞子夷编
上海　新国民图书社　民国20.9[1931.9]初版,民国21.8第3版,民国21.10第4版,民国22第5版,民国23.12第8版
200页　图,表　大32开
教育部审定　高级中学师范科用
其他题名：新中华教科书小学行政
北师大　华师大　辞书　河南　西北师大　广东中山　编译馆

4-0492
小学行政
蒋息岑著

上海　开明书店　民国 20.9[1931.9]初版,民国 21.5 第 2 版,民国 22.8 第 3 版,民国 23 年版
244 页　图,表　32 开
其他题名:开明师范教本小学行政
北师大　华师大　辞书　河南　西北师大

4-0493
小学行政
杜佐周编纂
上海　商务印书馆　民国 20[1931]版,民国 21.10 国难后 1 版,民国 21.12 国难后 2 版,民国 22.12 国难后 3 版,民国 24 国难后 7 版,民国 24.9 国难后 8 版,民国 35.10 第 18 版
289 页　表　32 开　(师范学校教科书　甲种)
教育部审定
初版附注:民国 20 年 9 月初版
国图　北师大　华师大　辞书　河南　西北师大　庐山编译馆

4-0494
地方教育行政
邵鸣九编
上海　商务印书馆　民国 22.8[1933.8]
256 页　图　32 开　(师范学校教科书　甲种)
北师大　上海　河南

4-0495
地方教育行政
辛曾辉著
上海　黎明书局　民国 22.8[1933.8]
238 页　32 开　(黎明乡村教育丛书)
华师大

4-0496
小学行政
曹鹄雏编著
上海　大华书局　民国 22.8[1933.8]初版,民国 23.11 第 4 版
254 页　表　大 32 开
简易师范学校、乡村师范学校、县立师范学校、师范讲习所用
华师大　辞书　西北师大

4-0497
地方教育行政
张季信编著
上海　南京书店　民国 23.2[1934.2]
240 页　表　大 32 开
师范学校用书
上海　河南

4-0498
乡村小学行政
郭人全编
上海　黎明书局　民国 23.3[1934.3]初版,民国 23.10 第 3 版,民国 24.9 第 4 版,民国 25.12 第 5 版
208 页　图,表　32 开　(黎明乡村教育丛书)
华师大　辞书

4-0499
新小学行政
吴研因,吴增芥合编
上海　儿童书局　民国 23.10[1934.10]第 2 版,民国 24.6 增订 1 版
306 页　表　大 32 开　(师范新刊本)
教育部审定　遵照教育部民国 23 年 9 月颁布师范学校课程标准编辑
初版附注:民国 23 年 8 月初版
北师大　辞书　西北师大

4-0500
小学行政
沈子善编著
南京　正中书局　民国 24.7[1935.7]
329 页　照片,图,表　32 开
教育部审定　遵照教育部民国 23 年 9 月颁布师范学校课程标准及 24 年 3 月颁布乡村师范学校课程标准编辑
其他题名:师范学校小学行政
华师大　辞书　西北师大

4-0501
小学行政
沈子善编著
南京　上海　正中书局　民国 27.2[1938.2]增订 18 版,民国 35.4 沪 1 版,民国 35.10 沪 39 版
331 页　照片,图,表　32 开
教育部审定　新课程标准适用
初版附注:民国 24 年 7 月南京初版
版权页题名:师范乡师小学行政
其他题名:师范学校及乡村师范学校小学行政
北师大　华师大　辞书

4-0502
地方教育行政
夏承枫编著
南京　上海　正中书局　民国 24.8[1935.8]初版,民国 24 第 6 版,民国 25 第 8 版,民国 35.3 沪 1 版
178 页　32 开
教育部审定　师范学校适用
版权页题名:师范地方教育行政
北师大　上海　河南　广东中山

4-0503
小学行政
李清悚编
上海　中华书局　民国 24.9[1935.9]
482 页　图,表　大 32 开
新课程标准师范、乡村师范学校适用
北师大　华师大　辞书

4-0504
小学行政
曾毅夫编
上海　黎明书局　民国 24.10[1935.10]初版,民国 25.10 第 2 版

367页 表 32开
其他题名：黎明师范教本小学行政
北师大 华师大 辞书

4-0505
小学行政
杜佐周编
上海 商务印书馆 民国24.10[1935.10]初版,民国26.11
审定3版,民国27.4审定5版,民国35审定10版
138页 表 32开
教育部审定
初版附注：民国26年4月审定初版
其他题名：简易师范学校教科书小学行政
北师大 华师大 辞书 河南

4-0506
小学行政大纲
邹湘编著
上海 商务印书馆 民国24.10[1935.10]
359页 图,表 32开
逐页题名：小学行政
辞书 西北师大 庐山

4-0507
地方教育行政
曾毅夫编著
上海 商务印书馆 民国24.11[1935.11]
309页 32开 （教育丛书）
庐山

4-0508
现代小学行政
金笾仙编著
上海 大华书局 民国24.12[1935.12]第2版
167页 表 大32开
简易师范学校、乡村师范学校、师范讲习科学生及小学教职员
研究和参考之用
初版附注：民国24年12月初版
华师大 辞书

4-0509
小学行政
徐佩业,江景双编著
南京 正中书局 民国24[1935]版,民国24第7版
208页 图 32开
遵照部颁课程标准编著 简易师范学校及简易乡村师范学校适用
其他题名：简易师范学校及简易乡村师范学校小学行政
北师大 河南 西北师大

4-0510
河南省乡村师资训练所教育行政讲义
河南省政府编
河南 [编者刊] 民国24[1935]版
200页 图 32开
卷端题名：教育行政
河南

4-0511
教育视导
周邦道编著
赣州 正中书局 民国31[1942]赣2版
261页 32开
师范教科书
初版附注：民国24年初版
广东中山

4-0512
小学行政
姚维钧编著
上海 上海幼稚师范学校丛书社 民国25.8[1936.8]
232页 大32开 （上海幼稚师范学校丛书）
华师大

4-0513
小学行政
李清悚编
上海 中华书局 民国26.5[1937.5]初版,民国30.5第10版
394页 图,表(含折表) 32开
教育部审定 新课程标准师范、乡村师范学校适用
辞书 西北师大

4-0514
短期小学行政概要
曹鹄维著
南京 正中书局 民国27[1938]版
148页 小32开 （师范丛书）
西北师大

4-0515
幼稚园行政
张雪门编
上海 中华书局 民国30.4[1941.4]初版,民国36.5第4版
94页 照片,地图,表 32开
新课程标准幼稚师范科适用
北师大 辞书

4-0516
教育行政
沈慰霞,章柳泉,刘百川编著
336页 图 32开
其他题名：师范学校教科书教育行政
①成都 四川省政府教育厅 民国31.5[1942.5]
华师大
②成都 建华书局 民国35[1946]版
北师大

4-0517
教育辅导
钟道赞,孙邦正著
[上海] 正中书局 民国35.8[1946.8]沪初版,民国35.10
沪22版
242页 32开
师范学校用

版权页题名：新中国师范学校教科书
逐页题名：新中国师范教育辅导
其他题名：新中国教科书教育辅导
上海　辞书

健康教育

课　本

4-0518
学校卫生学
（日）濑川昌耆著　商务印书馆编译所译述
　　上海　商务印书馆　清光绪33.11[1907]初版,宣统2.9第4版,民国2.4第5版,民国3.8第6版,民国9第9版,民国17.4第11版
　　78页　大32开
　　卷端题名：学校卫生
　　其他题名：初级师范学校教科书学校卫生学
　　北师大　上海　华师大　天津　河南　编译馆

4-0519
健康教育
屠镇川编著
　　上海　世界书局　民国21.5[1932.5]版,民国22.2第3版
　　205页　图　32开　（世界新教育丛书）
　　高中师范教本
　　初版附注：民国21年1月初版
　　北师大　上海　华师大　辞书

4-0520
新中华健康教育
胡定安,何焕奎编
　　上海　新国民图书社　民国21.6[1932.6]初版,民国21.8第2版
　　174页　表　大32开
　　高级中学师范科用
　　北师大　辞书　河南　编译馆

教授法

综合教授法

课　本

4-0521
新说教授学

（日）桢山容次原著　商务印书馆编辑
　　上海　[编者刊]　清光绪29.3[1903]
　　74页　表　32开　精装
　　人教

4-0522
实验小学教授术
（日）山高几之丞著　作新社译
　　上海　[译者刊]　清光绪29.8[1903]
　　124页　表　32开
　　人教

4-0523
教授法原理
（日）小谷重,（日）长尾槙太郎,（日）西谷虎二,蔡元培编校　商务印书馆编译所编纂
　　上海　商务印书馆　清光绪31.8[1905]初版,光绪32.3第3版
　　35叶　大32开　线装
　　其他题名：初级师范学校教科书教授法原理
　　国图　人教　辞书

4-0524
各科教授法
杨天骥,蒋维乔编校　商务印书馆编译所编纂
　　上海　商务印书馆　清光绪32.3[1906]第2版
　　34叶　大32开　线装
　　初版附注：清光绪32年3月初版
　　其他题名：初级师范学校教科书各科教授法
　　国图　北师大　辞书　云南社科

4-0525
小学教授法要义
（日）木村忠治郎,于沈编纂　蒋维乔校订
　　上海　商务印书馆　清光绪33.7[1907]初版,民国6.7第4版
　　91叶　表　大32开　线装
　　师范学堂用
　　北师大　辞书

4-0526
小学各科教授法
顾倬编辑　沈恩孚校订
　　上海　中国图书公司　清宣统3.4[1911]第2版
　　102页　大32开
　　师范用
　　初版附注：清光绪33年12月初版
　　辞书

4-0527
简明单级教授法
顾倬编辑
　　上海　中国图书公司　清宣统1.1[1909]初版,宣统3.7第2版
　　27叶　表　大32开　线装
　　人教　辞书

4－0528

各科教授法精义
白作霖译著　蒋维乔校订
　　上海　商务印书馆　清宣统1.3[1909]初版,民国3第6版
　　343页　图　大32开　精装
　　师范学堂用
　　北师大　天津　河南

4－0529

单级教授法讲义
侯鸿鉴编辑
　　上海　中国图书公司　清宣统3.3[1911]
　　13页　表　大32开（教育丛书之五）
　　辞书

4－0530

教授法
　　广州　两广初级师范简易科馆　[1911?]
　　1册　大32开　线装
　　广东中山

4－0531

教授法讲义
蒋维乔述　庄俞校订
　　上海　商务印书馆　民国2[1913]第3版
　　160页　表　大32开（师范讲习社师范讲义）
　　教育部审定
　　初版附注：民国2年2月初版
　　北师大　辞书

4－0532

新制各科教授法
李步青编　范源廉,姚汉章阅
　　上海　中华书局　民国3.6[1914.6]初版,民国8第10版,民国10.7第13版
　　100页　表　大32开
　　教育部审定　师范学校适用
　　国图　北师大　辞书　河南

4－0533

单级教授讲义
郑朝熙,王凤岐,邓庆澜,孙世庆讲述　庄俞,胡君复校订
　　上海　商务印书馆　民国3.10[1914.10]-
　　6册　表　大32开
　　第1册：民国3.10初版
　　第4册：民国4初版
　　第5册：民国4初版
　　辞书(1)　广东中山(4-5)

4－0534

改良私塾法
方浏生编
　　上海　中华书局　民国4.12[1915.12]初版,民国5第2版,民国7.3第3版
　　62页　大32开
　　教育部审定　师范讲习所用
　　辞书　河南

4－0535

实用单级教授法讲义
林景贤著
　　上海　中华书局　民国4.12[1915.12]初版,民国8.5第7版,民国10第13版
　　110页　图,表　大32开
　　师范讲习所用
　　辞书　河南

4－0536

实用各科教授法讲义
林壬,周维城,孙世庆著
　　上海　中华书局　民国8.3[1919.3]第5版,民国9.1第9版,民国10第13版,民国11.9第14版
　　130页　表　大32开
　　师范讲习所用
　　初版附注：民国4年12月初版
　　辞书　河南

4－0537

教授法
钱体纯,杨保恒编纂　仇采,蒋维乔校订
　　上海　商务印书馆　民国4[1915]版,民国8第5版,民国9.11订正6版
　　160页　图　大32开
　　教育部审定
　　其他题名：师范学校新教科书教授法
　　国图　北师大　华师大　河南

4－0538

各科教授法
蒋维乔编
　　上海　商务印书馆　民国5[1916]版
　　17叶　32开　线装
　　其他题名：师范学校教科书各科教授法
　　北师大

4－0539

新体教授法讲义
钱体纯,师范讲习社编纂　仇采,范祥善校订
　　上海　商务印书馆　民国8.9[1919.9]版,民国10第5版
　　172页　表　大32开
　　教育部审定　师范讲习科用
　　初版附注：民国7年3月初版
　　辞书　河南

4－0540

教授法
马鸣鸾编述
　　[太原]　山西国民师范学校　民国10[1921]
　　[314]页　大32开
　　河南

4－0541

实验分团教授法

陈文钟等编
上海　商务印书馆　民国11[1922]第3版
[237]页　32开
广东中山

4-0542

新著设计教学法
赵宗预编
上海　商务印书馆　民国11[1922]初版,民国16第6版
90页　32开
师范学校用
河南

4-0543

道尔顿研究室制
Evelyn Dewey著　钱希乃,诸葛龙译
上海　商务印书馆　民国12.5[1923.5]初版,民国13.3第3版,民国14.9第4版
104页　大32开
师范学校用
华师大

4-0544

各科教授法
范寿康编纂
上海　商务印书馆　民国12.7[1923.7]
144页　表　32开
其他题名:现代师范教科书各科教授法
国图　辞书　河南

4-0545

各科教授法[增订本]
范寿康编纂
上海　商务印书馆　民国13.3[1924.3]增订2版,民国15.9增订7版,民国17增订10版
167页　表　32开
初版附注:民国12年7月初版
其他题名:现代师范教科书各科教授法
北师大　华师大　辞书

4-0546

各科教学法
范寿康编
上海　商务印书馆　民国19.5[1930.5]重订12版,民国21国难后3版,民国22.3国难后4版
191页　图　32开
初版附注:民国12年7月初版
其他题名:现代师范教科书各科教学法
北师大　华师大　河南

4-0547

道尔顿式教育的研究
林本编译
上海　商务印书馆　民国12.8[1923.8]初版,民国13第2版,民国15.1第3版,民国22国难后1版
58页　大32开

师范学校用
华师大　河南

4-0548

设计教育大全
(日)松涛泰岩著　林本,朱兆萃,李宗武译
上海　商务印书馆　民国12.9[1923.9]
188页　大32开
师范学校用
北师大　华师大　河南

4-0549

设计教学法
(美)马克马利(C. A. McMurry)著　杨廉译
上海　商务印书馆　民国12.12[1923.12]初版,民国18.4第2版
211页　大32开
师范学校用
版权页题名:马克马利设计教学法
北师大　华师大　河南　庐山

4-0550

师范生的良友
张化工编纂
上海　商务印书馆　民国12.12[1923.12]
54页　大32开
师范学校用
根据陈友松关于教学法的演讲整理
北师大　河南

4-0551

革新单级教育
李晓农,辛曾辉编纂
上海　商务印书馆　民国13.5[1924.5]第2版,民国20.4版,民国22.5国难后1版
111页　32开
师范学校用
华师大　河南　西北师大

4-0552

设计教学法之实际
赵宗预,周法均编
上海　商务印书馆　民国13[1924]
167页　32开　(师范小丛书)
国图

4-0553

现代小学教学法纲要
朱鼎元编
上海　商务印书馆　民国14.1[1925.1]初版,民国14第3版,民国18.10第5版
219页　图　大32开
师范学校用
北师大　华师大　河南

4-0554

单级教师之友

陈子仁编辑
　　上海　商务印书馆　民国15.1[1926.1]
　　124页　表　大32开
　　师范学校用
　　辞书　河南

4-0555

新师范单级教学法
陈献可编　方钦照,朱文叔校
　　上海　中华书局　民国15.11[1926.11]初版,民国17第3版,民国20.1第6版,民国20.7第7版,民国20.9第8版,民国21.6第10版
　　74页　表　大32开
　　新学制师范学校及师范讲习所教科用
　　版权页题名：单级教学法
　　其他题名：新师范教科书单级教学法
　　北师大　辞书　河南　编译馆

4-0556

新学制小学各科教学法
张九如,周蕖青编
　　上海　商务印书馆　民国15[1926]
　　344页　大32开　（师范丛书）
　　国图　河南

4-0557

新师范各科教学法
曹刍编　朱文叔校
　　上海　中华书局　民国16.1[1927.1]初版,民国17第2版,民国20.6第9版,民国20.9第10版,民国21.5第11版,民国21.11第12版
　　292页　大32开
　　版权页题名：各科教学法
　　其他题名：新师范教科书各科教学法
　　北师大　华师大　辞书　河南　编译馆

4-0558

普通教学法
罗廷光编著
　　上海　商务印书馆　民国24.1[1935.1]国难后2版
　　242页　人32开　（师范丛书）
　　初版附注：民国19年2月初版
　　华师大

4-0559

现代教学法通论
郭鸣鹤编著
　　北平　文化社　民国20.5[1931.5]
　　190页　大32开
　　师范教本
　　华师大

4-0560

新教学法大纲
陈云涛著
　　上海　光华书局　民国20.6[1931.6]初版,民国21第2版,民国22.9第3版
　　280页　32开
　　国图　华师大

4-0561

小学教学法
傅彬然编
　　上海　开明书店　民国20.8[1931.8]第4版,民国21第5版
　　242页　表　32开
　　初版附注：民国20年8月初版
　　其他题名：开明师范教本小学教学法
　　国图　北师大　华师大　辞书　河南

4-0562

小学教学法通论
赵廷为编纂
　　上海　商务印书馆　民国22.3[1933.3]国难后2版,民国24年版
　　271页　32开
　　初版附注：民国20年9月初版
　　初版附注：民国21年9月国难后第1版
　　其他题名：高级中学师范科教科书小学教学法通论
　　北师大　华师大　辞书　西北师大　编译馆

4-0563

小学各科教学法
王骏声编著
　　上海　世界书局　民国20.10[1931.10]初版,民国21.7第3版,民国21.11修正版,民国21.12修正2版
　　452页　图,表　32开　（世界新教育丛书）
　　高中师范教本
　　北师大　华师大　辞书　河南　广东中山　编译馆

4-0564

最新实验设计教学法
薛天汉编
　　上海　商务印书馆　民国20[1931]
　　154页　图　32开　（师范小丛书）
　　河南

4-0565

新中华小学教学法
吴研因,吴增芥编
　　上海　新国民图社　民国21.5[1932.5]初版,民国21.8第2版,民国22.9第4版,民国22.11第5版,民国23.12第7版
　　350页　表　大32开
　　高级中学师范科用
　　其他题名：新中华教科书小学教学法
　　北师大　华师大　辞书　广东中山　编译馆

4-0566

小学教材研究
孙钰编著
　　北平　文化社　民国21.8[1932.8]初版,民国22第2版
　　266页　图　大32开

师范教本
北师大　华师大　河南

4-0567
小学教学法
张瑞策编著
　　北平　文化学社　民国21.9[1932.9]
　　368页　图　大32开
师范教本
北师大　华师大　天津

4-0568
小学教学法
赵廷为编辑
　　上海　商务印书馆　民国21.9[1932.9]-
　　　册(①271页)　32开
　　上册:民国21.9国难后1版
依照高级中学师范科暂行课程标准编
其他题名:高级中学师范科教科书小学教学法
编译馆(1)

4-0569
小学教材研究
朱翙新编著
　　上海　世界书局　民国21.10[1932.10]初版,民国22.2第2
　　版,民国22第3版
　　337页　表　大32开　(世界新教育丛书)
高中师范教本
北师大　华师大　辞书　西北师大　广西师大　广东中山
编译馆

4-0570
复式教学法
张粒民编辑
　　上海　世界书局　民国22.2[1933.2]
　　208页　表　32开
编译馆

4-0571
小学教材研究
吴研因,吴增芥编纂
　　上海　商务印书馆　民国22.5[1933.5]初版,民国23.10第5
　　版,民国24.1第6版,民国24第7版
　　384页　图,表　32开　(师范学校教科书　甲种)
其他题名:高级中学师范科教科书小学教材研究
北师大　华师大　辞书　河南　西北师大　广东中山

4-0572
教学做合一概论
白桃著
　　上海　大华书局　民国22.6[1933.6]初版,民国22.9第2版
　　164页　32开
河南

4-0573
小学各科教学法
傅彬然著
　　上海　大华书局　民国22.7[1933.7]初版,民国23第4版
　　186页　大32开
简易师范学校、乡村师范学校、县立师范学校、师范讲习科用
北师大　华师大　辞书　西北师大

4-0574
新小学教学法
朱聂旸,俞子夷编
　　上海　儿童书局　民国23.1[1934.1]初版,民国23.3第2版
　　302页　大32开　(师范新刊本)
北师大　辞书　广东中山

4-0575
新低级教学法
吴增芥编
　　上海　儿童书局　民国23.7[1934.7]初版,民国24.6第2版
　　201页　大32开　(师范新刊本)
华师大　辞书　河南

4-0576
小学教育
程其保编纂
　　上海　商务印书馆　民国23[1934]版
　　288页　大32开　(师范丛书)
西北师大　庐山

4-0577
小学教学法概论
胡忠智著　汪懋祖校阅
　　北平　弘文学社　民国23[1934]版
　　292页　32开
师范学校及高中师范科适用
其他题名:新课程标准教本小学教学法概论
北师大

4-0578
动的教学法之尝试
王鸿霖编纂　韩秋圃校阅
　　北平　北平师大附小　民国25.2[1936.2]第2版
　　160页　图　大32开　(北平市市立师范学校附属小学丛书)
初版附注:民国24年1月初版
北师大

4-0579
单级教学法
李晓农,李伯棠编　沈百英校订
　　上海　商务印书馆　民国24.4[1935.4]初版,民国27长沙4版
　　161页　图,表　32开　(乡村教育丛书)
参照部颁幼稚园、小学课程标准编辑　供小学教师及乡村师
　范生阅读及参考
辞书　广东中山

4-0580
小学教材及教学法
李清悚编著
　　南京　上海　正中书局　民国24.5[1935.5]
　　2册(702页)　图,表,乐谱　32开

上册：民国 24.5 初版，民国 25.10 第 10 版，民国 35.10 沪 44 版

下册：民国 24.5 初版，民国 27 第 9 版，民国 35.9 沪 1 版，民国 35.10 沪 47 版

新课程标准适用　师范学校及乡村师范学校用

版权页题名：师范乡村师范小学教材及教学法

封面题名：师范学校小学教材及教学法

北师大　华师大(1)　上师大(2)　辞书　河南(2)　西北师大　辽宁(2)

4-0581

简师简乡师小学教材及教学法
俞子夷编著

南京　正中书局　民国 24.8[1935.8]-

2 册(255,270 页)　表　32 开

上册：民国 24.8 初版，民国 25.8 第 10 版

下册：民国 24 年版，民国 25.8 第 10 版，民国 28.10 第 17 版

教育部核定　遵照部颁课程标准编著

封面题名：简易师范学校及简易乡村师范学校小学教材及教学法

北师大　华师大(2)　辞书(1)　河南(1)　西北师大

4-0582

小学教材及教学法
吴研因,吴增芥编

上海　香港　中华书局　民国 24.8-12[1935.8-12]

2 册(318,290 页)　图,表,乐谱　大 32 开

第 1 册(上卷)：民国 24.8 初版，民国 24.8 第 3 版，民国 26 年版，民国 30 香港 12 版，民国 36.10 第 20 版

第 2 册(下卷)：民国 24.12 初版，民国 24.12 第 2 版，民国 30 香港 10 版，民国 36.10 第 17 版

新课程标准师范适用

北师大　华师大　辞书　西北师大　广东中山

4-0583

小学教材及教学法
赵廷为编

上海　商务印书馆　民国 24.9[1935.9]-

2 册(188,615 页)　表　32 开

第 1 册：民国 24.9 初版

第 2 册：民国 24.9 初版，民国 26 年版

其他题名：师范学校教科书小学教材及教学法

北师大　华师大　辞书　西北师大

4-0584

小学教材及教学法
赵演编著

上海　世界书局　民国 24.11[1935.11]-

册(①249 页)　大 32 开

上册：民国 24.11 初版

其他题名：师范学校教本小学教材及教学法

辞书(1)　北师大(1)　西北师大(1)

4-0585

省乡村师资训练所普通教学法讲义
河南省政府编

河南　[编者刊]　民国 24[1935]版

370 页　32 开

卷端题名：教学法

其他题名：普通教学法讲义

河南

4-0586

新小学教材和教学法
俞子夷,朱㝡旸编

上海　儿童书局　民国 24[1935]版,民国 26 重订 4 版,民国 36 重订 6 版,民国 37 重订 7 版

542 页　大 32 开　(师范新刊本)

北师大　广东中山

4-0587

小学训育的实际
李康复等编纂

上海　商务印书馆　民国 24[1935]版

271 页　大 32 开　(师范丛书)

西北师大　庐山

4-0588

单级新教学的实际
何清钊编

上海　商务印书馆　民国 24[1935]

229 页　32 开　(师范小丛书)

单级小学四学年用

广东中山

4-0589

小学教材及教学法
尹道耕编

北平　文化学社　民国 25.8[1936.8]-

2 册(290,406 页)　图　大 32 开

上册：民国 25.9 第 2 版

下册：民国 25.8 初版

新课程标准师范适用

初版附注：民国 25 年 8 月初版

北师大

4-0590

中等学校学生实际训练法
王骏声编著

南京　正中书局　民国 25.10[1936.10]

326 页　表　32 开　(师范丛书)

辞书

4-0591

标准教学法
浦漪人,黄明宗编译

南京　正中书局　民国 25[1936]版

143 页　32 开　(师范丛书)

天津

4-0592

新复式教学法
张仲慎著

上海 儿童书局 民国25[1936]版
174页 大32开 （师范新刊本）
西北师大

4-0593

新小学教材研究
俞子夷等编辑

上海 儿童书局 民国25[1936]版
284页 大32开 （师范新刊本）
西北师大

4-0594

复式教学法
纪文编辑

[长春] 益智书店 民国26.1[1937.1]
148页 32开
封面题名：最新复式教学法
辽宁

4-0595

小学各科新教学法
王鸿霖编 韩秋圃校阅

北平 文化学社 民国26.3[1937.3]版
300页 图 大32开
修正课程标准师范学校适用
北师大

4-0596

复式教学法
祝志学编

上海 中华书局 民国34.4[1945.4]第4版
196页 32开
初版附注：民国26年初版
辽宁

4-0597

乡(镇)中心学校辅导工作实施法
白动生著

南京 正中书局 民国31[1942]版
144页 小32开 （师范丛书）
西北师大

4-0598

小学分组编制教学法
侯铭编著 马客谈校订

南京 正中书局 民国32.9[1943.9]初版,民国35.1沪1版
180页 图,表 32开 （师范丛书）
辞书 西北师大 辽宁

4-0599

教材及教学法通论
赵廷为著

重庆 上海 商务印书馆 民国33.11[1944.11]重庆初版,
民国35.7沪初版,民国35.11沪2版,民国36.4沪3版
130页 32开
师范学校用书
国图 上海 华师大 辞书 河南 辽宁

4-0600

教材及教学法
严寅,梁尚彝著 黄子通,廖世承等校订

长沙 宇宙书局 民国35.8[1946.8]-
册(①200,②282页) 图,表 32开
第1册：民国35.8初版
第2册：民国35.12初版
最新课程标准 师范学校适用
上海(1-2)

4-0601

小学各科新教学法
王祝辰编

沈阳 中国文化服务社沈阳分社 民国36.8[1947.8]
205页 32开 （辽宁省教育厅丛书）
现行小学课程标准 国民及师范学校适用
辽宁

4-0602

二部教学法
姚虚谷编纂 沈百英校订

上海 商务印书馆 民国37.2[1948.2]第1版,民国37.8第3版
186页 32开 （国民教育文库）
上海 辞书 广东中山

4-0603

复式教学法
姚虚谷编纂 沈百英校订

上海 商务印书馆 民国37.2[1948.2]第1版,民国37.8第3版
191页 32开 （国民教育文库）
辞书 广东中山

4-0604

教材及教学法
赵廷为著

上海 商务印书馆 民国37.8[1948.8]
4册(130,165,140,135页) 32开
第1-4册：民国37.8初版
其他题名：教材及教学法通论
其他题名：师范教科书教材及教学法
华师大(1) 辞书

4-0605

教材及教学法
孙邦正编著

上海 开明书店 民国37.9[1948.9]-
册(①208页) 图,表 32开
上册：民国37.9初版
师范学校及简易师范学校用

书脊题名：师范简师教材及教学法
辞书(1)

4-0606
教材及教学法
吴增芥编
上海　中华书局　民国37.12[1948.12]
2册(182,144页)　表　32开
第1-2册：民国37.12初版
师范学校及简易师范学校用
上海　辞书

4-0607
教授法
[王国维述]
上海　教育世界社　[1912-1949?]
112页　表　大32开
江苏师范学堂讲授
其他题名：江苏师范学堂讲授教授法
辞书　广东中山

分科教授法

课　本

4-0608
小学社会科教学法
沈百英著
上海　商务印书馆　民国22[1933]初版,民国22国难后1版,民国24年版
99页　32开　(师范小丛书)
西北师大　广东中山

4-0609
新课程小学校社会科教学法
张粒民编
上海　商务印书馆　民国24[1935]版
236页　32开　(师范小丛书)
广东中山

4-0610
社会学科之教材与教学法
程其保编纂
上海　商务印书馆　民国28.6[1939.6]
108页　表　大32开　(师范丛书)
国图　辞书

＊　＊　＊　＊　＊

4-0611
小学校国语科教学法
赵欲仁编
上海　商务印书馆　民国16.9[1927.9]初版,民国19第2版
168页　32开　(师范小丛书)
国图　广东中山

4-0612
小学作文教育法
徐学文著
上海　上海幼稚师范学校丛书社　民国24.5[1935.5]
138页　表　大32开　(上海幼稚师范学校丛书)
辞书

4-0613
小学说话教学法
王国元著
[上海]　正中书局　民国36.11[1947.11]沪1版
176页　32开　(师范丛书)
初版附注：民国25年4月初版
国图　华师大

4-0614
国语读法教学原论
袁哲著
上海　商务印书馆　民国25.10[1936.10]
274页　16开　(师范丛书)
西北师大　庐山

4-0615
小学写字教学法
朱智贤编著
上海　商务印书馆　民国25[1936]版
111页　32开　(师范小丛书)
国图　庐山　广东中山

4-0616
中学师范国文作文教学法
魏应麒编
长沙　商务印书馆　民国29[1940]
67页　32开　(师范小丛书)
国图

＊　＊　＊　＊　＊

4-0617
小学外国语科教学法
周越然著
上海　商务印书馆　民国21[1932]版,民国22国难后1版
85页　32开　(师范小丛书)
初版附注：民国18年初版
其他题名：初级外国语科教学法
国图　庐山　广东中山

＊　＊　＊　＊　＊

4-0618
龙门师范学校讲义历史教授法
夏清贻著

上海　开明书店　清光绪 32.5[1906]
33 页　32 开　线装
人教

4－0619
小学历史科教学法
吴研因等著
上海　商务印书馆　民国 22[1933]初版,民国 22 国难后 1 版
74 页　32 开　（师范小丛书）
西北师大　广东中山

4－0620
历史之编纂及教学
梁园东编
上海　商务印书馆　民国 24.10[1935.10]
84 页　32 开
按教育部颁行师范学校课程标准编辑
其他题名：师范学校教科书历史之编纂及教学
国图　人教

*　*　*　*　*

4－0621
小学地理科教学法
刘虎如著
上海　商务印书馆　民国 23.3[1934.3]初版,民国 23.7 第 2 版
87 页　32 开　（师范小丛书）
西北师大　广东中山

*　*　*　*　*

4－0622
小学算术科教学法
俞子夷编著
上海　商务印书馆　民国 21.11[1932.11]初版,民国 21 国难后 1 版,民国 24 国难后 3 版
165 页　32 开　（师范小丛书）
华师大　西北师大　广东中山

4－0623
小学算术教学法
张匡著
上海　大华书局　民国 22.9[1933.9]
174 页　表　大 32 开
简易师范学校和师范讲习科适用
附：小学算术课程标准
辞书　广东中山

4－0624
小学算术教学法
俞子夷编译
长沙　商务印书馆　民国 22[1933]版
111 页　32 开

师范学校用
西北师大

4－0625
中等学校算学教学法
（美）舒慈（A. Schultze）著　苏笠夫译
上海　商务印书馆　民国 23.8[1934.8]初版,民国 24 第 2 版
287 页　大 32 开　（师范丛书）
河南　庐山　广西师大　广东中山

4－0626
小学算术教学之研究
俞子夷编
上海　中华书局　民国 24.8[1935.8]初版,民国 26.4 第 4 版,民国 36.4 第 10 版
225 页　图,表　大 32 开　（算学　6）
新课程标准师范、乡村师范、简易乡村师范学校适用
封面题名：算学
北师大　人教　华师大　辞书

*　*　*　*　*

4－0627
小学自然科教学法
胡颜立著
上海　商务印书馆　民国 23.12[1934.12]初版,民国 24 第 2 版
166 页　32 开　（师范小丛书）
辞书　西北师大　广东中山

*　*　*　*　*

4－0628
小学校卫生科教学法
程瀚章编
上海　商务印书馆　民国 22.3[1933.3]
84 页　图,表　32 开　（师范小丛书）
辞书　西北师大　庐山　广东中山

*　*　*　*　*

4－0629
音乐教授法
陈仲子著
上海　商务印书馆　民国 24[1935]版
121 页　32 开　（师范小丛书）
西北师大

4－0630
音乐科教学法
胡敬熙著
上海　商务印书馆　民国 25.7[1936.7]
260 页　图,乐谱　32 开　（师范小丛书）

其他题名：新课程小学校音乐科教学法
国图　辞书　西北师大　庐山　广东中山

＊　＊　＊　＊　＊

4-0631

图画教材概论
吕澄编　郑昶,朱文叔校
　　上海　中华书局　民国13.7[1924.7]初版,民国14.8第3版
　　117页　图,表　大32开
　　其他题名：新师范教科书图画教材概论
　　国图　人教　辞书　河南　编译馆

4-0632

小学美术教育
俞寄凡编纂
　　长沙　商务印书馆　民国24[1935]版
　　139页　32开　（师范丛书）
　　西北师大

4-0633

小学工用艺术科教学法
何明斋著
　　上海　商务印书馆　民国24[1935]第2版
　　118页　32开　（师范小丛书）
　　初版附注：民国22年初版
　　广东中山

＊　＊　＊　＊　＊

4-0634

小学劳作教育
杭州师范学校推广教育处编辑
　　杭州　杭州师范学校总务处　民国22.6[1933.6]
　　176页　表　大32开
　　师范教育学术讲演集
　　人教　辞书

＊　＊　＊　＊　＊

4-0635

小学游戏科教学法
王怀琪著
　　上海　商务印书馆　民国20.8[1931.8]初版,民国22国难后1版,民国24.5国难后2版
　　128页　图　大32开　（师范小丛书）
　　华师大　西北师大　广东中山

4-0636

体育教学法
吴蕴瑞著
　　上海　[著者刊]　民国23[1934]第2版
　　155页　大32开

国图

4-0637

小学体育教育实施法
姚家栋编著
　　南京　正中书局　民国26.1[1937.1]
　　412页　图,表　32开　（师范丛书）
　　辞书

肆　教育实习

课　本

4-0638

新中华实习指导
胡叔异编
　　上海　新国民图书社　民国21.6[1932.6]初版,民国22第3版,民国23.9第4版
　　214页　表　大32开
　　高级中学师范科用
　　其他题名：新中华教科书中华实习指导
　　华师大　北师大　辞书　天津　广东中山　编译馆

4-0639

师范生实习指导
张粒民,金轮海编著
　　上海　大华书局　民国23.1[1934.1]初版,民国23.11第2版
　　375页　表　大32开
　　按照教育部高中师范实习课程标准编辑
　　国图　辞书　河南　广东中山

4-0640

师范生怎样实习
朱有瓛编　邰爽秋校
　　上海　教育编译馆　民国23.2[1934.2]
　　180页　表　大32开
　　师范学校用
　　书脊题名：师范教本师范生怎样实习
　　国图　北师大　华师大　辞书

4-0641

乡村师范教育实习指导
郑之纲编
　　上海　黎明书局　民国23[1934]版
　　361页　32开　（黎明乡村教育丛书）
　　天津

4-0642

实习
俞子夷编
　　上海　商务印书馆　民国24.6[1935.6]初版,民国26第4

版,民国 26.11 第 6 版,民国 28 第 8 版
138 页　图,表　32 开
师范学校参考用书
其他题名：师范学校教科书实习
国图　北师大　华师大　辞书　河南　广东中山

4－0643
实习指导
徐士鉴编著　邰爽秋修校
　　上海　教育编译馆　民国 24.8[1935.8]初版,民国 26 第 2 版
　　272 页　表　32 开
　　版权页题名：师范学校教科书实习指导
　　其他题名：新课程师范学校教科书实习指导
　　北师大　华师大　辞书　天津　河南

4－0644
新实习
陈鹤琴,阴景曙编辑
　　上海　儿童书局　民国 25.9[1936.9]
　　162 页　图　大 32 开　（师范新刊本）
　　国图　北师大

4－0645
实习
张雪门编
　　上海　中华书局　民国 30.5[1941.5]第 2 版,民国 36.5 第 3 版
　　101 页　图　32 开
　　新课程标准幼稚师范科适用
　　北师大　华师大

4－0646
师范学校教育实习
张楷编著
　　重庆　正中书局　民国 30.10[1941.10]
　　82 页　32 开
　　其他题名：教育实习
　　国图　华师大

4－0647
参观与实习
荣绪著
　　北平　京华印书局　民国 30[1941]版
　　94 页　大 32 开
　　师范用书
　　北师大

4－0648
教育实习
刘百川等编
　　成都　四川省政府教育厅　民国 31.7[1942.7]
　　68 页　表　32 开
　　国图

4－0649
师范学校实习指导
李伯棠编著
　　重庆　上海　正中书局　民国 34.11[1945.11]渝初版,民国 35.7 沪 1 版,民国 35.10 沪 18 版,民国 36 沪 28 版
　　335 页　表　32 开
　　遵照民国 33 年修正课程标准编著　师范学校适用
　　逐页题名：师范生实习指导
　　其他题名：新中国教科书师范学校实习指导
　　国图　北师大　辞书　广东中山

肆　教育史

课　本

4－0650
教育史教科书
作新社译
　　上海　[译者刊]　清光绪 29.7[1903]
　　90 页　大 32 开
　　辞书

4－0651
教育史
商务印书馆编译所编纂　徐念兹,富光年校订
　　上海　商务印书馆　清光绪 32.3[1906]第 3 版,光绪 33 第 5 版,民国 3.2 第 11 版
　　48 叶　大 32 开　线装
　　清学部第一次审定　师范学堂用
　　初版附注：清光绪 31 年 8 月初版
　　版权页题名：师范学校教育史
　　封面题名：师范学校教科书教育史
　　国图　北师大　辞书

4－0652
教育史
（日）增户鹤吉著　江苏师范生编辑
　　日本　东京并木活版所　清光绪 32[1906]版
　　121 页　图　大 32 开
　　北师大　人教

4－0653
教育史
韦以黼编辑　沈恩孚,顾倬校订
　　上海　中国图书公司　清光绪 33.9[1907]
　　127 页　大 32 开
　　师范用
　　北师大　辞书

4－0654
教育史
（日）宫田修讲述　孙清如编辑
　　东京　东京并木活版所　清光绪 34.3[1908]
　　104 页　图　大 32 开　（女子师范讲义　第 3 编）
　　辞书

4-0655

教育讲义
(美)李佳白编

上海 尚贤堂 清光绪34[1908]

29叶 16开 线装

逐页题名：尚贤堂教育讲义

辞书

4-0656

教育史
杨游编纂 杨保恒,蒋维乔校订

上海 商务印书馆 民国3.8[1914.8]初版,民国10第8版,民国11第9版,民国11.11第10版

79页 大32开

教育部审定

其他题名：师范学校新教科书教育史

国图 北师大 辞书 河南 编译馆

4-0657

新制教育史
李步青著 范源廉校阅

上海 中华书局 民国4.5[1915.5]初版,民国6第3版,民国10.2第11版,民国10.7第12版,民国11第13版

100页 大32开

教育部审定 师范学校适用

北师大 辞书 河南

4-0658

新体教育史讲义
张华年编纂 鞠承颖校订

上海 商务印书馆 民国7.3[1918.3]初版,民国10第3版,民国12第5版

128页 32开

师范学校用

北师大 河南 广东中山

4-0659

西洋教育史大纲
姜琦编

上海 商务印书馆 民国12.10[1923.10]

2册(496页) 大32开 精装

上下册：民国12.10第3版

师范学校教本

初版附注：民国10年7月初版

其他题名：师范学校教本西洋教育史大纲

华师大

4-0660

西洋教育史纲要
王凤喈编译

上海 商务印书馆 民国23.3[1934.3]国难后1版

143页 图 32开 (师范学校教科书 乙种)

初版附注：民国11年10月初版

北师大

4-0661

教育史
范寿康编纂 唐钺校订

上海 商务印书馆 民国12.8[1923.8]第2版,民国12.12第3版,民国17第6版,民国18.5第7版,民国20第8版,民国21国难后1版,民国21.11国难后2版

126页 32开

其他题名：现代师范教科书教育史

国图 北师大 上海 华师大 辞书 河南 广东中山 编译馆

4-0662

教育史
王炽昌编 徐则陵,朱文叔校

上海 中华书局 民国12.8[1923.8]初版,民国13.3第3版,民国13.12第5版,民国14.7第6版,民国14.12第7版,民国15第10版,民国17第11版,民国18.5第13版,民国20.4第16版,民国21.11第19版

132页 大32开

教育部审定

版权页题名：新师范教育史

其他题名：新师范教科书教育史

北师大 华师大 辞书 河南 广东中山 编译馆

4-0663

西洋教育史
杨廉著

上海 中华书局 民国15.5[1926.5]初版,民国18.3第2版

161页 大32开 (教育丛书)

师范教本

华师大 河南

4-0664

新中华教育史
孟宪承编

上海 新国民图书社 民国21.6[1932.6]

352页 像,表 大32开

高级中学师范科用

其他题名：新中华教科书教育史

北师大 华师大 河南 编译馆

4-0665

教育史
姜琦编

上海 商务印书馆 民国21.11[1932.11]初版,民国23.5第2版,民国24订正3版

354页 32开

其他题名：高级中学师范科教科书教育史

国图 北师大 华师大 辞书 河南 广东中山 编译馆

4-0666

西洋教育史
冯品兰著

上海 大华书局 民国22.6[1933.6]第2版

162页 大32开

国图　华师大　辞书　河南

4-0667

新教育史
方与严编
　　上海　儿童书局　民国23.1[1934.1]
　　448页　图　大32开　（师范新刊本）
初级或高级师范教科书
北师大　华师大

4-0668

幼稚园的演变史
张宗麟编纂
　　上海　商务印书馆　民国24[1935]版
　　92页　32开　（幼稚园教育丛书）
西北师大

4-0669

教育史
(伪)教育部编审会著
　　北平　新民印书馆　民国27.8[1938.8]-
　　　册(①220页)　32开
第1册：民国27.8版
高级中学师范科教学适用
北师大(1)

4-0670

教育史
(伪)教育部编审会著
　　北平　新民印书馆　民国28[1939]版
　　242页　32开
高级中学师范科教学适用
北师大

4-0671

教育史讲义
戴克敦述
　　[上海]　[商务印书馆]　[1912-1949?]
　　169页　大32开　精装　（师范讲习社师范讲义）
其他题名：新中华教育史讲义
北师大　辞书

比较教育

课　本

4-0672

新中华比较教育
常导之编
　　上海　新国民图书社　民国21.8[1932.8]
　　224页　表　大32开
高级中学师范科用

其他题名：新中华教科书比较教育
北师大　华师大　辞书　编译馆

4-0673

比较教育
陈作梁著
　　上海　大华书局　民国22.6[1933.6]
　　152页　大32开
其他题名：师范学校教科书比较教育
华师大　辞书

4-0674

各国小学教育比较论
袁学礼编纂
　　上海　商务印书馆　民国24[1935]版
　　282页　32开　（小学教育丛书）
西北师大

幼稚教育

课　本

4-0675

儿童训育法
方维夏编辑
　　长沙　宏文图书社　民国3.5[1914.5]
　　79叶　图,表　大32开　线装
师范用
辞书

4-0676

儿童研究
冯品兰著
　　上海　商务印书馆　民国20.5[1931.5]初版,民国24年版
　　97页　32开　（师范小丛书）
西北师大　庐山

4-0677

儿童学的新观念
贝纳著　曾展谟译
　　上海　商务印书馆　民国20[1931]版
　　324页　大32开　（师范丛书）
西北师大

4-0678

新中华幼稚教育
张宗麟编
　　上海　新国民图书社　民国21.5[1932.5]初版,民国21.8第2版,民国21.10第3版
　　250页　图,表　大32开
高级中学师范科用
其他题名：新中华教科书幼稚教育

北师大　华师大　辞书　西北师大　广西师大　编译馆

4-0679
幼稚教育
孙铭勋编著
　　上海　大华书局　民国22.9[1933.9]初版,民国23.3第2版
　　214页　图,表,乐谱　大32开　精装
　　华师大　辞书　西北师大

4-0680
新幼稚教育
张雪门著
　　上海　儿童书局　民国22.11[1933.11]
　　146页　表　大32开　(师范新刊本)
　　辞书　西北师大

4-0681
幼稚园教育
王骏声编辑
　　上海　商务印书馆　民国22[1933]版
　　169页　16开　(师范丛书)
　　西北师大

4-0682
孟氏幼稚教育法
孟丹尼著　雷通群译
　　上海　商务印书馆　民国23[1934]版
　　99页　32开　(师范小丛书)
　　西北师大

4-0683
幼稚园教材及教学法
魏志澄编
　　上海　黎明书局　民国24.5[1935.5]初版,民国24.9第2版
　　376页　图　32开
　　其他题名:黎明师范教本幼稚园教材及教学法
　　北师大　华师大　辞书　河南

4-0684
幼稚教育
樊兆庚编
　　上海　商务印书馆　民国24.5[1935.5]初版,民国28长沙3版
　　262页　图　32开　(师范学校教科书　甲种)
　　北师大　上海　西北师大　广东中山

4-0685
师范学校幼稚教育
葛承训编著
　　南京　上海　正中书局　民国24.7[1935.7]初版,民国31.4第22版,民国35.4沪1版,民国35沪19版
　　148页　图,表,乐谱　32开
　　教育部审定　新课程标准适用　师范学校适用
　　版权页题名:师范幼稚教育
　　其他题名:幼稚教育
　　北师大　上海　华师大　辞书　西北师大

4-0686
幼稚园教学法
许茗芳编
　　上海　上海幼稚师范学校丛书社　民国24.10[1935.10]
　　249页　大32开　(上海幼稚师范学校丛书)
　　辞书

4-0687
保育法
沈毓芬编著
　　上海　黎明书局　民国24[1935]初版,民国24第2版
　　137页　32开
　　其他题名:黎明师范教本保育法
　　华师大

4-0688
儿童教育实际问题
孙钰编
　　上海　商务印书馆　民国25.7[1936.7]
　　137页　32开　(师范小丛书)
　　西北师大　庐山

4-0689
黄觉民订正幼童智力图形测验
黄觉民著
　　上海　商务印书馆　民国26.3[1937.3]
　　10份(每份23页)　图　32开
　　附:说明书
　　其他题名:(订正)幼童智力图形测验
　　辞书　庐山

4-0690
实际幼稚园学
陆绍基著
　　长沙　商务印书馆　民国27[1938]版
　　100页　32开　(师范小丛书)
　　西北师大

4-0691
建国的儿童训练法
陈侠编著
　　南京　上海　正中书局　民国30[1941]版,民国35.1沪1版
　　95页　32开　(师范丛书)
　　初版附注:民国30年2月初版
　　华师大　西北师大

4-0692
儿童保育
张雪门著
　　[重庆]　中华书局　民国33.6[1944.6]
　　104页　表　32开　(幼稚师范教科书)
　　上海

4-0693
幼稚园教材及教学法
吴增芥编纂

上海　商务印书馆　民国35[1946]版
232页　32开
其他题名：幼稚师范学校教科书幼稚园教材及教学法
西北师大

4－0694
幼稚教育概论
张雪门编纂
上海　商务印书馆　民国36[1947]版
104页　32开　（师范小丛书）
西北师大

4－0695
婴儿园教育
赵琳著
上海　商务印书馆　民国37[1948]版
124页　32开　（师范小丛书）
西北师大

肆 民众教育

课　本

4－0696
新中华民众教育
甘豫源编
上海　新国民图书社　民国20.12[1931.12]初版，民国21.7第2版
190页　大32开
高级中学师范科用
其他题名：新中华教科书师范民众教育
北师大　华师大　辞书

4－0697
民众教育
秦柳方，武葆村编著
上海　世界书局　民国22.5[1933.5]
336页　图，表　大32开　（世界新教育丛书）
高中师范教本
其他题名：秦氏民众教育
辞书

4－0698
民众教育概论
朱秉国著　雷宾南校
上海　大东书局　民国22.8[1933.8]
260页　表　32开
高中师范选修科用
华师大　辞书　河南

4－0699
乡村民众教育
郭人全编
上海　黎明书局　民国23.6[1934.6]初版，民国23.10第2版
278页　32开　（黎明乡村教育丛书）
华师大　辞书

4－0700
民众教育
俞庆棠编著
南京　正中书局　民国24.5[1935.5]初版，民国24.8第2版，民国24.8第3版，民国27.2第5版，民国35.3版
192页　图，表　32开
新课程标准适用　师范学校适用
封面题名：师范学校民众教育
北师大　华师大　辞书

肆 农村教育

课　本

4－0701
农村教育
顾复编纂
上海　商务印书馆　民国12.5[1923.5]初版，民国16第6版，民国18第8版
79页　图　大32开
师范学校用
北师大　天津　河南　庐山　广东中山

4－0702
乡村教育
喻谟烈编辑
上海　商务印书馆　民国16.6[1927.6]初版，民国22.3第2版
168页　大32开　（师范丛书）
庐山

4－0703
乡村教育概论
卢绍稷著
上海　大东书局　民国21.7[1932.7]
276页　大32开
河南

4－0704
乡村教育
张宗麟编著
上海　世界书局　民国21.9[1932.9]初版，民国22.2第2版，民国22.3第3版，民国23.9第4版
258页　表　大32开　（世界新教育丛书）
高中师范教本
北师大　华师大　辞书　河南　广东中山　编译馆

4－0705
乡村小学教育法
李晓农, 辛曾辉合编
  上海　黎明书局　民国22.9[1933.9]初版,民国23.9第3版
  252页　32开　(黎明乡村教育丛书)
  其他题名: 乡村小学教学法
  华师大

4－0706
乡村小学教材研究
张宗麟著
  上海　黎明书局　民国24.9[1935.9]第4版
  312页　图　32开　(黎明乡村教育丛书)
  初版附注: 民国22年11月初版
  辞书

4－0707
乡村教育
王琳, 程本海编著
  上海　世界书局　民国24.1[1935.1]
  230页　大32开
  初级师范教本
  华师大

4－0708
乡村教育
王衍康编著
  南京　正中书局　民国24.8[1935.8]第2版,民国25.7第4版,民国27.2第9版
  252页　表　32开
  新课程标准适用　师范学校及乡村师范学校适用
  初版附注: 民国24年7月初版
  封面题名: 师范学校乡村教育
  北师大　华师大　辞书

4－0709
乡村教育
王衍康编
  上海　正中书局　民国24.8[1935.8]增订10版
  279页　32开
  师范学校及乡村师范学校适用
  河南

4－0710
乡村教育
甘豫源编
  上海　中华书局　民国24.8[1935.8]初版,民国24.8第2版,民国24.8第3版,民国26.2第5版,民国35.12第11版
  148页　图,表　大32开
  教育部审定　新课程标准师范学校适用
  华师大　辞书

4－0711
简师简乡师乡村教育及民众教育
金嵊轩编著
  南京　上海　正中书局　民国24.8[1935.8]
  228页　表(含折表)　32开
  遵照部颁课程标准编著
  封面题名: 简易师范学校及简易乡村师范学校乡村教育及民众教育
  华师大　辞书

4－0712
乡村教育
古梅编
  上海　商务印书馆　民国24.10[1935.10]初版,民国26.2第5版
  197页　32开
  乡村师范学校教科书
  国图　北师大　华师大　辞书

4－0713
乡村教育
金嵊轩编著
  南京　正中书局　民国27.2[1938.2]第5版
  122页　32开
  简易乡村师范学校教育课本
  初版附注: 民国25年8月初版
  版权页题名: 简乡师乡村教育
  华师大

4－0714
乡村教育概论
龙发甲著
  上海　商务印书馆　民国26.1[1937.1]
  178页　图　32开　(师范小丛书)
  辞书　庐山

4－0715
乡村教育
郭人全编
  上海　黎明书局　民国26.7[1937.7]第2版
  186页　32开
  其他题名: 黎明师范教本乡村教育
  华师大　广东中山

4－0716
乡村教育及民众教育
赵冕, 翁祖善编
  上海　中华书局　民国26.12[1937.12]
  140页　表　大32开
  教育部审定　新课程标准简易师范及简易乡村师范学校适用
  辞书

4－0717
乡村教育及民众教育
陈礼江编著
  重庆　正中书局　民国27.9[1938.9]
  183页　32开
  遵照部颁课程标准编著　简易师范学校适用
  其他题名: 建国教科书乡村教育及民众教育
  国图　华师大

4-0718

乡村教育及民众教育
张宗麟 编
上海　商务印书馆　民国 29[1940]初版,民国 36 第 3 版
170 页　32 开
简易师范学校教科书
国图

4-0719

师范学校及乡村师范学校乡村教育
王衍康 编著
上海　正中书局　民国 35.3[1946.3]沪 1 版
244 页　表　32 开
教育部审定
逐页题名：乡师师范乡村教育
辞书

5. 职业学校教材

基础教材

文科

课本

5-0001
专科国文读本
上海工业专门学校辑
上海 [编者刊] 民国8[1919]
2册(200页) 32开
上下册:民国8年版
其他题名:国文读本
上海

5-0002
商业应用尺牍教本
文明书局编辑
上海 [编者刊] 民国19.4[1930.4]
2册 大32开 线装
第1-2册:民国19.4第7版
编译馆

5-0003
国文
赵宗预编辑 江恒源校订
上海 世界书局 民国20.10-21.7[1931.10-1932.7]
6册(92,139,175,135,127,249页) 大32开
第1册:民国20.10初版,民国21.6第2版,民国21.10第3版
第2册:民国21.2初版,民国22.2第2版
第3册:民国20.12初版
第4册:民国21.4初版,民国21.10第2版
第5册:民国20.12初版,民国21.9第3版
第6册:民国21.7初版,民国22.2第2版
其他题名:职业学校教科书国文
国图(2,6) 华师大(1,4) 辞书 广西师大(6) 编译馆

5-0004
职业应用文
潘文安编辑
上海 文明书局 民国21.4[1932.4]第2版
238页 32开
编译馆

5-0005
应用文
赵宗预编辑
上海 世界书局 民国21.7[1932.7]

103页 图 大32开
其他题名:职业学校教科书应用文
编译馆

5-0006
初级国文
杨荫深编著 张寄岫校订
长沙 商务印书馆 民国27.3[1938.3]-
6册 32开
第1-2册:民国27.3初版
职业教科书委员会审查通过
其他题名:职业学校教科书初级国文
国图(1) 华师大(2)

5-0007
高级国文
杨荫深编著
上海 商务印书馆 民国28.2[1939.2]-
6册 32开 精装
第1册:民国28.2版
职业教科书委员会审查通过
其他题名:职业学校教科书高级国文
华师大(1)

理科

课本

5-0008
几何三角
范庆涵编著
上海 商务印书馆 民国27.6[1938.6]初版,民国37.8第7版
188页 图,表 32开 精装
其他题名:职业学校教科书几何三角
华师大 广西师大

5-0009
算术代数
徐骥,黎林编著
长沙 上海 商务印书馆 民国27.7[1938.7]
2册(367页) 32开 精装
第1册:民国27.7版,民国35.8第5版
第2册:民国27.7版
职业教科书委员会审查通过
其他题名:职业学校教科书算术代数
华师大 辽宁(1) 广东中山(2)

5-0010
实验珠算
王善彰编著

上海　世界书局　民国27.9[1938.9]
2册(361页)　图,表　32开
上下册:民国27.9初版,民国28.3第2版
中学活用课本　补习学校、职业学校、短期中学适用
人教(2)　辞书　广西师大(1)　广东中山(1)

5－0011
几何
工业丛书编辑委员会编辑
　　大连　关东工业专门学校　民国37.9[1948.9]
　　117页　图　32开　(工业丛书)
　　中等职业学校适用
　　辞书

＊　＊　＊　＊　＊

5－0012
物理学
贾观仁编著
　　上海　世界出版合作社　民国21.11[1932.11]
　　234页　图　大32开
　　其他题名:职业学校教科书物理学
　　华师大　辞书　编译馆

5－0013
物理仪器及其实验法
李本张编著
　　广州　省立广州农工业职业学校　民国24[1935]版
　　52页　大32开
　　广东中山

5－0014
物理学
贾观仁,任开钧编
　　长沙　商务印书馆　民国29[1940]版
　　190页　36开
　　其他题名:职业学校教科书物理学
　　辽宁　广东中山

5－0015
应用力学大意
薛祉镐编著
　　上海　商务印书馆　民国36[1947]第5版
　　137页　图　32开
　　其他题名:职业学校教科书应用力学大意
　　河南

5－0016
物理
关东工业专门学校编
　　大连　[编者刊]　民国37.11[1948.11]－
　　　册(①153页)　图,表　[32开]　(工业丛书)
　　上册:民国37.11初版
　　辽宁(1)

＊　＊　＊　＊　＊

5－0017
农用无机化学新编
高祖诚等编
　　上海　科学书局　民国3[1914]
　　202页　图　大32开　精装　(农学丛书)
　　中等农学校用
　　河南

5－0018
化学教科书：无机篇
(日)麻生庆次郎,(日)片山外美雄著　沈化夔译述　吴球籁订正
　　上海　新学会社　民国4[1915]第3版
　　169页　图　大32开
　　甲种农学校用
　　河南

5－0019
化学教科书：有机篇
(日)麻生庆次郎,(日)片山外美雄著　李乃昌译述
　　上海　新学会社　民国5[1916]
　　194页　图　大32开
　　农学校用
　　河南

5－0020
化学
贾观仁编著
　　上海　世界书局　民国22.3[1933.3]初版,民国23.8第2版
　　229页　图,表　大32开
　　其他题名:职业学校教科书化学
　　辞书　编译馆

5－0021
化学
谭勤余编著
　　长沙　商务印书馆　民国27.6[1938.6]初版,民国27.10第2版,民国28.1第3版
　　175页　32开　精装
　　职业教科书委员会审查通过
　　其他题名:职业学校教科书化学
　　国图　华师大　广东中山

5－0022
无机化学
曹潄尘编著
　　长沙　商务印书馆　民国29[1940]
　　2册([647]页)　图　32开
　　第1－2册:民国29年版
　　版权页题名:职业学校教科书无机化学
　　国图

＊　＊　＊　＊　＊

5-0023

矿物学教科书
（日）麻生庆次郎著　杨占春译述
　　上海　新学会社　民国2[1913]
　　88页　图　大32开
　　农学校用
　　河南

农业学校教材

农业概论

课　本

5-0024

农务新编
顾鸣盛编译
　　上海　科学书局　民国1[1912]
　　228页　图　大32开　（农学丛书）
　　中等农学校用
　　河南

5-0025

中等农学通论
陆费执,陈赓飏编
　　上海　中华书局　民国15.4[1926.4]初版,民国21第15版,
　　　民国21第16版,民国22.3第19版,民国23.6第22版
　　144页　图,地图,表　大32开
　　大学院审定
　　其他题名：新学制农业教科书中等农学通论
　　　上海　辞书　河南　编译馆

5-0026

农业概论[改编本]
黄绍绪著
　　上海　商务印书馆　民国35.5[1946.5]
　　2册(229,246页)　图,表　32开
　　上下册：民国35.5第6版,民国36.2第7版,民国37.8第
　　　8版
　　附：汉英名词索引
　　其他题名：职业学校教科书农业概论
　　　上海　广西师大

农业经济

课　本

5-0027

农业经济教科书
（日）石坂橘树著　沈化夔译
　　上海　新学会社　民国3[1914]
　　136页　大32开
　　农学校用
　　河南

5-0028

中等农业经济学
颜纶泽编　陆费执校
　　上海　中华书局　民国14.12[1925.12]初版,民国17.3第3
　　　版,民国18.10第6版,民国21.1版
　　113页　图,表　大32开
　　其他题名：新学制农业教科书中等农业经济学
　　　上海　辞书　编译馆

5-0029

农业经济学
龚厥民编辑　黄通校订
　　上海　商务印书馆　民国15.6[1926.6]初版,民国21.11国
　　　难后1版
　　75页　表　32开
　　其他题名：新学制初级农业学校教科书农业经济学
　　　辞书　编译馆

5-0030

农业经济学
童玉民著
　　上海　中国农业书局　民国25[1936]第2版
　　276页　大32开
　　高等农科中学、乡村师范学校教科书
　　国图　广东中山

5-0031

农场管理学
杨开道编
　　上海　商务印书馆　民国22.9[1933.9]
　　175页　大32开
　　其他题名：高级农业学校教科书农场管理学
　　　辞书　广西师大

5-0032

农业经济学[改编本]
龚厥民原编　邵德馨改编
　　上海　商务印书馆　民国35[1946]第6版
　　127页　32开
　　职业学校教科书

国图

农业基础

课 本

5-0033
土壤新编
赖昌编辑　杨谋新校阅
上海　科学书局　民国1.9[1912.9]版
172页　大32开　（农学丛书）
中等农学校用
初版附注：民国元年7月初版
辞书

5-0034
土壤学[修订本]
何述曾编　蒋维乔,刘大绅校
上海　商务印书馆　民国10[1921]修订4版,民国11.11修订6版
128页　大32开
农业学校用
初版附注：民国5年8月初版
辞书　河南

5-0035
中等土壤学
杨炳勋编　陆费执校
上海　中华书局　民国16.11[1927.11]初版,民国19.8第4版,民国20.4第5版,民国20.11第7版,民国22.3第9版,民国23第13版,民国26.5第16版
112页　图,表　大32开
大学院审定
其他题名：新学制农业教科书中等土壤学
上海　辞书　河南　编译馆

5-0036
土壤学
王云森,陈启昌编纂
上海　商务印书馆　民国22.3[1933.3]初版,民国22第3版,民国37.1第11版
341页　图,表　大32开
其他题名：新学制高级农业学校教科书土壤学
国图　广西师大　编译馆

5-0037
土壤学
褚乙然编
上海　商务印书馆　民国22.11[1933.11]
169页　图,表　32开
其他题名：初级农业学校教科书土壤学

辞书

5-0038
土壤学概要
（日）关丰太郎著　蓝梦九译
上海　商务印书馆　[1912-1949?]
142页　大32开
其他题名：职业学校教科书土壤学概要
广西师大

* * * * *

5-0039
肥料新编
赖昌编译　朱楞校订
上海　科学书局　民国1.8[1912.8]
208页　[32开]　（农学丛书）
中等农学校用
辞书

5-0040
中等肥料教科书
（日）佐佐木佑太郎著　沈化夔译述　杨占春,周世棠校阅
上海　新学会社　民国3.12[1914.12]
106页　大32开
中等农学校用
封面题名：肥料教科书
上海

5-0041
肥料学
陆旋编　凌昌焕,刘大绅校
上海　商务印书馆　民国9.10[1920.10]第3版,民国11.10第5版
124页　大32开
农业学校用
初版附注：民国5年9月初版
其他题名：初级农业学校教科书肥料学
其他题名：新学制农业学校教科书肥料学
上海　辞书

5-0042
中等肥料学
蒋继尹编　陆费执校
上海　中华书局　民国14.5[1925.5]初版,民国15.1第2版,民国19.5第5版,民国20.9第6版,民国26.5第13版
77页　图,表　大32开
大学院审定
其他题名：新学制农业教科书中等肥料学
上海　辞书　编译馆

5-0043
肥料学
陆旋编　凌昌焕,龚厥民校
上海　商务印书馆　民国15.12[1926.12]第2版,民国21.10

国难后2版
88页　32开
大学院审定
初版附注：民国15年4月初版
其他题名：新学制初级农业学校教科书肥料学
天津　编译馆

5-0044
肥料学
李积薪编
　　上海　商务印书馆　民国22.10[1933.10]初版,民国38.1第12版
　　268页　表　32开
　　职业教科书委员会审查通过
　　附：我国各地商品检验局现代人造肥料检验规程
　　其他题名：高级农业学校教科书肥料学
　　上海　辞书　广西师大

* * * * *

5-0045
气候教科书
（日）草野正行,（日）中村春生撰　（日）中岛端译
　　[不详]　江南总农会　[1908?]
　　1册　线装　（农学丛书　第七集）
　　农业学校用
　　国图

5-0046
气象学
余宗农编辑　庄景仲校阅
　　北京　新学会社　清宣统1.7[1909]第2版
　　1册(70,74页)　大32开
　　农工商部鉴定　中等农学校用
　　上海

5-0047
农业气象教科书
（日）驹井春吉,（日）小西德治郎原著　叶与仁译述　杨熙光修正　江起鲲校订
　　上海　新学会社　民国4.11[1915.11]第2版
　　56页　图　大32开
　　乙种农学校用
　　初版附注：民国元年12月初版
　　版权页题名：乙种农业气象教科书
　　辞书

5-0048
农林天气学新编
顾鸣盛编
　　上海　科学书局　民国4[1915]
　　120页　图　大32开　（农学丛书）
　　中等农学校用
　　河南

5-0049
气象学
李松龄编纂
　　上海　商务印书馆　民国8.12[1919.12]第3版,民国37.8第10版,民国22.1国难后1版
　　100页　图　32开
　　教育部审定　农业学校用
　　初版附注：民国6年12月初版
　　其他题名：初级农业职业学校教科书气象学
　　上海　华师大　河南　编译馆

5-0050
中等农业气象学
倪慰农编　陆费执校
　　上海　中华书局　民国15.5[1926.5]初版,民国16第2版,民国19.8第4版
　　124页　图,折表　大32开
　　其他题名：新学制农业教科书中等农业气象学
　　国图　辞书　河南　编译馆

5-0051
气象学
朱炳海编著
　　上海　正中书局　民国37.6[1948.6]沪2版
　　100页　图,表　32开
　　遵照部颁课程标准编著　高级农业职业学校用
　　上海

伍　农业制造

课　本

5-0052
农产制造学
黄毅编译　庄景仲校订
　　上海　新学会社　民国6[1917]第4版,民国13.10第5版
　　210页　大32开
　　中等农学校用
　　辞书　河南

5-0053
农产制造学
邹德谨编辑　刘大绅校订
　　上海　商务印书馆　民国6[1917]初版,民国14第4版
　　106页　图　大32开
　　农业学校用
　　河南

5-0054
农产制造学
邹德谨编辑　龚厥民增订

上海　商务印书馆　民国 15.7[1926.7]初版,民国 18.3 第 2
版,民国 21.12 国难后 1 版
106 页　图　32 开
大学院审定
其他题名：新学制初级农业学校教科书农产制造学
辞书　河南　编译

5-0055
中等农产制造学
包容编　陆费逵校
上海　中华书局　民国 16.12[1927.12]初版,民国 20.9 第 3
版,民国 21.11 第 4 版
128 页　图,表　大 32 开
大学院审定　新学制适用
其他题名：新学制农业教科书中等农产制造学
辞书　河南　编译馆

*　*　*　*　*

5-0056
中等农具学
颜纶泽编　陆费执校
上海　中华书局　民国 15.1[1926.1]初版,民国 18.10 第 3
版,民国 20.9 第 4 版
125 页　图　大 32 开
大学院审定
其他题名：新学制农业教科书中等农具学
上海　辞书　河南　编译馆

5-0057
农具学
顾复编纂
上海　重庆　商务印书馆　民国 16.9[1927.9]初版,民国
22.2 国难后 1 版,民国 34.1 渝 1 版
131 页　图,表　大 32 开
其他题名：新学制高级农业学校教科书农具学
上海　编译馆

5-0058
农具学
顾复编
上海　商务印书馆　民国 36.6[1947.6]第 7 版
93 页　大 32 开
其他题名：职业学校教科书农具学
广西师大

伍　农学（农艺学）

课　本

5-0059
中等植物育种学
徐正铿编　陆费执校
上海　中华书局　民国 16.6[1927.6]初版,民国 19.5 第 2
版,民国 20.9 第 3 版,民国 26.5 第 6 版
198 页　图,表　大 32 开
大学院审定　新学制适用
其他题名：新学制农业教科书中等植物育种学
上海　辞书　河南　庐山　编译馆

5-0060
植物学
褚乙然编
长沙　上海　商务印书馆　民国 28.2[1939.2]初版,民国
36.4 第 2 版
191 页　图　大 32 开
职业教科书委员会审查通过
其他题名：职业学校教科书植物学
上海

*　*　*　*　*

5-0061
作物学
凌昌焕,刘大绅编纂　蒋维乔校订
上海　商务印书馆　民国 13.1[1924.1]第 4 版
113 页　图,表　大 32 开
教育部审定
初版附注：民国 6 年 2 月初版
其他题名：职业学校教科书作物学
辞书

5-0062
中等作物学
周汝沅编　陆费执校
上海　中华书局　民国 14.3[1925.3]初版,民国 20.8 第 6
版,民国 22 年版,民国 26.5 第 16 版
121 页　图,表　大 32 开
大学院审定　新学制适用
其他题名：新学制农业教科书中等作物学
上海　辞书　河南

5-0063
作物学
凌昌焕编　龚厥民增订
上海　商务印书馆　民国 23.12[1934.12]第 5 版,民国 21.6

国难后1版
　　90页　图,表　大32开
　　农业学校初级用
　　初版附注:民国15年3月初版
　　其他题名:新学制初级农业学校教科书作物学
　　广西师大　编译馆

5-0064
作物学各论
顾复编著
　　上海　成都　商务印书馆　民国29.5[1940.5]第9版,民国
　　　32蓉1版
　　282页　大32开
　　职业教科书委员会审查通过
　　初版附注:民国17年4月初版
　　其他题名:职业学校教科书作物学各论
　　河南　广西师大

5-0065
作物学通论
黄绍绪编纂
　　上海　商务印书馆　民国20.3[1931.3]第3版
　　171页　图,表　32开
　　大学院审定
　　其他题名:新学制高级农业学校教科书作物学通论
　　广西师大　编译馆

5-0066
作物学泛论
顾复编纂
　　上海　长沙　商务印书馆　民国21.6[1932.6]国难后1版,
　　　民国27.11国难后11版,民国38.1第16版
　　170页　图　32开
　　职业教科书委员会审查通过
　　其他题名:职业学校教科书作物学泛论
　　其他题名:新学制高级农业学校教科书作物学泛论
　　上海　编译馆

5-0067
作物学各论
顾复编纂
　　上海　商务印书馆　民国21.8[1932.8]国难后1版
　　311页　图　32开
　　其他题名:新学制高级农业学校教科书作物学各论
　　编译馆

5-0068
作物学实验教程
黄绍绪编著
　　上海　商务印书馆　民国28.8[1939.8]国难后4版
　　100页　图,表　32开
　　职业教科书委员会审查通过
　　其他题名:职业学校教科书作物学实验教程
　　上海　庐山　广西师大　编译馆

　　　　　＊　＊　＊　＊　＊

5-0069
农艺化学
(美)顾兰纳著　新学会社编译部编译
　　上海　新学会社　清光绪34[1908]初版,民国2第3版
　　134页　图,表　大32开
　　中等农学校用
　　天津

5-0070
中等农艺化学
蒋继尹编　吴宗栻校
　　上海　中华书局　民国14.8[1925.8]初版,民国18.10第
　　　3版
　　64页　图,表　大32开
　　大学院审定
　　其他题名:新学制农业教科书中等农艺化学
　　国图　上海　辞书　编译馆

5-0071
农艺化学
沈觐宸编纂
　　上海　长沙　商务印书馆　民国20.5[1931.5]国难后1版,
　　　民国21.10国难后2版,民国22国难后6版
　　232页　图,表　32开
　　职业教科书委员会审查通过
　　其他题名:新学制高级农业学校教科书农艺化学
　　上海　编译馆

5-0072
实用农艺化学
鲁葆如编著
　　上海　商务印书馆　民国26.11[1937.11]
　　394页　图,表　32开　精装
　　职业教科书委员会审查通过
　　其他题名:职业学校教科书实用农艺化学
　　上海　广西师大

5-0073
农艺化学概论
国立编译馆主编　王恺编著
　　上海　正中书局　民国37.8[1948.8]版
　　200页　图,表　32开
　　教育部审定　高级农业职业学校用
　　上海

植物保护

课 本

5-0074
植物病理新编
赖昌编译
　　上海　科学书局　民国2[1913]
　　152页　图　大32开　精装
　　中等农学校用
　　封面题名：作物病理
　　河南

5-0075
植物病理学
夏诒彬,许心芸编
　　上海　商务印书馆　民国22.5[1933.5]初版,民国22.11第2版
　　218页　图　32开
　　其他题名：新学制高级农业学校教科书植物病理学
　　上海　编译馆

5-0076
作物病理学
王历农编著
　　上海　商务印书馆　民国35.7[1946.7]第2版,民国37.8第4版
　　372页　图　32开　精装
　　职业教科书委员会审查通过
　　其他题名：职业学校教科书作物病理学
　　上海　广西师大

* * * * *

5-0077
应用昆虫学教科书
(日)江间定次郎,(日)生间与一郎撰
　　[不详]　江南总农会　[1908?]
　　2册　图　线装　(农学丛书　第七集)
　　国图

5-0078
害虫驱除全书
胡朝阳纂译
　　上海　新学会社　民国1.11[1912.11]版
　　324页　图　大32开
　　中等农学校用
　　初版附注：清宣统元年7月初版
　　辞书

5-0079
农作物病害学
陆旋编辑　龚厥民增订
　　上海　商务印书馆　民国18.10[1929.10]第3版,民国24.9第5版,民国21.10国难后1版
　　152页　图　32开
　　大学院审定
　　初版附注：民国15年6月初版
　　其他题名：新学制初级农业学校教科书农作物病害学
　　辞书　广西师大　编译馆

5-0080
农作物害虫学
谢申图编辑　刘大绅,龚厥民增订
　　上海　商务印书馆　民国17.10[1928.10]第2版,民国22.2国难后2版
　　152页　图　32开
　　农业学校初级用
　　初版附注：民国15年7月初版
　　其他题名：新学制初级农业学校教科书农作物害虫学
　　辞书　庐山　编译馆

5-0081
中等农业昆虫学
孙钺编
　　上海　中华书局　民国19.12[1930.12]初版,民国21.12第2版
　　114页　图,表　大32开
　　新学制适用
　　其他题名：新学制农业教科书中等农业昆虫学
　　辞书　编译馆

5-0082
农业昆虫学
夏德甫编纂
　　上海　商务印书馆　民国22.5[1933.5]
　　256页　图　32开
　　高级农业学校教科用
　　其他题名：新学制高级农业学校教科书农业昆虫学
　　编译馆

5-0083
螟虫
曾省编著　张啸天校
　　长沙　上海　商务印书馆　民国28[1939]版,民国36.10版
　　183页　图　32开
　　职业教科书委员会审查通过
　　其他题名：职业学校教科书螟虫
　　国图　上海

5-0084
作物害虫学
王历农著
　　上海　商务印书馆　民国29[1940]版,民国32第3版
　　228页　大32开

职业教科书委员会审查通过
其他题名:职业学校教科书作物害虫学
国图 广西师大

农作物

课 本

5-0085

中等稻作学
周汝沅著 杨炳勋校
上海 中华书局 民国14.5[1925.5]初版,民国14.9第2版,民国19.12第3版,民国26第6版
78页 图,表 大32开
其他题名:新学制农业教科书中等稻作学
国图 上海 辞书 天津 河南 编译馆

5-0086

中等棉作学
冯泽芳编 孙恩麟校
上海 中华书局 民国14.8[1925.8]初版,民国15.1第2版,民国15.4第3版,民国21.11第5版
80页 图,表 大32开
大学院审定
其他题名:新学制农业教科书中等棉作学
上海 辞书 编译馆

5-0087

稻作学
汤惠荪编 龚厥民增订
上海 商务印书馆 民国15[1926]初版,民国19.2第2版
89页 32开
其他题名:新学制初级农业学校教科书稻作学
河南 编译馆

5-0088

棉作学
马广文编 叶元鼎校
上海 商务印书馆 民国22.7[1933.7]
161页 图,表 32开
其他题名:初级农业学校教科书棉作学
辞书

5-0089

棉作学
马广文编著 叶元鼎校
上海 商务印书馆 民国36.2[1947.2]第10版
99页 图 32开
职业教科书委员会审查通过
初版附注:民国22年7月初版
其他题名:职业学校教科书棉作学

上海 广西师大

园 艺

课 本

5-0090

栽培新编
顾鸣盛编译
上海 科学书局 民国1[1912]-
册(①194页) 大32开 (农学丛书)
第1册:民国1年版
中等农学校用
初版附注:民国元年初版
河南(1)

5-0091

园艺学
刘大绅编纂
上海 商务印书馆 民国10.8[1921.8]第4版
117页 图,表 大32开
教育部审定 农业学校用
初版附注:民国6年9月初版
其他题名:初级农业学校教科书园艺学
辞书

5-0092

园艺学
刘大绅编纂 龚厥民增订
上海 商务印书馆 民国15.3[1926.3]初版,民国15.12第2版,民国18第3版,民国21.10国难后2版,民国24.5国难后9版,民国24国难后9版
112页 图,表 32开
其他题名:新学制初级农业学校教科书园艺学
辞书 天津 河南 广西师大 编译馆

5-0093

中等园艺学
陆费执编
上海 中华书局 民国15.4[1926.4]初版,民国18.3第5版,民国20.7第10版,民国20.9第11版,民国21.4第12版,民国21.6第13版,民国23.10第17版,民国26.5第19版
127页 图 32开
大学院审定
其他题名:新学制农业教科书中等园艺学
上海 辞书 编译馆

5-0094

栽培学
龚厥民编 夏诒彬,凌昌焕校

上海　商务印书馆　民国19.12[1930.12]第3版

106页　图,表　32开

初版附注:民国17年5月初版

其他题名:新学制初级农业学校教科书栽培学

辞书　编译馆

5-0095

苗圃学
李驹编

上海　商务印书馆　民国24[1935]版

294页　大32开

其他题名:高级农业学校教科书苗圃学

国图　广西师大

* * * * *

5-0096

实验蔬菜园艺学新编
顾鸣盛编

上海　科学书局　民国3[1914]版

286页　图　大32开　(农学丛书)

中等农学院用

初版附注:民国3年初版

河南

5-0097

中等蔬菜园艺学
顾华孙编　陆费执校

上海　中华书局　民国17.10[1928.10]第2版,民国20.9第4版,民国21.11第6版,民国24.8第11版,民国24.8第12版,民国37.8第19版

115页　图　大32开

大学院审定　新学制适用

初版附注:民国15年11月初版

其他题名:新学制农业教科书中等蔬菜园艺学

上海　辞书　编译馆

5-0098

蔬菜园艺学
黄绍绪编

上海　商务印书馆　民国22.2[1933.2]初版,民国22第2版

256页　图　32开

附:参考书目录

其他题名:新学制高级农业学校教科书蔬菜园艺学

国图　上海　广西师大　编译馆

5-0099

蔬菜栽培各论
熊同和编

上海　商务印书馆　[1912-1949?]

368页　大32开

其他题名:高级农业学校教科书蔬菜栽培各论

广西师大

* * * * *

5-0100

果树教科书
(日)佐佐木祐太郎原著　赖昌译述

上海　新学会社　民国2[1913]

110页　图　大32开

甲种农学校用

其他题名:甲种果树教科书

河南

5-0101

实用果树园艺学新编
严竹书编

上海　科学书局　民国3[1914]

148页　图　大32开　(农学丛书)

中等农学校用

河南

5-0102

果树园艺
龚厥民编

香港　商务印书馆　民国30[1941]第11版

165页　图,表　32开

其他题名:职业学校教科书果树园艺

国图

5-0103

果树园艺学
吴耕民编

上海　商务印书馆　民国36.6[1947.6]第12版,民国38.7第14版

378页　32开

职业教科书委员会审查通过

其他题名:职业学校教科书果树园艺学

上海

* * * * *

5-0104

花卉园艺学
章君瑜编纂

上海　商务印书馆　民国22.4[1933.4]第2版,民国24第5版

281页　图　32开

其他题名:新学制高级农业学校教科书花卉园艺学

国图　编译馆

林业

课本

5-0105
农业实用种树教科书
农业讲习会编辑
[出版者不详] 清光绪 32.11[1906]版
86 页　大 32 开
卷端题名：农业实用种树学教科书
上海

5-0106
实用森林学新编
顾鸣盛编译
上海　科学书局　民国 1[1912]
[354]页　图　大 32 开　（农学丛书）
中等农学校用
河南

5-0107
森林学大意
凌道扬编
上海　商务印书馆　民国 37.8[1948.8]第 8 版
89 页　大 32 开
初版附注：民国 5 年 10 月初版
其他题名：初级农业职业学校教科书森林学大意
广西师大　河南

5-0108
中等林学大意
殷良弼编　梁希校
上海　中华书局　民国 14.3[1925.3]初版，民国 20.9 第 12 版，民国 20.12 第 13 版，民国 21.6 第 14 版，民国 23.1 第 18 版，民国 26 第 21 版
112 页　图，表　大 32 开
大学院审定　新学制适用
其他题名：新学制农业教科书中等林学大意
华师大　辞书　河南　编译馆

5-0109
造林学各论
李蓉编辑
上海　商务印书馆　民国 21.6[1932.6]国难后 1 版
512 页　图　32 开
其他题名：新学制高级农业学校教科书造林学各论
编译馆

5-0110
造林学通论
高秉坊编
上海　商务印书馆　民国 23.7[1934.7]初版，民国 24.5 第 5 版
236 页　表　大 32 开
其他题名：高级农业职业学校教科书造林学通论
国图　广西师大

5-0111
造林实施法
(美)霍雷(R. C. Hawley)著　黄绍绪译
上海　商务印书馆　民国 36.2[1947.2]初版，民国 36.8 第 2 版
275 页　图，表　32 开
职业教科书委员会审查通过
其他题名：职业学校教科书造林实施法
国图　上海　广西师大

畜牧业

课本

5-0112
动物学教科书
(日)石川千代松著　沈化夔译述　杨占春，周世棠校订
上海　新学会社　民国 2.1[1913.1]
136 页　图　大 32 开
农学校用
辞书　河南

5-0113
农业动物学
冯廷燮编译　杨宜申，凌之瓒校正
南通　南通私立甲种农校　民国 4.6[1915.6]
110 页　图　16 开
封面题名：甲种农业学校动物学教科书
辞书

5-0114
畜产学
关鹏万编纂　刘大绅校订
上海　商务印书馆　民国 11.4[1922.4]第 5 版，民国 19.7 第 7 版
114 页　图，表　大 32 开
教育部审定　农业学校用
初版附注：民国 7 年 6 月初版
其他题名：初级农业学校教科书畜产学
辞书　河南　编译馆

5-0115
中等畜产学
梁华编　陆费执校
上海　中华书局　民国 16.4[1927.4]
111 页　图，表　大 32 开
其他题名：新学制农业教科书中等畜产学

辞书　河南　编译馆

5-0116

中等家禽学
梁华编　陆费执校
　　上海　中华书局　民国16.11[1927.11]初版,民国18.10第2版,民国21.1第4版,民国22.9第5版
　　95页　图,表　大32开
　　其他题名:新学制农业教科书中等家禽学
　　上海　辞书　河南　广西师大　编译馆

5-0117

中等畜牧学
梁华编　陆费执校
　　上海　中华书局　民国20.9[1931.9]初版,民国21.11第6版,民国23.2第8版,民国26.5第13版,民国34年版
　　139页　图　大32开
　　新学制适用
　　其他题名:新学制农业教科书中等畜牧学
　　上海　辞书　河南　编译馆

5-0118

畜产制造学
李正谊编纂
　　上海　商务印书馆　民国21.12[1932.12]国难后1版
　　198页　图,表　32开
　　其他题名:新学制高级农业学校教科书畜产制造学
　　编译馆

5-0119

畜牧学
洪明佑编著
　　上海　商务印书馆　民国27.12[1938.12]第6版,民国37.8第11版
　　210页　大32开　精装
　　初版附注:民国24年1月初版
　　其他题名:职业学校教科书畜牧学
　　广西师大

5-0120

乳牛学
吴信法编著
　　上海　商务印书馆　民国36.6[1947.6]第3版
　　147页　大32开　精装
　　其他题名:职业学校教科书乳牛学
　　河南　广西师大

5-0121

养鸡学
郑学稼编
　　上海　商务印书馆　[1912-1949?]
　　210页　大32开
　　其他题名:职业学校教材养鸡学
　　广西师大

兽医

课本

5-0122

家禽病害
徐正铿编　万国鼎校
　　上海　商务印书馆　民国3[1914]
　　81页　图　32开
　　农业学校用
　　其他题名:初级农业学校教科书家禽病害
　　河南

5-0123

兽医学
关鹏万编
　　上海　商务印书馆　民国25[1936]国难后3版
　　58页　32开
　　初级农业职业学校用
　　其他题名:初级农业学校教科书兽医学
　　河南

5-0124

牲畜防疫卫生
李之干编著
　　上海　商务印书馆　民国26.10[1937.10]初版,民国35.10第5版
　　143页　大32开
　　其他题名:职业学校教科书牲畜防疫卫生
　　广西师大

蚕业、养蜂

课本

5-0125

制丝教科书
郑辟疆编辑　万国鼎校订
　　上海　商务印书馆　民国4[1915]版,民国19.7修订11版,民国22.2国难后1版
　　116页　图,表　32开
　　大学院审定　中等蚕业学校或讲习所及中等农业学校蚕业科专科教授之用
　　国图　上海　编译馆

5-0126

蚕体生理教科书

郑辟疆编纂

  上海　商务印书馆　民国6[1917]版,民国21.10国难后1版

  110页　图,表　32开

  大学院审定　中等蚕业学校或讲习所等教科用

  国图　编译馆

5-0127

养蚕法教科书

郑辟疆编辑

  上海　商务印书馆　民国7[1918]版,民国13第7版,民国22.2国难后1版

  153页　图,表　32开

  蚕业学校用书

  国图　庐山　编译馆

5-0128

中等养蚕法

王历农编　钱天鹤校

  上海　中华书局　民国19.5[1930.5]第3版,民国20.9第5版,民国21.7第6版,民国23.10第8版

  80页　图,表(含折表)　大32开

  大学院审定　新学制适用

  初版附注:民国15年11月初版

  其他题名:新学制农业教科书中等养蚕法

  上海　辞书　河南　编译馆

5-0129

蚕体解剖教科书

郑辟疆编纂

  上海　商务印书馆　民国19.7[1930.7]第11版

  86页　图,表　大32开

  大学院审定　乙种蚕业学校或讲习所等教科用

  编译馆

5-0130

养蚕学

龚厥民编辑

  上海　商务印书馆　民国21.6[1932.6]国难后1版,民国23国难后3版

  166页　图,表　32开

  新学制高级农业养蚕学校及专修科教本或参考之用

  其他题名:新学制高级农业学校教科书养蚕学

  国图　编译馆

5-0131

桑树栽培教科书

郑辟疆编纂

  上海　商务印书馆　民国22.4[1933.4]国难后1版

  131页　图,表　32开

  大学院审定

  编译馆

5-0132

蚕体生理学

陆星垣编纂　葛敬中校订

  上海　商务印书馆　民国23.8[1934.8]版,民国27第3版

  215页　图　32开

  其他题名:高级农业学校教科书蚕体生理学

  国图　辞书

5-0133

蚕体解剖学

朱美予编纂

  上海　商务印书馆　民国23.9[1934.9]

  219页　图　32开

  其他题名:高级农业学校教科书蚕体解剖学

  辞书

5-0134

桑树栽培学

戴礼澄编　葛敬中校

  上海　商务印书馆　民国24.5[1935.5]第3版

  265页　大32开

  其他题名:高级农业职业学校教科书桑树栽培学

  广西师大

5-0135

蚕丝业泛论

戴礼澄编

  上海　商务印书馆　民国25.11[1936.11]

  134页　大32开

  其他题名:高级农业职业学校教科书蚕丝业泛论

  广西师大

5-0136

蚕丝业论

戴礼澄编著

  [长沙]　商务印书馆　民国27.7[1938.7]

  192页　32开　精装

  其他题名:职业学校教科书蚕丝业论

  华师大

5-0137

生丝原料学

张绍武编

  上海　商务印书馆　民国28.2[1939.2]第2版

  257页　大32开　精装

  初版附注:民国27年7月初版

  其他题名:职业学校教科书生丝原料学

  广西师大

*　　*　　*　　*　　*

5-0138

养蜂学

徐正锉编纂

  上海　商务印书馆　民国22.4[1933.4]国难后第1版

  194页　大32开

  其他题名:新学制高级农业学校教科书养蜂学

  辞书　广西师大　编译馆

水产

课本

5-0139

水产学大意
关鹏万编纂 刘大绅校订
上海 商务印书馆 民国13[1924]第3版,民国18.6第4版
91页 大32开
农业学校用
初版附注:民国8年2月初版
河南 广西师大 编译馆

5-0140

中等水产学
周监殷,鱼华仙编
上海 中华书局 民国17[1928]初版,民国20.9第2版
156页 图 大32开
新学制农业教科书
河南 编译馆

5-0141

水产学
关鹏万编 刘大绅校订
上海 商务印书馆 民国36.3[1947.3]第5版
91页 图 32开
其他题名:初级农业职业学校教科书水产学
上海

工业技术学校教材

综合

课本

5-0142

中国工业史
陈家锟编 朱寿朋校
上海 中国图书公司 清宣统1.2[1909]初版,民国9第3版
134页 大32开
中等教科用
辞书 河南

5-0143

工厂设备
(日)胜田一原著 方汉城译述
上海 商务印书馆 民国13[1924]版,民国21.10国难后1版
159页 图 32开
其他题名:新学制高级工业学校教科书工厂设备
国图 编译馆

5-0144

工业簿记
(日)吉田良三著 陈家瓒译
上海 商务印书馆 民国13[1924]版
136页 大32开
新学制高级工业学校教科书
国图

5-0145

实验电报学
曾清鉴编译
上海 商务印书馆 民国14.3[1925.3]版,民国21.6国难后1版
78页 图,表 32开
其他题名:新学制高级工业学校教科书实验电报学
庐山 编译馆

5-0146

市政工程学
凌鸿勋编
上海 商务印书馆 民国18[1929]第4版
234页 大32开
其他题名:新学制高级工业学校教科书市政工程学
国图

5-0147

无线电工程概要
陈章编辑
上海 商务印书馆 民国21.10[1932.10]国难后2版
177页 图,表 32开
其他题名:新学制高级工业学校教科书无线电工程概要
编译馆

5-0148

材料强弱学
徐守桢编纂
上海 商务印书馆 民国21.10[1932.10]国难后2版
96页 图,表 32开
其他题名:新学制高级工业学校教科书材料强弱学
编译馆

5-0149

工业数学
龚敏达编辑 李家驷校订
上海 世界出版合作社 民国21.12[1932.12]
425页 图,表 大32开
其他题名:职业学校教科书工业数学
编译馆

5-0150

基本图案学
傅抱石编译

[长沙] 商务印书馆 民国25[1936]版,民国29.5第3版,
民国29第4版
162页 图 32开
初版附注:民国25年2月初版
职业教科书委员会审查通过
其他题名:职业学校教科书基本图案学
国图 华师大

5-0151

现代工业管理
孙洵侯著
上海 商务印书馆 民国25[1936]第2版
114页 32开 (商业小丛书)
职业学校教材
国图

5-0152

发动机
周辑庵编著
长沙 上海 商务印书馆 民国29.4[1940.4]-
2册(288,277页) 图,表 32开
上册:民国29.4版,民国36.6第5版
下册:民国35.9第4版
职业教科书委员会审查通过
其他题名:职业学校教科书发动机
上海(1) 广西师大

5-0153

材料强弱学概要
薛祉镐著
上海 商务印书馆 民国30.3[1941.3]第2版
154页 大32开
职业教科书委员会审查通过
其他题名:职业学校教科书材料强弱学概要
广西师大

5-0154

建筑图学
火永彰编著
长沙 重庆 商务印书馆 民国30.3[1941.3]初版,民国
34.12第2版
144页 图,表 32开
职业教科书委员会审查通过
其他题名:职业学校教科书建筑图学
国图 上海

5-0155

水利工程
王寿宝编著
上海 商务印书馆 民国35.10[1946.10]第5版
462页 图,表 32开
附:中西文名词索引等
其他题名:职业学校教科书水利工程
上海

5-0156

水力学
王寿宝编
上海 商务印书馆 民国35.11[1946.11]第6版
142页 图,表 32开
附:中西文名词对照表、单位换算表等
其他题名:高级工业职业学校教科书水力学
上海

5-0157

电工学
舒重则编著
上海 商务印书馆 民国38.6[1949.6]第3版
217页 32开
职业教科书委员会审查通过
其他题名:职业学校教科书电工学
上海

5-0158

实用材料强弱学
徐守桢编著 喻飞生校
上海 商务印书馆 [1912-1949?]
133页 32开
职业教科书委员会审查通过
其他题名:职业学校教科书实用材料强弱学
河南

伍 铸造、金属加工

课 本

5-0159

铸工
温特原著 冯雄译述
上海 商务印书馆 民国21.6[1932.6]国难后1版
195页 图,表 32开
其他题名:新学制高级工业学校教科书铸工
编译馆

5-0160

金工工作法
王时杰编著
上海 世界书局 民国23.4[1934.4]初版,民国38.8新6版
242页 图,表 大32开
附:晒图法及关于金工工作各种重要图表
职业教科书委员会审查通过
其他题名:职业学校教科书金工工作法
辞书 辽宁

5-0161

曲铁工艺

何明斋,林君复编
　　长沙　商务印书馆　民国30[1941]版
　　103页　图　32开
　　中等学校工艺科金工教材
　　辽宁

5-0162
金工工作法讲义
陈问新主编　机三三级级友会校订
　　上海　中华职业学校失学同学救济会　民国33[1944]版
　　63页　图,表　32开
　　其他题名:职业学校教科书金工工作法讲义
　　上海

伍　机　械

课　本

5-0163
机械学
刘仙洲著　胡达聪校
　　上海　长沙　成都　商务印书馆　民国24[1935]国难后增订3版,民国27国难后长沙增订7版,民国28国难后长沙增订8版,民国29国难后长沙增订9版,民国34蓉增订2版,民国36.2第13版,民国37.8增订15版
　　215页　36开
　　职业教科书委员会审查通过
　　其他题名:职业学校教科书机械学
　　国图　辽宁　广西师大

5-0164
机械制图
王品端编
　　长沙　上海　重庆　商务印书馆　民国28.8[1939.8]-
　　3册(93,104,144页)　图　32开
　　第1册(平面几何画法):民国28.9第2版,民国36.6沪10版
　　第2册(投影画法):民国28.8第2版,民国36.2第8版
　　第3册(机械画法):民国37.1第9版
　　职业教科书委员会审查通过
　　其他题名:职业学校教科书机械制图
　　上海

5-0165
机构学原理
龚洪年编译　张啸天校
　　长沙　商务印书馆　民国36.3[1947.3]第4版
　　246页　32开
　　职业教科书委员会审查通过
　　初版附注:民国28年初版

　　其他题名:职业学校教科书机构学原理
　　辽宁

5-0166
机械工作法
东北政委会工业部,吉林工业专门学校编审委员会编
　　吉林　吉林书店　民国37[1948]版
　　208页　16开
　　封面题名:机械工作法讲义
　　逐页题名:实用机械制造工作法
　　辽宁

化　工

课　本

5-0167
燃料及测热学
陈文祥编辑
　　上海　商务印书馆　民国21.6[1932.6]国难后1版
　　196页　图,表　32开
　　其他题名:新学制高级工业学校教科书燃料及测热学
　　编译馆

5-0168
油类学
田殿元编著
　　上海　商务印书馆　民国28.5[1939.5]初版,民国36第3版
　　118页　大32开　精装
　　职业教科书委员会审查通过
　　其他题名:职业学校教科书油类学
　　河南　广西师大

5-0169
窑业检验与计算法
安德庐著　林维杰等译述　徐寿龄校
　　长沙　商务印书馆　民国29.8[1940.8]初版,民国36.6第2版
　　176页　图,表　32开
　　职业学校教科用书
　　附:原子量表、对数表等11种
　　上海

5-0170
染色用药品
周南藩编著
　　上海　商务印书馆　民国36.9[1947.9]初版,民国37.4第2版
　　100页　大32开
　　其他题名:职业学校教科书染色用药品
　　国图　河南　广西师大

5-0171
织物分解
周南藩编著
  上海　商务印书馆　民国37.5[1948.5]第3版
  60页　图,表　32开
  职业教科书委员会审查通过
  其他题名：职业学校教科书织物分解
  上海

5-0172
制皂学
田殿元编著
  上海　商务印书馆　[1912-1949?]
  250页　32开
  职业教科书委员会审查通过
  其他题名：职业学校教科书制皂学
  上海

伍　轻工业、手工业

课　本

5-0173
新体木工教科书
熊翥高编纂
  上海　商务印书馆　民国8.9[1919.9]
  54页　图　大32开　（职业教育丛书）
  北师大　辞书

5-0174
车床木工
（美）哥尔德(M. J. Golden)著　郭元梁译　任鸿隽校订
  上海　商务印书馆　民国21.11[1932.11]国难后1版
  55页　32开
  其他题名：新学制高级工业学校教科书车床木工
  辽宁　编译馆

5-0175
棉纺学
钱彬编译　陈彦殊校
  上海　商务印书馆　民国35.5[1946.5]第4版
  325页　大32开
  职业教科书委员会审查通过
  初版附注：民国22年7月初版
  其他题名：职业学校教科书棉纺学
  广西师大

5-0176
机械工程工作法：第2编　木工
中华职业学校编辑
  上海　[编者刊]　民国37.10[1948.10]第3版
  58页　32开
  职业学校用
  初版附注：民国25年初版
  辽宁

5-0177
力织机使用法
李崇典编著
  上海　商务印书馆　民国26.3[1937.3]初版,民国27.10第2版
  62页　大32开　精装
  其他题名：职业学校教科书力织机使用法
  河南　广西师大

5-0178
编物大全
缪凤华编著
  长沙　商务印书馆　民国28.1[1939.1]第3版
  45页　图　32开
  职业教科书委员会审查通过
  其他题名：职业学校教科书编物大全
  上海

5-0179
织物整理学
周南藩编著
  上海　商务印书馆　民国29[1940]版
  96页
  职业教科书委员会审查通过
  国图

5-0180
革履模型裁法指南
马之先(S. Massi)编著
  [上海]　慈幼印书馆　民国36[1947]
  64页　32开
  职业学校教科书
  国图

教学参考书

5-0181
新体木工教授书
熊翥高编纂
  上海　商务印书馆　民国8.8[1919.8]
  62页　大32开
  辞书

铁 路

课 本

5-0182

铁路工程学
凌鸿勋编辑
　　上海　商务印书馆　民国21.7[1932.7]国难后1版
　　173页　图,表　32开
　　其他题名：新学制高级工业学校教科书铁路工程学
　　编译馆

5-0183

铁路测量及土木
吴承祺著
　　长沙　商务印书馆　民国27[1938]第3版
　　248页　图　32开　精装
　　职业学校用
　　河南

5-0184

铁路公路测量学
雷振华编著
　　上海　商务印书馆　民国35[1946]
　　235页　图　32开
　　职业学校用
　　附：中英文名词对照表
　　河南

商业学校教材

商业通论

课 本

5-0185

商事要项
刘大绅编纂　蒋维乔校订
　　上海　商务印书馆　民国5.8[1916.8]第3版,民国7第7版,民国14第13版,民国17.11第15版
　　122页　大32开
　　教育部审定　商业学校用
　　初版附注：民国4年7月初版
　　辞书　河南

5-0186

商业道德
盛在珦编
　　上海　商务印书馆　民国4.12[1915.12]第2版,民国20.4第12版
　　88页　大32开
　　商业学校用
　　辞书　编译馆

5-0187

商业实践
盛在珦编　刘大绅校订
　　上海　商务印书馆　民国5[1916]
　　172页　大32开
　　教育部审定　商业学校用
　　河南

5-0188

商业学概论
陈国桢编辑
　　上海　商务印书馆　民国16.3[1927.3]初版,民国18第2版,民国18.6第3版,民国22.7国难后2版
　　142页　32开
　　商业学校用
　　华师大　辞书　河南

5-0189

商业常识教科书
罗宗善编纂　上海特别市教育局职工补习教育研究委员会校阅
　　上海　商务印书馆　民国18.8-19.3[1929.8-1930.3]
　　2册(34,56页)　表　32开
　　第1册：民国18.8初版
　　第2册：民国19.3初版
　　其他题名：职工补习学校商业常识教科书
　　编译馆

5-0190

新中华商业概论
周宪文编
　　上海　新国民图书社　民国21.8[1932.8]
　　492页　图　大32开
　　高级中学商科用
　　其他题名：新中华教科书商业概论
　　人教　上海　辞书　河南　广西师大　编译馆

5-0191

商业学概论
孔士谔编纂
　　上海　商务印书馆　民国22.2[1933.2]初版,民国24.6第6版
　　231页　32开
　　高级中学商科或商业学校教科书之用
　　其他题名：高级商业学校教科书商业学概论
　　辞书　编译馆

政策、法规

课 本

5-0192
国际商业政策
(美)菲士克(G. M. Fisk)原著　周佛海译述
　　上海　商务印书馆　民国13.3[1924.3]初版,民国16第3
　　　版,民国17.11第4版
　　147页　大32开
　　其他题名：新学制高级商业学校教科书国际商业政策
　　河南　编译馆

5-0193
商法要论
郝立舆编著
　　上海　商务印书馆　民国16[1927]初版,民国21.12国难后
　　　1版
　　277页　大32开
　　其他题名：新学制高级商业学校教科书商法要论
　　河南　编译馆

5-0194
新中华商法
王效文编
　　上海　新国民图书社　民国20.8[1931.8]初版,民国21.7第
　　　2版
　　298页　大32开
　　高级中学商科用
　　其他题名：新中华教科书商法
　　上海　辞书　河南　广西师大　编译馆

5-0195
商事法概要
王孝通编著
　　上海　商务印书馆　民国35.8[1946.8]修订版
　　370页　32开
　　其他题名：职业学校教科书商事法概要
　　河南

商业史

课 本

5-0196
商业历史
赵玉森编纂
　　上海　商务印书馆　民国11.12[1922.12]-
　　　2册(135,136页)　大32开
　　上册：民国14.9第9版,民国15.11第10版
　　下册：民国11.12第4版,民国15.6第6版
　　教育部审定　商业学校用
　　初版附注：民国4年4月-5年11月初版
　　逐页题名：商业历史卷
　　华师大　编译馆

5-0197
中国商业史
陈灿编著　王孝通增订
　　上海　重庆　商务印书馆　民国14[1925]初版,民国15第2
　　　版,民国27.5增订1版,民国27.10增订2版,民国33.2渝
　　　1版,民国34.12增订6版
　　185页　32开
　　职业教科书委员会审查通过
　　其他题名：职业学校教科书中国商业史
　　华师大　河南

5-0198
商业史
韦廉士著　许炳汉译
　　上海　商务印书馆　民国22.1[1933.1]国难后1版
　　454页　32开
　　初版附注：民国17年7月初版
　　其他题名：新学制高级商业学校教科书商业史
　　华师大　编译馆

5-0199
本国商业历史
王仁夔编辑
　　上海　世界书局　民国21.5[1932.5]
　　135页　地图,图,表　大32开
　　其他题名：职业学校教科书本国商业历史
　　华师大　编译馆

商业地理

课 本

5-0200
商业地理
曾繙著
　　上海　商务印书馆　民国4[1915]
　　2册(99,101页)　大32开
　　上册：民国4初版,民国13第10版
　　下册：民国4初版
　　商业学校用
　　国图(1)　河南

5-0201

商业地理
苏继顿编辑
　　上海　商务印书馆　民国13.2[1924.2]-
　　2册(181,313页)　大32开
　　第1册: 民国13.2初版
　　第2册: 民国15.9第2版
　　其他题名: 新学制高级商业学校教科书商业地理
　　国图(1)　辞书

5-0202

本国商业地理
王仁夔编辑
　　上海　世界书局　民国21.5[1932.5]初版,民国21.8第2版
　　126页　大32开
　　其他题名: 职业学校教科书本国商业地理
　　华师大　辞书　编译馆

5-0203

世界商业地理
王仁夔编辑
　　上海　世界书局　民国21.10[1932.10]
　　188页　大32开
　　其他题名: 职业学校教科书世界商业地理
　　编译馆

5-0204

商业地理
孔士谔编
　　上海　商务印书馆　民国25.10[1936.10]-
　　2册(①185页)　32开
　　上册: 民国25.10初版,民国30.4第3版,民国36.4第4版
　　职业教科书委员会审查通过
　　初版附注: 民国25年10月初版
　　其他题名: 职业学校教科书商业地理
　　华师大(1)　河南(1)

5-0205

地理
闻亦有主编　江应澄编著
　　上海　正中书局　民国35.7[1946.7]沪1版
　　156页　32开
　　高级商业职业学校用
　　逐页题名: 高商地理
　　其他题名: 高级商业职业学校教科书地理
　　辞书

伍 商业经济

课　本

5-0206

经济学
赵兰坪编著
　　上海　商务印书馆　民国29.12[1940.12]第11版,民国36第16版
　　171页　大32开
　　初版附注: 民国17年3月初版
　　其他题名: 职业学校教科书经济学
　　河南　广西师大

5-0207

经济学
刘秉麟编
　　上海　商务印书馆　民国36[1947]改订4版
　　231页　32开
　　职业学校教科书
　　国图

＊　＊　＊　＊　＊

5-0208

商业经济
柳准编
　　上海　商务印书馆　民国13.9[1924.9]第7版,民国15第8版
　　56页　图　大32开
　　教育部审定　商业学校用
　　河南　编译馆

5-0209

合作事业
焦雨亭,刘光炎编
　　上海　世界书局　民国22.2[1933.2]第2版
　　200页　大32开
　　初版附注: 民国21年8月初版
　　其他题名: 高级中学商科教本合作事业
　　广西师大

5-0210

合作事业
王世颖著
　　上海　正中书局　民国24.3[1935.3]第5版
　　242页　大32开
　　高级商业职业学校用书
　　其他题名: 高级商业职业学校教科书合作事业
　　广西师大

5-0211
堆栈业经营概论
丁振业著
上海 商务印书馆 民国26[1937]
139页 表 32开
职业学校教科书
国图

5-0212
森林经营学
张静甫编
上海 商务印书馆 [1912-1949?]
272页 大32开
其他题名：新学制高级商业学校教科书森林经营学
广西师大

* * * * *

5-0213
重要商品志
时中书局编译所编译
上海 时中书局 清光绪32.10[1906]
102页 大32开
其他题名：商业学校教科书重要商品志
上海

5-0214
商品学
盛在珣编纂
上海 商务印书馆 民国4.12[1915.12]第2版
72页 大32开
教育部审定 商业学校用
初版附注：民国4年5月初版
辞书

5-0215
实用广告学
蒋裕泉编辑
上海 商务印书馆 民国14.10[1925.10]初版,民国15.3第2版
81页 图 大32开
其他题名：新学制高级商业学校教科书实用广告学
上海 辞书 编译馆

5-0216
广告心理学
（美）史可德原著 吴应图译述
上海 商务印书馆 民国15.2[1926.2]
187页 图 大32开
其他题名：新学制高级商业学校教科书广告心理学
辞书 广西师大 编译馆

5-0217
广告学
王贡三编著 徐国桢校订
上海 世界书局 民国22.6[1933.6]
153页 图 大32开
其他题名：高级中学商科教本广告学
辞书

5-0218
广告
陆梅僧著
上海 商务印书馆 民国36.2[1947.2]第2版
198页 大32开
初版附注：民国29年9月初版
其他题名：职业学校教科书广告
广西师大

伍 经济管理

课 本

5-0219
会计学
（日）吉田良三著 吴应图译
上海 商务印书馆 民国18[1929]第3版
203页 大32开
初版附注：民国15年初版
其他题名：新学制高级商业学校教科书会计学
天津

5-0220
近世会计学
刘葆儒编译
上海 商务印书馆 民国19.11[1930.11]第3版
149页 图 大32开
其他题名：新学制高级商业学校教科书近世会计学
上海

5-0221
新中华会计及审计
杨汝梅编
上海 新国民图书社 民国21.7[1932.7]
392页 表 大32开
高级中学商科用
其他题名：新中华教科书会计及审计
辞书 河南 编译馆

5-0222
会计及审计
钱祖龄编著
上海 世界书局 民国23.3[1934.3]初版,民国23.9第2版
454页 表 大32开
其他题名：高级商业职业学校教本会计及审计
上海

5-0223

银行会计教科书
顾准著
  上海 商务印书馆 民国 24.1[1935.1]版,民国 27 第 8 版
  280 页 表 32 开 (立信会计丛书)
  国图 上海

5-0224

会计学教科书
潘序伦,王瑽如著
  上海 商务印书馆 [1935?]
  482 页 32 开 (立信会计丛书)
  国图

5-0225

我国银行会计制度
李耀祖编著
  长沙 商务印书馆 民国 29[1940]第 3 版,民国 34 第 5 版
  130 页 32 开
  其他题名:职业学校教科书我国银行会计制度
  河南

5-0226

商业应用会计学
曾子唯,赵云朗编著
  上海 商务印书馆 民国 37.1[1948.1]
  158 页 大 32 开
  职业教科书委员会审查通过
  其他题名:职业学校教科书商业应用会计学
  广西师大

* * * * *

5-0227

商业簿记
李宣韩编纂 寿孝天校订
  上海 商务印书馆 民国 9.10[1920.10]
  2 册(375 页) 表 大 32 开
  第 1-2 册:民国 9.10 第 7 版
  教育部审定 商业学校用
  初版附注:民国 4 年 2 月初版
  辞书

5-0228

簿记教科书
叶春墀撰
  [不详] 乙种商业学校教科书编纂会 民国 7[1918]版
  1 册 线装
  国图

5-0229

商业簿记
杨端六编辑
  上海 商务印书馆 民国 12[1923]版,民国 15 第 3 版,民国 16 第 4 版,民国 21.6 国难后 2 版
  215 页 图,表 32 开
  初版附注:民国 12 年 10 月初版
  其他题名:新学制高级商业学校教科书商业簿记
  国图 辞书 编译馆

5-0230

新式官厅簿记及会计
杨汝梅编辑
  上海 商务印书馆 民国 13[1924]版,民国 21.10 国难后 1 版
  339 页 图,表 32 开
  其他题名:新学制高级商业学校教科书新式官厅簿记及会计
  国图 编译馆

5-0231

高级商业簿记
童传中著 卫光烜,童传古校订
  上海 中华书局 民国 22.3[1933.3]第 7 版
  252 页 表 大 32 开
  初版附注:民国 14 年 2 月初版
  辞书

5-0232

商业簿记教科书
(日)佐野善作原著 汪廷襄译述
  上海 商务印书馆 民国 14.12[1925.12]第 16 版
  235 页 图,表 大 32 开
  编译馆

5-0233

(订正)实用商业簿记
余天栋,徐觉世编译
  上海 商务印书馆 民国 21.9[1932.9]版
  254 页 图,表 32 开
  其他题名:实用商业簿记
  编译馆

5-0234

初级商业簿记教科书
陈文麟,施仁夫编纂 潘序伦校订
  上海 长沙 商务印书馆 民国 24.6[1935.6]初版,民国 28.5 第 15 版,民国 29 长沙 3 版,民国长沙 14 版,民国 37 第 19 版
  193 页 图 大 32 开 (立信会计丛书)
  辞书 庐山 广东中山

5-0235

高级商业簿记教科书[第 2 次改订版]
潘序伦等编著
  上海 商务印书馆 民国 26.4[1937.4]国难后 10 版,民国 36 修订 1 版,民国 37.6 修订 4 版
  421 表 大 32 开 (立信会计丛书)
  国图 上海 辞书

5-0236

实用簿记学
张心雄编著

上海　商务印书馆　民国38[1949]版
146页　32开
职业学校教科书
国图

* * * * *

5-0237
审计学
吴应图编
　　上海　商务印书馆　民国21.6[1932.6]
　　295页　大32开
　　其他题名：新学制高级商业学校教科书审计学
　　广西师大　编译馆

5-0238
审计学教科书
潘序伦,顾询著
　　上海　商务印书馆　民国25[1936]版,民国29.2版
　　229页　表　大32开　（立信会计丛书）
　　国图　上海

5-0239
审计实习题
唐文瑞编纂
　　长沙　商务印书馆　民国28.8[1939.8]
　　87页　表　16开　（立信会计丛书）
　　会计专科学校或高中商科作实习教材用
　　上海

* * * * *

5-0240
统计学
陈其鹿编
　　上海　商务印书馆　民国14.1[1925.1]版,民国16第3版,
　　　民国17第4版,民国21.8国难后1版,民国23国难后2版
　　300页　图　大32开
　　其他题名：新学制高级商业学校教科书统计学
　　河南　庐山　编译馆

5-0241
统计学
金国宝编
　　上海　成都　商务印书馆　民国32[1943]初版,民国32蓉1
　　　版,民国35第11版,民国36第12版
　　222页　表　32开
　　附：美华对照统计名词等4种
　　其他题名：职业学校教科书统计学
　　河南

* * * * *

5-0242
股份公司经济论
（日）上田贞次郎原著　周沉刚译
　　上海　商务印书馆　民国22.2[1933.2]国难后1版
　　128页　大32开
　　初版附注：民国2年初版
　　其他题名：新学制高级商业学校教科书股份公司经济论
　　广西师大　编译馆

5-0243
公司财政
孔涤庵编著
　　上海　商务印书馆　民国21[1932]版
　　128页　大32开　精装
　　其他题名：职业学校教科书公司财政
　　国图　广西师大

* * * * *

5-0244
商业算术
曾牗编纂　寿孝天,骆师曾校订
　　上海　商务印书馆　民国4.9-11[1915.9-11]
　　2册(161,107页)　表　大32开
　　上册：民国4.9第2版,民国10.7第7版
　　下册：民国4.11第2版,民国5第3版
　　教育部审定　商业学校用
　　初版附注：民国4年5月初版
　　辞书　河南

5-0245
珠算全书
马骏钧编辑　华襄治,张鹏飞校阅
　　上海　中华书局　民国10.10[1921.10]
　　2册(166,178页)　图,表　大32开
　　第1册：民国10.10初版,民国15.9第7版,民国20.3第12
　　　版,民国23第15版,民国26第18版
　　第2册：民国10.10初版,民国15.9第7版,民国20.3第12
　　　版,民国23第15版,民国26第18版
　　商业适用
　　辞书　庐山(1)　广东中山

5-0246
商业算术
曾牗,吴宗焘编辑
　　上海　商务印书馆　民国13.11[1924.11]-
　　2册(159,107页)　表　大32开
　　上册：民国14.9第2版,民国16第3版,民国21.12国难后
　　　2版
　　下册：民国13.11初版,民国14.9第2版,民国21.5国难后1
　　　版,民国21.5国难后2版
　　初版附注：民国13年11月初版
　　其他题名：新学制高级商业学校教科书商业算术

华师大(2)　辞书　河南(1)　编译馆

5-0247

珠算指南：一月毕业
孙志劲编　上海商业学校校订
上海　世界书局　民国 21.10[1932.10]第 32 版
34 页　图,表　32 开
其他题名：上海商业学校试验教本珠算指南
广东中山　编译馆

5-0248

商业算术
褚凤仪编著
上海　商务印书馆　民国 38.8[1949.8]第 23 版
311 页　大 32 开
初版附注：民国 22 年 12 月初版
其他题名：职业学校教科书商业算术
广西师大

5-0249

商业算术
骆师曾编著
上海　世界书局　民国 23.10[1934.10]
307 页　表　大 32 开
其他题名：高级商科职业学校教本商业算术
广西师大

5-0250

新式商业算术[修订本]
吴宗焘编著
上海　商务印书馆　民国 27[1938]
2 册(252,197 页)　32 开
第 1-2 册：民国 27 第 6 版,民国 37 第 8 版
初版附注：民国 23 年初版
其他题名：商业算术
其他题名：职业学校教科书商业算术
天津

5-0251

实用商业珠算
郭绳武编
上海　中华书局　民国 26.3[1937.3]-
2 册(①154 页)　32 开
上册：民国 26.3 初版
商科职业学校适用教本
其他题名：商业珠算
广东中山(1)

5-0252

投资算术
褚凤仪著
长沙　商务印书馆　民国 27[1938]初版,民国 28 第 2 版,民国 36 第 7 版,民国 37 第 8 版
321 页　32 开
其他题名：职业学校教科书投资算术
国图　天津

5-0253

商业算术习题详解
褚凤仪编著
上海　商务印书馆　[1912-1949?]
249 页　大 32 开
其他题名：职业学校教科书商业算术习题详解
广西师大

5-0254

珠算指南
商业学校编
广州　麟书阁书局　[1912-1949?]
33 页　图,表　32 开
广东中山

伍　财政、金融

课本

5-0255

货币论
王效文编
上海　商务印书馆　民国 12.10[1923.10]初版,民国 13.8 第 2 版,民国 17.7 第 4 版,民国 21.11 国难后 2 版,民国 23.12 国难后 3 版,民国 24 国难后 4 版
273 页　32 开
其他题名：新学制高级商业学校教科书货币论
国图　上海　辞书　河南　编译馆

5-0256

银行学
陈其鹿编纂
上海　商务印书馆　民国 13.5[1924.5]初版,民国 14.9 第 2 版,民国 18 第 5 版
219 页　32 开
其他题名：新学制高级商业学校教科书银行学
国图　辞书　编译馆

5-0257

汇兑论
俞希稷编
上海　商务印书馆　民国 14.1[1925.1]初版,民国 17 第 2 版,民国 21.10 国难后 1 版
248 页　图,表　32 开
其他题名：新学制高级商业学校教科书汇兑论
辞书　河南　编译馆

5-0258

财政学
寿景伟编纂
上海　商务印书馆　民国 14.1[1925.1]初版,民国 21.10 国

难后2版
259页　32开
其他题名：新学制高级商业学校教科书财政学
辞书　编译馆

5-0259
保险学
王效文编纂
　　上海　商务印书馆　民国21.10[1932.10]
　　2册(180,147页)　表　32开
　　上下册：民国21.10国难后1版
　　初版附注：民国14年2月初版
　　其他题名：新学制高级商业学校教科书保险学
　　辞书　庐山　编译馆

5-0260
金融经济概论
（日）饭岛幡司原著　周佛海译述
　　上海　商务印书馆　民国20[1931]第2版,民国22.1国难后1版
　　299页　表　32开
　　大学院审定
　　其他题名：新学制高级商业学校教科书金融经济概论
　　国图　编译馆

5-0261
银行概论
徐钧溪编著
　　上海　世界书局　民国22[1933]
　　252页　大32开
　　附：银行法
　　其他题名：高级中学商科教本银行概论
　　河南

5-0262
保险学
王效文,孔涤庵编著
　　上海　商务印书馆　民国32[1943]第8版
　　317页　32开
　　职业学校教科书
　　国图

护理学校教材

课　本

5-0263
看护教科书
陈志方,胡广仁编
　　[不详]　中央军委总卫生部　民国23.6[1934.6]
　　3册(42页)　图　[32开]
　　第1-3册：民国23.6版

中等教材
人教

5-0264
人体生理
（日）上野一晴著　顾寿白译
　　上海　商务印书馆　民国28[1939]
　　2册(506页)　32开
　　上下册：民国28年版,民国36.8第3版
　　初版附注：民国28年9月初版
　　其他题名：职业学校教科书人体生理
　　国图　华师大

5-0265
解剖生理学
教育部医学教育委员会,护士助产教育专门委员会主编
张查理编著　朱碧辉,葛成慧校阅
　　上海　正中书局　民国34.12[1935.12]沪1版
　　380页　图　32开
　　高级护士助产职业学校适用
　　初版附注：民国33年2月初版
　　辞书　河南

5-0266
溶液论
Elsie M. Smith原著　吴建庵译　中国护士学会审订
　　上海　广协书局　民国37.4[1948.4]版
　　41页　32开
　　护士学校应用课本
　　上海

5-0267
营养概论
吴宪编著
　　上海　商务印书馆　民国37.8[1948.8]增订5版
　　172页　表　大32开
　　其他题名：职业学校教科书营养概论
　　河南　广西师大

6. 函授学校教材

陆 综合

课 本

6-0001

开明中学讲义
夏丏尊编纂
  上海　开明中学讲义社(开明函授学校)　民国21.5[1932.5]
  18册　图,地图,摹真　大32开
  第1-18册(共6卷,每卷3期):民国21.5初版,民国22.7版
  人教(1-11)　上师大(1,6,8,17)　辞书　广西师大(2-5,9,
  11-12,14-15,17-18)

6-0002

开明音乐讲义
丰子恺编
  上海　开明函授学校　民国37.4[1948.4]第4版,民国38.4
  第5版
  133页　乐谱　大32开　(开明中学讲义)
  初版附注:民国23年11月初版
  国图　上海　辞书　广西师大

6-0003

实用新闻学
  [上海]　[申报新闻函授学校]　民国25.10[1936.10]版
  1册　32开
  申报新闻函授学校讲义
  其他题名:记者常识
  上海

6-0004

宪法要义讲义
上海法政函授学校编
  上海　[编者刊]　[1912-1949?]
  1册　大32开
  上海

6-0005

逻辑浅说讲义
屠孝实著　商务印书馆函授学社国文科编
  上海　商务印书馆　[1912-1949?]
  48页　32开
  上海

6-0006

高级日语讲义
商务印书馆函授学校日文科[编]
  [上海]　[商务印书馆]　[1912-1949?]
  1册　32开
  上海

陆 语文

课 本

6-0007

开明国文讲义
夏丏尊,叶圣陶,宋云彬,陈望道编
  上海　香港　开明函授学校　民国23.11[1934.11]
  3册(946页)　大32开　(开明中学讲义)
  第1册:民国23.11初版,民国28第3版,民国36.3第5版,
  民国36.8第6版,民国36.12第7版,民国37.8第8版,民
  国37.9第9版,民国37.12版,1949.10香港2版
  第2册:民国23.11初版,民国28年版,民国29.8第3版,民
  国36.3第4版,民国37.5第7版,民国38.7香港1版,
  1949.10香港2版
  第3册:民国23.11初版,民国28年版,民国30.5第3
  版,民国35.11第4版,民国36.12第5版,民国38.8
  香港1版
  北师大　辞书　广西师大　广东中山　编译馆

6-0008

开明实用文讲义
张石樵编
  上海　开明函授学校　民国24.9[1935.9]初版,民国30.7第
  5版,民国36.12第7版
  104页　32开　(开明中学讲义)
  北师大　华师大　广西师大

6-0009

诗学概论讲义
陈衍著　商务印书馆函授学校国文科编
  上海　商务印书馆　[1912-1949?]
  21页　32开
  上海

6-0010

名人尺牍选本
商务印书馆函授学校国文科[编]
  上海　商务印书馆　[1912-1949?]
  4册(22,24,21,22页)　32开
  第1-4册:版次不详
  辞书

6-0011

初级国文读本
商务印书馆函授学校国文科[编]
  上海　商务印书馆　[1912-1949?]
  16册(24,28,24,30,24,23,21,22,22,26,21,24,26,31,34,32
  页)　32开
  第1-16册:版次不详
  辞书　庐山(1)

6-0012

初级尺牍教本

商务印书馆函授学校国文科[编]

　　[上海]　商务印书馆　[1912－1949?]

　　4册(59,30,30,28页)　32开

　　第1-4册：版次不详

辞书

6-0013

初级程式文范本

商务印书馆函授学校国文科[编]

　　上海　商务印书馆　[1912－1949?]

　　2册(21,40页)　32开

　　第1-2册(上下编)：版次不详

辞书

6-0014

中级国文读本

商务印书馆函授学校国文科[编]

　　上海　商务印书馆　[1912－1949?]

　　册(②29页)　32开

　　第2册：版次不详

广东中山(2)

6-0015

高级国文读本

商务印书馆函授学校国文科[编]

　　上海　商务印书馆　[1912－1949?]

　　10册(32,35,37,23,31,37,32,42,44,51页)　32开

　　第1-10册：版次不详

辞书

6-0016

高级文法

商务印书馆函授学校国文科[编]

　　上海　商务印书馆　[1912－1949?]

　　6册(31,22,51,21,33,23页)　32开

　　第1-6册：版次不详

辞书

6-0017

高级程式文范本

商务印书馆函授学校国文科[编]

　　上海　商务印书馆　[1912－1949?]

　　3册(24,20,20页)　32开

　　第1-3册(上中下编)：版次不详

辞书

6-0018

高级作文法

商务印书馆函授学校国文科[编]

　　上海　商务印书馆　[1912－1949?]

　　3册(54,74,22页)　表　32开

　　第1-3册：版次不详

辞书

6-0019

国文读本

(私立)中华书局函授学校编

　　上海　中华书局　[1912－1949?]

　　10册(192页)　32开　(国文选科：甲组·文法)

　　第1-10册：版次不详

辞书

6-0020

修学指导

(私立)中华书局函授学校编

　　上海　中华书局　[1912－1949?]

　　册(②24页)　32开　(国文选科：甲组·文法)

　　第2册：版次不详

辞书(2)

6-0021

修学指导

(私立)中华书局函授学校编

　　上海　中华书局　[1912－1949?]

　　2册(22,23页)　32开　(国文选科：乙组·文法)

　　第1-2册：版次不详

辞书

6-0022

修学指导

(私立)中华书局函授学校编

　　上海　中华书局　[1912－1949?]

　　2册(12,12页)　32开　(国文选科：丙组·函牍)

　　第1-2册：版次不详

辞书

6-0023

修学指导

(私立)中华书局函授学校编

　　上海　中华书局　[1912－1949?]

　　2册(22,18页)　32开　(国文选科：丁组·函牍)

　　第1-2册：版次不详

辞书

6-0024

修学指导

(私立)中华书局函授学校编

　　上海　中华书局　[1912－1949?]

　　册(①12页)　32开　(国文选科：戊组·选读)

　　第1册：版次不详

辞书(1)

6-0025

论语选读

(私立)中华书局函授学校编

　　上海　中华书局　[1912－1949?]

　　2册(16,32页)　32开　(国文选科：戊组·选读)

　　第1-2册：版次不详

辞书

6-0026
孟子选读
（私立）中华书局函授学校编
　　上海　中华书局　[1912-1949?]
　　2册(16,32页)　32开　（国文选科：戊组·选读）
　　第1-2册：版次不详
　　辞书

6-0027
修学指导
（私立）中华书局函授学校编
　　上海　中华书局　[1912-1949?]
　　2册(12,8页)　32开　（国文选科：己组·选读）
　　第1-2册：版次不详
　　辞书

6-0028
经传文选
（私立）中华书局函授学校编
　　上海　中华书局　[1912-1949?]
　　4册(88页)　32开　（国文选科：己组·选读）
　　第1-4册：版次不详
　　辞书

6-0029
诸子文选
（私立）中华书局函授学校编
　　上海　中华书局　[1912-1949?]
　　6册(96页)　32开　（国文选科：己组·选读）
　　第1-6册：版次不详
　　辞书

6-0030
修学指导
（私立）中华书局函授学校编
　　上海　中华书局　[1912-1949?]
　　　册(①20页)　32开　（国文选科：庚组·选读）
　　第1册：版次不详
　　辞书(1)

6-0031
国学源流
（私立）中华书局函授学校编
　　上海　中华书局　[1912-1949?]
　　2册(50页)　32开　（国文选科：庚组·选读）
　　第1-2册：版次不详
　　辞书

6-0032
词选
（私立）中华书局函授学校编
　　上海　中华书局　[1912-1949?]
　　2册(16,16页)　32开　（国文选科：庚组·选读）
　　第1-2册：版次不详
　　辞书

6-0033
曲选
（私立）中华书局函授学校编
　　上海　中华书局　[1912-1949?]
　　2册(34页)　32开　（国文选科：庚组·选读）
　　第1-2册：版次不详
　　辞书

6-0034
诗选
（私立）中华书局函授学校编
　　上海　中华书局　[1912-1949?]
　　2册(36页)　32开　（国文选科：庚组·选读）
　　第1-2册：版次不详
　　辞书

6-0035
国文读本
（私立）中华书局函授学校编
　　上海　中华书局　[1912-1949?]
　　10册(160页)　32开　（初级国文科讲义　第1种）
　　第1-10册：版次不详
　　辞书

6-0036
国文副读本
（私立）中华书局函授学校编
　　上海　中华书局　[1912-1949?]
　　10册(160页)　32开　（初级国文科讲义　第2种）
　　第1-10册：版次不详
　　辞书

6-0037
虚字使用法
（私立）中华书局函授学校编
　　上海　中华书局　[1912-1949?]
　　8册(128页)　32开　（初级国文科讲义　第3种）
　　第1-8册：版次不详
　　辞书

6-0038
尺牍入门
（私立）中华书局函授学校编
　　上海　中华书局　[1912-1949?]
　　6册(96页)　32开　（初级国文科讲义　第4种）
　　第1-6册：版次不详
　　辞书

6-0039
新式标点使用法
（私立）中华书局函授学校编
　　上海　中华书局　[1912-1949?]
　　2册(32页)　32开　（初级国文科讲义　第5种）
　　第1-2册：版次不详
　　辞书

6-0040
成语使用法
(私立)中华书局函授学校编
　　上海　中华书局　[1912-1949?]
　　2册(32页)　32开　(初级国文科讲义　第6种)
　　第1-2册:版次不详
辞书

6-0041
时论文范
(私立)中华书局函授学校编
　　上海　中华书局　[1912-1949?]
　　4册(126页)　32开　(初级国文科讲义　第7种)
　　第1-4册:版次不详
辞书

6-0042
诗词易读
(私立)中华书局函授学校编
　　上海　中华书局　[1912-1949?]
　　4册(64页)　32开　(初级国文科讲义　第8种)
　　第1-4册:版次不详
辞书

6-0043
孟子选读
(私立)中华书局函授学校编
　　上海　中华书局　[1912-1949?]
　　2册(32页)　32开　(初级国文科讲义　第9种)
　　第1-2册:版次不详

6-0044
论语选读
(私立)中华书局函授学校编
　　上海　中华书局　[1912-1949?]
　　2册(32页)　32开　(初级国文科讲义　第10种)
　　第1-2册:版次不详

6-0045
古文读本
(私立)中华书局函授学校编
　　上海　中华书局　[1912-1949?]
　　10册(160页)　32开　(中级国文科讲义　第1种)
　　第1-10册:版次不详
辞书

6-0046
古文副读本
(私立)中华书局函授学校编
　　上海　中华书局　[1912-1949?]
　　10册(160页)　32开　(中级国文科讲义　第2种)
　　第1-10册:版次不详
辞书

6-0047
文法作文合编
(私立)中华书局函授学校编
　　上海　中华书局　[1912-1949?]
　　8册(122页)　32开　(中级国文科讲义　第3种)
　　第1-8册:版次不详
辞书

6-0048
普通尺牍
(私立)中华书局函授学校编
　　上海　中华书局　[1912-1949?]
　　6册(80页)　32开　(中级国文科讲义　第4种)
　　第1-6册:版次不详
辞书

6-0049
成语类选
(私立)中华书局函授学校编
　　上海　中华书局　[1912-1949?]
　　2册(34页)　32开　(中级国文科讲义　第5种)
　　第1-2册:版次不详
辞书

6-0050
现代文范
(私立)中华书局函授学校编
　　上海　中华书局　[1912-1949?]
　　2册(66页)　32开　(中级国文科讲义　第6种)
　　第1-2册:版次不详

6-0051
应用文举要
(私立)中华书局函授学校编
　　上海　中华书局　[1912-1949?]
　　4册(64页)　32开　(中级国文科讲义　第7种)
　　第1-4册:版次不详
辞书

6-0052
诗词选
(私立)中华书局函授学校编
　　上海　中华书局　[1912-1949?]
　　4册(64页)　32开　(中级国文科讲义　第8种)
　　第1-4册:版次不详
辞书

6-0053
左传选读
(私立)中华书局函授学校编
　　上海　中华书局　[1912-1949?]
　　2册(16,16页)　32开　(中级国文科讲义　第9种)
　　第1-2册:版次不详
辞书

6-0054

史记选读
(私立)中华书局函授学校编
　　上海　中华书局　[1912-1949?]
　　2册(32页)　32开　(中级国文科讲义　第10种)
　　第1-2册：版次不详
　　辞书

6-0055

高级古文读本
(私立)中华书局函授学校编
　　上海　中华书局　[1912-1949?]
　　10册(160页)　32开　(高级国文科讲义　第1种)
　　第1-10册：版次不详
　　辞书

6-0056

高级古文副读本
(私立)中华书局函授学校编
　　上海　中华书局　[1912-1949?]
　　6册(94页)　32开　(高级国文科讲义　第2种)
　　第1-6册：版次不详
　　辞书

6-0057

修辞学
(私立)中华书局函授学校编
　　上海　中华书局　[1912-1949?]
　　6册(96页)　32开　(高级国文科讲义　第3种)
　　第1-6册：版次不详
　　辞书

6-0058

高等尺牍
(私立)中华书局函授学校编
　　上海　中华书局　[1912-1949?]
　　4册(64页)　32开　(高级国文科讲义　第4种)
　　第1-4册：版次不详
　　辞书

6-0059

应用文范
(私立)中华书局函授学校编
　　上海　中华书局　[1912-1949?]
　　4册(64页)　32开　(高级国文科讲义　第5种)
　　第1-4册：版次不详
　　辞书

6-0060

诸子文选
(私立)中华书局函授学校编
　　上海　中华书局　[1912-1949?]
　　6册(96页)　32开　(高级国文科讲义　第6种)
　　第1-6册：版次不详
　　辞书

6-0061

诗选
(私立)中华书局函授学校编
　　上海　中华书局　[1912-1949?]
　　2册(36页)　32开　(高级国文科讲义　第7种)
　　第1-2册：版次不详
　　辞书

6-0062

词选
(私立)中华书局函授学校编
　　上海　中华书局　[1912-1949?]
　　2册(32页)　32开　(高级国文科讲义　第8种)
　　第1-2册：版次不详
　　辞书

6-0063

孟子选读
(私立)中华书局函授学校编
　　上海　中华书局　[1912-1949?]
　　2册(32页)　32开　(高级国文科讲义　第9种)
　　第1-2册：版次不详
　　辞书

6-0064

曲选
(私立)中华书局函授学校编
　　上海　中华书局　[1912-1949?]
　　2册(34页)　32开　(高级国文科讲义　第10种)
　　第1-2册：版次不详
　　辞书

6-0065

文字源流
(私立)中华书局函授学校编
　　上海　中华书局　[1912-1949?]
　　2册(44页)　32开　(高级国文科讲义　第11种)
　　第1-2册：版次不详
　　辞书

6-0066

国学源流
(私立)中华书局函授学校编
　　上海　中华书局　[1912-1949?]
　　2册(50页)　32开　(高级国文科讲义　第12种)
　　第1-2册：版次不详
　　辞书

6-0067

修学指导：诗词易读
(私立)中华书局函授学校编
　　上海　中华书局　[1912-1949?]
　　18页　32开
　　其他题名：初级国文科修学指导
　　辞书

6-0068

修学指导：初级
（私立）中华书局函授学校编
　　上海　中华书局　[1912-1949?]
　　10册(136页)　32开
　　第1-10册：版次不详
　　其他题名：初级国文科修学指导
　　辞书

6-0069

修学指导：中级
（私立）中华书局函授学校编
　　上海　中华书局　[1912-1949?]
　　10册(150页)　32开
　　第1-10册：版次不详
　　其他题名：中级国文科修学指导
　　辞书

6-0070

修学指导：高级
（私立）中华书局函授学校编
　　上海　中华书局　[1912-1949?]
　　10册(146页)　32开
　　第1-10册：版次不详
　　卷端题名：高级国文科修学指导
　　辞书

陆　历史、地理

课　本

6-0071

开明外国历史讲义
倪文宙编
　　上海　开明函授学校　民国25.11[1936.11]初版,民国28.3
　　　第2版
　　197页　大32开　（开明中学讲义）
　　版权页题名：开明外国史讲义
　　人教　华师大　辞书

6-0072

初级本国史讲义
商务印书馆函授学校史地科[编]
　　上海　商务印书馆　[1912-1949?]
　　册(①-⑪702页)　地图　32开
　　第1-11册：版次不详
　　辞书(1-11)

＊　＊　＊　＊　＊

6-0073

开明本国地理讲义
韦息予,傅彬然合编
　　上海　开明函授学校　民国24.10[1935.10]
　　228页　32开　（开明中学讲义）
　　北师大　人教　广东中山

6-0074

开明外国地理讲义
冯达大编
　　上海　开明函授学校　民国24.10[1935.10]初版,民国28.1
　　　第2版,民国30.5第3版
　　237页　地图　32开　（开明中学讲义）
　　上海　华师大　河南　编译馆

6-0075

初级本国地理讲义
商务印书馆函授学校史地科[编]
　　上海　商务印书馆　[1912-1949?]
　　12册(657页)　图,地图　32开
　　第1-12册：版次不详
　　辞书

6-0076

初级外国地理讲义
商务印书馆函授学校史地科[编]
　　上海　商务印书馆　[1912-1949]
　　6册(412页)　图　[32开]
　　第1-6册：版次不详
　　辞书

陆　数　学

课　本

6-0077

开明几何讲义
章克标,刘薰宇编
　　上海　开明函授学校　民国24.10[1935.10]初版,民国28第
　　　3版,民国29.7第4版,民国35第5版,民国38.1第7版,
　　　民国38.1第8版
　　254页　图　大32开　（开明中学讲义）
　　初级中学用
　　北师大　人教　上海　辞书　广西师大　广东中山

6-0078

开明算术讲义
章克标,刘薰宇编
　　上海　开明函授学校　民国24.10[1935.10]初版,民国29.7
　　　第5版,民国34.12第6版,民国38.4第9版
　　262页　图　大32开　（开明中学讲义）

人教　上海　辞书　河南　辽宁　编译馆

6-0079
开明代数讲义
章克标,刘薰宇编
　　上海　开明函授学校　民国 24.10[1935.10]初版,民国 35.12 第 7 版,民国 36.12 第 9 版,民国 38.1 第 10 版
　　330 页　图,表　大 32 开　(开明中学讲义)
　　人教　上海　辞书　辽宁　广东中山

6-0080
算术
(私立)中华书局函授学校编
　　上海　中华书局　[1912-1949?]
　　17 册(312 页)　32 开　(算学科初级讲义　第 1 种)
　　第 1-17 册:版次不详
　　辞书

6-0081
商业算术
(私立)中华书局函授学校编
　　上海　中华书局　[1912-1949?]
　　6 册(106 页)　32 开　(算学科初级讲义　第 2 种)
　　第 1-6 册:版次不详
　　辞书

6-0082
初级算学史
(私立)中华书局函授学校编
　　上海　中华书局　[1912-1949?]
　　16 页　32 开　(算学科初级讲义　第 3 种)
　　辞书

6-0083
算术难题解
(私立)中华书局函授学校编
　　上海　中华书局　[1912-1949?]
　　6 册(106 页)　32 开　(算学科初级讲义　第 4 种)
　　第 1-6 册:版次不详
　　辞书

6-0084
修学指导
(私立)中华书局函授学校编
　　上海　中华书局　[1912-1949?]
　　4 册(42,75,46,32 页)　32 开　(算学科初级讲义　第 5 种)
　　第 1-4 册:版次不详
　　辞书

6-0085
代数
(私立)中华书局函授学校编
　　上海　中华书局　[1912-1949?]
　　14 册(258 页)　32 开　(算学科中级讲义　第 1 种)
　　第 1-14 册:版次不详
　　辞书

6-0086
平面几何
(私立)中华书局函授学校编
　　上海　中华书局　[1912-1949?]
　　12 册(211 页)　32 开　(算学科中级讲义　第 2 种)
　　第 1-12 册:版次不详
　　辞书

6-0087
立体几何
(私立)中华书局函授学校编
　　上海　中华书局　[1912-1949?]
　　2 册(40 页)　32 开　(算学科中级讲义　第 3 种)
　　第 1-2 册:版次不详
　　辞书

6-0088
修学指导
(私立)中华书局函授学校编
　　上海　中华书局　[1912-1949?]
　　4 册(70,79,68,54 页)　32 开　(算学科中级讲义　第 4 种)
　　第 1-4 册:版次不详
　　辞书

6-0089
高等代数
(私立)中华书局函授学校编
　　上海　中华书局　[1912-1949?]
　　10 册(196 页)　32 开　(算学科高级讲义　第 1 种)
　　第 1-10 册:版次不详
　　辞书

6-0090
高级平面几何
(私立)中华书局函授学校编
　　上海　中华书局　[1912-1949?]
　　6 册(111 页)　32 开　(算学科高级讲义　第 2 种)
　　第 1-6 册:版次不详
　　辞书

6-0091
三角
(私立)中华书局函授学校编
　　上海　中华书局　[1912-1949?]
　　6 册(97 页)　32 开　(算学科高级讲义　第 3 种)
　　第 1-6 册:版次不详
　　辞书

6-0092
修学指导
(私立)中华书局函授学校编
　　上海　中华书局　[1912-1949?]
　　4 册(97,53,44,65 页)　32 开　(算学科高级讲义　第 4 种)
　　第 1-4 册:版次不详
　　辞书

6-0093

高级立体几何
(私立)中华书局函授学校编
上海 中华书局 [1912-1949?]
2册(32页) 32开 (算学科高级讲义 第5种)
第1-2册:版次不详
辞书

6-0094

解析几何大意
(私立)中华书局函授学校编
上海 中华书局 [1912-1949?]
4册(68页) 32开 (算学科高级讲义 第6种)
第1-4册:版次不详
辞书

教学参考书

6-0095

小学算术教材和教法
陈侠编
甘肃 国立西北师范学院 民国35[1946]版
124页 32开
国民学校教员函授学校讲义
西北师大

课 本

6-0096

开明物理学讲义
沈乃启,夏承法编
上海 开明函授学校 民国25.11[1936.11]初版,民国36.12第6版,民国37.2第7版
164页 图 大32开 (开明中学讲义)
人教 上海 辞书 编译馆

6-0097

初级物理学讲义
商务印书馆函授学校自然科[编]
上海 商务印书馆 [1912-1949?]
16册(712页) 图 32开
第1-16册:版次不详
辞书

* * * * *

6-0098

开明化学教本
程祥荣编著
上海 开明函授学校 民国21.1[1932.1]初版,民国22第4版,民国22.8第5版
297页 图 32开
初级中学学生用
逐页题名:化学教本
国图 北师大 人教 上海 辞书 广东中山

6-0099

开明化学讲义
程祥荣编
上海 开明函授学校 民国25.11[1936.11]初版,民国30.1第4版,民国37.6第6版,民国38.6第7版
196页 图,照片,表 大32开 (开明中学讲义)
国图 人教 上海 辞书 辽宁 广东中山 编译馆

商 业

课 本

6-0100

中国商业函授学校课艺
杨公炎,王宇春,黄仲山,钱韵堂,高冠吾,张公威评选
上海 中国商业函授学校 民国4.12[1915.12]-
20册(84,80,80,80,80,80,80,80,80,80,80,80,80,80,80,80,80,80,80,80页) 32开
第1册:民国4.12第2版
第2册:民国4.12初版
第3册:民国5.2第2版
第4册:民国5.4第2版
第5册:民国5.4第2版
第6册:民国5.2初版
第7册:民国5.2初版
第8册:民国5.4初版
第9册:民国5.4初版
第10册:民国5.4初版
第11册:民国5.6初版
第12册:民国5.6初版
第13册:民国5.6初版
第14册:民国5.8初版
第15册:民国5.8初版
第16册:民国5.9初版
第17册:民国5.9初版
第18册:民国5.10初版
第19册:民国5.11初版
第20册:民国5.11初版
辞书

6-0101

商品学讲义
中国商业函授学校编
　　[上海] [编者刊] [1912-1949?]
　　1册　16开
　　上海

6-0102

经济学概论讲义
商务印书馆函授学校商业科[编]
　　上海　商务印书馆　[1912-1949?]
　　2册(100页)　32开
　　上下册：版次不详
　　上海

7. 幼稚教育教材

综合

课 本

7-0001
教子准绳
(美)刘乐义译　邹佩笙述注
上海　广学会　清光绪32[1906]
26叶　图　32开　线装
辞书

7-0002
幼稚园社会自然课本
朱公振编著　施仁夫,魏冰心,范祥善校订
上海　世界书局　民国20.10[1931.10]
2册　图　大32开
上册：民国20.10第2版
下册：民国20.10第2版,民国25.5第8版,民国29.8版
初版附注：民国20年2月初版
其他题名：新课程教科书幼稚园社会自然课本
辞书(2)　编译馆

7-0003
幼稚园课本
陈鹤琴编　朱铭新绘画
上海　儿童书局　民国21.1[1932.1]-
 册(②24,③24,④24,⑤24,⑨24,⑩24,⑪24页)　图(含彩图)　32开
二月号：民国21.1初版,民国21.10第3版,民国22.4第3版,民国25.2第5版
三月号：民国21.3初版,民国21.8第2版,民国22.2第4版
四月号：民国22.6第3版
五月号：民国24.2第2版
九月号：民国21.9初版,民国24.7第3版,民国25.8第4版
十月号：民国24.7第2版,民国25.9第3版
十一月号：民国24.10初版,民国25.9第2版
一年级用
辞书(2-5,9-11)

7-0004
幼稚园课本
陈鹤琴编　朱铭新绘画
上海　儿童书局　民国21.1[1932.1]-
 册(②24,③24,④24,⑤24,⑨24,⑩24,⑪24,⑫24页)　图(含彩图)　32开
二月号：民国21.1初版,民国21.6第2版,民国21.10第3版,民国22.4第3版
三月号：民国21.3初版,民国21.8第2版,民国24.2第5版
四月号：民国21.4初版,民国21.11第2版,民国22.6第3版

五月号：民国23.5初版
九月号：民国21.9初版,民国23.2第2版
十月号：民国23.1初版,民国24.8第2版
十一月号：民国24.10初版
十二月号：民国24.12初版
二年级用
辞书(2-5,9-12)

7-0005
幼稚园故事课本
朱公振,胡赞平,蒋品珍编著　魏冰心,范祥善校订
上海　世界书局　民国21.4[1932.4]-
2册(22,28页)　图　大32开
第1册：民国22.2第3版,民国24.9第5版
第2册：民国21.4第2版,民国25.2第5版
其他题名：新课程教科书幼稚园故事课本
辞书　编译馆

7-0006
生活课本
林荫编著　萧剑青绘图
上海　进步书店　民国24.1[1935.1]-
4册(52,48,48,48页)　彩图　32开
第1册：民国24.4第2版
第2册：民国24.4第2版
第3册：民国24.1初版
第4册：民国24.1初版
幼稚园小班用
初版附注：民国24年1月初版
辞书

7-0007
生活课本
林荫编著　糜文焕绘图
上海　进步书店　民国24.7[1935.7]
4册(52,48,48,52页)　彩图　32开
第1-4册：民国24.7初版
幼稚园大班用
辞书

7-0008
我的工作簿
陈鹤琴,屠哲梅,丁光燮编纂
长沙　商务印书馆　民国27.7[1938.7]-
2册(110,220页)　图　16开　(中华儿童教育社丛书)
上册：民国27.7初版
下册：民国28.3第2版
家庭、幼稚园、小学新教材
其他题名：家庭幼稚园小学新教材我的工作簿
辞书

7-0009
万叶幼稚课本
葛鲤庭,费新我编
上海　万叶书店　民国32.4[1943.4]-

4册(50,50,50,50页)　图　64开
第1册:民国33.4第3版
第2册:民国32.4第2版
第3册:民国32.4第2版
第4册:民国32.4第2版
初版附注:民国31年7月初版
辞书

7-0010
基本幼童课本
赵景源,宗亮寰,沈秉廉,赵白山,李惠乔编辑
上海　基本书局　民国36.1[1947.1]
48页　图　32开
春季半年级生用
辞书

7-0011
幼稚园课本
黄一德主编　张令涛,张祖范,来文选绘缮
上海　青城书店　民国37.3[1948.3]-
2册(35,35页)　图　32开
第1册:民国37.4第3版
第2册:民国37.3初版
封面题名:幼稚园读本
辞书

7-0012
幼稚园课本
葛鲤庭编辑
上海　建成书社　民国38.8[1949.8]-
4册(①39,②39页)　图　32开
第1-2册:民国38.8初版
春秋季及大小班适用
辞书(1-2)

7-0013
幼稚混合课本
钱长龄编著　葛鲤庭校阅
上海　[编者刊]　[1912-1949?]
2册(48,48页)　彩　64开
上下册:版次不详
辞书

教学参考书

7-0014
幼稚作法教授法
庄庆祥编纂　庄俞校订
上海　商务印书馆　民国3.1[1914.1]
66页　32开　精装
辞书

7-0015
婴孩学堂教授法

(美)梅贞耐原著　亮乐月译义　李馥秀,陈玉娇演语
上海　广学会　民国3[1914]
52页　图,照片　大32开
辞书

7-0016
幼稚园社会自然课本教学法
朱公振编辑　施仁夫,徐学文校订
上海　世界书局　民国20.7-10[1931.7-10]
2册(77,64页)　图,表　大32开
上册:民国20.10初版
下册:民国20.7初版
其他题名:幼稚园社会自然教学法
其他题名:新课程教科书幼稚园社会自然教学法
辞书　编译馆

7-0017
幼稚园故事课本教学法
朱公振,胡赞平,蒋品珍编著
上海　世界书局　民国22.6[1933.6]
2册　图　大32开
第1-2册:民国22.6初版
新课程教科书　教员用
其他题名:新课程教科书幼稚园故事课本教学法
编译馆

7-0018
幼稚园小学低年级的沟通教学法
(美)派克(S.C.Parker)著　唐现之译
上海　大东书局　民国22[1933]-
册(下276页)　32开　(儿童教育丛书第五种)
下册:民国22年版
国图(下)

7-0019
幼稚园教材研究
张雪门著
上海　中华书局　民国23.11[1934.11]
78页　大32开
国图　上海　西北师大

7-0020
玩具与教育
陈济芸著
上海　商务印书馆　民国23[1934]版
148页　32开　(幼稚教育丛书)
西北师大　辽宁

7-0021
生活课本指导书:小班
林荫编辑
上海　进步书局　民国24.1-5[1935.1-5]
4册(116,91,113,117页)　图,乐谱,表　32开
第1册(春之部):民国24.1初版
第2册(夏之部):民国24.1初版
第3册(秋之部):民国24.4初版

第 4 册(冬之部)：民国 24.5 初版
照新课程标准编辑　幼稚园教师用
版权页题名：新课程标准生活课本指导书
卷端题名：幼稚园生活课本指导书
辞书

7－0022

幼稚园教材研究
梁士杰著

上海　商务印书馆　民国 24.4[1935.4]
166 页　32 开　(幼稚教育丛书)
上海　西北师大　庐山

7－0023

生活课本指导书：大班
林荫编辑

上海　世界书局　民国 24.10[1935.10]-
4 册(①154,③134,④142 页)　图,乐谱　32 开
第 1 册：民国 25.4 初版
第 3 册：民国 24.10 初版
第 4 册：民国 24.11 初版
新课程标准　幼稚园教师用
辞书(1,3-4)

7－0024

幼稚园的设备
苏顽夫编纂

上海　商务印书馆　民国 24[1935]版
138 页　32 开　(幼稚教育丛书)
西北师大　庐山

7－0025

幼稚园的卫生教育
周尚著

上海　商务印书馆　民国 25[1936]版
333 页　32 开　(幼稚教育丛书)
西北师大

7－0026

一年中幼稚园教学单元
陈鹤琴,钟昭华编

长沙　商务印书馆　民国 28.3[1939.3]初版,民国 36.9 第 2 版
281 页　照片　32 开　(中华儿童教育社丛书)
华师大　辞书

7－0027

儿童班各科教材及教学法
金开山著

上海　香港　文化供应社　民国 36.4[1947.4]香港初版,民国 37.5 第 2 版
115 页　32 开　(国民教育丛书)
辞书　广东中山

柒　语 文

课 本

7－0028

幼稚字课读本
单常性著

上海　文明书局　清宣统 1.4[1909]-
4 册(36,26,36,32 叶)　图　32 开　线装
第 1 册：宣统 3.2 第 3 版
第 2 册：宣统 2.3 第 4 版
第 3 册：宣统 1.4 第 6 版
第 4 册：宣统 1.4 第 6 版
初版附注：清光绪 32 年 3 月初版
辞书

7－0029

中华幼稚识字课本
徐傅霖编　沈颐阅

上海　中华书局　民国 19.7[1930.7]-
3 册(40,40,40 页)　彩图　64 开
第 1 册：民国 25.7 第 19 版
第 2 册：民国 25.7 第 18 版
第 3 册：民国 19.7 第 11 版,民国 25.7 第 17 版
初版附注：民国 3 年 11 月初版
辞书

7－0030

幼稚国文
陈有恒,陆培荣,陆培亮,杨承震著

上海　中华书局　民国 4.12[1915.12]-
册(①15 叶)　大 32 开　线装
第 1 册：民国 4.12 初版,民国 17.2 第 16 版
辞书(1)

7－0031

幼稚读本
钱选青著

上海　世界书局　民国 21.8[1932.8]-
2 册(42,42 页)　图　32 开
第 1 册：民国 22.4 第 50 版,民国 25.5 第 80 版
第 2 册：民国 21.8 第 20 版,民国 25.5 第 39 版
新学制儿童用书
初版附注：民国 15 年 5 月初版
辞书　编译馆

7－0032

幼稚园读本
沈百英编纂

上海　商务印书馆　民国 22.3[1933.3]
4 册(40,40,40,40 页)　彩图　64 开

第 1 册：民国 22.3 国难后 14 版
第 2 册：民国 22.3 国难后 14 版,民国 30.1 国难后 130 版
第 3 册：民国 22.3 国难后 14 版
第 4 册：民国 22.3 国难后 14 版,民国 30.1 国难后 78 版
初版附注：民国 19 年 4 月初版
初版附注：民国 21 年 7 月国难后第 1 版
辞书　编译馆

7-0033

世界儿童国语
世界书局儿童美术部编辑　陈抱一,阳太阳,杨秋人绘画
上海　世界书局　民国 21.12[1932.12]-
10 册(①28,②32,④32,⑤32,⑥32 页)　彩图　32 开
第 1 册：民国 21.12 初版
第 2 册：民国 24.10 第 2 版
第 4 册：民国 23.8 初版
第 5 册：民国 24.6 初版
第 6 册：民国 24.12 初版
辞书(1-2,4-6)　编译馆(1)

7-0034

看图学说话：哥哥弟弟
蒋息岑主编　顾志贤选材
上海　大东书局　民国 22.9[1933.9]第 2 版
20 页　图　32 开
幼稚园用书
辞书

7-0035

幼稚园读本
钱耕莘编辑　陈丹旭绘图
上海　世界书局　民国 23.8[1934.8]-
4 册(50,52,56,60 页)　彩图　64 开
第 1 册：民国 25.4 第 7 版
第 2 册：民国 25.3 第 5 版
第 3 册：民国 23.8 第 2 版,民国 29.9 新 5 版
第 4 册：民国 24.7 第 4 版,民国 29.9 新 5 版
初版附注：民国 23 年 5 月初版
辞书　编译馆(3-4)

7-0036

国音课本
顾英明编著
上海　商务印书馆　民国 26.1[1937.1]
2 册(52,39 页)　彩图　64 开
第 1-2 册：民国 26.1 初版
幼稚园用
辞书

7-0037

绘图识字课本
王一鸣编辑
上海　大东书局　民国 30.7[1941.7]第 18 版
72 页　图　32 开　精装
4 至 5 岁幼童识字之用

其他题名：识字课本
编译馆

7-0038

基本幼稚园读本
宗亮寰,沈百英,赵白山,沈秉廉,赵景源编绘
上海　基本书局　民国 35.4[1946.4]
2 册(33,33 页)　彩图　64 开
上册：民国 35.4 第 25 版,民国 36.9 第 26 版
下册：民国 35.4 第 25 版
初版附注：民国 33 年 8 月初版
辞书

7-0039

幼稚识字
徐晋著
上海　儿童书局　民国 35.4[1946.4]第 5 版
1 册　图　32 开
上海

7-0040

幼稚读本
晨光书局编辑部编纂　李巨波绘图
上海　晨光书局　民国 37.1[1948.1]
4 册(32,32,32,32 页)　图　64 开
第 1-4 册：民国 37.1 第 12 版
封面题名：晨光幼稚读本
辞书

7-0041

幼稚读本
朱翊新编著
上海　华成书局　民国 37.6[1948.6]-
2 册(40,40 页)　图　32 开
第 1 册：1950.8 新 14 版
第 2 册：民国 37.6 新 9 版
其他题名：五彩绘图幼稚读本
辞书

7-0042

幼稚园新读本
贺宜编著　陈鹤琴校订　邢舜田绘图
上海　启明书局　民国 38.8[1949.8]
2 册(45,45 页)　图　32 开
上下册：民国 38.8 初版
辞书

7-0043

幼稚识字读本
钱长龄编　葛鲤庭校
上海　三民图书公司　[1912-1949?]
4 册(36,36,48,48 页)　彩图　64 开
第 1-4 册：版次不详
辞书

7-0044

看图识字读本

钱长龄编　葛鲤庭校
上海　三民图书公司　[1912-1949?]
2 册(52,52 页)　彩图　64 开
第 1-2 册：版次不详
辞书

7-0045

儿童识字
上海　大众书局　[1912-1949?]
114 页　图　32 开
辞书

7-0046

幼稚园读本
何公超著　张令涛,张祖范绘图
上海　华光书局　[1912-1949?]
4 册(40,40,40,40 页)　图　64 开
第 1-4 册：版次不详
辞书

7-0047

看图识字
陆静山编　陈浩雄画
上海　永年书局　[1912-1949?]
100 页　图　64 开
辞书

教学参考书

7-0048

彩图方字教授法
刘传厚编　沈颐阅
上海　中华书局　民国 11.3[1922.3]第 6 版
26 页　64 开
初版附注：民国 6 年 5 月初版
辞书

7-0049

幼稚园读本教学法
周阆风编著　朱凤竹绘图
上海　大众书局　民国 23[1934]
2 册(114,122 页)　图　32 开
上下册：民国 23 年版
河南

7-0050

幼稚园读本教学法
王益生编辑　张令涛,胡若佛绘图
上海　大东书局　民国 29.1[1940.1]
2 册　图　32 开　精装
上下册：民国 29.1 初版
编译馆

算　术

课　本

7-0051

中华幼稚识数课本
徐傅霖编
上海　中华书局　民国 4.12[1915.12]
[40]页　彩图　64 开
辞书

7-0052

零到九：学算的第一步(乙种)
董任坚编译
上海　商务印书馆　民国 24.12[1935.12]
153 页　图,表　32 开　(中华儿童教育社丛书)
幼儿园和小学低年级适用
国图

7-0053

基本幼稚园算术
宗亮寰,沈百英,赵白山,沈秉廉,赵景源编绘
上海　基本书局　民国 35.4[1946.4]
2 册(33,33 页)　图　64 开
上下册：民国 35.4 第 15 版
初版附注：民国 33 年 10 月初版
辞书

7-0054

找姑娘
陈鹤琴著　朱铭新助编
上海　儿童书局　民国 35.9[1946.9]第 8 版
10 页　图　32 开　(好朋友·算术故事)
幼稚园和小学低年级补充读本
辞书

7-0055

小豆儿
陈鹤琴著　朱铭新助编
上海　儿童书局　民国 35.9[1946.9]第 8 版
10 页　图　32 开　(好朋友·算术故事)
幼稚园和小学低年级补充读本
辞书

7-0056

减法
陈鹤琴著　朱铭新助编
上海　儿童书局　民国 35.9[1946.9]第 8 版
10 页　图　32 开　(好朋友·算术歌)
幼稚园和小学低年级补充读本
辞书

7-0057

加法
陈鹤琴著　朱铭新助编
　　上海　儿童书局　民国35.9[1946.9]第8版
　　10页　图　32开　（好朋友·算术歌）
　　幼稚园和小学低年级补充读本
　　辞书

7-0058

儿童的算术
陈岳生编纂
　　上海　商务印书馆　民国37.3[1948.3]
　　2册(77,68页)　图　32开
　　上下册：民国37.3初版
　　辞书　庐山

7-0059

幼稚园算术
徐景如,陈岳如编著　张令涛,张祖范绘图
　　上海　青城书店　民国37.9[1948.9]
　　2册(50,50页)　图,表　32开
　　第1-2册：民国37.9第2版
　　辞书

7-0060

幼稚混合算术：算术·故事·工作
钱长龄编　葛鲤庭校
　　上海　三民图书公司　[1912-1949?]
　　2册(60,60页)　彩图　64开
　　第1-2册：版次不详
　　辞书

教学参考书

7-0061

中华幼稚识数教授书
徐傅霖编
　　上海　中华书局　民国3.12[1914.12]
　　58页　32开
　　辞书

7-0062

幼稚园算术教学法
戴渭清编辑
　　上海　大东书局　民国29.1[1940.1]
　　2册　32开　精装
　　上下册：民国29.1初版
　　编译馆

柒　常　识

课　本

7-0063

幼稚园常识一百六十课
孙艳秋,马映楣,沈百英编著
　　上海　商务印书馆　民国26.2[1937.2]
　　240页　图　16开
　　辞书

7-0064

基本幼稚园常识
宗亮寰,沈百英,沈秉廉,赵白山,赵景源编绘
　　上海　基本书局　民国35.4[1946.4]
　　2册(33,33页)　图　64开
　　上下册：民国35.4第25版
　　初版附注：民国33年8月初版
　　辞书

7-0065

幼稚园新读本
徐晋著　陈选善校订
　　上海　儿童书局　民国36.2[1947.2]-
　　4册(34,34,34,34页)　彩图　64开
　　第1册：民国36.2第53版
　　第2册：民国36.2第53版
　　第3册：民国36.2第43版
　　第4册：民国36.2第43版
　　初版附注：民国34年7月初版
　　辞书

7-0066

幼稚园常识课本
　　上海　世界书局　[1912-1949?]
　　2册(20,20页)　图　64开
　　上下册：版次不详
　　辞书

7-0067

幼稚常识读本
钱长龄编　葛鲤庭校
　　上海　三民图书公司　[1912-1949?]
　　4册(31,31,31,31页)　图　64开
　　第1-4册：版次不详
　　辞书

教学参考书

7-0068

幼稚常识教学法

戴渭清编辑
　　上海　大东书局　民国29.3[1940.3]-
　　册(①120页)　32开　精装
　　第1册：民国29.3初版
　　编译馆(1)

柒　音乐、美术

课　本

7-0069
幼稚唱歌
胡君复编纂　庄俞校订
　　上海　商务印书馆　民国14.6[1925.6]
　　2册(30,30页)　彩图,乐谱　64开
　　第1-2编：民国14.6第8版
　　初版附注：民国12年6月初版
　　辞书

7-0070
幼稚园新歌
沈秉廉,钱君匋编辑
　　上海　商务印书馆　民国19.11[1930.11]
　　28页　32开
　　编译馆

7-0071
幼稚园音乐课本：教材及教法
黎锦晖编著
　　上海　大众书局　民国22.12[1933.12]
　　4册(34,36,34,44页)　乐谱　32开
　　第1-4册：民国22.12初版
　　其他题名：大众教科书幼稚园音乐课本
　　北师大　辞书

7-0072
基本幼稚园图画
宗亮寰,沈百英,沈秉廉,赵白山,赵景源编绘
　　上海　基本书局　民国35.7[1946.7]
　　2册(33,33页)　图　64开
　　上下册：民国35.7第5版
　　初版附注：民国33年10月初版
　　辞书

柒　游　戏

课　本

7-0073
幼稚园游戏教学法
梅羹儒编辑　施仁夫,徐学文校订
　　上海　世界书局　民国21.7[1932.7]
　　2册(54,50页)　32开
　　第1-2册：民国21.7初版
　　其他题名：新课程教科书幼稚园游戏教学法
　　辞书　编译馆

7-0074
幼稚园游戏一百六十种
黄勖哉,禅素英,程淑珍等编著
　　上海　商务印书馆　民国24.6[1935.6]第2版
　　85页　图　16开
　　初版附注：民国24年4月初版
　　辞书　庐山

7-0075
幼儿工作游戏教材
马客谈主编　仇河清编绘　马客谈校阅
　　上海　新亚书店　民国35.10[1946.10]
　　5册(20,20,20,20,20页)　图　小32开
　　第1册(排绳)：民国35.10初版
　　第2册(编影)：民国35.10初版
　　第3册(排色板)：民国35.10初版
　　第4册(撕纸)：民国35.10初版
　　第5册(排火柴)：民国35.10初版
　　辞书

8. 民众学校教材

综合

课 本

8-0001

国民读本
朱树人辑撰
上海 文明书局 清光绪30[1904]
2册(43,42叶) 大32开 线装
第1-2册(上下卷):光绪30第4版,宣统3.4第19版
清学部审定
初版附注:清光绪29年2月初版
云南社科 广西师大

8-0002

女子新读本
杨千里编辑
上海 文明书局 清光绪30.7[1904]初版,光绪31.12第5版
28叶 图 大32开 线装
人教 上师大 辞书

8-0003

女子自立教科书
徐珂文言编辑 何琦俗言编辑
[上海] 会文学社 清光绪32.2[1906]
34叶 大32开 线装
辞书

8-0004

女子应用教科书
(日)伊藤宏一著 马为珑,郁应和编辑
日本 [著者刊] 清光绪34.2[1908]
122页 大32开
上海 辞书

8-0005

简易国民必读课本
(清)学部编译图书局编纂
北京 [编者刊] 清宣统2.10[1910]-
册(①-②[96]叶) 大32开 线装
1-2(上卷):宣统2.10版
其他题名:国民必读课本
广西师大(1-2)

8-0006

六百字编通俗教育读本:第一~三种
董景安编辑
24叶 大32开 线装
教育部批准供通俗学校用 年长失学者补习文化用
第一种卫生;第二种伦理;第三种修身
逐页题名:通俗教育读本
①上海 美华书馆 民国2.8[1913.8]
辞书
②上海 协和书局 [1912-1949?]
辞书

8-0007

六百字编通俗教育读本:第四~六种
董景安编辑
28叶 大32开 线装
教育部批准供通俗学校用 年长失学者补习文化用
第四种正俗;第五种爱国;第六种地文
逐页题名:通俗教育读本
①上海 美华书馆 民国2.2[1913.2]第3版,民国3.4第5版,民国4.1第6版
辞书
②上海 协和书局 [1912-1949?]
辞书

8-0008

六百字编通俗教育读本:第七种
董景安编辑
11叶 大32开 线装
教育部批准供通俗学校用 年长失学者补习文化用
第七种信函
逐页题名:通俗教育读本
①上海 美华书馆 民国2.2[1913.2]第2版,民国3.5第4版
辞书
②上海 协和书局 [1912-1949?]
辞书

8-0009

华工学校讲义
蔡元培编著
[法国]都尔 中华印字局 民国8.9[1919.9]
101页 照片 大32开
上海 辞书

8-0010

民众教育读本
胡知非,沈圻编纂
上海 商务印书馆 民国17.4[1928.4]-
8册(①42,②24,③20,④20页) 图 32开
第1册:民国18.3第18版
第2册:民国18.3第18版
第3册:民国17.4初版,民国18.1第9版
第4册:民国18.3第14版
成年青年识字用
初版附注:民国16年10月-17年4月初版
华师大(3) 辞书(1-4)

8-0011

河南民众课本
河南省政府教育厅编审委员会编辑
上海 商务印书馆 民国18.4[1929.4]-

3册(50,68,65页)　图　32开
第1册：民国18.4第4版
第2册：民国18.5第3版
第3册：民国18.4第3版
河南平民学校专用
初版附注：民国17年8月初版
华师大(3)　辞书

8-0012

党义识字常识混合编制民众读本[订正本]
甘导伯,秦柳方,钱俊瑞,张锡昌编辑　韩天眷,韩觉剑绘图
　　无锡　江苏省立教育学院北夏普及民众教育实验区　民国24.11[1935.11]-
　　4册(44,38,34,38页)　图　32开
第1册：民国25.1订正19版
第2册：民国24.11订正16版
第3册：民国24.11订正15版
第4册：民国24.11订正15版
民众学校用
初版附注：民国18年4月初版
逐页题名：民众读本
辞书

8-0013

职工补习学校服务常识教科书
潘文安编纂　上海特别市教育局职工实习教育研究委员会校阅
　　上海　商务印书馆　民国18.9[1929.9]
　　2册(24,42页)　32开
第1-2：民国18.9初版
辞书

8-0014

民众读的
常熟县立第二民众教育馆编辑
　　常熟　[编者刊]　民国19.7[1930.7]
　　68页　32开
辞书

8-0015

民众工人课本：初级
盛振声,李伯俊编　郑昶校
　　上海　中华书局　民国19.7[1930.7]-
　　4册(①27,②30页)　图　32开
第1册：民国19.7初版
第2册：民国19.7初版
卷端题名：民众教科书工人课本
辞书(1-2)

8-0016

民众工人课本
李伯俊,赵侣青,盛蔼如,钱选青,陈聘伊,徐迥千编　吕伯攸校
　　上海　中华书局　民国20.1[1931.1]-

4册(27,30,27,30页)　图　32开
第1册：民国20.2第3版,民国21.9第5版
第2册：民国20.1第2版,民国20.6第3版
第3册：民国20.2初版,民国21.6第4版
第4册：民国20.2初版,民国20.6第3版
初版附注：民国19年7月初版
卷端题名：民众教科书工人课本
辞书

8-0017

党义识字常识混合编制妇女读本[修订本]
秦柳方,茅仲英编辑　潘之浩注音
　　无锡　江苏省立教育学院丽新路工人教育实验区　民国25.2[1936.2]-
　　4册(34,30,32,34页)　图　32开
第1册：民国25.10修订10版
第2册：民国25.2修订9版
第3册：民国25.2修订9版
第4册：民国25.2修订8版
妇女民众学校用
初版附注：民国19年12月初版
其他题名：妇女读本
辞书

8-0018

民众农人课本
徐迥千,李伯俊,赵侣青,陈聘伊,盛蔼如,钱选青编　吕伯攸校
　　上海　中华书局　民国20.1-6[1931.1-6]
　　4册(30,31,30,31页)　图,地图　32开
第1册：民国20.1初版
第2册：民国20.2初版
第3册：民国20.6初版
第4册：民国20.6初版
卷端题名：民众教科书农人课本
辞书

8-0019

党义识字常识混合编制民众高级读本[订正本]
秦柳方,茅仲英,武宝琛编辑　俞庆棠,甘导伯校订
　　无锡　江苏省立教育学院北夏普及民众教育实验区　民国23.8[1934.8]-
　　4册(38,38,36,42页)　图　32开
第1册：民国24.11订正8版
第2册：民国24.11订正7版
第3册：民国24.11订正6版
第4册：民国23.8订正5版
高级民众学校用
初版附注：民国20年11月初版
逐页题名：民众高级读本
辞书

8-0020

人人读

庄泽宣编纂

上海 商务印书馆 民国22.10-25.9[1933.10-1936.9]

10册(46,64,72,68,107,130,114,192,165,170页) 32开

第1册:民国22.10初版,民国24.5第8版

第2册:民国22.10初版,民国24.3第6版

第3册:民国22.11初版,民国24.5第6版

第4册:民国22.12初版,民国24.1第4版

第5册:民国23.1初版,民国24.5第6版

第6册:民国23.1初版,民国24.3第4版,民国29.10改编2版

第7册:民国23.1初版,民国23.5第2版,民国29.10改编2版

第8册:民国23.1初版,民国24.5第5版

第9册:民国25.9初版

第10册:民国25.9初版

华师大(3-4,8) 辞书 编译馆(6-7)

8-0021

农民高级文化课本[改正实验用本]

中华平民教育促进会平民文学部编辑

北平 中华平民教育促进会 民国22.11[1933.11]第3版

47页 32开

上海

8-0022

河南初级市民读本

河南省立实验民众学校教材编辑委员会编辑 河南省立实验民众学校教材编审委员会校订

河南 河南省立实验民众学校 民国23.1-11[1934.1-11]

4册(60,54,56,68页) 图 32开

第1册:民国23.1初版,民国23.8第2版

第2册:民国23.9初版

第3册:民国23.11初版

第4册:民国23.11初版

其他题名:初级市民读本

辞书

8-0023

河南中级市民读本

河南省立实验民众学校教材编辑委员会编辑 河南省立实验民众学校教材编审委员会校订

河南 河南省立实验民众学校 民国23.8-11[1934.8-11]

4册(62,70,66,68页) 图 32开

第1册:民国23.8初版

第2册:民国23.9初版

第3册:民国23.11初版

第4册:民国23.11初版

辞书

8-0024

生活化农民读本

甘豫源,王璋编辑 王默长绘图

无锡 江苏省立教育学院研究实验部 民国23.11[1934.11]

4册(53,56,60,56页) 图 32开

第1-4册:民国23.11第2版

乡村农民学校用

初版附注:民国23年9月初版

封面题名:农民读本

辞书 编译馆

8-0025

市民读本

余劲松编辑 王义周,曾香陵,胡盛华校订 吴寿安作图

武昌 湖北省立实验民众教育馆 民国23.11[1934.11]-

4册(②54,③47,④42页) 图 32开

第2-4册:民国23.11初版

成年男女识字通用

辞书(2-4)

8-0026

国民基础读本:乙种

广西普及国民基础教育研究院编辑

广西 广西省政府教育厅 民国24.1[1935.1]-

2册(①154页) 图(含彩图) 32开

上册:民国24.1初版

广西省政府教育厅审定 国民基础学校用 春季始业

辞书(1)

8-0027

国民基础读本

广西普及国民基础教育研究院编辑

广西 广西省政府教育厅 民国24.7[1935.7]-

3册(①155,②-③208页) 图(含彩图) 32开

第1册(上册):民国25.1第2版

第2册(下册前编):民国24.7初版

第3册(下册后编):民国24.7初版

广西省政府教育厅审定 春季始业用

辞书

8-0028

国民基础读本

广西普及国民基础教育研究院编辑

广西 广西省政府教育厅 民国24.7[1935.7]-

4册(①54,②62,③107页) 图 32开

第1册:民国25.1修改2版

第2册:民国24.7初版

第3册:民国25.1初版

广西省政府教育厅审定 国民基础学校前期初级班用 春季始业

辞书(1-3) 广东中山(2)

8-0029

特种教育成人课本

江西省特种教育处研究部编 五省特种教育课本编纂委员会校

上海 中华书局 民国24.11-25.4[1935.11-1936.4]

4册(47,56,54,65页) 图(含彩图) 32开

第1册:民国24.11初版,民国24.11第3版,民国24.11第5版

第2册：民国24.11初版,民国24.11第5版
第3册：民国25.4初版,民国25.4第2版,民国25.4第6版
第4册：民国25.4初版
辞书

8-0030
特种教育妇女课本
江西省特种教育处研究部编　五省特种教育课本编纂委员会校
　　上海　中华书局　民国24.11-25.4[1935.11-1936.4]
　　4册(48,49,55,53页)　图　32开
　　第1册：民国24.11初版,民国24.11第5版
　　第2册：民国24.12初版,民国24.12第2版,民国24.12第4版
　　第3册：民国25.2初版,民国25.2第4版
　　第4册：民国25.4初版,民国25.4第2版,民国25.4第3版
　　封面题名：妇女课本
　　辞书

8-0031
国民基础读本
广西普及国民基础教育研究院编辑
　　广西　广西省政府教育厅　民国25.1[1936.1]-
　　6册(①38,②59,③69页)　图　32开
　　第1册：民国25.1初版
　　第2册：民国25.2初版
　　第3册：民国25.2初版
　　广西省政府教育厅审定　国民基础学校成人班用
　　辞书(1-3)

8-0032
农民须知
湖南省立农民教育馆编委会编辑
　　长沙　湖南省立农民教育馆　民国25.3[1936.3]第2版
　　34页　32开　(农教丛书　5)
　　辞书

8-0033
初级成人读本
湖南省立农民教育馆编委会编辑
　　长沙　湖南省立农民教育馆　民国25.3-4[1936.3-4]
　　2册(34,48页)　32开　(农教丛书　16)
　　上册：民国25.3初版
　　下册：民国25.4初版
　　辞书

8-0034
民众学校课本
教育部编辑
　　上海　中华书局　民国25.11-26.2[1936.11-1937.2]
　　2册(64,81页)　32开
　　上册(第一、二册合订)：民国25.11初版,民国25.11第2版,民国26.1版
　　下册(第三、四册合订)：民国26.2初版,民国26.2第2版,民国26.3第13版

上海(1)　华师大　辞书　广东中山　编译馆(2)

8-0035
实验民众读本(无图本)
江苏省立教育学院编辑
　　上海　商务印书馆　民国26.1[1937.1]-
　　4册　32开
　　第2册：民国26.1版
　　华师大(2)

8-0036
民众文选
汪锡鹏编辑
　　无锡　江苏省立教育学院研究实验部　民国26.2[1937.2]
　　2册(52,62页)　32开
　　第1-2册：民国26.2第2版
　　成人学习用
　　上海

8-0037
民众学校课本
教育部编
　　[不详]　新光印刷公司　民国26[1937]第2版
　　[68]页　32开
　　广东中山

8-0038
高级民众学校课本
教育部编
　　[出版者不详]　民国26[1937]-
　　册(①48页)　32开
　　第1册：民国26第2版
　　其他题名：民众学校课本
　　广东中山(1)

8-0039
民众学校后期课本
教育部编
　　[不详]　[编者刊]　民国30[1941]版
　　86页　32开
　　广东中山

8-0040
国民新读本
余宏淦著
　　上海　文明书局　民国32.9[1943.9]
　　59叶　32开　线装
　　辞书

8-0041
初级妇女班课本
教育部教科用书编辑委员会编
　　上海　国定中小学教科书七家联合供应处　民国34[1945]
　　4册　32开
　　第1-4册：民国34年版
　　天津

8-0042
初级成人班课本
教育部教科用书编辑委员会编辑
  上海　重庆　国定中小学教科书七家联合供应处　民国35.4[1946.4]上海白报纸本1版,民国35.7重庆8版,民国35第36版,民国36.2上海白报纸本56版,民国37年版
  80页　32开
  上海　华师大　辞书　天津　广东中山

8-0043
农民教材
冀晋农会编
  [不详]　冀晋行政公署印刷局　民国35.9[1946.9]
  16页　32开
  国图

8-0044
胜利新标准民众课本
天津市教育局编
  天津　[编者刊]　民国35[1946]版
  84页　32开
  初级用
  天津

8-0045
工人课本
晋察冀边区总工会编
  [出版者不详]　民国35[1946]版
  117页　64开
  华师大

8-0046
初级民众学校课本
教育部编
  广州　广东省教育厅　民国35[1946]
  60页　大32开　线装
  广东中山

8-0047
初级妇女班课本[第2次修订本]
教育部教科用书编辑委员会编辑　陈江风绘图
  上海　三民图书公司　民国36.4[1947.4]
  4册(10,15,20,20页)　图　32开
  第1-4册:民国36.4修订1版
  教育部审定　教育部教科用书
  辞书

8-0048
成人补习基本教育初级班课本
江苏省立教育学院研究实验部编
  江苏　江苏省立教育学院　民国36[1947]
  4册　32开
  第1-4册:民国36初版
  广东中山

8-0049
初级民众学校课本
广东省立民众教育馆编
  广州　[编者刊]　民国36[1947]-
  册(①64页)　[32开]　线装
  上册:民国36年版
  广东中山(1)

8-0050
初级成人班课本[第1次修订本]
教育部教科用书编辑委员会编
  上海　中华书局　民国37[1948]第14版,民国37第15-23版
  22页　32开
  广东中山

8-0051
初级成人班课本[第2次修订本]
国立编译馆编
  上海　北新书局　民国37[1948]版
  1册　32开
  广东中山

8-0052
职工课本
冀中总工会宣传部编
  [不详]　冀中总工会　民国37[1948]版
  33页　32开
  职工教材
  天津

8-0053
初级妇女班课本
国立编译馆编
  上海　北新书局　民国37[1948]版
  1册　32开
  广东中山

8-0054
工人文化课本
上海联合出版社编
  上海　[编者刊]　民国38.9[1949.9]
  3册(48,48,52页)　64开
  第1-3册:民国38.9初版
  工人夜校暂用本
  华师大

8-0055
农民课本
[不详]　华南人民出版社　[1912-1949?]
  册(①46页)　32开
  第1册:版次不详
  广东中山(1)

8-0056
战时民众学校补充教材
江西省立实验民众学校编

江西　江西省政府教育厅第四科　[1912-1949?]
　　册(①14页)　64开
　第1册(第1辑)：版次不详
　广东中山(1)

8-0057
文化课本
　[出版者不详]　[1912-1949?]
　　册(⑥90页)　图　32开
　第6册：版次不详
　上师大(6)

8-0058
党义常识混合编制民众初级读本
许公鉴编
　上海　大夏大学附设大夏公社　[1912-1949?]
　　册　32开
　其他题名：初级民众读本
　华师大

8-0059
民众夜校课本
　上海　学生书店　[1912-1949?]
　38页　32开
　高年级适用
　广东中山

教学参考书

8-0060
平民教育法
缪文功编著
　上海　文明书局　清光绪34.3[1908]
　54页　表　大32开　精装
　人教　辞书

8-0061
民众工人课本教授书
郑昶编　吕伯攸，杨复耀校
　上海　中华书局　民国21.9[1932.9]-
　4册(①123,②128,③138页)　32开
　第1册：民国21.9初版
　第2册：民国22.2初版
　第3册：民国21.10初版
　卷端题名：民众教科书工人课本教授书
　上海(1-3)　辞书(1-3)

8-0062
民众农人课本教授书
刘传厚编　吕伯攸，杨复耀校
　上海　中华书局　民国21.10-22.4[1932.10-1933.4]
　4册(112,110,148,146页)　32开
　第1册：民国21.10初版
　第2册：民国21.10初版

　第3册：民国21.10初版
　第4册：民国22.4初版
　上海　辞书

8-0063
民众学校课本教学法
教育部编辑
　上海　商务印书馆　民国26.3-6[1937.3-6]
　2册(86,135页)　32开
　第1册：民国26.3初版
　第2册：民国26.6初版
　辞书　河南

8-0064
实验民众读本教学法
季禹九等编　江苏省立教育学院编辑
　上海　商务印书馆　民国26.5[1937.5]-
　4册　32开
　第1册：民国26.5版
　第4册：民国26.7版
　华师大(4)　庐山(1)

8-0065
民众学校教材及教学法
邱冶新编
　广州　中华书局　民国27.10[1938.10]
　266页　表　32开　精装
　华师大　辞书

8-0066
成人班学习指导法
杨士楠著
　上海　商务印书馆　民国37.4[1948.4]初版,民国37.8第3版
　145页　32开　(国民教育文库)
　上海　辞书　天津

政　治

课　本

8-0067
公民图说
陈筑山,黄庐隐编辑　中华平民教育促进会总会公民教育科校订
　[上海]　中华平民教育促进会总会　民国18.6[1929.6]
　62页　32开
　辞书

8-0068
三民主义农民新教材：农余补充新读物
杨文苑编著　时希圣校订

上海　广益书局　民国 18.7[1929.7]
4 册(32,32,32,34 页)　图　32 开
第 1-4 册：民国 18.7 版
逐页题名：农民新教材
辞书

8-0069

新时代民众学校三民主义课本
宗亮寰编纂　陈布雷校订
上海　商务印书馆　民国 18.11[1929.11]第 7 版
26 页　图　32 开
民众学校用
初版附注：民国 18 年 8 月初版
封面题名：三民主义课本
辞书

8-0070

社会课本
章沦清编著　陈德徵校订
上海　大东书局　民国 18.11[1929.11]第 2 版
40 页　32 开
职工补习用书
编译馆

8-0071

民众党义课本
张天百编辑　范祥善校订
上海　世界书局　民国 18.11[1929.11]初版,民国 21.6 第 15 版
48 页　图,地图　32 开
其他题名：三民主义教育民众党义课本
辞书　编译馆

8-0072

公民课本
章沦清编著　陈德徵校订
上海　大东书局　民国 18.11[1929.11]初版,民国 19.2 第 2 版
60 页　32 开
职工补习用书　民众教育补习用书
辞书　编译馆

8-0073

党义课本
朱宾谷编著　陈德徵校订
上海　大东书局　民国 18.11[1929.11]
40 页　32 开
职工补习用书
编译馆

8-0074

社会课本
章沦清编著　陈德徵校订
上海　大东书局　民国 19.2[1930.2]第 2 版
52 页　32 开
民众教育补习用书

初版附注：民国 18 年 11 月初版
辞书

8-0075

公民课本
中华平民教育促进会公民教育科编辑
[上海]　中华平民教育促进会　民国 19.5[1930.5]
34 页　32 开
成年青年识字用
逐页题名：高级平民学校公民课本
辞书

8-0076

民众三民主义课本
郑昶编　吕伯攸校
上海　中华书局　民国 21.8[1932.8]
2 册(22,22 页)　图　32 开
第 1 册：民国 21.8 初版
第 2 册：民国 21.8 初版,民国 24.4 第 2 版
辞书

8-0077

剥皮老爷
张友编
[四明山]　韬奋书店　民国 35.9[1946.9]
36 页　32 开
民校冬学补充教材
国图

8-0078

冬学政治课本
东北行政委员会教育委员会编
东北　东北书店　民国 36.12[1947.12]
62 页　32 开
辞书

8-0079

(重订)立宪国民读本
上海　商务印书馆　[1912-1949?]
册(①41 叶)　大 32 开　线装
第 1 册(上卷)：民国第 3 版
其他题名：立宪国民读本
广西师大(1)

教学参考书

8-0080

民众党义课本教学法
陶秋英编辑
上海　世界书局　民国 20.1[1931.1]第 2 版
144 页　32 开
民众学校教员用书
其他题名：三民主义教育民众党义课本教学法
编译馆

语 文

课 本

8-0081

简易国文课本
韩澄编辑
　　上海　商务印书馆　清光绪32.3[1906]
　　2册(42,38叶)　图　大32开　线装
　　第1-2册：光绪32.3初版
　　辞书　广西师大

8-0082

职工补习学校国语教科书
沈百英,沈承章编纂　上海特别市教育局职工补习教育研究委员会校阅
　　上海　商务印书馆　民国18.3[1929.3]-
　　4册(22,24,26,30页)　32开
　　第1册：民国18.3初版
　　第2册：民国19.6第4版
　　第3册：民国18.3初版
　　第4册：民国18.3初版
　　国图　华师大(4)　辞书

8-0083

高级国语讲义
河南省立实验民众学校选辑
　　河南　[编者刊]　民国23.8-11[1934.8-11]
　　4册(53,55,47,47页)　图　32开
　　第1册：民国23.8初版
　　第2册：民国23.9初版
　　第3册：民国23.11初版
　　第4册：民国23.11初版
　　辞书

8-0084

市区民众学校国语课本
青岛市教育局编
　　青岛　[编者刊]　民国23.9[1934.9]
　　2册(32,32页)　32开
　　第1-2册：民国23.9初版
　　逐页题名：民众国语课本
　　其他题名：国语课本
　　辞书

8-0085

乡区民众学校国语课本
青岛市教育局编
　　青岛　[编者刊]　民国23.9-24.1[1934.9-1935.1]
　　2册(32,32页)　32开
　　第1册：民国23.9初版
　　第2册：民国24.1初版
　　逐页题名：民众国语课本
　　其他题名：国语课本
　　辞书

8-0086

国语教材实验本[实验版]
黄静汶编著
　　[北平]　中华基督教女青年会全国协会民教部　民国37.8[1948.8]-
　　　册(④42页)　32开
　　第4册：民国37.8版
　　女工教育适用
　　国图(4)

8-0087

国语课本
甘肃省教育厅编
　　甘肃　[编者刊]　[1912-1949?]土纸本
　　4册　32开
　　第1-4册：版次不详
　　中小学校成人班用
　　国图

8-0088

国文教科书
　　[不详]　山西省公署　[1912-1949?]
　　1册　线装
　　国民教育补习学校用
　　国图

读音、识字

课 本

8-0089

最新官话课本
叶宗干著
　　哈尔滨　中国印刷局　民国16.10[1927.10]第4版
　　54叶　图　32开
　　编译馆

8-0090

注音字母练习本
殷祖赫编纂
　　上海　中华平民教育促进会总会　民国17.4[1928.4]初版，民国19.3第2版
　　38页　32开
　　辞书　编译馆

8-0091

国语注音符号讲习课本
陆衣言编
　　上海　中华书局　民国25.2[1936.2]第8版

62 页　表　32 开　（标准国音丛书）
初版附注：民国 19 年 12 月初版
辞书

8－0092
常州注音符号教本
方宾观编纂　方毅校订
　　上海　商务印书馆　民国 20.6[1931.6]
　　11 页　表　32 开
　　编译馆

8－0093
注音符号教本
林恒，梁子美编辑　萧迪忱校订
　　济南　山东省立民众教育馆　民国 23.3[1934.3]第 5 版
　　52 页　图，表（含折表）　32 开
　　初版附注：民国 21 年 3 月初版
　　辞书

8－0094
标准国语课本：注音会话
韩学章编
　　上海　霞飞书局　民国 36.3[1947.3]增订 4 版
　　112 页　32 开
　　辞书

8－0095
单字自学检查表：北方音注音职工速成识字课本
　　[出版者不详]　[1912－1949?]
　　31 页　32 开
　　其他题名：北方音注音职工速成识字课本
　　上海

8－0096
单字自学检查表：江南音注音职工速成识字课本
　　[出版者不详]　[1912－1949?]
　　31 页　32 开
　　其他题名：江南音注音职工速成识字课本
　　上海

8－0097
单字自学检查表：江淮音注音职工速成识字课本
　　[出版者不详]　[1912－1949?]
　　31 页　32 开
　　其他题名：江淮音注音职工速成识字课本
　　上海

* * * * *

8－0098
六百字编通俗教育识字课本
董景安编辑
　　30 叶　大 32 开　线装
　　年长失学者补习文化用
　　逐页题名：通俗教育识字课本
　　①上海　美华书馆　民国 2.2[1913.2]第 3 版，民国 2.2 第 4

版，民国 14.10 第 6 版
辞书
　　②上海　协和书局　[1912－1949?]
　　附注国音字母
　　辞书

8－0099
国民字课图说
寿潜庐编辑　蔡元培参阅
　　上海　会文堂书局　民国 18.7[1929.7]－
　　8 册(②30,③30,④30,⑤29,⑥26,⑦30,⑧30 叶)　大 32 开
　　线装
　　第 2－8：民国 18.7 第 53 版
　　初版附注：民国 3 年 6 月初版
　　广西师大(2－8)

8－0100
平民千字课
朱经农，陶知行编纂
　　上海　中华平民教育促进会　民国 12.10[1923.10]－
　　4 册(42,42,47,50 页)　图　大 32 开
　　第 1 册：民国 12.11 第 17 版，民国 12.12 第 42 版
　　第 2 册：民国 12.10 第 10 版，民国 12.10 第 14 版
　　第 3 册：民国 12.10 第 7 版，民国 12.11 第 16 版，民国 12.11
　　　第 31 版
　　第 4 册：民国 12.12 第 20 版，民国 12.12 第 25 版，民国 14.10
　　　第 90 版
　　初版附注：民国 12 年 8－11 月初版
　　辞书　广西师大(4)

8－0101
千字课本
魏冰心,戴渭清,董文,曹芝清编辑　范祥善,秦同培,汪镜
人,印水心校订
　　上海　世界书局　民国 14.4[1925.4]－
　　4 册(36,36,28,36 页)　图　32 开　线装
　　第 1 册：民国 14.4 初版，民国 14.12 第 11 版，民国 21.11 第
　　　23 版，民国 22.2 第 24 版
　　第 2 册：民国 14.6 第 4 版，民国 19.3 第 9 版，民国 21.11 第
　　　11 版
　　第 3 册：民国 14.6 第 3 版，民国 16.1 版，民国 20.1 第 10 版，
　　　民国 21.11 第 14 版
　　第 4 册：民国 14.6 第 16 版，民国 16.5 第 42 版
　　大学院审定　平民教育用书
　　辞书　编译馆

8－0102
市民千字课
中华平民教育促进会总会编纂
　　上海　[编者刊]　民国 18.1[1929.1]－
　　4 册(62,68,63,63 页)　图　32 开
　　第 1 册：民国 18.10 第 61 版，民国 19.3 第 86 版
　　第 2 册：民国 19 第 60 版，民国 19.3 第 70 版，民国 21.6 国难
　　　后 6 版

第3册:民国19.8第51版,民国20.4第61版,民国27.9国难后19版,民国28.5国难后20版

第4册:民国18.1第20版,民国19.8第45版

大学院审定　成年青年识字用

初版附注:民国16年3月初版

辞书　天津(2)　编译馆

8-0103
农民千字课
中华平民教育促进会总会乡村教育部编辑

[上海]　中华平民教育促进会　民国16.3[1927.3]-

4册(96,64,64,64页)　图,表　32开

第1册:民国16.3初版,民国17.12第12版,民国24国难后19版

第2册:民国22.2国难后13版,民国23国难后17版

第3册:民国17.12第12版

第4册:民国17.12第12版

其他题名:改正农民千字课

其他题名:乡村初级平民学校识字读本农民千字课

辞书(1)　广东中山(1-2)　编译馆

8-0104
千字课自修用本
中华平民教育促进会总会编纂

上海　[编者刊]　民国16.8-17.3[1927.8-1928.3]

4册(21,24,23,27页)　大32开

第1册:民国16.8初版

第2册:民国16.8初版

第3册:民国17.3初版

第4册:民国17.3初版

成年青年识字用

辞书　编译馆

8-0105
三民主义千字课
晓庄学校民众教育研究会编辑　蔡元培校订

上海　新时代教育社　民国16.9[1927.9]-

2册(50,54页)　像　大32开

第1册:民国16.9第2版

第2册:民国17.4第8版

成人义务学校用

初版附注:民国16年9-12月初版

辞书　河南(2)

8-0106
民众千字课本
魏冰心编辑　范祥善校订

上海　世界书局　民国18.4[1929.4]-

4册(30,32,28,30页)　图　32开

第1册:民国19.4第27版,民国22.1第50版,民国22.3第53版

第2册:民国18.7第10版,民国22.3第45版,民国24.4第56版

第3册:民国18.4第2版,民国20.10第30版

第4册:民国18.12第17版,民国20.7第27版

初版附注:民国18年1月初版

其他题名:三民主义教育民众千字课本

上海(1-2)　辞书

8-0107
新时代民众学校识字课本
沈百英编纂　陈布雷校订

上海　商务印书馆　民国19.1[1930.1]-

4册(51,51,50,51页)　图　32开

第1册:民国19.1第9版,民国19第14版

第2册:民国19.7第39版,民国24国难后19版

第3册:民国19第9版,民国19.7第34版

第4册:民国19.7第34版

初版附注:民国18年8月初版

封面题名:识字课本

华师大(1)　辞书　广东中山(1-3)　编译馆

8-0108
民众千字课本
盛朗西,张咏春等编　张德驹,吕伯攸校

上海　中华书局　民国19.3-24.2[1930.3-1935.2]

4册(24,26,30,34页)　图　32开

第1册:民国19.3初版,民国23.10第5版,民国24.4第8版

第2册:民国19.3初版,民国21.9第2版,民国24.4第7版

第3册:民国22.2初版

第4册:民国24.2初版

其他题名:民众教科书千字课本

辞书

8-0109
高级平民学校识字课本
中华平民教育促进会平民文学科编辑

上海　中华平民教育促进会　民国19.12[1930.12]

2册(36,38页)　32开

第1-2册:民国19.12第2版

成年青年识字用

辞书

8-0110
民众识字课本
张霄鸣编　吕伯攸校

上海　中华书局　民国20.1-3[1931.1-3]

4册(30,30,30,32页)　图,地图　32开

第1册:民国20.1初版,民国21.9第3版

第2册:民国20.1初版

第3册:民国20.3初版,民国21.10第3版

第4册:民国20.3初版,民国24.8第6版

卷端题名:民众教科书识字课本

辞书

8-0111
三民主义千字课:暂行本甲种
教育部编审处编辑

4册(34,34,32,30页)　彩图,像　32开

中国国民党中央执行委员会训练部审查
①南京　京华印书馆　民国20.6[1931.6]
第1-4册：民国20.6初版
辞书
②上海　大东书局　民国21.1[1932.1]
第1-4册：民国21.1初版,民国21.8第3版
辞书　编译馆

8-0112

三民主义千字课：暂行本乙种
教育部编审处编辑
　　4册(32,36,34,28页)　彩图,像　32开
中国国民党中央执行委员会训练部审查
①南京　京华印书馆　民国20.6[1931.6]
第1-4册：民国20.6初版
辞书
②上海　大东书局　民国21.1[1932.1]
第1-4册：民国21.1初版,民国21.8第3版
辞书　编译馆

8-0113

识字课本
秦柳方,曾也鲁编辑　胡祖姚,甘导伯校订
　　[不详]　铁道部职工教育委员会　[1912-1949?]
　　4册(46,46,46,46页)　32开
第1-4册：民国审订2版
铁路职工学校适用
初版附注：民国23年3月初版
辞书

8-0114

平民新字说
贺生乐编
　　太原　晋新书社　民国24.4[1935.4]
　　3册(58,34,144页)　表　大32开　线装
上中下册：民国24.4初版
辞书

8-0115

上海市民众识字读本
上海市教育局编辑　上海市识字教育委员会校订
　　上海　商务印书馆　民国24.4[1935.4]
　　2册(37,39页)　图(含彩图)　32开
第1册：民国24.4初版
第2册：民国24.4初版,民国24.7第3版,民国24.8第7版,
　　　 民国26.3第14版
逐页题名：识字读本
华师大　辞书

8-0116

千字文：林峰新字
林峰著
　　上海　林峰书屋　民国24.6[1935.6]
　　42页　32开
其他题名：新字千字文

辞书

8-0117

农村杂字
湖南省立农民教育馆编辑委员会编辑
　　长沙　湖南省立农民教育馆　民国24.7[1935.7]第3版
　　18页　32开　(农教丛书　4)
辞书

8-0118

士兵识字课本
国民政府军事委员会委员长南昌行营编
　　上海　中华书局　民国24.8[1935.8]
　　4册(25,25,25,30页)　图,表,乐谱　32开
第1册：民国24.8初版,民国24.10第8版
第2册：民国24.8初版,民国25.2第11版
第3册：民国24.8初版,民国24.9第2版
第4册：民国24.8初版,民国24.10第4版
辞书

8-0119

民众识字课本
湖北省政府教育厅编辑
　　上海　商务印书馆　民国24.9[1935.9]
　　[48]页　32开
华师大

8-0120

识字课本
铁道部总务司编辑
　　[不详]　[编者刊]　民国25.12[1936.12]
　　2册(44,44页)　32开
上下册：民国25.12初版,民国26.3第2版
铁路职工学校用
辞书

8-0121

士兵识字课本
中国国民军事委员会政训处编
　　[不详]　[编者刊]　民国26.4[1937.4]
　　6册　64开
第1-6册：民国26.4初版
国图

8-0122

绘图庄户杂字
张云非编　吕凡制图
　　胶东　新华书店　民国35.9[1946.9]
　　27页　图　32开
民校、夜校自修适用
辞书

8-0123

青纺工人识字课本
福利委员会编
　　[出版者不详]　民国36.5[1947.5]
　　94页　图,地图,表　32开

上海

8-0124

识字课本

东北行政委员会教育部编审处编

  哈尔滨 东北书店 民国37.12[1948.12]-

   册(①39页) 图 32开

  第1册：民国37.12第2版

  辞书(1)

8-0125

绘图五言杂字

  上海 天宝书局 [1912-1949?]

  6叶 图 大32开 线装

  卷端题名：新集五字孝经

  辞书

教学参考书

8-0126

平民千字课本教授书

黎锦晖,陈醉云,国语专修学校同人编校

  上海 中华书局 民国13.7-15.10[1924.7-1926.10]

  4册(136,85,106,130页) 32开

  第1册：民国13.7初版

  第2册：民国14.8初版

  第3册：民国15.5初版

  第4册：民国15.10初版

  平民教育适用

  上海(2-4) 辞书

8-0127

千字课本教学法

吕云彪编辑 范祥善校订

  上海 世界书局 民国14.6[1925.6]-

  4册(56,58,68,72页) 大32开 线装

  第1册：民国14.6初版,民国16.12第4版

  第2册：民国14.7第2版

  第3册：民国15.3第3版

  第4册：民国14.6初版,民国15.3第3版

  平民教育用书

  逐页题名：平民千字课本教学法

  辞书 编译馆

8-0128

识字课本教授法

王鸿文,徐绍烈编

  上海 商务印书馆 民国18.11[1929.11]-

  4册 32开

  第1册：民国23.12国难后1版

  第2册：民国18.11初版

  第3册：民国19.5初版

  第4册：民国23.12国难后1版

新时代民众学校教员用书

华师大

8-0129

民众识字课本教授书：初级

吴克勤编 吕伯攸校

  上海 中华书局 民国19.8[1930.8]-

  4册(①101,②95,③140页) 32开

  第1册：民国19.8初版

  第2册：民国19.8初版

  第3册：民国21.8初版

  上海(1-3) 辞书(1-3)

8-0130

民众千字课本教授书：初级

刘传厚编

  上海 中华书局 民国19.8[1930.8]-

  4册(①89,②104,③128页) 32开

  第1册：民国20.1初版

  第2册：民国19.8初版

  第3册：民国23.8初版

  辞书(1-3)

8-0131

民众千字课本教学法

陶秋英编辑

  上海 中华书局 民国19.12[1930.12]-

  4册(94,78,78,76页) 图,表 大32开 线装

  第1册：民国20.9第3版

  第2册：民国19.12第2版

  第3册：民国20.6第3版

  第4册：民国19.12第2版

  民众学校教员用书

  其他题名：三民主义教育民众千字课本教学法

  编译馆

8-0132

三民主义千字课教学法：乙种

马祖武,黄竞白,胡汝贞等编著

  [杭州] 浙江省立民众教育实验学校实验部 民国22.4[1933.4]

  4册(202,208,216,216页) 32开

  第1-4册：民国22.4初版

  辞书

8-0133

上海市民众识字读本教学法

上海市教育局编辑 上海市识字教育委员会校订

  上海 商务印书馆 民国24.6[1935.6]-

  2册 32开

  第1册：民国24.6版

  华师大(1)

8-0134

三民主义千字课教学法

祝苏如,贺玉波编

上海　北新书局　民国25.3[1936.3]
1册(170,155页)　32开
辞书

文法、说话

课　本

8-0135
王璞的国语会话
王璞编
　　上海　中华书局　民国10.7[1921.7]初版,民国11.10第6版
　　232页　32开
　　逐页题名：国语会话
　　辞书

8-0136
公民谈话
菊农著　中华平民教育促进会,平民文学部等校订
　　上海　中华平民教育促进会　民国18.6[1929.6]
　　32页　64开
　　其他题名：平民读物对话：公民谈话
　　辞书

8-0137
叫化与农夫
黎民著　中华平民教育促进会,平民文学部等校订
　　上海　中华平民教育促进会　民国18.6[1929.6]
　　14页　64开
　　其他题名：平民读物对话：叫化与农夫
　　辞书

8-0138
街上的小孩
赵水澄编选　中华平民教育促进会,平民文学部等校订
　　上海　中华平民教育促进会　民国19.11[1930.11]
　　20页　64开
　　其他题名：平民读物市民谈话：街上的小孩
　　辞书

8-0139
读书为什么
赵水澄编选　中华平民教育促进会,平民文学部等校订
　　上海　中华平民教育促进会　民国19.11[1930.11]
　　20页　64开
　　其他题名：平民读物市民谈话：读书为什么
　　辞书

8-0140
民众国语话课本
郭后觉编辑
　　上海　世界书局　民国21.9[1932.9]
　　2册(59,66页)　32开

上下册：民国21.9第3版
初版附注：民国20年12月初版
其他题名：三民主义教育民众国语话课本
辞书　编译馆

8-0141
标准国语应用会话新教本
蒋镜芙编
　　上海　中华书局　民国21.1[1932.1]初版,民国21.11第3版,民国23.8第5版,民国25.1第8版
　　80页　32开
　　教育部审定
　　辞书　编译馆

8-0142
标准国语日用会话
徐宗科编
　　香港　中华国语专门学院　1951.8
　　2册(57,63页)　32开
　　第1-2册：1951.8第9版
　　香港教育司审定
　　初版附注：民国27年6月初版
　　辞书

8-0143
基本国语说话范本
徐宗科编
　　香港　中华国语专门学院　1951.1-
　　4册(32,30,32,32页)　32开
　　第1册：1952.8第5版
　　第2册：1951.1第2版
　　第4册：1951.1第5版
　　香港教育司审定
　　初版附注：民国37年6月-38年1月初版
　　辞书

作　文

课　本

8-0144
识六百字能写信教科书
岑锡祥编辑
　　广州　光东书局　民国9.6[1920.6]
　　2册　大32开　精装
　　第1-2册：民国9.6第2版
　　广东中山

8-0145
普通应用尺牍教本
窦警凡编辑
　　上海　文明书局　民国14.3[1925.3]
　　2册(52,52叶)　大32开　线装

第1-2册(上下卷):民国14.3第15版,民国20.1第19版
辞书　编译馆

8-0146

尺牍课本
孔祥麟编辑　王后哲校订
上海　世界书局　民国18.11[1929.11]第11版
32页　大32开　线装
平民教育用书
初版附注:民国14年7月初版
卷端题名:平民尺牍课本
辞书

8-0147

民众尺牍课本
葛天纯编辑　范祥善校订
上海　世界书局　民国19.5[1930.5]第4版,民国21.12第14版
48页　表　32开
初版附注:民国18年12月初版
其他题名:三民主义教育民众尺牍课本
辞书　编译馆

8-0148

农工商尺牍教本
张咏春,程旭清编
上海　中华书局　民国19.1[1930.1]初版,民国19.9第2版,民国20.3第3版
55页　32开
辞书　编译馆

8-0149

应用文讲义
彭飞陆编　徐谷生校阅
[不详]　艺文书社　民国29[1940]第2版
170页　表　32开
辞书

教学参考书

8-0150

民众尺牍课本教学法
陈景秋编辑　顾诗灵校订
上海　世界书局　民国19.8[1930.8]初版,民国20.9第2版
90页　32开
民众学校教员用书
其他题名:三民主义教育民众尺牍课本教学法
辞书　编译馆

历史、地理

课本

8-0151

新时代民众学校中国历史课本
戴洪恒编纂　傅运森校订
上海　商务印书馆　民国18.6[1929.6]-
册(①29页)　图　32开
第1册:民国18.6初版
其他题名:中国历史课本
辞书(1)　广东中山(1)

8-0152

中国历史教材
张寿林编辑　陈筑山,瞿菊农,赵水澄等校订
[上海]　中华平民教育促进会总会　民国18.6[1929.6]-
4册(①78页)　32开
第1册:民国18.6初版
高级平民学校用书
逐页题名:中国历史
辞书(1)

8-0153

民众历史课本
朱翊新编辑　范祥善校订
上海　世界书局　民国19.1[1930.1]
28页　地图,图　32开
其他题名:三民主义教育民众历史课本
辞书

8-0154

世界近代史
英国平民协会编　杨允修译
上海　新生命书局　民国19[1930]
274页　地图　32开　(平民教科书　1)
本书原名:近代帝国主义概论
国图

* * * * *

8-0155

民众地理课本
朱翊新编辑　范祥善校订
上海　世界书局　民国19.1[1930.1]初版,民国19.5第2版,民国19.6第4版
34页　图　32开
其他题名:三民主义教育民众地理课本
辞书　编译馆

8-0156

新时代民众学校中国地理课本
戴洪恒编纂　刘虎如校订
上海　商务印书馆　民国19.3[1930.3]
38页　地图　32开
民众学校用
其他题名：中国地理课本
辞书

8-0157

地理课本
安东　东北新华书店辽东分店　民国38[1949]-
册(①30页)　32开
第1册：民国38年版
文化甲班临时教材
国图(1)

8-0158

地理课本
安东　东北新华书店辽东分店　民国38[1949]
2册(73,68页)　32开
第1-2册：民国38年版
文化二班临时教材
国图

教学参考书

8-0159

民众历史课本教学法
周传圭编辑
上海　世界书局　民国19.8[1930.8]
128页　图　32开
民众学校教员用书
其他题名：三民主义教育历史课本教学法
编译馆

8-0160

民众地理课本教学法
邵玉编辑　徐学文校订
上海　世界书局　民国19.8[1930.8]
125页　32开
民众学校教员用书
其他题名：三民主义教育地理课本教学法
华师大　编译馆

数　学

课　本

8-0161

日用珠算学习法
熊季光编纂
上海　商务印书馆　民国14.1[1925.1]
3册(21,15,18页)　图　64开　（平民小丛书第34种　实业类）
第1-3册：民国14.1初版
辞书

8-0162

珠算课本
仇良辅编辑
上海　世界书局　民国15.1[1926.1]-
2册(①84页)　图　大32开　线装
第1册：民国15.1版
编译馆(1)

8-0163

民众算术课本：初级
闻吉甫,黄铁崖,徐迥千编
上海　中华书局　民国18.4-6[1929.4-6]
4册(34,36,36,36页)　图,表　32开
第1册：民国18.5初版,民国20.2第4版,民国24.4第7版
第2册：民国18.6初版,民国24.4第6版,民国24.4第7版
第3册：民国18.4初版,民国19.7第3版
第4册：民国18.4初版,民国19.10第4版
辞书　河南

8-0164

平民学校珠算教学书
赖成镶著
北平　中华平民教育促进会总会　民国18.6[1929.6]
36页　图　32开
辞书

8-0165

新时代民众学校珠算课本
骆师曾编辑
上海　商务印书馆　民国18.9[1929.9]-
2册　图,表　32开
第1册：民国18.9初版,民国19.3第24版,民国22.2国难后5版
第2册：民国19.2第14版,民国21国难后2版,民国22.2国难后5版
封面题名：珠算课本
华师大　辞书(1)　广东中山(2)　编译馆

8-0166

民众珠算课本
奚汝梅编辑　范祥善校订
　　上海　世界书局　民国 19.1[1930.1]初版,民国 24.1 第
　　　15 版
　　71 页　图　32 开
　　其他题名:三民主义教育民众珠算课本
　　辞书　编译馆

8-0167

民众珠算课本
黄铁崖,徐迥千,闻吉甫编
　　上海　中华书局　民国 19.7[1930.7]
　　2 册(34,36 页)　图,表　32 开
　　第 1 册:民国 19.7 初版,民国 21.10 第 3 版
　　第 2 册:民国 19.7 初版,民国 21.10 第 4 版
　　辞书

8-0168

民众算术课本
顾诚五编辑　龚昂云校订
　　上海　世界书局　民国 21.6[1932.6]-
　　2 册(55,52 页)　表　32 开
　　上册:民国 21.6 第 6 版,民国 22.3 第 11 版
　　下册:民国 21.12 第 8 版,民国 25.2 第 14 版
　　初版附注:民国 19 年 8 月初版
　　其他题名:三民主义教育民众算术课本
　　辞书　河南(1)　编译馆

8-0169

新时代民众学校笔算课本
胡达聪著
　　上海　商务印书馆　民国 19[1930]-
　　　册(①32 页)　32 开
　　第 1 册:民国 19 初版,民国 21.9 国难后 2 版,民国 23 国难后
　　　8 版
　　其他题名:笔算课本
　　广东中山(1)　编译馆(1)

8-0170

算术课本
广西普及国民基础教育研究院编辑
　　广西　广西省政府教育厅　民国 25.1-2[1936.1-2]
　　2 册(42,44 页)　图,表　32 开
　　上册:民国 25.1 初版
　　下册:民国 25.2 初版
　　广西省政府教育厅审定　国民基础学校成人班用
　　辞书

8-0171

民众学校算术练习簿
朱若溪,甘豫源编
　　江苏　江苏省立教育学院研究实验部　民国 25.3[1936.3]
　　2 册(46,56 页)　图,表　32 开
　　上下册:民国 25.3 初版

民众学校学生用
封面题名:算术练习簿
辞书

8-0172

初中算理辑要
李珲石编著　邹珮娴助编
　　柳州　柳州珲石学社　民国 25.4[1936.4]
　　154 页　图,表　32 开　(双玉丛书)
　　初级中学算术补充用书
　　辞书

8-0173

算术课本
姜贡璜,宋绍洵,沈百英编校
　　上海　商务印书馆　民国 26.1-2[1937.1-2]
　　2 册(79,85 页)　32 开
　　第 1 册:民国 26.1 初版
　　第 2 册:民国 26.2 初版
　　民众学校适用
　　华师大

8-0174

民众学校笔算课本
教育部编纂
　　上海　商务印书馆　民国 26.5[1937.5]
　　69 页　表　32 开
　　国图　华师大　辞书　广东中山

8-0175

初级珠算课本
姜贡璜,宋绍洵,沈百英编校
　　上海　商务印书馆　民国 28.4[1939.4]第 2 版
　　80 页　图,表　32 开　精装
　　初级民众学校适用
　　其他题名:民众学校适用初级珠算课本
　　编译馆

8-0176

高级珠算课本
姜贡璜,宋绍洵,沈百英编校
　　上海　商务印书馆　民国 28.4[1939.4]第 3 版
　　90 页　图,表　32 开　精装
　　高级民众学校适用
　　编译馆

8-0177

民众学校珠算课本
教育部编辑
　　上海　美商永宁有限公司　民国 29.4[1940.4]
　　88 页　图,表　32 开
　　其他题名:部编民众珠算课本
　　辞书

8-0178

珠算一月通
苏颀夫编

上海　世界书局　民国 33[1944]第 2 版
　　　129 页　36 开
　　　补习学校学生和一般学徒、工友学习用
　　　初版附注：民国 30 年 11 月初版
　　　广东中山

8-0179

成人班妇女班笔算课本
宋文藻,沈百英编校
　　　上海　商务印书馆　民国 37[1948]第 2 版
　　　32 页　32 开
　　　初版附注：民国 36 年初版
　　　天津

8-0180

初级算术
中国人民解放军华北军区政治部编
　　　华北　[编者刊]　民国 37[1948]版
　　　135 页　图　32 开
　　　在职初级干部初级算术班教学用
　　　北师大

教学参考书

8-0181

民众算术课本教授书
黄铁崖,闻吉甫,徐迥千编
　　　上海　中华书局　民国 19.8[1930.8]
　　　73 页　表　32 开
　　　国图　上海　辞书

8-0182

新时代民众学校笔算课本教授法
董涤尘编　段育华校
　　　上海　商务印书馆　民国 19.9[1930.9]-
　　　2 册(96,103 页)　32 开
　　　第 1 册：民国 19.9 初版
　　　第 2 册：民国 23.12 国难后 1 版
　　　其他题名：笔算课本教授法
　　　北师大　华师大(2)

8-0183

珠算课本教授法
孙伯才编纂　骆师曾校订
　　　上海　商务印书馆　民国 19.12[1930.12]
　　　2 册　32 开
　　　第 1-2 册：民国 19.12 版
　　　新时代民众学校用
　　　华师大

8-0184

民众珠算课本教授书
徐迥千,黄铁崖,闻吉甫编
　　　上海　中华书局　民国 20.2[1931.2]
　　　36 页　表　32 开
　　　辞书

8-0185

民众算术课本教学法
沈之理,顾庆楠,顾诚五编辑　唐苏平,龚昂云校订
　　　上海　世界书局　民国 20.7[1931.7]
　　　2 册(92,77 页)　图,表　32 开
　　　上下册：民国 20.7 初版
　　　民众学校教员用书
　　　其他题名：三民主义教育民众算术课本教学法
　　　辞书　编译馆

8-0186

民众珠算课本教学法
奚鼎羹编　龚昂云校订
　　　上海　世界书局　民国 20.8[1931.8]第 2 版
　　　102 页　32 开
　　　民众学校教员用书
　　　其他题名：三民主义教育民众珠算课本教学法
　　　辞书　编译馆

8-0187

民众学校算术教授书
朱若溪编　甘豫源,茅宗杰,张承祖,苏源,翁同轼校订
　　　江苏　江苏省立教育学院研究实验部　民国 25.2[1936.2]
　　　142 页　表　32 开
　　　辞书

8-0188

民众学校笔算教学法
教育部编辑
　　　上海　中华书局　民国 26.6[1937.6]
　　　230 页　图,表　32 开
　　　国图　辞书

8-0189

民众学校珠算课本教学法
教育部编辑
　　　上海　美商永宁有限公司　民国 29.4[1940.4]
　　　249 页　图,表　32 开
　　　书脊题名：部编民众学校珠算课本教学法
　　　辞书

捌　自然、常识

课　本

8-0190

自然课本
章沦清编著　陈德徵校订
　　　上海　大东书局　民国 19.2[1930.2]第 2 版,民国 20.7 第

3版
64页 图 32开
职工补习用书
初版附注：民国18年11月初版
其他题名：民众教育补习用书自然课本
辞书 编译馆

8-0191
新时代民众学校自然课本
凌昌焕编纂
上海 商务印书馆 民国19.1[1930.1]
38页 图 32开
民众学校用
其他题名：自然课本
辞书

8-0192
游艺演员训练班自然课本
浙江省立民众教育馆,杭州市政府[编]
[出版者不详] 民国21.5[1932.5]
28页 32开
辞书

* * * * *

8-0193
新时代民众学校常识课本
计志中编纂 王云五,何炳松校订
上海 商务印书馆 民国18.8[1929.8]-
册(①39页) 图 32开
第1册：民国18.8第5版,民国19第32版
初版附注：民国18年8月初版
其他题名：常识课本
辞书(1) 广东中山(1)

8-0194
民众常识课本
杨叔明编辑 范祥善校订
上海 世界书局 民国19.1[1930.1]初版,民国22.1第22版,民国25第34版
50页 图,地图 32开
其他题名：三民主义教育民众常识课本
辞书 河南 编译馆

8-0195
民众简易常识读本
湖南省立农民教育馆编委会编辑
长沙 湖南省立农民教育馆 民国25.2[1936.2]
24页 32开 (农教丛书 12)
辞书

教学参考书

8-0196
民众常识课本教学法
杨叔明编辑
上海 世界书局 民国21.8[1932.8]第3版
195页 图,地图 32开
民众学校教员用书
其他题名：三民主义教育民众常识课本教学法
编译馆

捌 音乐、体育

课 本

8-0197
新时代民众学校唱歌课本
何元编纂
上海 商务印书馆 民国19.1[1930.1]初版,民国19.10第4版
33页 乐谱,图 32开
其他题名：唱歌课本
辞书 编译馆

8-0198
民众学校唱歌教材
教育部社会教育司编
[出版者不详] 民国28[1939]
16页 32开
国图 广东中山

教学参考书

8-0199
初级平民学校体操教学书
殷祖赫编辑
[上海] 中华平民教育促进会总会 民国17.6[1928.6]
40页 照片 32开
其他题名：体操教学书
辞书 编译馆

8-0200
初级平民学校游戏教学书
殷子固编辑
上海 中华平民教育促进会总会 民国17.10[1928.10]
55页 图 32开
辞书 天津 广东中山 编译馆

 卫 生

课 本

8-0201

新时代民众学校卫生课本
凌昌焕编　程瀚章校订
　　上海　商务印书馆　民国18[1929]版
　　31页　32开
　　北师大

 农 业

课 本

8-0202

新时代民众学校农业课本
计志中编纂　黄绍绪校订
　　上海　商务印书馆　民国19.3[1930.3]
　　26页　图　32开
　　封面题名：农业课本
　　辞书　广东中山

8-0203

农业生产课本
李俊编著
　　[武安]　华北新华书店　民国35.9[1946.9]版
　　26页　32开
　　民校用
　　国图　上海

 商 业

课 本

8-0204

新时代民众学校商业课本
计志中编纂
　　上海　商务印书馆　民国19.12[1930.12]
　　24页　图　32开
　　民众学生修业学习之用
　　其他题名：商业课本
　　编译馆

8-0205

民众商人课本
钱选青,赵侣青,陈聘伊,李伯俊,盛蔼如,徐迥千编　吕伯攸校
　　上海　中华书局　民国20.1-2[1931.1-2]
　　4册(29,30,26,30页)　图　32开
　　第1册：民国20.1初版
　　第2册：民国20.1初版
　　第3册：民国20.1初版
　　第4册：民国20.2初版
　　卷端题名：民众教科书商人课本
　　辞书

9. 军训（童子军）教材

课 本

9-0001
兵式教练
徐傅霖编
  上海　商务印书馆　民国2.8[1913.8]
  173页　图　36开
  中学校用
  其他题名：共和国教科书兵式教练
  国图　人教

9-0002
军事教育
文公直编纂　李子文校订
  2册(668页)　表　32开
  高中适用
  ①上海　新亚书店　民国20.10[1931.10]
  上下册：民国20.10初版
  辞书
  ②上海　军政书局　民国21.7[1932.7]
  第1-2册：民国21.7第2版
  上海

9-0003
军制学教程[改订本]
  [出版者不详]　民国20[1931]
  85页　表　大32开
  附：普通学校之军事教育等2种
  上海

9-0004
高级中学军事看护学
余德荪编　薛德煊校订
  南京　正中书局　民国24.7-8[1935.7-8]
  2册(159,139页)　图　32开
  上册：民国24.7初版
  下册：民国24.8初版,民国25.11第11版
  新课程标准适用
  人教(2)　辞书　广西师大(2)

9-0005
高中军事看护
郭人骥编
  上海　中华书局　民国26.9-27.12[1937.9-1938.12]
  2册(198,198页)　大32开
  上册：民国26.9初版,民国26.9第2版,民国30.3第3版
  下册：民国27.12初版,民国28.5第2版,民国29第3版
  修正课程标准适用
  附：中西文名词对照表
  其他题名：军事看护
  人教　华师大(1)　辞书　广东中山　编译馆(1)

9-0006
高中军事看护学
余德荪编著
  上海　正中书局　民国26[1937]
  2册(242页)　32开
  第1-2册：民国26年版,民国28年版
  其他题名：军事看护学
  国图　广东中山

9-0007
国防常识
  山东　东海印刷所　[1937-1945?]
  册(⑥20页)　32开
  第6册：版次不详
  小学校初级用
  河南(6)

9-0008
国防常识课本[修订本]
  [出版者不详]　[1937-1945?]
  册(②18页)　32开　线装
  第2册：版次不详
  小学中年级用
  河南(2)

*　　*　　*　　*　　*

9-0009
童子军初步
中国童子军协会编译
  上海　商务印书馆　民国11.11[1922.11]第6版
  155页　图　64开
  童子军用书
  初版附注：民国7年3月初版
  辞书

9-0010
童子军规律
中华全国童子军协会编纂
  上海　商务印书馆　民国10.10[1921.10]第4版
  116页　图　64开
  童子军用书
  初版附注：民国7年11月初版
  辞书

9-0011
童子军初级课程
沈葆琦编纂
  上海　南洋公学附属小学　民国11.12[1922.12]第3版
  70页　图,乐谱,表　64开
  辞书

9-0012
中国国民党童子军初级军事训练课程
杨向梓编著
  梅县　[编者刊]　民国17.10[1928.10]
  108页　图,表,像,乐谱　32开

上海

9-0013

中国国民党史略
中国国民党中央执行委员会训练部编
  南京　[编者刊]　民国20.10[1931.10]第3版
  34页　64开
  中国童子军中级课程
  初版附注：民国18年10月初版
  辞书

9-0014

中国童子军初级课程
[中国童子军总会筹备处编]
  南京　[编者刊]　民国19.10[1930.10]初版,民国20 第3版,民国22.10 第7版
  258页　照片,图,表　64开
  辞书　天津

9-0015

初级童子军实验教本
刘澄清编著
  上海　世界书局　民国20[1931]初版,民国21.7版
  336页　图　32开
  版权页题名：童子军实验教本
  辞书　河南　编译馆

9-0016

新编幼童军图画课本
范晓六编
  成都　二二五童子军书报用品社　民国23.3[1934.3]-
  2册(①46页)　图　32开
  上册：民国23.3初版,民国27.10 第2版
  其他题名：幼童军图画课本
  人教(1)

9-0017

新编童子军中级课程[复兴版]
范晓六主编
  上海　二二五童子军书报用品社　民国34.6[1945.6]第51版,民国34.6 第52版,民国35.8 第56版
  93页　图　32开
  童子军教育新纲领
  附：女童军教材
  初版附注：民国23年4月初版
  上海　辞书

9-0018

新编童子军初级课程[复兴版增订本]
范晓六主编
  上海　二二五童子军书报用品社　民国35.2[1946.2]版,民国35.6 第42版
  79页　图　32开
  附：女童军教材
  初版附注：民国23年4月初版
  辞书

9-0019

新编童子军中级课程[复兴版增订本]
范晓六主编
  上海　二二五童子军书报用品社　民国35.6[1946.6]第30版
  67页　图　32开
  小学程度适用
  附：女童军教材
  初版附注：民国23年4月初版
  辞书

9-0020

新编童子军初级课程
范晓六主编
  上海　二二五童子军书报用品社　民国23.8[1934.8]第5版,民国24.8 第12版,民国26.1 第23版
  243页　图,表　32开
  中国童子军总会新课程标准适用
  国图　上海　河南

9-0021

童子军初级课程
二二五童子军书报编译社编辑
  上海　二二五童子军书报用品社　民国23.8[1934.8]
  110页　图,表　32开
  中国童子军总会新课程标准适用
  上海

9-0022

新编童子军中级课程
范晓六主编
  上海　二二五童子军书报用品社　民国23[1934]第6版,民国26.8 第16版
  303页　图,表　32开
  中国童子军总会新课程标准适用
  上海　天津

9-0023

新编童子军高级课程
范晓六主编
  上海　二二五童子军书报用品社　民国23[1934]版,民国26 第8版
  475页　图　32开
  中国童子军总会新课程标准适用
  天津　河南

9-0024

中国童子军课程
范晓六主编
  上海　二二五童子军书报用品社　民国24.7[1935.7]
  52页　图,表　64开
  中国童子军总会新课程标准适用
  上海

9-0025

童子军简说

骆骥才编
  上海　中华书局　民国 24.10[1935.10]
  48 页　图　32 开　（小学高年级各科副课本　11）
  卷端题名：小学高年级体育副课本童子军简说
  人教　上海　辞书

9-0026
新时代初中童子军初级课程
范晓六主编
  上海　二二五童子军书报用品社　民国 24[1935]第 2 版
  182 页　图　32 开
  河南

9-0027
新编女童子军初级课程
范晓六主编
  上海　二二五童子军书报用品社　民国 24[1935]
  201 页　图　32 开
  河南

9-0028
最新标准小学童子军训练课本
罗烈编
  上海　童训图书社　民国 25.2[1936.2]
  130 页　图　32 开
  附：中国童子军号谱等
  卷端题名：最新训练标准小学童子军训练课本
  逐页题名：小学童子军训练课本
  上海

9-0029
初级童子军
胡立人编
  昆明　中华书局　民国 30.6[1941.6]第 7 版
  118 页　图　32 开　（初中学生文库）
  附录：童子军图、中国童子军歌
  初版附注：民国 25 年 2 月初版
  辞书　编译馆

9-0030
中级童子军
胡立人编
  上海　中华书局　民国 25.6[1936.6]初版，民国 30.7 第 6 版
  150 页　图,乐谱　32 开　（初中学生文库）
  辞书　编译馆

9-0031
童子军初级课本
赵邦镕主编　包添愚,李炎玲,吴耀麟等编辑　徐子成,徐观余,蒋翼振校阅
  上海　大东书局　民国 25.8[1936.8]
  364 页　图　64 开
  中国童子军初级课程
  辞书

9-0032
童子军中级课本
赵邦镕主编　包添愚,李炎玲,吴耀麟等编辑　徐子成,徐观余,蒋翼振校阅
  上海　大东书局　民国 25.8[1936.8]
  474 页　图　64 开
  中国童子军中级课程
  辞书

9-0033
童子军：初级中学
陈立夫主编　薛元龙编著
  南京　正中书局　民国 25.8[1936.8]-
  册　图　32 开
  第 1 册：民国 25.9 第 40 版
  第 3 册：民国 25.9 第 25 版
  第 5 册：民国 25.8 初版
  卷端题名：建国初中童子军
  其他题名：建国教科书童子军
  华师大(1,3,5)

9-0034
童子军高级课本
赵邦镕主编　包添愚,李炎玲,吴耀麟等编辑　徐子成,徐观余,蒋翼振校阅
  上海　大东书局　民国 25.8[1936.8]
  2 册(997 页)　图　64 开
  上下册：民国 25.8 初版
  中国童子军高级课程
  辞书

9-0035
新时代小学童子军初级课程故事读本
范晓六主编
  上海　二二五童子军书报用品社　民国 25[1936]第 2 版
  151 页　图　32 开
  其他题名：童子军初级课程故事读本
  河南

9-0036
童子军本级课程
沈葆琦编辑
  上海　中华书局　民国 27.10[1938.10]第 6 版
  136 页　图　64 开
  上海

9-0037
中级童子军训练
中国童子军浙江省理事会编
  永康　童子军教育用品供应社　民国 29.9[1940.9]第 2 版
  170 页　图,表　32 开
  上海

9-0038
初级中学童子军

薛元龙,汪仁侯,蒋翼振等编著
上海 正中书局 民国34.12[1945.12]-
6册(126,114,102,99,91,114页) 图 32开
第1册:民国34.12沪1版
第2册:民国34.12沪40版
第3册:民国34.12沪26版
第4册:民国34.12沪1版
第5册:民国34.12沪1版,民国35.5沪版
第6册:民国34.12沪1版
中国童子军总会审定 第一学年第一学期～第三学年第二学期用
初版附注:民国32年5-10月初版
封面题名:童子军
逐页题名:新中国初中童子军
其他题名:新中国教科书初级中学童子军
辞书 天津(6) 广西师大(5)

9-0039
童子军教练
萧济世编 徐谷生校阅
江西 艺文书社 民国32[1943]第2版
108页 图 32开
中等学校适用
辞书

9-0040
童子军教材
范晓六主编
上海 二二五童子军书报用品社 民国34.9[1945.9]
2册(632,104页) 图,表 64开
第1-2册:民国34.9初版
上海 辞书 河南

9-0041
中级童子军训练
周伯平编著
杭州 少年教育用品供应社 民国36.9[1947.9]修正4版
64页 图,乐谱 32开
上海

9-0042
童子军中级课程
赵慰祖编
上海 少年钟山书局 [1912-1949?]
148页 图,表 32开
上海

9-0043
童子军本级课程
智勇仁编
[出版者不详] [1912-1949?]
157页 图,照片,乐谱 32开
上海

9-0044
浙江七中童子军本级课程
浙江七中编
浙江 [编者刊] [1912-1949?]
67页 图 大32开
其他题名:童子军本级课程
上海

＊ ＊ ＊ ＊ ＊

9-0045
童子军结绳法
(英)詹姆斯·布朗原著
上海 商务印书馆 民国11.11[1922.11]第5版
85页 图 64开
童子军用书
初版附注:民国7年2月初版
辞书

9-0046
童子军日记
杜定友编纂
上海 商务印书馆 民国7.9[1918.9]
94页 图,表 64开
附:国旗、团旗、测量、救护等
上海

9-0047
童子军露营须知
吴铭之编纂 商务印书馆编译所校订
上海 商务印书馆 民国9.5[1920.5]第3版
70页 图 64开
童子军用书
初版附注:民国7年9月初版
辞书

9-0048
童子军自由车队训练法
(英)J.阿特金森原著 张亚良编纂 商务印书馆编译所校订
上海 商务印书馆 民国8.4[1919.4]第2版
102页 照片,图 64开
童子军用书
初版附注:民国7年10月初版
卷端题名:自由车队训练法
辞书

9-0049
童子军体操
魏鼎勋编纂 顾果校订
上海 商务印书馆 民国10.9[1921.9]第3版
70页 照片,图 64开
童子军用书
初版附注:民国8年9月初版
辞书

9-0050

童子军追踪术
(英)P. B. Scut 原著　张亚良编译　商务印书馆编译所校订
　　上海　商务印书馆　民国 9.7[1920.7]第 2 版
　　93 页　图　64 开
　　童子军用书
　　初版附注：民国 8 年 11 月初版
　　辞书

9-0051

童子军营舍建造法
严家麟编纂
　　上海　商务印书馆　民国 9.5[1920.5]
　　54 页　照片,图　64 开
　　童子军用书
　　辞书

9-0052

童子军烹调法
蒋千,吕云彪编纂
　　上海　商务印书馆　民国 9.5[1920.5]
　　60 页　折图　64 开
　　童子军用书
　　辞书

9-0053

童子军游戏法
蒋千,吕云彪编纂
　　上海　商务印书馆　民国 10.11[1921.11]第 2 版
　　52 页　图　64 开
　　童子军用书
　　初版附注：民国 9 年 5 月初版
　　辞书

9-0054

童子军桥梁建筑法
严家麟编纂
　　上海　商务印书馆　民国 9.7[1920.7]
　　59 页　图　64 开
　　童子军用书
　　辞书

9-0055

童子军徽章
朱朴编纂
　　上海　商务印书馆　民国 9.11[1920.11]
　　66 页　图　64 开
　　童子军用书
　　辞书

9-0056

童子军组织法
程季枚编
　　上海　中华书局　民国 11.5[1922.5]初版,民国 20.8 第 9 版
　　190 页　图,乐谱　32 开
　　辞书

9-0057

童子军测绘法
薛嘘云,戴企留编
　　上海　商务印书馆　民国 17[1928]版
　　43 页　图　64 开
　　童子军用书
　　天津

9-0058

童子军步
中国童子军总会筹备处[编]
　　南京　[编者刊]　民国 22.10[1933.10]第 5 版
　　7 页　图　64 开
　　中国童子军中级课程
　　初版附注：民国 18 年 5 月初版
　　辞书

9-0059

炊事
中国国民党中央执行委员会训练部编
　　南京　[编者刊]　民国 19.11[1930.11]第 3 版
　　16 页　图　64 开
　　中国童子军中级课程
　　初版附注：民国 18 年 10 月初版
　　辞书

9-0060

方位
中国国民党中央执行委员会训练部[编]
　　南京　[编者刊]　民国 20.4[1931.4]第 3 版
　　24 页　图　64 开
　　中国童子军中级课程
　　初版附注：民国 19 年 4 月初版
　　辞书

9-0061

露营
中国国民党中央执行委员会训练部[编]
　　南京　[编者刊]　民国 20.10[1931.10]第 4 版
　　38 页　图　64 开
　　中国童子军中级课程
　　初版附注：民国 19 年 7 月初版
　　辞书

9-0062

童子军比赛表演游戏教材
范晓六编
　　上海　中国竞育社　民国 23[1934]-
　　　册　25 开
　　上册：民国 23 年版
　　附：中国童子军总章、中国童子军第一次总检阅大露营规程等
　　国图(1)

9-0063

童子军体操图说

柴润之译著
    上海　中华书局　民国 25.12[1936.12]第 9 版
    51 页　图　32 开　精装
    编译馆

9-0064
童子军军号吹奏法
郑昊樟,陈宝璋编
    上海　中华书局　民国 26.5[1937.5]
    76 页　图　32 开
    上海　编译馆

9-0065
童子军行政管理与活动教材
章辑五,吴耀麟编著
    上海　正中书局　民国 35.3[1946.3]沪 1 版
    252 页　表　32 开
    童子军训练用书
    初版附注：民国 31 年 1 月渝初版
    国图　辞书　河南

9-0066
中国童子军训练法：手工纸
刘澄清著
    赣州　商务印书馆　民国 33.7[1944.7]赣 2 版
    151 页　32 开
    上海

9-0067
童子军操法
范晓六主编
    上海　二二五童子军书报用品社　民国 35.6[1946.6]第 11 版
    75 页　图　32 开　(中国童子军丛书)
    辞书

9-0068
露营概要
叶养源著
    南京　童子军学术研究会　[1912-1949?]
    80 页　32 开
    上海

教学参考书

9-0069
女童子军教育法
刘澄清编
    上海　商务印书馆　民国 24.10[1935.10]
    330 页　照片,图　大 32 开
    辞书

9-0070
童子军三级课程训练法
(美)希尔考脱原著　赵邦镁译
    上海　大东书局　民国 25.9[1936.9]
    124 页　图　64 开
    逐页题名：童子军课程训练法
    辞书

9-0071
小学童子军训练教材及教法
周伯平编
    杭州　浙江省立杭州师范学校　民国 26.6[1937.6]
    196 页　图　大 32 开　(小学教育函授班讲义一)
    辞书

9-0072
小学国防教育
王念洙,陈厥明编
    广州　中华书局　民国 27[1938]版
    229 页　25 开
    辽宁

9-0073
童子军教育概论
沈雷渔编著
    上海　正中书局　民国 36.12[1947.12]沪 1 版
    154 页　32 开
    初版附注：民国 28 年 4 月初版
    华师大　辞书

9-0074
童子军教育原理及方法
章辑五,吴耀麟编著
    上海　正中书局　民国 36.12[1947.12]沪 1 版
    318 页　32 开
    童子军训练用书
    初版附注：民国 31 年 1 月初版
    华师大

9-0075
童子军游戏教材教法
曹庸方著
    上海　商务印书馆　民国 36.12[1947.12]
    236 页　图　32 开
    国图　上海　辞书

书名笔画索引

一 画

[一]

书名	编号
一个小庶务	2-2420
一个小演说家	2-1701
一个早上	2-3441
一个晚上	2-3440
一个麻面小孩	2-3379
一天的好习惯	2-3364
一匹布	2-2875
一本电影	2-0675
一年中幼稚园教学单元	7-0026
一年短期小学算术课本	2-2350
一法通三卷	2-0774
一家小银行	2-2419

[乛]

书名	编号
乙种农业气象教科书	5-0047
乙种常识教材	2-3307

二 画

[一]

书名	编号
二B平面三角学	3-2543
二千年间	3-1233
二年制幼稚师范科课程标准	1-0057
二部教学法	3-0023 4-0602
十月十日	2-0303
丁译生理卫生教科书	3-3342
七级字课:第二种	2-1301

[丿]

书名	编号
人人读	8-0020
人文地理	3-1493 3-1498
人生地理教科书	3-1496
人生哲学	3-0088 3-0089 4-0029
人体生理	5-0264
人体生理卫生学	3-3357
人体生理卫生学提要	4-0274
人体的修理厂	2-3388
人类的生活——衣	2-0638
人类的生活——住	2-0642
人类的生活——食	2-0639
人造丝和人造革	2-2969
儿童工艺四十种	2-3744
儿童与食物	2-3346
儿童与疾病	2-3437
儿童艺术丛书	2-3932
儿童日记指导法	2-1721
儿童中部国语	2-0897
儿童文学	4-0015
儿童文学读本	2-1377
儿童文学读本教学法	2-1563
儿童文章作法	2-1822
儿童计算的困难和补救教学	2-2568
儿童心理之研究	4-0415
儿童心理发展之例案研究	4-0416
儿童心理学	4-0413
儿童心理学纲要	4-0410
儿童尺牍启蒙	2-1670
儿童书信	2-1787
儿童书信范本	2-1782
儿童平民初级算术	2-2435
儿童北部国语	2-0899
儿童北部国语教学法	2-1091
儿童白话尺牍	2-1770
儿童白话信	2-1794
儿童写信指导	2-1778

儿童训育法	4-0675
儿童会话:国语科	2-1353
儿童设计仿效体操	2-3960
儿童劳作	2-3833
儿童作文	2-1817
儿童作文初步	2-1689
儿童作文选	2-1752
儿童作文课本	2-1693
儿童社会科学丛书	2-0764
儿童识字	7-0045
儿童画本	2-3647
儿童画本教授指要	2-3711
儿童画册	2-3680
儿童画教材	2-3640
儿童国语读本	2-1406
儿童国语读本[修订本]	2-1493
儿童国语课本	2-0902
儿童国语课本教学法	2-1095
儿童国语教科书	2-0887
儿童图案剪贴集	2-3620
儿童的画理	2-3622
儿童的美术史:东洋之部	2-3646
儿童的算术	7-0058
儿童学的新观念	4-0677
儿童实用书信	2-1661
儿童南部国语	2-0898
儿童南部国语教学法	2-1090
儿童研究	4-0676
儿童保育	4-0692
儿童音乐教科书	2-3533　2-3564
儿童活叶手工教材	2-3770
儿童活用新尺牍:图文对照	2-1786
儿童活动	2-3925
儿童活页文选	2-1385
儿童班各科教材及教学法	7-0027
儿童读本	2-0086
儿童教育丛书	7-0018
儿童教育实际问题	4-0688
儿童常识课本	2-3264
儿童唱歌集	2-3535
儿童智识读本	2-1381
儿童游戏	2-3928
儿童游戏和运动法	2-3927
儿童新文法	2-1338
儿童新尺牍	2-1790
儿童新尺牍:言文对照 注释指导	2-1788
儿童新歌	2-3554
儿童模范文选	2-1394　2-1535
儿童算术练习测验片教学法	2-2559
儿歌	2-3548
几何	3-2180　3-2182　3-2186　3-2188
	3-2193　3-2196　3-2211　3-2215
	3-2243　3-2244　3-2246　5-0011
几何[最新修订本]	3-2210
几何三角	3-2241　5-0008
几何及三角	4-0194　4-0196　4-0197　4-0198
几何之部:平面	3-2286
几何之部:立体	3-2351
几何习题详解	3-2238
几何分类习题	3-2230
几何问题详解	3-2250
几何作图题解法	3-2272
几何表解	3-2236
几何画	3-2263　3-2269　4-0192
几何画讲义	4-0190
几何画法	2-2826
几何画教科书	2-2824　3-2255　3-2259
几何图学教科书:平面之部	3-2289
几何图学教科书:射影之部	3-2262
几何学	3-2170　3-2178　3-2187　3-2188
	3-2189　3-2195　3-2199　3-2206
	3-2209　3-2213　3-2219　3-2220
	3-2233　3-2248　4-0191
几何学:平面部	3-2275
几何学:立体部	3-2347
几何学小教科书立体	3-2351
几何学习题详解	3-2237
几何学问题详解	3-2227　3-2247
几何学问题解法指导	3-2386
几何学讲义:立体部	3-2357
几何学讲义第一编:直线	3-2162
几何学定理分类表	3-2228
几何学难题详解:立体部	3-2385
几何学教科书	3-2161　3-2165　3-2168　3-2221
	3-2224　3-2225　3-2279　3-2358
几何学教科书:平面	3-2287
几何学演习指导	3-2234
几何复习指导	3-2240
几何圆锥曲线论	3-2232
几何难题分类解义	3-2235

几何教本	…………………………………	3-2181
几何教科书平面之部	………………………	3-2283
几种有毒的动物	……………………………	2-2915
几种有毒的植物	……………………………	2-2916
几种有趣的玩具	……………………………	2-3795
几种传染病和预防法	………………………	2-3411
几种学用品制作法	…………………………	2-3826
几种建筑原料的研究	………………………	2-2958
几种基础器械	………………………………	2-2968
九七中心教材	………………………………	2-0296

[丿]

力学	………………………… 3-2587	3-2701
力织机使用法	………………………………	5-0177

三　画

[一]

三S平面几何学	……… 3-2300	3-2304	3-2306	3-2310
	3-2312	3-2313	3-2315	3-2316
	3-2323			
三S立体几何学	……… 3-2364	3-2365	3-2368	3-2369
	3-2370	3-2380		
三S立体几何学习题详解	…………………			3-2388
三S(舒塞斯)立体几何学习题详解	………			3-2387
三S新平面几何学	…………… 3-2308			3-2309
三千字文	……………………………………			2-1300
三月十二日	…………………………………			2-0660
三民主义千字课	……………………………			8-0105
三民主义千字课:暂行本乙种	……………			8-0112
三民主义千字课:暂行本甲种	……………			8-0111
三民主义千字课教学法	……………………			8-0134
三民主义千字课教学法:乙种	……………			8-0132
三民主义文范	………………………………			2-1653
三民主义农民新教材:农余补充新读物	……			8-0068
三民主义体操教本	…………………………			2-3959
三民主义的科学观	…………………………			3-0132
三民主义高级学生文范	……………………			2-1647
三民主义读本	………………… 2-0320			2-0322
三民主义课本	………………… 2-0325			8-0069
三民主义课本教学法	………………………			2-0331
三民主义教育历史课本教学法	……………			8-0159
三民主义教育中学新歌	……………………			3-3504
三民主义教育民众千字课本	………………			8-0106
三民主义教育民众千字课本教学法	………			8-0131
三民主义教育民众历史课本	………………			8-0153

三民主义教育民众尺牍课本	………………			8-0147
三民主义教育民众尺牍课本教学法	………			8-0150
三民主义教育民众地理课本	………………			8-0155
三民主义教育民众国语话课本	……………			8-0140
三民主义教育民众珠算课本	………………			8-0166
三民主义教育民众珠算课本教学法	………			8-0186
三民主义教育民众党义课本	………………			8-0071
三民主义教育民众党义课本教学法	………			8-0080
三民主义教育民众常识课本	………………			8-0194
三民主义教育民众常识课本教学法	………			8-0196
三民主义教育民众算术课本	………………			8-0168
三民主义教育民众算术课本教学法	………			8-0185
三民主义教育地理课本教学法	……………			8-0160
三民主义教学的方法	………………………			3-0133
三民主义教科书	……… 2-0321	2-0323	2-0328	3-0128
三年制幼稚师范科课程标准	………………			1-0055
三字书	………………………………………			2-1294
三字经注解	…………………………………			2-1311
三字经注解备要	……………………………			2-1311
三好学植物学讲义	…………………………			3-3161
三角	………………… 3-2477	3-2484	3-2487	3-2489
	3-2500	3-2549		6-0091
三角之部	……………………………………			3-2460
三角分类习题	………………………………			3-2542
三角六百题解	………………………………			3-2540
三角术	……………… 3-2438	3-2440	3-2483	3-2502
	3-2519	3-2551		
三角术习题解答	……………………………			3-2547
三角形的变化	………………………………			2-3786
三角初步	……………………………………			3-2491
三角法	………………………………………			3-2458
三角法教科书	………………………………			3-2514
三角学	……………… 3-2453	3　2480	3-2509	3-2517
	3-2527	3-2531		
三角学习题答案	……………………………			3-2538
三角学问题详解	……………………………			3-2535
三角复习指导	………………… 3-2554			3-2556
三角教本	……………………………………			3-2488
三角教员准备书	……………………………			3-2533
三角题解	……………………………………			3-2541
三弟兄的花园	………………………………			2-0657
三段教材	……………………………………			2-3920
三段教材补编	………………………………			2-3921
三班文课选篇	………………………………			2-0775
三班选课	……………………………………			2-0775

工厂设备	5-0143
工人文化课本	8-0054
工人课本	8-0045
工艺	3-3585　4-0314
工艺科教学法	2-3837
工艺新教材	2-3740
工业丛书	5-0011　5-0016
工业数学	5-0149
工业簿记	5-0144
工具的使用和保管	2-3831
土风舞	2-3880
土壤学	5-0036　5-0037
土壤学[修订本]	5-0034
土壤学概要	5-0038
土壤新编	5-0033
士兵识字课本	8-0118　8-0121
大中华江苏省地理志	4-0149
大中华安徽地理志	4-0150
大东初中英语读本	3-1045
大东算术练习书	2-2707　2-2739
大民国教科书新国文	2-0839
大扫除	2-3796
大同县乡土教科书	2-2303
大同学院丛书	3-1999
大众初级国语读本教学法	2-1587
大众国语读本	2-1464　2-1468
大众国语读本教学法	2-1587
大众音乐课本	2-3538　2-3566
大众珠算课本	2-2773
大众教科书幼稚园音乐课本	7-0071
大众教科书国语	2-1468
大众教科书国语读本	2-1464　2-1468
大众教科书珠算	2-2773　2-2788
大众教科书算术	2-2349
大豆的一生	2-2896
大时代高中化学	3-2913
大时代高中物理	3-2710
大时代高级中学教科书化学	3-2913
大时代高级中学教科书高中物理	3-2710
大学入学指南:献给高中升学者	3-0085
大学预科及高级中学化学教科书	3-2891
大学预科及高级中学教科书解析几何学	3-2404
大学预科高级中学解析几何	3-2404
大家来开会	2-0659
大家来游戏	2-3951
大家的地方	2-0672
万叶尺牍课本	2-1665
万叶幼稚课本	7-0009
万叶英语课本	2-1847
万叶国文选	2-1402
万叶珠算课本	2-2774　2-2791
万叶假期课本算术	2-2469
万叶歌曲集	3-3499
万叶算术课本	2-2448
万竹小学儿童活动	2-3925
万国历史	3-1345
万国史纲	3-1346
万国语音学大意	3-0479
万国舆图	2-2262
万能的电	2-2902

[｜]

上世史	2-1939
上海市乡土课本	2-2300
上海市民众识字读本	8-0115
上海市民众识字读本教学法	8-0133
上海市私立育英中学丛书	4-0441
上海幼稚师范学校丛书	4-0512　4-0612　4-0686
上海国语师范学校讲义	4-0090
上海商业学校试验教本珠算指南	5-0247
小工场	2-3779
小小游艺会	2-3932
小卫生局	2-3389
小木匠	2-3791
小心走路	2-3368
小书法家	2-1831
小代数学	3-1983
小代数学解式	3-2110
小竹匠	2-3792
小农人	2-3815
小运动会	2-3899
小报馆	2-0904
小豆儿	7-0055
小医生	2-3414
小园丁	2-3789
小足球	2-3908
小朋友升学指导	2-0241　2-0243　2-0253　2-0263　2-0271
小朋友升学指南:献给小学升学者	2-0268
小朋友丛书	2-0241
小朋友作文讲话	2-1815

小朋友的日记	2-1544
小饲养家	2-3790
小学几何画法	2-2826
小学几何画教科书	2-2824
小学三年级国语	2-0796
小学工艺新教材	2-3757
小学工用艺术科教学法	4-0633
小学万国地理教科书	2-2067
小学万国地理新编	2-2068
小学卫生课本	2-3356　2-3358　2-3360　2-3402
小学卫生课本教学法	2-3423　2-3425　2-3433
小学卫生教材及教法	2-3422
小学卫生教科书	2-3415
小学女子历史教科书	2-1905
小学习字帖	2-1830
小学乡土教学	2-2320
小学历史	2-1909
小学历史科教学法	2-2019　4-0619
小学历史读本	2-1888
小学历史课本	2-1976　2-1983
小学历史课本教学法	2-2048　2-2053　2-2056
小学历史教学法	2-2022
小学历史教学指引	2-2061
小学历史教科书	2-1908
小学日本语读本	2-1882
小学日记读本[胜利版]	2-1399
小学日语读本	2-1883
小学中年级卫生副课本一个麻面小孩	2-3379
小学中年级卫生副课本人体的修理厂	2-3388
小学中年级卫生副课本小卫生局	2-3389
小学中年级卫生副课本可恶的蚊蝇	2-3383
小学中年级卫生副课本皮肤的疾病	2-3378
小学中年级卫生副课本运动和休息	2-3381
小学中年级卫生副课本我们的骨骼	2-3377
小学中年级卫生副课本我的卫生习惯	2-3382
小学中年级卫生副课本奇妙的风箱	2-3375
小学中年级卫生副课本怪磨	2-3376
小学中年级卫生副课本细菌和寄生虫	2-3384
小学中年级卫生副课本看不见的猛虎	2-3380
小学中年级卫生副课本健儿的食品	2-3385
小学中年级卫生副课本健而美	2-3387
小学中年级卫生副课本眼耳鼻	2-3386
小学中年级自然副课本几种有毒的动物	2-2915
小学中年级自然副课本几种有毒的植物	2-2916
小学中年级自然副课本大豆的一生	2-2896
小学中年级自然副课本万能的电	2-2902
小学中年级自然副课本千变万化的水	2-2901
小学中年级自然副课本牛和皮革	2-2908
小学中年级自然副课本气候和农作物	2-2918
小学中年级自然副课本凶猛的野兽	2-2910
小学中年级自然副课本四时鲜果	2-2917
小学中年级自然副课本四季的自然界	2-2903
小学中年级自然副课本有益农家的动物	2-2889
小学中年级自然副课本伟大的蒸汽机	2-2905
小学中年级自然副课本合群的昆虫	2-2888
小学中年级自然副课本羊和呢绒	2-2909
小学中年级自然副课本麦的一生	2-2892
小学中年级自然副课本坚固的岩石	2-2911
小学中年级自然副课本炉灶风箱和各种燃料	2-2920
小学中年级自然副课本油的由来	2-2897
小学中年级自然副课本玻璃世界	2-2906
小学中年级自然副课本草棉的一生	2-2895
小学中年级自然副课本科学游戏	2-2913
小学中年级自然副课本昼夜和四季	2-2904
小学中年级自然副课本勇敢的消防队	2-2912
小学中年级自然副课本蚕的一生	2-2891
小学中年级自然副课本盐的由来	2-2898
小学中年级自然副课本捉鱼去	2-2890
小学中年级自然副课本烟酒茶	2-2914
小学中年级自然副课本常吃的蔬菜	2-2900
小学中年级自然副课本麻的一生	2-2894
小学中年级自然副课本煤铁谈话	2-2907
小学中年级自然副课本漂洗和染色	2-2919
小学中年级自然副课本稻的一生	2-2893
小学中年级自然副课本糖的由来	2-2899
小学中年级各科教学法	2-0222
小学中年级各科副课本	2-0304　2-0677　2-0678　2-0679　2-0680　2-0681　2-0682　2-0683　2-0684　2-0685　2-0686　2-0687　2-0688　2-0689　2-0690　2-0691　2-0692　2-0693　2-0694　2-0695　2-0696　2-0904　2-1700　2-1701　2-1831　2-2418　2-2419　2-2420　2-2421　2-2888　2-2889　2-2890　2-2891　2-2892　2-2893　2-2894　2-2895　2-2896　2-2897　2-2898　2-2899　2-2900　2-2901　2-2902　2-2903　2-2904　2-2905　2-2906　2-2907　2-2908　2-2909　2-2910　2-2911　2-2912　2-2913

2-2914	2-2915	2-2916	2-2917
2-2918	2-2919	2-2920	2-3375
2-3376	2-3377	2-3378	2-3379
2-3380	2-3381	2-3382	2-3383
2-3384	2-3385	2-3386	2-3387
2-3388	2-3389	2-3546	2-3547
2-3548	2-3676	2-3677	2-3678
2-3679	2-3788	2-3789	2-3790
2-3791	2-3792	2-3793	2-3794
2-3795	2-3796	2-3797	2-3798
2-3799	2-3800	2-3899	2-3900
2-3950			

小学中年级劳作副课本几种有趣的玩具 …………… 2-3795
小学中年级劳作副课本大扫除 …………… 2-3796
小学中年级劳作副课本小木匠 …………… 2-3791
小学中年级劳作副课本小竹匠 …………… 2-3792
小学中年级劳作副课本小园丁 …………… 2-3789
小学中年级劳作副课本小饲养家 …………… 2-3790
小学中年级劳作副课本小厨房 …………… 2-3788
小学中年级劳作副课本农具 …………… 2-3800
小学中年级劳作副课本我们的衣服 …………… 2-3793
小学中年级劳作副课本废物利用 …………… 2-3798
小学中年级劳作副课本美儿的住宅 …………… 2-3794
小学中年级劳作副课本家庭工艺 …………… 2-3797
小学中年级劳作副课本磨豆腐 …………… 2-3799
小学中年级体育副课本小运动会 …………… 2-3899
小学中年级体育副课本中国游戏 …………… 2-3950
小学中年级体育副课本我们的运动器具 …………… 2-3900
小学中年级社会副课本少年旅行队 …………… 2-0686
小学中年级社会副课本日本游 …………… 2-0680
小学中年级社会副课本长江旅行记 …………… 2-0684
小学中年级社会副课本市民大会 …………… 2-0695
小学中年级社会副课本发明家故事 …………… 2-0691
小学中年级社会副课本西人东来 …………… 2-0693
小学中年级社会副课本冰雪世界 …………… 2-0677
小学中年级社会副课本农工商的演进 …………… 2-0694
小学中年级社会副课本我们住的地球 …………… 2-0679
小学中年级社会副课本我们的老祖宗 …………… 2-0692
小学中年级社会副课本我国四大商埠 …………… 2-0687
小学中年级社会副课本我国的二大工程 …………… 2-0689
小学中年级社会副课本我国的首都 …………… 2-0688
小学中年级社会副课本我国的特产 …………… 2-0690
小学中年级社会副课本沙漠旅行 …………… 2-0678
小学中年级社会副课本社会组织的演进 …………… 2-0696
小学中年级社会副课本到东北去 …………… 2-0682
小学中年级社会副课本到西北去 …………… 2-0683
小学中年级社会副课本热地人生活 …………… 2-0681
小学中年级社会副课本黄河自述 …………… 2-0685
小学中年级国语副课本一个小演说家 …………… 2-1701
小学中年级国语副课本小书法家 …………… 2-1831
小学中年级国语副课本小报馆 …………… 2-0904
小学中年级国语副课本日用文作法 …………… 2-1700
小学中年级音乐副课本儿歌 …………… 2-3548
小学中年级音乐副课本小音乐会 …………… 2-3547
小学中年级音乐副课本音乐家故事 …………… 2-3546
小学中年级美术副课本名画家故事 …………… 2-3676
小学中年级美术副课本美儿学画 …………… 2-3677
小学中年级美术副课本调色法 …………… 2-3678
小学中年级美术副课本装饰美 …………… 2-3679
小学中年级蜡笔画范本 …………… 2-3682
小学中年级算术副课本一个小庶务 …………… 2-2420
小学中年级算术副课本一家小银行 …………… 2-2419
小学中年级算术副课本两个小店员 …………… 2-2418
小学中年级算术副课本算术的常识 …………… 2-2421
小学中国历史教科书 …………… 2-1922
小学中国地理教科书 …………… 2-2098
小学水彩画 …………… 2-3637
小学手工范本 …………… 2-3736
小学手工教科书:初等小学之部 …………… 2-3848
小学手工教科书:高等小学之部 …………… 2-3858
小学手工教科书:高等之部 …………… 2-3804
小学升学指导 …………… 2-0245　2-0261　2-0265
小学升学指导:升学必备各科问答 …………… 2-0250
小学升学指导丛书 …………… 2-0273
小学升学指导全书 …………… 2-0272
小学升学复习指导丛书 …………… 2-2723
小学升学准备总览 …………… 2-0767　2-1238　2-1764
　　　　　　　　　2-2711　2-3106　2-3108
小学升学读本 …………… 2-0246
小学分组编制教学法 …………… 4-0598
小学分类简单画 …………… 2-3604
小学公民训育实施法 …………… 2-0408
小学公民训练之理论与实际 …………… 2-0414
小学公民训练片(低年级之部) …………… 2-0364
小学公民训练条目 …………… 2-0452
小学公民训练的理论与实际 …………… 2-0412
小学公民训练法 …………… 2-0416
小学公民训练实施方案 …………… 2-0409
小学公民训练实施法 …………… 2-0410
小学公民训练指导书 …………… 2-0421　2-0438

小学公民训练故事歌曲	2-3505	小学地图	2-2244
小学公民训练教材	2-0365	小学地理科教学法	4-0621
小学公民标语图	2-0451	小学地理测验(一、二类)	2-2088
小学公民科教学法	2-0407	小学地理课本	2-2150
小学公民课本	2-0390 2-0395	小学地理课本教学法	2-2194 2-2223
小学公民课本教学法	2-0435 2-0442	小学地理教本	2-2087
小学文法初阶	2-1335	小学地理教学法	2-2191
小学尺牍课本:语体文言对照	2-1680	小学地理教科书	2-2075 2-2077 2-2101
小学世界地图册教学手册	2-2195	小学地理教授法	2-2190
小学古文读本	2-1369 2-1410	小学早操教材	2-3875
小学本国史教科书	2-1897	小学团体操教材及教学法	2-3974
小学本国地图	2-2255	小学自修升学指南(本国历史 外国历史 本国地理 外国地理)	2-0238
小学北新文选	2-1531	小学自然	2-3041
小学田径运动	2-3911	小学自然图片:动物辑	2-2837
小学史地教学法	2-2017	小学自然图片:植物辑	2-2838
小学生专册(公民训练 国语 社会 自然 算术 劳作 美术 体育游戏 音乐 战时常识)	2-0242	小学自然故事	2-3008 2-3009 2-3010 2-3011 2-3012 2-3013 2-3014 2-3015 2-3016 2-3017 2-3018
小学生水彩画	2-3628		
小学生升学指导	2-0244 2-0270	小学自然科学习图鉴	2-2832
小学生丛书	2-2833	小学自然科教材及教法	2-3067
小学生自修升学指南	2-0238	小学自然科教材和教法	2-3065
小学生作文指导丛书	2-1691 2-1781 2-1808 2-1810 2-1811	小学自然科教学法	2-3053 2-3058 2-3062 4-0627
小学生的信	2-1773	小学自然科最经济的实验材料	2-2830
小学生的甜歌:甜歌77首	2-3498	小学自然课本	2-2855 2-2859 2-2860 2-2932 2-2939
小学生的甜歌44曲	2-3501		
小学生实用文库	2-1759	小学自然课本教学法	2-3078 2-3081 2-3088 2-3095
小学生诗选	2-1397		
小学生钢笔画	2-3619	小学自然教材与教法	2-3064
小学生复习升学指导:基本假期课本	2-0256	小学自然教学法	2-3059
小学生铅笔画	2-3623	小学行政	4-0492 4-0493 4-0496 4-0500 4-0501 4-0503 4-0504 4-0505 4-0506 4-0509 4-0512 4-0513
小学生唱游集	2-3937		
小学生唱歌集	2-3519		
小学生新尺牍	2-1677 2-1780	小学行政大纲	4-0506
小学生蜡笔画	2-3612	小学行政及组织	4-0485
小学外国语科教学法	4-0617	小学会考升学必备	2-0235
小学主要科习题详解:国语之部	2-1093	小学会考升学指导	2-0234
小学写字教学法	2-3718 4-0615	小学会考升学算术指导	2-2715
小学训导技术	2-0180	小学各科习题详解	2-0239
小学训育的实际	4-0587	小学各科升学指导:题解中心高小毕业各科总复习	2-0261
小学训育实施法	2-0317	小学各科升学复习要览	2-0269
小学训育标准	1-0028	小学各科心理学	4-0424 4-0442
小学必读国文钥	2-1226	小学各科成绩订正法	2-0198
小学记叙文范	2-1740	小学各科成绩考查法	2-0158
小学动物教材概要	2-3066	小学各科成绩查法	2-0174

小学各科抗日教材	2-0026
小学各科复习要览:献给投考初中者	2-0269
小学各科教材丛书	2-1490
小学各科教具自制法	2-0196
小学各科教学之基础	2-0201
小学各科教学法	2-0163 2-0169 2-0179 4-0563 4-0573
小学各科教授法	2-0133 2-0137 2-0139 2-0143 2-0204 4-0526
小学各科常识问答:投考升学必备	2-0259
小学各科答问	2-0274
小学各科新教学之实际	2-0166
小学各科新教学法	4-0595 4-0601
小学字课讲义	2-1305
小学字课图释	2-1306
小学论说文范	2-1739
小学论说精华	2-1731
小学农业教科书	2-3447
小学农事指导法	2-3469
小学纪念日读本	2-1913
小学形象艺术科教学法	2-3714
小学远足登山	2-3878
小学技巧运动	2-3877
小学劳作指导书	2-3856
小学劳作科课程标准	1-0030
小学劳作科教材和教法	2-3842
小学劳作科教学法	2-3839
小学劳作教本	2-3801
小学劳作教师手册	2-3845
小学劳作教材及其制作法	2-3843
小学劳作教育	4-0634
小学劳作教学法	2-3838
小学劳作教学法及教材	2-3840
小学时事教学法	2-0318
小学体育	4-0330
小学体育实施法	2-3964
小学体育科教材和教法	2-3968 2-3970
小学体育教本	2-3901
小学体育教材及教法	2-3965 2-3967
小学体育教材教法	2-3972 2-3973
小学体育教育实施法	4-0637
小学体育教学法	2-3958 2-3962
小学体育教授细目	2-3966
小学体操范本	2-3977
小学体操游戏教授书	2-3978
小学作文	2-1746
小学作文入门二集	2-1799
小学作文入门三集	2-1800
小学作文入门初集	2-1798
小学作文的命题	2-1722
小学作文科教材和教法	2-1718 2-1723
小学作文资料	2-1823
小学作文读本[胜利版]	2-1746
小学作文课本	2-1690
小学作文捷径	2-1801
小学作文教材及教法	2-1717
小学作文教育法	4-0612
小学作文教学法	2-1715
小学作文模范读本	2-1648 2-1649 2-1651
小学作法教授	2-0563
小学低年级工艺	2-3802
小学低年级卫生副课本一天的好习惯	2-3364
小学低年级卫生副课本小心走路	2-3368
小学低年级卫生副课本不要惹人讨厌	2-3373
小学低年级卫生副课本日光和空气	2-3367
小学低年级卫生副课本从睡觉到起来	2-3362
小学低年级卫生副课本吃甚么好	2-3363
小学低年级卫生副课本好好保护他们	2-3365
小学低年级卫生副课本更强健了	2-3366
小学低年级卫生副课本种痘和防疫	2-3374
小学低年级卫生副课本清洁的衣服	2-3370
小学低年级卫生副课本跌了一跤	2-3369
小学低年级卫生副课本嘴和手	2-3372
小学低年级卫生副课本避开些	2-3371
小学低年级自然副课本一匹布	2-2875
小学低年级自然副课本也是好朋友	2-2871
小学低年级自然副课本天天要记载	2-2866
小学低年级自然副课本水里的动物	2-2872
小学低年级自然副课本水里的植物	2-2873
小学低年级自然副课本水变戏法	2-2868
小学低年级自然副课本风先生	2-2869
小学低年级自然副课本火和灯	2-2881
小学低年级自然副课本书案上的伴侣	2-2887
小学低年级自然副课本用甚么造房子	2-2879
小学低年级自然副课本妈妈的绸衣	2-2874
小学低年级自然副课本两种恶魔	2-2867
小学低年级自然副课本作工的助手	2-2882
小学低年级自然副课本叔叔的新屋子	2-2883
小学低年级自然副课本春来了	2-2862
小学低年级自然副课本怎样过冬	2-2865

小学低年级自然副课本怎样走水路 …… 2-2885	小学低年级劳作副课本纸动物园 …… 2-3785
小学低年级自然副课本怎样走陆路 …… 2-2886	小学低年级劳作副课本玩具小工厂 …… 2-3781
小学低年级自然副课本秋天有些什么 …… 2-2864	小学低年级劳作副课本到农家去 …… 2-3777
小学低年级自然副课本姨父种的东西 …… 2-2870	小学低年级劳作副课本国货市场 …… 2-3780
小学低年级自然副课本热呀夏天 …… 2-2863	小学低年级劳作副课本拼拼凑凑 …… 2-3787
小学低年级自然副课本凉爽的麻布 …… 2-2876	小学低年级劳作副课本校园里 …… 2-3776
小学低年级自然副课本谢谢小绵羊 …… 2-2877	小学低年级劳作副课本做做试试 …… 2-3782
小学低年级自然副课本路工王三的话 …… 2-2884	小学低年级体育副课本大家来游戏 …… 2-3951
小学低年级自然副课本新书包 …… 2-2878	小学低年级体育副课本参观运动会 …… 2-3898
小学低年级自然副课本燃料的谈话 …… 2-2880	小学低年级体育副课本谁学得像 …… 2-3952
小学低年级各科教学法 …… 2-0223	小学低年级社会副课本一本电影 …… 2-0675
小学低年级各科教学法之研究 …… 2-0211	小学低年级社会副课本三月十二日 …… 2-0660
小学低年级各科副课本 2-0303 2-0654 2-0655	小学低年级社会副课本三弟兄的花园 …… 2-0657
2-0656 2-0657 2-0658 2-0659	小学低年级社会副课本大家来开会 …… 2-0659
2-0660 2-0661 2-0662 2-0663	小学低年级社会副课本大家的地方 …… 2-0672
2-0664 2-0665 2-0666 2-0667	小学低年级社会副课本不怕海盗 …… 2-0656
2-0668 2-0669 2-0670 2-0671	小学低年级社会副课本反对卖儿女 …… 2-0658
2-0672 2-0673 2-0674 2-0675	小学低年级社会副课本白文的邻居 …… 2-0669
2-0676 2-0903 2-1272 2-1313	小学低年级社会副课本白文的家庭 …… 2-0668
2-1352 2-1699 2-1832 2-2413	小学低年级社会副课本老仆人的故事 …… 2-0666
2-2414 2-2415 2-2416 2-2417	小学低年级社会副课本过新年 …… 2-0676
2-2862 2-2863 2-2864 2-2865	小学低年级社会副课本孝顺的表姐 …… 2-0663
2-2866 2-2867 2-2868 2-2869	小学低年级社会副课本我不能失信 …… 2-0665
2-2870 2-2871 2-2872 2-2873	小学低年级社会副课本我们的节日 …… 2-0661
2-2874 2-2875 2-2876 2-2877	小学低年级社会副课本我们的国旗和党旗 …… 2-0654
2-2878 2-2879 2-2880 2-2881	小学低年级社会副课本冷地的小朋友 …… 2-0673
2-2882 2-2883 2-2884 2-2885	小学低年级社会副课本忠心的哥哥 …… 2-0662
2-2886 2-2887 2-3362 2-3363	小学低年级社会副课本学校里的一天 …… 2-0671
2-3364 2-3365 2-3366 2-3367	小学低年级社会副课本热地的小朋友 …… 2-0674
2-3368 2-3369 2-3370 2-3371	小学低年级社会副课本破除迷信 …… 2-0655
2-3372 2-3373 2-3374 2-3543	小学低年级社会副课本家乡的情形 …… 2-0670
2-3544 2-3545 2-3672 2-3673	小学低年级社会副课本救了一只小狗 …… 2-0664
2-3674 2-3675 2-3774 2-3775	小学低年级社会副课本算了罢 …… 2 0667
2-3776 2-3777 2-3778 2-3779	小学低年级国语副课本四十种声音 …… 2-1272
2-3780 2-3781 2-3782 2-3783	小学低年级国语副课本字的游戏 …… 2-1313
2-3784 2-3785 2-3786 2-3787	小学低年级国语副课本弟弟学作文 …… 2-1699
2-3898 2-3951 2-3952	小学低年级国语副课本妹妹学写字 …… 2-1832
小学低年级设计教材总说明 …… 2-0226	小学低年级国语副课本怎样变成的 …… 2-0903
小学低年级劳作副课本三角形的变化 …… 2-3786	小学低年级国语副课本常说的话 …… 2-1352
小学低年级劳作副课本小工场 …… 2-3779	小学低年级音乐副课本小音乐室 …… 2-3543
小学低年级劳作副课本小娃娃的家 …… 2-3784	小学低年级音乐副课本对唱歌曲 …… 2-3544
小学低年级劳作副课本火柴盒和线轴 …… 2-3783	小学低年级音乐副课本听像甚么声音 …… 2-3545
小学低年级劳作副课本在家里做的事 …… 2-3775	小学低年级美术副课本画出来 …… 2-3675
小学低年级劳作副课本我们的教室 …… 2-3774	小学低年级美术副课本图画日记 …… 2-3674
小学低年级劳作副课本我们养的鸡鸭 …… 2-3778	小学低年级美术副课本怎样画 …… 2-3672

小学低年级美术副课本剪了再贴 ………… 2-3673	小学国语科教学法 ………… 2-1086 2-1089
小学低年级唱游教学法 ………… 2-3596	小学国语说话课本 ………… 2-1350
小学低年级随机教算法 ………… 2-2634	小学国语读本 ……… 2-1455 2-1461 2-1528 2-1534
小学低年级蜡笔画范本 ………… 2-3683	2-1539
小学低年级蜡笔涂色轮廓画 ………… 2-3681	小学国语读本(五彩本) ………… 2-1458
小学低年级算术科教学法 ………… 2-2603	小学国语读本教学法 ……… 2-1584 2-1585 2-1586
小学低年级算术副课本认认比比 ………… 2-2413	2-1589 2-1606 2-1607 2-1608
小学低年级算术副课本有趣的算法 ………… 2-2417	小学国语课本 ………… 2-0900
小学低年级算术副课本多多少少 ………… 2-2416	小学国语教材 ………… 2-0803
小学低年级算术副课本买东西去 ………… 2-2415	小学国语教学法 ………… 2-1087
小学低年级算术副课本钟的指针 ………… 2-2414	小学国语常识科课程标准 ………… 1-0027
小学应用文指导 ………… 2-1813	小学国语默读测验:中组第1类 ………… 2-0913
小学应用文课本 ………… 2-1698	小学国语默读测验:中组第2类 ………… 2-0914
小学补充教材写信课本 ………… 2-1664	小学国语默读测验:中组第3类 ………… 2-0915
小学补充教材学历史读本 ………… 2-1913	小学国语默读测验:低组第2类 ………… 2-0911
小学初级大众音乐课本 ………… 2-3538	小学国语默读测验:低组第3类 ………… 2-0912
小学初级国语科教材和教法 ……… 2-1166 2-1171	小学国语默读测验:高组第1类 ………… 2-1027
小学初级国语读本 ………… 2-1469	小学国语默读测验:高组第2类 ………… 2-1028
小学初级国语常识教学法 ………… 2-0220	小学国语默读测验:高组第3类 ………… 2-1029
小学初级美术课本 ………… 2-3670	小学国语默读测验:高组第4类 ………… 2-1030
小学初级珠算课本 ………… 2-2772	小学图画练习册 ………… 2-3645
小学初级救国读本 ………… 2-1453	小学物理教科书 ………… 2-3127
小学初级算术科教材和教法 ………… 2-2626	小学的教材与教法研究 ………… 2-0203
小学初级算术课本 ……… 2-2405 2-2407 2-2424	小学学生出席与缺席问题 ………… 2-0173
小学初级算术课本教学法 ………… 2-2606	小学实用文 ………… 2-1692
小学社会自然测验 ………… 2-0024	小学实用文范 ……… 2-1629 2-1741
小学社会科学习图鉴:左编 ………… 2-0620	小学实用文练习本 ………… 2-1703
小学社会科学习图鉴:右编 ………… 2-0621	小学实用文读本 ………… 2-1549
小学社会科教材和教法 ………… 2-0737	小学实验设计教材 ……… 2-0027 2-0028 2-0029
小学社会科教学法 ………… 4-0608	2-0030 2-0031 2-0032 2-0033
小学社会课本 ……… 2-0647 2-0652 2-0702	2-0034 2-0035 2-0036 2-0037
小学社会课本(五彩本) ………… 2-0649	2-0038 2-0039
小学社会课本教学法 ……… 2-0746 2-0751 2-0756	小学实验教材实施法 ………… 2-0209
小学词料教科书 ………… 2-0776	小学组织及行政 ………… 4-0486
小学表演材料表演教材 ………… 2-3942	小学组织法 ………… 4-0487
小学英文教授书 ………… 2-1875	小学经文课本 ………… 2-0042
小学国文成绩选粹:甲编 ………… 2-1225	小学垫上运动与叠罗汉 ………… 2-3889
小学国文科教授法 ………… 2-1098	小学革新教育法 ………… 2-0151
小学国防教育 ………… 9-0072	小学标准升学复习指导 ………… 2-0267
小学国语 ……… 2-0784 2-0796	小学标准地理教科图 ………… 2-2250
小学国语文法教学法 ………… 2-1360	小学战时国语补充读本 ………… 2-0786
小学国语话教学法 ………… 2-1362	小学战时国语教材 ………… 2-0785
小学国语科注音符号课本 ………… 2-1273	小学适用教学方法及其实例 ………… 2-0193
小学国语科课程标准 ………… 1-0032	小学复习丛书 ……… 2-0448 2-0449 2-1229 2-1243
小学国语科教材教法 ………… 2-1100	2-2680 2-2686 2-3104 2-3438

小学复式教学法	2-0156	小学校训练法	2-0561
小学修身书	2-0461	小学校各科教科书样本	2-0054
小学修身作法要项	2-0565	小学校体操法	2-3904
小学修身教科书	2-0455 2-0461	小学校作法教授要项	2-0562
小学修身教科书[订正本]	2-0462	小学校补充读本爱国教材	2-0306
小学修身教授法	2-0566	小学校初级用新时代国语教授书	2-1148
小学修身唱歌书	2-0457 2-0467	小学校初级用新学制国语教科书	2-0875
小学姿势训练	2-3876	小学校初级新国民国语教授书	2-1145
小学音乐手册	2-3517	小学校社会科补充读物	2-0630 2-0631 2-0632
小学音乐补充教材	2-3521		2-0633 2-0634 2-0635 2-0636
小学音乐实施指导及应用歌曲	2-3582		2-0637 2-0638 2-0639 2-0640
小学音乐指导书	2-3591		2-0641 2-0642 2-0643
小学音乐科课程标准 小学美术科课程标准 小学劳作科课程标准	1-0030	小学校国文教授之研究:中华教育界社临时增刊	2-1083
小学音乐科教材和教法	2-3584 2-3586	小学校国语补充读物风声	2-1524
小学音乐课本	2-3534 2-3536 2-3568	小学校国语科教学法	4-0611
小学音乐课本[正谱版]	2-3513	小学校音乐集	2-3497
小学音乐课本教学法	2-3592 2-3602	小学校理科设备	2-3163
小学音乐教本	2-3514 2-3516	小学校教授缀法的新法	2-0153
小学音乐教材	2-3510 2-3515 2-3537 2-3553 2-3578	小学校职业科教授要目草案	2-0150
小学音乐教材:歌曲集	2-3540	小学党义教材中山故事读本	2-0343
小学音乐教材及教法	2-3583	小学党化教材	2-0340
小学音乐教材及教学法	2-3585	小学党化教材参考书	2-0348
小学音乐教材初集:中年级之部	2-3542	小学铅笔画	2-3621 2-3635
小学音乐教材初集:低年级之部	2-3551	小学笔算练习	2-2701
小学音乐教材初集:高年级之部	2-3573	小学笔算新教科书	2-2328 2-2336
小学音乐教学法	2-3581	小学笔算新教科书详草	2-2335
小学美术科课程标准	1-0030	小学徒手操	2-3887
小学美术科教材和教法	2-3716 2-3719	小学高年级卫生副课本几种传染病和预防法	2-3411
小学美术课本	2-3670 2-3698	小学高年级卫生副课本小医生	2-3414
小学美术课本教学法	2-3728 2-3731	小学高年级卫生副课本从婴孩到成人	2-3410
小学美术教材及教法	2-3715	小学高年级卫生副课本公共卫生事业	2-3412
小学美术教员手册	2-3717	小学高年级卫生副课本急救要则	2-3413
小学美术教育	4-0632	小学高年级卫生副课本神经器官研究	2-3407
小学活用英语读本	2-1846	小学高年级卫生副课本排泄器官研究	2-3409
小学说话科教材和教法	2-1364	小学高年级卫生副课本循环器官研究	2-3408
小学说话教学法	2-1363 4-0613	小学高年级自然副课本人造丝和人造革	2-2969
小学统合新教授法	2-0132	小学高年级自然副课本几种建筑原料的研究	2-2958
小学珠算科教材和教法	2-2801 2-2802	小学高年级自然副课本几种基础器械	2-2968
小学珠算课本	2-2772 2-2787 2-2790	小学高年级自然副课本山岳河流与湖泊	2-2952
小学珠算课本教学法	2-2811 2-2818 2-2821	小学高年级自然副课本飞机	2-2946
小学珠算教学法	2-2798	小学高年级自然副课本化学博士	2-2965
小学校卫生科教学法	4-0628	小学高年级自然副课本风力水力的利用	2-2963
小学校习字帖	2-1825 2-1830	小学高年级自然副课本火车	2-2943
		小学高年级自然副课本火柴的研究	2-2956
		小学高年级自然副课本电灯	2-2947

书名	编号
小学高年级自然副课本电报电话无线电	2-2948
小学高年级自然副课本电影	2-2942
小学高年级自然副课本生物和优生进化的研究	2-2960
小学高年级自然副课本印刷术的研究	2-2953
小学高年级自然副课本地震海啸火山爆发的研究	2-2957
小学高年级自然副课本各种军器	2-2949
小学高年级自然副课本各种烹调料的研究	2-2954
小学高年级自然副课本声光热的研究	2-2951
小学高年级自然副课本时钟	2-2945
小学高年级自然副课本汽车	2-2944
小学高年级自然副课本纸的研究	2-2955
小学高年级自然副课本空气	2-2966
小学高年级自然副课本标本的采集和制作	2-2962
小学高年级自然副课本星球的研究	2-2950
小学高年级自然副课本怎样测量气象	2-2964
小学高年级自然副课本桥梁的研究	2-2959
小学高年级自然副课本留声机	2-2941
小学高年级自然副课本海底世界	2-2961
小学高年级自然副课本梅雨雷雨和飓风	2-2967
小学高年级自然副课本森林	2-2970
小学高年级自然副课本照相机	2-2940
小学高年级各科教学法	2-0230
小学高年级各科副课本	2-0309 2-0707 2-0708 2-0709 2-0710 2-0711 2-0712 2-0713 2-0714 2-0715 2-0716 2-0717 2-0718 2-0719 2-0720 2-0721 2-0722 2-0723 2-0724 2-1018 2-1019 2-1020 2-1312 2-1339 2-1538 2-1711 2-2512 2-2513 2-2514 2-2515 2-2516 2-2517 2-2518 2-2940 2-2941 2-2942 2-2943 2-2944 2-2945 2-2946 2-2947 2-2948 2-2949 2-2950 2-2951 2-2952 2-2953 2-2954 2-2955 2-2956 2-2957 2-2958 2-2959 2-2960 2-2961 2-2962 2-2963 2-2964 2-2965 2-2966 2-2967 2-2968 2-2969 2-2970 2-3407 2-3408 2-3409 2-3410 2-3411 2-3412 2-3413 2-3414 2-3569 2-3570 2-3571 2-3701 2-3702 2-3703 2-3704 2-3815 2-3816 2-3817 2-3818 2-3819 2-3820 2-3821 2-3822 2-3823 2-3824 2-3825 2-3826 2-3827 2-3828 2-3829 2-3830 2-3831 2-3832 2-3914 2-3915 9-0025
小学高年级劳作副课本几种学用品制作法	2-3826
小学高年级劳作副课本工具的使用和保管	2-3831
小学高年级劳作副课本小农人	2-3815
小学高年级劳作副课本小缝工	2-3816
小学高年级劳作副课本无线电收音机制作法	2-3828
小学高年级劳作副课本各种日用品制作法	2-3827
小学高年级劳作副课本我国主要饮食品概况	2-3817
小学高年级劳作副课本近代的农场	2-3832
小学高年级劳作副课本金工和金工业	2-3822
小学高年级劳作副课本油漆法	2-3829
小学高年级劳作副课本居室工业概况	2-3821
小学高年级劳作副课本经济的工作方法的研究	2-3825
小学高年级劳作副课本重要衣服工业概况	2-3819
小学高年级劳作副课本庭园的布置	2-3830
小学高年级劳作副课本胶质工业概况	2-3820
小学高年级劳作副课本畜养新法的研究	2-3823
小学高年级劳作副课本家具的研究	2-3824
小学高年级劳作副课本陶瓷器工业概况	2-3818
小学高年级体育副课本田径运动概说	2-3915
小学高年级体育副课本球类运动概说	2-3914
小学高年级体育副课本童子军简说	9-0025
小学高年级社会副课本户口调查与人事登记	2-0718
小学高年级社会副课本世界大都市	2-0713
小学高年级社会副课本世界弱小民族的独立运动	2-0711
小学高年级社会副课本生产消费分配	2-0720
小学高年级社会副课本失业和贫乏	2-0719
小学高年级社会副课本市政研究	2-0724
小学高年级社会副课本行的演进	2-0710
小学高年级社会副课本衣的演进	2-0707
小学高年级社会副课本妇女问题和家庭问题	2-0721
小学高年级社会副课本苏联的研究	2-0714
小学高年级社会副课本我国各地的风俗	2-0716
小学高年级社会副课本我国的交通	2-0712
小学高年级社会副课本住的演进	2-0709
小学高年级社会副课本环游世界记	2-0717
小学高年级社会副课本英美的研究	2-0715
小学高年级社会副课本实业计划大概	2-0722
小学高年级社会副课本怎样选择职业	2-0723
小学高年级社会副课本食的演进	2-0708
小学高年级国语科教学法	2-1214
小学高年级国语副课本文字源流简说	2-1019
小学高年级国语副课本文法和修辞	2-1339

小学高年级国语副课本怎样作文	2-1711	小学课程标准总纲	1-0023
小学高年级国语副课本怎样使用标点符号	2-1018	小学课程研究	1-0069
小学高年级国语副课本怎样学简字	2-1312	小学课程概论	1-0067
小学高年级国语副课本怎样读书	2-1538	小学理科设备	2-3163
小学高年级国语副课本怎样检查字典和词典	2-1020	小学理科读本	2-3121
小学高年级音乐副课本中外名曲的鉴赏	2-3571	小学理科教材：理化编	2-3160
小学高年级音乐副课本中外各种普通乐器	2-3570	小学理科教材：博物编	2-3218
小学高年级音乐副课本怎样认识乐谱	2-3569	小学理科教科书	2-3134
小学高年级美术副课本有趣味的图画	2-3703	小学理科新书	2-3124
小学高年级美术副课本应用图案讲话	2-3701	小学排球	2-3907
小学高年级美术副课本画理浅说	2-3704	小学教义课本	2-0041
小学高年级美术副课本宣传画与广告画	2-3702	小学教师丛书	2-0737　2-1166　2-1718　2-2626
小学高年级蜡笔画范本	2-3705		2-2801　2-3065　2-3584　2-3716
小学高年级算术副课本日常应用的计算方法	2-2517		2-3842　2-3843　2-3968
小学高年级算术副课本合作商店的研究	2-2515	小学教师进修丛书	2-1568　2-1717　2-3064
小学高年级算术副课本物价涨落的调查和计算	2-2516		2-3422　2-3583　2-3715　2-3965
小学高年级算术副课本度量衡市制和公制的比较	2-2512		2-3967
小学高年级算术副课本统计图表制作法	2-2514	小学教师应用工艺	4-0311
小学高年级算术副课本简便测量法	2-2518	小学教师应用文	4-0100
小学高年级算术副课本簿记简说	2-2513	小学教师应用美术	2-3712
小学高级文体历史教科书	2-1966	小学教材与教学法表解	2-0176
小学高级文体历史教授书	2-2042	小学教材及教学法	4-0580　4-0582　4-0583
小学高级文体公民教科书	2-0386		4-0584　4-0589
小学高级文体地理教科书	2-2142	小学教材及教学法(卫生 体育 劳作 美术 音乐)	2-0177
小学高级文体理科教科书	2-3156	小学教材及教学法(国语 社会 自然 算术)	2-0178
小学高级文体算术教科书	2-2499	小学教材及教学法通论	2-0194
小学高级文体算术教授书	2-2651	小学教材研究	4-0566　4-0569　4-0571
小学高级自然测验	2-3019	小学教材研究大纲	2-0191
小学高级自然活叶教材	2-3048	小学教材博物编	2-3054
小学高级自然教科书	2-2973	小学教员自然科学参考书	2-3070
小学高级国语特种教材非常国语选	2-1022	小学教员检定丛刊	1-0014　2-0177　2-0178
小学高级美术课本	2-3698		2-0351　2-0415　2-1274　2-1361
小学高级救国读本	2-1527	小学教具制作法	4-0479
小学高级算术课本	2-2505	小学教典课本	2-0025
小学准备操	2-3879	小学教育	4-0576
小学竞技运动教材与教法	2-3971	小学教育丛书	2-0173　2-0174　2-0414　2-2362
小学读书教材及教法	2-1568		4-0674
小学课本五年级自然	2-3041	小学教育丛书·第二类	2-0288　2-0289　2-0290
小学课本历史	2-2007		2-0291　2-0292　2-0293　2-0294
小学课本自然	2-3041		2-0295　2-0296　2-0297　2-0298
小学课本国语	2-0796		2-0299　2-0300　2-0301　2-0302
小学课本常识	2-3292	小学教育函授班讲义	2-1089　2-3062　4-0428
小学课本算术	2-2460		9-0071
小学课程沿革	1-0071	小学教育参考资料	2-0189
小学课程标准	1-0024　1-0025	小学教育测验说明书	2-0185

小学教学技术	2-0182
小学教学法	2-0161　4-0561　4-0567　4-0568
小学教学法通论	4-0562
小学教学法概论	4-0577
小学教学活动纲领及参考资料	2-0167
小学教科书	1-0088
小学教科书历史临时样本	2-2015
小学教科书地理临时样本	2-2188
小学教科书回文读本	2-1532
小学教科书评论	2-0183
小学教科书初级回文读本	2-1460
小学教科书国语临时样本	2-0800　2-1079
小学教科书修身临时样本	2-0470　2-0471
小学教科初等习字	2-1826
小学教科初等习字范本	2-1826
小学教科初等历史教授案	2-2024
小学教科初等手工教范	2-3849
小学教科初等国文教科书	2-0816
小学教科初等国文教授案	2-1106
小学教科初等修身教科书	2-0489
小学教科初等修身教授案	2-0577
小学教科初等理科	2-3129
小学教科初等理科教科书	2-3129
小学教科初等理科教授案	2-3166　2-3167
小学教科新书	2-3116
小学教授法要义	4-0525
小学副课本	2-3225
小学副课本算术	2-2353
小学常识科课程标准	1-0033
小学常识测验	2-3226　2-3236
小学常识课本	2-3255　2-3259　2-3261　2-3271　2-3278
小学常识课本(五彩本)	2-3222
小学常识课本教学法	2-3303　2-3321　2-3326　2-3330
小学唱歌	2-3491
小学唱歌教材	2-3567
小学唱歌教材集	2-3496
小学唱歌教科书	2-3489
小学唱歌教科书三集	2-3490
小学唱歌教授法	2-3579
小学假期作业	2-0247　2-0248
小学剪贴画	2-3633
小学暑期补习课本国语	2-1234
小学暑期补习课本常识	2-3231
小学暑期补习课本算术	2-2357
小学暑期课本	2-0128　2-0129　2-0131
小学暑期课本国语	2-0952
小学暑期课本算术	2-2356
小学集注	2-0487
小学童子军训练课本	9-0028
小学童子军训练教材及教法	9-0071
小学普通教学法	2-0160
小学普通教授法	2-0145
小学游戏	2-3941
小学游戏科教学法	4-0635
小学游戏教材	2-3935
小学游技	2-3917
小学游泳	2-3909
小学简明物理教科书	2-3118
小学简要地理教科书	2-2075
小学新日记指导[胜利版]	2-1814
小学新作文指导[胜利版]	2-1816
小学新读本	2-1498
小学新教材教授案	2-0205
小学新唱歌	2-3487
小学韵律活动	2-3892
小学韵律活动补充教材	2-3888
小学模范日记	2-1404
小学模范日记[增订胜利版]	2-1749
小学模范作文	2-1744　2-1745　2-1751
小学模范作文[增订本]	2-1750
小学歌曲集	2-3506
小学歌选	2-3520
小学歌舞	2-3913
小学算术心理及教学法	2-2569
小学算术应用题测验	2-2346
小学算术应用题测验(第1、2类:甲)	2-2358
小学算术练习	2-2695
小学算术练习本	2-2702
小学算术练习册	2-2704　2-2705　2-2734　2-2743
小学算术科课程标准	1-0029
小学算术科教学法	2-2567　4-0622
小学算术复习指导	2-2694
小学算术测验	2-2432　2-2433　2-2434　2-2533
小学算术课本	2-2402　2-2407　2-2505　2-2511　2-2519
小学算术课本(五彩本)	2-2405
小学算术课本教学法	2-2606　2-2614　2-2657　2-2662

书名	编号
小学算术教材和教法	6-0095
小学算术教学之研究	4-0626
小学算术教学法	2-2557　2-2560　4-0623　4-0624
小学算术教学参考书	2-2556
小学算术教科书	2-2525
小学器械运动	2-3912
小学默读练习本	2-1470
小学篮球	2-3910
小宝宝的家庭	2-0038
小品文选	3-0556
小音乐队	2-3507
小音乐会	2-3547
小音乐室	2-3543
小说甲选	3-0544
小说作法	2-1811
小说修身:初编	2-0617
小娃娃的家	2-3784
小厨房	2-3788
小缝工	2-3816
小歌曲	2-3503
小演说家	2-1357
小燕子	2-1436
山东乡土教本参考书	2-2317
山东省立第四师范学校丛书	4-0300
山岳河流与湖泊	2-2952

[丿]

书名	编号
千字文	2-1303
千字文:林峰新字	8-0116
千字课本	8-0101
千字课本教学法	8-0127
千字课自修用本	8-0104
千变万化的水	2-2901
千家诗注解	2-1372
千家诗音释	2-1252

[丶]

书名	编号
广东乡土历史教科书	2-2270　2-2278
广东乡土地理教科书	2-2283　2-2288　2-2292
广东乡土格致教科书	2-2289
广东乡土新历史教科书	2-2297
广东陆军小学堂课本	2-0015
广东省乡土教材	2-2306
广东省学校国文成绩	3-0838
广宁县乡土地理教科书	2-2311
广州乡土格致教科书	2-2286
广州府中学堂国文课本	3-0286
广州培正中学国文讲义	3-0327
广告	5-0218
广告心理学	5-0216
广告学	5-0217
广注论语读本	3-0553
广注孟子读本	3-0554
广学读本	3-0569
义乌陈氏中等算术问题解	3-1918
义务教育丛书	2-0184

[一]

书名	编号
卫生	2-3401　2-3403　2-3438　3-3358 4-0277　4-0278　4-0279
卫生小学课本	2-3345
卫生学	3-3340　3-3360　3-3397　3-3402
卫生课本	2-3347　2-3357　2-3396　2-3397 2-3405　2-3416　2-3417
卫生课本教学法	2-3424
卫生课本教授书	2-3429
卫生教本	2-3355
卫生教学法	2-3432
卫生教学做法	2-3435
卫生篇	3-3337
也是好朋友	2-2871
女儿书	2-1297
女子几何教科书	3-2169
女子小学体操范本	2-3985　2-3986
女子历史教科书	2-1905
女子化学教科书	3-2817
女子生理教科书	3-3333
女子代数教科书	3-1993
女子白话尺牍	2-1663　3-0865
女子师范讲义　第1编	4-0068
女子师范讲义　第2编	4-0345
女子师范讲义　第3编	4-0654
女子师范讲义　第6编	4-0467
女子师范讲义　第9编	4-0154
女子师范教育学	4-0340
女子自立教科书	8-0003
女子论说文范	2-1728
女子作文新范	2-1753
女子应用教科书	8-0004
女子初等小学国文教科书	2-0826
女子初等小学国文教授书	2-1128
女子初等小学修身教科书	2-0481　2-0496　2-0518

女子初等小学修身教授书 …………………… 2-0594	习字教授书 …………………………………… 2-1318
女子初等小学算术教科书 …………………… 2-2384	习字教授法 …………………………………… 2-1834
女子初等小学算术教授书 …………………… 2-2589	马氏初中植物学 ……………………………… 3-3182
女子刺绣教科书 ……………………………… 3-3573	马克马利设计教学法 ………………………… 4-0549
女子国文读本 ………………………………… 3-0571	乡土教材 …………………………… 2-2309 2-2310
女子国文课本 ………………………………… 2-0821	乡土教材研究 ………………………………… 2-2319
女子国文教科书 ……………… 2-0819 2-0853 2-0856 2-0976 2-0990 2-0995	乡土教育纲要 ………………………………… 2-2318
	乡土游戏 …………………………… 2-3930 2-3931
女子国文教科书详解 ………………… 2-1179 2-1189	乡区民众学校国语课本 ……………………… 8-0085
女子国文教科书教授法 ……………………… 2-1109	乡师范乡村教育 ……………………………… 4-0719
女子国文教授书 ……………………………… 2-1128	乡村小学公民训练法 ………………………… 2-0411
女子国民学校国文教科书 …………………… 2-0856	乡村小学自然研究教学法 …………………… 2-3061
女子国民学校国文教授书 …………………… 2-1128	乡村小学行政 ………………………………… 4-0498
女子国民学校修身教科书 …………………… 2-0518	乡村小学治虫参考教材 ……………………… 2-3448
女子国民学校修身教授书 …………………… 2-0594	乡村小学教师须知 …………………………… 2-0165
女子国民学校算术教科书 …………………… 2-2384	乡村小学教材研究 …………………………… 4-0706
女子国语课本 ………………………………… 2-0778	乡村小学教育法 ……………………………… 4-0705
女子物理教科书 ……………………………… 3-2625	乡村小学教学法 ……………………………… 4-0705
女子实用尺牍教本 …………………………… 2-1660	乡村民众教育 ………………………………… 4-0699
女子修身教科书 ……………… 2-0459 2-0480 2-0481 2-0485 2-0497 2-0498 2-0503 2-0518 2-0542	乡村师范学校农村经济与合作 ……………… 4-0284
	乡村师范学校课程标准 ……………………… 1-0052
	乡村师范学校教科书农村经济及合作 ……… 4-0283
女子修身教科书详解 ………………………… 2-0616	乡村师范标准唱歌教科书 …………………… 4-0302
女子修身教科书教授法 ……………………… 2-0568	乡村师范教育实习指导 ……………………… 4-0641
女子修身教授书 …………………… 2-0594 2-0610	乡村师范教科书农村经济及合作 …………… 4-0283
女子高等小学国文教授书 …………………… 2-1193	乡村师资训练所公民讲义 …………………… 4-0058
女子高等小学修身教授书 …………………… 2-0551	乡村师资训练所公民教本 …………………… 4-0058
女子高等小学家事教科书 …………………… 2-3806	乡村师资训练所应用文讲义 ………………… 4-0099
女子家政教科书 …………………… 2-3733 2-3758	乡村师资训练所应用文教本 ………………… 4-0099
女子理科教科书植物篇 ……………………… 4-0249	乡村初级平民学校识字读本农民千字课 …… 8-0103
女子教育学教科书 …………………………… 4-0348	乡村实用工艺教材 …………………………… 2-3751
女子新尺牍 ………………… 2-1769 2-1772 3-0861	乡村教育 …………………… 4-0702 4-0704 4-0707 4-0708 4-0709 4-0710 4-0712 4-0713 4-0715
女子新国文 …………………………………… 2-0985	
女子新读本 …………………………………… 8-0002	
女子新算术教科书 …………………………… 2-2486	乡村教育及民众教育 ………… 4-0716 4-0717 4-0718
女子模范文读本 ……………………………… 3-0652	乡村教育丛书 ……………… 2-0179 3-0021 3-0023 4-0579
女子算术教科书 ……… 2-2340 2-2384 2-2490 3-1834	乡村教育概论 ……………………… 4-0703 4-0714
女子算术教授书 ……………………………… 2-2589	乡(镇)中心学校辅导工作实施法 …………… 4-0597
女中物理学表解 ……………………………… 3-2727	
女生救护训练教本 …………………………… 3-3400	## 四 画
女学生尺牍 …………………………………… 2-1659	
女学生模范日记 ……………………………… 3-0541	[一]
女童子军教育法 ……………………………… 9-0069	
飞机 ………………………………… 2-2946 2-3005	王元买东西 …………………………………… 2-1442
习字帖 ………………………………………… 2-1825	王氏初中公民 ………………………………… 3-0164
	王氏初中世界地理 …………………………… 3-1667
	王氏初中动物学 ……………………………… 3-3272

王氏初中算术	3-1871	开明国文讲义		6-0007
王氏初中算术指导书	3-1915	开明国文读本		3-0663
王氏高中本国地理	3-1599	开明国文读本参考书		3-0747
王璞的国语会话	8-0135	开明国语课本	2-0889 2-0901	2-1016
开明几何讲义	6-0077	开明国语课本教学法	2-1151 2-1161	2-1213
开明几何教本	3-2181	开明图画讲义		3-3548
开明小学课本样本(国语 算术 常识)	2-0055	开明物理学讲义		6-0096
开明历史课本	2-1980	开明物理学教本	3-2648	3-2649
开明历史课本教学法	2-2052	开明物理学教本[改订本]		3-2664
开明中国历史讲义	3-1226	开明物理学教本[修正本]		3-2669
开明中学讲义 3-0927 3-1226 3-3548	6-0001	开明实用文讲义		6-0008
6-0002 6-0007 6-0008	6-0071	开明音乐讲义		6-0002
6-0073 6-0074 6-0077	6-0078	开明音乐教本	3-3483	3-3511
6-0079 6-0096 6-0099		开明音乐教本:乐理编		3-3483
开明化学讲义	6-0099	开明音乐教本:唱歌编		3-3511
开明化学教本	6-0098	开明音乐教程		3-3463
开明化学新教本	3-2868	开明活叶小学国语教材		2-0803
开明文言读本	3-0634	开明活叶文选	2-0803	3-0548
开明文选	3-0548	开明活叶文选:乙种		3-0705
开明世界史教本	3-1388	开明活叶文选注释		3-0546
开明本国史教本	3-1247	开明常识课本	2-3251 2-3263	2-3284
开明本国地理讲义	6-0073	开明常识课本教学法	2-3318	2-3328
开明生理卫生学教本	3-3354	开明唱歌教材		3-3512
开明代数讲义	6-0079	开明第一英文读本		3-0960
开明代数教本	3-2014	开明第二英文读本		3-0961
开明外国历史讲义	6-0071	开明第三英文读本		3-0962
开明外国史讲义	6-0071	开明植物学教本		3-3172
开明外国地理讲义	6-0074	开明新编中等英文法		3-1111
开明外国地理教本	3-1659	开明新编初中代数教本		3-2057
开明地理课本	2-2153	开明新编初中博物教本		3-3025
开明地理课本教学法	2-2228	开明新编初中算术教本		3-1903
开明地理教本	2-2153	开明新编初级本国地理		3-1585
开明师范学校教本教育心理学	4-0426	开明新编初级外国地理		3-1681
开明师范学校教本教育概论	4-0369	开明新编国文读本:乙种		3-0632
开明师范教本小学行政	4-0492	开明新编国文读本:甲种		2-1400
开明师范教本小学教学法	4-0561	开明新编国文读本(注释本):甲种		2-1401
开明师范教本论理学	4-0049	开明新编高级本国史		3-1317
开明师范教本教育概论	4-0369	开明新编高级生物学		3-3097
开明自然课本	2-2937	开明新编高级国文读本		3-0736
开明自然课本教学法	2-3060	开明新编高级解析几何学		3-2399
开明社会课本	2-0706	开明算术讲义		6-0078
开明社会课本教学法	2-0759	开明算术课本	2-2400	2-2509
开明英文文法	3-1104 3-1126	开明算术课本教学法	2-2604	2-2661
开明英文讲义	3-0927	开明算术教本	3-1855	3-1889
开明英文读本[修正本]	3-0937	开明算学教本(内容样本)		3-1780

开明算学教本几何	3-2182	不用器具的游戏教材	2-3923
开明算学教本三角	3-2484	不用器械的小学体育新教材	2-3884
开明算学教本代数	3-2013	不怕海盗	2-0656
井里的妖怪	2-1443	不要惹人讨厌	2-3373
天天这样做	2-3442	不容易	2-3223
天天要记载	2-2866	太平洋人高等小学新地理教授法	2-2201
天气的变化	2-2984	太平洋人新地理教授法	2-2201
天文学	3-3002 3-3003	太阳和星球	2-2997
天方夜谈	3-0547	历史	2-1960 2-1997 2-1998 2-1999
天津市小学校乡土教材	2-2301		2-2002 2-2005 2-2007 2-2011
天津县地理教科书	2-2314		3-1168 3-1170 3-1171 3-1274
天津南开学校高一国文教本	3-0413		3-1381 4-0105 4-0106 4-0107
天津南开学校高二国文教本	3-0399		4-0108 4-0109 4-0110 4-0111
元明散曲选	3-0576		4-0112 4-0113
无机化学	3-2798 3-2822 5-0022	历史:外国历史[第2次修订本]	3-1415
无图本混合课本	2-0044	历史 地理	3-1180
无线电	2-3015	历史之编纂及教学	4-0620
无线电工程概要	5-0147	历史地理考试指南	3-1176
无线电收音机制作法	2-3828	历史临时样本	2-2015
无锡乡土新课本	2-2307	历史科教学法	2-2019
韦氏英文读本	3-1021	历史读本	2-1910
韦氏英文读本练习书	3-1022	历史课本	2-1962 2-1971 2-1991 2-1992
韦氏英文辅助读本发树	3-1016		2-1993 2-1994 2-1995 2-1996
云南省会中学堂数学讲义	3-1778		2-2001 2-2009 2-2010 2-2014
云南起义纪念中心教材	2-0299	历史课本教授书	2-2038
专科国文读本	5-0001	历史教学法	2-2020 2-2050
艺文丛刊	3-2020 3-3494	历史教学指引	2-2058 2-2060
艺术学纲要	4-0309	历史教科书	2-1968 2-1982 3-1214
木工工作法	3-3589	历史教科书本朝史	3-1201
木材	2-2921	历史教科书本朝史参考书	3-1332
五一八中心教材	2-0290	历史教科本朝史	3-1201
五一中心教材 五三中心教材	2-0288	历史教案	2-2037
五三中心教材	2-0288	历史辅导书	3-1340
五五中心教材	2-0289	历代白话文范	3-0533
五卅中心教材	2-0291	车床木工	5-0174
五四中心教材 五五中心教材	2-0289	比较教育	4-0673
五年生的算术	2-2523	[丨]	
五位算学用表	3-1806	少女个人卫生法	2-3439
五线谱	2-3580	少队游戏	2-3933
五洲列国图	3-1748	少仪教授书	2-0563
五彩绘图幼稚读本	7-0041	少年文范	2-1403
五彩剪贴画	2-3624	少年丛书	2-0258
五族共和新百家姓	2-1304	少年自然用书	2-3042
支那史教科书	2-1886	少年国语文选	2-1554
支那四千年开化史	3-1183	少年国语用书	2-1249

书名	编号
少年国语读本	2-1405
少年国语读本指导书	2-1569
少年的书信	2-1667
少年指导丛书	2-2678
少年旅行队	2-0686
少年模范文选	2-1389
少年精读文选	2-1551
日本文法辑要	2-1881
日本游	2-0680
日用化学实验教程	3-2970
日用文作法	2-1700
日用英语会话教本	3-1071
日用英语读本	2-1871
日用科学教科书	3-2572
日用珠算学习法	8-0161
日记作法	2-1691　2-1709
日光和空气	2-3367
日蚀月蚀潮汐	2-2999
日常用的水	2-2983
日常应用的计算方法	2-2517
日常英语阅读及会话	3-1078
中小学体育课程标准	1-0016
中小学体育教材	3-3608
中小学体育教材小学垫上运动与叠罗汉	2-3889
中小学体育教材小学徒手操	2-3887
中小学体育教材小学游戏	2-3941
中小学体育教材小学韵律活动补充教材	2-3888
中小学体育教材初中器械运动	3-3616
中小学体育教材垒球	2-3891　3-3612
中小学体育教材唱游	2-3940
中小学体育教材短兵术	2-3890　3-3611
中小学选文教材	2-1403
中小学课程暂行标准	1-0011
中小学教科用书审读意见书	1-0075
中小学算术升学试题详解	2-2726
中山主义	2-0316
中山主义新国民读本	2-0307　2-0308
中山先生传记	3-0574
中山先生遗教	3-0575
中山故事读本	2-0343
中心学校国民学校各科教材及教学法	2-0188
中心学校国民学校补充读本	2-1397
中世世界史	3-1377
中外历史	3-1179
中外历史年表	3-1175
中外历史试题总解	3-1178　4-0132
中外史地复习指南	3-1182
中外地理	3-1491
中外地理大纲	3-1466
中外地理问题详解	3-1484
中外地理纲要	3-1488
中外地理试题总解	3-1490　4-0159
中外地理要题解答	3-1483
中外地理摘要	2-2241
中外地理题解	3-1486
中外名曲的鉴赏	2-3571
中外各种普通乐器	2-3570
中外学校唱歌集	3-3488
中外故事读本:少年国民必读蒙学第一奇书	2-1365
中外神童史	2-1898
中外豪杰史读本	2-1899
中华儿童教育社丛书	7-0008　7-0026　7-0052
中华大民国新国文教科书	2-0839
中华女子国文教科书	2-0995
中华女子国文教授书	2-1193
中华女子修身教科书	2-0551
中华女子修身教授书	2-0610
中华女子高等小学国文教科书	2-0995
中华女子高等小学国文教授书	2-1193
中华女子高等小学修身教授书	2-0610
中华女子高等小学家事教科书	2-3806
中华女子家事教科书	2-3806
中华女子算术教科书	2-2490
中华历史快读	2-1916
中华中学历史教科书	3-1162
中华中学化学教科书	3-2816
中华中学文法要略:文典编	3-0755
中华中学文法要略:修辞编	3-0773
中华中学生理教科书	3-3330
中华中学代数教科书	3-1989
中华中学动物学教科书	3-3244
中华中学地理教科书	3-1463
中华中学英文法初步	3-1090
中华中学英文教科书	3-0912
中华中学国文教科书	3-0290
中华中学物理学教科书	3-2623
中华中学法制教科书	3-0273　3-0274
中华中学经济教科书	3-3410
中华中学修身教科书	3-0241
中华中学教育学教科书	4-0351

书名	编号
中华中学植物学教科书	3-3156
中华中学植物教科书	3-3156
中华中学算术教科书	3-1840
中华文库 小学教师用书第1集	2-0202　2-3845
中华文库 初中第1集	3-0513　3-0514　3-0868
	3-1046　3-1047　3-1143　3-1958
	3-3404
中华文法要略	3-0755　3-0773
中华文选	3-0692
中华心理学教科书	4-0403
中华书局图书馆基本教育图书教具展览目录	1-0089
中华本国历史	3-1279
中华本国地理	3-1586
中华外国历史	3-1413
中华外国地理	3-1680
中华民国：三年级社会科	2-0697
中华民国小学历史	2-1909
中华民国小学教科	2-3177
中华民国小学教科新历史	2-1956
中华民国小学教科新历史教授书	2-2030
中华民国小学教科新手工	2-3760
中华民国小学教科新地理教授书	2-2207
中华民国小学教科新农业教授书	2-3461
中华民国小学教科新体国文	2-0992
中华民国小学教科新国文	2-0848
中华民国小学教科新修身	2-0516
中华民国毛笔新画帖	2-3689
中华民国分省地图	2-2252
中华民国成立纪念日中心教材	2-0300
中华民国初等小学国文课本	2-0817
中华民国初等小学国文教科书	2-0837
中华民国初等小学修身课本[改正版]	2-0491
中华民国初等小学算术课本	2-2368
中华民国国文教科书	2-0837　2-0841
中华民国建设全图(表解说明)	3-1733
中华民国修身教科书	2-0507
中华民国高等小学历史课本	2-1944
中华民国高等小学地理课本	2-2124
中华民国高等小学国文课本	2-0984
中华民国高等小学修身课本	2-0535
中华民国高等小学格致课本	2-3214
中华民国新历史	2-1956
中华民国新手工	2-3760
中华民国新地理	2-2130
中华民国新农业	2-3453
中华民国新国文	2-0847　2-0848　2-0991
中华民国新修身	2-0516　2-0547　2-0549
中华民国新理科	2-3144　2-3145
中华民国新算术	2-2488
中华幼稚识字课本	7-0029
中华幼稚识数课本	7-0051
中华幼稚识数教授书	7-0061
中华共和国民读本	2-0275
中华百科丛书	4-0388
中华师范心理学教科书	4-0403
中华师范论理学教科书	4-0037
中华论理学教科书	4-0037
中华初等小学习字帖	2-1827
中华初等小学习画帖	2-3654
中华初等小学体操教授书	2-3978
中华初等小学国文教科书	2-0829
中华初等小学国文教授书	2-1114
中华初等小学修身教科书	2-0501
中华初等小学修身教授书[订正本]	2-0580
中华初等小学珠算教授书	2-2808
中华初等小学缝纫教科书	2-3761
中华初等小学算术教科书	2-2372
中华初等小学算术教授书	2-2581
中华初等尺牍	2-1668
中华初等珠算教科书	2-2765
中华初等珠算教授书	2-2808
中华英文会话教科书	3-1070
中华英文新读本	3-1000
中华国文教科书	2-0993
中华国文教授书	2-1114　2-1191
中华国音留声机片说明书	2-1320
中华国音留声机片课本	2-1258
中华国语学会国语丛书	3-0436
中华珠算教科书	2-2783
中华珠算教授书	2-2815
中华高等小学历史教科书	2-1948
中华高等小学历史教科书[改订本]	2-1951
中华高等小学历史教授书	2-2026
中华高等小学地理教科书	2-2123
中华高等小学地理教授书	2-2200
中华高等小学体操教授书	2-3987
中华高等小学英文教科书	2-1856
中华高等小学国文教科书	2-0981
中华高等小学国文教科书[改订本]	2-0988
中华高等小学国文教授书	2-1181

中华高等小学修身教科书	2-0541
中华高等小学修身教授书	2-0603
中华高等小学珠算教科书	2-2783
中华高等小学珠算教授书	2-2815
中华高等小学理科教科书	2-3137
中华高等小学理科教科书[改订本]	2-3141
中华高等小学理科教科书[改正本]	2-3139
中华高等小学理科教授书	2-3172
中华高等小学算术教科书	2-2480
中华高等小学算术教授书	2-2640
中华高等学生尺牍	3-0869 3-0871
中华理科教科书	2-3139 2-3141
中华理科教授书	2-3172
中华教育改进社丛书	1-0066 1-0067 3-0152
中华教育学教科书	4-0351
中华教育界丛刊	2-2835
中华唱歌集	2-3494
中华最新形势图(表解说明)	3-1730
中华新地图	2-2247
中华新地理图说	3-1727
中华新形势一览图(表解说明)	3-1725
中华新教科地图	2-2246
中华缝纫教科书	2-3761
中华算术	2-2468
中华算术教科书	2-2372 2-2480
中华算术教授书	2-2581 2-2640 2-2643
中级世界地理	3-1683
中级自然暑期自然书	2-3102
中级时代儿童读本	2-0086
中级英文补充读本	3-1052
中级英文读本	3-1048
中级国文选	3-0626 3-0627 3-0628
中级国文科讲义	6-0045 6-0046 6-0047 6-0048 6-0049 6-0050 6-0051 6-0052 6-0053 6-0054
中级国文科修学指导	6-0069
中级国文读本	6-0014
中级国语自习书	2-1236
中级国语精读文选	2-1488 2-1496
中级暑假假期自习书	2-0763 2-1236
中级童子军	9-0030
中级童子军训练	9-0037 9-0041
中国工业史	5-0142
中国与世界地理问答	2-2242
中国小学音乐教本伴奏谱	2-3509
中国小学理科教科书	2-3114
中国之命运教本	3-0116
中国卫生实用教科书	2-3394
中国历史	3-1188 3-1202 3-1209 4-0114 8-0152
中国历史讲义	4-0114 4-0115
中国历史故事丛刊	2-2064 2-2065
中国历史读本	2-1928 3-1203 3-1232
中国历史课本	3-1189 3-1230 3-1281 8-0151
中国历史课本[修订本]	3-1285
中国历史课本第三编:近古史	3-1207
中国历史教材	8-0152
中国历史教科书	2-1893 2-1896 2-1926 2-1932 2-1941 2-1945 3-1185 3-1187 3-1188 3-1192 3-1211 4-0123
中国历史教科书:历代史	3-1204
中国历史教科书:本朝史	3-1205
中国历史教科书[增订本]	3-1208
中国中学音乐教本	3-3452
中国公民	2-0371
中国文化史略	3-1283
中国文字学概要	3-0475
中国文字学新编	3-0476
中国文典	4-0079
中国文学史	2-0093 3-0007 4-0007
中国文学史纲	3-0011
中国文学史参考书	3-0017
中国文学教科书	3-0005
中国文学常识	3-0014
中国史	2-1938 3-1248 4-0121
中国史讲义	3-1193
中国地图	2-2251
中国地理	3-1535 3-1543 3-1556 3-1613 4-0145
中国地理问答	2-2239
中国地理问答:投考必备	2-2240
中国地理讲义	3-1524 4-0152 4-0153
中国地理学讲义	3-1518
中国地理学教科书	3-1519
中国地理课本	8-0156
中国地理教科书	2-2071 2-2076 3-1513 3-1515 3-1516 3-1517 3-1523 3-1527
中国地理教科图	3-1744
中国地理教科图[增订本]	3-1743
中国地理新教科书	2-2102

中国地理新教科书教授法	2-2196
中国地舆志略	3-1521
中国形势一览图	3-1721
中国形势一览图[修订版]	3-1736
中国形势一览图附说	3-1721　3-1736
中国近世史	3-1288　3-1325
中国近世舆地图说二十三卷	3-1722
中国近代史	3-1231　3-1282　3-1319
中国近代史问答	3-1331
中国近代史讲话	3-1277
中国近代史课本	3-1286
中国近百年史	3-1292　3-1293
中国近百年史纲要	3-1291
中国初中教科书几何学	3-2189　3-2209
中国初中教科书化学	3-2865
中国初中教科书代数学	3-2024
中国初中教科书动物学	3-3270
中国初中教科书物理学	3-2666
中国初中教科书算术	3-1865
中国社会史教程	3-0280
中国现代史	3-1284
中国画册	3-3555
中国国民革命史略	3-0573
中国国民党史略	3-0582　9-0013
中国国民党童子军初级军事训练课程	9-0012
中国的交通	2-0640
中国学术思想史	4-0012
中国革命问题	3-0112
中国革命读本	3-0115　3-0126
中国科学高中物理学	3-2712
中国科学教科书初中化学	3-2886
中国科学教科书初中生理卫生学	3-3395
中国科学教科书初中物理学	3-2685
中国科学教科书初中算术	3-1909
中国科学教科书高中物理学	3-2712
中国语法讲义	3-0757
中国健学社丛书	3-3614
中国理科教科书	2-3114
中国商业史	3-3427　3-3437　5-0197
中国商业函授学校课艺	6-0100
中国最新仕商尺牍教科书	3-0777
中国短篇故事选	3-0618
中国童子军丛书	9-0067
中国童子军训练法:手工纸	9-0066
中国童子军初级课程	9-0014
中国童子军课程	9-0024
中国游记选	3-1532
中国游戏	2-3950
中国模范地图(表解说明)	3-1734
中学几何学初步教科书	3-2166
中学几何学难题详解立体部	3-2385
中学万国地志	3-1630
中学历史教学法	3-1174
中学历史教科书	3-1162
中学日本文法教科书	3-1156
中学中华历史教科书	3-1200
中学中国历史读本	3-1203
中学中国历史教科书	3-1199　3-1204　3-1205
中学中国历史教科书[修订本]	3-1200
中学中国地理教科书	3-1517　3-1523
中学水彩画	3-3539
中学升学指导	3-0056
中学化学设备标准	3-2999
中学化学教科书	3-2796　3-2816
中学化学新教科书	3-2792
中学文法教科书	3-0749
中学文学读本	3-0544　3-0718
中学文学常识测验:第1类	3-0008
中学文粹	3-0516
中学本国史参考书	3-1320
中学本国史教科书	3-1191
中学本国地理教科图	3-1737
中学平面几何学新教科书	3-2288
中学平面三角法教科书	3-2456
中学平面三角法菁华	3-2544
中学平面三角法新教科书	3-2447
中学生升学指南	3-0057
中学生升学准备丛书	3-1341　3-2230　3-2751　3-2931　3-3105
中学生文学读本	3-0543
中学生会考准备丛书	3-0046
中学生作文正误	3-0881
中学生复习丛书	3-1181　3-1182　3-1816　3-1956　3-1957　3-2148　3-2580
中学生理卫生教科书	3-3319
中学生理卫生新教科书	3-3322
中学生理学教科书	3-3320　3-3321
中学生理教科书	3-3315　3-3330
中学生模范日记	3-0822
中学代数学讲义	3-2007

中学代数学教科书	……………	3-1975　3-1986　3-1991
中学代数教科书	……………………………	3-1989
中学代数菁华	………………………………	3-2127
中学丛书	……………	3-2126　3-2476　3-2545
中学用世界地理教科书	…………………	3-1635
中学用世界地理教科参考书	……………	3-1705
中学用各科教科书内容概说	……………	1-0081
中学用器画图式	……………………………	3-2268
中学用器画教科书	…………………………	3-2252
中学用器画教科书：平面几何画、投影画		3-2253
中学用器画教科书：透视画	……………	3-2257
中学乐典教科书	……………………………	3-3471
中学乐理教科书	……………………………	3-3475
中学外国地理教科图	………………………	3-1763
中学立体几何学新教科书	…………………	3-2352
中学动物学教科书	……	3-3229　3-3238　3-3244
		3-3254
中学动物学教科书[修正本]	……………	3-3242
中学地文教科书	……………………………	3-3005
中学地理教科书	……………	3-1463　3-1464
中学地理教科书[订正本]	…………………	3-1460
中学机械画	…………………………………	3-3559
中学西洋历史教科书	……………	3-1358　3-1359
中学西洋史教科书	…………………………	3-1355
中学毕业试验准备用书	……………………	3-0058
中学师范世界史[修正版]	…………………	4-0130
中学师范应用美术	…………………………	4-0312
中学师范国文作文教学法	…………………	4-0616
中学师范教本修辞学	………………………	4-0093
中学师范教科书内容提要	…………………	1-0090
中学当代文法	………………………………	3-0767
中学会考入学试题总辑	……………………	3-0049
中学会考指导丛书	……………	3-0059　3-1487　3-1803
中学各科补充教材明代民族文选	…………	3-0638
中学各科纲要丛书	……………	3-1445　3-1616　3-1711
	3-2122　3-2389　3-2728　3-2935
	3-3217　3-3312
中学各科要览	………	3-1224　3-1614　3-1712　3-1936
	3-2233　3-2726　3-3216　3-3310
中学各科复习指导丛书	……………	3-1927　3-2755
中学各科教学法	……………………………	3-0025
中学各科常识问答	…………………………	3-0055
中学讲义录	…………………………………	3-0006
中学论说新范	………………………………	3-0808
中学论说模范	………………………………	3-0805
中学投考作文：国文国语试题文范	………	3-0818
中学投考指南	………………………………	3-0040
中学劳作丛书	……………………	3-3577　3-3578
中学兵式体操教科书	………………………	3-3604
中学作文	……………………………………	3-0889
中学作文教学研究	…………………………	3-0798
中学作文模范读本	…………………………	3-0817
中学近世化学教科书	………………………	3-2806
中学应用文指导	……………………………	3-0883
中学初等矿物界教科书	……………………	3-3042
中学现代英文法	……………………………	3-1109
中学英文典教科书	…………………………	3-0903
中学英文法	……………………	3-1086　3-1112
中学英文法教科书	…………………………	3-1106
中学英文法教授法	…………………………	3-0997
中学英文选	…………………………………	3-1008
中学英文读本	………………………………	3-0928
中学英文教科书	……………………………	3-0910
中学英语会话读本	…………………………	3-1074
中学矿物学	…………………………………	3-3052
中学矿物界教科书	…………………………	3-3046
中学矿物教科书	……………………………	3-3041
中学欧洲地理教科书	………………………	3-1633
中学国文乙编：文法大要	…………………	3-0771
中学国文乙编：文章体例	…………………	3-0888
中学国文乙编：国学常识	…………………	3-0016
中学国文示范	………………………………	3-0803
中学国文成绩精华	…………………………	3-0851
中学国文各学程教学研究	…………………	3-0437
中学国文补充读本左国选读	………………	3-0580
中学国文补充读本第一集	……	3-0570　3-0572　3-0573
	3-0574　3-0575　3-0576　3-0577
	3-0578　3-0579　3-0580　3-0581
	3-0582　3-0583　3-0584　3-0585
	3-0586　3-0587　3-0588　3-0589
	3-0590　3-0591　3-0592　3-0593
	3-0594　3-0595　3-0596　3-0597
	3-0598　3-0599　3-0600　3-0601
	3-0602　3-0603　3-0604　3-0605
	3-0606　3-0607　3-0608　3-0609
	3-0610　3-0611　3-0612　3-0613
	3-0614　3-0615　3-0616　3-0617
	3-0618　3-0619　3-0620　3-0621
中学国文补修读本	…………………………	3-0624
中学国文述教	………………………………	3-0434

中学国文选	3-0636	中学活页国文选	3-0629
中学国文选本	3-0622	中学校平面三角法	3-2461
中学国文特种读本	3-0552	中学校用青年训练教范	3-0020
中学国文读本	3-0521 3-0522 3-0530 3-0531 3-0568 3-0686	中学校师范学校平面三角法	3-2461
		中学校师范学校教科书清史	3-1210
中学国文课本菁华	3-0304	中学校应用教科书平面几何学讲义	3-2285
中学国文教师手册	3-0440	中学校初年级理化教科书	3-2558
中学国文教材	3-0296	中学校课程标准	1-0036
中学国文教学法	3-0439 3-0441	中学校教科书人文地理	3-1493
中学国文教科书	3-0283 3-0285 3-0290 3-0291	中学校教科书化学	3-2815 3-2821
中学国语文读本	3-0535	中学校教科书平三角大要	3-2454
中学国语补充教材	3-0310	中学校教科书东亚各国史	3-1365
中学国语教学法	3-0436	中学校教科书生理学	3-3332
中学图案活叶教材	3-3549	中学校教科书代数学	3-1992
中学物理学	3-2586	中学校教科书外国地理	3-1640
中学物理学教科书	3-2590 3-2610 3-2618 3-2623	中学校教科书动物学	3-3248
		中学校教科书自然地理	3-1499
中学物理教科书	3-2584 3-2590	中学校教科书矿物学	3-3048
中学法文文范	3-1152	中学校教科书国文读本	3-0524
中学法文文法	3-1151	中学校教科书国文读本评注	3-0525
中学法制教科书	3-0273 3-0274	中学校教科书修身要义	3-0243
中学实用木工教科书	3-3574	中学校教科书算术	3-1841
中学实用英语作文	3-1139	中学校数学教科书几何之部	3-2286 3-2351
中学实用英语读本	3-0923	中学校数学教科书代数之部	3-1980
中学参考普通代数学讲义	3-2108	中学校数学教科书算术之部	3-1831
中学参考普通物理学讲义	3-2722	中学校数学教科书算术之部问题详解	3-1920
中学经济教科书	3-3410	中学铅笔习画帖	3-3523
中学标准教本初中国文	3-0362	中学铅笔画	3-3540
中学标准教本高中国文	3-0422	中学课程标准	1-0037 1-0039 1-0042
中学临时教材外国地理	3-1648	中学理科要览几何学	3-2233
中学临时教材地理	3-1475	中学教本三S平面几何学	3-2313
中学临时教材初中算术	3-1906	中学教本汉译三S平面几何学	3-2317
中学临时教材国文	3-0389	中学教学法原理	3-0024
中学适用几何学教本	3-2173	中学教科书小代数学	3-1983
中学复习受验丛书	3-0471 3-1339 3-2145 3-2579 3-3119	中学教科书及补充书参考书目录	1-0086
		中学教科书内容提要	1-0080
中学复习实验丛书	3-2958	中学教科书世界地理	3-1654
中学复习指导丛书	3-1486	中学教科书国学讲义	3-0001
中学修身教科书	3-0234 3-0235 3-0239 3-0240 3-0241 3-0242 3-0247 3-0248 3-0250	中学教科书新体中国历史	3-1197
		中学教科书新编外国地理	3-1634
		中学教科书新编动物学	3-3224
中学音乐教材	3-3456 3-3457 3-3459	中学教科书数学新编	3-1774
中学音乐教材:初集	3-3451	中学基本国语	3-0316
中学音乐教材:增订实验乐理唱歌欣赏合编	3-3454	中学堂教科书万国史纲	3-1346
中学活叶图案教材	3-3549	中学堂教科书小代数学	3-1983

中学堂教科书东洋史要	3-1360
中学堂教科书新体中国历史	3-1198
中学堂教科书新体中国史	3-1196
中学堂教科书新体中国地理	3-1522
中学唱歌教本	3-3496
中学唱歌集	3-3500
中学混合数学测验	3-1779
中学博物教科书动物学	3-3231
中学植物学	3-3141
中学植物学教科书	3-3141　3-3144　3-3156
中学植物学新教科书	3-3138
中学植物教科书	3-3144
中学植物新教科书	3-3138
中学普通教学法	3-0022　3-0026
中学新几何	3-2371
中学新文范	3-0536
中学新式矿物学	3-3045
中学新地理:世界之部	3-1639
中学新地理:本国之部	3-1525
中学新国文	3-0292
中学新教科书几何学	3-2170
中学新教科书动物学	3-3246
中学新教科书物理学	3-2620
中学新教科书植物学	3-3158
中学新歌	3-3504
中学新歌曲	3-3492
中学新算术	3-1845
中学新撰化学教科书	3-2804
中学新撰动物学教科书	3-3236
中学新撰矿物学教科书	3-3043
中学新撰植物学教科书	3-3134　3-3143
中学数学指导	3-1804
中学数学教学法	3-1797
中学数学教科书	3-1771　3-1776　3-1777
中学数理丛书	3-2133
中学模范作文	3-0812　3-0814　3-0815　3-0819　3-0823
中学模范作文[胜利版]	3-0817
中学歌曲集	3-3495
中学算术教科书	3-1828　3-1829
中学算术新教科书	3-1838
中学算术题解	3-1931
中学精读文选	3-0633
中美日报社、大华新闻社联合丛书	3-0053
中葡学校教科书:谈话要语	2-1344
中等土壤学	5-0035
中等小学和文学译	2-1879
中等女子尺牍教本	3-0779
中等无机化学新教科书	3-2798
中等历史教科书本国之部	3-1213
中等历史教科书东西洋之部	3-1361
中等日本语读本	3-1160
中等中国历史参考书	3-1328
中等水产学	5-0140
中等化学	3-2802
中等化学问题详解	3-2933
中等化学问题精解	3-2928
中等化学教科书	3-2791　3-2794　3-2809　3-2819
中等世界地图	3-1756
中等本国历史参考书	3-1328
中等本国历史教科书	3-1190
中等本国地理教科书	3-1512
中等平三角教科书	3-2448
中等平三角新教科书	3-2452
中等东洋史	3-1348
中等东洋史教科书	3-1348
中等地文学教科书	3-3006　3-3008
中等地理教科书	3-1459
中等亚洲地理教科书	3-1632
中等西洋史	3-1347
中等西洋史教科书	3-1347
中等师范算学教科书新编	4-0160
中等伦理学	3-0229
中等伦理教科书	3-0223
中等农艺化学	5-0070
中等农业气象学	5-0050
中等农业昆虫学	5-0081
中等农业经济学	5-0028
中等农产制造学	5-0055
中等农具学	5-0056
中等农学通论	5-0025
中等园艺学	5-0093
中等作文教科书	3-0783
中等作物学	5-0062
中等佛学教科书	3-0012
中等英文典	3-0905
中等英文法	3-1091
中等英语会话	3-1073
中等英语会话读本	3-1074
中等林学大意	5-0108

中等国文	……	3-0320　3-0325
中等国文典	……	3-0287
中等国文法——中等国文典之改造	……	3-0765
中等国文读本	……	3-0515
中等物理教科书	……	3-2584
中等肥料学	……	5-0042
中等肥料教科书	……	5-0040
中等法国历史教科书	……	3-1352
中等法律学教科书	……	3-0269
中等学校化学实验设备	……	3-3000
中等学校公民科教材及其教学法	……	3-0212
中等学校生物学教法与教材	……	3-3102
中等学校生物学教学法	……	3-3101
中等学校生理卫生教科书	……	3-3341
中等学校乐理唱歌合编	……	3-3449
中等学校各科教学用书调查报告	……	1-0085
中等学校农业教科书	……	3-3421
中等学校国文补充教材选辑	……	3-0318
中等学校国文选本书目提要	……	1-0087
中等学校国文读本	……	3-0526
中等学校学生实际训练法	……	4-0590
中等学校试题汇解	……	3-0047
中等学校临时课本中国近代史	……	3-1231
中等学校教本水彩画	……	3-3537
中等学校教科书本国史	……	3-1249
中等学校教科书有机化学	……	3-2820
中等学校唱歌	……	3-3491
中等学校唱歌集	……	3-3490
中等学校算学教学法	……	4-0625
中等修身教科书	……	3-0233
中等音乐理论教科书：第一集	……	3-3473
中等音乐教材	……	3-3458
中等养蚕法	……	5-0128
中等美国历史教科书	……	3-1351
中等活页文选：第2辑(甲、乙、丙类)	……	3-0637
中等造花课本	……	3-3575
中等畜产学	……	5-0115
中等畜牧学	……	5-0117
中等家禽学	……	5-0116
中等理化试题详解	……	3-2582
中等教育几何学教科书	……	3-2168
中等教育几何学教科书：平面几何	……	3-2279
中等教育几何学教科书：平面之部	……	3-2292
中等教育几何学教科书：立体之部	……	3-2354　3-2358
中等教育几何学教科书平面之部	……	3-2279
中等教育几何学教科书立体之部	……	3-2354
中等教育化学矿物教科书	……	3-2793
中等教育平面三角法教科书	……	3-2442　3-2443
中等教育生理学	……	3-3326
中等教育用器画教科书	……	3-2254
中等教育动物学教科书	……	3-3241
中等教育伦理学：前后编	……	3-0222　3-0224　3-0226
中等教育名学(论理学)教科书	……	4-0035
中等教育克依其氏最新平三角法教科书	……	3-2433
中等教育国文法	……	3-0750
中等教育物理学讲义	……	3-2630
中等教育实用论理学	……	3-0101
中等教育新式物理学	……	3-2606
中等教科平面三角法	……	3-2459
中等博物学教科书动物学	……	3-3237
中等博物教科书	……	3-3018
中等博物教科书生理卫生学	……	3-3324
中等博物教科书矿物学	……	3-3040
中等博物教科书植物学	……	3-3148
中等植物育种学	……	5-0059
中等棉作学	……	5-0086
中等最新化学教科书	……	3-2788
中等简易作文法	……	4-0088
中等新论说文范	……	2-1634
中等算术	……	3-1853
中等算术难问一千题详解	……	3-1919
中等算术教科书	……	3-1830　3-1843
中等算术教科书[订正本]	……	3-1823
中等算学研究会丛书	……	3-2156
中等算学研究会研究丛书	……	3-2477
中等蔬菜园艺学	……	5-0097
中等稻作学	……	5-0085
水力学	……	5-0156
水产学	……	5-0141
水产学大意	……	5-0139
水里的动物	……	2-2872
水里的植物	……	2-2873
水利工程	……	5-0155
水利概要	……	4-0290　4-0292
水变戏法	……	2-2868
水学	……	3-2601
水彩风景画	……	3-3564
水彩画	……	3-3537　3-3556
水彩画范本	……	3-3526
水彩画临本	……	3-3535

水彩画教本	3-3538	3-3541

[丿]

牛和马		2-1435
牛和皮革		2-2908
手工	3-3571	4-0307
手工平面物标本		2-3764
手工图画联络教材		2-3765
手工教本:第一集		3-3579
手工教材		2-3738
手工教材玩具制作法		2-3739
手工教科书	2-3737	2-3834
手工新教材		2-3741
气学		3-2597
气候和农作物		2-2918
气候教科书		5-0045
气象学	5-0046 5-0049	5-0051
毛笔习画范本	2-3650	2-3721
毛笔写实图案		2-3644
升学指导		2-0244
升学指导丛书	2-0240	2-1240
升学指南		2-0246
升学准备自然复习书		2-3109
升学准备国语复习书		2-1244
升学准备算术复习书		2-2719
升学预备平面三角法问题解法指导		3-2537
长江旅行记		2-0684
化学	3-2787 3-2808 3-2813	3-2815
	3-2821 3-2823 3-2838	3-2840
	3-2841 3-2845 3-2849	3-2851
	3-2855 3-2856 3-2861	3-2865
	3-2870 3-2892 3-2894	3-2899
	3-2906 3-2919 3-2926	3-2927
	3-2935 3-2943 3-2947	3-2953
	3-2955 4-0219 4-0220	4-0222
	4-0228 4-0229 4-0231	4-0232
	5-0020 5-0021	
化学[修订本]		3-2882
化学计算与化学方程式		3-2936
化学计算问题与化学方程式		3-2932
化学讲义	4-0224 4-0225	4-0226
化学讲义实验书		3-2963
化学纲要	3-2835	3-2847
化学表解		3-2929
化学矿物编		4-0217
化学实验	3-2975 3-2979 3-2984	3-2986
	3-2987	3-2990
化学实验[订正本]		3-2992
化学实验指导书		3-3001
化学实验教程	3-2988 3-2991	3-2998
化学试题及详解		3-2946
化学试题总解	3-2945	4-0233
化学参考书		3-2944
化学复习		3-2951
化学复习进修书		3-2959
化学难题详解		3-2950
化学教本		6-0098
化学教员准备书		3-2921
化学教科书	3-2799 3-2810 3-2811	3-2844
	3-2890 4-0221	4-0223
化学教科书:无机篇		5-0018
化学教科书:有机篇		5-0019
化学基础		3-2832
化学常识		3-2831
化学提要:初中学生会考升学津梁[增修本]		3-2941
化学博士		2-2965
化学概论		3-2825
化学新教科书		3-2792
化学精义		3-2842
反对卖儿女		2-0658
从婴孩到成人		2-3410
从睡觉到起来		2-3362
从算术到代数		3-2130
今日的化学		3-2897
今乐初集:歌曲集		3-3487
凶猛的野兽		2-2910
分级古文读本:乙编		2-1374
分级古文读本:丁编		2-1376
分级古文读本:丙编		2-1375
分级古文读本:甲编		2-1373
分级体育活动教材		2-3886
分级英语故事读本		3-1024
分国图志		3-1752
分周教学方法纲要		3-0451
分科教授新中华算术		3-1866
分类初中算术		3-1872
分类实用算术指导[修订胜利版]		2-2741
分类指导一百篇		2-1747
分部互用儿童教科书儿童中部国语		2-0897
分部互用儿童教科书儿童北部国语		2-0899
分部互用儿童教科书儿童北部国语教学法		2-1091

分部互用儿童教科书儿童南部国语					2-0898
分部互用儿童教科书儿童南部国语教学法					2-1090
分数四则难题精解					2-2683
公司财政					5-0243
公民	2-0358	2-0388	2-0394	2-0402
	2-0404	2-0406	2-0415	2-0449
	3-0146	3-0153	3-0154	3-0155
	3-0156	3-0159	3-0160	3-0162
	3-0166	3-0167	3-0173	3-0178
	3-0182	3-0191	3-0193	3-0207
	3-0219	4-0056	4-0057	
公民[订正本]					2-0389
公民:问答题					2-0448
公民[修正本]					3-0188
公民生物学					3-3075
公民训练					2-0356
公民训练小册		2-0363	2-0374	2-0392
公民训练法			2-0411	2-0436
公民训练实施法					3-0211
公民训练课本					2-0378
公民训练教本			2-0420	2-0431
公民训练教材:三个笑脸					2-0367
公民训练教材:万儿成功记					2-0370
公民训练教材:小演说家					2-0368
公民训练教材:有计画的做					2-0391
公民训练教材:我记得了					2-0369
公民训练教材:体面有关					2-0366
公民必读					2-0352
公民必读理科纲要					4-0199
公民问答					3-0215
公民图说					8-0067
公民学					3-0151
公民学课程大纲					1-0066
公民试题总解			3-0217	4-0060
公民科教材及其教学法					3-0212
公民须知					3-0148
公民党义试题及详解					3-0216
公民读本			2-0357	2-0359
公民读本教授书					2-0417
公民课本	2-0353	2-0380	2-0399	2-0401
	2-0403	2-0190	3-0201	8-0072
	8-0075			
公民课本:半文言文					3-0145
公民课本教授书			2-0418	2-0428
公民谈话					8-0136

公民教本		3-0169	3-0203
公民教员准备书			3-0209
公民教学法		2-0434	2-0440
公民教学指引	2-0444	2-0445	2-0446
公民教科书	2-0355	2-0382	3-0149
公民常识			3-0143
公民编			2-0437
公民编教学法			2-0433
公共卫生事业			2-3412
公告作法			2-1808
风力水力的利用			2-2963
风先生			2-2869
风声			2-1524
风琴教科书		3-3518	3-3519

[、]

六一六中心教材		2-0293
六百字编通俗教育识字课本		8-0098
六百字编通俗教育读本:第一～三种		8-0006
六百字编通俗教育读本:第七种		8-0008
六百字编通俗教育读本:第四～六种		8-0007
六年制中学课程标准草案		1-0040
六州地理教科书		2-2074
文化初中教本公民		3-0160
文化初中教科书新标准初中卫生学		3-3366
文化英文读本		3-1009
文化高中教本公民		3-0192
文化高中教科书高中化学		3-2903
文化高中教科书高中平面几何		3-2330
文化高中教科书高中物理		3-2698
文化课本		8-0057
文句构造及修饰		3-0886
文字发凡		3-0749
文字源流	3-0473	6-0065
文字源流参考书		3-0504
文字源流简说		2-1019
文体公民教科书		2-0386
文体地理教科书		2-2142
文体理科教科书		2-3156
文体算术教科书		2-2499
文体算术教授书		2-2651
文言白话新法作文指南		3-0894
文言白话新法作文捷诀		3-0893
文范		2-1650
文法大纲		2-1885
文法大要		3-0771

文法与作文	3-0895
文法会通：甲编	3-0752
文法作文合编	6-0047
文法和修辞	2-1339
文法要略	3-0754　3-0755　3-0773
文法总教授法	2-1358
文法新教科书	2-1329
文学的国语文教材	3-0307
文通初小常识国语教学法	2-0214
文通初小常识国语教科书	2-0100
文通青年丛书	3-2130
文教手册	2-3938
文章体例	3-0888
文章体裁	3-0884
文章作法讲话	3-0896
文章法则	3-0885　3-0898
文章模范	3-0555
方位	9-0060
火车	2-2943
火车和汽车	2-3016
火和灯	2-2881
火怎样会烧起来	2-2980
火柴的研究	2-2956
火柴盒和线轴	2-3783
为什么要呼吸	2-2981
(订正)小学手工范本	2-3736
(订正)小学唱歌	2-3491
(订正)女子国文教科书	2-0819　2-0990
(订正)女子国文教科书详解	2-1189
(订正)女子修身教科书	2-0542
(订正)女子修身教科书详解	2-0616
(订正)女子修身教科书教授法	2-0579
(订正)中华初等小学国文教授书	2-1120
(订正)中学国文读本	3-0521
(订正)中学修身教科书	3-0239　3-0242
(订正)中学修身教科书(上下编)	3-0240
订正中学新体中国历史	3-1197
(订正)中学新体中国地理	3-1522
订正中等英文典	3-0905
订正世界读本	3-1363
(订正)幼童智力图形测验	4-0689
(订正)农业教科书	2-3450
订正初中混合理化教科书	3-2566
(订正)初等小学女子修身教科书	2-0503
(订正)初等小学女子修身教授法	2-0579
(订正)初等小学习画帖学生用	2-3649
(订正)初等小学最新地理教科书	2-2097
(订正)初等小学最新格致教科书	2-3208
(订正)初等小学简明国文教科书	2-0828
(订正)初等小学简明修身教授法	2-0583
订正英语会话教科书	3-1069
订正国文法教科书	3-0753
(订正)实用商业簿记	5-0233
(订正)经训教科书教授书	2-0227
(订正)香港卫生教科书	3-3345
(订正)高等小学女子修身教科书	2-0542
(订正)高等小学女子修身教科书详解	2-0616
(订正)高等小学珠算教科书教授法	2-2812
(订正)高等小学算术教本	2-2471
(订正)高等小学算术教本：珠算	2-2781
(订正)最新国文教科书	2-0827　2-0980
(订正)最新国文教科书详解	2-1180
(订正)最新国文教科书教授法	2-1105
(订正)最新国语教科书	2-0812
(订正)最新修身教科书	2-0499　2-0550
(订正)最新珠算入门	2-2762
(订正)最新珠算教科书教授法	2-2812
(订正)最新笔算教科书	2-2373　2-2481
(订正)普通珠算课本	2-2779
(订正)简明中国历史教科书	2-1912　3-1239
(订正)简明中国地理教科书	3-1536
(订正)简明国文教科书	2-0979
(订正)简明修身教科书	2-0500
(订正)简明修身教科书教授法	2-0583
(订正)新制中华国文教科书	2-0986
(订正)新制国文教科书	2-0858
(订正)新制国文教授书	2-1131　2-1132　2-1186
(订正)新制国民学校国文教科书	2-0858
(订正)新制国民学校国文教授书	2-1131
(订正)新制修身教科书	2-0509
(订正)新制高等小学国文教科书	2-0986
(订正)新制高等小学国文教授书	2-1186
(订正)新制高等小学修身教科书	2-0545
(订正)新学制商业教科书	2-3479
(订正)新学制算术教科书	2-2496
订正新学制算术教科书	2-2391
订正新著国语文法	3-0761
(订正)新编国文教科书	2-0849　2-0857
(订正)新编国文教授书	2-1140
订正新编国民学校修身教科书	2-0520

(订正)新编国民学校算术教科书 …………… 2-2383	世界中学教本朱吴两氏高中化学 …………… 3-2895
(订正)新编修身教科书 …………………… 2-0520	世界中学教本吴氏高中生物学 ……………… 3-3087
(订正)新编算术教科书 …………………… 2-2383	世界中学教本陈氏高中本国史 ……………… 3-1300
(订正)新撰国文教科书 …………………… 2-0880	世界中学教本洪氏初中生理卫生学 ………… 3-3359
(订正)新撰学生尺牍 ……………………… 2-1657	世界中学教本徐氏高中公民 ………………… 3-0189
(订正)新撰常识教科书 …………………… 2-3242	世界中学教本高中化学 ……………………… 3-2895
(订正)算术教本 …………………………… 2-2781	世界中学教本高中代数学 …………………… 3-2077
(订正)算术教本:笔算 ……………………… 2-2471	世界中学教本高中立体几何学 ……………… 3-2375
(订正)算术教科书 ………………………… 3-1833	世界中学教本高中国文 ……………………… 3-0408
(订正增补)中国地理教科书 ……………… 3-1513	世界中学教本高中国文注释 ………………… 3-0407
户口调查与人事登记 ……………………… 2-0718	世界中学教本傅氏高中三角法 ……………… 3-2511
户外游戏教材 ……………………………… 2-3943	世界中学教本傅氏高中平面几何学 ………… 3-2329
认认比比 …………………………………… 2-2413	世界中学教本傅氏高中代数学 ……………… 3-2078
心理 ………………………………………… 4-0395	世界中学教本傅氏高中物理学 ……………… 3-2699
心理学 …………… 3-0106　4-0392　4-0394　4-0398	世界中学教本傅氏高中解析几何学 ………… 3-2413
4-0402　4-0406　4-0411　4-0412	世界分国新地图 ……………………………… 2-2266
4-0414　4-0417	世界文学史纲 ………………………………… 3-0045
心理学讲义 ……… 4-0393　4-0401　4-0404　4-0417	世界史 …………… 3-1374　3-1375　3-1380　3-1383
心理学要领 ………………………………… 4-0405	3-1397　4-0126　4-0130
心理学教科书 …………… 3-0105　4-0400　4-0403	世界史表解 …………………………………… 3-1441
心理学概论 ………………………………… 4-0397	世界史话 ……………………………………… 3-1378
心算课本 …………………………………… 2-2555	世界史教本 …………………………………… 3-1388
心算教授书 ……………………… 2-2571　2-2612	世界史略 ……………………………………… 2-1915
[丨]	世界地志 ……………………………………… 3-1684
尺牍入门 …………………………………… 6-0038	世界地图册教学手册 ………………………… 2-2195
尺牍启蒙 …………………………………… 2-1670	世界地理 ………… 3-1629　3-1647　3-1652　3-1654
尺牍范本:语体文言对照 ………… 2-1678　2-1687	3-1685　3-1687　3-1692　3-1693
尺牍指南 …………………………………… 2-1679	4-0157
尺牍课本 ………… 2-1671　2-1675　2-1683　8-0146	世界地理:乙种 ……………………………… 3-1683
双十节 ……………………………………… 2-0764	世界地理表解 ………………………………… 3-1709
双玉丛书 …………………………………… 8-0172	世界地理教本 ………………………………… 3-1664
书契范本 …………………………………… 3-0804	世界地理教科书 ……………………………… 2-2079
书信作法 …………………………………… 2-1781	世界地理教科书:第一编 …………………… 3-1635
书信作法课本 ……………………………… 2-1674	世界地理教科图 ……………………………… 3-1766
书案上的伴侣 ……………………………… 2-2887	世界地理教科参考书 ………………………… 3-1705
书翰文作法 ………………………………… 3-0873	世界形势一览图 ……………………………… 3-1760
五 画	世界近世史 …………………………………… 4-0127
[一]	世界近代史 …………………………………… 8-0154
正则东语教科书 …………………………… 3-1154	世界近百年史 ………………………………… 3-1422
世界儿童国语 ……………………………… 7-0033	世界初小国语读本 …………………………… 2-1462
世界大都市 ……………………… 2-0643　2-0713	世界初小常识课本 …………………………… 2-3260
世界历史问答 …………………… 2-1892　3-1442	世界初中代数学 ……………………………… 3-2017
世界历史课本 ……………………………… 3-1369	世界初中活叶文选:写景诗 ………………… 3-0655
	世界初中活叶文选:记叙文 ………………… 3-0658
	世界初中活叶文选:发抒文 ………………… 3-0665

世界初中活叶文选:论难文	3-0667
世界初中活叶文选:抒情诗	3-0664
世界初中活叶文选:叙事诗	3-0659
世界初中活叶文选:说解文	3-0668
世界初中活叶文选:摹状文	3-0656
世界改造分国地图	3-1751
世界改造分国图志	3-1752
世界现状	3-0114
世界的民族性	2-0619
世界的交通	2-0641
世界建设新图	3-1761
世界活叶文选	3-0655　3-0656　3-0658　3-0659
	3-0664　3-0665　3-0667　3-0668
世界高中英文选	3-0983
世界读本	3-1363
世界弱小民族的独立运动	2-0711
世界商业地理	5-0203
世界最新形势图(表解说明)	3-1758
世界游记选	3-1646
世界新地图	2-2260
世界新地图[改订本]	3-1764
世界新形势一览图(表解说明)	3-1755
世界新教育丛书	2-3962　4-0371　4-0373　4-0448
	4-0519　4-0563　4-0569　4-0697
	4-0704
世界新教科地图	2-2258
古今小品精华	3-0528
古今名人日记选	3-0615
古今名人书牍选	3-0609　3-0610
古今名人诗文选	3-0644
古今名人笔记选	3-0620
古今名人游记选	3-0616
古文活套法初编	2-1222
古文活套法续编	2-1223
古文家传记文选	3-0621
古文读本	2-1499　2-1510　3-0706　6-0045
古文副读本	6-0046
古史家传记文选	3-0612
古白话文选	3-0710
古训修身教科书	2-0537
古诗源	3-0581
古诗源选读	3-0581
古诗歌读本	2-0465
节日纪念日教学法	2-2021
节本水浒传	3-0601
节本世说新语	3-0599
节本礼书初编附读小儿语	2-0464
节本庄子	3-0579
节本论语	3-0588
节本宋元学案	3-0600
节本明儒学案	3-0578
节本孟子	3-0605
节本荀子	3-0589
节本盐铁论	3-0613
节本徐霞客游记	3-0572
节本韩非子	3-0587
节本墨子	3-0606
节译范氏高中代数学	3-2086
节读分课经书	2-0013
节读分课经书教案	2-0135
本国之部	3-1213
本国历史	3-1244　3-1279
本国历史试题及详解	3-1336
本国历史参考书	3-1320　3-1334
本国文化史	3-1298
本国史	3-1212　3-1224　3-1225　3-1236
	3-1238　3-1249　3-1250　3-1254
	3-1258　3-1260　3-1263　3-1265
	3-1269　3-1278　3-1287　3-1290
	3-1301　3-1303　3-1342
本国史[修正本]	3-1262　3-1280
本国史(教授稿本)	3-1228
本国史会考答题	3-1341
本国史讲义	3-1234
本国史纲	3-1227
本国史参考书	3-1320
本国史复习指导	3-1344
本国史测验:第一类	3-1220
本国史测验答案	3-1330
本国史教本	3-1247
本国史教员准备书	3-1324
本国史教科书	3-1191
本国地理	2-2103　3-1520　3-1526　3-1534
	3-1539　3-1540　3-1542　3-1544
	3-1551　3-1552　3-1555　3-1559
	3-1564　3-1566　3-1575　3-1592
	3-1595　3-1597　3-1605　3-1614
	3-1616　3-1620　3-1626
本国地理[改编本]	3-1603
本国地理[修正本]	3-1588

书名	编号
本国地理(教授稿本)	3-1533
本国地理大纲	3-1608
本国地理纲要	3-1615
本国地理试题及详解	3-1621
本国地理参考书	3-1610　3-1618
本国地理指导书	3-1611
本国地理要览	3-1614
本国地理测验(一、二类)	2-2083
本国地理教员准备书	3-1612
本国地理教科书	2-2112　3-1520　3-1531
本国地理教科图	3-1738　3-1746
本国现代史	3-1296　4-0120
本国商业历史	5-0199
本国商业地理	5-0202
本国新地图	2-2248
本国新地理图说	3-1723
本朝史	3-1201
本朝史参考书	3-1332
可恶的蚊蝇	2-3383
可爱的阳光	3-3501
左传选读	6-0053
左国选读	3-0580
布利氏新式算学教科书	3-1796
龙门师范学校西洋史讲义	4-0124
龙门师范学校讲义历史教授法	4-0618
龙门师范学校算学讲义	4-0161
龙文鞭影	2-0021
平三角大要	3-2454
平三角大要问题详解	3-2536
平三角分类习题	3-2542
平三角法教科书	3-2435
平民小丛书	8-0161
平民千字课	8-0100
平民千字课本教学法	8-0127
平民千字课本教授书	8-0126
平民尺牍课本	8-0146
平民学校珠算教学书	8-0164
平民读物市民谈话:读书为什么	8-0139
平民读物市民谈话:街上的小孩	8-0138
平民读物对话:公民谈话	8-0136
平民读物对话:叫化与农夫	8-0137
平民教育法	8-0060
平民教科书	8-0154
平民新字说	8-0114
平面	3-2284
平面几何	3-2279　3-2293　3-2298　3-2339　6-0086
平面几何升学指导	3-2230
平面几何讲义录	3-2280
平面几何学	3-2275　3-2282　3-2286　3-2291　3-2299　3-2303　3-2317　3-2323　3-2324　3-2328　3-2331　3-2333　3-2334　3-2346　4-0189
平面几何学:汉译三S本	3-2322
平面几何学:直线圆形	3-2301
平面几何学讲义	3-2285
平面几何学教科书	3-2274　3-2276　3-2277
平面几何学新教科书	3-2288
平面几何教本	3-2321
平面几何教科书	3-2277　3-2281
平面三角	3-2451
平面三角法	3-2444　3-2457　3-2459　3-2461　3-2482　3-2486
平面三角法习题详解	3-2546
平面三角法问题解法指导	3-2537
平面三角法讲义	3-2464　3-2481
平面三角法设题详解	3-2534
平面三角法教本	3-2463
平面三角法教科书	3-2439　3-2456　3-2460　3-2462
平面三角法新教科书	3-2447
平面三角学	3-2467　3-2507　3-2522
平面三角教科书	3-2434
平面解析几何学	3-2297　3-2344　3-2415
平涂水彩画:剪贴范本	2-3642
东三省国语补充教材	2-0780
东三省辅助读本	2-2295
东文法程	3-1155
东亚史教科书	2-1987
东亚各国史	3-1365
东亚各国史参考书	3-1437
东西洋历史教科书	3-1349
东西洋史讲义	4-0125
东安乡土地理教科书	2-2280
东洋历史教科书	2-1919
东洋史要	3-1360
东洋史要地图	3-1750

[丨]

北方音注音职工速成识字课本	8-0095
北平市市立师范学校附属小学丛书	4-0578

北平民众革命纪念日中心教材	2-0301	四川师范讲义生理学	4-0271
北平觿策社丛书	3-0896	四川省立教育科学馆丛书	3-3130
北师附小丛书	2-2018	四则问题新解	2-2684
北京高等师范学校附属小学校教授顺序[改订本]	2-0152	四字书	2-1295
北新小学活叶文选	2-1409	四时鲜果	2-2917
北新历史教本	2-1974	四位算学用表	3-1805
北新历史教本教授书	2-2047	四季的自然界	2-2903
北新化学	3-2850	四季的物候	2 3237
北新文选	3-0719	**[丿]**	
北新文选新编	3-0672	生丝原料学	5-0137
北新本国地理	3-1557	生产消费分配	2-0720
北新生理卫生	3-3338	生物	3-3113 3-3119
北新代数	3-2021	生物之部	3-3109
北新外国史	3-1389	生物和优生进化	2-2972
北新外国地理	3-1662	生物和优生进化的研究	2-2960
北新地理教本	2-2151	生物的进化	2-3018
北新自然教本	2-2931	生物学	3-3072 3-3080 3-3081 3-3083
北新初中算学	3-1862		3-3085 3-3114 4-0243 4-0245
北新英文法	3-1118	生物学问题详解	3-3106
北新国语教本	2-1011	生物学讲义	3-3100
北新国语教本教授书	2-1208	生物学补习	3-3107
北新音乐教本	2-3563	生物学纲要	3-3098
北新活叶文选	2-1409	生物学实习指导	3-3104
北新活叶本文选	3-0653 3-0717 3-0719	生物学实验	3-3121 3-3124
北新党义教本	2-0347	生物学实验法	3-3123
北新混合国语	3-0342	生物学实验教本	3-3125
北新歌曲	3-3498	生物学实验教程	3-3130
北新算术	3-1862	生物学试题总解	4-0246
甲种农业学校动物学教科书	5-0113	生物学详解	3-3110
甲种果树教科书	5-0100	生物学要览	3-3110
电工学	5-0157	生物学难题详解	3-3110
电光和电热	2-3011	生物学教法与教材	3-3102
电灯	2-2947	生物学提要	3-3105 3-3108
电报电话无线电	2-2948	生物试题及详解	3-3113
电话	2-3002	生物常识	3-3070
电铃和电报	2-3010	生活化农民读本	8-0024
电影	2-2942	生活劳作教本木工工作法	3-3589
田径运动概说	2-3915	生活单元幼稚园课程	1-0073
由国语到国文:国文入门必读	2-1231	生活课本	7-0006 7-0007
史可法为国牺牲	2-2065	生活课本指导书:大班	7-0023
史记选读	6-0054	生活课本指导书:小班	7-0021
叫化与农夫	8-0137	生理及卫生	3-3323 4-0280
四十种声音	2-1272	生理及卫生学	3-3331
四大宗教	2-0304	生理及卫生教科书	3-3323
四川师范讲义	4-0219 4-0260 4-0271	生理卫生	2-3418 3-3384 3-3385 3-3390

书名	编号
	3-3391　3-3392　3-3393　4-0276
生理卫生学	3-3324　3-3329　3-3334　3-3336
	3-3346　3-3347　3-3352　3-3353
	3-3356　3-3374　3-3376　3-3379
	4-0272　4-0275
生理卫生学(教授稿本)	3-3343
生理卫生学教本	3-3354
生理卫生挂图说明书	2-3420
生理卫生教材[增订本]	3-3339
生理卫生教科书	2-3343　2-3344　2-3350　2-3351
	3-3327　3-3341　3-3342　4-0272
生理卫生常识	3-3404
生理卫生新教科书[修订本]	3-3322
生理学	3-3317　3-3326　3-3332　4-0269
	4-0270　4-0271
生理学问答	3-3316
生理学讲义	4-0273
生理学教科书	3-3069　3-3318
失业和贫乏	2-0719
代数	3-2008　3-2013　3-2023　3-2028
	3-2035　3-2039　3-2051　3-2065
	3-2069　3-2106　3-2122　3-2144
	3-2147　3-2156　6-0085
代数[修订本]	3-2063
代数及简单数性之讨论	4-0188
代数及简单数性之研究	4-0187
代数习题	3-2159
代数习题详解	3-2135　3-2141
代数方程式	3-2151
代数因子分解教科书	3-2015
代数初步	3-2002
代数学	3-1963　3-1977　3-1992　3-1994
	3-2000　3-2001　3-2008　3-2009
	3-2024　3-2040　3-2044　3-2056
	3-2068　3-2069　3-2072　3-2085
	3-2089　3-2096　3-2097　3-2098
	3-2100　3-2121　3-2157　4-0186
代数学:乙组	3-2088
代数学:甲组	3-2084　3-2091
代数学习题答案	3-2114
代数学习题解答	3-2136
代数学问题详解	3-2112
代数学问题解法指导	3-2115
代数学讲义	3-1973
代数学实习指导	3-2103
代数学参考书	3-2132
代数学要览	3-2117　3-2121
代数学教本	3-1995
代数学教科书	3-1962　3-1966　3-1969　3-1974
	3-1978　3-1979　3-1990　3-1997
代数学教科书[改订本]	3-1964
代数学新教科书	3-1980　3-1984
代数学演习指导	3-2125
代数指导	3-2128
代数测验	3-2119
代数测验教员准备书	3-2104
代数难问四百题解	3-2131
代数难题详解	3-2116　3-2134　3-2149
代数难题集解	3-2123
代数教科书	3-2044
仪器标本模型目录	2-0175
白文的邻居	2-0669
白文的家庭	2-0668
白话中国地理	2-2080
白话文文法纲要	3-0756
白话文范	3-0532
白话文范本	3-0534
白话文范参考书	3-0746
白话书信大全	2-1796
白话书信范本	2-1768
白话本国史	3-1329
白话讲义蒙学丛书	2-0458　2-1325　2-1614
	2-1824　2-1903　2-1904　2-2069
	2-2331　2-3201　2-3342　2-3603
	2-3867
白话体公民必读	2-0352
白话体国文教科书	2-0962
白话评注三民主义文范	2-1653
白话注解千字文	2-1309
白话学生尺牍	2-1767
白话信范本	2-1662
用甚么造房子	2-2879
用器画	3-2252　3-2253　3-2257　3-2261
	3-2267
用器画:平面之部	3-2271
用器画法教科书	3-2255
用器画教本	3-2256
用器画教科书	3-2254
用器画解说	3-2260
印刷术的研究	2-2953

乐典	4-0296
乐典教科书	3-3468　3-3469
乐理	3-3477
乐理教科书	3-3476　3-3478
乐理唱歌合编	3-3449
乐理概论	3-3472
乐歌基本练习	3-3448
乐谱与旋律	3-3477
外国之部	4-0155
外国历史	3-1413　3-1416
外国历史表解	3-1450
外国历史试题及详解	3-1448
外国史	3-1385　3-1390　3-1392　3-1398
	3-1399　3-1405　3-1406　3-1408
	3-1418　3-1423　3-1426　3-1445
	3-1455　4-0128
外国史[改订本]	3-1446
外国史[增订本]	3-1414
外国史纲	4-0131
外国史纲要	3-1444
外国史科讲义	3-1412
外国史教员准备书	3-1440
外国地图	2-2263　2-2265
外国地理	2-2091　3-1640　3-1648　3-1651
	3-1653　3-1655　3-1663　3-1669
	3-1676　3-1677　3-1679　3-1690
	3-1696　3-1697　3-1698　3-1711
	3-1712　3-1719　4-0154
外国地理[改订本]	3-1715
外国地理问答	3-1628　3-1710
外国地理讲义	3-1704　4-0156
外国地理纲要	3-1678　3-1713
外国地理复习指导	3-1718
外国地理教本	3-1659
外国地理教员准备书	3-1707
外国地理教科书	3-1634
外国地理教科图	3-1769
冬学政治课本	8-0078
鸟类标本剥制法	2-3063
包氏高中物理学实验	3-2777

[、]

市区民众学校国语课本	8-0084
市民大会	2-0695
市民千字课	8-0102
市民读本	8-0025
市政工程学	5-0146
市政研究	2-0724
立体	3-2348
立体几何	3-2360　3-2381　3-2389　6-0087
立体几何学	3-2347　3-2351　3-2353　3-2362
	3-2363　3-2370　3-2377　3-2380
	3-2384
立体几何学习题证解	3-2387
立体几何学习题详解	3-2387　3-2388
立体几何学问题解法指导	3-2386
立体几何学讲义	3-2349
立体几何学新教科书	3-2352
立体投影画法	3-3551
立体部几何学难题详解	3-2385
立信会计丛书	3-3440　5-0223　5-0224　5-0234
	5-0235　5-0238　5-0239
立信会计教科书会计学	3-3444
立信会计教科书审计学	3-3443
立信会计教科书政府会计	3-3446
立信会计教科书银行会计	3-3445
立宪国民读本	8-0079
半日学校国文教科书	2-0779
半日学校修身教科书	2-0469
半年级读本	2-1491
汇兑论	5-0257
汇学课本通史辑览	3-1163
汉文典	3-0281
汉文教授法	2-1081
汉译S.S.S.平面几何学	3-2305
汉译Smith-Gale二氏解析几何学	3-2422
汉译三S平面几何学	3-2302　3-2317　3-2320
	3-2322
汉译三S立体几何学	3-2366　3-2369　3-2370
汉译开明英文文法	3-1126
汉译中学英文法	3-1112
汉译司塞司三氏三S平面几何学	3-2310
汉译司塞司三氏高中平面几何学	3-2326
汉译达夫物理学	3-2703
汉译达夫物理解答	3-2737
汉译达夫物理题解	3-2737
汉译麦费孙罕迭生化学	3-2814
汉译何鲁陶三氏代数学	3-1998
汉译何鲁陶三氏高中代数学	3-2071
汉译英文教科全书	3-0902
汉译范氏大代数学	3-2083

汉译范氏大代数题解	3-2124	汉蒙合璧国语教科书	2-0890
汉译郝克氏大代数学	3-2102	写生水彩画	3-3533
汉译郝克氏高级代数学	3-2082	写字练习本	2-1833
汉译郝克氏高等代数学	3-2087	写作的故事	3-0880
汉译勃拉克柯能实用化学实验	3-2971	写作基础读本	3-0892
汉译勃康二氏实用化学实验	3-2971	写话教学法	3-0802
汉译格氏高中平面三角学	3-2508	写信初步	2-1784
汉译密尔根盖尔物理学	3-2619	写信课本	2-1664
汉译密盖培物理学纲要	3-2632	写真中国地理	3-1545
汉译斯米司盖尔解析几何学	3-2400	写真中国地理教本	3-1545
汉译斯米思盖尔解析几何学	3-2422	写景文选	3-0826
汉译斯梯渥氏高等物理学习题详解	3-2754	礼书编	2-0464
汉译斯盖二氏解析几何学	3-2400 3-2402	训练法	4-0011
汉译斯盖尼三氏新解析几何学[修订本]	3-2397	训练教材	3-1534
汉译斯盖尼新解析几何学	3-2393	训蒙新读本初编	2-0009
汉译斯盖倪三氏新解析几何	3-2396	记者常识	6-0003
汉译斯密司盖尔解析几何学	3-2391	记事文范:国文入门必读	3-0810
汉译葛氏平面三角法	3-2469	记叙文	2-1740
汉译葛氏平面三角学	3-2470 3-2472 3-2475 3-2505 3-2513	记叙文作法	3-0875 3-0878
汉译葛蓝威尔平面三角法教科书	3-2468	记叙文作法向导	3-0876
(汉译)最新物理学教科书	3-2613	记叙文作法范例	3-0878

[一]

汉译舒塞司三氏平面几何学	3-2341	司塞司三氏高中立体几何学	3-2374
汉译舒塞司三氏高中立体几何学	3-2374	民主建设讲话	3-0111
汉译舒塞司平面几何学	3-2328	民权初步演习	2-0346
汉译舒塞司立体几何学	3-2363	民众三民主义课本	8-0076
汉译温氏高中几何学	3-2217	民众工人课本	8-0016
汉译温氏高中三角法	3-2501	民众工人课本:初级	8-0015
汉译温氏高中三角法习题详解	3-2550	民众工人课本教授书	8-0061
汉译温氏高中三角法题解	3-2550	民众千字课本	8-0106 8-0108
汉译温氏高中代数学	3-2070	民众千字课本教学法	8-0131
汉译温氏高中代数学题解	3-2153	民众千字课本教授书:初级	8-0130
汉译温斯二氏平面几何学	3-2303	民众历史课本	8-0153
汉译温斯二氏平面三角学	3-2473	民众历史课本教学法	8-0159
汉译温斯二氏立体几何学	3-2367	民众文选	8-0036
汉译温德华士几何学	3-2217	民众尺牍课本	8-0147
汉译温德华士三角法	3-2501	民众尺牍课本教学法	8-0150
汉译温德华士代数学	3-2070	民众地理课本	8-0155
汉译温德华氏初等代数学	3-2041 3-2042 3-2043	民众地理课本教学法	8-0160
汉译摄温斯三氏高中解析几何学	3-2408	民众农人课本	8-0018
汉译赫奈氏平面三角法	3-2466	民众农人课本教授书	8-0062
汉译霍尔乃特高中三角学	3-2524	民众识字课本	8-0110 8-0119
汉译霍克士高中代数学	3-2076	民众识字课本教授书:初级	8-0129
汉英文法翻译合解教科书	3-1099	民众国语话课本	8-0140
汉释初级实用英文选	3-1031	民众国语课本	8-0084 8-0085

民众夜校课本	8-0059
民众学校后期课本	8-0039
民众学校适用初级珠算课本	8-0175
民众学校珠算课本	8-0177
民众学校珠算课本教学法	8-0189
民众学校笔算课本	8-0174
民众学校笔算教学法	8-0188
民众学校课本	8-0034　8-0037　8-0038
民众学校课本教学法	8-0063
民众学校教材及教学法	8-0065
民众学校唱歌教材	8-0198
民众学校算术练习簿	8-0171
民众学校算术教授书	8-0187
民众组织篇：中等学校特种教材	3-0264
民众珠算课本	8-0166　8-0167
民众珠算课本教学法	8-0186
民众珠算课本教授书	8-0184
民众党义课本	8-0071
民众党义课本教学法	8-0080
民众高级读本	8-0019
民众读本	8-0012
民众读的	8-0014
民众教育	4-0697　4-0700
民众教育补习用书自然课本	8-0190
民众教育读本	8-0010
民众教育概论	4-0698
民众教科书工人课本	8-0015　8-0016
民众教科书工人课本教授书	8-0061
民众教科书千字课本	8-0108
民众教科书农人课本	8-0018
民众教科书识字课本	8-0110
民众教科书商人课本	8-0205
民众常识课本	8-0194
民众常识课本教学法	8-0196
民众商人课本	8-0205
民众简易常识读本	8-0195
民众算术课本	8-0168
民众算术课本：初级	8-0163
民众算术课本教学法	8-0185
民众算术课本教授书	8-0181
民国华侨初等小学国语教科书	2-0842
民国华侨国语教科书	2-0842
民国初等小学教科书造句启蒙	2-1334
民国初等小学教科书第一简明博物启蒙	2-3212
民国唱歌集	2-3495
民国新国文教科书	2-0831
民国新教科书几何学	3-2170
民国新教科书几何学问题详解	3-2227
民国新教科书三角学	3-2453
民国新教科书三角学习题答案	3-2538
民国新教科书三角学问题详解	3-2535
民国新教科书化学	3-2813
民国新教科书生理及卫生学	3-3331
民国新教科书代数学	3-1994
民国新教科书代数学习题答案	3-2114
民国新教科书代数学订正问题答案	3-2114
民国新教科书代数学问题详解	3-2112
民国新教科书动物学	3-3246
民国新教科书矿物学	3-3047
民国新教科书物理学	3-2620
民国新教科书植物学	3-3158
民国新教科书算术	3-1842
民国新教科书算术习题答案	3-1925
民国新教科书算术问题详解	3-1921
民族文选	3-0723
民智初级三民主义教本	2-0326
民智初级三民主义教钥	2-0334
民智初级中学新算术	3-1863
民智初级自然教本	2-2858
民智初级社会教本	2-0645
民智初级音乐	2-3531
民智初级音乐教钥	2-3589
民智初级算术教本	2-2397
民智国语标准读本	2-1450
民智国语读本	2-1449
民智高级三民主义教本	2-0330
民智高级三民主义教钥	2-0338
民智高级卫生教本	2-3404
民智高级自然教本	2-2934
民智高级社会教本	2-0700
民智高级音乐	2-3561
民智高级音乐教钥	2-3599
民智高级算术教本	2-2503
民智高级算术教钥	2-2654
民智新课程高级小学国语教钥	2-1206
民智新课程高级小学国语教科书	2-1009
民智算术教本	2-2503
民歌选	3-0617
辽宁省教育厅丛书	4-0601
加法	7-0057

皮肤的疾病	2-3378
发动机	5-0152
发明家小史	2-0698
发明家的故事	2-2834
发明家故事	2-0691
发树	3-1016
圣母会丛书	3-1153
圣经历史教科书	2-0081
圣经故事教科书	2-0082
对唱歌曲	2-3544
台湾省公民训练课本	3-0186
台湾省国民学校暂行国语课本	2-0790
幼儿工作游戏教材	7-0075
幼学体操法	2-3870 2-3984
幼学须知	2-0022
幼学须知句解	2-0022
幼学琼林	2-0022
幼学琼林读本:言文对照	2-0022
幼学操身	2-3866
幼童军图画课本	9-0016
幼童国语读本	2-1492
幼童国语读本指导书	2-1596
幼童课本	2-0088
幼稚师范学校教科书幼稚园教材及教学法	4-0693
幼稚师范学校教科书教育概论	4-0386
幼稚师范教科书	4-0692
幼稚字课读本	7-0028
幼稚园小学低年级的沟通教学法	7-0018
幼稚园小学校音乐集	2-3525
幼稚园小学课程标准	1-0013
幼稚园小学课程标准[修正本]	1-0014
幼稚园小学课程暂行标准	1-0012
幼稚园生活课本指导书	7-0021
幼稚园行政	4-0515
幼稚园社会自然课本	7-0002
幼稚园社会自然课本教学法	7-0016
幼稚园社会自然教学法	7-0016
幼稚园的卫生教育	7-0025
幼稚园的设备	7-0024
幼稚园的演变史	4-0668
幼稚园故事课本	7-0005
幼稚园故事课本教学法	7-0017
幼稚园保育法儿童心理学	4-0399
幼稚园音乐课本:教材及教法	7-0071
幼稚园读本	7-0011 7-0032 7-0035 7-0046
幼稚园读本教学法	7-0049 7-0050
幼稚园课本	7-0003 7-0004 7-0011 7-0012
幼稚园课程	1-0073
幼稚园教材及教学法	4-0683 4-0693
幼稚园教材研究	7-0019 7-0022
幼稚园教育	4-0681
幼稚园教育丛书	4-0668
幼稚园教学法	4-0686
幼稚园常识一百六十课	7-0063
幼稚园常识课本	7-0066
幼稚园游戏一百六十种	7-0074
幼稚园游戏教学法	7-0073
幼稚园新读本	7-0042 7-0065
幼稚园新歌	7-0070
幼稚园算术	7-0059
幼稚园算术教学法	7-0062
幼稚作法教授法	7-0014
幼稚识字	7-0039
幼稚识字读本	7-0043
幼稚国文	7-0030
幼稚读本	7-0031 7-0040 7-0041
幼稚教育	4-0679 4-0684 4-0685
幼稚教育丛书	7-0020 7-0022 7-0024 7-0025
幼稚教育概论	4-0694
幼稚常识读本	7-0067
幼稚常识教学法	7-0068
幼稚唱歌	7-0069
幼稚混合课本	7-0013
幼稚混合算术:算术·故事·工作	7-0060

六 画

[一]

动电学	3-2602
动物	3-3280 3-3298 3-3300 3-3312 4-0267
动物表解	3-3306
动物学	3-3227 3-3232 3-3237 3-3241 3-3246 3-3248 3-3251 3-3256 3-3257 3-3259 3-3265 3-3270 3-3274 3-3281 3-3286 3-3290 3-3307 3-3309 3-3310 4-0258 4-0259 4-0260 4-0263 4-0266 4-0268
动物学(教授稿本)	3-3253
动物学讲义	4-0261

动物学启蒙	2-2827
动物学教本	3-3255
动物学教员准备书	3-3305
动物学教科书	3-3226　3-3227　3-3228　3-3232
	3-3234　3-3241　3-3243　3-3247
	3-3250　3-3254　5-0112
动物学新教科书	3-3239
动物标本制作新法	3-3302
动物教科书	3-3226　3-3233　3-3234
动物植物	3-3311
动的教学法之尝试	4-0578
动植物生理学教科书	3-3069
动植物学纲要	3-3071
动植物试题总解	3-3111
考试必备几何表解	3-2236
考试必备百科常识问答	3-0035
考试必携百科常识问答丛书	3-1331
考试指导丛书	3-0458　3-2154　3-2427
老仆人的故事	2-0666
执信学校小五国文讲义	2-1080
地文之部	3-3010
地文学	3-3011　3-3012
地文学教科书	3-3013
地方自治	4-0078
地方自治浅说	2-0309
地方教育行政	4-0494　4-0495　4-0497　4-0502
	4-0507
地名检查表	3-1753
地质矿物学	3-3064
地质学	3-3007　3-3014　3-3015
地质学简易教科书	3-3004
地学概论	3-1503
地理	2-2090　2-2137　2-2152　2-2155
	2-2173　2-2180　2-2183　2-2185
	3-1476　3-1477　3-1587　3-1591
	4-0134　4-0135　4-0137　4-0138
	4-0139　4-0142　5-0205
地理:初中	3-1475
地理[修正本]	3-1479
地理之部	3-1487
地理讲义	4-0136
地理启蒙[订正本]	2-2107
地理学讲义	3-1461　4-0143
地理学初步	2-2104
地理学参考	3-1636
地理学通论	3-1478
地理临时样本	2-2188
地理读本	2-2081
地理课本	2-2085　2-2089　2-2139　2-2164
	2-2165　2-2166　2-2168　2-2169
	2-2170　2-2171　2-2182　2-2189
	8-0157　8-0158
地理课本教授书	2-2215
地理教学法	2-2193　2-2225
地理教学参考书	2-2236
地理教学指引	2-2233　2-2235
地理教科书	2-2073　2-2094　2-2135　3-1467
	3-1470
地理教案	2-2212
地理教授之概要	4-0144
地理常识	3-1469
地理编教学法	2-2224
地震海啸火山爆发的研究	2-2957
扬州历史教科书	2-2285
共产儿童读本	2-0279
共和论说升阶	2-1727
共和论说进阶	2-1726
共和论说启悟初编	2-1620
共和国民英文读本	3-0913
共和国民读本	2-0379
共和国民新读本	2-0379
共和国教科书人文地理	3-1493
共和国教科书中国文学史	3-0007
共和国教科书中学代数学	3-1992
共和国教科书中学用器画图式	3-2268
共和国教科书中学英文法	3-1086
共和国教科书中学英文读本	3-0928
共和国教科书化学	3-2815
共和国教科书公民须知	3-0148
共和国教科书文字源流	3-0473
共和国教科书文法要略	3-0754
共和国教科书本国史	3-1212
共和国教科书本国地理	3-1526
共和国教科书平三角大要	3-2454
共和国教科书平三角大要问题详解	3-2536
共和国教科书平面几何	3-2293
共和国教科书东亚各国史	3-1365
共和国教科书生理学	3-3332
共和国教科书用器画解说	3-2260
共和国教科书外国地理	3-1640

共和国教科书立体几何	……………	3-2360
共和国教科书动物学	………………	3-3248
共和国教科书西洋史	………………	3-1364
共和国教科书自然地理	……………	3-1499
共和国教科书兵式教练	……………	9-0001
共和国教科书初等小学新国文	……	2-0838
共和国教科书初等小学新算术	……	2-2376
共和国教科书英文法阶梯	…………	3-1087
共和国教科书英文读本	……………	2-1857
共和国教科书矿物学	………………	3-3048
共和国教科书国文读本	……………	3-0524
共和国教科书国文读本评注	………	3-0525
共和国教科书物理学	………………	3-2621
共和国教科书法制大要	……………	3-0275
共和国教科书法制大意	……………	2-0319
共和国教科书法制概要	……………	3-0276
共和国教科书经济大要	……………	3-3411
共和国教科书修身要义	……………	3-0243
共和国教科书高等小学新地理教授法 …… 2-2205 2-2206
共和国教科书高等小学新国文	……	2-0987
共和国教科书高等小学新国文教授法	…	2-1185
共和国教科书植物学	………………	3-3157
共和国教科书普通体操	……………	3-3605
共和国教科书新历史	……… 2-1949 2-1950
共和国教科书新历史教授法	………	2-2027
共和国教科书新手工	…… 2-3762 2-3805 2-3807
共和国教科书新手工教授法	…… 2-3851 2-3860
共和国教科书新地理	…… 2-2125 2-2126 2-2127
共和国教科书新字帖	………………	2-1828
共和国教科书新农业	………………	2-3451
共和国教科书新农业教授法	………	2-3462
共和国教科书新体操	……… 2-3981 2-3988
共和国教科书新国文	…… 2-0832 2-0982 2-0983
共和国教科书新国文教案	……… 2-1133 2-1134
共和国教科书新国文教授法 …… 2-1116 2-1118 2-1182 2-1183
共和国教科书新图画 …… 2-3655 2-3656 2-3690 2-3722
共和国教科书新修身 …… 2-0504 2-0506 2-0543 2-0544
共和国教科书新修身教授法 …… 2-0581 2-0584 2-0604 2-0605
共和国教科书新理科	……… 2-3138 2-3143
共和国教科书新理科教授法	…… 2-3171 2-3176
共和国教科书新唱歌	……… 2-3523 2-3557
共和国教科书新商业	………………	2-3476
共和国教科书新商业教授法	………	2-3482
共和国教科书新缝纫	……… 2-3763 2-3808
共和国教科书新算术 …… 2-2374 2-2482 2-2485 2-2764 2-2768 2-2782
共和国教科书新算术教案	…… 2-2592 2-2593
共和国教科书新算术教授法 …… 2-2580 2-2582 2-2796 2-2814
共和国教科书算术	……………………	3-1841
共和国教科书簿记	……………………	3-3430
亚细亚图画教本	………………………	3-3561
机构学原理	……………………………	5-0165
机械工作法	……………………………	5-0166
机械工作法讲义	………………………	5-0166
机械工程工作法:第2编 木工	……	5-0176
机械之母	………………………………	2-2996
机械图	…………………………………	3-2270
机械图画法	……………………………	3-2264
机械制图	………………………………	5-0164
机械学	…………………………………	5-0163
过中秋	…………………………………	2-0030
过新年	…………………………………	2-0676
西人东来	………………………………	2-0693
西史纲要[增订本]	……………………	3-1373
西洋历史	………………… 3-1350 3-1357
西洋历史地图	…………………………	3-1749
西洋历史教科书 …… 2-1889 2-1943 3-1350 3-1356 3-1357 3-1359 3-1362
西洋文化史大纲	………………………	3-1443
西洋史	………………… 3-1364 3-1417
西洋史参考书	…………………………	3-1438
西洋史教科书	…………………………	3-1401
西洋近百年史	…………………………	3-1425
西洋哲学史	……………………………	4-0026
西洋教育史	………………… 4-0663 4-0666
西洋教育史大纲	………………………	4-0659
西洋教育史纲要	………………………	4-0660
在家里做的事	…………………………	2-3775
百分算及利息算	………………………	2-2674
百家姓	………………… 2-1278 2-1279
有机化学	………………………………	3-2820
有益农家的动物	………………………	2-2889
有趣味的图画	…………………………	2-3703
有趣的理化问题	………………………	2-3157
有趣的算法	……………………………	2-2417

达夫物理题解				3-2737
列宁小学国语教科书				2-0896
成人补习基本教育初级班课本				8-0048
成人班妇女班笔算课本				8-0179
成人班学习指导法				8-0066
成本会计教科书:潘译成本会计节本				3-3440
成语使用法				6-0040
成语类选				6-0049

[l]

师生必备几何表解				3-2236
师范小丛书	4-0011	4-0552	4-0564	4-0588
	4-0608	4-0609	4-0611	4-0615
	4-0616	4-0617	4-0619	4-0621
	4-0622	4-0627	4-0628	4-0629
	4-0630	4-0633	4-0635	4-0676
	4-0682	4-0688	4-0690	4-0694
	4-0695	4-0714		
师范乡师小学行政				4-0501
师范乡师幼师历史				4-0113
师范乡师地理				4-0141
师范乡师物理学				4-0211
师范乡师教育心理实验				4-0437
师范乡师教育概论				4-0377
师范乡村师范小学教材及教学法				4-0580
师范乡村师范本国地理				4-0151
师范乡村师范幼稚师范公民				4-0059
师范乡村师范论理学				4-0053
师范乡村师范教育概论				4-0377
师范中学修身礼仪法书				4-0072
师范公民教科书				4-0056
师范生物学				4-0242
师范生的良友				4-0550
师范生实习指导			4-0639	4-0649
师范生怎样实习				4-0640
师范丛书	4-0100	4-0330	4-0367	4-0389
	4-0415	4-0416	4-0424	4-0446
	4-0479	4-0481	4-0487	4-0514
	4-0556	4-0558	4-0576	4-0587
	4-0590	4-0591	4-0597	4-0598
	4-0610	4-0613	4-0614	4-0625
	4-0632	4-0637	4-0677	4-0681
	4-0691	4-0702		
师范幼稚教育				4-0685
师范地方教育行政				4-0502
师范会考准备丛书		4-0017	4-0018	4-0060
	4-0132	4-0159	4-0171	4-0233
	4-0246			
师范讲义		4-0001	4-0003	4-0006
师范讲习社师范讲义		4-0006	4-0036	4-0062
	4-0069	4-0083	4-0115	4-0125
	4-0152	4-0153	4-0156	4-0162
	4-0200	4-0208	4-0226	4-0235
	4-0239	4-0251	4-0261	4-0273
	4-0331	4-0350	4-0404	4-0483
	4-0484	4-0531	4-0671	
师范讲习科课程教材纲要				1-0061
师范讲习科唱歌教本				4-0297
师范讲习科弹琴教本				4-0299
师范应用文				4-0101
师范物理学				4-0211
师范学校小学行政				4-0500
师范学校小学教材及教学法				4-0580
师范学校及乡村师范学校小学行政				4-0501
师范学校及乡村师范学校乡村教育				4-0719
师范学校及乡村师范学校生物学				4-0244
师范学校及乡村师范学校教育心理实验				4-0437
师范学校及乡村师范学校教育概论				4-0377
师范学校乡村教育				4-0708
师范学校中学校代数学教科书				3-1990
师范学校用教育概论				4-0370
师范学校民众教育				4-0700
师范学校幼稚教育				4-0685
师范学校各科教学纲要(广东全省第四次教育会议议决案)				1-0056
师范学校实习指导				4-0649
师范学校课程标准		1-0049	1-0051	1-0060
师范学校教本小学教师应用工艺				4-0311
师范学校教本小学教材及教学法				4-0584
师范学校教本及参考书样本				4-0016
师范学校教本西洋教育史大纲				4-0659
师范学校教本论理学纲要				4-0046
师范学校教本教育生物学				4-0241
师范学校教育心理				4-0443
师范学校教育心理学				4-0441
师范学校教育史				4-0651
师范学校教育实习				4-0646
师范学校教育测验与统计				4-0453
师范学校教育概论				4-0377 4-0382
师范学校教科书 乙种				4-0490 4-0660
师范学校教科书 甲种		4-0096	4-0372	4-0427

	4-0493　4-0494　4-0571　4-0684
师范学校教科书几何及三角	4-0194
师范学校教科书小学教材及教学法	4-0583
师范学校教科书卫生	4-0277
师范学校教科书历史之编纂及教学	4-0620
师范学校教科书比较教育	4-0673
师范学校教科书中国文典	4-0079
师范学校教科书中国地理	4-0145
师范学校教科书公民	4-0056
师范学校教科书生物学	4-0243
师范学校教科书生理卫生学	4-0272
师范学校教科书外国史	4-0128
师范学校教科书地理	4-0137
师范学校教科书各科教授法	4-0538
师范学校教科书论理学	4-0055
师范学校教科书劳作	4-0318　4-0321
师范学校教科书体育	4-0328
师范学校教科书物理学	4-0214
师范学校教科书实习	4-0642
师范学校教科书实习指导	4-0643
师范学校教科书美术	4-0313
师范学校教科书教育心理学	4-0418　4-0425　4-0435
师范学校教科书教育史	4-0651
师范学校教科书教育行政	4-0516
师范学校教科书教育测验与统计	4-0449
师范学校教科书解析几何	4-0193
师范学校教科书算术	4-0178
师范学校基本运算之练习	4-0184
师范学校新教科书历史	4-0106
师范学校新教科书中国文学史	4-0007
师范学校新教科书手工	4-0307
师范学校新教科书心理学	4-0406
师范学校新教科书乐典	4-0296
师范学校新教科书地理	4-0135
师范学校新教科书论理学	4-0039
师范学校新教科书农业	4-0285
师范学校新教科书体操	4-0325　4-0326
师范学校新教科书学校管理法	4-0469
师范学校新教科书美术史	4-0308
师范学校新教科书哲学发凡	4-0023
师范学校新教科书教育史	4-0656
师范学校新教科书教育学	4-0357
师范学校新教科书教授法	4-0537
师范学校新教科书商业	4-0294
师范学校新教科书簿记	4-0295

师范学校算学	4-0167
师范学堂中学堂博物学大意	3-3019
师范学堂选科地理讲义	4-0146
师范标准唱歌教科书	4-0303
师范修身教科书	4-0071
师范修身教科讲义	4-0070
师范音乐概论	4-0306
师范美术	4-0315
师范教本师范生怎样实习	4-0640
师范教育心理[最新修订本]	4-0443
师范教科书测验及统计	4-0459
师范教科书教材及教学法	4-0604
师范教科书教育通论	4-0391
师范教科丛编	4-0061　4-0077　4-0203　4-0237
	4-0247　4-0258　4-0269　4-0392
	4-0462
师范简师教材及教学法	4-0605
师范新刊本	4-0458　4-0480　4-0499　4-0574
	4-0575　4-0586　4-0592　4-0593
	4-0644　4-0667　4-0680
师范新地理	4-0147
师范新制修身教本	4-0073
师范新哲学	4-0022
师范算学	4-0167
师范、乡村师范教育测验与统计	4-0453
光的研究	2-2990
光学	3-2614
当代文法	3-0767
当代国文	3-0357　3-0409
当代国文[修正版]	3-0369
曲选	6-0033　6-0064
曲铁工艺	5-0161
团体智力测验:量表乙(第一类)	3-0060
吃月饼	2-0036
吃甚么好	2-3363
回语读本	2-1460　2-1532

[丿]

朱氏初中化学	3-2853
朱氏初中本国史	3-1255
朱氏初中本国史指导书	3-1323
朱氏初中外国史	3-1394
朱氏初中国文	3-0354
朱氏初中物理学	3-2654
朱氏高中化学实验	3-2989
朱吴两氏高中化学	3-2895

朱吴两氏高中化学[修正本]	3-2912
先秦寓言选	3-0570
先烈廖仲恺先生殉国纪念中心教材	2-0295
伟大的电	2-3001
伟大的蒸汽机	2-2905
优美体操	2-3873
伤病急救法	2-3445
伦理学	4-0061　4-0066　4-0067
伦理学大要	3-0231
伦理学大意讲义	4-0062
伦理学原理	4-0063
伦理学教科书	3-0230
伦理教科书	3-0223　3-0227
伦理教科范本	3-0225
华工学校讲义	8-0009
华氏学算笔谈	2-2337
华英亚洲课本	3-0901
华英进阶	2-1838
华英国学文摘	2-1837
华侨小学公民课本	2-0373
华侨尺牍课本	2-1666
华法中学读本	3-1149
自己管得很好	2-0354
自由车队训练法	9-0048
自学辅导化学实验法	3-2930
自修应考准备读物代数学	3-2125
自修参考最新代数学	3-2118
自然	2-2853　2-2854　2-2856　2-2933　2-3037　2-3043　2-3046　2-3104
自然:高级	2-2975
自然分类普通植物检索表	3-3164
自然地理	3-1499　3-1504　3-1506　3-1510
自然地理学原理	3-1500
自然问答:投考初中一年级	2-3105
自然补充教材	2-2835
自然学常识问答:考试秘诀	2-3103
自然指南	2-3107
自然研究教学法	2-3061
自然科作业概要	2-3112　2-3113
自然科学	3-2569
自然科学及其教授法	3-2575
自然科学考试指南	3-2577
自然科学参考书	2-3070
自然科战时补充教材	2-2836
自然科教学参考书动物标本制作新法	3-3302
自然科教学参考书采集动物标本须知	3-3303
自然科教授书	2-3071　2-3083　2-3084
自然科教授草案	2-3100
自然复习书	2-3109
自然总览	2-3106
自然总览:高级自然总复习[增订本]	2-3108
自然课本	2-2841　2-2847　2-2857　2-2936　2-3020　2-3029　2-3030　2-3039　2-3044　2-3051　8-0190　8-0191
自然课本教学法	2-3073　2-3080　2-3087
自然课本教授书	2-3072
自然教材	2-2979　2-2980　2-2981　2-2982　2-2983　2-2984　2-2985　2-2986　2-2987　2-2988　2-2989　2-2990　2-2991　2-2992　2-2993　2-2994　2-2995　2-2996　2-2997　2-2998　2-2999　2-3000　2-3001　2-3002　2-3003　2-3004　2-3005　2-3006　2-3007
自然教学法	2-3076　2-3079　2-3089　2-3096
自然教学指引	2-3068
自然教学做法	2-3077　2-3092
自然教科书	2-2848　2-2849　2-2853　2-2922　2-2973
自然教授书	2-3075
自然副课本	2-3021
自然常识	2-2923
自编爱国教材	2-0280
后汉书小识教授法	2-2016
后期小学三民主义课本	2-0329
后期小学三民主义课本教学法	2-0337
后期小学中山主义新国民读本	2-0307
后期小学北新历史教本	2-1974
后期小学北新历史教本教授书	2-2047
后期小学北新地理教本	2-2151
后期小学北新自然教本	2-2931
后期小学北新国语教本	2-1011
后期小学北新国语教本教授书	2-1208
后期小学北新党义教本	2-0347
后期小学自然课本	2-2928
后期小学国语读本教学法	2-1603
行为主义心理学讲义	3-0107
行进游技法	2-3918
行的演进	2-0710
行索中学校五年一贯制国文教科书	3-0321

全国大学入学试题精解	3-0076
全国大学入学试题精解(36年度最新版)	3-0087
全国中学会考试题汇编(附详解)	3-0048
全国中学国文成绩学生新文库:乙编	3-0853
全国师范会考题解总集:系统编制	4-0019
全国各省市中学试题汇解	3-0047
全国初中入学试题精解(民国廿三年至廿四年)	3-0062
全国初中会考试题总览(民国廿二年至廿四年)	3-0074
全国初中会考试题总览(民国廿五年增订本)	3-0064
全国初中会考题解总集	3-0065
全国初中作文精华	3-0830
全国现代初中作文	3-0828
全国现代初中作文精华	3-0825
全国国民高等学校入学试题详解:优级学生升学必备	3-0081
全国学生国文成绩	3-0850
全国学校文府	3-0852
全国学校成绩新时代国文大观	3-0854
全国学校国文成绩大观:下编	3-0848
全国学校国文成绩大观:上编	3-0846
全国学校国文成绩大观:中编	3-0847
全国学校国文成绩文库:甲编	3-0855
全国学校国文成绩新文库:乙编初集	3-0856
全国高中入学试题精解	3-0070
全国高中会考试题总览	3-0077
全国高中会考题解总集	3-0078
全部中等理化试题详解	3-2582
会计及审计	5-0222
会计学	3-3444 5-0219
会计学教科书	5-0224
会考复习丛书	3-1710
合作事业	5-0209 5-0210
合作商店的研究	2-2515
合科实验的廉方教学法	2-0187
合群的昆虫	2-2888
创作独幕剧选	3-0595
创作短篇小说选	3-0598
创造国文读本	3-0657
名人尺牍选本	6-0010
名画家故事	2-3676
名学浅说	4-0034
名歌汇选	3-3493
各国小学教育比较论	4-0674
各种日用品制作法	2-3827
各种军器	2-2949
各种表解丛书:考试必备	3-0050
各种烹调料的研究	2-2954
各科考试问题详解	3-1014 3-1176 3-2577
各科考试问题详解(乙:社会科学部)	3-0042
各科考试问题详解(丙:史地部;丁:自然科学部)	3-0043
各科考试问题详解(戊:文理部;己:英算部)	3-0044
各科考试问题详解(甲:党义部)	3-0041
各科问答丛书	2-0567
各科问题小学升学指导(算术 社会)	2-0249 2-0251
各科问题详解:考试秘本	3-0033
各科投考指南[增订本]	3-0051
各科表解丛书	3-1934
各科教材及教学法	2-0188
各科教学法	4-0546 4-0557
各科教科书内容概说	1-0081
各科教科书教学法样本	2-0212 2-0229
各科教授法	2-0144 2-0186 4-0524 4-0538 4-0544
各科教授法[增订本]	4-0545
各科教授法精义	4-0528
各科教授顺序	2-0152
各科常识大全	3-0066
各科常识问答	2-0273 3-0032
各科常识问答丛书	2-2239 2-3103
各科常识问答第一集	3-0039
各科常识难题一千解:小学生升学投考必备	2-0262
各科题解	3-0034
各科题解[订正本]	3-0046
多多少少	2-2416

[丶]

冰雪世界	2-0677
刘编算术	2-2502
交通初小算术教科书	2-2445
衣的演进	2-0707
衣食住怎样来的	2-2064
问答体物理学初等教科书	3-2595
羊和呢绒	2-2909
江西乡土历史教科书	2-2277
江西乡土地理教科书	2-2273
江西省小学战时国语教材	2-0785
江西省学校国文成绩	3-0841
江苏乡土历史教科书	2-2268
江苏乡土地理教科书	2-2272
江苏师范讲义	4-0105 4-0134 4-0204 4-0220 4-0238 4-0248 4-0259 4-0270

	4-0324 4-0395 4-0466	
江苏师范学堂讲授教授法	4-0607	
江苏师范学堂暂用章程	1-0048	
江苏各校国文成绩精华	3-0834 3-0844	
江苏各校国文成绩精华:三集	3-0845	
江苏省立上海中学校教学研究丛刊	3-0296	
江苏省学校国文成绩	3-0836	
江苏盐城县乡土教科书	2-2293	
江苏暂定小学堂章程	1-0019	
江南各学校新国文	3-0329	
江南音注音职工速成识字课本	8-0096	
江淮音注音职工速成识字课本	8-0097	
兴宁县立一中国文讲义	3-0328	
兴亚读本	2-0310	
字的游戏	2-1313	
安徽乡土历史教科书	2-2269	
安徽乡土地理教科书	2-2271	
安徽省学校国文成绩	3-0842	
军事看护	9-0005	
军事看护学	9-0006	
军事教育	9-0002	
军国民读本	2-1367	
军制学教程[改订本]	9-0003	
论青年的修养	3-0119	
论语选读	6-0025 6-0044	
论说入门	2-1734	
论说入门二集	2-1616	
论说入门三集	2-1617	
论说入门四至五集	2-1618	
论说入门初集	2-1615	
论说文	2-1739	
论说文范:国文入门必读	3-0827	
论说文范	3-0813 3-0824	
论说文范本	2-1754	
论说文法规范	2-1733	
论说文选	3-0683	
论说轨范	2-1640	
论说启悟集二编	2-1621	
论说启悟集三编	2-1622	
论说启悟集初编	2-1620	
论说范本二集	2-1730	
论说范本初集	2-1637	
论说新编二集	2-1626	
论说新编三集	3-0806	
论说新编初集	2-1625	

论理学	3-0092 3-0096 3-0098 3-0099	
	3-0102 4-0031 4-0032 4-0039	
	4-0042 4-0045 4-0048 4-0049	
	4-0052 4-0053 4-0054	
论理学[审定本]	4-0055	
论理学大纲	3-0100	
论理学讲义	4-0030 4-0036 4-0043	
论理学纲要	3-0090 3-0094 4-0041 4-0046	
论理学要领	4-0040	
论理学通义	3-0093	
论理学教科书	3-0091 3-0095 4-0037 4-0038	
	4-0047	
论理学概论	3-0097 4-0050	
农工商尺牍教本	8-0148	
农工商的演进	2-0694	
农艺化学	5-0069 5-0071	
农艺化学概论	5-0073	
农业	3-3422 4-0285	
农业及实习	4-0288 4-0289 4-0291	
农业气象教科书	5-0047	
农业生产课本	8-0203	
农业动物学	5-0113	
农业昆虫学	5-0082	
农业实用种树学教科书	5-0105	
农业实用种树教科书	5-0105	
农业经济及合作	4-0281	
农业经济学	5-0029 5-0030	
农业经济学[改编本]	5-0032	
农业经济教科书	5-0027	
农业科教授法	2-3464	
农业课本	2-3458 8-0202	
农业课本教授书	2-3467	
农业教科书	2-3450 2-3456	
农业常识	2-3470 3-3420	
农业概论	3-3423	
农业概论[改编本]	5-0026	
农业概要	4-0287	
农用无机化学新编	5-0017	
农务新编	5-0024	
农民千字课	8-0103	
农民须知	8-0032	
农民高级文化课本[改正实验用本]	8-0021	
农民读本	8-0024	
农民课本	8-0055	
农民教材	8-0043	

农民新教材	8-0068
农场管理学	5-0031
农产制造学	5-0052　5-0053　5-0054
农村杂字	8-0117
农村经济及合作	4-0282　4-0283
农村教育	4-0701
农作物病害学	5-0079
农作物害虫学	5-0080
农林天气学新编	5-0048
农事指导法	2-3469
农具	2-3800
农具学	5-0057　5-0058
农学丛书	5-0017　5-0024　5-0033　5-0039
	5-0048　5-0090　5-0096　5-0101
	5-0106
农学丛书　第七集	3-3241　5-0045　5-0077
农学丛书　第五集	2-3447
农学丛书　第六集	3-3149
农话	2-3449
农教丛书	8-0032　8-0033　8-0117　8-0195
设计的儿童游戏	2-3919
设计教育大全	4-0548
设计教学法	4-0549
设计教学法之实际	4-0552
设计教学试验实况	2-0154

[一]

寻仙人	2-1434
寻常小学修身书	2-0483　2-0570
寻常小学速通文法教科书	2-1323
寻常小学简明物理教科书	2-3118
孙中山先生革命史实	2-0344
阶梯中等日本语读本	3-1160
防奸教材	2-0287
妇女问题和家庭问题	2-0721
妇女国文读本	2-1368
妇女读本	8-0017
妇女课本	8-0030
妇孺五字书	2-1296　2-1297
好儿童	2-0805
好公民	2-0365　2-0447
好公民实施法	2-0422
好好保护他们	2-3365
好朋友	2-0027
好朋友·算术故事	7-0054　7-0055
好朋友·算术歌	7-0056　7-0057

好学生	2-0630
好孩子	2-0622
妈妈的绸衣	2-2874
戏剧式中学英文读本	3-1001
戏剧作法讲义	3-0784
观察课本:自然研究	2-2844
观察课本	2-0207
买东西去	2-2415
红孩儿读本	2-1384

七　画

[一]

麦的一生	2-2892
进步英语读本	3-0945　3-0957
运动和休息	2-3381
找姑娘	7-0054
走步体操游戏三段教材	2-3920
走步体操游戏三段教材:正编	3-3607
走步体操游戏三段教材:补编	2-3921
折纸几何学	3-2229
折纸教本	2-3749
孝经:言文对照	2-0023
孝顺的表姐	2-0663
投考大学全书:公民之部	3-0221
投考大学全书:生物之部	3-3109
投考大学全书:地理之部	3-1485
投考大学全书:物理之部	3-2733
投考中等学校算题标准附解法	3-1922
投考必携各科常识答问	3-0038
投考常识提要[改正本]	3-0075
投资算术	5-0252
投影几何学	3-2266
投影画	3-2265
投影画教科书	3-3545
抗建读本	2-1398
抗建读本教学指导书	2-1595
抗战三年中等学校补充教材二:公民科	3-0147
抗战小丛书	2-0285　2-0305
抗战小学文友	2-1232
抗战小学生文友	2-1232
抗战丛刊	1-0074
抗战吼声	2-3511
抗战国语选	2-1037
抗战图画手册	2-3634
抗战建国读本	2-1480

书名	编号
抗战建国读本:特册	2-1479
抗战建国编	3-0623
抗战读本	2-0305
抗战课本	2-0285
声光热的研究	2-2951
声学	3-2593
声音和乐器	2-3012
声韵沿革大纲	3-0491
抒事文选	3-0681
抒情文作法	3-0789　3-0799
抒情文作法范例	3-0789
抒情文选	3-0680
花卉园艺学	5-0104
劳动课本	2-3769
劳作工艺	4-0322　4-0323
劳作土工	3-3594
劳作木工	3-3587
劳作竹工	3-3595
劳作农业	4-0321
劳作金工	3-3591
劳作金木工	3-3592
劳作科折纸教本	2-3749
劳作家事	4-0318
劳作课本	2-3773
劳作教本	2-3771　2-3772　2-3814　2-3855　2-3864
劳作教学实例	2-3841
苏维埃课本	2-0281
苏联的研究	2-0714
杜韩两氏高中国文	3-0408
材料强弱学	5-0148
材料强弱学概要	5-0153
李氏初中外国史	3-1393
李氏高中外国史	3-1420
更强健了	2-3366
更新初级中学教科书本国史	3-1269
更新初级中学教科书本国地理	3-1575
更新初级中学教科书生理卫生	3-3385
更新初级中学教科书外国地理	3-1676
更新初级中学教科书国文	3-0377
更新初级中学教科书数值三角法	3-2497
更新高级中学教科书化学	3-2906
豆家姊妹	2-0031
两乞丐	2-1441
两个小朋友的信	2-1776
两个小店员	2-2418
两广师范学堂心理学讲义	4-0401
两广师范学堂国文课本	4-0082
两广速成师范地理学讲义	4-0133
两只熊	2-3224
两江优级师范学堂选科地理讲义	4-0146
两种恶魔	2-2867
两等小学体操教科书	2-3868
医学常识	3-3396

[I]

书名	编号
坚固的岩石	2-2911
时代儿童读本	2-0086　2-1548
时代教育丛书	3-0439　3-1174
时令读本	2-1382
时论文范	6-0041
时事教学法	2-0318
时钟	2-2945
时敏学堂修身科讲义	3-0232
吴氏高中生物学	3-3087
吴编算术教科书	2-2476
园艺学	5-0091　5-0092
园艺教科书	3-3570
邮传部上海高等实业学堂附属高等小学堂算术教本	2-2479
听琴动作	2-3881
听像甚么声音	2-3545
财政学	5-0258

[ノ]

书名	编号
我不能失信	2-0665
我们住的地球	2-0679
我们的节日	2-0661
我们的老祖宗	2-0692
我们的地球	2-2998
我们的耳朵	2-3013
我们的衣服	2-2994　2-3793
我们的运动器具	2-3900
我们的劳作竞进会:我们的中心活动之一	2-0046
我们的身体	2-3008
我们的国旗和党旗	2-0654
我们的呼吸器官	2-2982
我们的学校	2-0028
我们的房屋	2-2995
我们的骨骼	2-3377
我们的首都教学大纲	2-2192
我们的消化器官	2-2989

我们的教室	2-3774
我们的眼睛	2-2992
我们养的鸡鸭	2-3778
我国四大商埠	2-0687
我国主要饮食品概况	2-3817
我国各地的风俗	2-0716
我国的二大工程	2-0689
我国的交通	2-0640　2-0712
我国的首都	2-0688
我国的特产	2-0690
我国革命史	2-0278
我国银行会计制度	5-0225
我的工作簿	7-0008
我的卫生习惯	2-3382
我的水彩画	2-3630
我的国语习作	2-1818
我的常识参考	2-3341
我的算术研究	2-2692
私塾改良识字课本	2-1282
兵式体操教科书	3-3604
兵式教练	3-3613　9-0001
体育	4-0328　4-0329
体育丛书	2-3876　2-3877　2-3878　2-3879
	2-3880　2-3881　2-3882　2-3907
	2-3908　2-3909　2-3910　2-3911
	2-3912　2-3913　2-3929　2-3930
	2-3944　2-3945　2-3946　2-3947
	2-3948　2-3949　2-3963　4-0332
体育科教材和教法	2-3970
体育哲管理	3-3624
体育教本	2-3897　2-3906　3-3617
体育教材	2-3961　3-3622
体育教材:唱歌游戏	2-3934
体育教学法	3-3620　4-0636
体育教学法及图解	2-3969
体育游戏教材	2-3926　3-3610
体裁与风格	3-0887
体操	4-0325　4-0326
体操讲义	4-0331
体操教本	2-3959
体操教材	2-3872
体操教材:续编	2-3874
体操教学书	8-0199
体操教科书	3-3603
体操教科书兵式教练	3-3613
体操教授细目	2-3957
体操教授新论	3-3619
何氏初中几何	3-2191
何鲁陶三氏代数学	3-1998
作工的助手	2-2882
作文与日记	2-1812
作文文法指导合编	3-0900
作文示范	2-1641
作文丛书	3-0789　3-0790　3-0792　3-0878
作文百日通	2-1807
作文百法	2-1804
作文评价	3-0877
作文初步	2-1802
作文范本	2-1652
作文法	2-1806
作文练习书	2-1704
作文练习本	2-1702
作文指导	2-1710
作文研究	3-0785
作文科教材和教法	2-1723
作文秘诀	2-1821
作文描写精华	3-0891
作文教授法	3-0800
作文基础丛刊	3-0886
作文概论	3-0790
作文新范	3-0821
作文新教本	2-1696
作文题目五千个	3-0800
作文题目五千个:言文对照	3-0795
作物学	5-0061　5-0063
作物学各论	5-0064　5-0067
作物学泛论	5-0066
作物学实验教程	5-0068
作物学通论	5-0065
作物病理	5-0074
作物病理学	5-0076
作物害虫学	5-0084
低年级工作教学法	2-0221
低年级各科教学法	2-0210
低年级作文练习书	2-1706
低年级国语教学法	2-1160
低年级教育丛书	2-0210　2-1160　2-2617　2-3329
低年级常识教学法	2-3329
低年级假期自习书	2-1235
低年级算术科教学法	2-2603

低年级算术教学法	2-2611	2-2613
低年级算术教学新法		2-2607
低年级算术游戏	2-2617	2-2627
低级五月教材		2-0963
低级日本研究教材		2-1917
低级作文练习		2-1820
低级国语精读文选		2-1489
低级看图作文		2-1705
低级夏令儿童读本(国语常识合订本)		2-0098
低级党义教材		2-0345
低级读文教材创作集		2-1494
低学年设计教学法		2-0208
住在山洞里的人		2-0631
住在冷地方的人		2-0635
住在树上的人		2-0632
住在热地方的人		2-0634
住在海滩的人		2-0633
住的演进		2-0709
伴奏谱		3-3513
佛学初小教科书		2-0083
近人白话文选		3-0711
近人传记文选		3-0611
近人自传选		3-0602
近世几何		3-2176
近世无机化学		3-2826
近世化学教科书	3-2801	3-2807
近世文选		3-0540
近世平面几何学		3-2296
近世会计学		5-0220
近世初等代数学		3-1999
近世英文选		3-0999
近世物理学教科书:九卷		3-2600
近世物理学教科书物理		3-2622
近世普通科学		3-2571
近世算术		4-0172
近代几何学		3-2231
近代中学英文选		3-1012
近代世界革命史话		3-1376
近代英文选		3-0988
近代的农场		2-3832
近代帝国主义概论		8-0154
余氏高中本国史	3-1297	3-1305
饮的卫生		2-3443
系统编制全国初中会考题解总集		3-0065

系统编制全国高中会考题解总集		3-0078

[、]

言文儿童新尺牍		2-1788
言文对照小学生新尺牍	2-1677	2-1780
言文对照广注论语读本		3-0553
言文对照广注孟子读本		3-0554
言文对照女子作文新范		2-1753
言文对照女子新尺牍	2-1769 2-1772	3-0861
言文对照中华历史快读		2-1916
言文对照中学新文范		3-0536
言文对照作文新范		3-0821
言文对照作文题目五千个		3-0800
言文对照初小新文范		2-1627
言文对照初学论说文范		2-1737
言文对照初学论说精华		2-1738
言文对照初学新文范		2-1736
言文对照初等论说文范		2-1757
言文对照初等作文新范		2-1755
言文对照初等新文范		2-1627
言文对照初等新尺牍		3-0866
言文对照国文读本		3-0648
言文对照学生新尺牍	2-1791	3-0862
言文对照高小学生尺牍		2-1688
言文对照高小新文范		2-1646
言文对照高级小学生尺牍		2-1685
言文对照高等论说新范		2-1762
言文对照高等作文新范	2-1642	2-1763
言文对照高等新文范	2-1643	2-1646
言文对照高等新论说		2-1760
言文对照高等新法文范		2-1645
言文对照商业新尺牍		3-0860
言文对照新民尺牍课本		2-1676
言文对照新式初等论说指南		2-1758
言文对照新式商业尺牍		3-0859
言文对照新式普通尺牍		2-1771
言文对照新时代学生文范	2-1628	2-1644
言文对照新时代高等学生文范		2-1644
言文对照新学生尺牍		3-0858
应用力学大意		5-0015
应用文	3-0874	5-0005
应用文讲义		8-0149
应用文范		6-0059
应用文举要		6-0051
应用文课本		2-1698
应用文教本		3-0791

书名	编号
应用用器画教科书几何画	3-2269
应用用器画教科书机械图	3-2270
应用昆虫学教科书	5-0077
应用国语会话	3-0488
应用图案讲话	2-3701
应用的国语会话	3-0488
应用数学	3-1781　3-1783
应用簿籍表册	4-0478
冷地的小朋友	2-0673
弟子规教科书	2-0468
弟弟学作文	2-1699
沙漠旅行	2-0678
汽车	2-2944
宋诗选	3-0592
启明英语读本	3-0976
评注中学论说新范	3-0808
评注古文读本	2-1510　3-0684
评注白话文范本	3-0534
评注全国学生英文成绩大观:乙级(中学之部)	3-1005
评注论说轨范	2-1640　3-0807
评注近代史读本	3-1223
评注国文读本	3-0741
评注国史读本	3-1222
评注国策编年读本	3-0640
评注高级中学国文读本	3-0713
评点历代白话文范	3-0533
评选历代白话文范	3-0533
补习国语	2-0799
补训国文课材:由发动革命至抗战胜利的重要文献	2-0286
初小卫生指导法	2-3426
初小卫生教学法	2-3424
初小中国公民	2-0371
初小公民训练指导书	2-0425
初小公教道理教学指导书	2-0215
初小公教道理教科书	2-0087
初小文范:文言语体对照	2-1486
初小尺牍课本	2-1681
初小自然课本	2-2852
初小自然教学法	2-3080
初小劳作要目	2-3857
初小劳作教本	2-3855
初小体育教本	2-3983
初小社会	2-0650
初小社会教学法	2-0744　2-0749　2-0750
初小国文教案参考书	2-1162
初小国语	2-0921　2-0932　2-0935　2-0941　2-1454
初小国语:补充教材	2-0948
初小国语读本	2-1475　2-1481　2-1482　2-1483　2-1487
初小国语读本[修正本]	2-1472
初小国语读本首册教学法	2-1591
初小国语读本教学法	2-1590　2-1592　2-1593
初小国语课本	2-0927　2-0939　2-0945　2-0950
初小国语课本(国语常识合编)	2-0106
初小国语课本(暂用本)	2-0964
初小国语教学法	2-1149　2-1152　2-1154　2-1155　2-1156　2-1159　2-1164　2-1165　2-1167　2-1168　2-1169
初小国语教科书	2-0908　2-0918　2-0923
初小国语教科书[修正本]	2-0917
初小国语常识	2-0219
初小国语常识教学法	2-0217
初小国语新读本	2-1473　2-1477
初小国常教学法	2-0217
初小春季常识教学法	2-3325
初小临时课本(国语常识合编)	2-0118
初小复兴常识课本	2-3258
初小修身教学法	2-0600
初小修身教科书	2-0523　2-0525　2-0526
初小音乐教本	2-3594
初小音乐教学法	2-3590
初小珠算	2-2775
初小珠算课本	2-2775
初小课本词句浅释	2-0942
初小常识	2-3280　2-3291　2-3296　2-3300
初小常识国语教学法	2-0214
初小常识课本	2-3269
初小常识课本教学法	2-3332
初小常识教学法	2-3316　2-3320　2-3325　2-3334　2-3337
初小常识教科书	2-3272　2-3273　2-3279　2-3285
初小新常识	2-3267　2-3281
初小新常识教学法	2-3335
初小新算术	2-2425
初小新算术教学法	2-2621
初小模范公民	2-0374
初小模范公民实施法	2-0423
初小模范音乐教科书	2-3550
初小模范音乐教科书:伴奏谱	2-3552

初小模范唱游教科书				2-3549
初小算术	2-2403	2-2439	2-2449	2-2455
	2-2456	2-2457	2-2459	2-2464
	2-2465	2-2708		
初小算术参考资料				2-2708
初小算术科教学进度表				2-2609
初小算术课本	2-2398	2-2427	2-2444	2-2451
	2-2466			
初小算术课本教学法				2-2625
初小算术教材教法				2-2632
初小算术教学法	2-2602	2-2608	2-2616	2-2622
	2-2623	2-2624	2-2628	2-2630
初小算术教学指引			2-2631	2-2633
初小算术教科书		2-2430	2-2437	2-2438
初中一年级国文读本				3-0660
初中二年级国文读本				3-0661
初中几何	3-2184	3-2185	3-2192	3-2200
	3-2202	3-2204	3-2205	3-2208
初中几何三角自修指导				3-2241
初中几何三角测验				3-2242
初中几何习题解答				3-2239
初中几何学	3-2187	3-2189	3-2195	3-2202
	3-2206			
初中几何复习指导			3-2240	3-2245
初中几何教本				3-2203
初中几何教科书			3-2197	3-2198
初中三年级国文读本				3-0662
初中三角		3-2485	3-2493	3-2494
初中三角术指导书				3-2532
初中三角法				3-2496
初中三角法习题解答				3-2548
初中三角学				3-2499
初中三角指导书				3-2532
初中三角教本				3-2488
初中卫生		3-3363	3-3365	3-3371
初中卫生学	3-3364	3-3366	3-3370	3-3372
初中卫生参考书				3-3401
初中卫生教本				3-3358
初中女子修身				3-0255
初中女子模范文读本				3-0652
初中女生体育教授细目				3-3626
初中历史				3-1164
初中历史地理自修指导				3-1180
初中历史指导书				3-1172
初中历史科教学进度表				3-1173

初中历史课本				3-1167
初中历史辅导书				3-1340
初中历史辑要				3-1177
初中日语				3-1159
初中中国地理教本			3-1554	3-1561
初中手工教本				3-3579
初中化学	3-2844	3-2846	3-2852	3-2853
	3-2857	3-2858	3-2861	3-2862
	3-2863	3-2867	3-2869	3-2870
	3-2871	3-2873	3-2878	3-2880
	3-2882	3-2886	3-2888	
初中化学[最新修订本]				3-2881
初中化学示教实验				3-2980
初中化学纲要			3-2847	3-2889
初中化学物理辅导书				3-2924
初中化学实验			3-2977	3-2979
初中化学实验法				3-2982
初中化学实验教程				3-2976
初中化学参考书				3-2944
初中化学指导书				3-2940
初中化学科教学进度表				3-2923
初中化学复习				3-2951
初中化学复习指导				3-2949
初中化学复习指导书				3-2946
初中化学测验				3-2948
初中化学教本			3-2849	3-2859
初中化学教本[修正本]				3-2860
初中化学教科书			3-2843	3-2854
初中化学提要				3-2952
初中化学辑要				3-2942
初中公民	3-0155	3-0157	3-0161	3-0163
	3-0164	3-0165	3-0166	3-0167
	3-0171	3-0172	3-0174	3-0175
	3-0176	3-0177	3-0179	3-0181
初中公民生理卫生自修指导				3-3403
初中公民自修指导				3-3403
初中公民讲义				3-0180
初中公民表解				3-0220
初中公民学教本			3-0152	3-0158
初中公民复习指导:升学考试必读				3-0218
初中公民复习指导书				3-0216
初中公民课本				3-0170
初中公民教学参考书				3-0210
初中公民辑要				3-0214
初中文选				3-0690

初中世界史教本	3-1391	3-1397
初中世界地理教本		3-1657
初中世界英语读本		3-0951
初中本国历史	3-1267	3-1270
初中本国历史参考书		3-1338
初中本国历史教本		3-1244

初中本国史 …… 3-1242 3-1243 3-1246 3-1251
　　　　　　　3-1253 3-1255 3-1256 3-1257
　　　　　　　3-1259 3-1263 3-1266 3-1271
　　　　　　　3-1272 3-1273 3-1339

初中本国史纲要 …… 3-1261
初中本国史参考书 …… 3-1335
初中本国史指导书 …… 3-1322 3-1323
初中本国史复习指导 …… 3-1337
初中本国史复习指导书 …… 3-1336
初中本国史教本 …… 3-1262

初中本国地理 …… 3-1541 3-1544 3-1549 3-1560
　　　　　　　　3-1565 3-1568 3-1569 3-1572
　　　　　　　　3-1577 3-1578 3-1579 3-1582
　　　　　　　　3-1584

初中本国地理纲要 …… 3-1589
初中本国地理参考书 …… 3-1619 3-1622
初中本国地理指导书 …… 3-1611
初中本国地理复习指导 …… 3-1623
初中本国地理复习指导书 …… 3-1621
初中本国地理教本 …… 3-1552 3-1555 3-1574
初中本国地理教科书 …… 3-1562
初中本国地理教科书[增订本] …… 3-1571
初中本国地理教科图 …… 3-1738 3-1746
初中本国地理提要 …… 3-1624
初中平面三角法教本 …… 3-2486
初中北新图画 …… 3-3560
初中史地自修指导 …… 3-1180
初中史地题解 …… 3-1181
初中史讲义 …… 3-1165
初中生物 …… 3-3074
初中生物学辑要 …… 3-3112
初中生物复习指导书 …… 3-3113
初中生理卫生 …… 3-3355 3-3373 3-3377 3-3382
　　　　　　　3-3384 3-3386
初中生理卫生[修正本] …… 3-3383
初中生理卫生学 …… 3-3351 3-3359 3-3381 3-3395
初中生理卫生学教本 …… 3-3380
初中代数 …… 3-2016 3-2020 3-2027 3-2030
　　　　　　3-2031 3-2034 3-2037 3-2040
　　　　　　3-2046 3-2047 3-2052 3-2053
　　　　　　3-2061 3-2064 3-2067 3-2145
初中代数[修正本] …… 3-2051
初中代数习题解答 …… 3-2138 3-2142
初中代数学 …… 3-2033 3-2036 3-2040 3-2145
初中代数学[增订本] …… 3-2049
初中代数学表解 …… 3-2148
初中代数学教科书 …… 3-2026
初中代数学提要 …… 3-2150
初中代数详解 …… 3-2140
初中代数复习指导 …… 3-2139 3-2146
初中代数测验 …… 3-2143
初中代数教本 …… 3-2019 3-2050 3-2057
初中代数教本习题解答 …… 3-2137
初中用新中华本国地理详解 …… 3-1558
初中乐理 …… 3-3480
初中外国历史 …… 3-1402 3-1407
初中外国历史表解 …… 3-1450
初中外国历史参考书 …… 3-1447
初中外国历史教本 …… 3-1404

初中外国史 …… 3-1386 3-1394 3-1395 3-1396
　　　　　　　3-1399 3-1400 3-1406 3-1407
　　　　　　　3-1409 3-1410 3-1411

初中外国史表解 …… 3-1452
初中外国史参考书 …… 3-1447 3-1449
初中外国史指导书 …… 3-1439
初中外国史科讲义 …… 3-1412
初中外国史复习指导 …… 3-1451
初中外国史复习指导书 …… 3-1448
初中外国史教本 …… 3-1390

初中外国地理 …… 3-1656 3-1665 3-1666 3-1668
　　　　　　　　3-1670 3-1671 3-1672 3-1673

初中外国地理[改订版] …… 3-1661
初中外国地理纲要 …… 3-1682
初中外国地理参考书 …… 3-1708 3-1717
初中外国地理指导书 …… 3-1706
初中外国地理复习指导 …… 3-1718
初中外国地理复习指导书:升学必读 …… 3-1716
初中外国地理教本 …… 3-1658 3-1674
初中外国地理教科图 …… 3-1769
初中写景文教学本 …… 3-0797
初中记事文教学本 …… 3-0796
初中动物 …… 3-3271 3-3291
初中动物学 …… 3-3258 3-3260 3-3266 3-3267
　　　　　　　3-3268 3-3275 3-3276 3-3278

	3－3281	3－3285	3－3288	3－3289	初中各科复习丛书 ············	3－0468　3－1817　3－2951
	3－3292	3－3293	3－3297	3－3299		3－3030
初中动物学[新编] ·················				3－3273	初中各科复习指导:投考升学必备	3－0069
初中动物学参考书 ·················				3－3313	初中农业 ·····················	3－3423
初中动物学指导书 ·················				3－3304	初中投考指南[增编本] ··········	3－0061
初中动物学教本 ········	3－3263	3－3283	3－3284		初中劳作:家事 ··········	3－3588　3－3593
初中动物参考书 ····················				3－3308	初中劳作工艺篇:土工 ···········	3－3582
初中动物复习指导 ···················				3－3314	初中劳作工艺篇:木工 ···········	3－3584
初中动物植物自修指导 ················				3－3311	初中劳作工艺篇:金工 ···········	3－3586
初中动植物学测验 ···················				3－3197	初中劳作工艺篇:藤竹工 ········	3－3583
初中地理 ·············	3－1468	3－1472	3－1473	3－1577	初中劳作土工 ···················	3－3594
初中地理讲义 ·······················				3－1580	初中劳作木工 ···················	3－3587
初中地理教科书 ············			3－1470	3－1471	初中劳作竹工 ···················	3－3595
初中地理辑要 ·······················				3－1489	初中劳作金工 ···················	3－3591
初中师范化学 ················			4－0228	4－0229	初中劳作金木工 ·················	3－3592
初中师范动物学 ···············			4－0262	4－0263	初中劳作教本农业 ···············	3－3423
初中师范适用教本世界地理 ···········				4－0157	初中男生体育教授细目 ···········	3－3625
初中师范适用教本初中新算术 ·········				3－1867	初中体育教本 ···················	3－3615
初中师范适用教科书本国地理 ·········				3－1544	初中作文精华 ···················	3－0830
初中师范教本中国史 ·················				4－0121	初中应用文 ·····················	3－0897
初中师范教本中国地理 ················				3－1556	初中应用文教本 ·················	3－0793
初中师范教本化学 ············			4－0228	4－0229	初中英文 ·······················	3－0965
初中师范教本生理卫生 ················				4－0276	初中英文自修指导 ···············	3－1042
初中师范教本动物学 ·················				4－0263	初中英文法 ············	3－1119　3－1122
初中师范教科书生理卫生学 ···········				4－0275	初中英文法教科书 ······	3－1114　3－1115　3－1116
初中师范教科书动物学 ················				4－0262		3－1117　3－1121
初中师范教科书初中国文 ·············				3－0348	初中英文选 ·····················	3－1044
初中师范教科书植物学 ················				4－0252	初中英文复习指导 ·······	3－1040　3－1049
初中师范职业本国史 ·················				3－1250	初中英文复习指导书 ·············	3－1037
初中师范植物学 ····················				4－0253	初中英文读本 ···················	3－0944
初中师范新标准动物学 ················				4－0264	初中英文辑要 ···················	3－1036
初中师范新标准植物学 ················				4－0254	初中英语 ·············	3－0964　3－0966　3－0967　3－0971
初中师范算术 ·······················				4－0177		3－1043
初中当代国文 ················			3－0357	3－0369	初中英语[修正版] ···············	3－0969
初中自修指导丛书 ···········		3－0466	3－1042	3－1180	初中英语文法 ···················	3－1122
	3－1815	3－2241	3－2578	3－3311	初中英语读本 ··········	3－0946　3－0959　3－0975　3－1045
	3－3403				初中英语教本 ···················	3－0968
初中自然科学 ······················				3－2568	初中直接法英语教科书 ···········	3－1033
初中自然科学教本 ···················				3－2569	初中矿物学 ·····················	3－3060
初中会考升学指导 ···················				3－0071	初中国文 ·············	3－0338　3－0344　3－0348　3－0349
初中会考升学指导:国文常识问答 ····				3－0462		3－0354　3－0366　3－0372　3－0375
初中会考升学准备丛书 ·······		3－0063	3－0217	3－1178		3－0376　3－0378　3－0379　3－0381
	3－1490	3－2742	3－2945	3－3111		3－0382　3－0392　3－0394　3－0395
初中各科必要习题 ···················				3－0067		3－0397
初中各科复习升学指导 ················				3－0073	初中国文:丙编 ·················	3－0694

书名	编号
初中国文[修正本]	3-0362
初中国文分类选读写景文选	3-0826
初中国文分类选读论说文选	3-0683
初中国文分类选读抒事文选	3-0681
初中国文分类选读抒情文选	3-0680
初中国文分类选读故事诗选	3-0682
初中国文百八课	3-0367
初中国文自修指导	3-0466
初中国文讲义	3-0383
初中国文实验教学法	3-0446
初中国文指导书	3-0445
初中国文选	3-0688
初中国文选本	3-0671
初中国文选本注解	3-0673
初中国文选读	3-0651　3-0691
初中国文科教学进度表	3-0447
初中国文复习	3-0468
初中国文复习指导:升学考试必读	3-0463
初中国文复习指导书	3-0464
初中国文读本	3-0654　3-0670　3-0704
初中国文读本[增注本]	3-0679
初中国文读本参考书	3-0748
初中国文教本	3-0340　3-0370　3-0374
初中国文教科书	3-0344　3-0345　3-0356　3-0365　3-0676
初中国文教科书标准国文选	3-0678
初中国文辅导书	3-0467
初中国民英语读本	3-0943　3-0973
初中国语	3-0385
初中国语与国文	3-0337
初中物理	3-2646　3-2653　3-2655　3-2658　3-2668　3-2671　3-2672　3-2673　3-2675　3-2681　3-2682
初中物理化学自修指导	3-2578
初中物理学	3-2645　3-2647　3-2654　3-2655　3-2660　3-2661　3-2662　3-2663　3-2682　3-2685　3-2687
初中物理学指导书	3-2717
初中物理学教科书	3-2647
初中物理学提要	3-2750
初中物理学辑要	3-2741
初中物理实验	3-2770
初中物理实验教程	3-2767
初中物理参考书	3-2739　3-2747
初中物理复习指导	3-2748
初中物理复习指导:中学生升学考试必读	3-2745
初中物理复习指导书	3-2743
初中物理测验	3-2746
初中学生文库	3-1450　3-1953　9-0029　9-0030
初中实用化学教本	3-2848
初中实用生理卫生学	3-3349
初中实用动物学	3-3269　3-3282
初中实用物理学教本	3-2644
初中实用植物学	3-3188
初中实验几何学	3-2194
初中实验英文文法读本	3-0940
初中实验教科书人体生理卫生学	3-3357
初中标准国文	3-0363
初中标准教本化学	3-2861
初中标准教本公民	3-0167
初中标准教本本国史	3-1263
初中标准教本本国地理	3-1569
初中标准教本外国史	3-1399
初中标准教本外国地理	3-1670
初中标准教本动物学	3-3281
初中标准教本物理学	3-2663
初中标准教本植物学	3-3190
初中标准算学几何	3-2193
初中标准算学代数	3-2039
初中标准算学教本几何	3-2193
初中标准算学教本代数	3-2039
初中标准算学教本数值三角	3-2490
初中标准算学数值三角	3-2490
初中标准算学算术	3-1879
初中临时教材几何	3-2215
初中临时教材三角	3-2500
初中临时教材历史	3-1170
初中临时教材生理卫生	3-3390　3-3393
初中临时教材代数	3-2069
初中临时教材代数学	3-2068
初中临时教材动物	3-3300
初中临时教材地理	3-1476　3-1591
初中临时教材国文	3-0391
初中临时教材物理	3-2688
初中临时教材物理学	3-2686
初中临时教材植物	3-3209
初中临时教材算术	3-1911
初中适用国文精选	3-0693
初中复习丛书	3-1446　3-1620　3-1715　3-1812　3-2244　3-2740　3-2943　3-3218

	3-3220	3-3307	3-3402	初中植物学教本		3-3175 3-3195
初中复习指导丛书	3-0216	3-1336	3-1448	初中植物参考书		3-3219 3-3221
	3-1621	3-1813	3-2743	初中植物科教学进度表		3-3213
初中修身		3-0253	3-0254	初中植物复习指导		3-3223

初中修身 ……………………………… 3-0253 3-0254
初中音乐 ……………………………………… 3-3464
初中音乐:乐理课本 ……………………… 3-3482
初中音乐:唱歌 …………… 3-3508 3-3509 3-3515
初中音乐和声学初步 ……………………… 3-3484
初中音乐读谱法 …………………………… 3-3485
初中音乐教本 ……………………………… 3-3465
初中音乐常识 ……………………………… 3-3466
初中音乐唱歌 ……………………… 3-3509 3-3515
初中活用英语读本 ………………………… 3-0955
初中活用英语读本指导书 ………………… 3-0998
初中活页文选 ……………………………… 3-0698
初中柔软体操教材 ………………………… 3-3614
初中党义 …………………………………… 3-0134
初中党义指导书 …………………………… 3-0138
初中铅笔画 ………………………………… 3-3563
初中高小国语科补充读物 ………………… 2-1550
初中理化 …………………………………… 3-2579
初中理化自修指导 ………………………… 3-2578
初中理化题解 ……………………………… 3-2580
初中教本本国史 …………………………… 3-1265
初中教本外国史 …………………………… 3-1406
初中教本最新生理卫生 …………………… 3-3369
初中教本最新动物学 ……………………… 3-3262
初中教本最新物理学 ……………………… 3-2659
初中教本最新植物学 ……………………… 3-3185
初中教科书人生地理 ……………………… 3-1496
初中教科书化学 …………………………… 3-2845
初中教科书生理卫生学 …………………… 3-3356
初中唱歌教本 ……………………… 3-3505 3-3506
初中混合自然科 …………………………… 3-2573
初中混合国语 ……………………………… 3-0341
初中混合理化教科书 ……………………… 3-2566
初中混合算学教员准备书 ………………… 3-1798
初中博物纲要 ……………………………… 3-3026
初中博物复习 ……………………………… 3-3030
初中植物 …………… 3-3180 3-3190 3-3193 3-3199
初中植物学 ………… 3-3168 3-3171 3-3174 3-3181
　　　　　　　　　3-3182 3-3187 3-3189 3-3200
　　　　　　　　　3-3201 3-3205 4-0253
初中植物学参考书 ………………………… 3-3222
初中植物学指导书 ………………………… 3-3212

初中暂用课本代数 ………………………… 3-2069
初中简易英文法 …………………………… 3-1120
初中新几何 ………………………… 3-2201 2216
初中新化学 ………………………… 3-2874 3-2877
初中新公民 ………………………………… 3-0174
初中新本国史 ……………………………… 3-1268
初中新本国地理 …………………………… 3-1573
初中新生理卫生 …………………………… 3-3378
初中新代数 ………………………………… 3-2045
初中新外国史 ……………………………… 3-1403
初中新外国地理 …………………………… 3-1675
初中新动物学 ……………………… 3-3287 3-3301
初中新英语 ………………………… 3-0956 3-0958
初中新国文 ………………………… 3-0371 3-0373
初中新国文指导书 ………………………… 3-0449
初中新物理 ………………………………… 3-2667
初中新物理学 ……………………… 3-2676 3-2680
初中新物理学[修订本] …………………… 3-2684
初中新标准卫生学 ………………………… 3-3368
初中新植物学 ……………… 3-3194 3-3208 3-3210
初中新算术 ………………… 3-1863 3-1885 3-1888
初中数学补习用书算术 …………………… 3-1954
初中数学复习指导书 ……………………… 3-1813
初中数学辑要 ……………………………… 3-1811
初中数学题解(最新编著) ………………… 3-1816
初中数值三角法 …………………………… 3-2492
初中模范日记[胜利版] …………………… 3-0829
初中模范文读本 …………………………… 3-0650
初中模范乐理教科书 ……………………… 3-3481
初中模范作文 ……………………………… 3-0832
初中模范作文[增订胜利版] ……………… 3-0831
初中模范唱歌教科书 ……………………… 3-3507
初中模范唱歌教科书伴奏谱 ……………… 3-3513
初中算术 …………… 3-1856 3-1870 3-1871 3-1873
　　　　　　　　　3-1877 3-1878 3-1879 3-1880
　　　　　　　　　3-1886 3-1891 3-1892 3-1893
　　　　　　　　　3-1894 3-1898 3-1900 3-1901
　　　　　　　　　3-1905 3-1906 3-1909 3-1910
初中算术[修正本] ………………………… 3-1897
初中算术习题解答 ………………………… 3-1947
初中算术代数自修指导 …………………… 3-1815

初中算术表解	3-1957
初中算术练习用书	3-1949
初中算术指导书	3-1913　3-1915
初中算术指南	3-1956
初中算术复习指导	3-1948
初中算术测验	3-1882
初中算术课本	3-1876
初中算术教本	3-1858　3-1896　3-1903
初中算术教科书	3-1866　3-1868
初中算学:算术 代数	3-1794
初中算学教科书几何	3-2186
初中算学教科书三角	3-2487
初中算学教科书代数	3-2023
初中算理辑要	8-0172
初中精读文选	3-0689　3-0695　3-0697　3-0699　3-0899
初中精读国文范程	3-0677
初中器械运动	3-3616
初级儿童白话信	2-1794
初级儿童班说话作文写字教学实例	2-1170
初级几何学	3-2179
初级几何学问题详解	3-2247
初级几何学问题解法	3-2247
初级小学公民训练教本	2-0420
初级小学尺牍指南	2-1679
初级小学尺牍新范本	2-1793
初级小学白话文	2-0961
初级小学写字练习本	2-1833
初级小学地理大纲	2-2197
初级小学好公民实施法	2-0422
初级小学作文练习本	2-1702
初级小学作文指导法	2-1819
初级小学作文新教本	2-1696
初级小学国文新读本	2-1429　2-1451
初级小学国语	2-0935
初级小学国语会话教科书	2-1347
初级小学国语读本	2-1487　2-1495
初级小学国语课本	2-0928　2-0953　2-0954
初级小学国语常识课本	2-0101　2-0104　2-0108
初级小学国语常识课本[标准本]	2-0102
初级小学国语常识课本[修订标准本]	2-0111
初级小学国语常识课本[第5次修订本]	2-0113
初级小学国语常识课本教学法	2-0218
初级小学国语常识课本教学法[修订标准本]	2-0217
初级小学国语常识课本教学指引	2-0213
初级小学国语常识教学法[第5次修订本]	2-0218
初级小学国语常识教学指引	2-0216
初级小学国语新读本	2-1477
初级小学国语新读本[改编本]	2-1473
初级小学国语新读本教学法	2-1594
初级小学国语新课本	2-0888
初级小学图画教本	2-3666　2-3667
初级小学单级教授法	2-0206
初级小学实用文练习本	2-1703
初级小学故事新读本	2-1432
初级小学南洋常识教学法	2-3324
初级小学适用课本国语	2-0957
初级小学修身教科书[暂时本]	2-0524
初级小学修身新教科书	2-0482
初级小学音乐课本	2-3556
初级小学语文常识课本:汉蒙文对照	2-0115
初级小学语文常识课本:汉藏文对照	2-0116
初级小学说话课本	2-1350
初级小学校国语教科书	2-0909
初级小学校教科书样本	2-0080
初级小学校常识教科书	2-3274
初级小学校算术教科书	2-2422　2-2431
初级小学副课本新国语	2-0926
初级小学常识	2-3299
初级小学常识课本	2-3283　2-3286
初级小学常识教学法	2-3320
初级小学寒假自习书	2-0237
初级小学模范公民实施法	2-0423
初级小学算术	2-2452
初级小学算术练习本	2-2423
初级小学算术课本	2-2440　2-2444　2-2449　2-2450　2-2459
初级小学算术课本[第2次修订本]	2-2456
初级小学算术教学指引	2-2631
初级小学算术教学指引[第2次修订本]	2-2633
初级小学算术教科书	2-2436
初级小学默读练习本	2-1470
初级中学几何	3-2210　3-2214
初级中学几何学	3-2195　3-2199
初级中学卫生	3-3371
初级中学历史	3-1166　3-1274　3-1276　3-1415
初级中学历史[修订本]	3-1275
初级中学历史[第2次修订本]	3-1169
初级中学历史教科书	3-1379
初级中学中国史	3-1248

初级中学中国近代史课本[修订本]	3-1286	初级中学地理[第1次修订本]	3-1587
初级中学手工教本	3-3579	初级中学地理[第2次修订本]	3-1474
初级中学手工教科书	3-3580	初级中学地理教科书	3-1467
初级中学化学	3-2862　3-2872　3-2879　3-2881 3-2883	初级中学地理辅导书	3-1625
		初级中学自然科学教科书	3-2562
初级中学化学学生实验教程	3-2974	初级中学设备标准物理学学生实验教程	3-2766
初级中学化学实验教程	3-2978	初级中学劳作:土木篇	3-3598
初级中学化学实验教程[最新修订本]	3-2981	初级中学劳作:木工篇	3-3596
初级中学化学教科书	3-2844	初级中学劳作:农业篇	3-3597
初级中学公民	3-0166　3-0175　3-0183　3-0184	初级中学劳作:藤竹工	3-3599
初级中学公民[修正本]	3-0185	初级中学应用文	3-0786
初级中学公民[第2次修订本]	3-0187	初级中学英文读本文法合编	3-0931
初级中学公民课程标准	1-0046	初级中学英语	3-0954　3-0963
初级中学公教道理教科书	3-0015	初级中学矿物学	3-3058
初级中学文选	3-0669	初级中学国文:甲编	3-0355　3-0384
初级中学本国史	3-1249	初级中学国文:甲编[修订本]	3-0386　3-0387
初级中学本国地理	3-1567　3-1568　3-1575 3-1579　3-1581	初级中学国文:甲编[第2次修订本]	3-0388
		初级中学国文	3-0377
初级中学北新化学	3-2850	初级中学国文科略读读本	3-0675
初级中学北新文选	3-0653	初级中学国文读本	3-0666
初级中学北新本国史	3-1246	初级中学国文教本	3-0368
初级中学北新本国地理	3-1557	初级中学国文教科书	3-0347　3-0361　3-0364
初级中学北新代数	3-2021	初级中学国文教授大纲	3-0450
初级中学北新乐理	3-3480	初级中学国语文读本	3-0646
初级中学北新外国史	3-1389	初级中学国语教科书	3-0352
初级中学北新动物学	3-3264	初级中学物理学	3-2657　3-2661　3-2674　3-2678
初级中学北新英文法	3-1118	初级中学物理学学生实验教程	3-2765　3-2766
初级中学北新混合国语	3-0342	初级中学物理学实验教程	3-2769
初级中学北新植物学	3-3174	初级中学物理实验	3-2770
初级中学北新算术	3-1862	初级中学注音英文读本文法合编	3-0935
初级中学生物教科书	3-3074	初级中学实用化学课本	3-2887
初级中学生理卫生学	3-3352　3-3367　3-3376 3-3386　3-3387	初级中学实验几何	3-2212
		初级中学实验几何学	3-2194
初级中学生理卫生课本	3-3394	初级中学修身教科书	3-0252
初级中学代数	3-2066	初级中学音乐	3-3464
初级中学代数学	3-2054　3-2055　3-2063	初级中学音乐教科书	3-3461
初级中学外国史	3-1400	初级中学校几何教科书	3-2197
初级中学外国地理	3-1662　3-1677	初级中学校生物教科书	3-3074
初级中学动物	3-3298	初级中学校代数教科书	3-2044
初级中学动物学	3-3258　3-3261　3-3278　3-3289 3-3294	初级中学校西洋史教科书	3-1401
		初级中学校国文教科书	3-0364
初级中学地质:矿物	3-3062	初级中学校教本中国史	3-1248
初级中学地质:矿物[第2次修订本]	3-3063	初级中学校算术教科书	3-1883
初级中学地质矿物学	3-3061	初级中学高级中学普通科各科教学纲要	1-0038
初级中学地理	3-1583	初级中学课程标准	1-0043

初级中学理化教科书	3-2564	初级中学教科书初等代数学	3-2018
初级中学教本卫生	3-3358	初级中学教科书国文	3-0353 3-0359 3-0360
初级中学教本化学	3-2849	初级中学教科书国民英语读本	3-0973
初级中学教本世界史	3-1397	初级中学教科书国语	3-0334
初级中学教本本国历史	3-1244	初级中学教科书物理学	3-2652
初级中学教本本国地理	3-1552 3-1555	初级中学教科书实用自然科学	3-2565
初级中学教本平面三角法	3-2486	初级中学教科书样本[修正本]	3-0030
初级中学教本外国史	3-1390	初级中学教科书植物学	3-3176
初级中学教本动物学	3-3263	初级中学唱歌教本	3-3502
初级中学教本自然科学	3-2569	初级中学混合国语教科书	3-0342
初级中学教本英文读本	3-0944	初级中学混合理化教科书	3-2566
初级中学教本国文	3-0340	初级中学混合算学教科书	3-1789
初级中学教本党义	3-0135	初级中学植物	3-3207
初级中学教本植物学	3-3175	初级中学植物学	3-3168 3-3173 3-3189 3-3192
初级中学教本算术	3-1858		3-3202 3-3204
初级中学教科书人生地理	3-1496	初级中学暂用课本平面几何学	3-2324
初级中学教科书三角	3-2489	初级中学童子军	9-0038
初级中学教科书中国地理	3-1543	初级中学新时代本国历史教本	3-1242
初级中学教科书化学	3-2855	初级中学数值三角法	3-2495
初级中学教科书公民	3-0159	初级中学算术	3-1864 3-1880 3-1902 3-1908
初级中学教科书本国地理	3-1565	初级中学算术习题答案	3-1955
初级中学教科书生理卫生学	3-3353	初级中学算学教科书练习题答案	3-1810
初级中学教科书乐理	3-3478	初级公民课本	3-0150
初级中学教科书外国地理	3-1663	初级尺牍课本	2-1680
初级中学教科书动物学	3-3265	初级尺牍教本	6-0012
初级中学教科书地理	3-1467 3-1477	初级世界史	3-1382
初级中学教科书自然科学	3-2562	初级世界地理	3-1650
初级中学教科书农业	3-3422	初级古文选本	2-1418
初级中学教科书初中几何	3-2184	初级古文读本	3-0647 3-0706
初级中学教科书初中三角	3-2485	初级本国历史	3-1235
初级中学教科书初中化学	3-2846	初级本国历史参考书	3-1333
初级中学教科书初中世界英语读本	3-0951	初级本国史讲义	6-0072
初级中学教科书初中本国史	3-1243	初级本国地理	3-1537
初级中学教科书初中本国地理	3-1549	初级本国地理讲义	6-0075
初级中学教科书初中生理卫生学	3-3351	初级本国地理参考书	3-1617
初级中学教科书初中代数	3-2016	初级平民学校体操教学书	8-0199
初级中学教科书初中外国地理	3-1656	初级平民学校游戏教学书	8-0200
初级中学教科书初中动物学	3-3260	初级生物学	3-3073
初级中学教科书初中地理	3-1468	初级生理卫生学	3-3348
初级中学教科书初中国文	3-0338	初级外国地理讲义	6-0076
初级中学教科书初中国民英语读本	3-0943	初级外国语科教学法	4-0617
初级中学教科书初中物理学	3-2645	初级市民读本	8-0020
初级中学教科书初中实验英文文法读本	3-0940	初级民众学校课本	8-0046 8-0049
初级中学教科书初中植物学	3-3171	初级民众读本	8-0058
初级中学教科书初中算术	3-1856	初级成人班课本	8-0042

书名	编号
初级成人班课本[第1次修订本]	8-0050
初级成人班课本[第2次修订本]	8-0051
初级成人读本	8-0033
初级师范本国史	3-1249
初级师范学校教科书化学	4-0222
初级师范学校教科书心理学	4-0394
初级师范学校教科书各科教授法	4-0524
初级师范学校教科书论理学	4-0031
初级师范学校教科书物理学	4-0205
初级师范学校教科书学校卫生学	4-0518
初级师范学校教科书教育学	4-0338
初级师范学校教科书教授法原理	4-0523
初级回文读本	2-1460
初级各科常识问答	2-0233
初级论说精华:言文对照 详细注释	3-0820
初级农业学校教科书土壤学	5-0037
初级农业学校教科书园艺学	5-0091
初级农业学校教科书肥料学	5-0041
初级农业学校教科书畜产学	5-0114
初级农业学校教科书家禽病害	5-0122
初级农业学校教科书兽医学	5-0123
初级农业学校教科书棉作学	5-0088
初级农业职业学校教科书水产学	5-0141
初级农业职业学校教科书气象学	5-0049
初级农业职业学校教科书森林学大意	5-0107
初级妇女班课本	8-0041 8-0053
初级妇女班课本[第2次修订本]	8-0047
初级体育教练法	2-3982
初级作文之友	2-1707
初级作文指导法	2-1819
初级应用文	3-0794
初级应用文教本	2-1697
初级英文法	3-1113
初级英文法英作文合编	3-1092
初级英文法教科书	3-1088
初级英文背诵文选	3-1051
初级英文选读	3-1041
初级英文教科书	3-0929
初级英文模范作文	3-1144
初级英语作文:直观法	3-1142
初级英语作文教科书	3-1145
初级英语读本	2-1853 3-0932
初级英语读本教学法	2-1878
初级英语读音教科书	2-1850
初级英语模范作文读本	3-1039
初级英语模范读本	3-1050
初级国文	5-0006
初级国文科讲义	6-0035 6-0036 6-0037 6-0038 6-0039 6-0040 6-0041 6-0042 6-0043 6-0044
初级国文科修学指导	6-0067 6-0068
初级国文读本	2-1426 6-0011
初级国文读本教学法	2-1574
初级国文新读本	2-1429 2-1451
初级国文精读文选:言文对照 详细注释	2-1484
初级国音读本	2-1264
初级国语会话教科书	2-1347
初级国语讲义	2-0876 2-0877 2-1262 2-1336 3-0488
初级国语讲义国语文	2-0876
初级国语讲义实用国语文	2-0877
初级国语读本	2-1425 2-1448 3-0649
初级国语读本:首册	2-1430
初级国语读本教学法	2-1575 2-1587
初级国语课本	2-0930 2-0931
初级图画课本	2-3664 3-3558
初级物理学讲义	6-0097
初级物理学纲要	3-2639
初级物理实习讲义	3-2691
初级物理实验	3-2778
初级实用英文选	3-1031
初级战时课本(国语常识合编)	2-0104
初级战时新课本(国语常识合编)	2-0104
初级临时课本(国语常识合编)	2-0117
初级音乐课本	2-3529
初级音乐课本教学法	2-3593
初级音乐教材	2-3555
初级珠算课本	2-2773 8-0175
初级珠算教材	2-2776 2-2777
初级基本英语读本	3-1034
初级常识课本	2-3240
初级常识课本教学法	2-3311
初级商业簿记教科书	5-0234
初级混合法算学	3-1790
初级混合法算学习题答案	3-1801
初级混合理科	3-2563
初级混合数学[修订本]	3-1788
初级程式文范本	6-0013
初级童子军	9-0029
初级童子军实验教本	9-0015

初级蒙学修身教科书 …………… 2-0472　2-0473　2-0474　2-0492	初等小学中国地理教科书 …………………… 2-2098　2-2106
初级新小学教科书编辑大意及样本 …………… 2-0225	初等小学中国地理新教科书 ………………………… 2-2102
初级新课本(国语常识合编) …… 2-0105　2-0109　2-0110	初等小学中国地理新教科书教授法 ………………… 2-2196
初级模范日记 ……………………………………… 2-1631	初等小学手工平面物标本 …………………………… 2-3764
初级模范作文 …………………………… 2-1630　2-1759	初等小学手工教科书 ………………………………… 2-3848
初级算术 …………………………………………… 8-0180	初等小学手工教授书 …………………… 2-3846　2-3850
初级算术课本 …………………………… 2-2392　2-2454	初等小学手工教授本 ………………………………… 2-3847
初级算术课本教学法 ……………………………… 2-2598	初等小学毛笔习画范本 ……………………………… 2-3650
初级算学史 ………………………………………… 6-0082	初等小学毛笔习画帖 ………………………………… 2-3654
初学古文活套法:二编[修正本] …………………… 2-1223	初等小学本国历史教科书 …………………………… 2-1929
初学古文活套法:初编[修正本] …………………… 2-1222	初等小学本国地理教科书 …………………………… 2-2112
初学代数学 ………………………………………… 3-2010	初等小学生理卫生教科书 ……………… 2-3350　2-3351
初学白话信范本 …………………………………… 2-1662	初等小学乐歌 ………………………………………… 2-3522
初学对类引端 ……………………………………… 2-1803	初等小学民国新国文教科书 ………………………… 2-0831
初学共和国文入门 ………………………………… 2-0863	初等小学地理教科书 …………… 2-2092　2-2096　2-2101　2-2106
初学论说入门二集 ………………………………… 2-1734	初等小学论说模范 …………………………………… 2-1624
初学论说文范 ……………………………………… 2-1724	初等小学论说模范初编十四卷 ……………………… 2-1624
初学论说文法规范 ………………………………… 2-1733	初等小学体操教科书 …………… 2-3896　2-3902　2-3903
初学论说必读 ……………………………………… 2-1725	初等小学体操教授书 ………………………………… 2-3976
初学论说轨范 ……………………………………… 2-1729	初等小学国文读本 ……………………… 2-1414　2-1416
初学论说指南 ……………………………………… 2-1732	初等小学国文读本八卷 ……………………………… 2-1417
初学论说精华 ……………………………………… 2-1738	初等小学国文课本 ……………………… 2-0817　2-0824
初学英文轨范 ……………………………………… 3-0909	初等小学国文教科书 …………… 2-0807　2-0811　2-0813　2-0814　2-0815　2-0823　2-0825　2-0827　2-0829　2-0835　2-0844　2-0852
初学英文规范 ……………………………………… 2-1854	
初学实用幼学琼林 ………………………………… 2-0022	
初学新文范 ………………………………………… 2-1736	
初高级中学公民课程标准 ………………………… 1-0046	初等小学国文教科教授法 …………………………… 2-1103
初高级中学课程标准 …………………… 1-0037　1-0041	初等小学国文教授书 …………… 2-1104　2-1111　2-1112　2-1114　2-1117　2-1120
初高级中学课程标准[修正本] …………………… 1-0039	
初高等小学新体操参考书 ………………………… 2-3956	初等小学国文教授本:单级 ………………………… 2-1113
初等几何学教科书 ………………………………… 3-2171	初等小学国文教授本 ………………………………… 2-1107
初等三角教科书 …………………………………… 3-2437	初等小学国文教授法 …………………… 2-1108　2-1123
初等小学女子国文课本 …………………………… 2-0821	初等小学国文新教科书 ……………………………… 2-0810
初等小学女子国文教科书 ………………………… 2-0808	初等小学国史第一读本 ……………………………… 2-1921
初等小学女子国文教授本 ………………………… 2-1110	初等小学国语课本 …………………………………… 2-0840
初等小学女子官话修身教科书 …………………… 2-0497	初等小学国语教科书 …………………… 2-0812　2-0842
初等小学女子修身教科书 ……………… 2-0480　2-0503	初等小学国语常识课本[标准本] …………………… 2-0103
初等小学女子修身教授法 ………………………… 2-0579	初等小学国语常识课本[修订标准本] ……………… 2-0112
初等小学习画帖 …………………………………… 2-3720	初等小学国语常识课本[第5次修订本] …………… 2-0114
初等小学习画帖学生用 …………………………… 2-3649	初等小学图画范本 …………………………………… 2-3651
初等小学中国历史读本 …………………………… 2-1928	初等小学图画教科书 ………………………………… 2-3653
初等小学中国历史教科书 ……… 2-1924　2-1925　2-1926	初等小学物理教科书 ………………………………… 2-3127
初等小学中国历史新教科书教授法 ……………… 2-2023	初等小学单级国文教科书 …………………………… 2-0851
初等小学中国文字教科书文法总教授法 ………… 2-1358	初等小学单级国文教授书 …………………………… 2-1127

初等小学单级修身教科书	2-0513	2-0514	初等小学简明中国地理教科书	2-2109
初等小学单级修身教授书	2-0590	2-0591	初等小学简明地理教科书	2-2099
初等小学单级算术教科书:珠算		2-2766	初等小学简明国文教科书	2-0818 2-0828
初等小学单级算术教授书		2-2807	初等小学简明修身教科书	2-0488
初等小学修身书	2-0486	2-0494	初等小学简明修身教科书教授法	2-0576
初等小学修身课本	2-0491	2-0495	初等小学简明笔算教科书	2-2371
初等小学修身教科书	2-0493 2-0501	2-0507	初等小学简易国文教科书	2-0822
	2-0508 2-0511		初等小学新体操教授书	2-3979
初等小学修身教授书	2-0573 2-0574	2-0580	初等小学新国文	2-0832
	2-0585		初等小学新国文(乙种)	2-0838
初等小学修身教授本	2-0575	2-0578	初等小学新国文教科书	2-0845
初等小学修身新教科书		2-0482	初等小学新国文教授书	2-1121
初等小学珠算入门	2-2761	2-2762	初等小学新图画	2-3656
初等小学珠算教科书		2-2763	初等小学新修身	2-0504 2-0506
初等小学珠算教授本		2-2806	初等小学新修身教科书	2-0510
初等小学格致课本		2-3211	初等小学新修身教授书	2-0588
初等小学格致教科书	2-3207 2-3209	2-3210	初等小学新修身教授法	2-0581
初等小学校国文教科书		2-0847	初等小学新算术	2-2374 2-2376 2-2764
初等小学校教科书新修身		2-0516	初等小学新算术教科书	2-2379
初等小学校新手工		2-3760	初等小学新算术教授书	2-2585
初等小学校新国文		2-0848	初等小学新算术教授法	2-2580 2-2582
初等小学校新国文教授书		2-1122	初等小学算术书	2-2369
初等小学校新制中华手工教科书		2-3759	初等小学算术课本	2-2368
初等小学校新修身教授书		2-0592	初等小学算术教科书	2-2377
初等小学铅笔习画帖		2-3652	初等小学算术教授书	2-2574 2-2575 2-2576
初等小学笔算教科书		2-2367		2-2578 2-2581 2-2583
初等小学读本	2-1413	2-1415	初等小学算术教授本	2-2573
初等小学理科书		2-3131	初等小学算术教授法	2-2586
初等小学堂五年完全科国文教科书		2-0823	初等小学学教授书	2-2579
初等小学堂五年完全科国文教授书		2-1111	初等女子国文教科书	2-0808
初等小学堂五年完全科修身教科书		2-0493	初等女子修身教科书	2-0496
初等小学堂五年完全科修身教授书		2-0573	初等女子修身教科书教授法	2-0569
初等小学堂五年完全科算术教授书		2-2576	初等历史读本	2-1930
初等小学堂四年完全科国文教科书		2-0825	初等中国历史教科书	2-1920
初等小学堂格致教科书		2-3206	初等中国地理教科书	2-2100
初等小学堂章程		1-0021	初等手工教范	2-3849
初等小学博物教科书		2-3205	初等化学教科书	3-2795
初等小学最新地理教科书		2-2097	初等文法书	2-1332
初等小学最新作文教科书		2-1694	初等文法教科书	2-1332
初等小学最新作文教授法		2-1714	初等尺牍	2-1668
初等小学最新国文教科书		2-0806	初等平面三角法	3-2441
初等小学最新修身教科书		2-0478	初等代数	3-2059
初等小学最新笔算教授法		2-2572	初等代数因子分解法	3-2129
初等小学简明历史教科书		2-1922	初等代数应用题解法	3-2120
初等小学简明中国历史教科书		2-1927	初等代数学	3-1977 3-1999 3-2018 3-2048

初等代数学[订正本] ……………………… 3-1967	
初等代数学讲义 ………………………… 3-1965	
初等代数学教科书 ……………………… 3-1977	
初等代数复习讲义 ……………………… 3-2126	
初等代数教科书 …………… 3-1968　3-2022　3-2038	
初等代数教科书[增订本] ………………… 3-2006	
初等白话文范 …………………………… 2-1735	
初等白话尺牍 …………………………… 2-1672	
初等乐典教科书 ………………………… 3-3470	
初等地理教科书三卷 …………………… 2-2092	
初等伦理教科书 ………………………… 3-0228	
初等论说文范 …………………………… 2-1757	
初等进步英语读本 ……………………… 2-1851	
初等作文新范 …………………………… 2-1755	
初等作文新范:言文对照 ………………… 2-1756	
初等佛学教科书 ………………………… 2-0084	
初等英文法[修正增订本] ………………… 2-1852	
初等英文法详解 ………………………… 2-1849	
初等矿物界教科书 ……………………… 3-3042	
初等国文教科书 ………………………… 2-0807	
初等国文教授 …………………………… 2-1101	
初等物理学教科书 ……………………… 3-2592	
初等物理教科书 ………………………… 2-3127	
初等实用化学教科书 …………………… 3-2839	
初等实用国文读本 ……………………… 2-1467	
初等实用物理学教科书 ………………… 3-2628	
初等实用物理教科书 …………………… 3-2628	
初等实验化学教科书 …………………… 3-2964	
初等实验物理学教科书 ………………… 2-3130	
初等修身教科书 ………………………… 2-0487	
初等珠算教授书 ………………………… 2-2808	
初等格致教科书 ………………………… 3-3210	
初等笔算教科书 ………………… 2-2365　2-2367	
初等理化教科书 ………………………… 3-2561	
初等理科教科书 ………………………… 2-3129	
初等教育丛书 …………………………… 2-0158	
初等教育概论 …………………………… 4-0388	
初等博物教科书 ………………………… 2-3198	
初等植物学教科书 ……………………… 3-3132	
初等普通经学读本 ……………………… 3-0003	
初等普通经学教科书 …………………… 3-0003	
初等新尺牍 ……………………………… 3-0866	
初等数学教科书 ………………………… 3-1791	
初等算术教科书 ………………………… 2-2366	
社会 ……………… 2-0629　2-0644　2-0648　2-0699	

　　　　　　　　　2-0703　2-0704
社会化的算术教科书 …………………… 2-2345
社会发展简史 ………………… 3-0118　3-0124
社会问题 ………………………………… 3-0260
社会问题 政治概要 ……………………… 3-0204
社会学大纲 ……………………………… 3-0268
社会学及社会问题 …………… 3-0262　3-0263
社会学科之教材与教学法 ……………… 4-0610
社会学概论 ……………………………… 3-0261
社会组织的演进 ………………………… 2-0696
社会指南 ………………………………… 2-0769
社会科乡土教材 ………………………… 2-2302
社会科学丛书 …………………………… 2-0766
社会科学概论 ………………… 3-0010　3-0113
社会复习书 …………………… 2-0770　2-0771
社会复习指导 ………………… 2-0768　2-0772
社会总览 ………………………………… 2-0767
社会课本 ……… 2-0624　2-0646　2-0650　2-0651
　　　　　　　2-0653　2-0701　2-0705　2-0726
　　　　　　　8-0070　8-0074
社会课本:历史编 ………………………… 2-1977
社会课本:公民编 ………………………… 2-0387
社会课本:地理编 ………………………… 2-2149
社会课本:高小新历史 …………………… 2-1984
社会课本公民编教学法 ………………… 2-0433
社会课本地理编教学法 ………………… 2-2224
社会课本教学法 ……………… 2-0749　2-0757
社会课本教学参考书 ………… 2-0745　2-0754
社会课本教授书 ………………………… 2-0740
社会教育入门 …………………………… 3-0266
社会教学法 …………… 2-0734　2-0755　2-0761
社会教学做法 ………………… 2-0747　2-0758
社会教科书 …………… 2-0625　2-0629　2-0725　2-0728
　　　　　　　2-0730
社会副课本 ……………………………… 2-0731
识六百字能写信教科书 ………………… 8-0144
识字读本 ………………………………… 8-0115
识字课本 ……………… 7-0037　8-0107　8-0113　8-0120
　　　　　　　8-0124
识字课本教授法 ……… 8-0128　3-0563　3-0715　6-0032
　　　　　　　6-0062
词选 …………………… 3-0563　3-0715　6-0032　6-0062
译学馆初等代数学讲义 ………………… 3-1961

[一]

(改订)中学动物学教科书 ……………… 3-3238

(改订)心理学教科书	4-0400
改订近世化学教科书	3-2806
(改订)查理斯密小代数学	3-1970
(改订)蒙学格致教科书	2-3204
改正农民千字课	8-0103
(改正)高等小学国文课本	2-0984
改良小学新读本	2-1498
改良私塾法	4-0534
改良私塾指南	1-0008
改良钟伯敬先生订补千家诗图注	2-1370
改良绘图三字书	2-1294
改良绘图五字书	2-1296
改良绘图四字书	2-1295
改良绘图妇孺五字书五种	2-1297
改良笔算速成法	2-2360
改良家事教科书	4-0316
改良最新商务尺牍教科书	3-0777 3-0778
改良最新商务简易尺牍教科书	3-0782
改良蒙学修身书	2-0454
改良增辑中等修身教科书	3-0236
改造小学国语课程	1-0072
改编三S平面几何学	3-2319
张氏文通	3-0305
陆军部奏定改订陆军小学堂章程	1-0022
陆军预备学校国民教科书国文	3-0332
阿大寻快乐	2-1433
陈氏标准算术	3-1874
陈氏高中本国史	3-1300
陈文中学算术详草	3-1849
陈槐氏算术教科书问题正解	3-1918
陈薛两氏初中代数	3-2029
陈薛两氏初中代数指导书	3-2105
纳氏第一英文法讲义[改订本]	3-1084
纳氏第二英文法讲义	3-1080
纳氏第三英文法讲义[订正本]	3-1085
纳氏第四英文法讲义	3-1093
纸动物园	2-3785
纸的研究	2-2955
纸绳编篮法	3-3577 3-3578

八　画

[一]

奉天省学校国文成绩	3-0843
奉化龙津学堂讲义丛录	3-0001
玩具与教育	7-0020
玩具小工厂	2-3781
玩具制作法	2-3739
环游世界记	2-0717
武岭丛书	2-3339
青年训练教范	3-0020
青年修养	3-0120
青纺工人识字课本	8-0123
现代工业管理	5-0151
现代小学升学指导:算术之部	2-2732
现代小学生尺牍	2-1774
现代小学行政	4-0508
现代小学教学法纲要	4-0553
现代小说研究	3-0456
现代小说选	3-0564
现代日记选	3-0562
现代日语	3-1157
现代中国地理课本	2-2084
现代中学文学的国语文教材	3-0307
现代公民课本	2-0405
现代公民教学法	2-0427
现代文范	6-0050
现代书信选	3-0559
现代世界史	3-1419
现代本国地图	3-1739
现代生物学	3-3086
现代地理课本	2-2181
现代百科文选:现代学术论著思想文化精粹	3-0052
现代师范教科书小学行政及组织	4-0485
现代师范教科书伦理学	4-0066
现代师范教科书各科教学法	4-0546
现代师范教科书各科教授法	4-0544 4-0545
现代师范教科书学校管理法	4-0475
现代师范教科书教育心理学	4-0422
现代师范教科书教育史	4-0661
现代师范教科书教育学原理	4-0365
现代师范教科书教育测验纲要	4-0445
现代师范教科书简易哲学纲要	4-0027
现代自然课本	2-3047
现代名人演讲集	3-0614
现代初中代数习题解答	3-2136
现代初中英文法教科书	3-1115 3-1117
现代初中英语教科书	3-0934
现代初中注音英语教科书	3-0936
现代初中教科书几何	3-2180
现代初中教科书几何习题详解	3-2238

现代初中教科书三角术	3-2483
现代初中教科书三角术习题解答	3-2547
现代初中教科书水彩画	3-3556
现代初中教科书化学	3-2838
现代初中教科书公民	3-0154
现代初中教科书世界史	3-1380
现代初中教科书世界地理	3-1652
现代初中教科书本国历史参考书	3-1334
现代初中教科书本国史	3-1236
现代初中教科书本国地理	3-1539
现代初中教科书本国地理参考书	3-1618
现代初中教科书生理卫生学	3-3346
现代初中教科书代数学	3-2009
现代初中教科书代数学习题解答	3-2136
现代初中教科书用器画	3-2267
现代初中教科书动物学	3-3257
现代初中教科书矿物学	3-3056
现代初中教科书国文	3-0335
现代初中教科书国语	3-0343
现代初中教科书物理学	3-2641
现代初中教科书植物学	3-3166　3-3167
现代初中教科书算术	3-1851　3-1852
现代初中教科书算术习题解答	3-1945　3-1950
现代初级学生尺牍	3-0867
现代青年杰作文库	3-0645
现代英文会话	3-1076
现代英文选注	3-1062
现代英语	3-0994
现代英语读本	3-1029
现代国语课本	2-0797
现代图案画	3-3544
现代学生尺牍	3-0863
现代学校美术教本中国画册	3-3555
现代学校唱歌集:中国歌曲集简谱	2-3508
现代实用化学	3-2834
现代香港常识课本	2-3221
现代活叶文选:抗战建国编	3-0623
现代哲学概观	4-0025
现代高级学生尺牍	2-1795
现代教育方法	4-0367
现代教育思潮	4-0364
现代教学法通论	4-0559
现代教科书世界史	3-1380
现代教科书丛书	3-0934
现代教科书初中世界地理	3-1652
现代教科书初中本国史	3-1236
现代教科书初中本国地理	3-1539
现代教科书初级中学世界史	3-1380
现代常识课本	2-3233
现代算术课本	2-2461　2-2549
现代算术教学法	2-2635
现在的游牧人	2-0637
表情体操教科书	2-3869
表情唱歌	2-3527
表情歌舞	2-3500
表解说明中国模范地图	3-1734
表演教材	2-3942
拊掌录	3-0539
择业指导	2-0766
苗圃学	5-0095
英文	3-1038　3-1042
英文云谓字规范	3-1083
英文文法	3-1104
英文文法 ABC	3-1103
英文文法大全	3-1108
英文文学读本	3-0917
英文尺牍教科书	3-1133
英文句语分析与图解	3-1100
英文考试指南	3-1014
英文成语教本	3-0978
英文会话教科书	3-1070
英文会通	3-1004
英文讲义	3-0927
英文作文法	3-1136
英文作文教科书	3-1135
英文作文教科书:第一编	3-1132
英文启蒙读本	2-1839
英文法	3-1098
英文法阶梯	3-1087
英文法结晶	3-1102
英文学生丛书	3-1041　3-1061
英文试题及详解	3-1037
英文选集	3-1026
英文津梁读本	3-0948
英文格致读本	3-0911
英文造句法	3-1134
英文造句教科书:英汉对照	3-1094
英文益智读本	3-0907
英文读本	2-1857
英文读本文法合编	3-0995

英文基础读本	3-1006
英文第一新读本	2-1859
英文第二新读本	2-1860
英文新读本	3-0908
英文新课本	3-0920　3-0924
英华华英地名检查表	3-1753
英华会话合璧	2-1863
英华初学	2-1836
英作文教科书	3-1131
英美的研究	2-0715
英语	3-0950　3-0953
英语会话范本	3-1075
英语会话读本	3-1074
英语会话教科书	3-1069
英语作文入门	3-1143
英语作文范本	3-1141
英语作文要略	2-1842
英语作文教科书	3-1138
英语作文教科书第一编	3-1132
英语初阶	2-1873
英语学习法	3-1047
英语学初桄	3-0914
英语标准读本	3-0939　3-0956　3-0958
英语活用读本	3-1007
英语读本	2-1841　2-1865　3-0925
英语读本教案	2-1876
英语读音一助	3-1046
英语读音指南[增订本]	3-1018
英语课本	3-0949
英语捷径	3-1002
英语基础读本	2-1874
英语模范作文读本	3-1066
英语模范读本	3-0941　3-1003
范氏大代数	3-2095
范氏大代数学	3-2133
范字教材教授书	2-1835
直隶乡土历史教科书	2-2276
直隶乡土地理教科书	2-2275
直隶省学校国文成绩	3-0840
直接法英语补充读本	3-1020
直接法英语读本	3-1010
直接法英语读本[改订本]	3-1019
直接法英语教科书	3-1033
直接法英语副读本	3-1013
直接法英语副读本教授法	3-0996

松江初等小学地理教科书	2-2105
松球果工艺	2-3755
杭州市初等教育辅导丛刊	2-3961
画出来	2-3675
画理浅说	2-3704
卖火柴的女孩子	2-1490
矿物学	3-3033　3-3038　3-3040　3-3047
	3-3048　3-3050　3-3051　3-3053
	3-3055　3-3056　3-3057　3-3059
	3-3066　3-3068　4-0237　4-0238
矿物学讲义	4-0239
矿物学教科书	3-3033　5-0023
矿物学简易教科书	3-3044
矿物界教科书	3-3039
矿物教材	3-3054
矿物教科书	3-3035
矿质教科书	3-3032
奇妙的风箱	2-3375
奇怪的磁石	2-3000
欧洲风云	3-0265
轮船和潜艇	2-3004
到山里去	2-0039
到东北去	2-0682
到西北去	2-0683
到农家去	2-3777

[丨]

非洲风云	3-0267
非常时期小学音乐补充教材	2-3521
非常时期中学模范作文	3-0812
非常国语选	2-1022
非常的国语	2-0783
叔叔的新屋子	2-2883
尚贤堂教育讲义	4-0655
果树园艺	5-0102
果树园艺学	5-0103
果树教科书	5-0100
昆虫学研究法	2-3057
国文	3-0309　3-0314　3-0323　3-0330
	3-0335　3-0340　3-0345　3-0353
	3-0358　3-0359　3-0360　3-0366
	3-0377　3-0381　3-0389　3-0391
	3-0403　3-0411　3-0415　3-0426
	3-0428　3-0465　3-0466　4-0089
	4-0096　4-0098　4-0102　5-0003
国文[修订本]	3-0390

国文(教授稿本)	3-0317
国文入门必读记事文范	3-0810
国文入门必读论说文范	3-0813　3-0827
国文入门必读叙述文范	3-0685
国文汇选	3-0282
国文必读	3-0319
国文考试指导	3-0458
国文百八课	3-0367
国文自习书	3-0459
国文自学辅导丛书	3-0887
国文自修书辑要	3-0453
国文自修读本:第一编	3-0550
国文讲义	3-0298　3-0327　3-0396　4-0091
国文作法	3-0872
国文评选	3-0809
国文补训读本	2-0286
国文补充教材选辑	3-0318
国文初步	2-0792　2-0802
国文国语文范	3-0818
国文国语试题文范	3-0818
国文典	4-0083
国文典讲义	4-0083
国文法之研究	3-0760
国文法教科书	3-0753
国文法程(十二程)	3-0772
国文学讲义	4-0081
国文试题及详解	3-0464
国文参考书	4-0092
国文故事读本:言文对照	3-0642
国文研究丛刊	3-0770　3-0884　3-0885
国文研究读本:第一辑	3-0551
国文研究读本:第二辑	3-0557
国文选本	2-1508　3-0542
国文选科:乙组·文法	6-0021
国文选科:丁组·函牍	6-0023
国文选科:己组·选读	6-0027　6-0028　6-0029
国文选科:丙组·函牍	6-0022
国文选科:戊组·选读	6-0024　6-0025　6-0026
国文选科:甲组·文法	6-0019　6-0020
国文选科:庚组·选读	6-0030　6-0031　6-0032　6-0033　6-0034
国文选读	3-0691
国文科战时补充教材	3-0312
国文科教学进度表	3-0452
国文科略读读本	3-0675
国文复习	3-0468
国文测验举例	3-0455
国文活页文选	3-0738
国文读本	2-1378　2-1422　2-1427　2-1431　2-1467　2-1499　2-1501　2-1509　2-1513　2-1514　2-1516　2-1558　3-0515　3-0524　3-0526　3-0530　3-0531　3-0538　3-0558　3-0660　3-0661　3-0662　3-0701　3-0703　3-0716　3-0720　3-0721　3-0722　3-0725　3-0728　4-0097　5-0001　6-0019　6-0035
国文读本:东吴中学国文课本	3-0702　3-0742
国文读本:高级	3-0743
国文读本评注	3-0525
国文读本评话	3-0529
国文读本教学法	2-1600
国文读本教授书	2-1576　2-1598
国文读本粹化新编:初编 叙述类	3-0518
国文课本	2-0937　2-0970　2-1052　3-0414
国文课本菁华	3-0304
国文教本	3-0308　3-0324　3-0350　4-0104
国文教范	3-0461
国文教学	3-0442
国文教学丛刊	3-0745
国文教科文典	3-0288
国文教科书	2-0779　2-0806　2-0807　2-0813　2-0959　2-0969　2-0994　3-0293　3-0332　3-0361　3-0377　3-0418　8-0088
国文教科书:初级	3-0347
国文教科书:高级	3-0405
国文教科书详解	2-1176　2-1179
国文教科书教授法	2-1102
国文教案	2-1197
国文教案参考书	2-1162
国文教授书	2-1111
国文教授书稿本	2-1174
国文教授进阶	2-0773
国文教授法	2-1123
国文教授案	2-1138
国文副读本	6-0036
国文略读	3-0676
国文新选读本	3-0519
国文新读本	2-1429　2-1451　2-1502

国文新课本	2-0855
国文新教科书	2-0810
国文精选	3-0693
国史小识教授法(第四种:后汉书)	2-2016
国史初级教科书	3-1184
国史读本	3-1326
国史教科书	2-1934
国史概论	3-1327
国立中山大学教育学研究所丛书	3-0798
国立浙江大学初等教育辅导丛书	2-0408
国民尺牍教本	2-1669
国民必读课本	8-0005
国民师范训练教本算学	4-0169
国民字课图说	8-0099
国民体育学	3-3600
国民初等小学国文教科书	2-0846
国民英语读本	3-0943　3-0973　3-1035
国民学校习字帖	2-1829
国民学校公民读本	2-0359
国民学校公民读本教授书	2-0417
国民学校训练概要	3-0028
国民学校应用文作法	2-1719
国民学校国文读本	2-1422
国民学校国文教授书(稿本)	2-1174
国民学校国文新课本	2-0855　2-0868
国民学校国文新课本说明书	2-1136
国民学校国语教学法概要	2-1172
国民学校修身教科书	2-0527
国民学校修身教科书稿本	2-0527
国民学校修身教授书稿本	2-0597
国民学校珠算课本	2-2792
国民学校课卷订正法	2-0192
国民学校通俗国义教科书	2-0798
国民学校教材研究集:初小国语常识	2-0219
国民学校教材研究集:高小国语	2-1219
国民学校副课本国语	2-0944
国民学校副课本国语教学指引	3-0443
国民学校副课本常识	2-3290
国民学校副课本常识教学指引	2-3304
国民学校副课本算术	2-2458
国民学校副课本算术教学指引	2-2570
国民学校新地理教科书	2-2113
国民学校新体图画教科书	2-3661
国民学校新体算术教科书	2-2386
国民学校新法国文教授案	2-1138
国民学校新法修身教授案	2-0598
国民政府成立以来审定及失效中小学师范职业各校教科图书一览	1-0083
国民政治课本	2-0313
国民革命军誓纪念中心教材	2-0294
国民读本	2-1366　8-0001
国民教育小文库	2-1170
国民教育文库	2-0194　2-0196　2-0197　2-0198
	2-0199　2-0221　2-0222　2-0223
	2-0230　2-1100　2-1171　2-1220
	2-1364　2-1720　2-1721　2-1722
	2-1723　2-2021　2-2022　2-2319
	2-2320　2-2567　2-2568　2-2569
	2-2634　2-2802　2-3069　2-3305
	2-3586　2-3596　2-3718　2-3719
	2-3844　2-3970　3-0027　4-0442
	4-0602　4-0603　8-0066
国民教育丛书	7-0027
国民教育师资短期训练班课程纲要	1-0058
国民教育国文教科书	2-0846
国民教育指导月刊小丛书	1-0029
国民教育通论	4-0389
国民教育辅导丛书	2-0192　2-0193　2-0195
	2-1172　2-1719
国民教育辅导丛刊	3-0211　4-0305
国民基础学校各科教学法	2-0181
国民基础读本	8-0027　8-0028　8-0031
国民基础读本:乙种	8-0026
国民基础教育小丛书	2-2777　2-2793
国民新读本	8-0040
国庆纪念中心教材	2-0297
国防训练小学工艺教材	2-3750
国防训练的小学游戏教材	2-3935
国防自然课本	2-2839　2-3049
国防国语课本	2-0787　2-0966　2-0967
国防政治课本	2-0311
国防常识	9-0007
国防常识课本[修订本]	9-0008
国防算术	2-2443　2-2724
国防算术课本	2-2354
国防算术教学指导书	2-2565
国际商业政策	5-0192
国货市场	2-3780
国学必读	3-0009
国学讲义	3-0001

国学试题总解	3-0063　4-0017
国学教科书	2-2071　3-0002　3-0005　3-0227　3-1192
国学常识	3-0016
国学概论	4-0014
国学源流	6-0031　6-0066
国定本师范教育心理	4-0443
国定本初中化学	3-2881
国定本初中化学实验教程	3-2981
国定本初中公民辅导书	3-0213
国定本初中代数	3-2063
国定本初中地理辅导书	3-1625
国定本初中国文	3-0388
国定本初级中学历史辅导书	3-1340
国定本初级中学公民辅导书	3-0213
国定本初级中学地理辅导书	3-1625
国定本初级中学国文辅导书	3-0467
国定教科书生理卫生	3-3384
国定教科书初小国语	2-0921
国定教科书初小国语教学法	2-1169
国定教科书初小常识	2-3280
国定教科书初小算术	2-2439
国定教科书初中几何	3-2204
国定教科书初中日语	3-1159
国定教科书初中化学	3-2871
国定教科书初中公民	3-0181
国定教科书初中本国史	3-1273
国定教科书初中本国地理	3-1582　3-1584
国定教科书初中代数	3-2052
国定教科书初中外国史	3-1411
国定教科书初中外国地理	3-1673
国定教科书初中动物	3-3291
国定教科书初中英语	3-0967
国定教科书初中国文	3-0381
国定教科书初中物理	3-2675
国定教科书初中植物	3-3199
国定教科书初中算术	3-1898
国定教科书高小历史	2-1988
国定教科书高小公民	2-0398
国定教科书高小地理	2-2160
国定教科书高小自然	2-3023
国定教科书高小国语	2-1032
国定教科书高小算术	2-2534
国音	3-0481　3-0489
国音字母教案	2-1259
国音讲义	3-0489
国音讲习课本	3-0494
国音沿革	4-0090
国音学	4-0094
国音学讲义	3-0478
国音练习读本	3-0507
国音速成教科书教案	2-1321
国音读本	2-1257　2-1264
国音课本	2-1261　7-0036
国音教本	2-1256　2-1260
国音新教本	3-0486
国音新教本教授书	3-0505
国音辨似	2-1263
国语	2-0793　2-0795　2-0796　2-0886　2-0891　2-0893　2-0894　2-0905　2-0910　2-0934　2-0935　2-0943　2-0944　2-0947　2-0949　2-0952　2-0955　2-0956　2-0957　2-0958　2-1010　2-1014　2-1015　2-1023　2-1053　2-1055　2-1063　2-1243　2-1464　3-0343　3-0393　3-0430
国语:首册	2-0907
国语一月通	3-0457
国语与国文	4-0095
国语之钥	2-1247
国语之都	2-1229
国语升学指导	2-1246　2-1247
国语升学指导:投考会考必备	2-1240
国语升学指导[胜利版]	2-1250
国语文	2-0876　3-0300
国语文法	3-0759　3-0761　3-0770
国语文法与国文文法:国文入门必读	3-0769
国语文法四讲	3-0762
国语文法讲义	3-0763
国语文法图解	2-1331
国语文法例题详解	3-0764
国语文法指导	2-1233
国语文法概要	2-1359
国语文学读本	2-1428　2-1447　2-1520
国语文学读本说明书	2-1564
国语文学读本教授书	2-1565　2-1602
国语文选	3-0545　3-0631　3-0635　3-0700
国语正音教科书	2-1253
国语丛书	2-1362
国语发音学	3-0483

国语发音学大意	3-0480			
国语发音学讲义	4-0103			
国语发音学纲要	2-1262			
国语发音学概论	4-0087			
国语自习指导[修订本]	2-1248			
国语会话	2-1342	3-0495	3-0497	3-0503
	8-0135			
国语交际会话	3-0482			
国语讲义	3-0299	3-0300	3-0301	3-0302
	3-0481	3-0483	3-0490	3-0491
	3-0492	3-0502	3-0759	
国语作法	2-1035			
国语补充读本	2-0919			
国语补充教材	3-0311			
国语罗马字讲义:注音符号第二式	3-0502			
国语罗马字拼音法普通教本	3-0499			
国语的组织法	2-1337			
国语法	2-1336			
国语注音符号	2-1274	2-1276	3-0513	
国语注音符号丛书	3-0493	3-0495	3-0503	3-0510
国语注音符号发音法	2-1267			
国语注音符号讲义	3-0496			
国语注音符号讲习课本	8-0091			
国语注音符号拼音法	3-0511			
国语注音符号新教本	2-1268			
国语学习指导	2-1227			
国语学讲义	4-0086			
国语话	3-0492			
国语练习本	2-1237			
国语组织法	2-1337			
国语指南	2-1241	3-0454		
国语标准读本教钥	2-1581	2-1582		
国语临时样本	2-0800	2-1079		
国语科	2-1071			
国语科作业概要	2-1075	2-1076		
国语科教材和教法	2-1220			
国语复习书	2-1244			
国语复习指导	2-1242	2-1251		
国语总览	2-1238			
国语测验作文总览	2-1238	2-1764		
国语活页文选	3-0696			
国语说话课本	2-1346			
国语留声片课本:乙种	2-1380			
国语阅读教材	2-1412			
国语读本	2-1386	2-1388	2-1392	2-1408
	2-1419	2-1420	2-1421	2-1423
	2-1454	2-1456	2-1459	2-1465
	2-1466	2-1469	2-1540	2-1546
	2-1555			
国语读本:初级	2-1424			
国语读本:高级	2-1515			
国语读本说明书	2-1570			
国语读本教学法	2-1155	2-1156	2-1168	2-1211
	2-1567	2-1580	2-1588	2-1603
国语读本教案	2-1571	2-1572		
国语读本教授书	2-1573	2-1597		
国语读法教学原论	4-0614			
国语课本	2-0789	2-0790	2-0791	2-0801
	2-0874	2-0895	2-0929	2-0933
	2-0936	2-0938	2-0940	2-0946
	2-0951	2-0965	2-0968	2-1016
	2-1017	2-1041	2-1042	2-1043
	2-1044	2-1045	2-1046	2-1051
	2-1053	2-1054	2-1057	2-1065
	2-1067	2-1073	2-1077	3-0322
	8-0084	8-0085	8-0087	
国语课本:民族革命	2-0922			
国语课本教案	2-1143			
国语教师准备书	2-1099			
国语教材	2-0788	2-1097		
国语教材及教法	2-1094			
国语教材实验本[实验版]	8-0086			
国语教学法	2-1096	2-1157	2-1163	2-1164
	2-1167	2-1168	2-1210	2-1217
	2-1221			
国语教学法讲义	3-0435			
国语教学指引	3-0443			
国语教学做法	2-1088	2-1153		
国语教科书	2-0820	2-0870	2-0906	2-0916
	2-1007	2-1008	3-0334	3-0336
国语教科书:初级	3-0333			
国语教授书	2-1144	2-1201		
国语教授法	3-0444			
国语教授案	2-1139			
国语副课本	2-0925	2-1034		
国语常识会话:交通	2-0097			
国语常识课本	2-0113	2-0126		
国语常识教学法	2-0220			
国语常识混合编制抗建读本	2-0099			
国语唱歌集	2-3524			

国语暑期读本	2-1537
国语普通会话	3-0487
国语概论	3-0299
国语新选	2-1556
国语新读本	2-1457　2-1477　2-1536
国语新读本教学法	2-1154　2-1594　2-1609　2-1613
国语新课本	2-0794　2-1473
国语模范学校教本新国语概论	3-0306
国语模范读本:国语罗马字	2-1383
国语模范读本[胜利版]	3-0630
国语算术常识暑期(合订本)	2-0123
国语旗语	3-0302
国语精华	2-1224
国语精选	3-0641
国语精读文选	2-1550　2-1553
国语辨音	3-0490
国家浅说	2-0284
国难读本	2-1523
国朝文栋	3-0289
国策编年读本	3-0640
国粹教科书	3-0004
明月仙子	2-0035
明代民族文选	3-0638
明杂剧选	3-0585
明德学堂地理课程	3-1462
易进三角	3-2498
易进代数	3-2005
易进初中代数	3-2064
易进初中算术	3-1910
易声歌集	2-3518
忠心的哥哥	2-0662
岩石学	3-3065
罗氏平面三角法	3-2530
图书管理学	4-0013
图式小学珠算课本	2-2759
图画	3-3566
图画日记	2-3674
图画讲义	2-3605
图画范本	2-3611　2-3639
图画故事	2-1433　2-1434　2-1435　2-1436　2-1437　2-1438　2-1439　2-1440　2-1441　2-1442　2-1443
图画教本	2-3666　2-3667　2-3694
图画教材概论	4-0631
图案	3-3527　3-3528
图案构成法	3-3550
图案教材	3-3554
图解代数	3-2109

[J]

制丝教科书	5-0125
制皂学	5-0172
知用夏期学校丛书	3-0542
物价涨落的调查和计算	2-2516
物理	3-2656　3-2688　3-2710　3-2719　3-2728　4-0204　4-0212　4-0213　5-0016
物理 化学	3-2578
物理[修订本]	3-2683
物理习题详解	3-2754
物理引蒙	2-3116
物理仪器及其实验法	5-0013
物理问题详解	3-2751　3-2755
物理纲要问题解答	3-2724
物理学	3-2583　3-2586　3-2589　3-2620　3-2621　3-2626　3-2641　3-2642　3-2643　3-2650　3-2652　3-2657　3-2661　3-2663　3-2665　3-2666　3-2678　3-2686　3-2688　3-2690　3-2697　3-2704　3-2711　3-2714　3-2726　3-2740　3-2744　3-2752　4-0203　4-0205　4-0210　4-0211　4-0214　4-0215　5-0012　5-0014
物理学[审订本]	3-2670
物理学[修正本]	3-2651
物理学问题通解	3-2731
物理学问题精解	3-2723
物理学讲义	3-2640　4-0206　4-0208　4-0216
物理学讲义录	4-0207
物理学纲要	3-2632　3-2738
物理学学生实验教程	3-2765　3-2766
物理学实验	3-2768　3-2780
物理学实验教程	3-2773
物理学指导书	3-2717
物理学要览	3-2736
物理学课本	3-2607
物理学教本	3-2648
物理学教员准备书	3-2718
物理学教科书	3-2590　3-2609
物理学新教科书	3-2605

物理学精义	3-2630	废物利用	2-3798
物理学精华	3-2735	废物利用工艺新教材	2-3746
物理实验	3-2762　3-2763　3-2775	废物利用小学工艺新教材	2-3757
物理实验法	3-2776	育发中学化学实验丛书	3-2980　3-2997
物理试题及详解	3-2743	育发初中化学示教实验	3-2980
物理试题总解	3-2742	育发高中化学示教实验	3-2997
物理珍话	3-2734	单字自学检查表:北方音注音职工速成识字课本	8-0095
物理难题详解	3-2749	单字自学检查表:江南音注音职工速成识字课本	8-0096
物理教科书	2-3158　3-2584　3-2585　3-2612　3-2622	单字自学检查表:江淮音注音职工速成识字课本	8-0097
物理教科书力学	3-2587	单级小学校教授法	2-0149
物理教科书水学	3-2601	单级小学校教授法讲义	2-0149
物理教科书气学	3-2597	单级小学教授管理法	4-0463
物理教科书动电学	3-2602	单级中华国文教科书	2-0854
物理教科书光学	3-2614	单级用初等小学算术教授本	2-2577
物理教科书声学	3-2593	单级用算术教授书	2-2577
物理教科书热学	3-2588	单级初等小学实行法	1-0064
物理教科书静电学	3-2591	单级初等小学修身教科书	2-0517
物理教科书磁学	3-2615	单级初等小学教科(授)书样本	2-0089
物算教科书	2-2322	单级初等小学算术教科书	2-2382
和文读本入门	2-1880	单级国文教科书	2-0851　2-0854
和声学初步	3-3484	单级国文教授书	2-1125　2-1126　2-1127
侠隐记	3-0586	单级修身教科书:乙编	2-0514
侠隐记正编	3-0586	单级修身教科书:甲编	2-0513
货币论	5-0255	单级修身教授书:乙编	2-0591
金工工作法	5-0160	单级修身教授书:甲编	2-0590
金工工作法讲义	5-0162	单级教师之友	4-0554
金工和金工业	2-3822	单级教学法	2-0197　4-0555　4-0579
金融经济概论	5-0260	单级教学法概要	2-0195
命题方法和文题介绍	2-1716	单级教科书教授书样本	2-0224
采莲曲集	3-3494	单级教授及训练	2-0141
采集动物标本须知	3-3303	单级教授训练法	2-0141
乳牛学	5-0120	单级教授讲义	4-0533
股份公司经济论	5-0242	单级教授法	2-0138
肥料学	5-0041　5-0043　5-0044	单级教授法:单级教科书教授书样本	2-0224
肥料学讲义	3-3425	单级教授法讲义	4-0529
肥料教科书	5-0040	单级新教学的实际	4-0588
肥料新编	5-0039	单级算术教科书	2-2381　2-2766
周藩译代数学教科书	3-1966	单级算术教授书:珠算	2-2807
兔儿革命	2-1437	单据作法	2-1810
兔哥猫弟	2-1440	炊事	9-0059
[、]		炉灶风箱和各种燃料	2-2920
		浅深递进国文读本	2-1512
京师优级师范国文讲义	4-0080	法文初范	3-1147
京师译学馆舆地学讲义	3-1457	法制	3-0279
京兆直鲁豫晋省区图	3-1728	法制大要	3-0275

书名	编号
法制大意	2-0319
法制经济学	4-0077
法制理材教科书政治学	3-0110
法制教科书	3-0272
法制概要	3-0276
法律学	3-0270
法律学教科书	3-0269
法语读本	3-1150 3-1153
河南中级市民读本	8-0023
河南民众课本	8-0011
河南初级市民读本	8-0022
河南省乡村师资训练所公民讲义	4-0058
河南省乡村师资训练所应用文讲义	4-0099
河南省乡村师资训练所教育行政讲义	4-0510
河南省乡村师资训练所教育通论讲义	4-0380
河南省立第二高中丛书	3-3077 3-3211
油画教本	3-3543
油画解说	3-3534
油的由来	2-2897
油类学	5-0168
油漆法	2-3829
注音字母无师自通	3-0508
注音字母发音图说	2-1255
注音字母讲义	3-0485
注音字母国语讲义	4-0084
注音字母练习本	8-0090
注音字母教授法	2-1319
注音国语学生会话	2-1343
注音符号	3-0498
注音符号传习小册	3-0509
注音符号问答	3-0510
注音符号读本	2-1275
注音符号课本	2-1273 3-0493
注音符号教本	8-0093
注音符号教科书	2-1270
注释中华普通学生尺牍	3-0857 3-0864
注释白话中国历史教科书	2-1911
注释学生尺牍	3-0868
注释指导中学国文读本	3-0686
注解千家诗	2-1370
波郄特氏新三角法	3-2504
怪磨	2-3376
学习应试指导	3-0059
学艺丛书	3-2231
学生水彩画	2-3632
学生毛笔画	2-3631
学生化学笔记	3-2934
学生尺牍	3-0863
学生写信指导	2-1779
学生考试准备丛书	3-0034
学生自修丛书	2-1745
学生作文法	2-1690 2-1809
学生作文指导	3-0879 3-0882
学生英语会话课本	3-1077
学生画宝	2-3608
学生国语话	2-1345
学生实习世界地理暗射图	2-2259
学生钢笔画	2-3643
学生铅笔画	2-3626 2-3638
学生新尺牍	2-1791 3-0862
学生新尺牍:言文对照 注释指导	2-1789
学生新尺牍:言文对照 详细注解	2-1783
学生歌	2-3486
学生歌集	2-3504
学生蜡笔画	2-3616
学校卫生	4-0518
学校卫生行政	4-0490
学校卫生学	4-0518
学校自用普通教育测验	3-0031
学校里的一天	2-0671
学校国文成绩	3-0835 3-0836 3-0837 3-0838 3-0839 3-0840 3-0841 3-0842 3-0843 3-0849
学校唱歌大全	2-3502
学校唱歌集	2-3493
学校庶务之研究	4-0476
学校新唱歌集	2-3502
学校舞蹈教材	2-3924
学校管理法	4-0462 4-0467 4-0469 4-0475
学校管理法问答	4-0461 4-0482
学校管理法要义	4-0468
学部改订中学堂文实两科课程	1-0007
学部奏改订两等小学堂课程折	1-0005
学部奏请变通中学堂课程分为文科实科折	1-0006
学部选录初等小学乐歌	2-3522
学部修改各学堂考试章程	1-0003
学部第一次审定初等小学暂用书目	1-0078
学部第一次审定高等小学暂用书目	1-0079
学部第一次编纂初等小学手工教授书	2-3846
学部第一次编纂初等小学国文教科书	2-0813 2-0823

学部第一次编纂初等小学国文教授书	2-1111
学部第一次编纂初等小学修身教科书	2-0493
学部第一次编纂初等小学修身教授书	2-0573
学部第一次编纂初等小学算术教授书	2-2576
学部第一次编纂高等小学手工教授书	2-3859
学部第一次编纂高等小学地理教科书	2-2122
学部第一次编纂高等小学国文教科书	2-0978
学部第 次编纂高等小学修身教科书	2-0540
学部第一次编纂高等小学格致教科书	2-3215
学部第一次编纂高等小学算术教科书	2-2478
定性分析化学	3-2812
定性分析化学教科书	3-2827
审计学	3-3443 5-0237
审计学教科书	5-0238
审计实习题	5-0239
审定中小学及师范学校教科书一览:民国24年1-9月	1-0084
(官话)女子修身教科书	2-0485
(官话)最新女子修身教科书	2-0477
空气	2-2966
空气的压力	2-2979
实习	4-0642 4-0645
实习英语教科书	3-0916
实习英语教科书:语言练习下册	3-0919
实习英语教科书:会话法规	3-0919
实习指导	4-0643
实业计划大概	2-0722
实用儿童心理学讲义	4-0407
实用几何学初步	3-2164
实用力学	3-2635
实用小学教员讲义	2-0148
实用小学教学法	2-0161
实用广告学	5-0215
实用女子尺牍教科书	2-1656
实用习字教授书	2-1318
实用历史讲义	4-0117
实用历史教科书	2-1957
实用历史教授书	2-2033
实用中华新地图	3-1726 3-1741
实用中学英文法	3-1101
实用中学英语语法	3-1107
实用中学教学法	3-0026
实用手工参考书	2-3835 3-3572
实用化学	3-2830 3-2837 3-2848 3-2898 3-2901
实用化学实验教程	3-2972
实用化学课本	3-2887
实用文	2-1741
实用文读本	2-1549
实用户外游戏教材	2-3943
实用尺牍教本	2-1660
实用世界新地图	3-1754
实用生理卫生	3-3344
实用主义几何学教科书:平面 立体	3-2172
实用主义小学教育法	2-0146
实用主义中学新几何	3-2177
实用主义中学新几何:立体	3-2371
实用主义中学新算术	3-1845
实用主义手工新教材	2-3836
实用主义平面三角法	3-2465
实用主义代数学教科书	3-1997
实用主义动物学教科书	3-3250
实用主义国民学校训练概要	3-0028
实用主义植物学教科书	3-3162
实用动物学	3-3269
实用地理讲义	4-0136
实用地理教科书	2-2132
实用地理教授书	2-2209
实用机械制造工作法	5-0166
实用有机化学教科书	3-2824
实用自然科学教科书	3-2565
实用各科教授法讲义	2-0148 4-0536
实用农艺化学	5-0072
实用农业教授书	2-3466
实用材料强弱学	5-0158
实用体操讲义	4-0327
实用初中唱歌教科书	3-3514
实用英文法教科书	3-1096
实用英文修辞学	3-1097
实用英语	3-0942
实用英语作文法	3-1137
实用英语读本	3-1030
实用果树园艺学新编	5-0101
实用国文教科书	2-0859 2-0996
实用国文教授书	2-1129 2-1194
实用国语文	2-0877
实用国语文法	3-0758
实用国语会话	2-1340
实用国语读本	3-0625
实用物理学	3-2629 3-2644

实用物理学教科书	3-2627	实验化学教科书	3-2962　3-2965　3-2967　4-0218
实用单级教授法讲义	4-0535	实验分团教授法	4-0541
实用单级管理法讲义	4-0471	实验电报学	5-0145
实用修身伦理学讲义	4-0064	实验主义伦理学	4-0065
实用修身教科书	2-0552　2-0611	实验民众读本(无图本)	8-0035
实用修身教授书	2-0595	实验民众读本教学法	8-0064
实用理化常识	3-2581	实验动物学	3-3252
实用理科讲义	4-0201	实验设计教材实施法	2-0209
实用理科教科书	2-3147	实验设计教材实施法:总说明	2-0226
实用理科教授书	2-3179	实验初中国文	3-0674
实用教育学讲义	4-0359	实验初中国文指导书	3-0448
实用教育学教科书	4-0352	实验初中国文读本	3-0674
实用教科书手工	3-3571	实验初中算术	3-1877
实用教科书化学	3-2823	实验国语教科书	2-0872　2-0878　2-1021　2-1038
实用教科书生理卫生学	3-3334	实验国语教授书	2-1216
实用教科书矿物学	3-3050	实验国语教授参考书	2-1085　2-1175
实用教科书物理学	3-2626	实验物理学教科书	2-3130
实用教科书植物学	3-3163	实验定性分析化学	3-2968
实用商业珠算	5-0251	实验珠算	5-0010
实用商业簿记	5-0233	实验高中国文	3-0416
实用森林学新编	5-0106	实验高级英文法	3-1124
实用新闻学	6-0003	实验理化教科书	3-2760
实用算术	3-1911	实验理论物理学讲义	3-2611
实用算术讲义	4-0175	实验教科书社会课本	2-0646　2-0701
实用算术教科书	2-2342	实验教科书社会课本教学参考书	2-0745　2-0754
实用管理法讲义	4-0472	实验教科书健康课本	2-3353
实用簿记学	5-0236	实验植物学	3-3170
实地教育心理学讲义	4-0419	实验植物学教科书	3-3151
实际幼稚园学	4-0690	实验蔬菜园艺学新编	5-0096
实际的小学卫生教学法	2-3421	诗词易读	6-0042
实际的小学各科教学法	2-0168	诗词选	6-0052
实际的小学社会教学法	2-0736	诗学概论讲义	6-0009
实际的小学国语教学法	2-1092	诗经选读	3-0584
实际的小学美术教育法	2-3713	诗选	6-0034　6-0061
实际的小学美术教学法	2-3713	详注中华高等学生尺牍	3-0869　3-0870
实际的小学教育丛书	2-0168　2-0736　2-1092　2-3421　2-3713	详注高等小学国文新读本	2-1506

[一]

实际教育学	4-0356
实验几何	3-2212
实验几何学	3-2174　3-2194
实验小学教授术	4-0522
实验小学游戏教材	2-3939
实验小学管理术	4-0464
实验无机化学	3-2969
实验历史教科书	2-1963

建国文选:初中国文	3-0687
建国初中几何学	3-2199
建国初中公民	3-0175
建国初中公民教学参考书	3-0210
建国初中生理卫生学	3-3376
建国初中外国史	3-1408
建国初中外国地理	3-1677

书名	编号
建国初中童子军	9-0033
建国初中算术	3-1890
建国初级中学本国史	3-1264
建国的儿童训练法	4-0691
建国高中化学	3-2905
建国高中公民	3-0199
建国高中平面几何学	3-2334
建国高中平面三角学	3-2515
建国高中平面解析几何学	3-2415
建国高中代数学	3-2089
建国高中代数学（甲组）	3-2091
建国高中自然地理	3-1507
建国高中物理学	3-2704
建国高级中学外国史	3-1429
建国教科书几何学	3-2199
建国教科书乡村教育及民众教育	4-0717
建国教科书公民	3-0146
建国教科书平面几何学	3-2334
建国教科书平面解析几何学	3-2415
建国教科书代数学	3-2089　3-2091　3-2097
建国教科书外国史	3-1408
建国教科书外国地理	3-1677
建国教科书初中公民教学参考书	3-0210
建国教科书初中动物学	3-3289
建国教科书初级中学化学	3-2862
建国教科书初级中学公民	3-0175
建国教科书初级中学本国史	3-1264
建国教科书初级中学本国地理	3-1581
建国教科书初级中学生理卫生学	3-3376
建国教科书初级中学物理学	3-2674
建国教科书初级中学物理学实验教程	3-2769
建国教科书初级中学植物学	3-3204
建国教科书初级中学数值三角法	3-2495
建国教科书物理学	3-2704
建国教科书高中公民	3-0199
建国教科书高中生物学	3-3089
建国教科书高中代数学	3-2097
建国教科书高级中学三角学	3-2515
建国教科书高级中学化学	3-2905
建国教科书高级中学自然地理	3-1507
建国教科书教育概论	4-0384
建国教科书童子军	9-0033
建国教科书算术	3-1890
建国简师简乡师教育概论	4-0384
建筑图学	5-0154
居室工业概况	2-3821
孟子选读	6-0026　6-0043　6-0063
孟氏幼稚教育法	4-0682
妹妹学写字	2-1832
参考丛书	3-2927
参观与实习	4-0647
参观运动会	2-3898
细菌和寄生虫	2-3384
织物分解	5-0171
织物整理学	5-0179
绍兴县小学乡土教材	2-2299
经训读本	2-0094
经训教科书	2-0092
经训教科书教授法	2-0227
经传文选	6-0028
经纬百科丛书	2-0239
经学教科书	3-0002
经济大要	3-3411
经济的工作方法的研究	2-3825
经济学	3-3414　3-3416　3-3419　5-0206　5-0207
经济学大意	3-3413
经济学教科书	3-3406
经济学教科书释义	3-3408
经济学概论	3-3418
经济学概论讲义	6-0102
经济教科书	3-3405　3-3406　3-3409
经济概论	3-3417
经济概要	3-3412

九　画

〔一〕

书名	编号
奏定陆军小学堂章程	1-0018
奏定陆军中学堂章程	1-0034
奏定学堂章程	1-0001
春江实用文库	2-1395　2-1743
春来了	2-2862
春季初小国语读本	2-1465
春季初小国语教学法	2-1159
春季始业初小常识教学法	2-3325
春季始业复兴自然课本	2-2938
春季始业复兴国语课本	2-0895
春季始业复兴珠算课本	2-2771
春秋文选	2-1393
玻璃世界	2-2906

挂牌闪光教学实验手册	2-0200	南洋华侨历史课本	2-1972
政府会计	3-3446	南洋华侨历史课本教授书	2-2046
政治学	3-0110	南洋华侨地理课本	2-2148
政治学问答:投考必备	3-0127	南洋华侨地理课本教授书	2-2221
政治学教科书	3-0109	南洋华侨国语读本	2-1452 2-1525
政治经济学	3-0122 3-0123	南洋华侨国语读本教授书	2-1583 2-1604 2-1605
政治课本	2-0282 2-0314	南洋华侨国语教科书	2-0836
政治常识	2-0276 2-0277 2-0315	南洋华侨高小国语读本教学法	2-1611
政治概论	3-0121	南洋华侨常识课本	2-3249
郝克氏高级代数学	3-2082	南洋华侨常识课本教授书	2-3319
郝克氏高等代数学	3-2087	南洋自然教学法	2-3090
拼拼凑凑	2-3787	南洋初小公民	2-0377
按题详解普通算术参考书	3-1937	南洋初小复兴国语教学法	2-1164
革命三字经	2-1310	南洋国语	2-0955
革命纪念日中心教材	2-0288 2-0289 2-0290	南洋国语教科书	2-1013
	2-0291 2-0292 2-0293 2-0294	南洋常识教学法	2-3333
	2-0295 2-0296 2-0297 2-0298	南洋常识教科书	2-3250
	2-0299 2-0300 2-0301 2-0302	南洋算术教学法	2-2629
革命常识	2-0283	标本的采集和制作	2-2962
革新的小学国语科教材教法	2-1100	标准几何学教科书(教授资料)	3-2225
革新的自然教学法	2-3069	标准文选	3-0567
革新的劳作教学法	2-3844	标准乐理教科书	3-3479
革新的常识教学法	2-3305	标准初中化学[增订本]	3-2885
革新单级教育	4-0551	标准初中物理学	3-2677
革履模型裁法指南	5-0180	标准初中物理学[增订本]	3-2689
草棉的一生	2-2895	标准英语	3-0972
故事诗选	3-0682	标准英语读本	2-1844 3-0939
故事游戏	2-3946	标准国文选[改版本]	3-0678
故事新读本	2-1432	标准国音丛书	2-1267 8-0091
故事歌曲:小学公民训练	2-3505	标准国音国语留声片课本	2-1269
南开中学东北地理教本	3-1530	标准国语日用会话	8-0142
南开中学外国地理教本	3-1644	标准国语应用会话	3-0514
南开中学初一国文教本	3-0346	标准国语应用会话新教本	8-0141
南开中学初二国文教本	3-0351	标准国语留声机片丛书	3-0498
南开中学初三国文教本	3-0339	标准国语课本:注音会话	8-0094
南洋历史教学法	2-2051	标准高中物理学	3-2715
南洋历史教科书	2-1975	标准高中物理实验[修订本]	3-2783
南洋中学第一年级本国历史讲义	3-1215	标准高级英文选	3-1055
南洋公民教学法	2-0426	标准课程高中简全生物学	3-3099
南洋公民教科书	2-0377	标准教材高中化学	3-2896
南洋公学课文录选	3-0282	标准教学法	4-0591
南洋公学新国文	3-0294	标准唱歌教科书	4-0302
南洋地理教学法	2-2226	标准歌曲集	3-3497
南洋华侨小学算术课本	2-2467	柯提拿英语教科书	3-0922
南洋华侨小学算术课本教学法	2-2629	查理斯密小代数学	3-1970 3-1972

查理斯密小代数学教科书	3-1972
查理斯密小代数学解式	3-2110
查理斯密初等代数学	3-1981
查理斯密解析几何学教科书例题详解	3-2424
勃台物理实验	3-2764
勃台实用物理学题解	3-2730
勃台基本实用物理学	3-2709
勃拉克台维斯最新实用物理学	3-2633
勃拉克台维斯最新实用物理学[修订本]	3-2638
勃拉克台维斯最新实用物理学题解	3-2725
勃拉克台维斯新实用物理学习题详解	3-2732
勃康化学实验	3-2973
勃康实用化学	3-2902
勃康实用化学题解	3-2939
勃赖克柯能博士实用化学	3-2828

[丨]

战后革新小学教育法	2-0151
战后新编南洋华侨小学教科书公民	2-0358
战后新编南洋华侨小学教科书算术	2-2462
战后新编高中本国地理:华中华南分论	3-1601
战时儿童丛刊	2-1026
战时儿童国语选	2-1026
战时小学自然课本	2-2840
战时小学各科补充教材	2-0050
战时小学音乐教材	2-3512
战时小学教育实施法	1-0074
战时小学常识课本	2-3229
战时中学音乐教材	3-3453
战时文选	2-1547
战时民众学校补充教材	8-0056
战时初中本国地理	3-1576
战时初中国文	3-0376
战时国文补充教材	2-0804
战时国文教材	3-0313
战时国语读本	2-1546
战时高中本国地理	3-1607
战时读本	2-1476 2-1545
战时读本高级指导书	2-1612
战时常识	2-3276 2-3302
战时常识参考书	2-3338
战时新课本	2-0104
战时新课本(国语常识合编)	2-0107 2-0109
战时新课本算术	2-2447
战时新编抗战小学文友	2-1232
战时算术指南	3-1938

临时初级算术课本	2-2454
临时政治课本中国革命读本	3-0126
临时课本外国历史	3-1416
临时课本高中国文	3-0429
临时教科书常识课本	2-3289
省乡村师资训练所普通教学法讲义	4-0585
省立沙师辅导丛书	3-3622
星球的研究	2-2950
畏式经济仪器使用法第一种:电力组	2-3126
贵阳乡土地理讲义	2-2298
蚂蚁的一群	2-2833
哈巴狗	2-0033

[丿]

钟山小学地理教本	2-2087
钟山本国地理	3-1605
钟山平面几何	3-2342
钟山外国史	3-1435
钟山物理学	3-2695
钟山高中物理学	3-2695
钟山读本初中程度地理教科书	3-1470
钟山读本高中程度本国地理	3-1595
钟山读本高中程度外国地理	3-1690
钟的指针	2-2414
钢笔画临本	3-3532 3-3536
钢笔画教本	3-3546
钢琴教本	3-3521
钢琴教科书	3-3520
钦定小学堂章程	1-0020
钦定中学堂章程	1-0035
钦定学堂章程	1-0002
钦定蒙学堂章程	1-0017
看不见的猛虎	2-3380
看护教科书	5-0263
看图识字	7-0047
看图识字读本	7-0044
看图学说话:哥哥弟弟	7-0034
怎样认识乐谱	2-3569
怎样过冬	2-2865
怎样走水路	2-2885
怎样走陆路	2-2886
怎样作文	2-1711
怎样画	2-3672
怎样使用标点符号	2-1018
怎样变成的	2-0903
怎样学照相	2-2991

怎样学简字	2-1312	复兴历史教学法[改编本]		2-2055
怎样实施公民训练	2-0413	复兴历史教科书	2-1978	2-1982
怎样指导儿童写作	2-1720	复兴公民训练教本	2-0420	2-0431
怎样选择职业	2-0723	复兴公民课本	3-0161 3-0165	3-0201
怎样测量气象	2-2964	复兴公民教学法		2-0434
怎样读书	2-1538	复兴公民教科书	2-0388	2-0389
怎样预防传染病	2-3007	复兴世界地图		3-1765
怎样检查字典和词典	2-1020	复兴地理教学法		2-2225
怎样解题	3-1808	复兴地理教学法[改编本]		2-2229
怎样塑造	2-1228	复兴地理教科书	2-2152	2-2155
牲畜防疫卫生	5-0124	复兴自然指导法	2-3082	2-3094
香港卫生教科书	3-3345	复兴自然课本	2-2861	2-2938
香港汉文读本	2-1390	复兴自然教学法	2-3079	2-3089
种痘和防疫	2-3374	复兴自然教学法[改编本]		2-3096
秋天有些什么	2-2864	复兴自然教科书	2-2856 2-2933 2-2975	2-3025
秋天到了	2-0029	复兴劳作教本	2-3772	2-3814
科学方法	3-2567	复兴体育教本	2-3897 2-3906 3-3615	3-3617
科学常识	2-3252	复兴初小自然课本		2-2861
科学馆丛书	3-2558 3-3004 4-0218	复兴初小国语指导法		2-1158
科学游戏	2-2913	复兴初小国语教科书		2-0906
(重订)中学中国地理教科书	3-1517	复兴初小音乐教本		2-3541
(重订)中学国文读本	3-0522	复兴初小美术教本		2-3671
(重订)中学国文教科书	3-0291	复兴初小常识教科书		2-3285
(重订)立宪国民读本	8-0079	复兴初小常识教科书[审定本]		2-3270
(重订)幼学须知句解	2-0022	复兴初小算术指导法		2-2615
(重订)考订东洋史要	3-1360	复兴初中公民课本		3-0165
(重订)高中物理实验	3-2784	复兴初中代数习题详解		3-2141
重阳节	2-0032	复兴初中体育教本		3-3615
(重译)足本几何教科书	3-2160	复兴初中图画教科书		3-3562
重要衣服工业概况	2-3819	复兴初中教学辅导书代数		3-2106
重要商品志	5-0213	复兴初中教学辅导书物理		3-2719
重校蒙学堂字课图说	2-1293	复兴初中教学辅导书算术		3-1917
重编平面几何学	3-2314	复兴初级中学几何教员准备书		3-2226
重编学校唱歌集	2-3493	复兴初级中学公民课本		3-0161
复式学级国文教科书	2-0864	复兴初级中学体育教本		3-3615
复式学级国文教科书:乙编	2-0866	复兴初级中学教科书几何	3-2188	3-2211
复式教学法	3-0021 4-0570 4-0594 4-0596 4-0603	复兴初级中学教科书几何教员准备书		3-2226
复兴小学教科书样本	2-0047	复兴初级中学教科书三角		3-2489
复兴卫生指导法	2-3426	复兴初级中学教科书三角教员准备书		3-2533
复兴卫生课本	2-3361	复兴初级中学教科书工艺		3-3585
复兴卫生教本	2-3355	复兴初级中学教科书卫生学		3-3360
复兴卫生教学法	2-3432	复兴初级中学教科书化学	3-2855	3-2882
复兴卫生教科书	2-3359 2-3403	复兴初级中学教科书化学实验		3-2975
复兴历史教学法	2-2050	复兴初级中学教科书公民	3-0173	3-0178
		复兴初级中学教科书公民教本		3-0169

复兴初级中学教科书公民教员准备书	3-0209
复兴初级中学教科书本国史	3-1254
复兴初级中学教科书本国史教员准备书	3-1324
复兴初级中学教科书本国地理	3-1559
复兴初级中学教科书本国地理教员准备书	3-1612
复兴初级中学教科书生理卫生学	3-3374　3-3379
复兴初级中学教科书代数	3-2028　3-2065
复兴初级中学教科书外国史	3-1392　3-1405
复兴初级中学教科书外国史教员准备书	3-1440
复兴初级中学教科书外国地理	3-1663
复兴初级中学教科书外国地理教员准备书	3-1707
复兴初级中学教科书动物学	3-3265　3-3286
复兴初级中学教科书动物学教员准备书	3-3305
复兴初级中学教科书国文	3-0353
复兴初级中学教科书物理	3-2683
复兴初级中学教科书物理学	3-2652　3-2670
复兴初级中学教科书物理学实验	3-2768
复兴初级中学教科书物理学教员准备书	3-2718
复兴初级中学教科书音乐	3-3462
复兴初级中学教科书样本	3-0029
复兴初级中学教科书家事	3-3581
复兴初级中学教科书博物	3-3027
复兴初级中学教科书植物学	3-3176　3-3196
复兴初级中学教科书植物学教员准备书	3-3214
复兴初级中学教科书算术	3-1869　3-1887　3-1907
复兴初级中学教科书算术教员准备书	3-1914
复兴社会指导书	2-0752
复兴社会指导法	2-0752
复兴社会课本	2-0653
复兴社会教学法	2-0748　2-0755　2-0761
复兴社会教科书	2-0648　2-0704　2-0725　2-0728
复兴国文课本	3-0414
复兴国语指导法	2-1158　2-1215
复兴国语课本	2-0895　2-1017
复兴国语教学法	2-1157　2-1164　2-1210
复兴国语教学法[改编本]	2-1163　2-1217
复兴国语教科书	2-0892　2-0894　2-0905　2-0906　2-0910　2-0955　2-1015　2-1023
复兴音乐教本	2-3541
复兴音乐教学法	2-3595　2-3601
复兴音乐教科书	2-3539　2-3565
复兴美术教本	2-3671
复兴美术教学法	2-3732
复兴美术教科书	2-3700
复兴说话范本	2-1351　2-1356
复兴说话教本	2-1349
复兴说话教学法	2-1212
复兴说话教科书	2-1355
复兴珠算指导书	2-2820
复兴珠算指导法	2-2810　2-2819
复兴珠算课本	2-2771　2-2789
复兴高小历史教学法	2-2055
复兴高小公民教学法	2-0440
复兴高小地理教学法	2-2225　2-2229
复兴高小自然课本	2-2938
复兴高小社会教科书	2-0730
复兴高小国语教科书	2-1036
复兴高小算术教学法	2-2665
复兴高中复习丛书	3-2430
复兴高中教科书化学	3-2899
复兴高中教科书物理学	3-2697
复兴高级中学公民课本	3-0190　3-0201
复兴高级中学体育教本	3-3617
复兴高级中学教科书几何学	3-2219　3-2220
复兴高级中学教科书三角学	3-2509　3-2517
复兴高级中学教科书卫生学	3-3397
复兴高级中学教科书化学	3-2899
复兴高级中学教科书化学实验	3-2987　3-2992
复兴高级中学教科书化学实验指导书	3-3001
复兴高级中学教科书化学实验教程	3-2991
复兴高级中学教科书公民	3-0191
复兴高级中学教科书本国史	3-1303
复兴高级中学教科书本国地理	3-1597　3-1603
复兴高级中学教科书平面几何学	3-2333
复兴高级中学教科书生物学	3-3083
复兴高级中学教科书生物学实验	3-3124
复兴高级中学教科书代数学	3-2084　3-2085　3-2088
复兴高级中学教科书外国史	3-1426
复兴高级中学教科书外国地理	3-1697
复兴高级中学教科书立体几何学	3-2377
复兴高级中学教科书地理	3-1479
复兴高级中学教科书自然地理	3-1504
复兴高级中学教科书论理学	3-0102
复兴高级中学教科书国文	3-0411
复兴高级中学教科书图画	3-3566
复兴高级中学教科书物理学	3-2697
复兴高级中学教科书物理学实验	3-2780
复兴高级中学教科书解析几何学	3-2412
复兴教科书几何	3-2188
复兴教科书几何学	3-2219　3-2220

复兴教科书三角	3-2489	复兴教科书物理学	3-2652　3-2697
复兴教科书三角学	3-2509　3-2517	复兴教科书物理学实验	3-2780
复兴教科书工艺	3-3585	复兴教科书物理学教员准备书	3-2718
复兴教科书卫生	2-3359　2-3403	复兴教科书音乐	2-3539　2-3565　3-3462
复兴教科书卫生学	3-3360　3-3397	复兴教科书音乐教学法	2-3595　2-3601
复兴教科书卫生教本	2-3355	复兴教科书美术	2-3700
复兴教科书卫生教学法	2-3432	复兴教科书说话	2-1355
复兴教科书历史	2-1982	复兴教科书说话范本	2-1351　2-1356
复兴教科书历史教学法	2-2050　2-2055	复兴教科书说话教本	2-1349
复兴教科书历史教科书	2-1978	复兴教科书说话教学法	2-1212
复兴教科书化学	3-2855　3-2882　3-2899	复兴教科书家事	3-3581
复兴教科书化学实验	3-2975　3-2992	复兴教科书常识	2-3254　2-3266　2-3268　2-3270
复兴教科书化学实验教程	3-2991		2-3275　2-3297
复兴教科书化学教员准备书	3-2921	复兴教科书常识教学法	2-3322　2-3331　2-3333
复兴教科书公民	2-0388　2-0389　2-0394　3-0155	复兴教科书常识教科书	2-3285
	3-0178　3-0191	复兴教科书植物学	3-3176　3-3196
复兴教科书公民训练教本	2-0420　2-0431	复兴教科书植物学教员准备书	3-3214
复兴教科书公民教学法	2-0434　2-0440	复兴教科书解析几何学	3-2412
复兴教科书本国史	3-1254　3-1303	复兴教科书新课程标准与新教材新教法	2-0164
复兴教科书本国地理	3-1559　3-1597　3-1603	复兴教科书算术	2-2404　2-2426　2-2507　2-2527
复兴教科书生物学	3-3083	复兴教科书算术教学法	2-2610　2-2619　2-2622
复兴教科书生理卫生学	3-3374　3-3379		2-2659　2-2665
复兴教科书代数	3-2028	复兴常识指导法	2-3323
复兴教科书代数学	3-2084　3-2085　3-2088	复兴常识课本	2-3258
复兴教科书外国史	3-1405　3-1426	复兴常识教学法	2-3322　2-3333
复兴教科书外国地理	3-1663　3-1697	复兴常识教学法[改编本]	2-3331
复兴教科书立体几何学	3-2377	复兴常识教科书	2-3254　2-3266　2-3268　2-3275
复兴教科书动物学	3-3265		2-3295　2-3297
复兴教科书地理	2-2152　2-2155	复兴算术指导法	2-2615　2-2663
复兴教科书地理教学法	2-2225　2-2229	复兴算术课本	2-2406　2-2520
复兴教科书自然	2-2856　2-2933　2-2975　2-3025	复兴算术教学法	2-2610　2-2619　2-2665
复兴教科书自然教学法	2-3079　2-3089	复兴算术教科书	2-2404　2-2426　2-2507　2-2522
复兴教科书论理学	3-0102	(修订)中学课程标准	1-0042
复兴教科书农业	3-3422	(修订)英语模范读本	3-1003
复兴教科书劳作教本	2-3772　2-3814	(修正本)初小算术教学法	2-2630
复兴教科书体育教本	2-3897　2-3906	(修正)初小劳作要目	2-3857
复兴教科书初中公民	3-0173	(修正)初小国语教科书	2-0908
复兴教科书初中图画	3-3562	(修正)初小常识教科书	2-3272　2-3273
复兴教科书社会	2-0648　2-0704	(修正)初小算术教科书	2-2430　2-2438
复兴教科书社会教学法	2-0748　2-0755	修正初中外国史参考书	3-1449
复兴教科书国文	3-0353　3-0411	修正初级中学教科书样本	3-0030
复兴教科书国语	2-0894　2-0905　2-0906　2-0907	(修正)初高级中学课程标准	1-0041
	2-0910　2-0955　2-1015　2-1023	修正标准初中教本本国史	3-1262
复兴教科书国语教学法	2-1096　2-1157　2-1163	修正标准初中教本代数学	3-2056
	2-1164　2-1210　2-1217	修正标准初中教本动物学	3-3290

修正标准初中教本物理学	……	3-2651
修正标准初中教本植物学	……	3-3198
修正重编算术练习书	……	2-2742
(修正)高小历史教科书	……	2-1985
(修正)高小地理教科书	……	2-2159
(修正)高小自然教科书	……	2-2978
(修正)高小劳作教授要览	……	2-3865
(修正)高小国语教科书	…… 2-1024	2-1031
(修正)高小算术教科书	……	2-2532
修正高中外国地理	…… 3-1701	3-1703
(修正)高等小学国文读本	……	2-1511
修正课程标准算术	……	3-1884
(修正)最新南洋华侨小学历史课本教学法	……	2-2056
(修正)短期小学课本	……	2-0049
(修正)短期国语读本	……	2-1478
(修正)短期算术课本	……	2-2352
修正新编南洋华侨高小国语读本教学法	……	2-1611
(修正)增补东文新教程	……	3-1158
修身	…… 2-0522	2-0555
修身(教授稿本)	……	3-0249
修身问答	……	2-0567
修身讲义	…… 4-0069	4-0074
修身作法教授书	……	2-0564
修身启蒙	……	2-0490
修身学	……	4-0068
修身实践学教科书	……	3-0259
修身要义	……	3-0243
修身临时样本	…… 2-0470	2-0471
修身科讲义	……	3-0232
修身教科书 …… 2-0515 2-0530 2-0538	3-0235	
3-0237 3-0244 3-0252	4-0071	
修身教科书教授法	……	2-0560
修身教案	…… 2-0599	2-0613
修身教授	……	2-0573
修身教授书稿本	……	2-0597
修身唱歌书	……	2-0467
修身游技唱歌联络教材	……	2-0019
修身新教科书	……	2-0482
修改国音讲习课本	……	3-0494
修改标准国音讲习课本	……	3-0494
修学指导 …… 6-0020 6-0021 6-0022	6-0023	
6-0024 6-0027 6-0030	6-0084	
6-0088 6-0092		
修学指导:中级	……	6-0069
修学指导:初级	……	6-0068

修学指导:诗词易读	……	6-0067
修学指导:高级	……	6-0070
修养国文	……	3-0251
修辞学 …… 3-0775 3-0776 4-0093	6-0057	
修辞学讲义	……	3-0774
保育法	……	4-0687
保险学	…… 5-0259	5-0262
俗语注解小学古文读本	……	2-1369
皇朝掌故读本	……	3-1186
禹王台与繁塔:小学教学活动纲领及参考资料	……	2-0167
追逃游戏	……	2-3947
叙述文范:国文入门必读	……	3-0685
食物的来源	……	2-2986
食物的营养	……	2-2987
食的演进	……	2-0708
胜利课本:中年级	……	2-0376
胜利课本:低年级	……	2-0375
胜利课本:高年级	……	2-0400
胜利新标准民众课本	……	8-0044
急救要则	……	2-3413

[丶]

度量衡市制和公制的比较	……	2-2512
庭园的布置	……	2-3830
音乐 …… 2-3532 2-3539 2-3541	2-3562	
2-3576 3-3462 3-3464	4-0304	
音乐体操	……	4-0324
音乐的常识	……	3-3467
音乐科教材和教法	……	2-3586
音乐科教学法	……	4-0630
音乐家故事	……	2-3546
音乐课本:乐理唱歌欣赏合编	……	3-3455
音乐教本:高级部	……	3-3460
音乐教材	……	4-0305
音乐教学法	……	2-3595
音乐教科书 …… 2-3526 2-3559	3-3461	
音乐教科书:伴奏谱	……	2-3552
音乐教科书乐理概论	……	3-3472
音乐教授书	……	2-3597
音乐教授法	……	4-0629
音乐常识	……	3-3466
音乐概论	……	4-0306
音阶组成图解	……	4-0300
音注详解国语精读文选	……	2-1550
帝国英文读本	……	3-0904
施盖倪解析几何学	……	3-2420

养鸡学	5-0121
养蚕法教科书	5-0127
养蚕学	5-0130
养蜂学	5-0138
美儿的住宅	2-3794
美儿学画	2-3677
美术	2-3609　2-3668　2-3700　4-0313
美术工艺混合课本	2-3641
美术及音乐教学法:教育杂志16周年汇刊	2-0157
美术文	3-0404
美术史	4-0308
美术科百问	2-3707
美术科教材和教法	2-3719
美术教材	2-3699　2-3709
美术教学做法	2-3729
美丽的画宝	2-3625
美学纲要	4-0010
前进初中国文	3-0395
前期小学三民主义课本	2-0325
前期小学三民主义课本教学法	2-0331
前期小学三民主义教科书	2-0321
前期小学自然课本	2-2850
前期小学自然课本教学法	2-3073
前期小学社会课本	2-0626　2-0628
前期小学社会课本教学法	2-0743
前期小学国文读本	2-1445
前期小学国语读本	2-1444
前期小学国语读本教学法	2-1578　2-1579
前期小学国语读本教学法[订正本]	2-1580
前期小学常识课本	2-3246
前期小学常识课本教学法	2-3313
前期小学常识课本教学法[修正本]	2-3315
前期小学算术课本	2-2395
前期小学算术课本教学法	2-2600
总理诞辰纪念中心教材	2-0298
洪氏初中生理卫生学	3-3359
测验及统计	4-0459
测验概要	4-0446
活叶工艺新教材	2-3753
活叶文选注释	3-0546
活叶本小学新教材　第1号:欧洲大战	2-0056
活叶本小学新教材　第2号:巴黎议和	2-0057
活叶本小学新教材　第3号:欧洲新局势	2-0058
活叶本小学新教材　第4号:国际同盟	2-0059
活叶本小学新教材　第5号:提倡国货	2-0060
活叶本小学新教材　第6号:国耻纪念	2-0061
活叶本小学新教材　第7号:济顺高徐路约	2-0062
活叶本小学新教材　第8号:国音	2-0063
活叶本小学新教材　第9号:劳工神圣	2-0064
活叶本小学新教材　第10号:飞行机	2-0065
活叶本小学新教材　第11号:糖	2-0066
活叶本小学新教材　第12号:火柴	2-0067
活叶本小学新教材　第13号:除虫菊	2-0068
活叶本小学新教材　第14号:坨里高线铁路	2-0069
活叶本小学新教材　第15号:欧洲华工	2-0070
活叶本小学新教材　第16号:改良棉种	2-0071
活叶本小学新教材　第17号:疏浚运河	2-0072
活叶本小学新教材　第18号:战犬	2-0073
活叶本小学新教材　第19号:太平洋之中国邮船	2-0074
活叶本小学新教材　第20号:镭	2-0075
活叶本东三省国语补充教材	2-0780
活用英文ABC丛书	3-1103
活用英文法	2-1872
活用英语	2-1848　3-0955　3-0970
活页习画帖	2-3669　2-3697
活页文选	3-0637
活页初中国文讲义	3-0380
活页图画范本	2-3697
活版对类引端	2-1803
活的学校	4-0481
染色用药品	5-0170
宣传画与广告画	2-3702
宣威州乡土志	2-2315
宣威州乡土志地理学教科书	2-2315
宪法要义讲义	6-0004
突氏大代数例题详解	3-2107
突氏大代数学详解	3-2107
(语文会通)国文必读	3-0319
语文教程	2-1884
语体文法	2-1361
语体文选评注	3-0560
语体作文材料	2-1805
语体诗歌选	3-0590
语体游记选	3-0591
语言学大意	3-0301
语法与国音	3-0766
语数形测验:第一、二类	4-0460
祖国文范	3-0517
神经器官研究	2-3407
说明文作法范例	3-0792

说话	2-1348 2-1355
说话范本	2-1351
说话教学法	2-1212

[一]

昼夜和四季	2-2904
姨父种的东西	2-2870
勇敢的消防队	2-2912
垒球	2-3891 3-3612
绘图一万字文	2-1287
绘图七千字文	2-1286
绘图七言杂字	2-1299
绘图儿童尺牍启蒙	2-1670
绘图儿童白话尺牍	2-1770
绘图儿童过渡	2-0008
绘图儿童智识读本	2-1381
绘图三千字文	2-1300
绘图三字经注解	2-1311
绘图三言杂字	2-1292
绘图千家诗	2-1371
绘图女学修身教科书	2-0463
绘图五千字文	2-1284
绘图五言杂字	8-0125
绘图中国白话史	2-1904
绘图中国白话地理	2-2070
绘图六千字文	2-1285
绘图六言杂字	2-1302 2-1307
绘图文学初阶	2-0076
(绘图)龙文鞭影	2-0021
绘图四千字文	2-1283
绘图四言杂字	2-1298
绘图白话注解千字文	2-1309
绘图外国白话史	2-1901
绘图礼记约编	2-0464
绘图必须杂字	2-1291
绘图庄户杂字	8-0122
绘图弟子规	2-0468
绘图识字课本	7-0037
绘图物理引蒙	2-3116
绘图注释百家姓	2-1278
绘图珠算课本	2-2747
(绘图)速通国文教科书	2-0777
绘图速通虚字法	2-1327
绘图唱歌教科书	2-3488
绘图释音百家姓	2-1279
绘图蒙学卫生实在易	2-3342
绘图蒙学习字实在易	2-1824
绘图蒙学习画实在易	2-3603
绘图蒙学习算实在易	2-2331
绘图蒙学历史读本	2-1900
绘图蒙学中国历史实在易	2-1904
绘图蒙学中国地理实在易	2-2069
绘图蒙学外国历史实在易	2-1903
绘图蒙学论说实在易	2-1614
绘图蒙学体操实在易	2-3867
绘图蒙学修身实在易	2-0458
绘图蒙学格致实在易	2-3201
绘图蒙学造句实在易	2-1325
绘图蒙学课本	2-0002
绘图蒙学捷径	2-0018
绘图算术游戏	2-2330
绘图增补益幼杂字	2-1308
绘图增注三字经	2-1316
绘图增注千字文	2-1303
绘图增注历史三字经	2-1316
绘图增注幼学琼林	2-0022
给小学生的信	2-1684 2-1777
给小孩子的信	2-1673
骆氏初中算术	3-1873
骆氏初中算术指导书	3-1916
统一国语教科书	2-0781
统一国语教授案	2-1084
统计图表制作法	2-2514
统计学	3-3441 5-0240 5-0241
统合教授法	2-0132
统合新教授法	2-0132

十 画

[一]

泰州乡土历史教科书	2-2284
泰县乡土教材	2-2308
秦氏民众教育	4-0697
珠算	2-2766 2-2768 2-2794
珠算一月通	8-0178
珠算入门	2-2749 2-2752
珠算全书	5-0245
珠算练习课本	2-2758
珠算练习簿	2-2823
珠算指导法	2-2810 2-2819
珠算指南	2-2822 5-0254
珠算指南:一月毕业	5-0247

珠算科教材和教法	2-2802
珠算课本	2-2755　2-2773　2-2785　2-2788
	2-2795　8-0162　8-0165
珠算课本教授书	2-2817
珠算课本教授法	8-0183
珠算捷诀	3-1926
珠算教本	2-2756
珠算教本：图解说明	2-2754
珠算教科书	2-2745　2-2778
珠算教科书教授法	2-2803
珠算教授书	2-2797
珠算新书	2-2751
蚕丝业论	5-0136
蚕丝业泛论	5-0135
蚕体生理学	5-0132
蚕体生理教科书	5-0126
蚕体解剖学	5-0133
蚕体解剖教科书	5-0129
蚕的一生	2-2891
栽培学	5-0094
栽培新编	5-0090
盐的由来	2-2898
捉鱼去	2-2890
哲学发凡[订正本]	4-0023
哲学纲要	4-0024
哲学概论	4-0028
挽近教育学说概论	4-0368
热地人生活	2-0681
热地的小朋友	2-0674
热呀夏天	2-2863
热的研究	2-2993
热学	3-2588
热带自然课本	2-2831
晋江乡土志	2-2296
晋察冀边区联合中学初等代数学讲义	3-2062
桐城吴氏文法教科书	2-1322
桐城吴氏法律学教科书	3-0271
桥梁的研究	2-2959
格致地理实物教授	2-3220
格致地理实物教授法	2-3220
格致课本	2-3202　2-3211　2-3213
格致教科书	2-3197
校正龙文鞭影	2-0021
校外观察教材集览	2-3056
校园里	2-3776

速成师范讲义丛录	4-0002　4-0004　4-0005
速成国语教本	3-0326
速通文法教科书	2-1323
速通国文教科书	2-0777
夏令儿童读本	2-0098
破除迷信	2-0655

[I]

党义	2-0351　3-0135　3-0137　3-0140
	3-0141
党义识字常识混合编制民众高级读本[订正本]	8-0019
党义识字常识混合编制民众读本[订正本]	8-0012
党义识字常识混合编制妇女读本[修订本]	8-0017
党义课本	8-0073
党义教科书民权初步演习	2-0346
党义教科书孙中山先生革命史实	2-0344
党义教授准备书	3-0139
党义常识混合编制民众初级读本	8-0058
党国先进言论集	3-0619
晓庄丛书	2-0165

[J]

钱氏初中化学	3-2858
铁路工程学	5-0182
铁路公路测量学	5-0184
铁路测量及土木	5-0183
铅笔习画帖	2-3652
铅笔风景画	3-3547
铅笔画范本	3-3525
铅笔画临本	3-3542
铅笔画教本	2-3613　3-3552
特种教育儿童课本	2-0085
特种教育成人课本	8-0029
特种教育妇女课本	8-0030
造句启蒙	2-1334
造纸和印刷	2-3014
造林学各论	5-0109
造林学通论	5-0110
造林实施法	5-0111
笔记选	3-0561
笔算启蒙	2-2370
笔算珠算混合教学法	2-2799　2-2800
笔算课本	2-2323　8-0169
笔算课本教授法	8-0182
笔算教本	2-2325
笔算教科书	2-2321　2-2328　2-2335　2-2336

	2-2338	
笔算数学		2-2327
笔算数学全草详解		2-2339
笔算数学简本		2-2359
笔算数学题草图解		2-2333
"笑"之图解(附修辞法)		3-0764
健儿的食品		2-3385
健而美		2-3387
健康课本		2-3353
健康教育		4-0519
徐氏初中公民		3-0157
徐氏初中动物学		3-3268
徐氏初中植物学		3-3178
徐氏高中公民		3-0189
徐杜两氏初中植物学[修正本]		3-3184
徐霞客游记		3-0572
爱国教材		2-0306
胶质工业概况		2-3820
留声机	2-2941	2-2971

[丶]

高三外国地理讲义				3-1704
高小入学捷径				2-0254
高小卫生教学法				2-3434
高小历史	2-1977	2-1988	2-2003	2-2008
	2-2012			
高小历史参考书				2-2059
高小历史参考教材				2-2062
高小历史复习				2-2066
高小历史课本			2-1981	2-1995
高小历史课本教学法				2-2054
高小历史教科书		2-1978	2-1985	2-1989
高小公民			2-0387	2-0398
高小公民训练教本				2-0432
高小公民复习				2-0450
高小公民课本			2-0393	2-0396
高小公教道理教科书				2-0095
高小文范				2-1652
高小史地			2-2000	2-2006
高小地理	2-2160	2-2166	2-2172	2-2176
	2-2179	2-2184		
高小地理参考书				2-2234
高小地理复习				2-2243
高小地理课本			2-2154	2-2182
高小地理课本教学法				2-2230
高小地理教科书			2-2159	2-2161
高小自然	2-3023	2-3032	2-3038	2-3040
高小自然科教授草案				2-3100
高小自然复习				2-3110
高小自然课:补充解释				2-3111
高小自然课本	2-2930	2-2974	2-2976	2-3024
	2-3033	2-3039	2-3050	
高小自然课本教学法		2-3093	2-3097	2-3098
高小自然教学法				2-3091
高小自然教学指引				2-3101
高小自然教科书			2-2978	2-3022
高小自然常识				2-3036
高小各科复习丛书		2-0450	2-1245	2-2066
	2-2243	2-2733	2-3110	
高小论说文范				2-1632
高小劳作教本				2-3864
高小劳作教授要览				2-3865
高小补充教材作文范本				2-1652
高小社会科历史编教学法				2-2049
高小社会科地理编教学法				2-2224
高小社会课本				2-0732
高小社会课本历史编[修正本]				2-1973
高小社会课本公民编教学法				2-0437
高小社会课本地理编教学法				2-2222
高小社会教学法			2-0753	2-0757
高小国语	2-1032	2-1047	2-1049	2-1050
	2-1055	2-1056	2-1060	2-1061
	2-1066	2-1078	2-1219	
高小国语:补充教材				2-1064
高小国语汇选				2-1557
高小国语自习指导				2-1248
高小国语补充教材				2-1064
高小国语科教材和教法				2-1220
高小国语复习				2-1245
高小国语读本	2-1529	2-1530	2-1540	2-1541
	2-1543	2-1559		
高小国语读本[改编本]				2-1542
高小国语读本教学法			2-1610	2-1611
高小国语课本	2-1040	2-1045	2-1053	2-1058
	2-1065	2-1068		
高小国语教学法	2-1207	2-1209	2-1210	2-1211
	2-1218	2-1221		
高小国语教科书	2-1024	2-1031	2-1033	2-1036
高小国语新读本教学法				2-1613
高小学生尺牍				2-1686

高小实验国语教科书	2-1021	2-1038
高小政治教科书兴亚读本		2-0310
高小政治常识		2-0312
高小修身教学法		2-0615
高小修身教科书	2-0557 2-0558	2-0559
高小珠算课本		2-2790
高小常识题解:献给投考初中者		2-0260
高小滑翔补充教材		2-3916
高小新历史教学法		2-2057
高小新公民		2-0397
高小新公民教学法		2-0443
高小新地理		2-2156
高小新地理教学法		2-2232
高小新社会		2-0729
高小新社会教学法		2-0762
高小新国语		2-1536
高小新算术		2-2524
高小新算术教学法		2-2667
高小模范公民		2-0392
高小模范公民实施法		2-0439
高小模范音乐教科书		2-3572
高小模范音乐教科书:伴奏谱		2-3574
高小算术	2-2534 2-2537 2-2541	2-2545
	2-2547 2-2552	
高小算术补充课本		2-2521
高小算术补充题例解:升学必备		2-2727
高小算术复习		2-2733
高小算术复习指导		2-2735
高小算术复习指导书		2-2720
高小算术课本	2-2510 2-2529 2-2530	2-2546
	2-2548	
高小算术课本教学法		2-2669
高小算术教学法	2-2655	2-2658
高小算术教学指引		2-2671
高小算术教科书	2-2532	2-2554
高小算术教科书[修订本]		2-2535
高中乙组代数学		3-2090
高中二年级国文读本		3-0721
高中入学指导		3-0068
高中入学指南:献给投考高中者		3-0072
高中几何学		3-2222
高中几何学:甲组		3-2223
高中几何学教科书	3-2221	3-2224
高中几何测验		3-2249
高中三角		3-2523

高中三角法		3-2503
高中三角法教科书		3-2514
高中三角学	3-2510	3-2524
高中三角学习题解答		3-2552
高中三角学纲要		3-2518
高中三角复习指导	3-2554	3-2556
高中三角复习指导[增订本]		3-2557
高中三角测验		3-2553
高中大代数复习指导		3-2155
高中卫生		3-3399
高中卫生学		3-3399
高中女子修身		3-0258
高中天文学		3-3003
高中中国文学史		3-0013
高中中国史		3-1302
高中中国近百年史		3-1299
高中升学试题总览		3-0082
高中升学复习丛书		3-3120
高中化学	3-2893 3-2896 3-2900	3-2903
	3-2905 3-2908 3-2909	3-2910
	3-2912 3-2913 3-2915	3-2920
	3-2958	
高中化学示教实验		3-2997
高中化学实验	3-2983 3-2985 3-2989	3-2993
	3-2995	
高中化学科教学进度表		3-2925
高中化学复习进修书		3-2959
高中化学复习指导		3-2957
高中化学复习指南		3-2960
高中化学测验		3-2956
高中化学辑要		3-2954
高中化学算术		3-2904
高中公民	3-0192 3-0194 3-0196	3-0200
	3-0207 3-0208	
高中公民:社会问题 政治概要		3-0204
高中公民:法律大意		3-0206
高中公民:政治概要		3-0198
高中公民课本		3-0197
高中公民教本		3-0203
高中文选		3-0734
高中以上学校女生救护训练教本		3-3400
高中世界地理	3-1685	3-1688
高中世界地理教本		3-1689
高中本国史	3-1289 3-1295 3-1297	3-1300
	3-1305 3-1306 3-1307	3-1308

	3-1310　3-1312　3-1313　3-1316
高中本国史复习指导	3-1344
高中本国史辑要	3-1343
高中本国地理　　　3-1596　3-1598　3-1599	3-1602
高中本国地理复习指导	3-1627
高中平面几何　　　　3-2330　3-2338　3-2339	3-2342
高中平面几何学　　　3-2325　3-2329　3-2332	3-2336
	3-2337　3-2340　3-2343
高中平面几何教科书	3-2327
高中平面三角法	3-2512
高中平面三角法教科书	3-2506
高中甲组代数学	3-2093
高中生物	3-3119
高中生物学　　　　　3-3084　3-3085　3-3087	3-3089
	3-3090　3-3092　3-3095　3-3096
高中生物学讲义	3-3100
高中生物学纲要	3-3098
高中生物学的要题与复习	3-3118
高中生物学实习指导	3-3104
高中生物学实验指导	3-3129
高中生物学实验教程　　　　　　3-3122	3-3126
高中生物学选	3-3077
高中生物学科教学进度表	3-3103
高中生物学复习指导	3-3117
高中生物学测验	3-3091
高中生物学提要	3-3116
高中生物复习指南	3-3120
高中生物辑要	3-3115
高中代数　　　　　　　　　　　3-2094	3-2101
高中代数习题	3-2159
高中代数学　　　　　　　3-2074　3-2079	3-2081
高中代数学:乙组	3-2098
高中代数学:甲组　　　　　　　3-2080	3-2096
高中代数学习题解答	3-2152
高中外国史　　　　　3-1420　3-1421　3-1424	3-1427
	3-1428　3-1429　3-1431　3-1432
	3-1433　3-1434
高中外国史复习指导	3-1453
高中外国史辑要	3-1454
高中外国地理　　　　3-1694　3-1696　3-1697	3-1701
	3-1703
高中外国地理[修订本]	3-1702
高中外国地理复习指导	3-1720
高中立体几何	3-2381
高中立体几何学　　　　　　　　3-2372　3-2378	3-2379
高中立体几何学习题证解	3-2387
高中立体几何学教科书	3-2373
高中立体几何教科书	3-2376
高中地理　　　　　　　　　　　3-1480	3-1481
高中地理科教学进度表	3-1482
高中地理辑要	3-1492
高中师范心理学	4-0414
高中师范论理学	4-0048
高中师范科教本伦理学	4-0067
高中师范教本人生哲学	4-0029
高中师范教本小学教师应用美术	2-3712
高中师范教本中国学术思想史	4-0012
高中师范教本世界近世史	4-0127
高中师范教本社会学及社会问题	3-0262
高中师范教本国音学	4-0094
高中师范教本新标准师范生物学	4-0242
高中师范教科书高中国文	3-0406
高中当代国文	3-0409
高中自然地理　　　　3-1505　3-1506　3-1509	3-1511
高中自然地理学	3-1502
高中会考升学指导	3-0084
高中各科复习丛书　　　　　　　3-2758	3-2960
高中军事看护	9-0005
高中军事看护学	9-0006
高中论理学	3-0103
高中进修国文选	3-0733
高中男生体育教授细目	3-3627
高中近世史	3-1436
高中近代英文选	3-0988
高中英文[修正本]	3-0990
高中英文名人文选	3-1063
高中英文法	3-1125
高中英文选　　　　　3-1053　3-1054　3-1057	3-1067
高中英文萃选	3-1058
高中英文辑要	3-1060
高中英语　　　　　　　　　　　3-0991	3-0993
高中英语复习指导	3-1065
高中英语语法实习教本	3-1127
高中英语读本　　　　3-0984　3-0985　3-0992	3-1056
	3-1064　3-1068
高中英语读本[修正本]	3-0986
高中国文　　　　　　3-0398　3-0400　3-0402	3-0406
	3-0415　3-0423　3-0424　3-0426
	3-0427　3-0429　3-0431　3-0432
	3-0471

高中国文[修正本]	………………	3-0422
高中国文名著选读唐宋词选	………	3-0731
高中国文补充读本	………………	3-0729
高中国文注释	………………………	3-0407
高中国文选	………………………	3-0726
高中国文选本	………………………	3-0724
高中国文科教学进度表	……………	3-0452
高中国文复习指导:升学考试必读	…	3-0470
高中国文读本	………… 3-0727	3-0730
高中国文教本	………………………	3-0419
高中国文教科书	……… 3-0402	3-0411
高中国文辑要	………………………	3-0469
高中国文精读本	……………………	3-0735
高中物理	…… 3-2698 3-2705	3-2710
高中物理问题复习	……………………	3-2759
高中物理学	… 3-2692 3-2693 3-2695	3-2696
	3-2699 3-2702 3-2704	3-2708
	3-2712	
高中物理学实验	………………………	3-2777
高中物理学教学纲要	…………………	1-0047
高中物理学辑要	……………………	3-2753
高中物理实验	………… 3-2784	3-2786
高中物理科教学进度表	……………	3-2720
高中物理复习指导	……… 3-2757	3-2758
高中物理测验	………………………	3-2756
高中物理辑要	………………………	3-2753
高中实用化学	………………………	3-2898
高中实用英文法与成语	……………	3-1130
高中标准国文	………………………	3-0410
高中标准物理学	……………………	3-2701
高中临时教材三角学	…………………	3-2531
高中临时教材化学	……………………	3-2919
高中临时教材平面几何学	……………	3-2346
高中临时教材代数学	…………………	3-2100
高中临时教材立体几何学	……………	3-2384
高中临时教材矿物学	…………………	3-3068
高中临时教材国文	……………………	3-0428
高中临时教材物理学	…………………	3-2714
高中临时教材解析几何学	……………	3-2423
高中复习丛书	……… 3-1342 3-1455 3-1626	3-1719
	3-2151 3-2157 3-2248	3-2387
	3-2425 3-2551 3-2752	3-2955
	3-3114	
高中复习指导丛书	… 3-1065 3-1344	3-1453
	3-1627 3-2155 3-2554	3-2757
	3-2957	
高中复习数学	………………………	3-1820
高中修身	…………… 3-0256	3-0257
高中美术教本	………………………	3-3565
高中活用英语读本	……………………	3-0989
高中活页文选	………………………	3-0739
高中语文	……………………………	3-0412
高中党义	…………… 3-0136	3-0137
高中党义教本	………………………	3-0137
高中党义教本三民主义的科学观	……	3-0132
高中党义辑要	………………………	3-0142
高中教本平面三角学	…………………	3-2522
高中教本生物学	……………………	3-3095
高中教本汉译Smith-Gale二氏解析几何学	…	3-2422
高中教本现代生物学	……… 3-3086	3-3095
高中教本范氏大代数	…………………	3-2095
高中教本勃康实用化学	……………	3-2902
高中教本最新卫生学	…………………	3-3398
高中教本最新生物学	…………………	3-3082
高中教科书公民	……………………	3-0191
高中教科书自然地理学原理	…………	3-1500
高中基本物理指导	……………………	3-2721
高中混合国文	………………………	3-0417
高中综合英文课本	……………………	3-0987
高中植物学	…………………………	3-3211
高中简全生物学	……………………	3-3099
高中解析几何习题详解	……………	3-2429
高中解析几何学	…… 3-2342 3-2407 3-2409	3-2411
	3-2413 3-2419 3-2421	3-2432
高中解析几何学习题详解	……………	3-2426
高中解析几何复习指导	……………	3-2430
高中解析几何测验	……………………	3-2428
高中解析几何教科书	……… 3-2410	3-2414
高中新三角	…………………………	3-2516
高中新三角法	………………………	3-2516
高中新三角学	………………………	3-2528
高中新化学	…………………………	3-2911
高中新公民	…………………………	3-0202
高中新本国史	………………………	3-1314
高中新本国地理	……………………	3-1604
高中新平面几何	……………………	3-2335
高中新生物学	………… 3-3088	3-3093
高中新代数:乙组	……………………	3-2092
高中新外国史	………………………	3-1430
高中新外国地理	……………………	3-1700

高中新国文	3-0421
高中新物理学	3-2707
高中新标准论理学	3-0103
高中新解析几何:乙组	3-2418
高中数学复习全书	3-2158
高中数学辑要:三角 立体几何	3-1818
高中数学辑要:高等代数 解析几何	3-1819
高中模范文讲义	3-0740
高中模范作文:投考会考必备[胜利版]	3-0833
高中模范唱歌教科书	3-3517
高中算学科教学进度表	3-1799
高年级国语补充读物风声	2-1524
高年级健康丛书	2-3444 2-3445
高级儿童劳作	2-3833
高级几何学	3-2218
高级工业职业学校教科书水力学	5-0156
高级小学三民主义课本	2-0329
高级小学三民主义课本教学法	2-0337
高级小学大众音乐课本	2-3566
高级小学卫生课本	2-3400
高级小学卫生课本教学法	2-3430
高级小学历史	2-1990 2-1997 2-1998 2-2002
高级小学历史课本	2-1970 2-1971 2-1991 2-1993 2-2001
高级小学历史课本[修订本]	2-1997
高级小学历史课本[第2次修订本]	2-2002
高级小学历史课本教学法	2-2044
高级小学历史教学指引	2-2058
高级小学历史教学指引[第1次修订本]	2-2061
高级小学历史教学指引[第2次修订本]	2-2060
高级小学公民课本	2-0399 2-0401
高级小学公民课本[修订本]	2-0402
高级小学公民课本[第2次修订本]	2-0404
高级小学公民教学指引	2-0444 2-0445
高级小学公民教学指引[第2次修订本]	2-0446
高级小学北新音乐教本	2-3563
高级小学生尺牍	2-1688
高级小学白话评注三民主义文范	2-1653
高级小学写信指导法	2-1797
高级小学地理	2-2162
高级小学地理[第1次修订本]	2-2174
高级小学地理课本	2-2162 2-2163 2-2164
高级小学地理课本[第1次修订本]	2-2173
高级小学地理课本[第2次修订本]	2-2177
高级小学地理课本教学法	2-2219
高级小学地理教学指引	2-2233 2-2235
高级小学自然	2-3027 2-3045
高级小学自然课本	2-2928 2-3028 2-3031 2-3034
高级小学自然课本[第1次修订本]	2-3035
高级小学自然课本教学法	2-3087
高级小学自然教学指引	2-3099 2-3101
高级小学社会	2-0733
高级小学社会科学教本中山主义	2-0316
高级小学英语教科书	2-1867
高级小学国文	2-1055
高级小学国语	2-1039 2-1059 2-1069
高级小学国语[修正本]	2-1048
高级小学国语科教学法	2-1214
高级小学国语读本	2-1521 2-1561
高级小学国语读本教学法	2-1603
高级小学国语课本	2-1040 2-1045 2-1054 2-1072
高级小学国语课本[修订本]	2-1053
高级小学国语课本[第2次修订本]	2-1059
高级小学国语教学法[第2次修订本]	2-1221
高级小学国语教钥	2-1206
高级小学国语教科书	2-1009
高级小学国语新读本教学法	2-1609
高级小学图画教本	2-3694
高级小学注音英语教科书	2-1869
高级小学南洋历史教学法	2-2051
高级小学临时地理课本	2-2167
高级小学适用课本历史	2-2011
高级小学适用课本地理	2-2185
高级小学适用算术	2-2552
高级小学音乐	2-3576
高级小学音乐课本	2-3577
高级小学校地理教科书	2-2158
高级小学校自然教科书	2-2977
高级小学校国语教科书	2-1025
高级小学校算术教科书	2-2531
高级小学部编高小地理	2-2168
高级小学暑假算术自习书	2-2740
高级小学寒假自习书	2-0236
高级小学新撰算术教科书	2-2497
高级小学新撰算术教授书	2-2649
高级小学模范公民实施法	2-0439
高级小学算术	2-2537 2-2542
高级小学算术补习教本	2-2526

高级小学算术课本	2-2501　2-2540　2-2543
	2-2544　2-2550
高级小学算术课本[第1次修订本]	2-2542
高级小学算术课本教学法	2-2653
高级小学算术教学法	2-2672
高级小学算术教学指引	2-2672
高级小学算术教学指引[第2次修订本]	2-2671
高级小学算术教学指导书	2-2670
高级小学算术教授书	2-2648
高级卫生	2-3406
高级卫生课本	2-3398
高级卫生课本教学法	2-3430
高级历史课本	2-1967　2-1995
高级日语讲义	6-0006
高级中学几何学教科书	3-2221　3-2224
高级中学三角法教科书	3-2521
高级中学三角学	3-2515　3-2525
高级中学三角学习题解答	3-2555
高级中学大学预科外国史	3-1421
高级中学化学	3-2905
高级中学化学实验	3-2985
高级中学化学实验教程	3-2991　3-2998
高级中学化学教科书	3-2890
高级中学公民	3-0207
高级中学公民课本	3-0190
高级中学公民课程标准	1-0046
高级中学本国史	3-1301　3-1309
高级中学本国地理	3-1609
高级中学平面几何学	3-2345
高级中学平面解析几何学	3-2344
高级中学北新文选	3-0719
高级中学生物学	3-3085　3-3094
高级中学生物学实验教本	3-3125
高级中学生物学实验教程	3-3130
高级中学代数学:乙组	3-2089
高级中学代数学:甲组	3-2097
高级中学外国史	3-1429
高级中学外国地理	3-1691　3-1696
高级中学立体几何学	3-2382
高级中学立体解析几何学	3-2383
高级中学师范科教科书小学教材研究	4-0571
高级中学师范科教科书小学教学法	4-0568
高级中学师范科教科书小学教学法通论	4-0562
高级中学师范科教科书教育史	4-0665
高级中学师范科唱歌教本	4-0298
高级中学自然地理	3-1506　3-1507
高级中学军事看护学	9-0004
高级中学英文选	3-1059
高级中学英文读本	3-0980
高级中学英语	3-0993
高级中学矿物学	3-3067
高级中学国文	3-0415
高级中学国文科战时补充教材	3-0425
高级中学国文读本	3-0713
高级中学国文读本分周教学方法纲要	3-0451
高级中学国文课本	3-0414
高级中学国文教科书	3-0405
高级中学物理学	3-2711
高级中学物理学实验教程	3-2773　3-2774
高级中学物理学教本	3-2706
高级中学物理实验	3-2772　3-2779　3-2785
高级中学物理实验法	3-2776
高级中学课程标准	1-0044
高级中学教本中国近百年史	3-1292
高级中学教本本国现代史	3-1296
高级中学教本物理实验法	3-2776
高级中学教本党义	3-0137
高级中学教本高中世界地理教本	3-1689
高级中学教本模范高级英文选	3-0982
高级中学教科书三角术	3-2519
高级中学教科书中国近代史	3-1288
高级中学教科书化学	3-2906
高级中学教科书化学实验	3-2986　3-2992
高级中学教科书公民	3-0193
高级中学教科书世界高中英文选	3-0983
高级中学教科书生物学实验法	3-3123
高级中学教科书代数学	3-2088
高级中学教科书外国史	3-1423
高级中学教科书外国地理	3-1697
高级中学教科书自然地理	3-1510
高级中学教科书行为主义心理学讲义	3-0107
高级中学教科书高中化学	3-2893
高级中学教科书高中本国地理	3-1596
高级中学教科书高中平面几何学	3-2325
高级中学教科书高中代数学	3-2074
高级中学教科书高中外国史	3-1420
高级中学教科书高中立体几何学	3-2372　3-2375
高级中学教科书高中国文	3-0398
高级中学教科书高中物理学	3-2692
高级中学教科书解析几何学	3-2406　3-2409　3-2416

高级中学商科课程暂行标准 …… 1-0045	高级英文法 …… 3-1128
高级中学商科教本广告学 …… 5-0217	高级英文模范作文 …… 3-1146
高级中学商科教本合作事业 …… 5-0209	高级英语会话教科书 …… 3-1072
高级中学商科教本经济学 …… 3-3416	高级英语法 …… 3-1129
高级中学商科教本经济学概论 …… 3-3418	高级英语读本 …… 2-1868　3-0979
高级中学商科教本经济概论 …… 3-3417	高级英语读本教学法 …… 2-1877
高级中学商科教本银行概论 …… 5-0261	高级英语模范作文读本 …… 3-1066
高级中学解析几何 …… 3-2404	高级国文 …… 5-0007
高级公民课本 …… 2-0385	高级国文选:白话对照 …… 3-0737
高级公民课本教学法 …… 2-0430	高级国文科讲义 …… 6-0055　6-0056　6-0057　6-0058
高级文法 …… 6-0016	6-0059　6-0060　6-0061　6-0062
高级尺牍课本 …… 2-1683	6-0063　6-0064　6-0065　6-0066
高级尺牍课本:言文对照 …… 3-0781	高级国文科修学指导 …… 6-0070
高级古文读本 …… 3-0712　6-0055	高级国文读本 …… 2-1518　3-0736　3-0737　6-0015
高级古文副读本 …… 6-0056	高级国文读本教学法 …… 2-1600
高级本国地理 …… 3-1594	高级国文精读文选:言文对照 详细注释 …… 2-1552
高级本国地理教本 …… 3-1600	高级国防自然课本 …… 2-3026　2-3049
高级平民学校公民课本 …… 8-0075	高级国语 …… 2-1012
高级平民学校识字课本 …… 8-0109	高级国语之友 …… 3-0460
高级平面几何 …… 6-0090	高级国语文读本 …… 2-1517
高级平面几何学 …… 3-2311　3-2318	高级国语文读本教学法 …… 2-1599
高级生物学 …… 3-3076	高级国语自习书 …… 2-1239
高级代数学 …… 3-2073	高级国语讲义 …… 8-0083
高级立体几何 …… 6-0093	高级国语读本 …… 2-1519　3-0714　3-0732
高级民众学校课本 …… 8-0038	高级国语课本 …… 2-1073　2-1074
高级地理课本 …… 2-2143　2-2147　2-2166　2-2182	高级国语课本[修正本] …… 2-1062
高级地理课本教学法 …… 2-2227	高级学生文范 …… 2-1647
高级回文读本 …… 2-1532	高级学生尺牍 …… 2-1795
高级自然 …… 2-2935	高级学生作文成绩 …… 3-1061
高级自然课本 …… 2-2926　2-3033	高级学生图画课本 …… 2-3708
高级自然课本教学法 …… 2-3085	高级学校教科书中国商业史 …… 3-3437
高级农业学校教科书农场管理学 …… 5-0031	高级音乐教材 …… 2-3575
高级农业学校教科书苗圃学 …… 5-0095	高级珠算课本 …… 2-2788　8-0176
高级农业学校教科书肥料学 …… 5-0044	高级珠算教材 …… 2-2793
高级农业学校教科书蚕体生理学 …… 5-0132	高级商业学校教科书商业学概论 …… 5-0191
高级农业学校教科书蚕体解剖学 …… 5-0133	高级商业职业学校教本会计及审计 …… 5-0222
高级农业学校教科书蔬菜栽培各论 …… 5-0099	高级商业职业学校教科书地理 …… 5-0205
高级农业职业学校教科书蚕丝业泛论 …… 5-0135	高级商业职业学校教科书合作事业 …… 5-0210
高级农业职业学校教科书造林学通论 …… 5-0110	高级商业簿记 …… 5-0231
高级农业职业学校教科书桑树栽培学 …… 5-0134	高级商业簿记教科书 …… 3-3438
高级时代儿童读本 …… 2-1548	高级商业簿记教科书[第2次改订版] …… 5-0235
高级作文之友 …… 2-1712	高级商科职业学校教本商业算术 …… 5-0249
高级作文法 …… 6-0018	高级暑假假期自习书 …… 2-0765　2-1239
高级社会暑假自然书 …… 2-0765	高级暑假假期自习书算术 …… 2-2740
高级英文范 …… 3-0977	高级程式文范本 …… 6-0017

高级模范作文 …… 2-1765	高等小学作文范本 …… 2-1639
高级算术 …… 2-2508	高等小学英文读本 …… 2-1857
高级算术课本 …… 2-2498 2-2551	高等小学英文教科书 …… 2-1862
高级算术课本教学法 …… 2-2650	高等小学英文新读本 …… 2-1864
高商地理 …… 5-0205	高等小学国文选本 …… 2-1508
高等小学几何画教科书 …… 2-2824	高等小学国文读本 …… 2-1500 2-1501 2-1504
高等小学几何学六编 …… 2-2825	2-1505 2-1509 2-1511 2-1562
高等小学卫生教科书 …… 2-3390 2-3392 2-3419	高等小学国文课本 …… 2-0970 2-0973
高等小学女子国文课本 …… 2-0975	高等小学国文课本[改正本] …… 2-0984
高等小学女子国文教科书 …… 2-0976 2-0995	高等小学国文教科 …… 2-0978
高等小学女子国文教科书详解 …… 2-1179	高等小学国文教科书 …… 2-0969 2-0971 2-0972
高等小学女子修身教科书 …… 2-0542	2-0978 2-0981 2-0988
高等小学女子家事教科书 …… 2-3806	高等小学国文教科书详解 …… 2-1176
高等小学女子新国文 …… 2-0985	高等小学国文教授书 …… 2-1181
高等小学女子新算术教科书 …… 2-2486	高等小学国文新读本 …… 2-1502
高等小学历史课本 …… 2-1944	高等小学国文新课本 …… 2-0998
高等小学历史教科书 …… 2-1948	高等小学国史教科书 …… 2-1931 2-1934
高等小学历史教授书 …… 2-2026	高等小学图画教科书 …… 2-3687
高等小学历史教授本 …… 2-2025	高等小学物理教科书 …… 2-3158
高等小学中外地理 …… 2-2121	高等小学实用地理教科书 …… 2-2132
高等小学中国历史 …… 2-1947	高等小学实用地理教授书 …… 2-2209
高等小学中国历史教科书 …… 2-1932 2-1935 2-1937	高等小学实用教科教授书样本 …… 2-0231
2-1941 2-1945 2-1946	高等小学经训教科书 …… 2-0092
高等小学中国史教科书:上世史 …… 2-1939	高等小学经训教授法 …… 2-0227
高等小学手工教科书 …… 2-3858	高等小学修身 …… 2-0536
高等小学手工教授书 …… 2-3859	高等小学修身书 …… 2-0539
高等小学毛笔习画帖 …… 2-3691	高等小学修身课本 …… 2-0533
高等小学东洋历史教科书 …… 2-1942	高等小学修身课本[改正本] …… 2-0535
高等小学生理卫生教科书 …… 2-3391	高等小学修身教科书 …… 2-0538 2-0540 2-0541
高等小学外国地图 …… 2-2265	高等小学修身教授书 …… 2-0603
高等小学地理课本 …… 2-2119 2-2175	高等小学修身教授本 …… 2-0602
高等小学地理课本[改正本] …… 2-2124	高等小学珠算教科书 …… 2-2778 2-2783
高等小学地理教科书 …… 2-2114 2-2116 2-2117	高等小学珠算教授书 …… 2-2815
2-2118 2-2122 2-2123	高等小学珠算教授本 …… 2-2813
高等小学地理教科书详解 …… 2-2120	高等小学格致科笔记 …… 2-3216
高等小学地理教授书 …… 2-2200	高等小学格致课本 …… 2-3214
高等小学地理教授本 …… 2-2199	高等小学格致教科书 …… 2-3215
高等小学地理教授用书 …… 2-2198	高等小学格致教授本 …… 2-3219
高等小学西洋历史教科书 …… 2-1933 2-1940 2-1943	高等小学校历史教科书 …… 2-1986
高等小学论说文范 …… 2-1635	高等小学校毛笔新画帖 …… 2-3689
高等小学论说指南 …… 2-1761	高等小学校教科书 …… 2-1956
高等小学论说模范 …… 2-1636	高等小学校教科书新地理 …… 2-2130
高等小学农业科教授法 …… 2-3464	高等小学校教科书新农业 …… 2-3453
高等小学体操游戏教授书 …… 2-3987	高等小学校教科书新国文 …… 2-0991
高等小学作文示范 …… 2-1638 2-1641	高等小学校教科书新修身 …… 2-0547 2-0549

高等小学校教科书新理科	2-3144 2-3145	高等小学新地理教科书	2-2129
高等小学校教科书新算术	2-2488	高等小学新地理教授书	2-2203
高等小学校新历史	2-1956	高等小学新地理教授法	2-2205
高等小学校新历史教授书	2-2030	高等小学新地理教授法(小本)	2-2206
高等小学校新地理	2-2130	高等小学新农业	2-3451
高等小学校新地理教授书	2-2207	高等小学新体唱歌集	2-3558
高等小学校新农业	2-3453	高等小学新国文	2-0982 2-0983
高等小学校新农业教授书	2-3461	高等小学新国文:乙种	2-0987
高等小学校新体国文	2-0992	高等小学新国文教科书	2-0989
高等小学校新国文	2-0991	高等小学新国文教授书	2-1192
高等小学校新国文教授书	2-1187	高等小学新国文教授法	2-1183
高等小学校新修身	2-0547 2-0549	高等小学新国文教授法(小本)	2-1185
高等小学校新修身教授书	2-0608	高等小学新图画	2-3690
高等小学校新理科	2-3145	高等小学新法算术珠算教科书	2-2784
高等小学校新理科教授书	2-3175 2-3177	高等小学新法算术笔算自习书	2-2710
高等小学校新算术	2-2488	高等小学新法算术笔算教科书	2-2492
高等小学笔算教科书	2-2472	高等小学新修身	2-0543 2-0544
高等小学读本	2-1497 2-1503	高等小学新修身教科书	2-0546
高等小学理科教科书	2-3133 2-3134 2-3137 2-3139 2-3141	高等小学新修身教授书	2-0609
高等小学理科教科书教授法	2-3169	高等小学新修身教授法	2-0604
高等小学理科教授书	2-3172	高等小学新理科	2-3138 2-3143
高等小学理科教授法	2-3169	高等小学新理科教科书	2-3142
高等小学教授细目	2-0228	高等小学新理科教授书	2-3174
高等小学堂讲义	2-0091	高等小学新理科教授法	2-3171
高等小学商业教科书	2-3473 2-3474	高等小学新商业	2-3476
高等小学博物教科书	2-3217	高等小学新商业教授法	2-3482
高等小学最新地理教科书	2-2115	高等小学新算术	2-2482 2-2485 2-2782
高等小学最新农业教科书	2-3450	高等小学新算术教科书	2-2487
高等小学最新国文详解	2-1177 2-1180	高等小学新算术教授书	2-2641
高等小学最新国文教科书	2-0980	高等小学新算术教授法珠算	2-2814
高等小学最新修身教科书	2-0534 2-0550	高等小学算术书	2-2639
高等小学最新理科教科书	2-3135	高等小学算术课本	2-2477
高等小学最新理科教授法	2-3170	高等小学算术教木	2-2470
高等小学最新算术教科书	2-2483	高等小学算术教本:珠算	2-2781
高等小学游戏法教科书	2-3954	高等小学算术教本:珠算部	2-2780
高等小学简明国文教科书	2-0977	高等小学算术教科书	2-2473 2-2475 2-2476 2-2478 2-2480
高等小学简明国文教科书详解	2-1178	高等小学算术教授书	2-2640
高等小学新历史	2-1949 2-1950	高等小学算术教授本	2-2638
高等小学新历史参考书	2-2032	高等小学算术教授法	2-2637
高等小学新历史教科书	2-1954	高等女学课本	2-0531
高等小学新历史教授书	2-2029	高等中学修身实践学教科书	3-0259
高等小学新历史教授法	2-2027	高等毛笔习画帖	2-3686
高等小学新手工教授法	2-3860	高等尺牍	6-0058
高等小学新地理参考书	2-2204	高等代数	6-0089

高等代数考试指导	3-2154
高等代数学	3-2102
高等代数精解	3-2158
高等西洋历史教科书	2-1940
高等论说新范	2-1762
高等作文新范	2-1642　2-1763
高等国文读本	3-0707　3-0708　3-0709
高等学校修身教科书	2-0529
高等学堂国文讲义	3-0708　3-0709
高等修身教科书	2-0530
高等珠算教科书	2-1826
高等蒙学修身教科书	2-0532
高等蒙学修身新教科书	2-0532
高等新文范	2-1643
高等新论说	2-1760
高等新法文范	2-1645
高等数学解析几何学	3-2390
准备操	2-3879
病的预防和治法	2-3444
唐五代宋词选	3-0594
唐宋传奇选	3-0607
唐宋词选:高中国文名著选读	3-0731
唐诗选	3-0603
凉爽的麻布	2-2876
竞争游戏	2-3949
竞技游戏	2-3929
部颁高中本国史课程标准会考答题	3-1341
部编民众学校珠算课本教学法	8-0189
部编民众珠算课本	8-0177
部编初小国常教学法	2-0217
部编初中公民	3-0183
部编初中本国历史	3-1274　3-1275
部编初中本国地理	3-1583　3-1587
部编初中地理	3-1587
部编初中国文	3-0388
部编初级小学国语常识教学指引	2-0216
部编战时补充教材	3-0426
部编战时补充教材初中本国地理	3-1579
部编战时补充教材高中公民	3-0207
部编战时补充教材高级小学社会	2-0733
部编战时补充教材教学指引:小学社会常识	2-0738
部编高小历史	2-1991　2-1993
部编高小地理	2-2163　2-2164　2-2173　2-2175
部编高小自然	2-3031　2-3035
部编高级小学历史	2-1997
畜产制造学	5-0118
畜产学	5-0114
畜牧学	5-0119
畜养新法的研究	2-3823
阅读测验说明书	2-1566
益幼杂字	2-1308
烟酒茶	2-2914
浙江七中童子军本级课程	9-0044
浙江大学初等教育辅导丛书	3-0133
浙江乡土地理教科书	2-2282
浙江国民教育实验区辅导丛刊	2-2776　2-3306
浙江省立杭州初级中学国文教本	3-0368
浙江省立植物病虫害防治所丛刊	2-3448
浙江省学校国文成绩	3-0849
海底世界	2-2961
涂色轮廓画	2-3618
害虫驱除全书	5-0078
家乡的情形	2-0670
家计簿记教科书	2-3734
家事	3-3581　3-3590　4-0318　4-0320
家事课本	2-3803
家事教科书	3-3569
家具的研究	2-3824
家政教科书	2-3733
家庭工艺	2-3797
家庭幼稚园小学新教材我的工作簿	7-0008
家禽病害	5-0122
诸子文选	6-0029　6-0060
读文法	3-0537
读书为什么	8-0139
读书指导	3-0744
读谱法	3-3485
袖珍代数学参考书	3-2132
课外活动指导	3-0027
课外简易体操	2-3871
课外算术练习书	2-2700　2-2725
课卷订正法	2-0170
课前研究指导案:历史科	2-2018
课堂运动法	2-3955
课程标准	1-0015
谁学得像	2-3952
调色法	2-3678
调味品	2-2988
调查研究	3-0125

[一]

剥皮老爷	8-0077

书名	编号
陶瓷器工业概况	2-3818
通州历史教科书	2-1906
通俗国文教科	2-0798
通俗国文教科书	2-0798 2-0869
通俗实用家计簿记教科书	2-3734
通俗教育识字课本	8-0098
通俗教育读本	8-0006 8-0007 8-0008
桑树栽培学	5-0134
桑树栽培教科书	5-0131

十一画

[一]

书名	编号
球面三角法新教科书	3-2449
球面三角学	3-2471
球类运动教材	3-3623
球类运动概说	2-3914
理化示教	3-2559 3-2560
理化问题详解:物理之部	3-2729
理化学初步讲义	4-0200
理化学教授指南	4-0202
理化教科书	3-2558 3-2564
理化教科书化学	3-2808
理化常识	3-2576 3-2581
理化博物教科书	2-3117
理化普及仪器实验法第二组:光学	3-2781
理化普及仪器实验法第三组:电磁学	3-2782
理化题解	2-3192
理化器械目录	2-3164
理化器械标本模型说明书	2-3165
理论应用算术题解	2-2673
理论物理学初步	3-2631
理论实验物理学讲义	3-2611
理科	2-3152 2-3153
理科大要	2-3122
理科要览代数学	3-2121
理科读本	2-3121
理科课本	2-3155
理科课本教授书	2-3188
理科通证:动物篇	2-2829
理科教育研究会测验丛书	3-2143 3-2242 3-2249
	3-2428 3-2553 3-2746 3-2756
	3-2948 3-2956 3-3091 3-3197
理科教科书:理化篇	2-3162
理科教科书:博物篇	2-3203
理科教科书化学矿物编	4-0217
理科教案	2-3184 2-3185
理科教授指南	2-3161
理科新书	2-3124
排泄器官研究	2-3409
堆栈业经营概论	5-0211
推雪人	2-1438
教与学月刊丛刊	2-0183
教子准绳	7 0001
教材及教学法	2-0190 4-0600 4-0604 4-0605
	4-0606
教材及教学法通论	4-0599 4-0604
教材研究	2-0191
教育入门	4-0366
教育上兴味与努力	4-0423
教育小丛书	2-0407 2-2191
教育小丛刊	2-0280 2-2299
教育心理	4-0430 4-0436 4-0439 4-0440
	4-0443
教育心理学	3-0108 4-0418 4-0422 4-0425
	4-0426 4-0427 4-0432 4-0433
	4-0434 4-0438 4-0441
教育心理学[审定本]	4-0435
教育心理学[增订本]	4-0428
教育心理学讲义	4-0420 4-0444
教育心理学纲要	4-0421 4-0429
教育心理实验	4-0437
教育史	4-0651 4-0652 4-0653 4-0654
	4-0656 4-0661 4-0662 4-0665
	4-0669 4-0670
教育史讲义	4-0671
教育史教科书	4-0650
教育生物学	4-0241
教育丛书	2-2020 2-3836 3-3405 4-0507
	4-0529 4-0663
教育丛书三集	4-0347
教育丛刊	3-2998
教育丛著	1-0068 2-0157 2-2017 2-3053
教育必用学生歌	2-3486
教育行政	4-0488 4-0510 4-0516
教育行政学	4-0488
教育行政概要	4-0489
教育讲义	4-0655
教育志丛	4-0333
教育体操法提要	2-3975
教育的团体游戏法	4-0332

教育学	4-0338	4-0342	4-0345	4-0346
	4-0353	4-0357	4-0358	4-0361
	4-0362			
教育学讲义			4-0335	4-0350
教育学原理			4-0333	4-0365
教育学教科书	4-0334	4-0337	4-0341	4-0343
	4-0347	4-0354		
教育实习			4-0646	4-0648
教育试题总解				4-0018
教育视导				4-0511
教育视导纲要				2-0202
教育测验				4-0451
教育测验与统计	4-0448	4-0449	4-0450	4-0453
	4-0454			
教育测验及统计		4-0452	4-0455	4-0457
教育测验纲要				4-0445
教育部颁布小学社会科课程标准				1-0031
教育通论	4-0371	4-0380	4-0390	4-0391
教育辅导				4-0517
教育概论	4-0369	4-0372	4-0373	4-0374
	4-0375	4-0377	4-0378	4-0379
	4-0381	4-0382	4-0383	4-0384
	4-0385	4-0386	4-0387	
教育新理问答				2-0006
教学法				4-0585
教学指引				2-0213
教学做合一概论				4-0572
教学演示实施法				2-0199
教室管理				4-0477
教案式定性分析化学教科书				3-2827
教授法	4-0530	4-0537	4-0540	4-0607
教授法讲义			2-0142	4-0531
教授法原理				4-0523
教算一得				2-2566
职工补习学校国语教科书				8-0082
职工补习学校服务常识教科书				8-0013
职工补习学校商业常识教科书				5-0189
职工课本				8-0052
职业应用文				5-0004
职业学校各科教材大纲课程表设备概要汇编				1-0063
职业学校教材养鸡学				5-0121
职业学校教科书人体生理				5-0264
职业学校教科书几何三角				5-0008
职业学校教科书力织机使用法				5-0177
职业学校教科书工业数学				5-0149
职业学校教科书土壤学概要				5-0038
职业学校教科书广告				5-0218
职业学校教科书无机化学				5-0022
职业学校教科书中国商业史				5-0197
职业学校教科书水利工程				5-0155
职业学校教科书化学			5-0020	5-0021
职业学校教科书公司财政				5-0243
职业学校教科书世界商业地理				5-0203
职业学校教科书本国商业历史				5-0199
职业学校教科书本国商业地理				5-0202
职业学校教科书电工学				5-0157
职业学校教科书生丝原料学				5-0137
职业学校教科书发动机				5-0152
职业学校教科书机构学原理				5-0165
职业学校教科书机械制图				5-0164
职业学校教科书机械学				5-0163
职业学校教科书农业概论				5-0026
职业学校教科书农具学				5-0058
职业学校教科书投资算术				5-0252
职业学校教科书材料强弱学概要				5-0153
职业学校教科书我国银行会计制度				5-0225
职业学校教科书作物学				5-0061
职业学校教科书作物学各论				5-0064
职业学校教科书作物学泛论				5-0066
职业学校教科书作物学实验教程				5-0068
职业学校教科书作物病理学				5-0076
职业学校教科书作物害虫学				5-0084
职业学校教科书应用力学大意				5-0015
职业学校教科书应用文				5-0005
职业学校教科书初级国文				5-0006
职业学校教科书果树园艺				5-0102
职业学校教科书果树园艺学				5-0103
职业学校教科书国文				5-0003
职业学校教科书制皂学				5-0172
职业学校教科书物理学			5-0012	5-0014
职业学校教科书金工工作法				5-0160
职业学校教科书金工工作法讲义				5-0162
职业学校教科书乳牛学				5-0120
职业学校教科书油类学				5-0168
职业学校教科书实用农艺化学				5-0072
职业学校教科书实用材料强弱学				5-0158
职业学校教科书建筑图学				5-0154
职业学校教科书织物分解				5-0171
职业学校教科书经济学				5-0206
职业学校教科书牲畜防疫卫生				5-0124

职业学校教科书染色用药品	5-0170
职业学校教科书统计学	5-0241
职业学校教科书蚕丝业论	5-0136
职业学校教科书造林实施法	5-0111
职业学校教科书高级国文	5-0007
职业学校教科书畜牧学	5-0119
职业学校教科书基本图案学	5-0150
职业学校教科书营养概论	5-0267
职业学校教科书商业地理	5-0204
职业学校教科书商业应用会计学	5-0226
职业学校教科书商业算术	5-0248 5-0250
职业学校教科书商业算术习题详解	5-0253
职业学校教科书商事法概要	5-0195
职业学校教科书植物学	5-0060
职业学校教科书棉作学	5-0089
职业学校教科书棉纺学	5-0175
职业学校教科书编物大全	5-0178
职业学校教科书算术代数	5-0009
职业学校教科书螟虫	5-0083
职业教育丛书	5-0173
基本小学生复习升学指导	2-0256
基本小学副课本国语	2-0934
基本小学副课本常识	2-3288
基本日语读本	3-1161
基本文范:文言对照	2-1471
基本幼童课本	7-0010
基本幼稚园图画	7-0072
基本幼稚园读本	7-0038
基本幼稚园常识	7-0064
基本幼稚园算术	7-0053
基本运算之练习	4-0183 4-0184
基本初小劳作教本	2-3771
基本英文法	3-1110
基本英语读本	3-1034
基本英语课本	3-0949
基本国文	3-0315
基本国音读本	2-1277
基本国语	3-0316
基本国语注音符号	3-0512
基本国语练习本	2-1237
基本国语说话范本	8-0143
基本图案学	5-0150
基本知识丛书	3-1283 3-2734
基本实用物理学	3-2713
基本实用物理学[最新修订本]	3-2709
基本教科书卫生	2-3401
基本教科书自然	2-2853
基本教科书初小社会教学法	2-0744
基本教科书初小国语教学法	2-1149
基本教科书初小音乐教学法	2-3590
基本教科书初小常识教学法	2-3316
基本教科书初小算术教学法	2-2602
基本教科书社会	2-0629 2-0699
基本教科书国文	3-0345 3-0403
基本教科书国文教本	3-0350
基本教科书国语	2-0886 2-1010
基本教科书音乐	2-3532 2-3562
基本教科书美术	2-3609
基本教科书高小社会教学法	2-0753
基本教科书高小国语教学法	2-1207
基本教科书高小算术教学法	2-2655
基本教科书基本初小劳作教本	2-3771
基本教科书常识教科书	2-3248
基本教科书算术	2-2399 2-2504
基本暑期课本	2-0125
基本数学	3-1782 3-1784
基本算术练习本	2-2703
黄氏初中几何	3-2190
黄狗和金子	2-1439
黄河自述	2-0685
黄觉民订正幼童智力图形测验	4-0689
营养概论	5-0267
梅雨雷雨和飓风	2-2967
检定指南 奏定检定小学教员章程 质疑答问 毕业试验问题	4-0483
救了一只小狗	2-0664
救火	2-0636
救国读本	2-1453 2-1527
龚氏初中卫生	3-3362

[ㅣ]

虚字使用法	6-0037
彪蒙论说入门初集	2-1615
常见的鸟兽	2-3009
常吃的蔬菜	2-2900
常州注音符号教本	8-0092
常识	2-3248 2-3254 2-3257 2-3266
	2-3268 2-3275 2-3280 2-3282
	2-3288 2-3290 2-3293 2-3298
	2-3299 2-3307
常识:小学补充课本	2-3232

常识文范	…………………………………	3-0527
常识问答	…………………………………	2-3339
常识科补充课本	………………………………	2-3244
常识课本	……… 2-3230　2-3234　2-3238　2-3247
	2-3253　2-3256　2-3260　2-3265
	2-3283　2-3287　2-3289　2-3294
	8-0193
常识课本教学法	…………………………………	2-3320
常识课本教授书	…………………………………	2-3309
常识教材	………………………… 2-3301　2-3307
常识教学法	……… 2-3322　2-3331　2-3333　2-3337
常识教学实际问题	…………………………………	2-3306
常识教学指引	…………………………………	2-3304
常识教学做法	…………………………………	2-3327
常识教科书	……… 2-3243　2-3248　2-3250　2-3277
	2-3282　2-3295
常识副课本	…………………………………	2-3262
常识暑期课本	…………………………………	2-3228
常备的药品	…………………………………	2-3017
常昭乡土历史教科书	……………………………	2-2281
常说的话	…………………………………	2-1352
晨光幼稚读本	…………………………………	7-0040
晨操新教材	…………………………………	2-3883
眼耳鼻	…………………………………	2-3386
晚明小品文选	…………………………………	3-0583
晚明小品选注	…………………………………	3-0583
唱游	…………………………………	2-3940
唱游教材	…………………………………	2-3953
唱游教材及教学法	…………………………………	2-3989
唱歌	…………………………………	3-3510
唱歌课本	…………………………………	8-0197
唱歌教本	…………………… 3-3502　4-0297　4-0298
唱歌教材集	…………………………………	2-3496
唱歌教科书	……………… 2-3488　3-3503　4-0303
唱歌集	…………………………………	2-3492
唱歌游戏	………………………… 2-3869　2-3944
逻辑浅说讲义	…………………………………	6-0005
婴儿园教育	…………………………………	4-0695
婴孩学堂教授法	…………………………………	7-0015

[丿]

银行会计	…………………………………	3-3445
银行会计教科书	………………… 3-3442　5-0223
银行学	…………………………………	5-0256
银行概论	…………………………………	5-0261
第一次改良笔算速成法	……………………………	2-2360
第一种简易识字课本	……………………………	2-1290
第一种简易识字课本教授书	………………………	2-1317
第一简明地理启蒙	…………………………………	2-2107
第一简明论说启蒙	…………………………………	2-1619
第一简明修身启蒙	…………………………………	2-0490
第一简明造句启蒙	…………………………………	2-1334
第一简明笔算启蒙	…………………………………	2-2370
第一简明博物启蒙[订正本]	………………………	2-3212
第二次世界大战史讲话	……………………………	2-2004
第二种简易识字课本	……………………………	2-1289
做做试试	…………………………………	2-3782
假期自习书	……… 2-0763　2-0765　2-1235　2-1236
	2-1239　2-2740　2-3102
假期作业	………………………… 2-0247　2-0248
假期作业课本	………………… 2-0119　2-0120
假期作业课本:国语	………………………………	2-0920
假期课本补习常识	…………………………………	2-3235
彩色写生记忆画解说	……………………………	3-3529
彩色初级小学国语常识课本	………………………	2-0114
彩色铅笔画	…………………………………	2-3706
彩色剪贴教材	…………………………………	2-3752
彩图方字教授法	…………………………………	7-0048

[丶]

减法	…………………………………	7-0056
麻的一生	…………………………………	2-2894
商业	…………………………………	4-0294
商业小丛书	…………………………………	5-0151
商业历史	…………………………………	5-0196
商业历史卷	…………………………………	5-0196
商业尺牍范本	…………………………………	3-0859
商业史	…………………………………	5-0198
商业地理	……………… 3-1495　5-0200　5-0201　5-0204
商业应用尺牍教本	…………………………………	5-0002
商业应用会计学	…………………………………	5-0226
商业学校教科书重要商品志	………………………	5-0213
商业学概论	……………… 3-3435　5-0188　5-0191
商业实用珠算全书	…………………………………	3-3431
商业实践	…………………………………	5-0187
商业经济	…………………………………	5-0208
商业珠算	…………………………………	5-0251
商业课本	…………………………………	8-0204
商业教本	…………………………………	3-3426
商业教科书	…………………………………	2-3473
商业常识	…………………………………	3-3432
商业常识教科书	…………………………………	5-0189

商业道德	5-0186	密盖培物理纲要问题解答	3-2724
商业新尺牍	3-0860	密盖培物理学纲要	3-2632
商业算术 ……… 3-3439 5-0244 5-0246 5-0248		谌氏初中本国地理	3-1570
5-0249 5-0250 6-0081			

[一]

商业算术习题详解	5-0253	弹词选	3-0608
商业簿记	5-0227 5-0229	弹琴教本	4-0299
商业簿记教科书	5-0232	续侠隐记	3-0639
商务尺牍教科书 ……… 3-0777 3-0778 3-0780		综合中外历史试题总解	3-1178 4-0132
商事法概要	5-0195	综合中外地理试题总解	3-1490 4-0159
商事要项	5-0185	综合化学试题总解	3-2945 4-0233
商法要论	5-0193	综合公民试题总解	3-0217 4-0060
商品学	5-0214	综合生物学试题总解	4-0246
商品学讲义	6-0101	综合动植物试题总解	3-3111
率角法	3-3609	综合初等代数平面几何三角试题总解	4-0171
盖氏对数表(附用法)	3-1985	综合英文课本	3-0987
剪了再贴	2-3673	综合英语课本	3-0947
剪形	2-3629	综合国学试题总解	3-0063 4-0017
剪纸手工范本	2-3748	综合物理试题总解	3-2742
剪纸手工教材	2-3748	综合法英语读本	3-1011
剪贴工艺教材	2-3747	综合音乐教科书	3-3450
剪贴与图案	2-3617	综合美术教材	2-3709
剪贴手工教本	2-3745	综合教育试题总解	4-0018
剪贴手工教材	2-3745	综合编制三民主义教本	3-0129
剪贴美术	3-3553		
剪贴活用教材	2-3743		

十二画

[一]

剪贴教材	2-3742	博物	3-3027
兽医学	5-0123	博物示教	3-3020
清文栋:精选中学国文课本	3-0289	博物学	4-0234
清史	3-1210	博物学大意	3-3019
清诗选	3-0604	博物学动物篇	3-3240
清洁的衣服	2-3370	博物学讲义动物界	4-0260
清党纪念中心教材	2-0302	博物学初步讲义	4-0235
混合英语	3-0926	博物学纲要:植物、动物、卫生	3-3029
混合法算学第一册习题答案	3-1801	博物学实验教程	3-3024
混合课本	2-0043	博物学教科书 ……… 2-3196 3-3016 3-3017	
混合课本(无图本)	2-0044	博物学教授指南	2-3055
混合课本教学法	2-0171	博物复习	3-3030
混合理化教科书	3-2566	博物读本	3-3028
混合编制初中理化	3-2574	博物教本初中新动物学	3-3301
混合算学	3-1792	博物教本初中新植物学	3-3210
混合算学教员准备书	3-1798	博物教科书	2-3205
窑业检验与计算法	5-0169	彭山县乡土志教科书	2-2294
密尔根盖尔物理学实验教程	3-2761	斯梯渥氏高等物理学详解	3-2754
密尔根盖尔实用物理学	3-2629		
密尔根盖尔培物理纲要问题解答	3-2724		

书名	编号
斯盖二氏解析几何学	3-2400　3-2402
斯盖尼三氏新解析几何学	3-2395　3-2397　3-2401
斯盖尼新解析几何学	3-2393
斯盖倪三氏新解析几何	3-2396
散文甲选:中学文学读本	3-0718
葛氏平面三角法题解	3-2539
葛氏平面三角学	3-2475　3-2522
葛氏重编平面三角学	3-2479
葛兰氏高中平三角术	3-2529
葛斯密平面三角学	3-2478
葛雷学校之组织	4-0474
蒋氏初中新国文	3-0373
蒋氏高中新国文	3-0421
蒋著修身书	2-0462
韩氏对数表	3-2003
植物	3-3179　3-3191　3-3209　3-3217　4-0248
植物问答:考试必备	3-3215
植物和泥土	2-2985
植物学	3-3133　3-3146　3-3157　3-3158　3-3159　3-3163　3-3165　3-3166　3-3167　3-3169　3-3175　3-3176　3-3186　3-3190　3-3198　3-3216　3-3218　3-3220　4-0247　4-0252　4-0253　4-0255　4-0256　4-0257　5-0060
植物学[订正本]	3-3148
植物学[改编本]	3-3196
植物学讲义	3-3161　4-0250　4-0251
植物学教员准备书	3-3214
植物学教科书	3-3136　3-3139　3-3142　3-3149　3-3153
植物病理学	5-0075
植物病理新编	5-0074
植物教科书	3-3147　3-3154
森林	2-2970
森林学大意	5-0107
森林经营学	5-0212
棉作学	5-0088　5-0089
棉纺学	5-0175
(暂用)常识课本	2-3247

[l]

书名	编号
暑假自习书算术	2-2682
暑假自然自习书	2-3102
暑假社会自习书	2-0763　2-0765
暑假国语自习书	2-1235　2-1236　2-1239
暑假算术自习书	2-2740
暑期自习书国语	2-1230
暑期自习书常识	2-3340
暑期国语常识课本[修订本]	2-0126
暑期课本	2-0124　2-0127
暑期课本:乙种(卫生 自然 劳作 美术)	2-0122
暑期课本:甲种(国语 社会 算术)	2-0121
最近中小学算术升学试题详解	2-2726
最近中华暗射地图说明书	2-2256
最近中学地理教科书地文之部	3-3010
最近世界地图	2-2264
最近年度高中入学试题精解	3-0070
最近全国大学考选要览	3-0079
最近初等理化教科书	3-2598
最近英文法教科书	3-1079
最近统合外国地理	3-1637
最近普通化学教科书[订正本]	3-2790
最经济的实验材料	2-2830
最新七级字课	2-1301
最新几何学教本	3-2173
最新三角六百题解	3-2540
最新小学女子历史教科书	2-1905
最新小学升学指导	2-0250　2-0257　2-0258　2-2732
最新小学各科升学指导	2-0266
最新小学作文捷径	2-1801
最新小学图画练习本	2-3636
最新小学虚字教科书二卷	2-1328
最新小学数学教科书	2-2324
最新小学算术练习书	2-2706　2-2738
最新卫生学	3-3398
最新女子初等小学国文教科书	2-0809
最新女子初等小学修身教科书	2-0481
最新女子初等小学修身教科书教授法	2-0568
最新女子修身教科书	2-0459　2-0477
最新中华分省图(表解说明)	3-1735
最新中华民国分省地图	3-1724
最新中华形势一览图(表解说明)	3-1732
最新中华形势一览图(新式表解说明)	3-1729
最新中国历史教科书	2-1896　2-1923　2-1937　2-2013
最新中国地理教科书	2-2103　2-2187
最新中学化学教学法	3-2922
最新中学代数学	3-1963

最新中学代数学教科书 …………………… 3-1966	最新化学难题集解 …………………… 3-2937
最新中学实用木工教科书 ………………… 3-3574	最新化学教科书 …………… 2-3136 3-2797 3-2805
最新中学教科书几何学 ……………… 3-2275 3-2347	最新文法教科书 …………………… 3-0751
最新中学教科书力学 ……………………… 3-2587	最新心理学教科书 …………………… 4-0396
最新中学教科书三角术 …………………… 3-2438	最新世界地图集 …………………… 3-1762
最新中学教科书中国历史 ………………… 3-1188	最新世界各国图 …………………… 3-1759
最新中学教科书中学物理 ………………… 3-2590	最新世界形势一览图(表解说明) ……… 3-1757
最新中学教科书水学 ……………………… 3-2601	最新世界建设新图 …………………… 3-1761
最新中学教科书气学 ……………………… 3-2597	最新本小朋友升学指导 ……………… 2-0263
最新中学教科书化学 ……………………… 3-2787	最新本全国大学入学试题精解 ……… 3-0076
最新中学教科书计学 ……………………… 3-3407	最新本国地图 ………………………… 2-2254
最新中学教科书平面几何画、投影画 …… 3-2253	最新平面几何学教科书 ……………… 3-2273
最新中学教科书东洋史要地图 …………… 3-1750	最新平面三角六百题解 ……………… 3-2540
最新中学教科书生理学 …………………… 3-3317	最新东洋历史教科书 ………………… 2-1942
最新中学教科书代数学 …………………… 3-1963	最新东洋史要地图 …………………… 3-1750
最新中学教科书用器画 ……… 3-2252 3-2253 3-2257	最新生物学 …………………………… 3-3082
最新中学教科书动电学 …………………… 3-2602	最新生物学实验 ……………………… 3-3131
最新中学教科书动物学 …………………… 3-3227	最新生理卫生 ………………………… 3-3369
最新中学教科书地文学 …………………… 3-3011	最新生理卫生教科书 ………………… 2-3350
最新中学教科书地质学 …………………… 3-3007	最新代数学 …………………………… 3-2118
最新中学教科书西洋历史 ………………… 3-1350	最新代数学教科书 …………………… 3-1962
最新中学教科书西洋历史地图 …………… 3-1749	最新代数难题集解 …………………… 3-2123
最新中学教科书光学 ……………………… 3-2614	最新代数教科书 ……………………… 3-1974
最新中学教科书声学 ……………………… 3-2593	最新白话中国地理教科书 …………… 2-2082
最新中学教科书矿物学 …………………… 3-3038	最新用器画教科书 …………………… 3-2254
最新中学教科书物理学 …………………… 3-2586	最新外国地理 ……………… 3-1638 3-1643
最新中学教科书热学 ……………………… 3-2588	最新训练标准小学童子军训练课本 …… 9-0028
最新中学教科书透视画 …………………… 3-2257	最新式七个年单级教授法 …………… 2-0147
最新中学教科书植物学 ……………… 3-3133 3-3159	最新动物学 …………………………… 3-3262
最新中学教科书静电学 …………………… 3-2591	最新动物学教科书 …………… 3-3225 3-3245
最新中学教科书磁学 ……………………… 3-2615	最新地质学教科书 …………………… 3-3009
最新中学教科书舆地 ……………………… 3-1631	最新地理问答简本 …………………… 2-2237
最新中学教科书瀛寰全志 ………………… 3-1631	最新地理教科书 …… 2-2096 2-2097 2-2115 2-2116
最新中学模范作文 ………………………… 3-0814	最新地理教科书详解 ………………… 2-2120
最新中学精读英文选 ……………………… 3-1025	最新全国小学归除珠算课本 ………… 2-2746
最新中等中国历史教科书 ………………… 3-1195	最新全国小学简明珠算课本 ………… 2-2753 2-2757
最新中等西洋历史教科书 ………………… 3-1354	最新论说范本 ……………… 2-1623 2-1637
最新中等英国历史教科书 ………………… 3-1353	最新论说范本二集 …………………… 2-1730
最新中等欧洲地理教科书 ………………… 3-1633	最新论理学教科书 …………………… 4-0033
最新中等法国历史教科书 ………………… 3-1352	最新农业教科书 ……………………… 2-3450
最新中等音乐教科书 ……………………… 3-3447	最新妇女国文读本 …………………… 2-1368
最新中等美国历史教科书 ………………… 3-1351	最新劳作活用教材 …………………… 2-3756
最新中等教科书三角法 …………………… 3-2458	最新两等小学体操教科书 …………… 2-3868
最新手工教科书 …………………………… 2-3737	最新体育教练法 ……………………… 2-3982
最新化学要解 ……………………………… 3-2938	最新体裁本国史 ……………………… 3-1237

最新体操教科书	2-3893
最新作文教科书	2-1694
最新作文教科书教授法	2-1713 2-1714
最新作文教授法	2-1714
最新应用文	3-0787
最新初中化学	3-2875
最新初中外国地理教科书	3-1660
最新初中国文	3-0382
最新初级中学教科书混合编制初中理化	3-2574
最新初等小学女子国文教科书	2-0808
最新初等小学中国历史教科书	2-1920 2-1923
最新初等小学本国地理教科书	2-2112
最新初等小学地理教科书	2-2096
最新初等小学作文教科书教授法	2-1713
最新初等小学国文教科书	2-0806 2-0811 2-0959
最新初等小学国文教科书教授法	2-1105
最新初等小学物理教科书	2-3127
最新初等小学修身教科书	2-0478 2-0484 2-0528
最新初等小学修身教科书教授法	2-0571
最新初等小学珠算入门	2-2761 2-2762 2-2805
最新初等小学珠算教科书教授法	2-2804
最新初等小学格致教科书	2-3208 2-3210
最新初等小学笔算教科书	2-2365 2-2367
最新初等小学笔算教科书教授法	2-2572
最新初等小学堂修身教科书教授法	2-0572
最新初等化学矿物教科书	3-2800
最新初等生理卫生教科书	2-3352
最新初等动物教科书	3-3235
最新初等国文教科书教授法	2-1102
最新初等植物教科书	3-3145
最新识字教科书	2-1281
最新改良绘图七言杂字	2-1299
最新改良笔算数学	2-2326
最新改良蒙学课本	2-0004
最新英文读本	2-1843
最新英文读本:初集	2-1845
最新英语读本	3-1017
最新国文教科书	2-0806 2-0827 2-0971 2-0972 2-0974 2-0980
最新国文教科书详解	2-1176 2-1177 2-1180
最新国文教科书教授法	2-1102 2-1105
最新国语教科书	2-0812
最新图式小学简明算法	2-2757
最新图画练习本	2-3636
最新物理学	3-2659
最新物理学教科书	3-2594 3-2604 3-2613
最新注解笔算数学全草	2-2361
最新官话识字教科书	2-1281
最新官话课本	8-0089
最新实业数学教科书	3-1775
最新实用三角学	3-2526
最新实用女子尺牍教科书	2-1656
最新实用化学	3-2829 3-2833 3-2836 3-2907 3-2914
最新实用化学[改订本]	3-2918
最新实用生活化学	3-2917
最新实用矿物教科书	3-3036
最新实用物理学	3-2633 3-2638 3-2700
最新实用物理学题解	3-2725
最新实用算术八百题解	3-1928
最新实验小学游戏教材	2-3939
最新实验化学	3-2966
最新实验化学教科书	3-2962
最新实验设计教学法	4-0564
最新南洋小学常识课本	2-3227
最新南洋华侨小学历史课本	2-1983
最新南洋华侨小学历史课本教学法	2-2056
最新南洋华侨小学公民课本教学法	2-0442
最新南洋华侨小学地理课本	2-2157
最新南洋华侨小学地理课本教学法	2-2231
最新南洋华侨小学国语读本	2-1396
最新南洋华侨小学国语读本教学法	2-1589
最新南洋华侨小学常识课本	2-3278
最新南洋华侨小学常识课本教学法	2-3336
最新南洋华侨尺牍课本	2-1666
最新南洋华侨高小公民课本	2-0395
最新标准小学童子军训练课本	9-0028
最新复式教学法	4-0594
最新修订初中公民学教本	3-0158
最新修身教科书	2-0478 2-0479 2-0484 2-0499 2-0528 2-0534 2-0550
最新修身教科书详解	2-0601
最新修身教科书教授法	2-0560 2-0571
最新语体中国地理教科书	2-2082
最新绘图三言杂字	2-1292
最新绘图六言杂字	2-1302 2-1307
最新绘图四言杂字	2-1298
最新绘图幼学杂字	2-1315
最新绘图共和幼学杂字	2-1315
最新绘图蒙学国民新读本	2-0078

最新珠算教科书	2-2745　2-2778
最新珠算教科书教授法	2-2803　2-2804　2-2812
最新格致教科书	2-3208
最新笔算教科书	2-2365　2-2373　2-2481
最新笔算教科书教授法	2-2572
最新笔算数学	2-2326
最新高小升学指导:升学必备	2-0252
最新高中化学实验	3-2996
最新高中生物学	3-3079
最新高中生物学实验	3-3128
最新高中物理学	3-2708
最新高中物理实验	3-2771
最新高中教本立体几何学	3-2380
最新高级中国近世史	3-1325
最新高等小学中国历史教科书	2-1937　2-2013
最新高等小学化学教科书	2-3136
最新高等小学东洋历史教科书	2-1936
最新高等小学地理教科书	2-2187
最新高等小学西洋历史教科书	2-1940
最新高等小学国文教科书	2-0971　2-0972　2-0974
最新高等小学笔算教科书	2-2472
最新高等小学笔算教科书教授法	2-2636
最新高等小学理科教科书	2-3135
最新高等小学理科教科书教授法	2-3170
最新高等小学教科书中国史	2-1938
最新高等小学教科书数学拾级	2-2474
最新高等中学修身实践学教科书	3-0259
最新通州历史教科书	2-1906
最新理化示教	3-2560
最新理科教科书	2-3135
最新理科教科书教授法	2-3170
最新教本写真中国地理	3-1545
最新教育学教科书	4-0339
最新教学法原理	2-0140
最新教授法教科书	2-0136
最新商业教科书	2-3474
最新商务尺牍教科书	3-0777　3-0778
最新商务尺牍教科书:正集	3-0777　3-0780
最新博物示教	3-3023
最新植物学	3-3185
最新植物学教科书	3-3139　3-3140
最新编著初中理化题解	3-2580
最新编著初中算术指南	3-1956
最新编纂中学生升学指南	3-0057
最新蒙学伦理书	2-0456
最新蒙学国民新读本	2-0078
最新蒙学理科读本	2-3125
最新简明尺牍教本	2-1658
最新简明珠算课本	2-2746
最新算术四百难题详解	3-1929
最新算术教科书	2-2483　3-1825　4-0173
最新管理法教科书	4-0465
最新精校图式珠算课本	2-2748
最新精校增图珠算课本	2-2759
最新潮州乡土地理教科书	2-2313
跌了一跤	2-3369
黑板图画教科书	3-3524
黑影画	2-3615

[ノ]

铸工	5-0159
短兵术	2-3890　3-3611
短期小学公民训练标准	1-0026
短期小学行政概要	4-0514
短期小学各科教材及教法	2-0184
短期小学课本	2-0040　2-0048　2-0049　2-0051
短期小学课本[订正版]	2-0045
短期小学课本教学法	2-0162　2-0172
短期小学课间操教材	2-3885
短期小学算术教学法	2-2562
短期国语读本	2-1478
短篇小说选	2-1560
短篇英语背诵文选[改订本]	3-1023
程氏高中自然地理	3-1508
筑路造桥	2-3003
傅氏高中三角法	3-2511　3-2520
傅氏高中平面几何学	3-2329
傅氏高中代数学	3-2078
傅氏高中立体几何学	3-2375
傅氏高中物理学	3-2699
傅氏高中解析几何学	3-2413
街上的小孩	8-0138
循序英文读本	3-1015
循环器官研究	2-3408
舒尔慈初等代数学	3-2025
舒塞司三氏平面几何学	3-2341
舒塞司三氏高中立体几何学	3-2374
舒塞司平面几何学	3-2328
舒塞司立体几何学	3-2363

[丶]

装饰美	2-3679
童子军	9-0038
童子军:初级中学	9-0033
童子军三级课程训练法	9-0070
童子军比赛表演游戏教材	9-0062
童子军日记	9-0046
童子军中级课本	9-0032
童子军中级课程	9-0042
童子军本级课程	9-0036 9-0043 9-0044
童子军自由车队训练法	9-0048
童子军行政管理与活动教材	9-0065
童子军军号吹奏法	9-0064
童子军步	9-0058
童子军体操	9-0049
童子军体操图说	9-0063
童子军初级课本	9-0031
童子军初级课程	9-0011 9-0021
童子军初级课程故事读本	9-0035
童子军初步	9-0009
童子军规律	9-0010
童子军实验教本	9-0015
童子军组织法	9-0056
童子军追踪术	9-0050
童子军测绘法	9-0057
童子军结绳法	9-0045
童子军桥梁建筑法	9-0054
童子军高级课本	9-0034
童子军课程训练法	9-0070
童子军教材	9-0040
童子军教育原理及方法	9-0074
童子军教育概论	9-0073
童子军教练	9-0039
童子军营舍建造法	9-0051
童子军烹调法	9-0052
童子军游戏法	9-0053
童子军游戏教材教法	9-0075
童子军简说	9-0025
童子军操法	9-0067
童子军徽章	9-0055
童子军露营须知	9-0047
普益国语课本	2-0924
普通小学课本	2-0010
普通女学课本	2-0012
普通历代史	2-1890
普通中学国文教学法	3-0438
普通中学教科书三角术	3-2440
普通化学问题详解	3-2931
普通化学教科书	4-0221
普通尺牍	6-0048
普通平面三角法[订正本]	3-2450
普通生物学实验指导	3-3127
普通生理卫生教科书	3-3327
普通代数学	3-1996
普通代数学讲义	3-2108
普通乐学	3-3486
普通动物学	2-2828
普通动物学教科书	2-2828
普通地理读本	3-1456
普通西洋历史教科书	3-1356
普通问答教科书(四种)	2-0017
普通体操	3-3605
普通体操学教科书	3-3601
普通应用文	2-1697
普通应用尺牍教本	8-0145
普通应用物理教科书[订正本]	3-2585
普通矿物学	3-3034
普通物理学	3-2694
普通物理学讲义	3-2722
普通物理学教科书	3-2609
普通的疾病	2-3006
普通学教科书中国历史	3-1209
普通实验化学	3-2961
普通经济学教科书	3-3406
普通科学	3-2571
普通珠算课本	2-2744 2-2779
普通笔算数学	2-2343
普通教育几何教科书平面之部	3-2283
普通教育化学讲义实验书	3-2967
普通教育化学教科书	3-2789
普通教育平面三角教科书	3-2436
普通教育生理卫生学	3-3328
普通教育代数学教科书	3-1982
普通教育代数教科书	3-1976 3-1988
普通教育立体几何教科书	3-2353
普通教育动物学教科书	3-3230 3-3247
普通教育地文学教科书	3-3013
普通教育矿物界教科书	3-3037
普通教育物理学教科书	3-2596
普通教育物理学新教科书	3-2608

普通教育实验理化教科书	3-2760
普通教育测验	3-0031
普通教育植物学教科书	3-3137　3-3150
普通教育新地理：外国之部	4-0155
普通教育算术教科书[改正本]	3-1839
普通教学法	2-0159　4-0558
普通教学法讲义	4-0585
普通教科书动物学	3-3248
普通教科书新地理	2-2133
普通教科书新国文	2-0861
普通商业教科问答	2-3471
普通博物问答	2-3195
普通博物学教科书	3-3022
普通植物学教科书	3-3142
普通新历史	2-1887　2-1891　2-1902　3-1366
普通新智识读本	2-3194
道尔顿式教育的研究	4-0547
道尔顿研究室制	4-0543
曾国藩家书选	3-0593
湖北乡土历史教科书	2-2274
湖北乡土地理教科书	2-2279
湖北省学校国文成绩	3-0835
湖北提学使司详定改良私塾章程	1-0004
湖北提学使司酌定中等实业学堂章程	1-0062
湖南乡土地理参考书	2-2290
湖南乡土地理教科书	2-2291
湖南省学校国文成绩	3-0839
温氏高中代数学题解	3-2153
温特渥斯平面几何学	3-2290
温特渥斯立体几何学	3-2356
温特渥斯立体几何学解法	3-2355
温斯二氏立体几何学	3-2367
温德华士几何学	3-2217
温德华士三角法	3-2501
温德华士代数学	3-2070
温德华氏初等代数学	3-2041　3-2042　3-2043
游艺演员训练班自然课本	8-0192
游戏拾零	2-3938
游戏教材	2-3936
游戏新教材	2-3922
割稻子	2-0034
谢氏初中本国史	3-1257
谢谢小绵羊	2-2877

[﹈]

编物大全	5-0178

十三画

[一]

瑞典式体操教科书	3-3602
瑞典初等小学体操教科书	2-3903
鄞县教育小丛书	2-3875
蒙古人的生活	2-1914
蒙师箴言	2-0134
蒙学卫生教科书	2-3349
蒙学习画实在易	2-3603
蒙学习算实在易	2-2331
蒙学五经教科书	2-0077
蒙学中国历史教科书	2-1918
蒙学中国地理实在易	2-2069
蒙学中国地理教科书	2-2095
蒙学化学教科书	2-3120　2-3128
蒙学文法教科书	2-1324　2-1333
蒙学文法新教科书	2-1329
蒙学心算教科书	2-2363
蒙学尺牍	2-1766
蒙学尺牍教科书	2-1654
蒙学书局最新初等小学国文教科书	2-0815
蒙学东洋历史教科书	2-1919
蒙学生理教科书	2-3348
蒙学丛书	2-0016
蒙学外国历史教科书	2-1894
蒙学外国地理教科书	2-2093
蒙学礼经修身教科书	2-0464
蒙学动物教科书	2-2842
蒙学地质教科书	2-3199
蒙学地理教科书	2-2073　2-2094
蒙学西洋历史教科书	2-1895
蒙学求通虚字实在易	2-1326　2-1330
蒙学体操实在易	2-3867
蒙学体操教科书	2-3894
蒙学初级修身教科书	2-0492
蒙学经训修身教科书	2-0476
蒙学修身书	2-0453　2-0454
蒙学修身实在易	2-0458
蒙学修身教科书	2-0473　2-0475　2-0532
蒙学珠算教科书	2-2760
蒙学格致实在易	2-3201
蒙学格致教科书	2-3204
蒙学铅笔习画帖	2-3648
蒙学铅笔新习画帖	2-3648

蒙学笔算教科书	2-2364	简明几何学	3-2175
蒙学读本	2-0079	简明几何学教科书	3-2251
蒙学读本全书	2-0007	简明力学	3-2636
蒙学课本	2-0014	简明小学地理教科书	2-2108
蒙学课本二卷	2-0001	简明中国历史教科书	2-1912　2-1927　3-1239
蒙学课本二编	2-0004	简明中国历史教授书	3-1321
蒙学课本三编	2-0005	简明中国地理教科书	2-2109　3-1536
蒙学课本初编	2-0003	简明中国通史	3-1318
蒙学理科教科书	2-3115　2-3119	简明中学国文读本	3-0520
蒙学捷径	2-0018	简明尺牍教本	2-1658
蒙学堂字课图说	2-1293	简明地理教科书	2-2099　2-2108
蒙学植物教科书	2-2843	简明园艺学	2-3810
蒙学简明世界地图	2-2261	简明国文教科书	2-0818　2-0828　2-0977　2-0979
蒙学新教育课本	2-0011	简明国文教科书详解	2-1178
蒙学韵言	2-1271	简明国文教科书教授法	2-1082
蒙学算学画	2-2329	简明国语文法	3-0768
楚辞选读	3-0577	简明物理教科书	2-3118
零到九:学算的第一步(乙种)	7-0052	简明单级教授法	4-0527
[I]		简明实用教育学	4-0344
暗射中学算术题解	3-1924	简明修身教科书	2-0466　2-0488　2-0500
暗射代数学题解	3-2113	简明修身教科书教授法	2-0576　2-0583
照相机	2-2940	简明珠算课本	2-2753
路工王三的话	2-2884	简明热光声学	3-2637
路明高中本国地理大纲	3-1608	简明笔算教科书	2-2371
[J]		简明高级英文法	3-1128
简乡师乡村教育	4-0713	简明商业教科书	2-3472
简师乡师幼师公民	4-0059	简明新国史教本	3-1206
简师本国历史	4-0122	简明缝纫教本	3-3576
简师外国历史	4-0129	简易乡村师范学校课程标准	1-0054
简师地理	4-0140	简易历史课本	3-1194
简师教育测验及统计	4-0457	简易地理课本	2-2072
简师简乡师小学教材及教学法	4-0581	简易地理教本	3-1458
简师简乡师乡村教育及民众教育	4-0711	简易师范学校及简易乡村师范学校小学行政	4-0509
简师简乡师历史	4-0107　4-0108	简易师范学校及简易乡村师范学校小学教材及教学法	4-0581
简师简乡师化学	4-0230	简易师范学校及简易乡村师范学校乡村教育及民众教育	4-0711
简师简乡师动物学	4-0265	简易师范学校及简易乡村师范学校化学	4-0230
简师简乡师国文	4-0098	简易师范学校及简易乡村师范学校动物学	4-0265
简师简乡师物理学	4-0210	简易师范学校及简易乡村师范学校家事	4-0319
简师简乡师教育心理	4-0431	简易师范学校及简易乡村师范学校教育心理	4-0431
简师简乡师教育测验及统计	4-0457	简易师范学校及简易乡村师范学校教育测验与统计	4-0456
简师简乡师教育概论	4-0376　4-0381	简易师范学校及简易乡村师范学校教育概论	4-0376
简师简乡师植物学	4-0255	简易师范学校及简易乡村师范学校植物学	4-0255
简师简乡师算学	4-0164	简易师范学校及简易乡村师范学校算学	4-0164
简明几何画法教科书	3-2251		

简易师范学校及简易乡村师范教育概论	4-0384
简易师范学校课程标准	1-0053
简易师范学校课程标准[修正本]	1-0059
简易师范学校教科书小学行政	4-0505
简易师范学校教科书体育	4-0329
简易师范学校教科书物理学	4-0215
简易师范学校教科书家事	4-0320
简易师范学校教科书教育心理	4-0436
简易师范学校教科书教育测验与统计	4-0454
简易师范学校教科书植物学	4-0256
简易师范学校教科书算学	4-0168
简易师范教科书生理及卫生	4-0280
简易师范简易乡师教本教育测验及统计	4-0457
简易师范简易乡师教本教育概论	4-0381
简易初等英文法详解	2-1849
简易识字学塾珠算课本	2-2795
简易识字课本	2-1289 2-1290
简易识字课本:卷首	2-1288
简易英文法	3-1120
简易英语书信集	3-1028
简易英语丛书	3-1027 3-1028 3-1140
简易英语论说集	3-1140
简易英语读本	3-0921
简易英语剧本集	3-1027
简易国文讲义	3-0298
简易国文课本	8-0081
简易国文教科书	2-0822
简易国民必读课本	8-0005
简易修身课本	2-0460
简易哲学纲要	4-0027
简易格致课本	2-3202
简易理化课本	2-3123
简易理化教授参考书	2-3159
简易数学课本	2-2332
简要世界地理图说	2-2267
简要英文法教科书	3-1082
简便测量法	2-2518
解析几何	3-2398 4-0193
解析几何大意	6-0094
解析几何习题详解	3-2429
解析几何考试指导	3-2427
解析几何问题详解	3-2431
解析几何学	3-2390 3-2392 3-2403 3-2405
	3-2407 3-2412 3-2423 3-2425
	3-2426 4-0195
解析几何学:乙组	3-2406
解析几何学:甲组	3-2416
解析几何学讲义	3-2394
解析几何学教科书	3-2417
解析几何学教科书例题详解	3-2424
解剖生理学	5-0265

[、]

新儿童之友	2-1818
新儿童写信指导	2-1778
新儿童低级作文练习	2-1820
新儿童阅读课本	2-1407
新儿童教科书高级国语	2-1012
新儿童暑期语文常识	2-0130
新几何	3-2216
新几何学教科书:平面	3-2278 3-2282
新几何学教科书:立体	3-2350
新三S平面几何学	3-2307 3-2315 3-2316
新三角法	3-2504
新三角法教科书	3-2455
新三角学讲义	3-2476
新三角学讲义精解	3-2545
新小学历史课本	2-1962
新小学历史课本教授书	2-2038
新小学公民课本	2-0353 2-0470
新小学布置法	4-0480
新小学自然课本	2-2847
新小学行政	4-0499
新小学初级公民课本教授书	2-0418
新小学国语文学读本	2-1447
新小学国语文学读本说明书	2-1564
新小学国语读本	2-1507
新小学国语读本教授书	2-1573
新小学图画教本	2-3667
新小学修身课本	2-0470
新小学珠算课本	2-2785
新小学珠算课本教授书	2-2817
新小学高级文体理科教科书	2-3156
新小学高级理科课本	2-3155
新小学高级算术课本	2-2495
新小学教材和教学法	4-0586
新小学教材研究	4-0593
新小学教学法	4-0574
新小学教科书卫生课本	2-3396 2-3397
新小学教科书卫生课本教授书	2-3429
新小学教科书历史课本	2-1962

新小学教科书历史课本教授书	2-2038	新中华工作课本	2-3813
新小学教科书公民课本	2-0353　2-0380	新中华工作课本教授书	2-3863
新小学教科书公民课本教授书	2-0418　2-0428	新中华小学世界地图	2-2257
新小学教科书地理课本	2-2139	新中华小学本国地图	2-2245
新小学教科书地理课本教授书	2-2215	新中华小学地图	2-2244
新小学教科书自然课本	2-2847	新中华小学行政	4-0491
新小学教科书自然课本教授书	2-3072	新中华小学教师应用工艺	4-0310
新小学教科书农业课本	2-3458	新中华小学教师应用音乐	4-0301
新小学教科书农业课本教授书	2-3467	新中华小学教学法	4-0565
新小学教科书社会课本	2-0624	新中华小学算术课本	2-2396
新小学教科书社会课本教授书	2-0740	新中华卫生课本	2-3399
新小学教科书英语读本	2-1841	新中华卫生课本教授书	2-3431
新小学教科书国文读本	2-1427　2-1516	新中华历史课本	2-1969
新小学教科书国文读本教授书	2-1576　2-1598	新中华历史课本教授书	2-2043
新小学教科书国音读本	2-1264	新中华比较教育	4-0672
新小学教科书国语文学读本	2-1428　2-1447　2-1520	新中华中等世界地图	3-1756
新小学教科书国语文学读本说明书	2-1564	新中华中等本国地图	3-1731
新小学教科书国语文学读本教授书	2-1565　2-1602	新中华中等乐理课本	3-3474
新小学教科书国语读本	2-1424　2-1507　2-1515	新中华化学	3-2894
新小学教科书国语读本教授书	2-1573　2-1597	新中华分省本国地理	3-1553
新小学教科书珠算课本	2-2785	新中华公民课本	2-0362
新小学教科书珠算课本教授书	2-2817	新中华公民课本教授书	2-0419
新小学教科书理科课本	2-3155	新中华风琴课本	3-3522
新小学教科书理科课本教授书	2-3188	新中华本国史	3-1241　3-1245　3-1294
新小学教科书常识课本	2-3238	新中华本国地理	3-1548　3-1593
新小学教科书常识课本教授书	2-3309	新中华本国地理教科书:语体	3-1550
新小学教科书算术课本	2-2390　2-2495	新中华生物学	3-3078　4-0240
新小学教科书算术课本教授书	2-2596　2-2647	新中华生理卫生(语体)	3-3350
新小学暑期课本	2-0127	新中华代数学	3-2075
新小学算术课本教授书	2-2596	新中华代数教本	3-2012
新历史	2-1949	新中华外国史	3-1385　3-1387
新历史:乙种	2-1950	新中华外国地理	3-1686
新历史参考书	2-2032	新中华外国地理(语体)	3-1645
新历史教学法	2-2057	新中华外国地理教科书	3-1655
新历史教科书	2-1954	新中华民众教育	4-0696
新历史教授书	2-2029　2-2030	新中华幼稚教育	4-0678
新历史教授法	2-2027	新中华地理课本	2-2145
新中华几何学教本	3-2183	新中华地理课本教授书	2-2218
新中华三民主义(语体)	3-0131	新中华自然地理	3-1501
新中华三民主义课本	2-0324　2-0327	新中华自然科学(语体)	3-2570
新中华三民主义课本参考书	2-0339	新中华自然课本	2-2851　2-2927
新中华三民主义课本教授书	2-0332　2-0335	新中华自然课本教授书	2-3074　2-3086
新中华三民主义教科书	3-0130　3-0131	新中华会计及审计	5-0221
新中华工用艺术课本	2-3767	新中华论理学	4-0051
新中华工用艺术课本教授书	2-3853	新中华农业课本	2-3459

新中华农业课本教授书	2-3468	新中华珠算课本	2-2769
新中华形象艺术课本	2-3665	新中华党义课本	2-0341
新中华形象艺术课本教授书	2-3727	新中华党义课本教授书	2-0349
新中华园艺课本	2-3812	新中华健康教育	4-0520
新中华园艺课本教授书	2-3862	新中华高中本国史	3-1294
新中华初中分省本国地理	3-1553	新中华高中生物学	3-3078
新中华初中本国地理详解	3-1558	新中华高中代数学	3-2075
新中华初中外国地理	3-1655	新中华高中外国地理	3-1686
新中华初中语体本国地理	3-1550	新中华高中师范教育概论	4-0370
新中华初中语体自然科学	3-2570	新中华高中英语	3-0981
新中华初中语体算术	3-1859	新中华高中英语读本	3-1056
新中华初中教科书三民主义	3-0131	新中华高中国文	3-0401
新中华初中教科书分省本国地理	3-1553	新中华高师生物学	4-0240
新中华初中教科书本国史	3-1241	新中华高等英文法	3-1123
新中华初中教科书外国地理	3-1655	新中华教本日本文法辑要	2-1881
新中华初中教科书国语与国文	3-0337	新中华教育史	4-0664
新中华初级中学算术教本	3-1854	新中华教育史讲义	4-0671
新中华初级中学算学教科书	3-1793	新中华教育测验与统计	4-0447
新中华初级本国地理	3-1538	新中华教育概论	4-0370
新中华社会学及社会问题	4-0076	新中华教科书几何教本	3-2183
新中华社会课本	2-0627	新中华教科书三民主义	3-0130
新中华社会课本教授书	2-0741	新中华教科书三民主义课本	2-0324　2-0327
新中华英语课本	2-1870	新中华教科书三民主义课本参考书	2-0339
新中华英语混合读本	3-0938	新中华教科书三民主义课本教授书	2-0332　2-0335
新中华国文	3-0401	新中华教科书工用艺术课本	2-3767
新中华国语与国文	3-0337	新中华教科书工用艺术课本教授书	2-3853
新中华国语与国文教科书	3-0337	新中华教科书小学行政	4-0491
新中华国语读本	2-1446　2-1522	新中华教科书小学教师应用工艺	4-0310
新中华国语读本教授书	2-1577　2-1601	新中华教科书小学教学法	4-0565
新中华图书管理学	4-0013	新中华教科书卫生课本	2-3399
新中华实习指导	4-0638	新中华教科书卫生课本教授书	2-3431
新中华建国方略	3-0117	新中华教科书历史课本	2-1969
新中华经济概论	3-3415	新中华教科书历史课本教授书	2-2043
新中华音乐课本	2-3528　2-3560	新中华教科书比较教育	4-0672
新中华音乐课本教授书	2-3588　2-3600	新中华教科书中华实习指导	4-0638
新中华音乐课教授书	2-3598	新中华教科书中等乐理课本	3-3474
新中华语体本国史	3-1245	新中华教科书公民课本	2-0362
新中华语体本国史详解	3-1252	新中华教科书公民课本教授书	2-0419
新中华语体本国地理详解	3-1558	新中华教科书本国史	3-1241
新中华语体生理卫生教科书	3-3350	新中华教科书本国地理	3-1548
新中华语体外国史教科书	3-1387	新中华教科书代数教本	3-2012
新中华语体外国地理详解	3-1714	新中华教科书外国史	3-1385
新中华语体外国地理教科书	3-1645	新中华教科书幼稚教育	4-0678
新中华语体自然科学	3-2570	新中华教科书地理课本	2-2145
新中华语体算术	3-1859	新中华教科书地理课本教授书	2-2218

新中华教科书师范民众教育	4-0696	新中华商业实践	3-3436
新中华教科书自然课本	2-2851 2-2927	新中华商业课本	2-3480
新中华教科书自然课本教授书	2-3074 2-3086	新中华商业课本教授书	2-3485
新中华教科书会计及审计	5-0221	新中华商业概论	3-3434 5-0190
新中华教科书论理学	4-0051	新中华商业簿记	3-3433
新中华教科书农业课本	2-3459	新中华商法	5-0194
新中华教科书农业课本教授书	2-3468	新中华算术	3-1866
新中华教科书形象艺术课本	2-3665	新中华算术(语体)	3-1859
新中华教科书形象艺术课本教授书	2-3727	新中华算术课本	2-2396 2-2500
新中华教科书园艺课本	2-3812	新中华算术课本教授书	2-2599 2-2652
新中华教科书园艺课本教授书	2-3862	新中华算学	3-1793
新中华教科书初级本国地理	3-1538	新中国分省图	3-1742
新中华教科书社会学及社会问题	4-0076	新中国地图[改订本]	3-1740
新中华教科书社会课本	2-0627	新中国师范学校教科书	4-0517
新中华教科书社会课本教授书	2-0741	新中国师范学校教科书教育心理	4-0440
新中华教科书英语课本	2-1870	新中国师范教育心理	4-0440
新中华教科书英语混合读本	3-0938	新中国师范教育辅导	4-0517
新中华教科书国文	3-0401	新中国初中几何学	3-2206
新中华教科书国语与国文	3-0337	新中国初中化学	3-2872
新中华教科书国语读本	2-1446 2-1522	新中国初中代数学	3-2054
新中华教科书国语读本教授书	2-1577 2-1601	新中国初中动物学	3-3294
新中华教科书建国方略	3-0117	新中国初中劳作	3-3596
新中华教科书经济概论	3-3415	新中国初中物理学	3-2678
新中华教科书音乐课本	2-3528 2-3560	新中国初中童子军	9-0038
新中华教科书音乐课本教授书	2-3588 2-3600	新中国初中算术	3-1902
新中华教科书党义课本	2-0341	新中国高小自然教学指引	2-3099
新中华教科书党义课本教授书	2-0349	新中国高中化学	3-2915
新中华教科书高等英文法	3-1123	新中国高中平面解析几何学	3-2344
新中华教科书教育史	4-0664	新中国高中代数学(乙)	3-2098
新中华教科书教育测验与统计	4-0447	新中国高中代数学(甲)	3-2096
新中华教科书常识课本	2-3245	新中国高中立体解析几何学	3-2383
新中华教科书常识课本教授书	2-3314	新中国高中物理学	3-2711
新中华教科书商业实践	3-3436	新中国教科书公民	3-0182
新中华教科书商业课本	2-3480	新中国教科书生物学	3-3072
新中华教科书商业课本教授书	2-3485	新中国教科书师范学校实习指导	4-0649
新中华教科书商业概论	3-3434 5-0190	新中国教科书师范学校教育心理	4-0440
新中华教科书商业簿记	3-3433	新中国教科书初中几何学	3-2206
新中华教科书商法	5-0194	新中国教科书初级中学化学	3-2872
新中华教科书算术课本	2-2396 2-2500	新中国教科书初级中学化学实验教程	3-2978
新中华教科书算术课本教授书	2-2599 2-2652	新中国教科书初级中学生理卫生学	3-3386 3-3387
新中华教科书算术教本	3-1854	新中国教科书初级中学代数学	3-2054
新中华教科书算学	3-1793	新中国教科书初级中学动物学	3-3294
新中华常识课本	2-3245	新中国教科书初级中学地质矿物学	3-3061
新中华常识课本教授书	2-3314	新中国教科书初级中学劳作土木篇	3-3598
新中华商业学概论	3-3435	新中国教科书初级中学劳作木工篇	3-3596

新中国教科书初级中学劳作农业篇	3-3597	新中学生理卫生学	3-3348
新中国教科书初级中学劳作藤竹工	3-3599	新中学代数习题详解	3-2135
新中国教科书初级中学国文	3-0355	新中学动物学	3-3256
新中国教科书初级中学物理学	3-2678	新中学动物学教科书	3-3256
新中国教科书初级中学植物学	3-3202	新中学论理学概论	3-0097
新中国教科书初级中学童子军	9-0038	新中学初级几何学	3-2179
新中国教科书初级中学算术	3-1902	新中学初级公民课本	3-0150
新中国教科书初级中学算术习题答案	3-1955	新中学初级世界史	3-1382
新中国教科书高中代数学	3-2096 3-2098	新中学初级生物学	3-3073
新中国教科书高级小学公民教学指引	2-0445	新中学初级生理卫生学教科书	3-3348
新中国教科书高级小学自然	2-3027	新中学初级国语读本	3-0649
新中国教科书高级小学自然教学指引	2-3099	新中学初级混合法算学	3-1790
新中国教科书高级小学国语	2-1039	新中学初级混合理科	3-2563
新中国教科书高级小学算术	2-2537	新中学初级混合数学	3-1788
新中国教科书高级中学三角学	3-2525	新中学英语读本	3-0930
新中国教科书高级中学三角学习题解答	3-2555	新中学矿物学	3-3055
新中国教科书高级中学化学	3-2915	新中学矿物学教科书	3-3055
新中国教科书高级中学本国地理	3-1609	新中学国语读本	3-0649
新中国教科书高级中学平面几何学	3-2345	新中学物理学	3-2642
新中国教科书高级中学平面解析几何学	3-2344	新中学物理学教科书	3-2642
新中国教科书高级中学生物学	3-3094	新中学高级生物学教科书	3-3076
新中国教科书高级中学立体几何学	3-2382	新中学教科书人生哲学	3-0088
新中国教科书高级中学立体解析几何学	3-2383	新中学教科书几何学	3-2178
新中国教科书高级中学英语	3-0993	新中学教科书几何学习题详解	3-2237
新中国教科书高级中学矿物学	3-3067	新中学教科书化学	3-2840
新中国教科书高级中学物理学	3-2711	新中学教科书平面几何学	3-2299
新中国教科书教育辅导	4-0517	新中学教科书平面三角法	3-2482
新中国教科书算术	2-2441	新中学教科书平面三角法习题详解	3-2546
新中国算术	2-2441	新中学教科书生理卫生学	3-3336
新中学人生哲学	3-0088	新中学教科书代数习题详解	3-2135
新中学几何学	3-2178 3-2218	新中学教科书代数学	3-2000 3-2001 3-2008
新中学几何学习题详解	3-2237	新中学教科书动物学	3-3256
新中学化学	3-2840	新中学教科书论理学概论	3-0097
新中学化学教科书	3-2840	新中学教科书初中代数学	3-2049
新中学公民课本	3-0150	新中学教科书初级几何学	3-2179
新中学世界史	3-1382	新中学教科书初级公民课本	3-0150
新中学世界地理	3-1650	新中学教科书初级世界史	3-1382
新中学古文读本	3-0647 3-0712	新中学教科书初级世界地理	3-1650
新中学本国历史	3-1235	新中学教科书初级古文读本	3-0647
新中学本国历史参考书	3-1333	新中学教科书初级本国历史	3-1235
新中学本国地理	3-1537	新中学教科书初级本国历史参考书	3-1333
新中学本国地理参考书	3-1617	新中学教科书初级本国地理	3-1537
新中学平面三角法	3-2482	新中学教科书初级本国地理参考书	3-1617
新中学平面三角法习题详解	3-2546	新中学教科书初级生物学	3-3073
新中学平面三角法教科书	3-2482	新中学教科书初级生理卫生学	3-3348

新中学教科书初级英文法	3-1113
新中学教科书初级英语读本	3-0932
新中学教科书初级国语读本	3-0649
新中学教科书初级图画课本	3-3558
新中学教科书初级混合法算学	3-1790
新中学教科书初级混合法算学习题答案	3-1801
新中学教科书初级混合理科	3-2563
新中学教科书初级混合数学	3-1788
新中学教科书英文作文法	3-1136
新中学教科书矿物学	3-3055
新中学教科书国学必读	3-0009
新中学教科书物理学	3-2642
新中学教科书实验几何学	3-2174
新中学教科书经济学大意	3-3413
新中学教科书高级几何学	3-2218
新中学教科书高级古文读本	3-0712
新中学教科书高级生物学	3-3076
新中学教科书高级代数学	3-2073
新中学教科书高级英语读本	3-0979
新中学教科书高级国语读本	3-0714
新中学教科书混合英语	3-0926
新中学教科书植物学	3-3165
新中学教科书解析几何学	3-2403
新中学教科书数学样本	3-1785
新中学教科书算术	3-1850
新中学教科书算术习题详解	3-1943
新中学混合英语	3-0926
新中学混合数学	3-1788
新中学植物学	3-3165
新中学解析几何学	3-2403
新中学算术	3-1850
新中学算术教科书习题详解	3-1943
新手工	2-3762 2-3805
新手工[订正本]	2-3807
新手工教授法	2-3851 2-3860
新公民	2-0372
新公民教学法	2-0443
新文字课本	2-1314
新文章作法	3-0801
(新订)小学卫生教科书	2-3415
(新订)近世化学教科书	3-2807
新订实用化学	3-2916
(新订)蒙学课本二编	2-0004
(新订)蒙学课本三编	2-0005
(新订)蒙学课本初编	2-0003
新尺牍	2-1790
新书包	2-2878
新世纪英文读本	2-1855
新世纪教科书中等教育生理学	3-3326
新世界地图集	3-1767
新世界地理	3-1649
新本国史	3-1229
新本经学讲义	4-0009
新平面几何学	3-2309
新生活公民训练法	2-0424
新生活公民训练教材	2-0356
新生活文选	3-0565
新生活自然教学做法	2-3092
新生活自然教科书	2-2854
新生活初中英语	3-0950
新生活初中教科书几何	3-2196
新生活初中教科书化学	3-2849
新生活初中教科书公民	3-0156
新生活初中教科书本国地理	3-1564
新生活初中教科书代数	3-2035
新生活初中教科书外国地理	3-1669
新生活初中教科书英语	3-0950
新生活初中教科书物理	3-2656
新生活初中教科书植物	3-3179 3-3191
新生活社会教学做法	2-0758
新生活国语教学做法	2-1088 2-1153
新生活国语教科书	2-0893
新生活美术教科书	2-3668
新生活教材	2-0366 2-0367 2-0368 2-0369 2-0370 2-0391
新生活教科书卫生教学做法	2-3435
新生活教科书公民训练	2-0356
新生活教科书公民训练法	2-0436
新生活教科书本国史	3-1260
新生活教科书动物	3-3280
新生活教科书自然	2-2854
新生活教科书自然教学做法	2-3077 2-3092
新生活教科书体育教材	2-3934
新生活教科书社会	2-0644 2-0703
新生活教科书社会教学做法	2-0747 2-0758
新生活教科书国文	3-0358
新生活教科书国语	2-0891 2-0893 2-1014
新生活教科书国语教学做法	2-1088 2-1153
新生活教科书美术	2-3668
新生活教科书美术教材	2-3699

新生活教科书美术教学做法	2-3729	新主义教科书高级小学算术课本	2-2501
新生活教科书高小自然	2-3032	新主义教科书高级地理课本	2-2147
新生活教科书高级卫生	2-3406	新主义教科书新课程社会课本	2-0618
新生活教科书高级自然	2-2935	新主义教科书新课程国语读本	2-1526
新生活教科书高级算术	2-2508	新主义教科书新课程国语教学法	2-1150
新生活教科书常识	2-3257	新主义教科书新课程健康课本	2-3354
新生活教科书常识教学做法	2-3327	新主义教科书新课程常识教学法	2-3317
新生活教科书算术	2-2401 2-2508 3-1875	新主义教科书新课程算术教学法	2-2558 2-2656
新生活教科书算术教学做法	2-2605 2-2660	新主义教科书算术课本	2-2348
新生活算术教科书	2-2401	新主义算术课本	2-2501
新代数学	3-1971	新主义算术课本教学法	2-2600 2-2653
新白话信范本	2-1662	新民中国地图	3-1745
新主义自然课本	2-2850	新民尺牍课本:言文对照	2-1676
新主义自然课本教学法	2-3087	新出当代国文(样本)	1-0082
新主义作文法	2-1806	新幼稚教育	4-0680
新主义国语读本	2-1521	新式几何学教科书:平面部	3-2294
新主义国语读本教学法	2-1580 2-1603	新式几何学教科书:立体部	3-2359
新主义教科书	3-1164	新式小学英文教科书	2-1840
新主义教科书三民主义课本	2-0329	新式小学英文教授书	2-1875
新主义教科书三民主义课本教学法	2-0331	新式习画帖	2-3660
新主义教科书初小算术课本	2-2398	新式历史教科书	2-1958
新主义教科书初中自然科学	3-2568	新式历史教授书	2-2034
新主义教科书初中党义	3-0134	新式中华手工教科书	2-3809
新主义教科书初级音乐课本	2-3529	新式中学用器画	3-2258
新主义教科书前期小学三民主义课本	2-0325	新式中学英文读本	3-0918
新主义教科书前期小学自然课本	2-2850	新式中等算术教科书	3-1827
新主义教科书前期小学自然课本教学法	2-3073	新式地理教科书	2-2134 2-2135
新主义教科书前期小学社会课本	2-0626 2-0628	新式地理教授书	2-2210
新主义教科书前期小学社会课本教学法	2-0743	新式论说文范本	2-1754
新主义教科书前期小学国文读本	2-1445	新式农业教科书	2-3454 2-3455
新主义教科书前期小学国语读本	2-1444	新式农业教授书	2-3463
新主义教科书前期小学国语读本教学法	2-1578	新式初等历史读本	2-1930
新主义教科书前期小学常识课本	2-3246	新式初等地理读本	2-2111
新主义教科书前期小学常识课本教学法	2-3313 2-3315	新式初等论说指南	2-1758
		新式初等珠算课本	2-2770
新主义教科书前期小学算术课本	2-2395	新式画范本	2-3610
新主义教科书高中本国史	3-1289	新式矿物学	3-3031 3-3045
新主义教科书高中党义	3-0136	新式国文生字国音表	2-1254
新主义教科书高级小学三民主义课本教学法	2-0337	新式国文教科书	2-0860 2-0862 2-0997
新主义教科书高级小学卫生课本	2-3400	新式国文教科书生字国音表	2-1254
新主义教科书高级小学历史课本	2-1970	新式国文教授书	2-1130 2-1137 2-1195
新主义教科书高级小学历史课本教学法	2-2044	新式国史课本	3-1217 3-1218 4-0119
新主义教科书高级小学地理课本教学法	2-2219	新式国民学校国文教科书	2-0860 2-0862
新主义教科书高级小学自然课本	2-2928	新式国民学校国文教授书	2-1130 2-1137
新主义教科书高级小学国语读本	2-1521	新式国民学校修身教科书	2-0519

新式国民学校修身教授书	2-0596
新式国民学校珠算教科书	2-2767
新式国民学校珠算教授书	2-2809
新式国民学校算术教科书	2-2385
新式国民学校算术教授书	2-2590
新式国语文范本	2-1379
新式物理学	3-2603
新式物理学教科书	3-2616
新式官厅簿记及会计	5-0230
新式标点千字文白话注解	2-1309
新式标点使用法	6-0039
新式修身教科书	2-0519 2-0553
新式修身教授书	2-0596 2-0612
新式珠算课本	2-2770
新式珠算教科书	2-2767
新式珠算教授书	2-2809
新式高等小学历史教科书	2-1958
新式高等小学手工教科书	2-3809
新式高等小学地理教科书	2-2134
新式高等小学地理教授书	2-2210
新式高等小学农业教科书	2-3454
新式高等小学农业教授书	2-3463
新式高等小学国文教科书	2-0997
新式高等小学国文教授书	2-1195
新式高等小学修身教科书	2-0553
新式高等小学修身教授书	2-0612
新式高等小学理科笔记册	2-3189
新式高等小学理科教科书	2-3148 2-3149
新式高等小学理科教授书	2-3180 2-3181
新式高等小学商业教科书	2-3477
新式高等小学商业教授书	2-3483
新式高等小学算术教科书	2-2491
新式高等小学算术教授书	2-2644
新式理科笔记	2-3189
新式理科教科书	2-3148 2-3149
新式理科教授书	2-3180 2-3181
新式商业教科书	2-3477
新式商业教授书	2-3483
新式商业算术	3-3439
新式商业算术[修订本]	5-0250
新式最新国文教科书	2-0997
新式普通尺牍	2-1771
新式蒙学尺牍	2-1766
新式数学教科书[订正本]	3-1773
新式算术教科书	2-2385 2-2491
新式算术教授书	2-2590 2-2644
新地理	2-2125 2-2127 2-2133
新地理[订正本]	2-2126
新地理图说	3-1727
新地理教授书	2-2207
新地理教授法	2-2205 2-2206
新亚教本几何学	3-2187
新亚教本初中卫生	3-3365
新亚教本初中本国史	3-1251
新亚教本初中生理卫生	3-3355
新亚教本初中外国地理	3-1668
新亚教本初中动物学	3-3267
新亚教本初中国文	3-0349
新亚教本初中算学	3-1794
新百家姓	2-1304
新师范小学组织及行政	4-0486
新师范心理学	4-0411
新师范各科教学法	4-0557
新师范讲习科用书国文	4-0089
新师范讲习科国文参考书	4-0092
新师范论理学	4-0045
新师范农业概要	4-0287
新师范单级教学法	4-0555
新师范教育史	4-0662
新师范教育学	4-0362
新师范教科书小学组织及行政	4-0486
新师范教科书心理学	4-0411
新师范教科书各科教学法	4-0557
新师范教科书论理学	4-0045
新师范教科书农业概要	4-0287
新师范教科书图画教材概论	4-0631
新师范教科书单级教学法	4-0555
新师范教科书教育入门	4-0366
新师范教科书教育史	4-0662
新师范教科书教育学	4-0361 4-0362
新师范教科书算术	4-0176
新师范教科书算术问题答案	4-0182
新师范算术	4-0176
新师范算术问题答案	4-0182
新年	2-0735
新字千字文	8-0116
新字帖	2-1828
新农业	2-3451
新农业教授书	2-3461
新农业教授法	2-3462

新形火柴剪贴:剪贴刺绣两用本 …………… 2-3754	新时代音乐教科书 ………………………… 2-3530
新时代三民主义教本 ……………………… 3-0129	新时代党义教科书 ………………………… 2-0342
新时代三民主义教科书 ………… 2-0323 2-0328 3-0128	新时代党义教授书 ………………………… 2-0350
新时代三民主义教授书 ………………… 2-0333 2-0336	新时代高小历史教科书 …………………… 2-1968
新时代工用艺术教科书 …………………… 2-3768	新时代高小地理教科书 …………… 2-2144 2-2146
新时代工用艺术教授书 …………………… 2-3854	新时代高小地理教授书 …………………… 2-2220
新时代小学童子军初级课程故事读本 …… 9-0035	新时代高小自然教科书 …………………… 2-2929
新时代历史教科书 ………………………… 2-1968	新时代高小国语教科书 …………… 2-1007 2-1008
新时代历史教授书 ………………………… 2-2045	新时代高中教科书天文学 ………………… 3-3003
新时代世界史教科书 ……………………… 3-1384	新时代高中教科书化学 …………………… 3-2892
新时代本国历史教本 ……………………… 3-1242	新时代高中教科书外国史 ………………… 3-1418
新时代本国史 ……………………………… 3-1240	新时代高中教科书岩石学 ………………… 3-3065
新时代本国地理教科书 …………… 3-1546 3-1547	新时代高中教科书物理学 ………………… 3-2690
新时代民众学校三民主义课本 …………… 8-0069	新时代高中唱歌集 ………………………… 3-3516
新时代民众学校卫生课本 ………………… 8-0201	新时代高级中学教科书化学 ……………… 3-2892
新时代民众学校中国历史课本 …………… 8-0151	新时代教科书国文读本 …………………… 2-1514
新时代民众学校中国地理课本 …………… 8-0156	新时代教科书样本 ………………………… 2-0052
新时代民众学校自然课本 ………………… 8-0191	新时代常识教科书 ………………………… 2-3243
新时代民众学校农业课本 ………………… 8-0202	新时代常识教授书 ………………………… 2-3312
新时代民众学校识字课本 ………………… 8-0107	新时代综合编制三民主义教本 …………… 3-0129
新时代民众学校珠算课本 ………………… 8-0165	新时代算术教科书 ………………………… 2-2394
新时代民众学校笔算课本 ………………… 8-0169	新时代算术教授书 ………………………… 2-2601
新时代民众学校笔算课本教授法 ………… 8-0182	新体儿童白话尺牍 ………………… 2-1775 2-1785
新时代民众学校常识课本 ………………… 8-0193	新体小学地理教科书 ……………………… 2-2110
新时代民众学校唱歌课本 ………………… 8-0197	新体女子白话尺牍 ………………… 2-1663 3-0865
新时代民众学校商业课本 ………………… 8-0204	新体木工教科书 …………………………… 5-0173
新时代地理教科书 ………………… 2-2144 2-2146	新体木工教授书 …………………………… 5-0181
新时代地理教授书 ………………………… 2-2220	新体中国历史 ……………………… 2-1907 3-1198
新时代自然教科书 ………… 2-2848 2-2849 2-2929	新体中国历史[订正本] …………………… 3-1197
新时代自然教授书 ………………………… 2-3075	新体中国史 ………………………………… 3-1196
新时代初中世界史教科书 ………………… 3-1384	新体中国地理 ……………………………… 3-1522
新时代初中本国史 ………………………… 3-1240	新体化学讲义 ……………………………… 4-0227
新时代初中本国地理 ……………………… 3-1546	新体心理学讲义 …………………………… 4-0409
新时代初中国语教科书 …………………… 3-0336	新体本国历史讲义 ………………………… 4-0118
新时代初中童子军初级课程 ……………… 9-0026	新体本国地理讲义 ………………………… 4-0148
新时代初级小学自然教科书 ……………… 2-2848	新体外国地理讲义 ………………………… 4-0158
新时代初级小学社会教科书 ……………… 2-0625	新体写生水彩画 …………………………… 3-3533
新时代初级小学音乐教科书 ……………… 2-3530	新体幼学句解 ……………………………… 2-0020
新时代社会教科书 ………………………… 2-0625	新体地理教科书 …………………………… 2-2110
新时代社会教授书 ………………………… 2-0742	新体师范讲义 ……………………………… 4-0008
新时代国语教科书 ………… 2-0884 2-0885 2-1007 2-1008 3-0336	新体论理学讲义 …………………… 4-0043 4-0044
	新体农业讲义 ……………………………… 4-0286
新时代国语教授书 ………………… 2-1148 2-1205	新体体操讲义 ……………………………… 3-3618
新时代图画范本 …………………………… 2-3696	新体初等小学修身书 ……………………… 2-0494
新时代学生文范 …………………… 2-1628 2-1644	新体英文法教科书 ………………………… 3-1095

新体英语教科书	3-0906
新体国文	2-0992
新体国文典讲义	4-0085
新体国语教科书	2-0865　2-0870
新体国语教授书	2-1142
新体图画教科书	2-3661
新体图画教授书	2-3724
新体物理学讲义	4-0209
新体育教学法	3-3621
新体油画解说	3-3534
新体修身讲义	4-0075
新体高等小学中外地理	2-2121
新体高等小学中国历史	2-1947
新体高等小学国文读本	2-1505
新体高等小学修身书	2-0539
新体教育史讲义	4-0658
新体教育学讲义	4-0360
新体教授法讲义	4-0539
新体彩色写生记忆画解说	3-3529
新体博物讲义	4-0236
新体普通化学教科书	3-2803
新体编制初级应用文	3-0794
新体数学讲义	3-1800　4-0163
新体算术教科书	2-2386
新体算术教授书	2-2591
新体管理法讲义	4-0473
新体操	2-3981　2-3988
新作文指导	3-0890
新低级教学法	4-0575
新初等代数学	3-2058
新译几何学教科书平面	3-2284
新译几何学教科书立体	3-2348
新译三S平面几何学	3-2312
新译中等几何教科书	3-2163
新译范氏大代数学	3-2133
新译算术教科书	3-1822
新国文	2-0832　2-0839　2-0847　2-0848
	2-0861　2-0960　2-0982　2-0987
新国文:乙种	2-0838
新国文:甲种	2-0983
新国文教科书	2-0989
新国文教案	2-1133　2-1134
新国文教授书	2-1122　2-1187
新国文教授法	2-1116　2-1182　2-1183　2-1185
新国文教授法:乙种	2-1118
新国民国文课本	2-0830
新国民国文教科书	2-0881　2-1006
新国民国文教授书	2-1203
新国民国文教授本	2-1115
新国民国语文教科书	2-1005
新国民国语文教授书	2-1204
新国民国语教科书	2-0882
新国民国语教授书	2-1145
新国民实用英语	3-0942
新国民修身课本	2-0502
新国民修身教科书	3-0237
新国民修身教授本	2-0582
新国民读本	2-0307　2-0308
新国民教科书国文	2-0881　2-1006
新国民教科书国文教授书	2-1203
新国民教科书国语文	2-1005
新国民教科书国语文教授书	2-1204
新国民常识教科书	2-3241
新国民算术教科书	2-2393
新国音读本	2-1265
新国音课本	2-1266
新国语:初级小学副课本	2-0926
新国语:高级小学副课本	2-1047
新国语留声片课本:乙种	3-0501
新国语留声片课本:甲种	3-0500
新国语课本	2-0782
新国语概论	3-0306
新图画	3-2263
新图画:毛笔画帖	2-3656　2-3690　2-3722
新图画:铅笔画帖	2-3655
新图画教科书图案	3-3527　3-3528
新图案	2-3692
新制三角法教本	3-2463
新制中华历史教科书	2-1952　2-1953
新制中华历史教授书	2-2028
新制中华手工教科书	2-3759
新制中华手工教授书	2-3850
新制中华毛笔习画帖	2-3657　2-3688　2-3723
新制中华地理教科书	2-2128
新制中华地理教授书	2-2202
新制中华农业教科书	2-3452
新制中华农业教授书	2-3460
新制中华体操教授书	2-3980
新制中华初等小学手工教科书	2-3759
新制中华初等小学毛笔习画帖	2-3657

新制中华初等小学体操教授书	2-3980	新制平面几何学教本	3-2295
新制中华初等小学国文教科书	2-0833	新制平面三角法教本	3-2463
新制中华初等小学国文教授书	2-1119	新制东亚史教本	3-1368
新制中华初等小学修身教授书	2-0586	新制东亚各国史教本	3-1368
新制中华初等小学铅笔习画帖	2-3658	新制生理学教本	3-3335
新制中华初等小学算术教科书	2-2375　2-2378	新制代数学教本	3-1995
新制中华初等小学算术教授书	2-2584	新制代数教本答数	3-2111
新制中华英文教科书	2-1861	新制用器画	3-2261
新制中华国文教科书	2-0833　2-0843	新制外国地理教本	3-1641
新制中华国文教授书	2-1119　2-1184	新制外国地理教本[增订版]	3-1642
新制中华国民学校体操教授书	2-3980	新制立体几何学教本	3-2361
新制中华国民学校国文教授书	2-1119	新制动物学教本	3-3249
新制中华修身教科书	2-0505　2-0545	新制地理概论教本	3-1465
新制中华修身教授书	2-0586　2-0606	新制西洋史教本	3-1367
新制中华铅笔习画帖	2-3658	新制师范本国史教本	4-0116
新制中华高等小学习画帖	2-3688	新制各科教授法	4-0532
新制中华高等小学历史教科书	2-1952	新制论理学	4-0042
新制中华高等小学历史教授书	2-2028	新制体操教本	3-3606
新制中华高等小学毛笔习画帖	2-3688	新制初中师范生理卫生学	4-0275
新制中华高等小学地理教科书	2-2128	新制初中师范动物学	4-0262
新制中华高等小学地理教授书	2-2202	新制初中师范植物学	4-0252
新制中华高等小学农业教科书	2-3452	新制初中英文法教科书	3-1114
新制中华高等小学农业教授书	2-3460	新制初中混合理化教科书	3-2566
新制中华高等小学英文教科书[改订本]	2-1861	新制初等小学手工教授书	2-3850
新制中华高等小学国文教授书	2-1184	新制初等小学修身教授书	2-0586
新制中华高等小学修身教授书	2-0606	新制初等小学算术教科书	2-2375
新制中华高等小学理科教科书	2-3140	新制初等小学算术教授书	2-2584
新制中华高等小学教科教授书样本	2-0232	新制英文法	3-1089
新制中华高等小学商业教科书	2-3475	新制英文读本	2-1858　3-0915
新制中华高等小学算术教科书	2-2484	新制矿物学教本	3-3049
新制中华高等小学算术教授书	2-2642	新制国文教本	3-0295
新制中华理科教科书	2-3140	新制国文教本评注	3-0297
新制中华理科教授书	2-3173	新制国文教科书	2-0834　2-0858　2-0986
新制中华教科地图	2-2253	新制国文教案	2-1135
新制中华商业教科书	2-3475	新制国文教授书	2-1131　2-1132　2-1186　2-1188
新制中华算术教科书	2-2375　2-2378　2-2484	新制国文教授书修正样张	2-1173　2-1190
新制中华算术教授书	2-2584　2-2642	新制国民学校修身教科书	2-0505
新制中国地图	2-2249　3-1747	新制物理学教本	3-2624
新制中国地理	3-1529	新制单级初等小学国文教授书	2-1126
新制中学修身教科书	3-0248	新制单级初等小学实行法	1-0064
新制化学教本	3-2818	新制单级初等小学修身教科书	2-0517
新制心理学	4-0408	新制单级初等小学修身教授书	2-0593
新制本国历史参考书	3-1328	新制单级国文教科书	2-0854
新制本国史教本	3-1216　4-0116	新制单级国文教授书	2-1125　2-1126
新制本国地理教本	3-1528	新制单级国民学校国文教科书	2-0854

书名	编号
新制单级国民学校算术教科书	2-2382
新制单级国民学校算术教授书	2-2588
新制单级修身教科书	2-0517
新制单级修身教授书	2-0593
新制单级算术教科书	2-2382
新制单级算术教授书	2-2588
新制法制教本	3-0277
新制学校管理法	4-0470
新制秋季始业算术教科书	2-2378
新制修身教本	3-0245　3-0246　4-0073
新制修身教科书	2-0509
新制度量衡教材	2-2362
新制哲学大要	4-0020
新制哲学大要参考书	4-0021
新制高等小学历史教科书	2-1952　2-1953
新制高等小学国文教授书	2-1184
新制高等小学修身教授书	2-0606
新制高等小学理科教授书	2-3173
新制高等小学算术教科书	2-2484
新制高等小学算术教授书	2-2642
新制家事教本	3-3567
新制教育史	4-0657
新制教育学	4-0355
新制商业教本	3-3428
新制商品学教本	4-0293
新制植物学教本	3-3160
新制算术教本	3-1844
新制算术教本答数	4-0181
新制簿记教本	3-3429
新的男女学生尺牍	2-1682
新法卫生故事读本	2-3436
新法卫生教科书	2-3393
新法卫生教授书	2-3427
新法历史自习书	2-2063
新法历史参考书	2-2035
新法历史教科书	2-1959　2-1961
新法历史教授书	2-2036　2-2039
新法公民故事读本	2-0360
新法公民故事教本	2-0361
新法公民教科书	2-0381
新法地理自习书	2-2238
新法地理参考书	2-2211
新法地理教科书	2-2136　2-2138
新法地理教授书	2-2213　2-2214
新法自然研究	2-2845
新法自然研究法	2-3052
新法会话读本	2-1341
新法会话教科书	2-1354
新法农业教科书	2-3456
新法作文指南	3-0894
新法作文捷诀	3-0893
新法英语教科书	2-1866
新法国文教科书	2-0867　2-1000
新法国文教授书	2-1198
新法国文教授案	2-1138
新法国语文教科书	2-1002
新法国语文教授书	2-1199　2-1200
新法国语教科书	2-0871　2-0873　2-0999　2-1001
新法国语教授书	2-1196
新法国语教授案	2-1139　2-1141
新法国语唱歌集	2-3524
新法修身教科书	2-0521　2-0554　2-0556
新法修身教授书	2-0614
新法修身教授案	2-0598
新法笔算教科书	2-2494
新法高中英语读本	3-1064
新法理科自习书	2-3190　2-3191
新法理科教科书	2-3150　2-3151　2-3154
新法理科教授书	2-3182　2-3183　2-3186　2-3187
新法商业教科书	2-3478
新法算术自习书	2-2710
新法算术教科书	2-2387　2-2389
新法算术教科书:珠算	2-2784
新法算术教科书:笔算	2-2492
新法算术教授书:珠算	2-2816
新法算术教授书:笔算	2-2645
新法算术教授书高等小学珠算	2-2816
新法算术教授书高等小学笔算	2-2645
新法算术教授案:笔算	2-2594
新法算术教授案国民学校笔算	2-2594
新学生尺牍	3-0858
新学制人生地理教科书	3-1496
新学制工用艺术教科书	2-3766　2-3811
新学制工用艺术教授书	2-3852　2-3861
新学制与普通教育	1-0065
新学制小学各科教学法	4-0556
新学制小学实施教学法	2-0155
新学制小学复式教学法	2-0156
新学制小学珠算教科书	2-2750
新学制小学高级文体历史	2-1966

新学制小学高级文体历史教授书	2-2042	新学制各科课程纲要	1-0009
新学制小学高级文体公民	2-0386	新学制各科教授法	2-0186
新学制小学高级文体地理	2-2142	新学制农业学校教科书肥料学	5-0041
新学制小学高级文体理科	2-3156	新学制农业教科书	2-3457
新学制小学高级文体算术	2-2499	新学制农业教科书中等土壤学	5-0035
新学制小学教科书初级国文读本	2-1426	新学制农业教科书中等农艺化学	5-0070
新学制小学教科书初级国语读本	2-1425 2-1430 2-1448	新学制农业教科书中等农业气象学	5-0050
新学制小学教科书初级常识课本	2-3240	新学制农业教科书中等农业昆虫学	5-0081
新学制小学教科书初级算术课本	2-2392	新学制农业教科书中等农业经济学	5-0028
新学制小学教科书高级卫生课本	2-3398	新学制农业教科书中等农产制造学	5-0055
新学制小学教科书高级历史课本	2-1967	新学制农业教科书中等农具学	5-0056
新学制小学教科书高级公民课本	2-0385	新学制农业教科书中等农学通论	5-0025
新学制小学教科书高级地理课本	2-2143	新学制农业教科书中等园艺学	5-0093
新学制小学教科书高级自然课本	2-2926	新学制农业教科书中等作物学	5-0062
新学制小学教科书高级英语读本	2-1868	新学制农业教科书中等林学大意	5-0108
新学制小学教科书高级国文读本	2-1518	新学制农业教科书中等肥料学	5-0042
新学制小学教科书高级国语文读本	2-1517	新学制农业教科书中等养蚕法	5-0128
新学制小学教科书高级国语读本	2-1519	新学制农业教科书中等畜产学	5-0115
新学制小学教科书高级算术课本	2-2498	新学制农业教科书中等畜牧学	5-0117
新学制卫生课本教授书	2-3429	新学制农业教科书中等家禽学	5-0116
新学制卫生教科书	2-3395	新学制农业教科书中等植物育种学	5-0059
新学制卫生教授书	2-3428	新学制农业教科书中等棉作学	5-0086
新学制历史教科书	2-1964 3-1379	新学制农业教科书中等蔬菜园艺学	5-0097
新学制历史教授书	2-2040	新学制农业教科书中等稻作学	5-0085
新学制中学国文教科书初中国文	3-0344	新学制农业教授书	2-3465
新学制中学国文教科书高中国文	3-0402	新学制形象艺术教科书	2-3663 2-3693
新学制中学国语文科补充读本	3-0639	新学制形象艺术教授书	2-3726 2-3730
新学制中学的课程	1-0068	新学制体育教材	3-3608
新学制手工教科书	3-3580	新学制作文教科书	2-1695 2-1708
新学制公民学	3-0151	新学制初小音乐教授书	2-3587
新学制公民学教科书	3-0149	新学制初中历史教科书	3-1379
新学制公民课本教学法	2-0430	新学制初中手工教科书	3-3580
新学制公民教科书	2-0382	新学制初中公民教科书	3-0149
新学制公民教授书	2-0429	新学制初中自然科学教科书	3-2562
新学制风琴教科书	3-3519	新学制初中英文法教科书	3-1116
新学制乐理教科书	3-3478	新学制初中国文	3-0344
新学制地理教科书	2-2140 3-1467	新学制初中教科书混合算学	3-1792
新学制地理教授书	2-2216	新学制初中教科书混合算学教员准备书	3-1798
新学制师范科课程标准纲要	1-0050	新学制初中混合算学教科书习题答案	3-1810
新学制自然科学教科书	3-2562	新学制初中算学教科书	3-1861
新学制自然科教科书	2-2924	新学制初中算学教科书几何	3-2186
新学制自然科教授书	2-3071 2-3083	新学制初中算学教科书三角	3-2487
新学制自然教科书[订正本]	2-2846	新学制初中算学教科书代数	3-2023
新学制后期小学教科用书样本	2-0053	新学制初级小学校教科书样本	2-0080
		新学制初级中学英文读本文法合编	3-0931

新学制初级中学图画教科书	3-3557	新学制高级工业学校教科书车床木工	5-0174
新学制初级中学注音英文读本文法合编	3-0935	新学制高级工业学校教科书市政工程学	5-0146
新学制初级中学教科书历史	3-1381	新学制高级工业学校教科书材料强弱学	5-0148
新学制初级中学教科书自然科学	3-2562	新学制高级工业学校教科书实验电报学	5-0145
新学制初级中学教科书矿物学	3-3059	新学制高级工业学校教科书铁路工程学	5-0182
新学制初级中学教科书国语	3-0333	新学制高级工业学校教科书铸工	5-0159
新学制初级农业学校教科书农业经济学	5-0029	新学制高级工业学校教科书燃料及测热学	5-0167
新学制初级农业学校教科书农产制造学	5-0054	新学制高级小学卫生教科书	2-3395
新学制初级农业学校教科书农作物病害学	5-0079	新学制高级小学卫生教授书	2-3428
新学制初级农业学校教科书农作物害虫学	5-0080	新学制高级小学历史教科书	2-1964
新学制初级农业学校教科书园艺学	5-0092	新学制高级小学农业教科书	2-3457
新学制初级农业学校教科书作物学	5-0063	新学制高级小学英语教科书	2-1867
新学制初级农业学校教科书肥料学	5-0043	新学制高级小学国语教科书	2-1003 2-1079
新学制初级农业学校教科书栽培学	5-0094	新学制高级小学国语教授书	2-1201
新学制初级农业学校教科书稻作学	5-0087	新学制高级小学注音英语教科书	2-1869
新学制社会教科书	2-0623	新学制高级小学音乐教科书	2-3559
新学制社会教授书	2-0739	新学制高级小学商业教科书	2-3479
新学制英文读本文法合编	3-0933 3-0995	新学制高级小学商业教授书	2-3484
新学制国文读本教授书	2-1598	新学制高级中学英文读本	3-0980
新学制国语教科书	2-0800 2-0875 2-1003 2-1079 3-0333 3-0334	新学制高级中学国语读本古白话文选	3-0710
		新学制高级中学国语读本近人白话文选	3-0711
新学制国语教科书阅读测验说明书	2-1566	新学制高级中学参考书论理学	3-0098
新学制国语教授书	2-1144 2-1201	新学制高级中学参考书修辞学	3-0775
新学制图画教科书	3-3557	新学制高级中学教科书人生哲学	3-0089
新学制学校课程说明书	1-0076	新学制高级中学教科书三角术	3-2502
新学制实用自然科学教科书	3-2565	新学制高级中学教科书天文学	3-3002
新学制实行法	1-0077	新学制高级中学教科书水彩风景画	3-3564
新学制钢琴教科书	3-3520	新学制高级中学教科书公民生物学	3-3075
新学制音乐教科书	2-3526 2-3559	新学制高级中学教科书心理学	3-0106
新学制音乐教授书	2-3587 2-3597	新学制高级中学教科书本国史	3-1287
新学制珠算课本教科书	2-2786	新学制高级中学教科书本国地理	3-1592
新学制珠算教科书	2-2750	新学制高级中学教科书地质矿物学	3-3064
新学制珠算教授书	2-2797	新学制高级中学教科书地质学	3-3014
新学制高小音乐教授书	2-3597	新学制高级中学教科书西洋史	3-1417
新学制高中公民生物学	3-3075	新学制高级中学教科书论理学	3-0096 3-0099
新学制高中社会学概论	3-0261	新学制高级中学教科书医学常识	3-3396
新学制高中政治概论	3-0121	新学制高级中学教科书社会问题	3-0260
新学制高中教科书三角术	3-2502	新学制高级中学教科书社会学概论	3-0261
新学制高中教科书本国史	3-1287	新学制高级中学教科书社会科学概论	3-0010
新学制高中教科书代数学	3-2072	新学制高级中学教科书国文读本	3-0716
新学制高中教科书社会问题	3-0260	新学制高级中学教科书经济学	3-3414
新学制高中教科书社会学概论	3-0261	新学制高级中学教科书政治概论	3-0121
新学制高中教科书解析几何学	3-2405	新学制高级中学教科书科学方法	3-2567
新学制高级工业学校教科书工厂设备	5-0143	新学制高级中学教科书解析几何学	3-2405
新学制高级工业学校教科书无线电工程概要	5-0147	新学制高级公民课本教学法	2-0430

新学制高级农业学校教科书土壤学	5-0036
新学制高级农业学校教科书农艺化学	5-0071
新学制高级农业学校教科书农业昆虫学	5-0082
新学制高级农业学校教科书农具学	5-0057
新学制高级农业学校教科书花卉园艺学	5-0104
新学制高级农业学校教科书作物学各论	5-0067
新学制高级农业学校教科书作物学泛论	5-0066
新学制高级农业学校教科书作物学通论	5-0065
新学制高级农业学校教科书养蚕学	5-0130
新学制高级农业学校教科书养蜂学	5-0138
新学制高级农业学校教科书造林学各论	5-0109
新学制高级农业学校教科书畜产制造学	5-0118
新学制高级农业学校教科书植物病理学	5-0075
新学制高级农业学校教科书蔬菜园艺学	5-0098
新学制高级学校教科书中国商业史	3-3437
新学制高级商业学校教科书保险学	5-0259
新学制高级商业学校教科书广告心理学	5-0216
新学制高级商业学校教科书汇兑论	5-0257
新学制高级商业学校教科书会计学	5-0219
新学制高级商业学校教科书财政学	5-0258
新学制高级商业学校教科书近世会计学	5-0220
新学制高级商业学校教科书国际商业政策	5-0192
新学制高级商业学校教科书货币论	5-0255
新学制高级商业学校教科书金融经济概论	5-0260
新学制高级商业学校教科书股份公司经济论	5-0242
新学制高级商业学校教科书审计学	5-0237
新学制高级商业学校教科书实用广告学	5-0215
新学制高级商业学校教科书统计学	5-0240
新学制高级商业学校教科书银行学	5-0256
新学制高级商业学校教科书商业史	5-0198
新学制高级商业学校教科书商业地理	5-0201
新学制高级商业学校教科书商业算术	5-0246
新学制高级商业学校教科书商业簿记	5-0229
新学制高级商业学校教科书商法要论	5-0193
新学制高级商业学校教科书森林经营学	5-0212
新学制高级商业学校教科书新式官厅簿记及会计	5-0230
新学制课程标准纲要	1-0009　1-0010
新学制教科书历史读本	2-1910
新学制教科书地理读本	2-2081
新学制教科书国文读本	2-1378
新学制常识课本教授书	2-3309
新学制常识教科书	2-3239
新学制常识教授书	2-3310
新学制唱歌教科书	3-3503
新学制商业教科书	2-3479
新学制商业教授书	2-3484
新学制混合算学教科书	3-1789　3-1810
新学制算术教科书	2-2391　2-2496
新学制算术教授书	2-2597　2-2648
新实习	4-0644
新实用物理学	3-2634
新建设时代中等教育实用论理学	3-0101
新建设时代初中中国地理教本	3-1554　3-1561
新建设时代初中世界史教本	3-1391
新建设时代初中世界地理教本	3-1657
新建设时代初中动物学	3-3266
新建设时代高中中国近百年史	3-1299
新建设时代高级本国地理	3-1594
新建设时代高级本国地理教本[订正版]	3-1600
新标准大学入学指导	3-0086
新标准大学入学高中会考指导	3-0083
新标准小朋友模范作文	2-1748
新标准文化初中教本初中化学	3-2863　3-2880
新标准文化初中教本初中物理	3-2646
新标准文化初中教本新标准初中物理学	3-2662
新标准文化初中教科书初中代数学	3-2033
新标准初中入学指导	2-0255
新标准初中卫生学	3-3366
新标准初中化学	3-2864
新标准初中化学教科书	3-2844
新标准初中公民	3-0168
新标准初中代数学	3-2036
新标准初中动物学	3-3277　3-3279　4-0264
新标准初中英语读本	3-0952
新标准初中物理学教本	3-2650
新标准初中教本化学	3-2851　3-2856
新标准初中教本公民	3-0162
新标准初中教本本国史	3-1258
新标准初中教本本国地理	3-1566
新标准初中教本外国史	3-1398
新标准初中教本动物学	3-3274
新标准初中教本英语	3-0953
新标准初中教本物理学	3-2650
新标准初中教本唱歌	3-3510
新标准初中教本植物学	3-3186
新标准初中教本新初等代数学	3-2058
新标准初中教科书初等代数学	3-2048
新标准初中教科书普通科学	3-2571
新标准初中教科书算术	3-1860
新标准初中植物学	3-3183　4-0254

书名	索引	书名	索引
新标准初中算术	3-1881	新修正标准初中代数	3-2060
新标准初级中学卫生学	3-3361 3-3368	新修正标准初中动物	3-3296
新标准初级中学生理卫生学	3-3375	新修正标准初中物理	3-2679
新标准初级中学动物学	4-0264	新修正标准初中植物	3-3206
新标准初级中学物理学	3-2657	新修正标准初中算术	3-1904
新标准初级中学植物学	3-3177	新修正标准国语	2-1483
新标准英语读本	3-0974	新修正标准国语读本	2-1483
新标准高中入学指导[增订本]	3-0068	新修正标准算术教学法	2-2628
新标准高中化学实验	3-2994	新修身	2-0516 2-0543
新标准高中公民	3-0195	新修身:乙种	2-0506 2-0544
新标准高中外国地理	3-1699	新修身:甲种	2-0504
新标准高中自然地理学	3-1502	新修身教授书	2-0588 2-0592 2-0608
新标准高中物理	3-2716	新修身教授法	2-0581 2-0584 2-0604 2-0605
新标准高中实用化学	3-2898	新美术画帖	2-3627
新标准高中教本高中论理学	3-0103	新派画范本	2-3695
新标准高中教本最新生物学实验	3-3131	新说教授学	4-0521
新标准高中解析几何学习题详解	3-2426	新高中外国地理	3-1695
新标准高级中学本国史	3-1304	新高级平面几何学	3-2311 3-2318
新标准高级中学实用化学	3-2898	新课程小学校社会科教学法	4-0609
新标准教材初中物理	3-2653	新课程小学校音乐科教学法	4-0630
新标准教材高中化学	3-2896	新课程小学商业课本	2-3481
新标准教材高中化学实验	3-2993	新课程师范学校教科书实习指导	4-0643
新标准教科书民智初级三民主义教本	2-0326	新课程自然课本	2-2852
新标准教科书民智初级自然教本	2-2858	新课程自然教学法	2-3076
新标准教科书民智初级社会教本	2-0645	新课程社会课本	2-0618
新标准教科书民智初级音乐	2-3531	新课程社会教学法	2-0734
新标准教科书民智初级算术教本	2-2397	新课程国语读本	2-1526
新标准教科书民智国语标准读本	2-1450	新课程国语教学法	2-1150
新标准教科书民智高级三民主义教本	2-0330	新课程标准大众教科书算术	2-2349
新标准教科书民智高级卫生教本	2-3404	新课程标准与新教材新教法	2-0164
新标准教科书民智高级自然教本	2-2934	新课程标准与新教学法	1-0070
新标准教科书民智高级社会教本	2-0700	新课程标准小学历史课本	2-1979
新标准教科书民智高级音乐	2-3561	新课程标准小学历史课本教学法	2-2053
新标准教科书民智算术教本	2-2503	新课程标准小学地理课本	2-2086
新研究	2-0345 2-0963 2-1494 2-1917	新课程标准小学地理课本教学法	2-2194
新选国语读本	2-1387	新课程标准小学国语读本	2-1463 2-1533
新选详注国文读本	3-0538	新课程标准小学国语读本教学法	2-1586 2-1608
新科学丛书	3-2311	新课程标准小学常识课本	2-3261
新复式教学法	4-0592	新课程标准世界小学教本初小劳作教本	2-3855
新修正小学副课本	2-3225	新课程标准世界小学教本初小体育教本	2-3983
(新修正)小学副课本算术	2-2353	新课程标准世界小学教本初小音乐教本	2-3594
新修正标准初中几何	3-2207	新课程标准世界小学教本高小劳作教本	2-3864
新修正标准初中化学	3-2876	新课程标准世界中学教本马氏初中植物学	3-3182
新修正标准初中公民	3-0176	新课程标准世界中学教本王氏初中公民	3-0164
新修正标准初中生理卫生	3-3389	新课程标准世界中学教本王氏初中世界地理	3-1667

新课程标准世界中学教本王氏初中动物学 …………… 3-3272	新课程标准世界中学教本高中新公民 ……………… 3-0202
新课程标准世界中学教本王氏初中算术 ……………… 3-1871	新课程标准世界中学教本高中新本国史 ……………… 3-1314
新课程标准世界中学教本王氏高中本国地理 …………… 3-1599	新课程标准世界中学教本高中新本国地理 …………… 3-1604
新课程标准世界中学教本朱氏初中本国史 ……………… 3-1255	新课程标准世界中学教本高中新平面几何 …………… 3-2335
新课程标准世界中学教本朱氏初中本国史指导书 ……… 3-1323	新课程标准世界中学教本高中新生物学 …… 3-3088 3-3093
新课程标准世界中学教本朱氏初中外国史 ……………… 3-1394	新课程标准世界中学教本高中新代数 ………………… 3-2092
新课程标准世界中学教本朱氏初中国文 ………………… 3-0354	新课程标准世界中学教本高中新外国史 ……………… 3-1430
新课程标准世界中学教本朱氏初中物理学 ……………… 3-2654	新课程标准世界中学教本高中新外国地理 …………… 3-1700
新课程标准世界中学教本朱氏高中化学实验 …………… 3-2989	新课程标准世界中学教本高中新物理学 ……………… 3-2707
新课程标准世界中学教本李氏初中外国史 ……………… 3-1393	新课程标准世界中学教本高中新解析几何 …………… 3-2418
新课程标准世界中学教本何氏初中几何 ………………… 3-2191	新课程标准世界中学教本黄氏初中几何 ……………… 3-2190
新课程标准世界中学教本余氏高中本国史 ……………… 3-1305	新课程标准世界中学教本龚氏初中卫生 ……………… 3-3362
新课程标准世界中学教本初中化学 ……………………… 3-2853	新课程标准世界中学教本谌氏初中本国地理 ………… 3-1570
新课程标准世界中学教本初中代数 ……………………… 3-2027	新课程标准世界中学教本蒋氏初中新国文 …………… 3-0373
新课程标准世界中学教本初中外国史 …………………… 3-1394	新课程标准世界中学教本蒋氏高中新国文 …………… 3-0421
新课程标准世界中学教本初中物理学 …………………… 3-2660	新课程标准世界中学教本楫氏高中自然地理 ………… 3-1508
新课程标准世界中学教本初中新公民 …………………… 3-0174	新课程标准世界中学教本谢氏初中本国史 …………… 3-1257
新课程标准世界中学教本初中新本国史 ………………… 3-1268	新课程标准世界中学教本新标准高中公民 …………… 3-0195
新课程标准世界中学教本初中新本国地理 ……………… 3-1573	新课程标准世界中学教本谭氏初中本国地理 ………… 3-1563
新课程标准世界中学教本初中新生理卫生 ……………… 3-3378	新课程标准世界中学教本谭氏初中外国地理 ………… 3-1666
新课程标准世界中学教本初中新代数 …………………… 3-2045	新课程标准世界教科书小学应用文课本 ……………… 2-1698
新课程标准世界中学教本初中新外国史 ………………… 3-1403	新课程标准世界教科书卫生课本 ……………………… 2-3405
新课程标准世界中学教本初中新英语 …………………… 3-0958	新课程标准世界教科书世界初小国语读本 …………… 2-1462
新课程标准世界中学教本初中新国文 …………………… 3-0371	新课程标准世界教科书自然课本 …………… 2-2857 2-2936
新课程标准世界中学教本初中新国文指导书 …………… 3-0449	2-3020
新课程标准世界中学教本初中新物理 …………………… 3-2667	新课程标准世界教科书劳作课本 ……………………… 2-3773
新课程标准世界中学教本初中新植物学 ………………… 3-3194	新课程标准世界教科书初小国语读本 ……… 2-1472 2-1482
新课程标准世界中学教本初中新算术 …………………… 3-1888	新课程标准世界教科书初小新常识 ………… 2-3267 2-3281
新课程标准世界中学教本陈薛两氏初中代数 …………… 3-2029	新课程标准世界教科书初小新算术 …………………… 2-2425
新课程标准世界中学教本陈薛两氏初中代数学指导	新课程标准世界教科书社会课本 ……………………… 2-2149
书 ……………………………………………………… 3-2105	新课程标准世界教科书社会课本历史编 ……………… 2-1977
新课程标准世界中学教本英语标准读本 ………………… 3-0956	新课程标准世界教科书社会课本高小新历史 ………… 2-1984
新课程标准世界中学教本活用英语 ……………………… 3-0955	新课程标准世界教科书社会课本高小新公民 ………… 2-0397
新课程标准世界中学教本骆氏初中算术 ………………… 3-1873	新课程标准世界教科书国语读本 …………… 2-1465 2-1529
新课程标准世界中学教本骆氏初中算术指导书 ………… 3-1916	新课程标准世界教科书高小国语读本 ………………… 2-1542
新课程标准世界中学教本钱氏初中化学 ………………… 3-2858	新课程标准世界教科书高小新地理 …………………… 2-2156
新课程标准世界中学教本徐氏初中公民 ………………… 3-0157	新课程标准世界教科书高小新社会 …………………… 2-0729
新课程标准世界中学教本徐氏初中动物学 ……………… 3-3268	新课程标准世界教科书高小新算术 …………………… 2-2524
新课程标准世界中学教本徐氏初中植物学 ……………… 3-3178	新课程标准世界教科书常识课本 …………… 2-3253 2-3260
新课程标准世界中学教本徐杜两氏初中植物学 ………… 3-3184	新课程标准世界教科书算术课本 …………… 2-2411 2-2506
新课程标准世界中学教本高中英语读本 …… 3-0984 3-0986	新课程标准生活课本指导书 …………………………… 7-0021
新课程标准世界中学教本高中物理学实验 ……………… 3-2777	新课程标准师范算学实际问题之解法 ………………… 4-0166
新课程标准世界中学教本高中活用英语读本 …………… 3-0989	新课程标准初小音乐教本 ……………………………… 2-3594
新课程标准世界中学教本高中新三角 …………………… 3-2516	新课程标准初中音乐教本 ……………………………… 3-3465
新课程标准世界中学教本高中新化学 …………………… 3-2911	新课程标准实验初中国文读本 ………………………… 3-0674

新课程标准适用小学国语读本	2-1455	2-1534
新课程标准适用小学算术课本		2-2511
新课程标准适用初中公民		3-0163
新课程标准适用初中算术		3-1870
新课程标准高小自然教学法		2-3091
新课程标准高小劳作教本		2-3864
新课程标准高小算术教学法		2-2658
新课程标准教本小学教学法概论		4-0577
新课程标准教科书小学古文读本		2-1369
新课程标准教科书卫生课本		2-3357
新课程标准教科书初小卫生教学法		2-3424
新课程标准教科书初小社会教学法		2-0750
新课程标准教科书初小国语教学法		2-1167
新课程标准教科书初小常识教学法		2-3320
新课程标准教科书初小算术教学法		2-2616
新课程标准教科书社会课本	2-0387 2-0650	2-0651
		2-0705
新课程标准教科书社会课本教学法		2-0757
新课程标准教科书国语读本	2-1454	2-1456
新课程标准教科书国语新读本	2-1457	2-1536
新课程标准教科书高小社会科地理编教学法		2-2224
新课程标准教科书高小国语新读本教学法		2-1613
新课程标准教科书教员用书公民编教学法		2-0433
新课程标准教科书教员用书初小自然教学法		2-3080
新课程标准教科书教员用书初小社会教学法		2-0749
新课程标准教科书教员用书初小国语教学法		2-1154
		2-1156
新课程标准教科书教员用书初小算术教学法		2-2608
新课程标准教科书教员用书国语读本教学法		2-1155
新课程标准教科书教员用书高小卫生教学法		2-3434
新课程标准教科书算术课本		2-2403
新课程标准简易师范学校适用化学		4-0231
新课程健康课本		2-3354
新课程教科书幼稚园社会自然课本		7-0002
新课程教科书幼稚园社会自然教学法		7-0016
新课程教科书幼稚园故事课本		7-0005
新课程教科书幼稚园故事课本教学法		7-0017
新课程教科书幼稚园游戏教学法		7-0073
新课程教科书社会教学法		2-0734
新课程常识教学法		2-3317
新课程商业课本		2-3481
新课程算术课本	2-2348	2-2398
新课程算术教学法	2-2558	2-2656
新理科	2-3143	2-3144
新理科:甲种		2-3138
新理科书[订正本]		2-3168
新理科教科书		2-3142
新理科教授书	2-3174 2-3175	2-3177
新理科教授法	2-3171	2-3176
新教材国语读本说明书		2-1570
新教材教科书国语读本		2-1419
新教材教科书国语读本说明书		2-1570
新教育尺牍教本		2-1655
新教育史		4-0667
新教育国文教科书		2-0844
新教育国语:单元教材		2-1411
新教育国语会话		2-1342
新教育国语读本		2-1411
新教育国语课本		2-0874
新教育国语课本教案		2-1143
新教育学		4-0349
新教育秋期国文教科书		2-0844
新教育修身		2-0522
新教育修身教案		2-0599
新教育测验与统计		4-0458
新教育高等小学历史教科书		2-1960
新教育高等小学国文教案		2-1197
新教育高等小学修身教科书		2-0555
新教育高等小学修身教案		2-0613
新教育高等小学理科教科书	2-3152	2-3153
新教育高等小学理科教案	2-3184	2-3185
新教育高等小学算术教科书		2-2493
新教育教科书万国语音学大意		3-0479
新教育教科书小学地理		2-2137
新教育教科书历史		2-1960
新教育教科书历史教案		2-2037
新教育教科书地理教案		2-2212
新教育教科书英文法		3-1098
新教育教科书英语读本	2-1865	3-0925
新教育教科书英语读本教案		2-1876
新教育教科书国文读本		2-1513
新教育教科书国文教案		2-1197
新教育教科书国音课本		2-1261
新教育教科书国语发音学大意		3-0480
新教育教科书国语会话		2-1342
新教育教科书国语读本	2-1420	2-1421
新教育教科书国语读本教案	2-1571	2-1572
新教育教科书国语课本		2-0874
新教育教科书国语课本教案		2-1143
新教育教科书修身	2-0522	2-0555

书名	索引号		书名	索引号	
新教育教科书修身教案	2-0599	2-0613	新编中华历史教授书	2-2031	
新教育教科书样本	2-0090	2-0096	新编中华毛笔习画帖	2-3659	
新教育教科书理科	2-3152	2-3153	新编中华民国地理讲义	2-2078	
新教育教科书理科教案	2-3184	2-3185	新编中华民国初等小学国文教科书	2-0841	
新教育教科书算术	2-2388	2-2493	新编中华民国国文教科书	2-0841	
新教育教科书算术教案	2-2595	2-2646	新编中华地理教科书	2-2131	
新教学法大纲	4-0560		新编中华地理教授书	2-2208	
新著人文地理学	3-1494		新编中华初等小学毛笔习画帖	2-3659	
新著小学工艺设计教材	2-3606		新编中华初等小学国文教授书	2-1124	
新著小学美术教学法	2-3710		新编中华初等小学修身教科书	2-0512	
新著中国文字学大纲	3-0474		新编中华初等小学修身教授书	2-0589	
新著中国文字学大纲参考书	3-0506		新编中华初等小学算术教科书	2-2380	
新著中国近百年史	3-1221		新编中华初等小学算术教授书	2-2587	
新著分团教学法	3-0019		新编中华国义教科书	2-0850	2-0993
新著公民须知:卫生篇	3-3337		新编中华国文教授书	2-1124	2-1191
新著公民须知:法制篇	3-0278		新编中华国民学校国文教科书	2-0850	
新著公民须知:道德篇	3-0144		新编中华国民学校修身教科书	2-0512	
新著文章作法	3-0788		新编中华国民学校算术教科书	2-2380	
新著世界史	3-1370		新编中华修身教科书	2-0512	2-0548
新著本国史	3-1219		新编中华修身教授书	2-0589	2-0607
新著东洋史	3-1371		新编中华高等小学历史教科书	2-1955	
新著西洋近百年史	3-1372		新编中华高等小学地理教授书	2-2208	
新著各科教学法	3-0018		新编中华高等小学国文教授书	2-1191	
新著设计教学法	4-0542		新编中华高等小学修身教授书	2-0607	
新著国语文法	3-0761		新编中华高等小学理科教科书	2-3146	
新著国语文学史	3-0303		新编中华高等小学理科教授书	2-3178	
新著国语发音学	3-0484		新编中华高等小学算术教科书	2-2489	
新著国语教学法	3-0433		新编中华高等小学算术教授书	2-2643	
新著图画研究	3-3530		新编中华理科教科书	2-3146	
新著图画研究法	3-3531		新编中华理科教授书	2-3178	
新著教育学	4-0363		新编中华算术教科书	2-2380	2-2489
新常识教学法	2-3335		新编中华算术教授书	2-2587	2-2643
新唱歌	2-3523	2-3557	新编中国地理	3-1590	
新商业	2-3476		新编中国地理教科图	3-1744	
新商业教授法	2-3482		新编中学升学指导:各科试题汇编[胜利版]	3-0054	
新集五字孝经	8-0125		新编中学生升学指南	3-0057	
新编小朋友升学指导	2-0240		新编中学生理学教科书	3-3320	
新编小朋友升学指导[胜利版]	2-0264		新编中学生模范作文	3-0816	
新编小朋友模范作文	2-1748		新编中学作文	3-0889	
新编小学手工范本	2-3735		新编中等英文法	3-1111	
新编小学各科复习要览	2-0269		新编世界地理教科图	3-1768	
新编小学模范日记	2-1749		新编本国地理纲要	3-1615	
新编女童子军初级课程	9-0027		新编平面三角法	3-2461	
新编中外地理题解	3-1486		新编生理卫生教科书	2-3350	
新编中华历史教科书	2-1955		新编生理学问答	3-3316	

新编生理学教科书	3-3318　3-3325
新编外国地理	3-1634
新编外国地理纲要	3-1713
新编幼童军图画课本	9-0016
新编动物学	3-3224
新编共和修身教授书	2-0587
新编西洋历史教科书	2-1889
新编名媛教科书	3-0238
新编各科常识问答:乙集	3-0037
新编各科常识问答:甲集	3-0036
新编应用文范	3-0811
新编初小国语读本	2-1475　2-1481
新编初小国语读本:首册	2-1474
新编初小国语读本首册教学法	2-1591
新编初小国语读本教学法	2-1590
新编初小常识课本	2-3269
新编初小常识课本教学法	2-3332
新编初小算术课本	2-2428　2-2429
新编初小算术课本教学法	2-2620
新编初中几何	3-2200
新编初中卫生学	3-3370
新编初中化学	3-2866
新编初中公民	3-0172　3-0177
新编初中生理卫生	3-3377　3-3388
新编初中代数	3-2011　3-2047
新编初中代数习题解答	3-2142
新编初中代数学	3-2011
新编初中动物学	3-3273　3-3275　3-3295
新编初中劳作:土工	3-3594
新编初中劳作:木工	3-3587
新编初中劳作:竹工	3-3595
新编初中劳作:农艺畜养	3-3424
新编初中劳作:金工	3-3591
新编初中劳作:金木工	3-3592
新编初中英文法教科书	3-1121
新编初中国文	3-0372
新编初中植物学	3-3181　3-3203
新编初中模范作文	3-0831
新编初中算术	3-1895　3-1899
新编初中算术习题解答	3-1946　3-1952
新编初中精读文选:文章作法篇	3-0899
新编初中精读文选:实用文章	3-0699
新编初中精读文选:语体文	3-0697
新编初中精读文选:语法篇	3-0695
新编初级儿童白话尺牍	2-1794
新编初级外国地理	3-1681
新编初级模范作文	2-1759
新编初等几何学教科书	3-2171
新编初等三角法教科书	3-2446
新编初等小学国文读本	2-1417
新编初等小学国文教科书	2-0841
新编初等小学国文教授书	2-1112
新编初等小学修身书	2-0486
新编初等小学修身教授书	2-0574
新编初等小学算术书	2-2369
新编初等小学算术教授书	2-2575
新编初等代数学教科书	4-0185
新编初等重学	2-3132
新编初等数学教科书	3-1791
新编国文读本	3-0538
新编国文教科书	2-0849　2-0852　2-0857
新编国文教授书	2-1140
新编国文教授法	2-1123
新编国音课本	2-1266
新编图画课本	2-3662
新编图画教案	2-3725
新编单级初等小学算术教授书	2-2588
新编单级算术教授书	2-2588
新编春季始业中华修身教科书	2-0548
新编春季始业国文教授书	2-1191
新编春季始业修身教科书	2-0512　2-0548
新编春季始业修身教授书	2-0589　2-0607
新编南洋华侨高小国语读本	2-1543　2-1559
新编南洋华侨高小国语读本教学法	2-1611
新编钟山外国史	3-1435
新编修身教科书	2-0511　2-0520
新编绘图大三言杂字	2-1292
(新编)绘图五千字文	2-1284
新编高小公民课本	2-0393　2-0396
新编高小公民课本教学法	2-0441
新编高小社会课本	2-0727　2-0732
新编高小社会课本教学法	2-0760
新编高小国语读本	2-1541　2-1543　2-1559
新编高小国语读本教学法	2-1610
新编高小算术复习指导	2-2735
新编高小算术课本	2-2528　2-2530
新编高小算术课本教学法	2-2666　2-2668
新编高中乙组代数学	3-2090
新编高中中国文学史	3-0013
新编高中公民	3-0205

书名	索引		书名	索引	
新编高中本国史	3-1311	3-1315	新算术教授法初等小学笔算	2-2580	2-2582
新编高中本国地理		3-1602	新增幼学琼林白话句解		2-0022
新编高中本国地理[修订版]		3-1606	(新增)图说改良幼学琼林		2-0022
新编高中平面几何学	3-2336	3-2343	(新增)绘图一万字文		2-1287
新编高中外国史		3-1431	(新增)绘图七千字文		2-1286
新编高中外国地理		3-1703	(新增)绘图六千字文		2-1285
新编高中立体几何学		3-2379	(新增)绘图四千字文		2-1283
新编高中论理学		3-0104	(新增)绘图必须杂字		2-1291
新编高中国文		3-0420	新增绘图幼学故事琼林		2-0022
新编高级小学地理课本		2-2186	新撰几何学教科书		3-2353
新编高级小学国语课本		2-1070	新撰几何学教科书:平面之部		3-2291
新编高级解析几何学		3-2399	新撰几何教科书		3-2160
新编高级模范作文[胜利版]		2-1765	新撰小学论说精华		2-1633
新编高等小学英文教科书		2-1862	新撰女子尺牍		2-1792
新编海外课本高小算术		2-2553	新撰女学生尺牍		2-1659
新编家事教科书		4-0317	新撰历史教科书		2-1965
新编教育学教科书		4-0336	新撰历史教授书		2-2041
新编博物学教科书		3-3021	新撰化学教科书		3-2804
新编植物学讲义		3-3152	新撰公民教科书	2-0383	2-0384
新编植物学教科书		3-3135	新撰平面三角法教科书		3-2445
新编植物学教科书[订正本]		3-3155	新撰代数学教科书		3-1987
新编童子军中级课程		9-0022	新撰动物学教科书		3-3236
新编童子军中级课程[复兴版]		9-0017	新撰地理教科书	2-2141	2-2188
新编童子军中级课程[复兴版增订本]		9-0019	新撰地理教授书		2-2217
新编童子军初级课程		9-0020	新撰自然科学教科书		2-2925
新编童子军初级课程[复兴版增订本]		9-0018	新撰自然科教科书		2-2925
新编童子军高级课程		9-0023	新撰自然科教授书		2-3084
新编解析几何学		3-2399	新撰初中或师范学校教科书实验植物学		3-3170
新编算术教科书	2-2383	2-2502	新撰初中教科书化学		3-2841
新编算术教授法		2-2586	新撰初中教科书生理卫生学		3-3347
新辑几何		3-2167	新撰初中教科书外国地理		3-1653
新数学教科书		2-2334	新撰初中教科书物理学		3-2643
新缝纫	2-3763	2-3808	新撰初级小学国文教科书		2-0879
新歌初集		3-3489	新撰初级中学教科书化学		3-2841
新算术		3-1867	新撰初级中学教科书公民		3-0153
新算术:乙种		2-2376	新撰初级中学教科书世界史		3-1383
新算术:珠算	2-2764 2-2768	2-2782	新撰初级中学教科书本国史		3-1238
新算术:笔算	2-2374 2-2482	2-2485	新撰初级中学教科书本国地理		3-1540
新算术之友	2-2690 2-2722	2-2737	新撰初级中学教科书生理卫生学		3-3347
新算术教科书		2-2487	新撰初级中学教科书外国地理		3-1653
新算术教案	2-2592	2-2593	新撰初级中学教科书动物学		3-3259
新算术教授书		2-2585	新撰初级中学教科书矿物学		3-3057
新算术教授法:珠算	2-2796	2-2814	新撰初级中学教科书物理学		3-2643
新算术教授法:笔算		2-2580	新撰初级中学教科书植物学		3-3169
新算术教授法:笔算(乙种)		2-2582	新撰初学论说指南		2-1732

新撰初学国文入门	2-0863
新撰初等小学体操教科书	2-3895
新撰英文作文教科书	3-1135
新撰矿物学教科书	3-3043
新撰国文教科书	2-0879　2-0880　2-0883　2-1004
新撰国文教授书	2-1146　2-1147　2-1202
新撰物理学	3-2599
新撰物理学教科书	3-2617
新撰物理教科书	3-2617
新撰学生尺牍	2-1657
新撰实验定性分析化学	3-2968
新撰高等小学体操教科书	2-3905
新撰高等论说指南	2-1761
新撰常识教科书	2-3242
新撰常识教授书	2-3308
新撰唱歌集	2-3492
新撰博物教科书	2-3193
新撰植物学教科书	3-3134　3-3143
新撰算术教科书	2-2497
新撰算术教授书	2-2649
数学	4-0170
数学公式	3-1802
数学问题指导详解	3-1807
数学讲义	3-1778　4-0162
数学补习用书:算术	3-1958
数学例解	3-1809
数学试题及详解	3-1813
数学拾级	2-2474
数学指导问题详解	3-1807
数学复习	3-1817
数学样本	3-1785
数学教科书	2-2324　3-1770　3-1772　3-1786
数学新编	3-1774
数值三角	3-2474　3-2490
数值三角法	3-2492　3-2497
数理化学习参考丛书	3-2543
煤铁谈话	2-2907
溥通国文读本六卷	3-0523
溶液论	5-0266
福建地理	3-1497
福建省中心国民学校乡土补充教材	2-2304
福建省地方教材	2-2305
福建省非常时期小学音乐补充教材	2-3521
福建省学校国文成绩	3-0837
福建省渔业和盐业	2-2305

[一]

缝纫教本	3-3576
缝纫教科书	3-3568

十四画

[一]

静电学	3-2591
摹仿游戏	2-3945
蔚县乡土地理教科书	2-2312
模仿运动	2-3882
模拟游戏	2-3948
模范日记一百篇[胜利版]	2-1747
模范日记百篇	2-1747
模范日记读本	2-1395
模范日记读本[修订版]	3-0643
模范公民	2-0363　2-0374　2-0392
模范文选:古文选读	3-0566
模范文读本	3-0650
模范书信	2-1485
模范地理附图	2-2178
模范作文	2-1630　2-1742　2-1748　3-0815
	3-0816
模范作文读本	2-1743
模范国文	3-0314
模范故事读本	2-1391
模范音乐教科书:伴奏谱	2-3552　2-3574
模范语	3-0477
模范语体文评选	3-0549
模范高级英文选	3-0982
模范读本	3-0630
模范教科书小学实用文	2-1692
歌表演	2-3499
磁学	3-2615

[丨]

蜡笔画	2-3612
蜡笔画范本	2-3607
蜡笔画练习簿	2-3685

[丿]

舞蹈新教本	2-3963
算了罢	2-0667
算术	2-2344　2-2349　2-2388　2-2399
	2-2401　2-2404　2-2426　2-2443
	2-2446　2-2452　2-2458　2-2462
	2-2493　2-2504　2-2507　2-2527

2-2538	2-2552	2-2680	2-2682
2-2723	3-1836	3-1837	3-1841
3-1842	3-1846	3-1847	3-1848
3-1850	3-1851	3-1852	3-1855
3-1858	3-1860	3-1861	3-1865
3-1869	3-1875	3-1878	3-1879
3-1884	3-1887	3-1889	3-1890
3-1893	3-1911	3-1917	3-1936
3-1951	3-1954	3-1958	4-0176
4-0178	4-0180	6-0080	

算术:百分算及利息算 …… 2-2674
算术[改编本] …… 2-2553
算术[修订本] …… 3-1907
算术:整数及小数 …… 2-2676
算术:整数之性质 …… 2-2675
算术一千题详解:升学投考必备 …… 3-1942
算术之友[修订版] …… 2-2728
算术之钥 …… 2-2731
算术之钥习题详解 …… 2-2687
算术之都 …… 2-2686
算术之部 …… 3-1831
算术之部问题详解 …… 3-1920
算术习题详解 …… 3-1960
算术习题答案 …… 3-1925
算术习题解答 …… 3-1945　3-1950
算术升学指导 …… 2-2736
算术分类习题 …… 2-2677　2-2729
算术书 …… 3-1857
算术四则测验(第1类) …… 2-2347
算术四则难题精解 …… 2-2681
算术四则基本练习 …… 2-2721
算术四则基本练习片 …… 2-2721
算术四则基本练习片答案 …… 2-2664
算术代数 …… 3-1815　5-0009
算术代数学(教授稿本) …… 3-2004
算术问题详解 …… 3-1921
算术问题答案 …… 4-0182
算术问题解法指导 …… 3-1923　3-1927
算术问题解法研究 …… 3-1953
算术问题解法举隅[改正本] …… 3-1932
算术两用全书 …… 3-1941
算术条目教授法 …… 3-1912
算术补习书 …… 2-2691
算术表解 …… 3-1934　3-1957
算术易习 …… 2-2693

算术的常识 …… 2-2421
算术练习书 …… 2-2709
算术练习书[修正重编] …… 2-2742
算术练习本 …… 2-2423　2-2702
算术练习用书 …… 2-2697　2-2698　2-2699　2-2712
　　　　　　　2-2713　3-1949
算术练习提要 …… 2-2696
算术练习簿 …… 8-0171
算术练习簿[修订本] …… 2-2714
算术指导 …… 2-2678
算术指南 …… 2-2689　2-2717
算术科教学研究 …… 2-2563
算术复习书 …… 2-2719
算术复习书习题解答 …… 2-2685
算术复习指导 …… 2-2716
算术复习课本 …… 3-1930
算术总览 …… 2-2711
算术课本 …… 2-2350　2-2351　2-2354　2-2355
　　　　　　2-2390　2-2403　2-2410　2-2411
　　　　　　2-2412　2-2424　2-2427　2-2449
　　　　　　2-2450　2-2453　2-2463　2-2466
　　　　　　2-2477　2-2495　2-2506　2-2539
　　　　　　2-2540　2-2542　2-2543　2-2546
　　　　　　2-2548　8-0170　8-0173
算术课本:乙种 …… 2-2409
算术课本:甲种 …… 2-2408
算术课本[重订本] …… 2-2459
算术课本[修正本] …… 2-2467
算术课本指导法 …… 2-2564
算术课本教学法 …… 2-2561　2-2608
算术课本教授书 …… 2-2596　2-2647
算术难题五百解 …… 3-1940
算术难题详解 …… 3-1959
算术难题解 …… 6-0083
算术难题解答 …… 2-2730
算术教本 …… 2-2780
算术教本:笔算 …… 2-2470　2-2471
算术教材:珠算之部 …… 4-0179
算术教员准备书 …… 3-1914
算术教学法 …… 2-2610　2-2622　2-2628　2-2659
算术教学法[改编本] …… 2-2619　2-2665
算术教学指引 …… 2-2570　2-2633　2-2672
算术教学做法 …… 2-2605　2-2660
算术教科书 …… 2-2341　2-2377　2-2394　2-2422
　　　　　　　2-2475　2-2504　2-2525　3-1821

	3-1824 3-1839 3-1883 4-0174
算术教科书[订正本]	3-1833
算术教科书习题详解	3-1943
算术教科书问题正解	3-1918
算术教案	2-2595 2-2646
算术教授书	2-2576 2-2583
算术教授本	2-2638
算术基本问题详解	3-1935
算术副课本	2-2442 2-2536
算术暑期本	2-2718
算术解法举隅	3-1932
算术解答	3-1939
算术解题方法篇	3-1933
算术解题法	2-2679
算术新教科书	3-1831 3-1832 3-1835
算术新编	3-1944
算术演习指导	2-2688
算学	3-1812 3-1814 4-0164 4-0165
	4-0166 4-0168 4-0169 4-0183
	4-0187 4-0188 4-0195 4-0196
	4-0198 4-0626
算学小丛书	2-2674 2-2675 2-2676 3-2232
算学之部	3-1803
算学丛书	3-2635
算学讲义	3-1787
算学补充讲义	3-1795
算学实际问题之解法	4-0166
算学试题总解	4-0171
算学科中级讲义	6-0085 6-0086 6-0087 6-0088
算学科初级讲义	6-0080 6-0081 6-0082 6-0083
	6-0084
算学科高级讲义	6-0089 6-0090 6-0091 6-0092
	6-0093 6-0094
算学教授书	2-2579
管理法	4-0466
管理法讲义	4-0484
舆地学讲义	3-1457

[、]

精图中等本国历史教科书	3-1190
精选中学国文课本清文栋	3-0289
精选国文教科书	3-0331
精校图式珠算课本	2-2748
精校绘图详注历史三字经	2-1316
精校绘图释音百家姓	2-1278
精读指导举隅	3-0745

粹化新编	3-0518
漂洗和染色	2-2919
演进式初级英文读本	3-1032
谭氏初中本国地理	3-1563
谭氏初中外国地理	3-1666
肇和兵舰举义纪念中心教材	2-0299

十五画

[一]

增广英文法教科书	3-1081
(增订)小学简明物理教科书	2-3118
(增订)中国历史教科书	3-1208
(增订)中国近世史:清初至民国最近	3-1325
增订本国中等地理教科书	3-1514
(增订)改良初等小学女子官话修身教科书	2-0497
(增订实验)中学音乐教材	3-3454
(增订)标准初中化学	3-2884
增订标准初中化学	3-2885
增订标准高中物理学	3-2715
增订高中物理实验	3-2784
(增订)高等作文秘诀	2-1821
(增订)最新中学教科书植物学	3-3159
(增订)普通新历史	3-1366
(增订)模范作文	2-1742
增补东文新教程	3-1158
增补重订千家诗注解	2-1372
增编葛兰氏高中平三角术	3-2529
蔬菜园艺学	5-0098
蔬菜栽培各论	5-0099

[丨]

题解中心初中复习丛书	3-0219 3-0465 3-1038
	3-1179 3-1491 3-1814 3-2744
	3-2947 3-3309
蝴蝶姑娘	2-0037
墨影画	2-3614

[丿]

镇海学校英文文法讲义	3-1105
稻作学	5-0087
稻的一生	2-2893
黎明乡村小学丛书	2-0170 2-0411 2-0413
	2-1094 2-2799 2-3061 2-3751
	2-3841 4-0478
黎明乡村教育丛书	4-0495 4-0498 4-0641

	4-0699　4-0705　4-0706
黎明幼稚园低级小学画集	2-3684
黎明师范教本工艺	4-0314
黎明师范教本小学行政	4-0504
黎明师范教本乡村教育	4-0715
黎明师范教本幼稚园教材及教学法	4-0683
黎明师范教本农业及实习	4-0288
黎明师范教本农业经济及合作	4-0281
黎明师范教本保育法	4-0687
黎明师范教本教育测验及统计	4-0455
黎明师范教本教育概论	4-0382
篆学教科书	3-0472
德文进阶：初级	3-1148

[丶]

潮州乡土地理教科书	2-2287
澄迈县高等小学堂讲义	2-0091
澄衷学堂字课图说	2-1280
澄衷学堂格致读本	2-3200
澄衷蒙学堂字课图说	2-1280

十六画

[一]

薛氏初中代数	3-2027
薛氏高中代数学	3-2077
薛纂国文教本	4-0104
整数及小数	2-2676
整数之性质	2-2675
整数四则式题速算练习簿指导法	2-2618
霍氏高级代数	3-2099
霍奈二氏初中代数学	3-2032

[丨]

冀县乡土志教科书	2-2316
嘴和手	2-3372
螟虫	5-0083

[丶]

磨豆腐	2-3799
糖的由来	2-2899

燃料及测热学	5-0167
燃料的谈话	2-2880
澡德学堂中学国文课本：初编	3-0284
澡德学堂论说课艺	3-0284

[一]

避开些	2-3371

十八画

翻译独幕剧选	3-0596
翻译短篇小说选	3-0597

十九画

[丿]

簿记	3-3430　4-0295
簿记教科书	5-0228
簿记简说	2-2513

[丶]

瀛寰全志	3-1631

[一]

疆园课蒙草三篇	2-3446

廿一画

[一]

露营	9-0061
露营概要	9-0068

[丶]

赣州中学堂史学讲义	3-1202

其 他

1941升学指导	3-0053
29年度全国大学入学试题精解	3-0080
36年度全国大学入学试题精解	3-0087
S.S.S.平面几何学	3-2305　3-2306
S.S.S.立体几何学	3-2380
S.S.S.重编平面几何学	3-2314
S.S.S.新平面几何学	3-2308　3-2309
Smith-Gale二氏解析几何学	3-2422

作者笔画索引

一 画

一芥生 ……………………… 3-1775

二 画

[一]

丁云孙 ……………………… 3-1425
丁文江 ……………………… 3-3246
丁戊康 ……………………… 2-0010
丁永铸 ……………………… 2-1416
丁光宇 …… 3-1040　3-1049　3-2745
　　　　　　3-2748　3-2757
丁光燮 ……………………… 7-0008
丁传商 ……………………… 3-0550
丁江 ………………………… 3-1911
丁作彬 ……………………… 2-2308
丁英桂 ……………………… 3-1438
丁雨霖 ……………………… 3-0075
丁叔明 ……………………… 2-3406
丁治修 ……………………… 2-3110
丁宝书 …… 2-0848　2-1187　2-1417
　　　　　　2-1918　2-1956　2-2030
　　　　　　2-2130　2-2207　2-3604
　　　　　　2-3648　2-3686　2-3689
丁绍桓 …… 3-1505　3-1511　3-1671
　　　　　　3-1680　3-1701　3-1703
　　　　　　4-0109　4-0112
丁祖荫 ……………………… 4-0114
丁振业 ……………………… 5-0211
丁晋蕃 ……………………… 3-0075
丁桂英 ……………………… 3-1437
丁晓先 …… 2-0102　2-0113　2-0306

　　　　　　2-0554　2-0614　2-0623
　　　　　　2-0625　2-0739　2-1377
　　　　　　2-2036　2-2845　2-3052
丁留余 ……………………… 3-1331
丁悚 ………………………… 3-3538
丁梦松 ……………………… 3-2393
丁冕英 ……………………… 3-1632
丁绪贤 ……………………… 3-2019
丁景堪 ……………………… 3-1933
丁曾元 …… 2-0691　2-0696　2-2909
　　　　　　2-3793　2-3796
丁谦 ………………………… 2-3210　2-3745
丁锡华 …… 2-0593　2-1953　2-3146
　　　　　　2-3178　2-3452　2-3454
　　　　　　2-3455　2-3460　2-3463
　　　　　　2-3810
丁锦 ………………………… 2-3894　2-3954
丁詧盦 …… 2-2244　2-2245　2-2252
　　　　　　2-2257　2-2266　3-1537
　　　　　　3-1538　3-1617　3-1642
　　　　　　3-1650　3-1724　3-1731
　　　　　　3-1751　3-1752　3-1756
丁福保 …… 2-0474　2-1415　2-1416
　　　　　　2-1503　2-2329　2-2363
　　　　　　2-2364　2-2366　2-3348
　　　　　　2-3349　2-3391　2-1919
　　　　　　2-3961　2-1965　2-1966
　　　　　　3-3327　3-3342
丁毂音 ……………………… 2-1015　2-1017
丁鹤 ………………………… 2-2785　2-2817
丁簌孙 ……………………… 3-0438
丁燮林 …… 3-2691　3-2770　3-2779
　　　　　　3-2785

[丨]

卜愈之 ……………………… 3-0262

[丶]

刁政本 ……………………… 3-0057
力谢盐 ……………………… 3-1059

三 画

[一]

于一峰 ……………………… 3-2904　3-2995
于人骥 …… 2-0795　2-0999　2-1196
　　　　　　2-1234
于小石 ……………………… 3-0048
于卫廉 ……………………… 2-1557
于日敏 ……………………… 4-0118
于方 ………………………… 2-0136
于右任 …… 2-0325　2-0329　2-0626
　　　　　　2-2850　2-3529
于占之 ……………………… 3-2873　3-2913
于共三 ……………………… 3-0325
于光远 …… 3-0115　3-0125　3-0126
于贡三 ……………………… 3-0635
于沈 ………………………… 4-0525
于敏 ………………………… 3-0635
于景让 ……………………… 3-3267
于赓虞 ……………………… 3-0412
于澄 ……… 3-0049　3-0051　3-0071
　　　　　　3-0084　3-0216　3-1037
　　　　　　3-1336　3-1621
万九光 …… 2-0365　2-0371　2-0412
　　　　　　2-0651
万方祥 ……………………… 3-1509　3-1571
万允元 ……………………… 3-2303

万声扬	……	2-0508	2-0585	2-0835
		2-1117	2-2377	2-2583
		3-1835		
万良炯	……………		3-0178	3-0188
万良濬	…………………		2-0383	2-0384
万君和	………………………………			3-1101
万国鼎	……	2-3457	2-3465	5-0122
		5-0125		
万曼	…………………………………			3-0430
万颐祥	…………………		3-2195	3-2206

[一]

卫光烜	………………………………	5-0231
卫淑祎	………………………………	3-1857
卫楚材	………………………………	2-3316
马广文	………………… 5-0088	5-0089
马文元	…… 3-2000 3-2001	3-2049
	3-2067 3-2086	3-2174
	3-2299 3-2466	
马为珑	………………………………	8-0004
马地泰	………………………………	3-2401
马光斗	…… 3-3182 3-3216	3-3268
马仿周	………………………………	3-0284
马汝梅	………………………………	4-0280
马志潭	………………………………	3-1939
马启明	………………………………	3-0635
马君武	…… 3-2290 3-2356	3-2452
	3-2809 3-2824	3-3162
	3-3250	
马君常	………………………………	3-2312
马纯德	…… 3-2018 3-2058	3-2320
马国英	…… 2-0876 2-1266	2-1350
	2-3238 3-0300	3-0300
	3-0306 3-0482	3-0487
	3-0495 3-0496	3-0498
	3-0503 3-0507	
马昌实	………………… 2-1545	2-1612
马昌期	………………………………	2-1354
马鸣鸾	………………………………	4-0540
马宗荣	………………………………	3-0266
马宗瑜	…… 3-0065 3-0078	3-1178
	4-0019 4-0132	
马宗瀛	………………………………	4-0485
马厚文	………………… 3-0356	3-0678
马映楣	………………………………	7-0063
马钟璐	………………………………	2-2280

马客谈	…… 1-0073 2-0356	2-0366
	2-0367 2-0368	2-0369
	2-0370 2-0424	2-0436
	2-2392 2-2498	2-2501
	2-2653 2-2729	2-3406
	2-3435 2-3436	2-3972
	4-0598 7-0075	
马祖武	………………………………	8-0132
马素泉	………………………………	3-1014
马振福	………………………………	2-2758
马振麟	………………………………	3-3497
马晋羲	………………………………	3-1516
马润卿	…… 2-1876 3-0918	3-0926
	3-0930 3-0932	3-1098
马家骥	………………………………	2-2820
马骏钧	………………………………	5-0245
马雪瑞	………………………………	2-0278
马崇淦	…… 3-0825 3-0828	3-0830
马鸿德	………………………………	2-2059
马维周	………………………………	2-2316
马彭年	…… 2-0326 2-0334	2-0746
	2-0751	
马善亭	………………………………	2-0041
马锡纯	………………………………	2-2284
马静轩	…… 2-0737 2-1095	2-1581
	2-2559 2-2723	
马精武	…… 2-0267 2-0318	2-0643
	2-0648 2-0727	2-0732
	2-0744 2-0760	2-1610
	2-1611 2-3231	2-3258
	2-3301 3-1611	
马遵廷	………………………………	3-2382
幺其琮	………………………………	3-2429
幺其璋	………………………………	3-2429

四 画

[一]

丰子恺	…… 2-0889 2-0901	2-0924
	2-1016 2-1492	2-3263
	2-3513 2-3680	3-0937
	3-0968 3-3467	3-3483
	3-3511 3-3548	6-0002
王一士	………………………………	2-0651
王一飞	………………………………	2-2693
王一夫	………………… 2-3707	3-3542

王一鸣	…… 2-1429 2-1432	2-1677
	2-1696 2-1780	2-1793
	7-0037	
王人路	………………………………	2-1264
王士林	………………………………	2-3715
王士南	………………………………	3-1957
王小峰	………………………………	2-3958
王义周	………………………………	8-0025
王义珏	…… 3-2862 3-2992	3-3001
王义铨	………………………………	3-2852
王子才	…… 2-0236 2-0765	2-1239
	2-2740	
王子玉	………………………………	2-1697
王子坚	………………………………	3-0052
王子香	………………………………	3-2710
王子鹤	………………………………	2-3887
王开明	………………………………	3-0072
王元德	………………………………	2-0082
王云五	…… 2-0052 2-0323	2-0328
	2-0371 2-0388	2-0389
	2-0401 2-0420	2-0431
	2-0648 2-0704	2-0885
	2-0894 2-1008	2-1015
	2-1045 2-1148	2-1351
	2-1978 2-1982	2-2146
	2-2152 2-2164	2-2394
	2-2404 2-2496	2-2507
	2-2848 2-2856	2-2929
	2-2933 2-3243	2-3254
	2-3359 2-3395	2-3403
	2-3539 2-3565	2-3814
	3-0129 3-0947	3-1381
	3-1547 3-1583	8-0193
王云森	………………………………	5-0036
王艺	…… 2-2367 2-3209	2-3210
王历农	…… 2-3057 2-3448	5-0076
	5-0084 5-0128	
王友铭	………………… 2-0265	3-3306
王少农	………………………………	3-2741
王中地	………………………………	3-0777
王长杰	………………………………	2-0268
王仁夔	…… 2-2203 4-0071	5-0199
	5-0202 5-0203	
王化民	…… 2-3004 2-3005	2-3008
	2-3016 2-3017	2-3018

2-3080　2-3228	王有琪 …………… 3-3385　4-0280	王芸庄 …………………………… 3-1314
王化成 ………………………… 2-3197	王达 …… 2-2076　3-1513　3-1515	王克昌 …………………………… 3-0281
王凤岐 …… 2-0513　2-0514　2-0590	王达三 ………………………… 2-1149	王杏生 …………………………… 2-0794
2-0591　2-1957　2-2033	王成杰 ………………………… 3-3446	王步贤 …………………………… 3-1075
2-2342　4-0533	王成组 …… 3-1479　3-1575　3-1588	王时杰 …………………………… 5-0160
王凤喈 ………………… 4-0440　4-0660	3-1597　3-1603　3-1742	王佐清 …………………………… 3-2695
王文化 ………………… 2-0237　2-1235	王同民 ………………………… 2-2166	王佑民 …………………………… 3-2317
王文新 ………………… 2-2397　4-0416	王刚森 …… 3-1871　3-1913　3-1915	王伯祥 …… 3-0663　3-0747　3-1334
王为俊 ………………………… 3-1913	3-2027　3-2077　3-2190	王言纶 ………………… 2-1133　4-0360
王为恒 ………………………… 3-1915	3-2532	王亨统 …… 2-0002　2-0018　2-2237
王心湛 ………………………… 2-1738	王乔南 ………………… 3-2317　3-2506	王应伟 …… 3-0758　3-2169　3-2460
王尹曾 ………………………… 4-0290	王传中 ………………………… 3-0038	王应钧 …………………………… 2-3918
王引民 ………………………… 4-0411	王传燮 ………………………… 2-2080	王应麟 …………………………… 2-1311
王允中 ………………………… 3-2543	王仲和 ………………… 3-0152　3-0158	王沂清 …………………………… 2-1665
王允文 …… 2-0756　2-1071　2-1691	王任叔 …… 3-0695　3-0697　3-0699	王怀琪 …… 2-3920　2-3921　3-3607
2-1781　2-1808　2-1810	3-0899	3-3614　4-0635
2-1811	王任斌 ………………………… 3-2141	王灵皋 …………………………… 3-0809
王书庄 …… 3-2770　3-2779　3-2785	王华隆 ………………… 3-1494　3-3002	王纯甫 …………………………… 3-0035
王书林 …… 4-0431　4-0439　4-0453	王仰千 ………………………… 2-2942	王纳善 …………………………… 3-0518
王玉章 ………………………… 3-0404	王向 …………………… 2-1349　2-1351	王若敏 …………………………… 3-1811
王世楷 ………………………… 3-2462	王后哲 ………………………… 8-0146	王若瑶 …………………………… 3-2832
王世颖 ………………… 4-0281　5-0210	王行一 ………………………… 2-1760	王枚生 …………………………… 3-2723
王本祥 ………………………… 3-2760	王全桂 …… 2-0911　2-0912　2-0913	王述达 …………………………… 3-0766
王石珍 ………………………… 2-3541	2-0914　2-0915　2-1027	王雨生 …………………………… 3-3432
王平陵 ………………………… 2-1796	2-1028　2-1029　2-1030	王郁文 ………………… 3-1542　3-1651
王北辰 ………………………… 2-2062	王兆楠 ………………… 2-2481　2-2636	王味辛 …… 2-0644　2-0651　2-0747
王用舟 ………………………… 2-0137	王亦鹤 ………………………… 2-1253	2-0750　2-0764
王立才 ………………………… 2-1101	王问奇 ………………… 2-0424　2-3578	王国元 …… 2-0196　2-0416　2-0999
王立敬 ………………………… 3-3447	王汤诰 …… 2-2949　2-2950　2-2969	2-1196　4-0613
王永炅 …… 3-1802　3-1844　3-1995	王宇春 ………………………… 6-0100	王国贞 …………………………… 2-1926
3-2111　3-2295　3-2361	王守存 ………………………… 3-1926	王国华 …………………………… 3-0968
3-2434　3-2447　3-2463	王守成 ………………… 3-3075　3-3189	王国香 …………………………… 3-2468
4-0181	王寿宝 ………………… 5-0155　5-0156	王国维 …… 3-3241　4-0347　4-0607
王永炘 …… 2-0092　2-0227　2-0812	王寿庭 ………………………… 3-3501	王明怀 …………………………… 3-3138
2-0820	王贡三 ………………………… 5-0217	王易 ……………………………… 3-0775
王弘毅 ………………………… 2-0192	王孝通 ………………… 5-0195　5-0197	王易今 …………………………… 3-1377
王邦枢 ………………………… 2-2100	王志成 …… 2-0125　2-0256　2-0267	王岫庐 …… 2-0053　2-0306　2-0381
王邦珍 ………………… 3-2231　3-2514　3-2521	2-0648　2-0653　2-0744	2-0382　2-0383　2-0623
王式玉 …… 2-0508　2-0585　2-0835	2-0748　2-2051　2-2055	2-0739　2-0875　2-0879
2-1117　2-2377　2-2583	王志清 …… 3-3091　3-3117　3-3174	2-0880　2-0883　2-1002
王圭璋 ………………… 2-2747　2-2748	3-3187　3-3197　3-3263	2-1003　2-1146　2-1147
王芝九 ………………… 2-1563　3-1726	王志瑞 …… 2-0647　2-0649　2-0652	2-1695　2-1708　2-1964
王朴 …………………… 3-0427　3-0432	2-0702　2-1205　2-1360	2-2140　2-2391　2-2497
王西徵 ………………………… 4-0377	2-2833　2-3271　2-3424	2-2846　2-2924　2-3239
王在德 ………………………… 3-1930	王志廉 ………………………… 2-2301	2-3242　2-3393　2-3427

	2-3479	2-3526	2-3559
	2-3597	2-3663	2-3693
	2-3766	2-3811	2-3861
	3-0153	3-0333	3-0334
	3-0335	3-0710	3-0711
	3-0933	3-1379	3-1380
	3-1383	3-1467	3-1539
	3-3580		
王峄山	……………………		3-1304
王季点	2-3124	3-2616	3-3046
王季思	……………………		3-0383
王季烈	2-3133	2-3134	2-3205
	3-2351	3-2560	3-2583
	3-2589	3-2621	3-2797
	3-2806	3-2815	3-3139
	3-3239		
王季梅	…………	3-2006	3-2022
王侃如	……………………		3-0344
王欣渠	2-3766	2-3811	2-3837
王征葵	……………………		4-0452
王金绂	……………………		3-1502
王采南	3-3260	3-3272	3-3304
王念洙	…………	2-3414	9-0072
王念航	……………………		2-3610
王周卿	……………………		3-2367
王庚	2-3926	2-3929	2-3930
	2-3945	2-3947	2-3948
	2-3949	3-3610	
王学文	……………………		3-0987
王学理	……………………		3-0987
王宗武	……………………		3-1429
王宗浩	…………	2-2577	3-2107
王定百	……………………		3-2710
王定诚	……………………		2-3105
王宠惠	2-0359	2-0700	2-2397
	2-2503	3-0917	3-1113
	3-1551		
王官寿	……………………		3-3230
王建极	……………………		3-3011
王建善	…………	2-0773	2-2828
王承基	…………	3-2751	3-2755
王承绪	…………	2-0955	2-3297
王绍颜	3-1930	3-2033	2-2330
	3-2472	3-2513	
王绍翰	……………………		2-1323

王城	……………………		3-0114
王荣树	……………………		3-2791
王树鼎	……………………		3-3081
王轶三	……………………		2-0230
王品端	……………………		5-0164
王钟麒	2-0306	3-1236	3-1467
	3-1539	3-1652	
王钟麟	3-1226	3-1240	3-1242
	3-1689		
王钧衡	3-1500	3-1562	3-1571
	3-1699		
王秋如	……………………		3-3619
王复旦	…………	2-3971	3-3615
王修和	2-0086	2-0098	2-0124
	2-0925	2-1247	2-1548
	2-1665	2-2442	2-2448
	2-2536	2-2687	2-2731
	2-2736	2-2774	2-2791
	2-3262		
王俊奎	…………	3-2393	3-2467
王衍康	4-0708	4-0709	4-0719
王剑星	2-0307	2-0308	2-0331
	2-1444	2-2850	2-2852
	2-2936	2-3020	2-3076
	2-3087	2-3091	2-3253
	2-3260	2-3317	2-3320
王食三	3-0325	3-0392	3-0635
王闿秋	……………………		2-1211
王养吾	……………………		2-3338
王炽昌	4-0045	4-0361	4-0362
	4-0662		
王洪年	3-2581	3-2837	3-2982
王济仁	……………………		3-2635
王济远	3-3537	3-3543	3-3562
	3-3566	4-0315	
王恺	……………………		5-0073
王祖训	3-1844	3-1995	3-2111
	3-2295	3-2361	3-2463
	4-0181		
王祖廉	2-1446	2-1452	2-1870
	3-1123	3-3433	
王祝辰	…………	2-2519	4-0601
王素意	…………	2-2319	2-2572
王振	2-2248	2-2267	3-1739
王振尧	……………………		3-1535

王振瑄	……………………		3-0096
王桂林	…………	2-1229	2-2686
王桐龄	3-1248	3-1293	3-1371
	3-1545	4-0121	
王砥平	……………………		2-0208
王原培	…………	3-0056	3-0891
王烈	……………………		3-3165
王晓梅	…………	2-3701	2-3703
王晖	……………………		2-2754
王恩华	……………………		1-0087
王恩爵	……………………		3-1384
王铁崖	……………………		2-0419
王倬	……………………		3-0275
王倘	2-0043	2-0044	2-0171
王颂三	……………………		3-0013
王效文	5-0194	5-0255	5-0259
	5-0262		
王益生	2-1168	3-0443	7-0050
王益厓	3-1498	3-1506	3-1507
	3-1565	3-1568	3-1599
	3-1668	3-1693	3-1695
	3-1696		
王兼善	3-2620	3-2813	3-2814
	3-3157	3-3158	3-3331
王海云	……………………		3-2499
王家明	……………………		2-3692
王家治	…………	2-1222	2-1223
王家荄	2-2639	3-1981	3-1983
	3-1984	4-0185	
王家楫	…………	3-3207	3-3298
王家燧	……………………		2-3690
王宾	……………………		3-0312
王宰善	……………………		3-3406
王冥鸿	……………………		3-0221
王调之	……………………		2-2655
王继光	……………………		3-3186
王骏声	2-0169	4-0368	4-0563
	4-0590	4-0681	
王珺	……………………		3-2913
王莪	…………	2-3127	2-3350
王菊昆	……………………		2-2360
王梦曾	3-0007	3-0017	3-0773
王崇杞	……………………		2-3524
王铭玉	……………………		2-0749
王敏时	……………………		4-0014

王逸凡	⋯⋯⋯⋯⋯⋯⋯⋯⋯⋯	2-2922	王肇兴	⋯⋯⋯⋯⋯	3-0160	3-0192	2-0751	2-0753	2-0756

王逸凡 ⋯⋯⋯⋯⋯⋯⋯⋯⋯⋯ 2-2922
王焕镰 ⋯⋯⋯⋯⋯⋯⋯⋯⋯⋯ 3-0309
王鸿飞 ⋯⋯⋯⋯⋯⋯⋯⋯⋯⋯ 2-1181
王鸿文 ⋯⋯ 2-1149　2-1276　2-3426
　　　　8-0128
王鸿年 ⋯⋯⋯⋯⋯⋯⋯⋯⋯⋯ 2-1248
王鸿俊 ⋯⋯ 2-0401　2-0446　3-0183
　　　　4-0078
王鸿霖 ⋯⋯⋯⋯⋯⋯ 4-0578　4-0595
王渐仁 ⋯⋯ 2-1527　2-2520　3-3594
王淡明 ⋯⋯⋯⋯⋯⋯ 2-3282　2-3290
王隐秋 ⋯⋯ 2-3767　2-3813　2-3853
　　　　2-3863　3-3583　3-3586
　　　　3-3591
王维屏 ⋯⋯⋯⋯⋯⋯⋯⋯⋯⋯ 2-2087
王维廉 ⋯⋯⋯⋯⋯⋯⋯⋯⋯⋯ 3-2763
王琳 ⋯⋯⋯⋯⋯⋯⋯ 2-3469　4-0707
王琼贞 ⋯⋯⋯⋯⋯⋯⋯⋯⋯⋯ 2-0187
王葆真 ⋯⋯⋯⋯⋯⋯⋯⋯⋯⋯ 3-3140
王敬成 ⋯⋯⋯⋯⋯⋯⋯⋯⋯⋯ 3-0850
王朝阳 ⋯⋯⋯⋯⋯⋯ 2-3142　2-3174
王葭舲 ⋯⋯⋯⋯⋯⋯⋯⋯⋯⋯ 3-2936
王森然 ⋯⋯⋯⋯⋯⋯⋯⋯⋯⋯ 3-3493
王惠 ⋯⋯⋯⋯⋯⋯⋯⋯⋯⋯⋯ 2-0622
王惠德 ⋯⋯⋯⋯⋯⋯ 3-0115　3-0126
王雅南 ⋯⋯ 2-3661　2-3724　3-2261
　　　　3-2263　3-3527　3-3528
王鼎如 ⋯⋯⋯⋯⋯⋯⋯⋯⋯⋯ 3-2577
王程之 ⋯⋯⋯⋯⋯⋯⋯⋯⋯⋯ 3-3569
王善彰 ⋯⋯ 3-2744　3-3198　3-3220
　　　　3-3290　3-3309　5-0010
王谟 ⋯⋯ 3-1503　3-1504　3-1612
　　　　3-1660　3-1667　3-1688
王强 ⋯⋯⋯⋯⋯⋯⋯⋯⋯⋯⋯ 2-3243
王疏九 ⋯⋯⋯⋯⋯⋯⋯⋯⋯⋯ 3-2090
王勤埥 ⋯⋯⋯⋯⋯⋯⋯⋯⋯⋯ 3-1566
王嵩基 ⋯⋯⋯⋯⋯⋯ 2-0326　2-0334
王新命 ⋯⋯⋯⋯⋯⋯⋯⋯⋯⋯ 3-0156
王蓺 ⋯⋯⋯⋯⋯⋯⋯⋯⋯⋯⋯ 2-1335
王蔚华 ⋯⋯⋯⋯⋯⋯⋯⋯⋯⋯ 3-2956
王模 ⋯⋯⋯⋯⋯⋯⋯⋯⋯⋯⋯ 3-1545
王毓文 ⋯⋯⋯⋯⋯⋯⋯⋯⋯⋯ 2-2234
王毓梅 ⋯⋯ 2-2164　2-2173　2-2174
　　　　2-2175　2-2177
王毓琦 ⋯⋯⋯⋯⋯⋯ 3-2994　3-3000

王肇兴 ⋯⋯⋯⋯⋯ 3-0160　3-0192
王肇铉 ⋯⋯⋯⋯⋯⋯⋯⋯⋯⋯ 3-3601
王璋 ⋯⋯⋯⋯⋯⋯⋯⋯⋯⋯⋯ 8-0024
王蕴如 ⋯⋯⋯⋯⋯⋯⋯⋯⋯⋯ 3-3172
王蕴章 ⋯⋯ 3-0910　3-1081　3-1082
王震保 ⋯⋯⋯⋯⋯⋯⋯⋯⋯⋯ 3-1960
王镇石 ⋯⋯ 2-0631　2-0632　2-0633
　　　　2-0634　2-0635
王镇若 ⋯⋯⋯⋯⋯⋯⋯⋯⋯⋯ 2-0742
王箴 ⋯⋯⋯⋯⋯⋯⋯⋯⋯⋯⋯ 3-2906
王德林 ⋯⋯⋯⋯⋯⋯ 3-0363　3-0410
王德昌 ⋯⋯⋯⋯⋯⋯⋯⋯⋯⋯ 2-3494
王德勋 ⋯⋯⋯⋯⋯⋯ 3-1814　3-2744
王德涵 ⋯⋯⋯⋯⋯⋯⋯⋯⋯⋯ 3-1853
王毅存 ⋯⋯⋯⋯⋯⋯⋯⋯⋯⋯ 2-2105
王毅诚 ⋯⋯⋯⋯⋯⋯ 2-3939　3-3617
王遵守 ⋯⋯⋯⋯⋯⋯⋯⋯⋯⋯ 3-2759
王遵武 ⋯⋯ 2-0119　2-0120　2-0944
　　　　2-1275　2-1483
王鹤清 ⋯⋯ 3-1867　3-1868　3-2566
　　　　3-2646　3-2647　3-2843
　　　　3-2844　3-2880　3-2890
　　　　3-2891　3-2896　3-2898
　　　　3-2985
王璞 ⋯⋯ 2-0870　2-0871　2-1255
　　　　2-1258　2-1340　2-1419
　　　　2-1421　2-1570　3-0477
　　　　4-0084　8-0135
王槃 ⋯⋯⋯⋯⋯⋯⋯⋯⋯⋯⋯ 3-2017
王霖之 ⋯⋯⋯⋯⋯⋯⋯⋯⋯⋯ 3-3051
王默长 ⋯⋯⋯⋯⋯⋯⋯⋯⋯⋯ 8-0024
王儒怀 ⋯⋯⋯⋯⋯⋯⋯⋯⋯⋯ 2-2323
王儒林 ⋯⋯⋯⋯⋯⋯⋯⋯⋯⋯ 3-3129
王璨如 ⋯⋯⋯⋯⋯⋯⋯⋯⋯⋯ 5-0224
王翼臣 ⋯⋯⋯⋯⋯⋯⋯⋯⋯⋯ 2-1574
王璧如 ⋯⋯⋯⋯⋯⋯⋯⋯⋯⋯ 3-0164
王瓒 ⋯⋯⋯⋯⋯⋯⋯⋯⋯⋯⋯ 2-2326
天卧生 ⋯⋯⋯⋯⋯⋯⋯⋯⋯⋯ 3-0896
韦月侣 ⋯⋯⋯⋯⋯⋯⋯⋯⋯⋯ 2-1823
韦以黼 ⋯⋯⋯⋯⋯⋯⋯⋯⋯⋯ 4-0653
韦伯禾 ⋯⋯⋯⋯⋯⋯⋯⋯⋯⋯ 3-2488
韦启予 ⋯⋯ 2-0769　2-1241　2-2711
　　　　2-2717　2-3107
韦息予 ⋯⋯ 2-0647　2-0649　2-0652
　　　　2-0699　2-0702　2-0746

2-0751　2-0753　2-0756
2-1151　2-1569　2-1596
2-2855　2-2859　2-2860
2-2932　2-2939　2-2974
2-2976　2-3024　2-3078
2-3081　2-3088　2-3095
2-3098　3-1648　3-1681
6-0073
韦悫 ⋯⋯ 2-0910　2-3270　2-3275
　　　　3-0161　3-0169　3-0173
　　　　3-0178　3-0201
韦琼莹 ⋯⋯⋯⋯⋯⋯⋯⋯⋯⋯ 3-3179
韦镜权 ⋯⋯⋯⋯⋯⋯ 3-2855　3-2921
韦瀚章 ⋯⋯⋯⋯⋯⋯⋯⋯⋯⋯ 3-3462
云非 ⋯⋯⋯⋯⋯⋯⋯⋯⋯⋯⋯ 2-2756
支那少年 ⋯⋯⋯⋯⋯⋯⋯⋯⋯ 3-1183
太平洋人 ⋯⋯⋯⋯⋯⋯⋯⋯⋯ 2-2124
尤其伟 ⋯⋯⋯⋯⋯⋯⋯⋯⋯⋯ 3-3312
尤金镛 ⋯⋯⋯⋯⋯⋯⋯⋯⋯⋯ 3-2807
尤惜阴 ⋯⋯⋯⋯⋯⋯⋯⋯⋯⋯ 4-0419
车曾训 ⋯⋯⋯⋯⋯⋯⋯⋯⋯⋯ 3-1442

[l]

水心 ⋯⋯⋯⋯⋯⋯⋯⋯⋯⋯⋯ 2-0193
水康民 ⋯⋯⋯⋯⋯⋯⋯⋯⋯⋯ 4-0424

[ノ]

牛惠生 ⋯⋯⋯⋯⋯⋯⋯⋯⋯⋯ 3-3380
毛广勇 ⋯⋯⋯⋯⋯⋯⋯⋯⋯⋯ 2-3494
毛守丰 ⋯⋯⋯⋯⋯⋯⋯⋯⋯⋯ 2-2236
毛季敏 ⋯⋯⋯⋯⋯⋯⋯⋯⋯⋯ 3-1893
毛起骏 ⋯⋯⋯⋯⋯⋯ 2-0274　3-0263
毛路真 ⋯⋯⋯⋯⋯⋯ 3-2079　3-2080
毛震伟 ⋯⋯⋯⋯⋯⋯⋯⋯⋯⋯ 3-3402
长林椒惠 ⋯⋯⋯⋯⋯⋯⋯⋯⋯ 2-3553
化鹏 ⋯⋯⋯⋯⋯⋯⋯⋯⋯⋯⋯ 2-0268
仇庄 ⋯⋯⋯⋯⋯⋯⋯⋯⋯⋯⋯ 3-2354
仇何清 ⋯⋯⋯⋯⋯⋯⋯⋯⋯⋯ 2-3801
仇良辅 ⋯⋯⋯⋯⋯⋯ 3-3576　8-0162
仇采 ⋯⋯⋯⋯⋯⋯⋯ 4-0537　4-0539
仇河清 ⋯⋯⋯⋯⋯⋯⋯⋯⋯⋯ 7-0075
仇毅 ⋯⋯ 3-1928　3-1929　3-2118
　　　　3-2286　3-2292　3-2351
　　　　3-2354　3-2424　3-2439
　　　　3-2540
公之鲁 ⋯⋯⋯⋯⋯⋯⋯⋯⋯⋯ 2-3471

凤玉贞　　　　　　　　　3-0541

[、]

文士元　　　　　　　　　3-1484
文元模　　　　　　　　　3-2780
文公直　　2-1535　2-2242　3-0127
　　　　　9-0002
文法初　　　　　　　　　3-2271
文宗潞　　　　　　　　　2-2298
文彬如　　3-3344　3-3392　3-3394
文慕超　　　　　　　　　3-0459
方与严　　2-0427　2-1690　2-2461
　　　　　2-2635　2-3233　4-0667
方万邦　　3-3621　4-0328　4-0329
方川禾　　2-2940　2-2941　2-2968
方汉城　　　　　　　　　5-0143
方克诚　　　　　　　　　3-2708
方叔密　　　　　　　　　3-2566
方阜云　　　　　　3-0384　0386
方洞　　　2-2449　2-2456　2-3031
方钦照　　2-1601　2-3591　2-3592
　　　　　2-3600　3-0401　4-0555
方钧　　　2-0517　2-0519　2-0593
　　　　　2-0596　2-0607　2-0610
　　　　　2-1184　2-1186
方复旦　　　　　　　　　2-2601
方炳潮　　　　　　　　　3-3554
方浏生　　2-0134　2-0359　2-0417
　　　　　2-0482　2-0553　2-0612
　　　　　2-1225　4-0534
方宾观　　2-1002　2-1256　3-0486
　　　　　3-0505　8-0092
方雪园　　　　　　2-1748　3-0816
方维夏　　　　　　　　　4-0675
方维藩　　　　　　　　　3-0318
方嗣楃　　2-2657　3-2772　3-2783
方锡琛　　　　　　　　　3-3189
方新　　　2-2091　2-3312　3-1722
方嘉林　　　　　　　　　3-2133
方毅　　　3-0496　3-0505　3-0763
　　　　　4-0090　8-0092
方燕年　　　　　　　　　2-1271
火永彰　　　　　　　　　5-0154
计志中　　2-0333　2-0354　2-0556
　　　　　2-0629　2-1141　2-1144
　　　　　2-1146　2-1199　2-1200

　　　　　2-1695　2-1708　2-3242
　　　　　2-3248　2-3308　2-3310
　　　　　2-3436　2-3527　8-0193
　　　　　8-0202　8-0204
计维新　　2-1993　2-1997　2-2164
　　　　　3-1166　3-1169　3-1274
　　　　　3-1275　3-1583　3-2210
　　　　　3-2212

[一]

尹国均　　3-2089　3-2091　3-2097
尹柏丞　　　　　　　　　2-3856
尹诵吉　　2-1230　2-1549　2-3340
尹梅　　　2-0375　2-0376　2-0400
尹道耕　　　　　　　　　4-0589
孔士谔　　　　　　5-0191　5-0204
孔礼成　　　　　　　　　2-0050
孔庆莱　　2-3160　2-3453　2-3461
　　　　　3-2968　4-0251
孔宪彭　　　　　　　　　2-1725
孔涤庵　　　　　　5-0243　5-0262
孔祥麟　　　　　　　　　8-0146
邓士萍　　　　　　　　　2-3339
邓广铭　　　　　　　　　2-2002
邓达澄　　　　　　　　　3-1124
邓仲眉　　　　　　　　　3-3027
邓庆澜　　2-0149　2-0552　2-0996
　　　　　2-2381　2-2596　2-2807
　　　　　4-0118　4-0533
邓志清　　　　　　2-2084　2-3221
邓时逢　　　　　　　　　3-1612
邓启东　　　　　　3-1609　3-1676
邓初民　　　　　　　　　3-0280
邓法鲁　　　　　　2-3972　2-3973
邓实　　　　　　　3-0002　3-0227
邓胥功　　　　　　　　　4-0371
邓彬　　　　　　　　　　3-2444
邓铸成　　　　　　　　　2-3989
邓毓怡　　　　　　　　　3-3039

五　画

[一]

甘永龙　　3-0928　3-0978　3-1081
甘导伯　　8-0012　8-0019　8-0113
甘景镐　　　　　　3-2679　3-2876
甘源淹　　3-1862　3-1878　3-1905

　　　　　3-1944
甘豫源　　4-0696　4-0710　8-0024
　　　　　8-0171　8-0187
艾伟　　　2-0185　2-0911　2-0912
　　　　　2-0913　2-0914　2-0915
　　　　　2-1027　2-1028　2-1029
　　　　　2-1030　2-2088　2-2358
　　　　　2-2432　2-2433　2-2434
　　　　　2-2533　2-3019　2-3226
　　　　　4-0425　4-0435　4-0460
艾华　　　　　　　　　　4-0410
艾秀峰　　　　　　3-2753　3-2942
艾重　　　　　　　　　　2-0269
艾健乔　　　　　　　　　3-0460
古梅　　　　　　　　　　4-0712
左绍儒　　　　　　　　　2-0899
厉志云　　　　　　　　　3-1043
石东孙　　　　　　2-1006　2-1203
石民　　　　　　　3-1058　3-1118
石英　　　　　　　　　　2-0127
石承宣　　2-2368　2-2477　2-2487
　　　　　2-2573　2-2638　2-2641
　　　　　4-0173
石泉　　　　　　　　　　3-0348
石超　　　　　　　　　　3-2201
石韬　　　　　　　　　　2-2447
石德濂　　　　　　　　　2-2715
石濂水　　　　　　3-1866　3-1870
布青阳　　　　　　　　　2-3605
龙发甲　　　　　　　　　4-0714
龙纪官　　　　　　　　　4-0002
龙志泽　　　　　　3-0232　3-0749
龙沐勋　　3-0593　3-0594　3-0609
平生　　　　　　　　　　3-0802
平海澜　　　　　　　　　3-1031
东方明　　　　　　2-0933　2-1051

[丨]

卢广熔　　　　　　　　　4-0047
卢子权　　　　　　　　　3-2317
卢文迪　　3-1402　3-1413　3-1447
　　　　　3-1449　4-0109　4-0110
　　　　　4-0111　4-0112
卢达　　　　　　　3-0171　3-0177
卢兴阶　　　　　　　　　3-2038
卢寿钱　　2-1804　2-3162　2-3203

		3－0855	叶岛	…………………	2－0171	史青	…………………	3－2966
卢芷芬	…………………	2－1213	叶沤宝	…………………	2－2563	史岩	…………………	2－3646
卢村禾	… 3－1649	3－1742 3－1767	叶茂宣	… 3－2280	3－2287	史泽之	… 2－0209 2－0226	2－0646
卢怀琦	…………………	3－0666	叶述武	…………………	3－2216		2－0701 2－0745	2－0754
卢阿坤	…………………	2－2178	叶佩华	… 3－2063	3－2066		[丿]	
卢秉征	…………………	2－1963	叶宗干	…………………	8－0089	丘侃	…………………	3－2426
卢绍稷	… 3－0188	4－0703	叶绍钧	… 2－0427 2－0889	2－0901	丘高明	…………………	2－3717
卢炯昭	…………………	2－2178		2－1016 2－1397	2－2461	丘调梅	…………………	3－2401
卢冠六	… 2－0697 2－0805	2－0919		2－2635 2－3233	2－3251	白动生	… 2－0786 2－1045	2－1398
	2－1227 2－1240	2－1244		3－0367 3－0374	3－0589		2－1595 4－0597	
	2－1250 2－1389	2－1393		3－0745		白进彩	… 3－1302	3－1307
	2－1484 2－1550	2－1552	叶春墀	… 4－0295	5－0228	白作霖	… 2－0133	4－0528
	2－1553 2－1709	2－1746	叶树宣	… 3－2280	3－2287	白启荣	…………………	2－3916
	2－1747 2－1749	2－1816	叶养源	…………………	9－0068	白国栋	… 2－3031	3－3035
	2－2309 2－2310	2－2520	叶振铎	… 3－2112	2－2536	白眉初	… 3－1391 3－1503	3－1545
	2－2663 2－2691	2－2714	叶基桢	…………………	3－3146		3－1554 3－1561	3－1594
	2－2742 2－3235	2－3301	叶惟善	…………………	3－1211		3－1600 3－1657	3－1685
	2－3341 3－0054	3－0116	叶楚伧	… 2－0324 2－0327	2－0159		3－1733 3－1761	
	3－0630 3－0641	3－0686		3－0166 3－0175	2－0184	白桃	… 2－1476 2－1480	4－0572
	3－0811			3－0196 3－0199	3－0355	白涤洲	… 2－1269 2－1349	2－3255
卢祝平	…………………	2－1235		3－0359 3－0366	3－0415		2－3259 3－0508	
卢家炳	…………………	3－1105		3－1565 4－0057	4－0059	白浪	…………………	2－1704
卢梦生	…………………	3－2145		4－0098		白雅雨	…………………	2－2101
卢殿宜	… 1－0066	4－0366	叶溯中	… 2－3027 3－0175	3－0415	丛介生	…………………	4－0094
卢熙仲	…………………	3－2693		4－0098		丛圻	… 2－1571	2－1572
卢冀野	… 3－0576 3－0585	3－0607	叶嘉荫	…………………	2－2197	丛琦珠	…………………	3－2599
卢籍刚	…………………	3－1628	叶懋宣	…………………	3－1770	丛瑁珠	… 3－2599 3－2617	4－0317
旧庐	…………………	2－2281	叶蠖生	… 3－1167 3－1171	3－1232	印水心	… 3－1222 3－1223	8－0101
叶与仁	… 3－3049	5－0047		3－1281 3－1285		印鸾章	… 2－1448	3－0652
叶元珪	… 2－1228 2－3668	2－3699	田广生	… 2－0999	2－1196	乐嗣炳	… 3－0299 3－0301	3－0302
	2－3757		田云青	…………………	2－3749		3－0489 3－0490	3－0491
叶元鼎	… 5－0088	5－0089	田世英	… 3－1585	3－1591		3－0492	
叶少农	… 3－2695	3－2931	田北湖	…………………	2－0457	包公毅	… 2－0543	2－0544
叶中冷	…………………	2－3490	田吴照	… 4－0041 4－0337	4－0418	包光镰	…………………	3－3007
叶兰馨	…………………	4－0196	田雨	…………………	2－3040	包荣爵	… 2－2334	3－2455
叶圣陶	… 2－0924 2－1400	2－1401	田泽芝	…………………	2－1397	包容	…………………	5－0055
	2－1405 2－1406	2－1492	田宗佑	… 2－0664 2－0665	2－0666	包添愚	… 9－0031 9－0032	9－0034
	2－1493 3－0334	3－0442		2－0667		包墨青	… 3－2658 3－2668	3－2681
	3－0632 3－0634	3－0689	田殿元	… 5－0168	5－0172		3－2777 3－2848	3－2873
	3－0695 3－0697	3－0699	田镜波	… 3－2041	3－2387		[丶]	
	3－0736 3－0899	6－0007	由宗龙	…………………	2－3168	邝富灼	… 2－1839 2－1854	2－1855
叶在宜	…………………	2－3607	史本直	… 3－0551	3－0557		2－1857 2－1864	3－0907
叶至善	… 3－1903	2－2057	史礼绶	… 2－2079 2－2128	2－2131		3－0908 3－0909	3－0911
叶许生	…………………	3－1670		2－2264 3－1527			3－0913 3－0928	3－0933
叶苍岑	… 3－0382	3－0689	史佐民	…………………	3－1848			

3-0934	3-1003	3-1015
3-1031	3-1069	3-1086
3-1087	3-1092	3-1096
3-1132	3-1133	3-1134
	3-1138	

冯干 …………………………… 2-3710
冯友兰 …………… 3-0089　3-0099
冯公智 …………… 2-3941　2-3971
冯达夫 …… 2-2152　2-2153　2-2155
　　　　　　2-2225　2-2228　6-0074
冯廷夑 …………………………… 5-0113
冯兆南 …… 2-0508　2-0835　2-2583
冯导夫 …………………………… 2-2225
冯国鑫 …………………………… 2-3834
冯质文 …………………………… 3-3459
冯泽芳 …………………………… 5-0086
冯思莼 …………………………… 3-3574
冯品兰 …………… 4-0666　4-0676
冯顺伯 …… 2-0234　3-0152　3-0158
　　　　　　3-0436
冯彦 ……………………………… 2-3710
冯洸 ……………………………… 4-0192
冯济如 …………………………… 3-2724
冯祖荀 …………… 3-2108　3-2468
冯铁生 …………………………… 2-1782
冯骓 ……………… 3-2269　3-2270
冯雄 ……………………………… 5-0159
冯鼎芬 …………………………… 2-1153
冯皓 ……………………………… 2-3710
冯静远 …………… 4-0056　4-0281
冯慕云 …………………………… 2-1916
冯霁 ……………………………… 3-3400
冯曦 ……………………………… 2-1856
兰村轩土 ………………………… 2-0251
宁绍宸 …………… 3-1036　3-1060
宁柏清 …………… 3-0206　3-0208

[一]

司马海 …………………………… 2-0531
司徒枢 …………………………… 2-2286
司徒赞 …………………………… 2-2462
司琦 ……………………………… 2-0200

六 画

[一]

匡文涛 …… 3-1923　3-1936　3-2115

3-2117	3-2386	3-2394
3-2464	3-2537	

邢定云 …………………………… 2-0140
邢舜田 …………………………… 7-0042
邢鹏举 …………………………… 3-1292
吉厚符 …………………………… 2-2830
权柏华 …………………………… 3-0446
西农氏 …………………………… 2-1907
有零 ……………………………… 3-0132
成士杰 …………………………… 4-0276
成汗三 …………………………… 2-3111
成伴儒 …………………………… 3-1932
成静成 …………………………… 3-1038
毕云辉 …… 3-0065　3-0078　3-0217
　　　　　　4-0019　4-0060
毕公天 …… 3-0834　3-0846　3-0847
　　　　　　3-0848
毕希珍 …………………………… 2-2295

[丨]

曲单新 …………………………… 3-2599
吕一舟 …………………………… 2-0440
吕士熊 …………………………… 3-1654
吕凡 ……………………………… 8-0122
吕义铭 …………………………… 3-2927
吕云彪 …… 2-0019　2-0322　2-0385
　　　　　　2-1517　2-2598　2-2600
　　　　　　3-0795　3-0800　8-0127
　　　　　　9-0052　9-0053
吕化松 …………………………… 2-3607
吕凤子 …………………………… 3-3537
吕克由 …………………………… 3-1290
吕伯攸 …… 2-0335　2-0339　2-0341
　　　　　　2-0349　2-0647　2-0649
　　　　　　2-0652　2-0655　2-0656
　　　　　　2-0657　2-0658　2-0702
　　　　　　2-0746　2-0751　2-0756
　　　　　　2-0900　2-1313　2-1352
　　　　　　2-1396　2-1444　2-1461
　　　　　　2-1463　2-1474　2-1475
　　　　　　2-1481　2-1521　2-1523
　　　　　　2-1528　2-1533　2-1534
　　　　　　2-1541　2-1543　2-1559
　　　　　　2-1567　2-1584　2-1585
　　　　　　2-1586　2-1589　2-1590
　　　　　　2-1591　2-1610　2-1611

2-1629	2-1699	2-2862
2-2863	2-2864	2-2865
2-2871	2-3227	2-3238
2-3269	2-3278	2-3309
2-3367	2-3373	2-3509
3-3515	8-0016	8-0018
8-0061	8-0062	8-0076
8-0108	8-0110	8-0129
8-0205		

吕叔湘 …… 3-0634　3-0736　3-1111
吕佩华 …………………………… 2-3819
吕金录 …… 2-0394　2-0619　2-0725
　　　　　　2-0728　2-3270　2-3275
　　　　　　2-3285　2-3297　2-3302
吕朋 ……………………………… 2-0761
吕承灏 …………………………… 2-3757
吕思勉 …… 2-0546　2-0587　2-0609
　　　　　　2-0841　2-0984　2-0997
　　　　　　2-0999　2-1959　2-2034
　　　　　　2-2035　2-2134　2-2135
　　　　　　2-2210　3-0356　3-0612
　　　　　　3-0678　3-1263　3-1265
　　　　　　3-1269　3-1287　3-1303
　　　　　　3-1329　3-1342
吕勋 ……………………………… 3-2706
吕宪章 …………… 2-2837　2-2838
吕祝三 …… 2-2884　2-2885　2-2886
　　　　　　2-2887
吕珮芬 …… 2-1373　2-1374　2-1375
　　　　　　2-1376
吕振羽 …………………………… 3-1318
吕冕南 …………… 3-2850　3-2852
吕鼎锡 …………………………… 3-1477
吕舜祥 …………………………… 3-0883
吕瑞廷 …… 3-1196　3-1197　3-1198
吕澄 ……………………………… 4-0631
回振德 …………………………… 2-3206

[丿]

朱士杰 …………………………… 4-0272
朱子辰 …………………………… 2-0323
朱开乾 …… 2-2390　2-2396　2-2500
　　　　　　2-2596　2-2599　2-2652
朱开谦 …………………………… 2-2621
朱元善 …………… 2-0562　4-0156
朱元懋 …… 3-0175　3-0210　4-0057

朱友渔 …… 3－0979
朱少恒 …… 2－3443
朱少瑜 …… 2－0234
朱公振 …… 3－0314 3－0315 3－0316 3－1164 7－0002 7－0005 7－0016 7－0017
朱公谨 …… 3－1907
朱凤竹 …… 2－3608 2－3616 2－3621 2－3627 2－3630 2－3631 2－3632 2－3638 3－3536 3－3547 7－0049
朱凤豪 …… 3－1917 3－2126 3－2476 3－2480 3－2545
朱文叔 …… 2－0372 2－0373 2－0380 2－0390 2－0393 2－0395 2－0396 2－0418 2－0421 2－0425 2－0428 2－0435 2－0438 2－0441 2－0442 2－0555 2－0613 2－0654 2－0900 2－1269 2－1392 2－1396 2－1455 2－1458 2－1461 2－1463 2－1474 2－1475 2－1481 2－1507 2－1515 2－1516 2－1522 2－1528 2－1533 2－1534 2－1541 2－1543 2－1559 2－1584 2－1585 2－1586 2－1589 2－1590 2－1591 2－1598 2－1601 2－1606 2－1607 2－1608 2－1610 2－1611 2－1629 2－1960 2－1962 2－2037 2－2137 2－2139 2－2212 2－2215 2－2833 2－3227 2－3269 2－3278 2－3485 3－0337 3－0372 3－0670 3－0679 3－0727 3－0748 3－1645 4－0045 4－0361 4－0362 4－0411 4－0486 4－0555 4－0557 4－0631 4－0662
朱文熊 …… 2－3132
朱文鑫 …… 3－2109
朱允松 …… 2－3753 3－3589
朱世增 …… 2－2333
朱平君 …… 3－0815
朱仕谷 …… 2－2225 2－3820
朱记荣 …… 3－0236
朱亚南 …… 2－3226
朱朴 …… 9－0055
朱西一 …… 2－3674 2－3778 2－3779 2－3780 2－3785 2－3786 2－3787
朱有瓛 …… 4－0640
朱尧铭 …… 2－0638 2－0639 2－0642 2－0765 2－1239 2－2740
朱贞白 …… 2－1760
朱光 …… 4－0407
朱廷圭 …… 3－0691
朱自清 …… 3－0442 3－0634 3－0736 3－0745
朱全福 …… 2－0763 2－3102
朱兆萃 …… 4－0048 4－0548
朱汝薰 …… 2－2536
朱宇苍 …… 3－0551
朱寿朋 …… 2－0973 2－0984 3－1201 5－0142
朱杞 …… 4－0002
朱作桀 …… 2－3489
朱希林 …… 2－2225
朱言钧 …… 4－0193
朱启甲 …… 2－2448 2－3232 2－3262
朱君毅 …… 4－0366 4－0449 4－0454
朱若溪 …… 4－0282 8－0171 8－0187
朱昊飞 …… 3－2654 3－2853 3－2888 3－2895 3－2912 3－2989 3－2990
朱国雄 …… 2－3832
朱秉国 …… 4－0698
朱念椿 …… 2－2322 2－2571
朱炜章 …… 2－0763 2－0765 2－1236 2－1239 2－2740 2－3102
朱泽甫 …… 2－2064
朱宝瑜 …… 3－0297
朱宗吕 …… 4－0216
朱建侯 …… 2－2392 2－2395 2－3435
朱建恸 …… 2－1571 2－1572
朱建屏 …… 2－2951
朱建霞 …… 2－2260 3－2766
朱经农 …… 2－0306 2－0323 2－0381 2－0623 2－0739 2－0875 2－0879 2－0880 2－0883 2－1002 2－1003 2－1004 2－1144 2－1146 2－1147 2－1199 2－1200 2－1201 2－1695 2－1708 2－1964 2－2140 3－3242 2－3308 2－3559 2－3597 3－0333 3－0334 3－0335 3－0710 3－0711 3－0890 3－1379 3－1380 3－1381 3－1383 3－1467 3－1496 3－1539 3－1652 8－0100
朱春 …… 3－0550
朱荄阳 …… 2－1014 2－1088 2－1153 2－1275 2－3257
朱树人 …… 2－0547 2－0817 2－0992 2－1107 2－1324 2－1366 2－1502 8－0001
朱树蒸 …… 3－1102
朱复 …… 3－1026
朱剑心 …… 3－0583
朱剑芒 …… 2－1445 2－1913 3－0338 3－0354 3－0371 3－0398 3－0400 3－0445 3－0449 3－0655 3－0656 3－0658 3－0659 3－0664 3－0665 3－0667 3－0668 3－0876
朱亮基 …… 2－0331 2－1444
朱庭茂 …… 3－3086 3－3095 3－3105 3－3108 3－3357
朱彦俯 …… 2－0425 2－2669 2－2821 2－3098 3－2142 3－2200 3－2548 3－3285 3－3299 4－0257
朱美予 …… 5－0133
朱炳海 …… 5－0051
朱炳煦 …… 2－1402
朱炳熙 …… 2－2521
朱振先 …… 2－3080
朱起凤 …… 2－2241
朱夏 …… 3－3062 3－3063 3－3067 3－3068
朱浩文 …… 4－0100
朱浩然 …… 3－3206
朱家栋 …… 2－3080

朱家骅	2-0401	2-1045	2-2164
	3-1583		
朱宾谷			8-0073
朱通九		3-3417	4-0056
朱梦祁			3-0466
朱铣			3-3551
朱铭新	2-0897	2-0902	2-1843
	7-0003	7-0004	7-0054
	7-0055	7-0056	7-0057
朱章宝			3-0104
朱翊新	2-0128	2-0129	2-0247
	2-0248	2-0321	2-0322
	2-0325	2-0337	2-0618
	2-0626	2-0734	2-0743
	2-0749	2-0757	2-0762
	2-0788	2-0926	2-0944
	2-1047	2-1155	2-1159
	2-1167	2-1211	2-1382
	2-1448	2-1456	2-1462
	2-1465	2-1472	2-1482
	2-1517	2-1529	2-1542
	2-1593	2-1609	2-1706
	2-1967	2-1970	2-1977
	2-1984	2-2044	2-2156
	2-3085	2-3246	2-3398
	2-3400	2-3430	3-0034
	3-0134	3-0694	3-0886
	3-1164	3-1172	3-1227
	3-1243	3-1255	3-1257
	3-1289	3-1296	3-1322
	3-1323	3-1374	3-1386
	3-1394	3-1420	3-1439
	3-1452	3-1468	4-0569
	7-0041	8-0153	8-0155
朱焕阶			2-0190
朱鸿禧		3-1440	3-1455
朱隆勋	3-3059	3-3366	3-3367
	3-3368	4-0252	4-0262
	4-0275		
朱维梁			2-0008
朱琼颐			4-0312
朱彭龄			2-3733
朱雯	3-0357	3-0369	3-0409
	3-0767		
朱鼎元	2-1574	2-1575	2-1680
	3-0781	4-0553	
朱景梁			3-2819
朱畴			2-0660
朱智贤	1-0069	2-0173	2-0427
	2-2019	2-3718	4-0615
朱楞			5-0039
朱聂旸		4-0574	4-0586
朱稣典	2-3528	2-3531	2-3536
	2-3560	2-3568	2-3588
	2-3591	2-3592	2-3598
	2-3600	2-3602	2-3665
	2-3670	2-3672	2-3698
	2-3727	2-3728	2-3731
	2-3767	2-3774	2-3775
	2-3782	2-3783	2-3813
	2-3853	2-3856	2-3863
	3-3466	3-3474	3-3482
	3-3484	3-3485	3-3492
	3-3508	3-3509	3-3515
	3-3522	3-3550	3-3575
	3-3582	3-3583	3-3584
	3-3586	3-3587	3-3591
	3-3592	3-3594	3-3595
	4-0301	4-0306	4-0322
朱韵秋			2-3525
朱福炘			4-0212
朱碧辉			5-0265
朱慕周		2-0700	2-3333
朱蕴忱			4-0087
朱震西	2-0682	2-0683	2-1701
	2-2914	2-3531	2-3546
	2-3547	2-3561	2-3589
	2-3599		
朱德让			3-1911
朱慰元			2-0156
朱熹			2-0487
朱醒民			3-2724
朱镜坚	2-0436	2-2677	2-2729
	2-3435		
朱麟	2-1513	2-1597	2-1604
	2-1605		
乔宅安			2-1243
乔乾			2-1412
伍达			3-0751
伍光建	3-0586	3-0639	3-0904
	3-2587	3-2588	3-2590
	3-2591	3-2593	3-2597
	3-2601	3-2602	3-2612
	3-2614	3-2615	
伍作楫			3-2640
伍崇宜			2-3436
延通人			3-1190
仲九			3-0646
仲子明		3-2412	3-2423
仲子通		3-3475	3-3496
仲光然	3-1855	3-1889	3-2013
	3-2122	3-2182	3-2300
	3-2365	3-2484	3-2696
	3-2702		
仲遥			3-1358
任开钧			5-0014
任云翔	2-2420	2-2897	2-3385
任中敏			2-1449
任允			3-2798
任诚	3-1880	3-1890	3-2040
	3-2047	3-2194	3-2195
	3-2492	3-2495	4-0164
	4-0165	4-0176	4-0182
任美锷	2-2164	2-2173	2-2177
	3-1474	3-1583	3-1587
	3-1595		
任鸿隽	2-3239	3-0335	3-3056
	5-0174		
任惕			2-0931
任镕			2-1513
华士诚	2-2218	2-2221	3-0401
华凤章			3-2164
华文祺	2-3130	2-3193	2-3347
	2-3352	2-3356	2-3358
	2-3360	2-3402	2-3423
	2-3425	2-3433	3-1156
	3-2570	3-2800	3-2803
	3-3022	3-3144	3-3145
	3-3180	3-3235	3-3244
	3-3271	3-3319	3-3330
	3-3350	4-0267	4-0268
华申祺	2-3131	3-2803	3-2964
	3-3319		
华汝成	2-2468	2-2669	2-2860
	2-2939	2-2974	2-2976

		2－3024	2－3081	2－3095		2－2939	2－2974	2－2976	
		2－3097	2－3098	2－3347		2－3024	2－3074	2－3081	
		2－3356	2－3358	2－3360		2－3086	2－3095	2－3097	
		2－3402	2－3423	2－3425		2－3152	2－3153	2－3184	
		2－3433	3－2570	3－2658		2－3185	2－3347	2－3356	
		3－2681	3－2857	3－2866		2－3358	2－3360	2－3402	
		3－3090	3－3180	3－3182		2－3423	2－3425	2－3433	
		3－3193	3－3201	3－3219		2－3760	3－1788	3－1790	
		3－3221	3－3222	3－3268		3－1793	3－1801	3－1850	
		3－3285	3－3299	3－3308		3－1854	3－1859	3－1943	
		3－3313	3－3363	3－3377		3－2008	3－2012	3－2073	
		3－3401	4－0231	4－0257		3－2135	3－2178	3－2183	
		4－0267	4－0268	4－0279		3－2237	3－2494	3－2496	

华丽衡	………………		2－2620					
华岗	………………		3－1319					
华林一	………………		3－0582					
华国铨	……	2－0491	2－0575	2－0973				
		2－0984	2－2025	2－2199				
		2－3123	2－3159	2－3214				
		2－3219	2－3977					
华阜熙	………………		3－3363					
华祈文	………………		3－2311					
华绍昌	……	2－1948	2－1951	2－1952				
华轶欧	……	2－2428	2－2468	2－2666				
		2－3347	2－3356	2－3358				
		2－3360	2－3402	2－3423				
		2－3425	2－3433					
华祗文	………………		3－2318					
华振	………………		2－3491					
华桂馨	………………		3－2010					
华鸿	………………		3－2610					
华鸿年	……	2－0829	2－0833	2－0858				
华超	………		2－1566	4－0445				
华循	……………		2－2842	2－2843				
华鹏飞	………………		3－1210					
华衡芳	………………		2－2337					
华襄治	……	2－2350	2－2388	2－2402				
		2－2405	2－2407	2－2427				
		2－2428	2－2493	2－2505				
		2－2511	2－2528	2－2529				
		2－2561	2－2595	2－2606				
		2－2614	2－2620	2－2644				
		2－2646	2－2647	2－2657				
		2－2662	2－2666	2－2767				
		2－2809	2－2811	2－2818				

		2－2546	2－2563	2－2570
		2－2642	2－2658	2－2681
		2－2818	2－2840	2－2857
		2－2866	2－2944	4－0231
		5－0245		
华瞿静贞	………………		2－3525	
伊荣绪	………………		3－0101	
向大锦	………………		2－1117	
向绍轩	……	3－0362	3－0410	3－0422
向宾讽	………………		3－0048	
后觉	……	2－1262	2－1336	2－3309
		3－0483		
全乃一	………………		2－2727	
邬幹于	………………		3－0321	
邬肇元	………………		3－2291	
邬翰芳	………………		3－1531	

[、]

冰壶主人	…………		2－1911	2－2082
庄子信	……………		3－1927	3－2508
庄右铭	………………		3－1038	
庄礼深	………………		3－2095	
庄庆祥	……	2－0604	2－0605	2－0779
		3－0473	3－0754	7－0014
庄启	………………		3－2264	
庄启传	……………		2－1958	2－2034
庄泽定	……	2－0275	3－0273	3－0274
庄泽宣	……………		4－0370	8－0020
庄诚	………………		2－2715	
庄畏仲	……	2－3432	2－3444	2－3445
		3－3351		
庄适	……	2－0350	2－0510	2－0588
		2－0780	2－0830	2－0845

		2－0851	2－0861	2－0865
		2－0867	2－0870	2－0871
		2－0873	2－0875	2－0879
		2－0880	2－1002	2－1003
		2－1013	2－1121	2－1133
		2－1134	2－1141	2－1178
		2－1200	2－1563	3－0335
		3－0343	3－0796	3－0874
庄俞	……	2－0142	2－0156	2－0360
		2－0472	2－0473	2－0506
		2－0513	2－0514	2－0521
		2－0532	2－0534	2－0554
		2－0584	2－0590	2－0591
		2－0598	2－0601	2－0604
		2－0605	2－0806	2－0818
		2－0819	2－0822	2－0827
		2－0828	2－0832	2－0838
		2－0851	2－0864	2－0865
		2－0866	2－0867	2－0870
		2－0871	2－0873	2－0895
		2－0974	2－0976	2－0977
		2－0982	2－0983	2－0985
		2－0987	2－0990	2－0999
		2－1000	2－1001	2－1082
		2－1102	2－1116	2－1118
		2－1127	2－1138	2－1177
		2－1178	2－1180	2－1182
		2－1183	2－1185	2－1341
		2－1377	2－1959	2－2109
		2－2125	2－2126	2－2127
		2－2136	2－2205	2－2206
		2－2211	2－3254	2－3523
		2－3524	2－3557	2－3763
		3－0243	3－1359	3－1517
		3－1524	3－1526	3－1536
		3－1800	4－0008	4－0044
		4－0075	4－0085	4－0152
		4－0158	4－0531	4－0533
		7－0014	7－0069	
庄景仲	……	2－0009	2－0490	2－1334
		2－1414	2－1619	2－1922
		2－2099	2－2370	2－3212
		2－3487	2－3733	2－3758
		3－3326	4－0419	5－0046
		5－0052		

刘乃晟			3-1189	刘永昌		2-0533	2-0535	刘昌明	2-3168
刘大卫			2-1717	刘百川	2-0166	2-0168	2-0411	刘和民	3-1036 3-1060
刘大白	2-1671	2-1675	2-1683		2-0736	2-1092	2-1357	刘秉哲	3-1864
	3-0655	3-0656	3-0658		2-1363	2-3271	2-3841	刘秉麟	3-0153 3-3414 5-0207
	3-0659	3-0664	3-0665		4-0516	4-0648		刘佩韦	3-0469 3-1177
	3-0667	3-0668		刘贞甫			3-0952	刘佩忠	2-2861
刘大坤		2-3456	4-0285	刘师培	2-2071	2-2268	2-2269	刘佩琥	2-1516 2-2038 2-2046
刘大绅	2-0521	2-0598	2-0999		2-2271	2-2272	3-0002	刘质平	3-3461 3-3463 3-3473
	2-3462	2-3478	2-3482		3-0005	3-0227	3-1192		3-3502 3-3512 4-0297
	3-0148	3-3430	3-3570	刘光炎			5-0209		4-0298 4-0299
	4-0163	4-0294	4-0295	刘光照	2-2474	3-2561	3-3603	刘质贻	3-2145
	5-0034	5-0041	5-0053	刘同圻			4-0321	刘金第	3-0752
	5-0061	5-0080	5-0091	刘传厚	2-0353	2-0362	2-0510	刘法曾	3-0290 3-0773 3-1214
	5-0092	5-0114	5-0139		2-0522	2-0555	2-0588	刘治廷	3-3170
	5-0141	5-0185	5-0187		2-0830	2-0845	2-0854	刘宝善	3-3114
刘大猷			3-3149		2-0862	2-1121	2-1124	刘宝慈	2-0519 2-0860
刘万章			3-0704		2-1125	2-1135	2-1197	刘宗向	3-0526
刘开申	2-0303	2-0654	2-0659		2-1419	2-1424	2-1570	刘宗周	3-0236
	2-0666	2-0667	2-0669		2-1573	2-1639	3-0455	刘宗彝	2-0538
	2-0670	2-0672	2-0673		7-0048	8-0062	8-0130	刘审言	3-1177
	2-0674	2-0675	2-0676	刘庆			3-3215	刘诚	2-2304
	2-1313	2-1699	2-1832	刘关申			2-1234	刘祉延	2-3713
	2-2413	2-2415	2-2862	刘纪			3-3310	刘孟真	3-2845
	2-2863	2-2864	2-2865	刘远尘	3-1921	3-1924	3-1998	刘树人	3-1941
	2-2866	2-2867	2-2872		3-2071	3-2112		刘树屏	2-1280
	2-2873	2-2876	2-2878	刘芦隐	2-0330	2-0700	2-2397	刘咸	3-3071
	2-2880	2-2881	2-2882		3-1551			刘勋承	2-0001
	2-2884	2-3231	2-3363	刘秀贞			2-0651	刘勋贻	2-0001
	2-3369	2-3370	2-3371	刘伯明		4-0361	4-0362	刘剑白	2-0455 2-0467
	2-3373	2-3374	2-3544	刘怀鬓			3-3364	刘炳荣	3-1419
	2-3545	2-3674	2-3775	刘良模			2-3504	刘宪	2-0521 2-0598 2-0616
	2-3782	2-3783	2-3951	刘君寿		2-3389	2-3548		2-1133
	2-3952			刘君穆			3-1551	刘振汉	2-2510
刘开达		3-1797	3-1927	刘劲秋			3-0727	刘桐华	3-1489 3-1492
刘云山	3-0048	3-0071	3-0084	刘拓	3-2634	3-2851	3-2898	刘恩荣	3-0143
刘友惠			3-3425		3-2994	4-0228		刘铁冷	2-1309 3-0821
刘壬林		3-0448	3-0674	刘松涛	2-0931	2-0950	2-0954	刘海粟	3-3557 3-3558
刘以钟		4-0028	4-0355		2-1062	2-1065	2-1070	刘崇佑	3-3424 4-0289 4-0291
刘玉峰			3-1545		2-2182	2-2466	2-2548	刘崇裘	2-1852 3-1091
刘正经			3-2483		2-2550	2-3039		刘铭	2-3244
刘古杰			3-2076	刘奇			3-0355	刘悉规	3-0159 3-0166
刘本枢			4-0336	刘叔琴			3-1388	刘鸿咏	3-1678
刘仙洲			5-0163	刘虎如	2-2220	3-0572	3-1546	刘维向	3-1120
刘乐渔			2-2858		3-1547	3-1618	3-1714	刘博扬	3-0730
刘汉			4-0137		4-0621	8-0156		刘葆儒	5-0220

刘械	……	2-0553	2-0997	江应澄	……		5-0205	
刘雅觉	……		2-1344	江枚	2-1133	2-1137	2-2386	
刘景侨	……		3-0469		2-2591			
刘御	……	2-0932	2-3296	江卓群	……	2-0614	2-1377	
刘鲁璜	……	2-2204 3-1726	4-0147	江泽	……		3-2397	
刘遂生	……	3-2150 3-2307	3-2530	江泽黔	……		3-2924	
	3-2750 3-2951		3-2952	江定仙	……		2-3540	
刘曾佑	……	2-2502	3-2011	江珊英	……		2-3525	
刘瑞斌	……		2-1557	江荫香	……		3-0533	
刘椿年	……		2-1022	江栋成	……	3-3124	3-3401	
刘靖宇	……		3-1847	江恒源	3-0340	3-0451	3-0716	
刘韵陶	……		3-1060		3-1244	3-1260	3-1390	
刘德润	……		2-3511		3-1552	5-0003		
刘德瑞	……		2-0899	江起鹏	……	2-2107	3-0001	
刘澄清	……	9-0015 9-0066	9-0069	江起鲲	……	2-3464	5-0047	
刘翰芬	……		2-0006	江效唐	2-0422	2-2401	2-2429	
刘翰良	……		3-0526		2-2530	2-2605	2-2668	
刘儒	……	2-0873 2-1259	3-0435		2-2928	2-3398	2-3400	
	3-0486 3-0505				2-3430			
刘薰宇	……	2-2400 2-2509	2-2604	江海驷	……		3-0200	
	3-1780 3-1855		3-1889	江景双	2-0222	2-2513	2-2610	
	3-1896 3-2013		3-2014		2-2619	2-3409	2-3525	
	3-2182 3-2392		3-2399		2-3828	4-0509		
	3-2484 6-0077		6-0078	江寒鸥	……		2-1673	
	6-0079			江琼	……		4-0009	
刘藻	……	2-0882	2-1145	江慧贞	……		3-2875	
齐世铭	……		3-1778	江耀堂	……	2-0599	2-1137	
齐国梁	……		4-0148	池鉴	……		3-0325	
齐勋	……		3-0496	汤执盘	……		3-2499	
齐振寰	……		3-2754	汤存德	……	2-2026 2-2028	2-2031	
齐铁恨	……	2-1212 2-1346	2-1355	汤寿潜	……		2-0807	
	2-1356 3-0494			汤彦颐	……	3-2211	3-2775	
闫敦一	……		3-1541	汤济沧	……	3-1217 3-1218	4-0119	
关实之	……		2-1212	汤振常	……	2-2025	3-0288	
关润田	……	2-0252	2-2690	汤彬华	……		3-0336	
关景唐	……	3-1818	3-1819	汤梦吾	……		3-0215	
关鹏万	5-0114	5-0123	5-0139	汤鸿焘	……		4-0451	
	5-0141			汤寅臣	……		2-2285	
江乃民	……		2-0831	汤惠荪	……		5-0087	
江小鹈	……		3-3537	汤锡祥	……		4-0289	
江山渊	……		2-1802	汤肇封	……	3-1623 3-1627	3-1718	
江仁纶	……		2-1342	安符祥	……		3-2387	
江问渔	……		3-3260	安静轩	……		2-0041	
江芷千	……		2-3596	许公鉴	……		8-0058	
江丽莹	……	2-0554	2-1135	许心芸	……	2-2853 3-3084	3-3420	

				5-0075
许书绅	……	2-0944	2-1275	2-1483
许用宾	……	2-2404	2-2426	2-2622
许汉宾	……	2-3282	2-3290	2-3304
许达年	……		2-2872	2-2873
许传音	……			3-2814
许汝棻	……			3-0824
许观光	……	2-2427	2-2505	2-2709
	2-3073	2-3426	2-3531
	2-3561	2-3589	2-3599
许志毅	……			3-1206
许国英	……	2-0581	2-0994	2-2126
	2-2127	2-2205	2-2206
	3-0017	3-0291	3-0522
	3-0524	3-0525	3-0529
	3-1211		
许育藩	……		2-2021	2-3069
许茗芳	……			4-0686
许昭	……			2-1181
许贵	……			3-0516
许剑盫	……	2-3750	2-3826	2-3831
许彦生	……			3-2315
许炳汉	……			5-0198
许莼舫	……	3-1954	3-1958	3-2144
	3-2243		
许家庆	……			3-3236
许家惺	……	2-0459	2-0485	2-0821
	2-3342	3-3035	3-3228
	4-0348		
许雪樵	……			3-2932
许崇德	……		4-0176	4-0182
许崇灏	……			3-0020
许绥荣	……			3-2048
许朝贵	……			3-0515
许渭泉	……			3-2418
许德佑	……		3-3062	3-3063
许德邻	……	2-0352	2-1343	2-1804
	3-0821		
许毅	……			3-1422

[一]

阮达人	……			3-3575
阮真	……	3-0437	3-0439	3-0798
阮蔚之	……			2-0722
阮蔚村	……	2-3878	2-3907	2-3909
	2-3910	2-3911	

孙一芬	……	2-2512	2-3702	2-3830	孙振麒	…………………		2-3487
		4-0479			孙起孟	…………	2-0427 2-2461	2-2549
孙一青	…………………………			3-3596			2-2635	2-3233
孙天民	…………………………			3-2025	孙恩麟	…………………		5-0086
孙文桢	…………………………			3-1521	孙钰	………………	4-0566	4-0688
孙书民	………………		2-0102	2-0113	孙钺	…………	2-3464 3-2252	3-2253
孙玉如	…………………			2-1815			3-2257	5-0081
孙正容	…………………………			3-1314	孙捷	………………	2 3765	3 3571
孙世庆	…………	2-0900	2-1396	2-1461	孙揆	…………	2-0019 2-3738	2-3869
		2-1534	2-3255	2-3259			3-3471	3-3618
		4-0533	4-0536		孙铭勋	…………	2-1476 2-1479	2-1480
孙东宣	…………………………			3-1060			4-0679	
孙邦正	……	2-2088	4-0517	4-0605	孙逸殊	…………………		3-1430
孙仲清	…………………………			3-2804	孙清如	…………	4-0068 4-0154	4-0345
孙志劲	………………		2-2770	5-0247			4-0467	4-0654
孙克昌	…………………			2-0259	孙菿清	…………………		2-1130
孙佐	………	3-3155	3-3238	3-3322	孙寒冰	…………………		2-0284
		4-0202	4-0272		孙锡洪	…………………		3-2938
孙伯才	……	2-2853	2-2855	2-2859	孙锡皋	………………		2-0824 2-1113
		2-2860	2-2932	2-2939	孙嘉会	………………		3-1685 3-1691
		2-2974	2-2976	2-3088	孙慕坚	…………	2-0210 2-0223	2-1153
		2-3095	2-3097	2-3098			2-3079 2-3096	2-3258
		8-0183					2-3424	
孙伯謇	…………	3-0155	3-0161	3-0165	孙熙	…………………		3-3152
孙其敏	…………………………			4-0012	孙蔚民	…………………		3-0111
孙国封	…………………………			3-2391	孙毓修	………………		3-1363 4-0156
孙和宾	………………		2-3911	3-3620	孙漱石	…………………		2-1651
孙季叔	………	2-1822	3-1532	3-1646	孙震涛	…………………		2-2994
孙宗复	…………………………			4-0289	孙澄清	…………………		2-3751
孙宗堃	…………	3-1879	3-2039	3-2193	孙豫寿	…………	3-2865 3-2886	3-2901
		3-2490					3-2916 3-2969	
孙省三	…………………………			3-1604	孙懋禄	…………………		2-1993
孙星垣	…………………………			3-2941	孙瀚	…………………		3-1896
孙贵定	………………		4-0066	4-0365	阳太阳	…………………		7-0033
孙俍工	…………	3-0347	3-0405	3-0414	阴景曙	…………	2-0230 2-1360	2-1363
		3-0450	3-0552	3-0646			2-3329 4-0644	
		3-0729	3-0757	3-0784	牟鸿彝	…………………		3-3381
		4-0096			纪文	…………………		4-0594
孙贸瞻	…………………………			3-2443				
孙洵侯	…………………………			5-0151		**七 画**		
孙祝耆	………………		3-1990	3-2457		**[一]**		
孙怒潮	………………		3-0361	3-0675	寿芝荪	…………………		3-3141
孙艳秋	…………………………			7-0063	寿孝天	…………	2-1281 2-2332	2-2341
孙振宪	…………	3-1866	3-1870	3-1901			2-2371 2-2374	2-2376
		3-2096	3-2098				2-2381 2-2387	2-2470

	2-2471	2-2482	2-2485
	2-2492	2-2494	2-2555
	2-2580	2-2582	2-2592
	2-2594	2-2639	2-2645
	2-2710	2-2764	2-2766
	2-2768	2-2780	2-2781
	2-2782	2-2784	2-2795
	2-2796	2-2807	2-2814
	2-2816	3-3734	3-1777
	3-1796	3-1828	3-1841
	3-1921	3-1981	3-1984
	3-1985	3-1988	3-1992
	3-1998	3-2071	3-2166
	3-2171	3-2227	3-2257
	3-2260	3-2268	3-2288
	3-2293	3-2296	3-2360
	3-2394	3-2446	3-2448
	3-2449	3-2454	3-2464
	3-2501	3-2535	4-0162
	5-0227	5-0244	
寿勉成 ……	3-0146	3-0159	4-0284
寿辅清 ………………			2-0078
寿望斗 ………………			3-2707
寿景伟 ………………			5-0258
寿潜庐 ……………		2-1281	8-0099
麦秩勤 ………………			3-1130
麦鼎华 ……	3-0222	3-0224	3-0226
芮乔松 ………………			3-1649
芮听雨 ……………		2-1868	2-1877
芮佳瑞 ……………		2-0151	4-0485
严子嘉 ………………			3-1944
严公上 ………………			2-1342
严玉成 ………………			2-1378
严幼芝 ……	3-2300	3-2308	3-2365
严竹书 ………………			5-0101
严会 …………………			2-0881
严启衡 ………………			2-3340
严春山 ………………			3-2530
严树森 ………………			2-0019
严复 …………………			4-0034
严保诚 ……	2-3055	2-3218	2-3450
	3-3138	4-0202	4-0205
	4-0208	4-0222	4-0251
	4-0273		
严独鹤 ……	2-1868	2-1877	2-1878

		3-1005		2-3147	2-3150	2-3151	杜嗣程 ············	2-1413
严济慈 ……	3-1846	3-1851	3-1852	2-3154	2-3171	2-3176	杜毅伯 ············	3-1398
	3-2574	3-2712		2-3179	2-3202	2-3208	杜瀚生 ············	2-1637
严既澄 ············			3-0539	2-3450	2-3734	3-1985	李一民 ············	2-0187
严家麟 ········		9-0051	9-0054	3-2252	3-2253	3-2559	李乃昌 ············	5-0019
严寅 ············			4-0600	3-2562	3-2605	3-2792	李乃培 ·······	2-2143	2-3311
严智崇 ············			2-3477	3-2820	3-2965	3-3038	李士贞 ············	2-0809
严渭渔 ……	2-1378	2-1660	2-1662	3-3042	3-3043	3-3045	李士奇 ············	3-2087
严畹滋 ……	2-1868	2-1877	2-1878	3-3048	3-3065	3-3134	李士豪 ············	4-0284
	3-1005			3-3141	3-3143	3-3151	李小峰 …… 2-1011	2-1530	2-1540
严慎予 ············			2-1796	3-3155	3-3157	3-3159		3-0672
严璗 ············			2-2024	3-3236	3-3238	3-3248	李凡 ……… 2-3192	3-3205	3-3297
劳启祥 ············			3-2298	3-3274	3-3321	3-3322	李广成 ············	2-1855
劳春华 ············			2-1661	3-3332	4-0235	4-0239	李之干 ············	5-0124
苏从武 ············			3-1657	4-0261			李之鹗 …… 3-0169	3-0173	3-0188
苏本铫 ············			3-0913	杜芝庭 ……	2-0484	2-0571	2-0972	李子文 ············	9-0002
苏甲荣 ……	2-2253	3-1244	3-1555		2-1176	2-1656	2-1713	李天佐 ············	3-3148
	3-1728				2-1923	2-2103	李元蘅 ·······	2-0206	2-0224
苏民 ………		2-1921	3-0516	杜自研 ············	2-3106	2-3108	李云坡 ············	3-1249
苏兆骥 ……	2-1150	2-1456	2-1472	杜宇飞 ·······	2-3880	2-3913	李友梅 …… 3-1176	3-2124	3-2524
	2-1482	2-1526		杜佐周 ·······	4-0493	4-0505	李巨波 ············	7-0040
苏武龄 ············			3-1795	杜含章 ·······	2-1150	3-0485	李少峰 ············	2-1208
苏其昌 ············			3-2317	杜其垚 ············	3-2700	3-3302	李长河 ············	2-1717
苏林一 ············			3-0344	杜若城 ……	2-2929	3-3053	3-3056	李长傅 …… 2-2246	2-2258	3-1445
苏俊夫 ············			3-1664		3-3057	3-3065		3-1564	3-1658	3-1674
苏顽夫 ……	2-2503	2-2654	2-3323	杜周 ············		2-0619		3-1735	3-1759
	7-0024	8-0178		杜定友 ……	4-0013	4-0411	9-0046	李仁 ············	3-1182
苏继庼 ……	3-1663	3-1679	3-1697	杜烁孙 ……	2-2761	2-2763	2-2804	李公仪 ············	2-3645
	5-0201				2-2805			李凤鸣 ············	2-0614
苏盛甫 ……	3-2041	3-2366	3-2518	杜维涛 ……	2-0415	3-0163	3-0194	李文浩 ············	2-0794
苏笠夫 ············			4-0625	杜综大 ……	2-2763	2-2778	2-2804	李文渠 ············	2-0842
苏源 ············			8-0187	杜棣之 ············		3-1492	李文魁 ············	2-3411
苏德隆 ············			4-0277	杜辉孙 ············		2-2853	李文蔚 ············	2-3129
杜子彬 ·······		2-3054	2-3218	杜就田 ……	2-2762	2-2778	2-2812	李玉林 ············	2-1909
杜天縻 ……	3-0407	3-0408	3-0553		2-3080	2-3138	2-3143	李玉彬 ············	2-1511
	3-0554	4-0095			2-3171	2-3176	2-3592	李正谊 ············	5-0118
杜元载 ············			4-0450		2-3619	2-2792	3-2823	李本张 ············	5-0013
杜凤 ············			3-1468		2-2965	3-3019	3-3020	李石岑 ············	3-1219
杜亚泉 ……	2-0076	2-2365	2-2373		3-3042	3-3043	3-3046	李占仁 ············	2-2356
	2-2381	2-2470	2-2471		3-3141	3-3155	3-3157	李占福 ·······	2-2700	2-2725
	2-2472	2-2481	2-2572		3-3163	3-3169	3-3184	李田意 ············	3-0994
	2-2636	2-2807	2-2846		3-3236	3-3238	3-3239	李四光 ·······	3-3062	3-3063
	2-2848	2-2853	2-2924		3-3248	3-3257	3-3321	李白英 ············	2-1773
	2-2925	2-3058	2-3084		3-3322	4-0205	4-0235	李包忱 ············	3-3476
	2-3135	2-3138	2-3143		4-0261			李兰 ·······	2-3346	2-3437

李兰生	…	3-1484			4-0649	李信臣	…	4-0046
李邦和	…	3-0028	李伯嘉	…	2-3478 3-0744	李俊	…	8-0203
李式如	…	2-2753	李汶	…	3-0202	李洁忱	…	2-3347 2-3356 2-3358
李扬	…	2-0328	李君实	…	3-0549			2-3360 2-3402 2-3423
李权时	…	3-3415 3-3419	李邵谟	…	3-2872 3-2978			2-3425 2-3433
李百仞	…	3-0168	李拔可	…	2-3565	李恢伯	…	2-1905
李达九	…	3-0362 3-0410 3-0422	李英侯	…	3-0557	李宣韩	…	5-0227
李师直	…	4-0292	李盲	…	2-1361 2-1960 2-1969	李泰棻	…	3-1221 3-1370 3-1372
李光珽	…	3-1920			2-2137 2-2212 3-1333	李珲石	…	8-0172
李光家	…	3-0635 3-0696 3-0700			3-1548 3-1553	李振南	…	3-1100
		3-0738	李直钧	…	3-2701	李桂楼	…	3-1542
李光增	…	2-1046 3-0325 3-0392	李松声	…	3-1590	李晓农	…	2-0197 4-0551 4-0579
李廷翰	…	2-1424 2-1960 2-2137	李松龄	…	5-0049			4-0705
		2-3480 2-3494 3-1463	李郁	…	2-0456	李晓舫	…	3-2710
		3-1528 3-1537 3-1538	李卓民	…	2-1845	李晖吉	…	2-0021
李传书	…	3-2006 3-2022	李尚春	…	3-1450	李积薪	…	5-0044
李仲耕	…	3-0027	李味青	…	2-1638 2-1641	李唐宪	…	3-3077
李仲珩	…	3-2096 3-2098	李国威	…	3-2216	李浩	…	2-3816
李旭旦	…	2-2173 2-2177 3-1474	李国钦	…	3-2444	李海晨	…	3-1690
		3-1587	李明沂	…	3-1713	李涴文	…	2-3738
李次民	…	2-2306	李季谷	…	3-1393 3-1420	李家驷	…	5-0149
李问渔	…	3-1163	李秉钧	…	3-1368	李培锷	…	2-1924 2-2023
李许频韵	…	3-3573	李岳瑞	…	3-1222 3-1326	李菱镜	…	3-2512
李约	…	3-3066 3-3168 3-3258	李庚	…	3-0688	李菊休	…	3-0045 3-0456
		3-3352 4-0236 4-0254	李炎玲	…	9-0031 9-0032 9-0034	李梓材	…	2-2727
		4-0264	李法章	…	2-1910 2-2081	李唯建	…	2-1844 3-0946 3-0959
李寿彭	…	2-1658	李泳章	…	3-3194 3-3208	李崇典	…	5-0177
李扶弱	…	2-3099	李泽珍	…	3-0947	李铭槃	…	3-2216
李克农	…	2-1560	李泽圃	…	3-2302 3-2366	李象元	…	3-3125
李材	…	2-1551	李泽彰	…	2-0382 2-0383 2-0429	李康复	…	2-1198 4-0587
李步青	…	2-0508 2-0519 2-0551			2-3479 3-0154	李清悚	…	2-0209 2-0226 2-0646
		2-0585 2-0593 2-0596	李宗武	…	4-0548			2-0701 2-0745 2-0754
		2-0610 2-0612 2-0835	李定文	…	3-1949			2-0766 2-2192 2-3347
		2-0860 2-1117 2-1126	李宜琛	…	3-0185 3-0187			2-3353 2-3356 2-3358
		2-1130 2-1193 2-1428	李驹	…	5-0095			2-3360 2-3402 2-3423
		2-1447 2-1520 2-1564	李绍芳	…	2-2295			2-3425 2-3433 3-1266
		2-1565 2-1602 2-2385	李春鸣	…	2-2462			4-0503 4-0513 4-0580
		3-0245 3-0246 4-0064	李春酞	…	2-3904 2-3975	李鸿英	…	2-0187
		4-0073 4-0470 4-0532	李春霖	…	2-0144 2-0145	李涵	…	2-1716 2-1722
		4-0657	李荣寿	…	4-0300	李梁	…	2-2386 2-2591
李伯俊	…	8-0015 8-0016 8-0018	李树棻	…	3-2042	李绪文	…	3-2205 3-2681 3-2710
		8-0205	李思慎	…	3-3602	李续祖	…	3-2228
李伯棠	…	2-0195 2-0197 2-0214	李顺卿	…	3-3179 3-3183	李维纯	…	2-3655
		2-0217 2-0218 2-0220	李修睦	…	3-2053 3-2059 3-2310	李超	…	3-2672
		2-2243 2-2446 4-0579			3-2326 3-2508 3-2552	李联圭	…	2-1729 3-0640 3-0709

李敬斋			3-1872	杨天骥	2-0013	2-0135	2-0460	杨国华 ……… 3-3125
李惠年			3-3495		2-0482	2-0810	2-2102	杨国荃 ……… 2-2083
李惠乔	2-1277	2-3288	3-0512		2-2196	4-0031	4-0524	杨国璋 … 3-2789 4-0217
	7-0010			杨友吾	2-0903	2-1832	2-2414	杨国藩 ……… 3-3423
李景濂			3-1535		2-2415	2-2882		杨昌济 ……… 3-0095
李善静			2-3743	杨少圃			2-0041	杨明志 ……… 2-1554
李温民			4-0127	杨中明			1-0066	杨明轩 ……… 3-2069
李登辉	2-1858	2-1861	2-1862	杨长济			3-3556	杨明洁 ……… 3-2579
	3-0912	3-0915	3-0929	杨公炎			6-0100	杨秉范 … 2-1235 2-2702
	3-1009	3-1070		杨凤荪			3-2043	杨育园 ……… 2-1359
李蓉			5-0109	杨文苑			8-0068	杨宝泰 ……… 3-2292
李献延			2-2295	杨文洵	3-1465	3-1501	3-1550	杨宝森 ……… 2-1137
李楚材	2-0726	2-2448	4-0478		3-1553	3-1593	3-1641	杨宜申 ……… 5-0113
李锡麟			2-3340		3-1642	3-1645	3-1655	杨承芳 ……… 3-1025
李锦云			3-0644		4-0042	4-0155		杨承震 ……… 7-0030
李廉方		1-0072	2-0187	杨文菀		3-0795	3-0800	杨春芳 ……… 3-0511
李韵菡			3-2775	杨允修			8-0154	杨春洲 ……… 3-2897
李煜亭		2-0703	2-0758	杨玉书			2-0614	杨荫深 … 3-0616 3-0617 3-0621
李慎言			3-0310	杨东莼	3-0204	3-0206	3-0208	5-0006 5-0007
李嘉齐			3-1545		3-1310	3-1316	3-1317	杨思成 … 2-0944 2-1483
李嘉谷			2-0475	杨占春	5-0023	5-0040	5-0112	杨思明 ……… 4-0459
李嘉谟		3-2872	3-2978	杨尔宗			3-1881	杨秋人 ……… 7-0033
李熙如			3-2370	杨幼炯		2-0326	2-0334	杨复耀 … 2-0335 2-0339 2-0435
李瘦芝		3-0326	3-0625	杨匡			2-2204	2-0441 2-1523 2-1567
李蕃	3-2419	3-2509	3-2517	杨臣诤			2-0021	2-1584 2-1585 2-1586
李震东		3-0190	3-0191	杨达权			2-1420	2-1589 2-1590 2-3227
李黎			2-1776	杨廷栋	3-0109	3-0110	3-0270	2-3269 2-3278 8-0061
李蒴民			3-1931	杨伟文			4-0423	8-0062
李鹤			3-0568	杨传福			4-0249	杨保恒 … 2-0138 2-0146 2-0495
李履冰			3-1664	杨向梓			9-0012	2-0824 2-1113 4-0039
李儒勉	3-0981	3-0985	3-0992	杨兆麟		2-0587	2-0841	4-0071 4-0072 4-0357
	3-1055	3-1056	3-1078	杨庆骥			3-3407	4-0398 4-0406 4-0407
李徽五		3-1343	3-1489	杨汝梅		5-0221	5-0230	4-0469 4-0537 4-0656
李馥秀			7-0015	杨汝熊			4-0389	杨衍 ……… 3-1919
李藻萍			2-0899	杨寿桐			3-3600	杨剑秋 ……… 2-1143
李耀春	3-2032	3-2362	3-2506	杨寿楠			2-2620	杨彦 ……… 3-2580
李耀祖			5-0225	杨孝述		3-2666	3-2685	杨炳勋 … 5-0035 5-0085
杨人梗	2-1973	3-1246	3-1259	杨志先		2-3301	2-3305	杨振 … 2-3120 3-0751
	3-1389	3-1396	3-1421	杨志洵			3-0233	杨哲明 … 3-1856 3-2016 3-2077
杨干青	2-0332	2-1577	2-1583	杨杏佛			2-3243	3-2184 3-2660 3-3559
杨士文			3-2639	杨秀峰			3-1654	杨晋雄 ……… 3-0672
杨士楠	2-2429	2-2530	2-2668	杨择			2-0546	杨晋豪 ……… 2-1026
	8-0066			杨松			3-0113	杨晟 … 2-0546 2-0609
杨千里			8-0002	杨叔明	2-1807	8-0194	8-0196	杨晓轩 ……… 3-2050
杨开道			5-0031	杨贤江			2-0381	杨晓初 … 3-2050 3-2069

杨卿鸿	2-2851	2-2855	2-2859
	2-2927	2-2932	2-3074
	2-3086	2-3347	2-3356
	2-3358	2-3402	2-3423
	2-3431	2-3433	2-3458
	2-3459	2-3467	2-3468
	2-3862		
杨家景			3-2134
杨祥麟			3-2927
杨骏如		2-0170	2-3841
杨彬如	2-0423	2-3405	2-3424
	2-3434	2-3773	2-3839
	2-3919	2-3923	2-3959
	2-3965	2-3967	
杨铨			2-0699
杨衔锡			4-0437
杨逸群	2-2498	2-2501	2-2650
	2-2653		
杨鸿仪	2-3629	2-3747	2-3754
杨鸿达			2-3473
杨寅初	2-3064	2-3067	3-3101
杨谋新			5-0033
杨喆	2-0418	2-0857	2-0993
	2-0995	2-1124	2-1184
	2-1186	2-1191	2-1193
	2-1426	2-1517	2-1518
	2-1574	2-1958	2-1967
杨联芳			3-0978
杨敬一		3-1036	3-1060
杨敬勤	2-0522	2-0874	2-1421
杨锐			3-1956
杨游			4-0656
杨瑜统		3-1631	3-3033
杨锦堂			3-2056
杨锦森	2-1858	2-1861	2-1862
	3-0912	3-0915	3-1070
	3-1089		
杨廉		4-0549	4-0663
杨福曜			2-0613
杨嘉椿	2-1139	2-2492	2-2645
	2-2710	4-0363	4-0409
	4-0473		
杨熙光			5-0047
杨端六			5-0229
杨璇圃			2-0025

杨蕙田			3-1543
杨敷施			2-1074
杨墨林			2-3869
杨镇华		2-1462	2-1465
杨德恩			3-0768
杨燧城			3-1223
束云逵	2-2348	2-2506	2-2523
	2-2602	2-2655	2-2658
	2-3897	2-3906	2-3968
	2-3970		
束文			2-2723
束世杰			3-1947
束荣松			2-2308
束樵如	2-0371	2-0412	2-0420
	2-0431		
励乃骥			3-2017
来文选			7-0011
来集之			2-0021

[I]

步毓森	3-3112	3-3115	3-3269
肖云		2-1050	2-2000
肖奉宗			3-2322
时仲华		3-1744	3-1764
时希圣			8-0068
吴一钧			2-1666
吴力			2-0098
吴士栋			3-0102
吴大钧	2-0401	2-3027	3-1583
吴子成			2-1416
吴子我			2-0099
吴子城			2-0816
吴子修	3-3174	3-3187	3-3263
吴开先			3-0176
吴元枚			2-1856
吴元涤	3-0448	3-0674	3-3080
	3-3087	3-3190	3-3281
吴云鹏		2-2449	2-2631
吴中望		2-3700	2-3732
吴仁杰			2-3729
吴公雄			2-1663
吴文仲			3-1122
吴文忠			3-3623
吴文鸣	2-3815	2-3831	2-3838
	2-3840		
吴永成		2-2087	3-1608

吴圣明			3-3614
吴邦伟			2-3941
吴芝英			2-1369
吴在渊	3-1850	3-1865	3-1999
	3-2009	3-2010	3-2024
	3-2178	3-2179	3-2189
	3-2209	3-2218	3-2221
	3-2224	3-2337	3-2378
吴则范			4-0227
吴先文			3-0468
吴廷槐			3-2610
吴廷璜	2-0606	2-1114	2-1122
	2-2476	2-2479	
吴廷爵			2-3489
吴传绂	2-3123	2-3142	2-3152
	2-3153	2-3159	2-3174
	2-3184	2-3185	2-3214
	2-3219	3-2624	3-2808
吴仲实			2-1403
吴仲康	2-2890	2-2892	2-2902
	2-2911	2-2915	2-2917
	2-2934	2-3378	2-3800
吴冰心		3-3050	3-3334
吴庆鹏			3-0471
吴守谦		2-3838	2-3840
吴安华			2-2435
吴寿安			8-0025
吴志尧	2-0955	2-2320	2-2569
	2-3297		
吴克刚	3-0072	3-3109	3-3120
吴克勤	2-0661	2-0662	2-2878
	2-2883	8-0129	
吴伯匡	2-0332	2-0419	2-1577
	2-1583	2-2504	
吴伯超			3-3480
吴伯曾			3-1709
吴应机			3-2256
吴应图	5-0216	5-0219	5-0237
吴冶民	3-2893	3-2895	3-2912
吴灼昭			3-2349
吴沧	3-0048	3-0068	3-0083
	3-0084	3-0086	3-2936
	4-0180		
吴启孙			2-1934
吴启瑞		2-1264	2-1597

吴叔和	3-0201		
吴尚	3-0228		
吴明浩	3-0755		
吴明融	2-1139		
吴咏怀	4-0196		
吴和士	2-2393	2-3241	3-1922
吴秉之	3-2153	3-2539	3-2550
吴庚鑫	2-1263	2-1331	
吴泽霖	3-0201	3-0262	4-0076
吴学蔺	3-2486		
吴宝生	2-2293		
吴宝经	3-0825		
吴宝谦	3-2001	3-2049	
吴宗栻	5-0070		
吴宗焘	3-3439	5-0246	5-0250
吴建庵	5-0266		
吴承祺	5-0183		
吴织云	2-0102	2-0103	2-0111
	2-0112	2-0113	2-0114
吴绍熙	4-0432	4-0433	4-0434
吴贯因	3-1299		
吴拯寰	2-0792	2-0799	2-0802
	2-1484	2-1488	2-1489
	2-1496	2-1552	2-1759
	2-1816	2-1818	2-2239
	3-0567	3-0630	3-0817
	3-0823	3-0833	
吴荫椿	2-0443		
吴研因	2-0123	2-0177	2-0178
	2-0183	2-0427	2-0554
	2-0614	2-0699	2-0867
	2-0875	2-0886	2-1003
	2-1009	2-1010	2-1144
	2-1154	2-1201	2-1377
	2-1450	2-1457	2-1473
	2-1530	2-1536	2-1537
	2-1540	2-1581	2-1959
	2-2036	2-2063	2-2635
	2-2833	2-3042	2-3456
	2-3525	2-3526	2-3663
	2-3710	2-3766	2-3852
	3-0333	3-0756	4-0388
	4-0499	4-0565	4-0571
	4-0582	4-0619	
吴研蘅	2-0862	2-1130	2-1135

	2-1137		
吴奎璧	3-2294	3-2359	
吴钢	4-0190		
吴信法	5-0120		
吴俊升	2-0999	3-0097	4-0051
	4-0377		
吴勉君	2-0303	2-0671	2-0672
	2-0675	2-0676	
吴闿生	2-1322	3-0271	
吴宪	5-0267		
吴祖龙	3-2775		
吴耕民	5-0103		
吴振绪	3-2048		
吴载耀	3-2304	3-2364	
吴起能	2-3823		
吴起潜	3-2283		
吴挹澄	2-0771	2-3340	
吴桂仙	2-0741	2-2877	3-3222
	2-3245	2-3249	2-3255
	2-3259	2-3261	2-3303
	2-3314	2-3319	2-3321
	2-3326	2-3371	
吴致觉	4-0422		
吴竞	2-2123		
吴家杰	2-3181	2-3189	2-3463
	3-2624		
吴家煦	2-3142	2-3148	2-3149
	2-3150	2-3151	2-3174
	2-3180	2-3181	2-3182
	2-3189	2-3214	2-3219
	2-3454	2-3455	3-2624
	2-3818	3-3049	3-3147
	3-3160	3-3249	3-3335
	4-0201		
吴家骥	2-2349		
吴家骧	2-2659	2-2819	
吴继杲	2-1859	2-1860	2-3220
	3-0916		
吴继铨	2-1744	2-1750	2-1784
	2-1786	2-1788	2-1789
	3-0642		
吴球籁	3-3326	5-0018	
吴菊辰	3-2017	3-2402	
吴彬若	2-3411		
吴梦非	2-3700	2-3732	3-3464

	3-3492	3-3505	3-3506
	4-0304		
吴雪琅	3-0867		
吴晦华	3-1503		
吴崇理	3-2945	4-0233	
吴铭之	9-0047		
吴得一	3-0362		
吴渊明	3-1358		
吴涵真	2-3518		
吴惟馨	2-3518		
吴绳海	4-0107	4-0108	
吴维一	3-2095		
吴琬	4-0319		
吴葆诚	3-1349		
吴敬恒	3-1242		
吴鼎	1-0074	2-1045	2-1048
	2-1053	2-1394	2-1547
	2-1739	2-1740	2-1741
吴景濂	2-0997		
吴遁生	3-0603	3-0604	3-0710
	3-0711		
吴曾祺	2-1928	3-1203	
吴瑞年	3-2951		
吴瑞庭	3-3029	3-3082	3-3121
	4-0242		
吴瑞缨	3-1983		
吴献书	2-1864	3-0920	3-0923
	3-0924	3-0940	3-1092
吴稚晖	2-0625	2-1010	2-1446
吴新谋	3-0048		
吴静山	3-2341	3-2830	3-2972
吴蔚若	3-0519		
吴粹伦	2-2536		
吴增芥	2-0177	2-0178	2-0749
	2-1691	2-1781	2-1808
	2-1810	2-1811	2-3080
	2-3424	3-0071	3-0084
	4-0388	4-0499	4-0565
	4-0571	4-0575	4-0582
	4-0606	4-0693	
吴增祺	3-0285	3-0291	
吴蕴瑞	4-0636		
吴墨卿	2-0261	3-0084	3-1179
吴黎平	3-0113		
吴德亮	3-3249		

吴德彰	3-1032
吴澄	2-3887　2-3889　3-3616
吴鹤艇	3-0469
吴翰云	2-2833
吴镜兆	3-2659　3-2738
吴獬	2-0774
吴澧	2-2335
吴蘩梅	3-2933
吴馨	4-0344
吴耀麟	2-3943　9-0031　9-0032　9-0034　9-0065　9-0074
岑锡祥	8-0144

[丿]

邱天柱	4-0317
邱玉麒	3-2627
邱丕荣	3-2176
邱冶新	2-3271　8-0065
邱岩	3-3008
邱祖深	2-1012
邱祖谋	3-1767
邱调梅	3-2522
邱望湘	2-3563　2-3567　3-3484　3-3509　3-3510　3-3515
邱鹤	4-0428
何一介	3-1051
何元	2-3664　2-3740　2-3861　3-3558　8-0197
何升汉	4-0131
何公超	2-0783　7-0046
何仲英	3-0474　3-0506　3-0532
何守愚	3-2667　3-2680
何寿斋	2-2428　2-2468　2-2528　2-2620　2-2660　2-2666　2-3077
何孝元	2-3530
何孝宜	3-2953
何孝章	2-0663　2-1272
何束鲤	2-1114
何时	4-0223
何时慧	3-2191
何述曾	5-0034
何明生	2-1824
何明斋	2-3526　2-3532　2-3559　2-3562　2-3582　2-3587　2-3590　2-3597　2-3693
何明斋（续）	2-3811　2-3839　3-2267　3-3577　3-3578　3-3579　3-3580　3-3585　3-3588　3-3593　4-0311　4-0323　4-0633　5-0161
何定杰	3-3282
何孟庐	2-2106
何荣桂	2-1506
何思翰	2-0758　2-1716　2-1722
何品豪	2-0719
何炳松	2-0629　2-0894　2-1015　2-1349　2-1355　2-1356　2-2848　2-3248　2-3609　3-0414　3-1383　3-1384　3-1392　3-1405　3-1414　3-1418　3-1423　3-1426　3-1654　3-3413　4-0096　8-0193
何炳麟	3-2289
何祖泽	2-2247　3-1251　3-1626
何振武	2-0829　2-0981　2-0986　2-0988
何恭甫	2-2392　2-2395
何容	2-1349
何能夏	3-3622
何崇礼	2-2473　2-2637　3-0903　3-2168　3-2279　3-2358
何铭三	3-0948　3-1398
何商友	3-2030　3-2175
何焕奎	4-0520
何焕庭	2-2503
何清钊	4-0588
何维朴	2-1827
何维华	3-2148
何琪	2-0078　2-0481　2-0568　2-0569　2-0808　2-0809　2-0972
何琦	8-0003
何鼎新	3-1145
何遇隆	2-1703
何鲁	2-0627　3-1909　3-2072　3-2344　3-2383　3-2415　3-2515　3-2525
何楚	4-0081
何静安	4-0320
何燏时	3-2788　3-3315
但杜宇	3-3535
伯玮	3-0072　3-0085
佟桂森	2-2603
佟韶华	3-2391　3-2703
佘恒	2-2392　2-2498　2-2501　2-2653　3-2403　3-2461
余之介	2-1014　2-3327
余子飏	3-2555
余天栋	5-0233
余元庆	3-2211
余元希	3-1917
余长欣	2-1239　2-2740
余介石	3-1798　3-1805　3-1806　3-1810　3-1862　3-1866　3-1870　3-1878　3-1901　3-1905　3-1907　3-1909　3-1927　3-1945　3-1947　3-1950　3-2021　3-2030　3-2031　3-2034　3-2053　3-2059　3-2061　3-2075　3-2081　3-2093　3-2136　3-2138　3-2152　3-2156　3-2175　3-2185　3-2188　3-2192　3-2208　3-2211　3-2212　3-2220　3-2226　3-2239　3-2326　3-2336　3-2343　3-2344　3-2374　3-2379　3-2383　3-2407　3-2408　3-2415　3-2474　3-2477　3-2510　3-2515　3-2525　3-2547　3-2552　3-2555　4-0169　4-0178　4-0194
余文伟	4-0413
余文琴	3-2421　3-2432
余立藩	3-2478
余兰园	3-2828　3-2829
余礼海	2-3845
余再新	2-1556
余光烺	4-0196
余传绶	3-2206
余寿浩	2-0373
余彤甫	3-3585
余宏淦	8-0040

余劲松	…… 8-0025	言涣彰	…… 3-1969　3-2442
余择生	…… 2-2516　2-2697　2-2698	言微	…… 3-2294　3-2359
	2-2699　2-2712　2-2713	应一凡	…… 2-0269　3-0072　3-1182
	2-3408	应功九	…… 3-1264
余岩	…… 3-2618　3-2722	应成一	…… 4-0056
余宗农	…… 5-0046	应观	…… 3-0162
余信符	…… 3-1880　3-1890　3-1902	应怀训	…… 4-0479
余俊生	…… 3-1663　3-1679	应怀新	…… 3-2017
余逊	…… 3-1297　3-1305	应英	…… 3-0057
余致力	…… 3-0820	应尚能	…… 3-3462
余祥麟	…… 2-3916	应颂华	…… 2-2628
余焕东	…… 3-1822	庐前	…… 3-0387　3-0388
余锡震	…… 2-1713	辛安亭	…… 2-0948　2-1064　2-3416
余源庆	…… 3-2126　3-2307	辛曾辉	…… 2-2307　4-0314　4-0495
余肇升	…… 4-0237		4-0551　4-0705
余德荪	…… 9-0004　9-0006	闵世型	…… 3-2877
余翰	…… 2-3655　2-3657　2-3658	闵东一	…… 2-0365　2-0422
	2-3723	闵嗣鹤	…… 3-2414　4-0197
谷凤田	…… 3-0896	汪人济	…… 2-3789
谷怀	…… 2-2822	汪子璇	…… 2-0490
谷钟秀	…… 3-1637　3-1643	汪仁侯	…… 9-0038
谷钟琦	…… 3-2285	汪巩	…… 3-0623
谷雁来	…… 2-3339	汪亚尘	…… 3-3539　3-3543　4-0313
妥子权	…… 3-1036　3-1060	汪成德	…… 3-1146
邹可庭	…… 2-0022	汪廷襄	…… 3-1131　5-0232
邹代钧	…… 3-1748	汪向荣	…… 3-2835
邹立文	…… 2-2327	汪农麟	…… 3-3568
邹圣脉	…… 2-0022	汪宏声	…… 3-0976
邹吟庐	…… 2-3877	汪启章	…… 3-0065　3-0078　3-0217
邹茂之	…… 3-1490　4-0159		4-0019　4-0060
邹卓立	…… 3-0129	汪杰梁	…… 2-3761
邹尚熊	…… 2-2507	汪郁年	…… 3-3005
邹佩笙	…… 7-0001	汪咏沂	…… 2-0685　2-0686　2-2421
邹殳	…… 3-0304	汪岳云	…… 2-3613
邹炽昌	…… 3-0763	汪怡	…… 3-0484
邹珮娴	…… 8-0172	汪宗敏	…… 2-2137　2-2212
邹湘	…… 4-0506	汪定奕	…… 3-0359　3-0366　3-0448
邹登泰	…… 2-1729　3-0537　3-0834		3-0674　3-0693
	3-0844　3-0845　3-0852	汪承铺	…… 2-1934
邹登瀛	…… 2-1729　3-0845	汪绍陶	…… 2-1787　2-1817
邹稚	…… 2-3640	汪荣宝	…… 3-1205
邹德谨	…… 5-0053　5-0054	汪畏之	…… 2-3126　2-3741　3-2781
邹懋	…… 2-2151		3-2782
		汪重光	…… 2-1781
[丶]		汪洛年	…… 2-3656　2-3690　2-3722
言涣彡	…… 3-2442		

汪桂荣	…… 3-1779　3-1880　3-1890
	3-1902　3-2194　3-2206
	3-2342　3-2492　3-2495
	3-2507
汪涛	…… 2-0501　2-0541　2-0986
汪家栋	…… 2-1120
汪家骅	…… 2-3516
汪家麟	…… 2-3808
汪祥庆	…… 1-0085
汪梦九	…… 3-2138
汪盛世	…… 3-2105
汪涵	…… 2-0537
汪嶔	…… 3-1193　3-1518
汪奠基	…… 3-2567
汪渤	…… 2-0981　2-0988
汪蓉第	…… 2-1425　2-1426
汪楷	…… 2-1948　2-1951　2-1952
汪锡鹏	…… 8-0036
汪慎修	…… 2-0464
汪静之	…… 3-0555
汪静轩	…… 2-3253
汪漱碧	…… 2-1794
汪震	…… 3-0765　3-0766　4-0414
汪德和	…… 2-2087
汪镜人	…… 8-0101
汪懋祖	…… 3-0159　3-0166　3-0175
	3-0359　3-0366　3-0415
	3-0448　3-0674　3-0693
	3-1565　4-0098　4-0366
	4-0577
汪馥泉	…… 3-0376　3-0425　3-0615
汪瀚	…… 2-0863
沐绍良	…… 2-1161　2-1720　2-2661
	3-0892
沙曾诒	…… 3-1347　3-1355
沈一仁	…… 2-3508
沈乃启	…… 6-0096
沈乃昌	…… 3-0221
沈士秋	…… 2-2837　2-2838　2-3611
	2-3612　2-3614　2-3617
	2-3618　2-3619　2-3623
	2-3625　2-3626　2-3628
	2-3669　2-3681　2-3697
	2-3706　2-3745　2-3748
	2-3749　3-3541　3-3544

	3-3546	3-3552		2-3906	4-0579	4-0602		2-0895	2-0906	2-0934

沈之理 …… 8-0185
沈子丞 …… 2-3672　2-3673　2-3675
　　　　　3-3561
沈子善 …… 2-0211　2-0371　2-0409
　　　　　2-0414　2-0420　2-0431
　　　　　4-0366　4-0500　4-0501
沈王钰 …… 3-1777
沈元 …… 2-3440　2-3441
沈元起 …… 2-0022　2-1736
沈长庚 …… 2-2458
沈长洪 …… 3-1284　3-1378　3-1416
沈化夔 …… 2-0511　5-0018　5-0027
　　　　　5-0040　5-0112
沈文亮 …… 2-0184
沈方涵 …… 3-2056
沈心工 …… 2-3493　2-3579
沈玉桢 …… 3-3320
沈世璟 …… 2-0199
沈旦文 …… 2-0631　2-0632　2-0633
　　　　　2-0634　2-0635
沈仪熔 …… 3-3006　3-3008
沈白华 …… 2-1148
沈百英 …… 1-0069　2-0154　2-0159
　　　　　2-0197　2-0210　2-0223
　　　　　2-0653　2-0886　2-0891
　　　　　2-0893　2-0894　2-0905
　　　　　2-0906　2-0907　2-0910
　　　　　2-0955　2-1017　2-1149
　　　　　2-1153　2-1157　2-1160
　　　　　2-1212　2-1364　2-1440
　　　　　2-1441　2-1442　2-1702
　　　　　2-1718　2-1833　2-2051
　　　　　2-2226　2-2351　2-2404
　　　　　2-2406　2-2423　2-2426
　　　　　2-2520　2-2564　2-2597
　　　　　2-2610　2-2615　2-2622
　　　　　2-2626　2-2671　2-2672
　　　　　2-2703　2-2771　2-2789
　　　　　2-2794　2-2801　2-2810
　　　　　2-2856　2-2933　2-3065
　　　　　2-3079　2-3223　2-3224
　　　　　2-3258　2-3275　2-3288
　　　　　2-3297　2-3323　2-3324
　　　　　2-3359　2-3843　2-3897

　　　　　4-0603　4-0608　7-0032
　　　　　7-0038　7-0053　7-0063
　　　　　7-0064　7-0072　8-0082
　　　　　8-0107　8-0173　8-0175
　　　　　8-0176　8-0179
沈有乾 …… 2-3301　4-0053　4-0430
　　　　　4-0437
沈有葵 …… 4-0214
沈同一 …… 2-3809
沈竹贤 …… 3-1072
沈仲龙 …… 3-0047　3-0061　3-0075
　　　　　3-1613　3-1695
沈庆鸿 …… 2-3495
沈亦文 …… 2-2564
沈问梅 …… 3-1053
沈汝生 …… 3-1583
沈羽 …… 2-2368　2-2379　2-2477
　　　　　2-2573　2-2585　2-2638
　　　　　2-2806　4-0173
沈寿金 …… 2-3901
沈圻 …… 2-0306　2-0360　2-0361
　　　　　2-0873　2-0875　2-0883
　　　　　2-1001　2-1003　2-1138
　　　　　2-1139　2-1141　2-1144
　　　　　2-1146　2-1147　2-1198
　　　　　2-1201　8-0010
沈志坚 …… 2-0336　3-2184
沈克刚 …… 2-2669
沈步洲 …… 3-1090　3-1114　3-1123
　　　　　3-2261　3-3603
沈伯经 …… 3-0407
沈纮 …… 2-2825
沈青来 …… 3-2571
沈味之 …… 3-1164
沈昌 …… 3-1144
沈明达 …… 3-0048　3-0062　3-0071
　　　　　3-0076　3-0084　3-0087
沈鸣 …… 3-2241
沈知方(知芳) …… 2-1425　2-1448
　　　　　2-1454
沈秉钧 …… 2-0601　2-0974　2-1177
　　　　　2-1180
沈秉焯 …… 3-2449
沈秉廉 …… 2-0125　2-0256　2-0894

　　　　　2-1158　2-1210　2-1277
　　　　　2-3288　2-3498　2-3501
　　　　　2-3503　2-3532　2-3533
　　　　　2-3539　2-3562　2-3563
　　　　　2-3564　2-3565　2-3601
　　　　　3-0512　3-3502　3-3504
　　　　　4-0297　7-0010　7-0038
　　　　　7-0053　7-0064　7-0070
　　　　　7-0072
沈泽民 …… 3-3070
沈宗祉 …… 2-2105
沈承章 …… 8-0082
沈荣龄 …… 2-1086　3-0366　3-0448
　　　　　3-0674
沈星一 …… 3-0647　3-0649
沈星五 …… 3-2662　3-2698　3-2716
　　　　　3-2863　3-2903
沈昭文 …… 3-2882
沈昭武 …… 3-2451
沈思玛 …… 3-1510
沈重威 …… 3-3608
沈祖绵 …… 3-1458
沈祖嵘 …… 2-3489
沈振家 …… 3-0077　3-0218
沈振黄 …… 2-0706　2-2937
沈恩孚 …… 2-0138　2-0143　2-0491
　　　　　2-0495　2-0533　2-0535
　　　　　2-0565　2-0575　2-0778
　　　　　2-0817　2-0824　2-0860
　　　　　2-0973　2-0984　2-1107
　　　　　2-1113　2-1418　2-1420
　　　　　2-1421　2-1944　2-1958
　　　　　2-2025　2-2034　2-2119
　　　　　2-2124　2-2129　2-2199
　　　　　2-2368　2-2573　2-3123
　　　　　2-3159　2-3214　2-3219
　　　　　2-3803　2-3847　2-3977
　　　　　3-0288　3-0453　4-0344
　　　　　4-0346　4-0398　4-0526
　　　　　4-0653
沈恩膏 …… 3-1201　3-1211　3-1332
沈健民 …… 2-1794
沈涤生 …… 3-2039　3-2193
沈润洲 …… 3-0448　3-0674

沈彬	………	2－1840	2－1841	2－1865		2－1186	2－1191	2－1193
		2－1875	3－0479	3－0926		2－1396	2－1419	2－1463
		3－0930	3－0932	3－0938		2－1510	2－1511	2－1528
		3－0944	3－0979	3－0982		2－1533	2－1570	2－1952
		3－1001	3－1032	3－1045		2－1953	2－1955	2－1958
		3－1054	3－1098			2－2028	2－2031	2－2034

沈彬 ……… 2－1840　2－1841　2－1865
　　　　　2－1875　3－0479　3－0926
　　　　　3－0930　3－0932　3－0938
　　　　　3－0944　3－0979　3－0982
　　　　　3－1001　3－1032　3－1045
　　　　　3－1054　3－1098
沈啸秋 ……………………… 3－3311
沈铨 ……………………… 2－1879
沈望三 …………………… 3－1503
沈望之 …………………… 2－2935
沈维钧 …… 2－1672　2－1795　2－2111
　　　　　3－0416　3－0448　3－0674
沈维桢 …………………… 2－3763
沈彭年 ………………… 3－1211　3－3472
沈联璧 …… 3－0357　3－0369　3－0409
沈葆琦 …………… 9－0011　9－0036
沈雁冰 …………………… 3－0639
沈厥成 …… 2－2467　2－2629　2－3324
沈斐成 …………… 2－1685　2－1688
沈鼎三 …………………… 3－2868
沈景佺 …………………… 3－2924
沈瑞安 …………………… 2－2627
沈颐 ……… 2－0417　2－0498　2－0500
　　　　　2－0503　2－0504　2－0505
　　　　　2－0506　2－0512　2－0517
　　　　　2－0518　2－0519　2－0520
　　　　　2－0542　2－0543　2－0544
　　　　　2－0545　2－0548　2－0551
　　　　　2－0553　2－0565　2－0579
　　　　　2－0581　2－0583　2－0586
　　　　　2－0589　2－0594　2－0596
　　　　　2－0603　2－0606　2－0607
　　　　　2－0610　2－0616　2－0818
　　　　　2－0819　2－0822　2－0828
　　　　　2－0832　2－0833　2－0838
　　　　　2－0843　2－0850　2－0854
　　　　　2－0856　2－0857　2－0858
　　　　　2－0860　2－0861　2－0862
　　　　　2－0900　2－0976　2－0977
　　　　　2－0982　2－0983　2－0985
　　　　　2－0986　2－0987　2－0993
　　　　　2－0995　2－0997　2－1082
　　　　　2－1119　2－1124　2－1126
　　　　　2－1128　2－1130　2－1131
　　　　　2－1135　2－1137　2－1184

　　　　　2－1186　2－1191　2－1193
　　　　　2－1396　2－1419　2－1463
　　　　　2－1510　2－1511　2－1528
　　　　　2－1533　2－1570　2－1952
　　　　　2－1953　2－1955　2－1958
　　　　　2－2028　2－2031　2－2034
　　　　　2－2120　2－2128　2－2131
　　　　　2－2134　2－2200　2－2202
　　　　　2－2208　2－2210　2－2375
　　　　　2－2378　2－2383　2－2384
　　　　　2－2385　2－2484　2－2489
　　　　　2－2584　2－2642　2－3139
　　　　　2－3140　2－3146　2－3173
　　　　　2－3452　2－3475　2－3657
　　　　　2－3658　2－3723　2－3759
　　　　　2－3806　2－3850　2－3980
　　　　　2－3987　3－0248　3－0401
　　　　　3－0647　3－0649　3－1537
　　　　　3－1538　4－0115　7－0029
　　　　　7－0048
沈雷渔 …… 2－0174　2－0179　2－0614
　　　　　2－0707　2－2503　2－3816
　　　　　2－3823　4－0487　9－0073
沈煦 ……… 2－2380　2－2383　2－2385
　　　　　2－2587　2－2589　2－2590
　　　　　2－2767　3－2623　3－2816
沈嵩华 …………………… 4－0113
沈锡琛 …………………… 2－0554
沈颖若 …………………… 2－1511
沈溯明 …………………… 3－2822
沈熙 ……………………… 2－2380
沈毓芬 …………………… 4－0687
沈慧 ……………………… 2－1761
沈觐寅 …………………… 5－0071
沈觐鼎 …………………… 3－1158
沈影泉 …… 2－1352　2－2869　2－2871
　　　　　2－2874　2－2875　2－2877
　　　　　2－2879　2－3364　2－3365
　　　　　2－3366　2－3367　2－3368
　　　　　2－3777
沈镕 ……… 2－1645　3－0540　3－0545
　　　　　3－0706　3－0873
沈德鸿 …… 3－0577　3－0579　3－0586
沈鲤登 …………… 2－3569　2－3826
沈毅令 …………………… 2－1404

沈澄清 …………………… 4－0406
沈慰宸 …………………… 2－3452
沈慰霞 …………… 2－2508　4－0516
沈燊 ……………………… 2－0777
沈麓元 …… 2－0644　2－1993　2－1997
　　　　　2－2164　2－2449　2－2633
　　　　　2－3031　3－1583　3－1587
　　　　　3－2063　3－3298
沈耀楣 …………………… 2－3932
怀桂琛 …… 2－3812　2－3862　3－3024
宋子俊 …… 2－0387　2－0433　2－0705
　　　　　2－1609　2－1977　2－2049
　　　　　2－2149　2－2224　2－2232
　　　　　2－3325　4－0050
宋云彬 …… 2－0427　2－2461　2－2549
　　　　　2－2635　3－3233　3－0546
　　　　　3－0689　3－0733　3－1226
　　　　　6－0007
宋介 ……………………… 2－0881
宋文秉 …… 2－2794　2－2819　2－2820
宋文翰 …… 3－0372　3－0420　3－0679
　　　　　3－0692　3－0898　4－0097
宋文藻 …… 2－0256　2－2351　2－2564
　　　　　2－2771　2－2789　2－2794
　　　　　2－2801　2－2802　2－2810
　　　　　8－0179
宋匡我 …………………… 3－0311
宋延庠 …… 2－1993　2－1997　3－1166
　　　　　3－1274
宋全福 …………………… 2－1236
宋旭晨 …………………… 3－1038
宋寿昌 …………………… 3－3477
宋希庠 …………………… 4－0292
宋君复 …………… 2－3891　3－3612
宋若愚 …………………… 2－2772
宋苇盫 …………… 2－0736　2－3422
宋建勤 …………………… 2－2836
宋承均 …………… 3－2676　3－2874
宋绍洵 …… 2－2618　2－2626　8－0173
　　　　　8－0175　8－0176
宋唯心 …………………… 3－0812
宋崇义 …… 3－3055　3－3165　3－3256
　　　　　3－3336
宋琪 ……………………… 2－3488
宋嘉钊 …………… 4－0351　4－0354

宋慕韩 ……………… 3-1811
补拙居士 …………… 2-1300
初大告 ……… 3-1057 3-3479

[一]

张一风 ……………… 3-1147
张九如 …… 2-3436 3-0796 3-0797
　　　　　4-0556
张士一 …… 2-1362 2-1863 3-0950
　　　　　3-1033 3-1133
张士行 ……………… 4-0018
张山 ………………… 3-0432
张之江 ……… 2-3890 3-3611
张之纯 …… 3-0473 3-0504 4-0007
张弓 ………………… 3-0340
张子和 ……………… 4-0043
张开圻 …… 3-2658 3-2668 3-2681
　　　　3-2704 3-2711 3-2726
　　　　3-2739 4-0211
张天百 ……… 2-3983 8-0071
张元济 …… 2-0478 2-0499 2-0513
　　　　2-0514 2-0806 2-0818
　　　　2-0819 2-0822 2-0827
　　　　2-0828 2-0832 2-0838
　　　　2-0851 2-0861 2-0971
　　　　2-0976 2-0977 2-0979
　　　　2-0980 2-0982 2-0983
　　　　2-0985 2-0987 2-0990
　　　　2-1102 2-1896 2-1912
　　　　2-1920 2-1927 2-1949
　　　　2-1950 2-2097 2-2109
　　　　2-2365 2-2373 2-2572
　　　　2-3135 3-0243 3-0524
　　　　3-1205 3-1536 3-1749
张元鼎 ……………… 3-2130
张云石 …… 2-1454 2-1628 2-1642
　　　　2-1644 2-1735 2-1755
张云伏 ……………… 3-0191
张云谷 ……… 3-1023 3-1043
张云枢 ……………… 4-0179
张云非 ……………… 8-0122
张云阁 ……………… 3-0105
张友 ………… 2-1752 8-0077
张友松 ……………… 3-0975
张少涵 ……………… 3-2404
张水声 ……………… 2-3868

张长弓 ……………… 3-0412
张化工 ……………… 4-0550
张公屿 ……… 4-0071 4-0072
张公威 ……………… 6-0100
张凤翔 ……… 2-2499 2-2651
张六益 ……………… 2-2678
张文治 …… 3-0420 3-0440 3-0679
　　　　3-0727 3-0735 3-0748
张文贵 ……… 3-0071 3-0084
张文通 ……………… 3-0623
张文熙 ……………… 3-2627
张心雄 ……………… 5-0236
张书庭 ……………… 2-1549
张玉珍 ……………… 3-3462
张世杓 ……………… 3-3569
张世奇 ……………… 3-3538
张石樵 ……………… 6-0008
张令涛 …… 2-0088 2-0128 2-0129
　　　　2-0891 2-0893 7-0011
　　　　7-0046 7-0050 7-0059
张印堂 ……………… 4-0137
张务本 ……………… 3-1974
张立明 ……………… 2-3735
张汉义 ……… 2-2707 2-2739
张汉英 ……………… 2-0714
张礼千 ……………… 2-2467
张训方 ……………… 2-1847
张圣瑜 …… 3-0366 3-0448 3-0674
张幼虹 ……… 3-1877 3-1894
张匡 …… 2-0393 2-0395 2-0396
　　　　2-0441 2-0442 2-0645
　　　　2-1674 2-2065 2-2398
　　　　2-2403 2-2411 2-2558
　　　　2-2560 2-2608 2-2616
　　　　2-2773 2-2788 2-2798
　　　　4-0623
张亚良 ……… 9-0048 9-0050
张在恭 ……… 2-3651 2-3660
张有清 ……………… 4-0215
张达善 …… 2-1412 2-3027 2-3099
　　　　2-3353
张同光 ……………… 3-0546
张廷华 …… 2-1642 2-1755 2-2752
　　　　2-2780 2-2781 3-0706
　　　　3-0851 3-0875 3-2171

　　　　3-2357 3-3431
张廷健 ……………… 3-0098
张竹 ………………… 2-0233
张仲友 ……………… 4-0441
张仲和 ……………… 3-1373
张仲慎 ……………… 4-0592
张华年 ……………… 4-0658
张华瑾 ……………… 3-3573
张兆瑢 ……………… 2-1643
张庆玺 ……………… 3-2366
张亦庵 ……………… 2-3644
张江树 ……………… 3-2915
张江澍 ……… 3-2879 3-2981
张汝训 ……………… 3-2959
张聿光 ……………… 3-3539
张寿林 ……………… 8-0152
张远斋 ……………… 3-1491
张志渊 ……………… 3-1896
张杏娟 ……………… 2-1420
张辰伯 …… 2-1228 2-3668 2-3699
　　　　3-3543
张呈祥 ……………… 2-3425
张秀山 ……………… 3-3447
张秀源 ……………… 3-1094
张伯丞 ……………… 3-1886
张伯康 ……………… 3-2152
张希之 ……………… 3-0103
张希佑 ……………… 2-3424
张谷岑 ……………… 3-0040
张沛霖 ……………… 3-1126
张沂 ………………… 4-0354
张怀 ………………… 3-0022
张怀义 ……… 2-2502 3-2011
张劲候 ……………… 3-2719
张其昀 …… 2-2087 3-1470 3-1471
　　　　3-1496 3-1592 3-1595
　　　　3-1605 3-1690 3-1698
张其祥 ……………… 3-2350
张其禄 ……………… 2-2961
张若英 ……………… 2-1703
张若南 …… 2-1581 2-2428 2-2468
　　　　2-2854 2-3077 2-3355
张英谷 ……………… 2-3500
张松坚 ……………… 2-1907
张国人 …… 2-0326 2-0330 2-0334

		2-1582		2-1598	2-1601	2-1606	张起焕……	3-3348 3-3367 4-0252
张国千	……………	3-0279		2-1607	2-1608	2-1960		4-0262 4-0275
张国仁	…………	2-3404 3-1253		2-1962	2-1969	2-2037	张耿西……	2-0211 2-0371 2-0412
张国基……	2-1452	2-1525 2-1972		2-2038	2-2043	2-2046	张荷舫	………… 3-1177 3-1343
	2-2148	2-2462 2-2831		2-2137	2-2139	2-2145	张荻寒	……………………… 2-3708
	2-3249	2-3250		2-2212	2-2215	2-2218	张莘农	……………………… 3-1000
张国维……	2-2114	2-2215 3-1464		2-2221	2-3188	2-3222	张桐瑞	……………………… 3-2926
	3-1525	3-1549 3-1639		2-3255	2-3259	2-3303	张铁任	……………………… 2-0023
	4-0147			2-3321	2-3480	3-0712	张铁珊	……………………… 2-3936
张国璘……	3-3116	3-3173 3-3177		3-0714	3-1235	3-1241	张倬云	……………………… 2-1905
	3-3183	3-3353 3-3361		3-1328	3-1367	3-1382	张健华	……………………… 2-2689
	3-3375	4-0253		3-1385	3-1387	3-1395	张逢辰	……………………… 3-3007
张昌业	………………………	2-2948		3-1665	3-1671	3-2563	张资平……	3-1711 3-2663 3-2861
张昌权	………………………	2-2954		4-0116				3-3064
张鸣	………………………	3-2255	张相文……	2-2092	2-2093	2-2095	张资模	……………………… 2-2842
张咏春……	2-0630	2-0636 2-0763		2-2110	2-2190	3-1512	张益之	……………………… 2-3710
	2-1236	2-2402 2-2405		3-1514	3-3009	3-3012	张家声	……………………… 3-0277
	2-2407	2-2427 2-2505		4-0133	4-0316		张家俊	……………………… 3-3126
	2-2511	2-2529 2-2606	张查理	…………………		5-0265	张家骏	………… 3-3190 3-3281
	2-2614	2-2657 2-2662	张树杙	…………………		3-2450	张家模	……………………… 2-1941
	2-3102	2-3441 8-0108	张轶庸	…………………		3-1858	张冥飞	……………………… 4-0298
	8-0148		张星亚	…………………		3-1543	张通谟……	3-2031 3-2061 3-2220
张和岑	…………	3-3091 3-3197	张虹君	…………	3-1036	3-1060	张能潜	……………………… 2-3884
张和重	………………………	3-0575	张思俊	…………	2-2006	3-1477	张继良……	2-0491 2-0535 2-0575
张季信	…………	4-0488 4-0497	张贻惠	…………………		3-2634	张继煦……	2-0508 2-0585 2-0835
张念恃	………………………	3-3073	张钦兰	…………………		2-3080		2-1117
张宗望	………………………	3-3052	张种园	…………………		2-2519	张骏岳	……………………… 3-1161
张宗麟……	2-1476	2-1545 2-1612	张秋泓	…………………		2-1230	张捷三	……………………… 3-0469
	4-0386	4-0668 4-0678	张重行	…………	3-3369	3-3398	张培民	……………………… 3-1529
	4-0704	4-0706 4-0718	张修爵……	2-3121	3-1839	3-2353	张菖芬	……………………… 2-0749
张官云	………………………	3-1778		3-2436	3-2440	3-2596	张梦麟……	3-0949 3-1022 3-1034
张诚之	………………………	2-1453		3-2962	3-3137	3-3230		3-1047
张承祖	………………………	8-0187	张须	…………………		3-0874	张梓生	……………………… 3-0573
张孟闻	………………………	3-3270	张美翊	…………………		3-0282	张雪门……	4-0515 4-0645 4-0680
张绍纲	…………	2-2709 2-2758	张济华	…………………		4-0196		4-0692 4-0694 7-0019
张绍武	………………………	5-0137	张冠丹	…………………		2-0365	张啸天	………… 5-0083 5-0165
张荦	………………………	2-2195	张祖范……	7-0011	7-0046	7-0059	张崇仁	……………………… 2-1945
张荫春	………………………	2-2304	张祖贤	…………………		2-1642	张崇德	……………………… 2-3353
张相………	2-0335	2-0339 2-0428	张眉孙……	2-3611	2-3625	2-3628	张逸园	………… 2-2451 2-2632
	2-0522	2-0555 2-0613		3-3544			张粒民……	2-1718 2-1723 2-2022
	2-0702	2-0900 2-1143	张珽………	3-3188	3-3202	3-3204		4-0570 4-0609 4-0639
	2-1197	2-1396 2-1419	张振中	…………………		2-2018	张鸿来	………… 3-0666 3-0786
	2-1424	2-1463 2-1507	张振镛……	3-0305	3-0650	3-0652	张鸿英……	1-0065 2-0386 2-1966
	2-1515	2-1516 2-1522		4-0092				2-2042 2-2142 2-3156
	2-1533	2-1570 2-1573	张起文	…………………		2-2258	张鸿基	………… 3-2030 3-2192

张鸿溟			3-2019		3-1790	3-1793	3-1801	张彝		3-2217
张寄岫	2-1023	2-1036	3-0580		3-1850	3-1854	3-1859	张馨桂		3-1545
	5-0006				3-1943	3-1946	3-1952	张耀垣		2-0553
张绳祖		3-0448	3-0674		3-2008	3-2012	3-2047	张灏		2-2134
张越瑞	3-0590	3-0591	3-0595		3-2073	3-2135	3-2142	陆人骥		3-1624
	3-0596	3-0597	3-0598		3-2178	3-2183	3-2228	陆子芬	3-1866	3-1870	3-1901
	3-0601	3-0602	3-0611		3-2237	3-2337	3-2482		3-2021	3-2076	4-0166
	3-0614				3-2494	3-2496	3-2546		4-0183
张超	2-0402	2-0404	2-1059		3-2548	4-0188	4-0198	陆天		2-3264
张敬熙			3-2404		5-0245			陆友白		2-2701
张惠生			3-3446	张鹏云			3-1099	陆长康		2-2854	2-3077
张惠洪			3-2056	张腾霄		2-0313	2-3287	陆仁寿		2-2931	3-1569
张雅焕			2-1820	张裔云			2-3053	陆东平		3-1289
张遇渭			2-3440	张源			2-2305	陆尔强		3-3539
张景文		2-0882	2-1145	张慎伯	3-0679	3-0748	3-0959	陆礼华		2-3910
张景良	2-0516	2-0549	2-0592	张静甫			5-0212	陆有恒		2-0580
	2-0608	2-0847	2-0991	张静峰		3-2716	4-0197	陆贞明		3-1143
	2-0992	2-1122	2-1187	张静能		3-2744	2-2947	陆光宇	3-1237	3-1238	3-1255
	2-1956	2-2030	2-2130	张熙			3-1229		3-1325	3-1661	3-1662
	2-2207	2-2328	2-2335	张熙礽		2-2845	2-3052	陆光鉴		3-1743
	2-2336	2-2483	2-2488	张熙祚	2-1130	2-1137	2-2036	陆仲贤		2-1345	2-3155
	2-2824	2-3144	2-3145	张毓骢	4-0039	4-0357	4-0406	陆兆麟		2-2673
	2-3177	2-3689	2-3760	张漱六			3-0510	陆衣言	2-0097	2-0555	2-0624
	3-1464	3-1991	3-2456	张漱石			2-1378		2-0740	2-0782	2-1258
	3-2795	4-0399		张肇桐		2-1365	2-1931		2-1261	2-1265	2-1267
张景韩			3-1651	张肇熊	2-1426	2-1518	2-2392		2-1270	2-1319	2-1320
张裕光			3-0693		2-3240				2-1342	2-1345	2-1350
张裕卿			4-0423	张慧雄	2-3614	2-3669	3-3546		2-1419	2-1570	2-2847
张瑞安			2-0836	张瑾			3-2032		2-3072	2-3662	2-3744
张瑞钰			3-2958	张震南			3-0434		3-0479	3-0480	3-0497
张瑞基			3-1774	张霄鸣			8-0110		8-0091
张瑞策			4-0567	张镐		3-2769	3-3061	陆问梅		3-0493
张楷		4-0376	4-0646	张箴华	2-2935	3-3077	2-3092	陆并谦	2-3257	3-1180	3-1243
张煦侯			3-0362	张德良			3-0502		3-1386
张锡纶			3-2312	张德骝			8-0108	陆守经		3-1633
张锡昌			8-0012	张德琇			4-0460	陆志韦		3-0106
张鹏飞	2-2390	2-2402	2-2405	张德骤	2-1573	2-1576	2-2396	陆步青	2-1172	3-0943	3-0973
	2-2407	2-2427	2-2428		2-2500	2-2599	2-2652		3-1035
	2-2468	2-2493	2-2495	张德熙			3-1583	陆利夫		3-2271
	2-2511	2-2561	2-2595	张毅			3-1918	陆伯羽	2-0358	2-0363	2-0392
	2-2596	2-2606	2-2614	张慰慈			3-0121		2-0423	2-0439
	2-2620	2-2646	2-2647	张履慰			3-3110	陆规良		2-0516	2-0592
	2-2657	2-2666	2-2772	张镜潭			3-0994	陆杶		2-3893
	2-2811	2-3152	2-3153	张簧			2-3575	陆叔千	2-3152	2-3153	2-3184
	2-3184	2-3185	3-1788	张翼飞			2-3622		2-3185

陆泳沂			………	3-1424	2-2375	2-2378	2-2484	3-1097　3-1140　3-1340
陆宝忠			………	2-1671	2-2575	2-2584	2-2642	3-1625
陆建华			………	2-0260	2-2847	2-3072	2-3139	陆静山 …… 2-0257　2-0258　1-1249
陆绍昌	……	2-0324	2-0327	2-0362	3-3140	3-3155	3-3162	2-1490　2-1554　2-3042
陆绍基			………	4-0690	2-3173	2-3203	2-3261	4-0480　7-0047
陆星垣			………	5-0132	2-3326	2-3429	2-3452	陆静孙 ……………………… 3-2644
陆保璇	……	2-0810	2-0863	2-1733	2-3474	2-3475	2-3657	陆肇鼎 ……………………… 2-1304
		2-1738	2-1758	2-1761	2-3658	2-3723	2-3759	陆懋勋 ……………………… 2-0846
		2-1805	2-2102	2-2196	2-3850	2-3980	2-3987	陈一鸣 ………… 2-2879　2-3372
陆保瀞			………	2-1643	3-0088	3-0150	3-0231	陈士彻 ……………………… 3-3099
陆剑华			………	2-1812	3-0241	3-0244	3-0273	陈士杰 ……………………… 2-0239
陆费执	……	2-1870	2-3812	3-3073	3-0293	3-0670	3-0679	陈大年 ………… 2-2173　2-2177
		3-3076	3-3256	3-3424	3-0773	3-1162	3-1214	陈大复 ……………………… 2-0011
		3-3458	4-0287	4-0289	3-1463	3-1520	3-1527	陈与新 ……………………… 2-1368
		4-0291	5-0025	5-0028	3-1537	3-1538	3-1650	陈之佛 …… 2-3647　2-3711　3-3549
		5-0035	5-0042	5-0050	3-1724	3-1832	3-1840	陈之霖 ……………………… 3-2858
		5-0056	5-0059	5-0062	3-1989	3-2816	3-3156	陈子仁 ……………………… 4-0554
		5-0093	5-0097	5-0115	3-3244	3-3330	4-0037	陈子材 ……………………… 2-2247
		5-0116	5-0117		4-0062	4-0069	4-0174	陈子明 …… 4-0378　4-0383　4-0387
陆费逵	……	1-0077	2-0353	2-0359	4-0351	4-0354	4-0403	陈子衮 ……………………… 2-1301
		2-0380	2-0418	2-0466	4-0484	5-0055		陈子展 …… 2-1053　2-1059　3-0387
		2-0486	2-0500	2-0501	陆陡		……… 3-0645	3-0388
		2-0505	2-0522	2-0545	陆泰生	……	2-1574　2-3311	陈子韶 ……………………… 2-0815
		2-0555	2-0574	2-0580	陆振声		……… 2-2700	陈子褎 ………… 2-0815　2-2016
		2-0586	2-0603	2-0606	陆高谊	……	3-0314　3-0315　3-0316	陈天池 ……………………… 3-2632
		2-0613	2-0624	2-0740			3-1227　3-1781　3-1782	陈元亨 ………… 3-1960　3-2238
		2-0829	2-0833	2-0834			3-1783　3-1784　3-2834	陈元鼎 ……………………… 3-1986
		2-0858	2-0860	2-0900			3-2835	陈云涛 ……………………… 4-0560
		2-0986	2-1119	2-1131	陆培荣		……… 7-0030	陈友文 ……………………… 2-1574
		2-1184	2-1186	2-1197	陆培亮		……… 7-0030	陈介白 ………… 3-0370　3-0419
		2-1258	2-1260	2-1342	陆基	……	2-0476　2-1418　3-0292	陈公衡 ………… 3-2667　3-2680
		2-1396	2-1417	2-1419	陆菲琼		……… 2-2004	陈丹旭 …… 2-1454　2-1457　7-0035
		2-1421	2-1424	2-1428	陆梅僧		……… 5-0218	陈文 …… 2-0781　2-2473　2-2496
		2-1447	2-1455	2-1458	陆崧安	……	2-3755　2-3829	2-2497　2-2637　2-2648
		2-1461	2-1463	2-1507	陆旋	……	5-0041　5-0043　5-0079	2-2649　2-2675　2-2676
		2-1511	2-1515	2-1516	陆维特	……	2-1479　2-1480　2-1545	3-1824　3-1845　3-1874
		2-1525	2-1528	2-1533			2-1612	3-1900　3-1970　3-1972
		2-1534	2-1543	2-1559	陆萼庭		……… 3-0087	3-1997　3-2172　3-2177
		2-1565	2-1570	2-1586	陆雅娥	……	2-2874　2-2875	3-2371　3-2459　3-2465
		2-1598	2-1952	2-1953	陆翔		……… 3-0533　4-0093	3-2595　3-2606　4-0035
		2-1960	2-1962	2-1979	陆嵩安		……… 2-3844	陈文钟 ……………………… 4-0541
		2-1983	2-2028	2-2079	陆新球		……… 3-3071	陈文哲 ………… 3-2585　3-3037
		2-2086	2-2123	2-2128	陆殿扬	……	2-0786　2-1595　2-2250	陈文祥 …… 3-1093　3-2817　5-0167
		2-2137	2-2139	2-2157			3-0213　3-0467　3-0954	陈文麟 ……………………… 5-0234
		2-2200	2-2202	2-2369			3-0971　3-1027　3-1028	陈心一 ……………………… 2-1453

陈玉娇			7-0015	陈问樵			2-3090	陈纶	3-3271	3-3285	3-3299

陈玉娇 …… 7-0015
陈世型 …… 2-1329
陈世雄 …… 3-2434
陈布雷 …… 8-0069　8-0107
陈东极 …… 3-0515
陈白 …… 2-1573　2-1576
陈用光 …… 3-3040　3-3324
陈尔寿 …… 3-1649
陈尔锡 …… 3-1964
陈立夫 …… 3-0130　3-0131　3-0163
　　　　　3-0166　3-0175　3-0184
　　　　　3-0194　3-0196　3-0199
　　　　　4-0057　4-0059　9-0033
陈汉坤 …… 4-0177
陈礼江 …… 2-0043　2-0044　2-0171
　　　　　3-0313　4-0427　4-0717
陈训慈 …… 4-0113
陈永丰 …… 3-2992
陈永材 …… 2-0267
陈幼璞 …… 3-0588　3-0592　3-0620
陈邦贤 …… 2-2428　2-2468　2-2620
　　　　　2-3035　3-3389
陈邦彦 …… 2-1154　2-2348　2-2506
　　　　　2-2656　2-2658　2-3531
　　　　　2-3561　2-3589　2-3599
陈有良 …… 3-2889
陈有恒 …… 7-0030
陈尧昶 …… 4-0442
陈光伯 …… 3-1490　4-0159
陈光祖 …… 3-1376　3-1647
陈同 …… 2-0338
陈同素 …… 3-2990
陈先舟 …… 3-0142　3-0214
陈廷梅 …… 4-0144
陈竹君 …… 3-1110
陈乔治 …… 2-2700　2-2725
陈仲子 …… 4-0629
陈任箴 …… 2-1551
陈华 …… 2-3610　2-3695　2-3696
陈众孚 …… 2-2696
陈旭麓 …… 3-1339
陈庆年 …… 3-1187　3-1204　3-1208
陈庆林 …… 2-2273　2-2274　2-2275
　　　　　2-2276　2-2277　2-2279
陈问新 …… 5-0162

陈问樵 …… 2-3090
陈江风 …… 2-0655　2-0656　2-0657
　　　　　2-0658　2-0664　2-0665
　　　　　2-0668　2-2868　2-3035
　　　　　2-3264　2-3543　2-3776
　　　　　2-3779　2-3780　2-3898
　　　　　8-0047
陈守绂 …… 3-2417
陈纪 …… 2-0709
陈寿朋 …… 2-2868　2-2870　2-2880
　　　　　2-2881　2-3370
陈运仁 …… 2-3553
陈抚辰 …… 2-0836
陈志云 …… 3-1127
陈志方 …… 5-0263
陈志超 …… 2-3922
陈志潜 …… 4-0279
陈劳薪 …… 3-3303
陈步青 …… 3-2847
陈步炜 …… 2-1679
陈时文 …… 4-0477
陈佐墀 …… 2-1697
陈作东 …… 3-2302　3-2366
陈作梁 …… 4-0673
陈伯吹 …… 2-0895　2-1011　2-1045
　　　　　2-1059　2-1470　2-1531
　　　　　2-1556　2-1782
陈伯琴 …… 3-1945　3-1950　3-2136
　　　　　3-2239　3-2244　4-0169
陈近礼 …… 3-2036
陈希东 …… 3-1669
陈希豪 …… 2-0342
陈应泰 …… 3-2594
陈灿 …… 3-3437　5-0197
陈怀书 …… 3-2416　3-2497　4-0176
　　　　　4-0182
陈怀白 …… 3-1284
陈宏谋 …… 2-2246
陈启昌 …… 5-0036
陈启谦 …… 2-3449
陈君葆 …… 2-0427
陈君馥 …… 2-1805
陈际云 …… 2-0086　2-0098　2-1548
　　　　　2-1710
陈纯 …… 3-2623

陈纶 …… 3-3271　3-3285　3-3299
　　　　　4-0236　4-0267　4-0268
陈青如 …… 2-0661
陈抱一 …… 2-3680　7-0033
陈其可 …… 3-1288　3-1374
陈其鹿 …… 5-0240　5-0256
陈茂治 …… 2-1935
陈杰夫 …… 3-2573　3-2661　3-2674
陈雨人 …… 3-3390
陈雨苍 …… 3-3371　3-3376　3-3386
　　　　　3-3387　3-3393　3-3399
　　　　　4-0278
陈果夫 …… 3-0182
陈国桢 …… 5-0188
陈罗孙 …… 2-1906
陈和祥 …… 2-1381　2-1518　2-1600
　　　　　2-1647　2-1778　2-1779
陈竺同 …… 3-1283
陈岳生 …… 3-1792　3-1798　3-1812
　　　　　3-1882　3-1914　3-1950
　　　　　3-2104　3-2106　3-2143
　　　　　3-2229　3-2242　3-2249
　　　　　3-2305　3-2389　3-2533
　　　　　3-2553　3-2700　3-2713
　　　　　3-2718　3-2740　3-2746
　　　　　3-2756　3-2768　3-2956
　　　　　7-0058
陈岳如 …… 7-0059
陈侠 …… 2-1568　4-0691　6-0095
陈郁磐 …… 2-3525
陈炎佳 …… 3-0170　3-0197
陈学英 …… 3-1577
陈学郅 …… 3-2611　3-2616　3-2814
　　　　　3-3046　3-3134　3-3151
　　　　　4-0200　4-0208
陈学恂 …… 4-0391
陈宝珊 …… 3-2633　3-2638
陈宝泉 …… 2-0513　2-0514　2-0851
　　　　　2-0865　2-0870　2-1129
　　　　　2-2132　2-2209　2-2381
　　　　　2-2807　2-3147　2-3179
　　　　　2-3206　4-0085　4-0360
陈宝璋 …… 9-0064
陈宗秀 …… 2-3513
陈建功 …… 3-1794　3-2029　3-2079

		3－2080	3－2187	3－2222		2－3077	2－3347	2－3356
		3－2223				2－3358	2－3360	2－3402
陈建勋				3－2742		2－3423	2－3425	2－3433
陈建源				3－1816	陈恩荣		3－0477	4－0084
陈承泽			3－0148	3－0275	陈铎	2－2140	2－2214	2－2216
陈驾凡	2－0259	3－0055	3－0069			2－2217	2－2255	3－1219
	3－0460	3－2148	3－2580			3－1653	3－1734	3－1740
陈贯吾				3－0087		3－1744	3－1747	3－1768
陈荣衮	2－1294	2－1295	2－1296		陈铎民			3－1485
陈荩民		3－2090	3－2305	4－0168	陈健			2－1195
	4－0187				陈健行			3－0469
陈树藩				3－3010	陈高佣			4－0055
陈厚庵				3－3450	陈兼善	3－3078	3－3084	3－3090
陈奎生			2－3908	2－3912		3－3259	4－0242	
陈映璜				3－3348	陈朔南	3－1934	3－1957	3－2728
陈思				3－0544		3－2749	3－2758	
陈品琼	2－2982	2－2989	2－2990		陈浦瑛			2－1523
	2－2991	2－2992	2－2993		陈浩雄			7－0047
	2－2994				陈浚介	2－0554	2－1377	3－0756
陈选善	2－2065	2－3301	4－0436		陈家灿			3－2805
	4－0458	7－0065			陈家栋			2－0446
陈适				3－0881	陈家锟		3－3427	5－0142
陈修仁				3－2200	陈家瓒			5－0144
陈俊				2－3489	陈捷		2－1975	2－2040
陈俊介				2－0614	陈乾生			2－2068
陈衍				6－0009	陈彬和		3－0336	3－0349
陈剑恒				2－0899	陈勖贤			3－2721
陈庭兰				2－2105	陈曼鹤			3－3458
陈彦殊				5－0175	陈啸空			2－3497
陈彦舜			3－0064	3－0077	陈鹿苹		3－2499	3－2524
陈炳耀				3－0560	陈章			5－0147
陈济芸				7－0020	陈望道	3－0345	3－0403	6－0007
陈觉民				2－3827	陈清震			4－0342
陈冠一				3－1343	陈鸿仪			2－3915
陈冠英				3－1940	陈淞南			3－0203
陈祖源				3－1400	陈淑雨			3－0814
陈振			2－2144	2－2146	陈琪			3－0057
陈振华				3－2735	陈越			2－1806
陈耿光				2－2799	陈超立			2－3343
陈恭则				2－3513	陈敬			3－3333
陈真				2－1592	陈厥明		2－0413	9－0072
陈桢				3－3083	陈棠	2－1522	2－1601	2－1969
陈烈光		3－3188	3－3282	3－3349		2－2043	3－0337	
陈致中	2－2428	2－2468	2－2528		陈景秋			8－0150
	2－2620	2－2854	2－2860		陈筑山		8－0067	8－0152
陈赓飏				5－0025
陈善叙				2－0458
陈曾则				4－0080
陈湛銮				3－2529
陈湘衡			2－0420	2－3355
陈滋			2－3118	2－3212
陈登元				3－1388
陈登原				3－1300
陈登瀚				3－1083
陈聘伊		8－0016	8－0018	8－0205
陈献可				4－0555
陈椿年				3－0349
陈槐庭				2－2700
陈锡芳				2－1916
陈锡祺				3－1444
陈韵兰				2－3940
陈意			3－3581	4－0318
陈塑南				3－2950
陈福民				4－0160
陈福安				3－3445
陈福咸				3－1982
陈群葆				2－2635
陈慕兰				2－3963
陈蔼麓				3－0445
陈槻		3－1823	3－1844	3－1967
		3－1995	3－2111	3－2295
		3－2361	3－2463	3－2584
		3－2626	4－0181	
陈霆锐				3－0154
陈豪				3－1712
陈瑾				2－0750
陈醉云		2－0347	2－1605	2－3238
		8－0126		
陈震飞				3－3123
陈镐基		2－0730	2－2255	3－1736
		3－1754	3－1760	
陈德云				3－2706
陈德芬		2－0477	2－0480	2－0497
陈德徵		8－0070	8－0072	8－0073
		8－0074	8－0190	
陈鹤琴		2－0887	2－0897	2－0898
		2－0899	2－0902	2－1693
		2－1787	2－1817	2－1843
		2－2065	2－2706	2－2738
		2－3236	2－3770	3－1017

	4-0415　4-0442　4-0446	
	4-0644　7-0003　7-0004	
	7-0008　7-0026　7-0042	
	7-0054　7-0055　7-0056	
	7-0057	
陈慰萱 …………　2-2503　2-2654	
陈履坦 …………　2-1454　2-1457	
陈履周 ……………………　2-1781	
陈赞 ………………………　2-2480	
陈衡玉 ……………………　4-0374	
陈衡哲 ……………………　3-1417	
陈懋功 ……………………　2-0501	
陈懋治 …………　2-1413　2-1946	
陈霭丽 ……　3-0655　3-0656　3-0658	
3-0659　3-0664　3-0665	
3-0667　3-0668	
陈霭麓 …………　2-1445　3-0354	
陈耀西 ……………………　2-3450	
邵人模 ……………………　2-1737	
邵义 ………………………　4-0461	
邵子敬 ……………………　2-2952	
邵玉 ………………………　8-0160	
邵汝干 …………　2-3879　2-3882	
邵伯勋 ……………………　2-3340	
邵伯棠 ……　2-0969　2-1632　2-1635	
2-1724　2-1728　2-1737	
邵希雍 ……　2-1634　2-1730　3-1346	
邵松如 …………　3-1114　3-1122	
邵鸣九 …………　2-0098　4-0494	
邵鸿矗 …………　3-0989　3-0998	
邵越崇 ……………………　3-1765	
邵廉存 ……………………　2-0485	
邵德馨 …………　2-3466　5-0032	
邵鹤鸣 ……………………　2-0130	
邵骥 ………………………　3-1148	
邰爽秋 ……　3-0825　4-0488　4-0640	
4-0643	

八　画

[一]

武云如 ……………………　2-0156
武宝琛 ……………………　8-0019
武塨干 ……………………　3-1495
武崇经 ……………………　3-2296
武葆村 …………　3-0264　4-0697

苦海余生 …………………　3-0298
苗迪青 ……………………　3-1692
茆玉麟 ……………………　2-1719
茆正修 ……………………　2-0445
范广涛 ……　2-2926　2-2928　3-0085
范天英 ……………………　2-1669
范云六 ……　2-1454　2-1462　3-3260
范凤源 ……　3-1858　3-2019　3-2137
3-2569
范文澜 ……………………　3-0628
范延荣 ……………………　3-3044
范冰心 ……………………　2-2358
范庆涵 ……………………　5-0008
范寿康 ……　4-0011　4-0049　4-0369
4-0475　4-0544　4-0545
4-0546　4-0661
范芝生 ……………………　2-1453
范作乘 ……　2-1606　2-1607　2-1608
2-1981　2-2043　2-2046
2-2048　2-2053　2-2054
2-2056　3-0401　3-1335
3-1338　3-1943　4-0110
4-0111　4-0112
范忘吾 ……………………　2-0251
范际平 ……　3-1817　3-2152　3-2156
3-2477　3-2552
范郁文 ……………………　2-0249
范迪吉 ……………………　3-3602
范觉非 …………　2-0254　3-0082
范晓六 ……　9-0016　9-0017　9-0018
9-0019　9-0020　9-0022
9-0023　9-0024　9-0026
9-0027　9-0035　9-0040
9-0062　9-0067
范烟桥 …………　2-1378　2-1660
范祥善 ……　2-0056　2-0057　2-0058
2-0059　2-0060　2-0061
2-0062　2-0063　2-0064
2-0065　2-0066　2-0067
2-0068　2-0069　2-0070
2-0071　2-0072　2-0073
2-0074　2-0075　2-0244
2-0322　2-0325　2-0329
2-0337　2-0343　2-0363
2-0385　2-0387　2-0392

2-0430　2-0521　2-0598
2-0626　2-0650　2-0780
2-0865　2-0867　2-0870
2-0871　2-0873　2-0926
2-0999　2-1002　2-1133
2-1134　2-1138　2-1139
2-1141　2-1198　2-1340
2-1341　2-1382　2-1425
2-1426　2-1430　2-1444
2-1445　2-1448　2-1456
2-1472　2-1482　2-1517
2-1519　2-1521　2-1526
2-1529　2-1542　2-1574
2-1575　2-1599　2-1603
2-1664　2-1835　2-1959
2-1967　2-1970　2-1977
2-2035　2-2044　2-2063
2-2143　2-2147　2-2149
2-2219　2-2392　2-2395
2-2598　2-2600　2-2845
2-2850　2-2852　2-2857
2-2926　2-2928　2-3052
2-3085　2-3087　2-3239
2-3240　2-3246　2-3253
2-3310　2-3311　2-3317
2-3320　2-3357　2-3398
2-3400　2-3430　3-0136
3-0333　3-0334　3-0445
3-0485　3-1243　3-1322
3-1386　3-1549　3-1656
4-0043　4-0409　4-0539
7-0002　7-0005　8-0071
8-0101　8-0106　8-0127
8-0147　8-0153　8-0155
8-0166　8-0194
范焕基 …………　3-1178　4-0132
范源廉 ……　1-0064　1-0077　2-0505
2-0512　2-0517　2-0518
2-0519　2-0520　2-0548
2-0551　2-0553　2-0833
2-0850　2-0854　2-0856
2-0857　2-0860　2-0993
2-0995　2-0997　2-1125
2-1955　2-1958　2-2131
2-2134　2-2380　2-2383

2-2489	2-3146	2-3452
2-3657	2-3658	2-3723
2-3759	2-3850	3-0245
3-0246	3-0295	3-1368
3-3567	4-0020	4-0021
4-0073	4-0355	4-0532
4-0657		

茅文培 …… 2-2356　2-2665　2-3109
茅仲英 ………………… 8-0017　8-0019
茅秉心 …… 2-0678　2-0689　2-0694
　　　　　　2-2903　2-2904　2-3388
茅秉新 ……………………………… 2-0750
茅宗杰 ……………………………… 8-0187
茅瑞庚 ………………… 3-2153　3-2539
林万里 …… 2-0092　2-0227　2-0533
　　　　　　2-0535　2-0602　2-0778
　　　　　　2-0812　2-0820　2-1367
林之学 ……………………………… 2-0767
林天兰 …… 3-0993　3-1004　3-1018
　　　　　　3-1117
林元乔 ……………………………… 4-0209
林壬 …… 4-0352　4-0359　4-0470
　　　　　4-0472　4-0536
林仁之 ……………………………… 2-3075
林玉福 ……………………………… 3-1704
林本 …………………… 4-0547　4-0548
林可培 ……………………………… 3-0093
林兰 …… 2-1531　3-0062　3-0076
林汉达 …… 2-1872　3-0939　3-0956
　　　　　　3-0958　3-0972　3-0984
　　　　　　3-0986　3-1103
林先民 ……………………………… 3-2798
林传甲 ………………… 4-0149　4-0150
林仲达 ……………………………… 4-0052
林任 ………………………………… 3-0807
林观得 ……………………………… 3-1497
林步荀 ……………………………… 4-0345
林君复 ……………………………… 5-0161
林纾 …… 2-1512　3-0521　3-0522
　　　　　3-0539　4-0074
林英 …… 3-3344　3-3392　3-3394
林荫 …… 3-1144　3-1146　7-0006
　　　　　7-0007　7-0021　7-0023
林轶西 ……………………………… 3-0791
林幽 ………………………………… 3-0927

林科棠 ………………… 2-3241　4-0364
林俊千 ………………… 2-0250　2-2732
林恒 ………………………………… 8-0093
林语堂 …… 3-0927　3-0937　3-0942
　　　　　　3-0960　3-0961　3-0962
　　　　　　3-1104　3-1126
林振镛 ……………………………… 3-0117
林峰 ………………………………… 8-0116
林骏 ………………………………… 2-2286
林培志 ……………………………… 3-3495
林维杰 ……………………………… 5-0169
林琼平 ……………………………… 3-2679
林景贤 ………………… 4-0471　4-0535
林景亮 …… 2-1510　2-1639　3-0684
林锡璜 ……………………………… 4-0189
林犇青 ……………………………… 3-1115
林鹤一 ……………………………… 3-2301
杭海 ………………………………… 2-3392
枕蓉 ………………………………… 3-0650
郁应和 ……………………………… 8-0004
郁树敏 …… 2-0748　2-0752　2-2050
　　　　　　2-2229　3-3109
郁树锟 ………………… 3-2739　4-0213
郁兹地 ……………………………… 2-3913
郁祖同 …… 3-1872　3-1910　3-2005
　　　　　　3-2064　3-2498
郁赞廷 ……………………………… 2-2361
郁耀卿 ……………………………… 3-2452
奋翻生 ……………………………… 3-0517
欧阳溥存 ……………… 3-0011　3-3410
　　　　　　3-3413
欧阳瀚存 ………………………… 2-3475
欧济甫 ……………………………… 3-0455

[I]

卓星槎 ……………………………… 3-2954
尚仲衣 …… 2-1455　2-1458　2-1461
　　　　　　2-1528　2-1534
易韦斋 …… 3-3487　3-3489　3-3503
易克皋 ……………………………… 4-0468
易作霖 …… 2-1197　2-1257　2-1507
　　　　　　2-1525　3-0478　3-0762
易应昆 ………………… 3-1831　3-1980
易实甫 ……………………………… 3-0298
易镇资 ……………………………… 3-2598
罗士苇 ……………………………… 4-0255

罗元鲲 ……………………………… 3-1306
罗因 …………………… 2-3545　2-3675
罗廷光 …… 2-0159　4-0373　4-0384
　　　　　　4-0558
罗庆堂 ……………………………… 3-3329
罗汝楠 ……………………………… 3-1722
罗运矩 ………………… 3-2031　3-2061
罗良铸 …… 2-1463　2-1533　2-1586
　　　　　　2-1979　2-2086　2-3261
　　　　　　2-3326
罗宗洛 …… 3-3027　3-3207　4-0255
罗宗善 ………………… 2-0430　5-0189
罗香林 ……………………………… 3-1309
罗根泽 …… 2-1053　2-1059　3-0406
　　　　　　3-0671　3-0724
罗烈 ………………………………… 9-0028
罗隐 ………………………………… 2-0698
罗绳武 ……………………………… 3-3684
罗肇涛 ……………………………… 3-2708
凯丰 ………………………………… 3-0626

[J]

和墨卿 ……………………………… 2-1904
季树谷 ……………………………… 2-2718
季信 ………………………………… 2-0427
季禹九 …… 2-0309　2-0645　2-0700
　　　　　　2-0712　2-0715　2-0724
　　　　　　8-0064
季涛 ………………………………… 2-1545
季雪云 ……………………………… 2-1551
季朝桢 ……………………………… 2-1137
季锡组 ……………………………… 2-1000
季新益 …… 4-0333　4-0341　4-0463
竺可桢 …… 3-1467　3-1496　3-1503
　　　　　　3-1546　3-1547　3-1592
　　　　　　3-3003
秉志 …… 3-3257　3-3265　3-3270
岳筠笙 ……………………………… 2-2519
金子铮 ……………………………… 3-3609
金开山 ……………………………… 7-0027
金井秋 ………………… 2-1980　2-2052
金云峰 ………………… 2-1277　2-3288
金少梅 ………………… 2-3253　3-3540
金文光 ……………………………… 2-1431
金为 …………………… 2-1937　3-1360
金书樵 ……………………………… 3-0344

金去峰	2-1353		
金世惠	2-3581		
金石	2-3649	2-3720	
金立初	3-0448	3-0674	
金立藩	3-2875	3-2979	3-2996
金式陶	3-1222		
金师竹	2-2344		
金竹安	3-1746	3-1769	
金仲眉	3-2992		
金华祝	2-0585		
金兆梓	2-0380	2-0727	2-0732
	2-0900	2-1053	2-1059
	2-1396	2-1463	2-1507
	2-1515	2-1533	2-1606
	2-1607	2-1608	2-1844
	2-1962	2-1972	2-1976
	2-1979	2-1983	2-2002
	2-2038	2-2048	2-2053
	2-2056	2-2139	2-2402
	2-2405	2-2407	2-2427
	2-2505	2-2511	2-2606
	2-2614	2-2657	2-3227
	2-3269	2-3278	3-0171
	3-0177	3-0387	3-0388
	3-0647	3-0760	3-0946
	3-0959	3-1169	3-1235
	3-1241	3-1245	3-1256
	3-1267	3-1275	3-1294
	3-1308	3-1311	3-1315
	3-1333	3-1382	3-1385
	3-1387	3-1402	3-1427
	3-1431	3-1447	3-1449
	3-1560	3-1572	3-2563
	3-2668		
金兆蕃	2-0846		
金守诚	3-1658		
金声	2-1139	2-2492	2-2645
	2-2710		
金希三	3-1590		
金宏	3-2928		
金轮海	2-2834	4-0639	
金国宝	3-3441	5-0241	
金国录	3-1937		
金念祖	2-0135		
金学俨	2-0723	2-3817	

金宗华	3-0357	3-0369	3-0409
金承望	4-0469		
金品	3-2037	3-2121	3-2151
	3-2157	3-2233	3-2340
金笆仙	4-0508		
金保康	3-2798		
金咨甫	3-3474		
金润青	2-0614	2-0681	2-0692
	2-1154	2-2418	2-3386
金润清	2-1130	2-1137	
金通尹	3-1856	3-2016	3-2485
	3-2645		
金晨	2-3658		
金崇如	3-0152	3-0158	
金皎鹤	2-1412	2-3099	
金嵘轩	4-0711	4-0713	
金鉴	2-1597		
金墀	2-0613		
金蕃	2-1154		
金德海	2-0041		
金擎宇	2-2259	2-2260	3-1766
金衡甫	2-0836		
周十义	2-2492	2-2645	2-2710
周之淦	1-0066	4-0366	
周开明	2-0268		
周天鹏	3-0777		
周元谷	3-2489	3-2500	3-2551
周元培	3-2489		
周元瑞	3-2500		
周太玄	3-3027	3-3102	3-3130
周日济	3-0231	3-0244	4-0064
周文	3-2316	3-2676	3-2709
	3-2874	3-2917	
周文通	2-1943		
周文德	3-2479		
周为群	3-1855	3-1889	3-2013
	3-2182	3-2484	
周予同	2-1199	2-1400	2-1401
	3-0333	3-1247	3-1258
	3-1262	3-1278	
周玉田	3-3187		
周世勋	2-1195		
周世恒	2-1826		
周世棠	2-1922	2-2099	2-2107
	5-0040	5-0112	

周本培	2-1135		
周由廑	3-1112		
周乐山	3-0669		
周立三	3-1565	3-1568	3-1581
周汉	2-0050		
周邦道	4-0511		
周吉士	2-3620		
周有姜	2-1774		
周达	2-2334	3-2278	
周吕才	2-3833		
周同愈	3-1348		
周刚甫	2-1091		
周廷珍	3-0455		
周传圭	8-0159		
周汝沅	5-0062	5-0085	
周志瑞	3-2983		
周岑鹿	3-3223	3-3314	
周佐严	3-1808		
周作人	2-1530	2-1540	
周伯平	9-0041	9-0071	
周佛海	3-0175	5-0192	5-0260
周近新	2-0920	2-1093	2-1613
周谷城	4-0065		
周迎潮	3-0062	3-0076	
周沐华	2-0267		
周沉刚	5-0242		
周宋康	3-1616		
周其义	2-2449	3-1746	3-1769
周郁年	3-0041	3-0042	3-0043
	3-0044	3-1014	2-1176
	3-2577		
周尚	7-0025		
周尚志	2-0156	2-1563	
周昌寿	2-2938	3-2565	3-2575
	3-2629	3-2630	3-2641
	3-2643	3-2650	3-2651
	3-2683	3-2690	3-2697
	3-2780		
周昌时	2-1453		
周忠治	2-0263	2-1751	3-0819
周佩苇	3-0057		
周京	3-1833		
周沫华	2-3001	2-3009	2-3011
周法均	2-2613	4-0552	
周性初	2-3442		

周学旦	2-3969		
周学章	3-0877		
周宗琦	3-3364		
周宗镐	3-2943		
周建人	2-2856	2-2933	2-2938
	2-2975	2-3025	2-3089
	2-3157	2-3237	2-3361
	3-3172	3-3186	3-3196
	3-3265	3-3274	3-3286
	3-3310	3-3393	4-0243
	4-0256		
周承恩	3-2275	3-2347	3-2438
周绍文	3-2578	3-2725	
周珏	2-2467		
周玲荪	3-3449	3-3490	3-3516
	3-3521	3-3564	
周南藩	5-0170	5-0171	5-0179
周树滋	3-0344		
周轶群	2-0130	2-0234	2-2742
周侯于	3-0448	3-0674	
周庭桢	3-0942		
周宣德	3-2180		
周宪文	3-3434	3-3436	5-0190
周祐	3-0358		
周祝封	2-1642	2-1755	2-1756
周盈	3-0633		
周监殷	5-0140		
周唉	3-0778		
周钰	2-2629		
周铁群	2-2732		
周颂久	2-2399	2-2975	2-3025
	3-2652	3-2670	
周阆风	2-0176	2-0267	2-1587
	2-1707	2-1712	7-0049
周阆琛	3-0200	3-0205	
周家树	3-2030	3-2192	3-2310
	3-2326	3-2508	
周容	3-1557		
周调阳	4-0489		
周驿	2-0899		
周彬	2-0713	2-2514	2-2517
	2-2966		
周梦贤	2-3345		
周晦庵	3-3096		
周铭三	3-0436		

周铭训	2-3758		
周逸休	2-1671	2-3606	
周焕文	4-0334		
周淦	3-0169	3-0173	3-0178
	3-0188		
周惟寅	3-1460		
周维城	2-0138	4-0352	4-0359
	4-0470	4-0472	4-0536
周瑛	2-3099		
周越然	2-1839	2-1842	2-1850
	2-1866	2-1867	2-1869
	3-0934	3-0936	3-0941
	3-1003	3-1073	3-1088
	3-1134	3-1142	4-0617
周雁峰	3-2499		
周斐成	2-1230	2-1549	2-1649
	2-1651	2-2682	2-3340
周鼎夏	2-3856		
周景濂	2-0703	3-1224	3-1324
周傅儒	3-1383	3-1391	
周斌	3-0050		
周道悟	2-0130		
周道章	3-1971	3-1976	
周颐年	3-2730		
周颐甫	3-0350		
周辑庵	5-0152		
周虞廷	3-2908		
周鉴溪	2-0431	2-2530	2-2668
周鹏	2-1891	3-1366	
周源生	3-1488		
周静	3-0427	3-0432	
周蓊青	4-0556		
周毓莘	2-0255	3-2656	3-2827
	3-2849	3-2878	4-0214
周毓彬	2-1005	2-1204	
周肇华	2-0842		
周增霖	3-0198		
周毅瑞	3-0804		
周震鳞	3-1462		
周鲠生	3-0149		
周鹤鸣	2-3889	3-3616	
周懋中	2-2295		
周藩	2-2806	2-2813	3-1966
	3-2441	3-2446	3-2481
鱼华仙	5-0140		

[丶]

庞仁	2-3583		
庞文源	4-0148		
庞任公	2-2706	2-2738	
庞亦鹏	2-1457	3-0939	3-0956
	3-0958		
庞南洲	2-0286	3-0687	
庞静涵	2-3570	2-3571	
庞醒跃	3-3624		
於子明	2-3827		
郑兀	3-0619		
郑川谷	2-3634	2-3680	
郑之纲	4-0641		
郑太朴	3-2297		
郑文华	2-1006	2-1203	3-2332
郑心南	2-2674		
郑业建	3-0729		
郑贞文	3-2565	3-2765	3-2815
	3-2820	3-2825	3-2826
	3-2838	3-2841	3-2842
	3-2892	3-2899	3-2974
	3-2991		
郑师许	3-1301		
郑同礼	2-2849		
郑次川	3-0710	3-0711	4-0364
郑汝霖	2-3856		
郑纪	3-0610		
郑君美	4-0018		
郑坦	2-0234		
郑茂之	2-2222		
郑林庄	4-0283		
郑叔璜	2-2659		
郑昊樟	9-0064		
郑季桐	2-2943	2-2944	
郑炜	3-0111		
郑法	2-3964		
郑学稼	5-0121		
郑宗海	4-0361	4-0362	4-0376
	4-0423		
郑勉	3-3072	3-3085	3-3089
	3-3094	3-3363	
郑炳渭	2-2390	2-2396	2-2492
	2-2500	2-2504	2-2596
	2-2599	2-2645	2-2652
	2-2710		

郑觉民			3-1108
郑昶	2-0341	2-0349	2-0351
	2-1516	2-1598	2-2139
	2-2145	2-2148	2-2215
	2-2218	2-2221	3-0117
	3-0130	3-0131	3-1241
	3-1245	3-1387	3-1395
	3-1686	4-0631	8-0015
	8-0061	8-0076	
郑邕亮			2-2313
郑资约		3-1644	3-1692
郑逸欣			2-1874
郑朝熙	2-0611	2-0851	2-0859
	2-1127	2-1963	4-0533
郑舜华			2-3525
郑善潮			3-2266
郑尊法	3-2825	3-2826	3-2841
	3-2842	3-2929	
郑辟疆	5-0125	5-0126	5-0127
	5-0129	5-0131	
郑毓荪			3-2732
郑震		3-1446	3-1715
郑鹤声		3-1169	3-1174
单人骅			3-3207
单常性			7-0028
波烟			2-3514
宗亮晨			2-1161
宗亮寰	2-0344	2-0748	2-0934
	2-1017	2-1237	2-1277
	2-1377	2-1433	2-1434
	2-1435	2-1436	2-1437
	2-1438	2-1439	2-1443
	2-1470	2-1703	2-2856
	2-2861	2-2933	2-3079
	2-3266	2-3268	2-3270
	2-3275	2-3288	2-3297
	2-3329	2-3333	2-3355
	2-3361	2-3609	2-3663
	2-3671	2-3693	2-3700
	2-3714	2-3726	2-3730
	2-3768	2-3771	2-3772
	2-3854	3-0512	7-0010
	7-0038	7-0053	7-0064
	7-0072	8-0069	
宗振寰			2-3854

宓崇晖			2-1815
郎好常		3-2410	3-2414
郎荣山			2-3353
房兆驹			2-2680
房锡埥			2-2317

[一]

居小石		3-2767	3-2976
居同先			2-3544
居秉瑶		3-2334	3-2345
屈德泽			3-3226
承士林		2-0255	3-0068
孟子厚			3-0988
孟世杰	3-1248	3-1250	3-1293
	3-1304	4-0121	
孟江霖			2-0617
孟寿椿		3-1298	3-1555
孟宪承	3-0359	3-0366	4-0372
	4-0391	4-0664	
孟森			2-0379
经利彬			3-3356
经亨颐		3-2162	3-2961
经家龄		2-2117	2-2198

九　画

[一]

封光甲		2-0124	2-1594
封嘉义			3-2473
项文蕙			2-2414
项若愚	2-0931	2-0950	2-1062
	2-2182	2-2466	2-2548
	2-3039		
项翔高		2-3876	2-3946
项毓恩			3-0755
赵元任	2-1380	3-0500	3-0501
赵云朗			5-0226
赵水澄	8-0138	8-0139	8-0152
赵凤	2-2390	2-2396	2-2500
	2-2596	2-2599	2-2652
赵心人			3-1403
赵玉笙			2-1557
赵玉森	2-2027	3-1197	3-1203
	3-1208	3-1212	3-1219
	3-1320	3-1321	3-1366
	3-1517	3-1522	4-0106

			5-0196
赵本善			3-1096
赵可师		2-1239	2-2740
赵东樵		3-2677	3-2884
赵白山	2-1237	2-1277	2-3288
	3-0512	7-0010	7-0038
	7-0053	7-0064	7-0072
赵印			2-3128
赵乐天			3-2140
赵乐溪			3-1008
赵立民			3-3589
赵兰坪			5-0206
赵半部		2-1819	3-3532
赵必振			2-0091
赵邦镁	9-0031	9-0032	9-0034
	9-0070		
赵圭如			2-2266
赵光绍	2-3872	2-3874	2-3957
赵光荣	2-0428	2-3188	2-3397
	2-3429		
赵廷为	1-0070	2-0194	2-2611
	2-2634	3-0953	4-0168
	4-0379	4-0426	4-0562
	4-0568	4-0583	4-0599
	4-0604		
赵廷炳	3-2859	3-2860	3-2977
	3-2984	3-2986	3-2987
赵廷鉴	2-2164	2-2173	2-2175
	2-2177	2-2235	
赵传璧	2-3735	2-3736	2-3762
	2-3764	2-3805	2-3807
	2-3836	2-3851	2-3860
赵守联			3-1529
赵级晋			3-3307
赵进义	3-1881	2-2033	3-2472
赵杏园			2-1416
赵体用	2-3078	2-3081	2-3424
赵体真	2-0746	2-0751	2-0760
	2-3080		
赵余勋	2-0919	2-1393	2-2685
	2-2692	2-2704	2-2705
	2-2719	2-2722	2-2726
	2-2734	2-2737	2-2741
	2-2743	3-1807	3-2128
	3-2250	3-2431	

赵灼……… 3-1080 3-1084 3-1085 3-1135
赵英若……… 2-0443
赵果权……… 3-2942 3-2954
赵国昌……… 3-2422
赵秉良…… 2-2378 2-2484 2-2639 2-2640 2-2642 3-1777 3-1838 3-1840 3-1912 3-1989 3-2448 4-0162 4-0172
赵侣青…… 2-0234 2-0390 2-0397 2-0421 2-0425 2-0435 2-1093 2-2425 2-2427 2-2505 2-2625 2-2669 8-0016 8-0018 8-0205
赵质宸……… 3-0193
赵性哲…… 2-0763 2-1236 2-3102
赵宗预…… 2-2395 3-0018 3-0019 3-0251 4-0542 4-0552 5-0003 5-0005
赵承预……… 2-0755
赵型……… 3-0083 3-0086 3-2011 3-2319 3-2527
赵迺传……… 2-0402 2-0404
赵修乾……… 3-2502 3-2519
赵宪……… 4-0147
赵宪曾……… 3-1974
赵振武……… 2-0042
赵振儒……… 3-2255
赵钲铎…… 2-1944 2-1954 2-2025 2-2029 2-2032 3-0292 3-1253 3-3570 4-0285 4-0325
赵梅伯……… 2-3556 2-3577
赵堂构…… 2-3347 2-3356 2-3358 2-3360 2-3402 2-3423 2-3425 2-3433
赵冕……… 3-0264 4-0716
赵欲仁…… 2-0554 2-0614 2-1015 2-1023 2-1036 2-1100 2-1528 2-2724 2-3671 4-0611
赵欲生……… 2-1039
赵庸耕……… 2-2930 2-3093
赵淑华……… 2-0651
赵琳……… 4-0695
赵森……… 2-0549 2-0608
赵景深…… 2-0622 2-1011 2-1402 2-1530 2-1540 3-0045 3-0341 3-0342 3-0417 3-0470 3-0562 3-0608 3-0653 3-0672
赵景源…… 2-0242 2-0342 2-0350 2-0389 2-0434 2-0755 2-0906 2-0910 2-0934 2-0955 2-1163 2-1164 2-1237 2-1277 2-2523 2-2659 2-3250 2-3276 2-3288 2-3316 2-3322 2-3324 3-0512 7-0010 7-0038 7-0053 7-0064 7-0072
赵道一……… 4-0429
赵富鑫……… 3-2676
赵楷……… 3-3088 3-3093 3-3287
赵辑……… 4-0070
赵锦华……… 3-0541
赵慎一……… 2-3324
赵静……… 2-3318 2-3328
赵夐……… 2-0388 2-0434 2-1239 2-2740 2-2921 2-3322
赵演……… 4-0584
赵蕴之……… 2-3105
赵澄璧…… 3-1196 3-1197 3-1198
赵慰祖……… 9-0042
赵缭……… 3-1822 3-1831 3-1980
赵擎环……… 3-3596
赵镜元……… 3-1580
赵霭吴……… 2-2600
赵骧……… 2-1197 2-3494
赵懿年……… 3-1213 3-1361
郝立舆……… 5-0193
郝定……… 2-0109
荆桂森……… 3-3279
茧生……… 2-3580
荣方舟…… 3-2065 3-2084 3-2088 3-2100 3-2248 3-2333 3-2346 3-2377 3-2384
荣绪……… 4-0647
胡大中……… 2-2393
胡广仁……… 5-0263
胡子固……… 3-0057
胡天智…… 2-0663 2-0668 2-0669 2-0670 2-2867 2-2876
胡云翼…… 3-0559 3-0563 3-0564 3-0680 3-0681 3-0682 3-0683 3-0731 3-0788 3-0826
胡午峰……… 2-2057
胡仁源…… 2-1448 3-2482 3-2546
胡术五…… 3-1798 3-1810 3-2021 3-2030 3-2053 3-2059 3-2185 3-2192 3-2208 3-2219 3-2547
胡石青……… 3-0193
胡尔康…… 3-1879 3-2039 3-2193 3-2490
胡立人……… 9-0029 9-0030
胡汉民…… 2-0330 2-1449 2-2397 2-2503 3-1551
胡台山……… 3-0057
胡朴安……… 2-0881
胡达聪…… 2-2497 2-2522 2-2527 2-2649 5-0163 8-0169
胡迈……… 2-0563
胡贞惠…… 2-0884 2-0885 2-1007 2-1008
胡刚复…… 3-2655 3-2666 3-2682
胡先骕…… 3-3073 3-3166 3-3167 3-3176 3-3183 3-3196
胡汝贞……… 8-0132
胡步蟾……… 2-3066 4-0244
胡怀天……… 2-2667
胡怀琛…… 2-0879 2-0880 2-0883 3-0565 3-0617 3-0785 3-0787 3-0789 3-0790 3-0792 3-0793 3-0799 3-0878 4-0088
胡君甸……… 4-0296
胡君复…… 2-1179 2-1189 2-1731 2-1799 2-1800 2-3492 2-3495 2-3523 2-3557 4-0022 4-0023 4-0225 4-0533 7-0069

胡玫	2-3737
胡取求	2-1820
胡若佛	2-0630 2-0631 2-0632
	2-0633 2-0634 2-0635
	7-0050
胡叔异	2-0119 2-0120 2-0159
	2-0234 2-1093 4-0638
胡国钰	4-0170 4-0412
胡明复	3-1789 3-1999 3-2009
	3-2010 3-2179 3-2218
胡忠智	4-0375 4-0577
胡知非	8-0010
胡泽	3-0191
胡宗风	3-2943
胡宗楙	2-2100 3-1354 3-3018
胡定安	4-0520
胡诚临	3-1369
胡春冰	3-0623
胡荣铨	3-2825 3-2826
胡树楷	3-1802 3-1844 3-1995
	3-2111 3-2295 3-2361
	3-2463 4-0181
胡贵明	4-0179
胡思齐	4-0169
胡钟瑞	2-0388 2-0434 2-0763
	2-1236 2-1239 2-2655
	2-2740 2-3102
胡适	3-0333 3-0334 3-0715
	3-1236 3-1240 3-1381
胡庭梅	2-3165
胡济涛	2-0259 2-0260 2-0270
	3-0055 3-0057 3-0069
胡宣明	2-3392
胡宪生	3-0931 3-0933 3-0935
	3-0980 3-1116
胡祖同	3-3412
胡祖荫	2-2972
胡祖姚	8-0113
胡振祥	2-0671 2-0903 2-2417
	2-2870 2-2885 2-2886
	2-3372 2-3774 2-3784
	2-3785 2-3786 2-3787
胡哲齐	3-3178 3-3184 3-3218
	3-3272
胡哲敷	2-2020
胡晋接	2-2078
胡通明	2-2394
胡悫风	3-2655 3-2666 3-2682
	3-2752 3-2762
胡盛华	8-0025
胡雪松	3-2485
胡逸尘	2-0770
胡庸诰	4-0061
胡鹿阁	4-0155
胡焕庸	2-2087 2-2173 2-2177
	3-0448 3-0674 3-1677
	3-1690 3-1695 3-1698
胡寄尘	2-1670
胡葆良	2-3671
胡敬熙	2-3505 2-3594 2-3881
	2-3944 4-0630
胡滇荪	3-1947 2-2138 3-2152
	3-2239 3-2552
胡朝阳	2-1334 2-1619 2-2107
	2-2370 5-0078
胡舜华	2-0522 2-0874 2-1421
胡敦复	3-1850 3-1999 3-2009
	3-2010 3-2178 3-2179
	3-2218 3-2221 3-2224
	3-2333 3-2346 3-2377
	3-2384
胡虞宾	3-1982
胡嘉	3-1337 3-1344 3-1451
	3-1453 3-1720
胡嘉诏	3-1836
胡嘉铨	3-0289
胡颜立	2-2854 2-3031 3-3035
	2-3042 2-3065 2-3077
	2-3092 2-3101 2-3355
	4-0627
胡毅	3-0024 3-1048 3-1052
胡豫	3-2352
胡赞平	2-0432 2-0684 2-0687
	2-0688 2-1700 2-2905
	2-2916 2-3383 7-0005
	7-0017
南秉阳	3-2048 3-2302 3-2366
柯政和	2-3509 2-3549 2-3550
	2-3552 2-3572 2-3574
	3-3452 3-3479 3-3481
	3-3507 3-3513 3-3514
	3-3517 4-0302 4-0303
相菊潭	3-0357 3-0369 3-0409
柏海翔	2-0842
柳大纲	3-2855
柳无忌	3-0994
柳民元	2-1781
柳亚子	3-0356 3-0357 3-0369
	3-0409 3-0543 3-0678
柳诒徵	3-0309
柳准	5-0208
柳肇嘉	3-1552 4-0147
郦福绵	3-2222 3-2223
郦福畴	3-3076
砚香书屋主人	2-1803

[丨]

| 冒兴汉 | 3-3597 |
| 昭桃三 | 3-1834 |

[丿]

钟月秋	3-1295
钟自新	2-0317
钟旭元	2-2306
钟观光	2-2829 3-2558 4-0200
	4-0226
钟观诰	3-3031 3-3045
钟伯敬	2-1370
钟良芳	3-2833
钟卓京	2-0483 2-0570 3-0750
钟昭华	7-0026
钟宪模	2-3209
钟焕邦	3-2870
钟敬之	2-3684
钟鲁斋	3-0025
钟道赞	4-0517
钟毓龙	3-1216 3-1328 3-1548
	3-1553 4-0116
钟衡臧	2-3155 3-3188 2-3810
	3-2563 3-2642 3-2804
	3-2816 3-2840 3-3055
	3-3165 3-3256 3-3336
钟懋宣	2-1226
钦关淦	2-2458 2-2707 2-2739
	3-2924
钦帼贞	2-2446 2-2707 2-2739

段子燮 ……	3-2405	3-2406	3-2411	俞平湖 ……………………	3-1804		2-3326	2-3330	2-3332

段子燮 …… 3-2405　3-2406　3-2411	俞平湖 …………………… 3-1804	2-3326　2-3330　2-3332
3-2509　3-2517	俞庆棠 …… 3-0313　4-0700　8-0019	2-3336　5-0234　7-0002
段仁德 …………………… 3-2773	俞安凤 …………………… 3-0223	7-0016　7-0073
段育华 …… 2-2391　2-2399　2-2404	俞希稷 …………………… 5-0257	施平宰 …………………… 2-2945
2-2496　2-2497　2-2507	俞述曾 …………… 2-2806　2-2813	施纪杰 …………………… 3-2116
2-2648　2-2649　2-2750	俞明谦 …………………… 4-0085	施肖丞 …… 2-0646　2-0701　2-0745
2-2786　3-1789　3-1798	俞易晋 …………… 3-1573　3-1615	2-0754　3-0462
3-1810　3-1851　3-1852	俞固礼 …………………… 3-0783	施直青 …………………… 2-1235
3-1869　3-1887　3-2003	俞物恒 …………………… 3-3014	施冠卿 …………………… 2-2260
3-2028　3-2180　3-2188	俞宗振 …… 2-2390　2-2596　2-3153	施颂椒 …… 2-0891　2-0893　2-0944
3-2229　3-2489　3-2547	2-3810　3-3165　3-3256	2-1483
8-0182	俞树德 …………… 3-1942　3-2149	施家森 …… 2-0234　2-0944　2-1483
段隽原 …………………… 2-1683	俞复 …… 2-0007　2-0516　2-0547	2-3340
段调元 …… 3-1862　3-1905　3-2031	2-0549　2-0592　2-0608	施崇恩 …… 2-1222　2-1223　2-1282
3-2061　3-2185　3-2208	2-0848　2-1112　2-1417	2-1326　2-1327　2-1330
3-2310　3-2326　3-2407	2-1427	2-1801　2-3603
3-2474　3-2508	俞养和 …………………… 3-0083	施蛰存 …… 3-0357　3-0369　3-0409
段耀林 …………………… 3-1541	俞养德 …………………… 3-0086	施惠同 …… 3-2154　3-2582　3-2742
皇甫束玉 ………………… 2-0109	俞凌 …………………… 2-0245	3-2945　4-0171　4-0233
皇甫钧 …… 2-1018　2-1019　2-1339	俞海林 …………………… 2-3974	施普 …………………… 3-1973
2-1711	俞梓园 …………………… 3-1959	施毓麒 …………… 2-1134　2-1137
禹海涵 …………… 3-3102　3-3130	俞焕斗 …… 2-0401　2-0402　2-0404	施毓麟 …………………… 2-1133
侯书勋 …………………… 4-0023	2-0446　2-1045　2-1059	施懿德 …………………… 3-0083
侯叔达 …………………… 2-2502	2-1096　2-1210　2-1214	闻人杰 …………… 2-1703　2-2962
侯铭 …………………… 4-0598	2-1215　2-1217　2-1220	闻天声 …………………… 3-1128
侯鸿鉴 …… 2-0147　2-0501　2-0580	2-1221　2-1245　2-1528	闻吉甫 …… 2-0419　8-0163　8-0167
2-0829　2-0975　2-1332	2-1648　2-1702　3-0882	8-0181　8-0184
2-2296　2-3198　2-3205	3-0900	闻亦有 …………………… 5-0205
3-0094　3-1459　4-0529	俞鸿顺 …………………… 3-0259	姜元琴 …………… 2-1915　2-3288
须戒己 …… 2-3662　2-3740　3-3530	俞寄凡 …… 2-3712　3-3579　4-0010	姜长麟 …………………… 2-1430
3-3531　3-3533	4-0309　4-0632	姜丹书 …… 2-3528　2-3588　2-3665
俞子夷 …… 2-0864　2-0866　2-2345	俞喜瑞 …………………… 2-3316	2-3670　2-3698　2-3727
2-2346　2-2357　2-2386	俞斌祺 …………………… 2-3909	2-3728　2-3731　2-3741
2-2441　2-2443　2-2537	俞粲 …………… 2-1318　2-3558	2-3767　2-3813　2-3853
2-2540　2-2557　2-2565	俞鹏 …………………… 3-2201	2-3856　2-3863　2-3922
2-2566　2-2567　2-2591	俞嘉瑞 …………… 2-0760　2-3355	3-3474　3-3575　3-3579
2-2670　2-2697　2-2698	饶上达 …………………… 4-0486	3-3582　3-3583　3-3584
2-2699　2-2712　2-2713	饶祝华 …………… 2-0755　2-2050	3-3586　3-3591　3-3592
2-2776　2-2777　2-2793	[、]	3-3595　4-0308　4-0310
2-2800　2-3264　2-3306	亮乐月 …………………… 7-0015	4-0322
2-3525　4-0163　4-0491	彦涵 …………………… 2-1070	姜文宝 …………………… 3-1487
4-0574　4-0581　4-0586	施之勉 …………………… 2-2307	姜文洪 …… 2-2926　2-2928　2-3085
4-0593　4-0622　4-0624	施仁夫 …… 2-1154　2-2348　2-2503	姜文渊 …………………… 2-2510
4-0626　4-0642	2-2506　2-2654　2-2656	姜龙章 …………………… 2-0707
俞子龄 …………………… 4-0311	2-2658　2-3303　2-3321	姜立夫 …………………… 3-2483

姜有方			2-3082
姜贡璜	8-0173	8-0175	8-0176
姜岳			2-1300
姜亮夫	3-0561	3-0653	3-0719
	3-0726		
姜琦		4-0659	4-0665
娄三立	2-0756	2-3078	2-3081
洪为法			3-0794
洪北平	3-0362	3-0422	3-0532
	3-0746		
洪式闾	3-3359	3-3362	3-3396
洪囡阁			2-2078
洪昌保		2-1005	2-1204
洪明佑			5-0119
洪涛			3-1816
洪朗汉			3-2133
洪梓			3-1751
洪超			3-0543
洪鋆	2-0335	2-0339	2-0428
	2-0613	2-1598	2-1960
	2-1962	2-1972	2-2037
	2-2038	2-2043	2-2046
	4-0045		
洪懋熙	2-2240	2-2267	3-1729
	3-1732	3-1735	3-1757
	3-1759		
洞若			2-1476
洛三		3-0140	3-0141
洛甫			3-0119
恂立			3-2969
宣景耀			2-0339
宫廷璋			3-0879
祝仲芳			2-1244
祝志学	2-2950	2-2953	2-2959
	2-2960	4-0596	
祝荪如	2-2988	2-2995	2-2996
	2-2997	2-2998	2-2999
	2-3000	2-3006	2-3010
	2-3013	2-3014	2-3015
	2-3059	2-3079	2-3096
	2-3301	8-0134	
祝楣			4-0167
祝震		3-1195	3-1354
诵芬主人			2-2744

[一]

费有容		2-1726	2-1727
费谷祥			2-3057
费鸿年	3-3082	3-3262	4-0240
费焯	2-0513	2-0514	2-0521
	2-0590	2-0591	2-0598
	2-1127	2-1138	2-1835
费锡胤	2-3507	2-3584	2-3586
	2-3595	2-3601	
费筱藩			2-2480
费新我	2-2442	2-2536	2-3262
	2-3709	7-0009	
费赞九			2-3355
费燮威			2-2055
姚之玺			3-1043
姚汉章	2-0501	2-0580	2-0829
	2-2079	2-3162	2-3203
	3-0231	3-0241	3-0244
	3-0245	3-0246	3-0273
	3-0290	3-0293	3-0295
	3-0773	3-1162	3-1214
	3-1216	3-1367	3-1368
	3-1463	3-1527	3-1528
	3-1641	3-1840	3-1989
	3-2816	3-3156	3-3244
	3-3330	3-3410	3-3428
	3-3567	4-0020	4-0021
	4-0037	4-0073	4-0116
	4-0174	4-0293	4-0351
	4-0354	4-0355	4-0403
	4-0532		
姚永朴			3-0229
姚幼蕃	3-1781	3-1783	3-2636
	3-2637		
姚成瀚			2-0319
姚志英			3-1023
姚明辉	2-2118	2-2119	2-2124
	2-2129	2-2130	2-2199
	2-2201	2-2203	2-2207
	3-1525	3-1639	3-1670
	4-0146	4-0147	
姚建猷		4-0038	4-0042
姚绍华	2-1976	2-1979	2-1981
	2-1983	2-2054	3-1252

	3-1256	3-1267	3-1279
	3-1335	3-1338	3-1447
	3-1449	4-0110	4-0111
姚春煦			2-2556
姚祖义	2-1896	2-1920	2-1937
姚昶绪			4-0249
姚家栋	2-0221	2-0720	2-3750
	2-3935	4-0637	
姚虚谷	2-0180	2-0182	3-0021
	3-0023	4-0602	4-0603
姚铭恩		2-0860	2-1083
姚铭盘			2-2307
姚维钧			4-0512
姚晶			3-2528
姚慕谭			3-1141
姚蕴	2-0769	2-1241	2-2717
	2-3107	3-0063	4-0017
姚薇元			3-1339
贺尹东		3-1523	3-1638
贺玉波		2-1782	8-0134
贺生乐			8-0114
贺延年		3-1998	3-2071
贺兴思			2-1311
贺凯			3-0475
贺宜			7-0042
贺绍章			3-3411
骆公权			3-1811
骆风和			2-1667
骆师曾	2-2341	2-2387	2-2389
	2-2391	2-2399	2-2403
	2-2411	2-2425	2-2470
	2-2471	2-2482	2-2485
	2-2494	2-2496	2-2497
	2-2504	2-2506	2-2524
	2-2592	2-2593	2-2594
	2-2597	2-2602	2-2608
	2-2616	2-2639	2-2648
	2-2649	2-2655	2-2658
	2-2750	2-2764	2-2782
	2-2784	2-2786	2-2796
	2-2797	2-2814	2-2816
	3-1782	3-1784	3-1841
	3-1869	3-1873	3-1885
	3-1887	3-1916	3-1936

	3-1951	3-1988	3-1992
	3-2027	3-2095	3-2112
	3-2113	3-2127	3-2132
	3-2147	3-2166	3-2190
	3-2191	3-2201	3-2203
	3-2215	3-2246	3-2260
	3-2268	3-2306	3-2309
	3-2357	3-2380	3-2385
	3-2418	3-2449	3-2454
	3-2501	3-2520	3-2536
	3-2544	3-2549	4-0172
	5-0244	5-0249	8-0165
	8-0183		
骆承绪 ……	3-2236	3-2306	3-2323
	3-2380		
骆骏 ……………………………			2-0339
骆憬甫 ……	2-0708	2-2958	2-3818
	2-3821		
骆骥才 …………………		2-3914	9-0025

十　画

[一]

秦之均 ………………………			3-3465
秦开 ………………………		3-3429	3-3433
秦凤翔 ………………………			2-1347
秦同培 ……	2-0469	2-0513	2-0514
	2-0515	2-0579	2-0581
	2-0584	2-0590	2-0591
	2-0989	2-1116	2-1118
	2-1192	2-1379	2-1425
	2-1426	2-1514	2-1518
	2-1600	2-1627	2-1646
	2-1689	2-1762	2-1763
	2-1798	2-1910	2-2081
	2-2111	2-2392	2-3240
	2-3762	3-0535	3-0536
	3-0648	3-0713	3-0737
	3-0808	8-0101	
秦沅 ………	3-1771	3-1954	3-1958
	3-1994	3-2114	3-2144
	3-2170	3-2243	
秦汾 ………	3-1842	3-1925	3-1994
	3-2000	3-2001	3-2008
	3-2049	3-2067	3-2114

	3-2170	3-2299	3-2453
	3-2466	3-2538	
秦启文 ……	2-1154	2-2348	2-2506
	2-2656	2-2658	
秦征 …………………		2-0950	2-0951
秦柳方 ……	3-0313	4-0697	8-0012
	8-0017	8-0019	8-0113
秦思伟 ………………		2-2709	2-3685
秦思沛 ………………		3-1050	3-1066
秦逸农 ………………………			2-0750
秦湘荪 ………………		2-2066	2-3019
秦巽吾 ………………………			2-1378
秦瑞玠 ……	2-0379	2-1894	2-1895
	2-1919	2-1933	3-1356
秦嗣宗 ………………		3-3231	3-3237
秦毓钧 ………………………			4-0346
秦粹英 ………………………			3-0832
秦镐 …………………………			2-0275
秦醒世 ………………………			2-3907
秦濛生 ………………………			3-0075
袁公为 ………………………			3-0212
袁永生 ………………………			2-3856
袁永清 ………………………			3-2971
袁昂 …………………………			2-0747
袁秉斋 ………………………			3-3578
袁学礼 ………………………			4-0674
袁承斌 ………………………			2-2922
袁修德 ………………………			3-3054
袁哲 …………………………			4-0614
袁莹 …………………………			2-3873
袁家骅 ………………………			3-0048
袁雪心 ………………………			2-2763
袁淑惠 ………………………			3-2938
袁舜达 ………………………			3-3378
袁敦礼 ………………………			2-3939
袁善征 ……		3-3210	3-3301	3-3305
袁善微 ………………………			3-3214
袁壁 …………………………			2-3842
都冰如 ……		2-2400	2-3251	2-3284
	2-3639		
耿克仁 ………………		3-2771	3-2784
耿淡如 ………………………			3-1429
聂家裕 ……	2-1997	2-2002	3-1169
	3-1275	3-1340	3-1415
莫如孝 ………………		2-2947	2-2967

莫明坤 ……	2-2449	2-2540	2-2631
	2-2733		
莫绍揆 ………………………			3-2556
晋用 …………………………			4-0481
莺鸣 …………………………			3-0053
真光 …………………………			2-3520
桂叔超 ……	3-1894	3-2037	3-2121
	3-2151	3-2157	3-2233
桂质廷 ………………………			3-2773
桂绍旴 ……	3-1041	3-1044	3-1061
	3-1067		
桂绍烈 ………………………			4-0307
桂裕 …………………………			3-1024
索树白 ……	2-3529	3-3448	3-3474
	3-3518		
贾丰臻 ……	2-0562	2-0564	3-2628
	3-2839	4-0075	4-0409
贾观仁 ……	3-2628	3-2839	5-0012
	5-0014	5-0020	
贾祖璋 ……	2-2853	2-2937	2-3060
	2-3318	3-3025	3-3026
	3-3097	3-3098	3-3195
	3-3209	3-3283	3-3284
	3-3300		
贾逸君 ………………………			3-1556
贾儒珍 ………………………			3-1778
夏开儒 ………………………			3-1583
夏丏尊 ……	3-0367	3-0374	6-0001
	6-0007		
夏日戋 ……	2-0817	2-1107	2-1367
	2-2119	2-2124	2-2129
	2-2199	2-3847	3-1458
	3-3427		
夏日琦 ……	2-0577	2-0816	2-1826
夏日璇 ………………………			4-0161
夏廷栋 ……	3-2263	3-3527	3-3528
夏廷璋 ………………………			4-0158
夏守敬 ……	2-3364	2-3365	2-3374
夏治彬 ……	3-3425	5-0075	5-0094
夏佩白 ……	3-2569	3-2694	3-2776
夏治浚 ………………………			3-3444
夏承枫 ………………………			4-0502
夏承法 ………………		3-1903	6-0096
夏贯中 ……	2-0401	2-0402	2-0404
	2-0446	3-0185	3-0187

		3－0213		2－3336	2－3375	2－3376	顾家灏 ………	3－3210 3－3301
夏清贻 ……	2－1106	2－3129 2－3166		2－3381	2－3382	2－3799	顾容川 ………	2－0554 2－0614
	3－1191	3－1456 4－0124	顾若愚 ………………			3－0015	顾康伯 ………	3－1298 3－1443
	4－0618		顾英明 ………………			7－0036	顾绥卿 ………………	2－3953
夏景武 ………………		2－0603	顾杰 ………	2－0882	2－1005	2－1006	顾琨 …………………	3－0068
夏曾佑 ……	2－1896	2－1920 3－1188		2－1145	2－1203	2－1204	顾颉刚 ……	2－0053 2－1002 2－2250
夏锡祺 ………………		4－0022	顾果 ………………			9－0049		3－0334 3－1236
夏德甫 ………………		5－0082	顾昌栋 ………………			3－3127	顾敦福 ………………	3－1726
顾大奎 ………………		2－1112	顾鸣岐 ………		2－0012	2－0531	顾赓甫 ………………	2－3746
顾子言 ………………		2－1087	顾鸣盛 ……	3－0779	5－0024	5－0048	顾曾华 ……	2－0704 2－0749 2－0755
顾子静 ………………		3－0454		5－0090	5－0096	5－0106		2－3316
顾元 …………………		3－3003	顾诗灵 ……	2－0618	2－0734	2－1582	顾裕魁 ……	3－1791 3－2501 4－0185
顾元杰 ………………		2－0603		2－3317	2－3404	8－0150	顾缉明 ……	2－0267 2－0637 2－0704
顾元培 ……	2－0677	2－0680 2－2889	顾诚五 ……	2－1664	8－0168	8－0185		2－0755 2－0760 2－3228
	2－2894	2－2901 2－2912	顾询 ………………		3－3443	5－0238		2－3316
	2－2919	2－3321 2－3387	顾荫千 ……	2－2570	2－2625	2－2702	顾楠 ………	2－1576 2－2390 2－2396
	2－3788	2－3790	顾树森 ……	2－0099	2－0100	2－0565		2－2500 2－2504 2－2507
顾公毅 ……	2－1571	2－1572 4－0037		2－1834	2－2372	2－2375		2－2522 2－2527 2－2596
	4－0400	4－0408		2－2380	2－2382	2－2383		2－2599 2－2652 2－2659
顾凤城 ………………		3－0880		2－2384	2－2385	2－2445	顾辑明 ……………	2－0725 2－3080
顾文晃 ………………		3－0550		2－2489	2－2490	2－2581	顾锦藻 ……	2－0240 2－0246 2－0264
顾文卿 ………………		3－2922		2－2584	2－2587	2－2588		2－1233 2－1813
顾文藻 ………………		3－3119		2－2589	2－2590	2－2643	顾群璞 ……………	2－0267 2－1154
顾正风 ………………		3－0801		2－2765	2－2815	2－3139	顾澄 ………	2－3120 3－1976 3－1988
顾白民 ………………		2－2682		2－3140	2－3141	2－3146		3－2015 3－2283 3－2445
顾汉槎 ………………	2－0749	2－0757		2－3163	2－3172	2－3173	顾翰芳 ………………	3－3100
顾汉澄 ………………		3－1944		2－3178	2－3759	2－3761		
顾西林 ………………		2－3525		2－3806	2－3809	3－0144	[丨]	
顾华孙 ………………	4－0289	5－0097		3－0278	3－2624	3－2968	柴子飞 ………………	2－2300
顾旭侯 ………………		2－0156		3－3335	3－3337	3－3567	柴恩重 ………………	4－0118
顾庆楠 ………………		8－0185		4－0174	4－0175		柴润之 ………………	9－0063
顾问天 ………………	2－2530	2－2668	顾品月 ………		2－3073	2－3355	柴辅文 ……………	2－2785 2－2817
顾寿白 ……	2－3393	2－3395 2－3427	顾钟骅 ………		3－3106	3－3363		
	2－3428	2－3346 3－3347	顾复 ………	2－3458	2－3467	4－0287	[丿]	
	3－3354	5－0264		4－0701	5－0057	5－0058	钱一鸣 ……………	2－0245 2－1485
顾均正 ……	2－2937	2－3021 3－2099		5－0064	5－0066	5－0067	钱天鹤 ………………	5－0128
	3－2907	3－2918 3－2919	顾祖玑 ………		2－0495	2－0578	钱元龙 ………………	2－0022
顾志贤 ……	2－0198	2－0267 2－1157	顾倬 ………	2－0143	2－0495	2－0578	钱元吉 ………………	2－1246
	2－1164	2－1348 2－1833		2－0824	2－0970	2－1110	钱长龄 ……	2－0088 2－1399 2－1814
	2－2617	7－0034		2－1113	2－1367	2－1500		7－0013 7－0043 7－0044
顾励安 ………………		2－3662		2－1501	2－1511	2－2577		7－0060 7－0067
顾伯奋 ………………		2－2308		2－3803	4－0089	4－0344	钱仁 …………………	2－3167
顾序东 ……	3－1179	3－1491 3－1893		4－0358	4－0398	4－0526	钱仁康 ………………	2－3515
顾君璞 ……	2－1211	2－2896 2－2907		4－0527	4－0653		钱介夫 ……	3－2175 3－2310 3－2326
	2－3303	2－3321 2－3332	顾准 ………………		3－3442	5－0223		3－2542
							钱正居 ………………	2－1110

钱巩	2-0594	2-0596	2-1126
	2-1128	2-1132	
钱达三			2-0267
钱达之	2-0763	2-1236	2-3102
	2-3340		
钱兆和		3-1001	3-1032
钱兆隆			2-2241
钱企湘	2-0179	2-2423	2-2655
钱江		2-3129	2-3166
钱江春			2-3982
钱江翔			3-0062
钱运生			3-2265
钱克仁		3-2526	3-2531
钱体纯		4-0537	4-0539
钱希乃			4-0543
钱谷孙			3-0200
钱君匋	2-0925	2-1247	2-1665
	2-2442	2-2536	2-3497
	2-3513	2-3554	3-3475
	3-3498	3-3499	3-3510
	7-0070		
钱英			2-2823
钱秉良		3-1012	3-1107
钱宝琛			3-2065
钱宗翰	2-1618	2-1901	2-1903
	2-1904	2-1925	
钱承驹	2-2094	2-3144	2-3175
	2-3199	2-3204	3-2609
	3-3023	3-3142	3-3229
	3-3242	4-0199	4-0221
钱昭孟			3-3545
钱选青	2-0121	2-0122	2-0343
	2-0372	2-0373	2-0397
	2-0421	2-0425	2-0438
	2-0443	2-1574	2-2300
	2-2402	2-2405	2-2425
	2-2606	2-2614	2-2669
	7-0031	8-0016	8-0018
	8-0205		
钱重六		2-2504	2-2659
钱俊瑞			8-0012
钱闻			3-0733
钱洪翔	2-0768	2-1242	2-2716
	2-2735	3-0064	3-0070
	3-0074	3-0076	3-0077

	3-0087	3-1948	3-2123
	3-2139	3-2146	3-2240
	3-2245	3-2554	3-2937
	3-2949	3-2957	
钱祖龄			5-0222
钱耕莘	2-0423	2-1155	2-1213
	3-2734	4-0015	7-0035
钱素君			3-3444
钱颂平			3-1042
钱病鹤			3-3535
钱继			3-2972
钱基博	3-0009	3-0566	4-0089
钱彬			5-0175
钱梦渭	2-2388	2-2493	2-2595
	2-2646	2-2846	2-2858
	3-2940		
钱葆珍			2-3903
钱舜鹤			2-3103
钱韵堂			6-0100
钱歌川	3-0949	3-1034	3-1047
钱熊			2-1666
倪仁毅			2-2436
倪文宙	4-0378	4-0383	4-0387
	6-0071		
倪文奎	2-2488	2-2491	3-2618
	3-2722		
倪达书			3-3298
倪若水			3-2065
倪松茂			3-2876
倪尚达			3-2695
倪国经			3-0033
倪城均			2-1464
倪贻德	3-3560	3-3563	3-3565
倪觉民			3-3470
倪祝华	2-3771	2-3855	2-3864
倪耿光			3-1018
倪道鸿			3-2184
倪锡英	2-0768	2-1242	3-0064
	3-0463		
倪慰农			5-0050
徐一新			2-3883
徐九皋	2-1154	2-2348	2-2506
	2-2656	2-2658	
徐士鉴			4-0643
徐小涛	3-3466	3-3485	3-3509

	3-3515	3-3522	3-3582
	3-3594		
徐子长		2-1034	2-1715
徐子成	9-0031	9-0032	9-0034
徐子华		2-0130	2-1453
徐子威	3-2676	3-2684	3-2874
	3-2882		
徐子龄	2-0126	2-0748	2-2602
	2-2615	2-2709	
徐子豪	3-2188	3-2192	3-2205
	3-2374	3-2411	3-2426
徐天游	2-2350	2-2427	2-2428
	2-2561	2-2620	2-2787
	2-2790	2-2811	2-2818
	2-2821	2-2974	2-2976
	2-3097	3-2047	3-2747
	4-0213		
徐云鹤			2-0750
徐尤昭			2-0188
徐仁铣			4-0215
徐仁镜		2-2097	3-3407
徐允昭	2-2428	2-2468	2-2528
	2-2620	2-2666	2-2835
	2-2935	2-3028	2-3031
	2-3032	2-3035	2-3065
	2-3068	2-3089	2-3092
	2-3101	2-3347	2-3356
	2-3358	2-3360	2-3402
	2-3423	2-3425	2-3433
徐书海			3-0378
徐正范			2-2295
徐正铿	5-0059	5-0122	5-0138
徐甘棠			3-1796
徐世璜	3-0387	3-0388	3-0467
徐用仪			3-1691
徐永清			2-3691
徐亚倩	2-1541	2-1543	2-1559
	2-1590	2-1610	2-1611
	2-3227	2-3269	2-3278
徐光连			3-1828
徐则安			3-3540
徐则陵		3-1220	4-0662
徐则敏			2-1312
徐刚			3-3551
徐竹虚			3-0139

徐任吾	……	3－2300	3－2365	3－2412			8－0167	8－0181	8－0184
		3－2423					8－0205		
徐兆华	………………………			3－2733	徐钧溪	………………………			5－0261
徐兆荪	………………………			3－3413	徐季刚	………………………			2－3824
徐庆平	………………………			2－3742	徐佩业	………………………		2－3231	4－0509
徐亦蓁	………………………			2－3525	徐征吉	………………………		2－0123	2－1537
徐守桢	……	3－2119	5－0148	5－0158	徐金涛	……	2－0726	2－0731	3－0219
徐阶平	……	2－0168	2－1094	2－3421	徐念慈(念兹)	……		2－3343	4－0114
徐观余	……	9－0031	9－0032	9－0034			4－0145	4－0172	4－0651
徐寿龄	………………………			5－0169	徐学文	……	2－3317	4－0612	7－0016
徐进	……	2－3633	2－3635	2－3637			7－0073	8－0160	
徐志明	………………………			3－3404	徐宝仁	………………………			4－0296
徐志诚	………………………			3－0918	徐宝球	………………………			3－0844
徐志敏	………………………			3－3401	徐宗士	………………………			3－1922
徐志摩	………………………			3－0944	徐宗泽	………………………			3－0145
徐声越	……		3－0362	3－0410	徐宗科	……		8－0142	8－0143
徐克敏	……	3－3171	3－3178	3－3184	徐宗恺	………………………			3－1922
徐苏恩	………………………			2－3353	徐宗骏	………………………			3－0086
徐作和	………………………			3－2833	徐建寅	………………………			3－2251
徐伯和	………………………			3－0344	徐孟依	………………………			3－0688
徐希一	………………………			3－3512	徐绍烈	………………………			8－0128
徐谷生	……	2－2679	2－2681	2－2683	徐经纶	………………………			2－0171
		3－0067	3－0220	3－0378	徐珂	………………………			8－0003
		3－1272	3－1410	3－1884	徐映川	……	2－0640	2－0641	2－1978
		3－2020	3－2046	3－2120			2－1982	2－3254	2－3270
		3－2129	3－2272	3－2491			2－3322	3－0134	
		3－2493	3－2541	3－2672	徐昭曾	………………………			2－3869
		3－2870	3－3494	8－0149	徐俊鸣	………………………			3－1601
		9－0039			徐养正	………………………			3－2569
徐谷立	………………………			3－1577	徐炯	………………………			3－0247
徐应昶	……	2－0242	2－2921	2－2971	徐觉世	………………………			5－0233
		2－3254	2－3266	2－3276	徐宣	………………………			3－1911
徐君梅	……		2－2305	3－0323	徐退之	………………………			3－1745
徐松石	………………………			2－0161	徐晋	……	2－0375	2－0376	2－0400
徐枫吟	………………………			1－0073			2－0898	2－0899	2－1012
徐雨昌	………………………			2－3105			2－1385	7－0039	7－0065
徐国英	………………………			3－2499	徐原烈	………………………			2－2294
徐国桢	……		3－0876	5－0217	徐特立	……	2－0313	3－0626	3－2831
徐迪千	………………………			2－1649			3－3420		
徐迥千	……	2－0234	2－0332	2－0390	徐逢伯	………………………			2－1569
		2－0397	2－0435	2－0443	徐家璋	………………………			3－1774
		2－1577	2－1583	2－1704	徐调孚	………………………			3－0632
		2－2300	2－2402	2－2405	徐菊庵	………………………			2－1665
		2－2606	2－2614	2－2742	徐梦云	………………………			3－2374
		8－0016	8－0018	8－0163	徐曼英	………………………			3－2368

徐铣	……	2－1854	3－0909	3－1081
		3－1088		
徐逸樵	……	3－0157	3－0164	3－0189
		3－0195	3－0202	
徐焕文	……		2－2390	2－2596
徐维邦	………………………			3－3542
徐琨	……		3－3182	3－3268
徐敬修	……	2－1768	2－2143	2－2227
徐悲鸿	………………………			3－3541
徐景如	………………………			7－0059
徐景新	………………………			2－2045
徐筑岩	………………………			2－3955
徐傅霖	……	2－3847	2－3956	2－3977
		2－3978	2－3979	2－3980
		2－3981	2－3986	2－3987
		2－3988	3－3471	3－3605
		3－3606	4－0325	4－0326
		4－0327	4－0331	7－0029
		7－0051	7－0061	9－0001
徐善祥	……	2－3220	3－0910	3－1842
		3－1925	3－2619	3－2761
		3－2988	3－3047	3－3048
		3－3248		
徐瑞祥	………………………			3－1444
徐韬知	………………………			3－2232
徐楚波	……		3－1489	3－1492
徐福津	……		2－2957	2－2965
徐蔚南	……	2－1454	3－0398	3－0400
		3－0657	3－0694	
徐毓曾	………………………			2－3206
徐增	……	2－2131	2－2200	2－2202
		2－2208	2－2783	2－2784
		2－2785	2－2808	2－2815
		2－2816	2－2817	4－0136
徐德春	……	2－0716	2－1703	2－1914
		4－0390		
徐寓	………………………			2－1191
徐镜江	………………………			3－2566
徐巂	……	1－0064	2－2365	2－2373
		2－2572		
徐蘧轩	……		2－1686	3－0571
徐瓒	………………………			2－0021
徐骥	……		3－2017	5－0009
殷子固	………………………			8－0200
殷良弼	………………………			5－0108

殷叔平 ……	2－1444	2－1578	2－1579
	2－1580		
殷佩斯 ……	2－1781	2－1808	2－1810
	2－1811	2－2050	2－2225
	2－3432	3－0618	
殷祖英 ……	3－1397	4－0126	4－0157
殷祖赫 ………		8－0090	8－0199
奚汝梅 ………		2－0244	8－0166
奚若 …………	3－0547	3－1082	3－3011
	3－3227	3－3407	
奚鼐羹 ………			8－0186
翁之琴 ………			3－3555
翁文灝 ………		3－3056	3－3058
翁同龢 ………			8－0187
翁祖善 ………			4－0716
翁理之 ……	2－2918	2－3321	2－3326
	2－3676	2－3677	2－3678
	2－3792	2－3795	
翁辉东 ………			2－2287

[、]

凌之瓒 ………			5－0113
凌陈英梅 ……			2－3886
凌昌焕 ……	2－2845	2－2846	2－2848
	2－2853	2－2924	2－2929
	2－3052	2－3071	2－3075
	2－3079	2－3083	2－3143
	2－3147	2－3150	2－3151
	2－3154	2－3165	2－3176
	2－3179	2－3182	2－3183
	2－3186	2－3187	2－3190
	2－3191	3－3161	3－3166
	3－3167	3－3175	3－3236
	3－3332	3－3334	4－0209
	4－0236	5－0041	5－0043
	5－0061	5－0063	5－0094
	8－0191	8－0201	
凌树人 ………			3－3538
凌独见 ………			3－0303
凌望超 ………			3－1151
凌鸿勋 ………		5－0146	5－0182
凌善清 ……	2－1645	2－1767	2－3668
	2－3699	3－3536	3－3537
	3－3543		
凌道扬 ………			5－0107
高人瑞 ……	2－0763	2－1236	2－3102

高之秋 ………			3－0057
高元浚 ………			2－3922
高元宰 ………			3－1726
高云池 ………		2－1684	2－1777
高少是 ……	2－3924	2－3951	2－3952
高丹三 ………			2－2661
高凤谦 ……	2－0466	2－0478	2－0488
	2－0498	2－0499	2－0500
	2－0503	2－0504	2－0506
	2－0513	2－0514	2－0534
	2－0542	2－0543	2－0544
	2－0550	2－0576	2－0579
	2－0583	2－0806	2－0818
	2－0819	2－0822	2－0827
	2－0828	2－0832	2－0838
	2－0851	2－0861	2－0867
	2－0971	2－0976	2－0977
	2－0979	2－0980	2－0982
	2－0983	2－0985	2－0987
	2－0990	2－1000	2－1102
	2－1177	2－1180	2－1182
	2－1183	2－1185	2－1694
	2－1714	2－1912	2－1927
	2－1949	2－1950	2－1959
	3－0243	3－0524	
高心海 ………			2－1847
高丙升 ………		2－0448	2－0449
高同恩 ………		3－2851	4－0228
高行健 ………			3－2665
高庆赐 ………			3－1261
高亦平 ………			2－2755
高阳 …………			3－0153
高远公 ……	3－0406	3－0671	3－0724
高步瀛 ………			2－3206
高时丰 ………		2－1829	2－1830
高时良 ……	2－2304	3－0265	3－0267
高伯时 ……	2－3480	2－3481	2－3485
	3－3433	3－3434	3－3435
	3－3436		
高君珊 ………			4－0456
高若岩 ………			2－1391
高松岑 ………			3－1656
高季可 ……	2－2526	3－1953	2－3047
	3－2235	3－2767	2－2976
高秉坊 ………			5－0110

高佩玉 ……	3－2043	3－2082	3－2083
	3－2102	3－2317	3－2328
	3－2363	3－2369	3－2393
	3－2467	3－2469	3－2505
	3－2737	4－0177	
高念修 ……	2－0751	2－1567	2－1583
	2－1590	2－1606	2－1607
	2－1608	2－2866	2－3362
	2－3363		
高珍 …………			2－3287
高觉敷 ………			4－0443
高冠吾 ………			6－0100
高语罕 ………			3－0872
高祖诚 ………			5－0017
高振清 ……	3－0167	3－0172	3－1399
	3－1406		
高梦旦 ………		2－0875	2－1003
高梓 ………	2－3892	2－3939	2－3940
	4－0330		
高铦 …………			3－2565
高铭 …………			3－2629
高焕文 ………			3－2367
高博彦 ………			3－1291
高楷解 ………			3－2247
高慎儒 ………		3－2385	3－2592
高馨山 ………		2－0022	2－1309
郭一岑 ………		4－0432	4－0434
郭人全 ……	4－0498	4－0699	4－0715
郭人骥 ………			9－0005
郭义泉 ………			2－3739
郭元梁 ………			5－0174
郭仁风 ………			2－3466
郭凤藻 ………			3－2296
郭本澜 ………			3－2929
郭成爽 ………			2－0986
郭任远 ……	3－0010	3－0107	3－2568
郭后觉 ………			8－0140
郭伯棠 ………		3－0136	3－0167
郭昌洛 ………			2－0645
郭鸣鹤 ………			4－0559
郭秉文 ………			4－0043
郭绍虞 ……	2－1400	2－1401	3－0632
郭祖超 ……	2－2432	2－2433	2－2434
	2－2533		
郭祖鑫 ………			3－1815

郭振乾	…………………	3-2933
郭继熙	…………………	2-3035
郭绳武	………… 3-0637	5-0251
郭维城	…………………	2-2673
郭辉南	…………………	3-2832
郭肇明	…………………	4-0392
郭德垂	…………………	3-2884
郭德裕	…………………	3-2254
郭遵贤	…………………	3-0499
郭衡	…………………	2-1195
席涤尘	…………………	2-1650
唐人杰	…………………	2-3834
唐士杰	…………………	3-2793
唐文治	… 2-1509 3-0294	3-0537
	3-0708 3-0709	
唐文瑞	………… 3-3443	5-0239
唐文粹	… 2-0165 2-1338	2-1690
	2-1809	
唐卢锋	… 2-0628 2-0743	2-1159
	2-1595	
唐庆增	………… 3-0613	3-3418
唐问巢	………… 2-0413	2-3815
唐守常	…………………	3-0035
唐志才	…………………	4-0288
唐苏平	…………………	8-0185
唐现之	…………………	7-0018
唐英	…………………	3-3245
唐昌言	…………………	2-1198
唐昌治	…………………	4-0286
唐鸣时	…………………	2-0346
唐宝镐	…………………	3-1966
唐宗福	………… 2-2390	2-2596
唐驼	…………………	2-1825
唐秋渠	…………………	2-1886
唐冠芳	… 2-0220 2-1993	2-1997
	2-2164 2-2540	2-2542
	2-2671 2-3031	2-3101
	3-1583 3-2212	3-2879
	3-2981 3-3207	3-3298
	4-0443	
唐钺	… 2-0875 2-1002	2-1003
	4-0661	
唐雪蕉	…………………	2-1523
唐敬杲	………… 3-0587	3-0606
唐湛声	… 2-0158 2-0407	2-1000

	2-1198	
唐富言	…………………	3-0542
唐梗献	…………………	3-1998
唐数奵	………… 2-2501	2-2653
唐蔚芝	…………………	2-1562
唐演	…………………	4-0033
唐懋哉	…………………	2-1904
浦同烈	…………………	3-2579
浦漪人	… 3-0068 3-0083	3-0086
	4-0382 4-0455	4-0591
海斯	…………………	3-0268
涂冈	…………………	4-0179
涂澍霖	…………………	3-1357
诸宗元	…………………	2-1508
诸祖荫	…………………	2-0257
诸祖耿	… 3-0416 3-0448	3-0674
诸葛龙	…………………	4-0543
谈盘新	…………………	2-2702

[一]

陶广川	…………………	3-0176
陶元林	…………………	3-1486
陶友白	… 2-1748 3-0464	3-0816
	3-1448 3-1716	
陶世洪	… 2-2720 3-0073	3-1813
	3-2743 3-2946	3-3113
陶汇曾	………… 3-0153	3-0154
陶圣闲	…………………	3-0863
陶百川	… 3-0059 3-0135	3-0137
	3-0156 3-0176	
陶守恒	… 2-0824 2-0840	2-1113
陶知行	…………………	8-0100
陶孟和	…………………	3-0260
陶秋英	… 2-2044 3-0556	8-0080
	8-0131	
陶保霖	…………………	3-0276
陶鸿翔	… 2-2350 2-2427	2-2428
	2-2528 2-2529	2-2561
	2-2620 2-2662	2-2669
	2-2787 2-2790	2-2811
	2-2818 2-2821	2-2939
	2-3081 2-3095	2-3097
	2-3098 2-3425	2-1895
	3-1899 3-2200	3-2378
	3-2668 3-2681	3-2747
	3-2866 4-0231	

陶湄波	… 2-0268 3-0057	3-0072
陶履恭	…………………	2-2134
陶履通	…………………	3-3275
陶履福	………… 3-1952	3-2142
桑安柱	…………………	3-2736
桑继芬	… 3-0387 3-0388	3-0467
桑朝阳	…………………	3-1492

十一画

[一]

黄一德	… 2-1012 2-1705	2-3942
	7-0011	
黄人济	… 2-0304 2-0679	2-0690
	2-1154 2-1211	2-2900
	2-3321 2-3379	2-3380
	3-1243 3-1386	3-3058
黄人雄	…………………	2-2287
黄小帆	…………………	3-1827
黄子寿	… 2-0944 2-1275	2-1483
黄子通	…………………	4-0600
黄子绳	…………………	3-3469
黄开绳	…………………	3-2991
黄元吉	… 2-2676 2-3896	3-1828
	3-1986 3-2260	3-2268
	3-2288 3-2293	3-2352
	3-2360 3-2447	3-2454
	3-3604	
黄巨兴	…………………	3-1052
黄长才	…………………	3-3192
黄丹膑	… 2-2388 2-2493	2-2595
	2-2646	
黄以仁	…………………	3-3161
黄以增	… 2-3152 2-3153	2-3184
	2-3185 3-3191	
黄允文	…………………	1-0077
黄节	…………………	2-0465
黄龙骧	………… 2-0824	2-1113
黄永绪	…………………	3-1065
黄幼雄	…………………	2-2400
黄邦柱	… 2-2340 3-1993	3-2460
	3-2625 3-2967	
黄刚	…………………	2-3257
黄仲山	…………………	6-0100
黄自	…………………	3-3462
黄似馨	…………………	3-3030

黄兆麟	……	2-3759	2-3809	2-3850	黄恭宪	……………	3-2410	3-2414	
黄壮涛	……	2-2504	2-2742		黄晋父	……………………	2-1742		
黄汲清	……	3-3062	3-3063		黄铁崖	……	2-0390	2-0435	2-1573
黄忏华	……	4-0024	4-0025	4-0026			2-1576	2-1648	2-2396
黄宇陶	……………………	3-0694					2-2407	2-2500	2-2511
黄守中	……	3-1908	3-2054	3-2063			2-2529	2-2599	2-2652
		3-2066	3-2210				2-2657	2-2662	8-0163
黄守孚	……	2-0489	2-0577	2-0816			8-0167	8-0181	8-0184
		2-1106			黄健	……………………	2-1574		
黄守恒	……………	2-3167	2-3849		黄离	……………………	3-2534		
黄阶平	……………………	3-2230			黄竞白	……	2-0711	2-0718	2-2017
黄克宗	……	2-1628	2-1644	3-0866			8-0132		
黄坚白	……	2-2835	3-2089	3-3094	黄家瑞	……………………	4-0332		
黄佛颐	……………………	2-2270			黄展云	……	2-0092	2-0227	2-0533
黄应刚	……………………	2-0750					2-0535	2-0812	2-0820
黄应韶	……………	3-2196	3-2207				2-1367	2-1368	
黄庐隐	……………………	8-0067			黄通	……………………	5-0029		
黄际遇	……	3-1843	3-2161	3-2623	黄骏如	……………………	3-0358		
黄现璠	……………………	3-1424			黄培心	……	3-2689	3-2715	3-2884
黄英	……	2-0006	2-2073	3-3227			3-2885		
黄松尧	……………	3-2400	3-2422		黄培垄	……………………	2-2288		
黄松林	……………	3-3280	3-3296		黄培新	……………………	3-2677		
黄国维	……………………	3-1947			黄勋哉	……………………	7-0074		
黄国璋	……	3-1589	3-1676	3-1682	黄晦闻	……	2-2278	2-2283	2-2289
黄明宗	……	4-0381	4-0455	4-0591	黄逸之	……………………	3-0616		
黄季马	……………………	3-3590			黄梁就明	……………	3-0951	3-0983	
黄舍石	……………………	2-1648			黄寄萍	……………	3-1746	3-1769	
黄炎培	……………	2-0146	4-0075		黄维荣	……………………	3-1414		
黄治成	……………………	2-2718			黄彭年	……………………	3-2397		
黄性流	……………………	2-2684			黄朝鉴	……………	2-1943	3-3602	
黄建一	……………………	2-3438			黄雁星	……	2-0931	2-0950	2-1062
黄建业	……………………	2-3104					2-1065	2-2182	2-2466
黄建动	……………………	3-3079					2-2548	2-3039	
黄绍绪	……	2-2856	2-2933	5-0026	黄辉	……………………	4-0143		
		5-0065	5-0068	5-0098	黄铸新	……………………	3-3521		
		5-0111	8-0202		黄傅纶	……………………	3-2273		
黄禹石	……………………	2-0717			黄斌	……………………	2-2067		
黄炽甫	……………	2-2728	3-1938		黄巽	……………………	3-2659		
黄洁如	……………………	3-0895			黄缘芳	……………………	3-2211		
黄觉民	……………………	4-0689			黄锡训	……………………	3-2557		
黄祖英	……………	2-0203	3-1284		黄锡祺	……	3-2056	3-2313	3-2497
黄泰	……	3-1820	3-2040	3-2054	黄福煦	……………	3-2679	3-2876	
		3-2055	3-2190	3-2407	黄福熙	……………	3-2060	3-2207	
		3-2411			黄静汶	……………………	8-0086		
黄素封	……	2-3250	3-2905	3-3380	黄端履	……………………	2-3803		

黄德桢	……………………	3-1181		
黄德溥	……………	3-2894	3-2900	
黄毅	……………………	5-0052		
黄鹤如	……………………	3-2173		
黄镜湖	……………………	3-1743		
黄镜澄	……………………	3-1743		
黄寰清	……………………	2-2617		
黄翼云	……………………	2-1368		
菊农	……………………	8-0136		
萧云	……………………	2-1056		
萧友梅	……	2-3562	3-3478	3-3486
		3-3487	3-3489	3-3503
		3-3519	3-3520	
萧永盛	……………………	3-2131		
萧师召	……………………	3-2608		
萧延丙	……………………	3-1484		
萧苇	……………………	3-0307		
萧连黼	……………………	2-3738		
萧良有	……………………	2-0021		
萧述宗	……	3-3261	3-3277	4-0263
萧迪忱	……………………	8-0093		
萧和玉	……………………	3-1272		
萧剑青	……………………	7-0006		
萧济世	……………………	9-0039		
萧屏	……………………	3-2166		
梅耐寒	……………	2-3512	3-3453	
梅殿华	……………………	2-1852		
梅慕埙	……………	4-0178	4-0194	
梅粪儒	……	2-2910	2-2920	2-3303
		2-3321	2-3330	2-3791
		2-3794	2-3899	2-3900
		2-3950	7-0073	
曹之彦	……………………	3-3170		
曹子水	……………………	2-3340		
曹元宇	……………………	3-2854		
曹云祥	……………………	3-3426		
曹风南	……	2-0410	2-1160	2-1209
曹文豹	……………	2-0121	2-0122	
曹玉麟	……	3-1614	3-1620	3-1707
		3-1719		
曹白林	……………	2-0662	2-3778	
曹刍	……………	3-0168	4-0557	
曹芝清	……………	2-1379	8-0101	
曹朴	……………………	3-0733		
曹达中	……………………	3-1931		

曹同文	……………	2-2123	2-3137
曹伯韩	…………………………	2-2635	
曹非	………	3-3079	3-3188	3-3282
		3-3349	
曹典球	…………………………	2-2074	
曹绍模	…………………………	3-2321	
曹剑光	…………………………	3-1441	
曹振勋	…………………………	2-1194	
曹载春	…………………………	2-1821	
曹徐瑾葆	………………………	2-3525	
曹绣君	…………………………	3-0858	
曹铨	……………………………	2-1655	
曹庸方	…………………………	9-0075	
曹敬康	…………………………	3-2522	
曹惠群	…………………………	3-2956	
曹鹄雏	………………	4-0496	4-0514
曹蔀溪	…………………………	3-1373	
曹简禹	…………………………	3-2955	
曹嘉康	…………………………	2-2727	
曹聚仁	…………………………	3-0718	
曹慕管	………	2-3735	2-3851	2-3860
曹漱尘	…………………………	5-0022	
曹漱逸	………………	2-2397	2-2858
曹懋唐	………	2-1691	2-1781	2-1808
		2-1810	2-1811
戚叔含	…………………………	3-0953	
龚礼贤	………	3-3118	3-3123	3-3163
龚仲光	…………………………	2-2687	
龚仲萼	…………………………	2-2810	
龚启昌	………………	3-0026	3-3206
龚昂云	………	2-2398	2-2403	2-2506
		2-2658	2-2936	3-3020
		2-3091	3-1856	3-2016
		3-2105	3-2184	3-2485
		3-2645	3-2660	3-2717
		3-2834	3-2846	3-2912
		3-2914	3-2939	3-3171
		3-3182	3-3184	3-3260
		3-3268	3-3351	3-3362
		8-0168	8-0185	8-0186
龚质彬	…………………………	2-1873	
龚诚	……………………………	4-0396	
龚洪年	…………………………	5-0165	
龚敏达	…………………………	5-0149	
龚厥民	………	5-0029	5-0032	5-0043

		5-0054	5-0063	5-0079
		5-0080	5-0087	5-0092
		5-0094	5-0102	5-0130
盛子鹤	………………	2-0420	2-0431
盛幼宣	………………	2-1549	2-2300
盛在珣	………	2-3477	2-3483	3-3429
		5-0186	5-0187	5-0214
盛兆熊	…………………………	3-0028	
盛志良	………………	2-2392	2-2395
盛谷人	………………	2-1878	3-1043
盛叙功	………	3-1659	3-1694	3-1701
		3-1702	3-1703
盛恺	……………………………	3-1369	
盛振声	………	2-0887	2-2568	8-0015
盛朗西	………	1-0071	2-0236	2-0763
		2-0765	2-1235	2-1236
		2-1239	2-2740	2-3102
		3-0357	3-0369	8-0108
盛隆熙	…………………………	2-2694	
盛蔼如	………	8-0016	8-0018	8-0205

[丨]

彪蒙主人	………………………	2-2331	
常导之	…………………………	4-0672	
常伯华	………	3-2678	4-0210	4-0230
常彦春	…………………………	4-0452	
常堉璋	…………………………	3-1189	
常惺	……………………………	3-1154	
常福元	…………………………	3-2471	
常蔚生	………………	3-1819	3-2741
崔可石	………………	3-1746	3-1769
崔东伯	…………………………	3-2158	
崔芬	……………………………	2-1080	
崔荟珠	…………………………	2-0651	
崔适	…………………	2-0013	2-0135
崔唐卿	………………	2-0153	2-1359
崔朝庆	………	2-2325	2-2675	3-0599
		3-1830	3-1921	3-1977
		3-2227	3-2448	3-2535
崔景元	………………	2-0997	2-1958
崔新民	…………………………	3-0673	
崔鑫	……………………………	3-2155	

[丿]

符竹因	…………………………	3-0555	
符宗翰	…………………………	2-1263	

[、]

康叔仁	…………………………	3-0100	
章乃炜	…………………………	2-3390	
章士钊	…………………………	3-0287	
章之汶	…………………………	2-3061	
章天佑	…………………………	2-2290	
章太炎	………	3-0846	3-0847	3-0848
章长卿	…………………………	3-1119	
章寿栋	………………	3-0486	3-0505
章克标	………	3-1855	3-1889	3-2013
		3-2181	3-2182	3-2484
		6-0077	6-0078	6-0079
章沧清	………	1-0069	8-0070	8-0072
		8-0074	8-0190
章君瑜	…………………………	5-0104	
章荣	……………………………	2-3407	
章柳泉	………	2-0209	2-0226	2-0415
		2-1412	3-0163	3-0194
		4-0516
章高炜	………	3-1166	3-1169	3-1274
		3-1275	3-1583
章涛	……………………………	3-2915	
章鸿钊	…………………………	3-3058	
章鸿遇	………………	2-0824	2-1113
章嶔	………	2-1952	2-1953	2-1955
		3-1199	3-1200
章湘伯	…………………………	3-0180	
章瑞兰	…………………………	2-1668	
章辑五	………………	9-0065	9-0074
商致中	…………………………	2-3320	
阎心雨	…………………………	2-0186	
阎玉振	………	3-2564	3-2653	3-2821
		3-2864	3-2890	3-2891
		3-2896	3-2993	4-0229
阎永仁	…………………………	3-2258	
阎永辉	…………………………	3-2258	
阎振玉	………………	3-2428	3-2948
阎筦珊	…………………………	3-3115	
阎焕文	…………………………	3-1454	
阎静山	…………………………	3-2330	
梁乃钊	…………………………	2-3339	
梁士杰	………	2-0898	2-1090	4-0458
		7-0022
梁子美	…………………………	8-0093	
梁文柏	…………………………	4-0018	

梁文卿	2-1498		
梁华	5-0115	5-0116	5-0117
梁园东	3-1244	3-1260	3-1296
	3-1390	4-0128	4-0620
梁希	5-0108		
梁启超	3-0527	3-0740	
梁尚彝	4-0600		
梁春芳	2-0202		
梁修仁	3-3015	3-3266	
梁楚珩	3-2281		
谌亚达	3-1570	3-1596	
谌兴凡	3-1827		

[一]

屠元礼	2-0580	2-0843	2-1114
	2-1119	2-1131	2-1188
	2-1829	2-1830	2-1834
屠孝实	6-0005		
屠坤华	3-2070	3-2619	
屠思聪	2-2267	3-1725	3-1730
	3-1739	3-1755	3-1758
屠哲梅	7-0008		
屠寄	3-1517	3-1519	
屠颖	2-2386	2-2591	
屠镇川	2-3962	4-0519	

十二画

[一]

琴石山人	2-1911	2-2082	
彭子逊	4-0091		
彭飞陆	8-0149		
彭文	2-1995		
彭世芳	2-3139	2-3141	2-3172
	3-3156	3-3160	3-3163
	3-3164	4-0403	
彭兰琪	2-2338		
彭延烘	2-3136		
彭庆昭	2-3033	3-3044	
彭宏议	2-0201		
彭泽芬	2-3888		
彭城	2-1524		
彭荣淦	2-1172		
彭树滋	3-2962	3-3137	
彭勋阁	3-1272	3-1410	
彭顺臣	3-2499		
彭清鹏	2-0141	3-2160	3-2353
	4-0356		
彭靓圭	3-2390		
彭惠秀	2-0721	2-1538	2-2515
	2-2956	2-2963	2-2970
	2-3410	2-3412	2-3413
	2-3825		
斯紫辉	2-1703		
葛天纯	8-0147		
葛文珪	2-0548		
葛成宏	2-3666	2-3667	2-3694
葛成慧	5-0265		
葛传规	3-1044	3-1062	3-1067
	3-1107		
葛承训	2-1022	2-2607	2-3231
	2-3301	4-0685	
葛祖兰	2-3735	3-2456	
葛绥成	2-0702	2-2086	2-2150
	2-2154	2-2157	2-2193
	2-2194	2-2218	2-2221
	2-2223	2-2230	2-2231
	2-2245	2-2249	2-2254
	2-2257	3-1548	3-1550
	3-1553	3-1558	3-1560
	3-1572	3-1586	3-1593
	3-1598	3-1602	3-1606
	3-1619	3-1622	3-1655
	3-1665	3-1671	3-1680
	3-1708	3-1717	3-1731
	3-1741	3-1756	4-0138
	4-0139		
葛烺	3-1740	3-1768	
葛斯永	2-0265		
葛敬中	5-0132	5-0134	
葛锡祺	2-3805	2-3807	2-3851
	2-3860		
葛鲤庭	2-0925	2-1034	2-1407
	2-2309	2-2310	2-2536
	7-0009	7-0012	7-0013
	7-0043	7-0044	7-0060
	7-0067		
葛遵礼	2-0093		
董文	2-0353	2-0363	2-0374
	2-0387	2-0392	2-0418
	2-0509	2-0512	2-0518
	2-0520	2-0522	2-0555
	2-0586	2-0589	2-0594
	2-0596	2-0650	2-0705
	2-0729	2-1126	2-1132
	2-1258	2-1517	2-1574
	2-1609	2-1967	2-2143
	2-2147	2-2149	2-2156
	2-2219	2-2850	2-2852
	2-2857	2-3076	2-3091
	2-3240	2-3246	2-3253
	2-3260	2-3267	2-3281
	2-3290	2-3311	2-3313
	2-3315	2-3335	2-3354
	2-3357	2-3405	2-3424
	3-0134	3-0174	3-1164
	3-1468	3-1549	3-1563
	3-1570	3-1656	3-1666
	3-1706	8-0101	
董石声	2-2260		
董永清	3-2396		
董弗危	2-3502		
董任坚	7-0052		
董自强	2-1631		
董守义	2-3939	3-3620	
董玕	2-3759	2-3809	2-3850
董坚志	2-1630		
董纯才	2-3237		
董金南	3-0472		
董涤尘	2-2602	3-1945	3-2425
	3-2547	8-0182	
董康	3-0277		
董景安	8-0006	8-0007	8-0008
	8-0098		
董鲁安	3-0774	3-0776	
董瑞椿	2-0132	2-0595	2-2322
	2-2571	2-2760	2-3133
	2-3169	3-0225	3-3041
蒋千	2-0019	9-0052	9-0053
蒋子奇	2-1993	2-1997	2-2002
	2-2060	2-2061	
蒋仁培	2-2946	2-2955	
蒋介石	3-0116		
蒋文华	3-2427		
蒋世刚	3-0068	4-0476	
蒋石洲	2-0266		

蒋仲仁			2-2635		2-1102	2-1105	2-1109	
蒋仲怀			2-2779		2-1127	2-1177	2-1179	
蒋冰洲	2-0262	2-0268	3-0057		2-1180	2-1189	2-1192	
	3-0072				2-1912	2-1927	2-3482	
蒋纪周			3-3403		2-3490	2-3491	2-3492	
蒋志贤			3-0459		2-3763	2-3808	3-0007	
蒋芹			3-2992		3-0017	3-0473	3-0524	
蒋克秋			3-0732		3-0525	3-0754	3-0796	
蒋伯阳			4-0231		3-1320	3-1493	3-1499	
蒋伯苍			3-2939		3-1640	3-3569	3-3570	
蒋伯熙			3-1428		3-3571	4-0007	4-0022	
蒋伯潜	3-0373	3-0421	3-0441		4-0023	4-0036	4-0039	
	3-0887				4-0106	4-0135	4-0294	
蒋君章		3-1466	3-1700		4-0307	4-0338	4-0349	
蒋君辉			3-1157		4-0350	4-0357	4-0394	
蒋卓慕	2-2893	2-2898	2-2899		4-0397	4-0406	4-0469	
	2-2906	2-2913	2-3321		4-0524	4-0525	4-0528	
	2-3377	2-3384			4-0531	4-0537	4-0538	
蒋昂	2-0867	2-0881	2-1138		4-0656	5-0034	5-0061	
	2-1835				5-0185			
蒋佩英			2-3963		蒋维瀚			2-3688
蒋建白			3-0209		蒋绵恩			2-1878
蒋拱辰		3-2857	3-2944		蒋揖冰		3-2902	3-2973
蒋柳斋			2-1143		蒋鼎巍			4-0305
蒋品珍	2-1158	7-0005	7-0017		蒋智由	2-0461	2-0462	3-0234
蒋宪淞			3-2764		蒋裕泉			5-0215
蒋祖怡			3-0887		蒋蓉生			3-3306
蒋恭晟	2-0646	2-0701	2-0745		蒋鉴秋			2-3321
	2-0754	2-2192	3-1266		蒋镜芙	2-0624	2-0627	2-0659
	3-1435					2-0740	2-0741	2-1268
蒋息岑	2-0891	2-0893	2-1014			2-1269	2-1272	2-1273
	2-1088	2-1153	2-1348			2-1274	2-1474	2-1475
	2-2458	2-2628	2-3257			2-1567	2-1591	2-2847
	2-3729	3-2488	4-0374			2-2869	2-3072	2-3155
	4-0492	7-0034				2-3222	2-3227	2-3245
蒋继尹		5-0042	5-0070			2-3249	2-3255	2-3259
蒋梦麟	3-0944	3-0982	3-1045			2-3261	2-3269	2-3278
蒋梅初			2-1154			2-3303	2-3314	2-3319
蒋鸿	2-0660	2-2416	2-2887			2-3321	2-3326	2-3332
蒋维乔	2-0142	2-0550	2-0779			2-3336	3-0481	3-0494
	2-0806	2-0818	2-0819			3-0513	3-0514	8-0141
	2-0822	2-0827	2-0828		蒋翼振	9-0031	9-0032	9-0034
	2-0865	2-0870	2-0971			9-0038		
	2-0976	2-0977	2-0979		蒋黼			2-0453
	2-0980	2-0989	2-1082		韩一青	2-0285	2-0305	2-1037

	2-1232	3-0889	
韩大中			3-2513
韩天眷			8-0012
韩书田			3-0325
韩朴存			3-1457
韩启农			3-1277
韩启晨		3-0698	3-0739
韩述组			3-0092
韩非木	2-1606	2-1607	2-1608
	2-2054	2-2194	2-2223
	2-2230	2-2231	3-1619
	3-1622	3-1708	3-1717
韩学章			8-0094
韩宝鉴			3-1927
韩定生			4-0360
韩轶南			2-3070
韩秋圃	4-0312	4-0578	4-0595
韩觉剑			8-0012
韩桂丛			3-2506
韩清波	3-2198	3-2373	3-2376
韩棐	2-1605	2-2086	2-2157
	3-0401		
韩道之			3-1687
韩楚原		3-0407	3-0408
韩澄		4-0316	8-0081
韩慰农			3-0354
韩镜明			3-1692
韩镜湖			3-2302
辛天佑			2-2291
辛景华			3-1070
覃必陶		2-1400	2-1401
覃寿恭			4-0340

[I]

喻飞生			5-0158
喻任声	2-0043	2-0044	2-0171
喻守真	2-1601	2-1606	2-1607
	2-1608	2-2154	2-2230
	3-0679	3-0748	3-0868
喻勋尧			3-1108
喻谟烈			4-0702
喻璞	2-2086	2-2150	2-2157
	2-2223	3-0401	3-1550
	3-1558		
黑延昌			3-3104

[丿]

智勇仁 …………………………… 9-0043
嵇长康 …………………………… 3-0520
嵇宇经 …………………………… 2-3527
嵇联晋 …… 3-3252　3-3264　3-3276
　　　　　3-3339
嵇毅复 …………… 2-1638　2-1641
程今吾 …………………………… 3-0120
程文彬 …… 2-3002　2-3003　2-3007
　　　　　2-3012
程引文 …………………………… 2-3615
程本海 …………………………… 4-0707
程汉卿 …………………………… 3-2475
程廷熙 …… 3-1788　3-2026　3-2320
　　　　　3-2410　3-2414　3-2417
　　　　　3-2506　4-0184　4-0197
程仰垓 …………………………… 3-1803
程旭清 …… 2-1527　2-2407　2-2511
　　　　　2-2529　8-0148
程守泽 …… 3-2879　3-2881　3-2883
　　　　　3-2981
程克让 …………… 3-3122　3-3128
程伯群 …………………………… 3-1508
程纶 ……………………………… 3-2249
程其保 …………… 4-0576　4-0610
程国璋 …………………………… 3-1544
程凯丞 …………………………… 3-2395
程季枚 …………………………… 9-0056
程金生 …………… 2-2164　2-2175
程念劬 …………… 2-3444　2-3445
程法 ……………………………… 2-2308
程宗启 …… 2-1614　2-1615　2-1620
　　　　　2-1621　2-1622
程宗裕 …………………………… 2-1618
程宗颐 …………………………… 2-0163
程荫南 …………………………… 3-1773
程荫亭 …………………………… 2-1658
程宽沼 …………… 2-2724　2-3822
程家麒 …………………………… 2-1195
程祥荣 …… 3-2856　6-0098　6-0099
程焕慈 …………………………… 2-2751
程淑珍 …………………………… 7-0074
程鼎兴 …………………………… 3-0672
程湘帆 …………………………… 1-0067
程登吉(允升) …………………… 2-0022

程瀚章 …… 2-3393　2-3395　2-3401
　　　　　2-3403　2-3427　2-3428
　　　　　2-3432　2-3439　3-3340
　　　　　3-3358　3-3360　3-3374
　　　　　3-3379　3-3397　4-0490
　　　　　4-0628　8-0201
傅东华 …… 3-0345　3-0353　3-0377
　　　　　3-0390　3-0403　3-0411
　　　　　3-0581　3-0772
傅式说 …………………………… 3-2825
傅寿康 …………………………… 3-2794
傅运森 …… 2-1949　2-1950　2-1961
　　　　　2-1964　2-1965　2-2027
　　　　　2-2039　2-2040　2-2041
　　　　　2-2138　2-2216　3-1212
　　　　　3-1364　3-1365　3-1379
　　　　　3-1380　3-1381　3-1437
　　　　　3-1438　3-1493　3-1499
　　　　　3-1640　4-0125　8-0151
傅角今 …… 3-1478　3-1559　3-1684
傅君剑 …………………………… 3-0753
傅纬平 …… 2-0388　2-0389　2-0648
　　　　　2-0704　2-1978　2-1982
　　　　　2-2152　3-1254　3-1280
　　　　　3-1559
傅抱石 …………… 3-3494　5-0150
傅林一 …………………………… 2-1968
傅鸣先 …………………………… 2-1142
傅岳棻 …………………………… 2-1359
傅绍曾 …………………………… 3-0108
傅种孙 …… 3-1788　3-1868　3-2198
　　　　　3-2327　3-2373　3-2376
　　　　　3-2410　3-2414　3-2506
傅彦长 …………………………… 3-3526
傅祖德 …………………………… 3-1534
傅恩岭 …………………………… 3-1530
傅球 ……………………………… 2-0019
傅彬然 …… 2-0706　2-0759　2-3251
　　　　　2-3263　2-3284　2-3318
　　　　　3-0689　3-1404　3-1574
　　　　　4-0561　4-0573　6-0073
傅彩 ……………………………… 3-0236
傅超 ……………………………… 3-0236
傅超凡 …………………………… 4-0179
傅溥 …… 3-2074　3-2078　3-2325

　　　　　3-2329　3-2372　3-2375
　　　　　3-2409　3-2413　3-2503
　　　　　3-2511　3-2520　3-2692
　　　　　3-2699
傅翼 ……………………………… 2-2330
集思堂居士 ……………………… 2-2314
焦志威 …………………………… 2-1235
焦雨亭 …………………………… 5-0209
储丙鹑 …………………………… 4-0332
储后俊 …………………………… 2-0243
储孝善 …… 2-0695　2-2419　2-2888
　　　　　2-2891　2-2908
储苏民 …………… 2-0243　3-0822
储劲 ……… 2-3458　2-3467　4-0288
储祎 ……… 2-0241　2-0253　2-0437
　　　　　2-0769　2-1238　2-1241
　　　　　2-1764　2-1973　2-1974
　　　　　2-2047　2-2717　2-3107
　　　　　3-0063　3-0064　3-0458
　　　　　4-0017
储星远 …………………………… 2-3207
储润科 …………………………… 4-0232
储菊人 …………………………… 2-1783
舒重则 …… 3-2882　3-2934　5-0157
舒祖勋 …………………………… 3-2608
舒新志 …………………………… 2-0900
舒新城 …… 2-0372　2-0373　2-0390
　　　　　2-0421　2-0425　2-0438
　　　　　2-1396　2-1463　2-1528
　　　　　2-1533　2-1844　2-3536
　　　　　2-3568　2-3591　2-3592
　　　　　2-3602　3-0088　3-0150
　　　　　3-0670　3-0679　3-0946
　　　　　3-0959　3-3588　3-3593
　　　　　4-0367　4-0421　4-0488
舜田 ……………………………… 2-1490
鲁立刚 …………………………… 3-1503
鲁荡平 …………………………… 2-0804
鲁继曾 …………………………… 4-0374
鲁聊 ……………………………… 3-0948
鲁淑音 …………………………… 3-1949
鲁葆如 …………………………… 5-0072

[丶]

童介鸥 …………………………… 3-2002
童玉民 …………………………… 5-0030

童世亨	3-1721	3-1736	3-1760
童世高			2-2075
童传中			5-0231
童传古			5-0231
童振藻			2-2072
童致棱	3-3176	3-3196	4-0255
童润之			4-0321
童清高			3-1860
童淙			2-3446
童敬棠			2-0130
童斐			3-0151
善因	2-0083	2-0084	3-0012
曾子唯			5-0226
曾也鲁			8-0113
曾公冶			2-2486
曾世礼			2-2098
曾朴			4-0114
曾寿康	2-3321	2-3679	2-3797
			2-3798
曾志			3-3468
曾杰			3-2282
曾国藩			3-0593
曾泽			2-1012
曾省			5-0083
曾钧	3-1776	3-1829	3-1837
	3-2284	3-2348	
曾香陔			8-0025
曾彦	3-2110	3-3013	3-3150
	3-3247	3-3328	
曾洁孺			3-0623
曾俯		2-0109	2-1049
曾展谟			4-0677
曾清崟			5-0145
曾锡勋			3-3079
曾庸	2-2673	3-3428	4-0293
	5-0200	5-0244	5-0246
曾毅夫		4-0504	4-0507
温仲良			4-0477
温济泽			2-3470
温敬铭		2-3890	3-3611
温肇桐		2-3716	2-3719
富光年		3-1194	4-0651
禅素英			7-0074
谢一挥			3-2717
谢大任		3-1046	3-1127

谢广祥			2-1020
谢丰			2-1992
谢韦丰			3-0035
谢公展			3-3529
谢文光			3-2499
谢方得			2-1372
谢允燮	2-0477	2-0480	2-0497
谢丕阁			3-1542
谢申图			5-0080
谢冰			4-0468
谢汝聪		3-3111	4-0246
谢兴尧			3-1257
谢观	2-2108	2-2109	3-1239
	3-1372	3-1522	3-1526
	3-1536	3-1640	3-1723
	4-0135		
谢扶雅		4-0029	4-0067
谢国度	3-1484	3-1576	3-1607
谢季超		2-2392	2-2395
谢宠泽			3-2331
谢秋萍			3-0788
谢洪赉	2-2097	2-2115	2-2116
	2-3135	2-3170	2-3631
	3-1963	3-2275	3-2347
	3-2438	3-2586	3-2787
	3-3317		
谢祐生			3-2812
谢珩之			3-1675
谢恩皋			2-0160
谢恩增			3-3336
谢颂羔		3-0569	3-1136
谢骏德			3-3018
谢彬	3-1538	3-1617	3-1642
	3-1650		
谢梅林			2-0022
谢盛德			3-1018
谢曼			2-3696
谢景永			2-1314
谢循贯			3-3185
谢蒙(无量)		3-0245	3-0246
	3-0295	3-0297	3-1216
	4-0020	4-0021	
谢慎修			4-0402
谢福生			3-1005

十三画

[一]

鄢远猷			3-1408
靳钟麟			3-1853
蓝田玙	2-0516	2-0592	2-1187
	2-3145	2-3148	2-3177
	2-3453	2-3461	3-2456
蓝梦九			5-0038
蓝淑华			3-0266
蒯世勋			3-3416
蒯寿枢			3-1983
蒲韧			3-1233
楼云林	2-1606	2-1607	2-1608
	2-2221	2-2223	2-2230
	3-1741		
楼光来			3-0957
楼纪鸿			3-2960
楼其三			3-3460
楼培启	3-3088	3-3093	3-3287
楼谔民			3-1935
裘友石	3-2092	3-2101	3-2335
	3-2516		
裘梦痕	3-3483	3-3491	3-3511
裘维裕			3-2676
赖斗岩	3-3385	4-0277	4-0280
赖成镶			8-0164
赖昌	5-0033	5-0039	5-0074
	5-0100		
雷君粹			2-2468
雷珍		2-2499	2-2651
雷振华			5-0184
雷家骏		2-0157	4-0485
雷宾南			4-0698
雷通群			4-0682
雷琛	2-2402	2-2405	2-2407
	2-2427	2-2505	2-2511
	2-2529	2-2606	2-2614
	2-2657	2-2662	2-2769
	3-2403	4-0195	
雷瑊	2-1625	2-1626	3-0538
	3-0806		
雷瑨			3-0538
雷震清	2-2406	2-2664	2-2695
	2-2721		

[丨]

虞卢	3-2928		
虞明礼	3-2028	3-2065	3-2084
	3-2085	3-2100	
虞和钦	3-2108	3-2722	3-2796
	3-3004		
虞和寅	3-2801	3-3004	3-3016
	3-3234		
虞哲光	2-3641		
虞继遂	2-3875		
虞铭新	3-2818	3-2963	
虞辉祖	3-2558	4-0218	
虞翼祖	4-0218		
嵩炅	2-3867		

[丿]

詹文浒	2-1846	2-1848	3-0955
	3-0970	3-0974	3-0989
	3-0998		
詹宪慈	2-0566		
詹鸿章	3-3036		
鲍志新	3-2744		
鲍叔良	2-3642		
鲍映奎	2-3458	2-3467	
鲍维湘	2-0673	2-0674	
鲍鉴清	3-3396		
解炳如	2-0171		

[丶]

廉行	2-1464	2-1468	
廉建中	3-0331		
廉泉	2-1934	3-0004	3-0229
廉隅	3-0269		
新生	3-0081		
溥时饶	3-1987		
窦士镛	3-1186		
窦警凡	8-0145		
褚乙然	3-3217	3-3422	5-0037
	5-0060		
褚凤仪	5-0248	5-0252	5-0253
褚东郊	2-1516	2-1598	2-2038
	2-2046	3-0455	
褚后俊	2-1246		
褚保熙	3-2470		

十四画

[一]

慕冰	2-0110

蔡元培	2-0479	2-0484	2-0571
	2-0884	2-0885	2-0886
	2-1923	2-2103	2-2187
	3-0135	3-0137	3-0240
	3-0242	3-0336	3-0340
	3-0350	3-0856	4-0027
	4-0063	4-0523	8-0009
	8-0099	8-0105	
蔡云	2-3895	2-3905	
蔡丏因	3-1268		
蔡世昌	2-3366	2-3368	2-3369
蔡曲旦	3-3456		
蔡后铺	3-3426		
蔡亦平	3-2778		
蔡志徵	2-3506		
蔡忱毅	2-3612	2-3617	2-3618
	2-3619	2-3623	2-3626
	2-3681	2-3695	2-3706
	2-3748	3-3541	3-3552
蔡玮	3-0283		
蔡其清	2-1736	3-1172	
蔡松筠	2-3056	3-2930	
蔡郕	2-1634	2-1725	
蔡国璜	3-0803		
蔡迪	3-1647		
蔡和铿	2-2282		
蔡泽安	3-1885	3-1888	
蔡南桥	3-0570	3-0574	
蔡研深	3-2045		
蔡钟瀛	3-2622		
蔡语村	3-0623		
蔡振	3-0235	3-0239	
蔡振寰	3-0077		
蔡晓舟	2-1337		
蔡维垣	2-1162		
蔡琢成	2-2442		
蔡博敏	3-0906	0978	
蔡雁宾	2-3897	2-3906	2-3927
	2-3934	2-3960	
蔡铸	2-2292		
蔡德注	2-2540	3-1908	3-2054
	3-2063	3-2066	3-2210
	3-2212	3-2214	
蔡德恭	2-0710		
蔡衡溪	2-2318		

臧励成	2-0609
臧励和	2-0546
臧鸣九	2-0720

[丨]

裴养泉	3-0211

[丿]

管支南	2-3704	
管圻	2-2102	2-2196
管泗孙	2-2730	3-1940
管省	2-1195	

[丶]

廖人祥	4-0440		
廖木禾	3-2430		
廖世承	1-0068	3-0008	3-0060
	3-1779	4-0446	4-0447
	4-0459	4-0600	
廖世襄	3-3069		
廖伟藩	3-2485		
廖国仁	3-1836		
廖根培	2-3756		
谭正璧	2-1231	3-0016	3-0319
	3-0465	3-0470	3-0476
	3-0624	3-0685	3-0694
	3-0769	3-0770	3-0771
	3-0810	3-0813	3-0827
	3-0884	3-0885	3-0888
	4-0101		
谭安丽	3-1006		
谭其莊	3-2608		
谭秉乾	4-0183		
谭柄锷	3-2262		
谭竟公	2-3917		
谭勤余	2-3302	3-2683	3-2933
	3-2935	3-2975	5-0021
谭廉	2-1127	2-1182	2-1183
	2-1185	2-2120	2-2126
	2-2132	2-2133	2-2136
	2-2141	2-2205	2-2206
	2-2209	2-2211	2-2213
	2-2214	2-2217	2-2238
	3-1524	3-1610	3-1640
	3-1653	3-1727	3-1737
	3-1738	3-1762	3-1763
	4-0118	4-0135	4-0145

	4-0148 4-0158	
谭廉逊	………… 3-1563 3-1666	
谭蕴华	……………………… 2-2217	

[一]

翟汝舟	……………………… 2-3866
翟锡光	……………………… 3-0469
熊长龄	………… 2-0882 2-1005 2-1006
	2-1145 2-1203 2-1204
熊同和	……………………… 5-0099
熊先珏	……………………… 3-2272
熊季光	……………………… 8-0161
熊浚	………… 3-1552 3-1858
熊得三	……………………… 3-0204
熊煦阳	……………………… 3-2292
熊嵩高	………… 2-3662 2-3725 2-3766
	2-3771 2-3811 2-3814
	2-3835 2-3837 2-3852
	2-3861 3-3530 3-3531
	3-3572 5-0173 5-0181
缪天绶	………… 2-1004 2-1202 3-0578
	3-0584 3-0600 3-0605
缪天瑞	………… 2-3581 2-3585
缪凤华	……………………… 5-0178
缪凤林	……………………… 3-1225
缪文功	………… 2-0561 2-1098 3-0241
	3-0250 3-0803 4-0339
	4-0465 8-0060
缪玉源	……………………… 3-2420
缪廷辅	………… 3-1068 3-1109 3-1129
缪芸萃	……………………… 3-0469
缪果章	……………………… 2-2315
缪育南	………… 3-1540 3-1576
缪珩	……………………… 2-0999
缪超群	……………………… 3-2731
缪端生	………… 3-3267 4-0265
缪徵麟	………… 2-0606 2-0607 2-0986

十五画

[一]

蕉绿	……………………… 3-2437
樊平章	………… 2-1139 2-1141 2-2492
	2-2645 2-2710
樊光耀	……………………… 2-0482
樊兆庚	………… 3-0168 4-0684

樊备三	……………………… 3-3198
樊炳清	………… 2-0544 2-0590 2-0591
	2-0985 2-0987 2-1116
	2-3138 2-3451 2-3476
	3-0243 4-0040 4-0405

[丿]

黎东方	……………………… 3-1169
黎民	……………………… 8-0137
黎均荃	………… 2-1419 2-1570
黎林	……………………… 5-0009
黎国昌	………… 3-3181 3-3273 3-3275
	3-3293 3-3370 3-3372
	3-3373
黎明	………… 2-1446 2-1452 3-0759
黎觉奔	……………………… 3-0623
黎锦晖	………… 2-0097 2-0871 2-0877
	2-1261 2-1264 2-1342
	2-1424 2-1446 2-1452
	2-1507 2-1515 2-1525
	2-1605 2-3538 2-3566
	2-3575 2-3593 3-0479
	3-0488 7-0071 8-0126
黎锦熙	………… 1-0087 2-0865 2-0870
	2-0873 2-1258 2-1273
	2-1320 2-1341 2-1342
	2-1349 2-1354 2-1383
	2-1419 2-1421 2-1424
	2-1570 3-0433 3-0508
	3-0526 3-0647 3-0649
	3-0671 3-0724 3-0761
	3-0764 4-0086
黎德甫	……………………… 3-3212
德尔蒙	………… 2-0207 2-2844
德尔满	………… 2-2347 3-0031
德俯	………… 2-0950 2-0951 2-1065
	2-1068 2-2182 2-2186
	2-2466 2-2548 2-3039
	2-3044

[丶]

颜友松	………… 3-0365 3-0676
颜心栽	……………………… 2-1745
颜可铸	………… 4-0002 4-0004 4-0005
颜任光	……………………… 3-2569
颜纶泽	………… 5-0028 5-0056

颜泗南	……………………… 3-1911
颜泳经	……………………… 2-1836
颜漱石	……………………… 2-3843
潘之浩	……………………… 8-0017
潘之赓	……………………… 4-0448
潘子和	……………………… 3-2388
潘子瑜	………… 2-1239 2-1527 2-2625
	2-2657 2-2662 2-2740
潘子端	……………………… 3-0177
潘仁	………… 2-0218 2-0220 2-0255
	2-0450 2-1166 2-1171
	2-1721 2-2733 2-3110
潘公望	……………………… 2-3753
潘文安	………… 2-0385 2-0430 2-1513
	1-1775 2-1785 2-2041
	3-0144 3-0278 3-3337
	5-0004 8-0013
潘玉书	………… 2-1453 2-3594
潘廷洸	……………………… 4-0196
潘江	………… 2-0372 2-0373 2-0438
潘志澄	………… 2-3322 3-3331
潘伯英	………… 2-3499 2-3503 2-3944
	3-3512
潘希骆	………… 2-2413 2-2416 2-2417
	2-3781
潘序伦	………… 3-3438 3-3440 5-0224
	5-0234 5-0235 5-0238
潘武	………… 2-1955 2-2031 3-0231
	3-0244 3-0293 3-1162
	3-1214 4-0064 4-0117
潘鸣凤	……………………… 2-2041
潘祖武	……………………… 3-2631
潘健	……………………… 2-2226
潘菽	………… 4-0433 4-0443
潘雪鸿	……………………… 2-3622
潘鸿勋	……………………… 3-0277
潘淡明	………… 2-3534 2-3536 2-3543
	2-3568 2-3591 2-3592
	2-3602 2-3670 2-3698
	2-3728 2-3731 2-3776
	2-3777 2-3781 2-3784
	2-3898 3-3550 4-0322
潘揖山	……………………… 4-0457
潘博	……………………… 3-0707
潘蛰虹	………… 2-2845 2-3052

潘尊行	3-0677
潘楚基	3-0279
潘锡九	4-0241
潘履洁	3-3534
潘澹明	2-3863

十六画

[一]

操震球	3-0689		
薛天汉	2-0365	2-0422	2-0926
	2-1009	2-1206	2-1456
	2-1472	2-1482	2-2401
	2-2429	2-2449	2-2456
	2-2458	2-2508	2-2530
	2-2540	2-2542	2-2605
	2-2660	2-2668	4-0564
薛天游		3-2027	3-2077
薛元龙	2-2540	2-2542	3-1863
	3-2488	9-0033	9-0038
薛元鹤	3-1875	3-1904	3-2035
	3-2060	3-2196	3-2207
薛元麒			2-2445
薛无竞		3-0409	3-1341
薛公侠			2-1511
薛凤昌		3-2802	4-0104
薛邦达			3-2486
薛邦迈			3-2486
薛光锜			3-1856
薛仲华			3-2504
薛祉镐		5-0015	5-0153
薛建吾		3-0014	3-0897
薛建新	3-0065	3-0078	4-0019
	4-0246		
薛珍			3-3553
薛钟泰			2-2191
薛俊才			3-0963
薛祥绥			4-0093
薛鸿达	3-2304	3-2364	3-2836
薛鸿陆			2-2314
薛愚			3-2913
薛溱龄	2-0158	3-1856	3-2016
	3-2029		
薛暮桥			3-0123
薛嘘云			9-0057
薛德炯	2-2688	3-1794	3-2103

	3-2125	3-2187	3-2199
	3-2234	3-2304	3-2314
	3-2364	3-2382	3-2836
	3-2905		
薛德焴	2-2930	3-3085	3-3089
	3-3101	3-3252	3-3267
	3-3278	3-3289	3-3294
	3-3338	3-3339	3-3351
	3-3355	3-3365	3-3371
	3-3376	3-3395	4-0244
	4-0245	4-0265	4-0266
	4-0274	4-0278	9-0004
薛德燡			3-0048
薄善保	3-2634	3-2851	4-0228
薛宜瑞			3-1131
霍衣仙			3-0013
霍席卿			2-3061
霍得元			2-2541

[丿]

| 穆济波 | | 3-0712 | 3-0714 |

十七画

[一]

戴万生			3-0061
戴礼澄	5-0134	5-0135	5-0136
戴光荣		2-2518	2-2964
戴企留			9-0057
戴安邦	3-2879	3-2981	3-2998
戴运轨	3-2648	3-2649	3-2664
	3-2669	3-2688	3-2704
	3-2711	3-2774	4-0211
戴克让	2-0811	2-1108	2-1901
	2-1903		
戴克谐			3-1098
戴克敦	2-0353	2-0380	2-0418
	2-0428	2-0488	2-0498
	2-0500	2-0501	2-0503
	2-0504	2-0505	2-0522
	2-0545	2-0555	2-0576
	2-0579	2-0580	2-0583
	2-0586	2-0603	2-0606
	2-0613	2-0624	2-0740
	2-0818	2-0819	2-0822
	2-0828	2-0829	2-0833
	2-0849	2-0850	2-0853
	2-0857	2-0858	2-0860
	2-0862	2-0874	2-0976
	2-0977	2-0986	2-1081
	2-1082	2-1119	2-1131
	2-1184	2-1186	2-1197
	2-1342	2-1419	2-1424
	2-1427	2-1428	2-1447
	2-1507	2-1511	2-1515
	2-1516	2-1565	2-1570
	2-1573	2-1598	2-1694
	2-1714	2-1904	2-1952
	2-1953	2-1962	2-2028
	2-2038	2-2046	2-2079
	2-2128	2-2139	2-2200
	2-2202	2-2215	2-2375
	2-2378	2-2484	2-2584
	2-2642	2-2847	2-3072
	2-3139	2-3140	2-3155
	2-3162	2-3173	2-3188
	2-3203	2-3429	2-3452
	2-3475	2-3657	2-3658
	2-3723	2-3759	2-3850
	2-3980	2-3987	3-0231
	3-0241	3-0244	3-0248
	3-0273	3-0293	3-0712
	3-0714	3-0755	3-0773
	3-1162	3-1214	3-1235
	3-1382	3-1463	3-1527
	3-1724	3-1840	3-1989
	3-2816	3-3156	3-3244
	3-3330	4-0037	4-0083
	4-0174	4-0351	4-0354
	4-0403	4-0671	
戴良甫			3-1008
戴杰	2-0999	2-1195	2-1196
戴叔清			3-0352
戴味青		3-1875	3-1904
戴昌凤			2-3982
戴季陶			2-0330
戴季虞			2-0321
戴珍珠			2-2435
戴标			2-1347
戴洪恒	2-0489	2-0577	2-1010
	2-1207	2-2039	8-0151

		8－0156
戴骅文 ……	3－1011　3－1114	3－1122
	3－1137	
戴桢清 ……………………		2－1797
戴健标 ……………………		2－0378
戴铭 ………………………		2－1035
戴维清 ……	3－2040　3－2054	3－2055
戴渭清 ……	2－0358　2－0385	2－0430
	2－0628　2－0743	2－1464
	2－1517　2－1574	2－1575
	2－2349　2－2392	2－2395
	2－2498　2－2501	2－2598
	2－2600　2－2650	2－2653
	2－3304　2－3337	2－3430
	7－0062　7－0068	8－0101
戴蔼庐 ……………………		3－3434
戴增元 ……	3－0416　3－0448	3－0674
戴麒 ………………………		3－3225
鞠承颖 ……	2－0900　2－0997	2－1396
	2－1461　2－1534	2－3259
	4－0658	
鞠霖三 ……………………		3－2025
藏励和 ……………………		3－1522
藏家祐 ……………………		3－2036
巍姑射山人 ………………		3－1079

［丿］

魏之纯 ……………………		2－3340
魏元雄 ……………………		4－0184
魏东明 ……………………		2－1041
魏同仁 ……		3－3598　3－3599
魏先朴 ……………………		3－0095
魏冰心 ……	2－0128　2－0129	2－0307
	2－0308　2－0321	2－0322
	2－0325　2－0329	2－0331
	2－0337　2－0343	2－0626
	2－0926　2－0952	2－1150
	2－1156　2－1425	2－1444
	2－1445　2－1448	2－1454

	2－1456　2－1472	2－1482
	2－1491　2－1517	2－1519
	2－1521　2－1526	2－1539
	2－1575　2－1578	2－1579
	2－1580　2－1599	2－1603
	2－1609　2－1698	2－1970
	2－2044　2－2147	2－2219
	2－2395　2－2598	2－2600
	2－2850　2－2926	2－2928
	2－3031　2－3087	2－3246
	2－3311　2－3315	2－3398
	2－3400　3－0134	3－0136
	3－0138　3－0338	3－0457
	3－1164　3－1468	3－1549
	3－1656　7－0002	7－0005
	8－0101　8－0106	
魏寿铺 ……	2－0599　2－1000	2－1198
魏志中 ……………………		2－0100
魏志澄 ……	2－0389　2－3322	4－0457
	4－0683	
魏应麒 ……………………		4－0616
魏怀谦 ……	3－1876　3－1895	3－1899
	3－2032	
魏易 ………………………		3－0539
魏泽生 ……………………		3－2954
魏学仁 ……………………		3－2773
魏春芝 ……………………		3－3356
魏屏三 ……	2－0383　2－3479	2－3484
魏葆恒 ……………………		2－2213
魏鼎勋 ……………………		9－0049
魏福嘉 ……………………		3－2911
魏群 ………………………		3－1848
魏镜 ………………………		3－2355

［丶］

糜文焕 ……	2－0354　2－2883	2－3362
	2－3442　7－0007	
糜鹿萍 ……………………		3－3477
糜赞治 ……	2－2495　2－2647	2－2785

	2－2817　2－2851	2－2855
	2－2859　2－2860	2－2927
	2－2932　2－2939	2－2974
	2－2976　2－3074	2－3078
	2－3081　2－3086	2－3088
	2－3095　2－3097	2－3347
	2－3356　2－3358	2－3360
	2－3396　2－3399	2－3402
	2－3423　2－3425	2－3431
	2－3433　3－2570	3－3055
	3－3193　3－3201	3－3219
	3－3221　3－3222	3－3308
	3－3313　3－3336	3－3350
	3－3377	
濮齐奋 ……		3－2980　3－2997

［一］

翼天氏 ……………………	3－1209

十八画

瞿世英 ……………………		3－0261
瞿世镇 ……	2－1395　2－1743	2－1744
	2－1749　2－1750	2－1765
	2－2239　3－0567	3－0643
	3－0686　3－0811	3－0817
	3－0818　3－0829	3－0831
	3－0890　3－1050	3－1066
瞿苣丰 ……	2－0693　2－0700	2－0904
	2－1154　2－1831	2－2895
	2－2934	
瞿志远 ……	2－2845　2－2979	2－2980
	2－2981　2－2983	2－2984
	2－2985　2－2986	2－2987
	2－3052　2　3301	
瞿菊农 ……………………		8－0152

十九画

瀛祥阁 ……………………	2－0273

图书在版编目(CIP)数据

中国近代中小学教科书总目/王有朋主编. —上海：上海辞书出版社，2010.5
ISBN 978 – 7 – 5326 – 3016 – 5

Ⅰ. 中... Ⅱ. 王... Ⅲ. 中小学 教材—图书目录—中国—近代
Ⅳ. Z88：G632.3

中国版本图书馆 CIP 数据核字(2010)第 005084 号

责任编辑 张亚芳
装帧设计 姜 明

中国近代中小学教科书总目

上海世纪出版股份有限公司
上海辞书出版社 出版、发行
(上海陕西北路457号 邮政编码 200040)
电话：021—62472088
www.ewen.cc　www.cishu.com.cn
上海展强印刷有限公司印刷
开本889×1194　1/16　印张70.75　插页5　字数3 522 000
2010年5月第1版　2010年5月第1次印刷
ISBN 978 – 7 – 5326 – 3016 – 5/G·717
定价：460.00元

如发生印刷、装订质量问题，读者可向工厂调换
联系电话：021—66511611